W0416568

# DICTIONNAIRE ÉTYMOLOGIQUE DU FRANÇAIS

# DICTIONNAIRE ÉTYMOLOGIQUE DU FRANÇAIS

JACQUELINE PICOCHE

LES USUELS
DICTIONNAIRES LE ROBERT 27 RUE DE LA GLACIÈRE 75013 PARIS

Édition : GILLES FIRMIN
Maquette : GONZAGUE RAYNAUD
Couverture : CAUMON

*Tous droits de reproduction, de traduction et d'adaptation réservés pour tous pays.*
© 1992, Dictionnaires LE ROBERT
27, rue de la Glacière, 75013 PARIS.

ISBN 2-85036-458-4

« Toute représentation ou reproduction, intégrale ou partielle, faite sans le consentement de l'auteur de ses ayants droit ou ayants cause, est illicite » (loi du 11 mars 1957, alinéa premier de l'article 40). Cette représentation ou reproduction, par quelque procédé que ce soit, constituerait une contrefaçon sanctionnée par les articles 425 et suivants du Code pénal. La loi du 11 mars 1957 n'autorise, aux termes des alinéas 2 et 3 de l'article 41, que les copies ou reproductions strictement réservées à l'usage privé du copiste et non destinées à une utilisation collective, d'une part, et, d'autre part, que les analyses et les courtes citations dans un but d'exemple et d'illustration.

# INTRODUCTION

> « *Qu'on ne dise pas que je n'ai rien dit de nouveau, la disposition des matières est nouvelle.* »
>
> *Pascal*

Le mot *étymologie* est un mot grec ancien, *etumologia,* que Cicéron a traduit en latin par *veriloquium* et qui signifie littéralement « façon de parler véritable », c'est-à-dire « sens véritable d'un mot ». Il n'apparaît guère que vers le Ier siècle avant Jésus-Christ, mais les préoccupations auxquelles il a donné un nom remontent plus haut ; elles ne sont pas absentes des dialogues de Platon et il y a sans doute une tendance fondamentale de l'esprit humain à se défendre contre l'impression d'arbitraire produite par un mot un peu rare, en le rattachant à un autre, plus familier et tenu pour plus ancien. L'« étymologie populaire », ou regroupement instinctif des mots en « familles » supposées, provoquant d'innombrables croisements entre familles historiques, est même un des principaux facteurs de l'évolution du vocabulaire. Chaque fois que, dans ce dictionnaire, on trouvera un mot expliqué par l'altération du terme originel (ou *étymon*), sous l'influence d'un autre mot, on aura affaire à un cas d'étymologie populaire.

Ce mot grec, *etumo-logia,* implique deux postulats linguistiques. Le premier est que les langues évoluent ; que les mots changent de forme et de sens au cours des siècles. Cela, la science moderne, bien loin de le contredire, l'a amplement vérifié et précisé. Le second, que cette évolution est une détérioration et que le sens le plus ancien est le vrai sens du mot. Conception naïve ? Certes, les Anciens n'avaient pas lu Saussure. Les linguistes d'aujourd'hui sont bien convaincus que les vraies valeurs « plus ou moins variées et complexes » d'un mot sont celles que lui confère le réseau de relations qu'il entretient avec les autres mots de la langue et, plus concrètement, avec les autres mots du contexte dont il fait partie ; et cela, sans que les perspectives historiques y jouent d'ordinaire le moindre rôle.

Néanmoins, *la remontée vers les origines, sorte d'archéologie linguistique, reste fascinante pour l'esprit,* et l'on est très loin d'avoir exploité entièrement l'apport que pourrait fournir la linguistique historique, et plus particulièrement la lexicologie, à l'histoire de l'évolution de l'humanité.

**Histoire de la science étymologique**

Très ancienne comme activité de l'imagination et du rêve, l'étymologique est, comme science, vieille de bientôt deux siècles. On peut la faire remonter à la découverte du sanscrit, c'est-à-dire aux dernières années du XVIIIe siècle. Cette découverte a permis de dégager la notion de langue *indo-européenne*, et de préciser la nature des relations – évidentes sur certains points, obscurs sur d'autres, et de toute façon jusque-là déroutantes – qui existent à l'intérieur de tout un ensemble de langues, européennes pour la plupart. Diverses disciplines, connexes mais distinctes, pratiquées au cours du XIXe et du XXe siècle par des générations de savants, ont contribué à édifier la science étymologique telle qu'elle se présente aujourd'hui :

1. *L'étude comparée des langues anciennes* a permis, d'une part la reconstitution de *racines* indo-européennes, éléments signifiants minimaux qui, à l'intérieur de la langue mère, langue préhistorique non écrite, parlée vers le IIIe millénaire avant Jésus-Christ, obéissaient à des règles strictes de structure et de transformation qui ont pu être déterminées ; d'autre part, la formulation des *lois phonétiques* qui régissent l'évolution par laquelle les diverses langues anciennes sont issues de l'indo-européen,

2. A l'intérieur de chaque grand rameau indo-européen, *l'étude comparée des langues vivantes* a fait apparaître les lois phonétiques qui régissent l'évolution de chacune d'elles à partir de l'ancêtre commun. Cet ancêtre peut être directement connu lorsqu'il s'agit d'une langue écrite comme le latin (on distingue ici le latin classique, du Ier siècle avant Jésus-Christ, le latin impérial, couvrant à peu près les trois premiers siècles de notre ère, le bas latin, du IVe siècle au Xe siècle environ, et enfin le latin médiéval et le latin moderne, contemporains des textes écrits en français). Il peut aussi l'être indirectement, seulement à partir de sa descendance ou des langues écrites apparentées, quand il s'agit d'une langue orale telle que le germanique commun ou le dialecte francique, introduit dans le domaine gallo-roman par Clovis et ses troupes, ou même le latin vulgaire, parlé dans la partie occidentale de l'empire romain, qui s'écartait passablement de la langue littéraire écrite. Dans ce cas, on part de formes reconstituées qui sont signalées par un astérisque, ex. : le latin vulgaire **calefare*, d'où est issu *chauffer* ;

3. La *philologie*, ou étude précise des textes anciens, inventorie et date les différentes formes et les différents sens pris par un mot au cours des siècles ;

4. La *géographie linguistique*, étudiant sur le terrain les divers dialectes qui coexistent avec une langue officielle ou littéraire, permet une multitude de rapprochements qui aiguillent très utilement l'étymologiste. Ces dialectes sont aujourd'hui, pour la plupart, fort délabrés ; mais les matériaux accumulés jusqu'ici, et ceux qui pourront encore l'être dans les années à venir constituent une véritable mine d'enseignements linguistiques de toute espèce ;

5. La *linguistique structurale* – paradoxalement, étant donné son orientation non historique – a apporté récemment, grâce à la notion de « série », une contribution très intéressante à l'élucidation d'un certain nombre de mots de caractère populaire et expressif jusqu'ici expliqués de manière peu satisfaisante, ou totalement inexpliqués. Notre dictionnaire lui doit principalement ses tentatives de regroupement des mots à base onomatopéique ou expressive ; sa présentation par séries des mots comportant une base

phonétique commune et provenant d'un « étymon » ou « mot-source » commun ; enfin, le rassemblement en quatre annexes des mots fondés sur un redoublement syllabique ou consonantique, des mots ayant pour étymon plus ou moins lointain l'onomatopée d'un cri d'animal, et des mots ayant pour étymon un nom propre de personne ou de lieu.

Aujourd'hui, on ne peut pas tenir l'étymologie pour une science achevée (surtout en ce qui concerne l'histoire des « sens » des mots !) ni, bien entendu, pour une science totalement sûre : n'étant fondés ni sur la déduction logique ni sur l'expérimentation, les rapprochements proposés entre mots de diverses langues et de diverses époques sont forcément conjecturaux. La conjecture confine à la certitude pour bon nombre de mots pan-romans, ou pan-germaniques ou pan-indo-européens, d'évolution phonétique régulière ou du moins claire. Son degré de probabilité est plus faible quand il faut faire appel aux notions d'étymologie populaire, d'analogie et de croisement ; ou bien lorsque, tout étymon d'origine indo-européenne faisant défaut, on est amené à postuler un substrat linguistique antérieur aux grandes invasions préhistoriques auxquelles nous devons l'essentiel des langues que nous parlons actuellement ; ou encore quand il s'agit de mots expressifs fondés sur des structures consonantiques habituellement associés à certains effets de sens, sans qu'on puisse parler clairement d'emprunt ou de filiation d'une langue à l'autre (voir par exemple des articles comme *bobine, bouffer, choper, taquet,* etc.).

Néanmoins, on ne peut tenir pour vraisemblable une profonde remise en question des résultats acquis. Les zones d'ombre subsistent surtout dans le domaine des dialectes et de l'argot, et il se peut que la solution des problèmes pendants remette en question l'étymologie de certains mots français. Mais les mots du français usuel véritablement obscurs ne constituent qu'une frange mince. Encore ne s'agit-il que de mots populaires, c'est-à-dire transmis depuis leurs origines par tradition orale ininterrompue. La masse énorme des mots savants directement empruntés par voie écrite au latin et au grec qui constituent, sinon en fréquence, du moins en nombre, le plus gros de notre vocabulaire, ne pose aucun problème d'identification.

On peut donc aujourd'hui tenter de prendre une vue d'ensemble des résultats d'un labeur collectif si long, si minutieux et si persévérant ; et il est certain qu'après tant d'ouvrages de valeur, *la seule justification d'un nouveau dictionnaire étymologique est la présentation synthétique des faits.*

**L'objet de ce dictionnaire**

Le premier but visé dans cet ouvrage a été de donner à toute personne intéressée par les origines du français, et même si elle ignore les langues anciennes, la possibilité de *replacer dans un ensemble l'étymon grec ou latin* trop souvent inconnu d'elle, que lui présentent les dictionnaires étymologiques de type classique. C'est l'objet même de l'introduction qui figure en tête des articles de quelque complexité. *On est donc remonté dans la préhistoire de chaque mot aussi loin que cela a semblé utile* (et, bien sûr, possible) pour l'intelligence des phénomènes propres à la langue française. On n'est pas toujours allé aussi loin qu'on aurait pu envisager de le faire.

Ainsi on n'a eu recours aux racines indo-européennes que dans deux cas : celui, très fréquent, où des mots français, issus directement ou par emprunt de divers rameaux indo-européens (latin, grec, germanique ou celtique) peuvent être rattachés à une seule et même racine indo-européenne (voir par exemple les articles *maçon, rade*) ; en second lieu, celui, plus rare, où tous les mots de la famille étaient issus du latin, mais où, en latin même, cette famille avait donné naissance à des rameaux si divergents que seul le recours à l'indo-européen pouvait en montrer la cohérence initiale (par exemple les articles *paix, venin*).

Dans les autres cas, on s'est contenté de l'étymon latin, grec, germanique ou autre, et éventuellement de sa famille immédiate. De plus, quel que soit le niveau historique ou préhistorique choisi ou possible, on n'a cité, parmi les représentants de la famille de l'étymon, que ceux qui avaient un rapport direct avec les mots français figurant dans le corps de l'article, et non tous ceux qui auraient eu un intérêt quelconque pour la justification de la forme ou du sens de l'étymon. Ce dictionnaire est un dictionnaire étymologique du français moderne usuel, et non des langues indo-européennes en général.

Enfin, on ne pouvait envisager, étant donné les dimensions de l'ouvrage, de s'étendre sur les causes des avatars d'une racine indo-européenne. Il faut que le lecteur, à moins de recourir aux ouvrages spécialisés traitant de ces questions, tienne pour acquis, par exemple, que, par le jeu des alternances vocaliques, une seule et unique racine peut apparaître sous les formes **gen-, *gon-, *gnā-* (voir l'article *gens*) et que deux mots apparemment aussi dissemblables que le latin *venire* et le grec *bainein* représentent un seul et unique ancêtre à **g^w^-* initial (voir l'article *venir*).

**La méthode du dictionnaire**

Une des particularités essentielles de ce dictionnaire est donc de *présenter systématiquement des familles historiques complètes au niveau du français moderne.* Ce parti pris initial entraîne plusieurs conséquences :

1. *La forme des mots est première,* dans notre présentation, et leur sens, second. Les regroupements de mots sont fondés d'abord sur la communauté d'origine, et par surcroît, toutes les fois que leur nombre le permet, sur l'identité d'une base phonique. Ainsi se trouvent regroupés dans certains articles (voir par exemple la base *-cid-*, dans l'article *choir*) des mots qui apparaissent synchroniquement comme totalement déliés les uns des autres, alors qu'au contraire, dans d'autres articles, même étendus, ou du moins dans un grand nombre de leurs paragraphes, une sorte de fondement sémantique commun reste visible (voir par exemple l'article *voûte*) ;

2. *Dans les cas de supplétisme,* par exemple celui du verbe *aller,* qui emprunte ses diverses formes à trois verbes latins différents d'origine parfaitement hétérogène, on a opéré systématiquement les disjonctions nécessaires. On trouvera donc un article *aller,* un article *j'irai* et un article *je vais,* avec renvois de l'un à l'autre. Des cas semblables ou analogues se trouvent dans les articles *être, je fus* et *ester ; offrir* et *oublie ; pondre* et *poser.*

3. On a été amené à mettre en valeur le fait qu'*il n'existe pas, historiquement parlant, de cloisons étanches entre les diverses catégories grammaticales :* mots autonomes porteurs d'un sens plein (noms communs et noms propres ; noms et verbes ; substantifs, adjectifs et adverbes), mots autonomes à fonction grammaticale (tels que pronoms, prépositions et conjonctions), éléments significatifs sans autonomie dans la phrase (tels que préfixes et suffixes). Le lecteur trouvera de bons exemples de cette interpénétration des catégories dans des articles comme *-ment, qui, soi,* ou *y.*

Les noms propres (prénoms, patronymes, toponymes) n'ont été cités que rarement, et seulement dans les cas où ils entraient tout naturellement dans une famille de noms communs. On a cherché à établir un répertoire aussi complet que possible des préfixes et des suffixes représentés en français moderne : cela, toujours dans une perspective historique, car un certain nombre d'entre eux n'avaient valeur de préfixes et de suffixes qu'au niveau de la langue-source, ou ont perdu en français moderne la vitalité créatrice qu'ils avaient en ancien français. On a établi aussi un répertoire de cette sorte particulière de préfixes et de suffixes que sont *les éléments de composés savants*, véritables matériaux préfabriqués dont use et abuse la langue moderne.

**Une histoire de la langue**

Le second objectif de ce dictionnaire est de *donner une vue suffisamment juste de l'histoire du vocabulaire français*. Un de ses fondements principaux réside donc dans l'opposition entre mots populaires et mots savants.

Les premiers, soumis à l'érosion phonétique et aux innombrables accidents de l'étymologie populaire, ayant généralement perdu toute ressemblance avec leur étymon, bref, devenu des mots essentiellement français, forment le noyau central de notre vocabulaire. Mais si beaucoup d'entre eux sont parmi les plus fréquents de la langue, ils ne sont pas pour cela les plus nombreux. En effet, au cours des siècles, les clercs, les juristes, les lettrés, les savants ont enrichi le français d'innombrables mots grecs ou latins (les mots grecs, le plus souvent, par l'intermédiaire du latin), qui, légèrement francisés, forment bien souvent avec les mots populaires des couples de doublets.

On a donc adopté le parti de *commencer toujours les articles complexes par les mots populaires*, et de prendre en principe comme entrée de l'article le mot de formation populaire le plus simple de toute la famille étudiée : c'est du reste aussi, bien souvent, le plus ancien. Ceci pour éviter avant tout de donner l'impression que le français n'est qu'un démarquage du grec et du latin, et pour bien mettre en valeur ce qu'il y a dans notre vocabulaire de plus original et de plus ancien. Le lecteur devra donc s'habituer à trouver par exemple des mots comme *téléphone* sous *antienne*, et *cycliste* sous *quenouille*.

Ensuite *viennent les mots savants*, classés par origine, par bases phoniques, et, à l'intérieur de ces deux catégories, par ordre chronologique, toutes les fois qu'une raison de regroupement sémantique (à ce niveau terminal seulement) n'était pas prédominante.

On a réservé aussi leur place, bien sûr, aux *mots demi-savants* (c'est-à-dire des mots savants empruntés assez tot pour avoir subi ensuite une certaine évolution phonétique, ou des mots populaires retransformés, à un certain moment de leur histoire, sous l'influence de leur étymon latin, réel ou supposé), ainsi qu'aux *mots empruntés à des langues vivantes;* mais cela avec une certaine souplesse. On les trouvera tantot rassemblés dans une partie ou une sous-partie distincte, tantot rapprochés de mots populaires, tantot rapprochés de mots savants, selon l'intérêt que paraissait présenter tel ou tel regroupement dans tel cas particulier.

Ainsi, il est possible de trouver dans un même article le même mot latin sous une forme populaire, une forme empruntée et une forme savante ; et aussi d'y trouver juxtaposés le mot simple de formation populaire et les dérivés savants fonctionnant en relation avec lui : par exemple *œil* à côté d'*ocul(o)-* ou d'*opthalm(o)-*. Dans les cas où les dérivés savants fonctionnant en relation avec un mot populaire donné appartiennent à une autre famille étymologique, on a établi un système de références (on trouvera, par exemple un renvoi de *noir* à *mélano-* ; de *foie* à *hépato-*).

Enfin, *chaque mot est daté, au siècle près,* avec mention des variantes anciennes quand elles s'opposent à la forme moderne par un caractère plus populaire, par exemple, mais *non quand celle-ci n'en est que la suite normale,* selon une évolution dont rendent compte les traités de phonétique usuels, ou n'en diffère que par des détails orthographiques. Dans le cas des mots qui ont plusieurs sens on a tenté de dater, toujours au siècle près, l'apparition des divers emplois du mot.

**La structure des articles. L'index**

On aura donc souvent affaire à des articles longs et complexes, rassemblant un grand nombre de mots extrêmement divers. *En tête de l'article,* dans l'introduction qui donne la famille de l'étymon, on a généralement respecté l'ordre d'apparition des langues indo-européennes : grec puis latin, puis éventuellement langues celtiques ou germaniques. *Dans le corps de l'article,* au contraire, priorité a été donnée en principe au latin, à cause de son caractère dominant parmi les langues-sources du français. Toutefois, certaines raisons de commodité, ou la prédominance de l'une des langues-sources peuvent entraîner quelques dérogations à ces principes.

*Les grandes divisions de l'article sont indiquées par des chiffres romains, les divisions intermédiaires par des lettres majuscules, et les plus petites par des chiffres arabes.*

Cette présentation des choses rendait un *index* indispensable *pour tous les mots que nous n'avons pas retenus comme mots de base, ou mots-entrées.*

Celui-ci est l'œuvre de Mlle Danielle Le Nan, conservateur à la Bibliothèque nationale de Paris. Je tiens à la remercier ici d'avoir accepté de l'établir, ce qui était un travail long et minutieux, et aussi, de l'aide précieuse qu'elle m'a apportée en dépouillant pour moi des articles de revues et quelques ouvrages, surtout en langue allemande.

La consultation de ce dictionnaire demandera donc au lecteur quelque exercice du pouce et de l'œil, puisqu'il devra feuilleter d'abord le corps du dictionnaire *où il trouvera directement les mots-entrées* puis *l'index,* repérer ensuite dans le dictionnaire, grâce à sa numérotation, le mot cherché, remonter de l'étymon à l'introduction, prendre enfin une vue générale de cette introduction et du corps de l'article. La typographie, qu'on a voulue aussi claire que possible, l'y aidera grandement. On l'invite en somme, plutôt que de se procurer chez le détaillant le fruit qu'il cherche, à aller le cueillir lui-même, au milieu des autres de même espèce, sur un certain arbre, en un certain verger. Espérons qu'il trouvera quelque plaisir à la cueillette, et quelque saveur à la récolte.

Il faut bien distinguer, écrivaient F. Brunot et Ch. Bruneau, les familles réelles des familles historiques que l'on trouve dans les dictionnaires étymologiques. On verra pêle-mêle, dans ces ouvrages, *œuvre, opéra, opuscule, opérer, ouvrer, manœuvre, ouvrier, ouvroir, opération.* Les enfants qui apprennent cette liste risquent de croire que les *ouvriers* travaillent dans des *ouvroirs* où ils font des *ouvrages*. En réalité, ces mots sont absolument séparés. Un *ouvrier*, dans une *usine*, fait son *travail ;* une *jeune fille*, dans un *ouvroir*, fait de la *lingerie ;* un *professeur*, dans son cabinet, compose un *ouvrage*. Et ils concluaient : Il n'est pas de jeu plus vain et plus dangereux que celui de la recherche du sens étymologique et celui de la famille étymologique. Remarques justes, mais en partie seulement. D'abord, les enfants n'apprennent pas ces listes qui, jusqu'à présent, n'étaient présentées pratiquement nulle part sous forme de listes. Ensuite, le feraient-ils, que le mal ne serait peut-être pas si grand, et qu'il pourrait même en résulter quelque bien. Telle élève d'une classe supérieure de l'enseignement secondaire demandait un jour à son professeur de français quelle différence il pouvait bien y avoir au juste entre *abdication* et *abnégation*. Sans doute, un dictionnaire analogique l'aurait-il fort utilement aidée à rapprocher le premier de ces deux mots de *démission* et de *renonciation*, le second de *dévouement* et de *renoncement*. Mais il est probable que certaines connaissances d'ordre historique, en l'occurrence une teinture de latin, lui auraient tout simplement épargné cette perplexité, lui permettant de situer spontanément les deux mots, l'un dans l'aire du verbe *nier*, l'autre dans celle du verbe *dire*. Quoi qu'il en soit, il est bon que de telles questions soient posées, et qu'elles soient résolues par les deux méthodes complémentaires de la diachronie et de la synchronie. Un point est défini par son abscisse et son ordonnée, et sur quelque océan que ce soit, même lexical, on ne peut « faire le point » qu'en associant une longitude à une latitude.

JACQUELINE PICOCHE.

# BIBLIOGRAPHIE SOMMAIRE


A. Bailly, *Dictionnaire grec-français*, revu par L. Séchan et P. Chantraine, Paris, Hachette, 43e édition, 1991.

O. Bloch et W. von Wartburg, *Dictionnaire étymologique de la langue française.* 9e édition, Paris, P. U. F., 1991.

E. et J. Bourciez, *Précis de phonétique française.* 4e édition, Paris, Klincksieck, 1991.

J. Corominas, *Breve diccionario etimologico de la lengua castellana.* 2e édition, Madrid, Gredos, 1967.

A. Dauzat, *Dictionnaire des noms de famille et prénoms de France,* Paris, Larousse, (1951) 1992.

A. Dauzat, J. Dubois et H. Mitterand, *Nouveau Dictionnaire étymologique et historique,* Paris, Larousse, 1964.

A. Dauzat et Ch. Rostaing, *Dictionnaire des noms de lieux de France,* Paris, Larousse, 1963

G. Devoto, *Avviamento alla etimologia italiana, dizionario etimologico,* Firenze, Le Monnier. 2e édition, 1968.

A. Ernout et A. Meillet, *Dictionnaire étymologique de la langue latine ; histoire des mots.* 4e édition, Paris, Klincksieck, 1967.

G. Esnault, *Dictionnaire des argots,* Paris, Larousse, 1965.

E. Gamillscheg, *Französisches etymologisches Wörterbuch.* 2e Auflage, Heidelberg, C. Winter, Universitäts Verlag, 1966-1969.

B. Grandsaignes d'Hauterive, *Dictionnaire des racines des langues européennes,* Paris, Larousse, 1948.

A.-J. Greimas, *Dictionnaire de l'ancien français jusqu'au milieu du* xive siècle, Paris, Larousse, (1969) 1992.

P. Guiraud, *Structures étymologiques du lexique français,* Paris, Larousse, 1967.

F. Kluge, A. Götze et W. Mitzka, *Etymologisches Wörterbuch der deutschen Sprache.* 16e Auflage, Berlin, W. de Gruyter, 1957.

A. Meillet, *Introduction à l'étude comparative des langues indo-européennes,* Paris, 1922. Dernière réédition : University of Alabama Press et Paris, Klincksieck, 1966.

W. Meyer-Lubke, *Romanisches etymologisches Wörterbuch,* Heidelberg, 1935.

C. T. Onions, *The Oxford Dictionary of English Etymology,* Oxford, Clarendon Press, 1966.

P. Robert, *Le Petit Robert,* dictionnaire alphabétique et analogique de la langue française, 1 vol. Secrétaire général de la rédaction : Alain Rey. Société du Nouveau Littré, nouvelle édition mise à jour, Paris, 1990.

W. von Wartburg, *Französisches Etymologisches Wörterbuch.* 25 vol. et 2 « beihefte », Bonn, Tubingen, Bâle, Zbinden, 1922-1992.

# LISTE DES ABRÉVIATIONS

| | |
|---|---|
| abrév. | abréviation |
| acc. | accusatif |
| adj. | adjectif, adjectival |
| adm. | terme technique de la langue administrative |
| adv. | adverbe, adverbial |
| agric. | terme technique d'agriculture |
| all. | allemand |
| alter. | altération |
| amer. | américain |
| anat. | terme technique d'anatomie |
| anc. | ancien |
| angl. | anglais |
| antiq. | antiquité |
| ar. | arabe |
| arboric. | arboriculture |
| arch. | archaïsme, archaïque |
| archéol. | terme technique d'archéologie |
| archit. | terme technique d'architecture |
| arg. | argot, argotique |
| arith. | terme technique d'arithmétique |
| art. | article |
| astron. | terme technique d'astronomie |
| astrol. | astrologie |
| auj. | aujourd'hui |
| biol. | biologie |
| bot. | terme technique de botanique |
| blas. | blason |
| cathol. | catholique |
| chir. | terme technique de chirurgie |
| chrét. | chrétien |
| comm. | terme technique de la langue du commerce |
| comp. | composé |
| conj. | conjonction |
| conjug. | conjugaison |
| cuis. | terme technique de cuisine |
| demi-sav. | demi-savant (mot populaire modifié sous l'influence d'un mot savant, ou mot savant ayant évolué dans la langue parlée après son emprunt) |
| dér. | dérivé |
| dial. | dialecte, dialectal, dialectalement |
| dimin. | diminutif |
| eccl. | ecclésiastique |
| écon. | terme technique d'économie |
| électr. | terme technique d'électricité |
| électron. | terme technique d'électronique |
| empl. | emploi |
| empr. | emprunt, emprunté |
| en part. | en particulier |
| entomol. | terme technique d'entomologie |
| esp. | espagnol |
| ethnol. | ethnologie |
| étym. | étymologie, étymologiquement |
| ex. | exemple |
| ext. | extension |
| fam. | familier |
| fém. | féminin |
| fig. | figuré |
| fin. | terme technique de finances |
| fr. | français |
| franc | de la langue franque, sabir en usage dans les ports méditerranéens depuis les croisades jusqu'au XIXe s. |
| frq. | francique |
| géogr. | terme technique de géographie |
| géol. | géologie |
| géom. | terme technique de géométrie |
| germ. | germanique |
| got. | gotique (langue des Goths) |
| gr. | grec |
| gram.<br>gramm. | terme technique de grammaire |
| hist. | histoire |
| id. | idem, la même chose |
| « id. » | même sens |
| ind.-eur. | Indo-Européen |
| impér. | impératif |
| impr. | imprimerie |
| inc. | inconnu(e) |
| ind. | indicatif |
| industr. | industrie |
| inf., infin. | infinitif |
| infl. | influence |
| interj. | interjection |
| interm. | intermédiaire |
| interr. | interrogation |
| intrans. | intransitif |
| irl. | irlandais |
| it. | italien |
| opt. | terme technique d'optique |
| orth. | orthographe, orthographique |
| part. | participe |
| p.-ê. | peut-être |
| peint. | terme technique de peinture |
| péj.<br>péjor. | péjoratif |
| pers. | personne |
| pharm. | terme technique de pharmacie |
| philo. | terme technique de philosophie |
| phonet. | phonétique, phonétiquement, terme technique de phonétique |
| photo. | terme technique de photographie |
| phys. | terme technique de la langue de la physique |
| physiol. | terme technique de physiologie |

| | |
|---|---|
| jur. | juridique, terme de droit |
| lat. | latin |
| lat. class. | latin classique (Ier s. avant J.-C.) |
| lat. imp. | latin impérial (Ier s. et IIe s. après J.-C.) |
| bas lat. | latin écrit (postérieur au IIe s.) |
| lat. vulg. | latin vulgaire, langue parlée (formes reconstituées) |
| lat. médiéval et lat. mod. : langue savante écrite | |
| lat. eccl. | latin ecclésiastique (auteurs chrétiens de la fin de l'Empire) |
| ling.<br>linguist. | terme technique de linguistique |
| litt. | littéraire, littérature |
| liturg. | terme technique de liturgie |
| loc. | locution |
| log. | terme technique de logique |
| M. A. | Moyen Âge |
| mar. | marine |
| masc. | masculin |
| math. | terme technique de mathématique |
| mécan. | mécanique |
| méd. | terme technique de médecine |
| métaph. | métaphore, métaphorique, métaphoriquement |
| météor. | terme technique de météorologie |
| mérov. | mérovingien |
| milit. | terme technique de la langue militaire |
| minér. | terme technique de minéralogie |
| mod. | moderne |
| mus. | terme technique de musique |
| mythol. | mythologie |
| néerl. | néerlandais |
| nég. | négation |
| nom.<br>nomin. | nominatif |
| numis. | terme technique de numismatique |
| obs. | obscur |
| occ. | occidental |
| onom. | onomatopée ou onomatopéique |
| ophtalm. | terme technique d'ophtalmologie |
| pic. | picard |
| plur. | pluriel |
| pol. | terme technique de politique |
| pop. | populaire (mot transmis par tradition orale ininterrompue) |
| port. | portugais |
| post-class. | post-classique |
| précéd. | précédent |
| préf. | préfixe |
| pré-lat. | pré-latin |
| prép.<br>prépos. | préposition |
| prés. | présent |
| pron. | pronom, pronominal |
| prononc. | prononciation, prononcé |
| prov. | provençal |
| psycho. | terme technique de psychologie |
| rac. | racine |
| rad. | radical |
| rég. | régime, cas régime |
| relig. | terme technique de la langue des religions |
| rhét. | terme technique de rhétorique |
| rom. | romain(e) |
| sav. | savant (mot emprunté aux langues anciennes par la voie des textes écrits) |
| scand. | scandinave |
| scient. | scientifique |
| scol. | scolaire |
| sémant. | sémantique |
| sing. | singulier |
| s. m. | substantif masculin |
| soc. | terme technique de sociologie |
| subj. | subjonctif |
| subst. | substantif |
| suff. | suffixe |
| suiv. | suivant |
| syn. | synonyme |
| techn. | technique |
| théol. | terme technique de théologie |
| trad. | traduction |
| trans. | transitif |
| typo | terme technique de la typographie |
| var. | variante |
| vén. | vénerie |
| vers. | versification |
| zool. | terme technique de zoologie |
| « ... » | les guillemets indiquent que c'est le sens des mots qu'ils encadrent qui est pris en considération. |
| *italique* | les caractères italiques indiquent que c'est la forme des mots ainsi écrits qui est prise en considération. |
| * | les formes signalées par un astérisque sont reconstituées (non attestées dans les textes). |
| → | voir, se référer à (renvoie à un mot qui a un rapport de forme, de sens, ou d'origine avec le mot dont on part). |

N. B. Quoique les substantifs et adjectifs français de formation populaire représentent généralement des accusatifs latins, conformément à la tradition, leurs étymons sont donnés au nominatif, suivi éventuellement du génitif.

Dans le cas d'étymons verbaux on n'a indiqué habituellement que l'infinitif présent, suivi du partipe passé.

Dans le cas des étymons des mots populaires, on a indiqué la quantité de la pénultième lorsque c'était nécessaire pour déterminer la place de l'accent tonique.

# A

**À** lat. *ad*, préposition, ou *ad-*, préfixe, qui indiquent la direction vers, la destination. En lat. vulgaire, *ad* a tendu à exprimer la possession et l'instrument, a concurrencé et finalement éliminé le datif et la préposition *apud*, et a fini par se confondre avec la préposition *ab*, dont le fr. *à* représente quelques emplois.
♦ [1] **À**, prép. (pop.) X$^{e}$ s. ♦ [2] **A-**, préf. (pop. ou sav.) avec ses variantes *ac-*, *af-*, *al-*, *am-*, *ar-*, *as-*, *at-*, qui existaient déjà en latin et sont dues à l'assimilation du *d* à la consonne suivante; ex. : *accumuler*, *afférent*, etc. ♦ [3] **AD-**, préf. (sav.) décalque du lat. *ad-*; ex. : *adjoindre* substitué à l'anc. fr. *ajoindre*.

**AB-, ABS-** lat. *ab*, préposition et préverbe, et sa variante *abs*, qui remontent, ainsi que le gr. *apo-*, à ind.-eur. *ap-, *apo-, indiquant l'origine. ♦ [1] **AB-, ABS-** (sav.) ex. : *abdiquer, abstraire*. ♦ [2] **APO-** (sav.) et sa var. **APH-** (sav.) : gr. *apo-*; indique l'éloignement, la séparation; généralement combiné avec des bases d'origine grecque, ex. : *apocalypse, apocope*, etc.

**ABAQUE** (sav.) XII$^{e}$ s. lat. *abacus* empr. au gr. *abax* « table à calcul ».

**ABBÉ** ♦ [1] (pop.) XI$^{e}$ s. « chef d'une communauté religieuse », XVII$^{e}$ s. « tout homme portant un habit ecclésiastique », XIX$^{e}$ s. « ecclésiastique qui n'est ni titulaire d'une cure ni chanoine » : lat. eccl. *abbas, abbātis*, empr. au grec, lui-même empr. à la langue parlée en Palestine à l'époque du Christ : araméen *abba* « père ». *Abba*, employé dans les épîtres de saint Paul pour exprimer les sentiments filiaux du chrétien à l'égard de Dieu (Rom. VIII 15, Gal. IV 6), a été étendu analogiquement à l'attitude du moine envers son supérieur. ♦ [2] **ABBESSE** (pop.) XII$^{e}$ s. : lat. eccl. *abbatissa*, de *abbas*; **ABBAYE** (pop.) XII$^{e}$ s. : *abbatia*. ♦ [3] Dér. sav. : **ABBATIAL** XV$^{e}$ s.; **ABBATIAT** XIX$^{e}$ s.

**ABDOMEN** (sav.) XVI$^{e}$ s. : lat. *abdomen, -inis* « ventre »; **ABDOMINAL** XVII$^{e}$ s.

**ABÉCÉ** ensemble de mots se rattachant à certaines lettres de divers alphabets.

**I.** alphabet latin

♦ [1] **ABÉCÉ** (pop.) XII$^{e}$ s. : des trois premières lettres de l'alphabet. ♦ [2] **ABÉCÉDAIRE** (sav.) XVI$^{e}$ s. : bas lat. *abecedarium*. ♦ [3] **BÉMOL** XIV$^{e}$ s. et **BÉCARRE** XV$^{e}$ s. : it. *b molle* « b mou », c.-à-d. « à panse arrondie », et it. *b quadro* « b à panse carrée »; le *b*, qui désignait d'abord la note *si*, est devenu, ainsi diversifié, un signe d'altération; **BÉMOLISER** XVIII$^{e}$ s. ♦ [4] **CÉDILLE** XVII$^{e}$ s. : esp. *cedilla* « petit *z* », dimin. de *zeda*, interprété ensuite comme signifiant « petit *c* ». ♦ [5] **J.** et **H.** : abrév. de *Jour* et *Heure* (instructions militaires). ♦ [6] **X et Y** XVII$^{e}$ s. « inconnues », en langage algébrique, d'où leur emploi dans *Monsieur X ou Y; un temps X*; XIX$^{e}$ s. : rayons, et, en argot d'étudiants, l'École polytechnique.

**II.** alphabet grec

♦ [1] **ALPHABET** (sav.) XV$^{e}$ s. : lat. imp. *alphabetum*, des deux premières lettres de l'alphabet grec, *alpha* et *bêta*; **ALPHABÉTIQUE** XV$^{e}$ s.; **ANALPHABÈTE** XVI$^{e}$ s. : it. *analfabeto* « illettré »; **ANALPHABÉTISME** XX$^{e}$ s. : it. *analfabetismo*; **ALPHABÉTISER**, **ALPHABÉTISATION**, XX$^{e}$ s. ♦ [2] **ALPHA** (sav.) XII$^{e}$ s. : *l'alpha et l'omega* « la première et la dernière lettre de l'alphabet grec » d'où « le commencement et la fin », désigne Dieu, dans l'Apocalypse; dans la langue scient. mod. **RAYONS ALPHA**, classement **ALPHANUMÉRIQUE** XXe s. ♦ [3] **BÊTA** XXe s., deuxième lettre de l'alphabet grec ; désigne certains rayons ; d'où **BÊTATRON** et **BÊTATHÉRAPIE** XXe s. ♦ [4] **GAMME** (sav.) XIIe s. : *gamma*, troisième lettre de l'alphabet grec, qui a désigné d'abord la première note de la gamme ; puis, la gamme entière ; *croix* **GAMMÉE** (sav.) XIVe s. « croix dont les quatre branches se terminent en forme de gamma majuscule ». (Rayons) **GAMMA, GAMMAGLOBULINE** XXe s. ♦ [5] **DELTA** (sav.) XIIIe s., d'abord à propos du Nil : nom de la quatrième lettre de l'alphabet grec, équivalent de *d*, employé métaphoriquement à cause de la forme triangulaire de la majuscule ; **DELTOÏDE** XVIe s., bot. et anat. ♦ [6] **IOTA** (sav.) XIIIe s. : nom de la lettre *i*, la plus petite de l'alphabet grec, d'où l'expression *pas un iota* ; **IOTACISME** XIXe s. ling. « emploi fréquent du son *i* dans une langue ». ♦ [7] **PI** (sav.) XIXe s., symbole math. : nom de la 16e lettre de l'alphabet grec, correspondant à *p* ; lettre initiale de *periphereia* « circonférence ». ♦ [8] **RHOTACISME** (sav.) XIXe s., ling. « évolution vers *r* d'une autre consonne », méd. « difficulté à prononcer les *r* » : dér. analogique de *iotacisme*, de *rhô*, nom de la 17e lettre de l'alphabet grec, équivalent de *r*. ♦ [9] **SIGMA** (sav.) XVIIe s. : nom de la 18e lettre de l'alphabet grec, correspondant à *s* **SIGMOÏDE** XVIIe s. : gr. *sigmoeidês* « en forme de sigma ». ♦ [10] **CHIASME** (sav.) XIXe s. rhét. : gr. *khiasma* « croisement », dér. de *khiazein* « disposer en forme de *khi* » ; le *khi* est la 22e lettre de l'alphabet grec, en forme de croix de Saint-André, transcrivant un *k* aspiré. ♦ [11] **OMÉGA** (sav.) XIIe s. : littéralement « grand *o* », 24e et dernière lettre de l'alphabet grec, notant un *o* long ouvert → ALPHA.

**III.** alphabet hébreu

**YOD** (sav.) XVIIIe s., lettre hébraïque ; XXe s., phonét., semi-consonne fricative palatale : nom de la consonne des alphabets phénicien et hébreu correspondant à notre *y*.

**ABEILLE** ♦ [1] (pop.) fin XIIIe s. La forme simple lat. class. *apis* « abeille » ayant abouti à l'anc. fr. *ef*, plur. *és*, prononcé *é*, forme trop brève pour subsister, divers substituts ont été adoptés par les différents dialectes : le diminutif, *avette* du lat. vulg. *apĭtta, dans la région angevine, *mouche à miel* dans le Nord, *mouchette* dans l'Est. **ABEILLE** est un empr. au prov. *abelha*, du lat. *apĭcŭla*, diminutif de *apis*. ♦ [2] dér. sav. de *apis* : **APICOLE, APICULTEUR, APICULTURE** XIXe s.

**ABÎME** ♦ [1] (demi-sav.) XIIe s., fém. jusqu'au XVIIe s., utilisé d'abord dans les textes bibliques : lat. chrét. subst. *abyssus* « abîme », empr. au gr. eccl., du gr. class. adj. *abussos* « sans fond ». En ancien prov., en esp. et en fr., la terminaison a été altérée sous l'influence des mots savants en *-ìsmus*. → -ISME, art. -OYER. **ABÎMER** XIVe s. « jeter dans un abîme », XVIe s. « endommager ». ♦ [2] dér. sav. de *abyssus* : **ABYSSAL** XVIe s. théologie, XXe s. géogr. et océanographie. ♦ [3] **ABYSSE** (sav.) XXe s.

**ABOMINABLE** famille du lat. class. *omen, ominis* « présage » et *abominari* « repousser comme un mauvais présage », « s'écarter avec horreur de », « détester », d'où lat. eccl. *abominatio* « fait de repousser », « chose abominable » et *abominabilis* « abominable ».
En fr. : **ABOMINABLE, ABOMINATION, ABOMINER** (sav.) XIIe s. sens religieux, XIVe s. sens actuel ; **ABOMINABLEMENT** XIVe s.

**ABRACADABRANT** (sav.) XIXe s. adj. plaisant, peut-être né dans le milieu de la médecine, dér. d'*abracadabra*, formule magique d'origine grecque qui passait pour guérir les fièvres et diverses maladies. Premier élément : *abraxas*, mot magique fréquemment gravé sur des amulettes du IIe s. ap. J.-C. provenant de l'entourage du philosophe gnostique égyptien Basilide. Second élément : peut-être altération de l'hébreu *dābār* « mot ».

**ABRI** (pop.) fin XIIe s. dér. de l'anc. fr. *abrïer* « mettre à l'abri », qui survit comme terme de marine : lat. vulg. *aprĭcāre* « réchauffer », se chauffer au soleil », du lat. class. *apricari*, dér. de *aprĭcus* « exposé au soleil ». **ABRITER** XVe s.

**ABSIDE** ♦ [1] (sav.) XVIe s. archit., astron. : lat. vulg. *absida*, du lat. class. *absis, -idis*, empr. au gr. *hapsis* « voûte ». **ABSIDIOLE** XIXe s. ♦ [2] **APSIDE** (sav.) XVIIIe s. astron. « voûte du ciel », « orbite d'une planète » : gr. *hapsis, -idos* par le lat. imp.

**ABSINTHE** (sav.) XVe s. plante, XIXe s. liqueur, a concurrencé puis éliminé l'anc. fr. *absince* ; masc. ou fém. jusqu'au XVIIe s. : lat. *absinthium*, sens fig. « amertume » en lat. eccl., du gr. *apsinthion* « absinthe ». **ABSINTHISME** XIXe s. ; **ABSINTHOMANIE** XXe s.

**ABSORBER** famille du lat. class. *sorbēre, sorbitus* ou *sorptus* « avaler », d'où les dér. de même sens, lat. class. *absorbēre*, lat. eccl. *absorptio*, lat. imp. *resorbere*.

**I.** base *-sorb-* (sav.) : **ABSORBER** XIIIe s., a concurrencé puis éliminé l'anc. fr. *assorbir*; **ABSORBEMENT** XIXe s. chimie; **RÉSORBER** XVIIIe s.
**II.** base *-sorpt-* (sav.) : **ABSORPTION** XVIe s.; **RÉSORPTION** XVIIIe s.

**ACACIA** (sav.) XVIIe s., élimine *acassia* XVIe s., *acace* XVe s., *acacie* XIVe s. : lat. *acacia*, du gr. *akakia*, même sens.

**ACAJOU** XVIe s. : port. *acaju*, fruit du *cajueiro*, adaptation de *acaiacatinga*, mot tupi (langue du Brésil). Le nom du fruit a servi à désigner en français le bois de l'arbre.

**ACCÉLÉRER** famille du lat. *celer* « rapide », d'où *celerare* « (se) hâter, accélérer », ses dér. *accelerare* et *acceleratio* et *celeritas* « rapidité ».
D'où les mots sav. **ACCÉLÉRER, ACCÉLÉRATION,** et **CÉLÉRITÉ** XIVe s. Dér. fr. : **ACCÉLÉRATEUR** XVIIe s. anat. « muscle accélérateur », XVIIIe s. phys., XIXe s. techn., XXe s. *accélérateur de particules*; **ACCÉLÉRÉ** XXe s. cinéma; **DÉCÉLÉRER** et **DÉCÉLÉRATION** XXe s.

**ACHARD** XVIIe s., d'abord *achar*, mot portugais d'origine malaise.

**ACOLYTE** représentants de la famille du gr. *akolouthein* « accompagner », « suivre ».
♦ [1] **ACOLYTE** (sav.) XIIe s. « clerc qui sert à l'autel », XVIIe s. « auxiliaire », fr. mod. « complice », péjor. : lat. eccl. *acolytus*, du gr. *akolouthos* « compagnon de route », « serviteur ».
♦ [2] **ANACOLUTHE** (sav.) XVIIIe s. gramm. : bas lat. et gr. *anakolouthon* « manque de suite dans le discours ».

**ACOUSTIQUE** (sav.) XVIIIe s. : gr. *akoustikos* « qui concerne l'audition », de *akouein* « entendre ». **ACOUSTICIEN** XXe s.

**ACRE** famille de l'ind.-eur. **agro-* « terrain de parcours s'opposant aux endroits habités », « campagne », d'où germ. commun **akraz*, lat. *ager*, gr. *agros* « champ », « domaine », « territoire ».
♦ [1] **ACRE** (pop.) XIIe s. « mesure agraire ». Mot de l'Ouest de la France emprunté à l'angl. *acre* d'origine germ. (→ all. *Acker* « champ ».) ♦ [2] **AGRESTE** (sav.) XIIIe s. : lat. *agrestis* « champêtre ». ♦ [3] **AGRICOLE, AGRICULTEUR, AGRICULTURE** (sav.) XIVe s., décalque des composés latins *agricola* « cultivateur », *agricultor* et *agricultura*. *Agriculteur* est devenu usuel au XVIe s.; *agriculture* et *agricole*, tombés en désuétude, ont été repris comme néologismes au XVIIIe s.; *agricole* jusque-là subst. est devenu alors adj. ♦ [4] **AGRAIRE** (sav.) XIVe s., XVIIIe s. « loi agraire », d'où **AGRARIEN** XVIIIe s. : lat. *agrarius*, dérivé de *ager*. ♦ [5] **AGRO-** (sav.) premier terme de composés sav. : gr. *agros*; **AGRONOME** (sav.) XIVe s. « magistrat chargé de l'administration rurale », XVIIIe s. sens actuel; **AGRONOMIE** XIVe s.; **AGRONOMIQUE** XVIIIe s.; **AGROVILLE** XXe s. ♦ [6] le lat. *peregrinus* « qui voyage à l'étranger » est un composé de *ager*, dont le premier élément est discuté. Forme dissimilée : lat. eccl. *pelegrinus*, d'où **PÈLERIN** (pop.) XIe s. : **PÈLERINAGE** id.; **PÈLERINE** XIXe s. « vêtement de pèlerin ». ♦ [7] mots sav. de la famille de *peregrinus* : **PÉRÉGRIN** XIVe s.; **PÉRÉGRINER** XVe s.; lat. *peregrinari*; **PÉRÉGRINATION** XIIe s. : lat. *peregrinatio*.

**ACRO-** (sav.) : gr. *akros* « extrémité »; premier élément de composés formés à l'aide de bases grecques, passés dans la langue commune ou propres à la langue scientifique. **ACROBATE** XVIIIe s. : gr. *akrobatos* « qui marche sur la pointe des pieds », « danseur de corde »; **ACROBATIE, ACROBATIQUE** XIXe s. (→ VENIR); **ACROCÉPHALIE** XIXe s. (→ CEPHAL(O) —); **ACROSTICHE** XVIe s. « vers formé par l'extrémité des autres » (→ CADASTRE); **ACROTÈRE** XVIe s. : gr. *akrotērion*, de *akros* « extrémité des frontons supportant des ornements ».

**ADAGE** (sav.) XVIe s. : lat. *adagium* « proverbe », de la famille de *aio* « affirmer ».

**-ADE** suffixe nominal féminin. ♦ [1] (pop.) → -E, -ÉE ♦ [2] (sav.) : gr. *-as*, *-ados* dans **MONADE** (→ MOINE), **TRIADE** (→ TROIS), **DÉCADE** (→ DIX).

**ADHÉRER** famille du lat. *haerere*, *haesus* « être attaché, arrêté »; fréquentatif *haesitare* « être embarrassé » d'où « hésiter »; famille entièrement savante.
**I.** base *hér-*
♦ [1] **ADHÉRER** XIVe s. « coller » « se rallier »; **ADHÉRENCE** XIVe s. « id. ». Sens de « fidélité » du XVe au XVIIe s.; **ADHÉRENT** XIVe s. : lat. *adhaerere*. ♦ [2] **COHÉRENT** XVIe s. : lat. *cohaerere*; **COHÉRENCE** XVIe s. lat. *cohaerentia*. **INCOHÉRENT, INCOHÉRENCE** XVIIIe s. ♦ [3] **INHÉRENT** XVIe s. et **INHÉRENCE** XIVe s. rare jusqu'au XVIIIe s., lat. *inhaerere*.

**II.** base *hés-*
♦ [1] **HÉSITER** XV^e^ s. lat. *haesitare*; **HÉSITATION** XIII^e^ s. lat. *haesitatio*; **HÉSITANT** XVIII^e^ s. ♦ [2] **ADHÉSION** XV^e^ s. lat. *adhaesio*; **ADHÉSIF** XV^e^ s. ♦ [3] **COHÉSION** XVII^e^ s. lat. *cohaesio*.

**ADIPEUX** dérivés français savants du lat. *adeps, adipis* « graisse ».
♦ [1] **ADIPEUX** XVI^e^ s.; **ADIPOSITÉ, ADIPOSE** XX^e^ s. ♦ [2] **ADIPO-** base servant à la formation de mots composés scientifiques : **ADIPOLYSE, ADIPOPEXIE** XX^e^ s.

**ADOUBER** ♦ [1] (pop.) XI^e^ s. « équiper un chevalier », XVI^e^ s. et XVII^e^ s. « arranger » (→ esp. *adobar* « arranger », « assaisonner », it. *addobbare* « orner », « cuisiner »; → aussi : frq. **dubban* « frapper », parce qu'on frappait le nouveau chevalier du plat de l'épée lors de la cérémonie de l'**ADOUBEMENT** (pop.) XII^e^ s.). ♦ [2] dérivés spécialisés dans la langue maritime : **RADOUBER** XIII^e^ s. d'où **RADOUB** XVI^e^ s. ♦ [3] Par l'intermédiaire de l'it. *dobba* « marinade », *addobbo* « assaisonnement », *addobbare* « cuisiner », eux-mêmes empr. au fr. ou à l'esp. : **DAUBE** (pop.) XVII^e^ s.; **DAUBER** XIX^e^ s. « faire cuire en daube ».

**ADRAGANTE** représentants en fr. de la famille du gr. *acanthos* « plante épineuse ».
♦ [1] **ADRAGANTE** (demi-sav.) XVI^e^ s. altération de *tragacante* XVI^e^ s. : lat. et gr. *tragacantha* « épine de bouc », de *tragos* « bouc » (→ TRAGÉDIE, art. ODE) et *acantha* « épine ». ♦ [2] **ACANTHE** (sav.) XV^e^ s. ♦ [3] **ACANTHO-** base exprimant l'idée de pointe fine, d'épine, servant à former des mots composés scientifiques aux XIX^e^ et XX^e^ siècles, ex. : **ACANTHOCARPE, ACANTHOGLOSSE**, etc. (→ aussi AIGRE, III 3).

**ADULER**, **ADULATEUR** (sav.) XIV^e^ s. et **ADULATION** (sav.) XII^e^ s. : lat. *adulari* « caresser », « flatter », et ses dér. *adulator* et *adulatio*.

**AFFALER** (pop.) XVII^e^ s. mar., XIX^e^ s. *s'affaler* sens actuel : néerl. *afhalen* « tirer (un cordage) vers le bas »; **AFFALEMENT** XX^e^ s.

**AFFLIGER** famille du lat. arch. *fligere, flictus* « battre », d'où *affligere* « abattre », *afflictio, confligere* « heurter » et *conflictus* « choc », *infligere* « lancer contre ».
**I.** base *-flit* **CONFLIT** (demi-sav.) XII^e^ s. : lat. tardif *conflictus*.
**II.** base *-flig-* ♦ [1] **AFFLIGER** (sav.) XII^e^ s., « blesser », « endommager », XVII^e^ s. « attrister » : lat. class. *affligere*; **AFFLIGEANT** XVI^e^ s. ♦ [2] **INFLIGER** (sav.) XV^e^ s. rare jusqu'au XVII^e^ s. : lat. tard. *infligere*.
**III.** base *-flict-* ♦ [1] **AFFLICTION** (sav.) XI^e^ s. : lat. tardif *afflictio*; **AFFLICTIF** XVII^e^ s. ♦ [2] **CONFLICTUEL** XX^e^ s. ♦ [3] **INFLICTIF** XVII^e^ s.

**AFFRE** (pop.) XV^e^ s. « effroi ». XVIII^e^ s. seulement dans les *affres de la mort* : anc. prov. *afre* « horreur » p.-ê. déverbal du v. *afera(r)* var. de anc. fr. *efferer* (→ EFFARER, art. FIER) : lat. *adferare* « rendre sauvage »; **AFFREUX** XVI^e^ s.

**AFFUBLER** famille du lat. *fibula* « agrafe, fermoir » d'où *fibulare* « agrafer » et lat. tardif *affibŭlāre*, id.
♦ [1] **AFFUBLER** (pop.) XI^e^ s. avec labialisation de *i* entre *f* et *b*, d'abord au sens neutre de « habiller, vêtir » : lat. *affibŭlāre*; **AFFUBLEMENT** XIII^e^ s. ♦ [2] **FIBULE** (sav.) XVI^e^ s. : lat. class. *fibula*.

**AGACE** ♦ [1] (pop.) XVI^e^ s. « pie » : germ. *agaza*. ♦ [2] **AGACER** (pop.) XIII^e^ s. « crier » en parlant de la « pie », XVI^e^ s. sens actuel : dér. de *agace*, a supplanté au XV^e^ s. l'anc. fr. *aacier* « agacer les dents », du lat. vulg. **adaciare*, dérivé de *aceo* « être acide, acidifier ». **AGACEMENT** XVI^e^ s., **AGACERIE** XVII^e^ s.

**AGAPE** (sav.) XVI^e^ s. sens propre, XIX^e^ s. « repas » en général : lat. eccl. empr. au gr. *agapê* « amour », qui avait servi à désigner les « repas fraternels » des premiers chrétiens.

**-AGE** famille du suffixe lat. *-ātĭcus*.
♦ [1] **-AGE** (pop.) suffixe servant à former des adjectifs et surtout des noms d'action et d'état à partir de bases verbales, ex. : *doublage, feuillage* et des subst. à valeur collective sur des substantifs. ♦ [2] **-DAGE, -TAGE** formes élargies par des consonnes non étymologiques, ex. : *marivaudage, numérotage*. ♦ [3] **-ATIQUE** (sav.) suffixe servant à former des adjectifs, ex. : *aquatique, lunatique*; s'est confondu avec le suffixe gr. *-atikos* qui avait une valeur ethnique, ex. : *asiatique, dalmatique*.

**ÂGE** famille du lat. class. *aevus* « durée » (qui s'opposait à l'origine à *tempus*, de sens ponctuel → TEMPS) : dér. **aevitas* devenu en lat. class. *aetas* « durée de la vie », en lat. vulg. **aetaticum*; **aeviternus*, devenu en lat. class. *aeternus* « qui dure toute la vie », « éternel », avec ses dérivés lat. class. *aeternitas* « éter-

nité » et lat. eccl. *aeternalis* « éternel »; lat. class. *longaevus* « qui vit longtemps ».
♦ [1] **ÂGE** (pop.) XIe s. d'abord « époque » : lat. **aetātĭcum*, a concurrencé puis éliminé l'anc. fr. *aé*, *éé*, formes trop brèves; du lat. *aetātem*; **ÂGÉ** XIIIe s. « majeur » ♦ [2] **ÉTERNITÉ** (sav.) XIIe s. : lat. *aeternitas*; **ÉTERNEL** (sav.) XIIe s. : lat. *aeternalis*; **ÉTERNELLEMENT** XIIIe s.; **ÉTERNISER** XVIe s., rare jusqu'au XVIIIe s. ♦ [3] **LONGÉVITÉ** (sav.) XVIIIe s. : bas lat. *longaevitas*, dér. de *longaevus*, dont le premier élément est *longus* « long »; **MÉDIÉVAL** → MI.

**AGIR** (→ I. B. 1. 1) famille d'une racine ind.-eur. **ag-* « pousser devant soi (un troupeau) » représentée en lat. par *agere, actus* « conduire », puis « agir », « faire » en général (*-igere* en composition) et en grec par *agein* « conduire ».

I. mots issus du latin

Les dér. latins de *agere* représentés en fr. sont : (1) *agitare* « pousser fortement », fréquentatif de *agere* (2) *actio* « activité », *actus* « action », *activus* « actif » (3) *agilis* « qui avance vite », « rapide » (4) *ambigere* « pousser de part et d'autre », « laisser en suspens », « douter », *ambages* « détours » et *ambiguus* « ambigu » (5) **co-agere* d'où (a) la forme contractée *cogere* « rassembler », « contraindre » et son fréquentatif *cogitare* « agiter des pensées », « penser »; (b) les formes non contractées *coagulare* « condenser », « épaissir », lat. vulg. **coactire* « presser » et lat. vulg. **coacticare*, son fréquentatif, « serrer » (6) **ex-agere* devenu en lat. class. *exigere*, qui au cours de son évolution a pris des sens variés, en particulier (a) « pousser », « faire sortir »; (b) « exiger »; (c) « peser », d'où *exiguus* « trop strictement pesé »; **ex-ag-s-men* devenu en lat. class. *examen*, d'où *examinare*, se rattache à (a) au sens d'« essaim », à (c) au sens de « pesée »; bas lat. *exagium* « pesée » d'où *exagiare; exactus* « pesé » (7) *prodigere* : « jeter devant soi », « dissiper », d'où *prodigus* « prodigue » (class.) et *prodigalitas* (rare) (8) *redigere* « ramener en arrière », « réduire » (9) *transigere* « pousser à travers », « mener à son temps », « achever ».

A. mots populaires

♦ [1] **CACHER** XIIIe s. : **coactĭcāre* a concurrencé puis éliminé l'anc. fr. *escondre*, du lat. vulg. *excondere*. **CACHE** XVIe s. fém. « cachette », XIXe s. masc. photo.; **CACHETTE** XIVe s.; **CACHET** XVe s. « empreinte sur de la cire » (se rattache au sens de « presser » que *cacher* a eu pendant un certain temps en anc. fr.), XVIIIe s. « carte sur laquelle on marquait chaque leçon donnée », d'où XXe s. « rétribution d'un artiste pour un engagement déterminé », XVIIIe s. « marque caractéristique » dans *avoir du cachet*, XXe s. pharm.; **CACHETER** XVe s.; **DÉCACHETER, RECACHETER** XVIe s.; **CACHOT** XVIe s.; **CACHOTTER** XVIIe s.; d'où **CACHOTTERIE** et **CACHOTTIER** XVIIe s. — Composés : **CACHE-CACHE** XVIIIe s. avec valeur intensive des deux impératifs juxtaposés; **CACHE-COL** XVIe s.; **CACHE-CORSET** XIXe s.; **CACHE-MISÈRE** XIXe s.; **CACHE-NEZ** XVIe s.; **CACHE-POT** XVIIe s.; **CACHE-POUSSIÈRE** XIXe s.; **CACHE-SEXE** fin XIXe s.; **CACHE-TAMPON** XIXe s. ♦ [2] **CAILLER** XIIe s. : *coagŭlāre*. **CAILLETTE** XIVe s. « estomac des ruminants », dont on tire la présure qui sert à faire cailler le lait; **CAILLOT** XVIe s. — Composés : **CAILLE-BOTER** XIIIe s. mot de l'Ouest de la France, de *cailler* et *boter*, var. de *bouter* « mettre », d'où « mettre en caillot »; **CAILLE-BOTTE** XVIe s. « masse de lait caillé »; **CAILLE-LAIT** XVIIIe s. ♦ [3] **CATIR** XIIe s. « presser, cacher », XVIIe s. « donner du lustre à une étoffe » en la pressant : **coactīre*. — Dér. : **CATI** XVIIe s. « apprêt »; **DÉCATIR** XVIIIe s. sens propre, XIXe s. « vieillir ». ♦ [4] **CUIDER** XIe s. « croire », survit encore au XVIIe s. : *cogĭtāre*, d'où anc. fr. *s'outrecuider* « être présomptueux », dont survit le participe présent **OUTRECUIDANT** XIIIe s. et le dér. **OUTRECUIDANCE** XIIe s. ♦ [5] **ESSAIM** XIIe s. : *exāmen* d'où **ESSAIMER** XIIIe s. et **ESSAIMAGE** XIXe s. ♦ [6] **ESSAI** XIIe s. : *exagium*; **ESSAYER** XIe s. : *exagĭāre*. **ESSAYAGE** XIXe s.; **ESSAYISTE**, par l'intermédiaire de l'angl. *essayist*, tiré du fr. *essai* au sens littéraire du mot. ♦ [7] **AUTODAFÉ** XVIIIe s. : port. *auto da fe* « représentation de la foi » dont le premier élément représente *actum*. ♦ [8] **LAZZI** XVIIe s. : it. *lazzi*, plur. de *lazzo* « action bouffonne » remonte peut-être à *actio*, agglutiné avec l'article et croisé avec *razzo* « fusée ».

B. mots savants ou demi-savants

1. base *-ag-* ♦ [1] **AGIR** (demi-sav.) XVe s., en particulier sens jur.; XVIe s. apparition de *s'agir*, calqué sur le lat. *agitur de*, de même sens : *agere*, avec changement de conjugaison. **AGISSANT** part. présent, prend valeur d'adj. et son sens actuel au XVIIe s.; **AGISSEMENTS** fin XVIIIe s.; **RÉAGIR** XVIIe s. ♦ [2] **AGENDA** (sav.) XIVe s. *agende*, abrév. de *agenda diei*, « registre d'église indiquant les offices de chaque jour » XVIIe s. *agenda*, XVIIIe s. « carnet » : mot lat., plur. neutre de *agendum* « choses qui doivent être faites ». ♦ [3] **AGENT** (sav.) XIVe s.« qui agit » : *agens*, part. présent de *agere*; XVIe s. « chargé de mission » : it. *agente*, même ori-

gine; XX^e s. « policier »; **AGENCE** XVII^e s. : it. *agenzia*, dér. de *agente*. ♦ [4] **AGILE** (sav.) XIV^e s. : *agilis*, d'où **AGILITÉ** XIV^e s. et **AGILEMENT** XV^e s. ♦ [5] **AGITER** (sav.) XIII^e s. : *agitare*, d'où **AGITATION** XIV^e s. : *agitatio*, et **AGITATEUR** XVI^e s., XVII^e s. sens polit. empr. à l'angl. ♦ [6] **AMBAGES** (sav.) XIV^e s. : *ambages*. ♦ [7] **COAGULER** (sav.) XIII^e s. : *coagulare*, d'où **COAGULATION** XIV^e s., **COAGULABLE** XVII^e s., **COAGULANT** XIX^e s.

2. base *-ig-* ♦ [1] **AMBIGU** (sav.) XIV^e s. : *ambiguus*, et **AMBIGUÏTÉ** XIII^e s. : *ambiguitas*. ♦ [2] **EXIGER** (sav.) XIV^e s. : *exigere*, d'où **EXIGEANT** XVIII^e s. comme adj., **EXIGENCE** XIV^e s. : *exigentia*; **EXIGIBLE** XVII^e s., **EXIGIBILITÉ** XVIII^e s. ♦ [3] **EXIGU** (sav.) XV^e s. : *exiguus*, d'où **EXIGUÏTÉ** XV^e s. rare jusqu'au XIX^e s. : *exiguitas*. ♦ [4] **PRODIGUE** (sav.) XIII^e s. : *prodigus*, d'où **PRODIGUER** XVI^e s.; **PRODIGALITÉ** XIII^e s. : bas lat. *prodigalitas*. ♦ [5] **RÉDIGER** (sav.) XV^e s. « ramener », « disposer, arranger », d'où le sens actuel : *redigere*. ♦ [6] **TRANSIGER** (sav.) XIV^e s. : *transigere*; **INTRANSIGEANT** XIX^e s. polit.; esp. *intransigente*, de même origine.

3. base *-act-* ♦ [1] **ACTE** (sav.) XIV^e s. jur., XVI^e s. « action », XVII^e s. « actes d'une assemblée », en parlant du parlement britannique, par l'intermédiaire de l'angl. : *acta*, « choses faites », plur. neutre de *actus*, part. passé de *agere*; XVI^e s. théâtre : *actus* « action scénique ». ♦ [2] **ACTIF** (sav.) XII^e s. adj. philo. contraire de « passif », ou « contemplatif », XV^e s. log. et gram., XVIII^e s. subst., *l'actif d'une entreprise : activus*; **ACTIVITÉ** XV^e s. : bas lat. *activitas*. **INACTIF** XVIII^e s.; **INACTIVITÉ** XVIII^e s.; **ACTIVEMENT** XIV^e s.; **ACTIVER** XV^e s. « faire agir », XIX^e s. « accélérer »; **ACTIVATEUR** XX^e s.; **ACTIVATION** XX^e s.; **ACTIVISME** XX^e s.; **ACTIVEUR** XX^e s. — Composés : **RADIOACTIF, RADIOACTIVITÉ** fin XIX^e s.; **RÉTROACTIF** XVI^e s. : déjà en lat. *retroagere* « ramener en arrière »; **RÉTROACTIVITÉ** XIX^e s.; **RÉTROACTION** XVIII^e s. ♦ [3] **ACTEUR** (sav.) XIV^e s. « auteur », par confusion avec *auctor*, XVII^e s. « comédien » : *actor*, dér. de *agere*. ♦ [4] **ACTION** (sav.) XII^e s. dans *action de grâces*, XIII^e s. sens général et sens jur., XVII^e s. sens financier, peut-être sous l'influence du néerl. *aktie*. Dér. **INACTION** XVII^e s.; **INTERACTION** XX^e s.; **ACTIONNER** XIV^e s. jur., XVI^e s. « rendre actif », XIX^e s. *s'actionner* « avoir de l'activité »; **ACTIONNAIRE** XVII^e s.; **ACTIONNARIAT** XX^e s. ♦ [5] **ACTUAIRE** (sav.) XIV^e s. : bas lat. *actuarius*, → sens jur. de *acte*; d'où **ACTUARIAT** et **ACTUARIEL** XX^e s. ♦ [6] **ACTUEL** (demi-sav.) XIII^e s. « réalisé » (→ l'opposition *acte-puissance* en philo.), XVIII^e s. « présent » : lat. scolastique *actualis*, d'où **ACTUELLEMENT** XIV^e s. et les dér. savants **ACTUALITÉ** XIV^e s. philo., XIX^e s. sens moderne. **ACTUALISER** XVII^e s. chimie, XIX^e s. « rendre actuel », **ACTUALISATION** XIX^e s., **ACTUALISATEUR** XX^e s. ling. ♦ [7] **COACTION** (sav.) XIII^e s. : bas lat. *coactio*, de *cogere*; **COACTIF** XIV^e s. : bas lat. *coactivus*. ♦ [8] **EXACT** (sav.) XVI^e s. : *exactus*, d'où **EXACTEMENT** XVI^e s.; **EXACTITUDE** XVII^e s. « soin scrupuleux », XVIII^e s. « conformité à la vérité »; **INEXACT** et **INEXACTITUDE** XVII^e s. ♦ [9] **EXACTION** (sav.) XIII^e s. : lat. jur. *exactio* « réclamation d'une dette », « levée d'impôt »; **EXACTEUR** XIV^e s. : lat. jur. *exactor*. ♦ [10] **RÉACTION** XVI^e s. techn., XVII^e s. phys., fin XVIII^e s. polit., d'où **RÉACTIONNAIRE** fin XVIII^e s. polit.; **RÉACTIONNEL** XIX^e s.; **CUTI-RÉACTION** XX^e s.; **RÉACTEUR** fin XVIII^e s. polit., XX^e s. techn.; **RÉACTEUR** XX^e s. second élément de nombreux mots composés scientifiques ou techniques, ex. : *biréacteur, turboréacteur*, etc.; **RÉACTIF** XVIII^e s., XIX^e s. chimie, **RÉACTIVER** XIX^e s. **RÉACTIVATION** XX^e s. ♦ [11] **RÉDACTION** XVI^e s., d'où **RÉDACTEUR** XVIII^e s. et **RÉDACTIONNEL** XX^e s.

4. base *-am-* : **EXAMEN** XIV^e s. : mot latin; **EXAMINER** XIII^e s. : *examinare*; **EXAMINATEUR** XIV^e s. : bas lat. *examinator*.

5. base *-og-* : **COGITO** subst. XIX^e s., argument de Descartes : mot latin; **COGITATION** XII^e s., XX^e s. faux archaïsme, emploi ironique : *cogitatio*; **COGITER** XX^e s.

**II.** mots issus du grec

Les dér. de *agein* représentés par des mots savants français sont : ♦ [1] *epagein* « introduire » d'où l'adj. verbal *epaktos* « introduit, intercalé ». **ÉPACTE** XII^e s. : bas lat. *epactae*, gr. *epaktai hêmêrai* « jours intercalaires ». ♦ [2] *Agôgê* « action de conduire ou de transporter », d'où les seconds éléments de mots composés *-agôgos* (suff. nom.) et *-agôgikos* (suff. adj.) « qui conduit ». **ÉPAGOGIQUE** XIX^e s. log. « inductif »; **SYNAGOGUE** XI^e s. : gr. *Sunagôgê* « rassemblement » et gr. eccl. « lieu de rassemblement », « synagogue », par le lat. eccl.; **-AGOGUE, -AGOGIQUE** (sav.) suffixes, ex. : *pédagogue, démagogue, cholagogue, hypnagogue* ou *-ogique*. ♦ [3] *Agôn* « rassemblement », en particulier « rassemblement des Grecs pour les grands jeux, Olympiques ou autres », d'où « compétition dans les jeux » et « lutte » en général. — Dér. *agônia* « lutte », « lutte intérieure, angoisse ». **AGONIE** XIV^e s. « angoisse », XVI^e s. *agonie de la mort*, d'où **AGONIR** XV^e s. « être en agonie », confondu ensuite avec l'anc. fr. *ahonnir* « injurier »

(→ HONNIR), qui survivait encore au XVIIe s., d'où le sens actuel XVIIIe s.; **AGONISER** XIVe s. : lat. chrét. *agonizari* « combattre », « souffrir », du gr. *agônizesthai* « lutter »; **AGONISANT** subst. XVIe s. ♦ [4] Autres dér. de *agôn : antagônistès* « qui lutte contre », d'où **ANTAGONISTE** XVIe s. *muscles antagonistes*, XVIIe s. « adversaire », XIXe s. écon., **ANTAGONISME** XVIe s. anat., XIXe s. polit., **ANTAGONIQUE** XIXe s. *Prôtagônistès* « qui combat au premier rang », « acteur chargé du premier rôle », d'où **PROTAGONISTE** XIXe s.

**AGNEAU** (pop.) XIIe s. var. anc. fr. *agnel*, qui survit en numism. « monnaie d'or médiévale frappée à l'effigie de l'Agneau mystique » : lat. *agnellus*, dimin. de *agnus*. **AGNELER, AGNELET** XIIe s.

**-AGRE** (sav.) suff. rare servant à former des noms de maladies, ex. : *pellagre, podagre :* du gr. *agra* « la chasse », d'où en fr. l'idée de saisie : *pellagre*, « qui saisit la peau ».

**AGRÈS** (pop.) XIIe s. dér. de l'anc. fr. *agreier* XIIe s. mar., survivant jusqu'au XIXe s. sous la forme *agréer* : anc. scand. *greidi* « attirail », *greida* « arranger, équiper ». *Agréer* a été éliminé par la forme abrégée **GRÉER** (pop.) XVIIe s., d'où **GRÉEMENT** XVIIe s.

**AH !** ensemble d'interjections monosyllabiques d'origine expressive. (→ aussi art. BOUM! un certain nombre d'interjections à voyelle nasalisée ayant valeur d'onomatopée.) ♦ [1] **AH !** Xe s. : surprise. ♦ [2] **AÏE !** XIe s. sous la forme *ahi!;* a pu se croiser avec l'anc. fr. *aïe!* « à l'aide! », du verbe *aider*; douleur vive et soudaine; var. **OUÏE !, OUILLE !** XXe s. ♦ [3] **BAH !** : insouciance. ♦ [4] **BRRR !** XVIIIe s. : sensation de froid. ♦ [5] **CHUT !** XVIe s. sert à imposer le silence. ♦ [6] **DIA !** XVIe s. : pour faire tourner les chevaux vers la gauche. ♦ [7] **EH !** ou **HÉ !** XIe s., souvent élargi en *hé bien!, eh quoi!*, sert à attirer l'attention, à renforcer ce qui suit. ♦ [8] **EUH !** ou **HEU !** XVIIe s. : hésitation. ♦ [9] **FI !** : mépris. ♦ [10] **HAN !** XVIe s. : effort violent. ♦ [11] **HEM !** XVIe s. : doute teinté de moquerie. ♦ [12] **HEIN !** XVIe s. sous la forme *hen!*; XVIIIe s., forme mod. : invite à répéter, ou à approuver; marque la surprise; a pu absorber l'anc. adv. *ainz :* lat. **antius* « plus tôt », (→ AVANT), marquant l'opposition, sorti de l'usage au XVIIe s. ♦ [13] **HEP !** XIXe s. : sert à interpeller quelqu'un qui passe. ♦ [14] **HOP !** XIXe s. : sert à provoquer un saut, une action brusque. ♦ [15] **HOU ! :** moquerie. **HOU ! HOU ! :** sert à appeler. ♦ [16] **HUE !** XVIIe s. : pour faire tourner les chevaux vers la droite. ♦ [17] **Ô !** (sav.) Xe s. : lat. *O :* invocation solennelle. ♦ [18] **OH !** XVIIe s., antérieurement écrit *ho! :* surprise; élargi en **OHO !,** surprise; **OHÉ** XIIIe s. : sert à appeler; **HOLÀ** XVe s. : sert à appeler ou à arrêter, modérer; d'où XVIIe s., subst. dans *mettre le holà à.* ♦ [19] **OUAIS !** XVIe s. : surprise; XXe s. var. familière de *oui.* ♦ [20] **OUF !** XVIIe s. : soulagement. ♦ [21] **OUST !** XIXe s. : sert à chasser quelqu'un. ♦ [22] **PEUH !** XIXe s. : dédain. ♦ [23] **POUAH !** XVIe s. : dégoût. ♦ [24] **PSITT !** : sert à appeler. ♦ [25] **PSCHUTT !** dédain, employé en argot comme subst. fin XIXe s., avec le sens de « prétention à l'élégance ». ♦ [26] **ZEST !** XVIIe s. : refus, ou promptitude d'une action. ♦ [27] **ZUT !** XIXe s. : dépit, colère.

**AHAN** (pop.) Xe s. et **AHANNER** XIIe s. : bas lat. **afannare*, reconstitué d'après l'anc. prov. *afan, afanar*, et l'it. *affanno, affannare* « chagrin », « chagriner », p.-ê. dér. du bas lat. *afannae* « bagatelles », mot obscur qu'on peut rapprocher du gr. *aphanês* « sombre », bien que le rapport de sens ne soit pas évident. La valeur du mot fr. a été influencée par celle de l'interjection **HAN !** → AH!

**AIDER** famille du lat. *juvare, jutus* « faire plaisir », d'où dérivent *jucundus* « agréable », le verbe *adjuvare* « aider » et son fréquentatif *adjutare*, d'où *adjutor* « qui aide ».

♦ [1] **AIDER** (pop.) XIe s. : *adjūtāre*; **AIDE** XIIIe s. fém., XVIe s. fém. et masc.; **ENTRAIDER** XIIe s.; **ENTRAIDE** XIXe s. ♦ [2] **ADJUDANT** (pop.) XVIIe s. « officier en second », XVIIIe s. « sous-officier » : esp. *ayudante*, part. prés. substantivé de *ayudar*, verbe correspondant à *aider*, du lat. *adjutare.* ♦ [3] **ADJUVANT** (sav.) XVIe s. : *adjuvans*, part. prés. de *adjuvare.* ♦ [4] **COADJUTEUR** (sav.) XIIIe s. : bas lat. *coadjutor.* ♦ [5] **LA JOCONDE** XVIe s. : it. *gioconda*, du lat. *jucunda*, fém. de *jucundus*; portrait de Monna Lisa par Léonard de Vinci, ainsi nommé à cause de son sourire.

**-AIE** (pop.) suffixe qui a servi à former des substantifs désignant un terrain planté de végétaux d'une seule espèce, ex. : *hêtraie, châtaigneraie*, etc. : lat. *-ēta*, plur. neutre de *-ētum*, qui a été pris pour un féminin.

**AÏEUL** famille du lat. *avus* « grand-père », d'où *atavus* « quadrisaïeul », « ancêtre », et les

diminutifs lat. class. *avunculus* « frère de la mère » et lat. vulg. **aviŏlus*, qui a fini par éliminer *avus*.
♦ [1] **AÏEUL** (pop.) XIIe s. au XVIe s. tend à être éliminé par *grand-père : *aviolus*, **BISAÏEUL** XIIIe s., **TRISAÏEUL** XVIe s. ♦ [2] **ONCLE** (pop.) XIIe s. : *avuncŭlus*. ♦ [3] **AVUNCULAIRE** (sav.) XIXe s., dérivé de *avunculus*. ♦ [4] **ATAVIQUE** et **ATAVISME** (sav.) XIXe s., dérivés de *atavus*.

**AIGLE** ♦ [1] (pop.) XIIe s. masc. ou fém., XVIIe s. encore fém. au sens d'« emblème » : anc. prov. *aigla*, du lat. *aquĭla*. **AIGLON** XVIe s. ♦ [2] **AQUILIN** (sav.) XVe s. : lat. *aquilinus*, dér. de *aquila*. ♦ [3] Pour les mots scientifiques exprimant la notion d'« aigle » → -AÈTE, art. -OIE.

**AIGRE** famille d'une racine ind.-eur. **ak* « être piquant », représentée en latin par des mots (a) relatifs aux sensations gustatives : *acidus* et son diminutif *acidulus* « acide »; *acetum* « vinaigre »; *acerbus* « aigre »; (b) exprimant l'idée de « pointe » : *acies* « pointe » ou « tranchant » d'une lame, d'où bas lat. *acieris* « outil tranchant » et *aciarium* « fer dur »; *acus* « aiguille », d'où le dimin. bas lat. *acucula*, l'adj. *acutus* « pointu » et le verbe bas lat. **acutiare* « aiguiser »; de plus, le lat. vulg. **aquilentum* « églantier » est sans doute une altération de **aculentum*, dér. de *aculeus* « aiguillon »; (c) par l'adjectif *acer* « piquant », qui entre à la fois dans les séries (a) et (b). La racine **ak-* est aussi représentée en grec → III.

I. mots populaires issus du latin

A. base *aig-* (ou *èg-*) ♦ [1] **AIGRE** (pop.) XIIe s., sens de « violent » jusqu'au XVIIe s. : lat. vulg. **acrus*, class. *acer*. **AIGRELET** XVIe s., remplace l'anc. fr. *aigret* XIIIe s.; **AIGRIR** XIIe s.; **AIGREUR** XVIe s. sens propre, XVIIe s. sens fig. — Composé : **AIGRE-DOUX** XVIe s. ♦ [2] Autre comp. de *aigre* : **VINAIGRE**, XIIIe s. (→ VIN) d'où **VINAIGRETTE** XIVe s., **VINAIGRIER** XVIe s., **VINAIGRER** et **VINAIGRÉ** XVIIe s., **VINAIGRERIE** XVIIIe s. ♦ [3] **AIGUISER** XIIe s. : **acutiāre*. **AIGUISEMENT** XIIe s.; **AIGUISEUR** XIVe s.; **AIGUISOIR** XVe s.; **AIGUISAGE** XIXe s. ♦ [4] **AIGU** XVIe s. remplace l'anc. fr. *agud* XIe s., concurrent de *eü* : lat. *acūtus; eü*, qui subsiste en toponymie (*Montheu*, dans la Meurthe-et-Moselle : *Mons acutus*) est la seule forme phonétique; *agu*, puis *aigu*, s'expliquent par l'analogie de *aigre* et de *aiguiser* qui peuvent être des formes phonétiques (au Moyen Âge, *eü*, *aigu* et *aigre* ont des valeurs proches). — Dér. : **SURAIGU** XVIIIe s. ♦ [5] **AIGUILLE** XVe s., remplace *aguille*, XIIe s., même évolution que **AIGU** : *acūcŭla*; d'où **AIGUILLÉE** XIIIe s., **AIGUILLETTE** XIVe s.; **AIGUILLER** XIIIe s. « coudre », XIXe s. « diriger »; **AIGUILLEUR** XIXe s., **AIGUILLAGE** XIXe s. ♦ [6] **AIGUILLON** XIIIe s., concurrence et élimine *aguillon* XIIe s. : lat. *acūlĕo, -ōnis;* même évolution que *aigu*; d'où **AIGUILLONER** XIIe s. ♦ [7] **BESAIGUË** XIIe s. : lat. *bĭsacūta* « deux fois aiguë »; **BISAIGUË** XVIIIe s., influencé par l'it. *bisegolo* « outil à deux tranchants ». ♦ [8] **ÉGLANTIER** XIe s., dér. de l'anc. fr. *aiglent* : lat. **aquilentum;* d'où **ÉGLANTINE** (fém. substantivé de l'adj. *aiglentin*, dér. de *aiglent*). ♦ [9] **AGUICHER** → art. GUICHE.

B. autres formations

♦ [1] **ACIER** XIIe s. var. anc. fr. *acer :* bas lat. *aciarium*. **ACÉRÉ** XIIe s.; **ACIÉRIE** XVIIIe s. ♦ [2] **OSEILLE** XIIIe s. : lat. *acĭdŭla*, forme irrégulière et obscure qui, comme beaucoup d'autres noms de plantes, a dû subir une influence sav., celle de *oxalis*, autre nom de l'oseille, dér. du gr. *oxus* « aigre », → OXYDE. ♦ [3] **GRIOTTE** XVIe s. : prov. *agriota* « cerise aigre »; l'*a* initial, confondu avec celui de l'article *la*, a été éliminé. ♦ [4] **AGRUME** XVIIIe s. « prune d'Agen », XXe s. sens actuel : it. *agrume* « oranges, citrons, et fruits de même sorte », du lat. vulg. **acrumen*, dér. de *acer*.

II. mots savants issus du latin

♦ [1] **ÂCRE** XIVe s., adaptation sav. de *acer*; d'où **ÂCRETÉ** XVIe s. ♦ [2] **ACRIMONIE** XVIe s. méd. « âcreté des humeurs », XIXe s. sens fig. : lat. *acrimonia*, « énergie, vivacité », dér. de *acer*. **ACRIMONIEUX** XVIIe s. ♦ [3] **ACERBE** XIIe s. « aigre » « pénible », XVIe s. sens fig. : *acerbus*. Pour le second élément de ce mot → art. PROUVER. **EXACERBER** XVIIIe s. : lat. imp. *exacerbare*; **EXACERBATION** XVIe s. : lat. imp. *exacerbatio*. ♦ [4] **ACIDE** XVIe s. : *acidus*; **ACIDITÉ** XVIe s. : *aciditas*. — Dér. : **ACIDIFIER, ACIDULER** XVIIIe s.; **HYDRACIDE, OXACIDE** XIXe s., **ACIDOSE, BIACIDE** XXe s. ♦ [5] **ACET-** : premier élément de mots sav. tels que **ACÉTATE** et **ACÉTIQUE** XVIIIe s.; **ACÉTYLÈNE** XIXe s. → HYLO-; **ACÉTONE** XXe s., et la forme abrégée **CÉTONE** : lat. *acetum*. ♦ [6] **ACUITÉ** XIVe s., remplace l'anc. fr. *agueté*, refait sur *acutus*. ♦ [7] **ACUPUNCTURE** et **ACUPUNCTEUR** XXe s. → POINDRE.

III. mots savants issus du grec

♦ [1] gr. *akmê* « pointe », transcrit fautivement avec un *n*, empr. par l'angl. méd. avec le sens de « maladie de peau », d'où **ACNÉ** XIXe s. ♦ [2] gr. *aktis, -inos* « lame à pointe aiguë », « rayon », d'où l'élément **ACTIN-** qui apparaît dans divers mots savants : **ACTINIE** XVIIIe s.;

**ACTINIUM** et **ACTINIQUE** XIX^e^ s., **ACTINOTHÉRAPIE** XX^e^ s. ♦ [3] *acanthos* « épine » (→ ADRAGANTE) se rattache p.-ê. également à cette famille.

**AIGREFIN**, var. **AIGLEFIN** et **ÉGLEFIN** XIV^e^ s., poisson : réfections, sous l'infl. de *aigre* et *aigle* de *esclefin* lui-même altér. sous l'infl. de *fin* de l'anc. fr. *esclevis* : du moyen néerl. *schelvisch*, prononcé *skelfisk*.

**AIL** ♦ [1] (pop.) XII^e^ s. : lat. *allium*. ♦ [2] **CHANDAIL** XIX^e^ s. forme abrégée de *marchand d'ail*, « tricot porté par les marchands des halles », nom adopté par le fabricant Gamart, d'Amiens.

**-AIL** famille du suff. dimin. lat. *-acŭlus, -a, -um* (→ -ILLE, -OUILLE, et -CULE).
♦ [1] **-AIL** (pop.) suf. masc. nominal, aujourd'hui mort, ex. : *gouvernail, épouvantail*. ♦ [2] **-ACLE** (sav.), ex. : *habitacle*. ♦ [3] **-AILLER** (pop.) suff. verbal : lat. *-aculare*, ex. : *rimailler*. ♦ [4] **-AILLON, -AILLEUR** (pop.) suff. nominaux péjoratifs, ex. : *moussaillon, rimailleur*.

**-AILLE (S)** suff. nom. fém. pop., aujourd'hui mort, issu de la confusion de ♦ [1] lat. *-acŭla* (→ -AIL), plur. neutre de *-acŭlum*, ex. : *tenailles*. ♦ [2] lat. *-alia*, plur. neutre de *-alis* (→ -EL), ex. : *épousailles*. ♦ [3] it. *-aglia*, ex. : *canaille*.

**AIMANT** famille, par l'intermédiaire du latin, du gr. *adamas, -antos* « métal dur », « diamant », et de ses var. **adimas* (représentant phonétique attendu) et **diamas* (d'après *diaphanês* « transparent »).
♦ [1] **AIMANT** (pop.) XII^e^ s. : **adimas, -antos;* d'où **AIMANTER** XIV^e^ s., **AIMANTATION** XVIII^e^ s. Pour les mots scientifiques exprimant la notion d'« aimant », → MAGNÉTIQUE. ♦ [2] **DIAMANT** (pop.) XII^e^ s. : **diamas, -antos*. **DIAMANTAIRE** XVII^e^ s., **DIAMANTIFÈRE** XIX^e^ s. ♦ [3] **ADAMANTIN** (sav.) XVI^e^ s. : lat. *adamantinus*, de *adamas*.

**AIMER** famille du lat. *amare* « aimer », d'où *amor* « amour », *amator* « qui aime », et *amicus* « ami », dont les dér. sont : *amicitia* « amitié », refait en lat. vulg. en **amicitas*, et le contraire d'*amicus, inimicus*, « ennemi ».

**I.** mots de formation populaire

♦ [1] **AIMER** XI^e^ s. *amer* : *amāre*; le *ai* qui phonétiquement n'apparaissait qu'aux personnes où l'*a* initial était tonique a été étendu à toute la conjugaison et à l'adj. **AIMABLE** XIV^e^ s. qui remplace l'anc. fr. *amable*, du bas lat. *amabilis*. — Composé : **BIEN-AIMÉ** XV^e^ s. ♦ [2] **AMANT** XII^e^ s. substantivé dès cette époque, anc. part. présent de *amer*, sans extension du *ai*. ♦ [3] **AMOUR** (pop.) IX^e^ s. : *amor, amōris*. La forme phonétique française est *ameur*, encore employée à propos des animaux; *ou* est dû à l'influence de la littérature courtoise (provençale ou champenoise); **AMOURETTE** XII^e^ s.; **MAMOUR** XVII^e^ s. forme agglutinée de *m'amour*, « mon amour », terme de tendresse, → MA MIE, 6. **AMOUR-PROPRE** XVII^e^ s.; **ENAMOURER** XII^e^ s. ♦ [4] **AMOUREUX** XIII^e^ s. : lat. vulg. *amorosus*, influencé par *amour*; **AMOUREUSEMENT** XIII^e^ s.; **AMOROSO** XIX^e^ s. mus., empr. à l'it. ♦ [5] **AMOURACHER** XVI^e^ s. « rendre amoureux », XVII^e^ s. *s'amouracher* : it. *amoracciare*, dér. péjoratif de *amore* « amour ». ♦ [6] **AMI** X^e^ s. : lat. *amīcus*; le fém. *m'amie* « mon amie » est à l'origine de **MA MIE** XVII^e^ s. et de **MAMIE**. ♦ [7] **AMIABLE** XII^e^ s. : bas lat. *amicabĭlis*, dér. de *amicus*. ♦ [8] **AMITIÉ** XI^e^ s. : **amicitas, -ātis*. ♦ [9] **ENNEMI** X^e^ s. demi-sav. : *inimīcus*. ♦ [10] **AMADOU** XVIII^e^ s. : mot prov. : anc. prov. *amador* du lat. *amator, -ōris* nom appliqué par métaphore à l'agaric amadouvier, qui s'enflamme facilement; rapport obscur avec *amadoue*, mot de jargon, « pommade utilisée par les gueux pour se jaunir le visage et susciter ainsi la pitié des passants », attesté au XVII^e^ s. mais sans doute antérieur, comme en témoigne le dérivé **AMADOUER** XVI^e^ s.

**II.** mots de formation savante

♦ [1] **AMABILITÉ** XVII^e^ s. : bas lat. *amabilitas* : ♦ [2] **AMATEUR** XIV^e^ s. « qui aime », XVII^e^ s. opposé à professionnel, XIX^e^ s. sport, remplace l'anc. fr. *ameeur* (pop.) : lat. *amator*; **AMATEURISME** XIX^e^ s. ♦ [3] **AMICAL** et **AMICALEMENT** XVIII^e^ s. : lat. imp. *amicalis*. ♦ [4] **INIMITIÉ** XIV^e^ s., élimine l'anc. fr. *enemistié*; mot refait d'après *inimicus* et *amitié*. ♦ [5] → aussi → PHILO-, art. PHILTRE.

1. **-AIN, -AINE** (pop.) suff. nom. : lat. *-eni* à valeur numérale; le masc. forme des noms de strophes d'un nombre déterminé de vers, ex. : *quatrain*; le fém. analogique, des noms de quantités approximatives, ex. : *douzaine*.

2. **-AIN** (pop.) suff. nom., issu de la rencontre de ♦ [1] lat. *-ago, -aginis*, ex. : *plantain*. ♦ [2] lat. *-āmen, ex.* : *levain*. ♦ [3] lat. vulg. **-āne*, formé sur le modèle de *-ōne*) (→ 1. -ON), ex. : *écrivain, putain, nonnain*.

3. **-AIN** famille du suff. *-ānus* courant en lat. et qui, dans quelques cas, s'était substitué à *-aneus*.

♦ [1] **-AIN(E)** (pop.) suff. adj. aujourd'hui mort, ex. : *vilain, soudain.* ♦ [2] **-IEN (NE)** (demi-sav.) : lat. *-iānus*, forme élargie de *-anus*, ex. : *chrétien.* ♦ [3] **-AN(E)** (sav. ou empr. à d'autres langues romanes) : *-anus*, ex. : *roman.* ♦ [4] **-ENIE** (pop.) dér. de *-ain*, ex. : *vilenie.* ♦ [5] **-AINETÉ, -IENTÉ** (demi-sav.) : dér. de *-ain* et *-ien*, ex. : *soudaineté, chrétienté.* ♦ [6] **-(I)ANITÉ, -IANISME** (sav.) ex. : *humanité, christianisme.* ♦ [7] **ANA** (sav.) XVII^e s. « recueil d'anecdotes » : substantivation du suff. neutre plur. *-ana*, tiré des formations où il était accolé à un nom propre, ex. : *Menagiana* « choses concernant Ménage ».

**AINE** famille de ind.-eur. **ngʷen* « glande », representé par lat. *inguen, -inis* « aine » et gr. *adên* « glande ».

♦ [1] **AINE** (pop.) XII^e s. : *inguen, -inis.* ♦ [2] **INGUINAL** (sav.) XVI^e s. anat. dér. formé sur *inguinis.* ♦ [3] **ADÉN-** (sav.) XVI^e s., radical servant à la formation de nombreux mots scientifiques : **ADÉNITE** XIX^e s., **ADÉNOÏDE** XVI^e s., **ADÉNOLOGIE** XVII^e s., etc. : du gr. *adên.*

**AIR** famille du gr. *aêr, aêros* « air », par l'intermédiaire du lat.

♦ [1] **AIR** (pop.) XII^e s. « atmosphère », XVI^e s. « manière, allure », d'après des expressions comme *l'air d'une cour* c.-à-d. son ambiance : bas lat. **area*, métathèse de *aera*, acc. de *aer.* XVII^e s. « mélodie » : it. *aria*, de même origine, dont le sens est issu de celui de « manière ». ♦ [2] **ARIA** XVIII^e s. : it. *aria*, « mélodie ». **ARIETTE** XVIII^e s. **MALARIA** XIX^e s. : it. *malaria* « mauvais air ». ♦ [3] **AÉRER** (sav.) XIV^e s., remplace l'anc. fr. *airier*; **AÉRIEN** (sav.) XII^e s. « relatif à l'air », XX^e s. « relatif à l'aviation »; **AÉRATION** XIX^e s.; **AÉRIUM** XX^e s.; **AÉRO-** (sav.) XVIII^e s., XIX^e et XX^e s., premier élément de nombreux composés du langage scientifique (→ au deuxième élément). ♦ [4] **ANÉROÏDE** (sav.) XIX^e s. adj. « sans air », « où l'on a fait le vide ».

**AIRAIN** famille du lat. *aes, aeris* « cuivre », « bronze », d'où « monnaie », et de ses dér. bas lat. *aera* « monnaie », d'où « article d'un compte », « nombre », d'où, en chronologie, « point de départ »; lat. class. *aeramen* « objet de bronze » et *aerugo* « vert-de-gris ».

♦ [1] **AIRAIN** (pop.) XII^e s. : *aerāmen.* ♦ [2] **ÉRUGINEUX** (sav.) XIII^e s. : lat. *aeruginosus*, dér. de *aerugo.* ♦ [3] **ÈRE** (sav.) XVI^e s. : *aera* au sens de « point de départ ». ♦ [4] **OBÉRÉ** (sav.) XVI^e s. : lat. *obaeratus* « endetté », dér. de *aes alienum* « l'argent des autres », « les dettes ».

**AIRE** famille du lat. *area* « espace non construit », « aire à battre le grain », « aire d'oiseau »; dimin. *areola* « petite cour », « parterre dans un jardin ».

♦ [1] **AIRE** (pop.) XI^e s. : *arĕa*; **DÉBONNAIRE** XI^e s. : anc. fr. *de bonne aire* « de bonne race », d'après le sens « aire d'oiseau ». ♦ [2] **ARE** (sav.) fin XVIII^e s. : *area*; d'où **CENTIARE** et **HECTARE** id. ♦ [3] **ARÉOLE** (sav.) XVII^e s. anat. XIX^e s. zool., et **ARÉOLAIRE** XIX^e s. : *areola.*

**AIRELLE** famille du lat. *ater* « noir », adj. lié à des idées de malheur et de mort; dér. *atrox* « à l'aspect noir », d'où « affreux », dont le deuxième élément est peut-être de la famille de *oculus* « œil » et signifierait « visage », « aspect ».

♦ [1] **AIRELLE** (pop.) XVI^e s. : forme cévenole *airelo* dér. du prov. *aire*, du lat. *atra* « noire », en raison de la couleur de cette baie. ♦ [2] **ATROCE** (sav.) XIV^e s. : *atrox*; **ATROCITÉ** XIV^e s. : lat. *atrocitas*, dér. de *atrox*; **ATROCEMENT** XVI^e s. ♦ [3] **ATRABILAIRE** (sav.) XVI^e s., dér. de *atrabile* : lat. *atra bilis* « bile noire », traduction du gr. *mélan cholia*, → MÉLANCOLIE, art. COLÈRE.

**AIS** famille du bas lat. *axis*, altération du lat. class. *assis* « planche »; dér. *astula* et bas lat. *astella* « planchette », « copeau ».

♦ [1] **AIS** (pop.) XII s. : *axis.* ♦ [2] **ATTELLE** (pop.) XII^e s. : *astella.* ♦ [3] **ATELIER** (pop.) XIV^e s. « tas d'éclats de bois », d'où « chantier de charpentier » : dér. de *astelle*, forme anc. de *attelle*, ♦ [4] **ÉCLATER** (pop.) XII^e s., dont l'étymologie est controversée, remonte p.-ê. à **ascla*, var. **astla*, forme syncopée de *astŭla*; sur **ascla* se serait formé un verbe **asclare* « faire sauter en éclats » (provençal *asclar* « fendre ») puis, sur son part. passé **asclatum*, un nouveau verbe **asclatare*; la forme *éclater* supposerait la gémination expressive du *t* et la substitution du préf. *ex-* à la voyelle initiale de **asclatare.* Autres étymologies proposées : frq. **slaitan* ou bas lat. **exclappitare.* → CLAPET. **ÉCLAT** XII^e s. **ÉCLATEMENT** XVI^e s.

**-AIS** ♦ [1] (pop.) suff. nom. vivant formant des dér. de noms de pays, issu de la rencontre du lat. *-ensis, -ense* (→ -OIS), ex. : *lyonnais*, et du germ. *-isk*, croisé avec gréco-lat. *-iscus* (fém. en anc. fr. *-esche*), ex. : *français.* ♦ [2] **-ESQUE** suff. adj. : it. *-esco, -esca*, du germ. *-isk*, ex. : *romanesque.*

**AÎTRE** (demi-sav.) XI^e s. : lat. *atrium* « pièce principale de la maison romaine », empr. de l'époque carolingienne.

**AJONC** (pop.) XIII^e s. : altér., sous l'infl. de *jonc*, de *ajou*, mot de l'Ouest : pré-lat. **jauga*; l'*a* initial provient sans doute de l'agglutination de l'article *la*.

**ALAMBIC** XIII^e s. : esp. *alambique*, de l'arabe *al anbiq*, du gr. *ambix* « vase à distiller »; **ALAMBIQUER** XVI^e s. sens fig.

**ALBÂTRE** (demi-sav.) XII^e s. : gr. *alabastron* par l'intermédiaire du lat.

**ALBATROS** (pop.) XVIII^e s., mot de navigateurs, remplace *alcatraces* XVI^e s. : port. et esp. *alcatraz* XIV^e s., introduit en France par le néerl. et le lat. mod., altération de l'arabe *al gattas* « aigle marin ». La forme *albatros* provient de l'anglais, où *alcatraz* avait été déformé en *algatros*, puis en *albatros* sous l'influence du lat. *albus* « blanc ».

**ALCALI** XVI^e s. : arabe *al qaly* « la soude »; dér. **ALCALIN** XVII^e s. et une base **ALCAL-** servant à former de nombreux mots scientifiques : **ALCALOÏDE** XIX^e s., **ALCALOSE** XX^e s., etc.

**ALCHIMIE** ♦ [1] XIII^e s. : lat. médiéval *alchemia*, de l'arabe *al kîmiyâ* peut-être empr. lui-même au gr. tardif *chemeia* « action de fondre du minerai ». — Dér. : **ALCHIMIQUE** et **ALCHIMISTE** XVI^e s. ♦ [2] **CHIMIE** XIV^e s. : lat. médiéval *chimia* tiré de *alchemia*; **CHIMIQUE** et **CHIMISTE** XVI^e s.; **CHIMIQUEMENT** XVII^e s. ♦ [3] **-CHIMIE** XIX^e et XX^e s. : 2^e élément de mots composés dont le 1^er est une base sav. terminée par *-o*, ex. : *agro-, bio-, électro-, photo-, radio-, stéréo- chimie*.

**ALCOOL** ♦ [1] XVI^e s. : arabe *al kohol* « antimoine pulvérisé » par l'intermédiaire des écrits latins des alchimistes; prend dès le XVI^e s. les sens de « substance pulvérisée et raffinée » et de « liquide distillé ». — Dér. : **ALCOOLISER** XVII^e s., **ALCOOLIQUE** XVIII^e s., **ALCOOLISME, ALCOOLAT, ALCOOMÈTRE** XIX^e s., **ANTIALCOOLIQUE, ANTIALCOOLISME, POLYALCOOL** XX^e s. ♦ [2] **KOHL** ou **KHÔL** ou **KOHOL** XVIII^e s. « fard à base d'antimoine » : arabe *kohl*. ♦ [3] **AL-** base tirée de *alcool* sur laquelle a été formé, d'abord en anglais ou en allemand, **ALDÉHYDE** : abrév. de *alcool dehydrogenatum* et **MÉTALDÉHYDE** XIX^e s. ♦ [4] **-OL** (sav.) suff. utilisé en chimie, tiré par coupe arbitraire de *alcool*, ex. : *phénol, éthanol*.

**ALCÔVE** XVIIe s. « lieu de réception séparé du reste de la chambre », XIX^e s. « renfoncement dans un mur pour recevoir un lit » : esp. *alcoba*, de l'ar. *al qubba* « voûte », « petite pièce ».

**ALÉA** (sav.) XIX^e s. : mot lat. class. « jeu de dés »; **ALÉATOIRE** XVI^e s. : lat. class. *aleatorius* « relatif au jeu ».

**ALÊNE** ♦ [1] (pop.) XII^e s. : **alisna* empr. par le lat. imp. au germanique (→ all. *Ahle* « alêne »). ♦ [2] **LÉSINE** XVII^e s. : it. *lesina*, du germ. **alisna*; le sens d'« avarice » est dû au succès d'un ouvrage traduit de l'italien au début du XVII^e s. *Della famosissima compagnia della lesina, La fameuse compagnie de la lésine*, où l'auteur fait dialoguer des avares qui raccommodent leurs chaussures eux-mêmes et ont pris pour emblème une alêne. — Dér. : **LÉSINER** et **LÉSINERIE** XVII^e s.

**ALEZAN** XVI^e s. : esp. *alazán*, de l'arabe *al az'ar*, « cheval ou mulet à robe rougeâtre ».

**ALGARADE** XVI^e s. « attaque inopinée » d'où « discussion vive » : esp. *algarada* « cris poussés par des combattants », dér. de *algara*, de l'arabe *al ghâra* « attaque à main armée ».

**ALGÈBRE** XIV^e s. lat. médiéval *algebra*, de l'arabre *al djabr* « réduction », à cause des simplifications d'écriture rendues possibles par cette technique mathématique. — Dér. : **ALGÉBRIQUE, ALGÉBRISTE** XVI^e s.

**-ALGIE** ♦ [1] (sav.) suff. nom. : gr. *algos* « douleur ». S'emploie associé à des bases d'origine grecque. **NOSTALGIE** et **NOSTALGIQUE** XVIII^e s. : lat. médical *nostalgia*, créé en 1678 par le médecin suisse Hofer, sur le modèle du suisse all. *heimweh* « mal du pays », avec les mots gr. *algos* et *nostos* « retour ». Surtout fréquent dans la langue médicale : **CÉPHALALGIE** XIV^e s., **CARDIALGIE** XVI^e s., **OTALGIE** XVIII^e s., **CYSTALGIE, NÉVRALGIE, OSTÉALGIE** XIX^e s., etc. ♦ [2] **ANALGÉSIE** (sav.) XIX^e s., dér. fr. de *algos* « absence de douleur » (→ AN-, art. NON); **ANALGÉSIQUE** XIX^e s.

**ALGUAZIL** ♦ [1] XVI^e s. « policier attaché aux tribunaux espagnols » : esp. *alguacil*, de l'arabe *al wazir* « conseiller », « vizir ». ♦ [2] **ARGOUSIN** XVI^e s., « surveillant de galères », déjà au XV^e s. *agosin*, mot argotique déformé de diverses manières, empr. comme beaucoup d'autres mots du vocabulaire des galères à l'italien (→ BAGNE, art. BAIN) : napolitain *algo-*

*zino* XVIe s, de l'esp. *alguazil*, et it. *aguzzino*, du catalan *agutzir*, équivalent de l'esp. *alguazil*. L'italien a adapté à ces formes le suffixe *-ino* qui servait à indiquer le métier. ♦ [3] **VIZIR** XVe s. : turc *vizir*, empr. au persan *vizir*, équivalent de l'arabe *wazir*.

**ALGUE** (sav.) XVIe s. : lat. *alga*.

**ALIBORON** ♦ [1] XIIIe s. « plante curative vendue par les herboristes et charlatans », XVe s. *maistre Aliboron* désigne un homme omniscient, parfois le diable, ou même Jésus-Christ, XVIe s., péjoratif, « ignorant prétentieux ». Altération du lat. *elleborum* ou *-us*, du gr. *elleboros* « ellébore »; la désinence *-um* était prononcée *-on* au Moyen Âge (→ DICTON, ROGATON, FACTOTON). L'évolution sémantique a pour cause un contresens commis par un philosophe dont les œuvres étaient étudiées dans les écoles, Jean Scot Erigène (IXe s.) : il avait interprété le vers de Martianus Capella, *Carneades parem vim gerit elleboro* « Carnéades est égal (à Chrysippe) grâce à l'ellébore (plante à vertus stimulantes) », comme « Carnéades est égal à Elléboron » (pris pour un philosophe dont on a fait par la suite un hypothétique philosophe arabe : *Al Biruni*). ♦ [2] **ELLÉBORE** (sav.) XIIIe s. : *elleborum*.

**ALIZÉ** XVIIe s. : esp. *vientos alisios* « vents alizés », d'origine obscure.

**ALLÉCHER** famille du lat. *lax* « appât, ruse, séduction », attesté seulement par des gloses, d'où dérivent : (1) lat. arch. *lacere* « attirer, séduire » (*-licere* en composition) (2) la forme nominale *-licium* (deuxième terme de composés) (3) un fréquentatif *lactare* (*-lectare* en composition). Les mots de cette famille représentés en français sont : (a) lat. vulg. **allecticare*, fréquentatif du lat. class. *allectare*, lui-même fréquentatif de *allicere* « attirer par son charme »; (b) les subst. *delicium* et *deliciae* « délices »; les adj. *deliciosus* « délicieux » et probablement *delicatus*, « voluptueux », « raffiné », dér. de *delicere* « détourner par ses séductions »; (c) lat. class. *delectare*, fréquentatif de *delicere* et l'adj. *delectabilis*.
♦ [1] **ALLÉCHER** (pop.) XIIe s. : **allectĭcāre*; **ALLÉCHANT** XIVe s. ♦ [2] **DÉLICE(S)** (sav.) XIIe s. : *deliciae* et *delicium*; **DÉLICIEUX** XIIe s. : *deliciosus*; **DÉLICIEUSEMENT** XIIIe s. ♦ [3] **DÉLICAT** (sav.) XIVe s. : rare jusqu'au XVIe s. *delicatus*; **DÉLICATESSE** XVIe s. p.-ê. sous l'influence de la forme italienne correspondante; **INDÉLICAT** XVIIIe s., sous l'influence de l'anglais; **INDÉLICATESSE** XIXe s. ♦ [4] **DÉLECTER** (sav.) XIVe s. : *delectare* a éliminé l'anc. fr. *delitier* (pop.) qui représentait lui aussi *delectare*; **DÉLECTABLE** XIVe s. : *delectabilis*; **DÉLECTATION** id. : *delectatio*. ♦ [5] **DÉLIÉ** (demi-sav.) XIIIe s. « mince » : adaptation du lat. *delicatus*, sous l'influence de *délier*. ♦ [6] **DILETTANTE** XVIIIe s. : mot it. « amateur d'art », part. prés. de *dilettare* « charmer » : lat. *delectare*; **DILETTANTISME** XIXe s.

**ALLÉGORIE** famille du gr. *agora* « place publique où se tenait l'assemblée du peuple », d'où dérivent : (1) *agoreuein* « parler en public », puis simplement « parler » (2) *allêgorein* « parler autrement », c.-à-d. « par métaphore », et *allêgoria* « métaphore » (3) *katêgoreuein* « déclarer hautement », « accuser », et *katêgoria* « qualité attribuée à un objet ».
♦ [1] **ALLÉGORIE** (sav.) XIIe s. : allêgoria, par le lat.; **ALLÉGORIQUE** XIVe s.; **ALLÉGORIQUEMENT** XVe s. ♦ [2] **CATÉGORIE** (sav.) XVIe s. : *katêgoria*, par le bas lat. : **CATÉGORIQUE** XIVe s. : *katêgorikos*, dér. de *katêgoria*, par le bas lat.; **CATÉGORIQUEMENT** XVIe s.; **CATÉGORISER, CATÉGORISATION** XIXe s. ♦ [3] **AGORA** (sav.) XIXe s., arch. : mot grec. ♦ [4] **AMPHIGOURI** XVIIIe s., forme obscure, probablement du préf. **AMPHI-** exprimant l'idée de « tourner autour » et du radical de *allégorie, catégorie*, légèrement altéré. **AMPHIGOURIQUE** XVIIIe s.

**ALLÈGRE** ♦ [1] (pop.) XIIe s., sous la forme *aliègre*, « vif, leste », XVIIe s. « joyeux » : lat. vulg. **alecrus*, du lat. class. *alacer* « vif », avec influence de l'italien pour la réduction de la diphtongue *ié* et la gémination du *l*; **ALLÉGREMENT** et **ALLÉGRESSE** XIIIe s. ♦ [2] **ALLEGRO** et son dér. **ALLEGRETTO** XVIIIe s., mus. : mots italiens, de **alecrus*, croisé avec la famille de *allicere* « charmer ». ♦ [3] **ALACRITÉ** (sav.) XIVe s. : lat. *alacritas*, dér. de *alacer*.

**ALLÉLUIA** (sav.) XIIe s. : hébreu *hallelouyah*, formule qui commence ou termine plusieurs psaumes (ex. 105.) et signifie « Louez l'Éternel », empr. par le lat. eccl. (→ AMEN).

**ALLER** le lat. *ambulare* « se promener est à l'origine des formes du verbe *aller* reposant sur le radical **ALL-** (→ aussi art. j'IRAI et je VAIS). Il est lui-même composé (1) d'un élément *amb-* « autour », équivalent du gr. *amphi* « autour », qu'on retrouve encore dans le lat. *ambo* « deux à la fois », et qui comporte une variante *ambi-*,

(2) d'un deuxième terme *-ulare*, verbe duratif dont le radical se retrouve dans *exul* « exilé », reposant sur une racine ind.-eur. **el* « se mouvoir » attestée aussi en celtique (il est même possible que la base *al-* du lat. *alacer*, → ALLÈGRE, soit une var. de cette racine). Le sens premier de *ambulare* est donc « faire un tour », d'où lat. class. « se promener », lat. vulg. « marcher au pas » (Végèce, IVe s.) et finalement « aller » en général (saint Avit, Grégoire de Tours, VIe s., *Gloses de Reichenau* IXe s.). Cet emploi de *ambulare* est septentrional, les parlers méridionaux ayant adopté **ambitare*, fréquentatif de *ambire* de même sens, → art. j'IRAI (prov. *anar*, it. *andare*, esp. *andar*).

**I.** représentants de la famille de *ambulare*

**A.** mots populaires ♦ (1) **ALLER** : **allare*, altération de *ambŭlāre* probablement due à son usage dans les commandements militaires (*ambula!* « en avant, marche! » attesté chez Végèce). **ALLÉE** XIIe s. « allées et venues », XIIIe s. allée de jardin; **CONTRE-ALLÉE** XVIIIe s.; **ALLURE** XIIe s.; anc. fr. *alable* « où l'on peut aller » d'où **PRÉALABLE** XIVe s., formé sur le modèle du bas lat. *praeambulus* « qui précède ». ♦ (2) Anc. fr. *ambler* XIIe s., représentant attendu de *ambulare* d'où **AMBLE** XIIIe s.

**B.** mots savants ♦ (1) **AMBULANT** XVIe s. : *ambulans*, participe présent de *ambulare*; **AMBULANCE** XVIIIe s.; **AMBULANCIER** XIXe s.; **AMBULATOIRE** XIVe s. : lat. imp. *ambulatorius* « mobile ». ♦ (2) **DÉAMBULER** et **DÉAMBULATION** XVe s. : bas lat. *deambulare* « se promener ». ♦ (3) **FUNAMBULE** XVIe s. : lat. *funambulus* « qui marche sur une corde » → FUNICULAIRE. ♦ (4) **PRÉAMBULE** XIVe s. : bas lat. *praeambulus* « qui marche devant ». ♦ (5) **NOCTAMBULE** → NUIT : **SOMNAMBULE** → SOMMEIL.

**II.** autres représentants français de la racine **el*

**EXIL** (sav.) XIe s. : lat. *exsilium*, dér. de *exsul*, var. de *exul* « exilé ». — Dér. : **EXILER** XIe s.

**III.** représentants français du lat. *ambo, ambi-*

♦ (1) Une base **AMB-** qui apparaît dans **AMBIANT**, **AMBITION** (→ j'IRAI), **AMBIGU**, **AMBAGES** (→ AGIR). ♦ (2) **AMBI-** dans **AMBIDEXTRE** (sav.) XVIe s. « qui se sert des deux mains également » (→ DEXTRE), et **AMBIVALENT** (→ VALOIR).

**IV.** représentant français du gr. *amphi*

**AMPHI-** préf. sav. qui apparaît dans quelques mots anciens, ex. : *amphibologie*, *amphithéâtre* XIIIe s., et qui a pris une grande extension dans la langue de la médecine, ex. : *amphiarthrose*.

**ALLÔ** XIXe s., interjection téléphonique : altération de *Allons!* primitivement employé, sous l'influence de l'angl. *halloo!*, formation expressive.

**ALMANACH** XIVe s. : syriaque *l-manhaï* « en l'année prochaine », d'où « tables du temps publiées au début d'une année lunaire »; par l'arabe d'Espagne *al mânakh* et le lat. médiéval *almanachus*.

**ALOUETTE** ♦ (1) (pop.) XIIe s., dimin. de l'anc. fr. *aloe* : lat. *alauda*, d'origine gauloise. ♦ (2) l'anc. fr. *aloel*, autre dimin. de *aloe*, semble être à l'origine de **ALOYAU** (pop.) XIVe s., qui désignait à l'origine des morceaux de bœuf gros comme des alouettes, bardés de lard et cuits à la broche.

**ALUN** ♦ (1) (pop.) XIIe s. : lat. *alūmen, -inis*. ♦ (2) **ALUMINE** (sav.) XVIIIe s. : formé sur le radical du génitif *alumin-*; **ALUMINEUX** XVe s. ♦ (3) **ALUMINIUM** (sav.) XIXe s. : mot anglais formé comme le précédent. Au XXe s. dér. techniques, ex. : **ALUMINAGE, ALUMINURE**, etc.

**AMALGAME** XVe s. : arabe *al madjma'a* « fusion », par l'intermédiaire d'*amalgama*, dans les écrits latins des alchimistes; **AMALGAMER** XIVe s.

**AMANDE** ♦ (1) (pop.) XIIIe s. : bas lat. *amandŭla*, croisement de **amiddŭla*, adaptation du gr. *amugdalê* « amande », avec *mandere* « manger »; **AMANDIER** XIVe s. ♦ (2) **MANDORLE** XXe s. « gloire en forme d'amande entourant une image du Christ » : it. *mandorla*, du lat. *amandula*. ♦ (3) **AMYGDALE** (sav.) XVIe s. : gr. *amugdalê* employé au sens fig.; **AMYGDALITE** XVIIIe s.

**AMARRER** (pop.) XIIIe s., dér. de l'anc. fr. *marer* ou *marrer* : néerl. *maren* « attacher » ou directement au néerl. *anmarren*. « id. » mot de l'Ouest. — Dér. : **AMARRE** XIIIe s.; **AMARRAGE** XVIe s.; **DÉMARRER** XVe s.; **DÉMARRAGE** XVIIIe s.; **DÉMARREUR** XXe s.

**AMBASSADE** et **AMBASSADEUR** (sav.) XIVe s. (ont remplacé anc. fr. *ambasse* et *ambasseor*) : it. *ambasciata, ambasciatore*, empruntés au provençal *ambaissada, ambaissador*, dér. d'une forme conjecturale **ambaissa* correspondant au lat. médiéval *ambactia* « service ». Ce mot est en dernier ressort d'origine celtique, de la famille du gaulois *ambactos « client, serviteur », transcrit en lat. *ambactus* par Ennius et César, et passé par l'intermédiaire du germanique (anc. haut all. *ambahti* « service », d'où all. *Amt* « fonction »), dont *ambactia* est une adaptation. **AMBASSADRICE** XVIIIe s. (XVIe s. *ambasciatrice*).

**AMBON** (sav.) XVIIIe s. archit. : gr. *ambôn* « saillie arrondie ».

**AMBRE** XIIIe s. : arabe *'anbar* « ambre gris », par l'intermédiaire du lat. médiéval ; **AMBRÉ** XVIIe s. « parfumé à l'ambre gris », XVIIIe s. « de la couleur de l'ambre jaune ».

**ÂME** famille d'une rac. ind.-eur. **ane-* « souffle vital », représentée en gr. par *anemos* « le vent », en lat. par *anima* « souffle vital » (→ aussi ESPRIT, art. SOUPIRER) et *animus* « principe pensant », « cœur », d'où (1) des adjectifs composés : *magnanimus, unanimus, pusillanimus* et lat. eccl. *longanimus* (2) *animare* « animer » et *animal* « être animé » qui se rattachent plus particulièrement à *anima* (3) *animosus* « ardent » et son dér. *animositas*, qui se rattachent plus particulièrement à *animus* (4) enfin, cette racine se retrouve probablement dans le lat. *inanis* « vain », dont le sens premier serait « dénué de souffle vital », et son dér. *inanitas*.

I. mots issus du latin

♦ [1] **ÂME** (demi-sav.) Xe s. : *anĭma* ; pour les mots scientifiques exprimant la notion d'« âme », → PSYCHÉ. ♦ [2] **ANIMAL** (sav.) XIIe s. subst., XIIIe s. adj. : *animal* ; **ANIMALITÉ** XIIe s. ; **ANIMALCULE** XVIe s. ; **ANIMALIER** XVIIIe s., peinture. Pour les mots scientifiques exprimant la notion d'« animal » → ZOO-, art. VIVRE. ♦ [3] **ANIMER** (sav.) XIVe s. : *animare* ; **ANIMATION** XIVe s. : lat. *animatio*, dérivé de *animare* ; **ANIMATEUR** XIXe s. ; **INANIMÉ** XVIe s. ; **RANIMER** XVIe s. ; **RANIMATION** et **RÉANIMATION** XXe s. ♦ [4] **ANIMOSITÉ** (sav.) XIVe s., « courage », XVIe s., sens actuel : *animositas*. ♦ [5] adj. sav. et leurs dér. : **MAGNANIME** XIIIe s., **MAGNANIMITÉ** XIIIe s., **MAGNANIMEMENT** XVe s., *magnanimus, -itas*, premier élément *magnus* « grand » → MAIS. **PUSILLANIME**, **PUSILLANIMITÉ** XIIIe s. : *pusillanimus*, premier élément *pusillus* « petit », → POULE. **UNANIME** Xe s., rare avant le XVe s., **-ITÉ** XIVe s., **-EMENT** XIVe s., **-ISME**, **ISTE** XXe s. : *unanimus, -itas*, premier élément **UN** : « qui n'a qu'une âme ». **LONGANIMITÉ** XIIe s. : bas lat. *longanimitas*, premier élément *longus* au sens de « patient ». ♦ [6] **ANIMISME** XVIIIe s. et **ANIMISTE** XIXe s. ♦ [7] **INANITION** (sav.) XIIIe s. : bas lat. *inanitio* « action de vider » et « privation d'aliments », de *inanis* ; **INANITÉ** (sav.) XVe s. : *inanitas*.

II. mots issus du grec

♦ [1] **ANÉMONE** (sav.) XIVe s. : gr. *anemônê* littéralement « fleur qui s'ouvre au vent », par le lat. ♦ [2] **ANÉMO-** premier élément de nombreux mots composés scientifiques exprimant l'idée de « vent », ex. : **ANÉMOMÈTRE** XVIIIe s., **ANÉMOTROPISME** XXe s., etc.

**AMEN** (sav.) XIIe s. : hébreu *amen*, qui terminait certaines prières, en part. le psaume 41 ; formule d'acquiescement, « certainement », « sûrement » ; par le gr. puis le lat. eccl. → ALLÉLUIA.

**AMÈNE** (sav.) XIIIe s. : lat. *amoenus* « agréable » ; **AMÉNITÉ** XIVe s. : lat. *amoenitas*, dér. de *amoenus*.

**AMER** famille du lat. *amarus* « amer » ; dér. *amaritudo, -inis* « amertume ».

♦ [1] **AMER** (pop.) XIIe s. : *amārus* ; **AMERTUME** XIIe s. : acc. *amaritūdinem* avec substitution de suffixe et influence du vocalisme de *amer* ; **AMÈREMENT** Xe s. ♦ [2] **MERISE** (pop.) XIIIe s., dér. de *amer* formé avec la désinence de *cerise* ; l'*a* initial a disparu parce qu'il s'est confondu avec celui de l'article *la*. ♦ [3] **MARASQUIN** XVIIIe s. : it. *maraschino*, dér. de *(a)marasca* « cerise aigre » avec laquelle on fabriquait cette liqueur, à l'origine sur la côte dalmate.

**AMERS** ou **AMER** XVIIe s. : mar. : dial. norm. *merc* : néerl. *merk* « limite ».

**AMÉTHYSTE** (sav.) XIIe s. : gr. *amethustos*, de *methuein* « être ivre » précédé de *a-* privatif (→ NON), par le lat. ; les Anciens attribuaient à cette pierre la propriété de préserver de l'ivresse.

**AMIANTE** représentants savants de la famille du gr. *miainein* « corrompre ».

♦ [1] **AMIANTE** XIVe s. : *amiantos* « incorruptible ». ♦ [2] **MIASME** XVIIe s. : *miasma* « corruption », « souillure ».

**AMIRAL** ♦ [1] XIe s. ; XIIIe s. sens mod. : arabe *amir* « chef », avec un suff. fr. qui a d'ailleurs varié au cours du Moyen Âge (→ esp. *almirante* et it. *ammiraglio*). **AMIRAUTÉ** XIVe s., « fonction d'amiral », XVIIIe s. « administration de la marine de l'État ». ♦ [2] **ÉMIR** XIIIe s., rare jusqu'au XVIe s. : arabe *amir*.

**AMPLE** famille savante du lat. *amplus* « ample ». Dérivés : (1) *amplitudo, -inis* « ampleur » (2) *ampliare* « augmenter », « demander un complément d'enquête », d'où *ampliatio* (3) *amplificare* « développer », terme de rhétorique, d'où *amplificator* et *amplificatio*.

♦ [1] **AMPLE** VIII^e s. ; **AMPLEMENT** XII^e s. ; **AMPLEUR** XVIII^e s., remplace l'anc. fr. *ampleté*. ♦ [2] **AMPLITUDE** XIV^e s. : *amplitudo*. ♦ [3] **AMPLIATION** XIV^e s. : *ampliatio*. ♦ [4] **AMPLIFIER** XV^e s. remplace l'anc. fr. *amplier : amplificare* ; **AMPLIFICATION** XIV^e s. : *amplifcatio* ; **AMPLIFICATEUR** XVI^e s. « celui qui amplifie », XIX^e s., tech. : *amplificator*.

**AMULETTE** (sav.) XVI^e s. : lat. *amuletum* « id. » ; devenu fém. par confusion avec les mots en *-ette*.

**AN** famille du lat. *annus* « année ». Dérivés : (1) lat. vulg. **annata* « id. » (2) Lat. vulg. **anteannum* « l'année dernière » (3) *annona* « déesse qui veille sur les récoltes de l'année » d'où « récolte de blé » (4) plusieurs adjectifs : *annuus* « qui dure un an » ; *annalis* « qui se reproduit tous les ans » ; lat. vulg. *annualis*, contamination des deux précédents, et *annuarius ; anniversarius* « qui revient chaque année » (deuxième élément → VERS) ; lat. vulg. *annotinus* « de l'année précédente » (5) comme deuxième terme de composés, l'adj. dér. *-ennis : perennis* « qui dure toute l'année », d'où « qui dure toujours » ; *bi- ; tri-, quadri- quinquennis* « qui dure un, deux, trois, quatre, cinq ans ».

**I.** mots populaires

♦ [1] **AN** XI^e s. : *annus*. ♦ [2] **ANNÉE** XII^e s. : **annata*. ♦ [3] **ANTAN** XII^e s. : **ant(e)annum*, ♦ [4] **ANTENOIS** ou **ANTENAIS** XIII^e s. terme d'élevage : dér. de *annotinus*. ♦ [5] **SURANNÉ** XIII^e s. « qui a plus d'un an », de *sur* et *an*.

**II.** mots savants

♦ [1] **ANNALES** XV^e s., d'après lat. *annales (libri)* « ouvrage où sont consignés les événements historiques année par année » ; **ANNALISTE** XVI^e s. ♦ [2] **ANNUITÉ** XIV^e s. dér. sur le radical de *annuus* ; **ANNUEL** XII^e s. : *annualis* ; d'où **BISANNUEL** XVII^e s. ; **ANNUAIRE** XVIII^e s. : *annuarius*. ♦ [3] **ANNIVERSAIRE** XII^e s. : *anniversarius*. ♦ [4] **PÉRENNITÉ** XII^e s. : *perennitas*, dér. de *perennis* ; d'où **PÉRENNE** XVI^e s. ♦ [5] **BIENNAL** XVI^e s., **TRIENNAL** XVI^e s., **QUADRIENNAL** XVII^e s., **QUINQUENNAL** XVI^e s. : *-ennalis*, dér. de *-ennis* (premier élément, → DEUX, TROIS, QUATRE, CINQ) ; sur le même modèle ont été formés : **SEPTENNAL** XIV^e s. et **SEPTENNAT** XIX^e s. (→ SEPT) ; **DÉCENNAL** XVI^e s. (→ DIX), d'où **DÉCENNIE** XIX^e s. et **TRICENNAL** XIX^e s. ; premier élément : *triceni*, dér. de *triginta* « trente ». **BIENNALE**, subst. fém., XX^e s. ♦ [6] **ANNONE** XII^e s., repris au XIX^e s. : *annona*.

**-AN** ♦ [1] suff. nom., indiquant l'origine, issu de la rencontre du lat. *-anus* (→ -AIN) ex. : *roman*, forme sav. et de l'anc. fr. *-enc* : germ. *-ing*, ex. : paysan. ♦ [2] **-ANE**, suff. analogique de *-an*, employé dans la langue de la chimie, ex. : *méthane*. ♦ [3] **-ING**, conservé intact en anglais, récemment réemprunté par le français où il est devenu très productif, indique une action, son résultat, ou le lieu où se déroule cette action, ex. : *doping, pressing, dancing, parking*, etc.

**ANA-** préf. sav. d'origine grecque indiquant un mouvement de bas en haut (*anabase*), utilisé aussi avec le sens de « en arrière » (*anachorète*), « à rebours » (*anaphylaxie*) ou « de nouveau » (*anabaptiste*).

**ANACHORÈTE** (sav.) XII^e s. : gr. eccl. *anakhôrêtês* « qui vit dans la retraite », dér. de *anakhôrein* « aller en arrière », par l'interm. du lat. eccl. ; **ANACHORÉTIQUE** XIX^e s.

**ANANAS** XVI^e s. : *anânâ*, mot appartenant à la fois au caraïbe et au tupi-guarani, qui a pu pénétrer en français par divers intermédiaires : port., esp., fr. des Antilles.

**ANCHE** (pop.) XVI^e s., mot dial. de l'Ouest, « tuyau », d'où « embouchure d'instrument à vent » : germ. **ankja* signifiant à la fois « jambe » et « tuyau » (comme *tibia* en lat.).

**ANCHOIS** XVI^e s. : esp. *anchoa*, du génois *anciöa*, altér. du lat. vulg. **apiua*, du gr. *aphuê*, même sens.

**ANCILLAIRE** (sav.) XIX^e s. : lat. *ancillaris*, dérivé de *ancilla* « servante », → QUENOUILLE, I, E.

**ANCRE** (pop.) XII^e s. : lat. *ancora*, empr. ancien du gr. *agkura*. Dér. : **ANCRER** et **DÉSANCRER** XII^e s. ; **ANCRAGE** XV^e s. « mouillage », XIX^e s. « fixation ».

**ANDRÉ** famille du gr. *anêr, andros* « homme », « mâle », auquel se rattachent deux noms propres. (1) *andreas* « viril », nom d'un

des douze apôtres, (2) *alexandros* « qui protège les hommes », nom d'un roi de Macédoine, conquérant du IV$^{e}$ s. av. J.-C.
♦ [1] **ANDRÉ** et **ALEXANDRE** (sav.), prénoms masc. : gr. *Andreas* et *Alexandros*; **ALEXANDRIE** : gr. *Alexandreia* « (ville) d'Alexandre », en Égypte. **ALEXANDRIN** XI$^{e}$ s. « d'Alexandrie », XV$^{e}$ s. vers *alexandrin*, d'après le titre du *Roman d'Alexandre*, où il était employé. ♦ [2] **-ANDRE** : second élément de composés sav. : **SCAPHANDRE** (→ ce mot); **POLYANDRE** XIX$^{e}$ s. et **POLYANDRIE** XVIII$^{e}$ s. bot., XIX$^{e}$ s. soc. ♦ [3] **ANDRO-** : premier élément de composés sav. : **ANDROGYNE** XIV$^{e}$ s., → GYNÉC(O)-; **ANDROÏDE** XVII$^{e}$ s.; **ANDROGÈNE** XX$^{e}$ s.

**ÂNE** ♦ [1] (pop.) XII$^{e}$ s. : lat. *asĭnus*, mot pré-indo-européen, d'origine méditerranéenne. **ÂNESSE** et **ÂNON** XII$^{e}$ s.; **ÂNERIE** XIV$^{e}$ s.; **ÂNONNER** et **ÂNONNEMENT** XVII$^{e}$ s. ♦ [2] **ÂNIER** (pop.) XII$^{e}$ s. : lat. *asinarĭus*, dér. de *asĭnus*. ♦ [3] la forme grecque correspondant à *asĭnus*, empr. à la même langue méditerranéenne, était *onos*, d'où *onagros* « âne sauvage », d'où fr. **ONAGRE** (sav.) XII$^{e}$ s., par le lat.

**ANÉMIE** famille du gr. *haima, haimatos* « sang », représenté en fr. par ♦ [1] **-ÉMIE**, second élément de composés scientifiques : **ANÉMIE** XVIII$^{e}$ s., 1$^{er}$ élément *an-* privatif (→ NON), littéralement « manque de sang »; **SEPTICÉMIE** (→ SEPTIQUE), **GLYCÉMIE** (→ GLUCO-), **LEUCÉMIE** (→ LEUCO-) XIX$^{e}$ s., etc. ♦ [2] **HÉMO** premier élément de composés scientifiques tels que : **HÉMOPTYSIE** XVII$^{e}$ s., 2$^{e}$ élément : gr. *ptuein* « cracher »; **HÉMORROÏDE** et **HÉMORRAGIE** (→ RHUME), **HÉMOGLOBINE** (→ GLOBE), **HÉMOPHILIE** (→ PHILTRE), **HÉMOLYSE** (→ PARALYSIE), etc. ♦ [3] **HÉMAT(O)-** base de composés et de dér. scientifiques tels que **HÉMATIE**, **HÉMATODE** XIX$^{e}$ s., **HÉMATOLOGIE** XIX$^{e}$ s., **HÉMATURIE** XVIII$^{e}$ s., etc. ♦ [4] **HÉMATITE** (sav.) XII$^{e}$ s. : gr. *haematitês* « couleur de sang », dér. de *haima*, désigne le minerai de fer.

**ANÉVRISME** (sav.) XVI$^{e}$ s. : gr. *aneurusma* (avec prononciation byzantine du *eu*) « dilatation (d'une artère) » : dér. de *eurus* « large ».

**ANFRACTUEUX** (sav.) XVI$^{e}$ s. : bas lat. *anfractuosus*, dér. de *anfractus* « tournant, repli, sinuosité », mot d'origine obscure; rapproché par certains de *frangere*, → ENFREINDRE, il pourrait plutôt reposer sur la racine de *agere*, → AGIR; *afr-* serait alors un préfixe osque, équivalent du lat. *ambi-*, *amb-* → ALLER, **ANFRACTUOSITÉ**, XVI$^{e}$ s.

**ANGE** ♦ [1] (demi-sav.) XI$^{e}$ s. : lat. eccl. *angelus*, du gr. *aggelos* « messager », spécialisé dans le sens de « messager de Dieu ». **ANGELOT** XIII$^{e}$ s. ♦ [2] **ANGÉLIQUE** (sav.) XIII$^{e}$ s., adj. : gr. *aggelikos*, par le lat. XVI$^{e}$ s., subst. plante ainsi nommée parce qu'on lui attribuait des vertus antitoxiques. **ANGÉLIQUEMENT** XVIII$^{e}$ s. ♦ [3] **ARCHANGE** (sav.) XII$^{e}$ s. : lat. *archangelus*, du gr. *arkhaggelos*, → ARCHI-, art. ARCHIVES. ♦ [4] **ANGÉLUS** XVII$^{e}$ s. : mot latin, début d'une prière catholique commémorant l'Annonciation. ♦ [5] **ÉVANGILE** (demi-sav.) XII$^{e}$ s. : lat. eccl. *evangelium*, du gr. *euaggelion* « heureux message », « bonne nouvelle », de la même famille que *aggelos* « messager »; d'où, toujours par le lat., **ÉVANGÉLISTE** (sav.) XII$^{e}$ s. : gr. *euaggelistês*; **ÉVANGÉLISER** (sav.) XIII$^{e}$ s. : gr. *euaggelizein*; **ÉVANGÉLIQUE** (sav.) XIV$^{e}$ s. : *euaggelikos*. ♦ [6] **ÉVANGÉLIAIRE** (sav.) XVIII$^{e}$ s. : lat. eccl. *evangeliarium*, sans prototype grec.

**-ANGE** (pop.) suff. nom. fém. aujourd'hui mort, provenant de la confusion de ♦ [1] lat. *-emia* dans *vendange* (→ VIN). ♦ [2] germ. *-inga* dans *mélange, louange*, etc.

**ANGIO-** (sav.) : gr. *aggeion* « vaisseau ». ♦ [1] premier terme de dér. ou de composés de la langue médicale tels que **ANGIOME** XIX$^{e}$ s., **ANGIOGRAPHIE** XVIII$^{e}$ s., **ANGIOSPERME** XVIII$^{e}$ s., etc. ♦ [2] **-ANGITE** deuxième terme de composés tels que **LYMPHANGITE** → LYMPHE.

**ANGLE** famille d'une rac. ind.-eur. **ang-*, var. **ank-*, dont les représentants lat. et gr. ayant une descendance en fr. sont le lat. *angulus* « angle », les adj. dér. *angulosus* et *angularis*, et le gr. *agkulos* « recourbé ».

I. mots issus du latin

♦ [1] **ANGLE** (pop.) XII$^{e}$ s. : *angŭlus*; → aussi -GONE, art. GENOU. ♦ [2] dér. : **TRIANGLE** (demi-sav.) XIII$^{e}$ s. : lat. *triangulum* → TROIS; **QUADRANGLE** XIII$^{e}$ s. : lat. *quadrangulus*, → QUATRE; **RECTANGLE** XVI$^{e}$ s. : lat. *rectangulus*, → ROI; **ÉQUIANGLE** XVI$^{e}$ s. → ÉGAL. ♦ [3] base **ANGUL-** (sav.) : **ANGULEUX** XVI$^{e}$ s. : lat. *angulosus*; **ANGULAIRE** XIV$^{e}$ s. : lat. *angularis*; **TRIANGULAIRE** XIV$^{e}$ s. : *triangularis*; **QUADRANGULAIRE** XV$^{e}$ s. : *quadrangularis*; **RECTANGULAIRE** XVI$^{e}$ s., formé sur le même modèle; **TRIANGULATION** XIX$^{e}$ s. : bas lat. *triangulatio*; **TRIANGULER** XIX$^{e}$ s.

II. mots savants issus du grec

**ANKYLOSE** XVI^e^ s. : *agkulôsis* « courbure », d'où **ANKYLOSÉ** XVIII^e^ s., **S'ANKYLOSER** XIX^e^ s. ; **ANKYLOSTOME** XIX^e^ s. → STOME, art. ESTOMAC.

**ANGOISSE** famille du lat. *angere, anctus* « oppresser », « serrer la gorge », d'où : (1) *angustia* « gêne » « angoisse » (2) lat. class. *anxius* « anxieux », d'où lat. vulg. *anxietas, anxiosus* ; équivalent grec : *agkhein* « serrer ».

I. mots issus du latin

♦ [1] **ANGOISSE** (pop.) XII^e^ s. : *angŭstĭa* ; **ANGOISSER** XI^e^ s. : *angŭstĭāre*, dér. de *angustia* ; **ANGOISSANT** XX^e^ s., adj. (en anc. fr. *angoisseux*). ♦ [2] **ANGINE** (sav.) XVI^e^ s. : lat. mod. *angina*, dér. de *angere*, mot formé pour distinguer cette maladie de l'esquinancie. ♦ [3] **ANXIEUX** (sav.) XIV^e^ s. :*anxiosus* ; **ANXIÉTÉ** (sav.) XII^e^ s. : *anxietas*.

II. mot issu du grec

**ESQUINANCIE** XIII^e^ s., altération de *quinancie* XII^e^ s. : gr. *kunagkhê* « collier de chien », composé de *agkhein* ; premier élément → CYN(O)-, art. CHIEN.

**ANGUILLE** (pop.) XII^e^ s. : lat. *anguilla* dérivé de *anguis* « serpent ».

**ANIS** (sav.) XIII^e^ s. : gr. *anison* par l'interm. du lat.

**ANNEAU** famille du lat. *anus* « anneau », qui a pris dès le lat. class. son sens anatomique, celui d'« anneau » passant aux dér. *anellus* et *anulus* ; parfois écrit avec *nn*, sous l'influence de *annus* « an ».

♦ [1] **ANNEAU** (pop.) XI^e^ s., var. *anel : anellus* ; d'où **ANNELET** XI^e^ s., **ANNELER** XVI^e^ s. ♦ [2] **ANNÉLIDES** (sav.) XIX^e^ s. : formé sur la base *annel-*. ♦ [3] **ANNULAIRE** (sav.) XVI^e^ s., adj., XVII^e^ s., subst., abrév. de *doigt annulaire* : lat. *annularius*, dér. de *anulus*. ♦ [4] **ANUS** (sav.) XIV^e^ s. : mot lat., **ANAL** XIX^e^ s. Pour les mots sav. exprimant l'idée d'« anus » → PROCT(O)-.

**ANNONCER** famille du lat. *nuntius* « messager » d'où *nuntiare* « annoncer » et ses dér. lat. imp. *adnuntiare* « id. », *denuntiare* « déclarer solennellement », *enuntiare* « faire connaître au-dehors », *pronuntiare* « annoncer publiquement », « rendre une sentence », *renuntiare* « annoncer le retrait de », « révoquer ».

I. mots populaires et demi-savants, base *-nonc-*

Le simple *noncier* : lat. *nŭntĭāre*, qui vivait en anc. fr. ayant disparu, restent les dér. : ♦ [1] **ANNONCER** XI^e^ s. ; d'où **ANNONCE** XVI^e^ s. ; **ANNONCEUR** XIV^e^ s., repris au XX^e^ s., subst., langue comm. ; **ANNONCIER** XIX^e^ s. ♦ [2] **DÉNONCER** XII^e^ s. : *denuntiare*. ♦ [3] **ÉNONCER** XIV^e^ s. ; rare avant le XVII^e^ s. : *enuntiare* ; **ÉNONCÉ** XVII^e^ s. subst. ♦ [4] **PRONONCER** XII^e^ s. « proclamer », XIII^e^ s. « articuler » : *pronuntiare* ; d'où **IMPRONONÇABLE** XIII^e^ s. ; **PRONONÇABLE** XVII^e^ s. ♦ [5] **RENONCER** XIII^e^ s. : *renuntiare*, d'où **RENONCEMENT** XV^e^ s.

II. mots savants, base *-nonciat-*

♦ [1] **ANNONCIATION** XI^e^ s. « action d'annoncer », en général, jusqu'au XVIII^e^ s. ; ne survit que dans sa spécialisation religieuse (a remplacé l'anc. fr. *anuncion*) : lat. eccl. *annuntiatio*. **ANNONCIATEUR** XVI^e^ s. : lat. eccl. *annuntiator*. ♦ [2] **DÉNONCIATION** XIII^e^ s. et **DÉNONCIATEUR** XIV^e^ s. : bas lat. *denuntiatio, denuntiator* ; l'anc. fr. *denonceur* (pop.) a été éliminé. ♦ [3] **ÉNONCIATION** et **ÉNONCIATIF** XIV^e^ s. : *enuntiatio, enuntiativus*. ♦ [4] **PRONONCIATION** XIII^e^ s. : lat. *pronuntiatio*. ♦ [5] **RENONCIATION** XIII^e^ s. : *renuntiatio*.

III. mots d'emprunt

♦ [1] **NONCE** XVI^e^ s. : it. *nunzio*, du lat. *nuntius* ; **NONCIATURE** XVII^e^ s. : it. *nunziatura*. **INTERNONCE** XVII^e^ s. et **INTERNONCIATURE** XVIII^e^ s. ♦ [2] **PRONUNCIAMIENTO** XIX^e^ s. : mot esp. « déclaration », « manifeste publié à l'occasion d'un coup d'État », dér. de *pronunciar* : lat. *pronuntiare*.

**ANODIN** (sav.) XVI^e^ s. : gr. *anôdunon*, de *an-* privatif et de *odunê* « douleur », d'où « qui calme la douleur » ; empr. par l'interm. du lat. méd. Sens fig. après le XVII^e^ s.

**ANORAK** XX^e^ s. : mot esquimau, « qui protège contre le vent », dérivé de *anoré* « vent ».

**ANOREXIE** (sav.) XVI^e^ s., formé de *an-* privatif et du gr. *orexis* « appétit ».

**ANSE** (sav.) XIII^e^ s. « anse de panier », XV^e^ s. géogr. : lat. *ansa*.

**-ANT** ♦ [1] (pop.) suff. nom., adj. et verbal issu de la rencontre de : (a) lat. *-ando, -endo, andus, endus* (désinence de gérondif ou d'adjectif verbal) ; (b) lat. *-antem* (désinence du participe présent de la première conjugaison) ; (c) lat. *-entem* (désinence du part. présent des autres conjugaisons, remplacé par *-antem* en lat. vulg.). À *-andus*, correspond une désinence féminine *-enda* ; à *-antem* et *entem*, des suff. nom. fém. *-antia* et *entia*. Le suff. *-ant* (d'abord même forme pour le masc. et le fém.) sert à l'origine à former des part. présents et des adj. verbaux; mais on trouve aujourd'hui des adj. en *-ant* qui ne correspondent à aucun verbe, ex. : *solvant, concomitant, abracadabrant*; le fém. *-ante* est analogique. ♦ [2] **-AND(E)** (pop.) : variante de **-ANT**, p. ex. *friand*, ancien part. présent de *frire*. ♦ [3] **-ENT** (sav.) : suff. adj. issu de la rencontre entre des formes ayant pour origine un lat. *-entem*, ex. : *présent* et de quelques adj. ayant pour origine un lat. *-entus*, ex. : *turbulent*. ♦ [4] **-ANCE** (pop.) : suff. nom. fém. : lat. *-antia* ou *-entia*, ex. : *ignorance*. ♦ [5] **-ENCE** (sav.) : lat. *-entia*, ex. : *obédience*, suffixes très employés aujourd'hui dans la langue de la physique. ♦ [6] formes sav. ou empr. remontant au gérondif latin ou à l'adj. verbal en *-ndus* : **-ENDE**, ex. : *dividende*, du lat. *dividenda* « choses destinées à être divisées »; **AGENDA** → AGIR; **-ENDO**, par l'it., dans **CRESCENDO** et **DECRESCENDO** « en montant », « en descendant ».

**ANTENNE** (pop.) XIIIe s. « vergue », XVIIIe s. « appendice tactile des insectes », XXe s. radio : lat. *antemna* « vergue ».

**ANTH(O)-** représentants français sav. du gr. *anthos* « fleur ».
♦ [1] **ANTHOLOGIE** XVIe s. : gr. *anthologia* « choix de fleurs » (→ LIRE). ♦ [2] **-ANTHE : HÉLIANTHE** XVIIe s. composé du gr. *hélios* (→ SOLEIL) et *anthos*. **PÉRIANTHE** XVIIIe s. « ensemble des enveloppes de la fleur » : composé de *péri-* « autour » (→ PREMIER) et de *anthos*. ♦ [3] **-ANTHÈME** : gr. *anthémon* « fleur », dér. de *anthos*; **CHRYSANTHÈME** XVIe s. sous la forme gr. puis XVIIIe s. : *khrusanthemon* « fleur d'or » (→ CHRYSO); **EXANTHÈME** XVIe s., maladie de peau : *exanthêma* « efflorescence », par le lat. méd.; **EXANTHÉMATEUX** XVIIIe s.; **XÉRANTHÈME** XVIIIe s. : premier élément *xéros* « sec ».

**ANTHRAX** ♦ [1] (sav.) XIVe s. « tumeur noirâtre » : gr. *anthrax* « charbon », par le lat. méd. ♦ [2] **ANTHRACITE** XVe s. « pierre précieuse », XVIIIe s. « charbon » : lat. et gr. *anthrakitês* « pierre précieuse », dér. de *anthrax*, qui avait le sens d'« escarboucle » à côté de celui de « charbon ».

**ANTHROP(O)-** représentants français savants du gr. *anthrôpos* « être humain ».
♦ [1] **ANTHROPO-** : premier élément d'un grand nombre de composés du langage scientifique, ex. : **ANTHROPOCENTRISME, -IQUE** XIXe s. (→ CENTRE); **ANTHROPOLOGIE** XVIe s. philo., XIXe s. anat. puis ethn., et **ANTHROPOLOGUE** XIXe s.; **ANTHROPOMÉTRIE** XIXe s.; **ANTHROPOMORPHISME** XVIIIe s., **-MORPHE** et **-MORPHIE** XIXe s.; **ANTHROPOPITHÈQUE** XIXe s. : gr. pithêkos « singe »; **ANTHROPONYMIE** (→ NOM); **ANTHROPOPHAGE** (→ PHAGO-). ♦ [2] **-ANTHROPE** et **-ANTHROPIE** 2e élément de composés savants, ex. : **LYCANTHROPE, -IE** (→ LOUP); **MISANTHROPE, -IE** (→ MISO-); **PHILANTHROPE** XIVe s., rare jusqu'au XVIe s., **-IE** XVIe s., **-IQUE** XVIIIe s. (→ PHIL-, art. PHILTRE) : gr. *philanthrôpos* « qui aime les hommes », dér. *philanthrôpia, philanthrôpikos*; **SINANTHROPE** XXe s., du lat. *Sina* « Chine ».

**ANTIENNE** famille du gr. *phônê* « voix », d'où *phônêtikos* « relatif à la voix » et *phônêma* « son de voix ».
♦ [1] **ANTIENNE** (demi-sav.) XIIIe s. : lat. eccl. *antĕfăna*, altération, d'après *ante* « avant », de *antiphona*, du gr. *antiphôna* « chant alternatif de deux chœurs », plur. neutre de *antiphônos* « qui répond à », dans la langue de la musique. ♦ [2] **ANTIPHONAIRE** (sav.) XIVe s., XIIe s. sous la forme *antefinier*, pop. : lat. médiéval *antiphonarius*, dér. de *antiphona*. ♦ [3] **PHONÉTIQUE** (sav.) XIXe s. : *phônêtikos*, d'où **PHONÉTISME** XIXe s. et **PHONÉTICIEN** XXe s. ♦ [4] **PHONÈME** XIXe s. : *phônêma*. ♦ [5] **PHON-**, base de plusieurs dér. et composés sav. **PHONIQUE** XVIIIe s.; **PHONATION, PHONATEUR** XIXe s.; **PHONATOIRE** XXe s.; **PHONIÂTRE** XXe s. ♦ [6] **PHONO-** premier élément de nombreux composés sav. tels que : **PHONOGRAPHE** XIXe s.; **PHONOLOGIE** XIXe s. **-OGUE** XXe s.; **PHONOMÈTRE, -IE, -IQUE** XIXe s.; **PHONOTHÈQUE** XXe s. ♦ [7] **-PHONE** suff. indiquant : (a) le locuteur d'une langue déterminée, ex. : **FRANCOPHONE** XXe s. ; (b) un instrument de communication ou d'enregistrement de la voix, ex. : **BIGOPHONE** XIXe s. : premier élément Bigot, nom de son inventeur, dér. : **BIGOPHONISTE; ÉLECTROPHONE** XIXe s.; **MICROPHONE** XVIIIe s. abrégé en **MICRO** XXe s.; **MAGNÉTOPHONE** XIXe s.; **TÉLÉPHONE** XIXe s., d'où **TÉLÉPHONIQUE, -IE, -ISTE**, XIXe s. et **TÉLÉPHONER** XXe s. ; (c) des dér. de mots en **-PHONIE : APHONE** XIXe s. et **HOMOPHONE** XIXe s. ♦ [8] **-PHONIE, -IQUE, -ISTE, -ISME** : **APHONIE** XVIIe s., avec *a-* privatif.; **APOPHONIE** XIXe s.; **CACOPHONIE** → CACO-; **DODÉCAPHONIE** → DODECA-, art. DEUX; **EUPHONIE** XVIe s. et **EUPHONIQUE** XVIIIe s., avec le préf. *eu-* « bon », par le lat.; **HOMOPHONIE** XVIIIe s.; **POLYPHO-**

**NIE, -IQUE, -ISTE** XIXe s., par le lat. *polyphonia*; **RADIOPHONIE, -IQUE** XIXe s., abrégé en **RADIO** XXe s.; **STÉRÉOPHONIE** XXe s., abrégé en **STÉRÉO**.

**ANTILOPE** XVIIIe s. : angl. *antelope* : lat. médiéval *anthalopus* : gr. byzantin *anthalôps* d'étym. inconnue qui désignait un animal fabuleux.

**ANTRE** (sav.) XVIe s. : lat. *antrum*, du gr. *antron*.

**AORTE** (sav.) XVIe s. : gr. *aorté*, « id. », d'étym. obscure.

**AOÛT** famille d'une racine ind.-eur. **aweg-* « croître », représentée en lat. par (1) *augere, auctus* « (s')accroître » (2) *auctor* « qui fait croître », d'où lat. class. « fondateur », « auteur »; *auctoritas* « fait d'être *auctor* »; bas lat. *auctorizare* « donner de l'autorité » (3) *auxilium* « accroissement de forces », d'où lat. class. « secours, renfort » (4) *augurium* « accroissement accordé par les dieux à une entreprise », d'où lat. class. « présage favorable », et *augur* (celui qui donne de tels présages », d'où « augure » (5) *augustus* « consacré par les augures », « entrepris sous des augures favorables »; a servi de surnom à Octave devenu empereur de Rome, puis à désigner le mois qui lui a été consacré.

**I.** mots populaires

♦ [1] **AOÛT** XIIe s., lat. vulg. **agŭstus*, dissimilation de *augŭstus*; d'où **AOÛTAT** XIXe s. « insecte du mois d'août » et **AOÛTIEN** XXe s. « vacancier du mois d'août ». ♦ [2] **HEUR** XIIe s., sous la forme *eür*, *h* initial et voyelle *eu*, au lieu du *u* attendu, en moyen fr. sous l'infl. de *heure* : lat. vulg. **agūrium*, dissimilation de *augūrium*. **HEUREUX** XIIIe s. d'abord *eüré*; **HEUREUSEMENT** XVIe s.; **BIENHEUREUX** XIe s. d'abord *beneüré*; **BONHEUR** XIIe s., *bon eür*, dont le succès a été dû en partie à la rencontre homonymique avec *bonne heure* et qui a fini par éliminer *heur*; **MALHEUR** XIIe s., *mal eür*; **MALHEUREUX** XIe s., *mal eüré*.

**II.** mots savants

**A.** base *-aug-* ♦ [1] **AUGMENTER** XIVe s. : lat. imp. *augmentare*, dér. de *augere*; **AUGMENTATION** XIIIe s. : bas lat. *augmentatio*. ♦ [2] **AUGURE** XIIe s. « présage » : *augurium*; XIIIe s. « homme qui formule ces présages » : *augur*. **AUGURER** XIVe s. : *augurare* « tirer un présage »; **INAUGURER** XIVe s. « consacrer », XIXe s. sens actuel : *inaugurare* « prendre les augures »; **INAUGURATION** XIVe s. : *inauguratio*; **INAUGURAL** XVIIe s. ♦ [3] **AUGUSTE** adj. XIIIe s., rare jusqu'aux XVIIe s. : *augustus*.

**B.** autres bases ♦ [1] **AUTEUR** XIIe s. : *auctor*; **AUTORISER** XIIe s. : *auctorizare* et **AUTORISATION** XVe s.; **AUTORITÉ** XIIe s., sing., XVIIIe s., plur., d'où **AUTORITAIRE, AUTORITAIREMENT, AUTORITARISME** XIXe s. ♦ [2] **OCTROYER** (demi-sav.) XVe s., remplace *otreier*, pop., XIe s. : lat. *auctorizare*, d'où **OCTROI** XVe s., remplace *otrei*, pop. XIIe s., sens premier « action d'octroyer », XVIIe s. *deniers d'octroi*, d'où *octroi* « taxe qu'une ville a été autorisée à prélever », XIXe s. « toute taxe prélevée à l'entrée d'une ville sur les marchandises ». ♦ [3] **AUXILIAIRE** XVIe s. : *auxiliaris* dérivé de *auxilium*.

**APHTE** (sav.) XVIe s. : gr. *aphthai* « ulcères brûlants » par le lat.; **APHTEUX**, surtout dans *fièvre aphteuse* XVIIIe s.

**APÔTRE** famille du gr. *stellein* « envoyer ». — Dér. : *apostellein*, d'où *apostolos* « envoyé »; *epistellein*, d'où *épistolê* « message », « lettre », anciennement latinisé en *epistola; diastellein* « séparer » d'où *diastolê* « intervalle »; *sustellein* « rassembler », d'où *sustolê* « contraction »; *peristellein* « envelopper », d'où *peristaltikos* « qui comprime tout autour ».

**I.** mots de formation demi-savante

♦ [1] **APÔTRE** XIe s. : lat. eccl. *apostolus*, du gr. *apostolos*. ♦ [2] **ÉPÎTRE** XIIe s. : lat. *epistŏla*, du gr. *epistolê*.

**II.** mots de formation savante

**A.** base *stol-* ♦ [1] **APOSTOLAT** XVe s. : lat. eccl. *apostolatus*, dér. de *apostolus*; **APOSTOLIQUE** XIIIe s. : lat. eccl., du gr. *apostolikos*. ♦ [2] **ÉPISTOLAIRE** XVIe s. : lat. *epistolaris*, dér. de *epistola*; **ÉPISTOLIER** XVIe s., formé sur *epistola*. ♦ [3] **DIASTOLE** XIVe s. gramm., XVIe s. anat. : *diastolê*; **SYSTOLE** XVIe s. : *sustolê*.

**B.** base *-stal-* **PÉRISTALTIQUE** XVIIe s. : *péristaltikos*.

**APPLAUDIR** famille du lat. *plaudere, plausus* « battre des mains », d'où *explodere* « chasser en battant des mains », « huer ».

♦ [1] **APPLAUDIR** (sav.) XIVe s. : *applaudere*, dér. de *plaudere*; **APPLAUDISSEMENT** XVIe s.; **APPLAUDIMÈTRE** XXe s. ♦ [1] **PLAUSIBLE** (sav.) XVIe s. : lat. *plausibilis* « digne d'être applaudi »; **PLAUSIBILITÉ** XVIIe s. ♦ [3] **EXPLOSION** (sav.) XVIe s. : *explosio*, dér. de *explodere*; **EXPLOSIF**

XVIIe s. ; **EXPLOSER, EXPLOSIBLE, EXPLOSEUR, INEXPLOSIBLE** XIXe s.

**ÂPRE** famille du lat. *asper* « rude, rocailleux », d'où *asperitas* « rudesse »; lat. imp. *exasperare* « rendre rude » « irriter », puis *exasperatio* « irritation »; lat. vulg. **asperella*, nom de plante.
♦ [1] **ÂPRE** et **ÂPRETÉ** (pop.) XIIe s. : *asper* et *asperitas, -atis*. ♦ [2] **PRÈLE** (pop.) XVIe s. : altération, par confusion entre l'*a* initial et celui de l'article défini, de *asprele*, XIIIe s. : **asperella*. ♦ [3] **ASPÉRITÉ** (sav.) XIIe s. : *asperitas*; **EXASPÉRER** XIVe-XVIe s., puis XVIIIe s. : *exasperare*; **EXASPÉRATION** XVIe s. : *exasperatio*; **EXASPÉRANT** XIIIe s., puis XIXe s.

**ARABLE** représentants de la famille du lat. *arare* « laboureur ».
♦ [1] **ARABLE** (sav.) XIIe s. : *arabilis* « qui peut être labouré ». ♦ [2] **ARATOIRE** (sav.) XVIe s. : bas lat. *aratorius* « relatif au labourage ». ♦ [3] **ARAIRE** XIIe s., repris au XXe s. : empr. au prov. *araire*, du lat. *aratrum* « charrue ».

**ARACHIDE** (sav.) XVIIIe s. : lat. *arachidna*, du gr. *arakhidna* « gesse ».

**ARAIGNÉE** famille du lat. *aranea* « araignée » et de son équivalent grec *arakhnê*, peut-être tous deux empr. à une langue méditerranéenne.

**I.** mots populaires issus du latin
♦ [1] **ARAIGNÉE** XIIe s. « toile d'araignée », XVIe s. « araignée », dér. de l'anc. fr. *araigne : aranĕa*. ♦ [2] **ÉRIGNE** XVIe s. instrument de chirurgie, var. dial. de *araigne*. ♦ [3] **MUSARAIGNE** XVe s. : lat. vulg. *musaranea*, de *mus* « souris » et *aranea*. ♦ [4] **ROGNE** XIIIe s. « gale » : lat. vulg. **ronea*, altération de *aranea*, peut-être sous l'influence de *rodere* « ronger ».

**II.** mots savants issus du grec
base *arachn-* tirée de *arakhnê* dans **ARACHNIDE, ARACHNÉEN** XIXe s.; **ARACHNOÏDE** XVIe s.

**ARBITRE** famille du lat. *arbiter* « témoin », « arbitre choisi par les deux parties dans un litige », d'où *arbitrium* « sentence arbitrale », « pouvoir de décider » et *arbitrarius* « qui dépend de ce pouvoir ».
**ARBITRE** XIIIe s. « volonté », sens conservé dans *libre arbitre : arbitrium*; XIIIe s. « juge entre deux parties » : *arbiter*; d'où **ARBITRER, ARBITRAGE, ARBITRAL** XIIIe s.; **ARBITRAIRE** et **ARBITRAIREMENT** XIVe s. : *arbitrarius*.

**ARBOUSE** XVIe s. : provençal *arbousse* : lat. *arbuteus* dérivé de *arbutus* « arbousier »; **ARBOUSIER** XVIe s.

**ARBRE** famille du lat. *arbor* « arbre » d'où *arbustum* « lieu planté d'arbres », « pépinière » et « arbre ».
♦ [1] base *arbr-* (pop.) : **ARBRE** XIe s. : *arbor*; **ARBRISSEAU** XIIe s. : lat. vulg. **arboriscellus*, dimin. de *arbor*. ♦ [2] base *arbor-* (sav.) : **ARBORESCENT** XVIe s. du part. présent de *arborescere* « devenir un arbre »; **ARBORESCENCE** XIXe s.; **ARBORICULTURE** XIXe s.; **ARBORER** XIVe s. : anc. it. *arborare* « dresser comme un arbre ». ♦ [3] **ARBUSTE** (sav.) XIVe s. : *arbustum*.

**ARC** famille du lat. *arcus* sur la base duquel ont été formés en lat. vulg. (1) la forme féminine **arca* (2) les diminutifs **arcio, -onis* et **arcellus* (3) le composé *arcuballista*, avec *ballista* « machine de jet » → BAL.
♦ [1] **ARC** (pop.) XIe s.; d'où **ARC-BOUTANT** XIVe s., **ARC-BOUTER** XVIIe s., **S'ARC-BOUTER** XVIIIe s., composés avec **BOUTER** « pousser »; **ARC-EN-CIEL** XIIIe s. ♦ [2] dér. en *ch* (pop.) : **ARCHER** XIIe s.; **ARCHET** XIIe s. ♦ [3] dér. en *-s-* (pop.) : **ARCEAU** XIIe s. : **arcellus*, et **ARÇON** XIe s. : **arcio, -onis*, d'où **DÉSARÇONNER** XIIe s. ♦ [4] dér. en *k* (pop.) : **ARQUER** XVIe s.; **ARCADE** XVIe s. piémontais *arcada*, var. it. *arcata*; **ARCATURE** (suff. sav.) XIXe s. ♦ [5] **ARCHE** (pop.) XIIe s. : **arca*. ♦ [6] **ARBALÈTE** (pop.) XIe s. : *arcuballista*; **ARBALÉTRIER** XIIe s. ♦ [7] **NARQUOIS** XVIe s. « déserteur », « soldat vagabond qui mendie », puis XVIIe s. sens mod. p.-ê sous l'influence de *narguer* : probablement var. de *narquin* XVIe s., forme agglutinée de *un arquin* « un archer », dér. de *arc*.

**ARCHAL** famille du gr. *khalkos* « cuivre ». Dér. : *oreikhalkos* « laiton », littéralement « cuivre de la montagne » (→ ORO-).
♦ [1] **ARCHAL** (pop.) XIIe s.; survit dans *fil d'archal* : altération inexpliquée du lat. *orichalcum*, du gr. *oreikhalkos*. ♦ [2] **CHALCOGRAPHIE** (sav.) XVIIe s. « gravure sur cuivre ».

**ARCHE** ♦ [1] (pop.) XIIe s., seulement *arche de Noé* et *arche d'alliance* : lat. *arca* « coffre ». ♦ [2] dér. de *arca* dans le lat. des alchimistes : *arcanus*, adj., et *arcanum*, subst., « secret », d'où **ARCANE** (sav.) XVe s.

**ARCHITECTE** famille du gr. *tektôn* « charpentier ».
♦ [1] **ARCHITECTE** (sav.) XIVe s. : gr. *arkhitektôn* « charpentier en chef », avec influence du lat.

*architectus* et de l'it. *architetto*; **ARCHITECTURE** XVI^e s. : lat. *architectura*, avec influence de l'it. *architettura*; **ARCHITECTURAL, ARCHITECTURER** XIX^e s. ♦ [2] **ARCHITECTONIQUE** (sav.) XIV^e s. : dér. de *architektôn*, par le latin. ♦ [3] **TECTONIQUE** XX^e s. : dér. formé sur *tektôn*.

**ARCHIVES** famille savante du gr. *arkhê* signifiant à la fois le « commencement » et le « commandement » (→ une semblable polysémie dans l'anc. fr. *chef*, fr. mod. *tête*). — Dér. : (1) *arkhaios* « qui remonte aux commencements », « ancien » (2) *arkhein* « commander », d'où (a) *arkhôn, -ontos*, titre d'un des principaux magistrats d'Athènes; (b) *arkheion*, résidence des principaux magistrats, où, par ailleurs, on conservait les archives d'Athènes; (c) *arkhi-*, préfixe indiquant la supériorité; (d) *-arkhia*, suffixe indiquant le mode de gouvernement.

I. mots exprimant l'idée d'ancienneté

♦ [1] **ARCHIVES** (sav.) XV^e s. : bas lat. *archivum* « lieu où l'on conserve les archives », du gr. *arkheion*, avec influence de *arkhaios*; **ARCHIVISTE** XVIII^e s. ♦ [2] **ARCHAÏSME** XVII^e s. : *arkhaismos*, dérivé de *arkhaios*; **ARCHAÏQUE** XVIII^e s., **ARCHAÏSANT** XX^e s. ♦ [3] **ARCHÉEN** XX^e s. : formé sur le radical de *arkhaios*. ♦ [4] **ARCHÉO-** : tiré de *arkhaios*, premier élément de nombreux composés savants indiquant l'ancienneté, en particulier **ARCHÉOLOGIE** XVII^e s., **ARCHÉOLOGUE** XIX^e s.

II. mots exprimant l'idée de commandement

♦ [1] **ARCHI-**, préf. qui se combine : a) avec des noms de titres, ex. : **ARCHIMANDRITE** XVI^e s. : *arkhi-* et gr. eccl. *mandritês*, dér. de *mandra* « cloître »; **ARCHIDIACRE, ARCHIDUC**, etc., → au second élément; b) dans le langage familier, avec divers adjectifs pour former des superlatifs expressifs, ex. : *archiriche*. ♦ [2] **-ARQUE** : *-arkhos*, suff. indiquant la personne qui gouverne, ex. : **MONARQUE** XIV^e s. : *monarkhos* « qui gouverne seul »; **POLÉMARQUE** XVIII^e s. : *polemarkhos* « chef de guerre ». ♦ [3] **-ARCHIE, -ISME, -ISTE, -IQUE** : *-arkhia*, ex. : **ANARCHIE** XIV^e s., rare jusqu'au XVIII^e s., avec *an-* privatif, *anarkhia* « absence de chef »; **ANARCHIQUE** XVI^e s., **-ISTE** XVIII^e s., **-ISME** XIX^e s., **-ISANT** XX^e s.; **HIÉRARCHIE** XIV^e s., composé avec le gr. *hieros* « sacré »; **HIÉRARCHIQUE** XIV^e s., eccl., XVIII^e s., admin. : lat. *hierarchicus*, dér. de *hierarchia*; **HIÉRARCHISER** XIX^e s., **-ISATION** XIX^e s.; **MONARCHIE** XIII^e s. : *monarkhia*, d'où **MONARCHIQUE** XV^e s., **-ISME** XVI^e s., **-ISTE** XVIII^e s., **ANTIMONARCHIQUE** XVIII^e s.; **OLIGARCHIE** XIV^e s. : *oligarkhia*, composé de *oligoi* « peu nombreux », d'où **OLIGARCHIQUE** XIV^e s., **SYNARCHIE** XIX^e s. : *sunarkhia* « pouvoir en commun », composé de *sun* « avec ». ♦ [4] **ARCHONTE** XIII^e s. : *arkhôn, -ontos*. ♦ [5] **ARCHIPEL** XVI^e s., XV^e s. *archepelague* : it. *arcipelago*, du gr. byzantin *arkhipelagos* « mer principale », qui désignait la mer Égée, riche en îles.

**ARCTIQUE** famille du gr. *arktos* « ours ».
♦ [1] **ARCTIQUE** et **ANTARCTIQUE** (sav.) XIV^e s. : lat. empr. au gr. *arktikos* « qui regarde la Grande Ourse » et *antarktikos* « qui se trouve du côté opposé à la Grande Ourse ». ♦ [2] **ARCTO-** premier élément de composés sav. (zool.) comportant la notion d'« ours », ex. : **ARCTORNIS** XIX^e s.

**-ARD** ♦ [1] (pop.) suff. nom. et adj. vivant, issu de l'adj. germ. *hart* « fort », employé à l'origine comme second élément de noms de personnes, ex. : *Bernard*. Adapté ensuite à des noms communs, des adj. ou même des verbes, il a pris une valeur péjorative, ex. : *vieillard, musard* et *musarder, chauffard*. ♦ [2] forme élargie : *-sard* : *banlieusard*.

**ARDENT** ♦ [1] (pop.) XII^e s. : lat. *ardens, -entis*, part. présent de *ardere* « brûler », représenté par *ardre* en anc. fr. ♦ [2] **ARDEUR** (pop.) XII^e s. : lat. *ardor, -oris*, dér. de *ardere*.

**ARDOISE** (pop.) XII^e s. : mot obsc. p.-ê. celtique, p.-ê. « *aridĭtia*, dér. de lat. *aridus* « sec » (→ ARIDE).

**ARDU** (sav.) XIV^e s. : lat. *arduus* « escarpé ».

**ARÈNE** (pop.) XII^e s. « sable », XVII^e s. « amphithéâtre » : lat. *arena* « sable » et par extension « sable répandu dans l'amphithéâtre » d'où l'amphithéâtre lui-même.

**ARÊTE** (pop.) XII^e s. : lat. vulg. **aresta* « arête », du lat. class. *arista* « barbe d'épi »; **ARÊTIER** XIV^e s., **-IÈRE** XVII^e s. archit.

**ARGENT** famille d'une racine ind.-eur. **arg-* « briller » représentée en gr. par *arguros* « argent », en lat. par : (1) *argentum* « argent » (2) au sens fig. *arguere* « démontrer », « convaincre ».

I. mots issus du latin

♦ [1] **ARGENT** (pop.) X^e s. : *argentum*. **ARGENTER** XIII^e s.; **ARGENTERIE** XIII^e s.; **ARGENTIN**

XIIe s. ; **ARGENTIER** XIIIe s. « banquier », XVe s. « trésorier royal » ; **ARGENTIFÈRE** XVIe s. ; **DÉSARGENTER** XVIIe s. ; **VIF-ARGENT** XIIIe s., sur le modèle du lat. *argentum vivum*, empr. par les alchimistes au lat. class. ♦ [2] **ARGUER** XIe s. représente par voie savante *arguere*, par voie populaire *argutari*, dér. de *arguere* ; **ARGUMENT** (sav.) XIIe s. : *argumentum* ; **ARGUMENTER** (sav.) XIIe s. : *argumentare* ; **ARGUMENTATION** (sav.) XIVe s. : *argumentatio* ; **ARGUTIE** (sav.) XVIe s. : *argutia* « subtilité ».

**II.** mots issus du grec

♦ [1] **ARGYR (O)-** : premier élément de composés sav. exprimant la notion d'« argent », ex. : **ARGYROSE** XXe s. ♦ [2] **LITHARGE** XIVe s. : gr. *litharguros* « pierre d'argent », par le lat. ♦ [3] **HYDRARGYRE** XVIe s. : *hudrarguros* « argent liquide », « mercure », d'où **HYDRARGYROSE, -ISME** XIXe s..

**ARGILE** (pop.) XIIe s. : lat. *argilla* : gr. *argillos* « terre de potier » ; **ARGILEUX** XIIe s. ; **ARGILIÈRE** XIIIe s.

**ARIDE** (sav.) XIVe s. : lat. *aridus*, de *arere* « être desséché » ; remplace l'anc. fr. *are* (pop.) ; **ARIDITÉ** (sav.) XIIe s. : *ariditas*.

**ARISTO-** représentants du gr. *aristos* « le meilleur ».

**ARISTOCRATIE** (sav.) XIVe s. : *aristokrateia* « gouvernement des meilleurs » (→ -CRATE) ; **ARISTOCRATIQUE** *(id.) : aristokratikos* ; **ARISTOCRATE** XVIe s., vulgarisé fin XVIIIe s., abrégé dans la langue vulgaire en **ARISTO**, XIXe s.

**ARME** famille du lat. class. *arma, -orum* neutre plur., « armes » et « ustensiles », lat. vulg. *arma, -ae*, fém. sing. Dér. : *armare* « armer » ; *armatura* « armure » ; *armarium* « arsenal », puis « coffre » ; *armamentum* « arsenal » ; et l'adj. *inermis* « sans armes ». → aussi ART.

**I.** mots populaires

♦ [1] **ARME** XIe s., XIIIe s. « armes héraldiques » : *arma* ♦ [2] **ARMER** XIe s. « armer » et « équiper » : *armare* ; **ARMEMENT** XIIIe s. : *armamentum* ; **DÉSARMER** XIe s. ; **DÉSARMEMENT** XVIe s. ; **RÉARMER** et **RÉARMEMENT** XVIIIe s. ♦ [3] Anc. fr. *armoier* « couvrir d'armes héraldiques », dér. de *armer*, est à l'origine d'**ARMOIRIES** XIVe s., dont les dér. **ARMORIER** et **ARMORIAL** XVIIe s. ont subi l'influence de mots comme *historier, historial*. ♦ [4] **ARMURE** XIIe s. : *armatūra* ; **ARMURIER** et **ARMURERIE** XIVe s. ♦ [5] **ARMOIRE** XIIe s., var. de *armaire* : *armarium*. ♦ [6] **ALARME** XIVe s. : empr. à l'it. *all' arme!* « aux armes ! » ; d'où **ALARMER** XVIe s. « donner l'alarme », XVIIe s. sens actuel ; **ALARMANT** et **ALARMISTE** fin XVIIIe s.

**II.** mots savants

♦ [1] **ARMATEUR** XVIe s. : bas lat. *armator*, dér. de *armare* au sens d'« équiper ». ♦ [2] **ARMATURE** XVe s. « armure », XVIIe s. sens actuel : *armatura* ♦ [3] **ARMISTICE** XVIIe s. : lat. diplomatique moderne *armistitium* formé à l'aide d'un dér. de *sistere* « arrêter » → SOLSTICE, art. ESTER.

**ARÔME** ♦ [1] (sav.) XIIe s. : gr. *arôma* par le lat. ♦ [2] **AROMATE** (sav.) XIVe s. : lat. *aromatum*, dér. de *aroma* ; **AROMATIQUE** XIIIe s. ; **AROMATISER** XIIe s. ; **AROMATISATION** XVIe s., représentent des dér. bas lat. de *aromatum : aromaticus* et *aromatizare*.

**ARONDE** ♦ [1] (pop.) XIIe s. : lat. vulg. **harunda*, altération du lat. class. *hirundo* « hirondelle ». ♦ [2] **HIRONDELLE** (pop.) XVIe s. : forme du Midi de la France où le type *hirundo* avait subsisté, a supplanté l'anc. fr. *arondelle*.

**ARPENT** (pop.) XIe s. : lat. vulg. **arependis* : lat. *arepennis*, mot d'origine gauloise ; **ARPENTER** XIVe s. ; **ARPENTAGE** XIIIe s. ; **ARPENTEUR** XVe s.

**ARPETTE** (pop.) XIXe s. : mot obscur attesté à Genève au XIXe s. avec le sens de « mauvais travailleur » ; peut-être de l'all. *Arbeiter* « travailleur ».

**ARQUEBUSE** XVe s. : moyen haut all. *hâckenbûhse* « canon à crochet », représenté aussi par l'it. *archibugio*, qui a dû avoir une influence sur la forme française du mot. **ARQUEBUSADE** XVe s. ; **ARQUEBUSIER** XVIe s.

**ARRHES** ♦ [1] (pop. avec graphie sav.) XIIe s. : lat. *arrha*, abrév. du gr. *arrhabôn*, d'origine sémitique (hébreu *'erabon* « gage »). ♦ [2] **ACCAPARER** XVIe s. « acheter en donnant des arrhes », XVIIIe s. « acheter tout ce qui se trouve sur le marché » : it. anc. *accapparrare* « donner des arrhes », dér. de *caparra*, composé de *capo* « principal » et de *arrha* ; **ACCAPAREMENT, ACCAPAREUR** XVIIIe s.

**ARRIÈRE** famille du préverbe lat. *re-*, marquant un mouvement en arrière. Dér., l'adverbe *retro* « en arrière » concurrencé en lat. vulg. par les formes renforcées *ad retro* et *de retro*, d'où l'adj. **deretranus* « de derrière ».

I. représentants de *retro*

♦ [1] **ARRIÈRE** (pop.) XIe s. : *ad rĕtro*. **ARRIÉRER** XIIIe s. ; **ARRIÉRÉ** XVIIIe s. adj., « en retard », XIXe s. subst., « paiement ou travail en retard »; **ARRÉRAGES** XIVe s. altération de l'anc. fr. *arriérages*. ♦ [2] **ARRIÈRE-** : préfixe, marque avec les noms de parenté un intervalle d'une génération de plus que le simple : p. ex. *arrière-neveu, arrière-grand-père*, etc. ♦ [3] **DERRIÈRE** (pop.) XIe s. adv., XVe s. subst. : *de retro*. Les deux *r* sont dus à l'influence de *derrain*, → le suivant. ♦ [4] **DERNIER** (pop.) XIIe s., *derrenier*, dér. de l'anc. fr. *derrain*, du lat. **deretrānus*; **AVANT-DERNIER** XVIIIe s. ♦ [5] **RÉTRO-** (sav.) : préf. signifiant « en arrière », ex. : *rétroviseur, rétrocéder*, etc.

II. représentants de *re-*

♦ [1] **RE-** (devant consonne), **R-** (devant voyelle) (pop.) : préf. exprimant le retour en arrière ou la répétition, du moins à l'origine (*repriser*); s'emploie surtout avec des verbes : *refaire, racheter*, mais aussi avec quelques subst., ex. : *reflux*. ♦ [2] **RÉ-**, forme savante du même préf. : *réorganiser*.

**ARROI** famille du germ. **redhs* « moyen », « provision » (→ all. *raten* « conseiller ») introduit en lat. vulg. par les mercenaires germains; d'où les verbes **arredare* « mettre en ordre » et **conredare*, adaptation du got. *garedan* « réfléchir ».

♦ [1] **ARROI** (pop.) fin XIIe s., dér. de l'anc. fr. *areer, arroyer* : **arredare*; **DÉSARROI** XIIIe s., de *desarroyer*, dér. de *arroyer*. ♦ [2] **CORROYER** (pop.) XIe s. « préparer », « équiper », XIIIe s. « donner sa façon au cuir » : **conredare*; **CORROYEUR** XIIIe s.

**ARSENAL** ♦ [1] XIIIe s. : it. *arsenale*, du bas grec *arsênalês*, de l'arabe *dâr-sinâ'a* « chantier de constructions maritimes »; a désigné jusqu'au XVIe s. l'arsenal de Venise. ♦ [2] **DARSE** XVe s. : génois *darsena*, même origine.

**ARSENIC** (sav.) XIVe s. : gr. *arsenikos* « mâle », à cause de la puissante efficacité de cette drogue; **ARSENICAL** XVIe s. ; **ARSÉNIATE** XVIIIe s. ; **ARSÉNIEUX** XIXe s.

**ART** famille d'une rac. ind.-eur. **are-*, ou **re-* « adapter », « ajuster », qui apparaît : (1) sous la forme **ar-* dans le lat. *artus* « membre », d'où *articulus* « articulation »; *ars, artis* « manière », d'où *iners, inertis* « sans art », « malhabile »; sans doute *arma* → ARME; dans le gr. *arthron* « articulation » (2) avec un élargissement *-i-* dans le gr. *arithmos* « nombre » (3) avec un élargissement *-sm-* dans le gr. *harmonia* « juste rapport », issu de **ar-sm-o* (4) sous la forme **re-*, avec un élargissement *-i-*, dans le lat. *ritus*, mot religieux, exprimant l'idée de correction dans l'exécution des cérémonies.

I. mots issus du latin

A. mots populaires

♦ [1] **ART** XIe s. « métier, technique », XVIIe s. sens moderne : *ars*. ♦ [2] **ARTISAN** XVIe s. : it. *artigiano*, dérivé de *arte*; **ARTISANAT** XIXe s. ; **ARTISANAL** XXe s. ♦ [3] **ORTEIL** XIIe s., var. *arteil* en anc. fr. : *articŭlus*; la forme en *o* est peut-être due à l'influence du mot gaulois *ordigas* « gros orteil », attesté par des gloses.

B. mots savants

♦ [1] **ARTISTE** XIVe s. « étudiant de la faculté des Arts », puis « artisan », XVIIIe s. sens moderne : lat. médiéval et it. *artista*; **ARTISTEMENT** XVIe s. ; **ARTISTIQUE, ARTISTIQUEMENT** XIXe s. ♦ [2] **ARTICLE** XIIe s. « articulation », XIIIe s. gramm. et jur., « partie d'un traité, d'une loi », d'où « partie d'un écrit quelconque », XVIe s. « objet commercial » : *articulus* XVIIe s. *l'article de la mort*, calqué sur le lat. *in articulo mortis*, où *articulus* a le sens de division du temps. ♦ [3] base **ARTICUL-** dans **ARTICULER** XIIIe s. ; **ARTICULATION** XVe s. ; **ARTICULAIRE** XVIe s. : lat. *articulare, articulatio, articularis*; **DÉSARTICULER** XVIIIe s., **-ATION** XIXe s. ; **INARTICULÉ** XVIe s. ♦ [4] **ARTIFICE** XIIIe s. « métier », « habileté », XVe s. *feu artificiel* d'où XVIIe s. *feu d'artifice* : *artificium* → FAIRE; **ARTIFICIEUX** XIIIe s. : *artificiosus*; **ARTIFICIEL** XIIIe s. « fait avec art », XVIIIe s. sens moderne : *artificialis*, d'où **ARTIFICIELLEMENT** XVe s. ; **ARTIFICIER** XVIIe s., subst., dér. de *(feu d')artifice*. ♦ [5] **INERTE** XVIe s. « ignorant », XVIIIe s. sens moderne : *iners, -ertis*; **INERTIE** XVIIe s. : *inertia*. ♦ [6] **RITE** XIVe s. : *ritus*; **RITUEL** XVIe s. *ritualis*; **RITUALISTE** XVIIe s. ; **RITUALISME** XIXe s.

II. mots savants issus du grec

♦ [1] **ARTHRITE** XVIe s. : gr. *arthritis* « goutte », dér. de *arthron* (par le lat.); **ARTHRITIQUE** XIIIe s. ; **ARTHRITISME** XXe s. ♦ [2] **ARTHRO-** : *arthron*; 1er élément de mots savants tels que **ARTHROSE** XIXe s. ; **ARTHROPODE** XIXe s. → PIED. ♦ [3] **ARITHMÉTIQUE** XIIe s. : *arithmêtikê* « science des nombres » (par le lat.); **ARITHMÉTICIEN** XIVe s. ; **ARITHMÉTIQUEMENT** XVIe s. ; **LOGARITHME** et **LOGARITHMIQUE** XVIIe s. : lat. scient. du XVIIe s. *logarithmus* du gr. *logos* au sens de « rapport » (→ LOGO-, art. LIRE) et *arithmos*. ♦ [4] **HARMONIE** XIIe s. : gr. *harmonia*, par le lat., d'où (a) **PHILHARMONIE** XIXe s. et **PHILHARMONIQUE** XVIIIe s. ; (b) **HAR-**

**MONIEUX** XIVᵉ s. et **INHARMONIEUX** XVIIIᵉ s. ; (c) **HARMONIUM** XIXᵉ s. : mot créé par le facteur d'orgues Debain ; (d) **HARMONIQUE** XIVᵉ s. : gr. *harmonikos*, par le lat. ; (e) **HARMONICA** XVIIIᵉ s. une première fois, par l'angl., XIXᵉ s. une seconde fois, par l'allemand : *harmonica*, fém. de la forme lat. de *harmonikos*.

**ARTÈRE** (sav.) XIIIᵉ s. anat., XIXᵉ s. « voie de grande circulation » : gr. *artêria*, par le lat. ; **ARTÉRIEL** XVIᵉ s. ; **ARTÉRIOLE** XVIIᵉ s. ; **ARTÉRITE** XIXᵉ s. ; **ARTÉRIOSCLÉROSE** XIXᵉ s. ; **ARTÉRIOSCLÉREUX** XXᵉ s.

**ARTICHAUT** XVIᵉ s. : lombard *articio(co)*, altér. de l'it. *carciofo*, de l'arabe *al karchoûf*.

**ARTILLERIE** (pop.) XIIIᵉ s., dér. de l'anc. fr. *artilier*, altération, sous l'influence de *art*, de *atillier*, variante de l'anc. fr. *atirier* « arranger, disposer, armer », lui-même dér. de *tire* « rang », du frq. **teri* (→ anc. haut all. *ziari* « parure »). *Artilier* a pris le sens de « garnir d'engins » d'où le sens premier d'**ARTILLERIE** « ensemble des engins de guerre ».

**AS** (sav.) XIIᵉ s. terme de jeu de dés, puis de cartes, XXᵉ s. « cavalier du premier peloton », d'où « soldat de valeur », puis « homme de valeur » en général : lat. *as*, monnaie et unité de poids.

**ASCÈTE** (sav.) XVIᵉ s. : gr. *askêtês* « qui s'exerce » ; **ASCÉTIQUE** XVIIᵉ s. ; **ASCÉTISME** XIXᵉ s. ; **ASCÈSE** XXᵉ s. : gr. *askêsis* « exercice ».

**ASILE** (sav.) XIVᵉ s. : lat. *asylum* ; du gr. *asulon*, de *a* privatif et *sulân* « piller » : « lieu inviolable ».

**ASPERGE** ♦ [1] (demi-sav.) XIIIᵉ s. : gr. *asparagos*, par le lat. ♦ [2] **ASPARAGUS** (sav.) XIXᵉ s. : forme latine de ce mot.

**ASPHALTE** (sav.) XIIᵉ s. : gr. *asphaltos* « bitume », par le bas lat. ; **ASPHALTEUR**, **ASPHALTER**, XXᵉ s.

**ASPHYXIE** (sav.) XVIIIᵉ s. : gr. *asphuxia*, de *a* privatif et *sphuxis* « battement du pouls » ; **ASPHYXIER** XVIIIᵉ s.

1. **ASPIC** (sav.) XIIIᵉ s. « serpent » : gr. *aspis* « naja d'Égypte », par le lat. ; *c* emprunté à *basilic* (→ Psaume 90 « vous marcherez sur l'aspic et le basilic »).

2. **ASPIC** (demi-sav.) XIXᵉ s., cuis. « jus pris en gelée avec divers aliments », par analogie avec l'*huile d'aspic*, tirée de la *lavande spic* : lat. *lavandula spica*, substance oléagineuse et transparente.

**ASPIRINE** (sav.) XXᵉ s. : all. *Aspirin*, de *a* privatif et *spiraea (ulmaria,)* pour montrer que cet acide synthétique n'est pas tiré de cette plante, qui le contient naturellement.

**ASSASSIN** famille de l'arabe *hachich* « chanvre » et de son dérivé *hachichiya* « buveur de hachisch », nom donné en particulier, au XIᵉ s., à des membres de la secte du Vieux de la Montagne, que leur chef fanatisait en leur faisant boire du hachisch et qui, sous l'influence de cette drogue, assassinaient souvent des chefs chrétiens ou musulmans ; emprunté à l'époque des croisades par le français, qui l'a d'abord utilisé comme nom propre, et par l'italien.
♦ [1] **ASSASSIN** XVIᵉ s. : it. *assassino*, de l'arabe *hachichiya*. **ASSASSINER**, **ASSASSINAT**. ♦ [2] **HACHISCH** XVIᵉ s. arabe *hachich*.

**-ASSE** ♦ [1] suff. nom. adj. fém. (le masculin *-as* a été très peu productif en français), vivant, à valeur péjorative, ex. : *filasse, blondasse* : lat. *-acĕa*. ♦ [2] suff. dér. : **-ASSER**, verbal, ex. : *rêvasser* et **-ASSON**, nom., ex. : *paillasson*. ♦ [3] **-ACE**, **-ACÉE** (bot.) : formes sav. de ce suff., ex. : *coriace, malvacée* ; rencontre avec le lat. *-ax, -acem*, également représenté par **-ACE** dans les mots savants, ex. : *fugace*. ♦ [4] Par l'intermédiaire de plusieurs langues romanes, le même suff. *-aceus, -acea* a été réemprunté sous diverses formes : **-ASSE** : *terrasse* (prov.) ; *mollasse* (it.) ; *mélasse* (esp.) ; **-ACE** : *populace* (it.) ; *grimace* (esp.) ; **-ACHE** : *bravache* (it.) ; **-AS** : *coutelas* (it.).

**ASSEZ** famille du lat. *satis* « assez », renforcé en lat. vulg. en **adsatis*. — Dér. : (1) *satietas* « suffisance » (2) *satiare* « satisfaire », lat. vulg. **adsatiare* (3) *satisfacere* « donner satisfaction » et *satisfactio* (4) *satur* « rassasié », d'où le diminutif *satullus* ; le verbe *saturare* « rassasier » ; le subst. *satura*, lat. imp. *satira* : « macédoine de fruits ou de légumes » d'où, en littérature « pièce de genres mélangés », « satire ».

I. mots populaires

♦ [1] **ASSEZ** XIᵉ s. : **adsatis* a concurrencé et éliminé l'anc. fr. *sez* : *satis*. ♦ [2] **SAOUL** ou **SOÛL** XIIIᵉ s. « repu », XVIᵉ s. « ivre » : *satŭllus* ; **SOÛLER** XIIIᵉ s. ; **DESSOULER** XVIᵉ s. ; **SOÛ-**

**LARD** XVI^e s.; **SOÛLAUD** XVIII^e s.; **SOÛLERIE** et **SOULOGRAPHIE** XIX^e s. ♦ [3] **RASSASIER** XII^e s., dér. de l'anc. fr. *assasier* : **adsatiāre*; **RASSASIEMENT** XIV^e s.

**II.** mots savants

♦ [1] **SATIÉTÉ** XII^e s. : *satietas*; **INSATIABLE** XIII^e s. : *insatiabilis*, dér. de *satiare*; **INSATIABILITÉ** XVI^e s. ♦ [2] **SATISFAIRE** XIII^e s. « payer », XIV^e s. « donner satisfaction », XVII^e s. « plaire » : *satisfacere*; **SATISFAISANT** XVII^e s.; **SATISFAIT** XV^e s. « absous », XVI^e s. « content »; **INSATISFAIT** XVI^e s., rare jusqu'au XIX^e s. ♦ [3] **SATISFACTION** XII^e s.; **INSATISFACTION** XVII^e s.; **AUTOSATISFACTION** XX^e s. ♦ [4] **SATISFECIT** XIX^e s., mot scolaire : mot lat., parfait de *satisfacere* : « il a donné satisfaction ». ♦ [5] **SATIRE** XIV^e s. : *satira*; **SATIRIQUE** XIV^e s.; **SATIRISER** XVI^e s.; **SATIRISTE** XVII^e s. ♦ [6] **SATURER** XIV^e s. « rassasier », XVIII^e s., chimie : *saturare*; **SATURATION** XVI^e s. : bas lat. *saturatio*; **SATURABLE** XIX^e s.; **SATURANT** XVIII^e s.; **SATURATEUR** XIX^e s.; **SURSATURÉ** XVIII^e s.; **SURSATURATION** XIX^e s.

**-ASTE** (sav.) : suff. nom. masc. formant des noms d'agent : gr. *-astês*, ex. : *cinéaste*.

**ASTHÉNIE** ♦ [1] (sav.) XVIII^e s. : gr. *astheneia* « manque de force », de *a* privatif et *sthenos* « force »; **ASTHÉNIQUE** XIX^e s. ♦ [2] **-ASTHÉNIE**, 2^e élément de composés sav. : **NEURASTHÉNIE**, **-IQUE** XIX^e s.; **PSYCHASTHÉNIE**, **-IQUE** XX^e s.

**ASTHME** (sav.) XIV^e s. : gr. *asthma* « essoufflement », par le lat.; **ASTHMATIQUE** XIV^e s.

**ASTIQUER** ♦ [1] (pop.) XVIII^e s., mot dial. du Nord de la France, attesté en Wallonie au XVIII^e s. avec le sens de « piquer » : néerl. *steeken*, ou frq. **stikkan* « piquer ». ♦ [2] **ASTIC** (pop.) XVIII^e s. : dér. du précédent, avec passage du sens premier probable de « objet pointu » au sens technique attesté : « morceau d'os de cheval ou de mulet utilisé par les cordonniers pour polir le cuir ». ♦ [3] **ASTIQUER** (pop.) XIX^e s. « polir », mot français et plus particulièrement parisien, dér. de **ASTIC**. ♦ [4] **ASTICOT** (pop.) XIX^e s. et **ASTICOTER** (pop.) XVIII^e s. : dér. du dial. **ASTIQUER**, par l'intermédiaire du suffixe diminutif *-ot*, *-oter*; l'**ASTICOT** serait ainsi une « bête qui fait de petits trous » et **ASTICOTER** signifierait à l'origine « piquer légèrement »; il est possible, de plus, que **ASTICOTER** se soit croisé avec un ancien *dastigoter* XVII^e s., *tastigoter* XVIII^e s. « parler allemand », « parler vite », « contredire », « chagriner », issu de *dass dich Gott* « que Dieu te... », premiers mots de jurons allemands introduits par les lansquenets.

**ASTUCE** (sav.) XIII^e s. : lat. *astutia* « ruse »; **ASTUCIEUX** XIV^e s.

**ATARAXIE** (sav.) XVI^e s. : gr. *ataraxia* « tranquillité », de *a* privatif et *taraxis* « trouble ».

**ATHLÈTE** famille sav. du gr. *athlos* « combat dans les Jeux, concours », d'où *athlon* « prix d'un combat, récompense », *athlêtês* « celui qui concourt dans les Jeux », et *pentathlon* « épreuve sportive composée de cinq exercices : la course, la lutte, le pugilat, le saut et le lancer du disque » (→ PENTA-, art. CINQ).

♦ [1] **ATHLÈTE** XIV^e s., rare jusqu'au XVI^e s. : *athlêtês*, par le lat.; **ATHLÉTIQUE** XVI^e s. : *athlêtikos*, par le lat.; **ATHLÉTISME** XIX^e s. ♦ [2] **PENTATHLON** XVI^e s., repris au XX^e s. : mot grec.

**-ÂTRE** (pop.) suff. nom. adj. : lat. vulg. *-aster*, ex. : *bellâtre, acariâtre*; encore vivant dans les adj. de couleur où il marque une ressemblance atténuée avec la qualité exprimée par le simple, ex. : *grisâtre, bleuâtre*, etc.

**ATROPHIE** famille sav. du gr. *trephein* « nourrir » et *trophê* « nourriture ».

♦ [1] **ATROPHIE** XVI^e s. : *atrophia*, de *a* privatif et *trophê* « privation de nourriture »; **ATROPHIER** XVI^e s. ♦ [2] **TROPHIQUE** XIX^e s. « qui concerne la nutrition des tissus » formé sur *trophê*; **BRADYTROPHIE** XX^e s. ♦ [3] **LIMITROPHE** XV^e s. : bas lat. jurid. *limitrophus*, « relatif au territoire assigné pour leur subsistance aux soldats des frontières », mot hybride composé de *limes* « frontière » (→ LINTEAU) et de *-trophos*, dér. de *trophê*. **HYPERTROPHIE, HYPERTROPHIQUE** et **HYPERTROPHIER** XIX^e s.

**ATTEINDRE** famille d'une racine ind.-eur. **tag-* « toucher », représentée en latin par : (1) *tangere*, *tactus* « toucher », verbe comportant au présent un infixe nasal (*-tingere* en composition) dont les dér. représentés en fr. sont : (a) *tactus-us* « le toucher »; *intactus* « intact »; *tactilis* « relatif au toucher »; (b) lat. eccl. *tangibilis* « qu'on peut toucher »; (c) *attingere* « toucher à »; (d) *contingere* « toucher à », d'où *contagio* « contact, contamination », *contagiosus*, *contactus* « contact », ainsi que *contiguus* « qui touche à ». À côté de son sens propre, *contingere* a développé un emploi impersonnel de sens figuré : *contingit* « il arrive que », en parlant des événements (2) avec un élargissement *-s-*, *taxare* « toucher fortement, attaquer » d'où lat. vulg. **taxitare* (3) avec un élargissement *-r-* *integer* « intact », « irréprochable », d'où *integritas* « état d'un être intact »; *integrare* et *redintegrare* « rétablir dans son état primitif », et *integratio* (4) avec un élargissement *-smen-*, *contaminare* issu de **con- tag- smen-* « souiller par contact » et bas lat. *intaminare*, même sens.

**I.** mots populaires

♦ [1] **ATTEINDRE** XIᵉ s. : **attangere*, altération de *attingere* d'après *tangere*; **ATTEINTE** XIIIᵉ s. ♦ [2] **TÂTER** XIIᵉ s. : **taxĭtāre*, d'où **TÂTONNER** XIIᵉ s. et **TÂTONNEMENT** XVIᵉ s., **TATILLON** XVIIᵉ s., **À TÂTONS** XIIᵉ s.; **TÂTE-VIN** XIXᵉ s. ♦ [3] **ENTIER** XIIᵉ s., réfection, par substitution de suffixe, de *entir* : *intĕger*; **ENTIÈREMENT** XIIᵉ s. ♦ [4] Il existait en anc. fr. un adjectif *enterin* « complet, achevé », représentant un **integrīnus* dér. de *integer*, et d'où dérivent **ENTÉRINER** XIIIᵉ s.; **ENTÉRINEMENT** XIVᵉ s. ♦ [5] **ENTAMER** XIIᵉ s. : *intamĭnāre*; **ENTAME** XIVᵉ s., rare jusqu'au XIXᵉ s.

**II.** mots savants

**A.** base *-tact-* ♦ [1] **TACT** XIVᵉ s. : *tactus*; **TACTILE** XVIᵉ s. : *tactilis*; **TACTISME** XXᵉ s. ♦ [2] **CONTACT** XVIᵉ s. : *contactus*; **CONTACTER** XIXᵉ s.; **CONTACTEUR** XXᵉ s. électr. ♦ [3] **INTACT** XIVᵉ s. : *intactus*.

**B.** autres bases ♦ [1] **TANGENT** XVIIIᵉ s. : *tangens*, part. présent de *tangere*; **TANGENTE** XVIIᵉ s.; **TANGENCE** et **TANGENTIEL** XXᵉ s.; **TANGIBLE** XIVᵉ s. : *tangibilis*, d'où **INTANGIBLE** XVᵉ s., et **INTANGIBILITÉ** XIXᵉ s. ♦ [2] **CONTINGENT** XIVᵉ s. adj., XVIᵉ s. subst. : *contingens*, part. présent de *contingere* au sens de « arriver par hasard », d'où **CONTINGENCE** XIVᵉ s.; **CONTINGENTER** et **CONTINGENTEMENT** XXᵉ s. ♦ [3] **CONTAGION** XIVᵉ s. : *contagio*; **CONTAGIEUX** XIVᵉ s. : *contagiosus*. ♦ [4] **CONTIGU** XIVᵉ s. : *contiguus*. **CONTIGUÏTÉ** XVᵉ s. ♦ [5] **CONTAMINER** XIIIᵉ s. : *contaminare*; **CONTAMINATION** XIVᵉ s.; **DÉCONTAMINER** XXᵉ s. ♦ [6] **INTÉGRITÉ** XIVᵉ s. « virginité », XVᵉ s. probité » : *integritas*; **INTÈGRE** XVIᵉ s. : *integer*; **INTÉGRISME, -ISTE** XXᵉ s. ♦ [7] **INTÉGRER** XIVᵉ s. « accomplir », XVIIIᵉ s., math., XXᵉ s. sens mod. : *integrare*; **INTÉGRATION** « id. » *integratio*; **RÉINTÉGRER, RÉINTÉGRATION** XIXᵉ s. ♦ [8] **INTÉGRAL** XIVᵉ s. « entier »; XVIIᵉ s. adj., math.; XVIIIᵉ s. subst. fém., math. : dér. formé sur *integer*; en part., au sens math. : lat. mod. *integralis*, mot forgé par Bernoulli; **INTÉGRALITÉ** XVIIᵉ s. ♦ [9] **DÉSINTÉGRER** et **DÉSINTÉGRATION** XIXᵉ s. : dér. formés sur *integer* d'après son sens originel.

**ATTELER** (pop.) XIIᵉ s. : lat. vulg. **attelāre*, formé par substitution de préf. sur *protelāre* « conduire », dér. de *protelum* « traction », « attelage de bœufs », p.-ê. apparenté à *tendere* « tendre ». **DÉTELER** XIIᵉ s.; **ATTELAGE** XVIᵉ s.

**ATTIFER** (pop.) XIIIᵉ s. dér. de l'anc. fr. *tifer* du germ. **tipfon* (→ all. *Zipfel* « bout, frange »). **TIFFES** (pop.) XIXᵉ s. « cheveux ».

1. **AUBE** famille du lat. *albus* « blanc », qui s'appliquait entre autres choses à la lumière du soleil levant; le neutre *album* désignait à l'origine un tableau peint en blanc sur lequel on écrivait à l'encre les noms des magistrats, les formules de droit, les fêtes solennelles, etc., et par la suite toute espèce de registres. — Dér. : *albulus*, dimin., « poisson blanc », « ablette »; *albumen, -inis* « blanc d'œuf »; *alburnum* « aubier ».

**I.** mots populaires

♦ [1] **AUBE** XIᵉ s. : *alba*, fém. de *albus*; le sens de « tunique blanche », spécialisation du lat. eccl., est attesté également à partir du XIᵉ s. ♦ [2] **AUBÉPINE** : *alba spina* « épine blanche »; il existe aussi une forme masculine; **AUBÉPIN** : *albus spinus* désignant plus précisément l'arbuste. ♦ [3] **AUBIER** : altération, par changement de suff., de l'anc. fr. *aubour* : *alburnum*. ♦ [4] **ABLETTE** XIᵉ s., dér. du masc. anc. fr. *able* : *albulus*, avec dissimilation des deux *l*.

**II.** mots d'emprunt

♦ [1] **ALBINOS** XVIIᵉ s. de l'expression esp. *negros albinos* appliquée aux nègres blancs des côtes d'Afrique, puis d'Amérique. Dimin. de *albo* « blanc », de *albus*. ♦ [2] **AUBADE** XVᵉ s. : prov. *aubada* « concert qu'on donne à l'aube ». ♦ [3] **AUBURN** XXᵉ s., mot anglais signifiant à l'origine « jaunâtre », issu de l'anc. fr. *auborne* « blanchâtre », var. de *aubour*, de *alburnus*.

**III.** mots savants

♦ [1] **ALBUMINE** XIXᵉ s. : *albumen, -inis*; **ALBUMINEUX** XVIIᵉ s.; **ALBUMINOÏDE, ALBUMINURIE, -IQUE** XIXᵉ s. ♦ [2] **ALBUM** XVIIIᵉ s. : all. *Album*, empr. au lat.

2. **AUBE** (pop.) XIᵉ s., sous la forme *alve*, « planchette employée en sellerie », puis « palette de roue hydraulique » : lat. imp. *alapa* « gifle », qui a dû signifier aussi « main », d'où « palette ». Le *b* au lieu du *v* doit provenir d'une contamination avec le précédent.

**AUBERGINE** mot languedocien qui ne l'emporte qu'au XVIII^e s., sur une multitude de dénominations, d'origines diverses, de ce légume connu depuis le XVI^e s. : catalan *albergínia*, de l'arabe *al bâdindjân*, lui-même empr. au persan.

**-AUD** ♦ [1] (pop.) suff. nom. adj. péjoratif, ex. : *rougeaud, salaud*; d'abord dans les noms propres; ex. : *Renaud;* germ. *-wald*, apparenté au verbe *waldan* « gouverner »; évolution sémantique obscure. ♦ [2] formes élargies **-ICAUD, -IGAUD,** dans *moricaud, saligaud.*

**AUGE** ♦ [1] (pop.) XII^e s. : lat. vulg. **alvĕa*, du lat. class. *alveus* « cavité », « récipient de bois creusé », dér. de *alvus* « ventre ». ♦ [2] **ALVÉOLE** (sav.) XVI^e s. : lat. *alveolus*, dimin. d'*alveus*; **ALVÉOLAIRE** XVIII^e s.

**AUMÔNE** représentants français des dér. du gr. *eleos* « pitié » : *eleêmosunê* « acte de pitié », « don charitable », et *eleein* « avoir pitié ».

♦ [1] **AUMÔNE** (pop.) XI^e s. : gr. *eleêmosunê*, par le lat. vulg. **alemosĭna*, altération du lat. eccl. *eleemosyna*; **AUMÔNIER** XI^e s.; **AUMÔNIÈRE** XII^e s.; **AUMÔNERIE** XII^e s. ♦ [2] **KYRIE ELEISON** (sav.) XIII^e s. : le second mot de cette formule liturgique catholique est l'impératif du verbe *eleein* : « Seigneur, aie pitié » (premier mot, → KYRIELLE).

1. **AUNE** ou **AULNE** (pop.) XI^e s., espèce d'arbre, peut provenir soit du lat. *alnus*, hypothèse la plus facile au point de vue phonétique, soit du frq. **alira* (→ all. *Erle*), altéré en **alinus*, p.-ê. d'après *fraxinus* « frêne », hypothèse la plus vraisemblable pour des raisons géographiques et chronologiques. Les deux mots représentent d'ailleurs vraisemblablement le même ancêtre indo-européen. **AUNAIE** XIV^e s.

2. **AUNE** (pop.) XI^e s., ancienne mesure : frq. **alina* (→ all. *Elle*) « avant-bras »; **AUNER** XII^e s.

**AUSTÈRE** (sav.) XIII^e s. : lat. imp. *austerus*, du gr. *austêros* « sec », « âpre », et déjà sens moral; **AUSTÉRITÉ** XIII^e s. : *austeritas*.

**AUTEL** (pop.) XI^e s. : altération mal expliquée de la var. *alter*, du lat. eccl. *altāre*, du lat. class. *altaria* (neutre plur.) « partie de l'autel sur laquelle on brûlait les offrandes » et « autel consacré aux dieux d'en haut ». *Ara*, qui a disparu, avait un sens plus général.

**AUT(O)-** représentants savants du gr. *autos* « soi-même ».

I. dérivés modernes

**AUTISME** et **AUTISTIQUE** XX^e s., psycho : all. *Autismus* et *Autistisch*, formés sur *autos*; **AUTISTE** XX^e s.

II. aut(o)-, premier élément de composés empruntés au grec (la plupart sont étudiés à propos du 2^e élément)

♦ [1] **AUTARCIE** → EXERCICE. ♦ [2] **AUTHENTIQUE** XII^e s. : gr. *authentikos*, par le lat.; dér. de *authentês* « maître absolu » (d'où en fr. « qui fait autorité »), dont le second élément n'est pas clair; **AUTHENTIQUEMENT** XIV^e s.; **AUTHENTIQUER** XV^e s.; **AUTHENTICITÉ** XVI^e s.; **AUTHENTIFIER** XIX^e s. ♦ [3] **AUTOCRATE** → -CRATE. ♦ [4] **AUTOCHTONE** → HOMME. ♦ [5] **AUTODIDACTE** → DOCTE. ♦ [6] **AUTOGÈNE** → GENS. ♦ [7] **AUTOGRAPHE** → GRAMME. ♦ [8] **AUTOMATE** XVI^e s. : *automatos* « qui se meut de lui-même »; le second élément, assez obscur, se rattache peut-être à la racine **men* « penser », → -MENT; le sens premier serait alors « qui agit de son propre chef »; **AUTOMATIQUE** XIII^e s., **AUTOMATISME** XVIII^e s.; **AUTOMATISER, AUTOMATISATION** début XX^e s.; forme abrégée **AUTOMATION** XX^e s. ♦ [9] **AUTONOME** → NOMADE. ♦ [10] **AUTOPSIE** → ŒIL. ♦ [11] **TAUTOLOGIE** XVI^e s. : gr. *tautologia* « redite », dér. de *tautologos*, « qui redit la même chose », *autos* précédé de l'article *to* prenant en grec le sens de « le même »; **TAUTOLOGIQUE** XIX^e s. → LIRE.

III. auto-

préfixe très vivant, surtout dans la langue de la politique, des sciences et des techniques, qui admet d'être associé aux bases les plus variées. Il exprime l'idée d'une action accomplie par le sujet sur lui-même ou d'une action automatique, ex. : *autocritique, autodétermination* et *autocuiseur, autopropulseur, automobile.*

IV. automobile

♦ [1] fin XIX^e s., d'abord adj. « qui se meut de soi-même », puis subst, avec hésitation de genre jusqu'au début du XX^e s.; **AUTOMOBILISME, AUTOMOBILISTE** XIX^e s. ♦ [2] **AUTO**, forme abrégée, début XX^e.; **AUTOBUS** début XX^e s., → -BUS. ♦ [3] **AUTO-** préfixe très vivant, utilisé au XX^e s. pour indiquer que le second élément du mot a un rapport quelconque avec l'automobile : **AUTODROME** 1906; **AUTOMITRAILLEUSE** 1909; **AUTOCAR** 1910; **AUTOCHENILLE** 1922; **AUTO-ÉCOLE, AUTORAIL** 1925; **AUTOSTRADE** 1925 : it. *autostrada* « autoroute »; **AUTOROUTE, AUTOSTOP** 1953; **AUTOSTOPPEUR** 1955; **AUTOCOAT** 1960.

**AUTOMNE** (sav.) XIIIe s. : lat. *autumnus*; **AUTOMNAL** XIIe s. : *autumnalis*.

**AUTRE** famille d'une rac. ind.-eur. **al-* « autre », représentée :
En grec par *allos* « autre », qui entre dans un grand nombre de composés; par *allêlôn* « les uns les autres », qui indique une réciprocité, et par *allassein* « échanger ».
En latin par : (1) *alius, -a, -ud* « différent », « autre parmi plusieurs » d'où (a) les adverbes *alias* « autrement », *alibi* « ailleurs » et lat. vulg. **alid sic*, var. de *aliud sic*, littéralement « autre chose de la même façon »; (b) *alienus* « qui appartient à un autre », d'où *alienare* « faire passer sous la domination d'un autre », et *alienatio* (2) *alter* « l'autre » de deux, opposé à « l'un », devenu en lat. imp. synonyme de *alius* qu'il a largement supplanté, d'où : (a) *alterare* « falsifier », *-ulterare* en composition, d'où *adulterare* « corrompre », en particulier une femme; *adulter, -a* « adultère » (adj.); lat. eccl. *adulterium* « adultère » (subst.); *adulteratio* et *adulterinus*; (b) *altercari* « se disputer », à l'origine mot de la langue juridique indiquant l'échange des arguments des deux parties dans un procès; d'où *altercatio*; (c) *alternus* « un sur deux » d'où *alternare* et lat. vulg. *subalternus* « à la disposition de l'un ou de l'autre ».

I. mots issus du latin

A. mots populaires ♦ [1] **AUTRE** et **AUTREMENT** XIe s. : *alter*. ♦ [2] **AUTRUI** XIe s. : lat. vulg. **alterui*, altération de *alteri*, datif de *alter*, ancien cas régime indirect de *autre*, devenu indépendant. ♦ [3] **AUSSI** XIIe s. : **alid sic*.

B. mots savants ♦ [1] **ALTRUISME** XIXe s., mot créé par A. Comte, dér. d'une réfection savante d'*autrui* d'après *alter*. ♦ [2] **ALIÉNER** XIIIe s. « vendre », XIVe s. « rendre hostile » et « ôter la raison » : *alienare*; **ALIÉNATION** XIIIe s., jur., XIVe s. « trouble mental », XVIIIe s. « fait de céder un droit naturel », XIXe s. sert à traduire le mot *Entfremdung* de Marx et Hegel : *alienatio*. — Dér. relatifs au sens juridique : **ALIÉNABLE** XVIIe s., **INALIÉNABLE** XVIe s., **INALIÉNATION** XXe s.— Dér. relatifs au sens psychol. : **ALIÉNISME** et **ALIÉNISTE** XIXe s. ♦ [3] **ALTÉRER** XIVe s. « dénaturer », XVIe s. « exciter », d'où « donner soif » : *alterare*. — Dér. relatifs au 1er sens : **ALTÉRATION** XIIIe s. : *alteratio*; **ALTÉRABLE** et **INALTÉRABLE** XIVe s. — Dér. relatif au second sens : **DÉSALTÉRER** XVIe s. ♦ [4] **ALTÉRITÉ** XIVe s. « changement », XVIIe s., philo. : bas lat. *alteritas*. ♦ [5] **ALTERNER** XIIIe s. : *alternare*, d'où **ALTERNATIF** XIIIe s., **ALTERNATIVEMENT** XIVe s.; **ALTERNATIVE** XVe s., sens d'abord uniquement juridique, s'élargit au XVIIe s.; **ALTERNANCE** XIXe s.; **ALTERNE** XVIIe s. : *alternus*. ♦ [6] **SUBALTERNE** XVe s. : *subalternus*. ♦ [7] **ALTERCATION** XIIIe s., jur. « débat », XVIe s. « dispute » en général : *altercatio*; concurrencé jusqu'au XVIIe s. par *altercas*, dér. de *alterquer* lui-même calqué sur *altercari*. ♦ [8] **ADULTÈRE** XIIe s. subst. : *adulterium*; XIIe s., adj. : *adulter*, fortement concurrencé au Moyen Âge par la forme populaire *avoutre*; **ADULTÉRIN** XIVe s. : *adulterinus*. ♦ [9] **ADULTÉRER** XIVe s. : *adulterare*; **ADULTÉRATEUR, ADULTÉRATION** XVIe s. : bas lat. *adulterator, adulteratio*. ♦ [10] **ALIAS** XVe s. : mot lat. ♦ [11] **ALIBI** XIVe s., jur. : mot lat. ♦ [12] **ALTER EGO** XIXe s., locution lat., « un autre moi-même ».

II. mots savants issus du grec

♦ [1] **ALLÉGORIE**, littéralement « langage différent », → ce mot. ♦ [2] **ALLERGIE**, littéralement « réaction différente », → ORGUE. ♦ [3] **ALLO-** : préf. exprimant l'idée de différence, usuel dans la langue savante actuelle, ex. : *allophone, allomorphe, allocentrisme* XXe s. ♦ [4] **PARALLÈLE** XVIe s. : *parallêlos* « placé en regard d'un autre », dér. de *allêlôn*, par le latin. ♦ [5] **HYPALLAGE** XVIe s. : *hupallagê* « interversion », dér. de *hupallassein* « mettre à la place l'un de l'autre », par le lat. ♦ [6] **PARALLAXE** XVIe s. : *parallaxis* « changement », dér. de *parallassein* « déplacer ».

**AVAL** XVIIe s. subst. masc., comm. : it. *avallo*, de l'arabe *hawâla* « mandat »; **AVALISER** XIXe s., emploi fig. au XXe s.

**AVALANCHE** (pop.) XVIe s. : dial. savoyard *avalantse*, altération, d'après *avaler* « descendre », d'une autre forme savoyarde, *lavantse*, attestée au XVIIe s. mais certainement antérieure, apparentée à l'anc. prov. *lavanca* et à la forme métathétique italienne *valanga*. Ces formes représentent un étymon **lavanca* qui prête à discussion : si l'on s'accorde à voir dans *-anca* un ancien suffixe ligure, on ne sait s'il faut voir dans le radical celui du lat. *labi* « glisser » ou, plus probablement, un mot prélatin **lava* qui est p.-ê. aussi l'étymon de **LAVE**.

**AVANIE** XVIIe s. : it. *avania* « impôt que les Turcs exigeaient des marchands chrétiens », d'où « traitement humiliant », dér. de l'adj. turc *hawan* « traître », lui-même empr. à l'arabe.

**AVANT** famille des deux formes équivalentes gr. *anti* et lat. *ante* « en face de ». À partir

de ce sens premier qui leur est commun, le grec a développé celui de « contre », le latin celui de « devant » et « avant ».
Formes latines : en lat. vulg., *ante* a été supplanté (a) par la forme renforcée *ab ante*, littéralement « de devant » ou « d'avant », d'où **abantiare* « avancer »; (b) par la forme de comparatif **antius*, littéralement « plus avant » c.-à-d. « plus anciennement ». En composition, *ante* apparaît parfois sous la forme *anti-*, p. ex. dans le lat. class. *anticipere* « prendre d'avance », à côté de *antecedere* « marcher devant ». — Dér. de *ante* : lat. class. *antiquus* « ancien », bas lat. *anterior* « antérieur » et *anteanus* « ancien ».

**I.** mots populaires issus du latin

**A.** base *-ant-* ♦ [1] **AVANT** IX^e s. adv. et prépos., XV^e s. subst. mar., XX^e s. subst., sports : *abante*. ♦ [2] **AVANT-** emploi préfixal du précédent, devant des subst. ou des adj. ex. : *avant-garde, avant-dernier*. ♦ [3] **AUPARAVANT** XIV^e s. forme renforcée de *avant*. ♦ [4] **AVANTAGE** XII^e s. sens propre « ce qui est placé en avant » et sens fig., d'où **AVANTAGER** XIII^e s.; **AVANTAGEUX** XV^e s.; **DÉSAVANTAGE** XIII^e s.; **DÉSAVANTAGEUX** XV^e s.; **DÉSAVANTAGER** XVI^e s. ♦ [5] **DAVANTAGE** XIV^e s., adv., issu de *d'avantage*, qu'il a fini d'éliminer au XVII^e s., substitut expressif de *plus*. ♦ [6] **DORÉNAVANT** XII^e s., formé de *d'or en avant*, l'anc. fr. *or, ore* signifiant « maintenant » (→ HEURE). ♦ [7] **DEVANT** XI^e s., sens spatial et sens temporel qui survit encore au XVIII^e s. dans la locution *ci-devant*, usuelle pendant la Révolution; réfection, par substitution de préfixe, de *davant*, formé de *de* et de *avant*, qu'il a concurrencé et éliminé. **DEVANTURE** XVII^e s. ♦ [8] **AUVENT** et sa var. *anvant* (pop.) XII^e s. représentent p.-ê. respectivement **al (ad illum)- abante* et **ante-abante* ou **in-abante* avec syncope possible de *a* atone; graphie *-ent* sous l'infl. de *vent*; mieux en accord que celt. **andebanno* « totem protecteur en forme de cornes », avec diverses formes méridionales à initiales *a-, e-, au-*, à *-b-* ou *-v-* intervocalique, avec ou sans *-s* adverbial final, telles que a.prov. *ambans*, prov. *envans*, gasc. *emban, aubans* : fortifications avancées ou auvents de boutiques.

**B.** base *-anc-* ♦ [1] **AVANCER** XII^e s. : **abantĭāre*; d'où **AVANCE** XIV^e s., XVIII^e s., finances; **AVANCÉ** XIX^e s., polit.; **AVANCEMENT** XII^e s. ♦ [2] **DEVANCER** XII^e s.; **DEVANCIER** XIII^e s.; mots formés à partir de *devant*, sur le modèle de *avancer*. ♦ [3] **ANCIEN** XI^e s. : *anteanus*, d'où **ANCIENNEMENT** XII^e s.; **ANCIENNETÉ** XII^e s. ♦ [4] **ANCÊTRE** → CESSER.

**C.** base *aîn- aîné* XII^e s. formé de *ainz né, ainz* représentant *antĭus* « auparavant »; **AÎNESSE** XIII^e s.

**II.** mots savants issus du latin

**A.** base *anté-* ♦ [1] **ANTÉRIEUR** XV^e s. : *anterior*; **ANTÉRIORITÉ** XVI^e s. ♦ [2] **ANTÉCÉDENT** → CÉDER. ♦ [3] **ANTÉ-**, préf. exprimant l'antériorité servant à former des adj. ou des subst., ex. : *antédiluvien, antéversion*; s'est confondu avec *anti-*, issu du grec, dans *antéchrist*.

**B.** base *anti-* ♦ [1] **ANTIQUE** XII^e s. : lat. *antiquus*, a concurrencé puis éliminé la forme populaire *antif, -ive*; **ANTIQUITÉ** XI^e s. : *antiquitas*; **ANTIQUAIRE** XVI^e s., « archéologue », XIX^e s. « marchand d'objets anciens » : *antiquarius* « qui aime l'antiquité ». **ANTIQUAILLE** XVI^e s., prend un sens péjoratif au XVII^e s. : it. *anticaglia* « antiquités », dérivé de *antico*, lat. *antiquus*. ♦ [2] **ANTICIPER** → CHASSER. ♦ [3] **ANTI**, préf., variante de **ANTÉ-** dans *antidater*, formé sur le modèle de *anticiper* et *antichambre* empr. à l'italien.

**III.** préfixe savant issu du grec

**ANTI-**, empr. au XVI^e s., répandu surtout dans la langue des sciences et de la politique à partir du XVIII^e s.; associé à un adj. ou un subst., il exprime l'opposition, ex. : *antisémite, antialcoolique*. Il apparaît dans un certain nombre de composés directement empr. au grec, ex. : *antienne, antipodes, antipathie*.

**AVARIE** XIII^e s. : it. *avaria*, de l'arabe *awariya*, pluriel de *awar* « dommage ». **AVARIER** XVIII^e s.

**AVATAR** XIX^e s., sens propre, puis « transformation » en général, XX^e s. « aventure malheureuse » : sanscrit *avatara* « descente », d'où « descente sur la terre d'un être divin », en particulier « incarnation de Vishnu. »

**AVEC** (pop.) XI^e s. sous la forme *avuec* : lat. vulg. **abhŏcque* renforcement de *ab hoc* « à partir de cela », d'où « immédiatement après », « conjointement ». A supplanté l'anc. fr. *od*, du lat. *apud* « auprès de » (→ aussi CE et À).

**AVOCAT** XVIII^e s. « fruit de l'avocatier », attesté sous des formes différentes dès le XVI^e s. et le XVII^e s. : esp. *abogado* altération par étymologie populaire, d'après *abogado* « avocat » (→ VOIX), de *aguacate*, de l'aztèque *auacatl*.

**AVOINE** (pop.) XII^e s., sous la forme *aveine*, encore usuelle au XVI^e s., qui a été peu à peu concurrencée et éliminée par *avoine*, forme dialectale de l'Est : lat. *avēna*.

**AVOIR** famille du verbe latin *habere, habitus* « tenir », « se tenir », d'où « posséder, occuper » et finalement « avoir », qui a en germanique de nombreux correspondants (all. *haben*, angl. *to have*), formes parentes ou empruntées. Dér. de *habere* : (1) *habitus, -us*, « maintien » (2) *habitudo* « manière d'être, complexion » (rare, mais classique) (3) *habilis* « qui tient bien », « bien adapté à » d'où *inhabilis, habilitas*, et bas lat. *habilitare*, jur., « rendre apte à » (4) au sens de « se tenir », « occuper » *habere* a tendu à être remplacé par son fréquentatif *habitare*, d'où *habitatio, habitaculum, habitabilis* (5) *habere* apparaît sous une forme contractée dans les verbes *debere, debitus* « tenir quelque chose de quelqu'un », d'où « devoir » et *praebere* « produire en avant », d'où « fournir » (6) *habere* apparaît sous la forme *-hibere* dans les verbes *exhibere* « produire au-dehors », d'où *exhibitio; inhibere* « maintenir dans », « arrêter » d'où « exercer une autorité sur », d'où *inhibitio; prohibere* « tenir à l'écart », d'où *prohibitio; redhibere* « faire reprendre » d'où *redhibitorius* « (défaut) qui justifie qu'une chose vendue soit reprise ».

**I.** mots populaires issus du latin

♦ [1] **AVOIR** X^e s., XI^e s., déjà emploi substantivé : *habēre*; **RAVOIR** XII^e s. ♦ [2] **DEVOIR** IX^e s., XII^e s., emploi substantivé : *debēre*; **REDEVOIR** XII^e s.; **REDEVABLE** et **REDEVANCE** XIII^e s. ♦ [3] **DETTE** XII^e s. : *debĭta*, pluriel neutre, pris pour un féminin, du part. passé de *debere*, littéralement « choses dues »; **ENDETTER** XII^e s.; **ENDETTEMENT** XVII^e s. ♦ [4] **DÛ** XIV^e s., comme substantif : lat. vulg. **debūtu*, altération de *debitu*, d'après les part. passés en -ūtu; **DÛMENT, INDÛMENT,** et **INDU** XIV^e s. ♦ [5] **PROVENDE** XII^e s. : lat. vulg. **probenda*, altération, par substitution de préfixe, de *praebenda*, pluriel neutre, pris pour un féminin, de l'adj. verbal de *praebere*, littéralement « choses qui doivent être fournies ».

**II.** mots savants issus du latin

**A.** base *-habit-* ♦ [1] **HABIT** XII^e s. : *habitus*; le sens lat. de « manière d'être » s'est spécialisé au Moyen Age dans celui de « costume religieux »; puis « vêtement » en général; → HABILLER, art. BILLE. ♦ [2] **HABITER** XII^e s. : *habitare*; **COHABITER** XIV^e s. : bas lat. *cohabitare*; **INHABITÉ** XIV^e s.; **HABITACLE** XII^e s. : *habitaculum*; **HABITABLE** XII^e s. : *habitabilis*; **INHABITABLE** XIV^e s.; **HABITATION** XII^e s. : *habitatio*; **COHABITATION** XIII^e s. : *cohabitatio*; **HABITANT** XII^e s., part. présent substantivé; **HABITAT** XIX^e s. « milieu géographique », XX^e s. « logement ». ♦ [3] **HABITUDE** XIV^e s. « complexion du corps », XVI^e s., sens moderne, XVII^e s., *avoir l'habitude*, achève d'éliminer l'anc. fr. *souloir*, du lat. *solere*, → INSOLENT : lat. *habitudo*. L'évolution du sens a dû se faire sous l'influence de *habituer*, qui a pris dès le XIV^e s. son sens moderne. ♦ [4] **HABITUER** XIV^e s. « munir », et sens moderne : lat. médiéval *habituare*, de *habitus* « manière d'être »; **HABITUEL** XIV^e s. : lat. médiéval *habitualis*; **HABITUELLEMENT** XIV^e s.; **DÉSHABITUER** XV^e s.; **RÉHABITUER** XVI^e s.; **INHABITUEL** XIX^e s.

**B.** base *-habil-* ♦ [1] **HABILE** XIV^e s. « propre à », sens jur., XV^e s., sens moderne : lat. *habilis*; a éliminé la forme pop. anc. fr. *able*; **INHABILE** XIV^e s. : *inhabilis*; **HABILEMENT** XIV^e s.; **MALHABILE** XV^e s. ♦ [2] **HABILITÉ** XIII^e s., conservé dans la langue jur., et **HABILETÉ** XVI^e s. : *habilitas*. ♦ [3] **HABILITER** XIII^e s. : lat. médiéval jur. *habilitare*; **HABILITATION** XIV^e s. : lat. médiéval *habilitatio*, de *habilitare*; **RÉHABILITER** XIII^e s.; **RÉHABILITATION** XV^e s.

**C.** base *-hib-* ♦ [1] **EXHIBER** XIV^e s. : *exhibere*; **EXHIBITION** XII^e s. : *exhibitio*; **EXHIBITIONNISME** et **EXHIBITIONNISTE** XIX^e s. ♦ [2] **INHIBER** XIV^e s., jur., XIX^e s., méd. : *inhibere*; **INHIBITION** XIII^e s. jur., XIX^e s., méd. : *inhibitio*; **INHIBITIF** XVII^e s. ♦ [3] **PROHIBER** XIV^e s. : *prohibere*; **PROHIBITION** XIII^e s. : *prohibitio*; **PROHIBITIF** XVI^e s. ♦ [4] **RÉDHIBITOIRE** XVI^e s. : *redhibitorius*; **RÉDHIBITION** XIV^e s. : *redhibitio*. ♦ [5] **PRÉBENDE** XIV^e s. : *praebenda*, adj. verbal neutre pluriel, pris pour un féminin, de *praebere*, littéralement « choses devant être fournies », → PROVENDE. I. 5 — Dér. : **PRÉBENDÉ** et **PRÉBENDIER** XIV^e s.

**D.** base *-deb-* ♦ [1] **DÉBITEUR** XIII^e s. : *debitor*, dér. de *debere*, littéralement « celui qui doit »; a éliminé la forme pop. *detteur*, → DETTE, I. 3 ♦ [2] **DEBET** XV^e s., empr. à des formules juridiques en latin : 3^e pers. de l'indicatif présent de *debere*, littéralement « il doit ».

**III.** mot issu du germanique

**BEHAVIOURISME** ou **BEHAVIORISME** XX^e s. : dér. de l'angl. *behaviour* « comportement », lui-même dér. de *to behave* « se comporter », dont le 1^er élément, *be-*, est une forme affaiblie de l'adverbe *by* « complètement », et le second élément, *have*, est l'équivalent de *habere*.

**AVRIL** (pop.) XIe s. : lat. vulg. **aprīlius*, altération, sous l'influence d'autres noms de mois (*Martius* « mars », *Junius* « juin », *Julius* « juillet »), du lat. class. *aprilis*, comme en témoignent des formes anciennes ou dialectales comportant un *l* mouillé.

**AXIOME** famille sav. du gr. *axios* « qui a de la valeur », d'où *axiôma* « valeur »; sens dérivés : « principe servant de base à une démonstration » et en particulier « principe évident de soi-même ».

♦ [1] **AXIOME** XVIe s. : *axiôma*; **AXIOMATIQUE** XVIe s. : *axiômatikos*, par le lat. **AXIOMATISER** et **AXIOMATISATION** XXe s. ♦ [2] **AXIOLOGIE** XXe s. « science des valeurs morales »; composé français formé de *axios* et de *-logie* → LIRE.

**AZUR** ♦ [1] XIe s. : lat. médiéval *azzurum*, altération de l'arabe *lazaward*, du persan *lâdjourd* « lapis-lazuli ». **AZURÉ** XIIIe s.; **AZURER** XVIe s. ♦ [2] **LAPIS-LAZULI** XIIIe s. : le second élément de ce mot (pour le premier → LAPIDER) remonte à une forme du latin médiéval, où le *l* initial de l'étymon arabo-persan a été conservé. **LAZULITE** XVIIIe s.

# B

**BABA** XVIII^e s. : polonais *baba* ; gâteau p.-ê. introduit en France par l'entourage de Stanislas Leczinski.

**BABOUCHE** XVI^e s. : arabe *bâboûch*, du persan *pâpoûch*.

**BAC** du bas lat. *baccar, baccarium* « vase à vin ou à eau », p.-ê. celtique, p.-ê. apparenté au nom de *Bacchus*, dieu du vin, doivent se rattacher au lat. vulg. **baccus*, var. fém. **bacca* (dont les représentants dial. ont souvent le sens de « auge »), et le diminutif **baccinus*. ♦ [1] **BAC** (pop.) XII^e s. « bateau », XVII^e s. « cuve » : **baccus* ; **BAQUET** XIII^e s. : dimin. de *bac* ♦ [2] **BACHOT** (pop.), XVI^e s. dimin. du lyonnais *bache*, de **bacca* ; **BACHOTEUR** XVIII^e s. ♦ [3] **BASSIN** (pop.) XII^e s., récipient, XVI^e s., anat. : **baccinus*, pour les mots sav. relatifs à ce sens, → PELVIS. — Dér. : **BASSINET** XII^e s. ; **BASSINER** XIV^e s., XIX^e s., « importuner » ; **BASSINOIRE** et **BASSINE** XV^e s.

**BÂCHE** (pop.) XVI^e s. « filet », XVIII^e s., sens actuel, probablement abrév. de l'anc. fr. *baschoe* « hotte de bois ou d'osier » : lat. imp. *bascauda* « cuvette », mot d'origine brittonique selon Martial, d'où les sens dialectaux de « hotte », « filet en forme de poche », « sac », « paillasse », qui expliquent celui de « grosse toile ». **BÂCHER** XVI^e s. ; **DÉBÂCHER** XVIII^e s. ; **BÂCHAGE** XX^e s.

**BACHELIER** ♦ [1] (pop.) XIV^e s. : altération, par substitution de suff., de l'anc. fr. *bacheler* XI^e s. « jeune gentilhomme non encore armé chevalier », d'où « jeune homme », encore au XVII^e s. et dès le Moyen Age, « titulaire du premier grade universitaire » : lat. vulg. **baccalaris*, var. de *baccalarius* p.-ê. « serviteur attaché à une *baccalaria* » ou « domaine foncier », mot obsc. attesté au IX^e s. au nord de l'Esp. et dans le Limousin ; (→ pour le sens, *va(s)let, garçon*). ♦ [2] **BACCALAURÉAT** (sav.) : lat. médiéval *baccalaureatus*, dér. de *baccalaureus*, réfection de *baccalarius* d'après *bacca laurea* « baie de laurier », la couronne de laurier étant depuis l'Antiquité le symbole de la victoire ; **BAC** XIX^E S. : FORME ABRÉGÉE. ♦ [3] **BACHOT**, **BACHOTER**, **BACHOTAGE** XIX^e s. dér. formés sur la base *bach-*.

**BÂCLER** famille d'une rac. ind.-eur. **bak-* « bâton », représentée : en latin par *baculum* « bâton », lat. vulg. **bacculum*, d'où **bacculare* « fermer (une porte) avec un bâton » ; dimin. *bacillum*, d'où l'adj. *imbecillus* « sans canne, sans soutien », « faible de corps comme d'esprit » et le subst. *imbecillitas*.
En grec par *baktèria* « bâton ».

I. mots issus du latin

A. mots populaires ♦ [1] **BÂCLER** (XIII^e s., puis XVI^e s.) « fermer sommairement une porte avec un bâton », XVII^e s. sens fig. « exécuter sans soin » : **baccŭlāre* avec influence possible de son représentant provençal *baclar*. — Dér. : **BÂCLE** XIX^e s. « barre de fermeture » ; **BÂCLAGE**, XVIII^e s. ; **BÂCLEUR** XIX^e s. ♦ [2] **DÉBÂCLER** XV^e s. et **DÉBÂCLE** XVII^e s. : dér. de **BÂCLER** spécialisés pour la rupture de la glace sur une rivière, comparée à l'ouverture d'une porte ; **EMBÂCLE** XVII^e s. : formé d'après **DÉBÂCLE**. ♦ [3] **BAGUETTE** XVI^e s., d'abord dans la langue militaire « insigne des fonctions d'officier » : it. *bachetta*, dimin. de *bacchio*, du lat. *baculus*.

**B.** mots savants ♦ [1] **IMBÉCILE** XV^e s. : *imbecillus*; **IMBÉCILLITÉ** XIV^e s. : *imbecillitas*. ♦ [2] **BACILLE** XVII^e s., bot., XIX^e s., méd. : *bacillum*; **BACILLAIRE, BACILLOSE, BACILLURIE** XX^e s.

**II.** mots savants issus du grec

♦ [1] **BACTÉRIE** XIX^e s. : *baktêria*. **BACTÉRIEN** XIX^e s. ♦ [2] **BACTÉRIO-** ou **BACTÉRI-** XIX^e s. et et XX^e s., 1^ers éléments de nombreux composés de la langue médicale, ex. : *bactérienne, bactériologie*, etc.

**BACON** (pop.) XIII^e s., « lard », empr. par l'angl. à l'anc. fr., XVI^e s., tombe en désuétude, XIX^e s., réemprunté à l'angl. : frq. **bakko* « jambon ».

**BADERNE** (pop.) XVIII^e s., mar., XIX^e s. emploi fig. et péjoratif : probablement issu du prov. *baderno*, « cordage tressé protégeant la base d'un mât », p.-ê. du gr. *pterna* « talon », « partie inférieure de divers objets », romanisé en **baterna*.

**BADIGEON** (pop.) XVII^e s. : étym. inconnue; **BADIGEONNER** XVIII^e s.; **BADIGEONNAGE, BADIGEONNEUR** XIX^e s.

**BAGAGE** (pop.) XIII^e s. : dér. de l'anc. fr. *bague* « bagage », attesté seulement au XIV^e s. mais probablement plus ancien; remonte à un **baga* obscur, peut-être germ. (→ angl. *bag*).

**BAGARRE** XVII^e s. : prov. *bagarro*, du béarnais *bacharro* « rixe, vacarme », du basque *batzarre* « rassemblement »; **BAGARREUR, SE BAGARRER** XX^e s.

**BAGUE** XIV^e s. : moyen néerl. *bagge* « anneau »; **BAGUER** XVI^e s.; **BAGUIER** XVII^e s.

**BAHUT** (pop.) XIII^e s. : étym. obscure. On a proposé un frq. **baghôdi*, du moyen bas all. *bage* « ramasser » et du frq. **hôdi* « conserver ». Plus vraisemblablement, étant donné les formes dial. *bahuter, bahurer, bahuler* « faire du bruit », il s'agit d'une onom. du bruit que l'on fait en déplaçant, en ouvrant ou en fermant un grand coffre. **TRANSBAHUTER** XIX^e s.

**BAI** famille du lat. *badius* « bai, brun », dont une var. dial. *basus* est attestée par des gloses.

♦ [1] **BAI** (pop.) XII^e s. : *badius*. ♦ [2] **ABASOURDIR** (pop.) XVII^e s., « tuer », XVIII^e s. sens moderne : dér. de l'argot *basourdir* XVII^e s. « tuer », lui-même issu (par croisement avec un autre mot, peut-être *assourdir* ou *abalourdir*) de l'argot *bazir* XV^e s. *Bazir*, abondamment représenté dans les parlers méridionaux (prov. *basi*, it. *basire*) avec le sens de « s'évanouir », « mourir », remonte p.-ê. au lat. vulg. **basire* « devenir jaune, cadavérique », dér. de *basus*.

**BAIE** famille du lat. *baca*, var. *bacca* « baie », mot méditerranéen comme la plupart des mots relatifs aux fruits et à la vigne.

**I.** mots populaires

♦ [1] **BAIE** XII^e s. : *baca*. ♦ [2] **BAGATELLE** XVI^e s. : it. *bagattella*, dér. de *baca*. ♦ [3] **BAGUENAUDE** XIV^e s., « bagatelle, niaiserie », XV^e s. « fruit du baguenaudier », mais ce sens doit être primitif : languedocien *baganaudo* « gousse pleine de petites graines qui éclate bruyamment, fruit du baguenaudier, arbuste ornemental ». Le 1^er élément représente sans doute *baca* mais le 2^e n'est pas expliqué. **BAGUENAUDER** XV^e s. « s'amuser à des riens », XVIII^e s. « flâner »; **BAGUENAUDIER** XVI^e s., à la fois « arbuste produisant des baguenaudes » et « niais qui baguenaude ».

**II.** mots savants

♦ [1] **BACCI-** premier élément de composés savants tels que **BACCIFÈRE** XVI^e s., **BACCIFORME** XIX^e s. ♦ [2] **BACCALAURÉAT** → BACHELIER

**BAIL** famille entièrement populaire du lat. *bajulus* « portefaix », qui a pris en lat. eccl. le sens de « tuteur, chargé d'affaires d'un mineur »; dér. *bajulare* « porter », « apporter », d'où « donner ».

♦ [1] **BAIL** XI^e s. « action de confier, délégation de pouvoir » : dér. de l'anc. fr. *bailler* XI^e s. « donner », qui subsiste dans l'expression métaph. empr. au jeu de paume *vous me la baillez belle* (sous-entendu *la balle*) : *bajŭlāre*; **BAILLEUR** XIII^e s. « celui qui confie ». ♦ [2] **BAILLI** XII^e s. var. de *baillif*, d'où le fém. **BAILLIVE** : dér. de l'anc. fr. *baillir* « gouverner », lui-même dér. de l'anc. fr. *bail* « gouverneur » : *bajŭlus*; **BAILLAGE** XIV^e s.

**BAIN** famille du lat. *balneum* « bain », d'où *balnearius* « relatif aux bains » et tardivement *balneare* « baigner ».

**I.** mots populaires

♦ [1] **BAIN** XI^e s. : *balnĕum*; **BAIN-MARIE** XIV^e s., terme d'alchimie qui désignait à l'origine un bain de mercure; ainsi nommé d'après le nom de *Marie*, ou *Miriam*, sœur de Moïse, à qui on attribuait un traité d'alchimie remontant à l'époque alexandrine, plus tard confondue avec la Vierge Marie. ♦ [2] **BAIGNER** XIIe s. : *balneare*; **BAIGNEUR** XIVe s., « tenancier d'un établissement de bains », sens qui survit jusqu'au XVIIIe s.; **BAIGNOIRE** XIVe s.; **BAIGNADE** XVIIIe s.

**II.** mots d'emprunt

**BAGNE** XVIIe s. : mot franc d'origine it. *bagno* « prison des chrétiens en pays turc (Alger, Tunis, Constantinople) »; à l'origine, nom d'une prison pour les Turcs à Livourne; var. *baigne, bains, bagne*; mot sans forme fixe en fr. jusqu'en 1637; la forme moderne fut officialisée par Colbert qui créa des *bagnes* en 1669. **BAGNARD** fin XIXe siècle.

**III.** mots savants

♦ [1] **BALNÉAIRE** fin XIXe s. : *balnearius*. ♦ [2] **BALNÉO-** 1er élément de composés sav., ex. : **BALNÉOTHÉRAPIE** XIXe s.

**BAISER** ♦ [1] (pop.) XIIe s., à la fois comme verbe et comme subst., XIXe s. emploi pop. obscène et remplacement dans la langue courante par *embrasser* : lat. *basiare*, verbe à caractère érotique qui avait éliminé le lat. class. *osculari*. — Composés : **S'ENTREBAISER** XIIe s.; **BAISEMAIN** XIIIe s. — Dér. : **BAISEMENT** XIIe s.; **BAISURE** XVe s. ♦ [2] **BISER**, équivalent de *baiser* dans certains dial. de l'Ouest; d'où **BISE** XXe s.

**BAL** famille du gr. *ballein* « jeter ». Ce verbe dont un dér. *ballizein* est attesté dans le gr. de Sicile avec le sens de « danser » (→ fr. un « jeté-battu ») a été empr. par le lat. au IVe s. sous la forme *ballare* « danser ». Il faut sans doute voir un dér. de *ballizein* dans le lat. *ballista* « projectile », puis « machine de jet », qui entre dans le composé tardif *arcuballista* « arbalète ». Au verbe gr. *ballein* se rattachent les subst. *bolos, bolê* « action de jeter » et *bolis, -idos* « objet lancé : dé à jouer, éclair qui jaillit », ainsi que de nombreux verbes dér. qui ont pris des sens très variés : (1) *amphiballein* « jeter autour », d'où l'adj. *amphibolos* « attaqué de tous côtés », « incertain sur la conduite à tenir » (2) *anaballein* « lancer de bas en haut », d'où *anabolê* « remontée » (3) *diaballein* « jeter à travers », « désunir », « calomnier », d'où *diabolos* « celui qui désunit, dénigre, calomnie » (4) *emballein* « jeter dans » d'où *embolê* « action de jeter à l'intérieur »; *embolisma* « pièce rajoutée à un habit »; *emblêma* « ornement appliqué » (5) *huperballein* « jeter par-dessus », « dépasser le but », d'où *huperbolê* « excès » (6) *kataballein* « jeter de haut en bas », « abattre », d'où *katabolê* « attaque d'une maladie » (7) *metaballein* « déplacer », d'où *metabolê* « changement » (8) *paraballein* « jeter à côté », « comparer », d'où *parabolê* « comparaison » (9) *proballein* « jeter devant » « proposer une question », d'où *problêma* « question posée » (10) *sumballein* « jeter », ou « mettre ensemble », d'où *sumbolon* « signe de reconnaissance », primitivement un objet coupé en deux dont deux hôtes conservaient chacun une moitié qu'ils transmettaient à leurs enfants; le rapprochement des deux parties servait à faire reconnaître les porteurs et faisait la preuve que des relations d'hospitalité avaient été contractées antérieurement.

**I.** mots populaires

**A.** mots se rattachant à *ballare* « danser » ♦ [1] **BAL** XIIe s. « danse » : dér. de l'anc. fr. *baller* « danser » : *ballare*; **BALLANT** XVIIe s. comme adj. : ancien part. présent de *baller*. ♦ [2] **BALLADE** XIIIe s. : prov. *balada* « poème servant de paroles à une chanson à danser », dér. de *balar*, de *ballare*; **BALLADER** XVIIe s. argot des gueux « mendier »; XIXe s. « promener » et **BAL(L)ADE** « promenade »; dans divers dial., *baller* signifie « secouer » et « aller çà et là »; or, les mots dénotant la mendicité reposent sur les notions de « petit coup » (→ ARGOT, art. HARICOT **1**) et de « marche errante » (→ TRIMER); **BALADEUSE** XIXe s. « prostituée », XXe s. divers sens techniques. ♦ [3] **BALADIN** XVIe s. : prov. *baladin* « danseur ». ♦ [4] **BALLET** XVIe s. : it. *balletto*, dimin. de *ballo* « danse », dér. de *ballare*. ♦ [5] **BALLERINE** XIXe s. : it. *ballerina* « danseuse », dér. de *ballare*. ♦ [6] **BAYADÈRE** XVIIIe s. : port. *bailadera* « danseuse », dér. de *bailar* « danser » : *ballare*. ♦ [7] **BALIVERNE** XVe s., mot assez obscur, probablement dér. malgré la différence des dates, de **BALIVERNER** XVIe s. composé de *baller* et de *verner*, var. de *virer* attestée dans certains dial. de l'Ouest. ♦ [8] **BRINQUEBALER** XVIIe s. : altération de *brimbaler* XVIe s. : le second élément représente probablement le verbe *baller*; le premier est obscur, p.-ê. à rapprocher de *trimbaler* (→ ce mot, art. TOURNER), et des formes nasalisées de la famille de *bribe*.

**B. ARBALÈTE** XIe s. : *arcuballista*; **ARBALÉTRIER** XIIe s.; pour le premier élément → ARC.

**C.** mots se rattachant à *kataballein*

♦ [1] **CHABLIS** XVIIe s., dans l'expression *bois chablis* « bois abattu, dans une forêt, par le vent ou l'orage », dér. de l'anc. fr. *chabler* « abattre », lui-même dér. de *chaable* « catapulte », du lat. *catabola*, empr. au gr. *katabolê*. ♦ [2] **ACCABLER** XIVe s., dér. normanno-picard de *chabler*

→ le préc.; **ACCABLEMENT** XVI^e s.; **ACCABLANT** XVII^e s.

D. mots se rattachant à *paraballein*

♦ [1] **PAROLE** XI^e s. : lat. vulg. **paraula*, du lat. eccl. *parabola* « parabole du Christ », d'où « parole du Christ » : gr. *parabolê* « comparaison », les paraboles de l'Évangile étant des récits allégoriques; **PAROLIER** XVI^e s. « riche en paroles », XIX^e s., sens mod. ♦ [2] **PARLER** X^e s. : lat. vulg. **paraulāre* : lat. eccl. *parabolare* dérivé de *parabola* (→ le préc.), qui a éliminé le lat. class. *loqui* (→ LOCUTION) (pour les mots savants exprimant l'idée de « parler », → FABLE IV, -LOG- art. LIRE, et LOCUTION). **PARLANT** XVIII^e s., adj. « doué de parole », XIX^e s. « qui reproduit la parole humaine »; **PARLÉ** XVIII^e s., adj. opposé à *écrit*; **REPARLER** XII^e s.; **POURPARLER** XI^e s. « discuter », « comploter », XV^e s., subst. plur., « discussion en vue d'un accord ». ♦ [3] **PARLEUR** XII^e s.; **BEAU-PARLEUR** XV^e s.; **HAUT-PARLEUR** XX^e s., calqué sur l'angl. *loudspeaker*; **PARLOIR** XII^e s.; **PARLOTE** XIX^e s. : dér. de *parler*. ♦ [4] **PARLEMENT** XI^e s. « conversation », XIII^e s. « assemblée des grands » « assemblée judiciaire », appliqué alors par l'anglo-normand à l'assemblée législative instituée par la Grande Charte; XIX^e s., après la disparition de l'emploi judiciaire propre à l'Ancien Régime, désigne les deux assemblées législatives de la France, valeur empr. à l'angl. *parliament*, lui-même issu de l'anc. fr. *parlement*, dér. de *parler*. **PARLEMENTER** XIV^e s.; **PARLEMENTAIRE** XVII^e s., polit. en parlant de l'Angleterre, XVIII^e s., milit., « négociateur », puis « relatif à l'assemblée législative », XIX^e s., subst., membre d'une assemblée législative; **PARLEMENTARISME** XIX^e s.; **ANTIPARLEMENTAIRE, ANTIPARLEMENTARISME** XX^e s. ♦ [5] **PALABRE** XVII^e s., puis surtout XIX^e s. : esp. *palabra*, de *parabola* « parole »; **PALABRER** XIX^e s.

II. mots demi-savants se rattachant à *diaballein*

♦ [1] **DIABLE** X^e s. « esprit du mal », XVI^e s., interjection, XIX^e s. « petit chariot » : *diabolos*, par le lat.; **DIABLEMENT** XVI^e s.; **DIABLERIE** XIII^e s.; **DIABLOTIN** XVI^e s.; **DIABLESSE** XIV^e s.; **ENDIABLÉ** XV^e s. ♦ [2] **DIANTRE** XVI^e s. « diable », XVII^e s. uniquement comme juron : déformation euphémique du mot *diable*, dangereux à prononcer, auquel l'anc. fr. substituait souvent des mots populaires tels que *maufé, aversier*.

III. mots savants

A. base *bal-* **BALISTE** XVI^e s. : lat. *ballista*; **BALISTIQUE** XVII^e s.; **BALISTICIEN** XX^e s.

B. base *-blèm-* ♦ [1] **EMBLÈME** XVI^e s. : gr. *emblêma*, par le lat.; **EMBLÉMATIQUE** XVI^e s. : bas lat. *emblematicus* « surajouté ». ♦ [2] **PROBLÈME** : gr. *problêma*, par le lat.; **PROBLÉMATIQUE** XIV^e s., adj., XX^e s., subst. fém.

C. base *-bol-* ♦ [1] **DIABOLIQUE** XIII^e s., → DIABLE : lat. eccl. *diabolicus* du gr. *diabolikos* dér. de *diabolos*. ♦ [2] **DIABOLO** XX^e s., mot formé sur le rad. de *diabolique*, avec infl. de l'it. *diavolo* (au début du XIX^e s., un jeu semblable s'était déjà appelé *diable*). ♦ [3] **BOLIDE** XVI^e s. « météore », XIX^e s. « engin rapide » : gr. *bolis, -idos*. ♦ [4] **BOLOMÈTRE** XIX^e s. ♦ [5] **AMPHIBOLOGIE** XVI^e s. : bas lat. *amphibologia* du lat. class. et du gr. *amphibolia* « incertitude », dér. de *amphibolos*; **AMPHIBOLOGIQUE** déjà au XIV^e s., d'après le lat. ♦ [6] **EMBOLIE** XIX^e s. dér. sur *embolê*. ♦ [7] **-BOLE**, terminaison de plusieurs mots savants tels que **HYPERBOLE** XIII^e s., rhétorique, XVII^e s., math. : *huperbolê*, d'où **HYPERBOLIQUE** XVI^e s.; **PARABOLE** (→ PAROLE ci-dessus I. D. 1) XIII^e s. « récit allégorique », XVI^e s. « courbe décrite par un projectile » : lat. *parabola* du gr. *parabolê*; d'où **PARABOLIQUE** XVI^e s.; **SYMBOLE** XV^e s. : lat. eccl. *symbolum* « symbole des Apôtres, résumé des principales vérités du christianisme, dont la récitation est le signe de reconnaissance de ceux qui partagent cette foi », du gr. *sumbolon* « signe de reconnaissance »; d'où **SYMBOLIQUE** XVI^e s. du bas lat. *symbolicus*; **SYMBOLISER** XIV^e s. « avoir du rapport avec », XIX^e s., sens mod., du lat. médiéval *symbolizare*; **SYMBOLISME** et **SYMBOLISTE** XIX^e s.; **DISCOBOLE** XVI^e s. : gr. *diskobolos* « lanceur de disque ». ♦ [8] **-BOLISME**, terminaison de plusieurs mots sav. tels que **ANABOLISME** XX^e s.; **CATABOLISME** XX^e s.; **MÉTABOLISME** XIX^e s., termes médicaux, et **EMBOLISME** XII^e s. « intercalation d'un mois lunaire ».

**BALAI** (pop.) XII^e s., mot d'origine celtique, p.-ê. issu du breton *balaen* « genêt »; plus probablement, issu directement d'un mot gaulois de même sens, **banatlo*, devenu par métathèse **balatno*. — Dér. : **BALAYER; BALAYETTE; BALAYEUR** XIII^e s.; **BALAYURE** XIV^e s.; **BALAYAGE** XVIII^e s.

**BALANCE** ♦ [1] (pop.) XII^e s. : lat. vulg. **bilancia*, du bas lat. *bilanx*, littéralement « (appareil) à deux plateaux » : l'*a* initial peut s'expliquer par une assimilation régressive. **BALANCER** XII^e s.; **BALANCEMENT** XV^e s.; **BALANCIER** XIII^e s. « fabricant de balances », XVI^e s. « objet qui se balance »; **BALANÇOIRE; CONTREBALANCER** XVI^e s. ♦ [2] **BILAN** XVI^e s. : it. *bilancio*, dér. de *bilanciare*, équivalent de *balancer*.

**BALANCELLE** XIXe s., sorte de bateau, d'origine napolitaine : génois *baransella*, équivalent de l'it. et napolitain *paranzella*, diminutif de *paranza*, d'origine obscure ; le mot s'est croisé avec *balancer*.

**BALEINE** (pop.) XIe s. : lat. *balaena* ; **BALEINE, BALEINIER** XIVe s. ; **BALEINEAU** XVIe s. ; **BALEINIÈRE** XIXe s. Mot scientifique correspondant → CÉTACÉ.

**BALLAST** XIVe s., mar., « matériaux placés dans les bateaux pour leur donner de la stabilité » : néerl. *ballast* ; XIXe s. « pierres maintenant les traverses d'une voie ferrée » : angl. *ballast*, qui peut provenir du bas all., ou du vieux suédois, ou du vieux danois, et qui est composé de *bar* ou *barm* « coque de navire » et de *last* « fardeau ».

1. **BALLE** famille entièrement pop. du germ. **balla* « paquet », introduit par le frq. en France, où il a gardé son sens propre, par le longobard en Italie, où il s'est spécialisé dans les sens de « balle pour le jeu de paume », puis de « projectile d'arme à feu » ; représenté en angl. par *ball* « boule », « balle », « ballon ».
♦ [1] **BALLE** XIIIe s. « paquet de marchandises », XIXe s., fam. « visage » : frq. **balla* ; d'où **BALLOT** XVe s. ; **BALLUCHON** XIXe s. ; **EMBALLER** XIVe s. « empaqueter », XIXe s., *s'emballer* « prendre une vitesse excessive » et fam. *emballer quelqu'un* « le gronder vivement », par l'intermédiaire des sens de « (s')emporter » et de « faire partir vivement » ; **EMBALLAGE** XVIe s. ; **EMBALLEUR** XVIe s. ; **EMBALLEMENT** XVIIe s. « emballage », XIXe s. « emportement » ; **DÉBALLER** XVIe s. ; **DÉBALLAGE** XVIIe s. ; **REMBALLER** XVIe s. ; ♦ [2] **BALLE** XVIe s., avec les deux sens de « balle à jouer » et de « projectile » (au sens de « balle à jouer », a éliminé l'anc. fr. *pelote et esteuf*) : it. dial. du Nord *balla*, équivalent de l'it. *palla*, du longobard **balla* ; **ENFANT DE LA BALLE** XVIIe s. s'est dit d'abord des fils de tenanciers de jeux de paume ; **BALLON** XVIe s., it. dial. *ballone*, augmentatif du précédent, d'où **BALLONNET, BALLONNER, BALLONNEMENT** XIXe s. ♦ [3] **BALLOTTER** XVe s., dér. d'une forme fém. correspondant à **BALLOT**, anc. fr. *ballotte* XVe s. et jusqu'au XVIIIe s. « boule pour voter », XVIe s., sous l'influence de l'it. « balle pour jouer », d'où deux filières sémantiques qui ont pu interférer l'une avec l'autre : d'une part XVIe s. « voter avec des ballotes », XIXe s., sens électoral, et d'autre part XVIIe s. « se renvoyer la balle » et « agiter fortement en deux sens opposés » ; dér. **BALLOTTEMENT** XVIe s. et **BALLOTTAGE** XVIe s. « vote », fin XVIIIe s., sens mod., a remplacé pendant la Révolution l'anglicisme *ballotation*. ♦ [4] le mot angl. *ball* apparaît dans plusieurs noms de jeux : **BASKET-BALL** fin XIXe s., d'où **BASKETTEUR** XXe s. ; **FOOTBALL** une première fois au XVIIe s., puis fin XIXe s., d'où **FOOTBALLEUR** fin XIXe s. ; **VOLLEY-BALL** XXe s. ; il est d'origine all. dans **HANDBALL** XXe s. ♦ [5] **BLACKBOULER** XIXe s. : angl. *to blackball* « éliminer en votant avec une boule noire », croisé avec le fr. *boule*.

2. **BALLE** (de céréales) (pop.) XVIe s., étym. discutée ; peut provenir, comme beaucoup de noms de sous-produits agricoles, d'un mot gaulois **balu* ; mais sa date tardive d'apparition fait penser qu'il pourrait simplement dériver de l'anc. fr. *baller* « danser » → BAL.

**BALLON** (d'Alsace) XVIe s., origine douteuse ; peut représenter une racine prélat. **bal-* « rocher », et être ainsi rapproché de l'it. *balma*, fr. *la Sainte-Baume* ; peut aussi être simplement une mauvaise traduction de l'all. *Belchen*, interprété comme *Bällchen* « petite balle ».

**BALUSTRE** XVIe s., « fleur de grenadier », et archit. : it. *balaustro* (mêmes sens, le renflement d'un balustre imitant celui d'une fleur de grenadier), du gr. *balaustion*, par le lat. ; **BALUSTRADE** XVIe s. : it. *balaustrata*, dér. de *balaustro*.

**BAMBOU** XVIIe s. : port. *bambu*, issu d'une langue exotique qui n'est p.-ê. pas le malais comme plusieurs l'ont pensé, aucun mot malais précis n'ayant pu être avancé.

**BAN** représentants fr., tous pop., d'un ensemble de mots germ. qui constituaient deux familles originellement distinctes mais qui ont constamment interféré entre elles : (1) frq. **ban* « proclamation », (2) germ. **banda*, got. *bandwa* « signe », « étendard servant à distinguer un corps de troupes », dont les représentants ont pénétré en France par l'intermédiaire des langues méridionales : prov., it. et esp. ; à ce mot, se rattache le verbe frq. **bannjan* (latinisé en *bannire*), got. *bandwjan* « donner un signal », « proclamer », qui a été associé à **ban*. Les deux familles s'étant confondues sans doute dès le germ., elles seront étudiées ensemble.

I. représentants de **ban*

♦ [1] **BAN** XIIe s. « proclamation du suzerain », en particulier « proclamation d'une levée de troupes » et « corps des vassaux ainsi convoqués »; à la même époque, « proclamation d'un mariage » : frq. *ban*. ♦ [2] **ARRIÈRE-BAN** XIIe s., var. *arban, herban* : frq. **hariban* « appel pour l'armée » (→ HÉRAUT). 1er élément confondu avec le préf. *arrière-*. ♦ [3] **BANAL** XIIIe s., qualifie divers objets, tels que four, moulin, prairie, appartenant au suzerain, mis à la disposition de tous les habitants d'un village, qui étaient tenus de s'en servir moyennant une redevance, XVIIIe s. « commun », « dépourvu d'originalité »; **BANALITÉ** XVIe s., usage féodal, XIXe s., sens mod.; **BANALISER** XIXe s. ♦ [4] **ABANDONNER** XIe s., représente p.-ê. **à ban donner* « laisser aller au ban »; **ABANDON** XIIe s. : anc. fr. *mettre, laisser à bandon*, « au pouvoir de quelqu'un », est peut-être une réfection, sous l'influence de *abandonner*, de *à banon* directement dér. de *ban*; **ABANDONNEMENT** XIIIe s. ♦ [5] **BANLIEUE** XIIIe s. : lat. médiéval *banleuca* « espace d'environ une lieue autour d'une ville, sur lequel s'étendait le *ban* »; **BANLIEUSARD** fin XIXe s. ♦ [6] **AUBAINE** XIIIe s. *droit d'aubaine*, concernant la succession des personnes mortes en pays étranger, XVIIe s., sens mod. : frq. **aliban* « qui appartient à un autre ban »; a pu se confondre avec un lat. vulg. **alibanus*, dér. de *alibi* « ailleurs ».

**II.** représentants de **banda*

♦ [1] **BANDE** XIVe s. : anc. prov. *banda* « corps de troupes reconnaissable à sa bannière », « parti », « côté » germ. occ. **banda* ou got. *bandwa*; au sens de « côté », se rattache l'expression *donner de la bande* XVIe s., mar. ♦ [2] **DÉBANDER, DÉBANDADE** XVIe s., dér. de **BANDE**. ♦ [3] **BANDEROLE** XVe s. : it. *banderuola*, dimin. de *bandiera* « bannière » : prov. *bandiera*, dér. de *banda*. ♦ [4] **BANDERILLE** XIXe s. : esp. *banderilla*, dimin., spécialisé en tauromachie, de *bandera* « bannière », dér. de *banda*, du got. *bandwa*; **BANDERILLERO** XIXe s., mot esp. ♦ [5] **BANDOULIÈRE** XVIe s. : esp., empr. au catalan, *bandolera*, « courroie qui passe sur la poitrine et l'épaule et sert à soutenir une arme à feu », dér. du catalan *bandoler*, « membre des bandes qui ont pris part aux luttes civiles de la Catalogne entre le XVe s. et le XVIIe s. », parce qu'ils portaient ainsi leurs armes pour les marches dans la montagne; *bandoler* est dér. de *bando* « faction », var. de *banda*. ♦ [6] **CONTREBANDE** XVIe s. : it. *contrabando* « action accomplie contre la loi », dér. de *bando*, du bas lat. *bandum*, du got. *bandwa* « signe de ralliement »; **CONTREBANDIER** XVIIIe s.

**III.** formes contaminées

♦ [1] **BANNIR** XIIIe s. « donner un signal », « proclamer », et « prononcer une condamnation à l'exil » : frq. **bannjan*, dér. de **banda* confondu avec **ban*; **BANNISSEMENT** XIIIe s. ♦ [2] **FORBAN** XIVe s. « bannissement », XVIe s. « pirate » : dér. de l'anc. fr. *forbannir*, du frq. *firbannjan* : le préf. s'est confondu avec *fors*, → DEHORS. ♦ [3] **BANDIT** XVIIe s. : it. *bandito* « banni », part. passé de *bandire* : got. *bandwjan*; **BANDITISME** XIXe s. ♦ [4] **BANNIÈRE** XIIe s., doit, comme anc. prov., it. *bandiera*, esp. *bandera*, se rattacher à **banda*, mais avoir été très anciennement refait sous l'influence de *ban*, la *bannière*, signe de reconnaissance de la *bande*, étant en même temps le centre de ralliement des troupes convoquées par le *ban*.

**BANANE** XVIIe s. : port. *banana*, mot empr. à un parler de la Guinée et importé en Amérique; **BANANIER** XVIIe s.; **BANANERAIE** XXe s.

**BANC** famille du frq. **bank* « banc fixé au mur tout autour d'une pièce », empr. par diverses langues romanes.

♦ [1] **BANC** XIe s. : **bank*. ♦ [2] **BANQUETTE** XVe s. « siège » : languedocien *banqueta*; XVIIIe s. voirie : dimin. de *banque*, forme fém. de *banc*, encore attestée en Normandie, tous deux issus de **bank*. ♦ [3] **BANQUET** XIVe s. : dér. de *banc* (ensemble de bancs disposés autour des tables pour un festin). L'it. *banchetto* doit être une formation parallèle indépendante, un peu postérieure. **BANQUETER** XIVe s. ♦ [4] **BANCAL** XVIIIe s. « qui a les jambes divergentes ou inégales », par analogie avec les pieds d'un *banc*; **BANCROCHE** XVIIIe s., argot : croisement de *bancal* et de *croche*; **BANBAN** XIXe s. ♦ [5] **BANQUE** XVe s. : it. *banca*, « banc », « table de changeur », « banque » : germ. **bank*; **BANQUIER** XIIIe s. : it. *banchiere*, dér. de *banca*; **BANCAIRE** XIXe s.; **BANQUEROUTE** XVe s. : it. *banca rotta* « banc rompu », parce qu'on brisait le comptoir des banquiers en faillite; **BANQUEROUTIER** XVIe s. ♦ [6] **BANCO** XVIIe s. « banque de Venise », XIXe s. terme de jeu : mot it., var. de *banca* ♦ [7] **BANK-NOTE** XIXe s. : mot angl. « billet de banque », dont le 1er élément a la même origine que le fr. *banque*.

**BANDE** ♦ [1] (pop.) XIIe s. « lien », fin XIXe s. « film » : frq. **binda* « lien » (→ all. *binden*, angl. *to bind*); **PLATE-BANDE** XVIe s.; **BANDEAU** XIIe s.; **BANDELETTE** XIVe s. ♦ [2] **BANDER** XIIe s. : dérivé de **BANDE**; **DÉBANDER** XIIe s. « enlever une bande »; **BANDAGE** XVIe s.

**BANNE** ♦ [1] (pop.) XIIIe s. : lat. imp. *benna* « véhicule léger au bâti de vannerie », d'où le sens de « corbeille », mot d'origine gauloise; **BANNETTE** XIII^e s. ♦ [2] **BENNE** XVII^e s. : var. dial. (Nord) de *banne*. ♦ [3] **BAGNOLE** : dér. dial. (Picardie et Normandie) de *banne*, sur le modèle de *carriole*.

**BAOBAB** une première fois au XVI^e s., puis au XVIII^e s. : arabe *bu hibab* « fruit riche en graines ».

**BAPTÊME** famille du gr. *baptein* « plonger », d'où *baptizein* « immerger », « baptiser » et *baptisma* « baptême ».

♦ [1] **BAPTÊME** (pop., malgré le *p* purement graphique dû à une influence sav.) XII^e s. : *baptisma*, par le lat. ♦ [2] **BAPTISMAL** XII^e s.; **ANABAPTISME** XVI^e s. : dér. sav. de *baptisma*; **ANABAPTISTE** XVI^e s. → ANA-. ♦ [3] **BAPTISTE** (prénom), titre de Jean, le Précurseur, qui a baptisé le Christ dans le Jourdain : lat. *baptista*, du gr. *baptistês* « celui qui baptise »; **BAPTISTÈRE** (sav.) XI^e s., gr. *baptistêrion* « salle de bain », « baptistère », par le lat. ♦ [4] **BAPTISER** (sav.) XI^e s. : lat. chrét. *baptizare*, du gr. *baptizein*, a concurrencé et éliminé vers le XIV^e s. l'anc. fr. *bapteier*, *baptoier* (pop.).

**BARAGOUIN** (pop.) XIV^e s., terme d'injure et « personne parlant une langue incompréhensible »; a dû, en ce sens, s'appliquer d'abord aux Bretons; XVI^e s. « langage incompréhensible » : breton *bara* « pain » et *gwin* « vin », mots fréquemment employés par les Bretons dans les auberges où l'on parlait fr.; **BARAGOUINER** XVI^e s.; **BARAGOUINEUR** XVII^e s.

**BARAQUE** famille populaire d'un mot prélat. **barrum* et de son dérivé **barritum* attestés par la convergence de nombreux représentants sur les territoires fr. et esp.

♦ [1] **BARAQUE** XV^e s. : esp. *barraca* « hutte de torchis », dér. de **barro* « limon » : **barrum*; **BARAQUEMENT** XIX^e s. ♦ [2] **BARDANE** XV^e s., mot du dial. lyonnais signifiant « punaise », appliqué d'abord aux capitules de cette plante qui s'attachent aux vêtements comme des punaises : dér. d'un représentant de **barrĭtum*, la punaise pouvant être comparée à une tache de boue, et plusieurs dér. dial. du même type signifiant « tacheté ». ♦ [3] **EMBARDÉE** XVII^e s., mar., fin XIX^e s., emploi mod. : dér. de *embarder* XVII^e s., du prov. *embardar* « embourber », dér. de *bart* « boue », de **barrĭtum*. ♦ [4] **BARDER** XIX^e s., arg., impers., « devenir violent », mot dial. de l'Est, « aller vite » en parlant d'une voiture, représente p.-ê. aussi un dér. de **barrĭtum*; le sens 1^er serait alors « déraper sur de la boue ».

**BARATTE** on trouve dans plusieurs langues romanes des formes voisines et également obscures : (1) anc. fr. *barate* « confusion »; *bareter* « s'agiter »; *barater* « tromper »; *baraterie* « tromperie » (2) anc. prov. *baratar* « agir, se conduire » (3) it. *baratta* « dispute » (4) anc. esp. *baratar* « faire des affaires » et esp. *barato* « bon marché ». On a proposé comme étymon : (a) celt. **mratos* « tromperie », attesté par des correspondants breton et anc. irlandais; (b) de façon plus vraisemblable aux points de vue sémantique et géographique, gr. *prattein* « agir » (→ PRATIQUE); l'un et l'autre présentent certaines difficultés phonétiques; (c) pour *barate* « agitation », qu'il faudrait alors disjoindre du reste, scandinave *barâtta* « combat, tumulte ». Si pourtant, comme il est satisfaisant de le penser, ces mots forment bien une famille unique, les représentants en fr. mod. de cette famille sont :

♦ [1] **BARATTE** XII^e s. *barate* « agitation », XVI^e s. « instrument servant à agiter la crème pour faire le beurre »; **BARATTER** XVI^e s.; **BARATTAGE** XIX^e s. ♦ [2] **DISPARATE** XVII^e s., adj. puis subst. : esp. *disparate* « sottise », altération de *desbarate* « dérangement », apparenté à l'anc. esp. *baratar* « faire des affaires ». ♦ [3] **BARATIN** XX^e s., arg., var. de l'anc. fr. *baraterie*, qui a longuement survécu dans la langue de la mar.; **BARATINER, -EUR** XX^e s.

**BARBAQUE** ♦ [1] (pop.) XIX^e s., arg. mil. : origine douteuse; pourrait avoir été introduit en France par la guerre de Crimée, du roumain *berbec* « mouton », ou par l'expédition du Mexique, de l'esp. *barbacoa*, mot d'origine caraïbe, « gril pour la viande » d'où « viande grillée ». ♦ [2] **BARBECUE** XX^e s. : mot anglo-américain : esp. *barbacoa*; s'apparente donc à *barbaque* si la 2^e hypothèse est la vraie.

**BARBE** famille du lat. *barba*; dér. : *imberbis* « sans barbe »; *barbellus* « barbeau »; *barbatus*, lat. vulg. **barbutus* « barbu ».

I. mots populaires

♦ [1] **BARBE** XI^e s. : *barba*; nombreux dér. franc. ♦ [2] **BARBU** XIII^e s. : du lat. *barbūtus*; a éliminé *barbé* XI^e s. : *barbatus*; **BARBIER** XIII^e s.; **BARBICHE** XVII^e s.; **BARBICHETTE** XIX^e s.; **BARBILLON** XIV^e s. ♦ [3] **BARBER** XVII^e s. « raser », fin XIX^e s. « ennuyer »; **BARBANT** XX^e s. « ennuyeux »; **BARBIFIER** XVII^e s. « raser »;

**ÉBARBER** XIIe s. ; **ÉBARBEUSE** XIXe s. ♦ [4] **BARBON** XVIe s. : it. *barbone* « grande barbe » ; **BARBOUZE** XXe s. fam. ♦ [5] **BARBELÉ** XIIe s. : dér. de l'anc. fr. *barbel* « pointe », du lat. *barbellum*, dimin. de *barba*. ♦ [6] **BARBEAU** XIIe s., poisson : lat. *barbellus* ; XVIIe s. « bluet » : dér. de *barbe* ; **BARBET** XVIe s. « personne barbue » et « chien barbet » ; **BARBUE** XIIIe s., poisson. ♦ [7] **BICHON** XVIe s. : abrév. de *barbichon* « chien barbet » ; **BICHONNER** XVIIe s. ♦ [8] **JOUBARBE** XIIe s. : *Jovis barba* « barbe de Jupiter ». ♦ [9] **RÉBARBATIF** XIVe s. dér. de l'anc. fr. *se rebarber*, littéralement « s'opposer, barbe contre barbe », d'où « faire face à l'adversaire ».

**II.** mot savant **IMBERBE** XVe s. : *imberbis*.

1. **BARDE** subst. masc. (sav.) XVIe s. : lat. *bardus* « poète barbare », empr. au gaulois.

2. **BARDE** subst. fém. ♦ [1] XIIIe s. « selle », « lamelle métallique d'une armure », XVIIIe s. « tranche de lard placée en travers d'un rôti » : it. *barda*, de l'arabe *barda'a* « bât rembourré » ; dér. **BARDER** XIVe s. ; **BARDEAU** XIVe s., terme de fortification, XVIe s., archit., matériau de couverture comparé aux lamelles d'une armure. ♦ [2] **BARDOT** une fois au XIVe s., puis XVIe s. : it. *bardotto* « mulet », dér. de *barda*. ♦ [3] **BARDA** XIXe s. : empr. directement à l'arabe d'Algérie *barda'a* « bât d'âne ».

**BARGUIGNER** (pop.) XIIe s., var. *-gaignier* « marchander » puis « hésiter » : frq. **borganjan*, altération de **borgên* (→ all. *borgen* « prêter ». « emprunter »), sous l'influence de **waidanjan* (→ GAGNER).

**BARIL** famille pop. du lat. vulg. **barrica* et du dimin. **barriculus* (*barriclos* est attesté au IXe s.), d'origine obscure.
♦ [1] **BARIL** XIIe s. : **barricŭlus* ; **BARRILLET** XIIIe s. ♦ [2] **BARRIQUE** XVe s. : gascon *barrica*, de **barrica* ; **BARRICADE** XVIe s. : dér. du verbe *barriquer* XVIe s. « fermer un passage avec des barriques » : **BARRICADER** fin XVIe s.

**BARON** (pop.) Xe s., titre féodal, XIXe s., *baron d'agneau*, métaph. calquée sur l'angl., par l'intermédiaire du sens de « morceau important » : germ. latinisé **baro*, **barōnis* « homme libre », « guerrier » en frq. « fonctionnaire royal chargé de percevoir les amendes ». **BARONNIE** XIIe s. ; **BARONNE** XVIIe s. ; **BARONNET** XVIIe s., repris à l'angl.

**BAROQUE** XVIe s., appliqué à une perle, XVIIe s., archit. : port. *barroco* « rocher granitique », emploi métaph. pour désigner un orgelet ou les irrégularités d'une perle, d'origine p.-ê. celtique ; a pu se croiser, en France, avec *barocco*, nom arbitraire donné par les scolastiques à une figure de syllogisme, type même, aux yeux des hommes de la Renaissance, du raisonnement formaliste et absurde, d'où le sens d'« extravagant », qui est à l'origine de la désignation du style ; quoique ce style architectural eût été créé en Italie au XVIIe s., il a probablement été baptisé en France, sa dénomination n'apparaissant pas en Italie avant le siècle suivant.

**BARQUE** famille pop. de *baris* « barque », empr. à l'égyptien par le gr. puis au gr. par le lat. vulg. **barica*, d'où les formes bas lat. *barca* et *barga*.
♦ [1] **BARGE** XIe s. : *barga*, mot attesté au IXe s. ♦ [2] **BARQUE** fin XIIIe s. : it. ou anc. prov. *barca*, du lat. *barca*, mot attesté dès le IIIe s. ♦ [3] Dér. français de *barque* : **BARQUETTE** XIIIe s. ; **EMBARQUER** XVe s. ; **EMBARQUEMENT** XVIe s. ; **DÉBARQUER, DÉBARQUEMENT** XVIe s. ; **DÉBARCADÈRE** fin XVIIe s. doit avoir été formé sur *embarcadère* malgré le léger décalage des dates. ♦ [4] **EMBARCADÈRE** début XVIIIe s. : esp. *embarcadero* ; **EMBARCATION** fin XVIIIe s. : esp. *embarcacion*, dér. de *barca*. ♦ [5] **BARCAROLE** XVIIIe s. : forme fém. du vénitien *barcarolo* « gondolier », dér. de *barca*.

**BARRE** ♦ [1] (pop.) XIIe s. : mot d'origine prélat., p.-ê. issu du gaulois **barro* « extrémité », « sommet », attesté par divers noms de lieux et de personnes, latinisé en **barra*. **BARREAU** XIIIe s., XVIe s., jur., « barrière séparant les magistrats du public » ; **BARRIÈRE** XIVe s. ; **BARRETTE** XVIIIe s. ; **BARRER** XIIe s. ; **BARRAGE** XIIe s. ; **DÉBARRER** XIIe s. ; **REMBARRER** XVe s., fig. : dérivé de *embarrer*, encore vivant dial. ; **BARREUR** XIXe s. « celui qui tient la barre ». ♦ [2] **BARIOLÉ** XVIe s. et **BARIOLAGE** XIVe s. résultent sans doute du croisement entre *barrer* « rayer » (sens fréquent dans les dial.) et de l'anc. fr. *rioler* « régler », issu de *regula*, → RÈGLE. ♦ [3] **EMBARRASSER** XVIe s. : esp. *embarazar*, issu du léonais ou port. *baraça*, « corde », auquel on attribue, sans certitude, la même origine celtique qu'au fr. *barre* ; **DÉBARRASSER** XVIe s. ; **EMBARRAS** XVIe s. ; **DÉBARRAS** XVIIIe s. ♦ [4] **EMBARGO** XVIIe s. : mot esp. issu de *embargar*, « embarrasser » : lat. vulg. **imbarricare*, issu de **barra*. ♦ [5] **BAR** XIXe s. « débit de boisson » : mot angl. lui-même empr. au fr. *barre* ; à l'origine barre qui séparait les clients du comptoir; **BARMAN** XXe s. → -MAND; **SNACK-BAR** XXe s. : le 1er élément, d'origine onom., désigne d'abord une morsure de chien, puis un petit morceau, enfin un léger repas.

**BARRIR** (sav.) XVIe s. : lat. *barrire*, dér. de *barrus* « éléphant indien » (*elephas*, mot africain); **BARRISSEMENT** XIXe s.

**BAS** (pop.) lat. *bassus* « trapu », « petit et gras », p.-ê. d'origine osque, employé en lat. class. comme surnom, développé en lat. vulg., d'où **bassiare* « baisser ».

♦ [1] **BAS** XIIe s., adj. début XVIe s., ellipse de *bas de chausses*, pièce de vêtement : lat. *bassus*; XVIIIe s. *bas-bleu*, décalque de l'angl. *blue-stocking*, à cause de cette particularité vestimentaire propre à Stillingfleet, savant et brillant familier du salon de Lady Montague, à la fin du XVIIIe s.; appliqué ensuite à des femmes de lettres prétentieuses. ♦ [2] **BAS-** ou **BA-**, premier élément de composés tels que *bas-fond, bas-relief, basse-cour, babeurre, bavolet*, → au 2e élément. ♦ [3] dérivés : **BASSESSE** XIIe s.; **BASSEMENT** XVIe s.; **BASSET** XIIe s.; **SOUBASSEMENT** XIVe s. : dér. de l'anc. *sous-basse*, de même sens; **CONTREBAS** XIVe s.; **BASSE-CONTRE** XVIe s., mus. par opposition à *haute-contre*; **BASSE-TAILLE** XVIe s., de l'anc. fr. *taille*, → art. TAILLER « partie de fort ténor, intermédiaire entre la *basse-contre* et la *haute-contre* ». ♦ [4] mus. : dér. empruntés à l'it. : **BASSE** XVIIe s., subst. : it. *basso*; **BASSON** XVIIe s. : it. *bassone*; **CONTREBASSE** XVIe s. : it. *contrabasso*, d'où **CONTREBASSISTE** XIXe s. ♦ [5] **BAISSER** XIe s. : **bassiare*, et **BAISSE** XVIe s.; XIIe s.; **RABAIS** XIVe s.; **RABAISSEMENT** XVe s.; **SURBAISSÉ** XVIIe s.

**BASALTE** (sav.) XVIe s. : *basalten* fausse lecture, dans Pline, de *basaniten* du gr. *basanos* « pierre de touche »; **BASALTIQUE** XVIIIe s.

**BASANE** XIIe s. : ar. *bitâna* « doublure de vêtement » par l'esp. et l'anc. prov.; **BASANER** XVIe s.; **BASANÉ** (épiderme) XIXe s.

**BASILE** famille du gr. *basileus* « roi », diminutif *basiliskos* « petit roi » et nom d'une espèce de serpents; adj. dér. *basilikos* « royal », d'où *basilikon* « sorte de plante » et *basilikê* « maison de l'archonte-roi à Athènes », empr. par le lat. *basilica*, « salle publique pour rendre la justice », « bourse de commerce », et à partir du IVe s., « édifice destiné au culte chrétien ».

♦ [1] **BASILE** (nom propre), du nom de saint *Basilius*, gr. *Basileus*, ♦ [2] **BASILIC** XIIe s., reptile : gr. *basiliskos*, par le lat. ♦ [3] **BASILIC** XVe s., plante : gr. *basilikon*, par le lat. ♦ [4] **BASILIQUE** XVe s. « édifice chrétien », XVIe s., archéol. : lat. *basilica* « lieu public », du gr. *basilikê*, mot dont la construction de la *Basilica Constantini*, sur l'emplacement du tombeau du Christ, a contribué à répandre l'usage religieux. ♦ [5] **BASOCHE** (pop.), XVe s. « communauté des clercs de justice » : probablement déformation populaire de *basilĭca*, qui avait servi en France à désigner diverses églises commémoratives, et qui survit en toponymie. On a formulé, sans preuve, l'hypothèse que *basoche* aurait pu désigner l'ensemble des eccl. attachés à une basilique, d'où le sens d'« ensemble de clercs » en général.

**BÂT** famille pop. du lat. vulg. **bastare* « porter », « supporter », « suffire » : gr. *bastazein* « porter un fardeau »; d'où *bastum* (IVe s.) « ce qui supporte », « bât » et **basto, -onis*, dér. de *bastum* appliqué à une tige de bois utilisée comme soutien.

♦ [1] **BÂT** XIIIe s. : *bastum*; **BÂTER** XVIe s.; **DÉBÂTER** XVe s.; **BÂTIÈRE** XIIIe s., archit. ♦ [2] **BÂTON** XIe s. : **basto, -ōnis*; **BÂTONNET** XIIIe s.; **BÂTONNIER** XIVe s. « porte-bannière d'une confrérie », en particulier de celle des avocats qui existait déjà au XIVe s.; **BÂTONNER** XIIe s. ♦ [3] **BASTONNADE** XVe s. : it. *bastonata* (plutôt que les équivalents esp. et prov., beaucoup de termes militaires étant à l'époque empr. à l'it.), dér. de *bastone*, équivalent it. du fr. *bâton*. ♦ [4] **BASTE!** XVIe s., interj. : it. *basta* « il suffit », de *bastare*, du lat. **bastare*.

**BÂTARD** (pop.) XIIe s., var. *fils, fille de bast* : germ. **banstu* « mariage », qui aurait pu prendre le sens de « union avec une femme de rang inférieur ». Mais selon d'autres germ. **bansti* « grange » (enfant conçu dans la grange). **BÂTARDISE** XVIe s., élimine l'anc. fr. *bastardie*; **ABÂTARDIR** XIIe s.; **ABÂTARDISSEMENT** XVIe s.

**BATEAU** ♦ [1] (pop.) XIIe s. : dér. de l'anc. angl. *bat* (angl. mod. (*boat*) ou de son équivalent scandinave; ce mot a été également empr. sous une forme diminutive par le néerl. et le bas all.; **BATELIER** XIIIe s.; **BATELLERIE** XIVe s. ♦ [2] **PAQUEBOT** XVIIe s. : angl. *packet-boat* qui désignait, au XVIe s., le bateau destiné à convoyer le *packet*, « paquet », des papiers de l'État, puis au XVIIe s. un simple caboteur faisant office de vaisseau postal. ♦ [3] **FERRY-BOAT** XVIIIe s. : mot angl. (1er élément d'origine germ. *to ferry* « transporter »).

**BATELEUR** famille hypothétique d'une racine **bak-* pré-ind.-eur., qui exprimerait l'idée de « jeune fille »; ses représentants en fr. mod. pourraient être :
♦ [1] **BATELEUR** (pop.) XIII$^{e}$ s. : dér. de l'anc. fr. *baastel* « instrument de prestidigitateur », qui a dû signifier aussi « poupée », « marionnette ». ♦ [2] **BACHELETTE** XV$^{e}$ s. : altération, sous l'influence de *bachelier*, de l'anc. fr. *baisselete* XIII$^{e}$ s. « jeune fille, jeune femme », dér. de *baissele* XIII$^{e}$ s., lui-même dér. de *baiasse* XIII$^{e}$ s., apparenté au prov. *bagassa* « prostituée », dont on trouve des équivalents en it. et en esp.

**BATHY-** (sav.) XIX$^{e}$ s. et XX$^{e}$ s. : gr. *bathus* « profond; 1$^{er}$ élément de composés sav., ex. : *bathyscaphe, bathymétrie*, etc.

**BÂTIR** famille pop. du frq. **bastjan*, dér. de **bast* « écorce », qui a dû signifier « travailler l'écorce », matériau souple (→ anc. haut all. *besten* « lacer ») et « construire à l'aide de lattes d'écorce, qu'on recouvrait de torchis ».
♦ [1] **BÂTIR** XII$^{e}$ s. « assembler à grands points les parties d'un vêtement taillé », XV$^{e}$ s. « construire », sens introduit en fr. par le prov., où ce verbe signifiait déjà au XI$^{e}$ s. « construire des barrières tressées » et au XII$^{e}$ s. « édifier une maison » : **bastjan*, latinisé en **bastire*. **BÂTI** XVII$^{e}$ s., subst.; **BÂTIMENT** XII$^{e}$ s. « action de bâtir », XVII$^{e}$ s. « édifice »; **BÂTISSE** XVII$^{e}$ s.; **BÂTISSEUR** XVI$^{e}$ s.; **DÉBÂTIR** XIII$^{e}$ s., couture, XVI$^{e}$ s. « démolir »; **REBÂTIR** XVI$^{e}$ s.; **MALBÂTI** XVI$^{e}$ s. ♦ [2] **BÂTARDEAU** XV$^{e}$ s., archit. : dér. de *bastart* « digue », lui-même dér. de *baste, bâte*, « support », dér. de *bâtir*; a dû subir l'influence de *bâtard*, qui était employé par la langue de l'architecture dans des expressions telles que *porte bâtarde*. ♦ [3] **BASTIDE** XIV$^{e}$ s. : prov. *bastida*, forme de part. passé de *bastir*, « ville fortifiée ». ♦ [4] **BASTILLE** XIV$^{e}$ s. : issu de *bastide* par substitution de suffixe; **EMBASTILLER** XIV$^{e}$ s. « établir dans une bastille », XVIII$^{e}$ s. « emprisonner dans la Bastille de Paris »; **EMBASTILLEMENT** XIX$^{e}$ s. ♦ [5] **BASTION** XV$^{e}$ s. : var. de *bastillon*, dimin. de *bastille*. ♦ [6] **BASTINGAGE**, dér. du verbe *bastinguer* et du subst. *bastingue* : prov. *bastengo*, « toile matelassée utilisée dans cette partie du navire », forme fém. de *bastenc*, « cordage », dér. de *bastir* au sens de « tresser ». ♦ [7] **BASQUE** XVI$^{e}$ s., « partie du vêtement » : altération, sous l'influence de *basquine*, de *baste*, attesté du XIV$^{e}$ s. au XVIII$^{e}$ s. issu de l'it. ou de l'esp., ou plutôt du prov. *basta* « couture à grands points », « pli fait à une robe pour la raccourcir », de **bastjan* au sens de « bâtir des pièces d'étoffe ».

**BATRACIEN** (sav.) XVIII$^{e}$ s. : dér. du gr. *batrakhos* « grenouille ».

**BATTRE** famille pop. du lat. *battuere* « battre », familier, mais ancien, et de ses dérivés *battualia*, neutre plur., « sorte d'escrime », *debattuere* et bas lat. *abbattuere, combattuere* : origine obscure, p.-ê. celtique.
♦ [1] **BATTRE** XI$^{e}$ s. : lat. imp. *battĕre*, altération de *battuere*; déjà avec de nombreux sens techniques qui doivent remonter au lat. « battre le grain », « fouler le drap », « rebattre la faux », etc. outre le sens fondamental de « donner des coups »; **BATTE** XIV$^{e}$ s.; **BATTAGE** XIV$^{e}$ s., XIX$^{e}$ s. « publicité excessive », d'après le battage de la grosse caisse aux parades de foire; **BATTANT** XIII$^{e}$ s.; **BATTEMENT** XII$^{e}$ s.; **BATTERIE** XII$^{e}$ s. « action de battre », XV$^{e}$ s. « emplacement où sont réunies des pièces d'artillerie en état de tirer »; ce sens est à l'origine des autres emplois du mot pour désigner un ensemble d'objets; XIX$^{e}$ s. « batterie de cuisine », XX$^{e}$ s., mus.; **BATTEUR** XII$^{e}$ s.; **BATTEUSE** XIX$^{e}$ s.; **BATTOIR** XIV$^{e}$ s.; **BATTUE** XVI$^{e}$ s.; **IMBATTABLE** XX$^{e}$ s. ♦ [2] **BATIFOLER** XVI$^{e}$ s., dér. de l'anc. fr. *batifol* « moulin à foulon », probablement composé de *battre* et de *fouler* avec influence, pour le sens, du verbe *folier* « faire le fou », tandis que *battre* pouvait être rapproché de *s'ébattre*, d'où le glissement de sens. ♦ [3] **BATISTE** XV$^{e}$ s., var. *batisse, batiche* : dér. de *battre* au sens de « fouler une étoffe »; rapproché, par étym. populaire, du nom propre *Baptiste*. ♦ [4] **BATAILLE** XII$^{e}$ s. : *batt(u)alia*; **BATAILLER** XII$^{e}$ s.; **BATAILLEUR** XIII$^{e}$ s. ♦ [5] **BATAILLON** XVI$^{e}$ s. : it. *battaglione*, augmentatif de *battaglia* « troupe rangée pour combattre », « corps de troupe », équivalent it. du fr. *bataille*. ♦ [6] **ABATTRE** XI$^{e}$ s. : *abbatt(u)ere*; **ABAT** XV$^{e}$ s.; **ABATTAGE** XIII$^{e}$ s., XIX$^{e}$ s. « vigueur, brio »; **ABATTIS** XII$^{e}$ s.; **ABATTEMENT** XIII$^{e}$ s.; **ABATTEUR** XIV$^{e}$ s.; **ABATTOIR** XIX$^{e}$ s.; **ABAT-JOUR** XVII$^{e}$ s.; **ABAT-SON** XIX$^{e}$ s. ♦ [7] **COMBATTRE** XI$^{e}$ s. : *combatt(u)ere*; **COMBAT** XVI$^{e}$ s.; **COMBATTANT** XV$^{e}$ s. subst. masc.; **COMBATIF** XX$^{e}$ s.; **COMBATIVITÉ** XIX$^{e}$ s. ♦ [8] **DÉBATTRE** XI$^{e}$ s. « battre fortement », XIII$^{e}$ s. « se débattre » et « discuter »; **DÉBAT** XIII$^{e}$ s. ♦ [9] **DÉBATER** XIX$^{e}$ s. : mot angl. formé sur l'anc. fr. *debattre*. ♦ [10] **ÉBATTRE** XII$^{e}$ s. « battre » et « agiter, distraire »; **ÉBAT, ÉBATTEMENT** XIII$^{e}$ s. ♦ [11] **REBATTRE** XIV$^{e}$ s. ♦ [12] **RABATTRE** XII$^{e}$ s., XVI$^{e}$ s. vénerie; **RABAT**

XIII^e s. ; **RABATTAGE** XVIII^e s. ; **RABATTEMENT** XIII^e s. ; **RABATTEUR** XVI^e s. ; **RABAT-JOIE** XIV^e s.

**BAUDRIER** (pop.) XIV^e s. : altération, par substitution de suff., de l'anc. fr. *baldrei*, apparenté au prov. *baldrat*, du moyen haut all. *Balderich*, anglais *baldric*, qui remontent peut-être au lat. *balteus* « baudrier ».

**BAUDRUCHE** XVII^e s. : origine inconnue.

**BAUGE** (pop.) XV^e s. : var. de l'anc. fr. *bauche* « boue séchée », « hutte de torchis », « terre inculte », du gaulois **balcos* « fort », à cause de la dureté de la terre séchée.

**BAUME** famille du gr. *balsamon* « baumier », arbrisseau produisant une résine odorante.

**I.** mots populaires

♦ [1] **BAUME** XII^e s. : *balsămon*, par le lat. ; **BAUMIER** XIII^e s. ♦ [2] **EMBAUMER** XII^e s. « conserver un cadavre au moyen de substances balsamiques » ; XIX^e s. « parfumer » ; **EMBAUMEMENT** XII^e s. ; **EMBAUMEUR** XVI^e s.

**II.** mots savants

♦ [1] **BALSAMIQUE** XVI^e s. ♦ [2] **BALSAMINE** XVI^e s.

**BAYER** famille pop. du lat. vulg. *batare* « bâiller », attesté par une glose du VIII^e s., et de son dérivé **bataculare* ; le radical *ba-* est sans doute une onom. figurant le bruit d'un bâillement.

♦ [1] **BAYER** XII^e s., var. de l'anc. fr. *baer* « être ouvert » : *batāre* ; confondu avec *bâiller* au XVII^e s., ne survit plus que dans l'expression *bayer aux corneilles*. ♦ [2] **BÉER** XII^e s., autre var. de l'anc. fr. *baer*, de *batare*, dont le part. pas. subsiste dans l'expression *bouche bée* et dans **BÉGUEULE** XVII^e s., pour *bée gueule* XV^e s., d'où **BÉGUEULERIE** XVIII^e s. ; **BÉANT** XIII^e s., part. prés. employé comme adj. ; **BAIE** XII^e s. « ouverture » : var. de *baée, bée*, part. passé substantivé. ♦ [3] **ÉBAHIR** XII^e s. : dér. de *baer*, avec changement de conjugaison ; **ÉBAHISSEMENT** XII^e s. ; **BABA** XIX^e s. : redoublement de la 1^er syllabe de *ébahir*. ♦ [4] Il existait en anc. fr. un adj. *baïf* « qui regarde attentivement », formé sur le radical de *baer*, qui est p.-ê. à l'origine de **BALIVEAU** XVI^e s. var. anc. *baiviaus* « arbre servant de point de repère aux bûcherons ». Il est possible que la même explication vaille pour **BALISE** XV^e s., encore qu'une explication apparemment plus vraisemblable puisse être proposée pour ce mot (→ PAIX). ♦ [5] **DÉBARDER** XVI^e s., est probablement un dér. de *bard* « brancard, civière à claire-voie », issu de *beart* XIII^e s., *bayart* dans les patois, lui-même dér. de *beer*. ♦ [6] **BADIN** XV^e s. « sot », XVII^e s. « plaisant » : prov. *badin* « niais », dér. de *badar* : *batare* ; **BADINAGE, BADINER, BADINERIE** XVI^e s. ; **BADINE** XVIII^e s. ♦ [7] **BADAUD** XVI^e s. « sot », d'où « flâneur » : prov. *badau*, dér. de *badar*, forme voisine de *badin* ; **BADAUDERIE** XVI^e s. ; **BADAUDER** XVII^e s. ♦ [8] **BÂILLER** XII^e s. : *batacŭlāre* ; **BÂILLEMENT, ENTREBÂILLER, BÂILLON** XV^e s. ; **ENTREBÂILLEMENT, BÂILLONNER** XVI^e s. ; **BÂILLONNEMENT, DÉBÂILLONNER** XIX^e s.

**BAZAR** XIV^e s. « marché oriental » ; XIX^e s. « sorte de magasin » mot empr. à plusieurs reprises au turc, à l'ar., au persan, éventuellement par l'intermédiaire des Portugais qui l'avaient connu et adopté aux Indes. **BAZARDER** XIX^e s.

**BÉAT** famille sav. du lat. *beatus* « heureux », ancien part. passé de *beare*, « combler de biens », d'où *beatitudo*, « bonheur », et lat. eccl. *beatificare* et *beatificus*, appliqués au bonheur du ciel.

♦ [1] **BÉAT** XIII^e s., eccl., XVI^e s. « heureux » : *beatus* ; **BÉATITUDE** XIII^e s. eccl., XVII^e s. « bonheur » : *beatitudo*. ♦ [2] **BÉATIFIER** XIV^e s. : *beatificare* ; **BÉATIFIQUE** XV^e s. : *beatificus* ; **BÉATIFICATION** XIV^e s.

**BEC** famille pop. du lat. imp. *beccus*, d'origine gauloise, qui a éliminé le lat. class. *rostrum*.

♦ [1] **BEC** XII^e s. : *beccus*. ♦ [2] **BECQUETER** XIV^e s. ; **BECQUÉE** XV^e s., **BÉCOT** fin XVIII^e s. ; **BÉCOTER** XIX^e s. : dér. de *becquer* XIV^e s., qui a éliminé l'anc. fr. *bécher*, dér. de *bec* ; **BÉQUET** XII^e s. ♦ [3] **PIMBÊCHE** XVI^e s., probablement pour *pince-bèche*, composé de deux formes des verbes *pincer* et *bécher* (→ 2). ♦ [4] **BÉQUILLE** XVII^e s., a dû empr. sa terminaison à l'anc. fr. *anille*, de même sens ; **BÉQUILLER, BÉQUILLARD** XVII^e s. ♦ [5] **BÉCASSE** XII^e s. « oiseau à long bec » ; **BÉCASSINE** XVI^e s. ♦ [6] **BÉDANE** XIV^e s. : composé de *bec* et de *ane* « canard », qui a été confondu avec *âne* ; **BÉJAUNE** XIII^e s., pour *bec jaune* « niais », par comparaison avec un jeune oiseau ; ces deux mots conservent une prononciation ancienne de *bec*. ♦ [7] **BEC-DE-CANE** XVI^e s. ; **BEC-DE-LIÈVRE** XVI^e s. ; **BEC DE GAZ** XIX^e s. ♦ [8] **BEC-FIGUE** XVI^e s. : it. *beccafico*, du verbe *beccare* « becqueter » et *fico* « figue ».

**BÉCANE** XIX^e s. « vieille machine », puis « bicyclette » : mot obscur, peut-être dér. de *bec*, ou encore fém. de l'argot *bécant*, dér. de *bec* « oiseau de basse-cour », le bruit d'une machine qui grince pouvant être comparé à son cri.

**BEDAINE** ensemble de formes expressives de structure consonantique B.D. ou P.D. suggérant l'idée de quelque chose de bourré et d'arrondi.

**I.** base *bed-* :

**BEDAINE** XVᵉ s.; **BEDON** XIVᵉ s., ont éliminé *boudine* « ventre, nombril », encore vivant dial.; **BEDONDAINE** XVIᵉ s. : croisement des deux précédents; **BEDONNER** XVIᵉ s.

**II.** base *boud-*

♦ [1] **BOUDIN** XIIIᵉ s.; **BOUDINÉ** XVIIIᵉ s.; **BOUDINER, BOUDINAGE** XIXᵉ s.; **BOUDINEUSE** XXᵉ s. ♦ [2] **BOUDER** XIVᵉ s., en raison de la forme que la moue donne au visage; **BOUDERIE, BOUDEUR** XVIIᵉ s.; **BOUDOIR** XVIIIᵉ s.

**III.** base *poud-*

mots d'origine angl., de structure consonantique voisine des précédents, sans qu'on puisse y voir un empr. au fr. ♦ [1] **PUDDING** XVIIᵉ s. « gâteau », mot angl. qui a signifié aussi « boudin », « entrailles », et dont le sens culinaire s'explique par le fait que cette préparation était, à l'origine, bouillie dans un sac de toile; **PLUM-PUDDING** XVIIIᵉ s.; 1ᵉʳ élément, → PRUNE. ♦ [2] **POUDINGUE** XVIIIᵉ s., géol. : abrév. francisée de l'angl. *pudding-stone* « pierre ressemblant à du pudding ».

**BEDEAU** (pop.) XIIᵉ s. « officier de justice subalterne »; XVIᵉ s. « bedeau d'église »; a eu aussi jusqu'au XVIIIᵉ s. le sens de « huissier d'université » : frq. **bidil* « messager ».

**BÈGUE** ♦ [1] XIVᵉ s., dér. du verbe anc. fr. *béguer* XIVᵉ s. : néerl. *beggen* « bavarder ». ♦ [2] **BÉGAYER** XIVᵉ s., dér. de *béguer*, qu'il a fini par éliminer; **BÉGAIEMENT** XVIᵉ s. Ces mots ont supplanté de plus anciens représentants du lat. *balbus*. ♦ [3] **BÉGUINE** XIIIᵉ s. a un rapport certain mais obscur avec *beggen*, que le nom de ces religieuses soit tiré du nom propre d'un personnage hypothétique, Lambert le Bègue qui passe sans preuve pour avoir été leur fondateur, ou qu'il s'agisse d'une forme fém. de *bégard* : néerl. *beggaert* « moine mendiant », dér. de *beggen*; **BÉGUINAGE** XIIIᵉ s.; **BÉGUIN** XIVᵉ s. « coiffe de béguine »; **S'EMBÉGUINER** XVIᵉ s. « mettre un béguin », XVIIᵉ s. « se coiffer de quelqu'un », d'où **BÉGUIN** XVIIIᵉ s. « passion fugitive ».

**BEIGNE** XIVᵉ s. « bosse à la tête », et **BEIGNET** XIIIᵉ s., pâtisserie gonflée (pop.), ainsi que leurs var. dial. et anciennes *buigne, buignet*, et les formes apparentées esp. *buñuelo* et *boñica*, permettent de reconstituer un étymon **bunnĭca* ou **bonnica*, certainement pré-lat.

**BÉLIER** (pop.) XVᵉ s. : altération, par substitution de suff., de *belin* XIIIᵉ s., var. de *berlin, brelin*, largement attestés dans les dial., issus d'une base prélatine et p.-ê. pré-ind.-eur. **berr-* « bélier », représentée aussi en Italie, en Roumanie, en Hongrie, et dans certaines langues slaves. Cette hypothèse est plus satisfaisante : (a) que celle qui rattache *bélier* à *bêler*, parce que, phonétiquement, passer de *-rl-* à *-l-* est plus facile que le contraire, et que les formes en *-r-* resteraient ainsi inexpliquées; (b) que celle qui voit dans le *belin* un « animal porteur de clochette », dér. du néerl. *belle* « cloche », pour la même raison phonétique que précédemment, et parce qu'il serait étonnant que les représentants fr. d'un mot néerl. signifiant « cloche » désignent tous les ovins et jamais autre chose.

**BELLIQUEUX** famille sav. du lat. *bellum* « guerre », issu d'un plus ancien *duellum*, et de ses dér. *Bellona* « déesse de la guerre »; *rebellare* « reprendre les hostilités, se révolter »; *bellicosus* « belliqueux ».

**I.** base *bell-*

♦ [1] **BELLIQUEUX** XIVᵉ s. : *bellicosus*; **BELLIGÉRANT** XVIIIᵉ s. : part. présent du lat. *belligerare* « faire la guerre », arch. et postclass.; **BELLICISME; BELLICISTE** XIXᵉ s. : formations analogiques de *pacifisme, -iste*. ♦ [2] **BELLONE** (myth.) : *bellona*. ♦ [3] **PARABELLUM** XXᵉ s. « pistolet automatique en usage dans l'armée all. » : tiré, par l'all., du proverbe lat. *si vis pacem para bellum* « si tu veux la paix, prépare la guerre ». ♦ [4] **SE REBELLER** XIIᵉ s. : *rebellare*; **REBELLE** XIIᵉ s. adj. et subst., et **RÉBELLION** XIIIᵉ s. : *rebellis* et *rebellio*, dér. de *rebellare*.

**II.** base *duel-*

♦ [1] **DUEL** XVIᵉ s. « combat entre deux adversaires pour une question d'honneur » : lat. *duellum* considéré alors à tort comme un dér. de *duo* « deux ». ♦ [2] **DUELLISTE** XVIᵉ s. : it. *duellista*, de même origine.

**BELLUAIRE** (sav.) XIXᵉ s. : dér. du lat. *bellua* « bête sauvage ».

**BENJOIN** ♦ [1] XVIᵉ s. : arabe *lubân djâwi* « encens de Java », qui apparaît au Moyen Âge sous la forme lat. *benivinum* et sous la forme gr.-lat. *benzoe*; la forme **BENJOIN** a pu pénétrer en France par l'intermédiaire du port.

*beijoim* ou des formes équivalentes catalane ou it. ♦ [2] **BENZ-** (sav.) XVIIIe s.-XXe s. : base tirée de la forme *benzoe*, utilisée dans le vocabulaire de la chimie, ex. : **BENZOATE, -OÏQUE** XVIIIe s. ; **BENZINE, BENZÈNE, BENZOL** XIXe s. ; **BENZOLISME** XXe s.

**BERCER** ♦ [1] (pop.) XIIe s. : lat. vulg. de Gaule et d'Espagne **bertiare* formé sur un radical celtique **berta-* « secouer ». ♦ [2] **BERCEAU** XVe s., sens propre, XVIe s. « berceau de feuillage », forme suff. qui a éliminé le simple *bers*, dér. de *bercer*, ainsi que l'anc. fr. *berçuel*, issu du lat. *berciolum* attesté au VIIIe s. ; **BERCEUSE** XIXe s. ; **BERCEMENT** XIXe s. ; **BERCEUR** XIXe s. ♦ [3] **BARCELONNETTE** XVIIIe s. : dér. de *bercer* avec ouverture populaire de *e* en *a* devant *r* et croisement avec le nom de la ville de Barcelone, renommée au XVIIIe s. pour ses couvertures de laine ; **BERCELONNETTE** XIXe s.

**BÉRET** ♦ [1] (pop.) XIXe s. : béarnais *berret*, du lat. imp. *birrus* « capote à capuchon en tissu raide et à poils longs ». ♦ [2] **BARRETTE** XIVe s. d'abord « pèlerine à capuchon » : même origine, mais par l'intermédiaire de l'it. *barretta*, var. de *berretta*. ♦ [3] **BURNOUS** XVIe s. « manteau à capuchon », XIXe s. « manteau d'Arabe », XXe s. « vêtement d'enfant » : arabe *bournous* « manteau à capuchon », du gr. *birros*, du lat. *birrus*.

**BERGE** XIVe s. équivalent de l'esp. *barga* ; peut-être d'un lat. vulg. **barica* d'origine celtique (→ gallois *bargod* « bord »).

**BERLUE** ♦ [1] **BERLUE** (pop.) XIIIe s., var. *bellues* et *barlue* et **BLUETTE** XVIe s., var. *belluette* : mots obscurs, d'étym. très contestée, dont on peut rapprocher l'anc. prov. *beluga* « étincelle ». On a proposé (a) un radical celtique **belo-* « étincelant », représenté dans divers noms propres gaulois tels que *Belenos*, *Belinus*, mais assez mal attesté dial. (→ *belet* « éclair » dans le Sud-Ouest) ; (b) lat. vulg. **bislūca*, dér. de *lux* « lumière », → LUIRE, formé sur le modèle de **bislumen* supposé par certaines formes it. ; mais aucun représentant de *lux* ne suppose la forme **luca* ; (c) un autre **bislūca*, var. **bilūca* dont le 1er élément serait le préf. *bi-*, *bis-* et le 2e serait empr. à *famfaluca* « bagatelle » attesté au IXe s., qui remonte sans doute au gr. *pompholux* « bulle d'air ». Dér. **ÉBERLUER** XVIe s. ♦ [2] si cette dernière hypothèse est vraie, il faudrait rapprocher de **BERLUE** les mots suivants : **FANFRELUCHE** XVIe s. : altération de l'anc. fr. *fanfelue* « bagatelle », de *famfalūca* ; **FARFELU** XVIe s. « dodu », XXe s. « fou », var. *fafelu*, probablement de même origine ; **FRELUQUET** XVIe s. « menue monnaie », XVIIe s. « homme frivole », dér. de *freluque* « mèche de cheveux », normanno-picard, ou altération, sous l'influence de *perruque*, de *freluche*, forme abrégée de *fanfreluche*.

**BERNE** XVIIe s., mar. : p.-ê. néerl. *berm* « rebord », le pavillon *en berne* étant replié sur lui-même ; mot obscur.

**BÉTON** ♦ [1] (demi-sav.) XIIe s. « boue, gravois », XVIIe s. « conglomérat de mortier et de cailloux » : lat. *bitumen, -inis* « goudron », avec substitution de suff. **BÉTONNER, BÉTONNAGE, BÉTONNIÈRE** XXe s. ♦ [2] **BITUME** (sav.) XVIe s. : *bitumen* ; **BITUMINEUX** XVIe s. : lat. *bituminosus* ; **BITUMER** XIXe s.

**BETTE** ♦ [1] (sav.) XIIe s. : lat. *beta* (→ BLETTE). ♦ [2] **BARBITURIQUE** (demi-sav.) XIXe s. désigne un acide extrait de la bette ; composé dont le 2e élément est dérivé de *urée*, et le 1er représente une adaptation de l'it. *barbabietola* « bette », dér. de *herba beta*, croisé avec *barba*.

**BEURRE** ♦ [1] (pop.) XIIe s. lat. *butyrum*, du gr. *bouturon* ; XXe s. *faire son beurre* ; **BEURRER, BEURRIER** XIIIe s. ; **BABEURRE** XVIIe s., → BAS. ♦ [2] **BUTYREUX** XVIe s. ; **BUTYRIQUE** XIXe s., dér. savants de *butyrum*. ♦ [3] **BUT-** XIXe s., XXe s. : base tirée des précédents, utilisée dans la langue de la chimie, ex. : **BUTANE** XIXe s. ; **BUTÈNE** XXe s.

**BIAIS** (pop.) XIIIe s. : anc. prov. *biais* : lat. vulg. **(e)bigassius*, du gr. *epikarsios* « oblique » ; **BIAISER** XVe s.

**BIBLE** ♦ [1] (sav.) XIIe s. : issu, par le lat., du gr. *biblia* « livres saints », plur. de *biblion* « livre », dér. de biblos « livre » (primitivement « écorce intérieure du papyrus servant à écrire ») ; **BIBLIQUE** XVIIe s. ♦ [2] **BIBLIO-** (sav.), premier élément de nombreux composés savants comportant la notion de « livre » : **BIBLIOTHÈQUE** XVe s. ; **BIBLIOTHÉCAIRE** XVIe s. ; **BIBLIOMANE, BIBLIOMANIE** XVIIe s. ; **BIBLIOGRAPHE, BIBLIOGRAPHIE** XVIIe s. ; **BIBLIOGRAPHIQUE** XVIIIe s. ; **BIBLIOPHILE** XVIIIe s. ; **BIBLIOPHILIE, BIBLIOPHILIQUE** XIXe s. ; **BIBLIOBUS** XXe s.

**BICHE** famille du lat. *bestia* « animal en général », en particulier « bête féroce terrestre », déjà employé comme terme d'injure avec le sens de « méchant », d'où l'adj. lat. eccl. *bestialis*.

♦ [1] **BICHE** (pop.) XII^e s., forme normanno-picarde de l'anc. fr. *bisse* : lat. vulg. **bīstia*, altération de *bestia* commune au fr., à l'it. et à l'esp. ♦ [2] **BIQUE** (pop.) XVI^e s. : altération de *biche* sous l'influence de *bouc*; **BIQUET** XIV^e s., **BIQUETTE** XVI^e s., **BICOT** XIX^e s. ♦ [3] **BÊTE** (demi-sav.) XI^e s., subst., XVIII^e s., adj. : adaptation de *bestia*; **BÉTAIL** XIII^e s. : forme masc. tirée de *bestaille*, dér. fém. de l'anc. fr. *beste*, à valeur collective. ♦ [4] dér. de *bête* au sens fig. : **BÊTA** XVI^e s. : altération enfantine de *bêtard*; **BÊTISE** XVI^e s.; **BÊTIFIER** XVIII^e s.; **BÊTISIER** XX^e s.; **ABÊTIR** XV^e s.; **ABÊTISSEMENT** XVI^e s.; **EMBÊTER** et **EMBÊTEMENT** fin XVIII^e s. ♦ [4] **BESTIAL** (sav.) XII^e s., adj. : lat. *bestialis*; **BESTIALITÉ** XIV^e s.; **BESTIAIRE** XIV^e s., masc. animé : lat. *bestiarius* « gladiateur spécialisé dans le combat contre les bêtes féroces »; **BESTIOLE** XII^e s. : lat. *bestiola*, dimin. de *bestia*. ♦ [6] dér. médiévaux de *bestia* ou de l'anc. fr. *beste* : **BESTIAIRE** XII^e s., masc. non animé : lat. médiéval *bestiarium* « ouvrage concernant les animaux »; **BESTIAUX** XV^e s. : plur. de l'anc. fr. *bestial*, subst. dér. de *beste*, sert de pluriel à *bétail*.

**BICOQUE** XVI^e s. : it. *bicocca*, d'origine incertaine.

**BIDET** ♦ [1] (pop.) XVI^e s. « cheval de selle », XVIII^e s., métaph. « meuble de toilette », dér. d'un verbe *bider* XV^e s. « trotter », déjà attesté au XIV^e s. sous la forme composée *rabider*, d'origine inconnue. ♦ [2] **BIDOCHE** XIX^e s., argot mil., « viande » : altération de *bidet* par substitution de suff.

**BIDON** XV^e s. : scandinave *bida* « vase »; a pris au XIX^e s. le sens de « ventre » par analogie de *bedon*, d'où **BIDE** XIX^e s. arg., forme abrégée, et **SE BIDONNER** XIX^e s. arg. « rire »; **BIDONVILLE** XX^e s.

**BIEF** (pop.) XII^e s. d'abord *biez, bied* : lat. vulg. **bedum* « canal », « fossé », empr. au gaulois.

1. **BIÈRE** (pop.) XI^e s. « cercueil » : frq. **bera* « civière », qui a changé de sens lorsque l'habitude d'enterrer les morts dans un cercueil s'est répandue.

2. **BIÈRE** XV^e s. « boisson », a éliminé *cervoise* : néerl. *bier*, nouvelle sorte de cervoise, corsée avec du houblon.

**BIGARRER** XV^e s., dér. de l'anc. fr. *garre, garré*, même sens, origine obscure; **BIGARRURE** XVI^e s.; **BIGARREAU** XVI^e s.

**BIGOT** XII^e s. qualification injurieuse des Normands, XV^e s. « excessivement dévot » : anc. angl. *bî god* « par Dieu »; **BIGOTERIE** XV^e s.

**BIGOUDI** XIX^e s. : mot obscur qui a p.-ê. quelque rapport avec l'esp. *bigote* « moustache », dont un dér. *bigotelle* « pince à retrousser la moustache » avait déjà été adopté par le fr. au XVII^e s., ou avec l'équivalent port. *bigode* prononcé à peu près *bigoudi*.

**BIJOU** XV^e s. a partiellement éliminé *joyau* : breton *bizou* « anneau pour le doigt », dér. de *biz* « doigt »; **BIJOUTIER** XVII^e s. « qui aime les bijoux », XVIII^e s., sens mod.; **BIJOUTERIE** XVII^e s.

**BILE** ♦ [1] (sav.) XVI^e s. : lat. *bilis*; pour les mots scientifiques exprimant la notion de « bile » → CHOL-, art. COLÈRE. ♦ [2] **BILIEUX** XVI^e s. : lat. *biliosus*; **BILIAIRE** XVII^e s. dér. sur le radical de *bilieux*. ♦ [3] **BILI-** 1^er élément de composés scientifiques : **BILIRUBINE** XIX^e s.; **BILIGÉNIE** XX^e s., etc. ♦ [4] **SE BILER** XIX^e s., fam. : dér. de *bile*, au sens fig.; **BILEUX** XIX^e s., sens fig. : réfection pop. de *bilieux*.

**BILLE** il existe en fr. deux **BILLE**, d'origine différente, mais dont certains dér. se sont croisés de sorte qu'il n'est pas toujours facile de dire auquel des deux mots ils se rattachent.

**I.** bille (de bois)

♦ [1] (pop.) XIV^e s. : lat. médiéval *billa* XII^e s. du lat. vulg. **bilia* d'origine gauloise; **BILLOT** XIV^e s. ♦ [2] **BILLON** XIII^e s. « lingot » diminutif de *bille*, par comparaison avec une bille de bois; plus tard, a pris le sens de « alliage de deux métaux inégalement précieux », « monnaie de mauvais aloi », d'où *billonnage* XVI^e s. « altération des monnaies ». ♦ [3] **HABILLER** XIII^e s. sous la forme *abillier* « préparer une bille de bois », XIV^e s. « vêtir », sous l'influence de *habit* (→ AVOIR), auquel il a emprunté son *h* : dér. de *bille*; d'où **HABILLAGE** XV^e s.; **HABILLEMENT** XIV^e s.; **HABILLEUR** XVI^e s.; **DÉSHABILLER** XIV^e s. : réfection de *desbiller* XV^e s., d'après *habiller*; **DÉSHABILLÉ** XVII^e s.; **RHABILLER** XV^e s.

**II.** bille (à jouer)

(pop.) XII^e s. : frq. **bikkil* « dé ».

**III.** formes incertaines ou contaminées

♦ [1] **BILBOQUET** XVI^e s., sans doute composé de deux formes verbales, *biller* et *boquer*; le

2$^e$ élément se trouve dans les dial. de l'Ouest avec le sens de « frapper » et dans ceux du Nord avec celui de jouer aux boules ; quant au verbe *biller*, il en existe deux, l'un issu de *bille* (de bois), avec divers sens techn., l'autre issu de *bille* (à jouer) « marcher », « zigzaguer », « tourner », qui semble mieux convenir sémantiquement. ♦ [2] **BILLEVESÉE** XV$^e$ s., sans doute même type de composition que dans *bilboquet* : normand *veser* ou *beser* « courir, s'agiter », du frq. *bisôn*, et *biller* ; là encore, le dér. de *bille* (à jouer) semble mieux convenir. ♦ [3] **BILLARD** XIV$^e$ s. « bâton », XV$^e$ s. « bâton servant à pousser des boules » et sens mod. : dér. de *bille* (de bois), que son usage dans le jeu du même nom a rapproché de *bille* (à jouer).

**BINETTE** XIX$^e$ s. « figure » : probablement forme abrégée d'un syn. tel que *bobinette*, ou *trombinette* ; n'a sans doute rien à voir avec *binette* « perruque à la mode Louis XIV », du nom de *Binet*, coiffeur de ce roi.

**BINIOU** XVIII$^e$ s. : mot breton.

**BIRIBI** représentants d'une onom. italienne *bis* évoquant l'idée de murmure ou de frottement.
♦ [1] **BIRIBI** XVIII$^e$ s. « jeu de hasard exigeant un grand nombre de boules frottant l'une contre l'autre ; sorte de loterie » ; XIX$^e$ s. « compagnie de discipline », l'envoi dans ces compagnies étant dit également « tourniquet (de loterie) » : it. *biribissi*, nom de ce jeu. Un refrain du XVII$^e$ s. *Biribi mon ami!* a pu favoriser l'empr. de ce mot, → TIRELIRE. ♦ [2] **BISBILLE** XVII$^e$ s. : it. *bisbiglio*, dér. de *bisbigliare* « chuchoter ».

**BIS** XI$^e$ s., adj. de couleur et **BISE** XII$^e$ s., subst., « vent de nord-est », peuvent être deux mots distincts, le 1$^{er}$ issu p.-ê. du lat. **biseus* « de deux couleurs mêlées » (→ DEUX III B), le 2$^e$ d'un germ. **bisa* ; mais l'existence de ce dernier étymon est faiblement prouvée, les formes germ. correspondantes pouvant aussi bien remonter à un verbe **bisôn* « errer çà et là », et les formes romanes exigeant d'un étymon **bisia*. Il est plus probable que les deux formes sont liées. On a proposé de voir un emploi secondaire du nom du vent (pour lequel on retiendrait alors l'hypothèse germ.) dans celui de la couleur, dont le sens premier serait : « environné de nuages gris ». Plus vraisemblablement, la *bise* est un « vent gris » : lat. vulg. (*aura*) **bisia*, des adj. de couleur étant souvent, dans les dial., à la base des désignations des vents (ex. *vent noir, vent roux, vent blanc*) ; l'origine germ. serait alors exclue.

**BISMUTH** XVI$^e$ s. : lat. des alchimistes *bisemutum*, de l'all. *Wismuth*, mot originale de la Saxe, où se trouvent les premiers gisements exploités de ce métal.

**BISON** (sav.) XV$^e$ s. : lat. imp. *bison, -ontis*, empr. au germ.

**BISTRE** XVI$^e$ s. : étym. inc. ; **BISTRÉ** et **BISTRER** XIX$^e$ s.

**BISTRO** ou **BISTROT** (pop.) XIX$^e$ s., argot, antérieurement *bistingo*, peuvent être apparentés, par changement de terminaison, au mot *bist(r)ouille* qui dénote le mélange de deux liquides, vin frelaté, café mêlé d'alcool ; il peut s'agir d'un composé du préfixe *bis* (→ DEUX) et du verbe *touiller*, avec développement spontané d'un *r* ; pour le sens, → BOUILLON « restaurant ».

**BITTE** ♦ [1] (pop.) XIV$^e$ s., mar., « poutre verticale à laquelle on amarre les câbles auxquels sont fixées les ancres », XIX$^e$ s., métaph., sens obscène : anc. scandinave *biti* « poutre ». ♦ [2] **BITURE** ou **BITTURE** XVII$^e$ s., mar., « portion de chaîne qu'on doit filer en mouillant, toujours calculée plus longue qu'il ne serait en principe nécessaire pour atteindre le fond » ; XIX$^e$ s., métaph. « excès de nourriture ou de boisson » : **SE BITURER** XX$^e$ s. (pop.).

**BIZARRE** XVI$^e$ s. : it. *bizzarro* « fougueux », dér. de *bizza* « colère », mot pop. d'origine p.-ê. onom. avec un suff. péjoratif d'origine méridionale. L'esp. *bizarro* est emprunté à l'it. ; **BIZARREMENT, BIZARRERIE** XVI$^e$ s.

**BLAFARD** XIV$^e$ s. : adaptation du moyen haut all. *bleichvar*, « pâle », à l'aide du suff. *-ard*.

**BLAGUE** XVIII$^e$ s. « petit sac pour le tabac, souvent fait d'une vessie de porc », XIX$^e$ s., « mensonge » (→ l'expression « prendre des vessies pour des lanternes », les deux sens « sac vide » et « sottise » étant souvent lié, → FOU) : origine néerl., encore qu'incertaine, *balg* « sac de cuir » ou *blagen* « se gonfler » ; **BLAGUER, BLAGUEUR** XIX$^e$ s.

**BLAIREAU** ♦ [1] (pop.) XIV$^e$ s., animal, XIX$^e$ s., objet de toilette fait d'un pinceau en poils de blaireau : dér. de l'anc. fr. *bler*, qui peut provenir d'un croisement entre le gaulois *blaros* et le frq. *blari*, qualifiant tous deux des animaux gris ou tachetés de blanc. A éliminé l'anc. fr. *taisson*, → ce mot. ♦ [2] **BLAIR** XIXe s., fam., « nez » : forme abrégée de *blaireau*; l'expression *nez de blaireau* est attestée depuis le XVIIe s.; **BLAIRER** XXe s., fam. « sentir ».

**BLANC** ♦ [1] (pop.) XIe s. : germ. **blank* « clair, brillant »; a éliminé lat. *albus*, → AUBE; **BLANCHÂTRE** XIVe s. Pour les mots scientifiques exprimant l'idée de « blanc », → LEUCO-. ♦ [2] composés anciens avec l'adj. antéposé : **BLANC-BEC** XVIIIe s.; **BLANC-MANGER** XIIIe s.; **BLANC-SEING** XVIe s. ♦ [3] **BLANC D'ŒUF** XVe s. : a éliminé l'anc. fr. *aubin*, var. *aubun* : lat. albumen, → ALBUMINE, art. AUBE. ♦ [4] **BLANCHIR** XIIIe s., **REBLANCHIR** XIVe s., **BLANCHISSEMENT** XVIIe s.; **BLANCHISSAGE** XVIe s. **BLANCHISSEUR** XIVe s.; **BLANCHISSERIE** XVIIIe s. ♦ [5] **BLANQUETTE** XVIIe s. « vin blanc » : prov. *blanqueto*, fém. dimin. de blanc; XVIIIe s. « ragoût de veau » : provient p.-ê d'un autre dial.

**BLASER** (pop.) XVIIe s. « user par l'alcool », XVIIIe s. « émousser les sensations » : dial. (Nord) *blaser* « gonfler de boisson », du néerl. *blazen* « gonfler » surtout au part. passé.

**BLASON** (pop.) XIIe s. p.-ê. de la même racine germ. **blazen* « gonfler » que **BLASER**, la bosse de l'écu (→ BOUCLIER, art. BOUCHE) étant ornée des armoiries propres à chaque individu; **BLASONNER** XVe s. « critiquer les particularités d'un individu ».

**BLASTO-** ♦ [1] (sav.) XIXe s.-XXe s., 1er élément de composés sav. tels que **BLASTOMÈRE, BLASTODERME** XIXe s., **BLASTOMYCÈTE, BLASTOMYCOSE** XXe s. : gr. *blastos* « germe ». ♦ [2] **-BLASTE**, 2e élément de composés sav. tels que **HÉMATOBLASTE, OSTÉOBLASTE** XIXe s. : même origine.

**BLATTE** (sav.) : lat. *blatta* « id. ».

**-BLE** famille du suff. adj. lat. *-bilis* exprimant la possibilité.
♦ [1] **-BLE** (pop.) suff. adj. adapté à des bases verbales diverses : *portable, visible, soluble*; vivant surtout sous la forme : **-ABLE**. ♦ [2] **-BILE** (sav.) p. ex. *nubile*. ♦ [3] suff. composés : **-BILITÉ** (sav.) : lat. *-bilitas, -atis*, ex. *malléabilité*; **-BILISER, -BILISATION**, ex. : *imperméabiliser, imperméabilisation*.

**BLÉ** ♦ [1] (pop.) XIe s. : frq. **blad* « produit d'un champ », p.-ê. croisé avec le gaulois **blato* « farine ». ♦ [2] base *blat-* : **BLATIER** XIIIe s. : dér. du dimin. *blaet*. ♦ [3] base *blav-* : **EMBLAVURE, EMBLAVER** XIIIe s. : dér. anciens de **blad* formés avec une consonne de transition *v*. ♦ [4] base *blay-, blai-* : **DÉBLAYER** XIIIe s. « enlever la moisson », XIVe s. « enlever des matériaux quelconques », par opposition à l'anc. fr. *emblayer* « ensemencer en blé » et « embarrasser »; **REMBLAYER** XIIIe s. : dér. anciens de **blad* formés avec une consonne de transition *y*. D'où **DÉBLAI** XVIIe s.; **DÉBLAIEMENT** XVIIIe s.; **REMBLAI** XVIIe s.

**BLÊMIR** (pop.) XIe s. « blesser » « (se) flétrir », XVIe s. « devenir pâle » frq. **blesmjan* (apparenté à l'all. *blass*) « faire devenir pâle »; **BLÊME** XIVe s. : dér. de *blêmir*; **BLÊMISSEMENT** XIXe s.

**BLESSER** ♦ [1] (pop.) XIe s. : frq. **blettjan* « meurtrir »; **BLESSANT, BLESSURE** XIIe s. ♦ [2] **BLET** XIVe s., rare avant le XVIIe s. : masc. de **BLETTE** XIIIe s., réfection de l'anc. fr. *blesse*, adj. fém. dér. de *blesser*; **BLETTIR** XVe s.; **BLETTISSEMENT, BLETTISSURE** XIXe s.

**BLETTE** (demi-sav.) XIVe s. : lat. *blitum*, du gr. *bliton* « bette »; s'est pratiquement confondu avec *bette* → ce mot.

**BLEU** ♦ [1] (pop.) XIe s., couleur, fin XVIIIe s. « républicain », à cause de la couleur de l'uniforme des soldats de la République, XIXe s. « conscrit » et « contusion » : frq. **blao* (→ all. *blau*, angl. *blue*); **BLEUÂTRE** XVe s.; **BLEUET** ou **BLUET** XIVe s.; BLEUIR XVIIe s.; **BLEUISSEMENT, BLEUTÉ** XIXe s. ♦ [2] mots angl. empr. : **BLUES** XXe s., danse lente : abréviation de *blue devils* « diables bleus », c.-à-d. « idées noires », « anxiété »; **BLUE-JEAN** XXe s. « treillis bleu ».

**BLINDER** XVIIe s. : dér. de *blinde* XVIIe s. : all. *Blende*, dér. de *blenden* « aveugler »; **BLINDAGE** XVIIIe s.; **BLINDÉ** XXe s., subst.

**BLOC** famille du germ. **blok* « tronc d'arbre », représenté en néerl. par *bloc*, en all. et angl. par *block*.
♦ [1] **BLOC** XIIIe s. « bille de bois », XIXe s. « prison », « salle de police », du terme colonial *bloc* « pièce de bois avec laquelle on entravait les esclaves pour les punir »; néerl. *bloc*. ♦ [2] **BLOC-NOTES** XIXe s. : angl. *block-notes* « feuilles formant un bloc »; **BLOC-SYSTÈME**

XIX^e s., chemins de fer : angl. *block-system* « système d'arrêt », du verbe *to block* « arrêter », de même origine. ♦ [3] **BLOC-** XX^e s. : 1^er élément de composés désignant un ensemble d'objets adaptés les uns aux autres et formant un tout, ex. : *bloc-cuisine, bloc-moteur*, etc. ♦ [4] **BLOQUER** XV^e s. « mettre en bloc », XVI^e s. « investir », XIX^e s., chemins de fer, « arrêter »; **BLOCAGE** XVI^e s.; **DÉBLOQUER** XVI^e s.; **DÉBLOCAGE** XIX^e s. : dér. de *bloc*. ♦ [5] **BLOCUS** XIV^e s. « fortin », XVII^e s. « investissement » : néerl. *blokhuis*, littéralement « maison à poutres ». ♦ [6] **BLOCKHAUS** XVIII^e s. : équivalent all. de *blokhuis*. ♦ [7] **PLOT** XIX^e s. « bloc de métal établissant un contact électrique » : dial. franc-comtois, bourguignon *plot* « bille de sciage » XIII^e s., p.-ê. croisement du germ. *blok* et du lat. *plautus* « plat ».

**BLOND** (pop.) XI^e s. : étym. obscure; rien, dans les langues germ., ne permet d'affirmer l'existence d'un étymon **blund*; **BLONDIR** XII^e s.; **BLONDEUR** XIII^e s.; **BLONDIN** XVII^e s.; **BLONDINET** XIX^e s.; **BLONDASSE** XVIII^e s.; **BLONDE** « sorte de dentelle de soie grège » XVIII^e s.

**BLOTTIR (SE)** XVI^e s. : p.-ê. bas all. *blotten* « écraser ».

**BLOUSE** XVIII^e s. « vêtement », **BLOUSER, BLOUSON** XX^e s. et **BLOUSER** XVII^e s., au jeu de paume puis au billard, « faire tomber la balle ou la bille dans un trou appelé **BLOUSE** », coup défavorable à l'adversaire, d'où XIX^e s. argot « faire du tort, tromper », de *belouse* : p.-ê. lat. **bŭllōsa*, var. *bloce* et *beloce* : lat. *bŭllūcea*, « trou en forme de bulle », « vêtement bouffant » (→ BOULE), avec dissimilation et syncope de l'ŭ initial et traitement dialectal du suffixe *-ōsu*.

**BLUFF** XIX^e s. : mot anglo-américain, terme du jeu de poker; manœuvre qui consiste à en imposer à un adversaire en pariant gros sur un jeu faible; emprunté au néerl. *bluffen* « hâbler », « se vanter »; **BLUFFER, BLUFFEUR** XIX^e s.

**BLUTER** (pop.) XII^e s. var *beluter, buleter, bureter*, et **BLUTEAU** « tamis » p.-ê. dér. du nom d'étoffe **BURE** (→ art. BOURRE).

**BOA** (sav.) XIV^e s., serpent, XIX^e s. « fourrure longue et étroite » : lat. *boa* « serpent aquatique », mot rare attesté chez Pline et par des gloses.

**BOBINE** (→ IV. 3.) ensemble de formations expressives de structure consonantique *b.b.*, encadrant diverses voyelles nasalisées ou non, suggérant les notions d'objet arrondi, de mouvement des lèvres, de sottise, d'inutilité. → aussi Annexe I.

**I.** voyelle *a*

♦ [1] **BABILLER** XII^e s. « bégayer », XIII^e s. sens mod.; **BABIL** XV^e s.; **BABILLAGE** XVI^e s.; **BABILLARD** XV^e s.; **BABILLARDE** XVIII^e s., argot « lettre »; **BABILLEMENT** XVI^e s., rare jusqu'au XIX^e s. ♦ [2] **BABINE** XVI^e s. ♦ [3] **BABIOLE** XVI^e s., var. *babole* : it. *babbola*, formation expressive; le *i* est p.-ê. dû à l'influence de *babiller*. ♦ [4] **BABOUIN** XIII^e s., singe : nom dû aux lèvres proéminentes et aux grimaces de cet animal. ♦ [5] **BABY** XIX^e s. : mot angl., formation expressive. ♦ [6] **BAMBIN** XVI^e s., l'enfant Jésus, dans les peintures it., XVIII^e s. « petit enfant » : it. *bambino* « petit enfant », formation expressive. ♦ [7] **BAMBOCHE** XVII^e s. « marionnette » : it. *bamboccio* « pantin », formation expressive; XIX^e s. « débauche, ripaille » : abrév. de *bambochade* XVIII^e s., de l'it. *bambocciata*, scène d'auberge peinte par le peintre hollandais P. de Laer, surnommé à Rome *il Bamboccio* à cause de sa petite taille; **BAMBOCHER, BAMBOCHEUR** XIX^e s. ♦ [8] **BLA-BLA** XX^e s., fam. « bavardage inutile ». ♦ [9] **RIBAMBELLE** XVIII^e s. : la 1^re syllabe est p.-ê. due à un croisement avec *riban*. ♦ [10] **BAVE** : lat. vulg. **baba* « babil des petits enfants, accompagné de bave », formation expressive; **BAVER** XIV^e s., sens mod. et « bavarder » jusqu'au XVI^e s.; **BAVEUX** XII^e s.; **BAVURE** XIV^e s.; **BAVETTE** XVI^e s.; **BAVOIR** XIX^e s.; **BAVARD** XV^e s.; **BAVARDER** XVI^e s.; **BAVARDAGE** XVII^e s.; **BAVASSER** XVI^e.

**II.** voyelle *é*

**BÉBÉ** XVIII^e s. : angl. *baby* (→ I. 5).

**III.** voyelle *i*

♦ [1] **BIBELOT** XV^e s., var. *beubelet* XII^e s., et *bimbelot*; **BIBELOTIER** XV^e s.; **BIBELOTER, BIBELOTEUR** XIX^e s. ♦ [2] **BIMBELOTIER, BIMBELOTERIE** XV^e s. : dér. de *bimbelot*. ♦ [3] **BIBI** XIX^e s., divers sens actuels. ♦ [4] **BIBUS** XVII^e s. ♦ [5] **RABIBOCHER** et **RABIBOCHAGE** XIX^e s.

**IV.** voyelle *o*

♦ [1] **BOBARD** XIX^e s. ♦ [2] **EMBOBINER** XIX^e s. : altération de **EMBOBELINER** XVI^e s. « envelopper d'un vêtement » puis « tromper » : dér. de *bobelin* XIV^e s. « chaussure grossière et rapiécée ». ♦ [3] **BOBINE** XVI^e s., XIX^e s., argot, « visage »; **BOBINAGE** XIX^e s.; **BOBINER, BOBINETTE** XVII^e s.; **BOBINOIR, BOBINEAU** XIX^e s. ♦ [4] **BOBÈCHE** XIV^e s. ♦ [5] **BOBO** XV^e s. ♦ [6]

**BOMBANCE** XVI$^e$ s. : var. nasalisée de l'anc. fr. *bobance* XI$^e$ s. « orgueil, faste », puis « repas fastueux »; **BOMBE** XIX$^e$ s., fam., « fête, festin » : abrév. de *bombance*.

## BOCAL

**BOCAL** XVI$^e$ s. : it. *boccale* : bas lat. *baucalis*, croisé avec *bocca* « bouche », du gr. *baukalis* « vase à col long et étroit où l'on faisait rafraîchir l'eau ou le vin ».

## BŒUF

**BŒUF** famille de l'ind.-eur. *$*g^w\bar{o}us$* « bovin », représenté en gr. par *bous*, en lat. par *bos, bovis*, en germ. commun par **kōuz, *kōz*.

**I.** mots issus du latin

**A.** mots populaires ♦ [1] **BŒUF** XII$^e$ s., sous la forme *bues, buef* : *bŏvem*, acc. de *bōs*. ♦ [2] base *bouv-* (dans les dér. où l'accent porte sur le suff.) **BOUVIER** XI$^e$ s. : lat. *bovarius*, élimine l'anc. fr. *boier*, du lat. *boarius*; **BOUVERIE, BOUVILLON** XII$^e$ s.; **BOUVET** XIV$^e$ s., dimin. de *bœuf*, XVII$^e$ s. « rabot servant à creuser des rainures », par analogie avec le bœuf creusant un sillon; **BOUVREUIL** XVIII$^e$ s., var. *bouvreur* : dér. de *bœuf* comme plusieurs autres noms dial. de cet oiseau au bec gros et court. ♦ [3] **BOUI-BOUI** XIX$^e$ s. « lieu de débauche », XX$^e$ s. « café-concert de dernier ordre » : p.-ê. redoublement du dial. (Bresse, Jura) *bouis* « étable », « poulailler », « endroit sale » : lat. *bovīle* « étable à bœufs ». ♦ [4] **BUSE** XIII$^e$ s. « tuyau » : moyen néerl. *buse, buyse*, même sens qui remonte à lat. *būcina* « trompe de bouvier ».

**B.** mots demi-savants

♦ [1] **BUGLE** XIII$^e$ s. « buffle, taureau » et « instrument de musique en corne de buffle », XIX$^e$ s., sorte de clairon, par l'angl. : lat. *buculus* « jeune taureau ». ♦ [2] **BEUGLER** XVII$^e$ s. : altération, sans doute onom. de l'anc. fr. *bugler* « corner », dér. de *bugle*; **BEUGLEMENT** XVI$^e$ s.

**C.** mots savants

♦ [1] **BOVIN** XIV$^e$ s. : lat. *bovinus*; **BOVIDÉ** XIX$^e$ s. : sur le radical de *bovis*. ♦ [2] **BUCCIN** XVI$^e$ s. : *buccinum*, var. *bucina* « trompe de bouvier »; **BUCCINATEUR** XVI$^e$ s.

**II.** mots issus du grec

♦ [1] **BOULIMIE** XIII$^e$ s. : gr. *boulimia* « faim de bœuf »; **BOULIMIQUE** XIX$^e$ s. ♦ [2] **BUCOLIQUE** XIII$^e$ s. : lat. *bucolicus* « pastoral », du gr. *boukolikos*, adj. dér. de *boukolos*, « gardeur de bœufs », sur le rad. *-kolos* « qui s'occupe de » → QUENOUILLE.

**III.** mots empruntés à l'anglais

♦ [1] **BIFTECK** XVIII$^e$ s. : *beefsteak*, composé dont le 1$^{er}$ élément est empr. à l'anc. fr. *buef*, fr. mod. *bœuf*, et le 2$^e$ à l'anc. scandinave, de la famille du verbe *steikja* « rôtir à la broche ». ♦ [2] **BOY** XIX$^e$ s., une première fois XVII$^e$ s. : *boy*, à l'origine « valet », « homme de basse extraction », mot obscur, p.-ê. forme abrégée de l'anc. fr. *embuié*, part. passé de *embuier* « entraver » du lat. vulg. **imboiare* composé de *in* et *boia*, plur. *boiae* « entraves, chaînes » du gr. *boeiai (dorai)* « courroies de bœuf ». ♦ [3] **COW-BOY** XX$^e$ s. « vacher »; 1$^{er}$ élément *cow* « vache » : germ. commun **kōuz, *kōz* : ind.-eur. $*g^w\bar{o}us$.

## BOIRE

**BOIRE** famille d'une rac. ind.-eur. **pō, *pī* « boire » qui apparaît en grec dans le verbe *pinein* « boire », d'où *sumpinein* « boire ensemble » et *sumposion* « festin », et en latin dans deux verbes synonymes. (1) *potare* « boire », d'où *potio, -onis* « boisson » et (2) *bibere, bibĭtum*, lat. vulg. **bibūtum*, forme à redoublement et à consonne sonore, d'où lat. vulg. *bibitio, -onis* VII$^e$ s. « boisson », et **abbibe-rare* « abreuver ».

**I.** famille de *bibere*

**A.** mots populaires ♦ [1] **BOIRE** : réfection de l'anc. fr. *boivre* X$^e$ s. : *bĭbĕre*; **DÉBOIRE** XV$^e$ s. « arrière-goût d'une boisson », jusqu'au XVIII$^e$ s., XVI$^e$ s., sens fig.; **POURBOIRE** XVIII$^e$ s. ♦ [2] **BOISSON** XIII$^e$ s : *bibitio, -ōnis*; **SE BOISSONNER** XIX$^e$ s. ♦ [3] base *buv-*, forme labialisée de *bev-* ou *beuv-*, radical atone ancien de *boivre*; base de dér. accentués sur le suff. : **BUVABLE** XIII$^e$ s.; **BUVARD** XIX$^e$ s.; **BUVETTE** et **BUVETIER** XVI$^e$ s.; **BUVEUR** XIII$^e$ s. ♦ [4] **BEUVERIE** XII$^e$ s.-XVII$^e$ s., repris au XIX$^e$ s. : forme archaïque où le *-eu-* ancien n'a pas évolué vers *-u-* comme dans les précédents. ♦ [5] base *-brèuv-* représentants métathétiques d'un dér. **bibĕrāre*; **ABREUVER** XIII$^e$ s., remplace *abevrer*, XII$^e$ s. : **abbiberare*; **ABREUVOIR** XIII$^e$ s. **BREUVAGE** XII$^e$ s. : **biberātĭcum*. ♦ [6] base *-bu-*, part. passé : **bibūtu* dans **IMBU** (préf. sav.) XV$^e$ s., part. passé de *imboire* « imprégner », sens fig.; **FOURBU** XVI$^e$ s. « qui a trop bu », en parlant du cheval, XIX$^e$ s. « fatigué, par suite d'excès de boisson », « fatigué en général » : part. passé de *forboire* « boire à l'excès » → FOR-, art. DEHORS.

**B.** mots savants : base *-bib-*

♦ [1] **BIBERON** XIV$^e$ s. « goulot », XV$^e$ s. « ivrogne », XIX$^e$ s., sens mod. : dér. de *bibere*. ♦ [2] **BIBINE** XIX$^e$ s. : p.-ê. dér. burlesque de *bibere* formé dans le milieu étudiant, ou empr. à l'it. *bibita* « boisson » avec changement de suff. ♦ [3] **IMBIBER** XVI$^e$ s. : *imbibere*.

**II.** famille de *potare*

**A.** mots populaires **POISON** XII$^e$ s., fém., « breuvage » « breuvage empoisonné », XVII$^e$ s., masc.,

XIX$^{e}$ s., fam., « méchante femme » : *potio, -onis*; **EMPOISONNER** XI$^{e}$ s., XIX$^{e}$ s. « ennuyer »; **EMPOISONNEMENT** XII$^{e}$ s.; **EMPOISONNEUR** XIII$^{e}$ s.; **CONTREPOISON** XV$^{e}$ s.

**B.** mots savants

♦ [1] **POTION** XII$^{e}$ s. « breuvage », XVI$^{e}$ s., méd. : *potio, -onis*. ♦ [2] **POTABLE** XIV$^{e}$ s., alchimie, XVII$^{e}$ s., sens mod., XIX$^{e}$ s. « acceptable » : *potabilis* « qui peut être bu ».

**III.** mot issu du grec **SYMPOSIUM** XIX$^{e}$ s. antiq., XX$^{e}$ s. « réunion-débat » : *sumposion*.

**BOIS** famille pop. du lat. vulg. *boscus* X$^{e}$ s. et **bosca* empr. au germ. **bosk* (→ all. *Busch*, angl. *bush*), qui a largement concurrencé les mots lat. *silva* et *lignum*.

♦ [1] **BOIS** XI$^{e}$ s. : **bosci*, plur. de *boscus*; **BOISER** XVII$^{e}$ s.; **DÉBOISER, REBOISER** XIX$^{e}$ s.; **BOISERIE** XVII$^{e}$ s.; **DÉBOISEMENT, REBOISEMENT** XIX$^{e}$ s.; **HAUTBOIS** XVI$^{e}$ s. : composé de *bois* « instrument à vent » et de *haut* « qui a un son élevé »; **HAUTBOÏSTE** XIX$^{e}$ s. : all. *Hoboist*, dér. de *Hoboe*, lui-même empr. au fr. *hautbois*; **SOUS-BOIS** XIX$^{e}$ s. ♦ [2] **BOUCHER** (verbe) XIII$^{e}$ s. : dér. de l'anc. fr. *bosche* « touffe » : **bosca*, sens 1$^{er}$, « fermer avec une poignée de paille ou de foin »; **BOUCHE-TROU** XVIII$^{e}$ s., d'abord terme de peinture; **REBOUCHER** XV$^{e}$ s., **DÉBOUCHER** XVI$^{e}$ s. ♦ [3] **BOUCHON** XIII$^{e}$ s. « buisson », XIV$^{e}$ s. « bouchon de baril », XVI$^{e}$ s. « cabaret signalé par une touffe de feuillage servant d'enseigne »; XIX$^{e}$ s. « jeu d'adresse qui se joue avec des pièces de monnaie en équilibre sur un bouchon » : autre dér. de *bosche*; **BOUCHONNER** XVI$^{e}$ s. « nettoyer un cheval avec un bouchon de paille », XVII$^{e}$ s. « caresser ». ♦ [4] formes comportant un son *-k-** : **BOCAGE** XII$^{e}$ s., dér. normanno-picard de **bosk*; **BOCAGER** XVI$^{e}$ s.; **BOUQUET** XV$^{e}$ s. « groupe d'arbres », XVI$^{e}$ s. « groupe de fleurs » et métaph. *bouquet du vin* : id.; **BOUQUETIER, -ÈRE** XVI$^{e}$ s.; **BOQUETEAU** XIV$^{e}$ s. : dér. de *boquet*, var. de *bouquet*; **BOSQUET** XII$^{e}$ s., forme picarde XVI$^{e}$ s. : it. *boschetto* ou prov. *bosquet* de même origine. ♦ [5] **BÛCHERON** XVII$^{e}$ s. : réfection, sous l'infl. de *bûche*, de l'anc. fr. *boscheron*, dér. de **bosk*. ♦ [6] **BUISSON** XII$^{e}$ s. : réfection, sous l'influence de *buis*, de l'anc. fr. *boisson* XI$^{e}$ s., dér. de *bois*. **BUISSONNEUX** XII$^{e}$ s.; **BUISSONNIER** XVI$^{e}$ s.; **ÉCOLE BUISSONNIÈRE** XVI$^{e}$ s., s'est dit à l'origine d'écoles clandestines tenues en plein air ou à la campagne, soit pour échapper au paiement d'une redevance, soit, dans le cas des protestants, pour enfreindre l'édit de 1554, qui leur interdisait d'ouvrir des écoles.

**BOISSEAU** (pop.) XIII$^{e}$ s. : étym. obscure; peut représenter un dér. du gaulois **bostia* « ce qu'on peut tenir dans la main » ou se rattacher au mot *buxeum* « buis », ce qui l'apparenterait au mot *boîte*; mais le dér. **buxitiellum* qu'il faut supposer comme étymon représenterait un mode de formation bien exceptionnel; **BOISSELÉE** XIII$^{e}$ s.; **BOISSELIER** XVII$^{e}$ s.; **BOISSELLERIE** XVIII$^{e}$ s.

1. **BOL** (alimentaire) (sav.) XIII$^{e}$ s. : lat. méd. *bolus* « pilule », du gr. *bôlos* « motte de terre » et « boule » → aussi Annexe IV BROUILLAMINI.

2. **BOL** XVIII$^{e}$ s. : angl. *bowl* « coupe », « écuelle »; **BOLÉE** XIX$^{e}$ s.

**BOLCHEVIK** ou **BOLCHEVIQUE** XX$^{e}$ s. : mot russe « majoritaire » dér. de *bolche*, comparatif de *bolchoi* « grand »; a désigné, au congrès de 1903, la fraction majoritaire du parti socialiste russe qui se constitua en parti communiste *bolchevique* en octobre 1917. S'opposait à **MENCHEVIK** « minoritaire ».

**BOLET** (sav.) XVI$^{e}$ s. : lat. imp. *boletus*, nom d'un champignon comestible, tel que le cèpe.

**BON** famille d'une rac. ind.-eur. **du-*, « utilité », « efficacité », représentée : (1) en grec par *dunamai* « pouvoir », *dunamis* « force » (2) en latin par une forme élargie, lat. arch. *duenos* d'où (a) l'adj. *bonus* « bon »; (b) l'adv. *bene* « bien » qui entre dans de nombreux composés et sert de base à l'adj. *benignus* « d'un bon naturel »; (c) **Dwenŏlos*, dimin. de *duenos* qui a abouti à l'adj. *bellus* « joli ».

**I.** mots issus du latin

**A.** famille de *bonus* 1. mots populaires ♦ [1] **BON** X$^{e}$ s., adj., XVII$^{e}$ s., subst. masc., finances : *bonus*; **BONNEMENT** XIII$^{e}$ s.; **BONTÉ** XII$^{e}$ s. : *bonitas, -tatis*. ♦ [2] **BONJOUR** XIII$^{e}$ s.; **BONSOIR** XV$^{e}$ s. ♦ [3] **BON-PAPA, BONNE-MAMAN** XIX$^{e}$ s. ♦ [4] **BONBON** XVII$^{e}$ s.; **BONBONNIÈRE** XVIII$^{e}$ s. ♦ [5] **BONHOMME** XII$^{e}$ s. « paysan », XVI$^{e}$ s. « homme de bien », depuis le XVII$^{e}$ s., divers sens péj.; **BONHOMIE** XVIII$^{e}$ s. ♦ [6] **BONNE** XVIII$^{e}$ s., subst. fém. : à l'origine terme d'affection employé par les enfants à l'égard de la domestique qui s'occupait d'eux; **BONNICHE** XIX$^{e}$ s. ♦ [7] **ABONNIR** XII$^{e}$ s.; **RABONNIR** XIII$^{e}$ s. : dér. de *bon*. ♦ [8] **BONNIR** XIX$^{e}$ s., argot, « causer » : argot it. *imbunire* « distraire quelqu'un dans le but de le voler », littéralement « rendre bon »; **BONIMENT, BONIMENTER, BONIMENTEUR** XIX^e s. ♦ [9] **BONACE** XII^e s. : lat. vulg. **bonacia*, réfection du lat. class. *malacia* « calme de la mer », interprété à tort comme un dér. de *malus* « mauvais » alors qu'il représentait le gr. *malakia*, dér. de *malakos* « mou »; peut-être par l'intermédiaire du prov. *bonassa*. Ce mot a été employé comme adj. en parlant de la mer au XIII^e s., puis sous la forme **BONASSE** XV^e s., sens propre, XVI^e s. sens fig.; péjor. à cause du suff.

2. mots savants ♦ [1] **BONI** subst. masc. XVI^e s. : mot lat., abréviation de *aliquid boni* « quelque chose de bon ». ♦ [2] **BONIFIER** (demi-sav.) XVI^e s. : *bonificare*; **BONIFICATION** (sav.) XVI^e s.

B. famille de *bene*

1. mots populaires ♦ [1] **BIEN** XI^e s., adv. et subst. masc. : *bĕne*. ♦ [2] **BIEN-** : 1^er élément de nombreux composés tels que *bien-aimé, bienheureux, bienveillant*, etc.

2. mots savants ♦ [1] **BENE-** : 1^er élément de mots composés empr. au lat., tels que *bénédiction, bénéfice*, etc. ♦ [2] **BÉNIN** (demi-sav.) XV^e s., réfection de l'anc. fr. *bénigne* (sav.) XII^e s. : *benignus*; **BÉNIGNEMENT, BÉNIGNITÉ** XII^e s. : *benignitas, -atis*.

C. famille de *bellus* : mots populaires

♦ [1] **BEAU** XI^e s. : *bellus*, qui a éliminé *pulcher, decorus, formosus*, plus usuels en lat. class. et qui exprimaient d'autres nuances de la notion de beauté. **BEAUTÉ** XI^e s. : lat. vulg. **bellitas, -atis*. Pour les mots savants exprimant l'idée de « beau », → ESTHÉTIQUE et CALLI-. ♦ [2] **BELLEMENT** XI^e s.; **EMBELLIR** XII^e s.; **EMBELLISSEMENT** XIII^e s.; **EMBELLIE** XVIII^e s., subst. fém.; **BELLÂTRE** XVI^e s. : dér. de *beau*. ♦ [3] **BELETTE** XII^e s. : dimin. de *belle*, dénomination euphémique d'un animal qui passait pour porter malheur, et dont le nom héréditaire était *mostoile*, du lat. *mŭstēla*. ♦ [4] **BEAU-** et **BELLE-**, 1^er élément de noms de parenté servant à indiquer la parenté par alliance : type de formation issu de l'emploi de *beau* en anc. fr. dans les formules de politesse : **BEAU-FRÈRE** XIV^e s.; **BELLE-SŒUR** XV^e s., **BEAU-PÈRE** XV^e s., **BELLE-MÈRE** XV^e s., **BELLE-FILLE** XV^e s., **BEAU-FILS** XV^e s. ont éliminé respectivement les dénominations héréditaires d'origine lat. *serorge, parâtre, marâtre, fillâtre* ou les ont cantonnés dans de rares emplois péjoratifs; **BEAUX-PARENTS** XIX^e s.

II. mots savants issus du grec

♦ [1] **DYNASTE** XVI^e s. : *dunastês* « souverain », dér. de *dunamai* « pouvoir »; **DYNASTIE** XV^e s., rare jusqu'au XVIII^e s. : *dunasteia* « puissance »; **DYNASTIQUE** XIX^e s. ♦ [2] **DYNAM(O)-**, base de nombreux dér. sav. : gr. *dunamis* « force »; **DYNAMIQUE** XVII^e s., XX^e s., sens fig. : *dunamikos*; **DYNAMISME** XIX^e s.; **DYNAMITE, DYNAMITER, DYNAMITEUR** XIX^e s.; **DYNAMO** XIX^e s. : abrév. de *machine dynamo-électrique*; **DYNAMOMÈTRE** XIX^e s. ♦ [3] **-DYNAMIQUE** : 2^e élément de composés savants, ex. : **AÉRODYNAMIQUE** XIX^e s., subst., XX^e s., adj. ♦ [4] **DYNE** XIX^e s., phys., unité de force; **MÉGADYNE** XX^e s.

**BONDE** (pop.) XIII^e s. « borne », XIV^e s. « trou d'écoulement » : gaulois **bunda*; **BONDER** XV^e s.; **DÉBONDER** XVI^e s.; **BONDON** XIII^e s. « bouchon de bonde », XIX^e s., fromage.

**BONNET** (pop.) XV^e s. : lat. médiéval *boneta* XII^e s., se rattache probablement au frq. **obbunni* qui apparaît dans la Loi salique, VII^e s., sous la forme *abonnis*; **BONNETTE** XIV^e s., a pris divers sens techniques; **BONNETEAU** XVIII^e s. « petit bonnet », XIX^e s., jeu de filous; **BONNETIER** XV^e s.; **BONNETERIE** XV^e s.; **BONNETEUR** XVIII^e s.; **BONNICHON** XIX^e s.

**BONZE** XVI^e s. : japonais *bonso*, par le port.

**BORAX** XIV^e s. lat. méd., empr. à l'ar. *bauraq* (trad. d'Avicenne, etc.), du persan *boûrah*; **BORATE** XVIII^e s.; **BORE** XIX^e s.; **BORIQUE** XIX^e s.

**BORBORYGME** (sav.) XVI^e s. : gr. *borborugmos* « bruit des intestins ».

**BORD** famille du frq. **bord* « bord de vaisseau », également représenté en néerl. par *boord*.

♦ [1] **BORD** XII^e s., XVI^e s. mar., XIX^e s., polit. : frq. **bord*; **PLAT-BORD** XVII^e s.; **BORDER, BORDURE** XII^e s.; **BORDAGE** XV^e s., XVI^e s. mar.; **BORDÉE** XVI^e s., mar. « chemin que fait un vaisseau jusqu'à ce qu'il vire de bord », d'où l'argot *courir, tirer des bordées* « s'absenter sans permission »; et « canons placés en ligne sur le flanc d'un navire, décharge de ces canons », d'où *une bordée d'injures*; **BORDEREAU** XVI^e s. « relevé noté sur le bord du cahier ». ♦ [2] **BÂBORD** XVI^e s. et **TRIBORD** XV^e s. : mots néerl. composés de *boord* « côté » et, pour le 1^er, de *bak* « dos » (le pilote tournant le dos à ce côté en manœuvrant), pour le 2^e, de *stier* « gouvernail ». ♦ [3] **ABORDER** XIII^e s.; **ABORD** XV^e s.; **ABORDAGE, ABORDABLE** XVI^e s. **INABOR-**

DABLE XVII^e s. ♦ [4] **DÉBORDER** XV^e s.; **DÉBORDEMENT** XIV^e s. ♦ [5] **REBORD** XVII^e s. : dérivé de *reborder* XV^e s. ♦ [6] **TRANSBORDER, TRANSBORDEMENT, TRANSBORDEUR** XIX^e s.

**BORDEL** XII^e s. « petite maison, cabane » et « maison de prostitution », a évolué normalement vers la forme *bourdeau* seule usuelle au XVI^e s. (la forme actuelle a été reprise au XVII^e s. à l'équivalent prov. ou it.) : dér. de l'anc. fr. *borde* (anc. provençal *borda* « cabane »), du frq. **borda*, du germ. **bord* « planche », homonyme du précédent.

**BORGNE** (pop.) XII^e s. : étym. obscure; **ÉBORGNER** XII^e s.

**BORNE** (pop.) XII^e s., var. anc. fr. *bonne, bosne* : lat. médiéval *bodina* d'origine obscure, p.-ê. gauloise, p.-ê. germ.; **BORNER, BORNAGE** XIII^e s. ♦ [2] **ABONNER** XIV^e s., « borner », puis « fixer une redevance régulière », XVIII^e s. **S'ABONNER**, sens mod. : dér. de la forme *bonne*; **ABONNEMENT** XIII^e s.; **DÉSABONNER, RÉABONNER** XIX^e s.

1. **BOSSE** (protubérance) ♦ [1] (pop.) XII^e s., suppose, ainsi que ses équivalents en anc. prov., it. et roumain, un étymon **botja* obscur, p.-ê. frq.; **BOSSELER** XIII^e s.; **DÉBOSSELER** XIX^e s.; **BOSSELURE** XVI^e s.; **BOSSETTE** XIV^e s.; **CABOSSER** XII^e s.; **BOSSU** XII^e s.; **BOSSUER** XVI^e s. ♦ [2] **CABOCHE** XII^e s. : probablement forme normanno-picarde d'un dér. de *bosse*; **CABOCHON** XIV^e s.; **CABOCHARD** XVI^e s.

2. **BOSSE** « cordage » : pourrait être un autre mot que le préc.; **BOSSER** XVII^e s. « attacher avec des bosses », XIX^e s. « travailler dur »; **BOSSOIR** XVII^e s., mar.

**BOT** ensemble de mots obscurs qui remontent p.-ê. tous au germ. **butta* « émoussé ».

♦ [1] **BOT** XVI^e s., adj., « émoussé », « contrefait », dans *pied bot*. ♦ [2] **BOTTE** XII^e s. « chaussure grossière »; **BOTTINE** XIV^e s.; **BOTTILLON** XX^e s.; **BOTTIER** XV^e s.; **BOTTER** XVI^e s., XIX^e s., fam., « donner un coup de pied » et « enthousiasmer »; **DÉBOTTER** XII^e s. ♦ [3] **SABOT** XII^e s. : croisement d'une forme masc. de *botte*, attestée au XVI^e s. en dial. poitevin, et d'un autre mot, p.-ê. *savate*; **SABOTIER** XVI^e s.; **SABOTER** XIII^e s. « heurter », XVIII^e s. « secouer », XIX^e s. sens mod.; **SABOTEUR, SABOTAGE** XIX^e s. ♦ [4] **SNOW-BOOT** XIX^e s. : mot angl. « botte pour la neige », 2^e élément emprunté au fr. *botte*. ♦ [5] **CABOTIN** XIX^e s. : mot dial. picard très usuel, dont les différents sens peuvent se ramener à l'idée de « petit bonhomme »; **CABOTINER** XVIII^e s.; **CABOTINAGE, CABOT** XIX^e s. ♦ [6] **CABOT** « chien » → CHEF.

**BOTANIQUE** (sav.) XVII^e s. : gr. *botanikê*, dér. de *botanê* « plante »; **BOTANISTE** XVII^e s.

**BOUC** ♦ [1] (pop.) XII^e s., XIX^e s. « barbiche » : **bŭcco*, probablement gaulois, comme plusieurs noms d'animaux domestiques mâles; a éliminé le lat. *caper*; **BOUQUINER** XVII^e s. « couvrir la chèvre ». ♦ [2] **BOUQUET** XIII^e s. « petit bouc », XIX^e s., « sorte de crevette », emploi métaph. d'origine dial. ♦ [3] **BOUCHER** XII^e s. : à l'origine, « celui qui abat les boucs » (un seul bouc étant suffisant pour un troupeau de chèvres, les jeunes boucs doivent être abattus et utilisés pour l'alimentation); a éliminé les représentants du lat. *macellarius*; **BOUCHERIE** XII^e s.

**BOUCANER** XVI^e s. : dér. de *boucan* « viande fumée » XVI^e s. : tupi-guarani (Brésil) *mokaem*, var. *bokaem* « gril en bois », par le port.; **BOUCANIER** XVII^e s.; **BOUCANAGE** XIX^e s.

**BOUCHE** famille du lat. *bucca* « bouche », synonyme familier de *os, oris* (→ ORAL, art. HUIS); diminutif *buccula* « bouchée », « joue », « mentonnière de casque », et « tout objet en forme de joue, en particulier la bosse du bouclier ».

I. mots populaires

♦ [1] **BOUCHE** XI^e s. : *bŭcca*; pour les mots scientifiques exprimant la notion de « bouche », → STOMA-, art. ESTOMAC; **BOUCHÉE** XII^e s., XIX^e s., pâtisserie, confiserie; **ARRIÈRE-BOUCHE** XIX^e s. ♦ [2] **BOUQUET** XV^e s. « dartre du museau des moutons » : dériv. de *bouque*, forme normanno-picarde de *bouche*. ♦ [3] **ABOUCHER** XIV^e s. « faire tomber sur la bouche », XVI^e s. « mettre en relation par une conversation ». ♦ [4] **DÉBOUCHER** XVII^e s. « sortir d'un lieu resserré », **DÉBOUCHÉ** XVIII^e s. ♦ [5] **EMBOUCHER** XIII^e s., **EMBOUCHURE** XIV^e s. ♦ [6] **BOUCLE** XII^e s. « bosse de bouclier », XIII^e s. « attache métallique », XVII^e s. « boucle de cheveux » : *bŭccŭla*; **BOUCLETTE** XII^e s.; **BOUCLER** XVI^e s. d'abord « attacher » et « enfermer »; **DÉBOUCLER** XII^e s.; **REBOUCLER** XVII^e s.; **BOUCLAGE** XIX^e s. ♦ [7] **BOUCLIER** XI^e s. : abréviation de *escu bocler* « écu garni d'une bosse ».

**II.** mot savant

**BUCCAL** XVIII^e^ s. : dér. formé sur *bucca*.

**BOUE** ♦ [1] (pop.) XII^e^ s. : **bawa*, mot gaulois; **BOUEUX** XII^e^ s.; **BOUEUR**, prononcé *boueux* XVI^e^ s.; **ÉBOUER, ÉBOUEUR** XIX^e^ s.; **EMBOUER** XII^e^ s. ♦ [2] **RABOUILLEUSE** XIX^e^ s. : mot dial. du Berry, dér. de *rabouiller* « agiter l'eau », dér. lui-même de *bouille* « marais », du diminutif **bawŭcŭla*.

**BOUÉE** XIV^e^ s. sous la forme *boue*, XV^e^ s. *bouée* : origine obscure; p.-ê. germ. **baukn* « signal », ou néerl. *boeye* empr. à l'anc. fr. *buie* « lien ». → BOY, art. BŒUF.

**BOUFFER** (→ **III**, 1). ensemble de formes expressives ou onom. de structure consonantique *b.f.* suggérant les notions de gonflement, d'objet arrondi, de joues gonflées, de coup sur une joue, de souffle bruyant, de ridicule et de mépris. (→ art. POUF).

**I.** voyelle *a*

♦ [1] **BAFFE** XIII^e^ s. ♦ [2] **BAFOUER** XVI^e^ s. prov. *bafar* « se moquer », lui-même onom. ♦ [3] **BAFOUILLER** XIX^e^ s. « parler la bouche pleine », → -OUILLER, art. -OUIL. ♦ [4] **BÂFRER** XVIII^e^ s., a éliminé *bauffrer* XVI^e^ s. Dér. : **BÂFRE** XVIII^e^ s.; **BÂFREUR** XVI^e^ s. sous la forme *bauffreur*.

**II.** voyelle *i*

♦ [1] **BIFFER** XVI^e^ s., dér. de l'anc. fr. *biffe* XIII^e^ s. « étoffe rayée », XVI^e^ s.« chiffon, objet sans valeur », auquel se rattache aussi **BIFFIN** XIX^e^ s. « chiffonnier », puis « fantassin » à cause du sac porté sur le dos. ♦ [2] **REBIFFER** XIX^e^ s.

**III.** voyelle *ou*

♦ [1] **BOUFFER** XII^e^ s. « souffler en gonflant les joues, XV^e^ s. « gonfler », XVI^e^ s. « manger gloutonnement en gonflant les joues ». Dér. : **BOUFFANT** XV^e^ s.; **BOUFFÉE** XII^e^ s.; **BOUFFETTE** XV^e^ s.; **BOUFFARDE** XIX^e^ s.; anc. fr. dial. *bouffaille* altéré en **BOUSTIFAILLE** XIX^e^ s. ♦ [2] **BOUFFIR** XIII^e^ s. var. de *bouffer*, avec changement de conjugaison. Dér. : **BOUFFI** XVI^e^ s.; **BOUFFISSURE** XVI^e^ s. ♦ [3] la même onom. existe avec la même valeur dans la langue it., à laquelle ont été empr. **BOUFFE** XVIII^e^ s. « musique » : it. *buffo* « comique »; **BOUFFON** XVI^e^ s. : it. *buffone*. Dér. : **BOUFFONNER** et **BOUFFONNERIE** XVI^e^ s.

**IV.** voyelle *u*

**REBUFFADE** XVI^e^ s. : it. *rebuffo*, dér. de *buffare* même origine que **III**, 3.

**BOUGONNER** XVII^e^ s. « travailler maladroitement, en rechignant, XVIII^e^ s. « récriminer »; **BOUGON** XIX^e^ s.; **BOUGONNEMENT, -ERIE, -EUR** XX^e^ s. : origine inconnue; on peut penser à une onom.

**BOULE** famille du lat. *bŭlla* « bulle d'air » « objet sphérique », d'où *bullire* « bouillir » et lat. vulg. **bullicare* « id. ».

**I.** mots populaires

**A.** famille de *bulla*, base *boul-*

♦ [1] **BOULE** XIII^e^ s. : *bŭlla*; **BOULET** XIV^e^ s.; **BOULETTE** XVI^e^ s.; **BOULIER** XIX^e^ s.; **BOULON** XIII^e^ s., **BOULONNER** XV^e^ s., **DÉBOULONNER** XIX^e^ s., **BOULONNAGE, -ERIE** XIX^e^ s.; **BOULOT** XIX^e^ s., adj. d'abord appliqué à une sorte de pain, « court et gros, en forme de boule ». ♦ [2] **BOULER** XIV^e^ s. « rouler »; **BOULOTTER** XVIII^e^ s., argot, « aller son train », « vivoter », « travailler », « manger », d'où **BOULOT** XIX^e^ s., argot, « travail »; **ABOULER** XVIII^e^ s., argot, « apporter », XIX^e^ s. « payer »; **DÉBOULER** XVIII^e^ s. ♦ [3] **BOULANGER** XII^e^ s. : dér. de l'anc. picard *bolenc*, « fabricant de pains ronds », du moyen néerl. *bolle*, « boule de pain », d'origine lat.; a éliminé les représentants du lat. *pistor*, ainsi que *fournier*, dér. de *four*; **BOULANGERIE** XIV^e^ s.; **BOULANGER** XV^e^ s., verbe; **BOULANGE** XIX^e^ s. : dér. de ce verbe. ♦ [4] **BOULINGRIN** XVII^e^ s. : angl. *bowling-green* « (gazon) vert pour jeu de boules »; 1^er^ élément dér. de *bowl*, empr. au fr. *boule*.

**B.** famille de *bullire*, base *bouill-*

♦ [1] **BOUILLIR** XI^e^ s. sous la forme *bolir* : *bullire*; **BOUILLANT** XIII^e^ s.; **ÉBOUILLANTER** XIX^e^ s. ♦ [2] **BOUILLON** XII^e^ s.; **COURT-BOUILLON** XVII^e^ s.; **BOUILLONNER** XIV^e^ s.; **BOUILLONNEMENT** XVI^e^ s. ♦ [3] **BOUILLOIRE** XVIII^e^ s.; **BOUILLOTTE** XIX^e^ s., récipient, puis « tête », par métaph.; **BOUILLOTTE** XVIII^e^ s., jeu, n'est pas un emploi métaph. du précédent mais un dér. de *bouillir* au sens de « presser, aller vite ». ♦ [4] **BOUILLIE** XII^e^ s.; **BOUILLI** XIV^e^ s., comme subst. ♦ [5] **BOUILLEUR** XVIII^e^ s. : dér. de *bouillir* au sens de « distiller ». ♦ [6] **TAMBOUILLE** XIX^e^ s. : le 2^e^ élément se rattache évidemment à *bouillir*; le 1^er^ s'explique peut-être par l'abrév. de la forme dial. angevine *pot-en-bouille*. ♦ [7] **BOUILLABAISSE** XIX^e^ s. : prov. *bouiabaisso* « bous et abaisse-toi », nom d'un plat cuit rapidement à feu vif.

**C.** famille de **bullicare*, base *bouge-*

**BOUGER** XI^e^ s. : *bŭllĭcāre*; **BOUGEOTTE** XIX^e^ s.

**II.** mots savants

♦ [1] **BULLE** XII^e^ s. « sceau muni d'une boule de plomb », « acte officiel revêtu de ce sceau », XVI^e^ s. « bulle d'air » : *bulla*. ♦ [2] **BULLETIN**

XVI^e s. : dér. de *bulle* formé sous l'influence de l'it. *bollettino*, même origine. ♦ [3] **BILLET** (demi-sav.) XV^e s. : forme masc. de *billette*, altération, sous l'influence de *bille*, de *bullette*, dimin. de *bulle*; **BILLET DE BANQUE** XVIII^e s. ♦ [4] **ÉBULLITION** XII^e s. : bas lat. *ebullitio*, dér. de *bullire* « bouillir ».

**BOULEAU** ♦ [1] (pop.) XVI^e s. : dér. de l'anc. fr. *boul* : lat. vulg. **betŭllus*, du lat. class. *betŭlla*. ♦ [2] **BÉTULINE** (sav.) XIX^e s. : dér. tiré de *betŭlla*; **BÉTULACÉES** « id. ».

**BOULEDOGUE** représentants fr. de l'angl. *bull* « taureau ».
♦ [1] **BOULEDOGUE** XVIII^e s. : angl. *bulldog*, chien *(dog)* ainsi appelé à cause de la forme de sa tête. ♦ [2] **BULLDOZER** XX^e s. : mot anglo-américain, dér. de *to bulldoze* « intimider les nègres par la violence », littéralement « donner une dose pour un taureau » (→ en fr. *médecine de cheval*); appliqué à une machine très puissante.

**BOUM!** (→ 4.) ensemble d'onom. ayant pour caractère commun de suggérer une résonance au moyen d'une voyelle nasalisée ou suivie de consonne nasale; des onom. de ce genre existaient déjà en lat.
♦ [1] **BING-BANG;** emploi technique. *Bang supersonique* XX^e s. ♦ [2] au lat. *bombus* « bourdonnement, bruit », du gr. *bombos*, mot onom., se rattachent (a) **BOMBARDE** XIV^e s.; **BOMBARDER** XVI^e s. « lancer avec une bombarde », XIX^e s. « nommer à un poste honorifique »; **BOMBARDEMENT** XVII^e s.; **BOMBARDIER** XV^e s., puis XX^e s., aviation; (b) **BOMBE** XVII^e s., projectile, XIX^e s., pâtisserie, par l'it. *bomba*; **BOMBÉ, BOMBER, BOMBEMENT** fin XVII^e s., début XVIII^e s., d'après la forme de la bombe; **BOMBONNE** XIX^e s. : prov. *boumbouno*, même famille. ♦ [3] **BONDIR** XI^e s. « retentir » et « sauter » : lat. vulg. **bombitire*, var. de *bombitare*, dér. de *bombire* « résonner »; **REBONDIR** XII^e s. « retentir », XIII^e s. « sauter à nouveau »; **BOND** XIV^e s., **FAUX-BOND** XVI^e s., terme de jeu de paume, **REBOND** XVII^e s.; **BONDISSANT** XVI^e s., **BONDISSEMENT** XIV^e s., **REBONDISSEMENT** XIV^e s. ♦ [4] **BOUM!** (interjection exprimant un coup violent) d'où **ÇA BOUME** XX^e s., vulg., « ça réussit »; **BOOM** XIX^e s. : empr. à l'anglo-américain, même onom. ♦ [5] **DANDIN** XIV^e s. « clochette », XVI^e s. « niais », une démarche gauche ou les hésitations d'un caractère faible étant comparées au balancement d'une cloche; utilisé comme nom propre de personnages ridicules par Rabelais, La Fontaine, Molière, Racine; **DANDINER** XVI^e s.; **DANDINEMENT** XVIII^e s.; **DONDON** XVI^e s.; **DONDAINE** XIV^e s., d'abord nom d'une machine de guerre. ♦ [6] **DING-DONG** autre onom. du son de la cloche, d'où **DINGUER** XIX^e s.; **DINGO**, fin XIX^e s., **DINGUE** XX^e s. ♦ [7] **TINTIN** XIII^e s. « tintement », altéré en **TINTOUIN** XVI^e s. « bourdonnement d'oreilles »; **TINTER** XII^e s.; **TINTEMENT** XV^e s. **TINTAMARRE** XV^e s., pour le 2^e élément, V. MARAUD 2; **TINTAMARRESQUE** XIX^e s. ♦ [8] la même onom. existait déjà en lat. class. *tinnīre*, lat. vulg. **tĭnnĭtīre*, d'où l'anc. fr. *tentir*, le fr. mod. **RETENTIR** et **RETENTISSEMENT** (pop.) XII^e s.; lat. class. *tintinnabulum* « clochette » d'où **TINTINNABULER** (sav.) XIX^e s. ♦ [9] **PAN!** XIX^e s. ♦ [10] **TOMBER** XII^e s. : lat. vulg. **tumbare*, dont le radical *tumb-* suggère un bruit de chute; a concurrencé et éliminé l'anc. fr. *tumer* d'origine frq.; **TOMBÉE** XV^e s., élimine *tumée* XIII^e s.; **TOMBEREAU** XIV^e s., élimine *tumeriaus* XIII^e s.; **RETOMBER** et **RETOMBÉE** XVI^e s. ♦ [11] **TOMBOLA** XIX^e s. : mot it. « culbute » et « sorte de jeu de loto », dér. de *tombolare*, fréquentatif de *tombare*, équivalent du fr. *tomber* auquel il a p.-ê. été empr. par l'intermédiaire des jongleurs itinérants. ♦ [12] **TAM-TAM** XVIII^e s. : mot créole. ♦ [13] **VLAN!** XIX^e s. ♦ [14] **VROMBIR** et **VROMBISSEMENT** XIX^e s.

**BOUQUETIN** XIII^e s. : dial. Savoie *boc estaign* : moyen haut all. *steinbock* « bouc des rochers ».

**BOUQUIN** ♦ [1] XV^e s. : néerl. *boeckijn*, dimin. de *boek* « livre »; **BOUQUINER** XVII^e s.; **BOUQUINISTE** XVIII^e s. ♦ [2] **BOOKMAKER** XIX^e s. : mot angl. « faiseur de carnets (de paris, sur les champs de courses) »; le 1^er élément est l'équivalent angl. du néerl. *boek*.

**BOURBE** famille d'une rac. ind.-eur. **bher* « bouillonner » représentée :
En latin par (a) *fermentum* « ferment », issu de **bher-men-tom*; (b) *fervere* « bouillir », *fervescere* « se mettre à bouillir », *fervor* « bouillonnement ».
En celtique : on peut reconstituer un gaulois **borvo* ou **borva* « source bouillonnante ».

I. mots populaires issus du gaulois

♦ [1] **BOURBE** XII^e s. : **borva*; (→ les toponymes BOURBON, LA BOURBOULE qui ont le même étymon); **BOURBEUX** XVI^e s.; **BOURBIER** XIII^e s.; **BOURBILLON** XVII^e s.; **EMBOURBER** XIII^e s. ♦ [2] **BARBOTER** XII^e s., signifie aussi « murmurer », XIX^e s., argot, « voler » : var. de l'anc. fr. *bourbe-*

*ter*; **BARBOTE** XIII^e s.; **BARBOTINE** XVI^e s., pâte délayée servant à fabriquer des objets de céramique par coulage; **BARBOTEUSE** XIX^e s. ♦ [3] **BARBOUILLER** XIV^e s., a une var. dial. *bourbouiller* qui permet de le rattacher à *bourbe*; les formes voisines it. *borbogliare* et esp. *borbollar* ne viennent pas nécessairement du fr. et peuvent être des formations indépendantes, tous ces mots ayant une forte valeur onom. **BARBOUILLEUR** XV^e s.; **BARBOUILLAGE** XVI^e s.; **DÉBARBOUILLER** XVI^e s.; **EMBARBOUILLER** XVI^e s.

**II.** mots savants issus du latin

♦ [1] **FERMENT** XIV^e s. : *fermentum*; **FERMENTER** XIII^e s.; **FERMENTATION** XVI^e s. ♦ [2] **FERVEUR** XII^e s. : *fervor* au sens fig. de « ardeur »; **FERVENT** XII^e s. : *fervens*, part. présent de *fervere*. ♦ [3] **EFFERVESCENCE** XVII^e s., XVIII^e s., sens fig. : formé d'après le lat. *effervescere*; **EFFERVESCENT** XVIII^e s.

**BOURDAINE** (pop.) XIII^e s. : mot obscur; cette plante a été aussi appelée *pastel bourd*, c.-à-d. « bâtard », ce qui oriente vers le lat. *burdus* « mulet »; mais il existe une var. dial. *borzaine*, qu'on rapproche du basque *burgi*, lequel pourrait remonter à une forme pré-indo-européenne **burgena*; on a proposé aussi un gaulois **eburijena*, tiré du breton *evor* « bourdaine », auquel on rattache le nom propre gaulois *Eburos*.

**BOURDE** ♦ [1] (pop.) XII^e s. « mensonge, plaisanterie », var. dial. *borde* « fétu de paille », apparenté à dial. *bourre* « flocon de laine, fétu, coquille, etc. » et métaphoriquement « mensonge » : lat. **burrita* dér. de *burra* (→ art. BOURRE); **BOURDON,** syn. de *coquille* « erreur typographique » XVII^e s. ♦ [2] **CALEMBOUR** XVIII^e s., doit être un dér. de *calembourder*, dér. de *bourder*, dont le 1^er élément peut ou bien être un élargissement du préfixe *ca-*, ou bien remonter au néerl. *kallen* « bavarder ». ♦ [3] **CALEMBREDAINE** XVIII^e s. altération du dial. *calembourdaine*, dér. de *calembour*, avec influence du dial. *bredin* « étourdi », *berdaine* « bavardage », de la famille de *bredouiller*.

1. **BOURDON** (de pèlerin) ♦ [1] (pop.) XIII^e s. : lat. vulg. **burdo, -onis*, du lat. class. *burdus* « mulet »; emploi métaph. pour désigner un objet sur lequel on s'appuie (comme *poutre, sommier*). ♦ [2] **BOURSAULT** (pop.) XVI^e s. : composé de l'anc. fr. *bourd* « bâtard », du lat. *burdus-* « mulet », et de *saus*, du lat. *salix -icis* « saule », → BOURDAINE. ♦ [3] **LAMBOURDE** (pop.) XIII^e s., mot composé de l'anc. fr. *laon* « planche » : frq. **ladho*, et *bourde* « poutre », du lat. **burdo*; la *lambourde* est une poutre sur laquelle s'appuie le plancher.

2. **BOURDON** XIII^e s. « insecte » et « tuyau de cornemuse » : formation onom.; mais on ne peut dire s'il s'agit de deux formations distinctes ou si l'un des deux mots — et lequel — est un emploi fig. de l'autre; **BOURDONNER** XIII^e s. ; **FAUX-BOURDON** XIV^e s., mus.; **BOURDONNEMENT** XVI^e s.

**BOURG** famille du germ. **burgs*, latinisé en *burgus* « château fort »; représenté par le fr. *bourg*, l'it, *borgo*, l'all. *Burg*.

♦ [1] **BOURG** (pop.) XI^e s. : *burgus*; **FAUBOURG** XIV^e s. : altération, sous l'influence de *faux*, de *fors bourg* XII^e s. « bourg situé en dehors des remparts », → DEHORS **I**, 2; **FAUBOURIEN** XIX^e s. ♦ [2] **BOURGADE** XV^e s. : it. *borgata*, ou prov. *borgada*, même origine. ♦ [3] **BOURGEOIS** XI^e s. « habitant d'un bourg », puis « citoyen d'une ville franche » par opposition à la fois aux nobles et aux manants, XIX^e s., sens péjoratif; **PETIT-BOURGEOIS** XIX^e s.; **BOURGEOISIE** XIII^e s.; **BOURGEOISEMENT** XVII^e s.; **EMBOURGEOISER** XIX^e s.; **EMBOURGEOISEMENT, DÉSEMBOURGEOISER** XX^e s. ♦ [4] **BOURGMESTRE** XIV^e s. : moyen all. *Burgmeister* « maître du bourg ». ♦ [5] **BURG** XIX^e s. : mot all.; **BURGRAVE** XV^e s. : all. *Burggraf* « comte d'un bourg ».

**BOURLINGUER** (pop.) XVIII^e s. mar. « avancer contre le vent », XIX^e s. argot « voyager beaucoup » dér. de *bourlingue* « petite voile en haut du mât » p.-ê du lat. **burrula* dim. de *burra* « flocon de laine, fétu, coquille de noix, etc. » (→ BOURRE).

**BOURRASQUE** représentants du gr. *boreas* « vent du nord », empr. par le lat.

♦ [1] **BOURRASQUE** XVI^e s. : it. *burrasca*, var. *burasca*, dér. de *boreas*. ♦ [2] **BORA** XIX^e s. : it. dial., région de Trieste, du lat. *boreas*. ♦ [3] **BORÉE** (sav.) XV^e s., nom littéraire du vent du nord : id.; **BORÉAL** XIV^e s. : lat. *borealis*, dér. de *boreas*; **HYPERBORÉEN** XVIII^e s. : dér. du lat. *hyperboreus* « de l'extrême Nord ».

**BOURRE** famille entièrement pop. du lat. *bŭrra* « laine grossière », qui comportait en lat. vulg. une var. **būra* et plusieurs dér. tels que **burrio, -onis* et **burrica*. *Reburus* IV^e s. « aux cheveux retroussés », doit aussi être rattaché à *burra*.

I. famille de *bŭrra*

♦ [1] **BOURRE** XIII$^{e}$ s. : *bŭrra*; **BOURRU** XVI$^{e}$ s. « grossier comme de la bourre ». ♦ [2] **BOURRER** XIV$^{e}$ s. « emplir de bourre » et « maltraiter » : doit être une forme abrégée de l'anc. fr. *embourrer* XII$^{e}$ s.; **REMBOURRER** XII$^{e}$ s. : dér. de *embourrer*; **DÉBOURRER** XIV$^{e}$ s.; **BOURRAGE** XV$^{e}$ s., XX$^{e}$ s. *bourrage de crâne*; **REMBOURRAGE** XVIII$^{e}$ s.; **BOURRELET** XIV$^{e}$ s.; **BOURRELIER** XIII$^{e}$ s.; **BOURRELLERIE** XIII$^{e}$ s. : dér. de *bourreler* au sens de « bourrer », lui-même dér. de ce verbe. ♦ [3] **BOURRÉE** XIV$^{e}$ s. « fagot », XVI$^{e}$ s., danse, à l'origine autour d'un feu de joie : part. passé fém. de *bourrer* au sens de « serrer », « tasser ». ♦ [4] **BOURREAU** XIV$^{e}$ s., **BOURRADE** et **BOURRELER** XVI$^{e}$ s. (v. fr. mod. *bourrelé de remords*) : de **BOURRER** au sens de « maltraiter ». ♦ [5] **BOURRACHE** XIII$^{e}$ s. « plante poilue » : p.-ê. lat. **burracea*, doublet pop. du lat. méd. *borrago*.

II. famille de *būra*

♦ [1] **BURE** XII$^{e}$ s. : *būra* ♦ [2] **BUREAU** XII$^{e}$ s. « sorte d'étoffe », XIII$^{e}$ s. « tapis de table », XVI$^{e}$ s. « table à écrire », XVII$^{e}$ s. « pièce où se trouve cette table », XVIII$^{e}$ s.-XX$^{e}$ s. sens modernes : **BURALISTE** XVII$^{e}$ s.; **BUREAUCRATE, -TIE, -TIQUE,** XVIII$^{e}$ s.

III. représentants des dérivés latins

♦ [1] **BOURGEON** (pop.) XII$^{e}$ s. : **bŭrrio, -onis*, certains bourgeons étant duveteux; **BOURGEONNER** XII$^{e}$ s.; **ÉBOURGEONNER** XIV$^{e}$ s.; **ÉBOURGEONNEMENT** XVI$^{e}$ s.; **BOURGEONNEMENT** XVII$^{e}$ s. ♦ [2] **BOURGERON** XIX$^{e}$ s. : dér. de l'anc. fr. *bourge* « tissu grossier », de **bŭrrica*. ♦ [3] **BOURRICHE** XVI$^{e}$ s. : mot dial., p.-ê. picard, représente un type **bŭrricia*; il s'agit d'un panier grossier et rude au toucher; **BOURRICHON** XIX$^{e}$ s. « tête » : dimin. de *bourriche* employé par métaph. ♦ [4] **REBOURS (À)** (pop.) XII$^{e}$ s. : lat. vulg. **rebŭrsus*, altération de *rebŭrrus*, p.-ê. sous l'influence de *reversus* « renversé ». ♦ [5] **REBROUSSER** XVI$^{e}$ s.; altération de l'anc. fr. *rebourser* XII$^{e}$ s., dér. de *rebours*, p.-ê. sous l'influence de *trousser*; **REBROUSSEMENT** XVII$^{e}$ s.; **À REBROUSSE-POIL** XVII$^{e}$ s. ♦ [6] **ÉBOURIFFÉ** XVII$^{e}$ s. : prov. *esbourifat* « aux cheveux hirsutes et emmêlés comme de la bourre »; terminaison obscure; **ÉBOURIFFANT** XIX$^{e}$ s.

**BOURSE** ♦ [1] (pop.) XII$^{e}$ s. « petit sac », XVI$^{e}$ s. « pension de collégien » et « lieu où se font les opérations financières », ne devient usuel en ce sens qu'au XVIII$^{e}$ s. : bas lat. *bursa* du gr. *bursa* « outre »; au troisième sens, contamination entre l'expression *monnaie courant en bourse*, c.-à-d. « monnaie ayant cours au moment du paiement » XIV$^{e}$ s. et l'*hôtel Van der Burse*, ou simplement *bourse* de Bruges, demeure de banquiers vénitiens du XIV$^{e}$ s. nommés *della Borsa*, établis dans cette ville, où étaient reçus et se rencontraient les marchands étrangers et dont la façade était ornée de trois bourses; **BOURSIER** XIII$^{e}$ s. « fabricant de bourses », XVI$^{e}$ s. « boursier de collège » et, adj., sens financier. ♦ [2] **BOURSETTE** XIV$^{e}$ s., botanique. ♦ [3] **EMBOURSER** XII$^{e}$ s.; **DÉBOURSER** XIII$^{e}$ s.; **REMBOURSER** XV$^{e}$ s.; **DÉBOURS** XVI$^{e}$ s.; **REMBOURSEMENT, REMBOURSABLE** XV$^{e}$ s. ♦ [4] **BOURSICOT** XIII$^{e}$ s.; **BOURSICOTER** XVI$^{e}$ s. « économiser », XIX$^{e}$ s. « jouer à la bourse »; **BOURSICOTEUR** XIX$^{e}$ s.; **BOURSICOTAGE** XX$^{e}$ s.

**BOUSE** (pop.) XII$^{e}$ s. avec var. et dér. dial. signifiant « personne obèse », « objet renflé » : p.-ê. **bobōsa* formé sur la rac. *bob-* (→ BOBINE), avec infl. pour le sens de *bovis* « bœuf »; **BOUSIER** XVIII$^{e}$ s.; **BOUSILLER** XVI$^{e}$ s. « construire en torchis », XVII$^{e}$ s. « travailler mal »; **BOUSILLEUR** XV$^{e}$ s.; **BOUSILLAGE** XVI$^{e}$ s.

**BOUT** et **BOUTER** ensemble de mots reposant sur des étymons germ. p.-ê. divers mais étroitement associés en franç.

I. BOUT

♦ [1] (pop.) XII$^{e}$ s., au sens de « extrémité », peut ne pas être, contrairement à l'étym. habituellement reçue, un dér. de *bouter* « frapper ». Ce n'est pas la seule solution possible au point de vue de la forme. On a proposé aussi un frq. **but*, frison oriental *bot* « frontière », « but ». Néanmoins, divers mots indiquant l'idée de mesure expriment aussi celle de « frapper » (→ en particulier COUP). **À TOUT BOUT DE CHAMP** est p.-ê. un développement de l'anc. fr. *tot a bot* XII$^{e}$ s. « tout à fait », « jusqu'à la fin »; **DEBOUT** XVI$^{e}$ s., sens mod. : anc. fr. *de bout* « à la fin » et « bout à bout », « tête à tête ». ♦ [2] **ABOUTER** et **ABOUT** XIII$^{e}$ s.; var. **ABOUTIR** XIV$^{e}$ s.; **ABOUTISSEMENT** XV$^{e}$ s.; **ABOUTISSANT** XVIII$^{e}$ s.; **RABOUTER** XVIII$^{e}$ s. ♦ [3] **EMBOUT** XIX$^{e}$ s. : dérivé de *embouter* XVI$^{e}$ s. « munir le bout d'un objet d'une bague métallique »; **EMBOUTIR** XIV$^{e}$ s. « façonner par le bout, étirer », XX$^{e}$ s. « heurter violemment » : var. de *embouter*; **EMBOUTISSAGE, EMBOUTISSOIR** XIX$^{e}$ s.

II. BOUTER

♦ [1] (pop.) XI$^{e}$ s. « frapper » et « germer » : frq. **bŭtton* « frapper » ou bien **bôtan* « enfoncer, mettre avec force », tardivement introduit en

Gaule. Ce verbe, répandu dans toute la France du Nord, a partiellement éliminé et cantonné dans un sens spécialisé *pondre*, représentant du lat. *ponere*. L'anc. fr. *bout* au sens de « coup » est évidemment dér. de *bouter*. ♦ [2] **BOUTE-FEU** XIVe s. ; **BOUTE-EN-TRAIN** XVIIe s. ; **ARC-BOUTANT** XIVe s., où *bouter* a le sens de « pousser », d'où **ARC-BOUTER** XVIIe s., **S'ARC-BOUTER** XVIIIe s. ♦ [3] **DÉBOUTER** Xe s. « repousser » ; **REBOUTER** XIIe s. « remettre », d'où **REBOUTEUR** XVe s., prononcé *rebouteux*. ♦ [4] **BOUSCULER** XVIIIe s. : altération de l'anc. fr. *bouteculer* XIIIe s. « pousser au cul », p.-ê. sous l'influence de *basculer* ; **BOUSCULADE** XIXe s. ♦ [6] **BOUTOIR** XIVe s. ♦ [7] **BOUTADE** XVIe s. « attaque », puis « pointe qu'on pousse », au fig. : remplace l'anc. fr. *boutée*. ♦ [8] **BOUTURE** XVe s., botanique, « pousse », XVIIe s., sens mod. ; **BOUTURER, BOUTURAGE** XIXe s. ♦ [9] **BOUTON** XIIe s. « bourgeon », « bouton de la peau » (métaph. du premier), et « bouton d'habit » ; **BOUTONNER** XIIe s. « bourgeonner », puis « attacher avec un bouton » ; **DÉBOUTONNER** XVe s. ; **BOUTONNIÈRE** XIVe s., XVIIIe s., chirurgie, « incision » ; **BOUTONNAGE, DÉBOUTONNAGE, BOUTON-PRESSION** XXe s. ; **BOUTONNEUX** XVIe s. ♦ [9] **BOTTE** (de paille) XIVe s. : moyen néerl. *bote* « touffe de lin », se rattache à la famille de mots germ, signifiant « frapper » et désigne la quantité de céréales ou de plantes textiles qu'on peut battre en une fois ; **BOTTELER, BOTTELEUR** XIVe s. ♦ [10] **BOTTE** (d'escrime) : it. *botta* « coup », dérivé de l'it. septentrional *bottare*, équivalent de l'it. *buttare* « frapper », forme parallèle au fr. *bouter*, introduite en Italie par le gotique.

**BOUTEILLE** ♦ [1] (pop.) XIIIe s. : lat. vulg. **bŭttĭcŭla*, dimin. du bas lat. *buttis* « tonneau », d'origine obscure, encore représenté en anc. fr. par *boute* XIIe s. et *botte* XVe s. « tonneau » ; a pris le sens de « récipient de verre » dans la France du Nord, où cette industrie était plus développée qu'ailleurs. Les formes méridionales, it. et esp. correspondantes désignent à l'origine des cruches de terre. **BOUTEILLER** XIIe s. « échanson ». ♦ [2] **EMBOUTEILLER** XIXe s. « mettre en bouteille un liquide », XXe s. « obstruer un carrefour » ; **EMBOUTEILLAGE** XXe s.

**BOXE** XVIIe s. : angl. *box* « coup », d'origine inconnue ; **BOXER** et **BOXEUR** fin XVIIIe s.

**BOYAU** famille du lat. *botŭlus* « boudin » et de son diminutif *botĕllus* « saucisse ».

**I.** mots populaires

♦ [1] **BOYAU** XIe s., sous les formes *boel, boiel*, dont boyau est l'aboutissement phonétique : *botĕllus* ; il existait aussi en anc. fr. une forme fém. *boele* ; **BOYAUDIER** XVIIe s. ; **BOYAUDERIE** XIXe s. ♦ [2] **ÉBOULER** XIIe s. « éventrer », XIIIe s. « faire tomber » : dér. de *boel* ; **ÉBOULEMENT** XVIe s. et **ÉBOULIS** XVIIe s. ont subi l'infl. de *boule*. ♦ [3] **TOURNEBOULER** XVIe s. : dér. de l'anc. fr. *tourneboele* « culbute », composé de *tourner* et de *boele*. ♦ [4] **ÉCRABOUILLER** XVe s. : anc. fr. *esbouiller* var. de *ébouler*, « éventrer », croisé avec *écraser*, d'une forme *boille*, parallèle à *boele*, issue de **botŭla*.

**II.** mots savants

**BOTULISME** XXe s. « empoisonnement causé par des viandes avariées » ; **BOTULIQUE** XXe s.

**BRACHY-** ♦ [1] (sav.) XIXe s.-XXe s. : gr. *brakhus* « court », dont le rapport avec le lat. *brevis* (→ BREF) est possible mais non certain ; sert de 1er élément à des composés savants tels que **BRACHYCÉPHALE** XIXe s., **BRACHYPTÈRE** XIXe s., etc. ♦ [2] **-BRAQUE** : 2e élément du composé savant **TRIBRAQUE** XIXe s. subst. masc., métrique : gr. *tribrakhus* « pied comportant trois brèves ».

**BRADER** (pop.) XIXe s., mot dial. du Nord : néerl. *braden* « rôtir » et « gaspiller » ; **BRADERIE** XIXe s., à l'origine, à Lille, vente à vil prix d'objets usagés.

**BRADY-** (sav.) : gr. *bradus* « lent », dont le rapport avec le lat. *gurdus* (→ GOURD), est possible mais non certain ; sert de 1er élément à des composés sav., en particulier dans la langue médicale, ex. : **BRADYPEPSIE** XVIe s., **BRADYCARDIE** XXe s., etc.

**BRAIE** ♦ [1] (pop.) XIIe s. : lat. *braca*, empr. au gaulois, « sorte de pantalon » ; éliminé plus tard par *chausses, haut-de-chausses, culotte*. ♦ [2] **EMBRAYER** XVIIIe s. : dér. de *braie*, encore que le lien sémantique ne soit pas clair. D'une part, on trouve au XVIIe s. *braie* avec le sens de « traverse de bois qu'on met sur le palier d'un moulin », métaph, obscure de *braie* « pantalon », à supposer qu'il s'agisse bien du même mot ; **EMBRAYER** pourrait donc signifier à l'origine « serrer cette traverse ». D'autre part, deux dér. anciens, *braiel* « ceinture qui soutient les braies » et *braier* « courroie », « cordage », permettent de supposer que *braie* a pris le sens, non attesté, il est vrai, de « courroie » ; **EMBRAYER** serait alors « relier par une courroie de transmission ». **EMBRAYAGE, EMBRAYEUR** XXe s. ; **DÉSEMBRAYER** XIXe s., éliminé par **DÉBRAYER** XIXe s. ; **DÉBRAYAGE**

XIXe s. ♦ [3] **BRAGUETTE** XVIe s. : dimin. de *brague*, du prov. *brago* « braie », de *braca*.

**BRAIRE** ♦ [1] (pop.) XIe s. « crier en pleurant », XVIIe s., sens limité au cri de l'âne : lat. vulg. **bragĕre*, p.-ê. d'origine gauloise ; **BRAIMENT** XIIe s. ♦ [2] **BRAILLER** (pop.) XIIIe s. : **bragŭlare*, dérivé de **bragere* ; **BRAILLEUR, BRAILLARD, BRAILLEMENT** XVIe s.

**BRAISE** famille pop. du lat. vulg. **brasa*, empr. à un type germ. *bras-* « charbon incandescent » représenté en particulier en gotique et en scandinave.

**I.** base à voyelle *è, é*

♦ [1] **BRAISE** XIIe s. : **brasa* ; **BRAISIÈRE** XVIIIe s. ; **BRAISER** XVIIIe s. ; **BRAISETTE** XIXe s. ♦ [2] **BRÉSIL** XIIe s. « bois de teinture colorant en rouge » ; la forme correspondante en esp. et en port. est *brasil*, qui a fourni le nom d'une région d'Amérique du Sud où ce bois est abondant.

**II.** base à voyelles *a* (dér. anciens accentués sur le suff.)

♦ [1] **BRASIER** XIIe s. ; **BRASILLER** XIIIe s. ; **EMBRASER** XIIe s. ; **EMBRASEMENT** XIIe s. ♦ [2] **EMBRASURE** XVIe s. « ouverture par où on tirait le canon » : ce sens permet d'y voir un dér. d'*embraser* ; **ÉBRASER** et **ÉBRASEMENT** XVIIe s., archit. : formes altérées d'*embraser* au sens de « faire une embrasure » et *embrasement*, pour éviter une homonymie gênante. ♦ [3] **BRASERO** XVIIIe s. : équivalent esp. de *brasier*.

**BRAMER** (pop.) XVIe s. : prov. *bramar*, du germ. **brammôn* « mugir » ; **BRAMEMENT** XVIIIe s.

**BRAN** ♦ [1] (pop.) XIIe s., sous la forme *bren* « son », XVe s. « déchets, excréments » : lat. vulg. **brennus* « son », d'origine obscure, p.-ê. gauloise. ♦ [2] **BRENEUX** XIVe s. ; **ÉBRENER** XIIIe s. ; **EMBRENER** XVIe s. : dér. de *bren*. ♦ [3] **BERNER** XVe s. « faire sauter dans une couverture », XVIe s. « duper », XVIIe s. « vanner le blé » : forme métathétique de *brener*, dér. de *bren* ; le 1er sens est sans doute un emploi métaph. du 3e, qui doit être en fait antérieur au XVIIe s. ; le 2e peut se rattacher à l'un ou à l'autre des sens de *bren* ; **BERNE** XVIe s. « couverture » : dér. de *berner*. ♦ [4] **BERNIQUE !** XVIIIe s. : forme dial. normande ou picarde tirée de *emberniquer* « salir », *débarniquer* « débarbouiller », dér. de *bren* ; une forme *berniquet* est attestée au XVIIe s.

**BRANCHE** ♦ [1] (pop.) XIe s. : bas lat. *branca* « patte », p.-ê. d'origine gauloise ; **BRANCHU** XIIe s. ; **BRANCHETTE** XIVe s. ; **BRANCHAGE** XVe s. ♦ [2] **BRANCHER** XVIe s. « pendre à une branche », « se percher », XIXe s. « établir des ramifications » ; **BRANCHEMENT** XVIe s., id. ; **ÉBRANCHER** XIIe s. ; **ÉBRANCHEMENT** XVIe s., **ÉBRANCHAGE** XVIIIe s. ; **DÉBRANCHER, DÉBRANCHEMENT** XIXe s. ; **EMBRANCHER** XVIIIe s., **EMBRANCHEMENT** XVe s. ♦ [3] **BRANCARD** XVIe s. : dér. de *branque*, équivalent normanno-picard de *branche* ; **BRANCARDIER** XVIIe s.

**BRANCHIES** (sav.) XVIIe s. emprunté au gr. *branchiae* ; **BRANCHIAL, BRANCHIOPODE** XIXe s.

**BRANDIR** famille pop. du germ. **brand* « tison » et, métaph. « lame d'épée » (→ all. *brennen* « brûler »), p.-ê. apparenté à **bras-*, → BRAISE.

**I.** mots se rattachant au sens d'*« épée »*

♦ [1] **BRANDIR** XIe s. : dér. de l'anc. fr. *brand* « épée ». ♦ [2] **BRANLER** XIe s. : var. contractée de l'anc. fr. *brandeler*, dim. de *brandir* ; **BRANLE** XIIe s., XVe s. « danse » ; **BRANLE-BAS** XVIIe s. ; **ÉBRANLER** XVIe s. ; **ÉBRANLEMENT** XVIe s. ; **INÉBRANLABLE** XVIIe s. ♦ [3] **BRANDADE** XVIIIe s. : prov. *brandado* « chose remuée ». ♦ [4] **FARANDOLE** XVIIIe s. : prov. *farandoulo*, p.-ê. altération, sous l'influence de *flandriná* « flâner », du languedocien *barandello*, même danse, dér. de *branda* « branler », « danser ».

**II.** mots se rattachant au sens de *« tison »*.

♦ [1] **BRANDE** XIIIe s. « bruyère, fougère », végétaux de peu de prix qu'on brûlait pour défricher : de l'anc. fr. *brander* « brûler » dér. du germ. **brand* ; **BRANDON** XIIe s. : dér. de **brand*. ♦ [2] **BRANDEVIN** XVIIe s. : néerl. *brandewijn* « vin brûlé ». ♦ [3] **BRANDY** XIXe s. : mot angl., dér. de *to brand* « brûler ».

**BRAQUE** ♦ [1] XIIIe s., subst., « chien », XIXe s., adj., sens fig. : it. *bracco*, du germ. **bracco* « chien de chasse ». ♦ [2] **BRACONNER** XVIIIe s., **BRACONNIER** XIIe s. « dresseur de braques », XVIIe s., sens mod., **BRACONNAGE** XIIe s., puis XIXe s. : dér. de *bracon* attesté en anc. fr. et surtout en anc. prov., de **brakko*. ♦ [3] **BRACHET** XIIe s. : dér. ancien de **brakko*.

**BRAQUEMART** XIVe s. : étym. obsc., soit néerl. *breecmes* « coutelas », soit it. *bergamasco* « épée de Bergame » ; **BRAQUET** XVIIe s., épée, XIXe s., techn. : dimin. de *braquemart*.

**BRAS** famille du lat. *bracchium* empr. au gr. *brakhiôn*.

I. mots populaires

♦ [1] **BRAS** XI^e s. : lat. vulg. **bracium* : lat. class. *bracchium*; **BRACELET** XII^e s. « petit bras », XIV^e s., bijou : dimin. de *bras*; **AVANT-BRAS** XIII^e s. ♦ [2] **BRASSE** XI^e s., XIX^e s. natation, plur. *bracchia* « les deux bras ». ♦ [3] **BRASSÉE** XII^e s., **BRASSIÈRE** XIII^e s. : dér. de *bras* avec influence de *brasse*. ♦ [4] **BRASSARD** XVI^e s. : altération de *brassal* XVI^e s., de l'it. *bracciale*, dér. de *bracchio* « bras », de *bracchium*. ♦ [5] **EMBRASSER** XI^e s. « prendre dans ses bras », XVII^e s. « donner un baiser »; **EMBRASSEMENT** XII^e s.; **EMBRASSADE** XVI^e s.; **EMBRASSE** XIV^e s. ♦ [6] **BRAQUER** XVI^e s. : **brachicare*, de **brachiare*, **BRASSER**, mar. « orienter les vergues au moyen de cordages appelés *bras* ». ♦ [7] **BRETZEL** XIX^e s. : mot all. désignant une pâtisserie ayant la forme de deux bras entrelacés, dér. de *bracchium*.

II. mots savants : **BRACHI(O)-** : gr. *brakhiôn*, premier élément de composés sav. : **BRACHIALGIE** XX^e s.; **BRACHIOPODE** XIX^e s., etc.

**BRASSER** (pop.) XII^e s. « faire de la bière », a pris, au cours de son évolution, divers sens fig. qui l'ont rapproché de *bras* : lat. vulg. **braciare*, dér. du lat. *braces*, mot p.-ê. d'origine gauloise représenté en anc. fr. par *brais* « orge préparé pour faire la bière » : **BRASSERIE, BRASSEUR** XIII^e s.; **BRASSAGE** XIV^e s.

**BRAVE** famille du gr. *barbaros* « barbare, qui ne parle pas le grec », mot onom. imitant un bredouillement, empr. par le lat. : *barbarus* « barbare, sauvage », lat. vulg. **brabus*.

I. mots empruntés à l'italien

♦ [1] **BRAVE** XIV^e s. « valeureux », à partir du XVII^e s. *brave homme* « homme de bien », sens de plus en plus affaibli : *bravo*, de **brabus*; **BRAVEMENT** XV^e s.; **BRAVER** XVI^e s. ♦ [2] **BRAVADE** XV^e s.; **BRAVACHE** XVI^e s.; **BRAVOURE** XVII^e s. : it. *bravata, bravaccio, bravura*, dér. de *bravo*. ♦ [3] **BRAVO, BRAVISSIMO** XVIII^e s. : mots it.; le 2^e est le superlatif de l'autre; qualificatifs appliqués aux auteurs de quelque performance, comédiens et chanteurs en particulier. ♦ [4] **BARBARESQUE** XVI^e s. : it. *barbaresco*, adj. appliqué aux populations musulmanes des pays méditerranéens : dér. de *barbarus*. ♦ [5] **BARBE** (cheval) : forme abrégée de l'it. *barbero*, de *barbarus* : cheval arabe.

II. mots empruntés au latin

**BARBARE** (sav.) XIV^e s. : *barbarus*; **BARBARIE** XIV^e s. : *barbaria*; **BARBARISME** XIII^e s. : *barbarismus*, empr. au gr.

**BREBIS** famille du lat. class. *vervex, -ecis* « bêlier », lat. vulg. **berbix, -icis*, d'où **berbicale* « bergerie » et *berbicarius* « berger » IX^e s.

♦ [1] **BREBIS** XI^e s. : **berbix, -īcis* a éliminé l'anc. fr. *ouaille*, du lat. *ovĭcŭla*, dimin. de *ovis* « ovin ». ♦ [2] **BERCAIL** XIV^e s., mot normanno-picard : **berbicale*, avec changement de suff.; var. anc. *bercil, bergil*, de **berbicīle*. ♦ [3] **BERGER** XII^e s. : *berbicarius*; **BERGÈRE** XII^e s., XVIII^e s. « fauteuil »; **BERGERIE** XII^e s.; **BERGERONNETTE** XIII^e s., oiseau.

**BRÉCHET** XIV^e s. : moyen angl. *brisket*, apparenté au germ. *brust* « poitrine » et anc. scandinave *brjosk* « cartilage ».

**BREF** famille du lat. *brevis* « court », d'où *abbreviare* « raccourcir », *breviarium* « sommaire », et **brevima (dies)*, ancienne forme de superlatif contractée en *brūma* « le jour le plus court de l'année, le solstice d'hiver ».

I. mots populaires

♦ [1] **BREF** XII^e s., sous la forme *brief*, adj. et subst. au sens d'« écrit sommaire », « rescrit » : *brĕvis*. ♦ [2] **BRIEFING** XX^e s. : mot angl. dér. de *brief*, empr. à l'anc. fr. ♦ [3] **BREVET** XIII^e s. sous la forme *brievet* : dimin. de *brief*; **BREVETER** XVIII^e s. ♦ [4] **BRIÈVETÉ** XIII^e s.; **BRIÈVEMENT** XII^e s. : dér. de *brief*. ♦ [5] **ABRÉGER** XII^e s. : *abbreviare*; **ABRÉGÉ** XIV^e s. subst. masc. ♦ [6] **BRUME** XIV^e s. : prov. *bruma*, du lat. *brūma*, d'où **BRUMEUX** XVIII^e s.; **EMBRUMER** XV^e s.; **BRUMAIRE** XVIII^e s. ♦ [7] **EMBRUN** XVI^e s., rare jusqu'au XIX^e s. : mot prov. tiré de *embrumá* « bruiner », équivalent du fr. *embrumer*. ♦ [8] **BRIMER** XIX^e s., argot « tourmenter » : dér. du dial. de l'Ouest *brime* « gelée », var. de *brume*; **BRIMADE** XIX^e s.

II. mots savants

♦ [1] **BRÉVIAIRE** XIII^e s. : *breviarium*. ♦ [2] **BRIMBORION** (demi-sav.) XV^e s. « prière marmottée », XVII^e s. « objet sans valeur » : altération, sous l'influence de *bribe, brimbe*, de *bréviarion*, prononciation ancienne de *breviarium*. ♦ [3] **ABRÉVIATION** XIV^e s. : *abbreviatio*; **ABRÉVIATEUR** XIV^e s. « rédacteur de brefs », XVII^e s., sens mod.; **ABRÉVIATIF** XV^e s.

**BRELAN** ♦ [1] (pop.) XII^e s. « table à jouer », « maison de jeu » : anc. haut all. *bretling* « petite table », « planche »; **BRELANDER** XV^e s. ♦ [2] **BERLINGOT** XVII^e s. : it. *berlingozzo*, littéralement « bonbon fabriqué sur une table », dér. de *berlengo* « table », de *bretling*, équivalent du fr. *brelan*.

**BRIBE** ♦ [1] XIV^e s., var. *brimbe* « objet insignifiant », XVII^e s. « morceau de pain », en relation avec les verbes *briber, brimber* « mendier »

XIV^e s. : origine obscure, p.-ê. onom. (→ BOBINE). ♦ [2] **BIRBE** XIX^e s. « vieux mendiant », puis « vieillard » : it. *birbo* « chenapan », dér. de *birba*, mot d'argot empr. au fr. *bribe* « pain pour les mendiants ».

**BRICOLE** XIV^e s. « machine de guerre fonctionnant avec des courroies et envoyant des projectiles », d'où divers emplois figurés, XVII^e s. « courroie », « ricochet » et « bagatelles »; ce dernier sens déjà attesté au XVI^e s. : it. *briccola*, d'étym. incertaine. Peut-être germ. **brihhil*, de la famille de l'all. *brechen* « briser » (→ ENFREINDRE); p.-ê. dér. de l'it. *bricco* « mouton » (métaph. semblable dans *bélier* « machine de guerre »). **BRICOLER** XV^e s. « ricocher », « faire des zigzags », XIX^e s. « travailler imparfaitement »; **BRICOLEUR** XVIII^e s. « vagabond », XIX^e s. sens mod.; **BRICOLAGE** XIX^e s.

**BRIDE** représentants du germ. **brid* « rêne », d'où l'anc. haut all. *brittil* et le moyen haut all. *bridel*.
♦ [1] **BRIDE** XIII^e s. : *bridel*; **BRIDER** XIII^e s.; **DÉBRIDER** XV^e s.; **BRIDON** XVII^e s.; **DÉBRIDEMENT** XIX^e s. ♦ [2] **BRETELLE** XIII^e s. : *brittil*.

**BRIDGE** fin XIX^e s. « jeu », XX^e s. « appareil dentaire » : mot angl. d'origine germ., « pont »; **BRIDGER** XX^e s.; **BRIDGEUR** XIX^e s.

**BRIGADE** famille de mots it. à rad. *brig-* p.-ê. issus de got. *brikan* « briser » (→ BROYER, art. ENFREINDRE) : *brigata* « troupe » (→ pour le sens anc. fr. *route*, fr. *parti*, *détachement*), *brigante* « membre d'une troupe, pillard », et *briga* « querelle de partisans » (→ fr. *prendre parti*, *prendre à partie*).
♦ [1] **BRIGADE** XIV^e s. : *brigata*; **BRIGADIER** XVII^e s.; **EMBRIGADER**, **EMBRIGADEMENT** XVIII^e s. ♦ [2] **BRIGUE** XIV^e s. : *briga*; **BRIGUER** XV^e s. « se quereller » XVI^e s. « solliciter ». ♦ [3] **BRIGAND** XIV^e s. « soldat » et « pillard » : *brigante*; **BRIGANDAGE** XV^e s.; **BRIGANDER** XVI^e s. ♦ [4] **BRIGANTIN** XIV^e s. : *brigantino*, dimin. de *brigante*; **BRIGANTINE** XV^e s. ♦ [5] **BRICK** XVIII^e s. mot angl. abrév. de *brigantin*.

**BRILLER** fam. de gr. *bêrullos* « béryl, pierre précieuse ».
♦ [1] **BRILLER** XVI^e s. : it. *brillare*, dér. de l'it. anc. *brillo* « cristal travaillé », de *beryllus*; **BRILLANT** XVII^e s., subst. masc.; **BRILLAMMENT, BRILLANTER** XVIII^e s.; **BRILLANTINE** XIX^e s.; **BRILLANCE** XX^e s. ♦ [2] **BESICLES** (demi-sav.) XIV^e s. : anc. fr. *bericle* XII^e s., altération de *béryl*, p.-ê. d'après *escarboucle*. ♦ [3] **BÉRYL** (sav.) XII^e s. : *beryllus*; **BÉRYLLIUM** XIX^e s.

**BRIN** (pop.) XIV^e s. « rejeton, pousse » et « mèche fine » postule un **brīnos* obsc. et p.-ê. les dér. **brīnĭta* d'où *brinde* et **BRINDILLE** XVI^e s., et **brīnĭca* d'où **BRINGUE** XVIII^e s. « morceau de bois », XIX^e s. « grande fille »; **EMBRINGUER** « entraver » XX^e s.

**BRIO** XIX^e s. : mot it. « vivacité, animation » : prov. *briu* : gaulois **brigo-* « force ».

**BRISE** fin XVI^e s. « vent d'est », XIX^e s. « vent doux » : catalan *brisa*, d'étym. obsc. internationalisé par les navigateurs esp. du XVI^e s. *Pare-brise* XX^e s.

**BRISER** ♦ [1] (pop.) XI^e s. : lat. vulg. **brisare*, d'origine gauloise; **BRISANT** XVI^e s.; **BRISÉES** XIV^e s., vénerie; **BRISURE** XIII^e s.; **BRIS** XVII^e s. : dér. de *briser*; **DÉBRIS** XVI^e s. : dér. de l'anc. fr. *débriser*, intensif de *briser*. ♦ [2] **BRISE-GLACE** XVIII^e s.; **BRISE-JET** XX^e s.; **BRISE-BISE** XIX^e s.; **BRISE-LAMES** XIX^e s.; **BRISE-TOUT** XIV^e s.

**BROC** XIV^e s. : anc. prov. *broc*, du gr. *brokhis* « pot ».

**BROCANTER** XVII^e s. dér. du jargon *brocant* « bijou » XV^e s., *broquante* « bague » XVII^e s. (→ argot *broque* « bijou sans valeur ») : du néerl. *brok* XIV^e s. « morceau, pièce » (→ all. *brocko* même sens), à l'origine, mot d'argot signifiant « acheter à la pièce »; **BROCANTEUR** fin XVII^e s. « marchand de tableaux »; **BROCANTE** XVIII^e s.

**BROCHE** famille populaire du lat. *brocchus* « saillant, pointu ».

**I.** base *broch-*
♦ [1] **BROCHE** XII^e s. : lat. vulg. *brocca*, fém. subst. de *brocchus*; « chose pointue »; **BROCHET** XIII^e s. position à museau pointu; **BROCHETTE** XIII^e s. ♦ [2] **BROCHER** XI^e s. « éperonner », XIII^e s. tissage, XVII^e s. *brocher sur le tout*, XVIII^e s. reliure et « faire sans soin »; **BROCHURE** XIV^e s. tissage, XVIII^e s. reliure; **BROCHEUR** XVII^e s. « tricoteur de bas », XVIII^e s. reliure; **REBROCHER** XIII^e s., tissage XIX^e s. ♦ [3.] **EMBROCHER** XII^e s.; **DÉBROCHER** XIV^e s. « retirer de la broche », XIX^e s. reliure.

**II.** base *broc-*
♦ [1] **BROCART** ou **BROCARD** XV^e s. « cerf ou chevreuil d'un an dont les bois pointent » : dér. de *broque*, forme picarde de *broche*. ♦ [2] **BRO-**

**CARD** XV^e s. « maxime juridique » et « plaisanterie blessante » : croisement entre *broquer* « piquer, éperonner », forme picarde de *brocher*, et le lat. médiéval *Brocardus* « aphorisme de droit », altération du nom propre de *Burchardus* (Burckard, évêque de Worms au XI^e s., auteur d'un traité de droit canonique resté classique au Moyen Age); **BROCARDER** XV^e s. ♦ [3] **BROCART** XVI^e s., tissu broché : altération, sous l'influence du suff. *-ard*, de *brocat*, de l'it. *broccato* « tissu broché », équivalent du fr. *broché*; **BROCATELLE** XVI^e s. : it. *broccatello*, dimin. de *broccato*. ♦ [4] **BROCOLI** XVI^e s., espèce de chou : it. *broccoli*, plur. dimin. de *brocco* au sens de « pousse ».

**BRODEQUIN** (pop.) XV^e s., altération, sous l'influence de *broder*, à cause de la décoration de ces sortes de chaussures de l'anc. fr. *brosequin*; mot vraisemblablement apparenté à l'anc. fr. *broissequin*, « sorte d'étoffe », esp. *borceguí* « brodequin », et néerl. *broseken* « petit soulier », diminutif de *brosen*, sans qu'on puisse affirmer dans quel sens se sont faits les empr., ni quelle est l'origine commune de ces mots.

**BRODER** (pop.) XII^e s. : frq. **bruzdôn* ou **brozdôn*; **BRODERIE** XIV^e s.; **BRODEUR** XIII^e s.; **REBRODER** XVII^e s.

**BROME** (sav.) XIX^e s., métalloïde : gr. *brômos* « odeur infecte »; **BROM-** : base de nombreux dér. sav., ex. : **BROMIQUE, BROMURE, BROMHYDRIQUE** XIX^e s., etc.

**BRONCHE** (sav.) XVI^e s. : gr. *bronkhia*, neutre plur., par le lat. médical; **BRONCHIOLE** XX^e s.; **BRONCHITE** XIX^e s., par l'angl. *bronchitis*; **BRONCHIQUE** XVI^e s.; **BRONCHOPNEUMONIE** XIX^e s.

**BRONCHER** (pop.) XII^e s. : lat. vulg. **pronicare*, dér. du lat. class. *pronus* « penché en avant », croisé avec un autre mot, p.-ê. bas lat. *brunchus* XII^e s. « souche »; d'où le sens de « trébucher sur une souche ». La difficulté est que ce sens est relativement récent (XVII^e s.), alors que celui de « se pencher » est le plus ancien.

**BRONZE** XVI^e s. : it. *bronzo*, du lat. médiéval *brundium*, d'origine obscure, p.-ê. persan *biring* « cuivre », croisé avec l'it. *bronza* « brasier », d'origine germ. L'hypothèse d'une abréviation de *aes brundisium* « airain de Brundisi » est phonétiquement difficile à admettre; la forme arabe **burunz* est purement hypothétique. **BRONZER** XVI^e s., sens fig. au XX^e s.

**BROSSE** ♦ [1] (pop.) XII^e s. « broussailles », XIII^e s., sens mod. : origine obscure, p.-ê. **bruscia*, neutre plur., dér. de *bruscum* « nœud de l'érable », qui aurait pris le sens de « rejeton », ou encore d'un **broccia*, « bruyère », d'origine celtique. ♦ [2] **BROSSER** XIV^e s.; **BROSSEUR** XV^e s.; **BROSSIER** XVI^e s.; **BROSSERIE, BROSSAGE** XIX^e s. ♦ [3] **BROUSSAILLE** XVI^e s. : dér. de *brosse* « buisson », avec fermeture phonétique de l'*o* initial; **BROUSSAILLEUX, DÉBROUSSAILLER, EMBROUSSAILLER** XIX^e s. ♦ [4] **BROUSSE** XIX^e s. : p.-ê. forme abrégée de *broussaille*, ou empr. du prov. *brousso*, équivalent du fr. *brosse*, de nombreux soldats méridionaux, qui servaient dans les troupes coloniales, ayant introduit le mot en fr.

**BROUET** famille pop. du lat. vulg. **brodum*, emprunté au germ. **brod* « sauce, bouillon ».

**I.** base *brou-*

♦ [1] **BROUET** XIII^e s. : **brodĭttum*, diminutif ancien de **brōdum*, le simple étant représenté en anc. fr. par *breu*. ♦ [2] **ÉBROUER** XV^e s. « plonger dans l'eau », XVI^e s. « écumer », en parlant d'un cheval; dial. (Nord), « essanger le linge »; fr. mod., pronominal : dér. de *brouer*, normand, « émettre de l'écume », de **brodāre*, dér. de **brodum*; a pu subir l'influence d'un néerl. *uitbroeien* « nettoyer à l'eau chaude ». **ÉBROUEMENT** XVII^e s. ♦ [3] **RABROUER** XIV^e s. : dér. de *brouer* « écumer », « être furieux »; **RABROUEMENT** XVI^e s.

**II.** base *brouill-*

♦ [1] **BROUILLER** XIII^e s. : fusion du radical *brou-* et du suff. *-ouiller*; **BROUILLE** XVII^e s.; **BROUILLERIE** XV^e s.; **BROUILLAGE** XIX^e s. ♦ [2] **EMBROUILLER** XIV^e s.; **EMBROUILLEMENT** XVI^e s.; **DÉBROUILLER** XVI^e s.; **DÉBROUILLEMENT** XVII^e s.; **DÉBROUILLARD** XIX^e s.; **DÉBROUILLARDISE** XX^e s. ♦ [3] **BROUILLON** XVI^e s., adj., XVII^e s., subst., « premier état d'un écrit ». ♦ [4] **BROUILLARD** XV^e s., altération, par substitution de suff., de *brouillas* XIII^e s.; **BROUILLASSER** XVII^e s. : dér. de *brouillas*. ♦ [5] **IMBROGLIO** XVII^e s. : mot it., dér. de *brogliare*, du prov. *brolhar*, équivalent du fr. *brouiller*.

**BROUHAHA** XVI^e s. : hébreu *baruk habba* « béni soit celui qui vient (au nom du Seigneur) », passage du psaume 118 utilisé dans la liturgie juive; formule retenue pour sa forte valeur onom.

**BROUTER** famille de l'anc. fr. *brost, brout* « jeune pousse », qui se rattache au verbe germ. **brustjan* « bourgeonner ».
♦ [1] **BROUTER** XIIe s. : dér. de *brout* « pousse ». ♦ [2] **BROUTILLE** XIVe s. : dér. de *brout*. ♦ [3] **BROU** XVIe s., enveloppe de la noix : spécialisation du sens de *brout*.

**BRU** (pop.) XIIe s. : bas lat. *brūtis* emprunté au germ. **brudi* et plus particulièrement au gotique **brudis* « nouvelle mariée »; a éliminé le lat. *nurus* dans le nord de la Gaule et se trouve en fr. mod. en concurrence avec *belle-fille*.

**BRUINE** famille d'une rac. ind.-eur. **preus-* « brûler (par le froid ou par le chaud), démanger », représentée en germ. commun par une base **freus-* et en lat. par les mots *pruina* « gelée blanche », et *prurire* « avoir des démangeaisons ».
I. mots issus du latin
♦ [1] **BRUINE** (pop.) XIIe s. « gelée blanche » et « brume » : lat. vulg. **bruīna*, altération, sous l'influence de *bruma*, de *pruīna*. ♦ [2] **PRURIGO** (sav.) XIXe s. : mot lat., « démangeaison », dér. de *prurire*; **PRURIGINEUX** XVIIe s. : lat. *pruriginosus*; **PRURIT** (sav.) XIIIe s. : lat. *pruritus*, autre dér. de *prurire*.
II. mot issu du germanique
**FREEZER** XXe s., partie la plus froide d'un réfrigérateur : mot angl. dér. de *to freeze* « geler », du germ. commun **freus-*.

**BRUIRE** ♦ [1] (pop.) XIIe s. : lat. vulg. **brūgĕre*, croisement de **bragĕre* → BRAIRE et *rūgīre* → RUGIR, art. RUT, Annexe II; **BRUYANT** XIIe s., anc. part. présent remplacé par **BRUISSANT**; **BRUISSEMENT** XIVe s. ♦ [2] **BRUIT** XIIe s., sens mod. et « renommée » jusqu'au XVIIe s. : anc. part. passé; **ÉBRUITER** XVIe s.; **BRUITER, BRUITAGE, BRUITEUR** XXe s.

**BRÛLER** famille du lat. *urere, ustus* « brûler » et de ses dérivés (1) *ustulare* « brûler » verbe expressif (2) *amburere, ambustus* « brûler tout autour »; *comburere, combustus* « brûler complètement »; *combustio* « combustion ». De ces deux verbes, a été tiré, par fausse coupe, le mot *bustum* « lieu où l'on brûle les morts », « sépulture », « monument funéraire ».
I. mots populaires
♦ [1] **BRÛLER** XIIe s. : lat. vulg. **brustlāre*, altération de *ustulare* sous l'influence du frq. **brojan* « échauder »; **BRÛLAGE** XVIe s.; **BRÛLERIE** XVe s.; **BRÛLEUR** XIIIe s., XIXe s., techn.; **BRÛLIS** XIIIe s.; **BRÛLOT** XVIIe s.; **BRÛLURE** XIIIe s., ♦ [2] **BRÛLE-PARFUM** XVIIIe s.; **BRÛLE-GUEULE** XVIIIe s.; **À BRÛLE-POURPOINT** XVIIe s.
II. mots savants
♦ [1] **COMBURER** XVIe s. : *comburere*; **COMBURANT** XVIIIe s. ♦ [2] **COMBUSTION** XIIe s. : *combustio*; **COMBUSTIBLE** XIVe s.; **INCOMBUSTIBLE** XIVe s.; **COMBUSTIBILITÉ** XVIe s. ♦ [3] **BUSTE** XVIe s. : it. *busto*, du lat. *bustum* « monument funéraire (souvent orné du buste du défunt) ».

**BRUN** ♦ [1] (pop.) XIe s. : bas lat. *brūnus*, du germ. **brun* (→ all. *braun*) « brun et brillant » (comme une arme polie à la manière des Germains); **BRUNÂTRE** XVIe s.; **BRUNETTE** XIIe s. ♦ [2] **BRUNE** XVIe s. « nuit » : it. *bruna*, même origine. ♦ [3] **BRUNIR** XIe s. « polir » puis « rendre brun »; **BRUNISSAGE** XVIIe s., **BRUNISSEUR** XIVe s., **BRUNISSOIR** XVe s., **BRUNISSURE** XVe s. : dér. relatifs au sens de « polir des armes »; **BRUNISSEMENT** XXe s. : relatif à la couleur brune de la peau; **REMBRUNIR** XVIIe s. : dér. d'*embrunir* XIVe s. : sens fig. « assombrir ».

**BRUSQUE** XIVe s. « d'un caractère cassant », XIXe s. « subit », « inopiné » : it. *brusco*, nom du petit houx, employé comme adj., croisement de *ruscus* « petit houx » et *brucus* « bruyère »; **BRUSQUER** XIVe s.; **BRUSQUEMENT** XVIe s. : **BRUSQUERIE** XVIIe s.

**BRUT** (sav.) XIIIe s. et **BRUTE** XIIIe s., masc. ou fém. jusqu'au XVIIIe s., subst. au XVIIe s. : lat. *brutus, -a* « lourd, stupide »; **BRUTAL** XIVe s., **BRUTALISER** XVIe s., **BRUTALEMENT** XVe s., **BRUTALITÉ** XVIe s.; **ABRUTIR** XVIe s., **ABRUTISSEMENT** XVIe s., **ABRUTISSEUR** XVIIIe s.

**BRUYÈRE** (pop.) XIIe s. : lat. vulg. **brucaria*, dér. de *brucus* « bruyère », mot gaulois.

**BUBON** (sav.) XIVe s. : gr. *boubôn* « aine », « tumeur dans l'aine », « abcès, en général »; **BUBONIQUE** XIXe s.

**BÛCHE** ♦ [1] (pop.) XIIe s. : lat. vulg. **busca*, neutre plur. formé sur le germ. **busk* « tige de bois », qui a dû avoir aussi le sens de « forêt », comme le montrent certains dér. **BÛCHER** XIIe s., subst. masc.; **BÛCHETTE** XIIe s. ♦ [2] **BÛCHER** XIIIe s. « frapper », XVe s. « abattre du bois », XIXe s. « travailler dur »; **BÛCHAGE, BÛCHEUR** XIXe s.; → art. BOIS 5, BÛCHERON, qui a subi l'influence de **BÛCHER**. ♦ [3] **EMBÛCHE**

XII^e s. : dér. de *s'embûcher* « se mettre en embuscade dans un bois », dér. de *bûche* au sens de « forêt »; **DÉBUCHER** XII^e s. : même formation; antonyme de *embûcher*. ♦ [4] **EMBUSQUER** et **EMBUSCADE** XV^e s. : réfection de *embûcher* et *embûche* sous l'influence de l'it. *imboscare*, *imboscata*, de même sens, dér. de *bosco*, « bois »; **DÉBUSQUER** XVI^e s., peut avoir été refait d'après *embusquer* ou être empr. au prov. *desbusca*, équivalent du fr. *débucher*. ♦ [5] **BUSC** XVI^e s. : it *busco* « bûchette », équivalent du fr. *bûche*; **BUSQUER** XVI^e s. « garnir d'un busc »; **BUSQUÉ** XVIII^e s., adj.

**BUÉE** (pop.) XIII^e s. « lessive » jusqu'au XVIII^e s., XIV^e s. « vapeur d'eau » : part. passé subst. de l'anc. fr., dial. *buer* « faire la lessive », du frq. **bukôn*; **BUANDERIE** XV^e s. : dér. de *buandier* XV^e s. « blanchisseur », lui-même dér. de *buer*; **EMBUÉ** XIX^e s.; **EMBUER, DÉSEMBUER** XX^e s.

**BUFFET** (pop.) XII^e s. : étym. obscure; rapport incertain avec l'anc. fr. *buffet* et l'anc. prov. *bufet* « soufflet », d'origine onom. → BOUFFER.

**BUFFLE** XIII^e s. : it. *buffalo*, du lat. *bufalus*, var. dial. de *bubalus*, du gr. *boubalos*, même sens; **BUFFLETERIE** XVII^e s., rare jusqu'au XVIII^e s.

**BUIS** famille du nom du buis, mot venu sans doute d'Asie Mineure avec l'arbrisseau lui-même, représenté en lat. par *bŭxum*, adj. dér. *buxeus*; en gr. par *puxos*, d'où *puxis*, *-idos* « boîte en buis », empr. par le lat. class. *pyxis*, *-idis*, lat. vulg. *buxis*, *-idis*, acc. *buxida*.

**I.** mots populaires issus du latin

♦ [1] **BUIS** XIV^e s. : remonte sans doute à l'adj. (*lignum*) *bŭxeum*, qui explique mieux que le subst. la conservation de la voyelle *u*, qu'on ne peut attribuer à l'influence de *buisson*, si déjà on attribue à l'influence de *buis* la voyelle *u* de *buisson*; *bois* et *bouis*, plus anciennement attestés et fréquents dial., remonteraient à *bŭxum*. ♦ [2] **BOÎTE** XII^e s. : lat. vulg. *bŭxida* X^e s.; **BOÎTIER** XIII^e s. ♦ [3] **EMBOÎTER, REMBOÎTER** XIV^e s., **DÉBOÎTER** XVI^e s.; **REMBOÎTEMENT** XVI^e s.; **EMBOÎTEMENT** XVII^e s.; **DÉBOÎTEMENT** XVI^e s.; **EMBOÎTAGE** XVIII^e s. ♦ [4] **BOITEUX** XII^e s. et **BOITER** XVI^e s., var. *boister* XVI^e s. et *boistoier* XIV^e s., semblent bien être des formes dér. de *boîte* au sens de « cavité d'une articulation osseuse ». Le sens premier serait donc, en parlant de l'os de la jambe, « tourner dans la cavité de l'articulation ». *Boiter* a dû subir fortement, pour le sens, l'influence de (*pied*) *bot*; **BOITILLER** et **BOITILLEMENT** XIX^e s. ♦ [5] **RIBOUIS** XIX^e s., fam., « vieux soulier » : dérivé de *rebouiser* XVIII^e s. « polir une semelle avec un morceau de buis », d'où « donner bonne apparence à des souliers raccommodés », dér. de la forme *bouis*; le *i* initial s'explique par une assimilation vocalique. ♦ [6] **BOUSSOLE** XVI^e s. : it. *bussola* « petite boîte », du lat. médiéval *buxula*, dér. de *buxum*. ♦ [7] **BOX** XVIII^e s. « loge de théâtre », XIX^e s. « stalle d'écurie », XX^e s. « garage » : mot angl., « boîte », du lat. vulg. **buxem*, accusatif refait sur *buxis*.

**II.** mot savant **PYXIDE** XVI^e s., archéol. et liturgie, XIX^e s., bot. : lat. *pyxis*, *-idis*, du gr. *puxis*, *-idos*.

**BULBE** (sav.) XV^e s., bot., XIX^e s., anat. : lat. *bulbus*, du gr. *bolbos*; **BULBEUX** XVI^e s., bot.; **BULBAIRE** XIX^e s., anat.

**BURETTE** (pop.) XIV^e s., var. *buirette* : dimin. de *buire* XII^e s.; altération de *buie* du frq. **buk* « ventre », « vase ventru ».

**BURIN** XV^e s. : anc. it. *burino* du longobard **boro* « vrille » (→ l'all. *bohren* « percer » et FÉRIR).

**BURLESQUE** XVI^e s. : it. *burlesco*, dér. de *burla* « plaisanterie », mot empr. à l'esp., d'origine incertaine.

**-BUS** (sav.), suff. tiré de *omnibus*, datif du lat. *omnes* « tous », littéralement « (voiture) pour tous »; sert à former des noms de moyens de transport, tels que **AUTOBUS, AÉROBUS, BIBLIOBUS, ÉLECTROBUS, FILOBUS, MICROBUS, TROLLEYBUS** XX^e s.

**BUT** ♦ [1] (pop.) XIII^e s. « bout », XVI^e s. « cible » : étant donné les dates, plutôt que scand. *butr* « billot (servant de cible) », p.-ê. simple var. phon. de *bout*, le passage de *ou* à *u* dans un entourage labial étant relativement fréquent. ♦ [2] **BUTTE** XIII^e s. (XVI^e s. et XVII^e s. « cible ») var. fém. de *but*; **BUTTER** XVIII^e s. « disposer en forme de butte ». ♦ [3] Les verbes dér. de **BUT** révèlent une parenté sémantique avec *bouter* « pousser en frappant » : **BUTER** XIV^e s., **BUTOIR** XVII^e s.; **DÉBUTER** XVI^e s. « jouer un premier coup », « écarter du but la boule d'un autre joueur », **DÉBUT** XVII^e s.; **DÉBUTANT**, subst., XVIII^e s.; **REBUTER** XV^e s. « repousser du but », **REBUT** XVI^e s., **REBUTANT** XVII^e s.

**BUTIN** XIV^e s. : moyen bas all. *Bûte* « partage », apparenté au frq. **biutan* « présenter quelque chose afin qu'un autre puisse le saisir », d'où « échanger », « partager »; **BUTINER** XIV^e s. « piller », XVII^e s., en parlant de l'abeille; **BUTINEUR** XV^e s.

# C

**CABALE** (sav.) XVIe s. « interprétation rabbinique de l'Ancien Testament », et « machinations secrètes » : hébreu *qabbalah* « tradition », par opposition à la loi écrite ; **CABALISTE, CABALISTIQUE** XVIe s. ; **CABALER, CABALEUR** XVIIe s.

**CABAN** ♦ [1] XVIe s. : arabe *qabâ'* « tunique à longues manches », par le sicilien *cabbanu* ; var. *gaban* XVIe s. : id., par l'esp. *gaban*. ♦ [2] **GABARDINE** XVe s. : esp. *gabardina*, croisement de *gaban* et de *tabardo*, de l'anc. fr. *tabart* « manteau », d'origine germ.

**CABANE** XIVe s. : prov. *cabana*, du bas lat. *capanna*, d'origine obscure ; **CABANON** XVIIIe s.

**CABINE** XIVe s., à Lille, « maison de jeu » : origine obscure ; la forte implantation septentrionale du mot et la concomitance des dates rendent fragile l'hypothèse d'une altération de *cabane* par substitution de suff. ; **TÉLÉCABINE** XXe s. ; **CABINET** XVIe s. « petite pièce dépendant d'une pièce plus grande » et « sorte de meuble », XVIIe s. *cabinets*, XVIIIe s. « ensemble des ministres », XIXe s. « pièce où sont reçus les clients dans certaines professions ».

**CABOULOT** XIXe s., argot : nom d'un cabaret de Paris au XIXe s. : dial. franc-comtois *caboulot* « petite pièce », p.-ê. croisement de *cabane* et de *boulot*, dér. du dial. *boye* « étable », d'origine celtique.

**CACAHUÈTE** ♦ [1] XIXe s. : esp. *cacahuete*, anciennement *cacahuate* ; aztèque *tlalcacaualt*, composé de *tlalli* « terre » et *cacaualt* « cacao », littéralement « cacao de terre » ; la syllabe initiale, confondue avec l'article, a disparu. ♦ [2] **CACAO** XVIe s. : mot esp., de l'aztèque *cacaualt* ; **CACAOYER** XVIIe s. ; **CACAOTIER** XVIIIe s. ; **CACAOTÉ** XXe s.

**CACHALOT** XVIIIe s. : port. *cacholote*, dérivé de *cachola* « grosse tête », p.-ê. lat. **capitiola* dér. de *caput* (→ CHEF).

**CACHOU** XVIIe s. : port. *cachu* : malais *kâchu* « sorte d'acacia », arbre dont est tirée cette substance.

**CACIQUE** XVIe s. « chef mexicain », XIXe s. « espèce de passereau d'Amérique », puis « premier d'une promotion » en argot scolaire : mot esp. « chef de tribu » empr. à l'arawak, langue indigène d'Haïti.

**CACO-** (sav.), 1er élément de composés sav. : gr. *kakos* « mauvais » ; rapport possible, mais non certain, avec le lat. *cacare* → CHIER. Ex. : **CACOCHYME** XVIe s., 2e élément *khumos* « humeur » ; **CACOGRAPHIE** XVIe s. ; **CACOLOGIE** XVIIe s. ; **CACOPHONIE** XVIe s.

**CACTUS** (sav.) XVIIIe s. : gr. *kaktos* « chardon », par le lat. mod., bot. ; **CACTÉE** XIXe s.

**CADASTRE** famille du gr. *stikhos* « rangée », « ligne d'écriture », « vers ».
♦ [1] **CADASTRE** XVIe s., emploi limité au Midi de la France, XVIIIe s., emploi généralisé par Turgot : mot prov., de l'it. *catasto*, *catastro*, du vénitien *catastico*, empr. au gr. byzantin *kata stikhon* « registre », littéralement « ligne à ligne » ; **CADASTRAL, CADASTRER** XVIIIe s. ♦ [2] **STICHOMYTHIE** (sav.) XIXe s. « dialogue alter-

nant vers par vers »; de *stikhos* et *muthos* « parole ». ♦ [3] **DISTIQUE** (sav.) XVI$^{e}$ s., gr. *distikhon*, « ensemble de deux vers ». ♦ [4] **STICHE**, 2$^{e}$ élément des composés sav. **ACROSTICHE** XVI$^{e}$ s. « vers formé par l'extrémité des autres », 1$^{er}$ élément *akros* « extrémité »; et **HÉMISTICHE** XVI$^{e}$ s. : lat. *hemistichium*, du gr. *hêmistikhion* « demi-vers » → SEMI.

**CADUCÉE** représentants du gr. *kêrux* « héraut ».
♦ [1] **CADUCÉE** (sav.) XV$^{e}$ s. : lat. *caduceus*, altération mal expliquée du gr. dorien *kârukeion*, forme attique *kêrukeion*, insigne du héraut, en particulier d'Hermès, héraut des dieux. ♦ [2] **KÉRYGME** (sav.) XX$^{e}$ s., théol., « proclamation de l'Évangile » : gr. *kêrugma* « proclamation à haute voix, par un héraut ».

**CAFARD** ♦ [1] XVI$^{e}$ s. « dévot hypocrite » et « insecte noir », XIX$^{e}$ s., argot des troupes d'Algérie *avoir un cafard dans la tête*, d'où *avoir le cafard* « avoir des idées noires » : arabe *kafir* « qui n'a pas la vraie foi », avec substitution d'un suff. usuel à la dernière syllabe. ♦ [2] **CAFARDER** XV$^{e}$ s. « dénoncer »; **CAFARDERIE** XV$^{e}$ s.; **CAFARDAGE** XVIII$^{e}$ s. : dér. relatifs au 1$^{er}$ sens. ♦ [3] **CAFARDER, CAFARDEUX** XX$^{e}$ s. : dér. relatifs au dernier sens.

**CAFÉ** XVII$^{e}$ s. « graine du caféier » et « établissement où on sert du café » : empr. direct au turc, mot transcrit tel qu'on l'entendait prononcer par la suite de l'ambassadeur de Méhémet IV venu à Paris en 1671; a éliminé *cahoa* XVI$^{e}$ s. et *cahouin* début XVII$^{e}$ s., de l'arabe *gahwa*; **CAFÉIER** XVIII$^{e}$ s.; **CAFETIER** XVII$^{e}$ s., **CAFETIÈRE** XVII$^{e}$ s.; **CAFÉINE** XIX$^{e}$ s., **DÉCAFÉINER** XX$^{e}$ s.; **CAFÉ-CONCERT** fin XIX$^{e}$ s.

**CAGE** famille pop. du lat. imp. *cavea* « enceinte faite de branches tressées ou entrelacées, où sont enfermés des animaux »; mot rapproché de *cavus* « creux » (→ CAVE) par étym. populaire, mais qui devait en être indépendant à l'origine.
♦ [1] **CAGE** XII$^{e}$ s. : *cavea*; l'évolution attendue de *c* vers *ch* a pu être entravée, au stade **cavya*, par l'action dissimilatrice du *y* suivant; **ENCAGER** XIII$^{e}$ s.; **CAGEOT** XV$^{e}$ s. ♦ [2] **GEÔLE** XII$^{e}$ s. : *caveola*, dimin. de *cavea*; on peut penser qu'il s'agit d'une forme d'un dial. méridional où le *c* de *cavea* se sonorisait également; **GEÔLIER** XIII$^{e}$ s.; **ENJÔLER** XIII$^{e}$ s. « emprisonner », XVI$^{e}$ s., sens fig.; **ENJÔLEUR** XVI$^{e}$ s., sens fig. seulement. ♦ [3] **GABIE** XV$^{e}$ s., mar. : prov. *gabio* « cage », de *cavea*; **GABIER** XVII$^{e}$ s. ♦ [4] **GABION** XVI$^{e}$ s., mar. : it. *gabbione*, augmentatif de *gabbia* « cage », de *cavea*.

**CAGIBI** (pop.) début XX$^{e}$ s. « petit réduit » : mot dial. de l'Ouest, d'origine incertaine, p.-ê. croisement de *cabane* et de *cage*, avec une finale obscure.

**CAGNA** fin XIX$^{e}$ s., au Tonkin, « abri de campagne », XX$^{e}$ s., pendant la guerre de 1914, « abri de tranchées » : p.-ê. annamite *kai-nhâ* « maison » ou simplement prov. *cagna* « lieu abrité », apparenté à *s'acagnardir* (→ art. CHIEN), qui aurait été introduit dans l'argot militaire par des soldats méridionaux.

**CAHOTER** (pop.) XVI$^{e}$ s., au XIII$^{e}$ s. *racahotée* : frq. **hottôn* « balancer » et préf. *ca-*; **CAHOT** XV$^{e}$ s.; **CAHOTEUX** XVII$^{e}$ s.; **CAHIN-CAHA** XVI$^{e}$ s.

**CAILLOU** (pop.) XII$^{e}$ s. : var. normanno-picarde de l'anc. fr. *chaillou*, du lat. vulg. **caliavum*, tiré d'un radical **calio-* assez mal représenté dans les langues celtiques, plus vraisemblablement pré-ind.-eur.; **CAILLOUTER** XVIII$^{e}$ s.; **CAILLOUTEUX** XVI$^{e}$ s.; **CAILLOUTIS** XVIII$^{e}$ s.; **CAILLASSE** XIX$^{e}$ s. : avec substitution d'un suff. augmentatif à la dernière syllabe.

**CAÏMAN** XVI$^{e}$ s., zool., XIX$^{e}$ s., argot scolaire : esp. *caimán*, du caraïbe (langue des Antilles) *acayuman*.

**CAL** ♦ [1] (sav.) XIII$^{e}$ s. : lat. *callus* « durillon »; **CALLEUX** XIV$^{e}$ s. : lat. *callosus*, dér. de *callus*; **CALLOSITÉ** XIV$^{e}$ s. : *callositas*, id. ♦ [2] **CALUS** (sav.) XVI$^{e}$ s. : mot lat. empr.

**CALAMITÉ** (sav.) XIV$^{e}$ s. : lat. *calamitas, -tatis* « désastre »; **CALAMITEUX** XVI$^{e}$ s. : lat. *calamitosus*, dér. de *calamitas*.

1. **CALE** XVII$^{e}$ s. « coin servant à stabiliser un objet lourd » : all. *keil* (prononcé *kail*) « coin »; **CALER** XVII$^{e}$ s. « stabiliser à l'aide d'une cale », XVIII$^{e}$ s. *être calé* « être à son aise », XIX$^{e}$ s., argot scolaire, *être calé* « en savoir long »; **DÉCALER** XVII$^{e}$ s. « enlever les cales », XX$^{e}$ s. « déplacer des pièces les unes par rapport aux autres »; **CALAGE, DÉCALAGE** XIX$^{e}$ s.

2. **CALE** (*sèche, de radoub, de déchargement,* etc.) famille d'une base pré-ind.-eur. **kala* « baie », « lieu abrité », bien attestée dans le

bassin de la Méditerranée. Le lien avec l'arabe *kallâ* « mouillage protégé » n'est pas clair. ♦ [1] **CALE** XVII^e s. « partie en pente d'un quai » : prov. *calo* « quai en pente » : **kala*. ♦ [2] **CALANQUE** XVII^e s. : prov. *calanco* « crique rocheuse », dér. de **kala* ; même suff. que dans **AVALANCHE**. ♦ [3] **CHALET** XVIII^e s. : mot dial. (Suisse romande), représente sans doute aussi un dér. de **kala* au sens d'« abri ». ♦ [4] Le mot **kala* est également bien attesté en toponymie, ex. : *Chelles, Challes, Châlons*, etc.

**CALÈCHE** XVII^e s. : all. *Kalesche*, du tchèque *kolesa* « sorte de voiture ».

**CALER** ♦ [1] XII^e s., mar., « abaisser les voiles », XIX^e s. « empêcher un moteur de tourner », XX^e s. « renoncer à une entreprise » : prov. *calar*, du gr. *khalân* « abaisser (les voiles) », mot de navigateurs conservé dans la partie occidentale de la Méditerranée, indépendamment des sens techn. qu'avait pris *chalare* en bas lat. ♦ [2] **CALE** (de navire) XIII^e s. ou XVII^e s. : prov. ou it. *cala*, dér. de *calare* « laisser descendre », parce qu'il s'agit de la partie la plus basse du navire. ♦ [3] dans les patois du Nord de la France, *caler* a pris divers sens fig., en particulier celui de « rabattre les prétentions de quelqu'un » d'où **RECALER** XVII^e s. « répliquer », XIX^e s. « refuser à un examen ».

**CALFATER** ♦ [1] XII^e s. : arabe *qalfat* « rendre étanche un bateau au moyen de l'écorce nommée *qilf* », par l'intermédiaire du gr. byzantin *kalaphatein*, puis de l'une des deux langues méditerranéennes auxquelles la langue nautique du fr. a fait le plus d'empr. : prov. ou it. *calafatare* ; **CALFAT** XIV^e s. : it. *calafato*, du gr. byzantin *kalaphatès* ; **CALFATAGE** XVI^e s. ; **CALFATEUR** XIV^e s. ♦ [2] **CALFEUTRER** XV^e s. : altération, sous l'influence de *feutre*, de *calfetrer*, forme déjà altérée au Moyen Âge de *calfater* ; **CALFATAGE** XVI^e s.

**CALIBRE** XV^e s. : arabe *qâlib* « moule », « forme de chaussure » ; **CALIBRER** XVI^e s. ; **CALIBRAGE** XIX^e s.

**CALICE** le lat. *calix, -icis* « vase à boire, coupe », « marmite », « tuyau d'aqueduc » et le lat. *calyx, -ycis*, du gr. *kalux, -ukos* « calice de fleur », sont deux mots nettement distincts, mais qui remontent sans doute à un même ancêtre ind.-eur. et ont pu prêter à certaines confusions en lat. eccl., où le 1^er a fini par ne plus désigner qu'une coupe liturgique de forme évasée. ♦ [1] **CALICE** (sav.) XII^e s. « vase sacré » : *calix, -icis*. ♦ [2] **CALICE** (sav.) XVI^e s. « partie de la fleur » : gr. *kalux*, par le lat. ; **CALICIFORME** XIX^e s.

**CALIFE** XII^e s. (empr. lors de la 1^re croisade) : ar. *khalîfa* « vicaire, lieutenant (de Mahomet) » ; **CALIFAT** XVI^e s.

**CALLI-** famille sav. du gr. *kallos* « beauté », *kalos* « beau ».
♦ [1] **CALLI-** 1^er élément de composés sav. : gr. *kallos*. Ex. : **CALLIGRAPHIE** XVI^e s. : gr. *kalligraphia* « belle écriture », **CALLIGRAPHE** XVIII^e s., **CALLIGRAPHIQUE** XIX^e s., **CALLIGRAMME** XX^e s. ; **CALLIPYGE** XVIII^e s. : gr. *kallipugos* « aux belles fesses », épithète d'Aphrodite. ♦ [2] **CALOMEL** XVIII^e s. : gr. *kalos* « beau » et *melas* « noir », cette poudre étant noire au début de sa préparation. ♦ [3] **KALÉIDOSCOPE** XIX^e s. : mot créé à partir des trois mots gr. *kalos* « beau », *eidos* « aspect » et *skopein* « regarder » (→ aussi VOIR et ÉVÊQUE).

**CALVAIRE** (sav.) XII^e s. : lat. eccl. *Calvarium*, var. de *Calvariae locus* « lieu du crâne », trad. du gr. *kranion, kraniou topos*, lui-même traduit de l'hébreu *Golgotha*, même sens, nom de la colline où Jésus fut crucifié ; *Calvarium* est un dér. du lat. *calva* « crâne », rapproché de *calvus* (→ CHAUVE) par étym. pop., mais qui doit être un mot différent, dont le sens premier était « cruche » (même évolution sémantique pour *tête*).

**CAMAÏEU** ♦ [1] XIII^e s. « camée », XVII^e s. « peinture monochrome » : p.-ê. arabe *qama'il*, « boutons de fleur », plur. de *qum'ul*, avec une évolution sémantique semblable à celle du lat. *gemma* « bouton » puis « pierre précieuse ». ♦ [2] **CAMÉE** XVIII^e s. : it. *cameo*, de même origine.

**CAMBRER** (pop.) XV^e s. : dér. de *cambre* « recourbé », var. normanno-picarde de l'anc. fr. *chambre*, du lat. *camŭrus* « recourbé » en parlant des cornes des bœufs, p.-ê. empr. à l'étrusque ; **CAMBRURE** XVI^e s.

**CAMBOUIS** (pop.) XIV^e s. : p.-ê. dér. en *-is*, avec *m* expressif devant le *b* du wall. *cabouiier* « souiller de boue » (→ BOUE).

**CAMBUSE** XVIII^e s., mar., XX^e s. « mauvaise maison » : néerl. *kabuis* « cuisine de navire ».

**CAMÉLÉON** ensemble de mots où figure un élément *cam(é)-* représentant le gr. *khamai* « par terre ».

♦ [1] **CAMÉLÉON** (sav.) XII$^e$ s. : gr. *khamaileôn* « lion qui se traîne à terre », « lion nain », par le lat. ♦ [2] **CAMOMILLE** (demi- sav.) XIV$^e$ s. : altération du lat. *chamaemelon*; du grec. *khamaimêlon* « pomme à terre », « pomme naine », l'odeur de cette fleur ressemblant à celle des pommes.

**CAMELOT** ♦ [1] XIII$^e$ s. « étoffe grossière » : arabe *hamlat* « peluche de laine », adapté sous l'infl. de l'anc. fr. *chamelot* XIII$^e$ s. « étoffe en poil de chameau ». Ce mot s'est croisé avec *coesme* XVI$^e$ s. « mercier »; XVIII$^e$ s., en argot de police, « intrigant dangereux », d'origine obscure; d'où les subst. *coesmelotie* XVI$^e$ s. « mercier », et *camelotier*, argot XVII$^e$ s., « trafiquant sans scrupule », XIX$^e$ s., « marchand »; le verbe *cameloter* XVI$^e$ s. « façonner grossièrement comme du camelot », XVII$^e$ s., argot, « gueuser », XIX$^e$ s., argot, « marchander, vendre, détourner à son profit »; enfin, le subst. **CAMELOT** XIX$^e$ s. « marchand ambulant ». ♦ [2] **CAMELOTE** XVIII$^e$ s. « marchandise de peu de valeur » : var. fém. de *camelot* « étoffe grossière ». ♦ [3] **CAME** XIX$^e$ s., argot, « marchandise clandestine ou recelée » : abrév. de *camelote*; d'où **CAMÉ** « drogué », **SE CAMER** « se droguer » XX$^e$ s.

**CAMION** (pop.) XIV$^e$ s. var. *chamion*, à l'origine « petit chariot » et divers objets de petite taille, entre autres « récipient pour délayer le badigeon » : p.-ê. var. dial. de *chatmion*, « chaton » → pour le sens (Annexe II MARAUD) *Marmite* et *Minette* « auge » et « chatte » (→ MIGNON où l'on classerait *mion* « chaton », postulé par argot *mion* « petit garçon »); **CAMIONNEUR** XVI$^e$ s.; **CAMIONNER, CAMIONNAGE, CAMIONNETTE** XIX$^e$ s.

**CAMPHRE** (demi-sav.) XIII$^e$ s. : lat. médiéval *camphora*, altération de l'arabe *kâfûr*; **CAMPHRER** XVI$^e$ s.; **CAMPHRIER** XVIII$^e$ s.

**CANAPÉ** (sav.) XVII$^e$ s., remplace *conopé* XII$^e$ s., *conopée* XVI$^e$ s. : lat. médiéval *canapeum*, du lat. imp. *conopeum*, du gr. *kônôpeion* « lit égyptien entouré d'une moustiquaire », dér. de *kônôps* « moustique »; **CANAPÉ-LIT** XX$^e$ s.

**CANCRELAT** XVIII$^e$ s. : mot d'une langue indigène d'Amérique du Sud désignant un insecte de ce pays, transmis par le néerl. *kakkerlak*, altéré sous l'infl. de *cancre*.

**CANIF** XV$^e$ s., qui a éliminé *canivet* XII$^e$ s., d'origine germ., peut soit remonter au frq. **knif*, soit être un emprunt à l'anc. angl. *knif* (angl. mod. *knife*).

**CANNETTE** (pop. XVIII$^e$ s., bouteille à bière : mot picard, d'origine germ. → all. *Kanne* « pot ». Le lat. *canna* « vase », « pot » (inscription, I$^{er}$ s.), sans rapport avec *canna* « roseau » (→ CHENAL), est lui-même empr. au germ.

**CANNIBALE** XVI$^e$ s. : esp. *canibal*, altération de *caribal*, dér. de *caribe*, adj. signifiant « hardi » dans la langue indigène des Antilles, et qui a servi à désigner le peuple caraïbe (→ FRANC); **CANNIBALISME** XVIII$^e$ s.

**CAÑON** XIX$^e$ s., géogr. : esp. du Mexique *cañon* « gorges d'un fleuve » XIX$^e$ s., altération de *callon* XVI$^e$ s., qui est probablement dér. de *calle* « rue », « chemin étroit », du lat. *callis* (chemin frayé par des animaux », « piste de troupeau ».

**CAOUTCHOUC** XVIII$^e$ s. : esp. *caucho*, de *cáuchuc*, mot d'une langue indigène d'Amérique du Sud, probablement péruvienne; **CAOUTCHOUTER** XIX$^e$ s.; **CAOUTCHOUTEUX** XX$^e$ s.

**CANOT** ♦ [1] XVII$^e$ s. : adaptation de *canoa*, *canoe* XVI$^e$ s. : esp. *canoa*, du caraïbe *canaoa* « pirogue indienne »; **CANOTIER** XVI$^e$ s. « celui qui conduit un canot », XIX$^e$ s. « sorte de chapeau »; **CANOTER** XIX$^e$ s.; **CANOTAGE** XIX$^e$ s. ♦ [2] **CANOË** XIX$^e$ s. : mot anglo-américain, lui-même antérieurement empr. au fr. du XVI$^e$ s. *canoe;* **CANOÉISME** XX$^e$ s.

**CAPOT** ♦ [1] XVII$^e$ s., adj., terme de jeu : *être capot, faire quelqu'un capot*. Étym. incertaine : p.-ê. d'origine prov. (dér. d'un **cap botar* synonyme de *cap virar* « chavirer ») et apparenté à **CHEF;** p.-ê. emploi métaph. de *capot* « capuchon » (→ CHAPE) : « embarrassé comme quelqu'un qui aurait reçu un capuchon sur la tête ». ♦ [2] **CAPOTER** XIX$^e$ s. « chavirer », XX$^e$ s., auto, puis avion : p.-ê. dér. de *capot*; **CAPOTAGE** XX$^e$ s. ♦ [3] **KAPUTT** XX$^e$ s. : mot all. « ruiné, détruit », introduit par les guerres de 1914-1918 et 1939-1945; empr. au fr. *capot* « qui a perdu au jeu » au moment de la guerre de Trente Ans.

**CÂPRE** XV$^e$ s. : it. *cappero*, du gr. *kapparis*, par le lat., avec substitution de suff.; mot probablement d'origine méditerranéenne (→ VIN); **CÂPRIER** XVI$^e$ s.

**CARAFE** XVI^e s. : it. *caraffa*, de l'arabe *gharrâfa* « pot à eau »; **CARAFON** XVII^e s.

**CARAMBOLER** fin XVIII^e s. « heurter » et **CARAMBOLAGE** XIX^e s. : dérivés de *carambole* XVII^e s. « fruit exotique arrondi et orangé », fin XVIII^e s., métaph., « boule rouge, au billard », de l'esp. *carambola*, empr. au malais *karambal*, qui lui-même remonte au sanscrit *karamaranga*, par le port.

**CARAPACE** famille d'une base **calapac-* ou **carapac-* préromane, probablement ibère, représentée dans les trois grandes langues romanes de la péninsule Ibérique.
♦ [1] **CARAPACE** XVII^e s. : esp. *carapacho*, du lat. vulg. **carapacceu*. ♦ [2] **CAPARAÇON** XV^e s. : esp. *caparazon* qui semble être une métathèse de *carapazon*, dér. d'un *carapaça* aujourd'hui vivant en port., du lat. vulg. **carapaccea*; **CAPARAÇONNER** XVI^e s. ♦ [3] **CALEBASSE** XVI^e s. : esp. *calabaza*, du lat. vulg. **calapaccea*; **CALEBASSIER** XVIII^e s.

**CARAT** XIV^e s. : arabe *qirat* « graine de caroube », « petit poids », p.-ê. lui-même empr. au gr. *keration*, qui réunissait les deux mêmes sens; le mot aurait pu être transmis au fr. soit par l'it. *carato*, soit par le lat. des alchimistes *carratus*.

**CARAVANE** ♦ [1] XIII^e s. : persan *karwân* ou *qayrawân*; **CARAVANIER** XVIII^e s. ♦ [2] **CARAVANE** XX^e s. « roulotte » : angl. *caravan*, empr. antérieurement au fr.; **CARAVANING** XX^e s. ♦ [3] **CARAVANSÉRAIL** XV^e s. : turc *karwanserai*, du persan *qayrawân* « caravane » et *sarây* « maison ».

**CARCAN** XII^e s. « collier de fer qui servait à attacher les criminels » : bas lat. *carcannum*, d'origine obscure.

**CARCASSE** ♦ [1] XVI^e s. : p.-ê. it. *carcassa*, qui pourrait ne pas venir du fr. mais représenter un croisement de *cassa* « caisse » et de *carne* « chair » (de même que son synonyme *carcame* représente le croisement de *arcame* « squelette d'animal », dér. de *arca* « coffre », avec *carne*); **SE DÉCARCASSER** XIX^e s. ♦ [2] **CARCAN** XIX^e s. « mauvais cheval » : probablement altération de *carcasse* sous l'infl. du précédent.

**CARENCE** (sav.) XV^e s. : bas lat. *carentia*, dér. du lat. class. *carere* « manquer »; **CARENCER** XX^e s.; **CARENTIEL** XX^e s.

**CARÈNE** une fois au XII^e s., puis XVI^e s., var. sav. *carine* : it. *carena*, du génois *carenna*, du lat. *carina* « coquille de noix » et « carène de vaisseau »; **CARÉNER, CARÉNAGE** XVII^e s.

**CARI** ou **CARY** ♦ [1] XVII^e s. : tamoul (langue du Sud de l'Inde) *kari* « sorte d'épice ». ♦ [2] **CURRY** : adaptation angl. du précédent.

**CARIE** ♦ [1] (sav.) XVI^e s. : lat. *caries* « pourriture, effritement »; **CARIER** XVI^e s. ♦ [2] **CARROUSEL** XVII^e s. : it. *carosela*, du napolitain *carusiello*, dér. de *caruso* « tête chauve », représentant méridional du lat. *cariosus* « carié » et « teigneux », dér. de *caries*. Le *carusiello* était un jeu de cavaliers où on lançait des boules de craie appelées *carusielli* pour leur ressemblance avec des crânes chauves (des tirelires rondes portaient aussi ce nom, à Naples). En fr. deux *r* par analogie de *carrosse*.

**CARLINGUE** XIV^e s. mar., XIX^e s. aviation : anc. scandinave *kerling*.

**CARMIN** ♦ [1] XII^e s. : lat. médiéval *carminium*, croisement de l'arabe *qirmiz* « cochenille » avec *minium*; **CARMINÉ** XVIII^e s. ♦ [2] **CRAMOISI** XIII^e s. : adaptation de l'arabe *qirm'zi* « rouge de kermès, ou cochenille ».

**CAROTIDE** (sav.) XVI^e s. : gr. plur. *karôtides*, « les deux artères qui amènent le sang au cerveau », en lesquelles on voyait les organes du sommeil : dér. de *karoun* « assoupir »; **CAROTIDIEN** XVIII^e s.

**CAROTTE** ♦ [1] (sav.) XIV^e s. « racine comestible qu'on arrache en tirant », XIX^e s. *tirer la carotte* « extorquer un aveu »; *tirer une carotte* « inventer un prétexte pour soutirer de l'argent, ou obtenir du médecin une exemption de service » : lat. imp. *carota*, du gr. *karôton*; XX^e s. « échantillon minéral cylindrique extrait par sondage » : angl. *carrot* d'origine fr. ♦ [2] **CAROTÈNE** XX^e s. dér. de *carotte*, 1^er sens. ♦ [3] **CAROTTER, CAROTTEUR** XVIII^e s., **CAROTTAGE** XIX^e s. : dér. de *carotte*, 2^e sens. ♦ [4] **CAROTTAGE** et **CAROTIER** XX^e s., techn.; dér. de *carotte*, 3^e sens.

**CAROUBE** (sav.) XVI^e s. : a éliminé l'anc. fr. *carouge* (demi-sav.) XII^e s. : lat. médiéval *carrubia*, de l'arabe *kharroûba*; **CAROUBIER** XVI^e s.

1. **CARPE** XIII^e s., poisson : prov. *carpa*, du bas lat. *carpa*, mot germ. ou p.-ê. originaire

d'Europe orientale, sans qu'on puisse préciser (formes analogues en all. et en russe).

2. **CARPE** (sav.) XVI$^e$ s., anat. : gr. *karpos* « jointure du poignet »; **MÉTACARPE** XVI$^e$ s.; **MÉTACARPIEN** XVIII$^e$ s.; **MÉSOCARPE** XIX$^e$ s.

**CARQUOIS** XIV$^e$ s., *carquais* XIII$^e$ s. résultent probablement du croisement de *tarquais, tarcheis, tarchois* XII$^e$ s., empr. à l'époque des croisades au persan *tarkach*, p.-ê. par le gr. byzantin *tarkasion*, avec *carquier* var. pic. de *charger* au sens de « porter, transporter », le carquois étant destiné au transport des flèches.

**CARTILAGE** (sav.) XIV$^e$ s. : lat. *cartilago, -inis;* **CARTILAGINEUX** XIV$^e$ s. : lat. *cartilaginosus.*

**CASERET** famille du lat. *caseus* « fromage ». ♦ [1] **CASERET** (pop.) XVI$^e$ s. : réfection, par substitution de suff., de *casière*, forme normanno-picarde, du bas lat. *casearia* « moule à fromage »; les formes fr. correspondantes étaient *chasière* et *chaseret* XIV$^e$ s.; **CASERETTE** XVIII$^e$ s. : var. fém. de *caseret*. ♦ [2] **CASÉEUX** (sav.) XVI$^e$ s., rare jusqu'au XVIII$^e$ s. : adj. tiré de *caseus*; **CASÉINE** XIX$^e$ s.; **CASÉIFIER** XX$^e$ s.

**CASOAR** XVIII$^e$ s., zool., XIX$^e$ s. « plumet ornant le képi des saint-cyriens » : malais *kasuvari*, nom de cet oiseau, par le lat. des zool. hollandais *casoaris*.

**CASSIS** XVI$^e$ s.; mot dial. poitevin dér. de *casse :* le cassis passant pour avoir les mêmes propriétés laxatives que la casse, du gr. *kassia* « fausse cannelle », par le lat.

**CASSER** famille du lat. *quatere* « secouer », part. passé *quassus* « brisé à force d'être secoué », qui prennent en composition les formes *-cutere* et *-cussus*. Dér. : (1) *quassare* intensif, formé sur le participe passé; d'où lat. class. *conquassare*, lat. vulg. **quassicare* et **quassiare* (2) *concutere* « secouer violemment », « terroriser », « extorquer par la terreur », d'où *concussio* « exaction » (3) *discutere* « détacher en secouant », « débrouiller », d'où *discussio* qui est attesté dès le V$^e$ s. avec le sens de « discussion » (4) *excutere* « faire tomber en secouant », *percutere* « frapper », *repercutere* « faire rebondir », *succutere* « secouer par en dessous ».

**I.** mots populaires

**A.** famille de *quassare*

♦ [1] **CASSER** XI$^e$ s. « briser », XIII$^e$ s., *casser un arrêt : quassāre*. ♦ [2] **CASSE** XVII$^e$ s.; **CASSURE** XIV$^e$ s.; **CASSIS** XV$^e$ s. « rigole de pierres cassées »; **CASSATION** XV$^e$ s. ♦ [3] **CASSONADE** XVI$^e$ s. : dér. de *casson* XIV$^e$ s. « sucre cassé », « pain de sucre informe ». ♦ [4] **CASSANT** XVI$^e$ s., adj., sens fig.; **CASSABLE** XIV$^e$ s.; **INCASSABLE** XIX$^e$ s. ♦ [5] **CASSE-NOIX** XVI$^e$ s.; **CASSE-NOISETTES** XVII$^e$ s.; **CASSE-COU** XVIII$^e$ s.; **CASSE-TÊTE** XVIII$^e$ s.; **CASSE-PIEDS** XX$^e$ s.; **CASSE-PIPES** XX$^e$ s. ♦ [6] **CONCASSER** XIII$^e$ s. : *conquassare* « briser »; **CONCASSEUR** XIX$^e$ s. ♦ [7] **FRACASSER** XVI$^e$ s. : it. *fracassare :* croisement de *quassare* et *frangere* « briser » → ENFREINDRE; **FRACAS** XVI$^e$ s. : it. *fracasso* ou simplement dér. de *fracasser*. ♦ [8] **CASQUE** XVI$^e$ s. : esp. *casco* « tesson », puis « crâne », d'où « casque », dér. de *cascar* « briser », du lat. vulg. **quassĭcāre*. ♦ [9] **ATTIGER** ou **ATIGER** XIX$^e$ s., argot, « meurtrir », « bousculer », « exagérer » : var. de *aquiger* XVI$^e$ s., argot, « faire mal », de l'esp. *aquejar* « abîmer », « tourmenter », dér. de *quejar* « affliger », du lat. vulg. **quassiāre*.

**B.** famille de *excŭtĕre* et *succŭtĕre*

♦ [1] **SECOUER** XVI$^e$ s. : réfection, par changement de conjugaison, de l'anc. fr. *secourre*, de *succŭtĕre*. ♦ [2] **SECOUSSE** XV$^e$ s., comme subst., fém. de l'ancien part. passé de *secourre : secous*. ♦ [3] **RESCOUSSE** XII$^e$ s. : lat. **re-excussa;* part. passé substantivé de l'anc. fr. *rescourre*, de **re-excŭtĕre*.

**II.** mots savants

**A.** base *-cuss-*

♦ [1] **CONCUSSION** XV$^e$ s. « secousse », XVI$^e$ s. « malversation » : *concussio;* **CONCUSSIONNAIRE** XVI$^e$ s. ♦ [2] **DISCUSSION** XII$^e$ s. : *discussio*. ♦ [3] **PERCUSSION** XIV$^e$ s., rare avant le XVII$^e$ s.; **RÉPERCUSSION** XIV$^e$ s. : *repercussio;* **RÉPERCUSSIVITÉ** XX$^e$ s.

**B.** base *-cut-*

♦ [1] **CONCUTEUR** XX$^e$ s., techn. : formé sur *concutere*. ♦ [2] **DISCUTER** XIII$^e$ s. : *discutere;* **DISCUTEUR** XV$^e$ s., rare avant le XIX$^e$ s.; **DISCUTABLE** XVIII$^e$ s.; **INDISCUTABLE** XIX$^e$ s. ♦ [3] **PERCUTER** X$^e$ s. « transpercer », XVII$^e$ s., sens mod. rare jusqu'au XIX$^e$ s. : *percutere;* **PERCUTANT** XIX$^e$ s., adj.; **PERCUTEUR** XIX$^e$ s., techn.; **RÉPERCUTER** XIV$^e$ s. : *repercutere*.

**CASSEROLE** ♦ [1] (pop.) XVI$^e$ s. : mot d'origine méridionale, dér. de *casse*, du prov. *cassa*, du bas lat. *cattia* « poêle », « truelle », du gr. *kuathion*, dimin. de *kuathos* « écuelle »; l'*u* de la syllabe initiale, devenu *y*, a disparu sous l'action dissimilatrice du *i* suivant. ♦ [2] **CASSOLETTE** XV$^e$ s. : anc. prov. *casoleta*, dér. de *casola*, dimin. de *cassa*. ♦ [3] **CASSOULET**

XIXe s. : mot toulousain, dér. de *cassolo*, dimin. de *casse*, var. de *cassa*.

**CASTOR** (sav.) XIIe s. : gr. *kastôr*, par le lat. ; a éliminé l'anc. fr. *bièvre*, d'origine gauloise, qui survit en toponymie.

**CATA-** (sav.) : gr. *kata*, prép. et préf. indiquant un mouvement de haut en bas ; apparaît dans un certain nombre de mots sav. issus du gr., ex. : **CATALOGUE, CATALYSE,** et, méconnaissable, dans quelques mots pop. ou demi-sav. : **CADASTRE, CHÂLIT, ÉCHAFAUD.**

**CATAPULTE** (sav.) XIVe s. : lat. *catapulta*, du gr. *katapeltês*, même sens ; le 2e élément est dér. de *pallein* « brandir » ; **CATAPULTER, CATAPULTAGE** XXe s.

**CATARACTE** famille du gr. *rhêgnunai* « briser », aoriste *errhagên*. Dér. : (1) *katarrhêgnunai* « tomber avec violence », d'où l'adj. *katarrhaktês* « qui tombe violemment », qui, substantivé, a pris les sens de « chute d'eau » et de « herse fermant une porte » (2) *-rrhagia* « rupture », 2e terme de composés.

♦ [1] **CATARACTE** (sav.) XVIe s. « chute d'eau » et « maladie de l'œil » : lat. *cataracta*, du gr. *katarrhaktês ;* le sens de « herse » explique le second sens, cette maladie consistant en une membrane opaque qui empêche les rayons lumineux de parvenir jusqu'à la rétine. ♦ [2] **-RRHAGIE** ou **-RRAGIE** (sav.) : gr. *-rrhagia*, suff. employé dans la langue médicale pour indiquer un écoulement, une rupture de vaisseaux ou d'organes causant un flux de sang : **BLENNORRAGIE** XIXe s. : du lat. *blenna* « mucus » ; **HÉMORRAGIE** XVIe s., **HÉMORRAGIQUE** XIXe s. : du gr. *haima* « sang » ; **MÉNORRAGIE** XIXe s., « menstrues » : du gr. *mên* « mois » ; **MÉTRORRAGIE** XIXe s. : du gr. *mêtra* « matrice » ; **OTORRAGIE** XIXe s. : du gr. *oûs, ôtos* « oreille » ; **PHLÉBORRAGIE** XIXe s. : du gr. *phleps, phlebos* « veine ».

**CATHARE** famille sav. du gr. *katharos* « pur ».

♦ [1] **CATHARE** histoire relig. : *katharos.* ♦ [2] **CATHARTIQUE** (méd.) : gr. *kathartikos* « purifiant », « purgatif ». ♦ [3] **CATHARSIS** (psycho.) : mot gr., « purification ». ♦ [4] **CATHERINE** → Annexe III.

**CAUTION** famille sav. du lat. *cavere, cautus* « prendre garde », d'où *cautio* « précaution », « garantie » et bas lat. imp. *praecautio* « id. » ; arch. et bas lat. *cautela* « prudence ».

♦ [1] **CAUTION** XIIIe s. : *cautio ;* **CAUTIONNER** XIVe s. ; **CAUTIONNEMENT** XVIe s. ♦ [2] **PRÉCAUTION** XVe s. : *praecautio ;* **PRÉCAUTIONNER** XVIIe s. ; **PRÉCAUTIONNEUX** XVIIIe s. ♦ [3] **CAUTÈLE** XIIIe s. : *cautela ;* **CAUTELEUX** XIIIe s.

**CAVE** famille du lat. *cavus, -a*, « creux », adj. d'où *cavitas* « cavité » ; *(ex)cavare* « creuser », *excavatio* subst., « creux » ; *caverna* « caverne ». Le *c* initial des mots fr. suppose qu'ils sont sav. ou empr. à des dial. qui ne palatalisent pas *k* devant *a*.

♦ [1] **CAVE** (sav.) XIIe s., subst. : bas lat. *cava* « fossé », fém. substantivé de *cavus ;* XIIIe s., adj. : *cavus, -a ;* **CAVEAU** XIIIe s. ; **CAVISTE** XIXe s. ; **ENCAVER** XIIIe s. ♦ [2] **CAVITÉ** (sav.) XIIIe s. ; *cavitas, -atis.* ♦ [3] **CAVER** (sav.) XIIIe s. : *cavare ;* **EXCAVER** XIIIe s. rare jusqu'au XVIIIe s. : *excavare ;* **EXCAVATION** (sav.) XVIe s. : *excavatio ;* **EXCAVATEUR** XIXe s. : dér. sav. de *excavare*, par l'angl. *excavator.* ♦ [4] **CONCAVE** (sav.) XIVe s. : *concavus* « creux et rond », de *cum* et *cavus ;* **CONCAVITÉ** (sav.) : bas lat. *concavitas ;* **BICONCAVE** XIXe s. ♦ [5] **CAVERNE** (sav.) XIIe s. : *caverna ;* **CAVERNEUX** XIIIe s. : *cavernosus.* ♦ [6] **CAVATINE** XVIIIe s : it. *cavatina* « inscription gravée », « épigramme » et, en musique, « phrase mélodique qui conclut un récitatif », dimin. de *cavata* part. passé fém. de *cavare* « creuser », « graver ». ♦ [7] **CAVER** XVIIe s. « jouer une somme d'argent », XIXe s., argot, « tromper » « dépouiller quelqu'un de son argent, au jeu, par des moyens malhonnêtes » : it. *cavare* « creuser », d'où « vider les poches », « dévêtir » ; **CAVÉ** XIXe s., argot : part. passé substantivé de *caver* ; **CAVE** XIXe s., argot, « homme fait pour être dupé » : abrév. de *cavé* ; **DÉCAVER** XIXe s., surtout au part. passé : dér. de *cave* XVIIe s. au sens de « mise avancée par un joueur », tiré de *caver* au 1er de ses deux sens.

**CAVIAR** XVe s. : it. *caviale*, du turc *havyar* ; **CAVIARDER** XXe s., sens fig. ; **CAVIARDAGE** « id. ».

**CE** ensemble de mots dont le 1er élément remonte à l'adv. lat. *ecce* « voici », qui servait souvent dans la conversation à renforcer les démonstratifs ; les formes renforcées ont fini par éliminer les formes simples.

I. mots populaires

A. second élément *hoc, hac, hic*

♦ [1] **CE** IXe s., var. *ço* : *ecce* + *hoc* « ceci », pronom démonstratif neutre, originellement réservé à la première personne, presque entièrement éliminé en fr. par *ille* et *iste*; pouvait avoir en anc. fr. un emploi pronominal tonique, qui subsiste dans l'expression *sur ce*; ne s'emploie plus aujourd'hui que comme adj., dans la série *ce, cet, cette, ces* (sauf dans deux emplois figés : *ce* suivi d'un relatif et *c(e)* suivi de *est* ou de *sont*). ♦ [2] **ÇÀ** XI^e^ s., adv., encore vivant dans *çà et là*, survivant dans *or çà* : *ecce + hac* « par ici », adv. indiquant le lieu par où l'on passe, formé sur la base du démonstratif; **DEÇÀ** XII^e^ s., encore vivant dans la loc. *en deçà de*, dér. de *çà*; **CÉANS** XII^e^ s. : *ecce + hac + intus* « à l'intérieur » s'opposait à *léans* de *illac intus*, comme *çà* s'oppose encore à *là* (→ IL). ♦ [3] **CI** XI^e^ s., encore vivant dans *de-ci de-là, ci-dessus, ci-devant* et comme renforcement du démonstratif dans *celui-ci, ce... ci* : *ecce + hic* « ici », adv. indiquant le lieu où l'on est, formé sur la base du démonstratif; **ICI** X^e^ s. : forme renforcée : *hic, ecce hic*; en anc. fr., l'*i* initial de *ici* a été étendu analogiquement à tous les démonstratifs : *ice, icest, icelui*. Le second élément est représenté en fr. sous sa forme sav.; **HIC** XVII^e^ s., subst., d'abord dans la langue du Palais où il signalait, en marge de certains actes, le passage essentiel; d'où le sens mod. « point difficile, essentiel ». ♦ [4] **CECI** XII^e^ s. : *ce + ci*. (→ 3.) et **CELA** XIV^e^ s. : *ce + là* (→ IL) remplacent *ce* dans le rôle de pronom; *ceci* s'est contracté en *ci*, *cela* en *ça* XVII^e^ s. sous l'influence des adv. *ci* et *çà*; ces deux pronoms sont associés dans l'expression *comme ci comme ça*.

**B.** second élément *iste*

♦ [1] **CET** IX^e^ s. : *ecce + ĭstum*. accusatif masculin sing. de *iste*, démonstratif réservé à l'origine à la 2^e^ personne, utilisé en anc. fr. pour marquer la proximité; *cet*, qui pouvait être en anc. fr. pronom ou adj., est réservé en fr. mod. au rôle d'adj. ♦ [2] **CETTE** : *ecce istam*, fém. de *ecce istum*; **CES** : *ecce istos*, pluriel masc., sert de forme unique au pluriel.

**C.** second élément *ille* (pour les autres représentants de *ille* → IL)

♦ [1] **CELUI** X^e^ s. : représente une forme de datif masc. lat. vulg. **ecce ĭllui*, du lat. class. *ecce + ĭlli*, datif de *ille*, démonstratif à l'origine réservé à la 3^e^ personne, qui servait aussi à exprimer l'éloignement; c'est cette valeur qui a été retenue par l'ancien fr., où ce pronom-adj. démonstratif s'opposait directement au précédent et où il possédait, comme lui, une déclinaison complète avec cas sujet (nominatif), cas régime direct (accusatif) et cas régime indirect (datif); en fr. mod. seul survit *celui*, réservé au rôle de pronom. ♦ [2] **CELLE** : *ecce + ĭlla*; **CELLES** : *ecce + ĭllas*, formes fém.; **CEUX** : *ecce + ĭllos* : acc. masc. plur. ♦ [3] **CELUI-CI** XIV^e^ s. et **CELUI-LÀ** XV^e^ s. ont été créés lorsque l'opposition sémantique qui existait entre *cist, cest, cet* et *cil, cel, celui* a commencé à s'effacer au profit de l'opposition grammaticale.

**D. COUCI-COUÇA** XVII^e^ s., d'abord sous la forme *coussi coussi* : it. *cosi cosi*, altéré sous l'influence de *comme ci comme ça*; *cosi* « ainsi » représente *eccum sic*, var. de *ecce sic*.

**II.** mots savants

♦ [1] **ECCE HOMO** XVII^e^ s., iconographie, « Christ couronné d'épines » : « Voici l'homme », mots lat. que l'Évangile (Jean, XIX, 5) place dans la bouche de Ponce Pilate présentant aux Juifs le Christ couronné d'épines. ♦ [2] **ECCÉITÉ**, XX^e^ s., philo. : calque du lat. scolastique *ecceitas* dér. de *ecce*, créé par Duns Scot, « ce qui fait qu'un individu est lui-même et se distingue de tout autre ».

**CÉCITÉ** famille savante du lat. *caecus* « aveugle ».

♦ [1] **CÉCITÉ** XIII^e^ s. : *caecitas, -atis*, dér. de *caecus*; a éliminé *aveuglement*, qui ne subsiste qu'au sens fig. ♦ [2] **CAECUM** XVI^e^ s. : mot lat., abrév. du lat. mod. médical *(intestinum) caecum* « intestin aveugle », traduction du gr. *tuphlon* « aveugle »; « intestin nommé caecum à cause qu'étant ample et gros, il n'a qu'une voye, tant pour recevoir que pour expeller » (A. Paré); **CAECAL** XVII^e^ s.; anat. : dér. de *caecum*.

**CÈDRE** famille du gr. *kedros* « cèdre » et « genévrier », empr. par le lat. sous la forme *cedrus*, et du lat. *citrus* « thuya » et « cédratier » d'où *citrium* « cédrat » et, métaphoriquement, à cause de la couleur, « sorte de citrouille », dimin. lat. vulg. **citriolum* « citrouille ». *Citrus* et *kedros* ont sans doute été empr. séparément à une langue méditerranéenne, et appliqués à des arbres bien différents.

♦ [1] **CÈDRE** (sav.) XII^e^ s. : gr. *kedros*, par le lat. ♦ [2] **CITRIN** (sav.) XII^e^ s., adjectif : dér. formé sur *citrus*. ♦ [3] **CITRON** (sav.) XIV^e^ s. : dér. formé sur *citrus*; **CITRONNIER** XV^e^ s.; **CITRONNELLE** XVII^e^ s.; **CITRONNADE** XIX^e^ s. ♦ [4] **CITR-** (sav.) XVIII^e^ s.-XX^e^ s. : base servant à former des noms de produits chimiques : **CITRATE** XVIII^e^ s.; **CITRIQUE, CITRAL** XIX^e^ s. ♦ [5] **CITROUILLE** XIII^e^ s. *citrole* XVI^e^ s. forme mod. it. dial, méridional *citrullo*, var. de l'it. *cetriolo*, de **citriolum*. ♦ [6] **CÉDRAT** XVII^e^ s. : it. *cedrato*, dér. de l'anc. it. *cedro* « citron », du lat. *citrus*; **CÉDRATIER** XIX^e^ s.

**CÉDULE** (sav.) XIIe s., jur., XIXe s., admin. et finances : lat. *schedula*, dimin. de *scheda* « bande de papyrus »; **CÉDULAIRE** XVIIIe s.

**CEINDRE** famille du lat. *cingere, cinctus* « ceindre », d'où (1) *cingula*, var. de *cingulum* « ceinture », « ceinturon », « sangle » et lat. vulg. **cingulare* « sangler » (2) lat. imp. *cinctura* et lat. vulg. **cincturare*, même sens (3) lat. imp. *incingere* qui tend à remplacer *cingere*, d'où *incincta* « enceinte », en parlant d'une femme, qui tend à remplacer *gravida* (4) *succingere* « attacher par en dessous », « retrousser ».

I. mots populaires

♦ [1] **CEINDRE** XIe s. : *cĭngĕre*; **ENCEINDRE** XIIIe s. : *incĭngĕre*; **ENCEINTE** XIIe s., adj. en parlant d'une femme, XIIIe s. « murailles d'une ville » : *incincta*, part. passé fém. de *incingere*. ♦ [2] **CEINTURE** XIIe s. : *cinctura*, d'où **CEINTURON** XVIe s.; **CEINTURER** XVIe s. ♦ [3] **CINTRER** XIVe s. : **cincturāre*; d'où **CINTRE** fin XIIe s., archit., XIXe s., « support pour les vêtements »; **CINTRAGE** XVIIe s.; **DÉCINTRER** XVIIe s.; **DÉCINTRAGE** XIXe s. ♦ [4] **SANGLE** XIe s., sous la forme *cengle : cingŭla*; **SANGLER** XIIe s. : **cingŭlāre*. ♦ [5] **CINGLER** XIIe s. « frapper », à l'origine, avec une courroie : altération de *sangler*, p.-ê. sous l'infl. du prov. *cenglar, cinglar*, même sens et même origine : **CINGLANT** adj. XIXe s.; **CINGLÉ** XXe s. « fou ».

II. mots savants

**SUCCINCT** XVe s. « concis » : lat. *succinctus* « court vêtu »; **SUCCINCTEMENT** XIVe s.

**CÉLÈBRE** famille sav. du lat. *celeber* « fréquenté », employé en particulier à propos des lieux et des jours de fête religieuse; d'où le verbe *celebrare* appliqué d'abord à la célébration de fêtes religieuses, puis employé de manière extensive; d'où pour l'adj. *celeber*, surtout en lat. imp., le sens d'« illustre ».

♦ [1] **CÉLÈBRE** XVIe s. : *celeber*; **CÉLÉBRITÉ** XIIIe s., sens abstrait et « fête solennelle », XIXe s. « personne célèbre » : lat. *celebritas, -tatis*, dér. de *celeber*. ♦ [2] **CÉLÉBRER** XIIe s. : *celebrare*; **CÉLÉBRATION** XIIe s. : *celebratio, -onis*, dér. de *celebrare*; **CÉLÉBRANT** XIVe s.

**CELER** famille d'une rac. ind.-eur. **kel, *kol, *kl* « cacher », qui apparaît (1) sous la forme **kel* dans le lat. *celare* « cacher »; *cilium* « paupière », puis « cil », issu de **keliyo-*; et, selon toute vraisemblance, malgré le *l* géminé, *cella* « petite chambre », « cachette » (2) sous la forme **kol* : lat. *color, -oris* « couleur » (la couleur étant ce qui recouvre et dissimule la réalité d'une chose) et dans *occulere, occultus* « cacher », qui doit représenter la forme prise en composition par un ancien verbe **colere* disparu (3) sous la forme **kl* dans l'adv. lat. *clam* « en cachette », d'où l'adj. *clandestinus* « clandestin » (4) sous la forme **kal* (var. de **kl*) dans le gr. *kaluptein* « cacher ».

I. mots populaires issus du latin

♦ [1] **CELER** Xe s. : *celāre* d'où **DÉCELER** XIIIe s.; **RECELER** XIIe s., **RECEL** XIIe s. « secret », XIXe s., sens mod. ♦ [2] **CELLIER** (demi-sav. à cause du *l* géminé) XIIe s. : *cellārium*, dér. de *cella*; **CELLERIER** XIIIe s. ♦ [3] **COULEUR** XIe s., XIXe s., sens polit. : *colōrem*, acc. de *color*; pour les mots scientifiques exprimant l'idée de « couleur » → CHROME. ♦ [4] **CIL** XIIe s. : *cilium* d'où **CILLER** XIIe s. « coudre les paupières d'un oiseau de proie pour le dresser », puis sens mod.; **DÉCILLER** ou **DESSILLER** XIIIe s. « découdre les paupières de l'oiseau de proie pour lui rendre la vue », XVIe s., sens fig. ♦ [5] **SOURCIL** XIIe s. : lat. *supercilium*; **SOURCILLEUX** XVIe s. « arrogant », XVIIe s. « susceptible » : dér. français calqué sur le lat. *superciliosus*; **SOURCILLER** XIIIe s.; **SOURCILIER, -ÈRE** XVIe s., adj.

II. mots savants issus du latin

♦ [1] **CELLE** XIIIe s., « cellule de moine » : *cella*; **CELLA** XIXe s., archéol : mot lat. ♦ [2] **CELLULE** XIVe s. « petite chambre », XVIe s., scient. : *cellula* diminutif de *cella*. Pour les mots scientifiques exprimant la notion de « cellule » → CYTO-. ♦ [3] **CELLULAIRE** XVIIIe s.; **CELLULOSE, CELLULOSIQUE** XIXe s. : dér. de *cellule*; **CELLULAR** XXe s. et **CELLULOÏD** XIXe s. : dér. de *cellule* empr. à l'angl.; **CELLOPHANE** XXe s. : composé de **CELLO-** tiré de *cellule* et de **-PHANE** : (gr. *phainein* « apparaître » → FANTÔME). ♦ [4] **COLOR-** : base des dér. de *color, -oris* accentués sur le suff.; la conservation du second *o* atone est savante; (a) **COLORER** XIIe s. : *colorare*, verbe dér. de *color*; **COLORANT** XVIIe s.; **COLORATION** XVe s.; **COLORISTE** XVIIe s.; **DÉCOLORER** XIe s.; **DÉCOLORANT** XVIIIe s.; **DÉCOLORATION** XVe s.; (b) **COLORIER** XVIe s. : contamination de *colorer* et de l'it. *colorire*; **COLORIAGE** XIXe s.; **COLORIS** XVIe s., adj., XVIIe s., subst. : it. *colorito*; (c) **-COLORE** : 2e élément de composés sav.; **INCOLORE** XIXe s.; **BICOLORE** XIXe s.; déjà, fin XVe s. *bicoloré*; **TRICOLORE** XVIIe s.; **MULTICOLORE** XVIe s. ♦ [5] **OCCULTE** XIIe s. : *occultus*; **OCCULTER** XIVe s., « cacher », XIXe s., phys. : *occultare*, verbe dér. de *occultus*; **OCCULTATION** XVe s. : *occultatio*; **OCCULTISME** XIXe s. et **OCCULTISTE** XXe s. : dér. de *occulte*. ♦ [6] **CLANDESTIN** XIVe s. : *clandestinus*;

**CLANDESTINEMENT** XV^e s.; **CLANDESTINITÉ** XVI^e s.

**III.** mots savants issus du grec

♦ [1] **EUCALYPTUS** XVIII^e s., bot. : mot lat. mod. tiré du gr. *eu* « bien » et *kaluptos* « couvert », le limbe du calice restant fermé jusqu'après la floraison. ♦ [2] **APOCALYPSE** XII^e s., dernier livre du Nouveau Testament, qui concerne la fin du monde, XX^e s., « catastrophe finale » : gr. *apokalupsis*, par le lat. : dér. de *apokaluptein* « révéler (ce qui était caché) »; **APOCALYPTIQUE** XVI^e s. : gr. *apokaluptikos*.

**CÉLERI** XVII^e s. : lombard *selleri*, plur. de *sellero*, du lat. vulg. **selĭnum*, avec redoublement du *l* et passage de *n* à *r* sous l'infl. du *l* précédent; empr. au gr. *selinon* « ache » ou « persil » → aussi PERSIL art. PIERRE.

**CEN-** mots savants représentant le gr. *koinos* « commun ».

♦ [1] **CÉNOBITE** XII^e s. : lat. *cenobita* IV^e s., dér. de *coenobium* « monastère » : gr. *koinobion* « vie commune »; 2^e élément → VIVRE; **CÉNOBITIQUE** XVI^e s., **-ISME** XIX^e s. ♦ [2] **CÉNESTHÉSIE** XIX^e s.; 2^e élément : gr. *aisthesis* « sensibilité » → ESTHÉTIQUE.

**CÉLIBAT** (sav.) XVI^e s. : lat. *caelibatus* dér. de *caelebs* « célibataire »; **CÉLIBATAIRE** XVIII^e s. : dér. de *célibat*.

**CENDRE** famille du lat. *cinis, cineris* « cendre ».

**I.** mots populaires

**CENDRE** XI^e s. « résidus de combustion », XII^e s., plur., « dépouille mortelle » : *cinerem*, acc. de *cinis*. **CENDREUX** XII^e s.; **CENDRÉ** XIV^e s.; **CENDRIER** XIII^e s., linge où l'on enferme les cendres utilisées pour la lessive, XVI^e s., partie d'un poêle, XIX^e s., sens mod.

**II.** mots savants

♦ [1] **CINÉRAIRE** XVIII^e s., adj. et subst. bot. : *cinerarius*, adj. dér. de *cinis*. ♦ [2] **INCINÉRER** XV^e s., repris au XIX^e s. : *incinerare* « réduire en cendres »; **INCINÉRATION** XIV^e s. : lat. médiéval *incineratio*.

**-CÈNE** (sav.) XIX^e s. : gr. *kainos* « récent »; 2^e élément de mots composés savants désignant des ères géologiques; **ÉOCÈNE** : du gr. *êôs* « aurore »; **MIOCÈNE** : du gr. *meiôn* « plus petit »; **OLIGOCÈNE** : du gr. *oligoi* « peu nombreux »; **PLIOCÈNE** : du gr. *pleiôn* « plus grand ».

**CENS** famille sav. du lat. *censere*, à l'origine « déclarer solennellement », puis « déclarer la fortune, le rang de chacun », faire le recensement », enfin lat. class. « juger, être d'avis que... ». — Dér. : *censor* « magistrat chargé de se prononcer sur la personne et les biens de chaque citoyen »; *census* « opération du cens »; *censura* « exercice de la charge de censeur »; *recensere* « énumérer, passer en revue », d'où *recensio*.

♦ [1] **CENS** XIII^e s. : *census*; **CENSIER** et **CENSIVE** XIII^e s., féod.; **CENSITAIRE** XVIII^e s. ♦ [2] **RECENSER** XIII^e s. « énumérer », XVI^e s. « dénombrer » : *recensere*; **RECENSEMENT** XVII^e s. et **RECENSEUR** XVIII^e s. : dér. de *recenser*; **RECENSION** XVIII^e s. : *recensio, -onis*. ♦ [3] **CENSEUR** XIII^e s. « qui blâme », XVIII^e s. « membre d'une commission de censure », XIX^e s. « fonctionnaire de lycée » : *censor, -oris*; **CENSURE** XIV^e s. : *censura*; **CENSURER** XVI^e s. et **CENSURABLE** XVII^e s. : dér. de *censure*. ♦ [4] **CENSÉ** XVII^e s. : part. passé employé comme adj. de l'anc. fr. *censer* « estimer, juger » : *censere*; **CENSÉMENT** XIX^e s.

**CENT** famille d'un mot ind.-eur. **kmtom* « cent », représenté en grec dans *hekaton* « cent ». En latin *centum* « cent », d'où *centesimus* « centième »; *centenarius* « qui comporte cent unités » et en lat. vulg. « qui a cent ans »; bas lat. *centuplus* « centuple »; *centuria*, à l'origine « groupe de cent cavaliers »; *centurio, -onis* « officier qui commande à cent hommes »; *centi-*, 1^er élément de mots composés.

**I.** mots populaires issus du latin

**CENT** XI^e s. : *centum*; **CENTAINE** XII^e s. : *centēna*, adj. distributif de *centum* et **CENTIÈME** XII^e s. : *centēsimus* (→ les articles consacrés aux suff. -AINE et -IÈME).

**II.** mots savants issus du latin

♦ [1] **CENTENAIRE** XIV^e s. et **CENTENIER** XIII^e s. : *centenarius*, avec forme plus ou moins francisée du suff. ♦ [2] **CENTÉSIMAL** XIX^e s. : formé sur *centesimus*. ♦ [3] **CENTUPLE** XIV^e s. : *centuplus*; **CENTUPLER** XVI^e s.; ♦ [4] **CENTI-** : 1^er élément de composés désignant des unités du système métrique; **CENTIARE, CENTIGRAMME, CENTILITRE, CENTIMÈTRE** fin XVIII^e s.; **CENTIGRADE** XIX^e s. ♦ [5] **CENTIME** fin XVIII^e s., monnaie : formé sur le modèle de *décime*. ♦ [6] **CENTURIE** XII^e s. : *centuria*; **CENTURION** XII^e s. : *centurio*.

**III.** mot savant issu du grec

**HÉCATOMBE** XV^e s., sens propre, XVII^e s. « massacre » : gr. *hekaton bous* « (sacrifice de) cent bœufs »; 2^e élément → BŒUF.

**IV.** mot d'emprunt

**QUINTAL** XIII^e s. : lat. médiéval *quintale*, empr. à l'arabe *qintâr*, du gr. byzantin *kentênarion*, lui-même issu du lat. *centenarium* « poids de cent livres ».

**CENTAURE** (sav.) XII^e^ s. « être mythologique, mi-homme mi-cheval », XIX^e^ s. « excellent cavalier » : gr. *kentauros*

**CENTON** (sav.) XVI^e^ s. : lat. *cento, -onis* « couverture ou vêtement fait de différentes pièces cousues ensemble » d'où, à basse époque, « œuvre littéraire faite de fragments empr. à divers auteurs ».

**CENTRE** famille savante du gr. *kentron* « aiguillon » et « point central d'un cercle », introduit en lat. par Vitruve (I^er^ s.) sous la forme *centrum*, d'où *centralis*.

♦ [1] **CENTRE** XIV^e^ s. : *centrum*; **AVANT-CENTRE** XX^e^ s.; **ÉPICENTRE** XIX^e^ s.; **MÉTACENTRE** XVIII^e^ s.; **CENTRISTE** XX^e^ s. ♦ [2] **CENTRER** XVII^e^ s.; **DÉCENTRER** XIX^e^ s.; **CONCENTRER** XVII^e^ s.; **CONCENTRATION** XVIII^e^ s. : emprunté à l'angl.; **CONCENTRATIONNAIRE** XX^e^ s. ♦ [3] **CONCENTRIQUE** XIV^e^ s.; **EXCENTRIQUE** XIV^e^ s. « qui est loin du centre », XVII^e^ s., sens fig. : lat. médiéval *excentricus*; **EXCENTRICITÉ** XVII^e^ s., sens propre, XIX^e^ s., sens fig. ♦ [4] **CENTRI-** : 1^er^ élément de composés sav., ex. : **CENTRIFUGE** et **CENTRIPÈTE** XVIII^e^ s. ♦ [5] **-CENTRISME, -CENTRIQUE** : 2^e^ élément de composés sav., ex. **ANTHROPOCENTRISME, -IQUE** XIX^e^ s.; **ALLOCENTRISME** XX^e^ s.; **ÉGOCENTRISME, -IQUE** XX^e^ s.; **GÉOCENTRIQUE** XVIII^e^ s. ♦ [6] **CENTRAL** XVI^e^ s., adj., XX^e^ s., subst., « bureau du téléphone » : *centralis*; **CENTRALISER, CENTRALISATION** XVIII^e^ s.; **CENTRALISATEUR, DÉCENTRALISER, DÉCENTRALISATION** XIX^e^ s.

**CEP** famille lat. *cippus* « poteau », « tronc d'arbre ».

I. mots populaires

♦ [1] **CEP** XII^e^ s., « plant de vigne », « partie longue de la charrue », « pièce de bois à laquelle sont enchaînés des prisonniers » : *cĭppus*. Var. **SEP**, pour le 2^e^ sens. ♦ [2] **CÉPAGE** XVI^e^ s. : dér. de *cep*, 1^er^ sens. ♦ [3] **CÉPÉE** XII^e^ s., « rejetons d'une même souche formant taillis » : dér. de *cep* au sens fondamental de « tronc d'arbre ». ♦ [4] **CÈPE** XIX^e^ s. : gascon *cep* « tronc », nom donné par métaph. à des champignons gros et courts : *cippus*.

II. mot savant

**CIPPE** XVIII^e^ s., archéol. : *cippus* au sens de « colonne ».

**CÉPHAL-** famille sav. du gr. *kephalê* « tête ».

♦ [1] **CÉPHALÉE** XVII^e^ s. : *kephalaia* « mal de tête continu »; **CÉPHALIQUE** XIV^e^ s. : *kephalikos*, par le lat.; **CÉPHALALGIE** XIV^e^ s. : *kephalalgia* « mal de tête », de *algein* « souffrir », par le lat. ♦ [2] **ENCÉPHALE** XVIII^e^ s. : *egkephalos (muelos)* « (moelle) qui est dans la tête », « cerveau »; **ENCÉPHALITE** XVIII^e^ s.; **ENCÉPHALOGRAPHIE, -GRAMME, ÉLECTROENCÉPHALOGRAMME** XX^e^ s. ♦ [3] **CÉPHALO-** 1^er^ élément de composés sav. p. ex. **CÉPHALOPODE** XVIII^e^ s. : de *pous, podos* « pied ». ♦ [4] **-CÉPHALE, -CÉPHALIE, -CÉPHALIQUE**, 2^e^ élément de dér. et de composés sav., ex. : **ACÉPHALE** XIV^e^ s. : *akephalos*, avec *a* privatif, « sans tête », par le lat.; **ACÉPHALIE** XIX^e^ s.; **BICÉPHALE** XIX^e^ s. → DEUX; **TRICÉPHALE** XIX^e^ s. → TROIS; **DOLICHOCÉPHALE** XIX^e^ s. : du gr. *dolikhos* « long »; **BRACHYCÉPHALE** XIX^e^ s.; **CYNOCÉPHALE** XIV^e^ s.; **HYDROCÉPHALE** XVI^e^ s., etc. → le premier élément.

**CÉRAMIQUE** (sav.) XIX^e^ s. : gr. *keramikos*, adj. dér. de *keramos* « argile », « poterie »; **CÉRAMISTE** XIX^e^ s.

**CERCLE** famille du lat. *circus* « cercle » puis « cirque », empr. au gr. *kirkos* « anneau » (p.-ê. apparenté à *curvus* et *korônê* → COURBE.) — Dér. : (1) les dimin. *circulus* « cercle », qui a tendu à remplacer *circus; circellus* « cerceau »; *circinus* « compas », « cercle », (2) *circum* « autour » prép, et préf., (3) bas lat. *circare* « tourner », « aller d'un endroit à l'autre ».

I. mots populaires

♦ [1] **CERCLE** XII^e^ s., géom., XVII^e^ s. « rassemblement de personnes », XIX^e^ s. « club » : *cĭrcŭlus*; **DEMI-CERCLE** XIV^e^ s.; **CERCLER** XVI^e^ s., **RECERCLER** XIX^e^ s., **CERCLAGE** XIX^e^ s.; **ENCERCLER** XII^e^ s.; **ENCERCLEMENT** XX^e^ s. ♦ [2] **CERCEAU** XII^e^ s. : lat. imp. *cĭrcĕllus*. ♦ [3] **CERNE** XII^e^ s. « cercle », XIX^e^ s., en parlant des yeux : *cĭrcĭnus*; **CERNER** XII^e^ s. « entourer d'un cercle », surtout à partir du XVI^e^ s.; **CERNEAU** XIV^e^ s., noix fraîche à laquelle on fait une incision circulaire pour en détacher la coque. ♦ [4] **CHERCHER** XI^e^ s. d'abord *cerchier*, « parcourir en tous sens, fouiller » : *cĭrcāre*; a fini par éliminer *querir* vers le XVI^e^ s.; **CHERCHEUR** XVI^e^ s.; **RECHERCHER** XI^e^ s.; **RECHERCHE** et **RECHERCHÉ** XVI^e^ s. adj.

II. mots savants

♦ [1] **CIRQUE** XIV^e^ s., antiq., XIX^e^ s., sens mod. : *circus*. ♦ [2] **CIRCUIT** XIII^e^ s. : *circu(m)itus*, subst. dér. de *circumire* « tourner »; **COURT-CIRCUIT** et **COURT-CIRCUITER** XX^e^ s. ♦ [3] **CIRCULER** XIV^e^ s., « tourner autour », XVII^e^ s. « aller et venir » : lat. *circulari* « circuler », dér. de *circulus*; **CIRCULAIRE** XIV^e s. : bas lat. *circularis*; **CIRCULATION** XIV^e s.; bas lat. *circulatio*; **CIRCULATOIRE** XVI^e s.; bas lat. *circulatorius*, sous l'infl. du sens du verbe; (l'adj. se rapportait en lat. à *circulator* « charlatan qui réunit un cercle de badauds », et signifiait « charlatanesque »). ♦ [4] **CIRCON-**, préf. : *circum-*, ex. : *circonflexe, circonlocution, circonscrire, circonvenir*, etc. ♦ [5] **CIRCUM-**, préf. de forme lat. dans *circumnavigation, circumpolaire* XVIII^e s.

**CERCUEIL** ensemble de mots où se trouve représenté le gr. *sarx, sarkos* « chair ». Dérivés : *sarkôma* « excroissance de chair »; *sarkazein* « mordre la chair », « déchirer à belles dents », d'où *sarkasmos* et *sarkastikos; sarkophagos* « carnivore » → PHAG(O)-.

I. mot populaire

**CERCUEIL** XV^e s. : réfection de l'anc. fr. *sarcou, sarcueu* : bas lat. *sarcŏphăgus* « tombeau », fait à l'origine d'une pierre calcaire au contact de laquelle les chairs se consumaient rapidement, lat. *sarcophagus lapis* : gr. *sarkophagos lithos*.

II. mots savants

♦ [1] **SARCASME** XVI^e s. : *sarkasmos*; **SARCASTIQUE** XVIII^e s. : gr. *sarkastikos*, ou simplement dér. de *sarcasme* avec un *t* analogique de celui d'*enthousiaste*, dér. d'*enthousiasme*. ♦ [2] **SARCOME** XVI^e s. : *sarkôma*, par le lat.; **SARCOMATEUX** XIX^e s. ♦ [3] **SARCOPHAGE** XV^e s., rare jusqu'au XVIII^e s. : *sarkophagos*, par le lat. → CERCUEIL. ♦ [4] **SARCO-** 1^er élément de mots sav. de la langue médicale, ex. : **SARCODERME, SARCOÏDE** XIX^e s., **SARCOPLASME** XX^e s. ♦ [5] **SARCOPTE** XIX^e s.; nom du parasite de la peau qui est cause de la gale : formé à partir de *sarx* et du gr. *koptein* « couper ».

**CÉRÉMONIE** ♦ [1] (sav.) XIII^e s. : lat. *caeremonia*, var. de *caerimonia* « culte », au plur. « observances rituelles », mot p.-ê. d'origine étrusque; **CÉRÉMONIEUX** XV^e s. ♦ [2] **CÉRÉMONIAL** XIII^e s., adj. « relatif aux cérémonies religieuses », XVII^e s., subst. : bas lat. *caeremonialis*.

**CERFEUIL** ensemble de mots où se trouve représenté le gr. *phullon* « feuille », dont la parenté avec le lat. *folium* « feuille » est possible mais non certaine.

I. mots populaires

♦ [1] **CERFEUIL** XIII^e s. : lat. *caerefŏlium* adaptation du gr. *khairephullon*, de *khairein* « réjouir »; littéralement, « feuille qui réjouit ». ♦ [2] **GIROFLE** (demi-sav., à cause de la non-diphtongaison de l'*o*) XII^e s. : lat. vulg. **garŏfŭlum*, du gr. *karuophullon*, mot p.-ê. d'origine orientale, mais interprété, en tout cas, comme composé de *karuon* « noyau » et *phullon* « feuille »; **GIROFLIER** XIV^e s.; **GIROFLÉE** XV^e s. : ainsi appelée parce que son odeur rappelle celle du clou de girofle. ♦ [3] **TRÈFLE, TRIOLET** → FEUILLE.

II. mots savants

♦ [1] **-PHYLLE**, 2^e élément du composé sav. **CHLOROPHYLLE** XIX^e s., de *khlôros* « vert ». ♦ [2] **PHYLL(O)-**, 1^er élément de mots sav., ex. : **PHYLLOXÉRA** XIX^e s., de *xeros* « sec », cet insecte desséchant les feuilles de la vigne.

**CERISE** famille du gr. *kerasos*, var. *kerasea, kerasia* « cerisier », p.-ê. apparenté au gr. *keras* (→ COR), p.-ê. d'origine asiatique. Ce mot a été empr. (1) par lat. class. *cerasus* « cerisier », *cerasum* « cerise »; lat. vulg. **ceresium*, plur. **ceresia* « cerise » (2) germ. occidental **kirissa*.

I. mots issus du latin

**CERISE** (pop.) XII^e s. : **ceresia*, plur. neutre pris pour un fém. sing.; **CERISIER** XII^e s.; **CERISAIE** XIV^e s.

II. mot issu du germanique

**KIRSCH** XIX^e s. : abrév. de l'all. dial. Alsace *Kirschwasser* « eau (-de-vie) de cerises », de *Kirsche* « cerise », du germ. **kirissa*.

**CÉRUSE** (demi-sav.) XIII^e s. : lat. *cerussa*, même sens.

**CERVOISE** (pop.) XII^e s. : lat. imp. *cervēsia*, d'origine gauloise.

**CESSER** famille du lat. *cedere, cessus* « aller », « marcher », « s'en aller », d'où (1) *cessio, -onis*, jur., « concession », « cession » (2) *cessare* « rester inactif », issu du sens de « se retirer » que pouvait avoir *cedere* (3) un grand nombre de verbes préfixés : *accedere* « aller vers », « s'approcher » : *antecedere* « venir avant »; *concedere* « se retirer », « abandonner »; *decedere* « s'en aller », « mourir »; *excedere* « sortir »; *intercedere* « intervenir »; *praecedere* « marcher devant »; *procedere* « s'avancer », « aboutir »; *recedere* et *retrocedere* « rétrograder », « rebrousser chemin »; *secedere* « aller à part », « se séparer »; *succedere* « venir à la place » ou « à la suite de »; tous ces verbes peuvent avoir des dér. en *-cessio, -cessus,-cessor*, etc.

I. mots populaires

♦ [1] **CESSER** XI^e s. : *cessāre*; **CESSE** XII^e s. subst. fém.; **INCESSAMMENT** XIV^e s.; **INCESSANT**

XVI^e s. ♦ [2] **ANCÊTRE** XI^e s. : cas sujet (le cas régime est *ancesseur*) remontant au nominatif *antecessor* « celui qui vient avant », dér. de *antecedĕre*; **ANCESTRAL** XIX^e s. : adj. formé sur *ancestre*, forme ancienne de *ancêtre*.

**II.** mots savants

**A.** base *-céd-*

♦ [1] **CÉDER** XIV^e s. : *cedere*, au sens de « se retirer »; **RECÉDER** XVI^e s. ♦ [2] **ACCÉDER** XIII^e s. « avoir accès », XVIII^e s. « consentir » : *accedere*. ♦ [3] **ANTÉCÉDENT** XIV^e s., logique, XVIII^e s., grammaire, XIX^e s., méd. « faits pathologiques ayant précédé la maladie considérée », d'où « actions antérieures d'une personne » : *antecedens, -entis*, part. présent de *antecedere* (→ ANCÊTRE). ♦ [4] **CONCÉDER** XIII^e s. : *concedere*. ♦ [5] **DÉCÉDER** XV^e s. : *decedere*. ♦ [6] **EXCÉDER** XIII^e s. : *excedere*; **EXCÉDENT** XIV^e s.; **EXCÉDENTAIRE** XX^e s. ♦ [7] **INTERCÉDER** XIV^e s. : *intercedere*. ♦ [8] **PRÉCÉDER** XIV^e s. : *praecedere*; **PRÉCÉDENT** XIII^e s., adj., XVIII^e s., subst. masc., sous l'influence de l'angl. : var. orth. du part. présent de *précéder*. ♦ [9] **PROCÉDER** fin XIII^e s. début XIV^e s. « tirer son origine de » et « agir judiciairement », XVI^e s. « passer à l'exécution de » : *procedere*; **PROCÉDÉ** XVI^e s.; **PROCÉDURE** XIV^e s.; **PROCÉDURIER** XIX^e s. ♦ [10] **RÉTROCÉDER** XVI^e s. : *retrocedere*. ♦ [11] **SUCCÉDER** XIV^e s. : *succedere*; **SUCCÉDANÉ** XVII^e s. : *succedaneus*, adj. dér. de *succedere* au sens de « remplacer ».

**B.** base *-cesse-*

♦ [1] **ACCESSION** XII^e s. : *accessio*, dér. de *accedere*; **ACCESSIBLE** et **INACCESSIBLE** XIV^e s. : bas lat. *(in) accessibilis*; **ACCESSIBILITÉ** XVII^e s.; **ACCESSIT** XIX^e s. : mot lat., parfait de *accedere* « il s'est approché (du prix) », du temps où les distributions de prix avaient lieu en lat.; **ACCESSOIRE** XIII^e s., jur., XV^e s., élargissement du sens : lat. médiéval *accessorius* « qui vient s'ajouter », dér. de *accedere*; **ACCESSOIRISTE** XX^e s., théâtre et cinéma. ♦ [2] **CESSION** XIII^e s. : *cessio*; **CESSIBLE** XVII^e s. : bas lat. *cessibilis*, dérivés de *cedere*; **CESSIBLITÉ** XIX^e s.; **CESSIONNAIRE** XVI^e s. ♦ [3] **CONCESSION** XIII^e s. : *concessio*, de *concedere*; **CONCESSIONNAIRE** XVIII^e s.; **CONCESSIF** XIX^e s. ♦ [4] **EXCESSIF** XIII^e s., **EXCESSIVEMENT** XIV^e s. : dér. de *excès*. ♦ [5] **INTERCESSEUR** XIII^e s. : *intercessor*, de *intercedere*; **INTERCESSION** XIII^e s. : *intercessio*. ♦ [6] **PRÉDÉCESSEUR** XIII^e s. : bas lat. *praedecessor*, de *prae* « avant » et *decessor* « qui s'en va », dér. de *decedere* → DÉCÉDER. ♦ [7] **PROCESSION** XII^e s. : *processio*, de *procedere*; **PROCESSIONNAIRE** XIV^e s., subst., lit., XVIII^e s., zool.; **PROCESSIONNEL** XIV^e s.; **PROCESSIONNER** XVIII^e s. ♦ [8] **PROCESSUS** XVI^e s. : mot lat., étymon de **PROCÈS**, dér. de *procedere*; **PROCESSIF** XVI^e s. : dér. de **PROCÈS**. ♦ [9] **RÉCESSION** XIX^e s. : *recessio*, de *recedere*; **RÉCESSIF, RÉCESSIVITÉ** XX^e s. ♦ [10] **RÉTROCESSION** XVI^e s. : *retrocessio*, de *retrocedere*. ♦ [11] **SÉCESSION** XIV^e s. « rébellion », XVI^e s. « acte de se séparer » : *secessio*, de *secedere*; **SÉCESSIONNISTE** XIX^e s. ♦ [12] **SUCCESSION** XII^e s. : *successio*, de *succedere*; **SUCCESSIF** XIV^e s. : lat. imp. *successivus*; **SUCCESSEUR** XII^e s. : *successor*; **SUCCESSORAL** XIX^e s. ♦ [13] **CESSATION** XIV^e s. : *cessatio*.

**C.** base *-cès*

♦ [1] **ABCÈS** XVI^e s. : *abcessus*, de *ab* et *cedere* « s'éloigner », calque du gr. *apostêma* « éloignement », qui avait pris dans la langue des médecins le sens de « corruption » et d'« abcès ». ♦ [2] **ACCÈS** XIII^e s. « possibilité d'accéder », XIV^e s., méd., « crise » : *accessus*, de *accedere*. ♦ [3] **DÉCÈS** XI^e s. : *decessus*, de *decedere*. ♦ [4] **EXCÈS** XIII^e s. : *excessus*, de *excedere*. ♦ [5] **PROCÈS** XII^e s., jur., « contrat », XIII^e s. « développement » et « action judiciaire », XX^e s., linguist. : *processus*, de *procedere*; **PROCÈS-VERBAL** XIV^e s. « constat judiciaire », XIX^e s. « contravention » et « compte rendu de séance ». ♦ [6] **SUCCÈS** XVI^e s. « succession », « manière dont une chose arrive » et « réussite », seul sens encore vivant : *successus* « succession » et « réussite », de *succedere*; **INSUCCÈS** XVIII^e s.

**CÉTACÉ** (sav.) XVI^e s. : lat. scient, mod. *caetaceus*, dér. du lat. *cetus*, du gr. *kêtos* « gros poisson », « baleine », « dauphin », « thon ».

**CHACAL** XVII^e s. : turc *tchaqâl*, du persan *chagâl*.

**CHAGRIN** XVII^e s. : turc *çâgri* « peau de la croupe des animaux », « sorte de cuir » soit directement, soit par le vénitien *sagrin* (it. *zigrino*) de même origine; a pu subir l'infl. de *grain* et de *chagrin* (→ article suivant); **CHAGRINER** XVIII^e s. « travailler le chagrin ».

**CHAGRINER** (pop.) début XV^e s., var. *chagrigner* au XVI^e s. : mot obscur; on a pensé à un composé de *chat* et de *grigner* « gémir comme un chat », comparable à l'all. *Katzenjammer* « lamentation des chats » ou « profond malaise »; mais cette formation, normale en allemand, est en fr. morphologiquement incompréhensible et l'hypothèse d'un calque est peu vraisemblable. De plus *grigner* signifie plutôt « grincer des dents » que « gémir ». Il vaudrait mieux voir dans le 2e élément une var. de l'anc. fr. *graignier* « attrister », apparenté à *graim* « soucieux », du frq. **gram*, et à *graigne* « maussaderie », du frq. **grami*; mais le 1er élément reste obscur; **CHAGRIN** fin XIVe s., adj., XVIe s., subst. : dér. de *chagriner*.

**CHAÎNE** famille du lat. *catenae* (plur.) « chaînes », sing. rare *catena*, d'où les adj. *catenarius* et *catenatus* « enchaîné », bas lat. neutre *catenatum* « cadenas »; *(con)catenatio* « enchaînement »; lat. vulg. **catenio, -onis* « chaîne, lien ».

I. mots populaires

♦ [1] **CHAÎNE** XIe s., sens propre, XVIIe s. « état de galérien » et *chaîne de montagnes*, XIXe s. *faire la chaîne*, XXe s. sens industriel et techn. : *catēna*; **CHAÎNETTE** XIIe s.; **CHAÎNON** XIIIe s.; **CHAÎNER** XIIIe s.; **ENCHAÎNER** XIe s., sens propre, XVIIe s. « créer un lien entre deux choses »; **ENCHAÎNEMENT** XIVe s.; **DÉCHAÎNER** XIIe s. sens propre, XVIIe s. sens fig.; **DÉCHAÎNEMENT** XVIIe s. ♦ [2] **CHIGNON** XIe s. d'abord *chaaignon* « lacet », « chaîne », « collier » et *le chaaignon du col* « les vertèbres de la nuque, qui forment une sorte de chaîne »; XVIIIe s. « tresse de cheveux relevée sur la nuque » : **catenio, -onis*. Le *i* peut être dû, outre une tendance dial., en particulier picarde, à fermer *ai* en *i* devant *gn*, à l'influence de *tignasse* ou de *échine*; il existe une forme *eschignon* au XVIe s. ♦ [3] **CADENAS** XVIe s. : prov. *cadenat*, du bas lat. *catenatum*; **CADENASSER** XVIe s.

II. mots savants

♦ [1] **CATÉNAIRE** XIXe s. : lat. *catenarius*. ♦ [2] **CONCATÉNATION** XVIe s. : *concatenatio*.

**CHAIR** famille d'une rac. ind.-eur. **(s)ker* « couper » « séparer », « partager », pouvant apparaître avec ou sans sifflante initiale, à laquelle se rattachent les mots lat. suivants : (1) avec une voyelle *a* : *caro, carnis* « chair »; dér. lat. class. *carnarium* « garde-manger » et *carnivorus* « qui mange la viande »; *carnatio* « embonpoint »; lat. vulg. **carnūtus* « charnu », **excarnare, -atus* « ôter la chair »; **caronia* « charogne »; lat. eccl. *carnalis* « charnel »; *incarnāre, -ātus* « incarner », d'où *incarnatio* (2) avec une voyelle *e* : *cena* « le dîner », issu de **ker-t-sna*, littéralement « partage », « répartition »; d'où *cenaculum* « salle à manger » (3) avec une voyelle *o* : (a) *scortum* « peau », « cuir », « prostituée », qui a dû prendre sous l'infl. du suivant le sens d'« écorce »; adj. dér. *scorteus*; (b) *cortex, -icis*, « écorce », d'où *de-, excorticare* « enlever l'écorce »; (c) *corium* « cuir », d'où *coriaceus* « en cuir » et bas lat. *excoriare* « enlever le cuir »; (d) *curtus* « tronqué », « écourté », d'où lat. vulg. **accurtiare*. Donc, étymologiquement, la chair est ce qu'on partage; le cuir, l'écorce sont ce qu'on détache du reste.

I. mots populaires

A. famille de *caro*

1. **CHAIR** XVe s. a remplacé, phonétiquement (encore qu'avec une orthographe savante), l'anc. fr. *charn* XIe s. : *carnem*, acc. de *caro*; au sens alimentaire, *chair* a été éliminé au XVIIe s. par *viande* (→ VIVRE), pour éviter l'homonymie avec *chère* (→ COR) qui avait fini par prendre le sens de « repas ».

2. base *charn-*

♦ [1] **CHARNEL** XIe s. : *carnalis*; **CHARNIER** XIe s. : *carnarium*; **CHARNU** XIIIe s. : *carnutus*. ♦ [2] **DÉCHARNER** XIIe s. : dér. de *escharné* : *excarnatus*; **ACHARNER** XIIe s., vénerie, XVe s., sens fig. : verbe formé sur *charn*, littéralement « exciter le goût de la chair chez les animaux utilisés pour la chasse »; **ACHARNEMENT** XVIIe s.

3. base *char-*

♦ [1] **CHARCUTIER** XVe s., sous la forme *chaircuitier* : dér. de *chair cuite*; **CHARCUTERIE** XVIe s.; **CHARCUTER** XVIe s. « faire de la charcuterie », XIXe s., sens fig. ♦ [2] **CHAROGNE** XIIe s. : **caronia*; **CHAROGNARD** XIXe s.

4. bases *carn-* et *car-* (mots d'emprunt). ♦ [1] **CARNAGE** XVIe s. : it. *carnaggio*, dér. de *carne*. ♦ [2] **CARNIER** XVIIIe s. : mot prov., dér. de *carn* « chair »; **CARNASSIER** XVIe s., mot prov., dér. de *carnasso* « viande abondante », de *carn* « chair »; **CARNASSIÈRE** XVIe s. : prov. *carnassiero* apparenté au précédent. ♦ [3] **CARNAVAL** une fois au XIIIe s., puis au XVIe s. : it. *carnevale* altération de *carne levare* « ôter la viande », désignation du mardi gras, veille du carême, dernier jour où il était permis de manger de la viande; **CARNAVALESQUE** XIXe s. : it. *carnavalesco*. ♦ [4] **CARNE** XIXe s., argot « mauvaise viande » : it. *carne* « viande ». ♦ [5] **INCARNAT** XVIe s. : it. *incarnato* « couleur de chair ». ♦ [6] **CAROGNE** XIIe s. : équivalent normanno-picard du fr. *charogne*.

B. famille de *corium*

♦ [1] **CUIR** XIe s. « peau de l'homme aussi bien que des animaux », XVIIIe s., sens restreint aux animaux, et « mot écorché », dans l'expression *faire un cuir* : *cŏrium*. ♦ [2] **CURÉE** XVe s., continue phonétiquement *cuirée* XIVe s. « parties du gibier qu'on donnait à manger aux chiens de chasse après les avoir étendues sur le cuir de la bête tuée et dépouillée ». ♦ [3] **CUIRASSE** XIIIe s. qui a éliminé *broigne*, XIe s., n'est sans doute pas un dér. français de cuir, étant donné la rareté du suff. ; il serait plutôt une adaptation de l'it. *corazza*, qui peut très bien remonter directement à *coriacĕa* (l'esp. *coraza*, de même origine, est attesté plus tardivement) ; on peut aussi penser à un empr. direct à l'anc. aragonais *cuyraza* ; **CUIRASSIER** XVIe s., adj. XVIIe s., subst. ; **CUIRASSER** XVIIe s. ; **CUIRASSÉ** XIXe s., subst. masc., mar.

**C.** famille de *scortum*

**ÉCORCE** XIIe s. : *scortea* ; **ÉCORCER** XIIe s.

**D.** famille de *cortex*

**ÉCORCHER** XIIe s. : *excortĭcāre* ; **ÉCORCHURE, ÉCORCHEUR, ÉCORCHEMENT** XIIIe s.

**E.** famille de *curtus*

♦ [1] **COURT** XIe s. : *cŭrtus* ; **COURTAUD** XVe s. ; **ÉCOURTER** XIIe s. ♦ [2] **RACCOURCIR** XIIIe s. : dér. de *accourcir* XIIe s., réfection, par changement de conjugaison, de *acorcier*, de **accŭrtiāre* ; **RACCOURCI** XVe s., subst. ; **RACCOURCISSEMENT** XVIe s. Pour les mots scientifiques exprimant l'idée de « court » → BRACHY-.

**II.** mots savants

**A.** famille de *caro*

♦ [1] **CARNÉ** XVIIe s. : lat. *carnatus* ; **CARNATION** XVe s. : *carnatio*, avec influence, pour le sens, de l'it. *carnagione* « couleur de la chair ». ♦ [2] **INCARNER** XVe s. : *incarnare* ; **INCARNATION** XIIe s. : *incarnatio* ; **RÉINCARNER** XXe s. : **RÉINCARNATION** XIXe s. ♦ [3] **CARNIVORE** XVIe s. : *carnivorus*. ♦ [4] **CARONCULE** XVIe s. : *caruncula*, dimin. de *caro*.

**B.** famille de *corium*

**EXCORIER** XVIe s. : *excoriare* ; **EXCORIATION** XIVe s. ; **CORIACE** XVe s. : *coriaceus*.

**C.** famille de *cortex*

♦ [1] **CORTEX** XXe s., anat. : mot lat. ; **CORTICAL** XVIe s., bot., XXe s., anat. : dér. de *cortex, -icis* ; **CORTISONE** XXe s. : mot angl., abrév. de *corticosterone* ; **CORTICO-** XXe s. 1er élément de composés sav., ex. : **CORTICOSURRÉNAL** XXe s. ♦ [2] **DÉCORTIQUER** XIXe s. : *decorticare* ; **DÉCORTICATION** XVIIIe s. ; *decorticatio*.

**D.** famille de *cena*

**CÈNE** XIIe s. : *cena* ; **CÉNACLE** XIIIe s., salle où eut lieu la dernière Cène du Christ, XIXe s., groupement littéraire : *cenaculum*.

**CHALAND** (demi-sav.) XIe s. : gr. byzantin *khelandion* « bateau plat ».

**CHÂLE** XVIIe s. : hindî *shal*, par l'angl. *shawl*.

**CHALLENGE** famille du lat. *calumnia* « intrigue, supercherie ».

**I.** mots populaires

**CHALLENGE** XIXe s. : mot angl. empr. à l'anc. fr. *chalenge* « débat judiciaire », « dispute », var. de *chalonge*, de *calumnia* ; **CHALLENGER**, subst. empr. à l'angl. ; **CHALLENGEUR** XXe s.

**II.** mots savants

**CALOMNIE** XIVe s. : *calumnia* ; **CALOMNIATEUR** XIIIe s. : *calumniator* ; **CALOMNIEUX** XIVe s. : *calomniosus* ; **CALOMNIER** XIVe s. : *calumniari*.

**CHALOUPE** (pop.) XVIe s. : mot obscur dont une variante *saloupe* a été empr. dès le milieu du XVIe s. par le néerl. pour désigner un bateau, le *sloep* ; on a proposé pour *chaloupe* le dial. Ouest *chalope* « coquille de noix », croisement d'une var. de *écale*, du frq. **skala*, avec *enveloppe* ; mais si vraiment *chaloupe* et *saloupe* sont bien le même mot, cette hypothèse est peu probable.

**CHALUT** (pop.) XVIIIe s. et *chalon* XVIIe s. : mots dial. de l'Ouest, d'origine obscure ; **CHALUTIER** XIXe s.

**CHAMARRER** ♦ [1] XVIe s. : dér. de *chamarre* XVe s., var. de *samarre* XVe s., de l'esp. *zamarra* « vêtement de berger », issu du basque *zamar* (*zamarra* avec l'article) « toison des bêtes à laine », ou du mot ibère correspondant ; **CHAMARRURE** XVIe s. ♦ [2] **SIMARRE** XVIIe s. : it. *zimarra*, altération de l'esp. *zamarra*.

**CHAMBARDER** et **CHAMBOULER** (pop.) XIXe s. : mots obscurs. **CHAMBARDER** apparaît d'abord sous la forme *chamberder* « bouleverser », « renverser », dans l'argot de mar. ; des formes voisines se trouvent dans des dial. éloignés des côtes. **CHAMBOULER** est lorrain. Il s'agit probablement du croisement de *chant* « côté » (→ ce mot) avec *bouler* (→ BOULE) et *barder* (→ BARAQUE) ; le sens original serait dans le 1er cas « faire rouler », dans le 2e « faire glisser sur le côté ».

**CHAMBRE** famille du lat. *camera*, altération du gr. *kamara* « toiture voûtée », d'où *camerare* « construire en voûte » et bas lat. *camerarius* « camérier ». Le mot *camera* a été empr. par le germ., d'où frq. **kamarling* et all. *Kammer*.

**I.** mots populaires

♦ [1] **CHAMBRE** XIe s. « assemblée judiciaire », XXe s., *chambre à air* : *camĕra* ; **CHAMBRETTE** XIIe s. ; **CHAMBRIÈRE** XIIe s. ; **CHAMBRÉE** XVIe s. ; **CHAMBRER** XVIIIe s. ♦ [2] **CHAMBRANLE** XVIe s. : altération, par croisement avec *branler*, de *chambrande* XIVe s. : *cameranda*, gérondif substantivé de *camerare*. ♦ [3] **ANTICHAMBRE** XVI^e s. : dér. de *chambre* formé à l'imitation de l'it. *anticamera*. ♦ [4] **CHAMBELLAN** XI^e s. : frq. **kamarling* « attaché à la chambre (du trésor du souverain) » avec influence de *chambre* pour le *b*.

**II.** mots d'emprunt

♦ [1] **CABARET** XIII^e s. : moyen néerl. *cabret*, du picard *cambrette* « petite chambre »; **CABARETIER** XIV^e s. ♦ [2] **CAMBRIOLER, CAMBRIOLEUR, CAMBRIOLE** XIX^e s. : dér. de l'argot *cambriole* XVIII^e s. « maison », « chambre », lui-même dér. du prov. *cambro* « chambre », de *camera*; **CAMBRIOLAGE** XX^e s. ♦ [3] **CAMARADE** XVI^e s. « chambrée » d'où « compagnon de chambrée » et « compagnon d'armes » : esp. *camarada* « chambrée », dér. de *camara*, du lat. *camera*; **CAMARADERIE** XVII^e s. ♦ [4] **CAMARILLA** XIX^e s., polit. : mot esp., « cabinet particulier du roi ». dér. de *camara*. ♦ [5] **CAMÉRA** XIX^e s., optique, *camera-lucida*, XX^e s., cinéma : it. *camera (lucida)* « chambre (claire) », du lat. *camera*; **CAMÉRIER** XVI^e s. : it. *cameriere*. dér. de *camera*. ♦ [6] **CAMÉRISTE** XVII^e s. : esp. *camarista*, dér. de *camara*, avec infl, pour la voyelle *e*, des formes italiennes. ♦ [7] **CAMERLINGUE** XV^e s. : it. *camerlingo*, du lat. médiéval *camarlingus*, du frq. **kamarling*, équivalent it. de *chambellan*.

**III.** mots savants

**BICAMÉRISME** et **MONOCAMÉRISME** XX^e s., polit. : dér. sav. formés sur la base du lat. *camera*.

**CHAMEAU** (pop.) XI^e s., XIX^e s., familier « personne méchante » : altération, par substitution de suff., de *chameil*, du lat. *camelus*, empr. au gr. *kamêlos*, mot d'origine sémitique; **CHAMELLE** XII^e s., sous la forme *chamoille*; **CHAMELIER** XIII^e s.

**CHAMOIS** (pop.) XIV^e s. : *camox*, mot attesté une seule fois en bas lat. D'origine alpestre, prélat., p.-ê. pré-ind.-eur., ce mot a pu être rapproché d'une forme caucasienne *kamus* « buffle »; **CHAMOISER** XVIII^e s. « préparer le cuir »; **CHAMOISEUR, CHAMOISERIE** XVIII^e s.; **CHAMOISAGE** XIX^e s.

**CHAMP** famille du lat. *campus* « terrain plat » d'où « champ ». Dér. (1) les adj. *campestris* et *campanus, neus, -nius* « de plaine »; le fém. substantivé *campania* a servi de nom à diverses régions (2) lat. vulg. **campaniolus* « champignon » (3) le mot *campus* a été empr. par les mercenaires germains qui en ont fait **kamp* « champ de bataille » (→ all. *Kampf* « combat ») d'où le bas lat. *campio, -ōnis* « combattant ».

**I.** mots populaires

♦ [1] **CHAMP** XI^e s. : *campus*; **CHAMPI** XIV^e s., XIX^e s. chez G. Sand : « (enfant) trouvé dans un champ », empr. au dial. berrichon; **CHAMPART** XIII^e s., féod., « part des gerbes, qui revenait au seigneur de certains fiefs » : de *champ* et *part*. Pour les mots sav. exprimant l'idée de « champ » → AGRO-, art. ACRE. ♦ [2] **CHAMPÊTRE** XI^e s. : *campestris*. ♦ [3] **CHAMPAGNE** X^e s. : nom commun, puis spécialisé en toponymie, a désigné en particulier la plaine ou *champagne* de Cognac, d'où la **FINE CHAMPAGNE** (eau-de-vie), et la province de *Champagne*, productrice du **CHAMPAGNE** XVII^e s., vin blanc mousseux : *campania*; **CHAMPAGNISER** XIX^e s.; **CHAMPAGNISATION** XX^e s. ♦ [4] **CHAMPIGNON** XIV^e s. : altération, par substitution de suff., de *champegnuel* XII^e s., de **campaniolus*; **CHAMPIGNONNIÈRE** XVII^e s. Pour les mots scientifiques exprimant l'idée de « champignons » → MYCÉ-. ♦ [5] **CHAMPION** XI^e s. : *campio, -ōnis*; **CHAMPIONNE** XVI^e s.; **CHAMPIONNAT** XIX^e s.

**II.** mots d'emprunt

♦ [1] **CAMP** XV^e s., sens milit. : it. *campo* (ou la forme prov. correspondante), de *campus*; la forme picarde *camp* « champ » est antérieure mais n'avait pas le sens de « camp »; **CAMPER, CAMPEMENT** XVI^e s. ♦ [2] **CAMPING** XX^e s. : mot angl. dér. de *to camp* « camper », de même origine; **CAMPEUR** XX^e s. ♦ [3] **DÉCAMPER** XVI^e s. : forme renforcée de *escamper* XVI^e s. : it. *scampare*, dér. de *campo*; **PRENDRE LA POUDRE D'ESCAMPETTE** XVIII^e s. : dér. de *escamper*. ♦ [4] **CAMPAGNE** XII^e s., espace découvert : forme normanno-picarde de *champagne*; XVI^e s., *armée en campagne*, XVII^e s., *campagne militaire*, et *la campagne* opposée à *la ville* : it. *campagna*, du lat. *campania*; **CAMPAGNARD** XVII^e s.; **CAMBROUSE** ou **CAMBROUSSE** XIX^e s. : altération de **CAMPLOUSE** XIX^e s., déformation argotique de *campagne*, avec infl. de *brousse* sur la forme à *-ss-*. ♦ [5] **CAMPAGNE** XIV^e s. « cloche » : it. *campana* « cloche », du bas lat. neutre plur. *(vasa) campana* « (vases) (de bronze) campaniens », c.-à-d. fabriqués dans la plaine de Naples appelée en it. et en lat. *Campania*, équivalent du fr. *Champagne*; **CAMPANILE** XVI^e s. : it. *campanile* « clocher »; **CAMPANULE** XVIII^e s. : *campanula*, dimin. de *campana*. ♦ [6] **CAMPUS** XX^e s. mot lat. par l'anglo-américain.

**III.** mot savant

**CAMPOS** XV^e s., *donner, avoir campos*, souvent prononcé *campo*, à la manière ancienne : mot lat. tiré des expressions jadis usuelles dans les collèges, *ire ad campos* « aller aux champs », *habere campos* « avoir (la permission d'aller aux) champs », c.-à-d. « en vacances »;

**CHANCRE** famille du lat. *cancer, -cri* « crabe », « écrevisse », puis « chancre », apparenté au gr. *karkinos*, mêmes sens, d'une racine **kankr-* homonyme de celle qui apparaît dans *cancri* « treillis » → CHARTRE.

**I.** mots populaires issus du latin

♦ [1] **CHANCRE** XIIIe s. ulcère, XVIIe s., sens fig. : *cancer*. ♦ [2] **ÉCHANCRER** XVIe s.; dér. de *chancre*, littéralement « creuser comme le fait un chancre »; **ÉCHANCRURE** XVIe s.

**II.** mots savants issus du latin

♦ [1] **CANCRE** XIIIe s. « crabe », XVIIe s. « miséreux », XIXe s., « mauvais élève » : *cancer*. ♦ [2] **CANCER** XIVe s., signe du zodiaque, XVIe s., maladie : mot lat.; **CANCÉREUX** XVIIIe s. : *cancerosus*, même sens; **CANCÉRISER, CANCÉRISATION, CANCÉRIGÈNE, CANCÉROLOGIE** XXe s.

**III.** mot savant issu du grec

**CARCINOME** XVIe s. : gr. *karkinôma*, dér. de *karkinos* au sens de « tumeur ».

**CHANDELLE** famille d'un radical lat. *cand-* qui apparaît dans (1) *candēre* « être enflammé » (2) **-candĕre* « enflammer », qui n'est attesté qu'en composition sous la forme *-cendere*, par ex. dans *incendere, incensus* « incendier », « enflammer », d'où lat. eccl. *incensum*, part. passé neutre substantivé, « toute matière brûlée en sacrifice »; *incendium* « incendie » (3) *(in) candescere* « s'échauffer », « chauffer à blanc » (4) *candor, -oris* « blancheur éclatante » : *candidus* « blanc brillant » : *candidatus* « vêtu de la toge blanche de ceux qui briguaient une fonction publique » (5) *candela* « cierge » et *candelabrum* « chandelier » (6) *cicindela* « ver luisant ».

**I.** mots populaires

♦ [1] **CHANDELLE** XIVe s. : altération, par substitution du suff. *-elle* à la dernière syllabe, de *chandoile* XIIe s., de *candēla*; **CHANDELIER** XIIe s. ♦ [2] **CHANDELEUR** XIIe s. : du lat. vulg. **candelōrum*, génitif plur. masc. qui, probablement sous l'infl. de *cereōrum* (gén. de *cereus* « cierge »), s'était substitué à *candelarum* dans l'expression *festa candelarum* « fête des chandelles », fête de la purification de la Vierge et de la présentation de Jésus au Temple, où les fidèles vont en procession, un cierge à la main, pour rappeler Marie portant Jésus, lumière du monde.

**II.** mots savants

♦ [1] **ENCENS** XIIe s. : *incensum*; **ENCENSER** XIe s. au sens propre, XVIIe s. au sens fig.; **ENCENSEMENT** XIIe s.; **ENCENSOIR** XIIIe s.; **ENCENSEUR** XIVe s. ♦ [2] **INCANDESCENT** XVIIIe s. : *incandescens*, part. présent de *incandescere*; **INCANDESCENCE** XVIIIe s. ♦ [3] **INCENDIE** XVIIe s. de *incendium*, a éliminé *brûlement* et, en partie, *embrasement*; **INCENDIER** fin XVIe s. (var. *encendir* au XIIIe s.), XXe s. sens fig., « injurier »; **INCENDIAIRE** XIIIe s. : lat. imp. *incendiarius*. ♦ [4] **CANDÉLABRE** XIIIe s., élimine *chandelabre* XIe s. : *candelabrum*. ♦ [5] **CICINDÈLE** XVIe s. zool. : *cicindela*. ♦ [6] **CANDIDE** XVe s. : *candidus*; **CANDEUR** XVe s. : *candor, -oris*. ♦ [7] **CANDIDAT** XIIIe s. : *candidatus*; **CANDIDATURE** XIXe s.

**CHANGER** famille du bas lat. *cambiare*, lat. imp. *cambire*, mot technique du vocabulaire commercial, sans doute empr. au celtique.

**I.** mots populaires

♦ [1] **CHANGER** XIIe s. : *cambiare*; **INCHANGÉ** XIXe s.; **CHANGE** XIIe-XVIIe s. « changement », sens qui subsiste dans *gagner au change*, XIIIe s., finances, sous l'influence de l'it. *cambio*; **CHANGEUR** XIIe s.; **CHANGEMENT** XIIe s. ♦ [2] **ÉCHANGER** XIIe s, : lat. vulg. **excambiare*; **ÉCHANGE** XIe s.; **ÉCHANGEABLE** XVIIIe s.; **ÉCHANGEUR** XXe s.; techn.; **LIBRE-ÉCHANGE** XIXe s. : calque de l'angl. *free-trade*; **LIBRE-ÉCHANGISME, LIBRE-ÉCHANGISTE** XIXe s. ♦ [3] **RECHANGER** XIIe s.; **RECHANGE** XIVe s. ♦ [4] **INTERCHANGEABLE** XIXe s.

**II.** mot d'emprunt

**CAMBISTE** XVIIe s., terme de bourse : it. *cambista*, dér. de *cambio* « change ».

**CHANOINE** famille du gr. *kanôn, -onos* « tige de roseau » et « règle » (probablement apparenté à *kanna* → CHENAL), d'où *kanonikos* « régulier », puis « conforme aux canons de l'Églisc », « vcrsé dans la connaissancc dcs canons de l'Église »; *kanonizein* « soumettre à une règle », « mesurer, juger d'après une règle ». Tous ces mots ont été empr. par le lat. imp. et plus particulièrement par le lat. eccl. : *canon, -onis, canonicus, canonizare* « mettre au nombre des livres canoniques », puis « canoniser », *canonicalis*, et *canonicatus*.

**I.** mots demi-savants

**CHANOINE** XIe s.; *(clericus) canonicus* « (clerc) versé dans la connaissance des canons de l'Église »; **CHANOINESSE** XIIe s..

**II.** mots savants

**CANON** XIIIe s.; théol. : *canon, -onis*, d'où **CANONISTE** XIVe s.; **CANONIQUE** XIIIe s. : *canonicus* « conforme aux canons de l'Église », d'où **CANONICITÉ** XVIIE S.; **CANONIAL** XIIe s. : *cano-*

*nicalis*; **CANONICAT** XVII^e^ s. : *canonicatus*; **CANONISER** XIII^e^ s. : *canonizare*, d'où **CANONISATION** XIII^e^ s.

**CHANT** famille du lat. *canthus* « bandage de la jante d'une route », probablement empr., comme le gr. *kanthos*, au celtique.

I. mots populaires

♦ [1] **CHANT** XII^e^ s., techn. « côté le plus étroit d'une pièce équarrie », en particulier dans l'expression *mettre, placer de chant* : *canthus*; **CHANTEAU** XII^e^ s. « partie d'un bouclier », « pièce du fond d'un tonneau », XIV^e^ s. « tranche de pain » : dér. de *chant*. ♦ [2] **CHANTOURNER** XVII^e^ s., techn. de *chant* et *tourner*. ♦ [3] **CHANLATTE** XIII^e^ s., charpente : de *chant* et de *latte*. ♦ [4] **CHANFREIN** XV^e^ s. « taille oblique d'une pièce de bois ou d'une pierre » : dér. de *chanfraindre* XIV^e^ s. « tailler en biseau », de *chant* et de *fraindre* « briser » (→ ENFREINDRE).

II. mots d'emprunt

♦ [1] **CANTINE** XVII^e^ s. : it. *cantina* « cave », dér. de *canto* « petit coin », de *canthus*; **CANTINIER** XVIII^e^ s. ♦ [2] **CANTON** XVIII^e^ s. « coin » puis « coin de rue », « petit territoire », et terme de blason, XV^e^ s. *canton suisse*, XVIII^e^ s., division territoriale fr. : lombard *cantone* « région », avec influence de la forme prov. correspondante *cantoun* « coin »; **CANTONAL** XIX^e^ s.; **CANTONNIER** XVIII^e^ s. ♦ [3] **CANTONNIÈRE** XVI^e^ s., tapisserie, ferronnerie, « pièce qui garnit les coins ». ♦ [4] **CANTONNER** XIII^e^ s. **CANTONNEMENT** XVII^e^ s. ♦ [5] **CANTONADE** XV^e^ s. « coin de rue », XVII^e^ s., théâtre : it. *cantonata*, ou prov. *cantonada*, même sens.

III. mots savants

**DÉCANTER** XVIII^e^ s. : lat. des alchimistes *decanthare*, dér. de *canthus* employé avec le sens de « bec de cruche »; **DÉCANTATION** XVII^e^ s. : *decanthatio*.

**CHANTER** famille du lat. *canere, cantum* « chanter », d'où (1) *carmen, -inis* « formule magique rythmée » puis « toute espèce de chant, même celui d'un instrument », issu de **can-men* par dissimilation (2) lat. imp. *accinere, accentum*, issu de **ad-canere* « chanter sur », d'où *accentus, -us* « accent » (3) *cantus, -us* « chant » : *cantio, -onis*, archaïque et post-class, « chant »; *canticum* « partie chantée d'une comédie », puis en lat. eccl. « cantique »; *cantilena* « refrain », « chanson »; *cantor, -oris* « chanteur » (4) *cantare, cantatus* « chanter »; *cantator, cantatrix* « chanteur, chanteuse »; *incantare* « chanter une formule magique », *incantatio, -onis* « formule magique ».

I. mots populaires

♦ [1] **CHANTER** X^e^ s., XIX^e^ s., *faire chanter* : *cantare*; **DÉCHANTER** XIII^e^ s., mus., « exécuter une seconde partie en même temps que le chant principal »; XVI^e^ s., interprété comme une forme négative de *chanter*, d'où le sens moderne « changer de ton », « rabattre de ses prétentions » : lat. médiéval *discantare*; **CHANTONNER** XVI^e^ s. ♦ [2] **CHANTEPLEURE** XII^e^ s., désigne divers objets servant à l'écoulement de liquides : de *chanter* et *pleurer*; **CHANTERELLE** XVI^e^ s., corde la plus aiguë du violon : dérivé de *chanter*, au sens propre; **CHANTAGE** XIX^e^ s., dér. de *chanter*, en emploi argotique. ♦ [3] **CHANT** XII^e^ s. : *cantus*; **DÉCHANT** XIII^e^ s., mus. : lat. médiéval *discantus*, de *discantare*. ♦ [4] **CHANTRE** XIII^e^ s. « chanteur » en général, XV^e^ s., plus particulièrement, « chanteur d'église » : représente le nominatif *cantor*. C'est un ancien cas sujet, **CHANTEUR** XII^e^ s., forme dans laquelle se trouvent actuellement confondus les représentants de *cantōrem*, acc. de *cantor*, et *cantatōrem*, acc. de *cantator*; **CHANTEUSE** XVI^e^ s. : a éliminé *chanteresse*. ♦ [5] **CHANSON** XI^e^ s. *cantio, -onis*; **CHANSONNETTE** XII^e^ s.; **CHANSONNIER** XIV^e^ s., « recueil de chansons », XVI^e^ s., exécutant, XVII^e^ s., auteur; **CHANSONNER** XVI^e^ s. ♦ [6] **ENCHANTER** XII^e^ s. « exercer un pouvoir magique », XVI^e^ s. « plaire » : *incantare*; **ENCHANTEMENT** XII^e^ s.; **ENCHANTEUR** XI^e^ s.; **DÉSENCHANTER** XIII^e^ s.; **DÉSENCHANTEMENT** XVI^e^ s. ♦ [7] **CHARME** XII^e^ s. « puissance magique », XVII^e^ s. « attrait » : *carmen, -ĭnis*; **CHARMER** XIII^e^ s.; **CHARMANT** XVI^e^ s.; **CHARMEUR** XIII^e^ s.

II. mots d'emprunt

A. italien

♦ [1] **CANTABILE** XVIII^e^ s., mot it. « (passage) à chanter avec expression » : bas lat. *cantabilis*. ♦ [2] **CANTATE** XVIII^e^ s., mus. : it. *cantata*, part. passé substantivé de *cantare* « chanter »; s'opposait à la *sonata* et à la *toccata* jouées par des instruments. ♦ [3] **CANTATRICE** XVIII^e^ s. : it. *cantatrice* du lat. *cantatrix, -icis*. ♦ [4] **CANTILÈNE** XVI^e^ s. it. *cantilena*, du lat. *cantilena*.

B. anglais **CANT** XIX^e^ s. « affectation de pruderie » : mot angl. « jargon ». « parler affecté »; a dû désigner, à l'origine, le chant des services religieux, p.-ê. les prêches des moines mendiants. Probablement du lat. *cantus*.

III. mots savants

♦ [1] **ACCENT** XIII^e^ s. : *accentus*; **ACCENTUER** XVI^e^ s. « dire un poème », XVII^e^ s., sens mod. : bas lat. *accentuare*; **ACCENTUATION** XVI^e^ s. : bas lat. *accentuatio*; **INACCENTUÉ** XIX^e^ s. ♦ [2] **CANTIQUE** XII^e^ s. : *canticum*. ♦ [3] **INCANTA-**

**TION** XIIIe s. : *incantatio*; **INCANTATOIRE** XIXe s. ♦ [4] **MANÉCANTERIE** XIXe s. « école de chant d'une paroisse » : de *mane* « le matin » et *cantare* « chanter ». ♦ [5] **VATICINER** → ce mot.

**CHANTERELLE** représentants du gr. *kantharos* « scarabée » et « coupe à deux anses ». ♦ [1] **CHANTERELLE** (demi-sav.) XVIIIe s., sorte de champignon : lat. mod. bot. *cantharella*, « petite coupe », dér. du gr. *kantharos*. ♦ [2] **CANTHARIDE** (sav.) XIIIe s. : gr. *kantharis, -idos*, dér. de *kantharos*, par le lat.

**CHANTIER** (pop.) XIIIe s. « support », en particulier pour les tonneaux, XIXe s. « dépôt de matériaux », d'où « travail de construction en cours » : lat. *cantherius* « support, étai pour la vigne, étançon, chevron » et « cheval de somme », p.-ê. apparenté à *canthus* « pièce de bois » (→ CHANT et, pour le sens, BIDET, CHEVALET, POUTRE, SOMMIER).

**CHANVRE** famille du lat. *cannabis* « chanvre », altéré en lat. vulg. **canapus* : gr. *kannabis*, lui-même empr. à une langue non ind.-eur.

I. mots populaires

♦ [1] **CHANVRE** XIIIe s., d'abord sous les formes *chaneve, chanve : *canăpus*. ♦ [2] **CHÈNEVIÈRE** XIIIe s. : lat. vulg. **canaparia*; **CHÈNEVIS** XIIIe s., d'abord sous la forme *chanevuis : *canapŭtium*; **CHÈNEVOTTE** XVe s. : forme fém. de *chènevot* XIIIe s. : dér. formé sur la base *chenev-* des précédents. ♦ [3] **CANEVAS** XIIIe s. « toile de chanvre », XVIe s., sens mod. : forme picarde équivalant à l'anc. fr. *chanevas*, dér. de *chaneve*.

II. mots savants

♦ [1] **CANNABIS** XXe s. : mot lat. ♦ [2] **CANNABISME** XXe s.

**CHAOS** ♦ [1] (sav.) XVIe s. : lat. *chaos*, du gr. *khaos* « espace immense et ténébreux qui existait avant l'origine des choses »; **CHAOTIQUE** XIXe s. ♦ [2] **GAZ** XVIIe s., « substance subtile »; XVIIIe s., définition physique par Lavoisier; XIXe s., gaz d'éclairage : altération du lat. *chaos*; mot créé artificiellement par le médecin flamand van Helmont (XVIIe s.), qui se représentait le « chaos » des Anciens sous cette forme; **BEC DE GAZ** XIXe s. **GAZEUX** XVIIIe s.; **GAZER** XIXe s. « flamber au gaz », XXe s. « intoxiquer par les gaz » et « marcher bien » d'abord en parlant d'un moteur (fam.). ♦ [3] **GAZÉI-** 1er élément de composés sav. : **GAZÉIFORME** XIXe s.; **GAZÉIFIER, -FIABLE, -FICATION** XIXe s. ♦ [4] **GAZO-** 1er élément de composés sav. : **GAZODUC** XXe s.; **GAZOGÈNE** XIXe s.; **GAZOMÈTRE** XVIIIe s.; **GAZOLINE** XIXe s..

**CHAPARDER** (pop.) XIXe s., d'abord argot de l'armée d'Afrique : dér. de *chapar* « voler », mot de sabir, d'origine obscure; **CHAPARDEUR, CHAPARDAGE** XIXe s.

**CHAPE** famille pop. du bas lat. *cappa* « manteau à capuchon », p.-ê. apparenté à *caput* « tête » → CHEF. Dér. (1) les diminutifs *cappella* et *cappellus* (2) lat. vulg. **excappare* « se dégager », littéralement « sortir de sa chape ».

I. mots populaires issus du latin

♦ [1] **CHAPE** XIe s. : *cappa*; **CHAPECHUTE** XIIe s. : littéralement « manteau qu'on a laissé tomber » d'où « heureuse trouvaille »; **RECHAPER, RECHAPAGE** XXe s., techn. : dér. de *chaper* « couvrir une chape ». ♦ [2] **CHAPERON** XIIe s., coiffure, XVIIe s. « duègne » : dér. de *chape*; **CHAPERONNER** XIIe s. ♦ [3] **CHAPEAU** XIe s. « coiffure » et « couronne de fleurs ou de feuilles », jusqu'au XVIe s. : *cappellus*; **CHAPELIER** XIIe s.; **CHAPELLERIE** XIIIe s.♦ [4] **CHAPELET** XIIe s. « couronne de fleurs », en particulier « couronne de roses pour la Vierge », d'où, l'emploi métaph. : dimin. de *chapel*, var. de *chapeau*. ♦ [5] **CHAPELLE** XIe s. : *capella*; a désigné à l'origine l'édifice où l'on vénérait la *chape* de saint Martin de Tours; mot étendu ensuite à divers édifices consacrés; **CHAPELAIN** XIIe s.; **CHAPELLENIE** XVe s.; **ARCHICHAPELAIN** XVIe s. ♦ [6] **ÉCHAPPER** XIe s. : **excappāre*; **ÉCHAPPEMENT** XIIe s.; **ÉCHAPPATOIRE** XVe s.; **ÉCHAPPÉE** XVe s.; **RÉCHAPPER** XIIe s.

II. mots d'emprunt

♦ [1] **RESCAPÉ** XXe s. : altér. de *récapé*, forme picarde de *réchappé* introduite dans les journaux de Paris à l'occasion de la catastrophe minière de Courrières (1906). ♦ [2] **ESCAPADE** XVIe s. : it. *scappata* ou esp. *escapada*, équivalents du fr. *échappée*. ♦ [3] **CAPE** XVe s. : anc. prov. *capa*, avec influence de l'esp. *capa* au XVIe s., équivalent méridional du fr. *chape*; **DÉCAPER** XVIIIe s. techn. : dér. de *cape* avec valeur métaph., les dépôts enlevés d'une surface métallique étant comparés à une cape; **DÉCAPAGE** XIXe s.; **DÉCAPEUSE** XXe s. ♦ [4] **CAPOT** XVIe s.. « sorte de cape », et mar. « fermetures étanches diverses », XIXe s. « couverture du moteur d'une automobile » : it. *cappotto* « manteau ». ♦ [5] **CAPOTE** XVIIe s. « manteau militaire », XIXe s. « couverture d'une voiture » : forme fém. de *capot*; **DÉCAPOTER, DÉCAPOTABLE** XXe s. ♦ [6] **CAPELINE**

XIV^e^ s. « armure de tête », XVI^e^ s. sorte de chapeau : it. *cappellina*, dér. de *cappello* « chapeau ». ♦ [7] **CAPUCE** XVI^e^ s. : it. *capuccio* « capuchon », avec prononciation dial, piémontaise; **CAPUCIN** XVI^e^ s. : it. *cappucino*, à cause du capuchon qui fait partie de leur habit; **CAPUCINADE** XVIII^e^ s.; **CAPUCINE** XVII^e^ s., fleur ayant la forme d'un petit capuchon. ♦ [8] **CAPUCHON** XVI^e^ s. : dér. de *cape* formé sous l'influence de l'it. *capuccio* prononcé à la manière toscane; **CAPUCHE** XVII^e^ s. **ENCAPUCHONNER** fin XVI^e^ s.; **DÉCAPUCHONNER** XIX^e^ s. ♦ [9] **CAPILOTADE** XVI^e^ s., cuisine, XVIII^e^ s., sens fig. : altération de *capirotade*, de l'esp. *capirotada* « sauce servant à napper d'autres aliments, sorte de bouillie », dér. de *capirote* « capuchon », lui-même dér. de *capa*. ♦ [10] **KÉPI** XIX^e^ s. : all. de Suisse *Käppi*, dimin. de *Kappe* « bonnet », du lat. *cappa*.

**CHAPELURE** (pop.) XIV^e^ s. : dér. de l'anc. fr. *chapeler*, var. de *chapler* « frapper ». « abattre », du bas lat. *capulare* ou **cappulare* « couper », p.-ê. d'origine germ., p.-ê. apparenté à *cappo* → CHAPON.

**CHAPON** (pop.) XII^e^ s. : lat. vulg. *cappo, -onis*, du lat. imp. *capo, -onis*, lui-même issu du lat. class. *capus, -i*, p.-ê. apparenté à *capulare* (→ CHAPELURE) et au gr. *koptein* « couper »; **CHAPONNER** XIII^e^ s.

**CHAR** famille du lat. *carrus*, mot empr. — comme la plupart des noms lat. de véhicules de transport (→ CHARPENTER) — au gaulois, p.-ê. à l'époque (IV^e^ s. av. J.-C.) où les Gaulois envahirent l'Italie; désignait une grande voiture à 4 roues que les Gaulois utilisaient pour transporter leurs bagages, et, la nuit, pour entourer leur camp. Dér. : bas lat. *carricare* « charrier » et *discarricare*; lat. imp. *carraius* « relatif aux chars »; *carruca* « voiture d'origine gauloise » et, tardivement, « charrue à roues ».

**I.** mots populaires issus du latin

**A.** famille de *carrus*

♦ [1] **CHAR** XI^e^ s.; XVII^e^ s. voiture de carnaval, XIX^e^ s. tank : *carrus*; **CHAR À BANCS** XVIII^e^ s. : composé d'origine, suisse; **ANTICHAR** XX^e^ s.; ♦ [2] **CHARRETTE** XI^e^ s. : dimin. de *char*; **CHARRETÉE** XI^e^ s.; **CHARRETIER** XII^e^ s. ♦ [3] **CHARRON** XIII^e^ s. : dér. de *char*; **CHARRONNAGE** XVII^e^ s. ♦ [4] **CHARRIER** XI^e^ s. : var. de l'anc. fr. *charroyer*, du lat. vulg. **carridiare*; **CHARIOT** XIII^e^ s. : dér. de *charrier*; **CHARROI** XII^e^ s. : dér. de *charroyer*.

**B.** famille de *carricare*

♦ [1] **CHARGER** XI^e^ s., XVI^e^ s. dans *charger une arme*, et dans les sens de « revêtir d'une fonction » et d'« attaquer », XIX^e^ s. « accumuler de l'électricité » : *carrĭcāre*; **DÉCHARGER** XII^e^ s. : *discarricare*; **RECHARGER** XII^e^ s.; **SURCHARGER** XII^e^ s. ♦ [2] **CHARGE** XII^e^ s. XVI^e^ s. « fonction » et « attaque impétueuse », XVII^e^ s. « caricature » : dér. de *charger*; **DÉCHARGE** XIV^e^ s. finances, XVI^e^ s. artillerie, XVII^e^ s. tas d'ordures, XIX^e^ s. électricité; **RECHARGE** XV^e^ s.; **SURCHARGE** XVI^e^ s. ♦ [3] **CHARGEMENT** XIII^e^ s.; **DÉCHARGEMENT** XIII^e^ s.; **RECHARGEMENT** XV^e^ s. ♦ [4] **CHARGEUR** XIV^e^ s.; **DÉCHARGEUR** XIII^e^ s.

**C.** famille de *carrūca* **CHARRUE** XII^e^ s.; d'où **CHARRUAGE** XIII^e^ s.

**II.** mots d'emprunt

**A.** famille de *carrus*

♦ [1] **CAR** fin XIX^e^ s., d'abord appliqué aux chemins de fer, ensuite abrév. de *autocar* : mot angl., lui-même empr. à la forme anglo-normande *carre*, du lat. vulg. **carra*, forme neutre plur. ou fém. correspondant à *carrus*; **SIDE-CAR** fin XIX^e^ s. : mot angl., « voiture de côté ». ♦ [2] **CARRIÈRE** XVI^e^ s. « arène pour les courses de chars », XVII^e^ s. sens fig., « cours d'une vie » puis « développement d'une vie professionnelle » : anc. prov. *carriera* « rue » du lat. *(via) carraria* « route où peuvent passer des chars », équivalent de l'anc. fr. *chariere*. ♦ [3] **CARRIOLE** XVI^e^ s. : anc. prov. *carriola*, dimin. de *carri* du lat. vulg. **carrium*, dér. de *carrus*. ♦ [4] **CARROSSE** XVI^e^ s. : it. *carrozza*, dér. de *carro*, du lat. *carrus*; **CARROSSIER** XVI^e^ s.; **CARROSSABLE, CARROSSERIE** XIX^e^ s.

**B.** famille de *carricare*

♦ [1] **CARGAISON** XVI^e^ s. : prov. *cargazon*, dér. de *cargar* « charger », de *carricare*. ♦ [2] **CARGUER** XVII^e^ s., mar. : prov. *cargar* → 1. ♦ [3] **CARGO** XX^e^ s. : abrév. de l'angl. *cargo-boat*, dont le 1^er^ élément est empr. à l'esp. *cargo* « charge », dér. de *cargar* : lat. *carricare*. ♦ [4] **CARICATURE** XVIII^e^ s., peinture : it. *caricatura*, de l'it. *caricare* « charger, exagérer » : lat. *carricare*; **CARICATURER, CARICATURAL, CARICATURISTE** XIX^e^ s.

**CHARABIA** ensemble de mots fondés sur une onom. *ch-r* exprimant un murmure sourd et répété, qu'on trouve dans le prov. *charrar*, l'it. *ciarlare* et l'esp. *charlar* « bavarder ».

♦ [1] **CHARABIA** XIX^e^ s. « parler des Auvergnats » : sans doute dér. de *charrar* destiné à exprimer le chuintement et le bégaiement. Un emprunt à l'esp. *algarabia* « jargon », de l'arabe *algharbîya* « langue occidentale », « berbère », est moins probable, encore qu'une contamination ne soit pas impossible. ♦ [2]

**CHARADE** XVIII^e^ s. : languedocien et prov. *charrado* « conversation », dér. de *charrar* « bavarder ». ♦ [3] **CHARLATAN** XVI^e^ s. : it. *ciarlatano*, croisement de *ciarlare* et de *Cerretano* « habitant de Cerreto », près de Spolète, ville d'où provenaient, comme d'Orvieto (→ ORVIÉTAN), des drogues vendues sur les foires; **CHARLATANISME** XVIII^e^ s.; **CHARLATANESQUE** XIX^e^ s.

**CHARANÇON** (pop.) XIV^e^ s. : mot obsc. on suppose **car(i)antio, -one* (avec élision de *i* en hiatus → *paroi : parietem*), dér. de lat. *carians* « pourri » apparenté à *caries* « carie » et à *carius* « ver du bois »; ou bien le gaulois **karantionos* « petit cerf » (forme reconstituée d'après le breton), ou encore, que le mot avait pour origine un nom de personne gaulois *Carantos*. Tout cela n'est que conjectures.

**CHARBON** famille du lat. *carbo, -onis* « charbon », d'où *carbonarius* « charbonnier » et le diminutif *carbunculus* « morceau de charbon ».

I. mots populaires

♦ [1] **CHARBON** XII^e^ s. : *carbo, ōnis*; **CHARBONNER** XII^e^ s.; **CHARBONNIER** XII^e^ s.; **CHARBONNAGE** une fois au XIV^e^ s., puis fin XVIII^e^ s.; **CHARBONNEUX** XVII^e^ s. ♦ [2] **BOUGNA, -AT** XIX^e^ s. : abrév. de *charbougna* « charbonnier » mot auvergnat de fantaisie fabriqué à Paris.

II. mots d'emprunt

♦ [1] **CARBONNADE** XVI^e^ s. : it. *carbonata* « viande grillée sur des charbons », équivalent de l'anc. fr. *charbonnée*. ♦ [2] **CARBONARO** XIX^e^ s. : it. *carbonaro* « charbonnier »; les *carbonari* se réunissaient à l'origine dans des huttes de charbonnier; **CARBONARISME** XIX^e^ s.

III. mot demi-savant

**ESCARBOUCLE** XI^e^ s. : croisement avec *boucle* de *escarbuncle*, dér. de *carbuncle*, du lat. *carbunculus*.

IV. mots savants

♦ [1] **CARBONE** XVIII^e^ s. : *carbo, -onis*; **CARBONIQUE** XVIII^e^ s.; **HYDROCARBONE** XIX^e^ s.; **OXYCARBONE** XIX^e^ s. ♦ [2] **CARBONISER** XIX^e^ s.; **CARBONISATION** fin XVIII^e^ s. ♦ [3] **CARBO-** 1^er^ élément de composés sav., ex. : **CARBOGLACE** XX^e^ s. ♦ [4] **CARBONATE** fin XVIII^e^ s.; **BICARBONATE, HYDROCARBONATE** XIX^e^ s. ♦ [5] **CARBURE** fin XVIII^e^ s. : dér. formé sur le radical *carb-*, tiré de *carbone*; **HYDROCARBURE, CARBURATEUR, CARBURATION** XIX^e^ s.; **CARBURER, CARBURANT** XX^e^ s.; **CARBURÉACTEUR, SUPERCARBURANT** XX^e^ s.

**CHARDON** famille du bas lat. *cardo, -onis*, du lat. class. *carduus* « chardon ».

I. mots populaires issus du latin

♦ [1] **CHARDON** XII^e^ s. : *cardo, -ōnis*. ♦ [2] **CHARDONNERET** XVI^e^ s. : dér. de *chardon*, parce que cet oiseau en recherche la graine.

II. mots empruntés d'origine dialectale

♦ [1] **CARDER** XIII^e^ s. : lat. vulg. **cardare*, dér. de *carduus*, parce qu'on cardait avec des têtes de chardon ou des outils en forme de tête de chardon; forme picarde, l'industrie textile étant florissante dans cette région au Moyen Âge. **CARDE** XIII^e^ s. : peut être soit un dér. de *carder*, soit un représentant de **carda*, forme de plur. neutre de *carduus*, prise pour un fém. sing.; **CARDEUR** XIV^e^ s.; **CARDAGE** XVIII^e^ s. ♦ [2] **CARDON** XVI^e^ s. : prov. *cardoun*, sorte de légume, une autre dénomination ayant été adoptée pour le chardon.

**CHARIVARI** XIV^e^ s. « sérénade grotesque donnée à des mariés mal assortis » : p.ê. formation expressive apparentée au prov. *charrar* (→ CHARABIA) et au dial. lyonnais *charabarat* « bruit sauvage »; ou mieux, composé tautologique de deux verbes : *charrier* m. fr. « charger, tourmenter » et *varier* « aller et venir ».

**CHARME** (pop.) XII^e^ s., arbre : lat. *carpinus*; **CHARMILLE** XVII^e^ s. : dér. de *charme*.

**CHARNIÈRE** ♦ [1] (pop.) XII^e^ s. : lat. *cardināria* : dér. de *cardo, -inis* « gond ». ♦ [2] **CARDINAL** (sav.) XIII^e^ s. adj., « principal »; une fois au XIII^e^ s., puis XV^e^ s., subst., « dignitaire eccl. » : *cardinalis*, dér. de *cardo* au sens de « pivot », « point principal »; **CARDINALAT** XVI^e^ s. : bas lat. eccl. *cardinalatus*; **CARDINALICE** XIX^e^ s. adj. : it. *cardinalizio*.

**CHARPENTER** famille du lat. *carpentum* « voiture à 2 roues, couverte, à l'usage des femmes », mot empr., comme *carrus* (→ CHAR) au gaulois.

**CHARPENTER** XII^e^ s. : lat. vulg. **carpentare* « assembler des pièces de bois », dér. de *carpentum*; **CHARPENTE** XVI^e^ s. : dér. de *charpenter*, ou forme fém. tirée de l'anc. fr. *charpent*, de *carpentum*; **CHARPENTIER** XII^e^ s. : *carpentarius* « charron », dér. de *carpentum*.

**CHARPIE** famille du lat. class. *carpere, carptus* « cueillir », « carder », « déchirer », lat. vulg. *carpire*. Dér. lat. vulg. **excarpere*, **excarpsus* « rassembler, épargner ». Mots apparentés au gr. *karpos* « fruit » (→ aussi l'article ÉCHARPE).

I. mots populaires issus du latin

♦ [1] **CHARPIE** XIII$^{e}$ s. : forme fém. du part. passé de *charpir* XIII$^{e}$ s. « déchirer », de *carpire*. ♦ [2] **ÉCHARPER** XVII$^{e}$ s. « assassiner » : réfection, par changement de conjugaison, de *escharpir* XVI$^{e}$ s., dér. de *charpir*.

II. mots d'emprunt issus du latin

♦ [1] **CARPETTE** XVI$^{e}$ s. « gros drap d'emballage », XIX$^{e}$ s. tapis : angl. *carpet*, de l'anc. fr. *carpite* « sorte de tapis », de l'it. *carpita*, part. passé substantivé de *carpire* « effilocher », équivalent phonétique du fr. *charpie*. ♦ [2] **ESCARCELLE** XIII$^{e}$ s., rare jusqu'au XVI$^{e}$ s. : it. *scarsella*, diminutif de *scarso* « avare », équivalent du fr. *échars*, de **excarpsus*. ♦ [3] **ESCARPE** XIX$^{e}$ s., « malfaiteur » : dér. de *escarper* « assassiner », équivalent méridional du fr. *écharper*.

III. mot savant issu du grec

**CARPELLE** XIX$^{e}$ s., bot. : dér. formé sur le gr. *karpos*.

**CHARTE** famille du lat. *charta* « feuille pour écrire », « document écrit »; empr. ancien au gr. *khartês*, même sens; dér. *chartula*, dimin. « pièce officielle »; *chartularius*, adj., « relatif aux pièces officielles ».

I. mots populaires

**CHARTE** XIII$^{e}$ s. : lat. *c(h)arta*, a fini par éliminer l'anc. fr. *chartre* XI$^{e}$ s., de *cartula*, plus fréquent en anc. fr.; **CHARTRIER** XIV$^{e}$ s. : dér. de *chartre*; **CHARTISTE** XIX$^{e}$ s., « élève de l'école des Chartes » : dér. de *charte*.

II. mots d'emprunt

♦ [1] **CARTON** XVI$^{e}$ s. : it. *cartone*, dér. de *carta*, avec suff. augmentatif; **CARTONNER, CARTONNAGE** XVIII$^{e}$ s.; **CARTONNIER** XVII$^{e}$ s. « marchand de carton » XIX$^{e}$ s. meuble. ♦ [2] **CARTEL** XVI$^{e}$ s. « lettre de défi », XVIII$^{e}$ s. *pendule à cartel*, c.-à-d. ornée d'un cartouche, d'où, XIX$^{e}$ s. « horloge » : it. *cartello* « affiche »; XX$^{e}$ s. « entente entre deux groupements financiers », puis « entre deux partis politiques » : all. *Kartell* « défi », de même origine; **CARTELLISATION** XX$^{e}$ s. ♦ [3] **CARTOUCHE** XVI$^{e}$ s., subst. fém., « rouleau de carton contenant de la mitraille » : it. *cartuccia*, dér. de *carta*. ♦ [4] **CARTOUCHE** XVI$^{e}$ s., subst. masc. « ornement architectural en forme de carte à demi déroulée » : it. *cartoccio*, dér. de *carta*. ♦ [5] **ÉCARTER** XVII$^{e}$ s., aux cartes, « rejeter de son jeu une ou plusieurs cartes » : it. *scartare*, dér. de *carta*; **ÉCARTÉ** XIX$^{e}$ s., nom d'un jeu de cartes : part. passé substantivé du précédent.

III. mots savants

♦ [1] **CARTE** fin XIV$^{e}$ s. « carte à jouer », XV$^{e}$ s. « feuille de papier épaisse » (mais il est possible que ce sens soit antérieur au précédent), XVI$^{e}$ s. *donner carte blanche* c.-à-d. « un papier non écrit », XVII$^{e}$ s. géographie, XIX$^{e}$ s. *carte d'un restaurant* et *carte de visite* : lat. *c(h)arta*; **ENCARTER** XVII$^{e}$ s.; **ENCARTAGE** XIX$^{e}$ s. ♦ [2] **CARTO-** 1$^{er}$ élément de composés sav. : **CARTOGRAPHE, -IE, -IQUE** XIX$^{e}$ s.; **CARTOMANCIE, -IEN, IENNE** XIX$^{e}$ s.; **CARTOTHÈQUE** XX$^{e}$ s. ♦ [3] **CARTABLE** (demi-sav.) XVII$^{e}$ s. « registre », XIX$^{e}$ s. sens mod. : lat. méd. *cartabulum* altér. sous l'infl. de *tabula* (→ aussi TABLE), du gr. *chartapola*, var. de *charto-phulakion* « protège-documents » (→ aussi PHYLACTÈRE). ♦ [4] **CARTULAIRE** XIV$^{e}$ s. : lat. médiéval *c(h)artularium*. ♦ [5] **PANCARTE** XV$^{e}$ s. « charte énumérant tous les biens dépendant d'une église », XVI$^{e}$ s. « affiche servant à faire connaître certains tarifs », XVII$^{e}$ s. « affiche » en général : lat. médiéval *pancharta*, du gr. *pan* « tout » et *charta*.

**CHARTRE** famille d'une base ind.-eur. **karkr*, parfois dissimilée en **kankr* exprimant l'idée d'enclos, d'« objet fait de matériaux entrelacés », représentée en latin par (1) *carcer* « barrière fermant la piste des chars » et surtout « prison » (2) *cancri* « barreaux », « treillis », mot supplanté par son dimin. *cancelli*, même sens; dér. *cancellare* « couvrir d'un treillis », lat. imp. « barrer, biffer », et lat. imp. *cancellarius* « huissier-greffier », parce qu'il se tenait, au tribunal, près des *cancelli* « grilles séparant les juges du public »; *cancellare* a dû prendre aussi, en lat. vulg., le sens de « faire des zigzags » par comparaison avec les angles d'un treillis ou d'une rature.

I. mots populaires

♦ [1] **CHARTRE** X$^{e}$ s., éliminé vers le XV$^{e}$ s. par *prison*, ne survit plus que dans l'archaïsme *en chartre privée : carcer, -ĕris*. ♦ [2] **CHANCELIER** XI$^{e}$ s. : *cancellarius*; d'où **CHANCELLERIE** XII$^{e}$ s.; **CHANCELIÈRE** XVIII$^{e}$ s.; **VICE-CHANCELIER** XIII$^{e}$ s. ♦ [3] **CHANCELER** XI$^{e}$ s. : *cancellare* au sens de « zigzaguer » (avait aussi en anc. fr. le sens de « biffer »; les deux mêmes sens existent dans l'it. *cancellare*).

II. mots savants

♦ [1] **CANCELLER** XIII$^{e}$ s., diplomatie, « annuler » : *cancellare* « barrer ». ♦ [2] **INCARCÉRER** XIV$^{e}$ s., rare avant le XVIII$^{e}$ s. : lat. médiéval *incarcerare* « mettre en prison », de *carcer*; **INCARCÉRATION** XIV$^{e}$ s., chirurgie, « hernie étranglée », XV$^{e}$ s., sens mod.

**CHÂSSE** famille du lat. *capsa* : gr. *kapsa* « cassette de bois circulaire, destinée surtout à transporter les rouleaux de parchemin »; bas lat. forme masc. *capsus*.

**I.** mots populaires

♦ [1] **CHÂSSE** XII^e s. : *capsa*; **ENCHÂSSER** XII^e s.; **CHÂSSIS** XIII^e s. ♦ [2] **CHAS** XIII^e s. « maison », « pièce », « bâtiment léger », puis « cavité », « trou d'une aiguille » : *capsus*.

**II.** mots d'emprunt

♦ [1] **CAISSE** XIV^e s., XVII^e s., « boîte où l'on met l'argent » : prov. *caissa*, du lat. vulg. **capsea*, dér. de *capsa*; **CAISSETTE** XIX^e s.; **CAISSIER** XVI^e s.; **ENCAISSER** XVI^e s.; **ENCAISSEMENT** XVIII^e s.; **ENCAISSE, ENCAISSEUR** XIX^e s. ♦ [2] **CAISSON** XV^e s. : it. *cassone*, augmentatif de *cassa* « caisse », avec infl. de la voyelle de *caisse*. ♦ [3] **CASSE** XVI^e s., imprimerie : it. *cassa*, du lat. *capsa*. ♦ [4] **CASSETTE** XIV^e s. : it. *cassetta*, dimin. de *cassa*. ♦ [5] **CASSINE** XVI^e s., « petite maison, masure » : it. *cassina*, var. de *cascina*, dimin. du lat. vulg. **capsia* dér. de *capsa*.

**III.** mots savants

**CAPSULE** XVI^e s. : lat. *capsula*, dimin. de *capsa*. **CAPSULER, -AGE** XIX^e s.; **DÉCAPSULER, -AGE** XX^e s.; **CAPSULAIRE** XVII^e s. bot.; **BICAPSULAIRE** XIX^e s.

**CHASSER** famille d'une racine ind.-eur. **kap-* « prendre », à laquelle se rattachent en latin :

D'une part un verbe, *capĕre, captus* « prendre », qui a été, dans les langues romanes, largement concurrencé par *prehendere* (→ PRENDRE), mais survit dans un grand nombre de dér. : (1) *captare* « chercher à prendre », « faire la chasse à », « capter », d'où *captator*, et lat. vulg. **captiare* « chasser » et **accaptare* « acheter » (2) *-cĭpĕre, -ceptus* devenu en lat. vulg. *-*cĭpĕre, –cipūtus* dans : (a) *accipere, acceptus* « recevoir » et *acceptio* « admission »; (b) *concipere, conceptus* « concevoir », et *conceptio*; (c) *decipere, deceptus* « attraper », « tromper » et *deceptio*; (d) *excipere, exceptus* « prendre de, tirer de » et *exceptio*; (e) *incipere, inceptus* « prendre en main ». « commencer »; (f) *intercipere, interceptus* « prendre au passage », « intercepter »; (g) *percipere, perceptus* « s'emparer de », « *percevoir*; (h) *praecipere praeceptus* « prendre le premier », « avoir de l'avance », « conseiller »; d'où *praecipuus* « qui devance tout le reste », « supérieur », « particulier »; *praeceptor* « celui qui commande ou enseigne »; (i) *recipere, receptus* « recevoir » et *receptio*; (j) *suscipere, susceptus* « prendre par en dessous », « prendre sur soi », « se charger de » (3) ces verbes en *-cipere* ont parfois un doublet familier en *-ceptare : acceptare* « recevoir »; *exceptare* « tirer à soi » (4) *-cupare* dans *occupare* « prendre d'avance », « occuper » (forme durative) et *recuperare* « reprendre » (5) *-cipare* (forme durative) : dans *anticipare* « devancer »; *participare* « faire participer », « partager ».

D'autre part des formes nominales : (1) *captivus* « prisonnier » et *captivitas, -atis* (2) *capax, -acis* « qui peut contenir » et jur. « habile à recueillir un héritage »; d'où *capacitas, -atis*; lat. eccl. *capabilis; incapax, -acitas, -abilis* (3) *capulus* « poignée » et *capulum* « câble », noms d'instruments (4) un nom d'agent *-ceps, -cipis* qui n'apparaît qu'en composition, par ex. dans : (a) *municeps* « habitant d'une commune qui prend part à ses charges » d'où *municipium* « ville municipale »; (b) *particeps* « qui prend sa part de » d'où *participium* « participe », traduction du gr. *metokhê* « participation (à deux catégories grammaticales) »; (c) *princeps* « qui occupe la première place », d'où *principium* « commencement » et *principatus* « premier rang »; (d) *manceps* « qui saisit avec la main », « acheteur », d'où *mancipare* « céder en toute propriété » et *emancipare* « affranchir de l'autorité paternelle »; (e) *forceps* « tenailles de forgeron », « pince » en général, avec pour premier élément *formus* « chaud »; littéralement « qui prend chaud ».

**I.** mots populaires

♦ [1] **CHASSER** XII^e s. sous la forme *chacier : *captiare*; **POURCHASSER** XI^e s. « chercher à obtenir », XVI^e s. « poursuivre sans relâche »; **CHASSE** XII^e s.; **CHASSEUR** XI^e s. d'abord *chacëor* « cheval de chasse » puis pers., XVIII^e s., milit., XIX^e s. « domestique en livrée » : dér. de *chasser*; **CHASSÉ-CROISÉ** XIX^e s., danse, puis emploi figuré : deux part. passés substantivés; ♦ [2] **CHASSE-** 1^er élément de composés dans **CHASSE-MOUCHES** XVI^e s.; **CHASSE-NEIGE** XIX^e s., etc. ♦ [3] **ACHETER** X^e s. Sous la forme *achater : *accaptare*; **ACHETEUR** XII^e s.; **RACHETER** XII^e s.; **RACHETABLE** XIV^e s.; **ACHAT** XII^e s. : dér. de *achater*, var. de *acheter*; **RACHAT** XII^e s. ♦ [4] base *-cev-* : de *-*cĭpĕre* : (a) **CONCEVOIR** XII^e s. « recevoir dans son sein », « devenir enceinte », XIV^e s. « recevoir dans son esprit », « se représenter », sous l'influence d'un sens du verbe lat. : **concĭpĕre*; **CONCEVABLE, INCONCEVABLE** XVI^e s.; (b) **DÉCEVOIR** XII^e s. : **decĭpĕre*; (c) **RECEVOIR** XI^e s. : altération, par changement de conjugaison de *receivre*, de *recĭpĕre*; **RECEVEUR** XII^e s.; **RECEVABLE** XIII^e s.; **IRRECEVABLE** XVI^e s.; **RECEVABILITÉ** et **IRRECEVABILITÉ** XIX^e s.; (d) **PERCE-**

**VOIR** XIIe s. : réfection, par changement de conjugaison, de *perceivre* XIIe s., de *percĭpĕre*; **APERCEVOIR** XIe s. ♦ [5] base *-çu:* *-*cĭpūtum*, formes de part. passés **APERÇU** XVIIIe s., subst.; **INAPERÇU** XVIIIe s., adj.; **TROP-PERÇU** XXe s., subst.; **REÇU** XVIIe s., subst. ♦ [6] **RECETTE** XIe s. « refuge », XIIIe s. « argent reçu », XIVe s. « indication reçue », « formule d'une préparation » : *recepta*, part. passé fém. de *recipere.* ♦ [7] **CHÉTIF** XIe s., sous la forme *chaitif*, « prisonnier », « malheureux », d'où, ensuite, « malingre » : lat. vulg. **cactīvus*, croisement du lat. *captivus* et du gaulois **cactos*, même sens; **CHÉTIVEMENT** XIIe s., ♦ [8] **CÂBLE** XIVe s. : forme normande, de *capŭlum*; il existait en anc. fr. une forme *chaable*, d'où *chable :* croisement de *capŭlum* et de **catabola* « machine de guerre » (→ ACCABLER, art. BAL); **CÂBLER** XVIIIe s. « faire un câble », XIXe s. « télégraphier », sous l'influence de l'anglais; **ENCABLURE** XVIIIe s.; **CÂBLOGRAMME** XXe s. : angl. *cablegram*, de même origine. ♦ [9] **PRINCE** XIIe s. : *princeps, -ipis*; **PRINCESSE** XIVe s.; **PRINCIER** XVIIIe s. ♦ [10] **RECOUVRER** XIe s. : *recŭpĕrāre* → RÉCUPÉRER; **RECOUVREMENT** XIe s.; **RECOUVRABLE** et **IRRÉCOUVRABLE** XVe s.

**II.** mots d'emprunt

♦ [1] **ACABIT** XVe s. « accident », « débit », « achat », puis « qualité bonne ou mauvaise » : probablement dér. d'un anc. prov. **acabir*, qu'on restitue d'après *cabir* « employer, se procurer, obtenir » : **capire.* ♦ [2] **CONCETTI** XVIIIe s. : it. *concetti*, plur. de *concetto* « pensée », « trait d'esprit » : *conceptum*, part. passé de *concipere.* ♦ [3] **RÉGATE** XVIIe s. : vénitien *regata*, dér. de *regatar* « rattraper », du lat. **recaptare.* ♦ [4] **CATCH** XXe s. : angl. *catch as can* « attrape comme tu peux », du verbe *to catch* « attraper », de l'anglo-normand *cachier*, var. de l'anc. fr. *chacier*, fr. mod. *chasser*; **CATCHEUR** XXe s. ♦ [5] **STEEPLE-CHASE** XIXe s. mot angl. : 1er élément *steeple* « haute tour », d'origine germ.; 2e élément *chase* « poursuite », de l'anc. fr. *chace*, fr. mod. *chasse*; à l'origine, « course ayant pour but le clocher d'une église ». ♦ [6] **CABAS** XIVe s., d'abord « panier de jonc servant à expédier des fruits méridionaux » : mot provençal : lat. vulg. **capacius*, class. *capax, -acis*.

**III.** mots savants

**A.** base *-cap-*

♦ [1] **CAPTER** XVe s. : *captare*; **CAPTATION** XVIe s. : *captatio*, dér. de *captare*; **CAPTATEUR** XVIIe s. : *captator*; **CAPTATOIRE** XIXe s. ♦ [2] **CAPTIEUX** XIVe s. : lat. *captiosus* « qui attrape », « trompeur »; **CAPTIEUSEMENT** XIVe s. ♦ [3] **CAPTURE** XVe s. : lat. *captura* « action de prendre »; **CAPTURER** XVIe s. ♦ [4] **CAPTIF** XIVe s., a éliminé *chétif* (→ **I.** 7) au sens de « prisonnier » : *captivus*; **CAPTIVITÉ** XIIe s. : *captivitas, -atis*; **CAPTIVER** XIVe s.-XVIIe s. « faire prisonnier », XVe s., sens fig.; **CAPTIVANT** XIXe s., adj. ♦ [5] **CAPACITÉ** XIVe s. : *capacitas, -atis*; **INCAPACITÉ** XVIe s.; **CAPACITAIRE** XIXe s. ♦ [6] **CAPABLE** XIVe s. « qui a une certaine contenance », XVIe s., sens mod. : bas lat. *capabilis*; **INCAPABLE** XVe s.

**B.** base *-cip-*

♦ [1] **ANTICIPER** XIVe s. : *anticipare*; **ANTICIPATION** XVe s. : *anticipatio.* ♦ [2] **ÉMANCIPER** XIVe s. : *emancipare*; **ÉMANCIPATION** XIVe s.; **ÉMANCIPATEUR** XIXe s. ♦ [3] **EXCIPER** XIIIe s., rare avant le XVIIIe s., jur. : *excipere* au sens de « excepter »; **EXCIPIENT** XVIIIe s., pharmacie, « substance qui en reçoit d'autres » : part. présent de *excipere* au sens de « recevoir ». ♦ [4] **INCIPIT** XIXe s., « premiers mots d'un texte » : mot lat., « il commence ». ♦ [5] **MUNICIPE** XVIIIe s. : *municipium*; **MUNICIPAL** XVe s., hist. anc., XVIIIe s., sens mod. : *municipalis* « relatif à un municipe »; **MUNICIPALITÉ** XVIIIe s. ♦ [6] **PARTICIPE** XIIIe s. : *participium*; **PARTICIPIAL** XIVe s.; **PARTICIPER** XIVe s. : *participare*; **PARTICIPANT** XIVe s. adj., XIXe s. subst.; **PARTICIPATION** XIIe s. : bas lat. *participatio.* ♦ [7] **PRÉCIPUT** (demi-sav.), XVe s. : altération, sous l'influence de *caput*, de *praecipuum.* ♦ [8] **PRINCIPE** XIIIe s. « cause première », XIVe s. « règle de conduite », XVIIe s. « notion fondamentale » : *principium*; **PRINCIPAL** XIe s. adj. « princier », XIIe s. adj. sens mod., XIIIe s. subst. « l'essentiel », XVIe s. subst. « directeur d'un collège » : lat. *principalis*, dér. de *princeps*; **PRINCIPAT** XIVe s. : *principatus*; **PRINCIPAUTÉ** XIIIe s. « grande fête de l'Église », XIVe s. « importance » et « souveraineté », XVe s. « dignité de prince » : lat. *principalitas, -atis* « excellence » : **PRINCIPICULE** XIXe s. : dimin. de **PRINCE** → **I.** 9 ♦ [9] **RÉCIPIENT** XVIe s., adj. *vaisseau récipient*, puis subst. : *recipiens, -entis*, part. présent de *recipere*; **RÉCIPIENDAIRE** XVIIe s. : dér. sur *recipiendus* « qui doit être reçu », adj. verbal de *recipere.*

**C.** base *-cept-*

♦ [1] **ACCEPTER** XIVe s. : *acceptare*; **ACCEPTATION** XIIIe s. : *acceptatio* dér. de *acceptare*; **ACCEPTABLE** XVe s.; **INACCEPTABLE** XVIIIe s. ♦ [2] **ACCEPTION** XIIIe s. « acceptation », « prise en considération », XVIIe s. « sens d'un mot » : *acceptio*, dér. de *accipere.* ♦ [3] **CONCEPTION** XIIe s., physiol.; XIVe s. « acte de l'intelligence » : *conceptio*; au 2e sens se rattachent **CONCEPT**

XVe s. : *conceptus*; **CONCEPTUEL** XIXe s. : lat. médiéval *conceptualis*; **CONCEPTUALISME** XIXe s.; au premier, **ANTICONCEPTIONNEL** XXe s. et **CONTRACEPTION, CONTRACEPTIF** XXe s. : angl. *contraceptive*, contraction de *contraconceptive* « qui s'oppose à la conception » (→ CONCEVOIR **I.** 4). ♦ [4] **DÉCEPTION** XIIe s.-XVIe s. « tromperie », puis sens mod. : *deceptio* → DÉCEVOIR **I.** 4 ♦ [5] **EXCEPTER** XIIe s. : *exceptare*; **EXCEPTÉ** XIVe s., préposition. ♦ [6] **EXCEPTION** XIIIe s. : *exceptio*, dér. de *excipere* → EXCIPER **III. B.** 3; **EXCEPTIONNEL** XVIIIe s.; **EXCEPTIONNELLEMENT** XIXe s. ♦ [7] **INTERCEPTION** XVe s. : *interceptio*; **INTERCEPTER** XVIe s. : verbe formé par analogie du modèle *excepter, exception*. ♦ [8] **PERCEPTION** XIVe s. « action de recueillir », XVIIe s. « connaissance par les sens » : *perceptio*; **APERCEPTION** XVIIe s. : dér. de *apercevoir* formé par Leibniz sur le modèle de *perception*; **PERCEPTIBLE** XIVe s. : *perceptibilis*; **IMPERCEPTIBLE** XIVe s. : lat. médiéval *imperceptibilis*; **PERCEPTIBILITÉ** XVIIIe s.; **PERCEPTIF** XIVe s. ♦ [9] **PRÉCEPTE** XIIe s. : *praeceptum*; **PRÉCEPTEUR** XVe s. : *praeceptor*; **PRÉCEPTORAL** XVIIIe s.; **PRÉCEPTORAT** XVIIe s. ♦ [10] **RÉCEPTACLE** XIVe s. : *receptaculum*, dér. de *receptare*, lui-même dér. de *recipere*; **RÉCEPTEUR** XIVe s. « receveur », XIXe s., techn. : dér. formé sur le part. *receptus*; **RÉCEPTIF** XVe s. « qui reçoit », XIXe s. « apte à recevoir »; **RÉCEPTIVITÉ** XIXe s.; **RÉCEPTION** XIIIe s. : *receptio*; **RÉCEPTIONNAIRE, RÉCEPTIONNER** XIXe s. ♦ [11] **SUSCEPTIBLE** XIIIe s., rare jusqu'au XVIIe s., « apte à », « capable d'éprouver une impression », XVIIIe s. « d'un vif amour-propre » : bas lat. *susceptibilis*, dér. de *suscipere*; **SUSCEPTIBILITÉ** XVIIIe s.; **SUSCEPTION** XIVe s. : *susceptio*.

D. autres bases

♦ [1] **FORCEPS** XVIIe s. : mot lat. ♦ [2] **PRINCEPS** XIXe s., *édition princeps* « première édition d'un livre » : mot lat. ♦ [3] **RÉCÉPISSÉ** XIVe s. : mot latin, infinitif parfait de *recipere*, abrév. de *cognosco me recepisse* « je reconnais avoir reçu ». ♦ [4] **OCCUPER** XIIe s. : *occupare*; **OCCUPANT** XVe s., subst.; **OCCUPATION** XIIe s. : *occupatio*; **INOCCUPER** XVIe s. **PRÉOCCUPER** XIVe s. : lat. *praeoccupare*; **PRÉOCCUPATION** XVe s.; **PRÉOCCUPANT** XXe s., adj. ♦ [5] **RÉCUPÉRER** XIVe s. : *recuperare* → RECOUVRER; **RÉCUPÉRATION** XIVe s. : *recuperatio*; **IRRÉCUPÉRABLE** fin XIVe s.; **RÉCUPÉRABLE** XVe s.; **RÉCUPÉRATEUR** XVIe s. « qui opère un recouvrement », XIXe s., techn., XXe s. « brocanteur ».

**CHAT** famille du lat. imp. *cattus*, mot d'origine incertaine, attesté seulement au Ve s., introduit à Rome en même temps que le chat domestique et qui s'est substitué à *feles* « chat sauvage » (→ FÉLIN) dans les langues romanes.

I. mots populaires

♦ [1] **CHAT, CHATTE** XIIe s. : *cattus*; **CHATON** XIIIe s. « petit chat » puis « chaton de saule »; **CHATONNER** XVIe s.; **CHATIÈRE** XIIIe s.; **CHATTERIE** XVIe s. : dér. de *chat*. ♦ [2] **CHATOYER** XVIIIe s. : dér. de *chat*, à l'origine, « avoir des reflets changeants comme ceux des yeux du chat »; **CHATOYANT, CHATOIEMENT** XVIIIe s. ♦ [3] **CHATTEMITE** XIIIe s. composé de *chatte* et de *mite*, autre dénomination, anc. et pop., de la chatte. ♦ [4] **CHAFOUIN** XVIIe s., « putois », puis « rusé », « sournois » : mot dial. (Ouest) composé de *chat* et *fouin*, forme masc. de *fouine*.

II. mots empruntés à des langues vivantes

♦ [1] **CATGUT** XIXe s. : mot angl. « boyau de chat », composé de *gut* « boyau » et de *cat* « chat » : *cattus*. ♦ [2] **GUÉPARD** XVIIIe s. : prononc. (avec infl. de *guêpe*) des fourreurs parisiens du mot franc *gapar* (nom d'un félin d'Afrique), adaptation d'it. *gattopardo* « chat-léopard » (anc. fr. *chat-pard*).

**CHÂTAIGNE** ♦ [1] (pop.) XIIe s. : lat. *(nux) castanea*, adj. dérivé du gr. *kastanon*, de même sens, mot d'empr. sans doute originaire d'Asie : **CHÂTAIGNIER** XIIe s., **CHÂTAIGNERAIE** XVIe s. : dér. de *châtaigne*. ♦ [2] **CHÂTAIN** XIIIe s. : forme masc. tirée de *châtaigne*. ♦ [3] **CASTAGNETTE** XVIIe s. : esp. *castañeta*, dér. de *castaña* « châtaigne », cet instrument ayant la forme d'une grosse châtaigne lorsque ses deux parties sont réunies.

**CHÂTEAU** famille du lat. *castellum* « forteresse », dimin. de *castrum* « retranchement »; p.-ê. apparenté à *castrare* → CHÂTRER.

I. mots populaires

♦ [1] **CHÂTEAU** XIe s. var. anc. *chastel* : *castĕllum* (cas sujet sing. ou régime plur.) ♦ [2] **CHÂTELET** XIIe s. : diminutif de l'anc. fr. *chastel*, forme de cas régime sing. ou de cas sujet plur. correspondant à *château*. ♦ [3] **CHÂTELAIN** XIIe s. : lat. *castellanus* « habitant d'un *castellum* »; **CHÂTELLENIE** XIIIe s.

II. mots d'emprunt

♦ [1] **CASTEL** XVIIe s. : forme méridionale correspondant à l'anc. fr. *chastel*. ♦ [2] **CASTILLE** XVe s.-XVIIe s. « dispute » : esp. *castillo*, au sens de « château de bois que se disputaient les chevaliers dans leurs jeux guerriers » (d'où des expressions comme *lever castille, avoir castille ensemble*), du lat. *castellum*.

**CHÂTIER** famille du lat. *castus*, mot de la langue religieuse, ayant un équivalent en sanscrit, « qui se conforme aux règles et aux rites »; a pris le sens secondaire de « pur », « exempt de », par croisement avec un autre *castus* apparenté à *carere* « manquer de » → CARENCE. – Dér. : *incestus* « impur » (relatif au second sens) et *castigare* « châtier », à l'origine, probablement, « éduquer » (relatif au 1er sens).

♦ [1] **CHÂTIER** (pop.) XIIe s. *chastier* « corriger, instruire » : *castigare*; **CHÂTIMENT** XIIe s. ♦ [2] **CHASTE** (demi-sav.) XIIe s. : *castus*; **CHASTETÉ** XIIe s. : *castitas, -atis*, dér. de *castus*; **CHASTEMENT** XIIe s. ♦ [3] **CASTE** XVIIe s. : port. *casta* « pur », « sans mélange », appliqué aux classes de la société des Indes, forme fém. de l'adj. *casto*, du lat. *castus*. ♦ [4] **INCESTE** (sav.) XIIIe s. : *incestus*; **INCESTUEUX** XIIIe s. : *incestuosus*.

**CHATON** (de bague) XIIe s. : frq. **kasto* « caisse », spécialisé dans le sens de « cavité où se trouve enchâssée la pierre ».

**CHATOUILLER** XIIIe s. : mot formé anc. avec le suff. *-ouiller* sur une base expressive *k-t-l* qui exprime le chatouillement dans plusieurs dialectes gallo-romans et langues européennes; **CHATOUILLEUX** XIVe s.; **CHATOUILLEMENT** XIIIe s.; **CHATOUILLE** XVIIIe s.

**CHÂTRER** famille du lat. *castrare* « couper », d'où *castratus* « eunuque » et *castratio* « castration »; lat. vulg. **incastrare* « tailler pour introduire » (→ aussi CHÂTEAU).

♦ [1] **CHÂTRER** (pop.) XIIIe s. : *castrare*; **CHÂTREUR** XVe s. ♦ [2] **CASTRAT** XVIe s. « animal châtré », XVIIIe s. « chanteur châtré pour empêcher la mue de la voix » : mot empr. aux équivalents de *châtré* en gascon (au XVIe s.) et en it. (au XVIIIe s.). ♦ [3] **ENCASTRER** XVIe s. : it. *incastrare*, a éliminé son équivalent anc. fr. *enchâtrer*, du lat. vulg. **incastrare*; **ENCASTREMENT** XVIIe s. ♦ [4] **CASTRER** (sav.) XIXe s. : *castrare*; **CASTRATION** (sav.) XIVe s. : *castratio*.

**CHAUD** famille du lat. *calēre* « être chaud, ardent » (sens propre et fig.). d'où (1) les subst. *calor, -oris* « chaleur »; lat. vulg. **calīna* (2) l'adj. *cal(ĭ)dus* « chaud », d'où *cal(ĭ)darĭa (cella)* « étuve » (3) le verbe transitif *calefacere*, lat. vulg. **calefare* « faire chauffer ».

I. mots populaires

A. base *-chaud-*

♦ [1] **CHAUD** Xe s. : *cal(ĭ)dus*; **CHAUDEMENT** XIIe s.; **CHAUDE** XIIIe s. « chaude attaque », subst. fém., XIXe s. « flambée pour se réchauffer »; **ÉCHAUDER** XIIe s. : bas lat. *excaldare*; **ÉCHAUDOIR** XIVe s.; **ÉCHAUDÉ** XIIIe s., pâtisserie : part. passé substantivé. ♦ [2] **CHAUDE-PISSE** XVIe s.; **CHAUD-FROID** XIXe s. ♦ [3] **CHAUDIÈRE** XIIe s. : *cal(ĭ)daria*; **CHAUDRON** XIIe s. : altération de *chaudière* avec substitution de suff.; **CHAUDRONNIER** XIIIe s.; **CHAUDRONNÉE** XVe s.; **CHAUDRONNERIE** XVIIe s. ♦ [4] **RÉCHAUD** XVIe s. : dér. de *réchauffer* croisé avec l'adj. *chaud*.

B. base *-chal-*

♦ [1] **CHALEUR** XIIe s., XVIe s., sens fig. : *calor, -ōris*; **CHALEUREUX, CHALEUREUSEMENT** XIVe s.; pour les mots scientifiques exprimant l'idée de « chaleur » → CALORI-, **II.** 2 et THERM(O)- art. FOUR. ♦ [2] **CHALOIR** Xe s. : *calēre* au sens de « être ardent » et « importer »; survit dans quelques loc. telles que *peu me chaut*; **CHALAND** XIIe s. « ami, connaissance » puis « client » : altération, par substitution de suff., du part. présent de *chaloir*, littéralement « personne importante, qui présente de l'intérêt »; **ACHALANDER** XIVe s. « fournir des clients », XIXe s. « fournir de la marchandise ». ♦ [3] **NONCHALOIR** XIIe s., repris au XIXe s. : composé de l'infinitif de *chaloir*; **NONCHALANCE** XIIe s.; **NONCHALANT** XIIIe s.

C. base *-chauff-*

♦ [1] **CHAUFFER** XIIe s. : **calĕfāre*; **CHAUFFAGE** XIIIe s.; **CHAUFFE** XVIIIe s.; **ÉCHAUFFER** XIIe s. : **excalĕfāre*, dér. de **calĕfāre*; **ÉCHAUFFEMENT** XIIe s.; **RÉCHAUFFER** XIIe s.; **RÉCHAUFFEMENT** XVIIe s.; **SURCHAUFFER** XVIIe s.; **SURCHAUFFÉ** XIXe s.; **SURCHAUFFE** XXe s. ♦ [2] **CHAUFFOIR** XIIIe s., **CHAUFFERIE** XIVe s.; **CHAUFFERETTE** XIVe s., **CHAUFFEUSE** XIXe s. « chaise basse »; **CHAUFFEUR** XVIIe s. « celui qui entretient un feu », XXe s., automobile; **CHAUFFARD** XXe s. : dér. de *chauffer*. ♦ [3] **CHAUFFE-** 1er élément de composés dans **CHAUFFE-ASSIETTES** XIXe s.; **CHAUFFE-BAIN** XIXe s.; **CHAUFFE-EAU** XXe s.; **CHAUFFE-LIT** XVe s.; **CHAUFFE-PIEDS** XIVe s., rare avant le XIXe s.

D. base *cal-*

**CÂLINER** XVIe s. : mot du dial. de Normandie, signifiant à l'origine « se reposer quand il fait chaud », dér. de *caline*, équivalent de l'anc. fr. *chaline* « chaleur », de **calīna*; **CÂLIN** XVIe s. « paresseux », fin XVIIIe s., sens mod. : dér. de *câliner*; **CÂLINAGE** XVIIe s.; **CÂLINERIE** XIXe s.

II. mots savants

♦ [1] **CALÉFACTION** XIVe s. : bas lat. *calefactio*, dér. de *calefacere*. ♦ [2] **CALORIE** XXe s. : dér. formé sur *calor, -oris*; **CALORIQUE** XVIIIe s. : « id. ». ♦ [3] **CALORI-** : 1er élément de composés savants, ex. : **CALORIFIQUE** XVI$^e$ s. ; **CALORIFÈRE** XIX$^e$ s. ; **CALORIFUGE** XIX$^e$ s. et **CALORIFUGER** XX$^e$ s. ; **CALORIMÈTRE** XVIII$^e$ s.

**CHAUME** famille du gr. *kalamos* « roseau », et *kalamis* « petit roseau », nom désignant divers instruments; empr. anc. par le lat. sous la forme *calamus*, a fini par éliminer *harundo*. ♦ [1] **CHAUME** (pop.) XII$^e$ s. : lat. vulg. **calmus*, du lat. class. *calămus*; **CHAUMINE** XV$^e$ s., adj. « (maison) couverte en chaume », XVII$^e$ s., subst. ; **CHAUMIÈRE** XVII$^e$ s. ; **DÉCHAUMER** XVIII$^e$ s. ♦ [2] **CHALUMEAU** (pop.) XII$^e$ s., sous la forme *chalemel* : bas lat. *calamellus*, dimin. de *calamus*. ♦ [3] **CALUMET** (pop.) XVII$^e$ s. : forme normande de *chalumeau*, avec substitution de suff. ; importé au Canada par les colons normands avec le sens de « pipe » en général, puis « pipe des Indiens » en particulier. ♦ [4] **CALMAR** XIII$^e$ s.-XVIII$^e$ s. « écritoire portative » : lat. *calamarius* « (objet) contenant les roseaux avec lesquels on écrivait », « écritoire »; XVI$^e$ s. « animal répandant une sorte d'encre noire » : it. *calamaro*, du lat. *calamarius*. ♦ [5] **CARAMEL** XVII$^e$ s. : esp. *caramelo*, empr. au port., du lat. *calamellus*, diminutif de *calamus* « roseau », à cause de la forme de ces bonbons ; **CARAMÉLISER** XIX$^e$ s. ♦ [6] **CALAMISTRER** XIV$^e$ s. : dér. tiré du lat. *calamistrum* « fer à friser », lui-même formé avec un suff. instrumental à partir du gr. *kalamis*.

**CHAUSSE** famille du lat. *calx, calcis* « talon », d'où (1) *calcare* « talonner », fouler aux pieds » (2) *inculcare* « faire pénétrer en tassant avec le pied », « inculquer » (3) *calcitrare* « ruer, regimber » (sens propre et fig.) (4) *calceus* et lat. vulg. **calcea* « chaussure », d'où *calceare* « chausser » et en lat. vulg. « remblayer ».

I. mots populaires

♦ [1] **CHAUSSES** XII$^e$ s., pièces de vêtements couvrant les pieds, les jambes et les cuisses, XV$^e$ s. « culotte » (remplace *braie*) : **calcea*; **HAUT-DE-CHAUSSES** XVI$^e$ s. : désigne plus particulièrement la culotte, par opposition à *bas-de-chausses*, bientôt abrégé en **BAS**, qui couvre les pieds et les jambes; **CHAUSSETTE** XII$^e$ s. ; **CHAUSSON** XII$^e$ s., XIX$^e$ s., pâtisserie. ♦ [2] **CHAUSSER** XI$^e$ s. : *calceare*; **DÉCHAUSSER** XII$^e$ s. : lat. vulg. **discalceare*; **DÉCHAUX** XII$^e$ s. : lat. vulg. **discalceus*, réfection de **discalceatus*; **RECHAUSSER** XII$^e$ s. ; **CHAUSSURE** XII$^e$ s. ; **CHAUSSE-PIED** XVI$^e$ s. ♦ [3] **CHAUSSÉE** XII$^e$ s. : *calceata (via)* « (chemin) remblayé »; cette étym. est plus vraisemblable que celle qui voit dans *calceata* ou *calciata* un dér. de *calx, calcis* « chaux », la chaux n'ayant pas été utilisée au Moyen Age pour faire les routes; **REZ-DE-CHAUSSÉE** XVI$^e$ s. : 1$^{er}$ élément *rez*, adj. « rasé, à ras », littéralement « au ras de la chaussée ». ♦ [4] **COCHER** XIII$^e$ s. : altération de l'anc. fr. *chauchier*, par dissimilation ou influence de la forme picarde *cauquer*, de *calcare* « fouler, presser », d'où « couvrir la femelle ». ♦ [5] **CAUCHEMAR** XV$^e$ s. sous la forme *cauquemaire* : composé de *caucher* (→ 4) et de *mare*, empr. au moyen néerl., « fantôme nocturne », dont on trouve l'équivalent avec le même sens en all. et en angl. ♦ [6] **CHAUSSE-TRAPPE** XIII$^e$ s., altération de *chauchetrepe*, composé de *chaucher* et *treper* (→ TRÉPIGNER), littéralement « marche, foule », parce qu'il faut marcher sur ce piège pour y être pris, avec, pour l'orth., l'influence de *trappe*.

II. mots d'emprunt

♦ [1] **CALEÇON** XVI$^e$ s. : it. *calzoni*, plur. augmentatif de *calza*, « chausse » : *calcea*. ♦ [2] **CALQUER** XVII$^e$ s. : it. *calcare* « presser »; **CALQUE** XVII$^e$ s. : it. *calco*, dér. de *calcare*; **DÉCALQUER** XVII$^e$ s. ; **DÉCALQUE** XIX$^e$ s. ; **DÉCALCOMANIE** XIX$^e$ s. ; **PHOTOCALQUE** XX$^e$ s.

III. mots savants

♦ [1] **INCULQUER** XVI$^e$ s. : *inculcare*. ♦ [2] **RÉCALCITRANT** XVI$^e$ s., adj. : part. prés. de l'anc. fr. *récalciter* « ruer » : lat. *recalcitrare*.

**CHAUVE** ♦ [1] (pop.) XII$^e$ s. : lat. *calvus*, même sens; la forme fém. l'a emporté sur l'anc. masc. *chauf*. ♦ [2] **CALVITIE** (sav.) XIV$^e$ s. : lat. *calvities*, dér. de *calvus*.

**CHAUX** famille du lat. *calx, calcis* « chaux », d'où *calcarius* « relatif à la chaux » et *calculus* « caillou » et « jeton servant à compter ».

I. mots populaires

♦ [1] **CHAUX** XII$^e$ s. : *calx, calcis*; **CHAULER** XIV$^e$ s. ; **CHAULAGE** XVIII$^e$ s. ; **CHAUFOUR** XIV$^e$ s. : 2$^e$ élément *four*; **CHAUFOURNIER** XIII$^e$ s. ♦ [2] **CAUSSE** XVIII$^e$ s. : mot dial., Cévennes, dont le dér. *caussenard* montre qu'il remonte à un dér. en *-n-* du mot *calx* : **calcinus* « terrain calcaire ».

II. mots savants

♦ [1] **CALCAIRE** XVIII$^e$ s. : *calcarius*. ♦ [2] **CALCIUM** XIX$^e$ s. : dér. sav. formé sur le radical *calc-*; **CALCIQUE** XIX$^e$ s. ; **CALCIFIER** XX$^e$ s. **DÉCALCIFIER, DÉCALCIFICATION, RECALCIFIER, RECALCIFICATION** XX$^e$ s. ; **CALCÉMIE** XX$^e$ s. ♦ [3] **CALCINER** XIV$^e$ s. « soumettre à l'action du feu pour réduire en poudre », traitement comparable à celui de la pierre à chaux : dér. sav. formé sur la base *calc-*; **CALCINA-**

**TION** XIIIe s. ♦ [4] **CALCUL** XVIe s. « concrétion calcaire formée dans certains organes » : *calculus*. ♦ [5] **CALCULER** XIVe s. : bas lat. *calculare* « compter avec des jetons »; **CALCUL** XVe s. « action de compter » : dér. de *calculer*; **CALCULABLE** et **INCALCULABLE** XVIIIe s.; **CALCULATEUR** XVIe s. : lat. imp. *calculator*; **CALCULATRICE** XXe s., techn.

**CHEF** famille du lat. *caput, capitis*, lat. vulg. **capum* et **capus, -oris* « tête », « extrémité » et « chef ». Dér. : (1) les diminutifs *capitulum* « petite tête », « division d'un ouvrage » et *capitellum* « extrémité » (2) *capitium* « capuchon » (3) *capito, -ōnis*, lat. vulg. *-*ĭnis* « poisson à grosse tête » (4) *capitalis* « qui concerne la tête » (5) *capitatio, -onis* « impôt par tête » (6) bas lat. *capitaneus* « principal » (7) en composition, le mot *caput* prend les formes (a) *-ciput, -cipitis* dans *occiput* (de **obcaput*) « le derrière de la tête », *sinciput* (de **semi-caput*) « la moitié de la tête »; (b) *-ceps, -cipitis* dans *biceps* « à deux têtes », *triceps* « à trois têtes » et *praeceps*, adj. « qui tombe la tête la première », subst. « précipice », d'où *praecipitare* « tomber » ou « jeter la tête la première » et lat. imp. *praecipitium* « abîme ».

I. mots populaires

**A. CHEF** Xe-XVIe s. « tête », XIIIe s. « celui qui commande » : **capum* probablement refait en **cabe* sous l'infl. de **cabĕte*, issu de *capitem*; **SOUS-CHEF** XVIIIe s.; **CHEF-D'ŒUVRE** XIIIe s.; **CHEF-LIEU** XIIIe s., où *chef* est employé comme adj. avec le sens de « principal », mot d'origine féodale, utilisé dans le vocabulaire administratif après la Révolution; **COUVRE-CHEF** XIIe s.; **DERECHEF** XIIe s. : *chef* ayant ici le sens de « extrémité », « commencement ».

B. base *-chev-*

♦ [1] **ACHEVER** XIe s. : **PARACHEVER** XIVe s.; **ACHÈVEMENT** XIIIe s.; **ACHEVÉ** XVIe s., adj. « parfait »; **INACHEVÉ** XVIIIe s. ♦ [2] **CHEVIR** XIIe s. « venir à bout de », « subvenir à ses besoins » : dér. anc. de **capum*; **CHEVANCE** XIIIe s. « moyens de vivre ». ♦ [3] **CHEVET** XIIIe s. : d'abord *chevez*, avec substitution de suffixe : *capitium*. ♦ [4] **BÉCHEVET** XIVe s. : de *bis* et *capitium*; XVIe s. *à tête béchevet* « la tête de l'un aux pieds de l'autre », altéré en **TÉTE-BÊCHE** XIXe s. (→ DEUX). ♦ [5] **CHEVESNE** ou **CHEVAINE** XVIIe s. : **capitinem*, acc. de *capito*.

II. mots demi-savants

♦ [1] **CHEPTEL** XVIIe s. : réfection, par adjonction d'un *p* étym. de l'anc. fr. *chetel* (pop.) XIe s. : lat. *capitale*, adj. neutre substantivé, « le principal (des biens possédés) ». ♦ [2] **CHAPITRE** XIIe s. « division d'un ouvrage, d'une loi » et « assemblée de religieux où on lisait, à l'origine, un chapitre de la règle, ou de l'Écriture » : *capitŭlum*; **CHAPITRER** XVe s. « réprimander un religieux au chapitre ». ♦ [3] **CHAPITEAU** XIIe s. : *capitellum*.

III. mots empruntés à des langues vivantes

♦ [1] **CHABOT** XVIe s. « poisson à grosse tête » : forme francisée du prov. *cabotz* du lat. vulg. **capocius*, dér. de *caput*. ♦ [2] **CHAVIRER** XVIIIe s. : forme francisée du prov. *cap virar* « tourner la tête en bas » (→ VIRER). ♦ [3] **CABOT** XIXe s. « chien à grosse tête » et « caporal » : mot dial. attesté en Normandie et dans le Midi, désignant divers animaux à grosse tête; appliqué métaph. au *caporal* d'autant plus facilement qu'il se confondait presque avec la forme abrégée *capo*. ♦ [4] **CABUS** XIIIe s. : mot anc. prov. empr. à un dial. de l'Italie du Nord, du lat. vulg. **capucĕus*. ♦ [5] **CADEAU** XVe s. « lettre capitale », « enjolivements calligraphiques ou rhétoriques », XVIIe s. « divertissement offert à une dame », XVIIIe s., sens mod. : prov. *capdel*, de *capitĕllum*. ♦ [6] **CADET** XVe s. : gascon *capdet* « chef », de *capitĕllus*; les officiers gascons qui servaient dans les armées royales étant généralement des fils cadets de familles nobles, ce terme a concurrencé *puîné* et l'a supplanté au XVIIIe s. ♦ [7] **CAMAIL** XIIIe s. : anc. prov. *capmalh*, probablement dér. d'un verbe non attesté **capmalhar*, « revêtir sa tête d'une coiffure de mailles ». ♦ [8] **CAP** XIVe s. « promontoire » et « tête » dans l'expression *de pied en cap* : mot prov. signifiant à la fois « tête », « avant de navire » et « promontoire », de **capum*. ♦ [9] **CAPITOUL** XIVe s. « magistrat municipal de Toulouse » : mot languedocien, abrév. de *senhor de capitoul* « seigneur de chapitre » c.-à-d. « d'assemblée » du lat. *capitulum* ♦ [10] **CAPITEUX** XIVe s. « obstiné », XVIIIe s., sens mod. : it. *capitoso*. ♦ [11] **CAPITON** XVIe s. : it. *capitone*, littéralement « grosse tête », qui désignait une soie grossière; **CAPITONNER** une fois au XVIe s., puis XIXe s.; **CAPITONNAGE** XXe s. ♦ [12] **CAPON** XVIIe s., argot, « gueux », « lâche », « flagorneur », « écolier fripon » : p.-ê. argot it. *accapone* « gueux à la tête couverte de plaies », dér. de *capo*, de *caput*; mais on peut aussi y voir une forme méridionale de *chapon* (→ ce mot). ♦ [13] **CAPORAL** XVIe s. « chef », XVIIe s. « sous-officier », XIXe s. « tabac » : it. *caporale*, de **capus, -oris*; **CAPORALISME** XIXe s. ♦ [14] **CAPRICE** XVIe s. : it. *capriccio*, même sens, altération de *caporiccio*, de *capo* « tête » et *riccio* « frisé »; **CAPRICIEUX** XVIe s. : it. *capriccioso*. ♦ [15] **CAVEÇON** XVIe s. : it. dial.

septentrional *cavezzone*, dérivé de *cavezza* « licou », du lat. *capitia*, plur. de *capitium*. ♦ [16] **CABÈCHE** XIX^e^ s. : esp. *cabeza* « tête », du lat. *capitia*. ♦ [17] **CABOTER** XVII^e^ s. : dér. de l'esp. *cabo* « cap », de *caput*; **CABOTAGE** XVIII^e^ s.; **CABOTEUR** XVI^e^ s. ♦ [18] **CHEFTAINE** XX^e^ s. : angl. *chieftain* : empr. à l'anc. fr. *chevetăin* (→ **IV. A.** 1).

**IV.** mots savants

**A.** base *-capit-*

♦ [1] **CAPITAINE** XIII^e^ s. : *capitaneus*, a supplanté *chatain, chataigne, chevetain, chevetaigne* (pop.); **CAPITAINERIE** XIV^e^ s. ♦ [2] **CAPITAL** XII^e^ s., adj. XVII^e^ s., subst. : *capitalis*; **CAPITALE** XVII^e^ s., subst. fém. « ville capitale » et « lettre capitale »; **CAPITALISME, CAPITALISTE** XVIII^e^ s.; **CAPITALISER, CAPITALISATION** XIX^e^ s. ♦ [3] **CAPITATION** XVI^e^ s. : *capitatio*. ♦ [4] **CAPITULE** XVIII^e^ s., liturgie, « court chapitre de l'Écriture », et bot., « inflorescence composée de plusieurs petites fleurs » : *capitulum*. ♦ [5] **CAPITULAIRE** XIII^e^ s. : lat. médiéval *capitularis*, dér. de *capitulum* → CHAPITRE **II.** 2. ♦ [2] **CAPITULER** XIV^e^ s., « faire une convention comportant plusieurs articles, ou chapitres », XVI^e^ s. « se rendre à certaines conditions »; **CAPITULATION** XV^e^ s. « pacte », XVI^e^ s., sens mod.; **CAPITULARD** XIX^e^ s. ♦ [7] **RÉCAPITULER** XIV^e^ s. : lat. médiéval *recapitulare* « revoir chapitre par chapitre »; **RÉCAPITULATION** XIII^e^ s. : *recapitulatio*. ♦ [8] **DÉCAPITER** XIV^e^ s. : lat. médiéval *decapitare*; **DÉCAPITATION** XIV^e^ s.

**B.** base *-cip-*

♦ [1] **PRÉCIPITER** XIV^e^ s. : *praecipitare*; **PRÉCIPITATION** XV^e^ s. : *praecipitatio*; **PRÉCIPITÉ** XVI^e^ s., adj. « hâtif » et subst., chimie; **PRÉCIPITAMMENT** XVI^e^ s. : adv. formé sur *précipitant*, part. présent alors employé comme adj. ♦ [2] **PRÉCIPICE** XVI^e^ s. : *praecipitium*. ♦ [3] **OCCIPUT** XIV^e^ s. et **SINCIPUT** XVI^e^ s. : mots latins : **OCCIPITAL** XVI^e^ s.; **SINCIPITAL** XIX^e^ s. ♦ [4] **OCCIPITO-** 1^er^ élément de composés sav. de la langue médicale XVIII^e^ s.

**C.** base *-ceps*

**BICEPS** XVI^e^ s., « muscle à deux attaches supérieures »; **TRICEPS** XVI^e^ s., « muscle à trois attaches ».

## CHEIRO-, CHIR(O)-

**CHEIRO-, CHIR(O)-** 1^er^ élément de composés sav. gr. *kheir, kheiros* « main ».

♦ [1] **CHEIROPTÈRE** XVIII^e^ s. ♦ [2] **CHIRURGIE** XII^e^ s.; **CHIRURGIEN** XII^e^ s.; **CHIRURGICAL** XIV^e^ s. ♦ [3] **CHIROGRAPHE** XII^e^ s. ♦ [4] **CHIROMANCIE** XIV^e^ s.; **CHIROMANCIEN** XVI^e^ s.; **CHIROMANCIENNE** XIX^e^ s. ♦ [5] **CHIROPRACTEUR** XX^e^ s.

## CHELEM

**CHELEM** XVIII^e^ s. « coup gagnant au whist, ou au bridge » : altération de l'angl. *slam* « écrasement ».

## CHÉLONIEN

**CHÉLONIEN** (sav.) XIX^e^ s. : dér. du gr. *khelônê* « tortue ».

## CHEMIN

**CHEMIN** ♦ [1] (pop.) XI^e^ s. : lat. vulg. **cammīnus*, d'origine celtique; **CHEMIN DE FER** fin XVIII^e^ s. ♦ [2] **CHEMINER** XII^e^ s.; **CHEMINEMENT** XIII^e^ s.; **ACHEMINER** XI^e^ s.; **ACHEMINEMENT** XVI^e^ s. ♦ [3] **CHEMINEAU** XIX^e^ s. « vagabond », « manœuvre allant de chantier en chantier » : dér. dial. (Ouest) de *cheminer*; **CHEMINOT** XX^e^ s. : var. orthog. du précédent, utilisé pour servir de dér. à *chemin de fer*.

## CHEMINÉE

**CHEMINÉE** (pop.) XII^e^ s. : bas lat. *camīnāta*, dér. du lat. *camīnus*, empr. du gr. *kaminos* « four, fourneau ». La conservation du ī atone peut s'expliquer par l'infl. de **cammīnus* « chemin ».

## CHEMISE

**CHEMISE** ♦ [1] (pop.) XII^e^ s. vêtement, XV^e^ s. enveloppe d'un livre : bas lat. *camīsia*, mot d'empr., p.-ê gaulois, p.-ê. germ.; **CHEMISIER** XIX^e^ s. fabricant de chemises, XX^e^ s. corsage; **CHEMISERIE** XIX^e^ s.; **CHEMISETTE** XIII^e^ s.; **CHEMISER** XIX^e^ s., techn.; **CHEMISAGE** XX^e^ s. ♦ [2] **CAMISOLE** XVI^e^ s. : anc. prov. *camisola* « casaque », dimin. de *camisa*. ♦ [3] **CAMISADE** XVI^e^ s. « attaques nocturnes pour lesquelles, en signe de reconnaissance, les assaillants passaient une chemise sur leurs armes » : it. *camiciata* ou provençal **camisada*, dér. de *camisa*; **CAMISARD** XVII^e^ s., « paysan calviniste cévenol révolté après la révocation de l'édit de Nantes » : formé sur *camisa*, forme méridionale de *chemise*.

## CHENAL

**CHENAL** famille du lat. *canna* « roseau », empr. au gr. *kanna*, lui-même d'origine sémitique.

Dér. grecs. : *kaneon* « corbeille », *kanastron* « vase en forme de corbeille » et probablement *kanôn* « règle » → CHANOINE.

Dér. latins : (1) *canalis* « tuyau » (2) les diminutifs lat. imp. *cannula* et lat. médiéval *cannella* (3) lat. vulg. **cannicium* « clayonnage de roseaux »; **cannabula* « cou », par métaph.; **cannutus* « qui ressemble au roseau ».

**I.** mot demi-savant

**CHENAL** XII^e^ s. : réfection, d'après le lat., de l'anc. fr. *chenel* (pop.), XII^e^ s. : lat. *canalis*.

**II.** mots d'emprunt

♦ [1] **CHÉNEAU** XV^e^ s., d'abord *chesneau* : mot dial. Centre ou Est : altération, p.-ê. sous l'influence de chêne (nom du matériau de fabrication), de *cheneau* : lat. *canalis* (→ CHENAL). ♦ [2] **CANIVEAU** XVII$^e$ s. dérivé de *canne* « conduit, tuyau » (→ 4) comme *solive* et *soliveau* sont dérivés de *sole*; p.-ê. infl. directe de *soliveau* en l'absence d'une forme **canive*. ♦ [3] **CANNELLE** XII$^e$ s., aromate : ce mot existe en fr., en anc. prov., en it. et en esp. et représente le lat. médiéval *cannella* (l'écorce du cannelier se présentait roulée en petits tuyaux); la cannelle venant d'Orient, c'est vraisemblablement le mot it. qui est à l'origine des autres; **CANNELIER** XVII$^e$ s. ♦ [4] **CANNE** XIII$^e$ s.-XVI$^e$ s. « tuyau », XVI$^e$ s. « canne à sucre », XVII$^e$ s. « bâton de marche » : anc. prov. *cana* : lat. ou it. *canna*; **CANNELLE** XV$^e$ s. « robinet de tonneau »; **CANNAIE** XVII$^e$ s.; **CANNER** XVIII$^e$ s.« mesurer avec une canne », XIX$^e$ s. « recouvrir un siège de joncs tressés »; **CANNAGE** XIX$^e$ s. ♦ [5] **CANON** pièce d'artillerie XIV$^e$ s. : it. *cannone*, augmentatif de *canna* « tuyau »; **CANONNADE** XVI$^e$ s. : it. *cannonata*; **CANONNIER** XIV$^e$ s.; **CANONNIÈRE** XV$^e$ s. ♦ [6] **CANETTE** « bouteille » XIII$^e$ s. : dér. de *canne* « tuyau »; **CANETTE** « bobine » : mot d'origine génoise (les fils d'or et d'argent utilisés par les tisserands français venaient de Gênes); **CANUT** XIX$^e$ s. « tisserand lyonnais » : p.-ê. apparenté à *canette*, mais le mode de dérivation est obscur. ♦ [7] **CANNELURE** XVI$^e$ s. : it. *cannellatura*, dér. de *cannella*; **CANNELER** XVI$^e$ s. ♦ [8] **CANNETILLE** XVI$^e$ s. : esp. *cañutillo* diminutif de *cañuto* « roseau » : lat. **cannŭtus*. ♦ [9] **CALISSON** XIX$^e$ s. : prov. *calissoun*, var. de *cannissoun* « clayon (de pâtissier) » : lat. **canicium*. ♦ [10] **CANNELLONI** XIX$^e$ s. « pâte alimentaire cylindrique remplie de farce » : mot it. plur., augmentatif de *cannella* « tuyau ». ♦ [11] **CANASTA** (jeu de cartes) XX$^e$ s. : mot esp. « corbeille », dér. de *canastillo* : lat. *canistellum*, dimin. de *canistrum* empr. au gr. *kanistron*. ♦ [12] **CAÑON** ou **CANYON**, XIX$^e$ s., géogr. Augmentatif d'esp. *caño* « ruisseau », « tuyau », var. masc. de *caña* « roseau » : lat. *canna*.

**III.** mots savants

♦ [1] **CANAL** XII$^e$ s. : *canalis*; **CANALICULE** XIX$^e$ s.; **CANALISER** XVI$^e$ s.; **CANALISABLE, CANALISATION** XIX$^e$ s. ♦ [2] **CANULE** XV$^e$ s. : *cannula*; **CANULER** XIX$^e$ s., vulg. « ennuyer », d'après l'emploi de la canule dans les lavements; **CANULAR** XIX$^e$ s. ♦ [3] **CANÉPHORE** XVI$^e$ s. : gr. *kanêphoros* « porteuse de corbeille », premier élément *kaneon*.

**CHENAPAN** famille de l'all. *schnappen* « attraper », « aspirer ».

♦ [1] **CHENAPAN** XVII$^e$ s. : all. *Schnapphahn* « maraudeur », littéralement « attrape-coq »; a désigné au moment de la guerre de Trente Ans des paysans réfugiés devenus bandits. ♦ [2] **SCHNAPPS** XVIII$^e$ s. : all. *Schnapps* « petit verre de goutte », de *schnappen* « aspirer », mot introduit par les mercenaires au service de la France.

**CHÊNE** (pop.) XII$^e$ s. : altération, p.-ê. sous l'infl. de *frêne*, de *chasne*; lat. vulg. **cassănus*, mot gaulois; **CHÊNE VERT** XVII$^e$ s.; **CHÊNAIE** XIII$^e$ s.

**CHENU** ♦ [1] (pop.) XI$^e$ s. : bas lat. *canūtus*, dér. du lat. class. *canus* « aux cheveux blancs » ou simplement **canĭcīre*, dér. de *canīre*. ♦ [2] **CHANCIR** (pop.) XVI$^e$ s. « devenir blanc de moisissure » : altération, sous l'influence de *rancir*, de l'anc. fr. *chanir*, du lat. vulg. **canīre*, dér. de *canus*. ♦ [3] **CANITIE** (sav.) XIII$^e$ s. : lat. *canities* « blancheur des cheveux ».

**CHER** famille du lat. *carus* « cher, chéri », et « cher, de haut prix » d'où *caritas* « tendresse » et « cherté », utilisé par la langue de l'Église pour traduire le gr. *agapê*, l'une des vertus cardinales.

♦ [1] **CHER** (pop.) X$^e$ s. : *carus*; **CHERTÉ** X$^e$ s. *caritas, -ātis* avec influence de *cher*; **CHÈREMENT** XI$^e$ s.; **CHÉRIR** XI$^e$ s. ♦ [2] **ENCHÉRIR** XII$^e$ s.; **ENCHÈRE** XIII$^e$ s.; **ENCHÉRISSEMENT** XIII$^e$ s.; **ENCHÉRISSEUR** XIV$^e$ s.; **RENCHÉRIR** XII$^e$ s. **RENCHÉRISSEMENT** XIII$^e$ s.; **SURENCHÉRIR** XVI$^e$ s.; **SURENCHÈRE** XVI$^e$ s. : dér. de *cher*. ♦ [3] **CARESSE** XVI$^e$ s. : it. *carezza* : lat. médiéval *caritia*, dér. de *carus*; **CARESSER** XV$^e$ s., XVIII$^e$ s.; *caresser un projet* : it. *carezzare*; **CARESSANT** XVII$^e$ s. ♦ [4] **CHARITÉ** (demi-sav.) X$^e$ s. : *caritas*; **CHARITABLE** XII$^e$ s.; **CHARITABLEMENT** XIII$^e$ s.

**CHÉRIF** XVI$^e$ s. : arabe *charîf* « noble, éminent », probablement par l'it. *sceriffo*; **CHÉRIFIEN** XIX$^e$ s.

**CHÉRUBIN** XI$^e$ s., « ange de la première hiérarchie dans la Bible », XVII$^e$ s., sens fig. : hébreu *kerubim*, plur. de *kerub*.

**CHEVAL** famille du lat. pop. *caballus*, mot p.-ê. empr. à une langue non ind.-eur.; a éliminé le lat. class. *equus*. Dér. : bas lat. *caballa* « jument »; *caballaris* et *-rius* « garçon d'écurie » V$^e$ s., puis « soldat à cheval »; *caballicare* « aller à cheval »; pour les mots savants exprimant la notion de « cheval » → ÉQUESTRE.

♦ [1] **CHEVAL** (pop.) XI^e s. : *caballus*; **CHEVALET** XIII^e s. « petit cheval », XV^e s. « support »; **CHEVALIN** XIV^e s.; **CHEVAU-LÉGER** XVI^e s.; sing. refait sur le plur.; **CHEVAL-VAPEUR** XIX^e s. ♦ [2] **CHEVAUCHER** (pop.) XI^e s., XVII^e s. « se recouvrir partiellement » : *caballĭcāre*; **CHEVAUCHÉE** XII^e s.; **CHEVAUCHEMENT** XIV^e s. « action d'aller à cheval », XIX^e s. sens mod. ♦ [3] **CHEVALIER** (pop.) XI^e s. « guerrier noble qui combat à cheval » et « personne admise dans l'ordre de la chevalerie » : *caballarius*; **CHEVALERIE** XI^e s.; **CHEVALIÈRE** XIX^e s. : abrév. de *bague à la chevalière*. ♦ [4] **CAVALIER** XV^e s. « gentilhomme », XVII^e s. « gentilhomme accompagnant une dame », « personne à cheval » et adj. « qui a les façons désinvoltes d'un cavalier »; XVIII^e s., pièce du jeu d'échecs, XX^e s., techn., pièce métallique courbe : it. *cavalier*, du prov. *cavaliere*, de *caballarius*; **CAVALIÈREMENT** XVII^e s.; **CAVALERIE** XVI^e s. : it. *cavalleria*, avec croisement de *cavaliere* et *cavallo*. ♦ [5] **CHEVALERESQUE** XVII^e s. : altération, sous l'influence de *chevalier*, de l'it. *cavalleresco*, dér. de *cavalleria*. ♦ [6] **CAVALE** XVI^e s. : it. *cavalla*, fém. de *cavallo*, de *caballus*; **CAVALER** XIX^e s. « chevaucher », puis, argot, *se cavaler* « se sauver »; **CAVALEUR, -EUSE** XIX^e s., vulg. « débauché, coureur ». ♦ [7] **CAVALCADE** XIV^e s. : it. dial. (Piémont) *cavalcada*, équivalent du fr. *chevauchée*; **CAVALCADE** XIX^e s.

**CHEVÊTRE** ♦ [1] (pop.) XI^e s. : lat. *capistrum* « muselière », « licou ». **ENCHEVÊTRER** XII^e s. « mettre le licou à un cheval », XVI^e s., sens mod.; **ENCHEVÊTREMENT** XVI^e s. ♦ [2] **CABESTAN** XIV^e s. : prov. *cabestan*, altération de *cabestran*, part. présent substantivé de *cabestrar*, verbe dér. de *cabestre* « chevêtre » et « corde de poulie » : *capistrum*.

**CHEVEU** famille du lat. *capillus*, p.-ê. apparenté à *caput*, sans que cette parenté puisse être clairement définie. — Dér. : *capillatus* « chevelu », d'où *capillatura* « chevelure » et *capillaris* « relatif à la chevelure ».

♦ [1] **CHEVEU** (pop.) XI^e s. : *capĭllus*; **CHEVELU** XII^e s. : dér. de *chevel*, var. de *cheveu*. ♦ [2] **CHEVELURE** (pop.) XI^e s. : *capillatura*. ♦ [3] **ÉCHEVELÉ** XI^e s.; **ÉCHEVELER** XIV^e s. : bas lat. *excapĭllāre* « arracher les cheveux », dér. de **capĭllāre*, représenté en anc. fr. par *cheveler*. ♦ [4] **CAPILLAIRE** (sav.) XIV^e s., *fracture, veine capillaire* « fine comme un cheveu », XVI^e s. bot., « plante fine comme un cheveu », XIX^e s., *lotion, art capillaire* « relatif aux cheveux » : *capillaris*; **CAPILLARITÉ** XIX^e s. Pour les mots scientifiques exprimant la notion de « cheveu » → TRICH(O)-.

**CHÈVRE** famille de *caper* « bouc », en particulier « bouc châtré », par opposition à *hircus*; var. lat. vulg. **capro, -ōnis* et bas lat. *caprītus*; fém. *capra* « chèvre ». — Dér. : *caprarius* « chevrier »; *caprinus* « de chèvre »; *capreolus* « chevreuil »; et divers composés comme *caprifolium* « chèvrefeuille », dont certains imités du gr. : *capricornus*, signe du zodiaque, calqué sur *aigôkerôs* et *capripes* « aux pieds de chèvre », calqué sur *aigipous*.

**I.** mots populaires

♦ [1] **CHÈVRE** XII^e s. : *capra*; **CHEVREAU, CHEVRETTE** XIII^e s.; **CHÈVRE-PIED** XVI^e s. : calque du lat. *capripes*. ♦ [2] **CHEVRIER** XIII^e s. : *caprarius*. ♦ [3] **CHÈVREFEUILLE** XVII^e s. : forme fém. de *chevrefeuil* XII^e s. : *caprifolium*, adoptée sous l'influence de *feuille*. ♦ [4] **CHEVRON** XII^e s., pièce de charpente, même évolution sémantique que pour *sommier, chevalet*, etc.; XIII^e s., terme de blason, « bandes plates formant un angle aigu », XVIII^e s., galon d'officier, XX^e s. « décoration en zigzag » : **capro -ōnis*; **CHEVRONNÉ** XIII^e s., blason, XVIII^e s., milit., XIX^e s., sens fig. ♦ [5] **CHEVREUIL** XVII^e s. : altération de *chevreul* XII^e s., de *capr(e)ŏlus*. ♦ [6] **CHEVROTIN** XIII^e s., « petit du chevreuil » : dimin. de *chevrot*, var. de *chevreau*; **CHEVROTER** XVI^e s., « mettre bas », en parlant de la chèvre, XVIII^e s., en parlant d'une voix tremblante comme un bêlement; **CHEVROTEMENT** (même évolution); **CHEVROTINE** XVII^e s., balle pour tirer le chevreuil.

**II.** mots d'emprunt

♦ [1] **CHABICHOU** XIX^e s. : altération de *chabrichou*, mot dial. limousin, dér. de *chabro* « chèvre ». ♦ [2] **CREVETTE** XVI^e s. : mot dial. normand, équivalent du fr. *chevrette*. ♦ [3] **CABRI** XIV^e s. : prov. *cabrit*, de *caprītus*; élimine l'anc. fr. *chevri* de même origine. ♦ [4] **CABRER** XII^e s. : verbe formé sur un radical *cabr-* tiré de formes provençales anciennement empr. par le fr. *(cabret, cabrote)*; le verbe prov. *se cabrar* n'est pas attesté avant le XVIII^e s. ♦ [5] **CABRIOLE** XVI^e s., var. *capriole* : it. *capriola*, dér. de *capriolare*, lui-même dér. de *capriolo* « chevreuil », de *capreolus*; le *b* est dû à l'influence de *cabri*; **CABRIOLER** XVI^e s. : it. *capriolare*; **CABRIOLET** XVIII^e s., « voiture légère » et « chapeau de femme ».

**III.** mots savants

♦ [1] **CAPRIN** XIII^e s. : *caprinus*; élimine au XVI^e s. l'anc. fr. *chevrin* de même origine. ♦ [2]

**CAPRICORNE** XIIIe s., astrologie, XVIIIe s., entomologie : *capricornus.* ♦ [3] **CAPRICANT** XIXe s., élimine *caprisant* XVIe s., dér. sur le radical de *capra*; le *c* est p.-ê. dû à l'influence de *capricorne.*

**CHEZ** famille du lat. *casa* « hutte, cabane de berger »; dimin. *casula* « petite maison » et bas lat. « manteau à capuchon », refait en *casub(u)la*, VIe s., p.-ê. sous l'infl. du gr. *kalubê* « cabanne ».

♦ [1] **CHEZ** (pop.) XIIe s. : altération de l'anc. fr. *chiese* « maison » : *casa*, par suite d'un emploi atone dans des locutions à valeur prépositionnelle telles que *en chiese, à chiese de*; la forme pleine subsiste en toponymie sous la forme *chaise*, ex. : *Les Chaises* (nom de nombreux hameaux), *La Chaise-Dieu.* ♦ [2] **CHASUBLE** (demi-sav.) XIIe s. : *casub(ŭ)la.* ♦ [3] **CASE** (sav.) XIIIe s. « petite maison » : lat. *casa*; XVIIe s., maison des nègres du Sénégal, puis des Antilles : empr. au port. *casa*; XVIIe s., division du jeu d'échecs : empr. à l'esp. *casa*, même origine; d'où **CASER** XVIIe s., « mettre dans une case »; **CASIER** XVIIIe s. ♦ [4] **CASINO** XVIIIe s., mot it. « maison de plaisance ou de jeux » : dimin. de *casa.* ♦ [5] **CASANIER** XIIIe s., sous la forme *casenier* « marchand it. résidant en France » : it. *casaniere* « prêteur », dér. de *casana* « banque », croisement de *casa* et du vénitien *casna*, de l'arabe *khazîna* « trésor »; XVIe s., forme et sens mod. : sous l'infl. de l'anc. esp. *casañero*, dér. de *casa.* ♦ [6] **CASEMATE** XVIe s. : it. *casamatta* littéralement « maison folle », c.-à-d. « fausse maison ».

1. **CHICHE** (pois) (pop.) XIIIe s. : altération, par assimilation consonantique régressive, de l'anc. fr. *ciche* qui provient p.-ê. de *(pisu) *cīcciu* « petit pois »; **cīcciu* dériverait du lat. *cīccum*, dont le sens premier, « noyau de fruit », avait évolué vers celui de « un tant soit peu », « un rien »; le nom lat. du pois chiche, *cĭcer*, avait donné en anc. fr. *ceire, çoire*, ou *cerre* (encore attesté au XVIIe s.) et en it. *cece*; cette dernière forme non plus ne saurait être l'étymon de *chiche*, d'une part à cause du timbre de la voyelle, d'autre part à cause de la consonne initiale de l'anc. fr. *ciche.*

2. **CHICHE** ♦ [1] (pop.) XIIe s., adj. « avare » : probablement formation expressive; une syllabe *tchitch* exprimant la petitesse semble être à la base de divers mots dial. et it. ♦ [2] **CHICHI** XIXe s. : probablement même origine; **CHICHITEUX** XXe s.

**CHICORÉE** (demi-sav.) XIIIe s. : lat. *cichoreum*, du gr. *kikhorion*, même sens, avec influence de l'it. *cicoria.*

**CHIEN** famille d'une rac. ind.-eur. **kwen* « chien », représentée en particulier par le gr. *kuôn, kunos* et par le lat. *canis.* – Dér. : *caninus* « canin »; *canicula* « petite chienne » et « constellation du Chien », d'où *canicularis*; lat. vulg. **canittus*, dimin., **canile* « chenil », et **cania*, fém.

I. mots issus du latin

A. mots populaires

♦ [1] **CHIEN** XIe s., XIIIe s., *chien de mer*, XVIe s., *chien de fusil*, XVIIIe s., *chien-loup*, calqué sur l'angl. *wolf-dog* « chien (dressé contre) les loups », XIXe s., *avoir du chien : canis*; **CHIENNE** XIIIe s.; **CHIENNERIE** XIIIe s. droit seigneurial, XIXe s. sens mod.; **CHIENDENT** XIVe s. ♦ [2] **CHENIL** XIVe s. : **canīle.* ♦ [3] **CHENET** XIIIe s. : **canĭttus*, dimin. ancien de chien, les chenets étant souvent ornés de têtes d'animaux, en particulier de chiens. ♦ [4] **CHENILLE** XIIIe s., XVIIe s. « passe-menterie veloutée », XXe s., « courroie de transmission articulée » : *canicŭla*, p.-ê. croisé avec *calicula* dér. de *calyx* « calice », « cupule », « coquille » et probablement « cocon »; **ÉCHENILLER** XIVe s.; **ÉCHENILLAGE** XVIIIe s.; **CHENILLETTE** XVIIIe s. bot.; **AUTOCHENILLE** XXe s. « véhicule équipé de chenilles ».

B. mots d'emprunt

♦ [1] **DÉCANILLER** XVIIIe s. : probablement mot dial. normanno-picard, var. *déqueniller, écaniller*, dér. de *canil, quenil* « niche à chien »; littéralement « chasser le chien de sa niche ». ♦ [2] **CAGNE** XVe s., « chienne » et « prostituée » : anc. prov. *canha* « chienne » : **cania*; **CAGNARD** XVIe s. « paresseux comme un chien »; **S'ACAGNARDER** XVIe s.; **CAGNEUX** XVIIe s. « qui a les genoux tournés en dedans », comme les chiens : dér. de *cagne.* ♦ [3] **CAGNOTTE** XIXe s. « corbeille pour enjeux » et « enjeux », « caisse commune d'un groupe » : mot dial. du Midi, *cagnotto*, dér. de *cagna* « chienne », désigne dans ces parlers, par métaphore, divers récipients. ♦ [4] **CANAILLE** XVe s. : it. *canaglia*, dér. de *cane* « chien »; a éliminé son équivalent anc. fr. *chiennaille*; **S'ENCANAILLER** XVIIe s.; **ENCANAILLEMENT** XIXe s.; **CANAILLERIE** XIXe s. ♦ [5] **REQUIN** XVIe s. mot obscur, p.-ê. renforcement du dial. (Normandie, Picardie) *quin*, var. *quien* « chien » (→ CHIEN DE MER « espèce de requin »).

C. mots savants

♦ [1] **CANIN** XIVe s. : *caninus*, a éliminé l'anc. fr. *chenin*; **CANINE** XVIe s., subst. fém. ♦ [2]

**CANIDÉ** XIX^e^ s. : dér. formé sur *canis*. ♦ [3] **CANICULE** et **CANICULAIRE** XVI^e^ s. : *canicula*, nom de l'étoile Sirius, ou Chien d'Orion, qui se lève et se couche avec le soleil du 22 juillet au 23 août, et *canicularis*.

**II.** mots savants issus du grec

**KYN(O)-** : radical de *kunos*, génitif de *kuôn*. ♦ [1] **CYNÉGÉTIQUE** XVIII^e^ s. : gr. *kunêgetikos* « qui conduit les chiens ». ♦ [2] **CYNOCÉPHALE** XIV^e^ s. : *kunokephalos* « à tête de chien », par le lat. ♦ [3] **CYNIQUE** XIV^e^ s., sens propre, XVII^e^ s., sens fig. : gr. *kunikos* « qui ressemble au chien », nom donné à des philosophes gr. qui prétendaient revenir à la nature en méprisant les conventions sociales, l'opinion publique et la morale ; **CYNISME** XVIII^e^ s. : *kunismos*, par le lat.

**CHIER** famille du lat. *cacāre*, même sens, mot ind.-eur. ancien.

♦ [1] **CHIER** (pop.) XIII^e^ s. : *cacāre* ; **CHIENLIT** XVI^e^ s. : *chie-en-lit* ; **CHIASSE** XVI^e^ s. ; **CHIURE** XVII^e^ s. ; **CHIOTTES** XIX^e^ s. ; **CHIARD** XIX^e^ s. ♦ [2] **CHIALER** (pop.) XIX^e^ s. semble résulter du croisement de *chier (des yeux)* XVII^e^ s. « pleurer », et d'un dér. de *chiau* ou *chiot* : lat. *catellus* « jeune animal », « jeune chien ». ♦ [3] **CHIADER** (pop.) XIX^e^ s. ; argot d'étudiants : dér. de *chiade* XIX^e^ s., « brimade infligée à un nouveau » et « travail acharné pour un examen », qui se rattache à *chier* par l'intermédiaire de l'expression *ça chie dur* « ça va fort ». ♦ [4] **CHASSIE** (pop.) XI^e^ s. *chacide* : lat. vulg. **caccīta*, dér. de *cacāre* avec redoublement expressif de la consonne et suff. empr. à *pituīta* → PÉPIE ; **CHASSIEUX** XII^e^ s. ♦ [5] **CAGOT** (pop.) XV^e^ s. « lépreux », XVI^e^ s., avec de nombreuses var. empr. à divers dial., « malheureux », puis, sous l'influence de *bigot*, « dévot hypocrite » : mot dial. béarnais, « lépreux blanc », dér. de *cagar* « chier » ; **CAGOTERIE** XVI^e^ s. ; **CAGOTISME** XVII^e^ s. ♦ [6] **CACA** XV^e^ s. formé sur le modèle des mots enfantins à redoublement (→ Annexe I), d'après le radical de *cacāre* ; ne saurait être un mot pop. remontant directement à *cacāre*, p.-ê. mot du latin de collège.

**CHIFFRE** ♦ [1] XIII^e^ s., sous la forme *cifre* « zéro » : lat. médiéval *cifra*, de l'arabe *sifr* « zéro » ; XV^e^ s. forme mod. « signe numérique » et « code secret » : it. *cifra*, de même origine ; **CHIFFRER, CHIFFREUR** XVI^e^ s. ; **CHIFFREMENT** XVII^e^ s. ♦ [2] **DÉCHIFFRER** XV^e^ s. : dér. de *chiffrer* d'après le sens « transcrire dans un code secret » ; **DÉCHIFFREMENT** XVI^e^ s. ; **DÉCHIFFRABLE** et **INDÉCHIFFRABLE** XVII^e^ s. ♦ [3] **ZÉRO** XV^e^ s. ; XVI^e^ s. « homme nul » : it. *zero*, contraction de *zefiro*, de l'arabe *sifr*.

**CHIMPANZÉ** XVIII^e^ s. : empr. à un dial. du Congo.

**CHINER** XIX^e^ s. « acheter et revendre de lieu en lieu », argot des marchands ambulants ; « mendier » ; « demander avec insistance » ; « critiquer » : étym. obscure ; ne peut guère être une abrév. de s'*échiner*, le mot *chiner* ne s'appliquant jamais à des travaux durs comme ceux du bûcheron ou du portefaix ; p.-ê. issu du tsigane *tjinna* « acheter » qui aurait pénétré dans le Sud-Ouest de la France d'où étaient généralement originaires les **CHINEURS** parisiens (XIX^e^ s.).

**CHIOT** (pop.) XVI^e^ s. : mot dial. Ouest, Centre, a éliminé son équivalent anc. fr. *chael* : *catĕllus*, dimin. de *catulus*, qui désignait d'une façon générale le petit d'un animal puis, rattaché à *canis* par étym. pop., a désigné spécialement le petit du chien.

**CHIOURME** XIV^e^ s., d'abord *cheurme* : mot de l'argot des galériens : it. dial. génois *ciurma*, du lat. *celeusma* « ordres rythmés et chantés donnés par le chef des rameurs pour régler le mouvement de la galère », du gr. *keleusma*, dér. de *keleuein* « commander ».

**CHIP** (pomme) et surtout **CHIPS**, plur. XX^e^ s. : mot angl. d'origine germ., « copeau », « fin morceau de bois ou de pierre ».

**CHIQUE** XVII^e^ s., « insecte de l'Amérique méridionale appelé aussi puce pénétrante » : mot caraïbe.

**CHLORE** ♦ [1] (sav.) XIX^e^ s., métalloïde verdâtre : gr. *khlôros* « vert ». ♦ [2] **CHLORAL, CHLORATE, CHLORHYDRATE, CHLORURE, BICHLOROSE**, XIX^e^ s. : dér. de *chlore* désignant des produits chimiques ; **CHLORIQUE, CHLORÉ, CHLOREUX, CHLORHYDRIQUE, CHLORURÉ** XIX^e^ s. : dér. de *chlore*, adj. qualifiant des produits chimiques. ♦ [3] **CHLORURÉMIE** XX^e^ s., méd. : dér. de *chlorure*. ♦ [4] **CHLOROSE** XVII^e^ s., « anémie », « perte de coloration » : lat. médiéval *chlorosis* « verdissement », dér. de *khlôros* ; **CHLOROTIQUE** XVIII^e^ s. ♦ [5] base *chloro-* dans **CHLOROPHYLLE** (→ CERFEUIL) et **CHLOROFORME** XIX^e^ s. : de *chlore* et *(acide) formique* ; **CHLOROFORMER** et **CHLOROFORMISER** XIX^e^ s.

**CHOCOLAT** XVI^e s., sous la forme *chocolate*, puis XVII^e s. : esp. *chocolate*, de l'aztèque *chocolatl* « boisson à base de cacao »; **CHOCOLATIÈRE** XVII^e s., récipient où on prépare le chocolat; **CHOCOLATIER** XVIII^e s., fabricant de chocolat; **CHOCOLATÉ, CHOCOLATERIE** XIX^e s.

**CHŒUR** famille du gr. *khoros* « ensemble d'acteurs qui chantaient et dansaient à la fois », empr. anciennement par le lat. sous la forme *chorus*.

**I. CHŒUR** (pop., avec orthographe sav.) XII^e s. « ensemble des chantres » et « partie de l'église où ils se tiennent », XIV^e s., *enfant de chœur*, XVIII^e s. « composition musicale à plusieurs voix » : *chŏrus*.

**II.** base *chor-* (sav.)

♦ [1] **CHORISTE** XIV^e s. : lat. médiéval *chorista*. ♦ [2] **CHORAL** XVIII^e s., adj. : lat. médiéval *choralis*; XIX^e s. « chant religieux protestant », subst. masc. : all. *choral*, même origine; **CHORALE** XX^e s., subst. fém. : abréviation de *société chorale*. ♦ [3] **CHORUS** XV^e s., dans la locution *faire chorus* : mot lat. ♦ [4] **CHORÉE** XVII^e s., métrique, XIX^e s., maladie nerveuse : gr. *khoreia* « danse ». ♦ [5] **CHORÈGE** XVI^e s. : gr. *khorêgos* « chef de chœur »; **CHORÉGIE** XIX^e s. : gr. *khorêgia*. ♦ [6] **CHORÉGRAPHIE** XVIII^e s. : du gr. *khoreia* « danse » et *graphein* « écrire »; **CHORÉGRAPHE** XVIII^e s.; **CHORÉGRAPHIQUE** XIX^e s.

**CHOIR** famille du lat. *cadere*, *casus*, « tomber », lat. vulg. **cadēre*, **cadūtus* et **cadectus*. Dér. : (1) *caducus* « qui tombe » (2) *cadaver* « cadavre », dér. de formation obscure, mais dont la base est certainement celle de *cadere* (3) *casus* « chute », « événement » et, calque du gr. *ptôsis*, « cas grammatical » : d'où lat. impr. *casualis* « fortuit » et « relatif aux cas »; et lat. vulg. **casicare* « tomber » (4) *occasio*, *-onis* « occasion » (5) *-cidere*, forme prise en composition par le verbe *cadere*, dans (a) *accidere* « arriver inopinément »; (b) *decidere* « tomber de », « être en décadence » et *excidere* « tomber de », refaits en **decadere* et **excadere* en lat. vulg.; (c) *incidere* « tomber dans », « arriver »; (d) *occidere* « se coucher », en parlant d'un astre, d'où *occidens* « point où se couche le soleil »; (e) *recidere* « retomber », d'où *recidivus* « qui retombe », « qui se reproduit ».

**I.** mots populaires

♦ [1] **CHOIR** X^e s., concurrencé et éliminé par *tomber* au XVI^e s. : **cadēre*; **DÉCHOIR** XI^e s. : **decadēre*; **ÉCHOIR** XII^e s. : **excadere*. ♦ [2] **CHANCE** XII^e s., également aux sens de « chute » et de « hasard » : *cadentia* « les choses qui arrivent », plur. neutre subst. du part. présent de *cadere*; **MALCHANCE** XIII^e s.; **CHANCEUX** XVII^e s. ♦ [3] **MÉCHANT** XII^e s. « malchanceux », XIV^e s. « porté au mal » : part. présent du verbe anc. fr. *meschoir* « tomber mal »; **MÉCHANCETÉ** XIV^e s., a éliminé l'anc. fr. *mescheance* : dér. de *méchant*. ♦ [4] **ÉCHÉANCE** XIII^e s., XVII^e s., sens commercial : **excadentia* « les choses qui échoient » : part. présent neutre plur. subst. de **excadere*; **DÉCHÉANCE** XII^e s. : **decadentia* part. présent neutre plur. subst. de *decadere*; dans ces deux mots, conservation archaïque du *e* en hiatus, qui a disparu dans *choir*, *chance* et *méchant*. ♦ [5] **CHUTE** XIV^e s. : croisement entre deux formes fém. de part. passé de choir, *cheüe*, de **cadūta*, et *cheoite*, de **cadecta*; **CHUTER** XIX^e s.; **PARACHUTE** XVIII^e s.; **PARACHUTER, -AGE, -ISTE, ISME** XX^e s.; **RECHUTE** XV^e s. : dér. de l'anc. fr. rechoir; **RECHUTER** XIX^e s. ♦ [6] **DÉCHET** XIII^e s.; *déchié* : forme irrégulière de part. passé de *déchoir*, analogique de la conjugaison en *-er*; XV^e s., *déchet* : réfection due à l'influence de la 3^e pers. ind. prés. *il déchet*. ♦ [7] **DÈCHE** XIX^e s., argot : p.-ê. mot dial. angevin, abrév. de *déchet* au sens de « mécompte », ou de *déchance* « malchance », attesté en Anjou, plutôt que de *déchéance*, peu usuel dans le langage pop.

**II.** mots d'emprunt

♦ [1] **CADENCE** XV^e s. « chute d'une phrase » et « rythme » : it. *cadenza*, même sens : *cadentia* → CHANCE, I. 2.; **CADENCER** XVI^e s. ♦ [2] **CASCADE** XVII^e s. : it. *cascata* dér. de *cascare* « tomber » : **casĭcāre*; **CASCATELLE** XVIII^e s. : it. *cascatella*, dim. de *cascata*; **CASCADER** XVIII^e s. : dér. de *cascade*; **CASCADEUR, -EUSE** XIX^e s. ♦ [3] **CASQUER** XIX^e s., argot. « tomber dans un piège », « payer » : sabir méditerranéen *cascar* « glisser », de l'it. *cascare* « tomber », du lat. vulg. **casĭcāre*.

**III.** mots savants

**A.** base *-cad-*

♦ [1] **CADUC** XIV^e s. : *caducus*; **CADUCITÉ** XV^e s. ♦ [2] **CADAVRE** XVI^e s. : *cadaver*; **CADAVÉREUX** XVI^e s.; **CADAVÉRIQUE** XVIII^e s. ♦ [3] **DÉCADENCE** XV^e s. : lat. médiéval *décadentia*, de *de* et *cadere* → DÉCHOIR; **DÉCADENT** XVI^e s., XIX^e s., emploi particulier en littérature; **DÉCADENTISTE** XX^e s.

**B.** base *-cas-*

♦ [1] **CAS** XIII^e s. « événement, réel ou supposé » et, gram., XVII^e s., *cas de conscience*, XVIII^e s., méd. : *casus*; **CASUEL** XIV^e s., adj. « fortuit » et sens gram.; subst. « revenu variable d'une fonction eccl. » : *casualis*; **EN-CAS** XVII$^e$ s. « léger repas », XIX$^e$ s., autres sens. ♦ [2] **CASUISTE** XVII$^e$ s. : dér. de *casus* au sens de *cas de conscience*, par l'esp. *casuista*; **CASUISTIQUE** XIX$^e$ s. ♦ [3] **OCCASION** XII$^e$ s. d'abord *achoison*; *occasio*; **OCCASE** XIX$^e$ s., vulg.; **OCCASIONNEL** XVII$^e$ s.; **OCCASIONNELLEMENT** XVI$^e$ s.; **OCCASIONNER** XIV$^e$ s.

C. base *-cid-*

♦ [1] **ACCIDENT** XII$^e$ s. « événement fortuit » et sens philo. en lat. scolastique, XV$^e$ s. « événement malheureux », XVII$^e$ s., *accident de terrain*, XVIII$^e$ s. « événement entraînant des dommages matériels » : *accidents, -entis*, part. présent de *accidere*; **ACCIDENTEL** XIII$^e$ s., **-ELLEMENT** XV$^e$ s.; **ACCIDENTÉ** XVII$^e$ s. « montagneux », XX$^e$ s. « qui a subi un accident ». ♦ [2] **INCIDENT** XIII$^e$ s., subst. et adj. : *incidens, -entis*, part. présent de *incidere*; **INCIDENCE** XIV$^e$ s. « événement », XVII$^e$ s., phys.; **COÏNCIDER** XIV$^e$ s. : lat. médiéval *coincidere* « tomber ensemble »; **COÏNCIDENCE** XV$^e$ s. ♦ [3] **OCCIDENT** XII$^e$ s. : *occidents; -entis*; **OCCIDENTAL** XVI$^e$ s. : *occidentalis*; **OCCIDENTALISÉ** XIX$^e$ s. ♦ [4] **RÉCIDIVE** XVI$^e$ s., sens médical, puis jur., XVII$^e$ s., sens général : *recidiva (febris)* « fièvre qui revient »; **RÉCIDIVER** XV$^e$ s.; **RÉCIDIVISTE** XIX$^e$ s.

**CHÔMER** ensemble de mots où se trouve représentée la racine du gr. *kaiein* « brûler », issu de **kaw-yein*. — Dér. : (1) *kauma* « brûlure », en particulier « forte chaleur du soleil »; *kautêr* « fer brûlant pour cicatriser »; *kaustikos* « qui brûle » (2) *egkaiein* « peindre à l'encaustique »; *egkaustikê (tekhnê)* « art de peindre à l'encaustique » (3) *hypokaustos* « chauffé par en dessous » (4) *holokaustos* « (sacrifice) où l'on brûle entièrement (la victime) ».

I. mots populaires

♦ [1] **CHÔMER** XIII$^e$ s. « se reposer quand il fait chaud », XIX$^e$ s. « cesser le travail, en général » : lat. vulg. **caumare*, dér. du gr. *kauma* « chaleur du soleil »; **CHÔMAGE** XIII$^e$ s.; **CHÔMEUR** XIX$^e$ s. ♦ [2] **ENCRE** XI$^e$ s. d'abord *enque : egkauston* « encaustique pour peinture » et « encre rouge de l'administration impériale romaine », avec conservation de l'accent gr. sur *e* et développement spontané d'un *r*; **ENCRIER** XIV$^e$ s.; **ENCRER** XVI$^e$ s.; **ENCRAGE** XIX$^e$ s.

II. mots d'emprunt

**CALME** XV$^e$ s., subst. et adj. : it. *calma* « calme de la mer, par temps chaud » : prov. *cauma*, terme maritime d'origine grecque p.-ê. introduit par Marseille, du gr. *kauma*; **CALMER** XV$^e$ s. : it. *calmare*; **CALMEMENT** XVI$^e$ s.; **ACCALMIE** XVIII$^e$ s., forme analogique d'*embellie*.

III. mots savants

A. base *-caust-*

♦ [1] **ENCAUSTIQUE** XVI$^e$ s., technique de peinture, XIX$^e$ s., produit d'entretien : *egkaustikê*; **ENCAUSTIQUER** XIX$^e$ s. ♦ [2] **HYPOCAUSTE** XVI$^e$ s. archéol. : *hupokaustos*. ♦ [3] **HOLOCAUSTE** XII$^e$ s. : *holokaustos*, par le lat. ♦ [4] **CAUSTIQUE** XV$^e$ s. : *kaustikos*, par le lat.; **CAUSTICITÉ** XVIII$^e$ s.

B. base *-caut-* **CAUTÈRE** XIII$^e$ s. : bas lat. *cauterium* : gr. *kautêrion*, dimin. de *kautêr*; **CAUTÉRISER** XIV$^e$ s. : lat. imp. *cauterizare*, du gr. *kautêrizein*; **CAUTÉRISATION** XIV$^e$ s.; **THERMOCAUTÈRE** fin XIX$^e$ s.

**CHOPE** XIX$^e$ s. : mot dial. de l'Est et du Nord-Est : all. *Schoppen* « mesure de liquide ».

**CHOPER** ensemble de mots d'origine obscure qu'on peut rattacher à trois structures syllabiques expressives, à voyelle variable, à formation consonantique, *ch. p, ch. k* et *cr. k*, exprimant toutes trois l'idée fondamentale de « petits coups répétés », à laquelle se rattachent les valeurs secondaires de « petit coup de dent », « querelle », « petit morceau arraché », « déchirure », « coup de couteau », « coup de crayon ». De plus, les inventaires de vocabulaire dial. montrent que beaucoup de mots exprimant l'idée de « coup » expriment en même temps celle de « mesure pour un liquide », en particulier pour le vin → aussi TAQUET.

I. structure *CH. P*

A. voyelle *o*

♦ [1] **CHOPPER** XII$^e$ s. « heurter du pied »; **ACHOPPER** XII$^e$ s.; **ACHOPPEMENT** XIV$^e$ s., survit dans la locution *pierre d'achoppement*. ♦ [2] **CHOPER** XIX$^e$ s. « prendre à l'improviste », « voler », argot : même mot que le précédent, par une métaph. usuelle en argot, le voleur disant s'être *tapé, cassé le poignet* sur son larcin. ♦ [3] **CHOPIN** XIV$^e$ s. « horion », XIX$^e$ s. « aubaine » : dér. de *chop(p)er*, dont il a suivi l'évolution sémantique. ♦ [3] **CHOPINE** XII$^e$ s. : forme fém. de *chopin*, avec le sens de « coup de vin ».

B. voyelle *i*

♦ [1] **CHIPER** XVIII$^e$ s. « coudre des peaux » et « voler » : attesté tardivement, mais p.-ê. plus ancien; apparenté à l'anc. fr. *chipe* « lambeau d'étoffe », ce qui expliquerait le 1er sens ; peut aussi avoir été formé sur *choper* par alternance vocalique, ce qui expliquerait le 2e, qui survit seul. ♦ [2] **CHIPOTER** XVe s., *chipotrer* « tourmenter », XVIe s. « discuter pour des riens », XVIIIe s. « manger sans appétit », XIXe s. « marchander » et, argot, « voler » : dér. de *chiper* ; **CHIPOTEUR** XVIe s. ♦ [3] **CHIPIE** XIXe s. : mot dial. normand, parallèle à *grippe-pie* attesté dans le même dial., formé avec le verbe *chiper*. ♦ [4] **CHIFFE** XVIIe s. : altération de *chipe*, p.-ê. sous l'infl. du moyen fr. *chiffre* « zéro », « chose ou personne sans importance » ; semble être à l'origine un mot normand ; **CHIFFON ; CHIFFONNER, CHIFFONNIER** XVIIe s., pers. ; XIXe s., meuble.

II. structure *CH. K*

A. voyelle *o*

♦ [1] **CHOQUER** XIIIe s. ; **ENTRECHOQUER** XVIe s. ; **CHOQUANT** XVIIe s. **CHOC** XVIe s. ; **ÉLECTRO-CHOC** XXe s.

B. voyelle *i*

♦ [1] **CHIQUER** XIXe s., argot « manger » et « se battre », et « feindre », sens exprimé aussi par *battre*, en argot : mot attesté tardivement, mais qui peut être plus ancien : probablement formé par alternance vocalique avec *choquer* (→ CHIPER et CHOPER). ♦ [2] **CHIQUE** XVIe s. « boule à jouer », XVIIIe s. « tabac mâché » d'après le sens de « bouchée » bien attesté dans les dial. ♦ [3] **CHICOT** XVIe s. « morceau » ; **CHICON** XVIIe s., variété de laitue : var. de *chicot* au sens de « trognon ». ♦ [4] **CHIQUENAUDE** XVIe s. : mot composé, comme *pichenette* et *croquignole*, d'une base signifiant « frapper » et de deux suff. dont l'un au moins est dimin. ; exprime l'idée d'un « très petit coup ». ♦ [5] **CHICANER** XVe s. « créer des difficultés de procédure », « chercher querelle » : suff. obscur, p.-ê. emprunté à *ricaner* ; **CHICANE** XVIe s. « difficulté de procédure », XVIIe s., métaph. « passage en zigzag où l'on doit, malgré la difficulté, faire passer la boule au jeu du mail » ; **CHICANIER** XVIIe s. ♦ [6] **CHIC** XVIe s., *chic à chic* « petit à petit », et, argot « fouet », XVIIe s. « abus de procédure », XIXe s., argot de peintres « dessin rapide et expressif », d'où « élégance » : le 1er sens peut s'expliquer, sans recours à l'esp. *chico*, par les valeurs courantes de la base *CH. K* ; le 2e est apparenté à *chicane* ; le 3e dér. de *chiquer* « frapper », plusieurs mots de même sens, comme *taper*, *croquer* étant employés métaph. pour « dessiner rapidement et à grands traits » ; d'où **CHIQUÉ** XIXe s. ♦ [7] **CHICHE !** XIXe s., fam., exclamation de défi : p.-ê. altération de *chique !* « frappe (si tu l'oses) ! », évitant la confusion avec *chic !*

III. structure *CR. K*

A. voyelle *o*

♦ [1] **CROQUER** XIIIe s. « faire un bruit sec », XIVe s. « broyer sous la dent », XVe s. « voler » → CHOPER, XVIe s. « dessiner rapidement sur le vif » → CHIC. ♦ [2] **CROQUANT** XVIe s., nom donné à des paysans révoltés : probablement part. présent de *croquer* au sens de « voler » ou de « frapper ». ♦ [3] **CROQUET** XVIIe s. « biscuit craquant », XXe s. « galon dentelé, comme déchiqueté » ; **CROQUETTE** XIXe s. « boulette frite croustillante ». ♦ [4] **CROQUIGNOLE** XVe s. « chiquenaude », XVIe s. « gâteau croustillant » : → CHIQUENAUDE. ♦ [5] **CROQUENOT** XIXe s. « soulier », à cause du bruit qu'on fait en marchant. ♦ [6] **CROQUIS** XVIIIe s. : de *croquer* « dessiner ». ♦ [7] **CROQUEMITAINE** XIXe s. : 2e élément obscur, p.-ê. altération du néerl. *meitjen* « petite fille ». ♦ [8] **CROQUE-MORT** XVIIIe s. formation obscure où *croquer* a p.-ê. le sens de « faire disparaître ».

B. voyelle *i*

♦ [1] **CRIQUET** XIIe s. insecte : dér. de l'anc. fr. *criquer* « faire un petit bruit aigu » ♦ [2] **CRIC, CRAC, CROC**, onom.

C. voyelle *a*

♦ [1] **CRAQUER** XVIe s. « faire un bruit sec », d'où « se déchirer », XVIIe s. « mentir » → CHIQUER, XVIIIe s., sens fig. « menacer ruine ». ♦ [2] **CRAQUE** XIXe s. « mensonge » ; **CRAQUEMENT** XVIe s. ; **CRAQUAGE** XXe s., techn., décalque de l'angl. *cracking*. ♦ [3] **CRAQUELER** XVIIIe s. ; **CRAQUELURE** XIXe s. ♦ [4] **CRAQUETER** XVIe s., XIXe s. « crier », en parlant de la cigogne.

**CHOSE** famille du lat. *causa* « cause (logique) » et « procès », d'où « affaire » en général. Dér. : *causari*, bas lat. *causare* « plaider », et quelques verbes où la base de *causa* apparaît sous la forme *-cus-* : *accusare* « accuser » ; *excusare* « mettre hors de cause » ; *recusare* « récuser », « refuser » et lat. vulg. « repousser ».

I. mots populaires

♦ [1] **CHOSE** XIIe s., IXe s. sous la forme *causa* ; a éliminé *rien* : lat. *rem*, en tant que subst. ; **QUELQUE CHOSE** XVIe s. : a éliminé l'anc. fr. *auques*, du lat. *aliquid* ; **CHOSISME, -ISTE** XXe s., philo. ♦ [2] **RUSER** XIIe s., d'abord *reüser* « faire reculer », XVIe s. vénerie, se dit du cerf qui fait des détours pour égarer les chiens, XIIIe s. « tromper » : sens probablement dér. de celui de *ruse* et *ruser* en vénerie, bien que ceux-ci ne soient attestés que plus tardivement : *recūsāre* ; **RUSE** et **RUSÉ** XIVe s. ♦ [3] **RUSH** XIXe s. : verbe angl. « se précipiter » : anc. angl. *russher*, altération expressive de l'anc. fr. *ruser* « faire reculer ».

**II.** mots savants

**A.** base *caus-*

♦ [1] **CAUSE** XII^e s., « cause logique » et « procès » : *causa*; **CAUSER** XIII^e s. « être cause de »; **CAUSAL** XVI^e s. : *causalis*; **CAUSALITÉ** XV^e s.; **CAUSATIF** XV^e s. ♦ [2] **CAUSER** XIII^e s. « parler » : *causare*; **CAUSANT** XVII^e s.; **CAUSEUR** XVI^e s.; **CAUSEUSE** XIX^e s.; **CAUSERIE** XVI^e s.; **CAUSETTE** XVIII^e s.

**B.** base *-cus-*

♦ [1] **ACCUSER** X^e s. « signaler comme coupable », XIII^e s. « signaler », XVII^e s. « accuser réception » et « accuser les contours », etc. : *accusare*; **ACCUSÉ** XIII^e s., subst. masc.; **ACCUSATEUR** XIV^e s. : *accusator*; **ACCUSATRICE** XV^e s.; **ACCUSATION** XIII^e s. : *accusatio*; **ACCUSATOIRE** XV^e s.; **ACCUSATIF** XII^e s. : *accusativus casus* « cas indiquant l'objet qui subit l'action », décalque du gr. *aitiatikê ptôsis.* ♦ [2] **EXCUSER** XII^e s. : *excusare*; **EXCUSE** XIV^e s.; **EXCUSABLE** XIV^e s. : *excusabilis*; **INEXCUSABLE** XV^e s. : *inexcusabilis.* ♦ [3] **RÉCUSER** XIII^e s. : *recusare* (→ RUSER); **RÉCUSATION** XIV^e s. : *recusatio*; **RÉCUSABLE** et **IRRÉCUSABLE** XVI^e s. : bas lat. *irrecusabilis.*

**CHOU** ♦ [1] (pop.) XII^e s. : lat. *caulis*; **CHOU-RAVE; CHOU-NAVET** XVII^e s.; **CHOU-FLEUR** XVII^e s. : calque de l'it. *cavolofiore.* ♦ [2] **COLZA** XVII^e s. : néerl. *coolzaad* « semence de chou », de *zaad* « semence » et *cool* « chou » : lat. *caulis.*

**CHOYER** ♦ [1] (pop.) XVII^e s. : var., avec développement d'un *y* intervocalique, de l'anc. fr. *chouer* XIII^e s., encore dial. nord-est : p.-ê. lat. *exsucare* « essuyer »; il existait de ce verbe un dér. *choueter* « flatter », « caresser », p.-ê. à l'origine de la tradition qui fait de la *chouette* un animal coquet ou choyant ses petits. ♦ [2] **CHOUCHOU** XVIII^e s. et **CHOUCHOUTER** XIX^e s. : s'apparentent plus vraisemblablement à *chouer, choueter* qu'à *chou.* ♦ [3] **CHOUETTE** XIX^e s., adj. et exclam. : provient p.-ê. d'une confusion entre le nom de l'oiseau et un dér. de *choueter* qui remonte au moins au XVI^e s.

**CHRÉTIEN** famille du gr. *khriein* « oindre », « consacrer par l'onction ». Dér. : *khrisma* « onguent »; *khristos* « oint » et « l'Oint du Seigneur », « le Christ »; *khristianizein* « faire profession de foi chrétienne » et *khristianismos* « profession de foi chrétienne » (ces deux mots formés sur le lat. *christianus*); en effet *khristos* est passé en lat. sous la forme *Christus*, d'où *christianus* « chrétien » et *christianitas* « religion chrétienne ».

**I.** mots demi-savants

♦ [1] **CHRÉTIEN** IX^e s. (orthographe sav.) : *christianus;* **CHRÉTIENNEMENT** XVI^e s.; **CHRÉTIENTÉ** XI^e s. : dér. de *chrétien* calqué sur le lat. *christianitas.* ♦ [2] **CRÉTIN** XVIII^e s. : mot dial. (Valais, Savoie); a d'abord désigné les goitreux débiles mentaux particulièrement nombreux jadis dans les régions de montagne; équivalent dial. de *chrétien*; mot de compassion devenu ensuite péjoratif (comme **BENÊT, INNOCENT**); **CRÉTINISME** XVIII^e s.; **CRÉTINISER** XIX^e s.; **CRÉTINERIE** XIX^e s. ♦ [3] **CHRÊME** XII^e s. : *khrisma,* par le lat.

**II.** mots savants

**CHRIST** X^e s. : lat. *christus* : gr. *khristos* : calque de l'hébreu *mashiah* « oint du Seigneur », « messie »; **CHRISTIANISME** XV^e s. : *khristianismos,* par le lat.; **CHRISTIANISER** XVI^e s.; **DÉCHRISTIANISER** XVIII^e s.; **DÉCHRISTIANISATION** XIX^e s.

**CHROME** famille sav. du gr. *khrôs, khrôtos* « peau », « chair », « teint », et *khrôma, -atos,* « carnation » et « couleur » en général.

**I.** base *-chrom-* : gr. *khrôma*

♦ [1] **CHROME** XVIII^e s., métal dont les composés sont très colorés; **CHROMIQUE** XVIII^e s.; **CHROMER, CHROMÉ** XIX^e s. ♦ [2] **CHROMO-** 1^er élément de composés sav., ex. : **CHROMOSOME** XX^e s. → SOMATO-; **CHROMOSPHÈRE** XX^e s. ♦ [3] **CHROMO** fin XIX^e s., subst. masc. : abrév. de **CHROMOLITHOGRAPHIE** XIX^e s. ♦ [4] **-CHROME, -CHROMIE** : 2^e élément de composés sav., ex. : **MONOCHROME** XVIII^e s., **-IE** XIX^e s.; **POLYCHROME** XVIII^e s., **-IE** XIX^e s.; **PHOTOCHROMIE, -IQUE** XIX^e s.; **STÉRÉOCHROMIE** XIX^e s.

**II.** base *-chromat-* : gr. *khrômatos,* génitif de *khrôma*

♦ [1] **CHROMATIQUE** XIV^e s., musique : lat. *chromaticus,* du gr. *khrômatikos* dér. de *khrôma* au sens métaph. de « ton musical »; **ACHROMATIQUE** XVIII^e s.; **CHROMATISME** XIX^e s.; **PANCHROMATIQUE** XX^e s. ♦ [2] **BICHROMATE** XX^e s. ♦ [3] **CHROMATO-** : 1^er élément de composés sav., ex. : **CHROMATOGRAPHIE** XX^e s.

**III.** base *-chro-* : gr. *khrôs* dans **-CHROÏSME,** 2^e élément de composés sav., ex. : **DICHROÏSME, POLYCHROÏSME** XIX^e s.; **RADIOCHROÏSME** XX^e s.

**CHRONIQUE** représentants sav. du gr. *khronos* « temps », d'où l'adj. *khronikos* « qui concerne le temps », fém. plur. substantivé *khronikai* « annales, récits historiques ».

♦ [1] **CHRONIQUE** XIIe s. « récit historique », XIXe s. « article de journal » : lat. *chronica*, adaptation du gr. *khronikai;* **CHRONIQUEUR** XVe s.; **CHRONIQUE** XIVe s., adj. méd. : *khronikos*, par le lat.; **CHRONICITÉ** XIXe s. ♦ [2] **CHRONO-** : 1er élément de composés sav., ex. : **CHRONOLOGIE, -IQUE** XVIe s., **-IQUEMENT** XIXe s.; **CHRONOMÈTRE** XVIIIe s.; **CHRONOMÉTRER** XXe s.; **CHRONOMÉTREUR, -IE, -IQUE** XIXe s.; **CHRONOGRAPHE** XIXe s.; **CHRONOPHOTOGRAPHIE** XIXe s. ♦ [3] **-CHRONE, -CHRONIE, -CHRONISME** : 2es éléments de composés sav., ex. : **ANACHRONISME** XVIe s., **ANACHRONIQUE** XIXe s. (→ ANA-); **ISOCHRONE** XVIIe s., **ISOCHRONISME** XVIIIe s.; **SYNCHRONIQUE, SYNCHRONISME** XVIIIe s., **SYNCHRONIE, -ISER, -ISATION** XIXe s.; **POSTSYNCHRONISER, SYNCHRONISEUSE** (cinéma) XXe s.

**CHRYS(O)-** famille sav. du gr. *khrusos* « or », mot d'origine sémitique.
♦ [1] **CHRYSALIDE** XVIIe s. : gr. *khrusallis, -idos*, dér. de *khrusos* (parce que certaines ont des reflets dorés), par le lat. ♦ [2] **CHRYSANTHÈME** → ANTH(O)-.

**CHUCHOTER** ensemble de mots ayant pour base une onom. CHU suggérant un murmure, un sifflement assourdi.
♦ [1] **CHUCHOTER** XVIIe s. : a remplacé *chucheter* XIVe s.; **CHUCHOTEMENT** XVIe s.; **CHUCHOTEUR** XVIIe s.; **CHUCHOTIS** XXe s. ♦ [2] **CHUINTER** XVIIIe s.; **CHUINTANT, CHUINTEMENT** XIXe s. ♦ [3] **CHUT !** XVIe s.

**CIBLE** XVIIe s. : altération de *cibe*, de l'all. dial. de Suisse *Schîbe* « cible », « disque », « carreau » (all. *Scheibe*).

**CIBOIRE** (sav.) XIIe s. lat. eccl. *ciborium*, du gr. *kibôrion* « fruit du nénuphar d'Égypte » et « coupe ayant la forme de ce fruit ».

**CICATRICE** (sav.) XIVe s. : lat. *cicatrix, -icis;* **CICATRISER** XIVe s. : lat. médiéval *cicatrizare*; **CICATRISATION** XIVe s.

**CIDRE** XIIIe s., d'abord *cisdre :* lat. vulg. **cisera*, altération du gr. biblique *sikera*, adaptation de l'hébreu *chekar* « boisson fermentée »; a éliminé l'anc. fr. *pommé* (→ POIRÉ); **CIDRERIE** XIXe s.

**CIEL** ♦ [1] (pop.) Xe s. : lat. *caelum;* **CIEUX** : *caelos*, plur. rare jusqu'à l'époque chrétienne où il se répand pour traduire le plur. gr. *ouranoi* (→ OURANO-), lui-même calqué sur l'hébreu *chamâyim*; **ARC-EN-CIEL** XIIIe s. ♦ [2] **CÉLESTE** (sav.) XIe s. : lat. *caelestis*, dér. de *caelum*. ♦ [3] **CÉRULÉEN** XIXe s.; au XVIIe s., *cérulé :* adaptation du lat. *caeruleus* « azuré » var. de *caerulus* provenant sans doute d'une dissimilation dans **caelo-lo-s*.

**CIGARE** XVIIIe s. : esp. *cigarro*, probablement empr. au maya *zicar* « fumer »; **PORTE-CIGARES** XIXe s.; **CIGARETTE, PORTE-CIGARETTES, FUME-CIGARETTE** XIXe s.; **CIGARIÈRE** XIXe s.

**CIGOGNE** ♦ [1] XIIe s. : prov. *cegonha*, infl. par l'étymon lat. *ciconia;* a éliminé l'anc. fr. *soigne* qui en était le représentant pop. ♦ [2] **CHIGNOLE** XIIe s., *ceoignole :* forme dial. : du lat. vulg. **ciconiola*, dim. de *ciconia*. ♦ [3] **GIGOGNE** XVIIe s. : semble être une altération de *cigogne*; il s'agissait à l'origine de la *mère Gigogne* (→ *mère poule*), personnage de farce qui abritait sous ses jupes une foule d'enfants; d'où, par métaph., **TABLE GIGOGNE, LIT GIGOGNE,** etc.

**CIGUË** (demi-sav.) XVIe s. : lat. *cĭcūta;* a éliminé l'anc. fr. *ceüe* (pop.).

**CIME** représentants pop. du gr. *kûma* « renflement », d'où « flot, vague », « cimaise, renflement servant de bordure », « fœtus », « fruit ou produit de la terre, jeune pousse ».
♦ [1] **CIME** XIIe s. : lat. *cyma* « pousse de chou », « sommet d'arbre », « extrémité d'un objet », du gr. *kûma*. **CIMIER** XIIIe s. ♦ [2] **CIMAISE** XIIe s. : lat. *cymatium*, du gr. *kumation*, dim. de *kûma*.

**CIMETERRE** XVe s. : persan *chimchir*, par l'arabe; l'intermédiaire de l'it. *scimitarra* n'est pas certain, ce mot ayant p.-ê. été empr. au fr.

**CIMETIÈRE** (demi-sav.) XIIe s. : gr. *koimêterion* « dortoir », « lieu de repos », par le lat.

**CINGLER** (pop.) XIVe s. : altération, sous l'infl. de *cingler* « frapper » (→ CEINDRE) de l'anc. fr. *sigler* XIe s. « faire voile », « naviguer en plein vent » : anc. scandinave *sigla*, apparenté à l'angl. *to sail*.

**CINQ** famille d'une rac. ind.-eur. **penkwe* « cinq ». En grec *pente*. En latin *quinque*, bas lat. *cinque* « cinq », forme dissimilée attestée dans des inscriptions d'où *quini* « cinq par cinq »; *quintus* « cinquième »; *quincunx* « monnaie de cuivre valant cinq onces et marquée de cinq points, valant les cinq douzièmes de l'as »; *quindecim* « quinze »; *quinquaginta* « cinquante »; *quinquagesimus* « cinquantième ».

**I.** mots populaires issus du latin

♦ [1] **CINQ** XI^e s. : *cīnque;* **CINQUIÈME** XII^e s. ♦ [2] **CINQUANTE** XI^e s. : bas lat. *cīnquanta*, forme dissimilée et syncopée de *quinquaginta*; **CINQUANTIÈME** XIV^e s.; **CINQUANTAINE** XIII^e s.; **CINQUANTENAIRE** XVIII^e s. ♦ [3] **QUINZE** XI^e s. : *quīndĕcim;* **QUINZAINE** XII^e s.; **QUINZIÈME** XII^e s. ♦ [4] **QUINT** XII^e s., adj. numéral ordinal, « cinquième »; survit dans *Charles Quint* : *quīntus;* **QUINTE** XIV^e s. mus., XVI^e s. méd., XVII^e s. escrime : fém. substantivé de l'adj. précédent; **QUINTEUX** XVI^e s. ♦ [5] **QUINTAINE** XII^e s. « poteau servant de but aux exercices des chevaliers » : lat. *quīntāna (via)* « cinquième (rue) » du camp romain, consacrée aux exercices.

**II.** mots d'emprunt

♦ [1] **QUINTETTE** XIX^e s. : it. *quintetto* dimin. de *quinto* « cinquième », a éliminé *quinque* fin XVIII^e s. → QUATUOR. ♦ [2] **ESQUINTER** XIX^e s., argot : prov. *esquintá* « déchirer » : lat. vulg. **exquīntāre* « couper en cinq » → ÉCARTELER.

**III.** mots savants issus du latin

**A. QUINCONCE** XVI^e s., d'abord adj. : *quincunx*, par comparaison avec la disposition des points sur la pièce de cinq onces.

**B.** base *quinqu-*

♦ [1] **QUINQUENNAL** XVI^e s. → AN. ♦ [2] **QUINQUAGÉNAIRE** XVI^e s. → GENS. ♦ [3] **QUINQUAGÉSIME** XIII^e s., « dimanche précédant le carême, et tombant environ cinquante jours avant Pâques » : *quinquagesimus*.

**C.** base *quint-*

♦ [1] **QUINTUPLE** XV^e s. : lat. impr. *quintuplex* (→ PLIER); **QUINTUPLER** XV^e s.; **QUINTUPLÉS** XX^e s., en parlant de jumeaux. ♦ [2] **QUINTO** XIX^e s. : adv. latin, « cinquièmement ».

**IV.** mots savants issus du grec

base *pent(a)-*

♦ [1] **PENTACORDE** XVIII^e s. : gr. *pentachordon*, par le lat. ♦ [2] **PENTAMÈTRE** XV^e s. : gr. *pentametros*, par le lat. ♦ [3] **PENTAGONE** XIII^e s. : gr. *pentagônon* par le lat. ♦ [4] **PENTATEUQUE** XV^e s. « ensemble des cinq premiers livres de la Bible » : gr. *pentateukhos*, second élément *teukhos* « livre ». ♦ [5] **PENTATHLON** XVI^e s. : → ATHLÈTE. ♦ [6] **PENTECÔTE** X^e s. : gr. *pentekostê* « cinquantième (jour après Pâques) », par le lat. eccl. → QUINQUAGÉSIME. ♦ [7] **PENTHÉMIMÈRE** XIX^e s. gr. *penthêmimerês*, par le lat.; 2^e élément *hemi* « demi », troisième *meros* « partie ». ♦ [8] **PENTA-** : préfixe servant à former des composés sav. modernes, ex. : **PENTAPÉTALE** XVIII^e s.; **PENTATRON** XX^e s. etc.

**CIRE** famille du lat. *cera*, gr. *kêros* « cire », p.-ê. empr. tous les deux à une langue méditerranéenne.

♦ [1] **CIRE** (pop.) XI^e s. : *cēra;* **CIRER** XII^e s.; **CIRAGE** XVI^e s. « action de cirer », d'où « substance pour cirer »; **CIREUX** XVI^e s. ♦ [2] **CIERGE** (pop.) XII^e s. : adj. lat. substantivé *cēreus* « en cire ». ♦ [3] **CÉRAT** (sav.) XVI^e s., « pommade à base de cire et d'huile » : adj. lat. *ceratus*, dér. de *cēra*. ♦ [4] **CÉRUMEN** XVIII^e s. « cire de l'oreille » : mot lat. médiéval, dér. de *cēra*; **CÉRUMINEUX** XVIII^e s. ♦ [5] **KÉROSÈNE** XIX^e s., sorte de pétrole jaunâtre : dér. sur le gr. *kêros* « cire ».

**CIRON** (pop.) XIII^e s., var. *sueron, suiron* : frq. **seuron*.

**CIRRE** ♦ [1] (sav.) XVI^e s., bot. et zool. : lat. *cirrus* « filament ». ♦ [2] **CIRRUS** (sav.) XIX^e s. « nuage en forme de filament » : mot lat. ♦ [3] **CIRRO-** 1^er élément de composés sav., ex. : **CIRRO-CUMULUS, CIRRO-STRATUS** fin XIX^e s., météorologie.

**CIRRHOSE** (sav.) XIX^e s. « maladie de foie caractérisée par des granulations d'un jaune roux » : formé sur le gr. *kirrhos* « jaunâtre ».

**CISEAU** famille du lat. *caedere, caesus* « tailler », « couper ». Dér. : (1) des substantifs : (a) *caesura* « coupe »; (b) *caementum* « pierre taillée » et en bas lat. « mortier où les maçons incorporaient des éclats de pierre », probablement issu de **kaid-men-tom*, la base **kaid-* étant aussi celle de *caedere*; (c) lat. vulg. **cisellus* et **cisacŭlum*, altération de **caesellus* et **caesaculum* « outil coupant »; (d) les Anciens interprétaient *Caesar*, surnom romain, comme un dér. de *caedere* signifiant « enfant mis au monde par incision de l'utérus »; il est possible qu'il y ait là une étym. populaire et que ce nom soit d'origine étrusque (2) des verbes en *-cīdere, -cīsus : circumcīdere* « découper », « circoncire »; *concīdere* « couper en petits morceaux »; *decīdere* « trancher » (au propre et au fig.); *excīdere* « retrancher »; *occīdere* « tuer »; *incīdere* « inciser » et lat. vulg. **incisare; praecidere* « retrancher »; tous ces verbes ont pour dér. des noms d'action en *-cīsio, -onis* (3) *-cīda* « meurtrier » et *-cīdium* « meurtre », 2^es éléments de composés.

**I.** mots populaires

**A.** base *cis-*

♦ [1] **CISEAU** XII^e s., sing. et plur., aux deux sens du mot; var. *cisel* : **cisĕllus;* **CISELER** XIII^e s.;

**CISELURE** XIV^e s. ; **CISELEUR** XVI^e s. ♦ [2] **CISAILLES** XIII^e s. : **cisacŭla*, plur. neutre interprété comme un féminin ; **CISAILLER** XV^e s.

B. base *-cire*

♦ [1] **OCCIRE** XIV^e s., orth. demi-sav., a remplacé *ocire* XI^e s. : des formes méridionales à *au-* initial montrent que ce verbe ne doit pas remonter directement à *occīdere* mais plutôt à **auccīdere*, altération due au croisement avec *auferre* « enlever » ou avec une prép. celtique *au*. ♦ [2] **CIRCONCIRE** XII^e s. (demi-sav. : la forme du verbe est pop., celle du préf. sav.) : *circumcidere*.

C. **CIMENT** XIII^e s. : *caementum ;* **CIMENTER** XIV^e s. ; **CIMENTIER** XVII^e s. ; **CIMENTERIE** XX^e s.

II. mots savants

A. base *-cid*

♦ [1] **DÉCIDER** XV^e s. : *decidere*. ♦ [2] **-CIDE** ou **-ICIDE** : lat. *-cida* et *-cidium :* suff. servant à désigner soit le meurtrier soit le meurtre lui-même, ex. : **FRATRICIDE** (→ FRÈRE), **GÉNOCIDE** (→ GENS) ; employé en biologie pour désigner une substance qui détruit certaines formes de vie. ex. : **BACTÉRICIDE**.

B. base *-cis-*

♦ [1] **CIRCONCISION** XII^e s. : *circumcisio* → CIRCONCIRE. ♦ [2] **CONCISION** XV^e s. : *concisio*, dér. de *concidere* ; **CONCIS** XVI^e s. : *concisus*, part. passé du même. ♦ [3] **DÉCISION** XIV^e s. : *decisio ;* **DÉCISIF** XV^e s. : lat. médiéval jur. *decisivus ;* **INDÉCIS** XV^e s. : formé sur *decisus*, part. passé de *decidere* ou empr. au bas lat. *indecisus ;* **INDÉCISION** XVII^e s. ♦ [4] **EXCISION** XIV^e s. : *excisio*, dér. de *excidere* ; **EXCISER** XVI^e s. ♦ [5] **INCISION** XIV^e s. : *incisio*, dér. de *incidere* ; **INCISER** XV^e s. : réfection, d'après *incision*, de l'anc. fr. *enciser* (pop.) XIII^e s. : lat. vulg. **incisare ;* **INCISIF** XIV^e s. « tranchant », XIX^e s., sens fig. : lat. médiéval *incisivus* ; **INCISIVE** XVI^e s., subst., dent ; **INCISE** XVIII^e s., mus., gram. : *incisa*, part. passé fém. de *incidere*. ♦ [6] **PRÉCIS** XIV^e s., adj., XVII^e s., subst. « résumé » : *praecisus*, part. passé de *praecidere* ; **PRÉCISÉMENT** XIV^e s. ; **PRÉCISION** XVI^e s. : *praecisio ;* **IMPRÉCISION** XIX^e s. ; **IMPRÉCIS** XX^e s. ; **PRÉCISER** une fois au XIV^e s., puis fin XVIII^e s.

C. base *ces-*

♦ [1] **CÉSURE** XVI^e s. : *caesura*. ♦ [2] **CÉSARIENNE** XVI^e s., pour *opération césarienne :* dér. de *César* entendu selon l'étym. traditionnelle.

D. **CÉMENT** XVI^e s. alchimie, XIX^e s. anat. *caementum* → CIMENT ; **CÉMENTATION** XVI^e s. ; **CÉMENTER** XVII^e s.

**CITÉ** famille du lat. *civis* « membre libre d'une cité, citoyen », d'où (1) le subst. *civitas, -atis* « condition de citoyen, droit de cité » d'où « ensemble des citoyens » et bas lat. « ville » (2) les adj. *civicus* « relatif à la cité ou aux citoyens » et *civilis*, même sens, et en outre « qui se conduit en citoyen », « aimable, bienveillant » ; dér. : *civilitas* « condition de citoyen » et « courtoisie » et bas lat. *incivilis, incivilitas*.

I. mots populaires

♦ [1] **CITÉ** XI^e s. « ville », XVI^e s., sens pol., sous l'influence du lat., XIX^e-XX^e s. « ensemble d'immeubles ayant la même destination » : *cité ouvrière, universitaire, cité-jardin : civĭtātem*, acc. de *civitas*. ♦ [2] **CITOYEN** XIII^e s., sous la forme *citeien* dont il est l'aboutissement normal, « habitant d'une ville », XVII^e s., sens antique, XVIII^e s., sens pol. mod., remplace *Monsieur* pendant la Révolution : dér. de *cité ;* **CONCITOYEN** (avec préfixe sav.), XIII^e s. : calque du bas lat. *concivis ;* **CITOYENNETÉ** fin XVIII^e s.

II. mots d'emprunt

♦ [1] **CITADELLE** XV^e s. : it. *cittadella* dimin. de l'anc. it. *cittade* (it. mod. *città*) : *civitatem*. ♦ [2] **CITADIN** rare au XIII^e s., puis XV^e s. : it. *cittadino*, dér. de *cittade*.

III. mots savants

♦ [1] **CIVIQUE** XVI^e s., à propos de la *couronne civique*, en feuilles de chêne, décernée chez les Romains à celui qui, dans une bataille, avait sauvé la vie à un citoyen, XVIII^e s. sens mod. : *civicus ;* **CIVISME** XVIII^e s. **INCIVISME** fin XVIII^e s. ♦ [2] **CIVIL** XIII^e s., terme juridique, XIV^e s. « relatif à l'ensemble des citoyens », XVI^e s. « conforme aux bons usages ». XVIII^e s., opposé à *militaire* ; par la suite, à *religieux : civilis ;* **CIVILITÉ** XIV^e s. : *civilitas ;* **INCIVIL** XIV^e s. : *incivilis ;* **INCIVILITÉ** XV^e s. : *incivilitas :* dér. de *civil* au 3^e sens du mot. ♦ [3] **CIVILISER** XVI^e s. : dér. de *civil* au 3^e sens du mot ; **CIVILISATION** XVIII^e s., opposée à *barbarie* ou à *état de nature*, XIX^e s. « ensemble des caractères présentés par une société quelconque, même sauvage », a concurrencé et partiellement éliminé *police* ; **CIVILISABLE** fin XVIII^e s. ; **CIVILISATEUR** XIX^e s. ♦ [4] **CIVILISTE** fin XIX^e s. : dér. de *civil* au sens jur. du mot.

**CITER** famille d'une racine ind.-eur. **kei-* **ki-* « mouvoir ».

En gr. : *kineîn* « mouvoir » ; *kinêma, -atos* et *kinêsis* « mouvement » ; *kinêtikos* « qui agite ».

En latin : *ciere, citus* « mettre en mouvement », « faire venir à soi », concurrencé, puis éliminé à l'époque imp. par son fréquentatif *citare* « convoquer (le sénat) », « citer (en justice) »,

« invoquer le témoignage de », d'où « citer », « mentionner ». Dér. de *citare* : *excitare* « appeler hors de », « provoquer »; *incitare* « lancer en avant »; *recitare* « faire l'appel des noms cités devant le tribunal » d'où « lire à haute voix », « réciter »; *suscitare* « faire lever » et lat. imp. *resuscitare* « réveiller », « faire revivre ». Tous ces verbes peuvent avoir des dér. en *-atio*, *-ator*, *-ativus*, *-abilis*.

**I.** mots savants issus du latin

base unique *-cit-*

♦ [1] **CITER** XIII^e s., jur., XVII^e s. « signaler » en général : *citare;* **CITATION** XIV^e s. : *citatio;* **CITATEUR** fin XVII^e s.; **PRÉCITÉ** fin XVIII^e s. ♦ [2] **EXCITER** XII^e s. : *excitare;* **EXCITABLE** XIII^e s., rare avant le XIX^e s. : bas lat. *excitabilis;* **EXCITANT** adj. XVII^e s., subst. XIX^e s.; **EXCITATION** XIII^e s. : *excitatio;* **EXCITÉ** XIX^e s., adj.; **EXCITATEUR** XIII^e s., XVIII^e s. techn.; **EXCITATRICE** XIX^e s. techn.; **SUREXCITER, SUREXCITATION** XIX^e s. ♦ [3] **INCITER** XII^e s. : *incitare;* **INCITATION** XIV^e s.; *incitatio.* ♦ [4] **RÉCITER** XII^e s. « lire à haute voix » puis « raconter », XVI^e s. « dire par cœur » : *recitare;* **RÉCITATION** XIV^e s. « récit », XVI^e s. sens mod., XVIII^e s. emploi scolaire : *recitatio;* **RÉCIT** XV^e s.; **RÉCITANT** XVIII^e s., subst., mus., XX^e s., radio, théâtre. ♦ [5] mots d'empr. apparentés à *réciter* : **RÉCITATIF** XVI^e s., adj., XVII^e s., subst. : it. *recitativo* « forme de chant plus proche de la parole que les mélodies lyriques »; **RÉCITAL** XIX^e s. : angl. *recital*, dér. de *to recite* empr. au fr. ♦ [6] **SUSCITER** XII^e s. : *suscitare;* **RESSUSCITER** XII^e s. : *resuscitare* (pour *Résurrection* qui fait partie d'une autre famille → ROI). ♦ [7] **SOLLICITER** → SOU III.

**II.** mots savants issus du grec

**A.** base *cinét-* **CINÉTIQUE** XIX^e s. : *kinêtikos*.

**B.** base *ciné(ma)(t)-*

♦ [1] **CINÉMATIQUE** XIX^e s. : adj. tiré de *kinêma, -atos.* ♦ [2] **CINÉMATOGRAPHE** fin XIX^e s.; **CINÉMATOGRAPHIE, -IQUE** fin XIX^e s. ♦ [3] **CINÉMA** XX^e s. : abrév. du précédent; **CINÉMASCOPE, CINÉMATHÈQUE** XX^e s. ♦ [4] **CINÉ** XX^e s. : abrév. du précédent; **CINÉASTE** XX^e s., d'après l'it.; **CINÉ-CLUB; CINÉPHILE; CINÉ-ROMAN** XX^e s.; **CINÉRAMA** XX^e s. : mot angl.

**C.** **-CINÈSE** : 2^e élément de composés sav., ex. : **CARYOCINÈSE** XX^e s., biol.

**D.** base *kines-*

♦ [1] **KINESCOPE** XX^e s., techn. ♦ [2] **KINÉSITHÉRAPEUTE, KINÉSITHÉRAPIE** fin XIX^e s. : empr. à l'angl. ♦ [3] **KINESTHÉSIE, KINESTHÉSIQUE** ou **KINÉSIQUE** XX^e s., psycho.

**CITÉRIEUR** famille du lat. *cis* « en deçà de », préposition et préfixe; adj. dér. *citer*, rare et arch. qui a tendu à être remplacé par son comparatif *citerior*.

♦ [1] **CITÉRIEUR** (sav.) XV^e s. : *citerior.* ♦ [2] **CIS-** (sav.) : préf. particulier à la langue de la géographie : lat. *cis-*; s'oppose à *trans-*, ex. : *cisalpin* opposé à *transalpin*.

**CITERNE** famille du gr. *kistê* « corbeille » empr. par le lat. sous les formes (1) *cista* « panier d'osier profond et cylindrique avec couvercle », d'où « coffre »; dimin. *cistella* (2) *cisterna* « citerne » dont la finale fait penser que le mot a été empr. par l'intermédiaire de l'étrusque.

♦ [1] **CITERNE** (pop.) XII^e s. : *cisterna.* ♦ [2] **CHISTERA** (mot d'emprunt) XX^e s. : mot esp., du basque *xistera*, du gascon *cistere*, du lat. *cistella.* ♦ [3] **CISTE** (sav.) XII^e s. « panier, coffre », XVIII^e s., archéol., « corbeille utilisée dans les mystères de plusieurs divinités grecques » : gr. *kistê*, par le lat.

**CIVE** famille du lat. *caepa, cepa* « oignon », probablement d'origine méditerranéenne; dimin. *cepula*, ou *cepulla*.

**I.** mots populaires

**CIVE** XIII^e s. : *cēpa*; **CIVETTE** XVI^e s. : dimin. du précédent; **CIVET** XIII^e s., sous la forme *civé* (l'orthographe *-et* date du XVII^e s.) « plat assaisonné aux cives ».

**II.** mots d'emprunt

♦ [1] **CIBOULE** XIII^e s. : prov. *cebola*, du lat. *cepula*; **CIBOULETTE** XV^e s. ♦ [2] **CHIPOLATA** XVIII^e s. : it. *cipollata* « saucisse assaisonnée à l'oignon », dér. de *cipolla*, du lat. *cepulla.* ♦ [3] **CIPOLIN** XVIII^e s. : it. *cipollino* « marbre dont les veines rappellent un oignon coupé », dér. de *cipolla*, du lat. *cepulla*.

**CIVETTE** XV^e s. « petit carnivore sécrétant une matière odorante » it. *zibetto*, du lat. médiéval *zibethum*, de l'arabe *zabâd* « musc ».

**CIVIÈRE** (pop.) XIII^e s. « brancard servant à transporter le fumier et, éventuellement, d'autres fardeaux », XIX^e s. « brancard servant à transporter les blessés » : bas lat. *cibaria*, « véhicule servant au transport des provisions », fém. substantivé de l'adj. *cibarius*, dér. de *cibus* « nourriture ».

**CLAIE** (pop.) XII^e s. : lat. vulg. **clēta*, mot gaulois; **CLAYETTE** XIX^e s.; **CLAYON** et **CLAYONNAGE** XVII^e s.

**CLAIR** famille d'une rac. ind.-eur. **k(e)lā-* « appeler ».

En grec : *kalein* « appeler ». — Dér. : (a) *parakaleîn* « appeler à son secours », d'où *paraklêtos* « avocat, défenseur », « consolateur », « intercesseur »; (b) *ekklêsia* « assemblée par convocation » puis « assemblée des fidèles » et « lieu où se tient cette assemblée » d'où l'adj. *ekklêsiastikos*.

En latin : (a) *calare* « proclamer », « convoquer » d'où *intercalare* « proclamer un jour ou un mois supplémentaire pour remédier aux irrégularités de l'ancien calendrier romain »; ce verbe *calare* devait avoir une var. **calere* dont *calendae* « premier jour du mois » — d'où *calendarium* « livre d'échéances » et bas lat. « calendrier » — devait être l'adj. verbal fém. plur. substantivé; sa base *-cal-* apparaissait en composition sous la forme *-cil-*, dans *concilium* issu de **concalium* « convocation » et « assemblée » d'où *conciliabulum* « lieu de réunion » et les verbes *conciliare* et *reconciliare* « rassembler », « (ré)concilier »; Au verbe *calare* se rattache le nom d'agent arch. *calator* qui apparaît en lat. class. comme second élément de composé, sous une forme réduite dans *nomenclator* « esclave chargé de rappeler à un patron romain le nom (*nomen*) de ses clients lors de leur rencontre »; (b) *clamare* « crier » d'où *clamor, -oris* « cri » et les verbes *declamare* « s'exercer à parler à haute voix »; *exclamare* « s'écrier »; *proclamare* « plaider bruyamment »; *reclamare* « se récrier contre »; (c) *clarus* « clair » ou « illustre », adj. qui a dû s'appliquer d'abord à la voix et aux sons et signifier à l'origine « propre à appeler ». Dér. : *claritas, -atis* « clarté »; *declarare* « annoncer à haute voix »; lat. eccl. *clarificare* « rendre clair ou illustre »; lat. vulg. **exclarĭāre* et **exclarĭcīre* « id. ».

**I.** mots issus du latin

**A.** famille de *clarus*

**1.** base *-clair* (pop.)

♦ [1] **CLAIR** xe s. : *clarus*; **CLAIREMENT** xiie s.; **CLAIRET** xiie s., adj., xviiie s., subst., « sorte de vin »; **CLAIRSEMÉ** xiie s.; **CLAIRVOYANT** xiiie s.; **CLAIRVOYANCE** xvie s.; **CLAIRE-VOIE** xve s.; **CLAIR-OBSCUR** xviie s., *cler et obscur* xvie s. : calque de l'it. *chiaro (e) scuro* xve s.; **CLAIRIÈRE** xviie s. ♦ [2] **CLAIRON** xive s.; **CLAIRONNER** xviie s. ♦ [3] **ÉCLAIRER** xie s. : **exclarĭāre*; **ÉCLAIR** xiie s. « lueur de la foudre », xixe s., pâtisserie; **ÉCLAIREUR** xvie s. « qui éclaire », xviiie s. milit., xixe s. scout; **ÉCLAIRAGE** xviiie s. ♦ [4] **ÉCLAIRCIR** xiiie s. : réfection, d'après *clair*, de *esclarcir* (pop.) xiie s. : **exclarĭcīre*; **ÉCLAIRCISSEMENT** xiiie s.; **ÉCLAIRCIE** xve s., rare avant le xviiie s.

**2. GLAIRE** (pop.) xiie s. « blanc d'œuf », xviie s. « humeur visqueuse » : lat. vulg. **clarea*, dér. de *clarus*; le *g* est inexpliqué; **GLAIREUX** xiiie s.

**3.** base *-clar-* ♦ [1] **CLARTÉ** (pop.) xe s. : *claritas, -atis*; ♦ [2] **CLARINE** (pop.) xvie s. « clochette pour le bétail » : fém. substantivé de l'adj. anc. fr. *clarin* (pop.) xiiie s. : lat. vulg. **clarinus*, dér. de *clarus*; **CLARINETTE** xviiie s.; **CLARINETTISTE** xixe s. ♦ [3] **DÉCLARER** (pop.) xiiie s. : *declarare*; **DÉCLARATION** xiiie s. (sav.) : *declaratio*. ♦ [4] **CLARIFIER** xiie s. « glorifier », « éclairer », xvie s. « rendre clair » : *clarificare*; **CLARIFICATION** (sav.) xive s. : *clarificatio*.

**B.** famille de *calare* (sav.)

♦ [1] **CALENDES** xiie s. : *calendae*; **CALENDRIER** xive s., altération de *calendier* xiie s. : *calendarium*. ♦ [2] **INTERCALER** xvie s. : *intercalare*; **INTERCALAIRE** xive s. : *intercalarius*; **INTERCALATION** xve s. : *intercalatio*. ♦ [3] **CONCILE** xiie s. : *concilium*; **CONCILIAIRE** xvie s.; **CONCILIABULE** xvie s. : *conciliabulum*. ♦ [4] **RÉCONCILIER** xiie s. : *reconciliare*; **RÉCONCILIATEUR** xive s.; **RÉCONCILIATION** xiiie s. : **IRRÉCONCILIABLE** xvie s.; **CONCILIER** xvie s. : *conciliare*; **CONCILIATEUR** xive s. : *conciliator*; **CONCILIATION** xive s. : *conciliatio*; **CONCILIANT** xviie s.; **CONCILIABLE** et **INCONCILIABLE** xviiie s.

**C.** famille de *clamare*

♦ [1] **RÉCLAMER** (pop.) xie s. « implorer », « avoir recours à », xiiie s., jur. *se réclamer de*, et sens mod. : *reclamāre*; **RÉCLAME**, subst. fém. xviie s. typo. « rappel en bas de page », xixe s. « compte rendu élogieux dans un journal » d'où « publicité »; **RÉCLAMATION** (sav.) xiiie s. : *reclamatio*. ♦ [2] **CLAMER** (pop.) xiie s. : *clamāre*; **CLAMEUR** (pop.) xie s. : *clamor, -ōris*. ♦ [3] **PROCLAMER** (sav.) xive s. : *proclamare*; **PROCLAMATION** xive s. : *proclamātio*; **PROCLAMATEUR** xvie s. ♦ [4] **(S')EXCLAMER** (sav.) xive s., intrans., xvie s. pronominal : *exclamare*; **EXCLAMATION** xive s. : *exclamatio*; **EXCLAMATIF** xviiie s., gram. ♦ [5] **ACCLAMER** (sav.) xvie s. : *acclamare*; **ACCLAMATION** xvie s. : *acclamatio*. ♦ [6] **DÉCLAMER** (sav.) xvie s. : *declamare*; **DÉCLAMATION** xve s. : *declamatio*; **DÉCLAMATEUR** xvie s. : *declamator*; **DÉCLAMATOIRE** xvie s. : bas lat. *declamatorius*. ♦ [7] **CHAMADE** xvie s. : piémontais *ciamada* « appel », du verbe *ciamà* « appeler », var. d'it. *chiamata, chiamare*, équivalents du fr. *clamée, clamer*; restreint en fr. mod. à l'expression *battre la chamade* « battre le tambour pour avertir qu'on veut traiter avec l'ennemi », puis sens fig.

**II.** mots issus du grec

♦ [1] **ÉGLISE** (demi-sav.) XI^e s. : gr. *ekklêsia*, par le lat. ♦ [2] **ECCLÉSIASTIQUE** (sav.) XIII^e s. : gr. *ekklêsiastikos*, par le lat. ♦ [3] **ECCLÉSIAL** XII^e s., repris au XX^e s. : adj. sav. formé sur l'étymon lat. *ecclesia*. ♦ [4] **PARACLET** XIII^e s., nom donné au Saint-Esprit : *paraklêtos*, par le lat.

**CLAN** XVIII^e s. : mot angl. empr. au gaélique *clann* « famille ».

**CLAPET** ensemble de mots reposant sur les onom. *klap-*, *klab-*, *klaf-*, qui représentent divers bruits, en particulier des sons inarticulés produits par la langue ou la gorge.

**I.** base *clap-*

♦ [1] **CLAPET** XVI^e s. : dér. de l'anc. fr. *claper* XII^e s. : frapper bruyamment. ♦ [2] **CLAPPER** XVI^e s. « faire claquer la langue » : p.-ê. spécialisation du précédent; **CLAPPEMENT** XIX^e s. ♦ [3] **CLAPOTER** XVIII^e s., au XVII^e s. *clapeter*; **CLAPOTAGE** XVIII^e s.; **CLAPOTEMENT, CLAPOTIS** XIX^e s. : dér. de *claper*.

**II.** base *-clab-*

♦ [1] **CLABAUD** XV^e s. « chien qui aboie beaucoup »; **CLABAUDER, CLABAUDEUR, CLABAUDAGE** XVI^e s.; **CLABAUDERIE** XVII^e s. ♦ [2] **ÉCLABOUSSER** XVI^e s.; **ÉCLABOUSSURE** XV^e s.; **ÉCLABOUSSEMENT** XIX^e s.

**III.** base *-claf-*

**S'ESCLAFFER** XVI^e s., puis fin XIX^e s. : prov. *esclafa* « éclater » XV^e s., formation expressive.

**CLAPIER** XIV^e s. : mot de l'anc. prov. signifiant « tas de pierres » et « clapier » : se rattache à une base pré-ind.-eur. **klappa* « pierre plate », attestée aussi en it.

**CLAUDICATION** (sav.) XIII^e s., rare avant le XVIII^e s. : lat. *claudicatio*, dér. de *claudicare*, lui-même dér. de *claudus* « boiter »; **CLAUDIQUER** et **CLAUDICANT** XIX^e s. : *claudicare*.

**CLEF** ensemble de mots lat. se rattachant à une base *clau-* exprimant l'idée de « fermer ». (1) *clavis* « clef »; diminutif *clavicula* (2) *clavus* « clou »; diminutif *clavellus*; le mot *clavus* a aussi désigné un ornement, nœud de pourpre ou d'or sur un vêtement, d'où, par extension, la bande de pourpre, plus ou moins large selon le rang des personnages, qui bordait, à Rome, la toge des sénateurs ou des chevaliers : *laticlavus* « bande large »; *angusticlavus* « bande étroite » (3) *claudĕre, clausus* « fermer » d'où dérivent les substantifs : (a) *claustrum* et surtout plur. *claustra* « fermeture », « barrière »; d'où lat. médiéval *claustralis* et *claustrare*; (b) *clausura* « fermeture », « lieu bien fermé », remplacé en lat. vulg. par **clausĭtūra* et **clausio*; (c) *clausula* « conclusion », remplacé en lat. médiéval par *clausa* (4) en composition, le verbe *claudere* prenait la forme *-clūdĕre, -clusus*; d'où *concludere* « fermer », « finir », « conclure »; *excludere* « ne pas laisser entrer »; *includere* « enfermer »; *occludere* « fermer »; *percludere* « obstruer »; *recludere* qui signifiait « ouvrir » en lat. class. mais a pris en lat. vulg. le sens de « fermer »; en lat. vulg. s'est formé de plus le verbe **cludiniāre* « cligner », « fermer l'œil à demi ».

**I.** famille de *clavis* et *clavus*

**A.** *clavis*

♦ [1] **CLEF** ou **CLÉ** (pop.) XI^e s., XIV^e s. *clé des champs*, XV^e s. *clef de voûte*, XVI^e s., sens fig. « ce qui explique », XVII^e s., mus. : *clavis*. **PORTE-CLEF** XV^e s. ♦ [2] **CHEVILLE** (pop.) XII^e s., techn. et anat., XVII^e s., versification : lat. vulg. **cavicŭla*, forme dissimilée du lat. class. *clavicŭla*; **CHEVILLER** XII^e s.; **CHEVILLARD** XIX^e s. « marchand qui vend la viande *à la cheville*, c.-à-d. dépecée, accrochée à des chevilles, en gros ou demi-gros ».

**B.** *clavus*

♦ [1] **CLOU** (pop.), XI^e s., XVI^e s. « abcès » XIX^e s. « mont-de-piété » et « le plus beau du spectacle », XX^e s. « vieille voiture » : *clavus*; **CLOUER, DÉCLOUER, RECLOUER** XII^e s.; **CLOUTER** XVII^e s.; **CLOUTIER, CLOUTERIE** XIII^e s. ♦ [2] **CLAFOUTIS** (pop.) XIX^e s. « gâteau composé d'une couche de fruits, en particulier de cerises, recouverts d'une pâte liquide qu'on fait prendre au four » : mot dial. du Centre issu du croisement de *foutre* et de *claufir* : lat. *clavo figere* « fixer avec un clou », attesté en anc. fr. avec le sens de « clouer » et dans les dial. avec celui de « clouter, couvrir d'objets semblables ».

**C.** base *-clav-* (dérivés de *clavis* ou *clavus*)

♦ [1] **CLAVEAU** (pop.) XIV^e s. « maladie des moutons caractérisée par des pustules purulentes » : *clavellus* « abcès », dimin. de *clavus*. ♦ [2] **GLAVIOT** XIX^e s. « crachat » : altération, p.-ê. d'après *glaire*, de *claviot* XIX^e s. « pus » : var. de *claveau*; **GLAVIOTTER** « id. ». ♦ [3] **CLAVELÉE** XV^e s. « variole du mouton » : dér. de *clavel*, var. de *claveau*. ♦ [4] **CLAVIER** XII^e s. « porte-clefs », XVI^e s., mus. et **CLAVETTE** (pop.) XII^e s. : dér. anciens de *clavis*. ♦ [5] **CLAVEAU** XIX^e s., archit. : dér. sur le radical *-clav-*, d'après *clef de voûte*. ♦ [6] **ENCLAVER** (pop.) XIII^e s. : lat. vulg. **inclavare* « enfermer sous clef »; en fr. appliqué particulièrement à des terres; **ENCLAVE, ENCLAVEMENT** XIV^e s. ♦ [7] **CLAVE-**

**CIN** (demi-sav.) XVII^e s. : lat. médiéval *clavicymbalum*, littéralement « cymbale à clefs », c.-à-d. « à clavier ». ♦ [8] **CLAVICULE** (sav.) XVI^e s. : *clavicula* (→ CHEVILLE). ♦ [9] **LATICLAVE** XVI^e s. : lat. *laticlavia (tunica)* « tunique à bande large »; élément *latus* « large » → LÉ. ♦ [10] **CONCLAVE** (sav.) XIV^e s. : lat. médiéval *conclave* « (chambre) fermée à clef ». ♦ [11] **AUTOCLAVE** (sav.) XIX^e s. : composé formé du gr. *autos* et du lat. *clavis*, littéralement « qui se ferme de lui-même ».

**II.** famille de *claudere*

**A.** base *-clo-* (pop.)

♦ [1] **CLORE** XII^e s., éliminé par *fermer* à partir du XVI^e s. : *claudĕre*; **ENCLORE** XI^e s. : lat. vulg. **inclaudĕre*, réfection de *includere*; **ÉCLORE** XII^e s. : lat. vulg. **exclaudĕre* « ouvrir », réfection de *excludere*. **FORCLORE** XII^e s. → DEHORS. ♦ [2] **CLOS** XII^e s. : part. passé substantivé de *clore* : lat. *clausus*; **CLOSERIE** XV^e s.; **ENCLOS** XIII^e s. subst.; **ÉCLOSION** XVIII^e s. : dér. moderne formé sur *éclos*. ♦ [4] **CLÔTURE** XII^e s., XVI^e s., sens fig. « arrêt définitif » : **clausĭtūra*; **CLÔTURER** XVIII^e s. ♦ [5] **CLOVISSE** XIX^e s. : prov. *clauvisso*, altération de *clausisso*, dérivé de *claus* « clos » : lat. *clausus*.

**B.** base *cloi-* (pop.)

♦ [1] **CLOISON** XII^e s. « clôture », XVI^e s., sens mod. : **clausio*; **CLOISONNAGE** XVII^e s.; **CLOISONNÉ** XVIII^e s.; **CLOISONNER** XIX^e s.; **CLOISONNEMENT** fin XIX^e s. ♦ [2] **CLOÎTRE** XII^e s. : croisement de *clostre* : lat. *claustrum* et de *cloison*; **CLOÎTRER** XVII^e s.

**C.** base *cli-* (pop.)

**CLIGNER** XII^e s. : var. de *cluigner* : *clūdiniāre*; **CLIGNEMENT** XIII^e s.; **CLIN** XVI^e s.; **CLIGNOTER** XV^e s.; **CLIGNOTEMENT** XVI^e s.; **CLIGNOTANT** subst., XX^e s.

**D.** base *-clu-*

♦ [1] **CONCLURE** XII^e s. « enfermer », « convaincre d'une faute », « décider »; XIV^e s. « terminer » : *conclūdĕre*; **EXCLURE** XIV^e s. : *exclūdĕre*; **INCLURE** XIV^e s. : *inclūdĕre* (*-clure* peut représenter phonétiquement *-clūdĕre*, mais les préf. sont sav.) ♦ [2] **ÉCLUSE** (pop.) XIII^e s. : *exclūsa (aqua)*, littéralement « (eau) séparée (du courant) »; **ÉCLUSER** XII^e s.; **ÉCLUSIER** XIV^e s. ♦ [3] **CLUSE** (pop.) XVI^e s., rare avant le XIX^e s. : mot dial. (Jura) : lat. *clūsa*, var. de *clausa* « fermée ». ♦ [4] **RECLUS** (p.-ê. pop.) XII^e s. : *reclūsus*; **PERCLUS** (sav.) XV^e s. : *perclusus*; **INCLUS** (sav.) XIV^e s., XVII^e s., *ci-inclus* : *inclusus*. ♦ [5] **CONCLUSION** (sav.) XIII^e s. : *conclusio*; **CONCLUSIF** XV^e s. ♦ [6] **EXCLUSION** (sav.) XIII^e s. : *exclusio*; **EXCLUSIF** XV^e s. : lat. médiéval *exclusivus*; **EXCLUSIVE**, **EXCLUSIVISME**, **EXCLUSIVITÉ** XIX^e s. ♦ [7] **FORCLUSION** XV^e s. : dér. de *forclos*, avec infl. d'*exclusion*, ♦ [8] **INCLUSION** (sav.) XVI^e s. : *inclusio*; **INCLUSIF** XVII^e s. : lat. médiéval *inclusivus*; **INCLUSIVEMENT** XIV^e s. ♦ [9] **OCCLUSION** (sav.) XIX^e s., méd. : lat. médiéval *occlusio*; **OCCLUSIF** XIX^e s., méd.; **OCCLUSIVE** XX^e s., subst. fém., gram. ♦ [10] **RÉCLUSION** XIII^e s. : formé sur *reclus* et anc. fr. *reclure*.

**E.** base *clau-* (sav.)

♦ [1] **CLAUSTRAL** XV^e s. : lat. médiéval *claustralis* → CLOÎTRE; **CLAUSTRATION** fin XVIII^e s.; **CLAUSTRER** XIX^e s. ♦ [2] **CLAUSE** XII^e s. « vers », XIII^e s., sens mod. : bas lat. *clausa*. ♦ [3] **CLAUSULE** XVI^e s : *clausula*.

**CLÉMATITE** (sav.) XVI^e s. : lat. *clematitis*, dér. du gr. *klêma* « sarment ».

**CLÉMENCE** ♦ [1] (sav.) X^e s. : *clementia*, « id. »; **INCLÉMENCE** (sav.) XVI^e s. : *inclementia*. ♦ [2] **CLÉMENT** XIII^e s. : lat. *clemens, -entis*; **INCLÉMENT** XVI^e s. : *inclemens*.

**CLENCHE** ♦ [1] (pop.) XIII^e s. : mot dial. (Nord et Nord-Est de la France) : frq. **klinka* « loquet ». ♦ [2] **DÉCLENCHER** XVIII^e s.; **DÉCLENCHEMENT** XIX^e s., XX^e s., guerre de 1914-1918, *déclencher une offensive*, et sens fig. ♦ [3] **ENCLENCHER** et **ENCLENCHEMENT** XIX^e s., techn.

**CLEP-** représentants sav. du gr. *kleptein* « voler ».

♦ [1] **CLEPSYDRE** XIV^e s. « horloge à eau » : gr. *klepsudra*, littéralement « qui vole l'eau », par le lat. ♦ [2] **CLEPTOMANE** ou **KLEPTOMANE** XIX^e s. : composé sav. formé de *kleptês* « voleur » et *mania* « folie »; **CLEPTOMANIE** XIX^e s.

**CLERC** famille du lat. eccl. *clericus*, dér. de *clerus* « clergé », empr. au gr. *klêrikos* et *klêros*, littéralement « lot reçu par le sort, ou par héritage », trad. de l'hébreu *na'ala* (Deut., XVIII., 2), mot par lequel Dieu se désigne comme l'unique « héritage » des Lévites, tribu sacerdotale d'Israël, à qui, pour cette raison, n'a pas été attribué de territoire, comme aux autres tribus. Dér. : *cléricalis, clericatus, -us, clericatura*.

♦ [1] **CLERC** (pop.) X^e s. « ecclésiastique », XIII^e s., jur., « employé aux écritures », XV^e s. « personne savante » en général : *clerĭcus*. ♦ [2] **CLERGÉ** (pop.) XII^e s. : *clerĭcātus*. ♦ [3] **CLERGIE** (pop.) XIIe s. : **CLERGEON** « id. » : dér. de *clerc* formés avec le *g* de *clergé*. ♦ [4] **CLÉRICATURE** (sav.) XIVe s. : *clericatura*. ♦ [5] **CLÉRICAL** (sav.) XIIe s., XIXe s., sens pol. : *clericalis* ; **CLÉRICALISME, ANTICLÉRICALISME, ANTICLÉRICAL, CLÉRICALISER, CLÉRICALISATION** XIXe s.

**CLIENT** (sav.) XIVe s. « qui a recours aux services de quelqu'un », XIXe s., sens commercial : lat. *cliens, -entis* « citoyen protégé par un autre, plus riche et plus puissant, son patron », mot p.-ê. d'origine étrusque ; **CLIENTÈLE** XIVe s., XIXe s., commerce : lat. *clientela* ; ces deux mots ont éliminé de la langue courante *chaland* et *achalandage*.

**CLIQUE** ensemble de mots reposant sur des onom. à initiale KL. : *clic*, qui suggère un bruit léger et clair, un tintement et peut se présenter avec la forme nasale de la voyelle ; *clac*, un bruit plus fort, plus sec et plus sourd ; *clich*, un bruit léger et chuintant.

I. base *clic-*

A. voyelle orale

♦ [1] **CLIC-CLAC** XIXe s. ♦ [2] **CLIQUE** XIVe s. « musique milit. » : dér. de l'anc. fr. *cliquer* « faire du bruit ». ♦ [3] **DÉCLIC** XVIe s. : dér. de l'anc. fr. *décliquer* XIIIe s. ♦ [4] **CLIQUET, CLIQUETTE, CLIQUETER, CLIQUETIS** XIIIe s. : dér. de *cliquer*.

B. voyelle nasale

♦ [1] **CLINQUANT** XIIIe s. adj., « retentissant », XVIe s. subst. : dér. de l'anc. fr. *clinquer*, var. de *cliquer* « faire du bruit » d'où, métaph., « briller vivement ». ♦ [2] **REQUINQUER** XVIe s. : altération de l'anc. fr. *reclinquer* « rendre de l'éclat ». ♦ [3] **QUINCAILLERIE** XIIIe s. : altération de *clinquaille*, dér. de *clinquer* ; **QUINCAILLIER** XVe s.

II. base *clac-*

**CLAQUE** XIVe s. « coup du plat de la main », XIXe s., théâtre, et *chapeau claque*, « monté sur un ressort, qu'on peut aplatir pour le tenir sous son bras » ; **CLAQUER** XVIe s. « produire un bruit sec », XVIIe s. « donner une claque », XIXe s., fam. « dépenser, gaspiller », et « mourir », XXe s. métaph. « tuer de fatigue », d'où *en avoir sa claque* ; **CLAQUET** XVe s. ; **CLAQUETTE** XVIe s. ; **CLAQUEMENT** XVIe s. ; **CLAQUEUR** XVIIIe s., théâtre ; **CLAQUEMURER** XVIIe s. : dér. d'une expression de l'époque *à claquemur*, sorte de jeu, équivalent de l'it. *a batti muro* ; composé de *claquer* et *mur*.

III. base *clich-*

♦ [1] **CLICHER** XVIIIe s., techn. « couler une matière fondue dans une forme », l'onom. exprime sans doute le bruit de la matrice tombant sur le métal en fusion ; **CLICHÉ**, techn., puis photo. **CLICHAGE, CLICHEUR** XIXe s. ♦ [2] **CLICHER** XIXe s. « avoir un défaut de prononciation en ce qui concerne les chuintantes et les sifflantes » ; **CLICHEMENT** XIXe s.

**CLITORIS** (sav.) XVIIe s. : gr. *kleitoris*.

**CLIVER** XVIe s. « tailler des diamants », XXe s., sens fig. : néerl. *klieven* « fendre » ; **CLIVAGE** XVIIIe s. « taille des diamants », XXe s., sens fig.

**CLOAQUE** (sav.) XIVe s., XVIe s., sens fig. : lat. *cloaca* « égout ».

**CLOCHE** ♦ [1] (pop.) XIIe s. : bas lat. VIIe s. *clocca*, d'origine incertaine, p.-ê. celtique ; **CLOCHETTE** XIIe s. ; **CLOCHER** XIIe s., **CLOCHETON** XVIIIe s. ♦ [2] **CLOQUE** XVIIIe s. : forme picarde de *cloche* ; **CLOQUER** XVIIIe s. ; **CLOQUE** adj. XIXe s.

**CLOCHER** famille du bas lat. *cloppus* « boiteux », mot p.-ê. onom., qui a éliminé *claudus* (→ CLAUDICATION) ; dér. lat. vulg. **cloppicare* « boiter ».

♦ [1] base *cloch-* : **CLOCHER** (pop.) XIIe s. : **cloppĭcāre* ; **À CLOCHE-PIED** XVe s. ; **CLOCHARD** XIXe s., « vagabond » dér. de *clocher*, littéralement « qui boite ». ♦ [2] base *clop-* : dér. de l'anc. fr. *clop* (pop.) XIIe s., « boiteux » : *cloppus* ; **CLOPIN-CLOPANT** XVIIe s. : le 1er élément est un adj. dér. de *clop* ; le 2e le part. présent de *cloper*, lui aussi dér. de *clop* ; **CLOPINER** XVIe s. : dér. de *clopin* ; **ÉCLOPER** XIIe s. : dér. de *cloper*. ♦ [3] **CLAMPIN** XVIIe s. : altération de *clopin*.

**CLUB** ♦ [1] XVIIIe s., d'abord en parlant de l'Angleterre, puis, peu avant la Révolution, appliqué à des cercles fr. ; XXe s. « canne pour jouer au golf » : angl. *club* ; « bâton », « bâton servant à jouer ». « suite aux cartes » et, au XVIIe s., « association de personnes » : anc. nordique *klubba* « bouquet d'arbres ». ♦ [2] **-CLUB** XXe s. : emploi suffixal, ex. : *aéro-club, ciné-club*, etc.

**CLYSTÈRE** représentant du gr. *kluzein* « laver », d'où *klustêr* « seringue » et « lavement » : *katakluzein* « inonder » et *kataklusmos* « inondation », appliqué en particulier au déluge, dans le Nouveau Testament (Mt, XXIV, 38).

♦ [1] **CLYSTÈRE** (sav.) XIIIe s. : *klustêr*, par le lat. ♦ [2] **CATACLYSME** (sav.) XVIe s. : *kataklusmos*, par le lat.

**CO-** famille de la prép. lat. *cum* « avec », souvent utilisée comme préverbe sous les formes *co-*, *com-*, *con-*, selon la nature du phonème suivant. Ses représentants fr. expriment l'idée de « réunion », d'« adjonction » et se combinent aussi bien avec des subst. qu'avec des verbes.
♦ [1] **CO-**(sav.), ex. : **COOPTER, COEXISTER, CODÉTENU**, etc. ♦ [2] **COM-, CON-** (sav.), ex. : un grand nombre de mots empr. au lat. : **CONCÉDER, CONFÉRER**, etc., et quelques formations fr., **CONCITOYEN, CONFRÈRE, CONCENTRER**, etc.

**COBAYE** XIXe s. : tupi (langue indigène du Brésil) *sabuja*, transcrit par les Portugais sous la forme *çabuja*, puis, par leurs imprimeurs, *cobaya*, mot adopté par le lat. des naturalistes.

**COCA** XVIe s. : mot esp. empr. à une langue indigène d'Amérique du Sud, aimara ou quechua ; **COCAÏNE** XIXe s. ; **COCO** XXe s. : dimin. de *cocaïne* ; **COCAÏNOMANE** XXe s. ; **COCA-COLA** XXe s. : marque déposée, d'origine amér. → KOLA.

**COCCINELLE** famille du gr. *kokkos* « graine » ou « pépin » et « cochenille », insecte qui sert à teindre en écarlate ; emprunté par le lat. sous la forme *coccum*, d'où *coccinus* « écarlate ».
♦ [1] **COCCINELLE** (sav.) XVIIIe s. : dér. sur *coccinus*, d'après la couleur des élytres de cet insecte. ♦ [2] **-COQUE** fin XIXe s.-XX[e] s. : suff. du lexique médical, servant à former des noms de germes microbiens : *kokkos*. Ex. : **GONOCOQUE, MICROCOQUE, MÉNINGOCOQUE**, etc. ♦ [3] **-COCCIE** XXe s. : suff. dér. du précédent, ex. : **STAPHYLOCOCCIE, STREPTOCOCCIE**.

1. **COCHE** famille du lat. *codex* ou *caudex* « tronc d'arbre », d'où « planchette », « tablette à écrire », « livre », en particulier « livre de comptes » et « recueil de lois, code ». — Dér. : *Codicillus* « petit livre » et « écrit qui complète un testament » ; bas lat. *caudica* « souche », « barque creusée dans un tronc d'arbre ».
♦ [1] **COCHE** subst. fém. (pop.) XIIe s. sens dial. « établi de sabotier, coin en bois, perche, branche, baguette sur laquelle les boulangers font une entaille pour chaque pain fourni, entaille faite sur cette baguette, entaille sur l'arbalète » ; passage de *coche* « baguette (à entailler) » à *coche* « entaille (sur la baguette) » : *caudica* ; **ENCOCHER, DÉCOCHER** XIIe s. ; **COCHER** XIVe s. ; **ENCOCHE** XVIe s. ♦ [2] **COCHE** d'eau XIIIe s.-XVI[e] s. fém., XVIIe s. masc., d'après COCHE 2 : *caudica* ; le moyen néerl. *cogghe*, qui a influencé certaines formes dial. fr., a la même origine. ♦ [3] **CODE** (sav.) XIIIe s. : *codex* ; **CODIFIER, CODIFICATION** XIXe s. ; **CODER, CODAGE, DÉCODER, ENCODER**, XXe s. ♦ [4] **CODICILLE** (sav.) XIIIe s. : *codicillus* ; **CODICILLAIRE** XVIe s. : bas lat. *codicillaris*. ♦ [5] **CODEX** (sav.) XVIIe s. : mot lat. utilisé pour désigner un recueil officiel de recettes pharmaceutiques.

2. **COCHE** subst. masc., voiture XVIe s. : all. *Kutsche*, empr. à une langue d'Europe centrale, tchèque ou hongrois ; **COCHER** subst. masc., XVIe s. ; **PORTE COCHÈRE** XVIIe s.

**COCKTAIL** une fois au XVIIIe s., puis début XIXe s. « mélange de boissons alcoolisées » : mot anglo-américain ; a d'abord été l'abrév. de *cocktailed horse* « cheval (*horse*) de valeur médiocre auquel on a coupé la queue (*tail*) afin qu'elle se redresse vers le haut (*to cock* "redresser") », traitement qu'on ne faisait pas subir aux chevaux de race, d'où « homme de mauvaises mœurs » ; l'évolution vers le sens de « mélange de boissons » est obscur ; il s'agit donc d'une simple homonymie avec le composé *cocktail* « queue de coq ».

**COCOTTE** marmite de fonte (pop.) XIXe s. : p.-ê. altération, par changement de suff., de l'anc. fr. *coquasse* XVIe s. ou *coquemar* XIIIe s. qui, plutôt que le lat. *cucuma* (même sens), semble représenter le néerl. *kookmoor*, de *kooken* « bouillir » et *moor* « bouilloire », « chaudron noirci par le feu », littéralement « maure ».

**CŒUR** famille d'une rac. ind.-eur. **kerd-* « cœur » représentée en grec par *kardia*. En latin par *cor, cordis* « cœur », « siège de l'intelligence, des sentiments, de la volonté » ; lat. vulg. **corāticum*. — Dér. : (a) *recordari* « se remettre dans l'esprit » ; (b) *concors* et *discors* « unis de cœur » et « en désaccord », et leurs dérivés *concordia* et *discordia*, *concordare* et *discordare* ; ces deux verbes ont subi, au point de vue du sens, le contamination de *c(h)orda* « corde d'instrument de musique » et, au plur., en lat. imp. « instrument de musique » ; finalement, l'ordre du développement sémantique a été inversé et on a senti le sens moral de « concorde — discorde » comme métaph. par rapport aux sens d'« accord — désaccord musical »; en lat. vulg. un verbe *accordare* s'est développé à côté de *concordare* par substitution de préf.; (c) *misericordia* « pitié », de *misereri* « avoir pitié » (→ MISÈRE) et *cor, cordis*.

**I.** mots issus du latin

**A.** base *-cœur-* : **CŒUR** (pop.) XIe s., viscère, et siège de la personnalité, XIIe s. poitrine, XIIIe s. « partie centrale de quelque chose », XVIe s. « objet en forme de cœur » : *cor*; **CONTRECŒUR** XIIIe s. « fond de cheminée », XIVe s., *à contrecœur* « malgré soi »; **ÉCŒURER** XVIIe s.; **ÉCŒUREMENT** XIXe s.; **SANS-CŒUR** XIXe s.

**B.** base *-cour-* (pop.)

♦ [1] **COURAGE** XIe s. « dispositions intérieures » en général, XVIIe s., spécialisation du sens : **corātĭcum*; **COURAGEUX** XIIe s.; **ENCOURAGER, ENCOURAGEMENT** XIIe s.; **ENCOURAGEANT** XVIIIe s.; **DÉCOURAGER** XIIIe s.; **DÉCOURAGEMENT** XIIe s. ♦ [2] **COURROUCER** XIe s. « chagriner » : représente un lat. vulg. **corrŭptĭāre*, qui, au point de vue sémantique, s'explique plus facilement comme un dér. de *corruptum* « cœur brisé » que de *corruptum* « corrompu », auquel il faudrait prêter le sens métaph. de « aigri »; **COURROUX** Xe s.

**C.** base *-cord-* (base unique, qu'il s'agisse de mots pop. ou de mots sav.)

♦ [1] **ACCORDER** XIIe s., sens psychologique et sens musical : **accordare*; **ACCORD** « id. »; **RACCORD, RACCORDER, RACCORDEMENT** XIIe s.; **DÉSACCORD** XIIe s.; **DÉSACCORDER** XVe s.; **ACCORDEUR** XIVe s., XIXe s., sens musical; **ACCORDAILLES** XVIe s. ♦ [2] **ACCORDÉON** XIXe s. : all. *Akkordion*, nom donné à cet instrument par son inventeur, d'après le lat. moderne *accordium*, apparenté à **accordare* et au fr. *accord*; la terminaison fr. est empr. à *orphéon*. ♦ [3] **CONCORDER** XIIe s.-XVIe s., puis repris fin XVIIIe s. : *concordare*; **CONCORDE** XIIe s. : *concordia*, avec infl. de *concorder*; **CONCORDANCE** XIIe s. « accord », XVIe s. « conformité »; **CONCORDANT** XIIIe s., **CONCORDAT** (sav.) XVe s. : *concordatum*, part. passé substantivé de *concordare*; **CONCORDATAIRE** XIXe s. ♦ [4] **DISCORDE** (sav.) XIIe s. : lat. *discordia* et infl. de l'anc. fr. *descorder* : *discordare*; **DISCORDANT** XIIe s. (préf. sav.) : ancien part. présent du même verbe. ♦ [5] **CORDIAL** XIVe s., adj. méd., XVe s., adj. « affectueux », XVIIe s., subst., méd. : lat. médiéval *cordialis*, dér. de *cor*; **CORDIALEMENT** fin XIVe s.; **CORDIALITÉ** XVe s. ♦ [6] **PRÉCORDIAL** XVe s., anat. : dér. tiré du lat. *praecordia* « diaphragme », littéralement « ce qui est en avant du cœur ». ♦ [7] **RECORD** XIXe s. : mot angl. « enregistrement », empr. à l'anc. fr. *recorder* « conserver le souvenir de quelque chose » : lat. *recordari*; spécialisé dans l'enregistrement de performances sportives; **RECORDMAN** XIXe s. : formé en France, à l'imitation des mots composés angl.

**D.** recors XIIIe s. « témoin », XVIe s. « officier de justice subalterne qui prête main-forte à un huissier » : dér. de *recorder* au sens de « témoigner » (→ le précédent).

**II.** mots issus du grec (sav.)

♦ [1] **CARDIAQUE** XIVe s. : gr. *kardiakos*, dér. de *kardia*, par le lat. ♦ [2] **CARDIA** XVIIe s. anat. : *kardia* ♦ [3] **CARDIO-** : 1er élément de composés sav., ex. : **CARDIOLOGIE** XVIIIe s.; **CARDIOGRAPHIE** XIXe s.; **CARDIOGRAMME, ÉLECTROCARDIOGRAMME** XXe s., etc. ♦ [4] **-CARDE, -CARDIE, -CARDITE** : 2es éléments de composés sav., ex. : **ENDOCARDE** et **ENDOCARDITE** XXe s.; **PERICARDE** XVIe s. et **PÉRICARDITE** XIXe s.; **TACHYCARDIE** XXe s., etc.

**COFFRE** ♦ [1] (pop.) XIIe s. : gr. *kophĭnos* « corbeille », par le lat.; **COFFRET** XIIIe s.; **COFFRE-FORT** XVIe s.; **COFFRER** XVIe s.; **COFFRAGE** XIXe s. ♦ [2] **COFFIN** (sav.) XIIIe s. : même origine. ♦ [3] **COUFFE** XVIIe s.; **COUFFIN** XIXe s. : prov. *coufo, coufin* « panier », même origine.

**COHUE** XIIIe s. « halle », XVIIe s. « assemblée nombreuse et bruyante » : probablement breton *koc'hui* « halles »; il est moins vraisemblable d'y voir un dér. d'un verbe **cohuer*, var. de *huer* (→ dial. Berry *cahuer*), étant donné le caractère hypothétique de ce verbe et le premier sens attesté du mot.

**COI** famille du lat. *quies, -etis* « repos ». — Dér. : (1) *requies, -ei* « repos » (2) *quietus*, bas lat. *quetus* « tranquille », et *quietare* « tranquilliser » (3) *inquietus, inquietare* « troublé », « troubler » (4) *quiescere* « se reposer », d'où *acquiescere* « se reposer », « être satisfait » qui a pris dans la langue de l'Église et des juristes le sens d'« acquiescer ».

♦ [1] **COI** (pop.) XIe s., XVIIIe s. fém. *coite*, remplace *coie* : *quētus*. ♦ [2] **QUITTE** (demi-sav.) XIe s. : lat. jur. médiéval *quītus*, altération de *quĭētus*, par suite d'une accentuation hypercorrecte sur le *i*; **QUITTER** XIIe s. « libérer d'une obligation », XVe s. « abandonner » : *quītāre*, altération de *quietare* « laisser tranquille »; **QUITTANCE** XIIe s.; **QUITUS** XVe s. : mot lat. médiéval. ♦ [3] **ACQUITTER** XIe s.; **ACQUIT** XIIIe s.; **ACQUITTEMENT** XIIIe s. « exécution d'une obligation », XVIIIe s. « reconnaissance de la non-culpabilité d'un accusé » : dér. de *quit-*

*ter.* ♦ [4] **QUIET** (sav.) XIII^e s. : *quietus*; **QUIÉTUDE** XV^e s. : bas lat. *quietudo*; **QUIÉTISME QUIÉTISTE** fin XVII^e s.; **INQUIÉTER** XII^e s. : *inquietare*; **INQUIÉTUDE** XIV^e s. : *inquietudo*; **INQUIET** XVI^e s. : *inquietus*. ♦ [5] **ACQUIESCER** (sav.) XIV^e s. : *acquiescere*; **ACQUIESCEMENT** XVI^e s. ♦ [6] **REQUIEM** (sav.) XIII^e s. : mot lat. désigne dans la liturgie catholique la messe des funérailles, en raison des premiers mots de cet office : *requiem aeternam dona eis Domine* « Donne-leur, Seigneur, le repos éternel ».

**COIFFE** (pop.) XI^e s. : bas lat. VI^e s. : *cofia*, empr. au germ. occidental; **COIFFER** XIII^e s. « couvrir la tête », XVII^e s. « arranger les cheveux »; **DÉCOIFFER** XIII^e s.; **COIFFURE** XV^e s.; **COIFFEUR** XVII^e s.; **COIFFEUSE** XVII^e s. « femme qui coiffe », XX^e s., meuble.

**COIN** famille du lat. *cuneus* « coin à fendre le bois » et « tout objet ayant la forme d'un coin »; d'où *cuneare* « former un coin » ou « fendre avec un coin ».

♦ [1] **COIN** (pop.) XII^e s. : *cuneus*. ♦ [2] **ÉCOINÇON** XIV^e s.; **COINCER** XVIII^e s.; **COINCEMENT, COINÇAGE** XIX^e s. : dér. de *coin* formés à l'aide d'une consonne de liaison non étymologique. ♦ [3] **COGNÉE** (pop.) XI^e s. : *cuneata (ascia, securis)* « (hache) en forme de coin »; **COGNER** XII^e s. : *cuneāre*; **COGNE** XIX^e s., argot, « gendarme » : dér. de *cogner*. ♦ [4] **ENCOIGNURE** XVI^e s.; **SE RENCOGNER** XVII^e s. : dér. de l'anc. fr. *encoigner* « mettre dans un coin », lui-même dér. de *coigner*, var. graphique de *cogner*; **RECOIN** XVI^e s. : dér. légèrement altéré de *rencoigner*. ♦ [5] **QUIGNON** (pop.) XIV^e s. : altération de *coignon*, dér. de *coin*. ♦ [6] **CUNÉIFORME** (sav.) XVI^e s. méd., XIX^e s. repris par la langue de l'archéol. : formé sur *cuneus* « en forme de coin ».

**COKE** XVIII^e s. : mot angl., même sens; **COKERIE** XIX^e s.

**COLÉOPTÈRE** (sav.) XVIII^e s. : formé du gr. *koleos* « étui » et *pteron* « aile ».

**COLÈRE** famille du gr. *kholê* « bile ». — Dér. : *kholera*, nom de maladie; empr. par le lat. sav. puis pop. sous la forme *cholera* « bile », « maladie provenant de la bile », et, déjà chez saint Jérôme, « colère ».

♦ [1] **COLÈRE** (sav.) XIV^e s. « bile » et « colère », remplace l'anc. fr. *courrouz* et *ire* : *choléra*; **COLÉRIQUE** XIII^e s.; **COLÉREUX** XVI^e s.; **DÉCOLÉRER** XVI^e s., repris au XIX^e s. : dér. d'un anc. *colérer* XVI^e s. ♦ [2] **CHOLÉRA** (sav.) XVI^e s. : mot lat. : **CHOLÉRIQUE, CHOLÉRINE, CHOLÉRÉTIQUE** XIX^e s. ♦ [3] **MÉLANCOLIE** XIII^e s. « bile noire », considérée par la médecine ancienne comme cause de tristesse, XVII^e s. « tristesse » : gr. *melagkholia* « bile noire », par le lat.; **MÉLANCOLIQUE** XII^e s. : gr. *melagkholikos*, par le lat. ♦ [4] **CHOL-** : 1^er élément de composés sav., ex. : **CHOLAGOGUE, CHOLÉDOQUE** XVI^e s., **CHOLESTÉROL** XX^e s., etc.

**COLIBRI** XVII^e s. en France, plus tard dans les autres langues : mot provenant de la Martinique, sans doute empr. à une langue indigène.

**COLIFICHET** XVII^e s. → *afichet* XIII^e s.-XVI^e s. « petit bijou », *esfichier, affichier* « fixer », *coeffichier* XV^e s. « sorte de coiffure », p.-ê. inf. subst. de *coesfichier* « attacher ensemble (les cheveux avec une *esfiche*) »; pour le 2^e élément → FICHIER; le 1^er pourrait être *col* et le sens originel « attache de col ».

**COLIN** XIV^e s., poisson : adaptation du néerl. *kolefisch*, littéralement « poisson-charbon » → aussi NICOLAS. Annexe III.

**COLLE** famille du gr. *kolla* « gomme », *kollôdês* « collant »; lat. vulg. **cŏlla*.

♦ [1] **COLLE** (pop.) XIII^e s.; XIX^e s. argot scolaire : **colla*; **COLLER** XIII^e s.; **COLLANT, COLLAGE, COLLEUR** XVI^e s.; **DÉCOLLER** XX^e s. aviation, **ENCOLLER, RECOLLER** XIV^e s.; **DÉCOLLEMENT** XVII^e s.; **ENCOLLAGE** XVIII^e s.; **ENCOLLEUSE** XIX^e s.; **RECOLLEMENT** XIX^e s. ♦ [2] **PROTOCOLE** (sav.) XIV^e s. « minute d'un acte », XVII^e s. « formulaire pour la correspondance officielle », XIX^e s. « procès-verbal d'une conférence diplomatique » et « règles concernant l'étiquette » : lat. jur. *protocollum* « feuille collée aux chartes, portant des indications qui les authentifient » : gr. *protokollon* « collé en premier »; **PROTOCOLAIRE** XX^e s. ♦ [3] **COLLODION** (sav.) XIX^e s. : formé sur *kollôdês*. ♦ [4] **COLLOÏDE** XIX^e s. : angl. *colloïd*, formé sur *kolla*; **COLLOÏDAL** XIX^e s. : angl. *colloïdal*.

**COLLINE** (sav.) XVI^e s. : bas lat. *collina*, dér. de *collis*, même sens.

**COLLYRE** (sav.) XII^e s. : gr. *kollurion* « emplâtre », « onguent pour les yeux », par le lat.

**COLMATER** famille du lat. *culmen, -inis* « faîte », « partie supérieure », lat. vulg. **culmum*.

♦ [1] **COLMATER** XIXe s. : dér. de l'it. *colmata* « terrain comblé », part. passé substantivé de *colmare* « combler », dér. de l'adj. *colmo* « comble », « rempli jusqu'en haut », de **culmum*; **COLMATAGE** XIXe s. ♦ [2] **CULMINER** (sav.) XVIIIe s., astron., XIXe s., géogr. et sens général : lat. médiéval *culminare* dérivé de *culmen*; **CULMINANT** XVIIIe s.; **CULMINATION** XVIe s.

**COLOMBE** ♦ [1] (sav.) XVIe s. : du lat. *colomba*; a éliminé l'anc. fr. *coulon* (pop.) Xe s. : lat. *colombus*; **COLOMBIER** (demi-sav.) : lat. *columbarium*; **COLOMBIN** XIIIe s., **COLOMBINE** XIIIe s. ♦ [2] **COLOMBO-** : lat. *colombinus* 1er élément de composé sav., dans **COLOMBOPHILE** XIXe s. ♦ [3] **COLUMBARIUM** XVIIIe s., archéol., fin XIXe s. « monument funéraire moderne, pour les morts qu'on incinère » : mot lat. « colombier » et métaph. « monument à niches où l'on plaçait les urnes funéraires ».

**CÔLON** ♦ [1] (sav.) XIVe s. : gr. *kôlon* « gros intestin », par le lat. ♦ [2] **COLIQUE** (sav.) XIIIe s. : lat. *colica*, fém. subst. de l'adj. *colicus*, du gr. *kôlikos*, dér. de *kôlon*; **COLITE, ENTÉROCOLITE** XIXe s. ♦ [3] **COLIBACILLE** et **COLIBACILLOSE** XXe s. → BACILLE, art. BÄCLER. ♦ [4] **COLON-, COLO-** : 1ers éléments de composés sav., ex. : **COLONALGIE, COLOPATHIE, COLOSTOMIE.**

**COLONNE** ♦ [1] (pop.) XIIe s., arch., XVIIe s., divers sens fig. : milit., imprimerie, et **COLONNE D'EAU, DE MERCURE**, etc. XIXe s. **COLONNE VERTÉBRALE**, XXe s. **COLONNE MONTANTE**, canalisations d'un immeuble : lat. *columna*; **COLONNETTE** XVIe s.; **ENTRECOLONNEMENT** XVIe s. ♦ [2] **COLONNADE** XVIIIe s. : adaptation de l'it. *colonnato*, masc., de même origine. ♦ [3] **COLOMBAGE** (demi-sav.) XIVe s. : dér. de l'anc. fr. *colombe*, forme résultant de l'effort pour maintenir artificiellement la prononc. *-mn-* dans *columna*. ♦ [4] **COLONEL** XVIe s. : it. *colonello*, dér. de *colonna* au sens de « corps de troupe formé en colonne ». ♦ [5] **COULEMELLE** (demi-sav.) XVIIe s. : altération de *columelle* (sav.) XVIe s. : lat. *columella*, dimin. de *columna*, à cause de la forme de ce champignon.

**COLOQUINTE** (sav.) XIIIe s. : gr. *kolokunthis*, même sens, apparenté à *kolokunthê* « citrouille », par le lat.

**COLOSSE** (sav.) XVe s. : gr. *kolossos* « statue colossale », par le lat.; s'employait à l'origine à propos des colosses de l'art égyptien; **COLOSSAL** XVIe s.; **COLOSSALEMENT** XIXe s.

**COMA** (sav.) XVIIIe s. : gr. *kôma, -atos* « sommeil profond et prolongé » : **COMATEUX** XVIIe s.

**COMBE** (pop.) XIIe s., repris au XVIIIe s. : gaulois **cumba* « vallée »; mot dial., attesté au sud d'une ligne allant de l'embouchure de la Loire au sud des Vosges.

**COMBLE** famille du lat. *cumulus* « monceau », lat. vulg. « faîte », d'où *cumulare* « entasser », « combler » (sens propre et fig.) et *accumulare* « accumuler ».

I. mots populaires

♦ [1] **COMBLE** (subst.) XIIe s. « tertre », XIIIe s. « partie d'un édifice supportant le toit », XVe s., sens fig. « point culminant » : *cumulus.* ♦ [2] **COMBLER** XIIe s. : *cumulare*; **COMBLEMENT** XVIe s.; **COMBLE** (adj.) XIIe s. : dér. de *combler.*

II. mots savants

♦ [1] **CUMULER** XIVe s. : *cumulare*; **CUMUL, CUMULATIF** XVIIe s.; **CUMULARD** XIXe s. ♦ [2] **ACCUMULER** XIVe s. : *accumulare*; **ACCUMULATION** XIVe s.; **ACCUMULATEUR** XVIe s. « personne qui accumule », XIXe s. « appareil qui accumule l'électricité »; **ACCU** XXe s. : abrév. de **ACCUMULATEUR.** ♦ [3] **CUMULUS** fin XIXe s. « gros nuage arrondi » : mot latin. ♦ [4] **CUMULO-** fin XIXe s.-XXe s. : 1er élément de composés sav.; ex. : **CUMULO-NIMBUS, CUMULO-STRATUS, CUMULO-VOLCAN.**

**COMÈTE** (sav.) XIIe s. : gr. *komêtês* « (astre) chevelu », par le lat.

**COMIQUE** famille du gr. *kômos* « fête en l'honneur de Dionysos ».

♦ [1] **COMIQUE** (sav.) XIVe s. : gr. *kômikos* « qui concerne la poésie comique », adj. dér. de *kômos*, les fêtes de Dionysos étant marquées par des représentations théâtrales; **COMIQUEMENT** XVIe s. ♦ [2] **COMÉDIE** XIVe s., uniquement en parlant des théories d'Aristote concernant le théâtre gr., XVIe s.-XVIIe s. « œuvre théâtrale en général », XVIIe s. « pièce comique » : *kômôidia* composé de *kômos* et *ôidê* → ODE, par le lat. *comoedia*; **COMÉDIEN** XVe s.

**CON** (pop.) XIIIe s., adj., sens fig. : lat. *cŭnnus* « sinus muliebris »; **CONNARD** XIIIe s.; **DÉCONNER** XIXe s.; **CONNERIE** XXe s.

**CONCHE** famille du gr. *kogkhê* « coquillage » et de son dimin. *kogkhulion* « petit coquillage », en particulier celui dont on tire la pourpre : empr. par le lat. sous les formes *concha* et *conchylium*.

**I.** mots populaires

♦ [1] **CONCHE** (anc. fr. « coquille ») XVI^e s. « baie », « bassin de marais salant » : *concha*. ♦ [2] **COQUILLE** XIII^e s. « coquillage », XVI^e s. étendu aux œufs, aux noix, aux noisettes, à divers objets creux, XVIII^e s. typo. : *conchylia*, plur. neutre interprété comme un fém. et croisement avec *coque* ; **COQUILLETTE** XIII^e s. « petite coquille », XX^e s. pâtes alimentaires ; **COQUILLAGE** XVI^e s. ; **COQUILLARD** XV^e s., nom d'une bande de voleurs déguisés en pèlerins, avec une coquille au col, XVII^e s. « coquetier ». ♦ [3] **RECROQUEVILLER** XIV^e s. : mot à var. multiples, altération de *recoquiller* XIV^e s., dér. de *coquille*, sous l'infl. de *croc* et, p.-ê., de *ville*, forme ancienne de *vrille*.

**II.** mots savants

♦ [1] **CONQUE** XVI^e s. : *concha*. ♦ [2] **CONCHOÏDE** XVII^e s. ; **CONCHOÏDAL** XVIII^e s. : dér. sur *concha*. ♦ [3] **CONCHYLIEN** XIX^e s. ; **CONCHYLIOLOGIE** XVIII^e s. : dér. sur *conchylium*.

**CONCOMBRE** XIII^e s. : prov. *cocombre* : lat. *cucumis, -eris*, mot pré-ind.-eur., probablement méditerranéen.

**CONDIMENT** (sav.) XIII^e s. : lat. *condimentum*, dér. de *condire* « confire », « assaisonner ».

**CONDOR** XVI^e s. : mot esp., du quechua (Pérou) *cuntur*.

**CONDUIRE** famille de (1) lat. *dux, dŭcis* « chef », puis, lat. imp., mot désignant une magistrature et un titre de noblesse ; d'où l'adj. *ducalis* et le subst. *ducatus* (2) le verbe *dūcĕre, dŭctus* « conduire » et ses dér. (a) l'adj. *ductilis* « qu'on peut conduire ou tirer », « malléable » ; (b) le *verbe* duratif *-ducare*, d'où *educare* « produire », « nourrir », « élever » ; *ducere* sert de base à de nombreux verbes préfixés : *abducere* « emmener » ; *adducere* « amener » ; *conducere* « réunir », « prendre à bail ou à ferme » ; *deducere* « faire descendre », « déduire » ; *inducere* « faire entrer » ; *introducere*, même sens ; *producere* « mener en avant » ; *reducere* « ramener » ; *seducere* « emmener à l'écart », « corrompre » ; *traducere* « faire passer », « traduire » ; à ce dernier verbe se rattache le subst. *tradux* « sarment de vigne qu'on fait passer d'un arbre à l'autre ».

**I.** mots populaires ou demi-savants

**A.** bases *-duire, -duis-, -duit-* (bases pop. combinées dans la plupart des cas avec des préf. de forme sav.) .

♦ [1] **CONDUIRE** X^e s. : *condūcĕre* ; **RECONDUIRE** XII^e s. ; **CONDUIT** XII^e s. « action de conduire » puis « escorte », XVI^e s. « canal étroit » : part. passé substantivé ; **SAUF-CONDUIT** XII^e s. ; **CONDUITE** XV^e s. « action de conduire » puis « guide », XVII^e s. « façon de se conduire » : part. passé fém. substantivé ; **INCONDUITE** XVII^e s. ♦ [2] **DÉDUIRE** XI^e s. : *dedūcĕre*. **ENDUIRE** (pop.) XIII^e s. « absorber, digérer », « orienter, induire » et « recouvrir une surface d'une matière molle », seul sens survivant aujourd'hui : *indūcĕre* ; **ENDUIT**, subst., une fois au XII^e s., puis XVI^e s. ♦ [3] **INDUIRE** (demi-sav.) XIII^e s. « amener », XIV^e s. « conclure », XIX^e s., électricité : *indūcĕre*. ♦ [4] **INTRODUIRE** XII^e s. : *introdūcĕre*. ♦ [5] **PRODUIRE** XIV^e s. « faire comparaître en justice » puis « causer, créer » : *prodūcĕre* ; pour les mots scientifiques exprimant l'idée de « produire » → GÈNE, art. GENS ; **REPRODUIRE** XVII^e s. ; **PRODUIT** XVI^e s. ; **SOUS-PRODUIT** XX^e s. ♦ [6] **RÉDUIRE** XIV^e s. « ramener » (a) à sa place : *réduire une fracture* ; (b) à un état inférieur : *réduire en esclavage* ; XVI^e s. « ramener à une quantité plus faible » et « ramener à ses éléments » : *redūcĕre* ; **RÉDUIT** XII^e s., subst., XVII^e s., adj. : part. passé. ♦ [7] **SÉDUIRE** XII^e s. : *sedūcĕre*, a concurrencé puis éliminé au XV^e s. l'anc. fr. *souduire*, de *subducere* ; **SÉDUISANT** XVI^e s., adj. : part. présent. ♦ [8] **TRADUIRE** fin XV^e s. « faire passer en justice », XVI^e s. « faire passer d'une langue à une autre » ; a éliminé l'anc. fr. *translater*, XVII^e s., mais rare avant le XIX^e s., « exprimer » : *tradūcĕre* ; **TRADUISIBLE** XVII^e s., en justice, XVIII^e s., sens mod. ; **INTRADUISIBLE** XVIII^e s.

**B.** base *-douil-*

♦ [1] **ANDOUILLE** XII^e s. : lat. pop. *indŭctile*, de *inducere* « ce qu'on introduit (dans un boyau) » ; **ANDOUILLETTE** XV^e s. ♦ [2] **DOUILLET** XIV^e s. : dimin. de l'anc. fr. *douille* : *dŭctilis* « malléable » ; **DOUILLETTE** XIX^e s., vêtement : adj. fém. substantivé.

**C.** base *-duch-* demi-sav., issue de formes où le *c* de la base *dŭc-* de *dŭcis* était en contact avec un *a* ; conservation de l'*u* sous l'influence de *duc*. **DUCHÉ** XII^e s., souvent fém., sous la forme *duchée* ; **ARCHIDUCHÉ** XVI^e s. ; **DUCHESSE** XII^e s. ; **ARCHIDUCHESSE** XVI^e s.

**II.** mots savants

**A.** base *-duc-*

♦ [1] **DUC** XI^e s. : *dux, ducis* ; **ARCHIDUC** XV^e s. ; **DUCAL** XII^e s. : bas lat. *ducalis* ; **ARCHIDUCAL** XVI^e s. ♦ [2] **AQUEDUC** XVI^e s. : lat. *aquaeductus* « conduit pour l'eau ». ♦ [3] **-DUC** XX^e s. : 2^e élément de composés sav. appartenant à la langue technique, empr. à *aqueduc* et désignant divers « conduits », dont le 1er élément indique la destination; ex. : **GAZODUC, OLÉODUC**, etc.

**B.** base *-duct-*

♦ [1] **DUCTILE** XVIe s. : *ductilis*; **DUCTILITÉ** XVIIe s. ♦ [2] **ABDUCTION** et **ABDUCTEUR** XVIe s., méd., anat. : lat. *abductio* et *abductor*, dér. de *abducere*. ♦ [3] **ADDUCTION** XVIe s., méd., XIXe s., techn., en particulier *adduction d'eau* : *adductio* de *adducere*; **ADDUCTEUR** XVIIe s., anat. : *adductor*. ♦ [4] **CONDUCTEUR** XIIIe s. : *conductor*, de *conducere*; **CONDUCTION** XIIIe s. « location », XIXe s., phys.; **CONDUCTIBLE, CONDUCTIBILITÉ, CONDUCTANCE** XIXe s., phys. ♦ [5] **DÉDUCTION** XIVe s. : *deductio*, de *deducere*; **DÉDUCTIF** XIXe s. : bas lat. *deductivus*. ♦ [6] **INDUCTION** XIIIe s. « tentation », XIVe s., logique, XIXe s., phys. : *inductio*, de *inducere*; **INDUCTIF** XIVe s. « qui induit à faire une chose », XIXe s., phys. : bas lat. *inductivus*; **INDUCTEUR** XVIIe s. « qui induit », XIXe s., phys.; **INDUCTANCE** XIXe s., phys. : empr. à l'angl. ♦ [7] **INTRODUCTION** XIIIe s. « enseignement », XVIe s. « acte d'introduire » : *introductio*, de *introducere*; **INTRODUCTEUR** XIIIe s. : *introductor*. ♦ [8] **PRODUCTION** XIIIe s., jur., XVIe s., sens mod. : mot analogique des formes en *-ductio*, tiré de *producere*; **CO-, SOUS-, SUR-PRODUCTION** XXe s.; **PRODUCTEUR** XVe s., XXe s., cinéma, **COPRODUCTEUR** XXe s.; **PRODUCTIF** XVe s.; **PRODUCTIVITÉ** XVIIIe s.; **IMPRODUCTIF** XVIIIe s.; **IMPRODUCTIVITÉ** XIXe s.; **PRODUCTIBLE, IMPRODUCTIBLE** XVIIIe s.; **REPRODUCTION** XVIIe s. « procréation », XVIIe s. « copie »; **REPRODUCTEUR, REPRODUCTIF, REPRODUCTIBLE** XVIIIe s. ♦ [9] **RÉDUCTION** XIIIe s. : *reductio*, de *reducere*; **RÉDUCTIBLE** XVIe s.; **IRRÉDUCTIBLE** XVIIe s. ♦ [10] **SÉDUCTION** XIIe s. : *seductio*, de *seducere*; **SÉDUCTEUR** XIVe s. : *seductor*. ♦ [11] **TRADUCTION** et **TRADUCTEUR** XVIe s. : *traductio* et *traductor* de *traducere*.

**C. ÉDUQUER** XIVe s., rare avant le XVIIIe s. : *educare*; **ÉDUCATION** XIVe s. : *educatio*; **ÉDUCATEUR** XVIe s. : *educator*; **RÉÉDUQUER, RÉÉDUCATION** fin XIXe s.

**III.** mots d'emprunt

♦ [1] **CONDOTTIERE** XVIIIe s. : mot it., dér. de *condotta*, du lat. *condŭcta*, avec spécialisation dans la langue milit. ♦ [2] **DOGE** XVIe s. : *doge*, altération toscane du vénitien *doze*, du lat. *dux, dŭcis*; **DOGARESSE** XIXe s. : vénitien *dogaressa*, du lat. : médiéval *ducatrix, -icis*, fém. de *dux*, croisé avec le suff. fém. *-issa* → ESSE. ♦ [3] **DOUCHE** fin XVIe s. : it. *doccia*, var. de *doccio*, du lat. vulg. **(aqui)dŭcium*, qui s'était substitué à *aquaeductus* « conduite d'eau »; **DOUCHER, DOUCHEUR** XVIIe s. ♦ [4] **DROSSER** XVIIe s. : it. *trozza* « cordage » : lat. *tradux* « sarment de vigne » employé métaph.; *d* initial sous l'influence de *drisse*; **DROSSE** XVIIe s. : ♦ [5] **DUCAT** XIVe s. « monnaie des doges, ou ducs, de Venise » : it. *ducato* : lat. médiéval *ducatus*. ♦ [6] **REDOUTE** XVIIe s. : it. *ridotta* « lieu où l'on peut se retirer », du lat. *redŭcta*, part. passé fém. de *reducere*; a subi l'influence de redouter.

**CÔNE** (sav.) XVIe s. : gr. *kônos*, par le lat.; **CONIQUE** XVIIe s.; **CONI-**, 1er élément de composés sav. ex. : **CONIFÈRE** XVIe s. : lat. *conifer* « (arbre) qui porte des cônes ».

**CONGRE** XIIIe s. : prov. *congre*, du bas lat. *congrus*, du lat. class. *conger, -gri*, du gr. *goggros*, ou mot méditerranéen empr. séparément par le lat. et le gr.

**CONGRU** (sav.) XIIIe s. : lat. *congruus* « convenable », de *congruere* « être d'accord »; **CONGRUITÉ** XIVe s. : bas lat. *congruitas*; **CONGRUENCE** XVe s. : lat. imp. *congruentia*; **INCONGRU** XIVe s. : bas lat. *incongruus*; **INCONGRUITÉ** XVIe s. : *incongruitas*; **INCONGRÛMENT** XIVe s.

**CONNAÎTRE** famille d'une racine ind.-eur. **genē- *gnō-* « connaître ».

En grec : (1) le verbe à redoublement *gignôskein* « connaître » (2) les formes nominales *gnôsis* « connaissance » d'où *gnôstikos* « apte à connaître » et *diagnôstikos* « apte à discerner »; *gnômê* « intelligence » et *gnômôn* « qui discerne », « qui sert de règle », d'où « équerre ».

En latin deux formes différentes : (1) **gnā-* dans : (a) *gnarus* « qui sait » et *ignarus* « qui ignore », (b) *narrare* « faire connaître », « raconter », dér. de *(g)narus*, avec gémination expressive du *r*; (c) *ignorare*, dér. de *ignarus*, dont le vocalisme a subi l'infl. de *ignōtus* « inconnu » (2) **gnō-* dans, (a) *(g)nōscĕre, nōtus* « connaître » d'où *notio* « action de connaître », « idée »; *notitia* « connaissance », « notoriété »; *notificare* « faire connaître »; *notorius* « qui notifie »; (b) *cognōscĕre, cognitus* « connaître », concurrencé en lat. vulg. par **accognitare*; (c) *nobilis* « connu » et *ignōbilis* « inconnu »; (d) *norma* « équerre », probablement empr. au gr. *gnômôn* par l'étrusque.

**I.** mots issus du latin

**A.** famille de *cognoscere*

♦ [1] **CONNAÎTRE** (pop.) XIe s. : *cognoscĕre*; **RECONNAÎTRE** XIe s. : *recognoscere*;

**MÉCONNAÎTRE** XIIe s. ♦ [2] **CONNAISSANCE** XIe s., XVIIe s. « personne connue »; **MÉCONNAISSANCE** XIIe s.; **RECONNAISSANCE** XIe s. « signe de ralliement », XIIIe s. « acte de reconnaître pour vrai », XVIe s. « gratitude », XVIIIe s., jur. ♦ [3] **CONNAISSABLE** XIVe s.; **INCONNAISSABLE** XVe s.; **MÉCONNAISSABLE** XIIIe s.; **RECONNAISSABLE** XIe s. ♦ [4] **CONNAISSEUR** XIIe s.; **RECONNAISSANT** XIVe s. ♦ [5] **INCONNU** XIVe s. : calqué sur *incognitus*; **MÉCONNU** XVIe s. ♦ [6] **ACCOINTANCE** (pop.) XIIe s. : dér. de l'anc. fr. *accointer* « faire connaissance », lui-même dér. de l'adj. *accointe* « familier » du lat. *accognĭtus*. ♦ [7] **INCOGNITO** XVIe s. : mot it., « inconnu » : lat. *incognitus*.

B. famille de *noscere, notus*

♦ [1] **NOTION** (sav.) XVIe s. : *notio*; **NOTIONNEL** XVIIIe s. ♦ [2] **NOTICE** (sav.) XIVe s. « connaissance », XVIIIe s. « préface » puis « indications sommaires » : *notitia*. ♦ [3] **NOTIFIER** (sav.) XIVe s. : *notificare*; **NOTIFICATION** XIVe s.; **NOTIFICATIF** XIXe s. ♦ [4] **NOTOIRE** (sav.) XIIIe s. : *notorius*; **NOTORIÉTÉ** XVe s.

C. famille de *-gnarus*

♦ [1] **IGNARE** (sav.) XIVe s. : ignarus. ♦ [2] **IGNORER** (sav.) XIVe s. : *ignorare*; **IGNORANT** XIIIe s. : lat. *ignorans*; **IGNORANCE** XIIe s. : *ignorantia*. ♦ [3] **IGNORANTIN** XVIIIe s. : adaptation de l'it. *(frati) ignorantelli*, nom pris par humilité par les frères de Saint-Jean-de-Dieu, puis appliqué par dérision aux frères des écoles chrétiennes. ♦ [4] **NARRER** (sav.) XIVe s. : *narrare*; **NARRATIF** XVe s. : *narrativus*; **NARRATION** (sav.) XIIe s. : *narratio*; **NARRATEUR** XVIe s. : *narrator*. ♦ [5] **INÉNARRABLE** (sav.) XVe s. : *inenarrabilis*, adj. formé sur *enarrare* « raconter en détail », dér. de *narrare*.

D. famille de *nobilis*

♦ [1] **NOBLE** (pop.) XIe s. « au-dessus du commun », XIIIe s., classe sociale : *nobilis*; **NOBLIAU, NOBLAILLON** XIXe s.; **NOBLESSE** XIIe s.; **NOBLEMENT** XIIe s.; **ENNOBLIR** XIIIe s. « donner un titre de noblesse », puis sens fig.; **ENNOBLISSEMENT** XIVe s.; **ANOBLIR, ANOBLISSEMENT** XIVe s. ♦ [2] **NOBILIAIRE** (sav.) XVIIe s. : adj. formé sur la base de *nobilis*. ♦ [3] **IGNOBLE** (sav.) XIVe s. « roturier », XVIIe s., sens fig. : *ignobilis*.

E. famille de *norma*

♦ [1] **NORME** XIIe s., rare avant le XIXe s. « modèle », « règle moyenne », XXe s., sens industriel : *norma*; **NORMATIF** XIXe s. ♦ [2] **NORMAL** XVe s. gram. XVIIIe s. math., fin XVIIIe s. *école normale*, XIXe s., emploi généralisé, « conforme à une règle moyenne » : *normalis*, dér. de *norma*; **NORMALIEN** XIXe s.; **NORMALITÉ** XIXe s.; **NORMALISER, NORMALISATION** XXe s. ♦ [3] **ANORMAL** XIIIe s. *anormalis*; **ANORMALITÉ** XIXe s. ♦ [4] **ÉNORME** (sav.) XIVe s. : *enormis* « qui sort de la règle », dér. de *norma*; **ÉNORMITÉ** XIIIe s. : *enormitas*; **ÉNORMÉMENT** XIVe s.

II. mots issus du grec

A. famille de *gnôsis*

♦ [1] **GNOSE** (sav.) XVIIe s. : *gnôsis*; **GNOSTIQUE** XVIe s. : *gnôstikos*; **GNOSTICISME** XIXe s. ♦ [2] **AGNOSTIQUE** fin XIXe s. : angl. *agnostic*, formé sur le gr. *agnôstos* « ignorant »; **AGNOSTICISME** fin XIXe s. ♦ [3] **DIAGNOSTIC** (sav.) XVIe s. adj., XVIIIe s. subst. : *diagnôstikos*; **DIAGNOSTIQUER** XIXe s. ♦ [4] **PRONOSTIC** (demi-sav.) XIIIe s. : gr. *prognôstikos* « qui concerne la connaissance de ce qui doit arriver », par le bas lat.; **PRONOSTIQUER** XIVe s.

B. famille de *gnômê*

♦ [1] **GNOME** (sav.) XVIe s., désigne un être surnaturel : lat. alchim. *gnomus*, du gr. *gnômê* ♦ [2] **GNOMON** (sav.) XVIe s., sorte de cadran solaire : *gnômôn*. ♦ [3] **GNOMIQUE** (sav.) XVIIe s. : *gnômikos* « sentencieux », adj. dér. de *gnômê*. ♦ [4] **PHYSIOGNOMONIE** (sav.) XVIe s. : lat. méd. *physiognomonia*, du gr. *phusis* « nature » et *gnômôn*; **PHYSIOGNOMONIQUE, -ISTE** XIXe s. ♦ [5] **PHYSIONOMIE** (demi-sav.) XIIIe s. : lat. *physiognomia*, altération de *physiognomonia*; **PHYSIONOMIQUE, -ISTE** XVIe s.

## CONNIVENCE

**CONNIVENCE** rac. ind.-eur. **kneighw-* « appuyer », représentée en lat. par *niti, nixus* « faire effort » et *conivere*, bas lat. *connivere* « serrer les paupières », « fermer les yeux », d'où « être indulgent », être d'accord ».

♦ [1] **CONNIVENCE** (sav.) XVIe s. : bas lat. *conniventia*, de *connivere*. ♦ [2] **RÉNITENT** (sav.) XVIe s. : *renitens*, part. présent de *reniti* « résister », dér. de *niti*; **RÉNITENCE** XVIe s.

## CONSEIL

**CONSEIL** famille du lat. *consulere, consultus* « délibérer » d'où (1) *consultus* adj.; (a) « qui a délibéré », « sage », comme dans *juisconsultus* « savant en droit »; (b) « qui a fait l'objet d'une délibération », comme dans *senatusconsultum* « décision du Sénat » (2) *consultare*, même sens que *consulere* (3) *consilium* « endroit où l'on délibère », « assemblée délibérante », « conseil »; *consiliari*, lat. vulg. **consiliare* « tenir conseil »; *consiliarius* « conseiller » (subst.).

♦ [1] **CONSEIL** (pop.) Xe s. « avis », XIe s. « réunion de personnes qui délibèrent », XIIe s. « personne dont on prend l'avis » : *consĭlĭum*; **CONSEILLER** (pop.) Xe s., subst. : **consĭlĭārius*; **CONSEILLE** (pop.) XIe s., verbe : **consĭlĭāre*;

**DÉCONSEILLER** XII$^e$ s. d'abord au sens de « priver du secours de ses conseils »; **CONSEILLEUR** XII$^e$ s. ♦ [2] **CONSULTER** (sav.) XIV$^e$ s.-XVII$^e$ s. « délibérer », XV$^e$ s. sens mod. : *consultare*; **CONSULTATION** XIV$^e$ s. « conférence », XVII$^e$ s., sens méd.; **CONSULTANT** XVI$^e$ s.; **CONSULTATIF** XVII$^e$ s. ♦ [3] **JURISCONSULTE** (sav.) XV$^e$ s. : *juris consultus*. ♦ [4] **SÉNATUS-CONSULTE** (sav.) XIV$^e$ s. : *senatusconsultum*.

**CONSOLER** (sav.) XIV$^e$ s. : lat. *consolari* « chercher à soulager »; **CONSOLATION** (sav.) XI$^e$ s. : *consolatio*; **CONSOLATEUR** XIII$^e$ s. : *consolator*; **CONSOLABLE** XV$^e$ s. : *consolabilis*; **INCONSOLABLE** XVI$^e$ s. : *inconsolabilis*.

**CONSPUER** famille d'une rac. ind.-eur. signifiant « cracher », qui présente un grand nombre de var., sans doute à cause de la valeur de conjuration magique attribuée au crachat dans les croyances populaires; le lat. *spuere* « cracher » repose sur une forme **speu*; le gr. *ptuein* « cracher », sur une forme **pteu*.

I. mot issu du latin **CONSPUER** (sav.) XVI$^e$ s., rare avant le XVIII$^e$ s. : *conspuere* « cracher sur ».

II. mot issu du grec **-PTYSIE**, 2$^e$ élément de composé sav. : gr. *ptusis* « action de cracher », dér. de *ptuein*, dans **HÉMOPTYSIE** XVII$^e$ s. « crachement de sang ».

**CONSUL** ♦ [1] (sav.) XIII$^e$ s., hist., XVII$^e$ s., diplomatie, 1799-1804, pol. franç. : lat. *consul*, nom donné aux deux premiers magistrats de la république romaine; un rapport avec *consulere* (→ CONSEIL) est possible, mais obscur. ♦ [2] **PROCONSUL** (sav.) XV$^e$ s., hist. romaine : mot lat.; **VICE-CONSUL** XVIII$^e$ s. ♦ [3] **CONSULAT** XIII$^e$ s. (même évolution que *consul*) : *consulatus*; **PROCONSULAT** XVI$^e$ s.; **CONSULAIRE** XIII$^e$ s. (même évolution que *consul*) : *consularis*; **PROCONSULAIRE** XVI$^e$ s.

**CONTEMPTEUR** (sav.) XV$^e$ s. : lat. *contemptor*, dér. de *contemnere* « mépriser ».

**CONTER** famille du lat. *putare* « émonder les arbres » et « apurer un compte », « compter », d'où « juger », « penser ». – Dér. : lat. imp. *putativus* « imaginaire », et les verbes *amputare* « couper »; *computare* « calculer »; *deputare* « émonder » et « évaluer », d'où bas lat. « assigner à », « députer »; *disputare* « mettre au net un compte » « raisonner », « discuter »; *imputare* « porter en compte », « attribuer »; *reputare* « supputer », « examiner »; *supputare* « émonder » et lat. imp. « supputer ».

I. mots populaires

♦ [1] **CONTER** XI$^e$ s. : *compŭtāre*, qui, à partir du sens d'« énumérer », a dû prendre celui de « raconter » dans la langue populaire; **CONTE, CONTEUR, RACONTER** XII$^e$ s. *reconter*, XIV$^e$ s. forme mod., **RACONTABLE** XII$^e$ s.; **RACONTAR** XIX$^e$ s. ♦ [2] **COMPTER** XI$^e$ s., orth. sav. *-pt-* au XIII$^e$ s. pour le distinguer de *conter* : *compŭtāre*; **DÉCOMPTER** XII$^e$ s.; **RECOMPTER** XV$^e$ s. ♦ [3] **COMPTE-FILS, COMPTE-GOUTTES, COMPTE-TOURS** XIX$^e$ s. ♦ [4] **COMPTE** XI$^e$ s., d'abord *conte* : bas lat. *compŭtus*, dér. de *computare*; **DÉCOMPTE** XII$^e$ s., **ACOMPTE** XII$^e$ s. « compte », XVIII$^e$ s., sens mod., **MÉCOMPTE** XII$^e$ s. : dér. de *décompter*, et de l'anc. fr. *acompter, mécompter*; **COMPTE RENDU** XV$^e$ s.; **COMPTE COURANT** XVII$^e$ s. : calque de l'it. *conto corrente*. ♦ [5] **COMPTABLE** XIII$^e$ s. adj., XIV$^e$ s. subst.; **COMPTABILITÉ** XVI$^e$ s. ♦ [6] **COMPTAGE** XV$^e$ s.; **COMPTEUR** XIII$^e$ s. « personne qui compte », XVIII$^e$ s. « appareil »; **COMPTOIR** XIV$^e$ s. ♦ [7] **COMPTINE** XX$^e$ s. « chanson enfantine servant à *compter* pour désigner un joueur ». ♦ [8] **ESCOMPTER** XVII$^e$ s., finances, XIX$^e$ s., sens fig. : it. *scontare*, dér. de *conto* : *computus*; **ESCOMPTE** XVI$^e$ s. : it. *sconto*; **ESCOMPTABLE, RÉESCOMPTER** XIX$^e$ s.

II. mots savants

base *-put-*

♦ [1] **AMPUTER** XV$^e$ s., XVI$^e$ s., chirurgie : *amputare*; **AMPUTATION** XVI$^e$ s. ♦ [2] **COMPUT** XVI$^e$ s. : *computus*; **COMPUTATION** XVI$^e$ s. : *computatio*; **COMPUTISTE** XVII$^e$ s. ♦ [3] **DÉPUTER** XIV$^e$ s. : *deputare*; **DÉPUTÉ** XIV$^e$ s. « représentant du souverain », fin XVIII$^e$ s. « représentant du peuple dans une assemblée politique » : *deputatus*; **DÉPUTATION** XV$^e$ s., même évolution : *deputatio*. ♦ [4] **DISPUTER** XII$^e$ s. « discuter », XVII$^e$ s. « se quereller » : *disputare*; **DISPUTE** XV$^e$ s., même évolution; **DISPUTEUR** XIII$^e$ s.; **DISPUTAILLER** XVI$^e$ s. ♦ [5] **IMPUTER** XIV$^e$ s. : *imputare*; **IMPUTABLE** XIV$^e$ s.; **IMPUTATION**XV$^e$ s. : *imputatio*. ♦ [6] **PUTATIF** XIV$^e$ s. : *putativus*. ♦ [7] **RÉPUTER** XIII$^e$ s. « compter », XIV$^e$ s., sens mod. : *reputare*; **RÉPUTATION** XV$^e$ s. : *reputatio*. ♦ [8] **SUPPUTER** XVI$^e$ s. : *supputare*; **SUPPUTATION** XVI$^e$ s. : *supputatio*.

**CONTRE** famille du lat. *contra*, préverbe, adv. et prép. « contre », « en face de » et « au contraire » qui a tendu à être remplacé en bas lat. par la prép. composée *incontra*; dérivés *contrarius* « opposé » et lat. vulg. **contrāta (regio)* « le pays d'en face ».

♦ [1] **CONTRE** (pop.) IX^e s. : *contra* ; **CONTRER** XIX^e s. ♦ [2] **CONTRE-**, préf., ex. : *contredire, contresens*, et élément de composition, ex. : *contre-attaque, contre-offensive*. ♦ [3] **CONTRA-** forme savante du même préf., ex. : *contradiction, contravention*. ♦ [4] **ENCONTRE** (pop.) X^e s. : *incontra* ; **RENCONTRE** XIII^e s. ; **RENCONTRER** XIV^e s. ; **MALENCONTREUX** XV^e s. : dér. de l'anc. fr. *malencontre* « mauvaise rencontre », « malheureux hasard ». ♦ [5] **CONTRÉE** (pop.) XI^e s. : **contrāta* ; ce mot a été empr. par l'angl. sous la forme *country* « campagne » ; il réapparaît en fr. dans **CONTREDANSE** XVII^e s., de l'angl. *country dance* « danse campagnarde ». ♦ [6] **CONTRAIRE** (demi-sav.) XI^e s. : *contrarius* ; **CONTRARIER** (sav.) XI^e s. : bas lat. *contrariare* ; **CONTRARIÉTÉ** (sav.) XII^e s. : *contrarietas*.

**CONTUMACE** ♦ [1] (sav.) XIII^e s., *contumal*, XIV^e s., forme mod., adj. : lat. *contumax, -acis* « obstiné », var. subst. **CONTUMAX**. ♦ [2] (sav.) XIII^e s., subst. : *contumacia* « obstination orgueilleuse ».

**CONVERGER** représentant du lat. *vergere* « pencher ».
♦ [1] **CONVERGER** (sav.) XVIII^e s. : lat. médiéval *convergere* « tendre vers un même point » ; **CONVERGENT** et **CONVERGENCE** XVII^e s. ♦ [2] **DIVERGER** (sav.) XVIII^e s., d'abord scient., puis sens fig. : lat. médiéval *divergere* « aller en s'écartant » ; **DIVERGENT, DIVERGENCE** XVII^e s.

**CONVEXE** (sav.) XIV^e s. : lat. *convexus* « voûté » ; **BICONVEXE** XIX^e s. ; **CONVEXITÉ** XVI^e s. : *convexitas*.

**CONVIER** ensemble de mots qu'il faut probablement rattacher à un adj. lat. **vitus* « qui agit de son propre gré », apparenté à *vis* « tu veux ». (1) *invitare*, avec *in-* intensif « faire venir quelqu'un dont on désire la présence » (2) lat. vulg. **convitare*, formé sur le modèle de *invitare*.
♦ [1] **CONVIER** (pop.) XII^e s. : **convitare*. ♦ [2] **ENVI** (pop.) XII^e s., « défi au jeu, gageure », XVI^e s., réduit à la locution *à l'envi* : dér. de l'anc. fr. *envier* « inviter, provoquer » : lat. *invitare*. ♦ [3] **INVITER** (sav.) XIV^e s. : lat. *invitare* ; **INVITATION** XIV^e s. : *invitatio* ; **INVITE** XVIII^e s. ; **INVITÉ** XIX^e s.

**CONVOITER** famille de lat. *cupere* « désirer », d'où *cupido* « le désir », traduction du gr. *érôs ; cupidus* « qui désire » ; bas lat. *concupiscere* « être pris de l'envie de ».
♦ [1] **CONVOITER** (pop.) XIV^e s. : réfection de l'anc. fr. *coveitier* XII^e s. : lat. vulg. **cupidietāre*, dér. de **cupidietas*, altération d'après *medietas, pietas*, etc., du lat. class. *cupiditas* « désir » ; **CONVOITEUX, CONVOITABLE** XII^e s. ; **CONVOITISE** XII^e s. ♦ [2] **CUPIDE** (sav.) XV^e s. : *cupidus* ; **CUPIDITÉ** XIV^e s. : *cupiditas* ; **CUPIDEMENT** XVI^e s. ♦ [3] **CUPIDON** (sav.) XVII^e s., mythol., XIX^e s., nom commun : *Cupido*, dieu de l'Amour. ♦ [4] **CONCUPISCENCE** (sav.) XIII^e s. : *concupiscentia* « désir ardent », de *concupiscere* ; **CONCUPISCENT** XIX^e s.

**COPEAU** (pop.) XIII^e s., d'abord *cospel* : lat. vulg. **cŭspellus* dimin. de *cuspis* « pointe (fer de lance, aiguillon, etc.) ».

**COQUE** ♦ [1] (pop.) XIII^e s. « coquille » (d'œuf, d'amande, de mollusque), XIX^e s. (de navire) : bas lat. *coco*, origine obscure ; p.-ê. *coccum*, excroissance du chêne causée par son parasite, le kermès, qui aurait servi à désigner divers objets arrondis (→ COCCINELLE), ou onom. enfantine du cri de la poule, qui aurait à l'origine désigné seulement l'œuf ; **COQUETIER** XV^e s. « marchand d'œufs », XVI^e s., ustensile. ♦ [2] **COCON** XVII^e s. : prov. *coucoun*, dér. de *coco* « coque », de même origine.

**COQUECIGRUE** XVI^e s., XIV^e s. *coquesague* : étym. douteuse.

**COQUELUCHE** (pop.) XV^e s. « capuchon » et « toux quinteuse épidémique », XVII^e s. « passion », sans doute en relation avec le sens de « capuchon » → *être coiffé de, avoir le béguin* : mot obscur. L'hypothèse selon laquelle les coquelucheux se seraient soignés en s'encapuchonnant, le mot *coqueluche* remontant par voie d'empr. à *cucullus*, n'est nullement prouvée ; un étymon all. *Keuchhusten* « toux quinteuse », d'origine onom., convient bien pour le nom de la maladie, mais pas pour le capuchon. Quelle que soit l'origine du mot, un croisement avec le mot *coq* est certain, la toux particulière à cette maladie étant précisément appelée *chant du coq*.

**COR** famille d'une rac. ind.-eur. **ker-*, **kor-*, désignant des « objets durs et protubérants » représentée
En grec (1) avec voyelle *e*, par *keras, -atos* « corne » et *-kerôs, -ôtos* second élément de composés, « cornu » (2) avec voyelle *o*, par *koru-*

*phê* « sommet », d'où *koruphaios* « qui occupe le sommet, ou la première place », « le chef » (3) avec voyelle *a*, *kranion* « crâne » et *kara* « tête ».

En latin (1) avec voyelle *o*, par (a) *cornu, -us* « corne », « trompe d'appel faite d'une corne » et « matière cornée », d'où *cornutus* « cornu »; *corneus* « corné »; *bicornis, tricornis* « à deux, trois cornes »; (b) probablement aussi par *cornum, -i* « cornouille » (2) avec voyelle *e* par (a) *cerebrum* « cerveau », dimin. *cerebellum* fréquent dans la langue de la cuisine; (b) *cervix, -icis* « la nuque »; (c) *cervus* « cerf », c.-à-d. « cornu », à l'origine simple épithète, substituée au nom d'un grand gibier, souvent frappé d'interdit magique.

**I.** mots issus du latin

**A.** famille de *cornu*

♦ [1] **COR** (pop.) XI$^{e}$ s., sous la forme *corn* « instrument de musique », XII$^{e}$ s. « angle saillant, coin », XIV$^{e}$ s. « pousse des bois d'un cerf », XVII$^{e}$ s. « durillon au pied » : *cornu*; **CORNER** XI$^{e}$ s., dérivé de *corn* au premier sens; **CORNISTE** XIX$^{e}$ s.; **CORON** XIII$^{e}$ s. « extrémité » : dér. de *cor* au 2$^{e}$ sens du mot; XIX$^{e}$ s. « quartier où habitent les mineurs » : le mot avait pris ce sens dans le dial. wallon, auquel Zola l'a empr. pour le populariser dans *Germinal*. ♦ [2] **CORNE** (pop.) XII$^{e}$ s. : lat. vulg. **corna*, pour lat. class. *cornua*, pluriel neutre de *cornu*, pris pour un fém. ♦ [3] **BICORNE** (sav.) XIV$^{e}$ s. : *bicornis*; **TRICORNE** (sav.) XIX$^{e}$ s. : *tricornis*. ♦ [4] **CORNET** XIII$^{e}$ s., instrument de musique, XIV$^{e}$ s. « récipient conique »; **CORNETTE** XIII$^{e}$ s. « coiffe de femme », XV$^{e}$ s. « étendard de cavalerie » et « officier qui porte cet étendard »; **CORNICHON** XVI$^{e}$ s. « petite corne », XVII$^{e}$ s. « légume servant de condiment » : dimin. de *corne*. ♦ [5] **CORNU** (pop.) XII$^{e}$ s. adj. : *cornutus*; **BISCORNU** (demi-sav.) XVI$^{e}$ s., XIV$^{e}$ s. sous la forme *bicornu*; **CORNUE** XV$^{e}$ s., subst. : adj. fém. substantivé. ♦ [6] **CORNÉ** (sav.) XVIII$^{e}$ s., adj. : *corneus*; **CORNÉE** (sav.) XIV$^{e}$ s., méd., subst. fém. : lat. médical *(tunica) cornea*. ♦ [7] **CORNIER, CORNIÈRE** (pop.) XII$^{e}$ s., subst. « coin », XV$^{e}$ s., adj., XVII$^{e}$ s., sens techn. : dér. de *corn* au sens de « coin ». ♦ [8] **CORNARD** (pop.) XIII$^{e}$ s. « niais », XVII$^{e}$ s. « mari trompé » : 2$^{e}$ sens dû à ce que, depuis le XV$^{e}$ s., les *cornes* sont le symbole des cocus; l'origine de ce fait est à chercher dans l'habitude qu'on avait prise de signaler les coqs que l'on châtrait en leur coupant les ergots et en les leur implantant dans la crête où ils ressemblaient à de petites cornes; d'où une multitude d'expressions plaisantes telles que *faire les cornes* XVII$^{e}$ s., *encorner un mari* XVI$^{e}$ s., *l'envoyer en Cornouailles* XVI$^{e}$ s.-XVIII$^{e}$ s.; **CORNETTE** XIX$^{e}$ s. « femme trompée ». ♦ [9] **ENCORNER** XII$^{e}$ s.; **RACORNIR** XIV$^{e}$ s.; **RACORNISSEMENT** XVIII$^{e}$ s.; **ÉCORNER** XII$^{e}$ s. : dér. pop. de *corne*; **ÉCORNIFLER** XV$^{e}$ s. : croisement de *écorner* et de *nifler* « renifler, flairer » attesté en anc. fr. et dans de nombreux dial.; **ÉCORNIFLEUR** XVI$^{e}$ s. ♦ [10] **LICORNE** fin XIV$^{e}$ s. : it. anc. *alicorno*, altération du lat. *unicornis* « (animal) à une corne », représenté aussi en anc. fr. sous la forme sav. *unicorne*. ♦ [11] **CORNICHE** XVI$^{e}$ s. : it. *cornice*, dér. de *cornu*. ♦ [12] **BIGORNE** fin XIV$^{e}$ s. « enclume à deux cornes » : empr. à une langue méridionale, représente le lat. *bicornis*; **BIGORNEAU** XVI$^{e}$ s. « petite enclume », XVII$^{e}$ s. coquillage; **BIGORNER** XVIII$^{e}$ s., techn.

**B.** famille de *cornum*

♦ [1] **CORNOUILLE** (pop.) XIII$^{e}$ s. : lat. vulg. **cornŭcŭla*, dimin. de *cornum*; a éliminé l'anc. fr. *corne* (pop.) XII$^{e}$ s., de *corna*, plur. neutre de *cornum* pris pour un fém.; **CORNOUILLER** XII$^{e}$ s. ♦ [2] **CORNALINE** XII$^{e}$ s. « pierre de la couleur de la cornouille » : dér. de *corne*.

**C.** famille de *cerebrum*

♦ [1] **CERVEAU** (pop.) XI$^{e}$ s. : *cerebellum*; **CERVELLE** XI$^{e}$ s. : *cerebella*, plur. neutre pris pour un fém.; **CERVELET** XVII$^{e}$ s. ♦ [2] **ÉCERVELÉ** (pop.) XII$^{e}$ s., adj. « étourdi » : part. passé de l'anc. fr. *écerveler* « ôter la cervelle » → l'expression *tête sans cervelle*. ♦ [3] **CERVELAS** XVI$^{e}$ s. : it. *cervellato* « saucisse à la milanaise, faite de viande et de cervelle de porc ». ♦ [4] **CÉRÉBRAL** (sav.) XVI$^{e}$ s. : adj. formé sur *cerebrum*; **CÉRÉBRALITÉ** XX$^{e}$ s.; **CÉRÉBRO-SPINAL** XIX$^{e}$ s. ♦ [5] **CÉRÉBELLEUX** (sav.) XIX$^{e}$ s. : adj. formé sur *cerebellum*.

**D.** représentant de *cervix* : **CERVICAL** (sav.) XVI$^{e}$ s. : adj. formé sur *cervix, -icis*.

**E.** famille de *cervus*

♦ [1] **CERF** (pop.) XI$^{e}$ s. : *cervus*; **CERF-VOLANT** XIV$^{e}$ s., sorte d'insecte, puis jouet. ♦ [2] **LOUP-CERVIER** XII$^{e}$ s., fém., XIV$^{e}$ s., masc. : calque du lat. *lupus cervarius* « loup qui s'attaque au cerf »; **CHAT-CERVIER** XVIII$^{e}$ s. ♦ [3] **CERVIDÉ** (sav.) XIX$^{e}$ s. : dér. formé sur *cervus*.

**II.** mots issus du grec

**A.** représentant de *kara*

**CHÈRE** (pop.) XI$^{e}$ s.; survit dans l'expression *faire bonne chère* qui signifiait à l'origine *faire bon visage à quelqu'un* : gr. *kara*, par le lat.

**B.** représentant de *kranion*

♦ [1] **MIGRAINE** (demi-sav.) XIII$^{e}$ s. : gr. *hêmikrania* « (douleur dans) la moitié du crâne », par le lat. méd. : **MIGRAINEUX** XIX$^{e}$ s.; **ANTIMIGRAINEUX** XX$^{e}$ s. ♦ [2] **CRÂNE** (sav.) XIV$^{e}$ s., anat., XVIII^e s., adj. « brave » : *kranion*, par le lat. médiéval; **OLÉCRANE** (sav.) XVI^e s. : gr. *olekranon* « coude », de *ôlenê* « bras » et *kranion*. ♦ [3] **CRÂNIEN** XIV^e s.; **CRANIOTOMIE** XIX^e s. : dér. de *crâne*, 1^er sens. ♦ [4] **CRÂNERIE** XVIII^e s.; **CRÂNER**, **CRÂNEUR** XIX^e s. : dér. de *crâne*, 2^e sens.

C. famille de *keras*

♦ [1] **RHINOCÉROS** (sav.) XIII^e s. : gr. *rhinokerôs* « qui a une corne sur le nez », par le lat. ♦ [2] **KÉRAT(O)-** 1^er élément de mots sav., ex. : **KÉRATINE** XIX^e s.; **KÉRATOSE** XX^e s., etc. ♦ [3] **-CÈRE** 2^e élément de mots sav., ex. : **ACÈRE, CHÉLICÈRE**, etc.

D. représentant de *koruphê* : **CORYPHÉE** (sav.) XVI^e s. : *koruphaios*.

**CORAIL** (demi-sav.) XII^e s. : gr. *korallion*, par le lat.

**CORAN** XVII^e s., XIV^e s. sous la forme *alcoran* : arabe *al Qur'an* « la lecture ».

**CORBEILLE** (pop.) XII^e s. : lat. *corbicula*, dimin. de *corbis*, sans doute empr. à une langue méditerranéenne; **CORBILLON** XII^e s.

**CORDE** famille du gr. *khordê* « boyau » et « corde de boyau ».

♦ [1] **CORDE** (pop.) XII^e s. : lat. *chorda*, du gr. *khordê*; **CORDIER, CORDERIE** XIII^e s. ♦ [2] **CORDEAU** (pop.) XII^e s. : lat. vulg. **cordellus*, dimin. de *chorda*. Il existait en anc. fr. une forme fém. *cordelle*, d'où **CORDELIER** XIII^e s., religieux franciscain portant une ceinture de corde; **CORDELIÈRE** XIV^e s., ceinture des cordeliers, à l'origine; **CORDELETTE** XIV^e s. ♦ [3] **CORDON** (pop.) XII^e s.; **CORDON BLEU** XVII^e s. « homme décoré de l'ordre du Saint-Esprit », d'où « homme d'un mérite éminent », XIX^e s. limité aux cuisiniers; **CORDAGE** XIV^e s. ♦ [4] **CORDER** XIII^e s.; **CORDÉE** XVI^e s., mesure de fagots entourés d'une corde, XIX^e s., alpinisme; **ENCORDER** XII^e s.; **DÉCORDER** XII^e s. Pour les autres verbes comportant la base *-cord-* → CŒUR. ♦ [5] **-CORDE** 2^e élément de composés sav., ex. : **MONOCORDE** XIV^e s. : gr. *monokhordon*. ♦ [6] **GOURDIN** XVI^e s. « corde servant à frapper les galériens », XVII^e s., sens mod. : croisement de l'it. *cordino*, diminutif de *corda*, avec *gourd*.

**CORNAC** XVII^e s. : port. *cornaca* : cingalais *kūrawa nāyaka* « dompteur d'éléphants ».

**CORPS** famille du lat. *corpus, corporis* qui avait déjà les différents sens du fr. *corps*. Pour les mots scientifiques exprimant la notion de « corps » → SOMAT(O)-.

I. mots populaires

♦ [1] **CORPS** X^e s. *cors* « partie matérielle d'un être animé » et « personne », XIII^e s., *corps céleste* et *corps de bâtiment*, XVI^e s. « substance chimique », XVIII^e s., pol. : *corpus*; **ARRIÈRE-CORPS, AVANT-CORPS** XVII^e s. ♦ [2] **CORSAGE** XII^e s. « buste », XVIII^e s. « vêtement qui couvre le buste »; **CORSELET** XII^e s. « petit corps », XV^e s. « cuirasse », XVI^e s., vêtement, et entomol.; **CORSET** XIII^e s., corsage, XIX^e s., sens mod.; **CORSETER, CORSETIER, -IÈRE** XIX^e s. ♦ [3] **CORSER** XVI^e s. « prendre au corps », XIX^e s. « donner du corps ».

II. mots savants

A. base *-corpor-*

♦ [1] **CORPORAL** XIII^e s. : lat. imp. *corporalis*, spécialisé au neutre dans son emploi liturgique. ♦ [2] **CORPOREL** (demi-sav.) XII^e s., adj. : *corporalis*; **INCORPOREL** XII; *incorporalis*; **CORPORELLEMENT** XII^e s. ♦ [3] **INCORPORER** XII^e s., XV^e s., milit. : lat. imp. *incorporare* « faire entrer dans un corps »; **INCORPORATION** XV^e s. ♦ [4] **CORPORATION** XVI^e s. : mot angl. tiré du lat. médiéval *corporari* « se former en corps »; **CORPORATIF, -IVEMENT** XIX^e s.; **CORPORATISME** XX^e s.

B. autres bases

♦ [1] **CORPUS** XVII^e s. « hostie », XIX^e s. « recueil de textes » : mot latin; **CORPUSCULE** XIV^e s. : *corpusculum* dimin. de *corpus*; **CORPUSCULAIRE** XVIII^e s. ♦ [2] **CORPULENT** XV^e s. : *corpulentus*; **CORPULENCE** XIV^e s. : *corpulentia*.

**CORUSCANT** (sav.) XV^e s. : lat. *coruscans*, part. présent de *coruscare* « étinceler ».

**CORVÉE** famille du lat. *rogare* « interroger », d'où le subst. *rogatio, -onis* « demande » et les verbes *abrogare* « demander la suppression de »; *adrogare* ou *arrogare* « demander l'adjonction de »; *corrogare* « se procurer à force de demandes »; *derogare* « retrancher », « déroger à une loi »; *interrogare* « interroger »; *praerogare* « interroger d'avance »; *prorogare* « prolonger les pouvoirs d'un magistrat »; *subrogare* « proposer un autre candidat ».

I. mots populaires

♦ [1] **CORVÉE** XII^e s. : *corrŏgāta (opera)* « (travail) demandé », **CORVÉABLE** XVIII^e s. ♦ [2] **ENTRAVER** XVIII^e s., argot, « comprendre » : métathèse de l'anc. fr. *enterver* XII^e s. « interroger », « chercher », « comprendre » : *interrŏgāre*.

**II.** mots savants
base unique *-rog-*
♦ [1] **ABROGER** XIVe s. : *abrogare*; **ABROGATION** XVIe s. : *abrogatio*; **ABROGEABLE, ABROGATIF** XIXe s. ♦ [2] **ARROGER** XIVe s. « attribuer », XVIe s., pronominal : *arrogare*; **ARROGANT** XIVe s. : *arrogans*, part. présent de *arrogare*; **ARROGANCE** XIIe s. : *arrogantia*. ♦ [3] **DÉROGER** XIVe s. « contrevenir à une loi, à ce qu'exige son rang » : *derogare*; **DÉROGATION** XVe s. : *derogatio*; **DÉROGATOIRE** XIVe s. : *derogatorius*. ♦ [4] **INTERROGER** XIVe s. : *interrogare*; **INTERROGATION** XIIIe s. : *interrogatio*; **INTERROGATOIRE** XIVe s. : *interrogatorius*; **INTERROGATEUR** XVIe s. : *interrogator*; **INTERROGATIF** XVIe s. : *interrogativus*; **INTERROGATIVEMENT** XIXe s. ♦ [5] **PRÉROGATIVE** XIIIe s. : lat. jur. *praerogativa (centuria)* « (centurie) qui vote la première ». ♦ [6] **PROROGER** XIVe s. : *prorogare*; **PROROGATION** XIVe s. : *prorogatio*; **PROROGATIF** XIXe s. ♦ [7] **ROGATIONS** XIVe s. : *rogationes*; a éliminé l'anc. fr. *rovaison* dér. de *rover* (pop.) : *rogare*; **ROGATOIRE** XVIe s. : dér. sur *rogatus*; **ROGATON** XIVe s. « humble requête », XVIIe s. « petit reste donné à un mendiant », fam. : lat. *rogatum* « chose demandée », prononcé à l'ancienne manière → DICTON, BRIMBORION, FACTOTON. ♦ [8] **SUBROGER** XIVe s., XIXe s., *subrogé tuteur : subrogare*; **SUBROGATION** XVe s.; **SUBROGATOIRE** XIXe s.

**CORVETTE** XVe s. : sans doute apparenté à l'all. *Korf* et au néerl. *korver*, noms de divers bateaux.

**CORYZA** (sav.) XIVe s. : gr. *koruza* « rhume », par le lat.

**COSMOS** famille (sav.) du gr. *kosmos* « ordre », d'où « parure, ornement » et « univers organisé ».
♦ [1] **COSMOS** fin XIXe s. : mot grec : **COSMIQUE** XIVe s. : *kosmikos* ♦ [2] **COSMO-** 1er élément de composés sav., ex. : **COSMOGONIE** XVIe s. : gr. *kosmogonia*; **COSMOGRAPHE** XIVe s. et **COSMOGRAPHIE** XVIe s. : gr. *kosmographia*; **COSMOPOLITE** XVIe s. adj., XIXe s. subst.; **COSMOPOLITISME** XIXe s.; **COSMONAUTE** XXe s. ♦ [3] **-COSME** 2e élément de composés sav. : **MICROCOSME** XIVe s. : gr. *microkosmos*, par le lat., et **MACROCOSME** XIVe s. formé sur *microcosme*. ♦ [4] **COSMÉTIQUE** XVIe s. : *kosmetikos* « relatif à la parure »; **COSMÉTIQUE** XIXe s.

**COSSE** (de légume) (pop.) XIIe s. : mot obscur; on suppose un lat. vulg. **coccia*, croisement entre l'ancêtre de *coque* et *cochlea* « coquille », représenté aussi en it. **ÉCOSSER** XIIe s.; **ÉCOSSEUR** XVIe s.; **COSSU** XIVe s., déjà au sens fig., mais sans doute, à l'origine, en parlant d'une tige de pois portant de nombreuses cosses.

**COSTAUD** fin XIXe s. : étym. discutée; p.-ê. dér. méridional de *côte* « qui a de bonnes côtes »; p.-ê. empr. au romani *cochto* « bon », « solide ».

**CÔTE** famille du lat. *costa* « côte » et « côté »; dér. *costalis* et *costatus*.
**I.** base *-côt-* (pop.)
♦ [1] **CÔTE** XIe s., os, XIIe s. « pente », XVIe s. « rivage » : *costa*. ♦ [2] **CÔTÉ** XIe s. « région des côtes », XIIe s. -XIIIe s. « ce qui est à droite ou à gauche », « limite extérieure », XVIIe s. « façon dont se présentent les choses » : *costātum*; a éliminé vers le XVe s. l'anc. fr. *lez*, du lat. *latus*. ♦ [3] **CÔTELÉ** XIIe s. ♦ [4] **CÔTELETTE** XIVe s.; **ENTRECÔTE** XVIIIe s. ♦ [5] **COTEAU** XVe s. ♦ [6] **CÔTIER, -IÈRE** XVIe s. ♦ [7] **CÔTOYER** XIIe s.
**II.** base *-cost-*
♦ [1] **INTERCOSTAL** (sav.) XVIe s. : dér. sur *costa*. ♦ [2] **ACCOSTER** XIIe s. « être près de », XVIe s. « aborder quelqu'un », XVIIe s., mar. : dér. de l'anc. fr. *coste*; le *s*, qui s'était normalement amuï, a été réintroduit à partir du XVIe s. sous l'influence de l'équivalent it. *accostare* « approcher » ou du prov. *acostar*; **ACCOSTABLE** XVI; **ACCOSTAGE** XIXe s., mar.

**COTERIE** représentants du germ. **kote* « cabane ».
♦ [1] **COTERIE** (pop.) XIVe s. « bien roturier soumis à un cens » et « association de paysans tenant en commun les terres d'un seigneur », XVIIe s. « société », avec sens péjoratif vers la fin du siècle; dér. d'un adj. *cotier* XIVe s. « relatif à un bien soumis à une redevance roturière », qui, avec l'anc. fr. *cotin* « maisonnette », suppose un anc. fr. **cote* : germ. **kote*. ♦ [2] **COTTAGE** XVIIIe s. : mot angl., « maison de paysans », « maison de campagne », dér. de *cot* « cabane » : germ. **kote*.

**COTHURNE** (sav.) XVe s. : gr. *kothornos* « chaussure à haute semelle des acteurs tragiques », par lat. *cothurnus*.

**COTON** XIIe s. it. génois *cottone*, de l'arabe *qutun*; **COTONNEUX, COTONNIER** XVIe s.; **COTONNADE** XVIIe s.

**COTTE** ♦ [1] (pop.) XIIe s., a désigné au cours des siècles des vêtements assez variés : frq.

*kotta, nom d'un vêtement; **COTILLON** XV^e s. « jupon », fin XVII^e s., danse avec accessoires. ♦ [2] **REDINGOTE** XVIII^e s. : angl. *riding coat* « vêtement *(coat :* anc. fr. *cotte)* pour aller à cheval *(to ride)* ».

**COTYLÉDON** (sav.) XIV^e s. : gr. *kotulêdôn* « cavité »; **MONO-, DICOTYLÉDONE**, XVIII^e s.

**COU** famille du lat. *collum* « cou »; dér. *collare* et bas lat. *collarium* « collier » et *decollare* « couper le cou ».

♦ [1] **COU** (pop.) XI^e s. : *collum*; forme à *l* vocalisé; **COU-DE-PIED** XII^e s. ♦ [2] **COL** (pop.) XI^e s. « partie étroite d'un objet », XII^e s. « partie de vêtement », XVII^e s., géogr. (remplace l'anc. fr. *port)* : *collum*, forme à *l* non vocalisé; **FAUX COL** XIX^e s.; **COLLET** XIII^e s.; **COLLERETTE** XIV^e s.; **ENCOLURE** XVI^e s.; **COLLIER** (pop.) XIII^e s. : *collarium*, a éliminé vers le XV^e s., la forme parallèle *coller : collare*. ♦ [3] **DÉCOLLETER** XIII^e s. « découvrir le cou », XVIII^e s. « échancrer l'encolure d'un vêtement », XIX^e s., sens techn. agric. et industrie : dér. de *col*; **DÉCOLLETÉ** fin XIX^e s. subst.; **DÉCOLLETEUR, -EUSE, -AGE** XIX^e s., techn.; **COLLETER** XVII^e s. « saisir au collet ». ♦ [4] **ACCOLER** XI^e s.; **ACCOLADE** XVI^e s. : réfection, par changement de suff., de l'anc. fr. *accolée*; **RACOLER** XIII^e s.-XIV^e s. « embrasser », XVIII^e s. « attirer des jeunes gens pour les recruter comme soldats »; **RACOLAGE** XVIII^e s.; **RACOLEUR** « id. »; **RACOLEUSE** fin XIX^e s. « prostituée ». ♦ [5] **DÉCOLLER** X^e s. : *décollare*; **DÉCOLLATION** (sav.) XIII^e s. ♦ [6] **COLTINER** fin XVIII^e s. « prendre au collet », « arrêter », XIX^e s., argot, « porter un fardeau sur le collet », c.-à-d. « sur la nuque » : dér. de *collet*. ♦ [7] **COLPORTER** XVI^e s. : var. de *cou porter* ou *porter à col*; a éliminé en ce sens *comporter*, du lat. *comportare* → PORT. ♦ [8] **COLIS** XVIII^e s., d'abord surtout à Marseille et à Lyon : it. *colli*, plur. de *collo* « cou », qui avait pris le sens de « charge sur le cou ».

**COUDE** ♦ [1] (pop.) XII^e s. « articulation du bras », XVII^e s., « angle » : lat. *cŭbĭtus*; **COUDÉE** XII^e s., sous la forme *coltée*; **ACCOUDER** XII^e s.; **ACCOUDOIR** XIV^e s.; **COUDOYER** XVI^e s. ♦ [2] **ACCOTER** (pop.) XII^e s. : bas lat. *accubitare* « accouder », d'où « étayer »; conservation du *t* sourd dû à une chute précoce du *ĭ* atone; a absorbé une partie des sens de *accoster* après l'amuïssement du *s* de ce verbe (→ CÔTE). ♦ [3] **CUBITUS** (sav.) XVI^e s. : mot lat.; **CUBITAL** XVII^e s.

**COUDRE** famille du lat. *sŭĕre, sūtus* « coudre » d'où *sūtor* « couseur », en particulier « cordonnier »; lat. imp. *sutura* « couture »; *consuere* « coudre », qui a fini par éliminer le simple.

♦ [1] **COUDRE** (pop.) XII^e s. : lat. vulg. **cōsĕre :* lat. class. *consuere*; **DÉCOUDRE** XII^e s.; **RECOUDRE** XII^e s. ♦ [2] **COUSEUSE** XIX^e s.; **COUSETTE**, id. ♦ [3] **COUTURE** XII^e s. : **cosŭtūra*, de **cōsĕre :* **COUTURÉ** XVII^e s. « balafré » : part. passé de *couturer* XV^e s. « coudre »; **COUTURIER, -IÈRE** XII^e s., XIX^e s. le masc. éliminé au XVI^e s. par *tailleur* est repris, en parlant de la haute couture féminine. ♦ [4] **ACCOUTRER** (pop.) XIII^e s. : lat. vulg. **acconsutŭrāre* « coudre ensemble »; **ACCOUTREMENT** XV^e s. ♦ [5] **SUEUR** et **LESUEUR**, auj. patronymes, en anc. fr. nom commun éliminé par *cordonnier*, remonte au lat. *sutor -ōris*. ♦ [6] **SUTURE** (sav.) XVI^e s. : *sutura*; **SUTURER** XIX^e s.

**COUDRIER** (pop.) XVI^e s. : dér. de l'anc. fr. *coudre* XII^e s. « noisetier », du lat. vulg. **cŏlŭrus*, métathèse du lat. class. *cŏrŭlus*, sous l'infl. de la forme gauloise correspondante **collo*.

**COUENNE** famille d'un mot ind.-eur. **kuti-* « peau », représentée en gr. par *kutos* « enveloppe », d'où « objet creux » et en lat. par *cutis* « la peau », remplacé en lat. vulg. par **cutina*, devenu **cutĭnna* sous l'influence d'un suffixe gaulois.

**I.** mots issus du latin

♦ [1] **COUENNE** (pop.) XIII^e s. : **cŭtĭnna*. ♦ [2] **CUTANÉ** (sav.) XVI^e s. : adj. formé sur *cutis*; **SOUS-CUTANÉ** XVIII^e s.; **CUTICULE** (sav.) XVI^e s. : *cuticula*, dimin. de *cutis*. ♦ [3] **CUTI-** 1^er élément de composés sav., ex. : **CUTI-RÉACTION** XX^e s.

**II.** mots issus du grec

♦ [1] **CYTO-** 1^er élément de composés sav. exprimant la notion de « cellule » : gr. *kutos*, ex. : **CYTOLOGIE, CYTOPLASME** fin XIX^e s. ♦ [2] **-CYTE, -CYTOSE** 2^e élément de composés sav., ex. : **LEUCOCYTE, -CYTOSE** fin XIX^e s.

**COUETTE** ♦ [1] (pop.) XII^e s., var. *cuilte, coilte, coite :* mot dial. (Sud-Ouest) : lat. vulg. **cŭlgĭta*, du lat. class. *cŭlcĭta* « coussin », « matelas »; la forme francienne correspondante est *coute*. ♦ [2] **COURTEPOINTE** fin XII^e s. : altération sous l'infl. de l'adj. *courte*, de *coute pointe* XII^e s. : *culcita puncta* « coussin piqué ». ♦ [3] **COUTIL** XIII^e s. « toile à matelas » : dér. de *coute*.

**COULE** ♦ [1] (pop.) XII^e s., sous la forme *coole* : lat. *cuculla*, var. de *cucullus* « capuchon ». ♦ [2] **CAGOULE** XVI^e s., XIII^e s. sous la forme *cogole* :

mot dial. (Sud-Ouest), croisement d'un représentant de *cucullus* avec *cagouille* « escargot ».

**COULER** famille du lat. *cōlum* « passoire », « filtre à vin », d'où *cōlāre* « filtrer ». Pour les mots scientifiques exprimant l'idée de « couler » → -RHÉE,, art. RHUME.
♦ [1] **COULER** (pop.) XII^e s.-XVI^e s. « faire naufrage », XVII^e s. « mouler » : *colare*; **DÉCOULER** XII^e s.; **ÉCOULER** XII^e s. et **ÉCOULEMENT** XVI^e s.; **RECOULER** XIX^e s. ♦ [2] **COULÉE** XVI^e s.; **COULURE** XIV^e s.; **COULAGE** XVI^e s.; **COULOIR** XI^e s. « passoire pour couler un liquide », XIV^e s. « passage étroit ». ♦ [3] **COULIS** XII^e s., adj. et subst.; **COULISSE** XIV^e s., subst. : fém. substantivé de *coulis*, d'après les expressions fréquentes *porte, fenêtre coulisse*, c.-à-d. « à glissière »; XVII^e s., théâtre, parce que les décors sont placés sur une *glissière*; XIX^e s. couture et bourse; **COULISSER** XVII^e s. couture; **COULISSIER** XIX^e s. bourse. ♦ [4] **PERCOLATEUR** (sav.) XIX^e s. : dér. formé sur le lat. *percolare* « filtrer à travers ».

**COULEUVRE** ♦ [1] (pop.) XII^e s. : lat. vulg. **cŏlŏbra*, altération du lat. class. *cŏlŭbra*; **COULEUVRINE** XIV^e s. ♦ [2] **COBRA** XVI^e s. : (*cobra* : lat. **cŏlŏbra*) abrév. du port. *cobra (de) capelo* « couleuvre à chapeau », à cause de la forme de la tête de ce serpent.

**COULPE** famille du lat. *cŭlpa* « faute ».
♦ [1] **COULPE** (pop.) XI^e s., *culpe*; survit dans quelques loc. archaïques; l'orthographe ancienne, aidée par l'infl. de l'étym., a rétabli la prononc. du *l* vers le XVI^e s. ♦ [2] **COUPABLE** (pop.) XII^e s. : *cŭlpābĭlis*. ♦ [3] **CULPABILITÉ** (sav.) XIX^e s. : formé sur *culpabilis*; **INCULPER** (sav.) XVI^e s. : bas lat. *inculpare*, tiré du lat. imp. *inculpatus*; a éliminé l'anc. fr. *encouper* (pop.) XII^e s.; **INCULPATION** XVI^e s., rare avant le XVIII^e s.; **DISCULPER** (sav.) XVII^e s. : réfection, d'après *culpa*, de l'anc. fr. *descoulper* dér. de *coulpe* XIII^e s.

**COUP** famille du gr. *kolaphos* « coup », « soufflet », empr. par le lat. imp. sous la forme *colaphus*, lat. vulg. *colpus*.
♦ [1] **COUP** (pop.) XI^e s. « heurt », XIII^e s. « fois », « jet de dés » et « mesure (d'une boisson) », en particulier, XIV^e s. « décharge d'armes à feu » : *colpus*; **BEAUCOUP** fin XIII^e s. : composé de *beau* et de *coup* au sens de « mesure »; a triomphé de son concurrent *grand coup de*, et a éliminé l'adj. traditionnel *moult*; **À-COUP** XIII^e s.; **TOUT À COUP** XVI^e s.; **CONTRECOUP** XVI^e s. ♦ [2] **COUPER** (pop.) XII^e s., XVII^e s. couture, mélange de vins et jeu de paume, XIX^e s., fam. *couper à*, « éviter » : lat. vulg. **colpare* « fendre d'un coup », dér. de *colpus*, dont la création était rendue nécessaire par la spécialisation du lat. *secare* (→ SCIER). Pour les mots scientifiques exprimant l'idée de « couper » → -TOMIE, art. TEMPLE. ♦ [3] **COUPE** XIII^e s.; **COUPON** XII^e s.; **COUPURE** XIV^e s.; **COUPERET** XVI^e s.; **COUPEUR** XIII^e s.; **COUPÉ** et **COUPÉE** XVIII^e s., part. substantivés. ♦ [4] **DÉCOUPER** XII^e s.; **ENTRECOUPER** XII^e s. et **ENTRECOUPÉ** XVII^e s.; **RECOUPER** XII^e s.; **SURCOUPER** XIX^e s., cartes. ♦ [5] **DÉCOUPE** XIX^e s. couture; **RECOUPE** XIII^e s., **SURCOUPE** XIX^e s.; **RECOUPEMENT** XII^e s. « acte de retrancher », XX^e s. « convergence de témoignages »; **ENTRECOUPEMENT** XVI^e s.; **DÉCOUPEUR** XII^e s.; **DÉCOUPURE** XIII^e s.; **DÉCOUPAGE** XV^e s. ♦ [6] **COUPE-CHOUX** XIV^e s. nom propre, XIX^e s. « sabre »; **COUPE-CIRCUIT** XIX^e s.; **COUPE-FIL** XIX^e s.; **COUPE-JARRET** XVI^e s.; **COUPE-GORGE** XIII^e s. arme, XVI^e s. sens mod.; **COUPE-PAPIER** XIX^e s.

**COUPLE** famille d'un verbe lat. *apere* « attacher » très rarement attesté, mais dont divers dér. sont usuels : (1) son part. passé *aptus* « bien attaché », « apte à » d'où : (a) son contraire *ineptus* « maladroit » et *ineptiae* « sottises »; (b) bas lat. *aptitudo, -inis* « propriété, aptitude »; (c) les verbes *aptare* et *adaptare* « appliquer », « adapter » (2) *adipiscor* « acquérir » et son part. passé *adeptus* « qui a acquis » (3) **co-apula* d'où *cōpŭla* « lien » puis « paire » et *cōpŭlāre* « unir ».

**I.** mots populaires

♦ [1] **COUPLE** XII^e s. : *cōpŭla*; **COUPLER** XII^e s. : *copŭlāre*; **ACCOUPLER** XII^e s.; **DÉCOUPLER** XII^e s. « détacher les chiens pour les laisser courir », XVII^e s., sens fig., *découplé* « dégagé », « libre de ses mouvements ». ♦ [2] **COUPLAGE** XIX^e s.; **ACCOUPLAGE** XVI^e s.; **ACCOUPLEMENT** XIII^e s. ♦ [3] **COUPLET** XIV^e s. « ensemble de deux pièces unies par une charnière », XVI^e s. « pièces de vers unies par le refrain d'une chanson »; a p.-ê. subi l'infl. du prov. *cobla* « couple de vers ».

**II.** mots savants

♦ [1] **COPULER** XIV^e s. : *copulare*; **COPULATION** XIII^e s. : *copulatio*; **COPULE** XV^e s. « union charnelle », XVIII^e s. gram. : *copula*; **COPULATIF** XIV^e s. ♦ [2] **APTE** XIII^e s. : *aptus*; **INAPTE** XV^e s.; **APTITUDE** XIV^e s. : *aptitudo*; **INAPTITUDE** XV^e s.; **ADAPTER** XIV^e s. : *adaptare*; **ADAPTATION** XVI^e s.; **ADAPTABLE** XVIII^e s.; **INADAPTÉ, -ATION, RÉADAPTER, -ATION** XX^e s. ♦ [3]

**INEPTE** XIV$^e$ s. « incapable », XV$^e$ s. « stupide » : *ineptus*; **INEPTIE** XVI$^e$ s. : *ineptia*. ♦ [4] **ADEPTE** XVII$^e$ s., terme d'alchimie, « qui a atteint le niveau nécessaire pour s'engager dans la recherche du grand œuvre », XVIII$^e$ s. « initié à une société secrète, en particulier à la franc-maçonnerie » : *adeptus*.

**III.** mot d'emprunt

**ATTITUDE** XVII$^e$ s., terme de peinture, « posture », XIX$^e$ s., sens fig. : it. *attitudine* : *aptitudo, -inis* (pourtant un étymon **actitudine*, de *agere*, n'est pas impossible).

## COUR famille d'un mot ind.-eur. **ghorto* « enclos ».

En latin : (a) *hortus* « jardin »; (b) *cohors, cohortis*, à l'origine terme de la langue rurale « enclos, parc à bétail ou à instruments agricoles, basse-cour »; concurrencé en ce sens en bas lat. par *cohortīle*; dans la langue milit., *cohors* a pris le sens de « division du camp », « troupes cantonnées dans cette division », « troupes attachées à la garde personnelle des empereurs romains ».

En germanique : **gard*.

En slave : *-grad*, attesté dans les toponymes russes.

**I.** mots issus du latin

**A.** famille de *cohors*

♦ [1] **COUR** (pop.) XI$^e$ s. sous la forme *cort*, XV$^e$ s. *cour*, sous l'infl. de *curia* par fausse étym. (en anc. fr. le mot a les quatre sens de « ferme », « cour d'une maison, d'un palais, emplacement devant la porte », « entourage du roi » et « cour de justice ») : lat. vulg. **cōrtis* pour lat. class. *cohors, -hortis*; **BASSE-COUR** XIII$^e$ s.; **HAUTE-COUR** XVIII$^e$ s., jur.; **AVANT-COUR, ARRIÈRE-COUR** XVI$^e$ s. ♦ [2] **COURT** (de tennis) XX$^e$ s. : mot angl. empr. à l'anc. fr. *cort*. ♦ [3] **COURTIL** (pop.) XII$^e$ s. : *cohortile*; **COURTILIÈRE** XII$^e$ s. « jardinière », XVI$^e$ s., insecte. ♦ [4] **COURTOIS** (pop.) XI$^e$ s. : dér. de l'anc. fr. *court*; **COURTOISEMENT** XI$^e$ s.; **COURTOISIE** XII$^e$ s.; **DISCOURTOIS, DISCOURTOISIE** XV$^e$ s. ♦ [5] **COURTISAN** XV$^e$ s. : it. *cortigiano*, dér. de *corte*, de même origine; **COURTISANE** XVI$^e$ s., avec, dès cette époque, un sens péj.; **COURTISANERIE, COURTISANESQUE, COURTISER** XVI$^e$ s. ♦ [6] **COURTINE** (pop.) XII$^e$ s. : bas lat. *cortina* « rideau », dér. de *cortis*, calque du grec *aulaia*, de même sens, dér. de *aulê* « cour ». ♦ [7] **CORTÈGE** XVII$^e$ s. : it. *corteggio* « suite de personnes », dér. de *corteggiare* « courtiser », de *corte*. ♦ [8] **COHORTE** (sav.) XIII$^e$ s., hist. romaine, XVII$^e$ s. « troupe » en général : *cohors, cohortis*.

**B.** famille de *hortus*

♦ [1] **ORTOLAN** XVI$^e$ s. : prov. *ortolan* : bas lat. *hortulanus* « jardinier », dér. de *hortus*. ♦ [2] **HORTICOLE, -CULTEUR, -CULTURE** (sav.) XIX$^e$ s. : dér. de *hortus*. ♦ [3] **HORTENSIA** (sav.) XVIII$^e$ s. : nom de fleur formé sur le prénom fém. *Hortense*, fém. du lat. *Hortensius*, nom formé sur la base de *hortus*.

**II.** mots issus du germanique

♦ [1] **JARDIN** (pop.) XII$^e$ s. : dér. de l'anc. fr. *jart* : frq. **gard* « jardin »; **JARDINET** XIII$^e$ s.; **JARDINAGE** XIII$^e$ s. « terres cultivées en jardin », XVI$^e$ s. « culture des jardins »; **JARDINER** XIV$^e$ s.; **JARDINIER** XII$^e$ s.; **JARDINIÈRE** XVIII$^e$ s. « caisse à fleurs », XIX$^e$ s., cuisine, XX$^e$ s., *jardinière d'enfants*.

## COURBE famille d'une rac. ind.-eur. **kor* « courbe ».

En latin, avec un élargissement **-wo-*, *curvus* « courbe ».

En grec, *korônos* « recourbé » d'où *korônê* « couronne »; ce mot a été emprunté par le lat. sous la forme *corona* à date ancienne, d'où : (a) *coronare* « couronner »; (b) *corolla* « petite couronne »; (c) *corollarium* « petite couronne qu'on donnait à titre de gratification supplémentaire aux acteurs », d'où, dans la langue des philosophes (Boèce) et des mathématiciens, « conséquence supplémentaire d'une démonstration » (bas lat.).

**I.** famille de *curvus*

♦ [1] **COURBE** (pop.) XII$^e$ s., adj., XVII$^e$ s., subst. fém. : forme fém. qui a concurrencé dès le XII$^e$ s., puis éliminé le masc. *corp* : lat. vulg. **curbus*, du lat. class. *curvus*; **COURBER** XII$^e$ s. : lat. vulg. **curbare* : lat. class. *curvare*; **RECOURBER** XII$^e$ s.; **COURBURE** XVI$^e$ s.; **RECOURBURE** XVII$^e$ s.; **COURBETTE** XIV$^e$ s. « selle », XVI$^e$ s. « saut de cheval » et « salut ». ♦ [2] **INCURVÉ** XVI$^e$ s. et **INCURVER** XIX$^e$ s. : *incurvare* « recourber »; **CURVI-** : 1$^{er}$ élément de composés sav., formé sur *curvus*, ex. : **CURVILIGNE** XVII$^e$ s.

**II.** famille de *corona*

♦ [1] **COURONNE** (pop.) XI$^e$ s. : *corona*; **COURONNER** X$^e$ s. : *coronare*; **DÉCOURONNER** XII$^e$ s.; **COURONNEMENT** XII$^e$ s. ♦ [2] **CORONAIRE** (sav.) XVI$^e$ s., anat. : *coronarius* « en forme de couronne ». ♦ [3] **COROLLE** (sav.) XVIII$^e$ s. : *corolla*. ♦ [4] **COROLLAIRE** XV$^e$ s., philo, XVII$^e$ s., math. : *corollarium*.

## COURGE ♦ [1] (pop.) XIV$^e$ s. d'abord *cohourge* : mot dial. (Ouest) : lat. vulg. **cŭcŭrbĭca*, altération du lat. class. *cucurbita*; **COURGETTE** XX$^e$ s. ♦ [2] **GOURDE** (pop.) XIII$^e$ s.

« courge », XVIe s. « récipient » : altération, sous l'infl. de l'anc. prov. *cogorda*, de même origine, de l'anc. fr. *cohorde* (pop.) XIIIe s. : lat. *cŭcŭrbĭta*. ♦ [3] **CUCURBITACÉES** (sav.) XVIIIe s. : dér. sur *cucurbita*.

**COURIR** famille du lat. *currere cursum* « courir », d'où *cursare* « courir sans cesse »; ces deux verbes sont la base de nombreux verbes préfixés et de leurs dér. en *-sus, -sio, -sor*; à *currere*, se rattache également *currus* « char » et l'adj. *currulis* ou *curulis*, en particulier dans *sella curulis*, objet sans doute étrusque, siège posé à l'origine sur un char d'apparat, réservé à Rome aux rois puis aux plus hauts magistrats.

I. mots populaires

A. base *-cour-*

♦ [1] **COURIR** XIe s. d'abord *corre, courre*; ce verbe, comme tous ceux de sa famille, a été refait sur le modèle des verbes en *-ir* en moyen fr.; l'ancien infinitif subsiste dans l'expression *chasse à courre* : *cŭrrĕre*; pour les mots scientifiques exprimant l'idée de « courir » → -DROME, art. DROMADAIRE. ♦ [2] **COURANT** XIIIe s., subst. masc. en parlant de l'eau, XVIIe s., sens fig., XIXe s., électricité; **CONTRE-COURANT** XVIIIe s.; **COURANTE** XIVe s., subst. fém., « diarrhée », XVIe s. « danse »; **COURANT** XIe s., adj., d'abord à propos de chiens; **COURAMMENT** XIIe s. ♦ [3] **COUREUR** XIIe s.; **AVANT-COUREUR** XIVe s., XVIe s., sens fig. ♦ [4] **ACCOURIR** XIe s. : *accŭrrĕre* « courir vers »; **CONCOURIR** (demi-sav.) XVe s. « se produire en même temps » : *concŭrrĕre*; **DISCOURIR** (demi-sav.) XIIe s. : *discŭrrĕre* « courir de côté et d'autre » et bas lat. « discourir »; **DISCOUREUR** XVIe s.; **ENCOURIR** XIIe s., jur. : *incŭrrĕre* « courir vers », « se jeter dans », « encourir »; **PARCOURIR** XIIIe s. : *percŭrrĕre*; **RECOURIR** XIIe s. : *recŭrrĕre*; **SECOURIR** XIe s. : *succŭrrĕre* « courir sous » et « courir au secours de » d'où **SECOURABLE** XIIIe s.; **SECOURISTE** XVIIIe s.; **SECOURISME** XXe s. ♦ [5] **COURTIER** XVIe s., XIIIe s. sous les formes *coretier* ou *courratier*, formées avec un suff. *-atier* assez fréquent dans les parlers méridionaux : dér. du verbe *courre*; **COURTAGE** XIVe s., XIIIe s. sous la forme *courratage*.

B. base *-cours-*

♦ [1] **COURS** XIe s. « course », XIIe s. « suite continue », XIVe s. « leçons d'un professeur », XVe s. « prix de vente à une certaine date », XVIIe s. « allée servant de promenade » (ce dernier sens est empr. à l'it. *corso*) : *cŭrsus*; **COURSE** XIIIe s. : *cŭrsa*; part. passé fém. de courir, p.-ê. substantivé sous l'influence de l'it. *corsa*; **COURSIER** XIIe s. cheval, XIXe s. « personne qui fait des courses ». ♦ [2] **CONCOURS** XIVe s. « recours », XVIe s. « rassemblement », XVIIe s. « compétition » : *concŭrsus* « rassemblement », « affluence »; **DÉCOURS** XIIe s., déclin de la lune : *decŭrsus*, de *decurrere* « courir en descendant »; **DISCOURS** (demi-sav.) XVIe s. : *discŭrsus*, de *discurrere*; **PARCOURS** XIIIe s. : *percŭrsus*, de *percurrere*; **RECOURS** XIIIe s. : lat. jur. *recŭrsus*, de *recurrere*; **SECOURS** XIe s. : *succŭrsus*, de *succurrere*.

II. mots d'emprunt

♦ [1] **COURRIER** début XIVe s., puis XVe s. « messager », XVIIIe s. « ensemble des lettres confiées à la poste »; it. *corriere* d'abord « messager des marchands italiens des foires de Champagne »; **COURRIÉRISTE** XIXe s., journalisme; **LONG-COURRIER** XIXe s. ♦ [2] **COURSIVE** XVIIe s. : it. *corsiva* « (passage où l'on peut) courir »; a éliminé *coursie* XVe s., lui-même empr. à l'it. *corsia*, var. dial. de *corsiva*. ♦ [3] **CORRIDOR** XVIe s., terme de fortifications, XVIIe s., sens mod. : it. *corridore* « passage couvert où l'on peut courir », dér. de *correre*, du lat. *cŭrrĕre*. ♦ [4] **CORSAIRE** XVe s., une fois en 1200 sous la forme *corsar* : anc. prov. *corsari*, de l'it. *corsaro* « qui fait la course (sur mer) », « pirate ».

III. mots savants

A. base *-curs-*

♦ [1] **CURSEUR** XIVe s. « coureur », XVIe s., techn. : *cursor* « coureur »; **CURSIF** XVIe s., rare avant le XIXe s. : lat. médiéval *cursivus* « qui court »; **CURSUS** XIXe s. : mot lat. ♦ [2] **DISCURSIF** XVIe s. : lat. médiéval *discursivus* → DISCOURS. ♦ [3] **EXCURSION** XVIe s., milit., rare avant le XVIIIe s., XIXe s., sens mod. : *excursio* « voyage », de *excurrere* « sortir en courant »; **EXCURSIONNISTE, EXCURSIONNER** XIXe s.; **INCURSION** XIVe s. : *incursio*, « attaque », de *incurrere* « se jeter sur ». ♦ [4] **PRÉCURSEUR** XVe s.-XVIe s., uniquement à propos de saint Jean-Baptiste, dont le rôle avait été de préparer la venue du Christ, XVIIe s., emploi généralisé : *praecursor*, de *praecurrere* « courir devant ». ♦ [5] **SUCCURSALE** XVIIe s., adj., en parlant d'une église qui supplée à l'insuffisance de l'église paroissiale, XVIIIe s. « qui supplée », en général, XIXe s., subst. fém., commerce : dér. sur *succursus*, de *succurrere* → SECOURIR.

B. base *-cur(r)-*

♦ [1] **CONCURRENT** XIIe s. « (jour) intercalaire », XVIe s. « qui concourt au même but » et « qui rivalise » : *concurrens*, part. présent de *concurrere* → CONCOURIR; **CONCURRENCE** XIVe s.

« rencontre », XVIIIe s., sens mod. ; **CONCURREMMENT** XVIe s. ; **CONCURRENTIEL** XIXe s. ; **CONCURRENCER** XIXe s. ♦ [2] **OCCURRENT** XVe s. : *occurrens*, part. présent de *occurrere* « courir au-devant », « se présenter » ; **OCCURRENCE** XVe s. ; **RÉCURRENT** XVIe s., anat., XVIIIe s., math. : *recurrens*, part. présent de *recurrere* « revenir en courant » ; **RÉCURRENCE** XIXe s. ♦ [3] **CURULE** (chaise) XIVe s., hist. romaine : *curulis*. ♦ [4] **CURRICULUM VITAE** XIXe s. : mots latins « course de la vie ».

**COURROIE** (pop.) XIe s. : *corrĭgia* « lacet », « lanière ».

**COUSCOUS** XVIe s., sous diverses formes ; XVIIe s., forme définitive : mot arabe d'origine berbère.

**COUSIN** (pop.) XIIe s., insecte : lat. vulg. **culĭcīnus*, dimin. de *culex* « moustique ».

**COUTRE** ♦ [1] (pop.) XIIe s. : lat. *cŭlter, cŭltri* « couteau », « coutre de la charrue ». ♦ [2] **COUTEAU** (pop.) XIIe s. : *cŭltĕllus* dimin. de *culter*. ♦ [3] **COUTELIER** XIIe s. ; **COUTELET, COUTELLERIE** XIIIe s. : dér. de *coutel*, var. de *couteau*. ♦ [4] **COUTELAS** XVe s. : it. *coltellaccio*, dér. de *coltello*, de même origine.

**COUVER** famille du lat. *cubare* « être couché », dont il existe une var. nasalisée *-cumbere* dans *incumbere* « reposer sur », au propre et au fig., et *succumbere* « s'affaisser sous ». — Dér. : *concubinus* « qui couche avec », « concubin » ; *incubare* « être couché sur », « couver » ; *incubatio* « couvaison » ; *incubus* (bas lat.) « démon masculin censé abuser d'une femme pendant son sommeil » ; *succuba* « débauchée », « concubine ».

I. mots populaires

. base *-couv-* : **COUVER** XIIe s., sens propre et sens fig. : *cŭbāre* dont le sens s'était spécialisé pour les oiseaux dès le bas lat. ; **COUVÉE** XIIe s. ; **COUVI** XIIIe s., adj., en parlant d'œufs abîmés ; **COUVEUSE, COUVOIR, COUVAISON** XVIe s.

II. mots savants

A. base *-cub-*

♦ [1] **CONCUBINE** XIIIe s., **CONCUBIN** XIVe s. : *concubinus, -a* ; **CONCUBINAGE** XVe s. ♦ [2] **INCUBATION** XVIIe s., en parlant des œufs, XIXe s., extension du sens : *incubatio* ; **INCUBER** XVIIIe s. : *incubare* ; **INCUBATEUR** XIXe s. ♦ [3] **INCUBE** XIIIe s. : *incubus* ; **SUCCUBE** XIVe s., subst. masc. « démon féminin » : *succuba*.

B. base *-comb-* **INCOMBER** XVe s. : *incumbere* ; **SUCCOMBER** XIVe s. : *succumbere*.

**COUVRIR** famille de 2 verbes lat. antonymes et formés sur la même base, *aperire, apertus* « ouvrir » et *operire, opertus* « fermer », d'où *operculum* « couvercle », *cooperire* « recouvrir entièrement » et *cooperculum* « couvercle », en lat. vulg., *cooperire* a complètement éliminé le lat. class. *operire* au sens de « couvrir », « fermer », et *aperire*, sous l'influence de *cooperire*, est devenu **operire* en gardant le sens de « ouvrir ».

I. mots populaires

A. famille de *cooperire*

♦ [1] **COUVRIR** XIe s. : *cooperīre* ; **COUVREUR** XIIIe s. ♦ [2] **COUVERT** XIIIe s. « abri », XVIe s. « objets disposés pour un repas » : *coopertus*, part. passé de *cooperire* ; **COUVERTURE** XIIe s. : bas lat. *coopertūra* ; **COUVERCLE** XIIe s. : *coopercŭlum*, ♦ [3] **COUVRE-CHEF** XIIe s. ; **COUVRE-FEU** XIIIe s. ; **COUVRE-PIED** XVIIe s. **COUVRE-LIT** XIXe s. ; **COUVRE-LIVRE** XXe s. ; ♦ [4] **DÉCOUVRIR** XIIe s. « révéler », XIVe s. « rencontrer », « trouver » : bas lat. *discooperire* ; **DÉCOUVREUR** XIIIe s. ; **DÉCOUVERT** XIVe s., subst., XVIIIe s., comm. ; **DÉCOUVERTE** XIIe s. ; **REDÉCOUVRIR** XIXe s. ♦ [5] **RECOUVRIR** XIIe s. ; **RECOUVREMENT** XVe s.

B. famille de **operire*

♦ [1] **OUVRIR** XIe s. : **operīre* ; **OUVREUR, OUVREUSE** XVIIe s. ; **OUVRANT** XVIe s., subst., XVIIe s., adj. **OUVRABLE** XXe s. ♦ [2] **OUVERTURE** XIIe s. : lat. vulg. **opertūra*, pour *apertura* ; **RÉOUVERTURE** XIXe s. ♦ [3] **OUVRE-BOÎTES, OUVRE-BOUTEILLES, OUVRE-GANTS** XXe s. ♦ [4] **ENTROUVRIR** XIIe s. ; **ROUVRIR** XIVe s.

II. mots savants

♦ [1] **OPERCULE** XVIIIe s. : *operculum* ♦ [2] **APÉRITIF** XIVe s., méd. : lat. médiéval *aperitivus* « qui ouvre ». ♦ [3] **APERTURE** XVIe s., XXe s., linguistique : *apertura* « ouverture », de *aperire*.

**CRABE** (pop.) XIIe s. : anc. normand *krabbi* ; de genre fém. jusqu'au XVIIIe s.

**CRACHER** (pop.) XIIe s. : lat. vulg. **craccāre*, probablement d'origine onom. *tout craché* XVe s. ; d'après un symbolisme assez courant assimilant l'acte de cracher et l'acte de la génération. **CRACHAT, CRACHEMENT** XIIIe s. ; **CRACHOTER, CRACHOTEMENT** XVIIe s. ; **CRACHIN** XIXe s. : mot de Haute Bretagne ; **CRACHOIR** XVIe s. ; **RECRACHER** XVe s.

**CRAIE** ♦ [1] (pop.) XIIIe s. : lat. *crēta* ; **CRAYEUX** XIIIe s. ♦ [2] **CRAYON** (pop.) XIVe s., souvent sous les formes *creon* ou *croion* « terrain crayeux », XVI$^e$ s. « instrument pour écrire » (la craie a été remplacée par la mine de plomb au XVII$^e$ s.) : dér. de *craie*; **CRAYONNER** XVI$^e$ s.; **CRAYONNAGE, CRAYONNEUR** XVIII$^e$ s.; **PORTE-CRAYON** XVII$^e$ s. ♦ [3] **CRÉTACÉ** (sav.) XVIII$^e$ s. : lat. *cretaceus* « crayeux ».

**CRAINDRE** famille d'une rac. ind.-eur. **ter-*, **tre-* indiquant un mouvement pressé comme un tremblement ou un piétinement, qu'on trouve en lat. avec divers élargissements dans (1) *tremere* et bas lat. *tremulare* « trembler » formé sur l'adj. *tremulus* « tremblant » (2) *trepidus* « qui trépigne », « agité », « anxieux » et *intrepidus* (lat. imp.), son contraire (3) *terror, -oris* « tremblement produit par la peur », *terribilis* « qui fait trembler de peur », *terrificare* « terrifier ».

**I.** mots populaires

♦ [1] **CRAINDRE** XI$^e$ s., sous la forme *criembre*; a subi ensuite l'influence des verbes en *-aindre* : lat. vulg. **crĕmĕre*, altération particulière à la Gaule, sous l'influence d'un mot gaulois de même sens à initiale **crit-*, du lat. *tremere*; **CRAINTE** XIII$^e$ s. a éliminé un plus anc. *crieme*; **CRAINTIF** XIV$^e$ s.; **CRAINTIVEMENT** XV$^e$ s. ♦ [2] **TREMBLER** XII$^e$ s. : lat. vulg. *tremŭlāre*; **TREMBLEMENT** XII$^e$ s.; **TREMBLANT** XVI$^e$ s., adj.; **TREMBLOTER, TREMBLOTEMENT** XVI$^e$ s.; **TREMBLOTANT** XVII$^e$ s.; **TREMBLOTE** XX$^e$ s. ♦ [3] **TREMBLE** XII$^e$ s., espèce d'arbre : *tremulus* « tremblant », adj. substantivé en bas lat.; **TREMBLAIE** XIII$^e$ s.

**II.** mot d'emprunt

**TRÉMOLO** XIX$^e$ s. : mot it. « tremblant », du lat. *tremulus*.

**III.** mots savants

♦ [1] **TRÉMULATION** et **TRÉMULER** XIX$^e$ s., méd. : dér. sur *tremulus*. ♦ [2] **TRÉPIDATION** XIII$^e$ s. : *trepidatio*; **TRÉPIDER** XIX$^e$ s. : lat. *trepidare*; **TRÉPIDANT** fin XIX$^e$ s. : *trepidans*; **INTRÉPIDE** XV$^e$ s. : *intrepidus*; **INTRÉPIDEMENT, INTRÉPIDITÉ** XVII$^e$ s. ♦ [3] **TERREUR** XIV$^e$ s. : *terror*; **TERRIBLE** XII$^e$ s.; *terribilis*; **TERRIFIER** XVI$^e$ s. : *terrificare*; **TERRORISER, TERRORISME, TERRORISTE** fin XVIII$^e$ s.

**CRAMER** famille du lat. *cremare* « brûler », en particulier « incinérer les morts », pratique qui semble avoir été introduite en Italie par ceux-là mêmes qui y ont importé le lat. et l'osco-ombrien.

♦ [1] **CRAMER** (pop). XVI$^e$ s. : mot dial. (Centre) « brûler légèrement », fam. ou arg. au XX$^e$ s. : lat. *cremare*. ♦ [2] **CRÉMATION** (sav.) XIII$^e$ s., rare avant le XIX$^e$ s. : *crematio*; **CRÉMATOIRE** (four) fin XIX$^e$ s. : dér. sur *cremare*.

**CRAMPE** famille d'un adj. frq. **kramp* « courbé », qui a dû servir de base à deux subst. : **krampa* fém. et **krampo*, masc.

♦ [1] **CRAMPE** (pop.) XI$^e$ s., subst. et adj. en anc. fr. dans la locution *goutte crampe* : **krampa*. ♦ [2] **CLAMSER, CLABOTER** fin XIX$^e$ s., argot « mourir » : altération de **CRAMPECER**, arg. dér. de *crampe* au sens de « convulsion d'agonie ». ♦ [3] **CRAMPON** (pop.) XIII$^e$ s. : frq. **krampo*; **CRAMPONNER** XV$^e$ s.

**CRAN** ♦ [1] (pop.) XIV$^e$ s. : dér. du verbe anc. fr. *crener* « entailler », probablement d'origine gauloise; XX$^e$ s. *avoir du cran*, évolution sémantique obscure, p.-ê. influencée par *crâner* → CRÂNE, XX$^e$ s., *être à cran*, métaph. empruntée aux armes à *cran* d'arrêt. ♦ [2] **CRÉNEAU** XII$^e$ s., var. *crenel* : **crĭnĕllo*, dér. de **crĭnāre*, étymon conjectural de *crener*; **CRÉNELER** XII$^e$ s.

**CRAPAUD** (pop.) XII$^e$ s. : mot obscur; il existe en anc. fr. deux mots *crape*, dont celui-ci pourrait être dér.; l'un signifiant « ordure », dér., de *escraper* « nettoyer en raclant », d'origine germ., mais qui n'est attesté qu'au XIV$^e$ s.; l'autre attesté au XII$^e$ s. avec le sens de « grappe », mais qui doit avoir eu, comme son étymon, frq. **krappa*, celui de « crochet »; le crapaud serait dans le 1$^{er}$ cas un « animal répugnant », dans le 2$^e$ un « animal aux pattes crochues ».

**CRAPULE** (sav.) XIV$^e$ s. : lat. *crapula* « ivresse »; **CRAPULEUX** XIV$^e$ s.; **CRAPULERIE** XIX$^e$ s.

**-CRATE** et **-CRATIE** ♦ [1] seconds éléments de composés sav. indiquant, le 1$^{er}$, le détenteur du pouvoir, le 2$^e$, le mode de gouvernement; empr. aux suff. grecs *-kratês* et *-kratia*, de même sens, apparentés à *kratos* « la force » et *kratein* « être le maître »; ex. : **AUTOCRATE, AUTOCRATIE, AUTOCRATIQUE** XVIII$^e$ s.; **ARISTOCRATE** → ARISTO-, **DÉMOCRATE** → DÉMO-, etc. ♦ [2] **PANCRACE** (sav.) XVI$^e$ s. : gr. *pagkration*, de *pan* « tout » et *kratos* « force », « combat gymnique comprenant la lutte et le pugilat », par le lat.

**CRATÈRE** famille d'une racine ind.-eur. **kra-* « mêler », représentée en grec par *kratêr* « grand vase où l'on mélange l'eau et le vin » et *krasis* « le mélange ».

♦ [1] **CRATÈRE** (sav.) XV^e s. « vase antique », XVI^e s., cratère de volcan ; à l'origine, celui de l'Etna, d'après une expression sicilienne : gr. *kratêr*, par le lat. ♦ [2] **CRASE** (sav.) XVII^e s., physique, et gram. : *krasis*. ♦ [2] **IDIOSYNCRASIE** XVI^e s. : gr. *idiosugkrasia* « tempérament particulier », de *idios* « particulier » et *sugkrasis* « mélange ».

**CRAVACHE** fin XVIII^e s. : all. *Karbatsche* : polonais ou russe *karbatch* : turc *gyrbâtch* « fouet de cuir ».

**CRÈCHE** (pop.) XII^e s., fin XVIII^e s. « asile pour les petits enfants » : frq. **krippia*.

**CRÉMAILLÈRE** famille du gr. *kremannumi* « suspendre » d'où *kremastêr* « qui suspend » (en parlant de muscles) adapté en lat. vulg. sous la forme **cremasculus*, bas lat. *cramaculus* « suspenseur ».
♦ [1] **CRÉMAILLÈRE** (pop.) XVI^e s., XIII^e s. sous la forme *carmeillière* : dér. d'un simple *cramail* attesté à partir du XIV^e s., mais qui doit être plus ancien : lat. *cramacŭlus*. ♦ [2] **CRÉMASTER** (sav.) XVI^e s., anat. : mot grec.

**CRÈME** (pop.) XIII^e s. : bas lat. *crama*, d'origine gauloise, croisé avec *chrisma* → CHRÊME ; **CRÉMEUX** XVI^e s. ; **CRÉMIER** XVIII^e s. ; **CRÉMERIE** XIX^e s. ; **ÉCRÉMER** XIV^e s. ; **ÉCRÉMAGE** XVIII^e s. ; **ÉCRÉMEUSE** fin XIX^e s.

**CRÉMONE** XVIII^e s. : mot obscur ; rien ne prouve qu'il y ait un rapport entre cette pièce de serrurerie et la ville de Crémone en Italie ; p.-ê. apparenté à *crémaillère*, ou dér. du néerl. *kram* « crochet ».

**CRÊPE** famille du lat. *crispus* « frisé », qui s'applique à la chevelure et à tout objet dont le dessin rappelle une chevelure frisée. — Dér. : *crispare* « friser » et *crispinus*, dimin. utilisé comme surnom.
♦ [1] **CRÊPE** (pop.) XII^e s., adj. *cresp, crespe*, XIII^e, subst. fém., pâtisserie, XIV^e s., subst. masc., tissu : *crĭspa*, forme fém. de l'adj. ♦ [2] **CRÉPINE** (pop.) XIII^e s., passementerie, XIV^e s., boucherie et **CRÉPINETTE** XVII^e s. charcuterie ; **CRÉPON** XVI^e s. « boucle de cheveux » puis « cheveux postiches », XVII^e s., tissu : dér. soit de l'adj. soit du subst. masc. *crêpe*. ♦ [3] **CRÊPIER, -IÈRE, CRÊPERIE** XIX^e s. der. de *crêpe*, subst. fém. ♦ [4] **CRÉPIN** (pop.) (nom de personne) : *Crĭspīnus*. ♦ [5] **CRÊPER** (pop.) XVI^e s. : trop tardif pour représenter *crĭspare* ; plutôt dér. de *crêpe* ; **CRÉPU** XII^e s. ; **CRÉPAGE** XVIII^e s. ♦ [6] **CRÉPIR** (pop.) XII^e s. « friser », XIII^e s. « rendre grenu un cuir », XIV^e s., maçonnerie : dér. de *crêpe*, adj. ; **CRÉPI** XVI^e s., subst. masc. : **CRÉPISSAGE** XIX^e s. ; **RECRÉPIR** XVI^e s. ; **DÉCRÉPIR** XIX^e s. ♦ [7] **CRISPIN** XVII^e s., valet de comédie : it. *Crispino* : lat. *Crispinus* ; d'où gants à la Crispin et **CRISPIN** XIX^e s. « manchette de gant ». ♦ [8] **CRISPER** (sav.) XVIII^e s. : lat. *crispare* ; **CRISPATION** XVIII^e s. ; **CRISPANT** XIX^e s., adj.

**CRÉPUSCULE** (sav.) XIII^e s., « aube », XVI^e s., sens mod. : lat. *crepusculum*, apparenté à un adj. archaïque *creper* « obscur », « douteux » ; **CRÉPUSCULAIRE** XVIII^e s.

**CRESSON** (pop.) XII^e s. : frq. **kresso* ; **CRESSONNIÈRE** XIII^e s.

**CRÊTE** (pop.) XII^e s., oiseaux, XIII^e s., montagnes : lat. *crĭsta* ; **CRÊTÉ** XII^e s. ; **ÉCRÊTER** XVII^e s.

**CREUSET** (pop.) XVI^e s. : altération, sous l'influence de *creux*, de l'anc. fr. *croisuel* XIII^e s. « sorte de lampe » et « creuset », mot obscur qui peut représenter soit **crŭciŏlum* dér. de *crux* « lampe à deux mèches croisées », soit **crŏseŏlus*, dér. de **crŏsus* « creux ».

**CREUX** (pop.) XIII^e s. : lat. vulg. **crŏsus*, d'origine gauloise ; **CREUSER** XII^e s. ; **RECREUSER** XVI^e s. ; **CREUSEMENT** XIII^e s. ; **CREUSAGE** XVIII^e s.

**CREVER** famille du lat. *crepare*, *crepitus* « craquer », qui se dit de tout ce qui se fend ou éclate avec bruit ; dér. *decrepitus*, adj. appliqué uniquement aux vieillards, dont le sens original doit être « qui achève de se fendre » ; *crepitare* : « craquer bruyamment ou souvent » ; *crepitaculum* ou *crepitacillum* « hochet ».
♦ [1] **CREVER** (pop.) X^e s., XIII^e s. « mourir » : *crepāre* ; **CREVAISON** une fois au XIII^e s., puis XIX^e s. ; **CREVÉ** XVII^e s., subst. masc. « ornement aux manches » ; **CREVANT** XIX^e s., fam. « qui fait mourir d'ennui » ou « de fatigue » ou « de rire » ; **CRÈVE** XX^e s., subst. fém. « la mort » ; **INCREVABLE** XX^e s. ; **CRÈVE-CŒUR** XII^e s. ♦ [2] **CREVASSE** (pop.) XII^e s. : lat. vulg. **crepacia*, de *crepare* ; **CREVASSER** XIV^e s. ♦ [3] **CRÉCELLE** (pop.) XII^e s. : probablement lat. **crepicĕlla* altération du lat. class. *crepitacillum*. ♦ [4] **CRÉCERELLE** XIII^e s., oiseau : probablement dér. de *crécelle*. ♦ [5] **CRÉPITER** (sav.) XV^e s., rare avant le XVIII^e s. : *crepitare* ; **CRÉPITATION** XVI^e s. ;

**CRÉPITEMENT** XIXe s. ♦ [6] **DÉCRÉPIT** (sav.) : XIVe s., fém., XVIIe s., masc., *decrepitus* ; **DÉCRÉPITUDE** XIVe s.

**CRIBLE** famille d'une rac. ind.-eur. **krei-* « cribler » attestée

En grec dans *krinein* « séparer », « choisir », « décider », « juger », d'où *kritês* « juge » ou « interprète » et *hupokritês* « interprète des songes, devin » ou « comédien » ; *kritikos* « capable de juger, de discerner » ; *kritêrion* « ce qui sert à juger », « règle pour discerner le vrai du faux » ; *krisis* « choix » et « action de séparer », d'où « dissentiment », « contestation ».

En latin dans : (a) *cribrum* « le crible » et son dimin. bas lat. *cribellum* ; (b) *cernere, cretus* « passer au crible » et « distinguer », d'où bas lat. *concernere* « réunir en passant au crible », qui avait pris en lat. scolastique le sens de « être en rapport » ; *decernere* « décider » ; *discernere* « distinguer » ; *excernere* « passer au tamis », « rendre par évacuation », d'où *excrementum* « déchet » ; *secernere* « séparer, mettre à part » ; (c) *certus* ancien part. passé de *cernere*, employé uniquement comme adj. avec le sens de « décidé », « certain » ; (d) *certare* (jur.) « chercher à obtenir une décision », « débattre » et son dér. *concertare* « rivaliser » ; (e) *crimen, -inis*, à l'origine « décision judiciaire », d'où lat. class. « accusation », « chef d'accusation » et lat. imp. « crime » ; (f) *discriminare* « séparer ».

I. mots issus du latin

A. base *cribl-*

**CRIBLE** (pop.) XIIIe s. : bas lat. *crīblum*, forme dissimilée de *crībrum* ; **CRIBLER** XIIIe s. : bas lat. *crīblare*, lat. class. *crībrāre* ; **CRIBLURE** XIVe s. ; **CRIBLEUR, CRIBLAGE** XVIe s. ; **CRIBLEUSE** XIXe s.

B. base *griv-*

♦ [1.] **GRIVELÉ** (pop.) XIIIe s. « tacheté » ; probablement dér. de *grivel* XVe s. « tacheté », et bien attesté dans les dial. avec le sens de « crible » sans doute ancien : *crībĕllum*. ♦ [2] **GRIVE** (pop.) XIIIe s. : probablement dér. de *grivelé*. Oiseau désigné ainsi d'après les taches de sa robe (→ MAQUEREAU). ♦ [3] **GRIVÈLERIE** XVIe s. « menu larcin » et **GRIVELER** XVIIe s. « voler » : probablement dér. de *grive*, par allusion à ce que peut voler un oiseau.

C. base *-cert-*

♦ [1] **CERTES** (pop.) XIe s. : *certas*, acc. fém. plur. de *certus* employé adverbialement. ♦ [2] **CERTAIN** (pop.) XIIe s. : lat. vulg. **certānus*, dér. de *certus* ; **CERTAINEMENT** XIIe s. ; **INCERTAIN** (demi-sav.) XIVe s. ♦ [3] **CERTIFIER** (demi-sav.) XIIe s. : bas lat. *certificare*. ♦ [4] **CERTIFICAT** (sav.) XIVe s. : *certificatum*, de *certificare* ; **CERTIFICATION** XIVe s. : *certificatio* ; **CERTIFICATEUR** XVIIe s. : *certificator*. ♦ [5] **CERTITUDE** (sav.) XIVe s. : bas lat. *certitudo* ; **INCERTITUDE** XIVe s. ♦ [6] **CONCERTO** XVIIIe s. : mot it. dér. de l'it. *concertare* « rivaliser », lat. *concertare*, parce que, dans cette forme musicale, le soliste rivalise avec l'orchestre. ♦ [7] **CONCERTER** XVe s. : it. *concertare* au sens de « s'accorder », « former un projet en commun » ; **DÉCONCERTER** XVIe s. ; **CONCERTATION** XXe s. ♦ [8] **CONCERT** XVIe s. « conférence », XVIIe s. « séance de musique » : it. *concerto* ; **CONCERTISTE** XIXe s. ; **CONCERTANT** mus. XIXe s.

D. base *-cern-* (sav.)

♦ [1] **CONCERNER** XIVe s. : *concernere*. ♦ [2] **DÉCERNER** XIVe s.-XVIIIe s. « décréter », XVIe s. « attribuer » : *decernere*. ♦ [3] **DISCERNER** XIIIe s.-XVIIe s. « séparer », XIVe s. « distinguer » : *discernere* ; **DISCERNEMENT** XVIe s. ; **DISCERNABLE, INDISCERNABLE** XVIe s.

E. base *-cret-* (sav.)

♦ [1] **DÉCRET** XIIe s., droit canon, fin XVIIIe s., « décision du pouvoir exécutif » : *decretum* « décision », part. passé substantivé de *decernere* ; **DÉCRÉTER** XIVe s. ; **DÉCRÉTALE** XIIIe s. : bas lat. *decretalis* « ordonné par décret ». ♦ [2] **DISCRET** XIIe s. « qui a du discernement », XVIe s. « qui a de la retenue » : *discretus*, part. passé de *discernere*, lat. class. « séparé », lat. médiéval « capable de discerner » ; **DISCRÈTEMENT** XIIe s. ; **DISCRÉTION** XIIe s. « discernement », d'où l'expression *à discrétion*, XVIe s. « retenue » : bas lat. *discretio* ; **DISCRÉTIONNAIRE** fin XVIIIe s. ; **INDISCRÉTION** XIIe s. : bas lat. *indiscretio* ; **INDISCRET** XIVe s. : *indiscretus*. ♦ [3] **SECRET** XIIe s., adj. et subst. : *secretus* « mis à part », part. passé de *secernere*. ♦ [4] **SECRÉTAIRE** XIIe s. « tabernacle » puis « dépositaire de secrets », XIVe s. « rédacteur », rare avant le XVIIe s., XVIIIe s., meuble à tiroirs : *secretarius*, dér. médiéval de *secretus* ; **SECRÉTAIRERIE** XVIe s. ; **SECRÉTARIAT** XVIe s. ; **SOUS-SECRÉTAIRE** XVIIe s. ; **SOUS-SECRÉTARIAT** XIXe s. ♦ [5] **SÉCRÉTION** XVe s. « séparation », XVIIIe s., sens mod. : *secretio* « séparation », dér. de *secernere* ; **SÉCRÉTER** XVIIIe s. : dér. de *sécrétion* ; **SÉCRÉTOIRE** XVIe s. ; **SÉCRÉTEUR** XVIIIe s., **-TRICE** XVIe s. ♦ [6] **EXCRÉTION** XVIe s. : bas lat. *excretio* « criblure », dér. de *excernere* ; **EXCRÉTEUR, EXCRÉTOIRE** XVIe s. ; **EXCRÉTER** XIXe s.

F. base *-crem-* (sav.)

**EXCRÉMENT** XVIe s. : *excrementum*, dér. de *excernere* ; **EXCRÉMENTEUX, EXCRÉMENTIEL** XVIe s.

**G.** base *-crim-* (sav.)

♦ [1] **CRIME** XII^e s., sous la forme *crimne* : lat. *crimen, -inis* ; **CRIMINEL** XI^e s. : bas lat. *criminalis* ; **CRIMINELLEMENT** XIII^e s. ; **CRIMINALITÉ** XVI^e s. ; **CRIMINALISER** XVI^e s. ; **CRIMINALISTE** XVIII^e s. ; **CRIMINOLOGIE** XIX^e s. ♦ [2] **INCRIMINER** XVI^e s., rare avant fin XVIII^e s. : bas lat. *incriminare* « accuser », formé sur *crimen* « accusation » (en lat. imp., *incriminatio* signifiait « impossibilité d'être accusé », « innocence ») ; **INCRIMINABLE** XIX^e s. ♦ [3] **RÉCRIMINER** XVI^e s., jur. : lat. médiéval *recriminari* « accuser » formé sur *crimen* ; **RÉCRIMINATION** XVI^e s. : *recriminatio.* ♦ [4] **DISCRIMINER** fin XIX^e s. : *discriminare* ; **DISCRIMINANT, DISCRIMINATION** XIX^e s. ; **DISCRIMINATOIRE** XX^e s.

**II.** mots issus du grec

♦ [1] **CRISE** (sav.) XIV^e s. méd., XVII^e s. sens fig., XVIII^e s. pol. : gr. *krisis*, par le lat. méd. ♦ [2] **CRITÉRIUM** (sav.) XVII^e s. : lat. scolastique *criterium*, du gr. *kriterion* ; **CRITÈRE** XVIII^e s. : forme francisée de *criterium.* ♦ [3] **CRITIQUE** (sav.) XIV^e s. adj. méd. « qui décide de l'issue d'une maladie », XVI^e s. subst. fém. « examen, jugement », XVII^e s. adj. et subst. masc. « qui décide de la valeur d'un ouvrage de l'esprit », XVIII^e s. adj. « qui décide du sort de quelqu'un ou de quelque chose » : *kritikos* par le lat. ; **CRITIQUER** XVI^e s. intrans. « diminuer », XVII^e s., sens mod. : dér. *de critique* ; **HYPERCRITIQUE** XVII^e s. ; **CRITIQUABLE** XVIII^e s. ; **CRITICISME**^e s. XIX^e s. ; **AUTOCRITIQUE** XX^e s. ; **DIACRITIQUE** XIX^e s. : *diakritikos* « distinctif », de *diakrinein* « distinguer ». ♦ [4] **HYPOCRITE** (sav.) XII^e s. : *hupokritês* au sens de « comédien », par le lat. ; **HYPOCRISIE** (sav.) XII^e s. : *hupokrisia*, var. de *hupokrisis* « action de jouer la comédie », par le lat.

**CRIC** XV^e s. : moyen haut all. *Kriec* « engin destiné à pointer et à tourner les grosses machines de guerre ».

**CRIER** ♦ [1] (pop.) XI^e s. : lat. vulg. **crītāre*, altération du lat. class. *quirītāre*, d'origine sans doute onom., mais rapproché par les Anciens de *quirites* « citoyens », d'où le sens d'« appeler les citoyens » ; **CRI** X^e s. ; **CRIÉE** XII^e s. ; **CRIARD** XIV^e s. ; **CRIEUR** XII^e s. ; **CRIAILLER, -ERIE, -EUR** XVI^e s. ♦ [2] **ÉCRIER** XI^e s., instrans., XIII^e s. pronominal ; **SE RÉCRIER** XII^e s. ; **DÉCRIER** XIII^e s.

**CRIN** ♦ [1] (pop.) XII^e s. : lat. *crinis* « cheveu » ; **CRINIÈRE** XVI^e s. ♦ [2] **CRINOLINE** XIX^e s. : it. *crinolino* « tissu à trame de crin et à chaîne de lin ».

**CRIQUE** XIV^e s. scandinave *kriki.*

**CRISSER** ♦ [1] (pop.) XVI^e s. ; XIV^e s. sous la forme *grisser* : frq. **kriskjan* « pousser un cri strident » ; **CRISSEMENT** XVI^e s. ♦ [2] **GRINCER** XIV^e s. : var. de *grisser* avec nasalisation spontanée du *i*, fréquente dans les dialectes ; **GRINCEMENT** XVI^e s. ; XV^e s. sous la forme *gricement.*

**CRISTAL** famille du gr. *kruos* « froid vif », d'où *krustallos* « morceau de glace », et « cristal ».

♦ [1] **CRISTAL** (sav.) XI^e s. « quartz, ou cristal de roche », XIV^e s. « verre au plomb », XVII^e s., scient. : gr. *krustallos*, par le lat. ; **CRISTALLIN** XIII^e s., adj., XVII^e s. subst., partie de l'œil ; et adj. scient. : lat. *crystallinus*, de *crystallus* ; **CRISTALLISER, -ISATION** XVIII^e s., XIX^e s. sens fig. ; **CRISTALLISABLE** XIX^e s. ; **CRISTALLERIE** XVIII^e s. ♦ [2] **CRISTALLO-** 1^er élément de composés sav., ex. : **CRISTALLOGRAPHIE**, etc. ♦ [3] **CRYO-** 1^er élément de composés sav. : gr. *kruos* « froid », ex. : **CRYERGIE, CRYOTHÉRAPIE**, etc.

**CROC** famille de l'anc. scandinave *krôkr* « crochet ».

**I.** base *-croc-*

♦ [1] **CROC** (pop.) XII^e s. : *krôkr* ; **CROC-EN-JAMBE** XVI^e s. ♦ [2] **ACCROC** XVI^e s. : dér. de *accrocher* ; **RACCROC** XIV^e s. : dér. de *raccrocher.* ♦ [3] **ESCROQUER** XVI^e s. : it. *scroccare* « décrocher », dér. de *crocco* « croc », emprunté au fr. ; **ESCROC** XVII^e s. : it. *scrocco*, dér. de *scroccare* ; **ESCROQUERIE** XVII^e s. ♦ [4] **CROQUET** XIX^e s. : mot angl., probablement d'origine franç. (diminutif de *croc*).

**II.** base *-croch-*

♦ [1] **CROCHE** (pop.) XIII^e s., subst. « crochet », XVI^e s., adj. « recourbé », XVII^e s., mus. : var. fém. de *croc* ; **CROCHER** XII^e s. ; **CROCHU** XII^e s. ♦ [2] **ANICROCHE** XVI^e s., d'abord *hanicroche* « arme », puis forme et sens actuels : le 2^e élément est l'adj. *croche* ; le 1^er est obscur ; il est possible qu'il s'agisse de *(h)ain* « hameçon » dont la forme *han* est attestée en Indre-et-Loire. ♦ [3] **BANCROCHE** → BLANC. ♦ [4] **CROCHET** XII^e s. ; **CROCHETER** XV^e s. ; **CROCHETEUR** XV^e s. « qui ouvre avec un crochet », XVI^e s. « qui pote des fardeaux avec un crochet » ; **CROCHETAGE, CROCHETABLE, INCROCHETABLE** XIX^e s. ♦ [5] **ACCROCHER** XII^e s. ; **ACCROCHEUR** XVII^e s., adj. et subst. ; **ACCROCHAGE** XVI^e s. ; **ACCROCHE-CŒUR** XIX^e s. ; **RACCROCHER** XIV^e s. ; **RACCROCHAGE** XVIII^e s. ♦ [6] **DÉCROCHER** XIII^e s. ; **DÉCROCHEMENT** XVI^e s. ; **DÉCROCHEZ-MOI-ÇA** XIX^e s.

**CROCODILE** XII^e s., *cocodrille*, XVI^e s. forme sav. mod. : gr. *krokodeilos*, par le lat.

**CROCUS** (sav.) XIX^e s. : gr. *krokos* « safran », par le lat.

**CROIRE** famille du lat. *credere, creditus* (→ introduction lat. de l'article FAIRE), « mettre sa confiance en quelqu'un », « lui confier quelque chose », « croire, avoir une opinion »; terme religieux à l'origine, associé de longue date à *fides* → FOI; devenu profane en lat., a retrouvé grâce au christianisme sa valeur religieuse. Dér. : *credibilis* « croyable »; *credulus* « crédule »; *creditor* « qui confie de l'argent », « prêteur »; *accredere* « être disposé à croire, ajouter foi »; bas lat. *se recredere* « se remettre à la merci de l'adversaire », et lat. vulg. **credentia* « croyance ».

I. mots populaires

A. bases *-croi-, -croy-*

♦ [1] **CROIRE** X^e s. : *crēdĕre;* **ACCROIRE** XII^e s. « prêter », XVI^e s. « croire », XVII^e s., limité à l'expression *faire accroire : accrēdĕre.* ♦ [2] **CROYANT** XII^e s.; **INCROYANT** XIX^e s.; **CROYANCE** XIV^e s. : réfections, sous l'influence de *croyant*, de l'anc. fr. *creant : credentem, creance : credentia*; **CROYABLE** XII^e s. : réfection de *creable*; **INCROYABLE, INCROYABLEMENT** XV^e s.

B. base *-créan-* (avec conservation arch. du *e* en hiatus)

♦ [1] **CRÉANCE** XI^e s. « fait de croire à la véracité de quelque chose », XII^e s., repris au XVIII^e s. « droit en vertu duquel on peut exiger de quelqu'un une somme d'argent », XIV^e s. *lettre de créance : *credentia*; **CRÉANCIER** XII^e s. ♦ [2] **MÉCRÉANT** XII^e s. : part. présent de l'anc. fr. *mescroire* « ne pas professer la vraie foi », dér. de *croire.* ♦ [3] **RECRÉANCE** XIII^e s. jur. : dér. de *recroire* au sens de « remettre, confier » : *recredere.*

C. **RECRU** XIII^e s., adj. : part. passé de l'anc. fr. *se recroire* « s'avouer vaincu »; en lat. vulg., *creditus* avait été éliminé par **credūtus.*

II. mots d'emprunt et mots savants

base unique *-cred-*

♦ [1] **CRÉDENCE** XIV^e s. « croyance », XVI^e s. meuble : it. *credenza* « confiance » : *credentia*, équivalent phonétique de *créance* : par crainte du poison, les grands seigneurs it. faisaient goûter les mets qu'on leur servait; le nom de cette opération, *far la credenza*, s'est étendu au meuble où étaient déposés les plats avant d'être servis. ♦ [2] **CRÉDIT** XV^e s. « confiance, considération », XVI^e s. « confiance en la solvabilité de quelqu'un », sens empr. à l'it. *credito*, XIX^e s. « sommes allouées sur un budget, pour un usage déterminé » : *creditum*; **CRÉDITER** XVII^e s.; **CRÉDITEUR** XVIII^e s., a partiellement éliminé *créancier* : dér. de *crédit*, avec infl. des mots it. correspondants. ♦ [3] **DISCRÉDITER** XVI^e s. : dér. de *crédit*; **DISCRÉDIT** XVIII^e s., dér. de *discréditer*, sous l'influence de l'it. *discredito.* ♦ [4] **ACCRÉDITER** XVI^e s. à propos d'une personne, XVII^e s. à propos d'une parole, d'une idée : dér. de *crédit*; **ACCRÉDITEUR** XIX^e s.; **ACCRÉDITIF** XX^e s. ♦ [5] **CRÉDIBILITÉ** (sav.) XVII^e s. : lat. scolastique *credibilitas*, dér. de *credibilis*; **INCRÉDIBILITÉ** (sav.) XVI^e s. : *incredibilitas.* ♦ [6] **CRÉDULE** (sav.) XIV^e s. : *credulus*; **INCRÉDULE** XIV^e s. : *incredulus*; **CRÉDULITÉ** XII^e s. : *credulitas*; **INCRÉDULITÉ** X^e s. : *incredulitas.* ♦ [7] **CREDO** XIII^e s. : mot latin, « je crois », début des diverses professions de foi catholique.

**CROÎTRE** famille d'une rac. ind.-eur. **k(e)rē* exprimant les idées de « semence » et de « croissance », représentée en latin dans (1) *crescere* « croître » et *concrescere* « se former ou s'accroître par agrégation ou condensation », « se congeler », « prendre », part. passé *concretus* « condensé », « épais », « matériel ». (2) *creare* « produire », « faire pousser », verbe transitif correspondant à l'intransitif *crescere*, employé par la langue de l'Église pour signifier « faire naître du néant ». (3) *Ceres*, nom de la « déesse qui fait naître les moissons », et *cerealis*, adj. « relatif au blé » ou « à Cérès ».

I. mots populaires

A. base *-croît-*

♦ [1] **CROÎTRE** XI^e s. : *crescĕre*; **ACCROÎTRE** XII^e s. : *accrescĕre* « aller en s'accroissant »; **DÉCROÎTRE** XII^e s. : *decrescĕre* « diminuer ». ♦ [2] **DÉCROÎT** (de la lune) XII^e s. : dér. de *décroître*; **SURCROÎT** XIII^e s. : de l'anc. fr. *surcroître.*

B. base *-croiss-*

♦ [1] **CROISSANT** XII^e s. « de la lune », XIX^e s., traduction de l'all. *Hörnchen*, non d'une pâtisserie viennoise, créée en 1689 pour célébrer la levée du siège de cette ville par les Turcs, dont l'emblème est le croissant; part. présent substantivé de *croître*; **CROISSANCE** XII^e s. : dér. fr. ou p.-ê. bas lat. *crescentia.* ♦ [2] **EXCROISSANCE** (demi-sav.) XIV^e s. : calque, formé sur la base *-croiss-*, du lat. *excrescentia*, dér. de *excrescere* « croître en s'élevant ». **DÉCROISSANCE** XIII^e s. : dér. de *décroître.* ♦ [3] **ACCROISSEMENT** XII^e s.; **DÉCROISSEMENT** XII^e s. : dér. de *accroître* et *décroître.*

C. base *-cru-*

♦ [1] **CRU** XVᵉ s. « ce qui croît dans un terrain » et **CRUE** d'un cours d'eau XIIIᵉ s. : part. passé masc. et fém. substantivé de *croître*; *cretus* n'ayant pas laissé de continuateur, *croître* s'est aligné sur les verbes à part. passé en *-u*; **DÉCRUE** XVIᵉ s. ♦ [2] **RECRUE** XVIᵉ s., mil., XVIIIᵉ s., emploi généralisé : part. passé de *recroître* « augmenter »; **RECRUTER** XVIIᵉ s.; **RECRUTEUR, RECRUTEMENT** XVIIIᵉ s.

**II.** mots d'emprunt

♦ [1] **CRESCENDO** et **DECRESCENDO** XVIIIᵉ s., mus. : mots it. « en croissant » et « en décroissant », des verbes *crescere* et *decrescere*. ♦ [2] **CRÉOLE** XVIIᵉ s. : altération, par les Français des Antilles, de l'esp. *criollo*, qui désignait les Espagnols nés en Amérique : adaptation du port. du Brésil *crioulo*, qui signifiait primitivement « esclave né dans la maison de son maître », « esclave né sur place, et non amené par traite des Noirs », puis « Blanc né aux colonies » : dér. du port. *criar* « nourrir », du lat. *creare*.

**III.** mots savants

**A.** famille de *creare*

♦ [1] **CRÉER** XIIᵉ s. : *creare*; **RECRÉER** XIVᵉ s.; **INCRÉÉ** XVᵉ s. : *increatus*; **CRÉATION** XIIIᵉ s.; **CRÉATURE** XIᵉ s., XVIᵉ s. « favori », sous l'infl. de l'équivalent it.; **CRÉATIF** XXᵉ s. ♦ [2] **PROCRÉER** XIIIᵉ s. : *procreare*; **PROCRÉATION** XIIIᵉ s. : *procreatio*; **PROCRÉATEUR** XVIᵉ s. : *procreator*. ♦ [3] **RÉCRÉER** XIVᵉ s. : réfection sav. de *recrier* XIIᵉ s. : *recreare* « faire revivre », « ranimer »; **RÉCRÉATION** XIIIᵉ s. : *recreatio*, lat. class. « rétablissement », lat. scol. sens mod. **RÉCRÉATIF** XVᵉ s.

**B.** famille de *concrescere*

♦ [1] **CONCRET** XVIᵉ s. « solide », XVIIᵉ s., sens fig. : *concretus*; **CONCRÉTISER, CONCRÉTISATION** XXᵉ s. ♦ [2] **CONCRÉTION** XVIᵉ s. : *concretio* « ce qui est formé par agglomération ».

**C.** famille de *ceres*

♦ [1] **CÉRÈS**, mot lat., nom de déesse; **CÉRÉALE** XVIᵉ s., adj., fin XVIIIᵉ s., subst. : *cerealis*; **CÉRÉALIER** XXᵉ s.

**CROIX** famille du lat. *crux, crucis*, qui désignait divers instruments de supplice; empr. à une langue méditerranéenne p.-ê. punique. l'usage du supplice de la croix, fréquent à Carthage, n'apparaissant pas à Rome avant les guerres puniques.

**I.** mots populaires

**A. CROIX** Xᵉ s., celle du Christ, XIVᵉ s. « marque formée de deux traits croisés », XIXᵉ s. « distinction honorifique » : *crux, crŭcis*.

**B.** base *-crois-*

♦ [1] **CROISER** XIᵉ s. « disposer en croix », XVIIᵉ s., mar. « couper la route à un navire », « aller et venir dans les mêmes parages » : dér. de *croix*; **DÉCROISER** XVIᵉ s.; **ENTRECROISER** XIVᵉ s.; **CROISEMENT** XIIIᵉ s. « croisade », XVIᵉ s., sens mod.; **ENTRECROISEMENT** XVIIᵉ s. **MOTS CROISÉS** XXᵉ s. ♦ [2] **CROISETTE** XIᵉ s. dimin. de *croix*, XIXᵉ s. promenade de Cannes; **CROISILLON** XIVᵉ s. ♦ [3] **CROISÉE** XIIIᵉ s. transept, XVIᵉ s. « intersection de deux chemins », XVIIᵉ s. « châssis d'une fenêtre ». ♦ [4] **CROISADE** XVᵉ s. : réfection, par substitution de suff., de *croisée* attesté en anc. fr. avec ce sens particulier. ♦ [5] **CROISIÈRE** et **CROISEUR** XVIIᵉ s.

**II.** mots savants

base unique *cruci-*

♦ [1] **CRUCIFIER** XIIᵉ s. (demi-sav.) : adaptation, sous l'influence des verbes en *-fier* → FAIRE, du lat. eccl. *crucifigere* « clouer à la croix »; **CRUCIFIX** XIIᵉ s. : *crucifixus*, part. passé substantivé de *crucifigere*; **CRUCIFIEMENT** XIIᵉ s.; **CRUCIFIXION** XVIᵉ s. : bas lat. *crucifixio*. ♦ [2] **CRUCIAL** XVIᵉ s. « en forme de croix », en parlant d'une incision chirurgicale : dér. formé sur *crucis*; mot empr. par l'angl. au XVIIIᵉ s. et utilisé au XIXᵉ s. en philo. pour traduire les expressions *instantia crucis* (F. Bacon) ou *experimentum crucis* (Newton) « expérience servant pour vérifier une hypothèse, comme un poteau indicateur de carrefour pour trouver son chemin »; réempr. par le fr. au XXᵉ s. avec le sens de « décisif », « très important ». ♦ [3] **CRUCIFÈRE** XVIIIᵉ s. : lat. eccl. *crucifer* « qui porte la croix »; **CRUCIFORME** XVIIᵉ s. ♦ [4] **CRUCIVERBISTE** XXᵉ s. « qui fait des mots croisés ».

**CROSSE** ♦ [1] (pop.) XIᵉ s., a désigné au cours des siècles divers objets allongés, recourbés au bout : frq. **krukja* « bâton recourbé au bout », croisé avec *croc*. ♦ [2] **CROSSER** XIIᵉ s. pousser avec une crosse, XIXᵉ s. « chicaner »; *se crosser* « se quereller », argot, d'où **CROSSE** XIXᵉ s. argot « querelle ».

**CROTTE** ♦ [1] (pop.) XIIᵉ s. « excrément solide », XVIIᵉ s. « boue des chemins » : frq. **krotta* « fiente »; **CROTTER** XIIIᵉ s.; **CROTTIN** XIVᵉ s. ♦ [2] **DÉCROTTER** XIIᵉ s.; **DÉCROTTOIR** XVᵉ s.; **INDÉCROTTABLE** XVIIᵉ s., pour les croisements subis par ce mot → ENCROÛTER.

**CROULER** ♦ [1] (pop.) Xᵉ s. « agiter, secouer », XVIIᵉ s. « tomber » : mot obsc.; une var. ancienne *crodler* et l'équivalent anc. prov. *crotlar* orientent vers un étymon contenant une dentale ; on a proposé : (a) *crotalāre* « jouer des crotales ou castagnettes » ; (b) **corrotŭlāre* « faire rouler », dér. d'un **corrotare* bien représenté dans les dial. rhéto-romans et it. du Nord, lui-même dér. de *rota* → ROUE ; (c) un **crotŭlāre* formé sur une base celtique **krot-* reconstituée d'après l'irlandais *crothaid* « il secoue ». ♦ [2] **ÉCROULER** XIIIe s., transitif, XVIIe s., pronominal ; **ÉCROULEMENT** XVIe s.

**CROUP** XVIIIe s. : mot angl. empr. au dial. d'Édimbourg, d'origine onom.

**CROUPE** ♦ [1] (pop.) XIe s. : frq. **kruppa* « masse arrondie » ; **CROUPION** XVe s. ; **CROUPIÈRE** XIIe s. « courroie passant sur la croupe d'un cheval ». ♦ [2] **CROUPIER** XVIIe s. « cavalier qui monte en croupe » puis, métaph., « associé d'un joueur », XVIIIe s. « employé d'une maison de jeu ». ♦ [3] **CROUPIR** XIIe s.-XVIe s. « être accroupi », « rester au même endroit », XVIe s., seulement en parlant de l'eau ; **CROUPISSANT** XVIe s., adj. ; **ACCROUPIR** XIIIe s., **ACCROUPISSEMENT** XVIe s. ; **À CROUPETONS** XVe s. ♦ [4] **GROUPE** XVIIe s. : it. *gruppo* « nœud, assemblage » : longobard **krūppa* équivalent du frq. **kruppa* « masse arrondie » ; **GROUPER** XVIIe s. ; **GROUPAGE, GROUPEMENT** XIXe s. ; **REGROUPER, REGROUPEMENT** XXe s.

**CROÛTE** famille du lat. *crŭsta* « croûte », « revêtement rugueux et durci » ; d'où *incrustare* « recouvrir d'un enduit ».

♦ [1] **CROÛTE** (pop.) XIIe s. : *crŭsta* ; **CROÛTON** XVIe s. ♦ [2] **CROUSTILLER** XVIe s. « manger de la croûte », XIXe s. « craquer sous la dent » : prov. *croustillá*, dér. de *crŭsta* ; **CROUSTILLANT** XVIIIe s. « plaisant », XIXe s. « qui craque sous la dent ». ♦ [3] **CROUSTADE** XVIIIe s. : prov. mod. *croustado*, de *crousto* « croûte », issu de *crŭsta*. ♦ [4] **INCRUSTER** (sav.) XVIe s. : *incrustare* ; **INCRUSTATION** XVIe s. : *incrustatio*. ♦ [5] **CRUSTACÉ** (sav.) XVIIIe s. : lat. mod. *crustaceus*, formé sur *crusta*.

**CRU** famille d'une racine ind.-eur. **kreu-* exprimant les notions de « chair crue, saignante », « sang répandu ».

En grec, *kreas, kreatos* « chair saignante », issu de **krewas*.

En latin, *cruor* « le sang répandu », *crudus* « saignant », *crudelis* « qui se plaît dans le sang », « cruel » ; *recrudescere*, « se remettre à saigner », « se rouvrir », en parlant d'une blessure.

I. mots issus du latin

♦ [1] **CRU** (pop.) XIIIe s. « cru » et « saignant » : *crūdus* ; **ÉCRU** XIIIe s. : renforcement de *cru* par le préf. *é-*. ♦ [2] **CRUEL** (pop.) Xe s. : lat. vulg. **crūdālis* : lat. class. *crūdēlis* ; **CRUAUTÉ** (pop.) XIIe s. : **crudalitas, -tātis*, réfection de *crudelitas*. ♦ [3] **CRUDITÉ** (sav.) XIVe s. : *cruditas, -tātis*. ♦ [4] **RECRUDESCENCE** (sav.) XIXe s. : dér. tiré de *recrudescere*.

II. mots savants issus du grec

♦ [1] **CRÉATINE** XIXe s., chimie organique : dér. formé sur *kreas*. ♦ [2] **CRÉOSOTE** XIXe s., chimie, liquide désinfectant : nom formé de *kreas* et de *sôzein* « sauver », « conserver ». ♦ [3] **PANCRÉAS** XVIe s. : de *pan* « tout » et de *kreas*, « pour ce qu'il a partout similitude de chair » (A. Paré) ; **PANCRÉATIQUE** XVIIe s. ; **PANCRÉATITE** XIXe s.

**CRURAL** (sav.) XVIe s. « relatif à la cuisse » : lat. *cruralis* de *crus, cruris* « jambe ».

**CUBE** (sav.) XIIIe s., adj., XIVe s., subst. : gr. *kubos* « dé à jouer », par le lat. ; **CUBIQUE** XIVe s. ; gr. *kubikos*, par le lat. ; **CUBER** XVIe s. ; **CUBAGE** XVIIIe s. ; **CUBISME, CUBISTE** XXe s.

**CUILLÈRE** ou **CUILLER** ♦ [1] (pop.) XIIe s. d'abord masc. puis fém. : lat. *cŏchlĕāre* ou *-ārium* « cuiller », dér. de *cochlea* « escargot », « coquille d'escargot » : gr. *kokhlias* ; le sens 1er était probablement « instrument en forme de coquille » ou p.-ê., selon le poète lat. Martial, « instrument servant à manger des escargots » ; **CUILLERÉE** XIVe s.

**CUIRE** famille d'une racine ind.-eur. **pekʷ-* « cuire », « mûrir », devenue par assimilation **kʷekʷ-* dans les dial. italiques.

En grec *pessein* « faire cuire », « digérer » ; *peptikos* « apte à digérer » ; *pepsis* « cuisson », « digestion ».

En latin *cŏquĕre, cŏctus*, lat. vulg. **cŏcĕre* « cuire » ; *coquīna*, lat. vulg. **cocīna* « cuisine » ; *coquus* « cuisinier » ; bas lat. *cocistro* « officier royal chargé de goûter les mets » ; *coctio* et *concoctio*, « cuisson » ; *praecox* « hâtif », « qui mûrit vite ».

Les langues germaniques ont fait de nombreux empr. au lat. : got. **kōkan* « cuire », **kōka* « gâteau » ; anc. scand. *kaka* « gâteau » ; anc. haut all. *kuocho*, auxquels s'apparentent, dans les langues modernes. all. *Kuchen*, angl. *cake* « gâteau » ; néerl. *kok* « cuisinier », *koek* « gâteau », all. *kochen*, angl. *to cook* « cuire ».

I. mots issus directement du latin

A. mots populaires

♦ [1] **CUIRE** Xe s. : *cŏcĕre* ; **RECUIRE** XIIe s. ♦ [2] **CUITE** XIIIe s. « cuisson », XIXe s. « ivresse » :

part. passé fém. substantivé : *cŏcta*. ♦ [3] **BISCUIT** (demi-sav.) XIIIe s. : réfection de *bescuit* XIIe s. « deux fois cuit »; **BISCUITER** XIXe s.; **BISCUITERIE** XIXe s. ♦ [4] **CUISANT** XIIe s., adj.; **CUISEUR** XIIIe s.; **AUTOCUISEUR** XXe s. ♦ [5] **CUISINE** (pop.) XIIe s. **cŏcĭna* avec influence de *cuire* sur le timbre de la voyelle initiale; **CUISINER, CUISINIER** XIIIe s., **CUISINIÈRE** XIXe s., fourneau. ♦ [6] **CUISSON** (pop.) XIIIe s. : *cŏctio, -ōnis*, avec influence de *cuire*. ♦ [7] **CUISTOT, CUISTANCE** fin XIXe s., fam. : dér. formés sur la base *cuis-* de *cuisine* et *cuisson*, à l'aide du suff. *-et* suivi des suff. *-ot*, ou *-ance*. ♦ [8] **CUISTRE** (pop.) XIIIe s., cas sujet *coistre, quistre*; régime *coistron, quistron* « marmiton », XVIe s., argot de collège, « surveillant subalterne »; le *s* est conservé parce que le rapport avec la famille de *cuire* reste senti; XVIIe s. « pédant » : *cocistro, -ōnis*; **CUISTRERIE** XIXe s. ♦ [9] **QUEUX** XIe s., XVIe s., limité à l'expression **MAÎTRE-QUEUX** : *cŏquus*. ♦ [10] **GUEUX** XVe s. : *coquus* avec sonorisation de l'initiale comme dans *kampa* devenu *gamba* → JAMBE; **GUEUSERIE** XVIe s.

B. mots savants

♦ [1] **CONCOCTION** XVIe s. : *concoctio*; **CONCOCTER** XXe s.; **COCTION** XVIe s. : *coctio*; **DÉCOCTION** XIIIe s. : lat. imp. *decoctio*. ♦ [2] **PRÉCOCE** XVIIe s. : *praecox, -ocis*; **PRÉCOCITÉ** XVIIe s.

II. mots d'emprunt

♦ [1] **BISCOTTE** XIXe s. : it. *biscotto*, même formation que *biscuit*; terminaison assimilée au suff. fém. *-otte*. ♦ [2] **ABRICOT** XVIe s. : empr. à une langue de la péninsule Ibérique, esp. *albaricoque*, port. *albricoque*, catalan *abercoc* ou *albercoc* qui a donné *aubercot* XVIe s.; toutes ces formes sont empr. à l'arabe d'Espagne *al barqouq* : le 1er élément est un article; le 2e représente le lat. *praecoquum* « (fruit) précoce » empr. par les Arabes en Syrie, où ce fruit, originaire de Chine, avait été acclimaté sous cette dénomination; **ABRICOTIER** XVIe s. ♦ [3] **COCAGNE** XIIe s., nom propre d'un pays imaginaire : peut être rapproché du moyen néerl. *kokenje*, dér. de *koke* « gâteau », « sucrerie vendue dans les foires », et du prov. *coucagno, caucagno* XVe s., dér. de *coca* « gâteau », du got. **kôka*; l'it. *cuccagna* est empr. au prov. ♦ [4] **COUQUE** XIXe s. néerl. *koek*. ♦ [5] **COQ** XVIIe s., subsiste dans l'expression **MAÎTRE COQ** « chef cuisinier d'un navire » : néerl. *kok* « cuisinier ». ♦ [6] **QUICHE** XIXe s. : alsacien *küchen* « gâteau », var. de l'all. *Kuchen*. ♦ [7] **CAKE** XIXe s. : mot angl. « gâteau » : anc. scandinave *kaka*. ♦ [8] **PANNEQUET** XIXe s. : angl. *pancake* « gâteau (cake) fait à la poêle (pan) ».

III. mots savants issus du grec

♦ [1] **PEPTIQUE** XVIIe s. : *peptikos*; **PEPTONE** XIXe s. ♦ [2] **PEPSINE** XIXe s. : dér. formé sur *pepsis* : ♦ [3] **-PEPSIE** 2e élément de composés sav., ex. : **DYSPEPSIE** XVIe s. : gr. *duspepsia* « mauvaise digestion », par le lat.; **BRADYPEPSIE** XVIe s. : gr. *bradupepsia* « digestion lente ».

**CUISSE** ♦ [1] (pop.) XIe s. : lat. *cŏxa* « hanche », qui a éliminé le lat. class. *femur, -oris*; la notion de « hanche » a été exprimée par un mot empr. au germ. **hanka*; pour les mots scientifiques exprimant la notion de « cuisse » → FÉMUR et CRURAL; **CUISSOT** XIIe s.; **CUISSEAU** XVIIe s., var. orth. du précédent; réservé à la viande de boucherie, alors que *cuissot* s'emploie en parlant du gibier; **CUISSARD** XVIIe s. ♦ [2] **COUSSIN** XIIe s., sous les formes *coissin* et *cussin* : lat. vulg. **cŏxīnu*, dér. de *coxa*; **COUSSINET** XIIIe s. ♦ [3] **COXAL** et **COXALGIE** (sav.) XIXe s. : dér. formés sur *coxa*.

**CUL** ♦ [1] (pop.) XIIIe s. « derrière » et « fond d'un objet » : lat. *cūlus*; **CUCUL** XXe s., adj. fam. « niais »; **TUTU** fin XIXe s., « caleçon collant de danseuse » puis « jupe de danseuse » : altération euphémique de *cucul*, redoublement enfantin de *cul*. ♦ [2] **CUL-BLANC** XVIe s., nom d'oiseau : **CUL-DE-BASSE-FOSSE** XVIIe s.; **CUL-DE-FOUR** XIVe s., archit.; **CUL-DE-JATTE** XVIIe s.; **CUL-DE-LAMPE** XVe s. « ornement dont la forme rappelle le dessous d'une lampe d'église »; **CUL-DE-POULE** XVIe s.; **CUL-DE-SAC** XIIIe s.; **TORCHE-CUL** XVIe s. ♦ [3] **CULER** XVe s. « frapper au cul », XVIIe s., mar. « reculer »; **ACCULER** XIIIe s. « pousser le cul contre un obstacle »; **ÉCULÉ** XVIIe s. ♦ [4] **RECULER** XIIe s. : a dû se dire d'abord de la marche en arrière des bêtes de somme; **RECUL** XIIIe s.; **RECULEMENT** XIVe s.; **RECULADE** XVIIe s.; **À RECULONS** XIIIe s. ♦ [5] **BASCULE** XVIe s. : altération, sous l'infl. de *basse*, de *bacule* XVe s. « action de frapper le derrière de quelqu'un contre terre pour le punir » dér. du verbe *baculer*, composé de *battre* et de *culer*; emploi métaph., la *bascule* heurtant le sol en s'abaissant; **BASCULER** XVIIe s. altération, sous l'influence de *bascule*, de *baculer* XIVe s. ♦ [6] **BOUSCULER** fin XVIIIe s. : altération de *bouteculer* XIIIe s., verbe composé de *bouter* et de *culer*, sous l'influence de *basculer*, à moins qu'il ne s'agisse d'une forme dial., *bousser* (Est); **BOUSCULADE** fin XIXe s. ♦ [7] **CULBUTER** XVIe s. : verbe composé de *culer* et de *buter* (→ le précédent); **CULBUTE** XVe s.; **CULBUTEUR** XVIe s. ♦ [8] **CULÉE** XIVe s.;

**CULASSE** XVI^e s.; **CULOT** XIV^e s. « fond de certains objets », XVII^e s. « dépôt accumulé au fond d'un récipient », XIX^e s., fam., « hardiesse », emploi métaph., le *culot* servant à donner de l'aplomb à certains objets, en particulier à des lampes; **CULOTTÉ** XIX^e s. « hardi »; **CULOTTER** (une pipe) XIX^e s. ♦ [9] **CULOTTE** XVI^e s., *hauts-de-chausses à la culotte*; **CULOTTER** XVIII^e s. « mettre une culotte »; **DÉCULOTTER** XVIII^e s.; **SANS-CULOTTE** fin XVIII^e s. : désigne les gens du peuple parce qu'ils portaient le pantalon, à la différence des aristocrates qui portaient la *culotte* courte.

**CUMIN** XIII^e s. sous la forme *coumin*, XIV^e s., forme mod. : lat. *cuminum*, du gr. *kuminon*, mot d'origine orientale.

**CURARE** XVIII^e s., substance utilisée pour empoisonner les flèches : mot caraïbe (Antilles) attesté aussi sous les formes *urari* et *curari*.

**CURE** famille du lat. *cura* « soin », « souci », d'où, dans la langue administrative, « direction », « charge », dans celle du droit « curatelle » et dans celle de la médecine « traitement ». Dér. : (1) *curare* « prendre soin de », « soigner », « nettoyer », d'où *curator* « celui qui est chargé de quelque chose », remplacé en lat. eccl. médiéval par *curatus* « chargé de la *cura* des âmes » (et non simplement, comme en lat. class., part. passé de *curare*); *curabilis* « qui peut être guéri » et *incurabilis*; *procurare* « s'occuper de » (2) *incuria* « négligence » (3) *curiosus* « soigneux », « curieux », « indiscret », et *curiositas* « désir de connaître » (4) *securus* (avec préf. privatif) « libre de soins ou de soucis », d'où *securitas* « tranquillité » et bas lat. *assecurare* « donner la tranquillité ».

**I.** base *-cur-* (commune aux mots sav. et aux mots pop.)

♦ [1] **CURE** (pop.) XI^e s. « soin », survit dans la locution *n'avoir cure de*; XII^e s. « charge eccl. », XV^e s. « résidence du curé », XVI^e s. « traitement médical » : *cūra* ♦ [2] **CURER** (pop.) XII^e s. « soigner », « guérir » et « nettoyer » : *cūrāre*; **ÉCURER** XII^e s.; **RÉCURER** XIII^e s.; **RÉCURAGE** XVI^e s.; **CURE-DENT** XV^e s.; **-CURE**, 2^e élément de composés dans **PÉDICURE** XVIII^e s. (→ PIED) et **MANUCURE** XIX^e s. (→ MAIN). ♦ [3] **CURETTE** XV^e s. « outil servant à curer », particulièrement en chirurgie; dér. de *curer*; **CURETER, CURETAGE** XIX^e s. ♦ [4] **CURÉ** XIII^e s. : *cūrātus*. ♦ [5] **CURABLE** XIII^e s. : *curabilis*; **INCURABLE** (sav.) XIV^e s. : *incurabilis*. ♦ [6] **CURISTE** (sav.) XIX^e s. : dér. de *cure* au sens médical. ♦ [7] **CURATEUR** (sav.) XIII^e s. : *curator*; **CURATION** (sav.) XII^e s. : *curatio*; **CURATELLE** (sav.) XIV^e s. : lat. médiéval *curatela*, croisement de *curatio* et de *tutela*; **CURATIF** XIV^e s. ♦ [8] **PROCURER** XII^e s. « avoir soin de », XV^e s. « faire obtenir » : *procurare*; au premier de ces deux sens, aujourd'hui disparu, se rattachent les dér. **PROCURE, PROCUREUR** XIII^e s., **PROCUREUSE** XV^e s., **PROCURATEUR** (sav.) XII^e s. : *procurator*, **PROCURATION** XIII^e s. : *procuratio*. ♦ [9] **INCURIE** XVI^e s. : *incuria* (sav.). ♦ [10] **SINÉCURE** XVIII^e s. : angl. *sinecure*, calqué sur la loc. lat. *sine cura* « sans souci » d'abord appliquée à certaines charges eccl. ♦ [11] **CURIEUX** XII^e s. « qui a souci de », « qui cherche à connaître », XVII^e s., appliqué à des choses : *curiosus*; **CURIOSITÉ** (sav.) XII^e s. : *curiositas*; **INCURIOSITÉ** XIV^e s. : *incuriositas*. ♦ [12] **SÉCURITÉ** (sav.) XIII^e s., rare jusqu'au XVII^e s. : *securitas*; **SÉCURISANT** XX^e s..

**II.** base *-sur-* (pop.)

♦ [1] **SÛR** XI^e s. « qui a de l'assurance », « qui est en sûreté », XII^e s. « qui sait avec certitude » et « dont on ne peut douter », XIV^e s. « (endroit) où l'on n'a rien à craindre » : *secūrus*; **SÛRETÉ** XII^e s., sous la forme *seürté*, XV^e s., avec terminaison demi-sav., calquée sur celle de *securitas* → SÉCURITÉ, I. 12 ♦ [2] **ASSURER** XII^e s. « tranquilliser », XIII^e s. « affirmer », « donner pour certain », XVI^e s. « mettre un bien en sûreté », éventuellement par contrat, à l'origine, à propos de vaisseaux et de leur fret; XVII^e s. « consolider » : *assecūrāre*; **ASSURANCE** XII^e s., XVI^e s., contrat, surtout à propos des risques de mer; **ASSUREUR** XVI^e s.; **ASSURÉMENT** XVI^e s. ♦ [3] **RASSURER** XII^e s.; **RASSURANT** XVIII^e s., adj.; **RÉASSURER, RÉASSURANCE** XVIII^e s. : dér. de *assurer*.

**CURIE** (sav.) XVI^e s. « division de la tribu chez les Romains » : lat. *cūria*, même sens, mot d'origine obscure mais certainement sans rapport avec *cura* (→ CURE); XIX^e s. « ensemble des organes du gouvernement pontifical » : it. *curia*, de même origine.

**CUVE** ♦ [1] (pop.) XII^e s. : lat. *cūpa* « tonne », « barrique », « cuve en bois »; **CUVIER** XII^e s.; **CUVEAU** XII^e s.; **CUVETTE** XII^e s. ♦ [2] **CUVÉE, CUVAGE** XIII^e s.; **CUVER** XIV^e s. ♦ [3] **CUVELER, CUVELAGE** XVIII^e s., techn. ♦ [4] **COUPE** (pop.) XII^e s. : bas lat. *cŭppa* « coupe », var. de *cūpa*; **COUPELLE** XV^e s. ♦ [5] **SOUCOUPE** XVII^e s. : calque de l'it. *sottocoppa*, de même origine. ♦ [6] **COUPOLE** XVII^e s. : it. *cupola* : lat. *cūpŭla*, dimin. de *cūpa*. ♦ [7] **CUPULE** (sav.) XVII^e s. : lat *cupula*, dimin. de *cupa* « cuve », pris pour un dimin. de *cuppa* « coupe ».

**CYAN(O)-** ♦ [1] (sav.) XIX^e-XX^e s., chimie et méd. : gr. *kuanos* « bleu », 1^er élément de mots sav., ex. : **CYANOSE, CYANURE, CYANHYDRIQUE** XIX^e s., etc. ♦ [2] **-CYANOSE** : 2^e élément de composés sav., ex. : **ACROCYANOSE** XX^e s., méd., « coloration en bleu des extrémités ».

**CYGNE** (pop.) XIII^e s. : altération de *cisne* XII^e s. : bas lat. *cicinus*, du lat. class. *cycnus*, du gr. *kuknos*.

**CYMBALE** ♦ [1] (sav.) XII^e s. lat. *cymbalum* : grec *kumbalon* ; **CYMBALIER** XVII^e s. ♦ [2] **CLAVECIN** (demi-sav.) XVII^e s., XV^e s. sous la forme *clavicymbale* : lat. médiéval *clavicymbalum*, « cymbale à clavier ».

**CYPRÈS** (sav.) XII^e s. *ciparis, cyperis* : bas lat. *cypressus*, forme hellénisée du lat. class. *cupressus*, du gr. *kuparissos*.

**CYPRIN** (sav.) XVIII^e s. : gr. *kuprinos* « carpe » par le lat.

**CYST(O)-** 1^er élément de mots sav. : gr. *kustis* « poche gonflée », « vessie », ex. : **CYSTOTOMIE** XVII^e s. ; **CYSTITE** XVIII^e s. ; **CYSTALGIE** XIX^e s., etc.

**CYTISE** (sav.) XVI^e s. : gr. *kutisos*, par le lat.

# D

**DAGUE** XIIIe s. : anc. prov. ou it. *daga*, mot obscur : p.-ê. lat. vulg. **daca* « (épée) dace »; **DAGUER** XVIe s.; **DAGUET** XVIe s. : dér. de *dague* au sens de « premier bois du cerf », emploi métaph.

**DAIGNER** famille d'une racine ind.-eur. **dek-* « convenir » représenté en latin par : (1) *decet* « il convient » et *decentia* « convenance » (2) *decus, -oris* et *decor, -oris* « bienséance », « décence », « dignité », d'où *decorus* « paré » et *decorare* « décorer » (3) *dignus* « digne », issu de **dek-nos*, d'où *dignitas, -atis* « dignité », *dignare* et *dignari* « juger digne »; *indignus* « indigne »; *indignari* « juger indigne ». Cette racine est p.-ê. apparentée à celle de *docere* et *discere* (→ DOCTE) mais le rapport est obscur et seulement hypothétique.

**I.** mots populaires

**DAIGNER** Xe s. : bas lat. *dĭgnāre*, du lat. class. *dignari*; **DÉDAIGNER** XIIe s. : dér. de *daigner*; **DÉDAIN** XIIe s.; **DÉDAIGNEUX** XIIe s.; **DÉDAIGNEUSEMENT** XIIIe s.

**II.** mots savants

♦ [1] **DIGNE** XIe s. : *dignus*; **DIGNITÉ** XIe s. : *dignitas*; **DIGNITAIRE** XVIIIe s. : dér. de *dignité*. ♦ [2] **INDIGNE** XIIe s. : *indignus*; **INDIGNER** XIVe s. : a éliminé son doublet pop. anc. fr. *endeignier*, de *indignari*; **INDIGNATION** XIIe s. : *indignatio*; **INDIGNITÉ** XIVe s. : *indignitas*. ♦ [3] **DÉCENCE** XIIIe s. : *decentia*; **DÉCENT** XVe s. : *decens*, part. présent de *decet*; **INDÉCENT** XIVe s. : *indecens*; **INDÉCENCE** XVIe s. ♦ [4] **DÉCORER** XIVe s. : *décorare*; **DÉCORATION** XIVe s. « action de décorer », XVIIIe s. « insigne d'un ordre honorifique »; **DÉCORATIF** XIVe s.; **DÉCORATEUR, DÉCOR** XVIe s. ♦ [5] **DÉCORUM** XVIe s. : mot lat. « convenance », neutre substantivé de l'adj. *décorus*.

**DAIM** (pop.) XIIIe s. : lat. vulg. **dāmus*, du lat. class. *dāma* ou *damma*, même sens; mot d'empr. d'origine incertaine, p.-ê. celtique, p.-ê. africain.

**DAIS** ♦ [1] (pop.) XIIe s. « table ou estrade ronde »; XVIe s. « baldaquin » : lat. *dĭscus* « plateau », du gr. *diskos* « disque ». ♦ [2] **DISQUE** (sav.) XVIe s. « objet rond et plat »; XXe s., mus. : gr. *diskos* par le lat.; **DISCOBOLE** (sav.) XVIe s. : gr. *diskobolos* « lanceur de disque »; **DISCOTHÈQUE, DISCOPHILE, DISQUAIRE** XXe s. : dér. de *disque*, au 2e sens de ce mot.

**DALLE** ♦ [1] XIVe s., attesté d'abord dans des textes normands : anc. nordique *daela* « gouttière »; a dû désigner à l'origine une pierre légèrement creusée pour faciliter l'écoulement de l'eau (→ mar. et techn. *dalot*). ♦ [2] **DALLER** une fois au XIVe s., puis XIXe s.; **DALLAGE, DÉDALLER** XIXe s.

**DAM** famille du lat. *damnum* « détriment, dommage, punition », issu de **dap- no-m*, apparenté à *daps, dapis* « sacrifice offert aux dieux, banquet sacré », désignant à l'origine une punition ou une compensation rituelle, n'ayant pas le caractère pécuniaire qui apparaît dans le mot *poena* (→ PEINE), plus tardif. Dér. : *indemnis* « sans dommage »; *indemnitas* (bas lat.) « dédommagement »; *damnare* et *condemnare*, d'abord « frapper d'une amende », puis « frapper de toute espèce de châtiment ».

♦ [1] **DAM** (pop.) IXe s., subsiste dans *au grand dam de, à son dam : damnum*. ♦ [2] **DOMMAGE** (pop.) XIe s. : altération, sans doute sous l'infl. de *dongier* (→ DANGER, art. DAME), de *damage* également attesté en anc. fr. : lat. vulg. **damnātĭcu*, dér. de *damnum* ; **ENDOMMAGER** XII^e s. ; **DÉDOMMAGER** XIII^e s. ; **DÉDOMMAGEMENT** XIV^e s. ; **DOMMAGEABLE** XIV^e s. ♦ [3] **DAMNER** (sav.) X^e s. : *damnare*, appliqué en lat. eccl. aux peines de l'enfer ; **DAMNABLE** XII^e s. ; **DAMNATION** XII^e s. : *damnatio*. ♦ [4] **CONDAMNER** (demi-sav.) XII^e s. : altération, sous l'influence de *damner*, de l'anc. fr. *condemner* (jusqu'au XVI^e s.) : lat. *condemnare* ; **CONDAMNATION** XIII^e s. ; **CONDAMNABLE** XV^e s. ♦ [5] **INDEMNE** (sav.) XIV^e s. : *indemnis* ; **INDEMNITÉ** (sav.) XIII^e s. : *indemnitas* ; **INDEMNISER** XIV^e s. ; **INDEMNISATION** XVIII^e s.

**DAME** famille d'une rac. ind.-eur. **dem-* « maison » représentée :

En grec dans le mot *despotês*, issu de **demspotês* « maître de la maison » et dans une forme à ō, *dôma* « maison », « toit en terrasse ».

En latin, dans *domus* « maison ». — Dér. : (1) *domesticus* « de la maison », « de la famille » ; bas lat. *domesticitas* « parenté » (2) *domicilium* « demeure » (3) *dominus* et *domina*, lat vulg. **domnus*, **domna* « le maître », « la maîtresse de maison » (4) *dominari* « être le maître » et *dominatio* « souveraineté », « pouvoir absolu » (5) *dominium* et lat. vulg. **dominio, -ōnis* « droit de propriété » (6) Lat. imp. *dominicus*, adj. « qui appartient au maître » ou « au Seigneur, à Dieu » (7) Lat. vulg. **dominiarium* « domination », « puissance » et les diminutifs **dominicellus*, **dominicella*.

**I.** mots populaires issus du latin

♦ [1] **DAME** (pop.) XI^e s. « femme noble », XVII^e s. « femme mariée d'un certain niveau social » : *domĭna*, fém. de *domĭnus* qui avait pris à l'époque gallo-romane le sens de « maître d'un fief » ; l'affaiblissement de *o* en *a* est dû à un emploi atone du mot ; **MADAME** XII^e s., même évolution. ♦ [2] **DAME (AU JEU DE DAMES)** XVI^e s. : emploi particulier du mot précédent, d'où **DAMIER** et **DAMER** *(le pion)* XVI^e s. ♦ [3] une forme analogue a existé aussi au masc. ; elle est attestée en composition, en anc. fr. dans l'expression *damedieu* « seigneur Dieu », et survit dans **VIDAME** XII^e s. : *vicedomĭnus* « lieutenant d'un seigneur ». ♦ [4] **DAME !** XVII^e s., interjection : abrév. d'un juron plus ancien, soit *damedieu!* soit *tredame!*, issu de *Notre-Dame*. ♦ [5] **DEMOISELLE** X^e s., d'abord sous les formes *domnizelle*, *dameiselle*, X^e-XVIII^e s., « fille noble », « femme mariée de petite noblesse », XVIII^e s. « femme non mariée » ; **MADEMOISELLE** XVI^e s. en un seul mot ; **MAM'ZELLE** fin XVII^e s. ; **DAMOISEAU** XII^e s. « jeune seigneur » : *dominicĕllus*. ♦ [6] **DAME-JEANNE** XVII^e s. terme de marine dont on trouve l'équivalent en prov., en it., en angl., etc. : il est possible que le mot fr. soit à l'origine des autres et soit simplement composé de *dame* et de *Jeanne*, des noms de femmes ayant été utilisés dans certains dial. pour désigner des récipients (ex. : Normandie, *christine* « grande bouteille en grès » ; Nord, *jacqueline* « cruche de grès »). ♦ [7] **DIMANCHE** XII^e s. : lat. vulg. **diomĭnĭca*, forme dissimilée et fém. du lat. imp. *dies domĭnĭcus* « jour du seigneur » ; **ENDIMANCHER** XVI^e s. ♦ [8] **DOMAINE** XI^e s. *demaine* : *domĭnium* ; **DOMANIAL** XVI^e s. ♦ [9] **DONJON** XII^e s. : **dominio, -ōnis*. ♦ [10] **DANGER** XII^e s. « pouvoir », « domination », XIII^e s. « péril », à partir d'expressions telles que *être au danger de quelqu'un* : altération, p.-ê. sous l'influence de *dam*, de l'anc. fr. *dongier* : **dominiarium* ; **DANGEREUX** XII^e s. ; **DANGEREUSEMENT** XVI^e s.

**II.** mots savants issus du latin

♦ [1] **DOMESTIQUE** XIV^e s., adj., XVI^e s., subst. : *domesticus* ; **DOMESTIQUER** XV^e s. ; **DOMESTICITÉ** XVII^e s. : *domesticitas*. ♦ [2] **DOMICILE** XIV^e s. : *domicilium* ; **DOMICILIER, DOMICILIAIRE** XVI^e s. ; **DOMICILIATION** XX^e s. ♦ [3] **DOMINER** X^e s. : *dominari* ; **DOMINATION** XII^e s. : *dominatio* ; **DOMINATEUR** XIII^e s. : *dominator* ; **PRÉDOMINER** XVI^e s. ; **PRÉDOMINANCE** XVI^e s., rare avant le XIX^e s. ♦ [4] **DOMINICAL** XIV^e s. : bas lat. *dominicalis*, adj. formé pour servir de dér. à *dies dominica* → DIMANCHE. ♦ [5] **DOMINIQUE** (prénom) : *dominicus* ; **DOMINICAIN** XVIII^e s., « relig. de saint Domingue », esp. *san Domingo* : fr. *saint Dominique*. ♦ [6] **DOMINO** XVI^e s. « pèlerine noire à capuchon, portée en hiver par les prêtres », XVIII^e s. « robe flottante à capuchon utilisée dans les bals masqués » : mot lat., p.-ê. abrév. d'une formule liturgique, ex. : *benedicamus Domino* « bénissons le Seigneur ». ♦ [7] **DOMINO** XVIII^e s., jeu : probablement emploi métaph. du précédent, l'envers des dominos étant noir.

**III.** mot savant issu du grec

**DESPOTE** et sa famille → POUVOIR.

**IV.** mots d'emprunt

♦ [1] **DÔME** XV^e s. cathédrale d'une ville it. : it. *duomo*, du lat. *domus* « maison (de Dieu) » ; XVI^e s. « sorte de coupole » : prov. *doma*, du gr. *dôma*, qui a désigné un type de toiture arrondi, d'origine orientale. ♦ [2] **DOMINION** XIX^e s. : mot anglais : lat. *dominium* ; **CONDOMINIUM** XIX^e s. : empr. à l'angl. : lat. mod., langue de la diplomatie, dér. de *dominium* « domination en commun ». ♦ [3] **DON** XVIe s. : mot vivant à la fois en esp. et en it. : *domĭnus*. ♦ [4] **DOM** XVIe s., titre dont on fait précéder le nom de certains religieux : it. *don*, avec orthographe latinisée. ♦ [5] **PRIMA DONNA** XIXe s. : expression italienne « première dame »; *donna* : lat. *domĭna*; **MADONE** XVIIe s. : it. *madonna* « madame », spécialement appliqué à la Vierge, du lat. *domĭna*; **BELLADONE** XVIIe s. : it. *bella-donna*, par le lat. mod. des botanistes, littéralement « belle dame », parce que cette plante entrait dans la composition de certains fards. ♦ [6] **DONZELLE** XIIe s. « demoiselle », XVIIe s., sens péjoratif, sous l'infl. de l'it. : anc. prov. *donsela*, du lat. **dominicella*. ♦ [7] **DUÈGNE** XVIIe s. : esp. *dueña* de *domĭna*.

**DANDY** XIXe s. : mot angl. « élégant », d'origine obscure; p.-ê. simplement forme hypocoristique de *Andrew*, « André »; **DANDYSME** XIXe s.

**DANSER** ♦ [1] (pop.) XIIe s., adopté par l'it., l'esp., l'all., l'angl., a éliminé *baller* (→ BAL) : p.-ê. frq. **dintjan* « se mouvoir » ou **dansôn* « tirer » ou lat. **de-antiare*, var. de **ab-antiare* (→ AVANCER, art. AVANT) avec préf. *de-* à valeur intensive; **DANSE** XIIe s.; **DANSEUR** XVe s. ♦ [2] **CONTREDANSE** XVIIe s. angl. *country dance* → CONTRE. ♦ [3] **DANCING** XXe s. : mot angl., abrév. de *dancing house* « maison de danse »; part. présent de *to dance* « danser », d'origine fr. Pour les mots sav. exprimant la notion de « danser » → CHORÉGRAPHIE, art. CHŒUR.

**DARD** (pop.) XIe s. : frq. **darodh*; **DARDER** XVe s.

**DARTRE** (pop.) XVe s., var. de *derte, dertre* XIVe s. : bas lat. *derbĭta*, mot d'origine gauloise; **DARTREUX** XVe s.

**DATTE** famille du gr. *daktulos* « doigt ».
♦ [1] **DATTE** (pop.) XIIIe s. : anc. prov. *datil* ou it. (Gênes) *dattero*, du lat. *dactylus*, du gr. *daktulos*, à cause de la forme de ce fruit; **DATTIER** XIVe s. ♦ [2] **DACTYLE** (sav.) XIVe s, métrique : gr. *daktulos* « pied formé d'une syllabe longue et de deux brèves, comme le doigt est formé d'une phalange longue et de deux courtes »; **DACTYLIQUE** XVIe s. ♦ [3] **DACTYLO-** 1er élément de composés sav., ex. : **DACTYLOGRAPHIE, DACTYLOGRAPHE** XIXe s.; **DACTYLOGRAPHIER** XXe s.; **DACTYLOSCOPIE** XXe s. ♦ [4] **DACTYLO** XXe s. : abrév. de *dactylographe*. ♦ [5] **-DACTYLE** 2e élément de composés sav., ex. : **POLYDACTYLE** XIXe s. : **PTÉRODACTYLE** XIXe s.

**DAUBER** (sur quelqu'un) (pop.) XIIIe s. « garnir », « crépir un mur », XVIe s. « dénigrer quelqu'un » : la forme provençale parallèle *dalbar* « blanchir » rend vraisemblable l'étymologie contestée *dealbare* « blanchir », de *albus* (→ AUBE).

**DAUPHIN** ♦ [1] (mot d'empr. pop. avec orth. *ph* savante) XIIe s., cétacé : anc. prov. *dalfin*, du bas lat. *dalfinus*, altération du lat. class. *delphinus*, du gr. *delphis, -inos*. ♦ [2] **DAUPHIN** (fils aîné du roi de France) (pop.) XIVe s. : lat. vulg. *Dalfinus*, du lat. class. *Delphinus*, ancien nom propre, devenu titre héréditaire des comtes du Dauphiné et de l'Auvergne; adopté par la maison royale de France en 1349, au moment de l'annexion du Dauphiné à la France.

**DE** famille du lat. *de*, prép. et préverbe indiquant l'origine, l'éloignement, le mouvement de haut en bas, qui a pris secondairement le sens de « au sujet de » (1) cette particule sert de préf. à un assez grand nombre de verbes, marquant un mouvement de haut en bas, ex. : *descendere* « descendre », de *de* et *scandere* « monter »; une action faite d'après un objet, ex. : *describere* « décrire », *depingere* « dépeindre »; une privation ou un éloignement, ex. *decapitare* « décapiter »; un simple renforcement, ex. : *deperire* « être perdu, mourir », *derelinquere* « abandonner » (2) elle a servi également à renforcer un grand nombre d'adv., surtout en lat. imp., ou en bas lat.; un certain nombre d'entre eux sont passés en fr. : *de ex* « à partir de »; *de foras* « dehors »; *de intus* « dans »; *de mane* « demain »; *de subtus* « dessous »; *de super* « dessus »; *de unde* « d'où »; *de usque* « jusque » (3) la forme *deorsum* « en bas », « de haut en bas », qui s'oppose à *sursum* « en haut », s'explique par **de-vorsum*, de la famille de *vertere* « tourner » → VERS (4) enfin, à l'aide du suff. **-ter* servant à opposer un côté à un autre, qu'on trouve aussi dans *exterior* dér. de *ex*, a été formé l'adj. *deterior* « inférieur », « pire », d'où bas lat. *deteriorare* « détériorer ».
♦ [1] **DE** (pop.) Xe s., prép. : *de*. ♦ [2] **DÉ-** : préf. représentant le lat. *de-* dans un certain nombre de mots sav. ou pop. tels que *dépeindre, dépérir*, etc., et qui s'est confondu avec **DÉ-** (pop.) issu de *dis-*. ♦ [3] **DÈS** (pop.) XIe s., prép. : *de ex*. → É-. ♦ [4] **DEHORS** → ce mot. ♦ [5] **DANS** → EN. ♦ [6] **DEMAIN** → MATIN. ♦ [7] **DESSOUS, DESSUS** → SOUS. ♦ [8] **DONT** → QUI. ♦ [9] **JUSQUE** → QUI. ♦ [10] **JUSANT** (pop.) XVe s. : mot dial. (Normandie), dér. de

l'anc. fr. *jus* : *deorsum*, avec influence de **SUS** → VERS. ♦ [1] **DÉTÉRIORER** (sav.) XVe s. : *deteriorare*; **DÉTÉRIORATION** (sav.) XVe s., rare avant le XVIIIe s. : *deterioratio*.

**DÉ-, DÉS-** ♦ [1] (pop.) : lat. *dis-*, préf. marquant la séparation, la direction en sens opposés, le contraire, la négation, ex. : *découvrir, désordre, déloyal*; la forme *dé-* s'est confondue avec le *dé-* issu du lat. *de-* → art. précédent. ♦ [2] **DIS-** (sav.). ex. : *disposer, discontinuité, dissymétrie*. ♦ [3] **DI-** (sav.) : forme prise par le préf. lat. *dis-* devant certaines consonnes parfois redoublées; apparaît dans quelques mots sav., ex. : *différent, difficile, digérer*, etc.

**DÉBILE** (sav.) XIVe s. : lat. *debilis* « infirme, estropié, débile »; **DÉBILITÉ** XIIIe s. : *debilitas*; **DÉBILITER** XIVe s. : lat. *debilitare*.

**DÉBINER** XVIIIe s. arg. « calomnier » et « flancher », XIXe s. **SE DÉBINER** « fuir » et **DÉBINE** « misère » : or. obsc.; la loc. wallonne *se laisser rebiner* « se laisser dépasser » et anc. fr. *s'en biner* « s'enfuir », wallon, pic. *biner, débiner, rebiner* « perdre son temps en courses vaines » suggèrent un point de départ *biner* « doubler » qui permettrait un rapprochement avec **BINER**, art. DEUX II 1.

**DÉBITER** (pop.) XVe s. « couper en petits morceaux », en parlant du bois, XVe s. « vendre au détail », XVIIe s. « raconter en détaillant », XIXe s. « laisser s'écouler une certaine quantité de liquide ou de gaz » : mot d'origine germ., se rattache p.-ê, à l'anc. scandinave *biti* « poutre de navire » → BITTE, p.-ê. au moyen bas all. *biten* « couper, fendre »; **DÉBIT** XVIe s. « vente au détail », XVIIe s. « élocution », XIXe s. « boutique où l'on vend du tabac ou des boissons »; **DÉBITANT** XVIIIe s.; **DÉBITEUR** (de discours) XVIIe s.

**DÉBLATÉRER** famille sav. du lat. arch. et imp. *deblaterare* « bavarder à tort et à travers », et du lat. imp. *blaterare* « bavarder » et « pousser son cri (chameau et grenouille) »; mots fondés sur une onom. *bla-* (→ BLABLA, Annexe I et art. BOBINE), évoquant le bavardage. ♦ [1] **DÉBLATÉRER** fin XVIIIe s. : *deblaterare*. ♦ [2] **BLATÉRER** XIXe s. « crier (chameau) » : *blaterare*.

**DÉCHIRER** (pop.) XIIe s. : altération, par substitution de préf., de l'anc. fr. *essirer, échirer*, mot d'origine germ., soit frq. **skerian* « partager », soit frq. *skîran* « gratter », « décrotter »; **DÉCHIREMENT** XIIe s.; **DÉCHIRURE** XIIIe s.; **S'ENTRE-DÉCHIRER** XVIe s.; **DÉCHIRANT** XVIIe s., sens fig., rare avant le XVIIIe s.

**DÉFENDRE** famille d'un verbe lat. *-fendĕre, -fensus* dont le sens devait être « frapper », « heurter », usité seulement dans les formes préfixées : (1) *defendere, defensus* « repousser », « écarter », « mettre une opposition ou un obstacle », d'où « protéger »; dér. : *defensor* « défenseur » (2) *offendere, offensus* « heurter, choquer », dér. : *offensare* même sens.

**I.** base *-fend-*

**DÉFENDRE** (pop.) XIe s. « protéger » et « interdire » : *defendĕre*; **DÉFENDEUR** XIIe s. « défenseur », XIIIe s., jur.; **DÉFENDABLE** XIIIe s.; **INDÉFENDABLE** XVIIe s.

**II.** base *-fens-*

♦ [1] **DÉFENSE** (pop.) XIe s. : bas lat. *defensa*, part. passé fém. substantivé qui avait éliminé le lat. class. *defensio*; **AUTODÉFENSE** XXe s.; **DÉFENSEUR** XIIIe s., rare avant le XVIe s.; a fini par éliminer *défendeur* de tous les emplois non juridiques : *defensor -oris*; **DÉFENS** XIIe s. : *defensus*; **DÉFENSIF** XIVe s. : lat. médiéval *defensivus*. ♦ [2] **OFFENSE** une fois début XIIIe s., puis, fin XIVe s. : *offensa*, part. passé fém. substantivé de *offendere*; **OFFENSER** XVe s. : dér. de *offense*, ou p.-ê. empr. au lat. *offensare*; **OFFENSEUR** XVe s.; **OFFENSANT** XVIIe s., adj. ♦ [3] Il existait en anc. fr. un verbe *offendre* « attaquer », du lat. *offendĕre*, d'où la formation de **OFFENSIF** XVe s. « qui constitue une offense », XVIe s., sens milit., sur le modèle de *défensif*; **OFFENSIVE** fin XVIe s. subst.; **INOFFENSIF** XVIIIe s.

**DÉFUNT** famille du lat. *fungi, functus* « s'acquitter de », « accomplir » d'où *functio, -onis* « accomplissement » et *defungi* « s'acquitter entièrement », part. passé *defunctus* « qui s'est acquitté de la vie », « mort ».

♦ [1] **DÉFUNT** (sav.) XIIIe s. : *defunctus*. ♦ [2] **FONCTION** (sav.) XVIe s. « rôle d'un élément dans un ensemble » et sens biol., XIXe s. « profession », « service public », et en chimie et math. : *functio, -onis*; **FONCTIONNER** XVIIe s., rare avant le XVIIIe s.; **FONCTIONNEMENT** XIXe s. ♦ [3] **FONCTIONNAIRE** fin XVIIIe s.; **FONCTIONNARISME** XIXe s.; **FONCTIONNARISER** XXe s. ♦ [4] **FONCTIONNEL** XIXe s. « relatif aux fonctions des organes », XXe s. « bien adapté à sa destination »; **FONCTIONNELLEMENT** XIXe s. ♦ [5] **FONGIBLE** XVIIIe s., jur. « qui se consomme par l'usage et ne peut être restitué » : dér. sur la base du verbe *fungi*; **FONGIBILITÉ** XXe s.

**DÉGINGANDÉ** (pop.) XVIe s., d'abord sous la forme *déhingander* : mot dial. (Normandie, Haut-Maine) dér. du moyen fr. *hinguer* « sautiller » d'origine germ., du moyen haut all. *hingeln* « boitiller », croisé avec *ginguer*, var. de *giguer* → GIGUE.

**DÉGLINGUER** fin XIXe s. : altération de *déclinquer* XIXe s., dér. de *clin* « disposition du bordage », terme mar., du néerl. *klink*.

**DEGRÉ** famille du lat. (1) *gradus* « pas », « marche d'escalier », « échelon », d'où « degré »; dér. : *gradatio* « gradin » et « gradation » et bas lat. *degradare* « priver de son rang, dégrader » (2) à la même base *-grad-* appartient le verbe *gradi, gressus* « marcher », qui apparaît surtout en composition sous la forme *-gredi, -gressus* dans *adgredi* « aller vers, attaquer »; *congredi* « rencontrer »; *degredi* « descendre »; *digredi* « s'éloigner »; *ingredi* « entrer »; *progredi* « avancer »; *regredi* « revenir »; *transgredi* « traverser ». À tous ces verbes correspondent des subst. abstraits en *-gressio,* ou *-gressus* (3) enfin, il existe un adj. *-gradus* qui apparaît en composition dans *retrogradus* « qui marche à reculons » et *tardigradus* « qui marche lentement ».

**I.** formes populaires

♦ [1] **DEGRÉ** XIe s. : forme renforcée de l'anc. fr. *gré : gradus; de* provient p.-ê. du verbe *degradare*, qui a pu prendre en lat. vulg. le sens de « descendre ». ♦ [2] **GRAVIR** XIIIe s. peut difficilement remonter, comme l'it. *gradire*, à un lat. vulg. **gradīre*, la forme attendue étant alors **graïr*; il s'agit p.-ê. de *gradū īre* « aller de marche en marche », devenu **gradivīre*, ce qui explique mieux la présence d'un *v*.

**II.** formes savantes

**A.** base *-grad-*

♦ [1] **GRADE** XVIe s., « degré de dignité », XVIIIe s., milit., XIXe s. « centième partie d'un quadrant » : lat. *gradus*; **GRADÉ** XVIIIe s. ♦ [2] **GRADATION** XVe s. : *gradatio*. ♦ [3] **DÉGRADER** XIIe s. : *degradare*; **DÉGRADATION** XVe s., droit eccl., XVIe s. « avilissement », XVIIe s. « détérioration » : *degradatio*. ♦ [4] **GRADUER** XVe s. : lat. médiéval *graduare*, formé sur *gradus*; **GRADUATION** XIVe s.; **GRADUEL** XIVe s. adj. et subst., liturgie catholique, « (versets) qui se chantent sur les degrés de l'ambon », XVIIe s. adj., « progressif » : lat. médiéval *gradualis*. ♦ [5] **-GRADE**, suff. exprimant la notion de « marcher », dans *plantigrade, tardigrade, rétrograde* : lat. *-gradus*.

**B.** base *-gred-* **INGRÉDIENT** XVIe s. : *ingrediens*, part. présent de *ingredi* « entrer dans ».

**C.** base *-gres-*

♦ [1] **CONGRÈS** XVIe s. « union sexuelle », XVIIe s. « réunion », XVIIIe s. « assemblée législative des U.S.A. » (de l'anglo-américain qui l'avait lui-même empr. au fr.) : lat. *congressus*, de *congredi*; **CONGRESSISTE** XIXe s. ♦ [2] **PROGRÈS** XVIe s. : *progressus*, de *progredi*; **PROGRESSION** XIVe s. : *progressio*; **PROGRESSIF** XIVe s. : dér. de *progressus*; **PROGRESSIVEMENT** XVIIIe s.; **PROGRESSER, PROGRESSISME, PROGRESSISTE** XIXe s. ♦ [3] **AGRESSION** XVe s. : lat. *adgressio*, de *adgredi*; **AGRESSEUR** XIVe s. : bas lat. *adgressor*; **AGRESSER** XVIe s., repris au XIXe s.; **AGRESSIF** fin XVIIIe s.; **AGRESSIVITÉ** XIXe s. ♦ [4] **DÉGRESSIF** XXe s. : formé sur *degressus*, de *degredi*, d'après *progressif*. ♦ [5] **DIGRESSION** XIIe s. : *digressio*, de *digredi*. ♦ [6] **RÉGRESSION** XIVe s., puis XIXe s. : lat. *regressio*, de *regredi*, adopté pour servir d'antonyme à *progression*; **RÉGRESSIF** XIXe s. : formé sur *regressus*, d'après *progressif*; **RÉGRESSER** XXe s. ♦ [7] **TRANSGRESSION** XIIe s. : *transgressio*, de *transgredi*; **TRANSGRESSEUR** XIVe s. : lat. eccl. *transgressor*; **TRANSGRESSER** XIVe s., **TRANSGRESSIF** XIXe s.

**III.** mots d'emprunt

♦ [1] **GRADIN** XVIIe s. : it. *gradino*, dimin. de *grado* « marche d'escalier », de *gradus*. ♦ [2] **DÉGRADER** XVIIe s., peinture, « affaiblir progressivement une couleur » : it. *digradare*, du lat. *degradare*; **DÉGRADATION** XVIIe s. : it. *digradazione*.

**DÉGRINGOLER** (pop.) XVIIe s.; au XVIe s., *desgringueler* et *gringoler* : doit se rattacher au moyen néerl. *crinc* « courbure », et signifier à l'origine « tomber en tournant sur soi-même ».

**DÉGUERPIR** XIIe s. « abandonner », XIVe s. « abandonner un lieu » : dérivé de l'anc. fr. *guerpir*, du frq. **werpjan*, étymon de l'all. *werfen* « jeter ».

**DEHORS** famille d'une racine ind.-eur. **dhwer-* « porte », à laquelle se rattache en lat. (1) *forum* qui a dû désigner à l'origine l'« enclos qui entoure la maison », puis en lat. class. la « place du marché » où se débattent toutes les affaires privées et publiques (2) *foris, -is* et *fores, -ium* « la porte », en particulier « la porte de la maison donnant sur l'extérieur »; dérivés : adv. *foris*, bas lat. *deforis* « à la porte », « dehors »; adj. bas lat. *foranus* « étranger » et *forasticus* « du dehors », « farouche » (3) en bas lat. un adj. substantivé *forestis*, appliqué à la forêt royale dans les diplômes de Childebert, la Loi des Longobards, les Capitulaires de Charlemagne ; p.-ê. dér. de l'adv. *foris*, signifiant « situé en dehors de l'enclos », ou plus vraisemblablement, étant donné le caractère juridique du mot, dér. de *forum* « tribunal » signifiant « forêt relevant de la cour de justice du roi ». Dér. : *forestarius* IXe s.

**I.** famille de *foris*

♦ [1] **DEHORS** (pop.) XIIe s. adv. : lat. *deforis*, atone (sous l'infl. de l'emploi comme prép. de lat. *foris*, anc. fr. *fors*) avec disparition phon. du *f* intervocalique. ♦ [2] **HORS** XIe s., adv. et prép. tiré de *dehors* ; élimine *fors* : du lat. *foris*, atone, qui survit comme préf. (→ 4), dans la phrase historique *Tout est perdu fors l'honneur* XVIe s., et, méconnaissable par suite d'un croisement avec l'adjectif *faux*, dans **FAUBOURG** → BOURG, **FAUX-FUYANT** XVIe s., forme fém., vénerie, « sentiers par où s'échappe le gibier », XVIIe s., subst. masc. et sens mod. ; altération de *fors-fuyant* « qui fuit au-dehors », et **FAUFILER** XVIIe s., altération de *forfiler* XIVe s. ♦ [3] **HORSAIN** XIIIe s. « étranger » ; **HORMIS** XIIIe s. ; second élément, part. passé *mis* ; **HORS-D'ŒUVRE** XVIe s. ; **HORS-LIGNE, HORS-TEXTE** XIXe s. : composés de *hors* ; **HORS-LA-LOI** XIXe s. calque de l'angl. *out law* ; **HORS-BORD** XXe s. calque de l'angl. *out board* « (moteur) extérieur au bateau ». ♦ [4] **FOR-, FOUR-**, préf. aujourd'hui mort exprimant la notion de « dehors » d'« excès », ou de « mal » : lat. *foris*, confondu avec le préf. germ. *fir-* à valeur péjorative ; ex. : *forclos, fourvoyé, fourbu, forban*. ♦ [5] **FORAIN** (pop.) XIIe s. « étranger », XVIIIe s., **MARCHAND FORAIN** : *foranus*. ♦ [6] **FAROUCHE** (pop.) XIIIe s. : altération, par métathèse des voyelles, de *forasche*, du lat. *forasticus*.

**II.** famille de *forum*

♦ [1] **FUR** (pop.) XIIe s. « taux », XVIe s. *au fur* « à proportion », XVIIe s. *au fur et à mesure*, redoublement pléonastique de la locution *au fur* qui n'était plus comprise : var. de l'anc. fr. *fuer, feur*, du lat. *forum* « marché », d'où « prix ». ♦ [2] **FORFAIT** XVIe s., « contrat » : altération, d'après *forfait* « mauvaise action » → FAIRE, de **furfait* « marché conclu », « prix convenu » ; **FORFAITAIRE** XIXe s. ♦ [3] **FOR** (sav.) XVIIe s., dans les locutions *au for interne, en son for intérieur* et *au for externe* c.-à-d. « au jugement de la conscience » ou « au jugement des tribunaux, en particulier eccl. » : lat. *forum* « tribunal ». ♦ [4] **FORÊT** (pop.) XIIe s. : *forestis* ; **FORESTIER** XIIe s., subst., XVIe s., adj. : *forestarius*, avec prononc. de l'*s* par réaction orth.

**DÉLABRER** XVIe s., part. passé, en parlant de vêtements, XVIIe s., autres formes, élargissement du sens ; **DÉLABREMENT** XVIIIe s. : mot obscur ; on a proposé d'y voir un dér. de l'anc. fr. *label* « ruban effrangé », d'origine germ. → LAMBEAU ; ou encore une forme dial. de l'Est ou du Sud-Est, du prov. *deslabrar*, Suisse romande *delabra* « mettre en pièces », p.-ê. apparenté au suisse *delabra* « houe », du lat. *dolabra*, même sens.

**DÉLAI** famille d'un verbe anc. fr. *laier*, synonyme de *laisser*, qui a fini par l'éliminer, et dont on trouve trace dans *te lairas-tu mouri ?* de la chanson de Compère Guilleri ; semble apparenté à une forme *lagar* du Nord de l'Italie, d'origine obscure, p.-ê. celtique.

♦ [1] **DÉLAI** XIIe s. : dér. de l'anc. fr. *deslaier* « différer », lui-même dér. de *laier*. ♦ [2] **RELAYER** XIIIe s., vénerie, « laisser des chiens fatigués et en prendre de frais », XVIe s., application aux chevaux, XVIIe s., sens fig. : dér. de *laier* ♦ [3] **RELAIS** XVIe s. : altération, sous l'influence de *se relaisser* (vénerie, « s'arrêter de fatigue »), de *relai* XIIIe s., dér. de *relayer*.

**DÉLAYER** famille d'un verbe lat. *liqui* « s'écouler », auquel se rattachent (1) *liquare* « clarifier, filtrer » et « liquéfier », et *deliquare* « décanter » (2) *liquor, -oris* « fluidité », « liquide » (3) *liquidus*, adj., « liquide », « clair » (4) *liquefacere* « liquéfier » (5) *liquescere* et *deliquescere* « devenir liquide » (6) *prolixus* « qui s'écoule » d'où « prolixe, diffus » (7) *lixa* « eau pour le coulage de la lessive » ; *lixivus* « relatif à la lessive » et bas lat. *lixare* « lessiver », attesté vers 800 avec le sens de « repasser, polir ».

**I.** mots populaires

♦ [1] **DÉLAYER** (pop.) XIIIe s. : lat. vulg. **dēlīcāre*, altération, p.-ê. sous l'infl. de *delicatus*, du lat. class. *deliquare* ; **DÉLAYAGE** XIXe s. ♦ [2] **LESSIVE** (pop.) XIIIe s. « eau coulée sur des cendres », XVe s. « action de laver » ou « linge lavé » : *līxīva*, fém. substantivé de *lixivus* ; **LESSIVER** XIVe s. ; **LESSIVAGE** fin XVIIIe s. ; **LESSIVEUSE** fin XIXe s. ♦ [3] **LISSER** XIIe s. : *līxāre*, « repasser », sens pris sous l'infl. d'un autre mot, p.-ê. *allīsus* « lisse et brillant », en parlant d'étoffes usées ; **LISSE** une fois au XIIIe s., puis XVIe s. : dér. de *lisser*.

**II.** mots savants

**A.** base *-liqu-*

♦ [1] **LIQUIDE** XIIIe s. adj. « qui coule », XVIIe s. subst. « corps fluide » ; **LIQUIDITÉ** XVe s. « caractère de ce qui est liquide » : lat. *liquidus* et *liquiditas*. ♦ [2] **LIQUEUR** XIIe s. « liquide », subst.,

XVIIIe s. « boisson aromatisée sucrée et alcoolisée » : *liquor*; **LIQUOREUX** XVIe s., même évolution; **LIQUORISTE** XVIIIe s. ♦ [3] **LIQUÉFIER** XIVe s. : adaptation de *liquefacere*; **LIQUÉFACTION** XIVe s. : bas lat. *liquefactio*; **LIQUÉFIABLE** XVIe s. ♦ [4] **DÉLIQUESCENT** XVIIIe s. : *deliquescens*, part. présent de *deliquescere*; **DÉLIQUESCENCE** XVIIIe s.

**B.** base *-lix-* **PROLIXE** XIIIe s. : *prolixus*; **PROLIXITÉ** XIIIe s. : bas lat. *prolixitas*.

**III.** mots d'emprunt

**LIQUIDE** XVIe s. « disponible » en parlant d'argent : it. *liquido*, du lat. *liquidus*; **LIQUIDATION** XVe s.-XIXe s. « vente au rabais » : it. *liquidazione*; **LIQUIDER** XVIe s. « acquitter une dette », XXe s. « éliminer »; **LIQUIDABLE, LIQUIDATEUR** XVIIIe s.; **LIQUIDITÉ** XXe s., finances.

**DÉLÉTÈRE** (sav.) XVIe s. : gr. *dêlêtêrios* « destructeur ».

**DÉLIRER** ♦ [1] (sav.) XVIe s. : lat. *delirare* « sortir du sillon », « extravaguer », dér. de *lira* « sillon ». ♦ [2] **DÉLIRE** (sav.) XVIe s. : *delirium* « délire, transport au cerveau », dér. de l'adj. *delirus* « qui extravague », apparenté à *delirare*. ♦ [3] **DELIRIUM TREMENS** XIXe s. : mots lat. « délire tremblant », expression créée par le médecin angl. Sutton en 1813.

**DEMEURER** famille du lat. *mora* « retard », *morari* « s'attarder, rester ».

♦ [1] **DEMEURER** (pop.) XIe s., sous la forme *demourer* : lat. vulg. **dēmŏrāre*, du lat. class. *demorari* « s'attarder », « rester », qui avait pris en bas lat. le sens de « habiter »; **DEMEURE** XIIIe s. « séjour » et « retard »; ce dernier sens subsiste dans les expressions : *il n'y a pas péril en la demeure*, c.-à-d. « à attendre » et *mettre en demeure* « faire porter la responsabilité d'un retard », tiré de l'anc. fr. *être en demeure* « être en retard », XVIe s. « habitation » : dér. de *demeurer*; **DEMEURÉ** « imbécile » XXe s. : mot dial. (Normandie) « impotent ». ♦ [2] **MORATOIRE** XVIIIe s., adj., XXe s., subst., avec la var. **MORATORIUM** : bas lat. jur. adj. *moratorius* « qui retarde », « qui donne un délai ».

**DÉM(O)-** famille du gr. *dêmos*, à l'origine « part de territoire appartenant à une communauté » (se rattache à une racine **da-* « partager »), puis « le peuple » lui-même.

**I.** *dém(o)-*, premier élément de composés savants.

♦ [1] **DÉMAGOGUE** une première fois au XIVe s., chez Oresme; puis fin XVIIe s., chez Bossuet; courant, péjoratif, fin XVIIIe s. : gr. *dêmagôgos* « qui conduit le peuple », appliqué, souvent avec un sens défavorable, aux chefs du parti démocratique pendant la guerre du Péloponnèse; **DÉMAGOGIE, DÉMAGOGIQUE** fin XVIIIe s. : gr. *dêmagôgia, dêmagôgikos* → AGIR. ♦ [2] **DÈME** XIXe s., hist. grecque : gr. *dêmos* « bourg de l'Attique ». ♦ [3] **DÉMIURGE** XVIe s., puis XIXe s. : lat. *demiurgus*, du gr. *dêmiourgos* « artisan », littéralement « qui travaille pour le public »; mot employé par Platon dans le *Timée*, puis par Plotin, pour désigner la divinité organisatrice de l'univers → ORGUE. ♦ [4] **DÉMOCRATIE** XIVe s. : gr. *dêmokratia* « gouvernement du peuple », par le lat. → -CRATE; **DÉMOCRATE** XVIe s., puis fin XVIIIe s. : dér. de *démocratie*, formé sur le modèle des mots gr. en *-kratês*, comme antonyme d'*aristocrate*; **DÉMOCRATIQUE** XIVe s. : *dêmokratikos*, par le lat., **DÉMOCRATISER, ANTIDÉMOCRATIQUE** fin XVIIIe s.

**II.** *-démie*, second élément de composés savants

♦ [1] **ÉPIDÉMIE** XIIe s. : gr. *epidêmia*, par le lat. médiéval; **ÉPIDÉMIQUE** XVIe s. ♦ [2] **ENDÉMIE** XVIe s. : adaptation, sous l'infl. d'*épidémie*, du gr. *endêmos* ou *endêmios (nosêma)* « (maladie) fixée dans un pays »; **ENDÉMIQUE** XVIIe s.

**DÉMOLIR** famille du lat. *moles* « masse », « charge » et « digue, jetée ». Dér. : (1) *molestus* « qui est à charge », d'où *molestare* « fatiguer », « ennuyer » (2) *moliri* « faire effort pour remuer », d'où *demoliri* « renverser ».

♦ [1] **DÉMOLIR** (sav.) XIVe s. : *demoliri*; **DÉMOLISSEUR** XVIe s.; **DÉMOLITION** XIVe s. : *demolitio* ♦ [2] **MOLESTER** (sav.) XIIe s. : *molestare*. ♦ [3] **MOLÉCULE** XVIIe s. : lat. mod. *molecula*, dimin. de *moles*; **MOLÉCULAIRE** XVIIIe s.; **MACROMOLÉCULE** XXe s. ♦ [4] **MÔLE** XVIe s. « jetée » : it. *molo*, du gr. byzantin *môlos*, du lat. *moles* « jetée ».

**DÉMON** ♦ [1] (sav.) XIIIe s., rare, « faux dieu », être infernal », XVIe s. « génie », « être surnaturel », XVIIe s., équivalent noble de « diable » qui était devenu un mot ridicule : gr. *daimôn* « être intermédiaire entre les dieux et les hommes, qui intervient de façon favorable ou défavorable dans la destinée des hommes »; latinisé au IIe s., et utilisé surtout dans la langue de l'Église où il prend le sens d'« esprit infernal »; néanmoins les mots usuels en anc. fr. sont *diable, maufé, aversier*; **DÉMONIAQUE** XIIIe s. « diabolique » : lat. chrétien *daemoniacus*, adaptation du gr. *daimonikos*, ♦ [2] **PANDÉMONIUM** XVIIIe s. : mot angl. créé par Milton avec les éléments gr. *pan* « tout » et *daimôn*.

♦ [3] **EUDÉMONISME** XIXe s., philosophie qui fait du bonheur le bien suprême : dér. formé directement d'après *eudaimôn* « heureux », littéralement « qui a un bon démon ».

**DENDR(O)-** ♦ [1] 1er élément de mots sav. : gr. *dendron* « arbre », ex. : **DENDRITE** XVIIIe s., minér., XIXe s., anat., désigne diverses ramifications. ♦ [2] **-DENDRON**, 2e élément de composés sav., de même origine, ex. : **RHODODENDRON** → ROSE.

**DENSE** famille sav. du lat. *densus* « serré, épais », renforcé en lat. imp. *condensus*, même sens. — Dér. : *densitas, -atis* « épaisseur, consistance »; *condensare* « rendre compact, serrer » et bas lat. imp. *condensatio, -onis* « épaississement ».

♦ [1] **DENSE** XIIIe s. « épais », XVIIe s., phys. : *densus*; **DENSITÉ** (même évolution) : *densitas*; **DENSIMÈTRE** XIXe s. ♦ [2] **CONDENSER** XIVe s. : *condensare*; **CONDENSÉ** XIXe s., subst.; **CONDENSATION** XIVe s. : *condensatio*; **CONDENSATEUR** XVIIIe s. ♦ [3] **CONDENSEUR** XVIIIe s., techn. : angl. *condenser*, du verbe *to condense* lui-même empr. à (l'anc.) fr. *condenser*.

**DENT** famille d'une racine ind.-eur. **ed-* « mâcher ».

En grec, avec une voyelle *o, odous, odontos*, « la dent ».

En latin (1) avec le degré zéro de la voyelle, dans *dens, dentis*, « la dent » (2) avec une voyelle *e* dans *ĕdo* « je mange », infinitif *ēsse*, part. passé *ēsus*, renforcé en *comesse* ou *comedĕre*, même sens, d'où *comestibilis*, bas lat. « qui peut être mangé »; il a dû exister un verbe **obedere* usité seulement au part. passé, *obēsus*, attesté à l'époque imp. avec le sens de « qui s'est bien nourri », « gras » (3) *esca* « nourriture » et « appât pour le poisson ».

I. mots issus du latin

A. famille de *dens*

♦ [1] **DENT** (pop.) XIe s., masc., XIVe s., fém. : *dens, dentis*, masc.; **ÉDENTER** XIIIe s.; **DENTURE** XIVe s.; **DENTÉ** XVe s.; **DENTIER** XVIe s. « mâchoire », « partie du casque qui couvre les dents »; le sens mod. apparaît aux XVIIe et XVIIIe s., mais rare avant le XIXe s. : dér. de *dent*. ♦ [2] **DENTELLE** XIVe s. « petite dent », XVIe s. « tissu dentelé et ajouré » : dimin. de *dent*; **DENTELER, DENTELURE** XVIe s.; **DENTELIÈRE** XVIIe s.; **DENTELLERIE** XIXe s. ♦ [3] **REDENT** ou **REDAN** XVIIe s. « retranchement en forme de dent » : dér. de *dent*. ♦ [4] **TRIDENT** (sav.) XIIIe s., rare avant le XVIIe s. : lat. *tridens, -entis* « arme à trois dents ». ♦ [5] **DENTAL** XVIe s.; **DENTAIRE** XVIIIe s., adj.; **DENTISTE** XVIIIe s. : dér. sav. de *dent*; **DENTITION** (sav.) XVIIIe s. : lat. imp. *dentitio*, ♦ [6] **DENTAIRE** (sav.) XVIe s., subst. : *dentaria* « plante utilisée pour soigner les maux de dents ». ♦ [7] **DENTI-**, 1er élément de mots sav., ex. : **DENTIFRICE** XVIe s. : lat. imp. *dentifricium*, de *dens* et *fricare* « frotter » → FRAYER; ♦ [8] **DENTICULE** XVIe s., archit. et **DENTICULÉ** XVIIe s. : lat. imp. *denticulus*, dimin. de *dens*.

B. famille de *edo*

♦ [1] **COMESTIBLE** (sav.) XIVe s. : *comestibilis*; **INCOMESTIBLE** XIXe s. ♦ [2] **OBÈSE** (sav.) XIXe s. : *obesus*; **OBÉSITÉ** XVIe s. : lat. imp. *obesitas*.

C. famille de *esca*

♦ [1] **ÈCHE, ESCHE** ou **AICHE** (pop.) XIIe s. « appât pour le poisson » : *esca*. ♦ [2] **SCAROLE** XIVe s. ou **ESCAROLE** XVe s. : it. *scariola*, du lat. vulg. **escariola*, dér. de *esca*.

II. mots issus du grec

♦ [1] **ODONT(O)-**, 1er élément de composés sav. : gr. *odous, odontos*; **ODONTALGIE** fin XVIIe s.; **ODONTOLOGIE** XVIIIe s.; **ODONTOÏDE** fin XVIIe s. ♦ [2] **-ODONTE**, 2e élément de composés sav., de même origine; **MASTODONTE** XIXe s. « (animal fossile) à molaires mamelonnées » : du gr. *mastos* « mamelle » et *adous* « dent ».

**DÉONTOLOGIE** (sav.) XIXe s. « théorie des devoirs » : dér. formé sur le gr. *deon, deontos* « ce qui convient ».

**DÉPIT** famille d'une racine ind.-eur. **spek-* « contempler, observer », p.-ê. apparentée à la racine **skep-* → ÉVÊQUE.

En germanique une forme nominale, anc. haut all. *speha* « observation attentive », et un verbe dér., frq. **spehôn* « observer ».

En latin, d'une part un mot-racine *-spex, spīcis* « observateur », utilisé comme second terme de composés de la langue religieuse tels que *haruspex* « qui examine les entrailles des victimes » et *auspex*, de **avi-spex* (→ OISEAU, art. OIE) « qui examine le vol des oiseaux », d'où *auspicium* « présage fourni par l'observation du vol des oiseaux »; d'autre part un verbe **specĕre, spectus* « regarder », auquel se rattachent (1) le subst. *species* « aspect », « apparence », « beauté », d'où l'adj. *speciosus* « de belle apparence »; *species* a été utilisé dans la langue philo. pour traduire le gr. *eidos* (→ VOIR) au sens de « subdivision du genre », « espèce », d'où lat. imp. *specialis* « particulier », opposé à *generalis, specialitas*, et bas lat. *specificus*; de ce sens dérive, entre autres, celui de « marchandises classées par espèces », « drogues, épices » (2) les subst. *specula* « observatoire » d'où *speculari* « guetter »; *speculum* « miroir »; *specimen* « image », « modèle »; *spectrum* « simulacre émis par des objets », « spectre » (3) le dér. verbal à valeur fréquentative *spectare* « regarder habituellement », « considérer », d'où *spectaculum* « spectacle » (4) un grand nombre de verbes préfixés en *-spicere, spectus*, auxquels correspondent des fréquentatifs en *-spectare* et des dér. nom. : (a) *aspicere* et *aspectare* « regarder vers » et *aspectus, -us* « regard » et « fait d'être vu, aspect »; (b) *circumspicere* et *circumspectare* « regarder tout autour » et *circumpectus*, adj. « prudent »; (c) *despicere* et lat. imp. *despectare* « regarder de haut en bas », « mépriser », et *despectus, -us* « mépris »; (d) *exspectare* « attendre » et *exspectatio* « attente »; (e) *inspicere* « regarder dans »; *inspectare* « examiner, inspecter »; *inspectio* et *inspector*; (f) *introspicere* et *introspectare* « regarder à l'intérieur »; (g) *perspicere* « regarder à travers », d'où l'adj. *perspicax* « clairvoyant »; *perspectare*; et bas lat. *perspectivus* « qui a rapport à la perspective »; (h) *prospicere* et *prospectare* « regarder de loin en avant »; bas lat. *prospectio* « sollicitude » et *prospectivus* « d'où l'on a de la perspective »; (i) *respicere* « regarder en arrière », *respectare* « prendre en considération », *respectus* « considération »; (j) *suspicere* « regarder de bas en haut », « élever sa pensée vers », « soupçonner »; d'où *suspectare*, et *suspicio* « soupçon ».

**I.** mots populaires issus du latin

♦ [1] **DÉPIT** XIIe s. « mépris », XVIIe s. « contrariété » : *despĕctus*; **DÉPITER** XIIIe s. : *despĕctāre*. ♦ [2] **RÉPIT** XIIe s. : *respĕctus*, avec passage du sens d'« égard » à celui de « délai ». → RESPECT. ♦ [3] **SOUPÇON** XIIe s., fém. jusqu'au XVIe s. : lat. imp. *suspectio, -ōnis*, réfection du lat. class. *suspicio* → SUSPECTER et SUSPICION; **SOUPÇONNEUX** XIIe s.; **SOUPÇONNER** XIIIe s.; **INSOUPÇONNÉ** et **INSOUPÇONNABLE** XIXe s. ♦ [4] **ÉPICE** XIIe s. : *spĕcies*; **ÉPICER** XIIIe s. « vendre des épices », XVIe s. « assaisonner »; **ÉPICIER, ÉPICERIE** XIIIe s. → ESPÈCE.

**II.** mots savants issus du latin

**A.** base *-spec-*

♦ [1] **ESPÈCE** (demi-sav., à cause du *e* initial) XIIIe s., philo., théol., XVe s., sens fin., déjà attesté en bas lat., XVIe s., *une espèce de...*, XVIIe s., sens jur., *cas d'espèce : species* → ÉPICE. ♦ [2] **SPÉCIAL** XIIe s. : *specialis*; **SPÉCIALITÉ** XIIIe s., XIXe s., commerce, en particulier pharmacie : *specialitas*; **SPÉCIALISER** XVIe s., rare avant le XIXe s.; **SPÉCIALISTE** XIXe s.; **SPÉCIALISER, SPÉCIALISATION** XXe s. ♦ [3] **SPÉCIEUX** XVe s. « de belle apparence », XVIIe s. « trompeur » : *speciosus*; **SPÉCIOSITÉ** XIXe s. ♦ [4] **SPÉCIFIQUE** XVIe s. : *specificus*; **SPÉCIFIER** XIIIe s. : adaptation du bas lat. *specificare*, dér. de *specificus*; **SPÉCIFICATION** XIVe s. : lat. médiéval *specificatio*; **SPÉCIFICITÉ** XIXe s. ♦ [5] **SPÉCULER** XIVe s. « observer », XVe s. « se livrer à des réflexions théoriques », fin XVIIIe s. sens financier : *speculari*; **SPÉCULATIF** XIIIe s. : bas lat. *speculativus*; **SPÉCULATION** XIVe s. : bas lat. *speculatio*, même évolution; **SPÉCULATEUR** XVIIe s. « observateur », XVIIIe s., fin. ♦ [6] **SPÉCULAIRE** XVIe s., minéralogie, XIXe s., botanique : *specularis*, dér. de *speculum* « miroir ». ♦ [7] **SPÉCULUM** XVIe s. méd. « petit miroir servant à observer un organe », XIXe s. surtout en gynécologie : mot latin. ♦ [8] **SPÉCIMEN** XVIIe s. : mot lat.

**B.** base *-spic-*

♦ [1] **AUSPICE** XVIe s. : *auspicium*. ♦ [2] **HARUSPICE** ou **ARUSPICE** XIVe s. : *haruspex, -icis*. ♦ [3] **PERSPICACE** XIVe s., rare avant fin XVIIIe s. : *perspicax, -acis*; **PERSPICACITÉ** XVe s. : bas lat. *perspicacitas*. ♦ [4] **SUSPICION** XIIe s. : *suspicio* → SOUPÇON et SUSPECTER.

**C.** base *-spect-* ♦ [1] **ASPECT** XVe s., XXe s., gram. : *aspectus*; **ASPECTUEL** XXe s., gram. ♦ [2] **CIRCONSPECT** XIVe s. : *circumspectus*; **CIRCONSPECTION** XIIIe s. : *circumspectio* « action de regarder tout autour », « attention prudente ». ♦ [3] **EXPECTATION** XIVe s., méd. : *exspectatio*; **EXPECTANT** XVe s. : *exspectans*, part. présent de *exspectare*; **EXPECTATIF, EXPECTATIVE** XVIe s. ♦ [4] **INSPECTION** XIIIe s. : *inspectio*; **INSPECTEUR** XVe s. : *inspector*; **INSPECTER** XVIIIe s. : *inspectare*. ♦ [5] **INTROSPECTION** XIXe s. : angl. *introspection*, formé sur *introspicere*; **INTROSPECTIF** XIXe s. ♦ [6] **PERSPECTIF** XVe s. « qui se propose quelque chose », XVIe s., peinture : *perspectivus*; **PERSPECTIVE** XIVe s. « réfraction », XVIe s., peinture, XVIIe s. « événement probable » : *perspectiva (ars)*; **PERSPECTIVISME** XXe s., philo. ♦ [7] **PROSPECTIF** XVe s. adj., « optique », XIXe s. adj. « relatif à l'avenir »; *prospectivus*; **PROSPECTIVE** XVIe s. subst. fém. « perspective », XIXe s. « recherches relatives à l'avenir »; **PROSPECTUS** XVIIIe s. « annonce publicitaire », d'abord en parlant d'ouvrages de librairie : mot lat. « vue, aspect »; **PROSPECTER** XIXe s. : angl. *to prospect*, du lat. *prospectare*; **PROSPECTION** et **PROSPECTEUR** XIXe s. : angl. *prospection* et *prospector*, du bas lat. *prospectio* et *prospector*. ♦ [8] **RESPECT** XIIIe s.

« prise en considération », XIV^e s. « redevance », XVI^e s. sens mod. : *respectus* → RÉPIT ; **IRRESPECT** XIX^e s. ; **RESPECTUEUX** XVI^e s. ; **IRRESPECTUEUX** XVII^e s. ; **RESPECTER** XVI^e s. ; **RESPECTABLE** XV^e s. ; **RESPECTABILITÉ** XVIII^e s. : angl. *respectability*, dér. de *respectable*, lui-même empr. au fr. ; **RESPECTIF** XV^e s. « qui tient compte de chaque chose » : lat. médiéval *respectivus* ; **RESPECTIVEMENT** XV^e s. ♦ [9] **RÉTROSPECTIF** XVIII^e s. : adj. formé du préf. *retro-* (→ ARRIÈRE) et de la base *-spect-* ; **RÉTROSPECTIVEMENT, RÉTROSPECTION** XIX^e s. ; **RÉTROSPECTIVE** XX^e s., subst. fém. ♦ [10] **SPECTACLE** XII^e s. : *spectaculum* ; **SPECTATEUR** XV^e s. : *spectator* ; **SPECTACULAIRE** XX^e s. : dér. formé d'après *spectaculum*. ♦ [11] **SPECTRE** XVI^e s. « apparition », « fantôme », XVIII^e s., opt : lat. *spectrum* ; le 2^e sens, par l'angl. ; **SPECTRAL** XIX^e s., « fantomal » et langue de l'opt., XX^e s., phys., *analyse spectrale* ; **SPECTRO-**, 1^er élément de composés sav., ex. : **SPECTROSCOPE, -IE, -IQUE** XIX^e s. ; **SPECTROGRAMME, -GRAPHE** XX^e s. ♦ [12] **SUSPECT** XIV^e s. : *suspectus*, part. passé de *suspicere* ; **SUSPECTER** XV^e s., rare avant le XVIII^e s. : *suspectare* → SOUPÇON et SUSPICION.

**III.** mots populaires issus du germanique

♦ [1] **ÉPIER** XI^e s. : frq. **spehon*. ♦ [2] **ESPION** XIII^e s. : dér. de l'anc. fr. *espie*, même sens, de *espier*, avec conservation de l'*s* due à l'infl. de l'it. *spione*, de même origine ; **ESPIONNER** XV^e s. ; **ESPIONNAGE** XVI^e s. ; **CONTRE-ESPIONNAGE** XIX^e s.

**DÉPOUILLER** famille du lat. *spolium* « dépouille d'un animal », puis « d'un ennemi » ; employé surtout au plur. *spolia* ; dér. *spoliare*, renforcé en *despoliare* et *spoliatio, -tor*.

♦ [1] **DÉPOUILLER** (pop.) XII^e s. : *despoliare* ; **DÉPOUILLE** XII^e s., **DÉPOUILLEMENT** XII^e s. : dér. de *dépouiller*. ♦ [2] **SPOLIER** (sav.) XV^e s. : *spoliare* ; **SPOLIATION** XV^e s. : *spoliatio* ; **SPOLIATEUR** XV^e s. : lat. *spoliator*.

**DÉPRAVER** (sav.) XIII^e s. : lat. *depravare* « mettre de travers », et sens fig. « corrompre », dér. de *pravus* « tordu, de travers », en parlant des membres, et au sens moral « perverti » ; **DÉPRAVATION** XVI^e s. : *dépravatio* ; **DÉPRAVÉ** XIX^e s., subst.

**DÉRAPER** une fois au XVII^e s., puis XVIII^e s., mar., « se détacher du fond » en parlant d'une ancre, fin XIX^e s. « glisser », en parlant d'un véhicule : prov. *derapá*, de *rapá* « saisir », du germ. **rapôn*, même sens ; **DÉRAPAGE** fin XIX^e s.

**DÉRIVER** XVI^e s. « s'écarter de sa route, en parlant d'un navire » : altération, sous l'infl. du fr. *dériver* XII^e s. (→ RU), de l'angl. *to drive* « pousser », d'origine germ. ; **DÉRIVE** XVII^e s. ; **DÉRIVEUR** XIX^e s.

**DERME** ♦ [1] (sav.) XVII^e s. : gr. *derma, -atos* « peau » ; **DERMIQUE, DERMITE** XIX^e s. ♦ [2] **DERMO-** 1^er élément de mots sav., ex. : **DERMOGRAPHIE** XX^e s. ♦ [3] **DERMAT(O)-** 1^er élément de mots sav., ex. : **DERMATOSE, DERMATITE, DERMATOLOGIE** XIX^e s. ♦ [4] **-DERME**, 2^e élément de mots sav., ex. : **ÉCHINODERME** XVIII^e s., de *ekhinos* « hérisson » ; **ÉPIDERME** XVI^e s. : lat. *epidermis*, du gr. *epi* « sur » et *derma* ; **MÉSODERME** XIX^e s., (→ MÉSO-, art. MI) ; **PACHYDERME** XVI^e s. : gr. *pakhudermos*, de *pakhus* « épais » et *derma*.

**DERVICHE** XVI^e s. : persan *darwîch* « pauvre ».

**DÉSERT** famille du lat. *serere, sertus* « attacher à la file », auquel se rattachent (1) *series* « enfilade » (2) *sermo, -onis*, à l'origine « enfilade de mots » d'où « discours » (3) *adserere*, à l'origine « attacher à soi », spécialisé dans la langue juridique, « amener par la main une personne devant le juge, pour affirmer qu'elle est libre ou esclave », d'où « plaider une cause », « affirmer » (4) *deserere* « se détacher de », « déserter », d'abord terme de la langue milit. devenu synonyme de *relinquere* « abandonner » ; *desertum*, part. passé neutre substantivé, « abandonné, désert » ; traduit, dans la langue de l'Église, le gr. *erêmos* « solitude » (→ ERMITE) (5) *disserere* « enchaîner à la file des raisonnements », d'où *dissertare* « exposer » (6) *inserere* « introduire », « intercaler ».

♦ [1] **DÉSERT** (forme identique, que l'évolution soit pop. ou sav.) XI^e s., adj. : *desertus* ; XII^e s., subst. : *desertum* ; **DÉSERTER** XII^e s. « abandonner une personne ou un endroit », XVII^e s., sens milit. sous l'infl. de l'équivalent it. : bas lat. *desertare*, dér. de *desertus* ; **DÉSERTEUR** XIII^e s. : *desertor* ; **DÉSERTION** (sav.) XIV^e s., jur., XVII^e s., milit. : *desertio*. ♦ [2] **ASSERTION** (sav.) XIV^e s. : *assertio* « affirmation », de *asserere*, ♦ [3] **DISSERTER** (sav.) XVIII^e s. : *dissertare* ; **DISSERTATION** XVII^e s. : *dissertatio*, ♦ [4] **INSÉRER** (sav.) XIV^e s. : *inserere* ; **INSERTION** XVI^e s. : bas lat. *insertio*. ♦ [5] **SÉRIE** (sav.) XVIII^e s. : *series* ; **SÉRIER, SÉRIEL** XIX^e s. ♦ [6] **SERMON** (peut être sav. ou pop.) X^e s. : *sermo, -onis* ; **SERMONNER** XII^e s. ; **SERMONNEUR** XIII^e s. ; **SERMONNAIRE** XVI^e s.

**DÉSIRER** famille du lat. *sidus, sideris* « constellation », auquel se rattachent (1) *sideralis* « qui concerne les astres » (2) *siderari*, part. passé *sideratus* « subir l'action funeste d'un astre », « être frappé de paralysie » (3) *considerare* « examiner avec attention », sans doute à l'origine terme de la langue augurale ou marine (4) *desiderare*, formé sans doute sur *considerare*, à l'origine « cesser de voir », « constater l'absence de », d'où « chercher, désirer ».

♦ [1] **DÉSIRER** (pop.) XI^e s. : *desīdĕrāre*; **DÉSIRABLE** et **DÉSIREUX** XI^e s. : peuvent être de simples dér. de *désirer* ou représenter le lat. *desiderabilis*, bas lat. *desiderosus*; **INDÉSIRABLE** XIX^e s., rare avant le XX^e s. ♦ [2] **DÉSIDÉRATIF** (sav.) XIX^e s. : adj. formé sur le part. passé *desideratus*. ♦ [3] **DESIDERATUM** XVIII^e s., ou, plus couramment **DESIDERATA** XIX^e s. : mots lat., part. passés neutres sing. et plur. de *desiderare*. ♦ [4] **CONSIDÉRER** (sav.) XII^e s. : *considerare*; **RECONSIDÉRER** XVI^e s.; **DÉCONSIDÉRER** XVIII^e s. ♦ [5] **CONSIDÉRANT** fin XVIII^e s., subst., jur. : part. présent substantivé; **INCONSIDÉRÉ** XV^e s. : lat. *inconsideratus*; **INCONSIDÉRÉMENT** XVI^e s.; **CONSIDÉRABLE** XVI^e s.; **CONSIDÉRABLEMENT** XVII^e s. ♦ [6] **CONSIDÉRATION** (sav.) XII^e s. : *consideratio*; **DÉCONSIDÉRATION** fin XVIII^e s. ♦ [7] **SIDÉRAL** (sav.) XVI^e s. : *sideralis*. ♦ [8] **SIDÉRÉ** XIX^e s., méd., « frappé de paralysie », puis, fam., « stupéfait » : *sideratus*; **SIDÉRER, SIDÉRANT** XX^e s.

**DÉSOPILER** (sav.) XVI^e s., méd., de l'anc. fr. *opiler* XIV^e s., méd. : lat. *oppilare* « boucher »; ne survit que dans l'expression *se désopiler la rate*, littéralement « débarrasser la rate » des humeurs noires qui l'encombrent et qui passaient pour engendrer la mélancolie; d'où **DÉSOPILANT** XIX^e s. « qui fait rire ».

**DESTRIER** famille du lat. *dexter, -era, erum* « à droite », représentant une rac. ind.-eur. **deks-* « droit », « normal », associée à l'élément *-ter-* indiquant le côté (→ DÉTÉRIORER, EXTÉRIEUR, INTÉRIEUR, et de plus AUTRE et SINISTRE). — Dér. : *dextera*, subst. (sous-entendu *manus*) « la main droite »; *dexteritas* « adresse »; bas lat. *ambidexter*, trad. du gr. *amphoterodexios* « qui se sert également de ses deux mains »; *dextrorsum*, pour *dextrovorsum* (→ VERS) « vers la droite ».

♦ [1] **DESTRIER** (pop.) XI^e s. « cheval tenu de la main droite » : dér. de l'anc. fr. *destre* « la main droite » (pop.) XI^e s. : lat. vulg. **destera* : lat. class. *dextera*. ♦ [2] **DEXTRE** (sav.) XIV^e s., subst. et adj. : réfection sav. de l'anc. fr. *destre*, d'après le lat. *dextera*; **DEXTÉRITÉ** (sav.) XVI^e s.; *dexteritas*; **AMBIDEXTRE** (sav.) XVI^e s. : *ambidexter*. ♦ [3] **DEXTRINE** (sav.) XIX^e s., chimie, substance dextrogyre; **DEXTROSE** fin XIX^e s., tiré de *dextrine* par changement de suff.

**DÉTERGER** ♦ [1] (sav.) XVI^e s. méd., XX^e s. techn. : lat. *detergere*, dér. de *tergere, tersus* « essuyer »; **DÉTERGENT** XVII^e s. méd., XX^e s. techn. : *detergens*, part. présent de *detergere*. ♦ [2] **DÉTERSIF** XVI^e s. méd., XX^e s. techn. : adj. formé sur le part. passé *detersus*; **DÉTERSION** XVI^e s. méd.

**DÉTRUIRE** famille d'un verbe lat. *struere, structus* « empiler des matériaux », « bâtir », reposant sur une base *stru-* qui est p.-ê. une forme (avec degré zéro de la voyelle et élargissement *-u-*) de la rac. ind.-eur. **ster* « étendre », qui apparaît dans le lat. *sternere* → ESTRADE. *Struere* est devenu en lat. vulg. **strugĕre* sous l'influence de plusieurs verbes où un infinitif en *-gĕre* correspondait à un part. passé en *-ctus*, d'après le modèle d'*agĕre, actus*. À *struere* se rattachent les mots suivants : (1) *structura* « arrangement », « construction » (2) diverses formes préfixées : (a) *construere* « entasser par couches », « bâtir »; (b) *destruere* « démolir »; (c) *instruere* « bâtir », « munir, équiper », lat. imp. « informer », « munir de connaissances utiles », d'où *instrumentum* « outillage »; (d) *obstruere* « construire devant »; (e) *substruere* « construire en sous-sol », « établir des fondations ». Tous ces verbes ont des dér. en *-structio* (3) l'adj. *industrius* « zélé, actif », anciennement *indostruus*, var. de **endostruus* (→ EN), à l'origine « qui a une activité secrète »; de même *industria* « activité secrète » d'où lat. class. « activité » en général.

**I.** base populaire *-(s)truire* (qui peut être associée à des préf. de forme sav.).

♦ [1] **DÉTRUIRE** (p.-ê. entièrement pop.) XI^e s. : **destrugĕre*; **S'ENTRE-DÉTRUIRE** XVI^e s. ♦ [2] **CONSTRUIRE** (demi-sav.) XV^e s. : adaptation de *construere* d'après **DÉTRUIRE**; **RECONSTRUIRE** XVI^e s. ♦ [3] **INSTRUIRE** (demi-sav.) XIV^e s. : a éliminé l'anc. fr. *enstruire* (pop.) XII^e s. : *instruere*.

**II.** mot d'emprunt

**DESTROYER** XIX^e s. : mot angl., dér. de *to destroy* « détruire », lui-même empr. à l'anc. fr. *destruire*.

**III.** mots savants

**A.** base *-struct-*

♦ [1] **STRUCTURE** XIV^e s. « construction », XV^e s., sens mod. : *structura*; **SUPERSTRUCTURE**

XVIII^e s. : dér. d'après *superstruere* « bâtir par-dessus »; **INFRASTRUCTURE** XIX^e s.; **STRUCTURER, STRUCTURAL, STRUCTURATION** XIX^e s.; **STRUCTURALISME, -ISTE** XX^e s. ♦ [2] **CONSTRUCTEUR** XIV^e s. : bas lat. *constructor*; **CONSTRUCTION** XII^e s. : *constructio*; **RECONSTRUCTION** XVIII^e s.; **CONSTRUCTIF** XV^e s., repris au XIX^e s. : bas lat. *constructivus* « propre à construire ». ♦ [3] **DESTRUCTION** XII^e s. : lat. imp. *destructio*; **DESTRUCTEUR** XV^e s. : lat. imp. *destructor*; **DESTRUCTIF** XIV^e s., rare avant le XVII^e s. : bas lat. *destructivus*; **DESTRUCTIBLE** XVIII^e s. : lat. mod. *destructibilis*; **INDESTRUCTIBLE** XVII^e s. ♦ [4] **INSTRUCTION** XIV^e s. : *instructio*; **INSTRUCTEUR** XIV^e s. : *instructor*; **INSTRUCTIF** XIV^e s. : adj. formé sur la même base que les précédents. ♦ [5] **OBSTRUCTION** XVI^e s. méd., « engorgement », fin XIX^e s., sous l'infl. de l'angl., sens pol. : *obstructio*, de *obstruere*; **OBSTRUCTIF** XVI^e s.; **DÉSOBSTRUCTION** XIX^e s.; **OBSTRUCTIONNISTE** fin XIX^e s. pol.; **OBSTRUCTIONNISME** début XX^e s., id. ♦ [6] **SUBSTRUCTION** XVI^e s., rare avant le XIX^e s. : *substructio*, de *substruere*.

B. autres bases

♦ [1] **INDUSTRIE** XII^e s. « activité », XIV^e s. « habileté », XV^e s. « métier », XVIII^e s. sens mod. : *industria; chevalier de l'industrie*, puis *d'industrie* XVII^e s. « malfaiteur » : expression tirée du roman de l'Espagnol Quevedo, *El Buscón*, où une association de malfaiteurs se place sous le patronage de l'*Industrie* dont ils se disent les chevaliers. ♦ [2] **INDUSTRIEUX** XIV^e s. : *industriosus*; **INDUSTRIEL** XVIII^e s. adj., XIX^e s. subst.; **INDUSTRIALISER** XIX^e s.; **INDUSTRIALISATION** XX^e s. : dér. d'*industrie*. ♦ [3] **INSTRUMENT** fin XII^e s. : *instrumentum*; **INSTRUMENTAL** XIV^e s.; **INSTRUMENTER** XV^e s., jur.; **INSTRUMENTISTE, INSTRUMENTATION** XIX^e s., mus. ♦ [4] **OBSTRUER** XVI^e s., méd. fin XVIII^e s. « encombrer », en général.

**DEUX** famille de l'ind.-eur. **duwo-*, **dwi-* « deux ».

En grec (1) *duo* « deux »; *deuteros* « deuxième »; *dôdeka* « douze », littéralement « deux (et) dix » (2) *di-* et *dis* « deux fois » : *diplous* « double », littéralement « plié en deux » et *dikha* ou *dikho-* « en deux », avec idée de partage.

En latin (1) *duo* « deux »; *duodecim* « douze », littéralement « deux (et) dix » et son distributif *duodeni* « chacun douze »; lat. imp. *dualis* « duel » (nombre grammatical qui s'oppose à la fois à singulier et à pluriel); bas lat. *dualitas* « dualité »; enfin, le verbe *dubitare* « être partagé entre deux possibilités », « hésiter », « douter », est dér. d'un verbe peu attesté *dubare*, lui-même probablement formé sur un adj. **dubh-os* formé sur la racine *du-* de *duo* (2) *bi-* et *bis* « deux fois », équivalents du gr. *di-* et *dis*, auxquels se rattachent *bini*, distributif de *duo*, « chaque fois deux », ses dér. bas lat. *binarius* « double » et *combinare* « unir deux choses », et lat. vulg. **bīnāre* « faire deux fois », ainsi que la var. *vi-* dans *viginti* (2^e élément, var. de *decem* → DIX), littéralement « deux fois dix », c.-à-d. « vingt ».

I. formes populaires issues du latin

A. mots se rattachant à *duo, du-*

♦ [1] **DEUX** XI^e s. : lat. vulg. **dōs*, altération du lat. class. *duos*, acc. de *duo*; **DEUXIÈME** XIV^e s.; **ENTRE-DEUX** XII^e s., XVII^e s. lingerie. ♦ [2] **DOUBLE** XI^e s. : *dŭplus*; **DOUBLEMENT** fin XII^e s., adv.; **DOUBLEMENT** fin XIII^e s., subst.; **DOUBLEAU** XIII^e s. archit.; **DOUBLURE** XIV^e s.; **DOUBLAGE** XV^e s.; **DOUBLER** XV^e s., rare avant le XVIII^e s. : **DOUBLÉ** XVIII^e s., adj. et subst., orfèvrerie; **DOUBLET** XIX^e s., linguistique; **DÉDOUBLER** XV^e s., rare avant le XVIII^e s.; **DÉDOUBLEMENT** fin XVII^e s.; **REDOUBLER** XVI^e s., **REDOUBLEMENT** XIV^e s., **REDOUBLANT** XIX^e s., subst. ♦ [3] **DOUZE** → DIX. ♦ [4] **DOUTER** XI^e s. « hésiter » et « craindre », XV^e s. « mettre en doute » et *se douter* « considérer comme probable » : *dŭbĭtāre*; **DOUTE** XI^e s.; **DOUTEUX** XII^e s. « craintif » et « redoutable »; **DOUTEUSEMENT** XII^e s.; **REDOUTER** XI^e s.; **REDOUTABLE** XII^e s.

B. mots se rattachant à *bis, bi-, vi-*

♦ [1] **BESSON** XIII^e s. « jumeau » : lat. vulg. *bĭsso, -ōnis*, dér. de *bis*. ♦ [2] **BES-, BE-**, préf. représentant le lat. *bĭs-* qui, outre son sens de « deux fois », avait pris dans certains cas une valeur péjorative; apparaît dans **BESACE** (→ SAC); **BESAIGUË** (→ AIGU, art. AIGRE); **BÉVUE** (→ VOIR). ♦ [3] **BÉCHEVET** (→ CHEF) d'où **TÊTE-BÊCHE** XIX^e s. ♦ [4] **BÊCHER** XII^e s. : lat. vulg. **bĭssĭcāre* « travailler avec la **bissa*, fourche à deux dents »; **bĭssa* dér. de *bis* est attesté par l'anc. prov. *bessa*, anc. fr. *besse* (XV^e s., même sens); **BÊCHE** XII^e s. : dér. de *bêcher*; **BÊCHAGE** XIX^e s. ♦ [5] **BISEAU** XIII^e s. : altération, sous une influence inconnue, p.-ê. celle du préf. sav. *bis-*, de l'anc. fr. *beseau* qui doit représenter un dér. ancien de *bis*, **bisellus*; **BISEAUTER** XVIII^e s.; **BISEAUTAGE** XIX^e s. ♦ [6] **VINGT** → DIX.

II. mots d'emprunt issus du latin

♦ [1] **BINER** XV^e s. : prov. *binar* « donner à la terre une seconde façon », du lat. vulg. **bīnāre*; **BINAGE** et **BINETTE** (outil) XVII^e s.; **BINETTE**

XIX^e s. « perruque à deux queues » et « visage grotesque ». ♦ [2] **DÉBINER** argot XVIII^e s. contraire de dial. *abiner* « accoupler »; *se débiner* → pour le sens anc. fr. *se partir; débiner* trans. « abandonner un complice en le chargeant de toute la responsabilité ». ♦ [3] **DUO** XVI^e s., mot it. anc. « deux », auj. *due*; **DUETTISTE** XX^e s. ♦ [4] **DOUBLON** XVI^e s., monnaie esp. : esp. *doblón*, dér. de *doble* « double d'un écu » : du lat. *duplus*.

**III.** mots savants issus du latin

**A.** mots se rattachant à *duo, du-*

♦ [1] **DUEL** XVI^e s., gram. : *dualis*. ♦ [2] **DUALITÉ** XV^e s. : bas lat. *dualitas*; **DUALISME, DUALISTE** XVIII^e s., philo. ♦ [3] **DUODÉNUM** XVI^e s. : abrév. du lat. *duodenum digitorum* « (partie de l'intestin) longue de douze doigts ». ♦ [4] **DUPLICITÉ** XIII^e s. : lat. imp. *duplicitas*, dér. de *duplex* « double »; **DUPLICATION** XIII^e s. : bas lat. *duplicatio*, dér. de *duplicare* « doubler »; **RÉDUPLICATION** » XIV^e s., XVIII^e s., gramm. : bas lat. *reduplicatio*; **DUPLICATEUR** XIX^e s.; **DUPLICATA** XVI^e s. : abrév. du lat. *duplicata littera* « lettre redoublée »; **DUPLEX** XX^e s. : mot lat. « double ». ♦ [5] **DUBITATION** XIII^e s. : *dubitatio*, dér. de *dubitare*; **DUBITATIF** XIII^e s. : bas lat. *dubitativus*; **DUBITATIVEMENT** XIX^e s.; **INDUBITABLE** XV^e s. : lat. imp. *indubitabilis*; **INDUBITABLEMENT** XV^e s.

**B.** formes se rattachant à *bi-, bis-*

♦ [1] **BIS** XVII^e s., adv. : mot lat. « deux fois »; **BISSER** XIX^e s. ♦ [2] **BIS-** préf. de forme sav., ex. : *bissextile, bissectrice*; a souvent été substitué à un ancien préf. *bes-* → BISCUIT, art. CUIRE. ♦ [3] **BI-** suff. de forme sav. particulièrement dans la langue des sciences et des techniques, ex. : *bicarbonate, bilatéral, biplan*.

**C.** mots se rattachant à *bini-*

♦ [1] **BINAIRE** XVI^e s. : lat. imp. *binarius*. ♦ [2] **BINOCLE** → ŒIL. ♦ [3] **COMBINER** XIII^e s. : bas lat. *combinare*; **COMBINAISON** XVII^e s., avec forme pop. du suff. : a éliminé *combination* XIV^e s., du bas lat. *combinatio*; fin XIX^e s. « vêtement », par l'angl.; **COMBINATOIRE** XVIII^e s.; **COMBINE** fam. XIX^e s.; **COMBINARD** XX^e s.; **COMBINAT** XX^e s., par l'intermédiaire d'un mot russe de même origine; **COMBINÉ** XX^e s. techn.

**IV.** mots savants issus du grec

**A.** mots se rattachant à *duo, dô-*

♦ [1] **DYADE** XVI^e s. : gr. *duas, -ados* « dualité », dér. de *duo*, par le lat. ♦ [2] **DEUTÉRO-** 1^er^ élément de mots sav. tels que **DEUTÉRONOME** → NOMADE; **DEUTÉRIUM** chimie, XX^e s.; **DEUTÉRON** XX^e s., phys. atomique. ♦ [3] **DODÉCA-** → DIX.

**B.** mots se rattachant à *di-*

♦ [1] **DI-** préf. sav. signifiant « deux », ex. : *dichroïsme, diphtongue*. ♦ [2] **DICHOTOME** et **DICHOTOMIE** XVIII^e s. de *dikho-* « en deux » et *temnein* « couper » → TEMPLE. ♦ [3] **DIPLÔME** XVIII^e s. « charte » : gr. *diplôma* « (feuille) pliée en deux », d'où **DIPLOMATIQUE** XVIII^e s., subst. « science des chartes »; adj. « relatif à cette science »; XVIII^e s. « relatif aux diplômes ou chartes réglant les rapports internationaux », d'où **DIPLOMATE, DIPLOMATIE** fin XVIII^e s. : dér. formés sur le modèle d'*aristocrate, -cratie*; **DIPLÔME** XIX^e s. « attestation d'un grade universitaire » puis « examen » : même mot; d'où **DIPLÔMER** et **DIPLÔMÉ** XIX^e s. ♦ [4] **DIPLO-** 1^er^ élément de mots sav. : gr. *diplous* « double », ex. : **DIPLODOCUS** fin XIX^e s. : second élément gr., *dokos* « poutre », à cause de la forme de l'animal.

**DEVISER** famille lat. de *dĭvĭdĕre, dīvīsus* « diviser, séparer », « faire une distinction logique », formé du préf. *dī-* et d'un verbe d'origine obscure **vĭdĕre* non attesté à l'état simple; sur *dīvīsus* a été formé en lat. vulg. un dér. **dīvīsāre*; autres dér. de *dividere* : lat. class. *dividuus* « divisé » et « divisible », d'où *individuus* « indivis » et « indivisible » employé chez Cicéron pour traduire le gr. *atomos* (→ ATOME, art. TEMPLE); lat. eccl. *divisibilis* et *indivisibilis*.

**I.** base *devis-* (pop.)

♦ [1] **DEVISER** XII^e s. « partager », « mettre en ordre », « raconter », XV^e s. seulement « raconter », « discourir » : lat. vulg. **dĭvĭsāre* avec abrègement normal de l'*ī* initial attendu. ♦ [2] **DEVIS** XII^e s., divers sens conformes à ceux du verbe, en particulier celui de « dispositions prises »; XVII^e s. « estimation du coût de travaux à exécuter » : dér. de *deviser*. ♦ [3] **DEVISE** XII^e s., divers sens parallèles à ceux de *devis*; désigne entre autres choses une bande de l'écu, dans le langage du blason; c'est de ce sens que paraît dér. celui d'aujourd'hui; XV^e s. « signe distinctif », XVII^e s. « brève formule qui accompagne des armoiries » et « maxime » en général : dér. de *deviser*; XIX^e s., sens financier sans doute sous l'influence de l'all. où ce mot d'empr. est attesté avec cette valeur depuis 1833.

**II.** base *-divis-*

♦ [1] **DIVISER** (demi-sav.) XII^e s., rare avant le XVI^e s. : réfection de *deviser* d'après la forme lat. *dividere*. ♦ [2] **INDIVIS** XIV^e s. : *indivisus*. ♦ [3] **DIVISION** (sav.) XII^e s., XVIII^e s. et surtout XIX^e s. « unité militaire, navale ou administrative » : lat. *divisio*, qui comportait déjà un emploi math.; **DIVISIONNAIRE** fin XVIII^e s.; **INDIVISION** XVI^e s., rare avant le XIX^e s. : formé sur *division.* ♦ [4] **DIVISIBLE** (sav.) XIVe s. : *divisibilis*; **INDIVISIBLE** XIVe s. : *indivisibilis*; **DIVISIBILITÉ** XVe s.; **INDIVISIBILITÉ** XVIe s.; **INDIVISIBLEMENT** XVIe s. ♦ [5] **DIVISEUR** (sav.) XIIIe s. : *divisor*, qui comportait déjà un emploi math.

**III.** base *-divid-* (sav.)

♦ [1] **DIVIDENDE** XVIe s. math., XVIIIe s. finances : *dividendus* « qui doit être divisé ». ♦ [2] **INDIVIDU** XIIIe s., adj. « particulier à une espèce », XVIIe s., subst. « personne particulière » : *individus*, repris par le lat. scolastique; **INDIVIDUEL** XVIe s.; **INDIVIDUELLEMENT** XVIe s. ♦ [3] **INDIVIDUALITÉ** XVIIIe s.; **INDIVIDUALISER** XVIIIe s.; **INDIVIDUALISATION, INDIVIDUALISME, INDIVIDUALISTE** XIXe s. : dér. de *individu* avec suff. de forme sav.

**DIA-** préf. sav. : gr. *dia*, préf. et prép. exprimant l'idée de « séparation » et de « passage à travers », ex. : *diachronie, diacritique*; il est possible que le gr. *dia-* soit apparenté au lat. *di-, dis-* → DÉ-, DÉS-.

**DIACRE** famille du gr. *diakonos* « serviteur », empr. par le lat. eccl. sous la forme *diaconus* pour désigner les fidèles chargés de la distribution des aumônes.

♦ [1] **DIACRE** (demi-sav.) XIIe s., sous la forme *diacne : diaconus*; **ARCHIDIACRE, SOUS-DIACRE** XIIe s. ♦ [2] **DIACONAT** (sav.) XIVe s. : *diaconatus*, lat. eccl.; **DIACONAL, DIACONESSE** XIVe s. : lat. eccl. *diaconalis, diaconissa.*

**DIADÈME** (sav.) XIIe s. : gr. *diadêma* « bandeau qui entourait la tiare des rois de Perse », d'où « couronne royale », par le lat.

**DIAPASON** représentant savant du gr. *pan, pantos*, fém. *pasa* « tout ».

♦ [1] **DIAPASON** XIIe s., rare avant le XVIIe s., d'abord « registre d'une voix ou d'un instrument », puis « instrument donnant le *la* » : mot lat. formé de la locution gr. *dia pasôn (khordôn)* « à travers toutes (les cordes) ». ♦ [2] **PANACÉE** XVIe s. : gr. *panakeia* « remède universel », par le lat., de *akos* « remède ». ♦ [3] **PANDECTES** XVIe s. « recueil de jurisprudence de l'empereur Justinien » : lat. *pandectae* du gr. *pandektai*, de *dekhesthai* « recevoir ». ♦ [4] **PANÉGYRIQUE** XVIe s. : gr. *panêgurikos (logos)* « éloge public », de *panêguris* « assemblée de tout (le peuple) », de *ageirein* « rassembler »; **PANÉGYRISTE** XVIe s. ♦ [5] **PAN-, PANTO-** 1ers éléments de composés, ex. : **PANATHÉNÉES** XVIIIe s. : gr. *panathênaia*; **PANTOGRAPHE** XVIIIe s., **PANOPTIQUE** XIXe s.; **PANCHROMATIQUE** XXe s.; **PANGERMANISME** XIXe s.; **PANAMÉRICAIN** XXe s.

**DIÈTE** (sav.) XIIIe s. « régime », XVIe s. « jeûne » : gr. *diaita* « genre de vie », par le lat. méd.; **DIÉTÉTIQUE** XVIe s. puis XVIIIe s.

**DIEU** famille d'une racine ind.-eur. **dei-* « briller » qui, élargie en **deiwo-* et en **dyew-* a servi à désigner (a) le ciel lumineux considéré comme divinité, les êtres célestes, par opposition aux hommes, terrestres par nature; c'est la plus ancienne dénomination ind.-eur. de la divinité; elle est liée à la notion de lumière; elle a été remplacée en gr. par un mot exprimant à l'origine la notion d'« esprit » (→ THÉO-, art. ENTHOUSIASME); (b) la lumière du jour, et le jour. À la base **deiwo-* se rattachent (1) lat. *deus* « dieu » et lat. eccl. *deitas* « divinité », *deificare* « déifier » (2) lat. *dīvus* « dieu » et, adj., « divin », d'où *dīvīnus* « divin », *divinitas* « nature divine », *divinare* « prévoir l'avenir », « prophétiser », et *divinatio* « divination ». À la base **dyew-* se rattachent : en grec un nominatif *Zeus* (accusatif *Zêna*, génitif *Dios*) désignant le roi des dieux d'en haut; en latin (1) le 1er élément de *Juppiter*, pour **ju-pater* (avec redoublement expressif de la consonne) « dieu-père », ou mieux « jour-père », auquel correspondait un génitif *Jovis* (2) le locatif correspondant *diū* « de jour », conservé comme adv., base de l'adjectif *diurnus* (3) l'accusatif correspondant *diem* (équivalent du gr. *Zêna*), spécialisé en lat. pour exprimer la notion de « jour », et sur lequel a été refait un nominatif *dies*; dér. : *hodie* « ce jour », « aujourd'hui »; *quotidie* « chaque jour », d'où l'adj. *quotidianus; meridies* « midi » et « sud », issu par dissimilation de **mediei die*, d'où les adj. *meridianus* et bas lat. *meridionalis* (4) enfin, il existe en lat. des composés, *biduum, triduum*, indiquant des groupes de deux, trois jours, dont le 2e élément remonte à une forme **diw-om.*

**I.** famille de *deus*

**A.** formes populaires

♦ [1] **DIEU** XIe s., IXe s. sous la forme *deo : deus*; **DEMI-DIEU** XIIIe s. : calque du lat. *semideus*, trad. du gr. *hêmitheos*; dans la langue fam. moderne, l'adj. *bon* est souvent accolé à *Dieu.* ♦ [2] **BONDIEUSARD, BONDIEUSERIE** XIXe s. : dér. péj. de *bon Dieu.* ♦ [3] **ADIEU** XIIe s., interjection servant à prendre congé, XVIe s., subst. masc. : abrév. de l'anc. franç. *à Dieu vos comant* « je vous recommande à Dieu ». ♦ [4]

emplois de **DIEU** dans les jurons : **JARNIDIEU** XVII^e^ s. : *je renie Dieu*; **TUDIEU** XVI^e^ s. : abrév. de *par la vertu (de) Dieu*; **BON DIEU** mod. ♦ [5] **-BLEU**, altération volontaire de **-DIEU** dans plusieurs formules de serment utilisées comme jurons, pour éviter le blasphème, dans **CORBLEU** XII^e^ s. : *par le corps (de) Dieu*; **MORBLEU** XVII^e^ s. : *par la mort (de) Dieu*; **PALSAMBLEU** XVI^e^ s. : *par le sang (de) Dieu*; **PARBLEU** XVI^e^ s. : *par Dieu*; **SACREBLEU** XIX^e^ s. : *sacre Dieu* XIV^e^ s., le mot *sacre* désignant souvent au Moyen Âge la Fête-Dieu, solennité du Saint-Sacrement; **TÊTEBLEU** XVII^e^ s. : *tête (de) Dieu*; **VENTREBLEU** XV^e^ s. : *par le ventre (de) Dieu.* ♦ [6] **PARDIENNE, PARGUIENNE, PARDINE, PARDI**, var. dial. de *parbleu.*

**B.** formes savantes : bases *de-, dei-*

♦ [1] **DÉESSE** XII^e^ s. : dér. fr. formé d'après le lat. *dea* au moyen du suff. *-esse.* ♦ [2] **TE DEUM** XV^e^ s. : mots lat., début d'une hymne catholique d'action de grâces « Toi, Dieu, (nous te louons) ». ♦ [3] **DÉITÉ** XII^e^ s. : *deitas*; **DÉIFIER** XIII^e^ s. : adaptation de *deificare*; **DÉIFICATION** XIV^e^ s. : *deificatio*; **DÉISTE** XVI^e^ s.; **DÉISME** XVII^e^ s.; **DÉICIDE** fin XVI^e^ s. : lat. eccl. *deicida* formé d'après *homicida.*

**II.** famille de *divus*

**A.** base populaire *devin-* : devin XIII^e^ s. : lat. class. *dīvīnus* « divin » et « devin », avec abrègement normal de l'*ī* initial atone en lat. vulg.; **DEVINER** XII^e^ s. : *dīvīnāre*; **DEVINERESSE** XII^e^ s.; **DEVINETTE** XIX^e^ s.

**B.** bases savantes *divin-* et *div-*

♦ [1] **DIVIN** XIV^e^ s. : réfection, d'après le lat. de *devin* XIII^e^ s. : *divinus*; **DIVINITÉ** XII^e^ s. : *divinitas*; **DIVINISER** XVI^e^ s.; **DIVINEMENT** XV^e^ s. ♦ [2] **DIVINATION** XIII^e^ s. : *divinatio*; **DIVINATOIRE** XIV^e^ s.; **DIVINATEUR** XV^e^ s. : bas lat. *divinator.* Mots scientifiques exprimant la notion de « divination » → -MANCIE. ♦ [3] **DIVE** XVI^e^ s., uniquement dans l'expression créée par Rabelais, *la dive bouteille : diva*, fém. de *divus.* ♦ [4] **DIVA** XIX^e^ s. : mot it. désignant des cantatrices; littéralement « déesse » : lat. *diva*; **DIVETTE** fin XIX^e^ s. : dimin. de *diva.*

**III.** famille de *Juppiter*

♦ [1] **JUPITER**, var. de *Juppiter*, nom lat. du roi des dieux de l'Olympe, correspondant au gr. **ZEUS**, souvent suivi, lui aussi, du mot *patêr* « père ». ♦ [2] mot d'empr., **JOVIAL** XVI^e^ s. : it. *gioviale*, du lat. *jovialis*, adj. formé sur le radical du génitif *Jovis* « né sous l'influence de la planète Jupiter », c.-à-d. avec un horoscope heureux; **JOVIALITÉ** XVII^e^ s. ♦ [3] **JEUDI** (pop.) XII^e^ s. : *Jŏvis dies* « jour de Jupiter ». ♦ [4] **JOUBARBE** (pop.) XII^e^ s. *Jŏvis barba* « barbe de Jupiter ».

**IV.** famille de *dies*

**A.** formes populaires

♦ [1] **-DI** et **DI-**, éléments apparaissant dans les noms des jours de la semaine : lat. vulg. **dies* pour lat. class. *dĭēs*; **LUNDI** → LUNE, art. LUIRE; **MARDI** → MARS; **MERCREDI** → MERCURE, art. MARCHÉ; **JEUDI** → **III**, [3]; **VENDREDI** → VÉNUS, art. VENIN; **SAMEDI** → SABBAT; **DIMANCHE** → DAME. **MIDI** XI^e^ s.; **APRÈS-MIDI** XVI^e^ s. ♦ [2] **AUJOURD'HUI** XII^e^ s. : renforcement pléonastique de l'anc. fr. *hui*, du lat. *hodie.* ♦ [3] mot d'empr., **DIANE** XVI^e^ s. « sonnerie de clairon matinale » : esp. *diana* dér. de *dia* « jour », du lat. *dies.*

**B.** formes savantes

♦ [1] **QUOTIDIEN** XII^e^ s. adj., XX^e^ s. subst. : *quotidianus.* ♦ [2] **MÉRIDIEN** XII^e^ s. adj. « méridional », XIV^e^ s. subst., astron., XVII^e^ s. autres sens : *meridianus.* ♦ [3] **MÉRIDIENNE** XVII^e^ s. « sieste », XIX^e^ s. « canapé » : *meridiana (hora)* « heure de midi »; a éliminé son équivalent pop. anc. fr. *meriene.* ♦ [4] **MÉRIDIONAL** XIV^e^ s. : bas lat. *meridionalis* « du midi ». ♦ [5] **DIÈTE** XVI^e^ s. « assemblée politique » : lat. médiéval *dieta*, dér. de *dies*; employé pour traduire l'all. *Tag* « jour fixé pour une assemblée » et « l'assemblée elle-même » (→ REICHSTAG, LANDTAG).

**V.** famille de *diurnus*

**A.** base populaire *-jour(n)-*

♦ [1] **JOUR** XI^e^ s., sous la forme *jorn*, XIV^e^ s. « ouverture laissant passer le jour », archit, lingerie : *diŭrnus*, adj. substantivé qui a pratiquement éliminé *dies*, dont les représentants étaient des formes trop brèves; **BONJOUR** XIII^e^ s. subst., XVIII^e^ s., interjection, abrév. de *souhaiter le bonjour*; **TOUJOURS** XI^e^ s. : composé de *tous* et *jours*; a éliminé *sempres*, du lat. *semper*; **CONTRE-JOUR** XVII^e^ s. ♦ [2] **JOURNÉE** XII^e^ s. : dér. formé avec le même suff. que l'it. *giornata*, esp. *jornada*; **AJOURNER** XI^e^ s. « faire jour », XIII^e^ s. « remettre à une date ultérieure »; **AJOURNEMENT** XIII^e^ s. ♦ [3] **JOURNELLEMENT** XV^e^ s., adv. formé sur *journel*, dér. à suff. de forme pop. ♦ [4] **JOURNAL** XII^e^ s., adj., « journalier », XIV^e^ s. « relation quotidienne des événements », XVII^e^ s., rare avant le XVIII^e^ s., « gazette » : dér. de *jour* formé avec le suff. sav. *-al*; **JOURNALIER** adj. XVI^e^ s.; **JOURNALISTE** XVII^e^ s.; **JOURNALISME** XVIII^e^ s. ♦ [5] **AJOURER** XVII^e^ s.; **AJOUR** XX^e^ s. ♦ [6] **SÉJOURNER** XII^e^ s., forme dissimilée de *sojorner* : lat. vulg. **subdiurnare* « durer un certain temps », composé du bas lat. *diurnare* « durer, vivre longtemps », dér. de *diurnus*; **SÉJOUR** XI^e^ s. : dér. de *séjourner.*

**B.** mot d'emprunt : **A GIORNO** *(éclairer)* XIX^e s. : loc. italienne « comme en plein jour » : *giorno*, du lat. *diurnus*.
**C.** mot savant **DIURNE** XV^e s., rare avant le XVIII^e s. : *diurnus*.

**DIGUE** XIV^e s. : moyen néerl. *dijc*; **ENDIGUER, ENDIGUEMENT** XIX^e s.

**DIPHTÉRIE** (sav.) XIX^e s. formé sur le gr. *diphtera* « membrane »; **DIPHTÉRIQUE** XIX^e s.

**DIPHTONGUE** famille sav. du gr. *phtheggesthai* « faire entendre un son », « parler », d'où *phthoggê* « voix » et *phthegma* « parole ».
♦ [1] **DIPHTONGUE** (sav.) XIII^e s., sous la forme *dittongue* : gr. *diphthoggos* « son double », par le lat.; **DIPHTONGUER, DIPHTONGAISON** XIX^e s.; **TRIPHTONGUE** XVI^e s. ♦ [2] **APOPHTEGME** XVI^e s. : gr. *apophthegma* « parole énoncée solennellement ».

**DIRE** famille d'une rac. ind.-eur. **deik-*, **dik-* « montrer », qui avait à l'origine et conserve dans un certain nombre de ses représentants un caractère solennel, religieux ou juridique.
En grec (1) *dikê* « la règle », « le droit », « la justice », dont on trouve un équivalent dans l'expression lat. archaïque *dicis causa*, littéralement « à cause de la formule juridique », c.-à-d. « pour la forme ». — Dér. : *dikaios* « juste », *dikastêrion* « tribunal », *sundikos* « qui assiste quelqu'un en justice » (2) *deiknumi* et *apodeiknumi* « montrer », d'où *deiktikos* « démonstratif » et *apodeixis* « exposé ».
En latin (1) outre le *dix, dicis* cité à propos de *dikê*, un nom d'agent *-dex, -dicis* qui apparaît dans *index* « celui qui montre » d'où *indicium* « indication »; *judex* « celui qui dit le droit », « le juge »; *vindex* « défenseur, vengeur », avec un 1^er élément controversé. Une var. adj. *-dicus* apparaît dans *juridicus* « relatif à la justice »; *veridicus* « qui dit la vérité »; *fatidicus* « qui prédit l'avenir » (2) le verbe *dīcere, dĭctus* « dire » (3) les deux dér. nom. *dicio* « parole », « commandement », « autorité », et *dictio* « action de dire », « expression » (4) plusieurs verbes préfixés : (a) *benedicere* « dire du bien de », d'où lat. eccl. *benedictio* « bénédiction »; (b) *condicere* « conclure un arrangement » d'où *condicio*, orthographié en bas lat. *conditio* « formule d'entente », « situation résultant d'un pacte », « situation » en général, et « condition d'esclave »; le dér. *condicionalis* a été utilisé dans la langue du droit et de la grammaire pour traduire le gr. *hupothetikos*; (c) *edicere* « proclamer », « ordonner » d'où *edictum* « édit »; (d) *indicere* « notifier » d'où *indictum* « notification »; (e) *interdicere* « interdire », d'où *interdictio*; (f) *maledicere* « dire du mal de », d'où *maledictio* « médisance », « injure »; (g) *praedicere* « prédire », d'où *praedictio* (5) *dictare*, formé sur la base de *dictus* « dire à haute voix », « répéter », « dicter », auquel se rattache étym. *dictator* et son dér. *dictatura* « dictateur » et « dictature » (6) *dicare, dicatus*, verbe duratif correspondant à *dicere* « déclarer solennellement », « consacrer à une divinité », qui apparaît dans de nombreux composés : *abdicare* « renoncer, se démettre », d'où *abdicatio*; *dedicare* « consacrer » et *dedicatio*; *indicare* « indiquer » d'où *indicatio*, et bas lat. *indicativus (modus)*, gramm. « (mode) indicatif »; *judicare* « dire le droit »; *praedicare* « dire en public », d'où *praedicatio* et *praedicator*; *vindicare* → VENGER.

**I.** mots populaires ou demi-savants issus du latin
**A.** base *-dire*
♦ [1] **DIRE** X^e s. verbe, XV^e s. subst. : *dīcere*; **QU'EN-DIRA-T-ON** XVII^e s. subst.; **CONTREDIRE** X^e s.; **DÉDIRE** XII^e s.; médire XII^e s.; **REDIRE** XII^e s. : dér. fr. de *dire*. ♦ [2] **INTERDIRE** (avec préf. sav.) XIII^e s. : a éliminé l'anc. fr. *entredire* (pop.), de *interdicere*. ♦ [3] **MAUDIRE** (pop.) XI^e s. : *maledicere*. ♦ [4] **PRÉDIRE** XIII^e s. : *praedicere*.
**B. ÉCONDUIRE** (pop.) XV^e s. : altération, sous l'infl. de *conduire*, de l'anc. fr. *escondire* (pop.) XI^e s. « refuser » : bas lat. *excondicere* « refuser », antonyme de *condicere* « conclure un arrangement ».
**C.** base *-dis-*
♦ [1] **DISEUR** XIII^e s. ♦ [2] **MÉDISANT** XII^e s. : part. présent de *médire*; **MÉDISANCE** XVI^e s. ♦ [3] **SOI-DISANT** XV^e s.
**D.** base *-dit-*
♦ [1] **DÉDIT** XII^e s., subst. : part. passé substantivé de *dédire*. ♦ [2] **ÉDIT** (demi-sav.) XIII^e s. : *edictum*. ♦ [3] **INTERDIT** (demi-sav.) XIII^e s. subst., XIV^e s. adj. « frappé de la sentence ecclésiastique d'interdit », XVII^e s. adj. « stupéfait » : *interdictus*. ♦ [4] **LENDIT** (pop.) XII^e s., nom de la foire qui se tenait sur la plaine Saint-Denis, pour *l'endit*, de **indīctum* « notification », « (rendez-vous) fixé ». ♦ [5] **MAUDIT** (pop.) XI^e s. : **maledīctus*. ♦ [6] **ON-DIT** XVII^e s., subst. ♦ [7] **REDITE** XV^e s. : part. passé fém. substantivé de *redire*. ♦ [8] **SUSDIT** XIV^e s. : formé avec *-sus-* « ci-dessus ». Les formes pop. de part. passé supposent une réfection lat. vulg. **dīctus* avec *ī* emprunté à *dīcere*, au lieu du lat. class. *dĭctus*.

**E.** ♦ [1] **BÉNIR** (demi-sav.) xe s., sous la forme *beneïr : benedīcere*; le part. passé *bénit* ou *béni* XVIIe s., analogique de l'infinitif, a éliminé l'ancienne forme *benoît*; **BÉNITIER** XIIIe s., sous la forme *benoitier*; **BÉNISSEUR** XIXe s. ♦ [2] **BENOÎT** anc. fr. sous la forme *beneeit* (demi-sav.), adj. et prénom masc., du nom de saint Benoît ve s.-vie s., fondateur d'ordre : *benedĭctus*; **BENOÎTEMENT** XIXe s. ♦ [3] **BENÊT** (pop.) XVIe s. : var. phonétique de *benoît*.

**F. PRÊCHER** (demi-sav.) xe s. au passé simple, XIIe s., inf. sous la forme *preechier : praedicāre*; **PRÊCHEUR** XIIe s.; **PRÊCHE** XVIe s., d'abord appliqué aux sermons des protestants; **PRÊCHI-PRÊCHA** XIXe s.

**G. DÉDIER** (demi-sav.) XIIe s. : *dedicare*.

**H. JUGER** → JURER.

**I. VENGER** → ce mot.

**II.** mots savants issus du latin

**A. INDEX** XVIe s., doigt; XVIIe s., catalogue alphabétique, notamment des livres condamnés par le Saint-Siège; XIXe s., *mettre à l'index* au sens fig. : lat. *index* qui possédait déjà ces deux sens.

**B.** base *-dic-*

♦ [1] **ABDICATION** XVe s. : *abdicatio*; **ABDICATAIRE** XIXe s. ♦ [2] **BENEDICITE** XIIe s. : mot lat. impératif de *benedicere*, premier mot de la prière catholique de bénédiction de la nourriture. ♦ [3] **DÉDICACE** XIIe s., d'abord *dicaze*, XIVe s., forme mod., « consécration d'une église » et « anniversaire de cette solennité, fête patronale », XVIIe s., en parlant d'un livre : *dedicatio*; var. dial. Nord de l'anc. fr. *dicaze* : **DUCASSE** XVIe s. « fête patronale »; **DÉDICATOIRE** XVIe s.; **DÉDICACER** XIXe s.; **DÉDICATAIRE** XXe s. ♦ [4] **INDICATION** XIVe s. : *indicatio*, de *indicare*; **INDICATIF** XIVe s., adj. puis subst., fin XIXe s., radio : *indicativus*; **INDICATEUR** XVe s. : dér. formé sur la même base; XIXe s., police; **CONTRE-INDICATION** XVIIIe s. ♦ [5] **INDICE** XVe s. : *indicium*; **INDICIAIRE** XVIe s.; **INDICIEL** XXe s. ♦ [6] **INDICIBLE** XVe s., XIVe s. sous la forme *indisible* : bas lat. *indicibilis* « qui ne peut être dit ». ♦ [7] **JUDICIAIRE** → JURER. ♦ [8] **PRÉDICATEUR** XIIIe s. : *praedicator*, de *praedicare* → PRÊCHER; **PRÉDICATION** XIIe s. : *praedicatio*; **PRÉDICANT** XVIe s., ministre du culte protestant → PRÊCHE; **PRÉDICAT** XIVe s., logique, puis gramm. : *praedicatum* « chose affirmée »; **PRÉDICABLE** XVIe s., philo. : *praedicabilis*. ♦ [9] **VINDICATIF** → VENGER.

**C.** base *-diqu-*

♦ [1] **ABDIQUER** XVe s. « renoncer, en général », XVIIe s. « renoncer à de hautes fonctions » : *abdicare*. ♦ [2] **INDIQUER** XVIe s. : *indicare*. ♦ [3] **FATIDIQUE** → FÉE. ♦ [4] **JURIDIQUE** → JURER. ♦ [5] **VÉRIDIQUE** → VRAI.

**D.** base *-dict-*

♦ [1] **DICTION** XIIe s. « mot, locution », XVIIe s., sens mod. : *dictio*; **DICTIONNAIRE** XVIe s. : lat. médiéval *dictionarium* « recueil de dictions », à l'ancien sens du mot. ♦ [2] **DICTON** XVe s. : mot lat., *dictum* « chose dite », prononcé à la manière ancienne (→ ROGATON, BRIMBORION, FACTOTON). ♦ [3] **DICTER** XVe s. a éliminé *ditier* (pop.) XIe s. : *dictare*; **DICTÉE** XIIe s. : part. passé fém. substantivé; **DICTAPHONE** XXe s. ♦ [4] **DICTATEUR** XIIIe s. : *dictator*; **DICTATURE** XVe s. : *dictatura*; **DICTATORIAL** XVIIIe s. : dér. sur le modèle de *sénateur-sénatorial*. ♦ [5] **BÉNÉDICTION** XIIIe s., rare avant le XVIe s. : a éliminé l'anc. fr. *beneïçon*, de *benedictio*. ♦ [6] **BÉNÉDICTIN** XIIIe s., rare avant le XVIe s. : *benedictinus*, dér. de *Benedictus*, nom latin de *Benoît*, le fondateur de l'ordre; **BÉNÉDICTINE** fin XIXe s. : liqueur fabriquée à Fécamp dans un ancien couvent de bénédictins. ♦ [7] **CONTRADICTION** XIIe s. : *contradictio*; **CONTRADICTEUR** XIVe s. : bas lat. *contradictor*; **CONTRADICTOIRE** XIVe s. : bas lat. *contradictorius*. ♦ [8] **ÉDICTER**, une fois au XVIe s., puis XIXe s. : verbe formé sur *edictum* pour servir de dér. à *édit*. ♦ [9] **INTERDICTION** XVe s. : *interdictio*. ♦ [10] **MALÉDICTION** XIVe s., a éliminé l'anc. fr. *maudisson : maledictio*. ♦ [11] **PRÉDICTION** XVIe s. : *praedictio*. ♦ [12] **VERDICT** → VOIRE. ♦ [13] **VINDICTE** → VENGER. ♦ [14] **JURIDICTION** → JURER.

**E.** ♦ [1] **CONDITION** XIIe s. « convention, pacte », XIIIe s. « situation sociale » et *être en condition* « être au service de quelqu'un », XVIe s. « circonstance dont dépend une chose » : *conditio*, pour le lat. class. *condicio*. ♦ [2] **CONDITIONNER** XIIIe s. « soumettre à des conditions »; XVIIe s. « pourvoir une chose des qualités requises pour sa destination », XXe s. « être la condition de » : dér. de *condition*; **CONDITIONNEMENT** XIXe s.; **CONDITIONNÉ** XIVe s. *bien conditionné* « en bon état », XIXe s. *réflexe conditionné* XXe s. *air conditionné*; **INCONDITIONNÉ** XIXe s.; **CONDITIONNEUR** XXe s. ♦ [3] **CONDITIONNEL** XIVe s. « soumis à des conditions », XVIe s., gramm. et logique, sous la forme *conditional*, XVIIIe s., sous la forme *conditionnel* : bas lat. *conditionalis*; **INCONDITIONNEL** fin XVIIIe s.

**III.** mots issus du grec

♦ [1] **POLICE** (d'assurance) (mot d'empr. pop.) XIVe s. « certificat », XVIe s. « contrat », XVIIe s. *police d'assurance* : it. *polizza*, du gr. byzantin **apodeixa*, pour le gr. class. *apodeixis* « exposé », « démonstration », passé à une forme vénitienne **podissa*, adapté au toscan au moyen du suff. *-izza* et croisé avec la famille de *polizia*, du gr. *politeia* → POLICE. ♦ [2] **SYNDIC** (sav.) XIV^e s. « juré », « échevin », XVI^e s. « mandataire salarié d'une communauté » : gr. *sundikos*, par le lat.; **SYNDICAT** XV^e s. « fonction de syndic », XIX^e s. « association pour la défense d'intérêts communs »; **SYNDICAL** XIV^e s., subst., « syndic » et « procès-verbal », XVI^e s., adj. « du ressort de la communauté », XVIII^e s. « du ressort d'un syndic », XIX^e s. « relatif à un syndicat »; **SYNDIQUER** XVI^e s. « demander des comptes », « critiquer », fin XVIII^e s. « former un syndicat »; **SYNDICALISME, -ISTE** fin XIX^e s.; **INTERSYNDICAL** XX^e s. ♦ [3] **APODICTIQUE** (sav.) XVI^e s., logique : lat. *apodicticus*, du gr. *apodeiktikos*; **DÉICTIQUE** (sav.) XX^e s., ling. : *deiktikos* « démonstratif ».

**DISERT** (sav.) XIV^e s. : lat. *disertus* « qui s'exprime bien », d'origine obscure; une parenté avec *disserere* (→ DISSERTER, art. DÉSERT) est possible mais non certaine.

**DISETTE** XIII^e s., sous la forme *disietes*, mot obscur; p.-ê. gr. *disekhtos* « (année) bissextile », considérée comme une « année de malheur »; « disette » signifie plutôt « manque » que « malheur », mais l'hypothèse est étayée par l'existence du mot *dexeta*, de même sens, dans le dial. génois du Moyen Âge.

**DISSIPER** (sav.) XIII^e s. « disperser », XVII^e s., sens fig., idée de « dispersion de l'attention » : lat. *dissipare* « jeter de côté et d'autre », dér. d'un *supare* « jeter », d'origine obscure, attesté seulement dans une glose; **DISSIPATION** XIV^e s., même évolution : *dissipatio*; **DISSIPATEUR** XIV^e s.

**DISSOUDRE** famille de (1) lat. *luere* « dégager », verbe rare employé dans le vocabulaire jur. avec le sens de « s'acquitter de », qui a été remplacé dans la plupart de ses emplois par son dér. *solvĕre, solūtus* « délier », « désagréger » et « payer », qui, senti en lat. comme un verbe simple, a servi lui-même de base à plusieurs formes préfixées : (a) *absolvere* « délier » et « s'acquitter de »; à ce dernier sens se rattache *absolutus* « achevé, parfait »; en grammaire, *absolutus* traduit le gr. *apolelumenon* « sans lien »; (b) *dissolvere* « désunir », « dissoudre »; (c) *resolvere* « délier », d'où « démêler, débrouiller », « résoudre un problème, une équivoque » (2) l'adj. lat. *luxus, -a, -um*, bâti sur la même base *lu-* que le verbe, spécialisé dans le sens de « démis », « de travers », d'où *luxare* « déboîter » et *luxatio* : le subst. *luxus, -us*, du vocabulaire agricole, a signifié d'abord « le fait de pousser de travers » puis « le fait de pousser avec excès », puis « excès » en général; dér. *luxuria* « exubérance », « profusion, luxe », « vie molle et voluptueuse » (3) en gr., *luein* « délier », correspondant exact du lat. *luere*; dér. *lusis* « action de délier », base de nombreuses formes préfixées.

I. mots issus du latin

A. base *-soudre* (pop., mais peut être associée à des préf. sav.)

♦ [1] **ABSOUDRE** (demi-sav. avec, anciennement, une var. pop. *assoudre*) X^e s. : *absolvere.* ♦ [2] **DISSOUDRE** (demi-sav.) XII^e s. : adaptation, d'après *absoudre*, du lat. *dissolvere.* ♦ [3] **RÉSOUDRE** fin XII^e s., part. passé *resous* de forme pop., XIV^e s., demi-sav., *resoudre* : adaptation, d'après *absoudre, dissoudre*, du lat. *resolvere*; de plus le simple *soudre* (pop.) XII^e s. : *solvĕre*, existait en anc. fr.

B. **ABSOUTE** (pop.) XIV^e s., subst. : forme fém. de part. passé substantivé : lat. vulg. **absoltus, -a*, réfection du lat. class. *absolūtus*; les part. passés masc. **ABSOUS** XI^e s. et **DISSOUS** XII^e s. remontent à une réfection en **-solsus*.

C. base *-solu-* (sav.)

♦ [1] **SOLUTION** XII^e s. « paiement », « remise » et « explication », XIV^e s. *solution de continuité*, XVIII^e s. chimie : lat. *solutio*, de *solvere*, qui avait déjà les trois sens de « désagrégation », « paiement » et « explication ». **SOLUTÉ** fin XIX^e s., chimie; **SOLUTIONNER** XX^e s. ♦ [2] **SOLUBLE** une fois au XIII^e s., puis XVII^e s. : bas lat. *solubilis* de *solvere* « qui se désagrège »; **INSOLUBLE** XIII^e s. : lat. imp. et bas lat. *insolubilis.* ♦ [3] **ABSOLUTION** XII^e s. : *absolutio* « acquittement » spécialisé en lat. eccl. ♦ [4] **ABSOLU** XI^e s. : *absolutus*; **ABSOLUMENT** XIII^e s.; **ABSOLUTISME** fin XVIII^e s.; **ABSOLUTISTE** XIX^e s. ♦ [5] **DISSOLU** XII^e s. : *dissolutus*; **DISSOLUTION** XII^e s., sens moral, XIV^e s., sens phys. : *dissolutio*, de *dissolvere*; **INDISSOLUBLE** XIV^e s. : *indissolubilis*; **INDISSOLUBILITÉ** XVII^e s. ♦ [6] **RÉSOLUTION** XIII^e s. « action de délier », XVI^e s. « décision » : *resolutio*, de *resolvere*; **RÉSOLUTIF** XIV^e s.; **RÉSOLU** XV^e s. « instruit », XVI^e s. « décidé »; **RÉSOLUMENT, IRRÉSOLU, IRRÉSOLUTION** XVI s.; **RÉSOLUTOIRE** XIX^e s.

D. base *-solv-* (sav.)

♦ [1] **SOLVABLE** XIV^e s. : dér. formé sur *solvere* au sens de « payer »; **INSOLVABLE** XV^e s.; **INSOLVABILITÉ** XVI^e s.; **SOLVABILITÉ** XVII^e s. ♦ [2] **SOLVANT** XX^e s., chimie : dér. à forme de part. présent, sur *solvere.* ♦ [3] **DISSOLVANT** XVI^e s., adj. et subst., XX^e s. sens moral; part. présent de *dissoudre*.

E. base *lux-* (sav.)
♦ [1] **LUXER** XVI^e^ s. : *luxare*; **LUXATION** XVI^e^ s. : bas lat. *luxatio*. ♦ [2] **LUXURIANT** XVI^e^ s. : *luxurians*, part. présent de *luxuriare* « être surabondant », de *luxuria*; **LUXURIANCE** XVIII^e^ s. : ♦ [3] **LUXE** XVII^e^ s. : *luxus*; **LUXUEUX** XVIII^e^ s.; **LUXUEUSEMENT** XIX^e^ s. ♦ [4] **LUXURE** XII^e^ s. : *luxuria*; **LUXURIEUX** XII^e^ s. : *luxuriosus* « immodéré », « voluptueux », de *luxuria*.
F. **AÉROSOL** XX^e^ s., d'un mot angl., *sol*, fin XIX^e^ s. abrév. de *solution*.

II. mots savants issus du grec
bases *-lys-* et *-lyt-*
♦ [1] **ANALYSE** XVI^e^ s. : gr. *analusis* employé par Aristote avec le sens de « résolution d'un tout en ses parties » (par opposition à *sunthesis*), de *analuein* « dissoudre », par le lat. scolastique; **ANALYTIQUE** XVI^e^ s. : gr. *analutikos*, par le lat.; **ANALYTIQUEMENT, ANALYSER** XVII^e^ s.; **ANALYSABLE** XIX^e^ s. ♦ [2] **PSYCHANALYSE** XX^e^ s. : all. *Psychoanalyse*, mot créé par Freud; **PSYCHANALYSER, PSYCHANALYSTE, PSYCHANALYTIQUE** XX^e^ s. : 1^er^ élément → PSYCHO-. ♦ [3] **CATALYSE** XIX^e^ s. : gr. *katalusis* « dissolution », par l'angl.; **CATALYSER, CATALYTIQUE** XIX^e^ s.; **CATALYSEUR** XX^e^ s. ♦ [4] **DIALYSE** XIX^e^ s., chimie : gr. *dialusis* « décomposition ». ♦ [5] **PARALYSIE** XII^e^ s. : gr. *paralusis* « relâchement (des muscles d'un côté du corps) », de *paraluein* « délier », « relâcher », par le lat.; **PARALYTIQUE** XIII^e^ s. : *paralutikos*, par le lat.; **PARALYSÉ** XVI^e^ s., adj.; **PARALYSER** XVIII^e^ s.; **PARALYSANT** XIX^e^ s., adj. ♦ [6] **-LYSE, -LYSER, -LYSEUR, -LYTE, -LYTIQUE** XIX^e^ s.-XX^e^ s. : ensemble de suff. exprimant une idée de « dissociation », servant de 2^e^ élément à de nombreux composés de la langue scientifique, ex. : *électrolyse, hydrolyse, photolyse*, etc.

**DISTILLER** famille du lat. *stilla* « goutte », d'origine obscure.
♦ [1] **DISTILLER** (sav.) XIII^e^ s. : *distillare* « tomber goutte à goutte »; **DISTILLATION** XIV^e^ s. : *distillatio*; **DISTILLATEUR** XVI^e^ s.; **DISTILLERIE** XVIII^e^ s. ♦ [2] **INSTILLER** (sav.) XVI^e^ s. : *instillare* « verser goutte à goutte »; **INSTILLATION** XV^e^ s. : *instillatio*. ♦ [3] **STILLATION** XV^e^ s. : bas lat. *stillatio*, du lat. class. *stillare* « tomber goutte à goutte »; **STILLATOIRE** XVII^e^ s. ♦ [4] **STILLIGOUTTE** XX^e^ s. « compte-gouttes » : formé sur une base *stilli-* tirée des mots précédents.

**DITHYRAMBE** (sav.) XVI^e^ s. : gr. *dithurambos* « hymne en l'honneur de Dionysos », par le lat.; **DITHYRAMBIQUE** XVI^e^ s. : gr. *dithurambikos*, par le lat.

**DIX** famille de l'ind.-eur. **dekm.* « dix », qui comportait une variante **kmt-* (avec voyelle zéro et élargissement -t-) servant à exprimer la notion de « dizaine ».
En grec *deka* « dix » et ses composés *hendeka* « onze » et *dôdeka* « douze ».
En latin (1) *decem* « dix », d'où *december* « dixième mois de l'année » (du temps où elle commençait en mars); *decemvir* « membre d'une commission de dix magistrats »; bas lat. *decennalis* « décenal » et lat. imp. *decennium* « période de dix ans » (2) *-decim*, variante de *decem* dans *undecim* « onze », *duodecim* « douze », *tredecim* « treize », *quattuordecim* « quatorze », *quindecim* « quinze », *sedecim* « seize », tous composés du nom d'une unité, suivi de « dix » (3) *decimus* ordinal correspondant à *decem* « dixième »; d'où *decimare* « punir de mort une personne sur dix » (4) la base *decu-* de *decuria*, division du peuple romain, à l'origine sans doute groupe de dix chevaliers; *decurio, -onis* « chef d'une *decuria* »; *decuplex* et *decuplus* « décuple » (5) bas lat. *decanus* « chef d'un groupe de dix hommes » (6) le distributif *deni* « dix par dix » d'où *denarius (nummus)* « monnaie valant dix as » (7) l'élément *-gint-*, issu de l'ind.-eur. **kmt* « dizaine », dans *viginti* « vingt », *triginta* « trente », *quadraginta* « quarante », *quinquaginta* « cinquante », etc.; l'ordinal correspondant était *vicesimus* pour *viginti, -gesimus* pour les autres dizaines; le distributif en *-geni* comportait un dér. *-genarius*.

I. mots populaires issus du latin
♦ [1] **DIX** XI^e^ s. : *decem*; **DIXIÈME** XII^e^ s.; **DIZAIN** XV^e^ s.; **DIZAINE** XVI^e^ s. ♦ [2] **DIX-SEPT, DIX-HUIT, DIX-NEUF** fin XII^e^ s., sous les formes *dis e sept*, etc. : créations romanes suppléant la disparition des formes traditionnelles *septemdecim, duodeviginti, undeviginti*; **DIX-SEPTIÈME** XII^e^ s.; **DIX-HUITIÈME** XIII^e^ s.; **DIX-NEUVIÈME** XVI^e^ s. ♦ [3] **DÎME** XII^e^ s. : *dĕcĭma (pars)* « dixième (partie) ». ♦ [4] **DENIER** XI^e^ s., monnaie fr. de valeur variable selon les époques, XV^e^ s. *denier à Dieu*, XX^e^ s. *denier du culte*, même sens : *denarius*; **DENRÉE** XII^e^ s., sous la forme *denerée* « quantité de marchandises qu'on peut acheter avec un denier »; au plur. le sens de « marchandises nécessaires à la vie » apparaît vite : dér. de *denier*. ♦ [5] **DOYEN** XII^e^ s. : *decanus*, terme de la langue milit. adopté par celle de l'Église, à l'origine « chanoine duquel dépendent dix prêtres »;

**DOYENNÉ** XIIIe s. ♦ [6] **VINGT** XIe s. : bas lat. *vinti*, du lat. *viginti* (1er élément → DEUX) ; **VINGTIÈME** XIIe s. ; **VINGTAINE** XIIIe s. ♦ [7] **QUATRE-VINGTS** et **QUATRE-VINGT-DIX** XIIe s. : formations romanes qui ont concurrencé et éliminé *oitante* et *nonante* : lat. *octoginta, nonaginta* ; **QUATRE-VINGTIÈME, QUATRE-VINGT-DIXIÈME** XVIe s. ♦ [8] **TRENTE** XIe s. : lat. vulg. **trinta* : lat. class. *triginta* → TROIS ; **TRENTIÈME** XIIe s. ; **TRENTAINE** XIIe s. ; **TRENTENAIRE** XVe s. : formé sur le modèle de *centenaire* ; **TRENTE-ET-QUARANTE** XVIIe s., jeu ; **TRENTE ET UN** *(se mettre sur son)* XIXe s., fam. : allusion à la règle d'un ancien jeu de cartes où le gagnant était celui qui faisait trente et un points avec trois cartes. ♦ [9] **-ANTE**, désinence de noms de dizaines : lat. vulg. **-anta*, du lat. class. *-aginta* ; **QUARANTE** XIe s. : bas lat. *quaranta*, du lat. *quadraginta* → QUATRE ; **QUARANTIÈME** XIIe s. ; **QUARANTAINE** XIIe s., XVIIe s. « isolement de quarante jours » ; **QUARANTENAIRE** XIXe s. ♦ [10] **CINQUANTE** XIe s. : lat. vulg. **cinquanta* : lat. *quinquaginta* (même dissimilation des *-qu-* que dans *cinq*) → CINQ ; **CINQUANTIÈME** XIVe s. ; **CINQUANTAINE** XIIIe s. ; **CINQUANTENAIRE** XVIIIe s. ♦ [11] **SOIXANTE** XIe s. : lat. vulg. **sexanta* : lat. *sexaginta* ; **SOIXANTIÈME** XIIe s. ; **SOIXANTAINE** XIVe s. ; **SOIXANTE-DIX** XIIIe s. : a éliminé *septante* ; **SOIXANTE-DIXIÈME** XIIIe s. ♦ [12] **SEPTANTE** XIIIe s. sous la forme *setante*, le *p* étant une graphie savante ; ne s'emploie plus aujourd'hui que dial. et dans l'expression *les Septante*, version gr. de la Bible faite par soixante-dix traducteurs : lat. vulg. **septanta*, du lat., *septuaginta* ; **HUITANTE** XIIe s., var. *oitante et* **NONANTE** XIIe s : *octoginta* (avec réfection d'après *huit*) et *nonaginta* ; survivent en Belgique et en Suisse romande. ♦ [13] la terminaison **-ZE** représente *-decim*, atone, dans **ONZE** XIe s. : *undĕcim* → UN ; **ONZIÈME** XIIe s. et les nombres suivants. ♦ [14] **DOUZE** XIe s. : bas lat. *dōdĕcim*, du lat. *duodecim* → DEUX ; **DOUZIÈME** XIe s. ; **DOUZAINE** XIIe s. ; **DOUZAIN** XVe s. ; **IN-DOUZE** XVIIe s. ♦ [15] **TREIZE** XIIe s. : *trēdĕcim* → TROIS ; **TREIZIÈME** XIIe s. ; **QUATORZE** XIIe s. : bas lat. *quattordecim*, du lat. *quattuordecim* → QUATRE ; **QUATORZIÈME** XIIe s. ♦ [16] **QUINZE** XIe s. : *quindecim* → CINQ ; **QUINZIÈME, QUINZAINE** XIIe s. ; **QUINZE-VINGTS** XIVe s., hospice fondé par Saint Louis pour trois cents aveugles ; trace d'une ancienne numération vicésimale. ♦ [17] **SEIZE** XIIe s. : *sēdecim* ; **SEIZIÈME** XIIe s.

**II.** mots savants issus du latin

♦ [1] **DÉCEMBRE** XIIe s. : *december*. ♦ [2] **DÉCEMVIR** XIVe s., hist. romaine : mot lat. ♦ [3] **DÉCENNAL** XVIe s. et **DÉCENNIE** → AN. ♦ [4] **DÉCIMER** XVe s. sens propre, XIXe s. sens fig. : *decimare*. ♦ [5] **DÉCIME** XVe s. « taxe du dixième perçue par le roi sur les revenus du clergé », fin XVIIIe s. « dixième partie du franc ». ♦ [6] **DÉCIMAL** XVIe s. : adj. formé sur *decimus* ; **DUODÉCIMAL** XIXe s. : adj. formé sur *duodecimus* « douzième ». ♦ [7] **DÉCI-** 1er élément de composés propres au système métrique, exprimant une fraction d'un dixième tiré arbitrairement de *decimus*, p. ex. dans **DÉCIMÈTRE, DÉCILITRE, DÉCIGRAMME**, fin XVIIIe s. ♦ [8] **DÉCURIE** et **DÉCURION** XVIe s., hist. romaine : *decuria* et *decurio*. ♦ [9] **DÉCUPLE** XIVe s. : *decuplus* ; **DÉCUPLER** XVIe s. ♦ [10] **DÉCANAT** XVIIe s. : lat. eccl. *decanatus*, de *decanus* → DOYEN ; **DÉCANAL** XVe s. ♦ [11] **VICÉSIMAL** XIXe s. : adj. formé sur *vicesimus* ordinal de *viginti* « vingt ». ♦ [12] **-GÉNAIRE** : *-genarius* dérivé de *-geni*, distributif de *-ginta* dans **QUADRAGÉNAIRE** XVIe s. : *quadragenarius*, → QUATRE ; **QUINQUAGÉNAIRE** XVIe s. : *quinquagenarius* → CINQ ; **SEXAGÉNAIRE** XVe s. : *sexagenarius* → SIX ; **SEPTUAGÉNAIRE** XIVe s. : *septuagenarius* → SEPT ; **OCTOGÉNAIRE** XVIe s. : *octogenarius* → HUIT ; **NONAGÉNAIRE** XIVe s. : *nonagenarius* → NEUF. ♦ [13] **-GÉSIME** : *-gesimus*, ordinal correspondant à *-ginta*, suff. employé pour désigner les dimanches précédant le carême : **SEPTUAGÉSIME** XIIIe s., **SEXAGÉSIME** XIVe s., **QUINQUAGÉSIME** XIVe s., **QUADRAGÉSIME** → CARÊME, art. QUATRE.

**III.** mots savants issus du grec

♦ [1] **DÉCADE** XIVe s. : gr. *dekas, -ădos* « groupe de dix », par le lat. ; **DÉCADI** fin XVIIIe s. « dixième jour de la décade révolutionnaire » : 2e élément → -DI, art. DIEU ; **DÉCADAIRE** début XIXe s. « relatif au calendrier républicain ». ♦ [2] **DÉCA-** préf. sav. indiquant que le 2e élément du composé est multiplié par dix : **DÉCALOGUE** XVe s. « les dix commandements » : lat. *decalogus* : gr. *deka* et *logos* « parole » → LIRE ; **DÉCAGONE** XVIIe s. ; préf. utilisé dans le système métrique par opposition à *déci-* : **DÉCAMÈTRE, DÉCALITRE** fin XVIIIe s. ♦ [3] **HENDÉCA-** : gr. *hendeka* « onze » dans **HENDÉCAGONE** XVIIe s. ; **HENDÉCASYLLABE** XVIe s. ♦ [4] **DODÉCA-** : gr. *dôdeka* « douze », dans **DODÉCAGONE** XVIIe s. ; **DODÉCAPHONIE, -IQUE, -ISME, -ISTE** XXe s.

**DO** ensemble des noms des notes de la gamme ; les divers degrés de l'échelle des sons ont été arbitrairement désignés dans l'Antiquité et le haut Moyen Âge par des lettres de l'alphabet ; il reste de cet usage le nom même de la **GAMME** XIIe s. qui représente celui de la lettre grecque *gamma*, adoptée en 942 par Odon, abbé de Cluny (auteur d'un *Dialogus de musica*) pour désigner le *sol*, alors limite extrême de l'échelle fondamentale au grave, puis étendue à toute la série des notes. Un autre bénédictin, Guy d'Arezzo (945-1050), emprunta les dénominations des notes à la première strophe d'un hymne à saint Jean : **Ut** *queant laxis/* **Re***sonare fibris/* **Mi***ra gestorum/* **Fa***muli tuorum,/* **Sol***ve polluti/* **La***bii reatum,/* **S***ancte* **I***ohannes*! (« Pour que vos serviteurs puissent à pleine voix chanter les merveilles que vous avez faites, bannissez le péché de nos lèvres souillées, ô saint Jean. ») La mélodie du premier vers commençait sur le premier degré de l'échelle, *ut*; celle du second sur le second degré *ré*; celle du troisième sur *mi*; celle du quatrième sur *fa*; celle du cinquième sur *sol*; celle du sixième sur *la*. En fr., **RÉ, MI, FA, SOL, LA** XIIIe s., **UT** et **SI** XVIIe s. **DO** XVIIIe s., empr. à l'it., est une syllabe arbitrairement choisie, à cause de sa sonorité, pour remplacer *ut* jugé trop sourd. **SOLFIER** XIVe s. : dér., sur le modèle des verbes en *-fier* (→ FAIRE), du lat. médiéval *solfa* « gamme », du nom de deux notes; **SOLFÈGE** XVIIIe s. : it. *solfeggio*, de même origine que le précéd.

**DOCK** XVIIe s. : mot angl., du néerl. *docke*, d'origine inconnue; **DOCKER** fin XIXe s.

**DOCTE** famille d'une racine ind.-eur. **dek-, dok-, dk-* « acquérir — ou faire acquérir — une connaissance », comportant aussi en grec une variante **dak-*.

En grec (1) la forme à redoublement *didaskein*, issue de **di-dak-sk-* « enseigner », d'où *autodidaktos* « qui s'est instruit lui-même » et *didaktikos* « propre à instruire » (2) *dokein* « sembler » et « penser », d'où *dogma, -atos* « opinion, doctrine, décret », *doxa* « opinion » et « bonne réputation » et leurs dér.

En lat. (1) *discere* « apprendre », probablement issu de *di-dk-sc-*, parallèle à *didaskein*, et auquel se rattachent : (a) *discipulus* « élève » et *condiscipulus* « condisciple »; (b) *disciplina* « enseignement », « règle de vie » (2) *docere, doctus* « faire apprendre », d'où (a) *doctor, -oris* « celui qui enseigne »; (b) *doctrina* « enseignement », « doctrine »; (c) *docilis* « apte à recevoir un enseignement », *docilitas* « aptitude à apprendre »; *indocilis* « qu'on ne peut instruire » et bas lat. *indocilitas* « incapacité à être instruit »; (d) *documentum* « enseignement », « leçon, modèle, démonstration », et bas lat. *documentare* « avertir », *documentatio* « avertissement ».

I. traces d'évolution populaire

Le verbe *dŏcēre*, devenu en lat. vulgaire **dŏcĕre* sous l'influence de *dicĕre* « dire », a abouti en anc. fr. à *duire* « éduquer »; il subsiste de ce verbe le patronyme **MAUDUIT**, littéralement « mal élevé »; son homonymie avec *duire* issu de *ducĕre* (→ CONDUIRE) a favorisé sa disparition.

II. mots savants issus du latin

A. base *-doct-*

♦ [1] **DOCTE** XVIe s., a éliminé l'anc. fr. *duit* de *doctus*. ♦ [2] **DOCTEUR** XIIe s. « docteur de la loi » : *doctor, -oris*; à la même époque, sous forme lat., le titre universitaire de *doctor* a remplacé celui de *magister* qui s'était déprécié; en fr. XVe s., surtout à propos des docteurs en théologie; employé couramment pour les docteurs en médecine, comme synonyme de « médecin », surtout à partir du XIXe s.; **DOCTORAT** XVIe s. : lat. médiéval *doctoratus*; **DOCTORAL** XIVe s.; **DOCTORESSE** XVe s., ironiquement jusqu'au XIXe s. ♦ [3] **DOCTRINE** XIIe-XVIIe s. « science », « enseignement » et « doctrine », le seul qui ait survécu; **DOCTRINAIRE** XIIe s. « qui enseigne », fin XVIIIe s. pol.; **DOCTRINAL** XIVe s. : bas lat. *doctrinalis*; **ENDOCTRINER** XIIe s.

B. base *-doc-*

♦ [1] **DOCILE** XIVe s. : *docilis*; **INDOCILE, DOCILITÉ** XVe s. : *indocilis, docilitas*; **INDOCILITÉ** XVIe s. : *indocilitas*. ♦ [2] **DOCUMENT** XIIe s., d'abord surtout jur. : *documentum*; **DOCUMENTER** XVIIIe s., dér. de *document*, plutôt qu'empr. au bas lat.; **DOCUMENTATION** XIXe s.; **DOCUMENTAIRE** XIXe s. adj., XXe s. subst. cinéma; **DOCUMENTALISTE** XXe s.

C. base *-disc-*

♦ [1] **DISCIPLE** XIIe s., *discipulus*, d'abord en parlant de ceux du Christ; **CONDISCIPLE** XVe s. : *condiscipulus*. ♦ [2] **DISCIPLINE** XIe s.-XIVe s. « punition », « massacre » et « instrument de flagellation »; le sens d'« éducation » apparaît fin XIIIe s.-XIVe s.; XVIe s. « règle de mœurs », « matière d'enseignement », « discipline militaire », par relatinisation : *disciplina*; **DISCIPLINER** XIIe s. « punir », XIVe s. sens mod.; **DISCIPLINABLE** XIVe s.; **INDISCIPLINÉ** XIVe s.; **INDISCIPLINE, INDISCIPLINABLE** XVIe s.; **DISCIPLINAIRE** XVIIe s., rare avant le XIXe s.

III. mots issus du grec

♦ [1] **DIDACTIQUE** XVIe s. : *didaktikos*; **AUTODIDACTE** XVIe s. : *autodidaktos*. ♦ [2] **DOGME** XVIe s. : *dogma*; **DOGMATIQUE** XVIe s. : *dogmatikos*, par le lat.; **DOGMATISER** XIIIe s. : *dog-*

*matizein* « soutenir une opinion », « enseigner une doctrine », par le bas lat. ♦ [3] **DOXOLOGIE** XVII^e^ s. « prière de louange » : gr. eccl. *doxologia*, littéralement « parole de gloire ». ♦ [4] **-DOXE** et **-DOXIE** se rattachent à *doxa* au sens d'« opinion »; 2^e^ élément de composés sav. dans **HÉTÉRODOXE** et **HÉTÉRODOXIE** XVII^e^ s. : *heterodoxos, -ia* « (qui est d'une) opinion différente »; **ORTHODOXE** XV^e^ s. : gr. eccl. *orthodoxos* « conforme à la vraie foi »; **ORTHODOXIE** XVI^e^ s.; **PARADOXE** XV^e^ s. : *paradoxos* « contraire à l'opinion commune »; **PARADOXAL** XVI^e^ s.

**DOGUE** XIV^e^ s. : angl. *dog* « chien », d'origine obscure; **DOGUIN** XVII^e^ s.; **BOULEDOGUE** → ce mot.

**DOIGT** ♦ [1] (pop. avec orth. sav.) XI^e^ s. : lat. vulg. *_dĭtus_ : lat. class.; *dĭgĭtus*, même sens; **DOIGTIER** XIV^e^ s.; **DOIGTER** et **DOIGTÉ**, subst., techn. mus., XVIII^e^ s. Pour les mots sav. exprimant la notion de « doigt » → DACTYLO- art. DATTE. ♦ [2] **DÉ** (à coudre) (pop.) XIV^e^ s. *deel* : lat. vulg. *_ditale_, du lat. *digitale* « ce qui recouvre le doigt ». ♦ [3] **DIGITALE** (sav.) XVI^e^ s., subst., « plante en forme de doigt », et **DIGITAL**, adj., XVIII^e^ s. : lat. *digitalis* « relatif aux doigts »; **DIGITALINE** XIX^e^ s. ♦ [4] **PRESTIDIGITATEUR** XIX^e^ s., composé de l'adj. *preste* et de la base sav. *digiti-* tirée de *digitus*; **PRESTIDIGITATION** XIX^e^ s. ♦ [5] **DIGITI-**, 1^er^ élément de composés sav., **DIGITIGRADE, DIGITIFORME** XIX^e^ s.

**DOMPTER** (pop., avec *p* purement graphique remontant au Moyen Âge) XII^e^ s. *donter* : lat. *domitare*, dér. et synonyme de *domare* « apprivoiser »; **DOMPTEUR** XIII^e^ s.; **INDOMPTÉ, INDOMPTABLE** XV^e^ s.

**DONC** (pop.) X^e^ s. : lat. *dumque*, élargissement de l'adv. de temps *dum* souvent utilisé pour renforcer des impératifs; une infl. de *tunc* « alors » est possible, et le maintien du *c* final dans la prononc. est dû sans doute à l'existence de l'anc. fr. *onques* issu de *unquam* « jamais ».

**DONNER** famille d'une rac. ind.-eur. *_dō-_ « transmettre la possession de », « donner ».

En grec (1) *didonai* « donner » et ses composés *ekdidonai* « produire au-dehors », « publier », d'où *anekdotos* « inédit » et *antididônai*, d'où *antidotos* « donné contre », « donné comme remède à » (2) *dosis* « action de donner » et « ce qu'on donne » (3) *dôron* « don, présent », d'où le nom propre *Theodôros*, littéralement « don d'un dieu », bien antérieur au christianisme et adopté par lui.

En latin (1) le subst. *dos, dotis* « dot », d'où le lat. imp. *dotare* « doter » et « pouvoir » (2) *donum* « don », d'où *donare* « faire don », *donatio* « donation », et le lat. imp. *donator, -trix* (3) sous une forme réduite, par le verbe *dare, datus*, auquel se rattache *dativus (casus)* « le datif »; en composition sous une forme *-dĕre, -dĭtus* qui s'est confondue avec une forme homonyme issue de la racine de *facere* → FAIRE; néanmoins, on peut avec vraisemblance rattacher à *dare* les verbes suivants : (a) *addere* « ajouter » d'où *additio* « addition »; (b) *edere* « faire sortir », « publier un livre » d'où lat. imp. *editio* « publication »; bas lat. *editor* « celui qui produit »; (c) *perdere* « détruire », « subir une perte définitive » et *perditio* « perte, ruine »; (d) *reddere* « rendre » et lat. imp. *redditio;* (e) *tradere* « transmettre », « livrer »; *traditio* « action de transmettre », et lat. imp. *traditor* « traître »; (f) *vendere* → VENDRE.

**I.** mots populaires issus du latin

**A.** famille de *donum*

♦ [1] **DONNER** IX^e^ s. : *dōnāre;* **DON** XI^e^ s. : *dōnum;* **DONNEUR** XII^e^ s; **DONNE** XII^e^ s. « don », XVIII^e^ s. aux cartes; **MALDONNE** XIX^e^ s. **DONNÉE** subst. XVII^e^ s. « aumône »; XVIII^e^ s. sens mod. ♦ [2] **ADONNER** XII^e^ s., déjà réfléchi, mais aussi trans. jusqu'au XVI^e^ s. avec le sens de « livrer »; lat. vulg. *_addonare;_ **REDONNER XII^e^ S.** ♦ [3] **PARDONNER** X^e^ s. : bas lat. *perdonare* « concéder, accorder », avec valeur intensive du préf. *per;* **PARDON** XII^e^ s.; **PARDONNABLE** XII^e^ s. « miséricordieux », XIV^e^ s. sens mod.; **IMPARDONNABLE** XIV^e^ s.

**B.** famille de *dos*

♦ [1] **DOUER** XII^e^ s. « doter » et « faire don », XVII^e^ s. « pourvoir de qualités » : *dōtāre.* ♦ [2] **DOUAIRE** XII^e^ s. : lat. médiéval *dotarium*, dér. de *dos, dotis* adapté d'après *douer*; **DOUAIRIÈRE** XIV^e^ s. : fém. substantivé de l'adj. anc. fr. *douairier* « pourvu d'un douaire ».

**C.** représentant unique de *dare* **DÉ** (à jouer) XII^e^ s. : probablement de *datum* « chose donnée », part. passé substantivé de *dare*, employé au I^er^ s. chez Quintilien au sens de « pion de jeu »; pour les mots sav. exprimant l'idée de « jeter les dés » et de « hasard » → ALÉA et ALÉATOIRE.

**D.** famille de *tradere*

♦ [1] **TRAHIR** XI^e^ s. : *tradĕre*, avec influence de la conjugaison en *-īre; h* introduit au XV^e^ s. pour souligner l'hiatus; **TRAHISON** XI^e^ s.; **HAUTE TRAHISON** XVII^e^ s., à propos d'événements angl.; XVIII^e^ s. à propos d'événements fr. ; calque de l'angl. *high treason*. ♦ [2] **TRAÎTRE** XIe s., d'abord sous la forme *traïtre* : adaptation, sous l'infl. de *trahir*, du nominatif lat. *tradĭtor*; **TRAÎTREUSEMENT** XIIIe s. : formé sur l'anc. adj. *traîtreux*; **TRAÎTRISE** XIXe s.

E. famille de *reddere*

♦ [1] **RENDRE** Xe s. : lat. vulg. **rendĕre*, du lat. class. *reddĕre* croisé avec *prendĕre* « prendre » ; **RENDEZ-VOUS** XVIe s. ; **RENDEMENT** XIIe s., rare avant le XIXe s. ; **RENDU**, subst., XIXe s. ♦ [2] **RENTE** XIIe s. : lat. vulg. **rendĭta*, part. passé fém. substantivé de **rendere* « (intérêts) rendu (par de l'argent placé) » ; **RENTIER** XIIe s. ; **RENTABLE, RENTABILITÉ** XIXe s.

F. famille de *perdere*

♦ [1] **PERDRE** Xe s. : *perdĕre*; **PERDANT**, subst., **PERDABLE** XIIIe s., **PERDEUR** XIVe s. ; **IMPERDABLE** XVIIIe s. ♦ [2] **ÉPERDU** XIIe s. « troublé » : part. passé de l'anc. fr. *esperdre* « perdre complètement ». ♦ [3] **PERTE** XIe s. : *perdĭta*, part. passé fém. ou neutre plur. substantivé de *perdĕre*.

G. famille de *vendere* → VENDRE.

II. mots savants issus du latin

A. base *don-* (famille de *donum*) : **DONATION** XIIIe s. : *donatio*; a éliminé l'anc. fr. *donaison* (pop.) ; **DONATEUR** XIVe s. : *donator*; **DONATAIRE** XIVe s.

B. base *dot-* (famille de *dōs*) : **DOT** XIIIe s., rare avant le XVIe s., usité d'abord dans le Midi et la région lyonnaise (le mot du Nord étant *douaire*) : *dōs, dōtis*; **DOTER**, id. : *dotare*, → DOUER ; **DOTATION** XIVe s. : *dotatio*; **DOTAL** XVe s. : *dotalis*.

C. base *dat-* (famille de *dare*)

♦ [1] **DATE** XIIIe s. : 1er mot de la formule *data littera* « lettre donnée (tel jour) » ; **DATER** XIVe s. ; **ANTIDATER** XVe s. ; **POSTADER** XVIe s. ; **DATABLE, DATATION** XIXe s. ♦ [2] **DATIF** XVe s., gramm. : *dativus (casus)* : « cas attributif ».

D. base *-dil-* (famille des composés de *dare*)

♦ [1] **ADDITION** XIIIe s. « augmentation », XVe s. math. : *additio*; **ADDITIONNER** XVIe s. ; **ADDITIONNEL** XVIIIe s. ; **ADDITIF** XXe s. ♦ [2] **ÉDITION** XIIIe s. : *editio*; **ÉDITEUR** XVIIIe s. : *editor*; **ÉDITER** XVIIIe s. : formé sur les deux premiers ; **INÉDIT, RÉÉDITER** XIXe s. ; **RÉÉDITION** XVIIIe s. ; **ÉDITORIAL** XIXe s. : mot angl. de même origine ; **ÉDITORIALISTE** XXe s. ♦ [3] **TRADITION** XIIIe s. « transmission », XVe s. sens mod. : *traditio* → TRAHISON ; **TRADITIONNEL** XVIIIe s. ; **TRADITIONALISME, -ISTE** XIXe s. ♦ [4] **EXTRADITION** XVIIIe s. : composé formé de *ex* et de *traditio* « action de livrer au-dehors », d'où **EXTRADER** XVIIIe s. ♦ [5] **REDDITION** XIVe s. « capitulation », XVe s. *reddition de comptes* : *redditio*, → RENDRE. ♦ [6] **PERDITION** XIe s. : bas lat. *perditio*, → PERDRE ; **DÉPERDITION** XVIe s. : dér. formé sur le lat. *deperdere* « perdre complètement ».

III. mots savants issus du grec

♦ [1] **ANECDOTE** XVIIe s. : neutre plur. *anekdota* « choses inédites ». Titre de l'histoire secrète, pleine de détails sur les personnages de son temps, écrite en plus de son *Histoire des guerres de Justinien*, par l'historien grec Procope, Ve s.-VIe s. ; repris par l'historien Varillas dans ses *Anecdotes de Florence* (1685) ; **ANECDOTIER, ANECDOTIQUE** XVIIIe s. ♦ [2] **ANTIDOTE** XIIe s. : neutre sing. *antidoton* « chose donnée contre », par le lat. médiéval ; **ANTIDOTAIRE** XIVe s. ♦ [3] **DOSE** XVe s. « quantité d'un médicament donnée en une fois » : *dosis*, par le lat. médiéval ; **DOSER** XVIe s. ; **DOSAGE, DOSABLE** XIXe s. ♦ [4] les prénoms **THÉODORE** : *theodôros* et **DORINE**, abréviation de *Théodorine*. ♦ [5] **-DOR**, suff. formant les noms des trois mois d'été dans le calendrier républicain, du gr. *dôron* « don » : **THERMIDOR** « qui donne de la chaleur », **MESSIDOR** « qui donne des moissons », **FRUCTIDOR** « qui donne des fruits », fin XVIIIe s.

**DOPER** XXe s. : angl. *to dope*, de même sens issu du subst. anglo-américain *dope*, qui désigne entre autres sens un liquide stupéfiant ou excitant, du néerl. *doop* « sauce » ; **DOPING** XXe s., part. présent du précédent ; **DOPAGE** XXe s.

**DORMIR** ♦ [1] (pop.) XIe s. : lat. *dormīre, dormītus*; **ENDORMIR** XIe s. ; **RENDORMIR** XIIIe s. ; **DORMEUR** XIVe s. ; **ENDORMEUR** XVIIIe s. ♦ [2] **DORTOIR** (pop.) XIIe s. : lat. *dormitōrium* « chambre à coucher ». ♦ [3] **DORMITION** (sav.) XVe s., relig. : lat. *dormitio* « sommeil ». ♦ [4] **DORMITIF** (sav.) XVIe s. : dér., sur la base *dormit-*.

**DORYPHORE** (sav.) XVIIIe s., sens étym. ; XIXe s. appliqué à un coléoptère à cause des bandes noires de ses élytres : gr. *doruphoros* « porte-lance ».

**DOS** famille du lat. *dorsum*, var. *dossum* « dos, des bêtes et des gens », mot pop., employé chez Plaute par les esclaves, qui a éliminé son concurrent *tergum*.

I. mots populaires

♦ [1] **DOS** XIe s. : lat. pop. *dossum*, du lat. class. *dorsum*. ♦ [2] **DOSSIER**, d'un siège, XIIIe s. ; reliure portant une étiquette au *dos*, contenant diverses pièces, XVII^e s.; **DOSSERET**, archit., techn., XIV^e s. ♦ [3] **ADOSSER** XII^e s.; **ADOSSEMENT** XV^e s. ♦ [4] **ENDOSSER** XII^e s. « mettre sur son dos », XVII^e s., sens fin.; **ENDOSSEMENT** XIV^e s., fin XVI^e s. sens commercial; **ENDOS** fin XVI^e s.; **ENDOSSEUR** XVII^e s. ♦ [5] **EXTRADOSSER** et **EXTRADOS** (demi sav.) archit. XVII^e s., techn. XX^e s.; **INTRADOS** XVIII^e s.

**II.** mot savant

**DORSAL** XIV^e s. : lat. médiéval *dorsalis :* lat. imp. *dorsualis*.

## DOUANE

**DOUANE** famille du turc et de l'arabe *diouan*, empr. au persan *dīwān* « registre de comptabilité », d'où « bureau », « salle de réunion de notables turcs, ordinairement garnie tout autour de coussins »; en arabe d'Égypte le mot avait pris le sens de « sofa ».

♦ [1] **DOUANE** XIV^e s. : anc. it. *doana* (it. mod. *dogana*), de l'arabe *diouan*; **DOUANIER** XIV^e s. subst., XIX^e s. adj.; **DÉDOUANER** XX^e s. : dér. de *douaner*, arch., XVII^e s. ♦ [2] **DIVAN** XVI^e s. « conseil des Turcs », XVII^e s. « estrade à coussins » : empr. au turc probablement par l'interm. de l'it.; XVIII^e s. « sofa » : empr. à l'arabe d'Égypte.

## DOUILLE

**DOUILLE** (pop.) XIII^e s. : frq. **dulja*.

## DOULEUR

**DOULEUR** famille du lat. *dolēre* « souffrir » d'où (1) *dolens, -entis,* part. présent et son contraire *indolens*, bas lat. qui traduit le gr. *apathês* chez saint Jérôme; dér. nom. *dolentia,* et son contraire *indolentia* qui traduit le gr. *apatheia* chez Cicéron → PATHO- (2) *dolor, -ōris* « douleur »; *dolorōsus* « douloureux » et bas lat. *indoloris* ou *-ius* « indolore » traduction du gr. *anôdunos* → ANODIN (3) bas lat. *dŏlus,* III^e s. « douleur », sans doute analogique de *dolorum*, génitif pluriel de *dolor*, qui a éliminé son homonyme *dolus* « ruse » et concurrencé *dolor*.

**I.** base *doul-* (pop.) : **DOULEUR** XI^e s. : *dolor, -ōris;* **DOULOUREUX** XI^e s. : *dolorosus,* avec influence de *doulour*, forme ancienne de *douleur*; **DOULOUREUSEMENT** XII^e s.

**II.** base *-deuil-* (pop.) : **DEUIL** X^e s. sous la forme *dol* et XII^e s. sous la forme *duel* « douleur », en particulier « douleur causée par la mort d'un être cher » (jusqu'au XVII^e s.); XV^e s., sous la forme *dueil*, fr. mod. *deuil* « marques extérieures du deuil » : *dŏlus;* **DEMI-DEUIL** XVIII^e s.; **ENDEUILLER** XIX^e s.

**III.** base *-dol-*

♦ [1] **DOLENT** (pop.) XI^e s., adj. et part. présent de l'anc. fr. *douloir* « souffrir » (issu de *dolēre*) : lat. vulg. **dolentus,* réfection du lat. *dolens, -entis;* le *o*, à la place du *ou* attendu, peut s'expliquer par une réaction orthographique consécutive à la disparition de *douloir*, fréquemment écrit *doloir*. ♦ [2] **DOLÉANCE** (pop.) XV^e s. : altération, p.-ê. sous l'infl. de *créance*, qui existait à côté de *croyance*, de l'anc. fr. *douliance* XII^e s., avec *l* mouillé, formé d'après *douillant*, autre forme de part. présent de *douloir*. ♦ [3] **CONDOLÉANCE** (préf. sav.) XV^e s. : formé d'après *doléance* et l'anc. fr. *condouloir*. ♦ [4] **ENDOLORIR** (demi-sav.) XVIII^e s. : réfection, d'après le lat. *dolor*, de *endoulourir*, XVI^e s. ♦ [5] **INDOLENCE** (sav.) XIV^e s. : *indolentia*; **INDOLENT** (sav.) XVI^e s. « insensible », XVII^e s. « paresseux » : *indolens* → DOLENT. ♦ [6] **DOLORISME** (sav.) XX^e s., philo. : dér. formé sur *dolor*. ♦ [7] **INDOLORE** (sav.) XIX^e s. : bas lat. *indoloris* ou *indolorius*.

## 1. DOUVE

1\. **DOUVE** (pop.) XII^e s. « fossé » et « planche de tonneau » : ces deux mots, apparemment simples homonymes, remontent probablement tous les deux au bas lat. *doga* « vase », p.-ê. du gr. *dokhê* « récipient ».

## 2. DOUVE

2\. **DOUVE** (pop.) XI^e s. « ver du mouton », XVI^e s. « renoncule des marais passant pour engendrer ce ver » : bas lat. *dolva*, V^e s., p.-ê. d'origine gauloise.

## DOUX

**DOUX** famille du lat. *dulcis* « doux », d'abord au goût, puis dans tous les sens du mot, d'où bas lat. *dulcor, -oris* « douceur », lat. médiéval *edulcorare* « adoucir ».

**I.** mots populaires

**A. DOUX** XI^e s. : *dŭlcis*.

**B.** base *-douc-* ♦ [1] **DOUCE**, fém. analogique des représentants des adj. lat. fém. en *-a*, apparaît de bonne heure en anc. fr.; **DOUCET** XII^e s.; **DOUCEÂTRE** XVI^e s. ♦ [2] **DOUCEUR** XII^e s. : *dulcor, -oris,* avec influence de *doux* (prononcé *douts* en anc. fr.); **DOUCEREUX** XII^e s. « doux », XVI^e s., sens péj. ♦ [3] **ADOUCIR** XII^e s., **ADOUCISSEMENT** XV^e s.; **ADOUCISSANT** XVII^e s.; **ADOUCISSAGE** XVIII^e s., techn. ♦ [4] **RADOUCIR** XII^e s.; **RADOUCISSEMENT** XVII^e s.

**II.** mots savants

— base unique *-dulc-* ♦ [1] **DULCIFIER, DULCIFICATION** XVII^e s. : dér. formés sur la base de *dulcis*. ♦ [2] **ÉDULCORER, ÉDULCORATION** XVII^e s. : *edulcorare, edulcoratio*.

## DRACHME

**DRACHME** (sav.) XIII^e s. : gr. *drakhmê*, monnaie, par le lat.

## DRAGÉE

**DRAGÉE** XIV^e s. « friandise » « mélange d'amandes, pistaches, noisettes recouvertes de sucre » est p.-ê. le même mot que dial. *dragée* « mélange de grains variés qu'on laisse croître en herbe pour faire du fourrage » var. *dravière* XIV^e s., *dravée*, tous mots dér. du rad. du lat. *dravoca* « ivraie » d'origine gauloise; plus probable que gr. *tragêmata* « friandise ».

**DRAGON** famille du gr. *drakôn* « dragon, animal fabuleux », fém. *drakaina*, apparenté au verbe *derkesthai* « regarder d'un œil fixe et perçant », et reposant sur une rac. ind.-eur. **derk-* « briller »; employé à Athènes comme nom propre; empr. par le lat. sous la forme *draco, -ōnis*, appliqué à divers animaux; empr. au lat. par le germ.

♦ [1] **DRAGON** (demi-sav.) XI^e s. « serpent fabuleux », « démon », d'après l'emploi de ce mot dans l'Apocalypse; XII^e s. « étendard », sens remontant p.-ê. au lat., *draco* ayant désigné en lat. imp. une enseigne milit. sans doute en forme de dragon; XVI^e s. « soldat de cavalerie » (combattant sous cet étendard) : *draco, -ōnis;* **DRAGONNE** XVII^e s. « batterie de tambour », XVIII^e s. « poignée de sabre », XIX^e s. « attache de parapluie »; **DRAGONNADE** XVIII^e s. ♦ [2] **DRACONIEN** → Annexe III. ♦ [3] **DRAKKAR** XX^e s., mot scandinave « bateau de Vikings, à la proue ornée d'un dragon » : germ. commun de l'Ouest **draco-* : lat. *draco*. ♦ [4] **ESTRAGON** XVI^e s. : altération, par préfixation et métathèse de l'*r*, de *targon* XVI^e s. : lat. mod. bot. *tarchon*, de l'arabe *tarkhoun* lui-même empr. au gr. *drakontion* « petit dragon », nom donné à divers animaux et plantes.

**DRAGUE** ♦ [1] XIV^e s., sous la forme *drègue*, XVI^e s. « filet », XVII^e s. « machine à curer » : angl. *drag* « crochet », « filet », de *to drag* « tirer », de l'anc. angl. *dragan* probablement scandinave; **DRAGUER** XVII^e s.; **DRAGUEUR, DRAGAGE** XVIII^e s.

**DRAME** famille sav. du gr. *drân* « faire », « agir », d'où *drama, -atos* « action », « action se déroulant sur un théâtre », et plus particulièrement « tragédie »; et *drastikos* « actif ».

♦ [1] **DRAME** XVIII^e s. : *drama*, par le bas lat.; **DRAMATIQUE** XIV^e s., rare avant le XVII^e s., XIX^e s. sens fig. : *dramatikos* « théâtral », par le lat.; **DRAMATIQUEMENT** XVIII^e s. ♦ [2] **DRAMATURGE** et **DRAMATURGIE** XVIII^e s. : *dramatourgos* « auteur dramatique » et *dramatourgia* « composition, ou représentation d'une pièce de théâtre »; pour le suff. → ORGUE. ♦ [3] **MÉLODRAME** → MÉLO-. ♦ [4] **PSYCHODRAME** et **PSYCHODRAMATIQUE** XX^e s. : → PSYCHO-. ♦ [5] **DRASTIQUE** XVIII^e s., méd. : *drastikos*.

**DRAP** ♦ [1] (pop.) XII^e s., « étoffe », XIII^e s. « drap de lit » : bas lat. *drappus*, d'origine gauloise; **DRAPERIE** XII^e s. « étoffe », XVII^e s. « étoffe formant de grans plis »; **DRAPER** XIII^e s. « fabriquer du drap », XVII^e s. « disposer les plis d'une étoffe »; **DRAPIER** XIII^e s. ♦ [2] **DRAPEAU** (pop.) XII^e s. « morceau de drap », XVI^e s. « étendard », sous l'influence de l'it. *drappello :* dimin. de *drap*; **PORTE-DRAPEAU** XVI^e s.

**DROGUE** famille d'une base germ. **drauz* « sec » (angl. *dry*) à laquelle on peut rattacher : ♦ [1] **DROGUE** XIV^e s., l'étymon le plus vraisemblable pour ce mot est le néerl. *droog* « sec »; le sens premier du mot serait « produits séchés »; XIV^e s. « produit pharmaceutique ou tinctorial », « remède de charlatan »; XX^e s. « stupéfiant »; **DROGUERIE** XV^e s.; **DROGUER, DROGUISTE** XVI^e s.; **DROGUET** XVI^e s. « étoffe sans valeur », dér. de *drogue* au sens de « chose de peu de prix ». ♦ [2] **DRAIN** XIX^e s., agric. et méd. : mot angl., « fossé d'écoulement », « égouttoir », du verbe *to drain* « assécher », de l'anc. angl. *drēahnian;* **DRAINER, DRAINAGE** XIX^e s.

**DRÔLE** XVI^e s., subst. « plaisant coquin », XVII^e s. adj.; s'est répandu dans de nombreux dial. avec le sens de « petit garçon » : moyen néerl. *drol* « petit bonhomme », « lutin »; **DRÔLESSE, DRÔLERIE** fin XVI^e s.; **DROLATIQUE** XVII^e s.

**DROMADAIRE** famille sav. d'une rac. ind.-eur. **dram-* « courir ». En grec (1) certains temps du verbe *trekhein* « courir », ex. : *edramon* « je courus » (2) sous la forme **drom-, dromos* « course » et « emplacement pour courir » et *dromas, -ados* « qui court », d'où *dromas kamêlos* « chameau coureur », « dromadaire », adapté au lat. sous la forme *dromedarius*, IV^e s.

♦ [1] **DROMADAIRE** XII^e s. : *dromedarius*; ♦ [2] **PALINDROME** XVIII^e s. : gr. *palindromos* « qui court en sens inverse », « qui revient sur ses pas », de *palin* « de nouveau ». ♦ [3] **PRODROME** XV^e s. : *prodromos* « qui court devant », « précurseur », par le lat. ♦ [4] **SYNDROME** XIX^e s. : *sundromê* « réunion », « concours ». ♦ [5] **-DROME**, suff. indiquant le lieu d'une course : *dromos*, ex. : *hippodrome, autodrome, vélodrome*.

**DRU** (pop.) XI^e s., avec, en anc. fr., outre le sens actuel, une variété de sens disparus aujourd'hui, en particulier « vigoureux », « gras », « gai » (adj.), « amant » (subst.) : d'origine gauloise; on peut reconstituer un **druto-* « fort ».

**DRUIDE** (sav.) XIVe s. : lat. *druida* d'origine gauloise; **DRUIDESSE, DRUIDIQUE, DRUIDISME** XVIIIe s.

**DRYADE** (sav.) XIIIe s. : gr. *druas, -ados,* dér. de *drus* « chêne » par le lat. (un rapport étym. entre *drus, doru,* → DORYPHORE et *dendron* → DENDRO- est possible).

**DUNE** ♦ [1] XIIIe s. : moyen néerl. *dunen* (néerl. mod. *duin*), p.-ê. apparenté au gaulois *dunum* « hauteur », fréquent en toponymie (ex. : *Châteaudun*) et qui apparaît aussi en anthroponymie (ex : *Dunois*). ♦ [2] **DUNETTE** XVIe s. « fortin défendant un port »; XVIIe s. sens mod. : dimin. de *dune.*

**DUR** famille du lat. *dūrus* « dur » d'étym. inconnue. — Dér. : (1) *duramen* « endurcissement » et « vieux bois de la vigne » et (2) *dūrāre* « durcir », qui s'est dans une certaine mesure confondu avec *dūrāre* « durer », les concepts de « dur » et « qui dure » étant voisins; *indurare* « durcir ».

♦ [1] **DUR** (pop.) Xe s. : *dūrus;* **DUREMENT** XIe s.; **DURETÉ** XIIIe s.; **DURILLON** XIVe s. ♦ [2] **DURCIR** (pop.) XIIe s.; **DURCISSEMENT** XVIIIe s.; **ENDURCIR** XIIe s.; **ENDURCISSEMENT** XIVe s. ♦ [3] **ENDURER** (pop.) XIe s. : *indurare,* qui avait pris chez les auteurs chrétiens le sens de « s'endurcir », « supporter »; a subi pour le sens l'infl. de *durer*; **ENDURANT** XIIe s.; **ENDURANCE** XIVe s. ♦ [4] **INDURER** (sav.) XVe s. « endurcir », rare avant le XIXe s., où il se limite à des emplois médicaux : *indurare;* **INDURATION** (sav.) XIVe s. « obstination », XIXe s. méd. : *induratio.*

**DURER** ♦ [1] (pop.) XIe s. : lat. *dūrare* « durer », formé sur une racine ind.-eur. **dū-* de même sens, qu'on retrouve dans l'adverbe *dūdum* « il y a longtemps »; confondu dans une certaine mesure avec *dūrāre* issu de *dūrus* → DUR.; **DURABLE** XIe s.; **DURÉE** XIIe s. ♦ [2] **DURANT** (pop.) XIVe s., comme outil grammatical, d'abord postposé à son régime, ex. : l'expression *le mariage durant,* à l'origine simple proposition participiale, XVIe s., devient prép. : part. présent de *durer.* ♦ [3] **DURATIF** (sav.) XXe s., gramm. : dér. formé sur le radical du part. passé *duratus.*

**DUVET** ♦ [1] Mot d'empr., XIVe s.; on trouve au XIIIe s. les formes *dun* et *dum,* probablement altération de *dun* d'après *plume*; au XVe s. seulement *dumet,* probablement plus ancien et qui survit dial.; *duvet* ne peut être qu'une altération de *dumet,* mais les causes de cette altération ne sont pas connues : anc. scandinave *dunn* « duvet »; **DUVETEUX** XVIe s.; **DUVETÉ** XVIIe s., XVIe s. sous la forme *dumeté.* ♦ [2] **ÉDREDON** XVIIIe s. : all. *Eiderdaun* ou danois *ederduun,* de l'islandais *aedar-dun* « duvet d'oiseau », de *dunn* « duvet » et *aedar* « oiseau », « eider ».

**DYS-** (sav.), préfixe péjoratif : gr. *dus,* préf. exprimant une idée de difficulté et de malheur, ex. : *dyspepsie, dyspnée,* etc.

# E

**É-** famille de *ex*, préf. et prép. exprimant l'idée de « sortir », commun au gr. et au lat. — Dérivés grecs : *exô*, adv. et *ektos*, adv. et prep. « au-dehors ». En latin *ex*, souvent réduit à *e-* devant consonne, peut marquer, outre l'idée de « sortir », celles d'« absence » ou de « privation », de « passage d'un état à un autre » et d'« achèvement ». Sur *ex* a été formé, à l'aide de l'élément *-ter-*, « du côté de » (→ DÉTÉRIORER, INTÉRIEUR, et, de plus, AUTRE, DESTRIER et SINISTRE) un adj. *exter*, var. *exterus* « du dehors », « étranger », auquel se rattachent (1) l'adj. *externus*, synonyme de *exterus* qu'il tend à remplacer (2) le comparatif *exterior* « plus en dehors » (3) le superlatif *extremus* « le plus éloigné », d'où *extremitas* « bout, fin » (4) *extra*, adv. et prép., « dehors », « hors de », d'où lat. imp. *extraneus* « de l'extérieur », « étranger », mot pop (5) *extrinsecus* « du dehors », formé de **extrim*, var. de *extra* et de *secus* « le long de », « selon », fréquent en composition → INTRINSÈQUE.

**I.** formes populaires issues du latin

♦ [1] **É** (pop.) : représentant phonétique de l'anc. fr. *es-*, du lat. *ex-*, préf. courant ayant conservé beaucoup des valeurs qu'il avait en latin, ex. : *effeuiller, éborgner, ébattre*, etc. ♦ [2] **ÊTRES** XIIe s., Xe s. sous la forme *estras* : lat. vulg. **est(e)ra* : lat. class. *extĕra* « les parties extérieures », plur. neutre substantivé de *exterus*. ♦ [3] **ÉTRANGE** XIe s.-XVIIe s. « étranger », XIIe s. « bizarre », seul sens survivant : lat. vulg. **estraneus*, du lat. imp. *extraneus* ; **ÉTRANGEMENT** XIIe s ; **ÉTRANGETÉ** XIVe s., rare aux XVIIe s.-XVIIIe s. ; **ÉTRANGER**, adj. et subst., XIVe s., a supplanté *étrange* dans le 1er de ses emplois. ♦ [4] **DÈS** → DE.

**II.** formes savantes issues du latin

♦ [1] **EX-** préf. sav. attesté surtout dans des mots empr. au lat. ; dans ce cas, il est soudé au 2e élément, ex. : *exclamer, exclure*, etc. ; joint par un trait d'union à un nom désignant l'état, la profession de quelqu'un, il indique que cette personne a cessé d'être dans cet état ou d'exercer cette profession, ex. : *ex-ministre* ; cet emploi date de la Révolution.

♦ [2] **EXTRA-**, préf. apparaissant dans des mots d'empr. et des formations nouvelles ; conserve son sens de « hors de » dans *extraordinaire, extra-parlementaire, extra-utérin*, etc. ; a pris dans le langage pop. une valeur superlative, ex. : *extra-blanc, extra-fin, extra-fort*, etc., d'où l'emploi de **EXTRA** XIXe s., adj., « supérieur ». ♦ [3] **EXTRA** XVIIIe s., subst. « supplément ». ♦ [4] **EXTÉRIEUR** XVe s. : *exterior* ; **EXTÉRIEUREMENT, EXTÉRIORITÉ** XVIe s. ; **EXTÉRIORISER, EXTÉRIORISATION** fin XIXe s. ♦ [5] **EXTERNE** XVIIe s., adj., puis subst. « élève non pensionnaire » ; XIXe s. « étudiant en médecine » : *externus* ; **EXTERNAT** XIXe s. ♦ [6] **EXTRÊME** XIIIe s. : *extremus* ; **EXTRÉMITÉ** XIIIe s. : *extremitas* ; **EXTRÊMEMENT** XVIe s. ; **EXTRÉMISME, EXTRÉMISTE** XXe s. ♦ [7] **EXTRINSÈQUE** XIVe s. : *extrinsecus*.

**III.** formes savantes issues du grec

♦ [1] **EXO-** 1er élément de composés sav., ex. : *exogamie, exogène*, etc., signifiant « à l'extérieur ». ♦ [2] **EXOTÉRIQUE** XVIe s. : gr. *exôterikos* « extérieur, public », par le lat. ; cet adj. est formé de *exô-* et de l'élément *-ter-*. ♦ [3] **ECTO-** « à l'extérieur », 1er élément de composés sav., ex. : *ectoderme, ectoplasme*, etc. ♦ [4] **-ECTOMIE** « ablation », suff. de la langue chirurgicale composé de *ek* « hors de » et *tomê*, de *temnein* « couper ».

**-É** famille du lat. *-ātus, -us*, suff. nom. servant à former des noms de dignités ou d'emplois, ex. : *consulatus* « dignité de consul ».

♦ [1] **-É** (pop.) suff. nom. masc. (souvent fém. en anc. fr.), ex. : *doyenné, comté, duché*, aujourd'hui mort : lat. *-atus, -us*. ♦ [2] **-AT** (sav.) suff. nom. masc. vivant, forme des noms de fonctions, de métiers, de situations ou de structures, ex. : *décanat, consulat, salariat, conglomérat* : même origine → -ARIAT, art. -IER, -ORAT, art. -EUR.

**É, -ÉE** lat. *-ātus, āta*, désinence de part. passé de la conjugaison lat. en *-āre*; sur la base *-at-* ont été construits plusieurs suff. dér. : (1) *-atio, -ationis* (noms d'actions) (2) *-ator, -atoris* (noms d'agents) (3) *-atura* (subst. fém.) à l'origine forme de part, futur (4) *-atorius, -a, -um* (adj.) et *-atorium* (subst.) (5) *-atilis* et *-aticius* (adj.).

I. suffixes de formation populaire

♦ [1] **-É, -ÉE**, désinence de part. et suff. de divers adj. et subst., en particulier subst. fém. marquant le contenu d'un récipient : *-ātus, -āta*; ex. : *aimé(e), fossé, cuillerée*; s'est confondu dans quelques cas avec un suff. sav. **-É, -ÉE** issu du lat. *-eus, -ea*, ex. : *igné(e) : igneus, -a, cornée* (de l'œil) : *cornea*. ♦ [2] **-AISON, -OISON**, suff. nom. fém. aujourd'hui mort : *-atiōnem*; ex. : *salaison, crevaison, pâmoison*. ♦ [3] pour **-EUR** : *-atōrem*, anc. fr. *-eeur*, confondu en fr. moderne avec le suff. issu de *-ōrem* (introd. 2.), -EUR. ♦ [4] pour **-URE** : *-atūra*, anc. fr. *-eüre* confondu en fr. mod. avec le suff. issu de *-ūra* → -URE. ♦ [5] pour **-IS** : *-atīcius*, anc. fr. *-eïs* confondu en fr. mod. avec le suff. issu de *-īcius* → -IS.

II. suffixes empruntés

♦ [1] **-ADE**, suff. nom. fém. vivant, ex. : *cotonnade, rigolade, baignade, orangeade*; tiré de mots empr. à des langues vivantes méridionales : prov. pour *aubade*, esp. pour *parade*, port. pour *pintade*, dial. du Nord de l'Italie pour *cavalcade* : lat. *-ata*, équivalent phonétique de **-ÉE**. ♦ [2] **-ADOR**, suff. esp. qui apparaît dans *matador : -atōrem*, équivalent de fr. **-EUR** (pop.) ou **-ATEUR** (sav.). ♦ [3] **-ATURE**, suff. nom. fém. : souvent empr. à l'it. et non directement au lat., ex. : *caricature, arcature, villégiature*. ♦ [4] **-AT**, suff. nom. : *-atum*, dans quelques mots issus de langues méridionales : prov. pour *muscat*, it. pour *ducat*.

III. suffixes de formation savante

♦ [1] **-AT**, suff. nom. lat. *-atum* ou *-atus*, ex. : *mandat, candidat, lauréat*; surtout dans des mots empr. au lat.; marque l'action ou son résultat dans *assassinat, crachat, pissat*. ♦ [2] **-ATE**, suff. nom. sav., employé en chimie, tiré de *acétate*, décalque de *acetatus* « rendu acide »; ex. : *sulfate, borate*. ♦ [3] **-ATON** dans *rogaton* (→ CORVÉE). ♦ [4] **-ATION**, suff. nom. fém. vivant : *-atio, -ationis*, ex. : *conversation, pulsation* → -AISON, -OISON. ♦ [5] **-ACE**, suff. qui n'apparaît que dans quelques mots d'empr., simple décalque du nominatif *-atio*, ex. : *dédicace*. ♦ [6] **-ATEUR, -ATRICE**, suff. nom. vivant formant des noms d'agents ou d'instruments : *-ator, -trix*, ex. : *opérateur, -trice; aspirateur*. ♦ [7] **-ATURE**, suff. nom. fém., dans des mots empr. au lat. comme *créature, littérature, température : -atura*. ♦ [8] **-ATOIRE**, suff. adj. et nom. : *-atorius, -a, -um*, ex. : *conservatoire, diffamatoire, dînatoire*. ♦ [9] **-ATORIUM**, le même suff. sous sa forme lat., dans *sanatorium*. ♦ [10] **-ATILE**, suff. adj. dans quelques mots empr. au lat., ex. : *volatile, versatile*.

**EAU** famille du lat. *aqua* « eau, considérée comme élément », par opposition à *unda* « eau en mouvement »; pour les mots scientifiques exprimant la notion d'« eau » → HYDRO-, art. ONDE.

♦ [1] **EAU** (pop.) XI^e s., d'abord sous la forme *ewe*, d'où sont issues les deux var. *eau* et *eve*, qui survit dialectalement; **EAU-DE-VIE** XIV^e s. : traduction de *aqua vitae* « élixir de longue vie », une des substances recherchées par les alchimistes. **EAU-FORTE** XVI^e s. « acide nitrique », XIX^e s. « gravure faite au moyen de cet acide » : trad. de *aqua fortis*, autre mot de l'alchimie. ♦ [2] **ÉVIER** (pop.) XIII^e s. : lat. *(vas) aquarium* « (récipient) pour l'eau », avec influence d'*eve*. ♦ [3] **AIGUE-MARINE** XVI^e s. « variété d'émeraude très claire, bleu verdâtre » : prov. *aiga* « eau », de *aqua*, et l'adj. « marine » à cause de la couleur; **AIGUIÈRE** XIV^e s. : prov. *aiguiera*, du lat. vulg. **aquaria* « pot à eau » → ÉVIER. ♦ [4] **GOUACHE** XVIII^e s. : it. *guazzo* « détrempe », du lat. *aquatio* « action d'arroser »; disparition du *a* initial par suite d'une confusion avec celui de l'article. ♦ [5] **AQUAFORTISTE** XIX^e s. → EAU-FORTE : it. *acquafortista* « graveur à l'eau forte »; **AQUARELLE** XVIII^e s. : it. *acquarella*, dér. de *acqua* « eau », et **AQUARELLISTE** XIX^e s.; **AQUATINTA** XIX^e s. : it. *acqua tinta* « eau teinte ». ♦ [6] **AQUATIQUE** (sav.) XIII^e s. : *aquaticus*; **AQUEUX** (sav.) XVI^e s. : *aquosus*; **AQUEDUC** (sav.) XVI^e s. : *aquaeductus* « conduite d'eau »; **AQUARIUM** XIX^e s.; mot lat. → ÉVIER.

**-EAU, -ELLE** famille entièrement pop., aujourd'hui morte, du lat. *-ellus, -ella*, var. *-cellus* servant à former des dimin. de noms et d'adj.

I. suffixes simples

♦ [1] **-EAU, -ELLE** suff. nom. et adj. ex. : *chapeau* (→ CHAPE), *nouveau* (→ NEUF) : *-ĕllus, -ĕlla*.

♦ [2] **-SEAU, -CEAU**, ex. : *oiseau, monceau, demoiselle* : *-cellus, -a*. ♦ [3] **-IAU**, var. de *-eau* attestée dans de nombreux dial. et même, anciennement, dans le parler pop. de Paris, ex. : *fabliau*. ♦ [4] représentants du même suff. empr. à des langues romanes vivantes : **-ELLE**, de l'it. *-ella* dans *sentinelle* ; **-ILLE** : esp. dans *banderille* ; prov. dans *espadrille*.

**II.** suffixes composés

♦ [1] suff. verbal **-ELER**, ex. : *ruisseler*, dér. de *ruisseau*. ♦ [2] suff. nom. animés **-ELEUR** et **-ELIER**, ex. : *oiseleur, chapelier*. ♦ [3] suff. nom. inanimé **-ELLERIE**, ex. : *oisellerie, chapellerie*. ♦ [4] dimin. **-ELET, -ELOT**, ex. : *oiselet, angelot*, et **-ILLON** qui, dans certains cas, ex. : *oisillon*, issu de **avicelliōne*, s'est confondu avec le suff. dér. de **-ILLE**, issu de *-icŭla*.

**ÉBAUBI** famille du lat. *balbus* « bègue », d'origine expressive ; dér. *balbutire* « bégayer ».

♦ [1] **ÉBAUBI** XIIIe s., var. *abaubi*, plus fréquente en anc. fr., dér. de l'anc. fr. *baube* « bègue » : lat. *balbus*. ♦ [2] **BALBUTIER** (sav.) XIVe s. : adaptation de *balbutire* ; **BALBUTIEMENT** XVIe s.

**ÉBAUCHER** famille du germ. **balk* « poutre » (→ aussi PLANCHE).

♦ [1] **ÉBAUCHER** (pop.) XIVe s., mais un dér. *esbaucheïs* est attesté dès le XIIe s. : dér. de l'anc. fr. *bau*, var. *bal, balc* « poutre », du frq. **balk* ; **ÉBAUCHAGE, ÉBAUCHEMENT** XVIe s. ; **ÉBAUCHE, ÉBAUCHOIR** XVIIe s. ♦ [2] **DÉBAUCHER** XIIe s. syn. de *ébaucher* au sens de « façonner du bois pour en faire des poutres », mais a pris, de plus, celui de « fendre, séparer », d'où les sens, aujourd'hui seuls survivants, de « détourner de son travail » et « détourner de son devoir » ; **DÉBAUCHE** XVe s. ; **DÉBAUCHEUR** XVIe s. ; **DÉBAUCHAGE** XXe s. ♦ [3] **EMBAUCHER** XVIe s. « engager pour un travail » : formation antonyme de *débaucher* au sens de « détourner de son travail » ; **EMBAUCHEUR** XVIIe s. ; **EMBAUCHAGE** XVIIIe s. ; **EMBAUCHE** XIXe s. ♦ [4] **BALCON** XVIe s. : it. *balcone*, dér. du longobard *balk* « poutre ».

**ÉBAUDIR** famille du germ. *bald* « hardi ».

♦ [1] **S'ÉBAUDIR** (pop.) XIe s. : dér. de l'anc. fr. *baud* « joyeux », « ardent », « lascif » ; **ÉBAUDISSEMENT** XIIIe s. ♦ [2] **BAUDET** XVIe. s. : dér. de *baud* au sens de *lascif*, appliqué à l'âne.

**ÉBÈNE** ♦ [1] (sav.) XIIe s. : lat. *ebenus*, du gr. *ebenos*, d'origine égyptienne ; **ÉBÉNIER, ÉBÉNISTE** XVIIe s. ; **ÉBÉNISTERIE** XVIIIe s. ♦ [2] **ÉBONITE** XIXe s. : dér. formé sur l'angl. *ebony* « ébène », de même origine.

**ÉBLOUIR** (pop.) XIIe s. : lat. vulg. **exblaudire*, dér. formé sur le frq. **blaudi* « faible » (apparenté à l'all. *blöde* « faible des yeux ») ; **ÉBLOUISSEMENT** XIVe s. ; **ÉBLOUISSANT** XVIe s.

**ÉCALE** famille du germ. **skala* et de sa var. **skalja* « coquille ».

**I.** mots issus de *skala

♦ [1] **ÉCALE** XIIe s. : mot probablement originaire de Normandie et de Picardie, où il est encore usuel : **skala* ; **ÉCALER** XVIe s. ♦ [2] **ESCALOPE**, a existé en anc. fr., XIIIe s., avec le sens de « coquille » ; mais au sens mod. attesté depuis le XVIIIe s., le mot paraît un empr. à un dial. du Nord-Est (avec conservation de l'*s*) ; la syllabe finale est p.-ê. empr. à *enveloppe*. ♦ [3] **CALOT** XVIIe s. « noix écalée », XIXe s. « grosse bille » et « yeux écarquillés » : altération de **écalot*, l'*é* initial s'étant confondu avec l'article au plur. ♦ [4] **CALOTTE** XIVe s. : dér. de l'anc. fr. *cale*, XVe s., mais qui doit être plus ancien : altération de *écale* qui, du sens de « coquille », a pu passer à celui de « coiffure collante » ; fin XVIIIe s. désignation péjor. du clergé, qui utilisait cette coiffure (d'où **CALOTIN** XVIIIe s., **CALOTINISME** XIXe s.) ; XIXe s. « gifle », d'où **CALOTTER ; CALOT**, XVIIIe s. « fond de calotte », XIXe s. « bonnet de soldat ». ♦ [5] **SCALPER** XVIIIe s. et **SCALP** XIXe s. : angl. dial. *scalp* « haut de la tête », « crâne », et *to scalp* « arracher le cuir chevelu » : probablement même origine germ. que *écale*.

**II.** mots issus de *skalja

♦ [1] **ÉCAILLE** XIIe s. : frq. **skalja* ; **ÉCAILLER**, verbe actif XIIe s., verbe pron. XVe s. ; **ÉCAILLEUX** XVIe s. ; **ÉCAILLER** subst. ; **ÉCAILLEUR** XVIIe s. ♦ [2] **CAILLEBOTIS** XVIIe s., au sens d'« ouvrage de menuiserie fait de lattes croisées », peut être rapproché de *(é)caille* « éclat de bois », encore attesté dans les dial. du Nord-Est, plutôt que de *caillebotte* « fromage blanc » (→ CAILLER, art. AGIR) ; le 2e élément est un dér. du verbe *bouter*.

**ÉCHAFAUD** ♦ [1] (pop.) XIIe s., sous les formes *chadefauc* et, avec changement de suff. *chafaud*, « assemblage de pièces de bois destinées à soutenir un plancher élevé » ; XVe s. « estrade pour exécuter les condamnés à mort » : lat. vulg. **catafal(i)cum*, composé du préf. gr. *kata* et d'un dér. de *fala* « tour de bois, machine de siège », mot d'origine étrusque, l'*é* initial provient sans doute de l'agglutination de l'*e* central de l'article défini masc. ; **ÉCHAFAUDER** XIIIe s. ; **ÉCHAFAUDAGE** XVIe s. ♦ (2) **CATAFALQUE** XVIIe s. « échafaud pour exécutions », XVIIIe s., sens mod. : it. *catafalco*, de **catafalĭcum*.

**ÉCHALAS** ensemble de mots se rattachant au gr. *kharassein* « entailler », « aiguiser », d'où *kharax* « pieu, échalas », et *kharaktêr* « signe gravé » et « trait distinctif » ; transposés en lat. sous les formes bas lat. *charaxare* « inciser, fissurer » ; bas lat. (Loi des Longobards) *carratium* « échalas » ; *character* « fer à marquer les bestiaux » et « marque distinctive ».

♦ (1) **ÉCHALAS** (pop.) XIIe s. : altération de **charas*, du lat. vulg. **caracium*, du bas lat. *carratium*, avec agglutination de l'*e* central de l'article défini masc. et p.-ê. influence de *échelle*. ♦ (2) **GERCER** (pop.) XIIe s., d'abord *jarser*, avec le sens de « scarifier » : lat. vulg. **charissare*, var. de *charaxare* ; **GERÇURE** XIVe s. ♦ (3) **CARACTÈRE** (sav.) XIIIe s. « lettre gravée » : lat. *character* ; XVIe s. « signe distinctif », puis sens mod. : empr. directement au gr. ; **CARACTÉRISTIQUE**, adj. XVIe s. : gr. *kharaktêristikos* « distinctif » ; subst. XVIIIe s. : p.-ê. sous l'infl. de l'angl. ; **CARACTÉRISER** XVIe s. : gr. *kharaktêrizein* « marquer d'un signe » ou simplement dér. de *caractère* ; **CARACTÉRIEL** XIXe s. ; **CARACTÉROLOGIE** XXe s.

**ÉCHANSON** (pop.) XIIe s. : bas lat. (Loi salique) *scantio* : frq. **skankjo*, apparenté au verbe **skankjan* « verser à boire » (→ all. *schanken*).

**ÉCHARDE** (pop.) XIIe s., d'abord sous la forme *escherde* et surtout au sens d'« écaille de poisson » : frq. **skarda* « entaille » (→ all. *Scharte*).

**ÉCHARPE** (pop.) XIIe s., d'abord *escherpe* « sacoche portée en bandoulière », XIVe s. « bande d'étoffe passée en travers du corps », XVIe s. « bandage soutenant l'avant-bras », XVIIe s. « cache-col » : le frq. **skirpja* étant peu sûr, p.-ê. croisement entre *écharpe* « bourse », forme parallèle à *escarcelle*, et *écharpe* « bande (déchirée sur une pièce de tissu) », de *écharper*, tous deux issus de **ex-carpere* (→ CHARPIE).

**ÉCHASSE** (pop.) XIIe s. : frq. **skakkja* apparenté au verbe **skakan* « courir vite » ; **ÉCHASSIER** XIIe s. « qui a une jambe de bois » ; XVIIIe s., sens mod.

**ÉCHEC** ♦ (1) XIIe s., jeu ; dès le XIIIe s., mais surtout XVIe s.-XVIIe s., sens fig. « insuccès » : altération, p.-ê. sous l'infl. de l'anc. fr. *eschac*, *eschec* « butin » (du frq. **skâk*), d'une forme *eschas* anciennement attestée au plur. seulement, du persan *shâh* « roi », employé dans la locution *shâh mât* « le roi (est) mort », d'où le fr. **ÉCHEC ET MAT**, par laquelle on avertit l'adversaire que son roi va être pris. ♦ (2) **ÉCHIQUIER** XIIIe s., XIIe s. sous la forme *eschaquier* : dér. de *échec* ; XVIIIe s., dans *chancelier de l'Échiquier* « ministre des Finances angl. » : angl. *exchequer* « trésor public », de l'anc. fr. *eschequier*, qui semble avoir désigné une table recouverte d'un tapis à carreaux commodes pour compter, autour de laquelle se discutaient les affaires des ducs de Normandie dès avant la conquête de l'Angleterre. ♦ (3) **DÉCHIQUETER** XVe s. : dér. de *eschiqueté* XIIIe s. « à carreaux », conservé dans le langage du blason, et qui a dû subir fortement pour le sens l'infl. de la base expressive **CHIK-** (→ art. CHOPER) ; **DÉCHIQUETAGE** XIVe s. ; **DÉCHIQUETURE** XVIe s. ; **DÉCHIQUETEUSE** XXe s. ♦ (4) **CHÈQUE** fin XVIIIe s. : angl. *cheque*, altération, d'après *exchequer bill* « billet du Trésor », de *check* « contrôle », de *to check* « contrôler », littéralement « faire échec », issu du fr. *eschec* ; **CHÉQUIER** XXe s. ♦ (5) **SCHAH** ou **CHAH** ou **SHAH** « roi de Perse » XVIIe s., XVIe s. forme *siach* : mot persan « roi ».

**ÉCHELLE** famille d'une racine ind.-eur. **skand-* « monter ».

En grec *skandalon* « obstacle pour faire tomber », « piège placé sur le chemin ».

En latin (1) Le subst. *scala* « échelle », « marche d'escalier », issu de **skand-s-la*, dér. *scalaria*, neutre plur., « escalier d'amphithéâtre » (2) Le verbe *scandere*, *scansus* « monter, gravir » et « scander », par allusion au mouvement du pied qu'on levait et baissait pour marquer la mesure. dér. *scansio* « scansion » (3) *-scendere*, *-scensio*, formes prises en composition par *scandere* et son dér. nom. ex. : *ascendere* « monter » et *ascensio* ; *descendere* « descendre » ; *transcendere* « passer par-dessus ».

**I.** mots issus du latin

**A. ÉCHELLE** (pop.) XIIe s., sens propre, puis « lieu où l'on débarque, au moyen d'une échelle », « escale », d'où XVIIe s., *échelles du Levant* ; XVIIIe s. sens fig. « suite continue et progressive » : *scala* ; **ÉCHELON** XIIe s. sens fig. **ÉCHELONNER** XVe s., rare avant le XIXe s.

**B. ÉCHALIER** (pop.) XIVe s. « petite échelle », agric. : *scalarium*, sing. de *scalaria* → ESCALIER.

**C.** base *-scal-* (mots d'emprunt) ♦ [1] **ESCALIER** XVIe s., terme d'architecture, d'abord à propos d'un amphithéâtre, a éliminé en ce sens l'anc. fr. *degré* : mot provençal, du lat. *scalarium* → ÉCHALIER. ♦ [2] **ESCALE** XIIIe s., dans un texte italianisant, rare avant le XVIe s. : it. *scala*, en particulier dans la locution *fare scala* « faire escale », du lat. *scala* (→ ÉCHELLE). ♦ [3] **ESCALADE** XVe s. : it. *scalata*, ou, plus probablement, empr., pendant la guerre de Cent Ans, à l'occitan *escalado*, dér. de *escalar*; a éliminé l'anc. fr. *echelement* « assaut au moyen d'échelles »; **ESCALADER** XVIIe s.

**D. ÉCHANTILLON** (pop.) XIIIe s. « étalon de poids et mesures », d'où « épreuve, essai », puis au XVIe s. « coupon d'étoffe » : altération, p.-ê. d'après *chanteau* et certains de ses dér., de *eschandillon* XIIIe s., mot lyonnais apparenté à *eschandiller* « vérifier les mesures des marchands » et à l'anc. prov. *escandil* « mesure de capacité » : du lat. vulg. **scandĭlĭa*, probablement « échelle pour mesurer », dér. de *scandere*.

**E.** base *-scend-, -scent-*

♦ [1] **DESCENDRE** (pop.) XIe s., XIIIe s. « tirer son origine de », sous l'influence du lat. juridique : *descendĕre*; **DESCENDANT** et **DESCENDANCE** XIIIe s. ♦ [2] **CONDESCENDRE** (sav.) XIIIe s. : bas lat. *condescendere*, de même sens; **CONDESCENDANT** XIVe s.; **CONDESCENDANCE** XVIIe s. ♦ [3] **DESCENTE** XIVe s., d'abord au sens de « succession » : mot d'origine juridique formé d'après *descendre*, par analogie de *rendre — rente, vendre — vente*, etc. ♦ [4] **ASCENDANT** (sav.) XIVe s., astrologie, puis astronomie, d'où, sens fig., « influence »; XVIe s. « parent » sous l'infl. du lat. jur.; XVIe s., adj. : *ascendens, -entis*, part. présent de *ascendere*; **ASCENDANCE** XVIIIe s., astronomie et, au sens fig., « supériorité »; XIXe s. « ligne généalogique ». ♦ [5] **TRANSCENDANT** (sav.) XIVe s. : *transcendens, -entis*, part. présent de *transcendere*; **TRANSCENDANCE** XVIIe s.; **TRANSCENDER** XIVe s., abandonné puis repris au XXe s. : *transcendere*; **TRANSCENDANTAL** XVIe s.; **TRANSCENDANTALISME** XIXe s.

**F.** base *-scens-* (sav.)

♦ [1] **ASCENSION** XIIe s. « élévation au ciel du Christ ressuscité », XVIIe s. astronomie, XVIIIe s. alpinisme, aérostats, et sens fig. : *ascensio*; **ASCENSIONNEL** XVIe s.; **ASCENSIONNISTE** fin XIXe s.; **ASCENSIONNER** XXe s. ♦ [2] **ASCENSEUR** fin XIXe s. : dér. sur la base *ascens-* de *ascendere*. ♦ [3] **DESCENSEUR** fin XIXe s., dér. sur le modèle d'*ascenseur*.

**G.** base *-scand-, scans-* (sav.) : **SCANDER** XVIe s. : *scandere*; **SCANSION** XVIIIe s. : *scansio*.

**II.** mots issus du grec

♦ [1] **ESCLANDRE** (demi-sav.) XIIIe s., altération de *escandle*, XIIe s. « scandale »; XVe s. puis fin XVIIIe s. « manifestation bruyante et scandaleuse » : gr. *skandalon*, par le lat. → le suivant. ♦ [2] **SCANDALE** (sav.) XIe s. : lat. *scandalum*, du gr. *skandalon* : traduit l'hébreu *mikchôl* « obstacle qui fait trébucher », au sens propre dans *Lévitique*, XIX, 14; employé dans l'Évangile (Mc. IX, 12, etc.) au sens fig. de « occasion de chute, pour soi-même ou pour les autres, fournie par un mauvais exemple »; **SCANDALISER** XIIe s.; **SCANDALEUX** XIVe s.

## ÉCHEVEAU

**ÉCHEVEAU** ensemble de mots à *sk-* initial exprimant la notion d'« appuyer »; en gr. *skêptron* « bâton »; en latin (a) *scamnum* « escabeau », diminutif *scamellum*, var. *scabellum* « petit banc », et métaph. « dévidoir »; (b) *scopae, -arum*, plur. d'où a été tiré un sing. *scopa* « balai ».

♦ [1] **ÉCHEVEAU** (pop.) XIIIe s. : *scabĕllum*. ♦ [2] **ESCABEAU** (demi-sav.) XVe s. : *scabĕllum*; a éliminé l'anc. fr. *eschame*, de *scamnum*. ♦ [3] **ÉCOUVILLON** (pop.) XIIe s. : dér. de l'anc. fr. *escouve*, du lat. *scōpa*. ♦ [4] **SCEPTRE** (sav.) XIe s. : gr. *skêptron*, par le lat.

## ÉCHEVIN

**ÉCHEVIN** (pop.) XIIe s. : bas lat. *scabinos* (acc. plur., dans la Loi des Longobards) : frq. **skapin* « juge »; **ÉCHEVINAGE** XIIIe s.

## ÉCHINE

**ÉCHINE** (pop.) XIe s. : frq. **skina* « os de la jambe » et « aiguille », d'où « colonne vertébrale », par une évolution métaph. semblable à celle d'« *épine* dorsale »; **ÉCHINER** XIIe s. « briser l'échine, tuer »; XIXe s., pronominal, « s'éreinter ».

## ÉCHO

**ÉCHO** famille sav. du gr. *êkhô* « bruit, son », « bruit répercuté » et « rumeur populaire », d'où *êkhein* « résonner, retenir » et *katêkhein* « instruire de vive voix »; dérivés, en gr. eccl., *katêkhêsis* « enseignement oral (de la religion) », *katêkhoumenos* part. présent passif de *katêkhein* « celui qui reçoit cet enseignement »; *katêkhizein* et *katêkhismos*, synonymes de *katêkhein* et *katêkhêsis*.

♦ [1] **ÉCHO** XIIIe s.; XIXe s. journalisme : gr. *êkhô*, par le lat.; **ÉCHOTIER** XIXe s. ♦ [2] **CATÉCHISER** et **CATÉCHISME** XIVe s. : *katêkhizein* et *katêkhismos*; **CATÉCHISTE** XVIe s. : *katêkhistês* par le lat.; **CATÉCHISTIQUE** XXe s., ♦ [3] **CATÉCHUMÈNE** XIVe s. : *katêkhoumenos*, par le lat.; **CATÉCHUMÉNAT** XVIIIe s..

## 1. ÉCHOPPE

**1. ÉCHOPPE** XIIe s. « petite boutique », d'abord *escope* : anc. néerl. *schoppe*.

2. **ÉCHOPPE** famille du lat. *scalpere, scalptus* « gratter », « tailler », « sculpter » auquel se rattachent (a) *scalprum* « outil tranchant », dimin. *scalpellum*; (b) des composés : *exsculpere, insculpere*, d'où a été tiré un simple *sculpere, sculptus*, qui, vers le IIIe s., a fini par éliminer *scalpere* dans le sens de « sculpter ». – Dér. : *sculptura* « sculpture » et bas lat. *sculptor* « sculpteur ».
♦ [1] **ÉCHOPPE** (pop.) XVIIIe s. : altération de *eschople*, XVIIe s., lui-même altération de *eschaupre* XVe s. « burin » : *scalprum*. ♦ [2] **SCULPTURE** (sav.) XIVe s. sous la forme *sculpure*, XVIe s. forme mod. *sculptura*; **SCULPTEUR** XVe s. : *sculptor*; **SCULPTER**, XVIIIe s., XVIIe s. sous la forme *sculper* : adaptation de *sculpere* d'après *sculpteur, sculpture*; **SCULPTURAL** fin XVIIIe s. ♦ [3] **SCALPEL** (sav.) XVIe s. : *scalpellum*.

**ÉCHOUER** (pop.) XVIe s. sens maritime « toucher le fond, par accident »; XVIIe s. sens fig., avec infl. du mot *échec* : étym. inconnue; **ÉCHOUAGE, ÉCHOUEMENT** XVIIe s.

**ÉCLISSE** (pop.) XIe s. : dér. de l'anc. fr. *éclisser*, du frq. **slizzan* « fendre ».

**ÉCOLE** famille du gr. *skholê* « loisir » et « lieu d'étude », empr. par le lat. sous la forme *schola* « loisirs consacrés à l'étude, cours » et « école ». L'évolution sémantique est ainsi expliquée par le grammairien Festus (IIIe s.) : « Le nom d'*école* ne s'explique pas par l'oisiveté (...), mais par le fait que, toutes autres occupations laissées de côté, les enfants doivent s'y adonner aux études dignes d'hommes libres. »
♦ [1] **ÉCOLE** (demi-sav., sans diphtongaison de l'*ŏ*), XIe s. : lat. *schola*; **ÉCOLIER** XIIe s., d'abord sous la forme *escoler* « étudiant » : lat. *scholaris*, puis changement de suff.; **ÉCOLÂTRE** XIVe s., XIIIe s. sous la forme *scolastre* : lat. *scholasticus*; **AUTO-ÉCOLE** XXe s. ♦ [2] **SCOLARITÉ** XIVe s. « privilèges des étudiants des universités médiévales »; réempr. au XIXe s. : lat. médiéval *scholaritas* « condition d'écolier »; **SCOLAIRE** (sav.) XIXe s. bas lat. *scholaris*; **POST-SCOLAIRE, SCOLARISER, SCOLARISATION** XXe s. ♦ [3] **SCOLASTIQUE** (sav.) XIIIe s. adj. « d'école », XVIIe s. subst. fém. « philosophie médiévale », XVIIIe s. adj. péjor. : lat. *scholasticus*, du gr. *skholastikos* « relatif à l'école ». ♦ [4] **SCOLIE** (sav.) XVIe s. : gr. *skholion* « explication d'école », « commentaire »; **SCOLIASTE** XVIe s. : gr. *skholiastês* « commentateur ».

**ÉCOPE** (pop.) XIIIe s. : frq. **skôpa*, reconstitué d'après le moyen néerl. *schope* « pelle, bêche »; **ÉCOPER** XIXe s. « vider un bateau avec une écope », « boire », « recevoir un coup » (même évolution que *trinquer*).

**ÉCOT** ♦ [1] (pop.) XIIe s. « contribution » et « morceau de bois », le décompte des contributions étant souvent tenu, autrefois, au moyen d'encoches pratiquées dans une planchette de bois (→ pour le sens TAILLE, art. TAILLER) : frq. **skot* « pousse » et « contribution ». ♦ [2] **ÉCOUTILLE** XVIe s. : esp. *escotilla* dér. de *escote* « échancrure dans une étoffe », déverbal de *escotar* « tailler », forme parallèle au fr. dial. *escoter* « élaguer », dérivé de *escot*.

**ÉCRAN** XIVe s. « pare-feu », XIXe s. « lanterne magique, chambre noire », puis, cinéma : néerl. *scherm* « paravent ».

**ÉCRASER** XVIe s., var. *accraser*, remonte probablement au moyen angl. *crasen*, angl. mod. *to craze* « broyer », d'origine scandinave, qui aurait pu être empr. pendant la guerre de Cent Ans et préfixé; **ÉCRASEMENT, ÉCRASÉ** adj., XVIIe s.; **ÉCRASANT** adj., XVIIIe s.

**ÉCREVISSE** XIIIe s., altération, par agglutination de l'article défini pluriel, de *crevice* XIIIe s. : anc. haut all. *krebiz* → all. mod. *Krebs*, même sens.

**ÉCRIN** (pop.) XIIe s. : lat. *scrīnium* « boîte de forme circulaire servant à ranger divers objets ».

**ÉCRIRE** famille d'une racine ind.-eur. **sker-* « gratter », « inciser ».
En grec : *skariphos* « style pour écrire » d'où *skariphasthai* « inciser légèrement ».
En latin (1) le verbe *scribere, scriptus* « tracer des caractères », « écrire » auquel se rattachent (a) les dér. nom. *scriptor* « qui écrit », *scriptio, scriptūra* « action d'écrire », qui peuvent également apparaître en composition, et l'adj. *scriptōrius* « qui sert à écrire »; (b) des composés verbaux dont plusieurs appartiennent à la langue juridique, le droit romain attachant une grande importance au document écrit; *adscribere* « ajouter par écrit »; *circumscribere* « tracer un cercle autour de », « délimiter »; *conscribere* « inscrire sur une liste, enrôler », d'où la formule asyndétique courante en lat. pour désigner les sénateurs, *patres conscripti* « patriciens (et personnes) inscrites (avec eux) »; *describere* « écrire d'après un modèle », « copier »; *inscribere* « écrire

sur »; *praescribere* « écrire en tête d'une loi », d'où les deux sens de « ordonner » et « établir des exceptions »; *proscribere* « afficher », en particulier « afficher le nom et les biens d'une personne condamnée à mort sans formes judiciaires et qui pouvait être exécutée par le premier venu (dans certaines périodes exceptionnelles) »; *rescribere* « répondre par écrit », d'où *rescriptum* part. passé substantivé, « arrêté », *suscribere* « écrire sous », en particulier « soussigner »; *transcribere* « transcrire » (2) la forme nom. *scriba, -ae* « copiste, secrétaire » devenue en bas lat. *scriba, -ānis*, sur le modèle des noms en *-o, -ōnis*. Pour les mots scientifiques exprimant les notions d'« écrire » ou de « décrire » → -GRAPH(O)-, art. GREFFE.

**I.** mots populaires issus du latin

**A. ÉCRIRE** XI^e s., sous la forme *escrivre*, qui a plus tard subi l'infl. de *lire : scrībĕre*; **DÉCRIRE** XII^e s. : *describĕre*; **RÉCRIRE** XIII^e s.

**B.** base *écrit-*

♦ [1] **ÉCRIT** XII^e s. : part. passé substantivé *scrīptum*; **ÉCRITEAU** XIV^e s. *escriptel*, dimin. de *écrit*. ♦ [2] **ÉCRITOIRE** XII^e s. « cabinet de travail » : lat. médiéval *scriptōrium*, même sens, avec infl. d'*écrire*; XIV^e s. « meuble contenant ce qu'il faut pour écrire ». ♦ [3] **ÉCRITURE** XII^e s. : *scriptura*, avec infl. d'*écrire*; au sens d'« écriture sainte », calque du lat. eccl. *scriptura*, trad. du gr. *biblos* → BIBLE.

**C.** base *écriv-*

♦ [1] **ÉCRIVAIN** XII^e s. « qui écrit pour d'autres »; une fois au XIV^e s.; puis XVI^e s., sens mod. : lat. vulg. **scribānem*, acc. de *scriba*. ♦ [2] **ÉCRIVAILLEUR** XVI^e s., **ÉCRIVAILLER** XVII^e s.; **ÉCRIVASSER, ÉCRIVASSIER** XVIII^e s. : dér. sur le radical *écriv-* du verbe *écrire*, p.-ê. avec influence d'*écrivain*.

**II.** mots savants ou demi-savants issus du latin

**A.** base *-scrire* (demi-sav.; adaptation de *scribere* d'après *écrire*, mais avec conservation de l'*s* étym. et associée à des préf. de forme sav.).

♦ [1] **CIRCONSCRIRE** XIV^e s. : *circumscribere*. ♦ [2] **INSCRIRE** XIII^e s., rare avant le XVI^e s.; *s'inscrire en faux*, jur. et sens math., XVII^e s. : *inscribere*. ♦ [3] **PRESCRIRE** XII^e s. « condamner »; XIV^e s. jur.; XVI^e s. « ordonner »; fin XVIII^e s. méd. : *praescribere*. ♦ [4] **PROSCRIRE** XII^e s., rare avant le XVI^e s. : *proscribere* ♦ [5] **SOUSCRIRE** XVI^e s., XIV^e s. sous la forme *subscrire : subscribere*. ♦ [6] **TRANSCRIRE** XIII^e s. : *transcribere*; **RETRANSCRIRE** XVIII^e s.

**B.** base *-scrit* (même cas que *-scrire* )

♦ [1] **CONSCRIT** XIV^e s., dans l'expression *pères conscrits*, hist. romaine; fin XVIII^e s. sens mod., d'après *conscription*. ♦ [2] **MANUSCRIT** XVI^e s., adj. et subst. : lat. *manuscriptus* « écrit à la main », adj. qualifiant *liber* ou *codex* → MAIN. ♦ [3] **PROSCRIT** subst. XVI^e s. : *proscriptus*, part. passé substantivé de *proscribere* → PROSCRIRE. ♦ [4] **RESCRIT** XIII^e s. : lat. imp. *rescriptum*.

**C.** base *-script-* (sav.)

♦ [1] **CIRCONSCRIPTION** XII^e s. « limite »; XIV^e s. « action de tracer une limite »; XVIII^e s. « division territoriale » : *circumscriptio* → CIRCONSCRIRE. ♦ [2] **CONSCRIPTION** fin XVIII^e s., mar. puis milit. : bas lat. *conscriptio* → CONSCRIT. ♦ [3] **DESCRIPTION** XII^e s. : *descriptio*; **DESCRIPTIF** une fois au XV^e s., puis XVIII^e s.; **INDESCRIPTIBLE** XIX^e s. → DÉCRIRE. ♦ [4] **INSCRIPTION** XV^e s. « action d'inscrire », XVI^e s. « texte gravé », XVIII^e s. « enregistrement », XIX^e s. *inscription maritime : inscriptio*; **INSCRIPTIBLE** math. XVII^e s. → INSCRIRE. ♦ [5] **PRESCRIPTION** XIII^e s. jur., XVI^e s. « ordre précis », XIX^e s. méd. : *praescriptio*; **PRESCRIPTIBLE** XIV^e s.; **IMPRESCRIPTIBLE** XV^e s.; **IMPRESCRIPTIBILITÉ** XVIII^e s. → PRESCRIRE. ♦ [6] **PROSCRIPTION** XV^e s. : *proscriptio;* **PROSCRIPTEUR** XVI^e s. → PROSCRIRE et PROSCRIT. ♦ [7] **SCRIPTEUR** XVII^e s. : *scriptor*; **TÉLÉSCRIPTEUR** XX^e s.; **SCRIPTURAIRE** XVIII^e s. : dér. sur *scriptura* au sens d'« écriture sainte »; **SCRIPTURAL** XIV^e s. « qui sert à écrire », XIX^e s. « relatif à l'Écriture sainte », XX^e s. finances. ♦ [8] **SCRIPT** XX^e s., finances : mot angl., abrév. de *subscription receipt* « reçu de prêt »; XX^e s., type d'écriture : mot angl., empr. direct au lat. *scriptum*; **SCRIPT-GIRL** XX^e s., cinéma : mot angl. « préposée aux écritures ». ♦ [9] **SOUSCRIPTION** XVI^e s., XIII^e s. sous la forme *subscription : subscriptio*; **SOUSCRIPTEUR** XVII^e s. : *subscriptor* → SOUSCRIRE. ♦ [10] **SUSCRIPTION** XIII^e , rare avant le XVI^e s. : adaptation du bas lat. *superscriptio* avec francisation de *super* en *sus*. ♦ [11] **TRANSCRIPTION** XVI^e s. : lat. imp. et jur. *transcriptio*; **TRANSCRIPTEUR** XVI^e s.

**D. SCRIBE** XIV^e s., sens biblique : lat. eccl. *scriba*, trad. de l'hébreu *sopherim* « membres de la classe sacerdotale devenus docteurs de la Loi et maîtres d'école »; XV^e s. « copiste » : lat. class. *scriba*.

**III.** mots savants issus du grec

**SCARIFIER** XIII^e s. : *skariphasthai*, par le bas lat. méd. *scarificare*; **SCARIFICATION** XIV^e s.; **SCARIFICATEUR** XVI^e s.

1. **ÉCROU** famille du lat. *scrofa* « truie », d'où, en bas lat. « vulve »; dim. plur. bas lat. IV^e s. *scrofulae* « écrouelles » : calque du gr. *khoirades* « (objets) en forme de dos de cochon », « écueils à fleur d'eau » et « taches sur la peau », var. lat. vulg. **scrofellae*.

♦ [1] **ÉCROU** (pop.) techn. XIIIe s., d'abord sous la forme *escroue* : *scrofa* au sens de « vulve », métaphore pour désigner la pièce femelle de l'*écrou*. ♦ [2] **ÉCROUELLES** (pop.) XIIIe s. : lat. vulg. **scrofellae*. ♦ [3] **SCROFULES** (sav.) XVIe s. : *scrofulae* ; **SCROFULEUX** XVIe s.

2. **ÉCROU** (de prison) (pop.) XIIe s. *escroue* « morceau d'étoffe » puis « morceau de parchemin » ; XVIIe s. « registre de prison » : frq. **skrôda* « morceau coupé » ; **ÉCROUER** XVIIe s.

**ÉCU** famille du lat. *scūtum* « grand bouclier oblong », d'où *scutārius*, d'abord « fabricant de boucliers » puis en lat. imp. « garde de l'empereur armé de ce bouclier ».

♦ [1] **ÉCU** (pop.) XIe s. « bouclier », souvent orné d'armoiries ; XIIIe s. « monnaie d'or, frappée à l'écu de France » ; XVIe s. « monnaie d'argent » : *scūtum*. ♦ [2] **ÉCUSSON** XIVe s. « écu armorial » ; XVIe s. « sorte de greffe » : dimin. d'*écu* ; **ÉCUSSONNER** XVIIe s. « greffer en écusson » ; XIXe s. « orner d'un écusson ». ♦ [3] **ÉCUYER** (pop.) XIe s. « gentilhomme au service d'un chevalier » : *scūtārius* ; XIIIe s. « intendant des écuries d'un prince » ; XVIIe s. (avec un fém. **ÉCUYÈRE**) « excellent cavalier », sous l'infl. du lat. *equus* rapproché de ce mot par fausse étym. → ÉQUESTRE. ♦ [4] **ÉCURIE** XIIIe s., d'abord sous la forme *escuerie* « fonction d'écuyer », « service des chevaux d'un prince » ; XVIe s. sens mod.

**ÉCUELLE** (pop.) XIIe s. : lat. vulg. **scūtella*, altération, sous l'influence de *scūtum* (→ ÉCU), du lat. *scutella* « petite coupe », dimin. de *scutra* « plat en bois » ; **ÉCUELLÉE** XIIIe s.

**ÉCUME** (pop.) XIIe s. : lat. vulg. **scūma*, du germ. occidental **skum* (all. *Schaum*), qui semble avoir désigné à l'origine un savon de toilette liquide ; **ÉCUMER** XIIe s. ; **ÉCUMEUX** XIIIe s. ; **ÉCUMOIRE** et **ÉCUMEUR** XIVe s.

**ÉCUREUIL** famille du gr. *oura* « queue des animaux ».

♦ [1] **ÉCUREUIL** (pop.) XIIe s. sous la forme *escuriuel*, avec diverses var., puis substitution de suff. : lat. vulg. **scūriolus*, dimin. et altération, par dissimilation, du lat. imp. *sciūrus*, du gr. *skiouros* de *skia* « ombre » : littéralement « qui fait de l'ombre avec sa queue ». ♦ [2] **GONDOLE** (mot d'empr.) XVIe s., XIIIe s. sous la forme *gondele* : mot vénitien, du gr. médiéval *kondura* « type de barque », du gr. *kontouros*, de *kontos* « petit », littéralement « à courte queue », croisé avec *dondolare* « bercer » ; **GONDOLIER** XVIe s. : vénitien *gondoliere* ; **GONDOLÉ**, XVIIe s. mar. « en forme de gondole » ; **SE GONDOLER** XVIIIe s. « se recourber à certains endroits », avec influence d'*onduler* ; XIXe s. « rire », var. de *se tordre* ; **GONDOLAGE** XIXe s. sens propre ; **GONDOLANT** XIXe s. sens fig. ♦ [3] **SCIURIDÉS** (sav.) XIXe s. : dér., sur *sciurus* → ÉCUREUIL. ♦ [4] **OXYURE** (sav.) XIXe s., de *oxus* « pointu », littéralement « à queue pointue ».

**ECZÉMA** (sav.) XIXe s. : gr. médical *ekzema* « éruption cutanée », dér. de *ekzein*, de *zein* « bouillir », « bouillonner » ; **ECZÉMATEUX** XIXe s.

**ÉDEN** (sav.) XVIIIe s. : hébreu *eden* « jardin », utilisé pour désigner le paradis terrestre ; **ÉDÉNIQUE** XIXe s.

**-ÉE** ♦ [1] . (sav.) suff. nom. masc. et fém. issu de la rencontre de (a) lat. *-aeus, -aea*, du gr. *-aios, -aia*, suff. adj. en particulier ethnique, ex. : *pygmée* ; (b) lat. *-ēus, -ēa*, du gr. *-eios, -eia*, ex. : *lycée*. ♦ [2] **-ÉEN** (sav.) : suff. adj. composé de *-aeus* et *-anus*, ex. : *marmoréen* ; marque en particulier la relation à un pays, ex. : *pyrénéen, ghanéen*. ♦ [3] **-AÏQUE** (sav.) : gr. *-aikos*, dér. de *-aios* ; peut marquer la relation à un pays, à une tribu, ex. : *judaïque, voltaïque*.

**EFFRAYER** famille du frq. **fridu* « paix » (→ all. *Friede*).

♦ [1] **EFFRAYER** (pop.) XIe s., d'abord sous la forme *esfreer* : lat. vulg. de Gaule **exfridāre* « faire sortir de la paix », dér. de **fridu*. ♦ [2] **EFFROI** (pop.) XIIe s., d'abord sous la forme *esfrei*, dér. de *esfreier*, var. de *esfreer* ; **EFFROYABLE** XIVe s. ♦ [3] **BEFFROI** (pop.) XIIe s. : d'abord sous la forme *berfroi* : empr. ancien du mot représenté par le moyen haut all. *bergfrid*, littéralement « gardien (*berg* → AUBERGE, art. HÉRAUT) de la paix (*frid*) », nom d'un ouvrage de fortification.

**ÉGAL** famille du lat. *aequus* « uni, plan, horizontal », « égal », d'où « impartial », auquel se rattachent (1) *iniquus* « inégal » et « injuste » (2) *aequitas, -atis* « égalité », « équilibre moral », « esprit de justice » (3) *aequare* « égaliser » d'où (a) *aequatio* « égalisation » : (b) lat. médiéval *aequator* désignant le *circulus aequinoctialis* de la sphère céleste, mot calqué sur le gr. *isêmerinos kuklos* ; (c) *aequalis* « égal » et ses dér. lat. class. *aequalitas* « égalité » et lat. vulg. **aequaliāre* « égaliser », « répartir de façon égale »; (d) *adaequare* « égaler » (4) *aequi-*, 1^er^ terme de nombreux composés dont beaucoup sont des calques de mots gr. commençant par *-iso*, ex. : *aequilibrium* « niveau égal des plateaux de la balance », *aequinoctium* « égalité des jours et des nuits », etc.

I. mots populaires ou demi-savants

♦ [1] **ÉGAL** (demi-sav.) XII^e^ s. : adaptation du lat. *aequalis* d'après l'anc. fr. *igal*, qui existait parallèlement à *ivel* (pop.) de même origine; **ÉGALEMENT** XII^e^ s.; **ÉGALER** XIII^e^ s., rare avant le XVI^e^ s.; **INÉGAL** XVI^e^ s., XIV^e^ s. sous la forme *inequal*; **INÉGALEMENT** XVI^e^ s.; **ÉGALISER** XVI^e^ s., XV^e^ s. sous la forme *équaliser*; **ÉGALISATION** XVI^e^ s. ♦ [2] **ÉGALITÉ** XIII^e^ s. : adaptation du lat. *aequalitas*; **INÉGALITÉ** XIV^e^ s.; **ÉGALITAIRE** XIX^e^ s.; **ÉGALITARISME** XIX^e^ s. ♦ [3] **ÉGAILLER** (mot d'empr.) une fois au XII^e^ s., puis fin XV^e^ s. « répandre », et XIX^e^ s., pronominal, « se disperser » : mot dial. (Ouest) : lat. vulg. **aequaliare*.

II. mots savants

A. base *équ-*

♦ [1] **ÉQUATEUR** XIV^e^ s. : *aequator*; **ÉQUATORIAL** XVIII^e^ s. ♦ [2] **ÉQUATION** une fois au XIII^e^ s. « égalité »; puis XVII^e^ s., sens math. : lat. *aequatio*; **PÉRÉQUATION** XV^e^ s. : lat. jur. *peraequatio*, dér. de *peraequare* « égaliser »; **ADÉQUAT** XVI^e^ s., puis XVIII^e^ s. : *adaequatus*; **INADÉQUAT** XIX^e^ s.; **ADÉQUATION, INADÉQUATION** XX^e^ s. ♦ [3] **ÉQUITÉ** XIII^e^ s. : *aequitas*; **ÉQUITABLE** XVI^e^ s.; **ÉQUITABLEMENT** XVI^e^ s. ♦ [4] **ÉQUI-** 1^er^ élément de composés sav. pour la plupart déjà existants en lat. ex. : *équinoxe, équilatéral*; d'autres de formation fr., ex. : *équiangle*.

B. **INIQUE** XIV^e^ s. « défavorable », XVI^e^ s. « injuste » : *iniquus*; **INIQUITÉ** XII^e^ s. : *iniquitas*.

C. **EX AEQUO** XIX^e^ s. : locution lat., « à égalité ».

**ÉGOÏNE** famille du lat. *scabere* « gratter », auquel s'apparentent (1) *scaber* « rugueux », « sale », « galeux », d'où bas lat. *scabrosus*, même sens (2) *scabies* « rugosité », « saleté », d'où *scabiosus* « rugueux » (3) avec vocalisme *o* de la racine, *scobina* « râpe ». ♦ [1] **ÉGOÏNE** (pop.) XVII^e^ s., XIV^e^ s. sous la forme *escohine* : **scofina*, var. dial. du lat. *scobina*. ♦ [2] **SCABIEUSE** (sav.) XIV^e^ s., bot. : *scabiosa*, fém. substantivé en lat. médiéval de *scabiosus*; cette plante passait pour guérir la gale. ♦ [3] **SCABREUX** XVI^e^ s. « difficile »; XVIII^e^ s. « licencieux » : *scabrosus*.

**ÉGRILLARD** (pop.) XVI^e^ s., sous la forme *esgrillard* « malfaiteur qui guette les passants »; XVII^e^ s. sens mod. : p.-ê. à rattacher à *grille* comme dial. *égrillard, égrilloir* « déversoir d'un étang » qui postulent un **esgriller* « faire passer par une grille », d'où « tamiser, regarder attentivement » (→ prov. *grilha* « guetter » et, pour le sens, *matois, grivois, narquois*).

**EIDER** XII^e^ s. sous la forme *edre*, puis XVIII^e^ s. : islandais *aedhar* ou suédois *eider*; → ÉDREDON, art. DUVET.

**-EL** famille du suff. adj. lat. *-ālis* et de son dér. nom. *-alitas, -alitatis*.

♦ [1] **-EL**, et son fém. analogique **-ELLE** (pop.) plus tardif XIII^e^ s., XIV^e^ s. : suff. adj. vivant, connaissant une extension continue dans la langue des sciences et des techniques : *-ālis*, ex. : *mortel, résiduel*. ♦ [2] **-AL, -ALE** (sav.) suff. adj. vivant : *-alis*, ex : *royal, mural*. En chimie organique, désigne des aldéhydes, ex. : *éthanal*; en bot., des ordres de plantes, ex. : *oléales, rosales*. ♦ [3] **-IEL** (pop.), **-IAL** (sav.) formes élargies des précédents, remontant au lat., ex. : *présidentiel, colonial*. ♦ [4] **-AUTÉ** (pop.) suff. nom. fém. mort, ex. dans *royauté* : *-alitātem*, acc. de *-alitas*. ♦ [5] **-ALITÉ** (sav.) suff. nom. fém. vivant de même origine, ex. : *réalité*. ♦ [6] **-ALISME, -ALISER, -ALISATION** (sav.) famille de suff. composés (nominaux et verbal) formés sur la base de *-alis*, ex. : *structuralisme, nationaliser, régionalisation*.

**ÉLAGUER** (pop.) XVI^e^ s. : p.-ê. anc. scandinave *laga* « arranger », « mettre en ordre »; **ÉLAGUEUR, ÉLAGAGE** XVIII^e^ s.

**ÉLAN** (sorte de cerf des pays nordiques) XVII^e^ s., XV^e^ s. sous la forme *hellent* : haut all. *elend*, du balto-slave *elnis*.

**ÉLASTIQUE** (sav.) XVII^e^ s. : lat. scientifique mod. *elasticus*, dér., sur le gr. *elastos*, var. de *elatos* « ductile » apparenté au verbe *elaunein* « pousser en avant »; **ÉLASTICITÉ** XVII^e^ s.

**ÉLECTRIQUE** ♦ [1] (sav.) XVII^e^ s. : lat. scientifique mod. *electricus*, dér. de *electrum*, du gr. *êlektron* « ambre jaune », substance qui, frottée, a la propriété d'attirer les corps légers. ♦ [2] **-ÉLECTRIQUE** 2^e^ élément de composés sav., ex. : *hydro-électrique, photo-électrique*, etc. ♦ [3] **ÉLECTRICITÉ** XVIII^e^ s. : *electricitas*; **ÉLECTRICIEN, ÉLECTRISER, ÉLECTRISABLE** XVIII^e^ s.; **ÉLECTRIFIER, ÉLECTRIFICATION** XIX^e^ s. ♦ [4] **ÉLECTRON** XIX^e^ s. « matière électrique », fin XIX^e^ s. en Angleterre, puis XX^e^ s. en France, sens mod.; **ÉLECTRONIQUE, ÉLEC-**

**TRONICIEN** XX^e^ s. ♦ [5] **ÉLECTRO-** 1^er^ élément de nombreux composés sav., ex. : *électro-encéphalogramme, électrolyse, électroménager*, etc. ♦ [6] **ÉLECTRUM**, « métal couleur d'ambre » XVI^e^ s.

**ÉLÉMENT** ♦ [1] (sav.) X^e^ s. : lat. *elementum* « principe », « élément », d'origine obscure, p.-ê. étrusque ; **ÉLÉMENTAIRE** XIV^e^ s. : *elementarius*. ♦ [2] **-ÉLÉMENT** 2^e^ élément de composés sav., ex. : *oligo-élément, radio-élément*, etc.

**ELFE** subst. masc. XVI^e^ s., puis XIX^e^ s. : angl. *elf* « fée, lutin », de l'anglo-saxon *aelf*, anc. scandinave *alfr* ; entré une seconde fois en France p.-ê. par l'intermédiaire de l'all.

**ÉLIXIR** ♦ [1] XIII^e^ s. : arabe *al iksir* désignant à la fois la « pierre philosophale » et un médicament : empr. au gr. *xêron*, neutre substantivé de *xêros* « sec ». ♦ [2] **XÉR(O)-** 1^er^ élément de composés sav., ex. : *xéranthème, xérodermie*, etc.

**ÉLUDER** famille du lat. *ludere, lusus* « jouer » et *ludus* « jeu », en particulier « jeu de caractère officiel ou religieux », donné notamment en l'honneur des morts ; mot et coutume p.-ê. étrusques ; s'oppose à *jocus* « plaisanterie » → JEU. — Dér. : lat. *ludius*, bas lat. *ludio, -onis* « mime, danseur » ; *alludere* « effleurer comme en jouant », « faire allusion » et bas lat. *allusio* ; *colludere* « jouer ensemble » et *collusio* ; a dû se dire de gladiateurs qui s'entendaient avant de combattre ; spécialisé dans la langue du droit au sens d'« être de connivence » ; *eludere* « se jouer de », « esquiver » ; *illudere* « se jouer de », « railler » et *illusio*, rhét. « ironie », puis bas lat. « tromperie », « illusion » ; *praeludere*, lat. imp. « préluder ».

**I.** base- *lud-* (sav.)

♦ [1] **ÉLUDER** XVI^e^ s. : *eludere*. ♦ [2] **LUDION** XVIII^e^ s. : *ludio*. ♦ [3] **LUDIQUE** XX^e^ s. : dér. tiré de *ludus* « jeu ». ♦ [4] **PRÉLUDE** XVI^e^ s., mus. et sens fig. : dér., sur *praeludere* ; **PRÉLUDER** XVII^e^ s., id. : *praeludere* ; **INTERLUDE** XIX^e^ s., mus. : dér., sur le modèle de *prélude*.

**II.** base *-lus-* (sav.)

♦ [1] **ALLUSION** XVI^e^ s. « badinage », XVII^e^ s. sens mod. : *allusio* ; **ALLUSIF** XVIII^e^ s. ♦ [2] **COLLUSION** XIII^e^ s. : *collusio*. ♦ [3] **ELUSIF** XX^e^ s. : dér. de *éluder* sur la base *-lus-*. ♦ [4] **ILLUSION** XII^e^ s. « moquerie », XIII^e^ s. sens mod. : *illusio* ; **ILLUSOIRE** XIV^e^ s. : bas lat. *illusorius* ; **ILLUSIONNER, DÉSILLUSION, DÉSILLUSIONNER** XIX^e^ s. ; **ILLUSIONNISME, ILLUSIONNISTE** XX^e^ s.

**ÉLYSÉES** (champs) (sav.) XIV^e^ s. : bas lat. *elysei campi*, du lat. *elysii campi*, traduction du gr. *êlusia pedia* « séjour des bienheureux aux enfers » ; apparenté à *êluthein*, temps du passé de *erkhesthai* « aller » ; signifierait littéralement « le pays où l'on va ».

**ÉMAIL** (pop.) XIII^e^ s. : altération, par substitution de suff., de *esmal* XII^e^ s., du frq. **smalt*, d'une racine ind.-eur. signifiant « fondre », (→ all. *schmelzen*) ; **ÉMAILLER, -EUR** XIII^e^ s.

**ÉMANER** (sav.) XV^e^ s. : lat. *emanare* « couler de », « provenir », d'origine obscure ; **ÉMANATION** XVI^e^ s. : bas lat. techn. *emanatio*.

**EMBERLIFICOTER** mots pouvant se rattacher à une base *pir-* ou *bir-*, p.-ê. simplement expressive, p.-ê. à rattacher au gr. *peirein* « transpercer », gr. mod. *peiros* « cheville », « pivot », centre d'un mouvement circulaire.

♦ [1] **EMBERLIFICOTER** (pop.) XVIII^e^ s., altération de *emberlicoquier* XIV^e^ s., apparenté à *byrelicoquille* XIII^e^ s. « chose de peu de valeur ». ♦ [2] **BRELOQUE** (pop.) XVII^e^ s. « petite curiosité de peu de valeur », XVIII^e^ s. « petit bijou qui pendille », XIX^e^ s. « sonnerie de tambour », d'où *battre la breloque* : var. de *oberliques, berluques* XV^e^ s. ♦ [3] **PIROUETTE** (pop.) XVI^e^ s. « toton tournant sur un pivot », « toupie », XVII^e^ s. sens mod. : var. de *pirouelle* XIV^e^ s. et *pirouet* XV^e^ s. « toton » ; **PIROUETTER** XVI^e^ s.

**EMBRYON** (sav.) XIV^e^ s. : gr. *embruon* « fœtus », neutre substantivé de *embruos* « qui se développe à l'intérieur », de *bruein* « croître » ; **EMBRYOTOMIE, EMBRYOLOGIE** XVIII^e^ s. ; **EMBRYOGÉNIE, EMBRYONNAIRE** XIX^e^ s.

**ÉMERAUDE** (pop.) XII^e^ s. : lat. vulg. *^e^smaralda*, var. fém. altérée du lat. *smaragdus* : du gr. *smaragdos*, même sens.

**ÉMERI** XIII^e^ s., *esmeril* : gr. byzantin *smerilion*, dimin. de *smeri*, du gr. *smuris, -idos* « terre poudreuse et sèche pour polir », p.-ê. par l'it. *smeriglio*.

**ÉMERILLON** (pop.) XII^e^ s. : dimin. de l'anc. fr. *esmeril*, du frq. **smiril* (→ all. *Schmerl*).

**ÉMOI** (pop.) XIII^e^ s., *esmai* XII^e^ s. : de l'anc. fr. *esmaier* « troubler » : lat. vulg. **exmagare* « faire perdre ses moyens » ou « ensorceler » selon qu'on rattache le rad. à germ. occidental

**magan* « pouvoir » (→ all. *mögen*, ang. *may*) où à lat. *magus* « sorcier » (→ esp. *amagar* « menacer »).

**ÉMONDER** famille du lat. *mundus*, mot sans étym. claire, dont les 3 emplois distincts recouvrent p.-ê. 2 homonymes : (1) *mundus, -a, -um*, adj. »propre, soigné, coquet » d'où *immundus* « sale », « impur »; *emundare* « nettoyer », mot de la langue rustique; *munditia* « propreté », *immunditia* « saleté », « ordure » (2) *mundus, -i*, subst. masc. « toilette », « parure de la femme » (3) *mundus, -i*, subst. masc. « ensemble des corps célestes »; ce mot est sans doute le même que le précédent, car il traduit le gr. *kosmos* qui désignait aussi quelque chose de beau et de bien ordonné, une parure et l'univers (pour les mots scientifiques exprimant la notion de « monde » → COSMOS); sens restreint en lat. imp., à « monde terrestre », « humanité », puis, dans la langue de l'Église, à « société profane »; dér. lat. eccl. *mundialis* « terrestre », « du monde » et lat. class. *mundanus*, trad. du gr. *kosmios* « bien ordonné », repris en bas lat. avec le sens de « du monde, de l'univers ».
♦ [1] **ÉMONDER** (pop.) XIIe s. sous la forme *esmonder* : lat. vulg. **exmundare*, réfection du lat. class. *emundare*; **ÉMONDAGE, ÉMONDEUR** XVIe s. ♦ [2] **MONDER** XIIe s. : *mundare*. ♦ [3] **IMMONDE** (sav.) XIIIe s. : *immundus*; **IMMONDICES** XIIIe s. : *immunditiae* (rare et arch. au sing.). ♦ [4] **MONDE** (sav.) XIIe s., qui a éliminé l'anc. fr. *mont* (pop.), avec, dès l'anc. fr., le sens de « gens » dans *tout le monde* : lat. *mundus*; **DEMI-MONDE** XIXe s. ♦ [5] **MONDAIN** XIIe s. « pur » et « terrestre, profane » : *mundanus*; **DEMI-MONDAINE** XIXe s.; **MONDANITÉ** XIVe s. ♦ [6] **MONDIAL** (sav.) XVIe s. : *mundialis*; **MONDIALISER** XXe s. ♦ [7] **MONDO-** 1er élément de composé sav. dans *mondovision* formé d'après *télé-*, *euro-vision*.

**EMPAN** famille du frq. **spannjan* « étendre, tirer » → all. *spannen* et **spanna* « espace compris entre le bout du pouce et celui du petit doigt d'une main largement ouverte »; p.-ê apparenté au gr.; *span* « tirer » → PÂMER.
♦ [1] **EMPAN** (pop.) XVIe s. : altération, par substitution de la première syllabe prise pour un préf., de l'anc. fr. *espan*, XIIe s., var. de *espanne* : frq. **spanna*. ♦ [2] **ÉPANOUIR** XVIe s. : altération, p.-ê. sous l'infl. phonétique d'*évanouir*, de l'anc. fr. *espanir* : frq. **spannjan*; **ÉPANOUISSEMENT** XVe s.

**EMPEIGNE** (pop.) XIIIe s., mot obscur : p.-ê. de *peigne*, désignation métaph. ancienne du métacarpe; plus probablement lat. vulg. **antepedĭnum*, dér. du lat. *antepes* « avant-pied », avec substitution de préf.

**EMPLÂTRE** famille du gr. *plassein* « modeler », auquel se rattachent *emplassein* « laisser une empreinte », « modeler » et *emplastron* « emplâtre »; *plastikos* et *emplastikos* « propre au modelage »; *plasma* « ouvrage modelé ».
♦ [1] **EMPLÂTRE** (pop.) XIIe s. : gr. *emplastron*, par le lat. *emplastrum*. ♦ [2] **PLÂTRE** (pop.) XIIIe s. : mot tiré de *emplâtre*, le plâtre gâché pouvant être comparé à un emplâtre; **PLÂTRIER** XIIIe s.; **PLÂTRAS** XIVe s.; **PLÂTRIÈRE** XVe s.; **PLÂTRER, REPLÂTRER, PLÂTREUX** XVIe s.; **DÉPLÂTRER** XVIIe s.; **PLÂTRAGE, REPLÂTRAGE** XVIIIe s. ♦ [3] **PIASTRE** (mot d'empr.) XVIe s. : it. *piastra*, nom d'une monnaie, littéralement « plaque (de métal) », mot tiré de *impiastro* « emplâtre », avec infl. de *lastra* « carreau », « dalle », mot méditerranéen. ♦ [4] **PLASTRON** (mot d'empr.) XVe s. « armure protégeant la poitrine » : it. *piastrone*, dér. de *piastra* « plaque »; **PLASTRONNER** XVIIe s. ♦ [5] **PLASTIQUE** (sav.) XVIe s. adj. « relatif aux arts des formes, dessin, sculpture »; XVIIIe s. subst. fém. « la forme », vue sous l'angle des beaux-arts; XIXe s. adj. et subst. « (matière) qui se prête au modelage »; XXe s. *matière plastique* ou subst. masc. *plastique* « produit de synthèse susceptible d'être moulé » : gr. *plastikos*, par le lat.; **PLASTICITÉ** fin XVIIIe s.; **PLASTIFIER** XXe s. ♦ [6] **-PLASTIQUE, -PLASTIE, -PLASTE** : 2e éléments de composés sav. ex. : *autoplastie, autoplastique*. ♦ [7] **PLASTIC** (mot d'empr.) XXe s. : mot angl. « explosif ayant la consistance du mastic », de même origine que le fr. *plastique*; **PLASTIQUER, PLASTICAGE** ou **PLASTIQUAGE, PLASTIQUEUR** XXe s. ♦ [8] **PLASMA** XIXe s. : mot grec empr. d'abord par le médecin all. Schulz en 1836 pour désigner la partie liquide du sang; employé ensuite pour désigner diverses substances liquides ou gazeuses; **PLASMATIQUE** XIXe s. ♦ [9] **PLASMO-** 1er élément de composés sav., ex. : **PLASMOLYSE** XXe s. ♦ [10] **-PLASME** 2e élément de composés sav., ex. : **CATAPLASME** XIVe s. : gr. *kataplasma* « emplâtre »; **CYTOPLASME** → COUENNE; **ECTOPLASME** fin XIXe s.; **NÉOPLASME** id.; **PROTOPLASME** id., d'où **PROTOPLASMIQUE**.

**EMPREINDRE** famille du lat. *premere, pressus* « serrer », « exercer une pression sur »; *pressus* a pris dans la langue de la rhétorique le sens de « concis », « précis, exact », d'où les formes adv. *presse* « de près » et bas lat. *ad pressum* « après ». Autres dér. : (1) *pressare* et *compressare*, intensifs de *premere* et *comprimere* (2) les formes nom. *pressio* « pesanteur », « point d'appui d'un levier » et bas lat. *pressōrium* « instrument pour presser » (3) de nombreux verbes préfixés en *-primere, -pressus*, et leurs dér. en *-pressio : comprimere* « serrer »; *deprimere* « presser de haut en bas », « enfoncer »; *exprimere* « faire sortir en pressant », « exprimer », sens propre et sens fig.; *imprimere* « appuyer sur », « faire prendre une empreinte »; *reprimere* « faire reculer en pressant », « refouler »; *supprimere* « faire couler (un navire) », « arrêter (une chose en mouvement) », « couper court ».

I. bases *-preindre, -preinte* (pop.)

♦ [1] **EMPREINDRE** XIII^e s. : altération, sur le modèle des verbes en *-eindre*, d'un verbe **empriembre*, indirectement attesté par une 3^e personne ind. prés. *emprient :* lat. vulg. **imprĕmĕre*, du lat. class. *imprimĕre* → IMPRIMER; **EMPREINTE** XIII^e s. : part. passé fém. substantivé.

II. base *-pres-* (pop. ou sav.)

A. ♦ [1] **PRÈS** (pop.) XI^e s. : *presse* ou sa var. lat. vulg. **presso*, représentée en it.; *à beaucoup près* XV^e s.; *à peu près* XVII^e s.; **AUPRÈS** XV^e s. ♦ [2] **APRÈS** (pop.) XI^e s. : *ad pressum*; pour les mots sav. exprimant la notion de « après » → POST-, art. PUIS. ♦ [3] **PRESQUE** (pop.) XII^e s. sous la forme *à près que* « à peu près ce que »; XIV^e s. *presque*, adv. : composé de *près* et de *que*.

B. ♦ [1] **PRESSOIR** (pop.) XII^e s. : *pressōrium*. ♦ [2] **PRESSURER** (pop.) XIV^e s. : altération, par substitution de suff. de *pressoirer* XIII^e s. : dér. du précédent; **PRESSUREUR, PRESSURAGE** id.; **PRESSURISER, PRESSURISATION** XX^e s. : dér. formés sur l'angl. *pressure*, de même origine.

C. ♦ [1] **PRESSER** (pop.) XII^e s. « tourmenter », XIII^e s. « mettre au pressoir », XVI^e s. « hâter » : *pressare*; **PRESSE** XI^e s. « action de presser », XIII^e s. techn.; XVI^e s. « machine à imprimer » et « hâte »; XVII^e s. « ensemble de feuilles tirées en un jour par les imprimeurs », XIX^e s. « ensemble des journaux » : dér. de *presser*; **PRESSEUR** XIV^e s.; **PRESSÉ** XVI^e s. « hâtif »; **PRESSAGE** XIX^e s. ♦ [2] **PRESSE-** 1^er élément de composés, ex. : **PRESSE-CITRON, PRESSE-PAPIERS, PRESSE-PURÉE** XIX^e s. ♦ [3] **EMPRESSER** (pop.) XII^e s. « serrer de près », « tourmenter », « imprimer », XVI^e s. *s'empresser* « se hâter » : dér. de *presser*; **EMPRESSE, EMPRESSEMENT** XVII^e s. ♦ [4] **PRESSING** XX^e s. : mot angl., « action de presser », de *to press* « presser » d'origine française. ♦ [5] **COMPRESSER** (probablement sav.) XIII^e s.-XVI^e s., repris au XIX^e s. : *compressare*; **COMPRESSE** XIII^e s. ♦ [6] **OPPRESSER** (sav.) XIII^e s. : verbe formé d'après *oppression* XII^e s.; **OPPRESSEUR** XIV^e s.

D. ♦ [1] **EXPRÈS** (sav.) XIII^e s., adj. « assuré »; XIV^e s. *par exprès* et *exprès*, adv. « intentionnellement » : *expressus*, de *exprimere*; **EXPRESSÉMENT** XII^e s. ♦ [2] **EXPRESS** XIX^e s. : mot angl., « précis, sûr » : empr. à l'anc. fr. *exprès*.

E. bases *-pression, -pressif, -pressible* (sav.) ♦ [1] **PRESSION** XIII^e s. méd., rare avant le XVII^e s., phys.; XIX^e s. sens moral : *pressio*. ♦ [2] **COMPRESSION** XIV^e s. : *compressio*; **COMPRESSIF** XVI^e s. : lat. médiéval *compressivus*; **COMPRESSIBLE, INCOMPRESSIBLE, COMPRESSIBILITÉ** XVII^e s.; **INCOMPRESSIBILITÉ** XVIII^e s. → COMPRIMER. ♦ [3] **DÉPRESSION** XIV^e s. « renfoncement » : *depressio*; XIX^e s. sens psycho.; **DÉPRESSIF** XIX^e s. → DÉPRIMER. ♦ [4] **EXPRESSION** XIV^e s. : *expressio*; **EXPRESSIF** XV^e s.; **INEXPRESSIF** XIX^e s.; **EXPRESSIVEMENT** XIX^e s.; **EXPRESSIVITÉ, EXPRESSIONNISME, EXPRESSIONNISTE** XX^e s. → EXPRIMER. ♦ [5] **IMPRESSION** XIII^e s. « empreinte », XV^e s. imprimerie, XVI^e s. sens psycho. : *impressio*; **RÉIMPRESSION** XVII^e s.; **IMPRESSIONNER, IMPRESSIONNABLE** XVIII^e s.; **IMPRESSIONNISME, IMPRESSIONNISTE, IMPRESSIF** XIX^e s.; **SURIMPRESSION** XX^e s. → IMPRIMER. ♦ [6] **RÉPRESSION** XV^e s. : lat. médiéval *repressio*; **RÉPRESSIF** XIV^e s., méd.; XVIII^e s. sens mod.; **RÉPRESSIBLE** XVIII^e s.; **IRRÉPRESSIBLE** XIX^e s. → RÉPRIMER. ♦ [7] **SUPPRESSION** XIV^e s. : *suppressio* → SUPPRIMER (au paragraphe suivant).

III. base *-prim-* (sav.)

♦ [1] **COMPRIMER** XIV^e s.; XIX^e s. sens fig. : *comprimere*; **COMPRIMÉ** subst. masc., pharmacie, XIX^e s. ♦ [2] **DÉPRIMER** XIV^e s. « abaisser »; XIX^e s. sens psych. : *deprimere*. ♦ [3] **EXPRIMER** XII^e s. : *exprimere*; a éliminé *épreindre* (pop.) de même origine; **INEXPRIMABLE** XV^e s.; **EXPRIMABLE** XVI^e s. ♦ [4] **IMPRIMER** XIII^e s. « presser »; XVI^e s. sens techn. : *imprimere*; **IMPRIMEUR, IMPRIMERIE** XV^e s.; **RÉIMPRIMER** XVI^e s.; **IMPRIMATUR** XIX^e s. : mot lat., 3^e pers. subj. prés. passif de *imprimere*, « que (ce livre) soit imprimé », formule d'autorisation eccl. ♦ [5] **RÉPRIMER** XIV^e s. : *reprimere*; **RÉPRIMANDE** XVI^e s. : *reprimenda (culpa)* « faute à réprimer »; **RÉPRIMANDER** XVII^e s. ♦ [6] **SUPPRIMER** XIV^e s. : *supprimere*.

**ÉMULE** (sav.) XIII^e s. : lat. *aemulus* « rival », d'origine obscure; **ÉMULATION** XIII^e s. « rivalité »; XVI^e s. sens scolaire : *aemulatio*.

**ÉMULSION** famille d'une racine ind.-eur. **melg-* « traire ». En latin (a) *mulgere, mulctus* ou *mulsus* « traire », *emulgere* « traire jusqu'au bout »; (b) p.-ê. aussi *promulgare*, forme intensive de *-mulgere*, « faire sortir en exprimant », « mettre au jour », d'où en droit public « faire connaître à tous », « publier (une loi) » (→ en germ., angl. *milk*, all. *Milch* « lait »).

♦ [1] **ÉMULSION** (sav.) XVI^e s. « liquide laiteux » : dér. sur *emulsus*, part. passé de *emulgere*; **ÉMULSIONNER** XVII^e s.; **ÉMULSINE** XX^e s., diastase. ♦ [2] **PROMULGUER** (sav.) XIV^e s. : *promulgare*; **PROMULGATION** XIII^e s., rare avant le XVIII^e s. : *promulgatio*.

**EN** famille de l'ind.-eur. **en* « dans ».

En grec, prép. *en* « dans », d'où l'adv. *endon* « en dedans » et l'adj. neutre substantivé *enteron*, plur. *entera* « intérieur », d'où « intestin », « ventre ».

En latin, *in* « dans », préverbe et prép. qui sert de base à (1) une forme renforcée *endo-* parallèle au gr. *endon*, dont il reste une trace dans *indigena* issu de **endo-gena* « né à l'intérieur du pays » (2) *intus*, adv. « à l'intérieur », d'où l'adj. *intestinus* « de l'intérieur », neutre substantivé *intestinum* « l'intestin » (3) *inter* « à l'intérieur de deux », « entre », prép. et préverbe formé avec le même élément *-ter-* servant à opposer deux parties, que le gr. *enteron* (→ aussi DÉTÉRIORER, EXTÉRIEUR, et AUTRE, DESTRIER, SINISTRE). À *inter* se rattachent (a) *interim*, adv, « dans l'intervalle », « entre-temps », et *intrinsecus*, composé de **intrim* et de *secus* « le long de » apparenté à *sequi* (→ SUIVRE), d'abord adv. « à l'intérieur » puis, bas lat., adj., qui s'oppose à *extrinsecus* → EXTRINSEQUE, art. E-; (b) un adj. **interus* « du dedans », parallèle au gr. *enteron*, non attesté mais dont subsistent le comparatif *interior* « plus à l'intérieur », d'où simplement « intérieur » et le superlatif *intimus* « tout à fait intérieur », « intime », d'où le verbe *intimare* « faire pénétrer », en particulier « faire pénétrer (un ordre dans les esprits) », « intimer »; (c) l'adj. *internus*, opposé à *externus*; (d) les var. adv. *intro* « à l'intérieur », souvent utilisé comme 1^er terme de composés, et *intra* « à l'intérieur », « sans dépasser les limites de », d'où le verbe *intrare* « pénétrer à l'intérieur » et l'adj. neutre plur. substantivé bas lat. *intralia*, « l'intérieur du ventre ».

**I.** formes populaires issues du latin

**A.** ♦ [1] **EN** IX^e s. prép. : *in*; emploi progressivement restreint par le développement de *dans*; **ÈS** : forme contractée de *en les*, usuelle en anc. fr., qui survit dans certaines formules telles que *licence ès lettres*; le singulier correspondant, *ou*, contraction de *en le*, a disparu au XVI^e s. après s'être confondu avec *au*. ♦ [2] **EN-** préf. pop. : lat. *in-*; apparaît devant des verbes, ex. : *encourir*, devant des subst., ex. : *enjeu*, ou dans des formations parasynthétiques, ex. : *encadrer*.

**B.** ♦ [1] **CÉANS** : *ecce hac intus* → CE. ♦ [2] **DANS** XIII^e s. : bas lat. *de intus*, forme renforcée de *intus*; **DEDANS** XI^e s. : forme deux fois renforcée, antérieure à la 1^re → DE.

**C.** base *entr-*

♦ [1] **ENTRE** XI^e s. : *inter*. ♦ [2] **ENTRE-** 1^er élément de nombreux composés pop. indiquant la réciprocité, ex. : *s'entretuer*, ou l'atténuation, ex. : *entrevoir*, ou encore l'idée de « au milieu », ex. : *s'entremettre*; apparaît devant des verbes ou des subst., ex. : *entracte, entresol, entredeux*. ♦ [3] **ENTRER** X^e s. : *intrare*; **ENTRÉE, RENTRER** XII^e s.; **RENTRÉE** XVI^e s. ♦ [4] **ENTRAILLES** XII^e s. : *intralia*.

**II.** formes savantes issues du latin

**A. IN-** ou **IM-** : préf., ex. : *incruster, importer, infléchir*.

**B. INDIGÈNE** XVI^e s., puis XVIII^e s. adj.; par la suite, subst. : lat. *indigena*; pour le 2^e élément → GENS.

**C.** base *inter-*

♦ [1] **INTER-** : préf. de forme lat. pouvant précéder des adj., ex. : *intercontinental*; des subst., ex. : *interligne*; des verbes, ex. : *interjeter, interrompre*. ♦ [2] **INTÉRIM** XV^e s. : mot lat.; **INTÉRIMAIRE** fin XVIII^e s. ♦ [3] **INTÉRIEUR** XV^e s. : *interior*; **INTÉRIORITÉ** XVII^e s. ♦ [4] **INTERNE** XIV^e s. adj.; XVIII^e s. subst. : *internus*; **INTERNER** XVIII^e s. « assigner à résidence »; XIX^e s. sens mod.; **INTERNEMENT, INTERNAT** XIX^e s.

**D.** base *intr-*

♦ [1] **INTRA-** : préf., ex. : adj. *intra-atomique, intramusculaire, intra-utérin*, et subst. *intrados*. ♦ [2] **INTRO-** : préf., dans le verbe *introduire*, et surtout dans des subst. d'action, ex. : *intromission, introspection, introversion*. ♦ [3] **INTRINSÈQUE** XIV^e s. : *intrinsecus*.

**E.** base *int-* ♦ [1] **INTESTIN** XIV^e s., adj. qui survit dans les expressions *guerres, querelles, luttes intestines*, et subst., méd., sens mod. : *intestinus, -a, -um*; *intestinal* XV^e s. ♦ [2] **INTIME** XIV^e s. : *intimus*; **INTIMITÉ** XVII^e s.; **INTIMISTE** XIX^e s. ♦ [3] **INTIMER** XIV^e s. : lat. jur. *intimare*; **INTIMATION** : *intimatio*.

**III.** formes savantes issues du grec

**A.** base *-enter-*

♦ [1] **DYSENTERIE** XIII^e s. : gr. *dusenteria* « mal d'entrailles », par le lat.; **DYSENTÉRIQUE** XIV^e s. : gr. *dusenterikos*, par le lat.; **MÉSEN-**

**TÈRE** XVI^e s. : gr. *mesenterion* « intestin médian » (→ MÉSO-, art. MI). ♦ (2) **ENTÉRITE** XIX^e s. : dér. sur *enteron* « intestin »; **ENTÉRIQUE** XIX^e s. ♦ (3) **ENTÉRO-** : 1^er élément de composés sav., ex. : **ENTÉROTOMIE** XVIII^e s.; **ENTÉROZOAIRES** XIX^e s.

**B. ENDO-** : préf. sav. : gr. *endon*, ex. : *endocrine, endocarpe, endogamie*, etc.

**ENCLIN** famille d'une racine ind.-eur. **klei* « incliner », « pencher ».

En grec (1) *klinein* « incliner », « coucher » d'où (a) *klisis* « inclinaison » et « déclinaison »; *klitikos* « qui concerne la déclinaison »; (b) *egklinein* « pencher », « changer l'accent aigu en accent grave »; *egklisis* « inclinaison », « flexion », « déplacement d'accent »; *egklitikos* « enclitique »; (c) *proklinein* « incliner en avant »; *sugklinein* « incliner ensemble » (2) *klinê* « lit » d'où (a) *klinikos* « médecin qui visite les malades alités »; *klinikê (tekhnê)* « soins du médecin à un malade alité »; (b) *triklinion* « (salle à manger) à trois lits », empr. par le lat. sous la forme *triclinium* (3) *klima, -atos* « pente, inclinaison », en particulier « inclinaison de la terre vers le pôle à partir de l'équateur », d'où « climat, zone géographique ».

En latin (1) le verbe *clinare* qui n'apparaît pour ainsi dire que dans des formes préfixées : *declinare* « s'écarter, éviter » et gramm. « décliner »; *inclinare* « infléchir », d'où *inclinatio* et lat. imp. *inclinis* « penché ». (2) *clivus* « pente », d'où *declivis* et *declivitas*.

**I.** mots issus du latin

**A.** base *-clin-*

♦ (1) **ENCLIN** (pop.) XI^e s. « baissé, penché », XIII^e s. « qui a une inclination pour » : *inclīnis*. ♦ (2) **INCLINER** (sav.) XIII^e s. « saluer », trans., XVI^e s. *s'incliner*, XIX^e s. « s'avouer vaincu » : réfection, d'après le lat., de l'anc. fr. *encliner* XI^e s. : *inclinare*; **INCLINAISON** (avec forme pop. du suff.) XVII^e s.; **INCLINATION** (sav.) XIII^e s.; **INCLINABLE** XVII^e s. ♦ (3) **DÉCLINER** (sav.) XI^e s. « pencher vers son déclin », « détourner », « nommer, répéter, raconter » et sens gramm., XIV^e s. jur. : *declinare*; **DÉCLIN** XI^e s. « ruine, mort »; **DÉCLINAISON** XIII^e s., gramm.; **DÉCLINABLE, DÉCLINATOIRE** XIV^e s.; **INDÉCLINABLE** XIV^e s. « qui ne dévie pas »; XVII^e s. gramm.

**B.** base *-cliv-* : **DÉCLIVITÉ** XV^e s. : *declivitas*; **DÉCLIVE** (sav.) XVI^e s. : *declivis*.

**II.** mots savants issus du grec

**A.** base *clim-* : **CLIMAT** XII^e s. : gr. *klima*, par le lat. *clima, -atis*; **ACCLIMATER** XVIII^e s.; **ACCLIMATEMENT, ACCLIMATATION** XIX^e s.; **CLIMATIQUE, CLIMATOLOGIE, -LOGIQUE** XIX^e s.; **CLIMATISÉ, CLIMATISEUR** XX^e s.

**B.** base *-clin-*

♦ (1) **CLINIQUE**, subst. fém. puis adj., XVII^e s. : *klinikos* et *klinikê*, par le lat.; **CLINICIEN** XIX^e s. ♦ (2) **POLICLINIQUE** XIX^e s. : composé du gr. *polis* « ville » (→ POLICE) et *clinique*, littéralement « clinique municipale »; **POLYCLINIQUE** XIX^e s. : composé du gr. *polu* « beaucoup » et *clinique*, littéralement « clinique où se donnent toute sorte de soins »; les deux mots sont souvent confondus. ♦ (3) **SYNCLINAL** XIX^e s., géol. : dér. sur *sugklinein*; **GÉOSYNCLINAL** XIX^e s.; **ANTICLINAL** XIX^e s. : dér. antonymique d'après *synclinal*.

**C.** bases *-clit-, -clis-*

♦ (1) **HÉTÉROCLITE** XV^e s. : gr. *heteroklitos* « dont la déclination procède de thèmes différents », « hétéroclite », par le lat. ♦ (2) **ENCLITIQUE** XVII^e s., gramm. : *egklitikos*, par le lat.; **ENCLISE** XX^e s. : *egklisis*. ♦ (3) **PROCLITIQUE** XIX^e s., gramm. : formé d'après *proklinein* sur le modèle d'*enclitique*, par l'all.; **PROCLISE** XX^e s.

**ENCLUME** (pop.) XII^e s. : lat. vulg. **inclūdĭnem*, altération, p.-ê. sous l'infl. de *includere* « enfermer », qui aurait pris le sens de « serrer », « fixer la pièce à travailler », du bas lat. *incūdinem*, var. du lat. class. *incūdem*, accusatif de *incūs, -ūdis* « enclume », apparenté à un verbe *cūdĕre* « frapper, battre (en particulier le métal) », « forger ».

**ENCOMBRER** ♦ (1) (pop.) XI^e s. : p.-ê. **incumulare* (→ COMBLE, avec alternance *l-r*; → aussi *combre* XV^e s. « barrage de rivière », p.-ê. du bas lat. *combrus* VII^e s., hapax, « abattis d'arbres » d'origine celtique obscure, ou simplement dér. de *-combrer*). **ENCOMBRE, ENCOMBREMENT, DÉSENCOMBRER**, XII^e s. ♦ (2) **DÉCOMBRES** XV^e s. « action de débarrasser », XVII^e s. « matériaux provenant de démolitions dont il faut se débarrasser » : dér. de l'anc. fr. *décombrer* XII^e s. « débarrasser », antonyme du précédent.

**ENCROÛTER** famille du gr. *kruptein, apokruptein* « couvrir », « cacher » auxquels s'apparentent (a) *kruphios* « caché »; *apokruphos* « caché », en particulier, à propos des livres sacrés non canoniques, « tenu caché », « non lu dans les synagogues ou les églises »; (b) *kruptos* « recouvert, caché, secret » et le fém. substantivé *kruptê* « voûte souterraine », « crypte ».

♦ [1] **ENCROÛTER** et **ENCROÛTEMENT** (pop.) XVI^e s. : plutôt que des dér. du fr. *croûte*, du lat. *crŭsta*, dont ils ont subi l'influence, semblent bien être des dér. de l'anc. fr. *crote*, encore très fréquent dial. sous les formes *crote, crote, crot, croute* « trou », du gr. *kruptê*, par le lat. *crypta*; le sens originel du mot serait « cacher dans un trou ». ♦ [2] **DÉCROTTER** XII^e s. au moins dans une partie de ses emplois, p.-ê. formation semblable à *encroûter*. ♦ [3] **GROTTE** XVI^e s. : it. *grotta*, du lat. *crypta*, du gr. *krupté*, équivalent phonétique de *croute*. ♦ [4] **GROTESQUE** XVI^e s. « décoration à l'antique », XVII^e s. « burlesque » : it. *grottesco*, dér. de *grotte*, plur. de *grotta*, qui avait servi à désigner les ruines romaines; l'adj. *grottesco* s'est appliqué d'abord aux dessins, pleins de fantaisie, des fresques qu'on découvrait dans ces ruines. ♦ [5] **CRYPTE** (sav.) XIV^e s. : lat. *crypta* : gr. *kruptê*. ♦ [6] **DÉCRYPTER** (sav.) XX^e s. : dér. formé sur la base de *kruptos* « caché ». ♦ [7] **CRYPTO-** : 1^er élément de composés sav., ex. : **CRYTOGRAPHIE** XVII^e s.; **CRYPTOGRAPHIQUE** XVIII^e s.; **CRYPTOGRAMME** XIX^e s. ♦ [8] **APOCRYPHE** XIII^e s., eccl.; XVI^e s. « non authentique » : *apokruphos*, par le lat. eccl.

**ENDIVE** XIII^e s. : lat. médiéval *endivia*, du gr. byzantin *endivi*, du gr. anc. *entubon*, empr. au lat. *intubus* « chicorée », « endive ».

**ENFER** famille du lat. *inferus* « qui se trouve dessous », par opposition à *superus* « qui se trouve dessus » (dont l'équivalent germ. a pris valeur de préposition, angl. *under*, all. *unter*); *inferi*, substantivé, « les habitants du monde souterrain »; à *inferus* se rattachent (a) le comparatif *inferior*, qui s'oppose à *superior* et le superlatif *infimus* « qui se trouve tout en bas »; (b) un doublet *infernus*, d'où plur. neutre substantivé *inferna, -orum* « les enfers, demeure des dieux d'en bas », lat. eccl. *infernum* « l'enfer »; (c) *infra*, adv. et prép. « en dessous », sens propre et fig.

♦ [1] **ENFER** (pop.) XI^e s., sous la forme *enfern* : *infernum*. ♦ [2] **INFERNAL** (sav.) XII^e s. : bas lat. *infernalis* « relatif aux enfers ». ♦ [3] **INFÉRIEUR** XV^e s. : *inferior*; **INFÉRIORITÉ** XVI^e s.; **INFÉRIORISER** XX^e s. ♦ [5] **INFIME** (sav.) XIV^e s. : *infimus*; **INFIMITÉ** XVII^e s. ♦ [5] **INFRA**, adv. « ci-dessous », par opposition à *supra* « ci-dessus » : mot lat.; **INFRA-** : préf. sav. exprimant que le 2^e élément reste en dessous d'un certain seuil, ex. : *infrarouge, infra-son*, ou se trouve placé en dessous, ex. : *infrastructure*.

**ENFLER** famille de mots ayant des ancêtres ind.-eur. à **bhl-* initial, formation sans doute onom. exprimant l'idée de « souffler » et de « gonfler », représentée d'une part par un mot d'origine gauloise, bas lat. *bŭlga* « sac de cuir », issu d'une forme **bhol-* suivie d'un élargissement -gh-; d'autre part en latin par (1) *follis*, reposant lui aussi sur **bhol-*, « sac ou ballon gonflé d'air », « soufflet de forge », qui a pris en bas lat. le sens de « fou » par métaphore; dimin. *folliculus*, d'où *follicularis*, et lat. vulg. **follicellus* (2) *flare, flatus*, reposant sur **bhl-*, « souffler », auquel se rattachent (a) *flatus, -us* « souffle » et lat. vulg. **flator, -oris* « souffle porteur d'une odeur », contamination de *flatus* et de *foetor* « puanteur » → FÉTIDE; (b) *flabra*, plur. neutre, « souffles du vent », bas lat. sing. *flabrum* et son dimin. lat. vulg. **flabiolum*; (c) plusieurs verbes préfixés : *conflare* « attiser (le feu) en soufflant », « fondre du métal », « former »; *inflare* « souffler dans »; *sufflare* « souffler, gonfler », et bas lat. *insufflare* « souffler sur » ou « dans ».

**I.** mots populaires issus du latin

**A.** famille de *flare*

♦ [1] **ENFLER** XII^e s. : *inflāre*; **RENFLER, DÉSENFLER, ENFLURE** XII^e s.; **RENFLEMENT** XVII^e s. ♦ [2] **SOUFFLER** XII^e s. : *sŭfflāre*; **SOUFFLE** XII^e s.; **ESSOUFFLER** XII^e s., **ESSOUFFLEMENT** XV^e s.; **SOUFFLEUR, SOUFFLERIE** XIII^e s.; **SOUFFLÉ**, adj. « bouffi » XVIII^e s.; subst., cuisine, XIX^e s. ♦ [3] **SOUFFLET** XII^e s. « appareil soufflant », XV^e s. « gifle » : dér. de *souffler*; **SOUFFLETER** XVI^e s. ♦ [4] **BOURSOUFLER** XIII^e s., surtout usité au part. passé : composé de *souffler* dont le 1^er élément est probablement le mot *bourre*; **BOURSOUFLEMENT, BOURSOUFLURE** XVI^e s. ♦ [5] **FLEURER** XIV^e s. : probablement dér. de l'anc. fr. *flaor, fleeur, fleur* « odeur », de **flatōrem*; a pu subir l'infl. de *flairer* ♦ [6] **FLAGEOLET** XIII^e s. « instrument à vent » : dér. de *flajol*, XII^e s., de **flabiolum*; **FLAGEOLER** XIII^e s. « jouer du flageolet », XVIII^e s. « ne pas tenir sur ses jambes », probablement, par métaphore, de *flageolet* (→ *flûte* « jambe grêle »). ♦ [7] **FLÛTE** XII^e s. « instrument de musique », XIX^e s. interjection; d'abord sous les formes *flaüte, flehute* : mot sans doute onom. (→ *leüt*, forme ancienne de *luth*), dont les consonnes initiales ont pu être empr. aux mots ci-dessus; **FLÛTER, FLÛTEAU** XII^e s.; **FLÛTEUR** XIII^e s.; **FLÛTISTE** XIX^e s. ♦ [8] **GONFLER** XVI^e s. : mot empr. à des dial. du Sud-Est ou à l'it. *gonfiare*, de *conflare*; **GONFLEMENT, REGONFLER, REGONFLEMENT, DÉGONFLER** XVI^e s.; **DÉGONFLEMENT** XVIII^e s.

**B.** mots de la famille de *follis*

♦ [1] **FOU** XI^e s., var. *fol*; XVI^e s. pièce d'échecs, anciennement appelée *aufin* (mot d'origine arabe) : *follis*; **FOLIE** XI^e s. ; **FOLLET** XII^e s. « lutin », et **FEU-FOLLET** XVII^e s. ; **AFFOLER** XII^e s., d'abord au sens de « blesser », par suite d'une contamination avec *fouler*; **AFFOLEMENT** XIII^e s. ; **FOLÂTRE** XIV^e s., **FOLÂTRER** XV^e s., **FOLÂTRERIE** XVI^e s. ; **RAFFOLER** XIV^e s. « être fou », XVI^e s. « aimer follement »; **FOLICHON** XVII^e s. **FOLICHONNER, -ERIE** XIX^e s. ♦ [2] **LOUF**, XIX^e s. déformation de *fou* en « largonji », élargi en **LOUFOQUE** XIX^e s. ; **LOUFOQUERIE**, XIX^e s.

**II.** mots populaires d'origine celtique

♦ [1] **BOUGE** XII^e s., subst. fém. « sac de cuir », « poche », et subst. masc. « partie concave ou convexe d'un objet »; XVIII^e s. « cuveau » puis « local de décharge » et « taudis » : *bulga*. ♦ [2] **BUDGET** XVIII^e s. en parlant de l'Angleterre; XIX^e s., adopté officiellement pour les finances fr. : mot angl., empr. à l'anc. fr. *bougette* « bourse de cuir », « sacoche de trésorier », dimin. de *bouge*. ♦ [3] **BOGUE** XVI^e s. « enveloppe de châtaigne » : mot dial. (Ouest), du breton *bolc'h* « sac, enveloppe », de même origine que *bulga*.

**III.** mots savants issus du latin

**A.** famille de *flare*

♦ [1] **INFLATION** XV^e s., méd. « gonflement »; XX^e s. sens financier, repris à l'angl., de *inflatio* « enflure »; **INFLATIONNISTE** XX^e s. : angl. *inflationist*; **ANTI-INFLATIONNISTE** XX^e s. ; **DÉFLATION** XX^e s. : formation antonymique de *inflation*; **DÉFLATIONNISTE** XX^e s. ♦ [2] **FLATUEUX, FLATULENT** XVI^e s. : adj. dér. formés sur *flatus*; **FLATUOSITÉ** XVII^e s. ; **FLATULENCE** XVIII^e s. ♦ [3] **INSUFFLER** XIV^e s., rare avant le XIX^e s. : *insufflare*; **INSUFFLATION** fin XVIII^e s.

**B.** famille de *follis*

♦ [1] **FOLLICULE** XVI^e s., bot. et anat., « capsule » : *folliculus*; **FOLLICULINE** XX^e s. « hormone produite par le follicule ovarien »; **FOLLICULITE** XX^e s. « inflammation des follicules pileux ». ♦ [2] **FOLLICULAIRE** XVIII^e s. : dér. formé par Voltaire d'après *folliculus*, rattaché par erreur à *folium* « feuille ».

## ENFREINDRE

**ENFREINDRE** famille d'une racine ind.-eur. **bhreg-* « briser ».

En germanique, verbe **brekan* « briser » et ses dér. (→ all. *brechen*).

En latin, verbe *frangere*, *fractus* « briser », auquel se rattachent (1) *-fragus* « qui brise », adj., 2^e élément de composés, en particulier dans (a) *naufragus* « qui brise son navire », d'où *naufragium* « naufrage » et lat. imp. *naufragare* « faire naufrage »; (b) *ossifragus* « qui brise les os » et fém. substantivé *ossifraga*, nom d'un oiseau de proie; (c) *saxifragus* « qui brise les rochers », d'où lat. imp. *saxifragum* et bas lat. *saxifraga (herba)*, nom d'une plante (2) *fractura* et lat. imp. *fractio* « action de briser » (3) *fragor, -oris*, d'abord « action de briser » puis « fracas d'un objet qui se brise », *fragilis* « facile à briser », d'où *fragilitas*, *fragmen* et son dér. *fragmentum* « morceau d'un objet brisé » (4) une série de verbes préfixés (a) *diffringere* « mettre en pièces »; (b) *effringere* « ouvrir en brisant », « faire sauter »; (c) *infringere* « briser » et *infractio* « action de briser »; (d) *refringere* « briseur » et « se réfracter (en parlant d'un rayon de soleil) », d'où *refractarius* « briseur d'assiettes », « querelleur », qui a dû subir, pour le sens, l'infl. de *refragari* « voter contre », « être d'avis contraire »; (e) *suffringere* « briser par en bas » (5) *suffragari* « voter », qui semble composé d'un verbe *-fragare*, var. *-fragari* formé sur la même rac. que *frangere* et a dû signifier à l'origine « voter avec une *tessēre*, ou tesson de poterie »; dér. : *suffragium* « vote » et *refragari* « voter contre ».

**I.** mots populaires issus du latin

♦ [1] **ENFREINDRE** XI^e s., d'abord sous la forme *enfraindre* « briser » : lat. vulg. **infrangere*, du lat. class. *infringere*. ♦ [2] **FRETIN** XIII^e s. : dimin. de l'anc. fr. *frait, fret* « débris », de *fractum*, part. passé de *frangere*. ♦ [3] **REFRAIN** XIII^e s. « retour d'un motif qui brise le cours de la chanson » : altération, sous l'infl. de l'infinitif, de l'anc. part. passé de *refraindre, refrait*, de *refractus*. ♦ [4] **SOUFFRETEUX** XII^e s.-XVIII^e s. « misérable », XIX^e s. sens mod. : dér. de l'anc. fr. *soufraite* « disette », de *suffracta* « choses retranchées »; a subi pour le sens l'infl. de *souffrir*. ♦ [5] **CHANFREINDRE** XIV^e s. « tailler en biseau » : composé de *chant* et de *freindre*, littéralement « tailler de *chant* »; **CHANFREIN** XV^e s. « demi-biseau ». ♦ [5] **FRÊLE** XI^e s. : *fragīlis*. ♦ [6] **FRAYEUR** XII^e s., sous la forme *freor* : *fragōrem*, de *fragor*; s'est croisé avec *effrayer*. ♦ [7] **ORFRAIE** XV^e s. : altération de *osfraie*, de *ossifraga*.

**II.** mots populaires issus du germanique

♦ [1] **BROYER** XIII^e s. : germ. **brekan*; **BROYEUR** XV^e s., XIX^e s. techn. ♦ [2] **BRIOCHE** XV^e s., mot dial. (Normandie) : dér. de *brier*, var. de *broyer*; littéralement « gâteau pétri avec la *brie*, sorte de rouleau ». ♦ [3] **BRÈCHE** XII^e s. : anc. haut all. *brecha* « fracture »; **ÉBRÉCHER, BRÈCHE-DENT** XIII^e s. ♦ [4] **BRIQUE** XIII^e s. : moyen néerl. *bricke* « morceau », de même origine que *brecha*; **BRIQUETERIE** XV^e s. ; **BRIQUETIER** XVI^e s. ; **BRIQUETTE** XVI^e s. « chose sans valeur »; XVII^e s. à Tournai « bloc de charbon aggloméré ». ♦ [5] **BRIQUET** XVIII$^e$ s. « morceau de fer », puis « briquet à amadou, pour allumer le feu », qui a éliminé *fusil* en ce sens : dér. de *brique*, qui a eu jusqu'au XVI$^e$ s. et a conservé dans certains dial. le sens de « morceau ».

**III.** mots savants issus du latin

**A.** base *-frag-*

♦ [1] **FRAGILE** XIV$^e$ s. : *fragilis* → FRÈLE ; **FRAGILITÉ** XII$^e$ s. : *fragilitas* ; a éliminé *fraileté* (pop.). ♦ [2] **FRAGMENT** XVI$^e$ s. : *fragmentum* ; **FRAGMENTER, FRAGMENTAIRE, FRAGMENTATION** XIX$^e$ s. ♦ [3] **NAUFRAGE** XV$^e$ s. ; *naufragium* ; **NAUFRAGER** et **NAUFRAGÉ** XVII$^e$ s. ; **NAUFRAGEUR** XIX$^e$ s. ♦ [4] **SAXIFRAGE** XIII$^e$ s. : *saxifraga*, a éliminé les noms pop. de *percepierre, rompierre, cassepierre*. ♦ [5] **SUFFRAGE** XIII$^e$ s. : *suffragium* ; **SUFFRAGETTE** XX$^e$ s. : calque de l'angl. ♦ [6] **SUFFRAGANT** XII$^e$ s. : lat. eccl. *suffraganeus*, dér. de *suffragari* au sens dérivé de « favoriser », « seconder », avec influence du part. présent.

**B.** base *-fract-*

♦ [1] **FRACTION** XII$^e$ s. liturg. « action de briser (le pain) » ; XVI$^e$ s. arith. : *fractio* ; **FRACTIONNAIRE, FRACTIONNER** XVIII$^e$ s. ; **FRACTIONNEMENT** XIX$^e$ s. ; **FRACTIONNEL** XX$^e$ s. ♦ [2] **FRACTURE** XIII$^e$ s. : *fractura* ; **FRACTURER** XVI$^e$ s. au part. passé ; XIX$^e$ s. inf. ♦ [3] **DIFFRACTION** XVII$^e$ s. : lat. scient. mod. *diffraction*, d'après *diffractus* de *diffringere* → DIFFRINGENT ; **DIFFRACTER** XIX$^e$ s. ♦ [4] **EFFRACTION** XVI$^e$ s. : dér. sur *effractus*, de *effringere*. ♦ [5] **INFRACTION** XIII$^e$ s. : bas lat. *infractio*, de *infringere* → ENFREINDRE. ♦ [6] **RÉFRACTAIRE** XVI$^e$ s. : *refractarius*. ♦ [7] **RÉFRACTION** XVI$^e$ s. : *refractio*, de *refringere* ; **RÉFRACTER** XVIII$^e$ s. ; **RÉFRACTEUR** XIX$^e$ s.

**C.** base *-frang-* **INFRANGIBLE** XVI$^e$ s. : composé formé de *in* privatif et du radical de *frangere*.

**D.** base *-fring-*

♦ [1] **DIFFRINGENT** XVIII$^e$ s. : part. présent *diffringens* → DIFFRACTION. ♦ [2] **RÉFRINGENT** XVIII$^e$ s. : *refringens*, part. présent de *refringere* → RÉFRACTION ; **RÉFRINGENCE, BIRÉFRINGENT, BIRÉFRINGENCE** XIX$^e$ s.

**ENGEANCE** (pop.) XVI$^e$ s. « race d'hommes ou d'animaux ». XVII$^e$ s. sens mod. : forme élargie de *enge* XIII$^e$ s. « race, famille », dér. de *engier* XII$^e$ s. « produire, augmenter », mot obscur : p.-ê. d'un dér. du lat. *ingignere* « faire naître dans, implanter » (→ GENS), bas lat. **ingignicare*, sémantiquement plus vraisemblable que *inviare* « encombrer le passage », « s'accroître » ou *indicare*, dérivé de *index* « œuf laissé dans le nid pour habituer les poules à pondre au même endroit », plus satisfaisants phonétiquement.

**ÉNIGME** (sav.) XIV$^e$ s. : gr. *ainigma, -atos* « ce qu'on laisse entendre », par le lat. ; apparenté au gr. *ainos* « récit, fable » et *ainissesthai* « dire à mots couverts » ; **ÉNIGMATIQUE** XIII$^e$ s., rare avant le XVI$^e$ s. : *ainigmatikos*, par le lat. ; **ÉNIGMATIQUEMENT** XV$^e$ s.

**ENLISER** (pop.) XIX$^e$ s. : mot dial. (Normandie), introduit en fr. par Victor Hugo (*Misérables*, V. 3) : dér. de *lise* « sable mouvant », p.-ê. apparenté à *lisser*, p.-ê. var. de *glaise*.

**ENNUYER** famille du lat. *odi* « je hais » et *odium* « haine », d'où *odiosus* « odieux », « insupportable » et bas lat. *inodiare* « être odieux », tiré de la locution lat. class. *in odio esse*, de même sens. ♦ [1] **ENNUYER** (pop.) XI$^e$ s. : *inŏdīare* ; **ENNUI** XII$^e$ s., dér. de *ennuyer* ; **ENNUYEUX** XII$^e$ s. : bas lat. *inodiōsus* ; d'abord, « chagrin » ; sens affaibli à partir du XVII$^e$ s. ♦ [2] **ODIEUX** (sav.) XIV$^e$ s. : *odiosus*.

**ENROUER** famille du lat. arch. *ravis* « enrouement », d'où lat. class. *raucus* « enroué ».

♦ [1] **ENROUER** (pop.) XII$^e$ s. : dér. de l'adj. anc. fr. *rou* « enroué », de *raucus* ; **ENROUEMENT** XV$^e$ s. ♦ [2] **RAUQUE** (sav.) XIII$^e$ s. : *raucus*.

**ENSEMBLE** famille d'une racine ind.-eur. **sem-* « un » qui, dès l'ind.-eur., a servi à exprimer l'identité, et qui, pour la désignation de l'unité, a été conservée en gr. mais remplacée en lat. par *unus* « unique », plus expressif.

En grec, avec *h-* issu de **s-*, *hêmi-*, 1$^{er}$ terme de composés indiquant des choses qui n'ont qu'un seul côté et ayant pris ainsi le sens de « moitié » (dér. fém. en gr. de Sicile : *hêmina* « demi-setier »), les adj. *homos* et *homoios* « semblable », ainsi que le dér. *homalos* « uni, égal », d'où, avec allongement de l'*o*, *anômalos* « inégal, irrégulier » et *anômalia* « irrégularité ».

En latin (1) *semi-*, équivalent exact de *hêmi* (2) *semper* « une fois pour toutes », « toujours », d'où *sempiternus*, formé sur le modèle d'*aeternus* (3) *sincerus* « pur », « naturel », « probe » dont le 2$^e$ élément est p.-ê. apparenté à *crescere* (→ CROÎTRE) ; le sens originel serait alors « d'une venue », « d'un seul jet » (4) *similis*, issu de **semilis* « semblable », d'où *similitudo* « ressemblance », *verisimilis* « semblable au vrai », « vraisemblable », lat. imp. *similare* « ressembler » (5) *simul*, adv. « également », « en même temps », ancienne forme de neutre de *similis*, d'où *simulare* « représenter exactement », « copier »; *adsimulare*, ou *adsimilare* « reproduire », « comparer »; a pu prendre le sens de « réassortir », d'où celui d'« assembler » qu'il a pris dans les langues romanes; *dissimulare* « cacher »; *simultas* « rivalité », « compétition »; *simulacrum* « image »; *simulatio*, *simulator* « feinte », « imitateur » (6) *singulus*, dont le 2e élément n'est pas clair, distributif de *unus*, et *singularis* « unique »; bas lat. *singularitas* (7) *simplex* « simple » « formé d'un seul élément », littéralement « plié une fois » → PLIER.

**I.** mots populaires issus du latin

**A.** base *-sembl-*

♦ [1] **ENSEMBLE** XIe s., adv.; XVIIe s. subst., peinture; XIXe s. subst., sens mod. : bas lat. *insimul*, renforcement de *simul*; **ENSEMBLIER** XXe s. « décorateur qui réalise des ensembles »; **ENSEMBLISTE** XXe s., math. « relatif à la théorie des ensembles ». (2) **SEMBLER** XIe s. « paraître », XIe s.-XVIe s. « ressembler » : *simĭlāre*; **SEMBLANT** XIe s. subst., XIIe s., faire semblant; **SEMBLANCE, SEMBLABLE** XIIe s.; **DISSEMBLANCE, DISSEMBLABLE** XIIe s., d'abord sous la forme *dess-*. ♦ [3] **RESSEMBLER** XIe s., transitif, XVIe s. avec *à* : dér. de *sembler*; **RESSEMBLANCE** XIIIe s.; **RESSEMBLANT** XVIe s. ♦ [4] **VRAISEMBLABLE** XIIIe s. : calque du lat. *verisimilis*; **VRAISEMBLANCE** XIVe s.; **INVRAISEMBLABLE, INVRAISEMBLANCE** fin XVIIIe s. ♦ [5] **ASSEMBLER** XIe s. : *adsimŭlāre*; **ASSEMBLÉE** XIIe s.; **DÉSASSEMBLER, ASSEMBLEUR** XIIIe s.; **ASSEMBLAGE** XVe s.; **ASSEMBLEUSE** XXe s.; **RASSEMBLER** XIXe s.; **RASSEMBLEMENT** XXe s.

**B. SANGLIER** XIIe s. : altération, par substitution de suff. de *sangler*, de *singŭlāris (porcus)* « (porc) solitaire ».

**II.** mots savants issus du latin

**A.** base *-simil-*

♦ [1] **SIMILITUDE** XIIIe s. : *similitudo*. ♦ [2] **SIMILAIRE** XVIe s. : dér. sav. sur *similis*. ♦ [3] **SIMILI-** 1er élément de composés, indiquant qu'il s'agit d'une imitation, ex. : *similigravure*; **SIMILI** XIXe s. subst., désigne divers produits ou objets en imitant d'autres. ♦ [4] **ASSIMILER** XVe s. : *adsimilare* var de *adsimulare*; **ASSIMILATION** XVe s. « comparaison » et physiol., XIXe s. ling. et pol. : *assimilatio*; **ASSIMILABLE, INASSIMILABLE, ASSIMILATEUR** XIXe s. ♦ [5] **DISSIMILER** et **DISSIMILATION** XIXe s. ling. : dér. formés d'après *assimiler*.

**B.** base *-simul-*

♦ [1] **SIMULACRE** XIIe s. « statue », « idole », XVIIe s. « faux-semblant » : *simulacrum*. ♦ [2] **DISSIMULATION** XIIe s. : *dissimulatio*; **SIMULATION** XIIIe s. : *simulatio*. ♦ [3] **DISSMULER** XIVe s.; *dissimulare*; **SIMULER** XVe s. : *simulare*; **DISSIMULATEUR** XVe s.; **SIMULATEUR** XVIe s. ♦ [4] **SIMULTANÉ** XVIIIe s. : lat. médiéval *simultaneus*, d'après le lat. class. *simultas*, sous l'influence sémantique de *simul*; **SIMULTANÉITÉ, SIMULTANÉMENT** XVIIIe s.; **SIMULTANÉISME** XXe s.

**C.** bases *sim-*, *sin-*

♦ [1] **SIMPLE** XIIe s. : *simplus*, var. de *simplex*; **SIMPLET** XIIe s.; **SIMPLEMENT** XIIe s.; **SIMPLICITÉ** XIIe s. a remplacé *simpleté* et *simplesse* : *simplicitas*. ♦ [2] **SIMPLE** XVIe s. subst. masc., méd. : adaptation du lat. médiéval *simplex medicina* ou *medicamentum simplex* « médecine » ou « médicament simple », par opposition à « composé ». ♦ [3] **SIMPLISTE** XVIe s. « marchand de simples »; XVIIe s. adj., rare avant le XIXe s., « qui simplifie exagérément »; **SIMPLISME** XIXe s. ♦ [4] **SIMPLIFIER** XVe s. : adaptation du lat. médiéval *simplificare*; **SIMPLIFICATION** XVe s.; **SIMPLIFICATEUR** XIXe s. ♦ [5] **SINCÈRE** XVe s. : *sincerus*; **SINCÈREMENT** XVIe s.; **SINCÉRITÉ** XIIIe s. : *sinceritas*; **INSINCÈRE** XVIIIe s.; **INSINCÉRITÉ** XIXe s. ♦ [6] **SINGULIER** XIIIe s., altération, par substitution de suff., de *singuler* XIIe s. : *singularis*; en anc. fr. « individuel » et sens gramm., XIVe s. « qui se distingue des autres », XVIIe s. « étonnant »; **SINGULARITÉ** XIIe s. : *singularitas*; **SINGULARISER** XVIe s. : dér. formé sur *singularis*.

**D.** base *sem-*

♦ [1] **SEMPITERNEL** XIIIe s., rare avant le XVIIe s. : lat. *sempiternus*, avec influence d'*éternel*. ♦ [2] **SEMI-** préf. exprimant l'idée de « à moitié » : lat. *semi-*, ex. : *semi-public, semi-remorque, semi-rigide*.

**III.** mots issus du grec

♦ [1] **MINE** (pop.) XIIe s. « mesure de capacité » : forme déglutinée de *émine*, l'*é* initial s'étant confondu avec celui de l'article : lat. *hemīna*, du gr. *hêmina*. ♦ [2] **MINOT** (pop.) XIIIe s. « mesure d'une demi-mine » puis « baril », XVIIe s. « farine fine transportée dans des barils » : dér. de *mine*; **MINOTIER** XVIIIe s. « celui qui fait cette farine »; **MINOTERIE** XIXe s. ♦ [4] **HÉMI-** (sav.) : gr. *hêmi-*, préf. exprimant l'idée de « moitié », ex. : *hémicycle, hémisphère, hémistiche*, etc. ♦ [5] **HOMO-** 1er élément de composés sav. : gr. *homos*, ex. : **HOMOLOGUE** XVIe s.; **HOMOPHONE** XIXe s.; **HOMOGÈNE** → GENS; **HOMONYME,** → NOM. ♦ [6] **HOMÉO-** : 1er élément de composés sav. : gr. *homoios*, ex. : **HOMÉOPATHIE, HOMÉOPATHE** XIXe s.

♦ [7] **ANOMAL** XII^e s., rare avant le XVII^e s. : gr. *anômalos*, par le bas lat.; **ANOMALIE** XVI^e s., rare avant le XIX^e s. : *anômalia*.

**ENSEVELIR** famille du lat. *sepelire, sepultus*, ancien terme relig., « ensevelir », « mettre au tombeau », auquel se rattachent *sepultura* « derniers honneurs », « sépulture » et *sepulc(h)rum* « tombeau ».

♦ [1] **ENSEVELIR** (demi-sav.) XII^e s. : probablement dér. de l'anc. fr. *sevelir* : lat. *sepelire*; peut représenter le lat. *insepelire*, rarement attesté; **ENSEVELISSEMENT** XII^e s. ♦ [2] **SÉPULTURE** (sav.) XII^e s. : *sepultura*. ♦ [3] **SÉPULCRE** (sav.) XII^e s. « Saint-Sépulcre », XVI^e s. « tombeau » : *sepulcrum*; **SÉPULCRAL** XV^e s. « funéraire », XVII^e s., fig.

**ENTHOUSIASME** famille sav. du gr. *theos* « dieu », mot d'origine obscure auquel se rattachent (1) *atheos* « qui ne croit pas aux dieux » et *polutheos* « qui croit en plusieurs dieux » (2) *entheos* « animé d'un transport divin », d'où *enthousiazein* « être inspiré par la divinité » et *enthousiasmos* « transport divin » (3) *theios* « divin », d'où *apotheioun* « diviniser » et *apotheiôsis* « divinisation » (4) *pantheios* « commun à tous les dieux »; neutre substantivé *pantheion* « temple consacré à tous les dieux » (5) *theourgia* « acte de la puissance divine » → ORGUE.

♦ [1] **ENTHOUSIASME** XVI^e s. : *enthousiasmos*; **ENTHOUSIASTE** XVI^e s. : *enthousiastês*; **ENTHOUSIASMER** fin XVI^e s. ♦ [2] **PANTHÉON** XV^e s. monument de Rome; XVIII^e s. ext. du sens : gr. *pantheion*, par le lat. ♦ [3] **THÉURGIE** XIV^e s., rare avant le XVIII^e s. : *theourgia*, par le lat. eccl.; **THÉURGIQUE** XIV^e s. : *theourgikos*. ♦ [4] **ATHÉE** XVI^e s. : *atheos*; **ATHÉISME** XVI^e s.; **POLYTHÉISME** XVI^e s. : formé sur *polutheos*; **POLYTHÉISTE** XVIII^e s.; **MONOTHÉISME, MONOTHÉISTE** XIX^e s. ♦ [5] **THÉISME** et **THÉISTE** XVIII^e s. : angl. *theism* XVII^e s., formé sur *theos*; **PANTHÉISME, PANTHÉISTE** une fois au XVIII^e s., puis début XIX^e s. : angl. *pantheism, pantheist*, mots créés en 1705 par le philosophe J. Toland : de *pan* « tout » et *theos*. ♦ [6] **APOTHÉOSE** XVI^e s. : *apotheiôsis*, par le lat. ♦ [7] **THÉOLOGIE, THÉOLOGIQUE** XIV^e s. : *theologia* « science de la divinité »; *theologikos* « qui traite des choses divines »; **THÉOLOGAL, THÉOLOGIEN** XIV^e s. ♦ [8] **THÉOCRATIE** XVII^e s.; *theokratia* « gouvernement de Dieu »; **THÉOCRATIQUE** XVII^e s. ♦ [9] **THÉOGONIE** XVIII^e s. « naissance » ou « origine des dieux » (→ GENS) : *theogonia*; **THÉOGONIQUE** XIX^e s. ♦ [10] **THÉO-** : gr. *theos*, 1^er élément de composés mod., ex. : **THÉODICÉE** XVIII^e s., 2^e élément *dikê* « justice » → DIRE, mot créé par Leibniz; **THÉOPHILANTHROPE, -IE** XVIII^e s.; **THÉOSOPHE, -IE** XVIII^e s.; **THÉOBROMINE** XIX^e s. pharm. : du lat. scient. mod. *theobroma*, nom scient. du cacao, littéralement « mets (*brôma*) des dieux (*theos*) ».

**ENVELOPPER** ensemble de mots qu'on peut rattacher au bas lat. *falŭppa* « paille, balle de blé », attesté par une glose du X^e s.

♦ [1] **ENVELOPPER** (pop.) X^e s. sous la forme *envolopet*, part. passé : dér. de l'anc. fr. *voloper*, qui représente p.-ê. un croisement de *falŭppa* et de *volvere* → VOÛTE; **ENVELOPPE** XIII^e s.; **ENVELOPPEMENT** XIII^e s., rare avant le XVIII^e s.; **ENVELOPPANT** adj., XVIII^e s. ♦ [2] **DÉVELOPPER** (pop.) XII^e s. : dér. antonymique formé sur *envelopper*; **DÉVELOPPEMENT** XV^e s. ♦ [3] **FLOPÉE** (pop.) XIX^e s., argot, « volée de coups » puis « grande quantité » : dér. de *floper* « battre », p.-ê. forme abrégée de *envelopper*, avec influence de *frapper*, ou à rattacher directement à **felŭppa*, var. de *falŭppa*. ♦ [4] On peut encore rattacher à *faluppa* l'anc. fr. *frape*, « chiffon », *frepe* « frange », *frepiller* « s'agiter », *freper* « chiffonner » et sa var. **FRIPER** XIII^e s. « s'agiter », XVI^e s. « chiffonner », « dérober » et « avaler goulûment ». ♦ [5] **FRIPERIE** XIV^e s., var. de *freperie* XIII^e s.; **FRIPIER** XV^e s., var. de *frepier* XIII^e s.; **DÉFRIPER** XVIII^e s. : dér. de *friper* au sens de « chiffonner ». ♦ [6] **FRIPOUILLE** XIX^e s. « haillon » et « gueux »; var. *frapouille*, même sens, d'où **FRAPPE** XX^e s., argot : dér. de *fripe* et *frape*. ♦ [7] **FRIPON** XVI^e s. « gourmand », puis « voleur » : dér. de *friper* au sens de « avaler goulûment » et « voler »; **FRIPONNER** XIV^e s. « faire bonne chère », XVI^e s. « voler »; **FRIPONNERIE** XVI^e s.

**ENVOÛTER** (pop.) XIII^e s. : dér. de l'anc. fr. *voult* « visage », « image », en particulier « figures de cire représentant une personne à qui on veut nuire par une opération magique », du lat. *vultus* « visage », d'origine incertaine; **ENVOÛTEMENT** XIV^e s.

**ÉPAIS** (pop.) XI^e s., d'abord sous la forme *espes* : lat. *spĭssus* « épais »; la var. *espeis, espois*, à l'origine de *épais*, est un dér. du verbe anc. fr. *espoissier*, du lat. vulg. **spissiare* « épaissir »; **ÉPAISSIR** XII^e s., sous la forme *espeissir*; **ÉPAISSEUR** XIV^e s.; **ÉPAISSISSEMENT** XVI^e s.

**ÉPARGNER** (pop.) XI^e s. : germ. **sparanjan*, altération, p.-ê. sous l'influence de **waidanjan*

« gagner », de **sparôn*, étymon de l'all. *sparen*, même sens; **ÉPARGNE** XIIe s.; **ÉPARGNANT** adj. XIVe s.; subst. XXe s.

**ÉPARS** famille d'une racine ind.-eur. **spher-* « éparpiller », « semer ».
En grec *speirein* « semer » et ses dér. (a) *sperma, -atos* « semence », « germe »; (b) *spora*, « ensemencement » et *diaspora* « dispersion »; (c) l'adj. *sporas, -ados* « épars ».
En latin verbe *spargere, sparsus* « répandre », « parsemer », d'où *adspergere* et *dispergere*, de même sens que le simple, et bas lat. *aspergillum* « goupillon ».

I. mots issus du latin

♦ [1] **ÉPARS** (pop.) XIIIe s. : part. passé de l'anc. fr. *espardre*, du lat. *spargere*. ♦ [2] **ÉPARPILLER** (pop.), d'abord *-ailler* XIIe s., a des équivalents dans l'anc. prov. *esparpalhar*, l'it. *sparpagliare*, de même sens, et l'esp. *desparpajo* « sans-gêne » dér. de l'anc. esp. *desparpajar* « bavarder sans suite » : il représente sans doute *spargere* croisé avec un dér. de *palea* « paille », lat. vulg. **expaleare* (port. *espalhar*); le sens 1er serait donc « disperser comme la paille sur l'aire ». Le recours à l'étymon *dispare palare* « répartir inégalement », attesté chez Pétrone, semble moins convaincant parce qu'aucun de ses deux termes n'a survécu isolément en fr.; que le préfixe *des-* ne se trouve qu'en esp. et a plus de chances d'être une réfection que *es-*, et que le *l* mouillé s'explique mal; **ÉPARPILLEMENT** XIIIe s. ♦ [3] **ESPARCETTE** XVIe s. : prov. *esparceto*, dér. de *espars*, de *sparsus*. ♦ [4] **ASPERGER** (sav.) XIIe s. : *aspergere*; **ASPERSION** (sav.) XIIe s. : *aspersio*; **ASPERSOIR** (sav.) XIVe s. : lat. eccl. *aspersorium*. ♦ [5] **ASPERGILLE** (sav.) XIXe s. « sorte de moisissure » : *aspergillum*. ♦ [6] **DISPERSER** (sav.) XVe s. : dér. formé sur *dispersus*, part. passé de *dispergere*; **DISPERSION** XIIIe s., rare avant le XVIIe s.

II. mots issus du grec

**A.** base *-sperm-* (sav.)

♦ [1] **SPERME** XIIIe s. : *sperma, -atos*, par le lat.; **SPERMATIQUE** XIVe s. : *spermatikos*, par le lat. ♦ [2] **-SPERME** 2e élément de composés sav., ex. : *angiosperme, gymnosperme*. ♦ [3] **SPERMATO-** (surtout XIXe s., XXe s.) : 1er élément de composés sav., ex. : *spermatologie, spermatozoaire*, etc.

**B.** base *-spor-* (sav.) ♦ [1] **SPORADES**, géogr., îles de la mer Égée sur la côte ouest de l'Asie Mineure : gr. *Sporades*, littéralement « les dispersées ». ♦ [2] **SPORADIQUE** XVIIe s. : *sporadikos*; **SPORADIQUEMENT, SPORADICITÉ** XIXe s. ♦ [3] **SPORE** XIXe s. : *spora*; **SPORULE** dimin., XIXe s.; **SPORANGE** XIXe s. : 2e élément gr. *aggos* « réceptacle ». ♦ [4] **-SPORE** : 2e élément de composés sav., ex. : *macrospore, microspore*. ♦ [5] **SPORO-** : 1er élément de composés sav., ex. : *sporophore, sporozoaire*. ♦ [6] **DIASPORA** XXe s., hist. relig. « dispersion des Juifs après la prise de Jérusalem par Titus » : mot grec.

**ÉPÉE** famille du gr. *spathê* « épée large et plate », « spatule », « omoplate », empr. par le lat. imp. sous les formes *spatha* puis *spata*; dimin. *spatula* « épaule (d'animal) », « spatule ».

♦ [1] **ÉPÉE** (pop.) Xe s. : *spatha*; **ÉPÉISTE** escrime, XIXe s. ♦ [2] **ÉPAULE** (pop.) XIe s. : *spatŭla*; **ÉPAULER** XIIIe s. : dér. de *épaule* au sens techn. de « épaulement », « soutien d'un mur, d'un talus »; **ÉPAULEMENT** XVIe s.; **ÉPAULETTE** XVIe s., anat. et armure, XVIIIe s. « ornement militaire », XXe s. « pièce de sous-vêtement féminin ». ♦ [3] **SPADASSIN** XVIe s. : it. *spadaccino*, dér. de *spada* « épée » : *spatha*. ♦ [4] **ESPADON** XVIIe s. « grande épée » puis nom d'un poisson appelé aussi *épée de mer* : it. *spadone*, augmentatif de *spada* → le précédent. ♦ [5] **ESPALIER** XVIe s. archit.; XVIIe s. sens mod. : it. *spalliera, de spalla* « épaule » et « appui » : lat. *spatula*. ♦ [6] **SPATULE** (sav.) XIVe s. : *spatula*; **SPATULÉ** XVIIIe s.

**ÉPELER** (pop.) XIe s. d'abord *espeldre, espelir* « raconter, signifier » changement de conjugaison au XVe s., d'après *appeler* : frq. **spellôn* « raconter »; **ÉPELLATION** XVIIIe s.

**ÉPERLAN** XIVe s., empr. au m. néerl. *spierlinc*.

**ÉPERON** (pop.) XIe s. : bas lat. *sporonus*, du germ. **sporo*; **ÉPERONNER** XIe s.

**ÉPERVIER** (pop.) XIe s. : frq. **sparwâri*; **ÉPERVIÈRE** XVIIIe s., bot.

**ÉPHÈBE** (sav.) XVe s. : gr. *ephêbos*, de *épi* et *hêbê* « jeunesse ».

**ÉPHÉMÈRE** famille du gr. *hêmera* « jour », d'où *ephêmeros* « qui dure un jour » et *ephêmeris, -idos* « quotidien » (sous-ent. *biblos* « journal »).

♦ [1] **ÉPHÉMÈRE** (sav.) XVIe s., XIIIe s. *effimère* : *ephêmeros*; **ÉPHÉMÉRIDES** XVIe s., astron, et **ÉPHÉMÉRIDE** : *ephêmeris, -idos*. **NYCTHÉMÈRE** XVIIIe s., astron. « espace de temps comprenant un jour et une nuit » : composé du gr. *nux, nuktos* « nuit » et de *hêmera*. ♦ [2] **HÉMÉR(O)-** 1^er élément de composés sav., ex. : *hémérocalle, héméralopie*.

**ÉPI** ♦ [1] (pop.) XII^e s. : lat. *spīcum*, var. neutre de *spīca*, même sens. ♦ [2] **SPIC** (sav.) XII^e s. « lavande » : *spicum*; **SPICULE** XIX^e s., zool., bot. : *spiculum* « fer barbelé d'une flèche », dimin. de *spicum*; **SPICILÈGE** (sav.) XVIII^e s. « recueil de documents » : lat. *spicilegium* « glanage », formé de la même façon que *florilegium*; pour le suff. → LIRE. ♦ [3] **SPICI-** 1^er élément de composés sav., ex. : *spiciforme*.

**ÉPI-** (sav.) : gr. *epi-* « sur », préf. entrant dans la formation de nombreux composés d'origine gr., ex. : *épithète*, ou de formation moderne, ex. : *épicentre, épiphénomène*.

**ÉPINARD** XIV^e s., var. *espinach, -noche, -arde* : adaptation, au moyen du suff. *-ard*, du lat. médiéval médical *spinachium, spinargium*, de l'arabe d'Andalousie *isbinâkh*, du persan *aspânākh* « épinard »; plante orientale introduite en Espagne par les Arabes, qui l'utilisaient comme médicament.

**ÉPIEU** (pop.) XV^e s. : altération, sous l'influence de *pieu*, de *espiet* XI^e s. : frq. **speot*.

**ÉPINE** ♦ [1] (pop.) XII^e s., XIV^e s., méd. *épine dorsale* : lat. *spina*, même sens; pour les dér. sav. exprimant la notion d'« épine » → ACANTHO-, art. ADRAGANTE; **ÉPINOCHE** XIII^e s. « poisson portant deux à quatre épines dorsales »; **ÉPINIÈRE** *(moelle)* XVII^e s. : dér. d'*épine* (dorsale). ♦ [2] **ÉPINEUX** (pop.) XII^e s. : *spinōsus*, dér. de *spīna*. ♦ [3] **AUBÉPINE**, → AUBE. ♦ [4] **ÉPINGLE** (pop.) XIII^e s. : lat. vulg. **spingula*, altération, p.-ê. sous l'infl. de *spicula* « piquant » (→ ÉPI), de *spinula*, dimin. de *spina*; **ÉPINGLER** XVI^e s. ♦ [5] **SPINAL** (sav.) XVI^e s. : bas lat. *spinalis* « de l'épine dorsale »; **CÉRÉBRO-SPINAL** XIX^e s. « relatif au cerveau et à la moelle épinière ».

**ÉPISSER** XVII^e s. : altération, p.-ê. sous l'infl. d'*épi*, du néerl. *splissen*; **ÉPISSOIR, ÉPISSURE** XVII^e s.

**ÉPISTÉMOLOGIE, -IQUE** (sav.) XX^e s. : dér. formé au moyen du suff. *-logie* « étude » (→ LIRE) sur le gr. *epistêmê* « science », p.-ê. en rapport avec la racine **stā* → ESTER.

**ÉPITHAPHE** représentants du gr. *taphos* « tombeau ».

♦ [1] **ÉPITAPHE** (sav.) XII^e s. : gr. *epitaphion*, neutre substantivé, de l'adj. *epitaphios* « (qui se célèbre, s'écrit) sur un tombeau ». ♦ [2] **CÉNOTAPHE** (sav.) XVI^e s. : gr. *kenotaphion* « tombeau vide », par le lat.

**ÉPITHALAME** ♦ [1] (sav.) XVI^e s. : gr. *epithalamion* (chant) nuptial », dér. de *thalamos* « chambre à coucher », par le lat. ♦ [2] **THALAMUS** (sav.) XX^e s. « partie du cerveau où s'unissent le diencéphale et le télencéphale » : forme lat. de *thalamos* « lit nuptial, union ».

**ÉPONGE** représentants de **sp(h)ongo-*, mot d'une langue méditerranéenne attesté en gr. par *spoggos* « éponge » et le lat. *fungus* « champignon ».
♦ [1] **ÉPONGE** (pop.) XV^e s. : lat. vulg. **sponga*, du lat. class. *spongia*, mot grec, dér. de *spoggos*; **ÉPONGER** XVIII^e s.; XIII^e s. puis XVI^e s. : *spongier*; **ÉPONGEAGE** XIX^e s. ♦ [2] **SPONGIEUX** (sav.) XIV^e s. : lat. *spongiosus*, dér. de *spongia*; **SPONGIOSITÉ** XIV^e s.; **SPONGITE** XVIII^e s., minér. : gr. *spongitis*, par le lat.; **SPONGIAIRE** XIX^e s. ♦ [3] **SPONGI-** 1^er élément de composés sav., ex : *spongiculture*. ♦ [3] **FONGUS** (sav.) XVI^e s. « tumeur à l'aspect de champignon », XVIII^e s. « champignon de mer »; lat. *fungus*; **FONGUEUX, FONGOSITÉ** XVI^e s. : ♦ [5] **FONGI-** 1^er élément de composés sav., ex. : *fongicole, fongicide*.

**ÉPOQUE** ensemble de mots savants représentant le gr. *ekhein, skhein*, qui repose sur une racine **segh-* et signifie à la fois « avoir, tenir » et « être dans un certain état », d'où (1) au 1^er sens : (a) l'adj. verbal *hektos* « qu'on peut avoir » d'où *hektikos* « continu », en parlant de la fièvre; (b) *epekhein* « tenir sur », « retenir », « attendre », d'où *epokhê* « arrêt », « interruption » et astron. « arrêt apparent d'un astre à son apogée »; (c) *eunoukhos* « eunuque », de *eunê* « couche » et *ekhein*; littéralement « gardien de la couche »; (d) *Entelekhês*, de *en* « dans », *telos* « fin » → TONLIEU et *ekhein*, littéralement « qui a sa fin en soi », d'où « qui possède une énergie interne », et *entelekheia* « énergie agissante et efficace » (2) au 2^e sens : (a) *skhêma, -atos* « manière d'être », « forme »; (b) *kakôs ekhein* « se porter mal », d'où *kakhektês* « qui a une mauvaise constitution » et *kakhexia* « mauvaise constitution ».
♦ [1] **ÉPOQUE** XVII^e s., d'abord « moment où se passe un fait remarquable », d'après l'emploi de l'étymon en astron. : *epokhê*. ♦ [2] **ÉTIQUE** (demi-sav.) XIII^e s. subst. « fièvre continue »;

XV^e^ s. adj. « maigre » : *hektikos*, par le lat. méd. ; **HECTIQUE** (sav.) XV^e^ s. : *hektikos*. ♦ [3] **EUNUQUE** XIII^e^ s. *eunique*, rare avant le XVIII^e^ s. : *eunoukhos*, par le lat. ♦ [4] **ENTÉLÉCHIE** XIV^e^ s. philo. : *entelekheia*, par le lat. ♦ [5] **SCHÉMA** XVI^e^ s. rhétorique, rare ; XVIII^e^ s. géom., XIX^e^ s. extension d'emploi : *skhêma* ; **SCHÈME** XVIII^e^ s. philo. : id. ; **SCHÉMATISER** XIX^e^ s. : *skhêmatizein* ; **SCHÉMATISME** XVII^e^ s. : *skhêmatismos*, p.-ê. par le bas lat. ; **SCHÉMATIQUE** XIX^e^ s. ; **SCHÉMATISATION** XX^e^ s. ♦ [6] **CACHEXIE** XVI^e^ s. : *kakhexia*, par le lat. méd. ; **CACHEXIQUE** XVI^e^ s.

**ÉPOUX** famille d'une racine ind.-eur. **spend-* « faire une libation ».

En grec *spendein* « faire une libation », *spondê* « libation », *spondeios pous*, métrique, « spondée », « pied de deux syllabes longues, utilisé à l'origine dans les chants de libations », *spondeiakos* « composé de spondées ».

En latin *spondēre, sponsus* « prendre un engagement solennel de caractère religieux » ; se dit en particulier du père qui s'engage à donner en mariage sa fille, qui est alors appelée *sponsa* : féminin du part. passé substantivé, sur lequel a été formé le masc. *sponsus* ; dérivés *sponsare* « promettre en mariage » et *sponsalia* « fiançailles » ; *respondere* « répondre à un engagement solennellement pris », s'est dit d'abord des réponses des oracles.

I. mots issus du latin

♦ [1] **ÉPOUX, ÉPOUSE** (pop.) XI^e^ s. : *spo(n)sus, spo(n)sa* ; **ÉPOUSER** XI^e^ s. : *spo(n)sare* ; **ÉPOUSEUR** XIV^e^ s. ; **ÉPOUSAILLES** XII^e^ s. : *spo(n) salia*. ♦ [2] **RÉPONDRE** (pop.) X^e^ s. « dire en réponse », fin XII^e^ s. « garantir », « être conforme à », XVII^e^ s. « être symétrique ou opposé » : bas lat. *respondĕre*, du lat. class. *respondēre* ; **RÉPONDEUR** XIX^e^ s. ; **RÉPONS** XI^e^ s. : *responsum* ; **RÉPONSE** XIII^e^ s. : var. fém. de *répons*. ♦ [3] **RESPONSABLE** (sav.) XII^e^ s. : dér., sur *responsus*, de *respondere* au sens de « répondre de », « garantir » ; **RESPONSABILITÉ, IRRESPONSABLE, IRRESPONSABILITÉ** fin XVIII^e^ s. ♦ [4] **CORRESPONDRE** (sav.) XIV^e^ s. « être conforme à », XVII^e^ s. « être en relations épistolaires » : lat. scolastique *correspondere* « être en rapport de conformité » ; **CORRESPONDANT** XIV^e^ s. adj., XVII^e^ s. subst. ; **CORRESPONDANCE** XIV^e^ s. « conformité », XVII^e^ s. « relations épistolaires ». ♦ [5] **RIPOSTE** XVI^e^ s. : altération de l'it. *risposta*, part. passé fém. substantivé de *rispondere*, équivalent du fr. *répondre* ; **RIPOSTER** XVII^e^ s.

II. mots issus du grec

**SPONDÉE** (sav.) XIV^e^ s. : *spondeios*, par le lat. ; **SPONDAÏQUE** XVI^e^ s. : lat. *spondaicus*, du gr. *spondeiakos*.

**ÉQUESTRE** famille d'une racine ind.-eur. **ekw-* « cheval ».

En grec par *hippos* (dont l'*h* est inexpliqué), d'où *hippikos* « qui concerne les chevaux » ; *hippodromos* « lieu pour les courses de chevaux ou de chars » ; *hippopotamos* « cheval de rivière », surtout à propos du Nil, « hippopotame » ; *hippokampos*, de *kampê* « courbure », « monstre marin fantastique à corps de cheval et queue recourbée de poisson », *Philippos*, utilisé comme nom propre, « qui aime les chevaux ».

En latin par *equus* « cheval », d'où *equinus* « qui concerne le cheval » ; *eques, -itis* « cavalier », *equitare* « aller à cheval », lat. imp. *equitatio* « équitation », *equester* « de cheval » ou « de cavalier » ; lat. imp. *equiferus* « cheval sauvage ».

I. mots issus du latin

♦ [1] **ÉQUESTRE** XIV^e^ s. (sav.) : *equestris*. ♦ [2] **ÉQUIN** (sav.) XVII^e^ s. : *equinus*. ♦ [3] **ÉQUITATION** (sav.) XVI^e^ s. : *equitatio*. ♦ [4] **ZÈBRE** XVII^e^ s., rare avant le XVIII^e^ s. : esp. *cebra*, ou port. *zebra*, forme abrégée de l'anc. esp. *ezebra*, var. *ezebro* « âne sauvage », XVII^e^ s. « zèbre d'Afrique », qui représente probablement le lat. vulg. **eciferus*, du lat. class. *equiferus* ; **ZÉBRÉ, ZÉBRER, ZÉBRURE** XIX^e^ s.

II. mots savants issus du grec

♦ [1] **HIPPIQUE** XIX^e^ s. (sav.) : *hippikos* ; **HIPPISME** XX^e^ s. ♦ [2] **PHILIPPE** nom ou prénom ; *Philippos* nom d'un roi de Macédoine et d'un apôtre. ♦ [3] **HIPPODROME** XII^e^ s. « cirque romain » ; XIX^e^ s. sens mod. : *hippodromos*, par le lat. ; **HIPPOPOTAME** XIII^e^ s. : *hippopotamos*, par le lat. ; **HIPPOCAMPE** XVI^e^ s. : *hippokampos*, par le lat. ♦ [4] **HIPPO-** 1^er^ élément de composés, ex. : **HIPPOPHAGIQUE** XIX^e^ s. ; **HIPPOMOBILE** XX^e^ s.

**ÉQUIPER** ♦ [1] (pop.) XII^e^ s. « s'embarquer », XV^e^ s. sens mod. : forme normanno-picarde, de l'anc. scandinave *skipa*, même sens, de la base germ. **skip* « bateau » ; **ÉQUIPE, ÉQUIPAGE** XV^e^ s. ; **ÉQUIPÉE** XVI^e^ s. « expédition maritime » ; XVII^e^ s. sens fig. ; **ÉQUIPEMENT** XIX^e^ s. ♦ [2] **ESQUIF** XV^e^ s. : it. *schifo*, du longobard **skif*, du germ. **skip*.

**ÉQUIPOLLENT** (sav.) XIII^e^ s. : lat. imp. *aequipollens* « équivalent », de *aequus* « égal » et *pollere* « être fort » ; **ÉQUIPOLLENCE** XIII^e^ s. : bas lat. *aequipollentia*.

**-ER** ♦ [1] (pop.) désinence d'infinitif de la première conjug. : lat. *-are*. ♦ [2] formes élargies par une consonne non étym. : **-TER, -CER, -DER,** ex. : *éreinter, coincer, faisander.*

**ÉRABLE** (pop.) XIIIe s. : bas lat. (gloses VIIe s.-VIIIe s.) *acerabŭlus*, probablement composé du lat. class. *acer, aceris* « érable » et du gaulois* **abolos*, restitué d'après un mot gallois signifiant « sorbier des oiseaux ».

**ÉRÉTHISME** (sav.) XVIIIe s. : gr. *erethismos* « irritation », de *erethein* et *erethizein* « exciter, irriter ».

**ERGO** ♦ [1] (sav.) XIIIe s. : mot lat. « en conséquence », introduit en fr. par les discussions scolastiques. ♦ [2] **ERGOTER** XIIIe s. « discuter, chicaner » : dér., sur *ergo*, qui a pu subir pour le sens l'infl. de l'anc. fr. *hargoter* → 1. HARICOT ; **ERGOTEUR** XIVe s. ; **ERGOTAGE** XVIe s. ; **ERGOTERIE** XIXe s.

**ERGOT** (pop.) XIIe s. var. plur. *argoz* XIIe s. « éperons » et anc. fr. *herigote* « éperon » et « ergot d'animal » ; XVIIIe s. « parasite de certaines céréales » : mot obsc. p.-ê. à rattacher à *harier* « exciter » : frq. **harion* « déchirer » (→ 1. HARICOT) ; le *-g-* p.-ê. dû à un croisement avec lat. *argutus* « pointu ». **ERGOTINE, ERGOTISME** XIXe s. dér. de *ergot* (de céréales).

**ERMITE** ♦ [1] (demi-sav.) XIIe s. : lat. chrét. *eremīta*, du gr. *erêmitês* « du désert ». dér. de l'adj. *erêmos* « désert », « solitaire » ; **ERMITAGE** XIIe s. ♦ [2] **BERNARD-L'ERMITE** ou **L'HERMITE** XVIe s. : languedocien *bernat l'hermito*, dénomination plaisante d'un crustacé qui loge son abdomen dans des coquilles vides. ♦ [3] **ÉRÉMITIQUE** (sav.) XVIe s. : bas lat. *eremiticus*, dér. sur *eremita*.

**ÉROS** famille du gr. *erôs, -ôtos* « désir des sens », « amour » et « le dieu Amour », d'où *erôtikos* « qui concerne l'amour » ; *erân* « aimer », *erastês* « passionné » ; *erasmios* « aimable ».
♦ [1] **ÉROS** (sav.), d'abord, nom mythol. ; nom commun au XXe s. en psychanalyse : mot grec. ♦ [2] **ÉROTIQUE** (sav.) XVIe s. : *erôtikos* ; **ÉROTISME** XVIIIe s. ; **ÉROTOMANIE** (sav.) XVIIIe s. : gr. *erôtomania* « folie amoureuse » : **ÉROTOMANE** XIXe s. : *erôtomanês* « fou d'amour ». ♦ [3] **ÉRASME, ÉRASTE**, noms propres savants d'origine grecque : *erasmios, erastês.*

**ERRER** famille du lat. *errare, erratum* « aller à l'aventure », « se tromper », d'où *aberrare* « s'éloigner » et *aberratio* « diversion » ; *error* « course à l'aventure », « erreur » ; *erroneus* « vagabond » et bas lat. « qui est dans l'erreur » ; *erraticus* « vagabond ».
♦ [1] **ERRER** (sav.) fin XIIIe s. : *errare.* ♦ [2] **ERREUR** (probablement sav.) XIIe s. : *error.* ♦ [3] **ERRONÉ** (sav.) XIVe s. : *erroneus.* ♦ [4] **ERRATUM** (sav.) XVIIIe s., plur. **ERRATA** (sav.) XVIe s. : mots lat., part. passé neutre de *errare.* ♦ [5] **ERRATIQUE** (sav.) XIIIe s., rare avant le XIXe s. : *erraticus* ♦ [6] **ABERRER** (sav.) XVIe s. : *aberrare* ; **ABERRATION** (sav.) XVIIe s. « éloignement », XVIIIe s. optique et sens mod. : *aberratio* ; **ABERRANT** XIXe s. ; **ABERRANCE** XXe s. statistique. ♦ [7] → ERRANT, ERREMENTS, art. (J')IRAI.

**ESCARBILLE** XVIIe s., sous la forme *escabille* : mot du Nord, wallon ou rouchi, dér. de *escrabiller*, du néerl. *schrabbelen*, dimin. de *schrabben* « gratter ».

**ESCARBOT** famille du gr. *scarabaeus* « scarabée », p.-ê. dér. du gr. *karabos* « crabe », « langouste », « scarabée », lui-même empr. par le lat. sous la forme *carabus* « langouste » et « barque en osier recouverte de peau ».
♦ [1] **ESCARBOT** (pop.) XVe s. : réfection, par croisement avec *escargot*, de l'anc. fr. *escharbot* XIIIe s. : *scarabaeus*, avec substitution de suff. ♦ [2] **CARABIN** (pop.) XVIe s. « soldat de cavalerie légère », XVIIe s. *carabin de saint Côme* « garçon de l'école de chirurgie, placée sous le patronage de saint Côme », d'où XIXe s. « étudiant en médecine » : mot méridional, altération de *escarbail, escarbilh* « scarabée », de *scarabaeus* ; le second sens se rattache à la var. *escarrabin* XVIe s., à Montélimar, appliquée métaph. à des ensevelisseurs de pestiférés, habillés de noir. ♦ [3] **CARABINE** (pop.) XVIe s. : dér. de *carabin* au premier sens du mot ; **CARABINIER** XVIIe s. : dér. de *carabine* ; **CARABINÉ** XVIIe s. : id. ♦ [4] **GABARE** XIVe s. : gascon ou anc. prov. *gabarra*, du gr. *karabos* ; l'altération du radical remonte probablement au gr. byzantin, où le gr. anc. *karabos* avait pris le sens de « canot ». ♦ [5] **CARAVELLE** XVe s. : port. *caravela*, dér. de *cávavo*, du lat. *carabus.* ♦ [6] **SCARABÉE** (sav.) XVIe s. : *scarabaeus.*

**ESCARGOT** ♦ [1] XIVe s. : altération, par substitution de suff., du prov. *escaragol* résultant lui-même du croisement, avec les représentants méridionaux de *scarabaeus* (→ ESCARBOT), du prov. *caragou* (esp. *caracol*), d'origine incertaine, se rattachant p.-ê., avec des altérations difficilement explicables, à *conchylium* (→ CONCHE), plus probablement à une base expressive **cacar-* « coquille de l'escargot », qui aurait subi une métathèse; en Catalogne et en Languedoc l'usage de manger des escargots était ancien; le mot méridional a été introduit en fr. en même temps que ce mets et a supplanté *limaçon*. ♦ [2] **CARACOLER** XVII<sup>e</sup> s. : dér. formé sur l'esp. *caracol* « escargot », « spirale », « mouvement circulaire qu'on fait exécuter à un cheval ».

**ESCARPÉ** XVIe s., **CONTRESCARPE** XVIe s.; **ESCARPEMENT** XVIIe s. : dér. du moyen fr. *escarpe*, d'où le verbe *escarper* : de l'it. *scarpa* « talus d'un rempart », du goth. **skrapa* « soutien ».

**ESCARPIN** XVIe s. : it. *scarpino*, dimin. de *scarpa* « soulier », qui repose sur un germ. **skarpa*.

**ESCARPOLETTE** XVIIe s. mot obsc. prov. et pic. sens variés : p.-ê. comp. de pic. *escarpe* « écharpe (qui sert de siège au joueur) » (→ CHARPIE) et de pic.-wall. *holer* « lancer, pousser ».

**ESCARRE** subst. fém. (sav.) XIVe s. : gr. *eskhara* « croûte qui se forme sur une plaie », par le lat.

**ESCHATOLOGIE** (sav.) XIXe s. : dér. formé sur le gr. *eskhaton* « ce qui vient en dernier, la fin », littéralement « étude des fins dernières de l'homme et du monde »; **ESCHATOLOGIQUE** XIXe s.

**ESCOGRIFFE** XVIIe s., mot. dial. obsc. (Orléanais); (→ *escoperche*) « perche d'échafaudage »; p.-ê. 1er élément *escot* « bâton », 2e élément *griffe*; « perche armée d'un croc »?

**ESCOPETTE** XVIe s. : it. *schiopetto*, dimin. de *schioppo* « arme à feu », du lat. vulg. *scloppus*, du lat. imp. *stloppus* « bruit produit en frappant sur des joues gonflées », mot onom.

**ESCRIME** ♦ [1] XVe s. : anc. it. *scrima*, de l'anc. prov. *escrima*; a éliminé l'anc. fr. *escremie* XIIe s., dér. d'*escremir*, XIe s., d'une base germ. **skirm* exprimant l'idée de « protéger » (→ all. *Schirm* « abri », *schirmen* « protéger »); **ESCRIMER, -EUR**, XVIe s. sens propre et fig., XVIIe s. pronominal. ♦ [2] **ESCARMOUCHE** XIVe s. : it. *scaramuccia*, dimin. de *scherma* (dér. de *schermure*, de **skirm*) croisé avec le frq. **skara* « troupe », qui apparaît aussi dans *scaraguaita* « sentinelle » (→ ÉCHAUGUETTE, art. GUETTER). ♦ [3] **SCARAMOUCHE** XVIIe s. : it. *scaramuccio*, forme masc. de *scaramuccia* (→ 2), surnom pris par Fiorelli, un acteur napolitain qui jouait à Paris sous le règne de Louis XIII dans la Comédie-It., ce type de personnage.

**-ÉSIE** ♦ [1] (sav.) suff. nom. fém. empr. au gr. *-êsis* ou *-êsia*, ex. : *amnésie, poésie, frénésie*. ♦ [2] **-ÉTIQUE** (sav.) suff. adj. : gr. *-êtikos*, correspondant à *-êsis*, ex. : *poétique, frénétique*. ♦ [3] **-ÉSIQUE** (sav.) : suff. adj. dér. de *-ésie*, ex. : *amnésique*.

**ÉSOTÉRIQUE** (sav.) XVIIIe s. : gr. *esôterikos* « intérieur », « réservé aux seuls adeptes d'une secte » : dér. formé sur l'adv. *esô*, var. de *eisô* « à l'intérieur », à l'aide du suff. *-ter-* servant à opposer un côté à un autre (→ AUTRE, DÉTÉRIORER, EXTÉRIEUR, etc.); **ÉSOTÉRISME** XIXe s.

**ESPACE** ♦ [1] (demi-sav.) XIIe s. : lat. *spatium*, même sens, d'origine obscure; **ESPACER** XVe s.; **ESPACEMENT** XVIIe s. ♦ [2] **SPACIEUX** (sav.) XIIe s. : *spatiosus*. ♦ [3] **SPATIAL** (sav.) XIXe s.; XXe s. astronautique : dér. formé sur *spatium*; **AÉROSPATIAL, SPATIALISER, SPATIALITÉ** XXe s. ♦ [4] **SPATIO-** 1er élément de composés sav., ex. : *spatio-temporel, spationef* XXe s.

**ESPADRILLE** ♦ [1] XVIIIe s. : altération d'*espardille*, du dial. (Pyrénées) *espardillo*, dér. de *espart*, du lat. *spartum* « sparte, sorte de jonc servant à faire des nattes », empr. à l'anc. gr. *sparton* « corde de jonc », p.-ê. apparenté à *speira* → SPIRE. ♦ [2] **SPARTE** (sav.) XVIe s. « graminée servant à faire des nattes » : *spartum*; **SPARTERIE** XVIIIe s.; **SPARTÉINE** XIXe s.

**ESPÉRER** ♦ [1] (demi-sav., à cause de la conservation de l'*s*) XIe s. : lat. *spērāre*, dér. du mot-racine *spes* « espérance »; **ESPÉRANCE, DÉSESPÉRER, DÉSESPÉRANCE** XIIe s.; **INESPÉRÉ** XVe s. ♦ [2] **ESPOIR** XIIe s. : dér. du verbe *espérer*, dont les formes accentuées sur le rad. comportaient anciennement la diphtongue *oi*; **DÉSESPOIR** XIIe s. ♦ [3] **ESPÉRANTO** XIXe s. : mot de cette langue artificielle; part. présent de *esperi* « espérer », du lat. *sperare*; **ESPÉRANTISTE** XIXe s.

**ESQUILLE** famille d'une racine **skeid-* « fendre », comportant une var. expressive **skheid-*.
En grec *skhizein* « fendre » d'où (a) *skhistos* « fendu » ou « qu'on peut fendre »; (b) *skhisma*,

*-atos* « fente », « séparation »; (c) *skhiza* « éclat de bois », empr. par le lat. sous la forme *schidia*.
En latin le verbe *scindere, scissus* « fendre », d'où (a) bas lat. *scissio* « division » et (b) *abscindere, abscissus* « séparer ».

I. mots issus du grec

♦ [1] **ESQUILLE** (demi-sav.) XVIe s. : altération, par substitution de suff. du lat. *schĭdia*, du gr. *skhiza*. ♦ [2] **SCHISME** (sav.) XIIe s. *cisme*, XVIe s. forme mod. : *skhisma*; **SCHISMATIQUE** XIIe s. : gr. eccl. *skhismatikos*, de même sens, par le lat. ♦ [3] **SCHISTE** (sav.) XVIe s. : *skhistos*, par le lat.; **SCHISTEUX** XVIIIe s. ♦ [4] **SCHIZOPHRÉNIE** (sav.) XXe s. « désagrégation psychique », composé formé de *skhizein* et de *phrên* « pensée » → FRÉNÉSIE; **SCHIZOPHRÈNE** id.; **SCHIZOÏDE** XXe s.

II. mots issus du latin

♦ [1] **SCINDER** (sav.) XVIe s., rare avant fin XVIIIe s. : *scindere*. ♦ [2] **SCISSION** (sav.) XIVe s. « action de scinder », XVIe s. « action de se séparer »; **SCISSIONNISTE** XXe s. ♦ [3] **SCISSIPARE** (sav.) XIXe s. : composé formé de *scissus* et de *parere* « enfanter » (→ PART); **SCISSIPARITÉ** XIXe s., littéralement « reproduction par division ». ♦ [4] **ABSCISSE** (sav.) XVIIe s. : *abscissa (linea)* « (ligne) coupée ».

**ESQUINTER** XIXe s., mot méridional d'origine obscure; selon certains, dér. de l'anc. prov. *esquinta* « déchirer », du lat. vulg. **exquintare* « déchirer en cinq morceaux », sur un rad. *-quint-*, → CINQ; plus vraisemblablement, var. du prov. *esquinar* « rompre l'échine », avec un *t* issu de l'infixe *-ett-* → ÉCHINE.

**ESQUISSE** ♦ [1] XVIe s. : it. *schizzo*, mot d'origine obscure, p.-ê. simple forme expressive, p.-ê. à rattacher au lat. vulg. **schediare* « improviser », du lat. *schedium* « poème improvisé », gr. *skhedios* « improvisé », apparenté à *ekhein* (→ ÉPOQUE); **ESQUISSER** XVIe s. ♦ [2] **SKETCH** XXe s., mot angl., « esquisse » : néerl. *schets* ou all. *Skizze*, de l'it. *schizzo*.

**ESQUIVER** XVIIe s. : it. *schivare* « éviter » : frq. **skiuhjan* « être circonspect » (→ all. *scheuen* « avoir peur »); a éliminé l'anc. fr. *eschiver, eschever* XIe s., de même origine.

**ESSANGER** famille du lat. *sanies* « sang corrompu qui s'écoule des blessures », d'où *saniosus* « couvert de sanie », *exsaniare* « faire suppurer », « ôter la sanie d'un linge ».
♦ [1] **ESSANGER** (demi-sav.) XIVe s. : *exsaniare*; **ESSANGEAGE** XIXe s. ♦ [2] **SANIE** (sav.) XVIe s. : *sanies*; **SANIEUX** XIVe s. : *saniosus*.

1. **-ESSE** ♦ [1] (sav.) suff. nom. fém. : gr. *-ĭssa*, par le lat.; à l'origine suff. ethnique utilisé par le lat. chrét., ex. : *diaconesse, prophétesse*. ♦ [2] **-ERESSE** forme élargie du même suff. → -EUR.

2. **-ESSE** ♦ [1] (demi-sav.) suff. nom. fém. : lat. *-ĭtia*, ex. : *paresse, richesse*; a éliminé l'anc. fr. *-oise* (pop.) de même origine; peut aussi provenir de l'it. *-ezza*, ex. : *politesse*, ou de l'esp. *-eza*, ex. : *altesse*, tous deux également issus de *-ĭtia*. ♦ [2] **-ISE** (demi-sav.) : autre adaptation de *-itia*, ex. : *franchise, vantardise, débrouillardise*; **-ISE** et **-ESSE** servent à former des noms de qualités dér. d'adj. ♦ [3] **-ICE** (sav.) : *-itia*, ex. : *malice, milice, prémices*.

**ESSIEU** famille d'une racine ind.-eur. **aks-* « axe », « essieu » à laquelle se rattache en grec *axôn* « axe de roue » et « axe du ciel, du monde »; en latin (a) *axis*, même sens, remplacé en lat. vulg. par le dér. **axilis*; (b) *ala* « aile », issu de **aks-la*, littéralement « point d'articulation (de l'aile ou du bras) », d'où le dimin. bas lat. *axilla* « aisselle ».

I. mots populaires

♦ [1] **ESSIEU** XIIe s. *aissuel, aissel, aissil*; XVIe s. *essieu*, forme probablement picarde, avec changement de suff. : **axĭlis*. ♦ [2] **AISSELLE** XIIe s. : lat. vulg. **axĕlla*, du lat. class. *axĭlla*. ♦ [3] **AILE** XIIe s., XIVe s. milit, et archit.; d'abord orthographié *ele; ai* au XVe s., par réaction étym. : *ala*; **AILETTE, AILERON** XIIe s.; **AILÉ** adj. XIIe s.; **AILIER** XXe s. sports. ♦ [4] **HALETER** XIIe s. « battre des ailes » puis « palpiter » : dér. de *aile* avec un *h* de renforcement expressif; **HALÈTEMENT** XVe s.; **HALETANT** adj. XVIe s.

II. mots savants

♦ [1] **AXE** XIVe s. : *axis*; **AXER** XVIe s. sens propre, XIXe s. sens fig.; **DÉSAXER** XIXe s. sens propre, XXe s. sens fig.; **AXILE** XVIIe s. anat., XIXe s. bot.; **AXIAL** XIXe s.; **COAXIAL** XXe s. ♦ [2] **AXILLAIRE** XVIe s. anat., XIXe s. bot. : dér. sur *axilla* « aisselle ». ♦ [3] **AXIS** XVIIe s. « vertèbre servant d'axe pour les mouvements de rotation de la tête ».

**ESSUYER** famille du lat. *sūcus, sŭccus* « suc », « jus », d'origine inconnue, d'où le lat. imp. *succulentus* « juteux » et le bas lat. *exsuccare* « extraire le suc de ».
♦ [1] **ESSUYER** (pop.) XIIe s. : *exsūcāre*; **RESSUYER** XIIe s.; **ESSUYAGE** XIXe s. ♦ [2] **ESSUIE-**

**MAIN** XVII^e s. ; **ESSUIE-PLUME** XIX^e s. ; **ESSUIE-GLACE** XX^e s. : composés de *essuyer*. ♦ (3) **SUC** (sav.) XV^e s. : *sucus*. ♦ (4) **SUCCULENT** (sav.) XV^e s. : *succulentus* ; **SUCCULENCE** XVIII^e s.

**EST** famille d'une racine ind.-eur. **-es-* « aurore », de genre animé et à valeur religieuse.

En latin avec une diphtongue initiale *au-* (a) *aurora* « aurore », issu de **ausosa* ; (b) probablement, malgré le sens, *auster* « vent du midi » et « région où souffle ce vent », *australis* « austral », « méridional ».

En germanique bases **austo-* et **austro-* « orient » (→ *Österreich* « Autriche », « royaume de l'Est » et les dér. sav. en *austro-*).

♦ (1) **EST** (pop.) XII^e s. : anc. angl. *east*, d'origine germ. ♦ (2) **AURORE** (sav.) XIII^e s. : lat. *aurora* ; **AURORAL** XIX^e s. ; **AURORE BORÉALE** XVII^e s. ♦ (3) **AUSTER** (sav.) XIII^e s. « vent du midi » : mot lat. ♦ (5) **AUSTRAL** (sav.) XIV^e s. : *australis*. ♦ (5) **AUSTRALOPITHÈQUE** (sav.) XX^e s. composé de *austral* et du gr. *pithêkos* « singe ».

**ESTAFETTE** famille du mot it. *staffa* « étrier » : longobard *staffa*. ♦ (1) **ESTAFETTE** XVII^e s. : it. *staffetta* « courrier », dimin. de *staffa* ; l'évolution sémantique s'explique par la locution *andare a staffetta* « aller à franc étrier ». ♦ (2) **ESTAFIER** XVI^e s. « valet d'armes qui tenait l'étrier », XVIII^e s. sens élargi et péjoratif : it. *staffiere*, dér. de *staffa*. ♦ (3) **ESTAFILADE** XVI^e s. : it. *staffilata* « coup d'étrivière », dér. de *staffile* « étrivière », lui-même dér. de *staffa*.

**ESTAMPER** ♦ (1) (pop.) XIII^e s. « piler », XIV^e s. « imprimer en relief », XIX^e s., argot, « escroquer », p.-ê. à cause de sa synonymie avec *taper* : frq. **stampôn* « broyer » ; **ESTAMPE** XIV^e s. « impression », XVII^e s. sens mod. ; **ESTAMPAGE, -EUR** XVII^e s. ; dans ces mots, l'*s* a été conservé sous l'influence de l'it. *stampare, stampa* de même origine ; formes normales en fr. **ÉTAMPE, ÉTAMPER** XVII^e s. techn. ♦ (2) **ESTAMPILLE** XVII^e s. : esp. *estampilla*, dimin. de *estampa*, probablement d'origine fr. ; **ESTAMPILLER, -AGE** XVIII^e s.

**ESTER** famille de la rac. ind.-eur.. **stā-* « être debout ».

En grec (1) le verbe *histanai*, forme à redoublement issue de **sista-* « placer debout », en particulier « placer dans une balance » et « se tenir debout » (2) les formes nom ; (a) *stasis* « action de se tenir », « stabilité », « état » et l'adj. *statikos* « relatif à l'équilibre des corps » ; (b) *statêr* « poids d'une livre » ou « d'une mine », puis « espèce de monnaie » ; (c) *stadios*, adj. « stable », « fixe », et le neutre substantivé *stadion* « mesure de longueur d'environ 180 m » et « carrière (pour la course) longue d'un stade » (3) plusieurs composés de *histanai* (a) *aphistanai* « placer en dehors » et « s'éloigner » ; en médecine « s'écarter, se désagréger, se carier ». — Dér. : *apostasia* « défection ». « apostasie » ; *apostatês* « esclave fugitif », « traître », « apostat » ; *apostêma* « abcès » ; (b) *diistanai* « établir de côté et d'autre » et *diastasis* « séparation » ; (c) *existanai* « faire sortir », « mettre hors de soi », d'où gr. eccl. *extasis* « ravissement de l'esprit » ; (d) *methistanai* « déplacer », d'où *metastasis* « déplacement » ; (e) *proïstanai* « mettre » ou « se mettre en avant », d'où *prostatês* « qui se tient en avant », appliqué en médecine à l'os hyoïde ; (f) *sunistanai* « placer debout en même temps », d'où *sustêma* « réunion en un corps de plusieurs parties diverses », « ensemble de doctrines » ; (g) *huphistanai* « placer sous », d'où *hupostasis* « fondement » et philo. « substance » (4) avec un élargissement *-u-*, dans *stauros* « pieu » et *stulos* « colonne », d'où *stulobatês* « base de colonne » ; *hupostulos* « supporté par des colonnes » ; *peristulos* « galerie de colonnes autour (d'un temple) » ; *polustulos* « aux nombreuses colonnes » ; *prostulos* « portique formé de colonnes ».

En latin (1) le verbe *stare, status* « se tenir debout » (2) ses composés (a) *constare* « subsister », « être d'aplomb ». « se tenir à un certain prix » et, impersonnel, *constat* « c'est un fait établi que » ; d'où *constans* « ferme », *constantia* « fermeté » ; (b) *circumstare* « entourer », d'où *circumstantia* « circonstance » ; (c) *distare* « être éloigné », d'où *distantia* « éloignement » ; (d) *instare* « se tenir sur », « serrer de près », d'où *instans* « présent » et « pressant », gramm. *tempus instans* « le présent » ; *instantia* « imminence », « véhémence », « demande pressante » ; (e) *obstare* « se tenir devant », « faire obstacle » d'où lat. imp. *obstaculum* « obstacle » et *obstetrix* « celle qui se tient devant l'accouchée pour recevoir l'enfant » ; (f) *praestare* « se tenir en avant », « se distinguer » d'où *praestans* « supérieur » et *praestantia* « supériorité » ; (g) *restare* « demeurer en arrière », « rester », « résister », d'où lat. vulg. **restivus* « qui résiste » et **adrestare* « s'arrêter » ; (h) *substare* « être dessous », d'où lat. imp. *substantia*, philo., trad. du gr. *hupostasis* « substance », « être essentiel d'une chose » ; gramm. *subs-*

*tantivum (verbum)* « mot qui exprime la substance, substantif », désigne le verbe *être* chez les grammairiens lat.; *substantialis*, trad. de *hupostatikos*; d'où lat. eccl. *consubstantialis* « de même substance » et lat. médiéval *transsubstantiatio* « changement de substance »; (i) *superstare* « se tenir sur », d'où *superstes* « ce qui reste », « qui survit » et *superstitio* « pratique superflue », que les Anciens interprétaient comme « pratique religieuse ayant pour but d'obtenir des dieux une postérité » (3) les formes nom. (a) *status, -us* « attitude », « état de la cité »; (b) *statio, -onis* « fait de demeurer droit et immobile », « station », « résidence »; (c) *statura* « taille d'une personne debout »; (d) *statua* « statue », plus particulièrement « statue d'un homme », par opposition à *signum* « statue d'un dieu » → SEING; (e) l'adj. *-stes, -stitis* et le subst. dér. *-stitium*, qui n'apparaissent qu'en composition, dans *solstitium*, littéralement « arrêt du soleil » et bas lat. *interstitium*, littéralement « ce qui se tient entre » (4) les formes nom. à élargissement *-b-* (a) *stabulum*, subst. « gîte », « étable »; (b) *stabilis*, adj. « propre à la station droite », « ferme, solide », d'où *stabilitas* « fermeté » et *stabilire* « consolider » (5) les formes nom. à élargissement *-m-* : *stamen, -inis* « fil tiré du haut de la quenouille », « fils de la chaîne dans un métier vertical » et lat. imp. *stamineus* « filamenteux » (6) le verbe *statuere, statutus* « établir », formé sur *status*, qui apparaît en composition sous la forme *-stituere* dans (a) *constituere* « placer debout ». « instituer », d'où *constitutio* « organisation », « disposition légale »; (b) *destituere* « placer debout à part », « abandonner », « supprimer », d'où *destitutio* « abandon »; (c) *instituere* « mettre sur pied », « organiser », « enseigner », d'où *institutio* « disposition », « éducation » et bas lat. *institutor* « précepteur »; (d) *prostituere* « exposer aux yeux », « prostituer », d'où bas lat. *prostitutio* « prostitution »; (e) *restituer* « remettre à sa place primitive », « rendre », d'où *restitutio* « restauration » et « restitution »; (f) *substituere* « mettre sous », « mettre à la place de »; d'où bas lat. *substitutio* (7) le verbe à redoublement *sistere* « placer », qui apparaît en composition dans (a) *assistere* « assister quelqu'un en justice »; (b) *consistere* « se placer », « se tenir de façon compacte », « consister en », et *consistorium* bas lat. « lieu de réunion »; (c) *desistere* « renoncer à »; (d) *exsistere* « sortir de », « se manifester » et bas lat. *exsistentia* « existence »; (e) *insistere* « prendre pied solidement sur », « se mettre aux trousses de », « s'appliquer à »; (f) *persistere* « rester en place », « persister »; (g) *resistere* « s'arrêter et faire face »; (h) *subsistere* « faire halte »; « tenir bon » (8) le verbe à élargissement *-n-* **stanare*, qui ne s'emploie qu'en composition sous la forme *-stinare* dans *destinare* « fixer, attacher » et « se proposer fermement », d'où *destinatio*, et *obstinare* « s'obstiner », d'où *obstinatio* (9) le verbe à élargissement *-u-* (→ gr. *stauros*) *-staurare* qui n'apparaît qu'en composition dans *instaurare* « établir » et « recommencer », d'où *instauratio*, et *restaurare*, lat. imp. « réparer, rebâtir ».

**I.** mots populaires ou demi-savants issus du latin

♦ [1] **ESTER** (conservation demi-sav. du *s*) XI^e^ s. « se tenir debout », XVI^e^ s. sens judiciaire seulement : *stare*. ♦ [2] les formes de part. présent et de part. passé de *être*, qui n'existaient pas en lat., ont été empr. à *stare*; **ÉTANT** (pop.) représente à la fois l'acc. du part. présent *stantem* et le gérondif *stando*; **ÉTÉ** (pop.) : *statum*; l'imparfait **J'ÉTAIS**, qui a éliminé l'anc. fr. *j'ière*, du lat. *eram*, représente sans doute l'imparfait de *stare, stabam*. ♦ [3] **ÉTAT** (demi-sav., à cause de la conservation du *a* et du *t* final) XIII^e^ s. « manière d'être », « condition », XV^e^ s. « nation » : *status*; **ÉTAT CIVIL** XVIII^e^ s.; **ÉTAT-MAJOR** XVII^e^ s.; **ÉTATIQUE, ÉTATISME, ÉTATISTE** XIX^e^ s.; **ÉTATIFIER, ÉTATISER, ÉTATISATION** XX^e^ s. ♦ [4] **ÉTABLE** (pop.) XII^e^ s. : *stabŭlum* (→ introd. lat. 4 a). ♦ [5] **CONNÉTABLE** XII^e^ s. : *comes stabuli* « comte de l'étable », c.-à-d. « de l'écurie » « grand écuyer », avec délabialisation du *m* à proximité du *b* par dissimilation. ♦ [6] **ÉTABLIR** (pop.) XI^e^ s. : *stabilīre* (→ introd. lat. 4 b); **RÉTABLIR, ÉTABLISSEMENT** XII^e^ s.; **RÉTABLISSEMENT** XIII^e^ s.; **PRÉÉTABLIR** XVII^e^ s.; **ÉTABLI** subst. XIII^e^ s. fém., XV^e^ s. masc. : part. passé substantivé, littéralement « (table de travail) bien stable ». ♦ [7] **ÉTAGE** (pop.) XI^e^ s. « demeure », XII^e^ s. sens mod. : lat. vulg. **staticum*, dér. de *status* (→ ÉTAT et STAGE); **ÉTAGÈRE** XVI^e^ s., rare avant le XIX^e^ s.; **ÉTAGER** XVII^e^ s.; **ÉTAGEMENT** XIX^e^ s. ♦ [8] **ÉTAMINE** (demi-sav.) XII^e^ s. étoffe : *stamĭnea*; XVII^e^ s. bot. ♦ [9] **ÉTANÇON** (pop.) XII^e^ s. : dér. de l'anc. fr. *estance* « arrêt », « demeure » : *stantia*, plur. neutre part. présent de *stare*, pris pour un fém.; **ÉTANÇONNER** XII^e^ s. ♦ [10] **COÛTER** (pop.) XII^e^ s. : *constare* (→ introd. lat. 2 a); **COÛT** XII^e^ s.; **COÛTEUX** XIII^e^ s.; **COÛTEUSEMENT** XIX^e^ s. ♦ [11] **ÔTER** XII^e^ s. : *obstare*, au sens de « retenir » d'où « enlever » quelque chose. ♦ [12] **RESTER** (demi-sav.) XII^e^ s. : *restare*; **RESTE** XIII^e^ s. fém., XVI^e^ s. masc.; **RESTANT** subst. XIV^e^ s. ♦ [13] **RÉTIF** XI^e^ s. (pop.) : **restivus*; **RÉTIVITÉ** XIII^e^ s., rare avant le XIX^e^ s. ♦ [4] **ARRÊTER** (pop.) XII^e^ s. intrans., XVII^e^ s. trans. et pronom. :

**adrestare* (→ introd. lat. 2 g); **ARRÊT** XIIe s.; **ARRÊTÉ** XVe s. : **ARRESTATION** (demi-sav.) XIVe s. : réfection de l'anc. fr. *arestaison*, avec rétablissement de la prononc. de l'*s* d'après le lat. *restare*.

**II.** mots d'emprunt d'origine latine

♦ [1] **CONTRASTE** XVIe s. « lutte », fin XVIIe s. peinture : it. *contrasto*, dér. de *contrastare*, du lat. *contra stare* « s'opposer à »; **CONTRASTER** XVIe s. : it. *contrastare*, a éliminé l'anc. fr. *contrester*. ♦ [2] **STANCE** XVIe s. : it. *stanza* « demeure », d'où « strophe, ensemble de vers isolé par un repos au début et à la fin », équivalent de l'anc. fr. *estance* → ÉTANÇON : lat. *stantia*. ♦ [3] **PRESTANT** XVIIe s., nom d'un jeu d'orgue : it. *prestante* « excellent », du lat. *praestans* (→ introd. lat. 2 f). ♦ [4] **STATISTIQUE** XVIIIe s. subst., XIXe s. adj. : all. *Statistik*, décalque de *(collegium) statisticum*, du lat. mod. *statisticus* « relatif à l'État », dér. de *status; statistique* a désigné d'abord les dénombrements de faits sociaux destinés à renseigner et à aider les gouvernements; **STATISTICIEN** XIXe s.

**III.** mots savants issus du latin

**A.** base *-sta-*

♦ [1] **CONSTATER** XVIIIe s. : dér., sur la forme lat. impersonnelle *constat* (→ introd. lat. 2 a), → COÛTER; **CONSTATATION**, une fois au XVIe s., puis XIXe s.; **CONSTAT** subst., fin XIXe s. : mot lat., formule initiale de procès-verbal. ♦ [2] **STATION** XIIe s. *estacion*; XVIe s. liturgie, XVIIe s. « lieu d'observation », XVIIIe s. « lieu d'arrêt des véhicules » et astron., XIXe s. *station (de chemin de fer) : statio* (→ introd. lat. 3 b); **STATIONNAIRE** XIVe s., rare avant le XVIIe s. : bas lat. *stationarius*; **STATIONNER** XVIIe s.; **STATIONNEMENT** fin XVIIIe s.; **STATION-SERVICE** XXe s. ♦ [3] **STATUER** XVIe s., XVe s. *estatuer : statuere*. ♦ [4] **STATUT** XIIIe s. : *statutum*, part. passé substantivé de *statuere* (→ le précéd.); **STATUAIRE** XVIe s., rare avant le XIXe s. ♦ [5] **STATURE** XIIe s. : *statura*. ♦ [6] **STATUE** XIIe s. : *statua*; **STATUAIRE** XVe s.; **STATUETTE** XIXe s.; **STATUFIER** XXe s. ♦ [7] **STATU QUO** XVIIIe s. : loc. du lat. des diplomates *(in) statu quo (ante)* « (dans) l'état où (les choses étaient auparavant) ». ♦ [8] **STATOR** XXe s. techn., antonyme de *rotor*, mot formé sur le radical de *stare, status*. ♦ [9] **STATO-** 1er élément de composés sav., ex. : *statoréacteur*. ♦ [10] **-STAT, -STATION, -STATEUR** 2es éléments de composés sav., d'origine lat., associés à **-STATIQUE, -STATISME**, de forme gr.; le 1er élément est habituellement une base gr. en *o-*, ex. : *photostat, aérostatique*, etc. ♦ [11] **CIRCONSTANCE** XIIIe s. : *circumstantia*, part. présent de *circumstare*, pluriel neutre substantivé pris pour un fém.; **CIRCONSTANCIÉ** XVe s.; **CIRCONSTANCIEL** XVIIIe s., gramm. ♦ [12] **CONSTANT** XIVe s. : *constans*, part. présent de *constare* → COÛTER, CONSTATER; **INCONSTANT** XIIIe s. : *inconstans*; **CONSTAMMENT** XIVe s.; **CONSTANCE, INCONSTANCE** XIIIe s. : *constantia, inconstantia*. ♦ [13] **DISTANT** XIVe s. « éloigné », XIXe s. « réservé », sous l'influence de l'angl. : *distans*, part. présent de *distare*; **ÉQUIDISTANT** XIVe s. : *aequidistans*; **DISTANCE** XIIIe s. : *distantia*; **DISTANCER** XIVe s. « être éloigné », XIXe s. terme de courses, sous l'influence de l'angl.; **DISTANCIATION** XXe s. ♦ [14] **INSTANT** XIIIe s. adj., XIVe s. subst. : *instans* (→ introd. lat. 2 d); **INSTANCE** XIVe s. « sollicitation », XVe s. « poursuite judiciaire », fin XIXe s. « juridiction » : *instantia*; **INSTAMMENT** XIVe s.; **INSTANTANÉ** XVIIe s.; **INSTANTANÉITÉ, INSTANTANÉMENT** XVIIIe s. ♦ [15] **OBSTACLE** XIIIe s. : *obstaculum*; **NONOBSTANT** XIIIe s. : composé de *non* et de l'anc. fr. jur. *obstant*, de *obstare*; littéralement « sans être arrêté par quelque chose ». ♦ [16] **PRESTANCE** XVe s. « excellence », XVIe s. sens mod. : *praestantia* (→ introd. lat. 2 f). ♦ [17] **SUBSTANCE** XIIe s. philo., XVe s. extension de sens : *substantia*; **SUBSTANTIEL** XIIIe s.; **CONSUBSTANTIALITÉ** XIIIe s.; **CONSUBSTANTIEL** XIVe s.; **TRANSSUBSTANTIATION** XVe s.; lat. scolastique *consubstantialitas, consubstantialis, transsubstantiatio*. ♦ [18] **SUBSTANTIF** XIVe s., gramm., appliqué au nom en fr. : *substantivum* (→ le précéd.); **SUBSTANTIVER** XVe s.; **SUBSTANTIVAL** XXe s. ♦ [19] **STABLE** XIIe s. : *stabilis* (→ introd. lat. 4 b) → ÉTABLIR; **STABILITÉ** XIIe s. : *stabilitas*; **INSTABLE** XIVe s., rare avant le XVIIIe s. : *instabilis*; **INSTABILITÉ** XVe s. : *instabilitas*; **STABILISER** fin XVIIIe s., d'abord en économie pol.; **STABILISATION** id.; **STABILISATEUR** XIXe s. ♦ [20] **STABULATION** XIXe s., agric. : lat. *stabulatio* « séjour dans l'étable », de *stabulum*. ♦ [21] **STAGE** XVIIe s. eccl. et jur., XIXe s. sens mod. : lat. médiéval *stagium*, calqué sur l'anc. fr. *estage* → ÉTAGE, au sens de « séjour »; **STAGIAIRE** XIXe s.

**B.** base *-sist-* (→ introd. lat. 7)

♦ [1] **ASSISTER** XIVe s. : *assistere*; **ASSISTANT** XIVe s.; **ASSISTANCE** XVe s.; **ASSISTANAT** XXe s. ♦ [2] **CONSISTER** XIVe s. « être solide », XVe s. sens mod. : *consistere*; **CONSISTANT, INCONSISTANT** XVIe s.; **CONSISTANCE** XVe s.; **INCONSISTANCE** XVIIIe s. ♦ [3] **CONSISTOIRE** XIIe s. : *consistorium*; **CONSISTORIAL** XVe s. ♦ [4] **SE DÉSISTER** XIVe s. : *desistere*; **DÉSISTEMENT** XVIe s. ♦ [5] **EXISTER** XIVe s., rare avant le

XVIIe s. : *exsistere* ; **EXISTENCE** XIVe s. : *exsistentia* ; **COEXISTENCE** XVIe s. ; **INEXISTENCE** XVIIe s. ; **COEXISTER** XVIIIe s. ; **INEXISTANT** XIXe s. ; **EXISTENTIEL, EXISTENTIALISME, EXISTENTIALISTE** XXe s. ♦ [6] **INSISTER** XIVe s. : *insistere* ; **INSISTANCE** XVIe s., puis XIXe s. ; **INSISTANT** XVIe s. ♦ [7] **PERSISTER** XIVe s. : *persistere* ; **PERSISTANT** XIVe s. ; **PERSISTANCE** XVe s. ♦ [8] **RÉSISTER** XIIIe s. : *resistere* ; **RÉSISTANCE XIVe** s. ; **IRRÉSISTIBLE** XVIIe s. : lat. médiéval *resistibilis* ; **RÉSISTIVITÉ** XXe s. ; **RÉSISTANT** subst. XXe s. ♦ [9] **SUBSISTER** XIVe s. : *subsistere* ; **SUBSISTANCE** XVIe s. « fait de subsister », fin XVIIe s. « vivres ».

**C.** base *-stit-* (→ introd. lat. 6)

♦ [1] **CONSTITUER** XIIIe s. : *constituere* ; **CONSTITUANT** adj. XIVe s. ; adj. pol. et subst. chimie XVIIIe s. ; **CONSTITUTIF** XVe s., XVIIIe s. pol. ; **RECONSTITUER** XVIe s., rare avant fin XVIIIe s. « remettre en état », XIXe s. méd. ; **RECONSTITUTION** XVIIIe s. ; **RECONSTITUANT** XIXe s. ♦ [2] **CONSTITUTION** XIIe s. « établissement », XVIe s. en parlant du corps, XVIIe s. « lois fondamentales » ; **CONSTITUTIONNEL, ANTICONSTITUTIONNEL, INCONSTITUTIONNEL**, fin XVIIIe s. ; **CONSTITUTIONNELLEMENT** id. ; **CONSTITUTIONNALISTE, -ALISME, -ALISER** XIXe s. ♦ [3] **DESTITUER** XIVe s. : *destituere* ; **DESTITUTION** XIVe s. : *destitutio*. ♦ [4] **INSTITUER** XIIIe s.-XVIIe s. « instruire », XIIIe s. « établir » : *instituere* ; **INSTITUTION** XIIe s. « chose établie », XVIe s. « éducation », XVIIe s. « établissement d'enseignement » : *institutio* ; **INSTITUTIONNEL, INSTITUTIONNALISER** XXe s. ; **INSTITUT** XVe s. « chose établie », XVIIe s. relig., XVIIIe s. société savante : *institutum* ; **INSTITUTEUR** XVe s. « qui établit », XVIIIe s. « qui instruit, maître d'école » : *instituor*. ♦ [5] **PROSTITUER** XIVe s. « avilir », XVIIe s. sens mod. : *prostituere* ; **PROSTITUÉE** subst. fém. fin XVIe s. ; **PROSTITUTION** XIIIe s. « impudicité », XVIIIe s. sens mod. : lat. eccl. *prostitutio*. ♦ [6] **RESTITUER** XIIIe s. : *restituere* ; **RESTITUTION** XIIIe s. : *restitutio* ; **RESTITUABLE** XVe s. ; **RESTITUTOIRE** XVIe s. ♦ [7] **SUBSTITUER** XIVe s. : *substituere* ; **SUBSTITUTION** XIIIe s. : *substitutio* ; **SUBSTITUT** XIVe s. : *substitutus*. ♦ [8] **SUPERSTITION** XIVe s. : *superstitio* (→ introd. lat. 2 i) ; **SUPERSTITIEUX** XIVe s. : *superstitiosus*.

**D.** base *-stice* (→ introd. lat. 3 e)

♦ [1] **INTERSTICE** XVe s. : *interstitium* ; **INTERSTITIEL** XIXe s. ♦ [2] **SOLSTICE** XIIIe s., rare avant le XVIIe s. : *solstitium* ; **SOLSTICIAL** XIVe s. : *solstitialis*.

**E.** base *-stin-* (→ introd. lat. 8)

♦ [1] **DESTINER** XIIe s.-XVIIe s. « fixer, en parlant du destin », XVIIe s. sens mod. : *destinare* ; **DESTINÉE** et **DESTIN** XIIe s. : dér. de *destiner* ; **DESTINATION** XIIe s. : *destinatio* ; **DESTINATAIRE** XIXe s. ♦ [2] **OBSTINER** XIIIe s. au part. passé, XVIe s. : *obstinare* ; **OBSTINATION** XIIe s. : *obstinatio*.

**F.** base *-staur-* (→ introd. lat. 9)

♦ [1] **INSTAURER** XVIe s., rare avant le XIXe s. : *instaurare* ; **INSTAURATION** XIVe s. : *instauratio* ; **INSTAURATEUR** XIVe s., puis XIXe s. ♦ [2] **RESTAURER** XIIe s. « remettre en état », XVe s. appliqué à la nourriture : *restaurare* ; **RESTAURATION** XIVe s. : *restauratio* ; **RESTAURANT** XVIe s. « aliment nourrissant », XVIIIe s. sens mod. ; **RESTAURATEUR** XVe s. « qui restaure », XVIIIe s. « qui tient un restaurant ».

**G. OBSTÉTRIQUE** XIXe s., adj. puis subst. : formé sur *obstetrix* (→ introd. lat. 2 e) ; **OBSTÉTRICAL** XIXe s.

**IV.** mots issus du grec

**A.** base *-stas-, -stat-* (sav.) ♦ [1] **STASE** XVIIIe s. méd. « arrêt de la circulation » : *stasis*. ♦ [2] **STATIQUE** XVIIe s. subst., XIXe s. adj. : *statikos*. ♦ [3] **-STASE, -STASIE, -STATIQUE** 2es éléments de composés sav., ex. : *hémostase*, ou *hémostasie, hémostatique*. ♦ [4] **STATÈRE** XIVe s. monnaie antique : *statêr*, par le bas lat. ♦ [5] **APOSTASIE** XIIIe s. : *apostasia*, par le lat. eccl. ; **APOSTAT** XIIIe s. : *apostatês*, par le lat. ; **APOSTASIER** XVe s. ♦ [6] **DIASTASE** XIXe s. chimie biol. : *diastasis*. ♦ [7] **EXTASE** XVe s. : *ekstasis* ; **EXTASIER** XVIIe s. ; **EXTATIQUE** XVIe s. : *ekstatikos* ♦ [8] **HYPOSTASE** XIVe s. : *hupostasis*, par le lat. ; **HYPOSTATIQUE** XVe s. : *hupostatikos* ♦ [9] **MÉTASTASE** XVIe s. méd. : *metastasis* ♦ [10] **PROSTATE** XVIe s. anat. : *prostatês* ; **PROSTATIQUE** XVIIIe s. ; **PROSTATITE, PROSTATECTOMIE** XIXe s.

**B. -ASE**, suff. nom. fém. sav. employé dans la langue médicale pour désigner des enzymes, tiré de *diastase*, ex. : *maltase*.

**C. SYSTÈME** (sav.) XVIe s. : *sustêma* ; **SYSTÉMATIQUE** XVIe s. : *sustêmatikos*, par le bas lat. ; **SYSTÉMATISER** XVIIIe s. ; **SYSTÉMATISATION** XIXe s.

**D. APOSTUME** (demi-sav.) XIIIe s. : altération, par substitution de suff., de *apostème* (sav.) XIIIe s. : *apostêma*.

**E. STADE** (sav.) XIIIe s. *estade* « mesure de longueur antique », XVIe s. « carrière pour la course », archéol. ; début XIXe s. « période d'une maladie intermittente », sens empr. à l'angl., puis « étape d'une évolution » ; fin XIXe s. « terrain de sport » : *stadion*, par le lat.

**F.** base *-styl-*

♦ [1] **STYLOBATE** XVIe s. : *stulobatês*. ♦ [2] **STYLITE** XVIIe s. « solitaire vivant au sommet d'une colonne ou d'une tour » : *stulitês*. ♦ [3] **HYPO-**

**STYLE** XIX^e^ s. archéol. : *hupostulos*; **PÉRISTYLE** XVI^e^ s. : *peristulon*, par le lat.; **POLYSTYLE** XIX^e^ s. : *polustulos*; **PROSTYLE** XVII^e^ s. : *prostulos*, par le lat.

V. mots d'origine germanique

♦ [1] **ESTAMINET** (pop.) XVII^e^ s. : wallon *staminê* « travée d'étable entre deux poteaux » et « bâtiment rustique, mauvais cabaret » emprunté par le picard (→ pour le sens BORDEL, CABOULOT); dér. de *stamon* « poteau » (apparenté à l'all. *Stamm* « tronc », « souche »); du germ. **stamna*, élargissement en *-mn-* de la racine *-sta-*. ♦ [2] **STAND** XIX^e^ s. « tribune de courses » puis « emplacement pour le tir ou pour une exposition » : mot angl., dér. de *to stand* « se tenir debout », du germ. **standan*, élargissement en *-nd-* de la racine *-sta-*; le second sens est p.-ê. empr. à l'all. de Suisse, mot de même origine; **STANDING** XX^e^ s. : mot angl. « importance », « niveau », part. présent substantivé de *to stand*.

**ESTHÉTIQUE** famille sav. du gr. *aisthanesthai*, p.-ê. apparenté au lat. *audire* → OUÏR. — Dérivés : *aisthêtês* « qui perçoit par les sens »; *aisthêsis* « faculté de percevoir par les sens »; *anaisthêsia* « insensibilité »; *aisthêtikos* « qui a la faculté de sentir » ou « qui peut être objet de sensation ».

♦ [1] **ESTHÉTIQUE** XVIII^e^ s. : *aisthêtikos*, par le lat. mod.; **ESTHÈTE** XIX^e^ s. : *aisthêtês*; **ESTHÉTISME, ESTHÉTICIEN** XIX^e^ s.; **ESTHÉTICIENNE** XX^e^ s. ♦ [2] **ANESTHÉSIE** XVIII^e^ s. : *anaisthêsia*, par l'angl.; **ANESTHÉSIER, ANESTHÉSIQUE** XIX^e^ s.; **ANESTHÉSIANT, ANESTHÉSISTE, ANESTHÉSIOLOGIE** XX^e^ s. ♦ [3] **ESTHÉSIO-** 1^er^ élément de composés sav., ex. : *esthésiologie, esthésiomètre*. ♦ [4] **-ESTHÉSIE** 2^e^ élément de composés sav. exprimant la notion de « sensation », ex. : *radiesthésie* → RAI.

**ESTIMER** ♦ [1] (sav.) XIII^e^ s. : lat. *aestimare*, d'origine obscure, « évaluer le prix d'une chose » et « juger »; a éliminé *esmer* (pop.) XII^e^ s., de même origine, dont l'amuïssement de l'*s* faisait un homonyme d'*aimer*; **MÉSESTIMER** XVI^e^ s.; **SURESTIMER** XVII^e^ s.; **SOUS-ESTIMER** XIX^e^ s. ♦ [2] **ESTIMABLE** XIV^e^ s.; **INESTIMABLE, ESTIME** XV^e^ s.; **MÉSESTIME** XVIII^e^ s. : dér. de *estimer*. ♦ [3] **ESTIMATION** XIII^e^ s. : *aestimatio*; **ESTIMATEUR** XIV^e^ s. : *aestimator*.

**ESTOMAC** famille du gr. *stoma, -atos* « bouche », « ouverture », d'où *distomos* « à deux bouches » et *anastomôsis* « action d'ouvrir », « ouverture »; à *stoma* se rattache *stomakhos* « orifice », « orifice de l'estomac », « estomac » et *stomakhikos* « de l'estomac », empr. sous les formes *stomachus* et *stomachicus* par le lat., qui a créé le dér. *stomachari* « avoir de la bile », « se formaliser », « prendre mal les choses ».

♦ [1] **ESTOMAC** (demi-sav.) XIII^e^ s. : *stomachus*; **ESTOMAQUER** XV^e^ s. : *stomachari*. ♦ [2] **STOMACAL** (sav.) XV^e^ s. : dér., sur *stomachus*; **STOMACHIQUE** (sav.) XVI^e^ s. : *stomachicus*. Pour les autres mots sav. exprimant la notion d'« estomac » → GASTRO-, art. VENTRE. ♦ [3] **STOMATE** (sav.) XIX^e^ s. zool. et bot. : mot formé sur le radical de *stomatos*. ♦ [4] **STOMATIQUE** XVI^e^ s.; **STOMATITE** XIX^e^ s. ♦ [5] **STOMATO-** 1^er^ élément de composés sav. exprimant la notion de « bouche », ex. : *stomatologie, stomatoscope*. ♦ [6] **ANASTOMOSE** XVI^e^ s. anat. et chir. : *anastomosis*; **ANASTOMOSER** XVIII^e^ s. ♦ [7] **-STOME** 2^e^ élément de composés sav. exprimant la notion de « bouche », ex. : *distome, cyclostome*.

**ESTOMPE** XVII^e^ s. : néerl. *stomp* « bout », apparenté à l'all. *stumpf* « émoussé »; **ESTOMPER** XVII^e^ s.; **ESTOMPAGE** XX^e^ s.

**ESTOURBIR** XIX^e^ s. argot : dér. de *stourbe*, var. *chtourbe* « mort », de l'alsacien *storb* « id. », apparenté à l'all. *gestorben*.

**ESTRADE** famille d'une racine **ster-* « étendre » (p.-ê. apparentée à celle du lat. *struere* → DÉTRUIRE).

En grec (1) *stratos* « foule », « troupe », « armée », d'où *stratêgos* « chef d'armée »; *stratêgein* « commander une armée »; *stratêgia* « commandement d'une armée »; *stratêgikos* « qui concerne ce commandement »; *stratêgêma* « manœuvre de guerre » (2) *sternon* « partie large et plate qui forme le devant de la poitrine ».

En latin le verbe *sternere, stratus* « étendre », « coucher à terre », d'où (1) *strata (via)* « (route) jonchée (de pierres) », « chaussée »; *stratus, -us* et *stratum, -i* « couche », « lit » (2) *prosternere, prostratus* « coucher en avant », « renverser » et bas lat. *prostratio* « prostration » (3) *consternere, -stratus* « couvrir, joncher » et une forme intensive *consternare, consternatus* « épouvanter, bouleverser », d'où *consternatio* « affolement ».

I. mots empruntés d'origine latine

♦ [1] **ESTRADE** XVII^e^ s. « plancher élevé » : esp. *estrado*, du lat. *stratum* qui avait pris chez l'archit. Vitruve, I^er^ s., le sens de « plate-forme ». ♦ [2] antérieurement, XVe s., il avait existé en fr. une autre forme **ESTRADE** « route » : it. *strada*, du lat. *strata (via)* : le mot survit dans l'expression archaïque *batteur d'estrade*. ♦ [3] **AUTOSTRADE** XXe s. : it. *autostrada* « route pour les autos » → le précéd.

**II.** mots savants d'origine latine

**A.** base *-stern-*

♦ [1] **CONSTERNER** XIVe s. : *consternare*; **CONSTERNATION** XVIe s. : *consternatio*. ♦ [2] **PROSTERNER** XIVe s., XVe s. pronom. : *prosternere*; **PROSTERNEMENT, PROSTERNATION** XVIe s.

**B. PROSTRÉ** XIIIe s. « prosterné », XIXe s. « abattu » : *prostratus*.

**C.** base *-strat-*

♦ [1] **PROSTRATION** XIVe s. « prosternement », XVIIIe s. « abattement » → le précéd. ♦ [2] **SUBSTRAT**, ou **SUBSTRATUM** XVIIIe s. philo., fin XIXe s. ling. : lat. *substratum* « couche qui repose sous »; **ADSTRAT** et **SUPERSTRAT** XXe s. ling. ♦ [3] **STRATE** XIXe s. géol. : *stratum*. ♦ [4] **STRATUS** XIXe s. météor. : mot lat. « (nuage) étendu, allongé ». ♦ [5] **STRATIFIER** et **STRATIFICATION** XVIIe s., à l'origine, chimie : lat. des alchimistes *stratificare, stratificatio*, dér. de *stratum*. ♦ [6] **STRATI-** 1er élément de composés sav. exprimant la notion de « couche », ex. : **STRATIGRAPHIE, -IQUE** XIXe s. ♦ [7] **STRATO-** 1er élément de composés sav. exprimant l'idée de « couche » ou de « nuage allongé », ex. : **STRATO-CUMULUS** XXe s. météor.; **STRATOSPHÈRE** et **STRATOSPHÉRIQUE** XXe s.

**III.** mots savants d'origine grecque

♦ [1] **STERNUM** XVIe s. : gr. *sternon*, par le lat. méd.; **STERNAL** XIXe s.; **STERNO-** 1er élément de composés sav. de la langue médicale. ♦ [2] **STRATAGÈME** XVIe s. altération de *strategeme* XVe s. : *stratēgēma*; **STRATÈGE** XVIIIe s. hist. grecque, XIXe s. sens mod. : *stratêgos*; **STRATÉGIE, STRATÉGIQUE** XIXe s. : *stratêgia, stratêgikos*.

**ESTROPIER** famille du lat. *turpis* « difforme, laid », et « honteux, déshonorant », d'origine inconnue, d'où *turpitudo*, employé surtout au sens moral.

♦ [1] **ESTROPIER** XVe s. : it. *stroppiare*, altération, par croisement avec *troppo* « trop », de l'it. *storpiare*, du lat. vulg. **extŭrpiare*, dér. de *tŭrpis*. ♦ [2] **TURPITUDE** (sav.) XIVe s. : *turpitudo*.

**ESTURGEON** (pop.) XIIIe s. : frq. **sturjo*, attesté sous la forme lat. *sturio*; la forme *éturgeon* est attestée au XVIIe s.; la prononc. de l'*s* est due à l'infl. de l'écriture, ou plutôt de la forme gasconne correspondante.

**ET** ♦ [1] (pop.) IXe s. : lat. *et*, conj. de même sens ♦ [2] **ET CETERA** : mots lat. « et les autres choses », formule usuelle dans les textes juridiques au Moyen Âge.

**-ET, -ETTE** ♦ [1] (pop.) suff. nom. et adj. vivant, à valeur dimin., ex. : *wagonnet, fillette, jeunet* : lat. vulg. *-ĭttus, -ĭtta*, dont le fém. est attesté dans des noms propres, dans des inscriptions d'époque imp. ♦ [2] **-ETER** (pop.) suff. composé verbal vivant, ex. : *souffleter, moucheter, moqueter* (dér. de moquette). ♦ [3] suff. composés nom. pop., aujourd'hui morts : **-ETIS**, ex. : *plumetis, mouchetis*; **-ETEAU** (var. anc. fr. *-etel*), ex. : *boqueteau*; à noter que dans le mot *roitelet*, dimin. de l'anc. fr. *roietel*, lui-même dér. de *roi*, le suff. *-et* a été employé deux fois. ♦ [4] **-ETON** (pop.) suff. composé nom., ex. : *œilleton*; encore vivant en argot, ex. : *bricheton, frometon, griveton, micheton*.

**ÉTAI** famille d'une base germ. **stak-* « pieu, piquet », p.-ê. apparentée à **stik-* → ÉTIQUETTE.

**I.** mots populaires

♦ [1] **ÉTAI** XIIe s. var. anc. fr. *estaie*; rare avant le XVIIIe s. : frq. **staka* (et non néerl. *staeye*, d'origine fr.); **ÉTAYER** XIIIe s.; **ÉTAIEMENT** XVe s.; **ÉTAYAGE** XIXe s. ♦ [2] **ATTACHER** XIe s. : réfection, par substitution de préf., de l'anc. fr. *estachier* « ficher », « fixer » : lat. vulg. **staccare*, adaptation du frq. **stakkôn*; **ATTACHE** XIIe s.; **ATTACHEMENT** XIIIe s.; **RATTACHER** XIIe s.; **RATTACHEMENT** XIXe s.; **DÉTACHER** XIIe s.; **DÉTACHEMENT** XVIIe s.

**II.** mots d'emprunt

♦ [1] **ATTAQUER** XVIe s. : de l'expression it. *attaccare battaglia* « engager la bataille » et par abréviation *attaccare*, du lat. vulg. **staccare*, avec la même substitution de préf. qu'en fr.; **ATTAQUE** XVIIe s.; **ATTAQUABLE** XVIe s.; **INATTAQUABLE** XVIIIe s.; **CONTRE-ATTAQUE, CONTRE-ATTAQUER** XIXe s. → ESTACADE, art. ÉTIQUETTE.

**ÉTAIN** ♦ [1] (pop.) XIIe s. : lat. *stagnum*, var. *stannum* « plomb argentifère » et bas lat. « étain ». mot d'empr. d'origine incertaine; l'étamage des ustensiles était, d'après Pline, une habitude gauloise; **TAIN** XIIe s. : altération, sous l'influence de *teint*, de *étain*. ♦ [2] **ÉTAMER** (pop.) XIIIe s. : dér. de *étain*, par analogie des mots en *-aim* qui avaient donné naissance à une var. *estaim*, et du verbe *entamer*; **ÉTA-**

**MEUR** XIV^e s.; **ÉTAMAGE** XVIII^e s.; **RÉTAMEUR, RÉTAMAGE** XIX^e s.; **RÉTAMER** XIX^e s. ♦ [3] **STANNIQUE, STANNIFÈRE** (sav.) XIX^e s. : dér. sur *stannum*.

**ÉTAL** famille du germ. *stall* « position », « demeure », « étable ».

♦ [1] **ÉTAL** (pop.) XI^e s., emplois variés, aujourd'hui restreints à celui d'« étalage de boucher ». ♦ [2] **ÉTALER** XII^e s. « s'arrêter », XIII^e s. sens mod.; **ÉTALIER, ÉTALAGE** XIII^e s.; **ÉTALEMENT, ÉTALAGISTE** XIX^e s.; **DÉTALER** XIII^e s. « retirer de l'étal », fin XVI^e s. « s'enfuir ». ♦ [3] **ÉTALE** XVII^e s. adj., mar. « au repos », « sans mouvement » : dér. de *étaler*. ♦ [4] **ÉTALON** (pop.) XIII^e s. « cheval reproducteur » : frq. **stallo*, dér. de **stall*, littéralement, « cheval gardé à l'écurie ». ♦ [5] **STALLE** XVI^e s. : p.-ê. it. *stalla* ou *stallo*, de même origine que l'anc. fr. *estal*, fr. mod. *étal*; plus probablement lat. médiéval *stallum*, formé d'après le fr. *estal*; d'abord uniquement à propos des *stalles d'église; stalle d'écurie* ou *de théâtre* : seulement XIX^e s. ♦ [6] **INSTALLER** (sav.) XIV^e s. « mettre un eccl. en possession d'une dignité qui lui donne droit à une stalle au chœur », XVI^e s. « placer en un certain lieu de façon définitive », XIX^e s. « aménager (une maison) » : lat. médiéval *installare*, dér. de *stallum* → le précéd.; **INSTALLATION** XIV^e s., rare avant le XVII^e s.; **RÉINSTALLER** XVI^e s.; **INSTALLATEUR** XIX^e s.

**ÉTALON** (de mesure) (pop.) XIV^e s. : la convergence du fr. et du moyen néerl. permet de reconstituer un anc. frq. **stalo* de même sens, p.-ê. le même que **stalo*, étymon de l'anc. fr. *estal* « pieu », qui aurait pu évoluer vers le sens de « jauge », « bâton gradué », mais plus probablement son simple homonyme; **ÉTALONNER** XIV^e s.; **ÉTALONNAGE** XV^e s.; **ÉTALONNEMENT** XVI^e s.

**ÉTANCHER** ♦ [1] (pop.) XII^e s. « arrêter, empêcher », « dessécher », « fatiguer », XIII^e s. *étancher la soif* : d'une famille de mots représentée dans tous les pays romans (port., catalan, occitan *estancar* « barrer un cours d'eau », anc. occitan XII^e s. *tancar*, catalan *tancar*, sarde *tancare* « fermer », etc.); les formes préfixées supposent un lat. vulg. **extancare*, toutes un radical *-tank-* « fermer », p.-ê. pré-lat., p.-ê. d'un mot ind.-eur. **tanko* « fixer », apparenté à certaines formes celtiques. **ÉTANCHEMENT** XVI^e s. ♦ [2] **ÉTANCHE** XII^e s., adj. fém.; a éliminé le masc. *estanch*, *estanc* « desséché », encore attesté au XVIII^e s. : dér. de *étancher*; **ÉTANCHÉITÉ** XIX^e s. ♦ [3] **ÉTANG** XII^e s., *estanc*, var. fém. *estanche*, subst., « étendue d'eau dont un barrage empêche l'écoulement » : emploi substantivé de l'adj. *estanc* → le précéd.; le *g* est dû à l'infl. de *stagnum* (→ STAGNER), considéré à tort comme l'étymon d'*étang*.

**ÉTAPE** (pop.) XIII^e s. « entrepôt », XVII^e s. « endroit où s'arrêtent les troupes pour se ravitailler », XVIII^e s. sens mod. : altération de l'anc. fr. *estaple* XIII^e s., moyen néerl. *stapel* « entrepôt ».

**ÉTAU** ♦ [1] (pop.) XVII^e s. : aboutissement phonétique normal de l'anc. fr. *estoc*, du frq. **stok* « bâton », du germ. commun **stukkaz* « tronc », « souche », d'origine incertaine. Cette sorte de presse est composée de deux *tiges* de métal ou de bois terminées par des mâchoires. ♦ [2] **ESTOC** XII^e s. « bâton », « épée » : frq. **stok*, avec rétablissement de la prononc. de l'*s* et du *c* final sous l'infl. de l'it. *stocco* de même origine. ♦ [3] **ESTOCADE** XVI^e s. : it. *stoccata*, dér. de *stocco* → le précéd. ♦ [4] **STOCK** XVII^e s., rare avant le XIX^e s. : mot angl. « souche », « quantité », « réserves » : germ. commun **stukkaz*; **STOCKER, STOCKAGE** XIX^e s.

**ÉTÉ** famille d'une rac. ind.-eur. **aidh-* « brûler ».

En grec *aithein* « allumer », « faire brûler », d'où *aithêr* « ciel lumineux », « région supérieure de l'air ».

En latin (1) *aestus*, de **aidh-tos* « chaleur brûlante », « bouillonnement » et « agitation des flots de la mer »; dérivés : (a) *aestas, -atis* de **aestitas*, « été », d'où *aestivus* « de l'été » et bas lat. *aestivalis*; (b) *aestuarium* « endroit envahi par les flots de la mer », « estuaire », « lagune » (2) *aedes*, à l'origine « foyer », « hutte primitive de forme circulaire, avec le feu au milieu, comme l'*aedes Vestae*, ou temple de Vesta à Rome », d'où lat. class. « temple », « maison »; dérivés : (a) *aedificare* « construire » et lat. chrét. « éduquer, porter à la vertu », d'où *aedificatio* « action de construire » et *aedificium* « bâtiment »; (b) dimin. *aedicula* « petite maison »; (c) *aedilis*, à l'origine « qui s'occupe des édifices sacrés et privés »; en fait, à Rome, « magistrat municipal »; d'où *aedilitas* « charge d'édile ».

**I.** mots populaires issus du latin

♦ [1] **ÉTÉ** XI^e s. : *aestātem*, acc. de *aestas*. ♦ [2] **ÉTIAGE** XVIII^e s., dér. du dial. *étier* (Ouest), désignant un chenal reliant la mer à un marais, de *aestuarium*; le niveau de l'eau y était variable, d'où le sens du fr. *étiage*.

**II.** mots savants issus du latin

♦ [1] **ESTIVAL** XII^e^ s. : *aestivalis*; **ESTIVER** XVI^e^ s., et **ESTIVAGE** XIX^e^ s., à propos des bestiaux; **ESTIVATION** XIX^e^ s., bot., zool.; **ESTIVANT** subst. XX^e^ s. ♦ [2] **ESTUAIRE** XV^e^ s. : *aestuarium*. ♦ [3] **ÉDIFIER** XII^e^ s. sens propre et fig. : *aedificare*; **ÉDIFICE** XII^e^ s. : *aedificium*; **ÉDIFICATION** XII^e^ s. sens propre et fig. : *aedificatio*; **ÉDIFIANT** XVII^e^ s. adj., sens fig. seulement : part. présent de *édifier*; **RÉÉDIFIER, RÉÉDIFICATION** XVI^e^ s. ♦ [4] **ÉDICULE** XIX^e^ s. : *aedicula*. ♦ [5] **ÉDILE** XIII^e^ s. hist. rom., XIX^e^ s. « magistrat municipal » : *aedilis*; **ÉDILITÉ** XIV^e^ s. : *aedilitas*; **ÉDILITAIRE** XIX^e^ s.

**III.** mots savants issus du grec

♦ [1] **ÉTHER** XII^e^ s. « espace céleste », XVIII^e^ s. phys. et chimie : *aithêr*; **ÉTHÉRÉ** XV^e^ s. : lat. *aethereus*, du gr. *aithêrios*; **ÉTHÉROMANE, -MANIE** fin XIX^e^ s.; **ÉTHÉRIFIER, ÉTHÉRIFICATION** XIX^e^ s.; **ÉTHÉRISER, ÉTHÉRISATION, ÉTHÉRISME** XIX^e^ s. ♦ [2] **ÉTH-** radical de noms de produits chimiques, tiré de *éther* : **ÉTHANE, ÉTHYLE**, d'où **ÉTHYLIQUE** → HYL(O)-, tous au XIX^e^ s. ♦ [3] **ESTER** XIX^e^ s. : all. *Essigäther* « éther acétique ». ♦ [4] **-ESTER** 2^e^ élément de nombreux composés sav. servant à nommer des produits de synthèse, ex. : **POLYESTER, ACRYLESTER** XX^e^ s.

**ÉTEINDRE** ♦ [1] (pop.) XII^e^ s. : lat. vulg. **extingere*, du lat. class. *extinguere, extinctus*, même sens, mot obscur de rapport incertain avec les mots de forme voisine signifiant « piquer » → INSTINCT, INSTIGATION,, art. ÉTIQUETTE; **ÉTEIGNEUR** XIII^e^ s.; **ÉTEIGNOIR** XVI^e^ s. ♦ [2] **EXTINCTION** (sav.) XV^e^ s. : *extinctio*, dér. de *extinguere*; **EXTINCTEUR**, une fois au XVIII^e^ s. « qui anéantit », fin XIX^e^ s. « appareil pour éteindre » : dér. sur le radical d'*extinctus*; **INEXTINGUIBLE** XIV^e^ s.; bas lat. *inextinguibilis*; **EXTINGUIBLE** XVI^e^ s.

**ÉTERNUER** ♦ [1] (pop.) XIII^e^ s. : lat. imp. *sternūtāre*, dér. du lat. class. *sternuere, sternūtum*, même sens; **ÉTERNUEMENT** XIII^e^ s. ♦ [2] **STERNUTATOIRE** XVI^e^ s., XIII^e^ s. *esternutatore* : adj. sav. formé sur le radical de *sternutare*; **STERNUTATION** XIX^e^ s.

**ÉTEULE** famille d'une racine ind.-eur. **stip-* « être raide, compact ».

En latin (1) *stipare*, à l'origine « rendre raide, compact », d'où « serrer, presser », et *constipare* « serrer, bourrer », *constipatio* « action de resserrer », « concentration » (2) *stips, stipis*, sans doute, à l'origine, « objet pressé », d'où lat. class. « pièce de monnaie »; dér. *stipendium* « solde des militaires » et *stipendiari, -atus* « toucher une solde » (3) *stipes, -itis* « pieu, poteau » (objet raide) et *stipula*, var. *stupula* « tige des céréales » (4) *stipulari* « exiger un engagement ferme », qui peut s'expliquer soit par le sens de « je dresse », « j'affermis », soit comme un dér. de *stipula*, par la coutume de rompre une paille en signe de promesse.

**I.** mot populaire :

**ÉTEULE** XIII^e^ s. : mot dial. (Picardie) : de *stŭpŭla*; a éliminé l'anc. fr. *estouble* de même origine.

**II.** mots savants : base *-stip-*

♦ [1] **CONSTIPER** XIV^e^ s. : *constipare*; **CONSTIPATION** fin XIII^e^ s. : *constipatio*. ♦ [2] **STIPE** XVIII^e^ s. bot. : *stipes*; **STIPITÉ** XIX^e^ s. bot. « porté par un stipe ». ♦ [3] **STIPENDIER** XVI^e^ s. « prendre à sa solde » : *stipendiari*. ♦ [4] **STIPULE** XVIII^e^ s. bot. : *stipula*; **STIPULAIRE** XIX^e^ s. ♦ [5] **STIPULER** fin XIII^e^ s. : lat. jur. *stipulare*, du lat. class. *stipulari*; **STIPULATION** XIII^e^ s. : *stipulatio*.

**ÉTINCELLE** ♦ [1] (pop.) XII^e^ s. : lat. vulg. **stincĭlla*, forme à métathèse du lat. class. *scintĭlla*, même sens; **ÉTINCELER, ÉTINCELLEMENT** XII^e^ s.; **ÉTINCELANT** XIII^e^ s. ♦ [2] **STENCIL** XX^e^ s., mot angl. « patron », dér. de *to stencil* « peindre au patron », « orner de couleurs étincelantes » : anc. fr. *estinceler*, fr. mod. *étinceler*. ♦ [3] **SCINTILLER** (sav.) XIV^e^ s. : lat. *scintillare*, dér. de *scintilla*; **SCINTILLANT** adj. XVI^e^ s.; **SCINTILLEMENT** XVIII^e^ s.

**ÉTIOLER** (pop.) XVII^e^ s. : origine obscure; **ÉTIOLEMENT** XVIII^e^ s.

**ÉTIOLOGIE** (sav.) XVII^e^ s. « recherche des causes (des maladies) » : de *aition*, ou *aitia* « cause » et *-logie* → LIRE.

**ÉTIQUETTE** famille d'une racine **stig-* « piquer ».

En grec *stizein* « piquer » et *stigma, -atos* « piqûre ».

En latin (1) *instigare* « piquer contre », « exciter », d'où lat. imp. *instigatio, instigator, -trix* (2) *distingere*, souvent écrit *distinguere, distinctus*, forme à infixe nasal, « séparer par un point »; *distinctio* « action de distinguer » (3) *instingu)ere*, attesté pour ainsi dire seulement au part. *instinctus* « aiguilloné », d'où *instinctus, -ūs* « excitation, impulsion », traduction du gr.

*enthousiasmos* → ENTHOUSIASME (4) probablement aussi les formes nom. (a) *stimulus* « aiguillon », « excitation », d'où *stimulare* et *stimulatio*; (b) *stilus* « instrument fait d'une tige pointue », en particulier « poinçon servant à écrire sur des tablettes », d'où « exercice écrit », « manière d'écrire »; souvent écrit *stylus* par un faux rapprochement avec *stulos* « colonne » → -STYLE, art. ESTER.
En germ., base **stik-* « percer, être pointu ».

I. mots populaires ou mots d'emprunt d'origine germanique (→ aussi ÉTAI et ÉTAU)

♦ [1] **ÉTIQUETTE** XIVe s. « marque fixée à un pieu »; XVe s.-XVIe s. divers sens jur., « écriteau mis sur un sac de procès », « mémoire contenant la liste des témoins »; à la cour de Philippe le Bon, duc de Bourgogne, « formulaire contenant l'emploi du temps de chaque journée du duc et de sa cour », empr. par l'Espagne et l'Autriche et diffusé en France à partir du milieu du XVIIIe s.; XVIe s., sens mod. « petit morceau de papier fixé à un objet » : dér. de l'anc. fr. *estiquier* « attacher », du frq. **stikkan*. **ÉTIQUETER, -AGE** XVIe s. ♦ [2] **TICKET** XVIIIe s. : mot angl., « billet, bulletin », de l'anc. fr. *estiquette*, fr. mod. *étiquette*. ♦ [3] **ESTACADE** XVIe s. : it. *steccata* « palissade », dér. de *stecca* « baguette, pieu », du longobard *stikka*, même sens; altération en *a*, p.-ê. sous l'infl. de l'anc. fr. *estachier*, fr. mod. *attacher* → ÉTAI. ♦ [4] **STICK** fin XVIIIe s. « baguette longue et souple », XXe s. « bâton de fard » : mot angl., « bâton », du germ. **stik-*.

II. mot d'emprunt d'origine latine :

**STYLET** XVIe s. : it. *stiletto*, dimin. de *stilo* « poignard », du lat. *stilus*.

III. mots savants d'origine latine

♦ [1] **INSTIGATION** XIVe s. : *instigatio*; **INSTIGATEUR** XIVe s. : *instigator*. ♦ [2] **DISTINGUER** XIVe s. : *distinguere*; **DISTINGUO** XVIe s., formule usuelle des discussions scolastiques : mot lat. « je fais une distinction », 1re pers. présent de l'ind. de *distinguere*; **DISTINGUÉ** adj. XVIIe s. ♦ [3] **DISTINCTION** XIIe s. « action de distinguer », XVIIe s. « marque d'estime », XIXe s. « élégance » : *distinctio*; **DISTINCT** XIVe s. : *distinctus*; **DISTINCTEMENT** XIIIe s.; **DISTINCTIF, INDISTINCT** XIVe s.; **INDISTINCTEMENT** XVe s. ♦ [4] **INSTINCT** XVe s. « impulsion », XVIIe s. sens mod. : *instinctus*; **INSTINCTIF, INSTINCTIVEMENT** début XIXe s. ♦ [5] **STIMULER** XIVe s. : *stimulare*; **STIMULATION** XIVe s. : *stimulatio*; **STIMULANT** XVIIIe s. adj. et subst.; **STIMULUS** XIXe s. : mot lat.; **STIMULINE** XXe s. méd. ♦ [6] **STYLE** XIVe s. jur. « manière de procéder », XVe s. « manière de combattre ou d'agir », XVIe s. « manière de s'exprimer », XVIIe s., beaux-arts, « manière de traiter un sujet » : *stylus*; **STYLÉ** XIVe s. adj. « qui a de bonnes manières d'agir »; **STYLER** XVIIe s.; **STYLISTE, STYLISTIQUE, STYLISER, STYLISATION** XIXe s.; **STYLISTICIEN** XXe s.

IV. mots issus du grec

♦ [1] **STIGMATE** (sav.) XVe s. plur. « blessures de la passion du Christ » : *stigmata*, plur. de *stigma, -atos*; XVIe s. « marque au fer rouge », XVIIe s. entomol., XVIIIe s. bot.; **STIGMATISER** XVIe s. « marquer des stigmates de la Passion » ou « marquer au fer rouge », XIXe s. « noter d'infamie »; **STIGMATISÉ** subst. XVIIIe s.; **STIGMATISATION** XIXe s. ♦ [2] **ASTIGMATISME** XIXe s. opt. « défaut de vision empêchant la perception exacte d'un point » : dér. sav., sur *stigma*; **ASTIGMATE** XIXe s.

**ÉTOILE** famille de deux rac. ind.-eur. **stel-* et **ster-* « astre », qui se confondent p.-ê. avec deux autres rac. signifiant « étendre » : **ster-* qui apparaît dans *sternere* → ESTRADE et **stel-* qui est p.-ê. à la base de *latus* → LE : les « astres » seraient ainsi les « choses semées dans le ciel ». Sur **stel-* repose le lat. *stella* issu de **stelna*; sur **ster-* reposent (1) gr. *astèr* et *astron* « astre », lat. *aster* et *astrum* (2) germ. occidental **sterron* « étoile ».

I. mots populaires et mots d'emprunt

♦ [1] **ÉTOILE** XIe s. : lat. vulg. **stela*, du lat. class. *stella*; **ÉTOILÉ** XIIe s.; **ÉTOILER** XVIIe s. ♦ [2] **MALOTRU** XIIe s., var. *malastru*, « malheureux, chétif », XVIe s. « grossier » : lat. vulg. **male astrucus* « né sous un mauvais astre ». ♦ [3] **DÉSASTRE** XVIe s. it. *disastro*, tiré de *disastrato* « né sous un mauvais astre », avec adaptation de l'initiale au préfixe fr. *dés-*; **DÉSASTREUX** XVIe s. it. *disastroso*; **DÉSASTREUSEMENT** XVIIIe s. ♦ [4] **STAR, STARLETTE** XXe s. : mot angl. *star*, « étoile », « vedette » germ. **sterron*. ♦ [5] **STERLING** XVIIe s. anc. angl. *steorling* « (penny) étoilé ».

II. mots savants

A. base *-stell-*

♦ [1] **CONSTELLATION** XIIIe s. : bas lat. *constellatio* « position des astres », « état du ciel »; **CONSTELLÉ** XVIe s. astrol., XVIIIe s. « semé d'étoiles »; **CONSTELLER** XIXe s. ♦ [2] **STELLAIRE** XVIIIe s. subst., bot., XIXe s. adj. « relatif aux étoiles » : bas lat. *stellaris*. ♦ [3] **ESTELLE** (demi-sav.), prénom féminin : *stella*, nom d'une martyre saintongeaise du IIIe s.

B. base *-astr-*

♦ [1] **ASTRE** XIVe s. : *astrum*; **ASTRAL** XVIe s. : lat. imp. *astralis*. ♦ [2] **ASTROLABE** XIIe s. : gr.

*astrolabos* « instrument pour prendre la position des astres »; pour le 2e élément → SYLLABE. ♦ [3] **ASTRONOMIE** XIIe s. : gr. *astronomia*; pour le 2e élément → NOMADE; **ASTRONOMIQUE** XVe s. : *astronomikos*; **ASTRONOME** XVIe s. : *astronomos*. ♦ [4] **ASTROLOGIE, ASTROLOGUE** XIVe s. : gr. *astrologia, astrologos*; **ASTROLOGIQUE** XVIIe s. : *astrologikos*. ♦ [5] **ASTRO-** : 1er élément de composés sav. mod., ex. : **ASTROPHYSIQUE, ASTROBIOLOGIE** XXe s.; **ASTRONAUTE, -NAUTIQUE, -NAUTICIEN** XXe s.

C. base *aster-*

♦ [1] **ASTER** XVIe s. bot., XXe s. biol. : gr. *astêr*, par le lat. ♦ [2] **ASTÉRISQUE** XVIe s. : gr. *asteriskos* « petite étoile », par le lat. ♦ [3] **ASTÉRIE** XVIIIe s. zool. « étoile de mer » : dér., sur *aster*. ♦ [4] **ASTÉROÏDE** XIXe s. : gr. *asteroeidês* « semblable à une étoile ».

**ÉTOLE** (demi-sav.) XIIe s. : lat. *stola* « longue robe », empr. ancien au gr. *stolê* « habillement », « robe ».

**ÉTOUPE** famille du gr. *stuppê* « filasse, étoupe », passé en lat. sous la forme *stŭppa*, d'où lat. vulg. **stŭppāre* « boucher ». D'autre part le verbe germ. **stoppôn* « arrêter » a été longtemps considéré comme un empr. au lat. **stuppare*; c'est p.-ê. un mot purement germ. dont le sens 1er serait « piquer », d'où « faire des points » (→ aussi ÉTAI, ÉTAU, ÉTIQUETTE); néanmoins le sens des mots d'origine lat. a beaucoup influé sur celui des mots d'origine germ.

I. mots populaires d'origine latine :

**ÉTOUPE** XIIe s. : *stŭppa*; **ÉTOUPER** XIIe s. : **stŭppāre*; **ÉTOUPILLON** XIVe s.; **ÉTOUPILLE** XVIe s. « mèche d'étoupe », XIXe s. « sorte de détonateur ».

II. mots populaires d'origine germanique :

**ÉTOFFER** XIIe s. « rembourrer » puis « fournir du nécessaire », XVIe s. « enrichir » : frq. **stopfôn* « rembourrer », du germ. **stoppôn*; **ÉTOFFE** XIIIe s. « matériaux à travailler », fin XVIe s. sens limité aux textiles : dér. de *étoffer*.

III. formes populaires contaminées

♦ [1] **ÉTOUFFER** XIIIe s. : probablement contamination ancienne entre les représentants de *stuppare* « bourrer d'étoupe » et de *stopfôn* « arrêter en rembourrant » → ÉTOUPE et → ÉTOFFE; **ÉTOUFFEMENT** XIVe s.; **À L'ÉTOUFFÉE** XIVe s. cuisine, puis XIXe s.; **ÉTOUFFOIR** XVIIe s. ♦ [2] **TOUFFEUR** XVIIe s. « chaleur étouffante » : dér. du fr. pop. dial. (Est) *touffe*, abrév. de **étouffe* dans *il fait touffe* « il fait chaud ».

IV. mots d'emprunt d'origine germanique

♦ [1] **STOPPER** (une étoffe) XIXe s. : altération du dial. (Ouest) *estoper*, Flandres *restauper* XVIIIe s., du néerl. *stoppen*, même sens, du germ. **stoppôn*. ♦ [2] **STOP !** interj. fin XVIIIe s. : impératif de l'angl. *to stop* « arrêter », du germ. **stoppôn*; **TOP** fin XIXe s., « signal sonore », altération de *stop*; **STOPPER** XIXe s., d'abord « faire arrêter un navire » : verbe formé sur *to stop*; **AUTO-STOP, -STOPPEUR** XXe s.

**ÉTOURDI** ♦ [1] XIe s. (pop.) : lat. vulg. **extŭrdītus*, dér. de *tŭrdus* « grive », représenté par le dial. (Provence) *tourd* (pour le sens → ÉTOURNEAU, TÊTE DE LINOTTE); **ÉTOURDIR** XIe s.; **ÉTOURDISSEMENT** XIIIe s.; **ÉTOURDERIE, ÉTOURDISSANT** XVIIe s.

**ÉTOURNEAU** (pop.) XIIe s. : lat. vulg. **stŭrnĕllus*, dimin. de *stŭrnus*, même sens.

**ÉTRANGLER** ♦ [1] (pop.) XIIe s. : lat. *strangŭlāre*, empr. ancien et oral au gr. *straggalan*, même sens, de *straggalê* « cordon, lacet », p.-ê. apparenté au lat. *stringere* → ÉTREINDRE; **ÉTRANGLEUR** XIIIe s.; **ÉTRANGLEMENT** XIVe s. ♦ [2] **STRANGULATION** (sav.) XVIe s. : lat. imp. *strangulatio*.

**ÉTRAVE** ♦ [1] XVIe s. : adaptation de l'anc. scandinave *stafn* « proue ». ♦ [2] **ÉTAMBOT** XVIIe s. : altération de *estambor* XVIe s., de l'ancien scandinave **stafnbord* « planche de l'étrave ».

**ÊTRE** famille d'une rac. ind.-eur. **es-*, **s-* « se trouver », à valeur fortement durative, sans parfait ni aoriste, qui à l'origine ne s'employait pas comme copule.

En grec verbe *eimi* « je suis », issu de **esmi* dont les seuls représentants en fr. sont issus du part. présent à vocalisme *-o-*, *ôn, -ontos*, substantivé au neutre avec le sens de « l'être », auquel se rattache le subst. féminin *ousia* « essence, substance »; composé : *pareimi* « je suis présent » d'où *parousia* « présence ».

En latin (1) verbe *esse* « être », *sum* « je suis », avec deux vocalismes différents de la rac., qui emprunte les formes de son parfait à une autre racine signifiant « croître » → JE FUS (2) composés de *esse* : (a) *abesse* « être absent » (b) *interesse* « être entre »; employé de façon impersonnelle, *interest* « il y a de la différence », en particulier « entre le fait qu'une chose ait lieu ou non », d'où « il importe » (c) *posse* → POUVOIR (d) *praeesse* « être à la tête de » et « être présent » (3) il a p.-ê. existé un part. présent en *-o-, sons, sontis*, mais il s'est spécialisé comme adj. avec le sens de « coupable »; ainsi, le verbe *esse* n'a pas de part. présent, alors que ses composés *absum* et *praesum* en ont un, de formation sans doute récente, *absens* « absent », d'où *absentia* « absence », et *praesens* « présent », d'où *praesentia* « présence » et lat. imp. *praesentare* « rendre présent », bas lat. « offrir » (4) malgré l'absence d'un part. présent **essens*, il a été créé, probablement par Cicéron, sur le modèle de *pati, patiens, patientia* (→ PÂTIR) et de *sapere, sapiens, sapientia* (→ SAVOIR), une forme *essentia*, terme philo. destiné à traduire le gr. *ousia*; ce mot a pu servir de modèle à *substantia*, attesté à partir de Sénèque; il a été adopté par les théologiens, d'où le dér. tardif *essentialis* « relatif à l'essence » (5) en lat. scolastique, on a utilisé un part. présente *ens, entis*, forme analogique artificielle, déjà citée par le grammairien Priscien (VIe s.), qui en attribue la création à Jules César; dér. *entitas, -atis* « ce qui constitue l'essence et l'unité d'un genre ».

I. mots populaires issus du latin

♦ [1] **ÊTRE** XIe s. : lat. vulg. **essĕre* réfection de *esse*; **TU ES, IL EST, VOUS ÊTES** : lat. *es, est, estis*; **ÊTRE** subst. XIIe s.; **BIEN-ÊTRE** XVIe s.; **NON-ÊTRE** XXe s. ♦ [2] **JE SUIS**, anc. fr. *sui* : lat. vulg. **sŭyyo*, réfection de *sum*; **NOUS SOMMES, ILS SONT** : *sŭmus, sŭnt*. ♦ [3] **SOIT** conj. ou interjection XIIIe s. : emploi particulier du subj. du verbe *être*, lat. vulg. **sĭat*, réfection de *sit*. ♦ [4] **ÉTANT, J'ÉTAIS** → ESTER. ♦ [5] **JE FUS**, → ce mot.

II. mots savants issus du latin

A. **INTÉRÊT** XIIIe s. « préjudice », XVe s. « ce qui importe » et sens fin. : *interest*; **INTÉRESSER** XIVe s.; **DÉSINTÉRESSER, DÉSINTÉRESSÉ** XVIe s.; **DÉSINTÉRESSEMENT** XVIIe s.; **INTÉRESSANT** XVIIIe s.; **INTÉRESSEMENT** XXe s.

B. base *-sence*

♦ [1] **ABSENCE** XIIIe s. : *absentia*. ♦ [2] **ESSENCE** XIIe s. philo., XVIIe s. « extrait concentré », d'après l'emploi dans le lat. des alchimistes, et sens bot. : *essentia*. **QUINTESSENCE** XIIIe s. : lat. médiéval *quinta essentia*, traduction du gr. *pemptê ousia* « cinquième élément » (Aristote), « l'éther », le plus subtil des cinq éléments composant l'univers. ♦ [3] **PRÉSENCE** XIIe s. : *praesentia*.

C. base *-(s)ent-*

♦ [1] **ABSENT** XIIe s. : *absens*; **S'ABSENTER** XIVe s.; **ABSENTÉISME, ABSENTÉISTE** XIXe s. ♦ [2] **ENTITÉ** XVIe s. : *entitas*. ♦ [3] **ESSENTIEL** XIIe s. : *essentialis*; **ESSENTIELLEMENT** XIIe s.; **ESSENTIALISME, -ISTE** XIXe s. ♦ [4] **PRÉSENT** adj. XIe s. en parlant de l'espace, XIIIe s. en parlant du temps, XIVe s. subst. en parlant du temps : *praesens*. ♦ [4] **PRÉSENTER** Xe s., XIe s., pron. : *praesentare*; **PRÉSENT** subst. XIIe s. « cadeau »; **PRÉSENTABLE** XIIe s. « présent », XVIe s. sens mod.; **PRÉSENTATION** XIIIe s.; **PRÉSENTATEUR** XVe s. ♦ [6] **REPRÉSENTER** XIIe s., XVIe s. théâtre, XIXe s. commerce : *repraesentare*; **REPRÉSENTATION** XIIIe s. : *repraesentatio*; **REPRÉSENTANT, REPRÉSENTATIF** XVIe s.; **REPRÉSENTATIVITÉ** XXe s.

III. mots savants issus du grec

♦ [1] **-ONTO-** terme de composés sav., ex. : **ONTOLOGIE** XVIIIe s. : lat. mod. *ontologia*, formé sur *ontos*; **ONTOLOGIQUE** id.; **ONTOGENÈSE** XXe s.; **PALÉONTOLOGIE, -IQUE, -ISTE** XIXe s. : 1er élément *palaios* « ancien » → PALÉO-. ♦ [2] **PAROUSIE** XXe s. théol. : *parousia*.

**-ÊTRE** ♦ [1] (pop.) suff. adj., ex. : *champêtre* : lat. *-ester* ou *-estris*. ♦ [2] **-ESTRE** (sav.) : même origine, ex. : *équestre*.

**ÉTREINDRE** famille d'une racine ind.-eur. **streig-* « serrer ».

En lat. (1) le verbe *stringere, strictus* « serrer », d'où bas lat. *strictio* « action de serrer » (2) ses composés (a) *adstringere* « attacher étroitement » (b) *constringere* « lier étroitement ensemble »; d'où bas lat. *constrictio* « resserrement » et *constrictivus* « qui resserre » (c) *distringere* « lier de côté et d'autre », « maintenir écarté » et bas lat. *districtus, -us* « division territoriale » (d) *restringere* « attacher en ramenant en arrière », « restreindre »; d'où bas lat. *restrictio* « modération » (3) les formes nominales *striga*, var. *stria* « sillon », « cannelure »; *strigilis* « étrille » et *praestigiae*, issu de **praestrigiae* par dissimilation, apparenté, pour le sens de « tours de passe-passe », à *praestringere oculos* « éblouir les yeux ».

I. mots populaires ou demi-savants

♦ [1] **ÉTREINDRE** XIIe s. : *strĭngĕre*; **ÉTREINTE** XIIe s., part. passé fém. substantivé. ♦ [2] **CONTRAINDRE** XIIe s. : *constrĭngĕre*; **CONTRAINTE** XIIIe s., part. passé fém. substantivé. ♦ [3] **ASTREINDRE** (conservation demi-sav. du *s*) XIIe s. : *adstrĭngĕre*; **ASTREINTE** XIXe s.; **ASTREIGNANT** XXe s. ♦ [4] **RESTREINDRE** (demi-sav.) XIIe s. : *restrĭngĕre*. ♦ [5] **ÉTROIT** XIe s. : *strĭctus*; **ÉTROITESSE** XIIIe s. ♦ [6] **DÉTROIT** XIe s. « défilé » et « angoisse ». XVIe s. « bras de mer » : *dĭstrĭctus*, au sens de « resserré ». ♦ [7] **RÉTRÉCIR** XIVe s. : formé sur *étrécir* XIVe s., réfection de *estrecier* XIIe s. : lat. vulg.

**strĭctiāre*, dér. de *strictus*; **RÉTRÉCISSEMENT** XVI^e^ s. ♦ [8] **DÉTRESSE** XII^e^ s. « resserrement », XIII^e^ s. psycho. : lat. vulg. **dĭstrĭctia*, dér. de *districtus* → DÉTROIT et DISTRICT, et pour le sens ANGOISSE. ♦ [9] **ÉTRILLE** XIII^e^ s. : lat. vulg. **strĭgĭla*, du lat. class. *strĭgĭlis*; **ÉTRILLER** XII^e^ s.

**II.** mot d'emprunt :

**STRETTE** XVI^e^ s. « étreinte », XIX^e^ s. mus. : it. *stretto* « resserré » : lat. *strĭctus*.

**III.** mots savants

**A.** base *-strict-*

♦ [1] **STRICT** XVI^e^ s. rare avant le XVIII^e^ s. : *strictus*; **STRICTION** XIX^e^ s. méd. : *strictio*. ♦ [2] **ASTRICTION** XVI^e^ s. méd. : *adstrictio*. ♦ [3] **CONSTRICTION** XIV^e^ s. : *constrictio*; **CONSTRICTEUR** XVII^e^ s. : *constrictor*; **CONSTRICTOR** (boa) XIX^e^ s. : mot lat.; **CONSTRICTIF** XVI^e^ s. ♦ [4] **DISTRICT** XV^e^ s. : *districtus*. ♦ [5] **RESTRICTION** XIV^e^ s. : *restrictio*; **RESTRICTIF** XIV^e^ s.

**B.** base *-string-*

♦ [1] **ASTRINGENT** XVI^e^ s. : *adstringens*. ♦ [2] **RESTRINGENT** XVII^e^ s. : *restringens*.

**C.** autres bases

♦ [1] **STRIE** XVI^e^ s. : *stria*; **STRIÉ** XVI^e^ s. : *striatus* « cannelé ». ♦ [2] **STRIGILE** XVI^e^ s. : *strigilis* → ÉTRILLE. ♦ [3] **PRESTIGE** XVI^e^ s. « impression causée par des sortilèges » puis « par des œuvres d'art », XVIII^e^ s., sens mod. : *praestigiae*; **PRESTIGIEUX** XVI^e^ s. : *praestigiosus*.

**ÉTRENNE** (pop.) XII^e^ s. d'abord *estreine* : lat. *strēna* « (cadeau fait à titre d') heureux présage »; **ÉTRENNER** XII^e^ s.

**ÉTRIER** (pop.) XII^e^ s. : altération, par substitution de suff. à la syllabe finale, de l'anc. fr. *estreu* XI^e^ s., du frq. **streup* « courroie »; il existait une autre forme altérée *estrif*, d'où le dér. **ÉTRIVIÈRE** XII^e^ s.

**ÉTRIQUER** (pop.) XIII^e^ s. techn. « amincir une pièce de bois », XVIII^e^ s. sens mod. : néerl. *strijken* « frotter », « s'étendre », du frq. **strikan*; a pu subir l'infl. de la famille de *trique*.

**ÉTRON** (pop.) XIII^e^ s. : frq. **strunt*.

**ÉTUVER** famille du gr. *tuphos* « vapeur », « léthargie » et *tuphein* « fumer », empr. par le lat. vulg. sous la forme préfixée **extūpare* d'où **extūpa* « salle pour bains de vapeur »; dérivé : *tuphôn* « tourbillon de vent », « ouragan ».

♦ [1] **ÉTUVER** (pop.) XIII^e^ s. : **extūpāre*; **ÉTUVE** XII^e^ s. : *extūpa*; **ÉTUVÉE** XIV^e^ s. ♦ [2] **ESTOUFFADE** XVIII^e^ s. cuis. : it. *stufata*, du lat. vulg. **extupāta*. ♦ [3] **TYPHUS** (sav.) XVII^e^ s. : *tuphos* au sens de « léthargie », par le lat.; **TYPHIQUE, TYPHOÏDE, TYPHOÏDIQUE** XIX^e^ s.; **PARATYPHOÏDE, TYPHOMYCINE** XX^e^ s. ♦ [4] **TYPHON** (sav.) XVI^e^ s. « tourbillon de vent »; *tuphôn* a accroché le sens précis de l'it. *tifone*, adaptation du port. *tufão*, du chinois *t'ai fung* « tourbillon des mers de Chine et du Japon ».

**ÉTYMOLOGIE** (sav.) XII^e^ s. : gr. *etumologia*, par le lat., de *etumos* « vrai »; littéralement « sens véritable d'un mot »; **ÉTYMOLOGIQUE** XVI^e^ s. : *etumologikos*; **ÉTYMOLOGISTE** XVI^e^ s.; **ÉTYMON** XX^e^ s.

**EU-** (sav.) : gr. *eu-* « bien », adv. et préf., ex. : *euphonie, euthanasie*.

1. **-EUR** ♦ [1] (pop.) suff. nom., généralement fém., aujourd'hui mort, formant surtout des noms abstraits à partir d'adj., ex. : *douceur, laideur* : lat. *-ōrem*, acc. de *-or, -oris*. ♦ [2] **-OUR**, dans certaines formes empr., ex. : angl. *humour*, par opposition à *humeur*. ♦ [3] dans les suff. composés, **-EUR** peut (a) se maintenir : **-EUREUX** (pop.), ex. : *chaleureux*; (b) devenir *-er-*; **-EREUX** (pop.), ex. : *doucereux*; (c) devenir *-our-*; **-OUREUX** (pop.), ex. : *douloureux, langoureux, savoureux*; (d) devenir *-or-* : **-ORABLE, -ORISTE, -ORISER** (sav.), ex. : *honorable, liquoriste, vaporiser*.

2. **-EUR** ♦ [1] (pop.) suff. masc., toujours vivant, servant à former des noms d'agents, issu de la rencontre du lat. *-ōrem*, ex. : *pasteur* (de *pastōrem*), et de *-atōrem*, accusatifs de *-or, -ōris* et de *-ātor, -atōris; -ātor* aboutissait en anc. fr. à *-ère*, aujourd'hui disparu, si ce n'est dans *trouvère*, tandis que *-atōrem* aboutissait à *-eeur*, réduit ensuite à *-eur*. Le féminin **-EUSE** est empr. au suff. *-osus, -osa* → -EUX, -EUSE. ♦ [2] formes empr. : **ADOR**, esp., *matador*; **-TOR**, angl., *transistor*. ♦ [3] **-ATEUR** (demi-sav.) ex. : *aspirateur*; le fém. correspondant est **-ATRICE** : lat. *-atrix, -atricis* qui formait déjà couple avec *-ator*; ex. : *opératrice*; ou simplement **-TRICE**. ♦ [4] suff. composés (a) **-ERESSE** (pop.) suff. nom. fém. formé à partir du cas sujet *-ère*, à l'aide du suff. *-esse*, ex. : *enchanteresse* (b) **-ORESSE** (sav.) formation équivalente, à partir de la forme lat. du suff., ex. : *doctoresse* (c) **-ORAT**, suff. nomin., vivant (sav.), ex. : *préceptorat* (d) **-ORAL**, suff. adj. (sav.), ex. : *pastoral* (e) **-ORISER**, suff. verbal (sav.) ex. : *motoriser*.

**EUTHANASIE** (sav.) XVIII^e^ s. : du gr. *eu-* « bien » et *thanatos* « mort ».

**-EUX, -EUSE** ♦ [1] (pop.) suff. servant à former des adj. à partir de subst. : lat. *-ōsus, -ōsa*, ex. : *nerveux*; reste vivant surtout dans certaines sciences et techniques, ex. : *sulfureux, pesteux, pondéreux*. ♦ [2] **-OSE** (sav.) suff. nom. utilisé en chimie : *-osus*, ex. : *cellulose, glucose*. ♦ [3] **-OSITÉ** (sav.) suff. servant à tirer des subst. abstraits d'adj. en *-eux*, ex. : *nervosité*.

**ÉVÊQUE** famille d'une racine ind.-eur. **skep-, skop-* « regarder » (probablement la même, avec une métathèse, que la racine **spek-* qui apparaît dans le lat. *specere* → DÉPIT).

En gr. (1) *skeptesthai* « considérer », d'où *skeptikos* « qui observe, réfléchit (et n'affirme rien) ». (2) *skopein* « observer »; *skopos* « observateur »; *episkopein* « inspecter »; *episkopos* « inspecteur » puis « évêque »; *skopelos* « lieu d'où l'on peut observer », « rocher élevé », empr. par le lat. sous la forme *scopulus*.

**I.** mots demi-savants ou empruntés

♦ [1] **ÉVÊQUE** (demi-sav.) x$^{e}$ s. : lat. *epĭscŏpus*, du gr. *episkopos*; **ÉVÊCHÉ** XII$^{e}$ s.; **ARCHEVÊQUE** XII$^{e}$ s. : lat. eccl. *archiepiscopus*; **ARCHEVÊCHÉ** XII$^{e}$ s. ♦ [2] **ÉCUEIL** XVI$^{e}$ s. : occitan *escueill*, du lat. vulg. **scoclus*, du lat. class. *scopulus*.

**II.** mots savants

**A. SCEPTIQUE** XVI$^{e}$ s. : *skeptikos*; **SCEPTICISME** XVIII$^{e}$ s.

**B.** base *-scop-*

♦ [1] **ÉPISCOPAL** XII$^{e}$ s. : lat. *episcopalis*, formé sur *episcopus*; **ÉPISCOPAT** XVII$^{e}$ s. : *episcopatus*; **ARCHI-ÉPISCOPAL** XIV$^{e}$ s. ♦ [2] **-SCOPE** 2$^{e}$ élément de composés sav. désignant des instruments d'observation : **PÉRISCOPE** XIX$^{e}$ s.; **MICROSCOPE** XVII$^{e}$ s.; **LARYNGOSCOPE** XIX$^{e}$ s.; employé aussi dans le vocabulaire du cinéma : **CINÉMASCOPE** XX$^{e}$ s. ♦ [3] **-SCOPIE**, dér. du précédent, désigne la technique de l'observation ou l'acte même d'observer; **RADIOSCOPIE** XX$^{e}$ s. ♦ [4] **-SCOPIQUE**, suff. adj. dér. des précédents, ex. : **MICROSCOPIQUE** XVIII$^{e}$ s.

**ÉVITER** (sav.) XIV$^{e}$ s. : lat. *evitare*, dér. de *vitare*, même sens, étym. obscure; **ÉVITABLE** XII$^{e}$ s., **INÉVITABLE** XIV$^{e}$ s. : lat. imp. *evitabilis* et *inevitabilis*; **INÉVITABLEMENT** XV$^{e}$ s.

**-EX** (sav.) suff. nom. tiré de *latex*, utilisé en publicité pour désigner des produits à base de plastiques, ex. : *lustrex*.

**EXAGÉRER** (sav.) XVI$^{e}$ s. : du lat. *exaggerare* « entasser des terres », « exagérer, grossir », « amplifier », de *agger* « matériaux entassés »; **EXAGÉRATION** XVI$^{e}$ s. : *exaggeratio*; **EXAGÉRÉMENT** XIX$^{e}$ s.

**EXCELLENT** (sav.) XII$^{e}$ s. : du lat. *excellens*, part. prés. de *excellere* « dépasser, exceller », d'un verbe **cellere, celsus* « être élevé, haut »; **EXCELLENCE** XII$^{e}$ s.; fin XIII$^{e}$ s., puis XV$^{e}$ s.-XVI$^{e}$ s. sous influence it., titre : *excellentia*, **EXCELLEMMENT** XIV$^{e}$ s.; **EXCELLER** XVI$^{e}$ s.

**EXERCER** famille sav. du lat. *arcere* « contenir », « écarter », qui apparaît en composition dans les verbes *coercere* « réprimer » et *exercere* « chasser, ne pas laisser en repos », puis « exercer » (avec un complément de personnel), « travailler », « pratiquer » (avec un complément de chose). En gr., il existe un équivalent exact de *arcere* : *arkein* « écarter », d'où « résister », d'où enfin « suffire ».

**I.** mots issus du latin

♦ [1] **EXERCER** XII$^{e}$ s. : *exercere*; **EXERCICE** XIII$^{e}$ s. : lat. imp. *exercitium*. ♦ [2] **COERCITION** XVI$^{e}$ s. : *coercitio*, lat. imp. jur., « contrainte », « punition »; **COERCITIF** XVI$^{e}$ s.; **COERCIBLE, INCOERCIBLE** XVIII$^{e}$ s.; **COERCIBILITÉ** XIX$^{e}$ s.

**II.** mot issu du grec

**AUTARCIE** XVIII$^{e}$ s. : *autarkeia* « fait de se suffire à soi-même », de *autos* et *arkein*.

**EXHALER** ♦ [1] (sav.) XIV$^{e}$ s. : lat. *exhalare*, composé de *halare* « exhaler un souffle, une odeur »; **EXHALAISON** (demi-sav.), **EXHALATION** (sav.) XIV$^{e}$ s. : *exhalatio*. ♦ [2] **INHALATION** (sav.) XVIII$^{e}$ s. : *inhalatio*, de *inhalare* « souffler dans »; **INHALER** XIX$^{e}$ s. : *inhalare*; **INHALATEUR** XIX$^{e}$ s.

**EXHAUSTION** (sav., formé d'abord en angl.) XVIII$^{e}$ s. : bas lat. *exhaustio* « action d'épuiser », de *exhaurire*, dér. de *haurire* « puiser »; **EXHAUSTIF, EXHAUSTEUR** XIX$^{e}$ s.

**EXHORTER** famille savante d'une racine ind.-eur. **gher-* « désirer », qui apparaît en grec dans *khairein* « se réjouir »; *kharis, -itos* « faveur », « plaisir » et *kharizesthai* « chercher à plaire », « accorder une grâce », d'où *kharisma, -atos* « grâce, faveur » et *eukharistia* « reconnaissance, action de grâces » et, en gr. eccl., « sacrifice d'action de grâces », « eucharistie ». En latin dans *hortari* « faire vouloir », « exhorter, encourager », d'où *exhortari*, même sens.

**I.** mots issus du latin

**EXHORTER, EXHORTATION** XII$^{e}$ s. : *exhortari, exhortatio*.

**II.** mots issus du grec
♦ [1] **EUCHARISTIE** XIIe s. : *eukharistia*, par le lat. chrét. ; **EUCHARISTIQUE** XVIe s. : *eukharistikos*. ♦ [2] **CHARISME** XXe s., théol. : *kharisma* ; **CHARISMATIQUE** XXe s.

**EXODE** famille sav. du gr. *hodos* « chemin », d'où « voie, moyen ».
♦ [1] **EXODE** XIIIe s. « sortie des Hébreux hors d'Égypte », titre d'un livre de la Bible ; XVIe s. « sortie du chœur dans la tragédie grecque » ; XIXe s. sens mod. : *exodos* « sortie ». ♦ [2] **ÉPISODE** XVe s. : neutre substantivé de l'adj. *epeisodion* « digression », de *epi* « sur », *eis* « vers » et *hodos*, littéralement « chose introduite en cours de route » ; **ÉPISODIQUE** XVIIe s. ; **ÉPISODIQUEMENT** XIXe s. ♦ [3] **MÉTHODE** XVIe s. : gr. *methodos*, par le lat. « poursuite, recherche », d'où « étude méthodique d'une question de science » ; **MÉTHODIQUE** fin XVe s. : lat. *methodicus* ; **MÉTHODOLOGIE** XIXe s. ; **MÉTHODISME, -ISTE** XVIIIe s., secte protestante : mot formé en angl. ♦ [4] **PÉRIODE** XIVe s. temps ; XVIIe s. rhétorique : *periodos* « chemin autour, circuit », « révolution des astres », « périodicité fixée par la nature » et « phrase oratoire arrondie et cadencée » ; **PÉRIODIQUE** XVIIe s. adj. (style) ; XIXe s. adj. « qui se reproduit par intervalles » et subst., « journal » : bas lat. *periodicus* ; **PÉRIODICITÉ** XVIIe s. ♦ [5] **SYNODE** XVIe s., par le lat. : *sunodos* « assemblée générale » ; **SYNODAL** XIVe s. relig. ; **SYNODIQUE** XVIe s. astron. « relatif à une conjonction d'astres ». ♦ [6] **ODO-** et **-ODE, -ODIQUE** : éléments de composés sav. de la langue de la physique : gr. *hodos*, ex. : **ODOMÈTRE** XVIIIe s. (pour *hodo-*) et **ÉLECTRODE** XIXe s.

**EXORCISER** (sav.) XIVe s. : gr. *exorkizein*, par le lat. eccl., en gr. class. « faire prêter serment », verbe qui se rattache à *orkos* « serment prêté en prenant à témoin une divinité » et à *exorkos* « qui prononce une formule rituelle » ; le verbe a donc pu prendre le sens du lat. *conjurare* → JURER ; **EXORCISME** (sav.) XIVe s. : *exorkismos*, par le lat. ; **EXORCISTE** XVIe s.

**EXPLORER** (sav.) XVIe s. : lat. *explorare*, même sens, origine obs. ; **EXPLORATEUR** XIIIe s. « espion », XVIIIe s. sens mod. ; **EXPLORATION** XVe s. : *exploratio* ; **INEXPLORÉ** XIXe s. ; mots devenus usuels au XIXe s.

**EXTIRPER** (sav.) XIVe s. : lat. *exstirpare*, de *stirps, stirpis* « souche » ; **EXTIRPATEUR** XIVe s. ; **EXTIRPATION** XVe s., **EXTIRPABLE** XIXe s.

**EXUBÉRANT** (sav.) XVe s. : lat. *exuberans*, de *exuberare*, de *uber* « fertile » ; **EXUBÉRANCE** XVIe s. : *exuberantia*.

**EXUTOIRE** (sav.) XIXe s. : dér. formé sur le lat. *exutus*, part. passé de *exuere* « dévêtir », « ôter ».

# F

**FABLE** famille d'une racine ind.-eur. **bhā-* « parler ».

En grec *phêmê* « parole » et *phanai* « parler » d'où (a) *phasis* « parole », « affirmation » et *aphasia* « impuissance à parler » (b) avec un 1^er^ élément obscur, *blasphêmein* « prononcer des paroles de mauvais augure », « tenir de mauvais propos contre quelqu'un », d'où *blasphêmia* « parole qu'on ne doit pas prononcer dans une cérémonie religieuse » et « diffamation » (c) *euphêmein* « prononcer des paroles de bon augure » et *euphêmismos* « emploi d'un mot favorable » (d) *prophêtês* « celui qui dit (la volonté d'un dieu), qui annonce (l'avenir) ».

En latin (1) les verbes *fari, fatus* d'où *praefari* « dire d'avance » et *praefatio* « avant-propos »; *ecfari* « parler » et ses dér. lat. imp. *effabilis* « qui peut se dire » et *ineffabilis* « qui ne peut s'exprimer »; *fateri, fassus* « avouer », d'où (a) *confiteri, confessus*, lat. eccl. « reconnaître ses péchés, ou sa foi »; *confessio* « aveu »; *confessor* « qui confesse sa foi » (b) *profiteri, professus* « faire une déclaration », « promettre »; *professio* « déclaration »; lat. imp. *professor* « qui fait profession d'une certaine doctrine », « professeur » (2) les subst. (a) *infans, -antis* (part. présent. avec *in-* négatif) « enfant qui ne parle pas encore », d'où lat. imp. *infantia, infantilis*, et *infanticida* (b) *fatum* (probablement à l'origine part. passé substantivé) « énonciation divine », « destin » et « malheur », d'où *fatalis*, bas lat. *fatalitas; fatidicus* « qui prédit l'avenir » et deux adj. composés, *bonifatius*, var. *bonifacius* et bas lat. *malifatius* « qui a une bonne, une mauvaise destinée » (c) *fabula* « conversation », « récit », d'où *fabulari* « converser », « parler », et *fabulosus* (d) *fama* « bruit qui court », d'où *famosus* « qui fait parler de lui »; *infamis* « perdu de réputation » et *infamia*; lat. imp. *diffamare* « décrier » (3) l'adjectif *facundus* « disert », d'où *facundia* « facilité d'élocution ».

**I.** mots populaires ou empruntés d'origine latine

**A.** famille de *fabula*

♦ [1] **FABLE** XII^e^ s. : *fabŭla*; **FABLIAU** XII^e^ s. : dimin. d'origine picarde; **FABLIER** XVII^e^ s. ♦ [2] **HÂBLER** XVI^e^ s. : esp. *hablar* « parler », de *fabulari*; **HÂBLEUR** XVI^e^ s.; **HÂBLERIE** XVII^e^ s.

**B.** famille de *fatum*

♦ [1] **MAUVAIS** XI^e^ s. : *malifatius* (pour l'évolution sémantique → MÉCHANT); **MAUVAISETÉ** XII^e^ s. ♦ [2] **FÉE** XII^e^ s. : *fata*, forme fém. de *fatum* attestée sur les inscriptions, « déesse des destinées »; **FÉERIE** XII^e^ s.; **FÉERIQUE** XIX^e^ s. ♦ [3] **FEU** (mort) XI^e^ s. « qui a eu une bonne ou mauvaise destinée », XIII^e^ s. « qui a achevé sa destinée » : lat. vulg. **fatūtus*, dér. de *fatum*. ♦ [4] **FARFADET** XVI^e^ s. : mot prov., de *fadet*, anc. prov. « fou », prov. « feu follet », dér. de *fado* « fée », de *fatum*; 1^re^ syllabe p.-ê. empr. à l'it. *farfarello*, d'origine arabe. ♦ [5] **FADER** XIX^e^ s., argot, « partager » : prov. *fada* « douer », en parlant des *fées*, dér. de *fado*. ♦ [6] **FADETTE** (*La Petite...*, titre d'un roman de G. Sand) : dimin. dial. (Centre), du fr. *fée : fata*. ♦ [7] **FADO** XX^e^ s. mot port. « chanson populaire commentant la destinée de son héros, invoquant le destin » : *fatum*. ♦ [8] **FANDANGO** XVIII^e^ s., mot esp. : probablement altération de **fadango*, dér. de *fado* « chanson populaire portugaise servant d'air de danse ».

**C.** famille de *infans*

♦ [1] **ENFANT** XI^e^ s. : *infantem*, de *infans*; **ENFANCE** XII^e^ s. : *infantia*; **ENFANÇON** XII^e^ s. : lat. vulg. **infantiōnem*; **ENFANTIN** XII^e^ s.; **ENFANTILLAGE** XIII^e^ s. : dér. de *enfantil*, var. de *enfantin*; **ENFANTER, ENFANTEMENT** XII^e^ s.

♦ [2] **INFANT** XV$^{e}$ s. : esp. *infante* « titre des enfants puînés des rois d'Espagne et de Portugal »; fém. **INFANTE.** ♦ [3] **INFANTERIE** XVI$^{e}$ s. : it. *infanteria*, dér. de *infante* « jeune homme », « valet », d'où « fantassin ». ♦ [4] **FANTASSIN** XVI$^{e}$ s. : it. *fantaccino*, dér. de *fante*, forme abrégée d'*infante*; **FANTOCHE** XIX$^{e}$ s. : it. *fantoccio* « marionnette », autre dér. de *fante*.

**II.** mots populaires d'origine grecque

**BLÂMER** XI$^{e}$ s. : lat. vulg. *blastemāre* (*blastema* attesté dans une inscription de Gaule) : altération du lat. eccl. *blasphemare*, du gr. *blasphêmein*; **BLÂME** XI$^{e}$ s.; **BLÂMABLE** XIII$^{e}$ s.

**III.** mots savants d'origine latine

**A.** famille de *fabula* : **FABULEUX** XIV$^{e}$ s. : *fabulosus*; **FABULATEUR** XVI$^{e}$ s.; **FABULISTE** XVI$^{e}$ s., par l'esp. *fabulista*; **AFFABULATION** XVIII$^{e}$ s. : *affabulatio*; **FABULATION** XIX$^{e}$ s. : *fabulatio*; **AFFABULER** XX$^{e}$ s.

**B.** famille de *fatum* : **FATAL** XIV$^{e}$ s. : *fatalis*; **FATALITÉ** XV$^{e}$ s. : *fatalitas*; **FATALEMENT** XVI$^{e}$ s.; **FATIDIQUE** XVII$^{e}$ s. : *fatidicus*; **FATALISTE** XVI$^{e}$ s., rare avant le XVIII$^{e}$ s.; **FATALISME** XVIII$^{e}$ s.

**C.** famille de *infans*

♦ [1] **INFANTICIDE** XVI$^{e}$ s. : *infanticidium, -cida*. ♦ [2] **INFANTILE** XVI$^{e}$ s. : *infantilis*; **INFANTILISME** XX$^{e}$ s.

**D.** famille de *fama*

♦ [1] **FAMÉ** XII$^{e}$ s. : dér. de l'anc. fr. *fame : fama*. ♦ [2] **FAMEUX** XV$^{e}$ s. : *famosus*; **FAMEUSEMENT** XVII$^{e}$ s. ♦ [3] **INFÂME** XIV$^{e}$ s. « déshonoré », XVII$^{e}$ s. « déshonorant » : *infamis*; **INFAMIE** XIII$^{e}$ s. : *infamia*; **INFAMANT** XVI$^{e}$ s., part. présent de l'anc. fr. *infamer*. ♦ [4] **DIFFAMER** XIII$^{e}$ s. : *diffamare*; **DIFFAMATION** XIII$^{e}$ s. : *diffamatio*; **DIFFAMATEUR, DIFFAMATOIRE** XIV$^{e}$ s.

**E.** famille des verbes dérivés de *fari*

♦ [1] **PROFÈS** XII$^{e}$ s. : *professus*; **PROFESSION** XII$^{e}$ s. (de foi), XV$^{e}$ s. « métier » : *professio*; **PROFESSIONNEL** XIX$^{e}$ s.; **PROFESSEUR** XIV$^{e}$ s. : *professor*; **PROFESSER** XVI$^{e}$ s. « déclarer », XVIII$^{e}$ s. « enseigner »; **PROFESSORAT, PROFESSORAL** XVII$^{e}$ s. ♦ [2] **CONFESSION** XII$^{e}$ s. : *confessio*; **CONFESSEUR** XII$^{e}$ s. (de la foi), XIII$^{e}$ s. « prêtre qui confesse » : *confessor*; **CONFESSER** XII$^{e}$ s.; **CONFESSE** XII$^{e}$ s.; **CONFESSIONNAL** XVII$^{e}$ s., par l'it. ♦ [3] **CONFITEOR** XIII$^{e}$ s. : mot lat. « je confesse » liturg. cath. ♦ [4] **INEFFABLE** XV$^{e}$ s. : *ineffabilis*. ♦ [5] **AFFABLE** XIV$^{e}$ s. : *adfabilis* « d'abord facile », de *adfari* « parler à »; **AFFABILITÉ** XIII$^{e}$ s. : *adfabilitas*. ♦ [6] **PRÉFACE** XIV$^{e}$ s. : *praefatio*; **PRÉFACER** fin XVIII$^{e}$ s.; **PRÉFACIER** XIX$^{e}$ s.

**F. FACONDE** XII$^{e}$ s. : *facundia*.

**IV.** mots savants d'origine grecque

♦ [1] **APHASIE** XIX$^{e}$ s. : *aphasia*; **APHASIQUE** XVII$^{e}$ s., puis XIX$^{e}$ s. ♦ [2] **BLASPHÈME** XII$^{e}$ s. : *blasphêma*, par le lat.; **BLASPHÉMER** XIV$^{e}$ s. : *blasphêmein*, par le lat.; **BLASPHÉMATEUR** XIV$^{e}$ s.; **BLASPHÉMATOIRE** XVI$^{e}$ s. → BLÂMER. ♦ [3] **EUPHÉMISME** XVIII$^{e}$ s.; *euphêmismos*; **EUPHÉMIQUE** XIX$^{e}$ s. ♦ [4] **PROPHÈTE** X$^{e}$ s. : *prophêtês*, par le lat.; **PROPHÉTIE, PROPHÉTISER** XII$^{e}$ s. : lat. eccl. *prophetia, prophetizare*; **PROPHÉTIQUE** XIV$^{e}$ s. : lat. eccl. *propheticus*; **PROPHÉTESSE** XIV$^{e}$ s.; **PROPHÉTISME** XIX$^{e}$ s.

**FACÉTIE** (sav.) XV$^{e}$ s. : lat. *facetia* « plaisanterie », de *facetus* « élégant, spirituel », étym. obs. **FACÉTIEUX** id.

**FÂCHER** famille du lat. *fastus -us* « air orgueilleux », étym. obs., d'où *fastuosus* « qui fait le dégoûté »; *fastidium* « dédain »; *fastidiosus* « dégoûté » et « qui provoque le dégoût ».

♦ [1] **FÂCHER** (pop.) XV$^{e}$ s. dial. Savoie : lat. vulg. **fasticāre*, altération, par substitution de suff., du bas lat. *fastidiare* « repousser avec dédain »; **FÂCHERIE, FÂCHEUX** XV$^{e}$ s. ♦ [2] **FASTE, FASTUEUX** (sav.) XVI$^{e}$ s. : *fastus, fastuosus*; **FASTUEUSEMENT** XVI$^{e}$ s. ♦ [3] **FASTIDIEUX** (sav.) XIV$^{e}$ s. : *fastidiosus*.

**FADE** famille du lat. *fatuus* « insensé, imbécile » puis, lat. imp., « sans goût » (p.-ê. le même mot que *Fatuus, -a* nom de vieilles divinités italiques identiques à Faunus, de caractère prophétique, qui a pu servir, par dérision, à désigner des gens qui déraisonnent), croisé avec *vapidus* « éventé », dér. de *vapor*, d'où le lat. vulg. **fatidus*.

♦ [1] **FADE** (pop.) XII$^{e}$ s. : **fatĭdus*; **FADEUR, AFFADIR** XIII$^{e}$ s., **AFFADISSEMENT** XVI$^{e}$ s. ♦ [2] **FAT** XVI$^{e}$ s. : mot prov. « sot » : *fatuus*. ♦ [3] **FATUITÉ** (sav.) XIV$^{e}$ s. : *fatuitas*; plus tard associé à *fat*. ♦ [4] **INFATUER** (sav.) XIV$^{e}$ s. : *infatuare* « rendre sot », dér. de *fatuus*; **INFATUATION** XVII$^{e}$ s. ♦ [5] **FADAISE** XVI$^{e}$ s. : prov. *fadeza* « sottise », dér. de *fat*. ♦ [6] **FADA** XVI$^{e}$ s. puis XX$^{e}$ s. : prov. *fadas* « niais », dér. de *fat*.

**FAGOT** (pop.) XIII$^{e}$ s. : mot obscur. p.-ê. d'origine germ., à rapprocher du norvégien *fagg* « tas, gerbe », plutôt que du gr. *phakêlos* « faisceau », la chronologie du mot prov. correspondant infirmant cette hypothèse; **FAGOTER** XIII$^{e}$ s., XVI$^{e}$ s. « accoutrer »; **FAGOTAGE** XVI$^{e}$ s.

**FAIBLE** (pop.) XI$^{e}$ s. : lat. *flēbĭlis* « déplorable » (avec dissimilation des *l*), dér. de *flere* « pleurer », qui a pu s'appliquer à une voix brisée par les larmes; **FAIBLEMENT** XI$^{e}$ s.; **FAIBLESSE, AFFAIBLIR** XII$^{e}$ s.; **FAIBLIR** XII$^{e}$ s., rare avant le

XVIIIe s.; **AFFAIBLISSEMENT** XIIIe s.; **FAIBLARD** XIXe s.

**FAILLIR** famille du lat. *fallĕre, falsus* « tromper », « échapper à » et au passif « se tromper », refait en lat. vulg. en **fallēre *fallĭtus*; et **fallīre, fallītus*; *falsus* est employé comme adj. avec le sens de faux », « trompeur » : d'où bas lat. *falsare* « fausser », *falsarius* « faussaire », *falsitas*, mot forgé dans la langue de l'Église comme antonyme de *veritas*. — Dér. : *fallax, -acis* « trompeur », *fallacia* « tromperie », d'où lat. imp. *fallaciosus*; bas. lat. *falsificus* « qui falsifie », *falsificatus* « faux ».

**I.** mots populaires, empruntés ou demi-savants

♦ [1] **FAILLIR**, d'abord *fallir* XIe s. « commettre une faute », « faire défaut »; XVIe s. « être sur le point de » : **fallīre*; *l* mouillé analogique de celui des formes conjuguées. ♦ [2] **IL FAUT** XIIIe s. « il manque », XVe s. « il est nécessaire » : emploi impersonnel de la 3e personne du sing. ind. prés. de *faillir* ou *falloir* : *fallit*. ♦ [3] **FALLOIR** XVe s. var. de *faillir*, analogique de *valoir*, utilisée en moyen fr. comme infinitif de l'impersonnel. ♦ [4] **FAUTE** XIIe s. : **fallĭta*, part. passé fém. substantivé : **FAUTIF** XVe s.; **FAUTIVEMENT, FAUTER** XIXe s. ♦ [5] **DÉFAILLIR** XIe s. « faire défaut », XVIIe s. « s'évanouir »; **DÉFAILLANCE** XIIe s. « manque »; **DÉFAUT** XIIIe s. « manque », XVIIe s. « imperfection » : dér. de *faillir*. ♦ [6] **FAILLIBLE, FAILLIBILITÉ** XIIIe s. : lat. médiéval *fallibilis, -itas*; **INFAILLIBLE** XIVe s., **INFAILLIBILITÉ** XVIe s. : lat. médiéval *infallibilitas* formés sur le radical de *fallere*, avec adaptation au fr. *faillir* ♦ [7] **FAILLITE** XVIe s.; **FAILLI** XVIIe s. : adaptation de l'it. *fallita, fallito*, de *fallire* « manquer (d'argent pour payer) » : *fallere*, lat. vulg. **fallīre*. ♦ [8] **FAILLE**, dér. de *faillir*; XIIIe s. et dial. Nord-Est « voile de tête pour les femmes » (d'où le néerl. *falie* « grand vêtement de femme »); XIXe s. *taffetas à faille* puis *faille* « soierie finement côtelée »; le mot *faille* pourrait désigner à l'origine les interstices d'un tissu lâche → prov. *falho* « filet » et *faio* « endroit d'un tissu moins serré que le reste ». XVIIIe s., d'abord dans les mines de Wallonie, « fracture de roches ». ♦ [9] **FAUX** XIe s. : *falsus*; **FAUSSER** XIe s. : *falsare*; **FAUSSEMENT** XIIe s.; **FAUSSETÉ** XIIe s. : *falsitas*; **FAUSSET** XIIIe s. « voix de tête », c.-à-d. « voix déguisée, artificielle » : dér. de *faux* : **FAUSSET** XIVe s., dér. de *fausser* au sens anc. de « endommager », « enfoncer »; **FAUSSAIRE** (demi-sav.) XIIe s. : *falsarius*; **SE DÉFAUSSER** XVIIIe s. « éliminer une fausse carte ».

**II.** mots savants

♦ [1] **FALSIFIER** XIVe s. : lat. médiéval *falsificare*; **FALSIFICATEUR** XVIe s.; **FALSIFICATION** XIVe s. ♦ [2] **FALLACIEUX** XVe s. : *fallaciosus*.

**FAIM**

**I.** (pop.) XIe s. : lat. *fames*, même sens, étym. obs.

**II.** base *-fam-*

♦ [1] **AFFAMER** (pop.) XIIe s. : lat. vulg. *affamare*, dér. de *fames*; **AFFAMEUR** fin XVIIIe s. ♦ [2] **FAMINE** (pop.) XIIe s. ♦ [3] **FAMÉLIQUE** (sav.) XVe s. : *famelicus*, dér. de *fames*.

**III. FRINGALE** (pop.) XVIIIe s. : altération, p.-ê. d'après *friand*, de l'anc. fr. XIIe s. et dial. (Normandie, Haute-Bretagne) *faim-valle* « boulimie des chevaux » et « faim ardente », var. Poitou *faimgalle* : composé du fr. faim et p.-ê. du breton *gwall* « méchant ».

**FAINE** famille pop. du lat. *fagus* « hêtre », d'où les adj. *fageus* et *faginus* « de hêtre ». Largement éliminé par **HÊTRE**, d'origine germ., *fagus* survit en toponymie sous les formes **FAGE, FAY(E), FAU** et leurs dér.

**I.** bases *fai-, fay-*

♦ [1] **FAINE** XIIe s. : *fagīna*. ♦ [2] **FAYARD** XVIe s. : mot dial. (Lyonnais) dér. de *fay* : lat. *fageus*.

**II.** base *fou-* se trouve dans les dér. de l'anc. fr. *fou* « hêtre » : *fagus*.

♦ [1] **FOUET** XIIIe s., dimin. qui a dû d'abord signifier « petit hêtre » et « verge de hêtre »; **FOUETTER** XVIe s.; **FOUETTARD** XIXe s., dans l'Est. ♦ [2] **FOUAILLER** XIVe s. ♦ [3] **FOUINE** XIIe s. : *fagina (meles)* « (martre) du hêtre » (cet animal recherchant les faines), avec influence de *fou*; **FOUINER, FOUINEUR, -ARD** XIXe s.

**FAIRE** famille d'une racine ind.-eur. **dhē-* « placer ».

En grec, les deux bases *-thē-* (avec voyelle longue) et *-the-* (avec voyelle réduite) qui apparaissent dans le verbe *tithenai* « poser » et ses dér. (1) *thêkê* « boîte », « coffre où l'on dépose quelque chose », d'où *apothêkê* « lieu de dépôt », *bibliothêkê* « dépôt de livres », *hupothêkê* « ce qui sert de fondement », « gage » (2) *epitheton*, adj. neutre substantivé « ce qui est ajouté », « adjectif » (3) *thema* « ce qu'on pose ou dépose », « racine d'un mot », « position des astres, horoscope »; *anathema* « offrande votive », d'où, dans les Septante, « objet maudit » puis « malédiction, anathème » (4) *thesis* « action de poser », « établissement d'un principe philosophique », d'où *antithesis* « opposition » : *diathesis* « action de poser çà et là », « distribution »; *epenthesis* « intercalation » : *hupothesis* « action de mettre en dessous », « base d'un raisonnement »; *parenthesis* « insertion » et rhét. « parenthèse »; *prothesis* : « action de poser devant »; *prosthesis* : « action de poser sur »; *sunthesis* « action de mettre ensemble », « combinaison », « composition ».

En latin, la consonne aspirée *dh-* est représentée par *d-* dans (1) d'anciennes formes à préverbe *-dere* (qui se sont confondues avec le *-dere* représentant *dare* en composition → DONNER), en particulier dans (a) *condere* « placer ensemble », d'où *abscondere*; *absconditus*, bas lat. *absconsus* « cacher »; (b) *credere*, composé d'une rac. ind.-eur. **kred-* « foi » et **dhe-* littéralement « faire foi », « placer sa confiance » → CROIRE (2) par un nom d'agent, 2e terme d'un vieux composé ind.-eur. à voyelle ō ancienne, *sacerdos* « prêtre », issu de **sakro-dhō-ts* « qui fait une action sacrée », à côté duquel s'est formé en lat. même le synonyme plus récent *sacrificus*. La consonne *dh-* est représentée à l'initiale par *f-* dans *facere, factus* « faire » et dans les nombreux mots qui se rattachent à ce verbe; le vocalisme ē n'apparaît qu'au parfait *fēci*; ailleurs, on a la voyelle réduite *ă*; un élargissement *-k-* (comme dans le gr. *thêkê*) apparaît dans toutes les formes de ce verbe. A *facere, factus* se rattachent (1) une série de verbes préfixés en *-ficere, -fectus* et leurs dér. : (a) *afficere* « mettre dans une certaine disposition morale ou physique », d'où *affectio* « disposition morale ou physique » et *affectare* « entreprendre, rechercher », d'où *affectatio* « recherche » (b) *conficere* « achever, élaborer » et *confectio* « réalisation » (c) *deficere* « se détacher de, manquer » et *defectio* « désertion » (d) *efficere* « achever », d'où *effectus, -us* « réalisation, résultat » et *efficax* « agissant », *efficacia* « efficacité » (e) *inficere* (avec *in-* marquant le but) « imprégner » et *infectio* « imprégnation, teinture »; à côté de *infectus* « imprégné », il existe une autre forme *infectus* (avec *in-* privatif) « non fait », « non réalisé » (f) *perficere* « accomplir », d'où *perfectio* « achèvement, perfection » (g) *praeficere, praefectus* « préposer, établir comme chef » (h) *proficere, profectus* « faire des progrès » (i) *reficere* « refaire », *refectio* « réparation », « réconfort », « nourriture », bas lat. *refectorius* « qui refait » et en lat. médiéval neutre substantivé *refectorium* « lieu où l'on se restaure » (j) *sufficere* « mettre sous » ou « en remplacement », « suffire » (2) un nom-racine d'agent *-fex, -ficis*, qui apparaît dans *pontifex* → PONT, *artifex* → ART, *opifex* → ŒUVRE, etc., auquel se rattachent *-ficus, -ficens*, adj. d'agent; *-ficium*, nom d'action; *-ficentia*, nom de qualité; *-ficare*, suff. servant à former des verbes à partir de bases nomin., qui a connu un grand développement en lat. eccl. (3) l'adjectif *facilis* (avec un ancien neutre *facul*) « faisable », d'où *facilitas* « caractère de ce qui est faisable », *facultas* « possibilité de faire », *difficilis* et *difficultas* (4) le subst. *facies*, à l'origine « apparence donnée à une chose faite », d'où « physionomie » et en lat. imp. « façade »; refait en bas lat. en *facia*, d'où *facialis*; dérivé : *superficies* « partie supérieure, surface » et *superficialis* (5) une série de formes fondées sur la base *-fact-* : (a) lat. imp. *facticius* « artificiel » (b) *factio* « manière de faire » et « position », « parti, cabale », d'où *factiosus* « affilié à une coterie politique » (c) *factitare* « faire souvent, habituellement » (d) *factor* « créateur, fabricant » (e) *factura* « fabrication » et bas lat. « œuvre ».

**I.** mots populaires issus du latin

**A.** bases *-faire, -fait, -fais-*

♦ [1] **FAIRE** IXe s. : lat. vulg. **fagĕre*, du class. *facĕre*; **FAIT** XIIe s., part. passé substantivé : *factum*; **FAISEUR** XIIe s.; **FAISABLE** XIV; **INFAISABLE** XVIIe s.; **FAIT-TOUT** XIXe s.; **FAIRE-PART** XXe s. ♦ [2] **AFFAIRE** XIIe s. masc., XVIe s. fém. XIXe s. sens mod. plur.; **AFFAIREMENT** XIIIe s.; **AFFAIRÉ** XVIe s.; **S'AFFAIRER** XXe s.; **AFFAIRISME, AFFAIRISTE** XXe s. ♦ [3] **BIENFAIT, BIENFAITEUR** XIIe s. : lat. *benefactum, benefactor*; **BIENFAISANT** XIIe s., **BIENFAISANCE** XIVe s. ♦ [4] **MÉFAIT** XIIe s. ♦ [5] **MALFAITEUR** XVe s., réfection de *maufaiteur* XIIe s. : *malefactor*; **MALFAISANT** XIIe s.; **MALFAISANCE** XVIIIe s. ♦ [6] **CONTREFAIRE** XIIe s. : bas lat.; *contrefacĕre* « imiter »; **CONTREFAIT** adj. XIIIe s. « difforme », avec influence sémantique de *contrait*, du lat. *contractus* → TRAIRE. ♦ [7] **DÉFAIRE** XIe s.; **DÉFAITE** XIIIe s., XVe s. sens mod., de *se défaire* et *défaire un ennemi*; part. passé fém. substantivé; **DÉFAITISME, DÉFAITISTE** XXe s. ♦ [8] **ENTREFAITES** XIIIe s., de l'anc. fr. *entrefaire*, survit dans *sur ces entrefaites*. ♦ [9] **FORFAIRE, FORFAITURE** et **FORFAIT** XIe s., littéralement « agir, action en dehors (du devoir) ». ♦ [10] **PARFAIRE** XIIe s.; **PARFAIT** XIIe s. adj., XVIe s. subst. gramm. sur le modèle du lat. *perfectum*; **PLUS-QUE-PARFAIT** XVIe s. : calque du lat. *plus quam perfectum*; **IMPARFAIT** XIVe s. adj., XVe s. gramm.; XVIIe s. subst. : calque du lat. *imperfectum*. ♦ [11] **REFAIRE** XIIe s. ♦ [12] **SURFAIRE** XIIe s.; **SURFAIT** adj. XIXe s.

**B.** bases *-fire, -fit-, -fis-*

♦ [1] **CONFIRE** XIIe s. « préparer », XVIe s. limité aux sucreries : *conficĕre*; **DÉCONFIRE** XIe s. « défaire un ennemi »; **DÉCONFITURE** XIIe s.; **CONFIT** subst. et **CONFITURE** XIIIe s.; **CONFITURIER** XVIe s., **CONFITURERIE** XIXe s.; **CONFISEUR** XVIIe s.; **CONFISERIE** XVIIIe s. ♦ [2] **PROFIT** XIIe s. (demi-sav., var. pop. *pourfit*) : *profĕctum*, de *proficere*; **PROFITER, PROFITABLE** XIIe s.;

**PROFITEROLLE** XVI^e s. « petite gratification » puis « sorte de gâteau »; **PROFITEUR** XVII^e s. adj. et subst., rare avant le XIX^e s. ♦ [3] **SUFFIRE** (demi-sav.) XV^e s., réfection de *soufire* (pop.) XII^e s. : *sŭffĭcĕre*; **SUFFISANT** XII^e s., XVII^e s. « vaniteux »; **SUFFISANCE** « id. »; **INSUFFISANT, INSUFFISANCE** XIV^e s.

**C.** base *-fac-*

♦ [1] **FAÇON** XII^e s. : *factio, -ōnis*; **FAÇONNER** XII^e s.; **FAÇONNÉ** (textiles); **CONTREFAÇON, MALFAÇON** XIII^e s.; **FAÇONNIER** XVI^e s.; **FAÇONNEMENT** XVII^e s.; **FAÇONNAGE** XVIII^e s.; **SANS-FAÇON** XIX^e s. ♦ [2] **FACE** XII^e s. : *facia*; **FACETTE** XII^e s.; **FACE-À-MAIN** XIX^e s. ♦ [3] **EFFACER** XII^e s. « faire disparaître une figure, ou *face* »; **EFFACEMENT** XIII^e s.; **EFFAÇABLE** XV^e s.; **INEFFAÇABLE** et **EFFACÉ** adj. XVI^e s. ♦ [4] **SURFACE** XVII^e s. : calque du lat. *superficies*.

**D.** base *-fier-* : *-ficare*; ce suff. verbal, encore vivant, ex. : *bêtifier*, apparaît le plus souvent associé à un radical de forme sav., ex. : *sacrifier* → SAINT, *édifier* → ÉTÉ, donc dans des mots demi-sav.; de plus il est étroitement aux suff. sav. **-FICE, -FICATION, -FICATEUR**.

**II.** mots d'emprunt d'origine latine

♦ [1] **AFFÉTERIE** XVI^e s. : dér. de *affété* XV^e s., réfection, sous l'influence de l'it. *affettato* (de *affectatus*), de l'anc. fr. *afaitié*, de *afaitier* « préparer, disposer », du lat. vulg. **affactare* « mettre en état ». ♦ [2] **CONFETTI** XIX^e s. : it. *confetti* (plur. de *confetto* : *confectus* → CONFIRE) « dragées » puis « boulettes de plâtre » et « rondelles de papier » lancées au carnaval, en particulier à Rome. ♦ [3] **FASHION** XVII^e s. : mot angl. « mode » : fr. *façon*; **FASHIONABLE** XIX^e s. : dérivé angl. de *fashion*. ♦ [4] **FÉTICHE** XVII^e s. : port. *feitiço*, adj., « factice », subst., « objet magique, sortilège », équivalent de l'anc. fr. *faitis* : *facticius*; **FÉTICHEUR** XVIII^e s. : néerl. *feticheer*, du port. *fetissero*; **FÉTICHISME** XVIII^e s.; **FÉTICHISTE** XIX^e s. ♦ [5] **FORFANTERIE** XVI^e s. : dér. de l'anc. fr. *forfant* XV^e s., *forfante* XVI^e s., de l'it. *furfante*, de l'anc. prov. *forfan*, forme dial. de part. présent de *forfaire*, « coquin », ou empr. direct à l'anc. prov.; pour le sens, influence probable de l'esp. *farfante*, de la famille de *fanfarón*. ♦ [6] **HACIENDA** XX^e s. : mot esp. « ferme, domaine » : lat. *facienda* « choses à faire ».

**III.** mots savants d'origine latine

**A.** base *-fact-*

♦ [1] **FACTEUR** XIV^e s. « qui fait », XVII^e s. orgues, XIX^e s. pianos; XVII^e s. math., XIV^e s. « agent commercial », XVIII^e s. postes : *factor*; **CONTRE-FACTEUR** XVIII^e s. → CONTREFAIRE; **FACTORERIE** XVI^e s., XIV^e s. sous la forme *factorie*, du sens « agent commercial »; FACTORIEL XIX^e s. math. ♦ [2] **FACTICE** XVI^e s. : *facticius* → FÉTICHE; **FACTICITÉ** XX^e s. ♦ [3] **FACTION** XIV^e s. « groupe », XVI^e s. « garde », sous l'influence de l'it. *fazione*; **FACTIONNAIRE** XVI^e s.; **FACTIEUX** XV^e s. : *factiosus*. ♦ [4] **FACTITIF** XIX^e s. gramm. : dér. formé sur *factitare*. ♦ [5] **FACTOTUM** XVII^e s., XVI^e s. *factoton* avec prononciation ancienne du lat. → DICTON, ROGATON : locution lat. *fac totum* « fais tout ». ♦ [6] **FACTUM** XVI^e s., a désigné diverses sortes d'écrits : mot lat. « fait ». ♦ [7] **FACTURE** XIII^e s. « fabrication », XVI^e s. « œuvre », et « pièce comptable » sous l'infl. de **FACTEUR** « agent commercial » : *factura*; **FACTURER** XIX^e s.; **FACTURATION** XX^e s. ♦ [8] **MANUFACTURE** XVI^e s. « fabrication à la main », XVII^e s. « fabrique » : lat. médiéval *manufactura* → MAIN; **MANUFACTURER** XVII^e s. ♦ [9] **-FACTION**, 2^e élément, dans *liquéfaction, torréfaction*, etc.

**B.** base *-fac-*

♦ [1] **FACULTÉ** XII^e s. « aptitude », « possibilité », XIII^e s. « corps des professeurs d'Université », par le lat. médiéval : *facultas*; **FACULTATIF** XVII^e s. « relatif à l'Université », XIX^e s. sens mod. ♦ [2] **FACILITÉ** XIV^e s. : *facilitas*; **FACILE** XV^e s. : *facilis*; **FACILEMENT** XV^e s.; **FACILITER** XV^e s., sous l'infl. de l'it. *facilitare*. ♦ [3] **FACIAL** XVI^e s., rare avant le XIX^e s. : dér. sav. de *face*; **FACIÈS** XIX^e s. : mot lat. « face ».

**C.** base *-fect-*

♦ [1] **AFFECTER** XIV^e s. « feindre », XV^e s. « rechercher, aimer », XVI^e s. « attribuer », XVIII^e s. « toucher » : *affectare*, remplace l'anc. fr. *afaitier* (pop.) : **affactare* → AFFÉTERIE. ♦ [2] **DÉSAFFECTER** XIX^e s., d'après le sens d'« attribuer ». ♦ [3] **AFFECTATION** XV^e s. « attribution à un certain usage », XVI^e s. « feinte », XX^e s., d'abord milit. « nomination à un certain poste ». ♦ [4] **AFFECTION** XII^e s. « disposition physique ou morale », XVI^e s. méd., XVII^e s. « tendresse » : *affectio*; **AFFECTIONNER** XIV^e s.; **DÉSAFFECTION** XVIII^e s.; **AFFECTUEUX** XIV^e s. : *affectuosus*; **AFFECTIF** XV^e s. : bas lat. *affectivus*; **AFFECTIVITÉ** XX^e s. ♦ [5] **CONFECTION** XII^e s., XIX^e s. vêtement : *confectio* → CONFIRE; **CONFECTIONNER** XVI^e s.; **CONFECTIONNEUR** XIX^e s. ♦ [6] **DÉFECTION** XIII^e s. « éclipse », XVIII^e s. « abandon » : *defectio*; **DÉFECTIF** XIV^e s. « défectueux », XVII^e s. gramm. : bas lat. *defectivus* « imparfait » et « défectif »; **DÉFECTUEUX** XIV^e s. : lat. médiéval *defectuosus*; **DÉFECTUOSITÉ** XV^e s. : *defectuositas*; **INDÉFECTIBLE** XVI^e s. ♦ [7] **EFFECTIF** XIV^e s. : lat. médiéval *effectivus*, dér. de *effectus*; **EFFECTIVEMENT** XIVe s.; **EFFECTUER** XVe s. : lat. médiéval *effectuare* → EFFET. ♦ [8] **INFECTION** XIIe s. « pensée impure », XIVe s. « souillure », XVIIe s. sens mod. : *infectio*; **INFECT** XIVe s. : *infectus*; **INFECTER** XVe s. : **DÉSINFECTER** XVIe s.; **DÉSINFECTION** XVIIe s.; **DÉSINFECTANT, INFECTIEUX** XIXe s.; **AUTO-INFECTION** XXe s. ♦ [9] **INFECTUM** XXe s., gramm. : mot lat. « non fait », opposé à **PERFECTUM**. ♦ [10] **PERFECTION** XIIe s. : *perfectio*; **IMPERFECTION** XIIe s.; **PERFECTIONNER** XVe s.; **PERFECTIONNEMENT** XVIIIe s.; **PERFECTIBLE, PERFECTIBILITÉ** XVIIIe s.; **IMPERFECTIBLE, -BILITÉ** XIXe s. ♦ [11] **PERFECTUM** XXe s. gramm. : mot lat. « achevé » → INFECTUM; **PERFECTIF** XXe s. ♦ [12] **PRÉFECTURE** XIVe s., même évolution que **PRÉFET** : *praefectura*; PRÉFECTORAL XIXe s.; **SOUS-PRÉFECTURE** XIXe s. ♦ [13] **RÉFECTION** XIIe s. : *refectio*. ♦ [14] **RÉFECTOIRE** XIIe s. : *refectorium*.

**D.** base *-fet*

♦ [1] **EFFET** XIIIe s. « résultat », XIVe s. *effet de commerce : effectus*; **EN EFFET** adv. XVIIe s. ♦ [2] **PRÉFET** XIIe s. « préposé », XVIIe s. collèges, fin XVIIIe s. administration : *praefectus*; **SOUS-PRÉFET** XIXe s.

**E.** bases *-fic-, -fique*

♦ [1] suff. souvent associés au suff. pop. **-FIER : -FICE** apparaît dans **ARTIFICE** → ART; **ÉDIFICE** → ÉTÉ; **OFFICE** → ŒUVRE, **SACRIFICE** → SAINT : *-ficium*; **-FICIEL** : *-ficialis*, dans *artificiel, officiel, sacrificiel*; **-FICATEUR** : *-ficator*, dans *sacrificateur*; **-FICATION** : *-ficatio*, dans *béatification, bonification, édification*; **-FIQUE** : *-ficus*, dans *béatifique, magnifique*; **-FICENT, -FICENCE** : *-ficens, -ficentia*, dans *munificent, munificence, magnificence*. ♦ [2] **BÉNÉFICE** XIIe s. « bienfait » et sens jur., eccl.; XVIIe s. « profit » : lat. *beneficium* « bienfait » → I; **BÉNÉFICIER** XVIe s. : « gratifier », XVIIIe s. sens mod.; **BÉNÉFICIAIRE** XVIIe s. : lat. médiéval *beneficiarius*; **BÉNÉFIQUE** XVIe s., rare avant le XXe s. : *beneficus*. ♦ [3] **MALÉFICE**, XIIIe s. : lat. *maleficium* « mauvaise action » → I; **MALÉFIQUE** XVe s. : *maleficus* « malfaisant ». ♦ [4] **DÉFICIENT** XVIe s. : *deficiens*, part. présent de *deficere*; **DÉFICIENCE** XXe s.; **DÉFICIT** XVIe s. formule signalant dans un inventaire les articles manquants, XVIIIe s. fin. : mot lat. « il manque », de *deficere*; **DÉFICITAIRE** XXe s. ♦ [5] **DIFFICILE** XIVe s. : *difficilis*; **DIFFICILEMENT** XVIe s.; **DIFFICULTÉ** XIIIe s. : *difficultas*. ♦ [6] **EFFICIENT** XIIIe s. : *efficiens*, part. présent de *efficere*; **COEFFICIENT** XVIIe s. math.; **EFFICIENCE** XXe s., sous l'influence de l'angl. *efficiency*. ♦ [7] **EFFICACE** XIIe s. subst., XIIIe s. adj. : *efficax*; **EFFICACITÉ** XIVe s., élimine *efficace* subst. au XVIIe s. ♦ [8] **SUPERFICIE** XIIe s. : *superficies*; **SUPERFICIEL** XIVe s. : lat. imp. *superficialis*; **SUPERFICIALITÉ** XXe s.

**F.** représentants de *abscondere* et *sacerdos*

♦ [1] **ABSCONS** XVIe s. : *absconsus*. ♦ [2] **SACERDOCE** XVe s. à propos de l'Ancien Testament, XVIIe s. « prêtrise » en général : *sacerdotium*, dér. de *sacerdos*; pour le 1er élément → SAINT; **SACERDOTAL** XIVe s. : *sacerdotalis*.

**IV.** mots d'origine grecque

**A.** mots populaires, demi-savants ou empruntés

♦ [1] **TAIE** (pop.) XIIIe s. « enveloppe d'oreiller », XIVe s. ophtalm. « *thêkê*, par le lat. ♦ [2] **BOUTIQUE** XIVe s. : anc. prov. *botica*, du gr. *apothêkê*, prononcé à la manière du bas gr.; **ARRIÈRE-BOUTIQUE, BOUTIQUIER** XVIe s. ♦ [3] **APOTHICAIRE** (demi-sav.) XIIIe s. : lat. médiéval *apothecarius*, dér. de *apotheca*, du gr. *apothêkê*, avec *i* empr. à *boutique*.

**B.** mots savants

♦ [1] **THÈME** XIIIe s. « sujet », XVIe s.-XVIIe s. « composition scolaire », « traduction », XVIIe s. astrol., XIXe s. mus. et ling. : *thema, -atos*; **THÉMATIQUE** XIXe s. ♦ [2] **ANATHÈME** XIIe s. : *anathema*, par le lat.; **ANATHÉMATISER** XIVe s. : *anathematizein*, par le lat. ♦ [3] **ÉPITHÈTE** XVIe s. : *epitheton*. ♦ [4] **HYPOTHÈQUE** XIVe s. : *hupothêkê*, par le lat. jur.; **HYPOTHÉQUER, HYPOTHÉCAIRE** XIVe s. ♦ [5] **BIBLIOTHÈQUE** XVe s. : *bibliothêkê* → BIBLE; **BIBLIOTHÉCAIRE** XVIe s. ♦ [6] **-THÈQUE** : suff. tiré de *bibliothèque* indiquant un ensemble d'objets d'intérêt culturel, ex. : *phonothèque, discothèque*, etc. ♦ [7] **THÈSE** XVIe s. : *thesis*. ♦ [8] **ANTITHÈSE** XVIe s. : *antithesis*; **ANTITHÉTIQUE** XVIIe s. ♦ [9] **DIATHÈSE** XVIe s. : *diathesis*. ♦ [10] **ÉPENTHÈSE** XVIIe s. : *epenthesis*; **ÉPENTHÉTIQUE** XVIIIe s. ♦ [11] **HYPOTHÈSE** XVIe s. : *hupothesis*, par le lat.; **HYPOTHÉTIQUE** XIIIe s. : *hupothetikos*, par le lat.; **HYPOTHÉTIQUEMENT** XVIe s. ♦ [12] **PARENTHÈSE** XVe s. : *parenthesis*, par le lat. ♦ [13] **PROSTHÈSE, PROTHÈSE** XVIIe s., chir., XVIIIe s. gramm., XIXe s. dents : confusion de *prothesis* et *prosthesis*; **PROSTHÉTIQUE, PROTHÉTIQUE** XIXe s. ♦ [14] **SYNTHÈSE** XVIIe s. : *sunthesis*; **SYNTHÉTIQUE** XVIIe s. : *sunthetikos*; **SYNTHÉTISER** XIXe s. ♦ [15] **-SYNTHÈSE** 2e élément de composés sav., ex. : *biosynthèse, photosynthèse*, etc.

**FAISSELLE** famille du lat. *fiscus* « corbeille », « panier à argent », « trésor impérial »; dér. : (1) *fiscella* « forme d'osier pour égoutter le fromage » (2) *fiscalis* « fiscal »; *confiscare* « faire entrer dans la cassette impériale ».

♦ [1] **FAISSELLE** (pop.) XII^e s. : *fiscĕlla*. ♦ [2] **FISC** (sav.) XIV^e s. : *fiscus*; **FISCAL** XIV^e s. : *fiscalis*; **FISCALITÉ** XVIII^e s. ♦ [3] **CONFISQUER; CONFISCATION** (sav.) XIV^e s. : *confiscare, confiscatio*.

**FAÎTE** (pop.) XII^e s. frq. **first*. Orth. due à un rapprochement erroné avec le lat. *fastigium*; **FAÎTAGE, FAÎTIÈRE** XIII^e s.

**FAIX** famille du lat. *fascis* « fagot », « paquetage de soldat », « faisceau de licteur », d'où *fasciculus* « petit paquet », *fascina* « fagot ».

♦ [1] **FAIX** (pop.) XI^e s., *fais, fes : fascis*; **PORTE-FAIX** XIV^e s.; **AFFAISSER** XIII^e s., **AFFAISSEMENT** XVI^e s. ♦ [2] **FAISCEAU** (pop.) XII^e s., *faissel* : lat. vulg. **fascellus*, dimin. de *fascis*. ♦ [3] **FESSER** (pop.) XV^e s. : dér. de l'anc. fr. *fesce, faisse* « verges », du lat. vulg. **fascia* plur. de **fascium*, du class. *fascis* : croisé avec **FESSE** → FENDRE; **FESSÉE** XVI^e s.; **FESSE-MATHIEU** XVI^e s., littéralement « qui fesse saint Matthieu (patron des changeurs) pour obtenir de lui de l'argent ». ♦ [4] **FASCINE** XVI^e s. : it. *fascina*, du lat. *fascina*, a éliminé l'anc. fr. *faissine* (pop.) de même origine. ♦ [5] **FASCICULE** (sav.) XV^e s., XIX^e s. librairie : *fasciculus*. ♦ [6] **FASCISME, -ISTE** XX^e s. : it. *fascismo, fascista*, dér. de *fascio* « faisceau de licteur », emblème du parti fasciste, du lat. vulg. **fascium*. **FASCISER, -ISATION** XX^e s.

**FAKIR** XIII^e s. *faqui* : ar. *faqîh* « homme versé dans la connaissance de la loi divine » : XVII^e s. *fakir* : ar. *faqîr* « pauvre ».

**FALAISE** (pop.) XII^e s. : mot normanno-picard, du frq. **falisa* (→ all *Fels* « rocher »).

**FALBALA** XVII^e s. « volant plissé » : lyonnais *farbella*, p.-ê. altération de l'it. *faldella*, dimin. de *falda* « pan de vêtement », du frq. **falda* « pli ».

**FALOT** XV^e s. subst. « plaisant », XVII^e s. adj., XX^e s. sens mod. : p.-ê. angl. *fellow* « compagnon », d'origine germ.

**FAMILLE** ♦ [1] (demi-sav.) XII^e s. : lat. *familia*, dér. de *famulus* « serviteur », mot italique qui a dû désigner à l'origine l'ensemble des serviteurs vivant sous le toit et sous la puissance du *paterfamilias*, et même l'ensemble des choses nécessaires à ce groupe social, terre et animaux de labour; a fini par devenir syn. de *gens* dans la langue courante, mais non dans celle du droit. ♦ [2] **FAMILIER** (demi-sav.) XII^e s. : *familiaris*; **FAMILIARITÉ** XII^e s. (sav.) : *familiaritas*; **FAMILIARISER** XVI^e s.; **FAMILIAL** XIX^e s. ♦ [3] **FAMILISTÈRE** XIX^e s., sur le modèle de *phalanstère*.

**FANFARE** XVI^e s. : mot obscur, p.-ê. onom.

**FANFARON** XVI^e s. : esp. *fanfarron*, mot de formation expressive, indépendant, à l'origine, des mots de formation parallèle : fr. *fanfare*, it. *fanfano*, arabe *farfar*. **FANFARONNADE** XVI^e s.; **FANFARONNER** XVII^e s.

**FANGE** (pop.) XII^e s. : germ. **fanga*; **FANGEUX** XII^e s.

**FANON** ♦ [1] (pop.) XII^e s., a désigné divers objets pendants : frq. **fano* « morceau d'étoffe ». ♦ [2] **FANION** XVII^e s., une fois au XII^e s. : var. avec substitution de suff. ♦ [3] **GONFANON** (pop.) XI^e s. : frq. **gundfano* « étendard de combat » (→ all. *Fahne* « drapeau »); **GONFALONIER** XI^e s. : dér., avec dissimilation des *n*, d'où la var. **GONFALON**.

**FANTÔME** famille du verbe grec *phainein, phainesthai* « faire briller », « faire voir », « paraître ».

I. mots populaires, empruntés ou demi-savants

♦ [1] **FANTÔME** XII^e s. (pop.) : lat. vulg. **fantauma*, issu de **fantagma*, altération du gr. *phantasma* « image », « apparition », p.-ê. par Marseille; **FANTOMATIQUE** XIX^e s. ♦ [2] **FANTAISIE** (demi-sav.) XII^e s. « vision », XIV^e s. « imagination » : lat. *phantasia* « imagination », du gr. *phantasia* « spectacle frappant l'imagination »; **FANTAISISTE** XIX^e s. ♦ [3] **PANTOIS** (pop.) XIV^e s. « haletant », XVII^e s. « étonné » : dér. de l'anc. fr. *pantoisier*, var. de *pantaisier*, du lat. vulg. **pantasiāre*, dér. de *phantasia*, « avoir des cauchemars », « haleter d'émotion »; **PANTELANT** XVI^e s., de *panteler* XVI^e s., réfection, par substitution de suff., de *pantoisier*. ♦ [4] **FANTASIA** XIX^e s. : ar. *fantaziya* empr. à l'esp. : « gloriole, fête brillante », avec restriction du sens en français. ♦ [5] **FANTASQUE** XV^e s. : it. *fantastico*, du gr. *phantastikos* « qui concerne l'imagination », par le lat. ♦ [6] **FANAL** XVI^e s. : it. *fanale*, dér. du gr. *phanos* « objet lumineux, lanterne ».

II. mots savants

♦ [1] **FANTASME** XII^e s., XX^e s. psychanalyse : *phantasma* → FANTÔME. ♦ [2] **FANTASTIQUE** XIV^e s. : *phantastikos* par le lat. → FANTASQUE. ♦ [3] **FANTASMAGORIE, -IQUE** fin XVIII^e s.

« image de lanterne magique » : composé à partir de *phantasma* → ALLÉGORIE. ♦ [4] **HIÉROPHANTE** XVI^e s. : *hierophantês* « qui explique les mystères sacrés », par le lat. ♦ [5] **DIAPHANE** XIV^e s. : *diaphanês* « qui permet de voir au travers », par le lat. ♦ [6] **ÉPIPHANIE** XII^e s. : *epiphaneia* « action de se montrer », « manifestation de la puissance divine », par le lat. eccl. ♦ [7] **PHANÉROGAME** XVIII^e s. bot. « dont les organes de fructification sont apparents » : de *phaneros* « visible » et *-game*. ♦ [8] **PHASE** XVI^e s., d'abord astron. : *phasis* « apparition d'une étoile qui se lève »; **-PHASÉ** XX^e s. électr. : 2^e élément de composés, ex. : **MONOPHASÉ, DÉPHASÉ** d'où **DÉPHASAGE**. ♦ [9] **EMPHASE** XVI^e s. : *emphasis* « expression forte », par le lat.; **EMPHATIQUE** XVI^e s. : *emphatikos*, id. ♦ [10] **PHÉNOMÈNE** XVI^e s., d'abord astron. puis météor. : *phainomenon*, plur. *-a*, « ce qui paraît », part. présent substantivé de *phainesthai*; **ÉPIPHÉNOMÈNE** XVIII^e s.; **PHÉNOMÉNAL, PHÉNOMÉNOLOGIE, PHÉNOMÉNOLOGIQUE** XIX^e s. ♦ [11] Mots de la chimie sur la base *phen-* « briller » : **PHÉNYLE, PHÉNOL, PHÉNIQUE**, etc., XIX^e s.

**FAQUIN** XVI^e s. : dér. de *(compaignon de la) facque* « portefaix », argot, du moyen fr. *fasque* « poche, sac », du néerl. *vak* « compartiment ». L'it. *facchino* vient du fr.

**FARCIR** famille du lat. *farcire, fartus*, lat. imp. *farsus*, bas lat. *farcitus* « farcir », d'où *fartura*, var. bas lat. *farsura* « remplissage »; *infercire, infertus*, var. *infarcire* « bourrer dans ».
♦ [1] **FARCIR** (pop.) XII^e s. : *farcire*, **FARCE** XIII^e s. cuis., XV^e s. théâtre « divertissement comique dont on *farcit* un mystère », d'où « plaisanterie »; **FARCEUR** XV^e s. : dér. de *farser* XIII^e s. « railler », et influence de *farce*. ♦ [2] **FATRAS** XIV^e s. avec des dér. anc. fr. dès le XIII^e s. : dér. ancien de *farsura* avec le suffixe *-aceus*. ♦ [3] **INFARCTUS** (demi-sav.) XIX^e s. : réfection, sur le radical du présent, de *infartus*, part. passé de *infarcire*.

**FARDEAU** ♦ [1] XII^e s. : dér. de l'anc. fr. *farde*, de l'arabe *farda* « balle de vêtements, d'étoffes, de marchandises »; **FARDIER** XVIII^e s. ♦ [2] **HARDES** XVI^e s. : équivalent gascon du fr. *farde*; par l'aragonais *farda* « habit », de même origine.

**FARDER** (pop.) XII^e s. frq. **farwidhon* « teindre »; **FARD** XIII^e s.

**FARIBOLE** XVI^e s. : mot dial. à nombreuses var., probablement apparenté à l'anc. fr. *falourde* « tromperie », d'origine obs.

**FARINE** famille du lat. *far, farris* « variété de blé ». ♦ [1] **FARINE** (pop.) XII^e s. : lat. *farina*; **FARINIER** XIII^e s.; **ENFARINER** XIV^e s.; **FARINER** XV^e s.; **FARINEUX** XVI^e s. ♦ [2] **CONFARRÉATION** (sav.) XVI^e s. : *confarreatio* « forme de mariage romain où l'épouse offrait du pain de froment ».

**FASCINER** (sav.) XIV^e s. : lat. *fascinare*, dér. de *fascinus* « sort jeté à quelqu'un »; **FASCINATION** XIV^e s. : *fascinatio*.

**FATIGUER** (sav.) XIV^e s. : lat. *fatigare* « faire crever », en parlant des chevaux, puis « harasser », « importuner »; **FATIGUE** XIV^e s.; **INFATIGABLE** XIV^e s. : *infatigabilis*; **FATIGANT** XVII^e s.

**FAUCON** ♦ [1] (pop.) XI^e s. : bas lat. IV^e s. *falco, -onis*, p.-ê. dér. de *falx, falcis* → FAUX, à cause de la forme des serres ou du bec de cet oiseau, recourbés comme une faucille; **FAUCONNERIE** XIV^e s. ♦ [2] **GERFAUT** (pop.) XII^e s. : frq. **geirifalko*, de **ger* « vautour », et **falko* « faucon », probablement empr. au lat.

**FAUTEUIL** (pop.) XI^e s. *faldestueil*, forme mod. seulement au XVII^e s. : frq. **faldistôl* « siège pliant », pour les grands personnages.

**FAUVE** (pop.) XI^e s. adj., XVI^e s. subst. : bas lat. (IX^e s.) *falvus*, du germ. occidental **falwa-*; **FAUVETTE** XIII^e s.

**FAUX** ♦ [1] (pop.) subst. fém. XII^e s. : lat. *falx, falcis*; **FAUCILLE**, XII^e s. : dimin. bas lat. (V^e s.) *falcĭcŭla*. ♦ [2] **FAUCHER** (pop.) XII^e s. : lat. vulg. **falcāre*, dér. de *falx*; **FAUCHEUR, FAUCHAISON** XII^e s.; **FAUCHAGE** XIV^e s.; **FAUCHEUX** XVIII^e s. « araignée à longues pattes » : prononc. anc. de *faucheur*. ♦ [3] **DÉFALQUER** (sav.) XIV^e s. : lat. médiéval *defalcare* « trancher avec la faux », ou empr. comme terme de finances à l'équivalent it.

**FAVEUR** famille du lat. *favēre, fautus* « favoriser », terme religieux à l'origine; d'où *favor* « marque de faveur », *fautor*, issu du lat. arch. *favĭtor* « qui favorise ».
♦ [1] **FAVEUR** (pop.) XII^e s., XVI^e s. « ruban (donné par faveur à un cavalier par sa dame) » : *favor, -ōris*. ♦ [2] **FAVORABLE** (sav.) XII^e s. : lat. imp. *favorabilis*; **FAVORISER** XIV^e s.; **DÉFAVORABLE, DÉFAVORISER** XV^e s. ♦ [3] **FAVORI, FAVORITE** XVI^e s. : it. *favorito, -ita*, part. passés masc. et fém. de *favorire*, dér. de *favore*, du lat. *favōrem*; **FAVORITISME** XIX^e s. ♦ [4] **FAUTEUR** (sav.) XIV^e s. : *fautor*.

**FÈCES** famille sav. du lat. *faex, faecis* (probablement d'origine méditerranéenne) « lie, dépôt », « excréments », d'où *faecula* « tartre (de vin) » et « raisiné »; *faeculentus* « plein de lie, bourbeux »; *faeculentia* « abondance d'ordure »; *defaecare* « clarifier le vin », « enlever les impuretés ».
♦ [1] **FÈCES** XVI^e s. méd. : lat. *faeces*, plur. de *faex*; **FÉCAL** XVI^e s. : dér. sur *faex*; **DÉFÉQUER** XVI^e s. : *defaecare*; **DÉFÉCATION** XVIII^e s. : *defaecatio*. ♦ [2] **FÉCULENCE** XIV^e s. « état d'un liquide qui dépose » : *faeculentia*; **FÉCULENT** XVI^e s. : *faeculentus* au sens de « qui laisse un dépôt »; **FÉCULE** XVII^e s. « dépôt amylacé » : *faecula*; **FÉCULERIE** XIX^e s.

**FEINDRE** famille du lat. *fingere, fictus* « modeler dans l'argile », « reproduire », « imaginer, inventer », d'où : (1) *fictio, -onis* « action de façonner, de feindre » (2) *-figies*, dans *effigies* « image en relief » (3) *figura* « configuration donnée à une chose », « figure de style ». — Dérivés : *figurare* « façonner » lat. imp. *configurare* « donner une forme », *transfigurare* « transformer » et bas lat. *praefigurare* « représenter d'avance ».

**I.** mots populaires

♦ [1] **FEINDRE** XI^e s. : *fingĕre*; **FEINTE** XIII^e s. : part. passé fém. substantivé. ♦ [2] **FEIGNANT** XIII^e s. adj. : part. présent de l'anc. fr. *se feindre* « donner de mauvaises excuses », « être sans courage, paresseux »; interprété ensuite comme *fait néant* → NÉANT, art. GENS.

**II.** mots savants

**A.** base *-fig-*

♦ [1] **EFFIGIE** XV^e s. : *effigies*. ♦ [2] **FIGURE** X^e s., **FIGURER** XII^e s. : *figura, figurare*; **DÉFIGURER** XII^e s.; **FIGURATION** XIII^e s., XVIII^e s. théâtre (ainsi que **FIGURANT**) ; *figuratio*; **FIGURATIF** XIII^e s., XX^e s. art : bas lat. *figurativus*; **FIGURINE** XVI^e s. : dimin. it. *figurina*. ♦ [3] **CONFIGURER, CONFIGURATION** XII^e s. : *configurare, -atio*. ♦ [4] **PRÉFIGURER** XIII^e s. : *praefigurare*; **PRÉFIGURATION** XVII^e s. : *praefiguratio*. ♦ [5] **TRANSFIGURER** XII^e s. : *transfigurare*; **TRANSFIGURATION** XIII^e s. : *transfiguratio*, d'abord à propos du Christ.

**B.** base *-fict-* **FICTION** XIII^e s. : *fictio*; **FICTIF** XV^e s., rare avant le XVIII^e s. **SCIENCE-FICTION** XX^e s.

**FÉLIN** (sav.) XVIII^e s. : lat. *felinus*, dér. de *feles* « chat ».

**FÉLON** (pop.) X^e s. : bas lat. *fello, -onis*, du frq. **fillo*, réduction de **filljo*, nom d'agent dér. d'un verbe signifiant « fouetter »; littéralement « qui fouette, maltraite (les esclaves) », d'où « méchant »; **FÉLONIE** XI^e s.

**FEMME** famille d'une racine ind.-eur. **dhē-* « téter ».
En grec *thêlê* « bout de sein ».
En latin : (1) *fēmina* « femme », « femelle », reste d'un part. présent ancien, littéralement, à l'origine, « qui allaite »; d'où le dimin. *femella*, très rare en lat., mais conservé en fr. et en prov., et *femininus*, formé par opposition à *masculinus*, avec sens gramm. dès le lat. (2) *fel(l)are* « allaiter », d'où bas lat. *fellibris* « nourrisson » (3) *feta* « pleine, grosse », d'où *fetus*, bas lat. *fœtus, -us* « grossesse », « action de mettre bas », « petit d'un animal », et lat. vulg. **feto, -onis* « petit d'un animal » (4) *fecundus* « fécond », avec le même suffixe que dans *rubicundus* → ROUGE, *verecundus* → VERGOGNE, art. SERF, qui peut être rattaché à la racine **ku-* « se gonfler » → CIME (5) *fēlix, -icis* « qui produit des fruits », « heureux », d'où *felicitas* « bonheur » (6) Probablement aussi *fēnum* « produit du pré », « foin ».

**I.** mots issus du latin

**A.** mots populaires

♦ [1] **FEMME** XI^e s. : *femĭna*; **FEMELLE** XIII^e s. : *femella*; **FEMMELETTE** XIV^e s. Pour les mots scientifiques exprimant la notion de « femme » → GYNÉC(O)-. ♦ [2] **FAON** XII^e s. « petit d'animal », pour **feon* : **fētōne*. ♦ [3] **FOIN** XII^e s. : *fēnum*; **SAINFOIN** XVII^e s., littéralement « foin sain pour le bétail ». ♦ [4] **FENIL** XII^e s. : *fēnīle*, dér. de *fēnum*; **FENAISON** XIII^e s.; **FANER** XIV^e s., var. de *fener* XII^e s.; **FANE** XIV^e s.; **FANEUR** XIII^e s. *feneor*. ♦ [5] **FENOUIL** XIII^e s. : lat. vulg. **fēnŭcŭlum*, dimin. de *fēnum*.

**B.** mots savants

♦ [1] **FÉMININ** XI^e s. : *femininus*; **EFFÉMINER** XII^e s. : *effeminare* « féminiser »; **FÉMINISER** XVI^e s.; **FÉMINISME, FÉMINISTE, FÉMINITÉ** XIX^e s. ♦ [2] **FŒTUS** XVI^e s. : mot lat.; **FŒTAL** XIX^e s. ♦ [3] **SUPERFÉTATION** XVI^e s. : *superfetatio*, du lat. imp. *superfetare* « concevoir de nouveau »; **SUPERFÉTATOIRE** XX^e s. ♦ [4] **FÉCONDITÉ** XI^e s. : *fecunditas*; **FÉCOND, FÉCONDER** XIII^e s. : *fecundus, fecundare*; **INFÉCONDITÉ** XIV^e s. : *infecunditas*; **INFÉCOND** XV^e s. : *infecundus*; **FÉCONDATION** XV^e s. ♦ [5] **FÉLIX**, adj. lat. utilisé comme nom propre. ♦ [6] **FÉLICITÉ** XIII^e s. : *felicitas*; **FÉLICITER** XV^e s. « rendre heureux », XVII^e s. « complimenter » : bas lat. IV^e s. *felicitare*; **FÉLICITATION** XVII^e s. ♦ [7] **FÉLIBRE** XIX^e s. : mot empr. par Mistral à un récit populaire prov. qui parle des *Sept Félibres de la loi*, pour désigner les sept poètes fondateurs du **FÉLIBRIGE**, id. : *fellibris*.

II. mots savants issus du grec

**ÉPITHÉLIUM, ÉPITHÉLIAL** XIX^e^ s. : dér. sur *thêlê*.

**FÉMUR** (sav.) XVI^e^ s. : mot lat. « cuisse »; **FÉMORAL** XVIII^e^ s. : bas lat, *femoralis*.

**FENDRE** famille du lat. *fĭndĕre*, *fissus*, lat. vulg. **finditus* « fendre », d'où : (1) *-fidus* « fendu », 2^e^ élément de composés (2) *fissura* « fente » (3) *fissio* « action de fendre » et *fissilis* « facile à fendre ».

♦ [1] **FENDRE** (pop.) X^e^ s. : *fĭndĕre*; **POURFENDRE** XII^e^ s.; **POURFENDEUR** XVIII^e^ s.; **FENTE** XIV^e^ s. : part. passé fém. substantivé : **fĭndĭta*. ♦ [2] **FESSE** (pop.) XIV^e^ s. : *fissa*, part. passé substantivé de *findere*; a éliminé *nache*, du lat. *natĭca*; **FESSU** XIII^e^ s.; **FESSIER** XVI^e^ s. ♦ [3] **BIFIDE, TRIFIDE** (sav.) XVIII^e^ s. : *bifidus*, *trifidus* « fendu en deux, en trois ». ♦ [4] **FISSURE** (sav.) XIV^e^ s. rare avant le XVIII^e^ s. : *fissura*; **FISSURER** XVI^e^-XVII^e^ s. puis XX^e^ s. ♦ [5] **FISSILE** (sav.) XVI^e^ s. puis XIX^e^ s. : *fissilis*; **FISSION** XX^e^ s. : *fissio*, par l'angl.; **FISSIBLE** XX^e^ s.; **FISSI-** 1^er^ élément de composées sav., ex. : *fissipède*.

**FENÊTRE** (pop.) XII^e^ s. : lat. *fenestra*.

**FER** ♦ [1] (pop.) X^e^ s. : lat. *ferrum*. ♦ [2] **FERRER, DÉFERRER, ENFERRER** XII^e^ s.; **FERRURE** XIII^e^ s.; **MARÉCHAL-FERRANT** → MARÉCHAL. ♦ [3] **FERRONNERIE** XIII^e^ s.; **FERRONNIER** XVI^e^ s.; **FERRONNIÈRE** XIX^e^ s., bijou semblable à celui que porte *la Belle Ferronnière*, peinte par L. de Vinci. ♦ [4] **FERRAILLE** XIV^e^ s.; **FERRAILLER, FERRAILLEUR** XVII^e^ s. ♦ [5] **FERBLANC** XIV^e^ s.; **FERBLANTIER** XVIII^e^ s.; **FERBLANTERIE** XIX^e^ s. ♦ [6] **FERREUX** XVIII^e^ s.; **FERRIQUE** XIX^e^ s. ♦ [7] **FERROVIAIRE** XX^e^ s. : it. *ferroviario*, dér. de *ferrovia* « chemin de fer ». ♦ [8] **FERRUGINEUX** XVII^e^ s. : dér. du lat. *ferrugo*, *-inis* « rouille du fer ». Mots scientifiques exprimant la notion de « fer » → SIDÉRURGIE.

**FÉRIR** famille d'une racine ind.-eur. **bher-* « percer » représentée en lat. par *ferīre* « frapper » et *forare* « percer »; probablement aussi en germ. par l'all. *Bohren* « percer » → BURIN.

♦ [1] **FÉRIR** (pop.) XI^e^ s., survit dans la loc. *sans coup férir* : *ferire*; éliminé au XVI^e^ s. par *frapper*; **FÉRU** XI^e^ s., part. passé « blessé », XV^e^ s., adj., sens mod. ♦ [2] **FORER** XII^e^ s. : prov. *forar* ou it. *forare* : du lat. *forare*, ou p.-ê. empr. directement au lat.; **FORET** XIII^e^ s.; **FORAGE** XIV^e^ s.; **FOREUSE** XIX^e^ s. ♦ [3] **PERFORER** : lat. class. *perforare* « percer », survivant dans la langue méd. du Moyen Âge; **PERFORATION** XIV^e^ s.; **PERFORATEUR, -ATRICE** XIX^e^ s.; **PERFOREUSE** XX^e^ s.

**FERLER** ♦ [1] (pop.) XVII^e^ s. « attacher la voile à la vergue » : probablement d'un anc. fr. **ferle*, du lat. *ferŭla* « férule, plante à longue tige », « baguette »; **DÉFERLER** XVI^e^ s. des voiles, XVIII^e^ s. des vagues; **DÉFERLEMENT** XX^e^ s. ♦ [2] **FÉRULE** (sav.) XIV^e^ s. : *ferula*.

**FERME** (adj; et subst.) famille du lat. *firmus* « ferme » au propre et au fig. d'où (1) *infirmus* « faible », *infirmare* « affaiblir » (2) *firmitas, -atis* et *infirmitas* « solidité » et « faiblesse » (3) *firmare* « affermir » (4) *firmamentum (caeleste)* « la voûte céleste » qui traduit, en lat. eccl. le gr. *stereôma* « construction solide » (5) *affirmare* « fortifier », « donner pour certain » et *confirmare* « affermir, garantir », d'où *affirmatio, confirmatio*.

I. mots populaires

base *-ferm-*

♦ [1] **FERME** XII^e^ s. adj. : forme fém. de *firma*, qui a éliminé le masc. *ferm*, de *firmus*. ♦ [2] **FERMEMENT** XII^e^ s.; **AFFERMIR, RAFFERMIR** XIV^e^ s.; **AFFERMISSEMENT** XVI^e^ s.; **RAFFERMISSEMENT** XVII^e^ s. ♦ [3] **FERMER** XI^e^ s. « fortifier » « garantir », XII^e^ s. « clore » : *firmare*. ♦ [4] **AFFERMER** XII^e^ s.; **FERME** XIII^e^ s. subst. fém. « convention avec garantie », de *rente, bail à ferme* : dér. de *fermer* « garantir »; **FERMIER** XIII^e^ s.; **FERMAGE** XIV^e^ s.; **FERMETTE** XX^e^ s. ♦ [5] **ENFERMER, REFERMER** XII^e^ s.; **FERMOIR** XIII^e^ s. : dér. de *fermer* « clore ». ♦ [6] **FERMETÉ** (demi-sav.) XII^e^ s. « forteresse »; XIII^e^ s., sens mod. : *firmitas*, a éliminé l'anc. fr. **FERTÉ** (pop.) « forteresse » qui subsiste en toponymie; **FERMETURE** (demi-sav.) XIV^e^ s. : réfection, sur le modèle de *fermeté*, de l'anc. fr. *fermeüre*.

II. mots savants

base *-firm-*

♦ [1] **AFFIRMER** XIII^e^ s. : *affirmare*; **AFFIRMATION** XII^e^ s. : *affirmatio*; **AFFIRMATIF** XIII^e^ s. : bas lat. *affirmativus*. ♦ [2] **CONFIRMER, CONFIRMATION** XIII^e^ s. : *confirmare, confirmatio*. ♦ [3] **INFIRME** XIII^e^ s. : *infirmus*, a éliminé l'anc. fr. *enferm* (pop.); **INFIRMITÉ** XIV^e^ s. : *infirmitas*; **INFIRMIER** XIV^e^ s.; **INFIRMERIE** XVII^e^ s. ♦ [4] **INFIRMER** XIV^e^ s., jur. : *infirmare*; **INFIRMATION** XV^e^ s. : *infirmatio*. ♦ [5] **FIRMAMENT** XII^e^ s. : *firmamentum*. ♦ [6] **FIRME** XIX^e^ s. : angl. *firm*, du lat. médiéval *firma*, calqué sur le fr. *ferme* (subst. → **I.** 4).

**FÉTIDE** (sav.) XV^e^ s. : lat. *foetidus* « puant », de *foetere* « puer ».

**FÉTU** (pop.) XII^e s. : lat. vulg. **festūcum*, var. du lat. class. *festūca* « brin de paille ».

**FEU** famille du lat. *fŏcus* « foyer domestique, demeure des dieux lares et pénates », qui s'est substitué à *ignis* dans la langue pop. Pour les mots scient. exprimant l'idée de « feu ». → IGNÉ et PYR-.

♦ [1] **FEU** X^e s. (pop., également sous la forme *fou*) : *fŏcus*. ♦ [2] base *-fou-* (pop.) **AFFOUAGE** XIII^e s. : de l'anc. fr. *affouer*, du lat. vulg. **affocāre* « chauffer »; **FOUACE** XII^e s. : lat. vulg. *focacia*, du bas lat. *focacius (panis)* « (pain) cuit sous la cendre du foyer ». ♦ [3] **FOYER** XII^e s. d'abord « fourneau » : bas lat. *focarium*, adj. neutre substantivé, dér. de *focus*. ♦ [4] **FUSIL** (pop.) XII^e s. « briquet », XVII^e s. « arme à feu »; d'abord sous les formes *foisil* puis *fuisil* : lat. vulg. **focīlis (petra)* « pierre à feu »; **FUSILIER** XVI^e s.; **FUSILLER, FUSILLADE** XVIII^e s. ♦ [5] **FUEL** XX^e s. : abréviation de l'angl. *fuel-oil* « huile combustible »; 1^er élément emprunté à l'anc. fr. *fouaille* : lat. médiéval *focalia* « combustible ». ♦ [6] **FOCAL** (sav.) XV^e s., puis XIX^e s. : dér. sur *focus*.

**FEUILLE** famille du lat. *folium* « feuille ». Pour les mots scientifiques exprimant la notion de « feuille » → PHYLL-, art. CERFEUIL.

**I.** mots populaires

♦ [1] **FEUILLE** XII^e s. « feuille d'arbre » et « feuille de papier » : *fŏlia*, plur. de *fŏlium* pris pour un fém.; **MILLE FEUILLES** XVI^e s., bot., XVIII^e s., gâteau. ♦ [2] **FEUILLÉE, FEUILLU** XII^e s.; **DÉFEUILLER** XIII^e s.; **EFFEUILLER, FEUILLAGE** XIV^e s.; **FEUILLAISON** XVIII^e s. ♦ [3] **FEUILLET** XII^e s.; **FEUILLETER** XIII^e s.; **FEUILLETAGE** XVI^e s.; **FEUILLETON** fin XVIII^e s. « petit cahier », XIX^e s. dans un journal; **FEUILLETONISTE** XIX^e s. ♦ [4] **FEUILLURE** et **FEUILLER** XIV^e s., techn., par comparaison de l'entaille ainsi pratiquée avec une feuille. ♦ [5] **TRÈFLE** XIII^e s. : lat. vulg. **trĭfŏlum*, adaptation, d'après le gr. *triphullon*, du lat. *trifolium* « herbe à trois feuilles », « trèfle », **TRÉFLÉ** XVII^e s. ♦ [6] **TRIOLET** XV^e s. poème à forme fixe et sorte de danse; XIX^e s. sens mus. mod. : dimin. d'un mot courant dans les dial. méridionaux, en part. prov. *treule*, équivalent de fr. *trèfle*, emploi métaph.

**II.** mots savants

base *-fol-*

♦ [1] **EXFOLIER** XVI^e s. : lat. imp. *exfoliare*; **EXFOLIATION** XVI^e s.; **DÉFOLIATION** XX^e s. ♦ [2] **FOLIE** : *foliatus*; **FOLIOLE** : *foliolum*, dim. de *folium*; **FOLIAIRE, FOLIATION** XVIII^e s.; **TRIFOLIÉ** XIX^e s. ♦ [3] **IN-FOLIO** XVII^e s. : mot lat. « en feuille »; d'où **FOLIO** XVII^e s.; **INTERFOLIER** XIX^e s.

**FEUILLETTE** (pop.) XV^e s. « demi-barrique » : mot osbcur; p.-ê. dér. de *feuiller* « faire une feuillure »; mais *feuillure* n'est pas attesté dans le vocabulaire de la tonnellerie; plus probablement altération d'une forme **fuillette*, qui se rattacherait au germ. **fullja* « mesure pleine » (→ angl. *full*), qui repose sur la même rac. que le lat. *plenus* → PLEIN; souvent altéré en **FILLETTE**, attesté dès le XIV^e s.

**FEUTRE** ♦ [1] (pop.) XII^e s. : frq. **filtir*; **FEUTRER** fin XII^e s.; **FEUTRAGE** XVIII^e s. ♦ [2] **FILTRE** (sav.) XVI^e s. : lat. médiéval des alchimistes *filtrum*, adaptation du frq. **filtir*; **FILTRER, S'INFILTRER, INFILTRATION** XVI^e s.; **FILTRAGE** XVII^e s.; il est possible que la racine sur laquelle reposent ces deux mots soit celle du lat. *polire* (→ POLIR), qui, en ce cas, signifierait à l'origine « battre l'étoffe pour l'apprêter ».

**FÈVE** (pop.) XIII^e s. : lat. *faba*; **FÉVEROLLE** XIV^e s. (de même que les toponymes **FAVEROLLE, FAVIÈRE**).

**FÉVRIER** (pop.) XII^e s. : bas lat. *febrarius* : class. *februarius (mensis)* « mois des purifications », le dernier de l'ancienne année romaine, de *februus* « purificateur », anc. adj. de la langue religieuse, d'origine sabine.

**FIBRE** (sav.) XIV^e s. : lat. *fibra* « filament »; **FIBREUX** XVI^e s.; **FIBRILLE** XVII^e s. et **FIBRILLATION** XX^e s.; **FIBRINÉ** XVIII^e s. et **FIBRINOGÈNE** XX^e s.; **FIBROME** XIX; **FIBRANNE** XX^e s.

**FICHER** famille du lat. *figere, fixus* « ficher », lat. vulg. **figicare*; d'où *affigere* « accrocher à »; *praefigere* « fixer en avant »; *suffigere* « fixer dessous ou par-derrière »; *transfigere* « transpercer ».

**I.** mots populaires

♦ [1] **FICHER** XII^e s. « fixer », XVII^e s. « donner », euphémisme pour « foutre » et, pron., « se moquer » (p.-ê. sous l'influence de l'it. *infischiarsi*, « id. » de *fischiare* « siffler »); XVIII^e s. *ficher le camp* : lat. vulg. **ficcāre*, de **figĭcāre*; **FICHE** XIV^e s. « chose fichée », XVII^e s. « carte »; **FICHIER** XX^e s.; **FICHU** XVII^e s. adj.; XVIII^e s. subst. « vêtement (mis à la hâte) ». ♦ [2] **FICHAISE, SE CONTRE-FICHER** XIX^e s. ♦ [3] **FICHTRE** XIX^e s. : contamination de *ficher* et de *foutre*. ♦ [4] **AFFICHER** XI^e s.; **AFFICHE** XIII^e s.

« agrafe », XVIe s. « pancarte »; **AFFICHAGE, AFFICHEUR** fin XVIIIe s. ♦ [5] **AFFIQUET** XIIIe s. : dimin. d'*affique* forme normanno-picarde d'*affiche*.

**II.** mots savants

♦ [1] **FIXE** XIIIe s. : *fixus*; **FIXER** XIVe s.; **FIXATION** XVe s.; **FIXITÉ** XVIIe s.; **FIXATEUR, FIXATIF, FIXISME** XIXe s. ♦ [2] **AFFIXE** XVIe s. : *affixus*; **PRÉFIXE** XVIIIe s. : *praefixus*; **PRÉFIXER, PRÉFIXATION** XIXe s.; **SUFFIXE** XIXe s. : *suffixus*; **SUFFIXER, SUFFIXATION, SUFFIXAL** XIXe s.; **INFIXE** XIXe s. : *infixus*. ♦ [3] **TRANSFIXION** XIXe s. : dér. sur *transfixus*.

**FIEF** famille d'un thème ind.-eur. **peku* « troupeau ».
En latin : (1) *pecus -oris* « troupeau », puis lat. imp. « tête de bétail » d'où *peculium* « petite part du troupeau laissée en propre à son gardien »; *peculari* « faire son pécule » et *peculatus, -us* « concussion » (2) *pecunia* « richesse en bétail » puis « en argent », d'où *pecuniarius* « relatif à l'argent » et *pecuniosus* « riche ».
En germanique : got. *faihu*, anc. haut all. *fihu*, all. *vieh* et frq. **fehu* « bétail », lat. vulg. *fevum* attesté en lat. carolingien, puis, XIe s., *feodum* et *feudum* analogiques de *allodium* → ALLEU. Un verbe *fiever* issu de **fevare* doit être à l'origine du *-f* final de fief.

**I.** mots issus du francique

♦ [1] **FIEF** (pop.), également *fieu* et *fié* XIe s. : *fevum*; **FIEFFÉ** XVIe s. adj. : anc. part. passé de l'anc. fr. *fieffer* « pourvoir d'un fief », var. de *fiever*. ♦ [2] **FÉODAL** (sav.) XIVe s. : lat. médiéval *feodalis*; **INFÉODATION** XIVe s., **INFÉODER** XVe s.; **FÉODALITÉ** XVIe s. ♦ [3] **FEUDATAIRE** XVe s., rare avant le XVIIIe s. : lat. médiéval *feudatarius*, dér. de *feudum*.

**II.** mots issus du latin

♦ [1] **PÉCORE** XVIe s. : it. *pecora* « brebis », « bête sans intelligence » : lat. vulg. *pecora* neutre, plur. de *pecus* pris pour un fém. ♦ [2] **PECQUE** XVIIe s. : prov. *peco* « sotte », fém. de l'adj. *pec* : *pecus* → le précédent. ♦ [3] **PÉCUNE** (sav.) XIIe s. : *pecunia*; **PÉCUNIAIRE** XIIIe s. : *pecuniarius*; **PÉCUNIEUX** XIVe s. : *pecuniosus*; **IMPÉCUNIEUX** XVIIe s. ♦ [4] **PÉCULE** (sav.) XIVe s. : *peculium*; **PÉCULAT** XVIe s. : *peculatus*.

**FIEL** (pop.) XIIe s. : lat. *fĕl*; **ENFIELLER** XIIIe s.; **FIELLEUX** XVIe s.

**FIENTE** ♦ [1] (pop.) XIIe s. : lat. vulg. **fĕmĭta*, dér. de **fĕmus*, altération d'après *stercus*, même sens, du lat. class. *fimus* « fumier »; **FIENTER** XIVe s. ♦ [2] **FUMIER** (pop). XIVe s., var. labialisée de *femier* XIIe s. : **femarium*; **FUMER** id. **femare*; **FUMURE** XIVe s.

**FIER** famille d'une racine ind.-eur. **ghwer-* « sauvage ».
En grec *thêr* et *thêrion* « bête sauvage » d'où *thêriakos* « bon contre la morsure des bêtes sauvages ».
En latin *fĕrus* « sauvage » d'où (1) *fera (bestia)* et lat. carolingien *feramen,-inis* « bête sauvage » (2) *efferare* « donner un air farouche » (3) *ferox, -ocis* « intraitable, orgueilleux ».

**I.** mots issus du latin

♦ [1] **FIER** (pop.) XIe s. : *ferus*; **FIERTÉ, FIÈREMENT** id.; **FIER-À-BRAS** XIVe s. s., nom d'un héros de chanson de geste. ♦ [2] **EFFARÉ** (pop.) XIIIe s., d'abord sous la forme *efferé* : *efferatus*; **EFFARER** XIVe s.; **EFFAREMENT** XIXe s. ♦ [3] **FARAMINEUX** (pop.) XVIIIe s. : dér. du dial. (Ouest, Centre) *(bête) faramine*, lui-même dér. d'un simple attesté en anc. prov. sous la forme *feram* : bas lat. *feramen*. ♦ [4] **FÉROCE** (sav.) XVe s. : *ferox*; **FÉROCITÉ** XIIIe s. : *ferocitas*. ♦ [5] (→ aussi l'article AFFRE).

**II.** mots issus du grec

♦ [1] **THÉRIAQUE** (sav.) XVIe s. : *thêriakos*. ♦ [2] **-THÉRIUM** 2e élément de composés sav. de la langue de la paléontologie tels que **MÉGATHÉRIUM** XVIIIe s., **PALÉOTHÉRIUM** XIXe s. : gr. *thêrion*.

**FIÈVRE** famille du lat. *febris* « fièvre », d'où *febrilis* « fiévreux »; *febricitare* « avoir la fièvre » et *febrifuga* « qui chasse la fièvre », nom de plante (→ aussi PYRETO-, art. PYRITE).
♦ [1] **FIÈVRE** (pop.) XIIe s. : *fĕbris*; **FIÉVREUX** XIIe s.; **ENFIÉVRER** XVIe s.; **FIÉVREUSEMENT** XIXe s. ♦ [2] base *fébri-* (sav.) **FÉBRICITANT** XIVe s.; **FÉBRIFUGE** XVIIe s.; **FÉBRILE** XVIe s.; **FÉBRILEMENT** XIXe s.; **FÉBRILITÉ** XXe s.

**FIGUE** famille d'un mot méditerranéen pré-ind.-eur. à consonne initiale interdentale, empr. par le grec sous la forme *sukon* « figue », d'où *sukophantês* (→ HIÉROPHANTE, art. FANTÔME) « dénonciateur de ceux qui volent les figues des figuiers consacrés, ou qui exportent des figues de contrebande », d'où « délateur ».
En latin *ficus* « figue ». Les Grecs engraissaient leurs oies avec des figues pour leur faire grossir le foie, d'où l'expression *hêpar súkoton*, en lat. *ficātum jecur* « foie aux figues », devenue si courante que dans la langue pop. *ficātum* a éliminé *jecur* et pris le sens de « foie »; la forme gr. a dû de plus être empr., p.-ê. sous une forme **sēcŏtum*, d'où, en lat. vulg., trois types

d'altérations : (a) déplacement de l'accent sur la syllabe initiale (d'où esp. *higaldo*, picard *fie*) (b) substitution d'un *ē* (de **sēcōtum?*) au *ī* de *fīcātum*, d'où **fēcātum* (fr. *foie*) (c) forme à métathèse consonantique **fētcum* (catalan *fetge*, wallon *fete*) d'où un verbe **fetĭcāre* « prendre l'aspect et la consistance du foie ».
♦ [1] **FIGUE** XII<sup>e</sup> s. : anc. prov. *figa*, du lat. vulg. **fica*, réfection de *ficus* sur le modèle des noms de fruits en *-a*; **FIGUIER** XIII<sup>e</sup> s. ♦ [2] **FOIE** (pop.) XII<sup>e</sup> s. (X<sup>e</sup> s., XI<sup>e</sup> s. sous d'autres formes) : **fēcătum*; pour les mots scientifiques exprimant la notion de « foie » → HÉPAT(O)-. ♦ [3] **FIGER** XIII<sup>e</sup> s. (pop.) : réfection, p.-ê. sous l'influence du picard, *fie*, de l'anc. fr. *fegier*, de **fetĭcāre*, qui a dû, à l'origine, se dire du sang. ♦ [4] base *fic-* (sav.) dans **FIC** XIII<sup>e</sup> s. « figue » puis « verrue »; **FICAIRE** XVIII<sup>e</sup> s. : *ficaria* « herbe à verrues »; **FICOÏDE** XVIII<sup>e</sup> s.; **FICUS** XIX<sup>e</sup> s. ♦ [5] **SYCOPHANTE** (sav.) XV<sup>e</sup> s. : gr. *sukophantês*, par le lat. ♦ [6] **SYCOMORE** XII<sup>e</sup> s. : gr. *sukomoros*, par le lat., « sorte de figuier d'Égypte », de *sukon* « figue » et *moron* « mûre » → ce mot, d'origine méditerranéenne.

**FIL** famille du lat. *filum* « fil » et « fil de l'épée », d'où bas lat. *filare* « filer » et *filamentum* « ouvrage formé de fils ».

**I.** famille de *filum* (à l'exception de *filare* et de ses dérivés)

♦ [1] **FIL** (pop.) XII<sup>e</sup> s. « brin long et fin de matière textile » et « bord mince » : *fīlum*; **FILASSE** XII<sup>e</sup> s. : lat. vulg. **filacea*; **FICELLE** XIV<sup>e</sup> s. : lat. vulg. dimin. **filĭcĕlla*; **FICELER** XVII<sup>e</sup> s.; **FILIN** XVII<sup>e</sup> s.; **SANS-FILISTE** dér. de *(téléphonie) sans fil*. ♦ [2] **FILET** XII<sup>e</sup> s. dimin. de *fil*, XIV<sup>e</sup> s. viande, XVI<sup>e</sup> s. pêche (d'abord sous la forme *filé* XIV<sup>e</sup> s.); **FILETER** XIII<sup>e</sup> s.; **FILETAGE** XIX<sup>e</sup> s.; **ENTREFILET** XIX<sup>e</sup> s.; **CONTRE-FILET** XX<sup>e</sup> s. ♦ [3] **AFFILER** XII<sup>e</sup> s.; **EFFILER** XVI<sup>e</sup> s.; **EFFILOCHER** XVIII<sup>e</sup> s. ♦ [4] **TRÉFILERIE** XIII<sup>e</sup> s. : dér. de l'anc. fr. *trefilier* « ouvrier qui fait passer le fil à travers la filière »; **TRÉFILEUR, TRÉFILER** XIX<sup>e</sup> s.; **FILIÈRE** XIV<sup>e</sup> s. « instrument destiné à étirer des fils ». ♦ [5] **MORFIL** XVII<sup>e</sup> s. : 1<sup>er</sup> élément *mort*. ♦ [6] **ENFILER** XIII<sup>e</sup> s. « traverser par un fil »; **ENFILADE** XVII<sup>e</sup> s.; **DÉFILER** XIII<sup>e</sup> s. « enlever le fil »; **DÉSENFILER** XVII<sup>e</sup> s. ♦ [7] **FAUFILER** « passer un fil » → DEHORS. ♦ [8] **FILIGRANE** XVII<sup>e</sup> s. : it. *filigrana* « fil à grains ». ♦ [9] **FILON** XVI<sup>e</sup> s. : it. *filone*, augmentatif de *filo* « fil ». ♦ [10] **PROFIL** XVII<sup>e</sup> s. : it. *profilo*, dér. de *profilare*, lui-même dér. de *filo* au sens de « bord » par opposition à « surface »; a éliminé l'anc. fr. *porfil* « bordure » et « profil »; **PROFILER** XVII<sup>e</sup> s. ♦ [11] **FILAMENT** (sav.) XVI<sup>e</sup> s. : *filamentum*.

**II.** famille de *filare*

♦ [1] **FILER** (pop.) XII<sup>e</sup> s. « transformer en fil », d'où divers sens fig., en particulier « aller droit devant soi » et XVIII<sup>e</sup> s. « se sauver » : *filāre*. ♦ [2] **FIL** (de l'eau) XII<sup>e</sup> s. ♦ [3] **FILEUR, -EUSE** XIII<sup>e</sup> s.; **FILAGE** id. ♦ [4] **FILANDIÈRE** XIII<sup>e</sup> s., dér. d'un anc. fr. **filande* altéré plus tard en **FILANDRE** XIV<sup>e</sup> s. : *filanda* « choses à filer »; **FILANDREUX** XVII<sup>e</sup> s. ♦ [5] **FILATURE** XVIII<sup>e</sup> s., **FILATEUR** XIX<sup>e</sup> s. : dér. sav. de *filer*. ♦ [6] **FILE** (pop.) XV<sup>e</sup> s., dér. de filer au sens fig.; **DÉFILER** XVII<sup>e</sup> s. « aller à la file »; **DÉFILÉ** XVII<sup>e</sup> s., dans les montagnes « passage étroit où il faut aller à la file », XVIII<sup>e</sup> s. milit.; **D'AFFILÉE** XIX<sup>e</sup> s. : du verbe *affiler* XIV<sup>e</sup> s. « ranger ». ♦ [7] **FILOU** XVI<sup>e</sup> s. « voleur qui n'use pas de violence » : var. dial. (Ouest) de *fileur*; **FILOUTER, -ERIE** XVII<sup>e</sup> s.

**FILM** XIX<sup>e</sup> s. : mot angl. d'origine germ., « pellicule »; **MICROFILM** XX<sup>e</sup> s.; **FILMER, -AGE** XX<sup>e</sup> s.; **FILMO-** 1<sup>er</sup> élément de composés.

**FILS** ♦ [1] (pop.) X<sup>e</sup> s. : lat. *fīlĭus*; **BEAU-FILS** → BEAU; **PETIT-FILS** XIII<sup>e</sup> s.; **ARRIÈRE-PETIT-FILS** XVI<sup>e</sup> s.; **FISTON** XVI<sup>e</sup> s. ♦ [2] **FILLE** (pop.) XI<sup>e</sup> s. : lat. *fīlĭa*; **PETITE-FILLE, ARRIÈRE-PETITE-FILLE** XVII<sup>e</sup> s.; **FILLETTE** XII<sup>e</sup> s. ♦ [3] **FILLEUL** XII<sup>e</sup> s. (pop.) : *filiŏlus*, dimin. affectueux de *filius*, avec restriction d'emploi dans la langue religieuse. ♦ [4] **HIDALGO** XVI<sup>e</sup> s. : mot esp. « gentilhomme » : anc. esp. *fijo* (puis *hijo*) *d'algo*, littéralement « fils de quelqu'un », avec la forme abrégée *hi* pour *hijo* : *filius*. ♦ [5] **FILIATION** (sav.) XIII<sup>e</sup> s. : bas lat. jur. *filiatio*; **FILIAL** XIV<sup>e</sup> s. : bas lat. *filialis*. ♦ [6] **AFFILIER** (sav.) XIV<sup>e</sup> s. : lat. médiéval *affiliare* « prendre pour fils ou pour adepte » : **AFFILIATION** XVI<sup>e</sup> s.

**FIN** famille du lat. *finis* « borne », « limite d'un champ, d'un territoire » et au fig. « terme », « but » (qui sert à traduire le gr. *telos* dans la langue de la philo, et de la gramm.), et « la partie la plus parfaite de quelque chose ». — Dér. : (1) *confinium* « limite commune » (2) *adfinis* « limitrophe » et *adfinitas* « voisinage », « parenté par alliance » (3) *fīnīre, fīnītus* « délimiter »; *infinētus* « sans limites », « indéterminé »; *infinitas* « immensité »; *infinitivus modus* « mode indéterminé », « infinitif » (4) *definīre* « délimiter, définir »; *definitio* « délimitation »; bas lat. jur. *definitivus* « décisif » (5) bas lat. *finalis* « final », surtout gramm. et philo.

**I. FIN** (pop.) subst. fém. X<sup>e</sup> s. « terme, limite », XIV<sup>e</sup> s. « but » : *finis*; **ENFIN** adv. XII<sup>e</sup> s.; **AFIN DE, QUE** XIV<sup>e</sup> s.

**II. FIN** (pop.) adj. XI<sup>e</sup> s. « extrême, parfait », XVII<sup>e</sup> s. « dont les éléments sont très petits » :

emploi adj. du subst. précédent au sens de « ce qu'il y a de plus parfait »; **FINESSE** XIV^e^ s.; **FINAUD** XVIII^e^ s.; **SUPERFIN** XVII^e^ s.; **SURFIN** XIX^e^ s.

**III.** famille du substantif *fin*

♦ [1] **FINIR** XI^e^ s. (pop.) d'abord sous la forme *fenir* : *fīnīre*; **FINITION** XVI^e^ s. puis XIX^e^ s.; **FINISSEUR** XIII^e^ s. puis XVIII^e^ s.; **FINISSAGE** XVIII^e^ s. ♦ [2] **FINANCE** XIII^e^ s. : dér. de l'anc. fr. *finer*, var. de *finir*, spécialisé dans le sens de « terminer une affaire en payant »; **FINANCIER, FINANCER** XV^e^ s.; **FINANCEMENT** XIX^e^ s.; **AUTOFINANCEMENT** XX^e^ s. ♦ [3] **FINALE** XVIII^e^ s., mus. subst. masc. : mot it. : *fīnālem*. ♦ [4] **FINAL** (sav.) XII^e^ s. : *finalis*; XX^e^ s. subst. fém. sport; **FINALITÉ** XIX^e^ s., **-ISME, -ISTE** XX^e^ s. ♦ [5] **AFFINITÉ** (sav.) XII^e^ s., sens lat., XVII^e^ s. sens mod. : *affinitas*; **PARAFFINE** XIX^e^ s. : *parum affinis* « qui a peu d'affinité (avec les autres corps) »; déjà au XVI^e^ s. pour désigner une sorte de résine. ♦ [6] **INFINI, INFINITÉ** (sav.) XIII^e^ s. : *infinitus, infinitas*; **INFINIMENT** XIV^e^ s.; **INFINITIF** XIV^e^ s. : *infinitivus (modus)*; **INFINITÉSIMAL** XVIII^e^ s. ♦ [7] **CONFINS** (sav.) XV^e^ s., XIV^e^ s. sous la forme *confine* : *confinium*; **CONFINER** XIII^e^ s. ♦ [8] **DÉFINITION, DÉFINITIF** (sav.) XIII^e^ s. : *definitio, definitivus*; **INDÉFINI** XIV^e^ s. : *indefinitus*; **DÉFINIR** XV^e^ s. : *definire*; **INDÉFINIMENT** XVI^e^ s.; **DÉFINISSABLE** XVII^e^ s.

**IV.** famille de l'adjectif *fin*

♦ [1] **AFFINER** XIII^e^ s.; **AFFINAGE** XIV^e^ s.; **AFFINEMENT** XVI^e^ s. ♦ [2] **RAFFINER** XVI^e^ s.; **RAFFINEMENT** XVII^e^ s.; **RAFFINAGE, -EUR, -ERIE** XVII^e^ s. ♦ [3] **FINASSER** XVII^e^ s. : altération de *finesser*; **FINASSERIE, -EUR** XVIII^e^ s. ♦ [4] **FIGNOLER** XVIII^e^ s., p.-ê. d'origine méridionale; **FIGNOLEUR, -AGE** XIX^e^ s. ♦ [5] **FINETTE** XVI^e^ s., étoffe; **FINE** XIX^e^ s., eau-de-vie : adj. substantivé.

**FIOLE** (demi-sav.) XII^e^ s. : lat. médiéval *phiola* ou anc. prov. *fiola*, du lat. class. *phiala*, du gr. *phialê* « coupe sans pied ni anse », « bouilloire ».

**FLACON** ♦ [1] (pop.) XIV^e^ s. : bas lat. (VI^e^ s.) *flasco, -onis*, du germ. occidental **flaska* « bouteille clissée ». ♦ [2] **FIASCO** XIX^e^ s. : mot. it., « bouteille » et « échec », dans l'argot des théâtres d'Italie : même origine que *flacon*; l'origine du sens d'« échec » se trouve p.-ê. dans la loc. *appicar il fiasco* « attacher une bouteille (à une maison où l'on avait ouvert un débit de vin) », d'où « diffamer », dès le XV^e^ s.

**FLAGEOLET** ♦ [1] XIX^e^ s. : dimin. de *flageole* attesté à date récente dans divers dial. : altération, p.-ê. sous l'influence des quasi-homonymes *flageolet* et *flageoler* (→ ENFLER), de la var. *fageole*, de l'it. *fagiolo* « haricot », du lat. vulg. **fasiolus*, du bas lat. *phaseolus*, class. *phaselus*, du gr. *phasêlos* « sorte de haricot ». ♦ [2] **FAYOT** XVIII^e^ s. : prov. *faïou* de même origine. ♦ [3] **FASÉOLE** (sav.) XVI^e^ s. : *phaseolus*.

**FLAGORNER** (pop.) XV^e^ s. : d'abord « parler à l'oreille » : origine obscure; **FLAGORNEUR** XVI^e^ s.

**FLAIRER** ♦ [1] (pop.) XIII^e^ s. lat. vulg. **flagrāre*, forme dissimilée du lat. class. *fragrare* « exhaler » ou « sentir une odeur »; **FLAIR** XII^e^ s. ♦ [2] **FRAGRANCE** (sav.) XIII^e^ s. : *fragrantia* « bonne odeur », dér. de *fragrare*.

**FLAMINE** ♦ [1] (sav.) XIV^e^ s. : lat. *flamen, -inis* « prêtre attaché au culte d'une divinité particulière ». ♦ [2] **BRAHMANE** XVI^e^ s. : sanscrit *brāhmana*, par le port., de *brahma* « prière » et nom de la divinité suprême; il est probable que *flamine* et *brahmane* représentent le même mot du vocabulaire de la caste sacerdotale, conservé aux deux extrémités du monde ind.-eur.

**FLAMME** (lancette de vétérinaire) famille du gr. *phleps, phlebos* « veine ».

♦ [1] **FLAMME** (pop.) XII^e^ s. : altération, d'après son homonyme, de *flieme*, du lat. vulg. **flĕtomus*, réduction du gr. *phlebotomos* « coupe-veine »; **FLAMMETTE** XIV^e^ s. ♦ [2] **PHLÉBITE** (sav.) XIX^e^ s. ♦ [3] **PHLÉBO-** 1^er^ élément de composés sav., ex. : **PHLÉBOTOMIE** XIII^e^ s.

1. **FLAN** (pop.) « gâteau » XIV^e^ s., XII^e^ s. *flaon* : frq. **flado*.

2. **FLAN** XIX^e^ s., argot, dans les locutions *au flan, à la flan* : probablement var. de l'interjection *vlan!* → BOUM!

**FLANC** ♦ [1] (pop.) XI^e^ s. : frq. **hlanka* « hanche », avec réfection d'une forme masc. sing., ce mot étant pris pour un plur. neutre; **FLANCHET** XIV^e^ s. boucherie. ♦ [2] **BAT-FLANC** XIX^e^ s. « pièce de bois qui sépare deux chevaux dans une écurie ». **TIRE-AU-FLANC** XIX^e^ s. argot milit., var. *tire-au-cul*. ♦ [3] **FLANQUER** XVI^e^ s. « garnir sur les flancs » et « attaquer de côté » d'où « lancer rudement ». ♦ [4] **EFFLANQUÉ** XVII^e^ s., XIV^e^ s. *efflanché*.

**FLÂNER** XIX^e^ s. : mot dial. (Normandie) : anc. scandinave *flana* « courir çà et là »; **FLÂNERIE,**

**FLÂNEUR** XIX^e s. ; mots attestés dès les XVI^e s.-XVII^e s. dans des textes normands.

**FLAQUE** famille du lat. *flaccus* « pendant, mou, flasque », d'où *flaccidus* « id. ».

♦ [1] **FLAQUE** (pop.) XIV^e s. : probablement forme normanno-picarde du fr. *flache*, adj. « molle », subst. « partie affaissée de quelque chose », « creux d'une route plus ou moins rempli d'eau », forme fém. de l'adj. *flac* « mou », de *flaccus* ; a pu se confondre dans le Nord de la France avec le moyen néerl. *vlacke* « étang maritime ». ♦ [2] **FLASQUE** (pop.) XV^e s. : altération expressive, p.-ê. sous l'influence d'une orthographe erronée, du picard *flaque*, var. du fr. *flac, flache*. ♦ [3] **FLÉTRIR** (pop.) XII^e s. « faner » : dér. de l'adj. anc. fr. *flaistre* « fané », altération de **flaiste*, de *flaccidus* ; **FLÉTRISSURE** XV^e s. ♦ [4] **FLANCHER** (pop.) XIX^e s., argot, divers sens : probablement altération (sous l'influence de 2. **FLAN** ?) du dial. (Centre, Ouest), *flacher* « mollir », dér. de *flache*. ♦ [5] **FLAPI** (pop.) XIX^e s. : mot lyonnais, de *flapir* « amollir » XV^e s., de *flap* « mou », p.-ê. croisement entre *flac* et l'all. dial. *schlapp* « mou ». ♦ [6] **FLACCIDITÉ** (sav.) XVII^e s. : dér. sur *flaccidus*.

**FLATTER** ♦ [1] (pop.) XII^e s. « caresser du plat de la main » et sens fig., var. de *flatir*, du frq. **flatjan*, dér. de **flat* « plat » ; **FLATTERIE, FLATTEUR** XIII^e s. ♦ [2] **FLÉTRIR** (pop.) XII^e s. « marquer au fer rouge », « déshonorer » : altération, d'après *flétrir* « faner », de *flatir*, de **flatjan* « appliquer à plat (le fer rouge) » ; **FLÉTRISSURE** XVII^e s.

**FLÉAU** famille du lat. *flagrum* « fouet à plusieurs lanières garnies de boutons de métal ou d'os » ; dimin. *flagellum* « fouet plus léger, cinglant », et bas lat. « instrument à battre le blé » (IV^e s.), dès le lat. class. sens fig. de « calamité » et en lat. eccl. « châtiment envoyé par Dieu ». — Dér. : lat. imp. *flagellare*, bas lat. *flagellatio*.

♦ [1] **FLÉAU** (pop.) X^e s. *flael, flaie*, sens propre et fig. anciens : *flagĕllum*. ♦ [2] **FÊLER** (pop.) XIV^e s. *faieler*, issu par dissimilation de **flaieler*, de *flaiel*, les « fêlures » étant comparées à des traces de fouet ; **FÊLURE** XIII^e s. ♦ [3] **FLAGELLER, FLAGELLATION** (sav.) XIV^e s. : *flagellare, flagellatio*.

1. **FLÈCHE** (pop.) XII^e s. « arme » : frq. **fliukka* (apparenté à l'all. *fliegen* « voler ») ; **FLÉCHER, FLÉCHETTE** XX^e s.

2. **FLÈCHE** (pop.) XVI^e s. « pièce de lard » : altération d'après le préc. de l'anc. fr. *fliche* XII^e s. : anc. scandinave *flikki*.

**FLÉCHIR** famille du lat. *flectere, flexus* « courber », d'où « détourner » et gramm. « fléchir » ; d'où (a) *flexio, flexibilis, inflexibilis* (b) *circumflectere* « tourner autour », dont le part. passé *circumflexus (accentus)* a servi à traduire le gr. *perispômenê prosôdia* « accent circonflexe », de *perispan* « entraîner d'un autre côté », d'où *perispân sullabên* « prononcer une syllabe (longue) avec un accent montant puis descendant » (c) *deflectere* « abaisser en ployant » (d) *inflectere*, synonyme de *flectere* (e) *reflectere* « coucher en arrière », « faire tourner », d'où *reflectere animum, mentem* « ramener sa pensée à quelque chose ».

I. base *-flech-* (pop.)

♦ [1] **FLÉCHIR** XII^e s. lat. vulg. **flectĭcāre*, dér. de *flectere* ; **FLÉCHISSEMENT** XIV^e s. ♦ [2] **RÉFLÉCHIR** (demi-sav.) : adaptation, d'après *fléchir*, de *reflectere* ; XIII^e s. anat. « se recourber », XVII^e s. « renvoyer la lumière, les sons », d'où **RÉFLÉCHISSEMENT** XIV^e s., **RÉFLÉCHISSANT** XIX^e s. **RÉFLÉCHI** XVIII^e s. gramm. ; XVII^e s. « penser », d'après *reflectere animum*, d'où **RÉFLÉCHI, IRRÉFLÉCHI** XVIII^e s. ♦ [3] **INFLÉCHIR** (demi-sav.) XVIII^e s. : adaptation, d'après *fléchir*, de *inflectere*.

II. **REFLET** XVII^e s. : adaptation de l'it. *riflesso*, terme de peinture : bas lat. *reflexus, -us* « retour en arrière » ; **REFLÉTER** XVIII^e s.

III. base *-flect-* (sav.)

♦ [1] **DÉFLECTEUR** XIX^e s. techn. : dér. sur *deflectere*. ♦ [2] **RÉFLECTEUR** XIX^e s. ; **RÉFLECTANCE** XX^e s. : dér. sur *reflectere*.

IV. base *-flex-* (sav.)

♦ [1] **FLEXIBLE, FLEXIBILITÉ, INFLEXIBLE, INFLEXIBILITÉ** XIV^e s. : *flexibilis, inflexibilis* ; **FLEXION** XV^e s. : *flexio* ; **INFLEXIBILITÉ** XVII^e s. ♦ [2] **CIRCONFLEXE** XVI^e s. : *circumflexus*. ♦ [3] **INFLEXION** XIV^e s. : *inflexio*. ♦ [4] **RÉFLEXION** XIV^e s. ; **REFLEXIBLE, -IBILITÉ** XVIII^e s. phys. ; **IRRÉFLEXION, RÉFLEXIF** XVIII^e s. psycho. ♦ [5] **RÉFLEXE** XIV^e s. adj. phys., XIX^e s. subst. physiol. : *reflexus*.

**FLEUR** famille du lat. *flōs, flōris* « fleur » et « la plus belle partie de », d'où *Flora* « Flore, déesse des fleurs », *floralis* « relatif aux fleurs » et *Floralia* « fêtes en l'honneur de Flore » ; *florifer* « qui porte des fleurs » ; *efflorescere* « s'épanouir » ; bas lat. *deflorare* « prendre la fleur ».

I. mots populaires

A. base *-fleur-*

♦ [1] **FLEUR** XI^e s. bot. et « la meilleure partie de » : *flōrem* ; **FLEURETTE** XII^e s. ; **FLEURISTE** XVII^e s. ; pour les mots scientifiques exprimant la notion de « fleur » → ANTH(O)-. ♦ [2] **FLEURIR**

XI^e^ s., d'abord sous la forme *florir* : lat. vulg. **florīre*, de *flos, -floris* ; **REFLEURIR** XII^e^ s. ; **DÉFLEURIR** XIV^e^ s. ♦ [3] **EFFLEURER** XIII^e^ s. « ôter les fleurs », « enlever le dessus », XVI^e^ s. « toucher la surface » ; d'où **À FLEUR DE** XIV^e^ s. ; **EFFLEUREMENT** XVI^e^ s. ♦ [4] **AFFLEURER** XIV^e^ s. « être à fleur de » ; **AFFLEUREMENT** XVI^e^ s.

**B. FLORISSANT** XIII^e^ s. adj. : part. présent de *florir*, forme ancienne de *fleurir*.

**II.** mots empruntés ou demi-savants

♦ [1] **FLEURON** XIV^e^ s. : p.-ê. adaptation de l'it. *fiorone*, augmentatif de *fiore*, de *flōrem* ; **FLEURONNER** XV^e^ s. ♦ [2] **FLORIN** XIV^e^ s. : adaptation de l'it. *fiorino*, monnaie de Florence, frappée aux fleurs de lis figurant dans les armes de la ville. ♦ [3] **FAIRE FLORÈS** XVII^e^ s. : p.-ê. adaptation, dans l'argot des écoliers, en lat. de collège, du prov. *faire flōri* « être florissant ». ♦ [4] **MIRLIFLORE** XVIII^e^ s. : altération, d'après *mirlifique*, var. burlesque de *mirifique* XV^e^ s., de *mille flores*, nom lat. de *(l'eau de) mille fleurs*, parfum en vogue aux XVII^e^ s. et XVIII^e^ s. ♦ [5] **FIORITURE** XIX^e^ s., d'abord mus. : it. *fioritura* « floraison », « ornements », de *fiorire* « fleurir ».

**III.** mots savants

♦ [1] **DÉFLORATION** XIV^e^ s., **DÉFLORER** XV^e^ s. : *defloratio, deflorare*. ♦ [2] **EFFLORESCENCE** XVI^e^ s., **EFFLORESCENT** XVIII^e^ s. : de *efflorescere*. ♦ [3] **FLORAL** XVI^e^ s. : *floralis*. ♦ [4] **FLORILÈGE** XVIII^e^ s. : lat. mod. *florilegium* « bouquet de fleurs » (→ ANTHOLOGIE), formé sur le modèle de *spicilegium* → ÉPI. ♦ [5] **FLORE** nom mythologique : *Flora* ; XVIII^e^ s., nom commun, bot. ; **FLORIFÈRE** XVIII^e^ s. : *florifer* ; **FLORAISON** XVIII^e^ s. : réfection de *fleuraison* XVII^e^ s. ; **FLORÉAL** XVIII^e^ s. ♦ [6] **FLORALIES** XIX^e^ s. : *floralia*.

**FLEUVE** famille du lat. *fluere, fluctus*, puis *fluxus* « couler », d'où (1) *fluor, -oris* « écoulement », « flux menstruel » (2) *fluidus* « coulant » (3) *-fluus* et *-fluvium* « coulant », 2^e^ élément d'adj. composés comme *superfluus* « qui coule en trop, débordant » et de subst. comme *effluvium* « écoulement » (4) *fluvius*, anc. adj. substantivé, « fleuve », personnifié, par opposition à *flumen*, simple « courant d'eau » ; *fluvialis* « fluvial » (5) *fluctus, -ūs* « courant », « flots de la mer » ; *fluctuare* « être agité par les flots » (6) lat. imp. *fluxus, -us* et bas lat. *fluxio, -onis* « écoulement » (7) *affluere* « couler vers » ; *confluere* « se réunir en coulant » ; *influer* « couler dans, sur », « s'insinuer dans » ; *refluere* « couler en sens contraire ».

**I.** mots populaires et demi-savants

**A.** base *fleu-*

♦ [1] **FLEUVE** (demi-sav.) XII^e^ s. : bas lat., inscriptions, *flŏvium*, du class. *flŭvium*. ♦ [2] **FLEURS** (blanches) XIII^e^ s. « menstrues » et « leucorrhée » : bas lat. *flōres* : class. *fluōres*, de *fluor*.

**B.** En toponymie, nombreux représentants du part. présent de *confluere* : **CONFLANS, CONFOLENS, COBLENZ.**

**II.** mots savants

**A.** base *-fluv-*

♦ [1] **FLUVIAL** une fois au XIII^e^ s. puis XIX^e^ s. : *fluvialis*. ♦ [2] **EFFLUVE** XVIII^e^ s. : *effluvium*.

**B.** base *-flu-*

♦ [1] **FLUER** XIII^e^ s. : *fluere* ; **FLUENT** XVIII^e^ s. ; **FLUIDE** XIV^e^ s. : *fluidus* ; **FLUIDITÉ** XVI^e^ s. ♦ [2] **SUPERFLUITÉ** XII^e^ s. : *superfluitas* ; **SUPERFLU** XIII^e^ s. : *superfluus*. ♦ [3] **AFFLUER** XIV^e^ s. : *affluere* ; **AFFLUENCE** XIV^e^ s. : *affluentia* ; **AFFLUENT** XVI^e^ s. adj. « abondant », XVII^e^ s., géogr., subst. ♦ [4] **INFLUER, INFLUENT, INFLUENCE** XIV^e^ s. *influere*, et lat. médiéval *influentia* ; **INFLUENCER** XVIII^e^ s. ; **INFLUENÇABLE** XIX^e^ s. ♦ [5] **INFLUENZA** XVIII^e^ s. : mot it. « influence », « épidémie » : *influentia*. ♦ [6] **REFLUER** XIV^e^ s. : *refluere*. ♦ [7] **CONFLUER** XIV^e^ s., rare avant le XIX^e^ s. : *confluere* ; **CONFLUENT** XVI^e^ s. ♦ [8] **FLUEURS** XVI^e^ s. « menstrues » : *fluores*, → FLEURS, I.A.2. ♦ [9] **FLUOR** XVIII^e^ s. chimie, d'abord adj. « fusible », puis subst., nom d'un corps simple gazeux : mot lat. ; **FLUORURE, FLUORESCENT, FLUORESCENCE** XIX^e^ s.

**C.** base *-flux-*

♦ [1] **FLUX** XIII^e^ s. : *fluxus*. ♦ [2] **FLUXION** XIV^e^ s. : *fluxio*. ♦ [3] **INFLUX** XVI^e^ s., **REFLUX** XVI^e^ s., **AFFLUX** XVII^e^ s.

**D.** base *fluct-*. **FLUCTUATION** XII^e^ s., **FLUCTUEUX** XIII^e^ s. : *fluctuatio, fluctuosus* ; **FLUCTUER** XVI^e^ s.

**FLIBUSTIER** XVII^e^ s., var. *fribustier, flibutier* : angl. *freebooter* « qui fait du butin librement », calqué sur le néerl. *vrijbuiter* de même sens, altéré en *fleebooter*, p.-ê. sous l'influence de *flyboat* « bateau-mouche », origine du fr. *flibot* → BATEAU, 2. ; « on dit *flibutier* pour celui qui gouverne un *flibot* » (Ménage, 1694). L'emprunt a dû se faire à partir de 1635 dans les Antilles, en particulier dans l'île de la Tortue que Français et Anglais disputaient aux Espagnols. Le *s* est, à l'origine, purement graphique ; la voyelle *u* n'a pas reçu d'explication claire.

**FLIC** XIX^e^ s., argot « agent de police » : antérieurement *fligue*, p.-ê. de l'all. *Fliege* « mouche », transposition de l'argot *mouche* « policier », par l'intermédiaire de la langue des Juifs d'origine allemande.

**FLIRT** XIX^e^ s., mot angl., de *to flirt* « jeter, remuer vivement », puis XVIII^e^ s. « faire la cour » : mot à *fl* initial d'origine expressive ; **FLIRTER** XIX^e^ s.

**FLOCON** ♦ [1] (pop.) XIII^e^ s. laine, XVII^e^ s. neige : dér. de l'anc. fr. *floc*, du lat. *floccus* « flocon de laine » ; **FLOCONNEUX** XVIII^e^ s. ; **FLOCONNER** XIX^e^ s. ♦ [2] **FLOCULER, FLOCULATION** (sav.) XX^e^ s., chimie : dér. sur *flocculus*, dimin. de *floccus*.

**FLOU** ♦ [1] (pop.) XII^e^ s. « fluet », « fané », XV^e^ s. « peu net » : mot obscur : p.-ê. lat. *flavus* « jaune » → FLAVESCENT ; p.-ê. frq. **hlao* « tiède », « languissant ». ♦ [2] **FLUET** (pop.) XVII^e^ s. : altération de *flouet* XV^e^ s., dimin. de *flou*.

**FLOUER** famille du lat. *fraus, fraudis* « tromperie », d'où *fraudare* « tromper » et bas lat. *fraudulosus* « trompeur ».

♦ [1] **FLOUER** (pop.) XVI^e^ s., puis XIX^e^ s. « tricher » : var. de *frouer*, même sens dès Villon XV^e^ s. : probablement emploi figuré de l'anc. fr. *froer* « se briser », en parlant d'une arme, qui « trompe » ainsi la confiance qu'on avait mise en elle : *fraudāre*. ♦ [2] **FRAUDE** (sav.) XIII^e^ s. : *fraus, fraudis* ; **FRAUDER** et **FRAUDEUR, FRAUDULEUX** et **FRAUDULEUSEMENT** XIV^e^ s. : *fraudare* et *fraudulosus*.

**FOC** XVIII^e^ s., mar. : néerl. *fok*.

**FOI** famille d'une racine ind.-eur. **bheidh-* « avoir confiance », représentée en latin par (1) *fides* « foi, croyance au sens religieux », « engagement solennel, serment », « bonne foi, loyauté », d'où (a) *fīdēlis* « à qui on peut se fier » ; *infidelis, -itas* (b) *perfidus* « trompeur » et perfidia (2) *fīdĕre*, lat. vulg. **fīdāre* « se fier », d'où (a) *fīdūcia* « confiance » et bas lat. jur. *fiduciarius* (b) *confidere* « avoir confiance » (c) *diffidere* « manquer de confiance » (d) lat. médiéval *affidare* « se fier » (3) *foedus, foederis* « traité », qui a dû, à l'origine, désigner un acte engageant la foi ; d'où *foederatus* « allié », puis bas lat. *foederare* « unir par une alliance » et *foederatio* ; enfin *confoederare* et *confoederatio*.

**I.** mots populaires, empruntés ou demi-savants

**A. FOI** (pop.) XI^e^ s. : *fides*.

**B. FÉAL** (demi-sav.) XII^e^ s. : var. de *feeil* (pop.), de *fīdēlis*.

**C.** bases *-fier-, -fi-*

♦ [1] **FIER** (pop.) XI^e^ s., XVII^e^ s. seulement pron. : **fīdāre* ; **FIABLE, FIABILITÉ** XX^e^ s. ♦ [2] **FIANCER** XII^e^ s.-XVII^e^ s. « prendre un engagement », XIII^e^ s. « promettre le mariage » : de l'anc. fr. *fiance* « engagement », dér. de *fier* ; **FIANÇAILLES** XII^e^ s. ♦ [3] **DÉFIER** (pop.) XI^e^ s. « renoncer à la foi jurée » : dér. de *fier* ; **DÉFIANCE** XII^e^ s. « défi » et **DÉFI** XV^e^ s. ; **SE DÉFIER** XV^e^ s. et **DÉFIANCE** XVI^e^ s. sens mod., d'après le lat. *diffidere*. ♦ [4] **CONFIER** (demi-sav.) XIV^e^ s. : adaptation, d'après *fier*, du lat. *confidere* ; **CONFIANT** XIV^e^ s. ; **CONFIANCE** XIII^e^ s. : adaptation, d'après *fiance*, de *confidentia*. ♦ [5] **MÉFIER, MÉFIANCE** (pop.) XV^e^ s. : dér. de *fier* ; **MÉFIANT** XVII^e^ s.

**D. AUTODAFÉ** → AGIR **I. A.** 7.

**II.** mots savants

**A.** base *-fid-*

♦ [1] **FIDÈLE** X^e^ s., rare avant le XVI^e^ s. : *fidelis* ; **INFIDÈLE** XIII^e^ s. : *infidelis* ; **INFIDÉLITÉ** XII^e^ s., **FIDÉLITÉ** XIV^e^ s. : *infidelitas, fidelitas* → FÉAL. ♦ [2] **PERFIDE** X^e^ s., rare avant le XVII^e^ s. : *perfidus* ; **PERFIDIE** XVI^e^ s. : *perfidia*. ♦ [3] **CONFIDENCE** XIV^e^ s.-XVII^e^ s. « confiance », XVII^e^ s. sens mod. ; **CONFIDENT** XV^e^ s. « qui a confiance » : *confidens* ; XVI^e^ s. sens mod. sous l'influence de l'it. *confidente* ; **CONFIDENTIEL, -ELLEMENT** XVIII^e^ s. ♦ [4] **FIDÉICOMMIS** XIII^e^ s. : lat. jur. *fidei commissum* « confié à la bonne foi ». ♦ [5] **AFFIDÉ** XVI^e^ s. : it. *affidato*, de *affidare*. ♦ [6] **FIDUCIAIRE** XVI^e^ s. : *fiduciarius*. ♦ [7] **FIDÉISME, -ISTE** XIX^e^ s. théol. : dér. sur *fides*.

**B.** base *-fed-*

♦ [1] **CONFÉDÉRER, CONFÉDÉRATION** XIV^e^ s. : *confoederare, confoederatio*. ♦ [2] **FÉDÉRATION** XIV^e^ s., puis XVIII^e^ s. ; *foederatio* ; **FÉDÉRÉ** XVI^e^ s., puis XVIII^e^ s. : *foederatus* ; **FÉDÉRER** XVIII^e^ s. : *foederare* ; **FÉDÉRATIF, FÉDÉRAL, -ALISME, -ALISTE, -ALISER** XVIII^e^ s.

1. **FOIRE** famille d'une racine à valeur relig. **fēs-, fās-*, attestée uniquement en italique. En latin (1) *feriae*, issu du lat. arch. *fesiae* « jours de fête consacrés au repos », plur., d'où la langue de l'Église a tiré un sing. *feria* et l'adj. *ferialis* (2) l'adj. *festus*, en général dans *festa (dies)* « (jour de) fête », d'où *festivitas et festivus* (3) *fānum* qui doit reposer sur **fas-nom* « lieu consacré », « temple », d'où *fanaticus* « serviteur du temple », d'où, dès le lat. class., « inspiré, frénétique » ; *profanus* « qui est devant, c.-à-d. en dehors du temple », opposé à *sacer ; profanāre* « rendre à l'usage profane une chose consacrée », « profaner », d'où *profanatio* « sacrilège » (4) probablement aussi *fas* « permission ou ordre des dieux » (quoique certains le rattachent à *fari* → FABLE) et son contraire *nefas*, d'où les adj. dér. ordinairement appliqués aux jours : *fastus* « où il est permis de rendre la justice », « favorable » et *nefastus* « où aucun jugement ne peut être rendu », « maudit ».

**I.** mots populaires

♦ [1] **FOIRE** XIIᵉ s. : *fēria*, les jours de fête religieuse étant jours de marché; **FOIRAIL** XIXᵉ s., mot du Centre. ♦ [2] **FÊTE** XIᵉ s. : *festa*; **FÊTER** XIIIᵉ s.; **FÊTARD** XIIIᵉ s., puis XIXᵉ s. ♦ [3] **FESTOYER** XIIᵉ s., repris ensuite à l'anc. fr., d'où la prononc. du *s*.

**II.** mots d'emprunt

♦ [1] **FESTIN** XIVᵉ s., rare avant le XVIᵉ s. : it. *festino* « petite fête ». ♦ [2] **FESTONNER** XVᵉ s. et **FESTON** XVIᵉ s. : it. *festone* « ornement de fête ». ♦ [3] **FESTIVAL** XIXᵉ s. : mot angl. formé sur *festivus*.

**III.** mots savants

♦ [1] **FÉRIE** XIIᵉ s., liturg. : *feria;* **FÉRIÉ** XIIᵉ s., rare avant le XVIIᵉ s. : *feriatus*. ♦ [2] **FESTIVITÉ** XIIᵉ s., puis XIXᵉ s. : *festivitas*. ♦ [3] **PROFANE** XIIIᵉ s. : *profanus;* **PROFANER** XIVᵉ s. : *profanare;* **PROFANATION** XVᵉ s. : *profanatio;* **PROFANATEUR** XVIᵉ s. : *profanator*. ♦ [4] **FANATIQUE** XVIᵉ s. : *fanaticus;* **FANATISME** XVIIᵉ s.; **FANATISER, -IQUEMENT** XVIIIᵉ s.; **FAN** XXᵉ s. ♦ [5] **FASTE** XIVᵉ s. subst., d'abord *fauste*; XIXᵉ s. adj. : *fastus;* **NÉFASTE** XIVᵉ s. : *nefastus*.

2. **FOIRE** (pop.) XIIIᵉ s. « diarrhée » : lat. *foria;* **FOIREUX** XIIᵉ s.; **FOIRER** XVIᵉ s.; **FOIRADE** XIXᵉ s.

**FOIS** famille d'une racine ind.-eur. **weik-* « céder ».

En germanique **wikon* « céder la place », « succéder ».

En lat. *vicis* « place occupée par quelqu'un », « succession », à l'ablatif *vice* « à la place de »; *vice versa* « après changement de place », « réciproquement ». — Dér. : (a) *vicarius* « qui remplace », « lieutenant », « suppléant » (b) *vicissim* « à son tour », d'où *vicissitudo* « alternance ».

**I.** mots populaires, demi-savants ou empruntés

♦ [1] **FOIS** XIᵉ s. *feis :* plur. *vĭces*, avec *f-* inexpliqué; **AUTREFOIS** XIIᵉ s.; **PARFOIS, QUELQUEFOIS, TOUTEFOIS** XVᵉ s. ♦ [2] **VOYER** XIᵉ s. « officier de justice »; XIIIᵉ s. « officier chargé de la police des chemins », d'où le rapprochement avec *voie*; XIXᵉ s. *agent voyer : vĭcārius;* **VOIRIE** XIIᵉ s. « fonction de voyer », XIVᵉ s. « décharge d'ordures », XVIᵉ s. « service d'entretien des chemins » : dér. de *voyer*, avec influence de *voie*. ♦ [3] **VI-** (demi-sav.) : préf. aujourd'hui mot formant des titres de remplaçants, ex. : *vicomte, vidame : vice*. ♦ [4] **WEEK-END** XXᵉ s. : mot angl. « fin *(end)* de semaine *(week)* »; *week* exprimant à l'origine l'idée de « succession » est issu du germ. commun **wikôn*.

**II.** mots savants

♦ [1] **VICAIRE** XIIᵉ s. adm. pol., XVᵉ s. église : *vicarius*, → VOYER; **VICARIAT** XVᵉ s. ♦ [2] **VICISSITUDE** XIVᵉ s. : *vicissitudo*. ♦ [3] **VICE VERSA** XVIIIᵉ s. : locution lat. ♦ [4] **VICE-** préf. vivant servant à former des titres de remplaçants, ex. : *vice-roi, vice-amiral :* lat. *vice* → VI-.

**FOLKLORE** XIXᵉ s. : mot angl. « science du peuple »; **FOLKLORIQUE, -ISTE,** id.

**FOMENTER** (sav.) XIIIᵉ s., XVIᵉ s. sens mod. : lat. méd. *fomentare* « appliquer une compresse chaude » apparenté à *fovere* « chauffer »; **FOMENTATION** XIIIᵉ s., **FOMENTATEUR** XVIIᵉ s.

**FONDRE** famille d'une racine ind.-eur. **gheu-* « faire couler ».

En grec par *khein* « verser » d'où (1) *khulos* « jus, suc » (2) *khumos* « liquide », « suc », d'où *ekkhumôsis* « tache provoquée par du sang extravasé »; *kakokhumos* « qui a un mauvais suc » (3) *khuma, -atos* « épanchement », d'où *parengkhuma* « substance de certains viscères formée, selon la médecine ancienne, du sang de leurs veines ».

En latin (1) l'adj. *futilis* « qui s'écoule, ou laisse s'écouler facilement », « vain, frivole » (2) *fŭndĕre, fūsus* « répandre » et techn. « fondre », et *fūsio* « action de répandre », « fonte des métaux », bas lat. *fusibilis* « qui peut fondre »; d'où de nombreux verbes préfixés et leurs dér. en *-fusio :* (a) *confundere* « verser ensemble », « mêler », « rendre méconnaissable », d'où *confusus* « rendu méconnaissable par la rougeur de la honte » et *confusio* « action de mêler » et « rougeur, trouble » (b) *diffundere*, synonyme de *fundere* (c) *effundere* « répandre au-dehors » (d) *infundere* « verser dans » et *infusio* « action d'arroser » (e) *perfundere* « arroser, inonder » (f) *profundere* « répandre », « donner à profusion » (g) *transfundere* « transvaser ».

**I.** mots populaires issus du latin

♦ [1] **FONDRE** XIIᵉ s. « couler », puis, sous l'influence de *fondrer* (→ FONDS) « s'affaisser », XIVᵉ s. fauconnerie « s'abattre sur », XVIᵉ s. « s'élancer sur » : *fŭndĕre;* **FONDEUR** XIIIᵉ s.; **FONDERIE** XIVᵉ s.; **FONTE** XVᵉ s. (aux deux sens) probablement formé sur *fondre* sur le modèle de *tondre, tonte — pendre, pente — feindre, feinte*, etc. **FONDUE** cuis. XVIIIᵉ s. : part. passé fém. substantivé — **REFONDRE** XIIᵉ s.; **REFONTE** XVIIIᵉ s. — ♦ [2] **FOISON** : lat. vulg. **fūsio, -onis*, class. *fūsio;* **FOISONNER** XIIᵉ s.; **FOISONNEMENT** XVIᵉ s. ♦ [3] **CONFONDRE** XIᵉ s. « détruire »; XIIᵉ s. « humilier »; XVIᵉ s.

« mêler » : *confŭndĕre;* **CONFUS** XIIe s. : *confūsus.* ♦ [4] **SE MORFONDRE** XIVe s. : « devenir catharreux », en parlant d'un cheval; puis « prendre froid » et XVIe s. « s'ennuyer » : empr. à l'anc. prov., comp. de *more* « museau, groin » → MORGUE, et de *fondre.*

**II.** mots savants issus du latin

**A. FUTILE** XIVe s. : *futilis*; **FUTILITÉ** XVIIe s. : *futilitas*; **FUTILEMENT** XIXe s.

**B.** base *-fus-*

♦ [1] **CONFUSION** XIe s. : *confusio*; **CONFUSIONNISME, -ISTE** XXe s. ♦ [2] **EFFUSION** XIIIe s. : *effusio.* ♦ [3] **INFUS** XIIIe s. : *infusus*; **INFUSION** XIIIe s. : *infusio*; **INFUSER** XIVe s.; **INFUSOIRE** XVIIIe s. : lat. mod. *infusorius.* ♦ [4] **FUSIBLE** XIVe s. : *fusibilis*; **FUSER** XVIe s.; **FUSION** XVIe s. : *fusio*; **FUSIONNER** XIXe s. ♦ [5] **PERFUSION** XIVe s., puis XXe s. : *perfusio.* ♦ [6] **DIFFUS** XIVe s. : *diffusus*; **DIFFUSER** XVe s., rare avant le XIXe s.; **DIFFUSION** XVIe s. : *diffusio*; **DIFFUSEUR** XIXe s.; **RADIODIFFUSION** XXe s. ♦ [7] **PROFUS** XVe s. : *profusus*; **PROFUSION** XVe s. : *profusio.* ♦ [8] **TRANSFUSION** XVIe s. : *transfusio*; **TRANSFUSER** XVIIe s.

**III.** mots savants issus du grec

♦ [1] **CHYLE** XIVe s. : *khulos*, par le lat. méd.; **CHYLIFÈRE** XVIIIe s. ♦ [2] **CHYME** XVe s. : *khumos*, par le lat. méd.; **ECCHYMOSE** XVIe s. : *ekkhumôsis*; **CACOCHYME** XVIe s. : *kakokhumos*; **PARENCHYME** XVIe s. : *paregkhuma.*

**FONDS** famille du lat. *fundus, -i,* masc., « fond de tout objet » et « fonds de terre », refait en lat. vulg. en *fundus, *fundĕris* ou **fundŏris*, neutre, d'où **fundĕrāre* « enfoncer ». — Dér. : (a) *latifundium* « vaste fonds de terre »; (b) *profundus* « au fond éloigné », « profond »; (c) *fundāre* « donner une base à », d'où *fundamentum* « base », *fundator, fundatio.*

**I. FONDS** (pop.) XIe s. *font, fons*, forme invariable en fr. mod. : *fŭndus*, neutre; **TRÉFONDS** XIIIe s. « sous-sol ».

**II. FOND** XVe s. (pop.) réfection graphique du précédent, « fond d'un objet », ce qui entraîne la spécialisation de la 1re forme dans le sens de « fonds de terre, ou de commerce »; **BAS-FOND** XVIIIe s.; **ARRIÈRE-FOND** XXe s.

**III.** base *-fondr-* (pop.)

♦ [1] **EFFONDRER** XIIe s., var. de l'anc. fr. *fondrer* : **fŭndĕrāre*; **EFFONDREMENT** XVIe s. ♦ [2] **FONDRIÈRE** XVe s. : dér. de *fonder.*

**IV.** base *-fonc-* (pop.)

♦ [1] **ENFONCER** XIIIe s. : dér. de *fonds* avec *s* prononcé; **ENFONCEMENT** XVe s.; **DÉFONCER** XIVe s.; **DÉFONCEMENT** XVIIe s. ♦ [2] **FONCIER** XIVe s. « relatif à un fonds de terre », XVe s. sens fig. « qui est au fond du caractère »; **FONCIÈREMENT** XVe s. ♦ [3] **FONCER** XIVe s. « garnir d'un fond », XVIIe s. « s'élancer », sous l'influence de *fondre.* ♦ [4] **FONCÉ** XVIIe s., var. de *enfoncé*, une couleur plus sombre que celles qui l'entourent donnant l'impression de creux; d'où **FONCER** XVIIIe s. « devenir plus sombre ».

**V.** base *-fond-* (pop. ou sav.)

♦ [1] **FONDER** (pop.) XIIe s. : *fundare*; **FONDEMENT** (pop.) XIIe s. : *fundamentum*; **FONDÉ DE POUVOIR** XIXe s.; **BIEN-FONDÉ** XXe s. ♦ [2] **FONDATION** XIIIe s., **FONDATEUR** XIVe s., **FONDAMENTAL** XVe s. (sav.) : *fundatio, fundator*, et bas lat. *fundamentalis.* ♦ [3] **PROFOND** XIIe s. (sav.); XIe s. sous la forme *parfont* (pop.) : *profundus*; **PROFONDEUR** XIVe s.; **APPROFONDIR** XIIIe s.; **APPROFONDISSEMENT** XVIe s. Pour les mots scientifiques exprimant la notion de « profondeur » → BATHY-. ♦ [4] **PLAFOND** XVIe s., littéralement « fond plat », avec dér. irréguliers **PLAFONNER** XVIIe s. « garnir d'un plafond », XXe s. « atteindre le maximum d'altitude possible »; **PLAFONNIER** XXe s.

**VI.** base *-fund-*

♦ [1] **DE PROFUNDIS** XIVe s. : début du psaume 130 (liturgie des défunts) « des profondeurs (je crie vers toi, Seigneur) ». ♦ [2] **LATIFUNDIA** XVIe s. : mot lat. plur. de *latifundium.*

**FONTAINE** famille du lat. *fons, fontis*, sans doute vieux mot d'origine religieuse isolé en lat.; utilisé par la langue de l'Église « eau du baptême et endroit où l'on baptise »; d'où l'adj. *fontānus*, fém. *fontāna* (*aqua*) « eau de source » et « source ».

♦ [1] **FONTAINE** (pop.) XIIe s. « source » : *fontāna*; **FONTAINIER** XIIIe s. ♦ [2] **FONTS** (baptismaux) (pop.) XIe s. : *fontes*, plur. de *fons*; survit, au sens propre, dans le Midi et en toponymie. ♦ [3] **FONTANELLE** (sav.) XVIe s. : lat. méd. *fontanella* : calque de l'anc. fr. *fontenelle*, dimin. de *fontaine* « exutoire », « dépression crânienne ».

**FORCENÉ** représentant en fr. du germ. **sinno-* « sens », « intelligence » et « direction où l'on marche », dont l'extension dans les langues romanes montre qu'il a été empr. par le lat. dès la fin de l'époque impériale.

♦ [1] **FORCENÉ** XIe s. part. passé du verbe *forsener* « être hors de son bon sens »; le *-c-*, XVe s., est dû à un rapprochement erroné avec *force.* ♦ [2] **ASSENER** (pop.) XIIe s. « porter un coup », « attribuer », a pu, pour le sens, subir l'influence d'*assigner.*

**FORCES** (pop.) XIIe s. « ciseaux » : lat. *forfices* « cisailles ».

**FORER** ♦ [1] XIIe s. : p.-ê. it. *forare* ou prov. *forar*, du lat. *forare* « percer », ou (sav.) directement issu du lat. ; **FORET** XIIIe s. ; **FORAGE** XIVe s. ; **FOREUSE** XIXe s. ♦ [2] **PERFORER** (sav.) XIIe s. : lat. class. *perforare* « percer », survivant dans la langue médicale du Moyen Age ; **PERFORATION** XIVe s. ; **PERFORATEUR, -ATRICE** XIXe s. ; **PERFOREUSE** XXe s.

**FORGER** famille du lat. *faber* « ouvrier qui travaille les corps durs », la spécialité étant à l'origine précisée par un adjectif : *faber tignarius* « charpentier », *faber aerarius* « fondeur de bronze » ; limité ensuite au travail des métaux. — Dér. : *fabrica* « métier d'artisan », « atelier », « forge » et *fabricare* « confectionner ».

♦ [1] **FORGER** (pop.) XIIe s. : *fabrĭcāre* ; **FORGERON** XVIe s. : dér. de l'anc. fr. *forgeur* ; **FORGE** XIIe s. : *fabrĭca*. ♦ [2] Le représentant fr. de *faber* ne survit que comme patronyme, fr. **FÈVRE**, forme méridionale **FABRE**, et dans le composé **ORFÈVRE** (pop.) XIIe s. : *auri faber* « forgeron d'or », d'où **ORFÈVRERIE** XIIe s. ♦ [3] **FABRIQUER** (sav.) XIIe s. : *fabricare*, rare avant le XVIe s. ; **FABRIQUE** XIVe s. « construction d'une église » et « revenus affectés à son entretien », XVIIe s. « usine » : dér. de *fabriquer* ; **FABRICANT, FABRICATION** XVe s. ; **PRÉFABRIQUÉ** XXe s.

**FORME** famille du gr. *morphê* « forme » et du lat. *forma* « moule », « objet moulé », « forme », mots d'étym. obscure qui semblent liés l'un à l'autre par un rapport de métathèse ; le mot lat. p.-ê. empr. au gr. par l'intermédiaire de l'étrusque.

**I.** mots populaires issus du latin

♦ [1] **FROMAGE** XIIe s., d'abord adj. : lat. vulg. **formātĭcum*, avec métathèse du *r*, dér. de *forma* au sens de « moule à fromage » ; **FROMAGER** XIIIe s. ; **FROMAGERIE** XIVe s. ♦ [2] **FOURME** XIXe s. « fromage du Cantal » : mot dial. : *forma*.

**II.** mots savants ou demi-savants issus du latin

♦ [1] **FORME** XIIe s. : *forma* ; **PLATE-FORME** XVe s. ; **FORMER** XIIe s. : *formare* ; **FORMATION** XIIe s. : lat. imp. *formatio* ; **FORMATEUR** XVe s. : lat. imp. *formator*, a éliminé l'anc. fr. *formeor* (pop.) de même origine. ♦ [2] **DIFFORME** XIIIe s. : lat. médiéval *difformis*, du class. *deformis* « défiguré, laid » ; **DIFFORMITÉ** XIVe s. ; **UNIFORME, UNIFORMITÉ** XIVe s. : lat. imp. *uniformis, uniformitas* ; **UNIFORMISER** XVIIIe s. ; **CONFORME, CONFORMITÉ** XIVe s. : bas lat. *conformis* et *conformitas* ; **INFORME** XVe s. : *informis*. ♦ [3] **FORMEL** XIIIe s. : lat. imp. et scolastique *formalis* ; **FORMELLEMENT** id. ♦ [4] **SE FORMALISER** XVIe s. ; **FORMALISTE** XVIe s. ; **FORMALISME** XIXe s., philo. ; **FORMALISER, FORMALISATION** XXe s. ♦ [5] **FORMULER** XIVe s. ; **FORMULE, FORMULAIRE** XVe s. : du lat. *formula*, dimin. de *forma*. ♦ [6] **CONFORMER** XIIe s. : *conformare* « façonner, adapter » ; **CONFORMATION** XVIe s. : bas lat. *conformatio*. ♦ [7] **INFORMER** XIIIe s. « façonner » : réfection de l'anc. fr. *enfourmer* (pop.), d'après le lat. *informare* « façonner », « former (une idée) dans l'esprit » ; XIVe s. « mettre au courant » ; **INFORMATION** XIIIe s. ; **INFORMATEUR** XIVe s. ♦ [8] **RÉFORMER** XIIe s. : lat. imp. *reformare* « rendre à sa première forme » ; **RÉFORMATEUR** XIVe s. : lat. imp. *reformator* ; **RÉFORMÉ** XVIe s. « protestant » ; **RÉFORMATION** XIIIe s., XVIIe s. « révolution religieuse du XVIe s. » ; **RÉFORME** XVIIe s. id. ; **RÉFORMISTE, -ISME** XIXe s. ; **RÉFORMABLE** XVIe s. ♦ [9] **DÉFORMER** XIIIe s. : *deformare* → DIFFORME ; **DÉFORMATION** XIVe s. : *deformatio*. ♦ [10] **TRANSFORMER** XIIIe s. : lat. imp. *transformare* ; **TRANSFORMATION** XIVe s. : bas lat. (IVe s.) *transformatio* ; **TRANSFORMABLE, TRANSFORMATEUR** XVIIe s., XIXe s. techn., **TRANSFORMISME** XIXe s. ♦ [11] **PRÉFORMER** XVIIIe s. : lat. imp. *praeformare* « former d'avance ». ♦ [12] **-FORME** 2e élément de composés sav., ex. : *filiforme* → -MORPHE.

**III.** mots d'emprunt

♦ [1] **FORMAT** XVIIIe s. : probablement it. *formato*, part. passé de *formare*. ♦ [2] **PERFORMANCE** XIXe s. : mot angl. de l'anc. fr. *parformance*, de *parformer* « accomplir », dér. de *former*. ♦ [3] **CONFORMISTE** et **NON-CONFORMISTE** XVIIe s. eccl., fin XVIIIe s. pol. angl. *conformist*, de *conform* « conforme » ; **CONFORMISME, ANTI-CONFORMISTE** XXe s.

**IV.** mots savants issus du grec

♦ [1] **MÉTAMORPHOSE** XVe s. titre d'Ovide, XVIe s. nom commun : gr. *metamorphôsis*, de *metamorphoun* « transformer », par le lat. ; **MÉTAMORPHOSER** XVIe s. ♦ [2] **MÉTAMORPHISME** XIXe s. : formé sur la même base. ♦ [3] **MORPH(O)-** 1er élément de mots sav., ex. : **MORPHOLOGIE** XIXe s. ; **MORPHÈME** XXe s. ♦ [4] **-MORPHE, -MORPHISME** 2e élément de composés sav., ex. : **AMORPHE** XIXe s. : gr. *amorphos* « sans forme » ; **ANTHROPOMORPHISME** XVIIIe s. ; **ANTHROPOMORPHE** XIXe s. : *anthropomorphos* « à forme humaine », **ISOMORPHE, POLYMORPHE** XIXe s.

**FORMIDABLE** (sav.) XVe s. : lat. *formidabilis* « qui remplit d'effroi », de *formido* « épouvantail » et « épouvante ».

**FORNIQUER** (sav.) XIV^e s. : lat. eccl. (III^e s.) *fornicari*, de *fornix, -icis* « chambre de prostituée », littéralement « chambre voûtée », p.-ê. apparenté à *furnus* « four »; **FORNICATION, FORNICATEUR** XII^e s. : *fornicatio, fornicator*.

**FORT** famille du lat. *fortis* « fort », d'où bas lat. *confortare* « fortifier », « renforcer ».

**I.** base *-fort-*

♦ [1] **FORT** (pop.) XI^e s. adj., XV^e s. subst. « forteresse », sous l'influence de l'it. : *fortis*; **CONTREFORT** XIII^e s. ♦ [2] **FORTERESSE** (pop.) XII^e s., peut représenter soit un dér. de *fort* avec le suff. *-eresse*, soit plutôt, étant donné les emplois de ce suff., un lat. vulg. **fortarĭcĭa*. ♦ [3] **RÉCONFORTER** (pop.) XI^e s. : de l'anc. fr. *conforter* « soutenir le courage de » : lat. *confortare*; **RÉCONFORT** XIII^e s. : dér. de *réconforter*. ♦ [4] **EFFORT** (pop.) XI^e s., **RENFORT** XIV^e s. : dér. sur le modèle de *réconfort* et de l'anc. fr. *confort*, de **EFFORCER, RENFORCER.** ♦ [5] **FORTIFIER** (demi-sav.) XIV^e s. : bas lat. *fortificare*; **FORTIFICATION** (sav.) XIV^e s. : *fortificatio*. ♦ [6] **A FORTIORI** XVII^e s. : locution du lat. scolastique, « en partant d'une raison encore plus forte ».

**II.** base *-forc-*

♦ [1] **FORCE** (pop.) XI^e s. : *fortia*, plur. neutre substantivé de *fortis*; **FORCIR** XIX^e s. Pour les mots scientifiques exprimant la notion de « force » → ASTHÉNIE et DYNAMO-. ♦ [2] **FORCER** (pop.) XIII^e s. : lat. vulg. **fortiare*, de *fortia*; **FORCÉMENT** XIV^e s.; **FORÇAGE** XII^e s., rare avant le XVIII^e s. ♦ [3] **EFFORCER** XI^e s.; **RENFORCER** XII^e s.; **RENFORCEMENT** XIV^e s.

**III.** mots d'emprunt

♦ [1] **FORTIN** XVII^e s. : it. *fortino*. ♦ [2] **FORTE** XVIII^e s., **FORTISSIMO** XIX^e s. mus. : mots it., positif et superlatif de l'adj. *forte*. ♦ [3] **SFORZANDO** XIX^e s., mus., mot it., « en renforçant », du verbe *sforzare* équivalent du fr. *efforcer*. ♦ [4] **CONFORT** XIX^e s. « bien-être » : angl. *comfort*, de l'anc. fr. *confort* XI^e s. « action de soutenir le moral », de *conforter* « encourager » → RÉCONFORTER; **INCONFORT, INCONFORTABLE** XIX^e s.; ont été empr. plus tôt **CONFORTABLE** XVII^e s. et **CONFORTABLEMENT** XVIII^e s.

**FORTUNE** famille sav. du lat. *fors* « sort » d'où *fortuna* « hasard, chance », plur. « richesses », et *fortuitus* « dû au hasard ».

♦ [1] **FORTUNE** XII^e s. « sort », XV^e s. « richesse » : *fortūna*; **FORTUNÉ** XIV^e s. « heureux », XVII^e s. « riche » : *fortunatus*; **INFORTUNE, INFORTUNÉ** XIV^e s. : *infortunium, infortunatus*. ♦ [2] **FORTUIT** XIV^e s. : *fortuitus*; **FORTUITEMENT** XVI^e s.

1. **FOUDRE** (subst. fém.) famille d'une racine ind.-eur. **bhleg-* « briller ».

En grec (1) *phlegein* « enflammer », d'où *phlegma, -atos* « inflammation » et *phlegmonê* « chaleur ardente » (2) *phlox, phlogos* « flamme », d'où *phlogistos* « inflammable ».

En latin (1) *fulgere* « briller », en parlant des astres et de l'éclair; *fulgur* « la foudre »; *fulmen, -inis* « coup de foudre » d'où *fulminare* « foudroyer » (2) *Flagrare* « brûler » part. présent *flagrans* « éclatant », « flagrant »; *conflagrare, deflagrare* « être embrasé »; *flamma*, forme à gémination expressive de **flāma* issu de **flags-ma* « flamme ». Il est possible enfin que la base germ. sur laquelle repose l'adjectif BLANC appartienne à la même rac. (→ ce mot).

**I.** mots d'origine latine

**A.** famille de *fulgere*

♦ [1] **FOUDRE** (pop.) XI^e s. : lat. vulg. **fŭlgĕrem*, acc. de *fŭlgur*; **FOUDROYER** XII^e s.; **FOUDROYANT** XVI^e s. ♦ [2] **FULGURANT** (sav.) XV^e s., rare avant le XIX^e s. : part. présent de *fulgurare*, de *fulgur*, « faire des éclairs »; **FULGURER** XIX^e s. ♦ [3] **FULMINER** XIV^e s. (sav.) : *fulminare*; **FULMINATION, FULMINANT** XV^e s. ♦ [4] **FULMI-** 1^er élément de mots sav., ex. : **FULMICOTON** XIX^e s.

**B.** famille de *flagrare*

♦ [1] **FLAMME** (pop.) X^e s. : *flamma*; **ENFLAMMER** XII^e s. : *inflammare*. ♦ [2] **FLAMICHE** (pop.) XIII^e s. « gâteau cuit à feu vif ». ♦ [3] **FLAMANT** XVI^e s. : prov. *flamenc*, dér. de *flamma*, « oiseau couleur de flamme ». ♦ [4] **FLAMBER** (pop.) XII^e s., rare avant le XVI^e s. : dér. de l'anc. fr. *flambe*, var. de *flamble*, de *flammŭla*, dimin, de *flamma*; a éliminé l'anc. fr. *flammer*; **FLAMBOYER** XI^e s.; **FLAMBOIEMENT** XIX^e s.; **FLAMBÉE, FLAMBEAU** XIV^e s.; **FLAMBANT, FLAMBARD** XIX^e s. ♦ [5] **ORIFLAMME** XI^e s. sous la forme *orieflambe* : mot composé dont le 2^e élément *flamma (flamme)* ou son dimin. *flammula (flambe)* désignait un ornement de la lance du cavalier, triangle étroit, en étoffe, dont la pointe flottait au vent, 1^er élément obscur : p.-ê. un représentant demi-sav. de *aurea* « en or »; mais l'oriflamme de la mosaïque du Latran, décrit dans la *Chanson de Roland* était bleu, et celui des rois de France, rouge; une forme déglutinée de **laurea flamma* où **laurea* serait un dér. de **laurum*, issu lui-même de *labărum* « étendard chrétien de Constantin »; p.-ê. encore *aurita flamma* « flamme à oreilles », c.-à-d. « découpée », « à plusieurs pointes ». ♦ [6] **INFLAMMABLE, INFLAMMATION** XIV^e s.; **INFLAMMATOIRE** XVI^e s., **ININFLAMMABLE** (sav.) XVII^e s. : dér. formés sur *inflammare.* ♦ [7] **FLAGRANT** (sav.) XV^e s., jur. : *flagrans.* ♦ [8] **CONFLAGRATION** (sav.) XIV^e s. : *conflagratio*; **DÉFLAGRATION** (sav.) XVII^e s.; *deflagratio.*

**II.** mots d'origine grecque

♦ [1] **FLEGME** (sav.) XIII^e s. : lat. méd. *phlegma* « humeur, pituite » : gr. *phlegma* « inflammation »; **FLEGMATIQUE** XII^e s. méd., XVII^e s. psycho. : gr. *phlegmatikos*, par le lat. ♦ [2] **FLEMME** XIX^e s. : it. *flemma*, forme pop., équivalent du fr. *flegme*; **FLEMMARD** XIX^e s. ♦ [3] **PHLEGMON** XIV^e s. (sav.) : gr. *phlegmonê*, par le lat. ♦ [4] **PHLOX** (sav.) XVIII^e s. bot., d'après la couleur de cette fleur : mot gr. ♦ [5] **PHLOGISTIQUE** (sav.) XVIII^e s. : du gr. *phlogistos*; **ANTIPHLOGISTIQUE** XX^e s.

2. **FOUDRE** (subst. masc.) XVII^e s. « tonneau » : all. *Fuder*, id.

**FOUGÈRE** (pop.) XII^e s. : altération de l'anc. fr. *feuchière*, du lat. vulg. **filicaria* « fougeraie », de *filix, -ĭcis* « fougère »; **FOUGERAIE** XVII^e s.

**FOUIR** famille du lat. *fodĕre*, var. *fodīre, fossus* « bêcher », d'où *fodīcare* « donner des coups ».

♦ [1] **FOUIR** XII^e s. (pop.) : *fodīre*; **ENFOUIR** XI^e s. : **infodīre*; **ENFOUISSEMENT** XVI^e s. ♦ [2] **ENFEU** XV^e s. « niche funéraire pratiquée dans le mur d'une église » : var. de **enfou*, dérivé de *enfouir.* ♦ [3] **SERFOUETTE**^e s. (pop.) XVI^e s. : dér. de l'anc. fr. *serfouir : circumfodīre* « creuser autour ». ♦ [4] **FOUILLER** (pop.) XIII^e s. : lat. vulg. **fodĭcŭlāre*, dér. de *fodĭcāre* → anc. fr. *fouger*, **FOUILLIS** XIV^e s. « action de fouiller », XVIII^e s. « désordre »; **FOUILLE** XVI^e s. ♦ [5] **FARFOUILLER** XVI^e s., avec une particule intensive *far-*; **CAFOUILLER** XVIII^e s., avec le préf. normanno-picard *ca-*; **CAFOUILLAGE** XIX^e s.; **AFFOUILLER, AFFOUILLEMENT** XIX^e s. techn.; **TRIFOUILLER** XIX^e s. : p.-ê. croisement avec *tripoter.* ♦ [6] **FOSSE** (pop.) XI^e s. : *fossa*, part. passé fém. substantivé; **FOSSETTE** XII^e s.; **BASSE-FOSSE** XV^e s.; **FOSSOYEUR** XVI^e s. : dér. de l'anc. fr. *fossoyer* « creuser une fosse ». ♦ [7] **FOSSÉ** (pop.) XI^e s. : bas lat. *fossatum*, var. de *fossum*, ♦ [8] **FOSSILE** (sav.) XVI^e s. : *fossilis* « tiré de la terre »; **FOSSILISÉ** XX^e s.

**FOULON** ♦ [1] (pop.) XIII^e s. : lat. *fŭllo, -ōnis* « dégraisseur d'étoffes, teinturier ». ♦ [2] **FOULER** (pop.) XI^e s. « presser du pied », « serrer, bousculer », « blesser », « fatiguer » : lat. vulg. **fŭllāre* « fouler une étoffe », dér. de *fŭllo.* ♦ [3] **FOULE** XII^e s. « presse »; **FOULURE** XII^e s. « blessure »; **FOULÉE** XIII^e s. « enjambée » : dér. de *fouler* aux divers sens de ce mot. ♦ [4] **FOULARD** XVIII^e s. : p.-ê. adaptation du prov. *foulat*, équivalent du fr. *foulé*, terme techn. de draperie, « tissu léger pour l'été ». ♦ [5] **REFOULER** XIII^e s. « fouler de nouveau », XVI^e s. « repousser », XX^e s. psycho.; **REFOULEMENT** XVI^e s.; **DÉFOULER, DÉFOULEMENT** XX^e s.

**FOUR** famille d'une racine ind.-eur. **g^wher-* « chaleur ». En grec *thermos* « chaud »; en lat. *formus* « chaud », *furnus* « four », *fornax*, « four à chaux, fournaise ».

**I.** mots populaires d'origine latine

♦ [1] **FOUR** XI^e s., sous la forme *forn : fŭrnus*; **FOURNIER, FOURNEAU** XII^e s.; **FOURNIL, FOURNÉE, ENFOURNER** XIII^e s.; **CHAUFOUR, CHAUFOURNIER** XIV^e s. → CHAUX. ♦ [2] **FOURNAISE** (pop.) XII^e s. : var. fém. de *fornaiz*, de *fornax, -acis.* ♦ [3] **ÉCHAUFFOURÉE** XIII^e s. : de l'anc. fr. *chauffourer* « chauffer », « poursuivre, frapper » : dér. irrégulier de *chaufour, chaufournier*, p.-ê. sous l'influence de *fourrer.*

**II.** mots savants d'origine grecque

♦ [1] **THERMES** XIII^e s. : lat. *thermae* « bains chauds », du gr. *thermos*; **THERMAL** XVII^e s. ♦ [2] **THERMIDOR** fin XVIII^e s.; **THERMIQUE** XIX^e s.; **THERMIE** XX^e s. : dér., sur *thermos.* ♦ [3] **THERMOS** (bouteille) XX^e s. : mot gr. ♦ [4] **THERMO-** 1^er élément de composés sav., ex. : **THERMOMÈTRE** XVII^e s., **THERMOSTAT** XIX^e s. ♦ [4] **-THERMIE, -THERMIQUE** 2^e élément de composés sav., ex. : **GÉOTHERMIE, -IQUE** XIX^e s.

**FOURBIR** ♦ [1] (pop.) XI^e s : frq. **furbjan* « nettoyer (les armes) ». ♦ [2] **FOURBE** XV^e s. argot, « voleur » (p.-ê. « qui nettoie les poches »); **FOURBERIE** XVII^e s. ♦ [3] **FOURBI** XIX^e s., argot, d'abord « maraude, trafic, affaire ».

**FOURCHE** ♦ [1] (pop.) XII^e s : lat. *fŭrca* « fourche »; **FOURCHU** XII^e s.; **FOURCHETTE** XIV^e s. ♦ [2] **ENFOURCHER** XVI^e s. ♦ [3] **À CALIFOURCHON** XVI^e s. : → CA- et -ON. ♦ [4] **CARREFOUR** (pop.) XII^e s. : bas lat. *quadrifurcus* « à quatre fourches ». ♦ [5] **BIFURQUER** (sav.) XVI^e s. et **BIFURCATION** : dér., sur *furca.*

**FOURMI** ♦ [1] (pop.) XII^e s. *formis, fromis* : lat. vulg. **formicus*, var. masc. du class. *formica* « fourmi »; **FOURMI-LION** XIV^e s. : calque de *formica leo*; **FOURMILIÈRE, FOURMILLER, FOURMILLEMENT** XVI^e s.; **FOURMILIER** XVIII^e s. ♦ [2] **FORMIQUE** XIX^e s. (acide existant à l'état naturel chez les fourmis); **FORMOL** XIX^e s. :

mots sav. formés sur *formica*; **CHLOROFORME** XIXe s. : 2e élément, abrév. de *formiqué*.

**FOURNIR** (pop.) XIIe s. : germ. **fôrnjan* « faire cadeau », de l'anc. scand. *forn* « cadeau »; s'est confondu avec **frummjan* « fournir », qui est à l'origine de nombreuses var. dial. **FOURNITURE** XIIe s.; **FOURNITURES** XVIe s.; **FOURNIMENT** XIIIe s., p.-ê. par l'it. *fornimento*; **FOURNISSEUR** XVe s.

**FOURRAGE** ♦ [1] (pop.) XIIe s. : dér. ancien du frq. **fôdr-* (le simple subsistant dans le nom de la rue du **FOUARRE**, à Paris, c.-à-d. des bottes de « paille » sur lesquelles s'asseyaient les écoliers du Moyen Age); **FOURRAGER** « faire du fourrage », puis « piller », et **FOURRAGEUR** XIVe s.; **FOURRAGÈRE** XIXe s. adj. substantivé, d'abord « voiture militaire » puis « ornement d'uniforme ». ♦ [2] **FOURRIER** XIIe s. « fourrageur » puis « militaire chargé de l'approvisionnement » : dér. ancien de **fôdr-*. ♦ [3] **FOURRIÈRE** XIIIe s. « remise à fourrage », XVIIIe s. « local où l'on retenait le bétail saisi pour dettes », XIXe s. pour les animaux errants, XXe s. pour les voitures.

**FOURREAU** ♦ [1] (pop.) XIe s. : dérivé anc. de frq. **fôdr-* « fourreau », homonyme de l'étymon de *fourrage*, représenté par l'anc. fr. *fuerre*, all. *Futter*. ♦ [2] **FOURRER** XIIe s. « doubler un vêtement »; XVe s. « faire entrer (comme dans un fourreau) » : dérivé anc. de **fôdr*; **FOURRÉ** XVIIIe s. : abréviation de *bois fourré* XVIIe s. ♦ [3] **FOURRURE** XIIe s. et **FOURREUR** XIIIe s. : dér. de *fourrer*.

**FRAIS, FRAÎCHE** adj. ♦ [1] (pop.) XIe s. : frq. **frisk* « frais », d'abord en parlant du temps; **FRAÎCHEUR** XIIIe s., rare avant le XVIe s.; **FRAÎCHIR** XIIe s.; **RAFRAÎCHIR** XIIe s.; **RAFRAÎCHISSEMENT** XIIIe s; **DÉFRAÎCHIR** XIXe s. ♦ [2] **FRESQUE** XVIIe s., peinture : de la locution it. *dipingere a fresco* « peindre (sur le plâtre) frais »; adj. de même origine que le fr. ♦ [3] **FRISQUET** XIXe s., argot : adaptation de l'it. *freschetto*, dimin. de *fresco*.

**FRAIS** subst. (pop.) XIIIe s. : mot obscur auquel on a attribué soit une origine germ. : frq. **fridu* « paix » → EFFRAYER (loi salique : *fridus* « somme que l'on doit payer pour avoir rompu la paix »), soit une origine lat. : *fractum* → ENFREINDRE, « dommage qu'on cause en rompant quelque chose »; mais dans cette hypothèse, le dér. anc. fr. *frayer* s'explique difficilement; **DÉFRAYER** XIVe s. dér. de *frayer* « faire des frais ».

1. **FRAISE** (fruit) (pop.) XIIe s. : altération, p.-ê. sous l'influence de *franboise*, de l'anc. fr. *fraie*, du lat. *fraga*, plur. neutre de *fragum* pris pour un fém.; **FRAISIER** XIIIe s.

2. **FRAISE** (de veau) (pop.) XIVe s. « enveloppe membraneuse qui entoure les intestins du veau et de l'agneau » : dér. de l'anc. fr. *freser* « dépouiller de son enveloppe » : lat. vulg. **frēsāre*, formé sur *frēsus* part. passé de *frendĕre* « broyer ».

**FRAMBOISE** (pop.) XIIe s. : germ. **brambasia* altéré à l'initiale, p.-ê. sous l'influence de *fraise*; ou p.-ê., étant donné la date ancienne d'attestation du vocalisme *-oi-*, d'un bas lat. **frambosia*, de *fraga ambrosia* « fraise au parfum d'ambroisie »; **FRAMBOISIER** XIVe s.

**FRANGE** (pop.) XIIe s. : lat. vulg. **frĭmbia*, forme à métathèse du bas lat. *fimbria*, sing., du lat. class. *fimbriae* « franges de vêtement », p.-ê. apparenté à *fibra* → FIBRE. **FRANGER** XIIIe s.; **EFFRANGER** XIXe s.

**FRAPPER** (pop.) XIIe s. : mot obscur, p.-ê. onom.; p.-ê frq. **hrappôn* « arracher ». **FRAPPANT** XVIIe s. adj.; **FRAPPEUR** (esprit) XVe s.

**FRASQUE** XVe s. : it. *frasche* « choses sans importance », plur. de *frasca* « brindille », mot d'origine méditerranéenne, p.-ê. apparenté au gr. *braskê*, lat. *brassica* « chou ».

**FRAYER** famille du lat. *friare* « concasser », d'où *friabilis*, et *fricare* « frotter », forme parente avec élargissement *-k-*; lat. imp. *frĭctio* « action de frotter ».

I. mots populaires

♦ [1] **FRAYER** XIIe s. « frotter », « user par frottement »; XIVe s. *frayer une voie* (par le frottement des pas) et « pondre » (en parlant de la femelle des poissons, qui frotte alors son ventre contre le fond), XVIIe s. « fréquenter » : *frĭcāre*; **FRAI** XIVe s. ♦ [2] **FRISSON** (pop.) XIIe s. : lat. vulg. **frĭctio, -onis*, class. *frĭctio*, rapproché par étym. pop. de *frīgere* « avoir froid » → FROID; **FRISSONNER** XVe s.; **FRISSONNEMENT** XVIe s. ♦ [3] **FROTTER** (pop.) XIIe s. : altération, sous l'infl. du suff. *-ot, -oter*, de l'anc. fr. *freter*, probablement de **frĭctare*; **FROTTEMENT, FROTTEUR** XIVe s.; **FROTTIS** XVIIe s.

II. mots savants

♦ [1] **FRIABLE** XVIe s. : *friabilis*. ♦ [2] **FRICTION** XVIe s. : *frictio*; **FRICTIONNER** XVIIIe s. ♦ [3]

**AFFRIQUER** XIX^e s. : lat. imp. *adfricare* « frotter contre »; **AFFRIQUÉE** XX^e s. fém., ling.; **FRICATIF** XIX^e s. : formé sur *fricare*.

**FREDAINE** XV^e s. : fém. substantivé de l'anc. fr. *fredain* « mauvais », du germ. **fra-aidi* « qui a renié le serment prêté ».

**FRÉGATE** XVI^e s. : it. *fregata*, d'origine obscure.

**FREIN** ♦ [1] (pop.) XI^e s. : lat. *frēnum* « bride, mors, frein du cheval »; **EFFRÉNÉ** XII^e s. : *effrenātus* « (cheval) qui n'a pas de frein »; **REFRÉNER** XII^e s. : *refrenare*; **FREINER, FREINAGE** XIX^e s. ♦ [2] **CHANFREIN** XII^e s. « museau du cheval » : dér. de l'anc. fr. *chanfrener* « donner », de *caput* → CHEF, et *frenare*, altéré p.-ê. sous l'influence de *chanfrein* « biseau ». ♦ [3] **ENCHIFRENÉ** XIII^e s. : des mêmes mots que le précéd., avec traitement tonique de *caput*.

**FRELATER** XVI^e s. « transvaser du vin », XVII^e s. « le couper », XVIII^e s. « altérer » : néerl. *verlaten* « transvaser ».

**FRELON** (pop.) XVI^e s.; frq. **hurslo* adapté en *forsleone* dans les *Gloses de Reichenau*.

**FRÉMIR** (pop.) XII^e s. : lat. *fremĕre* « faire entendre un bruit sourd », « grommeler », avec changement de conjugaison; **FRÉMISSEMENT** XII^e s.

**FRÊNE** (pop.) XI^e s. : lat. *fraxĭnus*; **FRÊNAIE** XIII^e s.

**FRÉNÉSIE** famille du gr. *phrên, phrenos* « diaphragme, cœur, intelligence, âme »; *phrenitis* « folie » et *phrenitikos* « délirant ».
♦ [1] **FRÉNÉSIE** (sav.) XIII^e s., d'abord méd. : lat. médiéval *phrenesia*, class. *phrenesis*, adaptation du gr. *phrenitis*. **FRÉNÉTIQUE** XII^e s. : *phrenetikos*, par le lat. ♦ [2] **PHRÉN(O)-** 1^er élément de mots sav., ex. : **PHRÉNIQUE** XVII^e s., **PHRÉNOLOGIE** XIX^e s.; littéralement « science de l'intelligence », qui a éliminé *craniologie*. ♦ [3] **-PHRÈNE, -PHRÉNIE** 2^e élément de composés sav., ex. : **SCHIZOPHRÈNE, -PHRÉNIE** XX^e s.

**FRÉQUENT** ♦ [1] (sav.) XIV^e s. « fréquenté », XVI^e s. « répété » : lat. *frequens* « id. »; **FRÉQUENCE** XII^e s. « réunion », XVI^e s. « répétition » : lat. *frequentia* « réunion »; **FRÉQUEMMENT** XIV^e s. ♦ [2] **FRÉQUENTER** (sav.) XII^e s. « célébrer », « rassembler », XIV^e s. « avoir des relations fréquentes avec » : *frequentare*; **FRÉQUENTATION** XIV^e s. : *frequentatio*.

**FRÈRE** ♦ [1] (pop.) IX^e s. : lat. *frater, fratris*; **CONFRÈRE** XIII^e s. : lat. médiéval *confrater*; **FRAIRIE** XII^e s. « confrérie », puis dans l'Ouest « fête patronale » : dér. de *frère*; **CONFRÉRIE** XIII^e s. : de *confrère*. ♦ [2] **FRANGIN** XIX^e s. : mot piémontais, altération, d'après *cüzin* « cousin », de *fradel* « frère ». ♦ [3] **FRATERNEL** (sav.) XII^e s. : formé d'après le lat. *fraternus* « id. »; **FRATERNITÉ** XII^e s. : *fraternitas*; **CONFRATERNITÉ** XIII^e s.; **CONFRATERNEL** XIX^e s. ♦ [4] **FRATERNISER** XVI^e s.; **FRATERNISATION** XVIII^e s. ♦ [5] **FRATRICIDE** XII^e s. meurtre, XV^e s. meurtrier, rare jusqu'au XVIII^e s. : lat. *fratricidium* et *fratricida* « meurtre » et « meurtrier d'un frère ».

**FRET** XIII^e s. : néerl. *vrecht* « prix du transport »; **FRÉTER** XIII^e s.; **AFFRÉTER, AFFRÈTEMENT** XIV^e s.; **AFFRÉTEUR** XVII^e s.

**FRÉTILLER** XIV^e s. : mot obscur, p.-ê. dér. de *freter* « frotter » → FRAYER; p.-ê. réfection de l'anc. fr. *fresteler* « jouer de la flûte », « bourdonner », de *freste* « flûte », du lat. *fistula*; ou simplement mot onom. **FRÉTILLEMENT** XIV^e s.

**FREUX** (pop.) XIII^e s. « corneille » : frq. **hrôk*.

**FRICHE** XIII^e s., var. fréquente *frèche* : mot d'origine germ.; à rapprocher du moyen néerl *versch (lant)* « terre gagnée sur la mer », « polder » ou all. (Rhénanie) *frisch* « frais », « nouvellement défriché » → FRAIS; **DÉFRICHER** XIV^e s., **DÉFRICHEMENT** XV^e s.; **DÉFRICHEUR** XVI^e s.

**FRICHTI** XIX^e s. argot milit. « repas » : alsacien *richtik*, équivalent de l'all. *Frühstück* « petit déjeuner ».

**FRIMAS** (pop.) XV^e s. : dér. de *frime*, dial., probablement ancien, du frq. **hrim*; **FRIMAIRE** XVIII^e s. (calendrier républicain).

**FRIME** (pop.) XV^e s., surtout dans l'expression *faire frime de* : croisement de *mine* et de l'anc. fr. *frume* XII^e s. « mine », du bas lat. *frūmen* « gosier », « gueule »; **FRIMOUSSE** XIX^e s. : altération de *frimouse* XVII^e s., avec le suff. méridional *-ouse* pour *-euse*.

**FRINGANT** (pop.) XV^e s. part. présent de l'anc. fr. *fringuer* « gambader », dér. de *fringue* XII^e s. « danse », du frq. **hringila*, ou origine expressive; **FRINGUÉ** XVIII^e s. « élégant »; **FRINGUES** XIX^e s. « vêtements », argot; **SE FRINGUER** « id. ».

**FRIRE** ♦ [1] (pop.) XII^e s. : lat. *frīgĕre, frīctus* et *frīxus* « faire rôtir, griller » puis « frire », mot d'origine p.-ê. onom. ♦ [2.] **FRITURE** XII^e s. : lat. vlg. **frīctūra* « action de frire »; **FRITE** XIX^e s. (pomme de terre) : fém. substantivé de *frit*, de *frīctus*; **FRITERIE** XIX^e s.; **FRITEUSE** XX^e s. ♦ [3] **FRIAND** XIII^e s. « appétissant », d'où « gourmand » : anc. part. présent de *frire*; **FRIANDISE** XIV^e s. ♦ [4] **FRESSURE** XIII^e s. : lat. vulg. **frīxūra* « morceaux à frire », avec *-e-* p.-ê. dû à l'influence de l'anc. fr. *freser* (→ 2. FRAISE), du lat. vulg. *frēsāre*, de *frēsus*, part. passé de *frendere* « broyer ». ♦ [5] **AFFRIOLER** XVI^e s. : de *frioler* XIV^e s. « être friand », dér. de *frire* avec un suff. méridional; **AFFRIOLANT** XIX^e s. adj. ♦ [6] **FRICASSER** et **FRICASSÉE** XV^e s. : dér. de *frire*, avec une consonne de transition *-c-* d'origine obscure. **FRICANDEAU** XVI^e s. et **FRICOT** XVIII^e s. sont formés sur le radical de *fricasser*; **FRICOTER, -EUR, -AGE** XIX^e s. ♦ [7] **FRIC** XIX^e s. argot « argent » : abréviation de *fricot*.

**FRISER** XV^e s. : origine obscure. Le lat. médiéval *frisium*, frq. **frisi* « galon, bordure », n'est pas très satisfaisant pour le sens; p.-ê. dér. métaph. de *frire* dont certaines formes anciennes étaient formées sur un radical *fris-*. Au XVI^e s. « frôler », probablement, à l'origine, terme musical, « faire vibrer une corde en l'effleurant », bien attesté au XVII^e s.; **FRISON, FRISURE, FRISOTTER** XVI^e s.; **DÉFRISER** XVII^e s.; **FRISETTE** et **FRISELIS** XIX^e s.

**FRIVOLE** (sav.) XII^e s. : lat. *frivolus*; **FRIVOLITÉ** XVII^e s.

**FROC** ♦ [1] (pop.) XII^e s. : frq. **hrokk* « habit » : **DÉFROQUER** XV^e s.; **DÉFROQUE** XVI^e s.; **FROCARD** XVIII^e s. ♦ [2] **ROCHET** XII^e s. « surplis » : forme diminutive de **hrokk* avec un autre traitement de l'initiale. ♦ [3] **FRAC** XVIII^e s. : probablement altération de l'angl. *frock* « habit de soirée », de l'anc. fr. *froc*.

**FROID** famille du lat. *frīgus, -oris*, subst., « froid », d'où *frīgidus*, adj., « froid »; *frīgidarium* « chambre froide »; *refrīgerāre* « rafraîchir » et bas lat. *frīgorōsus* « frileux ».

♦ [1] **FROID** (pop.) XI^e s. *frait, froit* : lat. vulg. **frĭgĭdus*, altération, d'après *rĭgĭdus* → RAIDE, du class. *frīgĭdus*; **FROIDURE, FROIDEUR, FROIDEMENT** XII^e s. ♦ [2] **REFROIDIR** XII^e s. : de *froidir*, dér. de *froid*; **REFROIDISSEMENT** XIV^e s. ♦ [3] **FRILEUX** (pop.) XII^e s., forme dissimilée de **frireux*, de *frīgŏrōsus*; **FRILEUSEMENT XIX^e s.** ♦ [4] base *frig-* (sav.) **RÉFRIGÉRER** XIII^e s. : *refrigerare*; **RÉFRIGÉRATION** XVI^e s.; **RÉFRIGÉRATEUR** subst. XX^c s.; **FRIGIDITÉ** XIV^e s. : *frigiditas*; **FRIGIDE** XVIII^e s. « froid », XIX^e s. sens mod.; **FRIGIDAIRE** XVI^e s. archéol., XX^e s. marque déposée : *frigidarium*. ♦ [5] base *frigor-* (sav.) **FRIGORIFIQUE** XVIII^e s. : lat. imp. *frigorificus* « qui fait du froid »; **FRIGORIFIER** XIX^e s.; **FRIGORISTE** XX^e s.; **FRIGO** XX^e s. : abréviation de « (appareil) frigorifique ».

**FROISSER** ♦ [1] (pop.) XI^e s. « briser », « meurtrir », XV^e s. « chiffonner » : lat. vulg. **frŭstiare*, du lat. class. *frŭstum* « morceau »; **FROISSEMENT** XIII^e s.; **DÉFROISSER, INFROISSABLE** XX^e s. ♦ [2] **FRUSTE** XV^e s. terme d'art, « usé », XIX^e s. « rude, non poli » : it. *frusto* « usé », forme abrégée de *frustato*, de *frustare* « user, broyer », de *frusto* « morceau », du lat. *frustum*. ♦ [3] **FRUSQUIN** XVII^e s., argot « habit », XVIII^e s. *le saint-frusquin* : dér., au moyen du suff. flamand *-quin*, de *frusser*, var. de *froisser*; **FRUSQUES** fin XVIII^e s.

**FRÔLER** XV^e s. « rosser », XVII^e s. sens mod. : mot obscur, probablement onom., a subi pour le sens l'influence de *frotter*; **FRÔLEMENT** XVIII^e s.; **FRÔLEUR** XIX^e s.

**FRONCER** (pop.) XI^e s. : var. de l'anc. fr. *froncir* : frq. **hrunk-jan*; **FRONCE** XII^e s.; **DÉFRONCER** XIII^e s.; **FRONCEMENT** XVI^e s.

**FRONDE** ♦ [1] (pop.) XIII^e s. : altération, par métathèse, de *flondre*, du lat. vulg. **flŭndŭla*, var. de **fŭndŭla*, dimin. de *fŭnda* « fronde » → anc. fr. *fonde*; **FRONDEUR** XIII^e s. « qui combat avec la fronde »; **FRONDER** XIII^e s. sens propre., XVII^e s. sens fig. « faire la petite guerre », « être mécontent », d'où le sens mod. de **FRONDEUR** et **LA FRONDE**, épisode historique. ♦ [2] **FONTE** (de cavalier) XVIII^e s. : it. *fonda* « bourse ». : lat. *funda* « fronde » et « poche de cuir » (élément essentiel de la fronde).

**FRONT** ♦ [1] (pop.) XI^e s. : lat. *frons, frontis* « front », souvent considéré comme le miroir des sentiments, comme dans le fr. *effronté* et *avoir le front de*. ♦ [2] **FRONTIÈRE** (pop.) XIII^e s. : fém. substantivé de l'adj. anc. fr. *frontier* « qui fait face à ». ♦ [3] **AFFRONTER** (pop.) XII^e s. « frapper sur le front ». « insulter », d'où

**AFFRONT** et **AFFRONTEMENT** XVI^e^ s. ♦ [4] **EFFRONTÉ** (pop.) XIII^e^ s. « qui n'a pas de front pour rougir »; **EFFRONTEMENT** XV^e^ s.; **EFFRONTERIE** XVII^e^ s. ♦ [5] **FRONTON** XVII^e^ s. : it. *frontone*, augmentatif de *fronte* « front, façade ». ♦ [6] **FRONTALIER** XVIII^e^ s., d'abord uniquement à propos de la frontière esp. : gascon *frountalité* ou catalan *frontaler*. ♦ [7] **CONFRONTER** et **CONFRONTATION** (sav.) XIV^e^ s. : lat. jur. médiéval *confrontare* « mettre face à face » et *confrontatio*. ♦ [8] **FRONTAL** XIII^e^ s. subst.; XVI^e^ s. adj. : dér. sur la base *front-*, ♦ [9] **FRONTISPICE** XVII^e^ s. : bas lat. *frontispicium* « façade ».

**FROUSSE** XIX^e^ s. : p.-ê. dial. (Vosges) *froust, frous*, onom. décrivant la brusque envolée d'oiseaux effrayés; **FROUSSARD** XIX^e^ s.

**FRUIT** famille du lat. *frui, fructus* « avoir la jouissance de », dont les dér., par une restriction de sens naturelle dans une société rurale, ont servi à désigner les produits de la terre : (1) *frūctus, -us* « droit de percevoir et de garder le produit d'une propriété », « produit », en particulier « produit des arbres »; a fini par éliminer en ce sens *pomum* → POMME (2) *frūmentum* « toute céréale à épi », en particulier « blé » (3) *frūges* « tout produit de la terre », par opposition à *fructus* et *frumentum* plus spécialisés, d'où *frugalitas* « sobriété » et bas lat. *frugalis; frugi-* premier terme de composés tels que *frugifer* « qui porte fruit ».

I. famille de *fructus*

♦ [1] **FRUIT** (pop.) X^e^ s. : *frūctus*; **FRUITIER, FRUITERIE** XIII^e^ s.; **FRUITÉ** XVII^e^ s. ♦ [2] **USUFRUIT** (demi-sav.) XIII^e^ s. : lat. jur. *usufrūctus* « jouissance par l'usage »; **USUFRUITIER** XV^e^ s. ♦ [3] **EFFRITER** (pop.) XVII^e^ s. « rendre la terre inapte à porter des fruits », XIX^e^ s. sens mod. : altération d'*effruiter* XIII^e^ s. « dépouiller de ses fruits »; **EFFRITEMENT** XIX^e^ s. ♦ [4] **FRUCTUEUX** (sav.) XII^e^ s. : *fructuosus* « qui rapporte »; **INFRUCTUEUX** XIV^e^ s. : *infructuosus*. ♦ [5] **FRUCTIFIER** (demi-sav.) XII^e^ s. : lat. imp. *fructificare*; **FRUCTIFICATION** (sav.) XIV^e^ s. ♦ [6] **FRUCTIDOR** (sav.) XVIII^e^ s., calendrier républicain.

II. famille de *frumentum*

**FROMENT** (pop.) XII^e^ s. : lat. vulg. **frūmentum*, altération inexpliquée du class. *frūmentum*.

III. famille de *fruges*

♦ [1] **FRUGALITÉ** (sav.) XIV^e^ s. : *frugalitas*; **FRUGAL, FRUGALEMENT** XVI^e^ s. : *frugalis*. ♦ [2] **FRUGI-** 1^er^ élément de composés sav. du type **FRUGIVORE** XVIII^e^ s.

**FRUSTRER** (sav.) XIV^e^ s. : lat. *frustrari* « faire traîner les choses en longueur », « rendre vain », « tromper », dér. de l'adv. *frustra* « en vain »; **FRUSTRATION** XVI^e^ s.

**FUCUS** (sav.) XVI^e^ s. : gr. *phukos* « algue ».

**FUIR** famille du lat. *fūgĕre* « fuir », d'où *fŭga* « fuite »; *fugax, -acis* et *fugitivus* « fuyard »; *refugere* « reculer en fuyant », *transfugere* « passer à l'ennemi », *subterfugere* « fuir subrepticement »; les 2^e^ éléments de composés *-fuga* « celui qui fuit », *-fugium* « acte de fuir ».

♦ [1] **FUIR** (pop.) X^e^ s. en deux syll. : lat. vulg. **fūgīre*, altération, d'après le parfait *fūgi*, du class. *fŭgĕre*; **S'ENFUIR** XI^e^ s.; **FUITE** XII^e^ s.; **FUYARD** XVI^e^ s.; **FUYANT** XVI^e^ s.; **FAUX-FUYANT** XVI^e^ s. → DEHORS. ♦ [2] **FOUGUE** XVI^e^ s. : it. *foga* « fuite précipitée », « impétuosité », de *fŭga*; **FOUGUEUX** XVI^e^ s.; **FOUGUEUSEMENT** XIX^e^ s. ♦ [3] **FOUCADE** XVI^e^ s. : altération de *fougade* XVI^e^ s., dér. du précédent. ♦ [4] **FUGUE** XVI^e^ s. mus., d'où **FUGUÉ** XIX^e^ s.; XVIII^e^ s. « escapade », d'où **FUGUEUR** XX^e^ s. : it. *fuga* « fuite », de *fŭga*. ♦ [5] **FUGITIF** (sav.) XIV^e^ s. a éliminé l'anc. fr. *fuitif* : *fugitivus*. ♦ [6] **FUGACE** (sav.) XVI^e^ s. : *fugax*; **FUGACITÉ** XIX^e^ s. ♦ [7] **REFUGE** XII^e^ s. : *refugium*; **RÉFUGIER** XV^e^ s.; **SUBTERFUGE** XIV^e^ s. : bas lat. *subterfugium*; **TRANSFUGE** XIV^e^ s. : *transfuga*. ♦ [8] **-FUGE** 2^e^ élément de composés sav., ex. : **VERMIFUGE** XVIII^e^ s.

**FULIGINEUX** (sav.) XVI^e^ s. : lat. *fuliginosus*, de *fuligo, -inis* « suie ».

**FUMER** famille du lat. *fūmus* « fumée » d'où *fūmāre* « dégager de la fumée »; *fumigare* « enfumer » et méd. « faire des fumigations »; lat. vulg. **perfumare*, intensif, « dégager une fumée odorante ».

♦ [1] **FUMER** (pop.) XII^e^ s.; XVII^e^ s. « fumer du tabac », ainsi que le dérivé **FUMEUR** : *fūmare*; **ENFUMER** XII^e^ s.; **FUMÉE** XII^e^ s. : *fūmāta*; **FUMEUX** XII^e^ s. : *fūmōsus*; **FUMISTE** XVIII^e^ s., XIX^e^ s. sens fig., d'après un vaudeville de 1840, *La Famille du fumiste*, mettant en scène un fumiste farceur; **FUMISTERIE** XIX^e^ s. : **FUMOIR** XIX^e^ s. ♦ [2] **PARFUMER** XVI^e^ s. : lat. vulg. **perfumare*, par l'intermédiaire des langues méridionales, où ce verbe était très vivant; **PARFUM, PARFUMEUR** XVI^e^ s.; **PARFUMERIE; BRÛLE-PARFUM** XIX^e^ s. ♦ [3] **FUMEROLLE** XIX^e^ s. : napolitain *fumaruola* « émanation du Vésuve ». ♦ [4] **FUMIGATION** (sav.) XIV^e^ s. : *fumigatio*. ♦ [5] **FUMI-** 1^er^ élément de composés sav., ex. : **FUMIVORE** XVIII^e^ s., **FUMIGÈNE** XIX^e^ s.

**FUNÈBRE** famille sav. du lat. *funus, funeris* « funérailles », d'où *funebris*, issu de **funes-ris* et bas lat. *funerarius, funeralis* « relatif aux funérailles », *funestus* « mortel, funeste ».
♦ [1] **FUNÈBRE** (sav.) XIV^e^ s. : *funebris*. ♦ [2] **FUNÉRAILLES** (sav.) XIV^e^ s. : *funeralia*, plur. neutre substantivé de *funeralis* ; **FUNÉRAIRE** XVI^e^ s. : *funerarius*. ♦ [3] **FUNESTE** (sav.) XIV^e^ s. : *funestus*.

**FUNICULAIRE** ♦ [1] (sav.) XVIII^e^ s. adj., XIX^e^ s. subst. : abrév. de *chemin de fer funiculaire*, formé sur le lat. *funiculus*, dimin. de *funis* « corde ». ♦ [2] **FUNAMBULE** → ALLER.

**FURET** famille du lat. *fūr, fūris* « voleur », d'où *furtivus* « volé » et « furtif, clandestin » ; *furuncŭlus*, dimin., « tige secondaire de la vigne », « bosse de la vigne, à l'endroit du bouton », « furoncle » ; lat. vulg. **fūricāre* « fouiller », dér. de *fūrāre* « dérober » avec abrègement du *ū* atone, et **fūrĭco, -ōnis* « instrument pour fouiller ».
♦ [1] **FURET** (pop.) XIII^e^ s. : lat. vulg. **fūrĭttus*, dimin. de *fūr* ; **FURETER** XIV^e^ s. ; **FURETEUR** XVI^e^ s. ♦ [2] **FOURGON** XIII^e^ s. « tisonnier » : **fūrĭcōnem* ; **FOURGONNER** XIII^e^ s. ; en prov., l'équivalent *fourgoun* désigne les ridelles d'un char. ♦ [3] **FOURGON** XVII^e^ s. : probablement abrév. de **charrette à fourgon* c.-à-d. « à ridelles ». ♦ [4] **FURTIF** (sav.) XIV^e^ s. : *furtivus* ; **FURTIVEMENT** XIII^e^ s. ♦ [5] **FURONCLE** (sav.) XVI^e^ s. : *furunculus* ; **FURONCULOSE** XIX^e^ s.

**FUREUR** famille sav. du lat. *furere* « être hors de soi, égaré, fou », d'où *furor, -oris* « accès de folie » ; *furia* « fureur » ; *furiosus, furax, furibundus* « furieux ».
**FUREUR** XII^e^ s. : *furor* ; **FURIEUX** XIII^e^ s. : *furiosus* ; **FURIEUSEMENT** XIV^e^ s. ; **FURIBOND** XIII^e^ s. : *furibundus* ; **FURIE** XIV^e^ s. : *furia* ; **FURIBARD** XIX^e^ s. ; **FURAX** XX^e^ s. ; **FURIOSO** XIX^e^ s., mus. : équivalent it. de *furieux*.

**FUS (JE)** famille d'une racine ind.-eur. **bhewē, *bhū-* « croître ».
En grec *phuein* « faire naître, faire pousser », d'où (1) *euphuês* « qui pousse bien », « bien né » (2) *phuton* « tout ce qui pousse », en particulier « plante » ; *emphutos* « implanté » ; *neophutos* « nouvellement planté » (3) *phusis* « action de faire naître », « nature » ; *phusikos* « relatif à la nature », d'où *phusikê* « (science des choses de la) nature » ; *phusio-* 1^er^ élément de composés exprimant l'idée de « nature ».
En lat. les temps du verbe *esse* que ne fournissait pas la racine **es-* → ÊTRE : le parfait *fūī* « je fus » et le participe futur *fūtūrus* « destiné à être » (→ aussi PROUVER).
En germ. : angl. *to build* « construire ».
I. mots issus du latin
♦ [1] **(JE) FUS** (pop.) : *fūī*. ♦ [2] **FUTUR** (sav.) XIII^e^ s. : *futurus* ; **FUTURISME, -ISTE** XX^e^ s.
II. mots issus du grec
A. famille de *phuton*
♦ [1] **ENTER** (pop.) XII^e^ s. : lat. vulg. **impŭtāre* résultant du croisement du gr. *emphuton* « greffe », « implant » et du lat. *putare* « tailler, émonder » ; **ENTE** XII^e^ s. ♦ [2] **EMPHYTÉOSE** (sav.) XIII^e^ s. « bail de longue durée » : gr. *emphuteusis* « implantation », par le lat. médiéval. ♦ [3] **PHYTO-** 1^er^ élément de composés sav., ex. : **PHYTOBIOLOGIE** XX^e^ s. « biologie végétale ». ♦ [4] **NÉOPHYTE** (sav.) XV^e^ s. : *neophutos* « nouvellement planté ou engendré », par le lat. eccl. ♦ [5] **-PHYTE** 2^e^ élément de composés sav., ex. : **PROTOPHYTE** XIX^e^ s.
B. famille de *phusis*
♦ [1] **PHYSIQUE** XII^e^ s. : *fisique, fusique*, subst. fém., d'abord « médecine » : *phusikê*, par le lat. ; XV^e^ s. adj. : *phusikos* ; XVIII^e^ s. adj. masc. substantivé, « constitution naturelle » ; **PHYSICIEN** XII^e^ s., d'abord « médecin ». ♦ [2] **MÉTAPHYSIQUE** XIV^e^ s. subst. ; XVI^e^ s. adj. : lat. scolastique *metaphysica*, du gr. *meta ta phusika* « (ce qui vient) après la physique » dans l'ordre de succession des traités d'Aristote, et *metaphysicus* ; **MÉTAPHYSICIEN** XIV^e^ s. ♦ [3] **PHYSICO-** 1^er^ élément de composés sav., ex. : **PHYSICO-CHIMIQUE** XIX^e^ s. ♦ [4] **-PHYSIQUE** 2^e^ terme de composés sav., ex. : **ASTROPHYSIQUE** XX^e^ s. ♦ [5] **PHYSIO-** 1^er^ terme de composés sav., ex. : **PHYSIONOMIE** XIII^e^ s., **-ISTE** XVI^e^ s. ; **PHYSIOGNOMONIE** XIX^e^ s. ; **PHYSIOLOGIE, -IQUE** XVI^e^ s., **-ISTE** XVII^e^ s. ; **PHYSIOCRATE** XVIII^e^ s. ; **PHYSIOTHÉRAPIE** XX^e^ s. ♦ [6] **HYPOPHYSE** (sav.) XIX^e^ s. « glande placée sous *(hupo)* l'encéphale, et qui produit une hormone de croissance *(phusis)* ».
III. mot d'origine germanique
**BUILDING** XIX^e^ s. : mot anglo-américain « construction ».

**FUSEAU** ♦ [1] (pop.) XII^e^ s. : lat. vulg. **fūsĕllus*, dimin. de *fūsus* « fuseau » ; **FUSELÉ** XIV^e^ s. « en forme de fuseau » ; **FUSELAGE** XX^e^ s. ♦ [2] **FUSÉE** (pop.) XIII^e^ s. : **fūsāta* « quantité de fil enroulée sur un fuseau », d'où divers sens techn., par métaphore. ♦ [3] **FUSAIN** (pop.) XII^e^ s. : lat. vulg. **fusago, -inis* « bois à fuseaux ». ♦ [4] **FUSI-** (sav.) 1^er^ élément de composés, ex. : **FUSIFORME** XVIII^e^ s.

**FÛT** famille du lat. *fūstis* « bâton », « rondin », d'où bas lat. *fustare* et *fustigare* « bâtonner ».

♦ [1] **FÛT** (pop.) XIe s. « tronc d'arbre », « bois »; XIIIe s. « tonneau », sous l'influence de *futaille* : *fūstis*. ♦ [2] **FUTAIE** XIVe s., d'après le sens de « tronc »; **FUTAILLE** XIIe s. « pièce de bois », XIIIe s.« tonneau de bois ». ♦ [3] **FUTAINE** XIIIe s. : lat. médiéval *fustaneum*, calque du gr. *xulina lina* « tissu venant d'un arbre », « coton ». ♦ [4] **AFFÛTER** XIIe s. « placer en embuscade derrière un arbre », « mettre en état », « aiguiser » : dér. de *fût*; **AFFÛT** XVIIe s., **AFFÛTAGE** XVe s., **AFFÛTIAU**, dial. XVIIe s. : dér. de *affûter* relatifs aux divers sens de ce verbe. ♦ [5] **RAFFUT** XIXe s. : dér. de *raffuter* « réparer » d'où « faire du bruit ». ♦ [6] **FUSTIGER** (sav.) XIVe s : *fustigare*; **FUSTIGATION** XVe s.

**FUTÉ** XVIIe s. : mot obs. : part. passé de *futer* « bâtonner » : lat. *fustare* (→ FÛT pour la forme et ROUÉ, pour le sens) à moins qu'il ne s'agisse d'un terme de chasse dial. (Ouest) *se futer*, dér. de *fuite* (→ FUIR), qui se dit d'un gibier devenu méfiant pour avoir été manqué par un chasseur.

# G

**GABEGIE** XVIIIe s. : probablement dér. (sous l'influence de *tabagie* ?) de l'anc. fr. *gaber* XIe s. « plaisanter », du scandinave *gabba* « railler ».

**GABELLE** XIVe s. : it. *gabella*, de l'arabe *qabâla* « recette », « impôt »; **GABELOU** XVIe s., avec forme dial. du suff. *-ōsus*, fr. *-eux*.

**GÂCHE** (de serrure) (pop.) XIIIe s. : frq. **gaspia* « boucle »; **GÂCHETTE** XVe s.

**GÂCHER** (pop.) XIIe s. « passer à l'eau », XIVe s. à propos du mortier, XIXe s. « traiter sans soin » : frq. **waskan* « laver » (→ all. *waschen*); **GÂCHIS** XVIIe s.

1. **GAFFE** (pop.) XIVe s. « sorte de rame », « crochet », et, sous la forme *gaffre*, « soldat du guet »; encore au XIXe s. argot « sentinelle », d'où *faire gaffe* « faire attention », le guetteur étant celui qui « accroche de l'œil »; **GAFFER** XVIIe s. « ramer à la gaffe », XIXe s. « faire attention » : gotique **gaffôn* « saisir », apparenté à l'anc. scandinave *gabba* → GABEGIE.

2. **GAFFE** (maladresse) fin XIXe s.; **GAFFER, GAFFEUR** sont p.-ê. d'autres mots que les précédents; on peut les rapprocher du dial. *gafouiller* « patauger » → CAFOUILLER, art. FOUIR.

**GAGE** ♦ [1] (pop.) XIe s. : frq. **waddi* « id. » terme du droit germ.; **GAGER** XIIe s.; **GAGEURE** XIIIe s. ♦ [2] **ENGAGER** XIIe s. « mettre en gage »; XVIe s. milit. « mettre dans, introduire » et « recruter par engagement », fin XVIe s. « exhorter »; **ENGAGEMENT** XIIe s.; **RENGAGER** XVe s.; **ENGAGEANT** XVIIe s.; **DÉSENGAGÉ** XVIIe s. ♦ [3] **DÉGAGER** XIIe s.; **DÉGAGEMENT** XVe s.

**GAGNER** (pop.) XIIe s. : *gaaignier, gaignier* « faire paître », « cultiver », « gagner »; XVIe s. milit. « prendre possession d'une ville », « se rendre dans un endroit », calque du lat. *petere* : frq. **waidanjan* « se procurer de la nourriture, du butin »; **GAIN** XIIe s.; **REGAGNER** XIIe s.; **REGAIN** XIIe s. « nouvelle pousse du foin »; **GAGNE-PAIN** XIIIe s.; **GAGNE-PETIT** XVIe s.

**GAI** (pop.) XIIe s. : anc. prov. *gai*, vocabulaire des troubadours, du got. **gâheis* « impétueux »; **GAIETÉ** XIIe s.; **ÉGAYER** XIIIe s.; **GAIEMENT** XIVe s.

**GAILLARD** (pop.) XIe s. : p.-ê. dér. du lat. vulg. gallo-roman **galia* « force », « bravoure », du celtique **gal*; mais la nonpalatalisation du *g* initial pose un problème phonétique; p.-ê. aussi de *galer* → GALANT, mais la mouillure du *l* ne s'explique pas; **RAGAILLARDIR** XVe s.; **GAILLARDISE** XVIe s.

**GAINE** famille du lat. *vagīna* « gaine d'épi », « fourreau d'arme », attesté chez Plaute avec un sens obscène.

♦ [1] (pop.) XIIe s. : lat. *vagīna* devenu **wagīna* sous une influence germ.; **GAINER** XXe s. ♦ [2] **DÉGAINER** XIIIe s.; **DÉGAINE** XVIe s.; XVIIe s. fig. ♦ [3] **RENGAINER** XVIe s. « remettre au fourreau »; XVIIe s. fig.; **RENGAINE** XIXe s. « refrain banal » : p.-ê. à l'origine forme d'impératif « ravale », « ne répète pas ! » ♦ [4] **VANILLE** XVIIe s. : esp. *vainilla*, dimin. de *vaina* « gousse », du lat. *vagina*; **VANILIER** XVIIIe s.; **VANILLÉ, VANILLINE** XIXe s. ♦ [5] **VAGIN** (sav.) XVIIe s. : *vagina*; **VAGINAL, INVAGINATION** XVIIIe s.

**GALANT** famille du frq. **wala* « bien » (→ angl. *well*), d'où lat. vulg. gallo-roman

***walare* « se la couler douce », anc. fr. *galer* s'amuser » et son dér. *gale* « amusement ». ♦ [1] **GALANT** XIVe s. « vif », XVIe s. « empressé auprès des femmes », d'après l'it. *galante*, lui-même d'origine fr. : part. présent de *galer*; **GALANTERIE** XVIe s. ♦ [2] **GALONNER** XIIe s. « tresser les cheveux avec des rubans » : probablement dér. de *galer* XIIIe s., mais sans doute plus ancien; **GALON** XVIe s. ♦ [3] **RÉGAL** XVe s., d'abord avec un *e* final, « partie de plaisir », d'où « festin » : dér. de *gale*; **RÉGALER** XVIe s.; **RÉGALADE** XVIIIe s. ♦ [4] **GALA** XVIIe s. : mot esp. « fête », de l'anc. fr. *gale*. ♦ [5] **GALÉJADE** XIXe s. : prov. *galejada* « plaisanterie », du verbe *galeja*, dér. de *se gala*, pronominal, équivalent de l'anc. fr. *galer*. ♦ [6] **GALVAUDER** XVIIe s. « humilier » : composé de *galer* « se moquer, rire de » et **vauder* → VOÛTE; puis « gâcher », « perdre son temps » d'où **GALVAUDEUX** XIXe s. ♦ [7] **GALIBOT** XIXe s. : altération du picard *galobier* « polisson »; 2e élément anc. fr. *lober* « flatter, tromper », d'origine germ. Le 1er élément peut être *galer*, mais aussi une var. du préf. *ca-*, *cali-*.

**GALBE** ♦ [1] XVIe s. « grâce », XVIIe s. archit. : it. *garbo* « belle forme », du got. **garwi* « ornement », de **garwon* « arranger ». ♦ [2] **GABARIT** XVIIe s. « modèle de bateau » : prov. *gabarrit* « id. », altération, sous l'influence de *gabarre* (→ art. ESCARBOT), de *garbi* « belle forme, modèle », équivalent de l'it. *garbo*.

**GALÈNE** (sav.) XVIe s. : gr. *galênê* « plomb », par le lat.

**GALÈRE** XVe s. : catalan ou génois *galera*, altération de l'anc. it. *galèa* (représenté en anc. fr. par *galée* XIe s.) : mot gr. byzantin (VIIIe s.) désignant divers poissons de la famille du requin, p.-ê. de l'arabe *xalîja*; **GALÉRIEN** XVIIe s.; **GALION** XIIIe s. : dér. de *galie*, var. de *galée*, appliqué au XVIIe s. à des vaisseaux esp. appelés *galeón*, même origine.

**GALET** ♦ [1] (pop.) XIIe s. : dimin. de l'anc. fr. *gal* « caillou », mot des régions côtières normanno-picardes : p.-ê. gaulois *gallos* « caillou » ou var. de la base pré-ind.-eur. **cal-* → CAILLOU. ♦ [2] **GALETTE** XIIIe s. « gâteau rond et plat » (comme un galet) : XIXe s. argot « argent » (→ FRICOT et FRIC). ♦ [3] **DÉGOTER** XVIIe s. : mot normand, littéralement « déplacer, au jeu, la pierre ou la boule appelée *gau*, var. de *gal* »; XVIIIe s. « déplacer, chasser d'un poste »; XIXe s. « l'emporter sur », « trouver ».

**GALIMATIAS** XVIe s. : mot obscur; d'abord *jargon de galimathias* chez Montaigne et dans la *Satire Ménippée*. On a proposé : (a) altération du bas lat. *ballimathia* (VIe s., Isidore de Séville) « chanson obscène » (b) altération de *Arimathia*, ville de Judée (c) terme du jargon des étudiants, formé de *gallus* « coq », « participant aux discussions universitaires », et du gr. *-mathia* « science » → MATHÉMATIQUE.

**GALIPETTE** XIXe s. : origine obscure.

**GALLE** ♦ [1] XIIIe s. : lat. *galla* « noix de galle ». ♦ [2] **GALE** XIIIe s. « gale des végétaux » puis « des animaux », var. orthographique du précédent; **GALEUX** XVe s. Pour les mots sav. exprimant l'idée de « gale » → PSORE.

**GALOCHE** XIIIe s. : mot obscur. On a proposé : (a) dér. de *gallica (solea)* « sandale gauloise », avec développement phonétique obscur (b) mot picard dér. de *gallos* → GALET (c) prov. *galocha*, du lat. vulg. **galopia*, bas lat. (scolie d'Horace) *calopodes soleae*, du gr. *kalopodion* « chaussure de bois », de *kalon* « bois » et *podion* → PIED; cette dernière explication paraît la moins improbable.

**GALOPER** (pop.) XIIe s. : frq. **wala* (→ GALANT) et **hlaupan* « bien sauter » (équivalent de l'all. *wohl laufen*); **GALOP** XIe s.; **GALOPIN** XIIe s. nom propre donné à des messagers dans des œuvres littéraires; XIVe s. nom commun; XVIIe s. « petit garçon de courses »; XIXe s. péj.; **GALOPADE** XVIIe s.; **GALOPANT** XIXe s. adj.

**GALOUBET** XVIIIe s. : mot prov. apparenté à l'anc. prov. *galaubiar* « agir bien », qui a pu prendre le sens de « jouer bien », et *galaubia* « magnificence », du got. **galaubei* « qui a de la valeur ».

**GALURIN** XIXe s. argot « chapeau » : mot obscur, p.-ê. apparenté à la famille de *galant*, qui, à côté de l'idée de « gaieté », peut exprimer aussi celle d'« élégance »; sans doute rien à voir avec *galère* (sav.) XVIe s. : lat. *galerus* « sorte de bonnet tel que le portait Mercure ».

**GAM-** ♦ [1] (sav.) 1er élément de mots sav., ex. : **GAMÈTE** XIXe s. : gr. *gamêtês* « époux », de *gamos* « mariage ». ♦ [2] **-GAME, -GAMIE** 2e élément de composés sav. : gr. *gamos* « mariage »; **MONOGAME** XVe s., **-IE** XVIe s.; **BIGAME** XIIIe s., **-IE** XIVe s. : lat. eccl. *bigamus*

(VIIe s.), calque du gr. *digamos*; **POLYGAME, -IE** XVIe s.; **CRYPTOGAME** XVIIIe s. → ENCROÛTER; **PHANÉROGAME** XVIIIe s. → FANTÔME.

**GAMELLE** XVIe s. : esp. *gamella* XIIIe s. (ou it., id., lui-même emprunté à l'esp.), du lat. imp. *camēlla* « vase à boire », p.-ê. dimin de *camĕra* → CHAMBRE, ou bien dér. de *camēlus*, var. *camēllus* « chameau », par métaphore.

**GAMIN** XVIIIe s. « jeune aide verrier »; XIXe s. sens mod. : mot dial. (Franche-Comté), sans doute d'une racine germ. **gamm* (→ all. de l'Ouest *Gammel* « joie bruyante » « vaurien »); **GAMINERIE** XIXe s.

**GANDIN** ♦ [1] (pop.) début XIXe s. : dér. dial. (Dauphiné) de l'anc. fr. et anc. prov. *gandir* « s'esquiver », « flâner », du got. *wandjan* « tourner »; interprété à Paris comme dér. du nom du boulevard de Gand (aujourd'hui des Italiens), rendez-vous des élégants au XIXe s. ♦ [2] **GOURGANDINE** XVIIe s., mot dial. (Centre et Sud), probablement composé des radicaux de *gourer* et de *gandir*.

**GANGLION** (sav.) XVIe s. : gr. *gagglion* « tumeur sous-cutanée », par le lat.

**GANGRÈNE** (sav.) XVe s. : gr. *gaggraina* « id », par le lat.

**GANGUE** ♦ [1] XVIe s. : all. *Gang* « chemin », d'où « filon » dans des composés comme *Erzgang*, 1er élément « minerai ». ♦ [2] **GANG** XIXe s. : mot angl. « route, voyage », « bande de personnes allant ensemble », « compagnie de malfaiteurs », équivalent de l'all. *Gang*; **GANGSTER, GANGSTÉRISME** XXe s.

**GANSE** XVIe s. : prov. *ganso* « ganse, boucle, etc. », du gr. *gampsos* « recourbé ».

**GANT** (pop.) XIe s. : frq. **want*; **GANTIER, GANTELET** XIIIe s.; **DÉGANTER** XIVe s.; **GANTER** XVIe s.

**GARANCE** (pop.) XIe s. : bat lat. (VIIIe s., IXe s.) *warentia, warantia*, du frq. **wratja*.

**GARÇON** ♦ [1] (pop.) XIe s. « valet », d'où XVIIe s. « employé subalterne », p. ex. dans *garçon boucher, de bureau, de café*; XVIe s. « enfant de sexe masculin » et « homme célibataire » : gallo-roman **warkio*, altér. du frq. **wrakjo* « homme de basse condition », « mercenaire », « coquin », à moins qu'il ne s'agisse d'un emprunt tardif au gaulois **vassos* « serviteur », précédemment latinisé en *vassus* → aussi VASSAL; **GARÇONNIÈRE** XIIe s. adj., XIXe s. subst. **GARÇONNET** XIIe s.; **GARÇONNE** XIXe s. ♦ [2] **GARS** (pop.) XIIe s. : cas sujet de *garçon*; **GARCE** XIIe s. « fille », XVIe s. « fille de mauvaise vie » et terme d'injure : var. fém. de *gars*.

**GARDON** XIIIe s. : mot obscur, p.-ê. d'origine germ.; un rapport avec le verbe *garder* (ce poisson se *garderait* de ce qui l'effarouche) semble bien conjectural.

**GARENNE** XIIIe s., mot obscur, transcrit en lat. médiéval par *warenna*, issu sans doute d'un croisement du germ. *wardôn* « garder » (→ SERF) et de *varenne*, qui survit en toponymie, pour lequel on a proposé le gaulois **varenna* « terrain enclos de pieux », supposé d'après l'irlandais *farr*, gallois **varros* « pieu », dont le radical est attesté dans des noms de famille gaulois.

**GARGOUILLE** ensemble de mots onom. suggérant un bruit de gorge → aussi GUEULE.

**I.** base *garg-* (déjà attestée en gr.)
♦ [1] **GARGOUILLE** XIIIe s. *gargoule*, dont le 2e élément semble être *gula* « gueule »; XVIe s. forme mod. refaite d'après le verbe; **GARGOUILLER** XIVe s., dér. formé à l'aide du suff. *-ouiller*; **GARGOULETTE** XIVe s.; **GARGOUILLEMENT, GARGOUILLIS** XVIe s. ♦ [2] **GARGARISME** (sav.) XIIIe s. et **GARGARISER** XIVe s. : gr. *gargarismos* et *gargarizein* « id. » par le lat. ♦ [3] **GARGOTE** XVIIe s. « mauvais restaurant » : dér. de *gargoter* XVIIe s. « faire du bruit en mangeant », du moyen fr. *gargueter* XIVe s. « faire du bruit en bouillonnant »; **GARGOTIER** XVIIe s.

**II.** ♦ [1] **JARGON** XIIe s. « chant d'oiseaux », XVe s. « argot de malfaiteurs » : repose sur une forme dissimilée et palatalisée de la base *-garg-* (anc. picard *gargon*); **JARGONNER** XIIe s. ♦ [2] **JASER** XVIe s., adaptation, p.-ê. sous l'influence de *jargon*, de *gaser* XVe s.; **JASEUR** XVIe s.

**III.** base *gaz-* voisine de *garg-* : **GAZOUILLER** XIVe s., forme voisine de *jargouiller* XIIIe s. « id. », forme parallèle à *jargonner*; **GAZOUILLEMENT** XIVe s.; **GAZOUILLIS** XVIe s.

**IV. GRAILLONNER** XIXe s. « se racler la gorge » : de *grailler* « croasser » XVe s., dér. de *graille* XVIe s. « corneille », probablement antérieur, du lat. *grācŭla*, formé sur une base onom. *-gra-*, métathèse de *-gar-*.

**GARRIGUE** XVIe s. « terre pierreuse du Midi où ne poussent que des chênes-lièges » :

prov. *garriga*, équivalent de l'anc. fr. *jarrie* « lande », apparentés à l'anc. prov. *garric* et à son équivalent anc. fr. *jarris* « sorte de chêne », d'une base pré- ind.-eur. **carra* « pierre », largement attestée (→ esp. *carrasca*, « yeuse », gascon *carroc* et suisse all. *Karren* « rocher »).

**GARROT** XIII^e s., var. *guaroc*, « trait d'arbalète » puis « bâton passé dans une corde pour la serrer en tordant » : dér. de l'anc. fr. *garokier* « garrotter » XII^e s., du frq. **wrokkan* « tordre »; **GARROTTER** XIII^e s., puis XVI^e s.

**GASPILLER** XVI^e s. : prov. *gaspilha* « id. », apparenté au méridional *gaspa* « petit lait » et au dial. (Ouest) *gaspaille* « balle rejetée par le van » et *gapailler* « rejeter la balle des céréales »; du gaulois **waspa* « sous-produit agricole », dont l'initiale a pu subir une influence germ. pour aboutir à *gu-*; **GASPILLEUR** XVI^e s.; **GASPILLAGE** XVIII^e s.

**GASTR(O)-, GASTÉRO-** ♦ [1] (sav.) : gr. *gastêr, gastros* « ventre », « estomac », 1^er élément de mots, ex. : **GASTRIQUE** XVI^e s.; **GASTRONOMIE** XVII^e s. titre d'ouvrage, XIX^e s. nom commun, d'où **GASTRONOME, GASTRONOMIQUE** XIX^e s.; **GASTRITE, GASTRO-ENTÉRITE, GASTRO-INTESTINAL** XIX^e s.; **GASTÉROPODES** fin XVIII^e s. ♦ [2] **-GASTRE** 2^e élément de composés savants dans **ÉPIGASTRE** XVI^e s., de *epi* et *gaster* « partie supérieure de l'abdomen »; **HYPOGASTRE** XVI^e s. : gr. *hupogastrion* « bas-ventre ».

**GÂTEAU** (pop.) XII^e s. *gastel, wastel* : lat. vulg. gallo-roman **wastellum*, du frq. **wastil* « nourriture ».

**GAUCHIR** ♦ [1] (pop.) XIII^e s. « (se) déformer », semble formé par croisement de l'anc. fr. *gauch(i)er* « fouler », issu du frq. **walkan* (→ angl. *to walk* « marcher ») et de l'anc. fr. *guenchir* « faire des détours », du frq. **wenkjan* « vaciller »; **GAUCHISSEMENT, DÉGAUCHIR, DÉGAUCHISSEMENT** XVI^e s. ♦ [2] **GAUCHE** (pop.) XV^e s. « de travers, maladroit » : dér. de *gauchir*, d'où **GAUCHERIE** XVIII^e s.; XVI^e s. substitué à *senestre* → SINISTRE; XVIII^e s. développement du sens pol. (*gauche* subst. fém.) sous l'influence de l'angl., d'où **GAUCHISANT, GAUCHISME, GAUCHISTE** XX^e s.

**GAUFRE** (pop.) XII^e s. : frq. **wafel* « gâteau » et « rayon de miel », apparenté au néerl. *wafel* et à l'all. *Wabe* « id. », avec réduplication et anticipation du *l*, d'où une var. anc. *walfre*; **GAUFRIER** XIV^e s.; **GAUFRETTE, GAUFRER** XVI^e s.

**GAULE** (pop.) XIII^e s. : frq. **walu* « bâton »; **GAULER** XIV^e s.

**GAUSSER (SE)** XVI^e s. : mot dial. (Normandie), d'origine inconnue.

**GAZELLE** XIII^e s. : arabe *ghazâla*

**GAZETTE** XVI^e s. : it. *gazzetta*, du vénitien *Gazeta dele Novita* « gazette des nouvelles », feuille périodique d'informations vendue au prix d'une *gazeta*, « petite monnaie vénitienne », mot obscur : p.ê. dimin. du vénitien *gaza* « geai », de même origine que le fr. **GEAI**; p.-ê. dér. du gr. byzantin *gaza* « trésor », mais le simple n'est pas attesté en vénitien.

**GAZON** ♦ [1] (pop.) XIII^e s. : frq. **wazo* « motte de terre herbeuse »; **GAZONNER** XIII^e s. ♦ [2] **VASE** XV^e s. subst. fém. : néerl. *wase*, de même origine; **VASEUX** XV^e s.; **ENVASER** XVI^e s.; **ENVASEMENT** XVIII^e s.

**GÉANT** ♦ [1] (pop.) XI^e s. *gaiant, jaiant* : lat. vulg. **gagas, -antis*, du gr. *gigas, gigantos* « monstres détruits par Zeus ». ♦ [2] **GIGANTESQUE** XVI^e s. : it. *gigantesco*, dér. de *gigante*. ♦ [3] **GIGANTOMACHIE** (sav.) XVI^e s. : gr. *gigantomakhia* « guerre (de Zeus) contre les géants »; **GIGANTISME** XVIII^e s.

**GEINDRE** ♦ [1] (pop.) XII^e s., d'abord sous la forme *giembre* : lat. *gĕmĕre* « gémir »; **GEIGNARD** XIX^e s. ♦ [2] **GÉMIR** (sav.) XII^e s. : *gemere*, avec changement de conjugaison; **GÉMISSEMENT** XII^e s. ♦ [3] **GÉMONIES** (sav.) XVI^e s. : lat. *gemoniae (scalae)* « escalier des gémissements » à Rome, où étaient exposés les cadavres des condamnés à mort, destinés à être jetés dans le Tibre; rapport probable avec *gemere*, à moins qu'il ne s'agisse que d'une étymologie populaire.

**GEL** famille d'une racine ind.-eur. **gel-* « froid », représentée en latin par (1) *gelu* « gel », *gelare* et *congelare* « geler » (2) *glacies* « glace », *glaciare* « geler » et « glacer »; *glacialis* « glacial ». En germ., avec vocalisme *o* de la racine, par l'angl. *cold*.

**I.** mots d'origine latine

**A.** famille de *gelu*

♦ [1] **GEL** (pop.) d'abord *giel* XI^e s. : *gĕlu*; **GELÉE** XI^e s. : *gĕlāta*; **GELER** XII^e s. : *gĕlāre*; **DÉGEL,**

**DÉGELER, ENGELURE** XIII^e s. ; **GELURE** XIX^e s. ; **GÉLIF** XVI^e s. ♦ [2] **GALANTINE** XIII^e s. « charcuterie en gelée » : altération de *galatine* XII^e s., lat. médiéval *galatina*, calque d'un dér. de *gelata* propre à certains parlers où *ge-* initial pouvait devenir *ga-*, par ex. : celui de Provence ou celui de Raguse, ville réputée pour ce genre de mets. ♦ [3] **CONGELER** (sav.) XIII^e s. : *congelare* ; **CONGÉLATION** XIV^e s. ; **CONGELABLE, CONGÉLATEUR** XIX^e s. ; **SURGELÉ, -ER** XX^e s. ♦ [4] **GÉLATINE** XVII^e s. : dér., sur la base *gelat-* ; **GÉLATINEUX** XVIII^e s.

**B.** famille de *glacies*

♦ [1] **GLACE** (pop.) XII^e s., sens propre et « miroir »; XVII^e s. « entremets glacé » : lat. vulg. **glacia*, class. *glacies* ; **GLAÇON** XII^e s. ; **GLACIER** XIV^e s. « lieu froid », XVIII^e s. « fabricant de glaces (aux deux sens) » et, par empr. à un parler des Alpes, géogr. « amas de glace »; **GLACIÈRE** XVII^e s. ♦ [2] **VERGLAS** (pop.) XII^e s. d'abord *verreglas* : composé de *verre* et de *glas*, var. masc. de *glace*, littéralement « glace semblable à du verre »; **VERGLACÉ** XIV^e s. ♦ [3] **GLACER** (pop.) XII^e s. sens mod. et « glisser », d'où le dér. **GLACIS** XV^e s. « pente de protection sur laquelle on glisse » : *glaciare* ; **DÉGLACER** XV^e s. ; **GLAÇAGE** XX^e s. ♦ [4] **GLACIAL** (sav.) XIV^e s. : *glacialis* ; **GLACIATION** XVI^e s. ; **GLACIAIRE** XIX^e s.

**II.** mot d'origine germanique

**COLD-CREAM** XIX^e s. : mot angl. « crème froide »; 2^e élément empr. à (l'anc.) fr. *crème*.

**GELINOTTE** ♦ [1] (pop.) XVI^e s. : dimin. de l'anc. fr. *geline* XII^e s., du lat. *gallina* « poule », dér. de *gallus* « coq », qui est p.-ê. le même mot que *gallus* « gaulois », à moins qu'il ne repose sur une racine signifiant « crier, appeler » attestée en celtique, slave et germ. (→ angl. *to call*). ♦ [2] **GALLINACÉ** (sav.) XVIII^e s. : lat. *gallinaceus* « de l'espèce des poules ».

**GEMME** (demi sav.) XI^e s. lat. *gemma* « bourgeon » et « pierre précieuse » : **SEL GEMME** XVI^e s.

**GENCIVE** ♦ [1] (pop.) XII^e s. : lat. vulg. **gĭncīva*, forme dissimulée du class. *gĭngīva*. ♦ [2] **GINGIVITE, GINGIVAL** XIX^e s. : dér. sav., sur *gingiva*.

**GÊNE** (demi-sav.) XVI^e s. : altération, sous l'influence de **GÉHENNE** (sav.) de l'anc. fr. *gehine* XIII^e s. « torture », dér. de l'anc. fr. *gehir* « faire avouer » ou « avouer sous la contrainte », du frq. **jehhan* « avouer »; affaiblissement du sens à partir du XVII^e s. ; XIX^e s. « pauvreté »; **GÊNER** XIV^e s. ; **SANS-GÊNE** XVIII^e s. ; **GÊNEUR** XIX^e s.

**GENÊT** (pop.) XII^e s., var. anc. *geneste* : lat. *genĭsta* « id. ».

**GENIÈVRE** ♦ [1] XVI^e s. altération de *geneivre* XII^e s. : bas lat. **jenĭpĕrus*, class. *junĭpĕrus* ; **GENÉVRIER** XIV^e s. ♦ [2] **GIN** XVIII^e s. : mot angl. « genièvre », du néerl. *jenever*, équivalent du fr. *genièvre*.

**GENOU** famille d'une racine ind.-eur. **gen-* « articulation », « angle ».

En grec (1) *genus* « mâchoire inférieure » (apparenté au lat. *genae* « joues ») et *gnathos* « mâchoire » (2) avec vocalisme *o* de la racine, *gônia* « angle » et *gonu* « genou ».

En latin *genu*, à l'origine « articulation », spécialisé dans le sens de « genou ».

En germ. commun **kinn* (→ angl. *chin* « menton »), issu de **kenw-*, de l'ind.-eur. **genw-*, équivalent du gr. *genus*.

**I.** mots d'origine latine

♦ [1] **GENOU** (pop.) XI^e s., d'abord *genouil* : lat. vulg. **genŭcŭlu*, dimin. de *genu* ; **GENOUILLÈRE, S'AGENOUILLER** XII^e s. ; **AGENOUILLEMENT** XIV^e s. ♦ [2] **GÉNUFLEXION** (sav.) XIV^e s. : dér. tiré, sur le modèle de *flexion*, du bas lat. *genuflectere* « fléchir le genou ».

**II.** mots d'origine grecque

**A.** famille de *gnathos*

♦ [1] **GANACHE** XVII^e s. « mâchoire de cheval », XVIII^e s. « imbécile » : it. *ganascia* « mâchoire », issu du croisement du gr. *gnathos* et de l'it. *(m)asce(ll)a*, du lat. *maxilla* « mâchoire » → MAXILLAIRE. ♦ [2] **PROGNATHE, PROGNATHISME** XIX^e s. : composé sav., de *pro* « en avant » et *gnathos*.

**B.** famille de *gônia*

♦ [1] **DIAGONAL** (sav.) XIII^e s. : bas lat. *diagonalis*, dér. tiré du gr. *diagônios* « ligne reliant deux angles ». ♦ [2] **GONIO-** 1^er élément de composés sav. exprimant la notion d'« angle », ex. : **GONIOMÈTRE, -MÉTRIE** XVIII^e s. ♦ [3] **-GONE** 2^e élément de composés sav. qui désigne des figures géométriques fermées par des segments de droites formant un certain nombre d'angles, ex. : **POLYGONE, -GONAL** XVI^e s. ; pour les autres → le 1^er élément.

**III.** mots d'origine germanique

♦ [1] **RICANER** (pop.) XV^e s. « braire », XVI^e s. sens mod. : altération, sous l'influence de *rire*, de l'anc. picard *recaner*, équivalent de l'anc. fr. *rechaner* XII^e s., dér. de l'anc. pic. *kenne* « joue » (anc. fr. *chane*), du frq. **kinni*; **RICANEUR** XVIe s.; **RICANEMENT** XVIIIe s. ♦ [2] **QUENOTTE** XVIIe s. : mot dial. normanno-picard, dér. de l'anc. pic. *cane* « dent », var. de *kenne* « joue » → le précédent.

**GENS** famille d'une racine ind.-eur. **gen(e)-, gnē-* « engendrer » et « naître ».

En grec (1) *genos* « naissance, famille, race »; *genesis* « force productrice, origine, création », *-genês* « qui engendre » ou « né », 2e élément de composés (2) *gonos* « action d'engendrer », « semence génitale » et *-gonia* « origine », 2e élément de composés.

En lat (1) une base **gĕn-* qui apparaît dans un grand nombre de mots, en particulier dans *gĕnĭtus*, part. passé de *gignĕre* « engendrer » (2) une base **(g)nā* qui apparaît dans *nasci* « naître », issu de **gnasci*, et son part. passé, lat. arch. *gnātus*, class. *nātus* « né ».

**I.** mots issus d'étymons latins reposant sur la forme **gen-* de la racine, c.-à-d. (1) *genitus* « engendré »; class. *genitor*, imp. *genitrix* « père » et « mère »; *genitalis* « relatif à la génération »; *genitivus* « qui engendre », et, en gramm. « qui marque l'origine »; *genitura* et *progenitura* « génération » et « descendance »; *congenitus* « né avec » bas lat. *primogenitus* « né le premier » (2) *gens, gentis* « race, famille au sens large, famille noble »; *gentilis* « qui appartient à une famille », « qui porte le même nom que les autres membres d'une famille noble »; en lat. eccl., ce mot a été employé pour traduire l'hébreu *gôim* « peuples », appliqué aux non juifs, et a pris le sens de « païens », « étrangers » (3) *germen, -inis* issu de **gen-men* « germe, bourgeon, rejeton », d'où *germinare* « germer » et *germanus*, issu de **germinanus* « qui est de la même race », « frère » (4) *genus, generis* « extraction, race », « genre », d'où *generare* et *ingenerare* « engendrer »; *degenerare* « s'abâtardir » et *regenerare* « faire revivre »; *generatio* « génération, reproduction »; *generosus* « de bonne naissance », « noble, magnanime » : *congener* « d'une nature semblable »; *generalis* « qui appartient à un genre, une espèce », « général » par opposition à « particulier » (5) *genius*. « dieu particulier à chaque homme qui veillait sur lui et disparaissait avec lui »; de même pour chaque lieu, chaque état, chaque chose; *genialis* « relatif à la naissance, nuptial »; *ingenium* « qualités innées »; *ingeniosus* « qui a naturellement toutes les qualités de l'intelligence »; *ingenuus* « né dans le pays, indigène », « né de parents libres »; *ingenuitas* « condition d'homme libre », « sentiments nobles », « loyauté, sincérité » (6) *-gena* dans *indigena* « né dans le pays » → EN (7) *gener, -eris* « gendre« doit se rattacher à cette racine, quoique ses équivalents dans les autres langues ind.-eur. soient très déformés et permettent difficilement de la reconnaître.

**A.** mots populaires ou demi-savants

♦ [1] **GENS** XIe s. : *gentes* acc. plur. de *gens*; le sing. *gentem* est représenté par le subst. fém. arch. **GENT** XIe s.; **ENTREGENT** XVe s. « art de se conduire parmi les gens ». ♦ [2] **GENDARME** XIVe s., sous la forme *gens d'armes* « soldats à cheval », XVIe s. forme mod. « corps de police »; **GENDARMERIE** XVe s. « cavalerie », fin XVIIIe s. sens mod.; **SE GENDARMER** XVIe s.; **GENS DE LETTRES** XVIIIe s. ♦ [3] **GENDRE** XIe s. : *gener, -eris*. ♦ [4] **GENTIL** XIe s. « noble », XVIIe s. sens mod. *gentīlis*; **GENTILLESSE** XIIe s. id.; **GENTILHOMME** XIe s. (en deux mots); **GENTILHOMMIÈRE** XVIe s. ♦ [5] **GENT, GENTE,** adj. arch. XIe s. : *genĭtus, -a* « (bien) né ». ♦ [6] **AGENCER** XIIe s. « orner », XVIIe s. sens mod. : lat. vulg. **adgentiāre*, de **gentus* pour *genĭtus* « bien né », d'où « beau » → le précédent. ♦ [7] **ENGENDRER** XIIe s. : *ingenĕrāre*. ♦ [8] **ENGIN** XIIe s. « intelligence, ingéniosité » et « machine ingénieusement inventée », d'où **ENGEIGNER** « tromper » XIe s., arch. ♦ [9] **NÉANT** XIe s. : *ne gentem* « pas un être vivant » (plutôt que *nec entem* → ÊTRE, qui n'existait que dans le lat. philosophique et n'aurait pu produire un mot aussi courant en anc. fr.); **ANÉANTIR** XIIe s.; **ANÉANTISSEMENT** XIVe s.; **NÉANTISER** XXe s.; **NÉANMOINS** XIIe s., d'abord en deux mots; **FAINÉANT** → FEINDRE; l'équivalent it. *niente* apparaît dans **FARNIENTE** XVIIe s. subst., littéralement « ne rien faire ». ♦ [10] **GERMER** XIIe s. : *germĭnāre*; **GERME** XIIe s. : *germen, -ĭnis*; pour les mots scientifiques exprimant la notion de « germe » → BLASTO- et -COQUE. ♦ [11] **GERMAIN** (pop. ou demi-sav.) fin XIIIe s. « frère » puis « cousin » : *germānus*. ♦ [12] **GENRE** (demi-sav.) XIIe s. « race », XIVe s. philo.; XVIIe s. « mode » : *genus, -eris*. ♦ [13] (→ aussi article ENGEANCE).

**B.** base savante *-gen-*

♦ [1] **INGÉNU** XIIIe s. « homme libre »; XVIIe s. « naïf »; *ingénuité* XVIe s. « état d'homme libre », XVIIe s. « naïveté » : *ingenuitas*; **INGÉNUMENT** XVIe s. « franchement ». ♦ [2] **INGÉNIEUX** XIVe s. : *ingeniosus*; a éliminé l'anc. fr. *engeignous* (pop.); **INGÉNIOSITÉ, INGÉNIEUSEMENT, S'INGÉNIER** XIVe s.; **INGÉNIEUR** XVIe s. « constructeur d'engins », a éliminé l'anc. fr. *engeignor* « trompeur » et « architecte ». ♦ [3] **GÉNIE** XVIe s. « divinité tutélaire » et « talent », XVIIIe s. « aptitudes supérieures » et, sous l'influence d'*ingénieur, génie militaire*; **GÉNIAL, GÉNIALEMENT** XIX^e s. ♦ [4] **-GÈNE** « natif de » : 2^e élément de mots sav., ex. : **INDIGÈNE** XVI^e s. *indigena* → EN; **ALLOGÈNE** XX^e s.

C. base savante *-gener-*

♦ [1] **GÉNÉRATION** XII^e s. : *generatio*; **GÉNÉRATIF** XIV^e s.; **GÉNÉRATEUR** XVI^e s., XVIII^e s. géom., XIX^e s., techn. ♦ [2] **RÉGÉNÉRER** XI^e s. sens moral, XIV^e s. méd. : *regenerare*; **RÉGÉNÉRATION** XII^e s. : *regeneratio*; **DÉGÉNÉRER** XIV^e s. : *degenerare*; **DÉGÉNÉRESCENCE** fin XVIII^e s. ♦ [3] **GÉNÉRAL** XII^e s. philo., d'où **GÉNÉRALEMENT** XII^e s., **EN GÉNÉRAL** XIV^e s., **GÉNÉRALITÉ** XIII^e s., **GÉNÉRALISER** XVI^e s., **-ISATION, -ISATEUR** XVIII^e s.; XV^e s., abréviation de *capitaine général*, d'où **GÉNÉRALAT** XVI^e s., **GÉNÉRALE**XVII^e s. « supérieure de couvent », XIX^e s. « femme de général », et **GÉNÉRALISSIME** XVI^e s. : it. *generalissimo*, superlatif de *generale*, du lat. *generalis*. ♦ [4] **GÉNÉREUX** XIV^e s. « courageux », XVII^e s. « libéral » : *generosus*; **GÉNÉROSITÉ** XIV^e s. : *generositas*; **GÉNÉREUSEMENT** XVI^e s. ♦ [5] **CONGÉNÈRE** XVI^e s. : *congener*. ♦ [6] **GÉNÉRIQUE** XVI^e s., XX^e s. cinéma : dér. savant, sur *genus, -eris*.

D. base savante *-genit-*

♦ [1] **GÉNITEUR** XII^e s. : *genitor*. ♦ [2] **GÉNITOIRE** XII^e s. : altération, par changement de suffixe, de *genitalia* « organes génitaux » : plur. neutre subst. de *genitalis*. ♦ [3] **GÉNITAL** XIV^e s. : *genitalis*., **CONGÉNITAL** XIX^e s. ♦ [4] **GÉNITURE, PROGÉNITURE** XV^e s. : *genitura, progenitura*; **PRIMOGÉNITURE** XV^e s. : formé sur *primogenitus*. ♦ [5] **GÉNITIF** XIV^e s. : *genitivus* (casus).

E. base savante *gent* : **GENTIL** XV^e s. subst. masc. « païen » : *gentilis*.

F. base savante *germ* : **GERMINATION** XV^e s. : *germinatio*; **GERMINAL** XVIII^e s., calendrier républicain.

II. mots issus d'étymons latins reposant sur la forme *gnā-* de la racine, c.-à-d. (1) *nasci, natus* « naître »; *renasci, renatus* « renaître »; *innasci, innatus* « naître dans »; lat. imp. *nascentia* « naissance »; *agnasci* « naître après le testament du père », d'où *agnatus* « enfant venu quand il y a déjà des héritiers établis » et « parent du côté paternel »; *cognatus* « parent »; *natalis* « relatif à la naissance »; *nativus* « qui naît » (2) *natura*, à l'origine « action de faire naître » d'où « caractère naturel », « ordre naturel »; *naturalis* « naturel » (3) *natio, -onis* à l'origine « naissance », d'où « individus nés en même temps ou dans le même lieu » (4) *praegnas, -atis*, var. *praegnans, -antis* « qui est près de faire naître », « enceinte », d'où *impraegnare* « féconder », bas lat. « imprégner ».

A. mots populaires ou demi-savants

♦ [1] **NAÎTRE** XI^e s. : lat. vulg. *ñascĕre*, class. *nasci*; **RENAÎTRE** XII^e s. : **renascĕre* pour *renasci*; **NAISSANCE** XII^e s. : *nascentia*; **RENAISSANCE** XIV^e s.; **NAISSANT** XVI^e s. adj.; **RENAISSANT** XVIII^e s. ♦ [2] **NAISSAIN** XIX^e s. « jeunes huîtres ». ♦ [3] **NÉ** XI^e s. : *nātus*; **RENÉ**, prénom d'origine chrétienne : *renatus* « né une seconde fois (grâce au baptême) »; **AÎNÉ** XII^e s. : **antius natus* « né plus avant », d'où **AÎNESSE** XIII^e s.; **PUÎNÉ** XII^e s. : **postius natus* « né plus après »; **NOUVEAU-NÉ, DERNIER-NÉ** XII^e s.; **PREMIER-NÉ, MORT-NÉ** XIII^e s. ♦ [4] **INNÉ** (demi-sav.) XVII^e s. : *innatus*; **INNÉITÉ** XIX^e s. ♦ [5] **NAÏF** XII^e s. « natif », XVII^e s. « crédule » : *natīvus*; **NAÏVETÉ** XIII^e s. ♦ [6] **NOËL** XII^e s., d'abord *nael : natalis (dies)* « jour de la naissance (du Christ) ».

B. base savante *-nat-*

♦ [1] **NATURE** XII^e s., adj. *natura*; **DÉNATURER** XII^e s.; **DÉNATURÉ, NATURÉ, NATURANT** XIII^e s.; **NATURISME** XVIII^e s.; **NATURISTE** XIX^e s.; **NATURE MORTE** XVIII^e s. ♦ [2] **NATUREL** XII^e s. : *naturalis*; **NATURALISER** XV^e s.; **NATURALISATION, NATURALISME, NATURALISTE** XVI^e s.; **SURNATUREL** XVI^e s.; **ANTINATUREL** XIX^e s. ♦ [3] **NATION** XII^e s. : *natio*; **NATIONAL** XVI^e s.; **ANTINATIONAL, NATIONALISER, NATIONALISME** (ce dernier p.-ê. sous l'influence de l'angl.) XVIII^e s.; **NATIONALISTE, NATIONALITÉ, DÉNATIONALISER, INTERNATIONAL, -ISME, -ISTE** XIX^e s.; **NATIONALISATION, INTERNATIONALISER** XX^e s.; **NATIONAL-SOCIALISME, -ISTE** XX^e s.; l'équivalent all. *nazional-sozialist* a donné naissance, par abrév., au mot **NAZI**, d'où **NAZISME** XX^e s. ♦ [4] **NATIF** XIV^e s. : *nativus* → NAÏF; **NATIVITÉ** XIII^e s. : *nativitas* ♦ [5] **NATAL** XV^e s. : *natalis* → NOËL; **NATALITÉ** XIX^e s.; **DÉNATALITÉ** XX^e s.

C. bases savantes *-gnat-, -gna-, -gn-*

♦ [1] **COGNATION** XII^e s. : *cognatio*; **COGNAT** XIII^e s. : *cognatus*; **AGNAT** XVII^e s. : *agnatus*. ♦ [2] **PRÉGNANTE** XIV^e s. « enceinte », XIX^e s. rhét. : *praegnans*; **PRÉGNATION** XVIII^e s.; **PRÉGNANCE** XX^e s. ♦ [3] **IMPRÉGNER** XVII^e s. : réfection de l'anc. fr. *empregnier*, de *impraegnare*; **IMPRÉGNATION** XIV^e s.

III. mots savants d'origine grecque

A. base *-gon-*

♦ [1] **GONO-** 1^er élément de composés sav., ex. : **GONORRHÉE** XIV^e s.; **GONOCOQUE** XIX^e s. : *gonos*. ♦ [2] **-GONIE** 2^e élément de composés savants tels que **THÉOGONIE** XVIII^e s. : gr. *theogonia*; **COSMOGONIE** XVI^e s. : gr. *kosmogonia*.

B. base *-gen-*

♦ [1] **GÉNÉALOGIE** XII^e s. : bas lat. *genealogia*, formé de *genos* et *logos*; **GÉNÉALOGIQUE**

XV$^{e}$ s.; **GÉNÉALOGISTE** XVII$^{e}$ s. ♦ [2] **HOMOGÈNE** XVI$^{e}$ s. : gr. *homogenês* « de la même race », par le lat.; **HOMOGÉNÉITÉ** XVI$^{e}$ s.; **HOMOGÉNÉISER** XIX$^{e}$ s.; **HÉTÉROGÈNE** XVI$^{e}$ s. : gr. *heterogenês* « d'une autre race », par le lat.; **HÉTÉROGÉNÉITÉ** XVI$^{e}$ s. ♦ [3] **PALINGÉNÉSIE** XVI$^{e}$ s. : bas lat. *palingenesia*, formé du gr. *palin* « de nouveau » et *genesis* « naissance ». ♦ [4] **AUTOGÈNE** (soudure) XIX$^{e}$ s. ♦ [5] **EUGÉNISME, EUGÉNIQUE** XIX$^{e}$ s. : de *eu* « bien » et *genos*. ♦ [6] **GENÈSE** XVII$^{e}$ s. : *genesis*. ♦ [7] **GÉNÉTIQUE** adj. et subst. XIX$^{e}$ s.; *genetikos* « propre à la génération »; **GÉNÉTICIEN** XX$^{e}$ s. ♦ [8] **GÈNE** XX$^{e}$ s., biol. : *genos*. ♦ [9] 2$^{es}$ éléments de composés sav. exprimant les notions de « génération », d'« origine » ou de « production » : **-GÈNE** dans **HYDROGÈNE** XVIII$^{e}$ s., **PATHOGÈNE** XX$^{e}$ s.; **-GENÈSE, -GÉNÉTIQUE**, dans **HISTOGENÈSE** XIX$^{e}$ s.; **-GÉNIE** dans **EMBRYOGÉNIE** XIX$^{e}$ s.; **-GÉNISME** dans **POLYGÉNISME, MONOGÉNISME** XIX$^{e}$ s.; **-GÉNIQUE** dans **PHOTOGÉNIQUE** XIX$^{e}$ s. ♦ [10] **EUGÈNE**, prénom : *eugenês* « noble ».

**GÉOMÉTRIE** famille sav. du gr. *gê* « terre », et *geô-* 1$^{er}$ élément de composés exprimant l'idée de « terre ».

♦ [1] **GÉOMÉTRIE** XII$^{e}$ s., **GÉOMÈTRE** XIII$^{e}$ s., **GÉOMÉTRIQUE** XIV$^{e}$ s. : gr. *geômetria* « mesure de la terre, arpentage », « géométrie »; *geômetrês, geômetrikos*, par le lat. ♦ [2] **GÉOGRAPHIE** XVI$^{e}$ s. : *geôgraphia* « description de la terre, carte géographique »; **GÉOGRAPHE, GÉOGRAPHIQUE** XVI$^{e}$ s. : *geôgraphos, geôgraphikos*, par le lat. ♦ [3] **GÉO-** 1$^{er}$ élément de composés sav., ex. : **GÉOPHYSIQUE, GÉOTHERMIE** XIX$^{e}$ s., dont le premier en date est **GÉOLOGIE** XVIII$^{e}$ s., formé en it. au XVII$^{e}$ s.; **GÉOLOGUE, GÉOLOGIQUE** XVIII$^{e}$ s. ♦ [4] **GÉODE** XVI$^{e}$ s. : gr. *geôdês* « terreux ». ♦ [5] **GÉODÉSIE** XVII$^{e}$ s. : gr. *geôdaisia* « sectionnement de la terre », de *daiein* « diviser ». ♦ [6] **GEORGES**, prénom : gr. *geôrgos* « qui travaille la terre, cultivateur », de *ergon* « travail » → ORGUE; **GÉORGIQUE** XVIII$^{e}$ s.; *geôrgikos* « agricole », par le lat. (titre d'une œuvre de Virgile). ♦ [7] **-GÉE** 2$^{e}$ élément de composés dans **APOGÉE, HYPOGÉE, PÉRIGÉE** XVI$^{e}$ s. : *apogeios* « éloigné de la terre », *hupogeios* « souterrain », *perigeios* « qui entoure la terre ».

**GERBE** (pop.) XII$^{e}$ s., d'abord *jarbe* : frq. **garba*.

**GERBOISE** XIX$^{e}$ s. adaptation fantaisiste d'ar. maghrébin *gerbu*, ar. class. *yarbu*.

**GÉRONTE** ♦ [1] (sav.) XVII$^{e}$ s., nom de comédie : gr. *gerôn, -ontos* « vieillard ». ♦ [2] **GÉRONTO-** 1$^{er}$ terme de composés sav., ex. : **GÉRONTOLOGIE** XX$^{e}$ s.

**GÉSIER** (pop.) altération de *giser* XII$^{e}$ s., issu par dissimilation du bas lat. *gĭgĕrium*, sing. du class. *gigeria* « entrailles de volaille ».

**GESTE** famille du lat. *gerere, gestus* « porter sur soi » et sens fig. « prendre sur soi, se charger volontairement de », d'où « exécuter, faire »; *gesta*, part. passé neutre plur. substantivité, synonyme de *acta* « actions ». — Dér. : (1) *gerundivus (modus)*, gramm. « mode de l'action à accomplir » (2) *gestus, -us* « attitude du corps », « geste » (3) *gestio, -onis* « action de gérer », « exécution » (4) *gestare* « porter un enfant, être enceinte » d'où *gestatio* « action de porter les enfants » (5) *gestire* « être transporté d'émotion », « faire des gestes violents », le 2$^{e}$ sens ayant passé ensuite au dérivé *gesticulari* « gesticuler » (6) une série de verbes préfixés avec leurs dér. : *congerere* « entasser » d'où *congeries* « tas, masse »; *digerere* « porter çà et là, répartir » d'où (a) « répartir la nourriture dans le corps » « digérer »; *digestio*, lat. imp. « digestion »; *digestivus*, bas lat. « digestif » (b) « répartir méthodiquement, classer » d'où *digesta*, plur. neutre substantivé « œuvre divisée en chapitres », en particulier les *Pandectes* de Justinien, recueil de jurisprudence; *ingerere* « porter dans », « introduire »; *regerere* « reporter », en particulier sur une liste ou un livre, d'où *regesta*, plur. neutre substantivé « liste, registre »; *suggerere* « apporter dessous », « procurer », lat. imp. « suggérer ».

I. mots demi-savants ou populaires

♦ [1] **GESTE** (demi-sav.) XI$^{e}$ s., subst. fém. repris au XIX$^{e}$ s., hist. litt. : *gesta (Francorum)* « les actions (des Francs) », neutre plur. pris pour un fém. sing.; survit dans *chanson de geste* et *faits et gestes* XVII$^{e}$ s. ♦ [2] **REGISTRE** (demi-sav.) XIII$^{e}$ s., prononcé *regître* jusqu'au XVII$^{e}$ s. : lat. médiéval *registrum*, altération, d'après *épître*, de *regesta*; ce mot avait aussi un emploi techn., *registrum campanae* « corde de cloche » (p.-ê. sous l'influence sémantique de *régir*), d'où « registre » d'orgue, puis de voix XVI$^{e}$ s.; **ENREGISTRER** XIII$^{e}$ s.; **ENREGISTREMENT** XIV$^{e}$ s.; **ENREGISTREUR** id. (avec sens techn. récents fin XIX$^{e}$ s.-XX$^{e}$ s.). ♦ [3] **CONGÈRE** (pop.) XIX$^{e}$ s. : mot dial. (Centre, Dauphiné), du lat. vulg. **congeria*, class. *congeries*.

II. mots savants

A. base *-ger-*

♦ [1] **DIGÉRER** XIV$^{e}$ s. : *digerere*; pour les mots scientifiques exprimant cette notion → -PEPSIE, art. CUIRE. ♦ [2] **INGÉRER** XIV^e^ s. pronom., XIX^e^ s. trans. : *ingerere*; **INGÉRENCE** XIX^e^ s. ♦ [3] **SUGGÉRER** XV^e^ s. : *suggerere*. ♦ [4] **GÉRER** XVI^e^ s. : *gerere*; **GÉRANT** XVIII^e^ s.; **GÉRANCE** XIX^e^ s. ♦ [5] **GÉRONDIF** XVI^e^ s. : *gerundivus*. ♦ [6] **BELLIGÉRANT** XVIII^e^ s. : lat. *belligerans* de *belligerare*, var. de *bellum gerere* « faire la guerre ».

**B.** base *-gest-*

♦ [1] **DIGESTE** XIII^e^ s., code de Justinien : *digesta*; **DIGEST** XX^e^ s. : mot angl. empr. au précédent. ♦ [2] **DIGESTION, DIGESTIF, INDIGESTION** XIII^e^ s. : *digestio, digestivus, indigestio*; **DIGESTIBLE, INDIGESTE** XIV^e^ s.; **DIGESTE** XX^e^ s. ♦ [3] **SUGGESTION** XII^e^ s. : *suggestio*; **SUGGESTIONNER, AUTOSUGGESTION, SUGGESTIF** XIX^e^ s. ♦ [4] **GESTE** XV^e^ s. (une fois au XIII^e^ s. *gest*) subst. masc. : *gestus*; **GESTICULATION** XIV^e^ s. : *gesticulatio*; **GESTICULER** XVI^e^ s. : *gesticulari*; **GESTUEL** XX^e^ s. ♦ [5] **GESTION** XV^e^ s. : *gestio*; **GESTIONNAIRE** XIX^e^ s. ♦ [6] **CONGESTION** XV^e^ s., méd. : *congestio* « accumulation », de *congerere* → CONGÈRE; **CONGESTIF, CONGESTIONNER, DÉCONGESTIONNER** XIX^e^ s. ♦ [7] **GESTATION** XVI^e^ s.; XVIII^e^ s. sens mod. : *gestatio*; **PROGESTÉRONE** XX^e^ s., hormone : composé de *pro* et *gestare*. ♦ [8] **INGESTION** XIX^e^ s. : *ingestio* de *ingerere*.

**GEYSER** XVIII^e^ s. : mot angl. de l'islandais *Geysir*, nom propre d'un geyser d'Islande.

**GHETTO** XVI^e^ s. : origine obscure, p.-ê. nom d'un quartier de Venise où des Juifs se seraient installés, plus probablement hébreu *ghēt* « séparation, rupture », ou contamination des deux.

**GIBBON** XVIII^e^ s. : mot des Indes orientales introduit par Dupleix.

**GIBBOSITÉ** (sav.) XIV^e^ s. : dér., sur lat. *gibbosus* « bossu », de *gibbus* « bosse ».

**GIBERNE** XVIII^e^ s. : it. *giberna*, du bas lat. *gaberĭna* « valise », par un dial. de l'Italie septentrionale.

**GIBET** (pop.) XII^e^ s. : p.-ê. dimin. de l'anc. fr. *gibe*, subst. fém., du frq. **gibb-* « bâton fourchu ».

**GIBIER** ♦ [1] (pop.) XII^e^ s. « chasse », XVI^e^ s. « animaux pris à la chasse » : var., par substitution de suff., de *gibiez*, probablement forme dial. (Ouest ou Nord-Est), du lat. vulg. gallo-roman **gabĕitiu*, du frq. **gabaiti* « chasse au faucon ». ♦ [2] **GIBECIÈRE** XIII^e^ s., adj. substantivé, fém. de *gibecier*, dér. de *gibiez*. ♦ [3] **GIBELOTTE** XVII^e^ s. : var. fém., par substitution de suff., de *gibelet* XII^e^ s., pour **giberet* « plat d'oiseaux », dér. de *gibier*. ♦ [4] **GIBOYEUX** XVIII^e^ s. adj. tiré de *giboyer* XII^e^ s. « aller à la chasse », formé sur le radical *gib-*.

**GIBOULÉE** XVI^e^ s. : origine inconnue.

**GICLER** XIX^e^ s., une fois au XVI^e^ s. : étym. obs., p.-ê. onom.

**GIFLE** XIII^e^ s. « joue », XIX^e^ s. sens mod. : mot dial. (Nord-Est) *gif*, du frq. **kifel* « mâchoire »; **GIFLER** XIX^e^ s.

**GIGOT** famille de l'anc. haut all. *giga* « sorte de violon », d'où l'anc. fr. *gigue* « id. » et les verbes *giguer*, var. nasalisées *ginguer*, et, avec assimilation consonantique, *guinguer* « danser », « gambader ». ♦ [1] **GIGOT** XV^e^ s. : de *gigue* « viole », métaph.; **GIGUE** XVII^e^ s. « cuisse » : dér. de *gigot*. ♦ [2] **GIGOTER** XVII^e^ s. : dér. de *giguer*. ♦ [3] **GIGUE** XVII^e^ s. danse : angl. *jig*, p.-ê. empr. au fr. ♦ [4] **DE GUINGOIS** XV^e^ s. : probablement apparenté à guinguer. ♦ [5] **GUINGUETTE** XVII^e^ s., au plur. nom d'un quartier de Paris; XVIII^e^ s. *maison guinguette* « petite maison » : probablement fém. substantivé de *guinguet* « court », apparenté à *guinguer*. ♦ [6] **ZIG** ou **ZIGUE** XVIII^e^ s. argot « fille enjouée », XIX^e^ s. « camarade » var. **ZIGOTEAU** XX^e^ s.; p.-ê. déformation de *gigue*. ♦ [7] **GIGOLO** et son fém. **GIGOLETTE** XIX^e^ s. : p.-ê. dér. de *giguer*; le sens 1^er^ serait ainsi « danseur ».

**GILET** XVI^e^ s. : esp. *jileco*, var. *jaleco*, de l'arabe d'Algérie *jaleco* « casaque que les Maures faisaient porter aux captifs chrétiens », du turc *yelec*.

**GILLES** famille du gr. *aigis, -idos*, bouclier de Zeus et d'Athena, de la peau de la chèvre Amalthée, hérissée, bordée de serpents, garnie, au milieu, de la tête de la Gorgone; terme religieux obscur, rapproché par les Anciens, par étymologie pop., de *aix, aigos* « chèvre ». ♦ [1] **GILLES** (pop.) prénom, d'abord *Gilies* issu de **Giries* : lat. *Aegidius*, nom propre apparenté à *aigis, -idos*, avec chute de la voyelle initiale; **GILLES** XVII^e^ s. « bouffon de foire »; **GIDE** patronyme, var. demi-sav. de *Gille*. ♦ [2] **ÉGIDE** (sav.) XVI^e^ s. : *aigis, -idos*, par le lat.

**GINGEMBRE** d'abord *gingibre* XIII^e^ s. : gr. *ziggiberis*, mot oriental, par le lat.

**GIRAFE** XIIIe s. : it. *giraffa*, de l'arabe *zarâfa*.

**GIROLLE** famille du gr. *guros*, mot de dresseurs de chevaux, « circuit, volte », empr. par le lat. sous la forme *gyrus*, d'où *gyrare* « tourner ».
♦ [1] **GIROLLE** (pop.) XVIe s. : probablement dér. métaph. de l'anc. fr. *girer*, du lat. *gyrare*. ♦ [2] **GIRANDOLE** XVIIe s. : it. *girandola*, dimin. de *giranda* « pièce de feu d'artifice », de *girare* « tourner », du lat. *gyrare*. ♦ [3] **GIRATION** XIVe s. (sav.), puis XIXe s. : dér., sur *gyrare*; **GIRATOIRE** XVIIIe s. ♦ [4] **GYRO-** 1er élément de composés sav. exprimant l'idée de « tourner » : gr. *guros*, ex. : **GYROVAGUE** XVe s.; **GYROSCOPE** XIXe s. ♦ [5] **-GYRE** 2e élément de composés sav., ex. : **DEXTROGYRE** « qui dévie vers la droite » XIXe s.

**GIRON** (pop.) XIIe s. « pan de vêtement allant de la taille aux genoux » et « partie du corps correspondante » : frq. **gêro* « pièce d'étoffe en pointe ».

**GIROUETTE** (pop.) XVIe s. : croisement de l'anc. normand *wirewite*, de l'anc. scandinave *vedrviti* « id. », avec l'anc. fr. *girer* « tourner » → GIROLLE.

**GIVRE** XVIIe s. : équivalent du franco-prov. *joivre* XVe s.; ces deux mots reposent sur deux radicaux prélat. parallèles d'origine inconnue : **gīvro-* et **gēvro-*; **GIVRÉ** XIXe s.; **DÉGIVRER, DÉGIVRAGE, DÉGIVREUR** XXe s.

**GLABRE** (sav.) XVIe s. : lat. *glaber* « sans poil »; **GLABELLE** XIXe s. : *glabella* dimin. fém. de *glaber*.

**GLAÏEUL** (pop.) XIIIe s. : dimin. du mot représenté par l'anc. fr. *glai* « id. », qu'on fait habituellement remonter à *gladius* à cause de la forme des feuilles → GLAIVE; a été aussi rapproché d'une série de formes dial., p. ex. : Dauphiné *eiglayé* « rire aux éclats », franco-prov. *glaious* « joyeux », apparentés à l'anc. fr. *glai* « tumulte joyeux » : germ. **glada* « brillant, joyeux ».

**GLAISE** (pop.) XIIe s. : gaulois **glĭsa* qui apparaît dans un composé lat. imp. *glisomarga* (Pline) « marne »; le 1er élément était sans doute un adj., « blanc », alors que le 2e est le simple auquel correspond le dér. *margila* → MARNE; **GLAISEUX** XIIe s.

**GLAIVE** ♦ [1] (pop.) XIIe s., Xe s. *gladie* : lat. *gladius*, probablement d'origine celtique; le *v* est mal expliqué. ♦ [2] **GLADIATEUR** (sav.) XIIIe s. : lat. *gladiator*, dér. de *gladius*. ♦ [3] → GLAÏEUL.

**GLAND** famille d'une racine ind.-eur. **gwele-* « gland », représentée en gr. par *balanos*; en lat. par *glans, glandis* « id. ».
♦ [1] **GLAND** (pop.) XIe s. : *glans, glandis*; **GLANDÉE** XVe s. ♦ [2] **GLANDE** (demi-sav.) XIIIe s., d'abord *glandre* : lat. médiéval *glandŭla*, dimin. de *glans*. ♦ [3] **GLANDULAIRE** (sav.) XVIIe s. : dér. sur *glandula*; pour les mots scientifiques exprimant la notion de « glande » → ADÉNITE, art. AINE. ♦ [4] **BALAN(O)-** 1er élément de composés sav. exprimant la notion de « gland », ex. : **BALANOGLOSSE** XIXe s.

**GLANER** (pop.) XIIIe s. d'abord *glener* : bas lat. *glenare* (VIe s.), d'origine gauloise; **GLANE, GLANEUR** XIIIe s.

**GLAS** famille du lat. *classis*, mot p.-ê. étrusque, à l'origine « appel », d'où « diverses catégories de citoyens susceptibles d'être appelés sous les armes »; *classici* « les citoyens appartenant à la première des classes créées par Servius Tullius », d'où par métaphore, *scriptores classici* « écrivains de premier ordre »; *classicum (cornu)* « clairon servant à appeler les classes ».
♦ [1] **GLAS** (pop.) XIIe s. var. *clas* « sonnerie de trompette », XIVe s. « sonnerie de cloches », XVIe s. « sonnerie mortuaire » : *classicum* (*g* initial par assimilation à la sonore suivante). ♦ [2] **CLASSE** (sav.) XIVe s. « classe de citoyens », XVIe s. scolaire, XVIIe s. « catégorie », XVIIIe s. zool. et milit. : *classis*. ♦ [3] **CLASSIQUE** XVIe s. écrivains; XVIIIe s. enseignement : *classicus*; **CLASSICISME** XIXe s. ♦ [4] **CLASSER** XVIIIe s. : dér. de *classe* au sens de « catégorie »; **CLASSEMENT** XVIIIe s.; **CLASSEUR** XIXe s.; **DÉCLASSER, DÉCLASSÉ, DÉCLASSEMENT, INCLASSABLE** XIXe s.; **CLASSIFIER** une fois XVIe s., puis XIXe s.; **CLASSIFICATION, -FICATEUR** XIXe s.

**GLAUQUE** ♦ [1] (sav.) XVIe s. : gr. *glaukos* « vert bleu », par le lat. ♦ [2] **GLAUCOME** XVIIe s. : gr. *glaukôma, -atos* « affection de l'œil, dont le cristallin devient d'un bleu terne », dér. de *glaukoun* « devenir glauque, en parlant de l'œil ».

**GLISSER** (pop.) XIIIe s. : altération, d'après *glacer*, de l'anc. fr. *glier*, du frq. **glidan*; **GLISSANT, GLISSEMENT** XIVe s.; **GLISSADE** XVIe s.; **GLISSIÈRE** XIXe s.; **-GLISSEUR** 2e élément de composés, ex. : *aéro-*, *hydroglisseur* XX^e^ s. ; **GLISSANCE** XX^e^ s.

**GLOBE** ♦ [1] (sav.) XIV^e^ s. : lat. *globus* « id. » : **ENGLOBER** XVII^e^ s. ; **GLOBAL, -EMENT** XIX^e^ s. ♦ [2] **GLOBE-TROTTER** XX^e^ s. : mot angl. « qui parcourt le globe ». ♦ [3] **GLOBULE, GLOBULEUX, GLOBULAIRE** XVII^e^ s. : de *globulus* dimin. de *globus* ; **GLOBULINE** XIX^e^ s. ♦ [4] **HÉMOGLOBINE** XIX^e^ s. pour **hémoglobuline* → HÉMA.

**GLOIRE** ♦ [1] (demi-sav.) XI^e^ s. *glorie*, XII^e^ s. *gloire* : lat. *gloria* « renommée » ; **GLORIEUX** XI^e^ s. : *gloriosus* ; **GLORIEUSEMENT** XII^e^ s. ; **GLORIFIER** XII^e^ s. : *glorificare* ; **GLORIFICATION** (sav.) XIV^e^ s. : *glorificatio* ; **GLORIOLE** XVIII^e^ s. : *gloriola*, dimin. de *gloria*. ♦ [2] **GLORIETTE** XIII^e^ s. « palais », XIV^e^ s. « grande volière », XVIII^e^ s. « pavillon dans un parc » : dimin. formé sur *gloria*. ♦ [3] **GLORIA** (sav.) XVII^e^ s. partie de la messe cath. : mot lat., *gloria in excelsis Deo* « gloire à Dieu au plus haut des cieux », XIX^e^ s. « café à l'eau-de-vie ».

**GLOSE** famille du gr. *glôssa*, var. attique *glôtta* « langue ».
♦ [1] (sav.) XII^e^ s. : bas lat. *glōsa* « mot rare qui demande explication », « explication de ce mot », var. de *glōssa*, empr. au gr. ; **GLOSER** XII^e^ s. ♦ [2] **GLOSSATEUR** XIV^e^ s., d'abord *glosateur* puis réfection sur le mot gr. ♦ [3] **GLOSSAIRE** XVI^e^ s. : lat. *glossarium*, dér. de *glōssa* « recueil de mots rares ». ♦ [4] **GLOSSO-** 1^er^ élément de composés sav. exprimant l'idée de « langue », ex. : **GLOSSOTOMIE** XVIII^e^ s. ♦ [5] **-GLOSSE** 2^e^ élément de composés sav., ex. : **HYPOGLOSSE** XVIII^e^ s. ♦ [6] **ÉPIGLOTTE** (sav.) XIV^e^ s. : gr. *epiglôttis* « qui est sur la langue », dér. de *-glôtta*, par le lat. ; **GLOTTE** (sav.) XVII^e^ s. : gr. attique *glôtta*. ♦ [7] **POLYGLOTTE** XVII^e^ s. : gr. *poluglôttos* « (qui dispose de) plusieurs langues ».

**GLU** famille d'une racine ind.-eur. **gel-* « coller », « rouler en boule », représentée en lat. par (1) *gluten, -inis*, var. *glutis, -is*, bas lat. *glus, glutis*, d'où *glutinare* « coller » ; *agglutinare* « coller contre » ; *conglutinare* « coller ensemble » ; *déglutinare* « décoller » (2) *gleba* « motte de terre » (3) *glomus, -eris* « boule », d'où *glomerare, conglomerare* et *adglomerare* « mettre en boule ».
♦ [1] **GLU** (pop.) XII^e^ s. : *glūs, glūtis* ; **ENGLUER** XII^e^ s. ; **GLUANT** XIII^e^ s. ♦ [2] **CONGLUTINER, CONGLUTINATION, AGGLUTINER** XIV^e^ s., **AGGLUTINATION** XVI^e^ s. : *conglutinare, agglutinare, -atio* ; **DÉGLUTINER** XIX^e^ s., **DÉGLUTINATION** XX^e^ s. : *deglutinare, -atio*. ♦ [3] **GLUTEN** (sav.) XVI^e^ s. : mot lat. ♦ [4] **GLÈBE** (sav.) XV^e^ s. : *gleba*. ♦ [5] **AGGLOMÉRER, AGGLOMÉRATION** (sav.) XVIII^e^ s. : *adglomerare, -atio* ; **AGGLOMÉRAT, AGGLOMÉRÉ**, subst. XIX^e^ s. ; **CONGLOMÉRER** XVIII^e^ s. : *conglomerare* ; **CONGLOMÉRAT** XIX^e^ s.

**GLYCINE** famille (sav.) du gr. *glukus* et *glukeros* « doux, sucré ».
♦ [1] **GLYCINE** (sav.) XVIII^e^ s. : dér. sur *glukus*, à cause du suc sirupeux de cette plante. ♦ [2] **GLYC(O)-** 1^er^ élément de composés sav. exprimant l'idée de « sucre », ex. : **GLYCÉMIE, GLYCOSURIE, GLYCOGÈNE** XIX^e^ s. ♦ [3] **GLUC(O)-** id., ex. : **GLUCOSE** XIX^e^ s. ; **GLUCIDE** XX^e^ s. ♦ [4] **GLYCÉR(O)-** id., ex. : **GLYCÉRINE** XIX^e^ s.

**GLYPT(O)-** famille du gr. *gluphein* « graver », d'où *gluphê* « gravure » et *gluptos* « gravé ».
♦ [1] **GLYPT(O)-** 1^er^ élément de mots sav., ex. : **GLYPTIQUE** XVIII^e^ s. : *gluptikos* « relatif à la gravure » et **GLYPTOTHÈQUE** XIX^e^ s. ♦ [2] **-GLYPTIE** 2^e^ élément, ex. : **PHOTOGLYPTIE** XIX^e^ s. ♦ [3] **-GLYPHE** 2^e^ élément de composés : *gluphê*, ex. : **HIÉROGLYPHE** → ce mot, et **TRIGLYPHE** XVI^e^ s. archéol.

**GOBELIN** famille de l'all. *Kobold* « génie familier », « lutin », « gardien surnaturel des trésors minéraux enfouis dans la terre, selon la mythologie germ. » → NICKEL : got. **kubahulths* « celui qui tient la maison », croisé avec le moyen lat. *cobalus* « esprit de la montagne », « gnome » ; 1^er^ élément apparenté à l'anc. scandinave *kofi* « maison » ; le 2^e^ élément *hold* apparaît dans des noms de démons, p. ex. : got. *unhultho* « diable ».
♦ [1] **GOBELIN** XVI^e^ s. : adaptation de l'anc. all. *Kobel* « lutin » apparenté à *Kobold* ; XVII^e^ s. création d'une manufacture de tapisseries au lieu-dit *les Gobelins* ; XX^e^ s. nom commun « sorte de tapisserie ». ♦ [2] **COBALT** XVI^e^ s. : all. *Kobalt*, var. de *Kobold*, par le lat. scient. mod. ♦ [3] **KOBOLD** XVII^e^ s. : mot all.

**GOBER** ensemble de mots reposant sur une base gallo-romane **gob-* : gaulois **gobbo-* « bec, bouche ».
♦ [1] **GOBER** XIII^e^ s., pronom. « se vanter », XVI^e^ s., trans. « avaler », XVII^e^ s. « croire sans examen », **TOUT DE GO** XVI^e^ s. « d'un seul coup », et **GOGO** XIX^e^ s. « crédule », nom d'un

personnage de comédie; **GOBE-MOUCHES** XVI^e^ s. ♦ [2] **GOBELET** XIII^e^ s., équivalent, à suff. dimin., de l'anc. prov. *gobel.* ♦ [3] **SE GOBERGER** XV^e^ s. « se gausser », XVII^e^ s. « prendre ses aises » : dér. de l'adj. *gobert* « hâbleur, facétieux », formé sur *se gober.* ♦ [4] **DÉGOBILLER** XVII^e^ s., var. de l'angevin *dégober* « id. », avec influence d'*égosiller* ou du lyonnais *gobille* « gorge ».

**GODET** XIII^e^ s. : moyen néerl. *kodde* « récipient de bois cylindrique »; **GODRON, GODRONNER** XIV^e^ s. orfèvrerie, XVI^e^ s. lingerie : dér. de *godet* par substitution de suff.; **GODER** XVIII^e^ s. vêtements, « former des godets ».

**GODICHE** XVIII^e^ s., argot : mot obscur. On a proposé l'argot *godiz*, XV^e^ s. « riche », de l'esp. *godizo*, de *godo* « Goth » et « noble »; ou un dér. de *Godon* forme hypocoristique de *Claude*, ce qui paraît le plus vraisemblable.

**GODILLE** XVIII^e^ s. « aviron » : mot dial. (Nord), d'origine inconnue; **GODILLER** id.

**GOÉLAND** ♦ [1] XV^e^ s. : breton *gwelan* « mouette ». ♦ [2] **GOÉLETTE** XVIII^e^ s. : sur *goéland*, par substitution de suff.

**GOÉMON** XIV^e^ s. : breton *gwemon* « varech ».

**GOGUE** (pop.) XIII^e^ s. « liesse » : origine obscure; dér. **GOGUETTE** XIII^e^ s. « propos joyeux », XV^e^ s. « partie de plaisir »; **À GOGO** XV^e^ s.; **GOGUENARD** XVII^e^ s.; **GOGUENARDISE** XIX^e^ s.

**GOITRE** ♦ [1] (pop.) XV^e^ s. : mot dial. lyonnais, dér. de l'anc. fr. *goitron* « gorge », du lat. vulg. **gŭttŭrio, -ōnis*, dér. de *gŭttŭr* « gorge »; **GOITREUX** XV^e^ s. ♦ [2] **GUTTURAL** (sav.) XVI^e^ s.

**GOMME** ♦ [1] (pop.) XII^e^ s. « sorte de résine », XIX^e^ s. « caoutchouc pour effacer » : lat. vulg. **gŭmma*, class. *gummis*, var. de *cummi*, du gr. *kommi*, mot égyptien, « produit de l'acanthe ». ♦ [2] **GOMMER** XIV^e^ s. « enduire de gomme », XIX^e^ s. « effacer »; **GOMMAGE** XIX^e^ s. ♦ [3] **DÉGOMMER** XVII^e^ s. « débarrasser une chose de la gomme dont elle est enduite », XIX^e^ s., argot « tuer », « briser », et fam. « destituer ». ♦ [4] **GOMMEUX** XIV^e^ s. « qui produit de la gomme », XIX^e^ s. « élégant prétentieux ».

**GOND** (pop.) XII^e^ s. : lat. imp. *gŏmphus*, du gr. *gomphos* « clou », « jointure »; **ENGONCER** XVII^e^ s. « envelopper comme un pivot dans un gond ».

**GONG** XVII^e^ s. : mot malais, par l'angl.

**GORILLE** XIX^e^ s. : lat. mod. *gorilla*, du gr. *gorillai* « hommes velus », dans un récit de voyage du V^e^ s. avant J.-C., *Le Périple d'Hannon.*

**GOSIER** ♦ [1] (pop.) XIII^e^ s. : dér. sur un rad. **gos-* apparenté au bas lat. (V^e^ s.) *geusiae* « joues », d'origine gauloise; **ÉGOSILLER** XV^e^ s. « égorger », XVII^e^ s. « vomir » et, pronom., « crier ». ♦ [2] **DÉGOISER** XIII^e^ s. « chanter », XVI^e^ s. sens mod.

**GOSSE** XVIII^e^ s. argot « enfant » : probablement prov. *gosso* apparenté au languedocien *gous* « mâtin », dimin. *gousset* « petit chien ».

**GOUAPE** XIX^e^ s. argot : esp., ou prov. empr. à l'esp. *guapo* « bandit », qui se rattache p.-ê., par l'anc. fr. *wape*, au lat. *vappa* « vin éventé », employé par métaph.; infl. du germ. **hwapijan* « tourner à l'aigre » sur le *v* initial.

**GOUDRON** XVI^e^ s. : moyen fr. *gotran* XIV^e^ s. : altération propre aux ports de l'Atlantique d'anc. fr. *catram* : arabe d'Égypte *qatrân*, p.-ê. par l'it. *catrame*; **GOUDRONNER** XV^e^ s. *(goutrenner)*; **GOUDRONNAGE** XVIII^e^ s.

**GOUFFRE** ♦ [1] (pop.) XII^e^ s. : lat. vulg. **golphus*, avec un *ph* hypercorrect, du gr. *kolpos* « sinuosité, pli », d'où « golfe » et « vallée encaissée », mot introduit en Gaule par les régions côtières de la Méditerranée, avec métathèse du *l* et passage à *r*; **ENGOUFFRER** XVI^e^ s., déjà au XII^e^ s. *engoufler.* ♦ [2] **GOLFE** XIII^e^ s. mais usuel seulement au XVI^e^ s. : it. *golfo*, équivalent phonétique de *gouffre*; l'introduction de ce mot a permis la nette distinction des deux notions.

**GOUGE** (pop.) XIV^e^ s. outil : bas lat. *gŭbia*, **GOUJON** XII^e^ s.

**GOUJAT** famille de l'hébreu *goï*, plur. *gôim* « peuples non juifs » → GENTIL, art. GENS.

♦ [1] **GOUJAT** XV^e^ s. : mot méridional, « garçon », dér. du languedocien *goujo* « fille » de l'hébreu *goja* « (servante) non juive », d'où le fr. arch. **GOUGE** XV^e^ s. « femme de mauvaise vie »; **GOUJATERIE** XIX^e^ s. ♦ [2] **GOUINE**, fém. de **GOUIN** XV^e^ s., « débauchée » puis « homosexuelle » : dér. de *goy*. ♦ [3] **GOINFRE** XVI^e s. : mot obscur, p.-ê. croisement de *gouin* et d'un mot exprimant la gourmandise tel que *bâfrer*, dial. *goulafre, galafre*; **GOINFRER, GOINFRERIE** XVII^e s. ♦ [4] **GOÏ, GOY, GOYE** XVI^e s. : hébreu *goï* « non juif », en particulier « chrétien ».

**GOUJON** (pop.) XIV^e s. poisson : lat. *gōbio, -ōnis*.

**GOULE** XVIII^e s. : ar. *gûl* « sorte de vampire ».

**GOUPIL** ♦ [1] (pop.) arch. « renard » : lat. vulg. **vŭlpīcŭlus*, dimin. du class. *vŭlpes* « renard », avec influence germ. (p.-ê. *wolf* « loup »?) sur le *v* initial. ♦ [2] **GOUPILLE** (pop.) XIV^e s. : bas lat. *vŭlpīcŭla*, fém. du précéd.; **GOUPILLER** XVII^e s. « fixer avec des goupilles ».

**GOUPILLON** XVII^e s. : dér., par substitution de suff. et rapprochement avec *goupil, goupille*, de l'anc. fr. *guipon* « pinceau », du moyen néerl. *wisp* « bouchon de paille » (déjà XII^e s.-XIII^e s. *guipellon, wispeilon*).

**GOURBI** XIX^e s. : arabe algérien « habitation sommaire ».

**GOURD** (pop.) XII^e s. : lat. imp. *gŭrdus* « lourdaud, balourd », p.-ê. apparenté au gr. *bradus* « lent » → BRADY-; **DÉGOURDIR** XII^e s.; **ENGOURDIR** XIII^e s.; **ENGOURDISSEMENT** XVI^e s.

**GOURMAND** ♦ [1] XIV^e s. : origine obscure; le sens originel de *gourmet* rend invraisemblable une communauté d'origine; **GOURMANDISE** XV^e s. ♦ [2] **GOURMANDER** XIV^e s. « se livrer à la gourmandise » et « réprimander », emploi figuré du sens de « dévorer » : dér. de *gourmand*; a pu subir aussi l'influence de *gourmer un cheval* « le brider » et aussi « le battre » → GOURMETTE.

**GOURME** ♦ [1] (pop.) XIII^e s. « dermatose », en particulier « inflammation de la bouche du cheval » : frq. **worm* « pus ». ♦ [2] **MORVEUX** (pop.) XIII^e s. : gallo-roman **morwosus*, métathèse de **wormosus* p.-ê. par contamination avec **murru-* « gueule »; **MORVE** XIV^e s. formé sur *morveux*.

**GOURMET** ♦ [1] XV^e s. « valet (de marchand de vins) »; avec, pour le sens, infl. de *gourmand* : dimin. de *gromme* XIV^e s., de l'anc. angl. *grom* (mod. *groom*) « valet d'écurie ». ♦ [2] **GROOM** XVII^e s. : mot angl.

**GOURMETTE** ♦ [1] XV^e s. « chaînette fixant le mors d'un cheval », puis « chaîne de montre, bracelet » : plutôt qu'un dér. de *gourme*, ce qui est sémantiquement peu explicable, il faut p.-ê. y voir une var. de l'anc. fr. *gormel* (pop.) « id. », du gallo-roman **grŭmale*, répandu en Italie et en Romania orientale, qui désignerait à l'origine la partie de la bride du cheval réservée à la gorge : dér. du lat. vulg. **grŭmus* « gorge ». ♦ [2] **GOURMÉ** XVIII^e s. « affecté » : emploi métaph. du part. passé de *gourmer (un cheval)* XIV^e s. « lui passer la gourmette », formé sur le même radical que *gormel*.

**GOUSSE** ♦ [1] XIII^e s. : origine inconnue. ♦ [2] **GOUSSET** fin XIII^e s. « pièce d'armure » et « aisselle », XVII^e s. « bourse portée au creux de l'aisselle » dimin. de *gousse*.

**GOÛT** famille d'une racine ind.-eur. **geus-* « éprouver, goûter, apprécier », représentée en lat. par *gustus* « le goût », *gustare* et *degustare* « goûter ». En germanique par le got. *kausjan* « éprouver ».

I. mots d'origine latine

♦ [1] **GOÛT** (pop.) XII^e s. : *gŭstus*, **GOÛTER** XII^e s. verbe, XVI^e s. subst. : *gŭstāre*; **AVANT-GOÛT** XVII^e s.; **ARRIÈRE-GOÛT** XVIII^e s. ♦ [2] **DÉGOÛTER, RAGOÛTER** XIV^e s.; **DÉGOÛT, RAGOÛT** XVI^e s.; **DÉGOÛTANT, RAGOÛTANT**, adj. XVII^e s.; **DÉGOÛTATION** XIX^e s. ♦ [3] **GUSTATIF** (sav.) XVI^e s.; **DÉGUSTATION** XVI^e s. : *degustatio*; **DÉGUSTATEUR** fin XVIII^e s.; **DÉGUSTER** XIX^e s. : *degustare*.

II. mots d'origine germanique

**CHOISIR** (pop.) XII^e s. « apercevoir, distinguer », XVI^e s. sens mod. : *kausjan*; **CHOIX** XII^e s.

**GOUTTE** ♦ [1] (pop.) X^e s. sens propre, XII^e s. auxiliaire de la négation, XIII^e s. « rhumatisme causé, croyait-on, par des *gouttes* d'humeur corrompue » : lat. *gŭtta*; **GOUTTIÈRE, GOUTTEUX** XII^e s.; **GOUTTELETTE** XIII^e s. ♦ [2] **DÉGOUTTER** XII^e s.; **GOUTTER** XIV^e s. ♦ [3] **ÉGOUTTER, ÉGOUT** XIII^e s.; **ÉGOUTTEMENT** XIV^e s.; **ÉGOUTTOIR** XVI^e s.; **ÉGOUTIER** XIX^e s. ♦ [4] **GUILLOCHER** XVI^e s. : it. *ghiocciare*, var. dial. de *gocciare* « décorer d'ornements architecturaux appelés *gouttes* (it. *goccia*) » : du lat. vulg. **gŭttiare*, dér. de *gŭtta*.

**GOUVERNER** famille du gr. *kubernân* « diriger », d'où *kubernêtês* « pilote » et *kuber-*

*nêtikê (tekhnê)* « art du pilotage »; empr. par le lat. sous la forme *gubernāre* « gouverner », terme de la langue nautique, d'où *gubernācŭlum* « gouvernail ».

I. mots populaires issus du latin

**GOUVERNER** (pop.) XIe s. : *gubernāre*; **GOUVERNAIL** XIIe s. : *gubernācŭlum*; **GOUVERNEUR, GOUVERNEMENT** XIIe s.; **GOUVERNE** XIIIe s.; **GOUVERNANTE** XVIe s.; **INGOUVERNABLE** XVIIe s.; **GOUVERNEMENTAL** XIXe s., ce dernier sous l'influence de l'angl.

II. mot savant issu du grec

**CYBERNÉTIQUE** XXe s. « science de la régulation » : gr. *kubernetikê*, par l'angl. *cybernetics*.

**GRABAT** (sav.) XIe s. : lat. *grabatus*, du gr. *krabbatos* « lit »; **GRABATAIRE** XVIIIe s.

**GRABUGE** XVIe s., var. *garbuge* : génois *garbüdjo*, var. it. *garbuglio*, de *garbugliare*, croisement de *bugliare* « bouillir » et *gargagliare* « faire du bruit » → GARGOUILLE; l'adoption du mot génois a pu être facilitée par l'existence en anc. fr. d'un verbe *garbouiller* « faire du tumulte ».

**GRAIN** famille d'une racine ind.-eur. **ger-* « graine », en lat. *granum* « graine » et « grain d'une substance quelconque » et par le germanique commun **kurnam* → angl. *corn* « grain ».

I. mots d'origine latine

A. bases populaires *grain, -gran-*

♦ [1] **GRAIN** XIIe s., XVIe s. « bourrasque (de grêle) » : *grānum*; **GRAINE** XIIe s. : *grāna*, plur. neutre pris pour un fém. ♦ [2] **GROS-GRAIN** XVIe s. étoffe; ce mot, empr. par l'angl. sous les formes *grogram, grogoran* et donné au XVIIIe s. en surnom à l'amiral angl. Vernon, qui portait un habit de cette étoffe, est devenu par abrév. l'angl. *grog* « rhum étendu d'eau », cet amiral ayant interdit la consommation du rhum pur; d'où le fr. **GROG** XVIIIe s. ♦ [3] **GRANGE** XIIe s. : lat. vulg. *granĭca*, dér. de *granum*; **ENGRANGER** XIVe s. ♦ [4] **GRANIT(E)** XVIIe s. : it. *granito* « pierre grenue »; **GRANITIQUE** XVIIIe s.; **GRANITÉ** XIXe s.

B. base populaire *-gren-*

♦ [1] **ÉGRENER** XIIe s. : bas lat. *egranare*; **ENGRENER** XIIe s. « garnir de grain (la trémie d'un moulin) », XVIIIe s. sens mod., d'où **ENGRENAGE** XVIIIe s. ♦ [2] **GRENADE** XIIe s. adj., *pome grenade* ou *grenate*, XVe s. subst., XVIe s. projectile, par métaph. : it. dial. du Nord, *pom granat* (Milan) avec adaptation à la base fr. *gren-* : du lat. *pomum granatum* « fruit à graines ». **GRENADIER** XVe s., arbre, XVIIe s. soldat; **GRENADINE** XIXe s. sirop. ♦ [3] **GRENAT** XIIe s. adj. qualifiant une pierre précieuse, XIVe s. subst., XVIe s. nom de couleur : masc. de l'adj. *grenade*. ♦ [4] **GRENIER** XIIIe s. : *granarium*. ♦ [5] **GRENU** XIIIe s.; **SAUGRENU** fin XVIe s. : réfection, d'après *grenu*, de *saugreneux* XVIe s. p.-ê. apparenté à *saugrenée* « plat de pois en grains au sel »; le sens 1er a dû être « parsemé de grains de sel » d'où « salé, piquant » → SEL. ♦ [6] **GRENAILLE** XIVe s. ♦ [7] **GRENETIER** XVe s. d'où, avec var. orthographique, **GRAINETERIE** XVIIe s.

C. base savante *gran-*

♦ [1] **GRANULEUX** XVIe s.; **GRANULER, GRANULATION** XVIIe s.; **GRANULÉ** XIXe s. : bas lat. *granulum*, dimin. de *granum*. ♦ [2] **GRANIVORE** XVIIIe s.

II. mot d'origine germanique

**CORNED-BEEF** XIXe s. : mots angl. « bœuf salé », de *to corne* « saupoudrer de grains (de sel pour conserver) », dér. de *corn* « grain ».

**GRAMINÉE** (sav.) XVIIIe s. : lat. *gramineus*, dér. de *gramen, -inis*, « nourriture du bétail, pâture, gazon », p.-ê. apparenté à la racine sur laquelle repose *vorare* → GUEULE.

**GRAND** ♦ [1] (pop.) Xe s. *grant* : lat. *grandis* « au terme de sa croissance », « grand »; **GRANDEUR, GRANDEMENT** XIIe s.; pour les mots scientifiques exprimant l'idée de « grand » → MÉGA- et MACRO-. ♦ [2] **GRANDIR, AGRANDIR** XIIIe s.; **AGRANDISSEMENT** XVIe s. ♦ [3] **GRAND-ONCLE, -TANTE** XIIIe s.; **GRAND-PÈRE, -MÈRE** XVIe s.; **GRAND-MAMAN** XVIIe s., avec la forme anc. du fém. semblable au masc. (→ *grand-route, -messe*). ♦ [4] **GRANDIOSE** XVIIIe s. : it. *grandioso*, esp. id., du lat. médiéval *grandiosus*, formé sur *grandis* d'après *gloriosus*.

**GRAPPE** ♦ [1] (pop.) XIIe s. : frq. **krappa* « crochet »; **GRAPPILLER, -ILLAGE, -ILLON** XVIe s.; **ÉGRAPPER** XVIIIe s. ♦ [2] **GRAPPIN** XIVe s. : dér. de *grappe* au sens de « crochet », p.-ê. par le prov. ♦ [3] **AGRAFER** XVIe s. « accrocher » : composé de l'anc. fr. *grafer* fin XIVe s., dér. de *grafe* XIVe s. « crochet », de l'anc. haut all. *krâpfo* apparenté à **krappa*; **AGRAFE** XVe s.; **DÉGRAFER** XVIe s.; **AGRAFEUSE** XXe s.

**GRAS** ♦ [1] (pop.) XIIe s. : lat. vulg. **grassus*, class. *crassus* « gros, épais », croisé avec *grossus* → GROS; **GRASSEMENT** XIVe s.; **GRASSOUILLET** XVIIe s.; **GRAS-DOUBLE** XVIIe s. (le

2e élément : adj. substantivé au sens de « panse »). ♦ [2] **GRASSEYER** XVIe s. « parler gras » ; **GRASSEYEMENT** XVIIe s. ♦ [3] **ENGRAISSER** XIe s. : lat. vulg. **ingrassiare*, de **grassus* ; **ENGRAIS** XVIe s. ♦ [4] **GRAISSE** (pop.) XIIe s. : lat. vulg. **grassia*, de **grassus* ; **DÉGRAISSER** XIIIe s. ; **GRAISSER, GRAISSAGE** XVe s. ; **GRAISSEUX, DÉGRAISSEUR** XVIe s. ; **DÉGRAISSAGE** XVIIIe s. ♦ [5] **CRASSE** (sav.) XIIIe s. adj. fém., XIVe s. subst. fém. : *crassa*, fém. de *crassus* ; **CRASSEUX** XIIIe s. ; **ENCRASSER, DÉCRASSER** XIVe s. ; **CRASSIER** XVIIIe s.

**GRATTER** ♦ [1] (pop.) XIIe s. : frq. **krattôn* ; **REGRATTER** XVIe s. ; **GRATOUILLER** XIXe s. ♦ [2] **ÉGRATIGNER** XIIIe s., XIIe s. *égratiner*, composé de l'anc. fr. *gratiner*, dimin. de *gratter*. **ÉGRATIGNURE** XIIIe s. ♦ [3] **GRATIN** XVIe s. « ce qu'on détache du plat en grattant » : dér. de l'anc. fr. *gratiner* « gratter » ; **GRATINER** XIXe s., cuisine. ♦ [4] **GRATTE-CUL, GRATTE-PAPIER** XVIe s. ; **GRATTE-CIEL** XIXe s. : calque de l'anglo-américain *sky-scraper*.

**GRATTERON** (pop.) XIVe s. : altération, sous l'influence de *gratter*, du dial. (Ouest) *gleteron*, dér. de *gleton*, du frq. **kletto* « plante qui accroche » (→ all. *Klette* « bardane »).

**GRAVER** ♦ [1] (pop.) XIIe s. « faire une raie dans les cheveux », XIVe s. sens mod. : frq. **graban* (→ all. *graben* « creuser ») ; **GRAVURE** XIIIe s. ; **GRAVEUR** XIVe s. ♦ [2] **-GRAVURE** 2e élément de composés, ex. : **PYROGRAVURE** XXe s.

**GRÉ** famille de l'adj. lat. *gratus* « accueilli avec faveur » ou « reconnaissant » d'où (1) *ingratus* « qui ne mérite pas » ou « qui n'a pas de reconnaissance » ; bas lat. *ingratitudo* (2) *gratificari* « se rendre agréable », « faire un cadeau », et *gratificatio* (3) *gratia* « reconnaissance », « service rendu », « agrément, beauté, grâce » (4) *gratiosus* « en faveur, populaire », parfois « obligeant » (5) *gratis* adv. « pour faire plaisir », « spontanément », « gratuitement » et *gratuitus* « spontané, désintéressé », et « superflu » (6) *gratulari* et *congratulari* « rendre grâces », « remercier », « féliciter ».

**I.** base populaire *-gré-*

♦ [1] **GRÉ** Xe s. : *grātum*, neutre substantivé de *gratus*. ♦ [2] **MALGRÉ** XIIe s. : *maugré*, XVe s. forme mod. ; **MAUGRÉER** XIIIe s. ♦ [3] **AGRÉER** XIIe s. ; **AGRÉÉ** XIXe s. jur. ; **AGRÉABLE** XIIe s. ; **DÉSAGRÉABLE** XIIIe s. ♦ [4] **AGRÉMENT** XIVe s. ; **DÉSAGRÉMENT** XVIIe s. ; **AGRÉMENTER** XIXe s.

**II.** base demi-savante ou empruntée *-grac-*

♦ [1] **GRÂCE** XIe s. « faveur », « remerciement », « grâce de Dieu », XIIIe s. « charme » : *gratia* ; **GRACIER** XIe s. « rendre grâces », XIVe s. « remettre une amende », XIXe s. sens mod. ♦ [2] **GRACIEUX** XIIe s. : *gratiosus* ; **GRACIEUSEMENT** XIVe s. ; **GRACIEUSETÉ** XVe s. ; **MALGRACIEUX** XIVe s. ♦ [3] **DISGRÂCE, DISGRACIÉ, DISGRACIEUX** XVIe s. : it. *disgrazia, disgrazioso* de même origine.

**III.** base savante *-grat-*

♦ [1] **INGRATITUDE** XIIIe s. : *ingratitudo* ; **INGRAT** XIVe s. : *ingratus* ; **GRATITUDE** XVe s. ♦ [2] **GRATIFIER, GRATIFICATION** XIVe s. : *gratificari, -atio*. ♦ [3] **CONGRATULER** XIVe s. ; **CONGRATULATION** XVe s. : *congratulari, -atio*. ♦ [4] **GRATUIT, GRATUITÉ, GRATUITEMENT** XVe s. : de *gratuitus*. ♦ [5] **GRATIS** XVe s. : mot lat.

**GREDIN** XVIIe s. « gueux » : adaptation du néerl. *gredich* « avide » ; **GREDINERIE** XVIIe s.

**GREFFE** famille du gr. *graphein* « écrire » (p.-ê. à l'origine « inciser », pourrait être apparenté au germ. *krattôn* → GRATTER) d'où (1) *graphê* « écriture » et *-graphia* 2e élément de composés ; *graphikos* « relatif à l'écriture » ; *grapheion* « stylet pour écrire » ; *epigraphê* « inscription » ; *autographos* « écrit de la main même de quelqu'un » ; *paragraphos* « signe marquant les différentes parties d'un chœur de tragédie grecque » (2) *gramma, -atos* « caractère d'écriture, lettre » d'où *grammatikê tekhnê* « science de l'écriture », « grammaire » ; *anagrammatismos* et bas gr. *anagramma* « transposition de lettres » ; *diagramma* « dessin » ; *epigramma* « inscription » ; *programma* « inscription à l'ordre du jour ».

**I.** mots populaires, demi-savants ou empruntés

♦ [1] **GREFFE** (d'arbre) (pop.) XIIe s. « poinçon », XIIIe s., par métaph. « pousse d'arbre », XVIIe s. « insertion d'un greffon » : lat. *graphium* « poinçon », du gr. *grapheion* ; **GREFFER, GREFFON** XVIe s. ; **GREFFOIR** XVIIIe s. ♦ [2] **GREFFIER** (demi-sav.) XIVe s. : lat. médiéval *graphiarius* ; **GREFFE** (de tribunal), masc. XIVe s. ♦ [3] **GRAMMAIRE** (demi-sav.) XIIe s. : lat. *grammatĭca*, du gr. *grammatikê* ; **GRAMMAIRIEN** XIIIe s. ; **GRIMOIRE** XIIIe s. « grammaire latine inintelligible pour les non-initiés », d'où « livre secret de sorcellerie » : altération, p.-ê. sous l'influence des mots de la famille de *grimace*, d'une variante labialisée de *grammaire*. ♦ [4] **PARAPHE** (demi-sav.) XIVe s. : lat. médiéval *paraphus*, altération de *paragraphus* → PARAGRAPHE. ♦ [5] **GRAFFITI** XIXe s. : mot it. plur. de *graffito*; part. passé du lat. vulg. **graphire* dér. de *graphium*.

II. mots savants

A. base *-graph-*

♦ [1] **PARAGRAPHE** XIIIe s. : *paragraphos* par le lat. médiéval. ♦ [2] **ORTHOGRAPHE** XIIIe s. : 1er élément *orthos* « droit », « exact »; **ORTHOGRAPHIER** XVe s.; **ORTHOGRAPHIQUE** XVIIe s. ♦ [3] **AUTOGRAPHE** XVIe s. : *autographos*. ♦ [4] **ÉPIGRAPHE** XVIIe s. : *epigraphê*; **ÉPIGRAPHIE, ÉPIGRAPHIQUE** XIXe s. ♦ [5] **GRAPHIQUE** XVIIIe s. : *graphikos*; **GRAPHIE, GRAPHITE** XVIIIe s.; **GRAPHISME** XIXe s. ♦ [6] **GRAPHO-** 1er élément de composés, ex. : **GRAPHOLOGIE, -OGUE, -OGIQUE** XIXe s. ♦ [7] **-GRAPHE, -GRAPHIE, -GRAPHIQUE** : 2es éléments de nombreux composés sav. exprimant les idées d'« écriture » ou de « description », ex. : *biographe, bibliographie, géographique*, etc.

B. base *-gramm-*

♦ [1] **GRAMME** fin XVIIIe s. : *gramma* « lettre » et « vingt-quatrième partie de l'once »; et les composés **DÉCAGRAMME, KILOGRAMME**, etc. ♦ [2] **GRAMMATICAL** XVe s. : lat. *grammaticalis* → GRAMMAIRE. ♦ [3] **ÉPIGRAMME** XIVe s. : *epigramma*; **ÉPIGRAMMATIQUE** XVe s. ♦ [4] **ANAGRAMME** XVIe s. : *anagramma*. ♦ [5] **DIAGRAMME** XVIe s. : *diagramma*. ♦ [6] **PROGRAMME** XVIIe s. : *programma*; **PROGRAMMER, -EUR, -ATION, -ATEUR, -ATIQUE** XXe s., électron. ♦ [7] **GRAMO-** 1er élément de composé sav. dans **GRAMOPHONE** XIXe s., marque déposée angl. ♦ [8] **-GRAMME** 2e élément de nombreux composés sav. exprimant les notions d'« inscription », « enregistrement », ex. : **DIAGRAMME** XVIe s.; **CRYPTOGRAMME** XIXe s.; **ÉLECTROCARDIOGRAMME** XXe s.

**GRÈGE** famille du lat. *grex, gregis* « réunion d'animaux ou d'individus de même espèce » (le troupeau en tant que bétail se disait *pecus* → FIEF), d'où *gregarius* « qui fait partie de la troupe, en parlant des soldats ou des animaux »; *adgregare* « adjoindre à la troupe »; *congregare* « réunir en une troupe »; *segregare* « séparer du troupeau ».

♦ [1] **GRÈGE** (soie) XVIIe s. : it. *(seta) greggia*, fém. de l'adjectif *greggio*, du lat. vulg. **gregius*, dér. de *grex, gregis*; s'applique p. ex. à la laine non encore lavée ni teinte, telle qu'elle est produite par le troupeau. ♦ [2] **CONGRÉGATION** (sav.) XIIe s. : *congregatio*; XVIe s. sens limité aux religieux; **CONGRÉGANISTE** XVIIe s. ♦ [3] **AGRÉGER, AGRÉGATION, AGRÉGATIF** XIVe s. idée de « grouper », XIXe s.-XXe s. concours universitaire : *adgregare, -atio*; **AGRÉGAT** XVIe s.; **AGRÉGÉ** XIXe s.; **DÉSAGRÉGER** XVIIIe s.; **DÉSAGRÉGATION** XIXe s. ♦ [4] **SÉGRÉGATION** XIVe s. : *segregatio*; XXe s., polit.; **SÉGRÉGATIF** XVIe s.; **SÉGRÉGATIONNISTE, -ISME** XXe s. ♦ [5] **GRÉGAIRE** XVIe s. subst. « simple soldat », XIXe s. adj. sens mod. : *gregarius*; **GRÉGARISME** XIXe s.

1. **GRÊLE** (adj.) ♦ [1] (pop.) XIe s. : lat. *gracilis* « maigre ». ♦ [2] **GRELUCHON** XVIIIe s. : dér. de l'adj. pop. et dial. (Bourgogne) *grelu* XVIIIe s.-XIXe s., lui-même dér. de *grêle*. ♦ [3] **GRACILE** (sav.) XVIe s. : *gracilis*; **GRACILITÉ** XVe s. : *gracilitas*.

2. **GRÊLE** (subst.) ♦ [1] (pop.) XIIe s. frq. **grisilôn*; **GRÊLER** XIIe s.; **GRÊLON** XVIe s. ♦ [2] **GRÉSILLER** XIIe s. « faire du grésil » et **GRÉSIL** XIe s. : moyen néerl. *grîselen*, de même origine.

**GRELOT** (pop.) XIVe s. *grilot*, XVIIe s. *grelot* : probablement d'une base germ. expressive *gr-l* à alternance vocalique, servant à suggérer divers bruits (→ all. *grell* « aigu »; moyen fr. *grouler* « gronder »); a pu subir l'influence des noms du *grillon*; **GRELOTTER** XVIe s.

**GRÈS** (pop.) XIIe s. : frq. **greot* « gravier », le grès étant une roche formée de petits grains agglomérés; XIVe s. « terre glaise mêlée de sable servant à faire des poteries ».

**GRÈVE** ♦ [1] (pop.) XIIe s. « gravier, lieu sablonneux », XIXe s. « cessation de travail », les ouvriers parisiens en attente de travail ayant l'habitude de se réunir sur la place de Grève (auj. place de l'Hôtel-de-Ville) ainsi appelée parce qu'elle bordait la *grève* de la Seine : prélat. et sans doute préceltique **grava* « sable, gravier »; **GRÉVISTE** XIXe s. ♦ [2] **GRAVELLE** (pop.) XIIe s. « gravier », XVIe s. « calcul de la vessie »; **GRAVELEUX** XIIIe s. « qui contient du gravier », XVIe s. « relatif à la maladie appelée gravelle », XVIIIe s. « licencieux », d'après **GRAVELURE** XVIIIe s. « propos obscène qui irrite l'esprit comme un gravier ». ♦ [3] **GRAVOIS** (pop.) XIIe s., **GRAVATS** XVIIe s. par substitution de suff. ♦ [4] **GRAVIER** (pop.) XIIe s.; **GRAVILLON** XVIe s., **GRAVILLONNAGE** XXe s.

**GREVER** famille d'une racine ind.-eur. **gwer-* « lourd ».

En grec, *barus* « id. ».

En latin, *gravis* « pesant », en particulier en parlant de la femelle pleine, et, sens fig.

« grave »; d'où *gravitas* « pesanteur » et « gravité »; *gravida* « pleine, enceinte »; *gravare* « peser sur », « oppresser » et *aggravare* « alourdir », « aggraver ».

**I.** mots d'origine latine

**A.** mots populaires

♦ [1] **GREVER** XII$^e$ s. « accabler », XVII$^e$ s. « frapper de charges » : lat. vulg. **grĕvare*, class. *gravare*, refait comme l'adj. *gravis* l'avait été en **grĕvis* sous l'influence de son antonyme *lĕvis* → LÉGER; **DÉGREVER** XIV$^e$ s.; **DÉGRÈVEMENT** XVIII$^e$ s. ♦ [2] **GRIEF** XIII$^e$ s., subst. masc. : dér. des formes anciennes du verbe *grever* accentuées sur le radical. ♦ [3] **GRIÈVEMENT** XIV$^e$ s. (auparavant *griefment*) : adv. formé sur l'adj. anc. fr. *grief* XI$^e$ s. « pénible » : lat. vulg. **grĕvis*, class. *gravis* → GREVER ♦ [4] **GRIVOIS** XVII$^e$ s. « soldatesque », XVIII$^e$ s. « licencieux » : dér. de l'argot *grive* « guerre », début XVII$^e$ s., probablement fém. substantivé de l'adj. *grief*, littéralement « la douloureuse » → le précéd.; forme dial., dans les régions où *ie* pouvait se réduire à *i* (ex. : Picardie); **GRIVOISERIE, GRIVETON** XIX$^e$ s.

**B.** mots savants, base *-grav-*

♦ [1] **AGGRAVER** XI$^e$ s. : *aggravare*; **AGGRAVATION** XIV$^e$ s.; a éliminé son concurrent pop. *agrever*. ♦ [2] **GRAVITÉ** XII$^e$ s. « sérieux », XVI$^e$ s. « pesanteur » : *gravitas*; **GRAVE** XV$^e$ s. : *gravis*; **GRAVEMENT** XVI$^e$ s. ♦ [3] **GRAVITER, GRAVITATION** XVIII$^e$ s. : lat. mod. scient. *gravitare, -atio*, formés sur *gravitas* « pesanteur ». ♦ [4] **GRAVIDE** XIX$^e$ s. : *gravida*.

**II.** mots savants d'origine grecque

♦ [1] **BAROMÈTRE** XVII$^e$ s. : de *baros* « pesanteur » et *metron* « mesure », par l'angl.; **BAROMÉTRIQUE** XVIII$^e$ s. ♦ [2] **BARYTON** XVIII$^e$ s. *barutonos* « au ton grave ». ♦ [3] **BARY-** 1$^{er}$ élément de mots sav. exprimant l'idée de « pesanteur », ex. : **BARYUM** XIX$^e$ s., **BARYMÈTRE** XX$^e$ s. ♦ [4] **-BARE** météorologie, 2$^e$ élément de mots sav. exprimant l'idée de « pression », ex. : **ISOBARE** XIX$^e$ s.; var. **-BAR** dans **MILLIBAR** XX$^e$ s.

**GRIBOUILLER** XVI$^e$ s. : p.-ê. néerl. *kriebelen* « fourmiller, griffonner »; **GRIBOUILLE** XVI$^e$ s.; **GRIBOUILLIS** XVII$^e$ s.; **GRIBOUILLAGE** XVIII$^e$ s.; **GRIBOUILLEUR** XIX$^e$ s.

**GRIFFE** ♦ [1] (pop.) XIII$^e$ s. *grif*, masc., XVI$^e$ s. forme mod. : frq. **grif*; **GRIFFER** XIV$^e$ s.; **GRIFFONNER, GRIFFONNEUR** XVI$^e$ s.; **GRIFFONNAGE** XVII$^e$ s. ♦ [2] **AIGREFIN** XVII$^e$ s. « chevalier d'industrie » : p.-ê. dér. de l'anc. fr. *agrifer* « saisir avec les griffes », altéré sous l'influence de *aigre* et de *fin*.

**GRIFFON** (demi-sav.) XI$^e$ s. « animal fabuleux », XVI$^e$ s. « oiseau de proie », XVII$^e$ s. « chien » : dér., sur le lat. eccl. *gryphus*, du gr. *grups, grupos* « oiseau fabuleux », apparenté à l'adj. *grupos* « crochu »; XIX$^e$ s. « bouche d'une fontaine publique (ornée d'une tête fantastique) » : prov. *grifoun*, de même origine.

**GRIGNER** (pop.) XII$^e$ s. « plisser les lèvres », XIX$^e$ s. couture : frq. **grînan*; **GRIGNOTER** XVI$^e$ s.; **GRIGNOTEMENT** XIX$^e$ s.; **GRIGNOTAGE** XX$^e$ s.

**GRI-GRI** XVI$^e$ s., puis **GRIS-GRIS** XVIII$^e$ s. « fétiche » : p.-ê. mot mandingue *yiri-yiri* « trembler », ou *gidyi-gidyi* « tonnerre »; d'autre part on trouve dans la *Relation de l'Afrique occidentale* du P. Labat (1728) : « Ces billets, à qui les Européens ont donné le nom de *gris-gris*, sont des sentences de l'Alcoran avec quelques figures arbitraires. »

**GRILLE** famille du lat. *cratis* « objet tressé ou à claire-voie ».

♦ [1] **GRILLE** XI$^e$ s., d'abord sous les formes *graïlle, greïlle* : lat. *grātĭcŭla* « petit gril », dimin. de *cratis*; **GRIL** XII$^e$ s. : forme masc. du précéd. ♦ [2] **GRILLER** XII$^e$ s. « faire cuire au gril », d'où **GRILLADE** XVII$^e$ s.; XVI$^e$ s. *griller de*; XV$^e$ s. « fermer avec une grille » d'où **GRILLAGE** XIV$^e$ s. et **GRILLAGER** XIX$^e$ s. ♦ [3] **GRAILLON** (pop.) XVII$^e$ s. « restes d'un repas », XVIII$^e$ s. « graisse brûlée » : dér. de *grailler*, var. dial. Normandie, de *griller*. ♦ [4] **GRÉSILLER** « crépiter » XIV$^e$ s. : altération (d'après *grésiller* XII$^e$ s. → GRÊLE) de *greïllier*, forme anc. de *griller*. ♦ [5] (→ article ÉGRILLARD).

**GRIMACE** ♦ [1] (pop.) XIV$^e$ s. : altération, par substitution de suff., *grimuche* XIII$^e$ s., désignation ironique d'une idole païenne : frq. **grima* « masque »; **GRIMACER** XV$^e$ s.; **GRIMACIER** XVI$^e$ s. ♦ [2] **GRIMAUD** XIV$^e$ s., à l'origine nom propre, issu de la base **grima* → le précéd.; devenu nom commun sous l'influence de **GRIMOIRE.** ♦ [3] **SE GRIMER, GRIMAGE** XIX$^e$ s. : dér. de **GRIME** XVIII$^e$ s., théâtre, « rôle de vieillard ridicule », tiré de *grimace*, d'abord dans l'expression *faire la grime* XVII$^e$ s. « faire la moue ».

**GRINGALET** ♦ [1] le rapport de **GRINGALET** XVII$^e$ s. « bouffon », XVIII$^e$ s. « homme chétif » est obscur et douteux avec *Guingalet* XII$^e$ s., nom du cheval de Gauvain, héros de romans de chevalerie (gallois *Keincaled*, de *kein*

« beau » et *caled* « dur »). On peut rapprocher ce mot de l'Est, du Nord, et de l'Ouest de la France, de diverses formes dial. d'origine vraisemblablement germanique attestées au XIX^e s. : Savoie : *ringalet*; Forez : *ringalle, ringa* « mauvais cheval »; Lyon *ringue* « personne chétive ». Le *g-* initial pourrait résulter d'une contamination avec le suisse alémanique *gränggeli* « personne chétive » ♦ [2] **RINGARD** XX^e s. « mauvais comédien », « personne vieux-jeu » peut être une var. des formes dial. ci-dessus.

**GRIOT** XVII^e s. « sorcier africain » : étym. obscure; p.-ê. port. *criado*, du lat. *creatum* → CRÉOLE, art. CROÎTRE.

**GRIPPE** ♦ [1] (pop.) XIII^e s. « rapine » et « querelle », XVII^e s. « caprice soudain », d'où *prendre en grippe*; XVIII^e s. « maladie soudaine », d'où **GRIPPÉ** XVIII^e s. et **GRIPPAL** XIX^e s. : frq. **grip* « action de saisir ». ♦ [2] **GRIPPER, AGRIPPER** XV^e s. : frq. **gripan* « saisir » (→ all. *greifen*); **GRIPPE-SOU** XVII^e s. ♦ [3] **GRIMPER** XV^e s. : forme nasalisée de *gripper*; **GRIMPEUR** XVI^e s.; **GRIMPETTE** XX^e s.

**GRIS** ♦ [1] (pop.) XII^e s. adj. de couleur; XV^e s. subst. : frq. **gris*; **GRISON, GRISONNER** XV^e s.; **GRISONNANT, GRISÂTRE** XVI^e s.; **GRISER** XVI^e s. « colorer en gris »; **GRISAILLE** XVII^e s.; **GRISETTE** XVII^e s. « étoffe grise » et « jeune bourgeoise de mœurs faciles ». ♦ [2] **GRIS** XVII^e s. « légèrement ivre » : emploi métaph. de l'adj.; **GRISER** « enivrer » et **DÉGRISER** XVIII^e s.; **GRISERIE, DÉGRISEMENT** XIX^e s.

**GROS** ♦ [1] (pop.) XI^e s. : lat. imp. *grossus* « gros, épais »; XIII^e s. *vendre en gros* et *gros mots*; **GROSSEUR** XII^e s. ♦ [2] **GROSSIR** XII^e s.; **GROSSISSEMENT** XVI^e s.; **DÉGROSSIR** XVII^e s. ♦ [3] **GROSSE** « enceinte » XII^e s.; **GROSSESSE** XII^e s.; **ENGROSSER** XIII^e s. ♦ [4] **GROSSIER** XIII^e s. « qui vend en gros » et « rustre », XVII^e s. « (produit) mal façonné »; **GROSSIÈREMENT** XIV^e s.; **GROSSIÈRETÉ** XVII^e s. ♦ [5] **GROSSE** XV^e s. jur. et comm.; **GROSSISTE** XIX^e s.

**GROSEILLE** XII^e s., d'abord sous la forme *grosele* : néerl. *croesel* de *kroes* « crépu »; la finale du simple a été modifiée sous l'influence du dér. **GROSEILLIER** XII^e s.

**GROUILLER** XV^e s. : réfection, sous l'influence des verbes en *-ouiller*, de l'anc. fr. *grouler* « s'agiter » et « grogner », d'origine obscure; on a proposé d'y voir un empr. au néerl. *grollen* « crier », ou une var. de *crouler*, ou un dér. du dial. (Poitou) *grouée* « foule, masse », p.-ê. apparenté au prov. *grou* « frai » et *grouá* « frayer, pulluler », d'origine inc.; ou encore une simple onom.

**GRUAU** (pop.) XII^e s. *gruel* : dér. de l'anc. fr. *gru*, du frq. **grūt*.

**GRUGER** XV^e s. « écraser », XVII^e s. « broyer avec les dents » et « tromper » : néerl. *gruizen* « écraser », de *gruis* « grain ».

**GRUMEAU** (pop.) XIII^e s. : lat. vulg. **grūmĕllus*, dimin. du class. *grūmus* « terre »; **GRUMELEUX** XIV^e s.

**GUELTE** XIX^e s. : all. ou néerl. *Geld* « argent ».

**GUENILLE** ♦ [1] (pop.) XVII^e s. : altération de *guenipe* fin XV^e s., dial. (Poitou) « femme sale » et sens mod. : p.-ê. dér., sous l'infl. de *chipe*, var. de *chiffon*, du verbe dial. (Ouest, Centre) *guener* « mouiller, crotter », probablement d'un radical gaulois **wadana-* « eau », qui représenterait la racine **wed-* commune au germ. **wato*, au lat. *unda*, et au gr. *hudôr* → ONDE; pour le rapport de sens avec le verbe → *souillon* et *souiller*. **GUENILLON, DÉGUENILLÉ** XVII^e s.; **GUENILLEUX** XVIII^e s. ♦ [2] **NIPPE** XVII^e s. : forme abrégée de *guenipe*; **NIPPER** XVIII^e s. ♦ [3] **GUENON** XVI^e s. sorte de singe : probablement var. de *guenipe*.

**GUÊPE** (pop.) XII^e s. : gallo-roman **wespa*, croisement du lat. *vespa* et d'un mot germ. de même sens (→ anc. haut all. *wefsa*) sur lequel le lat. a agi à son tour; **GUÊPIER** XVIII^e s.

**GUÈRE** (pop.) XI^e s. *gaire* : frq. **waigaro* « beaucoup »; **NAGUÈRE** XII^e s. « il n'y a guère (de temps) ».

**GUÉRET** (pop.) XI^e s. *guaret* : gallo-roman **waracto*, du lat. class. *vervactum* « jachère », avec chute du *v* postconsonantique devant l'accent et croisement avec un mot germ., p.-ê. le frq. **waraita* « champ labouré ».

**GUERRE** ♦ [1] (pop.) XI^e s. : frq. **werra*; pour les mots sav. exprimant l'idée de « guerre » → BELLIQUEUX et POLÉM(O)-, art. POUSSER; **GUERRIER, GUERROYER** XI^e s.; **AGUERRIR** XVI^e s. ♦ [2] **GUÉRILLA** XIX^e s. mot esp. *guerrilla*,

« petite guerre », empr. au moment de la campagne de Napoléon I$^{er}$ en Espagne ; **GUÉRILLERO** XIX$^{e}$ s.

**GUÊTRE** (pop.) XV$^{e}$ s., d'abord *guietre* : probablement frq. **wrist* « cou-de-pied » → angl. *wrist*, all. *Rist*.

**GUEULE** famille de l'ind.-eur. *$*g^{w}el$-*, *$*g^{w}er$-* « avaler », racines voisines, probablement onom. (→ GARGOUILLE et GLOU-GLOU) représentées en lat. (1) avec un traitement *g*- de l'initiale, (a) *gula* « gosier »; et, dans la langue pop., « bouche » (b) lat. imp. *gluttus, -us* « gosier » *glutto, -onis* « glouton » et bas lat. *ingluttire* « avaler » (c) *gurges, -itis* « gouffre » et, dans la langue pop., « gosier », d'où *ingurgitare* « engouffrer » et *egurgitare* « vomir » (2) avec un traitement *v* de l'intiale, *vorare, devorare* « avaler, engloutir », et *vorax, -acis* « toujours prêt à avaler ».

**I.** famille de *gula*

**A.** base *-gueul-* (pop.)

♦ [1] **GUEULE** X$^{e}$ s. *gole : gŭla* ; **GUEULÉE** XII$^{e}$ s. ; **GUEULARD** XIV$^{e}$ s. ♦ [2] **DÉGUEULER** XV$^{e}$ s. ; **DÉGUEULASSE** XIX$^{e}$ s. ♦ [3] **GUEULER, ENGUEULER** XVII$^{e}$ s. ; **ENGUEULADE** XIX$^{e}$ s. ♦ [4] **GUEULETON** XVIII$^{e}$ s. ; **GUEULETONNER** XIX$^{e}$ s. ♦ [5] **GUEULE-DE-LOUP** XIX$^{e}$ s. ; **AMUSE-GUEULE** XX$^{e}$ s.

**B.** base *-goul-* (pop.)

♦ [1] **GOULÉE** XII$^{e}$ s. ♦ [2] **ENGOULEVENT** XIII$^{e}$ s. nom propre, XVI$^{e}$ s. « grand buveur », XIX$^{e}$ s. « oiseau qui vole le bec ouvert » : mot dial. (Ouest) de *engouler* « avaler » → ENGUEULER et VENT ♦ [3] **GOULET** XIV$^{e}$ s. vénerie, XVI$^{e}$ s. « couloir étroit », XVIII$^{e}$ s. « entrée d'un port ». ♦ [4] **GOULOT** XVII$^{e}$ s. ♦ [5] **DÉGOULINER** XVIII$^{e}$ s. : dér. de *dégouler*, var. dial. de **DÉGUEULER**. ♦ [6] **MARGOULETTE** XVIII$^{e}$ s. : dér. de *goule*, var. dial. (Ouest) de *gueule*, p.-ê. par croisement avec *margouiller* « manger salement », d'origine obscure. ♦ [7] **MARGOULIN** XIX$^{e}$ s. « marchand forain » : dér. de *margouliner*, qui se disait, à l'origine, de femmes colportant des mouchoirs ; p.-ê. dér. de *margouline* « bonnet de femme », var. de *margoulette* ; le sens 1$^{er}$ serait « aller en margouline ».

**C. BAGOU** (pop.) XVI$^{e}$ s., puis XVIII$^{e}$ s. : dér. de *bagouler* XV$^{e}$ s. « parler étourdiment » : mot de l'Ouest formé de *gouler* (→ B) et de la 1$^{re}$ syllabe de *baer* (→ BAYER).

**II.** famille de *gluttus*

♦ [1] **GLOUTON** (pop.) XI$^{e}$ s. : *glŭtto, -ōnis* ; **GLOUTONNERIE** XII$^{e}$ s. ♦ [2] **ENGLOUTIR** (pop.) XI$^{e}$ s. : *inglŭttīre* ; **ENGLOUTISSEMENT** XV$^{e}$ s., puis XIX$^{e}$ s. ♦ [3] **SANGLOT, SANGLOTER** XII$^{e}$ s., lat. vulg. **sĭnglŭttus*, **sĭnglŭttāre*, croisement de *glŭttus, glŭttīre* et du lat. class. *sĭngŭltus, sĭngŭltāre* « sanglot » « sangloter ». ♦ [4] **DÉGLUTITION** XVI$^{e}$ s. : **DÉGLUTIR** XIX$^{e}$ s. (sav.) : bas lat. *deglutire*, var. de *degluttire* « avaler ».

**III.** famille de *gurges*

**A.** base *-gorg-* (pop.)

♦ [1] **GORGE** XII$^{e}$ s. : lat. vulg. **gŭrga*, class. *gurges* ; **ROUGE-GORGE** XVI$^{e}$ s. ; **SOUTIEN-GORGE** XX$^{e}$ s. ♦ [2] **GORGÉE** XII$^{e}$ s. ; **GORGER** XIII$^{e}$ s. ♦ [3] **ENGORGER** XII$^{e}$ s. ; **ENGORGEMENT** XV$^{e}$ s. ; **DÉGORGER** XIII$^{e}$ s. ; **DÉGORGEMENT** XVI$^{e}$ s. ; **REGORGER** XIV$^{e}$ s. ♦ [4] **SE RENGORGER** XV$^{e}$ s. ♦ [5] **ÉGORGER, ÉGORGEMENT, ÉGORGEUR** XVI$^{e}$ s.

**B.** base *-gurg-*

(sav.) : **INGURGITER** XV$^{e}$ s. : *ingurgitare* ; **RÉGURGITER** XVI$^{e}$ s. : *regurgitare*.

**IV.** famille de *vorare*

♦ [1] **DÉVORER** (sav.) réfection, d'après le lat., de l'anc. fr. *devourer* XII$^{e}$ s. : *devorāre* ; **DÉVORANT** adj. XIV$^{e}$ s. ♦ [2] **VORACITÉ** XIV$^{e}$ s. : *voracitas* (sav.) ; **VORACE** XVII$^{e}$ s. : *vorax*. ♦ [3] **-VORE** (sav.) « qui mange » : lat. *-vorus*, 2$^{e}$ élément de composés nom. et adj. empr. au lat. ou de formation fr., ex. : **CARNIVORE** XVI$^{e}$ s. ; *carnivorus* ; **OMNIVORE** XVIII$^{e}$ s. : *omnivorus* ; **HERBIVORE, FRUGIVORE** XVIII$^{e}$ s.

**GUI** ♦ [1] (pop.) XIV$^{e}$ s. : lat. *viscum* « id. », avec influence germ. sur le *v* initial (p.-ê. frq. **wîhsila* « guigne »). ♦ [2] **VISQUEUX** (sav.) XIII$^{e}$ s. : bas lat. *viscosus*, dér. de *viscum* au sens de « glu » ; **VISCOSITÉ** XIII$^{e}$ s., puis XX$^{e}$ s. ; **VISCOSE** XX$^{e}$ s.

**GUIBOLE** XIX$^{e}$ s. fam. : probablement altération de *guibonne*, var. du dial. (Normandie) *guibon* XVII$^{e}$ s., d'origine obscure.

**GUICHE** (pop.) XII$^{e}$ s. « courroie », XIX$^{e}$ s. « patte de cheveux, accroche-cœur » : p.-ê. frq. **withthja* « lien d'osier » croisé avec lat. *vitica* « vrille de la vigne » ; **AGUICHER** XII$^{e}$ s. « attacher le bouclier au cou avec une guiche », diffère d'**AGUICHER** XIX$^{e}$ s. « provoquer » : normand *agucher* « exciter (un chien à mordre, un jaloux à se venger) », var. de fr. *aiguiser* (→ AIGRE), croisé avec *guiche* « accroche-cœur ».

**GUICHET** (pop.) XII$^{e}$ s. : dimin. de l'anc. scandinave *vik* « cachette, recoin » ; **GUICHETIER** XVII$^{e}$ s.

**GUIDER** ♦ [1] XIV$^{e}$ s. : réfection, d'après l'it. ou l'anc. prov. *guidare* « id. » : gotique **widan*

« montrer une direction », de l'anc. fr. *guier* « id. », issu de l'équivalent frq. **wîtan*; **GUIDON** XIV^e s. « étendard, point de ralliement »; XVIII^e s. d'une arme; XIX^e s. d'une bicyclette; **GUIDAGE** XVII^e s.; **-GUIDAGE** XX^e s., ex. : **TÉLÉ-, AUTO-, RADIO-GUIDAGE.** ♦ [2] **GUIDE** XIV^e s. : it. ou prov. *guida*, dér. de *guidare*; a éliminé l'anc. fr. *guis, guion.*

**GUIGNER** ♦ [1] (pop.) XII^e s. « faire signe », d'où dial. « loucher » et mod. « convoiter » : frq. **wingjan* « faire signe », romanisé en **gwinyare*, forme dissimilée de **gwingyare.* ♦ [2] **GUIGNON** XII^e s. « le mauvais œil », XVII^e s. « malchance »; **GUIGNE** XIX^e s. « malchance ». ♦ [3] **GUIGNOL** XIX^e s. : nom probablement formé sur le radical de *guigner.*

**GUILDE** XII^e s.; repris fin XVIII^e s. : lat. médiéval *gilda, ghilda* « confrérie », adaptation du moyen néerl. *gilde* « id. », d'origine germ.

**GUILLERET** ♦ [1] (pop.) XV^e s., d'abord au fém. avec le sens de « séduisante, pimpante » : probablement dér. du verbe anc. fr. *guiller* « tromper », issu, avec une altération (due à l'influence de *Guillaume*?), de l'anc. fr. *guile* « tromperie », du frq. **wigila* « astuce »; a pu subir pour le sens l'influence de l'onom. *guilleri* « chant du moineau ». ♦ [2] *courir le* **GUILLEDOU** XVI^e s. : mot dial. (Ouest), probablement composé du même verbe *guiller* et de l'adj. *doux.*

**GUIMAUVE** ♦ [1] (pop.) XII^e s., var. *ymalve*; mot composé. 1^er élément : lat. *hibiscus.* du gr. *hibiskos* « mauve » abrégé et croisé avec *gui* (→ lat. médiéval *hibiscum malva*), 2^e élément : traduction lat. du 1^er, servant à le renforcer et à éviter les confusions. ♦ [2] **HIBISCUS** (sav.) XIX^e s. « arbre tropical ».

**GUIMBARDE** XVII^e s. « danse », XVIII^e s. « voiture » : prov. *guimbardo*, dér. du verbe *guimba* « sauter », du got. **wimman* « se mouvoir vivement », croisé avec la famille de *cambo* « jambe ».

**GUIMPE** (pop.) XII^e s. : frq. **wimpil* « banderole ».

**GUINDER** (pop.) XII^e s. « soulever un fardeau avec une machine », XVI^e s. sens fig. : mot normand du vocabulaire de la marine, de l'anc. scandinave *vinda* « hausser en tournant (un treuil, un cric) » (→ all. *winden*).

**GUIPURE** (pop.) XIV^e s. : dér. de l'anc. fr. *guiper* XIV^e s. « travailler une étoffe », du frq. **wipan* « entourer de fil ».

**GUIRLANDE** XIV^e s. : it. *ghirlanda*, de l'anc. prov. *guirlanda*, apparenté à l'anc. fr. *garlande*, mot d'origine germ., p.-ê. du frq. **weron* « garnir » ou frq. **wiara* « ornement fait de fils d'or ». Il faut supposer, de toute façon la formation en gallo-roman, sur l'une des deux bases, d'un verbe en *-ulare* dont le subst. serait le dér. **ENGUIRLANDER** XVI^e s. « orner », XX^e s. fam., euphémisme pour « engueuler ».

**GUISE** (pop.) XI^e s. : frq. **wîsa* « manière » (→ all. *Weise*); **DÉGUISER** XII^e s. « changer sa manière d'être »; **DÉGUISEMENT** XII^e s.

**GUITARE** ♦ [1] XIV^e s. : esp. *guitarra*, de l'arabe *qîtâra*, du gr. *kithara* « cithare, instrument à cordes »; **GUITARISTE** XIX^e s. ♦ [2] **CITHARE** (sav.) XIV^e s. : lat. *cithara*, de même origine. ♦ [3] **CISTRE** XVI^e s. sous la forme *citre; s* d'abord purement graphique, prononcé depuis le XVIII^e s., p.-ê. sous l'influence de *sistre* : all. *Zither*, du lat. *cithara.*

**GUITOUNE** XIX^e s. : arabe *gîtûn* « petite tente ».

**GUIVRE** ♦ [1] (pop.) XI^e s. « serpent », survit comme terme de blason : lat. *vipera* « vipère », avec altération du *v* initial en *gw* sous une influence germ. ♦ [2] **VOUIVRE** (pop.) XIII^e s. dans un texte liégeois « vipère », XIX^e s. dial. (Centre, Est) « animal fabuleux » : même origine. ♦ [3] **VIVE** (pop.) XIV^e s., « poisson de mer tenu pour dangereux » : altération, sous l'influence de *vif, vive* de *wivre* var. dial. normanno-picarde de *guivre.* ♦ [4] **VIPÈRE** (sav.) XIV^e s. : *vipera*; **VIPÉRINE** XV^e s., bot.

**GYMNASE** famille sav. du gr. *gumnos* « nu » ou « légèrement vêtu ».
♦ [1] **GYMNASE** XIV^e s., hist. anc., fin XVII^e s. sens mod. : gr. *gumnasion*, par le lat., « établissement public pour les exercices du corps »; **GYMNASTIQUE** XIV^e s. : *gumnastikos* « qui concerne les exercices physiques (pour lesquels on se dévêtait) »; **GYMNASTE** XVI^e s. : *gumnastês* « maître d'athlétisme »; **GYM-**

**NIQUE** XVI$^{e}$ s. : *gumnikos*, syn. de *gumnastikos :* même évolution que **GYMNASE**. ♦ [2] **GYMNO-** « 1$^{er}$ élément de mots sav., ex. : **GYMNOSPERME** XVIII$^{e}$ s. ; **GYMNOTE** XVIII$^{e}$ s. littéralement « au dos nu » (gr. *nôtos* « dos »).

**GYNÉCÉE** ♦ [1] (sav.) XVII$^{e}$ s. : gr. *gunaikeion* « appartement des femmes », de *gunê, gunaikos* « femme », nom ind.-eur. à valeur noble et souvent religieuse, qui n'a pas été conservé par le lat. ♦ [2] **GYNÉCO-** 1$^{er}$ élément de composés sav., ex. : **GYNÉCOLOGIE** XIX$^{e}$ s. ♦ [3] **-GYNE** 2$^{e}$ élément de composés sav., ex. : **ANDROGYNE** XIV$^{e}$ s., **MISOGYNE** XVI$^{e}$ s.

**GYPSE** (sav.) XV$^{e}$ s. : gr. *gupsos* « plâtre », par le lat.

# H

**HACHE** ♦ [1] (pop.) XIIe s. : frq. **hâppja*; **HACHETTE** XIVe s. ♦ [2] **HACHER** XIIe s.; **HACHOIR** XVe s.; **HACHIS** XVIe s. ♦ [3] **HACHURE** XVe s.; **HACHURER** XIXe s. ♦ [4] **HACHE-PAILLE** XVIIIe s.; **HACHE-LÉGUMES** XIXe s.; **HACHE-VIANDE** XXe s. ♦ [5] **PIOLET** XIXe s. : mot du Val-d'Aoste, dér, du piémontais *piola* « hache », dimin. de *apia* « hache », avec confusion entre l'*a* initial et celui de l'article défini : anc. prov. *apia*, équivalent du fr. *hache*.

**HAGARD** XIVe s., fauconnerie, « sauvage et farouche »; XVIe s. extension d'emploi : probablement empr. à une langue germ. (→ moyen angl. *hagger* « sauvage » et all. *Hagerfalk* « faucon hagard »).

**HAGIOGRAPHIE** ♦ [1] (sav.) XVe s. : gr. *hagiographos* « auteur de vie de saints », de *graphos* → GREFFE, et gr. *hagios* « saint », mot p.-ê. rattachable à la racine **sac-* de *sacer* → SAINT. **HAGIOGRAPHE**, **HAGIOGRAPHIQUE** XIXe s. ♦ [2] **HAGIO-** 1er élément de composés, ex. : **HAGIOLOGIE** XIXe s.

**HAIE** ♦ [1] (pop.) XIIe s. : frq. **hagja*. ♦ [2] **HAYON** XIIIe s. « étal à claire-voie », dimin. et emploi métaph. du précédent.

**HAILLON** XVe s. : dimin. de *hailles* (dial. Nord), adaptation du moyen haut all. *hadel* « lambeau ».

**HAÏR** ♦ [1] (pop.) XIIe s. : frq. **hatjan* (→ angl. *to hate*); **HAÏSSABLE** XVIe s. ♦ [2] **HAINE** (pop.) XIIe s. : frq. **hatīna*, dér. de **hatjan*; **HAINEUX** XIIe s.

**HAIRE** famille de mots d'origine germanique apparentés à l'all. *Haar* et à l'angl. *hair* « cheveux ».

♦ [1] **HAIRE** (pop.) Xe s. : frq. **harja* « vêtement fait de poils ». Mot employé comme adj. au XIIe s. au sens de « pauvre, malheureux ») ♦ [2] **HÈRE** XVIe s. qui subsiste dans la locution *pauvre hère*, doit être l'adjectif ci-dessus employé comme nom au sens de « pèlerin qui porte la haire », plutôt qu'un emprunt à l'all. *Herr* « seigneur » employé par dérision. ♦ [3] **HART** (pop.) XIIe s. « corde » : frq **hard* « filasse ». ♦ [4] **ARDILLON** XIIIe s. *hardillon* « languette, petit lien », dimin. du précéd.

**HALEINE** (pop.) XIe s. *aleine*, XVe s. *h* initial sous l'influence du lat. *halare* par fausse étym. : dér. de l'anc. fr. *alener* « souffler » (pop.) XIIe s., du lat. vulg. **alenare*, forme inversée du class. *anhelare* « être essoufflé ».

**HALER** XIIe s. : anc. bas all. **halon* ou anc. néerl. *halen* « tirer »; **HALAGE** XVe s.; **HALEUR** XVIIe s.

**HÂLER** (pop.) XIIe s. : origine obscure; p.-ê. frq. *hallon* « dessécher »; plus probablement, à cause de var. dial. telles que *harler*, du lat. vulg. **assŭlāre*, dér. du class. *assare* « rôtir »; *h* p.-ê. dû à un croisement avec *hallon*; **HÂLE** XIIe s.

**HALLE** ♦ [1] (pop.) XIIIe s. : frq. **halla* « espace couvert ». ♦ [2] **HALL** XVIIe s., rare avant le XIXe s. : mot angl., équivalent du précéd.

**HALLEBARDE** XVe s. : moyen haut all. *helmbarte* « hache » (*barte*) « à poignée » (*helm*); la forme *alabarde* XIVe s. était un emprunt à l'it. *alabarda* de même origine; **HALLEBARDIER** XVe s.

**HALLIER** (pop.) XVe s. : dér. du frq. **hasal* « noisetier ».

**HALLUCINÉ, HALLUCINATION** (sav.) XVII^e s. : lat. *hallucinatus, hallucinatio*, de *hallucinari* « se tromper, divaguer, avoir des hallucinations »; **HALLUCINER** XIX^e s.

**HALO** (sav.) XIV^e s. « auréole », XX^e s. photo. : gr. *halôs* « aire à battre » et « toute surface ronde et unie ».

**HALTE** XI^e s., puis XVI^e s. : all. *Halt* « arrêt », de *halten* « s'arrêter ».

**HAMAC** XVI^e s. : *hamacque*, XVIII^e s. *hamac* : caraïbe *hamaca*, par l'esp.

**HAMEAU** ♦ [1] (pop.) XIII^e s. : dimin. de l'anc. fr. *ham* « village », conservé en toponymie, du frq. **haim* « maison ». ♦ [2] **HANGAR** XIV^e s., mais dès le XII^e s. comme toponyme en Picardie, où les hangars et étables sont traditionnellement disposés autour de l'enclos : frq. **haingard* « clôture autour de la maison » (2^e élément → JARDIN, art. COUR). ♦ [3] **HANTER** XII^e s. « habiter », d'où « fréquenter », XIX^e s. en parlant des fantômes, sous l'influence de l'équivalent angl. : anc. scandinave *heimta* « ramener les troupeaux passer l'hiver à l'étable », « retrouver », verbe construit sur la base de **haim*. ♦ [4] **HOME** XIX^e s. : mot angl. « maison, foyer » : anc. angl. *hām*, équivalent de **haim*.

**HAMEÇON** (pop.) XII^e s. : *ameçon* : dér. du lat. *hamus*, en anc. fr. *aim*.

**HAMPE** XVI^e s. « manche de bois » : mot obscur, p.-ê. altération, sous une influence mal déterminée, de *hante* (pop.) XI^e s., croisement du lat. *hasta* « lance » avec le frq. **hant* « main ».

**HANAP** (pop.) XII^e s. : bas lat. (IX^e s.) *hanappus*, du frq. **hnap* « écuelle ».

**HANCHE** (pop.) XII^e s. : frq. **hanka*; **DÉHANCHER** XVI^e s.; **DÉHANCHEMENT** XVIII^e s.

**HANDICAP** XIX^e s.; mot angl. pour *hand in cap* « main dans le chapeau »; a désigné d'abord un jeu de hasard; appliqué aux courses de chevaux au XVIII^e s.; **HANDICAPER** XIX^e s.

**HANNETON** ♦ [1] (pop.) XI^e s. : dimin. du frq. **hano* « coq », empr. pour désigner divers insectes, par plusieurs parlers germ. ♦ [2] **HENNIN** XV^e s. : probablement néerl. *henninck* « coq », apparenté au précédent, à cause de la forme de cette coiffe, comparable à une crête.

**HANSE** XIII^e s. : moyen bas all. *hansa* « corporation »; **HANSÉATIQUE** XVIII^e s. : all. *hanseatisch*.

**HAPPER** (pop.) XII^e s. : verbe d'origine onom. avec équivalents, un peu plus tard, dans plusieurs langues germ.

**HARAS** ♦ [1] (pop.) XII^e s. « ensemble d'étalons et de juments destinés à la reproduction », puis « lieu où on les tient » : apparenté à de nombreux mots dial. à radical *har-*, exprimant la notion de « cheval »; p.-ê. de l'anc. scandinave *hârr* « grisonnant ». ♦ [2] **HARIDELLE** XVI^e s. : dér. sur la même base *har-* que le précéd.

**HARDE** (pop.) XII^e s. « troupeau de bêtes sauvages » : frq. **herda* (→ all. *Herde* « troupeau »).

**HARDI** (pop.) XI^e s. : part. passé de l'anc. fr. *hardir* « prendre de l'audace », du frq. **hardjan* « devenir » ou « rendre dur »; **HARDIMENT, HARDIESSE, ENHARDIR** XII^e s.

**HAREM** XVII^e s. : var. turque de l'ar. *haram* « ce qui est sacré, défendu », « femmes qu'un étranger à la famille n'a pas le droit de voir ».

**HARENG** (pop.) XII^e s. : frq. **haring*; **HARENGÈRE** XIII^e s.

**HARGNEUX** (pop.) XII^e s. et **HARGNE** XIII^e s. doivent se rattacher au moyen fr. *hargner* XV^e s. « être de mauvaise humeur » : p.-ê. frq. **harmjan* « tourmenter ».

1. **HARICOT** (de mouton) ♦ [1] (pop.) XIV^e s. « ragoût de viandes coupées en morceaux » : dér. de l'anc. fr. *harigoter* XII^e s. « mettre en lambeaux », « quereller », du frq. **harijôn*, var. de **hariôn* « gâcher », représenté en anc. fr. par *harier* « harceler ». ♦ [2] **ARGOT** XVII^e s., en jargon « corporation des gueux »; fin XVII^e s. en fr. « langage des gueux » : dér. de *argoter* « mendier », probablement simple var. de *harigoter*; en effet, de nombreux mots argotiques ou pop. traduisent l'idée de « travail » par celle de « coup » et l'idée de « travail mesquin ou illicite » par celle de « donner de petits coups » (→ TAQUIN, MAQUIGNON); *argot* aurait, en ce sens, remplacé *truche* « mendicité », var. de *truc*; **ARGOTIQUE** XIX^e s. ♦ [3] (→ ERGOT).

2. **HARICOT** (légume) XVII^e s. : croisement de l'aztèque *ayacotli*, transmis par les Espagnols sous une forme *ayacote*, et du précédent, le *haricot*, dès son introduction en Europe, ayant été utilisé dans les ragoûts appelés déjà *haricot* ; var. *fèves d'aricot*, puis *de haricot*, puis *de Calicot* (c.-à-d. de Calcutta, par confusion entre les Indes orientales et les Indes occidentales).

**HARO** ♦ [1] (pop.) XII^e s. : var. de l'anc. fr. *hare!* cri servant à exciter les chiens de chasse, du frq. **hara*. ♦ [2] **HARASSER** XVI^e s. : dér. de *harer* « exciter les chiens », « poursuivre, traquer le gibier » ; **HARASSANT** XIX^e s. ♦ [3] **HALLALI** XVIII^e s. pour *hale à li!* var. de *hare à lui!* cri de veneurs.

**HARPE** ♦ [1] (pop.) XII^e s. : germ. **harpa* ; **HARPISTE** XVII^e s. ♦ [2] **ARPÈGE** XVIII^e s. : it. *arpeggio*, dér. de *arpa* équivalent du fr. *harpe*.

**HARPIE** (sav.) XIV^e s. : gr. *harpuia*, plus souvent au plur. *harpuiai*, nom de divinités des tempêtes, par le lat. *harpya*.

**HARPON** XII^e s. en anglo-normand, puis XV^e s. : dér. de l'anc. fr. *harper* « empoigner », probablement verbe d'origine germ. apparenté à l'anc. scandinave *harpa* « crampe, torsion », qui a rencontré la famille de l'anc. prov. *arpa* « griffe », du gr. *harpê* → SERPE ; **HARPONNER** XVII^e s.

**HART** ♦ [1] (pop.) XII^e s. « corde » : frq. **hard* « filasse », p.-ê. apparenté à l'all. *Haar* « cheveu » → HAIRE ♦ [2] **ARDILLON** XIII^e s. *hardillon* « languette, petit lien » : dimin. du précéd.

**HASARD** XII^e s. « jeu de dés », « coup de dés heureux », puis « risque », « chance » : arabe *az-zahr* « jeu de dés » par l'intermédiaire de l'esp. *azar*. Malgré l'absence d'aspiration dans la langue d'origine, initiale *h-* dès le XII^e s. et prononciation aspirée attestée dès le XVII^e s. » ; **HASARDER** XV^e s. ; **HASARDEUX** XVI^e s.

**HASE** XVI^e s., d'abord en wallon, et spécialisé dans la désignation de la femelle : all. *Hase* « lièvre ».

**HÂTE** (pop.) XII^e s. : frq. **haist* « vivacité » : **HÂTER, HÂTIF** XI^e s.

**HAUBAN** ♦ [1] (pop.) XII^e s. : anc. scandinave *höfud-benda* (→ all. *Haupt* « tête » et *Band* « lien ») « câble principal ». ♦ [2] **GALHAUBAN** XVII^e s. : altération de *calehauban* XVII^e s., du verbe *caler* « abaisser » → ce mot.

**HAUT** famille d'une racine ind.-eur. **al-* « nourrir » représentée en latin par (1) *alere, altus* puis *alitus* « nourrir », « faire grandir », d'où (a) *almus* « nourricier », « bienfaisant » (b) *alimentum* « aliment » et l'adj. *alimentarius* (c) *alescere* « se nourrir », « grandir, croître » et *coalescere, coalitus* « grandir ensemble », "s'unir en croissant », « se coaliser » (2) *altus* « qui a fini de grandir », « grand », ancien part. passé senti comme un simple adj. indépendant de l'idée de « nourriture », d'où (a) *altum* neutre substantivé « la haute mer » et lat. imp. *altanum* « vent qui souffle de la mer » (b) *altitudo, -inis* « hauteur » ou « profondeur » (c) lat. imp. *exaltare* « élever » et *exaltatio* (3) une var. **ol-* qui apparaît dans (a) *proles* « ensemble des enfants », d'où *proletarius* « citoyen de la dernière classe, qui ne fournit à la cité d'autre ressource que sa progéniture » (b) *adolescere* « grandir », part. présent *adolescens* « en train de grandir », part. passé *adultus* « qui a fini de grandir » (c) *abolescere* « vieillir, se perdre, être aboli » et *abolēre* « anéantir » (d) p.-ê. enfin *delēre* « détruire », de **de-olēre* formation parallèle à *abolere*, d'où *delebilis* « qu'on peut détruire » et son contraire *indelebilis*.

I. mots populaires

A. base *haut-*

♦ [1] **HAUT** XI^e s. : *altus* ; *h* initial p.-ê. sous l'infl. du frq. **hoh* (→ all. *hoch*) ; **HAUTEMENT** XI^e s. ; **HAUTAIN, HAUTEUR** XII^e s. ♦ [2] **HAUTE-CONTRE** XVI^e s. ; **HAUT-DE-CHAUSSES** XVI^e s. ; **HAUT-LE-CORPS** XVII^e s. ; **HAUT-LE-CŒUR** XIX^e s. ; **HAUT-DE-FORME** ou **HAUTE-FORME** XIX^e s.

B. base *-hauss-*

♦ [1] **HAUSSER** XII^e s. : lat. vulg. **altiare*, de *altus* avec *h* germ. ; **HAUSSE** XIII^e s. subst. fém. ♦ [2] **REHAUSSER** XIII^e s. ; **REHAUSSEMENT** XVI^e s. ; **REHAUT** peinture XVII^e s. ♦ [3] **SURHAUSSER** XII^e s. ; **SURHAUSSEMENT** XVI^e s. ; ♦ [4] **EXHAUSSER** XII^e s. ; **EXHAUSSEMENT** XII^e s. ♦ [5] **EXAUCER** XVII^e s. : simple var. graphique de *exhausser* au sens de « élever en dignité », « écouter favorablement une prière ».

II. mots d'emprunt

♦ [1] **AUTAN** XVI^e s. : mot prov. : *altānus*. ♦ [2] **ALTESSE** XVI^e s. : it. *altezza* ou esp. *alteza*, du lat. vulg. **altĭtĭa*, qui avait remplacé *altitudo*. ♦ [3] **ALTIER** XVI^e s. : it. *altiero* « fier, orgueilleux », croisement de *alto* et de *fiero*. ♦ [4] **ALTO** XVIII^e s., chant ; nom d'instrument : abrév. de *viola alta*, au masc. p.-ê. sous l'infl. de *violon* : it. *alto*, de *altus*.

**III.** mots savants

**A.** base *-alt-*

♦ [1] **EXALTER** X^e s. « glorifier », XVIII^e s. « provoquer l'enthousiasme » : *exaltare* ; **EXALTATION** XIII^e s. à propos de la Sainte-Croix, XVII^e s. « glorification », XVI^e s. « accroissement d'activité » : *exaltatio*. ♦ [2] **ALTITUDE** XV^e s. rare avant le XIX^e s. : *altitudo*. ♦ [3] **ALTIMÈTRE** XVI^e s.

**B.** base *-al-*

♦ [1] **ALIMENT** XII^e s. : *alimentum* ; **ALIMENTAIRE** XIV^e s. : *alimentarius* ; **ALIMENTER** XIV^e s. ; **ALIMENTATION** XV^e s. ; **SOUS-ALIMENTER, SURALIMENTER, -ATION** XX^e s. ♦ [2] **COALESCENCE** XVI^e s. : de *coalescere*. ♦ [3] **COALITION** XVI^e s. : de *coalitus*, part. passé de *coalescere* ; **COALISER** fin XVIII^e s.

**C.** base *-ol-*

♦ [1] **ADOLESCENCE** XIII^e s. : lat, *adolescentia*, de *adolescere* ; **ADOLESCENT** XIV^e s. : *adolescens* ; **ADOLESCENTE** XV^e s. ♦ [2] **PROLÉTAIRE** XIV^e s., rare avant le XVIII^e s. : *proletarius* ; **PROLÉRARIAT, PROLÉTARIEN** et **PROLO**, abrév. pop., XIX^e s. ; **PROLÉTARISER** XX^e s. ♦ [3] **PROLIFIQUE** XVI^e s. : dér. formé sur *proles*. ♦ [4] **PROLIFÉRER, PROLIFÉRATION** XIX^e s. : composés de *proles* et *ferre* « porter » → OFFRIR. ♦ [5] **ABOLIR** XV^e s. « détruire », puis jur. : *abolere* ; **ABOLITION** XV^e s. : *abolitio* ; **ABOLITIONNISME** et **ABOLITIONNISTE** XIX^e s., sous l'influence de l'angl., à propos de l'abolition de l'esclavage.

**D. ADULTE** XIV^e s. adj., XVI^e s. subst. : *adultus*.

**E. INDÉLÉBILE** XVI^e s. : *indelebilis* ; **DÉLÉBILE** XIX^e s. : *delebilis* ; **DELEATUR** XIX^e s. typo., mot lat. « qu'il soit détruit ».

**HÂVE** (pop.) XII^e s. « sombre », XVII^e s. « pâle » : frq. **haswi* « blême ».

**HAVRE** XII^e s. : moyen néerl. ou moyen angl. *havene* « port ».

**HAVRESAC** XVII^e s. : all. *Habersack* « sac à avoine », dit du sac des soldats de la guerre de Trente Ans.

**HEAUME** (pop.) XI^e s. : frq. **helm* « casque ».

**HÉBÉTER** (sav.) XIV^e s. : lat. *hebetare* « émousser » ; **HÉBÉTUDE** XVI^e s. : *hebetudo* « état d'une chose émoussée », « stupidité ».

**HÉGIRE** XVI^e s. : arabe *hedjra* « fuite (de Mahomet) », probablement par l'esp. *hegira*.

**HÉLER** XVI^e s. : angl. *to hail* « saluer », « appeler », abréviation de *wassail*, de l'anc. scandinave *ves heill* « soyez en bonne santé ».

**HENNÉ** XVI^e s., puis XVIII : arabe *hinna*.

**HÉPAT(O)-** 1^er élément de mots sav. : gr. *hêpar, hêpatos* « foie » ; **HÉPATIQUE** XIII^e s. : gr. *hêpatikos* par le lat. ; **HÉPATITE** XVI^e s. pierre précieuse, XVII^e s. maladie ; **HÉPATOLOGIE** XVIII^e s.

**HÉRAUT** famille du germ. **har* « armée » (→ all. *Heer*).

**I.** **hariwald* « chef d'armée ». ♦ [1] **HÉRAUT** (pop.) XII^e s. frq. **heriwald*. ♦ [2] **FARAUD** XVIII^e s. : esp. *faraute*, adaptation du fr. *héraut* ; désignait l'acteur qui récitait le prologue d'une pièce de théâtre, d'où le sens de « qui fait l'important ». ♦ [3] **HÉRALDIQUE** (sav.) XVII^e s. : dér. du lat. médiéval *heraldus*, calqué sur *héraut*.

**II.** **hariberga* « abri de l'armée ». ♦ [1] **HÉBERGER** (pop.) XI^e s. *herbergier* : frq. **heribergôn* « abriter l'armée », « camper » ; **HÉBERGEMENT** XII^e s. ♦ [2] **AUBERGE** XVII^e s. : prov. *auberjo*, du germ. **hariberga*, mot introduit avant l'invasion franque par les mercenaires germains de l'armée romaine ; ♦ [3] **AUBERGISTE** XVII^e s. Pour le 2^e élém. → aussi BEFFROI, art. EFFRAYER.

**III.** **harinest* « provisions pour l'armée ». ♦ [1] **HARNAIS** (pop.) XI^e s., *herneis* « équipement d'un homme d'armes », XIII^e s. « équipement d'un cheval » : adaptation de l'anc. scandinave **hernest*. ♦ [2] **HARNACHER** XIII^e s. ; **HARNACHEMENT** XVI^e s.

**IV.** *harangue* → RANG ; **ARRIÈRE-BAN** → BAN.

**HERBE** ♦ [1] (pop.) XI^e s. : lat. *herba* ; **HERBEUX** XI^e s. ; **HERBU, HERBAGE** XII^e s. ; **HERBIER** XII^e s. « terrain herbeux », XVII^e s. « album de plantes séchées ». ♦ [2] **DÉSHERBER** XIX^e s. ; **DÉSHERBAGE** XX^e s. ♦ [3] **HERBORISTE** XV^e s., d'abord *arboliste* : mot méridional apparenté au prov. *erboularié* « traité de botanique », it. *erbolaio* « herboriste », qui se rattachent à *herbŭla* dimin. de *herba* ; **HERBORISTERIE** XIX^e s. ; **HERBORISER, HERBORISATION** XVIII^e s. ♦ [4] **HERBACÉ** (sav.) XVI^e s. : *herbaceus*. ♦ [5] **HERBI-** 1^er élément de composés sav., ex. : **HERBIVORE** XVIII^e s., **HERBICIDE** XX^e s.

**HÈRE** XVI^e s. subsiste dans la locution *pauvre hère* : all. *Herr* « seigneur », employé par antiphrase.

**HÉRÉSIE** représentants en fr. du gr. *hairesis* « action de prendre », « de choisir », dér. de *hairein* « prendre ».

♦ [1] **HÉRÉSIE** (sav.) XIIe s. *érisie* : gr. *hairesis* « choix », « opinion particulière »; **HÉRÉTIQUE** XIVe s., a remplacé les mots anc. *herite, erede* : *hairetikos* « qui choisit »; **HÉRÉSIARQUE** XVIe s. : gr. *hairesiarkhês* « chef d'une secte »; tous ces mots par le lat. ♦ [2] **APHÉRÈSE, DIÉRÈSE, SYNÉRÈSE** XVIe s., gramm. : *aphairesis*, de *apo* « action d'enlever »; *diairesis*, de *dia* « action de séparer »; *sunairesis*, de *sun* « action de prendre ensemble ».

**HÉRISSON** ♦ [1] (pop.) XIIe s. : lat. vulg. **ericio, -ōnis*, class. *ericius*. ♦ [2] **HÉRISSER** (pop.) XIIe s. : lat. vulg. **ericiāre*, de *ericius*; **HÉRISSEMENT** XVe s.

**HERNIE** (sav.) XVe s. : *hernia*, a éliminé l'anc. fr. *hergne* (pop.); **HERNIEUX** XVIe s.; **HERNIAIRE** XVIIe s.

**HÉRON** ♦ [1] (pop.) XIIe s. *aigron, hairon* : frq. **haigiro*. ♦ [2] **AIGRETTE** XIVe s. « héron », XVIe s. sens mod. : prov. *aigreta*, issu, par substitution de suff., de *aigron*, équivalent du fr. *héron*.

**HÉROS** ♦ [1] (sav.) XIVe s. « demi-dieu mythologique », XVIe s. « homme distingué par ses actions courageuses », XVIIe s. « personnage principal d'une œuvre littéraire » : gr. *hêrôs* « demi-dieu »; **HÉROÏQUE** XIVe s. : *hêrôikos*; **HÉROÏNE** XVIe s. : *hêrôiné* « demi-déesse », tous ces mots, par le lat.; **HÉROÏQUEMENT** XVIe s.; **HÉROÏSME, HÉROÏ-COMIQUE** XVIIe s.; **HÉROÏCITÉ** XVIIIe s. ♦ [2] **HÉROÏNE** XXe s., succédané de la morphine : all. *Heroin*, dér., sur la base du gr. *hêrôs* en raison de l'exaltation créée par cette drogue.

**HERPÈS** (sav.) XVe s. : lat. *herpes, -etis* « dartre »; **HERPÉTIQUE** XVIIIe s.

**HERSE** ♦ [1] (pop.) XIIe s. : lat. vulg. **herpex, -ĭcis*, class. *hirpex*, dér. de *hirpus*, nom du loup en samnite, à cause des dents de cet instrument; **HERSER** XIIe s.; **HERSAGE** XIVe s. ♦ [2] **HARCELER** XVe s. : dér. de *harser*, var. de *herser* employé par métaphore; **HARCÈLEMENT** XVIe s.

**HÉTAÏRE** ♦ [1] (sav.) XVIIIe s. : gr. *hetaira* « compagne, amie » et « courtisane ». ♦ [2] **HÉTAIRIE** XIXe s., hist. anc. : gr. *hetairia* « association d'amis », de *hetairos* « ami, compagnon ».

**HÉTÉRO-** (sav.) gr. *heteros* « autre », 1er élément de composés, ex. : *hétérodoxe, hétérogène*.

**HÊTRE** (pop.) XIIIe s. : frq. **haistr* « jeune arbre », de **haisi* « buisson, fourré »; **HÊTRAIE** XVIIIe s. (→ aussi FAINE).

**HEURE** famille du gr. *hôra* « toute division du temps : année, mois, saison, division du jour ou de la nuit », d'où *hôrologion* « tout appareil servant à dire l'heure »; a été empr. par le lat. *hōra* « heure », d'où bas lat. *horarium* « horloge à eau, clepsydre ».

**I.** mots populaires

♦ [1] **HEURE** XIe s. : *hōra*. ♦ [2] **LURETTE** XIXe s., dans la locution *il y a belle lurette*, altération de *il y a belle heurette* : dimin. anc. de *heure* conservé dans certains dial. (p. ex. : lorraine). ♦ [3] Aux emplois atones de *hora*, se rattachent les mots suiv., caractérisés ou non, selon les cas, par la présence du *s* adverbial et du *e* final; **OR** XIe s. « maintenant »; XVIe s., conj. : *(hac) hora* « à cette heure »; **ORES** Xe s., var. de *or*, conservé dans *d'ores et déjà*; **ENCORE** XIe s. : p.-ê. de *hinc ad horam* « de là à cette heure »; **LORS** et **LORSQUE** (d'abord en deux mots) XIIe s. : *illa hora* « à cette heure »; **ALORS** XVe s. : forme renforcée de *lors*; **DORÉNAVANT** et **DÉSORMAIS** XIIe s., d'abord sous les formes *d'or en avant* et *des or mais* « à partir de cette heure, en allant vers l'avenir ».

**II.** mots savants

♦ [1] **HORLOGE** (demi-sav) XIIe s. : gr. *hôrologion* par le lat.; **HORLOGER** XIVe s.; **HORLOGERIE** XVIIe s. ♦ [2] **HOROSCOPE** XIVe s. : gr. *hôroscopos* « qui examine l'heure (de la naissance) ». ♦ [3] **HORAIRE** XVIe s. adj., XIXe s. subst. : lat. médiéval *horarius* formé sur *hora*. ♦ [4] **HORO-** 1er élément de composés sav., ex. : **HOROKILOMÉTRIQUE** XXe s.

**HEURISTIQUE** ♦ [1] (sav.) XIXe s. : gr. *heuristikê (tekhnê)* « art de trouver », du verbe *heuriskein* « trouver ». ♦ [2] **EURÊKA !** XIXe s. : pour *heurêka*, forme du même verbe, « j'ai trouvé », mot attribué à Archimède découvrant dans son bain la loi de la pesanteur spécifique des corps.

**HEURTER** (pop.) XIIe s. : frq. **hurt* « bêlier » (les ovins se battant à coups de tête); **HEURT** XIIe s.; **HEURTOIR** XIVe s.

**HIATUS** famille du lat. *hiare, hiatus* « être béant », d'où *hiatus, -us* « ouverture »; *hiscere* et *dehiscere* « s'ouvrir ».

♦ [1] **HIATUS** (sav.) XVIe s. : mot lat. ♦ [2] **DÉHISCENT, DÉHISCENCE** (sav.) XVIIIe s. : de *dehiscere*.

**HIDEUX** (pop.) XII^e^ s. : dér. de l'anc. fr. *hi(s)de* « horreur » : lat. *hispidu* « rude, hérissé »; le *h* initial, amui en lat. class., a été rétabli en gallo-roman avec une valeur expressive; **HIDEUR, HIDEUSEMENT**, XII^e^ s.

**HIÈBLE** ♦ [1] (pop.) XII^e^ s. : lat. *ĕbŭlum* « variété de sureau ». ♦ [2] **GNÔLE** ou, mieux, **NIÔLE** XIX^e^ s. « eau-de-vie », à l'origine probablement « eau de baies d'hièble », nivernais *yôle*, de *ĕbŭlum*; le *n* initial proviendrait d'une soudure avec l'article indéfini; à noter que l'hièble s'appelle aussi dans le langage pop. *herbe aux yeux*, et que l'eau-de-vie, dans divers parlers, est tenue pour une « eau qui éclaircit la vue » (angl. *eye-water*, gr. *lampuro* « brillant », esp. *collirio* « collyre », etc.).

**HIER** (pop.) XI^e^ s. : lat. *hĕri*; **AVANT-HIER** XII^e^ s.

**HIÉR(O)-** représentants fr. du gr. *hieros* « sacré ».
♦ [1] **HIÉRARCHIE** XIV^e^ s. (sav.) → ARCHIVES. ♦ [2] **HIÉRATIQUE** (sav.) XVI^e^ s. : du gr. *hieratikos*, par le lat.; **HIÉRATIQUEMENT, HIÉRATISME** XIX^e^ s. ♦ [3] **HIÉROGLYPHIQUE** (sav.) XVI^e^ s. : gr. *hieroglyphika (grammata)* « (caractères) sacrés gravés » → GLYPTO., par le lat.; **HIÉROGLYPHE** fin XVI^e^ s. : dér. de l'adj. ♦ [4] **HIÉROPHANTE** (sav.) XVI^e^ s. → FANTÔME.

**HILARE** ♦ [1] (sav.) XIII^e^ s. : lat. *hilaris* : gr. *hilaros* « joyeux », **HILARITÉ** XIII^e^ s. : *hilaritas*; **HILARANT** XIX^e^ s. ♦ [2] **HILAIRE**, prénom : *Hilarius*, anc. surnom lat. dér. de *hilaris*.

**HIRSUTE** (sav.) XIX^e^ s. : lat. *hirsutus* « hérissé ».

**HISSER** XVI^e^ s. : bas all. *hissen*.

**HIST(O)-** (sav.) 1^er^ élément de composés, gr. *histos* « tissu » (à l'origine « rouleau vertical du métier à tisser, d'où partent les fils de la chaîne », puis « métier » et « toile », apparenté à *histanai* → ESTER); ex. : **HISTOLOGIE** XIX^e^ s.; **HISTAMINE, HISTAMINIQUE** XX^e^ s.

**HISTRION** (sav.) XVI^e^ s. : lat. *histrio* « acteur ».

**HIVER** famille du lat. *hiems, hiemis* « hiver », d'où les deux adj. *hiemalis* et *hibernus*, de **himernus*, par dissimilation, « hivernal »; *hibernare* « être en quartiers d'hiver ».

♦ [1] **HIVER** (pop.) XII^e^ s. : *hibernum (tempus)* « (saison) hivernale »; **HIVERNER, HIVERNAGE, HIVERNAL** XII^e^ s.; **HIVERNANT** XIX^e^ s. ♦ [2] **HIBERNAL** (sav.) XVI^e^ s., rare avant le XIX^e^ s. : *hibernalis*; **HIBERNER** XVIII^e^ s. : *hibernare*; **HIBERNANT, HIBERNATION** XIX^e^ s. ♦ [3] **HIÉMAL** (sav.) XV^e^ s. : *hiemalis*.

**HOBEREAU** XIV^e^ s. « petit faucon », XVI^e^ s. « petit seigneur » : dér. de l'anc. fr. *hobel* « petit oiseau de proie », du verbe *hobeler* « piller, harceler », du moyen néerl. *hobbelen* « se démener ».

**HOCHER** (pop.) XII^e^ s. : frq. **hottisôn* « secouer »; **HOCHET** XIV^e^ s.; **HOCHEMENT** XVI^e^ s.

**HOCKEY** XIX^e^ s. : mot angl., jeu où le ballon est manié avec une crosse, de l'anc. fr. *hocquet* « bâton recourbé », « houlette », du frq. **hôk* « crochet ».

**HOIR** famille du lat. *hēres, -edis* « héritier », d'où *hereditas, -atis* « action d'hériter » et « héritage »; *hereditarius* « relatif à un héritage »; *exheredare* « déshériter » et bas lat. *hereditare* « hériter ».
♦ [1] **HOIR** (pop.) XI^e^ s. : *hēres*; **HOIRIE** XVI^e^ s. ♦ [2] **HÉRITER** (pop.) XII^e^ s. : *herēdĭtāre*; **HÉRITAGE, DÉSHÉRITER** XII^e^ s. ♦ [3] **HÉRITIER** (pop.) XII^e^ s. : *hereditarius* substantivé; **COHÉRITIER** XII^e^ s. ♦ [4] **HÉRÉDITÉ** (sav.) XI^e^ s. : *hereditas*; **HÉRÉDITAIRE** (sav.) XIV^e^ s. : *hereditarius* → HÉRITIER. ♦ [5] **HÉRÉDO-** 1^er^ élément de composés sav. de la langue médicale indiquant le caractère héréditaire d'une affection, ex. : **HÉRÉDOSYPHILIS** XIX^e^ s.

**HOMARD** XVI^e^ s. : anc. scandinave *humarr*.

**HOMÉLIE** (sav.) XII^e^ s. : gr. *homilia* « entretien familier », par le lat. eccl.

**HOMME** famille d'une racine ind.-eur. **ghyom-* « terre ».
En grec *khthôn* « terre » et *khthonios* « souterrain ».
En latin (1) *humus* « terre » d'où (a) *inhumare* « mettre en terre (une plante) » (b) *humilis* « qui reste à terre », « qui ne s'élève pas », « humble » et *humilitas* (2) *homo, hominis* « homme », créature née de la terre, par opposition aux dieux, qui sont célestes; désigne aussi bien la femme que l'homme; dans la langue pop. et non classique seulement, « mâle » et même

« soldat, fantassin »; a pris le sens de « créature raisonnable », par opposition à *fera* et *bestia* → FIER et BÊTE. — Dér. : *humanus* « propre à l'homme », « policé, bienveillant », et *humanitas, inhumanus, inhumanitas.*

**I.** mots populaires ou empruntés d'origine latine

♦ [1] **HOMME** X$^e$ s. : *homĭnem*, accusatif de *homo*; **HOMMAGE** XII$^e$ s. : dér. de *homme* au sens de « vassal »; **BONHOMME** XIII$^e$ s. « paysan », XVI$^e$ s. « homme de bien », XVII$^e$ s. valeur mod.; **BONHOMIE** XVIII$^e$ s.; **PRUD'HOMME** → PREMIER; **HOMMASSE** XIV$^e$ s.; **SURHOMME** XIX$^e$ s.; **HOMME-GRENOUILLE, HOMME-SANDWICH** XX$^e$ s. Pour les mots sav. ou scientifiques exprimant la notion d'« hommes » → ANTHROPO-, ANDR-, art. ANDRÉ et VIR-, art. VERTU. ♦ [2] **ON** IX$^e$ s. : *homo*, cas sujet atone de *homme*, employé comme pronom indéfini. ♦ [3] **HOMBRE** XVII$^e$ s., jeu : esp. *hombre* « homme », « celui qui mène la partie », équivalent du fr. *homme*. ♦ [4] **HUMBLE** (demi-sav.) XI$^e$ s. : *hŭmilis.*

**II.** mots savants d'origine latine

**A.** famille de *homo*

♦ [1] base *-hom-* **HOMICIDE** XII$^e$ s. « action de tuer » et « celui qui tue » : *homicidium* et *homicida*; **HOMUNCULE** XVII$^e$ s. : *homunculus*, dimin. de *homo*; **HOMINISATION** XX$^e$ s. ♦ [2] base *-hum-* **HUMAIN, HUMAINEMENT** XII$^e$ s. : *humanus*; **INHUMAIN** XIV$^e$ s. : *inhumanus*; **SURHUMAIN** XVI$^e$ s.; **HUMANITÉ** XII$^e$ s. : *humanitas*; **INHUMANITÉ** XIV$^e$ s. : *inhumanitas*; **HUMANITAIRE, HUMANITARISME** XIX$^e$ s.; **HUMANISER, HUMANISATION, HUMANISTE** XVI$^e$ s.; **HUMANISME** XVIII$^e$ s.; **DÉSHUMANISER** XVII$^e$ s.; **DÉSHUMANISATION** XX$^e$ s.

**B.** famille de *humus*

♦ [1] **HUMILITÉ** X$^e$ s., *humelité : humilitas*; **HUMILIER, HUMILIANT** XII$^e$ s. : bas lat. *humiliare*; **HUMILIATION** XIV$^e$ s. ♦ [2] **HUMUS** XVIII$^e$ s. : mot lat. ♦ [3] **INHUMER** XIV$^e$ s. : *inhumare*; **INHUMATION** XV$^e$ s.; **EXHUMER, EXHUMATION** XVII$^e$ s. : lat. médiéval *exhumare*, formé par opposition à *inhumare*. ♦ [4] **TRANSHUMER** XIX$^e$ s. : adaptation sav., d'après le lat. *trans* et *humus*, de l'esp. *trashumar*, d'abord en parlant des troupeaux des Pyrénées; **TRANSHUMANT, TRANSHUMANCE** XIX$^e$ s.

**III.** mot savant d'origine grecque

**CHTHONIEN** XIX$^e$ s., mythologie, qualificatif des divinités infernales : adaptation du gr. *khthonios.*

**HONNEUR** famille du lat. *honos*, puis *honor, honoris* « témoignage de considération », « charge, magistrature » d'où (1) *honorare, -atus* « honorer »; *honorificus* « qui fait honneur »; *honorarius* « donné à titre d'honneur », d'où lat. imp. *honorarium (donum)* « don honorifique », « honoraires »; lat. imp. *honorabilis* « honorable » (2) *honestus* « honoré » et « honorable » et *honestas, -atis* « honorabilité » et « considération ».

**I.** mots demi-savants

♦ [1] **HONNEUR** X$^e$ s. : *honor, -oris*; a concurrencé et éliminé l'anc. fr. *enour* (pop.) XII$^e$ s.; **DÉSHONNEUR** XI$^e$ s. ♦ [2] **HONNÊTE** XII$^e$ s. : *honestus*; **HONNÊTEMENT** XII$^e$ s.; **DÉSHONNÊTE** XIII$^e$ s.; **MALHONNÊTE** XV$^e$ s.; **MALHONNÊTEMENT** XVII$^e$ s. ♦ [3] **HONNÊTETÉ** XV$^e$ s. : réfection, d'après *honnête*, de l'anc. fr. *honesté* de *honestas*; **MALHONNÊTETÉ** XVII$^e$ s.

**II.** mots savants

♦ [1] **HONORER** X$^e$ s. : *honorare* a concurrencé et éliminé *enorer* (pop.) XII$^e$ s.; **DÉSHONORER** XII$^e$ s.; **DÉSHONORANT** XVII$^e$ s. ♦ [2] **HONORABLE** XII$^e$ s. : *honorabilis*; **HONORABLEMENT** XII$^e$ s.; **HONORABILITÉ** XIV$^e$ s. ♦ [3] **HONORIFIQUE** XV$^e$ s. : *honorificus*. ♦ [4] **HONORAIRE** XV$^e$ s. adj., XVII$^e$ s. subst. sing., XVIII$^e$ s. subst. plur. : *honorarius*; **HONORARIAT** XIX$^e$ s.

**HONNIR** ♦ [1] (pop.) XII$^e$ s. : frq. **haunjan*. ♦ [2] **HONTE** (pop.) XI$^e$ s. : frq. **haunitha*, apparenté à **haunjan*; **HONTEUX** XII$^e$ s.; **ÉHONTÉ** XIV$^e$ s.

**HOQUETER** XII$^e$ s. « secouer », XVI$^e$ s. sens mod.; **HOQUET** XIV$^e$ s. sous la forme latinisée *hoquetus* « interruption dans une mélodie »; XV$^e$ s. forme et sens mod. : formations onom.

**HORDE** XVI$^e$ s. à propos des Tartares, XVIII$^e$ s. péj. : tartare *(h)orda* « camp de l'armée royale », apparenté au turc *ordu* « camp »; p.-ê. par l'all. *Horde*, un peu antérieur au mot fr.

**HORIZON** famille sav. du gr. *horos* « borne », d'où *horizein* « limiter ».

♦ [1] **HORIZON** XIII$^e$ s. : gr. *horizôn (kuklos)* « (cercle) qui borne (la vue) »; **HORIZONTAL, HORIZONTALEMENT** XVI$^e$ s. ♦ [2] **APHORISME** XIV$^e$ s. : *aphorismos* « définition », « brève sentence », de *aphorizein* « séparer par une limite », par le lat. ♦ [3] **AORISTE** XVI$^e$ s. : *aoristos*, avec *a-* privatif, « non limité », « indéterminé ».

**HORMONE** , **HORMONAL** XX$^e$ s. : dér. d'après le gr. *hormân* « exciter ».

**HOSANNA** (sav.) XIII$^e$ s. : transcription en gr., puis en lat. eccl., de l'hébreu *hôschî 'a-nâ* « Donne-nous le salut », Ps. 118 (25).

**HOSTIE** (sav.) XIIIe s., a remplacé l'anc. fr. *oiste, oeste* XIIe s. : lat. *hostia* « victime offerte en expiation », par opposition à *victima* « victime offerte en remerciement ».

**HOSTILE** (sav.) XVe s. : lat. *hostilis*, de *hostis* « ennemi »; **HOSTILITÉ** XIVe s. : bas lat. *hostilitas* « sentiments hostiles ».

**HÔTE** famille du lat. *hospes, -itis* « qui reçoit un étranger et, le cas échéant, est reçu par lui en réciprocité »; d'où *hospitium* « hospitalité » et « logement réservé à un hôte »; *hospitalis* « hospitalier » et *hospitalia*, neutre plur. substantivé « chambres d'hôtes »; *hospitalitas* « hospitalité ».
♦ [1] **HÔTE** (pop.) XIIe s. : *hospĭtem*, acc. de *hospes*; **HÔTESSE** XIIIe s. ♦ [2] **HÔTEL** (pop.) XIe s. « maison, auberge », XVIIe s. « résidence aristocratique » : lat. vulg. **hospĭtāle* substantivé, sing. de *hospitalia*; **HÔTELIER, HÔTELLERIE** XIIe s.; **HOSTELLERIE** XXe s. avec *s* prononcé sous l'influence de l'orthographe ancienne. ♦ [3] **OTAGE** (pop.) XIe s. « logement, demeure » et « personne qu'on retient à demeure auprès de soi », « otage » : dér. du précéd., dont l'*h* était purement graphique. ♦ [4] **HÔPITAL** (demi-sav.) XIIe s. : *hospitale*. ♦ [5] **HOSPITALIER** (sav.) XIIe s. : dér. de *hospital*, forme anc. du précédent, avec conservation sav. de l'*s*; **HOSPITALITÉ** XIIe s. : *hospitalitas*; **INHOSPITALITÉ** XIVe s. : *inhospitalitas*; **INHOSPITALIER** XVIIe s.; **HOSPITALISER** XVIIIe s.; **HOSPITALISATION** XIXe s. ♦ [6] **HOSPICE** (sav.) XIIIe s. « hospitalité », XIVe s. « couvent », XIXe s. « maison de vieillards » : *hospitium*.

**HOTTE** (pop.) XIIIe s. : frq. **hotta*; **HOTTÉE** XVe s.

**HOUBLON** XVe s. : altération de l'anc. fr. *homlon*, du frq. **humilo*, sous l'influence du moyen néerl. *hoppe* « id. »; **HOUBLONNIÈRE** XVIe s.

**HOUE** (pop.) XIIe s. : frq. **hauwa*; dimin. **HOYAU** XIVe s.

**HOUILLE** (pop.) XIIIe s., *hulhes* dans des textes liégeois (ce produit ayant été découvert dans la région de Liège vers la fin du XIIe s.); XVIe s. *oille de charbon* dans un texte du Creusot; XVIIe s. forme mod. : frq. **hukila*, dimin. de **hukk-* « tas », littéralement « petit tas (de charbon) »; **HOUILLÈRE** XVIe s. **HOUILLE BLANCHE** XIXe s. (création de Cavour, à propos des ressources en énergie de l'Italie).

**HOULE** (dial.) XVe s. : mot normand, « creux », de l'anc. scandinave *hol* « caverne »; **HOULEUX** XVIIIe s.

**HOULETTE** (pop.) XIIIe s. « bâton recourbé servant à lancer de petites mottes de terre aux moutons pour les regrouper et les faire avancer » : dér. de l'anc. fr. *houler* « jeter », d'origine probablement frq.

**HOUPPE** XIVe s. : mot dial. (Nord), du moyen néerl. *hoop* « tas »; a subi l'influence du fr. *huppe*; **HOUPPETTE** XIVe s.

**HOUPPELANDE** XIIIe s. : mot obscur; p.-ê. adaptation de l'anglo-saxon *hop-pâda* « pardessus ».

**HOURRA** XVIIIe s. : formation expressive existant en angl., en all. (attesté dès le Moyen Âge) et en russe : *ura* « cri des cosaques marchant à l'ennemi »; emprunté par le fr. à l'angl. en 1722.

**HOUSSE** (pop.) XIIe s. : frq. **hulftia*.

**HOUX** ♦ [1] (pop.) XIIe s. : frq. **hulis*; **HOUSSAIE** XIIe s. ♦ [2] **HOUSSINE** (pop.) XVe s. « verge de houx » → aussi anc. fr. *housser* XIIIe s. « balayer avec un balai de verges » et *houssoir* XVe s. « verge de houx ». ♦ [3] **HOUSPILLER** XVe s. : altération de *houcepignier* XIIIe s. « peigner avec des verges de houx » → le précédent.

**HUBLOT** XVIIIe s. : altération inexpliquée de l'anc. fr. dial. (Rouen) *huvelot* XIVe s., dér. de *huve* XIIIe s. « bonnet », du frq. **huba* « coiffe »; désigne à l'origine la couverture étanche de la petite fenêtre du bateau.

**HUCHE** (pop.) XIIe s. : gallo-roman (VIIIe s.) *hūtĭca*, d'origine probablement germ., encore indéterminée.

**HUER** XIIe s. vén. « pousser des cris pour faire lever ou rebattre le loup, le sanglier », puis « pousser des cris hostiles » : dér. d'une anc. interj. *hue*, var. *hu*; **HUÉE** XIIe s.; **CHAT-HUANT** XIIIe s. → CHOUETTE.

**HUGUENOT** XVIe s.; a d'abord désigné des partisans genevois qui, sous la conduite d'Hugues de Besançon, luttaient contre les tentatives d'annexion du duc de Savoie, puis, à Tours, les réformés qui se rassemblaient, paraît-il, pour leur culte, près de la porte du Roi-*Hugon* : altération, sous l'influence de *Hugues*, du suisse all. *Eidgenossen* « confédérés ».

**HUILE** famille de deux mots d'origine méditerranéenne pré-ind.-eur. : gr. *elaion* issu de **elaiwon* « huile » et *elaia* issu de **elaiwa* « olive » et « olivier », anciennement latinisés sous les formes *oleum* « huile » et *oliva* « olive »; dér. *oleaginus*, ou *-eus* « d'olivier » ou « semblable à l'olive ».

♦ [1] **HUILE** (demi-sav.) XII$^{e}$ s. *olie* et *oile*; XIII$^{e}$ s. *uile*, puis *h* purement graphique pour éviter la lecture *vile : ŏleum*; **HUILIER** XIII$^{e}$ s. « fabricant d'huile », XVII$^{e}$ s. « récipient »; **HUILEUX, HUILER** XV$^{e}$ s.; **HUILERIE** XVI$^{e}$ s.; **DÉSHUILER** XIX$^{e}$ s. ♦ [2] **ŒILLETTE** XIII$^{e}$ s. sous la forme *oliette* : dimin. de *olie*. ♦ [3] **GAS-OIL** (→ GAZ), **FUEL-OIL** (→ FEU) XX$^{e}$ s. : mots angl. dont le 2$^{e}$ élément est un empr. à l'anc. fr. *oile*. ♦ [4] **OLIVE** (demi-sav.) XI$^{e}$ s. : *ŏlīva*; **OLIVIER** X$^{e}$ s.; **OLIVÂTRE** XVI$^{e}$ s.; **OLIVERAIE, OLIVETTE** XVII$^{e}$ s. ♦ [5] **AILLOLI** ou **AÏOLI** XVIII$^{e}$ s. : mot prov. composé de *ai* « ail » et *oli* « huile ». ♦ [6] **VASELINE** XIX$^{e}$ s. : mot artificiel composé de la 1$^{re}$ syllabe de l'all. *Wasser* « eau » et d'un élément *el* tiré du gr. *elaion* « huile », suivi du suff. *-ine*. ♦ [7] **LINOLÉUM** XIX$^{e}$ s. : mot angl. artificiel, composé de *linum* « lin » et *oleum*. ♦ [8] **RIPOLIN** XIX$^{e}$ s. : mot artificiel, formé du nom de l'inventeur de cette peinture, *Riep*, de l'élément *ol* tiré de *oleum* et du suff. *-in*; **RIPOLINER** XIX$^{e}$ s. ♦ [9] **OLÉAGINEUX** (sav.) XIV$^{e}$ s. : adaptation de *oleaginus*. ♦ [10] **OLÉI-, OLÉO-** 1$^{ers}$ éléments de composés sav. exprimant la notion d'« huile » (ou de « pétrole »), ex. : **OLÉICULTURE, OLÉODUC** XX$^{e}$ s. ♦ [11] **PÉTROLE** (sav.) XIII$^{e}$ s. : lat. médiéval *petroleum* « huile *(oleum)* de pierre *(petra)* »; **PÉTROLERIE, PÉTROLEUSE, PÉTROLETTE, PÉTROLIFÈRE** XIX$^{e}$ s.; **PÉTROLIER, PÉTROCHIMIE** XX$^{e}$ s.

**HUIS** famille du lat. *os, oris* « bouche », « visage », auquel se rattachent (1) des dérivés à initiale *os-* (a) *oscillum*, dimin. « petit masque qu'on suspendait dans les vignobles pour effrayer les oiseaux »; *oscillare* « se balancer »; (b) *ostium* « entrée, ouverture », en particulier « bouche d'un fleuve » (→ le nom de la ville d'OSTIE : lat. *Ostia*, à l'embouchure du Tibre) et « porte de maison », par opposition à *fores* « entrée de l'enclos » → DEHORS, et à *porta* « grande porte de ville » → PORT (2) des dér. à initiale *or-* (a) lat. imp. *orificium* « orifice » et « anus » (b) *ora* « bord », « rivage », « région », qui, malgré la forte déviation du sens, est, selon toute vraisemblance, un dér. de *os, oris*.

I. mots populaires

♦ [1] **HUIS** XII$^{e}$ s. (avec *h* purement graphique, comme dans **HUILE**) : *ostium*; **HUISSIER** XII$^{e}$ s.; **HUISSERIE** XII$^{e}$ s. « porte », XIV$^{e}$ s. sens mod. ♦ [2] **ORÉE** XIV$^{e}$ s. : dér. ancien du lat. vulg. **orum*, tiré de *ora* qui avait été pris pour un neutre plur., et représenté en anc. fr. par *eur* XII$^{e}$ s. ♦ [3] **OURLER** XII$^{e}$ s. : lat. vulg. **orŭlāre* « border », dér. de **orŭla*, dimin. de *ora*; **OURLET** XIII$^{e}$ s. « bord », XV$^{e}$ s. couture : dimin. de l'anc. fr. *ourle*, dér. de *ourler*.

II. mots savants

♦ [1] **ORIFICE** XIV$^{e}$ s. : *orificium*; pour le 2$^{e}$ élément → FAIRE. ♦ [2] **ORAL** XVII$^{e}$ s. : dér., sur la base *or-*, de *os, oris*; **ORALEMENT** XX$^{e}$ s. ♦ [3] **OSCILLER** XVIII$^{e}$ s. : *oscillare*; **OSCILLATION** XVII$^{e}$ s. : *oscillatio*; **OSCILLATOIRE** XVIII$^{e}$ s.; **OSCILLO-** 1$^{er}$ élément de composés sav., ex. : **OSCILLOMÈTRE** XIX$^{e}$ s.

**HUIT** famille du gr. *oktô*, var. *okta-* « huit »; lat. *octo* « id. », d'où *octavus* « huitième » et *october (mensis)* « le mois d'octobre, le huitième de l'année ancienne ».

♦ [1] **HUIT** (pop.) XI$^{e}$ s., *h* graphique → HUILE et HUIS : *octo*; **HUITIÈME** XIII$^{e}$ s.; **HUITAIN, HUITAINE** XV$^{e}$ s.; **HUITIÈMEMENT** XVI$^{e}$ s. ♦ [2] **OCTANTE** XIII$^{e}$ s. (dial); **OCTOBRE** (sav.) XIII$^{e}$ s., a éliminé l'anc. fr. *oitovre* (pop.) : *october*. ♦ [3] **OCTAVE** (sav.) XII$^{e}$ s. liturgie, XVI$^{e}$ s. musique : *octavus, -a*. ♦ [4] **IN-OCTAVO** XVI$^{e}$ s. : mots lat. « en huitième ». ♦ [5] **OCTA-, OCTO-** gr. *okta-, oktô*, 1$^{ers}$ éléments de mots sav., ex. : **OCTAÈDRE** XVI$^{e}$ s., **OCTOGONE, OCTOGÉNAIRE** XVI$^{e}$ s., **OCTOSYLLABE** XVII$^{e}$ s.

**HUÎTRE** famille du gr. *ostreon* « huître », et *ostrakon* « coquille », « tesson », en particulier « tesson sur lequel, à Athènes, on écrivait le nom des bannis », d'où *ostrakismos* « bannissement »; adaptations lat. *ostreum* « huître » et bas lat. (VI$^{e}$ s.) *ostracum* « pavage grossier fait de tessons ».

♦ [1] **HUÎTRE** (pop.) XIII$^{e}$ s. *oistre*, puis *h* graphique → HUILE : lat. *ostrea*, neutre plur. pris pour un fém.; **HUÎTRIÈRE** XVI$^{e}$ s., le masc. XVIII$^{e}$ s. ♦ [2] **ÂTRE** (pop.) XIII$^{e}$ s. *aistre* : bas lat. *astracus*, altération de *ostracum*; désigne à l'origine l'emplacement carrelé sur lequel on fait le feu. ♦ [3] **OSTRÉICULTURE, -CULTEUR, -COLE** XIX$^{e}$ s. (sav.) : de *ostreum*. ♦ [4] **OSTRACISME** (sav.) XVI$^{e}$ s. : gr. *ostrakismos*.

**HUMER** XI$^{e}$ s. : mot fr. onom.

**HUMÉRUS** (sav.) XVI$^e$ s. : mot lat. « épaule »; **HUMÉRAL** XVI$^e$ s. : bas lat. *humeralis*.

**HUMEUR** famille du lat. *humēre* « être humide », d'où *humor* « liquide », en particulier les « humeurs » du corps humain; *humidus, humectus* « humide »; *humectare* « mouiller ».
♦ [1] **HUMEUR** (sav.) XII$^e$ s. « liquide », XIV$^e$ s. méd., XV$^e$ s. « disposition d'esprit (jadis attribuée à l'influence des humeurs du corps) »; *humor*. ♦ [2] **HUMOUR, HUMORISTE** XVIII$^e$ s., **HUMORISTIQUE** XIX$^e$ s. : angl. *humour* (empr. au fr. *humeur*), *humorist, humoristic*. ♦ [3] **HUMORAL** (sav.) XV$^e$ s. : lat. médiéval *humoralis*. ♦ [4] **HUMIDE** (sav.) XIV$^e$ s. : *humidus*; **HUMIDITÉ** XIV$^e$ s. : *humiditas*; **HUMIDIFIER** XVII$^e$ s.; pour les mots scientifiques exprimant la notion d'« humidité » → HYGRO-. ♦ [5] **HUMECTER** (sav.) XVI$^e$ s. : *humectare*.

**HUNE** (pop.) XII$^e$ s. : anc. scandinave *hûnn* « tête de mât »; **HUNIER** XVII$^e$ s.

**HURE** ♦ [1] XII$^e$ s. « tête hérissée » : mot d'origine probablement germ., encore indéterminée. ♦ [2] **AHURI** XIII$^e$ s. « hérissé, en parlant de la tête du faucon », « qui a une chevelure hérissée », XV$^e$ s. « étonné »; **AHURIR** XIII$^e$ s.; **AHURISSEMENT** XIX$^e$ s. ♦ [3] **HURON** XIV$^e$ s. « qui a la tête hérissée », « rustre »; XVII$^e$ s., appliqué à une tribu sauvage du Canada. ♦ [4] **HURLUBERLU** XVI$^e$ s. : composé de *hurelu* « ébouriffé » (de *hurel*, dimin. de *hure*) qui subsiste en picard, et de *berlu* « qui a la berlue ».

**HUSSARD** XVII$^e$ s. : all. *Husar*, du hongrois *huszar* « vingtième » (une recrue sur vingt passant réglementairement dans la cavalerie).

**HUTTE** ♦ [1] XIV$^e$ s. : moyen haut all. *Hütte*. ♦ [2] **CAHUTE** XIII$^e$ s. : mot d'abord attesté en Picardie, composé de *hutte* et du préf. *ca-*.

**HYBRIDE** (sav.) XVI$^e$ s. : lat. *ibrida* « sang-mêlé » (altéré en *hybrida* sous l'influence du gr. *hubris* « excès »); **HYBRIDER, HYBRIDITÉ, HYBRIDATION** XIX$^e$ s.

**HYGIÈNE** (sav.) XVI$^e$ s. : gr. *hugieinon* « santé »; **HYGIÉNIQUE** XVIII$^e$ s.; **ANTIHYGIÉNIQUE, HYGIÉNISTE** XIX$^e$ s.

**HYGRO-** (sav.) : gr. *hugros* « humide »; 1$^{er}$ élément de composés, ex. : **HYGROMÈTRE** XVII$^e$ s.

**HYLO-** ♦ [1] (sav.) : gr. *hulê* « bois », d'où « matière »; 1$^{er}$ élément de composés, ex. : **HYLOZOÏSME** XVIII$^e$ s. ♦ [2] **-HYL-, -HYLE** 2$^e$ élément de composés, et. : **ÉTHYLE** XVIII$^e$ s., littéralement « éther de bois » → ÉTÉ; **ÉTHYLÈNE, ÉTHYLAMINE, ÉTHYLIQUE** XIX$^e$ s., **POLYÉTHYLÈNE** XX$^e$ s.; **MÉTHYLÈNE, MÉTHYLE, MÉTHYLIQUE** XIX$^e$ s. : du gr. *methu* « boisson fermentée » → MÉTHANE; **ACÉTYLÈNE** XIX$^e$ s. : 1$^{er}$ élément lat. *acetum* « vinaigre ».

**HYMEN** famille du gr. *humên* « membrane » et, personnifié, « dieu du mariage »; dér. adj. *humênaios*, toujours joint à *humên* dans les invocations rituelles.
♦ [1] **HYMEN** XVI$^e$ s. « mariage » et « membrane » : *humên*. ♦ [2] **HYMÉNÉE** XVI$^e$ s. : *humênaios* ♦ [3] **HYMÉNO-** 1$^{er}$ terme de composés sav. exprimant l'idée de « membrane », ex. : **HYMÉNOPTÈRES** XVIII$^e$ s.

**HYMNE** (sav.) XII$^e$ s. : gr. *humnos* « chant, poème (en particulier en l'honneur d'un dieu ou d'un héros) », par le lat.

**HYPOCONDRE** ♦ [1] (sav.) XIV$^e$ s. : gr. *hupokhondrion* « partie du corps située en dessous des côtés », de *hupo* → SOUS et *khondros* « cartilage », par le lat. ♦ [2] **HYPOCONDRIE** XV$^e$ s.; **HYPOCONDRIAQUE** XVI$^e$ s.; **HYPOCONDRE** adj. XVII$^e$ s. : dér. du précéd., la cause des maladies mentales étant jadis attribuée à des troubles de cette partie du corps. ♦ [3] **PÉRICHONDRE** XVIII$^e$ s. anat., de *peri* et *khondros*; **PÉRICHONDRITE** XIX$^e$ s.

**HYPSO-** (sav.) : gr. *hupsos* « hauteur », 1$^{er}$ élément de composés, ex. : **HYPSOMÈTRE** XIX$^e$ s.

**HYSOPE** (sav.) XII$^e$ s. : lat. *hysopus*, du gr. *hussôpos*, de l'hébreu *ézôb*, plante aromatique fréquemment mentionnée dans la Bible.

**HYSTÉRIQUE** ♦ [1] (sav.) XVI$^e$ s. « en proie à un accès d'érotisme » : gr. *husterikos* « malade de la matrice », de *hustera* « matrice »; **HYSTÉRIE** XVIII$^e$ s. ♦ [2] **HYSTÉRO-** 1$^{er}$ élément de composés exprimant l'idée de « matrice », ex. : **HYSTÉROTOMIE** XVIII$^e$ s.

# I

**ÏAMBE** (sav.) XVI^e^ s. « mètre antique » et « pièce satirique » : gr. *iambos*, par le lat. ; **ÏAMBIQUE** XV^e^ s. : gr. *iambikos*, par le lat.

**-IATRE** (sav.) gr. *iatros* « médecin » ; **-IATRIE** : *iatreia* « traitement » ; **-IATRIQUE** « qui concerne la médecine » : 2^es^ éléments de composés sav., ex. : **PSYCHIATRE, -ATRIE, -ATRIQUE** XIX^e^ s. ; **PÉDIATRIE** XIX^e^ s. et **PÉDIATRE** XX^e^ s. → PÉDANT : **PHONIATRE, -IATRIE** XX^e^ s.

**IBIS** (sav.) XVI^e^ s. : gr. *ibis* « oiseau d'Égypte, adoré par les Égyptiens », par le lat.

**ICEBERG** XIX^e^ s. : mot angl. du norvégien *ijsberg* « montagne *(berg)* de glace *(ijs)* », les 2 éléments d'origine germ.

**ICHTYO-** (sav.) gr. *ikhthus* « poisson », 1^er^ élément de composés, ex. : **ICHTYOLOGIE** XVII^e^ s. ; **ICHTYOSAURE** XIX^e^ s.

**ICÔNE** représentants du gr. *eikôn, eikonos* « image », prononcé à la manière byzantine avec *i* initial.
♦ [1] **ICÔNE** XIX^e^ s. : russe *ikona*, du gr. *eikona*, acc. de *eikôn*.
♦ [2] **ICONO-** 1^er^ élément de composés sav. ex. : **ICONOSTASE** XIX^e^ s. « cloison décorée d'icônes » ; 2^e^ élément → ESTER ; **ICONOCLASTE** XVII^e^ s. : gr. *eikonoklastês* « briseur d'images » ; **ICONOGRAPHIE, -IQUE** XVIII^e^ s.

**-ICOT, -ICOTER** (pop.) suff. composés dont le 2^e^ élément est clair (→ -OT) et dont le 1^er^ représente sans doute un suff. populaire alternant *-ak-, -ik-, -ok-,-uk-*, ex. : *boursicot, boursicoter*.

**ICTÈRE** (sav.) XVI^e^ s. : gr. *ikteros* « jaune ».

**IDES** (sav.) XII^e^ s. : lat. *idus*, nom d'une division du mois, p.-ê. d'origine étrusque.

**IDIOT** famille sav. du gr. *idios* « qui appartient en propre à quelqu'un », « particulier ».
♦ [1] **IDIOT** XII^e^ s. : gr. *idiôtês* « simple particulier », « homme de condition modeste », « homme sans éducation, ignorant », par le lat. ; **IDIOTIE** XIX^e^ s. : gr. *idiôteia* « vie d'un simple particulier », « manque d'éducation, ignorance ». ♦ [2] **IDIOTISME** XVI^e^ s. : *idiôtismos* « langue des simples particuliers », « langage courant, vulgaire ». ♦ [3] **IDIOME** XVI^e^ s. : *idiôma* « particularité », « particularité de style » ; **IDIOMATIQUE** XIX^e^ s. : *idiômatikos*. ♦ [4] **IDIO-** 1^er^ élément de composés sav., ex. : **IDIOPATHIE** XVI^e^ s. : gr. *idiopatheia* « sentiment qu'on éprouve pour soi-même » ; **IDIOSYNCRASIE** XVI^e^ s. → CRASE.

**IDOINE** (demi-sav.) XIII^e^ s. : lat *idoneus* « propre à ».

**-IE** ♦ [1] (sav.) suff. nom. fém. marquant un état ou une qualité, servant à former des dér. d'adj. ou de subst., issu de la rencontre de (a) lat. *-ia*, souvent substitué à *-ies* ; (b) gr. *-ia* ou *-eia-* ; ex. : *courtoisie, idiotie*. ♦ [2] **-IA** (sav.) var. du suff. précédent utilisé par les botanistes pour former des noms de plantes de création moderne, ex. : *dahlia, camélia*.

**-IÈME** ♦ [1] (pop.) suff. servant à former des adj. numéraux ordinaux : lat. *-ēsĭmus*, mais l'origine du *-i-* est obscure ; la forme attendue est *-ême* comme dans *carême* issu de *quadra-*

*gesimus*; la forme ancienne la plus usuelle : *-isme*. ♦ [2] -**ÉSIME** (sav.) uniquement en liturgie, ex. : *quinquagésime, sexagésime* → DIX.

**-IER, -IÈRE** ♦ [1] (pop.) suff. nom. et adj. peu vivant depuis la fin du XIX^e^ s. : lat. *-arius, -aria* qui servait à former des noms de métiers à partir de noms de choses (*carpentarius*, « charron » à partir de *carpentum* « char ») ; substitué, à la fin du Moyen Âge à *-er* issu de *-aris, -arem*, ex. : *écolier*, pour *escoler* : lat. *scholarem*. ♦ [2] **-TIER, -TIÈRE** (pop.) forme élargie par une consonne non étym., ex. : *ferblantier, tabatière*. ♦ [3] **-ER, -ÈRE** (pop.) var. phonétique de *-ier* après *ch* et *g*, ex. : *vacher, bergère*. ♦ [4] **-ER** suff. angl. issu de *-arius* indiquant l'agent ou l'instrument, l'ouvrier ou la machine, ex. : *docker, supporter, container, mixer*. ♦ [5] Suff. nom. pop. composés sur la base *-er-* : **-ERAIE**, *oseraie* ; **-EREAU** *poètereau* ; **-ERÉE**, *panerée* ; **-ERET**, substitué à l'anc. fr. *-erez* issu de *-aricius, banneret* ; **-ERESSE** issu de *-aricia, forteresse* ; **-ERON**, *quarteron*. ♦ [6] **-ERIE** (demi-sav.) forme des noms de locaux où s'exerce un métier artisanal ou industriel, ex. : *laverie, margarinerie* ; ou des subst. abstraits à valeur souvent péjorative, ex. : *mutinerie, politicaillerie, criaillerie*. ♦ [7] **-AIRE** (demi-sav.) *-arius* ; sert à dénommer ceux qui exercent un certain métier, ex. : *disquaire, commissionnaire*. ♦ [8] Suff. sav. formés sur la base *-ar-* : **-ARIAT**, forme des noms de fonctions administratives modernes et de conditions sociales, ex. : *interprétariat, salariat* ; **-ARISER, -ARITÉ, -ARISME, -ARISTE, -ARIEN**, ex. : *primariser, particularité, particularisme, particulariste, agrarien* ; **-ARIUM**, suff. neutre lat., forme des noms de centres médicaux ou scientifiques, ex. : *solarium, planétarium*.

**IF** (pop.) XI^e^ s., arbre : gaulois *ivos* (attesté par une inscription).

**-IF, -IVE** ♦ [1] (pop.) suff. adj. : lat. *-ivus, -iva*, ex. : *factitif, compétitif*. ♦ [2] **-IVITÉ** (sav.) lat. *-ivitas, ivitatem*, suff. nom. fém. formant des noms abstraits de qualités, ex. : *passivité*.

**IGLOO** fin XIX^e^ s., mot esquimau.

**IGNAME** XVI^e^ s., plante tropicale : esp. *iñame*, d'origine africaine, p.-ê. mot bantou, p.-ê. mot formé lors des premiers contacts entre les Portugais et les Bantous à partir de *gnam-*, onom. de l'action de manger.

**IGNÉ** ♦ [1] (sav.) XV^e^ s. : lat. *igneus* « enflammé », dér. de *ignis* « feu ». ♦ [2] **IGNI-** 1^er^ élément de mots sav. exprimant l'idée de « feu », ex. : **IGNITION** XVI^e^ s. ; **IGNIFUGE** XIX^e^ s.

**IGUANE** XVI^e^ s. : esp. *iguano*, de l'araouak (Haïti) *iguana*.

**IL** famille du démonstratif lat. *ille, illa, illud* « celui-là, celle-là », auquel se rattache l'adverbe de lieu *illac* « par-là ». Les formes toniques de ce pronom ont donné naissance à la plupart des pronoms personnels de la 3^e^ personne, les formes atones aux articles définis. Enfin, associé à *ecce*, il a produit une série de démonstratifs (→ CELUI, CELLE, CELLES, CEUX, art. CE, I, C.). Ce mot pourrait se rattacher à une base ind.-eur. voyelle + *l*, indiquant l'objet éloigné, qui se retrouverait dans *alius, alter* (→ AUTRE) et *ultra* (→ OUTRE).

I. formes toniques

♦ [1] **IL** (pop.) IX^e^ s. : lat. vulg. **illī*, class. *ĭlle* ; **ELLE** : *ĭlla* ; **EUX** : *ĭllos* ; **LUI** : datif lat. vulg. **illūi*, class. *illi* ; **LEUR** : génitif plur. *illōrum*. ♦ [2] **OUI** XI^e^ s., sous la forme *oïl* : contraction de *o il*, du lat. *hoc ille*... « ceci il... », phrase elliptique de réponse, dans laquelle le verbe de l'interrogation doit être tenu pour sous-entendu ; formation exactement parallèle à **NENNI** XII^e^ s., sous la forme *nennil*, de *nen*, forme affaiblie de *non* et de *il*. Dans le Midi, « oui » se disait *oc* : lat. *hoc*, sans adjonction de *ille* ; d'où l'opposition entre *langue d'oïl* et *langue d'oc* et le nom de la province du *Languedoc*. ♦ [3] **OUI-DA** XVI^e^ s. : le 2^e^ élément est la forme usée, par suite de son emploi interjectif, de l'anc. fr. *diva* XII^e^ s., des deux impératifs *di* et *va*, qui a passé par une étape intermédiaire *dea* XVI^e^ s. ; **OUAIS** XVI^e^ s. : altération expressive de *oui* ; **OUICHE** XVII^e^ s. : altération expressive de *oui* avec p.-ê. une forme affaiblie du *c* final de la forme méridionale *hoc*.

II. formes atones

♦ [1] **LE** (pop.) X^e^ s., article et pronom personnel : *illum* ; **LA** *illam* ; **LES** : *illos, illas*. Formes contractées avec diverses prép. **AU** : *à le* ; **AUX** : *à les* ; **DES** : *de les* ; **DU** *de le* ; **ÈS** : *en les* (→ EN). ♦ [2] **LÀ** (pop.) XI^e^ s., adv. : *illac* ; **DELÀ** XII^e^ s. ; **LÀ-BAS** XV^e^ s. ; **PAR-CI, PAR-LÀ** XVI^e^ s.

**-IL** (pop.) suff. servant à former des noms de lieux de séjour pour les animaux, ou de dépôts : lat. *-īle* ; ex. : *chenil, fenil*.

**ÎLE** famille d'un thème méditerranéen pré-ind.-eur. **nasa-, ñsa-* « île » représenté en grec par le dorien *nāsos*, attique *nêsos* ; en latin par la formation dimin. *insula*

I. mots issus du latin
♦ [1] **ÎLE** (pop.) XII^e s. *isle* : lat. vulg. **īsŭla*, class. *insŭla*; **ÎLOT, PRESQU'ÎLE** XVI^e s., calque du lat. *paeninsula*. ♦ [2] **ISOLÉ** XVI^e s. : it. *isolato* « séparé comme une île », dér. de *isola*, du lat. *insula*; **ISOLER** XVII^e s.; **ISOLOIR** XVIII^e s., XX^e s. sens mod. : **ISOLÉMENT** puis **ISOLATION** XVIII^e s.; **ISOLATIONNISME, -ISTE** XX^e s., par l'anglo-américain. ♦ [3] **INSULAIRE** (sav.) XVI^e s. : lat. imp. *insularis*; **INSULARITÉ** XIX^e s.; **PÉNINSULE** XVI^e s. : lat. *paeninsula*, de *paene* « presque » et *insula*; **PÉNINSULAIRE** XVI^e s., rare avant le XIX^e s. ♦ [4] **INSULINE** (sav.) XX^e s., substance sécrétée par les « îlots » du pancréas : dér., sur *insula*.

II. mots issus du grec
Seulement dans certains noms de lieux comme **PÉLOPONNÈSE**, littéralement « île de Pélops » (encore que ce ne soit qu'une presqu'île) et **MÉLANÉSIE** « (région) insulaire des Noirs ».

**-ILLE** ♦ [1] suff. nom. fém. dimin., issu de la rencontre du lat. *-icŭla*, suff. fém. dimin. (→ -OUILLE, -AILLE, -ULE), par voie populaire, ex. : *faucille*, et du lat. *-ĕlla* (→ -EAU), venu par voie d'empr. à l'it. ou à l'esp., ex. : *banderille*. ♦ [2] **-ILLER** suff. verbal issu de la rencontre du lat. *-ĭcŭlāre*, par voie populaire, ex. : *sautiller*, et de *-illāre*, par voie savante, ex. : la terminaison de *scintiller, vaciller* (le représentant pop. de *-illare* est *-eler* → sous -EAU). ♦ [3] **-ILLON** (pop.) : suff. nom. issu de la rencontre du lat. *-ĕlliōne*, ex. : *oisillon*, et du lat. *-īliōne*, ex. : la terminaison de *échantillon, écouvillon*; ce suff. assez rare a fini par devenir productif, ex. : *tatillon*.

**ILOTE** (sav.) XVI^e s. : gr. *heilôs, -ôtos* « à Sparte, citoyen du dernier rang, serf », par le lat.; **ILOTISME** XIX^e s.

**IMAGE** famille du lat. *imago, imaginis* « image », d'où lat. imp. *imaginari* « imaginer », dont le radical *im-*, d'origine obscure, est également à la base du verbe *imitari* « imiter ».
♦ [1] **IMAGE** (demi-sav.) XI^e s. *imagene* « statue, portrait » : *imagĭnem*; **IMAGERIE, IMAGIER, IMAGER** XIII^e s. ♦ [2] **IMAGINATION** (sav.) XII^e s. : « hallucination », XIV^e s. « chose qu'on imagine », XVI^e s. « faculté d'imaginer » : *imaginatio*; **IMAGINER** XIII^e s. : *imaginari*; **IMAGINABLE, IMAGINATIF** XIV^e s.; **IMAGINAIRE** XV^e s.; **INIMAGINABLE** XVI^e s. ♦ [3] **IMITATION** (sav.) XIII^e s. : *imitatio*; **IMITER, IMITATEUR** XIV^e s.; **IMITATIF** XV^e s.; **IMITABLE, INIMITABLE** XVI^e s.

**IMBRIQUÉ** (sav.) XVI^e s. : lat. *imbricatus* « disposé comme des tuiles », de *imbrex* « tuile »; **IMBRIQUER, IMBRICATION** XIX^e s.

**IMMERGER** famille du lat. *mergere, mersus* « plonger ».
♦ [1] **IMMERGER** (sav.) XVI^e s. : *immergere* « plonger dans »; **IMMERSION** XIV^e s. ♦ [2] **SUBMERSION** (sav.) XII^e s. : bas lat. *submersio*; **SUBMERGER** XIV^e s. : lat. *submergere*; **SUBMERSIBLE, INSUBMERSIBLE** XVIII^e s. ♦ [3] **ÉMERGER** XV^e s. : *emergere* « sortir de l'eau »; **ÉMERGENT, ÉMERGENCE** XV^e s.; **ÉMERSION** XVII^e s.

**-IN, -INE** ♦ [1] Suff. nom. et adj. issu de la rencontre de (a) lat. *-īnus, -īna*, par voie pop. ou par empr. à l'it. *-ino* (b) lat. *-ineus*, par voie sav., comme dans *sanguin* (c) lat. *-īmen*, par voie pop. comme dans *farcin* (d) lat. *-ignus*, par voie pop. comme dans *malin*. Le suff. fém. **-INE**, à l'origine adj., puis devenu nom., a pris un grand développement dans la langue de la chimie, de la biologie et de l'industrie, où il sert à former des noms de tissus, de produits pharmaceutiques, de produits de beauté. ♦ [2] **-TIN** suff. nom. élargi par une consonne non étym., ex. : *tableautin*. ♦ [3] **-AÏNE** suff. nom. de la langue de la chimie élargi par une voyelle non étym., ex. : *novocaïne, stovaïne*. ♦ [4] **-INER** suff. verbal à valeur dimin., parfois péjorative, ex. : *trottiner*. ♦ [5] **-INÉS**, suff. nom., en zoologie, désigne une tribu d'animaux, ex. : *ovinés*; **-INÉES**, suff. nom. fém. en bot., ex. : *abiétinées*.

**INCHOATIF** (sav.) XIV^e s. : lat. *inchoativus*, de *inchoare* « commencer ».

**INCUNABLE** (sav.) XIX^e s. : abrév. de *incunabula typographiae* « les berceaux de la typographie », expression de l'éditeur Boughem d'Amsterdam, au XVII^e s., avec adaptation du mot lat. et application aux livres imprimés avant 1500.

**INDIGENT** et **INDIGENCE** (sav.) XIII^e s. : lat. *indigens*, et *indigentia*, de *indigere* « être dans le besoin », dér. de *egere* « manquer ».

**INDULGENCE** (pop.) XII^e s. sens religieux, XVI^e s. sens mod. : lat. *indulgentia*, de *indulgere* « avoir des complaisances pour quelqu'un »; **INDULGENT** XVI^e s.; **INDULT** XV^e s. : *indultum* « chose concédée », part. passé neutre substantivé de *indulgere*.

**INFESTER** (sav.) XIV^e s. : lat. impr. *infestare* « ravager », de *infestus* « ennemi ».

**INSOLENT** famille sav. du lat. *solere, solitus* « avoir l'habitude » (représenté en anc. fr. par la forme pop. *souloir*).
♦ [1] **INSOLENT** XV^e s. : *insolens* « qui n'a pas l'habitude »; **INSOLENCE** XV^e s. : *insolentia*; **INSOLEMMENT** XIV^e s. ♦ [2] **INSOLITE** XV^e s. : *insolitus* : « inhabituel ».

**INSTAR (À L')** (sav.) XVI^e s. : adaptation du lat. *ad instar* « à la ressemblance de ».

**INTERLOPE** XVII^e s. : angl. *interloper* « qui trafique en fraude », du verbe *to interlope*, d'origine obscure.

**INTERPRÉTER** (sav.) XII^e s. « expliquer », XV^e s. « traduire », XIX^e s. « jouer » (théâtre, cinéma, musique) : lat. *interpretari* « expliquer, traduire »; **INTERPRÉTATION** XII^e s.; **INTERPRÈTE** XIV^e s. : *interpres, -etis* « médiateur » et « traducteur ».

**INTERVALLE** famille du lat. *vallum* « rempart », collectif tiré de *valla, -orum*, anc. plur. de *vallus* « pieu », qui désignait la palissade élevée sur la levée de terre entourant le camp romain; d'où *intervallum* « espace entre la tête affilée de deux pieux successifs » et *circumvallare* « cerner, bloquer ».
♦ [1] **INTERVALLE** (sav.) XIII^e s. : *intervallum*. ♦ [2] **CIRCONVALLATION** (sav.) XVII^e s. : dér., sur *circumvallare*; **CONTREVALLATION** XVII^e s.

**INTRUS** représentants du lat. *trudere, trusus* « pousser » (→ aussi TRUC qui se rattache p.-ê. à ce verbe).
♦ [1] **INTRUS** XIV^e s. « introduit sans droit », jur. : *intrusus*, de *intrudere*; **INTRUSION** XIV^e s. ♦ [2] **ABSTRUS** XIV^e s. : *abstrusus* « caché », de *abstrudere* « repousser au loin ».

**IODE** (sav.) XIX^e s. : gr. *iôdês* « violet », dér. de *ion* « violette », à cause de la couleur des vapeurs d'iode, **IODÉ, -IQUE, -URE** XIX^e s.; **IODO-** 1^er élément de composés, ex. : **IODOFORME** XIX^e s.

**ION** (sav.) XIX^e s. : gr. *ion*, part. présent neutre du verbe *ienai* « aller »; mot créé par l'Anglais Faraday; **IONIQUE, IONISER, IONISATION** XX^e s.; **IONO-** 1^er élément de composés, ex. : **IONOSPHÈRE** XX^e s.

**-IQUE** ♦ [1] (sav.) suff. adj. et nom. : lat. *-icus*, du gr. *-ikos*; a souvent une valeur ethnique, ex. : *germanique, soviétique*; aussi en chimie. ♦ [2] **-IC** var. angl. du suff. *-ique*, usuelle dans la langue de l'industrie et de la publicité, ex. : *plastic*. ♦ [3] **-ICIEN** (sav.) lat. tardif *-icianus*, ex. : *physicien*. ♦ [4] **-ICITÉ** (sav.) lat. tardif *-icitas, -icitatis*, ex. : *félicité*.

**-IR** ♦ [1] (pop.) désinence d'infinitif : lat. *-īre*. ♦ [2] **-ISS-** en lat. vulg. les temps personnels des verbes en *-īre* sont fréquemment conjugués avec un suff. *-sc-* (dit inchoatif), représenté par *-ss-* dans le suff. fr. pop. **-ISS-**, base de plusieurs suff. composés : **-ISSABLE, -ISSAGE, -ISSEUR, -ISSEMENT, -ISSIBLE**, ex. : *périssable, apprentissage, bâtisseur, lotissement, admissible*. ♦ [3] Ce suff. *-sc-* apparaît clairement dans les suff. sav. à valeur inchoative **-ESCENT, -ESSENCE**, ex. : *déliquescent, coalescence*. ♦ [4] **-ISON** (demi-sav.) : lat. *-itio, -itionis*, suff. nom. formé sur le rad. du part. passé des verbes en *-ire*, ex. : *trahison, garnison*. ♦ [5] **-ITION** (sav.) : id., ex. : *extradition*. ♦ [6] **-ITOIRE** (sav.) : *-itorius* suff. lat. adj. formé sur la même base, ex. : *réquisitoire*.

**IRAI (J')** famille d'une racine ind.-eur. **ei-, *i-* « aller ».
En latin (1) *ire, itus* « aller », qui a fourni le futur et le conditionnel du fr. **ALLER** (→ aussi JE VAIS) et auquel se rattachent un grand nombre de composés : (a) *ambire* « aller autour », qui s'emploie, dans la langue de la politique en parlant des candidats qui font leur cour aux électeurs; dérivés : *ambitio* « brigue, ambition » et *ambitus, -us*, d'où bas lat. (IX^e s.) *ambitare* « faire un tour » (→ *ambulare*, art. ALLER) (b) circumire « entourer », d'où *circuitus, -us*, de *circu(m)itus* « ronde, révolution » (c) *coire* « aller ensemble », « s'accoupler », d'où *coitus, -us* « union charnelle » (d) *exire* « sortir » (e) *inire* « entrer » et « commencer », d'où *initium* « commencement », « auspices pris au début d'une entreprise », « cérémonie religieuse d'initiation »; *initiare* (surtout au passif) : « initier »; lat. imp. *initialis, initiator, initiatio* (f) *introire* « entrer dans », d'où *introitus, -us* « entrée » (g) *obire* « aller au-devant », « affronter », d'où *obire (mortem)* « trouver la mort », « mourir » (h) *perire* « disparaître » (i) *praeterire* « passer le long de », « négliger »; *praeteritus* « passé » (j) **sedire*, non attesté (le verbe en usage étant *secedere*) auquel se rattache pourtant *seditio* « action d'aller à part », « désunion, discorde », « révolte » (k) *subire* « venir sous », « subir », et *subitus* « venu par en dessous, sans être vu », « imprévu », d'où lat. imp. *subitaneus*

« soudain » (1) *transire* « aller au-delà », d'où *transitus* « passage » (2) un subst. *-es, -itis* qui apparaît comme 2e terme de composé dans *comes, comitis* « compagnon de marche » et « personne qui accompagne un supérieur », d'où *comitare* et *concomitari* « accompagner » (3) *comitium* « lieu de réunion », « assemblée » (4) *iter, itineris* « chemin », d'où en bas lat. *itinerarius* « qui concerne la route » et *iterare* « faire route ».

**I.** mots populaires ou empruntés

♦ [1] **J'IRAI** XIe s. : *ire habeo*, sert de futur à *aller*. ♦ [2] **COMMENCER** Xe s. : lat. vulg. **cumĭnĭtĭāre*, composé de *initiare* ; **RECOMMENCER** XIe s. ; **COMMENCEMENT** XIIe s. ; **RECOMMENCEMENT** XVIe s. ♦ [3] **ERRANT** (chevalier, juif) XIIe s. : part. présent de l'anc. fr. *errer* « voyager », de *itĕrāre* ; **ERREMENTS** XIIe s. ♦ [4] **SOUDAIN** XIIe s. *sotain, sodain* : lat. vulg. **subĭtānus*, imp. *subitaneus* → SUBIT ; **SOUDAINETÉ** XIIIe s. ♦ [5] **ISSUE** XIIe s. : part. passé fém. substantivé de l'anc. fr. *issire*, de *exire*. ♦ [6] **COMTE** XIe s. : *comitem*, acc. de *comes* ; **COMTÉ** XIe s. : *comĭtātus* ; **COMTESSE** XIe s. ; **COMTAL** XIIIe s. ♦ [7] **CONNÉTABLE** XIIe s., bas lat. *comes stabŭli* « comte de l'étable », « grand écuyer » ; le *n* peut s'expliquer par une dissimilation des deux labiales *m* et *b*. ♦ [8] **ANDAIN** XIIIe s. : probablement lat. vulg. **ambĭtānus (passus)* « enjambée de faucheur » → picard *ander un champ* « le mesurer à grands pas ». ♦ [9] **RÉUSSIR** XVIe s. : it. *riuscire*, composé de *uscire*, qui résulte du croisement de *exire* avec *uscio* « porte » → HUIS ; **RÉUSSITE** XVIIe s. : it. *riuscita*. ♦ [10] **ANDANTE** XVIIIe s. musique : mot it. « en allant », de *andare* « aller » : lat. *ambitare* → ANDAIN.

**II.** mots savants

**A. AMBIANT** XVIe s. : *ambiens* ; **AMBIANCE** XIXe s.

**B. COMICE** XIVe s. : comitium ; fin XVIIIe s., agric.

**C. EXEAT** XVIIe s. : mot lat. « qu'il sorte », de *exire* ; à l'origine formule eccl. autorisant un prêtre à exercer son ministère hors de son diocèse.

**D.** bases *-ir, -iss-*

♦ [1] **PÉRIR** (demi-sav.) : *perire* ; **PÉRISSABLE** XIVe s. ; **IMPÉRISSABLE** XVIe s. ; **DÉPÉRIR** XIIIe s. ; **DÉPÉRISSEMENT** XVIe s. ; **PÉRISSOIRE** XIXe s. ♦ [2] **SUBIR** XVIe s. : *subire*. ♦ [3] **TRANSIR** XIIe s. « passer », « trépasser » ; XVe s. **TRANSI** « glacé » et *amoureux transi* : *transire*, **TRANSE** XIe s. « trépas », XVe s. « grande peur » : dér. de *transir* ; XIXe s. « sommeil magnétique », empr. à l'angl. lui-même empr. au fr.

**E.** base *-it-*

♦ [1] **INITIAL** XIIe s., rare avant le XVIIIe s. : *initialis*, de *initium* ; **INITIER** XIVe s. ; **INITIATION** XVe s. ; **INITIATEUR, INITIATIVE** XVIe s. ; **INITIALEMENT** XIXe s. ♦ [2] **OBIT** XIIe s. : *obitus* « mort » ; **OBITUAIRE** XIVe s. ♦ [3] **SUBIT** XIIe s. : *subitus* → SUBIR et SOUDAIN. ♦ [4] **CIRCUIT** XIIIe s. *circuitus* ; **COURT-CIRCUIT, COURT-CIRCUITER** XXe s. ♦ [5] **PRÉTÉRIT** XIIIe s. : *praeteritum (tempus)* « (temps) passée » ; **PRÉTÉRITION** XIVe s. : *praeteritio* « omission ». ♦ [6] **SÉDITION** XIIIe s. : *seditio* ; **SÉDITIEUX** XIVe s. : *seditiosus*. ♦ [7] **TRANSITION, TRANSITOIRE, TRANSITIF** XIIIe s. : *transitio, transitorius*, et *transitivum (verbum)* « verbe qui sert de passage » ; **INTRANSITIF** XVIIe s. : *intransitivum (verbum)* ; **TRANSITIVITÉ, INTRANSITIVITÉ** XXe s. ; **TRANSIT** XVIIe s. : *transitus*, par l'it. *transito* ; **TRANSITAIRE, TRANSITER** XIXe s. ♦ [8] **AMBITION, AMBITIEUX** XIIIe s. : *ambitio, ambitiosus* ; **AMBITIONNER** XVIe s. ♦ [9] **COÏT** XIVe s. : *coitus, -us*. ♦ [4] **INTROÏT** XIVe s. : *introitus*. ♦ [11] **ITINÉRAIRE** XIVe s. : *itinerarium* ; **ITINÉRANT** XIXe s. ♦ [12] **CONCOMITANT** XVIe s. : *concomitans*, de *concomitari* → COMTE ; **CONCOMITANCE** XIVe s.

**IRE** (pop.) XIe s. : lat. *ira* « colère » ; **IRASCIBLE** (sav.) XIIe s. : *irascibilis* ; **IRASCIBILITÉ** XVe s.

**IRIS** (sav.) XIIIe s., fleur, d'où **IRIDACÉES, IRIDÉES** XIXe s. ; XVIe s. anat., d'où **IRIDECTOMIE** XIXe s. ; XVIIe s. « arc-en-ciel », d'où **IRISER, IRISÉ, IRISATION** XVIIIe s. ; **IRIDESCENT, IRIDESCENCE** et **IRIDIUM** « métal à reflets irisés » XIXe s. : gr. *iris* « messagère des dieux, personnification de l'arc-en-ciel », « arc-en-ciel », « partie colorée de l'œil » et « fleur d'iris ».

**IRONIE** (sav.) XIVe s. : gr. *eirôneia* « action d'interroger en feignant l'ignorance », comme le faisait méthodiquement Socrate ; **IRONIQUE, IRONIQUEMENT** XVe s. ; **IRONISER** XVIIe s. ; **IRONISTE** XVIIIe s.

**IRRIGUER, IRRIGABLE, IRRIGATEUR** (sav.) XIXe s. ; **IRRIGATION** XVe s. : lat. *irrigare, irrigatio*, de *rigare* « arroser ».

**IRRITER, IRRITATION** (sav.) XIVe s. « colère », XVIe s. « excitation », « inflammation » : lat. *irritare, irritatio* ; **IRRITABLE, IRRITANT** XVIe s. ; **IRRITABILITÉ** XVIIIe s.

**-IS, -ISSE** ♦ [1] (pop.) suff. nomin. aujourd'hui mort issu de la rencontre de (a) lat. *-icius, -icia*, ex. : *pâtis, saucisse* ; (b) anc. fr. *-eis, eice* : lat. *-aticius, -aticia* (→ -É, -ÉE), ex. : *(pont)-levis, coulisse* ; le masc. *-is* peut exprimer le résultat d'une action, ex. : *abattis, fouillis*. ♦ [2] **-ICHE**

(pop.) (a) forme normanno-picarde du précédent, ex. : *barbiche, pouliche, caniche*, encore vivant en argot, ex. : *bonniche, moniche*; (b) empr. à l'esp. *-izo* ou l'it. *-iccio*, de même origine, ex. : *postiche*. ♦ [3] **-ICHON** (pop.) : suff. adj., dimin. et péjor. composé sur la base de *-iche* ex. : *pâlichon, maigrichon, folichon*. ♦ [4] **-ICE**, (a) suff. nomin. sav., issu de la rencontre du lat. *-icius*, ex. : *Patrice*, et du lat. *-itium*, ex. : *service* (b) suff. adj. empr. à l'it. : *-izio*, ex. : *cardinalice*.

**ISARD** XIV^e^ s., puis XVIII^e^ s. : basque *izar* « étoile », « tache blanche sur le front des animaux », mot prélat., d'origine ibérique, ayant un équivalent en berbère.

**ISO-** 1^er^ élément de composés sav. : gr. *isos* « égal »; en particulier dans **ISOCÈLE** XVI^e^ s., 2^e^ élément gr. *skelos* « jambe », par le lat.

**ISTHME** (sav.) XVI^e^ s. : gr. *isthmos* « passage étroit », par le lat.; **ISTHMIQUE** XVII^e^ s.

**-ITE** (sav.) suff. nom. masc. ou fém., issu de la rencontre de deux suff. gr. : *-itês*, masc. formant des noms de personnes, ex. : *cénobite, ermite* et *-itis*, fém. formant des noms de choses, ex. : *clématite, arthrite*; peut avoir une valeur ethnique, ex. : *annamite, ninivite, moscovite*; en médecine, indique une affection aiguë : *rhinite, laryngite*, et par métaph., *espionnite*; employé aussi en géologie, ex. : *sélénite, manganite*, et en chimie, ex. : *sulfite*.

**-IUM** (sav.) suff. lat. employé pour former des noms de corps rares découverts aux XIX^e^ s. et XX^e^ s., ex. : *hélium, plutonium, berkélium*.

**IVOIRE** ♦ [1] (demi-sav.) XII^e^ s. : *ĕbŭreum*, adj. neutre substantivé, « chose en ivoire », du lat. *ĕbŭr, ĕbŏris* « ivoire », qu'on rapproche de l'égyptien *ab, abu*, sans savoir par quelle voie le mot a passé en lat. L'ivoire a été connu à Rome avant l'éléphant. **IVOIRIN** XII^e^ s. ♦ [2] **ÉBURNÉEN** (sav.) XVI^e^ s., puis XIX^e^ s. : *eburneus*, var. de *ebureus*.

**IVRE** famille du lat. *ēbrius* « ivre » et de son contraire *sobrius*, probablement issu de **so-* préf. privatif, et de *ebrius*.
♦ [1] **IVRE** (pop.) XII^e^ s. : *ebrius*; **IVRESSE, ENIVRER, ENIVREMENT** XII^e^ s. ♦ [2] **IVROGNE** (pop.) XII^e^ s., d'abord subst. : lat. vulg. **ēbriōnia* « ivrognerie »; **IVROGNERIE** XIV^e^ s.; **IVROGNESSE** XVI^e^ s. ♦ [3] **IVRAIE** (pop.) XIII^e^ s. : *ēbriāca*, fém. substantivé de *ēbriācus*, dér. de *ebrius*, « ivre », parce que cette plante a des propriétés légèrement enivrantes; employé surtout au fig. à cause de la parabole évangélique (Mt, XIV, 27 sq.). ♦ [4] **ÉBRIÉTÉ** (sav.) XIV^e^ s., rare avant le XIX^e^ s. : lat. *ebrietas*. ♦ [5] **SOBRE, SOBRIÉTÉ** (sav.) XII^e^ s. : *sobrius, sobrietas*.

# J

**JACHÈRE** (pop.) XIIe s. : bas lat. *gascaria*, du gaulois **ganskaria*, de **gansko* « branche ».

**JADE** ♦ [1] XVIIe s. *ejade* : esp. *(piedra de la) ijada* « pierre du flanc », passant pour guérir les coliques néphrétiques, dér. du lat. *ilia* « partie latérale du ventre ». ♦ [2] **ILIAQUE** (sav.) XVIe s. : lat. *iliacus*, dér. de *ilia*.

**JAGUAR** XVIIIe s. : tupi (Brésil) *jaguara*, par le port. ou l'angl.

**JAILLIR** ♦ [1] (pop.) XIIe s. *jalir* « lancer », XVIe s. « s'élancer » lat. vulg. gallo-roman **galīre*, du gaulois **gali-* « bouillir »; **REJAILLIR, REJAILLISSEMENT** XVIe s.; **JAILLISSEMENT** XVIIe s. ♦ [2] **JALON** XVIIe s. « perche qu'on fiche en terre », XIXe s. « point de repère » : p.-ê. dér. de *jalir*; **JALONNER** XVIIe s.; **JALONNEMENT** XIXe s.

**JALOUX** famille du gr. *zêlos* « empressement », d'où *zêlôtês* « plein d'ardeur pour », *zêlôsis* « émulation, rivalité ».

♦ [1] **JALOUX** XIIe s. « désireux de, envieux » : prov. *gelos*, avec un *a* d'origine obscure : lat. vulg. **zēlōsus*, du bas lat. *zēlus*, du gr. *zêlos*; mot répandu en lat. sous l'influence du *Deus zelotes* de la Vulgate; **JALOUSIE** XIIIe s.; **JALOUSER** XIVe s. ♦ [2] **JALOUSIE** XVIIe s. « persienne » : it. *gelosia*, même mot que le précédent (ce dispositif permet de voir sans être vu). ♦ [3] **ZÈLE** (sav.) XIIIe s. : *zêlos*, par le lat.; **ZÉLATEUR** XIVe s.; **ZÉLÉ** XVIe s. ♦ [4] **ZÉLOTE** XVIIe s. : *zêlôtês*.

**JAMBE** famille du gr. *kampê* « courbure », « articulation d'un membre », d'où bas lat. *camba*, var. *gamba* « pâturon du cheval » (IVe s.).

I. base *-jamb-* (pop.)

♦ [1] **JAMBE** XIe s. : *gamba*; **ENTRE-JAMBES** XXe s.; **CROC-EN-JAMBE** XVIe s. ♦ [2] **JAMBIÈRE** XIIIe s.; **JAMBON** XIIIe s.; **JAMBONNEAU** XVIIe s.; **JAMBAGE** XIVe s. ♦ [3] **ENJAMBÉE** XIIIe s.; **ENJAMBER** XVe s.; **ENJAMBEMENT** XVIe s., XVIIe s. versification.

II. base *-gamb-* (empr.)

♦ [1] **GAMBILLER** XVIIe s. : probablement mot normanno-picard, dér. de *gambe*, de *gamba*. ♦ [2] **GAMBADE** XVe s. : p.-ê. prov. *gambado*, var. *cambado*, dér. de *cambo*, du lat. *camba*; ou it. *gambata* « croc-en-jambe » de *gamba*; **GAMBADER** XVe s. ♦ [3] **INGAMBE** XVIe s. en *gambe* : it. *in gamba* « en jambe », « alerte ». ♦ [4] **(VIOLE DE) GAMBE** XVIIIe s. : it. *viola di gamba*, parce qu'elle se joue tenue verticalement, serrée entre les genoux. ♦ [5] **GAMBETTE** (fém.) XIXe s. : it. *gambetta*, dimin. de *gamba*.

**JANISSAIRE** XVe s. : it. *giannizero*, de l'anc. turc *geni çeri* « nouvelle troupe ».

**JANTE** (pop.) XIIe s. : lat. vulg. **cambĭta*, du gaulois **cambo-* « recourbé ».

**JARRE** XIIIe s. en Terre Sainte, XVe s. en France, mot de la marine méditerranéenne : ar. *djarra* « grand vase de poterie », par le prov. et l'it.

**JARRET** ♦ [1] (pop.) XIIe s. dimin., du gaulois **garra* « jambe »; **JARRETIÈRE** XIVe s.; **JARRETELLE** XIXe s. ♦ [2] **GARROT** (des animaux) : prov. *garrot*, dér. de *garra* « jarret, jambe, fesse ».

**JARS** (pop.) XIII^e^ s. : frq. *gard* « aiguillon », « celui qui perce » (→ dial. du Berry *jardir* « couvrir l'oie »).

**JASMIN** XV^e^ s. : arabo-persan *yâsimîn*, p.-ê. par l'it.

**JASPE** ♦ [1] (sav.) XII^e^ s. : lat. *jaspis*, empr. au gr.; **JASPÉ** XVI^e^ s. ♦ [2] **DIAPRER** (demi-sav.) XII^e^ s. : dér. de l'anc. fr. *diaspre* « étoffe à fleurs », du lat. médiéval *diasprum*, altération du class. *jaspis*; **DIAPRURE** XIV^e^ s.

**JATTE** (pop.) XII^e^ s. : lat. imp. *găbăta* « écuelle », empr. d'origine incertaine.

**JAUGE** (pop.) XIII^e^ s. : frq. **galga* « perche »; **JAUGER, JAUGEUR, JAUGEAGE** XIII^e^ s.

**JAUNE** (pop.) XI^e^ s., XVI^e^ s. *jaune d'œuf* : lat. *gălbĭnus*; **JAUNET, JAUNISSE** XII^e^ s.; **JAUNIR** XIII^e^ s.; **JAUNÂTRE, JAUNISSANT** XVI^e^ s.

**JAVELLE** (pop.) XII^e^ s. : mot commun à tous les parlers gallo-romans et ibériques, d'origine incertaine : p.-ê. lat. vulg. **gabĕlla* « poignée », d'origine gauloise (→ irlandais *gabāl* « saisir »), mais l'extension du mot dans la péninsule Ibérique surprend (→ esp. *gavilla*); p.-ê. dér. anc. du lat. *cavus* au sens de « creux de la main » et développement irrégulier de la consonne initiale; **JAVELER** XII^e^ s.; **ENJAVELER** XIV^e^ s.; **JAVELEUR** XVII^e^ s.

**JAVELOT** (pop.) XII^e^ s. : gaulois **gabalaccos*, apparenté à des mots gallois et irlandais exprimant les notions de « fourche » et de « lance empennée », avec substitution de suff.; **JAVELINE** XIV^e^ s.

**JAZZ** XX^e^ s. : mot anglo-américain d'origine obscure.

**JE** ♦ [1] (pop.) IX^e^ s. : lat. *ĕgo*, nominatif du pron. pers. de la 1^re^ pers. en emploi atone → MOI. ♦ [2] **ÉGOÏSME, ÉGOÏSTE** (sav.) XVIII^e^ s. : dér. de *ego*. ♦ [3] **ÉGOTISME** XVIII^e^ s. : id., par l'angl. **ÉGOCENTRISME** XX^e^ s. ♦ [4] **ALTER EGO** XIX^e^ s. « un autre moi-même »; **EGO** XX^e^ s. philo., psychanalyse : mots lat.

**JEEP** XX^e^ s. : mot anglo-américain : prononc. amér. des deux initiales G. P., pour *general purpose* « (voiture) d'un usage général ».

**JETER** famille d'une racine ind.-eur. **ye-* « jeter ».

En gr. *hienai* « lancer », d'où (1) *kathienai* « laisser tomber », et *kathetos* « perpendiculaire », « vertical » (2) *diienai* « laisser passer », « dissoudre », « enfoncer à travers », et *diesis* « action de séparer », d'où en musique « intervalle », « demi-ton ».

En lat. (1) jacĕre, jactus (présent *jacio*) « jeter », et un grand nombre de verbes préfixés en *-jĭcĕre, -jĕctus* : (a) *abjicere, abjectus* « rejeter » (b) *adjicere, adjectus* « ajouter à », d'où lat. *adjectivum nomen* « adjectif »; calque du gr. *epitheton* (c) *conjicere, conjectus* « jeter ensemble », « combiner dans son esprit », d'où *conjectura* « conjecture » (d) *dejicere, dejectus* « jeter à bas » et *dejectio* « action de jeter à bas », « selles » (e) *ejicere* et lat. imp. *ejectare* « jeter hors »; *ejectio* « expulsion » (f) *injicere, injectare* « jeter dans » ou « sur », et *injectio* (g) *interjicere* « interposer » et *interjectio* « intercalation », gram. « interjection » (h) *objicere, objectus* « jeter devant », « opposer comme une défense » et au passif « se montrer »; bas lat. *objectio* « action d'opposer » (i) *projicere, projectus* « jeter en avant » et *projectio* (j) *rejicere, rejectus* « rejeter » (k) *subjicere, subjectus* « placer dessous », « subordonner » (l) *transjicere*, ou *trajicere, trajectus* « jeter au-delà », « traverser » (2) fréquentatif : *jactare* « jeter souvent ou précipitamment (3) un verbe en *-ĭcīre : amĭcīre, amictus* « mettre autour » (4) un adj. : *jacŭlus* « de jet », qualifiant surtout des armes, qui a servi de base aux dér. lat. imp. *jaculari* « lancer », *ejaculari* « projeter », et *jaculatorius* « qui sert au lancement (du javelot) » (5) *jacēre* (ind. prés. *jaceo*), qui a, par rapport à *jacĕre, jacio*, une valeur résultative « être dans l'état d'une chose jetée », « être abattu, étendu »; composé : *adjacĕre*, « être couché, ou situé auprès de ».

**I.** mots d'origine latine de la famille de *jacio, jacĕre, jactus*

**A.** base *-jet-* (mots pop., demi-sav. ou empr.)

♦ [1] **JETER** (pop.) X^e^ s. : lat. vulg. **jectāre*, class. *jactāre*; **JET** XII^e^ s.; **JETÉE** XIII^e^ s. « jet »; XVII^e^ s. sens mod.; **JETON** XIV^e^ s. de *jeter* au sens de « répartir des sommes », « calculer » en anc. fr.; **JETÉ** XVIII^e^ s. danse, XIX^e^ s. tricot. ♦ [2] **DÉJETER** (pop.) XII^e^ s. « expulser », XVII^e^ s. « déformer ». ♦ [3] **INTERJETER** (demi-sav.) XV^e^ s. : calque de *interjicere*, avec adaptation au fr. *jeter*. ♦ [4] **PROJETER** XII^e^ s. *porjeter* (pop.) « lancer en avant », XIV^e^ s. *pourjeter* (pop.) « pousser une reconnaissance (vers une ville) », « s'en faire une idée précise », « dresser un plan (d'attaque) »; XV^e^ s. *projeter* (réfection demi-sav.) sens mod.; **PROJET** XV^e^ s.; **AVANT-PROJET, CONTRE-PROJET** XIX^e^ s. ♦ [5] **REJETER**

XIIIe s. ; **REJET** XIIIe s. ; **REJETON** XVIe s. ♦ [6] **SURJETER** (pop.) XIIIe s. ; **SURJET** XIVe s. ♦ [7] **SUJET** (demi-sav.) XIIe s. « soumis à une autorité » : *subjectus* (d'où **SUJÉTION** XIIe s., **ASSUJETTIR** XIVe s. ; **ASSUJETTISSEMENT** XVIe s.) XIVe s. « personne ou chose qui est le motif de quelque action ou réflexion » : lat. scolastique *subjectum*, part. passé neutre substantivé. ♦ [8] **OBJET** (demi-sav.) : *objectum*, part. passé neutre substantivé, « ce qui se présente aux sens ». ♦ [9] **TRAJET** XVIe s. : it. *tragetto*, de *tragettare* « traverser », du bas lat. *trajectare*, formé sur *trajectus*.

**B.** base *-ject-* (sav.)

♦ [1] **ABJECTION** XIVe s. : *abjectio* « rejet » ; **ABJECT** XVe s. : *abjectus*. ♦ [2] **ADJECTIF** XIVe s. : *adjectivum (nomen)* ; **ADJECTIVAL** XXe s. ♦ [3] **CONJECTURE** XIIIe s. : *conjectura* ; **CONJECTURER** XIIIe s. : bas lat. (VIe s.) *conjecturare* ; **CONJECTURAL** XVIe s. ♦ [4] **DÉJECTION** XVIe s. : *dejectio*. ♦ [5] **ÉJECTION** XIIIe s. : *ejectio* ; **ÉJECTER** XIXe s. : *ejectare*. **ÉJECTABLE** XXe s. ♦ [6] **INJECTION** XIIIe s. : *injectio* ; **INJECTER** XVIe s. ; **INJECTEUR** XIXe s. ♦ [7] **INTERJECTION** XIIIe s. : *interjectio*. ♦ [8] **OBJECTION** XIIe s. ; *objectio* ; **OBJECTER** XIIIe s. *objeter*, XVIe s. forme mod., **OBJECTEUR** XVIIIe s. ♦ [9] **OBJECTIF** XIVe s. : lat. scolastique *objectivus*, de *objectum* ; XVIIe s. subst. optique ; XIXe s. « but » ; **OBJECTIVER, OBJECTIVITÉ, OBJECTIVATION** XIXe s. ; **OBJECTIVISME, OBJECTIVISTE** XXe s. ♦ [10] **PROJECTION** XIVe s. : *projectio* ; **PROJECTILE** XVIIIe s. ; **PROJECTEUR** XIXe s. ♦ [11] **SUBJECTIF** XVe s. rare avant le XIXe s. (sous l'influence de Kant) : lat. scolastique *subjectivus*, de *subjectum* ; **SUBJECTIVITÉ** XIXe s., par l'all. *Subjektivität* ; **SUBJECTIVER, SUBJECTIVISME** XIXe s. ♦ [12] **TRAJECTOIRE** XVIIe s. : lat. scolastique *trajectorius*, de *trajectus*.

**C.** base *-jac-* (sav.)

♦ [1] **JACTANCE** XIIe s. « vantardise » : lat. *jactantia*, de *jactare* au sens fig. de « se vanter ». ♦ [2] **ÉJACULER** XVIe s. : *ejaculari* ; **ÉJACULATION, ÉJACULATEUR** XVIe s. ♦ [3] **JACULATOIRE** XVIe s., seulement à propos de brèves oraisons : *jaculatorius*.

**D. AMICT** XIIe s. (sav.) : *amictus* « manteau », de *amicire*.

**II.** mots d'origine latine de la famille de *jaceo, jacēre*

♦ [1] **GÉSIR** (pop.) XIe s. : *jacēre*, survit surtout dans la loc. *ci-gît*. ♦ [2] **GISANT** adj. XIIIe s. ; subst. beaux-arts XXe s. : part. présent de *gésir*. ♦ [3] **GISEMENT** XIIIe s. « action de se coucher », XVIIIe s. « couche de minerai » : dér. sur le radical *gis-* de *gésir*. ♦ [4] **GÉSINE** (pop.) XIIe s. : lat. vulg. **jacīna*, dér. de *jacere*. ♦ [5] **GÎTE** XIIe s. « endroit où l'on se couche », XIVe s. « partie de la cuisse du bœuf » : bas lat. **jacĭta*, part. passé fém. substantivé de *jacere*, resté fém. comme terme de marine, « côté d'un navire » XIXe s. ; **GÎTER** XIIIe s.

**III.** mots d'origine latine de la famille de *adjacere*

♦ [1] **AISE** (pop.) XIe s. « espace vide à côté de quelqu'un », XIIe s. « absence de gêne » et emploi adj. : *adjăcens*, part. présent de *adjăcēre* au nominatif ; **MALAISE** XIIe s. ; **AISÉ** XIIIe s. : part. passé de l'anc. verbe *aisier*, var. *aaisier* « mettre à l'aise » ; **MALAISÉ** XIVe s. ; **AISANCE** XIIIe s. : *adjacentia*. ♦ [2] **AGIO** XVIIe s., rare avant XVIIIe s., finances : it. *aggio*, var. de *agio* « commodité (du banquier) », du prov. *aize*, équivalent du fr. *aise* ; **AGIOTER, -AGE, -EUR** XVIIIe s. ♦ [3] **ADAGIO** XVIIIe s., musique : mot it., « à l'aise ». ♦ [4] **ADJACENT** (sav.) XIVe s. : *adjacens* ; **SOUS-JACENT** XIXe s. : formation analogique d'*adjacent*.

**IV.** mots savants d'origine grecque

♦ [1] **DIÈSE** XVIe s., fém. XIIe s., masc. sous l'influence de *bémol, bécarre* : gr. *diesis* ; **DIÉSER** XVIIIe s. ♦ [2] **CATHÉTOMÈTRE** XIXe s. « appareil de mesure de distances verticales » : du gr. *kathetos*.

**JEU** famille du lat. *jŏcus* « plaisanterie », dimin. *jŏcŭlus* et des verbes dér. *jŏcāri* et *jocŭlāri* « plaisanter ».

♦ [1] **JEU** (pop.) XIe s. ; XIIe s. « pièce de théâtre » : *jŏcus* ; **ENJEU** XIVe s. ♦ [2] **JOUER** (pop.) XIe s. ; XVe s. « jouer une pièce », XVIe s. « ne pas joindre exactement » : *jŏcāri* ; **JOUEUR, DÉJOUER, REJOUER** XIIe s. ; **INJOUABLE** XVIIIe s., **ENJOUEMENT** XVIIe s. ; **JOUET** XVIe s. ♦ [3] **JONGLER** (pop.) XIIe s. « se jouer de », XVIe s. « faire des tours d'adresse » : croisement de *jogler* (de *joculari*) avec *gengler* XIIe s. « bavarder, médire », du frq. **jangalôn* « crier » ; **JONGLEUR** (pop.) XIIe s. *jogleor*, XIVe s. forme mod. « ménestrel » : *joculator, -ōris* avec infl. de *gengler* ; **JONGLERIE** XIIe s. « métier de jongleur », XVIe s. « tour de jongleur ». ♦ [4] **JOYAU** (pop.) XIIe s. : altération, sous l'infl. de *joie*, de la var. anc. fr. *joel*, du lat. vulg. **jŏcāle*, de *jocus* ; **JOAILLIER, JOAILLERIE** XVe s. ♦ [5] **JOKER** XXe s. cartes : mot angl., « farceur », dér. de *joke*, « plaisanterie », empr. au lat. *jocus*.

**JEUNE** famille du lat. *jŭvĕnis* « jeune » et « jeune homme » ; *juvenilis* « relatif à la jeunesse » ; *juventus, -us* « jeunesse » ; le radical *jŭvĕn-* est réduit à *jūn-*, dans *jūnior* « plus jeune », comparatif de *jevenis* et *jūnix, icis* « génisse ».

♦ [1] **JEUNE** (pop.) XI^e s. *joene, jovene* : lat. vulg. **jŏvĕnis*, class. *jŭvĕnis*; **JEUNET, JEUNESSE, RAJEUNIR, RAJEUNISSEMENT** XII^e s. ♦ [2] **JOUVENCEAU** (pop.) XII^e s. : lat. vulg. **jŭvencĕllus*, dimin. de *juvenis*. ♦ [3] **JOUVENCE** (pop.) XII^e s. : altération, sous l'infl. de *jouvenceau*, de l'anc. fr. *jouvente*, du lat. vulg. **jŭventa*, class. *juventus*. ♦ [4] **GÉNISSE** (pop.) XIII^e s. : lat. vulg. **gĕnīcia*, forme affaiblie de **jūnicia*, class. *jūnix, -īcis*. ♦ [5] **JUVÉNILE** (sav.) XV^e s. : *juvenilis*. ♦ [6] **JUNIOR** XIX^e s. : mot lat.

**JEÛNER** famille du lat. *jejunus* « qui est à jeun », « affamé », « maigre, pauvre »; neutre substantivé *jejunum* « intestin grêle »; dér. *jejunium* « jeûne », d'où lat. eccl. *jejunare* « jeûner ».
♦ [1] **JEUN** (pop.) XII^e s. adj., XIII^e s. *à jeun* : *jējūnus*. ♦ [2] **JEÛNER** (pop.) XII^e s. : *jējūnāre*; **JEÛNE** XII^e s. ♦ [3] **DÉJEUNER** (pop.) XII^e s., verbe : lat. vulg. **disjūnāre*, contraction de **disjējūnāre*, « rompre le jeûne », composé de *jējūnāre*; conjugaison entièrement refaite sur les formes de ce verbe accentuées sur le rad.; **PETIT DÉJEUNER** subst. XIX^e s. ♦ [4] **DÎNER** (pop.) XI^e s. verbe : **disjūnāre*. (→ le précédent); conjug. entièrement refaite sur les formes accentuées sur la désinence; **DÎNATOIRE, DÎNETTE** XVI^e s.; **MIDINETTE** XIX^e s., composé de *midi* et de *dînette*. ♦ [5] **JÉJUNUM** (sav.) XVI^e s. : mot lat.

**JOLI** (pop.) XII^e s., d'abord *jolif, -ive* « gai, aimable »; XIII^e s. « élégant »; XV^e s., sens mod. : probablement dér. de l'anc. scandinave *jôl* « grande fête païenne du milieu de l'hiver »; **ENJOLIVER** XIV^e s.; **ENJOLIVEUR, -EMENT** XVI^e s.; **ENJOLIVURE** XVII^e s.; **JOLIESSE** XIX^e s.

**JONC** ♦ [1] (pop.) XII^e s. : lat. *jŭncus*; **JONCHER** XI^e s.; **JONCHET** XV^e s. ♦ [2] **JONQUILLE** XVI^e s. : esp. *junquilla*, dimin. de *junco* : de *jŭncus*.

**JONQUE** XVI^e s. : malais *djong* « id. ».

**JOUE** famille d'une base méditerranéenne pré-ind.-eur.. **gaba* « jabot ».
♦ [1] **JOUE** (pop.) XI^e s. : lat. vulg. **gauta*, pour **gabĭta*, de **gaba*; **JOUFFLU** XVI^e s., avec infl. possible de mots comme *gifle, mufle* et *mafflu*; **BAJOUE** XIV^e s., avec infl. probable de balèvre XIII^e s., var. *baulèvre*, 1^er élément frq. **balu* « mauvais ». ♦ [2] **S'ENGOUER** XIV^e s. « s'étrangler en avalant », XVII^e s. « se passionner brusquement » : dér. formé sur un représentant de **gauta*, dans un dial., probablement normand, ne pratiquant pas la palatalisation de *g* devant *a*; **ENGOUEMENT** XVII^e s. ♦ [3] **GOUAILLER** (pop.) XVIII^e s., var. **GOUALER** XIX^e s.; **GOUAILLE, GOUAILLEUR** XVIII^e s.; **GOUALANTE** XIX^e s. : dér. formés sur la même base -**GOU**- que **ENGOUER**. ♦ [4] **GAVER** XVII^e s. : prov. *gavar*, dér. sur une base *gav-* issue de **gaba* ou dér. du picard *gave* « jabot »; id.; **GAVAGE** XIX^e s. ♦ [5] **GAVOTTE** XVI^e s. « danse des gavots », ou « goitreux », sobriquet des habitants des Alpes, dér. de **gaba*. ♦ [6] **JABOT** XVI^e s. « estomac de l'homme », puis « de l'oiseau », XVII^e s. « cravate de dentelle » : mot dial. (Auvergne ou Limousin) reposant sur la même base que *gaver*. ♦ [7] **GAVE** XVII^e s. : mot dial. (Pyrénées) : bas lat. (VIII^e s., IX^e s.) *gabarus* : p.-ê. dér. de *gaba* « gorge ».

**JOUG** famille d'une racine ind.-eur. **yug-* « atteler ».
En grec *zugon* « joug », *zeugnunai* « joindre », d'où *zugôma, -atos* « tout ce qui sert à assujettir »; *zeugma, -atos* « lien » et rhét. « construction par laquelle on met deux sujets en relation avec un même attribut »; *azux, -ugos* « non soumis au joug », « non accouplé »; *suzugia* « union ».
En germ. frq. **jok*, « joug » (→ all. *Joch*, angl. *yoke*).
En lat. (1) *jŭgum* « joug » (2) *jugare, conjugare* « unir », *conjugatio* « union », et en bas lat. gramm. « conjugaison »; bas lat. *subjugare* « faire passer sous le joug » (3) *conjux, -jugis* « époux, épouse »; *conjugalis* « relatif au mariage » (4) *jugulum* « endroit où le cou se joint aux épaules », « gorge », « clavicules »; *jugulāre* « égorger », « terrasser, abattre » (5) *jugus*, adj. « uni, joint ensemble », d'où *biga, quadriga*, issus de *bijuga, quadrijuga* « char à deux, à quatre chevaux » (6) *jūmentum*, issu de **yougs-men-to-m* « attelage » et « bête d'attelage », « cheval » (7) avec un infixe nasal *jungere, junctus* « joindre » et *junctio* « union », d'où (a) *adjungere* « joindre à » et *adjunctio* (b) *conjungere* « lier ensemble », en particulier « marier », et *conjunctio* « union » (c) *disjungere* « disjoindre » *disjunctio, disjunctivus* (d) *injungere* « appliquer dans ou sur », « infliger », « imposer » et bas lat. *injunctio* « action d'imposer (une charge) » (e) *subjungere* « attacher dessous » et *subjunctivus modus*, bas lat. gramm., « mode qui sert à lier » (8) *juxta* adv. et prép. « à côté ».

**I.** mots populaires, demi-savants ou empruntés d'origine latine

**A. JOUG** (pop., avec rétablissement sav. du *g* final) XII^e s., *jou* : *jŭgum*.

**B.** bases *-joindre, -joint*

♦ [1] **JOINDRE** (pop.) XIe s. : *jŭngĕre*; **JOINTURE** XIe s.; **REJOINDRE, JOINTOYER** XIIIe s.; **JOINT** XIVe s. : *jŭnctum*; **JOINTIF** XVe s. ♦ [2] **ADJOINDRE** XIIe s. (pop.), avec prononc. sav. et tardive (XVIe s.) du *d : adjŭngĕre*; **ADJOINT** XVIe s. subst. ♦ [3] **CONJOINDRE** (pop.) XIIe s. : *conjŭngĕre*; **CONJOINT** XIIe s. ♦ [4] **DISJOINDRE** (demi-sav.) XIVe s. : réfection de l'anc. fr. *déjoindre* (pop.) XIIe s. : *disjŭngĕre*. ♦ [5] **ENJOINDRE** (pop.) XIIe s. : *injŭngĕre*.

**C. JUNTE** XVIe s. : esp. *junta* « réunion », du lat. *juncta*, équivalent du fr. *jointe*.

**D.** base *-jout-*

♦ [1] **JOUTER** (pop.) XIe s. « combattre de près » : lat. vulg. **jŭxtāre*, de *jŭxta*; **JOUTE, JOUTEUR** XIIe s. ♦ [2] **AJOUTER** (pop.) XIe s. : lat. vulg. **adjŭxtāre*, composé du précéd.; **SURAJOUTER** XIVe s.; **RAJOUTER** XVIe s.; **AJOUT** XIXe s.

**E. JOUXTE** (demi-sav.) XIIIe s. : réfection de l'anc. fr. *jouste*, de *jŭxta*.

**F. JUMENT** (pop.) XIIIe s. : *jūmentum* a éliminé *ive* (pop.) XIe s., de *equa* → ÉQUESTRE.

**II.** mots savants d'origine latine

**A.** base *-jug-*

♦ [1] **SUBJUGUER** XIIe s. : *subjugare*. ♦ [2] **CONJUGAISON** (demi-sav.) XIIe s. : *conjugatio, -onis*; **CONJUGUER** (sav.) XVIe s. : *conjugare*. ♦ [3] **CONJUGAL** XIIIe s. : *conjugalis*. ♦ [4] **JUGULER** XIIIe s. : *jugulare*. ♦ [5] **JUGULAIRE** XVIe s., adj. *(veine)*, XIXe s. subst. « mentonnière » : dér. sur la base de *jugulum*.

**B. JUXTA-** 1er élément de composés, ex. : *juxtaposé*.

**C.** base *-jonct-*

♦ [1] **JONCTION** XIVe s. : *junctio*. ♦ [2] **ADJONCTION** XIVe s. : *adjunctio*. ♦ [3] **CONJONCTION** XIIe s.; XIVe s. gramm. et astron. : *conjunctio*; **CONJONCTIF** XIVe s. anat. et gramm. : *conjunctivus* « qui sert à lier »; **CONJONCTIVE** XVe s. anat.; **CONJONCTIVITE** XIXe s.; **CONJONCTURE** XIVe s. : réfection de l'anc. fr. *conjointure*, d'après *conjunctus*; **CONJONCTUREL** XXe s. ♦ [4] **DISJONCTION** XIIIe s. : *disjunctio*; **DISJONCTIF** XVIe s. : *disjunctivus* « qui sert à disjoindre »; **DISJONCTEUR** XIXe s. ♦ [5] **INJONCTION** XIIIe s. : *injunctio*. ♦ [6] **SUBJONCTIF** XVIe s. adj., XVIIe s. subst. : *subjunctivus (modus)*.

**D. CONJUNGO** XVIIe s., ironique « mariage » : mot lat. du rituel catholique, *ego conjungo vos in matrimonium* « je vous unis en mariage ».

**E. QUADRIGE** XVIIe s. : *quadriga*.

**III.** mots populaires d'origine germanique

♦ [1] **JUCHER**, var. *joschier* XIIe s. : dér. de *juc*, var. *joc* « perchoir », attesté seulement au XIVe s., mais sans doute plus ancien, du frq. **jok; u* probablement dû à un croisement avec *hucher*, du frq. **hūkôn* « s'accroupir »; **JUCHOIR** XVIe s. ♦ [2] **JOCRISSE** XVIe s. nom de personnage de farces, apparenté à *joquer*, forme normanno-picarde de l'anc. fr. *joschier* → le précédent; p.-ê. altération de *joque sus* XVe s. « id. », littéralement « perche-toi là-dessus ».

**IV.** mots savants d'origine grecque

♦ [1] **SYZYGIE** XVIe s., astron. : *suzugia*. ♦ [2] **ZEUGMA** XVIIIe s. rhét. : mot gr. ♦ [3] **ZYGOME, ZYGOMATIQUE** XVIe s. anat. : *zugôma*.

**JOUIR** famille du lat. *gaudere* « se réjouir », d'où *gaudium* « joie ».

♦ [1] **JOUIR** (pop.) XIIe s. : lat. vulg. **gaudīre*, class. *gaudēre*; **RÉJOUIR** XIIe s., d'après l'anc. fr. *esjouir*; **RÉJOUISSANCE** XVe s.; **JOUISSANCE** XVe s.; **COJOUISSANCE, NON-JOUISSANCE** XIXe s.; **JOUISSEUR** XVIe s. ♦ [2] **JOIE** (pop.) XIe s. : *gaudia*, plur. de *gaudium*; **JOYEUX, JOYEUSEMENT** XIIe s.; **JOYEUSETÉ** XIIIe s. ♦ [3] **SE GAUDIR** (demi-sav.) XIIIe s. : *gaudere*, avec changement de conjug. ♦ [4] **GAUDRIOLE** (pop.) XVIIIe s. : probablement issu du croisement de *gaudir* et de *cabriole*. ♦ [5] **GODIVEAU** XVIe s. : p.-ê. adaptation, par croisement avec *veau*, de l'anc. it. *godovilia* « banquet » : du lat. vulg. « *gaudibilia* « choses réjouissantes ».

**JUBILÉ** (sav.) XIIIe s. : lat. eccl. *jubilaeus*, de l'hébreu *yôbel* « corne pour annoncer la fête » et « fête célébrée tous les cinquante ans »; **JUBILAIRE** XVIe s.

**JUBILER** (sav.) XIIe s. d'abord *jubler* : lat. *jubilare* « pousser des cris », mot rustique, probablement onom., littéralement « faire you ! », qui a pris en lat. eccl. le sens de « pousser des cris de joie », p.-ê. sous l'infl. de *jubilaeus* → le précédent; **JUBILATION** XIIe s. : *jubilatio*; **JUBILANT, JUBILATOIRE** XIXe s.

**JUDO** XXe s. : mot japonais « voie de la souplesse »; **JUDOKA** XXe s.

**JUGER** famille du lat. *jūs, jūris*, à l'origine « formule religieuse qui a force de loi », d'où, en lat. class. « droit », auquel se rattachent (1) *jūrāre* « prononcer la formule rituelle », « prêter serment » d'où (a) *juramentum* « serment » (b) *abjurare* « nier, ou refuser par serment » et bas lat. *abjuratio* (c) *adjurare* « affirmer par serment » et « conjurer, exorciser », probablement sous l'infl. du gr. *exorkizein*, lui aussi dér. d'un subst. *orkos* « serment » et « formule sacramentelle » → EXORCISER, d'où le sens de « prier instamment » (d) *conjurare* « jurer ensemble », « se conjurer », d'où *conjuratio* « complot »; a dû prendre, en lat. pop., les mêmes valeurs secondaires qu'*adjurare* (e) *perjurare*, var. plus usuelle *pejerare* « se parjurer », *perjurus* « menteur » et *perjurium* « mensonge » (2) *injūria* « violation du droit »; *injuriosus* « injuste »; bas lat. *injuriare* « faire du tort à », « outrager » (3) *jūdex, -icis* « celui qui montre ou dit le droit », « juge », d'où (a) *jūdĭcāre* « juger », « penser » (b) *adjudicare* « attribuer par jugement » et *adjudicatio* (c) *praejudicare* « préjuger » et *praejudicium* « jugement anticipé », « préjugé », « préjudice » (d) *judiciarius* « relatif aux tribunaux » (4) *jurisdictio* « action et droit de rendre la justice »; *juridicus* « relatif aux tribunaux »; *jurisconsultus* « conseiller juridique »; bas lat. *jurisprudentia* « science du droit » (5) *jūstus* « conforme au droit » ou « qui observe le droit »; *jūstĭtĭa* « conformité avec le droit »; *injustus, injustitia* « injuste, injustice »; bas lat. *justificare* « rendre juste » et *justificatio*.

**I.** base *-juge-* (pop.)

♦ [1] **JUGER** XIIe s. : *jūdĭcāre*; **JUGEMENT** XIe s.; **JUGEOTE** XIXe s.; **DÉJUGER** XIIe s. « condamner »; XIXe s., pronom.; **ADJUGER** (pop. avec rétablissement sav. du *d*) XIIe s. : *adjūdĭcāre*; **PRÉJUGER** (demi-sav.) XVe s. : adaptation du lat. *praejudicare*; **PRÉJUGÉ** XVIe s., subst. ♦ [2] **JUGE** XIIe s. : *jūdĭcem*, acc. de *judex*, avec infl. du verbe *juger*.

**II.** base *-judic-* (sav.)

♦ [1] **PRÉJUDICE** XIIIe s. : *praejudicium*; **PRÉJUDICIABLE** XIIIe s.; **PRÉJUDICIEL** XIIIe s. : lat. *praejudicialis*. ♦ [2] **ADJUDICATION** XIVe s. : *adjudicatio*; **ADJUDICATAIRE** XVe s.; **ADJUDICATEUR** XIXe s. ♦ [3] **JUDICIAIRE** XIVe s. : *judiciarius*. ♦ [4] **JUDICIEUX** XVIe s. : dér. sur *judicium* au sens de « discernement ».

**III.** base *-jur-* (pop. ou sav.)

♦ [1] **JURER** (pop.) IXe s. « prêter serment », XIIIe s. « employer en vain le nom de Dieu », « blasphémer » : *jūrāre*; **JURÉ** subst. XIIe s. « vassal », « échevin », XVIIIe s. « membre d'un jury »; **JUREUR** XIIe s.; **JUREMENT** XIIIe s. : *juramentum*; **JURON** XVIe s.; **JURANDE** (sav.) XVIe s. : *juranda* « choses à jurer ». ♦ [2] **JURY** XVIIe s., en parlant de l'Angleterre; fin XVIIIe s. institution fr. : mot angl., « ensemble de personnes assermentées remplissant des tâches judiciaires », de l'anc. fr. anglo-normand *jurée* « serment », « enquête judiciaire », dut lat. *jurata*. ♦ [3] **SE PARJURER** (demi-sav.) XIe s. : *perjurare*; **PARJURE** XIIe s. « menteur » et « mensonge » : *perjurus* et *perjurium*. ♦ [4] **CONJURER** (sav.) XIIe s. « exorciser » et « prier instamment », XIIIe s. « conspirer » : *conjurare*; **CONJURATION** XIIe s. « action de jurer ensemble », XVe s. « conspiration » : *conjuratio*; **CONJURÉ** XIIIe s. : *conjuratus*. ♦ [5] **ADJURER** (pop., avec rétablissement sav. du *d*) : *adjurare*; **ADJURATION** (sav.) XVe s. : *adjuratio*. ♦ [6] **ABJURER** (sav.) XIVe s. : *abjurare*; **ABJURATION** XVe s. : lat. eccl. *abjuratio*. ♦ [7] **INJURE** (demi-sav.) XIIe s.-XVIIe s. « dommage » et « injustice »; XIIIe s. « insulte » : *injuria*; **INJURIER** XIIIe s. d'abord « endommager » : *injuriare*; **INJURIEUX** XIVe s. ♦ [8] **JURIDICTION** (sav.) XIIIe s. : *jurisdictio*; **JURISTE** XIVe s. : lat. médiéval *jurista*; **JURIDIQUE, JURISCONSULTE** XVe s. : *juridicus, jurisconsultus*; **JURISPRUDENCE** XVIe s. : *jurisprudentia*.

**IV.** base *-just-* (sav.)

♦ [1] **JUSTE** XIIe s. « équitable » et « exact » : *justus*; **JUSTEMENT** XIIe s.; **INJUSTE, INJUSTEMENT** XIIIe s. ♦ [2] **JUSTICE** XIe s. : *justitia*; **JUSTICIER** XIIe s.; **INJUSTICE** XIIe s. ♦ [3] **JUSTIFIER** (demi-sav.), **JUSTIFICATION** (sav.) XIIe s. : *justificare, justificatio*; **JUSTIFIABLE** XIIIe s.; **JUSTIFICATIF** XVe s.; **JUSTIFICATEUR** XVIe s.; **INJUSTIFIABLE** XVIIIe s.; **INJUSTIFIÉ** XIXe s. ♦ [4] **RAJUSTER** XIIe s.; **AJUSTER, AJUSTAGE, AJUSTEMENT** XIVe s.; **AJUSTEUR** XVIe s.; **RÉAJUSTER** XXe s. : dér. de *juste* au sens d'« exact »; **JUSTAUCORPS** XVIIe s.

**JUJUBE** XIIIe s. : altération, probablement d'abord en occitan, du bas lat. *zīzupus* : gr. *zīzuphon* « jujubier ».

**JUMEAU** famille du lat. *gĕmĭnus* « jumeau » d'où *gĕmĭnāre* « doubler »; dimin. *gĕmĕllus*.

♦ [1] **JUMEAU** (pop.) XIIe s. : *gemellus*, avec labialisation de *e* devant *m*; **TRIJUMEAU** XVIIIe s. anat.; **JUMELLE** fém. du précéd.; XIVe s. techn. diverses pièces accouplées, XIXe s. « lorgnettes »; **JUMELER** XVIIIe s.; **JUMELAGE** XIXe s. ♦ [2] **GÉMEAUX** (pop.) XIIe s. « jumeaux », XVIe s. « constellation » : forme anc. non labialisée de *jumeaux*. ♦ [3] **GÉMELLAIRE, GÉMELLIPARE, TRIGÉMELLAIRE** (sav.) XIXe s. : dér. formés sur *gemellus*. ♦ [4] **GÉMINER, GÉMINÉ, GÉMINATION** (sav.) XVIe s. : *geminare, geminatus, geminatio*.

**JUNGLE** XVIIIe s. : issu, par l'angl., de l'hindoustani *jangal*, du sanscrit *jangala* « région non cultivée, couverte de hautes herbes ».

**JUPE** XIIe s. : arabe *djoubba* « long vêtement de laine »; **JUPON** XIVe s.; **ENJUPONNER** XVIe s.; **JUPONNER** XIXe s.

**JUS** famille d'une racine ind.-eur. **yeu-* exprimant l'idée de « cuire dans une sauce », à laquelle se rattachent le lat. *jūs, jūris* « sauce, jus, bouillon » et probablement aussi le gr. *zumê* « levain ».

♦ [1] **JUS** (pop.) XII^e s. : *jūs*; **VERJUS** XIII^e s. : 1^er élément *vert*, « jus de raisin vert utilisé en cuisine comme condiment acide ». ♦ [2] **JUTEUX** XIV^e s. : dér. avec une consonne de transition non étym.; **JUTER** XIX^e s. ♦ [3] **AZYME** (sav.) XIII^e s. : gr. *azumos* « sans levain », de *a-* privatif et *zumê*, par le lat. eccl. ♦ [4] **ENZYME** (sav.) XIX^e s., devient courant au XX^e s. : gr. *en* « dans » et *zumê*; par l'all.

**JUSSION** famille du lat. *jubere, jussus* « ordonner ».

♦ [1] base *-juss-* (sav.) **JUSSION** XVI^e s. : *jussio* « ordre »; **FIDÉJUSSEUR** XVI^e s. : lat. jur. *fidejussor* « qui ordonne de bonne foi ». ♦ [2] **JUBÉ** (sav.) XIV^e s. « tribune transversale pour les chanteurs, dans certaines églises » : 1^er mot de la formule liturgique *jube, Domine, benedicere*, prononcée par le diacre du haut de cette tribune.

**JUTE** XIX^e s. : bengali *jhuto*, par l'angl.

# K

**KAKI** (couleur) : hindî *khākī*, empr. au persan : dér. du persan *khâk* « terre, poussière »; d'où « couleur de poussière »; couleur et nom (sous les formes *khakee* puis *khaki*) adoptés pour les uniformes de l'armée angl. des Indes en 1857.

**KANGOUROU** XVIII^e s. : mot d'une langue d'Australie, par l'angl.

**KIDNAPPER** XX^e s. : anglo-américain *to kidnap* « voler un enfant » (à l'origine, pour fournir de manœuvres les plantations américaines), mot composé de *kid* « chevreau » et argot « enfant », d'origine obscure et de *to nab*, var. argotique *nap* « attraper », d'origine également inconnue.

**KILO-** (sav.) fin XVIII^e s.-XX^e s. : gr. *khilioi* « mille » : 1^er élément de mots sav. désignant des ensembles de mille unités, ex. : **KILOMÈTRE** XVIII^e s.; **KILOWATT** XIX^e s.; **KILOCALORIE** XX^e s.

**KIOSQUE** XVII^e s. : turc *kieuchk*, du persan *kouchk* « pavillon de jardin ».

**KODAK** XIX^e s. : mot bref, facile à prononcer, sans homonymes, création de l'inventeur américain G. Eastman.

**KOLKHOZE** XX^e s. : mot russe, abréviation de *kollektivnoïe khoziaïstvo* « économie collective »; **KOLKHOZIEN** XX^e s.

**KORÊ** ou **CORÊ** ♦ [1] (sav.) XX^e s., archéol. : mot gr., « jeune fille ». ♦ [2] **HYPOCORISTIQUE** (sav.) XIX^e s. : gr. *hupokoristikos* « caressant », « propre à atténuer », de *hupokorizesthai* « parler d'une manière enfantine », « désigner par des diminutifs », dér. de *korê*.

**KORRIGAN** XIX^e s. : mot breton, « nain légendaire ».

**KRACH** fin XIX^e s. : mot all. « craquement », du verbe *krachen* « craquer », employé pour la 1^re fois au sens financier à Vienne, pour le « krach » du 9 mai 1873; répandu en France en 1882, à propos de celui de l'Union Générale.

**KYRIELLE** famille du gr. *kurios* « maître », « souverain », appliqué à Dieu.

♦ [1] **KYRIELLE** (demi-sav.) XII^e s. « litanie » : abrév. de l'invocation liturgique six fois répétée, gr. *kurie eleison* « Seigneur, prends pitié ».

♦ [2] **KYRIE** ou **KYRIE ELEISON** (sav.) XIII^e s., nom d'une partie de la messe → le précéd.

♦ [3] **KERMESSE** XIV^e s. : mot dial. du Nord, du flamand *kerkmisse* « messe d'église », « fête patronale »; le 1^er élément *kerk* « église » (→ all. *Kirche*, angl. *church*) représente le germ. occidental **kirika*, du moyen gr. *kurikon (dôma)* « maison du seigneur »; 2^e élément → MESSE, art. METTRE.

**KYSTE** ♦ [1] (sav.) XVI^e s. : gr. *kustis* « poche gonflée », « vessie »; **ENKYSTÉ** XVIII^e s. ♦ [2] **CYST(O)-** 1^er élément de composés sav. exprimant l'idée de « vessie », ex. : **CYSTITE** XVIII^e s.; **CYSTOSCOPE** XIX^e s.

# L

**LABEUR** famille du lat. *labor, -oris* « travail », d'où *laborare* « être à la peine »; *laboriosus* « qui demande du travail » et « qui fournit du travail »; bas lat. *collaborare* « travailler de concert », *elaborare* « réaliser à force de travail ».

♦ [1] **LABEUR** (demi-sav.) XIIe s. : *labor, -ōris.* ♦ [2] **LABOURER** (demi-sav.) Xe s. « travailler », XIIe s. « cultiver » : *labōrāre*; **LABOUREUR, LABOURAGE, LABOUR** XIIe s.; **LABOURABLE** XIVe s. ♦ [3] **LABORIEUX** (sav.) XIIe s. : *laboriosus*; **LABORIEUSEMENT** XIVe s. ♦ [4] **ÉLABORER, ÉLABORATION** (sav.) XVIe s. : *elaborare, elaboratio.* ♦ [5] **COLLABORATION, COLLABORATEUR** XVIIIe s.; **COLLABORER** XIXe s. : *collaborare.*

**LABYRINTHE** (sav.) XVe s. : gr. *laburinthos* « construction remplie de détours inextricables », mot égéen.

**LAC** ♦ [1] (sav.) XIIe s. : lat. *lacus* a éliminé l'anc. fr. *lai* (pop.). ♦ [2] **LACUSTRE** (sav.) XVIe s., rare avant le XIXe s. : lat. mod. *lacustris*, dér. de *lacus*, sur le modèle de *palustris* → PALUS. ♦ [3] **LACUNE** (sav.) XVIe s. : lat. *lacuna*, dér. de *lacus* « mare », « trou », « brèche »; **LACUNEUX, LACUNAIRE** XIXe s. ♦ [4] **LAGUNE** XVIe s. : vénitien *laguna* : lat. *lacuna* → le précéd. ♦ [5] **LAGON** XVIIIe s. : esp. *lagón*, dér. de *lago* : *lacus.*

**LACÉRER** famille d'une racine ind.-eur. **lak-* « déchirer ». En latin (1) *lacer* « déchiré » et « qui déchire », d'où *lacerare* « déchirer » (2) avec un infixe nasal, *lancinare* « déchiqueter ».

♦ [1] **LACÉRER, LACÉRATION** (sav.) XIVe s. : *lacerare, laceratio*; **DILACÉRER** XIIe s. : *dilacerare*; **DILACÉRATION** XVe s. ♦ [2] **LANCINANT** (sav.) XVIe s. : de *lancinare*; **LANCINEMENT** XIXe s.

**LÂCHE** famille d'une racine ind.-eur. **slag-* « détendre ».

En grec *lagaros* « mou », d'où *lagôs* « lièvre » (du rad. *lag-* de *lagaros* et de *ous, ôtos* → OT(O)-, art. OREILLE), littéralement « aux oreilles flasques ».

En latin (1) *laxus* « relâché », d'où *laxare* et *relaxare* « relâcher », « détendre », et *laxativus* « émollient » (2) avec un infixe nasal, *languēre* « être nonchalant, abattu » d'où *languor, -oris* « faiblesse » et *languidus* « sans énergie ».

**I.** mots issus du latin

**A.** base *-lâch-* (pop.)

♦ [1] **LÂCHE** XIIe s. « non tendu », XVIIe s. « sans courage » : forme masc. analogique du fém. : lat. vulg. **lasca*, métathèse de *laxa*; **LÂCHEMENT** XIIe s.; **LÂCHETÉ** XIIe s. « lassitude » et « négligence ». ♦ [2] **LÂCHER** XIe s. : lat. vulg. **laxĭcāre*, dér. de *laxāre*; **LÂCHEUR, LÂCHAGE** XIXe s. ♦ [3] **RELÂCHEMENT** XIIe s.; **RELÂCHER** XIIIe s. « pardonner », XVIe s. « détendre »; **RELÂCHE** XVIe s. « détente », XVIIIe s. théâtre : de *lâcher.*

**B.** base *-laiss-* (pop.)

♦ [1] **LAISSER** Xe s. : *laxāre*; **LAISSEZ-PASSER** XVIIe s.; **LAISSER-ALLER** XVIIIe s. ♦ [2] **LAISSE** XIIe s. « lien lâche pour mener un animal », XIIIe s. « suite ininterrompue (de vers assonants) »; **LAIS** XIIIe s., plus tard orth. **LEGS** XVIe s., sous l'infl. de *léguer* : dér. de *laisser.* ♦ [3] **DÉLAISSER** XIIe s.; **DÉLAISSEMENT** XIIIe s.

**C.** base *-lang-* (pop. ou sav.)

♦ [1] **LANGUIR** XIe s. (pop.) : lat. vulg. **languīre*, class. *languēre*; **LANGUISSANT** XIIIe s.; **ALAN-**

**GUIR** XVI^e s., XVIII^e s. pronom.; **ALANGUISSEMENT** XVI^e s. ♦ [2] **LANGUEUR** (pop.) XII^e s. : *languor, -ōris*; **LANGOUREUX** XI^e s.; **LANGOUREUSEMENT** XIV^e s. ♦ [3] **LANGUIDE** (sav.) XVI^e s. : *languidus*.

**D.** base *-lax-* (sav.)

♦ [1] **RELAXER** XII^e s. relig., XIV^e s. jur., XVI^e s. méd. : *relaxare*; XX^e s. pron. « se détendre », sous l'infl. de l'angl. *to relax*; **RELAXATION** XIV^e s. méd., XVII^e s. jur., XX^e s. « repos »; **RELAXE** XIX^e s. jur. ♦ [2] **LAXATIF** XIII^e s. : *laxativus*. ♦ [3] **LAXISME, LAXISTE** XX^e s. : dér. formés sur *laxus*.

**II.** forme savante d'origine grecque

**LAGO-** : *lagôs*, 1^er élément de composés exprimant l'idée de « lièvre », ex. : **LAGOPÈDE** XVIII^e s.

**LACS** ♦ [1] (pop.) XI^e s. *laz*, puis rétablissement d'un *c* sous l'infl. de *lacer* : lat. *laqueus* « collet pour la chasse »; **ENTRELACS** XII^e s. ♦ [2] **LACER** (pop.) XI^e s. : *laqueare* « prendre aux lacs », dér. de *laqueus*; **LACIS** XII^e s.; **LAÇAGE, LACET** XIV^e s.; **ENLACER, ENTRELACER, ENLACEMENT, ENTRELACEMENT** XII^e s. ♦ [3] **LASSO** XIX^e s. : esp. *lazo*, équivalent du fr. *lacs* : *laqueus*.

1. **LAI** (adj.) ♦ [1] (pop.) XII^e s. : lat. eccl. *laicus*, du gr. *laikos* « du peuple », qui s'oppose à *clericus* « du clergé ». ♦ [2] **LAÏQUE** ou **LAÏC** (sav.) XIII^e s. : id., rare jusqu'au XVI^e s.; **LAÏCISME, LAÏCITÉ, LAÏCISER, LAÏCISATION** XIX^e s.

2. **LAI** (poème) XII^e s : mot d'origine celtique, pop. ou empr., apparenté à l'irl. *laid* « chant, poème ».

**LAID** (pop.) XI^e s. « odieux » et, anciennement, mais secondairement, « inesthétique » : frq. **laid* « désagréable »; **LAIDEMENT** XI^e s.; **ENLAIDIR** XII^e s.; **LAIDEUR** XIII^e s.; **ENLAIDISSEMENT** XV^e s.; **LAIDERON** XVI^e s.

1. **LAIE** (femelle du sanglier) (pop.) XII^e s. : frq. **lēha*.

2. **LAIE** (sentier) (pop.) XII^e s. : mot germ. probablement dér. du frq. **lakan* « marquer par incision (les arbres à abattre) »; **LAYON** XIX^e s.

**LAINE** famille d'une racine **wel-* « arracher ».

En latin (1) *velere vulsus* « arracher (les poils, la laine, etc.) », d'où (a) une série de verbes préfixés syn. *avellere, divellere, evellere, revellere* « arracher » et leurs dér. nom. en *-sio*; (b) *convellere* « arracher totalement, ébranler » et bas lat. *convulsio* « convulsion »; (c) *vellus, velleris*, issu de **wel-nos* « toison », qu'on devait arracher à la main à une époque préhistorique (2) *villus, -i* « touffe de poils », p.-ê. var. pop. de *vellus*; d'où lat. imp. *villosus* et bas lat. *villutus* « velu » (3) *lana* « laine », issu de **w(e)l-na* (pour le sens → *vellus*), d'où *laneus* « de laine ». Les noms germ. (→ angl. *wool*) et celtique (→ gallois *gwlan*) de la « laine » reposent sur la même racine.

**I.** famille du lat. *lana*

♦ [1] **LAINE** (pop.) XII^e s.; **LAINAGE** XIII^e s.; **LAINEUX** XV^e s. ♦ [2] **LANGE** (pop.) XII^e s. « étoffe », XVI^e s. « sens mod. » : *laneus, -a*; **LANGER** XX^e s. ♦ [3] **LANOLINE** (sav.) XIX^e s. : all. *lanolin* « substance onctueuse extraite du suint de la laine de mouton »; 1^er élément *lana*; 2^e élément → HUILE.

**II.** mots d'origine celtique

**FLANELLE** XVII^e s. : gallois *gwlanen*, dér. de *gwlan*, par l'angl. *flannel*.

**III.** famille du latin *villus*

♦ [1] **VELU** (pop.) XII^e s. : *vĭllūtus*. ♦ [2] **VELOURS** XV^e s. : altération, par fausse régression, de *velous* (pop.) XII^e s., de l'anc. prov. *velos*, du lat. *vĭllōsus*; **VELOUTÉ** XV^e s.; **VELOUTER** XVI^e s. ♦ [3] **VILLEUX** (sav.) XIV^e s. : *villosus*; **VILLOSITÉ** XVIII^e s.

**IV.** famille du latin *vellere*

♦ [1] **SVELTE** XVII^e s. terme de peinture : it. *svelto* « dégagé », part. passé de *svellere*, réfection du lat. *evellere*. ♦ [2] **CONVULSION** XVI^e s. : *convulsio*; d'où **CONVULSER, CONVULSIF** XVI^e s.; **CONVULSIONNAIRE** XVIII^e s. ♦ [3] **RÉVULSION** XVI^e s. : *revulsio*; **RÉVULSIF** XVI^e s.

**LAIT** famille du nom ind.-eur. du lait **(g)lak-*, **(g)laktis*; grec *gala, galaktos* « lait », d'où *galaxias* « laiteux », ex. : *galaxias kuklos* « cercle (c.-à-d. "voie") lacté » et latin *lac, lactis* « lait », d'où *lactescere* « se convertir en lait »; *lacteus* « laiteux », « blanc comme du lait », p. ex. dans *lacteus circulus* ou *lactea via*, traduction du gr. *galaxias kuklos*; bas lat. *lactatio, allactare* « allaitement », « allaiter ».

**I.** mots populaires issus du latin

♦ [1] **LAIT** XII^e s. : *lac, lactis*; **LAITIER** XII^e s.; **LAITERIE, LAITAGE, LAITANCE** XIV^e s.; **LAITEUX** XV^e s. ♦ [2] **ALLAITER** XII^e s. : *allactāre*; **ALLAITEMENT** XV^e s. ♦ [3] **LAITUE** XI^e s. : *lactūca* « plante lactescente ».

**II.** mots savants issus du latin

♦ [1] **LACTÉ** XIV^e s. : *lacteus*; **LACTATION** XVII^e s. : *lactatio*; **LACTAIRE** XVII^e s.; **LAC-**

**TIQUE, LACTASE** XIX^e s. ; **LACTESCENT** XIX^e s. : de *lactescere*.

**III.** mots savants issus du grec

♦ [1] **GALAXIE** XVI^e s. : *galaxias (kuklos)*. ♦ [2] **GALAC(TO)-** 1^er élément de composés savants tels que **GALACTITE** XIV^e s. ; **GALACTOSE** XVIII^e s. ; **GALACTOMÈTRE** XVIII^e s. ♦ [3] **GALALITHE** XX^e s. : 2^e élément → LITHO-.

**LAITON** XIII^e s. : adaptation de l'arabe *lātūn* « cuivre ».

**LAMBEAU** ♦ [1] (pop.) XIII^e s. : frq. **labba* « chiffon qui pend », avec suff. *-ĕllu* et nasalisation spontanée. ♦ [2] **LAMBIN** XVI^e s. : probablement var. de *lambeau* « chiffon », employé par métaphore ; s'est croisé avec *Lambin*, dimin. du prénom *Lambert*, et a pu subir, pour le sens, l'infl. de mots tels que *lendore, lanterner, lent* ; **LAMBINER** XVII^e s. ♦ [3] **LABEL** XIX^e s. : mot angl. « étiquette », de l'anc. fr. *label* « ruban », var. non nasalisée de *lambeau*.

**LAMBRIS** (pop.) XIV^e s., XII^e s. sous la forme *lambruis* « boiserie (sculptée d'ornements végétaux) » : lat. vulg. **lambruscus*, formé sur **lambrusca*, class. *labrūsca* « vigne sauvage » (pour le sens → VIGNETTE) ; **LAMBRISSER** XII^e s. *lambruschier* XV^e s. forme mod. : **lambrūscāre*.

**LAME** famille du lat. *lāmĭna* « lame », « feuille mince (généralement en métal) » ; dimin. *lamella*.

♦ [1] **LAME** (pop.) XII^e s., XV^e s. « vague » : *lāmĭna*. **LAME** XVIII^e s. ; **BILAME** XX^e s. ♦ [2] **OMELETTE** (pop.) XVI^e s. : altération (p.-ê. sous l'infl. des représentants méridionaux d'*ovum*) de *amelette* XV^e s. « id. », dimin. qui se rattache à l'anc. fr. *alemelle* « lame (de couteau, ou d'arme) », du lat. *lamella*, avec agglutination du *a* de l'article ; l'« omelette » est une mince « lame » d'œufs cuits. ♦ [3] **LAMELLE** (sav.) XV^e s. (XII^e s. *lemelle*, var. d'*alemelle* → le précédent), rare avant le XVIII^e s. : *lamĕlla* ; **LAMELLAIRE** XVIII^e s. ♦ [4] **LAMELLI-** 1^er élément de composés sav., ex. : **LAMELLIBRANCHES** XIX^e s. ♦ [5] **LAMINER** (sav.) XVI^e s. : verbe formé sur *lamina* ; **LAMINOIR** XVII^e s. ; **LAMINAGE** XVIII^e s. ; **LAMINEUR** XIX^e s.

**LAMENTER** (sav.) XIII^e s. intrans., XVII^e s. pronom. : bas lat. *lamentare*, class. *lamentari* ; **LAMENTATION** XII^e s. : *lamentatio* ; **LAMENTABLE** XIV^e s.

**LAMPE** famille du gr. *lampein* « briller », d'où (1) *eklampein* « briller tout à coup » et *eklampsis* « lumière éclatante », « manifestation subite » (2) *lampas, -ados* adapté en lat. sous la forme *lampas, -adis* (3) *lamptêr, -êros*, chez Homère « vase à feu où l'on brûlait des torches de résine ou du bois sec », puis « flambeau », « lampe » ; adapté en lat., par un intermédiaire étrusque, sous la forme *lanterna*.

♦ [1] **LAMPE** (pop.) XII^e s. : *lampăda*, acc. du lat. *lampas* ; **LAMPISTE, LAMPISTERIE** XIX^e s. ♦ [2] **LANTERNE** (pop.) XI^e s. : *lanterna* ; XIII^e s. *pour lanternes vendre* (puis, *prendre*) *vessies* ; XIV^e s. *envoyer à la lanterne sa mère* (où *lanterne* est un euphémisme pour le mot obscène *landie*) d'où **LANTERNER** XVI^e s. qui a dû prendre le sens de « (faire) perdre du temps » sous l'infl. du néerl. *lentern* « lambiner », bien représenté dans les dial. du Nord ; **LANTERNEAU, LANTERNON** XIX^e s. ♦ [3] **LAMPION** XVI^e s. : it. *lampione* « grosse lampe pour les fêtes nocturnes », augmentatif de *lampa*. ♦ [4] **LAMPADAIRE** (sav.) XVI^e s. : bas lat. *lampadarium* « support pour lampes ». ♦ [5] **ÉCLAMPSIE** (sav.) XVIII^e s. : gr. *eklampsis*, à cause de la soudaineté de cette maladie.

**LAMPROIE** (pop.) XIII^e s. : bas lat. *lamprēda* VII^e s., d'origine obscure.

**LANCE** famille du lat. *lancea* « lance », empr. d'origine indéterminée, d'où (1) le dimin. lat. imp. *lanceola* et bas lat. bot. *lanceolatus* (2) *lanceare* III^e s., « manier la lance ».

♦ [1] **LANCE** (pop.) XI^e s. : *lancea* ; **LANCETTE** XIII^e s. ; **LANCIER** XV^e s. ♦ [2] **LANCER** (pop.) XII^e s. ; XIX^e s. « mettre en train, faire connaître » : *lanceāre* ; **LANCEMENT** XIV^e s. ; **LANÇAGE** XVII^e s. ; **LANCER** subst. XVIII^e s. ; **LANCEUR** XIX^e s. ♦ [3] **LANCE-**, surtout dans le langage milit., 1^er élément de composés, ex. : **LANCE-PIERRES** XIX^e s. ; **LANCE-TORPILLES, LANCE-FLAMMES, LANCE-FUSÉES** XX^e s. ♦ [4] **ÉLANCER** XII^e s. ; **ÉLAN** XV^e s. ; **ÉLANCEMENT, ÉLANCÉ** XVI^e s. ; **RELANCER** XIII^e s. ; **RELANCE** XX^e s. ♦ [5] **LANCÉOLÉ** (sav.) XVIII^e s. : *lanceolatus*.

**LANDE** famille de l'ind.-eur. **londh-* ou **lendh-* « territoire, pays ». En germanique commun **landam*, en anc. celtique **landa*.

♦ [1] **LANDE** (pop.) XII^e s. : gaulois **landa*, apparenté au breton *lann*. ♦ [2] **LANSQUENET** XV^e s. : all. *Landsknecht* « serf d'un chevalier », littéralement « serviteur *(Knecht)* du pays *(Land)* ». ♦ [3] **LANDGRAVE** XIII^e s. : moyen haut all. ; littéralement « comte *(Graf)* du pays *(Land)* ». ♦ [4] **NO MAN'S LAND** XX^e s. : loc. angl. « terre (qui n'appartient) à personne ».

**LANDIER** (pop.) XII^e s. : var., avec agglutination de l'article, d'*andier*, du gaulois **andero* « jeune taureau », les landiers étant souvent décorés de têtes d'animaux.

**LANGOUSTE** ♦ [1] XIV^e s. : anc. prov. *langosta*, forme altérée du lat. *locŭsta* « sauterelle ». ♦ [2] **LOCUSTE** (sav.) XII^e s.-XVI^e s., puis XIX^e s. : *locusta*.

**LANGUE** famille du lat. *lingua* « langue », « organe de la parole », « langage » et « tout objet en forme de langue, en particulier, nom de diverses plantes »; d'où quelques composés en *-linguis* tels que *bilinguis, trilinguis* « qui possède deux, trois langues ». Pour les mots scientifiques exprimant l'idée de « langue » → GLOSSO-, art. GLOSE.

♦ [1] **LANGUE** (pop.) X^e s., puis XVI^e s. « langage », XI^e s. organe : *lĭngua*; **LANGAGE** X^e s.; **LANGUETTE** XIV^e s. ♦ [2] **LANGUE-DE-BŒUF** XVII^e s. plante; **LANGUE-DE-CHAT** XIX^e s. gâteau; **ABAISSE-LANGUE** XIX^e s. ♦ [3] **BILINGUE** (sav.) XIII^e s. « menteur », XVII^e s. sens mod.; **TRILINGUE** XVI^e s. : *bilinguis, trilinguis*; **BILINGUISME** XX^e s. ♦ [4] **LINGUISTE** XVII^e s.; **LINGUISTIQUE** XIX^e s.; **SUBLINGUAL** XVI^e s.; **LINGUAL** XVIII^e s. : dér. sav. formés sur *lingua*. ♦ [5] **LINGOT** XIV^e s. : anc. prov., *lingo* « langue », de *lingua*, à cause de la forme allongée de ces blocs de métal.

**LANIÈRE** (pop.) XII^e s. : dér. de l'anc. fr. *lasne*, probablement métathèse de **nasle*, du frq. **nastila* « lacet ».

**LAPAROTOMIE** (sav.) XVIII^e s. : du gr. *lapara* « flanc »; 2^e élément → TOMIE, art. TEMPLE.

**LAPER** ♦ [1] (pop.) XII^e s. lat. vulg. **lappare*, dont la base **lap-* p.-ê. onom. est également représentée en germ. (→ angl. *to lap*), en gr. (*laptein*) et en lat. (*lambere*, avec infixe nasal). ♦ [2] **LAMPER** XVII^e s. : var. nasalisée de *laper*; **LAMPÉE** XVII^e s.

**LAPIDER** famille du lat. *lapis, lapidis* « pierre », d'où *lapidare* « jeter des pierres »; *dilapidare* « joncher de pierres » et « gaspiller », emploi ancien, sans doute familier, repris surtout dans la langue de l'Église.

♦ [1] **LAPIDER** (sav.) X^e s. : *lapidare*; **LAPIDATION** XII^e s., rare avant le XVII^e s. : *lapidatio*. ♦ [2] **LAPIDAIRE** (sav.) XII^e s. subst. « traité sur les pierres précieuses », XIII^e s. « artisan qui taille les pierres précieuses », XVIII^e s. adj. « concis comme une inscription gravée sur la pierre » : *lapidarius* « relatif à la pierre ». ♦ [3] **DILAPIDER** (sav.) XIII^e s. : *dilapidare*; **DILAPIDATION** XV^e s. : *dilapidatio*; **DILAPIDATEUR** XV^e s. ♦ [4] **LAPIS-LAZULI** XIII^e s. : lat. médiéval *lapis azurum* → AZUR.

**LAPIN** XV^e s., et **LAPEREAU** XIV^e s. : mots obscurs qui se sont substitués, d'abord dans l'extrême nord du domaine gallo-roman, à l'anc. fr. *conin*, var. de *conil* : lat. *cunicŭlus*, qui se prêtaient à des jeux de mots obscènes; dérivés d'une base préromane, p.-ê. ibère, qui ont des équivalents en port., et auraient pu pénétrer par voie de mer, grâce au commerce des pelleteries; fin XVIII^e s. sens de « voyageur pris en surnombre, qui ne paie pas son billet » et fin XIX^e s. *poser un lapin*, argot, « ne pas rétribuer les faveurs d'une fille » et « ne pas se rendre à un rendez-vous » : p.-ê. du vocabulaire du braconnage.

**LAPS** famille sav. du lat. *labi, lapsus* « glisser, tomber » et au fig. « commettre une faute », d'où *lapsus, -us* « tout mouvement de glissement ou d'écoulement, de course rapide », « chute »; bas lat. *labilis* « glissant »; *collabi, collapsus* « tomber en même temps ou en bloc », « s'écrouler »; *relabi, relapsus* « retomber dans » → aussi AVALANCHE et LAVE.

♦ [1] **LAPS** (de temps) XIII^e s. subst. : *lapsus, -us*. ♦ [2] **LAPSUS** XIX^e s. : mot lat. ♦ [3] **RELAPS** XIII^e s. adj. : *relapsus*. ♦ [4] **COLLAPSUS** XIX^e s. : *collapsus, -us* « affaissement ». ♦ [5] **LABILE** XIV^e s. : *labilis*.

**LAQUAIS** XV^e s. « soldat, valet d'armée », XVI^e s. sens mod. : origine obscure; p.-ê. moyen gr. *oulakês*, du truc *ulaq* « courrier »; plus vraisemblablement esp. *lacayo* « valet d'armes », probablement à rapprocher du basque *alakairu, alokairu, alokari* « paie journalière », du lat. *locarium* → LOYER, art. LIEU; le sens 1^er serait alors « mercenaire ».

**LAQUE** XV^e s. : persan *lak̆*, par l'arabe, le vénitien et l'anc. prov. *laca* XIII^e s.; **LAQUER, LAQUEUR** XIX^e s.

**LARBIN** XIX^e s. argot, d'abord « mendiant » puis « domestique » : étym. obscure.

**LARD** (pop.) XII^e s. : lat. *lar̆dum*; **LARDER, ENTRELARDER, LARDON** XII^e s.; **LARDOIRE** XIV^e s.

**LARE** ♦ [1] (sav.) XV^e s. : lat. *Lar, Laris*, plur. *Lares* « esprits des morts », devenus « divinités tutélaires du foyer ». ♦ [2] **LARVE** (sav.) XV^e s. « masque » et « fantôme », XVIII^e s. entomol. : *larva* « spectre, esprit des morts qui poursuit les vivants », « épouvantail », « masque »; comporte probablement le même rad. que *Lar*, avec un suff. étrusque; **LARVAIRE, LARVÉ** XIX^e s.

**LARGE** ♦ [1] (pop.) XI^e s. : lat. *largus, -a*, avec un masc. (anc. *larc*) refait sur le fém.; **LARGESSE** XII^e s.; **ÉLARGIR** XII^e s. sens propre; XIV^e s. jur.; **ÉLARGISSEMENT** XII^e s.; **LARGEUR** XIII^e s. ♦ [2] **LARGUER** XVII^e s. : prov. *larga* « élargir (les voiles) ». ♦ [3] **LARGO, LARGHETTO** XVIII^e s., mus. : mot it. « large » et dimin. du même mot.

**LARME** ♦ [1] (pop.) XI^e s., d'abord sous la forme *lairme* : lat. *lacrĭma* « id. »; **LARMOYER** XII^e s.; **LARMOYANT** XVIII^e s.; **LARMOIEMENT** XVI^e s. ♦ [2] **LACRYMAL** XIV^e s. (sav.) : dér. formé sur *lacryma*, var. de *lacrima*; **LACRYMATOIRE** XVII^e s.; **LACRYMOGÈNE** XX^e s. ♦ [3] **LACRIMA-** ou **LACRYMA-CHRISTI** XVI^e s., nom d'un vin d'Italie : mots lat. « larme du Christ ».

**LARRON** famille du lat. *latro, -ōnis* « soldat mercenaire grec » puis « voleur de grands chemins », dér. péjor. en *-o, -ōnis*, sur une base gr. *latr-* qui apparaît dans *latron* « salaire », *latreia* « service de mercenaire », *latreus* « serviteur », *latreuein* « servir à gages », d'où lat. *latrocinium* « brigandage ».

♦ [1] **LARRON** (pop.) X^e s. : *latrōnem*, acc. de *latro* représenté en anc. fr. par *lerre*. ♦ [2] **LARCIN** (pop.) XI^e s. : *latrocĭnĭum*. ♦ [3] **-LÂTRIE, -LÂTRIQUE, -LÂTRE, -LÂTRER** 2^es éléments de composés sav. exprimant l'idée de « service d'une divinité », ex. : **IDOLÂTRE, IDOLÂTRIE**, etc., 1^er élément → VOIR.

**LARYNX** ♦ [1] (sav.) XVI^e s. : gr. *larugx, laruggos* « gosier »; **LARYNGÉ, LARYNGIEN** XVIII^e s.; **LARYNGITE** XIX^e s.; **LARYNGAL** XX^e s. ♦ [2] **LARYNGO-** 1^er élément de composés sav., ex. : **LARYNGOLOGIE** XVIII^e s.; **LARYNGOSCOPE** XIX^e s.

**LAS** ♦ [1] (pop.) X^e s. « malheureux », XI^e s. « fatigué » : lat. *lassus* « fatigué ». ♦ [2] **HÉLAS!** (pop.) XII^e s., interj. composée de *hé!* et de *las* « malheureux ». ♦ [3] **LASSER** (pop.) XI^e s. : lat. imp. *lassare* « fatiguer »; **DÉLASSER** XIV^e s.; **DÉLASSEMENT** XV^e s.; **INLASSABLE** XX^e s. ♦ [4] **LASSITUDE** (sav.) XIV^e s. : *lassitudo*.

**LASCAR** XVII^e s. « matelot indien », puis XIX^e s. « homme brave, ou malin » : persan *laskhar* « soldat », par le port.

**LASCIF** famille d'une racine ind.-eur. **las-* « être avide ». En latin *lascivus* « folâtre, joueur, pétulant ». En germanique **lustu-, *lusti-* « gai ».

♦ [1] **LASCIF** (sav.) XV^e s. : *lascivus*; **LASCIVETÉ** XV^e s., **LASCIVITÉ** XVIII^e s. : *lascivitas*. ♦ [2] **LOUSTIC** XVIII^e s. : all. *lustig* « gai », appliqué à un soldat faisant le bouffon dans les régiments suisses de l'Ancien Régime.

**LATENT** (sav.) XIV^e s. : *latens*, part. présent de *latēre* « être caché »; **LATENCE** XIX^e s.

**LATÉRITE** (sav.) XIX^e s. : du lat. *later* « brique »; **LATÉRITIQUE, LATÉRISATION** XX^e s.

**LATEX** (sav.) XVIII^e s. : mot lat., « liquide », subst.

**LATTE** (pop.) XII^e s. : mot ayant des équivalents en celtique (gallois *llâth*) et en germ. (all. *slat* « gaule ») : probablement entré en Gaule par le frq. avec le mode de construction germ. en bois et torchis; **LATTIS** et **CHANLATTE** (composé de *chant* « bord ») XIII^e s.

**LAUDANUM** (demi-sav.) XVII^e s. : altération inexpliquée de *ladanum* XIV^e s., mot lat. : gr. *ladanon* « résine du ciste », empl. pour désigner un médicament à base d'opium.

**LAURIER** ♦ [1] (pop.) XII^e s. : dér. de l'anc. fr. *lor, laur*, du lat. *laurus*; **LAURÉ** XVI^e s., rare avant le XIX^e s. ♦ [2] **LAURÉAT** (sav.) XVI^e s. : lat. *laureatus* « couronné de laurier ». ♦ [3] **BACCALAURÉAT** → BACHELIER.

**LAVE** XVII^e s. : it. *lava*, mot napolitain; p.-ê. pré-lat., apparenté à diverses formes dial, gallo-romanes; p.-ê. lat. *labes* « chute », apparenté à *labi* « glisser » → LAPS.

**LAVER** famille de deux verbes lat. reposant sur la même racine, *lavare, lavatus* « se laver, se baigner » et *lavĕre, lautus* « laver, baigner »; au 1^er se rattache *latrina*, de *lavatrina* « lavabo », d'où « cabinets », et bas lat. *lavatorium* « lavoir »; au 2^e, des composés en *-luere, -lutio, -luvium, -luvio* (a) *abluere* « enlever en lavant, effacer » et *ablutio* « lavage », « purification » (b) *adluere* « venir mouiller » et *adluvio*

« inondation », « alluvion » (c) *diluere* « délayer, détremper »; *diluvium* « inondation » (d) *pediluvium* « bain de pieds »; au part. passé *lautus*, d'où le subst. *lōtio, -onis* « action de laver ».

I. base *-la(v)-* (pop. ou sav.)

♦ [1] **LAVER** (pop.) X^e s. : *lavare*; **RELAVER** XII^e s.; **DÉLAVER** XIV^e s.; **LAVURE** XI^e s.; **LAVEMENT** XII^e s., XVI^e s. « clystère »; **LAVEUR** XIII^e s.; **LAVAGE** XV^e s.; **LAVASSE** XV^e s. « pluie », XIX^e s. « boisson fade »; **LAVERIE** XVI^e s.; **LAVIS** XVII^e s.; **LAVETTE** XVII^e s. ♦ [2] **LAVOIR** (pop.) XII^e s. : *lavatorium*, ou simple dér. de *laver*. ♦ [3] **LAVATORY** fin XIX^e s. : mot angl., de *lavatorium*. ♦ [4] **LAVANDIÈRE** XII^e s. (pop.) : dér. anc. de *lavanda*, plur. neutre « choses à laver ». ♦ [5] **LAVANDE** XIV^e s. : it. *lavanda*, plante employée pour parfumer l'eau de toilette, du lat. *lavanda* « choses destinées à être lavées », employé au sens de « choses servant à laver ». ♦ [6] **LAVABO** (sav.) XVI^e s. liturg., « lavement de mains du prêtre », XIX^e s. « meuble de toilette » : futur du verbe *lavare*, tiré de la formule liturg. *lavabo inter innocentes manus meas*, Ps., XXVI, 6, « je laverai mes mains, en signe d'innocence ». ♦ [7] **LATRINES** (sav.) XV^e s. : *latrina*.

II. base *-lu-* (demi-sav., ou sav.)

♦ [1] **DÉLUGE** (demi-sav.) XII^e s. : lat. vulg. **dīlŭvĭum*, class. *dīlŭvĭum*. ♦ [2] **DILUVIEN** et **ANTÉDILUVIEN** (sav.) XVIII^e s. : dér. formés sur *diluvium*. ♦ [3] **DILUER** (sav.) XV^e s., rare avant le XIX^e s. : *diluere*; **DILUTION** XIX^e s. ♦ [4] **ABLUTION** (sav.) XIII^e s. : *ablutio*. ♦ [5] **ALLUVION** (sav.) XVI^e s. « inondation », XVII^e s. sens mod. : *alluvio*; **ALLUVIAL, ALLUVIONNAIRE, ALLUVIONNEMENT** XIX^e s.; **ALLUVIONNER** XX^e s. ♦ [6] **COLLUTOIRE** XIX^e s. : de *colluere* « laver ».

**LAYETTE** XIV^e s. « tiroir », XVII^e s. « trousseau (mis dans ce tiroir) » : dér. de l'anc. fr. *laie* « boîte » : moyen néerl. *laeye* « coffre ».

**LÉ** famille de l'adj. lat. *latus* « large », d'où *latitudo* « largeur »; *dilatare* « élargir », et composés à 1^er élément *lati-*, *laticlavus* « (vêtement) garni d'une large bande (de pourpre) » et *latifundium* « vaste domaine ».

♦ [1] **LÉ** (pop.) XI^e s. adj. « large », XIII^e s. subst. « largeur », XV^e s. couture, « panneau de jupe » : *latus*. ♦ [2] **LAIZE** (pop.) XII^e s. : lat. vulg. **latia*, dér. de *latus*. ♦ [3] **ALAISE** ou **ALÈSE** (pop.) XV^e s. : fausse coupe de *la laize*. ♦ [4] **ALÉSER** (pop.) XIII^e s. : *alaisier* « élargir », XVII^e s. terme d'artillerie, puis techn. : lat. vulg. **adlatiare* « élargir »; **ALÉSAGE** XIX^e s. ♦ [5] **LATITUDE** (sav.) XIV^e s. « largeur » et géogr. : *latitudo, -inis*; **LATITUDINAIRE** XVIII^e s. ♦ [6] **DILATER, DILATATION** (sav.) XIV^e s. : *dilatare, dilatatio*. ♦ [7] **LATICLAVE** → CLÉ; **LATIFUNDIA** → FOND.

**LEADER** ♦ [1] XIX^e s. : mot angl. « conducteur », « chef de parti » : dér. de *to lead* « conduire », du germ. commun **laidhjan*. ♦ [2] **LEITMOTIV** XIX^e s. : mot all. « motif conducteur », de *leiten* « conduire », de même origine.

**LÉCHER** famille d'une racine ind.-eur. **leigh-* « lécher ».

En grec *leikhein* d'où (a) *ekleikhein* « lécher » et « avaler sous forme d'électuaire, ou préparation pharmaceutique semi-liquide »; *ekleikton* « électuaire » (b) *leikhên* « lèpre, dartre » ou « lichen ».

En germanique une forme à gémination expressive, frq. **lekkôn*.

I. mots populaires d'origine germanique

♦ [1] **LÉCHER** XII^e s. sens propre, et « vivre dans la débauche », XVII^e s. « fignoler », XIX^e s. « flatter » : frq. **lekkôn*; **LICHER** XI^e s., var. de *lécher*; **SE POURLÉCHER** XVIII^e s.; **LÉCHEUR** XII^e s. « gourmand, débauché », XIX^e s. fam. « flatteur »; **LÈCHE** XV^e s. « action de lécher », XX^e s. fam. « flatterie ». ♦ [2] **LÈCHEFRITE** fin XII^e s. : altération, sous l'infl. de *frire*, et, malgré la différence sans doute fortuite des dates, de *lèchefroie* XIII^e s. « Lèche et frotte »; 2^e élément *froyer*, var. de **FRAYER**. ♦ [3] **LÈCHE-** 1^er élément de composés, ex. : **LÈCHE-CUL** XIX^e s.; **LÈCHE-VITRINES** XX^e s.

II. mots d'origine grecque

♦ [1] **ÉLECTUAIRE** (demi-sav.) XII^e s. d'abord *leituaire* : bas lat. (VII^e s.) *electuarium*, altération, sous l'infl. de *electus* « choisi » (→ ÉLIRE, art. LIRE), du gr. *ekleikton*. ♦ [2] **LICHEN** (sav.) XVI^e s. : *leikhên*, par le lat.

**LÉGER** famille du lat. *lĕvis* « léger », d'où *lĕvāre* et ses composés et synonymes *adlevare*, *elevare*, *relevare*, *sublevare* « soulever », « alléger »; bas lat. *praelevare* « lever d'abord ou auparavant ».

I. bases populaires diverses

♦ [1] **LÉGER** XI^e s. « qui pèse peu », « agile », XII^e s. « frivole » : lat. vulg. **leviarius*, dér. de *levis*; **LÉGÈRETÉ, LÉGÈREMENT** XII^e s. ♦ [2] **ALLÉGER** XI^e s. : bas lat. *alleviare*, class. *adlevare*; **ALLÉGEMENT** XII^e s. ♦ [3] **SOULAGER** XIII^e s. : altération, sous l'infl. de l'anc. fr. *soulas* (du lat. *solatium*, apparenté à *consoler*), de l'anc. fr. *soulegier* XII^e s., du lat. vulg. **subleviare*, class. *sublevare*; **SOULAGEMENT** XIV^e s.

♦ [4] **LIÈGE** XII^e s. : lat. vulg. **levius*, class. *levis*; **CHÊNE-LIÈGE** XVII^e s. ♦ [5] **RELIEF** XI^e s. : dér. des formes de *relever* accentuées sur le rad.; XVI^e s., beaux-arts, sous l'infl. de l'équivalent it. *rilievo*; **BAS-RELIEF, HAUT-RELIEF** XVII^e s. : calques de l'it. *basso, alto rilievo.*

**II.** base *-lev-* (pop. ou sav.)

♦ [1] **LEVER** (pop.) X^e s. verbe, XIV^e s. subst. : *lĕvāre*; **LEVANT** XI^e s. adj., XIV^e s. subst.; **LEVANTIN** XVI^e s.; **LEVIER, LEVÉE, PONT-LEVIS** XII^e s.; **LEVURE, LEVAGE** XIII^e s. ♦ [2] **LEVAIN** (pop.) XII^e s. : lat. vulg. **lĕvāmen*, de *lĕvāre*. ♦ [3] **ALEVIN** (pop.) XII^e s. « nourrisson » : lat. vulg. **allĕvāmen*, de *allĕvāre* au sens d'« élever des animaux »; **ALEVINER** XIV^e s.; **ALEVINAGE** XVII^e s. ♦ [4] **ÉLEVER** (pop.) XII^e s. *eslever* : lat. vulg. **exlĕvāre*; **ÉLEVEUR** XII^e s.; **ÉLEVAGE** XIX^e s.; **ÉLÈVE** XVII^e s., sous l'infl. de l'it. *allievo*; **SURÉLEVER** XV^e s. ♦ [5] **ÉLÉVATION** (sav.) XIII^e s. : *elevatio*; **SURÉLÉVATION** XIX^e s.; **ÉLÉVATEUR** (sav.) : bas lat. *elevator*. ♦ [6] **RELEVER** (pop.) XI^e s. « remettre debout », XVI^e s. « sortir d'une maladie », XVII^e s. « répondre vivement », « assaisonner » : *relevare*; **RELÈVEMENT** XII^e s.; **RELEVEUR** XVI^e s.; **RELEVÉ** XVIII^e s. subst.; **RELÈVE** XIX^e s. ♦ [7] **SOULEVER** XI^e s. : calque de *sublevare*; **SOULÈVEMENT** XII^e s. ♦ [8] **ENLEVER** (pop.) XII^e s. : composé ancien de *lever*, avec 1^er élément *en-* issu de *inde*; pour les mots sav. exprimant l'idée d'« enlever » → ABLATIF, ABLATION, art. OUBLIE; **ENLÈVEMENT** XVI^e s. ♦ [9] **PRÉLEVER** (sav.) XVII^e s. : *praelevare*; **PRÉLÈVEMENT** XVIII^e s. ♦ [10] **LÉVITATION** (sav.) XIX^e s. : dér. formé sur *levitas, -tatis* « légèreté ».

**LÉGUME** (sav.) XIV^e s. « graine », XVII^e s. « plante potagère » : a éliminé l'anc. fr. *leün* (pop.) « légume (surtout à gousses) » : lat. *legūmen, -inis*; **LÉGUMINEUX** XVII^e s.; **LÉGUMIER** XVIII^e s.

**LÉNITIF, LÉNIFIER** (sav.) XIV^e s. : lat. *lenitivus, lenificare*, dér. de *lenis* « doux ».

**LENT** ♦ [1] (pop.) XI^e s. : lat. *lentus* « flexible », « élastique », « mou », d'où en lat. imp. « persistant, visqueux »; pour les mots scientifiques exprimant l'idée de « lenteur » → BRADY-; **LENTEMENT** XII^e s.; **LENTEUR** XIV^e s.; **RALENTIR** XVI^e s. : dér. de *alentir* XII^e s.; **RALENTISSEMENT** XVI^e s.; **RALENTI** XX^e s. subst. ♦ [2] **RELENT** XIII^e s. adj. « visqueux, humide, moite » d'où « malodorant », surtout en parlant de cadavres; XVII^e s. subst. « mauvaise odeur » : forme renforcée par le préf. intensif *re-*, du lat. *lentus*.

**LENTE** (pop.) XIII^e s. : lat. vulg. **lendĭtem*, class. *lendem*, acc. de *lens, lendis* « œuf de pou ».

**LENTILLE** ♦ [1] (pop.) XII^e s. légume, XVII^e s. optique : lat. *lenticŭla*, dimin. de *lens, lentis* « lentille ». ♦ [2] **LENTICULÉ** (sav.) XVI^e s. : *lenticulatus* « en forme de lentille »; **LENTICELLE** (sav.) : dimin. d'après *lenticŭla*.

**LENTISQUE** XIII^e s. : anc. prov. *lentiscle* : lat. vulg. **lentiscŭlus*, dimin. de *lentiscus*.

**LÈPRE** famille du gr. *lepein* « ôter l'enveloppe (peau, cosse, écaille) », d'où (a) *lepis, -idos* « enveloppe, écaille » (b) *lepra* « lèpre ».

♦ [1] **LÈPRE** (sav.) XII^e s. : *lepra*, par le lat.; **LÉPREUX** XI^e s. a éliminé l'anc. *ladre* : lat. *leprosus*; **LÉPROSERIE** XVI^e s. ♦ [2] **LÉPIDO-** (sav.) : *lepis, -idos*, 1^er élément de composés exprimant l'idée d'« écailles », ex. : **LÉPIDOPTÈRE** XVIII^e s.; **LÉPIDODENDRON** XIX^e s.

**LÉSION** famille sav. du lat. *laedere, laesus* « heurter », « endommager », « faire injure », d'où *laesio, -onis* « blessure », « dommage » et les composés *collidere* « frapper contre », d'où *collisio* « choc », et *elidere* « pousser dehors en frappant », « expulser », d'où *elisio*, gramm. « élision ».

♦ [1] **LÉSION** XII^e s. « dommage », XIV^e s. méd. : *laesio*. ♦ [2] **LÉSER** XVI^e s. : sur le part. passé *laesus*; **LÈSE-MAJESTÉ** XIV^e s. : calque du lat. jur. *crimen laesae majestatis* « crime de majesté lésée »; **LÈSE-** 1^er élément de composés néologiques : **LÈSE-HUMANITÉ, LÈSE-NATION** fin XVIII^e s. ♦ [3] **COLLISION** XV^e s. : *collisio*. ♦ [4] **ÉLIDER, ÉLISION** XVI^e s. : *elidere, elisio*.

**LEST** ♦ [1] XIII^e s. « charge de harengs ou de cuir », XIV^e s. traces du sens mod. dans les dér.; XVII^e s. sens mod. : néerl. *last*, var. *lest*, d'origine frisonne; **LESTER, LESTAGE** XIV^e s.; **DÉLESTER** XVI^e s., **DÉLESTEMENT, DÉLESTAGE** XVII^e s. ♦ [2] **LESTE** XV^e s. « bien équipé », XVIII^e s. « dégagé » : it. *lesto* « chargé », d'où « prêt à partir (navire) » et, métaph., appliqué à une personne : empr. à l'anc. fr. *lest*.

**LÉTAL** ♦ [1] (sav.) XIV^e s. : lat. *letalis* « mortel », dér. de *letum* « la mort ». ♦ [2] **LÉTHIFÈRE** XVI^e s. (sav.) : lat. *letifer* « qui apporte la mort », avec *h* empr. au gr. *lêthê* → le suiv.

**LÉTHARGIE** (sav.) XIII^e s., rare avant le XVIII^e s. : gr. *lêthargia*, par le lat.; 1^er élément *lêthê* « oubli »; 2e élément *argia* « inaction », de *argos* « oisif », pour **a-ergos*, « sans activité » → ORGUE; **LÉTHARGIQUE** XIVe s. : *lêthargikos*, par le lat.

**LETTRE** famille du lat. *lĭttĕra* « caractère d'écriture », plur. *litterae* « écrit », « lettre », « culture littéraire ou scientifique ».

I. mots populaires, base *-lettr-*

♦ [1] **LETTRE** Xe s. « texte », XIe s. « missive », XIIe s. « sens strict » et « signe graphique », XVIe s. au plur. « culture littéraire » : *littera, litterae*; **LETTRÉ** XIIe s.; **ILLETTRÉ** (demi-sav.) XVIe s. ♦ [2] **LETTRINE** XVIIe s. : adaptation de l'it. *letterina* « petite lettre ».

II. mots savants, base *-lit(t)er-*

♦ [1] **LITTÉRAL** XIIIe s. : *litteralis* « qui a rapport aux lettres »; **LITTÉRALEMENT** XIVe s.; **LITTÉRALITÉ** XVIIIe s. ♦ [2] **OBLITÉRER** XVe s., rare jusqu'au XVIIe s. : *oblitterare* « effacer les lettres », « abolir »; XIXe s. postes; **OBLITÉRATION** XVIIIe s. ♦ [3] **LITTÉRAIRE** XVIe s. : *litterarius* « relatif à la lecture et à l'écriture »; **LITTÉRATURE** XIIe s. « écriture », XVe s. « culture générale », XVIIIe s. « œuvres écrites à caractère esthétique » : *litteratura* « écriture », « grammaire », « érudition »; **LITTÉRATEUR** XVe s. : lat. imp. *litterator* « grammairien ». ♦ [4] **ALLITÉRATION** XVIIIe s. : composé formé de *ad* « auprès » et *littera* « répétition de lettres », d'abord en angl.; **ALLITÉRATIF** XXe s.

**LEUC(O)-** (sav.) : gr. *leukos* « blanc »; 1er élément de composés tels que **LEUCÉMIE, LEUCOCYTE, LEUCORRHÉE** XIXe s.

**LEURRE** ♦ [1] (pop.) XIIe s. *luerre* « appât servant à faire revenir le faucon » : frq. **loder* « appât »; **LEURRER** XIIIe s.; XIXe s. pronom. ♦ [2] **DÉLURÉ** XVIIIe s. : forme dial. (en particulier Berry) de *déleurré* « détrompé ».

**LÈVRE** famille du plur. lat. *labra, -orum* « lèvres », dimin. *labella*; var. *labia, -orum* « lèvres »; apparenté au groupe germ. représenté par l'anc. haut all. *leffur*, vieil angl; *lippa*, néerl. *lippe*.

♦ [1] **LÈVRE** (pop.) : *labra*, neutre plur. pris pour un fém. ♦ [2] **LIPPE** XIIIe s. : moyen néerl. *lippe* « lèvre »; **LIPPÉE** XIVe s.; **LIPPU** XVIe s. ♦ [3] **BALAFRE** (pop.) XVIe s. « ouverture des lèvres » et « lèvres d'une plaie », de *batare* (→ baer, art. BAYER) « être ouvert » et de anc. haut all. *leffur* représenté en anc. fr. par *leffre*. ♦ [4] **LABIAL** (sav.) XVIIe s. : du lat. *labia*; **LABIALISER** XIXe s.; **LABIALISATION, BILABIALE** XXe s.

**LEZ** ♦ [1] (pop.) XIe s. « côté », subst., et « à côté de », prép.; survit dans des toponymes, ex. : *Plessis-lez-Tours* : lat. *latus, lateris* « flanc », « côté ». ♦ [2] **LATÉRAL** (sav.) XIVe s. : bas lat. *lateralis* « des côtés »; **COLLATÉRAL** XIIIe s. : lat. médiéval *collateralis*; **LATÉRALEMENT, ÉQUILATÉRAL** XVIe s.; **UNILATÉRAL, TRILATÉRAL** XVIIIe s.; **BILATÉRAL, BILATÉRALEMENT** XIXe s. ♦ [3] **QUADRILATÈRE** (sav.) XVIe s. : bas lat. VIIe s. *quadrilaterus*, de *quadri-* → QUATRE, et *latus, -eris*; **QUADRILATÉRAL** XVIe s.

**LÉZARD** ♦ [1] (pop.) XIIe s. au fém., XVe s. forme mod. : altération, par substitution de suff., du lat. *lacertus* « id. »; **LÉZARDER** XIXe s. « paresser au soleil ». ♦ [2] **LÉZARDE** XIIe s. « lézard ». XVIIe s. « fente dans un mur »; **LÉZARDÉ** XVIIIe s.; **SE LÉZARDER** XIXe s. ♦ [3] **ALLIGATOR** XVIIe s., mot angl. : altération, sous l'infl. sav. du lat. *alligare* (→ LIER), de l'esp. *el lagarto* « le lézard » (désignant diverses races de crocodiles), de *lacertus*; mots scient. exprimant l'idée de « lézard » → SAURIEN.

**LIBATION** (sav.) XVe s. : lat. *libatio* « sacrifice, généralement liquide, offert aux dieux ».

**LICE** (de tissage) ♦ [1] (pop.) XIIe s. : lat. *līcia*, neutre plur. pris pour un fém., « fils de trame »; **HAUTE-LICE** XIVe s.; **BASSE-LICE** XVIIe s. ♦ [2] **TREILLIS** (pop.) XIIe s., *treliz*, adj. « tissé à mailles » et subst. « tissu fait de mailles »; XIIIe s., *treillis* « treillage », sous l'infl. de *treille*; XIVe s. « étoffe grossière » : lat. vulg. **trilīcius*, class. *trilix* « à trois fils de trame ». ♦ [3] **LISIÈRE** (pop.) XIIIe s. : dér. de *lis*, du lat. *līcium*, var. rare de *lice*; **LISÉRÉ** XVIIIe s. : dér. de *lisérer* XVIIe s. « border un ruban à deux lisières ».

**LIE** (de vin) (pop.) XIIe s. : probablement gaulois **liga*.

**LIER** famille du lat. *ligare, -atus* « lier » (physique et moral). (1) subst. *ligamen, -inis* « lien », *ligamentum* « lien, bandage », *ligatura* « action de lier » (2) p.-ê., comme le pensaient les Romains, le mot *lictor* (le « licteur » liait les faisceaux qu'il portait); mais cette forme suppose un verbe **ligĕre* non attesté et ce n'est p.-ê. là qu'une étym. pop. (3) les verbes préfixés (a) *alligare* et *obligare* « lier à », « astreindre, obliger » (b) *religare* « attacher par-derrière », « relier ».

I. mots populaires ou empruntés

♦ [1] **LIER** Xe s. : lat. vulg. **lĭgāre*, class. *lĭgāre*; var. *loier*, issue de *lĭgāre*, bien attestée jusqu'au XVe s.; **DÉLIER** XIIe s.; **DÉLIÉ** XIIIe s. « mince »

→ ALLÉCHER; XVIIe s. « agile » : part. passé de *délier*; **LIAISON, LIASSE** XIIe s.; **LICOL** XIVe s.; **LICOU** XVIIe s. : de *lier* et *col, cou.* ♦ [2] **LIEN** XIIe s. : *lĭgāmen*; **LIMIER** XIIe s. *liemier* « chien tenu en laisse » : dér. de *liem*, var. de *lien*; **LIANE** XVIIe s., mot fr. des Antilles, dér. de *lienner* « attacher », « lier des gerbes », lui-même dér. de *lien.* ♦ [3] **RELIER** XIIe s. « attacher ensemble », XIXe s. « mettre en rapport » : *religare*; **RELIEUR** XIIe s.; **RELIURE** XVIe s. ♦ [4] **ALLIER** XIe s. par traité, XIIe s. en parlant des métaux : *alligare*; **ALLIANCE** XIIe s. « pacte », XIIIe s. « mariage », XVIIe s. « anneau nuptial »; **RALLIER** XIe s.; **RALLIEMENT** XIIe s.; **ALLIÉ** subst. XIVe s.; **ALLIAGE** XVIe s.; **MÉSALLIER, MÉSALLIANCE** XVIIe s. ♦ [5] **ALOI** XIIIe s. « titre d'alliage » : dér. d'*aloier*, var. d'*allier.* ♦ [6] **RALLYE** XXe s. : mot angl. dér. de *to rally* « rassembler », du frq. *rallier.* ♦ [7] **LIGUE** XIIIe s. : anc. it. *liga* « union », var. latinisante de *lega*, dér. de *legare*, du lat. *ligare*; **LIGUER, LIGUEUR** XVIe s. ♦ [8] **LIGOTER** XVIIe s. « attacher la vigne » (chez O. de Serres, ardéchois); XIXe s. argot « attacher » : d'origine méridionale, gasconne ou prov., de la famille de *ligare*.

**II.** mots savants

♦ [1] **OBLIGER** XIIIe s. « assujettir par une obligation », d'abord jur., XVIe s. « s'attacher quelqu'un en lui rendant service » : *obligare*; **OBLIGATION** XIIIe s. jur., XVIe s. lien moral, XIXe s. finances (d'où **OBLIGATAIRE** XIXe s.) : *obligatio*; **OBLIGATOIRE** XIVe s. : bas lat. jur. *obligatorius*; **DÉSOBLIGER** XIVe s. jur., XVIIe s. « être désagréable »; **OBLIGEANT, OBLIGÉ** XVIe s. subst.; **DÉSOBLIGEANT** XVIIe s.; **OBLIGEANCE, DÉSOBLIGEANCE** XVIIIe s. ♦ [2] **LICTEUR** XIVe s. : *lictor.* ♦ [3] **LIGAMENT** XVIe s. : *ligamentum*; **LIGAMENTEUX** XVIe s.; **LIGATURE** XIVe s. : *ligatura*; a éliminé l'anc. fr. *liement* et *liure* (pop.); **LIGATURER** XIXe s.

**LIESSE** (pop.) XIe s. : altération, sous l'infl. de l'adj. *lié* (→ ci-dessus), de *leesse*, du lat. *laetitia* « allégresse », dér. de *laetus* « joyeux », représenté en anc. fr. par *lié*, qui survit au fém. dans l'arch. *faire chère lie* « accueillir joyeusement », « offrir un bon repas ».

1. **LIEU** famille du lat. *lŏcus* « endroit ». D'où (1) le subst. dimin. *loculus* « compartiment »; l'adj. bas lat. *localis* « relatif à un lieu »; l'adv. *illico*, pour *in loco* « sur-le-champ » (2) les verbes (a) *locare* « placer » et jur. « placer moyennant salaire », « louer »; d'où *locatio* « louage »; *locarium* « prix d'un emplacement »; s'est dit d'abord du loueur (pour le locataire : *conducere*); mais *locare* a tendu à la longue à éliminer *conducere* (b) *collocare* « placer », d'où « faire asseoir » et « coucher ».

**I.** mots populaires

♦ [1] **LIEU** Xe s.; XIIe s. *en lieu de* prép., remplacé au XVIIe s. par *au lieu de;* XVIe s. *lieu commun* (calque du lat. *locus communis,* calque du gr. *koinos topos,* « fondement d'un raisonnement ») : lat. *lŏcus;* pour les mots scientifiques exprimant la notion de « lieu » → TOPO-, art. TOPIQUE; **NON-LIEU** XIXe s.; **MILIEU** → MI. ♦ [2] **LIEUTENANT** XIIIe s. « chargé par délégation d'une responsabilité de chef », XVe s. milit. : littéralement « *tenant lieu* de »; **LIEUTENANCE** XVe s.; **SOUS-LIEUTENANT, LIEUTENANT-COLONEL** XVIIe s. ♦ [3] **LOUER** XIe s. « donner, ou prendre en location » : *lŏcāre;* **LOUAGE, LOUEUR** XIIIe s.; **ALLOUER** XIe s. « louer », XVIIe s. « attribuer une somme d'argent » : lat. vulg. **adlocare*. ♦ [4] **LOYER** XIe s. : *lŏcārĭum.* ♦ [5] **COUCHER** XIe s. sens général et astron., XIIIe s. « consigner par écrit » : *collŏcāre;* **RECOUCHER** XIIe s.; **DÉCOUCHER** XIIe s. « faire lever », XVIe s. « coucher au-dehors »; **COUCHE** XIIe s. « lit », XIIIe s. « épaisseur ». Pour les mots scientifiques exprimant ce sens → STRATE, art. ESTRÉE; XVIe s. « linge de nourrisson »; **COUCHETTE** XIVe s.; **COUCHEUR** XVIe s., *mauvais coucheur* XIXe s.; **COUCHAGE** XVIIe s.; **COUCHERIE** XVIIIe s. ♦ [6] **ACCOUCHER** XIIe s.-XVIe s. « (se) coucher », XIIIe s. « se coucher pour mettre au monde un enfant », XVIe s. seul sens survivant, par élimination de *gésiner, agésir;* **ACCOUCHEMENT** XIIe s.; **ACCOUCHÉE** XIVe s.; **COUCHES** XVIe s.; **FAUSSE COUCHE** XVIIe s.; **ACCOUCHEUR** XVIIe s.

**II.** mots savants

♦ [1] **COLLOQUER** XIIe s. : *collocare* (→ COUCHER); **COLLOCATION** XVIe s. ♦ [2] **LOCATION** XIIIe s., rare avant le XVIIIe s. : *locatio* (→ LOUER); **LOCATIF** XIVe s.; **LOCATAIRE** XVIe s.; **SOUS-LOCATAIRE** XVIe s.; **SOUS-LOCATION** XIXe s.; **ALLOCATION** XVe s. (→ ALLOUER); **ALLOCATAIRE** XXe s. ♦ [3] **LOCAL** XIVe s. adj., XVIIIe s. subst. : *localis;* **LOCALEMENT** XVe s.; **LOCALITÉ** XVIe s. « lieu », XXe s. « ville »; **LOCALISER** fin XVIIIe s.; **LOCALISABLE, LOCALISATION** XIXe s. ♦ [4] **BILOCULAIRE** XVIIIe s. bot. : de *bis* « deux fois » et *loculus.* ♦ [5] **DISLOQUER** XVIe s. « déboîter » puis « désunir » : lat. médiéval *dislocare* « enlever de sa place »; **DISLOCATION** XIVe s. méd. : lat. médiéval *dislocatio*, lat. imp. *delocatio.* ♦ [6] **LOCO-** 1er élément de composés sav., ex. : **LOCOMOTIF** adj. XVIe s.; subst. fém. **LOCOMOTIVE** XIXe s.; **LOCOMOTEUR** XVIIe s.; **LOCOMOTION** XVIIIe s., **LOCOMOTRICE**

XX^e^ s. (pour le 2^e^ élément → MOUVOIR); **LOCOTRACTEUR** XX^e^ s. ♦ [7] **ILLICO** XVI^e^ s. jur. : adv. lat.

2. **LIEU** (poisson) XIX^e^ s. : breton *leouek.*

**LIEUE** ♦ [1] (pop.) XI^e^ s. : lat. *leuca,* d'origine gauloise, d'après les Anciens. ♦ [2] **BANLIEUE** → BAN I. 5.

**LIÈVRE** ♦ [1] (pop.) : lat. *lĕpus, lĕpŏris,* d'origine méditerranéenne (il n'existe pas de nom ind.-eur. du lièvre, probablement tenu pour un animal de mauvais augure); **LEVRAUT** XIV^e^ s.; **LÉVRIER** XII^e^ s. « chien courant utilisé pour chasser le lièvre »; **LEVRETTE** XV^e^ s. fém. dimin. de *lévrier.* ♦ [2] **LÉPORIDE** (sav.) XIX^e^ s. : dér. sur le radical *leporis.*

**LIGE** ♦ [1] (pop.) XI^e^ s. : lat. vulg. gallo-roman **lĕtĭcus,* dér. du bas lat. *letus* « sorte de vassal », du frq. **ledhus* (→ all. *ledig* « libre »). ♦ [2] **ALLÉGEANCE** XVII^e^ s. jur. : angl. *allegiance,* altération, sous l'infl. de l'anc. fr. *allegeance* « soulagement », dér. d'*alléger* qui avait aussi un emploi jur., de l'anc. fr. *lijance* « état d'un homme ou d'une terre lige », dér. de *lige.*

**LIGNEUX** ♦ [1] (sav.) XVI^e^ s. : dér. sur le lat. *lignum* « bois ». **LIGNITE** XVIII^e^ s., **LIGNINE** XIX^e^ s., id. ♦ [2] **LIGNI-** 1^er^ élément de composés sav., ex. : **LIGNIFIER** XVII^e^ s.; **LIGNICOLE** XIX^e^ s.

**LILAS** XVII^e^ s. : arabo-persan *lilak.*

**LIMACE** ♦ [1] (pop.) XIII^e^ s. : lat. vulg. **limacea,* fém. de **limaceus* représenté au XII^e^ s. par *limaz,* dér. de *limax, -acis* « limace » et « escargot »; **LIMAÇON** XII^e^ s. ♦ [2] **COLIMAÇON** XIV^e^ s. : altération du normanno-picard *calimaçon* XIV^e^ s. → préfixe CA-.

**LIMANDE** (pop.) XIII^e^ s. « poisson plat »; XIV^e^ s. « planche mince » : p.-ê. dér. de *lime*; le sens serait alors « poisson à peau rugueuse »; plus probablement apparenté à *limon* « brancard »; suff. *-ande* obscur, p.-ê. d'origine gauloise.

**LIMBES** ♦ [1] (sav.) XIV^e^ s. sing., XVI^e^ s. forme mod. plur., théol. « séjour des justes avant la rédemption, ou des enfants morts sans baptême » : lat. *limbus* « frange, bord ». ♦ [2] **LIMBE** (sav.) XVII^e^ s. astron.; XVIII^e^ s. bot. : id.

**LIME** (pop.) XII^e^ s. : lat. *līma*; **LIMER** XIII^e^ s. : *limare;* **ÉLIMER** XIII^e^ s.; **LIMAILLE** XIII^e^ s.; **LIMEUR** XIV^e^ s.; **LIMAGE** XVI^e^ s.

1. **LIMON** (terre) (pop.) XII^e^ s. : lat. vulg. **līmo, -ōnis,* class. *līmus;* **LIMONEUX** XIV^e^ s.

2. **LIMON** (brancard) (pop.) XII^e^ s. : semble reposer sur une rac. celtique **leim-* « perche », qui apparaîtrait dans l'esp. *leme* « gouvernail » et serait p.-ê. apparentée à celle du lat. *līmen* → LINTEAU.

3. **LIMON** (citron) ♦ [1] XIV^e^ s. : it. *limone,* de l'arabo-persan *līmūn*; **LIMONADE, LIMONADIER** XVII^e^ s. ♦ [2] **PAMPLEMOUSSE** XVIII^e^ s. : adaptation de *pompelmous* XVII^e^ s., du néerl. *pompelmoes,* contraction de *pompel* « gros » et *limoes* « citron », empr. au fr. *limon.*

**LIMPIDE** (sav.) XV^e^ s., **LIMPIDITÉ** XVII^e^ s. : lat. *limpidus, limpiditas.*

**LIN** famille du lat. *līnum* « lin » et « objet en lin », « fil »; dér. : deux adj. syn. (a) *linteus* « de lin »; neutre substantivé *linteum* « toile de lin », dimin. *linteolum* « petit morceau de toile », d'où l'adj. bas lat. *linteolus* « en toile » (b) *lineus;* fém. substantivé *linea* « fil de lin », « cordeau » et « ligne », « trait tracé » d'où *lineamentum* « trait », « contour ».

I. famille de *linum*

♦ [1] **LIN** (pop.) XII^e^ s. : *līnum;* **LINIÈRE** XII^e^ s.; **LINIER** XII^e^ s. subst., XIX^e^ s. adj.; **LINOT, LINOTTE** XIII^e^ s. « oiseau friand de graines de lin »; **LINON** XVI^e^ s. : adaptation du dial. (Nord-Est) *linomple* « lin uni », 2^e^ élément d'origine obscure. ♦ [2] **LINCEUL** (pop.) XI^e^ s.-XVII^e^ s. « drap de lit (servant éventuellement à ensevelir les morts, seul sens survivant) » : *lintĕŏlum.* ♦ [3] **LINGE** (pop.) XII^e^ s. adj., XIII^e^ s. subst. : *lineus;* **LINGÈRE** XIII^e^ s.; **LINGERIE** XV^e^ s. ♦ [4] **LIGNEUL** (pop.) XIII^e^ s. : lat. vulg. **linĕŏlum* « petit fil de lin ». ♦ [5] **CRINOLINE** → CRIN. ♦ [6] **LINOLÉUM** → HUILE.

II. famille de *linea*

A. mots populaires

♦ [1] **LIGNE** XII^e^ s. : *linea;* pour les mots sav. exprimant la notion de « ligne » → -STICHE, art. CADASTRE; **INTERLIGNE** XIV^e^ s.; **TIRE-LIGNE** XVII^e^ s. ♦ [2] **LIGNAGE** XI^e^ s.; **LIGNÉE** XII^e^ s. ♦ [3] **ALIGNER** XII^e^ s.; **ALIGNEMENT** XV^e^ s.; **SOULIGNER** XVIII^e^ s.; **SOULIGNEMENT** XIX^e^ s. ♦ [4] **PIPE-LINE,** mot angl. « ligne de tuyaux », empr. au fr. *pipe* et *ligne*; **LINOTYPE** XIX^e^ s. : mot anglo-américain, nom de marque : *line of types* « ligne de caractères »; **LINOTYPISTE** XIX^e^ s.

B. mots savants

♦ [1] **LINÉAIRE** XIV^e^ s. : dér. sur *linea*; **JUXTALINÉAIRE** XIX^e^ s. ♦ [2] **DÉLINÉATION** XVI^e^ s. :

bas lat. *delineatio* « dessin »; **DÉLINÉER** XIX^e s. : lat. imp. *delineare* « dessiner ». ♦ [3] **LINÉAMENT** XVI^e s. : *lineamentum*. ♦ [4] **ALINÉA** XVII^e s. : lat. médiéval *a linea*, formule de dictée, « de (cette) ligne (à la suivante) ». ♦ [5] **COLLIMATION** XVIII^e s., astron. : dér. sur le lat. mod. *collimare*, faute de lecture pour *collineare* « orienter la vue suivant une ligne précise »; **COLLIMATEUR** XIX^e s.

**LINIMENT** (sav.) XVI^e s. : lat. *linimentum*, de *linire* « oindre ».

**LINTEAU** ensemble de deux mots à initiale *līm-*, qui ont donné lieu à des croisements et étaient sentis comme apparentés par les Anciens. Ce rapport n'est pas certain (a) *limen, -inis* « seuil », d'où *eliminare* « faire sortir » et lat. imp. *liminaris* « relatif au seuil » (b) *limes, limitis* « chemin bordant un domaine » et « limite, frontière », d'où *limitare* « entourer de frontières ».

♦ [1] **LINTEAU** (pop.) XII^e s. : altération, par substitution de suff., de l'anc. fr. *lintier*, pour **linter* : lat. vulg. **limitaris, -e*, croisement de *liminaris* avec *limes, limitis*. ♦ [2] **ÉLIMINER** (sav.) XV^e s. : *eliminare;* **ÉLIMINATION** XVIII^e s.; **ÉLIMINATOIRE** XIX^e s. ♦ [3] **LIMINAIRE** (sav.) XVI^e s. : bas lat. *liminaris;* **PRÉLIMINAIRE** XVII^e s. adj. et subst. plur. ♦ [4] **LIMITER, LIMITATION, LIMITE** (sav.) XIV^e s. : *limitare, limitatio, limes, limitis;* **LIMITROPHE** XV^e s. : → ATROPHIE; **LIMITATIF** XVI^e s.; **ILLIMITÉ** XVII^e s.; **DÉLIMITER, DÉLIMITATION** XVIII^e s.

**LION** ♦ [1] (pop.) XI^e s. : lat. *lĕo, lĕōnis;* **LIONCEAU** XII^e s.; **LIONNE** XVI^e s. ♦ [2] **CAMÉLÉON** → ce mot. ♦ [3] **LÉOPARD** XVI^e s. : réfection sav. de l'anc. fr. *leupart*, du lat. *leopardus;* 2^e élément *pardus* « panthère mâle ». ♦ [4] **LÉON** (sav.) nom de baptême, porté par plusieurs papes canonisés. ♦ [5] **LÉONIN** XII^e s. « relatif au lion » : *leoninus;* comme terme de versification, *rimes léonines* XII^e s. : du nom de *Léon de Saint-Victor*, qui aurait mis à la mode ce type de vers.

1\. **LIP(O)-** (sav.) gr. *lipos* « graisse », 1^er élément de mots savants, ex. : **LIPIDE, LIPOVACCIN** XX^e s.

2\. **LIPO-** (sav.) gr. *leipein* « laisser, perdre », 1^er élément de composé, dans **LIPOTHYMIE** XVI^e s. « perte de connaissance »; 2^e élément *thumos* « âme ».

**LIRE** famille d'une racine ind.-eur. **leg-* « cueillir », « choisir », « rassembler ».

En grec *legein* (et sa famille) « rassembler », d'où « dire ».

En latin *legĕre* « cueillir, choisir, rassembler », d'où « lire ». Dans les deux cas, le glissement de sens a pu se faire par des intermédiaires comme « assembler des paroles », « appeler ou lire à haute voix une liste de noms ».

I. mots issus du latin

À *lĕgĕre, lectus* se rattachent (1) un ensemble de formes nom. : (a) les seconds termes de composés *-legus* « qui recueille » (rarement « qui dit ») et *-legium* « action de recueillir », ex. : *sacrilegus* et *sacrilegium* « voleur » et « vol d'objets sacrés »; *sortilegium* « tirage au sort » et *sortilegus* « qui dit le sort » (b) *legio, -onis* « choix », puis « division de l'armée romaine », parce que les *legionarii*, membres de la légion, étaient recrutés au choix (c) *lectio, -onis* « lecture »; *lector* « lecteur » (d) bas lat. *lectrum* « pupitre » (2) des verbes préfixés : (a) *colligere, collectus* « recueillir » (b) *diligere, dilectus* « prendre de côté et d'autre », « distinguer », « aimer », d'où en bas lat. *dilectio* « amour »; *diligens*, part. présent employé comme adj. « attentif, scrupuleux »; *diligentia* « attention, soin scrupuleux » (c) *eligere, electus* « cueillir », « élire », d'où *electio* « choix » et bas lat. *elector* « celui qui choisit », *electivus* « qui marque le choix », *eligibilis* « digne d'être choisi » (d) *intellegere* ou *intelligere, intellectus* « discerner », d'où *intellectus, -ūs* « discernement »; *intelligens* « judicieux »; *intelligentia* « action ou faculté de comprendre » (e) *neglegere*, ou *negligere, neglectus* « ne pas recueillir », « être indifférent »; *negligentia* « insouciance » (f) *seligere, selectus* « mettre à part », « trier », d'où *selectio* « choix » (3) enfin, à côté de *legere*, il a dû exister un verbe **lĕgāre*, comme le montre l'anc. part. prés. *elegans, -antis* « qui sait choisir », « élégant », d'où *elegantia, inelegans* et *inelegantia*.

A. mots populaires

♦ [1] **LIRE** XI^e s. : *lĕgĕre;* **RELIRE; LISEUR** XII^e s.; **LISIBLE** XV^e s.; **LISIBLEMENT** XVI^e s.; **ILLISIBLE** XVII^e s.; **LISIBILITÉ** XIX^e s.; **LISEUSE** XIX^e s. objet. ♦ [2] **ÉLIRE** XI^e s. : lat. vulg. **exlĕgĕre*, class. *eligere;* **RÉÉLIRE** XIII^e s.; **ÉLITE** XII^e s. : *elĕcta*, part. passé substantivé de *eligere* « ce qui est choisi » et « action de choisir ». ♦ [3] **LEÇON** XI^e s. « lecture », d'abord liturg.; XII^e s. sens mod. : *lectĭōnem*, acc. *de lectio*. ♦ [4] **LUTRIN** XII^e s. : altération, sous l'infl. de *lu*, part. passé de *lire*, de *letrin*, du lat. vulg. **lectrinum*, dimin. de *lectrum*. ♦ [5] **CUEILLIR** XI^e s. : *cŏllĭgĕre;* **CUEILLEUR** XIII^e s.; **CUEILLETTE** XIII^e s. : *collecta* « choses cueillies », part. passé substantivé, avec assimilation de la terminaison au suff. *-ette*. ♦ [6] **ACCUEILLIR** XIe s. : lat. vulg. *_accŏllĭgĕre_; **ACCUEIL** XIIe s. ♦ [7] **RECUEILLIR** XIe s. « ramasser » et « accueillir », XVIIe s. pronom., sous l'infl. du lat. eccl. : *recŏllĭgĕre*; **RECUEIL** XIVe s. « accueil », XVIe s. « choses recueillies »; **RECUEILLEMENT** XVe s. « action de recueillir », XVIIe s. relig. et psycho. ♦ [8] **RÉCOLTE** XVIe s. : it. *ricolta*, part. passé substantivé de *ricogliere*, de *recolligere*; **RÉCOLTER** XVIIIe s.; **RÉCOLTANT** XIXe s. subst.

**B.** base savante *-leg-*

♦ [1] **LÉGENDE** XIIe s.; XVIe s. « notice expliquant un dessin » : *legenda* « choses à lire », neutre plur. substantivé de l'adj. verbal de *legere*; **LÉGENDAIRE** XVIe s. ♦ [2] **LÉGION** XIIe s. : *legio, -onis*; **LÉGIONNAIRE** XIIIe s. : *legionarius*. ♦ [3] **-LÈGE** 2e élément de composés : **SACRILÈGE** XIIe s. subst. action, XIIIe s. subst. personne, XVIe s. adj. : *sacrilegium* et *sacrilegus* → SAINT; **SORTILÈGE** XVe s. : *sortilegus*, → SORT; **SPICILÈGE** XVIIIe s. : *spicilegium* → ÉPI; **FLORILÈGE** XVIIIe s. : analogique de *spicilège* → FLEUR. ♦ [4] **ÉLÉGANT** XIIe s., rare avant le XVe s. : *elegans*; **ÉLÉGANCE** XVe s. : *elegantia*; **INÉLÉGANT, INÉLÉGANCE** XVIe s.

**C.** base savante *-lig-*

♦ [1] **DILIGENCE** XIIe s. « soins », « empressement »; XVIIe s. *(voiture de) diligence* : *diligentia*; **DILIGENT** XIIe s. : *diligens*. ♦ [2] **INTELLIGENCE** XIIe s. « entendement », XVe s. « communication entre des personnes qui s'entendent » : *intelligentia*; **ININTELLIGENCE** XVIIIe s.; **INTELLIGENTSIA** XIXe s. : mot russe de même origine. ♦ [3] **INTELLIGIBLE** XIIIe s. : lat. imp. *intelligibilis*; **INTELLIGIBLEMENT** XVIe s.; **ININTELLIGIBLE** XVIIe s.; **INTELLIGIBILITÉ** et **ININTELLIGIBILITÉ** XVIIIe s. ♦ [4] **INTELLIGENT** XVe s. : *intelligens*; **INTELLIGEMMENT** XVIIe s.; **ININTELLIGENT** XVIIIe s. ♦ [5] **NÉGLIGENCE** XIIe s. : *negligentia*; **NÉGLIGENT** XIIe s. : *negligens*; **NÉGLIGER** XIVe s. : *negligere*; **NÉGLIGÉ** XVIIe s., adj. et subst.; **NÉGLIGEABLE** XIXe s. ♦ [6] **ÉLIGIBLE** XIIIe s. : *eligibilis*; **INÉLIGIBLE, ÉLIGIBILITÉ, INÉLIGIBILITÉ, RÉÉLIGIBLE** fin XVIIIe s.; **IRRÉÉLIGIBLE** XIXe s. ♦ [7] **COLLIGER** XVIe s. : *colligere*.

**D.** base savante *-lect-*

♦ [1] **LECTEUR** XIIe s. : *lector, -oris*; XIXe s. *lecteur d'université* : all. *Lektor*, de même origine; **LECTURE** XIVe s. : lat. médiéval *lectura*. ♦ [2] **DILECTION** XIIe s. : *dilectio*; **PRÉDILECTION** XVe s. ♦ [3] **ÉLECTION** XIIe s. : *electio*; **ÉLECTEUR, ÉLECTIF** XIVe s. : *elector, electivus*; **ÉLECTORAL** XVIe s.; **ÉLECTORAT** XVIIe s.; **RÉÉLECTION** fin XVIIIe s. ♦ [4] **INTELLECT, INTELLECTION, INTELLECTUEL** XIIIe s. adj., XIXe s. subst. : *intellectus*, et bas lat. *intellectio, intellectualis*; **INTELLECTUELLEMENT** XVIe s.; **INTELLECTUALITÉ** fin XVIIIe s.; **INTELLECTUALISER, INTELLECTUALISME** XIXe s. ♦ [5] **COLLECTE** XIIIe s., liturgie, XVIe s. « levée d'impôts », XVIIIe s. « quête » : *collecta*, part. passé substantivé de *colligere*; **COLLECTEUR** XIVe s. : bas lat. *collector*; **COLLECTER** XVIe s. ♦ [6] **COLLECTION** XIVe s. « réunion », XVIIe s. sens mod. : *collectio*; **COLLECTIONNER, -EUR** XIXe s. ♦ [7] **RÉCOLLECTION** XIVe s. « résumé », XVIe s. « recueillement » : formé sur *recollectus*; **RÉCOLLET** XVe s. nom d'ordre religieux : adaptation de *recollectus*. ♦ [8] **COLLECTIF** XVe s. : lat. imp. *collectivus* « recueilli » et gramm. « collectif »; **COLLECTIVITÉ, COLLECTIVISME, COLLECTIVISTE, COLLECTIVISER, COLLECTIVISATION** XIXe s. ♦ [9] **SÉLECTION** XIXe s. : *selectio*; **SÉLECTIONNER** XIXe s.; **PRÉSÉLECTION, SÉLECTIONNEUR** XXe s.; **SÉLECTIF** XIXe s.; **SÉLECTIVITÉ** XXe s. ♦ [10] **SELECT** XIXe s. : mot angl., de *selectus*.

**II.** mots savants issus du grec

À *legein* « rassembler » et « dire » se rattachent (1) *logos* « parole », « discussion », « raison », d'où *logizesthai* « calculer, réfléchir, conclure »; *logismos* « calcul, raisonnement »; *logistikos* « qui concerne le calcul »; *logikos* « qui concerne la parole, le raisonnement » (2) *lexis* « parole, mot », d'où *lexikos* « qui concerne les mots » et *lexikon biblion* « lexique » (3) *-logion, -logos, -logia* 2es termes de composés exprimant l'idée de « dire », ex. : *hôrologion* « qui indique l'heure »; *eulogia* « bon langage », « langage bienveillant »; *homologos* « qui parle d'accord », « concordant » (4) *analogizesthai* « raisonner par analogie », d'où *analogia* « proportion mathématique » et *analogos* « en rapport » (5) *apologizesthai* « rendre compte » et *apologos* « compte rendu, récit » (6) *apologeisthai* « plaider pour soi » et *apologia* « justification » (7) *dialegesthai* « converser »; *dialogos* « entretien »; *dialektos* « conversation », « manière de parler »; *dialektikos* « qui concerne la discussion » (8) *eklegein* « choisir »; *eklektikos* « apte à choisir », « qui choisit »; *eklogê* « choix (d'extraits d'un auteur) » (9) *epilogizesthai* « conclure un discours »; *epilogos* « épilogue », « péroraison » (10) *katalegein* « nommer ou inscrire l'un après l'autre »; *katalogos* « catalogue » (11) *paralegein* « dire au hasard », « déraisonner »; *paralogizesthai* « faire un faux raisonnement »; *paralogismos* « faux raisonnement » (12) *prolegein* « dire auparavant »; *prologos* « partie d'une pièce de théâtre précédant la première entrée du chœur » (13) *sullogizesthai* « assembler par la pensée », « conclure »; *sullogismos* « raisonnement », « conclusion déduite » (14) enfin, il est possible que *elegos* « chant de deuil », « élégie », se rattache à un verbe **elegein* « dire hé ! ou hélas ! »; *elegeion* « mètre élégiaque », « distique », « épitaphe en distiques », a été empr. par le lat. sous la forme *elogium* « distique », « épitaphe », avec altération de *e* en *o* sous l'infl. de *eulogia* (→ 3.).

A. base *-lec-*

♦ [1] **DIALECTIQUE** XII$^{e}$ s. : gr. *dialektikê (tekhnê)* « art de la discussion », par le lat.; **DIALECTICIEN** XII$^{e}$ s.; **DIALECTIQUEMENT** XVI$^{e}$ s. ♦ [2] **DIALECTE** XVI$^{e}$ s. : *dialektos*, par le lat.; **DIALECTAL, DIALECTOLOGIE** XIX$^{e}$ s.; **DIALECTALISME** XX$^{e}$ s. ♦ [3] **LEXIQUE** XVIII$^{e}$ s., XVI$^{e}$ s. *lexicon : lexikon;* **LEXICOGRAPHE** XVI$^{e}$ s.; **LEXICOGRAPHIE, LEXICOLOGIE** XVIII$^{e}$ s.; **LEXICOGRAPHIQUE, LEXICOLOGUE, LEXICAL** XIX$^{e}$ s.; **LEXICALISER, -ATION** XX$^{e}$ s.; **LEXIE** XX$^{e}$ s. : *lexis;* **LEXÈME** XX$^{e}$ s. ♦ [4] **ÉCLECTIQUE** XVII$^{e}$ s. : *eklektikos;* **ÉCLECTISME** XVIII$^{e}$ s.

B. base *-leg-*

♦ [1] **ÉLÉGIE** XVI$^{e}$ s. : gr. *elegeia (ôdê)*, fém. de *elegeios*, par le lat.; **ÉLÉGIAQUE** XV$^{e}$ s. : bas lat. *elegiacus*. ♦ [2] **PROLÉGOMÈNES** XVI$^{e}$ s. : gr. *prolegomena* « choses dites avant », « préliminaires », part. présent passif neutre plur. de *prolegein*.

C. base *-log-*

♦ [1] **HORLOGE** → HEURE. ♦ [2] **MARTYROLOGE** → MARTYR; terminaison lat. de *martyrologium* sur le modèle d'*elogium*; **NÉCROLOGE** XVII$^{e}$ s. : id.; **NÉCROLOGIE -IQUE** XVIII$^{e}$ s. ♦ [3] **ÉLOGE** XVII$^{e}$ s., XVI$^{e}$ s. *euloge :* lat. *elogium*, d'origine gr.; **ÉLOGIEUX** XIX$^{e}$ s. ♦ [4] **DIALOGUE** XI$^{e}$ s. : *dialogos;* **DIALOGUER** XVIII$^{e}$ s.; **DIALOGUISTE** XX$^{e}$ s.; **MONOLOGUE** XV$^{e}$ s. : formation analogique de *dialogue*; **MONOLOGUER** XIX$^{e}$ s. ♦ [5] **PROLOGUE** XII$^{e}$ s. : *prologos*, par le lat. ♦ [6] **ÉPILOGUE** XII$^{e}$ s. : *epilogos;* **ÉPILOGUER** XV$^{e}$ s. « récapituler ». ♦ [7] **CATALOGUE** XIII$^{e}$ s. : *katalogos*, par le lat.; **CATALOGUER** XIX$^{e}$ s. ♦ [8] **APOLOGUE** XV$^{e}$ s. : *apologos*, par le lat. ♦ [9] **ÉGLOGUE** XV$^{e}$ s. : *eklogê*, par le lat. ♦ [10] **HOMOLOGUE** XVI$^{e}$ s. : *homologos;* **HOMOLOGUER** XV$^{e}$ s.; **HOMOLOGATION** XVI$^{e}$ s. ♦ [11] **ANALOGIE** XIII$^{e}$ s. : *analogia* par le lat.; **ANALOGUE** XVI$^{e}$ s. : *analogos* par le lat.; **ANALOGIQUE** XVI$^{e}$ s. : lat. *analogicus*. ♦ [12] **APOLOGIE** XIV$^{e}$ s. : *apologia*, par le lat.; **APOLOGISTE** XVII$^{e}$ s.; **APOLOGIQUE** XIX$^{e}$ s.; **APOLOGÉTIQUE** XV$^{e}$ s. : lat. *apologeticus*. ♦ [13] **PHILOLOGIE** XIV$^{e}$ s. « amour des lettres » : lat. *philologia*, de deux éléments gr.; **PHILOLOGUE** XVI$^{e}$ s. « érudit, surtout en matière de civilisation antique »; **PHILOLOGIQUE** XVII$^{e}$ s. « littéraire », XIX$^{e}$ s. sens mod. ♦ [14] **EULOGIE** XVI$^{e}$ s. « pain bénit » : *eulogia*. ♦ [15] **LOGIQUE** XIII$^{e}$ s. : *logikê (tekhnê)* « art du raisonnement », par le lat.; **LOGICIEN** XIII$^{e}$ s.; **ALOGIQUE** XVII$^{e}$ s.; **LOGIQUEMENT** XVIII$^{e}$ s.; **ILLOGIQUE, ILLOGISME** XIX$^{e}$ s.; **PRÉLOGIQUE, MÉTALOGIQUE** XX$^{e}$ s. ♦ [16] **LOGISTIQUE** XVI$^{e}$ s. adj. « qui raisonne logiquement », XVII$^{e}$ s. subst. math., XIX$^{e}$ s. milit., XX$^{e}$ s. « logique symbolique » : *logistikos*, par le lat.; **LOGISTICIEN** XX$^{e}$ s. ♦ [17] **SYLLOGISME** XIII$^{e}$ s. : *sullogismos*, par le lat.; **SYLLOGISTIQUE** XVI$^{e}$ s. : *sullogistikos*, par le lat. ♦ [18] **PARALOGISME** XIV$^{e}$ s. : *paralogismos*. ♦ [19] **LOGO-** gr. *logos*, 1$^{er}$ élément de composés sav., ex. : **LOGOGRAPHE** XVI$^{e}$ s. : *logographos* « qui écrit des discours »; **LOGOMACHIE** XVI$^{e}$ s. : *logomakheia* « combat en paroles »; **LOGOGRIPHE** XVII$^{e}$ s. « énigme » : 2$^{e}$ élément *griphos* « filet », « attrape »; **LOGORRHÉE** XIX$^{e}$ s. ♦ [20] **-LOGIE, -LOGUE** : suff. servant à former des noms de sciences ou de savants; **-LOGIQUE, -LOGISME** : suff. servant à former des adj. et subst. dér. des précédents, ex. : **ASTROLOGIE, ASTROLOGUE** XIV$^{e}$ s.; **LARYNGOLOGIE** XVIII$^{e}$ s., **NÉOLOGISME** XVIII$^{e}$ s.; **PHONOLOGIE** XIX$^{e}$ s.; **PHONOLOGUE** XX$^{e}$ s.

**LIS** ou **LYS** ♦ [1] (pop.) XII$^{e}$ s. : forme de plur. du lat. *lilium* « lis », d'origine probablement méditerranéenne, qui a dû se croiser avec le frq. **liesch* « iris », comme semble le montrer la *fleur de lis*, emblème des rois de France, en réalité stylisation d'une fleur d'iris, non de lis; cette expression serait le calque du frq. **lieschbloeme*, où **bloeme* aurait été traduit par *fleur* tandis que **liesch*, incompris et confondu avec le représentant de *lilium*, restait tel quel. ♦ [2] **LISERON** (pop.) XVI$^{e}$ s. : dér. de *lis*; **FLEURDELISER** XVI$^{e}$ s. : dér. de *fleur de lis*. ♦ [3] **LILIAL** (sav.) XV$^{e}$ s. : formé sur *lilium*; **LILIACÉ** (sav.) XVII$^{e}$ s. : bas lat. *liliaceus*.

**LISTE** ♦ [1] (pop.) XII$^{e}$ s. « bord » : germ. **lista* « bande »; XVI$^{e}$ s. sens mod. et réapparition du *s* dans la prononc. sous l'infl. de l'it. *lista*, de même origine; **COLISTIER** XX$^{e}$ s. ♦ [2] **LICE** (pop.) XII$^{e}$ s. « barrière » : frq. **listja*, dér. de **lista*. ♦ [3] **LITEAU** (pop.) XIII$^{e}$ s. « tringle », « ornement allongé » : dimin. de *liste*, avec amuïssement phonétique du *s*.

**LIT** ♦ [1] (pop.) XI$^{e}$ s. « endroit où on se couche », XIII$^{e}$ s. « couche d'une matière quelconque », en part. géol. : lat. *lĕctus*. ♦ [2] **LITIÈRE, ALITER** XII^e s. ; **ALITEMENT** XVI^e s. ; **LITERIE** XVII^e s., rare avant le XIX^e s. : dér. de *lit* au premier sens. ♦ [3] **DÉLITER** XVI^e s., d'abord maçonnerie ; **DÉLITATION** XIX^e s. ; **DÉLITEMENT** XX^e s. : dér. de *lit* au second sens. ♦ [4] **CHÂLIT** XII^e s. « lit de parade », XVI^e s. « bois de lit » : lat. vulg. **catalectus*, probablement issu du croisement de *lectus* et de *catasta* « estrade », du gr. *katastasis* → ESTER.

**LITANIE** (sav.) XII^e s. : gr. *litaneia* « supplication », par le lat.

**LITH(O)-** ♦ [1] (sav.) : gr. *lithos* « pierre » : 1^er élément de mots sav., ex. : **LITHARGE** → ARGENT ; **LITHIASE** XVII^e s. : gr. *lithiasis* « maladie de la pierre » ; **LITHIUM, LITHINE** XIX^e s. ; **LITHINÉ** XX^e s. ; **LITHOGRAPHIE** XVIII^e s. ; **LITHOGRAPHIER, LITHOGRAPHIQUE** XIX^e s. ♦ [2] **-LITE** (avec simplification orthographique internationale) ou **-LITHE** : 2^e élément de composés sav., ex. : **GALALITE** XX^e s. ; **BAKÉLITE** XX^e s. ; **MONOLITHE** XVI^e s., **-LITHISME** XIX^e s., **-LITHIQUE** XX^e s. ; **AÉROLITHE, MÉGALITHE, MÉGALITHIQUE, NÉOLITHIQUE, PALÉOLITHIQUE** XIX^e s.

**LITIGE, LITIGIEUX** (sav.) XIV^e s. : lat. *litigium* « querelle », *litigiosus* « qui aime la contestation » ou « qui prête à contestation », de *lis, litis* « procès ».

**LITOTE** (sav.) XVI^e s. : gr. *litotês* « simplicité » et rhét. « litote », par le lat.

**LITTORAL** (sav.) XVIII^e s. adj., XIX^e s. subst. : lat. *littoralis*, de *litus, litoris* « rivage ».

**LITURGIE** (sav.) XVI^e s. : gr. *leitourgia* « service public » (→ -URGIE, art. ORGUE), par le lat. ; **LITURGIQUE** XVIII^e s. : *leitourgikos* ; **LITURGISTE** XVIII^e s.

**LIVIDE** (sav.) XIV^e s. : lat. *lividus* « bleuâtre », « plombé » ; **LIVIDITÉ** XIV^e s.

1. **LIVRE** (subst. fém.) famille du gr. *litra* et du lat. *libra*, qui supposent un étymon **lidhra*, d'origine inconnue, pré-ind.-eur.. *Libra* et *litra* ont en commun le sens d'« unité de poids de douze onces » (environ 333 grammes) ; mais le lat. *libra* a développé celui de « balance (à deux plateaux ou à contrepoids) », d'où *librare* « peser », et *aequilibrium* « équilibre », puis celui de « instrument destiné à apprécier une dénivellation », « niveau », d'où les formes dimin. syn. *libella* et *libellus*.

I. mots issus du latin

♦ [1] **LIVRE** (pop.) X^e s. : *libra*. ♦ [2] **NIVEAU** (pop.) XIV^e s. : altération, par dissimilation des *l*, de *livel* (pop.) XIII^e s., du lat. vulg. **libellus*, var. de *libella* ; **NIVELER** XIV^e s. ; **NIVELEUR** XV^e s. ; **NIVELLEMENT** XVI^e s. ; **DÉNIVELER ; DÉNIVELLATION, DÉNIVELLEMENT** XIX^e s. ; **NIVELEUSE** XX^e s. ♦ [3] **LIRE** : it. *lira*, du lat. *libra*. ♦ [4] **ÉQUILIBRE** (sav.) XVI^e s. : *aequilibrium* ; **ÉQUILIBRER** XVI^e s., rare avant le XIX^e s. ; **ÉQUILIBRISTE** fin XVIII^e s. ; **ÉQUILIBRAGE, ÉQUILIBRATION** XX^e s. ♦ [5] **LIBRATION** (sav.) XVI^e s. : *libratio* « balancement », de *librare* « équilibrer ». ♦ [6] **LIBELLULE** (sav.) XIX^e s. : lat. scient. mod. *libellula*, dimin. de *libella* à cause de l'égalité du vol plané de cet insecte.

II. mot issu du grec

**LITRE** (sav.) XVIII^e s. : abrév. de **LITRON** XVI^e s., du lat. médiéval *litra* « mesure de liquides », du gr. *litra*.

2. **LIVRE** (subst. masc.) famille du lat. *liber* « pellicule entre le bois et l'écorce, sur laquelle on écrivait avant la découverte du papyrus », et « livre », dénomination conservée même après qu'on eut cessé d'écrire sur du *liber* ; dérivés *librarius* « copiste » et « libraire », *libraria* « librairie » ; dimin. *libellus*.

♦ [1] **LIVRE** XI^e s. : *liber, libri* ; pour les mots sav. exprimant la notion de « livre » → BIBLIO-, art. BIBLE ; **LIVRET** XII^e s. ; XIX^e s. « texte d'une œuvre lyrique » ; **LIVRESQUE** XVI^e s., puis XIX^e s. ♦ [2] **LIBRETTO** XIX^e s. : mot it. équivalent de *livret* ; **LIBRETTISTE** XIX^e s. ♦ [3] **LIBRAIRIE** (sav.) XII^e s. « bibliothèque » ; XVI^e s. sens mod. : *libraria* ; **LIBRAIRE** XII^e s. « copiste », XVI^e s. sens mod. : *librarius*. ♦ [4] **LIBELLE** (sav.) XIII^e s. : *libellus* ; **LIBELLER, LIBELLÉ** XV^e s. ; **LIBELLISTE** XVII^e s. ♦ [5] **LIBER** (sav.) XVIII^e s. : mot lat. bot. ♦ [6] **EX-LIBRIS** XIX^e s. : mots lat. « (faisant partie) des livres (de...) ».

**LIVRER** famille du lat. *līber, -a, -um* « libre » ; dér. (1) *libertas* « liberté » (2) *libertus* et *libertinus* « affranchi » (3) *liberalis* « digne d'un homme libre, généreux » ; d'où *liberalitas* (4) *līběrāre* « libérer » d'où *liberatio, liberator*, et bas lat. *delīběrāre* « délivrer » (5) le lat. class. *deliberare* « mettre en délibération », « résoudre » (d'où *deliberatio* et *deliberativus*) est sans doute un dér. métaph. de *liber* (et non, comme le pensaient les Anciens, de *libra* « balance » → 1. LIVRE, qui aurait donné **delibrare*).

♦ [1] **LIVRER** (pop.) X^e s. « délivrer », « permettre de partir » ; XI^e s. « remettre entre les mains de quelqu'un » : *lībĕrāre*; **LIVRAISON** XIIe s. : *līberatiōnem*, acc. de *liberatio*; **LIVRÉE** XIIIe s. : *libĕrāta*, part. passé substantivé, « (vêtement) fourni (par un seigneur) »; **LIVREUR, LIVRABLE** XIVe s. ♦ [2] **DÉLIVRER** (pop.) XIe s. « libérer », XIIIe s. « remettre quelque chose à quelqu'un » : bas lat. *deliberāre*; **DÉLIVRANCE** XIIe s. d'abord « accouchement ». ♦ [3] **LIBERTÉ** (sav.) XIIe s. « libre arbitre », XIIIe s. plur. « franchises (de ville) », XIVe s. « état de qui n'est ni serf ni captif », XVIe s. « absence de contrainte », fin XVIIe s. « droit reconnu par une loi aux individus » : *libertas*; **LIBERTAIRE** XIXe s. ♦ [4] **LIBÉRAL** (sav.) XIIe s. « généreux », XIIIe s. *arts libéraux*, XVIIIe s. pol. : *liberalis*; **LIBÉRALEMENT** XIIIe s.; **LIBÉRALITÉ** XIIIe s. : *liberalitas*; **LIBÉRALISER** XVIe s.; XVIIIe s. poli.; **LIBÉRALISME** XIXe s.; **LIBÉRALISATION** XXe s. ♦ [5] **LIBRE** (sav.) XIVe s. : *liber*; **LIBREMENT** XIVe s. ♦ [6] **LIBÉRER** (sav.) XVe s. « exempter »; XVIe s. « mettre en liberté » : *liberare*; **LIBÉRATION** XIVe s. : *liberatio*; **LIBÉRATEUR** XVIe s. : *liberator*; **LIBÉRABLE, LIBÉRATOIRE** XIXe s. ♦ [7] **LIBERTIN** (sav.) XVIe s. « affranchi », hist., et « qui refuse toute contrainte », « irréligieux »; XVIIe s. « débauché » : le sens religieux est dû à un passage des Actes des Apôtres, VI, 9, où il est question de la synagogue « des Affranchis », *libertinorum*, secte juive responsable du martyre d'Étienne, nom dont la valeur exacte n'est pas connue. **LIBERTINAGE** XVIIe s. ♦ [8] **DÉLIBÉRER, DÉLIBÉRATION** (sav.) XIIIe s. : *deliberare, deliberatio*; **DÉLIBÉRATIF** XIVe s. : *deliberativus*; **DÉLIBÉRÉMENT** XIVe s.

**LOCUTION** famille savante du lat. *loqui, locutus sum* « parler », qui, après avoir éliminé *fari* (→ FABLE), a été remplacé, lui-même par *parabolare* (→ PARLER, art. BAL).

♦ [1] **LOCUTION** XIVe s. : *locutio* « parole », de *loqui*; **LOCUTEUR** XXe s. ♦ [2] **ALLOCUTION** XIIe s. : *adlocutio*, de *adloqui* « adresser des paroles à quelqu'un », « exhorter ». ♦ [3] **CIRCONLOCUTION** XIIIe s. : *circumlocutio*, de *circumloqui* « parler par périphrases ». ♦ [4] **ÉLOCUTION** XVIe s. : *elocutio* « manière de s'exprimer », de *eloqui* « énoncer, s'exprimer ». ♦ [5] **ÉLOQUENCE** XIIe s. : *eloquentia* « facilité à s'exprimer », de *eloqui* → le précéd.; **ÉLOQUENT** XIIIe s. : *eloquens* « qui a la parole facile »; **ÉLOQUEMMENT** XVIe s. ♦ [6] **COLLOQUE** XVe s. : *colloquium* « conversation », de *colloqui* « s'entretenir avec ». ♦ [7] **INTERLOQUER** XVe s. jur.; XVIIIe s. sens mod. : *interloqui* « couper la parole à quelqu'un »; **INTERLOCUTOIRE** XIIIe s. jur.; **INTERLOCUTEUR** XVIe s. ♦ [8] **GRANDILOQUENCE** XVIe s. : *grandiloquus* « qui a un style pompeux »; **GRANDILOQUENT** XIXe s. ♦ [9] **VENTRILOQUE** XVIe s., de *venter* et *loqui*. ♦ [10] **LOQUACE** XVIIIe s. : *loquax, -acis* « bavard, verbeux » »; **LOQUACITÉ** XVe s.

**LODEN** XXe s. mot all., du moyen haut all. *lode*, de l'anc. haut all. *lodo* « drap grossier ».

**LOF** XIIe s. mar. : moyen néerl. *lōf* « côté exposé au vent »; **LOUVOYER** XVIe s. mar., XVIIIe s. sens fig. : var. de *louvier*, dér. de *lof*; **LOUVOIEMENT** XXe s.; **LOFER** XVIIIe s.

**LOGE** ♦ [1] XIIe s. « abri de fortune, fait de branches », XVIe s. théâtre, XVIIIe s., *loge maçonnique*, sous l'infl. de l'angl. *lodge*, d'origine fr., XIXe s. « atelier d'artiste » : frq. **laubja*, apparenté à l'all. *Laube* « tonnelle » et probablement à l'angl. *leaf* « feuille »; **LOGETTE** XIIe s. ♦ [2] **LOGER, DÉLOGER** XIIe s.; **RELOGER** XIIIe s.; **LOGEMENT** XIIIe s.; **DÉLOGEMENT** XIVe s., **RELOGEMENT** XXe s.; **LOGIS** XIVe s.; **LOGEABLE, LOGEUR** XVe s. ♦ [3] **LOGGIA** XIXe s. : mot it. empr. au fr. « loge ». ♦ [4] **LOBBY** XXe s. pol. « groupe de pression » : mot angl., du germ. **laubja*; a d'abord signifié « cloître monastique » et « passage, ou corridor attaché à un édifice » (XVIe s.), en particulier à la Chambre des communes (XVIIe s.), puis au Congrès américain.

**LOI** famille du lat. *lex, legis*, à l'origine « loi religieuse », puis « loi » en général, d'où (1) *legitimus* « conforme aux lois », son contraire *illegitimus* et son syn. lat. imp. *legalis* (2) *privilegium* « ordonnance de loi rendue en faveur d'un individu » (3) par l'intermédiaire de la locution *legem ferre* « présenter un projet de loi », *legislatio* « législation » et *legislator*, lat. imp. *legifer* « législateur » (2e élément → -FER-, art. OFFRIR et → -LAT-, art. OUBLIE) (4) *legare, legatus* « déléguer à quelqu'un (éventuellement à titre posthume) l'exercice d'une charge; envoyer en mission »; d'où *legatus* « député, ambassadeur » et *legatio* « députation, ambassade » (5) formes préfixées (a) *allegare* « envoyer en mission privée (alors que *legare* concerne plutôt les affaires publiques) », « produire une pièce justificative » (b) *delegare* « confier, s'en remettre à quelqu'un de » (c) *relegare* « frapper de bannissement » (6) directement, ou par *legare*, on doit rattacher à *lex* les subst. *collega* « celui qui a reçu un pouvoir en commun avec un ou plusieurs autres » et *collegium* « association régie par une règle particulière ».

I. base populaire *loi, -loy-*

♦ [1] **LOI** XIe s. : *lēgem*, acc. de *lex*. Pour les mots sav. exprimant l'idée de « loi » → NOMO-, art. NOMADE. ♦ [2] **LOYAL** XIe s. : *lēgālis* « qui respecte la loi ou ses engagements »; **LOYAUTÉ, DÉLOYAUTÉ** XIe s.; **LOYALEMENT, DÉLOYAL** XIIe s. ♦ [3] **LOYALISTE** XVIIIe s.; **LOYALISME** XIXe s. : angl. *loyalism, loyalist*, d'origine fr.

II. base savante *-leg-*

♦ [1] **LÉGITIME** XIIIe s. : *legitimus*; **LÉGITIMEMENT, LÉGITIMER** XIIIe s.; **LÉGITIMATION, ILLÉGITIME** XIVe s.; **LÉGITIMITÉ** XVIIe s. : **LÉGITIMISME, LÉGITIMISTE** XIXe s. ♦ [2] **LÉGISTE** XIIIe s. : lat. médiéval *legista*. ♦ [3] **LÉGAL** XIVe s. : *legalis* (→ LOYAL); **LÉGALEMENT, ILLÉGAL, ILLÉGALITÉ** XIVe s.; **LÉGALITÉ** XVe s.; **LÉGALISER, LÉGALISATION** XVIIe s.; **LÉGALISME, LÉGALISTE** XIXe s. ♦ [4] **LÉGISLATEUR, LÉGISLATION** XIVe s. : *legislator, legislatio*; **LÉGISLATIF** XIVe s.; **LÉGISLATURE** XVIIIe s., sous l'infl. de l'angl.; **LÉGIFÉRER** fin XVIIIe s. : formé sur *legifer* et *legem ferre*. ♦ [5] **LÉGAT** XIIe s. « envoyé », XVIe s. « ambassadeur du pape » : *legatus*; **LÉGATION** XIIe s. « mission », fin XVIIIe s. diplomatie : *legatio* ♦ [6] **ALLÉGUER** XIIIe s. « notifier », XVIIe s. « présenter comme une justification » : *adlegare*; **ALLÉGATION** XIIIe s. : *adlegatio*. ♦ [7] **DÉLÉGATION** XIIIe s. « procuration », XIXe s. « ensemble de personnes déléguées » : *delegatio*; **SUBDÉLÉGUER, SUBDÉLÉGATION** XIVe s.; **DÉLÉGUER** XVe s. : *delegare*; **DÉLÉGUÉ** subst. fin XVIIIe s. ♦ [8] **RELÉGUER** XIVe s., d'abord hist. rom., XIXe s. jur. : *relegare*; **RELÉGATION** XIVe s. *relegatio*. ♦ [9] **LÉGATAIRE** XIVe s. : lat. imp. *legatarius* « celui qui reçoit un legs »; **LÉGUER** fin XVe s. : *legare*. ♦ [10] **PRIVILÈGE** XIIe s. : *privilegium*; **PRIVILÉGIER, PRIVILÉGIÉ** XIIIe s. ♦ [11] **COLLÈGE** XIVe s. « groupement de personnes revêtues d'une dignité », XVIe s. scolaire : *collegium*; **COLLÉGIAL** XIVe s.; **COLLÉGIEN** XVIIIe s. ♦ [12] **COLLÈGUE** XVe s. : *collega*.

**LOIR** (pop.) XIIe s. : lat. vulg. **līs, līris*, class. *glis, gliris*.

**LOISIR** famille du verbe lat. *licere, licitus* « être mis aux enchères, être évalué à », d'où (1) *liceri, licitus sum* « enchérir » et « évaluer »; *licitatio* « enchère »; *licitari* « pousser les enchères » (2) *mihi licet* « il est laissé à mon appréciation », « il m'est permis », *licere* « être permis »; *licentia* « permission » puis « liberté excessive, licence »; *licentiosus* « déréglé ».

♦ [1] **LOISIR** (pop.) XIIe s., verbe à l'infinitif « être permis », et inf. substantivé « liberté, oisiveté »; XVIIIe s. « divertissements » : *lĭcēre*; **LOISIBLE** XIVe s. ♦ [2] **LICENCE** (sav.) XIIe s. « liberté », XVe s. « liberté excessive », XVIe s. titre universitaire, trad. de *licentia docendi* « permission d'enseigner »; XIXe s. « autorisation fiscale » : *licentia*; **LICENCIÉ, LICENCIER** XIVe s. : lat. médiéval *licenciatus, licentiare*; **LICENCIEMENT** XVIe s.; **LICENCIEUX** XVIe s. : *licentiosus*. ♦ [3] **LICITEMENT** (sav.) XIIIe s.; **LICITE, ILLICITE** XIVe s. : *licitus* « permis » et son contraire *illicitus*. ♦ [4] **LICITER LICITATION** (sav.) XVIe s. : *licitari licitatio*.

**LOMBRIC** (sav.) XIIIe s. : lat. *lumbricus* « ver de terre ».

**LONG** famille de l'adj. lat. *longus* « long » (en parlant de l'espace ou du temps) (1) *longitudo, -inis* « longueur » (2) lat. imp. *oblongus* « allongé » (3) des composés à 1er élément *longi-*, ex. : lat. imp. *longipes* « à longues jambes » ou *long-*, ex. : lat. imp. *longaevus* « d'un grand âge » et lat. eccl. *longanimis -itas*, de *longus* au sens de « patient » et *anima* → ÂME (4) *elongare* « allonger » et lat. eccl. *prolongare* « id. » (5) *longe* et *longiter* « loin » et lat. vulg. **longitanus* « éloigné ».

I. base *-lon(g)-* (pop. ou sav.)

♦ [1] **LONG** (pop.) Xe s. : *longus*. ♦ [2] **LONGE** (pop.) « sorte de corde » XIIe s. : anc. fém. substantivé de *long*, de *longa* (*longue* est analogique du masc.). ♦ [3] **LONGUEMENT** XIe s.; **LONGUEUR** XIIe s.; **LONGUET** XIIe s. adj., XIVe s. subst.; **LONGERON** XIIIe s. ♦ [4] **SELON** (pop.) XIIe s. : lat. vulg. **sublongum* « le long de », de *sub* au sens de « près de » (→ SOUS) et *longus*. ♦ [5] **ALLONGER** (pop.) XIIe s. : lat. vulg. **adlongare*; **ALLONGE, ALLONGEMENT** XIIIe s.; **ALLONGEABLE** XVIe s.; **RALLONGER** XIVe s.; **RALLONGE, RALLONGEMENT** XVe s. ♦ [6] **LONGER** XVIIe s. vénerie, XVIIIe s. sens mod. ♦ [7] **PROLONGER** (demi-sav.) XIIIe s. : *prolongare*; **PROLONGEMENT** fin XIIe s.; **PROLONGATION** (sav.) XIIIe s.; **PROLONGE** XIVe s.; XVIIIe s. artillerie; **PROLONGEABLE** fin XVIIIe s. ♦ [8] **LONGITUDE** (sav.) XIVe s. « longueur », XVIe s. géogr. : *longitudo, -inis*; **LONGITUDINAL** XIVe s.; **LONGITUDINALEMENT** XVIIIe s. ♦ [9] **OBLONG** (sav.) XVIe s. : *oblongus*. ♦ [10] **ÉLONGATION** XVIe s. : *elongatio*, de *elongare*. ♦ [11] **LONGI-** 1er élément de composés, ex. : **LONGIMÉTRIE** XVIIe s.; **LONGILIGNE** XXe s. ♦ [12] **LONGANIMITÉ** → ÂME; **LONGÉVITÉ** → ÂGE.

II. base *loin, -loing-* (pop.)

♦ [1] **LOIN** XIe s. : *longe*; **ÉLOIGNER** XIe s.; **ÉLOIGNEMENT** XIIe s. ♦ [2] **LOINTAIN** XIIe s. : **longĭ-**

*tānus*; **LOINTAINEMENT** XIIe s. ♦ [2] **LOINTAIN** XIIe s. : **longĭtānus*; **LOINTAINEMENT** XIIe s.

**LONGE** (de veau) ♦ [1] (pop.) XIIe s. : lat. vulg. **lumbea*, de *lumbi, -orum* « râble ». ♦ [2] **LUNCH** XIXe s. : mot angl. XVIe s. « gros morceau », XVIIe s. « léger repas » : probablement adaptation de l'esp. *lonja* XIVe s. « morceau de viande », qui semble lui-même empr. au fr. *longe*. ♦ [3] **LOMBES** (sav.) XIIe s., rare avant le XVIe s. : *lumbi*; **LOMBAIRE** XVe s. ♦ [4] **LUMBAGO** (sav.) XVIIIe s. : mot bas lat. « faiblesse des reins ».

**LOQUE** XVe s. « chiffon » : probablement moyen néerl. *locke* « mèche de cheveux »; **LOQUETEUX** fin XVe s.

**LOQUET** (pop.) XIIe s. : dér. de l'anglo-norm. *loc* « serrure », empr. au vieil angl.

**LORD** ♦ [1] XVIe s. : mot angl. « seigneur » : contraction de *loaf* « pain » et *ward* « garder », « celui qui garde le pain », c.-à-d. « le maître de la maison ». ♦ [2] **LADY** XVIIe s. : mot angl. « dame » : composé de *loaf* « pain » et *dig* « pétrir », « celle qui pétrit le pain ». ♦ [3] **MILORD** XIVe s.; **MILADY** XVIIIe s. : composés du possessif *my* « mon, ma » et de *lord, lady*.

**LORDOSE** (sav.) XVIIIe s. : gr. *lordôsis* « attitude d'un corps penché en avant ».

**LORGNER** (pop.) XVe s. : dér. de l'adj. *lorgne* « louche » XIIIe s., du frq. **lŭrni*, adj. dér. d'un rad. **lūr* « espionner »; **LORGNETTE** XVIIe s.; **LORGNON** XIXe s.

**LOSANGE** XIIIe s. *losange*, fém., terme de blason; XIVe s. géom., XVIIIe s. masc. : origine obscure; p.-ê. arabe *lawzinag*, dér. du pehlevi *lawz* « amande », « gâteau oriental aux amandes, souvent découpé en losanges »; p.-ê. dér. de *losengié* XIIIe s., qui pourrait reposer sur un subst. non attesté **losenc*, du gaulois **lausink*, dér. de **lausa* « pierre plate » (qui serait à l'origine du toponyme *Lausanne*).

**LOT** ♦ [1] (pop.) XIIe s. : frq. **hlot* « héritage, sort »; **LOTIR** XIVe s. « tirer au sort »; *bien, mal loti* XVIIe s.; XXe s. partager des terrains; **LOTISSEMENT** XIVe s. « tirage au sort », XXe s. sens mod. ♦ [2] **LOTERIE** XVIe s. : néerl. *loterije*, dér. de *lot*, de même origine que le fr. *lot*. ♦ [3] **LOTO** XVIIIe s. : it. *lotto* « loterie », empr. au fr. *lot*.

**LOTTE** XVIe s., Xe s. forme latine *lota* : p.-ê. gaulois **lotta*.

**LOTUS** XVIe s. : mot lat., en gr. *lôtos*.

1. **LOUCHE** adj. (pop.) XIe s. masc. *lois*, fém. *loische*, puis forme de fém. étendue au masc.; « atteint de strabisme », puis « trouble », au propre et au fig. : lat. *lŭscus, -a* « borgne »; **LOUCHER, LOUCHERIE** XVIIe s.; **LOUCHEUR, LOUCHON** XIXe s.

2. **LOUCHE** subst. (pop.) XIIIe s. : frq. **lôtja* « grande cuiller »; **LOUCHET** XIVe s. « bêche ».

**LOUER** (faire un éloge) famille du lat. *laus, laudis* « louange », d'où *laudare* « louer », p.-ê. apparenté à une base germ. **leut-* de même sens.

♦ [1] **LOUER** (pop.) Xe s. : *laudare*; **LOUABLE, LOUANGE, LOUANGER** XIIe s.; **LOUANGEUR** XVIe s. ♦ [2] **LODS** (pop.) XIIe s., droit féodal : *laus, laudis* (anc. fr. *los*, *d* étym. purement graphique). ♦ [3] **LAUDES** (sav.) XIIIe s. : lat. *laudes*, plur. de *laus, laudis* « louanges (de Dieu) », office monastique dit au point du jour. ♦ [4] **LAUDATIF** (sav.) XVIIIe s. : lat. imp. *laudativus*. ♦ [5] **LIED** (plur. **LIEDER**) XIXe s. : mot all. « chant » : moyen haut all. *liet(d)* « strophe », de l'anc. haut all. *liod*, sur la base **leut-* « louer ».

**LOUFOQUE** (argot) XIXe s. : composé de *louf*, probablement altération de *fou*, et d'une terminaison obscure; **LOUFOQUERIE** XIXe s.

**LOUP** famille d'une racine ind.-eur. **wlukʷo-* « loup », var. **lukwos*, en gr. *lukos*, lat. *lupus*; et **wlkʷos*, all. *Wolf*; mot fondamental du vocabulaire ind.-eur., largement utilisé dans l'onomastique (→ gr. LYCURGUE, all. WOLFGANG, fr. LOUP, LELEU, LOUBET, LOUVEL etc.). Au grec *lukos* se rattachent (1) *lukeion*, lieu-dit, nom d'un gymnase près d'Athènes où enseigna Aristote, littéralement « le Louvre » (2) *lukiskos*, dér. de *lukos* utilisé en gr. comme nom propre d'homme, et en bas lat. sous la forme *lyciscus, -a* « chien-loup » (3) *lukanthrôpia* « maladie consistant à se croire changé en loup » et *lukanthrôpos* « personne atteinte de cette maladie ». Au latin *lupus*, forme sabine introduite dans le parler de Rome, se rattachent (1) le fém. *lupa* « louve » et « prostituée », d'où *lupanar* « maison de prostitution » (2) *lupinus* « herbe aux loups » (3) lat. mod. dimin. *lupulus* « houblon »; dès l'Antiquité *lupus* désignait également un poisson de la Méditerranée particulièrement vorace; dès le Xe s., il est attesté en lat. médical avec le sens d'« ulcère », « mal qui dévore comme un loup ». P.-ê. apparenté à **GOUPIL** → ce mot.

**I.** mots d'origine latine

♦ [1] **LOUP** XI$^e$ s., XIII$^e$ s. *entre chien et loup* (calque d'une expression hébraïque ancienne signifiant « quand on peut encore distinguer un chien d'un loup »); XIX$^e$ s. *loup de mer*; XIX$^e$ s. argot d'artisans et de comédiens « défectuosité dans un travail » : *lŭpus*; la forme attendue, bien attestée en anc. fr. et dans les dial., est *leu* (→ le toponyme *Saint-Leu* et *à la queue leu leu*); *loup* p.-ê. empr. à un dial. de l'Est, ou dû à l'infl. du fém. *louve* et des dérivés. Le *p*, purement orth., est dû à une réaction sav. ♦ [2] **LOUP-CERVIER** XIV$^e$ s. « loup qui chasse le cerf », antérieurement *linx* : forme refaite sur le fém. *louve cervière* XII$^e$ s. ♦ [3] **LOUVRE** (pop.) XII$^e$ s. toponyme : lat. vulg. **lupăra* « endroit » infesté de loups ». ♦ [4] **LOUVETEAU** XIV$^e$ s. : dér. formé à l'aide de deux suff. dimin.; **LOUVETIER, LOUVETERIE** XVI$^e$ s. ♦ [5] **LOUPIOT** XIX$^e$ s. fém. : dimin. de *loup*, dér. de la forme écrite. ♦ [6] **LOUPER** XIX$^e$ s. argot : dér. de la forme écrite de *loup* au sens de « défectuosité ». ♦ [7] **LUPIN** (sav.) XIII$^e$ s. : *lupinus*. ♦ [8] **LUPANAR** (sav.) XVI$^e$ s. : mot lat. ♦ [9] **LUPULINE** fin XVIII$^e$ s., d'abord adj. *luzerne lupuline*, de *lupulus* « houblon ». ♦ [10] **LUPUS** (sav.) XV$^e$ s., repris au XIX$^e$ s. : mot du lat. méd.

**II.** mot d'origine germanique

**LOUP-GAROU** XIII$^e$ s.; XII$^e$ s. *garou* seul : 2$^e$ élément issu du frq. **werwulf* « homme-loup »; syn. exact de *lycanthrope*, altéré en **war-*, probablement sous l'infl. de l'anc. scandinave *vargr* « criminel »; garou ayant cessé d'être compris a été accolé à *loup*, de façon pléonastique.

**III.** mots d'origine grecque

♦ [1] **LICE** (pop.) XII$^e$ s. « femelle du chien de chasse » : *lycĭsca*. ♦ [2] **LYC(O)-** (sav.) *lukos*, 1$^{er}$ élément de composés, ex. : **LYCANTHROPE** et **LYCANTHROPIE** XVI$^e$ s. : *lukanthrôpos, lukanthrôpia* : **LYCOPODE** et **LYCOPE** XVIII$^e$ s. bot. « pied-de-loup » → PIED. ♦ [3] **LYCÉE** XVI$^e$ s. hist. gr., XIX$^e$ s. sens mod. : *lukeion*, par le lat.; **LYCÉEN** XIX$^e$ s.

**LOUPE** ♦ [1] (pop.) XIV$^e$ s. « pierre précieuse d'une transparence imparfaite »; et *faire la lope* « faire la moue », « avancer les lèvres »; XV$^e$ s. « masse de fer informe »; XVI$^e$ s. méd.; XVII$^e$ s. optique : origine obscure, p.-ê. anc. haut all. *luppa* « masse informe d'une matière caillée », ou simplement, formation expressive du fr.; a pu être influencé, au moins dans son sens méd., par *lupus* « ulcère, boursouflure ». ♦ [2] **LOPIN** (pop.) XIV$^e$ s. : probablement dimin. de *lope*, var. anc. de *loupe*.

**LOURD** ♦ [1] (pop.) XII$^e$ s. « stupide », XVI$^e$ s. « pesant » : bas lat. VII$^e$ s. *lŭrdus* « blême (en parlant du teint) », class. *lūridus*; **LOURDEMENT, ALOURDIR** XII$^e$ s.; **ALOURDISSEMENT, LOURDAUD** XIV$^e$ s.; **LOURDEUR** XVIII$^e$ s. Pour les mots scientifiques exprimant la notion de « lourdeur » → BARY-. ♦ [2] **BALOURD** XVI$^e$ s. : it. *balordo*, croisement de *balogio* « coquin » et d'un autre mot, p.-ê. *sordo* « sourd », p.-ê. *lordo* « sale », équivalent phonét. de *lourd*; quoi qu'il en soit, le mot it. a été adapté en fr. sous l'infl. de *lourd*; **BALOURDISE** XVII$^e$ s.

**LOUTRE** (sav.) XII$^e$ s. : lat. *lŭtra*, a éliminé la forme pop. *lorre, leurre*.

**LOVER** XVII$^e$ s. « enrouler un cordage », XVIII$^e$ s., pronom. : bas all. *lofen* « tourner », apparenté à *lof*.

**LUBRIQUE** ♦ [1] (sav.) XV$^e$ s. et **LUBRICITÉ** XIV$^e$ s. : lat. *lubricus* « glissant » et bas lat. *lubricitas* « nature glissante, inconstante ». ♦ [2] **LUBRIFIER** (sav.) XVI$^e$ s. : dér. à partir de *lubricos*; **LUBRIFICATION** XIX$^e$ s.; **LUBRIFIANT** adj. XV$^e$ s., subst; XX$^e$ s.

**LUCANE** (sav.) XVIII$^e$ s. entomol : lat. *lucanus* « cerf-volant », mauvaise lecture, dans Pline, pour *lucauus*.

**LUCARNE** XIV$^e$ s. : altération, sous l'infl. de l'anc. fr. *luiserne* « flamme, lumière » (issu du lat. *lucerna*, de *lux, lucis* « lumière » → LUIRE), de *lucanne* XIII$^e$ s., d'origine obscure; p.-ê. du prov. *lucana*, du bas lat. *lucanus, -a*, dér. de *lux, lucis* « relatif à la lumière du jour »; plus probablement frq. **lukinna*, dér. de **luk-*, exprimant l'idée de « fermer » → all. *Luke*, néerl. *luik*, angl. *lock*.

**LUCRATIF** (sav.) XIII$^e$ s. : lat. *lucrativus* « avantageux », dér. de *lucrum* « profit »; **LUCRE** (sav.) XV$^e$ s. : *lucrum*.

**LUETTE** ♦ [1] (pop.) XIII$^e$ s., pour *l'uette* : lat. vulg. **ūvĭtta*, dimin. de *uva* « grappe de raisin ». ♦ [2] **UVULAIRE** (sav.) XVIII$^e$ s. « qui a rapport à la luette » : dér. sur le lat. scient. *uvula* « luette ». ♦ [3] **UVÉE** (sav.) « membrane de l'œil, de la couleur du raisin » et **UVÉITÉ** XIX$^e$ s. : dér. formés sur *uva*. ♦ [5] **UVAL** (sav.) XIX$^e$ s. : dér., sur *uva*.

**LUGE** XIX$^e$ s. : mot dial. (Savoie) : bas lat. *sludia*, mot prélat., p.-ê. gaulois, qui semble apparenté à l'angl. *slide* « glisser », all. *Schlitten* « traîneau ».

**LUIRE** famille d'une racine ind.-eur. **leuk-* « être lumineux, éclairer ». En grec *leukos* « blanc ». En germanique, all. *leuchten* « briller », angl. *light* « lumière ».

En latin (1) *lux, lucis* « lumière du jour », considérée à l'origine comme agissante et divinisée; dérivés (a) *lucius, -a*, nom propre, « né(e) à l'aube » (b) *lucifer* « porte-lumière », « étoile du matin »; 2e élément → OFFRIR (c) *lucere* « briller », d'où *lucidus* « lumineux »; *translucere* « briller à travers », « être transparent », d'où *translucidus* « transparent »; *lucerna* « lampe »; bas lat. *elucidare* « révéler » et *lucor* « lueur » (d) *lucubrare* « travailler à la lumière de la lampe »; *elucubrare* « composer à force de veilles » (2) *lumen, luminis* « moyen d'éclairage », issu de **leuk-s-men*; d'où (a) *luminosus* « lumineux » (b) *lūmĭnāre*, et surtout plur. *luminaria* « flambeaux » (c) *illuminare* « éclairer » et *illuminatio* « éclairage » (3) *luna* « la lune », issu de **leuk-s-na*, littéralement « la brillante », astre à l'action dangereuse qu'il vaut mieux désigner par un adj. que par son nom propre, masculin, qu'on retrouve dans *mensis* → MOIS (en grec, adj. substantivé *selênê* « la brillante » → SÉLÉNITE); *lunae dies* « jour de la lune ». Dér. : (a) le dimin. *lunula* désignant divers objets (b) *lunaris* « de la lune » et bas lat. *sublunaris* (c) *lunaticus* (analogique de *fanaticus*) « soumis à l'influence de la lune », « maniaque, fou », « épileptique » (4) *lustrare, lustratus* « éclairer » (différent de *lustrare* « purifier » → LUSTRAL), probablement dér. d'un **lustrum* « éclat », issu de **leuk-s-tr-om*; d'où *illustrare* « illuminer » et fig. « mettre en lumière », *illustratio*, et l'adj. *illustris* « brillant », « en vue ».

**I.** mots d'origine latine

**A.** famille de *lux, lucis*

♦ [1] **LUIRE** (pop.) XIe s. *luisir*, XIIIe s. forme mod. : lat. vulg. **lūcīre*, class. *lūcēre*; **RELUIRE** XIe s. ♦ [2] **LUEUR** (pop.) XIIe s. : *lūcor, -ōris*. ♦ [3] **LUZERNE** XVIe s.; prov. *luzerno* « ver luisant », du lat. *lucerna* (les graines de la luzerne étant brillantes). ♦ [4] **LUCIDE, LUCIDITÉ, ÉLUCIDER** (sav.) XVe s. : *lucidus, luciditas, elucidare*; **LUCIDEMENT** XVe s.; **ÉLUCIDATION** XVIe s. ♦ [5] **ÉLUCUBRATION** (sav.) XVIe s. : *elucubratio*; **ÉLUCUBRER** XIXe s. : *elucubrare*. ♦ [6] **LUCIE**, nom propre (sav.) : *Lucia*; **LUCIFER**, mot lat. utilisé comme traduction du nom des anges rebelles; **LUCIFÉRIEN** XVIIe s.

**B.** famille de *lumen, -inis*

♦ [1] **ALLUMER** (pop.) XIe s. : lat. vulg. **allūmĭnāre*, dér. de *lumen*; **RALLUMER** XIe s.; **ALLUMETTE** XIIIe s.; **ALLUMEUR** XVIe s.; **ALLUME-FEU** XIXe s.; **ALLUME-GAZ** XXe s. ♦ [2] **LUMIÈRE** (pop.) XIIe s. : *lūmĭnāria*; pour les mots sav. exprimant l'idée de « lumière » → PHOTO-, art. PHOSPHORE. ♦ [3] **LUMIGNON** (pop.) XIIIe s. : lat. vulg. **lūmĭnio, -ōnis* dér. de *lūmen*. ♦ [4] **ENLUMINER** (demi-sav.) XIIe s. « éclairer », XIIIe s. « illustrer » : altération par substitution de préf., de *illuminare*; **ENLUMINURE, ENLUMINEUR** XIIIe s. ♦ [5] **ILLUMINER** (sav.) XIIe s. : *illuminare*; **ILLUMINATION** XIVe s. : *illuminatio*; **ILLUMINÉ**, subst. XVIIe s.; **ILLUMINISME, ILLUMINISTE** XIXe s. ♦ [6] **LUMINAIRE** (sav.) XIIe s. : *luminare* ♦ [7] **LUMINEUX** (sav.) XIIIe s. : *luminosus*; **LUMINEUSEMENT, LUMINOSITÉ** XVe s.; **LUMINESCENT, LUMINESCENCE** XXe s.

**C.** famille de *luna*

♦ [1] **LUNE** (pop.) XIe s.; XIXe s. *lune de miel* (calque de l'angl. *honeymoon*) : *lūna*; **DEMI-LUNE** XVIe s. **LUNÉ** XVIe s. « en forme de croissant »; XIXe s. sens mod. Pour les mots sav. → SÉLÉNITE. ♦ [2] **LUNETTE** XIIe s. « objet rond », XIIIe s. « lunettes faites de deux verres ronds », XVIIe s. *lunette d'approche* : dimin. de *lune*; **LUNETIER** XVIe s.; **LUNETTERIE** XIXe s. ♦ [3] **LUNDI** XIIe s. : lat. vulg. **lunis dies*, class. *lunae dies*; 2e élément → -DI, art. DIEU. ♦ [4] **LUNAISON** (pop.) XIIe s. : bas lat. *lunatio, -onis* « mois lunaire ». ♦ [5] **LUNATIQUE** (sav.) XIIIe s. « soumis à l'influence de la lune », XVIIe s. « capricieux » : *lunaticus*. ♦ [6] **LUNAIRE** XIVe s. et **SUBLUNAIRE** XVIe s. (sav.) : *lunaris* et *sublunaris*. ♦ [7] **LUNULE** XVIIe s. : *lunula*.

**D.** famille de *lustrum*

♦ [1] **ILLUSTRATION, ILLUSTRATEUR** (sav.) XIIIe s. : *illustratio, illustrator*; **ILLUSTRER** XIVe s. « rendre illustre », XIXe s. « orner d'images » : *illustrare*; **ILLUSTRÉ** subst. XXe s. ♦ [2] **ILLUSTRE** (sav.) XVe s. : *illustris*; **ILLUSTRISSIME** XVe s. ♦ [3] **LUSTRER** XVe s. : it. *lustrare*, du lat. *lustrare*; **LUSTRE** XVe s. « éclat d'un objet poli », XVIIe s. « luminaire » : it. *lustro* « éclat », de *lustrare*; **LUSTRAGE** XVIIIe s.; **LUSTRINE** XVIIIe s. : it. *lustrina* « étoffe brillante ».

**II.** mot d'origine germanique

**SUNLIGHT** XXe s. : mot anglo-américain « lumière du soleil »; 1er élément → SOLEIL.

**III.** mots savants d'origine grecque

**LEUC(O)-** : *leukos*, 1er élément de composés, ex. : **LEUCÉMIE** (→ HÉMA-); **LEUCOCYTE** (→ CYTO-, art. COUENNE); **LEUCORRHÉE** (→ RHUME) XIXe s.

**LUSTRAL** ♦ [1] (sav.) XIVe s. : lat. *lustralis* « qui sert à purifier »; **LUSTRATION** id. : *lustratio* « purification », de *lustrare* « purifier ». ♦ [2]

**LUSTRE** (sav.) XIV^e^ s. « période de cinq ans » : lat. *lustrum* « sacrifice purificateur, fait par les censeurs tous les cinq ans à la clôture du cens ».

**LUT** (sav.) XIV^e^ s. : lat. *lutum* « terre à potier » ; **LUTER** XVI^e^ s. : *lutare* « enduire de cette terre ».

**LUTH** XIII^e^ s. d'abord *leüt* : anc. prov. *laüt* : anc. esp. et port. *alaud* : ar. *al ud* avec agglutination de l'article ; **LUTHIER** XVII^e^ s. ; **LUTHERIE** XVIII^e^ s.

**LUTTER** ♦ [1] (pop.) XI^e^ s. *luitier* : lat. *lūctāre*, var. de *lūctāri* ou *lŭctāre, lŭctāri* « id. », qui appartient d'abord à la langue de la gymnastique ; **LUTTE, LUTTEUR** XII^e^ s. ♦ [2] **INÉLUCTABLE** (sav.) XVI^e^ s. : *ineluctabilis*, contraire de *eluctabilis*, adj. dér. de *eluctare* « lutter pour se dégager » et « se dégager » ; **INÉLUCTABLEMENT** XIX^e^ s.

**LYMPHE** ♦ [1] (sav.) XV^e^ s. « eau », XVII^e^ s. anat. : lat. *lympha* « eau claire », forme hellénisée d'un ancien *lumpa*, p.-ê. dial. et apparenté à *limpidus*, p.-ê. empr. anciennement, avec dissimilation des nasales, au gr. *nymphê* → NYMPHE ; **LYMPHANGITE** XIX^e^ s. → ANGIO- ; **LYMPHOCYTE** et **LYMPHOCYTOSE** XX^e^ s. → CYTO-, art. COUENNE. ♦ [2] **LYMPHATIQUE** XVI^e^ s. « délirant », XVII^e^ s. « relatif à la lymphe », XIX^e^ s. « lent et apathique » : lat. *lymphaticus* « frappé de folie par les *Lymphae*, déesses des eaux » ; interprété à l'époque moderne comme un dér. de *lymphe* au sens anatomique du mot ; **LYMPHATISME** XIX^e^ s.

**LYRE** (sav.) XII^e^ s. : gr. *lura*, par le lat. ; **LYRIQUE** XV^e^ s. « genre de l'ode antique », XVII^e^ s. théâtre chanté, XVIII^e^ s. poésie sentimentale, XIX^e^ s. « exalté » : *lurikos*, par le lat. ; **LYRISME** XIX^e^ s.

# M

**MABOUL** XIXe s. : arabe algérien *mahboûl* « imbécile ».

**MACAQUE** XVIIe s. : port. *macaco* « guenon », mot bantou importé au Brésil.

**MACARON** ♦ [1] XVIe s. pâtisserie : it. dial. *maccarone* (it. *maccherone*), désignant diverses espèces de pâtes, probablement dér. de *macco* « bouillie, polenta de fèves », d'origine obscure. ♦ [2] **MACARONÉE** XVIe s. « poème burlesque fait de mots lat. et pseudo-lat. » : it. *macaronea* ou *maccheronea*, dér. de *maccarone*, par allusion au lat. corrompu des cuisiniers de couvent et de collège ; **MACARONIQUE** XVIe s. ; it. *maccaronia*, dér. de *maccaronea*. ♦ [3] **MACARONI** XVIIe s. « pâtes alimentaires » : mot it., plur. de *maccarone*, utilisé comme sing.

**MÂCHE** XVIIe s. : altération, p. ô. par attraction de *mâcher*, de *pomache* XVIe s., d'origine obscure ; il est difficile d'y voir un dér. de *pomum* « fruit », « pomme », puisque la mâche est une salade, sans ressemblance avec quelque fruit que ce soit.

**MÂCHER** ♦ [1] (pop.) XIIe s. *maschier* : lat. *masticare* « id. » ; **MÂCHOIRE** XIIe s. ; **MÂCHONNER** XVe s. ; **REMÂCHER** XVIe s. ; **MÂCHOUILLER** XXe s. ♦ [2] **MASTICATION** (sav.) XIIIe s. : bas lat. *masticatio* ; **MASTIQUER** XVe s. : *masticare* ; **MASTICATOIRE** XVIe s. ; **MASTICATEUR** XIXe s.

**-MACHIE** (sav.) : gr. *-makhia*, var. de *makhê* « combat », 2e élément de composés, ex. : **LOGOMACHIE** → LIRE ; **NAUMACHIE** → NEF ; **TAUROMACHIE** → TAUREAU.

**MACHINE** famille sav. du gr. *mêkhanê*, var. dorienne *makhana* « invention ingénieuse », « machine (guerre, théâtre, etc.) », d'où *mêkhanikê (tekhnê)* « art de construire une machine ». Le lat. a anciennement adapté la forme dorienne en *machina* et postérieurement empr. l'adj. sous la forme lat. imp. *mechanicus*.

♦ [1] **MACHINE** XIVe s. « système de l'univers », XVIe s. sens mod. : *machina* ; **MACHINISTE** XVIIe s. « constructeur de machines », puis limité au théâtre ; **MACHINISME, MACHINERIE** XIXe s. ♦ [2] **MACHIN** XIXe s., var. masc. fam. de *machine*. ♦ [3] **MACHINAL** XVIIe s. « relatif aux machines », XVIIIe s. sens mod. ; **MACHINALEMENT** XVIIIe s. ♦ [4] **MACHINER** XIIIe s. : lat. *machinari* « combiner », dér. de *machina* ; **MACHINATION** XIIIe s. ♦ [5] **MÉCANIQUE** XIIIe s. adj. « manuel », XVIe s. subst. fém. « théorie math. du mouvement », XVIIe s. adj. « relatif aux lois du mouvement », « mû par un agencement artificiel » ; subst. fém. « système des pièces d'une machine » : *mechanicus, -a* pour les adj. ; *mechanica (ars)* pour les subst. ♦ [6] **MÉCANISER** XVIe s. « exercer un métier manuel », XIXe s. « doter d'un fonctionnement mécanique » ; **MÉCANISTE** XVIIe s. philo. ; **MÉCANISME** XVIIIe s. ; **MÉCANISATION** XIXe s. ♦ [7] **MÉCANICIEN** XVIIe s. d'abord scient., sur le modèle de *mathématicien* ; **MÉCANO** XXe s. : abrév. fam. ♦ [8] **MÉCANO-** 1er élément de composés sav., ex. : **MÉCANOGRAPHIE, MÉCANOTHÉRAPIE** XXe s.

**MÂCHURE** famille de l'anc. fr. *machier* « écraser » (distinct de *maschier* → MÂCHER, du lat. *masticare*), d'un radical **makk-* d'origine probablement expressive.

♦ [1] **MÂCHURE** (pop.) XVe s. *macheüre* techn. « partie écrasée d'un tissu »; *â* sous l'infl. de *mâcher*; **MÂCHURER** XIXe s. techn. « écraser, entamer par pression ». ♦ [2] **MÂCHEFER** XIIIe s. : probablement « écrase fer », de *machier* et de *fer*, à cause de sa dureté. ♦ [3] **MÂCHICOULIS** XVe s. : mot obscur, p.-ê. composé de **machis*, dér. de *machier* « écraser », et de *coulis*, dér. de *couler* « action d'écraser et de couler »; car le mot désigne des ouvertures destinées à laisser tomber des projectiles. ♦ [4] **MAQUEREAU** (pop.) XIIe s. « poisson tacheté », XVIIIe s. *groseille à maquereau* « grosse baie marbrée » : dér. de *maquer*, forme normanno-picarde de *macher* → dans les dial. méridionaux *vairat* « maquereau », apparenté au lat. *varius* « aux couleurs changeantes ».

**MAÇON** famille d'une racine ind.-eur. **mag- *mak-* « pétrir une substance molle avec de l'eau ».

En grec *massein* « pétrir », d'où *magis, -idos* et *magma, -atos* « pâte pétrie » et *maza* « id. », empr. anciennement par le lat. sous la forme *massa* « masse de pâte », « amas », « bloc ».

En latin *macerare* « faire tremper, amollir (de la terre pour faire du torchis) », d'où fig. « affaiblir » et lat. imp. « mortifier ».

En germanique anc. saxon *makôn* « bâtir » (en torchis) », littéralement « façonner la terre »; **makjo* « celui qui fait ce travail » → all. *machen*, angl. *to make* « faire ».

I. mots d'origine germanique

♦ [1] **MAÇON** (pop.) XIIe s. : bas lat. VIIe s. : *machio, -onis*; **makjo*; **MAÇONNER** XIIe s.; **MAÇONNERIE** XIIIe s. ♦ [2] **FRANC-MAÇON** XVIIIe s. : calque de l'angl. *free mason* XVIIe s. « maçon libre », à l'origine corporation de maçons d'élite, possédant certains privilèges et des signes de reconnaissance, devenue société secrète au début du XVIIIe s.; **FRANC-MAÇONNERIE** XVIIIe s.; **MAÇONNIQUE**, abrév. de *franc-maçonnique* XVIIIe s.

II. mots d'origine grecque

♦ [1] **MASSE** (pop.) XIe s. « amas », XVIIIe s. pol. : lat. *massa*, du gr. *maza*; **MASSIF** XIIe s. adj., XIVe s. subst. archit., XVIIIe s. jardinage, XIXe s. géogr.; **MASSIVEMENT** XVIe s. ♦ [2] **AMASSER** XIIe s.; **MASSER** XIIIe s.; **AMAS** XIVe s.; **RAMASSER** XVIe s. « resserrer en une masse », XVIIIe s. « prendre à terre »; **RAMASSEUR** XVIe s.; **RAMASSIS** XVIIe s. ♦ [3] **MAIE** (pop.) XIe s. var. *mai, mait* : bas lat. *magidem*, acc. de *magis* « pétrin », du gr. *magis, -idos* « pâte pétrie ». ♦ [4] **MAGMA** (sav.) XVIIe s. : mot gr.; **MAGMATIQUE** XXe s.

III. mots d'origine latine

**MACÉRER** XIVe s. (sav.) « mortifier », XVIe s. « faire tremper » : *macerare*; **MACÉRATION** id.; **MACÉRATEUR** XIXe s. techn.

**MACREUSE** XVIIe s. « oiseau migrateur de la famille du canard, gibier maigre autorisé en carême »; XIXe s., par comparaison, « morceau de viande maigre de l'épaule du bœuf » : altération du normand *macroule* XVIIe s.; anc. normand *macrolle* XIVe s. : d'origine germ., frison *markol* ou néerl. septentrional *meerkol*.

**MADRÉ** (pop.) XIVe s. « veiné, en parlant du bois », XVIe s., par métaph., « capable d'inventer des ruses variées » : dér. de *masdre* XIIIe s. « bois veiné », du frq. **maser* « excroissance de l'érable ».

**MAFFIA** XIXe s. : mot sicilien : p.-ê. arabe *mahjas* « vantardise ».

**MAGASIN** ♦ [1] XIIIe s. forme lat. *magazenum*, XVe s. forme fr., « entrepôt tenu par des chrétiens dans des villes du Maghreb », XVIIe s. sens mod.; XVIIIe s.-XIXe s. a désigné des journaux à articles variés, tels que *Le Magasin pittoresque* : arabe *makhâzin*, plur. de *makhzin* « dépôt », « bureau »; **MAGASINIER** XVIIe s.; **EMMAGASINER** XVIIIe s. ♦ [2] **MAGAZINE** XVIIIe s. : mot angl. empr. au fr. *magasin* au dernier sens.

**MAGE** (sav.) XIIIe s. : par le lat., du gr. *magos* « prêtre interprète des songes chez les Mèdes », « sorcier », empr. à l'iranien; **MAGIQUE** XIIIe s. : gr. *magikos*, par le lat.; **MAGICIEN** XIVe s.; **MAGIE** XVIe s. : gr. *mageia* « religion des mages », « sorcellerie », par le lat. (→ aussi l'article ÉMOI).

**MAGOT** famille d'un germ. **musgauda* « provisions de vivres ou de fruits », représenté aussi en flamand; anc. fr. *musgode, musgot, mujoe* « provision, trésor » : dial. Ouest *mijot* « lieu où l'on conserve les fruits », d'où *mijoter* « faire mûrir les fruits », « cuire à petit feu » et *mijoler* « cajoler ».

♦ [1] **MAGOT** XVIe s. : altération inexpliquée de *musgot*, au sens de « trésor ». ♦ [2] **MIJAURÉE** XVIIe s. : var. de *mijolée*, part. passé subst. du dial. *mijoler*. ♦ [3] **MIJOTER** XVIIIe s. : mot dial. (Ouest).

**MAIGRE** famille du gr. *macros* « long » et de son équivalent lat. *macer* « maigre », d'où

*macies* « maigreur » et *emaciare* « rendre maigre, épuiser ».
♦ [1] **MAIGRE** (pop.) XII^e s. : lat. vulg. **macrus*, class. *macer*; **AMAIGRIR** XII^e s.; **MAIGREMENT** XIII^e s.; **MAIGREUR, AMAIGRISSEMENT** XIV^e s.; **MAIGRIR, MAIGRELET** XVI^e s.; **MAIGRIOT, MAIGRICHON** XIX^e s. ♦ [2] **ÉMACIÉ** (sav.) XVI^e s., rare avant le XVIII^e s. : *emaciatus*, de *emaciare*. ♦ [3] **MACRO-** (sav.) : gr. *makros* 1^er élément de composés, ex. : **MACROCOSME** XIV^e s.; **MACROSCOPIQUE** XIX^e s.; **MACROMOLÉCULE** XX^e s.; s'oppose à **MICRO-**.

**MAIL** famille de mots lat. comportant une base **mal-*. (1) *malleus* « maillet, marteau » (2) probablement aussi lat. imp. *martulus*, qui serait issu de **mal-t-los*; var. *marculus*, d'où on aurait tiré en bas lat. *marcus* « gros marteau ».
♦ [1] **MAIL** (pop.) XI^e s. « maillet », puis « jeu, sorte de croquet », XVII^e s. « allée réservée au jeu de mail » : *malleus*; **MAILLET** XIII^e s.; **MAILLOTIN** XIV^e s.; **MAILLOCHE** XV^e s. ♦ [2] **CHAMAILLER** XIV^e s. « frapper, se battre » : forme francisée du normand *camailler*, composé de l'anc. fr. *mailler* XII^e s., dér. de *mail*, et du préf. **CA-**. ♦ [3] **MARTEAU** (pop.) XII^e s. : lat. vulg. **martĕllus*, dimin. de *martŭlus*; **MARTELER** XII^e s.; **MARTÈLEMENT** XVI^e s.; **MARTEAU-PILON** XIX^e s.; **MARTEAU-PIQUEUR** XX^e s. ♦ [4] **MERLIN** XVII^e s. : mot dial. (Est) : dér. anc. de *marcŭlus*. ♦ [5] **MALLÉABLE** (sav.) XIV^e s. : dér. sur *malleus* « qu'on peut façonner au marteau »; **MALLÉABILITÉ** XVII^e s.; **MALLÉABILISER** XIX^e s. ♦ [6] **MALLÉOLE** (sav.) XVI^e s. anat. : lat. mod. *malleolus*, dimin. de *malleus*; **MALLÉOLAIRE** XIX^e s.

**MAILLE** famille du lat. *macula* « tache » et « maille d'un filet » (les mailles formant une sorte de dessin tacheté); *maculare* « tacher »; *immaculatus* « sans tache ».
♦ [1] **MAILLE** (pop.) XI^e s. : *macŭla*; **DÉMAILLER** XI^e s.; **REMMAILLER** XIII^e s.; **REMMAILLAGE** XIX^e s.; **REMMAILLEUR, -EUSE, DÉMAILLAGE** XX^e s. ♦ [2] **MAILLOT** XII^e s.; **DÉMAILLOTER, EMMAILLOTER** XVII^e s.; **MAILLON** XVI^e s. ♦ [3] **TRÉMAIL**, var. **TRAMAIL** (pop.) XII^e s. « grand filet de pêche formé de trois épaisseurs superposées » : bas lat. *tremacŭlum*, de *tri* « trois » et *macŭla*. ♦ [4] **CAMAIL** XIII^e s. « coiffure de mailles pour protéger la tête », puis costume eccl., sorte de pèlerine : prov. *capmalh*, de *caput* « tête » → CHEF, et *macŭla*. ♦ [5] **MAQUIS** XVIII^e s. : corse *macchia* « tache », « buissons tachetant la montagne », du lat. *macŭla*; mot répandu par Mérimée; **MAQUISARD** XX^e s. ♦ [6] **MAQUETTE** XVIII^e s. : it. *macchietta* dimin. de *macchia*, de *macula*; **MAQUETTISTE** XX^e s. ♦ [7] **MACULER** XII^e s. (sav.) : *maculare*; **IMMACULÉ** XIV^e s. : *immaculatus*; **MACULATURE** XVI^e s.

**MAIN** famille du lat. *manus, -us* « main », symbole de force et d'autorité, mot italique, qui peut aussi servir de 1^er ou de 2^e terme de composés, ex. : *manuscriptus* « écrit à la main » ou *uni-*, *quadri-*, *centimanus* « à une, à quatre, à cent mains ». À *manus* se rattachent (1) *manica* « longue manche de vêtement (atteignant la main) » et « menottes »; dimin. *manicula*, var. *manibula* « manche, ou mancheron de charrue » (2) *mandare*, probablement issu de *manum dare* littéralement « mettre en main », « confier », d'où « donner une mission », d'où les deux composés syn. *commendare* et bas lat. *demandare* « confier » (3) *manceps* « celui qui prend en main quelque chose, en signe de propriété », d'où *mancipare* « vendre » et *emancipare* « affranchir de l'autorité paternelle »; 2^e élément, *capere* « prendre » → CHASSER (4) *mansuetus* « habitué à la main », « apprivoisé » et *mansuetudo, -inis* « douceur (des animaux apprivoisés) », « bienveillance »; 2^e élément *suescere* « être habitué » → SOI (5) *mancus* « infirme de la main », « manchot », avec un suff. caractéristique des noms d'infirmités (6) *manipulus* « poignée », « botte », « étendard d'une compagnie (constitué, disait-on, sous Romulus, d'une botte de foin au bout d'une pique) » et « subdivision de la légion »; 2^e élément obscur.
♦ [1] **MAIN** (pop.) X^e s. : *manus*; **MAINMORTE** XIII^e s.; **MAINMISE, MAINLEVÉE** XIV^e s.; **MAIN-FORTE** XV^e s.; **MAIN-D'ŒUVRE** XVIII^e s.; **SOUS-MAIN** XVII^e s., subst. « secret » (milit.), XIX^e s. « accessoire de bureau », XX^e s. *en sous-main*, adv. **MAINTENIR, MAINTENANT, MAINTIEN** → TENIR. Pour les mots scientifiques exprimant la notion de « main » → CHEIRO-. ♦ [2] **MANETTE** XIII^e s. : dimin. anc. de *manus*; **MENOTTE** XV^e s. « fer pour les mains », XVI^e s. dimin. de *main*. ♦ [3] **MANADE** XIX^e s. : esp. *manada*, d'abord « poignée (d'herbe, de céréales) », puis « groupe de personnes », « troupeau d'animaux », sens passé en fr. ♦ [4] **MANIER** XII^e s. d'abord « administrer », « caresser » : dér. ancien de *manus*; **MANIABLE** XII^e s.; **MANIEMENT** XIII^e s. d'abord « possession »; **REMANIER** XIV^e s.; **REMANIEMENT** XVII^e s.; **REMANIEUR, REMANIABLE** XIX^e s. ♦ [5] **MANIGANCE** XVI^e s., à rapprocher de diverses formes dial. : normand (Guernesey) *manigant* « adroit »; Centre (Morvan), *manigan* « homme qui

vit d'un travail manuel »; sans doute étym. apparenté à *manier*; **MANIGANCER** XVII^e s. ♦ [6] **MANÈGE** XVI^e s. équitation, XVII^e s. intrigue, XIX^e s. chevaux de bois : it. *maneggio*, dér. de *maneggiare* « manier », lui-même dér. de *mano*, du lat. *manus*. ♦ [7] **MANAGER** XIX^e s. : mot angl. dér. de *to manage* « manier, diriger », de l'it. *maneggiare*. ♦ [8] **MANCHE** (pop.) subst. fém. XII^e s. vêtement, puis, métaph., XVII^e s. « bras de mer » et « tuyau souple », XIX^e s. « l'une de deux parties de cartes solidaires » : *manica*; **MANCHON** XII^e s.; **MANCHETTE** XIII^e s.; XX^e s. journalisme; **MANCHERON** XIII^e s.; **EMMANCHURE** XV^e s. ♦ [9] **MANCHE** (pop.) subst. masc. : lat. vulg. **manicus* « ce qu'on tient dans la main », avec infl. du précédent; **EMMANCHER** XII^e s.; **DÉMANCHER, MANCHERON** XIII^e s.; **REMMANCHER** XVI^e s. ♦ [10] **MANOUVRIER** (pop.) XII^e s. : de *manu* et *operarius* « qui travaille de ses mains »; **MANŒUVRER** XI^e s. « placer avec la main, puis travailler », XVII^e s. mar., XVIII^e s. milit., XIX^e s. techn. « faire fonctionner » : *manu opĕrāre*; **MANŒUVRE** fém. XIII^e s. : *manu opera*; **MANŒUVRIER** XVII^e s.; **MANŒUVRABLE** XX^e s. → ŒUVRE. ♦ [11] **MANIÈRE** (pop.) XII^e s. : fém. substantivé d'un anc. adj. *manier* : lat. vulg. **manuarius* « bien en main » (chose), « habile de ses mains, bien exercé » (personne); **MANIÈRE** XVII^e s.; **MANIÉRISTE** XVIII^e s.; **MANIÉRISME** XIX^e s. ♦ [12] **MANCHOT** (pop.) XV^e s. : dér. de l'anc. fr. *manc* « estropié », du lat. *mancus*. ♦ [13] **MANQUER** XIV^e s. : it. *mancare* « être insuffisant », dér. de *manco* « défectueux », du lat. *mancus*; a succédé à *faillir* et aux mots de cette famille; **MANQUEMENT** XIV^e s.; **MANQUE** subst. XVI^e s. « offense », XVII^e s. « privation »; **IMMANQUABLE, MANQUANT** adj. XVII^e s. ♦ [14] **MANIVELLE** (pop.) XII^e s. *manevelle :* lat. vulg. **manabĕlla*, altération de *manibŭla*. ♦ [15] **MÂTIN** (pop.), **MÂTINER** XII^e s. et **MANSUÉTUDE** (sav.) XII^e s. : *mansuetīnus* et *mansuetudo* → SOI. ♦ [16] **MANUEL** (sav.) XII^e s. adj. : *manualis*; XVI^e s. subst. : *manuale*, neutre substantivé du précédent, « petit livre tenant dans la main » : trad. du gr. *egkheiridion*, qui a d'abord désigné le manuel d'Epictète. ♦ [17] **MANCIPATION, ÉMANCIPATION, ÉMANCIPER** → CHASSER. ♦ [18] **MANUFACTURE** (sav.) → FAIRE; **MANUMISSION** → METTRE; **MANUSCRIT** → ÉCRIRE : **MANUTENTION** → TENIR. ♦ [19] **BIMANE, QUADRUMANE** (sav.) XVIII^e s. : adj. formés par Buffon sur des modèles lat. pour les opposer à *bipède, quadrupède*. ♦ [20] **MANIPULE** (sav.) XIV^e s. liturg., XVI^e s. « poignée, botte », XVII^e s. hist. romaine : *manipulus*; **MANIPULER, MANIPULATION, MANIPULATEUR** XVIII^e s. : dér. formés sur *manipulus* au sens de « poignée ». ♦ [21] **MANDER** (pop.) X^e s. « convoquer », XI^e s. « faire savoir » : *mandare*; **MANDEMENT** XII^e s.; **MANDANT** subst. fin XVIII^e s. ♦ [22] **MANDAT** (sav.) XV^e s. « message », XVIII^e s. « délégation de pouvoir », XIX^e s. postes : *mandatum*, part. passé substantivé de *mandare*; **MANDATAIRE** XVI^e s.; **MANDATER** XIX^e s. ♦ [23] **DEMANDER** (pop.) XI^e s. : bas lat. *demandare* avec un déplacement de sens commun à la plupart des langues romanes; **REDEMANDER, DEMANDE** XII^e s.; **DEMANDEUR** XIII^e s. ♦ [24] **COMMANDER** (pop.) X^e s. : lat. vulg. **comandare*, réfection, d'après *mandare*, de *commendare*; **COMMANDANT** XVII^e s.; pour les mots sav. exprimant l'idée de « commander » → ARCH- et -ARQUE, art. ARCHIVES, et -CRATE; **RECOMMANDER** X^e s.; **COMMANDEMENT** XI^e s.; **RECOMMANDATION, COMMANDEUR** XII^e s.; **COMMANDERIE, DÉCOMMANDER** XIV^e s.; **RECOMMANDABLE** XV^e s. ♦ [25] **COMMENDE** (sav.) XIII^e s.; **COMMENDATAIRE** XV^e s. : lat. médiéval *commenda, commendatarius*, de *commendare*. ♦ [26] **COMMANDITE** : XVII^e s. : it. *accommandita* « dépôt », de *accomandare*, de *commandare*, équivalent du fr. *commander*; **COMMANDITAIRE** XVIII^e s.; **COMMANDITER** XIX^e s. ♦ [27] **COMMODORE** XVIII^e s. : néerl. *kommandeur*, empr. au fr. ♦ [28] **COMMANDO** XX^e s. : mot port. « corps de troupes », adopté d'abord par les Boers; de là en 1939-1945 par les Anglais et les Allemands; puis par les Français.

**MAINT** (pop.) XII^e s. : mot obscur, d'origine p.-ê. gauloise (**manti*) ou lat. (croisement de *magnus* et de *tantus*) ou plus probablement germ. : **manigithô-* « grande quantité ».

**MAIS** famille d'une racine ind.-eur. **meg-*, **mag-* « grand ».

En grec *megas, megalou* « grand », superlatif *megistos* « très grand ».

En latin (1) *magnus* « grand, noble, puissant », d'où *magnificus* « qui fait grandement les choses », « fastueux »; *magnificentia* « faste »; *magnificare* « faire grand cas de », « glorifier »; *magnanimus* « qui a une grande âme » (2) le comparatif *major* (de **mag-yo-s*), neutre *majus* « plus grand », d'où *majestas* « grandeur » et le dimin. *majusculus* « un petit peu plus grand »; le superlatif *maximus* (de **mag-so-mos*) « très grand » (3) l'adv. *magis* « plus », d'où probablement (quoiqu'on ait avancé aussi une étym.

étrusque) *magister* (avec le même suff. *-ter-* exprimant l'opposition que dans **INTÉRIEUR, EXTÉRIEUR**, etc.), littéralement « celui qui est plus (que les autres) », « le maître » (→ MINISTRE, art. MOINS); *magisterium* « fonction de maître »; bas lat. *magistralis* « de maître »; *magistratus, -us* littéralement « maîtrise (du peuple) », d'où « charge de magistrat » et « magistrat » (4) *maia* (probablement de **mag-y-a*) nom d'une vieille divinité italique, d'où *mensis maius* « mois de mai ».

**I.** mots populaires ou empruntés d'origine latine

♦ [1] **MAIS** Xe s. « plus » (subsiste dans *n'en pouvoir mais*) et « plutôt », d'où la valeur de conjonction exprimant l'opposition : *magis*; entre en composition dans **DÉSORMAIS** XIIe s. (→ HEURE) et **JAMAIS** XIe s. (→ DÉJÀ, art. Y). ♦ [2] **MAIRE** XIIe s. adj. « plus grand », XIIIe s. subst. « magistrat municipal » : *major*; **MAIRESSE, MAIRIE** XIIIe s. ♦ [3] **MAI** XIe s.; XVIe s. arbre de fête : *(mensis) maius*. ♦ [4] **MAÎTRE** XIe s. « personne exerçant une autorité », XIIIe s. formule de politesse, XVIe s. *maître de maison, maître de soi* : *magister*; **MAÎTRESSE, MAÎTRISE** XIIe s.; **MAÎTRISER** XIIIe s.; **CONTREMAÎTRE** XVe s.; **MAÎTRE QUEUX** XVIe s. (→ CUIRE); **PETIT-MAÎTRE** XVIIe s. ♦ [5] **MISTRAL** XVIe s., rare avant la fin du XVIIIe s. : mot prov., de l'anc. prov. *maestral*, dér. de *maestre*, du lat. *magister*; ♦ [6] **MAESTRO** XIXe s. : mot it. « maître », du lat. *magister*; **MAESTRIA** XIXe s. : mot it. « maîtrise », dér. de *maestro*. ♦ [7] **MISS** XVIIIe s.; XXe s. « reine de beauté » : mot angl. « mademoiselle », forme abrégée de *mistress* « madame », de l'anc. fr. *maistresse*, ♦ [8] **MASTROQUET** XIXe s. : p.-ê. altération du rouchi (Valenciennes) *mastricot*, qui pourrait représenter le néerl. *meister* « patron » : lat. *magister*, anc. empr. des parlers germ.; abrév. **TROQUET** XIXe s.

**II.** mots savants ou empruntés d'origine latine

**A.** bases *-mag(n)-, -max-*

♦ [1] **CHARLEMAGNE** : *Carolus Magnus* « Charles le Grand ». ♦ [2] **MAGNIFIER** XIIe s. : *magnificare*; **MAGNIFIQUE, MAGNIFICENCE** XIIIe s. : *magnificus, magnificentia*; **MAGNIFIQUEMENT** XVe s. ♦ [3] **MAGNIFICAT** XIVe s. : mot lat., début du cantique de la Vierge chanté aux Vêpres, « (Mon âme) magnifie (le Seigneur) » (Luc, I, 46.). ♦ [4] **MAGNANIME, MAGNANIMITÉ** XIIIe s. : *magnanimus, magnanimitas*; **MAGNANIMEMENT** XVe s. ♦ [5] **MAGNAT** XVIIIe s. « membre de la haute noblesse, en Pologne et en Hongrie », fin XIXe s. « puissant capitaliste » : mot polonais, du bas lat. *magnates* « les grands », dér. de *magnus*. ♦ [6] **MAGNUM** XXe s. : neutre substantivé de *magnus*. ♦ [7] **MAGISTÈRE** XIIe s. *magisterium*; **MAGISTRAL** XIIIe s. : *magistralis*; **MAGISTRALEMENT** XIVe s. ♦ [8] **MAGISTRAT** XIVe s. « fonctionnaire public », XVIe s. « juge » : *magistratus*; **MAGISTRATURE** XVe s. « fonction administrative », XVIIe s. « fonction judiciaire ». ♦ [9] **MAXIME** XVIe s. : *maxima (sententia)* « (phrase) de portée très générale ». ♦ [10] **MAXIMUM** XVIIIe s.; XIXe s. plur. *maxima* : neutre substantivé de *maximus*; **MAXIMAL** XIXe s.; **MAXIMALISTE** XXe s.

**B.** base *-maj-*

♦ [1] **MAJESTÉ** XIIe s. : *majestas*; **MAJESTUEUX** fin XVIe s. : adaptation, d'après *majesté* et les adj. du type *somptueux*, de l'it. *maestoso*, dér. de *maestà*, de *majestas*; **MAJESTUEUSEMENT** XVIIe s. ♦ [2] **MAJEUR** XIe s. « plus grand »; XIIe s. adj., jur.; XIVe s. subst. fém., logique : *major, -oris*; **MAJORITÉ** XIVe s. « supériorité », XVIe s. « âge de responsabilité légale », XVIIIe s. pol. : lat. médiéval *majoritas*, de *major*; **MAJORITAIRE** XIXe s.; **MAJORER, MAJORATION** XIXe s. ♦ [3] **MAJOR** XVIe s. « plus grand », XVIIe s. « officier », XVIIIe s. « médecin militaire » : mot lat.; **MAJORETTE** XXe s. : mot amér. dimin. de *major* « commandant » ou d'après le fr. *tambour-major*. ♦ [4] **MAJORAT** XVIIe s. : adaptation de l'esp. *mayorazgo*, du lat. *major*. ♦ [5] **MAJORDOME** XVIe s. : it. *maggiordomo* ou adaptation de l'esp. *mayordomo*, du lat. *major domus* « (serviteur) principal de la maison ». ♦ [6] **MAJUSCULE** XVe s. adj., XVIIIe s. subst. fém. : *majusculus*.

**III.** mots savants d'origine grecque

♦ [1] **MÉG(A)-** : *megas*, 1er élément de composés désignant des unités de mesures multipliées par un million, ex. : *mégohm, mégatonne* XXe s. ♦ [2] **MÉGA-, MÉGALO-** : *megas, megalou*, 1er élément de composés sav., ex. : **MÉGATHÉRIUM** XVIIIe s.; **MÉGALITHE** XIXe s.; **MÉGALOMANE** XXe s. ♦ [3] **TRISMÉGISTE** XVIIe s. : *tris* « trois fois » et *megistos*.

**MAÏS** XVIe s. : mot esp., du taino (Haïti) *mahis* « id. ».

**MAL** ♦ [1] (pop.) IXe s. adj. (survit dans *bon gré mal gré* et dans *malgré, malheur*; fém. *male* dans *malemort*) : lat. *malus, -a* « mauvais »; Xe s. subst. : *malum*, neutre substantivé de *malus*; XIe s. adv. : *male*; toutes ces formes sont atones; en anc. fr., une forme tonique adv. *mel* a vite disparu. Pour les mots sav. exprimant la notion de « mal » → CACO-. ♦ [2] **MALADE** (pop.) XIIe s. : *male habĭtus* « qui se trouve en mauvais état »; 2e élément, part. passé de *habere* au sens de « se trouver », → AVOIR; **MALADIE** XIIe s.; **MALADIF** XIIIe s.; **MALADIVEMENT** XIXe s. ♦ [3] **MALICE** (sav.) XIIe s. « méchanceté », XVIIe s. sens mod. : *malitia*, dér. de *malus*; **MALICIEUX** XIIe s. : *malitiosus*. ♦ [4] **MALIGNITÉ** (sav.) XIIe s. : *malignitas*, dér. de *malignus* « méchant », lui-même dér. de *malus*; **MALIN** XVe s. adj. « méchant », XVIe s. subst. « le diable » et adj. « grave » (maladie), XVIIe s. « fin et rusé » : *malignus*. ♦ [5] **MALANDRIN** XIVe s. : it. *malandrino* « voleur de grands chemins » : de *malo* et d'un 2e élément d'origine germ., moyen all. *landern* « vagabonder ». ♦ [6] **MANILLE** (cartes) XVIIe s. : adaptation, avec dissimilation, de l'esp. *malilla*, dimin. de *mala* « mauvaise », qui désignait une carte faible placée entre deux autres plus fortes. ♦ [7] **MAU-** 1e élément de composés de forme pop., avec vocalisation du *l* de *malum* devant consonne, ex. : **MAUDIRE** → DIRE, **MAUVAIS** → FABLE; **MAUSSADE** → SAVOIR; **MAUGRÉER** → GRÉ. ♦ [8] **MAL-** 1er élément de composés sav. ou pop., analogique de *mal*, ex. : **MALSÉANT** → SEOIR ou **MALVERSATION** → VERS. ♦ [9] **MALÉ-** (sav.) 1er élément de composés, ex. : **MALÉFICE** → FAIRE; **MALÉDICTION** → DIRE.

**MÂLE** ♦ [1] (pop.) XIIe s. *masle, mascle* : lat. *masculus*, dimin. de *mas, maris* « mâle »; **MALARD** XIIe s. « canard mâle ». ♦ [2] **MARSAULT** (pop.) XIIIe s. : *marem salicem* « saule mâle ». ♦ [3] **MASCULIN** (sav.) XIIe s. : *masculinus*, dér. de *masculus*; **MASCULINITÉ** XIIIe s.; **MASCULINISER** XVIe s.; **ÉMASCULER** XIVe s.; **ÉMASCULATION** XVIIIe s.

**MALINGRE** XIIIe s. nom propre et dér. adj. *malingros*; XVIe s. empl. mod. : p.-ê. composé de *mal* et de l'anc. fr. *haingre* « décharné », d'origine probablement germ.

**MALLE** (pop.) XIIe s. « coffre », XVIIIe s. *malle-poste* « voiture des services postaux » : frq. **malha*; **MALLETTE** XIIIe s.

**MAMAN** famille du lat. *mamma* signifiant à la fois « maman », « nourrice » et « mamelle » : formation expressive enfantine à structure consonantique *m-m* (→ aussi PAPA et BOBINE); une var. **amma* « maman », non attestée directement, mais supposée par le témoignage des langues romanes, est à la base du lat. *amita* « sœur du père, tante »; on peut rapprocher de *mamma* le gr. *maia* « nourrice », « grand-mère », « sage-femme », mot du langage enfantin employé comme terme de respect à l'égard des femmes âgées, et son dérivé *maieuein* « accoucher », d'où *maieutikê (tekhnê)* « art de l'accoucheuse ».
♦ [1] **MAMAN** (pop.) XIIIe s. : lat. *mamma*, avec finale redoublée et nasalisée; **BELLE-MAMAN** XVIIe s.; **BONNE-MAMAN** XIXe s. ♦ [2] **MAMELLE** (pop.) XIIe s. : lat. *mamilla*, dimin. de *mamma* au sens de « mamelle »; **MAMELON** XVe s. anat. : XVIIIe s. géogr.; **MAMELONNÉ** XVIIIe s. anat., XIXe s. géogr.; **MAMELU** XVIe s. ♦ [3] **MAMILLAIRE** (sav.) XVIe s. : bas lat. *mamillaris*, dér. de *mamilla*; **MAMMAIRE** XVIIe s.; **MAMMIFÈRE** XVIIIe s.; **MAMMITE** XIXe s. : dér. sav. de *mamma*. ♦ [4] **TANTE** (pop.) XIIIe s. : altération de l'anc. fr. *ante* XIIe s. : lat. *amita*, p.-ê. due à l'agglutination de *t'*, forme élidée du possessif *ta*; **TATA** XIXe s. : dér. enfantin à redoublement, d'où *faire sa tata* XIXe s. « se donner de l'importance ». ♦ [5] **MAÏEUTIQUE** (sav.) XIXe s. : gr. *maieutikê*, entendu par Socrate au sens figuré de « art d'accoucher les esprits ».

**MAMMOUTH** XVIIIe s. : russe *mamout*, empr. à l'ostiaque, langue finno-ougrienne de Sibérie occidentale.

**-MANCIE** ♦ [1] (sav.) : gr. *manteia* « divination », 2e élément de composés, ex. : **NÉCROMANCIE** XIIe s.; **CHIROMANCIE** XIVe s.; **ONIROMANCIE** XVIIe s.; **CARTOMANCIE** XIXe s. ♦ [2] **MANTE** (religieuse) (sav.) XVIIIe s. : gr. *mantis* « devineresse », à cause de l'attitude de cet insecte (appelé *prie-Dieu* dans le Midi).

**-MAND** famille du germ. **mann* « être humain ».
♦ [1] **-MAND** (pop.) 2e élément de noms de peuples d'origine germ., ex. : *Allemands, Normands*. ♦ [2] **MANNEQUIN** XIVe s. : néerl. *mannekijn*, dimin. de *man* « homme ». ♦ [3] **MAN** mot angl. « homme », entrant dans divers composés adoptés par le fr. : **CHAIRMAN** → SEOIR; **CLERGYMAN** → CLERC XIXe s.; **BARMAN** XXe s. → BARRE.

**MANDARIN** ♦ [1] XVIe s. : mot port., altération, d'après *mandar* « ordonner », du malais *mantarî* « conseiller, ministre », du sanscrit *mantrinah* « conseiller d'État »; **MANDARINAT** XVIIIe s. ♦ [2] **MANDARINE** XVIIIe s. : esp. *(naranja) mandarina* « (orange) mandarine » (de même couleur que les vêtements officiels des mandarins chinois); **MANDARINIER** XIXe s.

**MANDORE** ♦ [1] XIIIe s. sous la forme *mandoire* : altération du lat. *pandura*, du gr. *pan-*

*doura* « instrument de musique à trois cordes », p.-ê. sous l'infl. de *manus* « main ». ♦ [2] **MANDOLINE** XVIII^e s. : it. *mandolina*, dimin. de *mandola*, même mot que le fr. *mandore*, adapté avec le suff. *-ola*. ♦ [3] **BANJO** XIX^e s. : mot anglo-américain, de l'esp. *bandurria*, du bas lat. *pandurium*, dimin. du gr. *pandoura*.

**MANDRAGORE** (sav.) XIII^e s. : gr. *mandragoras*, nom d'une plante stupéfiante ou soporifique, par le lat.

**MANDRIN** XVII^e s., techn. : mot occitan, dér. du prov. *mandre* « manivelle » : p.-ê. croisement du germ. **manduls* « manivelle » et du lat. *mamphur* « partie du tour du tourneur », mot d'origine osque.

**MANGER** famille du lat. *mandĕre* « mâcher », d'où lat. imp. *mandŭcāre* « jouer des mâchoires », substitué dans la langue pop. à *edo, esse* (→ COMESTIBLE, art. DENT), et bas lat. *mandibula* « mâchoire ».
♦ [1] **MANGER** (pop.) X^e s. subst. puis verbe : *mandŭcāre*; pour les mots scient. exprimant l'idée de « manger » → PHAG(O)-; **MANGEOIRE, MANGEUR** XII^e s.; **MANGEABLE** XII^e s.; **IMMANGEABLE** XVI^e s.; **MANGEAILLE** XIII^e s.; **DÉMANGER** XIV^e s.; **DÉMANGEAISON** XVI^e s.; **MANGE-TOUT** XVI^e s. adj., XIX^e s. subst. bot. ♦ [2] **MANDUCATION** (sav.) XIV^e s. : bas lat. *manducatio*, de *manducare*. ♦ [3] **MANDIBULE** (sav.) XIV^e s. : *mandibula*; **DÉMANTIBULER** XVII^e s., altération, p.-ê. d'après *démanteler*, de *démandibuler* XVI^e s. « démettre la mâchoire ».

**MANGOUSTE** XVIII^e s. zool. : adaptation, sous l'infl. de *langouste*, du port. *manguço*, empr. à une langue de l'Inde.

**MANGUE** XVII^e s., XVI^e s. *manga* : port. *manga*, empr. à une langue du Malabar (Indes); **MANGUIER** XVII^e s.

**MANIFESTE** XII^e s. adj., XVI^e s. subst. (sous l'infl. de l'it. *manifesto*, de même origine) : lat. *manifestus*, interprété par les Anciens comme « pris à la main », « sur le fait »; mais la formation et le 2^e élément (aussi dans *infestus* → INFESTER) sont obscurs; **MANIFESTER** XII^e s. « mettre en évidence », XIX^e s. pol. : lat. imp. *manifestare* « faire connaître »; **MANIFESTATION** XII^e s. : *manifestatio*; **MANIFESTANT, CONTRE-MANIFESTER, -ANT, -ATION** XIX^e s.

**MANIOC** XVI^e s. : tupi (Brésil) *manioch*, avec infl. de l'esp.

**MANITOU** XVII^e s. : mot algonquin (Canada occidental) « le grand esprit »; l'homonymie avec *manietout* a favorisé son emploi plaisant à partir du XIX^e s.

1. **MANNE** (céleste) (sav.) XII^e s. : lat. eccl. *manna*, de l'hébreu *man* (Exode, XVI, 15).

2. **MANNE** (panier) XIII^e s. : moyen néerl. *manne*; **MANNETTE** XV^e s.

**MANOIR** famille du lat. *manēre, mansus* « demeurer, séjourner ». (1) *mansio* « fait de rester », « lieu de séjour » (2) *immanere* « rester dans »; *permanere* « rester jusqu'au bout »; *remanere* « rester en arrière ».

I. mots populaires

♦ [1] **MANOIR** X^e s. « demeurer », XII^e s. infin. substantivé « habitation seigneuriale » : *manēre*; **MANANT** XII^e s. « habitant » : part. présent substantivé de *manoir*. ♦ [2] **MAISON** XI^e s. *mansio, -ōnis*; **MAISONNETTE** XII^e s.; **MAISONNÉE** XVII^e s., a remplacé l'anc. fr. *maisniée* (pop.) : lat. vulg. **mansionāta*; **MESNIL**, fréquent en toponymie : lat. vulg. **mansionīle* « habitation paysanne, avec une portion de terre ». ♦ [3] **MÉNAGE** XII^e s. *manage*, dér. de *manoir*, XIII^e s. *maisnage*, sous l'infl. de *maisniée*, XII^e s. « demeure », XIII^e s. « objets domestiques » et « vie en commun d'un couple », XV^e s. « travaux domestiques », XVI^e s. « économie »; **MÉNAGER, -ÈRE** XV^e s. subst. « qui administre une maison », XVII^e s. adj. « qui administre bien », XIX^e s. adj. « relatif aux travaux du ménage »; **ÉLECTROMÉNAGER** XX^e s. ♦ [4] **AMÉNAGER** XIII^e s., **AMÉNAGEMENT** XIV^e s.; **DÉMÉNAGER** XIII^e s.; **DÉMÉNAGEMENT** XVII^e s.; **DÉMÉNAGEUR** XIX^e s.; **MÉNAGER** XIV^e s. intrans. « habiter, s'occuper du ménage », XVI^e s. trans. « gérer judicieusement », XVII^e s. « épargner, traiter avec modération »; **MÉNAGEMENT** XVI^e s.; **MÉNAGERIE** XVI^e s. « administration des biens », « lieu où sont rassemblés les animaux »; XVII^e s. *Ménagerie royale* de Versailles, ensemble d'animaux rares; **EMMÉNAGER, EMMÉNAGEMENT** XV^e s. ♦ [5] **MASURE** XII^e s. : lat. vulg. **mansūra* « demeure », de *mansus*; péj. au XV^e s. ♦ [6] **MAS** XVI^e s. rare avant le XIX^e s. : mot prov. « maison » : *mansum*.

II. mots savants

♦ [1] **MANSION** XII^e s. « demeure », XIX^e s. théâtre médiéval : *mansio, -onis*. ♦ [2] **MANSE** XVIII^e s. : lat. *mansa*, droit féodal. ♦ [3] **RÉMANENCE** XIII^e s. « résidence », XX^e s. phys. : sur *remanens*, part. présent de *remanere*;

**RÉMANENT** XVII$^{e}$ s. ♦ [4] **IMMANENT** XIV$^{e}$ s. : *immanens*, part. présent de *immanere* ; **IMMANENCE** XIX$^{e}$ s. ♦ [5] **PERMANENT** XIV$^{e}$ s. : *permanens*, part. présent de *permanere* ; a éliminé l'anc. fr. *parmanant* (pop.) XII$^{e}$ s. ; **PERMANENCE** XIV$^{e}$ s. : lat. médiéval *permanentia* ; **PERMANENTE** (subst.) XX$^{e}$ s.

**MANOMÈTRE** (sav.) XVIII$^{e}$ s. : composé du gr. *manos* « de faible densité » et *metron* « mesure ».

**MANTEAU** ♦ [1] (pop.) X$^{e}$ s. vêtement ; XIV$^{e}$ s. *manteau de cheminée* : lat. *mantellum* « manteau », « couverture » ; **MANTELET** XII$^{e}$ s. ♦ [2] **DÉMANTELER** XVI$^{e}$ s. : dér. de l'anc. fr. *manteler* « couvrir, abriter », d'où « fortifier » ; **DÉMANTÈLEMENT** XVI$^{e}$ s. ♦ [3] **MANTILLE** XVI$^{e}$ s. : esp. *mantilla*, d'une var. fém. du lat. *mantellum*. ♦ [4] **MANTE** XV$^{e}$ s. : prov. *manta*, d'une var. fém. du bas lat. *mantum* tiré du diminutif latin classique *mantellum*.

**MAQUEREAU** (souteneur) ♦ [1] XIII$^{e}$ s. : p.-ê. néerl. *makelaer* « courtier », de *makeln* « trafiquer », lui-même dér. de *maken* « faire » → MAÇON ; plus probablement, selon une synonymie courante → MARLOU, MARAUD, du dial. *marco* « matou », var. avec métathèse *macro*, apparenté à *mas, maris* → MÂLE. ♦ [2] **MAQUIGNON** XIII$^{e}$ s. : p.-ê. altération, sous l'infl. de *barguigner*, de *maquereau* ; **MAQUIGNONNER, MAQUIGNONNAGE** XVI$^{e}$ s. ♦ [3] **MEC** XIX$^{e}$ s., argot : p.-ê. altération de *mac*, abrév. de *maquereau*. ♦ [4] **MAQUEREAU** (poisson) → MÂCHURE.

**MARABOUT** ♦ [1] XVII$^{e}$ s. « musulman consacré à la vie religieuse et à l'enseignement », XIX$^{e}$ s. sorte de cigogne, oiseau sacré chez les musulmans, en raison de son port majestueux : arabe *murâbit* « ermite », part. du verbe *râbat* « s'appliquer avec zèle à quelque chose », par le port. ♦ [2] **MARAVÉDIS** XVI$^{e}$ s. : mot esp. XII$^{e}$ s., de l'arabe *morâbiti* « monnaie d'or frappée sous la dynastie arabe des *Almoravides* (1055-1147), dont le nom est formé de l'article *al* et du mot *murâbit*.

**MARASME** ♦ [1] (sav.) XVI$^{e}$ s. méd. « extrême maigreur », fin XVIII$^{e}$ s. sens mod. : gr. *marasmos* « consomption », de *marainein* « consumer ». ♦ [2] **AMARANTE** (sav.) XVI$^{e}$ s. : gr. *amarantos* « fleur qui ne se flétrit pas », apparenté au même verbe, avec *a-* privatif.

**MARAUD** on regroupe dans cet article deux mots où se trouve vraisemblablement représenté lat. *marra* « hache », qui est à l'origine de nombreux mots dial.
♦ [1] **MARAUD** XV$^{e}$ s. « mendiant vagabond », XVI$^{e}$ s. « ouvrier qui travaille le bois et qui fabrique des coffrets », var. *marreux*, dér. *maraudise* « travail de paysan » XIII$^{e}$ s. Pour le sens, on note que les travailleurs du bois étaient souvent itinérants et que la hache peut être un instrument de pillage, d'où **MARAUDER** XVI$^{e}$ s. **MARAUDEUR, MARAUDE** XVII$^{e}$ s. Le rapport avec *maraud* « matou » n'est pas clair. Les emplois métaphoriques des deux mots ont pu se croiser (→ Annexe II MARAUD).
♦ [2] **TINTAMARRE** XV$^{e}$ s. le 1$^{er}$ élément et onomatopéique → BOUM 7. Pour le 2$^{e}$ élément de ce mot bourguignon, l'explication de Pasquier, XVI$^{e}$ s., est que, dans les vignobles, le soir arrivé, pour arrêter le travail, on tapait avec la hache sur une clochette.

**MARBRE** ♦ [1] (pop.) XI$^{e}$ s. : lat. *marmor, -oris* ; **MARBRÉ** XII$^{e}$ s. ; **MARBRIER** XIV$^{e}$ s. ; **MARBRER, MARBRURE** XVII$^{e}$ s. ♦ [2] **MARMORÉEN** (sav.) XIX$^{e}$ s. : adj. formé sur le lat. *marmoreus* « de marbre ».

**MARCESCIBLE** XIV$^{e}$ s. et **IMMARCESCIBLE** XV$^{e}$ s. (sav.) : lat. *marcescibilis* et son contraire lat. chrétien *immarcescibilis*, de *marcescere* « se flétrir ».

**MARCHÉ** famille du lat. *merx, mercis* « marchandise ». (1) *mercari* « faire du commerce », d'où (a) *mercatus, -us* « commerce » et « marché » (b) *commercari* « id. » et *commercium* « commerce » (2) *merces, -edis* « prix payé pour une marchandise », « salaire », « gage » et fig. « récompense ou punition », puis bas lat. « faveur » (3) *mercenarius* « salarié » (4) *mercurius* « Mercure, dieu du Commerce » ; *mercurialis* « de Mercure ».

**I.** base *-march-* (pop.)

♦ [1] **MARCHÉ** X$^{e}$ s. : *mercātus*, avec assimilation ancienne du *e* initial au *a* accentué suivant ; **SUPERMARCHÉ** XX$^{e}$ s. ♦ [2] **MARCHAND** XII$^{e}$ s. *marcheant* : lat. vulg. **mercatantem*, part. présent de **mercatāre*, dér. de *mercātus*, supposé aussi par l'anc. prov. ; a éliminé *mercari* ; **MARCHANDISE** XII$^{e}$ s. ; **MARCHANDER** XIII$^{e}$ s. « faire du commerce », XIV$^{e}$ s. sens mod. ; **MARCHANDAGE -DEUR** XIX$^{e}$ s.

**II.** base *-merc-* (pop. ou sav.)

♦ [1] **MERCI** (pop.) X$^{e}$ s. fém. « grâce » (sens qui subsiste dans les expressions *être à la merci de* « dépendre de la grâce de », *Dieu merci* « par la grâce de Dieu », *se rendre à merci* « s'en remettre à la grâce de son adversaire »); XIV^e s. formule de politesse, abrév. de formules telles que *vostre merci* « grâce à vous »; XVII^e s. masc. : lat. *mercēdem*, acc. de *merces* au sens de « faveur »; **REMERCIER** XIV^e s., a éliminé l'anc. fr. *mercier* XI^e s.; **REMERCIEMENT** XV^e s. ♦ [2] **MERCIER** (pop.) XII^e s. « marchand » : dér. de l'anc. fr. *merz* « marchandise », du lat. *merx, mercis*; **MERCERIE** XII^e s. ♦ [3] **MERCREDI** (pop.) XII^e s. *mercresdi* : bas lat. *mercoris dies*, class. *mercurii dies* « jour de Mercure ». ♦ [4] **MERCURE** (sav.) nom mythologique du dieu (représenté avec des ailes aux pieds) donné au XV^e s. par les alchimistes à un métal particulièrement mobile, appelé vulgairement *vif-argent*; **MERCURIEL** XVII^e s.; **MERCUREUX, MERCURIQUE** XIX^e s.; **MERCUROCHROME** XX^e s. ♦ [5] **MERCURIALE** (sav.) XIII^e s. bot. : *mercurialis (herba)* « (herbe) de Mercure »; XVII^e s. « remontrance » : *mercurialis* au sens mod., « du mercredi »; a d'abord désigné le discours de rentrée du 1^er président des parlements, le 1^er mercredi après les vacances; XIX^e s. « état détaillé des prix de vente » : *mercurialis* au sens de « relatif au dieu du Commerce ». ♦ [6] **MERCENAIRE** (sav.) XIII^e s. : *mercenarius* ♦ [7] **COMMERCE** (sav.) XIV^e s.; XVI^e s. « relations sociales » : *commercium*; **COMMERCER** XV^e s.; **COMMERÇANT** XVII^e s.; **COMMERCIAL** XVIII^e s.; **COMMERCIALISER** XIX^e s.; **COMMERCIALISATION** XX^e s. ♦ [8] **MERCANTI** XIX^e s. mot it., plur. de *mercante*, forme contractée de **merc(at) ante*, équivalent du fr. *marchand*; par le sabir d'Afrique du Nord; **MERCANTILE** XVII^e s.; it. *mercantile*; **MERCANTILISME** XIX^e s.

**MARCHER** famille d'un thème **mark-* dont le sens 1^er semble avoir été « signe ».

En germanique (1) **marka* « signe marquant une frontière », d'où « frontière », « territoire frontalier » (2) **markôn* « imprimer des signes », « laisser des empreintes sur le sol », « fouler » (terme de chasse), d'où all. *Marke* « marque, timbre, cachet » et *Mark* « poids de huit onces » et nom de monnaie (« empreinte sur une pièce de métal ») (3) **markjan* « id. »., all. *merken* « marquer, remarquer », et anc. scandinave *merki* « marque ».

En latin forme *marg-* dans *margo, marginis* « frontière », « bord ».

**I.** mots populaires ou empruntés d'origine germanique

**A.** famille de **markôn*

♦ [1] **MARCHER** XII^e s. « fouler aux pieds », trans.; XIII^e s. « parcourir à pied »; XV^e s. intrans., sens mod. : frq. **markôn*; pour les mots sav. → -GRADE, art. DEGRÉ, AMBUL-, art. ALLER et -BATE, art. VENIR; **MARCHE** XIV^e s. « empreinte de pas », XVI^e s. « action de marcher » et « degré d'escalier »; **MARCHEUR, CONTREMARCHE** milit. XVII^e s.; **MARCHEPIED** XIV^e s. ♦ [2] **DÉMARCHE** XV^e s.; fin XVII^e s. « efforts pour une affaire » : dér. de l'anc. fr. *démarcher*, var. *se démarcher* forme intensive de *marcher*; **DÉMARCHEUR** XX^e s. ♦ [3] **MARC** (de raisin) XV^e s. « résidu du raisin foulé aux pieds » : dér. de *marcher*, ♦ [4] **MARC** « ancien poids » XII^e s. : frq. **marka*, étymon de l'all. *Mark* « livre d'argent ou d'or ».

**B.** famille de **marka*

♦ [1] **MARCHE** XI^e s. « pays frontière » : frq. **marka*. ♦ [2] **MARQUIS** XI^e s. *marchis* : dér. de *marche* « gouverneur militaire d'une *marche* »; XIII^e s. forme mod., sous l'infl. de l'it. *marchese*, lui-même empr. au prov., de même origine; **MARQUISE** XV^e s.; XVIII^e s. « toile tendue au-dessus de l'entrée d'une tente d'officier », d'où XIX^e s. « auvent vitré »; **MARQUISAT** XV^e s. : de l'it. *marchesato*. ♦ [3] **MARGRAVE** XVI^e s. : all. *Markgraf* « comte d'une marche ».

**C.** famille de **markjan*

♦ [1] **MARQUER** XII^e s. forme normanno-picarde *merquier*, var. de l'anc. fr. *merchier* : anc. scandinave *merki*; XVI^e s. forme mod. avec *a* sous l'infl. de *marcher* et p.-ê. aussi de l'it. *marcare, marca*, eux-mêmes issus de germ. **marka* « empreinte »; **MARQUE** et **CONTREMARQUE** XV^e s. ♦ [2] **MARQUETER** XIV^e s. (surtout au part. passé); **MARQUETERIE** XV^e s.; **MARQUETEUR** XVI^e s. : formes dimin. dér. de *marque*. ♦ [3] **MARCASSIN** XV^e s., d'abord *marquesin*, avec une terminaison p.-ê. analogique de *bécassin, agassin* : probablement dérivé de *marquer*, le jeune sanglier ayant le corps rayé pendant ses cinq premiers mois. ♦ [4] **REMARQUER, REMARQUE, REMARQUABLE** XVI^e s. ♦ [5] **DÉMARQUER** XVI^e s. « retirer une marque », XIX^e s. « plagier ». ♦ [6] **DÉMARCATION** XVIII^e s., en parlant d'une ligne imaginaire tracée d'un pôle à l'autre en 1494 par le pape Alexandre VI pour séparer les zones d'influence port. et esp. : esp. *demarcacion*, de *demarcar* « marquer des limites », dér. de *marcar* probablement empr. à l'it. *marcare*; **DÉMARCATIF** XIX^e s.

**II.** mots d'origine latine

♦ [1] **MARGELLE** XII^e s. (pop.) : lat. vulg. **margĕlla*, dimin. de *margo*. ♦ [2] **MARGE** (pop.) XIII^e s. : lat. *margĭnem*, acc. de *margo*; **MARGÉ** XIV^e s.; **MARGER** XVI^e s.; **MARGEUR** XVIII^e s.; **ÉMARGÉ** XVII^e s. « noté en marge »; **ÉMARGER** et **ÉMARGEMENT** XVIII^e s. sens mod. ♦ [3] **MARGINAL** (sav.) XV^e s. sens propre, XX^e s. fig. : adj.

formé sur le rad. du génitif de *margo*; **MARGINALISME** XX^e s.

**MARCOTTE** (pop.) XVI^e s., XIV^e s. plur. *marquos* : dér. de *marcus* « cépage, vigne », mot cité par l'agronome lat. Columelle (I^er s.) et présenté par lui comme gaulois; **MARCOTTER** XVI^e s.; **MARCOTTAGE** XIX^e s.

**MARÉCHAL** ♦ [1] (pop.) XI^e s. « maréchal-ferrant », XII^e s. « officier chargé de l'entretien des chevaux », XIII^e s. « commandant d'armée », XVI^e s. *maréchal de France* et *des logis* : bas lat. (Loi salique) *mariscalcus*, du frq. **marhskalk* « serviteur (*skalk*) responsable des chevaux (*marh*) »; **MARÉCHAUSSÉE** XI^e s. « écurie », XIII^e s. « dignité de maréchal », XVIII^e s. « gendarmes à cheval »; **MARÉCHALE, MARÉCHAL-FERRANT** XVII^e s.; **MARÉCHALAT** XIX^e s. ♦ [2] **SÉNÉCHAL** (pop.) XI^e s. : frq. **siniskalk*, littéralement « serviteur (*skalk*) le plus âgé (*sinista*) »; **SÉNÉCHAUSSÉE** XII^e s.

**MARELLE** mots qui se rattachent à un rad. pré-roman **marr-* « pierre » représenté aussi dans les parlers de l'Italie et de la péninsule Ibérique.
♦ [1] **MARELLE** XII^e s., XI^e s. *merele* « jeu se jouant avec un palet ». ♦ [2] **MARRON** XVI^e s. « grosse châtaigne », XVIII^e s. *marron d'Inde* et adj. de couleur; **MARRONNIER** XVI^e s.

**MARGUERITE** famille des désignations gr. de la « perle », empr. à un parler des Indes, *margaron, margaritis lithos*, et *margaritês*; cette dernière a été empr. par le lat. class., *margarita* « perle », utilisé dès le lat. imp. comme nom de femme.
♦ [1] **MARGUERITE** (demi-sav.) XIII^e s. « perle », XIII^e s. « sorte de fleur », par analogie de couleur : *margarita*; **REINE-MARGUERITE** XVIII^e s. ♦ [2] **MARGOT** XIV^e s. « pie »; XVI^e s. « fille de mauvaise vie »; a eu aussi le sens de « poupée » : dimin. du prénom **MARGUERITE** : lat. *Margarita*, martyre du III^e s., qui a lui-même une forme hypocoristique *Margoton*; **MARGOTIN** XIX^e s. « petit fagot » : dimin. de *margot* au sens de « poupée »; **GOTON** XIX^e s. « fille de la campagne » et « femme de mauvaise vie » : abrév. de *Margoton*. ♦ [3] **MARGARINE** (sav.) XIX^e s. : mot formé, à l'aide du suff. de *glycérine*, d'après le nom de l'acide **MARGARIQUE** XIX^e s., lui-même formé sur le rad. du gr. *margaron* « perle », à cause de sa couleur; **MARGARINERIE** XX^e s.

**MARI** ♦ [1] (pop.) XII^e s. : lat. *marĭtus*, dér. d'un thème **mari-* « adolescent(e) » signifiant à l'origine « pourvu d'un jeune compagnon » ou « d'une jeune compagne » (appliqué, dans la langue de l'agriculture, à l'arbre « marié » à la vigne), d'abord adj.; puis subst. avec spécialisation masc. et sens de « mari » sous l'infl. de *mas, maris* « mâle » ♦ [2] **MARITAL** (sav.) XVI^e s. : lat. imp. *maritalis*. ♦ [3] **MARIER** (pop.) XII^e s. : lat. imp. *maritāre*, dér. de *maritus*; **MARIÉ, MARIABLE, MARIAGE, REMARIER** XII^e s.; **MARIÉE, MARIEUR, REMARIAGE** XIII^e s.; pour les mots scient. exprimant l'idée de « mariage » → -GAM.

**MARIGOT** XVII^e s. : mot des Antilles, d'abord nom de lieu, puis nom commun « sorte de marécage »; transporté en Afrique par les marins dès la fin du XVII^e s.; p.-ê. croisement entre le fr. *mare* et un mot caraïbe, p. ex. *icopoüi* « mare d'eau ».

**MARINGOUIN** XVI^e s. : tupi-guarani (Brésil) *mbarigui* « moustique ».

**MARJOLAINE** XVI^e s. : altération d'abord graphique (substitution, par les imprimeurs, du *j* au *i*) de *mariolaine* XIV^e s., lui-même probablement altération, sous l'infl. du prénom *marion*, de *maiorane* XIII^e s., du lat. médiéval *maiorana*, d'origine obscure.

**MARNE** (pop.) XIII^e s. : altération inexpliquée de *marle* XII^e s., du lat. vulg. **margĭla*, dér. du lat. imp. *marga* « marne », mot gaulois. **MARNIÈRE** XII^e s.; **MARNER** XIII^e s.; **MARNEUX** XVI^e s.; **MARNAGE** XVII^e s.

**MARRI** (pop.) XII^e s. : part. passé de *marrir* : frq. **marrjan* « fâcher ».

**MARRON** XVII^e s. « (esclave) fugitif », XIX^e s. « qui exerce un métier sans titre ». Terme usuel aux Antilles fr. au XVII^e s., où il désignait des animaux domestiques redevenus sauvages : esp. d'Amérique *cimarrón*, dér. soit de l'esp. *cima* « cime » (littéralement « qui s'enfuit dans les montagnes »), soit de l'anc. esp. *cimarra* « fourré ». L'aphérèse de la première syllabe s'expliquerait par certaines habitudes des parlers caraïbes.

**MARSUPIAL** et **MARSUPIAUX** (sav.) XVIII^e s., zool. : lat. *marsupium* empr. anc. au gr. *marsipion* « bourse ».

**MARTRE** (pop.) XI^e s. : germ. **marthor*.

**MARTYR** ♦ [1] (sav.) XI^e s. : mot du lat. eccl. empr. au gr. *martus, marturos* « témoin », d'où dans le Nouveau Testament « témoin de Dieu » puis « martyr »; a éliminé l'anc. fr. *martre* (pop.) XII$^{e}$ s., qui subsiste dans divers toponymes, en particulier **MONTMARTRE** : *mons martyrum*, lieu du martyre de saint Denis et de ses compagnons. ♦ [2] **MARTYRE** (sav.) XI$^{e}$ s. subst. masc. : gr. *marturion* « témoignage », par le lat. ♦ [3] **MARTYRISER** (sav.) XII$^{e}$ s. : lat. médiéval *martyrizare*, sur *martyr*. ♦ [4] **MARTYROLOGE** → LIRE.

**MASQUE** famille du bas lat. *masca*, d'origine méditerranéenne, dont le sens premier devait être « démon » ou « masque représentant un démon », attesté au VII$^{e}$ s. avec le sens de « sorcière », et fin VII$^{e}$ s. avec celui de « masque ». — Dér. : **mascarare* « noircir (le visage) », « rendre méconnaissable ».
♦ [1] **MASQUE** fin XV$^{e}$ s. : it. *maschera*, dér. de *masca*; **MASQUER, DÉMASQUER** XVI$^{e}$ s. ♦ [2] **MASCARADE** XVI$^{e}$ s. : it. *mascarata*, var. de *mascherata*, dér. de *maschera*. ♦ [3] **MASCARON** XVII$^{e}$ s. : it. *mascherone*, augmentatif de *maschera*. ♦ [4] **MASCOTTE** XIX$^{e}$ s. : prov. *mascoto* « porte-bonheur », « sortilège », dér. de *masco* « sorcière », du lat. *masca*. ♦ [5] **MÂCHURER** « barbouiller » XVI$^{e}$ s. : altération mal expliquée de l'anc. fr. *mascherer*, du lat. vulg. **mascarare*. ♦ [6] **MASCARET** XVI$^{e}$ s. géogr. : mot gascon « bœuf (tacheté) » et, par métaph., « vague violente » : du verbe *mascara* « barbouiller », de **mascarare*. ♦ [7] **MAQUILLER** XII$^{e}$ s. var. anc., *maskier*, « barbouiller le visage » : probablement forme normanno-picarde, var. de l'anc. fr. *mascherer*; à distinguer de l'argot *maquier, maquiller* XVIII$^{e}$ s. « faire », issu du néerl. *maken* « faire » (→ MAÇON).

**MASSE** (d'armes) ♦ [1] (pop.) XI$^{e}$ s. arme; XVI$^{e}$ s. outil : lat. vulg. **mattia*, apparenté au lat. *mateola* « outil pour enfoncer »; **MASSIER** XIV$^{e}$ s.; **MASSETTE** XVIII$^{e}$ s. nom de plante, XIX$^{e}$ s. « gros marteau de cantonnier ». ♦ [2] **MASSUE** (pop.) XII$^{e}$ s. : lat. vulg. **mattiŭca*, dér. de **mattia*. ♦ [3] **MASSACRER** XII$^{e}$ s. *macecler* : probablement lat. vulg. **mattiucŭlāre*, dér. de **mattiuca*, étymon de *massue*; **MASSACRE** XII$^{e}$ s., rare avant le XVI$^{e}$ s.; **MASSACREUR** XVI$^{e}$ s.

**MASSEPAIN** XV$^{e}$ s. : altération, sous l'infl. de *masse*, de *marcepain*, de l'it. *marzapan*, du vénitien *matapan*, issu de l'arabe *mautaban* « roi assis »; nom d'une monnaie à l'effigie du Christ assis, frappée par les croisés installés en Terre sainte; désigna une mesure de capacité, puis une boîte de luxe contenant de la confiserie, enfin au XVI$^{e}$ s. le contenu de cette boîte.

**MASSER** XVIII$^{e}$ s. : arabe *mass* « toucher, palper », l'art du massage étant d'origine orientale; **MASSEUR** XVIII$^{e}$ s.; **MASSAGE** XIX$^{e}$ s.

**MASTIC** XIII$^{e}$ s. : gr. *mastikhê* « gomme du lentisque », par le lat.; **MASTIQUER** XVI$^{e}$ s.; **MASTICAGE** XIX$^{e}$ s.

**MAST(O)-** famille sav. du gr. *mastos* « mamelle ».
♦ [1] **MASTOÏDE** XVI$^{e}$ s. : gr. *mastoeidês* « semblable à une mamelle »; **MASTOÏDIEN** XVII$^{e}$ s.; **MASTOÏDITE** XIX$^{e}$ s. ♦ [2] **MASTITE** XIX$^{e}$ s., méd. ♦ [3] **MASTODONTE** XIX$^{e}$ s. « aux dents mamelonnées » → DENT.

**MASTOC** XIX$^{e}$ s. : all. *Mastochs* « bœuf *(ochs)* à l'engrais *(mast)* ».

**MASTURBER** (sav.) XIX$^{e}$ s. : lat. *masturbare*, p.-ê. déformation du gr. *mastropeuein* « prostituer »; **MASTURBATION** XVI$^{e}$ s. : *masturbatio*.

1. **MAT** (terne) Il existe en lat. imp., chez Pétrone, un adj. *mattus* « stupide, qui a le vin triste », représenté en it. par *matto* « fou »; et en bas lat., chez Isidore de Séville, un *mattus* « humide » qui semble représenter une contraction de **madĭtus*, part. passé de *madēre* « être humide », et qui pourrait être le même mot que le précédent, dont le sens d'« ivrogne », « humecté de vin » serait alors premier.
♦ [1] **MAT** (pop.) XII$^{e}$ s. « abattu, affligé » et « flétri (feuillage) », XV$^{e}$ s. « sombre (temps) », XVII$^{e}$ s. « terne »; **MATER** XII$^{e}$ s. « abattre »; XVIII$^{e}$ s. « rendre mat »; **MATITÉ** XIX$^{e}$ s. ♦ [2] **MATADOR** XVII$^{e}$ s. au jeu d'hombre, XVIII$^{e}$ s. tauromachie : mot esp. « tueur », dér. de *matar* « tuer », équivalent du fr. *mater*, du lat. vulg. **mattare* « abattre, assommer », dér. de *mattus*; **MATAMORE** → ANNEXE IV : MAURE **5**.

2. **MAT** (aux échecs) XII$^{e}$ s. : abrév. de la loc. arabe d'origine persane *châh mat* « le roi *(châh)* est mort *(mat)* », introduite en Occident avec le jeu d'échecs et francisée en « échec et mat » (→ ÉCHEC); **MATER** XII$^{e}$ s. « rendre docile ».

**MÂT** (pop.) XI$^{e}$ s. : frq. **mast*; **MÂTER** XIV$^{e}$ s.; **DÉMÂTER** XVI$^{e}$ s.; **MÂTURE** XVII$^{e}$ s.; **TROIS-MÂTS** XIX$^{e}$ s.

**MATCH** XIX^e s. : mot angl. « rivalité », d'origine germ.

**MATELAS** XIII^e s. *materas*, XV^e s. forme mod. : it. *materasso*, de l'arabe *matrash* « chose jetée étendue »; **MATELASSER, -IER** XVII^e s.

**MATELOT** XIII^e s. : moyen néerl. *matenoot* « compagnon de couche », se disant de deux marins qui utilisaient alternativement le même hamac; **MATELOTE** XVII^e s. cuisine, de *à la matelote* « (préparé) à la manière des matelots ».

**MATHÉMATIQUE** famille du gr. *mathein* « avoir appris », infin. passé de *manthanein* « étudier », d'où *mathêma, -atos* « étude, science », en particulier chez Platon et Aristote « sciences mathématiques » par opposition aux sciences physiques; *mathêmatikos* « qui concerne les mathématiques ».
♦ [1] **MATHÉMATIQUE** (sav.) XIII^e s. adj. et subst. « mathématicien », XVI^e s. subst. sing. ou plur., XVIII^e s. plur., XX^e s. sing.; **MATHÉMATICIEN** XIV^e s.; **MATHEUX** fam. XX^e s.; **MATHS** XIX^e s. ♦ [2] **CHRESTOMATHIE** (sav.) XVII^e s. : gr. *khrêstomatheia* « étude des choses utiles » et « recueil des plus utiles morceaux d'auteurs ».

**MATIN** famille d'une racine **mā-* « bon ».
En latin (1) adj. arch. *manis* « bon », d'où (a) *manes* « les bons », « les âmes des morts »; (b) *mane*, subst. neutre indéclinable et adv. « le matin », « de bonne heure », neutre de l'adj. *manis* (2) *Matuta* ancienne déesse italique identifiée avec l'aurore, fém. d'un anc. adj. **matutos*, d'où *matutinus* « matinal » (3) *maturus* « qui se produit au bon moment », « mûr ».

I. famille de *matutinus*

♦ [1] **MATIN** (pop.) X^e s. : lat. imp. *matutīnum (tempus)* « matinée », qui avait éliminé *mane*; **MATINES** XI^e s.; **MATINAL, MATINÉE** XII^e s. ♦ [2] **MATUTINAL** (sav.) XII^e s. : bas lat. *matutinalis* « matinal ».

II. famille de *mane*

♦ [1] **DEMAIN** (pop.) XI^e s. : bas lat. *demane*, renforcement du class. *māne*; **LENDEMAIN** XII^e s., de *l'en demain*; **APRÈS-DEMAIN** XVII^e s.; **SURLENDEMAIN** XVIII^e s. ♦ [2] **MANÉCANTERIE** (sav.) XIX^e s., de *mane* « le matin » et *cantare* « chanter ». ♦ [3] **MÂNES** (sav.) XIV^e s. : *manes*.

III. famille de *maturus*

♦ [1] **MÛR** (pop.) XII^e s. : *matūrus*; **MÛRIR** XIV^e s.; **MÛRISSANT** adj. XVIII^e s.; **MÛRISSEMENT** XX^e s. ♦ [2] **MATURATION** (sav.) XIV^e s. : *maturatio*, de *maturare* « mûrir »; **MATURITÉ** XV^e s. : *maturitas*. ♦ [3] **PRÉMATURÉ** (sav.) XVII^e s. : sur *praematurus* « précoce », « hâtif »; **PRÉMATURÉMENT** XVI^e s.

**MATOIS** XVI^e s., argot des voleurs « coupe-bourses », synonyme d'*enfant de la matte* XVI^e s., de *matte* XV^e s. « lieu de joyeux rendez-vous », XVI^e s. « ville », p.-ê. moyen haut all. *matte* « prairie ».

**MATOU** XVI^e s., XIII^e s. *matoue* : origine obscure, p.-ê. onom., ou bien dér. de *mate*, forme jurassienne de *maître*.

**MATRAQUE** XIX^e s. : arabe d'Algérie *matraq* « gourdin »; **MATRAQUER, -AGE** XX^e s.

**MATRAS** XVI^e s. « vase à long col étroit » : probablement arabe *matara* « outre, vase » (l'alchimie devant une bonne partie de son vocabulaire à l'arabe).

**MAUVE** ♦ [1] (pop.) XIII^e s. bot., XIX^e s. adj. de couleur : lat. *malva*. ♦ [2] **MALVACÉE** XVIII^e s. : dér. sav. ♦ [3] **GUIMAUVE** → ce mot.

**MAXILLAIRE** (sav.) XIV^e s. subst., XV^e s. adj. : lat., *maxillaris*, dér. de *maxilla* « mâchoire ». A éliminé l'anc. fr. *maisselle*, subst. fém. (pop.).

**MAZOUT** XX^e s. : russe *mazut*, de l'arabe *makhzulat* « déchets », par les langues turco-tartares.

**MAZURKA** XIX^e s. : mot polonais, nom d'une danse.

**MEETING** XVIII^e s. : mot angl. « rencontre », d'origine germ.

**MÉGOT** XIX^e s. arg. or. obsc., pourrait être un dimin. de *meg* (XIX^e s.), var. de *mec* (→ MAQUEREAU), de nombreux mots en diverses langues signifiant à la fois un petit bout de quelque chose, en particulier de cigare ou de cigarette et un petit bout d'homme ou de femme.

**MÉHARI** XIX^e s. : arabe d'Algérie *mehri*, de l'arabe class. *mahri* « (animal) de la tribu de Mahra (sud de l'Arabie) »; **MÉHARISTE** XIX^e s.

**MEILLEUR** famille d'une racine **mel-*, **mol-* « bon », « abondant ».
En latin *melior, melius* « meilleur », servant de comparatif à *bonus*, et *multus* « abondant, nombreux ».

♦ [1] **MEILLEUR** (pop.) XI^e s. : *meliōrem*, acc. de *melior*. ♦ [2] **MIEUX** (pop.) X^e s. : *mĕlius*, neutre de *melior* employé adverbialement. ♦ [3] **MOULT** (pop.) X^e s. arch. « beaucoup » : *mŭltum*. ♦ [4] **AMÉLIORER** (sav.) XV^e s. : réfection, d'après *melior*, de l'anc. fr. *ameillorer, -eurer* (pop.); **AMÉLIORATION** XV^e s. puis XVIII^e s. ♦ [5] **MULTITUDE** (sav.) : *multitudo* dér. de *multus*, XII^e s. ♦ [6] **MULTIPLE, MULTIPLEX** → PLIER. ♦ [7] **MULTI-** : lat. *multi-*, de *multus*, 1^er élément de composés sav. exprimant l'idée de multiplicité, ex. : **MULTIFORME** XV^e s.; **MULTIFLORE** XVIII^e s.; **MULTIPARE** XIX^e s.

**MÉLANIE** famille du grec *melas, melanos* « noir ».

♦ [1] **MÉLANIE** (sav.) : prénom féminin : lat. *Melania*, fém. de *Melanius*, dér. de *melas*, nom d'un saint évêque de Rennes du VI^e s. ♦ [2] **MÉLANCOLIE** → COLÈRE. ♦ [3] **MÉLANÉSIE** → ÎLE. ♦ [4] **CALOMEL** (sav.) XVIII^e s. : du gr. *kalos* « beau » et *melas* « noir », cette poudre étant noire au début de sa préparation. ♦ [5] **MÉLAN(O)-** 1^er élément de mots sav. exprimant l'idée de « noir », ex. : **MÉLANOSE, MÉLANÉMIE** XIX^e s. méd.

**MÊLER** famille du latin *miscere, mixtus* « mélanger ». (1) adj. *-miscuus*, 2^e élément de *promiscuus* « mélangé » et son dimin. **misculus*, attesté par (a) le verbe dér. lat. vulg. **miscularе* (b) les dimin. *miscellus* et *miscellaneus* « mélangé », plur. neutre *miscellanea* « nourriture grossière des gladiateurs », « macédoine », « pot-pourri » et « mélanges écrits » (2) *mixtura* « mélange » et bas lat. *mixticius* « d'une race mélangée ».

**I.** mots populaires ou empruntés

♦ [1] **MÊLER** XI^e s. : **mĭscŭlāre*; **MÊLÉE** XI^e s.; **PÊLE-MÊLE** XII^e s. : altération de *mesle-mesle*, redoublement de l'impératif de *mêler*; **MÉLI-MÉLO** XIX^e s. ♦ [2] **DÉMÊLER, EMMÊLER, ENTREMÊLER** XII^e s.; **DÉMÊLÉ** XVII^e s.; **DÉMÊLOIR, DÉMÊLAGE** XIX^e s.; **DÉMÊLURE** XX^e s. ♦ [3] **MÉLANGE** XV^e s. : dér. de *mêler*; **MÉLANGER** XVI^e s.; **MÉLANGEUR** XIX^e s. ♦ [4] **MÉTIS** XII^e s. *mestis* « de races mélangées » et « fabriqué avec des éléments divers » (tissu) : *mixtīcius*; XVII^e s. *métice*, XVIII^e s. forme mod. : port. *mestiço* « mulâtre », de même origine; **MÉTISSER, MÉTISSAGE** XIX^e s. ♦ [5] **MÉTEIL** XIII^e s. : lat. vulg. **mixtilium*, de **mixtilis*, dér. de *mixtus*. ♦ [6] **MIXER** XX^e s. : mot angl. « mélangeur », du verbe *to mix* tiré du lat. *mixtus*; **MIXAGE** XX^e s. cinéma, autre dér. de *to mix*.

**II.** mots savants

♦ [1] **MIXTURE** XII^e s. *misture*, XVI^e s. forme mod. : *mixtura*; **MIXTION** XIII^e s. : *mixtio*; **MIXTE** XIV^e s. : *mixtus*; **MIXITÉ** XX^e s. ♦ [2] **S'IMMISCER** XV^e s. : *immiscere* « mêler à »; **IMMIXTION** XVIII^e s. : bas lat. *immixtio*; **MISCIBLE** XVIII^e s. : dér. formé sur *miscere*. ♦ [3] **MISCELLANÉES** XVI^e s. : *miscellanea*. ♦ [4] **PROMISCUITÉ** XVIII^e s. : dér. sur *promiscuus*.

**MÉLÈZE** XVI^e s. : mot dial. (Dauphiné et Savoie), var. *melze* : lat. vulg. **melix, melicis*, p.-ê. dér. de *mel, mellis* « miel », plus probablement d'origine prélat.

**MÉLO-** représentants sav. du gr. *melos* « membre », en particulier « membre de phrase musicale », d'où « chant rythmé ».

♦ [1] **MÉLODIE** XII^e s. : lat. *melodia* : gr. *melôidia* « chant », 2^e élément → ODE; **MÉLODIEUX** XIII^e s.; **MÉLODIQUE** XVII^e s.; **MÉLODISTE** XIX^e s. ♦ [2] **MÉLOPÉE** XVI^e s. : gr. *melopoiia* « mélodie », par le lat., de *melos* et *poiein* « faire » → POÈTE. ♦ [3] **MÉLODRAME** XVIII^e s. d'abord « œuvre dramatique accompagnée de musique » : de *melos* et *drama* → DRAME; **MÉLODRAMATIQUE** et abrév. **MÉLO** XIX^e s. ♦ [4] **MÉLOMANE** fin XVIII^e s. : de *melos* et **-MANE** → -MENT.

**MELON** famille du gr. *mêlon* « fruit », en particulier « pomme » ou « coing, empr. par le lat. sous la forme *malum* « pomme »; d'où *mêlinos* « fait de jus de coing » et les composés *mêlopepôn* « sorte de melon » (2^e élément *pepôn* « cuit par le soleil » → CUIRE) *melimêlon* « sorte de pomme très douce » (1^er élément *meli* « miel ») *khamaimêlon* « pomme (qui traîne) à terre », « camomille »; *hamamêlis* « sorte de néflier » : p.-ê. dér. de *mêlon* avec un premier élément obscur.

♦ [1] **MELON** XIII^e s. : lat. *melo, -onis*, abrév. du gr. *mêlopepôn*; **MELONNIÈRE** XVI^e s. ♦ [2] **CAMOMILLE** et **CAMELINE** → CAMÉLÉON. ♦ [3] **MARMELADE** XVI^e s. : port. *marmelada* « cotignac », du lat. vulg. **melimêlata*, dér. hybride de *melimêlon*; mot venu de Madère, grande exportatrice de marmelade. ♦ [4] **HAMAMÉLIS** (sav.) XVII^e s. : mot gr. ♦ [5] **MALIQUE** (acide) fin XVIII^e s. : dér., sur le lat. *malum*. ♦ [6] **MÉLINITE** XIX^e s. : dér. sur le lat. *melinus* « couleur de coing », du gr. *mêlinos*.

**MEMBRE** famille du lat. *membrum* « toute partie du corps », d'où *membrana* « peau qui recouvre les membres ».

♦ [1] **MEMBRE** (pop.) XI^e s. : *membrum*; **MEMBRURE, MEMBRU** XII^e s.; **DÉMEMBRER** XI^e s.; **DÉMEMBREMENT** XIII^e s.; **REMEMBRER,**

**REMEMBREMENT** XX^e^ s. ♦ [2] **MEMBRANE** (sav.) XVI^e^ s. : *membrana* ; **MEMBRANEUX** XVI^e^ s. Pour les mots scient. exprimant l'idée de « membrane » → HYMÉNO-, art. HYMEN.

## MÉMOIRE famille d'une racine ind.-eur. **(s)mer-* « préoccupation », « souvenir ».

En germanique got. *maurnan* « avoir soin de », frq. **moman* « être triste » et angl. *to mourn* « déplorer ».

En latin *memor* « qui se souvient », d'où *memoria* « mémoire » et *memorare* « rappeler », que l'homonymie et la synonymie ont rapprochés du verbe *memini* « se souvenir » → -MENT.

**I.** mots d'origine latine

**A. MÉMOIRE** (demi-sav.) XI^e^ s. subst. fém., XIV^e^ s. subst. masc. « écrit destiné à conserver la mémoire de quelque chose » : *memoria*. Pour les mots scient. exprimant l'idée de « mémoire » → MNÉMO-, art. -MENT.

**B.** base *-mor-* (sav.)

♦ [1] **MÉMORIAL** XIII^e^ s. : lat. *memoriale* « monument, souvenir » et *memorialis (liber)* « livre aide-mémoire » ; **IMMÉMORIAL** adj. XVI^e^ s. : lat. médiéval *immemorialis* ; **MÉMORIALISTE** XVIII^e^ s. ♦ [2] **COMMÉMORER** XIV^e^ s. : *commemorare* « rappeler à la mémoire » ; **COMMÉMORATION** (sav.) XIII^e^ s. : *commemoratio* ; **COMMÉMORATIF** XVI^e^ s. ♦ [3] **REMÉMORER** XIV^e^ s. : bas lat. *rememorari* formé sur le modèle de *commemorari*, var. de *commemorare* ; a éliminé l'anc. fr. *remembrer* (pop.) de même origine. ♦ [4] **MÉMORABLE** XV^e^ s. : *memorabilis* ; **MÉMORANDUM** XVIII^e^ s. : neutre substantivé de *memorandus*, adj. verbal de *memorare* « qui doit être rappelé » ; **MÉMORATION** XX^e^ s. : dér. sur *memorare*. ♦ [5] **MÉMORISER, MÉMORISATION** fin XIX^e^ s. : dér. formés sur *memoria*.

**II.** mot d'origine germanique

**MORNE**, adj. (pop.) XII^e^ s. : dér. du frq. **moman*.

## MENDIER famille du lat. *mendum, -i* « défaut physique » d'où (1) *mendicus* « infirme », « mendiant » et *mendicare* « demander l'aumône », *mendicitas* « indigence » (2) *emendare* « enlever les fautes ».

**I.** famille de *mendicus*

♦ [1] **MENDIER** (pop.) XI^e^ s. : *mendicāre* ; **MENDIANT** XII^e^ s. : part. présent substantivé. ♦ [2] **MENDIGOT** XIX^e^ s. : adaptation de l'esp. *mendigo*, du lat. *mendicus*. ♦ [3] **MENDICITÉ** (sav.) XIII^e^ s. : *mendicitas*.

**II.** famille de *emendare*

♦ [1] **AMENDER** (pop.) XI^e^ s. « corriger (une faute) », XIII^e^ s. « améliorer (une terre) », fin XVIII^e^ s. pol. : altération, par substitution de préf., du lat. class. *emendare* ; **AMENDE** XII^e^ s. « réparation d'une faute », XIV^e^ s. « sanction pécuniaire » ; **AMENDEMENT** XIII^e^ s. « amélioration », XVIII^e^ s. pol. ; **AMENDABLE** XV^e^ s. ♦ [2] **ÉMENDER** (sav.) XVI^e^ s. : *emendare*.

## MENER famille d'une racine **men-* « être saillant » représentée en latin par (1) *minae* « saillie, avancée », « choses suspendues », d'où « menace », auquel se rattachent (a) *minere* « faire saillie » et ses composés *eminere* « s'élever hors de » ; *imminere* « être suspendu au-dessus » ; *praeeminere* « être élevé au-dessus », « dépasser » ; *prominere* et bas lat. *proeminere* « être saillant » (b) *minari* et *comminari* « menacer » ; lat. imp. *minare* « mener les animaux en les menaçant » (c) l'adj. *minax, -acis* « menaçant » (2) *mons, montis* « montagne » d'où (a) les dimin. *monticulus* et *monticellus* (b) les adj. *montuosus* « montagneux » et *montanus*, var. *montaneus* « de la montagne » ; *transmontanus* « d'au-delà des monts » (3) *promunturium*, var. *promontorium* « partie d'une chaîne de montagnes qui avance dans la mer » : croisement de *prominere* et de *mons, montis*, avec un suff. *-urium* (4) *mentum, -i* « menton » ; bas lat. *mento, -onis* « qui a le menton proéminent ».

**I.** famille de *minae*

**A.** base *-men-* (pop.)

♦ [1] **MENER** X^e^ s. : *mĭnāre* ; **MENÉE** XI^e^ s. divers sens, XVI^e^ s. sens mod. ; **MENEUR** XIII^e^ s. ; XVIII^e^ s. « chef d'une cabale ». ♦ [2] **AMENER, EMMENER** XI^e^ s. ; **RAMENER** XII^e^ s. ; **DÉMENER** XI^e^ s. « mener, exciter », XIII^e^ s. pron. ; **REMMENER** XIV^e^ s. ♦ [3] **MALMENER, SURMENER** XII^e^ s. d'abord « maltraiter » ; **SURMENAGE** XIX^e^ s. ♦ [4] **PROMENER** XVI^e^ s. : réfection demi-sav., d'après le lat. *pro-*, de *pourmener* XIII^e^ s. ; **PROMENADE, PROMENOIR, PROMENEUR** XVI^e^ s. ♦ [5] **MENACE** X^e^ s. : lat. pop. (Plaute) *mĭnacia*, dér. de *minax*, qui a éliminé *minae* ; **MENACER** XII^e^ s. : lat. vulg. **mĭnaciāre*, de *minacia*, qui a éliminé *minari*.

**B.** base *-min-* (sav.)

♦ [1] **ÉMINENT** XIII^e^ s. : *eminens*, part. présent de *eminere* ; **ÉMINENCE** XIV^e^ s. ; XVII^e^ s. titre honorifique : *eminentia* ; **ÉMINEMMENT** XIX^e^ s. ♦ [2] **IMMINENT** XIV^e^ s. : *imminens*, de *imminere* ; **IMMINENCE** XVIII^e^ s. : *imminentia*. ♦ [3] **COMMINATOIRE** XVI^e^ s. : lat. médiéval *comminatorius* de *comminari*. ♦ [4] **PRÉÉMINENT** XVI^e^ s. : *praeeminens*, de *praeeminere* ; **PRÉÉMINENCE** XIV^e^ s. : *praeeminentia*. ♦ [5] **PROÉMINENT** XVI^e^ s. : *proeminens* de *proeminere* ; **PROÉMINENCE** XVI^e^ s.

**II.** famille de *mons*

♦ [1] **MONT** (pop.) X^e^ s. : *mons, montis*; **AMONT** XI^e^ s. « vers le haut », XVII^e^ s. subst. (rivières). ♦ [2] **MONT-DE-PIÉTÉ** : XVI^e^ s. : calqué de l'it. *monte di pietà* « crédit de pitié », *monte* « mont » ayant pu prendre dans cette langue le sens de « montant d'une dette ». ♦ [3] **MONTAGNE** (pop.) XII^e^ s. : bas lat. *montanea*, adj. substantivé ; **MONTAGNEUX** XIII^e^ s. ; **MONTAGNARD** XVI^e^ s. ♦ [4] **MONCEAU** (pop.) XII^e^ s. : *monticĕllus* ; **AMONCELER, AMONCELLEMENT** XII^e^ s. ♦ [5] **MONTER** (pop.) XII^e^ s. : lat. vulg. **montāre* dér. de *mons, montis*, qui a éliminé *ascendere* → ASCENSION, art. ÉCHELLE. ♦ [6] **MONTANT** subst. masc. ; **MONTÉE** subst. fém. XII^e^ s. ; **MONTEUR** XII^e^ s. ; XIX^e^ s. techn. ; **MONTAGE** XVII^e^ s. ; XIX^e^ s. techn. ; **MONTURE** XIV^e^ s. ; **MONTE-CHARGE** XIX^e^ s. ♦ [7] **DÉMONTER** XII^e^ s. ; **DÉMONTAGE, DÉMONTABLE** XIX^e^ s. ; **REMONTER** XII^e^ s. ; **REMONTAGE** XVI^e^ s. ; **REMONTOIR** XVIII^e^ s. ; **REMONTE-PENTE** XX^e^ s. ♦ [8] **SURMONTER** XII^e^ s. ; **SURMONTABLE** XV^e^ s. ; **INSURMONTABLE** XVI^e^ s. ♦ [9] **TRAMONTANE** XIII^e^ s. *tresmontaigne* « étoile du Nord » ; XVI^e^ s. « vent du nord » : mot d'origine prov., du lat. *transmontana (aura)* « (vent) qui vient à travers la montagne ». ♦ [10] **PROMONTOIRE** (sav.) XIII^e^ s. : *promontorium*. ♦ [11] **MONTUEUX** (sav.) XIV^e^ s. : *montuosus*. ♦ [12] **MONTICULE** (sav.) XV^e^ s. : *monticulus*.

**III.** famille de *mentum*

**MENTON** (pop.) XI^e^ s. : bas lat. *mento, -ōnis*, qui avait éliminé le class. *mentum* ; **MENTONNIÈRE** XIV^e^ s.

**MENHIR** XIX^e^ s., mot breton « pierre *(men)* longue *(hir)* » ; **DOLMEN** XIX^e^ s., mot non conforme à la phonétique bretonne, forgé par les archéologues à partir de *ann daol* « une table » et *men* (forme régulière **taol-ven*).

**MÉNINGE** (sav.) XVI^e^ s. lat. *meninga*, du gr. *mênigga*, acc. de *mênigx* « id » ; **MÉNINGITE, -ITIQUE** XIX^e^ s. ; **MÉNINGOCOQUE** XX^e^ s.

1. **-MENT** famille d'une racine ind.-eur. **men-* « avoir une activité mentale ».

**I.** mots d'origine latine

Cette racine apparaît en latin dans (1) *mens, mentis* « esprit, intelligence », auquel se rattachent (a) bas lat. *mentalis* « de l'esprit » (b) *demens* « qui a perdu la raison » (c) *vehemens* « emporté, violent » ; probablement pour *vemens*, construit lui aussi avec une particule privative *ve-*, et rapproché de *vehere* (→ VOIE) par étym. pop. (d) *commentari* « appliquer sa pensée à quelque chose », « étudier » (e) *mentio, -ōnis* « appel à la pensée ou à la mémoire », « mention » (f) *mentiri, mentitus* « mentir », d'où bas lat. *mentio* « mensonge » (2) le verbe *minisci*, attesté seulement dans des gloses, mais dont le composé *reminisci* « se remettre dans l'esprit » est usité ; le parfait à redoublement et à valeur de présent *memini* « j'ai présent à l'esprit, je me souviens », d'où l'impératif *memento* « souviens-toi » ; *memini* a été rapproché, par étym. pop., de *memoria* → MÉMOIRE (3) le verbe causatif *monere, monitus* « rappeler, faire souvenir », auquel se rattachent (a) *monitor* « conseiller » ; *monitum, monitio* « avertissement » ; lat. imp. *monitorius* « qui donne un avertissement » (b) les composés *submonere* « avertir secrètement » et *admonere* « avertir », d'où *admonitio* « avertissement » (c) *monumentum* « objet ou construction rappelant quelqu'un ou quelque chose » (d) *monstrum*, relig. « prodige qui avertit de la volonté des dieux », « objet ou être surnaturel », « monstre », d'où *monstrare* et *demonstrare*, qui signifient seulement « montrer, désigner, indiquer » (e) *Monēta*, surnom de Junon, trad. du gr. *mnêmosunê* « dont on conserve le souvenir » ou « conseillère », puis nom de son temple, où l'on frappait la monnaie, enfin « frappe » et « monnaie » elles-mêmes.

**A.** base *-ment-*

♦ [1] **-MENT** (pop.) suff. adv. qui s'ajoute à des bases d'adj. au fém. et représente le subst. fém. lat. *mens, mentis* ; à l'origine *bonnement* signifie donc « dans de bonnes dispositions d'esprit ». ♦ [2] **MENTIR** (pop.) XI^e^ s. : lat. vulg. *mentīre*, class. *mentiri* ; **DÉMENTIR** XI^e^ s. ; **MENTEUR** XII^e^ s. ; **MENTERIE** XIII^e^ s. ; **DÉMENTI** subst. XV^e^ s. ♦ [3] **MENTION** (sav.) XII^e^ s. « souvenir » : *mentio, -onis* ; **MENTIONNER, SUSMENTIONNÉ** XV^e^ s. ♦ [4] **VÉHÉMENT** (sav.) XII^e^ s. : *vehemens* ; **VÉHÉMENCE** XV^e^ s. ♦ [5] **MENTAL** (sav.) XIV^e^ s. : bas lat. *mentalis* ; **MENTALEMENT** XVII^e^ s. ; **MENTALITÉ** XIX^e^ s., sous l'infl. de l'angl. *mentality* ; **MENTALISME, -ISTE** XX^e^ s. ♦ [6] **COMMENTER** (sav.) XIV^e^ s. : *commentari* ; **COMMENTAIRE, COMMENTATEUR** XIV^e^ s. : *commentarius* « recueil de notes » et bas lat. *commentator*. ♦ [7] **MÉMENTO** XIV^e^ s. partie de la messe, XVIII^e^ s. sens mod. : mot lat. « souviens-toi ». ♦ [8] **DÉMENT** (sav.) XV^e^ s., rare avant le XIX^e^ s. : *demens* ; **DÉMENCE** XIV^e^ s. : *dementia* ; **DÉMENTIEL** XIX^e^ s.

**B.** base *-mens-*

**MENSONGE** (pop.) XI^e^ s. fém. et masc. : lat. vulg. **mentiōnĭca* au lieu de bas lat. *mentiōne* « mensonge », p.-ê. sous l'infl. de la loc. *menda-*

*cia daemonica*, fréquente dans la prédication. **MENSONGER** XII^e s.

C. base *-min-*

**RÉMINISCENCE** (sav.) XIV^e s. : bas lat. philo. *reminiscentia*, dér. de *reminisci*.

D. base *-mon-*

♦ [1] **MONTRER** (demi-sav.) X^e s. *mostrer*, puis infl. du lat. : *monstrare*; **MONTRABLE** XIII^e s.; **MONTREUR, REMONTRER** XIV^e s.; **REMONTRANCE** XV^e s.; **MONTRE** XIII^e s. divers sens, en particulier « étalage »; XIV^e s. « cadran d'horloge », XVI^e s. « petit appareil d'horlogerie portatif » : dér. de *montrer*; **BRACELET-MONTRE** XX^e s. ♦ [2] **DÉMONTRER** (demi-sav.) X^e s. *demostrer*; **DÉMONTRABLE** XIII^e s.; **INDÉMONTRABLE** XVIII^e s. ♦ [3] **SEMONCE** (pop.) XII^e s. « convocation », XVII^e s. sens mod. : fém. substantivé de *semons*, part. passé de l'anc. fr. *semondre*, du lat. vulg. **submonēre*, class. *submonēre*. ♦ [4] **ADMONESTER** (demi-sav.) XII^e s., var. *amoneter* : lat. vulg. **admonitare* qui a dû se croiser dans le latin juridique du Moyen Âge avec *administrare* dont l'un des sens était « exhorter, conseiller »; *d* rétabli au XVI^e s. dans l'écriture, au XVII^e s. dans la prononc. sous l'infl. du lat.; **ADMONESTATION** XIII^e s. ♦ [5] **MONSTRE** (sav.) XII^e s. : *monstrum*; **MONSTRUEUX** XIV^e s. : *monstruosus*; **MONSTRUOSITÉ** XV^e s. → aussi TÉRATO- ♦ [6] **DÉMONSTRATION, DÉMONSTRATIF** (sav.) XIV^e s. : *demonstratio, demonstrativus*; **DÉMONSTRATEUR** XIV^e s. → DÉMONTRER. ♦ [7] **ADMONITION** (sav.) XII^e s. : *admonitio*; **PRÉMONITION** XIII^e s., rare avant le XIX^e s. : de *prae-* et *monitio*; **PRÉMONITOIRE** XIX^e s.; **MONITOIRE** XIV^e s. : *monitorius*; **MONITEUR** XV^e s. : *monitor*. ♦ [8] **MONUMENT** (sav.) XII^e s. d'abord « tombeau » : *monumentum*; **MONUMENTAL** XIX^e s. ♦ [9] **MONNAIE** (pop.) XII^e s. : *monēta*; **MONNAYER** XII^e s.; **MONNAYAGE** XIII^e s.; **FAUX-MONNAYEUR** XV^e s.; **MONNAYEUR** XVI^e s. ♦ [10] **MONÉTAIRE** (sav.) XVI^e s. : *monetarius*, dér. de *moneta*; **DÉMONÉTISER, DÉMONÉTISATION** fin XVIII^e s.; **MONÉTISER, MONÉTISATION** XIX^e s.

II. mots d'origine grecque

La racine **men-* apparaît en grec dans

A. *mnêmê* « mémoire » auquel se rattachent des mots fr. sav.

♦ [1] **AMNISTIE** XVI^e s. : gr. *amnêstia* « oubli, pardon », dér., avec *a-* privatif, de *memnêsthei* « se souvenir » (prononc. byzantine de l'*ê*); **AMNISTIER** fin XVIII^e s. ♦ [2] **AMNÉSIE** XIX^e s. : *amnêsia* « absence de mémoire »; **PARAMNÉSIE, AMNÉSIQUE** XIX^e s. ♦ [3] **MNÉMOSYNE** mythol. « Mémoire », mère des Muses : *mnêmosunê*. ♦ [4] **MNÉMO-** 1^er élément de mots sav., ex. : **MNÉMONIQUE, MNÉMOTECHNIQUE** XIX^e s.

B. *-matos* 2^e élément de l'adj. *automatos* « qui agit de son propre mouvement »; **AUTOMATE** XVI^e s.; **AUTOMATIQUE, -ISME** XVIII^e s.; **AUTOMATISER, -ISATION**, abrév. **AUTOMATION** XX^e s. (1^er élément : → AUT(O)-).

C. *mainesthai* « être furieux », auquel se rattachent

♦ [1] **MANIE** XIV^e s. : gr. *mania* « folie », par le lat. : **MANIAQUE** XIII^e s. : lat. médiéval *maniacus*, dér. de *mania*. ♦ [2] **MÉNADE** XVI^e s., mythol. *mainas, -ados* « femme possédée d'un délire », « bacchante ». ♦ [3] **-MANIE** 2^e élément de composés sav., ex. : **MÉGALOMANIE** XIX^e s.; **MYTHOMANIE** XX^e s. ♦ [4] **-MANE** : gr. *-manês* « fou », élément de composés correspondant à **-MANIE**, ex. : **MÉGALOMANE** XIX^e s; **MYTHOMANE** XX^e s.

2. -**MENT** ♦ [1] (pop.) suff. nom. masc. issu du lat. *-mentum*, précédé d'une consonne, ex. : *tourment*, du lat. *tormentum*, ou d'une voyelle disparue, ex. : *serment*, anc. fr. *sairement*, du lat. *sacramentum*. ♦ [2] **-EMENT** (pop.) : *-amentum*, adjonction du suff. précédent à des thèmes de verbes en *-are* (lat.). *-er* (fr.), ex. : *ornement*, de *ornamentum; remembrement*. ♦ [3] **-IMENT** (sav.) : *-imentum*, adjonction du suff. *-ment(um)* à des thèmes de verbes en *-īre* (lat.). *-ir* (fr.), ex. : *sentiment, fourniment*.

**MENTHE** (sav.) XIII^e s. : lat. *mentha*, du gr. *minthê*; **MENTHOL** XIX^e s.; **MENTHOLÉ** XX^e s.

**MÉPHITIQUE** (sav.) XVI^e s. : bas lat. *mephiticus*, de *mephitis* « exhalaison sulfureuse », forme hellénisée (avec *ph*) de *mefitis*, mot du sud de l'Italie.

**MER** famille d'un mot ind.-eur. signifiant à l'origine « lagune ».

En latin *mare, maris* « mer », d'où *marinus* et *maritimus* « marin ».

En germanique **mari-* « mer, lac », d'où le frq. **marisk* « marais »; angl. *mere* « lac », all. *Meer* « mer ».

En celtique gaulois **mor*, breton *mor* « mer ».

Pour les mots scient. exprimant la notion de « mer » → PÉLAG(O)- et THALASS(O)-

I. mots d'origine latine

♦ [1] **MER** (pop.) XI^e s. : *mare*, mot neutre devenu fém. en fr., p.-ê. sous l'infl. de *terre*; **OUTREMER** XII^e s. « lapis-lazuli » et « bleu intense »; **AMERRIR, AMERRISSAGE** XX^e s. : formes dér. de *mer*, analogiques d'*atterrir*, *atterrissage.* ♦ [2] **MARIN** (pop.) XII^e s. adj., XVIII^e s. subst. : *marīnus*; **MARINE** XII^e s. « plage » et « eau de mer », XVI^e s. « flotte (de guerre) », XVII^e s. peint.; **MARINIER** XII^e s.; XVI^e s. restreint à la navigation en eau douce; **MARINÉ** XVI^e s. « trempé dans la saumure », de *marine* au sens d'« eau de mer »; **MARINER, MARINADE** XVII^e s.; **SOUS-MARIN** XVI^e s. adj., XX^e s. subst.; **MARINIÈRE** XX^e s. subst., vêtement. ♦ [3] **MARÉE** (pop.) XIII^e s. « mouvement de la mer », XIV^e s. « poisson de mer frais » : dér. anc. de *mare*; **MAREYEUR** XVII^e s.; **MARÉ(O)-** 1^er élément de composés sav., ex. : **MARÉGRAPHE, MARÉOGRAPHE, MARÉOMÈTRE** XIX^e s.; **MARÉMOTEUR** XX^e s. ♦ [4] **MARITIME** (sav.) XIV^e s. : *maritimus.* ♦ [5] **TRÉMIÈRE** (rose) (pop.) XVI^e s. : altération de *rose d'outre-mer.* ♦ [6] **SE MARER** ou **SE MARRER** XIX^e s. argot, d'abord « s'ennuyer », d'où **EN AVOIR MAR** ou **MARRE** XIX^e s.; puis par antiphrase « s'amuser » XIX^e s., d'où **MARANT** ou **MARRANT** XX^e s. : esp. *marearse* « avoir des nausées », de *mareo* « mal de mer » et « ennui », dér. de *mar* « mer » : lat. *mare.*

**II.** mots populaires d'origine germanique

♦ [1] **MARAIS** XI^e s. *maresc*, du bas lat. *mariscus*, du frq. **marisk*; **MARAÎCHER** XV^e s. dér. de *marais* de forme picarde. ♦ [2] **MARÉCAGE** XIII^e s. adj., XIV^e s. subst. : dér. de l'anc. *maresc*; **MARÉCAGEUX** fin XIV^e s. ♦ [3] **MARE** XII^e s., d'abord textes normands et anglo-normands : anc. scandinave *marr* « mer ». ♦ [4] **MARSOUIN** XI^e s. : anc. scandinave *marsvin* « porc de mer »; 2^e élément → SOUILLER.

**III.** mots d'origine celtique

♦ [1] **MORUE** XIII^e s., var. *molue* : lat. vulg. **moruca*, var. **moluca*, probablement dér. du gaulois **mor*. ♦ [2] **ARMOR** « le pays de la mer », par opposition à l'intérieur de la Bretagne, *arcoat* « pays des bois »; **ARMORIQUE, ARMORICAIN.**

**MERDE** (pop.) XIII^e s. : lat. *merda*; **MERDAILLE, MERDEUX, EMMERDER** XIV^e s.; **EMMERDEUR, EMMERDEMENT, S'EMMERDER, SE DÉMERDER, DÉMERDARD** XIX^e s.; **MERDIER** XX^e s.

**MÈRE** famille d'une racine ind.-eur. **matr-* « mère ». En grec *mêtêr, mêtros* « mère » et *mêtra* « matrice ».

En latin (1) *mater, matris* « mère » d'où (a) *maternus* « maternel » (b) bas lat. *commater* « mère avec », « seconde mére » c.-à-d. « marraine », concurrencé par la forme pop. *matrina* (c) *matricidium* et *matricida* « matricide (action et agent) » (d) *matrimonium* « maternité légale », « mariage » (e) *matrona* « femme mariée » (2) *matrix, -icis* « matrice », « femelle pleine ou qui nourrit », « arbre qui produit des rejetons », « souche » au propre et au fig., « registre », d'où le dimin. *matricula; matricalis* « relatif à la matrice » (3) *materies* « tronc d'arbre qui produit des rejetons », « partie dure de l'arbre », « bois de charpente », « toute espèce de matériaux », « matière »; *materiarius* « relatif à la charpente »; bas lat. *materiamen* « bois de charpente », bas lat. *materialis* et *immaterialis.*

**I.** mots d'origine latine

**A.** famille de *mater*

♦ [1] **MÈRE** (pop.) XI^e s. : *matrem*, acc. de *mater*; **COMMÈRE** XIII^e s. : *commātrem*; **COMMÉRAGE** XVI^e s. « baptême », XVIII^e s. sens mod.; **MÉMÈRE**, abrév. **MÉMÉ** XIX^e s. ♦ [2] **PIE-MÈRE** XIII^e s. « la plus profonde des méninges » : lat. *pia mater* littéralement « pieuse mère », ainsi appelée parce qu'« elle enveloppe débonnairement le cerveau comme la débonnaire mère son fils » (Mondeville, XIV^e s.); **DURE-MÈRE** XIV^e s. « la plus superficielle et la plus résistante des méninges » : *dura mater.* ♦ [3] **MARRAINE** (pop.) XI^e s. : var. de l'anc. fr. *marrine*, de *matrina.* ♦ [4] **MARÂTRE** (pop.) XII^e s. « seconde femme du père », XIII^e s. « mauvaise mère » : lat. vulg. **matrastra*, analogique du bas lat. *patraster* → PÈRE. ♦ [5] **MATRONE** (sav.) XII^e s. : *matrona.* ♦ [6] **MATERNEL** (sav.) XIV^e s. : dér. sur *maternus*; **MATERNITÉ** XV^e s., XIX^e s. « clinique d'accouchement » : dér. de *maternus* analogique de *paternité.* ♦ [7] **MATRIMONIAL** (sav.) XIV^e s. : bas lat. *matrimonialis*, de *matrimonium.* ♦ [8] **MATRICIDE** (sav.) XVI^e s. : *matricida* et *matricidium.* ♦ [9] **MATRIARCAL** (sav.) XIX^e s. : dér. de *mater, matris*, analogique de *patriarcal* → PÈRE; **MATRIARCAT**, id. ♦ [10] **MADRÉPORE** XVII^e s. « polype à nombreuses perforations » : it. *madrepora*, mot sav. hybride composé de *madre* « mère » et du gr. *poros* « pore », adapté au fém. à cause du genre de *madre*, formation analogique de *madreperla* « nacre ».

**B.** famille de *matrix*

♦ [1] **MARGUILLIER** (pop.) XII^e s. : bas lat. *matricularius* « celui qui tient le registre des pauvres de la paroisse ». ♦ [2] **MATRICE** (sav.) XIII^e s. anat., XVI^e s. typo. : *matrix*; **MATRICIEL** XIX^e s. ♦ [3] **MATRICULE** (sav.) XV^e s. : *matricula*; **IMMATRICULER** XV^e s.; **IMMATRICULATION** XVII^e s. ♦ [4] **MADRIGAL** XVI^e s. : it. *madrigale* « courte pièce polyphonique sans accompagnement » : lat. *matricale* « qui appartient à la matrice », d'où « simple, primitif ».

C. famille de *materies*

♦ [1] **MERRAIN** (pop.) XIIe s. : *materiāmen*. ♦ [2] **MADRIER** (pop.) XIVe s. : altération du prov. *madier* attesté au sens de « couvercle de pétrin », du lat. vulg. **materium*, forme masc. refaite sur *materia*, var. de *materies* au sens de « bois de construction ». ♦ [3] **MATIÈRE** (demi-sav.) XIIe s. : bas lat. *materia*, var. de *materies*. ♦ [4] **MATÉRIEL** (sav.) XIVe s. : *materialis*; **IMMATÉRIEL** XIVe s. : *immaterialis*; **MATÉRIALITÉ** XVe s.; **IMMATÉRIALITÉ** XVIIe s.; **MATÉRIALISME, MATÉRIALISTE** XVIIIe s.; **MATÉRIALISER** XVIIIe s.; **MATÉRIALISATION, DÉMATÉRIALISER** XIXe s. ♦ [5] **MATÉRIAUX** (sav.) XVIe s. : plur. subst. de l'anc. adj. *material*, var. de *matériel* : de *materialis*; **MATÉRIAU** sing. techn. de la fin du XIXe s.

II. mots d'origine grecque

♦ [1] **MÉTROPOLE** (sav.) XIVe s. : gr. *metropolis* « ville-mère »; **MÉTROPOLITAIN** XIVe s. adj., XIXe s. subst. « chemin de fer », abrév. **MÉTRO** XXe s.; **MÉTROPOLITE** XIXe s. ♦ [2] **MÉTRITE** (sav.) XIXe s. : lat. méd. *metritis*, dér. du gr. *mêtra*. ♦ [3] **MÉTRO-** : gr. *mêtra* « matrice », 1er élément de composés sav., ex. : **MÉTRORRHAGIE, MÉTROTOMIE** XIXe s.

**MERINGUE** XVIIIe s. : étym. obscure; p.-ê. polonais *marzynka*.

**MÉRITE** famille d'une racine **mer-* (p.-ê. apparentée à celle de *memoria* → MÉMOIRE) « attirer (par une force magique) sa propre part », puis « mériter ».

En grec *meiresthai* « obtenir en partage », *meros* « part », *moira* « destin ».

En latin *mereri, meritus* « recevoir comme prix », « gagner », d'où *emeritus* « qui a fini de servir »; *meritare* « gagner un salaire » et *meritorius* « qui procure un gain ».

I. mots savants d'origine latine

♦ [1] **MÉRITE** XIIe s., d'abord fém. : *meritum*, ♦ [2] **MÉRITOIRE** XIIIe s. : *meritorius*. ♦ [3] **MÉRITER** XIVe s. : *meritare*; **DÉMÉRITER** XIIIe s.; **IMMÉRITÉ** XVe s.; **MÉRITANT** XVIIIe s. ♦ [4] **ÉMÉRITE** XIVe s., puis XVIIIe s. « vieilli dans le métier, retraité »; fin XIXe s. « éminent » : *emeritus*.

II. forme issue du grec

**-MÈRE** suff. sav. exprimant la notion de « partie », ex. : **BLASTOMÈRE** biol. XIXe s. → BLASTO-, et **POLYMÈRE**, chimie XIXe s., d'où **POLYMÉRIE, POLYMÉRISATION** XIXe s.; **POLYMÉRISER, POLYMÉRISABLE** XXe s.

**MERLE** ♦ [1] (pop.) XIIe s., masc. ou fém. en anc. fr. : bas lat. *merŭlus*, lat. class. *merula*, à la fois oiseau et poisson de mer; **MERLETTE** XIVe s. ♦ [2] **MERLAN** XIIIe s. *merlenc*; XVIIIe s. « coiffeur », par analogie avec l'usage d'enrober de farine le merlan avant de le faire frire : dér. de *merle*, avec le suff. germ. *-ing*, anc. fr. *-enco*. ♦ [3] **MERLU, MERLUS** XIVe s. : prov. *merlus*, croisement de *merle* et de l'anc. fr. *lus*, du lat. *lucius* « brochet ». ♦ [4] **MERLUCHE** XVIIe s. : it. *merluccio*, var. *merluzzo*, empr. au précéd. ♦ [5] **MARLOU** XIXe s. « souteneur » pourrait être un dérivé (avec une finale empruntée à *filou*) de *marle*, var. phon. de *merle*, attestée au sens de « malin » et anc. de « souteneur »; le mot *merle* entre dans divers dial. dans des loc. péj. comme d'autres noms d'oiseaux. → aussi Annexe II MARAUD 2.

**MÉSANGE** ♦ [1] (pop.) XIIe s. : frq. **meisinga*. ♦ [2] **MAZETTE** XVIIe s. « mauvais cheval » puis « joueur inhabile » : probablement emploi métaph. du normand *mazette* « mésange », de même origine, avec substitution de suff.

**MESQUIN** XVIIe s. : it. *meschino* « pauvre, chétif », de l'arabe *miskîn* « pauvre », déjà empr. en anc. fr. sous les formes *meschin, meschine* « jeune homme, jeune fille »; **MESQUINERIE** XVIIe s.

**MESSIE** (sav.) XVe s. : lat. chrétien *messias* : mot gr. : de l'araméen *meschîkhâ*, hébreu *mâschîakh* « oint (par le) seigneur) c.-à-d. consacré » (trad. aussi par *khristos* → CHRÊME); **MESSIANISME, MESSIANIQUE** XIXe s.

**MESURE** famille d'une racine ind.-eur. **me-* « mesurer ».

En grec *metron* « mesure » et en latin *metiri, mensus* « mesurer », d'où *mensura* « mesure »; *mensurare* « mesurer »; *immensus* « qu'on ne peut mesurer » et *immensitas*; bas lat. *commensurare* « donner une mesure égale » et *commensurabilis; dimetiri* « mesurer d'un bout à l'autre » et *dimensio*.

I. mots d'origine latine

A. base *-mes-* (pop.)

♦ [1] **MESURE** XIe s.; XVIIe s. « acte officiel visant à un effet » : *mensūra*; **DÉMESURE** XIIe s., puis XIXe s.; **DÉMESURÉ** XIe s.; **DEMI-MESURE, CONTRE-MESURE** XIXe s. ♦ [2] **MESURER** XIe s. : *mensurāre*; **MESUREUR, MESURABLE** XIIe s.; **MESURAGE** XIIIe s.

B. base *-mens-* (sav.)

♦ [1] **IMMENSE** XIVe s. : *immensus*; **IMMENSITÉ** XIVe s. *immensitas*; **IMMENSÉMENT** XVIIe s. ♦ [2] **DIMENSION** XIVe s. : *dimensio*. ♦ [3] **COMMEN-**

**SURABLE, INCOMMENSURABLE** XIVe s. : *commensurabilis* et *incommensurabilis* ; **COMMENSURABILITÉ** id. ♦ [4] **MENSURATION** XVIe s., rare avant le XIXe s. : *mensuratio* ; **MENSURATEUR** XIXe s.

**II.** mots savants d'origine grecque

♦ [1] **MÈTRE** XIVe s. versif. : gr. *metron*, par le lat. *metrum*, fin XVIIIe s. unité de mesure ; **MÉTRIQUE** XVe s. adj., XVIIIe s. subst. versif. et adj. qualifiant *système* : lat. *metricus*, du gr. *metrikos* et *metrikê (tekhnê)* « art de la versification » ; **MÉTRICIEN** XIXe s. ; **MÉTRAGE, MÉTRER, MÉTREUR** XIXe s. ♦ [2] **DIAMÈTRE** XIIIe s. : gr. *diametros (grammê)* « ligne diagonale », puis « diamètre d'un cercle » ; **DIAMÉTRAL** XIIIe s. : bas lat. *diametralis* ; **DIAMÉTRALEMENT** XIVe s. ♦ [3] **SYMÉTRIE** XVIe s. : gr. *summetria* « proportion exacte », de *sun* « avec » et *metron* ; **SYMÉTRIQUE** XVIe s. ; **ASYMÉTRIE** XVIIe s. ; **ASYMÉTRIQUE, DISSYMÉTRIE, DISSYMÉTRIQUE** XIXe s. ♦ [4] **MÉTRO-** 1er élément de composés sav. exprimant l'idée de « mesure », ex. : **MÉTROLOGIE** XVIIIe s. ; **MÉTRONOME** XIXe s. ♦ [5] **-MÈTRE, -MÉTRIE, -MÉTRIQUE** 2es éléments, ex. : **GÉOMÈTRE** XIIe s. ; **GÉOMÉTRIE** XIIIe s. ; **GÉOMÉTRIQUE** XIVe s.

**MÉTA-** (sav.) préf. gr. exprimant la participation, la succession, le changement, ex. : *métamère*, chimie, « qui participe à la même fonction » ; *métaphysique* « qui vient après la physique » ; *métamorphose* « changement de forme ».

**MÉTAL** ♦ [1] (sav.) XIIe s. : lat. *metallum* « mine » et « métal », empr. anc. au gr. *metallon*. ♦ [2] **MÉTALLIQUE** XVIe s. : lat. imp. *metallicus* ; **BIMÉTALLIQUE** XIXe s. ♦ [3] **MÉTALLURGIE** XVIIe s. : 2e élément, art. ÉNERGIE ; **MÉTALLURGIQUE** XVIIIe s. ; **MÉTALLURGISTE** XIXe s., abrév. **MÉTALLO** XXe s. ♦ [4] **MÉTALLO-** 1er élément de mots sav., ex. : **MÉTALLOGRAPHIE** XVIe s. ; **MÉTALLOÏDE** XIXe s. ♦ [5] **MÉTALLIFÈRE** XIXe s. : *metallifer*.

**MÉTÉORE** famille sav. du gr. *meteôros* « qui est en haut » ou « qui s'élève dans les airs », de *meta* et *aeirein* « enlever » ; plur. neutre substantivé *ta meteôra* « les phénomènes et corps célestes » ; verbe dér. *meteôrizein* « lever en l'air » d'où *meteôrismos* « action de se soulever », « enflure, gonflement ».

♦ [1] **MÉTÉORE** XIIIe s. : *meteôra*, par le lat. ; **MÉTÉORIQUE** XVIe s. ; **MÉTÉORITE** XIXe s. ♦ [2] **MÉTÉORO-** 1er élément de composés sav., ex. : **MÉTÉOROLOGIE** XVIe s. ♦ [3] **MÉTÉORISER** XVIIe s. méd. « gonfler l'abdomen » : *meteôrizein* ; **MÉTÉORISME** XVIe s. : *meteôrismos* ; **MÉTÉORISATION** XIXe s.

**MÉTHANE** (sav.) fin XIXe s. : du gr. *methu* « boisson fermentée », avec le suff. *-ane* (chimie) ; par substitution de suff. à partir de **MÉTHYLÈNE** début XIXe s. ; **MÉTHYLE** XIXe s. : 2e élément gr. *hulê* « bois » → HYLO-.

**MÉTICULEUX** (sav.) XVIe s., d'abord jur. : lat. *meticulosus* « timide, craintif », dér. analogique de *periculosus* (→ PÉRIL), formé à partir de *metus* « crainte » ; **MÉTICULOSITÉ** XIXe s.

**METTRE** famille du verbe lat. *mitterre, missus*, à l'origine « laisser aller, lâcher », puis « envoyer ». (1) formes nominales (a) *missio* « envoi » et *manumissio*, littéralement « action d'envoyer avec la main », « affranchissement des esclaves » ; (b) *missilis* « qu'on peut lancer », neutre substantivé *missile* « arme de jet » ; (c) lat. eccl. *missa*, part. passé fém. substantivé, dans la liturgie anc. « renvoi (des cathéchumènes après les lectures, avant le début du saint sacrifice proprement dit) » (2) verbes préfixés et leurs dér. en *-missio* (a) *admittere* « laisser venir vers » ; (b) *committere* « mettre plusieurs choses ensemble » (d'où *commissura* « jointure »), « mettre aux prises » ; « mettre en chantier », « mettre à exécution » ; (c) *demittere* « faire tomber » ou « laisser tomber » ; (d) *emittere* « envoyer au-dehors » ; (e) *intermittere* « laisser au milieu », « ménager des intervalles » ; (f) *omittere* « laisser aller loin de soi » ; (g) *permittere* « lancer d'un point jusqu'à un autre », « laisser aller librement » ; (h) *praetermittere* « laisser passer », « laisser de côté » ; (i) *promittere* « assurer, promettre » ; *compromittere* « convenir de s'en remettre à l'arbitrage d'un tiers » ; (j) *remittere* « renvoyer », « rendre », « concéder » ; (k) *submittere* « envoyer dessous », « soumettre » ; (l) *transmittere* « envoyer de l'autre côté ».

**I.** mots populaires ou demi-savants

**A.** base *-mett-* (pop., mais souvent associée à des préf. de forme sav.)

♦ [1] **METTRE** Xe s. : *mĭttĕre*, qui avait partiellement éliminé et spécialisé *ponĕre* → PONDRE ; **METTABLE** XIIe s. ; **IMMETTABLE** XXe s. ; **METTEUR** XIVe s. ; *en œuvre* XVIIe s. ; *en scène* XIXe s. ♦ [2] **PERMETTRE** Xe s., rare avant le XVe s. : *permittere*. ♦ [3] **PROMETTRE** Xe s. : *promittere* ; **PROMETTEUR** XIIIe s. ♦ [4] **REMETTRE** XIIe s. « mettre de nouveau », XVe s. « pardonner », sous l'infl. du lat. : *remittere*. ♦ [5] **SOUMETTRE**

XII^e s. : *submittere.* ♦ [6] **TRANSMETTRE** XII^e s. : *transmittere*; **TRANSMETTEUR** XIX^e s. ♦ [7] **ENTREMETTRE** XII^e s. : *intermittere*; **ENTREMETTEUR** XIV^e s. ♦ [8] **ADMETTRE** XIII^e s. « mettre sur », XV^e s. « approuver » : *admittere.* ♦ [9] **COMMETTRE** XIII^e s. : *committere*; **COMMETTANT** XVI^e s. ♦ [10] **DÉMETTRE** XIII^e s. : composé de *mettre*, et infl. de *demittere.* ♦ [11] **COMPROMETTRE** XIII^e s. jur., XVII^e s. « mettre dans une situation critique » : *compromittere*; **COMPROMETTANT** XIX^e s. ♦ [12] **OMETTRE** XIV^e s. : *omittere.* ♦ [13] **ÉMETTRE** XV^e s. : *emittere*; **ÉMETTEUR** XIX^e s.

**B.** base *-mess-* (var. *-mets*)

♦ [1] **METS** XII^e s. *mes* (*t* graphique dû à l'infl. de *mettre*) : *mĭssum* « ce qui est mis (sur la table) »; **ENTREMETS** XII^e s. « divertissement », XVI^e s. sens mod. ♦ [2] **MESS** XIX^e s. : mot angl. « portion », « compagnie de personnes mangeant ensemble », de l'anc. fr. *mes* « mets ». ♦ [3] **MESSE** X^e s. : *mĭssa*; **KERMESSE** → KYRIELLE. ♦ [4] **MESSAGE** XI^e s., d'abord « envoyé », puis « information portée par celui-ci » : dér. de l'anc. fr. *mes* « id. », du lat. *mĭssus* part. passé substantivé de *mittere* « envoyer »; **MESSAGER** XII^e s.; **MESSAGERIE** XIII^e s. « mission », XVII^e s. « entreprise de transports ». ♦ [5] **PROMESSE** XII^e s. : *promĭssa* « choses promises », plur. neutre substantivé pris comme fém. en bas lat.

**C.** base *-mis-* (formes de part. passés issues du lat. vulg. **mīssus*, analogique du parfait *mīsi*, alors que *mĭssus* n'a subsisté que dans des formes de subst. → **B**).

♦ [1] **MISE** XIII^e s., part. passé fém. substantivé de *mettre*; **MISER** XVIII^e s. ♦ [2] **ENTREMISE** XII^e s., d'*entremettre.* ♦ [3] **REMISE** XIV^e s. vénerie, XV^e s. « action d de remettre » et « réduction », XVII^e s. « abri » : de *remettre.* ♦ [4] **COMPROMIS** XIII^e s. : lat. jur. *compromissus* de *compromittere.* ♦ [5] **COMMIS** XIV^e s., de *commettre.* ♦ [6] **PROMIS, -ISE** « fiancé(e) » adj. XVI^e s., subst. XIX^e s., de *promettre.* ♦ [7] **INSOUMIS** XVI^e s., puis XVIII^e s.; **SOUMIS** adj. XVII^e s., de *soumettre.* ♦ [8] **PERMIS** subst. XVIII^e s. : de *permettre.*

**II.** mots savants

**A.** base *mit(t)-*

♦ [1] **INTERMITTENT** XVI^e s. : *intermittens*, participe présent de *intermittere*; **INTERMITTENCE** XVII^e s. ♦ [2] **RÉMITTENT** XIX^e s. : *remittens*, part. présent de *remittere*; **RÉMITTENCE** XIX^e s. ♦ [3] **COMITÉ** XVII^e s. : angl. *committee* « commission », de *to commit*, du lat. *committere.*

**B.** base *-miss-*

♦ [1] **PERMISSION** XII^e s. : *permissio*; **PERMISSIONNAIRE** XVII^e s. « qui a la permission », XIX^e s. sens mod. ♦ [2] **RÉMISSION** XII^e s. : lat. eccl. *remissio* « action de remettre »; **IRRÉMISSIBLE** XIII^e s. : *irremissibilis*; **RÉMISSIBLE** XIV^e s. ♦ [3] **PRÉMISSE** XIII^e s. : lat. scolastique *praemissa (sententia)* « proposition mise en avant ». ♦ [4] **COMMISSION** XIII^e s. « charge donnée à quelqu'un », XVII^e s « groupe de personnes chargées d'étudier une question », « pourcentage », « achats journaliers » : *commissio*; **COMMISSIONNER** XV^e s.; **COMMISSIONNAIRE** XVI^e s.; **SOUS-COMMISSION** XIX^e s.; **COMMISSAIRE** XIV^e s. : lat. médiéval *commissarius*; **COMMISSARIAT** XVIII^e s.; **COMMISSAIRE-PRISEUR** XIX^e s.; **COMMISSURE** XIV^e s. : *commissura.* ♦ [5] **MISSION** XIV^e s. : *missio*; **MISSIONNAIRE** XVII^e s. ♦ [6] **MISSILE** XIV^e s. puis XX^e s. : *missile*; **ANTIMISSILE** XX^e s. ♦ [7] **DÉMISSION** XIV^e s. : *demissio*; **DÉMISSIONNER, DÉMISSIONNAIRE** XVIII^e s. ♦ [8] **ÉMISSION** XIV^e s.; XVIII^e s. phys., d'après l'angl.; XIX^e s. fin. : *emissio*; **ÉMISSAIRE** XVI^e s. : lat. *emissarius* « agent », « espion », de *emittere*; **BOUC ÉMISSAIRE** XVII^e s. : calque du lat. eccl. *caper emissarius* « bouc envoyé au-dehors », animal chargé des iniquités d'Israël, chassé au désert comme victime expiatoire, le jour du Grand Pardon. ♦ [9] **OMISSION** XIV^e s. : bas lat. *omissio.* ♦ [10] **SOUMISSION** XIV^e s., d'abord *submission* : lat. *submissio*; **SOUMISSIONNER** XVII^e s.; **SOUMISSIONNAIRE** XVIII^e s.; **INSOUMISSION** XIX^e s. ♦ [11] **TRANSMISSION** XIV^e s.; XX^e s. plur., milit. : *transmissio*; **TRANSMISSIBLE** XVI^e s.; **TRANSMISSIBILITÉ** XVIII^e s.; **INTRANSMISSIBLE** XIX^e s. ♦ [12] **MANUMISSION** XIV^e s. : *manumissio.* ♦ [13] **ADMISSIBLE, INADMISSIBLE** XV^e s.; **ADMISSION** XVI^e s. : *admissio*; **ADMISSIBILITÉ** XVIII^e s. jur., XIX^e s. scolaire. ♦ [14] **PRÉTERMISSION** XV^e s. rhét. : *praetermissio.* ♦ [15] **MISSIVE** XV^e s. adj. XVI^e s. subst. : dér., sur *missus.* ♦ [16] **MISSEL** XV^e s. : lat. médiéval *missalis (liber)* « (livre) de messe », dér. de *missa.*

**MI** famille d'un thème ind.-eur. **medhyo-* « qui est au milieu ». En grec *mesos* « id. » et en latin *medius* « qui se trouve au milieu », « intermédiaire », « moyen », auquel se rattachent (1) *medium* neutre substantivé « milieu » « lieu accessible à tous » (2) les adj. *medianus* « du milieu »; *dimidius* « coupé par le milieu » et bas lat. *medialis* « demi »; *intermedius* « interposé, intercalé »; bas lat. *immediatus* « sans intermédiaire »; *mediocris* « qui se trouve à mi-hauteur, dans un juste milieu » (3) *medietas* « milieu » et bas lat. « moitié » (4) *mediare, mediatus* « couper par le milieu », « être au milieu », d'où lat. imp. *mediator* « médiateur » et *médiatio* (5) *mediterraneus* « au milieu des terres » (6) *meridies* issu de **mediei die* par dissimilation « midi » et « sud » (→ JOUR) d'où *meridianus* « relatif au midi », et bas lat. *meridionalis* « du Midi ».

I. mots populaires d'origine latine

♦ [1] **MI** XI$^e$ s. adj. et subst., conservé comme 1$^{er}$ élément de composé, ex. : *mi-figue mi-raisin, mi-clos, mi-carême, à mi-chemin : mĕdius.* Pour les préf. sav. exprimant la même idée → MÉSO-, art. MI IV, et SEMI-, HÉMI-, art. ENSEMBLE. ♦ [2] **MIDI** XI$^e$ s. ; pour le 2$^e$ élément → -DI, art. DIEU ; **APRÈS-MIDI** XVI$^e$ s. subst. masc., XIX$^e$ s. fém., XX$^e$ s. masc. ; **MIDINETTE** → JEÛNER ; **MINUIT** XII$^e$ s. → NUIT ; **MILIEU** XII$^e$ s. ; XIX$^e$ s. « ensemble des conditions d'existence » → LIEU ; **MITAN** XIV$^e$ s. : 2$^e$ élément obscur, p.-ê. substitution de *tant* à *lieu* ; **PARMI** XI$^e$ s. littéralement « par le milieu ». ♦ [3] **DEMI** XI$^e$ s. adj., XIII$^e$ s. adv., XIX$^e$ s. « grand verre de bière (à l'origine un demi-litre) » : lat. vulg. **dimĕdius*, altération, sous l'infl. de *medius*, du class. *dĭmĭdius* ; **DEMI-** 1$^{er}$ élément de composés, ex. : *demi-brigade, demi-cercle*, etc. ♦ [4] **MOITIÉ** XI$^e$ s. ; XVII$^e$ s « épouse » : *medietātem*, acc. de *medietas.* ♦ [5] **MÉTAYER** XII$^e$ s. *meiteier* « personne prenant à bail un domaine, sous le régime du partage des fruits » : dér. de *meitié*, forme anc. de *moitié* ; **MÉTAIRIE** XII$^e$ s. ; **MÉTAYAGE** XIX$^e$ s. ♦ [6] **MITOYEN** XIV$^e$ s. « qui est au centre » ; puis sens mod. : altération, sous l'infl. de *mi*, de *moiteen*, dér. de *moitié* ; **MITOYENNETÉ** XIX$^e$ s. ♦ [7] **MOYEN** XII$^e$ s. adj. ; XIV$^e$ s. subst. XV$^e$ s. « ressources pécuniaires », XVIII$^e$ s. « ressources intellectuelles » ; XVI$^e$ s. adj. gramm. ; XIX$^e$ s. adj. soc. : *mediānus* ; **MOYENNANT** XIV$^e$ s. prép. : part. présent d'un anc. verbe *moyenner* XII$^e$ s. ; **MOYENNE** subst. fém. XIX$^e$ s. ; **MOYEN ÂGE** XVII$^e$ s. : calque du lat. *media aetas* XVI$^e$ s., ou *medium aevum* début XVII$^e$ s. ; **MOYENÂGEUX** XIX$^e$ s. ♦ [8] **MENEAU** XIV$^e$ s. probablement **meienel*, dér. de *meien*, forme anc. de *moyen* ; sens premier « qui est au milieu ». ♦ [9] **MAILLE** XII$^e$ s. « demi-denier » : lat. vulg. **medalia*, issu par dissimilation de *medialia*, plur. neutre de *medialis*, dér. de *medius* ; ne survit que dans les expressions *n'avoir ni sou ni maille* et *avoir maille à partir* (c.-à-d. à « partager ») *avec quelqu'un*, chose impossible, la *maille* étant la plus petite monnaie, d'où des disputes futiles et insolubles.

II. mots d'emprunt d'origine latine

♦ [1] **MÉDAILLE** XV$^e$ s. : it. *medaglia*, du lat. vulg. **medalia*, équivalent du fr. *maille* → **I.**, 9 ; **MÉDAILLON** XVI$^e$ s. : it. *medaglione*, augmentatif de *medaglia* ; **MÉDAILLIER** XVI$^e$ s. adj., XVII$^e$ s. subst. ; **MÉDAILLISTE** XVII$^e$ s. ; **MÉDAILLEUR, MÉDAILLÉ** XIX$^e$ s. ♦ [2] **MISAINE** XVI$^e$ s. : altération, sous l'infl. de l'it. *mezzana*, de l'anc. fr. *migenne* XIV$^e$ s., du catalan *mitjana* « (voile) moyenne », du lat. *mediana*, le mât de *misaine* se trouvant entre le mât principal et l'extrémité du bateau. ♦ [3] **INTERMÈDE** XVI$^e$ s. : it. *intermedio*, du lat. *intermedius.* ♦ [4] **MÉDIANOCHE** XVII$^e$ s. : esp. *media noche* « minuit ». ♦ [5] **MEZZA VOCE** XVIII$^e$ s. mus. : it. « à mi-voix » ; **MEZZO-SOPRANO** ou simplement **MEZZO** XIX$^e$ s. mus., a éliminé l'anc. *bas-dessus* ; 1$^{er}$ élément issu de *media* et *medius.* ♦ [6] **MEZZANINE** XVII$^e$ s. archit. : it. *mezzanino* « entresol », dér. de *mezzo* « intermédiaire », du lat. *medius.* ♦ [7] **MÈCHE** XIX$^e$ s. argot, *il n'y a pas mèche* et *être de mèche* : it. *mezzo*, dans le premier cas au sens de « moyen », dans le deuxième au sens de « demi », du lat. *medius.*

III. mots savants d'origine latine

A. **MÉRIDIEN** XII$^e$ s. adj., XIV$^e$ s. subst. astron : *meridianus* ; **MÉRIDIONAL** XIV$^e$ s. : *meridionalis* ; **MÉRIDIENNE** XVII$^e$ s. « sieste », XIX$^e$ s. « canapé » : fém. subst. de l'anc. adj. *méridien.*

B. base *-médi-*

♦ [1] **MÉDIATEUR** XIII$^e$ s. : *mediator* ; **MÉDIATION** XV$^e$ s. : *mediatio* ; **MÉDIATRICE** XVII$^e$ s. : *mediatrix*, fém. de *mediator.* ♦ [2] **IMMÉDIAT** XIV$^e$ s. : *immediatus* ; **IMMÉDIATEMENT** XVI$^e$ s. ; **MÉDIAT** XV$^e$ s. : tiré de *immédiat* ; **MÉDIATISER** XIX$^e$ s. ♦ [3] **MÉDIOCRE** XV$^e$ s. « modéré », XVI$^e$ s., sens péj. : *mediocris* ; **MÉDIOCRITÉ** XIV$^e$ s. : *mediocritas* ; **MÉDIOCREMENT** XVI$^e$ s. ♦ [4] **MÉDIAN** XV$^e$ s. : *medianus* ; **MÉDIANE** subst. fém. XVIII$^e$ s. géom. → MOYEN. ♦ [5] **MÉDIANTE** XVI$^e$ s. mus. : *medians, antis* part. présent de *mediare.* ♦ [6] **MÉDITERRANÉE** et **MÉDITERRANÉEN** XVI$^e$ s., rare avant le XIX$^e$ s. : *mediterraneum (mare).* ♦ [7] **MÉDIUM** XVI$^e$ s. « moyen, milieu », XVIII$^e$ s. registre vocal : mot lat. ; XIX$^e$ s. spiritisme : mot angl., de même origine. ♦ [8] **MÉDIUS** XVI$^e$ s. anat. : lat. *medius (digitus)* « (doigt) du milieu ». ♦ [9] **INTERMÉDIAIRE** XVII$^e$ s. : dér. tiré de *intermedius.* ♦ [10] **MÉDIÉVAL** XIX$^e$ s. : dér. tiré de *medium aevum* → **I**, 7 et MI ; **MÉDIÉVISTE** XIX$^e$ s.

IV. forme savante d'origine grecque

**MÉSO-** : gr. *mesos* « demi », 1$^{er}$ élément de composés sav., ex. : **MÉSOCARPE, MÉSODERME** XIX$^e$ s.

**MICOCOULIER** XVI$^e$ s. : gr. mod. *mikrokoukouli*, par le prov.

**MICRO-** ♦ [1] (sav.) : gr. *mikros* « petit », 1$^{er}$ élément de composés sav., ex. : *microscope*, *microzoaire*, et à date récente associé à n'importe quel mot, comme équivalent de l'adj. *petit*, ex. : *micro-prix*. ♦ [2] **MICROBE** XIX$^e$ s. : de *mikros* et *bios* « vie »; **MICROBIEN, MICROBICIDE** XIX$^e$ s. ♦ [3] **MICRON** fin XIX$^e$ s. : gr. *mikron*, neutre de *mikros*. ♦ [4] **MICRO** XX$^e$ s. : abrév. de **MICROPHONE** XVIII$^e$ s. → ANTIENNE.

**MICTION** (sav.) XVII$^e$ s. : bas lat. *mictio*, class. *minctio*, de *mingere* « uriner ».

**MIE** ♦ [1] (pop.) XII$^e$ s. « miette de pain » et auxiliaire de la négation; XIII$^e$ s. « partie molle du pain » : lat. *mīca*. ♦ [2] **MIETTE** XII$^e$ s. : dimin. de *mie*; **ÉMIETTER** XVI$^e$ s.; **ÉMIETTEMENT** XVII$^e$ s. ♦ [3] **MITONNER** XVI$^e$ s. : du dial. (Ouest) *miton* « mie de pain », dér. de *mie*, apparenté à *mitonnée* « panade ». ♦ [4] **MIOCHE** XVI$^e$ s. « miette », XVIII$^e$ s. « enfant » : dér. de *mie*. ♦ [5] **MICA** (sav.) XVIII$^e$ s. : mot lat. « parcelle »; **MICASCHISTE** XIX$^e$ s..

**MIEL** famille d'une racine **mel-* qui apparaît dans une partie seulement de l'ind.-eur.. En grec *meli* « miel » d'où *melissa* « abeille » et *hudromeli* « eau miellée » ou « hydromel ». En latin *mel, mellis* « miel ». En germanique **melith* « miel ».

I. mots d'origine latine

♦ [1] **MIEL** (pop.) X$^e$ s. : *mĕl*; **MIELLÉ** XII$^e$ s.; **MIELLEUX, EMMIELLER** XIII$^e$ s. ♦ [2] **MÉLASSE** XVI$^e$ s. : esp. *melaza*, dér. du lat. *mel*. ♦ [3] **MELLI-** (sav.) : *mellis*; 1$^{er}$ élément de composés, ex. : **MELLIFÈRE** XVI$^e$ s.; **MELLIFICATION** XIX$^e$ s.

II. mots d'origine grecque

♦ [1] **MÉLISSE** (sav.) XIII$^e$ s. : lat. médiéval *melissa*, abrév. de *melissophullon* « feuille *(phullon)* aux abeilles *(melissa)* ». ♦ [2] **HYDROMEL** (sav.) XV$^e$ s. : *hudromeli*, par le lat.

III. mot d'origine germanique

**MILDIOU** XIX$^e$ s. : angl. *mildew* littéralement « rosée de miel »; 1$^{er}$ élément du germ. **melith*.

**MIÈVRE** (pop.) XII$^e$ s. « vif et malicieux », XVII$^e$ s. sens mod., var. anc. fr. *esmièvre* et normand *nièvre* XVII$^e$ s. : p.-ê. anc. scandinave *snaefr* « vif, habile » avec accommodation du *n* à la labiale *v*; **MIÈVRERIE** XVIII$^e$ s.

**MIGNON** famille d'une base expressive *mi-* symbolisant la petitesse : élargissements variés en fr., pour former en particulier plusieurs dénominations du chat, et en it., pour former les noms de divers petits animaux.

I. base *-mign-*

♦ [1] **MIGNON** XII$^e$ s. « mendiant », XV$^e$ s. « menu et gracieux », XVI$^e$ s. subst. masc. « favori du roi »; **MIGNONNETTE** XVIII$^e$ s. subst. fém., bot. ♦ [2] en anc. fr. une var. de *mignon, mignot* XII$^e$ s., d'où **(SE) MIGNOTER** XV$^e$ s.; puis nouvelle var. **MIGNARD** XV$^e$ s., d'où **MIGNARDISE** XVI$^e$ s.

II. base *-mit-* anc. fr. *mite* XIII$^e$ s. « chatte », dont les mots suivants semblent être des dér.

♦ [1] **MITAINE** fin XII$^e$ s. « moufle », emploi métaph. Dans le composé **CROQUE-MITAINE** XIX$^e$ s., mot obscur, probablement d'origine dial., introduit en fr. par Béranger et Victor Hugo, *croque* est p.-ê. l'impér. de *croquer* au sens souvent attesté de « frapper », et *mitaine* un nom du chat, qui, dans le folklore fr., est souvent considéré comme le compagnon du diable et des sorciers, voire comme une forme du diable lui-même; le *croque-mitaine* serait donc une sorte de « père fouettard » envoyé du diable. ♦ [2] **EMMITOUFLER** XVI$^e$ s. : dér. de *mitoufle* XVI$^e$ s. « gants », var. de *mitaine*. ♦ [3] **MARMITE** → MARAUD. ♦ [4] **CHATTEMITE** XIII$^e$ s. : deux noms différents de la « chatte ».

III. base *-min-*

♦ [1] **MINON** XIV$^e$ s. et, par substitution de suff., **MINOU** fin XIV$^e$ s. et **MINET** XVI$^e$ s. : dimin. de *mine*, nom du chat dans divers parlers gallo-romans; **MIMI** XVII$^e$ s. « coiffure féminine », XIX$^e$ s. « chat » : redoublement de la syllabe initiale de *minet*. ♦ [2] **MINETTE** XIX$^e$ s. « luzerne » : emploi métaph. du fém. de *minet* (→ CHATON « bourgeon »).

IV. base *-mist-* représenté à l'origine par le moyen fr. *miste* XV$^e$ s.-XVII$^e$ s. « aimable, élégant » et le dial. (Calvados) *mistin* « chat ».

♦ [1] **MISTENFLÛTE** XVII$^e$ s., **MISTON** fin XVIII$^e$ s. « jeune homme » : p.-ê. altération du prov. *mistouflet* « poupin », dér. de *misto* « mioche », équivalent de *miste*. ♦ [2] **MISTIGRI** XIX$^e$ s., nom du chat et désignation plaisante du valet de trèfle dans certains jeux de cartes : p.-ê. altération du moyen fr. *mistigouri*, terme de tendresse, dont le 2$^e$ élément semble apparenté au moyen fr. *gorre* « recherche de la parure », *gorrier* « coquet », *se gorrer* « s'habiller », *gorasse* « femme coquette » XVI$^e$ s. (→ GORET.) ♦ [3] **MISTOUFLE** XIX$^e$ s., argot « misère » et « tracasserie » : probablement dér. en *-oufle* (→ EMMITOUFLER) d'un nom dial. du chat; l'évolution sémantique s'explique p.-ê. par l'homonymie de *chat* (remplaçable par son syn. *mistoufle*) et de *chas* « colle de pâte », d'où « mauvaise bouillie », symbole de la misère (→ MAROUFLE, art. MARAUD et PURÉE).

V. **MAGNANERIE** et **MAGNANARELLE** XIX^e s. : prov. *magnanarié* « élevage de vers à soie » et *magnanarello*, fém. de *magnanaire* « éleveur de vers à soie » : dér. de *magnan* « ver à soie », apparenté ou empr. à l'anc. it. *magnatto* « id », var. de l'it. *mignatta* « sangsue », d'une base *mign-* qui apparaît dans divers noms du chat et de petits animaux tels que vers, insectes.

**MIL** (pop.) XIII^e s. : lat. *milium* ; **MILLET** XIII^e s. : diminutif de *mil*.

**MILAN** XVI^e s. : mot prov. : lat vulg. **mīlānus*, dér. du lat. class. *milvus*.

**MILICE** famille sav. du lat. *miles, militis* « soldat », d'origine obscure, p.-ê. étrusque ; dér. *militia* « service militaire », *militaire* « être soldat » et *militaris* « de soldat ».

♦ [1] **MILICE** XV^e s. « corps de troupe » : *militia* ; **MILICIEN** XVIII^e s. ♦ [2] **MILITER** XIII^e s. théol., XVII^e s. sens mod. : *militare* ; **MILITANT** XV^e s. à propos de l'Église, XIX^e s. pol. ♦ [3] **MILITAIRE** XIV^e s. adj. ; XVII^e s. subst. : *militaris* ; **MILITARISME** fin XVIII^e s. ; **MILITARISTE, ANTIMILITARISTE, MILITARISER, DÉMILITARISER, MILITARISATION, DÉMILITARISATION** XIX^e s. ; **PARAMILITAIRE, PRÉMILITAIRE** XX^e s.

**MILLE** famille du lat. *mille* « mille », plur. *millia*, ou *milia*, « millier », d'où *millenarius* et *milliarius* « qui contient mille unités » ; *millesimus* « millième ».

I. mots issus directement du latin

♦ [1] **MIL** (pop.) XI^e s. : *mīlle* ; **MILLE** fin XII^e s. : contamination de *mil* et de l'anc. fr. *milie* début XII^e s., du lat. *milia* ; **MILLIER** XI^e s., **MILLIÈME** XIII^e s. : lat. *milliarius* et *millesimus*, avec maintien du timbre du *i* sous l'infl. de *mille*. ♦ [2] **MILLÉNAIRE** XV^e s., **MILLIAIRE** (sav.) XV^e s. : *millenarius, milliarius*. ♦ [3] **MILLÉSIME** (sav.) XVI^e s. : *millesimus* ; **MILLÉSIMÉ** XIX^e s. ♦ [4] **MILLI-** (sav.) 1^er élément de composés, ex. : **MILLIMÈTRE** fin XVIII^e s. ; **MILLILITRE** fin XVIII^e s. ; **MILLIBAR** XX^e s.

II. mots se rattachant à l'it. *milione*

♦ [1] **MILLION** XIII^e s. : empr. probable à l'it. *milione*, augmentatif de *mille* ; **MILLIONIÈME** XVI^e s. ; **MILLIONNAIRE** XVIII^e s. ♦ [2] **MILLIASSE** XV^e s. ; **MILLIARD** XVI^e s. : à partir de *million* par substitution de suff. ; **MILLIARDAIRE** XIX^e s. ; **MILLIARDIÈME** XX^e s. ♦ [3] **BI-, TRI-, QUATRILLION** XVI^e s. : à partir de *million*, par substitution de la syllabe initiale.

**MIME** ♦ [1] (sav.) XVI^e s. : lat. *mimus*, du gr. *mimos* « imitateur, bouffon, acteur » ; **MIMIQUE** XVI^e s. adj., XIX^e s. subst. : lat. *mimicus*, du gr. *mimikos* ; **MIMER, MIMODRAME** XIX^e s. ♦ [2] **MIMOSA** XVII^e s. d'abord adj. dans l'expression *herbe mimosa* (ou *mimose*, ou *mimeuse*) : mot lat. mod. « herbe qui se contracte, au toucher, comme un mime ». ♦ [3] **PANTOMIME** XVI^e s. acteur, XIX^e s. art : gr. *pantomimos*, de *pan, pantos* « tout » et *mimos*, par le lat. ♦ [4] **MIMÉTISME** (sav.) XIX^e s., d'après gr. *mimeisthai* « imiter », apparenté à *mimos*.

**MINARET** XVII^e s. : turc *mĭnarĕ*, var. pop. de *menâret*, de l'arabe *manâra* « phare » et « tour de mosquée ».

1. **MINE** (excavation) ♦ [1] (pop.) XIV^e s. « galerie de sape », XV^e s. « minerai », en particulier dans *mine de plomb* ; XVII^e s. « terrain à minerai » ; XX^e s. « partie centrale d'un crayon » et « engin explosif » : lat. vulg. gallo-roman **mīna*, du celtique **meina* ; **CONTRE-MINE** XIV^e s. ; **PORTEMINE** XX^e s. ; **MINERAI** XIV^e s. ; **MINIER**, adj. XIX^e s. ♦ [2] **MINER** XII^e s. et **MINEUR** XIII^e s. : sans doute dér. de mine malgré les dates ; **CONTRE-MINER** XV^e s. ; **DÉMINER, DÉMINAGE, DÉMINEUR** XX^e s. ♦ [3] **MINABLE** XV^e s. « (terrain) qui peut être sapé, détruit par une mine », XIX^e s. « usé, pitoyable ». ♦ [4] **MINÉRAL** (sav.) XV^e s. : lat. médiéval *mineralis*, de *minera* dér. de *mina* ; **MINÉRALOGIE** XVII^e s. ; **MINÉRALOGIQUE, -ISTE ; MINÉRALISER, -ISATION**, XVIII^e s., chimie ; **DÉMINÉRALISER** XIX^e s.

2. **MINE** (aspect physique) XIII^e s., puis XV^e s. : breton *min* « bec, museau » ; **MINOIS** XV^e s. ; **MINAUDERIE** XVI^e s. ; **MINAUDER, MINAUDIER** XVII^e s., d'abord dial. (normand).

3. **MINE** (sav.) XVI^e s. monnaie : lat. *mina*, du gr. *mnâ*, d'origine sémitique.

**MINIUM** ♦ [1] (sav.) XVI^e s. : mot lat. « cinabre, sulfure de mercure de couleur rouge », d'origine méditerranéenne. ♦ [2] **MINIATURE** XVII^e s. : it. *miniatura*, dér. de *miniare* « peindre en miniature », c.-à-d. en rouge, de *minio* « minium » ; **MINIATURISTE** XVIII^e s. ; **MINIATURISER** XX^e s.

**MIRABELLE** ♦ [1] (demi-sav.) XVII^e s. : altération de *myrobalan* (sav.) XIII^e s., du gr. *murobalanos* « gland parfumé », de *muron* « parfum » et *balanos* → GLAND, par le lat. ; à moins qu'il ne s'agisse simplement des toponymes *Mirabel*, var. *Mirabeau*, villages de la Drôme et du Vaucluse où ce fruit aurait d'abord été cultivé ; **MIRABELLIER** XIXe s. ♦ (2) **MIROBOLANT** XIXe s. emploi plaisant de *myrobolan* XIIIe s. « fruits séchés employés en pharmacie », avec infl. de *mirer*.

**MIRER** famille du lat. *mīrus* « étonnant ». (1) verbe *mirari, miratus* « s'étonner », bas lat. *mirare* et son composé *admirari* « éprouver un étonnement admiratif » (2) adj. *mirabilis* « étonnant », plur, neutre *mirabilia* substantivé dans la langue eccl. (3) *miraculum* « chose étonnante » et dans la langue eccl. « miracle, prodige ».

♦ (1) **MIRER** (pop.) XIIe s. « regarder avec attention », surtout pronom. depuis la fin du Moyen Âge ; XVIe s. « viser avec une arme à feu » ; XIXe s. « examiner (des œufs) » : *mirare* ; **MIRE** XVe s. ; XVIIe s. *point de mire* ; **MIRAGE** XVIIIe s. ; **MIRETTE** techn., et plur. fém. « yeux », **MIREUR** (d'œufs) XIXe s. ♦ (2) **MIROIR** XIIe s. d'abord *mireor* : dér. de *mirer* ; **MIROITIER, MIROITER** XVIe s. ; **MIROITEMENT** XVIIe s. ; **MIROITERIE** XVIIIe s. ♦ (3) **MIROTON** XVIIe s. : p.-ê. dér. du normand *miroter* « orner », littéralement « regarder dans le miroir », lui-même dér. de l'anc. normand *mirour*, aujourd'hui *mireur*, var. de *miroir* ; le sens originel serait « préparation pleine d'art ». ♦ (4) **MIRADOR** XIXe s. : mot esp. « belvédère », dér. de *mirar* « regarder », équivalent de *mirer*. ♦ (5) **MERVEILLE** (pop.) XIe s. : lat. vulg. **miribĭlĭa*, altération, par assimilation, du class. *mirabilia*, plur. neutre pris pour un fém. ; **MERVEILLEUX, S'ÉMERVEILLER, ÉMERVEILLEMENT** XIIe s. ♦ (6) **MIRACLE** (demi-sav.) XIe s. : *miracŭlum* ; **MIRACULEUX** (sav.) XIVe s. : dér. sur le mot lat. ♦ (7) **ADMIRER** (sav.) XIIe s. *amirer, d* rétabli au XVIIe s. : *admirari* ; **ADMIRATION, ADMIRABLE** XIIe s. : *admiratio, admirabilis* ; **ADMIRABLEMENT** XVe s. ; **ADMIRATEUR** XVIe s. : lat. imp. *admirator*.

**MISÈRE** famille sav. de l'adj. latin *miser* « malheureux » (1) *miseria* « misère, malheur » (2) *miserari* et *commiserari* « plaindre, déplorer », d'où (a) *miserabilis* « digne de pitié » (b) *commiseratio* « pathétique ». « appel à la pitié » (c) le verbe impersonnel *me miseret* « j'ai pitié », d'où le verbe personnel *misereri* « avoir pitié » (d) le composé *misericors* « qui a le cœur pitoyable » et *misericordia* « pitié » → CŒUR.

♦ (1) **MISÈRE** XIIe s. : *miseria* ; **MISÉREUX** XIVe s. ♦ (2) **COMMISÉRATION** XIIe s. : *commiseratio*. ♦ (3) **MISÉRICORDE** XIIe s. : *misericordia* ; **MISÉRICORDIEUX** XIIe s. ♦ (4) **MISÉRABLE** XIVe s. : *miserabilis* ; **MISÉRABILISME** XXe s. ♦ (5) **MISERERE** XIIe s. : mot lat., « aie pitié (de moi, ô Dieu) ! » impér. de *misereri*, début du psaume 51.

**MIS(O)-** (sav.) : gr. *misein* « haïr » ; 1er élément de composés sav., ex. : **MISANTHROPE, MISOGYNE** XVIe s.

**MITE** ♦ (1) XIIIe s. « monnaie de cuivre » et insecte : néerl. moyen *mite*, dér. du germ **mit-* « couper en morceaux », qui a les deux mêmes sens. ♦ (2) **MITRAILLE** XIVe s. « menue monnaie », mod. « petits projectiles d'artillerie » : altération de *mitaille* XIIIe s., dér. de *mite* au 1er sens ; **MITRAILLER, MITRAILLEUR, MITRAILLADE** fin XVIIIe s. ; **MITRAILLEUSE** XIXe s. ; **FUSIL-MITRAILLEUR, AUTOMITRAILLEUSE, MITRAILLETTE** XXe s. ♦ (3) **MITÉ** XVIIIe s., **MITEUX** XIXe s. ; **SE MITER, ANTIMITE** XXe s. : dér. de *mite* au 2e sens.

**MITIGER** (sav.) XIVe s. : lat. *mitigare* « adoucir », de *mitis* « doux » ; **MITIGATION** XIVe s. : *mitigatio*.

**MITOSE** (sav.) XIXe s. : dér. formé d'après le gr. *mitos* « fil ».

**MITRE** (sav.) XIIe s. : gr. *mitra* « bandeau servant de coiffure », par le lat. ; **MITRÉ** XIIe s. ; **MITRAL** XVIIe s. anat. ; **MITRON** XVIIe s., d'après la forme de l'ancien bonnet des boulangers.

**MOCASSIN** XVIIIe s. : algonquin (langue amérindienne) *mockasin*, par l'angl.

**MOCHE** XIXe s. adj., argot : dér. de **AMOCHER** XIXe s. « arranger grossièrement », d'où « abîmer », lui-même dér. de *moche* XVIIIe s. subst. fém., mot dial. (Ouest) « écheveau, pelote, grappe », du frq. « *mokka* « masse informe » ; **MOCHARD, MOCHETÉ** XXe s.

**MOELLE** ♦ (1) (pop.) XIIe s. *meole*, puis XIIIe s. forme mod. à métathèse : lat. *medŭlla* ; **MOELLEUX** fin XVe s. Pour les mots scient. exprimant la notion de « moelle » → MYÉL(O)- ♦ (2) **MÉDULLAIRE** (sav.) XVIe s. : lat. imp. *medullaris*.

**MOELLON** ♦ (1) (pop.) XIIe s. : probablement lat. vulg. **mutĕllio -ōnis*, dér. du lat. *mutulus* « toute espèce de saillie de pierre ou de bois », archit., p.-ê. empr. à l'étrusque. ♦ (2) **MODILLON** XVIe s. archit. : it. *modiglione*, du lat. vulg. **mutulio, -ōnis* dér. de *mutulus*. ♦ (3) **MUTULE** (sav.) XVIIe s. archit. : *mutulus*.

**MŒURS** famille du lat. *mos, moris* « façon d'agir déterminée par l'usage » et « humeur »

d'où (1) *moralis* « relatif aux mœurs » (2) *morosus* « qui suit son humeur, chagrin » et *morem gerere alicui* « supporter l'humeur de quelqu'un, se plier à ses fantaisies », d'où *morigerari* « être complaisant » et *morigeratus* « complaisant ».
♦ [1] **MŒURS** (pop.) XII$^e$ s. : *mōres*. ♦ [2] **MORAL** (sav.) XIII$^e$ s. adj. « relatif aux mœurs », XVIII$^e$ s. subst. masc. « ensemble des facultés mentales » et XIX$^e$ s. « courage » : *moralis*; **MORALE** subst. fém. XVII$^e$ s. : fém. substantivé du précédent; **IMMORAL** XVIII$^e$ s.; **AMORAL** XIX$^e$ s. ♦ [3] **MORALITÉ** (sav.) XII$^e$ s. : *moralitas*; **IMMORALITÉ** XVIII$^e$ s.; **AMORALITÉ** XIX$^e$ s. ♦ [4] **MORALISER, MORALISEUR** XIV$^e$ s. : d'après *moral*, adj., et *moralité*; **MORALISTE** XVII$^e$ s.; **MORALISME** XVIII$^e$ s.; **IMMORALISME, IMMORALISTE** XIX$^e$ s.; **MORALISANT** XVIII$^e$ s.; **MORALISATEUR, MORALISATION** XIX$^e$ s. ♦ [5] **DÉMORALISER, DÉMORALISATION** XVIII$^e$ s.; **DÉMORALISATEUR** XIX$^e$ s. : dér. de *moral*, subst. ♦ [6] **MORIGÉNER** (sav.) XVI$^e$ s., XIV$^e$ s. *moriginé* « éduquer »; XVII$^e$ s. « réprimander » : lat. médiéval *morigenatus* « bien éduqué, docile », altération du class. *morigeratus* « complaisant ». ♦ [7] **MOROSITÉ** (sav.) XV$^e$ s. : *morositas* « humeur chagrine »; **MOROSE** (sav.) XVII$^e$ s. : *morosus*.

**MOI** famille d'une racine ind.-eur. **me-*, pronom personnel de la première personne. En latin (1) accusatif *mē* correspondant au nominatif *ego* → JE (2) pron. adj. possessif de la première personne *meus, -a, -um*.
♦ [1] **MOI** (pop.) XI$^e$ s. : *mē*, en emploi tonique; **ME** IX$^e$ s. : *mē* en emploi atone. ♦ [2] **MIEN** XII$^e$ s. : acc. sing. *mĕum* en emploi tonique; **MIENNE, MIENS** : formes analogiques de *mien*; masc. plur. ancien; le fém. a éliminé en moyen fr. les formes anciennes *meie, moie*, plur. *moies* : lat. *meam, meas*. ♦ [3] **MON** (pop.) X$^e$ s. : lat. vulg. **mum*; **MA** : **mam*; **MES** : **mos* ou **mas*, formes contractées en emploi atone de *meum, meam, meos* et *meas*.

**MOIGNON** (pop.) XII$^e$ s. : mot obscur, apparenté à l'anc. fr. *moing* « estropié » et *esmoignier* « mutiler », p.-ê. d'une racine celtique **mŭnn-* « protubérance », élargie en **mŭnnio, -ōnis; esmoignier* reposerait sur **exmŭnniāre*.

**MOINE** famille du gr. *monos* « seul, unique », d'où *monas, -ados* « l'unité » et *monakhos* « solitaire », « moine », *monastikos* « monastique », *monastêrion* « résidence solitaire », « monastère »; mots adaptés en lat. *monas, -adis* et *monachus, monasticus, monasterium*.
♦ [1] **MOINE** (demi-sav.) XI$^e$ s. : lat. vulg. **monĭcus*, pour le lat. eccl. *monachus*; **MOINERIE** XII$^e$ s.; **MOINILLON** XVII$^e$ s. ♦ [2] **MOINEAU** XII$^e$ s. : dimin. de *moine*, à cause de la couleur du plumage. ♦ [3] **MOUTIER** (pop.) X$^e$ s. : lat. vulg. **monisterium*, pour le lat. eccl. *monasterium*; survit en toponymie. ♦ [4] **MONIAL** (demi-sav.) XIII$^e$ s. : adj. sur *monie*, forme anc. de *moine*; **MONIALE** XVI$^e$ s. subst. fém. : fém. du précédent, confondu avec l'abrév. du lat. *sanctimonialis virgo* « vierge consacrée (à Dieu) », où l'adj. est dér. de *sanctimonium* « sainteté », lui-même dér. de *sanctus* → SAINT. ♦ [5] **MONASTÈRE** (sav.) XIV$^e$ s. : *monasterium*; **MONASTIQUE** XV$^e$ s. : *monasticus*. ♦ [6] **MONACAL, MONACHISME** (sav.) XVI$^e$ s. : dér. formés sur *monachus*. ♦ [7] **MONADE** (sav.) XVI$^e$ s. : bas lat. *monas, -adis*; **MONADOLOGIE** XVII$^e$ s.; **MONADISTE, MONADISME** XIX$^e$ s. ♦ [8] **MONISME, MONISTE,** philo. XIX$^e$ s. : dér. sav. formés sur *monos*. ♦ [9] **MONO-** (sav.) gr. *monos*, 1$^{er}$ élément de composés sav., ex. : **MONOCORDE** XIV$^e$ s., **MONOCHROME** XVIII$^e$ s., **MONOTHÉISME** XIX$^e$ s.

**MOINS** famille d'une base lat. **min-* issue de la contamination de deux racines ind.-eur. exprimant l'idée de petitesse, **mei-* et **men-*. (1) *minor, -oris*, masc. et fém. « plus petit », qui sert de comparatif à *parvus* « petit »; superlatif *minimus* « très petit », neutre *minimum* « très peu » (2) *minus*, neutre de *minor* et adv. « moins »; *minusculus* « un peu plus petit », « assez petit » (3) *minuere, minutus* « diminuer, amoindrir » et *diminuere* « mettre en morceaux »; *deminuere* « retrancher »; *deminutio* « retranchement », « amoindrissement »; lat. imp. *minutia* surtout au plur. « petits détails » (4) *minister* « serviteur », littéralement « inférieur », formé sur le modèle de *magister* (→ ce mot et MAÎTRE, art. MAIS), d'où *ministerium* « service »; bas lat. *ministerialis*, adj. substantivé « fonctionnaire impérial »; *ministrare* « servir », « fournir » et *administrare* « présenter » et « diriger, administrer ».

**I.** mots populaires, demi-savants ou empruntés
♦ [1] **MOINS** (pop.) XII$^e$ s. : *mĭnus*. ♦ [2] **MOINDRE** (pop.) XIX$^e$ s. : *mĭnor*; **AMOINDRIR** XIV$^e$ s.; **AMOINDRISSEMENT** XIV$^e$ s., XII$^e$ s. *amanrir, amanrissement*; **MOINDREMENT** XVIII$^e$ s. ♦ [3] **MINEUR** (demi-sav.) XIV$^e$ s. : réfection, d'après le lat., de l'anc. fr. *meneur* (pop.) XI$^e$ s. : *mĭnōrem*, acc. de *minor*. ♦ [4] **MENU** (pop.) XV$^e$ s. adj., XVIII$^e$ s. subst. « liste détaillée (de mets) » : *mĭnūtus*, part. passé de *minuere*; **MENUET** XII$^e$ s. adj. dimin. de *menu*; XVII$^e$ s. subst.

« danse à pas menus ». ♦ [5] **MENUISER** (pop.) XII^e s. « fabriquer de menus ouvrages » : lat. vulg. **minūtiare*, dér. de *minutia*, avec réfection de l'infin. sur les formes à *u* accentué; **AMENUISER** XII^e s.; **AMENUISEMENT, MENUISIER** XIII^e s.; **MENUISERIE** XV^e s. ♦ [6] **AMINCIR** XIII^e s., var. de l'anc. fr. *mincier* XIII^e s. « couper en menus morceaux » : **minutiāre* → MENUISER; **MINCE** XIV^e s. : dér. de *mincier*; **ÉMINCER, MINCEUR, AMINCISSEMENT** XVIII^e s. ♦ [7] **MÉTIER** (pop.) X^e s. : lat. vulg. **mĭstĕrium*, forme contractée de *ministerium*, qui a pu subir l'infl. de *mysterium* étant donné la fréquence de l'expression *le Dieu mestier* « le service divin ». ♦ [8] **MÉNESTREL** (pop.) XI^e s.-XVI^e s., repris au XIX^e s. : *ministerialis* « chargé d'un service »; **MÉNÉTRIER** XIII^e s. « musicien », XVIII^e s. « musicien de village » : altération, par substitution de suff., de *ménestrel*.

**II.** mots savants

♦ [1] **MINISTRE** XII^e s. relig., XVII^e s. pol. : *minister*; **MINISTÈRE** XV^e s. relig., XVII^e s. pol. : *ministerium* → MÉTIER; **MINISTÉRIEL** XVI^e s. : *ministerialis* → MÉNESTREL; **ANTIMINISTÉRIEL** XVIII^e s. ♦ [2] **ADMINISTRER** XII^e s. « gérer », sens prédominant depuis le XVIII^e s., et « fournir », qui subsiste dans *administrer un sacrement, un remède, une correction*, etc. : *administrare*; **ADMINISTRATION, ADMINISTRATEUR** XII^e s.; **ADMINISTRÉ** subst., **ADMINISTRATIF** fin XVIII^e s. ♦ [3] **DIMINUTION** XIII^e s. : bas lat. *diminutio*, class. *deminutio*; **DIMINUER** XIV^e s. : *diminuere*, confondu avec *deminuere*; **DIMINUTIF** XIV^e s. : bas lat. *deminutivus*. ♦ [4] **MINUTE** XIII^e s. « division du temps » : *minuta*, fém. de *minutus*; **MINUTERIE** XVIII^e s.; **MINUTEUR** XIX^e s.; **MINUTER, MINUTAGE** XX^e s. ♦ [5] **MINUTE** XIV^e s. « écrit original » : lat. médiéval *minuta* au sens d'« écriture menue »; **MINUTER** XIV^e s. « rédiger une minute »; **MINUTAIRE** XIX^e s.; **MINUTIER** XX^e s. ♦ [6] **MINIME** XIV^e s. adj. « très petit », XV^e s. subst. relig. : *minimus*; **MINIMISER** XIX^e s. ♦ [7] **MINORITÉ** XV^e s. : lat. médiéval *minoritas*, dér. de *minor*, sens jur.; XVIII^e s. pol. : angl. *minority*, de même origine; **MINORATIF** XVI^e s. : lat. médiéval *minorativus*, du bas lat. *minorare* « diminuer »; **MINORATION, MINORITAIRE** XIX^e s. ♦ [8] **MINUSCULE** XVII^e s. adj. et subst. en parlant des lettres; XIX^e s. adj. « très petit » : *minusculus*. ♦ [9] **MINUTIE** XVII^e s. : *minutia*; **MINUTIEUX** XVIII^e s. ♦ [10] **MINIMUM** XVIII^e s. : mot lat.; **A MINIMA** jur. XVIII^e s. : abrév. du lat. jur. *a minima poena* « de la plus petite peine »; **MINIMAL** XX^e s. ♦ [11] **MINUS HABENS** XIX^e s. : mots lat. « ayant moins (de moyens intellectuels que les autres) ». abrév. **MINUS** XX^e s. ♦ [12] **MINI-** XX^e s. : préf. tiré de *minimum* ou *minime*, exprimant l'idée de petitesse, ex. : *mini-jupe, minimachine*, etc.

**MOIRE** ♦ [1] XVII^e s., étoffe de laine puis de soie à reflets : angl. *mohair* « lainage fait des poils de la chèvre d'Angora », de l'arabe *mukhayyar* « étoffe de poil de chèvre », littéralement « choix », part. passé de *khayyara* « choisir »; **MOIRER, -É, -AGE** XVIII^e s. ♦ [2] **MOHAIR** XIX^e s. : mot angl. → le précédent.

**MOIS** famille d'un ancien nom ind.-eur. de la lune (remplacé en ce sens par des épithètes se rapportant à une force interne de l'astre, telles que le gr. *selênê*, le lat. *luna* « la brillante »).
En grec *mênê* « la lune » (rare), d'où *mêniskos* « petit cercle ou petit croissant » et *mên, mênos* « le mois », d'où les adj. *katamênios* « de chaque mois » et *emmênos* « qui dure un mois » ou « qui revient tous les mois », neutre plur. substantivé *katamênia* et *emmêna* « menstrues ».
En latin *mens, mensis* « mois », d'où (1) les adj. *menstruus* « mensuel », neutre substantivé plur. *menstrua* « menstrues », et bas lat. *mensualis* (2) *-menstris* 2^e élément de composés dans *trimestris, semestris* « de trois, de six mois ».

**I.** mots d'origine latine

♦ [1] **MOIS** (pop.) XI^e s. : *mēnsis*. ♦ [2] **MENSTRUEL** (sav.) XIV^e s. : bas lat. *menstrualis*, dér. de *menstrua*; **MENSTRUES** XVI^e s. : *menstrua*; **MENSTRUATION** XVIII^e s. ♦ [3] **TRIMESTRE** (sav.) XVI^e s. *trimestris*; **SEMESTRE** XVI^e s. : *semestris*; **TRIMESTRIEL, SEMESTRIEL** XIX^e s.; **BIMESTRIEL** fin XIX^e s. ♦ [4] **MENSUEL** (sav.) XVIII^e s. : *mensualis*; **MENSUELLEMENT, MENSUALITÉ, BIMENSUEL** XIX^e s.; **MENSUALISER, -ISATION**, XX^e s.

**II.** mots d'origine grecque

♦ [1] **CATIMINI** (empr.) XIV^e s.-XVI^e s. « menstrues » et XIV^e s. *en catimini* « en cachette » : gr. *katamênia*, avec prononc. byzantine, qui a pu être facilement adopté grâce à l'existence du picard *catte* « chatte » et *mine, minette* « id. », qui permettait d'aligner ce mot sur des formations du type de *chattemite, marmite* → MIGNON. ♦ [2] **MÉNISQUE** (sav.) XVII^e s. : *mêniskos*. ♦ [3] **EMMÉNAGOGUE** (sav.) XVIII^e s. : de *emmêna* et **-AGOGUE** → AGIR. ♦ [4] **-MÉNO-** élément de composés sav. exprimant l'idée de « menstrues », ex. : *aménorrhée* XVIII^e s.; **DYSMÉNORRHÉE, MÉNOPAUSE, MÉNORRHAGIE, MÉNOSTASE** XIX^e s.

**MOISE** ♦ [1] (pop.) XIVe s. techn. : lat. *mēnsa* « table ». ♦ [2] **COMMENSAL** (sav.) XVe s. : lat. médiéval *commensalis* « qui est à table avec ».

**MOISIR** famille d'une racine ind.-eur. **muk-* « gluant, visqueux ».
En grec *muxa* « mucus nasal » et métaph. « mèche de lampe » (de même en fr. *moucher une bougie* et *avoir une chandelle au nez*).
En latin *mūcēre* « moisir », altéré en lat. vulg. **mŭcīre*, avec changement de conjug. et *ŭ* p.-ê. sous l'infl. du bas lat. *mŭscidus* « moussu »; *mūcus*, var. *mŭccus* « morve », d'où *mucosus* « morveux »; *mūcĭdus*, altéré en **mŭcĭdus* « morveux » et « moisi »; *mucilago, -inis* « mucosité ».

I. mots populaires

♦ [1] **MOISIR** XIIe s. : **mŭcīre*; **MOISISSURE** XVe s. ♦ [2] **MOUCHER** *(le nez* et *la chandelle)* XIIIe s. : lat. vulg. **mŭccāre*, dér. de *mŭccus*, qui a éliminé *emungere*; **MOUCHOIR** XVe s. ♦ [3] **MOITE** XIIIe s. d'abord *moiste* : p.-ê. croisement du dial. *moide* (Franche-Comté dès le XIIIe s.), du lat. **mŭcidus*, et de l'anc. fr. *most* → fr. mod. MOÛT; l'anc. prov. *moste* « humide » remonte à un lat. vulg. **mŭstidus*, p.-ê. issu du même croisement. ♦ [4] **MÈCHE** XIVe s. de lampe; XVIe s. autre sens : lat. vulg. **mĭcca*, altération, sous l'infl. de *mŭccus*, du lat. class. *myxa*, du gr. *muxa*; **MÉCHER** XVIIIe s.; **ÉMÉCHÉ** XIXe s. : probablement dér. de *mèche* ( de cheveux) « décoiffé (sous l'effet de l'ivresse) ».

II. mots savants

♦ [1] **MUCILAGE** XIVe s. : *mucilago*; **MUCILAGINEUX** XIVe s. : bas lat. *mucilaginosus*. ♦ [2] **MUQUEUX** XVIe s. adj.; **MUQUEUSE** XIXe s. fém. substantivé : *mucosus, -a*; **MUCOSITÉ** XVIe s. : dér. sur *mucosus*. ♦ [3] **MUCUS** XVIIIe s. : mot lat. ♦ [4] **MYX(O)-** (sav.) : gr. *muxa*, 1er élément de composés sav., ex. : **MYXŒDÈME, MYXOMYCÈTE** XIXe s.; **MYXOMATOSE** XXe s.

**MOISSON** ♦ [1] (pop.) XIIe s. : lat. vulg. **messio, -ōnis*, altération du class. *messis* « id. »; **MOISSONNEUR, MOISSONNER** XIIIe s.; **MOISSONNEUSE** (machine) fin XIXe s.; **MOISSONNEUSE-LIEUSE, MOISSONNEUSE-BATTEUSE** XXe s. ♦ [2] **MESSIDOR** (sav.) fin XVIIIe s. : dér. sur *messis* au moyen du 2e élément *-dor* → DONNER.

**MOLYBDÈNE** (sav.) XVIe s. : gr. *molubdaina* « masse de plomb », de *molubdos* « plomb », par le lat.; **MOLYBDIQUE** fin XVIIIe s.

**MOMERIE** ♦ [1] (pop.) XVe s. « mascarade », XVIIe s. « simagrées » : p.-ê. l'anc. fr. *mahomerie*, dérivé de *Mahom*, var. de *Mahomet*, « lieu de culte des Sarrasins. ♦ [2] **MÔME** XIXe s. « enfant », apparenté au Bourguignon *môme* « niais », p.-ê. dér. du verbe *mommer* « faire une mascarade », ou de *Mahom* « Mahomet », « idole ». L'expressivité de la structure consonantique *m-m*, qu'on retrouve dans l'all. *Mumme* « masque », et dans l'esp. *momo* « grimace », favorisa l'adoption durable de ces mots.

**MOMIE** XIIIe s. : « sorte de bitume employé comme remède », XVIe s. sens mod. : lat. médiéval *mumia*, de l'arabe *moûmîa* « bitume (dont on enduisait les cadavres embaumés en Égypte) », dér. de l'arabe *moûm* « cire »; **MOMIFIER, MOMIFICATION** fin XVIIIe s.

**MONTJOIE** XIe s. « monceau de pierres (repère ou monument commémoratif) » et cri de guerre : frq. **mund-gawi* « protection du pays », interprété comme un composé de *mont* et de *joie*.

**MOQUER** (pop.) XIIe s. : origine obscure, p.-ê. expressive (→ MOMERIE, MORGUE, MOUE, MOUFLE); **MOQUEUR** XIIe s.; **MOQUERIE** XIIIe s.

**MOQUETTE** XVIIe s. : origine inconnue.

**MORBIDE** ♦ [1] (sav.) XVe s. : lat. *morbidus*, dér. de *morbus* « maladie »; **MORBIDITÉ** XIXe s. ♦ [2] **MORBIDESSE** XVIe s. : it. *morbidezza* « grâce nonchalante » et, beaux-arts, « délicatesse et souplesse dans le modelé des chairs », dér. de *morbido*, du lat. *morbidus*.

**MORDRE** famille du lat. *mordēre, morsus* « mordre ». (1) composés *admordere* « entamer par une morsure » et *remordere* « mordre de nouveau », fig. « ronger (le cœur) » (2) adv. *mordicus* « en mordant », fig. « opiniâtrement, obstinément » (3) verbe **mordicare* attesté par son part. présent *mordicans, -antis* « âpre, piquant » et son dér. *mordicatio* « colique, tranchée ».
♦ [1] **MORDRE** (pop.) XIe s. : lat. vulg. *mordĕre*, class. *mordēre*; **MORDANT** XIIe s. adj., XIIIe s. subst. « agrafe », XVIe s. subst. sens mod.; **DÉMORDRE** XIVe s.; **MORDILLER** XVIe s. ♦ [2] **MORS** (pop.) XIIe s. « morsure », XVIe s. sens mod. : *morsus, -us* « morsure », de *mordere*. ♦ [3] **MORCEAU** XIIe s. *morsel* : dimin. de *mors* au sens de « morceau détaché en mordant »; **MORCELER** XVIe s.; **MORCELLEMENT** XVIIIe s. ♦ [4] **MORSURE** XIIIe s. : dér. de *mors*. ♦ [5]

**AMORCE** (pop.) XIII^e s. « appât », XVI^e s. armes à feu : part. passé fém. substantivé de l'anc. fr. *amordre*, du lat. *admordere* ; **AMORCER** XIV^e s. ; **AMORÇAGE** XIX^e s. ; **AUTO-AMORÇAGE** XX^e s. ♦ [6] **REMORDS** XIII^e s. : part. passé substantivé de l'anc. fr. *remordre*, du lat. *remordere*. ♦ [7] **MORDICATION** (sav.) XIV^e s. méd. : *mordicatio* ; **MORDICANT** XVI^e s. : *mordicans* ; **MORDICUS** fin XVII^e s. : mot lat.

**MORGANATIQUE** XVII^e s. : lat. médiéval *morganaticus*, adaptation du frq. *morgangeba* (chez Grégoire de Tours) (all. *Morgengabe*) « don du matin », « douaire que le nouveau marié donnait à sa femme ».

**MORGUE** famille d'une base **murr-* « museau », p.-ê. d'origine expressive (→ MOMERIE, MOQUER, MOUE, MOUFLE), surtout méridionale.

♦ [1] **MORGUE** XV^e s. « air hautain », XVI^e s. « endroit d'une prison où les prisonniers entrants étaient fouillés », XVII^e s. « salle où sont exposés provisoirement des cadavres » : dér. de l'anc. fr. *morguer* XV^e s.-XVIII^e s. « faire la moue », « prendre un air de bravade » : mot d'origine occitane, du lat. vulg. **mŭrrĭcāre*, dér de **murrum* « museau ». ♦ [2] **MORNIFLE** XVI^e s. « groupe de quatre cartes semblables », puis « gifle » : probablement dér. de *mornifler*, attesté dans la région lyonnaise au sens de « renifler » et qui a pu signifier aussi « gifler le museau », de **murrum* et de la base onom. **nif-* → RENIFLER. ♦ [3] **MORFONDRE** → FONDRE. ♦ [4] **MOURRE** XV^e s. jeu : it. dial. *morra* « id. », altération de l'it. dial. *mora* « troupeau », qui se rattache à **mŭrrum* « museau », employé par métaphore au sens de « tas », « groupe ». ♦ [5] **MORION** XVI^e s. sorte de casque : esp. *morrion*, de *morra* « sommet de la tête », var. de *morro* « objet arrondi », de **mŭrrum*. ♦ [6] **MORNE** XVII^e s. « montagne isolée » : mot créole des Antilles, altération de l'esp. *morro* « objet arrondi », « monticule », de **mŭrrum*. ♦ [7] **MORAILLE** XIII^e s. « visière de casque », XVII^e s. « tenaille » : prov. *mor(r)alha*, dér. de *mor(re)* « museau », bien attesté dans les dial. méridionaux, de **mŭrrum*. ♦ [8] **MORAINE** XVIII^e s. : dial. (Savoie) *morēnă* « bourrelet de terre en bas d'une pente », dér. de *morre* → le précédent.

**MORTAISE** XIII^e s. *mortoise* : p.-ê. adaptation de l'anc. prov. *mortaira*, d'étym. obscure.

**MORTIER** (pop.) XII^e s. « auge de maçon » et « contenu de cette auge », XV^e s. artillerie, XVII^e s. « toque de magistrat » : lat. *mortarium* « mortier servant à piler » et « auge de maçon ».

**MOSQUÉE** XIV^e s. *musquete*, XVI^e s. forme mod. : it. *moschea*, var. de *moscheta*, de l'esp. *mezquita*, de l'arabe *masdjid* « lieu où l'on adore ».

**MOTTE** famille d'une base prélat. **mŭtt-* « émoussé, arrondi ».

♦ [1] **MOTTE** XII^e s. « levée de terre », puis affaiblissement du sens : **mŭtta* ; **SE MOTTER** XVI^e s. vénerie ; **MOTTEUX** XVI^e s. adj., XVIII^e s. oiseau ; **ÉMOTTER** XVI^e s. ♦ [2] **MOUSSE** XIV^e s. adj. « non tranchant », XV^e s. « tronqué » : lat. vulg. **mŭttius* ; **ÉMOUSSER** XIV^e s. ♦ [3] **MOUSSE** XV^e s. subst. « jeune fille » et « jeune marin » : probablement emploi substantivé de l'adj. précédent au sens de « petit » ; p.-ê. aussi empr. à l'esp. *mozo* « jeune garçon » XII^e s., de même origine que l'adj. fr. *mousse*. ♦ [4] **MOUTARD** XIX^e s. argot « enfant » : probablement dér. du dial. lyonnais *moutet* « jeune garçon », apparenté au prov. *mout* « tronqué, écourté », de **mŭttus*.

**MOU** famille d'une racine ind.-eur. **mel-* « mou ».

En grec *malakos* « mou » ; *malassein* « amollir », inf. passé *malaxai* latinisé en *malaxare*.

En latin *mollis* « mou », de **mold-wis*, plur. neutre substantivé *mollia (panis)* « mie de pain », d'où lat. vulg. **molliare* « attendrir (le pain en le trempant) » ; dérivés *mollire* et *emollire* « amollir » ; *molluscus, -a*, adj. appliqué aux noix dont l'écale est tendre ou aux châtaignes.

En germanique angl. *malt* « orge brassée », qui repose sur une base ind.-eur. **meld-*, var. du **mold-* de **mold-wis*.

**I.** mots d'origine latine

**A.** mots populaires

♦ [1] **MOU** XII^e s. var. *mol* : lat. *mollis* ; **MOLLESSE** XII^e s. ♦ [2] **MOLLET** XIII^e s. adj., survit dans *œuf mollet* ; XVI^e s. subst. masc. anat. : dimin. de *mol* ; **MOLLETON** XVII^e s. : dér. de *mollet* adj. ; **MOLLETIÈRE** (bande) fin XIX^e s. : dér. de *mollet* subst. ♦ [3] **MOLLASSE** XVI^e s. : it. *mollaccio*, dérivé péjor. de *molle* « mou ». ♦ [4] **BÉMOL** → ABÉCÉ. ♦ [5] **AMOLLIR** XII^e s. ; **MOLLIR** XV^e s. ; **RAMOLLIR, RAMOLLISSEMENT, AMOLLISSEMENT** XVI^e s. ; **RAMOLLI** XIX^e s. adj. tiré de *ramollissement cérébral*. ♦ [6] **MOUILLER** XI^e s. « tremper », XVII^e s. mar., d'abord aux Antilles, XIX^e s. ling. : **molliare* ; **MOUILLURE** XIII^e s. ; **MOUILLAGE** XVII^e s. mar. ; **MOUILLETTE**

XVII^e s.; **MOUILLEUR** XIX^e s. techn. ♦ [7] **PATTE-MOUILLE** XX^e s. : de *mouiller* et du dial. (Est) *patte* « chiffon », du germ. **paita* « morceau d'étoffe ».

**B.** mots savants

♦ [1] **ÉMOLLIENT** XVI^e s. : *emolliens*, part. présent de *emollire*. ♦ [2] **MOLLUSQUE** XVIII^e s. : *molluscus*, tiré de *nux* (« noix ») *mollusca*.

**II.** mots savants d'origine grecque

♦ [1] **MALAXER** XIV^e s. : lat. *malaxare* : gr. *malaxai*; **MALAXAGE** XIX^e s.; **MALAXEUR** XX^e s. ♦ [2] **MALACO-** 1^er élément de composés sav., ex. : **MALACOLOGIE** « étude des mollusques » XX^e s. ♦ [3] **-MALACIE** : gr. *malakia* « mollesse », 2^e élément de composés, ex. : **OSTÉOMALACIE** « mollesse des os » XIX^e s.

**III.** mots d'origine germanique

**MALT** XV^e s. : mot angl.; **MALTER, MALTAGE, MALTEUR, MALTERIE, MALTOSE, MALTASE** XIX^e s.

**MOUCHE** ♦ [1] (pop.) XII^e s. « insecte volant », XIV^e s. « espion », XVII^e s. « personne rusée », dans *fine mouche*, et « petit morceau de taffetas noir servant de fard »; XIX^e s. « bouton de fleuret », « centre noir d'une cible », d'où *faire mouche*; « touffe de poils sous la lèvre inférieure », « tache devant les yeux », « petit navire très mobile » : lat. *mŭsca* « mouche (insecte) » et « homme curieux, importun ». ♦ [2] **ÉMOUCHER** XIII^e s.; **MOUCHERON** XIV^e s.; **ÉMOUCHET** XVI^e s., altération, d'après *épervier, émerillon*, de l'anc. fr. *mouchet* XII^e s. « très petit oiseau de proie » : dér. de *mouche*. ♦ [3] **MOUCHETER** XV^e s.; **MOUCHETURE** XVI^e s.; **DÉMOUCHETER** XIX^e s., fleuret; **MOUCHETIS** XX^e s. : dér. de *mouche*. ♦ [4] **MOUCHARD** XVI^e s. : dér. de *mouche* au sens d'« espion »; **MOUCHARDER** XVI^e s.; **MOUCHARDAGE** XVIII^e s. ♦ [5] **MOUSQUET** XVI^e s. : it. *moschetto* « trait d'arbalète », dér. de *mosca* « mouche » : lat. *mŭsca*; **MOUSQUETADE, MOUSQUETAIRE, MOUSQUETON, MOUSQUETERIE** XVI^e s. ♦ [6] **MOUSTIQUE** XVII^e s. : altération, sous l'infl. de *tique*, et par métathèse, de *mousquite* XVII^e s., de l'esp. *mosquito*, dimin. de *mosca* « mouche », du lat. *mŭsca*; **MOUSTIQUAIRE** XVIII^e s. : d'après l'esp. *mosquitera*. ♦ [7] **MUSCIDÉS** (sav.) XIX^e s. : dér., sur *mŭsca*.

**MOUDRE** famille d'une racine ind.-eur. **mel-* « moudre ».

En grec *mulê* « meule » et l'adj. *amulos* « non moulu », neutre substantivé *amulon* « pâte à gâteaux » et « amidon ».

En latin *molĕre, molitus* « moudre (le grain) », *mola* « meule (de moulin) » et « farine dont on poudrait les victimes avant de les sacrifier », auxquels se rattachent (1) *immolare* « poudrer de cette farine » et « sacrifier »; *immolatio, -onis* « sacrifice » (2) *molaris* « (dent) servant de meule » ou « (pierre) servant à faire des meules ». (3) bas lat. *molinum* « moulin » et *molinarius* « meunier (d'un moulin à eau) » (4) *emolere* « moudre entièrement » et *emolumentum* « somme payée au meunier pour moudre le grain », d'où « gain ».

**I.** mots d'origine latine

**A.** mots populaires

♦ [1] **MOUDRE** XII^e s. : *molĕre*; **MOUTURE** XIII^e s. : lat. vulg. **molĭtūra*, d'après *molitus*; **REMOUDRE** XVI^e s.; **REMOUS** XVII^e s. : dér. de *remoudre* au sens métaph. de « tourbillonner », formation comparable à l'anc. prov. *remoulina* « tourner comme un moulin »; a éliminé l'anc. fr. *revou*, de *revolvere* → VOÛTE. ♦ [2] **ÉMOULU** XII^e s. : part. passé de l'anc. fr. *esmoudre* « passer sur la meule (une lame) », « affiler », du lat. vulg. **exmolĕre*, réfection du class. *emolĕre*; **RÉMOULEUR** XIV^e s. : dér. de **RÉMOUDRE**, attesté au XVI^e s., intensif de l'anc. fr. *esmoudre*. ♦ [3] **VERMOULU** XIII^e s. « moulu par les vers »; **VERMOULURE** XIII^e s.; **SE VERMOULER** XVII^e s. ♦ [4] **MEULE** XII^e s. : *mŏla*; **MEULIÈRE** *(pierre)* XVI^e s.; **MEULER, MEULAGE** XIX^e s. ♦ [5] **MOULIN** XII^e s. : *molīnum*; **MOULINET** XIV^e s. « petit moulin », XV^e s. « bâton qu'on fait tourner »; **MOULINER** XVII^e s. techn., XX^e s. « passer au moulin à légumes »; **MOULINETTE** XX^e s. ♦ [6] **MEUNIER** : altération, sous l'infl. de *meule*, de l'anc. fr. *mounier* : *molinarius*; **MEUNERIE** XVIII^e s.

**B.** mots savants

♦ [1] **ÉMOLUMENT** XIII^e s. : *emolumentum*. ♦ [2] **IMMOLER** XIV^e s. : *immolare*; **IMMOLATION** XIII^e s. : *immolatio*; **IMMOLATEUR** XVI^e s. : *immolator*. ♦ [3] **MOLETTE** XIV^e s. : dér. de *meule* d'après le lat. *mola*; **MOLETER** XIV^e s. ♦ [4] **MOLAIRE** XVI^e s. : *(dens) molaris*.

**II.** mots d'origine grecque

♦ [1] **AMIDON** (demi-sav) XIV^e s. : lat. médiéval *amidum* (pour la prononc. → DICTON, art. DIRE, ROGATON, art. CORVÉE), altération de *amylum*, du gr. *amulon*; **AMIDONNER** XVI^e s.; **AMIDONNIER** XVII^e s.; **AMIDONNAGE** XIX^e s. ♦ [2] **AMYLACÉ** (sav.) XVIII^e s.; **AMYLE, AMYLÈNE, AMYLIQUE** XIX^e s. : de *amylum*.

**MOUE** (pop.) XII^e s., d'abord « lèvre » : frq. **mauwa*, p.-ê. d'origine onom. (→ MOMERIE, MOQUER, MORGUE, MOUFLE).

**MOUETTE** ♦ [1] (pop.) XIV^e s. : dimin. de l'anc. fr. *maoe*, de l'anc. angl. *maew* « id. ». ♦ [2]

**MAUVIS** XII$^{e}$ s. ; **MAUVIETTE** XVII$^{e}$ s. : dér. de *mauve*, var. normande ancienne de *maoe*.

**MOUFLE** famille d'une base onom, à structure consonantique *m-f* « soufflé », « gonflé », qui apparaît dans la plupart des parlers romans et en germ. (→ MOMERIE, MOQUER, MORGUE, MOUE).

♦ [1] **MOUFLE** XII$^{e}$ s. « gros gant », XVII$^{e}$ s. techn., et fam. « visage rebondi » : bas lat. (IX$^{e}$ s.) *muffŭla*, probablement d'origine frq. et apparenté à l'all. *Muffel* « mufle », « grosses babines ». ♦ [2] **MUFLE** XVI$^{e}$ s. « museau », XIX$^{e}$ s. « personnage grossier » : altération de *moufle*, p.-ê. sous l'infl. de *museau* ; **MUFLIER** XVIII$^{e}$ s. bot., autre nom pop. de la « gueule-de-loup » ; **MUFLERIE** XIX$^{e}$ s. « grossièreté » ; **MUFLÉE** XIX$^{e}$ s. pop. « soûlerie ». ♦ [3] **MAFFU** ou **MAFFLÉ** XVII$^{e}$ s. : mots dial. (Nord) de la famille du moyen fr. *mafler* « manger gloutonnement », du néerl. *maffelen* « mâchonner ». ♦ [4] **CAMOUFLET** XVII$^{e}$ s. : altération, par substitution du préf. *ca-* à l'adj., de *chault mouflet* XV$^{e}$ s. « fumée qu'on souffle dans le visage de quelqu'un », dont le 2$^{e}$ élément est un dér. de *moufle* au sens de « visage rebondi ». ♦ [5] **MOUFETTE** « exhalaison fétide » et **MOUFFETTE** « petit carnivore puant » XVIII$^{e}$ s. : it. *moffetta*, probablement issu du croisement de *mefite* « mauvaise odeur » → MÉPHITIQUE et de *muffa* « moisissure », d'une base **m-f* suggérant des souffles et secondairement des odeurs. ♦ [6] **CAMOUFLER** XIX$^{e}$ s. d'abord argot : p.-ê. it. *camuffare* « déguiser », littéralement « recouvrir d'une moufle », du gr. *kata* et de **muffa* « gant », tiré de *muffula* avec *l* empr. à *camouflet* ; ou simplement dér. de *camouflet* au sens de « fumée » ; **CAMOUFLAGE** XX$^{e}$ s. ♦ [7] **MOUFLET** XX$^{e}$ s. argot « enfant » : dér. de *moufle* au sens de « visage joufflu ».

**MOUFLON** XVIII$^{e}$ s. : it. dial. *muflone* ou corse *mufrone* : bas lat. dial. *mufro, -ōnis*, d'origine prélat.

**MOUISE** XIX$^{e}$ s. fam. « soupe » puis « misère » (par la même évolution sémantique que *purée* et *mistoufle*) : p.-ê. all. dial. sud *mues* « bouillie ».

**MOUKÈRE** ou **MOUQUÈRE** XIX$^{e}$ s. argot « femme », introduit par les troupes d'Algérie : esp. *mujer*, du lat. *mulier, -eris* « femme ».

**MOURIR** famille d'une racine ind.-eur. **mer-* « mourir ».

En grec forme *-mr-*, *brotos* « mortel », issu de **mbrotos*, issu lui-même de **mrotos*, d'où *ambrotos* « immortel » et *ambrosia (edôdê)* « (nourriture) des immortels ».

En latin forme **mor-*, *mori, mortuus* « mourir » et *mors, mortis* « la mort », auxquels se rattachent (1) *moribundus* « mourant », anc. part. présent (2) *mortalis, immortalis* « mortel, immortel » ; *mortificare* « faire mourir » et *mortificatio ; mortifer* « qui apporte la mort ».

En germanique base **mord-*, frq. *murthrjan* « assassiner ».

**I.** mots d'origine latine

**A.** mots populaires

♦ [1] **MOURIR** X$^{e}$ s. : lat. vulg. **morīre*, class. *mori* ; **MOURANT** XVI$^{e}$ s. subst. et adj. : forme de part. présent ; **MEURT-DE-FAIM** XVII$^{e}$ s. subst. ♦ [2] **MORT** X$^{e}$ s. adj., XI$^{e}$ s. subst. masc. : lat. vulg. **mortus*, class. *mortuus* ; **MORT-**, sens propre ou fig., 1$^{er}$ élément de composés dans **MORT-GAGE** XIII$^{e}$ s. ; **MORT-NÉ, MORTE-SAISON** XV$^{e}$ s ; **MORTE-PAIE, MORT-BOIS** XVI$^{e}$ s. ; **MORTE-EAU** XVII$^{e}$ s. ; 2$^{e}$ élément dans **MAINMORTE** XIII$^{e}$ s. ; **CROQUE-MORT** XVIII$^{e}$ s. ♦ [3] **MORT** X$^{e}$ s. subst. fém. : *mors, mortis* ; **MALEMORT** XIII$^{e}$ s. « mauvaise mort » → MAL ; **MORT-AUX-RATS** XVII$^{e}$ s. ♦ [4] **AMORTIR** XII$^{e}$ s. « mourir » et « tuer », XV$^{e}$ s. « éteindre (une dette) », XVI$^{e}$ s. « rendre moins violent » : lat. vulg. **admortīre*, dér. de *mors* ; **AMORTISSEMENT** XIII$^{e}$ s. ; **AMORTISSEUR** XX$^{e}$ s.

**B.** mots savants

♦ [1] **MORTEL** (demi-sav.) XI$^{e}$ s. : *mortalis* ; **IMMORTEL** XIII$^{e}$ s. : *immortalis* ; **MORTALITÉ, IMMORTALITÉ** (sav.) XII$^{e}$ s. : *mortalitas, immortalitas* ; **IMMORTALISER** XVI$^{e}$ s. ♦ [2] **MORTIFIER** (demi-sav.) XII$^{e}$ s. relig. « rendre mort au péché », XV$^{e}$ s. méd. puis cuis. « causer à la chair un début de corruption », XVII$^{e}$ s. « blesser l'amour-propre » : *mortificare* ; **MORTIFICATION** (sav.) XII$^{e}$ s. : *mortificatio*. ♦ [3] **MORTUAIRE** XIV$^{e}$ s. : lat. médiéval *mortuarius*, dér. de *mors*. ♦ [4] **MORIBOND** XV$^{e}$ s. : *moribundus*. ♦ [5] **MORTIFÈRE** XV$^{e}$ s. : *mortifer*. ♦ [6] **MORTINATALITÉ** XIX$^{e}$ s. : dér. sav. de *mort-né*.

**II.** mots populaires d'origine germanique

**MEURTRIR** XII$^{e}$ s. d'abord *mordir* « tuer », XVI$^{e}$ s. sens mod. : frq. **murthrjan* ; **MEURTRE, MEURTRIER** XII$^{e}$ s. ; **MEURTRIÈRE** XVI$^{e}$ s. archit., a éliminé l'anc. fr. *archière* ; **MEURTRISSURE** XVI$^{e}$ s.

**III.** mots savants d'origine grecque

**AMBROISIE** XV$^{e}$ s. *ambroise*, XVII$^{e}$ s. forme mod. : *ambrosia*, par le lat. ♦ [1] **AMBROISE** (sav.) prénom : lat. *ambrosius*, littéralement « immortel » : gr. *ambrosios*, nom d'un saint évêque de Milan du IV$^{e}$ s. ♦ [2] **AMBROSIEN**

XVI^e s. « relatif à l'ambroisie »; XVIII^e s. « propre à saint Ambroise » : lat. *ambrosianus*.

**MOURON** (pop.) XII^e s. : mot d'origine probablement germ., p.-ê. apparenté au néerl. *muur*.

**MOUSSE** ♦ [1] (pop.) XII^e s. plante, XVII^e s. « écume », sens qui doit être plus ancien, comme en témoigne le croisement avec *mulsa* et le dér. *trémousser* → 4. : lat. vulg. **mussa*, attesté par le dimin. *mussŭla* (Grégoire de Tours, VII^e s.), du frq. **mosa* (all. *Moos*), qui a dû subir l'influence de *mŭlsa* « hydromel, boisson mousseuse ». ♦ [2] **MOUSSU** XII^e s. : dér. de *mousse* au 1^er sens du mot. ♦ [3] **MOUSSER, MOUSSEUX** XVII^e s.; **MOUSSANT** XVIII^e s. adj. : dér. de *mousse* au 2^e sens. ♦ [4] **(SE) TRÉMOUSSER** XVI^e s. : dér. de *mousse* au sens d'« écume, bouillonnement », avec le préf. intensif *tré-*.

**MOUSSERON** (pop.) XIV^e s. : altération, sous l'infl. de *mousse*, de *moisseron*, var. *meisseron* XII^e s., du bas lat. (VI^e s.) *mŭssirio, -ōnis*, sorte de champignon, mot propre au gallo-roman, d'origine prélat.

**MOUSSON** XVII^e s. : arabe *mausim* « saison » et « vent saisonnier », mot des marins de l'océan Indien, empr. à diverses dates par l'intermédiaire de diverses langues (néerl., esp., port.); la forme la plus répandue anciennement, *monson*, est un empr. au port. *monção*; le *-ou-* semble provenir d'une coquille dans un ouvrage de M. Thévenot alors largement diffusé; genre fém. p.-ê. dû à une contamination avec *mousse*.

**MOUSTACHE** fin XV^e s. : it. *mostaccio*, adaptation du gr. byzantin *mustaki*, du gr. anc. *mustax* « lèvre supérieure »; mot entré en Italie par Venise, et empr. par le fr. lors de la campagne de Charles VIII en Italie : **MOUSTACHU** XIX^e s.

**MOÛT** ♦ [1] (pop.) XIII^e s. : lat. *mŭstum* « vin nouveau », neutre substantivé de l'adj. *mustus, -a, -um* « nouveau ». ♦ [2] **MOUTARDE** XIII^e s. « grains de sénevé broyés avec du moût de vin » puis « le sénevé lui-même » : dér. de *moût*; **MOUTARDIER** XIV^e s. ♦ [3] **ÉMOUSTILLER** XVIII^e s., variante *amoustiller* « adoucir, sucrer avec du moût ou du vin nouveau », dérivé de *moustille* XVI^e s. « vin nouveau »; par métaphore, *être émoustillé* « être excité comme lorsqu'on a bu du vin nouveau ».

**MOUTON** (pop.) XII^e s. : lat. vulg. **mŭlto, -ōnis*, d'origine gauloise : **MOUTONNIER** XIV^e s. « berger », XVI^e s. adj.; **MOUTONNER** XIV^e s.; **MOUTONNEMENT** XIX^e s. (→ aussi MUTILER).

**MOUVOIR** famille du lat. *movere, motus* « mouvoir » et « se mouvoir ». (1) *motio, -onis* et *motus, -us* « mouvement » (2) lat. imp. *motor, -oris* « qui met en mouvement » (3) *mobilis, immobilis* « mobile », « immobile » et *mobilitas, immobilitas* (4) bas lat. *motivus* « relatif au mouvement » (5) *momentum*, contraction de **movimentum* « impulsion », « poids léger suffisant pour déterminer le mouvement de la balance », « petite division », en particulier « petite division du temps » (6) les composés (a) *amovere* « éloigner » (b) *emovere* « chasser », « ébranler » (c) *commovere* « ébranler » et *commotio* « émotion (de l'âme) » et bas lat. « secousse » (d) *promovere* « pousser en avant » et bas lat. *promotor* « celui qui accroît »; *promotio* « avancement (en grade) ».

I. mots populaires

A. base *-mouv-*

♦ [1] **MOUVOIR** XI^e s. : *mŏvēre*; **MOUVANT** XII^e s. adj.; **MOUVANCE** XV^e s.; **MOUVEMENT** XII^e s.; **MOUVEMENTÉ** XIX^e s.; pour les mots scient. exprimant l'idée de « mouvement » → KINÉ-, art. CITER. ♦ [2] **ÉMOUVOIR** XI^e s. *esmouvoir* : lat. vulg. **exmŏvēre*, réfection du class. *emovere*; **ÉMOUVANT** XIX^e s. adj. ♦ [3] **PROMOUVOIR** (demi-sav.) XII^e s. « élever à un rang supérieur », XV^e s. « provoquer l'essor de » : *promovere*; **PROMOUVABLE** XX^e s.

B. base *-meu-*

♦ [1] **MEUBLE** XII^e s. adj.; XIII^e s. subst. « bien meuble », XVI^e s. sens mod. : *mŏbĭlis*; **IMMEUBLE** XII^e s. adj., XIX^e s. « maison » (demi-sav.) : *immobilis*. ♦ [2] **AMEUBLIR** XIV^e s.; **AMEUBLISSEMENT** XVI^e s. : dér. de *meuble* adj. ♦ [3] **MEUBLER, DÉMEUBLER** XIII^e s.; **AMEUBLEMENT** XVI^e s.; **MEUBLÉ** subst. XX^e s. : dér. de *meuble* subst. ♦ [4] **MEUTE** XII^e s.-XVI^e s. « soulèvement », XIII^e s. vénerie : lat. vulg. **mŏvĭta*, class. *mŏta*, part. passé de *movere*; **MUETTE**, orth. anc. de *meute* au sens de « chenil pour chiens de chasse », conservée en toponymie; **AMEUTER** XVI^e s. « réunir les chiens en meute », puis « réunir » et XVIII^e s. « attrouper ». ♦ [5] **ÉMEUTE** XII^e s. « émoi », XVIII^e s. sens mod. : lat. vulg. **exmŏvĭta*, class. *emōta* → ÉMOUVOIR; **ÉMEUTIER** XIX^e s.

C. **MUTIN** XIV^e s. « porté à la révolte », XVIII^e s. « espiègle » : dér. de *meute*, fermeture de *eu* en *u*; **(SE) MUTINER, MUTINERIE** XIV^e s.

II. mots savants

A. base *-mot-*

♦ [1] **COMMOTION** XII^e s. « ébranlement », XIX^e s. méd. : *commotio*; **COMMOTIONNER**

XIX^e s. ♦ [2] **MOTION** XIII^e s. « mise en mouvement » : *motio* ; XVIII^e s. pol., mot angl. de même origine ; **-MOTION** 2^e élément de composés, ex. : **AUTOMOTION** XIX^e s. ; **LOCOMOTION** XVIII^e s. ♦ [3] **PROMOTION** XIV^e s. « élévation », XIX^e s. « ensemble d'élèves d'une même année » : *promotio* ; **PROMOTIONNEL** XX^e s. ; **PROMOTEUR** XIV^e s., bas lat. *promotor* → PROMOUVOIR ♦ [4] **ÉMOTION** XVI^e s. : dér. d'après *emovere* et *motio* → ÉMOUVOIR ; **ÉMOTIONNER** XIX^e s. ; **ÉMOTIF** XIX^e s., forme d'après *motivus* et le part. passé *emotus*. ♦ [5] **MOTEUR** XIV^e s. philo, adj. et subst., XVIII^e s. en parlant de machines : *motor* ; **-MOTEUR** 2^e élément de composés, ex. : **AUTOMOTEUR** XIX^e s. ; **CYCLOMOTEUR** XX^e s. ; **VASO-MOTEUR** XIX^e s. ; dér. **-MOTORISTE**, ex. : **CYCLOMOTORISTE** XX^e s. ; **MOTORISER, MOTORISATION** XX^e s. ♦ [6] **MOTRICITÉ** XIX^e s. ; **MOTRICE** XX^e s. : dér. formés sur un rad. fém. **motrix* analogique des fém. lat. en *-trix, -tricis* ; **LOCOMOTRICE** XX^e s. ♦ [7] **MOTO-** 1^er élément de composés, tiré de *moteur*, ex. : **MOTOCYCLETTE** XIX^e s., analogique de *bicyclette*, d'où **MOTOCYCLISTE** XX^e s. ; **MOTOCULTEUR, MOTOPOMPE** XX^e s. ♦ [8] **MOTO** XX^e s. subst. fém. : abrév. de *motocyclette* ; **MOTARD** XX^e s. ; **MOTO-CROSS** XX^e s. : 2^e élément angl. *to cross* « traverser ». ♦ [9] **MOTIF** XIV^e s. adj. « qui met en mouvement », puis subst. masc. : bas lat. *motivus* ; **MOTIVER** XVIII^e s. ; **IMMOTIVÉ** XIX^e s. ; **MOTIVATION** XX^e s. ♦ [10] **LOCOMOTIF** XVI^e s. adj. : composé de *locus* « lieu » et de *motivus* ; **LOCOMOTIVE** XIX^e s. subst. fém. ♦ [11] **MOTILITÉ** XIX^e s. : dér. sur le part. passé *motus*.

B. base *-mob-*

♦ [1] **IMMOBILE** XII^e s. : *immobilis* ; **IMMOBILITÉ** XIV^e s. : *immobilitas* ; **IMMOBILIER** XVI^e s. : dér. formé pour servir d'adj. à *immeuble* ; **IMMOBILISER, IMMOBILISATION** XIX^e s. ; **IMMOBILISME, IMMOBILISTE** XIX^e s. ♦ [2] **MOBILE** XIV^e s. subst. « bien meuble », XVI^e s. adj., XVII^e s. subst. masc. psycho. et mécan. : *mobilis* ; **MOBILITÉ** XII^e s. : *mobilitas* ; **MOBILIER** XVI^e s. adj. « qui consiste en biens meubles », XVIII^e s. subst. masc. « ensemble de meubles » : dér. sur *mobilis*. ♦ [3] **-MOBILE** 2^e élément de composés sav., ex. : **AUTOMOBILE** XIX^e s. ; **HIPPOMOBILE** XX^e s. ♦ [4] **MOBILISER** XIX^e s. jur. et milit., XX^e s. méd. : dér. de *mobile* ; **MOBILISABLE, -ISATION, DÉMOBILISER, -ISATION** XIX^e s.

C. base *-mov-*

**AMOVIBLE** XVII^e s. jur., XIX^e s. techn. : dér. sur *amovere* ; **AMOVIBILITÉ, INAMOVIBLE, INAMOVIBILITÉ** XVIII^e s.

D. **MOMENT** XII^e s., rare avant le XVII^e s. : *momentum* ; **MOMENTANÉ** XIV^e s. : bas lat. *momentaneus*.

**MUER** famille d'une racine ind.-eur. **mei-* « changer », « échanger ».

En grec *ameibein* « échanger » d'où *amoibaios* « qui change, se répond », et dans la poésie pastorale *amoibaia aoidê* « chant alterné ».

En germanique frq. **missi-*, particule négative et péjorative (→ all. *miss-* et angl. *to miss* « manquer »).

En latin (1) lat. imp. *meare* « aller, passer », d'où *meatus, -us* « route, passage » ; *commeare* « circuler » ; *commeatus, -us* « passage », « permission d'aller et venir », « permission militaire » ; lat. imp. *permeare* « pénétrer », « traverser » et bas lat. *permeabilis* « qui peut être traversé » (2) avec un élargissement *-g-*, *migrare* « changer de résidence », d'où *migratio* et bas lat. *migrator* ; composés *emigrare* « sortir de » ; *immigrare* « passer dans » ; *transmigrare* « passer d'un lieu à un autre » (3) avec un élargissement *-n-* et un vocalisme *-ū-* issu de *-oi-*, des mots désignant des échanges réglés par l'usage : (a) *munus, muneris*, plur. *munera* « fonctions officielles » et aussi « cadeau que l'on fait », d'où *munerare* « faire présent de » et *remunerare* « récompenser » (b) *muni-* 1^er élément de composés exprimant l'idée de « charges », ex. : *municeps* « qui prend part aux charges », « citoyen d'un *municipium* », c.-à-d. d'une « ville annexée par Rome dont les habitants jouissaient des droits politiques locaux et des droits civils romains », d'où *municipalis*, et *munifex, munificus* « qui accomplit ses devoirs », « généreux », d'où *munificentia* « générosité » (c) *immunis* « exempt de charge » d'où *immunitas* (d) *communis* « commun », probablement d'abord « qui partage les charges », et *communio, -onis*, lat. class. « communauté », eccl. « communion » (4) avec un élargissement *-t-* et un vocalisme *ū* issu de *-oi-* (a) *mutuus* « qui se fait par voie d'échange », neutre substantivé *mutuum* « argent emprunté à rendre sans intérêts » ; *promutuus* « payé d'avance » et bas lat. *promutuari* « emprunter » (b) *mutare* « changer », « échanger », « déplacer » : *mutatio, -onis* « changement » ; *commutare* « échanger », « changer complètement » ; *permutare* « mettre en sens inverse » ; *transmutare* « faire changer de place ».

I. mots d'origine latine

A. famille de *mutare*

♦ [1] **MUER** (pop.) XI^e s. « changer », XVII^e s. biol. : *mūtāre* ; **MUE** XII^e s. ; **REMUER** XI^e s. « changer », XVI^e s. sens mod. ; **REMUEMENT** XII^e s. ; **REMUE-MÉNAGE** XVI^e s. « déménagement », XVII^e s. sens mod. ♦ [2] **TRANSMUER** (demi-sav.)

XIIIe s. : adaptation, d'après *muer*, du lat. *transmutare* ; **TRANSMUABLE** XIVe s. ; **COMMUER** XIVe s. : adaptation, d'après *muer*, de *commutare* ; **COMMUABLE** XVe s. ; **IMMUABLE** XIVe s. : adaptation, d'après *muer* et l'anc. fr. *muable*, du lat. *immutabilis*. ♦ [3] **MUTATION** (sav.) XIIe s. ; XXe s. biol. : *mutatio* ; **MUTABILITÉ** XIIe s. : *mutabilitas* ; **IMMUTABILITÉ** XIVe s. : *immutabilitas* ; **MUTABLE, MUTER** XIXe s. : *mutare* ; **MUTANT, MUTATIONNISME** XXe s. ♦ [4] **COMMUTATION** XIIe s. jur. : *commutatio* ; **COMMUTATIF** XIVe s. ; **COMMUTATEUR** XIXe s. ♦ [5] **PERMUTATION** XIIe s. : *permutatio* ; **PERMUTER** XIVe s. : *permutare* ; **PERMUTABLE** XVIe s. ; **PERMUTABILITÉ** XIXe s. ♦ [6] **TRANSMUTATION** XIIe s. : *transmutatio* ; **TRANSMUTABILITÉ** XVIIIe s. ; **TRANSMUTABLE** XIXe s. ♦ [7] **EMPRUNTER** (pop.) XIIe s. : lat. vulg. **imprūmŭtāre*, composé de **prūmūtāre*, altération, par assimilation vocalique, de *promūtuāri* ; **EMPRUNT** XIIe s. ; **EMPRUNTEUR** XIIIe s. ♦ [8] **MUTUEL** (sav.) XIVe s. : dér., d'après *mutuus* ; **MUTUELLE** XXe s. : abrév. de *société mutuelle* ; **MUTUALITÉ** XVIe s., rare avant fin XVIIIe s. ; **MUTUALISME, MUTUALISTE** XIXe s. ♦ [9] **ESCAMOTER** XVIe s. : non pas de l'occitan ou de l'esp. *escamar* « écailler », mais plutôt adaptation du castillan *camodar* XVe s. « faire des jeux de mains », probablement de *commutare*.

**B.** famille de *munus*

♦ [1] **COMMUN** (pop.) IXe s. « qui appartient à plusieurs personnes ou plusieurs choses », XIIe s. subst. masc. « le peuple », XVIIe s. liturgie, XVIIIe s. subst. masc. plur. « bâtiments annexes d'un château » : *commūnis* ; **COMMUNÉMENT** XIe s. ; **COMMUNE** XIIe s. subst. fém. « ville franche », fin XVIIIe s. « circonscription territoriale » : lat. *communia*, plur. neutre substantivé de *communis*. ♦ [2] **COMMUNAL** XIIe s. ; **COMMUNAUTÉ** XIIIe s. ; **COMMUNAUTAIRE** XIXe s. : **COMMUNISTE** fin XVIIIe s. ; **ANTICOMMUNISTE, COMMUNISME, COMMUNARD** XIXe s. ; **ANTICOMMUNISME** XXe s. : dér. sav. ou demi-sav. de *commun*. ♦ [3] **COMMUNIER** (demi-sav.) Xe s. : *communicāre* (*altari*) « participer (au sacrement de l'autel) » ; XIXe s. fig. ; **COMMUNIANT** subst. XVIe s. ; **EXCOMMUNIER** XIIe s. : adaptation, d'après *communier*, du lat. eccl. *excommunicare* « mettre hors de la communauté ». ♦ [4] **COMMUNION** (sav.) XIIe s. « communauté des fidèles », XIIIe s. « participation à l'eucharistie » : *communio*. ♦ [5] **EXCOMMUNICATION** (sav.) XIVe s. : *excommunicatio*. ♦ [6] **COMMUNIQUER** (sav.) XIVe s. « mettre en commun » puis « être en relation » : *communicare* ; **COMMUNIQUÉ** XIXe s. subst. masc. ; **COMMUNICABLE** XIIe s. ; **INCOMMUNICABLE** XVIe s. ; **COMMUNICATION** XIVe s. : *communicatio* ; **COMMUNICATIF** XIVe s. « libéral », XVIe s. sens mod. ♦ [7] **IMMUNITÉ** (sav.) XIIIe s. « sûreté », XVe s. « exemption de charge », XIXe s. biol. : *immunitas* ; **IMMUNISER, -ISATION, IMMUNOLOGIE** XXe s. ♦ [8] **RÉMUNÉRER, -ATION** (sav.) XIVe s. : *remunerare, remuneratio* ; **RÉMUNÉRATEUR** XIIIe s. : bas lat. *remunerator*. ♦ [9] **MUNIFICENCE** (sav.) XIVe s. : *munificentia*. ♦ [10] **MUNICIPAL** XVe s. hist. rom., XVIIIe s. sens mod. : *municipalis* ; **MUNICIPALITÉ** XVIIIe s.

**C.** famille de *meare*

♦ [1] **CONGÉ** (pop.) Xe s. « permission de partir », XIIIe s. « renvoi », XVe s. d'abord milit. « absence temporaire autorisée » : *commeātus*. ♦ [2] **CONGÉDIER** fin XIVe s. : croisement de l'anc. fr. *congier*, var. *congeer* dér. de *congé*, et de l'it. *congedare*, dér. de *congedo*, adaptation du fr. *congé* ; **CONGÉDIEMENT** XIXe s. ♦ [3] **PERMÉABLE** (sav.) XVIe s. : *permeabilis* ; **IMPERMÉABLE** XVIe s., rare avant le XVIIIe s. ; **PERMÉABILITÉ** XVIIe s. ; **IMPERMÉABILITÉ** XIXe s. ♦ [4] **MÉAT** (sav.) XVIe s. : *meatus*.

**D.** famille de *migrare*

♦ [1] **TRANSMIGRATION** (sav.) XIIIe s. : *transmigratio*. ♦ [2] **MIGRATION** (sav.) XVe s. : *migratio* ; **MIGRATEUR** XIXe s. : *migrator* ; **MIGRATOIRE** XIXe s. ♦ [3] **ÉMIGRER, ÉMIGRATION** (sav.) XVIIIe s. : *emigrare, emigratio* ; **ÉMIGRANT** XVIIIe s. ♦ [4] **IMMIGRER, -ATION** (sav.) XVIIIe s. : *immigrare, immigratio* ; **IMMIGRANT** XVIIIe s.

**II.** forme populaire d'origine germanique

**MÉ-** (anc. fr. *mes-*) préf. péjor. issu du frq. **missi-*, ex. : *méprendre, mécompte*.

**III.** mots savants d'origine grecque

♦ [1] **(CHANTS) AMŒBÉES** : *amoibaiai (aoidai)* ♦ [2] **AMIBE** XIXe s. : lat. mod. *amiba* ou *amoeba* « changeante », de *ameibein* ; **AMIBIEN** XIXe s. ; **AMIBIASE** XXe s.

**MUET** famille d'une base **mu-* symbolisant un son inarticulé.

En latin (1) *mūtus* « qui ne sait que faire *mu* », d'abord appliqué aux animaux, puis aux hommes (2) lat. arch. et bas lat. *mŭttīre* « émettre un son », d'où « parler » ; dér. bas lat. *mŭttum* « son émis » (→ aussi MYSTÈRE).

♦ [1] **MUET** (pop.) XIIe s. : dimin. de l'anc. fr. *mu* qu'il a éliminé au XVIe s. : du lat. *mūtus* ; **SOURD-MUET** XVIe s. ♦ [2] **AMUÏR** (pop.) XIIe s., repris au XIXe s. pronom., ling. : lat. vulg. **admūtīre* « rendre muet », de *mutus* ; **AMUÏSSEMENT** id. ♦ [3] **MUTISME** (sav.) XVIIIe s. : dér., sur *mūtus* ; **MUTITÉ** XIXe s. : bas lat. *mutitas*.

♦ [4] **MOT** (pop.) XII^e s. : *mŭttum*; **MOTET** XIII^e s. mus., dimin. de *mot*. ♦ [5] **MOTUS** XVII^e s. : latinisation plaisante de *mot*, d'après des expressions comme *pas un mot!* ou *ne dire, ne souffler mot*.

**MUEZZIN** XIX^e s. : mot turc, de l'arabe *mo'adhdhin* « celui qui appelle à la prière ».

**MUFTI** XVI^e s. : mot turco-arabe *moufti* « juge ».

**MUGUET** famille du bas lat. *muscus* (IV^e s.) « musc, substance odorante sécrétée par les glandes abdominales d'un cervidé » : gr. *moskhos*, qui désigne divers êtres jeunes, bêtes ou plantes, en particulier la gazelle qui fournit le musc, et le musc lui-même; mot obscur, d'origine p.-ê. orientale.

♦ [1] **MUGUET** (demi-sav.) XII^e s. : dér. de *mugue*, var. *musgue*, début XII^e s., du lat. *muscus*, à cause de son odeur musquée; XVI^e s. « jeune élégant » (parfumé au muguet) d'où **MUGUETER** XVI^e s.; fin XVIII^e s., par comparaison, « maladie de la muqueuse buccale ». ♦ [2] **MUSCADE** (noix) XII^e s. : anc. prov. *(notz) muscada* « noix au parfum de musc »; XVII^e s.-XIX^e s. *Passez muscade!* mot des escamoteurs, qui manipulaient une petite boule de la grosseur d'une muscade; **MUSCADIER** XVIII^e s. ♦ [3] **MUSCAT** XIV^e s.; **MUSCADET** XV^e s. : mots prov. « musqué », « qui a du bouquet ». ♦ [4] **MUSCADIN** XVI^e s. « pastille parfumée au musc », XVIII^e s. « petit-maître » : altération de l'it. *moscardino*, dér. de *moscado* « muscat ». ♦ [5] **MUSC** (sav.) XIII^e s. : *muscus*; **MUSQUÉ** XV^e s.

**MUID** famille d'une racine ind.-eur. **med-* qui exprime l'idée de « prendre avec autorité et réflexion des mesures d'ordre ».

En grec *medein* « mesurer », moyen *medesthai* « songer, être préoccupé », part. présent fém. *Medousa* « celle qui médite », employé (sans doute à cause de la fixité de son regard » comme nom propre d'une des trois Gorgones.

En latin (1) *mederi* « donner ses soins à », dès l'origine dans la langue médicale; dès l'époque préhistorique ind.-eur., le médecin n'était pas considéré comme un sorcier, mais comme un homme de pensée; dér. *medicare* « soigner »; *medicamentum* « remède »; *medicus* « médecin »; *medicina (ars)* « médecine »; lat. imp. *medicinalis* « médical » (2) *meditari*, dér. de *mederi*, qui a conservé le sens ancien de « étudier », « s'exercer »; *meditatio* « préparation, exercice », « réflexion »; *praemeditari* « se préparer par la réflexion » d'où *praemeditatio* (3) avec vocalisme *o* de la racine, *modus* « mesure imposée aux choses », « mesure musicale », « manière de se conduire », auquel se rattachent (a) le dimin. *modulus* « mesure » et « mesure musicale, mélodie », d'où *modulari* « marquer un rythme », « accompagner des vers d'une musique » (b) *modo* adv. « en restant dans la mesure », « justement », « récemment », d'où l'adj. bas lat. *modernus* « récent » (c) *quomodo* adv. « de la manière que », « comme » (d) *modestus* « qui observe la mesure », « modeste » d'où *modestia* et *immodestus* (e) *modicus* « mesuré », « parcimonieux » (f) *commodus* « conforme à la mesure », « approprié »; *commodare* et *accommodare* « ajuster », « arranger », « rendre service »; *commoditas* « juste proportion », « avantage »; *incommodus* « mal adapté », d'où *incommodare, incommoditas* (g) *modificare* « régler », « limiter » (h) *modius* « mesure de capacité pour corps secs », « boisseau », d'où le dimin. *modiolus* « petite mesure, petit vase » et sens techniques « moyeu », « barillet », « trépan »; lat. class. *trimodium*, imp. *trimodia* « récipient contenant trois boisseaux ».

**I.** mots populaires ou empruntés d'origine latine

♦ [1] **MUID** XII^e s. *mui*, puis *d* rétabli par souci étymologique : *mŏdius*. ♦ [2] **MOYEU** XII^e s. : *modiŏlus*. ♦ [3] **TRÉMIE** XIII^e s. *tremuie* : *trimŏdia*. ♦ [4] **COMME** IX^e s. *cum* ou *com*, puis fin XI^e s. *comme*, par contraction avec la conjonction *et* : lat. vulg. **quomo*, class. *quomodo*; **COMMENT** XI^e s., formé par adjonction de la désinence adverbiale **-MENT; COMBIEN** XII^e s. : composé de *com* et de l'adv. *bien*; a supplanté *quant* vers le XVI^e s. (lat. *quantus*). ♦ [5] **MOULE** XII^e s. subst. masc. : *modŭlus*; **MOULER** XI^e s.; **MOULEUR** XIII^e s.; **MOULAGE, MOULURE** XV^e s.; **MOULURE, DÉMOULER** XIX^e s. ♦ [6] **MODÈLE** XVI^e s. : it. *modello*, du lat. vulg. **modĕllus*, var. de *modŭlus*; **MODELER, MODELEUR** XVI^e s.; **MODELAGE, MODÉLISTE** XIX^e s. ♦ [7] **MÉGIS** XIII^e s. : dér. de l'anc. fr. *megier* « soigner ». « tanner les peaux » du lat. *mĕdĭcāre*; **MÉGISSIER, MÉGISSERIE** XIII^e s.

**II.** mots savants d'origine latine

**A.** base *-mod-*

♦ [1] **AMODIER** XIII^e s. : lat. médiéval *admodiare* « louer une terre contre une prestation en nature », dér. de *modius* « boisseau »; **AMODIATION** XV^e s. ♦ [2] **MODIFIER** (demi-sav.) XIV^e s. : *modificare*; **MODIFIABLE** XVII^e s.; **MODIFICATION** (sav.) XIV^e s. : *modificatio*. ♦ [3] **MODÉRER, MODÉRATION, MODÉRÉ, IMMODÉRÉ** XIV^e s. : *moderari, moderatio, moderatus,* *immoderatus*; **MODÉRATEUR** XV^e^ s. : *moderator*; **MODÉRANTISME, -ISTE** fin XVIII^e^ s. ; **MODERATO** XIX^e^ s. mus. : mot it. équivalent de modéré. ♦ [4] **MODESTE, MODESTIE** XIV^e^ s. : *modestus, modestia*; **IMMODESTE** XVI^e^ s. : *immodestus*; **IMMODESTIE** XVI^e^ s. ♦ [5] **MODERNE** XIV^e^ s. : *modernus*; **MODERNISTE, MODERNISER** XVIII^e^ s. ; **MODERNISME, MODERNISATION, MODERNITÉ** XIX^e^ s. ; **ULTRAMODERNE** XX^e^ s. ; **MODERN STYLE** fin XIX^e^ s. ; mots angl. « style moderne ». ♦ [6] **ACCOMMODER** XIV^e^ s. : *accommodare*; **ACCOMMODABLE, ACCOMMODEMENT** XVI^e^ s. ; **ACCOMMODANT** XVII^e^ s. ♦ [7] **INCOMMODITÉ** XIV^e^ s. : *incommoditas*; **INCOMMODER** XV^e^ s. : *incommodare*; **INCOMMODE** XVI^e^ s. : *incommodus*. ♦ [8] **COMMODE** XV^e^ s. adj., XVIII^e^ s. subst. fém. : *commodus*; **COMMODITÉ** XV^e^ s. : *commoditas*; **COMMODÉMENT** XVI^e^ s. ♦ [9] **MODE** XV^e^ s. subst. fém., à cause du *e* final (d'où **MODISTE** XVIII^e^ s., **DÉMODÉ** XIX^e^ s.) ; XVI^e^ s. subst. masc. mus. et grammaire (d'où **MODAL, MODALITÉ** XVI^e^ s.) ; XVII^e^ s. philo. ; XVIII^e^ s. « manière », *mode de vie, mode d'emploi* : lat. *modus*. ♦ [10] **MODIQUE** XV^e^ s., rare avant le XVII^e^ s. : *modicus*; **MODICITÉ** XVI^e^ s. : *modicitas*. ♦ [11] **MODULER** XV^e^ s., plus courant au XVII^e^ s. sous l'infl. de l'équivalent it. *modulare*; XX^e^ s. radio : lat. *modulari*; **MODULATION** XV^e^ s. : lat. *modulatio*, puis it. *modulazione*. ♦ [12] **MODULE** XVI^e^ s. archit., XX^e^ s. techn. : *modulus* → MOULE. ♦ [13] **MODUS VIVENDI** XIX^e^ s. : mots lat. « manière de vivre ».

**B.** base *-méd-*

♦ [1] **MÉDITATION** XII^e^ s. : *meditatio*; **PRÉMÉDITER, PRÉMÉDITATION** XIV^e^ s. : *praemeditari, praemeditatio*; **MÉDITER** XV^e^ s. : *meditari*. ♦ [2] **REMÈDE** XII^e^ s. : *remedium*; **REMÉDIER** XIII^e^ s. : bas lat. *remediare*; **IRRÉMÉDIABLE** XV^e^ s. : lat. imp. *irremediabilis*. ♦ [3] **MÉDECINE** (demi-sav.) XII^e^ s. « remède », XIV^e^ s. « art médical », a éliminé *mecine* (pop.) XI^e^ s. : *medĭcīna*; **MÉDECIN** XIV^e^ s. : de *médecine*, a éliminé l'anc. fr. *miège* (pop.) et *mire* (demi-sav.), du lat. *mĕdĭcus*; pour les mots scient. exprimant la notion de « médecin » → -IATRE. ♦ [4] **MÉDICINAL** XII^e^ s., a éliminé l'anc. fr. *mecinel* (pop.) : *medicinalis*; **MÉDICAMENT, MÉDICATION** XIV^e^ s. : *medicamentum, medicatio*; **MÉDICAMENTEUX** XVI^e^ s. : *medicamentosus*; **MÉDICAL** XVI^e^ s. : dér., sur *medicus*; **MÉDICO-**, 1^er^ élément de composés, ex. : **MÉDICO-LÉGAL** XIX^e^ s.

**III.** mots savants d'origine grecque

♦ [1] **MÉDUSER** XVII^e^ s., rare avant le XIX^e^ s. : dér., sur le lat. *Medusa* : gr. *Medousa*, nom mythol. de la Gorgone qui changeait en pierre celui qui la regardait. ♦ [2] **MÉDUSE** XVIII^e^ s. zool : *Medusa*, par comparaison entre les tentacules de certaines méduses et la chevelure de serpents de la Méduse.

**MULE** ♦ [1] (pop.) XI^e^ s. : forme fém. de l'anc. fr. *mul*, du lat. *mūlus* « mulet », nom probablement méditerranéen, p.-ê. originaire d'Asie. ♦ [2] **MULET** XI^e^ s. dimin. de *mul*; **MULETIER** subst. XIV^e^ s., adj. XVI^e^ s. ♦ [3] **MULÂTRE** XVII^e^ s. : altération, sous l'influence du suff. *-âtre*, du portugais *mulato*, dér. de *mulo* « mulet », le mulâtre étant un métis, comme le mulet. ♦ [4] **MULETA** XIX^e^ s. tauromachie : mot esp., littéralement « petite mule », d'où « béquille » (→ POUTRE et SOMMIER), puis « court bâton recouvert d'une pièce de flanelle rouge ».

**MULET** (poisson) ♦ [1] (pop.) XII^e^ s. : dimin. du lat. vulg. **mŭllus*, altération, sous l'infl. de *mūlus* → le précédent, du class. *mŭllus* « rouget ». ♦ [2] **SURMULET** XII^e^ s. *sormulet* : de *mulet* et de l'adj. *sor* ou *saur* « roux, jaunâtre », confondu par la suite avec la prép. *sur*. ♦ [3] **MULE** (sav.) XIV^e^ s. « engelure au talon », XVI^e^ s. « pantoufle » : lat. *mulleus (calceus)* « soulier rouge », dér. de *mullus* « rouget ».

**MULOT** ♦ [1] (pop.) XII^e^ s. : dimin. du frq. **mull* « taupe » (latinisé en *muli* au VII^e^ s.), avec voyelle *u* sous l'infl. de *mūlus* → MULE ; **SURMULOT** XVIII^e^ s., avec préf. à valeur augmentative. ♦ [2] **MOLESKINE** XIX^e^ s. : angl. *moleskin*, littéralement « peau de taupe » ; le 1^er^ élément *mole* a le même étymon germ. que *mulot*.

**MUR** famille d'une base latine **moi-* « mur ». En latin (1) *murus* issu de **moiros* « mur de ville, rempart » d'où *muralis* « de rempart » (2) *mœnia* issu de **moinia* « murailles de ville » d'où *munire* « fortifier » ; *munitio* « fortification » et *praemunire* « fortifier d'avance ».

**I.** famille de *murus*

♦ [1] **MUR** (pop.) X^e^ s. : *mūrus*; **MURER, EMMURER, DÉMURER** XII^e^ s. ; **MURET, MURETTE** XIII^e^ s. ; **MURAILLE** XIV^e^ s. ; **AVANT-MUR** XIV^e^ s. ; **CONTRE-MUR, CONTRE-MURER** XVI^e^ s. ♦ [2] **AMURE** XVI^e^ s. : prov. *amura*, dér. d'*amurar* « fixer au mur » ; **AMURER** XVI^e^ s. ♦ [3] **MURAL** (sav.) XIV^e^ s., rare avant le XVIII^e^ s. : *muralis*.

**II.** famille de *mœnia*

**MUNIR** XIV^e^ s. « défendre », XVI^e^ s. sens mod. : *munire*; **PRÉMUNIR, MUNITION** XIV^e^ s. : *praemunire, munitio*; **DÉMUNIR** XVI^e^ s.

**MÛRE** (pop.) XII^e^ s. d'abord *meure* : lat. *mōra*, plur. de *mōrum*, empr. à une langue méditerranéenne (→ VIN et FIGUE); le *u* est dû à l'infl. du dér. *mûrier*; **MÛRIER** XII^e s. *meurier*, puis fermeture du *eu* en *u* (→ aussi SYCOMORE, art. FIGUE).

**MURÈNE** (sav.) XIII^e s. : lat. *muraena*, du gr. *muraina*.

**MURMURE** (sav.) XII^e s. : lat. *murmur* « grondement sourd »; le fr. et l'it. *mormorare* ont affaibli le sens de ce mot; **MURMURER** XII^e s. : *murmurare*; **MURMURANT** adj. XVI^e s.

**MUSARAIGNE** famille d'une racine ind.-eur. **mus*-.

En grec *mus, muos* « souris », par métaphore « moule (coquillage) » et « muscle » (pour le sens → en fr. la *souris* du gigot).

En latin *mūs, mūris* « souris », d'où le dimin. *mūsculus* « muscle »; le nom de la « moule », *mŭsculus*, présente un *ŭ*; p.-ê. s'agit-il d'un autre mot; mais c'est plus probablement une var. pop. de *mūsculus*.

**I.** mots d'origine latine

♦ [1] **MUSARAIGNE** (pop.) XV^e s. : lat. vulg. *mūsarānea*, réfection, d'après le fém. *aranea* « araignée », du lat. imp. *musaraneus* « souris (venimeuse comme une) araignée ». ♦ [2] **MOULE** (pop.) XIII^e s. : *mŭscŭlus*. ♦ [3] **MUSCLE** (demi-sav.) XIV^e s. : *mūscŭlus*; **MUSCLÉ** XVI^e s.; **MUSCULEUX** (sav.) XIV^e s. : *musculosus*; **MUSCULAIRE** XVII^e s.; **MUSCULATURE** XIX^e s.

**II.** mots d'origine grecque

♦ [1] **MYOSOTIS** (sav.) XVI^e s. : gr. *muosôtis*, littéralement « oreille de souris », de *ous, ôtos* « oreille »; par le lat. ♦ [2] **MYGALE** (sav.) XIX^e s. : gr. *mugalê*, littéralement « souris-belette », de *galê* « belette ». ♦ [3] **MY(O)-** (sav.) 1^er élément de composés sav. exprimant l'idée de « muscle », ex. : **MYOLOGIE** XVII^e s.; **MYOCARDE** XIX^e s.; **MYALGIE** XX^e s.

**MUSEAU** ♦ [1] (pop.) début XIII^e s. : dimin. de *mus*, attesté dans certains dial. du Sud-Ouest : bas lat. (VIII^e s.) *mūsum*, d'origine inconnue; **MUSELIÈRE** XIII^e s.; **MUSELER** XIV^e s.; **DÉMUSELER** XIX^e s. ♦ [2] **CAMUS** XIII^e s. : composé de **mus* et du préf. péjor. *ca*-; **CAMARD** XVI^e s. : altération, par substitution du suff. *-ard* à la voyelle finale, de *camus*. ♦ [3] **MUSER** XII^e s. : dér. de **mus* « rester le museau en l'air »; **MUSARD** XII^e s.; **MUSARDISE** XIII^e s.; **MUSARDER** XIV^e s.; **MUSARDERIE** XVI^e s. ♦ [4] **AMUSER** XII^e s. : composé de *muser*; **AMUSEMENT** XV^e s.; **AMUSEUR** XVI^e s.; **AMUSETTE, AMUSANT** XVII^e s.; **AMUSE-GUEULE** XX^e s. ♦ [5] **CORNEMUSE** XIII^e s. : dér. de *cornemuser*, de *corner* et *muser*; **MUSETTE** XIII^e s. « sorte de cornemuse »; d'où XIX^e s. « sac porté en bandoulière » et adj. dans *bal musette* : dér. de *muse*, lui-même dér. de *muser*.

**MUSIQUE** famille sav. du gr. *mousa*, plur. *mousai* (en lat. *musa, musae*) « filles de Zeus et de Mémoire (en gr. Mnémosyne → -MENT) », neuf divinités possédant la science universelle, dont Apollon *mousêgetês*, « conducteur de muses », dirigeait le chœur, et entre lesquelles a été réparti le patronage d'arts, de sciences, de genres littéraires (1) *mouseios* « des muses » (lat. *museus*, ou *musivus*); neutre substantivé *mouseion* « temple des muses », « école où l'on s'exerce à la poésie et aux arts », « centre d'études scientifiques à Alexandrie, à l'époque des Ptolémées » (lat. *museum*) (2) *mousikos* (lat. *musicus*) « qui concerne les muses, les arts, la musique »; *mousikhê (tekhnê)* « art des muses », « musique » (lat. *musica*). ♦ [1] **MUSIQUE** XII^e s. : *musica*; **MUSICIEN, MUSICAL** XIV^e s.; **MUSIQUER** XVI^e s.; **MUSIQUETTE** XIX^e s.; **MUSICOGRAPHE** XIX^e s.; **MUSICOGRAPHIE, MUSICOLOGUE, MUSICOLOGIE** XX^e s.; **MUSICALITÉ** XX^e s.; **MUSIC-HALL** XIX^e s. : mot angl. « salle de musique » → HALLE. ♦ [2] **MUSE** XIII^e s. : *musa*; **MUSAGÈTE** XVI^e s. : lat. *musagetes*.♦ [3] **MUSÉE** XIII^e s. « temple des Muses », XVIII^e s. sens mod. : *museum*; **MUSÉUM** XVIII^e s. : mot lat., var. de *musée*; **MUSÉO-**, 1^er élément de composés sav. exprimant l'idée de « musée », ex. : **MUSÉOGRAPHIE** XIX^e s. ♦ [4] **MOSAÏQUE** XII^e s. musique, XVI^e s. forme mod. : it. *mosaico*, du lat. médiéval *musaicum*, altération, par substitution de suff., du lat. class. *musivum (opus)* « ouvrage de mosaïque », littéralement « ouvrage inspiré par les muses »; **MOSAÏSTE** XIX^e s. ♦ [5] **MUSSIF** ou **MUSIF** (or) XIX^e s. techn. : *musivum (aurum)* « dorure de mosaïque ».

**MUTILER** (sav.) XIV^e s. et **MUTILATION** XIII^e s. : lat. *mutilare* et *mutilatio*, de *mutilus* « écorné, tronqué », p.-ê. apparenté au celtique **mŭlto* → MOUTON.

**MYCÉ-, MYCO-** ♦ [1] (sav.) gr. *mukês* « champignon »; 1^er élément de composés sav., ex. : **MYCÉLIUM, MYCODERME, MYCOLOGIE** XIX^e s. ♦ [2] **-MYCÈTE, -MYCOSE** 2^e élément de composés, ex. : **BLASTOMYCÈTE, BLASTOMYCOSE** XX^e s.

**MYÉL(O)-** ♦ [1] (sav.) gr. *muelos* « moelle » : 1^er élément de mots sav., ex. : **MYÉLINE, MYÉ-**

**LITE** XIXe s. ♦ [2] **-MYÉLITE** 2e élément de composés, ex. : **POLIOMYÉLITE** XXe s., abrév. **POLIO**, 1er élément gr. *polios* « gris », cette maladie attaquant l'axe gris de la moelle épinière ; **OSTÉOMYÉLITE** XIXe s.

**MYRIADE** ♦ [1] (sav.) XVIe s. : gr. *murias, -ados* « dix mille », par le bas lat. ♦ [2] **MYRIA-** 1er élément de composés formant des noms de multiples d'une unité par dix mille, ex. : **MYRIAGRAMME, MYRIAMÈTRE** fin XVIIIe s., ou par un nombre énorme, ex. : **MYRIAPODE** ou « mille-pattes » XIXe s.

**MYRRHE** (sav.) XIe s. : gr. *murrha*, par le lat.

**MYRTE** ♦ [1] (sav.) XIIIe s. : gr. *murtos*, par le lat. ; **MYRTIFORME** XVIIIe s. ; **MYRTACÉES** XIXe s. ♦ [2] **MYRTILLE** (sav.) XIIIe s. « fruit du myrte » ; à partir du XVIe s., nom donné à l'airelle par les apothicaires allemands ; se répand en français à la fin du XVIIe s. ♦ [3] **MORTADELLE** XVe s. : it. *mortadella*, dimin. de *mortada*, var. dial. de *mortata* « (charcuterie) farcie de baies de myrte ».

**MYSTÈRE** famille sav. du verbe gr. *muein* « fermer », « être fermé », « avoir la bouche ou les yeux fermés », sans doute d'une onomatopée *mu* symbolisant un son inarticulé (→ MUET) (1) *mustêrion* « chose secrète », « cérémonie religieuse secrète » ; dans le Nouveau Testament, les « saints mystères » (l'Incarnation, l'Eucharistie et le baptême) (2) *mustês* « initié aux mystères » ; *mustikos* « qui concerne les mystères » ; *mustagôgos* « prêtre chargé d'initier aux mystères » (3) *muôps* « qui cligne des yeux » → ŒIL.
♦ [1] **MYSTÈRE** XIIe s. : lat. *mysterium* : gr. *musterion* ; XVe s.-XVIe s. « pièce de théâtre à sujet religieux » : croisement du précédent avec *ministerium* « service », « cérémonie » → MOINS ; **MYSTÉRIEUX** XVe s. ♦ [2] **MYSTIQUE** XIVe s. : lat. *mysticus* : gr. *mustikos* ; **MYSTICITÉ** XVIIIe s. ; **MYSTICISME** XIXe s. ♦ [3] **MYSTAGOGUE** XVIe s. : *mustagôgos*, par le lat. ♦ [4] **MYSTIFIER** XVIIIe s. : dér. sur le rad. de *mystère* ; **MYSTIFICATEUR, -ATION** XVIIIe s. ; **DÉMYSTIFIER** XXe s.

**MYTHE** ♦ [1] (sav.) XIXe s. : gr. *muthos* « parole », « récit », « légende » ; **MYTHOLOGIE** XIVe s. : *mutholologia* « étude des choses fabuleuses », par le lat. ; **MYTHOLOGIQUE** XVe s. ; **MYTHIQUE** XIVe s., rare avant le XIXe s. ; **MYTHOLOGUE** XVIe s. ; **MYTHOMANIE, MYTHOMANE** XXe s. ♦ [2] **STICHOMYTHIE** XIXe s. « dialogue dont les personnages se répondent vers par vers » : de *stikhos* « vers » et *muthein* « parler ».

# N

**NABAB** XVII^e s. « grand officier aux Indes » : mot hindi, « prince », de l'arabe *nawwab*, plur. de *naïb*, « vice-roi »; au XVIII^e s. « Européen qui a fait fortune aux Indes », « personnage fastueux », sous l'infl. de l'angl. *nabob*, de même origine.

**NACRE** XVI^e s., var. au XIV^e s. : it. anc. *naccaro* (mod. *nacchera*), de l'arabe *naqqâra*; **NACRÉ** XVII^e s.

**NADIR** XIV^e s. : mot arabe, « opposé (au zénith) ».

**NAÏADE** (sav.) XV^e s. : gr. *naias, -ados* « divinité des cours d'eau », par le lat.

**NAIN** ♦ [1] (pop.) XII^e s. : lat. *nānus*, empr. au gr. *nânos*, var. de *nannos* « excessivement petit, nain ». ♦ [2] **NABOT** XVI^e s. : probablement altération, sous l'infl. de *navet* (désignation métaph. d'une personne de petite taille), de *nain-bot*, qui apparaît aussi sous la forme *nambot* → BOT. ♦ [3] **NANISME** (sav.) XIX^e s. : dér., sur *nanus*.

**NANTIR** (pop.) XIII^e s. : dér. de l'anc. fr. *nant* « gage », de l'anc. scandinave *nām* « prise de possession » (la forme en *-t* est secondaire; le cas sujet et le cas régime plur. étant *nans*, on a refait une forme en *-t* d'après l'opposition *-ans, -ant*, usuelle en anc. fr.); **NANTISSEMENT** XIII^e s.

**NAPHTE** (sav.) XVI^e s. : lat. *naphta* « sorte de bitume », d'un mot persan, par le gr.; **NAPHTALINE, NAPHTOL** XIX^e s.

**NAPPE** ♦ [1] (pop.) XII^e s. : lat. *mappa* « serviette », d'origine punique; *n* initial, par dissimilation des deux labiales *m* et *p*; **NAPPERON** XIV^e s.; **NAPPAGE** XIX^e s.; **NAPPER** XX^e s. ♦ [2] **MAPPEMONDE** (sav.) XII^e s. : lat. médiéval *mappa mundi* « la nappe du monde ».

**NARCOTIQUE** ♦ [1] (sav.) XIV^e s. : gr. *narkôtikos* « stupéfiant », dér. de *narkê* « engourdissement », par le lat. ♦ [2] **NARCOSE** XIX^e s. : gr. *narkôsis* « torpeur »; **NARCOTINE** XIX^e s. ♦ [3] **NARCO-** 1^er élément de composés sav., ex. : **NARCOLEPSIE** XIX^e s.; **NARCO-ANALYSE** XX^e s.

**NARD** (sav.) XV^e s., XIII^e s. *narde* : mot sémitique apparenté à l'hébreu *nerd*, plante, sorte de valériane, et huile parfumée de cette plante; empr. par le gr. et le lat.

**NARGUILÉ** ou **NARGUILEH** XIX^e s. : mot persan « noix de coco »; désigne une pipe dont la fumée traverse un flacon d'eau parfumée, souvent constitué par une noix de coco.

**NARTHEX** (sav.) XVIII^e s. : mot gr. « férule », « cassette faite de tiges de férules », puis, par métaphore, archit.

**NARVAL** XVII^e s. : danois *narhval* « baleine nécrophage » de *nar* « cadavre humain » et *hval* « baleine ».

**NASSE** (pop.) XII^e s. : lat. *nassa*.

**NATATION** (sav.) XVI^e s. : lat. *natatio*, dér. de *natare* « nager »; **NATATOIRE** XII^e s.

**NATTE** (pop.) XI^e s. « tissu servant de tapis », XVI^e s. « tresse plate » : bas lat. *natta*, altération de *matta*, par assimilation du *m* initial à la dentale *t*; mot d'empr., p.-ê. phénicien; **NATTER** XIV^e s.

**NAVET** (pop.) XIII^e s. : dimin. du lat. *napus* « navet », représenté en anc. fr. par *nef*; XIX^e s. « œuvre médiocre »; **NAVETTE** (sorte de fourrage) XIV^e s. : forme fém. de *navet*.

**NAVRER** (pop.) XI^e s. *nafrer* « blesser », XVII^e s. « blesser moralement » : anc. scandinave **nafra* « percer ».

**NÉBULEUX** famille sav. d'une racine ind.-eur. **nebh-* « nuage ».
En latin (1) *nebula* « nuage », « brouillard », d'où *nebulosus*, bas lat. *nebulositas* (2) *nimbus* « nuage », « orage, averse », par croisement avec *imber* « pluie ».
♦ [1] **NÉBULEUX** XIV^e s. : *nebulosus*; **NÉBULOSITÉ** XV^e s. : *nebulositas*; **NÉBULEUSE** subst. fém., astron. XVII^e s. ♦ [2] **NIMBE** XVII^e s. « auréole » : *nimbus*; **NIMBER** XIX^e s. ♦ [3] **NIMBUS** fin XIX^e s. météor. : mot lat.; **NIMBO-** 1^er élément de composé dans **NIMBO-STRATUS** XX^e s.; **-NIMBUS** 2^e élément de composé dans **CUMULO-NIMBUS** XIX^e s.

**NÉCESSAIRE** famille sav. du lat. *necesse*, forme de neutre d'un adj. non attesté **necessis* « nécessaire », employé surtout dans la locution impersonnelle *necesse est* « il est nécessaire, inévitable que ». P.-ê. composé de la négation *ne* et de **cessis*, dér. de *cedere* « marcher »; dans ce cas, la notion de « nécessité » serait née de celle d'« immobilité », « impossibilité de se mouvoir ou d'être mû » (→ CESSER). — Dérivés : *necessarius* « inévitable » et « indispensable »; *necessitas* « nécessité, fatalité » et « besoin impérieux ».
**NÉCESSAIRE** XII^e s. adj., XVI^e s. subst. masc. : *necessarius*; **NÉCESSITÉ** XII^e s. : *necessitas*; **NÉCESSITER** XIV^e s. : lat. médiéval *necessitare*; **NÉCESSITEUX** XIV^e s.

**NECTAR** (sav.) XV^e s. « breuvage des dieux », XVI^e s. fig. : gr. *nektar*, qui avait déjà les 2 emplois du fr.; terme religieux sans étym. claire, empr. par le lat.

**NEF** famille d'une racine ind.-eur. **naw-* « bateau ».
En grec *naus* « bateau », d'où *nauklêros* « patron d'un bateau »; *naulon* « fret »; *naumakhia* « combat naval »; *nautês* « matelot »; *nautikos* « qui concerne la navigation »; *nausia* « mal de mer »; les trois derniers mots ont été de bonne heure empr. par les Latins sous les formes *nauta, nauticus* et *nausea*, d'où l'adj. *nauseabundus*.
En latin même, *navis* « bateau », et tardivement « nef d'église », p.-ê. sous l'infl. du gr. *naos* « temple ». — Dérivés : (1) les dimin. *navicula* et bas lat. *navicella* (2) l'adj. *navalis* « relatif aux navires » (3) *naufragium* « naufrage », de *navis* et *frangere* « briser » → ENFREINDRE (4) le verbe *navigare* « naviguer », d'où *navigium* « embarcation »; *navigatio* « voyage par mer »; lat. imp. *navigator* « navigateur » et *navigabilis* « où l'on peut naviguer ».
**I.** mots d'origine latine
**A.** mots populaires
♦ [1] **NEF** XI^e s.-XVI^e s. « navire », XII^e s. archit. : *navis*; **NAVETTE** : dimin. de *navis*, désigne divers objets en forme de « petit bateau »; XIII^e s. « instrument de tisserand »; XIV^e s. « vase liturgique pour l'encens »; XVIII^e s. *faire la navette*, d'abord milit., par comparaison avec le mouvement d'une navette de tisserand. ♦ [2] **NACELLE** XI^e s. : bas lat. *navicella*. ♦ [3] **NAVIRE** (demi-sav.) XI^e s. *navilie* : bas lat. *navilium*, qui, plutôt qu'une réfection de *navigium* qui serait unique en son genre, doit être une latinisation d'une forme évoluée, avec *l* mouillé, de **navicŭlu*, var. masc. ou neutre de *navicula*; le passage de *-ilie* à *-irie* n'est pas sans ex. en anc. fr. et a pu être favorisé par la fréquence du verbe *virer* dans la langue nautique. ♦ [4] **NAGER** XI^e s. « naviguer », XIII^e s. « ramer », XIV^e s. sens mod. : *navigare*; pour les dér. sav. exprimant l'idée de « nager », qui sont issus d'un autre verbe → NATATION; **NAGEUR** XII^e s. « matelot », XIV^e s. sens mod.; **NAGE** XII^e s. « navigation », XVI^e s. « action de nager » et *être en nage* « être tout mouillé (de sueur) »; **NAGEOIRE** XVI^e s.; **NAGEOTER** XIX^e s.; *nager* a éliminé l'anc. fr. *nouer*, du lat. vulg. **notare*, altération de *natare* → NATATION.
**B.** mots savants
♦ [1] **NAVIGATION** XIII^e s. : *navigatio*; **NAVIGUER** XIV^e s. : *navigare*; **NAVIGABLE** XV^e s. : *navigabilis*; **NAVIGABILITÉ** XIX^e s.; **NAVIGATEUR** XVI^e s. : *navigator*. ♦ [2] **NAVAL** XIV^e s. : *navalis*. ♦ [3] **NAUFRAGE** XV^e s. : *naufragium*; **NAUFRAGÉ** XIV^e s.; **NAUFRAGER** XVI^e s.; **NAUFRAGEUR** XIX^e s.
**II.** mots d'origine grecque
**A.** mots populaires ou empruntés
♦ [1] **NOISE** XI^e s. « bruit », XII^e s. « querelle » : lat. *nausea*, du gr. *nausia*, avec déplacement de sens en bas lat; ne survit depuis le XVII^e s. que dans la loc. *chercher noise*. ♦ [2] **NAUTO-**

**NIER** XII^e s. : mot anc. prov., dér. de *noton* « matelot », du lat. vulg. **nauto, -onis*, réfection du lat. *nauta* : du gr. *nautês*, ♦ [3] **NOCHER** XIII^e s. : it. *nocchiero*, du lat. *nauclerus*, empr. au gr. *nauklêros*. ♦ [4] **NOLISER** XVI^e s. : it. *noleggiare*, dér. de *nolo* « affrètement », du bas lat. *naulum*, empr. au gr. *naulon*; **NOLIS, NOLISEMENT** XVII^e s.

B. mots savants

♦ [1] **NAUTIQUE** XV^e s. : *nautikos*, par le lat. ♦ [2] **NAUSÉE** XVI^e s. : *nausea*, du gr. *nausia*; **NAUSÉABOND** XVIII^e s. : *nauseabundus*; **NAUSÉEUX** XVIII^e s. ♦ [3] **NAUMACHIE** XVI^e s. : *naumakhia*, par le lat. ♦ [4] **-NAUTE** lat. *nauta*, du gr. *nautês*, 2^e élément de composés dans **AÉRONAUTE** XVIII^e s. et **ASTRONAUTE** XX^e s.; forme série avec d'autres éléments d'origine gr. : **-NAUTIQUE, -NAUTICIEN, -NAUTISME** ou d'origine lat. : **-NEF, -NAVAL**, ex. : **COSMONAUTE, ASTRONAUTICIEN, MOTONAUTISME, AÉRONEF** XX^e s.; **AÉRONAVAL** XIX^e s.

**NÈFLE** (pop.) XII^e s. : bas lat. *mesfila* IX^e s., croisement du lat. *mespila*, plur. de *mespilum* « id. », et du gr. *phullon* « feuille », qui aurait remplacé la 2^e partie du mot; *n* initial dû à une dissimilation des deux consonnes labiales; **NÉFLIER** XIII^e s.

**NEIGER** famille d'une racine ind.-eur. **(s)nigwh-* « neige ».

En latin *nix, nivis* « neige » et adj. *niveus, nivosus* et *nivalis* « neigneux ». En germanique commun **snaiwaz*, d'où l'angl. *snow*.

♦ [1] **NEIGER** (pop.) XII^e s. : lat. vulg. **nivĭcāre*, de *nix, nĭvis*; **ENNEIGÉ** XII^e s.; **ENNEIGEMENT** XX^e s.; **NEIGE** XIV^e s. : dér. de *neiger*, a éliminé l'anc. fr. *noif*, du lat. *nivem*, acc. de *nix*; **NEIGEUX** XVI^e s. ♦ [2] **NÉVÉ** XIX^e s. : mot dial. du Valais, dér. du représentant local de *nix, nivis;* p.-ê. par l'angl. qui avait empr. cette forme longtemps avant le fr. ♦ [3] **NIVÔSE** (sav.) fin XVIII^e s. : lat. *nivosus*; **NIVAL** XX^e s. : *nivalis*; **NIVO-** 1^er élément de composés sav., ex. : **NIVO-GLACIAIRE, NIVO-PLUVIAL** XX^e s. ♦ [4] **SNOW-BOOT** XIX^e s. : mot angl. « botte de neige »; 2^e élément : équivalent du fr. *botte*.

**NÉNUPHAR** XIII^e s. : arabe *nînûfar*, par le lat. médiéval.

**NÉPHRÉTIQUE** ♦ [1] (sav.) XIV^e s. : gr. *nephritikos*, dér. de *nephros* « rein », par le lat.; **NÉPHRITE** XIX^e s. : gr. *nephritis (nosos)* « maladie des reins »; **NÉPHROSE** XX^e s. ♦ [2] **NÉPHR(O)-** 1^er élément de composés sav. exprimant l'idée de « rein », ex. : **NÉPHRECTOMIE** XX^e s.; **NÉPHROLOGIE** XIX^e s.

**NERF** famille d'une base ind.-eur. **snewro-*, reposant sur une racine **sne-* « filer ».

En grec *neuron* « fibre », « tendon », « nerf », « vigueur », d'où *aponeurôsis* « durcissement en tendon de l'extrémité des muscles ».

En latin forme inversée **nerwo-*, dans *nervus* « ligament », « muscle », « nerf », « vigueur », d'où *nervosus* « nerveux, musculeux » et *enervare* « retirer le nerf », « affaiblir ».

I. mots d'origine latine

A. **NERF** (pop.) XI^e s. « tendon », XIV^e s. sens mod.; XVI^e s. « vigueur, ressort », sens repris au lat. : *nervus*.

B. base *-nerv-* (sav.)

♦ [1] **NERVEUX** XIII^e s. « fort », XVII^e s. « relatif aux nerfs », XVIII^e s. « émotif, irritable » : *nervosus*; **NERVOSITÉ** XVI^e s. « force », XIX^e s. sens mod. : *nervositas*; **NERVOSISME** XIX^e s. ♦ [2] **ÉNERVER** XIII^e s. « couper les tendons » (subsiste dans *les énervés de Jumièges*, fils de Clovis II, qui avaient subi ce traitement) et « affaiblir »; XIX^e s. « irriter » : *enervare*; **ÉNERVEMENT** XV^e s.; **ÉNERVANT** XVI^e s. ♦ [3] **NERVURE** XIV^e s. : dér. du moyen fr. *nerver* « garnir de nerfs », surtout au part. passé *nervé* « solide »; **NERVURÉ** XIX^e s. ♦ [4] **INNERVER, INNERVATION** XIX^e s. : dér. formés sur *nervus*.

II. mots d'origine grecque

A. base *-névr-* (avec prononc. byzantine du groupe *eu*, donc mots d'empr. relativement tardifs)

♦ [1] **APONÉVROSE** XVI^e s. : *aponeurôsis*; **APONÉVROTIQUE** XVIII^e s. ♦ [2] **NÉVRITE, POLYNÉVRITE** XIX^e s. ♦ [3] **NÉVROSE, NÉVROTIQUE** XVIII^e s.; **NÉVROSÉ** XIX^e s. ♦ [4] **NÉVR(O)** 1^er élément de composés sav., ex. : **NÉVROTOMIE** XVIII^e s.; **NÉVRALGIE, NÉVROPATHE** XIX^e s.

B. base *-neur-* (sav.)

♦ [1] **NEURONE** XIX^e s.; **NEURAL** XX^e s. : dér. formés sur *neuron*. ♦ [2] **NEUR(O)-** 1^er élément de composés sav., ex. : **NEUROLOGIE** XVII^e s., **NEUROLOGIQUE** XIX^e s.; **NEUROLOGUE, NEUROLOGISTE** XX^e s.; **NEURASTHÉNIE** XIX^e s.; **NEUROVÉGÉTATIF** XX^e s.

**NET** ♦ [1] (pop.) XII^e s. : lat. *nĭtĭdus* « brillant de propreté »; **NETTETÉ** XIII^e s. ♦ [2] **NETTOYER** (pop.) XII^e s. : lat. vulg. **nĭtĭdiāre* dér. de *nitidus*; **NETTOIEMENT** XII^e s.; **NETTOYAGE** XIV^e s.; **NETTOYEUR** XV^e s.

1. **NEUF** (numéral) famille du lat. *novem* « neuf », d'où *nonus* « neuvième »; *nonaginta* « quatre-vingt-dix »; *november* « neuvième mois de l'ancienne année romaine ».

♦ [1] **NEUF** (pop.) XII^e s. : *nŏvem* ; **NEUVIÈME** XIII^e s. : dér. de *neuf*, qui a éliminé *nuefme*, du lat. vulg. **novĭmus*, lui-même analogique de *novem* et substitué à *nonus* ; **NEUVAINE** XIV^e s. ♦ [2] **NONANTE** (pop.) XII^e s. ; survit en Belgique et en Suisse romande : *nonaginta*. ♦ [3] **NONE** (sav.) X^e s. « trois heures de l'après-midi » et « une des heures canoniales » : lat. *nona (hora)* « la neuvième heure (après le lever du soleil) ». ♦ [4] **NONES** (sav.) XII^e s. hist. romaine : *nonae* (plur.) « le neuvième jour avant les Ides ». ♦ [5] **NONAGÉNAIRE** (sav.) XIV^e s. : *nonagenarius* → DIX. ♦ [6] **NOVEMBRE** (sav.) XII^e s. : *november*.

2. **NEUF** (adj.) famille d'une racine ind.-eur. **new-* « nouveau ».
En grec *neos* « nouveau », issu de **newos*.
En latin *novus*, équivalent de *neos*, auquel se rattachent *novellus*, dimin. qualifiant surtout les jeunes plantes ou les jeunes animaux ; *novicius*, qui se dit surtout des esclaves récemment acquis ; *novare, innovare, renovare* « renouveler » et leurs dér.

**I.** mots d'origine latine

**A. NEUF** (pop.) X^e s. : *nŏvus*.

**B.** base *-nouv-* (pop.)

♦ [1] **NOUVEAU** XI^e s. var. *nouvel : novĕllus* ; **NOUVELLEMENT** XII^e s. ; **RENOUVELER** XI^e s. ; **RENOUVELLEMENT** XII^e s. ; **RENOUVEAU** XIII^e s. ; **NOUVEAUTÉ** XIV^e s., XVII^e s. en parlant de modes : a éliminé l'anc. fr. *noveleté*. ♦ [2] **NOUVELLE** subst. fém. XIII^e s. : neutre plur. *novĕlla* « choses nouvelles », XV^e s. genre littéraire : it. *novella*, de même origine ; **NOUVELLISTE** XVII^e s.

**C.** base *-nov-* (sav.)

♦ [1] **NOVICE** XII^e s. adj., XIII^e s. eccl., subst. masc. et fém. : *novicius* ; **NOVICIAT** XVI^e s. ♦ [2] **RÉNOVER, RÉNOVATION** XIII^e s. : *renovare, renovatio* ; **RÉNOVATEUR** XVI^e s., puis XVIII^e s. : bas lat. *renovator*. ♦ [3] **INNOVATION** XIII^e s. : *innovatio* ; **INNOVER** XIV^e s. : *innovare* ; **INNOVATEUR** XVI^e s. ♦ [4] **NOVATION** XIV^e s. jur. : *novatio*, de *novare* ; **NOVATEUR** XVI^e s. : *novator*. ♦ [5] **NOVA** XIX^e s. astron. : mot lat., abrév. de *nova(stella)* « nouvelle étoile ». ♦ [6] **NOVO-** 1^er élément de composé dans **NOVOCAÏNE** XX^e s., 2^e élément forme abrégée de *cocaïne*.

**II.** mots savants d'origine grecque

♦ [1] **NÉON** fin XIX^e s. : *neon*, neutre de *neos*. ♦ [2] **NÉO-** 1^er élément de composés soudé au 2^e quand celui-ci est sav., sans autonomie et d'origine gr., ex. : **NÉOPHYTE** XV^e s. ; **NÉOLOGISME** XVIII^e s. ; **NÉOLITHIQUE** XIX^e s. ; séparé du 2^e élément par un trait d'union quand celui-ci est un mot fr. autonome, ex. : **NÉO-CLASSICISME, NÉO-CLASSIQUE, NÉO-LATIN** XIX^e s. ; **NÉO-RÉALISME** XX^e s.

**NEUME** famille du gr. *pnein* « respirer », auquel se rattachent *pnê*, var. *pnoia* « souffle », « respiration » ; *pneuma, -atos* « souffle » ; *pneumatikos* « animé par un souffle » ; *pneumôn* « poumon ».

**I. NEUME** (demi-sav.) XIV^e s. mus. : lat. médiéval *neuma* « souffle », « phrase musicale », du gr. *pneuma*.

**II.** mots savants ayant conservé le groupe *-pn-*

♦ [1] **PNEUMATIQUE** XVI^e s. adj. « subtil », XX^e s. subst. masc., abrév. de *bandage pneumatique* (voitures) ou de *tube pneumatique* (lettres urgentes) : *pneumatikos*. ♦ [2] **PNEUMONIE** XVIII^e s. : gr. *pneumonia* « maladie du poumon » ; **BRONCHO-PNEUMONIE** XIX^e s. ♦ [3] **PNEUMO-** 1^er élément de composés sav., ex. : **PNEUMOCOQUE, PNEUMOGASTRIQUE, PNEUMOTHORAX** XIX^e s., abrév. **PNEUMO** XX^e s. ♦ [4] **-PNÉE** gr. *pnoia*, 2^e élément de composés sav. exprimant la notion de « respiration », ex. : **DYSPNÉE** XVI^e s., **APNÉE** XVII^e s., **BRADYPNÉE** XIX^e s.

**NEVEU** famille du lat. *nepos, nepotis* (fém. *neptis, -is*) « descendant », « petit-fils », « neveu, nièce » ; terme ind.-eur. désignant la parenté indirecte (à travers un fils) ou par ligne collatérale.

♦ [1] **NEVEU** (pop.) XI^e s. : *nepōtem*, acc. de *nepos* ; **ARRIÈRE-NEVEU, PETIT-NEVEU** XVI^e s. ; **ARRIÈRE-PETIT-NEVEU** XVIII^e s. ♦ [2] **NIÈCE** (pop.) XII^e s. : bas lat. *nĕptia*, class. *neptis*. ♦ [3] **NÉPOTISME** XVII^e s. : it. *nepotismo*, var. *nipotismo* « traitement de faveur réservé par les papes à leurs neveux », dér. de *nipote*, du lat. *nepos, -otis*.

**NEZ** famille d'une racine ind.-eur. **nās-* « nez ». En latin *nasus* « nez » et *nares,-ium* « narines », sing. lat. imp. *naris*.

♦ [1] **NEZ** (pop.) XI^e s. : *nasus*. Pour les mots scientifiques exprimant la notion de « nez » → RHIN(O)-. ♦ [2] **NARINE** (pop.) XII^e s. : lat. vulg. **narīna*, dér. de *naris*. ♦ [3] **NARGUER** XV^e s. : mot provenant du dauphinois, du lat. vulg. **naricāre* « parler du nez », dér. de *naris*. ♦ [4] **RENÂCLER** XVII^e s. : altération, sous l'infl. de *renifler*, de *renaquer* XIV^e s., lui-même composé de *naquer*, var. *naskier* XIII^e s., forme picarde, du lat. vulg. **nasicāre* « froncer le nez », « flairer ». ♦ [5] **NASAL** (demi-sav.) XII^e s. subst., « pièce d'armure couvrant le nez » : a éliminé *nasel* (pop.) XI^e s., du bas lat. *nasāle* (attesté seulement au sens de « frein pour le naseau d'un cheval », mais qui a pu désigner divers objets relatifs au nez). ♦ [6] au XVIe s. développement d'une série de dér. de forme pop., tirés de la base *-nas-* : **NASARD** et **NASARDE ; NASEAU ; NASILLER** « parler du nez », favorisé par l'existence, en anc. fr., de *nasiller*, altération phonét. de *nariller* « se moucher », dér. de l'anc. fr. *narille*, var. de *narine* ; **NASILLARD, NASILLEUR** XVIIe s. ; **NASILLEMENT** XVIIIe s. ♦ [7] **NASAL** adj. (sav.) XVIIe s. dér. sur *nasus* ; **NASALITÉ** XVIIIe s. ; **NASALIER, NASALISATION, DÉNASALISER** XIXe s. ; **DÉNASALISATION** XXe s.

**NICKEL** XVIIIe s. : all. dial. « petit génie hantant les mines » → GOBELIN ; nom donné à ce métal par le minéralogiste suédois Cronstedt qui l'isola, d'après le composé all. *Kupfernickel*, appliqué par des mineurs all. à un minerai de nickel qu'ils avaient d'abord pris pour un minerai de cuivre ; **NICKELER, -AGE** XIXe s.

**NIQUE** (faire la) XIVe s. : mot d'origine expressive marquant l'indifférence et la moquerie ; **NICHE** XIIIe s. « attrape » : var. de *nique*.

**NIRVÂNA** XIXe s. : mot sanscrit « extinction ».

**NITRE** ♦ [1] (sav.) XIIIe s. : gr. *nitron* « alcali minéral ou végétal », par le lat. ; **NITRIFIER, NITRIFICATION** fin XVIIIe s. ♦ [2] **NITREUX** XIIIe s. ; **NITRÉ** XVIIe s. ; **NITRIQUE** XVIIIe s. : adj. dér. de *nitre*. ♦ [3] **NITRATE** XVIIIe s. ; **NITRITE** XIXe s. : subst. dér. de *nitre*. ♦ [4] **NITRO-** 1er élément de mots sav., ex. : **NITROPHOSPHATE** XVIIIe s. ; **NITROGÈNE, NITROTOLUÈNE, NITROGLYCÉRINE** XIXe s. ; **NITROCELLULOSE** XXe s.

**NŒUD** famille de deux racines ind.-eur. de même sens et de formes voisines, probablement parentes, **nedh-* et **negh-* « lier », représentées en latin, la 1re par *nōdus* « nœud », d'où lat. arch. et imp. *nodare* « nouer », lat. imp. *nodosus* « noueux » ; la 2e par *nectere, nexus* « lier », d'où *annectere, annexus* « attacher à », et bas lat. *annexio* « liaison » ; *conectere*, var. *connectere, connexus* « attacher ensemble ».

I. mots populaires

**A. NŒUD** XIIe s. « entrelacement de liens », XIIIe s. « protubérance ligneuse ou osseuse », XVIIe s. mar. et théâtre : *nōdus*.

**B. NOYAU** XIIIe s. *noiel* : lat. vulg. **nodĕllus*, dimin. de *nodus* ; **DÉNOYAUTER** XXe s. ; **NOYAUTER, NOYAUTAGE** XXe s. pol.

C. base *-nou-*

♦ [1] **NOUER** XIIe s. : *nodāre* ; **DÉNOUER** XIIe s. ; **DÉNOUEMENT** XVIIe s. ; **RENOUER** XIIe s. sens propre ; XVIe s. fig. « se réconcilier ». ♦ [2] **NOUEUX** XIIIe s. : *nodōsus*.

II. mots savants

A. famille de *nodus* base *-nod-* : **NODOSITÉ** XIVe s. : bas lat. *nodositas*, dér. de *nodosus* ; **NODAL** XVIe s. : bas lat. *nodalis*, dér. de *nodus* ; **NODUS** XVIe s. anat. : mot lat. ; **NODULE, NODULAIRE, NODULEUX** XIXe s.

B. famille de *nectere*, bases *-nex-* et *-nect-*

♦ [1] **ANNEXE** XIIIe s. : *annexus* ; d'où **ANNEXER** XIIIe s. ; **ANNEXION** XVIIIe s. ♦ [2] **CONNEXE** XIIIe s. : *connexus* ; **CONNEXION** XIVe s. : *connexio* ; **CONNEXITÉ** XVe s. ; **CONNECTER** XVIIIe s. : *connectere* ; **CONNECTIF, CONNECTEUR** fin XVIIIe s.

**NOIR** ♦ [1] (pop.) XIe s. adj., XIIe s. subst. masc., nom de couleur, XVIIe s. subst. masc. « nègre » ; subst. fém. mus. : lat. *nĭger* ; **NOIRÂTRE** XIVe s. ; **NOIRAUD** XVIe s. Pour les mots scientifiques exprimant l'idée de « noir » → MÉLANO-, art. MÉLANIE. ♦ [2] **NOIRCIR** (pop.) XIIe s. : lat. vulg. **nigricīre*, class. *nigrescere* ; **NOIRCISSURE, NOIRCISSEMENT** XVIe s. ; **NOIRCEUR** XIIe s. : dér. sur le radical de *noircir*. ♦ [3] **NIELLE** (pop.) XIIe s. plante : *nigĕlla*, fém. substantivité de *nigĕllus*, dimin. de *niger* (à cause de la couleur noirâtre de ses graines) ; XVIe s. maladie du blé (dont les épis noircissent). ♦ [4] **NIELLER** (pop.) XIIe s., d'abord *neeler* : dér. de *neel* « émail noir », du lat. *nigĕllus* → le précédent ; **NIELLURE** XIIe s. ; **NIELLEUR** XIXe s. ; **NIELLE** XIXe s. subst. masc. : it. *niello*, de même origine. ♦ [5] **NÈGRE** XVIe s. « homme de race noire », XVIIe s. adj. de couleur, XVIIIe s. « collaborateur anonyme et rétribué d'un écrivain », XIXe s. **PETIT-NÈGRE** « mauvais français » : esp. ou port. *negro*, du lat. *nĭgrum*, acc. de *niger* ; **NÉGRESSE** XVIIe s. ; **NÉGRILLON, NÉGRIER** XVIIIe s. ; **NÉGROÏDE** XIXe s. ; **NÉGRITUDE, NÉGRITIQUE** XXe s. ; **NEGROSPIRITUAL** XXe s. : mot anglo-américain « cantique nègre ». ♦ [6] **DÉNIGRER** (sav.) XIVe s. : *denigrare* « noircir », dér. de *niger* ; **DÉNIGREMENT** XVIe s. ♦ [7] **NIGRO-, NIGRI-** 1ers éléments de mots sav., ex. : **NIGRITE, NIGRITIQUE** XXe s.

**NOIX** famille du lat. *nux, nucis* « noix » et « fruit à amande en général », d'où *nucleus* « noyau » et *enucleare* « enlever le noyau ».

♦ [1] **NOIX** (pop.) XIIe s. « fruit du noyer », XVIIe s. boucherie : *nux, nucis*. ♦ [2] **NOYER** (pop.) XIIe s. : lat. vulg. **nŭcarius*, dér. de *nux*. ♦ [3]

**NOUGAT** XVIII^e s. : mot prov. du lat. vulg. *ñucatum* « tourteau de noix », dér. de *nux*; **NOUGATINE** XX^e s. ♦ [4] **ÉNUCLÉATION** (sav.) XV^e s. « éclaircissement », XVIII^e s. bot., XIX^e s. chir. : dér. sur *enucleare*; **ÉNUCLÉER** XIX^e s. : *enucleare*. ♦ [5] **NUCLÉAIRE** (sav.) XIX^e s. : dér. sur *nucleus*; **NUCLÉUS** XIX^e s. : mot lat.; **NUCLÉIQUE, NUCLÉON** XX^e s.; **NUCLÉO-** 1^er élément de composés sav., ex. : **NUCLÉOPROTÉINE** XX^e s.

**NOM** famille d'une racine ind.-eur. *ñom-* « nom ».

En grec *onoma, onomatos* « nom », d'où *onomastikos* « propre à dénommer » et, comme 2^es éléments de composés, l'adj. *-ônumos* et le subst. *-onomasia*.

En latin *nomen, nominis* « nom » et « renom », d'où (a) *praenomen* « prénom »; *pronomen* « pronom » (b) *nomenclator* « esclave chargé de nommer à son maître les citoyens qu'il rencontrait »; *nomenclatura* « série de noms » (c) *nominare* « désigner par un nom »; *nominalis* « qui concerne le nom »; *nominatio* « dénomination » et « nomination à une fonction »; *nominativus* « qui sert à nommer » (d) *ignominia* « déshonneur », de *in-* privatif et de *nomen* au sens de « renom », et *ignominiosus*.

**I.** mots d'origine latine

**A.** base *-nom-* (pop. ou sav.)

♦ [1] **NOM** (pop.) X^e s. : *nomen*; **NOMMER** X^e s. : *nomĭnāre*; **NOMMÉMENT** XII^e s. ♦ [2] **RENOMMER** XI^e s., surtout au part. passé; **RENOMMÉE, RENOM** XII^e s.; **DÉNOMMER** XII^e s.; **SURNOM, SURNOMMER** XII^e s.; **SUSNOMMÉ** XVI^e s. : composés de *nom* de forme pop. ♦ [3] **INNOMMÉ** XIV^e s., **INNOMMABLE** XVI^e s. : composés de *nom* de forme sav. ♦ [4] **PRÉNOM** (sav.) XVI^e s. : *praenomen*; **PRÉNOMMÉ** XVI^e s.; **PRÉNOMMER** XIX^e s. ♦ [5] **PRONOM** (sav.) XV^e s. : *pronomen*. ♦ [6] **NOMENCLATURE** (sav.) → CLAIR.

**B.** base *-nomin-* (sav.)

♦ [1] **DÉNOMINATION** XIII^e s. : *denominatio*; **DÉNOMINATEUR, DÉNOMINATIF** XV^e s. ♦ [2] **NOMINATIF** XIII^e s. : *nominativus*; **NOMINATION** XIV^e s. : *nominatio*; **NOMINAL** XVI^e s. : *nominalis*; **NOMINALISTE** XVI^e s.; **NOMINALISME** XVIII^e s.; **ADNOMINAL** XX^e s. ♦ [3] **IGNOMINIE** XV^e s. : *ignominia*; **IGNOMINIEUX** XIV^e s. : *ignominiosus*. ♦ [4] **PRONOMINAL** XVIII^e s. : *pronominalis*.

**II.** mots savants d'origine grecque

**A.** base *-onoma-*

♦ [1] **ANTONOMASE** XIV^e s. : empr., par le lat., au gr. *antonomasia* « désignation d'un objet par une épithète, un nom patronymique », dér. de *antonomazein* « appeler d'un nom différent ». ♦ [2] **ONOMASTIQUE** XVI^e s. : subst. : gr. *onomastikos*, adj. ♦ [3] **ONOMATOPÉE** XVI^e s. : bas lat. *onomatopoeia*, du gr. *onomatopoiein* « former des noms »; second élément → POÈTE. ♦ [4] **PARONOMASE** XVI^e s. : *paronomasia* « formation d'un mot tiré d'un autre avec un léger changement », « dérivation » ou « jeu de mots ».

**B.** base *-onym-*

♦ [1] **SYNONYME** XII^e s., rare avant le XIV^e s. : *sunônumos* « de même nom » ou « de même signification », par le lat.; **SYNONYMIE** XVI^e s.; **SYNONYMIQUE** XIX^e s.; **ANTONYME** XIX^e s. : formation analogique de *synonyme*. ♦ [2] **PATRONYMIQUE** XIII^e s.; gr. *patronumikos* « relatif au nom du père », par le lat.; **PATRONYME** XIX^e s.; 1^er élément → PÈRE. ♦ [3] **ANONYME** XVI^e s. : *anônumos* « sans nom », par le bas lat.; **ANONYMEMENT** XVIII^e s.; **ANONYMAT** XIX^e s. ♦ [4] **HOMONYME** XVI^e s. : *homônumos* « qui porte le même nom », par le lat.; **HOMONYMIE** XVI^e s. ♦ [5] **MÉTONYMIE** XVI^e s. : *metônumia* « changement de nom », par le bas lat.; **MÉTONYMIQUE** XIX^e s. ♦ [6] **PSEUDONYME** XVII^e s. : *pseudônumos* « qui porte ou se donne un faux nom » → PSEUDO-. ♦ [7] **ÉPONYME** XVIII^e s. : *epônumos* « qui donne son nom à », 1^er élément → ÉPI-. ♦ [8] **ANTHROPONYMIE** XIX^e s. : de *anthrôpos* « homme » et *onoma*. ♦ [9] **PARONYME** XIX^e s. : *parônumos* « qui porte un nom semblable »; **PARONYMIE, -IQUE** XIX^e s. ♦ [10] **TOPONYMIE, TOPONYME** XIX^e s. : de *topos* « lieu » et *onoma* → TOPIQUE.

**NOMADE** famille sav. du gr. *nemein* « partager », en particulier « attribuer à un troupeau, une partie de pâturage », d'où (a) *nomas, -ados* « qui pâture » (b) *nomos* « ce qui est attribué en partage », « usage », « loi », d'où, comme seconds éléments de composés, l'adj. *-nomos*, le subst. *-nomia*, et *nomisma* « tout ce qui est établi par l'usage », en particulier « monnaie ayant cours ».

♦ [1] **NOMADE** XVI^e s. : *nomas, nomados*, par le lat.; **NOMADISME** XX^e s. ♦ [2] **NUMISMATIQUE** XVI^e s. adj., XIX^e s. subst. fém. : dér. sur le lat. *numisma*, var. de *nomisma* « pièce de monnaie », du gr. *nomisma*. ♦ [3] **-NÔME** : *nomos* au sens de « division », « part », 2^e élément de composés math. (l'accent circonflexe, non justifié par l'étym., est une fantaisie orth.). **BINÔME** XVI^e s. : adaptation du lat. médiéval *binomium*; **TRINÔME, QUADRINÔME** XVI^e s.; **MONÔME** XVII^e s., XIX^e s. « défilé d'étudiants »; **POLY-**

**NÔME** XVII^e s. ♦ [4] **DEUTÉRONOME** XIII^e s. : *deuteronomos*, littéralement « deuxième loi » (→ DEUX), livre de la Bible qui constitue comme un second traité abrégé de la Loi. ♦ [5] **ASTRONOMIE** XII^e s. : *astronomia* « id »; **ASTRONOMIQUE** XV^e s. : *astronomikos*; **ASTRONOME** XVI^e s. : *astronomos*. ♦ [6] **AGRONOME** XIV^e s. « administrateur rural », XVIII^e s. sens mod. : de *agro-* → ACRE et *nomos*; **AGRONOMIE** XIV^e s. ♦ [7] **GASTRONOMIE** → GASTRO-. ♦ [8] **AUTONOMIE** XVI^e s., rare avant le XVIII^e s. : *autonomia* « état de celui qui se gouverne par lui-même »; **AUTONOME** XVIII^e s.; **AUTONOMISTE** XIX^e s.; **ANTINOMIE** XVI^e s. : gr. *antinomia* « contradiction dans les lois », par le lat.; **ANTINOMIQUE** XIX^e s. ♦ [9] **MÉTRONOME** XIX^e s. → MESURE ♦ [10] **NOMO-** 1^er élément de composés sav., ex. : **NOMOTHÈTE** XVII^e s.; **NOMOGRAPHE** XIX^e s.

**NOMBRE** famille du lat. *numerus* « nombre », d'où *numerare* « compter »; *numeratio* « compte »; *enumerare* « compter complètement » et *enumeratio; numerabilis* « qu'on peut compter »; bas lat. *numeralis* « numéral »; bas lat. adj. substantivé *numerarius* « relatif aux nombres », « calculateur ».

I. base *-nombr-* (pop.)

♦ [1] **NOMBRE** XII^e s. : *nŭmĕrus*; **NOMBREUX** XIV^e s.; **SURNOMBRE** XIX^e s. Pour certains mots sav. exprimant la notion de « nombre » → ARITHMO-, art. ART. ♦ [2] **NOMBRER** XI^e s. : *numerāre*; **NOMBRABLE** XIV^e s.; **INNOMBRABLE** XIV^e s. : adaptation, d'après *nombrable*, du lat. *innumerabilis*; **DÉNOMBRER** XVI^e s.; **DÉNOMBREMENT** XIV^e s.

II. base *-numér-* (sav. ou mots d'empr.)

♦ [1] **NUMÉRATION** XIV^e s. : *numeratio*; **NUMÉRATEUR** XV^e s. : *numerator*; **NUMÉRAL** XV^e s. : *numeralis*; **NUMÉRAIRE** XVI^e s. adj. « relatif aux nombres », XVIII^e s. subst. masc. « monnaie ayant cours légal » : *numerarius*. ♦ [2] **ÉNUMÉRER** XVI^e s., rare avant le XVIII^e s. : *enumerare*; **ÉNUMÉRATION** XV^e s. : *enumeratio*; **ÉNUMÉRATIF** XVIII^e s. ♦ [3] **SURNUMÉRAIRE** et **NUMÉRIQUE** XVII^e s. : dér. formés sur la base de *numerus*. ♦ [4] **NUMÉRO**. XVI^e s. : mot it. « nombre », du lat. *numerus*; **NUMÉROTER** XVII^e s.; **NUMÉROTAGE** XVIII^e s.; **NUMÉROTATION, NUMÉROTEUR** XIX^e s.

**NOMBRIL** ♦ [1] (pop.) XII^e s. : altération du lat. vulg. **umbilīcŭlus*, dimin. de *umbilīcus*; *r* p.-ê. dû à une dissimilation des deux *l*, *n* initial à l'agglutination d'un article indéfini ou défini, avec, encore une fois, dissimilation des *l*. ♦ [2] **OMBILIC** (sav.) XIV^e s. : lat. *umbilicus*; **OMBILICAL** XV^e s.

**NON** famille d'une négation ind.-eur. *ñĕ-* qui n'existe plus isolément. Employée comme préf., elle apparaît sous les formes vocalisés *a-* en gr., *in-* en lat. avec une valeur privative, ou sous sa forme normale *ne-* en lat., ex. : *nefastus*. Elle a été renforcée en lat. de diverses manières : (a) en *neg-*, dans *negotium* → OISEUX, *neglegere* → LIRE, et dans *negare* « nier », « refuser », auquel se rattachent *negatio* et le bas lat. *negativus; denegare* « nier fortement » et bas lat. *denegatio*; lat. imp. *abnegare* « refuser absolument » et bas lat. *abnegatio* (b) en *neque* « et ne pas », formé à l'aide de la particule coordonnante *-que* (c) en *non*, négation usuelle en lat., issue de **ne oinon*, forme ancienne de **ne unum* « pas un » (d) en *nullus* « aucun », « nul », de **ne oinolos*, dimin. du précédent (e) en *nihil* « rien », de **ne hilum*, littéralement « pas un hile de fève », c.-à-d. « pas même la plus petite chose possible » (f) en *neuter* « ni l'un ni l'autre », de *ne* et *uter* « l'un des deux », d'où le lat. imp. *neutralis* « neutre ».

I. mots populaires ou empruntés d'origine latine

♦ [1] **NON** XI^e s. : *non* en position tonique; peut servir de préf., soudé au 2^e élément dans les composés anciens, ex. : *nonchalant* XIII^e s., *nonpareil* XIV^e s., mais séparé par un tiret dans les composés mod., ex. : *non-conformiste* XVII^e s.; *non-lieu* XIX^e s.; *non-contradiction* XX^e s. ♦ [2] **NE** X^e s. : *non* en position atone; pouvait être en anc. fr. renforcé par des subst. exprimant une très petite quantité, *pas, mie, point*, qui sont devenus obligatoires et parmi lesquels *pas* tend à devenir, dans le langage familier, le seul adv. de négation. *Non* atone a passé par une étape *nen* qui survit dans l'adv. arch. **NENNI** XII^e s., issu de *nen il*, formation parallèle à celle de *oïl* → OUI, art. IL. ♦ [3] **NUL** IX^e s. « aucun », XIII^e s. « sans valeur » : *nūllus*; **NULLEMENT** XII^e s. ♦ [4] **NI** XIII^e s. : a concurrencé puis éliminé, surtout entre le XV^e s. et le XVII^e s., l'anc. fr. *ne* issu de *nec*, var. de *neque*; le *-i*, qui donnait à cette particule plus de sonorité et de consistance, provient sans doute du contact avec les anciens démonstratifs *ice, icil, icelle*. ♦ [5] **NIER** X^e s. « renier », XII^e-XVII^e s. « refuser », XII^e s. « déclarer faux » : *negare*; **NIABLE** XVII^e s.; **RENIER** XII^e s.; **RENIEMENT** XIII^e s.; **RENÉGAT** XVI^e s. : it. *rinnegato* « qui a renié sa foi », de *rinnegare*, formation équivalente à *renier*, que l'anc. fr. employait avec le même sens. ♦ [6] **DÉNIER** XII^e s. : *denegare*;

**DÉNI** XIII^e^ s. : dér. de *dénier*, subsiste surtout dans la loc. *déni de justice*. ♦ [7] **NÉANT**, de *ne gentem* → GENS.

**II.** mots savants d'origine latine

♦ [1] **NÉGATION** XII^e^ s. ; XIV^e^ s., gramm. : *negatio* ; **NÉGATIF** XIII^e^ s. : *negativus* ; **NÉGATIVE** XIII^e^ s. subst. fém. ; **NÉGATEUR** XVIII^e^ s. : bas lat. *negator* ; **NÉGATIVITÉ, NÉGATIVISME** XIX^e^ s. ♦ [2] **ABNÉGATION** XIV^e^ s. « reniement », XV^e^ s. « renoncement » : *abnegatio* ; **DÉNÉGATION** XIV^e^ s. : *denegatio*. ♦ [3] **ANNULER** XIII^e^ s. : bas lat. (IV^e^ s.) *annullare* ; **ANNULATION** XIV^e^ s ; **NULLITÉ** XV^e^ s. : lat. médiéval *nullitas*. ♦ [4] **NEUTRE** XIV^e^ s. « qui ne prend pas parti », XV^e^ s. gramm., XVIII^e^ s. chimie, XIX^e^ s. électr. : *neuter* ; **NEUTRALITÉ** XIV^e^ s. et **NEUTRALISER** XVI^e^ s. : dér. formés sur *neutralis* ; **NEUTRALISATION** XVIII^e^ s. ; **NEUTRALISME, NEUTRALISTE** XX^e^ s. ; **NEUTRON** XX^e^ s. ♦ [5] **ANNIHILER** XIV^e^ s. : lat. scolastique *annichilare*, dér. de *nichil*, transcription médiévale du class. *nihil* ; **ANNIHILATION** XIV^e^ s. : *annichilatio*, dér. du précédent ; **NIHILISTE** XVIII^e^ s. théol., philo. et pol., et **NIHILISME** XIX^e^ s. : dér. formés sur *nihil*. ♦ [6] **NEC PLUS ULTRA** XVIII^e^ s. : loc. lat. « et pas au-delà ». ♦ [7] **IN-** lat. *in-*, préf. à valeur privative, ex. : *inaccessible* ; en lat. comme en fr., selon la consonne initiale du 2^e^ élément, ce préf. peut prendre les formes -il, ex. : *illicite* ; **IM-**, ex. : *imbattable* ; ou **IR-**, ex. : *irréfléchi*. **IN-** se trouve associé à des part. passés : *inachevé, inexploré* ; à des adj. simples d'origine sav. : *impair, impie, impur* ; à des adj. dér. en *-able* ou *-ible : imbuvable, incorruptible* ; à des subst. : *inconduite, ininterruption*. ♦ [8] **NÉCESSAIRE** → ce mot. ♦ [9] **NÉFASTE** → FOIRE. ♦ [10] **NÉGLIGER** → LIRE. ♦ [11] **NÉGOCE** → OISEUX.

**III.** forme savante d'origine grecque

**A-**, var. **AN-** devant voyelle : gr. *a-*, *an-* préf. privatif dans d'anciens mots sav., ex. : *anormal*, du lat. médiéval *anormalis* ; dans la langue des sciences aux XVIII^e^ s. et XIX^e^ s., ex. : **ANESTHÉSIE** XVIII^e^ s., **APYRÉTIQUE** XIX^e^ s. ; généralisé dans la langue courante au XX^e^ s., ex. : **APOLITIQUE**.

**NONNE** (pop.) XII^e^ s. « religieuse » : bas lat. *nonna* « nourice », fém. de *nonnus* « père nourricier » et « moine » ; **NONNAIN** XI^e^ s. : ancien cas régime de *nonne* (→ PUTAIN) ; **NONNETTE** XIII^e^ s. « jeune religieuse », XIX^e^ s. « petit pain d'épice anisé, fabriqué à l'origine à Reims par des religieuses ».

**NOOLOGIQUE** famille sav. du gr. *noos*, var. *nous*, de **nowos* « faculté de penser » ; *-noia*, 2^e^ élément de composés ; *noein* « avoir une pensée dans l'esprit ».

♦ [1] **NOOLOGIQUE** et **NOOLOGIE** XIX^e^ s. : dér. formés sur *noos*. ♦ [2] **NOÉTIQUE** : gr. *noêtikos* « doué d'intelligence », dér. de *noein*. ♦ [3] **NOUMÈNE** XIX^e^ s. : mot créé par Kant (par opposition à *phénomène*), sur le gr. *noumenon* « ce qui est pensé », part. présent passif neutre de *noein*. ♦ [4] **PARANOÏA** XIX^e^ s. : mot gr. « trouble de la raison », de *para* « à côté », et *-noia* ; d'abord empr. par l'all., XVIII^e^ s., d'où il est passé en fr. ; **PARANOÏAQUE, PARANOÏDE** XX^e^ s.

**NORD** ♦ [1] (pop.) XII^e^ s. : anc. angl. *north* ; pour les mots sav. exprimant la notion de « nord » → ARCTIQUE ; **NORD-OUEST** XII^e^ s. ; **NORD-EST** XIII^e^ s. ; **NORDISTE** XIX^e^ s., hist. des U.S.A., et **NORDIQUE** XIX^e^ s. ; **NORD-**, 1^er^ élément de noms composés désignant certains peuples, ex. : *nord-Américain, nord-Africain, nord-Coréen* XX^e^ s. ♦ [2] **NOROÎT** ou **NOROIS** XIX^e^ s. : mot de l'Ouest ; prononc. dial. de *nord-ouest* au sens de « vent de nord-ouest » ; ♦ [3] **NORROIS** ou **NOROIS** XII^e^ s. « de race scandinave » ; repris au XIX^e^ s. pour désigner l'ancienne langue scandinave : dér. de l'anc. scandinave *nordhr* « nord ». ♦ [4] **NORMAND** : frq. **nortman* « homme du Nord », mot servant à désigner les envahisseurs scandinaves.

**NOSO-** (sav.) gr. *nosos* « maladie », 1^er^ élément de composés, ex. : **NOSOGRAPHIE, NOSOLOGIE** XVIII^e^ s.

**NOSTALGIE** (sav.) XVIII^e^ s. : composé du gr. *nostros* « retour » et *algos* « souffrance », formé en 1678 par le médecin suisse Harder sous la forme *nostalgia* ; **NOSTALGIQUE** XVIII^e^ s.

**NOTE** famille savante du lat. *nŏta* « marque de reconnaissance », « caractère d'écriture », « annotation », « blâme infligé par le censeur », d'où (a) le dimin. bas lat. *notula* (b) lat. imp. *notarius* « secrétaire » (c) *notare*, ses composés *denotare* et *annotare* « désigner par une marque », et ses dér. *notatio* et *notabilis*.

♦ [1] **NOTE** XII^e^ s. « marque » et « note de musique », XVI^e^ s. « annotation », XVIII^e^ s. « détail d'un compte à payer », XIX^e^ s. « appréciation chiffrée » : *nota* ; **NOTULE** XV^e^ s. : *notula*. ♦ [2] **NOTER** XII^e^ s. « remarquer », XVI^e^ s. « cocher » et *noter d'infamie : notare* ; **DÉNOTER** XII^e^ s. « remarquer », XIV^e^ s. « montrer » : *denotare* ♦ [3] **NOTABLE** XIII^e^ s. adj., XIV^e^ s. subst. masc. : *notabilis* ; **NOTABILITÉ** XIV^e^ s. « caractère de ce qui est notable », XIX^e s. « personne notable » : dér. sur *notabilis*. ♦ [4] **NOTATION, ANNOTATION** XIV^e s. : *notatio, adnotatio* ; **ANNOTER** XV^e s. « inventorier » puis « remarquer », XVIII^e s. sens mod. : *adnotare* ; **ANNOTATEUR** XVI^e s. ; **CONNOTER** XVI^e s., repris au XX^e s. en ling. ; **CONNOTATION** XX^e s. ♦ [5] **NOTA** XI^e s. : mot lat., impératif de *notare*, « remarque ! » ; **NOTA BENE** XVIII^e s. « remarque bien ! ». ♦ [6] **NOTAIRE** XII^e s. « secrétaire », XIII^e s. sens mod. : *notarius* ; **NOTARIAT, NOTARIÉ** XV ; **NOTARIAL** XVII^e s. ; **NOTAIRESSE** XIX^e s.

**NOUBA** XIX^e s. « musique des tirailleurs algériens », d'où « fête » : arabe d'Algérie *nowba* « tour de rôle » et « musique que l'on jouait à tour de rôle devant les maisons des officiers et des notables ».

**NOUILLE** XVIII^e s. ; XVII^e s. *nulle* : adaptation de l'all. *Nudel*.

**NOURRIR** famille d'une racine ind.-eur. **sneu-* « allaiter ». En sanscrit *snauti* « il sort goutte à goutte », qui se dit en parlant du lait de la mère. En latin *nutrix, -icis* « celle qui allaite », d'où l'adj. *nutricius* « qui nourrit » ; verbe *nutrire, nutritus* « nourrir », d'où lat. imp. *nutrimen*, bas lat. *nutritio* et bas lat. *nutritura* (VI^e s.) « action de nourrir ».

♦ [1] **NOURRIR** (pop.) X^e s. « élever », XI^e s. « allaiter », XII^e s. pronom. « manger », XIII^e s. « entretenir, faire vivre » : *nūtrīre*. Pour les mots scient. exprimant l'idée de « nourrir » → TROPH-, art. ATROPHIE. ♦ [2] **NOURRITURE** (pop.) XI^e s. « éducation », XVI^e s. « alimentation » ; d'abord sous la forme *norreture* (*i* analogique de *nourrir*) : *nutrĭtūra*. ♦ [3] **NOURRAIN** (pop.) XIV^e s. « alevin » et « cochon de lait » : *nutrīmen*. ♦ [4] **NOURRISSON** (pop.) XII^e s. subst. fém. « allaitement » d'où « nourriture, éducation » ; XVI^e s. subst. masc. « enfant qu'on allaite » : *nŭtritio, -ōnis*. ♦ [5] **NOURRISSEUR** XII^e s. ; **NOURRISSAGE** XV^e s. ; **NOURRISSANT** XIV^e s. : dér. de *nourrir*. ♦ [6] **NOURRICE** (pop.) XII^e s. : *nŭtrīcia*, fém. substantivé de *nutricius* ; **NOURRICIER** XII^e s. : lat. vulg. **nutriciarius* : **NOUNOU** XIX^e s. ♦ [7] **NURSE** XIX^e s. : mot angl. « nourrice », empr. à l'anc. fr. *nourrice* ; **NURSERY** XIX^e s. : dér. angl. de *nurse*. ♦ [8] **NUTRITION** (sav.) XIV^e s. : *nutritio* ; **NUTRITIF** XIV^e s. : lat. médiéval *nutritivus*, formé sur *nutrire* ; **DÉNUTRITION** XIX^e s. ; **MALNUTRITION** XX^e s.

**NOUS** ♦ [1] (pop.) X^e s. : lat. *nos*, forme atone, sans diphtongaison. ♦ [2] **NOTRE** (pop.) IX^e s. : lat. *noster*, dér. de *nos*, forme atone ; **NOS** XI^e s. : *nostros*, acc. plur. de *noster*, forme atone ; **(LE) NÔTRE** XI^e s. : *noster*, forme tonique ; **(LES) NÔTRES**, au sens de « nos parents et amis » XVII^e s.

**NOYER** famille d'une racine ind.-eur. **nek-*, **nok-* « causer la mort de quelqu'un ».
En grec *nekros* « mort », d'où *nekroûn* « faire mourir », « rendre comme mort » et *nekrôsis* « mortification ».
En latin (1) *nex, necis* « mort violente », d'où *necare* « tuer » ; *pernicies* « destruction, perte », et *perniciosus* « funeste, dangereux » (2) *nocēre* « faire du mal », « causer du tort », *nocivus*, *nocens* « nuisible » ; *innocens* « qui ne fait pas le mal » et *innocentia* « innocence » ; *innocuus* « qui ne fait pas de mal », « sans danger ».

**I.** mots d'origine latine

**A.** famille de *nex, necis*

♦ [1] **NOYER** (pop.) X^e s. « tuer par immersion » : *nĕcāre*, avec spécialisation de sens du lat. au fr. : **NOYADE** fin XVIII^e s. ♦ [2] **PERNICIEUX** (sav.) XIV^e s. : *perniciosus*.

**B.** famille de *nocere*

♦ [1] **NUIRE** (pop.) XII^e s. : lat. vulg. **nŏcĕre*, class. *nŏcēre* (à l'origine de la var. anc. fr. *nuisir*) ; **NUISANCE** XII^e s. ; **NUISIBLE** XIV^e s. ♦ [2] **INNOCENT** (sav.) XI^e s. « non nuisible », XIII^e s. « non coupable », XVI^e s. « arriéré mental » : *innocens* ; **INNOCENCE** XII^e s. : *innocentia* ; **INNOCEMMENT** XIV^e s. ; **INNOCENTER** XVI^e s. ♦ [3] **NOCIF** (sav.) XV^e s., rare avant le XIX^e s. : *nocivus* ; **NOCIVITÉ** XIX^e s. ♦ [4] **INNOCUITÉ** (sav.) XVIII^e s. : dér. sur *innocuus*.

**II.** mots savants d'origine grecque

♦ [1] **NÉCROMANCIE** XII^e s. : lat. imp. *necromantia*, formé d'après le gr. *nekromantis* « devin qui prédit l'avenir en évoquant les morts » ; **NÉCROMANCIEN** XIII^e s. ♦ [2] **NÉCROSE** XVII^e s. : *nekrôsis* ; **NECROSER** XVIII^e s. ♦ [3] **NÉCROPHORE** XVIII^e s. : *nekrophoros* « porteur de morts » ; **NÉCROPHAGE** XIX^e s. : *nekrophagos* « mangeur de morts » ; **NÉCROPOLE** XIX^e s. : *nekropolis* « ville des morts », grand cimetière monumental d'Alexandrie en Égypte. ♦ [4] **NÉCRO-** 1^er élément de composés mod., ex. : **NÉCROLOGE** XVII^e s., **NÉCROLOGIE, -IQUE** XVIII^e s. ; **NÉCROLOGUE** XIX^e s. ; **NÉCROPSIE** XIX^e s. ; **NÉCROPHILIE** XX^e s.

**NU** famille du lat. *nūdus* « nu », d'où *nudare* et *denudare* « mettre à nu » et bas lat. *nuditas* « nudité ».

**I.** mots populaires

♦ [1] **NU** XI^e s. : *nūdus* ; **NUE-PROPRIÉTÉ** XVIII^e s. ; **NÛMENT** ou **NUEMENT** XIII^e s. ♦ [2]

**DÉNUER** XIIe s. : *denudare* ; **DÉNUEMENT** XIVe s. « action de se découvrir », XVe s. « indigence ».

**II.** mots savants

♦ [1] **DÉNUDER** XIIe s. : *denudare* ; **DÉNUDATION** XVIIIe s. ♦ [2] **NUDITÉ** XIVe s. : *nuditas.* ♦ [3] **NUDISME, NUDISTE** XXe s. : dér. formés sur *nudus.*

**NUE** famille d'une racine ind.-eur. **sneudh-* « couvrir », représentée en latin par : (1) *nubes* « nuage », d'où *nubilare* et *obnubilare* « couvrir d'un nuage » (2) verbe *nūbere*, part. passé fém. *nupta* « voiler (la tête) », d'où *nubere (marito)* « épouser », en parlant de la femme, littéralement « prendre le voile à l'intention d'un mari », le rite le plus important du mariage romain, qui soustrayait l'épouse à la puissance de sa famille d'origine et symbolisait pour elle la perte de la liberté et la réclusion dans la demeure du mari. À *nubere* se rattachent (a) *nubilis* « en âge d'être mariée » (b) *nuptiae* « les noces », d'où *nuptialis* « de noces » : mots probablement apparentés à *nebula* et à *nimbus* → NÉBULEUX.

**I.** mots de la famille de *nubes*

♦ [1] **NUE** (pop.) XIIe s. : lat. vulg. **nūba*, class. *nūbes* ; **NUÉE** XIIe s., **NUAGE** XVIe s. : dér. nom. de *nue* ; **NUAGEUX** XVIe s. ; **ENNUAGER** XVIIe s. ♦ [2] **NUER** XIVe s. « assortir des couleurs » : dér. de *nue*, à cause des teintes changeantes des nuages ; **NUANCE** XIVe s. ; **NUANCER** XVIe s. ; **NUANCÉ** XVIIe s. ♦ [3] **OBNUBILER** (sav.) XIVe s. : *obnubilare* ; **OBNUBILATION** XVe s. : *obnubilatio.*

**II.** mots de la famille de *nubere*

♦ [1] **NOCE** (pop.) XIe s. plur., XVIe s. sing., XVIIIe s. argot « libertinage » : lat. vulg. **noptiae*, altération du lat. class. *nūptiae* sous l'infl. de **novius* « nouveau marié », dér. de *novus* ; **NOCEUR** XIXe s. ♦ [2] **NUPTIAL** (sav.) XIIIe s. : *nuptialis* ; **NUPTIALITÉ** XIXe s. ; **PRÉNUPTIAL** XXe s. ♦ [3] **NUBILE** (sav.) XVIe s. : *nubilis* ; **NUBILITÉ** XVIIIe s.

**NUIT** famille d'une racine ind.-eur. **nokt-* « nuit », base du nom féminin d'une force active (comme *lux* → LUIRE, *nix* → NEIGER) représentée. En gr. par *nux, nuktos* « nuit ».
En latin par *nox, noctis* « id. », d'où *nocturnus* « de la nuit » ; *noctua* « chouette, hibou » ; *nocti-* premier élément de composés, ex. : bas lat. *noctilucus* « qui luit pendant la nuit » ; *aequinoctium* « égalité des jours et des nuits » ; *noctu* adv. « pendant la nuit ».

**I.** mots d'origine latine

♦ [1] **NUIT** (pop.) Xe s. : *nox, nŏctis* ; **MINUIT** XIIe s. : de *mie* et *nuit* ; **NUITÉE** XIIe s. ; **NUITAMMENT** XIVe s. : altération, d'après les adv. en *-amment*, de l'anc. adv. *nuitantre*, du bas lat. *noctanter*, réfection du class. *noctu.* ♦ [2] **ÉQUINOXE** (sav.) XIIIe s. : *aequinoctium* ; **ÉQUINOXIAL** XIIIe s. : *aequinoxialis.* ♦ [3] **NOCTURNE** (sav.) XIVe s. adj. ; XIXe s. subst. mus. : *nocturnus* ; **NOCTILUQUE** XVIIIe s. : *noctilucus* ; **NOCTAMBULE** XVIIIe s. : lat. médiéval *noctambulus*, de *ambulare* → ALLER ; **NOCTAMBULISME** XVIIIe s. ; **NOCTUELLE** XVIIIe s. : dimin. formé sur *noctua.*

**II.** mots savants d'origine grecque

♦ [1] **NYCTALOPE** XVIe s. : *nuktalôps, -ôpos* « qui ne voit que pendant la nuit ». ♦ [2] **NYCTHÉMÈRE** XVIIIe s. astron. « espace de temps comprenant un jour et une nuit » : composé de *nux, nuktos* et *hêmera* « jour » → ÉPHÉMÈRE.

**NUQUE** XIVe s. « moelle épinière » : lat. médiéval (XIe s.) *nucha* « id. », de l'arabe *nuqa* « id. » ; XVIe s. sens mod. ; sous l'infl. d'un autre mot arabe *nukra* « nuque », le sens de « moelle épinière » ayant été pris par *medulla* → MOELLE.

**NYLON** XXe s. mot américain, marque déposée ; probablement formé de l'élément *nyl-* qu'on trouve dans *vinyle* et du suffixe *-on*, d'après l'angl. *cotton.*

**NYMPHE** ♦ [1] (sav.) XIIIe s. : gr. *numphê*, par le lat. *numpha* « celle qui est recouverte ou voilée », « fiancée, jeune mariée », « divinité des eaux, des montagnes, des prairies, des bois ». Les Anciens rapprochaient *numphê* de *nubere* → NUE, mais il n'y a sans doute là qu'une étym. populaire. ♦ [2] **NYMPHÉE** XVe s., archit. ; **NYMPHOMANIE** XVIIIe s. et **NYMPHOMANE** XIXe s. ; **NYMPHOSE** XIXe s. et **NYMPHAL** XXe s., entomol. : dér. de *nymphe.* ♦ [3] **NYMPHÉA** XVIe s. bot. : empr. par le lat. au gr. *numphaia* « nénuphar », fém. substantivé de *numphaios* « consacré aux nymphes », « relatif aux nymphes ».

# O

**-O** (pop.) suff. indiquant l'agent, celui qui occupe une situation sociale définie : ex. : *métallo, mécano, prolo*; issu de la rencontre de *-ot*, ex. : *traminot, cheminot* et du *-o* des formes tronquées, ex. : *dactylo, sténo, vélo*, etc.

**OASIS** XVI^e^ s., puis fin XVIII^e^ s., à propos de l'expédition d'Égypte : bas lat. *oasis*, mot d'origine égyptienne.

**OB-** (sav.) lat. *ob-* « devant », « à l'opposé », « en vue de », préf. de mots sav. d'origine lat., ex. : *objecter, obnubiler*.

**OBÉLISQUE** (sav.) XVI^e^ s. : empr., par le bas lat., au gr. *obeliskos*, dimin. de *obelos* « broche à rôtir », empl. métaph. pour désigner une pyramide très allongée.

**OBJURGATION** (sav.) XIII^e^ s. : lat. *objurgatio* « réprimande », de *objurgare*, dér. de *jurgare* « se quereller ».

**OBLIQUE** (sav.) XIII^e^ s. adj. et subst. fém. : lat. *obliquus*; **OBLIQUER** XIII^e^ s. « placer obliquement », XIX^e^ s. sens mod.; **OBLIQUITÉ** XIV^e^ s. : lat. imp. *obliquitas*.

**OBOLE** (sav.) XIII^e^ s. : gr. *obolos*, monnaie valant un sixième de la drachme attique; XVIII^e^ s., sens fig.

**OBSCÈNE** (sav.) XVI^e^ s. : lat. *obscenus* « de mauvais présage » et « indécent, dégoûtant »; **OBSCÉNITÉ** XVI^e^ s. : *obscenitas*.

**OBSCUR**, **OBSCURITÉ** (sav.) XII^e^ s. d'abord *oscurté* : lat. *obscurus, obscuritas*; **OBSCURCIR** XII^e^ s. : dér. de *obscur* sur le modèle de *noircir, éclaircir*; **OBSCURCISSEMENT** XIII^e^ s.; **OBSCURANTISME, OBSCURANTISTE** XIX^e^ s. : dér. d'un adj. *obscurant* « hostile aux lumières », attesté chez Turgot en 1781, p.-ê. analogique d'*ignorant*.

**OBSOLÈTE** (sav.) XVI^e^ s. : lat. *obsoletus* « tombé en désuétude ».

**OBTURER** (sav.) XVI^e^ s. : lat. *obturare* « boucher »; **OBTURATION** XVI^e^ s. : *obturatio*; **OBTURATEUR** XVI^e^ s. méd., XVIII^e^ s. techn.

**OBUS** XVI^e^ s. *hocbus*; XVII^e^ s. forme mod. « obusier »; XVIII^e^ s. sens mod. : all. *Haubitze* « obusier », du tchèque *haufnice* « machine à lancer des pierres »; **OBUSIER** XVIII^e^ s.

**OCÉAN** (sav.) XII^e^ s. : lat. *oceanus* : gr. *Ôkeanos*, nom d'une divinité marine, et ensuite « océan Atlantique », appelé aussi *mare oceanum*, d'où le moyen fr. *mer océane*; **OCÉANIQUE** XVI^e^ s. : lat. *oceanicus*; **OCÉANIDE** XVIII^e^ s. : altération, sous l'infl. du gr. *okeanis, -idos* adj. « relatif à l'océan », et du suff. *-ide*, du gr. *ôkeaninê* « nymphe de la mer, fille d'Okeanos »; **OCÉANIEN** XVIII^e^ s. « de l'Océan », XIX^e^ s. « de l'Océanie »; **OCÉANO-** 1^er^ élément de composés, ex. : **OCÉANOGRAPHIE** XVI^e^ s., rare avant le XIX^e^ s.; **OCÉANOGRAPHE, -GRAPHIQUE** XX^e^ s.

**OCELOT** XVII^e^ s. : aztèque *ocelotl* « sorte de tigre », p.-ê. par l'esp.

**-OCHE** ♦ [1] (pop.) : suff. nom. issu de la rencontre du lat. vulg. **-occa*, ex. : *épinoche*, *filoche, mailloche* et de l'it. *-occio, -occia*, issu d'un lat. vulg. **-oceus* qui a dû exister à côté de *-aceus* → -ASSE, ex. : *sacoche*. ♦ [2] **-OCHER** (pop.) : suff. verbal à valeur fréquentative, dimin. péjor., dér. du précéd., ex. : *flanocher, effilocher*.

**OCRE** (sav.) XIV^e s. : gr. *ôkhra*, fém. subst. de *ôkhros* « jaune », par le lat. ; **OCRÉ** XVI^e s. ; **OCREUX** XVIII^e s. ; **OCRER** XX^e s.

**ODALISQUE** XVII^e s. : altération du turc *odaliq* « chambrière », dér. de *oda* « chambre ».

**ODE** famille sav. du gr. *aeidein* « chanter » ; *aoidos* « chanteur » ; *aoidê* « chant », contracté en *ôidê* « chant » et « poème lyrique » ; *-ôidos* « qui chante » et *-ôidia* « chant », seconds éléments de composés.
♦ [1] **ODE** XV^e s. : *ôidê* par le bas lat. ; **ODELETTE** XVI^e s. ♦ [2] **ÉPODE** XVI^e s. : gr. *epôidos* « troisième partie du chœur, après la strophe et l'antistrophe », fém. substantivé de l'adj. *epôidos* « qui chante sur ». ♦ [3] **ODÉON** XVIII^e s. : lat. *odeum* « petit théâtre », du gr. *ôideion* « édifice d'Athènes primitivement destiné aux exercices de chant », et nom de divers théâtres à Athènes et à Corinthe. ♦ [4] **COMÉDIE** → COMIQUE. ♦ [5] **TRAGÉDIE** → TRAGIQUE ♦ [6] **AÈDE** XIX^e s. : *aoidos*. ♦ [7] **MÉLODIE** → MÉLO- ♦ [8] **PSALMODIE** → PSAUME. ♦ [9] **PALINODIE** XVI^e s. : *palinôidia*, de *palin* « en sens inverse » et *-ôidia* « chant recommencé sur un autre ton », « rétractation » ; titre d'un poème de Stésichore, poète sicilien du VI^e s. avant J.-C., qui, ayant raconté la faute d'Hélène, fut frappé de cécité, mais après avoir chanté la *palinodie*, recouvra la vue. ♦ [10] **PARODIE** XVI^e s. : *parôidia*, de *para* « à côté » et *-ôidia* « imitation bouffonne d'un morceau poétique » ; **PARODIER** XVI^e s. ; **PARODISTE** XVIII^e s. ; **PARODIQUE** XIX^e s. ♦ [11] **PROSODIE** XVI^e s. : *prosôidia* « chant accordé à », « chant pour accompagner la lyre », « accent tonique » et « tout ce qui sert à accentuer le langage » ; **PROSODIQUE** XVIII^e s. ♦ [12] **RHAPSODIE** XVI^e s. : *rhapsôidia* « poème épique fait de divers épisodes », de *rhaptein* « coudre » et *-ôidia* ; **RHAPSODE** XVI^e s. : *rhapsôidos* « celui qui assemble des chants épiques ».

**ODEUR** famille sav. d'une racine ind.-eur. **od-*. En grec *ozein* (de **od-y-ein*) « sentir », d'où *ozaina* « polype qui exhale une odeur forte ».
En latin (1) *odor, -oris* « senteur », d'où *odorare* « sentir » ; *odoratus* « action de flairer », « odorat » ; *odorifer* « parfumé » ; *inodorus* « sans odeur » (2) une var. sabine *olor*, d'où *olere* « exhaler une odeur » et *olefacere* ou *olfacere*, *olfactus* « flairer, sentir ».

I. mots d'origine latine

A. base *od-*

**ODEUR** XII^e s. : *odor,-oris* ; **ODORANT** XIII^e s. : part. présent de *odorer*, du lat. *odorare* ; **ODORIFÉRANT** XIV^e s. : lat. médiéval *odoriferens*, class. *odorifer* ; **ODORAT** XVI^e s. : *odoratus* ; **SUBODORER** XVII^e s. : de *sub* et *odorari* var. de *odorare* ; **INODORE** XVIII^e s. : *inodorus* ; **DÉSODORISER, -ISANT, DÉODORANT** XX^e s.

**B. OLFACTIF** XVI^e s. : lat. mod. médical *olfactivus*, dér. de *olfactus* ; **OLFACTION** XVI^e s.

II. mots d'origine grecque

**OZÈNE** XVI^e s. : *ozaina* ; **OZONE** XIX^e s. : *ozôn*, part. présent de *ozein* ; **OZONISER, -ISATEUR, -ISATION** XIX^e s.

**ŒDÈME** ♦ [1] (sav.) XVI^e s. : gr. *oidêma* « tumeur », de *oidein* « gonfler » ; **ŒDÉMATEUX** XVI^e s. ♦ [2] **ŒDIPE** XX^e s. psychanalyse, abrév. de *complexe d'Œdipe*, du nom d'*Œdipe* : gr. *Oidipous*, de *oidein* et *pous, podos* → PIED, littéralement « pieds enflés », parce qu'on l'avait exposé les pieds liés.

**ŒIL** famille d'une racine ind.-eur. **okw-* « œil ».
En grec (1) *ophthalmos* « œil » (forme volontairement altérée à cause des croyances attachées au mauvais œil, d'où *ophthalmia* « maladie de l'œil avec épanchement d'humeurs et chassie » (2) *ôps* « vue », « visage », d'où *muôpos* « qui cligne des yeux », de *muein* « fermer » → MYSTÈRE ; *nuktalôps* « qui voit la nuit » → NUIT ; *prosôpon* « face, figure », « masque de théâtre » et en gramm. « personne », d'où *prosopopoiia* « personnification » → aussi PERSONNE (3) *opsis* « action de voir », « vue », d'où *autopsia* « action de voir de ses propres yeux » ; *sunopsis* « vue d'ensemble », « coup d'œil général » ; *optikos* « qui concerne la vue » ; *sunoptikos* « qui embrasse d'un seul coup d'œil » (4) *opê* « trou, espacement », d'où *metopê* archit. « métope » (5) *katoptron* « miroir », d'où *katoptrikos* « qui concerne les miroirs » ; *dioptra* « ce qui sert à examiner à travers », « quart de cercle pour mesurer les hauteurs ou les distances », d'où *dioptreia* « emploi de ce quart de cercle » et *dioptrikê tekhnê* « art de mesurer les distances ».
En latin (1) *oculus* « œil », « tache de la peau des panthères ou des plumes du paon », « bourgeon » ; à ce dernier sens se rattachent *ino-*

*culare* « greffer », *inoculatio* « greffe », *inoculator* « celui qui greffe »; autres dér. : le dimin. *ocellus*; les adj. bas lat. *ocularius* et *ocularis* « qui concerne les yeux »; la forme hybride bas lat. *monoculus* « borgne », du gr. *monos* → MOINE, et *oculus* (2) probablement aussi *-ox, -ocis*, 2e élément de composés dans *atrox* « au regard noir », *ferox* « au regard sauvage ».

I. mots populaires ou demi-savants d'origine latine

♦ [1] **ŒIL** Xe s. : *ŏcŭlum*, acc. sing. de *ŏcŭlus*; **ŒILLÈRE** XIIe s.; **ŒILLET** XIIIe s. « petit œil », « petite ouverture », « petite tache ronde »; XVe s. « sorte de fleur »; **ŒILLETON** XVIe s.; **ŒILLADE** XVe s. ♦ [2] **YEUX** Xe s. : *ŏcŭlos*, acc. plur. de *oculus*; **ZIEUTER** XXe s. fam. « regarder », avec agglutination de la consonne finale de l'article défini. ♦ [3] **ŒIL-DE-BŒUF** XVIe s. : **ŒIL-DE-CHAT** XVe s.; **ŒIL-DE-PIE** mar. XVIIe s.; **ŒIL-DE-PERDRIX** méd. XIXe s. ♦ [4] **ANDOUILLER** XIVe s. : altération d'*antoillier* XIVe s., du lat. vulg. **anteocŭlāre (cornu)*, le premier cor du cerf poussant au-dessus des yeux. ♦ [5] **AVEUGLE** (demi-sav.) XIe s. d'abord *avuele : ab ŏcŭlis* « sans yeux », loc. probablement formée dans le lat. méd. à l'imitation du bas gr. *ap'ommatôn* « id. »; a éliminé le lat. class. *caecus* → CÉCITÉ; **AVEUGLER** XIe s.; **AVEUGLEMENT** XIIe s.; **AVEUGLÉMENT** XVIe s.; **AVEUGLETTE** XVe s., survit dans la loc. adv. *à l'aveuglette* XVIIe s.; **AVEUGLANT** XIXe s. ♦ [6] **BIGLE** fin XVe s. : altération, sous l'infl. de *aveugle*, de *biscle, bicle*, issu d'un verbe *biscler* XVIe s., du lat. vulg. **bisocŭlāre* « loucher »; **BIGLER** XVIIe s.

II. mots savants d'origine latine

♦ [1] **MONOCLE** XIIIe s., puis XVIe s.-XVIIe s. adj. « borgne », XVIIe s. subst. instrument d'optique, XIXe s. sens mod. : *monoculus*; **BINOCLE** fin XVIIe s. « jumelles », XIXe s. « lorgnons » : lat. mod. *binoculus*, formé en 1645 sur le modèle de l'anc. *monoculus*. ♦ [2] **OCULAIRE** XVe s. : *ocularius*; **OCULISTE** XVIe s.; **BINOCULAIRE** XVIIe s.; **MONOCULAIRE** XIXe s. ♦ [3] **INOCULATION** XVIe s. « greffe », XVIIe s. « transfusion » : *inoculatio*; XVIIIe s. sens mod., empr. à l'angl. *inoculation*, de même origine; **INOCULER** XVIIIe s. : angl. *to inoculate*, du lat. *inoculare*; **INOCULATEUR, INOCULABLE** XVIIIe s. ♦ [4] **OCELLE** XIXe s. : *ocellus*; **OCELLÉ** XIXe s. ♦ [5] **ATROCE** → AIRELLE. ♦ [6] **FÉROCE** → FIER.

III. mots savants d'origine grecque

♦ [1] **OPHTALMIE** XIVe s. : *ophthalmia*, par le lat.; **OPHTALMIQUE** XVe s. : *ophthalmikos*, par le lat.; **EXOPHTALMIE** XVIIIe s. : lat. médiéval *exophthalmia* « fait d'avoir les yeux proéminents »; **EXOPHTALMIQUE** XIXe s.; **OPHTALMO-** 1er élément de composés, ex. : **OPHTALMOSCOPIE** XVIIe s., **-SCOPE** XIXe s.; **OPHTALMOLOGIE** XVIIIe s., **-LOGUE, -LOGIQUE, -LOGISTE** XIXe s. ♦ [2] **OPTIQUE** XIVe s. adj., XVIIe s. subst. fém. : *optikos*, et *optikê (tekhnê)*; **OPTICIEN** XVIIe s.; **SYNOPTIQUE** XVIIe s. : *sunoptikos*; **OPTO-** : 1er élément de composés, ex. : **OPTOMÈTRE** XIXe s. ♦ [3] **DIOPTRE** XVIe s. : *dioptra*; **DIOPTRIQUE** XVIIe s. : *dioptrikê*; **DIOPTRIE** XIXe s.; **CATOPTRIQUE** XVIIe s. : *katoptrikos*; **CATADIOPTRIQUE** XVIIIe s. : contamination de *catoptrique* et de *dioptrique*. ♦ [4] **AUTOPSIE** XVIe s. : *autopsia*; **AUTOPSIER** XIXe s.; **NÉCROPSIE** → NOYER; **SYNOPSIS** XIXe s., mot gr. ♦ [5] **MYOPE** XVIe s. : gr. *muôps*, par le bas lat., « qui cligne les yeux », de *muein* « fermer » → MYSTÈRE et MUET; **MYOPIE** XVIIe s. : *muôpia*; **NYCTALOPE** XVIe s. → NUIT; **HÉMÉRALOPIE** XVIIIe s., mot formé de *hêmera* « jour » et *ôps*, sur le modèle de *nyctalopie*; **HYPERMÉTROPE** XIXe s. : du gr. *hupermetros* « qui dépasse la mesure » et *ôps*.. ♦ [6] **MÉTOPE** XVIe s. archit. : *metopê*, par le lat. ♦ [7] **PROSOPOPÉE** fin XVe s. rhét. : *prosopopoiïa*, par le lat.

**ŒSTRE** ♦ [1] (sav.) XVIe s., entomol., « insecte dont la larve est un parasite de certains animaux » : gr. *oistros* « taon », par le lat. ♦ [2] **ŒSTRAL** (cycle) XXe s. : dér. sur *oistros* au sens fig. de « aiguillon du désir »; **ŒSTROGÈNE, ŒSTRONE** XXe s.

**ŒUF** famille d'une racine ind.-eur. **ow-* « œuf ». En grec *ôion*, issu de **ôwyon*; en latin *ōvum*.

I. mots d'origine latine

♦ [1] **ŒUF** (pop.) XIIe s. : lat. vulg. **ŏvum*, class. *ōvum*, avec conservation du *v* sous l'infl. de l'*a* du pluriel; *œuf dur* XIVe s.; *à la coque* XVIIe s.; *au plat*, puis *sur le plat* XVIIIe s. ♦ [2] **OVALE** XIVe s. : dér. sav., sur *ovum*; **OVALISER** XIXe s.; **OVE** XVIIe s. archit. : *ovum*; **OVOÏDE** XVIIIe s. ♦ [3] **OVIPARE** (sav.) XVIe s. : lat. imp. *oviparus*; **OVIPARITÉ** XIXe s.; **OVIDUCTE** XVIIIe s. : lat. mod. *oviductus* XVIIe s., 2es éléments → PART et CONDUIRE. ♦ [4] **OVAIRE** (sav.) XVIIe s. : lat. mod. *ovarium*, sur *ovum*; **OVARIEN** XIXe s.; **OVULE** XVIIIe s. : dimin., sur *ovum*; **OVULATION** XIXe s.

II. mots d'origine grecque

**OO-** 1er élément de composés sav., ex. : **OOLITHE** minéral XVIIIe s.; **OOTHÈQUE** entomol. XIXe s.; **OOSPORE, OOSPHÈRE, OOCYTE** biol. XIXe s.

**ŒUVRE** famille d'une racine ind.-eur. **op-* « activité productrice ».

En latin (1) **ops, opis* (non attesté comme nom commun au nominatif) « abondance, ressources, force, aide », du vocabulaire rustique sabin à l'origine. À ce mot se rattachent (a) *opifex* « celui qui fait un ouvrage » (→ FAIRE), d'où *opificium*, contracté en *officium*, « travail, tâche », d'où jur. « obligations d'une charge », « service, fonction »; dér. *officiosus* « serviable » et bas lat. *officialis* « qui concerne une fonction »; *officina*, contraction de *opificina* « atelier, fabrique » (b) *opulentus* et *opimus* « riche » (c) *optimus* « excellent », qui sert de superlatif à *bonus* (d) le composé **cops, copis* (attesté seulement à l'accusatif et à l'ablatif sing.) « abondant, riche », d'où *copia* « abondance », et *copiosus* « abondant » (2) *opus, operis* « œuvre », dimin. *opusculum*, et *opera* « activité du travailleur », d'où *operari, operatus* « travailler » et bas lat. *cooperari* « collaborer », et leurs dér. en *-tor* et *-tio; operarius adj.* « relatif au travail »; *subst.* « manœuvre, ouvrier ».

**I.** mots populaires ou empruntés

**A.** famille de *opus*

♦ [1] **ŒUVRE** XII^e s. : *ŏpĕra*; XIV^e s. *maistre des œuvres* « architecte » et *maistre des basses* ou *des hautes œuvres* « bourreau »; XVII^e s. *œuvres vives*, mar.; **HORS-D'ŒUVRE** XVI^e s. architecture; XVII^e s. cuisine; **CHEF-D'ŒUVRE** → art. CHEF; **ŒUVRETTE** XIII^e s.; **ŒUVRER** XVI^e s., a éliminé partiellement l'anc. fr. *ouvrer*; **DÉSŒUVRÉ** XVII^e s.; **DÉSŒUVREMENT** XVIII^e s. ♦ [2] **MANŒUVRE** XIII^e s., subst. fém. XV^e s. subst. masc. : bas lat. VIII^e s. : *manuopera* « travail à la main »; **MANŒUVRER** XI^e s. « placer avec la main » puis « travailler », XVII^e s. mar., XVIII^e s. milit., XIX^e s. « faire marcher (un appareil) » : *manuoperare*; **MANOUVRIER** XII^e s. : **manu operarius*; **MANŒUVRIER** XVII^e s. subst., XVIII^e s. adj.; **MANŒUVRABLE, MANŒUVRABILITÉ** XX^e s. ♦ [3] **OUVRAGE** XIII^e s. « acte de travailler », XV^e s. « résultat de cet acte » : dér. anc. de *opera*; **OUVRAGÉ** XIV^e s.; **OUVRAGER** XVI^e s. ♦ [4] **OUVRER** X^e s. « travailler », XVI^e s. seulement techn. : bas lat. *operāre*, class. *operari*; **OUVRABLE** adj. « (jour) où l'on peut travailler » et **OUVROIR** XII^e s. « atelier ». ♦ [5] **OUVRIER** XII^e s. subst., XV^e s. adj. : *operarius*; **OUVRIÉRISTE, -ISME** XX^e s. ♦ [6] **OPÉRA** XVII^e s. : mot it. « œuvre », spécialisé dans le théâtre lyrique; **OPÉRA-COMIQUE** XVIII^e s.; **OPÉRA BOUFFE** XIX^e s.; **OPÉRETTE** XIX^e s. : it. *operetta*, dimin. d'*opera*.

**B.** famille de *ops, opis*

**USINE** XVIII^e s. : mot dial. (Nord), *wisine*, attesté dès 1274 dans un texte de Valenciennes; altération, p.-ê. sous l'infl. de *cuisine*, du picard *ouchine*, var. *œuchine*, du lat. *officīna*; **USINIER** XVIII^e s.; **USINER, USINAGE** XIX^e s.; **USINEUR** XX^e s.

**II.** mots savants de la famille de *opus* — base *-op-*

♦ [1] **OPÉRATION** XII^e s. « œuvre, travail », XVII^e s. math. et méd., XVIII^e s. milit. : *operatio*; **OPÉRATEUR** XIV^e s. : *operator*; **OPÉRER** XV^e s. « agir », XVII^e s. chirurgie, XIX^e s. milit. : *operari*; **OPÉRABLE** XV^e s. « qui pousse à agir », XIX^e s. sens mod.; **OPÉRATOIRE** XVIII^e s.; **OPÉRÉ** XIX^e s.; **POSTOPÉRATOIRE** XX^e s.; **INOPÉRABLE, INOPÉRANT** XIX^e s.; **OPÉRATIONNEL** XX^e s. ♦ [2] **COOPÉRER, COOPÉRATION** XIV^e s. : *cooperari, cooperatio*; **COOPÉRATEUR, COOPÉRATIF** XVI^e s.; **COOPÉRATIVE** XIX^e s. ♦ [3] **OPUSCULE** XV^e s. : *opusculum*; **OPUS** mus. : mot lat.

**III.** mots savants ou empruntés de la famille de *ops, opis*

**A.** base *-off-*

♦ [1] **OFFICE** XII^e s. « fonction », d'abord eccl., XVI^e s. « arrière-cuisine », XIX^e s. « organisme administratif » : *officium*; **OFFICIER**, verbe, XIII^e s. « exercer un office », XVI^e s. spécialement eccl. : lat. médiéval *officiare*, sur *officium*; **OFFICIANT** subst. masc. XVII^e s. ♦ [2] **OFFICIER** subst. masc. XIV^e s. « qui exerce une fonction », XVI^e s. sens milit., XVIII^e s. « dignitaire d'un ordre » : lat. médiéval *officiarius*, sur *officium*; **SOUS-OFFICIER** XVIII^e s.; **SOUS-OFF** XIX^e s. ♦ [3] **OFFICIAL** XIII^e s. adj. « relatif à un office » et subst. « juge ecclésiastique » : *officialis*; **OFFICIALITÉ** XIII^e s.; **OFFICIEL** XVIII^e s. : angl. *official*, adj. lui-même empr. au lat. *officialis*; **OFFICIELLEMENT** XVIII^e s.; **OFFICIALISER, OFFICIALISATION** XX^e s. ♦ [4] **OFFICIEUX** XVI^e s.-XIX^e s. « obligeant », XIX^e s. par opposition à *officiel* « appris de source autorisée, mais sans garantie » : *officiosus*. ♦ [5] **OFFICINE** XII^e s. « boutique », XIX^e s. « laboratoire » : *officina*; **OFFICINAL** XVI^e s.

**B.** base *-op-*

♦ [1] **OPULENT** XIV^e s. : *opulentus*; **OPULENCE** XV^e s. : *opulentia*; **OPULEMMENT** XIX^e s. ♦ [2] **OPIMES** XVI^e s., adj. qualifiant le mot *dépouilles*, en hist. romaine : *opima (spolia)*. ♦ [3] **COPIE** XII^e s.-XVI^e s. « ressources », XIII^e s. « reproduction d'un écrit », XIX^e s. « devoir d'élève » : *copia*; **COPIER, RECOPIER** XIV^e s.; **COPIEUR, COPIAGE** XIX^e s.; **POLYCOPIE, POLYCOPIER** fin XIX^e s.; **PHOTOCOPIE, PHOTOCOPIER** XX^e s.; **COPYRIGHT** XIX^e s. : mot angl. « droit de copie ». ♦ [4] **COPIEUX** XIV^e s. : *copiosus*. ♦ [5] **OPTIMISTE** XVI^e s. et **OPTIMISME** XVIII^e s. : dér.

formés sur *optimus*; **OPTIMUM** subst. XVIII^e s., adj. XX^e s. : neutre de *optimus*; **OPTIMAL** XX^e s.

**OFFRIR** famille d'une racine ind.-eur. **bher-* « porter ».

En grec *pherein* « porter », *phoros* « qui porte », *phora* « action de porter », *phoreus* « porteur » et les 2^es éléments de composés *-phoria, -phorêsis, -phereia*, auxquels se rattachent (a) *amphiphoreus* et *amphoreus* (→ AMPHI-, art. ALLER) « grand vase à deux anses », empr. au lat. sous la forme *amphora*, d'où un diminutif anc. *ampulla* « petite fiole à ventre bombé » et, métaph., « terme emphatique » (b) *anaphora* « action d'élever l'offrande d'un sacrifice » et « référence, recours, rappel » (c) *diaphorein* « porter de côté et d'autre » et « répandre », d'où *diaphorêsis* « évacuation, sécrétion d'humeurs » (d) *euphoros* « qui supporte facilement, dispos », d'où *euphoria* « force de supporter » (e) *metaphora* « transport » et « transfert de sens » (f) *peripherein* « porter tout autour, ramener par un tour complet » d'où *periphereia* « pourtour ».

En latin (1) *ferre* « porter, supporter », « rapporter, raconter » et anciennement « porter dans son ventre »; la forme *latus*, qui sert de part. passé à ce verbe, appartient à une autre racine → OUBLIE. À *ferre* se rattachent (a) *fertilis* « productif » et *fertilitas* (b) le suff. *-fer, -fera, -ferum* « qui porte » ou « qui apporte », ex. : *lucifer* « porte-lumière », *signifer* « porte-étendard » (c) une série de verbes préfixés : *afferre* « apporter » et « porter sur » : *circumferre* « porter autour » et « mouvoir circulairement », d'où *circumferentia* « circonférence, cercle », calque du gr. *periphereia; conferre* « apporter ensemble », « mettre en commun », « échanger des propos », « rapprocher »; *deferre* « porter d'un lieu élevé dans un lieu plus bas », « décerner », « rendre compte », « dénoncer », en bas lat. « faire honneur »; *differre* « porter dans des sens divers », « remettre à plus tard », « être différent », d'où *indifferens*, mot créé par Cicéron pour traduire *adiaphoros* « non différent », « ni bon ni mauvais »; *inferre* « porter dans », « mettre en avant »; *offerre* « porter devant, offrir »; *praeferre* « porter en avant, préférer »; *proferre* « porter en avant », « citer, révéler »; *referre* « porter en arrière », « renvoyer », « rapporter »; *sufferre* « porter sous », « supporter »; *transferre*, « transporter » (2) → aussi l'article OPPROBRE.

I. mots d'origine latine

A. mots populaires

♦ [1] **OFFRIR** XI^e s. : lat. vulg. **offerīre*, class. *offerre*; **OFFRANDE** XI^e s. : *offerenda* « choses à offrir »; **OFFRE** XII^e s. « action d'offrir », XVII^e s. écon.; **OFFRANT** XIV^e s. ♦ [2] **SOUFFRIR** XI^e s. « supporter, permettre », XVI^e s. « éprouver une douleur » (a éliminé *douloir* → DOULEUR) : lat. vulg. **sufferīre*, class. *sufferre*; **SOUFFRANCE** XI^e s. « tolérance, délai », d'où en *souffrance* XII^e s. « douleur » : dér. de *souffrir*, p.-ê. par le lat. médiéval *sufferentia*; **SOUFFRANT** XII^e s.; **SOUFFRE-DOULEUR** XVII^e s.

B. mots savants

♦ [1] **DIFFÉRENCE** XII^e s. : *differentia*; **DIFFÉRER** XIV^e s. : *differre*, aux deux sens du mot, dès le début; **DIFFÉRENCIER, DIFFÉRENT** adj. XIV^e s.; **DIFFÉREND** subst. XVIII^e s. var. orthogr. de *différent*; **DIFFÉREMMENT** XIV^e s.; **DIFFÉRENTIEL** XVI^e s.; **INDIFFÉRENCIÉ** XX^e s. → DILATION, DILATOIRE, art. OUBLIE. ♦ [2] **CIRCONFÉRENCE** XIII^e s. : *circumferentia*. ♦ [3] **AFFÉRENT** XIII^e s. : lat. *afferens*, réfection du part. présent de l'anc. fr. *aférir* (pop.), du lat. vulg. **afferīre*, class. *afferre*. ♦ [4] **PROFÉRER** XIII^e s. : *proferre*. ♦ [5] **CONFÉRER** XIV^e s. « attribuer », « comparer », XV^e s. « converser » : *conferre*; **CONFÉRENCE** XV^e s. « conversation », XVII^e s. « exposé » : *conferentia*; **CONFÉRENC** XVIII^e s. théol., XIX^e s. sens mod. → COLLATION, art. OUBLIE. ♦ [6] **DÉFÉRER** XIV^e s. : *déferre*; **DÉFÉRENCE** XIV^e s.; **DÉFÉRENT** XVI^e s. → DÉLATION, art. OUBLIE. ♦ [7] **INDIFFÉRENT** XIV^e s. : *indifferens*; **INDIFFÉRENCE** XIV^e s. : *indifferentia*; **INDIFFÉRENTISME** XVIII^e s.; **INDIFFÉRER** XIX^e s. ♦ [8] **INFÉRER** XIV^e s. : *inferre*. ♦ [9] **PRÉFÉRER** XIV^e s. : *praeferre*; **PRÉFÉRENCE** XIV^e s.; **PRÉFÉRABLE** XVI^e s.; **PRÉFÉRENTIEL** XX^e s. → PRÉLAT, art. OUBLIE. ♦ [10] **RÉFÉRER** XIV^e s. d'abord jur. : *referre*; **RÉFÉRENDUM** fin XVIII^e s. : mot lat., neutre de *referendus* « qui doit être rapporté »; **RÉFÉRÉ** jur. et **RÉFÉRENCE** XIX^e s.; **RÉFÉRENTIEL** XX^e s. → RELATION, art. OUBLIE. ♦ [11] **OFFERTOIRE** XIV^e s. : bas lat. *offertorium*. ♦ [12] **TRANSFÉRER** XIV^e s. : *transferre* : **TRANSFERT** XVIII^e s. : mot lat. employé sur les registres de commerce, ind. présent de *transferre*; **TRANSFÈREMENT, TRANSFÉRABLE** XIX^e s. → TRANSLATION, art. OUBLIE. ♦ [13] **LÉGIFÉRER** XVIII^e s. → LOI. ♦ [14] **INTERFÉRER** XIX^e s. : composé formé de *inter* « entre » et de *ferre*; **INTERFÉRENCE** fin XVIII^e s.; **INTERFÉRENT** XIX^e s. ♦ [15] **FERTILITÉ** XIV^e s. : *fertilitas*; **FERTILE** XV^e s. : *fertilis*; **INFERTILE, INFERTILITÉ** XV^e s.; **FERTILISER** XVI^e s.; **FERTILISATION** XVIII^e s.; **FERTILISABLE** XIX^e s. ♦ [16] **-FÈRE** suff. nom. et adj. :

lat. *-fer*, étendu à des formations mod., ex. : **MAMMIFÈRE, FLORIFÈRE** XVIII^e^ s. ♦ [17] **THURIFÉRAIRE** XVII^e^ s. : lat. médiéval, *thuriferarius* « clerc qui porte l'encensoir », dér. de *thurifer* « qui produit, puis qui offre de l'encens », de *thus, thuris* « encens », d'origine gr.

**II.** mots d'origine grecque

**A.** mots populaires **AMPOULE** XII^e^ s. : lat. *ampulla*, dimin. d'*amphora* → AMPHORE ; **AMPOULÉ** XVI^e^ s.

**B.** mots savants formés sur la base *-pher-*

♦ [1] **PÉRIPHÉRIE** XIV^e^ s. : *periphereia*, par le bas lat. ; **PÉRIPHÉRIQUE** XIX^e^ s. ♦ [2] **TÉLÉPHÉRIQUE** XIX^e^ s. : composé de *télé-* « au loin » et de *pherein* ; orthogr. **TÉLÉFÉRIQUE** due à une infl. it.

**C.** mots savants formés sur la base *-phor-*

♦ [1] **MÉTAPHORE** XIII^e^ s. : *metaphora*, par le lat. ; **MÉTAPHORIQUE** XIV^e^ s. ♦ [2] **AMPHORE** XVI^e^ s. : lat. *amphora*, du gr. *amphoreus*. ♦ [3] **ANAPHORE** XVI^e^ s. : *anaphora* ; **ANAPHORIQUE** XIX^e^ s. ; **ANAPHORISME** XX^e^ s. ♦ [4] **EUPHORIE** XVIII^e^ s. : *euphoria* ; **EUPHORIQUE** XX^e^ s. ♦ [5] **DIAPHORÈSE** XVIII^e^ s. : *diaphorêsis*. ♦ [6] **-PHORE** 2^e^ élément de composés d'origine gr. ou de formation mod., ex. : **CHOÉPHORE** → FONDRE ; **DORYPHORE** → ce mot ; **NÉCROPHORE** → NOYER ; **PHOTOPHORE** → PHOTO- **PYROPHORE** → PYRO- ; **SÉMAPHORE** → SÉMANTIQUE.

**OFFUSQUER** (sav.) XIV^e^ s. « obscurcir », XVIII^e^ s. « choquer » : lat. *offuscare*, dér. de *fuscus* « sombre ».

**OGIVE** XIII^e^ s. : on a proposé l'arabe dial. **al-jibb*, class. *al-djubb* « citerne couverte d'une voûte d'arête », empr. par l'esp. ; mais plutôt dér. (avec le suff. *-iff, ive*) de **ogée*, attesté par l'angl. *ogee* : p.-ê., du lat. *obviāta*, plur, neutre, « choses qui vont à la rencontre l'une de l'autre » (→ lat. *obviare* et fr. OBVIER, art. VOIE). **OGIVAL** XIX^e^ s.

**OGRE** (pop.) XIV^e^ s. : probablement forme à métathèse du gaulois **orgos*, équivalent du lat. *Orcus*, divinité de la mort. **OGRESSE** fin XVII^e^ s.

**OIE** famille d'une racine ind.-eur. **aw-* « oiseau ».

En grec *aietos*, issu de **awietos* « aigle ».

En latin *avis* « oiseau » ; en lat. vulg. dér. **avica, *avicio, -onis, *avicellus*, d'où en bas lat. les dimin. *aucella* et *avicula* ; lat. class. *auspex, -icis* « qui examine le vol des oiseaux », de **avis -spex* (pour le 2^e^ élément → DÉPIT), d'où *auspicium* « présage ».

**I.** mots populaires ou empruntés d'origine latine

♦ [1] **OIE** XIII^e^ s. : p.-ê. forme dial. (Champagne), réfection d'après *oiseau, oison*, de l'anc. fr. *oue* XII^e^ s., du lat. vulg. **avica*, qui a éliminé le lat. class. *anser* ; la forme ancienne, *oue*, subsiste, altérée, dans le nom de la *rue aux Ours* anciennement *rue aux Oues*, à Paris. ♦ [2] **OISEAU** XI^e^ s. : lat. vulg. **avicellus* ; **OISELET, OISELEUR** XII^e^ s. ; **OISILLON** XIII^e^ s. ; **OISELLERIE** XIV^e^ s. ; **OISELIER, OISELLE** XVI^e^ s. ♦ [3] **OISON** XIII^e^ s. : lat. vulg. **avicio, -onis*. ♦ [4] **OUTARDE** XIV^e^ s. : lat. imp. *avis tarda* « oiseau lent ». ♦ [5] **AUTRUCHE** (demi-sav.) XVI^e^ s. : adaptation, sous l'infl. du suff. it. *-uzzo* (→ MERLUCHE, PELUCHE), de l'anc. fr. *ostruce* XII^e^ s., du bas lat. *avis struthio*, dont le 2^e^ élément est une adaptation du gr. *strouthos*, nom de divers oiseaux, en particulier de l'autruche.

**II.** mots savants d'origine latine

♦ [1] **AUSPICE** XVI^e^ s. : *auspicium*. ♦ [2] **AVICULTURE, AVICULTEUR** XIX^e^ s., **AVICOLE** XX^e^ s. : dér. de *avis* → le 2^e^ élément, art. QUENOUILLE. ♦ [3] **AVIATION, AVIATEUR, AVION** fin XIX^e^ s. : dér. formés sur *avis* ; **HYDRAVION** XX^e^ s.

**III.** mots savants d'origine grecque

♦ [1] **GYPAÈTE** XIX^e^ s. : composé du gr. *gups* « vautour » et *aetos*, var. d'*aietos*. ♦ [2] **CIRCAÈTE** XIX^e^ s. : composé du gr. *kirkos* « faucon » et *aetos* → ORNITHO-.

**OINDRE** famille du lat. *unguere, unctus* « oindre, parfumer », d'où *unctio* « friction à l'huile » ; *unguentum* « huile parfumée ».

♦ [1] **OINDRE** (pop.) XII^e^ s. : *ŭngĕre*, var. de *unguere* ; **OINT** « graisse » subst. XIII^e^ s., var., orthogr. *oing* XV^e^ s. : *unctum* ; **OINT** *(du Seigneur)* adj. et subst. XV^e^ s., *unctus*. ♦ [2] **ONCTION** (sav.) XII^e^ s. rite religieux, XIV^e^ s. « douceur pieuse » : *unctio* ; **ONCTUEUX, ONCTUOSITÉ** XIV^e^ s. : lat. médiéval *unctuosus, unctuositas*. ♦ [3] **ONGUENT** XIII^e^ s. (sav.) : *unguentum*.

**-OIR, -OIRE** ♦ [1] (pop.) suff. nom. masc. et fém. servant à former des noms d'instruments à partir de bases verbales, ex. : *arrosoir, grattoir, baignoire, balançoire* ; issus de la rencontre du lat. *-orius, -oria* et du lat. *-atorius, -atoria* (anc. fr. *-eoir, eoire*), dér. de noms en *-ator* (→ -É, -ÉE et -EUR). ♦ [2] **-ATOIRE** (demi-sav.) lat. *atorium*, ex. : *oratoire, conservatoire* ; lat. *atorius*, ex. : adj. *rogatoire, circulatoire*. ♦ [3] **-ATORIUM** (sav.) suff. lat. utilisé pour former des noms de lieux de cure médicale, ex. : *préventorium, sanatorium*. ♦ [4] suff. composés formés sur la base **-OR** : **-ORIAL**, *territorial*; **-ORIÉTÉ**, *notoriété*.

**-OIS** ♦ [1] (pop.) suff. adj. et nom. à valeur surtout ethnique, ex. : *algérois, grenoblois* mais aussi *courtois* : lat. *-ēnsis, -is*; **-OISE** fém. analogique. ♦ [2] deux variantes pop. et phonét. (a) **-AIS**, qui s'est croisé avec le suff. germ. *-isk* → -AIS, ex. : *lyonnais, dijonnais* (b) **-IS**, ex. : *Parisis, Beauvaisis*. ♦ [3] **-ISAN** : it. *-igiano*, du lat. *-ensis* suivi de *-anus*, ex. : *artisan, partisan*.

**OISEUX** famille du lat. *otium* « loisir », d'où *otiosus* « qui n'est pris par aucune affaire » : s'oppose à *negotium* « occupation, affaire », d'où *negotiari* « faire du commerce », 1er élément → NON.
♦ [1] **OISEUX** (pop.) XIIe s.; *otiosus*. ♦ [2] **OISIF** (pop.) XIIIe s. : réfection, d'après *oiseux*, de l'anc. fr. *oisdif* XIIe s. « id. », p.-ê. issu de la contamination de *oiseus* et de *voisdie* « prudence » (dér. de *voisous* « prudent », du lat. *vitiosus* → VICE); **OISIVETÉ** XIVe s. ♦ [3] **NÉGOCE** XIIe s. « affaires », XVIIe s. « commerce » (sav.) : *negotium*; **NÉGOCIER** XIVe s. : *negotiari*; **NÉGOCIATEUR, NÉGOCIATION** XIVe s. : *negociator, negotiatio*; **NÉGOCIANT** XVIe s. : lat. *negotians, -antis*, part. présent de *negotiari*, p.-ê. par l'it. *negoziante*; **NÉGOCIABLE** XVIIe s.

**-OLE** ♦ [1] (sav.) lat. *-olus, -ola*, suff. nom, à valeur dimin., surtout sous la forme des variantes **-ÉOLE**, ex. : *alvéole, auréole*, ou **-IOLE**, ex. : *artériole, foliole*. ♦ [2] suff. pop. de même origine dans des mots empr. au prov., ex. : *girolle*, ou à l'it., ex. : *cabriole*. ♦ [3] **-OLENT** (sav.) suff. adj., dans des mots empr. au lat., ex. : *sanguinolent, somnolent* : lat. *-olentus*, dér. de *-olus*; **-OLENCE** suff. nom., ex. : *somnolence*.

**OLIFANT** ♦ [1] (demi-sav.) XIe s. : altération du lat. *elephantus* : gr. *elephas, -antos*, mot p.-ê. empr. à l'égyptien, comme lat. *ebur, eboris* → IVOIRE. ♦ [2] **ÉLÉPHANT** (sav.) XIIe s., rare avant le XVe s. : *elephantus*; **ÉLÉPHANTIN** XIIIe s.; **ÉLÉPHANTEAU** XIVe s.; **ÉLÉPHANTESQUE** XXe s. **ÉLÉPHANTIASIS** XVIe s. méd., sorte d'œdème : mot gr. (par le lat.).

**OLIG(O)-** (sav.) gr. *oligos* « rare, peu nombreux », 1er élément de composés, ex. : **OLIGARCHIE**, XIVe s. → ARCHIVES; **OLIGO-ÉLÉMENT** XXe s.

**OMBRE** ♦ [1] (pop.) Xe s. : lat. *umbra* « id. »; **OMBREUX** XIIe s. : *umbrōsus*, dér. de *umbra*; **OMBRAGE** XIIe s. « branches feuillues », XVIe s. « crainte d'être plongé dans l'ombre par quelqu'un, jalousie »; **OMBRAGER** XIIe s.; **OMBRAGEUX** XIIIe s. « à l'ombre », XIVe s. « qui a peur d'une ombre », à propos d'un cheval, XVIe s. « méfiant »; **OMBRER** XIIIe s. « mettre à l'ombre », XVIe s. dessin. ♦ [2] **OMBELLE** (sav.) XVIe s. : lat. *umbella* « ombrelle, parasol », dimin. de *umbra*; **OMBELLIFÈRE** XVIIe s. ♦ [3] **PÉNOMBRE** (sav.) XVIIe s. : composé du lat. *paene* « presque » et de *umbra*. ♦ [4] **OMBRELLE** XVIe s. : it. *ombrella*, croisement de *umbella* et de *umbra*.

**-OME** (sav.) gr. *-ôma*, suff. nom., méd. formant des noms de tumeurs ou de tuméfactions, ex. : *adénome, névrome* : issu de *carcinome*, du gr. *karkinôma* « chancre ».

**OMNI-** ♦ [1] (sav.) lat. *omnis* « tout » : 1er élément de composés d'origine lat. ou de formation fr., ex. : **OMNIPOTENT** XIe s. : lat. *omnipotens* → POUVOIR; **OMNIPOTENCE** XIVe s. : *omnipotentia*; **OMNISCIENCE** XVIIIe s. : lat. médiéval *omniscientia*, sur le modèle du précédent; **OMNISCIENT** XVIIIe s. → SCIENCE; **OMNIVORE** XVIIIe s. → -VORE, art. GUEULE; **OMNIPRÉSENT** XIXe s.; **OMNIDIRECTIONNEL** XXe s. ♦ [2] **OMNIUM** fin XVIIIe s., par l'angl.; XIXe s. « société commerciale s'occupant de toutes les branches d'un secteur économique », XXe s. sports : mot lat. « de tous », génitif pluriel de *omnis*. ♦ [3] **OMNIBUS** XIXe s., ellipse de *voiture omnibus* (« pour tous »); fin XIXe s. *train omnibus* (« desservant toutes les stations »). simplifié en **OMNIBUS** XXe s. : datif pluriel de *omnis* « pour tous » → -BUS

1. **-ON** ♦ [1] (pop.) suff. nom. et adj. à emplois variés, souvent dimin. : lat. *-o, -onis; -io, -iōnis; -tio, -tiōnis*; ex. : *ânon, avorton, cruchon, Margoton, sauvageon, souillon*; peut avoir une valeur ethnique, ex. : *frison, breton*; fém. analogique **-ONNE**, ex. : *friponne*. ♦ [2] **-ON, -ONS** (pop.) suff. adv., probablement extension d'emploi du précédent, ex. : *à califourchon, à tâtons, à reculons*. ♦ [3] **-ON** : it. *-one*, du lat. *-o, -ōnis*, suff. nom. à valeur augmentative, ex. : *ballon, basson, barbon, médaillon*. ♦ [4] **-ON** (pop.) adaptation au lat. *-o, -ōnis*, d'un suff. germ. *-un*, ex. : *baron, garçon*.

2. **-ON** ♦ [1] (sav.) suff. nom. masc. issu de la rencontre de plusieurs mots créés au XIXe s. en physique : *ion* 1873 : gr. *iôn* « en allant »; **ÉLECTRON** 1891 : gr. *elektrôn* « ambre »; *argon*

1894 : gr. *argon*, neutre de *argos* « brillant »; employé en physique, en chimie, en pharmacologie, ex. : *proton, hélion, propidon.* ♦ [2] **-TRON** de *électron*, par fausse coupe; employé en électricité et en physique atomique, ex. : *cyclotron, cosmotron.* ♦ [3] **-ION** issu par fausse coupe de *nylon* (vinyle-coton), et employé dans la terminologie des textiles synthétiques, ex. : *perlon, dralon* etc.

**ONCE** , sorte de panthère ♦ [1] (pop.) XIII^e s. : anc. fr. *lonce*, forme prise pour *l'once*, avec déglutination du *l* initial, du lat. *lyncea*, dérivé de *lynx*, du gr. *lugks* « loup-cervier ». ♦ [2] **LYNX** (sav.) XII^e s. : gr. *lugks*, par le lat. → le précédent.

**ONDE** famille d'une racine ind.-eur. **wed-*, **wod-* « eau ».

En grec *hudôr, hudatos*, 1^er élément de composés *hudr(o)-*, « eau », d'où *hudrôps* « hydropisie », *hudrôpikos* « hydropique » et *klepsudra*, littéralement « voleuse d'eau », « horloge à eau servant à mesurer le temps accordé aux orateurs ».

En latin forme à infixe nasal *unda* « eau mobile ou courante », dimin. bas lat. *undula* « légère ondulation »; dér. verbaux *abundare, redundare* « déborder », « abonder » et *inundare* « submerger ».

En germanique, all. *Wasser*, angl. et néerl. *water*. En slave russe *voda*, dimin. *vodka*. En celtique, p.-ê. gaulois **wadana* « eau » → GUENILLE.

I. mots d'origine latine

♦ [1] **ONDE** (pop.) XII^e s. : *ŭnda*; **ONDÉE, ONDOYER, ONDOIEMENT** XII^e s.; **ONDOYANT** adj. XIII^e s.; **ONDÉ** adj. XIV^e s.; **ONDINE** XVI^e s. ♦ [2] **ABONDANCE, ABONDER, ABONDANT** (sav.) XII^e s. : *abundantia, abundare, abundans*; **SURABONDER, SURABONDANT** XII^e s.; **SURABONDANCE, SURABONDAMMENT** XIV^e s.; **ABONDAMMENT** XVI^e s. ♦ [3] **INONDER** (sav.) XII^e s. : *inundare*; **INONDATION** XIII^e s. : *inundatio.* ♦ [4] **REDONDER** (sav.) XII^e s. : *redundare*; **REDONDANT** XIII^e s. : *redundans*; **REDONDANCE** XIV^e s. : *redundantia.* ♦ [5] **ONDULATION** (sav.) XVII^e s. phys., XIX^e s. coiffure : dér. sur *undula*; **ONDULER, ONDULÉ** adj., **ONDULANT** adj., **ONDULEUX, ONDULATOIRE** XVIII^e s.

II. mots savants d'origine grecque

♦ [1] **HYDROPIQUE** XII^e s. : *hudrôpikos*, par le lat.; **HYDROPISIE** XII^e s. ♦ [2] **HYDRE** XIII^e s. : *hudra* « serpent d'eau », par le lat. ♦ [3] **CLEPSYDRE** XIV^e s. → CLEP-. ♦ [4] **HYDRAULIQUE** XV^e s. : lat. *hydraulicus* « mû par l'eau », des deux éléments gr. *hudôr* et *aulos* « flûte », « tuyau »; **HYDRAULICIEN** XIX^e s. ♦ [5] **HYDRIQUE, HYDRATE, HYDRATER** XIX^e s. : dér. mod. formés sur la base *hydr-*. ♦ [6] **HYDRO-** 1^er élément de composés sav. anc. ou de formation mod., ex. : **HYDROPHOBIE** XIV^e s.; **HYDROPHOBE** XVII^e s.; **HYDROLOGIE** XVII^e s.; **HYDROLOGUE** XIX^e s.; **HYDROMÈTRE, HYDROMÉTRIE** XVIII^e s.; **HYDROGÈNE** XVIII^e s.; **HYDROÉLECTRIQUE** XIX^e s. ♦ [7] **-HYDRE, -HYDRIQUE, -HYDRIE** 2^es éléments de composés sav. en chimie, médecine, ex. : **ANHYDRE** XIX^e s.; **CHLORHYDRIQUE, OXHYDRIQUE** XIX^e s.; **HYPERCHLORHYDRIE** XX^e s.

III. mots d'origine germanique

♦ [1] **WATER-CLOSET** XIX^e s. « cabinet à eau"; abrév. **WATER** et **W.-C.** XX^e s.; **WATER-POLO** XX^e s. « polo qui se joue dans l'eau » : mots angl. ♦ [2] **VASELINE** → HUILE.

IV. mot d'origine slave

**VODKA** XIX^e s. mot russe.

**ONÉREUX** ♦ [1] (sav.) XIV^e s. « lourd », XVII^e s. « coûteux » : lat. *onerosus* « lourd », dér. de *onus, oneris* « fardeau ». ♦ [2] **EXONÉRER** (sav.) XVII^e s. : *exonerare* « décharger », dér. de *onus*; **EXONÉRATION** XVI^e s., rare avant le XIX^e s. : bas lat. jur. *exoneratio.*

**ONGLE** famille du lat. *unguis*, dimin. *ungula* « ongle », apparenté au gr. *onux, onukhos* « ongle » et « onyx, pierre fine », d'où *parônukhia* « abcès à la base de l'ongle ».

I. mots d'origine latine

♦ [1] **ONGLE** (pop.) X^e s. fém., XVI^e s. masc. : *ŭngŭla*; **ONGLON** XIV^e s.; **ONGLÉ** XV^e s.; **ONGLÉE, ONGLET** XVI^e s. ♦ [2] **ONGULÉ** (sav.) XVIII^e s. : dér., sur *ungula*; **ONGUICULÉ** XVIII^e s. : du lat. *unguiculus*, dimin. de *unguis.*

II. mots d'origine grecque

♦ [1] **PANARIS** (demi-sav.) XV^e s. : bas latin *panaricium*, altération du lat. imp. *paronychium*, du gr. *parônukhia.* ♦ [2] **ONYX** (sav.) XII^e s. : *onux*; **ONYCHOPHAGIE** méd. XX^e s.

**ONIR(O)-** (sav.) gr. *onar, oneiros* « rêve », 1^er élément de mots sav., ex. : **ONIROMANCIE** XVII^e s., **ONIROMANCIEN** XIX^e s.; **ONIRIQUE, ONIRISME, ONIROLOGIE** XX^e s.

**OPALE** (sav.) XVI^e s. : lat. imp. *opalus*, sans doute mot d'empr. à rapprocher du gr. *opallios* « *id.* » *et du sanscrit upalas* « pierre précieuse »; **OPALIN** XVIII^e s.; **OPALISER, OPALESCENT, OPALESCENCE** XIX^e s.; **OPALINE** XIX^e s. zool., XX^e s. verrerie.

**OPHI(O)-** (sav.) gr. *ophis* « serpent », 1er élément de mots sav., ex. : **OPHITE** « pierre tachetée » XVe s. : *ophitês*; **OPHIOLÂTRIE** et **OPHITE** relig. XVIIIe s.; **OPHIOGLOSSE** bot. XVIIIe s.; **OPHIDIEN** XIXe s.; **OPHIURE** XIXe s. → ÉCUREUIL; **OPHICLÉIDE** XIXe s., 2e élément gr. *kleis, kleidos* « clé », apparenté au lat. *clavis* → CLÉ.

**OPINION** ♦ [1] (sav.) XIIe s. : lat. *opinio, -onis* « croyance »; **OPINIÂTRE** XVe s., **S'OPINIÂTRER, OPINIÂTRETÉ** XVIe s. : dér. de *opinion*. ♦ [2] **OPINER** (sav.) XIVe s. : *opinari* « avoir » ou « émettre une opinion » : **INOPINÉ** XIVe s. : *inopinatus* « qu'on n'aurait pas cru », « inattendu ».

**OPIUM** famille sav. du gr. *opos* « suc d'une plante », dimin, *opion* « suc du pavot ».
♦ [1] **OPIUM** XIIIe s. : mot lat. : gr. *opion*; **OPIAT** XIVe s. : lat. médiéval *opiatum*; **OPIACÉ** XIXe s. : **OPIOMANE** XXe s. ♦ [2] **OPOTHÉRAPIE, -IQUE** XXe s. : dér., sur *opos*.

**OPOSSUM** XVIIe s. : algonquin *oposon*, par l'anglo-américain.

**OPPROBRE** (sav.) XIIe s. : lat. *opprobrium* « déshonneur », dér. de *probrum* « id. », neutre substantivé d'un anc. adj. *prober* « reproché » et « digne de reproche », sans doute de **probher-os* « mis en avant (contre quelqu'un) »; ce mot se rattacherait alors à la même racine que *ferre* → OFFRIR.

**OPTION** famille sav. du lat. *optio, -onis* « faculté de choisir », « apparenté au verbe *optare*, anc. « choisir », class. « choisir dans son esprit, souhaiter »; dérivés et composés : *adoptare*, qui a pris en droit le sens d'« adopter »; *cooptare* « choisir par cooptation »; *optativus* gramm. « (mode verbal) du souhait ».
♦ [1] **OPTION** XIIe s. puis XVe s. : *optio*; **OPTATIF** XIVe s. : *optativus*; **OPTER** XVe s. : *optare*; **COOPTER, COOPTATION** XVIIe s. : *cooptare, cooptatio*. ♦ [2] **ADOPTIF** XIIe s. : lat. imp. jur. *adoptivus*; **ADOPTION** XIIIe s. : *adoptio*; **ADOPTER** XIVe s. « choisir » et jur. (un enfant) : *adoptare*.

**OR** famille du lat. *aurum* « or » : 1er élément de composés *auri-*, ex. : *aurifer* « qui produit de l'or »; *aureus* et *aureolus* « en or », « doré »; bas lat. *deaurare, -atura, -ator* « dorer », « doreur », « dorure »; *auriola* IXe s. « orgelet, bouton jaune à la paupière ».

I. mots populaires ou empruntés

♦ [1] **OR** Xe s. : *aurum*; pour certains mots sav. exprimant la notion d'« or » → CHRYSO-; **ORFÈVRE** XIIe s. → FORGER; **ORIPEAU** XIIe s. → PEAU; **ORFROI** XIIe s. : p.-ê. lat. vulg. **aurum phryx*, de *aurum phrygium* « or de Phrygie », cette région ayant la spécialité des étoffes brodées d'or → Annexe IV, FRAISER. ♦ [2] **DORER** XIIe s. : *deaurāre*; **DORURE** XIIe s. et **DOREUR** XIIIe s. : *deauratura, deaurator, -oris*, ou dér. de dorer; **DÉDORER** XIIIe s.; **REDORER** XIVe s.; **MORDORÉ** XVIIe s. : 1er élément *more*, ou *maure*, nom d'un peuple au teint basané. ♦ [3] **LORIOT** XIVe s. : altération, par agglutination de l'article et substitution de suff., de *oriol*, var. *orieul* XIIe s. : *aureolus*; **COMPÈRE-LORIOT** XVIe s. « cri du loriot » et « loriot »; XIXe s. « orgelet », or. obsc. Il faut sans doute renoncer à y voir une var. masc. de *mère-loriot*, interprétation de *merle oriol*, ou l'adaptation d'un lyonnais *pirgloriou*, d'origine grecque (*pir, de purrhos* « feu » et *gloriou*, de *khlorion* « verdâtre ») qui aurait remonté la vallée du Rhône. En fait, *pirgloriou, père-loriot* peuvent être des onomatopées du chant de cet oiseau, l'adaptation de la première syllabe en *compère* une appellation affectueuse, ayant des équivalents dans d'autres langues, d'un oiseau au chant particulièrement joyeux; sa couleur jaune, à laquelle s'attachent certaines croyances de médecine populaire, et une quasi-homonymie ancienne entre son nom et certains noms de l'orgelet (XVe s. *leurieul*, de *auriolu; orjeul*, de *hordeolu* → ORGE) expliquent le dernier sens.
♦ [4] **DAURADE** ou **DORADE** XVIe s. : prov. *daurada* « dorée ». ♦ [5] **ELDORADO** XVIIe s. : esp. *el dorado* « le doré », « le pays de l'or »; popularisé par *Candide* de Voltaire.

II. mots savants

♦ [1] **AURÉOLE** XIIIe s. : *aureola (corona)* « couronne d'or »; **AURÉOLÉ** XIXe s. ♦ [2] **AURI-** 1er élément de mots sav., ex. : **AURIFÈRE** XVIe s. : *aurifer*; **AURIFIER** XIXe s.

**ORAGE** ♦ [1] (pop.) XIIe s. : dér. de l'anc. fr. *ore* XIIe s., du lat. *aura* « vent, brise »; **ORAGEUX** XIIe s., rare avant le XVIe s. ♦ [2] **ESSORER** (pop.) XIIe s. « exposer à l'air », XIXe s. sens mod. : lat. vulg. **exaurare*, dér. de *aura*; **ESSOR** XIIe s. « exposition à l'air », « élan (d'un oiseau) dans l'air »; **ESSORAGE** XIIe s. « action de lâcher un oiseau »; XIXe s. sens mod.; **ESSOREUSE** XIXe s.

**ORAISON** famille du lat. *orare* « prononcer des paroles de caractère solennel », mot religieux et juridique (rattaché par les Anciens à *os, oris* « bouche » → HUIS, sans doute par étym. pop.); dérivés et composés *oratio, -onis* « discours » et bas lat. « prière »; *orator* « orateur » et *oratorius* « oratoire »; *oraculum* « lieu où l'on fait une requête au dieu » et « réponse de l'oracle »; *adorare* « adresser une prière », « adorer »; *exorare* « prier avec insistance »; *perorare* « plaider à fond », « achever de plaider ».

♦ [1] **ORAISON** (pop.) XI^e^ s. « prière », XIV^e^ s. « discours », XVII^e^ s. *oraison funèbre* : *oratio, -ōnis*. ♦ [2] **ADORER** (sav.) XII^e^ s., d'abord *aorer* relig.; XVII^e^ s. profane : *adorare*; **ADORATION, ADORABLE** XIV^e^ s. : *adoratio, adorabilis*; **ADORATEUR** XV^e^ s. : *adorator*; **ADORABLEMENT** XIX^e^ s. Pour certains mots sav. exprimant l'idée d'« adorer » → LÂTRIE, -LÂTRE, , art. LARRON. ♦ [3] **ORATEUR** (sav.) XII^e^ s. : *orator*; **ORATOIRE** subst. masc. XII^e^ s. « chapelle »; XVII^e^ s. « congrégation fondée au XVI^e^ s. par saint Philippe de Neri » : *oratorium*, d'où **ORATORIEN** XVIII^e^ s. « membre de l'Oratoire » et **ORATORIO** XVIII^e^ s. : mot it., du nom de l'église de l'Oratoire où saint Philippe de Neri organisait des concerts spirituels; **ORATOIRE** adj. XVI^e^ s. : *oratorius*. ♦ [4] **ORACLE** XII^e^ s. « lieu de culte », XIV^e^ s. « vérités de l'Église », XVI^e^ s. « réponse d'une divinité » et sens fig. : *oraculum*; **ORACULAIRE** XVI^e^ s. ♦ [5] **PÉRORER** XIV^e^ s. : *perorare*; **PÉRORAISON** XVII^e^ s. : adaptation, d'après *oraison*, de *peroratio* « conclusion d'un discours »; **PÉROREUR** XVIII^e^ s. ♦ [6] **INEXORABLE**, puis **EXORABLE** XVI^e^ s. : *inexorabilis* et *exorabilis*, dér. de *exorare* « fléchir par ses prières »; **INEXORABLEMENT** XVII^e^ s. ♦ [7] **OREMUS** XVI^e^ s. : mot lat. « prions », 1^re^ pers. plur. subj. prés. de *orare*, fréquent en liturgie. ♦ [8] **ORANT, ORANTE** XIX^e^ s. : *orans, -antis*, part. présent de *orare*.

**ORANG-OUTAN** XVIII^e^ s. : malais *orang hutan* « homme des bois », « sauvage », mot désignant, dans cette langue, des tribus montagnardes.

**ORANGE** ♦ [1] XIII^e^ s. *pume orenge*; début XIV^e^ s. *pomme d'orenge* : calques de l'anc. it. *melarancia* « orange amère », dont le 2^e^ élément représente l'arabe *nârandja*, d'origine persane ainsi que le fruit lui-même; fin XIV^e^ s. forme mod., appliquée ensuite à l'orange douce, importée de Chine par les Portugais au XVI^e^ s.; l'o initial et la forme *pomme d'Orange* s'expliquent par l'infl. du nom de la ville d'*Orange*, située sur la voie d'importation de ces fruits; **ORANGER** XIV^e^ s.; **ORANGÉ** XVI^e^ s.; **ORANGERIE, ORANGEADE** XVII^e^ s., ce dernier p.-ê. adaptation de l'it. *aranciata*; **ORANGERAIE** XX^e^ s. ♦ [2] **ORONGE** XVIII^e^ s. : prov. *ouronjo* var. de *orange* à cause de la couleur.

**ORCHESTRE** (sav.) XVI^e^ s. fém., hist., XVII^e^ s. « partie du théâtre où se placent les musiciens », XVIII^e^ s. masc. et « ensemble de musiciens », XIX^e^ s. « places de théâtre proches de l'orchestre » : gr. *orkhêstra* « partie de théâtre réservée au chœur », de *orkheisthai* « danser »; **CHEF D'ORCHESTRE** XIX^e^ s.; **ORCHESTIQUE** XVIII^e^ s.; **ORCHESTRER, ORCHESTRAL, ORCHESTRATION** XIX^e^ s.

**ORCHIS** ♦ [1] (sav.) XVI^e^ s. bot. : mot gr. « testicule », par métaph.; **ORCHIDÉE** XVIII^e^ s. ♦ [2] **ORCHITE** XIX^e^ s.

**ORDALIE** XVIII^e^ s. : lat. médiéval *ordalium* « jugement », adaptation du frq. **ordaili*, apparenté à all. *Urteil*, néerl. *ordeel*.

**ORDURE** famille du lat. *horrere* « se dresser (poils du corps) », « frissonner d'horreur », d'où *horror* « hérissement »; *horridus* « hérissé », « à l'aspect horrible »; *horrificus, horribilis* « qui fait horreur »; *abhorrere* « avoir horreur de »; *horripilare* « avoir le poil hérissé ».

♦ [1] **ORDURE** (pop.) XII^e^ s. : dér. de l'anc. fr. *ord* XII^e^ s. « repoussant », du lat. *horridus*; **ORDURIER** XVII^e^ s. ♦ [2] **HORREUR** (sav.) XII^e^ s. : *horror*; **HORRIBLE** XII^e^ s. : *horribilis*; **HORRIBLEMENT** XII^e^ s.; **HORRIFIQUE** XVI^e^ s. : *horrificus*; **HORRIFIER** XX^e^ s. ♦ [3] **ABHORRER** XIV^e^ s. : *abhorrere*. ♦ [4] **HORRIPILATION** XIV^e^ s. « hérissement », XIX^e^ s. sens fig. : *horripilatio*; **HORRIPILER** XIX^e^ s. : *horripilare*.

**OREILLE** famille d'une racine ind.-eur. signifiant « oreille »; *ous-* en gr. dans *ous, ôtos*; **aus-* dans le lat. *aus, auris*, dimin. *auricula* « lobe de l'oreille », bas lat. *auricularis* « qui concerne l'oreille »; dér. *auscultare* « écouter avec attention ».

I. mots d'origine latine

♦ [1] **OREILLE** (pop.) XI^e^ s. : *aurĭcŭla*; **OREILLER** XII^e^ s.; **OREILLETTE** XII^e^ s. « petite oreille », XVII^e^ s. anat.; **OREILLON** XIII^e^ s. « coup sur l'oreille », XVII^e^ s. maladie; **ESSORILLER** XIV^e^ s.; **OREILLARD** XVII^e^ s. ♦ [2] **HORION** XIII^e^ s. : p.-ê. altération de *oreillon* « coup sur l'oreille ». ♦ [3] **ÉCOUTER** X^e^ s. : altération, par substitution du préf. *es-* à la 1^re^ syllabe, du lat. vulg. **ascultare*, class. *auscultare*; **ÉCOUTE** XII^e^ s. « action d'écouter » et « espion, éclaireur »; **ÉCOUTEUR** XII^e^ s. ♦ [4] **SCOUT** ou **BOY-SCOUT** XX^e^ s. : mot angl. « garçon éclaireur », de l'anc. fr. *escoute*, mod. *écoute* (→ **3**). ♦ [5] **AURICULAIRE** (sav.) XVI^e^ s. : *auricularius*. ♦ [6] **AUSCULTER** et **AUSCULTATION** XVI^e^ s.; XIX^e^ s. méd. (sav.) : *auscultare, auscultatio*.

II. mots d'origine grecque

♦ [1] **PAROTIDE** XVI^e s. : *parôtis, -idos*, de *para* et *ous, ôtos* « oreillons ». ♦ [2] **MYOSOTIS** XVI^e s. : *muosôtis* bot., littéralement « oreille de souris ». ♦ [3] **OTARIE** XIX^e s. : *ôtarion*, à cause de l'oreille petite et apparente de cet animal. ♦ [4] **OT(O)-** 1^er élément de mots sav., ex. : **OTALGIE** XVIII^e s. : gr. *otalgia*; **OTITE** XIX^e s.; **OTO-RHINO-LARYNGOLOGIE** XX^e s.

**ORGANDI** XVIII^e s. : origine inconnue.

**ORGASME** (sav.) XVII^e s. : « accès de colère », fin XVIII^e s. sens sexuel; d'après le gr. *orgân* « bouillonner de sève ou d'ardeur »; **ORGASTIQUE** XIX^e s.

**ORGE** ♦ [1] (pop.) XII^e s. : lat. *hordeum* « id. ». ♦ [2] **ORGEAT** XV^e s. : prov. *orjat*, dér. du précédent. ♦ [3] **ORGELET** (pop.) XVI^e s. : dimin. du moyen fr. *horgeol*, var. *orgeul* : bas lat. *hordeolus* « petit grain d'orge ». ♦ [4] **HORDÉINE** (sav.) XIX^e s. : dér. sur le lat. *hordeum*.

**ORGUE** famille d'une racine ind.-eur. **werg-, *worg-* « agir ».

En germanique commun **werkam*, angl. *work*, all. néerl. *werk*.

En grec (1) forme *erg-*, issue de **werg-*, dans *ergon* « action », « travail » et « réaction »; *energein* « agir », d'où *energeia* « force en action » (par opposition à *dunamis* « force en puissance » → BON), et *energoumenos* « travaillé (par un mauvais esprit) », part. présent passif de *energein; sunergein* « travailler ensemble » et *sunergeia*, ou *sunergia* « collaboration »; *ergastêrion* « endroit où l'on travaille » d'où l'adaptation latine *ergastulum* « atelier d'esclaves et bâtiment où on les enfermait » (2) forme *org-*, issue de **worg-*, dans *organon* « instrument de travail », « de musique », « organe du corps » et « ouvrage »; probablement aussi dans *orgion* « acte religieux », « célébration de mystères, en particulier des mystères de Bacchus » (3) suff. *-ourgos* « qui agit », « qui fait » et *-ourgia* « action ».

I. mots d'origine grecque

A. base *-org-*

♦ [1] **ORGUE** (demi-sav.) XII^e s. : lat. imp. *organum*, du gr. *organon*; **ORGANISTE** XIII^e s. : lat. médiéval *organista*. ♦ [2] **ORGANE** (sav.) XII^e s. « instrument de musique », XV^e s. physiol. et chant, fin XIX^e s. journal, XIX^e s. partie d'une machine : *organum* → le précéd.; **ORGANIQUE** XIV^e s.; **INORGANIQUE** XVI^e s.; **ORGANISME** XVIII^e s.; **ORGANICISME** XIX^e s.; **ORGANIGRAMME** XX^e s.; **ORGANISER, -ATION** XIV^e s.; **DÉSORGANISÉ** XVI^e s.; **ORGANISÉ, DÉSORGANISER** XVII^e s.; **INORGANISÉ, -ATION** XVIII^e s.; **DÉSORGANISATEUR, -ATION, RÉORGANISER, -ATION** fin XVIII^e s. ♦ [3] **ORGIE** (sav.) XVI^e s. hist. relig., XVIII^e s. sens mod. : lat. *orgia*, plur. neutre, du gr. *orgion*; **ORGIASTIQUE, ORGIAQUE** XIX^e s.

B. base savante *-erg-*

♦ [1] **ÉNERGIE** XV^e s. : *energeia*, par le bas lat.; **ÉNERGIQUE** XVI^e s.; **ÉNERGÉTIQUE** XVIII^e s.; *energetikos*; **SYNERGIE** XIX^e s. : *sunergeia*. ♦ [2] **-ERGIE** 2^e élément de composés sav., ex. : **ALLERGIE** XX^e s., littéralement « réaction à un corps étranger », de *allos* « autre »; **ALLERGIQUE, ANALLERGIQUE** XX^e s. ♦ [3] **ERGASTULE** XIV^e s. : *ergastulum*. ♦ [4] **ÉNERGUMÈNE** XVI^e s. : lat. eccl. *energumenus* « possédé du démon » : *energoumenos*. ♦ [5] **EXERGUE** XVII^e s. « petit espace dans une médaille réservé à une inscription », puis ext. de sens : lat. mod. *exergum*, du gr. *ex* « en dehors » et *ergon*.

C. base savante *-urg-*

gr. *-ourgos, -ourgia*, dans **CHIRURGIE** → CHIR(O)-; **DÉMIURGE** → DÉM(O)-; **LITURGIE** → ce mot; **THAUMATURGE** → THÉÂTRE. **PANURGE**, nom d'un personnage de Rabelais : *panourgos* « apte à tout faire », « industrieux » et « fourbe, méchant ».

II. mots d'origine germanique

**BOULEVARD** XIV^e s. « terre-plein soutenu par des madriers », « place forte »; XVII^e s. « promenade plantée d'arbres, située à l'origine sur l'emplacement d'anciens remparts » : moyen néerl. *bolwerc* « ouvrage de madriers »; **BOULEVARDIER** XIX^e s.

**ORGUEIL** (pop.) XI^e s. : frq. **urgôli* « fierté »; **ORGUEILLEUX** XI^e s.; **S'ENORGUEILLIR** XII^e s.

**ORIENT** famille du lat. *oriri, ortus* « se lever (astres) », « s'élancer hors de », « naître », d'où (1) *oriens, -entis*, part. présent « (soleil) levant », qui s'oppose à *occidens* → CHOIR; dér. *orientalis* (2) *origo, -inis* « point de départ, source », d'où bas lat. *originalis, originarius*; le mot *aborigines* « autochtones », à propos des premiers habitants du Latium, est habituellement rattaché à *ab origine*; mais c'est p.-ê. un ancien nom de peuple déformé par étym. pop. (3) *aboriri, abortus* (avec valeur primitive de *ab*) « mourir, disparaître », d'où *abortare* « avorter ».

♦ [1] **ORIENT** (sav.) XI^e s. : *oriens, -entis*; **ORIENTAL** XII^e s. : *orientalis*; **ORIENTALISTE** fin XVIII^e s., **ORIENTALISME, ORIENTALISER**

XIX^e s. ; **ORIENTÉ** XV^e s. ; **ORIENTER, DÉSORIENTER, DÉSORIENTÉ** XVII^e s. ; **ORIENTATION, DÉSORIENTATION** XIX^e s. ♦ [2] **ORIGINE** (sav.) XV^e s. : réfection, d'après le lat., de l'anc. fr. *orine* XII^e s., du lat. *origo, -inis* ; **ORIGINAL** XIII^e s. : *originalis* ; **ORIGINEL** XIV^e s. : var. demi-sav. de *original* ; **ORIGINALITÉ** XIV^e s. ; **ORIGINAIRE** XIV^e s. : *originarius*. ♦ [3] **AVORTER** (pop.) XII^e s. : *abortare* ; **AVORTEMENT** XII^e s. ; **AVORTON** XIV^e s. ; **AVORTEUR** XX^e s. ♦ [4] **ABORTIF** (sav.) XV^e s. : *abortivus*, dér. de *abortare*. ♦ [5] **ABORIGÈNE** (sav.) XV^e s. : *aborigines*, avec adaptation au suff. *-gène* → GENS.

**ORME** (pop.) XII^e s. : lat. *ŭlmus* avec dissimilation des deux *l* dans le dér. **ŭlmĕllus*, représenté par **ORMEAU** XII^e s.

**ORNIÈRE** famille du lat. *orbis* « rond, cercle », d'où *orbita* « trace de roues, ornière » et « cours, orbite », *exorbitare* « sortir de la route tracée », *orbiculus* « roulette ».

♦ [1] **ORNIÈRE** (pop.) XIII^e s. : altération, sous l'infl. de l'anc. fr. *orne* XIII^e s. « rangée, alignement » (de *ordo, ordinis* → OURDIR), de l'anc. fr. *ordière* (pop.) XII^e s., du lat. vulg. **orbitaria*, dér. de *orbita*. ♦ [2] **ORBE** (sav.) XIII^e s. : *orbis* ; **ORBICULAIRE** XIV^e s. : lat. imp. *orbicularis*. ♦ [3] **ORBITE** (sav.) XIV^e s. anat., XVI^e s. astron. : *orbita* ; **ORBITAIRE** XVI^e s. ; **ORBITAL** XIX^e s. ; **EXORBITÉ** fin XVIII^e s. ♦ [4] **EXORBITANT** XV^e s. « inconvenant », XVII^e s. « excessif » : *exorbitans*, part. présent de *exorbitare*.

**ORNITHO-** gr. *ornis, ornithos* « oiseau », 1^er élément de composés sav., ex. : **ORNITHOLOGIE** XVII^e s. ; **ORNITHOMANCIE** XVIII^e s. ; **ORNITHORYNQUE** XIX^e s. ; 2^e élément gr. *rugkhos* « bec ».

**ORO-** gr. *oros* « montagne », 1^er élément de composés sav., ex. : **OROGRAPHIE, -IQUE** XIX^e s. ; **OROGÉNIE, -IQUE** XIX^e s. ; **OROGENÈSE** XX^e s.

**ORTHO-** gr. *orthos* « droit », 1^er élément de composés sav., ex. : **ORTHOGRAPHE** XIII^e s. ; **ORTHODOXE** XV^e s. ; **ORTHOPÉDIE** XVIII^e s. ; **ORTHOÉPIE, ORTHOGENÈSE** XX^e s. (et leurs dérivés).

**ORTIE** ♦ [1] (pop.) XII^e s. : lat. *ŭrtīca* « id. ». ♦ [2] **URTICAIRE** XVIII^e s. ; **URTICANT** (sav.) XIX^e s. : dér. formés sur *urtica*.

**ORVET** famille d'une racine ind.-eur. **orbh-* « privé de ». En grec *orphanos* « privé de parents, orphelin ». En latin *orbus* « dénué », « orphelin » et « privé de la vue, aveugle ».

♦ [1] **ORVET** (pop.) XIV^e s. : dimin. de l'anc. fr. *orb* « aveugle », de *orbus*, ce reptile passant pour être aveugle. ♦ [2] **ORPHELIN** (demi-sav.) XII^e s. : var., avec dissimilation des *n*, de *orphanin* XI^e s., du lat. vulg. **orphaninus*, dimin. du bas lat. *orphanus*, du gr. *orphanos*, qui avait éliminé en ce sens *orbus* ; **ORPHELINAT** XIX^e s.

**OS** famille d'une racine ind.-eur. **oss-*. En grec, avec un élargissement *-t-*, *osteon* « os » et *periosteos* « qui entoure l'os ». En latin *os, ossis* « os », d'où en bas lat, *ossuarium* « urne sépulcrale » ; *osseus* « osseux ».

I. mots d'origine latine

♦ [1] **OS** (pop.) XII^e s. : bas. lat. *ossum*, class. *os, ossis* ; **OSSEMENT** XII^e s. : lat. vulg. **ossamentum* ; **OSSELET** XII^e s. ; **OSSEUX** XIII^e s. ; **DÉSOSSER** XIV^e s. ♦ [2] **OSSUAIRE** (sav.) XVIII^e s. : *ossuarium*. ♦ [3] **OSS-, OSSÉ-** éléments de mots sav., ex. : **OSSIFIER** XVII^e s. ; **OSSATURE, OSSÉINE** XIX^e s.

II. mots d'origine grecque

♦ [1] **OSTÉ-, OSTÉO-, OST-** éléments de mots sav., ex. : **OSTÉOLOGIE** XVI^e s. ; **OSTÉINE** XIX^e s. ; **EXOSTOSE** XVI^e s. ♦ [2] **PÉRIOSTE** (sav.) XVI^e s. : *periosteon*, neutre subst. de *periosteos*.

**-OSE** (sav.) gr. *-ôsis*, suff. nom. de la langue méd., qui designe une affection dégénérative ou chronique, ex. : *dermatose, tuberculose, névrose*, etc.

**OSER** famille du lat. *avere* « désirer vivement », d'où (1) *avarus* « avide d'argent » et *avaritia* « cupidité » (2) *avidus* « qui désire vivement » et *aviditas* « désir ardent » (3) *audere, ausus*, issu de **avĭdēre*, sens arch. « être désireux de, vouloir bien », class. « oser, avoir l'audace de », d'où *audax, audacia* « audacieux », « audace » ; bas lat. *ausare* « oser », qui a éliminé *audere*.

♦ [1] **OSER** (pop.) XII^e s. : *ausare* ; **OSÉ** adj. XII^e s. ♦ [2] **AUDACE** (sav.) XIV^e s. : *audacia* ; **AUDACIEUX** XIV^e s. ♦ [3] **AVIDE** (sav.) XV^e s. : *avidus* ; **AVIDITÉ** XIV^e s. : *aviditas*. ♦ [4] **AVARE** (sav.) XVI^e s. : réfection, d'après le lat., de l'anc. fr. *aver* (pop.) XII^e s. : *avārus* ; **AVARICE** XII^e s. : *avaritia* ; **AVARICIEUX** XIII^e s.

**OSIER** (pop.) XIII^e s. : probablement dér. d'un frq. **alisa*, « aune » (→ ce mot) p.-ê. var. du frq. **alira* (→ all. *Erle*) ; **OSERAIE** XII^e s.

**OSMOSE** XIX^e s. : gr. *ôsmos* (sav.) « impulsion » ; abrév. des formes composées antérieures **ENDOSMOSE** et **EXOSMOSE** XIXe s., de *endon* « vers le dedans » et *ex* « vers le dehors »; **OSMOTIQUE, OSMOMÈTRE** XIXe s.

**-OT, -OTTE** ♦ [1] (pop.) suff. dimin. nom. et adj. : lat. vulg. **-ŏttus*, parallèle à *-ĭttus* → -ET, -ETTE, ex. : *pâlot, billot, culotte.* ♦ [2] Dér. : **-OTTER** suff. verbal, ex. : *culotter*; **-OTIN,** suff. nom. dimin., ex. : *diablotin.*

**OU** (conjonction) Xe s. (pop.) : lat. *aut* « ou bien ».

**OUAILLE** famille du lat. *ovis* « brebis, mouton », dimin. *ovĭcŭla*, adj. dér. *ovillus*, var. bas lat. *ovinus.*

♦ [1] **OUAILLE** (pop.) XIVe s., altération, sous l'infl. du suff. *-aille*, plus courant, de *oueille* XIIe s. : de *ovĭcŭla*; sens relig. anc. seul conservé depuis le XVIIe s. à cause de l'empl. fig. dans la parabole évangélique du Bon Pasteur. ♦ [2] **OVIN** (sav.) XVIe s., puis XIXe s. : *ovinus*; **OVINÉS, OVIDÉS** XXe s.

**OUATE** XVe s. : lat. médiéval *wadda*, mot obscur, d'origine probablement orientale; l'arabe *bata'in* « ce qui sert à fourrer les vêtements » ne rend pas compte de l'initiale du fr. *ouate* et de l'it. *ovatta*; et ce dernier mot, souvent tenu pour intermédiaire entre l'arabe et le fr., est p.-ê. lui-même empr. au fr.; **OUATER** XVIIe s., **OUATINER** XIXe s.

**OUBLIE** famille d'une racine ind.-eur. **tel-, *tol-, *tlā* « supporter, soulever ».

En grec *Atlas, Atlantos* « dieu qui soutient les colonnes du ciel », « chaîne de montagnes d'Afrique identifiée à ce dieu » et « mer atlantique, voisine de cette chaîne »; dérivés *Atlantis, -idos* « Atlantide », « fille d'Atlas » et « île fabuleuse de l'Océan »; *atlantikos* « d'Atlas », « atlantique ».

En latin *tollere* « soulever, enlever », auquel s'apparente *tolerare* « porter, supporter »; le part. passé correspondant, *lātus*, issu de **tlātus*, sert en fait de part. passé à *ferre* « porter » → OFFRIR, d'où une série de correspondances entre cette famille et celle de *ferre* : *ablatio* « action d'enlever » et *ablativus (casus)* « (cas) marquant le point de départ »; *collatio* « assemblage », « rapprochement » → *conferre; delatio* « dénonciation », « action de déférer en justice », et *delator* « accusateur » → *deferre; dilatio* « délai », bas lat. *dilatorius* « dilatoire », et class. *dilatare* « élargir, étendre » → *differre; oblatio* « action de donner volontairement », et *oblatus* « offert » → *offerre; praelatus* « mis en avant » → *paeferre; relatio* « action de rapporter », « narration », bas lat. *relativus* « relatif à », et *correlatio* « corrélation » → *referre; superlatio* « exagération », d'où bas lat. *superlativus* « superlatif »; *translatio* « action de transporter » → *transferre; legislatio*, bas lat. *legislator* « législation », « législateur » → *legem ferre*, art. LOI.

**I.** mots populaires d'origine latine

♦ [1] **OUBLIE** XIIe s. : altération, sous l'infl. de *oubli*, de l'anc. fr. *oublée* XIIe s.-XIVe s., de *oblāta* « (chose) offerte », c.-à-d. « hostie », ce petit gâteau étant semblable à du pain d'autel → OBLATION et OFFRIR. ♦ [2] **MALTÔTE** XIIIe s. « impôt extraordinaire » : composé de *male*, « à tort » et lat. vulg. **tollíta*, part. passé refait de *tollere.*

**II.** mots savants d'origine latine

**A.** base *-tol-*

♦ [1] **INTOLÉRABLE** XIIIe s. : *intolerabilis* de *tolerare*; **TOLÉRER, TOLÉRABLE, TOLÉRANCE** XIVe s. : *tolerare, tolerabilis, tolerantia*; **TOLÉRANT** XVIe s.; **INTOLÉRANCE, INTOLÉRANT** XVIIe s. ♦ [2] **TOLLÉ** XVIe s. : impér. présent de *tollere* « prends! », « enlève! », « supprime! », cri des Juifs demandant à Ponce Pilate la condamnation à mort de Jésus (Vulgate, Jean XIX, 15), croisé avec *tolez*, impér. de l'anc. fr. *toldre* « enlever » (pop.) XIe s., de *tollere.*

**B.** base *-lat-*

♦ [1] **PRÉLAT** XIIe s. : *praelatus*; **PRÉLATURE** XIVe s.; **SE PRÉLASSER** XVIe s. : dér. formé sous l'infl. de *lasser* → PRÉFÉRER. ♦ [2] **OBLATION** XIIe s. : *oblatio*; **OBLAT** XVIe s. : *oblatus*; **OBLATURE** XXe s. → OFFRIR. ♦ [3] **TRANSLATION** XIIe s. « traduction », XIVe s. jur., XVIIe s. « transport » (reliques), XXe s. ling. : *translatio*; **TRANSLATIF** XVIe s. → TRANSFÉRER. ♦ [4] **ABLATION** XIIIe s. : *ablatio*; **ABLATIF** XIVe s. : *ablativus.* ♦ [5] **COLLATION** XIIIe s. jur. « acte de conférer (un titre) », XIIIe s. « conversation, conférence » et « repas léger pris par les moines après la conférence du soir », XIVe s. « comparaison (d'une copie et de son original) » : *collatio*; **COLLATIONNER** XIVe s. « comparer », XVIe s. « faire un léger repas »; **COLLATEUR** XVe s. → CONFÉRER ♦ [6] **DILATION** et **DILATOIRE** XIIIe s. : *dilatio, dilatorius*; **DILATER, DILATATION**, XIVe s. : *dilatare, dilatatio* → DIFFÉRER. ♦ [7] **RELATION** XIIIe s. « récit » et « rapport », XVIe s. « amitié » : *relatio*; **RELATIF** XIIIe s.; XIVe s. grammaire : *relativus*; **RELATER** XIVe s. d'abord jur. : dér. sur la base *relat-*; **RELATIVEMENT** XIVe s.; **RELATIVITÉ, RELATIVISME, -ISTE** XIXe s.; **CORRÉLATIF** XIVe s. : lat.

médiéval *correlativus*; **CORRÉLATION** XVe s. : *correlatio* → RÉFÉRER. ♦ [8] **SUPERLATIF** XIIIe s. « extrême », XVIe s. gramm. : *superlativus*. ♦ [9] **LÉGISLATION** XIVe s. → LOI. ♦ [10] **DÉLATION, DÉLATEUR** XVIe s. : *delatio, delator* → DÉFÉRER.

**III.** mots savants d'origine grecque

♦ [1] **ATLAS** « montagnes d'Afrique », mot gr. ♦ [2] **ATLANTE** XVIIe s. : mot it., « figure d'homme soutenant un entablement comme Atlas le monde ». ♦ [3] **ATLAS** XVIIe s. « recueil de cartes publié en 1595 par le géographe hollandais Mercator, dont le frontispice représentait Atlas portant le monde », et « première vertèbre cervicale », par métaph. ♦ [4] **ATLANTIQUE** XVIe s. : *atlantikos*, par le lat.

**OUBLIER** (pop.) Xe s. : lat. vulg. **oblitāre*, verbe refait sur le rad. du part. passé *oblĭtus*, du lat. class. *oblivisci* « id. »; **OUBLI** XIe s.; **OUBLIEUX** XIIe s.; **OUBLIETTE** XIIIe s.; **INOUBLIABLE** XIXe s.; **NE M'OUBLIEZ PAS**, nom pop. du myosotis, XVe s.

**-OUIL, -OUILLE** (pop.) ♦ [1] lat. *-ŭcŭlus, -ŭcŭla*, suff. nom. et adj. dimin., ex. : *fenouil, quenouille* (→ -ILLE, -AILLE, -ULE). ♦ [2] **-OUILLER :** lat. *-ŭcŭlāre* suff. verbal dér. de *-ŭcŭlus*, ex. : *bredouiller, barbouiller*.

**OUÏR** famille du verbe lat. *audīre, audītus* « entendre », probablement sans rapport étym. avec *aus, auris* → OREILLE; dérivés et composés *auditio* « action d'entendre »; *auditor* « celui qui écoute »; *audientia* « attention donnée à des paroles »; *inauditus* « jamais encore entendu », « sans exemple »; lat. imp. *auditorium* « lieu où l'on s'assemble pour écouter », « assemblée d'auditeurs », « tribunal »; bas lat. *audibilis* « qu'on peut entendre »; lat. class. *oboedire* « prêter l'oreille à quelqu'un », « suivre ses avis », « obéir »; *oboedientia* « obéissance ».

♦ [1] **OUÏR** (pop.) Xe s. : *audīre*; éliminé depuis le XVIIe s., subsiste dans *par ouï-dire* XIIIe s.; **OUÏE** XIe s. « action d'entendre », XVIe s. poissons; **INOUÏ** (demi-sav.) XVIe s. : *inaudītus*. ♦ [2] **OBÉIR** (demi-sav.) XIIe s. : *oboedire*; **OBÉISSANT** XIIe s.; **OBÉISSANCE, DÉSOBÉISSANCE; DÉSOBÉIR, DÉSOBÉISSANT** XIIIe s. ♦ [3] **OBÉDIENCE** (sav.) XIIe s. : *oboedientia*; **OBÉDIENCIER** XIIIe s.; **OBÉDIENTIEL** XVIIe s. ♦ [4] **AUDIENCE** (sav.) XIIe s. : *audientia*; **AUDITOIRE** XIIe s. : *auditorium*; **AUDITEUR, -TRICE** XIIIe s. : *auditor*; **AUDITION** XIVe s. : *auditio*; **AUDITIF** XIVe s.; **AUDIBLE** XVe s. : *audibilis*; **AUDITIONNER** fin XVIIIe s. jur., XXe s. sens mod.; **INAUDIBLE** XIXe s.; **AUDIBILITÉ** XXe s.; **AUDITORIUM**, mot lat. XXe s. ♦ [5] **AUDIO-** 1er élément de composés sav., ex. : **AUDIOMÈTRE** XIXe s.; **AUDIOGRAMME, AUDIO-VISUEL** XXe s.

**OUKASE** ou **UKASE** XVIIIe s. : russe *ukaz* « décret », de *oukazat'* « publier ».

**OURAGAN** XVIe s. : taino (Antilles) *huracan*, var. *huragan* « tornade », par l'esp.

**OURDIR** famille du lat. *ordiri* « commencer à tisser » et, p.-ê. sous l'infl. d'*oriri* (→ ORIENT), « commencer, entreprendre », auquel se rattachent (1) *ordo, ordinis*, à l'origine « ordre des fils dans la trame », d'où class. « rangée, alignement », « succession », « disposition », « classe sociale »; *ordinare* « mettre en ordre » et lat. eccl. « faire l'ordination de »; *ordinatio* « action de mettre en ordre », lat. eccl. « ordination d'un évêque »; *ordinator* « celui qui met en ordre »; *ordinarius* « rangé par ordre », « conforme à la règle »; *extraordinarius* « supplémentaire, d'élite (troupes) », « extraordinaire », formé sur *extra ordinem* « qui sort du rang »; bas lat. *ordinalis*, gramm. « ordinal » (2) *exordiri* « commencer une trame », d'où *exordium* « commencement d'une trame, d'un discours »; *primordium* « premier commencement », d'où le bas lat. *primordialis* « primordial » (3) *ornare* « préparer, arranger, garnir »; d'un ancien **or(di)nare*, antérieur au lat. class. *ordinare* refait sur *ordo, ordinis* à une époque où aucun rapport n'était plus senti entre les deux mots; dér. *ornamentum* « équipement », « ornement »; *subornare* « préparer en dessous, en secret », « suborner ».

**I.** mots populaires et demi-savants

♦ [1] **OURDIR** (pop.) XIIe s. techn. et sens fig. : *ordīri*; **OURDISSEUR, OURDISSOIR** XVe s. et **OURDISSAGE** XVIIIe s. techn. ♦ [2] **ORNEMENT** (pop.) XIe s. : *ornamentum*; **ORNER** (sav.) XVe s. : réfection, d'après le lat., de l'anc. fr. *aorner* (pop.) XIIe s. : lat. *adornare*; **ORNEMANISTE, ORNEMENTAL, ORNEMENTATION, ORNEMENTER** XIXe s. ♦ [3] **ORDRE** (demi-sav.) XIe s. « association de religieux », XVIe s. sacrement; XIIe s. « disposition régulière » puis « organisation », XVIIe s. « commandement », XVIIIe s. « ordre social » : *ordo, ordĭnis; ordre du jour, rappeler à l'ordre* XVIIIe s. : calques de l'angl. *order of the day*, et *to call to order*; **DÉSORDRE** XIVe s.; **CONTRORDRE, SOUS-ORDRE** XVIIe s. ♦ [4] **ORDONNER** (demi-sav.) XIVe s. : altération, sous l'infl. de *donner*, de l'anc. fr. *ordener* XIIe s. « régler, disposer »,

« investir d'une charge », en particulier eccl. ; fin XIIIe s. « enjoindre » : *ordinare* ; **ORDONNANCE** XIIe s. ; XVIIIe s. « militaire au service d'un officier » ; **ORDONNANCEMENT** XVe s. ; **ORDONNÉ** XIIIe s. « mis en ordre », XVIe s. « qui a des qualités d'ordre » ; **ORDONNÉE** XVIIe s. math. ; **DÉSORDONNÉ** XIIe s. « débauché », XVIe s. « en désordre », XIXe s. « qui n'a pas de qualités d'ordre ». ♦ [5] **SUBORDONNER** XVe s. : adaptation, d'après *ordonner*, du lat. médiéval *subordinare* ; **INSUBORDONNÉ** fin XVIIIe s. ; **SUBORDONNÉ** subst. début XIXe s. ; **COORDONNER, COORDONNÉES** XVIIIe s. s. ; **COORDONNÉ**, adj. gramm. XIXe s. ; **INCOORDONNÉ** XXe s.

**II.** mots savants

♦ [1] **ORDINATION** XIIe s. : *ordinatio* ; **ORDINANT** et **ORDINAND** XVIIe s. : *ordinans* « qui ordonne » et *ordinandus* « qui doit être ordonné » ; **ORDINATEUR** XVe s. « organisateur », XXe s. « machine électronique » ; **SUBORDINATION** XVIIe s. : lat. médiéval *subordinatio* ; **INSUBORDINATION** XVIIIe s. ; **COORDINATION** XIVe s., XVIIIe s. gramm. ; **INCOORDINATION** XIXe s. ♦ [2] **ORDINAIRE** XIIIe s. jur., XIVe s. adj. sens mod., XVe s. subst. « nourriture ordinaire » : *ordinarius* ; **EXTRAORDINAIRE** XIIIe s. : *extraordinarius*. ♦ [3] **ORDINAL** XVIe s. : *ordinalis*. ♦ [4] **SUBORNER** XIIIe s. : *subornare* ; **SUBORNEUR** XVe s. ♦ [5] **EXORDE** XVe s. : *exordium*. ♦ [6] **PRIMORDIAL** XVe s., rare avant le XVIIe s. « originel », XIXe s. « de première importance » : *primordialis*. ♦ [7] **ORDO** XVIIIe s. liturgie : mot lat.

**OURS** ♦ [1] (pop.) XIe s. ; XVIIe s. sens fig. « bourru » : lat. *ŭrsus* ; **OURSE** XIIe s. ; XVIe s. *la Grande Ourse* : *ŭrsa* ; **OURSON** XVIe s. ; pour les mots sav. exprimant la notion d'« ours » → ARCTO-, art. ARCTIQUE. ♦ [2] **OURSIN** XVIe s. : prov. *orsin de mar* « ourson de mer ».

1. **OUTRE** (prép. « au-delà ») famille de la prép. lat. arch. *uls* « au-delà de », qui fait partie d'un groupe de racines *voyelle* + *l* indiquant un objet éloigné (→ IL et AUTRE), et à laquelle se rattache un ancien adj. **ulter*, **ultera*, **ulterum*, dont subsistent seulement (1) des ablatifs employés comme adv., *ultro* et *ultra* « au-delà » (2) le comparatif *ulterior* « plus éloigné » et le superlatif *ultimus* « le plus éloigné », d'où *paenultimus* « avant-dernier » (1er élément, *paene* « presque »).

♦ [1] **OUTRE** (pop.) XIe s. adv. et prép. : *ultra* ; **OUTRER** XIIe s. « dépasser », XIIIe s. « passer outre, enfreindre », XVe s. « passer la mesure » ; **OUTRÉ** XIIIe s. « vaincu », XVIe s. « excessivement chargé » et « indigné » ; **OUTRAGE** XIe s. « excès », **OUTRAGEUX** XIIe s., **OUTRAGER** XVe s., **OUTRANCE** XIIIe s. ; **OUTRANCIER** XIXe s. ♦ [2] **OUTRE-** (pop.) préf. servant à former des verbes, des subst. et quelques adj., ex. : *outrepasser, outremer, outrecuidance, outrecuidant*. ♦ [3] **ULTRA-** (sav.) préf. servant surtout à former des adj., ex. : *ultramontain, ultraviolet* et aussi quelques subst., ex. : *ultra-son* ; **ULTRA**, subst. pol., « extrémiste », fin XVIIIe s. : abrév. de *ultra-royaliste*. ♦ [4] **PÉNULTIÈME** (sav.) XIIIe s. : *paenultimus* ; **ANTÉPÉNULTIÈME** XVIIIe s. ♦ [5] **ULTIME** (sav.) XVe s. : *ultimus* ; **ULTIMATUM** XVIIIe s. « dernières conditions » : neutre substantivé du lat. médiéval *ultimatus*, dér. de *ultimus*. ♦ [6] **ULTÉRIEUR** XVIe s. : *ulterior*.

2. **OUTRE** (subst. fém.) (sav.) XVe s. : lat. *uter, utris*.

**OVATION** (sav.) XVIe s. hist. rom. : *ovatio* « petit triomphe, où un général victorieux défilait à pied ou à cheval », et non sur un char ; mot sans rapport avec *ovis* « brebis » (→ OUAILLE), aucun texte ne mentionnant le sacrifice d'une brebis à propos de l'ovation ; dér. de *ovare*, dont l'étymon pourrait être **ewaiare*, apparenté au gr. *euoi* « cri de joie poussé aux fêtes de Bacchus » ; **OVATIONNER** XXe s.

**-OYER** ♦ [1] (pop.) suff. verbal : bas lat. *-ĭdiāre*, adaptation du gr. *idzein*, ex. : *octroyer, rougeoyer* ; le même suff. a donné en it. *-eggiare*, qui apparaît dans *saccager* : it. *saccheggiare*. ♦ [2] **-ISER** (sav.) suff. verbal à valeur factitive : gr. *-idzein* ; apparaît dans des verbes anciens, ex. : *baptiser, scandaliser*, ou de formation récente, ex. : *vaporiser, atomiser*. ♦ [3] **-ISATION, -ISATEUR, -ISEUR** suff. nom. dér. de *-iser*, ex. : *vaporisation, vaporisateur, atomiseur*. ♦ [4] **-ISME** et **-ISTE** (sav.) gr. *-ismos* et *-istês*, dér. de *-idzein* ; indiquent, le 1er un système, ex. : *catholicisme, marxisme, existentialisme*, le 2e, un partisan d'un système, ex. : *marxiste, existentialiste*, ou une personne exerçant une fonction ou un métier, ex. : *affichiste, céramiste, oculiste*. ♦ [5] **-ISANT** : suff. nom. et adj. formé d'après *-iste*, qui désigne celui qui tend vers un certain système, ex. : *marxisant, gauchisant*.

# P

**PACHA** XV^e s. *bacha*, XVIII^e s. forme mod. : turc *pasha*, arabe *bâchâ*, du persan *padischah* « souverain ».

**PAGAIE** XVII^e s. : malais *pengayuh*; **PAGAYER** XVII^e s.; **-EUR** XVIII^e s.

**PAGAILLE, PAGAÏE** ou **PAGAYE** XVII^e s. puis XIX^e s., d'abord mar. : prov. *(en) pagaio* « (en) désordre », origine inconnue.

**PAGE** XIII^e s. subst. masc. : mot obscur; pourrait représenter (demi-sav.) le gr. *paidion*, dimin. de *pais, paidos* « enfant » → PÉDAGOGUE; ou p.-ê. (pop.) le bas lat. *pathĭcus* « pédéraste passif », du gr. *pathos* « ce qu'on éprouve » → PATHÉTIQUE.

**PAGODE** XVI^e s. : port. *pagoda*, adaptation d'un mot hindî représentant le sanscrit *bhagavat* « saint, sacré ».

**PAILLE** ♦ [1] (pop.) XII^e s.; XVI^e s. « défaut dans un métal »; XVII^e s. *sur la paille* « dans la misère »; XIX^e s. *vin de paille, paille de fer* et *une paille* « un rien » : lat. *palea* « balle de blé » puis « paille ». ♦ [2] **PAILLARD** XIII^e s. « vaurien »; XV^e s. « débauché », littéralement « qui couche sur la paille »; **PAILLARDER** XV^e s.; **PAILLARDISE** XVI^e s. ♦ [3] **PAILLASSE** XIII^e s. subst. fém.; **PAILLASSON** XIV^e s. « petite paillasse », XVIII^e s. sens mod.; **PAILLASSE** XVIII^e s. subst. masc. : it. *Pagliaccio*, de même origine, nom d'un personnage de théâtre. ♦ [4] **PAILLETTE** XIV^e s.; **PAILLETÉ** XIV^e s., **PAILLETER, PAILLETEUR** XVII^e s. ♦ [5] **PAILLIS** XIII^e s.; **PAILLOT** XIV^e s. « sorte de paillasse »; **PAILLON** XVI^e s.; **PAILLOTE** XVIII^e s., p.-ê. empr. au port. *palhota*, de même origine; **PAGEOT** XIX^e s. argot « lit » : semble une var. faubourienne de *paillot*. ♦ [6] **PAILLER** XIV^e s.; **EMPAILLÉ** XVI^e s.; **PAILLÉ, EMPAILLER, EMPAILLEUR** XVII^e s.; **REMPAILLER, REMPAILLEUR, REMPAILLAGE** XVIII^e s.

**PAIN** famille du lat. *panis* « pain », d'un ancien **pasnis* p.-ê. apparenté à *pascere* → PAÎTRE. Dérivés (1) base *pas-*, *pastillus* « petit gâteau (sacré) » et « pastille (pour parfumer l'haleine) » (2) base *pan-*, *panarium* « corbeille à pain »; *panificium* « fabrication du pain » et bas lat. *panifex* « boulanger », *panificare* « faire du pain ».

**I.** base *pain* (pop.)

♦ [1] **PAIN** X^e s. *pan*, XI^e s. *pain; pain bénit* XIII^e s. « hostie consacrée »; XVI^e s. sens mod.; *pain d'épice* XIV^e s.; *petit pain* XVI^e s.; *pain à cacheter* XVIII^e s. : *panis*. ♦ [2] **COPAIN** XVIII^e s. : altération de *compain* XI^e s., du bas lat. (Loi salique) *companio*, calque du gotique *gahlaiba*, de *ga* « avec » et *hlaiba* « pain » (soldat) qui partage la même ration de pain que », mot des mercenaires germ. servant dans les armées romaines → COMPAGNON; fém. analogique **COPINE** XIX^e s.

**II.** base *-pagn-* (pop.)

♦ [1] **COMPAGNON** XI^e s. « qui accompagne quelqu'un », XVIII^e s. « ouvrier du bâtiment » : *companionem*, acc. de *companio* → COPAIN. ♦ [2] **COMPAGNIE** XI^e s. « présence d'une personne auprès de quelqu'un », XIV^e s. unité militaire; XVII^e s. « société commerciale ou industrielle » : lat. vulg. **compania*, dér. de *companio*; **COMPAGNE, ACCOMPAGNER** XII^e s.; **ACCOMPAGNEMENT** XIII^e s.; **ACCOMPAGNATEUR** XVII^e s.; **COMPAGNONNAGE** XVIII^e s. ♦ [3] **SE PAGNOTER** XIX^e s. argot milit. « manquer de courage », puis « se coucher »; sans doute dér. de *pagnote* XVII^e s.-XVIII^e s. « mauvais soldat » : issu, par un dial., de l'it. *pagnotta* « petit pain », sobriquet, pendant les guerres du XVI^e s. en Piémont, des soldats qui se débandaient pour chercher leur nourriture; au 2^e sens, a pu se croiser avec *panier à viande* « lit » XIX^e s., qui aurait subi l'infl. de *paillot* « petite paillasse » → PAILLE.

**III.** base *-pan-* (pop., empr., ou sav.)

♦ [1] **PANIER** (pop.) XII^e s.; *panier percé* « prodigue » et *anse de panier*, archit XVII^e s.; *panier à salade* « voiture cellulaire » XIX^e s. : *panarium*; **PANERÉE** XIV^e s. : dér. de *panier*; **PANETIÈRE** XIII^e s. : dér. sur la base *pan-* de *panis*. ♦ [2] **APANAGE** fin XIII^e s. : dér. de *apaner* début XIV^e s. « donner du pain, c.-à-d. de quoi vivre, à son fils ou à sa fille ». ♦ [3] **PANÉ** XVI^e s. « recouvert de miettes de pain sec »; **PANER** XVIII^e s.; **PANURE** XIX^e s. ♦ [4] **PANADE** XVI^e s. « soupe de pain trempé », XIX^e s. « misère » : prov. *panado*, dér. de *pan* « pain ». ♦ [5] **PANIFIER** XVII^e s. : *panificare*; **PANIFICATION** XVIII^e s.; **PANIFIABLE** XIX^e s.

**IV.** base *past-* (empr.)

♦ [1] **PASTILLE** XVI^e s., pour brûle-parfums; XVII^e s. bonbon; XIX^e s. méd. : esp. *pastilla*, du lat. *pastillus* avec changement de genre. ♦ [2] **PASTEL** XVII^e s. « bâtonnet de pâte colorée » : it. *pastello*, du lat. vulg. **pastellus*, altération, par substitution de suff., du class. *pastillus*; **PASTELLISTE** XIX^e s.

**PAIR** famille du lat. *par, paris* adj. « égal » et « pair (en parlant d'un nombre) »; subst. « paire, couple »; *impar* « inégal », « impair »; *comparare* « apparier » et « comparer »; bas lat. *paritas, imparitas* « ressemblance, parité » et « inégalité »; *pariare* « être égal, aller de pair ».

**I.** base *-pair-* (pop.)

♦ [1] **PAIR** X^e s. adj. *per*; XI^e s. subst. « vassaux de même rang »; XIII^e s. adj., nombres; *hors de pair* XVII^e s.; *au pair* XIX^e s. : *par, paris*; **PAIRIE** XIII^e s.; **IMPAIR** (demi-sav.) XV^e s. : adaptation de *impar*, d'après *pair*; **PAIRESSE** XVII^e s. : angl. *peeress*, fém. de *peer*, de l'anc. fr. *per*, mod. *pair*. ♦ [2] **PAIRE** XII^e s. : *paria*, plur. neutre substantivé de *par*, pris pour un fém.

**II.** base *-par-* (pop. ou sav.)

♦ [1] **PARAGE** (pop.) XI^e s. « extraction, lignée » : dér. anc. de *par* « égalité de naissance ». ♦ [2] **PAREIL** (pop.) XII^e s. : lat. vulg. **parĭcŭlu*, dimin. de *par*; **APPAREILLER, DÉPAREILLER** XII^e s.; **NONPAREIL** XIV^e s.; **DÉPAREILLÉ** XVIII^e s. ♦ [3] **COMPARER, COMPARAISON, COMPARABLE, INCOMPARABLE** (sav.) XII^e s. d'abord « être semblable » : *comparare, comparatio, comparabilis, incomparabilis*; **INCOMPARABLEMENT** XII^e s.; **COMPARATIF** XII^e s.; XVII^e s. gramm.; **COMPARATIVEMENT** XVII^e s. ♦ [4] **PARIER** XVI^e s. « mettre en balance » et « jouer une somme dans un pari » : réfection, d'après le lat. *pariare* et *par*, de l'anc. fr. *pairier* XIII^e s. « égaler », dér. de *pair*; **PARI, PARIEUR** XVII^e s. ♦ [5] **APPARIER** XIII^e s. : réfection, d'après le lat. *par*, de *apairier* XIII^e s., dér. de *pair*; **APPARIEMENT** XVI^e s.; **DÉSAPPARIER** XVII^e s. ♦ [6] **IMPARITÉ** XIII^e s. : *imparitas*; **PARITÉ** XIV^e s. : *paritas*; **DISPARITÉ** XIV^e s.; **PARITAIRE** XX^e s. ♦ [7] **PARI-** 1^er élément de composés sav., ex. : **PARISYLLABIQUE** XIX^e s.

**PAÎTRE** famille du lat. *pascere, pastus* « nourrir, engraisser (les bestiaux) » et intrans. « paître », p.-ê. apparenté à *panis* → PAIN, d'où (1) base *pasc- pascuum* « pâturage » (2) base *past-, pastor, -oris* « berger », d'où *pastoralis* et *pastorius* « de berger, champêtre »; bas lat. *pastura* « action de brouter ».

♦ [1] **PAÎTRE** (pop.) XI^e s. : *pascere*; **REPAÎTRE** XII^e s. ♦ [2] **REPU** (pop.) XIII^e s. : part. passé de *repaître*, composé de *paître* dont le part. passé est lui-même *peü, pu*, du lat. vulg. **pavūtu*, refait sur le parfait *pavi*. ♦ [3] **REPAS** (pop.) XII^e s. : composé d'après *repaître*, de l'anc. fr. *past* « nourriture » XII^e s., de *pastum*, part. passé neutre substantivé; **APPÂT** XVI^e s. : composé de l'anc. fr. *past* → REPAS, formé d'après l'anc. fr. *apaistre* XIII^e s., composé de *paître*; **APPÂTER** XVI^e s.; **APPAS** anc. forme de plur. spécialisée au XVIII^e s. dans un sens fig. ♦ [4] **PÂTURE** (pop.) XII^e s. *pastura*; **PÂTURER, PÂTURAGE** XII^e s. ♦ [5] **PÂTIS** (pop.) XII^e s. : lat. vulg. **pasticium*, dér. de *pastus*; **PATELIN** XIX^e s. « village » : altération de *pâquelin* XVII^e s., dér. de *pâquis*, ou *pâquier*, ou *pacage* « lieu de pâture » (pour le sens → BERCAIL). ♦ [6] **PACAGE** (pop.) XIV^e s. : lat. vulg. **pascuātĭcum*, dér. de *pascuum*; **PACAGER** XVI^e s.; **PÂQUIS** XIII^e s. : croisement entre l'anc. fr. *pasquier*, du lat. vulg. *pascuarium* dér. de *pascuum* et *pâtis*. ♦ [7] **PÂTRE** (pop.) XII^e s. : *pastor*; pour le représentant de l'accusatif, ou cas régime → PASTEUR ♦ [8] **EMPÊTRER** (pop.) XII^e s. : lat. vulg. **impastoriare* « entraver », dér. de *pastoria*, fém. substantivé de *pastorius* « (corde) de berger »; **DÉPÊTRER** XIII^e s. ♦ [9] **PÂTURON** XVI^e s. : dér. de *pâture* « entrave » : altération, par substitution de suff., de *pastoria* → le précédent. ♦ [10] **PASTEUR** (demi-sav.) XI^e s. : « berger »; XVI^e s. « ministre du culte protestant » : *pastōrem*, acc.

de *pastor* → PÂTRE, avec rétablissement sav. de la prononc. du *s*; **PASTOUREAU** XIIe s.; **PASTOURELLE** XIIIe s. : dimin. de *pastor* avec prononc. du *s* d'après l'orthogr. archaïque; **PASTORAL** (sav.) XIIIe s. « relatif aux bergers » et sens relig. : *pastoralis*; **PASTORALE** XVIe s. subst. fém.; **PASTORAT** XVIIe s.

**PAIX** famille d'une racine ind.-eur. **pag-*, **pak-* « enfoncer », « fixer ». En latin (1) *pax, pacis*, nom d'action de la forme la plus simple, qui n'est attesté qu'au sens fig. de « accord fixé, traité de paix », et « état de paix »; à *pax* s'apparentent *pacisci, pactus* « faire un traité », *pacificare* « négocier la paix » et *pacare* « pacifier, apaiser » (2) *pala*, issu de **pak-sla* « bêche », et *palus*, issu de **pak-slos* « pieu » (3) *pagina*, à l'origine terme d'agriculture, « vigne plantée, dessinant un rectangle », « treille », d'où, par métaphore, « colonne d'écriture », « page » (4) *propago* « marcotte de vigne », d'où *propagare* « provigner, propager par bouture » et « étendre » (5) *pagus*, à l'origine « borne fixée », d'où class. « district rural »; *paganus* « habitant d'un district rural, paysan », en bas lat. « païen », la christianisation de l'Empire romain ayant commencé par les villes (6) un verbe à infixe nasal : *pangere, pactus* « enfoncer » et ses dér. *compingere, compactus* « assembler en serrant » et *impingere, impactus* « frapper contre », « jeter contre ».

**I.** famille de *pax, pacis*

♦ [1] **PAIX** (pop.) XIe s. : *pax, pacis*; **PAISIBLE, APAISER, APAISEMENT** XIIe s. ♦ [2] **PAYER** (pop.) XIe s. « se réconcilier avec quelqu'un, l'apaiser » et XIIe s. « lui donner l'argent qui lui est dû » : *pacare*, en lat. vulg. « apaiser avec de l'argent »; **PAIE** et **PAIEMENT** XIIe s.; **PAYABLE, PAYANT, PAYEUR** XIIIe s.; **IMPAYABLE** XIVe s. « qu'on ne peut payer », XVIIe s. « d'une valeur inestimable », d'où « très drôle » début XVIIIe s.; **SURPAYER** XVIe s., **SURPAIEMENT** XXe s.; **IMPAYÉ** XIXe s. ♦ [3] **PACIFIER** (sav.) XIIIe s. : *pacificare*; **PACIFIQUE** XIVe s. en parlant d'une jouissance sans trouble, XVe s. en parlant d'une personne qui aime la paix; XVIe s. appliqué à un océan nouvellement découvert : *pacificus*; **PACIFICATION** XVe s. : *pacificatio*; **PACIFICATEUR** XVIe s. : *pacificator*; **PACIFISME, PACIFISTE** XXe s. ♦ [4] **PACTE** (sav.) XIVe s. : *pactum, part. passé de pacisci*; **PACTISER** XVe s.

**II.** famille de *pagus*

♦ [1] **PAYS** (pop.) Xe s. : bas lat. (VIe s.) *pagensis* « habitant d'un *pagus* », puis « territoire, canton »; **PAYSAN** XIIe s. dér. de *pays*; d'où **PAYSANNERIE** XVIIe s. (var. *paysanterie* XVIe s.); **DÉPAYSER** XIIIe s. « faire sortir de son pays », XIXe s., sens mod., d'où **DÉPAYSEMENT** XVIe s.; **PAYSE** XVIe s. et **PAYS** XVIIe s. « gens du même pays ». **PAYSAGE** XVIe s.; **PAYSAGISTE** XVIIe s. ♦ [2] **PAÏEN** (pop.) Xe s. : *pagānus*. ♦ [3] **PAGANISER** (sav.) XVe s. « se conduire en païen », XVIIe s. sens mod. : dér. sur *paganus*; **PAGANISME** XVIe s. : lat. eccl. *paganismus*, a éliminé l'anc. fr. *païenie, païenisme* XIIe s.

**III.** famille de *palus* et *pala*

♦ [1] **PELLE** (pop.) XIe s. : *pala*; **PALETTE** XIIIe s. « divers objets plats », XVIIe s. peinture; **PALERON** XIIIe s.; **PALET** XIVe s. : dér. anciens de *pala*; **PELLETÉE** XVIIe s. : a éliminé *pellée, palerée*; **PELLETER, PELLETAGE, PELLETEUR** XIXe s.; **PELLETEUSE** XXe s. : dér. de *pelle*. ♦ [2] **PALE** XIIIe s. techn. : prov. *pala*, équivalent du fr. *pelle*; **EMPALEMENT** XVIIIe s. ♦ [3] **TRAVAIL** XIIe s. « tourment, souffrance », XIIIe s. « dispositif servant à immobiliser les grands animaux, p. ex. pour les ferrer », XVe s. sens mod. : altération (sous l'infl. de la famille de *trabs, trabis* « poutre » → TRAVÉE) du bas lat. (VIe s.) *trĭpalium* « instrument de torture formé de trois pieux »; **TRAVAILLER** XIIe s. « tourmenter » et « souffrir », début XVIe s. sens mod. (à partir de la forme pronom. « se donner de la peine pour »), qui a éliminé *ouvrer* → ŒUVRE : lat. vulg. **tripalĭāre* « torturer avec le *tripalium* »; **TRAVAILLEUR** XIIe s.; **TRAVAILLISTE, -ISME** fin XIXe s. : calque de l'angl. *Labour Party* « parti du travail ». ♦ [4] **TRAVELLING** XXe s. cinéma : mot angl. « déplacement », part. présent du verbe *to travel*, empr. à l'anc. fr. *travailler* « se donner de la peine », spécialisé au sens de « voyager ». ♦ [5] **PIEU** (pop.) XIIe s. : sing. tiré de *pieus*, de *palos*, acc. plur. de *palus*, forme de cas régime plur., qui a éliminé l'anc. fr. *pel*, de *palum*, cas régime singulier; **PALIS** XIIe s. : dér. ancien de *palus*; **PALISSADE** XVe s. ♦ [6] **PAL** (sav.) fin XIIe s. : *palus*; **EMPALER** XIIe s.; **EMPALEMENT** XVIe s. ♦ [7] **BALISE** XVe s. : port. *baliza* « point de départ d'une course de chevaux » et « balise » : probablement altération mozarabe de l'ibéro-roman **paliça* (→ esp. *paliza* « palissade »), var. fém. de l'étymon du fr. *palis*; **BALISER** XVe s.; **RADIO-BALISE** XXe s.

**IV.** famille de *pagina*

♦ [1] **PAGE** (demi-sav.) XIIe s. : *pagina; être à la page* XXe s. ♦ [2] **PAGINER, PAGINATION** (sav.) XIXe s. : dér. formés sur *pagina*.

**V.** famille de *propago*

♦ [1] **PROVIN** (pop.) XIIIe s. *provain : propāgĭnem*, acc. de *propago* « bouture »; **PROVIGNER** XIIe s. *provainier*; **PROVIGNEMENT** XVIe s. ♦ [2] **PROPAGER** (sav.) XVe s. : *propagare*; **PROPA-**

**GATION** XIIIe s. : *propagatio*; **PROPAGATEUR** XVe s. : *propagator*; **PROPAGANDE** XVIIe s. congrégation romaine, fin XVIIIe s. sens mod. : adaptation et abrév. du lat. *congregatio de propaganda fide* « congrégation pour la propagation de la foi »; **PROPAGANDISTE** fin XVIIIe s.; **CONTRE-PROPAGANDE** XXe s.

**VI.** famille de *pangere, pactus*

♦ [1] **COMPACT** (sav.) XIVe s. : *compactus*, de *compingere*; **COMPACITÉ** XVIIIe s.; **COMPACTAGE, COMPACTEUR** XXe s.; par l'angl. ♦ [2] **IMPACT** (sav.) XIXe s. : *impactum*, de *impingere*.

**PALAIS** (partie de la bouche) ♦ [1] (pop.) XIIIe s. : lat. vulg. gallo-roman **palatium*, altération du class. *palatum* sous l'infl. du class. *palatium* « château ». ♦ [2] **PALATAL** (sav.) XVIIe s. : dér. de *palatum*; **PALATALISATION** XIXe s.; **PALATALISER** XXe s.; **PALATO-** 1er élément de composés sav. en médecine et en ling., XIXe s.-XXe s.

**PALANQUIN** XVIe s. : port. *palanquim*, du hindî *pâlakî*, du sanscrit *paryanka* « litière ».

**PÂLE** ♦ [1] (demi-sav.) XIe s. : lat. *pallĭdus*; **PÂLEUR, PÂLIR** XIIe s.; **PÂLOT** XVIe s.; **PÂLICHON** XIXe s. ♦ [2] **PALOMBE** XVIe s. : mot dial. du Midi, de l'anc. prov. *palomba*, du lat. imp. *palŭmba*, var. du class. *palŭmbus* ou *palŭmbes*, formé sur la même racine que *pallidus*; littéralement « oiseau de teinte pâle ».

**PALÉO-** gr. *palaios* « ancien », 1er élément de composés sav., ex. : **PALÉOGRAPHIE** XVIIIe s.; **PALÉOLITHIQUE** XIXe s.

**PALESTRE** (sav.) XIIe s., puis XVIIe s. : gr. *palaistra*, dér. de *palê* « lutte » et *palaiein* « lutter ».

**PALETOT** XVe s.; XIVe s. *paltoke* « casaque de paysan »; XIXe s. sens mod. : moyen angl. *paltok* d'origine obscure; **PALTOQUET** XVIe s. « vêtu d'une casaque de paysan », XVIIIe s., sens péj. mod.

**PALÉTUVIER** XVIIIe s.; XVIIe s. *appariturier, parétuvier* : altération du tupi (Brésil) *apareiba*, de *apara* « courbé » et *iba* « arbre ».

**PALIN-, PALIM-** gr. *palin* « de nouveau », qui apparaît dans plusieurs mots composés d'origine gr. : **PALIMPSESTE** XVIe s., rare avant le XIXe s. : gr. *palimpsêstos* « (manuscrit, parchemin) qu'on gratte pour y écrire de nouveau », de *psân* « gratter »; **PALINGÉNÉSIE** → GENS; **PALINODIE** → ODE; **PALINDROME** → DROMADAIRE.

**PALISSANDRE** XVIIIe s. : néerl. *palissander*, empr. à un parler de la Guyane hollandaise d'où était importé ce bois.

**PALONNIER** (pop.) XVIIe s. : altération, par substitution de suffixe, de *palonneau* XIVe s., pour **paronneau*, dérivé de l'anc. fr. *paronne*, du germ. **sparro* « poutre », ou p.-ê. d'un anc. fr. **palon*, dimin. du lat. *palus* → PIEU, art. PAIX.

**PALOURDE** XVIe s. : mot dial. Ouest : lat. vulg. **pelorĭda*, du lat. imp. *pelôris, -idis*, mot gr.

**PALUS** ou **PALUD** ou **PALUDE** ♦ [1] (sav.) formes mal fixées à partir du XIIe s. : lat. *palus, -udis* « marais », conservé dans certains dial. du Sud-Ouest; **PALUDIER** XVIIIe s. : mot dial. Ouest « qui travaille dans un marais salant », var. moyen fr. *paluyer* XVIe s.; **PALUDÉEN, PALUDISME** (sav.) XIXe s. ♦ [2] **PALUSTRE** (sav.) XIVe s. : lat. *palustris* « marécageux », dér. de *palus*.

**PÂMER** ♦ [1] (pop.) XIe s. : lat. vulg. **pasmare*, dér. du bas lat. *pasmus*, class. *spasmus*, du gr. *spasmos* « spasme », dér. de *spân* « tirer »; **PÂMOISON** XIe s. ♦ [2] **SPASME** (sav.) XIVe s. : *spasmos*, par le lat.; **SPASMOPHILIE** XXe s.; **SPASMODIQUE** XVIIIe s. : angl. *spasmodic* (sav.) formé sur le gr. *spasmôdês* « id. »; **ANTISPASMODIQUE** XVIIIe s.

**PAMPA** XIXe s. : mot quetchua (Pérou) « plaine », par l'esp.

**PAMPRE** (pop.) XVIe s., var. anc. fr. *pampe* XIIIe s. : lat. *pampinus* « branche de vigne », d'origine méditerranéenne (→ VIN).

**PAN** (subst. masc.) ♦ [1] (pop.) XIe s. « morceau d'étoffe », XIIIe s. *pan de mur*, XVIe s. « face d'un objet », XVIIIe s. *pan coupé* : lat. *pannus* « morceau d'étoffe ». ♦ [2] **PANNEAU** (pop.) XIIe s. « coussin de selle », XIIIe s. « filet à gibier », d'où l'expression *tomber dans le panneau*, et « pièce de menuiserie encadrée » : bas lat. *pannĕllus*, dimin. de *pannus*. ♦ [3] **DÉPENAILLÉ** XVIe s. : dér. de l'anc. fr. *penaille* « loques » XIIIe s., lui-même dér. de *pan*. ♦ [4] **PANTIN** XVIIIe s. : var. masc. de *pantine* XVIe s. « écheveau de soie », dér. de *pan*, avec la même filière sémantique que *poupée*. ♦ [5] **PAGNE**

XVII^e s. : esp. *paño* « pan d'étoffe », du lat. *pannus*. ♦ [6] **PANARD** XVIII^e s. « aux pieds de devant tournés vers le dehors (chevaux) » : prov. *panard* « boiteux », dér. de l'occitan *a pan* « de côté », du lat. *pannus*.

**PANAIS** (pop.) XII^e s. : lat. *pastināca* « id. ».

1. **PANNE** famille d'une racine ind.-eur. **pete-* « s'élancer vers », p.-ê. apparentée à **pet-*, **ped-* « tomber » → PIRE, ou à **pot-* → POUVOIR.
En grec *pteron* « aile », *petesthai* « voler ».
En latin *penna*, issu de **pet-sna* « aile » et « grosse plume des ailes »; *petere, petitus* « chercher à atteindre »; dér. et composés (1) *petitio, -ōnis* « requête » (2) un ancien verbe **petulare* « être fougueux, prêt à l'attaque », dont subsiste le part. passé *petulans* et son dér. *petulantia* « fougue », « insolence » (3) *appetere* « convoiter », d'où *appetitus, -us* « instinct, désir » (4) *competere* « se rencontrer au même point », « être en état convenable pour », d'où *competitio* « candidature rivale »; *competitor* « concurrent » et *competentia* « juste rapport » (5) *impetere* « se jeter sur » et *impetus, -us* « mouvement en avant, élan », d'où bas lat. *impetuosus* « impétueux » (6) *repetere* « aller rechercher », « attaquer à nouveau ». Enfin, *perpes, -etis*, de **per-pet-s* « qui s'avance d'une manière continue », « ininterrompu »; dér. *perpetuus* « id. », *perpetuitas, perpetualis*, et *perpetuare* « faire continuer, ne pas interrompre ».

**I.** mots d'origine latine, famille de *penna*

**A.** base *-pan-* (pop.)

♦ [1] **PANNE** XI^e s. sens multiples au Moyen Âge, pouvant se rattacher à l'idée de « plume », en particulier « étoffe douce comme de la plume », d'où, par métaph., « couche de graisse du ventre de certains animaux »; XVII^e s. (XVI^e s. sous la forme *penne*) mar. « pièce latérale d'une vergue latine », d'où XVII^e s. *mettre en panne* « immobiliser un navire en orientant ses vergues », XVIII^e s. *rester en panne*, d'où les sens mod. XIX^e s. « misère », « rôle insignifiant dans une pièce de théâtre » (d'où **PANNÉ** « décavé »), XX^e s. « arrêt accidentel d'un mécanisme », d'où **DÉPANNER, DÉPANNAGE, DÉPANNEUSE** : lat. *penna* « plume », avec une évolution phonétique normale et semblable à celle de *femme*. ♦ [2] **PANONCEAU** XII^e s. *penoncel* « écusson d'armoiries », XVI^e s. sens mod. : dér. de *penon*, var. *panon* « sorte de drapeau », lui-même dér. de *panne*, ou *penne*. ♦ [3] **PANACHE** XV^e s. d'abord *pennache*, puis altération sous l'infl. de *panne* : it. *pennaccio*, dér. de *penna*; **PANACHER** dès le XIV^e s. (part. passé) avec voyelle *a*; **EMPANACHER** XV^e s.; **PANACHURE** XVIII^e s.; **PANACHAGE** pol. XIX^e s.

**B.** base *-pen-* (demi-savante, avec infl. sur la prononc. de la graphie latinisante)

♦ [1] **PENNE** XII^e s. : *penna*; **PENNON** XII^e s. « drapeau triangulaire », spécialisé au XVIII^e s. sous la forme **PENON**, mar.; **PENNAGE** XVI^e s.; **PENNÉ** XVIII^e s.; **PENNIFORME** XIX^e s. bot. ♦ [2] **EMPENNER** XI^e s. « garnir une flèche de plumes » : dér. de *penne*; **EMPENNE** XVIII^e s. « plumes régularisant la direction d'une flèche »; **EMPENNAGE** fin XIX^e s. aéronautique.

**II.** mots d'origine latine, familles de *petere* et *perpes*

**A. PARPAING** (pop.) XIII^e s. « pierre à deux parements tenant toute l'épaisseur d'un mur » : lat. vulg. **perpetaneus*, dér. de *perpetuus* « sans interruption ».

**B.** base *-pet-* (sav.)

♦ [1] **PÉTITION** XII^e s. « action de demander »; XVII^e s. log., *pétition de principe*; XVIII^e s. pol., sous l'infl. de l'angl. : *petitio, -onis*; **PÉTITIONNAIRE** XVII^e s. ♦ [2] **APPÉTIT** XII^e s. « désir », XVII^e s. « désir de manger » : *appetitus*; **APPÉTISSANT** XIV^e s.; **APPÉTENCE** et **INAPPÉTENCE** XVI^e s. méd. : *appetentia* « désir »; **APPÉTITION** XVI^e s. : *appetitio* « id. ». ♦ [3] **RÉPÉTER** XII^e s. : *repetere*; **RÉPÉTITION** XIV^e s. « copie » et jur., XVII^e s. théâtre et scol. : *repetitio*; **RÉPÉTITEUR** XVII^e s. ♦ [4] **PERPÉTUEL** XII^e s. : *perpetualis*; **PERPÉTUITÉ** XIII^e s. : *perpetuitas*; **PERPÉTUER** XIV^e s. : *perpetuare*. ♦ [5] **IMPÉTUEUX** XIII^e s. : *impetuosus*; **IMPÉTUOSITÉ** XIII^e s. : bas lat. *impetuositas*, dér. de *impetuosus*; **IMPÉTIGO** XVI^e s. « éruption » : lat. médical mod., formé sur *impetere*. ♦ [6] **COMPÉTENT** XIII^e s. : *competens*, part. présent de *competere* « convenir, revenir à »; **COMPÉTENCE** XV^e s.; **INCOMPÉTENT, INCOMPÉTENCE** XVI^e s.; **COMPÉTITEUR** XV^e s. : *competitor*, dér. de *competere* « rivaliser »; **COMPÉTITION** XVIII^e s., par l'angl. : *competitio*; **COMPÉTITIF** XX^e s. ♦ [7] **PÉTULANT** XIV^e s. : *petulans*; **PÉTULANCE** XVI^e s. « insolence », XVII^e s. sens mod. : *petulantia*.

**III.** mots savants d'origine grecque, base *-pter-*

♦ [1] **PTÉR(O)-** gr. *pteron* « aile », 1^er élément de mots sav., ex. : **PTÉRODACTYLE** XIX^e s. ♦ [2] **-PTÈRE** 2^e élément de mots sav., ex. : **APTÈRE** XVIII^e s. : gr. *apteros* « sans ailes »; **COLÉOPTÈRE** → ce mot; **DIPTÈRE** XVII^e s. ♦ [3] **-PTÉRYGIEN** dér. du gr. *pterugion*, dimin. de *pteron* « aileron », « nageoire », 2^e élément de composés sav., ex. : **ACANTHOPTÉRYGIEN** XIX^e s.

2. **PANNE** (pièce de charpente) (pop.) XIII^e s. : lat. *patĕna*, du gr. *pathnê*, var., par

métathèse d'aspiration, de *phatnê* « râtelier pour les chevaux » et par analogie « lambris compartimenté d'un plafond ».

**PANOPLIE** ♦ [1] (sav.) XVIIIe s. « armure », XIXe s. « décoration formée d'armes », XXe s. jouet : gr. *panoplia*, de *pan* « tout » et *hoplon* « arme ». ♦ [2] **HOPLITE** (sav.) XVIIIe s. : gr. *hoplitês*, dér. de *hoplon* « fantassin lourdement armé ».

**PANSE** (pop.) XIIe s. *pance*, XVIe s. limité au ventre des ruminants : lat. *pantex, -ĭcis* « tripes, intestins »; **PANSU** XIVe s.

**PANTHÈRE** (sav.) XIIe s. : lat. *panthera*, du gr. *panthêr* « guépard », mot d'origine obscure, probablement empr.

**PANTOUFLE** XVe s. : probablement it. *pantofola*, abrév. du sicilien *botte, mattone a pantofola* « chaussures de liège », du gr. *panto-* « tout » et *phellos* « liège »; **PANTOUFLARD** XIXe s.

**PANTOUM** XIXe s.; mot malais désignant un type de poème à forme fixe.

**PAON** ♦ [1] (pop.) XIIe s. : lat. *pavo, pavōnis*; **PAONNEAU** XIIIe s. ♦ [2] **PONCEAU** XIIe s. « coquelicot », XVIIe s. « couleur rouge » : dimin. de *paon* employé par métaphore.

**PAPA** ensemble de formations expressives de structure consonantique *p-p* encadrant diverses voyelles, nasalisées ou non : « mouvement des lèvres, accompli en particulier en mangeant ou en aspirant; joues gonflées, objet gonflé et léger ».
Déjà en latin *pappa*, mot expressif du langage enfantin désignant la nourriture, d'où *pappare* « manger », *papilla* « bout de sein ».
En grec (puis, par empr., en lat.) *pappa* est le nom enfantin du père, qui a servi de base, sous l'infl. de *abbas, abbatis* → ABBÉ, à un dér. *pappas*, terme d'affection et de respect appliqué d'abord aux évêques en général, puis spécialement à l'évêque de Rome, auquel il est réservé au IXe s.; *pappa* est parallèle à *mamma* → MAMAN, qui désigne à la fois la mamelle et la mère. Le lat. *puppa* « petite fille », « poupée », et sans doute « sein », est aussi un mot enfantin expressif de même structure → aussi **BOBINE, POUF**, et Annexe I.

I. voyelle *a*

♦ [1] **PAPA** (pop.) XIIIe s. : lat. *pappa*, sans déformation phonétique, à cause du caractère spontané et expressif du mot; **GRAND-PAPA** XVIIe s.; **BON-PAPA** XIXe s. ♦ [2] **PAPE** (sav.) XIe s. : lat. eccl. *papa*, du gr. *pappas*; **PAPAL, PAPAUTÉ, ANTIPAPE** XIVe s.; **PAPESSE** XVe s.; **PAPISME, PAPISTE** XVIe s. **MONNAIE DU PAPE** bot. « lunaire » XIXe s.; **POPE** XVIIe s. : russe *pop*, empr. au gr. *pappos* « grand-père », étroitement apparenté à *pappas*. ♦ [3] **PAPELARD** XIIIe s. : dér. (p.-ê. sous l'infl. de *papeler* « marmonner », var. de *papeter*, ancêtre de *papoter*) de *pape*; appliqué aux XIIIe s. et XIVe s. seulement à des gens d'Église, représentants ou partisans de la papauté accusés de vénalité et d'hypocrisie; étendu plus tard à des laïcs; **PAPELARDER** XIIIe s.; **PAPELARDISE** XVe s. L'étym. *pape lard* « mangeur de lard (en carême) » est vraisemblablement pop. ♦ [4] **PAPOTER** (pop.) XVIIe s. : altération de l'anc. fr. *papeter* XIIIe s. « babiller » et « manger », dér. de *papre* XIIIe s. « manger », « remuer les lèvres », du lat. *pappare*; **PAPOTAGE** XIXe s. ♦ [5] **SOUPAPE** (pop.) XIIe s. « coup sous le menton », XVIe s. par analogie « mouvement de fermeture brusque » et sens techn. : de *sous* et d'un dér. de *paper* (→ PAPOTER) qui a pu avoir le sens de « mâchoire ». ♦ [6] **PAMPILLE** XVIe s. : mot sémantiquement voisin de *pompon*, fondé sur une base nasalisée *pamp-*. ♦ [7] **PAPILLE** (sav.) XIVe s. : *papilla*.

II. voyelles *i* ou *é* (qui ajoutent aux idées définies ci-dessus celle de petitesse)

♦ [1] **PÉPIN** XIIe s., var. dial. *pipin, pinpin* : base *pipp-* commune à divers parlers romans. **PÉPINIÈRE** XVIe s. : dér. de *pépin* au sens anc. de « jeune arbre fruitier »; **PÉPINIÉRISTE** XVIIe s. ♦ [2] **PIPE** → Annexe II, art. PIGEON. ♦ [3] **PIMPANT** XVIe s. : adj. à forme de part. présent, sur une base nasalisée *pimp-* qu'on retrouve dans *pimper* XVIIe s. « attifer » et dans l'anc. prov. *pimpar* « id ».

III. voyelles *o, ou, u*

♦ [1] **POUPÉE** (pop.) XIIIe s. « jouet (souvent en chiffons) », XIVe s. « touffe de filasse », XVIIe s. « pansement au doigt » : sans doute du croisement d'un verbe moyen fr. *pouper* « téter », d'origine expressive, et du lat. *puppa*; altéré en **PÉPÉE** XIXe s.; **POUPARD** XIIIe s.; **POUPINE** XIIIe s.; **POUPIN** XVe s.; **POUPON** XVIe s. ♦ [2] **PUPILLE** (sav.) XIVe s. anat. : *pupilla*, dimin. de *pupa*, var. de *puppa* « petite poupée », à cause de l'image qui se reflète dans la pupille de l'œil; XIVe s. jur. : lat. jur. *pupillus* et fém. *pupilla* « enfants (qui n'ont plus leurs parents) ». ♦ [3] **RIPOPÉE** (pop.) XVe s. : sur la base *-pop-*, avec infl. probable de *ripaille*. ♦ [4] **POMPON** XVIe s.; XIXe s. « légèrement ivre », var. **POMPETTE; SE**

**POMPONNER** XVIII^e s. : base nasalisée *pomp-*. ♦ [5] **POMPE** XVI^e s. « machine aspirante et foulante » : néerl. *pump*, d'origine expressive ; **POMPER** XVI^e s. ; **POMPIER** XVII^e s. « fabricant de pompes », XIX^e s. *sapeur-pompier* ; **POMPISTE** XX^e s. ♦ [6] **POPOTE** XIX^e s. : mot expressif d'origine dial. (Maine).

**PAPEGAI** XII^e s. : altération de l'arabe *babbaghâ* (lui-même mot d'empr.), p.-ê. par l'anc. prov.

**PAPIER** ♦ [1] (demi-sav.) XIII^e s. : adaptation, par substitution de suff. à la finale, du lat. *papyrus* « papyrus », puis « papier de chiffon » (introduit par les Arabes vers le X^e s.) : gr. *papuros* ; **PAPETERIE** XV^e s. ; **PAPETIER, PAPERASSE** XVI^e s. ; **PAPERASSIER** XVIII^e s. ; **PAPERASSERIE, PAPELARD** arg. XIX^e s. ♦ [2] **PAPYRUS** (sav.) XVI^e s. ; **PAPYROLOGIE, PAPYROLOGUE** XX^e s.

**PÂQUE** ou **PÂQUES** ♦ [1] (pop.) X^e s. : lat. vulg. **pascua*, altération, sous l'infl. de *pascuum* → PAÎTRE, du lat. eccl. *Pascha* « id. » : gr. biblique *Paskha*, empr. à l'hébreu, mot qui avait désigné d'abord la fête juive commémorant la sortie d'Égypte, marquée par l'immolation de l'agneau pascal, puis la fête chrétienne commémorant l'immolation et la résurrection du Christ, qui avait coïncidé avec la Pâque juive ; le mot hébreu signifiait proprement « passage » ; **PÂQUERETTE** XVI^e s. ♦ [2] **PASCAL** (sav.) : lat. eccl. *paschalis*, dér. de *Pascha*.

**PAQUET** ♦ [1] XIV^e s. : angl. *packet*, sur une base **pak-* d'origine obscure, représentée aussi en néerl., en moyen bas all. et en divers parlers germ. ; **EMPAQUETER** XV^e s. ; **PAQUETEUR** XVI^e s., **EMPAQUETEUR** XVII^e s. ; **EMPAQUETAGE, PAQUETAGE, DÉPAQUETER** XIX^e s. ♦ [2] **PACOTILLE** XVIII^e s. semble un dér. de *paquet* de formation fr. ; l'esp. *pacotilla* XIX^e s. est vraisemblablement empr. au fr. ♦ [3] **BANQUISE** XVIII^e s. : altération, sous l'infl. de *banc* (XVIII^e s. *banc de glace*), du scandinave *pakis*, de *pakke* « paquet » et *is* « glace ». ♦ [4] **PAQUEBOT** → BATEAU.

**PARACENTÈSE** (sav.) XVI^e s. : gr. *parakentêsis* « ponction », de *parakentein* « piquer sur le côté ».

**PARAÎTRE** famille du lat. *parēre, paritus* « paraître, se montrer », « être présent à l'ordre de quelqu'un », concurrencé en bas lat. par *apparescere ; apparere* « être visible », « être auprès de quelqu'un pour le servir », d'où *apparitor* « subalterne attaché à la personne d'un magistrat », *apparitio* « escorte » et lat. eccl., calque du gr. *epiphaneia*, « apparition » (→ ÉPIPHANIE, art. FANTÔME) ; *comparere* « se montrer, être présent ».

♦ [1] **PARAÎTRE** (pop.) X^e s. « se montrer », XVI^e s. « sembler », XVII^e s. « être publié » : *parescĕre* ; **REPARAÎTRE** XVII^e s. ; **PARUTION** (demi-sav.) XX^e s. : sur le modèle de *comparution*, à partir du part. passé *paru*, du lat. vulg. **parūtu*, class. *parĭtu*. ♦ [2] **APPARAÎTRE** (pop.) XI^e s. : lat. vulg. **apparescĕre*, class. *apparēre* ; **RÉAPPARAÎTRE** XIX^e s. ♦ [3] **APPARITION** (sav.) XII^e s. : *apparitio* ; **RÉAPPARITION** XVIII^e s. ; **APPARITEUR** XIV^e s. : *apparitor*. ♦ [4] **APPARENT** (pop.) XII^e s. : part. présent de l'anc. fr. *apparoir*, du lat. *apparēre*, qui avait survécu à côté de *apparescĕre* ; **APPARENCE, APPAREMMENT** XIII^e s. ♦ [5] **TRANSPARENT** (sav.) XIV^e s. : lat. médiéval *transparens*, part. présent « apparaissant au travers » ; **TRANSPARENCE** XIV^e s. ; **TRANSPARAÎTRE** XVII^e s. ♦ [6] **COMPARAÎTRE** XV^e s. : réfection, sous l'infl. de *paraître*, de *comparoir* XIII^e s., de *comparēre* ; **COMPARUTION** XV^e s. : dér. formé sous l'infl. du part. passé *paru* → PARUTION. ♦ [7] **DISPARITION** (sav.) XVI^e s. : sur le modèle d'*apparition* ; d'où **DISPARAÎTRE** XVII^e s. ♦ [8] **COMPARSE** XVII^e s. « figurant de carrousel », XVIII^e s. « personnage muet, au théâtre » : it. *comparsa* « apparition », de *comparere* → COMPARAÎTRE.

**PARANGON** XVI^e s. : it. *paragone* « comparaison, modèle » et esp. *parangón* « id. », ce dernier issu lui-même de l'it., du verbe *paragonare* « éprouver à la pierre de touche », du gr. *parakonê* « pierre à aiguiser ».

**PARASITE** (sav.) XVI^e s. « celui qui vit aux dépens d'un riche », XVIII^e s. zool. et bot., XX^e s. radio : gr. *parasitos* « commensal », de *para* et *sitos* « nourriture », par le lat. ; **PARASITAIRE** XIX^e s. ; **PARASITISME** XIX^e s. ; **PARASITOLOGIE, ANTIPARASITE** XX^e s.

**PARC** ♦ [1] (pop.) XII^e s. : bas lat. (VIII^e s.) *parrĭcus*, dér. d'un mot prélat. **parra* « perche », p.-ê. apparenté à **BARRE ; PARQUER, PARCAGE** XIV^e s. ; **PARQUEUR** XIX^e s. ostréiculture. ♦ [2] **PARQUET** XIV^e s. « petit parc », et « partie d'une salle de justice où se tenaient les juges et les avocats », d'où XVI^e s. jur. mod. ; XVII^e s. « plancher » : dimin. de *parc* ; **PARQUETER** XIV^e s. ; **PARQUETEUR** XVII^e s. ♦ [3] **PARKING**

XX^e s. : mot angl., part. présent de *to park*, de l'anc. fr. *parquer*. ♦ [4] **PADDOCK** XIX^e s. : mot angl. « enclos » : altération de l'angl ; dial. *parrock*, de l'anc. angl. *pearroc*, apparenté à *parricus*.

**PARCIMONIE** (sav.) XV^e s., rare avant le XVIII^e s. : lat. *parsimonia* « économie », de *parcere, parsus* « épargner » ; **PARCIMONIEUX** XVIII^e s.

**PARÉGORIQUE** (sav.) XVI^e s. : gr. *parêgorikos* « calmant ».

**PARÉMIOLOGIE** (sav.) XIX^e s. : dér. sur le gr. *paroimia* « proverbe ».

**PARÉO** XIX^e s., nom de vêtement : mot de Tahiti.

**PARESSE** (pop.) XI^e s., d'abord *perece* : lat. *pigrĭtia* « id. » ; **PARESSER, PARESSEUX** XII^e s.

**PARIA** XVII^e s. : mot port., empr. au tamoul (Indes) *parayan* « batteur de tambour », mot désignant une caste, mais non la dernière ; confondu avec *pulliyar* « homme de la dernière caste ».

**PAROI** ♦ [1] (pop.) XI^e s. : lat. vulg. **parētem*, class. *pariētem*, acc. de *paries, -etis* « mur de maison ». ♦ [2] **PARIÉTAIRE** (sav.) XIII^e s. : lat. *(herba) parietaria* « (herbe) qui pousse sur les murs » ; **PARIÉTAL** XV^e s. : dér. sav. sur *paries, -etis*.

**PAROXYSME** famille savante du gr. *oxus* « pointu ».

♦ [1] **PAROXYSME** XIV^e s. : *paroxusmos* « id. », de *paroxunein* « stimuler ». ♦ [2] **OXALIDE** XVI^e s. : gr. *oxalis* « oseille », par le lat. ; **OXALIQUE** XVIII^e s. ♦ [3] **OXYTON** XVI^e s. adj. ; XIX^e s. subst. : gr. *oxus* et *tonos* « ton, accent » ; **PAROXYTON**, id. : *paroxutonos* ; **PROPAROXYTON** XIX^e s. ♦ [4] **OXYMORON** XVIII^e s., rhét. : *oxumôros* « fin, sous une apparence de niaiserie », de *môros* « sot ». ♦ [5] **OXYURE** XIX^e s. : de *oxus* et *oura* « queue » → ÉCUREUIL. ♦ [6] **OXYDE** XVIII^e s. : formé sur *oxus* au sens d'« acide » ; **OXYDABLE, OXYDATION, OXYDER, DÉSOXYDER, DÉSOXYDATION** XVIII^e s. ; **OXYDANT, DÉSOXYDANT, INOXYDABLE, HYDROXYDE, BIOXYDE** XIX^e s. ♦ [7] **OXYGÈNE** XVIII^e s., de *oxus* et *-gène* → GENS ; **OXYGÉNER, OXYGÉNATION, DÉSOXYGÉNER, DÉSOXYGÉNATION** XVIII^e s. ; (eau) **OXYGÉNÉE, OXYGÉNABLE** XIX^e s. ; **OX(Y)-** 1^er élément de composés, ex. : **OXYHÉMOGLOBINE, OXYCARBONÉ, OXHYDRIQUE** XIX^e s.

**PARRICIDE** (sav.) XII^e s. « meurtrier d'un proche parent », puis « d'un père ou d'une mère », XV^e s. le meurtre lui-même : lat. *parricida*, var. *paricida*, « meurtrier d'un de ses parents », et *parricidium*, composés des éléments *-cida* « meurtrier », *-cidium* « meurtre » (→ CISEAU) et d'un 1^er élément obscur que les Anciens rattachaient à *pater* → PÈRE, ce qui ne va pas sans difficultés phonétiques ; p.-ê. de *par, paris* « égal » → PAIR : ou ind.-eur. **pāsos* « parent » ; le mot aurait signifié à l'origine « meurtrier d'un membre du même groupe social ».

**PART** famille d'une racine **per-* « procurer » (→ aussi PORTION).

En latin surtout sous la forme *par-* (1) *pars, partis* « part accordée à un individu sur un ensemble », d'où (a) *partiri* « partager » et *partitio* « partage » ; *impertire*, bas lat. *impartire* « faire part de », « communiquer » (b) *particeps* « qui prend une part de » (→ le 2^e élément), art. CHASSER) ; *participare* « faire participer » et « participer » ; *participium* « participation » et gramm. « participe » (mode qui participe de la nature du verbe et de celle du nom) (c) *particula*, dimin. de *pars* et lat. imp. *particularis* « particulier », « partiel » (d) bas lat. *partialis* « partiel » (2) *parĕre, partus*, spécialisé dans le sens de « procurer un enfant au mari », « mettre au monde », d'où (a) *parens, -entis* « le père » ou « la mère » ; *parentalis* « des parents » ; bas lat. *parentela* « parenté, alliance » ; *puerpera* « accouchée » (b) *partus, -us* « enfantement » ; *parturire* « être en couches », *parturitio* « accouchement » (3) *pauper* « qui produit peu », « pauvre » → PEU (4) *parare*, verbe duratif, intensif de *parere*, « faire des préparatifs », d'où (a) *apparare* « apprêter » et *apparatus, -us* « apprêt », « ensemble d'objets préparés », « somptuosité, pompe » (b) *praeparare* « apprêter d'avance » et *praeparatio* « préparation » (c) *reparare* « préparer de nouveau, remettre en état » et bas lat. *reparatio* « rétablissement » ; *reparator* « restaurateur » ; lat. imp. *reparabilis* et *irreparabilis* « réparable » et « irréparable » (d) *separare* « mettre à part » ; *separatio* « séparation » ; *separabilis* et lat. imp. *inseparabilis* « séparable » et « inséparable » ; bas lat. *separativus* « disjonctif » (5) *reperire, repertus* « retrouver », d'où bas lat. *repertorium* « inventaire » (6) *impe-*

*rare*, à l'origine « prendre des mesures pour qu'une chose se fasse », « forcer à produire », d'où lat. class. « commander en maître »; *imperium* « pouvoir souverain ».

I. famille de *pars*

A. mots populaires ou empruntés

♦ [1] **PART** IX^e s. « côté », X^e s. « participation », XII^e s. « partie » : *pars, partis*; au sens de « côté » se rattachent les locutions **NULLE PART** XII^e s.; **À PART** XIII^e s.; **QUELQUE PART** XVI^e s.; *d'une part, d'autre part* XII^e s., *de part et d'autre* XVII^e s.; au sens de « participation », *prendre part à* XVII^e s., et **FAIRE-PART** XIX^e s.; au sens de « partie »; **LA PLUPART** XV^e s.; *de par* (le roi, etc.) XIII^e s. : altération, sous l'infl. de la prép. *par*, de l'anc. fr. *de part* « de la part de ». ♦ [2] **PARCELLE** (pop.) XII^e s. : lat. vulg. **particella*, var. de *particula*; **PARCELLER** XV^e s.; **PARCELLAIRE** XVIII^e s.; **PARCELLEMENT** XIX^e s. ♦ [3] **PARTIR** X^e s. « partager, séparer » : du lat. vulg. **partīre*, réfection du lat. class. *partiri* → *avoir maille à partir*, art. MAILLE; XII^e s. *se partir de* « se séparer (d'une personne ou d'un endroit) », d'où l'emploi mod., qui apparaît dès le XIII^e s., mais se répand lentement; **PARTANCE** XV^e s., puis XVII^e s. ♦ [4] **PARTIE** XII^e s. « fraction d'un tout », XIII^e s. jur., XVII^e s. jeu, musique, et *partie de plaisir*; XIX^e s. « métier » et *faire partie de* : part. passé fém. substantivé de *partir*; pour les mots sav. exprimant l'idée de « partie, fraction » → -MÈRE, art. MÉRITE; **CONTREPARTIE** XIII^e s. ♦ [5] **DÉPARTIR** XI^e s. « partager »; XII^e s. *se départir* « se séparer de », « quitter » : composé de *partir*; aux deux sens se rattache **DÉPART** XIII^e s. « distinction », XVI^e s. « action de partir »; au sens de « partager », **DÉPARTEMENT** XII^e s.; XVIII^e s. « division administrative »; **DÉPARTEMENTAL** XVIII^e s. ♦ [6] **PARTI** XII^e s. dans *mi-parti* « divisé en deux », puis *triparti* XV^e s. : part. passé de *partir* « partager »; XIV^e s. subst. « ce qu'on a pour sa part » (d'où *tirer parti, faire un mauvais parti à quelqu'un*), « choix, solution » (d'où *prendre un parti*), « détachement militaire »; XV^e s. « groupe de personnes défendant la même opinion »; XVI^e s. « personne à marier ». ♦ [7] **PARTISAN** XV^e s. : it. *partigiano* « id. »; **PERTUISANE** XV^e s. : adaptation de l'it. *partigiana*, var. fém. du précédent, dér. de *parte* « parti ». ♦ [8] **RÉPARTIR** XII^e s. « donner en partage »; **REPARTIR** XVII^e s. « répliquer », var. distinguée du précédent par l'absence d'accent; **REPARTIE** XVII^e s. « riposte »; **REPARTIR** XVII^e s. « partir de nouveau ». ♦ [9] **APPARTEMENT** XVI^e s. : it. *appartamento*, dér. de *parte* « partie, pièce ». ♦ [10] **COMPARTIMENT** XVI^e s. : it. *compartimento*, de *compartire* « partager »; **COMPARTIMENTER** XIX^e s.; **COMPARTIMENTAGE** XX^e s. ♦ [11] **APARTÉ** XVII^e s. théâtre : it. *a parte* « (parole dite) à part », c.à.d. à l'insu des autres personnages. ♦ [12] **PARTENAIRE** XVIII^e s. : angl. *partner*, altération, sous l'infl. de *part*, de *parcener*, de l'anc. fr. *parçonier* « copartageant », de *parçon* « partage, butin », du lat. *partitio, -ōnis*.

B. mots savants

♦ [1] **PARTICIPATION** XII^e s. : *participatio*; **PARTICIPE** XIII^e s. gramm. : *participium*; **PARTICIPIAL** XIV^e s.; **PARTICIPER** XIV^e s. : *participare*; **PARTICIPANT** XIV^e s. adj., XIX^e s. subst. ♦ [2] **PARTITION** XIII^e s. : *partirio*, XVII^e s. mus. : it. *partizione*, de même origine; **RÉPARTITION** XIV^e s. « partage » → RÉPARTIR; **RÉPARTITEUR** XVIII^e s.; **TRIPARTITION** XVIII^e s.; **BIPARTITION** XIX^e s.; **PARTITIF** XIV^e s. ♦ [3] **PARTICULIER** XIII^e s. : *particularis*; XV^e s. subst. masc. « personne privée »; **PARTICULARITÉ** XIII^e s.; **PARTICULARISER** XV^e s.; **-ATION** XVI^e s.; **PARTICULARISME** XVII^e s.; **-ISTE** XVIII^e s. ♦ [4] **PARTIAL** XIV^e s. : *partialis*; **PARTIALITÉ** XIV^e s.; **IMPARTIAL, IMPARTIALITÉ** XVI^e s.; **PARTIEL**, var. XVII^e s. : même origine. ♦ [5] **IMPARTIR** XIV^e s., surtout au part. passé : *impartire*. ♦ [6] **PARTICULE** XV^e s.; XVI^e s. gramm., XIX^e s. signe de noblesse : *particula*. ♦ [7] **TRIPARTITE** XVII^e s.; **TRIPARTISME, BIPARTISME** XX^e s.

II. famille de *parere*

A. base *-par-* (pop. ou sav.)

♦ [1] **PARENT** (pop.) X^e s. : *parens, parentis*, dès le bas lat. « membre de la proche famille »; plur. réservé au père et à la mère; **GRANDS-PARENTS** XVIII^e s.; **PARENTÉ** XI^e s. : lat. vulg. **parentatus, -us*; **APPARENTER** XI^e s.; **APPARENTEMENT** XX^e s. pol.; **PARENTÈLE** (sav.) XIV^e s.; **PARENTAL** (sav.) XX^e s. ♦ [2] **PARTURIENTE** (sav.) XVI^e s. : du part. présent de *parturire*; **PARTURITION** XVIII^e s. : *parturitio*. ♦ [3] **-PARE** suff. sav. : lat. *-parus*, dans **OVIPARE** XVI^e s., **VIVIPARE** XVII^e s., **PRIMIPARE** XIX^e s.

B. **PUERPÉRALE** (fièvre) (sav.) XVIII^e s. : dér., sur *puerpera*.

III. famille de *parare*

A. **SEVRER** (pop.) XII^e s. « séparer », XIII^e s. sens mod. : lat. vulg. **seperare*, class. *separare*; **SEVRAGE** XVIII^e s.

B. base *-par-* (pop. ou sav.)

♦ [1] **PARER** (pop.) X^e s. : *parare*; **PAREMENT** X^e s.; **DÉPARER** XI^e s.; **PARURE** XII^e s.; **PAREMENTÉ** XVI^e s.; **PARÉ** XVIII^e s. adj. « prêt ». ♦ [2] **APPAREIL** (pop.) XII^e s. : lat. vulg. **apparĭcŭlum* « préparatifs », de *apparare*; **APPAREILLER** XI^e s. « préparer », XVI^e s. mar.; **APPAREIL-**

**LAGE** XIV^e^ s. « préparatifs », XVIII^e^ s. mar. ♦ [3] **RÉPARER** XII^e^ s. : *reparare*; **IRRÉPARABLE** (sav.) XIII^e^ s.; **RÉPARABLE** XIV^e^ s. : *irreparabilis, reparabilis*; **RÉPARATION, RÉPARATEUR** XIV^e^ s. : *reparatio, reparator.* ♦ [4] **APPARAT** (sav.) XIII^e^ s. : *apparatus.* ♦ [5] **PRÉPARER** (sav.) XIV^e^ s. : *praeparare*; **PRÉPARATION** XIV^e^ s. : *praeparatio*; **PRÉPARATOIRE** XIV^e^ s. : *praeparatorius*; **PRÉPARATIF** XIV^e^ s. sing., XVI^e^ s. plur.; **PRÉPARATEUR** XVI^e^ s. ♦ [6] **SÉPARER, SÉPARABLE, SÉPARATION** (sav.) XIV^e^ s. : *separare, separabilis, separatio*; **INSÉPARABLE** XII^e^ s. : *inseparabilis*; **SÉPARATISTE** XVII^e^ s. eccl., XVIII^e^ s. pol. : angl. *separatist*; **SÉPARATISME** XIX^e^ s. : angl. *separatism*, de *to separate*, du lat. *separare.* ♦ [7] **S'EMPARER** (pop.) XVI^e^ s. : var. pronom. de l'anc. fr. XIV^e^ s. *emparer* « fortifier », du lat. vulg. **anteparare* « faire des préparatifs par-devant »; **REMPART** fin XIV^e^ s., avec *t* analogique de l'anc. fr. *boulevart.* ♦ [8] **PARER** « se défendre contre » XVI^e^ s. : it. *parare* « se garder d'un coup », du lat. *parare* au sens de « faire des préparatifs de défense »; **IMPARABLE, PARADE** XVII^e^ s. ♦ [9] **PARA-** préf. exprimant l'idée de protection, ex. : **PARASOL** XVI^e^ s. : it. *parasole*; **PARAPET** XVI^e^ s. : it. *parapetto* « protège-poitrine », et formations fr. *parachute, parapluie, paratonnerre*, etc. ♦ [10] **PARE-** préf. de même sens que le précédent, ex. : *pare-fumée* XVII^e^ s., *pare-feu* XIX^e^ s., *pare-brise, pare-chocs* XX^e^ s. ♦ [11] **PARADE** XVI^e^ s. « action d'arrêter court un cheval », puis « carrousel », XVII^e^ s. *parade de foire* : esp. *parada*, de *para* « s'arrêter », du lat. *parare*, qui avait pris en Espagne le sens de « maintenir immobile »; **PARADER** XVI^e^ s. ♦ [12] **PARAGE** XVI^e^ s. « lieu où se trouve un vaisseau » puis « région » : esp. *paraje* « lieu où l'on se tient à l'arrêt », dér. de *parar* → le précédent.

**IV.** famille de *reperire*

**RÉPERTOIRE** (sav.) XIV^e^ s. : *repertorium*; **RÉPERTORIER** XX^e^ s.

**V.** famille de *imperare*

♦ [1] **EMPEREUR** (pop.) XI^e^ s. : *imperātor, -ōris.* **EMPIRE** (demi-sav.) XI^e^ s. : *impĕrium.* ♦ [2] **IMPÉRIAL** (sav.) XII^e^ s. : bas lat. *imperialis*; **IMPÉRIALE** XVI^e^ s. « partie supérieure d'une voiture »; **IMPÉRIALISTE** XVI^e^ s., puis XIX^e^ s. « partisan de l'Empire »; fin XIX^e^ s. « expansionniste », sous l'infl. de l'angl. *imperialist*; **IMPÉRIALISME** XIX^e^ s. « id. »; **ANTI-IMPÉRIALISTE** XX^e^ s. ♦ [3] **IMPÉRATRICE** (sav.) XV^e^ s : *imperatrix*, a éliminé l'anc. fr. *empereris.* ♦ [4] **IMPÉRIEUX** (sav.) XV^e^ s. : *imperiosus.*

## PARTHÉNON famille du gr. *parthenos* « vierge », « jeune fille ».

♦ [1] **PARTHÉNON** (sav.) : gr. *parthenôn* « appartement des jeunes filles » et en particulier « demeure de la déesse vierge, temple de Pallas sur l'Acropole d'Athènes ». ♦ [2] **PARTHÉNO-** biol. 1^er^ élément de composés sav., ex. : **PARTHÉNOGENÈSE** XIX^e^ s.

## PARVIS ♦ [1] (pop.) XII^e^ s. « paradis », puis « place située devant l'entrée des églises » : gr. *paradeisos* (avec prononc. spirante du *d*, adaptée en *v* en roman), par le lat. *paradisus* au sens premier de « enclos, jardin ». ♦ [2] **PARADIS** (sav.) X^e^ s. : lat. eccl. *paradisus* « séjour des bienheureux » : gr. *paradeisos* « id », et précédemment « parc, jardin d'agrément », de l'iranien *paridaiza* « enclos du seigneur »; **PARADISIAQUE** XVI^e^ s.

## PAS famille du lat. *pandere, passus* « écarter, déployer, étaler », d'où *passus, -ūs* « écartement entre les deux jambes, pas » et l'adv. *passim* « çà et là »; *expandere* « étendre », d'où *expansio* « extension ».

**I.** famille de *passus*

♦ [1] **PAS** (pop.) X ; XI^e^ s. « passage, défilé », et adv. auxiliaire de la négation, pour désigner (comme *point* et *mie*) une quantité ou une mesure infime : *passus.* ♦ [2] **PASSER** (pop.) XI^e^ s. « aller », « traverser », « dépasser », « introduire une chose dans une autre »; XII^e^ s. « transporter »; XIII^e^ s. *se passer de* « se contenter », et XIV^e^ s. « se priver »; XIV^e^ s. « faire glisser une chose sur une autre »; XVI^e^ s. « cesser, prendre fin » et « tamiser »; XVII^e^ s. *passer pour* : lat. vulg. **passāre*, dér. de *passus.* ♦ [3] **PASSAGE** XI^e^ s. « lieu par où l'on passe », XII^e^ s. « action de passer »; **PASSAGER** XIV^e^ s. « passeur », XVI^e^ s. « voyageur » et adj. ♦ [4] **PASSANT, PASSEUR** XII^e^ s.; **PASSABLE** XIII^e^ s. « qui peut passer », XIV^e^ s. « acceptable »; **PASSAVANT, PASSOIRE** XIII^e^ s.; **PASSE** XIV^e^ s., surtout dans divers jeux, d'où *être en passe de* XVII^e^ s., *dans une bonne passe* XVIII^e^ s.; XVII^e^ s. « chenal », XIX^e^ s. magnétisme et *mot de passe*; **PASSE-PASSE** XV^e^ s. : juxtaposition de deux impér.; **PASSATION** XV^e^ s.; **PASSERELLE** XVII^e^ s.; **IMPASSE** XVIII^e^ s. ♦ [5] **PASSÉ** subst., valeur générale et gramm. XVI^e^ s.; **PASSÉISTE** XX^e^ s. ♦ [6] **PASSEMENTERIE** XVI^e^ s. : dér. de l'anc. fr. *passement* XIII^e^ s. « action de passer », puis « galon, bordure »; **PASSEMENTIER, PASSEMENTER** XVI^e^ s. ♦ [7] **PASSE-** 1^er^ élément de composés, tantôt soudé au 2^e^, ex. : **PASSEROSE** XIII^e^ s.; **PASSEPORT** XV^e^ s.; **PASSEPOIL** XVII^e^ s., d'où **PASSEPOILER** XX^e^ s.; tantôt séparé par un trait d'union, ex. : **PASSE-**

TEMPS XV^e s. ; PASSE-DROIT, PASSE-PARTOUT, PASSE-PIED XVI^e s. ; PASSE-LACET, PASSE-MONTAGNE, PASSE-TOUT-GRAIN XIX^e s. ; PASSE-BOULES, PASSE-THÉ XX^e s. ♦ [8] PASSADE XIV^e s. jeu, XVI^e s. équitation, XVII^e s. « liaison amoureuse » : it. *passata*, de l'it. et lat. *passare* ; PASSACAILLE XVII^e s. : esp. *pasacalle*, de *pasar* « passer » et *calle* « rue » ; PASO DOBLE XX^e s. : mot esp. « pas redoublé ». ♦ [9] TRÉPASSER XI^e s. « dépasser », XII^e s. « enfreindre » et « mourir » ; 1^er élément *trans-* « au-delà » ; TRÉPAS XII^e s. « passage », XIII^e s. « mort » ; TRÉPASSÉ XIII^e s. ♦ [10] DÉPASSER, OUTREPASSER XII^e s. ; SURPASSER XIV^e s. ; INSURPASSABLE XVI^e s. ; DÉPASSEMENT XIX^e s. ♦ [11] COMPASSER XII^e s. « mesurer », XVII^e s. fig. et péj. ; COMPAS XII^e s. « mesure » et « instrument de tracé » : lat. vulg. **compassare* « mesurer en comptant ses pas ». ♦ [12] REPASSER XIII^e s. « passer de nouveau », XVII^e s. « se rappeler » et « lisser le linge », XIX^e s. « aiguiser » ; REPASSAGE XIV^e s., XIX^e s. (linge et couteaux) ; REPASSEUR, REPASSEUSE XVIII^e s. ♦ [13] PASSIM (sav.) XIX^e s. : mot lat.

II. famille de *expandere*

♦ [1] ÉPANDRE (pop.) XI^e s. : *expandere* ; RÉPANDRE XII^e s. ; ÉPANDAGE XVIII^e s. ♦ [2] ÉPANCHER (pop.) XIV^e s. « verser », XVIII^e s. surtout pronom., fig. : lat. vulg. **expandicāre*, dér. de *expandere* ; ÉPANCHEMENT XVII^e s. ♦ [3] EXPANSION XVI^e s. scient., XIX^e s. fig. : *expansio* ; EXPANSIF, -IBLE XVIII^e s. ; EXPANSIVITÉ XIX^e s. ; EXPANSIONNISME XX^e s.

**PASSEREAU** (pop.) XIII^e s. : altération, par substitution de suff., de *passeron, passerat*, dér. plus anc. du lat. *passer* « moineau ».

**PASSION** famille sav. du lat. *pati, passus* « souffrir », « supporter », « être patient ou passif », d'où (a) *patientia* et *impatientia* « aptitude, ou inaptitude à supporter » ; *patiens* et *impatiens* « apte, ou inapte à supporter » ; lat. eccl. *compati* « souffrir avec » (b) bas lat. *passio, -onis* « affection de l'âme », et surtout trad. du gr. *pathos* « passion du Christ » ; *passivus* « susceptible de passion » et gramm. « passif » ; *passibilis* et *impassibilis* « sensible » ou « insensible ».

I. base *-pass-*

♦ [1] PASSION X^e s. en parlant du Christ, XII^e s.-XVI^e s. « douleur physique », XIII^e s. « sentiment violent » : *passio, -onis* ; COMPASSION XII^e s. : *compassio* ; PASSIONNER XII^e s.-XVI^e s. « faire souffrir physiquement », XIII^e s. « affliger », XVI^e s. « émouvoir », « intéresser » ; PASSIONNEL XIII^e s., puis XIX^e s. : bas lat. *passionalis* « susceptible de douleur ou de passion » ; PASSIONNÉ XV^e s. ; PASSIONNÉMENT, DÉPASSIONNER XVI^e s. ; PASSIONNANT XIX^e s. ♦ [2] PASSIBLE XII^e s. « sensible », XVI^e s. jur. : *passibilis* ; IMPASSIBILITÉ XIII^e s. : *impassibilitas* ; IMPASSIBLE XIV^e s. : *impassibilis*. ♦ [3] PASSIF XIII^e s. « qui subit », XV^e s. « qui n'agit pas » et gramm., XVIII^e s. pol. et fin. : *passivus* ; PASSIVITÉ XVIII^e s. (XVII^e s. *passiveté*). ♦ [4] PASSIFLORE XIX^e s. : lat. bot. mod. *passiflora* « fleur de la passion », parce que ses différentes parties rappellent les instruments de la passion du Christ.

II. base *-pat-*

♦ [1] PATIENT, PATIENCE, IMPATIENT, IMPATIENCE XII^e s. : *patiens, patientia, impatiens, impatientia* ; PATIENTER, IMPATIENTER XVI^e s. ♦ [2] COMPATIR XVI^e s. « avoir pitié » et « se concilier » : *compati* ; INCOMPATIBLE XIV^e s. ; INCOMPATIBILITÉ, COMPATIBLE XV^e s. ; COMPATIBILITÉ XVI^e s. ; COMPATISSANT XVII^e s. ♦ [3] PÂTIR XVI^e s. : *pati*.

**PASTÈQUE** XVI^e s. : catalan *pasteca* XV^e s., de l'arabe *bâttikha*, avec dissimilation des deux *t*.

**PATACHE** XVI^e s. « bâtiment léger desservant un grand navire », XVIII^e s. sens mod. : esp. *patache*, de l'arabe *batâs* « bateau à deux mâts », p.-ê. substantivation de l'adj. *battâs* ; PATACHON XIX^e s. « conducteur de patache ».

**PATAQUÈS** XVIII^e s. « faute de liaison » : abrév. de la phrase plaisante *je ne sais pas-t-à qu'est-ce*, mise par le grammairien Domergue dans la bouche d'un spectateur de théâtre qui, ayant trouvé un éventail, se le voit refuser par sa voisine de gauche : *ce n'est point-z-à moi*, comme par celle de droite : *ce n'est pas t à moi*.

**PATATE** XVI^e s. « patate douce » : esp. *patata*, mot araouak (Haïti) ; XIX^e s. « pomme de terre », sous l'infl. de l'angl. *potato* de même origine.

**PATATI-PATATA** ♦ [1] XVI^e s. : onom. exprimant une succession de bruits. ♦ [2] PATATRAS XVII^e s., id. ♦ [3] BATACLAN XVIII^e s., id.

**PATCHOULI** XIX^e s. : adaptation de l'angl. *patch-leaf*, du tamoul (Indes) *patch* « vert » et *ilai* « feuille ».

**PÂTE** famille du bas lat. (V^e s.) *pasta* « pâte » : gr. *pasta* « sorte de bouillie », plur. neutre substantivé de *pastos* « saupoudré », dér. de *passein* « verser ».

I. base *-pât-* (pop.)

♦ [1] **PÂTE** XIIe s. XIXe s. *pâtes alimentaires*, ou *pâtes d'Italie* : *pasta* ; **PÂTÉ** XIIe s. cuisine, XVIIe s. « tache d'encre »; **PÂTEUX, EMPÂTER** XIIIe s.; **PÂTÉE, EMPÂTEMENT** XIVe s.; **EMPÂTÉ** adj. XIXe s. ♦ [2] **PÂTISSIER** XIIIe s. : dér. de l'anc. fr. *pastiz* « gâteau », du lat. vulg. **pastīcium*, dér. de *pasta*; **PÂTISSER, PÂTISSERIE** XIVe s.

II. base *-past-* (mots d'empr.)

♦ [1] **PASTIS** XIVe s. « pâté », repris au XXe s. « boisson anisée » et fam. « désordre, gâchis » : mot prov. « pâté, mélange », et sens mod. fr. ♦ [2] **PASTEL** XIVe s. « guède, plante contenant un principe colorant bleu » : mot prov., dér. de *pasta*; avant de désigner la plante elle-même, a dû désigner la pâte qu'on en faisait pour en extraire la matière colorante; **BLEU PASTEL** XXe s. ♦ [3] **PASTICHE** XVIIe s. beaux-arts : it. *pasticcio* « pâté », du lat. vulg. **pastīcium* (→ PÂTISSIER) employé par plaisanterie; **PASTICHER** XIXe s.

**PATENT** famille sav. d'une racine ind.-eur. **pet-* « se déployer ».

En grec *petannunai* « déployer », d'où *petasos* « chapeau à larges bords »; *petalos* « étendu et plat », neutre substantivé *petalon* « feuille ».

En latin *patere* « être ouvert, exposé, accessible » et *patibulum* « fourche sur laquelle on étendait les condamnés pour les battre de verges ».

♦ [1] **PATENT** XIVe s. « ouvert (lettre) » et « évident » : lat. *patens*, part. présent de *patere*; **PATENTE** XVIe s. subst. fém. : abrév. de *lettre patente* « brevet »; fin XVIIIe s. « impôt particulier aux commerçants »; **PATENTÉ** fin XVIIIe s. ♦ [2] **PATIBULAIRE** XIVe s. : dér., sur *patibulum*. ♦ [3] **PÉTASE** XVIe s. antiq., en particulier chapeau d'Hermès : gr. *petasos*, par le lat. ♦ [4] **PÉTALE** XVIIIe s. bot. : *petalon*.

**PATHÉTIQUE** famille savante du gr. *pathos* « ce qu'on éprouve », appliqué aux passions de l'âme, ou aux maladies.

♦ [1] **PATHÉTIQUE** XVIe s. adj., XVIIe s. subst. : gr. *pathêtikos* relatif aux passions », dér. de *pathos*. ♦ [2] **PATHOS** XVIIe s. rhét. : *pathos* « le pathétique », « sujet de tragédie émouvant ». ♦ [3] **APATHIE** XIVe s. : *apatheia* « insensibilité »; **APATHIQUE** XVIIe s. ♦ [4] **SYMPATHIE** XVe s. : *sumpatheia* « conformité de sentiments »; **SYMPATHIQUE** XVIe s. « en relation d'affinité avec »; XVIIe s. *encre sympathique*, qui reste invisible, sauf par l'action d'un corps avec lequel elle est *en sympathie*; XVIIIe s. *nerfs sympathiques*, qui font souffrir aussi d'autres parties du corps; XIXe s. « qui éprouve ou inspire de la sympathie »; **SYMPATHISER** XVIe s.; **SYMPATHISANT** XIXe s. adj. et subst. ♦ [5] **ANTIPATHIE** XVIe s. : *antipatheia* « sentiment contraire »; **ANTIPATHIQUE** XVIe s. ♦ [6] **PATHO-** 1er élément de composés, ex. : **PATHOLOGIE** XVIe s. : *pathologia*; **PATHOLOGIQUE** XVIe s. : *pathologikos*; **PATHOLOGISTE** XVIIIe s.; **PATHOGÈNE** XXe s. : de *pathos* au sens de « maladie ». ♦ [7] **-PATHIE, -PATHE, -PATHIQUE, -PATHOLOGIE** 2es éléments de composés sav., ex. : **IDIOPATHIE** XVIe s.; **HOMÉOPATHIE, HOMÉOPATHE, HOMÉOPATHIQUE** XIXe s.; **PSYCHOPATHOLOGIE** XIXe s., etc.

**PATIENCE** bot. (demi-sav.) XVIe s. bot. : altération, sous l'infl. de son homonyme, de *lapacion* XVIe s., prononc. ancienne du lat. *lapathium* (→ ROGATION, FACTOTON), du gr. *lapathon*, avec déglutination de la syllabe initiale prise pour un article.

**PATRAQUE** XVIIIe s. : prov. *patraco* « monnaie usée », de l'esp. *pataca* « pièce d'argent », p.-ê. de l'arabe.

**PATTE** famille d'une onom. **patt-* exprimant le bruit de deux objets frappant l'un contre l'autre.

♦ [1] **PATTE** XIIIe s.; XVIIIe s. zool. et techn., a éliminé l'anc. fr. *poe* représentant un précelique **pauta* (→ all. *Pfote*, anc. prov. *pauta*); **PATTU** XVe s.; **PATTE-D'OIE** XVIe s. anat.; XVIIe s. « carrefour »; **MILLE-PATTES** XVIe s. ♦ [2] **PATIN** XIIIe s. « chaussure »; XVIIe s. *patin à glace* et techn. : dér. de *patte*; **PATINER** XVe s. « manier, tripoter », XVIIIe s. « glisser sur des patins »; **PATELIN** adj. XVe s. : du nom de *Maître Pathelin*, personnage de farce, lui-même dér. de *pateliner* XVe s., var. de *patiner* « parler d'une manière rusée et mielleuse »; **PATINEUR** XVIIIe s., **PATINAGE, PATINOIRE, PATINETTE** XIXe s. : de *patin* (à glace). ♦ [3] **PATOIS** XIIIe s. « langage grossier » (beaucoup de mots de cette famille expriment la grossièreté et la maladresse); **PATOISER** XIXe s.; **PATOISANT** XXe s. ♦ [4] **PATOUILLER** XIIIe s.; **SE DÉPATOUILLER** XVIIe s.; **TRIPATOUILLER** et **TRIPATOUILLAGE** XIXe s., par croisement avec *tripoter*; **PATROUILLER** XVe s. « piétiner dans la boue », XVIe s. sens mod. : var. de *patouiller*, par croisement avec *vadrouiller*, *gadrouiller*, et p.-ê. le dial. *drouille* « diarrhée », d'origine néerl. ; **PATROUILLE** XVIe s. ; **PATROUILLEUR** XVIIe s., puis XXe s. sens mod. ♦ [5] **ÉPATER** XIVe s. « écraser », « aplatir en forme de patte », d'où *nez épaté* XVIIe s. ; XIXe s. « faire tomber tout de son long », *s'épater* « tomber sur le ventre », d'où « s'étonner » ; **ÉPATANT** XIXe s. « étonnant à vous faire tomber sur le ventre » ; **ÉPATE, ÉPATEUR** XIXe s. ; **ÉPATAMMENT** XXe s. ♦ [6] **PATAUD** XVe s., d'abord en parlant de chiens à grosses pattes ; **PATAUGER** XVIIe s. ; **PATAUGEAGE, PATAUGEUR** XXe s. ♦ [7] **CARAPATER** XIXe s., pronom., argot, 1er élément *se carrer* « se cacher ». ♦ [8] **RIPATON** XIXe s. : forme renforcée du dial. *paton* ; **PATOCHE, PATAPOUF** XIXe s.

**PAUPIÈRE** famille du lat. *palpus* « caresse », *palpare* « tâter », *palpebra* « paupière » ; idée fondamentale : « mouvement répété ».
♦ [1] **PAUPIÈRE** (pop.) XIIe s. : *palpĕtra*, var. de *palpĕbra*. ♦ [2] **PALPÉBRAL** (sav.) XVIIIe s. : sur *palpebra*. ♦ [3] **PALPER** (sav.) XVe s. : *palpare* ; **PALPABLE, IMPALPABLE** (sav.) XVe s. : bas lat. *palpabilis, impalpabilis* ; **PALPATION** XIXe s. ♦ [4] **PALPITER** (sav.) XVe s. : lat. imp. *palpitare* « s'agiter, battre », fréquentatif de *palpare* ; **PALPITATION** XVIe s. : *palpitatio* ; **PALPITANT** XVIe s. ; XIXe s. « émouvant ». ♦ [5] **PAPOUILLE** (pop.) XXe s. : p.-ê. dér. dial. de *palper*.

**PAUPIETTE** famille du lat. *pulpa* « le maigre de la viande ».
♦ [1] **PAUPIETTE** (pop.) XVIIIe s. *poupiette* : dér. de l'anc. fr. *poupe* XIIe s. « partie charnue », XVIe s. appliqué aux fruits : lat. *pŭlpa* ; altération en *au* p.-ê. sous l'infl. du dial. (Est) *paupier* « papier » ♦ [2] **PULPE** (sav.) XVIIe s. : réfection, d'après le lat., de l'anc. fr. *polpe, poupe* → le précéd. ; **PULPEUX** XVIe s. *poulpeux* ; **PULPAIRE** XXe s. « relatif à la pulpe dentaire ».

**PAVER** (pop.) XIIe s. : lat. vulg. **pavāre*, class. *pavīre* « battre la terre pour l'aplanir », « niveler » ; **PAVEMENT** XIIe s. : dér. de *paver* d'après *pavimentum* « terre battue » puis « pavé, dallage » ; **DÉPAVER, PAVEUR** XIIIe s. ; **PAVÉ, PAVAGE, REPAVER** XIVe s.

**PAVILLON** famille du lat. *papilio, -onis* « papillon » et bas lat. « tente » de forme comparable, formation expressive suggérant le battement d'ailes du papillon.
♦ [1] **PAVILLON** (pop.) XIIe s. « tente », XVIe s. « petit drapeau », (d'où *baisser pavillon* XVIIIe s.) et « corps de bâtiment », XVIIe s. d'instruments de musique, XIXe s. de l'oreille : *papilio, -onis*. ♦ [2] **PAPILLON** (pop.) XIIIe s. : altération expressive de *pavillon*, qui a rejoint la forme lat. et permis une spécialisation des deux mots ; **PAPILLONNER** XIVe s. ; **PAPILLONNANT** adj. ; **PAPILLONNEMENT** XIXe s. ♦ [3] **PAPILLOTE** (pop.) XVe s. « paillette dorée », XVIIe s. pour les cheveux, XIXe s. pour les bonbons, la cuisine : var. fém. de *papillot*, altération, par substitution de suff., de *papillon* ; a pu subir l'infl. de *papier* ; **PAPILLOTER** XVe s. « pailleter », XVIIe s. « étinceler », XVIIIe s. « cligner » (yeux) ; **PAPILLOTEMENT** XVIIe s. ♦ [4] **PARPAILLOT** XVIIe s. « protestant » : adaptation de l'occitan *parpailhol* « papillon », employé par dérision, var. de *parpaillon*, altération, par insertion d'un *r*, de *papilio*. ♦ [5] **PAPILIONACÉES** XVIIIe s. : dér. sav. sur *papilio*.

**PAVOT** (pop.) XIIIe s. : altération, par substitution de suff., de *pavo* XIIe s., du lat. vulg. **papāvus*, altération du class. *papaver*.

**PEAN** (sav.) XVIIIe s. : gr. *paian* « chant solennel à plusieurs voix entonné dans les occasions importantes ».

**PEAU** famille du lat. *pellis* « peau d'animal », « fourrure », qui a éliminé en bas lat. *cutis* « peau humaine (→ COUENNE) ; dérivés : *pellicula* « petite peau » et *pelliceus*, var. bas lat. *pellicius* « de peau, de fourrure ».

I. mots populaires

♦ [1] **PEAU** XIe s., var. anc. *pel* : *pellis* ; pour les mots scient. exprimant la notion de « peau » → DERME. ♦ [2] dér. de base *peau* : **ORIPEAU** XIIe s. : probablement de *orie peau* « peau dorée », à l'origine ornement de bouclier, avec changement de genre sous l'infl. des mots en *-eau* ; **PEAUSSIER** subst. XIIIe s. ; **PEAUCIER** adj. XVIe s. ; **PEAU-ROUGE** XVIIe s. ; **PEAUSSERIE** XVIIIe s. ♦ [3] dér. de base *pel-* : **PELLETIER** XIIe s. ; **PELLETERIE** XIIIe s. ♦ [4] **PELISSE** XIIe s. : *pellīcia*, fém. substantivé de *pellīcius* ; **SURPLIS** XIIe s. : lat. médiéval *superpellīcium* « qui se porte sur la pelisse ». ♦ [5] **DÉPIAUTER** XIXe s. : dér. de *piau*, var. dial. de *peau*. ♦ [6] **PIEU** (litt.) XIXe s. argot : probablement var. picarde de *piau* (→ le précédent), des peaux ayant pu servir de couverture ; étym. confirmée par l'argot *peausser* XVIe s. « coucher », XVIIe s. var. *piausser*, altéré en **PIONCER** XIXe s. « dormir ».

II. mots savants

♦ [1] **PELLICULE** XVIe s., XXe s. photo : *pellicula* ; **PELLICULAIRE** XIXe s. ♦ [2] **PELLAGRE** XIXe s. : composé de *pellis* et du gr. *agra* « chasse », d'où « action de saisir ».

**PÉCARI** XVII^e^ s. : altération, par les flibustiers fr., du caraïbe *begare* « sorte de sanglier américain ».

**PÉCHÉ** famille du lat. *peccare* « broncher, faire un faux pas », d'où « commettre une faute, une erreur »; *peccatum* « action coupable »; lat. imp. *impeccabilis* « incapable de faute »; bas lat. *peccator* « pécheur ».
♦ [1] **PÉCHÉ** et **PÉCHEUR** (pop.) X^e^ s. : *peccātum*, et *peccātor, -ōris*; **PÉCHER** XII^e^ s. : *peccāre*. ♦ [2] **PÉCAÏRE** XIII^e^ s. : mot prov., représente le cas sujet *peccātor* « Pauvre pécheur que je suis! »; altéré, en fr., en **PEUCHÈRE** XIX^e^ s. ♦ [3] **PECCABLE** (sav.) XI^e^ s. : dér. de *peccare*; **IMPECCABLE** XV^e^ s. : *impeccabilis*; **IMPECCABILITÉ** XVI^e^ s.; **PECCABILITÉ** XIX^e^ s.

**PÉDAGOGUE** famille sav. du gr. *pais, paidos* « enfant » (→ aussi PAGE et PÉDANT); d'où *paideuein* « élever un enfant » et *paideia* « éducation ».
♦ [1] **PÉDAGOGUE** XIV^e^ s. : gr. *paidagôgos* « esclave chargé de conduire les enfants à l'école », « précepteur », par le lat.; pour le 2^e^ élément → AGIR; **PÉDAGOGIE** XV^e^ s. : *paidagôgia* « éducation des enfants »; **PÉDAGOGIQUE** XVII^e^ s. : *paidagôgikos* « qui concerne l'éducation ». ♦ [2] **PÉDÉRASTE** XVI^e^ s. : gr. *paiderastês* « qui aime les enfants », de *erân* « aimer » → ÉROS; **PÉDÉRASTIE** XVI^e^ s. : *paiderasteia*; **PÉDÉRASTIQUE, PÉDÉ** XIX^e^ s. ♦ [3] **ORTHOPÉDIE** XVIII^e^ s. : de *orthos* « correct » et *paideia* « éducation »; compris par la suite comme un dér. de *pied*; **ORTHOPÉDIQUE, ORTHOPÉDISTE** XVIII^e^ s. ♦ [4] **PÉDIATRIE** XIX^e^ s.; **PÉDIATRE; PÉDOLOGIE** XX^e^ s. : dér. formés sur la base *ped-*. ♦ [5] **PROPÉDEUTIQUE** XIX^e^ s. : all. *Propädeutik*, mot formé par Kant, de *pro-* « avant » et *paideuein* « éduquer ». ♦ [6] **ENCYCLOPÉDIE**, art. QUENOUILLE.

**PÉDANT** XVI^e^ s. : it. *pedante*, mot obscur, p.-ê. formé sur la racine du gr. *paideuein* « éduquer » → PÉDAGOGUE : p.-ê. aussi de *(pedagogo) pedante* « accompagnateur à pied », avec emploi substantivé de l'adj. → PIED; **PÉDANTESQUE, PÉDANTERIE** XVI^e^ s. : it. *pedantesco, pedanteria*; **PÉDANTISME** fin XVI^e^ s. « professorat », XVII^e^ s. péjor.

**PÉDOLOGIE** (sav.) XX^e^ s. géol. : dér. du gr. *pedon* « sol ».

**PÈGRE** XVIII^e^ s. argot « voleur », XIX^e^ s. « association de filous » : mot obscur; p.-ê. altération de l'argot marseillais *pego* « voleur des quais », du lat. *picare* « enduire de poix », de *pix, picis* (→ POIX), parce que l'argent « colle » aux mains du voleur; ou de l'anc. fr. *pegre*, var. *pigre*, du lat. *piger* → PARESSE.

**PEINDRE** famille du lat. *pingere, pictus* « broder, tatouer », et surtout « peindre », d'où *pictor* « peintre », *pictura* « peinture »; *pigmentum* « couleur », et bas lat. « drogue, suc des plantes ».

**I. mots populaires ou empruntés**

♦ [1] **PEINDRE** XI^e^ s. : *pĭngĕre*; **PEINTURE** XII^e^ s. : lat. vulg. **pĭnctūra*, altération, sous l'infl. de *pĭngĕre*, du class. *pictūra*, d'où **PEINTURER** XII^e^ s.; **PEINTRE** XIII^e^ s. : cas sujet lat. vulg. **pinctor*, class. *pictor*; **DÉPEINDRE, REPEINDRE** XIII^e^ s.; **PEINTURLURER** XVIII^e^ s. : croisement plaisant avec *turelure*. **PINTE** « mesure pour les liquides », d'où **PINTER** XIII^e^ s. : vraisemblablement var. orthogr. de *peinte* « mesure marquée à la peinture, pour servir d'étalon ». ♦ [2] **PIMENT** X^e^ s. « baume, épice », XVII^e^ s. sens mod. : *pigmentum* au sens de « drogue »; **PIMENTER** XIX^e^ s. ♦ [3] **PINTADE** XVII^e^ s. : port. *pintada* « tachetée », part. passé substantivé de *pintar* « peindre », du lat. vulg. **pinctāre*, dér. de **pinctus*, class. *pictus*. ♦ [4] **PITTORESQUE** XVIII^e^ s. : it. *pittoresco* « qui fait bien dans un tableau », dér. de *pittore* « peintre » : *pictor, -ōris*.

**II. mots savants**

♦ [1] **PIGMENT** XII^e^ s. « épice », XIX^e^ s. sens mod. : *pigmentum*; **PIGMENTATION, PIGMENTAIRE, PIGMENTÉ** XIX^e^ s. ♦ [2] **PICTURAL** XIX^e^ s. : dér. de *pictura*. ♦ [3] **PICTOGRAMME, -GRAPHIQUE** XX^e^ s. : dér. sur *pictus*.

**PEINE** famille du lat. *poena* « rançon d'un meurtre », « réparation, punition » : empr. ancien au gr. *poinê* « prix du sang », « argent qu'on paie aux parents de la victime d'un meurtre », d'une racine **kwei-* « payer » (pour une conception plus ancienne de la punition → DAM); dérivés : *poenalis* « relatif à la punition »; *punire* « punir », lat. imp. *punitio* « punition ».
♦ [1] **PEINE** (pop.) X^e^ s. « martyre », XI^e^ s. « fatigue, difficulté », XII^e^ s. « chagrin », XIII^e^ s. « punition »; **À PEINE** XII^e^ s. « difficilement » et « tout juste, presque pas » : lat. *poena*; **PEINER** X^e^ s.; **PÉNIBLE** XII^e^ s. « résistant à la fatigue », XVI^e^ s. sens mod.; **PENAUD** XVI^e^ s. « qui est en peine »; **PÉNARD** XVI^e^ s. « grincheux », XIX^e^ s. sens mod. par antiphrase : var. de *penaud*. ♦ [2] **PUNIR** (pop.) XIII^e^ s. : *pūnīre*; **PUNISSABLE**

XIVe s. ; **IMPUNI** (demi-sav.) XIVe s. : *impunitus*. ♦ [3] **PÉNAL** (sav.) XIIe s. : *poenalis*; **PÉNALITÉ** XIVe s.-XVI[e] s. « souffrance », XIXe s. sens mod. ; **PÉNALISER** XIXe s. : angl. *to penalize*, sports, de même origine, d'où **PÉNALISATION** XXe s. ; **PENALTY** XXe s. : mot angl. « pénalisation », d'origine anglo-normande. ♦ [4] **PUNITION** (sav.) XIIIe s. : *punitio*; **AUTO-PUNITION** XXe s. ; **PUNITIF, IMPUNITÉ** XIVe s. ; **IMPUNÉMENT** XVIe s.

**PÉLARGONIUM** (sav.) XIXe s. : dér. sur le gr. *pelargos* « cigogne », par comparaison avec la forme du fruit.

**PÉLICAN** (sav.) XIIIe s. : lat. *pelicanus*, du gr. *pelekan*.

**PELOTE** famille du lat. *pīla* « balle, boule », dimin. class. *pilula*, vulg. **pīlŏtta* ♦ [1] **PELOTE** désigne divers objets sphériques notamment XIIe s. « balle », et sens fig. XIIIe s. « rassemblement de personnes ». **pīlotta*, dimin. de *pila*; **PELOTON** XVe s. « petite pelote », XVIe s. « détachement militaire »; **PELOTONNER** XVIIe s. ♦ [2] **PELOTER** XIIIe s. « rouler en pelote », XVe s. « jouer à la paume, ou à la pelote » (sens dans le titre *La Maison du chat qui pelote*, de Balzac), XVIIIe s. « caresser » : dér. de *pelote*; **PELOTAGE** XVIIIe s. « amusement », XIXe s. « caresse » et « action de mettre en pelotes »; **PELOTEUR** XIXe s. ♦ [3] **PELOTARI** XIXe s. : mot basque, dér. de *pelote* « balle », avec le représentant basque du suff. *-ariu* → -IER. ♦ [4] **COMPLOT** XIIe s., var. anc. *complote*, dér. de *pelote* au sens de « rassemblement de personnes »; le verbe **COMPLOTER**, var. anc. *compeloter* n'est attesté qu'au XVe s. **COMPLOTEUR** XVIe s. ♦ [5] **PILULE** (sav.) XIVe s. : *pilula*.

**PELVIS** (sav.) XVIIe s. anat. : mot lat. « chaudron, bassin », appliqué par métaphore au *bassin* humain; **PELVIEN** XIXe s.

**PENDRE** famille du lat. *pendĕre, pensus*, à l'origine « laisser pendre (les plateaux d'une balance) », d'où class. « peser », « évaluer » (1) dér. et composés sur la base *pend-* : (a) *pendēre* « être suspendu » (b) *pendulus*, adj. « pendant » (c) deux substantifs 2[es] éléments de composés : *-pendix, -icis*, dans *appendix* « ce qui pend », « addition, supplément »; et *-pendium* dans *compendium* « magot, économies », « économie de temps », « abrégé »; *dispendium* « dépense, frais »; *stipendium*, de *stips, stipis* « monnaie », « solde militaire » (d) une série de verbes préfixés : *appendĕre* « peser » et bas lat. « suspendre »; *dependēre* « être suspendu à », « dépendre de »; *dispendere* « peser en distribuant, distribuer »; *perpendĕre* « pendre tout du long » et *perpendiculum* « fil à plomb », *perpendicularis* « perpendiculaire »; *propendēre* « descendre, en parlant du plateau d'une balance », « pencher, avoir une propension »; *suspendĕre* « suspendre » et « interrompre » (2) dér. et composés sur la base *pens-* : (a) *pensum* part. passé neutre substantivé, « poids de laine à filer distribué aux servantes », « tâche » (b) *pensilis* adj. « suspendu », « bâti sur voûtes, ou sur piliers » (c) *pensio* « pesée »; *propensio* « inclination »; *suspensio* archit. « voûte » et bas lat. « interruption » (d) *pensare* « peser », « apprécier », « contrebalancer » et ses composés *compensare* « contrebalancer »; bas lat. *recompensare* « dédommager » et « gratifier »; *dispensare* « distribuer (de l'argent) », « administrer » et leurs dér (3) avec vocalisme *o* de la racine : *pondus, ponderis* « poids »; *ponderare* « peser », et *praeponderare* « emporter la balance », « peser plus ».

**I.** famille de *pendere*

**A.** base *-pend-* (pop.)

♦ [1] **PENDRE** Xe s. intrans., XIIe s. trans., en particulier « faire mourir par pendaison » : lat. vulg. **pendĕre*, class. *pendēre*; **APPENDRE** XIIIe s. : *appendĕre*; **SUSPENDRE** (demi-sav.) XVe s. : réfection, d'après le lat., de l'anc. fr. *souspendre*, de *suspendĕre*; **PENDILLER** XIIIe s. ; **PENDOUILLER** XXe s. ♦ [2] **PENDANT** subst. ou adj. XIIe s. ; **PENDENTIF** XVIe s. ; **PENDILLON** XVIIe s. ; **PENDELOQUE** XVIIe s. : altération, sous l'infl. de *breloque*, de *pendeloche* XIIIe s., dér. de *pendeler*, var. de *pendiller*. ♦ [3] **PENDU** subst. ; **PENDABLE** XIIIe s. ; **PENDARD** XIVe s. « bourreau », XVIe s. sens mod. ; **PENDERIE** XVIe s. action de pendre, XIXe s. sens mod. ; **PENDAISON** XVIIe s. ♦ [4] **CEPENDANT** XIIIe s. en deux mots, XIVe s. adv. en un seul mot, littéralement « ceci pendant », c.-à-d. « étant en cours », d'après l'emploi jur. de *pendens*; **PENDANT** prép. XIVe s.

**B.** base *-pent-* (pop.)

♦ [1] **PENTE** XIVe s. : lat. vulg. **pendĭta*, part. passé fém. formé pour *pendĕre*, qui n'en avait pas en lat. class. ; **PENTURE** XIIIe s. : **penditūra*. ♦ [2] **APPENTIS** XIIIe s. : dér. d'un part. passé lat. vulg. **appendĭtus*, de *appendere*, qui aurait donné en anc. fr. **apent*. ♦ [3] **SOUPENTE** XIVe s. : lat. vulg. **suspendĭta*, de *suspendĕre* → SUSPENDRE.

**C. PENCHER** (pop.) XIIIe s. : lat. vulg. **pendicāre*, dér. de *pendere*; **PENCHANT** XVIe s. « versant, pente », XVIIe s. « inclination, goût ».

D. base *-pend-* (sav.)

♦ [1] **APPENDICE** XIII^e s. « dépendance », XVI^e s. anat. : *appendix*; **APPENDICITE** XIX^e s.; **APPENDICECTOMIE** XX^e s. ♦ [2] **COMPENDIEUSEMENT** XIII^e s. « brièvement »; **COMPENDIEUX** XIV^e s. : *compendiosus* « abrégé », dér. de *compendium*; **COMPENDIUM** XVI^e s. : mot lat. ♦ [3] **PERPENDICULAIRE** XIV^e s. : *perpendicularis*; **PERPENDICULARITÉ** XVIII^e s. ♦ [4] **VILIPENDER** XIV^e s. : bas lat. (IX^e s.) *vilipendere* « avoir peu d'estime pour », de *vilis* « à bas prix » → VIL, et *pendĕre* au sens d'« apprécier ». ♦ [5] **STIPENDIÉ** XV^e s. « mercenaire » : lat. *stipendiatus*, part. passé de *stipendiari* « recevoir une solde », de *stipendium*; **STIPENDIAIRE** XVI^e s. : *stipendiarius*; **STIPENDIER** XVI^e s. ♦ [6] **PENDULE** XVII^e s. subst. masc. et fém. : abrév. du lat. mod. *funependulus* « suspendu à un fil » (→ FUNAMBULE); **PENDULAIRE** XIX^e s.; **PENDULETTE** XX^e s. ♦ [7] **DISPENDIEUX** XVIII^e s. : *dispendiosus*, dér. de *dispendium*.

II. famille de *pensus*

A. **PESER** (pop.) XI^e s. « être pénible », XII^e s. « évaluer un poids », « apprécier », « avoir un certain poids » : lat. vulg. **pēsāre*, class. *pensāre*; **PESANT** XI^e s. adj., XII^e s. subst. dans *son pesant d'or*; **PESANTEUR, APPESANTIR, SOUPESER** XII^e s. et **APPESANTISSEMENT** XVI^e s., **APESANTEUR** XX^e s.; **PESAGE** XIII^e s. nom d'un impôt, XIX^e s. courses; **PESON** XIII^e s. « petit poids », XVII^e s. « petite balance »; **PESÉE** XIV^e s. : part. passé substantivé; **PÈSE-** 1^er élément de composés, ex. : **PÈSE-BÉBÉ, PÈSE-LAIT, PÈSE-LETTRE, PÈSE-SIROP** XIX^e s.

B. **POIDS** (pop.) XII^e s. *pois* : lat. vulg. **pēsum*, class. *pensum*; *d* ajouté au XVI^e s. par fausse étym., d'après *pondus*; **CONTREPOIDS** XII^e s.

C. **POÊLE** (pour se chauffer) (pop.) XIV^e s. : lat. vulg. **pēsile*, class. *pensile*, adj. neutre substantivé, var. du lat. imp. *balnea pensilia* « établissements de bains suspendus, c.-à-d. chauffés par en dessous ».

D. base *-pens-* (sav.)

♦ [1] **PENSER** X^e s. verbe, XII^e s. emploi substantivé : *pensare*; **PENSIF** XI^e s.; **PENSÉE** XII^e s.; XVI^e s. fleur, tenue pour symbole du souvenir, et *arrière-pensée*; **REPENSER** XII^e s.; **PENSANT** XIII^e s. « pensif », XVII^e s. sens mod.; **BIEN-PENSANT** XIX^e s.; **PENSEUR** XIII^e s., rare avant le XVIII^e s.; **LIBRE PENSEUR** XVII^e s. : calque de l'angl. *free thinker*; **LIBRE-PENSÉE** XIX^e s.; **IMPENSABLE** fin XIX^e s.; **PENSE-BÊTE** XX^e s. ♦ [2] **PANSER** XIII^e s. *panser d'un cheval*, puis XIV^e s. *panser d'une plaie*, c.-à-d. « s'en préoccuper, s'en occuper », devenu trans. direct au XV^e s. : var. orthographique de *penser*; **PANSEMENT** XVI^e s.; **PANSAGE** (des chevaux) XVIII^e s. ♦ [3] **DÉPENS** (demi-sav.) XII^e s. « dépense »; XVII^e s. limité à l'emploi jur. et à la loc. *aux dépens de* : *dispensum*, part. passé neutre substantivé de *dispendĕre*; **DÉPENSE** XII^e s., var. fém. du précédent; **DÉPENSIER** XII^e s.; **DÉPENSER** XIV^e s. ♦ [4] **COMPENSER** XIII^e s. : *compensare*; **COMPENSATION** XIII^e s. : *compensatio*; **COMPENSATEUR** fin XVIII^e s.; **COMPENSATOIRE** XIX^e s. ♦ [5] **RÉCOMPENSER** XIV^e s. : *recompensare*; **RÉCOMPENSE** début XV^e s. ♦ [6] **DISPENSER** XIII^e s. « distribuer libéralement », « accorder », XVI^e s. « décharger d'une obligation » : *dispensare*; **DISPENSATEUR, DISPENSATION** XII^e s. : *dispensator, dispensatio*; **DISPENSE** XV^e s.; **DISPENSAIRE** XVI^e s. « recueil de formules de pharmacie », XVIII^e s. « établissement de soins médicaux » sous l'infl. de l'angl. *dispensary*, de même origine; **INDISPENSABLE** XVII^e s. ♦ [7] **SUSPENSION** XII^e s. « action de suspendre », XIX^e s. « lampe suspendue » : *suspensio*; **SUSPENS** XIV^e s. et **EN SUSPENS** XV^e s.; **SUSPENSOIR, SUSPENSIF** XIV^e s. : *suspensus* et lat. médiéval *suspensorius, suspensivus*; **SUSPENSEUR** XVI^e s. : lat. médiéval *suspensor*; **SUSPENSE** XX^e s. : mot angl. « incertitude ». ♦ [8] **PENSION** XIII^e s. « allocation périodique », XVI^e s. « fait d'être logé et nourri moyennant cette allocation », XVIII^e s. « établissement scolaire où les enfants sont entretenus » : *pensio*; **PENSIONNER, PENSIONNAIRE** XIV^e s., rare avant le XVIII^e s.; **PENSIONNAT** fin XVIII^e s.; **DEMI-PENSION, DEMI-PENSIONNAIRE** XIX^e s. ♦ [9] **PROPENSION** XVI^e s. : *propensio*.

III. famille savante de *pondus*

♦ [1] **PONDÉRER** XIV^e s. : *ponderare*; **PONDÉREUX** XIV^e s.; **PONDÉRATION** XV^e s. : bas lat. *ponderatio*; **PONDÉRABLE** XV^e s. « qui accable », rare avant le XVIII^e s., sens mod. : bas lat. *ponderabilis*; **IMPONDÉRABLE** XVIII^e s.; **PONDÉRÉ** XVIII^e s. ♦ [2] **PRÉPONDÉRANT**, XVIII^e s. : *praeponderans*, part. prés. de *praeponderare*; **PRÉPONDÉRANCE**, XVIII^e s.

**PÊNE** (pop.) XII^e s. : altération de *pêle* XII^e-XVII^e s. (pop.), du lat. *pessulus* « verrou », du gr. *passalos* « cheville ».

**PÉNÉTRER** famille du lat. *penus, -oris*, arch. « l'intérieur d'une maison », class. « garde-manger ». (a) *penates* « dieux de la maison » (b) *penetrare* « entrer ou faire entrer à l'intérieur ».

♦ [1] **PÉNÉTRER, PÉNÉTRANT** (sav.) XIV^e s. : *penetrare*; **PÉNÉTRATION, PÉNÉTRABLE,**

**IMPÉNÉTRABLE** XIV^e s. : *penetratio, penetrabilis, impenetrabilis*; **PÉNÉTRABILITÉ** XVI^e s.; **IMPÉNÉTRABILITÉ** XVII^e s. ♦ [2] **PÉNATES** XV^e s. : mot lat.

**PÉPIE** ♦ [1] (pop.) XIV^e s. « maladie de la langue de certains oiseaux », XVI^e s. « soif » : lat. vulg. **pīppīta*, issu, avec dissimilation des deux *ī*, de **pītīta*, altération du class. *pītuīta* « résine des arbres » et « mucus, rhume »; p.-ê. apparenté à *pinus* → PIN. ♦ [2] **PITUITE** (sav.) XVI^e s. : *pituita*; **PITUITEUX** XVI^e s. : *pituitosus*; **PITUITAIRE** XVI^e s. ♦ [3] **PÉPITE** XVII^e s. : esp. *pepita* « pépin », en particulier « pépin de melon » et « pépite », par métaphore, de **pīppīta*, les graines de melon étant enrobées dans un jus épais. ♦ [4] **PÉPETTE** XIX^e s. argot « pièce de monnaie » : p.-ê. altération de *pépite*.

**PÉPLUM** (sav.) XVI^e s. : gr. *peplon* « tunique » par le lat.

**PERCALE** début XVIII^e s. : turco-persan *pärgâlä*, par l'intermédiaire d'une langue de l'Inde; **PERCALINE** XIX^e s.

**PERCER** famille d'une racine **(s)teu-* « frapper ». En grec, sans *s* initial et avec un élargissement *-p-*, dans *tupos* « coup » et « marque d'un coup », « image », et *tuptein* « frapper ».
En latin (1) sans *s-* initial, avec un élargissement *-d-* et, au présent, un infixe nasal, dans *tundere, tūsus* (issu de **tud-tos*) « frapper à coups répétés avec un instrument contondant », d'où (a) *tudicula* « machine à écraser les olives » et *tudiculare* « broyer, triturer » (b) *contundere* « écraser » et *contusio* « action d'écraser, de meurtrir » et bas lat. « résultat de cette action »; *obtundere* « rebattre, émousser la pointe d'une arme »; *pertundere* « transpercer » (2) avec *s-* initial, élargissement *-d-* et, probablement, le sens originel de « presser », « s'appuyer sur », dans *studēre* « avoir de l'attachement pour », « s'appliquer à »; *studium* « attachement, zèle, soin », « goût pour l'étude », et l'adj. dérivé *studiosus* « plein d'ardeur, d'intérêt, d'application » (3) avec *s-* initial, élargissement *-p-* et le sens originel de « frapper l'imagination », dans (a) *stuprum* « honte, déshonneur » puis « débauche, viol ou adultère » (b) *stupēre* « être frappé de stupeur », *stupor* « stupeur »; *stupidus* « stupéfait »; *stupefacere* « stupéfier ».

**I.** mots d'origine latine

**A.** famille de *tundere*

♦ [1] **PERCER** (pop.) XI^e s. : lat. vulg. **pertusiāre*, dér. de *pertusus*, participe passé de *pertundere*; **PERCE** XV^e s., dans la locution *mettre en perce*; **PERCEMENT, PERÇANT** XVI^e s.; **PERCÉE** XVIII^e s.; **PERCE-** 1^er élément de composés, ex. : **PERCE-OREILLE** XVI^e s., **PERCE-NEIGE** XVII^e s. ♦ [2] **PERTUIS** (pop.) XII^e s. : dér. de l'anc. fr. *pertuisier*, dér. des formes de *percer* accentuées sur le radical (ex. : *il pertuise*, de **pertūsiat*); **MILLE-PERTUIS** XVI^e s. ♦ [3] **TOUILLER** (pop.) XII^e s. *tœillier : tŭdĭcŭlāre*; **RATATOUILLE** XVIII^e s.; dér. du croisement de deux var. expressives de *touiller, ratouiller et tatouiller*; abrév. **RATA** XIX^e s.; **BISTOUILLE** XIX^e s. : mot dial. (Nord), de *bis* « deux fois » et *touiller*. ♦ [4] **CONTUSION** (sav.) XIV^e s. : *contusio*, d'où **CONTUSIONNER** XX^e s.; **CONTUS** XVI^e s. : *contusus*, part. passé de *contundere*; **CONTONDANT** XVI^e s. : part. présent de *contondre* XVI^e s.-XVIII^e s. : *contundere*. ♦ [5] **OBTUS** (sav.) XV^e s. « émoussé », XVI^e s. géom. et « peu intelligent » : *obtusus*, part. passé de *obtundere*.

**B.** famille de *studēre*

♦ [1] **ÉTUI** (pop.) XII^e s. « prison » puis « boîte » : dér. de *estoier*, var. *estuier* « ranger », « prendre soin de », du lat. vulg. **stŭdiāre*, dér. de *stŭdium* « soin ». ♦ [2] **ÉTUDE** (demi-sav.) XII^e s. « application de l'esprit », XIV^e s. « cabinet de travail », XVII^e s. en particulier celui des notaires et autres officiers ministériels : *studium*; **ÉTUDIER** XII^e s.; **ÉTUDIANT** XIV^e s. ♦ [3] **STUDIEUX** (sav.) XII^e s. : *studiosus*, ♦ [4] **STUDIO** XIX^e s. « atelier d'artiste, puis de photographe », XX^e s. cinéma et « logement d'une pièce » : mot anglo-américain, de l'it. *studio* « atelier de peintre », de *studium*. ♦ [5] **ESTUDIANTIN** XIX^e s. : esp. *estudiantino*, dér. de *estudiante* « étudiant ».

**C.** famille de *stupēre* (sav.) **STUPEUR** XIV^e s. : *stupor*; **STUPÉFACTION** XV^e s. : bas lat. *stupefactio*; **STUPÉFIER, STUPIDE, STUPIDITÉ** XVI^e s. : *stupefacere, stupidus, stupiditas*.

**D. STUPRE** (sav.) XVIII^e s. : *stuprum*.

**II.** mots savants d'origine grecque

♦ [1] **TYPE** XV^e s. « modèle », fin XIX^e s. « individu » : gr. *tupos*, par le lat. eccl.; **TYPIQUE** XV^e s. : gr. *tupikos* « qui représente », « allégorique »; **TYPÉ, TYPESSE** XIX^e s.; **TYPER** XX^e s. ♦ [2] **TYPOGRAPHE** XVI^e s. : composé du gr. *tupos* au sens de « caractère gravé, signe d'écriture », et *graphein*; abrév. **TYPO** XIX^e s.; **TYPOGRAPHIE, -IQUE** XVI^e s. ♦ [3] **TYPO-** 1^er élément de composé, dans **TYPOLOGIE** XIX^e s. ♦ [4] **-TYPE, -TYPIE** 2^e élément de composés, ex. : **ARCHÉTYPE** XII^e s. → ARCHIVES; **STÉRÉOTYPE** XVIII^e s. → STÉRÉO-; **LINOTYPE, LINOTYPIE** XIX^e s. → LIN; **TÉLÉTYPE** XX^e s. ♦ [5] **TYPTO-** 1^er élément de composés :

gr. *tuptein*; ex. : **TYPTOLOGIE** XIXe s. « communication des esprits frappeurs ».

1. **PERCHE** (pop.) XIIe s. « longue tige de bois » : lat. *pertĭca* « perche servant en particulier de mesure »; **PERCHER** XIVe s. « se mettre debout », puis sens mod.; **PERCHOIR** XVe s.

2. **PERCHE** (pop.) XIIe s. « poisson » : lat. *perca*, du gr. *perkê*, fém. substantivé de *perkos* « noirâtre », à cause de la couleur bleu foncé de son dos.

**PERDRIX** ♦ [1] (pop.) XIIe s., altération, par réduplication du *r*, de l'anc. fr. *perdis* : lat. *perdix, -icis*. ♦ [2] **PERDREAU** (pop.) XVIe s. : altération, par substitution de suff., de l'anc. fr. *perdriau*, var. *perdrial*, du lat. *perdrix gallus* « perdrix-coq », le jeune mâle étant spécialement recherché.

**PÈRE** famille du lat. *pater*, gr. *patêr* « père », mot ind.-eur. exprimant moins la paternité physique (indiquée par *genitor* → GENS, *parens* → PART) qu'une valeur sociale : c'est l'homme représentant la suite des générations, le chef de la famille, le propriétaire des biens; c'est un terme de respect employé en parlant des hommes et des dieux. Dér. et composés :

En grec : *patria gê* « la terre des pères »; *patriôs* « selon la coutume des ancêtres »; *patriôtês* « qui est du même pays »; *patrônumios* « qui porte le nom du père », d'où *patrônumikos* « relatif au nom du père ».

En latin (1) *-piter*, 2e élément de composés, dans *Jupiter* (2) les subst. (a) *patrimonium* « ensemble des biens appartenant au *pater* » (b) *patronus* « protecteur des plébéiens », « ancien maître d'un esclave affranchi », « défenseur en justice, avocat » (c) en bas lat. *patraster* « second mari de la mère »; *compater* « qui partage la paternité avec »; *patrinus* « parrain », qui, formé en lat. vulg., est bien représenté en lat. médiéval (3) les adj. (a) *patricius* « né de père libre ou noble », d'où lat. imp. *patriciatus, -ūs* « condition de patricien » (b) *patrius* « qui concerne le père », « transmis de père en fils », d'où *patria (terra)*, calque du gr. *patria gê* « pays natal » (c) *paternus* « qui appartient au père », d'où bas lat. *paternitas* « paternité » (4) le verbe *patrare* « achever, conclure », p.-ê. ancien terme rituel dér. de *pater*, qui devait signifier à l'origine « agir en qualité de *pater* »; dér. *impetrare* « obtenir » et *perpetrare* « faire entièrement, accomplir ».

I. mots d'origine latine

A. mots populaires

♦ [1] **PÈRE** XIe s.; XVIIe s. *le père Untel*, désignation condescendante : *pater*; **COMPÈRE** XIIe s. « parrain », ainsi désigné par le véritable père ou la marraine, puis « camarade »; XVIIIe s. « complice » : *compater*; **BEAU-PÈRE** XVe s. → BEAU; **GRAND-PÈRE** XVIe s. → GRAND; **PÉPÈRE** XIXe s. ♦ [2] **PARÂTRE** XIe s. : *patraster*; **PARRAIN** XIIe s. *parrin* : *patrīnus*; **PARRAINAGE** XIIIe s. « ensemble des parrains et des marraines », puis XIXe s. sens mod.; **PARRAINER** XXe s. ♦ [3] **REPAIRE** XIe s. « retour chez soi » puis « habitation », XVIe s. « retraite des bêtes sauvages », puis XVIIe s. « des malfaiteurs » : dér. de l'anc. fr. *repairier* « rentrer chez soi » : *repatriare*. ♦ [4] **REPÈRE** XVIe s. « retour à un certain point »,XVIIIe s. « marque, jalon » et *point de repère* : var. orthogr. du précédent, sous l'infl. du lat. *reperire* « trouver » → RÉPERTOIRE, art. PART; **REPÉRER** XVIIe s., **-AGE** XIXe s., **-ABLE** XXe s.

B. mots savants

♦ [1] **PATERNE** XIe s. « paternel », puis XVIIIe s., sens mod. péjor. : *paternus*; XIe s. subst. fém. « Dieu le Père » : *paterna (imago)* « image du Père »; **PATERNITÉ** XIIe s. : *paternitas*; **PATERNEL** XIIe s. : adj. formé sur le même rad.; **PATERNALISME, PATERNALISTE** XXe s., sous l'infl. de l'angl. ♦ [2] **PATENÔTRE** (demi-sav.) XIIe s. « oraison dominicale » et plur. « prières », XVIIe s. péj. : *Pater noster* « Notre Père (qui êtes aux cieux, etc.) »; **PATER** XVIe s. : mot lat. « id. ». ♦ [3] **PATRICE** XIIe s. puis XVIe s. : *patricius*; **PATRICIEN** XIVe s.; **PATRICIAT** XVIe s. : *patriciatus*. ♦ [4] **PATRIMOINE** XIIe s. : *patrimonium*; **PATRIMONIAL** XIVe s. : bas lat. jur. *patrimonialis*. ♦ [5] **PATRON** XIIe s. « saint protecteur », XIIIe s. « étalon, modèle », d'où XVIIe s. couture; XIVe s. « chef d'une entreprise de pêche », XIXe s. « chef d'entreprise en général »; XVIe s. hist. romaine : *patronus*; **PATRONAGE** XIIe s. « protection », XIXe s. « société pour l'éducation de la jeunesse »; **PATRONNER** XIVe s. « reproduire d'après un patron », XVIe s. « protéger », rare avant le XIXe s.; **PATRONAL, S'IMPATRONISER** XVIe s.; **PATRONNESSE** XVIe s.; XIXe s. *dame patronnesse* sous l'infl. de l'angl. ♦ [6] **IMPÉTRER** XIIIe s. : *impetrare*; **IMPÉTRANT** XIVe s. : part. présent substantivé du précédent. ♦ [7] **PERPÉTRER** XIIIe s. : *perpetrare* : **PERPÉTRATION** XIVe s. : bas lat. *perpetratio*. ♦ [8] **EXPATRIER** XIVe s., rare avant le XVIIIe s. : formé sur *patria*; **EXPATRIATION** XIVe s.; **RAPATRIER** XVe s. : adaptation du lat. *repatriare*; **PATRIE** XVIe s. : *patria*; **RAPATRIEMENT**

XVII^e s.; **SANS-PATRIE** XIX^e s.; **APATRIDE** XX^e s. ♦ [9] **JUPITER** → DIEU.

II. mots savants d'origine grecque

♦ [1] **PATRIARCHE** XII^e s. : gr. eccl. *patriarkhês*, calque de l'hébreu *rôchê aboth* « chef de famille », par le lat.; **PATRIARCAL, PATRIARCAT** XV^e s. : bas lat. *patriarchalis, patriarchatus*. ♦ [2] **PATRONYMIQUE** XIII^e s. : *patrônumikos*, par le lat.; 2^e élément → NOM; **PATRONYME** XIX^e s. ♦ [3] **PATRISTIQUE** et **PATROLOGIE** XIX^e s. : sur le gr. *patêr, patros* « père de l'Église ».

**PERGOLA** XX^e s. : mot it. « tonnelle », du lat. *pergŭla* « toute construction surajoutée ou en saillie », se rattache à un thème méditerranéen *barga, parga* « cabane », p.-ê. croisé avec *tegŭla* « tuile ».

**PÉRIL** famille d'un ancien verbe lat. **periri*, dont il ne subsiste que le part. passé *peritus* « qui a l'expérience de, habile à ». — Dér. et composés (1) *experiri* « essayer », d'où *experientia* « essai » et lat. imp. « expérience acquise »; *experimentum* « épreuve », « preuve par les faits », d'où bas lat. *experimentare*; *expertus*, part. passé employé comme adj. « éprouvé, qui a fait ses preuves » (2) *periculum*, var. *periclum*, à l'origine « essai, épreuve », puis class. « risque, danger », d'où *periculosus* « dangereux », et *periclitari* « faire un essai », « risquer, mettre en danger » et « être en danger » (3) sur la base de *peritus* « expérimenté » : *imperitus* « inexpérimenté » et *imperitia* « inexpérience, ignorance ». Ces mots sont en rapport avec le gr. *peira* « épreuve », *peirân* « essayer, entreprendre »; *peiratês* « brigand, pirate », littéralement « risque-tout »; *empeiria* « expérience », *empeiros* « expérimenté », d'où *empeirikos* « qui se dirige d'après l'expérience ».

I. mots d'origine latine

♦ [1] **PÉRIL** (pop.) X^e s. : *perĭcŭlum*; **PÉRILLEUX** XII^e s. : adaptation, d'après *péril* (prononcé avec *l* mouillé jusqu'au XIX^e s.), de *perĭcŭlōsus*. ♦ [2] **EXPERT** (sav.) XIII^e s. adj., XVI^e s. subst. : *expertus*; **EXPERTISE** XIV^e s. « habileté », fin XVIII^e s. jur.; **INEXPERT** XV^e s.; **EXPERTISER, CONTRE-EXPERTISE** XIX^e s. ♦ [3] **EXPÉRIENCE** (sav.) XIII^e s. : *experientia*; **INEXPÉRIENCE** XV^e s., rare avant le XVIII^e s. ♦ [4] **EXPÉRIMENTER** (sav.) XIV^e s. : *experimentare*; **INEXPÉRIMENTÉ** XIV^e s.; **EXPÉRIMENTATEUR** XIV^e s., puis XIX^e s.; **EXPÉRIMENTÉ** XV^e s.; **EXPÉRIMENTAL** XVI^e s.; **EXPÉRIMENTALEMENT** XVIII^e s.; **EXPÉRIMENTATION** XIX^e s. ♦ [5] **IMPÉRITIE** (sav.) XIV^e s. : *imperitia*. ♦ [6] **PÉRICLITER** XIV^e s. « faire naufrage », XVII^e s. « être en danger » : *periclitari*.

II. mots d'origine grecque

♦ [1] **PIRATE** (sav.) XIII^e s. : *peiratês*; **PIRATERIE** XVI^e s. ♦ [2] **EMPIRIQUE** XIV^e s. méd., XVI^e s. philo. : *empeirikos*, par le lat.; **EMPIRIQUEMENT** XVI^e s.; **EMPIRISME** XVIII^e s.

**PÉRIPATÉTIQUE** (sav.) XIV^e s. : gr. *peripatêtikos* « qui concerne la philosophie péripatéticienne », der. de *peripatein* « se promener », parce que Aristote enseignait en se promenant; **PÉRIPATÉTICIEN** XIV^e s.; **PÉRIPATÉTISME** XVII^e s.; **PÉRIPATÉTICIENNE** fin XIX^e s. « prostituée », ironique, littéralement « celle qui se promène ».

**PERLE** ♦ [1] XII^e s. : it. *perla* : lat. vulg. **pernŭla*, dimin. de *perna* « jambon » et « pinne marine », sorte de coquillage ayant la forme d'un jambon; **PERLÉ** XIV^e s.; **PERLIER, -ÈRE** adj. XVII^e s.; **PERLER** XVII^e s. trans., XIX^e s. intrans. ♦ [2] **PERLON** XX^e s. « tissu synthétique » : de *perle* et du suff. *-on*.

**PERRUQUE** XV^e s. : probablement *perrucca*, var. *parrucca*, mot dial. de l'Italie du Nord, p.-ê. du croisement de *pelo* → POIL, et de *zucca* « citrouille » et « tête »; **PERRUQUIER** XVI^e s.

**PERSONNE** famille sav. du lat. *persona* « masque de théâtre », « rôle », « personnage » et déjà chez Cicéron « personne », employé en gramm, pour traduire le gr. *prosôpon*, et constamment opposé, en droit romain, à *res* « chose »; p.-ê. empr. au gr. *prosôpon*, (→ ŒIL) par l'étrusque *phersu* qui, à en juger par le monument où il est inscrit, pourrait signifier « masque ».

♦ [1] **PERSONNE** XII^e s. « être humain », fin XIII^e s. auxiliaire de la négation : *persona*; **PERSONNEL** XII^e s. adj. gramm., XIII^e s. extension de sens, XVIII^e s. « égoïste », XIX^e s. subst. masc., p.-ê. sous l'infl. de l'all. *Personal* : bas lat. *personalis*; **IMPERSONNEL** XII^e s. gramm., XIX^e s. philo. : bas lat. *impersonalis*; **PERSONNAGE** XIII^e s. « dignitaire ecclésiastique », XV^e s. sens mod. ♦ [2] **PERSONNALITÉ** XVI^e s., d'où **PERSONNALISME** XVIII^e s. « égoïsme », XIX^e s. philo., **PERSONNALISTE** XIX^e s., **PERSONNALISER, -ATION** XIX^e s., **DÉPERSONNALISER, -ATION** XX^e s.; **PERSONNIFIER** XVII^e s., **PERSONNIFICATION** XVIII^e s. : dér. sav. de *personnel* et de *personne*.

**PERVENCHE** (pop.) XIII^e s. : lat. *pervĭnca*, 2^e élément de l'expression *vinca pervinca* qui semble tirée d'une formule magique.

**PESSAIRE** (sav.) XIII^e s. « médicament pour la matrice », XVIII^e s. sens mod. : bas lat. *pessarium*, dimin. formé sur le gr. *pessos* « petite pierre ovale pour le jeu de tric-trac appelé *pessa* » et « tampon de charpie pour une plaie ».

**PESTILENCE** famille sav. du lat. *pestis* « destruction », « mort », « fléau, épidémie », d'où *pestilentus* « insalubre » et *pestilentia* « insalubrité », « épidémie ».
♦ [1] **PESTILENCE** XII^e s. : *pestilentia* : **PESTILENT, PESTILENTIEL** XIV^e s. ♦ [2] **PESTE** XVI^e s. : *pestis* ; **PESTIFÉRÉ** XVI^e s. : dér. de l'adj. *pestifère* XIV^e s. : bas lat. *pestifer* « porteur de peste » ; **PESTEUX** XVI^e s. et **ANTIPESTEUX** XX^e s. ; **EMPESTER** XVI^e s. ; **PESTER** XVII^e s. « traiter quelqu'un de *peste* », puis intrans.

**PET** famille pop. du lat. *pēdĕre, pēdĭtum* « péter ».
♦ [1] **PET** XIII^e s. : *pēdĭtum* ; **PET-DE-NONNE** XVIII^e s. ; **PET-EN-L'AIR** XVIII^e s. et **RASE-PET** XX^e s. « veste courte ». ♦ [2] **PÉTER** XIV^e s. : dér. de *pet*, a éliminé l'anc. fr. *poire*, de *pēdĕre* ; **PÈTE-SEC** XIX^e s. ; **PÉTILLER, PÉTILLEMENT** XV^e s. ; **CONTREPÈTERIE** XVI^e s. « modification des mots », du moyen fr. *contrepéter* « contrefaire », de *péter*. ♦ [3] **PÉTEUX** XIII^e s. ; **PÉTARD** XV^e s. ; **LE ROI PÉTAUD** XVI^e s., d'où **PÉTAUDIÈRE** XVII^e s. ; **PÉTOIRE** XVIII^e s. ; **PÉTOCHE** fam. XIX^e s. : dér. de *pet* ou de *péter*. ♦ [4] **PÉTARADE** XV^e s. « série de pets lancés par certains animaux quand ils ruent », XVII^e s. sens mod. : prov. *petarrada*, dér. de *petarra*, augmentatif de *peta* « péter ».

**PETIT** ♦ [1] (pop.) XI^e s. : lat. vulg. **pĭttĭttus* (VIII^e s. *pititus*), d'une base expressive **pĭtt-* exprimant, la petitesse (→ aussi PÉPIN, art. PAPA, et PÉKIN, art. PIQUER) ; pour les mots sav. exprimant l'idée de « petit » → MICRO- ; **PETITESSE** XII^e s. ; **PETIOT** XIV^e s. ; **RAPETISSER** XIV^e s. : renforcement de l'anc. fr. *apetisser* XII^e s. ; **RAPETISSEMENT** XVI^e s. ♦ [2] **PETIT-** 1^er élément de composés, indique les descendants de la seconde génération dans **PETIT-FILS** XIII^e s. ; **PETITS-ENFANTS** XVI^e s. ; **PETITE-FILLE** XVII^e s. ♦ [3] **GAGNE-PETIT** XVI^e s., ancien emploi adv. de *petit* au sens de « peu ».

**PÉTREL** XVIII^e s. : mot angl. ; forme antérieure *pitteral* ; origine obscure. L'explication y voyant un dér. de *Petrus* parce que cet oiseau marcherait sur les eaux comme saint Pierre dans l'Évangile (Matth. XIV, 30) est une étym. pop., qui a influé sur quelques mots germ. : all. *Petersvogel* ; norvégien *Soren Peders, Pedersfugl*.

**PÉTRIR** famille d'une racine ind.-eur. **peis-* « piller ». En latin, avec un infixe nasal au présent, *pīnsere, pĭstus*, concurrencé en bas lat. par le dér. *pĭstāre*, de *pĭstus*, « piler (le grain dans un mortier avec un pilon) », qui s'oppose à *molere* « moudre avec des meules » → MOUDRE.
Dér. : (1) *pistor, pistrix* « celui, ou celle qui pile le grain », « boulanger, -ère, pâtissier, -ère », d'où le bas lat. *pĭstrīre* « faire du pain ou des gâteaux », par analogie avec le couple *nutrīre, nutrix* → NOURRIR ; *pistrinum* « moulin à blé », « boulangerie » (en lat. le « pétrin » est désigné par *magida* → MAIE, art. MAÇON) (2) *pīla*, de **pīsŭla* « mortier » ; *pilum* « pilon » et son dimin. *pistillum* « petit pilon » ; le verbe dér. bas lat. *pilare* « appuyer fortement ».
♦ [1] **PÉTRIR** (pop.) XII^e s. : *pĭstrīre* ; **PÉTRIN** XII^e s. : *pĭstrīnum* ; **PÉTRISSEUR** XIII^e s. ; **PÉTRISSABLE, PÉTRISSAGE** XVIII^e s. ♦ [2] **PILER** (pop.) XII^e s. : *pilare* ; XIX^e s. argot « rosser », d'où **PILE** « volée de coups » XIX^e s. ; **PILON** (pop.) XII^e s., « jambe de bois », XX^e s. « cuisse de volaille » ; **PILE** XIII^e s. « mortier », XVIII^e s. techn. de la papeterie : *pīla*. ♦ [3] **PISÉ** XVI^e s., rare avant le XIX^e s. : mot lyonnais, part. passé substantivé de *piser* XVI^e s. « broyer », XIX^e s. « battre la terre à bâtir » : lat. vulg. **pinsiāre*, class. *pinsāre*, var. *pinsĕre*. ♦ [4] **PISTE** XVI^e s. : anc. it. *pista*, var. méridionale de l'it. *pesta*, dér. de *pestare* « fouler aux pieds », de *pĭstāre* ; **DÉPISTER** XVIII^e s. ; **PISTER, PISTEUR** XIX^e s. ♦ [5] **PISTON** XVI^e s. : it. *pistone* « pilon », dér. de *pistare* → le précédent ; XVII^e s. techn., XIX^e s. mus. et fig., d'où **PISTONNER** XIX^e s. ♦ [6] **PISTIL** (sav.) XVII^e s. : *pistillum*, à cause de la forme de cet organe.

**PEU** famille d'une racine **pau-* « en petit nombre ». En latin (1) *paucus* « peu » (2) *pauper* « pauvre », littéralement « qui produit peu », second élément apparenté à *parere* « enfanter » → PART.
♦ [1] **PEU** (pop.) XI^e s. : *paucum*, neutre adv. de *paucus*. ♦ [2] **PAUVRE** (pop.) XI^e s. : *pauper* ; **PAUVRETÉ** XII^e s. : *paupertas, -atis* ; **APPAUVRIR** XII^e s., d'où **APPAUVRISSEMENT** XIV^e s. ; **PAUVRET** XIII^e s. ; **PAUVRESSE** XVIII^e s. ♦ [3] **PAUPÉRISME** (sav.) XIX^e s. : de *pauper* par l'angl.

**PEUPLE** ♦ [1] (pop.) IX^e s. ; var. anc. *pueble* (le second *p* est dû à une assimilation à la consonne initiale ou à une relatinisation) : lat.

*pŏpŭlus;* pour les mots sav. exprimant la notion de « peuple » → DÉMO-; **PEUPLER** XII$^e$ s.; **PEUPLEMENT** XIII$^e$ s.; **REPEUPLER** XIII$^e$ s., d'où **REPEUPLEMENT** XVI$^e$ s.; **DÉPEUPLER** XIV$^e$ s., d'où **DÉPEUPLEMENT** XV$^e$ s.; **SURPEUPLER** XIX$^e$ s., d'où **SURPEUPLEMENT** XX$^e$ s. ♦ [2] **PEUPLADE** XVI$^e$ s. « colonie » et « action de peupler », XVIII$^e$ s. sens mod. : esp. *poblado,* de *poblar* « peupler », d'un dér. de *populus.* ♦ [3] **POPULACE** XVI$^e$ s. : it. *popolaccio,* dér. péjor. de *popolo* « peuple », de *populus*; **POPULACIER** XVI$^e$ s. ♦ [4] **POPULAIRE** (sav.) XII$^e$ s. « du peuple »; XVI$^e$ s. « qui plaît au peuple » : lat. *popularis* « relatif au peuple »; **POPULARITÉ** XV$^e$ s. « populace », XVIII$^e$ s. sens mod. : lat. *popularitas* « recherche de la faveur du peuple »; **POPULARISER** XVII$^e$ s.; **IMPOPULAIRE, IMPOPULARITÉ** fin XVIII$^e$ s.; **POPULO** fam. XIX$^e$ s. ♦ [5] **POPULATION** (sav.) XIV$^e$ s., rare avant le XVIII$^e$ s. : bas lat. *populatio,* dér. de *populus* devenu possible après l'élimination d'un class. *populatio* « dévastation », dér. d'un verbe *populari* d'origine incertaine; **DÉPOPULATION** XIV$^e$ s. « dévastation », XVIII$^e$ s. sens mod.; **SURPOPULATION** XX$^e$ s. ♦ [6] **POPULEUX** (sav.) XVI$^e$ s. : bas lat. *populosus* « id. ». ♦ [7] **POPULISME, POPULISTE** XX$^e$ s. : dér. sav. sur *populus.*

**PEUPLIER** (pop.) XII$^e$ s. : dér. de l'anc. fr. *peuple* XV$^e$ s. du lat. *pōpŭlus* « id. »; **PEUPLERAIE** XV$^e$ s.

**PEUR** famille du lat. *pavor, -oris* « peur »; *pavēre* « être frappé d'épouvante » et lat. imp. *expavēre* « redouter »; *pavidus* et *expavidus* « saisi d'effroi »; *impavidus* « inaccessible à la peur ».

♦ [1] **PEUR** (pop.) X$^e$ s. : *pavor, -ōris;* pour les mots sav. exprimant la notion de « peur » → PHOBIE; **PEUREUX** XII$^e$ s.; **ÉPEURÉ** XIII$^e$ s., puis XIX$^e$ s.; **APEURÉ** XIX$^e$ s. ♦ [2] **ÉPOUVANTER** (pop.) XI$^e$ s. *espoenter* : lat. vulg. **expaventāre,* sur le rad. du part. présent de *expavēre*; **ÉPOUVANTABLE, ÉPOUVANTEMENT** XII$^e$ s.; **ÉPOUVANTAIL** XIII$^e$ s.; **ÉPOUVANTE** XVI$^e$ s. ♦ [3] **ÉPAVE** (demi-sav.) XIII$^e$ s. adj. « égaré (surtout en parlant des animaux) »; XVI$^e$ s. subst., sens mod. : *expavidus* « (qui s'est enfui et égaré) sous l'empire de la peur ». ♦ [4] **IMPAVIDE** (sav.) XIX$^e$ s. : *impavidus.*

**PHAG(O)-** ♦ [1] (sav.) gr. *phagein* « manger », 1$^{er}$ élément de composés, ex. : **PHAGOCYTE** XIX$^e$ s., 2$^e$ élément gr. *kutos* « cellule » → CYT(O)-, art. COUENNE. ♦ [2] **-PHAGIE, -PHAGE** 2$^{es}$ éléments de composés sav., ex. : **ANTHROPOPHAGE** XIV$^e$ s. : gr. *anthrôpophagos* « qui mange de la chair humaine » (→ ANTHROPO-); **ANTHROPOPHAGIE** XVII$^e$ s. : *anthrôpophagia;* **ŒSOPHAGE** XIV$^e$ s. : gr. *oisophagos,* de *oisein* « porter » et *phagein*; **ŒSOPHAGIEN** XVIII$^e$ s.; **AÉROPHAGIE** XX$^e$ s.

**PHALÈNE** (sav.) XVI$^e$ s. : gr. *phalaina* « papillon de nuit », p.-ê. apparenté à *phalos* « brillant ».

**PHALLUS** ♦ [1] (sav.) XVII$^e$ s. : mot lat. gr. *phallos* « emblème de la génération »; **PHALLIQUE** XVIII$^e$ s. : *phallikos,* par le lat.; **PHALLOÏDE** XIX$^e$ s. ♦ [2] **ITHYPHALLE** XVI$^e$ s. : 1$^{er}$ élément gr. *ithus* « droit »; **ITHYPHALLIQUE** XVI$^e$ s.

**PHARAON** (sav.) XII$^e$ s.; XVII$^e$ s. « jeu de cartes » : mot égyptien, par le gr., puis le lat.; **PHARAONIQUE** XIX$^e$ s.

**PHARISIEN** (sav.) XII$^e$ s., puis XVI$^e$ s. : adaptation du lat. eccl. *pharisaeus,* du gr. *pharisaios,* de l'araméen *parschî,* nom d'une secte juive formaliste et rigoriste vivement critiquée par le Christ dans l'Évangile; **PHARISAÏQUE** XVI$^e$ s. : lat. *pharisaicus;* **PHARISAÏSME** XVI$^e$ s.

**PHARMACIE** famille sav. du gr. *pharmakon* « toute substance au moyen de laquelle on altère la nature d'un corps, toute drogue »; le plus souvent, « remède ».

♦ [1] **PHARMACIE** XIV$^e$ s. « laxatif », XVII$^e$ s. sens mod. : gr. *pharmakeia,* par le lat., « emploi de médicaments, en particulier de purgatifs »; **PHARMACEUTIQUE** XVI$^e$ s. : gr. *pharmakeutikos* « qui concerne l'administration ou la préparation des médicaments », par le lat.; **PHARMACIEN** XVII$^e$ s. ♦ [2] **PHARMACO-** 1$^{er}$ élément de composés sav., ex. : **PHARMACOPÉE** XVI$^e$ s. → POÈTE; **PHARMACOLOGIE** XVIII$^e$ s.; **PHARMACOTHÉRAPIE** XX$^e$ s.

**PHARYNX** (sav.) XVI$^e$ s. : gr. *pharugx, pharuggos* « gosier »; **PHARYNGIEN, PHARYNGÉ** XVIII$^e$ s.; **PHARYNGITE** XIX$^e$ s.

**PHILTRE** famille sav. du gr. *philein* « aimer ».

♦ [1] **PHILTRE** XIV$^e$ s. : *philtron,* par le lat., « moyen de se faire aimer, breuvage, incantation, charme ». ♦ [2] **PHIL(O)-** 1$^{er}$ élément de composés, ex. : **PHILOSOPHE** XII$^e$ s. → SOPHIE; **PHILANTHROPE** XIV$^e$ s. → ANTHROPO-; **PHILHARMONIE** XVIII$^e$ s. → ART; **PHILATÉLIE** XIX$^e$ s.

→ TÉLÉ-. ♦ [3] **-PHILE, -PHILIE,** 2es éléments de composés exprimant la qualité d'amateur, ex. : dans **BIBLIOPHILE** XVIIIe s. ; **BIBLIOPHILIE** XIXe s. ; **DISCOPHILE** XXe s. ; ou, dans les sciences naturelles, une affinité, ex. : **HYDROPHILE, HÉMOPHILIE** XIXe s.

**PHOBIE** famille du gr. *phobos* « fait d'être effarouché et mis en fuite », d'où, en général, « crainte ».

♦ [1] **-PHOBIE, -PHOBE** 2es éléments de composés sav., ex. : **HYDROPHOBIE** XIVe s. ; **HYDROPHOBE** XVIIe s. ; **AGORAPHOBIE, PHOTOPHOBIE** XIXe s. ; **AUTOPHOBIE, AUTOPHOBE** XXe s. ♦ [2] **PHOBIE** fin XIXe s. : mot tiré des composés ci-dessus ; **PHOBIQUE** XXe s.

**PHOQUE** (sav.) XVIe s. : gr. *phôkê*, par le lat.

**PHOSPHORE** famille sav. du gr. *phôs, phôtos* « lumière ».

♦ [1] **PHOSPHORE** XVIIe s. : gr. *phôsphoros* « qui apporte la lumière » → OFFRIR ; **PHOSPHORIQUE, PHOSPHOREUX, PHOSPHORESCENT, PHOSPHORESCENCE, PHOSPHORER, PHOSPHATE** XVIIIe s. ; **PHOSPHATÉ, PHOSPHATIQUE** XVIIIe s. ; **PHOSPHATER, PHOSPHATAGE, SUPERPHOSPHATE** XXe s. ♦ [2] **PHOSPHÈNE** XIXe s. : composé de *phôs* et *phainein* « paraître » → FANTÔME. ♦ [3] **PHOTON** XXe s., phys. : dér. sur *phôtos*. ♦ [4] **PHOTO-** 1er élément de composés sav. exprimant l'idée de lumière (→ aussi 6), ex. : **PHOTOMÈTRE** XVIIIe s. ; **PHOTOCHIMIE, PHOTOGÈNE, PHOTOGRAVURE, PHOTOPHORE,** XIXe s. ; **PHOTOCONDUCTEUR, PHOTOSYNTHÈSE, PHOTOTHÉRAPIE** XXe s. ; **PHOTO-ÉLECTRICITÉ** XXe s. ♦ [5] **-PHOTE** 2e élément de composé exprimant l'idée de lumière, **CATAPHOTE** XXe s. ♦ [6] **PHOTOGRAPHIE** XIXe s. (→ aussi 4) : angl. *photograph*, de *phôtos* et *graphein* (→ GREFFE) littéralement « écriture, ou dessin par la lumière » ; **PHOTOGRAPHE, PHOTOGRAPHIER** XIXe s. ♦ [7] **-PHOTOGRAPHIE** 2e élément de composés sav., ex. : **CHRONO-, MICROPHOTOGRAPHIE** XIXe s. ; **ASTRO-, TÉLÉPHOTOGRAPHIE** XXe s. ♦ [8] **PHOTO** subst. fém. XIXe s. : abrév. de *photographie* ; **PHOTO-** 1er élément de composés exprimant l'idée de « photographie », ex. : **PHOTOTYPE, PHOTOTYPIE, PHOTOMÉCANIQUE, PHOTOGRAMME, PHOTOGÉNIQUE, PHOTOCOPIE** fin XIXe s. ; **PHOTOCOPIER, PHOTOTHÈQUE, PHOTO-FINISH** XXe s.

**PHRASE** famille sav. du gr. *phrazein* « expliquer », d'où *phrasis, phraseôs* « élocution, langage, discours ».

♦ [1] **PHRASE** XVIe s. : *phrasis* ; **PHRASER, PHRASEUR** XVIIIe s. ♦ [2] **ANTIPHRASE** XVIe s. : *antiphrasis*, de *antiphrazein* « exprimer par le contraire, par antithèse ou négation ». ♦ [3] **PARAPHRASE** XVIe s. : *paraphrasis*, de *paraphrazein* « exprimer de façon approchée » ; **PARAPHRASER, PARAPHRASTIQUE, PARAPHRASEUR** XVIe s. ♦ [4] **PÉRIPHRASE** XVIe s. : *periphrasis*, de *periphrazein* « exprimer par circonlocution » ; **PÉRIPHRASTIQUE** XVIe s. ♦ [5] **PHRASÉO-** 1er élément de composé, **PHRASÉOLOGIE** XVIIIe s.

**PHRÉATIQUE** (sav.) XIXe s. : d'après le gr. *phrear, phreatos* « puits ».

**PHTISIE** (sav.) XVIe s. : gr. *phthisis* « dépérissement », par le lat. ; **PHTISIQUE** XVIe s. : *phthisikos* ; **PHTISIOLOGIE** XVIIIe s. ; **PHTISIOLOGIQUE** XIXe s. ; **PHTISIOLOGUE** XXe s.

**PHYLACTÈRE** famille sav. du gr. *phulattein* « garder », auquel se rattachent *phulaks* « gardien », *phulaxis* « protection, garantie » ; *prophulattein* « prendre des précautions contre », et *prophulaktikos* « de précaution ».

♦ [1] **PHYLACTÈRE** XIIe s. d'abord *filetière* : *phulaktêrion* « amulette qui préserve » : calque de l'hébreu *tephîlîn*, qui désigne des morceaux de parchemin portés au bras et au front par les Juifs pendant la prière et sur lesquels sont inscrits des versets de la Bible. ♦ [2] **PROPHYLACTIQUE** XVIe s. : *prophulaktikos*, d'où **PROPHYLAXIE** XVIIIe s., d'après *phulaxis*, ♦ [3] **ANAPHYLAXIE** XXe s. : de *phulaxis* et du préf. *ana* « une seconde fois ».

**PIAFFER** XVIe s. « faire des embarras », XVIIe s. équitation, XXe s. « s'impatienter » : dér. de *piaffe* XVIe s. « parade, magnificence », formation expressive ; **PIAFFEUR** XVIe s.

**PICR(O)-** gr. *pikros* « piquant, aigre », 1er élément de mots sav., ex. : **PICRIQUE** début XIXe s. ; **PICRATE** XIXe s. chimie, fin XIXe s. argot « mauvais vin » ; **PICROTOXINE** XIXe s.

**PIÈCE** ♦ [1] (pop.) XIe s. « morceau », XVIe s. monnaie et artillerie, XVIIe s. « œuvre » et « partie d'une habitation », XIXe s. *pièce montée* « sorte de pâtisserie » et *travailleur aux pièces* : lat. vulg. **pĕttia*, d'origine probablement celtique ; **PIÉÇA** XIIe s. « il y a une *pièce*, c.-à-d. un bon bout (de temps) » ; **PIÉCETTE** XIIIe s. ; **RAPIÉCER** XIVe s. ; **EMPIÈCEMENT** XIXe s. ♦ [2] **DÉPECER** XIe s. ; **DÉPÈCEMENT** XIIe s. ; **DÉPE-**

**CEUR** XIII^e s. : dér. anciens de **pettia*, dans lesquels le radical ne portait pas l'accent.

**PIED** famille d'une racine ind.-eur. **ped-*, **pod-*.

En grec, *pous, podos* « pied », d'où *polupous* « à plusieurs pieds », appliqué soit à la pieuvre, soit à une excroissance de chair; *antipous*, plur. *antipodes* « qui a les pieds à l'opposé des nôtres »; dimin. *podion* « petit pied », empr. par le lat. sous la forme *podium* avec le sens de « socle, balcon, parapet ».

En latin, *pes, pedis* « pied », « partie inférieure », « mesure de longueur », employé comme 1^er élément de composés dans *pediluvium* « bain de pieds »; comme 2^e élément de composés dans *bipes, tripes, quadrupes, -edis* « à deux, trois, quatre pieds ». À *pes, pedis* se rattachent (1) les dimin. *pedunculus* « queue d'une feuille » et *petiolus*, fausse graphie pour *peciolus* « queue des fruits » (2) les substantifs (a) *pedes, peditis* « fantassin » (b) *pedica* « toute espèce de piège pour prendre par la patte les animaux » et parfois « entraves », d'où bas lat. *impedicare* « prendre au piège, entraver » (3) les adj. *pedestris* « qui est à pied »; *pedalis* « de la longueur d'un pied »; bas lat. *pedo, -onis* « qui a de grands pieds » (4) les verbes *impedire* « entraver, empêcher de marcher », d'où *impedimenta* « bagages, équipement » (qui empêchent d'avancer) et *expedire* « dégager des entraves ou d'un piège », d'où « débrouiller une affaire », « se tirer d'affaire », « être utile ».

En germanique commun **fōt-*, d'où l'angl. *foot*.

**I.** mots populaires, demi-savants ou empruntés, d'origine latine

**A.** représentants de *pedem*, acc. de *pes, pedis*.

♦ [1] **PIED** X^e s., XI^e s., mesure, XIII^e s. en parlant d'un objet, XVI^e s. versification : *pĕdem;* **NU-PIEDS** XIV^e s.; **PIED-DROIT, SOUS-PIED** XV^e s.; **CONTRE-PIED** XVI^e s.; **PIED-À-TERRE, VA-NU-PIEDS** XVII^e s.; **PIED-DE-BICHE** XVIII^e s.; **PIED-NOIR** XIX^e s. (parce que les colons installés en Algérie portaient des chaussures noires, à la différence des Arabes); **PIED-DE-POULE, CASSE-PIEDS** XX^e s. ♦ [2] **TRÉPIED** XII^e s. : *tripes, tripedis*, dans lequel le sentiment de la composition a maintenu le *p* inaltéré. ♦ [3] **PIÉDESTAL** XV^e s. : it. *piedestallo*, composé de *piede* « pied » et *stallo* « support ». ♦ [4] **PEDIGREE** XIX^e s. : mot angl., empr. au fr. *pied de grue*, parce que les registres généalogiques des haras angl. utilisaient une marque formée de trois petits traits rectilignes, comme l'empreinte d'un pied d'oiseau. ♦ [5] **PÉTANQUE** XX^e s. : prov. *ped tanco* « pied fixe », c.-à-d. « fixé au sol, qui ne doit pas bouger », nom d'un jeu de boules.

**B.** représentants de *pedester*

♦ [1] **PIÈTRE** XIII^e s. : *pedester, -tris;* sens péjoratif en raison de l'infériorité du piéton par rapport au cavalier. ♦ [2] **PITRE** XVII^e s. *bon pitre* « brave homme »; XIX^e s. sens mod. : var. dial. (Franche-Comté) du fr. *piètre*. ♦ [3] **PÉTROUSQUIN** XIX^e s. : probablement croisement de *troussequin* « cul » (parce qu'il repose sur le troussequin de la selle) et *petras*, très répandu dans les dial. : dérivé ancien de *pedester*.

**C.** représentants de *pĕdĭca*

♦ [1] **PIÈGE** XII^e s. : *pĕdĭca;* **PIÉGER** XIII^e s., rare avant le XIX^e s.; **PIÉGEUR** XX^e s. ♦ [2] **EMPÊCHER** XII^e s. : *impĕdĭcāre;* **EMPÊCHEMENT** XII^e s.; **EMPÊCHEUR** XIII^e s.-XVIII^e s., puis XIX^e s., *empêcheur de danser en rond*. ♦ [3] **DÉPÊCHER** XIII^e s. « envoyer à la hâte », XV^e s. *se dépêcher* : formé sur le radical d'*empêcher*, comme antonyme; **DÉPÊCHE** XV^e s. « envoi », XVII^e s. « communication rapide ». ♦ [4] **PIGER** XVI^e s. « fouler (la terre) », dial. « mesurer une distance (au tir à l'arc, au jeu de bouchon) », d'où argot XIX^e s. « attraper », « comprendre » : pourrait représenter un lat. vulg. **pedicare* qui aurait signifié « mesurer du pied »; on a pensé aussi à **pinsiare* « fouler » → PÉTRIR; **PIGE** XIX^e s. « mesure linéaire », « année », « page de journal rédigée ou composée », et *faire la pige à quelqu'un* « le surpasser en se mesurant à lui »; **PIGISTE** XX^e s.

**D.** représentants de dérivés de *pes* formés sur la base *ped-*

♦ [1] **PÉAGE** XII^e s. : lat. vulg. d'époque carolingienne **pedāticum* « droit de mettre le pied ». ♦ [2] **PION** XII^e s. « fantassin » XIII^e s. « pièce du jeu d'échecs », XV^e s. « pauvre hère », XIX^e s. « surveillant de collège » : bas lat. *pedo, -ōnis*, devenu synonyme de *pedester*; **PIONNIER** XII^e s. « fantassin », XV^e s. « défricheur », XIX^e s. sens fig.; **PIONNE** XIX^e s. « surveillante ». ♦ [3] **PÉDALE** XVI^e s. orgue, XIX^e s. cyclisme et techn. : it. *pedale* : neutre substantivé de *pedalis*; **PÉDALIER** XIX^e s.; **PÉDALER, PÉDALEUR, PÉDALO** XX^e s.

**E.** représentants de dérivés de *pes* formés sur la base *pedit-* (voyelle radicale *e* normale; *ié* dans les formes ayant subi l'infl. de *pied.*)

♦ [1] **PIÉTAILLE** XII^e s. : lat. vulg. **pedĭtālia* avec influence de *pied*. ♦ [2] **PIÉTON** XIV^e s. : **pedĭtōne*. ♦ [3] **EMPIÉTER** XIV^e s., vénerie, « prendre dans ses serres », XVI^e s. « prendre », XVII^e s. sens mod.; **EMPIÉTEMENT** XVII^e s. ♦ [4] **PETON** XVI^e s. ♦ [5] **PIÉTINER** XVII^e s.; **PIÉTINEMENT, PIÉTIN** XVII^e s. ♦ [6] **PIÉTEMENT** XIX^e s. ♦ [7] **IMPEDIMENTA** XIX^e s. : mot lat.; **IMPÉDANCE** XX^e s., par l'angl.

**II.** mots savants d'origine latine

♦ [1] **EXPÉDITION** XIII^e^ s. : *expeditio;* **EXPÉDIER** XIV^e^ s. « terminer rapidement », « dégager », XVII^e^ s. « envoyer un messager », XVIII^e^ s. « envoyer des marchandises » : formé sur *expédition* et *expédient*; **EXPÉDIENT** XIV^e^ s. adj. et subst. : *expediens,* part. présent de *expedire*; **EXPÉDITEUR** XV^e^ s.; **EXPÉDITIF** et **EXPÉDITIONNAIRE** XVI^e^ s.; **RÉEXPÉDIER, RÉEXPÉDITION** XVIII^e^ s.; **EXPÉDITIVEMENT** XIX^e^ s. ♦ [2] **PÉDESTRE** XV^e^ s. subst. « fantassin », XVI^e^ s. adj. : *pedester.* ♦ [3] **-PÈDE** 2^e^ élément de composés, **QUADRUPÈDE** XV^e^ s.; **BIPÈDE, SOLIPÈDE** XVI^e^ s. ♦ [4] **PÉDI-** 1^er^ élément de composés, **PÉDICURE, PÉDILUVE, PÉDIMANE** XVIII^e^ s. ♦ [5] **PÉDONCULE** XVIII^e^ s. : *pedunculus.* ♦ [6] **PÉTIOLE** XVIII^e^ s. : *petiolus.*

**III.** mots d'origine grecque

**A.** mots populaires ou demi-savants

♦ [1] **PUY** XI^e^ s. « hauteur, montagne »; XIII^e^ s., p.-ê. par l'intermédiaire du sens d'« estrade », « société littéraire et religieuse organisant des concours de poésie » : lat. *pŏdium,* du gr. *podion.* ♦ [2] **APPUYER** XI^e^ s. : lat. vulg. **appŏdiāre,* dér. de *pŏdium* → le précéd.; **APPUI** XII^e^ s.; 1^er^ élément de composés, **APPUI-TÊTE** XIX^e^ s.; **APPUI-BRAS** XX^e^ s., etc. ♦ [3] **APPOGIATURE** XIX^e^ s. : it. *appoggiatura,* dér. de *appoggiare* « appuyer », de **appodiare.* ♦ [4] **POUACRE** XII^e^ s. « goutteux », XV^e^ s. « sale, laid », XVIII^e^ s. « avare » : adaptation du lat. *podager,* d'après le gr. *podagra* « piège qui saisit l'animal par le pied » et « goutte ». ♦ [5] **POULPE** XVI^e^ s. : adaptation du lat. *polypus,* du gr. *polupous.* ♦ [6] **PIEUVRE** XIX^e^ s. : mot dial. (îles Anglo-Normandes), introduit en fr. par V. Hugo : altération de *pieuve,* var. *pueuve,* de *pŏlȳpus.*

**B.** mots savants

♦ [1] **PODAGRE** XIII^e^ s. « goutte », a éliminé *pouacre*; XIV^e^ s. « goutteux » : *podager* et *podagra.* ♦ [2] **POLYPE** XIII^e^ s. « poulpe », XV^e^ s. méd. : *polupous,* par le lat. → ci-dessus POULPE, et PIEUVRE; **POLYPEUX** XVI^e^ s.; **POLYPIER** XVIII^e^ s. ♦ [3] **ANTIPODES,** plur. XIV^e^ s. : *antipodes,* par le lat. ♦ [4] **PODIUM** XVIII^e^ s. : mot lat., du gr. *podion.* ♦ [5] **PODO-** 1^er^ élément de composés sav., ex. : **PODOMÈTRE** XVIII^e^ s. ♦ [6] **-PODE** 2^e^ élément de composés sav. exprimant l'idée de « pied », ex. : **CÉPHALOPODE, GASTÉROPODE, LYCOPODE** XVIII^e^ s.; **DÉCAPODE, MYRIAPODE, BRACHIOPODE** XIX^e^ s.

**IV.** mots d'origine germanique

♦ [1] **FOOTBALL** XVII^e^ s., puis XIX^e^ s. : mot angl. « balle au pied »; **FOOTBALLEUR** XX^e^ s. ♦ [2] **FOOTING** XIX^e^ s. « marche à pied » : mot angl. détourné de son sens, « point d'appui pour le pied », « fondement ».

**PIERRE** famille du gr. *petra* « rocher », empr. anciennement avec le même sens par le lat. et dont il existait une var. masc. *petros;* dérivé *petraios* « rocailleux ».

**I.** mots populaires

♦ [1] **PIERRE** XI^e^ s. : *pĕtra;* pour les mots sav. exprimant la notion de « pierre » → aussi SAX-, LAPIDAIRE et LITH(O)-; **PIERRETTE, PIERRIER, PIERREUX** XII^e^ s.; **PIERRERIE, PIERRAILLE, EMPIERRER** XIV^e^ s.; **ÉPIERRER** XVI^e^ s.; **EMPIERREMENT** XVIII^e^ s.; **ÉPIERREMENT** XIX^e^ s.; **ÉPIERRAGE** XX^e^ s.; **PIERRE,** prénom masc. : lat. *Petrus* : gr. *Petros* : traduction d'un mot hébreu signifiant « rocher », nom donné par le Christ à l'apôtre Simon après sa profession de foi, marquant ainsi qu'il faisait de lui la « pierre » angulaire de l'Église (Mt., XVI, 18) → aussi Annexe III. ♦ [2] **PERRON** XI^e^ s. « grosse pierre »; XIII^e^ s. sens mod. : lat. vulg. **petro, -ōnis,* dér. de *petra.* ♦ [3] **PERSIL** XII^e^ s. : lat. vulg. **petrosīlium,* du class. *petroselinum,* du gr. *petroselinon,* littéralement « persil de rocaille » ou « persil sauvage »; pour le 2^e^ élément → CÉLERI; **PERSILLÉ** XVII^e^ s.

**II.** mots savants

♦ [1] **PÉTROLE** et dér. → HUILE. ♦ [2] **PÉTRIFIER, PÉTRIFIANT, PÉTRIFICATION** XVI^e^ s. : dér. sur *petra.* ♦ [3] **PÉTRÉ** XVI^e^ s. : gr. *petraios.* ♦ [4] **PÉTRO-** 1^er^ élément de composés sav. exprimant l'idée de « pierre », ex. : **PÉTROGRAPHIE** XIX^e^ s. ou de « pétrole », **PÉTROCHIMIE** XX^e^ s.

**PIGNOCHER** ♦ [1] (pop.) XVII^e^ s. « manger du bout des dents », XIX^e^ s. « peindre à petits coups de pinceau » : altération, p.-ê. sous l'influence de *peigner,* du moyen fr. *épinocher* XVI^e^ s., p.-ê. dér. d'*épine* « ôter les épines » ou d'*épinoche* « petit poisson rejeté par les pêcheurs »; **PIGNOCHAGE, PIGNOCHEUR** XIX^e^ s. ♦ [2] **PINAILLER** fam. XX^e^ s. « ergoter » : p.-ê. altération de *pignocher,* dont une var. *pinocher* est attestée au XVIII^e^ s.

**PIGNON** famille lat., p.-ê. fém. d'un anc. adj. **pinnus* « pointu »; *pinna* (p.-ê. var. dial. de *penna* → PANNE), qui, outre les sens de « plume, aile », a pris, par métaph., toute sorte de sens techniques, entre autres celui de « créneau d'une muraille », d'où bas lat. pinnacŭlum « faîte ».

♦ [1] **PIGNON,** archit. (pop.) XII^e^ s. : lat. vulg. **pinnio, -ōnis,* dér. de *pinna.* ♦ [2] **PINACLE** (sav.) XIII^e^ s. « faîte du temple de Jérusalem »; survit dans la locution *porter au pinacle* : *pin-*

*nacŭlum*. ♦ [3] **PINNULE** (sav.) XVI^e s. : *pinnula*, dimin. de *pinna* au sens d'« aile ». ♦ [4] **PINNIPÈDE** (sav.) XIX^e s. : composé de *pinna* au sens de « nageoire » et de *pes, pedis* → PIED.

**PILE** famille du lat. *pīla* « pilier » et « jetée », d'où *pīlāre* « enfoncer comme un pilier », « entasser » et bas lat. « piller, voler »; *compilare* « piller un écrivain ».

♦ [1] **PILE** (pop.) XIII^e s. « pilier », puis « tas d'objets mis les uns sur les autres » : *pīla*; **PILIER** XII^e s. : altération, par substitution de suff., de *piler* XI^e s. : lat. vulg. **pīlāre*, adj. neutre substantivé, dér. de *pīla*; **EMPILER** XII^e s.; **REMPILER** XIV^e s. *soi rempiler* « se joindre à un groupe », XX^e s. « rengager »; **PILOTIS** XIV^e s. : dér. de *pilot*, lui-même dér. de *pile*; **EMPILEMENT** XVI^e s. ♦ [2] **PILE** XII^e s. « revers d'une monnaie » : *pīla*, qui avait pris le sens de « coin à frapper les monnaies »; d'où argot XIX^e s. « sur le dos » dans l'expression *tomber pile*, le dos humain étant comparé au revers d'une monnaie, puis XX^e s. *s'arrêter pile* « s'arrêter net, court »; le sens propre survit dans *jouer à pile ou face* XIX^e s. ♦ [3] **PILE** XIX^e s. électr., à l'origine « disques de métal empilés » : it. *pila*, du lat. *pila*. ♦ [4] **PILLER** (pop.) XIII^e s. « malmener », puis « voler » : probablement, comme l'it. *pigliare*, du lat. vulg. **piliare*, altération du class. *pilare*; **PILLAGE, PILLARD, PILLEUR** XIV^e s. ♦ [5] **PILASTRE** XIII^e s., rare avant le XVI^e s. : it. *pilastro*, dér. de *pila*. ♦ [6] **PILORI** (sav.) XII^e s. : adaptation du lat. vulg. *pilorium*, dér. de *pila*. **COMPILER** (sav.) XII^e s. : *compilare*; **COMPILATION** XIII^e s. : *compilatio*; **COMPILATEUR** XV^e s. : *compilator*.

**PILOTE** XIV^e s. : it. *pilota* et *piloto*, altération, p.-ê. sous l'influence de *pileggio* « roue de navigation » (de la famille de *pelagos* → PLAIN), de *pedoto*, dér. du gr. *pêdon* « gouvernail », p.-ê. par un gr. byzantin **pēdotēs*; **PILOTER, PILOTAGE** XV^e s.

**PIN** famille du lat. *pinus* « pin », p.-ê. formé sur une base **pit-* « résine » → *pituita*, art. PÉPIE, et de son dér. *(nux) pinea* « pomme de pin ».

**I.** famille de *pinus*

♦ [1] **PIN** (pop.) XI^e s. : *pīnus*; **PINOT** XIV^e s., var. orthogr. **PINEAU** XV^e s.; XIX^e s. *pineau des Charentes* « vin liquoreux » : nom d'un plant de vigne, dont la grappe ressemble à la pomme de pin; **PINARD** XIX^e s. fam. : altér. de *pineau* → PIPER, Annexe II. ♦ [2] **PINASSE** ou **PINACE** XV^e s. : esp. *pinaza*, du lat. vulg. **pinacea*, dér. de *pinus* « bateau en bois de pin »; **PÉNICHE** XIX^e s. : angl. *pinace*, lui-même empr. au fr. ♦ [3] **PINÈDE** XIX^e s. : prov. *pinedo*, dér. de *pinus*. ♦ [4] **PINI-** (sav.) 1^er élément de composés, ex. : **PINIFÈRE, PINICOLE** XIX^e s.

**II.** famille de *pinea*

♦ [1] **PIGNE** XV^e s. : prov. *pinha*, du lat. *pinea*; **PIGNON** « amande de pin » XVI^e s. : prov. *pinhon*, dér. de *pinha* « pomme de pin ». ♦ [2] **PINÉAL** (sav.) XVI^e s., surtout dans *glande pinéale*, ainsi appelée à cause de sa forme : dér., sur *pinea*.

**PINACOTHÈQUE** (sav.) XIX^e s. : gr. *pinakothêkê* « dépôt de tableaux », de *pinax, -akos* « planche, tablette, carte », par le lat.

**PINCEAU** famille du lat. *penis* « membre viril » et « queue », dimin. *penicillus* « pinceau ».

♦ [1] **PINCEAU** (pop.) XII^e s. : lat. vulg. **pīnīcĕllus*, altération, par assimilation vocalique, de **pēnīcĕllus*, var. de *pēnīcĭllus*. ♦ [2] **PÉNIS** XVII^e s. : mot lat. ♦ [3] **PÉNICILLE** ou **PÉNICILLIUM** XIX^e s. sorte de champignon ainsi appelé à cause de sa forme lat. *penicillum*; **PÉNICILLÉ** XVIII^e s. « en forme de pinceau », ♦ [4] **PÉNICILLINE** XX^e s. : angl. *penicillin*, dér. du précédent.

**PINCER** famille populaire d'une base expressive *pints* qui évoque une saisie rapide et brusque et qui a son équivalent, avec et sans nasale, en italien. ♦ [1] **PINCER** XII^e s.; **PINCÉ** XVII^e s. adj. « mécontent et prétentieux »; **PINCÉE** XVII^e s., subst. ♦ [2] **PINCETTES, PINCE** XIV^e s.; **PINÇON, PINCEMENT** XVI^e s.; **PINCE-MONSEIGNEUR** XIX^e s. : dér. de *pincer*. ♦ [3] **PINCE-** 1^er élément de composés, ex. : **PINCE-SANS-RIRE** XVIII^e s.; **PINCE-MAILLE** XV^e s.; **PINCE-NEZ** XIX^e s.; **PINCE-FESSE** XX^e s. ♦ [4] **PIZZICATO** XVIII^e s. mus. : mot it. « en pinçant la corde ». ♦ [5] **PIZZA** XIX^e s. cuis. : mot it. obs., se rattache peut-être à cette famille, encore que d'autres étymologies aient été proposées; **PIZZERIA** XX^e s.

**PINGOUIN** XVII^e s. : mot d'origine inconnue entré en fr. par les livres de voyages hollandais.

**PINGRE** XV^e s., *Le Pingre*, nom propre; XVI^e s. et dial. (Anjou) *les pingres* « jeu d'osselets »; XVIII^e s. argot « brigand »; XIX^e s. argot « mendiant », « pauvre » et « avare » : mot obscur; on a pensé à un croisement de l'anc. fr. *pegre, pigre* XII^e s. « paresseux », du lat. *piger*, avec *heingre* XI^e s. « décharné », lui-même d'origine obscure, p.-ê. apparenté à l'all. *Hunger* « faim »; **PINGRERIE** XIX^e s.

**PINSON** (pop.) XII^e s. : lat. vulg. **pincio, -ōnis*, d'origine gauloise.

**PIQUER** famille d'une base expressive à structure consonantique *p-k*, très répandue dans les langues européennes, et de sa var. plus rare *p-ch*. Sens de base : « petit coup » donné avec un objet pointu, dans le cas de *p-k*, avec un objet plus gros et émoussé, dans le cas de *p-ch*. À cette notion se rattachent, pour *p-k*, celles de « petitesse » et de « pointe », « bec »; pour les deux, celle de « coup », avec deux valeurs métaph. : (1) « mesure » (un « coup » de vin) (2) « dessin ébauché à grands traits » (synonymes *taper, croquer, chiquer*, qui expriment tous la notion de « coup »).

**I.** mots reposant sur une base *-pik-*

**A.** mots de formation romane ou française

♦ [1] **PIQUER** XIIe s. « percer d'une pointe », XIVe s. « voler », XVIe s. « démanger » et « vexer », XXe s. « descendre à la verticale »; **DÉPIQUER** XIIIe s.; **PIQUANT, PIQUEUR** XIVe s.; **PIQUE** « altercation », **PIQÛRE** XVe s.; **REPIQUER** XVIe s.; **PIQUÉ** XVIIe s. « vermoulu », XIXe s., subst. étoffe, adj. « fou », XXe s. subst. « descente verticale »; **PIQUAGE, REPIQUAGE** XIXe s. ♦ [2] **PIQUET** XVIIe s. (XIVe s. *pichet*) « pieu », « jeu de cartes », XVIIIe s. « punition militaire consistant à rester immobile le pied sur un piquet », d'où XIXe s. « punition scolaire »; XVIIIe s. « pieu pour attacher les chevaux », d'où « petit détachement de cavaliers », puis XIXe s. *piquet de grève*; **PIQUETER** XIVe s.; **PIQUETTE** XVIe s. ♦ [3] **PICOT** XIVe s. diverses sortes de pointes; **PICOTER** XIVe s.; **PICOTEMENT** XVIe s.; **PICOTIN** XIIIe s. « mesure d'avoine », à rapprocher de *picot, picote* XIVe s. « mesure de vin ». ♦ [4] **PIQUE-NIQUE** XVIIe s. : dér. de *piquer* au sens de « donner un coup de dent », « manger », p.-ê. croisé avec *nique* « chose sans valeur »; **PIQUE-NIQUER** XIXe s. ♦ [5] **PIQUE-** 1er élément de composés dans **PIQUE-BŒUF** XVIe s.; **PIQUE-ASSIETTE, PIQUE-BOIS, PIQUE-FEU** XIXe s. ♦ [6] **PIC** XIIe s. « outil »; **PIQUER** XIIIe s. « miner à coup de pic »; **PIQUEUR** XIVe s. « ouvrier qui travaille au pic »; **MARTEAU-PIQUEUR** XXe s.; **PIOCHE** XIVe s. : dér. de *pic*, prononcé *pi*; **PIOCHER** XIVe s.; **PIOCHAGE** XVIe s.; **PIOCHEUR** XVIe s. ♦ [7] **PIC** XIVe s. « montagne pointue ». ♦ [8] **PIC** « coup de pointe » XVIIe s.; survit dans la locution **À PIC**, et la formule du jeu de piquet **PIC, REPIC** et **CAPOT**. ♦ [9] **PICORER** XVIe s., d'abord « marauder » : de *piquer* « voler », p.-ê. croisé avec *pécore* « pièce de bétail »; **PICOREUR** XVIe s.

**B.** mots d'origine latine

**PIE** (pop.) XIIe s. : *pīca*; **PIC** (oiseau) XVIe s. : lat. vulg. **pĭccus*, var. expressive de *pīcus*; **PIVERT** XVe s. : pour *pic verd; pīcus* et *pīca* sont vraisemblablement d'origine onom. et expriment l'idée de « becqueter ».

**C.** mots empruntés à des langues vivantes

♦ [1] **PIQUE** XIVe s. « arme », XVIe s. « une des deux couleurs noires des cartes, en forme de fer de pique » : néerl. *pike*. ♦ [2] **PICAILLONS** (pop.) XVIIIe s., seulement au plur. : mot dial. (Savoie) « petite monnaie piémontaise » : dér. de l'anc. prov. *piquar* « sonner, tinter », exprimant le choc de petits objets métalliques. ♦ [3] **PÉKIN** ou **PÉQUIN** XVIIIe s. « civil » en argot milit. : prov. *pequin* « maigre, malingre », fondé, comme l'esp. *pequeño* « petit », sur une base *pekk-*, var. de *pikk-* sur laquelle repose l'it. **PICCOLO** « petit », employé comme subst. en fr., XIXe s., au sens de « petite flûte ». ♦ [4] **PICADOR** fin XVIIIe s. : mot esp. dér. de *picar* au sens de « piquer »; **PICARESQUE** XIXe s. : esp. *picaresco*, dér. de *picaro* « brigand, aventurier », probablement argot, dér. de *picar*, équivalent esp. du fr. *piquer*, qui pouvait désigner divers petits métiers propres aux *picaros*. ♦ [5] **PICK-POCKET** XVIIIe s., mot composé angl. « cueille-poche »; second élément empr. à l'anglo-normand *poquette*, var. anc. fr. *pochette* → POCHE; **PICK-UP** XXe s. : mot angl., subst. dér. de *to pick up* « recueillir (les sons) ».

**II.** mot reposant sur une base *pok-*

**POQUER** XXe s. argot « puer », une bouffée de mauvaise odeur pouvant être comparée à un coup.

**III.** mots reposant sur une base *pich-*

♦ [1] **PICHET** XIIIe s. : mot dial. (Centre) : lat. médiéval *picarium*, p.-ê altération, sous l'influence de la base *pik-*, du bas lat. *becarius*, du gr. *bikos* « sorte de vase ». ♦ [2] **PICHENETTE** « petit coup » XIXe s. : formation parallèle à *chiquenaude* et à *croquignole*, dér. de *chiquer* et *croquer*, qui ont tous deux le sens de « frapper » → ces mots, art. CHOPER.

**IV.** mots reposant sur une base *-poch-*

♦ [1] **POCHER** XIIe s. « meurtrir l'œil par un coup violent », d'où « saisir dans un liquide bouillant », XVIe s. peinture « esquisser »; **POCHADE, POCHOIR** XIXe s. ♦ [2] **POCHON** XIIe s. « mesure pour le vin », puis « coup »; p.-ê. faut-il rattacher à ce mot **POCHARD** XVIIIe s. « ivrogne »; **SE POCHARDER, POCHARDISE** XIXe s. « s'enivrer », « ivrognerie ».

**PIRE** famille d'une racine ind.-eur. **pet-*, var. **ped-* « tomber », p.-ê. apparentée à **pete-* « s'élancer vers » → PANNE.

En grec, redoublement de la consonne initiale et voyelle zéro, *piptein* « tomber », d'où *ptôsis* « chute »; *sumpiptein* « tomber ensemble, coïncider », d'où *sumptôma* « coïncidence » et « coïncidence de signes », *asumptôtos* « qui ne

coïncide pas »; *peripiptein* « tomber sur le côté », « rencontrer par hasard », d'où *peripeteia* « malheur imprévu », « phase d'une tragédie ».
En latin, sens figuré, *pejor*, issu de **ped-yos-*, et *pessimus* issu de **ped-tomos*, « plus mauvais » et « le plus mauvais », qui servent de comparatif et de superlatif à *malus* → MAL.

**I.** mots d'origine latine

♦ [1] **PIRE** (pop.) XIIe s. : cas sujet, du nominatif lat. *pĕjor* (le cas régime *pieur* : acc. lat. *pejōrem*, a disparu au XVe s.); **EMPIRER** XIe s. : lat. vulg. **impejorāre*, avec influence de *pire*; **PIS** Xe s. : *pĕjus*, neutre de *pĕjor*; **PIS-ALLER** XVIIe s. ♦ [2] **PÉJORATIF** (sav.) XVIIIe s. : dér., sur le bas lat. *pejorare* « rendre pire »; **PÉJORATION** XXe s. ♦ [3] **PESSIMISME** et **PESSIMISTE** XVIIIe s. : dér., sur *pessimus*.

**II.** mots d'origine grecque

♦ [1] **PÉRIPÉTIE** XVIIe s. : *peripeteia*. ♦ [2] **SYMPTÔME** XVIe s. : *sumptôma*; **SYMPTOMATIQUE** XVIe s. : *sumptomatikos*; **SYMPTOMATOLOGIE** XIXe s. ♦ [3] **ASYMPTOTE** d'où **ASYMPTOTIQUE** XVIIe s. : *asumptôtos*. ♦ [4] **PTÔSE** XXe s. : *ptôsis*.

**PIROGUE** XVIIe s. : caraïbe *piragua*, par l'esp.

**PIS** (subst. masc.) famille du lat. *pectere, pexus* « peigner », auquel se rattachent (1) *pectus, pectoris*, littéralement « la partie velue du corps », d'où, class., « la poitrine » (considérée comme siège de l'âme, de l'intelligence); dér. *expectorare* « chasser du cœur » et bas lat. *pectoralis* « de la poitrine » (2) *pecten, -inis* « peigne », d'où *pectinare* « peigner ».

**I.** mots de la famille de *pectus*

♦ [1] **PIS** (pop.) Xe s. « poitrine », XVIe s., restreint aux mamelles des bêtes laitières : *pĕctus*. ♦ [2] **POITRINE** XIe s. « cuirasse » et synonyme de *pis*, qu'il a éliminé au XVIe s. : lat. vulg. **pĕctŏrīna*, adj. fém. substantivé dér. de *pectus*; **POITRINAIRE** XVIIIe s. Pour les mots savants exprimant l'idée de « poitrine » → THORAX. ♦ [3] **IN PETTO** XVIIe s. : locution it. « dans la poitrine », « secrètement » : *petto*, équivalent phonétique du fr. *pis*. ♦ [4] **PECTORAL** XIVe s. liturgie, XVIe s. méd. : *pectoralis*; **EXPECTORER** XVIIe s. « exprimer publiquement », XVIIIe s. méd. : *expectorare*; **EXPECTORATION** XVIIe s.

**II.** mots de la famille de *pecten*

♦ [1] **PEIGNER** (pop.) XIIe s. : *pectĭnāre*; **PEIGNE** XIIe s. : dér. de *peigner*; **PEIGNOIR** XVe s.; **PEIGNE-CUL** XVIIIe s.; **PEIGNAGE, PEIGNE** techn., **DÉPEIGNER** XIXe s.; **PEIGNÉE** XIXe s. argot, dér. de *peigner* au sens de « arracher les cheveux, griffer ». ♦ [2] **PÉNIL** (pop.) XIIe s. : lat. vulg. **pectĭnĭcŭlum*, dimin. de *pecten*. ♦ [3] **PIGNON** (pop.) XIVe s. *peignon*, mécanique : dér. de *peigne*. ♦ [4] **PECTINÉ** (sav.) XVIIe s. : *pectinatus* « en forme de peigne »; **PECTEN** XVIIIe s. zool. : mot lat.

**PISSER** ♦ [1] (pop.) XIIe s. : lat. vulg. **pissiāre*, d'origine expressive; **PISSAT, PISSEUR** XIIIe s.; **PISSOIR** XVe s.; **PISSEUX, PISSOTER, PISSOTIÈRE, PISSENLIT** (à cause des vertus diurétiques attribuées à cette plante) XVIe s.; **PISSE** XVIIe s. ♦ [2] **PISSE-** 1er élément de composés, ex. : **PISSE-VINAIGRE** XVIIe s.; **PISSE-FROID** XVIIIe s.

**PISTACHE** (sav.) XIIIe s. : gr. *pistakion* ou *pistakê*, par le lat., mot d'origine orientale; réintroduit au XVIe s. sous l'influence de l'it. *pistaccio*; **PISTACHIER** XVIe s.

**PISTOLE** XVIe s. « petite arquebuse », d'où **PISTOLET** XVIe s. : all. *Pistole*, du tchèque *pichtal* « arme à feu » (→ aussi OBUS); le dimin. *pistolet*, puis le simple *pistole*, ont été appliqués par plaisanterie, au cours du XVIe s., aux écus d'Espagne, réduits à de plus petites dimensions que ceux de France, puis à d'autres sortes de monnaies.

**PITIÉ** famille de l'adj. lat. *pius*, mot italique qui a dû signifier à l'origine « pur » et a dans la langue class. le sens de « qui accomplit ses devoirs envers les dieux et ses parents ». S'y rattachent (1) *pietas* « piété envers les dieux et les parents », « sentiment du devoir », et lat. imp. « pitié », et les antonymes *impius* et *impietas* (2) *piare* et *expiare* « honorer suivant le rite » et « purifier, apaiser, rendre propice par un sacrifice », d'où *expiatio, expiatorius, inexpiabilis*.

♦ [1] **PITIÉ** (pop.) XIe s. : *pietas, -ātis*; **APITOYER, PITOYABLE** XIIIe s.; **IMPITOYABLE** XVe s.; **APITOIEMENT** XIXe s. ♦ [2] **PITANCE** (pop.) XIIe s. « piété », « pitié », « fondation pieuse », puis « subsistance des moines assurée par ces fondations » : dér., sur le rad. de *pitié*, par substitution d'un suff. à la syllabe finale. ♦ [3] **PITEUX** (pop.) XIIe s. « compatissant », XVIe s. « digne de pitié » : bas lat. *pietōsus*, dér. de *pietas*, avec influence de *pitié*. ♦ [4] **PIE** (pop.) XIIe s. : adj. fém. *pīa*, var. de *pĭa*; le masc. aboutissait à *pis*, cas sujet, de *pīus*, et *piu*, cas régime, de *pīu(m)*; il a été refait en **PIEUX** XIVe s., d'où deux couples d'adj. : masc. *piu*, fém. **PIE** qui survit dans **PIE-MÈRE** → MÈRE, et **ŒUVRE PIE** XVIe s.;

et d'autre part, **PIEUX, PIEUSE** XIV^e^ s. ♦ [5] **PIÉTÉ** (sav.) XII^e^ s. : *pietas, -atis.*; **PIÉTISTE** XVII^e^ s. : all. *Pietist* de même origine; **PIÉTISME** XVIII^e^ s. ♦ [6] **IMPIÉTÉ** (sav.) XII^e^ s., rare avant le XVII^e^ s. : *impietas*; **IMPIE** (sav.) XV^e^ s. : *impius.* ♦ [7] **EXPIATION** (sav.) XII^e^ s. : *expiatio*; **EXPIER** XIV^e^ s. : *expiare*; **INEXPIABLE** XV^e^ s. : *inexpiabilis*; **EXPIATOIRE** XVI^e^ s. : *expiatorius.*

**PIVOINE** (demi-sav.) XVI^e^ s. : altération inexpliquée de l'anc. fr. *peone* XII^e^ s., *pione* XIV^e^ s., du gr. *paiônia* « id. », fém. substantivé de *paiônios* « propre à guérir, salutaire », par le lat.

**PIVOT** XII^e^ s., mot obscur qu'on peut rapprocher de l'angl. *pue* « dent de herse », anc. prov. *pua* « dent de peigne », esp. *pua, puga* « pointe »; représenterait les formes conjecturales **puivot*, dér. de **puie*, ces mots remontant à une forme **puga* d'origine inconnue.

**PLACENTA** (sav.) XVI^e^ s. « gâteau, galette », XVII^e^ s. « enveloppe du fœtus », par métaphore : lat. *placenta*, adaptation du gr. *plakous, -ountos* « gâteau »; **PLACENTAIRE** XIX^e^ s.

**PLAGIAIRE** représentants sav. du gr. *plagios* « oblique » et « fourbe ».
♦ [1] **PLAGIAIRE** XVI^e^ s., litt. : lat. *plagiarius*, dér. de *plagium* « détournement et recel des esclaves d'autrui », du gr. *plagion*, neutre substantivé de *plagios* « fourberie »; **PLAGIAT** XVII^e^ s.; **PLAGIER** fin XVIII^e^ s. ♦ [2] **PLAGAL** XVI^e^ s. mus. : dér. du lat. eccl. *plaga*, altération du gr. *plagia*, fém. de *plagios* « (mode) oblique », qui s'oppose en plain-chant à *mode authentique* ♦ [3] **PLAGE** → PLAIN, **I. C.**

**PLAIN** famille d'une racine ind.-eur. **pela-*, **plā-* « ce qui est plat, étendu », qui apparaît avec divers élargissements dans le grec *pelagos* « la surface de la mer », et en latin dans (1) *planus* « plat, uni, à deux dimensions » et « clair, facile », d'où bas lat. *planum* « plaine », *planare* « aplanir », *plana* « plane, doloire » (2) *palma* « paume de la main », « branche de palmier », « patte (de canard) » (3) probablement aussi *plaga* « chose étendue » (en particulier « filet de chasse ») et « espace, zone ».

**I.** mots d'origine latine

**A.** famille de *planus*

♦ [1] **PLAIN** (pop.) XII^e^ s. « plan, uni », qui survit dans **PLAIN-CHANT** XII^e^ s. et **DE PLAIN-PIED** XVII^e^ s. ♦ [2] **PLAINE** XVI^e^ s. : fém. substantivé de *plain* (qui, en anc. fr. s'employait aussi comme subst. en ce sens); **PÉNÉPLAINE** → REPENTIR.

♦ [3] **PLANER** (pop.) XII^e^ s. « voler sans remuer les ailes », XVII^e^ s. « dominer par la pensée », XVIII^e^ s. « embrasser du regard » et « être menaçant, comme un oiseau qui plane au-dessus de sa proie » : dér. ancien de *planus*; **PLANEUR** XX^e^ s. ♦ [4] **PLANER** XII^e^ s. (pop.) techn. : *planāre*; **PLANE** XIV^e^ s. : réfection, sous l'influence de *planer*, de *plaine* XII^e^ s. : *plana*; **APLANIR, APLANISSEMENT** XIV^e^ s. ♦ [5] **ESPLANADE** XV^e^ s. : adaptation, d'après la base *plan-*, de l'it. *spianata* « espace libre devant le glacis d'une fortification », part. passé substantivé de *spianare* « aplanir », du lat. vulg. **explanare*, dér. de *planus.* ♦ [6] **PIANO** XVII^e^ s., adv., et son superlatif **PIANISSIMO** « doucement, très doucement » : mots it., du lat. *planus, planissimus*; **PIANO** XVIII^e^ s. subst. « instrument de musique » : abrév. de l'it. *piano forte*, littéralement « doux-fort », parce qu'à la différence du clavecin, il permet de jouer à volonté doucement ou fort; **PIANOTER, PIANISTE** XIX^e^ s.; **PIANISTIQUE** XX^e^ s. ♦ [7] **PLAN** (sav.) XVI^e^ s. adj. « plat » et subst. « surface plane » : *planus*; **ARRIÈRE-PLAN** XIX^e^ s. peinture; **PLANI-** 1^er^ élément de composés sav., ex. : **PLANIMÉTRIE** XVI^e^ s.; **PLANIMÈTRE** XIX^e^ s.; **PLANISPHÈRE** XVI^e^ s.; **-PLANE, -PLAN**, 2^es^ éléments de composés sav. en aéronautique, ex. : **AÉROPLANE** XIX^e^ s.; **BIPLAN, MONOPLAN** XX^e^ s.

**B.** famille de *palma*

♦ [1] **PAUME** (pop.) XI^e^ s. « plat de la main » et « mesure de longueur », XIV^e^ s. « jeu de balle » : *palma*; **PAUMER** XIII^e^ s. « toucher de la main », XVI^e^ s., argot « prendre », d'où **PAUMÉ** XIX^e^ s., argot « perdant au jeu »; **EMPAUMER** XV^e^ s. « saisir », XVII^e^ s. « séduire ». ♦ [2] **PALME** (sav.) XIII^e^ s. (XII^e^ s. *paume*) « branche de palmier » : *palma*; **PALMIER** XII^e^ s.; **PALMETTE** et **PALMERAIE** XVII^e^ s.; **PALMAIRE** XVI^e^ s.; **PALMÉ** XVIII^e^ s.; **PALMI-** 1^er^ élément de mots sav. exprimant l'idée de « paume » ou de « palme », ex. : **PALMIPÈDE** XVI^e^ s.; **PALMIFORME** XIX^e^ s. ♦ [3] **PALMISTE** XVII^e^ s. : mot créole des Antilles, altération de l'esp. *palmito* « petit palmier ». ♦ [4] **PALMITINE** (sav.) XIX^e^ s. « produit tiré de l'huile de palme » : dér. sur *palma*; **PALMITIQUE, PALMITATE** XIX^e^ s. ♦ [5] **NAPALM** (sav.) XX^e^ s. : mot composé de *Na* symbole chimique du *sodium* et du début du mot *palmitate* → le précéd.

**C. PLAGE** XIII^e^ s., puis XV^e^ s. : it. *piaggia* « pays », « plage », « coteau », qui provient sans doute du croisement du lat. *plaga* et du gr. *plagios* « oblique » → PLAGIAIRE.

**II.** mots d'origine grecque

♦ [1] **ARCHIPEL** XIV^e^ s. : it. *arcipelago*, qui doit remonter à un gr. byzantin **arkhipelagos*

« mer principale » → ARCHIVES, désignation de la mer Égée et des îles qui s'y trouvent. ♦ [2] **PÉLAGIEN** (sav.) XVIIIᵉ s. et **PÉLAGIQUE** XIXᵉ s. : d'après *pelagos* « mer ».

**PLAINDRE** famille d'une racine ind.-eur. **plag-*, **plak-* « frapper », d'origine onom.
En grec (1) dial. dorien *plāgā*, attique *plêgê* « coup » (2) *plêssein*, issu de **plak-y-ein* « frapper », d'où *plêktron* « objet pour frapper », « sorte d'archet pour les instruments à cordes »; composés : *apoplêssein* « renverser, frapper de stupeur », d'où *apoplêxia* « paralysie »; *hêmiplêgês* « à moitié frappé », de *hêmi* « à moitié » et *plêssein*, *plêgê*; *paraplêssein* « frapper de côté », d'où *paraplêgia* « paralysie partielle ou légère » (3) *plazein*, de **plagg-yein* « faire vaciller », « écarter du droit chemin », d'où *plagtos* « errant ».
En latin (1) *plaga* « coup, plaie », p.-ê. empr. au gr. dorien par le sud de l'Italie, p.-ê. de formation lat. (2) avec infixe nasal, *plangere*, *planctus* « se frapper en signe de deuil », « se lamenter ».

**I.** mots d'origine latine

♦ [1] **PLAINDRE** (pop.) XIᵉ s. : *plangĕre*; **PLAIGNANT** XIIIᵉ s. subst. : forme de part. présent. ♦ [2] **PLAINTE** (pop.) XIIᵉ s. : *plancta*, part. passé fém. substantivé de *plangere*; **COMPLAINTE** XIIᵉ s. « plainte en justice », XVIᵉ s. « chanson plaintive » : part. passé fém. substantivé de l'anc. fr. *complaindre*, dér. de *plaindre*; **PLAINTIF** XIIᵉ s. ♦ [3] **PLAIE** (pop.) XIᵉ s. « blessure » et « calamité » (sous l'influence de l'expression relig. *les dix plaies d'Égypte*) : *plaga*.

**II.** mots savants d'origine grecque

♦ [1] **PLECTRE** XIIIᵉ s. : *plêktron*, par le lat. ♦ [2] **APOPLEXIE** XIIIᵉ s. : *apoplêxia*, par le lat.; **APOPLECTIQUE** XIVᵉ s. : *apoplêktikos*, par le lat. ♦ [3] **PARAPLÉGIE** XVIᵉ s. et **PARAPLÉGIQUE** XIXᵉ s. : dér. sur *paraplêgês*. ♦ [4] **HÉMIPLÉGIE** XVIIIᵉ s. : *hêmiplêgia*; **HÉMIPLÉGIQUE** XIXᵉ s. ♦ [5] **PLANCTON** ou **PLANKTON** XXᵉ s., d'abord en all. XIXᵉ s. : *plagton*, neutre substantivé de *plagtos*, littéralement « (végétaux) qui errent (dans la mer) ».

**PLAISIR** famille du lat. *placēre*, *placĭtus* « plaire, agréer », auquel se rattachent (1) *placitum*, part. passé neutre substantivé « opinion agréée, décision, principe » (2) *placare* « tâcher de faire agréer », « apaiser, réconcilier », d'où *placabilis* et *implacabilis* « qui peut » ou « qui ne peut être apaisé » (3) *placidus*, à l'origine « qui plaît », mais lat. class. « paisible »; d'où *placiditas* (4) les composés *complacere* « plaire en même temps », « plaire beaucoup » et *displicere* « déplaire ».

**I.** mots populaires

♦ [1] **PLAISIR** XIᵉ s. infinitif, XIIIᵉ s. limité à l'emploi substantivé : *placēre*; **DÉPLAISIR** XIIIᵉ s. : dér. de *plaisir*. ♦ [2] **PLAISANT** (pop.) XIIᵉ s. « agréable », XVIᵉ s. « amusant » : *placens, -entis* part. présent de *placere*; **DÉPLAISANT** XIIᵉ s.; **PLAISANTERIE** XIIIᵉ s.; **PLAISANTER, PLAISANTIN** XVIᵉ s.; **PLAISANCE** XIIIᵉ s. : dér. de *plaisant*; **COMPLAISANCE** XIVᵉ s.; **COMPLAISANT** XVIᵉ s.; **PLAISANCIER** XXᵉ s. (→ PLAIRE, DÉPLAIRE, COMPLAIRE). ♦ [3] **PLAIRE** (pop.) XIᵉ s. : réfection, sur le modèle de *faire, traire*, de *plaisir* : de *placēre*; **DÉPLAIRE** XIIᵉ s. : lat. vulg. **displacĕre*, class. *displicēre*; **COMPLAIRE** XIIᵉ s. : *complacere*. ♦ [4] **PLAID** (pop.) IXᵉ s. : *placĭtum*; **PLAIDER** XIᵉ s. : lat. vulg. **placĭtāre*, dér. de *placitum*; **PLAIDEUR, PLAIDOYER** XIIIᵉ s.; **PLAIDOIRIE** XIVᵉ s.

**II.** mots savants

♦ [1] **PLACEBO** XIIIᵉ s. « flatterie », XXᵉ s. méd. « remède fictif » : emploi comme subst. du futur du verbe *placere* « je plairai ». ♦ [2] **PLACET** XIVᵉ s. « assignation », XVᵉ s. « requête » : emploi comme subst. de l'impersonnel *placet* « il plaît », « il a été décidé que », 3ᵉ pers. sing. ind. présent de *placere*, 1ᵉʳ mot de formules juridiques d'assignation. ♦ [3] **PLACIDE** XVᵉ s. : *placidus*; **PLACIDITÉ** XIXᵉ s. : *placiditas*. ♦ [4] **IMPLACABLE** XVᵉ s. : *implacabilis*; **IMPLACABILITÉ** XIXᵉ s.

**PLANCHE** famille du gr. *phalagks*, *-aggos* « gros morceau de bois rond », « rouleau pour faire avancer de lourds fardeaux » et métaph. « rang, ordre de bataille, troupe rangée »; p.-ê. apparenté à la base germ. **balk-* → ÉBAUCHER; empr. par le lat. class. sous la forme *phalanga* « rouleau de bois pour le déplacement des vaisseaux », « levier », altéré, en bas lat. en *planca* « planche », p.-ê., sous l'influence de *planus* « plat ».

♦ [1] **PLANCHE** (pop.) XIIᵉ s. : *planca*; **PLANCHER** XIIᵉ s. subst., d'où **PLANCHÉIER** XIVᵉ s.; **PLANCHETTE** XIIIᵉ s.; **PLANCHER** XXᵉ s. verbe, argot scolaire, dér. de *planche* au sens de « tableau noir », ♦ [2] **PALAN** XVIᵉ s. : it. *palanco*, var. de *palanca*, du lat. vulg. **palanca*, altération de *phalanga*. ♦ [3] **PHALANGE** (sav.) XIIIᵉ s. milit., XVIIᵉ s. anat. « os des doigts, en forme de bâton » : *phalagks*; **PHALANGISTE** XVIIIᵉ s., et XXᵉ s. pol. esp.; **PHALANGIEN, PHALANGINE, PHALANGETTE** XIXᵉ s. ♦ [4] **PHALANSTÈRE** (sav.) XIXᵉ s. : mot formé par Fourier, de *phalange* et de la terminaison de *monastère*.

**PLANÈTE** (sav.) XIIᵉ s. : gr. *planêtês* « (astre) errant », par opposition aux étoiles, fixes, dans le système de Ptolémée, par le bas lat. ; **PLANÉTAIRE** XVI^e s. ; **PLANÉTARIUM** XIX^e s.

**PLAQUER** ♦ [1] XIII^e s. « appliquer », XVI^e s. « laisser là, abandonner » : néerl. *placken* « enduire, rapiécer »; **PLAQUEUR** XIII^e s. ; **PLACAGE** XIV^e s., d'abord dans un texte wallon; **PLAQUÉ** subst. XVIII^e s. ; **CONTRE-PLAQUÉ** XIX^e s. ♦ [2] **PLAQUE** XV^e s. monnaie flamande, XVI^e s. sens mod. ; **PLAQUETTE** XVI^e s. ; **PLACARD** XV^e s. « enduit, affiche », XVIII^e s. « armoire ménagée dans un mur » : **PLACARDER** XVI^e s. : dér. de *plaquer*.

**PLAT** famille d'une racine ind.-eur. **plethe-* « plat ».

En grec. *platus*, fém. *plateia* « large et plat », dont le fém. a été empr. par le lat. sous la forme *platea* « grande rue, place publique », et auquel se rattachent *platanos* « arbre à larges feuilles, platane » et *ômoplaté* « os plat de l'épaule » (de *ômos* « épaule »).

En latin, avec infixe nasal, *planta* « plante des pieds », d'où *plantago, -inis* « plantain », à cause des feuilles larges et plates comme une plante de pied, *plantare* « tasser avec les pieds » et bas lat. *supplantare* « faire un croc-en-jambe », « attraper, tromper ».

**I.** mots d'origine grecque

**A.** mots populaires ou empruntés

♦ [1] **PLAT** XI^e s. adj., XIV^e s. subst. « récipient à fond plat » : lat. vulg. **plattus*, forme renforcée du gr. *platus*. ♦ [2] **PLATEAU** XII^e s. ; **PLATINE** XIII^e s. techn. ; **APLATIR** XIV^e s. ; **APLATISSEMENT** XVII^e s. ; **REPLAT** XIV^e s. ; **MÉPLAT** XVII^e s. ; **PLATE-BANDE** XIII^e s. ; **PLATE-FORME** XV^e s. ; **PLAT-BORD** XVI^e s. mar. : dér. et comp. de *plat* au 1^er sens du mot. ♦ [3] **PLATÉE** XVIII^e s. ; **COUVRE-PLAT** XIX^e s. : **CHAUFFE-PLAT, DESSOUS-DE-PLAT, MONTE-PLATS** XX^e s. : de *plat* au 2^e sens du mot. ♦ [4] **PLACE** XI^e s. « endroit », XV^e s. « lieu stratégique », XVI^e s. *place forte* et « rang social », « emploi »; XVII^e s. *à la place de* : lat. vulg. **plattea*, forme renforcée de *platea*; **PLACETTE** XIV^e s. ; **DÉPLACER, EMPLACEMENT** XV^e s. ; **PLACER, PLACEMENT, DÉPLACEMENT, REMPLACEMENT** XVI^e s. ; **PLACIER** XVII^e s., fin XIX^e s. commerce ; **REPLACER, REMPLACER** XVII^e s. ; **REMPLAÇANT** XVIII^e s. ; **REMPLAÇABLE, IRREMPLAÇABLE** XIX^e s. ; **BIPLACE** XX^e s. ; pour les mots sav. exprimant l'idée de « placer » → -THÈQUE, art. FAIRE. ♦ [5] **PLIE** (poisson) XVI^e s. : altération de l'anc. fr. *plaïs* XII^e s. du lat. vulg. **platĭcem*, altération inexpliquée du bas lat. *platessa* « poisson plat », dér. sur *platus*. ♦ [6] **PLATINE** XVIII^e s., métal précieux : esp. *platina*, dimin. de *plata* « argent », du lat. vulg. **platta*, adj. substantivé qui avait pris le sens de « plaque de métal » (→ PLATINE, 2) et en particulier, dans la péninsule Ibérique, de « plaque d'argent »; **PLATINER, PLATINIFÈRE** XIX^e s.

**B.** mots savants

♦ [1] **PLATANE** XVI^e s. : *platanos*, par le lat. ♦ [2] **OMOPLATE** XVI^e s. : *ômoplatê*.

**II.** mots d'origine latine

♦ [1] **PLANTE** (des pieds) (pop.) XII^e s. : *planta*; d'où **PLANTIGRADE** (sav.) XVIII^e s. : **PLANTAIRE** (sav.) XVI^e s. : lat. imp. *plantaris* « du pied ». ♦ [2] **PLANTER** (pop.) XII^e s. : *plantare*; **REPLANTER** XII^e s. ; **PLANTATION** (sav.) XII^e s. : *plantatio*, et **PLANTEUR** XIII^e s., ont été réintroduits en fr. au XVII^e s. à propos des colonies, sous l'influence de l'angl. et du néerl. ; **DÉPLANTER, TRANSPLANTER** XIV^e s. ; **PLANT** XIV^e s., **PLANTON** XVI^e s. « jeune plant » et XVIII^e s., métaph. « soldat immobile en faction »; **PLANTE** XVI^e s. « végétal », d'où **PLANTULE** (sav.) XVIII^e s. (mots scient. exprimant cette notion → BOTANIQUE et → PHYTO-, art. FUS (JE)); **S'IMPLANTER** XVI^e s. ; XVII^e s. trans. ; **IMPLANTATION, TRANSPLANTATION** XVI^e s. ; **PLANTOIR** XVII^e s. ♦ [3] **PLAN** (pop.) XVI^e s. « schéma, carte à grande échelle d'un bâtiment, d'un terrain », XVII^e s. « projet élaboré », « organisation des parties d'une œuvre », XIX^e s. *laisser en plan* : var. orthographique, sous l'influence de *planus*, de *plant* au sens d'« implantation »; a subi, pour le sens, l'influence de l'it. *pianta* « plan d'architecte », de *piantare*, du lat. *plantare*; **PLANIFIER, PLANIFICATION** XX^e s. ; **PLANNING** XX^e s. : mot angl. « planification », d'origine fr. ♦ [4] **SUPPLANTER** et **SUPPLANTATEUR** (sav.) XII^e s. : lat. *supplantare* et *supplantator*. ♦ [5] **PLANTAIN** (pop.) XIII^e s. : *plantago, -ĭnis*. ♦ [6] **PLANQUER** XIX^e s., argot : var. dial. (Normandie) de *planter*, déjà chez Villon au sens de « cacher ».

**PLÈBE** (sav.) XIV^e s. hist. romaine, XIX^e s. sens général : lat. *plebs, plebis*; **PLÉBÉIEN, PLÉBISCITE** XIV^e s. : *plebeius, plebiscitum* (2^e élément *-scitum* « décision », apparenté à *scire* → SCIENCE); **PLÉBISCITAIRE** XIX^e s. ; **PLÉBISCITER** XX^e s.

**PLÉIADE** (sav.) XIII^e s. astron., XVI^e s. litt. : gr. *pleias, -ados* « constellation de sept étoiles » et métaph. « groupe de sept poètes alexandrins »; image reprise par Ronsard et ses amis.

**PLEIN** famille d'une racine ind.-eur. **pele-*, **plē* « être plein ».

En grec (1) *plêthos* « grande quantité, foule », d'où *plêthorê* « plénitude, surabondance » (2) probablement *polus* « nombreux » (3) *pleiôn* « plus nombreux », d'où *pleonazein* « être surabondant », *pleonasmos* « excès, amplification, terme pléonastique », et *pleistos* « très nombreux », qui servent de comparatif et de superlatif à *polus*.

En latin (1) le verbe *plēre, plētus* et ses composés *complere, explere, implere* « emplir », *replere* « emplir de nouveau », « remplir »; *supplere* « compléter en ajoutant ce qui manque » (2) l'adjectif *plēnus* « plein », « complet », d'où *plenitudo* « développement complet »; *plenitas, -atis* « abondance, saturation complète »; bas lat. *plenarius* « complet »; *plenipotens* « tout-puissant » (3) *plus, pluris* « en plus grande quantité », issu de l'arch. *plous*, dont la terminaison est analogique de son antonyme *minus* → MOINS, d'où *pluralis* « composé de plusieurs unités » et bas lat. *pluralitas* « pluralité », gramm. « pluriel ».

**I.** mots d'origine latine

**A.** famille de *plenus*

♦ [1] **PLEIN** (pop.) XI^e s., XIII^e s. *pleine* « grosse » en parlant d'une femelle, XV^e s. prépos., XVII^e s. « ivre », XIX^e s. *battre son plein* et *faire le plein de* : *plēnus*; **TROP-PLEIN** XVII^e s. ♦ [2] **PLÉNIER** (pop.) XI^e s. : *plenarius*. ♦ [3] **PLANTUREUX** (pop.) XII^e s., dér. de l'anc. fr. *plenté* « abondance » : *plenitas, -atis*; le *a* est dû à l'influence de *plante*. ♦ [4] **PLÉNITUDE** (sav.) XIII^e s. : *plenitudo*. ♦ [5] **PLÉNIPOTENTIAIRE** (sav.) XVII^e s. : dér. sur *plenipotens*, de *plenus* et *potentia* « puissance ». ♦ [6] **PLENUM** (sav.) XIX^e s. : mot lat., neutre substantivé de *plenus*.

**B.** famille de *plēre*

♦ [1] **EMPLIR** (pop.) XII^e s. : lat. vulg. **implīre*, class. *implēre*; **REMPLIR** XII^e s.; **DÉSEMPLIR** XII^e s.; **REMPLISSAGE** XVI^e s. ♦ [2] **COMPLIES** (pop.) XII^e s. : part. passé fém. plur. substantivé de l'anc. fr. *complir* « achever », du lat. vulg. **complīre*, class. *complēre*, calque du lat. eccl. *completa (hora)* « l'heure qui marque l'achèvement de l'office ». ♦ [3] **ACCOMPLIR** (pop.) XII^e s. : composé de *complir*; **ACCOMPLI** « parfait » XII^e s.; **ACCOMPLISSEMENT** XIII^e s. ♦ [4] **COMPLIMENT** XVII^e s. : anc. esp. *complimiento* (esp. mod. *cumplimiento*) « abondance », « cadeau de cérémonie », dér. de *cumplir*, du lat. vulg. **complīre*; **COMPLIMENTER, COMPLIMENTEUR** XVII^e s. ♦ [5] **REPLET** (sav.) XII^e s. : *repletus*; **RÉPLÉTION** XIII^e s. : *repletio*, de *replēre*. ♦ [6] **COMPLET** (sav.) XIV^e s. adj., XVII^e s. subst. masc. « costume » : *completus*, part. passé de *complere*; **COMPLÈTEMENT** XIII^e s.; **INCOMPLET** XIV^e s. : bas lat. *incompletus*; **COMPLÉTIF** XVI^e s.; **COMPLÉTER** XVIII^e s. ♦ [7] **COMPLÉMENT** (sav.) XIV^e s., XVIII^e s. gramm. : *complementum*, de *complere*; **COMPLÉMENTAIRE** XVIII^e s.; **COMPLÉMENTARITÉ** XX^e s. ♦ [8] **SUPPLÉMENT** XIV^e s. : *supplementum*, de *supplere*, puis **SUPPLÉER** (sav.) XIV^e s. : *supplere*; **SUPPLÉTIF** XVI^e s. : bas lat. *suppletivus*; **SUPPLÉANT** subst. masc., **SUPPLÉANCE, SUPPLÉMENTAIRE** fin XVIII^e s.; **SUPPLÉMENTER** XIX^e s. ♦ [9] **EXPLÉTIF** (sav.) XV^e s. : lat. gramm. *expletivus* « qui emplit (inutilement la phrase) », de *explere*.

**C.** famille de *plus*

♦ [1] **PLUS** (pop.) X^e s. « davantage », XI^e s. *ne... plus*, sens temporel : *plūs*; **SURPLUS** XI^e s.; **LA PLUPART** XV^e s. « la plus (grande) partie »; **PLUS-VALUE** XV^e s. → VALOIR. ♦ [2] **PLUSIEURS** (pop.) XI^e s. : lat. vulg. **plusiōres*, altération, sous l'influence de *plus*, de son comparatif plur. bas lat. *pluriores* « plus nombreux », qui avait remplacé le class. *plures*. ♦ [3] **PLURIEL** (pop.) XIV^e s. : contamination de l'anc. fr. *plurel* (pop.) XII^e s., de *plūrālis*, et de sa var. *plurier* XIII^e s., altération due à l'influence de *singulier*. ♦ [4] **PLURALITÉ** (sav.) XIV^e s. : *pluralitas*; **PLURALISME, -LISTE** XX^e s. ♦ [5] **PLURI-** lat. *pluris*, génitif de *plus*, ou *plures*, « plusieurs », 1^er élément de composés, ex. : **PLURIVALENT, PLURIDISCIPLINAIRE** XX^e s.

**II.** mots savants d'origine grecque

♦ [1] **PLÉTHORIQUE** XIV^e s. méd. et **PLÉTHORE** XVI^e s. méd.; fin XVIII^e s. sens fig. : *plêthôrê*. ♦ [2] **PLÉONASME** XVI^e s. : *pleonasmos*; **PLÉONASTIQUE** XIX^e s. : *pleonastikos*. ♦ [3] **PLÉISTOCÈNE** XX^e s. géol. : composé de *pleistos* et *kainos* « récent ». ♦ [4] **POLY-** : *polu*, neutre de *polus*; 1^er élément de composés sav., ex. : **POLYGAME** XVI^e s.; **POLYCOPIER** XX^e s.

**PLEURER** ♦ [1] (pop.) X^e s. : lat. *plorare* « pousser des cris de douleur », devenu dans la langue pop. un synonyme expressif de *lacrimare* → LARME; **PLEUR, ÉPLORÉ** XII^e s.; **PLEUREUSE** XIII^e s.; **PLEUREUR** XV^e s.; **PLEURANT, PLEURARD** XVI^e s.; **PLEURNICHER** XVIII^e s. : altération du dial. (Normandie) *pleurmicher*, de *pleurer* et *micher* « id », d'origine inconnue. ♦ [2] **DÉPLORER** (sav.) XII^e s. : *deplorare* « se lamenter »; **DÉPLORABLE** XV^e s. bas lat. *deplorabilis*; **DÉPLORABLEMENT** XVII^e s. ♦ [3] **IMPLORER** (sav.) XIII^e s. : *implorare* « supplier en pleurant ».

**PLEUTRE** XVIII^e s., d'abord dans le Nord-Est : p.-ê. altération du flamand *pleute* « chiffon » et « mauvais garnement ».

**PLEUVOIR** famille d'une racine **pleu-* « agiter de l'eau ». En grec *plein* « naviguer » *plous* « navigation » et *periplous* « navigation autour ». En latin *plŭere* « pleuvoir », *plŭvia* « pluie », *pluviōsus* « pluvieux ». En germanique, anc. scandinave *flôd* « flot », *flôta* « flotte, escadre », le frq. *flôd-*, apparentés à l'all. *fliessen* « couler ».

**I.** mots d'origine latine

♦ [1] **PLEUVOIR** (pop.) XIIe s. : lat. vulg. **plŏvēre*, lat. imp. (Pétrone) *plŏvĕre*, class. *pluere*. ♦ [2] **PLUIE** (pop.) XIe s. : lat. vulg. **plŏia*, altération, sous l'influence de *plŏvere*, de **plŭia*, class. *plŭvia*. ♦ [3] **PLUVIER** (demi-sav.) XVIe s. : réfection, d'après *pluvia*, de l'anc. fr. *plovier* (pop.) XIIe s., du lat. vulg. **plŏvārĭus* « (oiseau qui arrive avec) les pluies », ou empr. au prov. *pluvier*. ♦ [4] **PLUVIAL** (sav.) XIIe s. : lat. imp. *pluvialis* « relatif à la pluie »; **PLUVIEUX** (sav.) XIIe s. : *pluviosus*; **PLUVIÔSE** fin XVIIIe s.; **PLUVIOSITÉ** XXe s.; **PLUVIO-** 1er élément de composés sav., ex. : **PLUVIOMÈTRE** fin XVIIIe s.

**II.** mots d'origine germanique

♦ [1] **FLOT** et **FLOTTER** (pop.) XIIe s., sans doute d'un subst. et d'un verbe frq. fondés sur la base *flôd-*; un croisement avec le lat. *fluctus* est possible; **FLOTTAGE, FLOTTAISON, FLOTTEMENT, FLOTTEUR** XVe s.; **FLOTTE** et **FLOTTER** XIXe s., argot « pleuvoir ». ♦ [2] **FLOTTE** (pop.) XIIe s. « ensemble de bateaux », rare jusqu'au XVIe s., où il est repris sous l'influence de l'esp. *flota* XIIIe s., lui-même empr. au fr.; **FLOTTILLE** XVIIe s. : esp. *flotilla*, dimin. de *flota*. ♦ [3] **RENFLOUER** XVIe s. : mot dial. (Normandie), de *flouée* « marée », dér. anc. de *flot* « id. », de l'anc. scandinave *flôd* « id. »; **RENFLOUAGE, RENFLOUEMENT** XVIe s.

**III.** mot d'origine grecque

**PÉRIPLE** (sav.) XVIIe s. : *periplous*, par le lat.

**PLÈVRE** ♦ [1] (demi-sav.) XVIe s. : gr. *pleura*, « côte », « flanc », avec prononciation byzantique de l'*u*. ♦ [2] **PLEURÉSIE** et **PLEURÉTIQUE** (sav.) XIIIe s. : lat. médiéval *pleurisis*, formé sur *pleura*, et *pleureticus*, gr. *pleuretikos*; **PLEURITE** XIXe s. : gr. *pleuritis* « pleurésie »; **PLEURAL** XIXe s. ♦ [3] **PLEURO-** 1er élément de composés sav. de la langue médicale.

**PLIER** famille du lat. *plectere, plexus* « entrelacer » et bas lat. *plexus, -ūs* « entrelacement », auquel se rattachent (1) (a) *complecti, complexus* « embrasser, étreindre », *complexus, -ūs* « embrassement, connexion », *complexio* « combinaison » (b) *perplexus* « embrouillé », « embarrassé »; bas lat. *perplexitas* « enchevêtrement », « ambiguïté », « obscurité » (c) un 2e élément de composés *-plex, -plicis* « qui se plie », à valeur mutiplicative, dans *simplex* « simple », d'où *simplicitas* « simplicité » sens propre et fig. : *duplex* « double », d'où bas lat. *duplicitas* « duplicité, équivoque »; *multiplex* « multiple », d'où bas lat. *multiplicitas* « multiplicité » (d) *-plus*, var. de *-plex*, dans *duplus, triplus, centuplus*, etc., « double », « triple » « centuple » (2) *plicare* « plier », d'où (a) *applicare* « appuyer, appliquer » (b) *complicare* « plier, enrouler » (c) *duplicare* « doubler » (d) *explicare* « dérouler, mettre au clair », avec deux part. passés, *explicatus* et *explicitus* (e) *implicare* « plier dans », « envelopper », avec deux part. passés, *implicatus* et *implicitus* (f) *multiplicare* « multiplier » (g) *supplicare*, littéralement « plier sous », c.-à-d. « s'agenouiller », attitude du suppliant, apparenté à *supplex, -icis* « agenouillé », « suppliant » et *supplicium* « supplication adressée aux dieux », d'où « acte par lequel on apaise la divinité », « sacrifice offert à la suite d'une faute », d'où « châtiment capital »; ainsi que leurs dér. en *-atio*.

**I.** mots populaires

**A.** base *-pli-*

♦ [1] **PLIER** Xe s. (var. *pleier, ployer*), forme analogique des verbes à alternance *-ier, -oyer* tels que *prier : plĭcāre*; **REPLIER** XIIIe s.; **PLIURE** XIVe s.; **PLIABLE, DÉPLIER** XVIe s.; **PLIANT** XVIIe s. subst.; **PLIAGE, REPLIEMENT** XVIIe s. ♦ [2] **PLI** XIIe s. *ploi*, XIIIe s. *pli* : dér. de *plier*; **REPLI** XVIe s., de *replier*; **PLISSER** XVIe s., dér. de *pli*, analogique des dér. des mots en *-is*; **DÉPLISSER** XVIIe s.; **PLISSEMENT** XVIIe s.; XXe s. géol.; **PLISSAGE** XIXe s. ♦ [3] **-PLIER** 2e élément de composés d'origine lat. dont le 1er élément peut être de forme sav. : **MULTIPLIER** XIIe s. : *multiplicare*; **SUPPLIER** XIIe s. : *supplicare*; **SUPPLIANT** XIVe s. subst.

**B.** bases *-ploi-, -ploy-*

♦ [1] **PLOYER** Xe s. : forme phonétique normale, issue de *plĭcāre*; s'est différencié sémantiquement de *plier* au XVIIe s.; **PLOYABLE** XIVe s.; **DÉPLOYER** XIIe s.; **DÉPLOIEMENT** XVIe s. ♦ [2] **EMPLOYER** XIe s. « engager » : *implĭcāre*; **REMPLOYER** XIVe s.; **EMPLOI, REMPLOI** XVIe s.; **EMPLOYEUR** fin XVIIIe s., sous l'influence de l'angl. *employer*, d'origine fr.; **EMPLOYÉ** subst. XVIIIe s. ♦ [3] **EXPLOIT** (demi-sav.) XIVe s.; XVIe s. jur. : réfection, sous l'influence du lat., de l'anc. fr. *esploit* (pop.) XIe s., de *explĭcĭtum* au sens d'« action menée à bien »; **EXPLOITER** XIVe s. : lat. vulg. *explĭcĭtāre*, dér. de *explicitum*; d'où **EXPLOITABLE** XIIIe s.; **EXPLOITEUR** et **EXPLOI-**

**TATION** XIVe s. jur., XVIIIe s. idée de « mettre en valeur », XIXe s. idée d'« abus »; **EXPLOITANT** XVIIIe s.; **INEXPLOITÉ** XIXe s.

**C.** autres bases

♦ [1] **DOUBLE** XIe s. → DEUX. ♦ [2] **SOUPLE** XIIe s. : *supplex, -icis*, sens propre et fig. dès le Moyen Âge; **ASSOUPLIR** XIIe s.; **SOUPLESSE** XIIIe s.; **ASSOUPLISSEMENT** XIXe s. ♦ [3] **EMPLETTE** XIIe s. : altération, sous l'influence du suff. *-ette*, de l'anc. fr. *emploite*, de *implĭcĭta*, plur. neutre, de *implicare* → EMPLOYER. ♦ [4] **PLESSIS** (pop.) XIIe s. : dér. de l'anc. fr. *plaisse, plesse* « barrière, clôture », du verbe *plaissier* « entrelacer » : lat. vulg. *plaxāre*, class. *plectere*; survit en toponymie.

**II.** formes savantes

**A.** base *-ple* : *-plus*, ou *-plex, -plicis*, 2e élément de **SIMPLE** → ENSEMBLE : **TRIPLE** → TROIS; **QUADRUPLE, CENTUPLE** → QUATRE, CENT; **MULTIPLE** XIVe s. : *multiplex*; **SOUS-MULTIPLE** XVIe s.

**B.** base *-plex-*

♦ [1] **COMPLEXION** XIIe s. : *complexio*; **COMPLEXE** XVIe s. adj., XXe s. subst. : *complexus*; **COMPLEXITÉ** XVIIe s. ♦ [2] **PERPLEXITÉ** XIIIe s. : *perplexitas*; **PERPLEXE** XIVe s. : *perplexus*. ♦ [3] **PLEXUS** XVIe s.; anat. : mot lat. ♦ [4] **DUPLEX, MULTIPLEX** XXe s. : mots lat.

**C.** bases *-plic-, -pliqu-*

♦ [1] **MULTIPLICITÉ** XIIe s. : bas lat. *multiplicitas*; **MULTIPLICATION** XIIIe s. : *multiplicatio*; **MULTIPLICANDE, MULTIPLICATEUR** XVIe s. : *multiplicandus, multiplicator;* **MULTIPLICATIF** XVIIIe s. ♦ [2] **SUPPLICATION** XIIe s. : *supplicatio*; **SUPPLIQUE** XVIe s. : it. *supplica*, dér. de *supplicare*. ♦ [3] **APPLIQUER** XIIIe s., *s'appliquer* « faire attention » : *applicare*; **APPLICABLE** XIIIe s.; **APPLICATION** XIVe s. : *applicatio*; **APPLIQUE** XVe s.; **APPLICATEUR** XXe s. ♦ [4] **RÉPLIQUER** XIIIe s. : *replicare*, qui avait pris en lat. jur. le sens de « répondre »; **RÉPLIQUE** XIVe s. « réponse », XIXe s. « copie d'une œuvre ». ♦ [5] **EXPLIQUER** XIVe s. « déployer », XVIe s. sens mod. : *explicare*; **EXPLICATION** XIVe s. : *explicatio*; **INEXPLICABLE** XVe s.; **EXPLICABLE** XVIe s. : bas lat. *explicabilis*; **EXPLICATIF** XVIe s.; **EXPLICITE** XIVe s. : *explicitus*, utilisé dans la langue de la scolastique; **EXPLICITEMENT** XVIe s.; **EXPLICITER** XIXe s. ♦ [6] **IMPLIQUER** XIVe s. : *implicare*; **IMPLICITE** XIVe s. : *implicitus*; **IMPLICATION** XIXe s. : *implicatio*. ♦ [7] **COMPLICE** XIVe s. : lat. médiéval *complex, -icis* « impliqué dans », d'après *complecti*; **COMPLICITÉ** XVe s. ♦ [8] **SUPPLICE** XVe s. : *supplicium*; **SUPPLICIER** XVIe s. ♦ [9] **COMPLIQUER** XVIe s. : *complicare*; **COMPLICATION** XIVe s. : *complicatio*.

**PLINTHE** (sav.) XVIe s. : gr. *plinthos* « brique », et « pierre plate et carrée sous le fût d'une colonne », p.-ê. mot méditerranéen, par le lat. (Vitruve).

**PLOMB** famille du lat. *plŭmbum* « plomb ».

**I.** base *-plomb-*

♦ [1] **PLOMB** (pop.) XIIe s. *plom* : *plŭmbum*; **PLOMBER** XIIe s. *plomer*; **PLOMBIER** XIIIe s.; **PLOMBERIE** XIVe s.; **PLOMBAGE** XVe s.; **APLOMB** XVIe s. : coalescence de *à plomb* XIIe s., maçonnerie, « perpendiculaire, comme un fil à plomb », d'où **SURPLOMBER** et **SURPLOMB** XVIIe s. ♦ [2] **PLOMBI-** (sav.) 1er élément de composé, **PLOMBIFÈRE** XIXe s.

**II.** base *-plonge-*

♦ [1] **PLONGER** (pop.) XIIe s. : lat. vulg. *plumbĭcāre* « (s'enfoncer comme) un plomb (de filet de pêche) »; **REPLONGER, PLONGE** XIIe s.; **PLONGEUR** XIIIe s., XIXe s. « laveur de vaisselle »; **PLONGÉE, PLONGEON** XVe s.; **PLONGEOIR** XIXe s. ♦ [2] **PLONGEON** (pop.) XIIe s. « oiseau aquatique » : bas lat. *plumbio, -ōnis*, dér. de *plumbum*, parce que cet oiseau s'enfonce dans l'eau comme un plomb.

**PLOUTO-** (sav.) gr. ploutos « richesse », 2e élément de composés, **PLOUTOCRATE, PLOUTOCRATIE** XIXe s.; **PLOUTOCRATIQUE** XXe s.

**PLUME** ♦ [1] (pop.) XIIe s., XVe s. instrument pour écrire : lat. *plūma*, à l'origine « duvet », qui a éliminé *penna* « grosses plumes des ailes » → PENNE, art. PANNE; **PLUMER** XIIe s.; **DÉPLUMER, REMPLUMER** XIIIe s.; **PORTE-PLUME** XVIIIe s. (au moment où l'on a commencé à utiliser des plumes métalliques). ♦ [2] subst. dér. de *plume* : **PLUMAGE** XIIIe s.; **PLUMASSIER** XVe s., dér. de l'anc. fr. *plumas* XVe s. « plumet »; **PLUMARD** XVe s. « plumet », XIXe s. fam. « lit »; **PLUMETIS** XVe s.; **PLUMITIF** XVIe s. « registre d'audience », XVIIIe s. sens mod. : altération de *plumetif*, var. de *plumetis*; **PLUMET, PLUMEAU** XVIIe s.; **PLUMIER** XIXe s..

**POCHE** ♦ [1] (pop.) XIIe s. « bourse », « petit sac », XVIe s. sens mod. : frq. **pokka*; **POCHETTE** XIIe s.; **EMPOCHER** XVIe s.; **POCHETÉE** XIXe s. « contenu d'une poche », et sens fig. *en avoir une pochetée* « avoir une bonne dose de bêtise », XXe s. « imbécile ». ♦ [2] **PICKPOCKET** → PIQUER.

1. **POÊLE** (drap mortuaire) subst. masc. famille du lat. *pallium* « manteau ».

♦ [1] **POÊLE** (pop.) Xe s. d'abord *paile*, arch., survit dans la locution *les cordons du poêle* : *pal-*

*lium.* ♦ [2] **PALLIER** (sav.) XIVe s. « donner un aspect favorable », XVIe s. « guérir, apaiser une douleur », méd., d'où XVIIe s. « remédier à » : *palliare* « couvrir d'un manteau »; **PALLIATIF** XIVe s. : lat. médiéval *palliativus.* ♦ [3] **PALLIUM** (sav.) XIIe s., liturgie; XIXe s. antiquité romaine : mot lat.

2. **POÊLE** (à frire) subst. fém. famille du lat. *pătĭna*, bas lat. *patena* « plat creux », emprunt ancien et oral au gr. *patanê* « id. », sans doute apparenté au gr. *petannunai* « déployer » → PATENT; var. *patera* « coupe évasée »; dimin. *patella* « assiette », « petit plat ». La base germ. **panna* « id. » est sans doute un empr. au lat. *patina.*

I. mots populaires

♦ [1] **POÊLE** XIIe s., d'abord *paelle* (→ esp. *paella*) : *patĕlla*; **POÊLÉE** XIIIe s.; **POÊLON** XIVe s.; **POÊLER** XIXe s. ♦ [2] **PALIER** XIIIe s., d'abord *paelier* « pièce de métal servant à divers usages techniques »; XVIe s. « plate-forme en haut d'un escalier » : dér. de l'anc. fr. *paele* → le précédent; **PALIÈRE**, adj. (porte) XVIIIe s. ♦ [3] **PALETTE** XIIIe s. *paelette* « vase pour la saignée » : dimin. de *paele* (→ 1), vite confondu avec *palette*, dimin. de *pelle.*

II. mots savants

♦ [1] **PATÈNE** XIVe s. : *patena.* ♦ [2] **PATÈRE** XVe s., rare avant le XVIIIe s. : *patera.* ♦ [3] **PATELLE** « coquillage », XVIe s. : *patella.*

III. mots d'emprunt

♦ [1] **PATINE** XVIIIe s. « enduit donnant un aspect vieilli » : it. *patina* « poêle » et « contenu d'une poêle »; **PATINER** XIXe s.; **PATINAGE** XXe s. ♦ [2] **PANNEQUET** XIXe s. : angl. *pancake* « gâteau (*cake* → CUIRE) à la poêle (*pan* : germ. **panna*) ».

**POÈTE** famille sav. du gr. *poiein* « faire », d'où *poiêtês* « auteur », « poète »; *poiêma* « chose faite », « œuvre »; *poiêtikos* « inventif » et « poétique »; *poiêsis* « création », « poème »; *-poiia*, 2e élément de composés fém., exprimant l'idée de « faire ».

♦ [1] **POÈTE** XIIe s. : lat. *poeta*, du gr. *poiêtês*; **POÈME** XIIIe s. : *poiêma*; **POÉTISER** XIVe s. « faire des vers », XIXe s. « rendre poétique »; **POÉSIE** XIVe s. : gr. *poiêsis*, par le lat.; **POÉTESSE** XVe s.; **POÉTIQUE** XVIe s. adj., XVIIe s. subst. fém. : adj. gr. *poiêtikos* et *poiêtikê (tekhnê)*, fém. substantivé, titre d'un ouvrage d'Aristote, par le lat.; **DÉPOÉTISER** XIXe s. ♦ [2] **-PÉE**, 2e élément de composés sav. d'origine gr. : *-poiia*; **PROSOPOPÉE** → ŒIL; **MÉLOPÉE** → MÉLO; **PHARMACOPÉE** → PHARMACIE; **ÉPOPÉE** → VOIX.

**POGNON** XIXe s., argot « argent », mot obscur, probablement dial. : p.-ê. picard « glane », « contenu d'un poing »; p.-ê. Lyon, Jura, *pougnon* « petit pain », « petit gâteau », ce qui en ferait un synonyme de *michon, galette.*

**POGROM** XXe s. : mot russe « bain de sang », « tuerie », de *po-* « entièrement » et *gromit-* « détruire ».

**POIL** famille du lat. *pilus* « poil », d'où *pilosus* « poilu »; et lat. imp. *pĭlare* « épiler ».

I. mots populaires

A. **POIL** XIe s., XXe s. fam. *à poil* « nu » et *au poil* « avec précision » (« à un poil près ») : *pĭlus*; **POILU** XVe s. : réfection, d'après *poil*, de *pelu* XIIe s.; XIXe s. « fort, brave », XXe s. « combattant de la guerre 1914-1918 » : dér. de *poil.*

B. **ÉPLUCHER** XIIe s. : composé de l'anc. fr. *peluchier*, du lat. vulg. **pĭlūccāre* « arracher les poils »; **ÉPLUCHURE** XVIIe s.; **ÉPLUCHAGE** XVIIIe s.

C. base *-pel-* (dér. de *pĭlus* accentués sur le suff.)

♦ [1] **PELER** XIe s. : *pĭlāre*, confondu partiellement avec *peler* « écorcher », de *pellis*; **PELURE** XIIe s.; **PELADE** XVIe s.; **PELAGE** XVe s. : dér. anc. de *pĭlus.* ♦ [2] **PELUCHE** XVIe s. : dér. de *peluch(i)er* : **pĭlūccāre* → ÉPLUCHER; **PELUCHEUX** XIXe s. ♦ [3] **PELOUSE** XVIIe s. : mot dial. probablement prov., *pelouso* : lat. *pĭlōsa*, dér. de *pĭlus*, par métaphore.

II. mots savants base *-pil-*

♦ [1] **PILEUX** XVe s. : *pilosus*; **PILOSITÉ, PILIFÈRE** XIXe s. ♦ [2] **DÉPILATOIRE** XVIe s. : dér. de *dépiler* (sav.) XVIe s., du lat. *depilare* « arracher les poils »; **ÉPILER, ÉPILATOIRE** XVIIIe s.; **ÉPILATION** XIXe s. ♦ [3] **PILOU** XXe s. : probablement adaptation de *pilosus.*

**POING** famille d'une racine ind.-eur. **peug-* « frapper ».

En grec *pugmê* « poing »; *pugmaios* « haut d'une coudée, nain », qui a servi à désigner une peuplade mythique de nains, que les Anciens situaient sur les bords du Nil.

En latin (1) *pugnus* « poing », d'où (a) *pugil, -ilis* « boxeur » et *pugilatus, -us* « boxe » (b) *pugnare* « se battre »; *pugnax, -acis* « batailleur »; *expugnare* « emporter de haute lutte », d'où *expugnabilis* et *inexpugnabilis* « qu'on peut » ou « qu'on ne peut pas prendre d'assaut »; *repugnare* « lutter contre », « être opposé » (2) avec un infixe nasal, *pungere, punctus* « piquer », d'où (a) *punctum* part. passé neutre substantivé, « piqûre, point »; *punctio* « action de piquer »; bas lat. *punctura* « piqûre » (b) *trans-*

*pungere* « percer en piquant »; *compungere* « piquer fort » « blesser », d'où *compunctio* « piqûre », « douleur, amertume ».

**I.** mots populaires d'origine latine

**A.** ♦ [1] **POING** XI$^{e}$ s. : *pŭgnus*; **POIGNÉE, EMPOIGNER** XII$^{e}$ s.; **POIGNET** XIII$^{e}$ s.; (la foire d') **EMPOIGNE** XVIII$^{e}$ s.; **POIGNE, EMPOIGNADE** XIX$^{e}$ s.; **POGNE** XIX$^{e}$ s. argot « main », var. orthographique de *poigne* reflétant la prononc. ancienne : dér. de *pŭgnus*. ♦ [2] **POIGNARD** XVI$^{e}$ s. : altération, par substitution de suff., de l'anc. fr. *poignel, poignal*, du lat. vulg. *pugnalis*, dér. de *pugnus* « (arme qui se tient dans) le poing »; **POIGNARDER** XVI$^{e}$ s.

**B. POINDRE** XI$^{e}$ s. « piquer », XIII$^{e}$ s. « commencer à paraître » en parlant d'une pousse de plante, puis, XVI$^{e}$ s., en parlant du jour; ne survit qu'à l'inf. et à la 3$^{e}$ pers. sing. du présent et du futur de l'indicatif; **POIGNANT** XII$^{e}$ s. « piquant », XIII$^{e}$ s. « qui perce le cœur » : part. présent de *poindre* employé comme adj.

**C. POINÇON** XIII$^{e}$ s. : *pŭnctio, -ōnis*; **POINÇONNER** XIV$^{e}$ s.; **POINÇONNAGE** XV$^{e}$ s.; **POINÇONNEUSE** XIX$^{e}$ s.; **POINÇONNEUR** XX$^{e}$ s.

**D.** base *-point-*

♦ [1] **POINT** XI$^{e}$ s., comme auxiliaire de la négation, XII$^{e}$ s. « endroit précis », « piqûre », « marque sur un dé », « unité de jeu », « partie d'un discours » et *à point*; XV$^{e}$ s. *mal en point*; XVI$^{e}$ s. couture et typographie : *pŭctum*. ♦ [2] **POURPOINT** XIII$^{e}$ s. : part. passé substantivé de l'anc. fr. *pourpoindre*, littéralement « piquer, broder », altération, par substitution de préf., du bas lat. **perpungere* « percer en piquant »; *à brûle-pourpoint* XVII$^{e}$ s. « à bout portant », XVIII$^{e}$ s. « à l'improviste ». ♦ [3] **CONTREPOINT** XIV$^{e}$ s. mus. « polyphonie », littéralement « art de placer note contre note, celles-ci étant figurées par des points, c.-à-d. de superposer des mélodies ». ♦ [4] **EMBONPOINT** XVI$^{e}$ s. : coalescence de *en bon point* « en bon état » → MAL EN POINT; **ROND-POINT** XVIII$^{e}$ s. ♦ [5] **POINTER** XIII$^{e}$ s. « marquer d'un point », XVI$^{e}$ s. « diriger vers un point »; **POINTEUR** XV$^{e}$ s.; **POINTAGE** XVII$^{e}$ s.; **TÉLÉPOINTAGE** XX$^{e}$ s.; **SE POINTER** XX$^{e}$ s. fam. « signaler son arrivée ». ♦ [6] **POINTILLÉ** XV$^{e}$ s. « marqué de points »; **POINTILLER, POINTILLAGE** XVII$^{e}$ s.; **POINTILLISME, POINTILLISTE** XIX$^{e}$ s. peinture. ♦ [7] **APPOINTER** XIII$^{e}$ s. « régler une affaire », XVI$^{e}$ s. « payer »; **APPOINTEMENT** XIV$^{e}$ s.; **APPOINT** XVI$^{e}$ s.; **DÉSAPPOINTER** XIV$^{e}$ s. « rayer un officier des contrôles »; aux XVIII$^{e}$ s., reprise de **DÉSAPPOINTÉ** et **DÉSAPPOINTEMENT**, sens mod., sous l'influence de l'angl. *disappointed, disappointment*, d'origine fr. ♦ [8] **POINTE** XII$^{e}$ s. « objet pointu » et « attaque », XV$^{e}$ s. « cap », XVII$^{e}$ s. *pointe des pieds*, XX$^{e}$ s. chorégraphie : *pŭncta* part. passé fém. substantivé de *pŭngĕre*; **ÉPOINTER** XI$^{e}$ s.; **APPOINTER** XII$^{e}$ s. « tailler en pointe »; **POINTU** XIV$^{e}$ s.; **POINTER** XV$^{e}$ s. « piquer »; XVII$^{e}$ s. « commencer à se montrer »; **POINTEAU** XVIII$^{e}$ s. ♦ [9] **COURTEPOINTE** XII$^{e}$ s. : altération de *coutepointe*, du lat. *culcita puncta* « matelas piqué ». ♦ [10] **TRÉPOINTE** XV$^{e}$ s. : part. passé substantivé de *trépoindre* : *transpŭngĕre*. ♦ [11] **POINTURE** XII$^{e}$ s. « piqûre », XVIII$^{e}$ s. « mesure en points » (d'une chaussure) : *pŭnctūra*.

**II.** mots d'emprunt d'origine latine

♦ [1] **POINTILLEUX** XVI$^{e}$ s. : adaptation de l'it. *puntiglioso*, dér. de *punto* « point d'honneur », croisé avec *pointille* « minutie dans un débat », attesté en fr. quelques années auparavant. ♦ [2] **CONTRAPUNTISTE** XVIII$^{e}$ s. : it. *contrapuntista*, dér. de *contrapunto* « contrepoint »; d'où **CONTRAPUNTIQUE** XX$^{e}$ s. ♦ [3] **STRAPONTIN** XVI$^{e}$ s. « matelas, hamac », XVII$^{e}$ s. « siège mobile dans une voiture », XVIII$^{e}$ s. au théâtre : it. *strapuntino* « sorte de matelas », dimin. de *strapunto*, part. passé de *strapungere*, var. avec *s-* duratif de *trapungere*, du lat. *transpungere* (→ TRÉPOINTE).

**III.** mots savants d'origine latine

**A.** base *-pug-*

♦ [1] **RÉPUGNANT** XIII$^{e}$ s. « contradictoire », XVII$^{e}$ s. sens mod. : *repugnans*, part. présent de *repugnare*; **RÉPUGNANCE** XIII$^{e}$ s.; *repugnantia*; **RÉPUGNER** XIV$^{e}$ s. : *repugnare*. ♦ [2] **INEXPUGNABLE** XIV$^{e}$ s. : *inexpugnabilis*. ♦ [3] **PUGILAT** XVI$^{e}$ s. : *pugilatus*; **PUGILISTE** XVIII$^{e}$ s. ♦ [4] **PUGNACE** XIX$^{e}$ s. : *pugnax, -acis*; **PUGNACITÉ** XIX$^{e}$ s.

**B.** base *-ponct-*

♦ [1] **COMPONCTION** XII$^{e}$ s. : *compunctio*; **PONCTION** XIII$^{e}$ s. : *punctio*; **PONCTIONNER** XIX$^{e}$ s. ♦ [2] **PONCTUEL** XIV$^{e}$ s. : lat. médiéval *punctualis* « qui agit à point nommé »; **PONCTUALITÉ** XVII$^{e}$ s. ♦ [3] **PONCTUER** XV$^{e}$ s. : lat. médiéval *punctuare* « mettre des points »; **PONCTUATION** XVI$^{e}$ s. ♦ [4] **ACUPONCTURE** ou **ACUPUNCTURE** XVII$^{e}$ s., de *acus* « aiguille » et *punctura*; **ACUPONCTEUR** XIX$^{e}$ s.

**IV.** mots savant d'origine grecque

**PYGMÉE** XIII$^{e}$ s. *pygmain*, XV$^{e}$ s., forme mod., sens anc.; XVI$^{e}$ s. sens fig.; XVIII$^{e}$ s. ethnologie : *pugmaios*, par le lat.

**POIRE** ♦ [1] (pop.) XII$^{e}$ s. : *pĭra*, plur. neutre, interprété comme un fém., du lat. class. *pĭrum* « id. »; **POIRÉ, POIRIER** XIII$^{e}$ s. ♦ [2] **PIRI-** 1$^{er}$ élément du composé sav. **PIRIFORME** XVII$^{e}$ s.

**POIREAU** ♦ [1] (pop.) XIIIe s. : altération, p.-ê. sous l'influence de *poire*, de *porreau*, du lat. vulg. **porrĕllum*, dimin. du class. *porrum*. ♦ [2] **POIREAUTER** fam. XIXe s. « rester planté comme un poireau ». ♦ [3] **PORION** XIXe s. « surveillant de mines » : mot dial. (Picardie et Hainaut), « poireau », sans doute par une métaph. semblable à celle de *poireauter*; dér. ancien de *porrum* (→ PLANTON, art. PLAT).

**POIS** ♦ [1] (pop.) XIIe s. : lat. *pĭsum* « id. ». ♦ [2] **PEDZOUILLE** XIXe s. « paysan », var. de *pezouille*, semble apparenté à l'anc. fr. *pesol* XIIIe s. et à l'anc. prov. *pesous* « pois », dér. anc. de *pĭsum*. À l'origine : « nourri de pois ».

**POISSON** famille du lat. *piscis* « poisson », d'où *piscari, piscator* « pêcher », « pêcheur »; *piscina* « vivier ».

**I.** mots populaires

♦ [1] **POISSON** Xe s. : dér. ancien d'un simple anc. fr. *pois*, du lat. *pĭscem*, acc. de *pĭscis* attesté dans quelques composés; **POISSONNIER, POISSONNERIE, EMPOISSONNER** XIIIe s.; **POISSONNEUX** XVIe s.; **POISSARDE** XVIIe s. Pour les mots sav. exprimant la notion de « poisson » → ICHTYO-. ♦ [2] **PÊCHER** XIIe s. : lat. vulg. *pĭscāre*, class. *piscari*; **PÊCHEUR** XIIe s. : *pĭscator, -ōris*; **PÊCHERIE** XIIe s.; **REPÊCHER, PÊCHE** XIIIe s.; **REPÊCHAGE** XIXe s.

**II.** mots savants

♦ [1] **PISCINE** XIIe s. : *piscina*. ♦ [2] **PISCI-** 1er élément de composés sav., ex. : **PISCIFORME** XVIIIe s.; **PISCICULTURE** XIXe s.

**POIVRE** ♦ [1] (pop.) XIIe s. : lat. *pĭper*, mot d'origine orientale, correspondant au gr. *peperi* et au sanscrit *pipali*; **POIVRER, POIVRIER** XIIIe s.; **POIVRADE** XVIe s.; **POIVRIÈRE, POIVRON** XVIIIe s.; **POIVROT** XIXe s. fam. « ivrogne » : dér. de *poivre* au sens argotique de « poison » et d'« eau-de-vie » XIXe s. ♦ [2] **PIMPRENELLE** (demi-sav.) XIIe s. : altération du lat. médiéval *pipinella*, probablement dér. de *piper*, à cause du goût de cette plante. ♦ [3] **FIFRELIN** XIXe s. « chose sans valeur » : all. *Pfifferling* « sorte de champignon à goût poivré », du moyen bas all. *peperlinc*, dér. de *piper*.

**POIX** ♦ [1] (pop.) XIe s. : *pĭcem*, acc. du lat. *pix, pĭcis* « id. »; **POISSER** XIVe s. « enduire de poix », XIXe s. argot « voler » (le voleur ayant les mains qui « collent ») et « importuner » (→ aussi COLLER, COLLANT); **POISSEUX** XVIe s.; **POISSARD** XVIe s. « voleur », XIXe s. « malchanceux »; **POISSE** XIXe s. argot « voleur », « souteneur », puis « malchance ». ♦ [2] **EMPESER** (pop.) XIIIe s. : dér. ancien de *pix, pĭcis*, forme accentuée sur la finale; **EMPOIS** XIIIe s. : id., forme accentuée sur la terminaison; **EMPESAGE** XVIIe s. ♦ [3] **ÉPICÉA** (demi-sav.) XVIIIe s. : altération du lat. *picea* « sorte de sapin », littéralement « résineux ». ♦ [4] **PITCHPIN** XIXe s. : mot angl. composé de *pin*, d'origine lat., et de *pitch* « résine », d'origine germ., de la même base **pic-* que le lat. *pix, picis*.

**POKER** XIXe s. : mot angl. d'origine obscure.

**POLICE** famille du gr. *polis* « ville, cité », d'où *politês* « citoyen », *politeia* « droit de cité », « administration d'un homme d'État », « régime politique »; *politikos* « qui concerne les citoyens et l'État ».

♦ [1] **POLICE** (demi-sav.) XIIIe s. « gouvernement », XVIIe s. sens mod. : *politeia*; **POLICER** XVe s. « gouverner », XVIIIe s. « civiliser »; **POLICIER** XVIIe s. adj. « relatif au gouvernement », fin XVIIIe s. adj. et subst. sens mod. ♦ [2] **POLITIQUE** (sav.) XIIIe s. subst. « art de gouverner » : *politikê (tekhnê)*; XIVe s. adj. « relatif au gouvernement »; XVIe s., adj. et subst. « (homme) qui s'occupe des affaires de l'État »; XVIIe s. « prudent et adroit » : *politikos*; **POLITICIEN** XVIIIe s.; **POLITICARD** XIXe s.; **POLITICAILLERIE, APOLITIQUE, APOLITISME, POLITISER, DÉPOLITISER** XXe s.; **POLITICO-** 1er élément de composés, ex. : **POLITICO-SOCIAL** XXe s. ♦ [3] **-POLE** (sav.) 2e élément de composés d'origine gr. : **MÉTROPOLE** XIVe s. : *mêtropolis* « ville-mère (par rapport à ses colonies) ou ville principale »; **ACROPOLE** XVIIIe s. (XVIe s. *acropolis*) : *akropolis* « ville haute, citadelle »; **NÉCROPOLE** XIXe s. : *nekropolis* « ville des morts », d'abord à Alexandrie, en Égypte. ♦ [4] **COSMOPOLITE** (sav.) XVIe s. : *kosmopolitês* « citoyen du monde »; **COSMOPOLITISME** XIXe s. ♦ [5] **POLICLINIQUE** → ENCLIN. ♦ [6] **TRACES EN TOPONYMIE : NAPLES** : it. *Napoli* : gr. *nea polis* « ville neuve »; **ANTIBES** : gr. *antipolis* « la ville d'en face (de Nice) », anc. colonies gr.

**POLIR** ♦ [1] (sav.) XIIe s. « rendre lisse et brillant », XVIe s. « civiliser », sous l'influence de *poli* : lat. *polire* « id. » (→ aussi FEUTRE); **POLI** XIIe s. « lisse et brillant », « élégant » : part. passé de *polir*; XVIe s. sens mod., sous l'influence du lat. *politus* au sens fig. de « cultivé, façonné par l'éducation », et p.-ê. de l'it. *polito*; **IMPOLI** XIVe s.; XVIIIe s. sens mod. ♦ [2] **POLISSOIR** XVIe s.; **DÉPOLIR** XVIIe s. : dér.

de *polir* au 1er sens du mot. ♦ [3] **POLITESSE** XVIIe s. « culture et bonnes manières », et **IMPOLITESSE** : it. anc. *politezza* (mod. *pulitezza*), dér. de *polito*; servent de dér. à *poli* au 2e sens du mot.

**POLISSON** XVIIe s. : mot d'argot ancien, « guenilleux qui vend les hardes qu'on lui donne »; se rattache à un anc. *polir*, argot, « vendre » ou « acheter », « troquer », « voler » : p.-ê. du gr. *pôlein* « vendre », par des intermédiaires obscurs; fin XVIIe s. « galopin » et « jeune homme licencieux »; **POLISSONNERIE** fin XVIIe s.; **POLISSONNER** XVIIIe s.

**POLKA** XIXe s. : mot polonais.

**POLLUER** (sav.) XVe s. : lat. *polluere* « salir en mouillant », « profaner, souiller », probablement apparenté à *lutum* « boue »; **POLLUTION** XIIe s. : *pollutio*.

**POLO** XIXe s., jeu angl. pratiqué d'abord aux Indes; XXe s. chandail léger des joueurs de polo : mot angl. empr. à un dial. tibétain.

**POLYPTYQUE** (sav.) XVIIIe s. : adj. gr. *poluptukhos* « plié un grand nombre de fois », c.-à-d. « formé de plusieurs feuillets », de *polu* « nombreux » et **ptux, ptukhos* « pli » (par le lat.); **DIPTYQUE** XVIIe s. « tablette double », XIXe s. « tableau à deux volets » : *diptukhos*, par le lat.; **TRIPTYQUE** XIXe s. : *triptukhos*.

**POMME** ♦ [1] (pop.) XIe s. : lat. *pōma*, plur. neutre de *pōmum* « fruit », interprété comme un fém.; **POMME DE TERRE** XVIIe s. « topinambour », XVIIIe s. sens mod.; **POMMIER** XIe s. ♦ [2] **POMMEAU** XIIe s. : dimin. de l'anc. fr. *pom*, du lat. *pomum*, par métaphore. ♦ [3] **POMMETTE** XIIe s. « petite pomme », XVe s. anat.; **POMMELÉ** XIIe s. emploi métaph.; **POMMERAIE** XIIIe s. : dér. de *pommier*; **POMMÉ** XIVe s. ♦ [4] **POMMADE** XVIe s. : it. *pomata*, dér. de *pomo*, du lat. *pomum* « cosmétique à base de pomme d'api »; **POMMADER** XVIe s. ♦ [5] **POMI-, POMO-** 1ers éléments de mots sav., ex. : **POMICULTEUR, POMOLOGIE** XIXe s.

**POMPE** (sav.) XIIIe s. « magnificence » : gr. *pompê* « procession religieuse solennelle », « éclat, faste », dér. de *pempein* « envoyer », « escorter », par le lat.; **POMPEUX** XIVe s. : bas lat. *pomposus*; **POMPIER, POMPIÉRISME** XIXe s.

**PONCE** (pierre) ♦ [1] (pop.) XIIIe s. : bas lat. *pomex, -ĭcis*, var. dial. (osque) du class. *pūmex, -icis*; **PONCER** XIIIe s.; **PONÇAGE** XIXe s. ♦ [2] **PONCIF** XVIe s. techn. « dessin fait au moyen d'une feuille piquée sur laquelle on passe une pierre ponce », XIXe s. « thème conventionnel ».

**PONDRE** famille du lat. *sinere, situs* qui a pris à l'époque class. le sens de « permettre », mais signifiait à l'origine « laisser, placer », sens conservé (1) dans le participe passé employé comme adj. *situs* « placé », le subst. *situs, -ūs* « situation », d'où bas lat. *situatus* et lat. médiéval *situare* (2) le composé *desinere* « laisser là, cesser, finir » (3) le composé *ponere* (issu de **po-sinere*), *positus* « poser, déposer », d'où *positio, -onis* « action de mettre en place », « position », auquel se rattachent plusieurs verbes préfixés, ainsi que leurs dér. en *-positus, -positio : anteponere* « placer devant »; *apponere* « placer auprès de »; *componere* « placer ensemble, concerter »; *deponere* « déposer, mettre à terre »; *disponere* « placer en séparant », « mettre en ordre »; *exponere* « mettre dehors », « mettre en vue »; *imponere* « placer sur », « donner une charge à quelqu'un », « lui faire endosser un mensonge », d'où bas lat. *impostor* et *impostura* « imposteur » et « imposture »; *interponere* « placer entre »; *postponere* « placer après »; *praeponere* « placer devant », « mettre à la tête de »; *proponere* « placer devant les yeux, exposer », « annoncer »; *superponere* « placer sur »; *supponere* « mettre dessous », « substituer (p. ex. : un enfant, un testament) ».

I. mots populaires

♦ [1] **PONDRE** XIIe s. « déposer ses œufs (en parlant des oiseaux) »; éliminé par *poser* au sens général : *ponĕre*; l'expression *ponere ova* est déjà attestée au Ier s.; **PONDEUSE** XVIe s.; **PONTE** XVIe s. subst. : lat. vulg. **pondĭta*, class. *posĭta*, part. passé substantivé de *pondre*. ♦ [2] **PONTER** XVIIIe s. « déposer sa mise, au jeu » : dér. de l'anc. fr. *pont* « dépôt », du lat. vulg. **pondĭtum*, var. masc. de *ponte* → le précéd.; **PONTE** XIXe s., argot « joueur », « richard dépensier », « gros trafiquant de stupéfiants » : dér. de *ponter*. ♦ [3] **COMPOTE** XIIe s. : *composĭta* « choses mises ensemble », « mélange », part. passé substantivé de *componere*; **COMPOTIER** XVIIIe s. ♦ [4] **PRÉVÔT** XIIe s. : *praepositus* « préposé », de *praeponere*; **PRÉVÔTÉ** XIIe s.; **PRÉVÔTAL** XVIe s. ♦ [5] **SUPPÔT** (demi-sav.) XIIIe s. : *suppositus* « placé sous les ordres de, subalterne », de *supponere*; **IMPÔT** XIVe s. : *impositum* « (charge) imposée »; **DÉPÔT** XIVe s. : *depositum* « chose déposée », de *imponere, deponere*; **ENTREPÔT** XVIIe s. : de *entreposer*, sur le modèle de **DÉPÔT**.

**II.** mots d'emprunt

**A. PONANT** XIII^e s. : anc. prov. *ponen*, du lat. *(sol) ponens* « (soleil) couchant », le verbe *ponere* ayant pris en bas lat. le sens de « se coucher ».

**B.** base *-post-*

♦ [1] **POSTE** XV^e s., subst. fém. « relais de chevaux » et « courrier du roi », d'où sens mod. XVII^e s. : it. *posta*, du lat. *posĭta*; **POSTAL, POSTIER, POSTER** XIX^e s. ♦ [2] **POSTILLON** XVI^e s. « cocher de la poste », XIX^e s., par métaphore « goutte de salive envoyée en avant » : it. *postiglione*, dér. de *posta*; **POSTILLONNER** XVII^e s. « courir la poste », XIX^e s. sens mod. ♦ [3] **POSTE** début XVI^e s. subst. masc., d'abord sens milit. : it. *posto*, du lat. *posĭtum*, part. passé substantivé; **POSTER** XVI^e s. « mettre à un poste »; **APOSTER** XV^e s. : it. *appostare* « guetter » (avec influence pour le sens de *poste, poster*), dér. de *posta* au sens d'« affût »; **AVANT-POSTE** XIX^e s. ♦ [4] **POSTICHE** XVI^e s. : it. *posticcio*, dér. de *posto* « placé », de *posĭtum*. ♦ [5] **POSTURE** XVI^e s. : it. *postura* « position », dér. de *posto*. ♦ [6] **IMPOSTE** XVI^e s. : it. *imposta* « placée sur », du lat. *imposĭta*, de *imponere*. ♦ [7] **COMPOSTEUR** XVII^e s., imprimerie : it. *compositore* « compositeur », formé sur *compositus*, de *componere*; **COMPOSTER** XVIII^e s.

**III.** mots savants de la famille de *ponere*

**A.** base *-pon-*

♦ [1] **DÉPONENT** XVI^e s., gramm. : *deponens, -entis*, part. présent de *deponere* « (verbe) déposant (c.à-d. abandonnant son sens passif) ». ♦ [2] **EXPONENTIEL** XVIII^e s.; math. : dér. formé sur *exponens, -entis*, participe présent de *exponere* « exposer ». ♦ [3] **DISPONIBLE** XIV^e s. : lat. médiéval *disponibilis*, de *disponere*; **DISPONIBILITÉ** XV^e s., rare avant le XIX^e s.; **INDISPONIBLE** XVIII^e s.; **INDISPONIBILITÉ** XIX^e s.

**B.** base *-pos-* Cette base provient du radical du part. passé *positus* et de ses dér., et, pour les temps du présent de la réfection de *-pondre* en *-poser* , sous l'influence de **POSER** (d'origine gr. → ce mot) .

♦ [1] **APPOSER** XII^e s. : réfection de *apponere*; **APPOSITION** XIII^e s.; XVIII^e s. gramm. : *appositio*. ♦ [2] **COMPOSER** XII^e s. « assembler », XV^e s. « trouver un accommodement », XVI^e s. « affecter une attitude », XVII^e s. « écrire de la musique » : réfection de *componere*; **COMPOSITION** XIV^e s.; XVI^e s. « accord », XVII^e s., typo. et scol. : *compositio*; **COMPOSITEUR** XIII^e s. « conciliateur », XV^e s. « qui compose un ouvrage » : *compositor*; **COMPOSITE** XIV^e s. : *compositus*; **DÉCOMPOSER, RECOMPOSER** XVI^e s.; **DÉCOMPOSITION** XVII^e s.; **DÉCOMPOSABLE, INDÉCOMPOSABLE, SURCOMPOSÉ** XVIII^e s. ♦ [3] **DÉPOSER** XII^e s. : réfection de *deponere*; **DÉPOSITION** XII^e s. : lat. jur. *depositio*; **DÉPOSITAIRE** XIV^e s. : lat. jur. *depositarius*. ♦ [4] **DISPOSER** XII^e s. : réfection de *disponere*; **DISPOSITION** XII^e s. : *dispositio*; **DISPOSITIF** XIV^e s. : dér. sur *dispositus*; **INDISPOSER, INDISPOSITION, PRÉDISPOSER** XV^e s.; **PRÉDISPOSITION** XVIII^e s. ♦ [5] **DISPOS** adj. XV^e s. : croisement de *disposé* et de l'it. *disposto* « en bonne disposition ». ♦ [6] **EXPOSER** XII^e s. : réfection de *exponere*; **EXPOSITION** XII^e s. : *expositio*; **EXPOSANT** XIV^e s. subst. masc. jur., XVII^e s. math., XIX^e s. « qui participe à une exposition »; **EXPOSÉ** XVII^e s., subst. masc. ♦ [7] **IMPOSER** XII^e s.; XIV^e s. « taxer », « imputer » et « prescrire », XVI^e s. « faire accroire » et liturg. *imposer les mains*, XVII^e s. « impressionner, commander le respect » : réfection de *imponere*; **IMPOSITION** XIII^e s. : *impositio*; **IMPOSABLE** XV^e s.; **SURIMPOSER, SURIMPOSITION** XVII^e s.; **IMPOSANT** XVIII^e s. ♦ [8] **IMPOSTURE** XII^e s. : *impostura*, de *imponere*; **IMPOSTEUR** XVI^e s. : *impostor*. ♦ [9] **OPPOSER** XII^e s. : réfection de *opponere*; **OPPOSITION** XII^e s., XV^e s. astron. et jur., XVIII^e s. pol. sous l'influence de l'angl. : *oppositio*; **OPPOSITE** XIII^e s. : *oppositus*; **OPPOSANT** XIV^e s. subst.; **OPPOSABLE** XIX^e s. anat. ♦ [10] **PROPOSER** XII^e s. sens mod., et XII^e s.-XVII^e s. « projeter », « exposer » : réfection de *proponere*; **PROPOSITION** XII^e s. : *propositio*; **PROPOS** XII^e s., XV^e s. « paroles échangées » : dér. de *proposer*; **AVANT-PROPOS** XVI^e s.; **À-PROPOS** XVIII^e s. ♦ [11] **ENTREPOSER** (demi-sav.) XII^e s. et **INTERPOSER** (sav.) XIV^e s. : réfection de *interponere*; **INTERPOSITION** XII^e s.; **ENTREPOSITAIRE** XIX^e s. : sur le modèle de *dépositaire*. ♦ [12] **TRANSPOSER** XII^e s. : adaptation de *transponere*; **TRANSPOSITION** XV^e s. ♦ [13] **POSITION** XIII^e s. : *positio*, de *ponere*; **POSITIF** XIII^e s. : bas lat. *positivus* « bien-fondé », dér. de *positus*; **POSITIVISME, POSITIVISTE, POSITIVITÉ** XIX^e s.; **DIAPOSITIVE** XIX^e s., rare avant XX^e s. (pour **POSER** → ce mot.) ♦ [14] **SUPPOSER** XIII^e s. « faire une hypothèse », XVI^e s. jur. « substituer frauduleusement », sous l'influence du lat. : réfection de *supponere*; **SUPPOSITION** XIII^e s. : *suppositio*. **PRÉSUPPOSER** XIV^e s.; **PRÉSUPPOSITION** XV^e s. ♦ [15] **SUPPOSITOIRE** XIII^e s. : lat. *suppositorius* « qui se place par en dessous », de *suppositus*, part. passé de *supponere*. ♦ [16] **PRÉPOSER** XIV^e s. : réfection de *praeponere*; **PRÉPOSITION** XIV^e s. gramm. : *praepositio*; **PRÉPOSÉ** XVII^e s. subst. ♦ [17] **POSTPOSER** XV^e s. : réfection de *postponere*; **POSTPOSI-**

**TION** XIXe s.; **ANTÉPOSER** XIXe s. ♦ [18] **SUPERPOSITION** XVIIe s. : *superpositio*, lat. médiéval; d'où **SUPERPOSER** XVIIIe s. ♦ [19] **JUXTAPOSITION** XVIIe s. : de *juxta* « à côté » et *positio*; d'où **JUXTAPOSER** XIXe s.

**IV.** mots savants de la famille de *sinere* et *desinere*

♦ [1] **SITUER** XIVe s. : *situare*; **SITUATION** XIVe s. ♦ [2] **DÉSINENCE** XIVe s. : lat. médiéval *desinentia*, de *desinere*. ♦ [3] **SITE** XVIe s. : it. *sito* : lat. *situs, -us*.

**PONT** famille d'une racine ind.-eur. **penth-* « voie de passage ». En grec *pontos* « la mer », voie de communication par excellence. En latin *pons, pontis* « le pont », d'où *ponto, -ōnis* « bac »; de plus, les Anciens, sans doute à juste titre, considéraient le mot *pontifex* comme dér. de *pons*, signifiant littéralement « faiseur de pont ». Les insignes du grand pontife comportaient une hache (importance décisive du *pons sublicius* « pont de charpente » sur le Tibre, au début de l'histoire de Rome).

**I.** mots d'origine latine

♦ [1] **PONT** (pop.) XIe s.; XIIe s. mar. : *pons, pontis*; **PONT-LEVIS** XIIe s.; **PONTER** XVIe s.; **ENTREPONT, APPONTEMENT** XVIIIe s. mar.; **APPONTER** XXe s. ♦ [2] **PONTON** (pop.) XIIIe s. : *ponto, -ōnis*; **PONTONNIER** XIIe s. ♦ [3] **PONTIFICAL** (sav.) XIIIe s. : *pontificalis* « du pontife »; **PONTIFICAT** XIVe s. : *pontificatus, -us* « dignité de pontife »; **PONTIFIER** XIVe s.; **PONTIFE** XVe s. : *pontifex, -icis*, anciennement adopté par le vocabulaire chrétien; **PONTIFIANT** XIXe s., adj.

**II.** mot d'origine grecque

**PONT-EUXIN** : *pontos euxeinos* « la mer hospitalière », ainsi appelée, par antiphrase, à cause des populations sauvages de son littoral; nom ancien de la mer Noire (→ XÉNO-).

**PORC** ♦ [1] (pop.) XIe s. : *porcus* « porc domestique », par opposition à *sus* (→ SOUILLER), qui pouvait aussi désigner le sanglier; **POURCEAU** XIIe s. : *porcĕllus*, dimin. de *porcus*; **PORCELET** XIIIe s. : dimin. de *pourceau*. ♦ [2] **PORCHER** (pop.) XIIe s. : bas lat. (IVe s.) *porcārius*; **PORCHERIE** XIIe s. « troupeau de porcs », XIVe s. « étable à porcs ». ♦ [3] **PORC-ÉPIC** XIIe s., d'abord sous la forme *porc espin*, altéré au XVIe s. sous l'influence de *piquer* : de l'anc. prov. *porc espin*, de l'it. *porcospino* « porc-épine ». ♦ [4] **PORCELAINE** XIIIe s. coquillage utilisé pour des fabrications artisanales; XVIe s. poterie fine comparable à la nacre de ce coquillage : it. *porcellana* « truie » et « coquillage univalve dont la fente était comparée à la vulve d'une truie »; **PORCELAINIER** XIXe s. ♦ [5] **PORCIN** (sav.) XIIIe s.-XVIe s., repris fin XVIIIe s. : lat. *porcinus*.

**PORNOGRAPHE** (sav.) XVIIIe s. : gr. *pornographos* « auteur d'écrits sur la prostitution », de *pornê* « prostituée », de *pernêmi* « vendre »; **PORNOGRAPHIE** XIXe s.

**PORT** famille d'une racine ind.-eur. **per-* « traverser ».

En grec *peirein* « transpercer », d'où *poros* « conduit, passage » et *peronê* « toute pointe qui traverse un objet, cheville de fixation » et, par comparaison, « le plus mince des deux os de la jambe ».

En latin (1) *portus* « passage », en particulier « entrée d'un port » et lat. class. « le port » lui-même, d'où *opportunus*, littéralement « qui pousse vers le port », d'où lat. class. « commode, avantageux », et son contraire, *importunus* « inabordable, fâcheux » (2) *porta* « ouverture », en particulier « porte de ville », d'où bas lat. *portarius* « portier » (3) *porticus* « passage couvert soutenu par une colonnade » (4) *portare, portatus* « porter (à dos d'hommes, d'animaux, sur chariots ou bateaux) », d'où *apportare* « porter vers »; *comportare* « porter dans le même lieu », « amasser »; *deportare* « porter d'un endroit à l'autre »; *exportare* « porter hors de »; *importare* « porter dans »; *reportare* « rapporter »; *supportare* « transporter en remontant » et bas lat. « supporter »; *transportare* « porter à travers ».

**I.** mots d'origine latine

**A.** famille de *portus*

♦ [1] **PORT** (pop.) XIe s. : *portus*; « col des Pyrénées » XIe s. : même mot, par l'anc. prov.; **AVANT-PORT** XVIIIe s.; **AÉROPORT, HÉLIPORT** XXe s. ♦ [2] **PORTULAN** XIIIe s. : « garde-port »; XVIe s. : « carte côtière » : it. *portolano*, var. *portulano* « pilote », dér. de *porto* « port ». ♦ [3] **PORTUAIRE** (sav.) XXe s. : dér., sur *portus*. ♦ [4] **OPPORTUN, INOPPORTUN** (sav.) XIVe s. : *opportunus, inopportunus*; **OPPORTUNITÉ** XIIIe s.; **OPPORTUNISME, OPPORTUNISTE** XIXe s. ♦ [5] **IMPORTUNITÉ** (sav.) XIIe s. : *importunitas*; **IMPORTUN** XIVe s. : *importunus*; **IMPORTUNER** XVIe s.

**B.** famille de *porta*

♦ [1] **PORTE** (pop.) Xe s. anat. *la veine porte* : *porta*; **PORTAIL** XIIIe s. d'abord *portal*; **PORTILLON, PORTIÈRE** « tenture » XVIe s.; **PORTE-FENÊTRE** XVIIe s. ♦ [2] **PORTIER** (pop.) XIe s. : *portarius*; **PORTERIE** XVe s. ♦ [3] **CLOPORTE** (pop.) XIIIe s. : composé de l'impératif du verbe *clore* et de *porte* parce que cet animal se replie sur lui-même au moindre danger.

C. représentants de *porticus*

♦ [1] **PORCHE** (pop.) XIIe s. ♦ [2] **PORTIQUE** (sav.) XVIe s. archit., XIXe s. gymnastique.

D. famille de *portare* (mots pop. ou demi-sav.)

♦ [1] **PORTER** Xe s. « être enceinte », XIe s. sens général; *se porter bien ou mal*, XIVe s. : *portāre*; **PORT** XIIIe s. « action de porter », XIVe s. « maintien »; **PORTÉE** XIIe s. « charge », XVe s. à propos des femelles pleines, XVIe s. balistique, XVIIe s. *à la portée de*; XVIIIe s. mus.; **PORTANT** XIIIe s. subst. techn., en particulier XIXe s. théâtre; **PORTAGE** XIIIe s.; **PORTABLE** XIIIe s.; **PORTATIF** XIVe s.; **PORTEUR** XIIIe s., et **TRIPORTEUR** XXe s., par contamination avec *tricycle*; **AÉROPORTÉ, HÉLIPORTÉ** XXe s. Pour les mots savants, exprimant l'idée de « porter » → FÈRE et -PHORE, art. OFFRIR. ♦ [2] **PORTE-** 1er élément de nombreux composés, ex. : **PORTEFAIX** XIIIe s.; **PORTEFEUILLE, PORTEMANTEAU** XVIe s.; **PORTE-DRAPEAU** XVIe s.; **PORTE-VOIX, PORTE-BOUQUET** XVIIe s.; **PORTE-BONHEUR, PORTE-CIGARETTES, PORTE-MONNAIE** XIXe s.; **PORTE-DOCUMENTS, PORTE-AVIONS** XXe s. ♦ [3] **APPORTER** Xe s. : *apportare*; **RAPPORTER** XIIe s. « ramener », XIIIe s. « raconter », XVIe s. « produire un certain revenu », « rattacher par une relation logique » et *se rapporter à quelqu'un de quelque chose*; **APPORT** XIIe s.; **RAPPORT, RAPPORTEUR** XIIIe s. ♦ [4] **EMPORTER** Xe s., XIVe s. *l'emporter* « vaincre », XVIIe s. *s'emporter* « se mettre en colère » : de *en* issu de *inde* « de là » et de *porter*; **EMPORTEMENT** XIIIe s.; **EMPORTÉ** XVIIe s., adj.; **EMPORTE-PIÈCE** XVIIe s.; **REMPORTER** XVe s. ♦ [5] **REPORTER** XIe s.; **REPORT** XIIIe s. « récit », XIXe s. fin.; **REPORTER** XIXe s. subst. : mot angl., de l'anc. fr. *reporteur* « qui fait un récit »; **REPORTAGE** XIXe s. ♦ [6] **COMPORTER** XIIe s. « porter », XVe s. sens mod. : *comportare*; **COMPORTEMENT** XVe s., repris au XXe s., psycho., pour traduire l'angl. *behaviour*. ♦ [7] **COLPORTER** XVIe s. : altération, sous l'influence de *col, cou* (littéralement « porter sur la nuque »), de *comporter* au sens anc. de « porter »; **COLPORTEUR** XIVe s. adj., XVIe s. subst.; **COLPORTAGE** XVIIIe s. ♦ [8] **DÉPORTER** XIIe s. « divertir, amuser », XIVe s. jur., dans certaines coutumes « exiler », sens qui ne devient général qu'à la fin du XVIIIe s. : lat. *deportare* « changer de place »; **DÉPORTEMENT** XIIIe s., du 1er sens; **DÉPORTATION** XVe s. : *deportatio*, du 2e sens; **DÉPORTÉ** XIXe s. subst. ♦ [9] **SPORT** XIXe s. : mot angl. « jeu, amusement »; abrév. de l'anc. fr. *desport*, var. de *deport*, dér. de *déporter* « distraire » → le précédent; **SPORTIF** XIXe s.; **SPORTIVITÉ** XXe s. ♦ [10] **SUPPORTER** XIIe s. : *supportare*; **INSUPPORTABLE** XIVe s.; **SUPPORTABLE, SUPPORT** XVe s.; **SUPPORTER** XXe s., subst. sports : mot angl. « qui soutient » : de *to support* « souvenir », de l'anc. fr. *supporter*. ♦ [11] **TRANSPORTER** XIIe s., sens propre, XIIIe s. en parlant des sentiments : *transportare*; **TRANSPORTEUR** XIVe s.; **TRANSPORT** XVIe s. sens propre, XVIIe s. « mouvement de passion »; **TRANSPORTABLE, INTRANSPORTABLE** XVIIIe s. ♦ [12] **IMPORTER** XIVe s. « porter dans » : lat. *importare*; XVIe s. « avoir de l'importance », sous l'infl. de l'it. *importare*, de même origine, « être cause de » et « avoir de l'importance »; **IMPORTANCE** et **IMPORTANT** XVe s. : it. *importanza, importante*; **IMPORTER** XVIIe s. commerce : angl. *to import*, qui remonte au même verbe lat.; **IMPORTATEUR** XVIIIe s.; **IMPORTATION** XVIIIe s. : angl. *importation*. ♦ [13] **EXPORTER, EXPORTATION** XVIIIe s. : lat. *exportare, exportatio*, probablement sous l'influence de l'angl. *to export* et *exportation*, de même origine → le précédent; **EXPORTATEUR** XVIIIe s.

II. mots savants d'origine grecque

♦ [1] **PORE** XIVe s. : gr. *poros*, par le lat.; **POREUX, POROSITÉ** XIVe s.; **MADRÉPORE** XVIIe s. : it. *madrepora* « ensemble de pores, polypier perforé », formé sur le modèle de *madreperla* « nacre ». ♦ [2] **PÉRONÉ** XVIe s. anat. : mot gr.

**PORTION** ♦ [1] (sav.) XIIe s. : lat. *portio, -onis* « part, portion » et « proportion », qui est p.-ê., mais non certainement, apparenté à la rac. **per-* → PART. ♦ [2] **PROPORTION** (sav.) XIIIe s. : lat. imp. *proportio, -ōnis* « rapport », traduction du gr. *analogia*, tiré de l'expression *pro portione* « pour sa part »; **PROPORTIONNER, PROPORTIONNEL** XIVe s.; **DISPROPORTION, DISPROPORTIONNÉ** XVIe s.

**POSER** famille du gr. *pauein*, aoriste (temps du passé) *epausa*, « cesser », emprunté par le lat. sous la forme bas lat. *pausare* « s'arrêter », attestée dans certaines épitaphes *(pausat in pace)* avec le sens de « reposer », d'où le composé bas lat. *repausare* « reposer », trans. et intrans., qui a éliminé *requiescere* → COI; de plus, *pausare*, dont le part. passé *pausatus* se rapprochait de *positus*, part. passé de *ponere* « poser, placer », pour la forme et pour le sens, s'est substitué, en gallo-roman, à *ponere* dans la plupart de ses emplois et de ses composés, et a annexé ses dér.; on trouvera donc à

l'article PONDRE, représentant phonétique direct de *ponere*, la plupart des mots sentis aujourd'hui comme dér. et composés de *poser*. Le subst. *pausa*, antérieur à *pausare*, en est sans doute néanmoins un dér., ce verbe ayant pu être employé dans la langue parlée plus tôt que dans la langue écrite.
♦ [1] **POSER** (pop.) X$^e$ s. « ensevelir », XI$^e$ s. « mettre en place » et « être en place », XIX$^e$ s. « prendre une attitude prétentieuse », d'après *poser pour un peintre* : *pausare*; **POSEUR** XVII$^e$ s. sens propre, XIX$^e$ s. « prétentieux »; **POSE** XVII$^e$ s. sens propre, XVIII$^e$ s. « séance devant un artiste », XIX$^e$ s. photo, d'où **POSEMÈTRE** XX$^e$ s.; **DÉPOSER** « enlever » et **DÉPOSE** XIX$^e$ s. **REPOSER** XIX$^e$ s. « poser de nouveau », d'où **REPOSE** XX$^e$ s. ♦ [2] **REPOSER** (pop.) X$^e$ s. : *repausare*; **REPOS** XI$^e$ s.; **REPOSOIR** XIV$^e$ s. « endroit où l'on se repose », limité au XVII$^e$ s. aux « endroits où une procession s'arrête ». ♦ [3] **PAUSE** (sav.) XIV$^e$ s. « arrêt » : lat. *pausa*; XVI$^e$ s., mus. : it. *pausa*, de même origine. ♦ [4] **MÉNOPAUSE** (sav.) XIX$^e$ s. : composé du gr. *mên, mênos* « mois, menstrues » → MOIS, et du gr. tardif *pausis* « cessation », dér. de *pauein*.

**POT** ♦ [1] (pop.) XII$^e$ s. : bas lat. *pŏttus*, d'origine préceltique; a pris divers sens argotiques tardivement attestés : XIX$^e$ s. « derrière, postérieur » (d'où la forme redoublée **POPOTIN** XIX$^e$ s.); XX$^e$ s. « total des enjeux d'une partie » (p.-ê. d'après *pot d'aumônes* ou *pot de confrérie* servant à faire la quête) et « chance »; **POTÉE, POTIER** XII$^e$ s.; **POTERIE** XIII$^e$ s.; **POTICHE** XVIII$^e$ s. ♦ [2] **POT-** 1$^{er}$ élément de composés, ex. : **POT-DE-VIN** XVI$^e$ s.; **POT-POURRI** XVI$^e$ s. : calque de l'esp. *olla podrida* « mélange de viande et de légumes cuits ensemble »; **POT-AU-FEU** XVII$^e$ s. ♦ [3] **EMPOTER** XVII$^e$ s.; **REMPOTER** XIX$^e$ s.; **DÉPOTER** XVII$^e$ s. d'où **DÉPOTOIR** XIX$^e$ s. « lieu où l'on dépote les ordures », par croisement avec *dépôt* → PONDRE. ♦ [4] **POTAGE** XIII$^e$ s.-XVII$^e$ s. « tout ce qui se met dans le pot, viande et légumes »; XV$^e$ s. *pour tout potage*; XVIII$^e$ s. sens mod.; **POTAGER** XIV$^e$ s. « cuisinier », XVI$^e$ s. adj. et subst., sens mod. ♦ [5] **POTACHE** XIX$^e$ s. « élève interne » : abrév. de *potachien*, altération et resuffixation, d'après *collégien*, de *potagiste* « qui prend son potage au collège ». ♦ [6] **PORRIDGE** XX$^e$ s. : mot angl. : altération de l'anc. fr. *pottage*, var. de *potage*. ♦ [7] **POTIN** XIX$^e$ s. : mot dial. déjà attesté dans un texte normand au XVII$^e$ s., dér. de *potiner* « bavarder », lui-même dér. de *potine*, dimin. de *pot* « chaufferette de terre autour de laquelle les femmes se réunissaient pour bavarder »; **POTINER, POTINIER, POTINIÈRE** XIX$^e$ s. ♦ [8] **POTASSE** XVI$^e$ s. : néerl. *potasch* « cendre de pot »; **POTASSÉ, POTASSIQUE, POTASSIUM** XIX$^e$ s. ♦ [9] **POTASSER** XIX$^e$ s., argot scolaire « étudier assidûment » : probablement dial. (Maine) « cuisiner », dér. de *pot*, avec un suff. *-asser* exprimant l'effort.

**POTAMO-** ♦ [1] (sav.) gr. *potamos* « fleuve », 1$^{er}$ élément de composés, ex. : **POTAMOCHÈRE** XX$^e$ s. zool. : du gr. *khoiros* « petit cochon ». ♦ [2] **HIPPOPOTAME** XIII$^e$ s. : gr. *hippopotamos* « cheval de rivière », par le lat. (→ ÉQUESTRE).

**POTEAU** (pop.) ♦ [1] XII$^e$ s. « pieu » : dimin. de l'anc. fr. *post* : lat. *postis* « jambage de porte » — sens fig. arg. « soutien, support, ami fidèle » (comme l'it. *palo*) une fois au XV$^e$ s. puis XIX$^e$ s. ♦ [2] **POTE**, arg. fin XIX$^e$ s. troncation de *poteau*, a pu entrer en collision homonymique avec le breton *pôtr* « homme, garçon » introduit par les Bretons venus en grand nombre à la fin du XIX$^e$ s. et au début du XX$^e$ s. chercher du travail à Paris.

**POTELÉ** famille de l'anc. fr. *pote*, adj. qui ne se trouve associé qu'avec *main* au sens de « gauche » puis XVII$^e$ s.-XVIII$^e$ s. « engourdie, grosse et enflée », d'origine obscure; p.-ê. croisement de *patte* et du syn. anc. fr. *poe, poue* d'origine préceltique (→ PATTE). ♦ [1] **POTELÉ** XIII$^e$ s. « engourdi, maladroit », d'où « gros et enflé ». ♦ [2] **EMPOTÉ** XIX$^e$ s. fam. : dér. de *pote* au sens de « malhabile ».

**POTIRON** XVI$^e$ s. « gros champignon », XVII$^e$ s. sens mod. : mot obscur; p.-ê. adaptation de l'arabe *futur* « espèce de gros champignon »; ou plutôt altération inexpliquée de l'anc. fr. *poistron* « derrière, postérieur », du lat. vulg. **posterio, -ōnis*, dér. de *posterior* (→ PUIS).

**POU** (pop.) XIII$^e$ s., d'abord sous la forme *peouil* : bas lat. *pedŭcŭlus*, lat. imp. *pedĭcŭlus*, dimin. de l'arch. *pēdis* « pou »; **POUILLEUX** XII$^e$ s.; **POUILLERIE, ÉPOUILLER** XIV$^e$ s.

**POUCE** (pop.) XI$^e$ s. « mesure de longueur », XIII$^e$ s. anat. : lat. pollex, *pollĭcis*; **POUCETTE** XIX$^e$ s.

**POUDRE** famille d'une racine **pel-* « poudre » représentée en latin par (1) *pollen, -inis* « fleur de farine » (2) *puls, pultis* « bouillie de farine », nourriture des anciens Romains avant l'usage du pain (3) *polenta* « bouillie de farine d'orge », croisement de *pollen* et *puls, pultis* (4) *pulvis, pulveris* « poussière » et *pulverulentus* « couvert de poussière ».

♦ [1] **POUDRE** (pop.) XI^e s. « poussière », XII^e s. « substance finement broyée », XIV^e s. toilette; XVI^e s. explosif : *pŭlvĕrem*, acc. de *pŭlvis*; **POUDREUX** XI^e s.; **POUDRIÈRE** XII^e s. « nuage de poussière », XVI^e s. « réserve, puis XVIII^e s. fabrique de poudre explosive »; **POUDRER** XIII^e s.; XVII^e s., toilette; **SAUPOUDRER** → SEL; **POUDRIER** XII^e s. « tourbillon de poussière », XVI^e s. « boîte à poudre »; **POUDROYER** XIV^e s.; **POUDROIEMENT** XVII^e s.; **POUDRERIE** XVIII^e s.; **POUDRE DE RIZ** XIX^e s.; **POUDREUSE, POUDRAGE** XX^e s. ♦ [2] **POUSSIÈRE** (pop.) XII^e s. : dér. du dial. (Centre et Est) *pous*, du lat. vulg. **pulvus*, class. *pulvis*; **POUSSIER** XIV^e s., var. masc. de *poussière*; **ÉPOUSSETTE** XIV^e s.; **ÉPOUSSETER** XV^e s.; **ÉPOUSSETAGE** XVIII^e s.; **POUSSIÉREUX** XVIII^e s. ♦ [3] **PULVÉRISER** (sav.) XIV^e s. : bas lat. *pulverizare* « réduire en poussière »; **PULVÉRISATION, PULVÉRISABLE** XIV^e s.; **PULVÉRISATEUR** XIX^e s.; **PULVÉRULENT** XVIII^e s. : *pulverulentus*; **PULVÉRULENCE** XIX^e s. ♦ [4] **POLLEN** (sav.) XVIII^e s. bot. : emploi métaph. du mot lat.; **POLLINIQUE, POLLINISATION** XIX^e s. ♦ [5] **POLENTA** XIX^e s. : mot italien, du lat. *polenta*.

**POUF** famille d'une base expressive ou onom. à structure consonantique *p-f* (parallèle à *b-f* → BOUFFER), suggérant les notions de « gonflement », de « rembourrage » ou de « personnes gavées de boisson ou de nourriture ».

I. voyelle *ou*

♦ [1] **POUF** XV^e s. « bruit de chute d'un objet mou », d'où **PATAPOUF** XIX^e s., par croisement avec la base *patt-*, onom. elle aussi → PATTE. ♦ [2] **POUFFER** XVI^e s. « souffler » en parlant du vent, XVIII^e s. « rire ». ♦ [3] **POUF** XVIII^e s. « coiffe de femme », XIX^e s. « tabouret rembourré ». ♦ [4] **POUFFIASSE** XIX^e s. fam. « fille épaisse et vulgaire ». ♦ [5] on peut rapprocher de cette forme le mot **PUTSCH** XX^e s. : all. de Suisse « explosion », onom. lui aussi, qui a pris son sens actuel à l'occasion du *putsch* de Zürich en 1839; **PUTSCHISTE** XX^e s.

II. voyelle *a*

♦ [1] **PAF** XIX^e s. argot « ivre » : forme réduite de *paffé*, part. passé de *se paffer*, var. *s'empaffer*, fin XVIII^e s., et dial. (Picardie) « se gaver ». ♦ [2] **PIF-PAF** XVIII^e s. : onom. suggérant le bruit de gifles.

III. voyelle *i*

♦ [1] **S'EMPIFFRER** XVI^e s. « se gaver » (→ PAF). ♦ [2] **PIF** XIX^e s. « gros nez », d'où **PIFFER** XX^e s. argot, dans la locution *ne pas pouvoir piffer*, et **PIFOMÈTRE** XX^e s. fam.

**POULE** famille d'une racine **peu-* « petit d'animal », « enfant ». En latin (1) *pŭllus* « petit d'animal », « poulet » et « mignon », terme de tendresse, d'où le dimin. *pullulus* et le verbe *pullulare*; bas lat. VI^e s. (Loi salique), *pullicella* « jeune fille »; et les dér. bas lat. *pullamen, -inis, pulliter*, et *pullicēnus* « petit d'animal », « jeune poulet » (2) *puer* « petit garçon », d'où *puerilis* « enfantin » (3) *pūsus* « petit garçon », d'où *pusillus* « tout petit, mesquin » et lat. eccl. *pusillanimis* et *pusillanimitas* « faiblesse d'âme » (4) *pūttus* (var. **pŭttus* attestée par les langues romanes) « petit garçon » (5) *praepūtium* « prépuce », de *prae* « en avant » et d'un second élément *-pūt-* probablement apparenté à *puttus, pusus* et exprimant l'idée de « petitesse ».

I. mots populaires

♦ [1] **POULE** XIII^e s., oiseau (a concurrencé et éliminé *geline* → GELINOTTE), XVII^e s. « enjeu » (qui était p.-ê. à l'origine une poule), fin XIX^e s. « femme légère », « femme », par avilissement de l'expression tendre *ma poule* (a éliminé ou concurrencé *fumelle* et *cocotte*) : *pŭlla* « poulette »; **POULETTE** XIII^e s.; **POULET** XIII^e s., XVI^e s. « billet doux » (p.-ê. à cause de la forme de la pliure); **POULAILLER** XIII^e s., de l'anc. fr. *poulaille* « volaille »; **POULARDE** XVI^e s. ♦ [2] **POURPIER** XIII^e s. : *pŭlli pĕdem* « pied de poulet » → PIED. ♦ [3] **POUILLOT** XII^e s. « petit d'un oiseau » : dér. de l'anc. fr. *pouil*, du lat. vulg. **pŭllius*, var. de *pullus* « jeune coq ». ♦ [4] **POUSSIN** XIII^e s. : lat. vulg. **pŭllĭcīnus*, var. bas lat. *pullĭcēnus*; **POUSSINIÈRE** XII^e s. adj., XIV^e s. subst. ♦ [5] **POULAIN** (pop.) XII^e s. : *pullāmen*; **POULINER** XVI^e s.; **POULINIÈRE** XVII^e s.; **POULICHE** XVI^e s. : mot dial., var. fém., probablement due à l'influence du picard *geniche* « génisse ». ♦ [6] **POUTRE** XIV^e s. « jeune jument » et, par métaph., sens mod. (→ SOMMIER, CHEVALET, CHEVRON, etc.) : **pullĭtra* fém. de *pulliter*; **POUTRELLE** XVII^e s. ♦ [7] **POLOCHON** XIX^e s., argot milit. « traversin de plumes » : anc. fr. *pouloncel, poulonchiau* « petit oiseau », qui survit dans certains dial. : dér. de *pŭllus*. ♦ [8] **PUCELLE** X^e s. : selon l'hypothèse la plus vraisemblable, du lat. vulg. **pūllĭcella*, croisement avec *pūsus* ou *pūttus* de *pŭllicella*, dimin. fém. de *pŭllus*; **PUCELAGE, DÉPUCELER** XII^e s.; **PUCEAU** XIII^e s.

II. mots d'emprunt

♦ [1] **POLTRON** XVI^e s. : it. *poltrone* « poulain » et « peureux », dér. du lat. *pulliter* → POUTRE; **POLTRONNERIE** XVI^e s. ♦ [2] **POLICHINELLE**

XVII^e s. : napolitain *Pulecenella*, var. it. *Pulcinella*, personnage de théâtre, paysan lourdaud, dimin. de *pullicīnus* → POUSSIN. ♦ [3] **PUTTO** XIX^e s., beaux-arts : mot it. « petit enfant » : *pŭttus*. ♦ [4] **PONEY** XIX^e s. : angl. *pony*, qui remonte p.-ê. à l'anc. fr. *poulenet*, dimin. de *poulain*. ♦ [5] **POOL** XX^e s. mot angl. industr., fin., empr. au fr. *poule* au sens d'« enjeu ».

**III.** mots savants

♦ [1] **PRÉPUCE** XII^e s. : *praeputium*. ♦ [2] **PUSILLANIME** et **PUSILLANIMITÉ** XIII^e s. : *pusillanimis* et *pusillanimitas*. ♦ [3] **PULLULER** XIV^e s. : *pullulare*; **PULLULEMENT** XIX^e s. ♦ [4] **PUÉRILITÉ** XIV^e s. : *puerilitas*; **PUÉRIL** XV^e s. : *puerilis*; **PUÉRICULTURE** XIX^e s. : dér. sur *puer*; **PUÉRICULTRICE** XX^e s.

**POUMON** ♦ [1] (pop.) XI^e s. : lat. *pŭlmo, -ōnis*; **S'ÉPOUMONNER** XVIII^e s. ♦ [2] **PULMONAIRE** (sav.) XV^e s. subst. fém. bot., XVI^e s. adj. méd. : *pulmonarius, -a*, dér. de *pulmo*.

**POURPRE** ♦ [1] (pop.) XI^e s. : lat. *pŭrpŭra*, empr. ancien et oral au gr. *porphŭra*; désigne à la fois le coquillage, la teinture qu'on en tire, et l'étoffe teinte de cette couleur; **POURPRÉ, EMPOURPRER** XVI^e s. ♦ [2] **PURPURIN** (sav.) XIV^e s. : réfection, d'après le lat., de l'anc. fr. *pourprin*, dér. de *pourpre*. ♦ [3] **PORPHYRE** XII^e s. : it. *porfiro*, var. de *porfido*, du gr. *porphurités (lithos)* « (pierre) pourprée »; **PORPHYRISER, PORPHYRISATION** XVIII^e s.

**POUSSER** famille d'une racine ind.-eur. **pel-* « agiter ». En grec *polemos* « guerre ». En latin *pellere, pulsus* « pousser », auquel se rattachent (1) *pulsus, -us* et bas lat. *pulsio, -onis* « action de pousser »; *pulsare* « pousser violemment »; *pulsatio* « choc, heurt » (2) une série de verbes préfixés : *compellere* « pousser ensemble », d'où bas lat. jur. *compulsio* « contrainte, sommation, mise en demeure »; *expellere* « pousser hors de » et *expulsio; impellere* « pousser dans » et *impulsio; propellere* « pousser en avant » et *propulsio; repellere* « pousser en arrière » et *repulsio* (3) *-pellare* 2^e élément de composés, dér. à valeur durative et intensive de *pellere*, dont il s'est vite détaché pour le sens, qui apparaît dans *appellare* « en appeler à », « appeler », puis « nommer, désigner »; *interpellare* « interrompre par la parole », et leurs dér. en *-atio*.

**I.** mots d'origine latine

**A.** mots populaires de la famille de *pulsus*, base *-pou(l)s-*

♦ [1] **POUSSER** XII^e s., rare avant le XIV^e s., trans.; XVI^e s. intrans. « croître » : *pulsare*; **POUSSIF** XII^e s. : dér. de *pŭlsāre* au sens ancien de « respirer difficilement »; **POUSSE** XV^e s. « action de pousser », XVII^e s. « rejeton, jeune plante »; **POUSSÉE** XVI^e s.; **POUSSETTE** XIX^e s.; **POUSSE-CAFÉ** XIX^e s.; **POUSSE-POUSSE** XX^e s. ♦ [2] **POULS** XII^e s. : *pŭlsus, -us* au sens de « battement (des artères) ». ♦ [3] **REPOUSSER** XIV^e s.; **REPOUSSOIR** XV^e s.; **REPOUSSANT** XVII^e s., adj. : dér. de *pousser*.

**B.** mots savants de la famille de *pulsus*, base *-puls-*

♦ [1] **COMPULSION** XIII^e s., jur. : *compulsio, -onis*; **COMPULSOIRE** XV^e s.; **COMPULSER** XV^e s., jur. « exiger la production d'une pièce », d'où XVI^e s. sens mod. ♦ [2] **PULSATION** XIV^e s. : *pulsatio*; **PULSATIF** XIV^e s.; **PULSATILE** XVI^e s.; **PULSION** XVII^e s. : *pulsio*; **PULSÉ** XX^e s.; **PULSO-** 1^er élément de composés sav., ex. : **PULSOMÈTRE** XIX^e s.; **PULSORÉACTEUR** XX^e s. ♦ [3] **EXPULSION** XIV^e s. : *expulsio*; **EXPULSER** XV^e s. ♦ [4] **IMPULSION** XIV^e s. : *impulsio*; **IMPULSIF** fin XIV^e s. : lat. médiéval *impulsivus*; **IMPULSIVITÉ, IMPULSER** XX^e s. ♦ [5] **RÉPULSION** XV^e s. « action de repousser »; XIX^e s. sens fig. : *repulsio*; **RÉPULSIF** XV^e s. ♦ [6] **PROPULSION** XVII^e s., rare avant le XIX^e s. : dér. formé sur *propulsus*; **PROPULSEUR, PROPULSIF** XIX^e s.; **PROPULSER** XX^e s.; **-PROPULSÉ, -PROPULSEUR** 2^es éléments de composés, ex. : *moto-, turbo- propulseur, -propulsé* XX^e s.

**C.** famille de *-pellare*

♦ [1] **APPELER** (pop.) XI^e s. : *appellare*; **RAPPELER, APPEL** XI^e s.; **RAPPEL** XIII^e s.; **APPELANT** XIV^e s. subst., chasse. ♦ [2] **APPEAU** (pop.) XII^e s. : var. d'*appel* (cas régime plur.). ♦ [3] **APPELLATION** (sav.) XII^e s. : *appellatio*; **APPELLATIF** XIV^e s. : bas lat. *appellativus*. ♦ [4] **SEX APPEAL** XX^e s. : mot anglo-amér. « appel du sexe » : les deux éléments empr. au fr. ♦ [5] **INTERPELLER** (sav.) XIV^e s. : *interpellare*; **INTERPELLATION** XIV^e s.; fin XVIII^e s., sens parlementaire : *interpellatio*; **INTERPELLATEUR** XVI^e s. : *interpellator*.

**II.** mots savants d'origine grecque

♦ [1] **POLÉMIQUE** XVI^e s. adj. : *polemikos* « relatif à la guerre »; subst. fém. : *polemikê (tekhnê)* « art de la guerre »; **POLÉMIQUER, POLÉMISTE** XIX^e s. ♦ [2] **POLÉMARQUE** XVIII^e s. : *polemarkhos* « chef de guerre ». ♦ [3] **POLÉMOLOGIE** XX^e s. « science de la guerre ».

**POUVOIR** famille d'un thème ind.-eur. **poti-*, qui désignait le chef d'un groupe social de toutes dimensions, famille, clan, tribu.

En grec *posis* « époux » et *despotês* « le maître de la maison », appliqué ensuite aux « despotes » orientaux.

En latin l'adjectif *potis*, auquel se rattachent (1) *potestas, -atis* « puissance », « pouvoir politique » (2) le verbe *possum, potes, potest, posse* « je peux, tu peux, il peut, pouvoir », qui représente le croisement de *potis sum* et d'un ancien verbe **potēre* « diriger », « faire presser », causatif du verbe *petĕre* → PANNE. Sur *possum*, ont été créés en lat. imp. les deux adj. *possibilis* et *impossibilis*, pour traduire le gr. *dunatos* et *adunatos* (→ DYNAMIQUE, art. BON). *Potens, -entis*, qui sert de part. présent à *possum*, est en fait le part. de **potēre* et a servi de base, en lat. vulgaire, avec les autres formes à radical *pot-*, à la re-création d'un nouveau **potēre* qui a éliminé *posse*; dér. et composés : *potentia* « puissance »; *impotens, impotentia* « impuissant, impuissance »; *omnipotens, plenipotens* « tout-puissant ».

**I.** mots d'origine latine

**A.** mots populaires ou empruntés

♦ [1] **POUVOIR** IX^e^ s., var. anc. *pooir*, XII^e^ s. subst. : lat. vulg. **potēre*; le *v* intervocalique est analogique d'*avoir, devoir*. ♦ [2] **PEUT-ÊTRE** XIII^e^ s. adv. : agglutination de *puet (cel) estre* XII^e^ s. « cela peut être », où *puet* (fr. mod. *peut*) représente normalement **pŏtet*. ♦ [3] **PUISSANT** XI^e^ s. : part. présent ancien de *pouvoir* formé sur le radical de la 1^re^ personne du sing. *je puis*, du lat. vulg. **pŏssio*, contamination de *pŏssum* et de **pŏtio* issu de **pŏteo*; ou directement issu d'un lat. vulg. **pŏssiente*, représenté en anc. fr. par *poissant* et croisé ensuite avec *je puis*; **PUISSANCE** XII^e^ s., XVII^e^ s. math. et « État souverain »; **TOUT-PUISSANT** XII^e^ s. : calque du lat. *omnipotens*; **TOUTE-PUISSANCE, IMPUISSANCE** XIV^e^ s.; **IMPUISSANT** XV^e^ s., XVII^e^ s. physiol. ♦ [4] **PODESTAT** XIII^e^ s. : it. *podestà* « magistrat du nord et du centre de l'Italie », de *potestas, -atis*.

**B.** mots savants de base *-poss-*

**POSSIBLE, POSSIBILITÉ, IMPOSSIBLE** XIII^e^ s. : *possibilis, possibilitas, impossibilis*; **IMPOSSIBILITÉ** XIV^e^ s.; **POSSIBILISTE** XIX^e^ s.

**C.** mots savants de base *-pot-*

♦ [1] **POTENCE** XII^e^ s. « puissance », puis « béquille » et divers objets servant d'appui ou de soutien, en particulier XV^e^ s. « gibet »; **POTENCÉ** XV^e^ s., blason. ♦ [2] **OMNIPOTENT** XI^e^ s. : *omnipotens*; **OMNIPOTENCE** XIV^e^ s. : *omnipotentia*; **VENTRIPOTENT** XVI^e^ s., formé sur le modèle d'*omnipotent*. ♦ [3] **IMPOTENT** XIV^e^ s. : *impotens*; **IMPOTENCE** XIII^e^ s. : *impotentia*. ♦ [4] **PRÉPOTENCE** XV^e^ s. : *praepotentia*. ♦ [5] **POTENTIEL** XIV^e^ s. méd., XV^e^ s. philo., XIX^e^ s. phys. et subst. masc. : lat. médiéval *potentialis*, dér. de *potens*; **POTENTIALITÉ, POTENTIOMÈTRE** XIX^e^ s.; **ÉQUIPOTENTIEL** XX^e^ s. ♦ [6] **POTENTAT** XIV^e^ s. « souveraineté », XVI^e^ s. « chef d'État souverain » : lat. médiéval *potentatus, -us*, dér. de *potens*. ♦ [7] **PLÉNIPOTENTIAIRE** XVII^e^ s. → PLEIN.

**II.** mots savants d'origine grecque

**DESPOTE** XII^e^ s. puis XIV^e^ s. : *despotês*, surtout par les traductions lat. d'Aristote; **DESPOTIQUE** XVII^e^ s. : *despotikos*; **DESPOTISME** XVII^e^ s.

**PRATIQUE** famille du gr. *prassein* « faire, exécuter, accomplir »; *praxis* « action »; *pragma, -atos* « affaire, activité »; *praktikos* « agissant, efficace », d'où chez Platon *praktikê (tekhnê)* « science pratique », opposée à *theôretikê* ou *gnôstikê (tekhnê)* « science spéculative » (→ THÉÂTRE et CONNAÎTRE); *pragmatikos* « qui concerne l'action », « propre au maniement des affaires ».

♦ [1] **PRATIQUE** (demi-sav.) XIII^e^ s. subst. fém. « application des règles », XIV^e^ s. « exercice », XVI^e^ s. « expérience » et « clientèle », XVII^e^ s. relig. : lat. médiéval *practica*, du gr. *praktikê*, par le bas lat., avec dissimilation des deux *k*; **PRATIQUER, PRATIQUANT, PRATICIEN** XIV^e^ s.; **PRATICABLE** XVI^e^ s. adj., XIX^e^ s. subst. théâtre; **IMPRATICABLE** XVI^e^ s.; **PRATICABILITÉ, IMPRATICABILITÉ** XIX^e^ s. ♦ [2] **PRATIQUE** XIV^e^ s. « orienté vers l'action », XV^e^ s. « qui a la pratique de », XIX^e^ s. « qui a le sens des réalités » (en parlant des gens), début XX^e^ s. « commode, efficace » (en parlant des choses) : *praktikos*, par le bas lat. ♦ [3] **PRAGMATIQUE** (sav.) XV^e^ s. philo., XIX^e^ s. philo.; **PRAGMATISME** XIX^e^ s. philo., sous l'influence de l'angl. *pragmatism*, lui-même empr. à l'all. *Pragmatismus*. ♦ [4] **PRAXIS** XX^e^ s. : mot gr. ♦ [5] **CHIROPRACTEUR** XX^e^ s. : angl. *chiropractor*, composé du gr. *kheir* « main » → CHEIRO-, et de la base de *praxis, praktikos*; **CHIROPRAXIE** ou **CHIROPRACTIE** XX^e^ s. : angl. *chiropracty*.

**PRÉ** ♦ [1] (pop.) XI^e^ s. : lat. *pratum* « id. »; **PRÉ-SALÉ** XVIII^e^ s. « pâturage périodiquement inondé par la mer » et « mouton élevé dans ces pâturages ». ♦ [2] **PRÉAU** (pop.) XI^e^ s. « petit pré » puis « cour intérieure », spécialisé au XIX^e^ s. « partie couverte d'une cour d'école » : altération de l'anc. fr. *prael, praiaus* : du lat. vulg. **pratĕllum*, dimin. de *pratum*. ♦ [3] **PRAIRIE** XII^e^ s., *praerie* : lat. vulg. **prataria*, ou dér., par substitution de suff., de *prael* → le précéd.; **PRAIRIAL** fin XVIII^e^ s.

**PRÉCONISER** (sav.) XIV^e^ s. « proclamer », XVII^e^ s. sens mod. : bas lat. *praeconizare*, dér. de *praeco, -onis* « crieur public ».

**PRÉDELLE** XIX$^e$ s. « partie inférieure d'un retable » : it. *predella*, d'origine longobarde.

**PREMIER** famille d'un ensemble de mots à structure consonantique *p-r*, servant à la fois de prép., de préverbes et d'adv., dont le sens primitif devait être « en avant » et s'est développé de manières variées.

En grec : (1) *pro* et *pros-* « en avant » (2) *prôtos* « le premier », forme de superlatif issue de **pro-atos* (3) *peri*, à l'origine « en avant », « au-dessus de », puis « autour de » (4) probablement aussi *para* « du côté de », « auprès de ».

En latin : (1) *pro* « en avant, devant » et « en faveur de », « à la place de »; var. *prod-* issue de *pro de*, 1$^{er}$ élément du verbe *prodesse, prodest* « être utile », « il est utile », d'où a été tiré en bas lat. un adj. *prodis* « utile » (2) *prae* « en avant » et « à cause de », d'où *praeter* « au-delà de », « à l'exception de » (3) *per* « de bout en bout », « à travers » (4) *prī-* qui n'apparaît que dans des dér. (a) *prior*, forme de comparatif, « plus en avant », « qui précède » (b) *primus*, forme de superlatif « le plus en avant », « le premier », d'où *primatus, -us* « premier rang », « supériorité »; *primitivus* « premier en date »; *primarius* et lat. imp. *primas, -atis* « qui est au premier rang »; de nombreux composés en *primi-* et *primo-; primitiae* « premiers fruits », « prémices »; *primordium* « commencement », d'où bas lat. *primordialis; princeps* « qui prend le premier rang, ou la première part » et *principium* « commencement »; *principalis* « originaire, fondamental » (c) *privus*, dont le sens 1$^{er}$ devait être « celui qui est isolé en avant », d'où « mis à part » et, en lat. class., « particulier », « propre à chacun »; dér. et composés *privilegium* « loi faite pour un simple particulier »; *privare* « mettre à part », « écarter de » et « dépouiller, priver »; *privatus* « particulier, propre, individuel » (5) *proprius* « qui appartient en propre » et « spécial, caractéristique » : adj. bâti sur la locution *pro privo* « à titre particulier »; dér. : *improprius* gramm. « impropre »; *proprietas, -atis* « droit de possession » et « caractère propre »; bas lat. *proprietarius* « propriétaire ».

**I.** mots d'origine latine

**A.** famille de *primus*

♦ [1] **PREMIER** (pop.) X$^e$ s. : *primarius*; d'où **PREMIÈRE** XVII$^e$ s. scolaire, XIX$^e$ s. dans les moyens de transport; **AVANT-PREMIÈRE** XIX$^e$ s. théâtre; **PREMIER-** 1$^{er}$ élément de composés dans **PREMIER-NÉ** XVI$^e$ s.; **PREMIER-MAÎTRE** XX$^e$ s. mar. ♦ [2] **PRÉMICES** (demi-sav.) XII$^e$ s. : *primitiae*. ♦ [3] **PRINCE, PRINCIPE, PRINCIPAL, PRINCEPS** → CHASSER. ♦ [4] **PRINTEMPS** → TEMPS. ♦ [5] **PRIME** (sav.) adj. XII$^e$ s., var. de l'anc. fr. *prin* (pop.) : *primus*; survit dans la locution *de prime abord* XVII$^e$ s. ♦ [6] **PRIME** (sav.) subst. fém. XII$^e$ s., une des heures canoniales : *prima (hora)*; XVII$^e$ s. escrime : emploi substantivé de l'adj. fém. « première (position) ». ♦ [7] **PRIME-** 1$^{er}$ élément de composés anciens, **PRIMEROSE** → ROSE; **PRIMEVÈRE** → ce mot; **PRIMESAUT** → SAILLIR. ♦ [8] **PRIMAT** (sav.) XII$^e$ s. « dignitaire ecclésiastique » : *primas, -atis*, d'où **PRIMATIAL** XV$^e$ s.; XX$^e$ s. philo. « primauté » : mot all. : *primatus*. ♦ [9] **PRIMITIF** (sav.) XIV$^e$ s. « qui est près de son origine », XIX$^e$ s. « rudimentaire, grossier », XX$^e$ s. ethnol. : *primitivus*; **PRIMITIVITÉ** XIX$^e$ s.; **PRIMITIVISME** XX$^e$ s. ♦ [10] **PRIMORDIAL** → OURDIR. ♦ [11] **PRIMAIRE** (sav.) XVIII$^e$ s. : *primarius* → PREMIER; **PRIMARISER, PRIMARISATION** XIX$^e$ s.; **PRIMARITÉ** XX$^e$ s. ♦ [12] **PRIMATE** (sav.) XIX$^e$ s. : *primas, -atis*, → PRIMAT. ♦ [13] **PRIMI-** 1$^{er}$ élément de composés sav.; **PRIMIPARE** XIX$^e$ s.; **PRIMO-** dans **PRIMOGÉNITURE** XV$^e$ s.

**B.** famille de *prior*

♦ [1] **PRIEUR** (demi-sav.) XII$^e$ s.; XIV$^e$ s. var. fém. : *prior* « le premier (d'une communauté religieuse) »; **PRIEURÉ** XII$^e$ s. ♦ [2] **PRIORITÉ** (sav.) XIV$^e$ s. : lat. médiéval *prioritas*, dér. de *prior*. ♦ [3] **A PRIORI** (sav.) XVII$^e$ s. philo. : mots lat. « en partant de ce qui est avant ».

**C.** famille de *privus*

♦ [1] **PRIVÉ** (pop.) XII$^e$ s.-XIX$^e$ s. « apprivoisé » et « particulier, où le public n'a pas accès » : *prīvātus*. ♦ [2] **APPRIVOISER** (pop.) XII$^e$ s. : lat. vulg. **apprīvĭtiāre* « rendre *privé*, personnel »; **APPRIVOISEMENT, APPRIVOISEUR** XVI$^e$ s. ♦ [3] **PRIVAUTÉ** (pop.) XIII$^e$ s. « familiarité », XIV$^e$ s. avec valeur érotique : altération, d'après les mots en *-auté*, tels que *royauté*, de l'anc. fr. *priveté*, dér. de *privé*. ♦ [4] **PRIVILÈGE** → LOI. ♦ [5] **PRIVER** (sav.) XIV$^e$ s. : *privare*; **PRIVATION** XIII$^e$ s.; *privatio*; **PRIVATIF** XVI$^e$ s. : *privativus*.

**D.** famille de *pro*

♦ [1] **POUR** (pop.) IX$^e$ s. : lat. vulg. **pōr*, altération, par métathèse et p.-ê. sous l'influence de *per*, du lat. class. *prō*; forme atone, non diphtonguée; **POUR QUE** XVII$^e$ s. : a éliminé l'anc. fr. *pour ce que*; **POURQUOI** XI$^e$ s. ♦ [2] **POUR-**, var. **POR-** (pop.) 1$^{er}$ élément de composés anciens, ex. : *pourfendre, pourlécher*, et *portrait*, part. passé substantivé de l'anc. fr. *portraire*. ♦ [3] **PRO-** 1$^{er}$ élément de composés sav. empr. au lat., ex. : *proclamer, procéder*; parfois substitué à *pour-* dans d'anciens mots fr., ex. : *promener, profil*, par réaction latinisante; entre dans des formations nouvelles, ex. : *pro-allié, pro-soviétique*. ♦ [4] **PREUX** (pop.) XI^e s. : lat. vulg. **prōdis* masc., du bas lat. *prōde* « utile, efficace », d'où « courageux »; **PROUESSE** XI^e s. « valeur », puis « exploit ». ♦ [5] **PROU** (pop.) X^e s. : *prōde*, var. de *preux*, employé en anc. fr. comme adj., subst., adv.; subsiste dans *peu ou prou* « peu ou beaucoup ». ♦ [6] **PRUD'HOMME** (pop.) XI^e s. : coalescence de *un preu d'homme*, littéralement « une utilité, en fait d'homme », c.-à-d. « homme de valeur », d'où « sage » et « expert »; XVII^e s. « artisan-expert auprès d'un tribunal », d'où XIX^e s. *conseil de prud'hommes* et *Joseph Prudhomme*, bourgeois ridicule, personnage de Henri Monnier, d'où **PRUDHOMMESQUE** XIX^e s.; **PRUD'HOMIE** XIV^e s. ♦ [7] **PRUDE** XII^e s. adj. « sage, vertueuse », XVII^e s. adj. et subst. « d'une vertu affectée » : anc. fr. *preude femme*, formation exactement parallèle à *preud'homme*.

E. famille de *proprius*

♦ [1] **PROPRE** (sav.) XI^e s. « qui appartient à », XIII^e s. « exact » et « d'un aspect net, soigné », XIV^e s. « capable », XVI^e s. *propre à* « particulier » : *proprius*; **IMPROPRE** XIV^e s. : *improprius*. ♦ [2] **PROPRIÉTÉ** (sav.) XII^e s. « droit de posséder », XIII^e s. « caractère spécifique », XV^e s. « immeuble » : *proprietas*; **IMPROPRIÉTÉ** XV^e s. : *improprietas*; **COPROPRIÉTÉ** XVIII^e s.; **PROPRIÉTAIRE** XIII^e s. : *proprietarius*, altéré en **PROPRIO, PROBLOC** (fam.) XIX^e s.; **COPROPRIÉTAIRE** XVII^e s.; **EXPROPRIER** XVII^e s.; **EXPROPRIATION** fin XVIII^e s. ♦ [3] **PROPRETÉ, PROPRET, MALPROPRE** XVI^e s.; **MALPROPRETÉ** XVII^e s. : dér. de *propre* au sens de « net ».

F. famille de *per*

♦ [1] **PAR** (pop.) IX^e s. : *per*; **PARMI** XI^e s. → MI, littéralement « par le milieu »; **PARCE QUE** XIII^e s. : a éliminé *pour ce que* dans son emploi causal; **PAR-** premier élément de composés, ex. : *parcourir*. ♦ [2] **PER-** 1^er élément de nombreux composés empr. au lat., ex. : *permanent, perméable, permettre*, etc.

G. famille de *prae*

♦ [1] **PRÉ-** (sav.) lat. *prae-*; 1^er élément de nombreux composés empr. au lat., ex. : *précéder*, ou de formation fr., ex. : *prédisposer, préhistoire*. ♦ [2] **PRÉTER-** (sav.) lat. *praeter*; 1^er élément de quelques composés empr. au lat., ex. : *prétérit, prétérition, prétermission*.

II. mots savants d'origine grecque

A. famille de *pro, prôtos*

♦ [1] **PRO-**, var. **PROS-** 1^er élément de composés d'origine gr., ex. : *proclitique, propylées, prostate, prosthétique*. ♦ [2] **PROTOCOLE** → COLLE. ♦ [3] **PROTONOTAIRE** → NOTE. ♦ [4] **PROTE** (sav.) XVIII^e s., imprimerie : *prôtos*. ♦ [5] **PROTAGONISTE** → AGIR. ♦ [6] **PROTÉINE, PROTIDE, PROTAMINE** et leurs composés XIX^e s.-XX^e s., chimie, dér. de *prôtos*; **PROTON** XX^e s. phys. ♦ [7] **PROTO-** : *prôtos*, 1^er élément de composés sav. exprimant l'idée de « premier », ex. : **PROTOTYPE** XVI^e s.; **PROTOPHYTE** XIX^e s.; **PROTOZOAIRE** XIX^e s.

B. famille de *peri*

♦ [1] **PÉRINÉE** XVI^e s., anat. : gr. *perineos*, dér. de *peri*. ♦ [2] **PÉRI-** 1^er élément de composés sav. exprimant l'idée de « autour de », ex. : *péricarde, périhélie, périphrase, périoste*.

C. **PARA-** 1^er élément de composés sav. exprimant l'idée de « juxtaposition » ou d'« approximation », ex. : *parabole, paradoxe, paraplégie*.

**PRENDRE** famille d'une racine ind.-eur. **ghed-* « prendre », qui apparaît en latin associée au préf. *prae* (anciennement **prai-*) (1) avec un infixe nasal, dans *praehendere*, var. *prehendere*, issu de **prai-hend-ere* « saisir », part. passé *prehensus*, d'où *prehensio* « droit de prendre quelqu'un, qu'ont certains magistrats »; composés *apprehendere* « saisir » et bas lat. « saisir par l'esprit, apprendre », qui a éliminé *discere; comprehendere* « saisir ensemble, embrasser »; *reprehendere* « prendre et ramener en arrière », « recouvrer », « blâmer »; et leurs dér. en *-sio* (2) sans infixe nasal, dans *praeda*, issu de **prai-heda* « ensemble des choses prises à l'ennemi, butin », « gain, profit », d'où *praedari* et bas lat. *depraedari* « piller » et leurs dér. (3) probablement aussi, sans préf., ni infixe nasal, dans *hedera* « lierre », dér. d'un ancien **hed-os*, qui serait, dans cette hypothèse, « la plante qui prend, s'attache ».

I. mots populaires de la famille de *praehendere*

A. base *-prendre*

♦ [1] **PRENDRE** X^e s.; XII^e s. *prendre sur soi* (une action, une responsabilité), XIII^e s. *prendre quelqu'un en* (amitié, haine) : lat. *prendere*, contraction anc. de *praehendere*. ♦ [2] **APPRENDRE** XI^e s. « acquérir une connaissance » et « la communiquer » : *apprehendere*. ♦ [3] **COMPRENDRE** XII^e s. « comporter », XIII^e s. « appréhender par l'esprit » : *comprehendere*. ♦ [4] **REPRENDRE** XII^e s. « prendre de nouveau » et « faire une observation », XIV^e s. « pousser de nouvelles racines » : *reprehendere*. ♦ [5] **ÉPRENDRE** XI^e s. « enflammer », XII^e s. sens fig.; **DÉPRENDRE** XII^e s. « dépouiller », fin XIV^e s., pronom. « se détacher de »; **SE MÉPRENDRE, SURPRENDRE, ENTRE-**

**PRENDRE** XII^e s. : composés de *prendre* de formation romane.
**B. APPRENTI** XII^e s. : dér. formé au moyen du suff. *-is* (var. *-if* au XIV^e s.), d'un anc. part. passé **aprent*, du lat. vulg. **apprendĭtus* (même rapport entre *appendre* et *appentis* → PENDRE) ; **APPRENTISSAGE** XIV^e s.
**C.** base *-pren-*
**PRENANT** adj., **PRENEUR, PRENABLE** XII^e s., **IMPRENABLE** XV^e s. → PRENDRE ; **ENTREPRENEUR** XIII^e s. « qui entreprend », XVIII^e s. « qui dirige une entreprise commerciale ou artisanale », **ENTREPRENANT** XIV^e s. → ENTREPRENDRE ; **SURPRENANT** XVII^e s. → SURPRENDRE ; **COMPRENETTE** XIX^e s., **COMPRENOIR** XX^e s. → COMPRENDRE.
**D.** base *-pris-* (phonétique dans la 1^re et la 3^e personnes sing. de l'indicatif du parfait *je pris*, étendue analogiquement aux autres formes)
♦ [1] **PRISON** XI^e s. « capture », « prisonnier », « lieu de détention », seul sens survivant depuis l'élimination de *chartre* vers le XVI^e s. : *prehensio, -onis* ; **PRISONNIER, EMPRISONNER** XII^e s. ; **EMPRISONNEMENT** XIII^e s. ♦ [2] **PRISE** XII^e s. « action de prendre », XVI^e s. *être aux prises avec*, XIX^e s. techn. : part. passé substantivé de *prendre* ; au XVIII^e s. sens particulier de *prise de tabac*, d'où **PRISER, PRISEUR** XIX^e s. ♦ [3] **EMPRISE** XII^e s. « entreprise » ; puis restreint au sens jur. de « mainmise de l'administration sur une propriété privée », d'où XIX^e s. sens fig. « domination intellectuelle ou morale », de l'anc. fr. *emprendre* « entreprendre », du lat. vulg. **imprendere* ♦ [4] **MÉPRISE** XII^e s. → SE MÉPRENDRE ; **ENTREPRISE** XII^e s. → ENTREPRENDRE ; **REPRISE** XIII^e s. « action de reprendre », XVI^e s. *à plusieurs reprises*, XVII^e s. musique, XVIII^e s. théâtre et « raccommodage », XX^e s. techn. → REPRENDRE ; **REPRISER** XIX^e s. ; **SURPRISE** XIII^e s. impôt extraordinaire « pris en surplus », XVI^e s. *par surprise* « (en attaquant) à l'improviste », XVII^e s. « étonnement » ; **SURPRISE-PARTIE** XIX^e s. : angl. *surprise-party* ; les deux éléments d'origine fr. ♦ [5] **ÉPRIS** XII^e s. → ÉPRENDRE ; **INCOMPRIS** XV^e s. → COMPRENDRE.
**E.** base *-prés-*
♦ [1] **PRÉSURE** XII^e s. : lat. vulg. **pre(n)sūra*, dér. de *prensus* « ce qui est pris » et « ce qui fait prendre ». ♦ [2] **REPRÉSAILLES** XV^e s. : lat. médiéval *represalia*, calque de l'it. *rappresaglia*, var. *ripresaglia* « action de reprendre ce qu'on vous a pris », dér. de *riprendere* « reprendre » : *reprehendere*. ♦ [3] **IMPRESARIO** XIX^e s. : mot it. « entrepreneur (de spectacles dramatiques) », dér. de *impresa* « entreprise », équivalent du fr. **EMPRISE**.

**II.** mots savants de la famille de *prehendere*, bases *-prehend-, -prehens-*
♦ [1] **RÉPRÉHENSION** XII^e s. : *reprehensio* ; **RÉPRÉHENSIBLE** XIV^e s. : bas lat. *reprehensibilis* → REPRENDRE. ♦ [2] **APPRÉHENDER** XIII^e s. « saisir au corps, arrêter » et « saisir par l'esprit ». XVI^e s. « juger à craindre » : *apprehendere* ; **APPRÉHENSION** XIII^e s. : *apprehensio* → APPRENDRE. ♦ [3] **COMPRÉHENSION** XIV^e s. : *comprehensio* ; **INCOMPRÉHENSIBLE** XIV^e s. : *incomprehensibilis*, d'où **COMPRÉHENSIBLE** XV^e s. ; **COMPRÉHENSIF** XVI^e s. : *comprehensivus* → COMPRENDRE. ♦ [4] **PRÉHENSION** XV^e s. « compréhension », XVI^e s. « action de saisir » : *prehensio* → PRISON et PRENDRE ; **PRÉHENSIBLE** XVI^e s. ; **PRÉHENSILE** XVIII^e s. ; **PRÉHENSEUR** XIX^e s.
**III.** mots de la famille de *praeda*
♦ [1] **PROIE** (pop.) XII^e s. « butin », XIII^e s. *oiseau de proie*, XVI^e s. *être en proie à* : *praeda*. ♦ [2] **DÉPRÉDATEUR** (sav.) XIV^e s., **DÉPRÉDATION** XV^e s., rare avant le XVII^e s. : *depraedator, depraedatio* ; **PRÉDATEUR** XVI^e s. « pillard », XX^e s. zool. : *praedator*.
**IV.** représentant de *hedera*
**LIERRE** (pop.) XV^e s. : coalescence de l'article défini *l'* et de l'anc. fr. *ierre* (pop.) X^e s. : *hĕdĕra*.

**PRÊT** famille de l'adv. lat. *praesto* « sous la main », « à la disposition », et du verbe *praestare* « mettre à la disposition de », « fournir, prêter ».
♦ [1] **PRÊT** (pop.) XI^e s. : bas lat. *praestus*, adj. tiré de l'adv. class. *praesto*. ♦ [2] **APPRÊTER** (pop.) X^e s. : lat. vulg. **apprestare* ; **APPRÊT** XIV^e s. ♦ [3] **PRÊTER** (pop.) XII^e s. : *praestare* ; **PRÊT** subst. XII^e s., dér. de *prêt* ; **PRÊTEUR** XIII^e s. ; **PRÊTE-NOM** XVIII^e s. ♦ [4] **PRESTATION** XIII^e s. « reconnaissance d'une obligation », XV^e s. « redevance, tribut en nature », XX^e s. « allocation » ; XV^e s. « action de prêter serment » : bas lat. *praestatio*, de *praestare* ; **PRESTATAIRE** XIX^e s. ♦ [5] **PRESTE** XV^e s. : it. *presto* « vite », du lat. *praesto* ; **PRESTESSE** XVI^e s. : it. *prestezza*. ♦ [6] **PRESTO** XVII^e s. « vite », XVIII^e s. mus., et son superlatif **PRESTISSIMO** XVIII^e s. mus. : mots it. → le précédent. ♦ [7] **PRESTIDIGITATION, PRESTIDIGITATEUR** XIX^e s. : composés de l'adj. *preste* et de la base sav. *digit-* : lat. *digitus* → DOIGT.

**PRÉTEUR** (sav.) XIII^e s. : lat. *praetor*, titre d'un magistrat romain, d'abord chef milit., puis chargé de la juridiction civile ; **PRÉTOIRE** XII^e s. hist., XVI^e s. « salle d'audience » : *praetorium* ; **PRÉTORIEN** XIII^e s. hist. : *praetorianus* « de la garde prétorienne », c.-à-d. « celle du commandant en chef, de l'empereur »; **PRÉTURE** XV^e s. : *praetura*; **PROPRÉTEUR** XVI^e s. : *propraetor*.

**PRÊTRE** famille du gr. *presbus* « vieux », « expérimenté », « respectable »; comparatif *presbuteros*; *presbutês* « vieillard »; *presbuterion* « conseil des anciens »; mots adaptés en lat. eccl. sous les formes *presbyter* « vieillard » et « prêtre », et *presbyterium* « l'ordre des prêtres », « la prêtrise ».

♦ [1] **PRÊTRE** (pop.) XI^e s. : cas sujet (correspondant au cas régime *prouvoire*, qui subsiste dans le nom de la *rue des Prouvaires* à Paris) : lat. *presbўter*, gr. *presbuteros*; **ARCHIPRÊTRE** (demi-sav.) XII^e s. : lat. eccl. *archipresbyter*; **PRÊTRESSE** XII^e s. (à propos des cultes non chrétiens); **PRÊTRISE** XIV^e s.; **PRÊTRAILLE** XV^e s. ♦ [2] **PRAIRE** XIX^e s. coquillage : mot prov., « prêtre ». ♦ [3] **PRESBYTÈRE** (sav.) XII^e s. d'abord « ensemble des prêtres », puis « habitation du curé et de ses vicaires » : lat. eccl. *presbyterium*; **PRESBYTÉRAL** XIV^e s. « relatif aux prêtres » : lat. eccl. *presbyteralis*; **PRESBYTÉRIEN** XIV^e s. « chapelain », XVII^e s. nom des adeptes d'une secte protestante; d'où **PRESBYTÉRIANISME** XVII^e s. ♦ [4] **PRESBYTE** XVII^e s. : *presbutês*, d'où **PRESBYTIE** XVIII^e s.

**PRÉVARIQUER** famille du lat. *varus* « cagneux », « courbé, crochu, de travers », d'où *varicare* « écarter les jambes, enjamber » et *praevaricari*, littéralement « dépasser en enjambant », d'où, métaph. « transgresser », qui s'est appliqué à des avocats en collusion avec la partie adverse.

**PRÉVARICATION** (sav.) XII^e s. : *praevaricatio*; **PRÉVARIQUER** XIV^e s. : réfection, d'après le lat., de l'anc. fr. *prevarier* (demi-sav.) XII^e s. : *praevaricari*; **PRÉVARICATEUR** XIV^e s. : *praevaricator*.

**PRIER** famille d'une racine ind.-eur. **prek-* « demander », représentée en latin (1) par *prex*, *precis* « prière », d'où *precarius* « qu'on obtient seulement par la prière », « donné par complaisance » et jur. « précaire »; *precari, precatus* « prier, supplier », d'où *precatio* « prière »; *deprecari* « chercher à détourner par des prières », « intercéder »; lat. imp. *imprecari* « prier pour obtenir (un bien, ou un mal pour un ennemi) », d'où *imprecatio* « imprécation » (2) sous la forme **pork-* par *poscere*, issu de **pork-sk-ere* « demander, réclamer » et son dér. *postulare* « demander, aspirer à, prétendre ».

♦ [1] **PRIER** (pop.) X^e s. : bas lat. *prĕcāre*, class. *precari*, avec extension à toute la conjugaison des formes à *i*, accentuées sur le radical; **PRIE-DIEU** XVII^e s. ♦ [2] **PRIÈRE** (pop.) XII^e s. : bas lat. *precaria*, fém. substantivé de *precarius*, qui s'est substitué à *prex, precis* et à *precatio*. ♦ [3] **DÉPRÉCATION** (sav.) XII^e s. : *deprecatio*; **DÉPRÉCATOIRE** XV^e s. : bas lat. *deprecatorius*. ♦ [4] **IMPRÉCATION** (sav.) XIV^e s. : *imprecatio*; **IMPRÉCATOIRE** XVI^e s. ♦ [5] **PRÉCAIRE** (sav.) XIV^e s., d'abord jur. : *precarius*; **PRÉCARITÉ** XIX^e s. ♦ [6] **POSTULER** XIII^e s. « représenter en justice », XIV^e s. « solliciter », XIX^e s. logique : *postulare*; **POSTULATION** XIII^e s. « supplication », XIV^e s. jur. : *postulatio*; **POSTULANT** subst. masc. XV^e s.; **POSTULAT** XVIII^e s. logique : *postulatum* « chose exigée ».

**PRIMEVÈRE** famille du lat. *ver, veris* « le printemps », d'où *vernus* et *vernalis* « printanier ».

♦ [1] **PRIMEVÈRE** (demi-sav.) XVI^e s. : réfection de l'anc. fr. *primevoire* (pop.) XII^e s. : bas lat. *prima vera*, forme fém. bâtie d'après le lat. class. *primo vere* « au début du printemps » → art. PREMIER le 1^er élément *prime*. ♦ [2] **VERNAL** (sav.) XII^e s. : *vernalis*.

**PRISME** famille du gr. *priein*, var. *prizein* « scier », d'où *prisma* « sciure » et, chez Euclide, « polyèdre à pans coupés réguliers ».

♦ [1] **PRISME** (sav.) XVII^e s., d'abord en all. et en angl. : *prisma, -atos*; **PRISMATIQUE** XVII^e s. ♦ [2] **PRIODONTE** XIX^e s. zool. : de *priein* et *odous, -ontos* → DENT; littéralement « aux dents sciées ».

**PRIX** famille du lat. *prĕtium* « valeur d'une chose », d'où *pretiōsus* « de valeur » et bas lat. *appretiare, pretiare* « estimer, évaluer », *depretiare* « déprécier ».

♦ [1] **PRIX** (pop.) XI^e s. « somme à payer »; XII^e s. « récompense » : *prĕtium*. ♦ [2] **PRISER** (pop.) XI^e s. « estimer », aux deux sens du mot : *prĕtiāre*, avec extension à toute la conjugaison du *i* des formes accentuées sur le radical; **PRISEUR** XIII^e s., subsiste dans la locution *commissaire-priseur* XIX^e s. ♦ [3] **MÉPRISER** XII^e s.; **MÉPRISANT** XIII^e s.; **MÉPRISABLE** XIV^e s.; **MÉPRIS** XV^e s. : composés de *priser* au sens de « faire cas de ». ♦ [4] **PRÉCIEUX** (sav.) XII^e s., XVII^e s. littérature : *pretiosus*; **PRÉCIEUSE** XVII^e s. subst. fém.; **PRÉCIOSITÉ** XIV^e s.; XVII^e s. sens littéraire. ♦ [5] **APPRÉCIER** XIV^e s. : *appretiare* (sav.); **APPRÉCIATION** XIV^e s.; **APPRÉCIABLE** et **INAPPRÉCIABLE** XV^e s.; **APPRÉCIATIF**

XVII^e s., d'abord théol. ♦ [6] **DÉPRÉCIER** (sav.) XVIII^e s. : *depretiare*; **DÉPRÉCIATION, DÉPRÉCIATEUR** XVIII^e s.

**PROCHAIN** famille du lat. *prope*, issu de **prok^we* « près », « auprès de », d'où bas lat. *appropiare* « s'approcher »; sur la base **prok^w=* est fondée une forme de superlatif, l'adj. *proximus* « tout près », d'où *proximitas* « voisinage » et lat. imp. *approximare* « approcher ».

♦ [1] **PROCHAIN** (pop.) XII^e s. adj. « voisin »; subst. masc. « être humain considéré comme un semblable », ne devient usuel qu'à partir du XIV^e s. : lat. vulg. **propěānus*, dér. de *prope*; **PROCHAINEMENT** XII^e s.; **PROCHE** XIII^e s. : dér. de *prochain* par suppression du suff. ♦ [2] **APPROCHER** (pop.) XII^e s. : *appropiāre*; **APPROCHE, APPROCHABLE** XV^e s.; **APPROCHANT, RAPPROCHER** XVI^e s.; **RAPPROCHEMENT** XVII^e s. ♦ [3] **REPROCHER** (pop.) XII^e s. : lat. vulg. **repropiāre* « approcher, mettre sous le nez », d'où « reprocher »; **REPROCHE** XI^e s.; **IRRÉPROCHABLE** XV^e s. ♦ [4] **PROXIMITÉ** (sav.) XIV^e s. « proche parenté », XVI^e s. sens mod. : *proximitas*. ♦ [5] **APPROXIMATION** (sav.) XIV^e s. : dér. sur *approximare*; **APPROXIMATIF** XVIII^e s.

**PROCT(O)**- gr. *prôktos* « anus », 1^er élément de composés sav., ex. : **PROCTITE, PROCTALGIE** XIX^e s.

**PRODIGE** (sav.) XIV^e s. : lat. *prodigium* « signe prophétique, prodige »; **PRODIGIEUX** XIV^e s. : *prodigiosus*.

**PRÔNE** (pop.) XII^e s. « grille séparant le chœur de la nef », XVII^e s. « sermon (prononcé de cet endroit de l'église) », d'où **PRÔNER** fin XVI^e s. « louer » et **PRÔNEUR** XVII^e s. : lat. vulg. **protĭnum*, forme dissimilée du bas lat. *protirum*, sing. formé sur le lat. class. *prothyra*, plur. neutre, « vestibule », « auvent », du plur. du gr. *prothuron* « id. », littéralement « devant *(pro)* la porte *(thura)* ».

**PROPANE** (sav.) XIX^e s. : dér. de *(acide) propionique* (sav.) XIX^e s. chimie, du gr. *prôtos* → PREMIER, et *piôn* « gras »; **PROPÈNE** XX^e s. chimie : formé à partir de *propane*, par substitution de suff.

**PROPICE** famille du lat. *propitius* « favorable, bienveillant », en parlant des dieux; d'où *propitaire* « rendre favorable une divinité, en particulier par un sacrifice ».

**PROPICE** (sav.) XII^e s. relig., XIV^e s. sens général : *propitius*; **PROPITIATION** XII^e s. : *propitiatio*; **PROPITIATOIRE** XII^e s. subst. « dais d'autel », XVI^e s. adj.; **PROPITIATEUR** XVI^e s. bas lat. *propitiator*.

**PROSÉLYTE** (sav.) XIII^e s. « païen converti à la religion judaïque », XVII^e s. « converti à une religion quelconque », XVIII^e s. « nouvel adepte d'une doctrine » : gr. *prosêlutos* « nouveau venu », de *pros* « vers » et *elthein* « venir »; **PROSÉLYTISME** XVIII^e s.

**PROSPÈRE** (sav.) XII^e s. : lat. *prosperus* « qui vient bien, heureux »; **PROSPÉRITÉ** XII^e s. : *prosperitas*; **PROSPÉRER** XIV^e s. « favoriser » : *prosperare*.

**PROUE** XIII^e s. : anc. prov. *proa* ou génois *prua*, du lat. *prora*, avec dissimilation des *r*, empr. au gr. *prôira* « proue ».

**PROUVER** mot lat. comportant un 2^e élément *-bus*, issu de *-bhos*, p.-ê. apparenté à la racine **bheu-* « croître » → JE FUS (1) *probus*, issu de **pro-bhos*, littéralement « qui pousse bien droit », lat. class. « de bonne qualité » et « honnête, loyal », d'où (a) *probitas* « honnêteté »et les antonymes *improbus* et *improbitas* (b) *probare*, *approbare* « approuver » et « faire approuver »; *improbare, reprobare* « désapprouver, rejeter »; *probatio* « épreuve, essai »; *probabilis* « digne d'approbation », « vraisemblable » (2) *superbus*, issu de **super-bhos* littéralement, « qui croît au-dessus des autres », lat. class. « orgueilleux », d'où *superbia* « orgueil » (3) *acerbus* → AIGRE (4) il a dû exister aussi un anc. adj. **dubus*, 1^er élément *duo*, qui est à la base de *dubius* et *dubitare* → DOUTER, art. DEUX.

I. famille de *probus*

A. mots populaires

♦ [1] **PROUVER** XI^e s. : *probare*, avec extension à toute la conjugaison de la voyelle *eu* des formes accentuées sur la terminaison; **PROUVABLE** XIII^e s.; **ÉPROUVER** XI^e s.; **ÉPROUVETTE** XVI^e s. ♦ [2] **PREUVE** XII^e s.; **ÉPREUVE** XII^e s.; **CONTRE-ÉPREUVE** XVIII^e s. : dér. de *prouver* et *approuver*, avec la voyelle *eu* des formes accentuées sur le radical. ♦ [3] **RÉPROUVER** (pop.) XI^e s. : *reprobare*; **RÉPROUVABLE** XIV^e s. ♦ [4] **APPROUVER** (pop.) XII^e s. : *approbare*; **APPROUVABLE, DÉSAPPROUVER** XVI^e s.

B. mots savants, base *-prob-*

♦ [1] **PROBABLE** XIII^e s. : *probabilis*; **PROBABILITÉ** XIV^e s. : *probabilitas*; **PROBABLEMENT**

XIV^e s.; **IMPROBABLE, IMPROBABILITÉ, PROBABILISME** XVII^e s.; **PROBABILISTE** XVIII^e s. ♦ [2] **PROBATION** XIV^e s. : *probatio*; **PROBATOIRE** XVII^e s.; **PROBANT** XVI^e s. : *probans*, part. présent de *probare*. ♦ [3] **IMPROBITÉ** XIV^e s. : *improbitas*; **PROBE, PROBITÉ, IMPROBE** XV^e s. : *probus, probitas, improbus*. ♦ [4] **APPROBATION** XIV^e s. : *approbatio*; **APPROBATEUR, APPROBATIF** XVI^e s. : *approbator*, bas lat. *approbativus*; **DÉSAPPROBATEUR, DÉSAPPROBATION** XVIII^e s. ♦ [5] **IMPROBATION** XV^e s. : *improbatio*; **IMPROBATEUR** XVII^e s. : lat. imp. *improbator*; **RÉPROBATION** XV^e s. : lat. eccl. *reprobatio*; **RÉPROBATEUR** XVIII^e s. : lat. eccl. *reprobator*.

**II.** famille de *superbus*

♦ [1] **SUPERBE** adj. (sav.) XII^e s. « orgueilleux », XVII^e s. « grandiose », XVIII^e s. « très beau » : *superbus*. ♦ [2] **SUPERBE** subst. fém. (sav.) XII^e s. « orgueil » : *superbia*.

**PROVENCE** ♦ [1] (demi-sav.) lat. *Provĭncĭa* « la Province », nom commun employé comme nom propre pour désigner une partie de la Gaule narbonnaise. ♦ [2] **PROVINCE** (sav.) XII^e s. d'abord eccl. : lat. *provincia* « territoire conquis »; à l'origine « charge confiée à un magistrat » et « administration d'un territoire conquis »; **PRONVINCIAL** XIII^e s. adj. eccl., XVII^e s. subst. masc. eccl., et sens mod.; **PROVINCIALISME, DÉPROVINCIALISER** XVIII^e s.; **PROVINCIALISÉ** XIX^e s.

**PRUNE** ♦ [1] (pop.) XIII^e s. : lat. *prūna*, plur. du neutre *prūnum*, pris pour un fém. sing., mot d'origine méditerranéenne; **PRUNELLE** XII^e s. fruit et partie de l'œil; **PRUNELLIER, PRUNIER** XIII^e s.; **PRUNEAU** XVI^e s. ♦ [2] **BRUGNON** XVII^e s. : prov. *brugnoun* : dér. du lat. vulg. **prunea*, de *prunus*, altéré sous l'infl. de *brun*. ♦ [3] **PLUM-CAKE** XIX^e s. : mot angl. « gâteau aux prunes »; 2^e élément → CUIRE; 1^er élément *plum* : moyen haut all. et moyen bas all. *pflūme* : empr. au bas lat. *prūna*. ♦ [4] **PRUNUS** (sav.) XX^e s. arbre décoratif : mot lat. « prunier ».

**PSAUME** famille du gr. *psallein* « tirer et lâcher », « faire vibrer », « toucher d'un instrument à cordes », d'où *psaltêrion* « instrument à cordes »; *psalmos* « air joué sur la lyre »; *psalmôdia* « action de chanter en s'accompagnant de la lyre ».

♦ [1] **PSAUME** (demi-sav.) XII^e s. *salme* : *psalmos*, par le lat. *psalmus*, limité aux poèmes lyriques de la Bible; **PSAUTIER** XII^e s. : *psalterion* par le lat. ♦ [2] **PSALMISTE** (sav.) XII^e s. : bas lat. eccl. IV^e s. *psalmista*, dér. de *psalmus*. ♦ [3] **PSALMODIE** (sav.) XII^e s. : *psalmôdia*, par le lat. → ODE; **PSALMODIER** XV^e s. ♦ [4] **PSALTÉRION** (sav.) XII^e s. « instrument de musique » : *psalterion*, par le lat.

**PSEUD(O)-** (sav.) gr. *pseudos* « mensonge », 1^er élément de composés, ex. : **PSEUDONYME** XVII^e s.; **PSEUDO-CLASSIQUE, PSEUDARTHROSE** XX^e s.

**PSITTACISME** (sav.) XVIII^e s. : dér. sur le gr. *psittakos* « perroquet »; **PSITTACOSE, PSITTACIDÉS** XIX^e s.

**PSORE** ou **PSORA** (sav.) XVI^e s. : gr. *psôra* « gale », par le lat.; **PSORIASIS** XIX^e s. : gr. *psôriasis* « éruption de gale », de *psôriân* « avoir la gale ».

**PSYCHOLOGIE** famille sav. du gr. *psukhê* « âme ».

♦ [1] **PSYCHOLOGIE** XVI^e s. « science de l'apparition des esprits », XVII^e s. « science de l'âme », rare avant le XIX^e s. : lat. mod. *psychologia*, du gr. *psukhê* et *logos*; **PSYCHOLOGUE, PSYCHOLOGIQUE** XVIII^e s. ♦ [2] **MÉTEMPSYCOSE** XVI^e s. : gr. *metempsukhôsis* « passage d'une âme d'un corps dans un autre », par le lat., de *meta* « après » et *empsukhoun* « animer ». ♦ [3] **PSYCHIQUE** XVI^e s.; **PSYCHISME** XIX^e s.; **PSYCHOSE** XIX^e s.; **PSYCHOTIQUE** XX^e s. : ♦ [4] **PSYCH(O)-** 1^er élément de composés sav., ex. : **PSYCHANALYSE** XX^e s.; **PSYCHOPATHE** XIX^e s.; **PSYCHOPATHOLOGIE** XIX^e s.; **PSYCHOTECHNIQUE, PSYCHOTHÉRAPEUTE** XX^e s. ♦ [5] **-PSYCHIE** 2^e élément de composés sav., ex. : **BRADYPSYCHIE** XX^e s. ♦ [6] **PSYCHÉ** XIX^e s. philo. : mot gr. ♦ [7] **PSYCHÉ**, nom d'une héroïne mythologique, aimée de l'Amour, littéralement « Ame »; XIX^e s. sorte de miroir, ainsi appelé à cause de la célèbre beauté de Psyché.

**PUBÈRE** famille sav. du lat. *pubes, -is* « poil qui caractérise la puberté », « partie du corps qui se couvre de ce poil » et « population mâle adulte »; d'où *pubescere* « se couvrir de poil »; *puber, -eris* « pubère, adulte » et son contraire *impuber; pubertas, -atis* « puberté ».

♦ [1] **PUBÈRE** XIV^e s. : *puber*; **PUBERTÉ** XIV^e s. : *pubertas*; **IMPUBÈRE** XV^e s. : *impuber*. ♦ [2] **PUBESCENCE** XV^e s.; **PUBESCENT** XVI^e s. : de *pubescens*, part. présent de *pubescere*. ♦ [3] **PUBIS** XVI^e s. « poil » et « os pubis » : mot lat.; **PUBIEN** XVIII^e s.

**PUBLIER** famille sav. du lat. *publicus* « qui concerne le peuple, l'État » (opposé à *privatus* « qui concerne un particulier »), probablement issu d'un croisement entre le lat. arch. *poplicus*, dér. de *populus* (→ PEUPLE) et *pubes* « population mâle en âge de porter les armes et de délibérer » (→ PUBÈRE); d'où *respublica* « la chose publique, l'État »; *publicanus* « qui afferme les revenus de l'État »; *publicare* « mettre à la disposition du public », « confisquer au profit de l'État », d'où *publicatio* « confiscation ».

♦ [1] **PUBLIER** (demi-sav.) XIIe s. « divulguer » : *publicare*, d'où **PUBLIABLE** XVIIe s.; **PUBLICATION** (sav.) XIVe s. : *publicatio*, avec modification de sens sous l'influence de « publier »; **PUBLIC** XIIIe s. « qui concerne le peuple », XVe s. « connu de tout le peuple »; XIVe s. subst. « l'ensemble du peuple », XVIIIe s. « ensemble des spectateurs » : *publicus*; **PUBLICITÉ** XVIIe s. « caractère de ce qui n'est pas secret », XIXe s. « réclame »; **PUBLICISTE** XVIIIe s.; **PUBLICITAIRE** XXe s. ♦ [2] **PUBLICAIN** XIIe s. : *publicanus*. ♦ [3] **RÉPUBLIQUE** XVe s. « gouvernement républicain (en parlant de certaines villes it.) », XVIe s.-XVIIIe s., a en outre le sens lat. d'« État » : *respublica*; **RÉPUBLICAIN** XVIe s.; **RÉPUBLICANISME, RÉPUBLICANISER** XVIIIe s.

**PUCE** (pop.) XIIe s.; XIVe s. *mettre la puce à l'oreille* : lat. *pūlex, -ĭcis*; **PUCERON** XIIIe s.; **ÉPUCER** XVIe s.; **PUCIER** XVIIe s. adj., XIXe s. subst. argot « lit ».

**PUDEUR** famille (sav.) du verbe lat. surtout impersonnel *pudēre* « avoir honte » ou « faire honte », à l'origine sans doute « éprouver » ou « inspirer un mouvement de répulsion », auquel se rattachent (1) *pudens*, part. présent « qui a de la pudeur », « modeste », d'où *impudens* « effronté » et *impudentia* « effronterie, audace » (2) *pudor, -oris* « pudeur, retenue, sentiment de l'honneur »; *pudicus* « chaste, vertueux »; *impudicus* « débauché »; *pudicitia* « chasteté » (3) *pudibundus* « qui éprouve de la honte » (4) *repudium* « répudiation de la femme par le mari », d'où *repudiare* « répudier », « rejeter » et *repudiatio* « refus ».

♦ [1] **PUDEUR** XVIe s. : *pudor, -oris*; **PUDIBOND** XVe s. : *pudibundus* d'où **PUDIBONDERIE** XIXe s.; **IMPUDEUR** XVIIe s. ♦ [2] **IMPUDIQUE** XIVe s. : *impudicus*; **IMPUDICITÉ** XIVe s. : adaptation de *impudicitia*; **PUDIQUE** XVe s. : *pudicus*; **PUDICITÉ** XVe s. : adaptation de *pudicitia*. ♦ [3] **IMPUDENCE, IMPUDENT** XVIe s. : *impudens, impudentia*. ♦ [4] **RÉPUDIER** XIVe s. : *repudiare*; **RÉPUDIATION** XVe s. : *repudiatio*, avec influence du sens de *répudier*.

**PUER** famille d'une racine ind.-eur. **pu-* « pourrir ». En grec *puos* « pus ».
En latin (1) *pūtēre* « être pourri, puer », d'où *pūtĭdus* « pourri, fétide » (2) *pŭter, -tris* « pourri », « qui se décompose ou se désagrège », d'où *putridus* « gâté, carié »; *putrescere* « se corrompre », et bas lat. *putrescibilis* « sujet à la corruption »; *putrefacere* « corrompre, dissoudre » et bas lat. *putrefactio* « putréfaction » (3) *pūs, pūris* « pus, humeur », d'où *pūrŭlentus* « purulent » et *suppurare* « suppurer ».

**I.** mots d'origine latine

**A.** mots populaires

♦ [1] **PUER** XIIe s., var. *puir* : lat. vulg. **pūtīre*, class. *pūtēre*; **PUANT** Xe s.; **PUANTEUR** XIVe s.; **EMPUANTIR** XVe s.; **EMPUANTISSEMENT** XVIIe s. ♦ [2] **POURRIR** XIe s. : lat. vulg. **pŭtrīre*, class. *putrescere*; **POURRISSANT, POURRITURE** XIIe s.; **POURRISSABLE** XVe s.; **POURRISSAGE** XVIIe s.; **POURRISSEMENT** XXe s. ♦ [3] **PUTOIS** XIIe s. : dér. de l'anc. fr. *put* « puant » : *pūtĭdus*. ♦ [4] **PUTE** XIIIe s., cas sujet; **PUTAIN** XIIe s., cas régime (→ NONNAIN, art. NONNE) : fém. substantivé de l'anc. fr. *put* → le précéd.; *pute*, tombé en désuétude, a été repris en fr. mod. sous l'influence du prov. *puto* « id. »; **PUTASSER** XIVe s.; **PUTASSE, PUTASSIER** XVIe s.; **PUTASSERIE** XVIIe s.; **PUTINERIE** XIXe s. ♦ [5] **PUNAISE** XIIIe s. insecte malodorant, XIXe s. clou à tête ronde et plate : fém. substantivé de l'adj. anc. fr. *punais* « puant », du lat. vulg. **pūtĭnāsius*, de **pūtīre* et de *nasus* « nez », var. du bas lat. *nariputens* « qui pue au nez ».

**B.** mots savants

♦ [1] **PUTRIDE** XIIIe s. : *putridus*; **PUTRÉFIER, PUTRÉFACTION** XIVe s. : *putrefacere, putrefactio*; **PUTRESCIBLE** XIVe s. : *putrescibilis*; **IMPUTRESCIBLE** XVe s., rares avant le XIXe s.; **PUTRESCIBILITÉ** XVIIIe s.; **IMPUTRESCIBILITÉ** XIXe s.; **PUTRESCENT, PUTRESCENCE** XIXe s. ♦ [2] **PURULENT** XIIe s. : *purulentus*; **PURULENCE** XVIe s.; **SUPPURER** XIIIe s. : *suppurare*; **SUPPURATION** XVe s. : *suppuratio*; **SUPPURANT** XIXe s.; **PUS** XVIe s. : mot lat.

**II.** forme savante d'origine grecque

**PYO-** : gr. *puon*, var. *puos* « pus », 1er élément de composés, ex : **PYOGÈNE, PYORRHÉE** XIXe s.

**PUIS** famille du lat. *post* « après, depuis » et « en arrière, derrière », d'où (1) *posterus* « qui vient derrière, ou après », plur. *posteri* « les descendants »; comparatif *posterior* « plus en arrière »; dér. *posteritas, -atis* « descendance » (2) *postumus* « tout dernier », forme de superlatif, qui désigne dans la langue du droit l'enfant né après la mort du père, d'où la graphie *posthumus* due à un rapprochement avec *humus* « terre » et *humare* « enterrer » (3) *postea* « ensuite », littéralement « après ces choses », var. arch. et bas lat. *postilla*.

**I.** mots populaires

♦ [1] **PUIS** XI^e s. : lat. vulg. **pŏstius*, forme de comparatif neutre de *post*, analogique de *melius* (il existait aussi une forme **antius*, comparatif de *ante* → AVANT, qui a donné en anc. fr. *ainz*); **DEPUIS, PUISQUE** XII^e s. ♦ [2] **POTERNE** XII^e s. : altération de l'anc. fr. *posterle* : bas lat. *posterula* (IV^e s.), « (porte) de derrière », dimin. de *postera*, fém. de *posterus*. ♦ [3] **POTRON-MINET**, var. **PATRON-MINET** XIX^e s. : altération de *poitron-minet* « cul de minet », var. du normand *poitron-jaquet* XVII^e s. « cul de jaquet, c.-à-d. d'écureuil » et « moment où l'on aperçoit le derrière du chat, ou de l'écureuil »; 1^er élément *poitron* : anc. fr. *poistron*, du lat. vulg. **posterio, -onis*, dér. de *posterus*.

**II.** mots savants

♦ [1] **POSTÉRITÉ** XIV^e s. : *posteritas*. ♦ [2] **POSTHUME** XV^e s. « né après la mort du père », XVII^e s. « publié après la mort de l'auteur » : *posthumus*. ♦ [3] **POSTÉRIEUR** XV^e s. adj., XVII^e s. subst. : *posterior*; **POSTÉRIORITÉ** XV^e s. ♦ [4] **APOSTILLER** XV^e s. « annoter en marge », XVIII^e s. sens mod. : dér. de l'anc. fr. *postille*, du lat. *postilla*; **APOSTILLE** XV^e s. ♦ [5] **A POSTERIORI** XVII^e s. : mots lat. « en partant de ce qui vient après », c.-à-d. « des données de l'expérience » et non d'une réflexion *a priori* → PREMIER. ♦ [6] **POST-** 1^er élément de composés, ex. : **POST-SCRIPTUM** XVII^e s. → ÉCRIRE; **POSTFACE** XVIII^e s., d'après *préface*; **POSTDATER** XVIII^e s.; **POSTCLASSIQUE** XX^e s.

**PUITS** ♦ [1] (pop.) XII^e s. : lat. *pŭteus* « id. », d'origine p.-ê. étrusque; **PUISARD** XVII^e s.; **PUISATIER** XIX^e s. (a remplacé *puissier* XIV^e s.). ♦ [2] **PUISER** (pop.) XII^e s. : lat vulg. **pŭtĕāre*; **ÉPUISER** XII^e s. « mettre à sec (un puits, ou des ressources) », XVI^e s. « fatiguer à l'extrême »; **ÉPUISABLE, ÉPUISEMENT** XIV^e s.; **INÉPUISABLE** XV^e s.; **ÉPUISÉ** XVII^e s.; XIX^e s. librairie; **ÉPUISANT, ÉPUISETTE** XVIII^e s.

**PUNCH** XVII^e s. : mot angl. « boisson alcoolisée », probablement de l'hindî *pânch* « cinq » et « liqueur composée de cinq ingrédients »; empr. aux Antilles en même temps qu'en Afrique occidentale.

**PUPITRE** (demi-sav.) XIV^e s. : lat. *pulpitrum* « tréteau, estrade ».

**PUR** famille du lat. *pūrus* « sans tache, sans souillure », adj. de la langue religieuse. Dér. : (1) *impurus, impuritas* « impur, impureté »; bas lat. *puritas* « pureté » (2) *purare, depurare, purificare* « purifier » (3) arch. *purigare*, class. *purgare, expurgare* « nettoyer ».

♦ [1] **PUR** (pop.) X^e s. : *pūrus*; **PURETÉ** (demi-sav.) XII^e s. : *puritas*; **PURIFIER, PURIFICATION** XII^e s. (sav.) : *purificare, purificatio*; **IMPUR** (sav.) XIII^e s. : *impurus*; **IMPURETÉ** XIV^e s. : *impuritas*; **PURISTE** XVI^e s.; **PURISME** XVIII^e s.; **PUR-SANG** XIX^e s. ♦ [2] **PURÉE** (pop.) XIII^e s. : part. passé fém. substantivé de l'anc. fr. *purer* « nettoyer » et en particulier « presser des légumes pour en exprimer la pulpe » : lat. *pūrāre*; XIX^e s. « misère » (→ MOUISE, PANADE, art. PAIN); **PUROTIN** fam. fin XIX^e s. ♦ [3] **PURIN** XIX^e s. : mot dial. dér. de l'anc. fr. *purer* « s'écouler », « nettoyer » → le précéd. ♦ [4] **APURER** (pop.) XII^e s.; **DÉPURER, ÉPURER** XIII^e s.; **APUREMENT** XIV^e s.; **ÉPURATION** XVII^e s., fin XVIII^e s. pol.; **ÉPURE** XVII^e s.; **ÉPURATEUR, DÉPURATIF** fin XVIII^e s. : dér. de l'anc. fr. *purer* → les deux précédents. ♦ [5] **PURITAIN** XVI^e s. : angl. *puritan*, dér. de *purity* « pureté », nom pris par les calvinistes d'Angleterre, particulièrement attachés à la pureté du dogme; **PURITANISME** fin XVII^e s. ♦ [6] **PURGER** (pop.) XII^e s. « nettoyer », jur. « justifier »; XIV^e s. méd.; XVII^e s. techn. : *purgare*; **PURGATION, PURGATOIRE** XII^e s. (sav.) : *purgatio, purgatorius*; **PURGE** (pop.) XIV^e s. jur., XVI^e s. méd.; XIX^e s. techn.; **PURGATIF** (sav.) XIV^e s. : bas lat. *purgativus*; **EXPURGER** (sav.) XV^e s. : *expurgare*.

**PUSTULE** famille d'une racine expressive ind.-eur. **phu-* « souffler ». représentée en gr. et en lat.

♦ [1] **PUSTULE** (sav.) XIV^e s. : lat. *pustula* « ampoule », « bulle », « bouton »; **PUSTULEUX** XVI^e s. ♦ [2] **EMPHYSÈME** (sav.) XVIII^e s. : gr. *emphusêma, -atos* « gonflement », de *phusân* « gonfler », de *phusa* « soufflet »; **EMPHYSÉMATEUX** XVIII^e s.

**PUZZLE** XX^e s. : mot angl., de *to puzzle* « embarrasser », d'origine obscure.

**PYJAMA** XIX^e s. : mot angl. *pyjamas*, de l'hindî *pāē-jāma* « vêtement *(jama)* de jambes *(paē)* », « pantalon ample et bouffant ».

**PYLORE** famille du gr. *pulê* « porte ».

♦ [1] **PYLORE** (sav.) XVI^e s. anat. : gr. *pulôros* « portier » et « orifice inférieur de l'estomac ». ♦ [2] **PROPYLÉES** XVIII^e s. archéol. : gr. *propulaia* « vestibule » ou « construction devant un édifice », plur. neutre substantivé de l'adj. *propulaios* « qui est devant la porte ». ♦ [3] **PYLÔNE** XIX^e s. « portail des temples égyptiens, encadré de deux obélisques »; début XX^e s. « pilier de maçonnerie » : gr. *pulôn* (portail ».

**PYRAMIDE** (sav.) XII^e s. archit. ; XIV^e s. géom. : gr. *puramis, -idos*, qui avait déjà les deux sens, par le bas lat. ; mot empr. à l'égyptien. **PYRAMIDAL** XVI^e s. : bas lat. *pyramidalis*.

**PYRITE** famille sav. du gr. *pur, puros* « feu ». ♦ [1] **PYRITE** XII^e s. : *puritês (lithos)*, littéralement « pierre de feu »; **PYRITEUX** XVIII^e s. ♦ [2] **PYRÈTHRE** XIII^e s. : *purethron*, nom de plante formé sur le radical de *pur* « feu », par le lat. ♦ [3] **EMPYRÉE** XIII^e s. « la plus élevée des sphères célestes, contenant les astres, feux éternels » : lat. eccl. *empyrium (caelum)*, du gr. *empurios* « enflammé, brûlant ». ♦ [4] **PYR(O)-** *pur, puros* ; 1^er élément de composés sav., ex. : **PYROTECHNIE** XVI^e s. ; **PYROPHORE, PYROSCAPHE** XVIII^e s. ; **PYROMANE** XIX^e s. ; **PYROGRAVURE** XX^e s. ♦ [5] **PYRÉT(O)-** gr. *puretos* « fièvre », dér. de *pur* ; 1^er élément de composés, ex. : **PYRÉTOGÈNE, PYRÉTOTHÉRAPIE** XX^e s. ♦ [6] **ANTIPYRINE** XIX^e s. « médicament contre la fièvre » : composé de *anti* « contre », *pur* « feu » et du suffixe *-ine* ; **PYRAMIDON** XX^e s. : sur le radical utilisé dans *antipyrine*, avec *amide* et le suffixe *-on*.

# Q

**QUAI** ♦ [1] (pop.) XII^e s., forme normanno-picarde : d'un gaulois **caio-* (équivalents dans diverses langues celtiques au sens de « maison » ou « haie »). ♦ [2] **CHAI** XVII^e s. : forme poitevine ou saintongeaise.

**QUAKER** XVII^e s. : mot angl. « qui tremble (sous l'action de l'Esprit saint) », de *to quake*, d'origine germ.

**QUARTZ** XVIII^e s. : mot all. « id. »; à l'origine, en moyen haut all. (XIV^e s.), terme spécialisé des mines de Bohême; **QUARTZEUX** XVIII^e s.; **QUARTZITE, QUARTZIFÈRE, QUARTZIQUE** XIX^e s.

**QUATRE** famille d'une racine ind.-eur. **k^wetwor*.
En grec *tessares*, var. *tettares*, 1^er élément de composés en *tetra-* « quatre ».
En latin (1) *quattuor* « quatre »; *quattuordecim* « quatorze » → DIX (2) *quartus* « quatrième » et « quart »; *quartana febris* « fièvre quartaine », qui revient tous les quatre jours, selon la manière de compter des anciens Romains, tous les trois jours selon la nôtre; *quartarius* « le quart du *sextarius* (→ SETIER, art. SIX), mesure pour les solides et les liquides » (3) le distributif *quaterni* « chacun quatre », d'où bas lat. *quaternio, -ōnis* « ensemble de quatre personnes, ou de quatre objets », « cahier de quatre feuillets de quatre pages »; *quaternarius* « qui mesure quatre unités dans chaque sens » (4) *quadraginta* « quarante »; *quadragesimus* « quarantième »; *quadragenarius* « qui a quarante ans » (5) *quadrare* « rendre carré, équarrir », « former un tout harmonieux, cadrer »; *quadrans* « un quart », mesure (de monnaie, de terrain, de longueur, de poids, de liquides); *quadratus* « carré » et, à propos de la taille, « bien proportionné » (6) premiers éléments de composés en *quadru-*, ex. : *quadruplus, quadruplex* « plié en quatre », « quadruple »; *quadrupes* « quadrupède »; et en *quadri-*, ex. : *quadrivium* « carrefour ».

I. mots populaires d'origine latine

A. ♦ [1] **QUATRE** X^e s. : *quattuor*; **QUATRIÈME** XIV^e s. d'abord *quartième*; **QUATRAIN** XVI^e s.; **QUATRILLION** XVI^e s., avec 2^e élément tiré de *million*. ♦ [2] **QUATRE-** 1^er élément de composés dans **QUATRE-VINGT(S)** XII^e s. : trace d'un ancien système de numération vicésimale; **QUATRE-TEMPS** XIV^e s.; **QUATRE-SAISONS, QUATRE-FEUILLES, QUATRE-ÉPICES** XIX^e s.; **QUATRE-QUARTS** XX^e s. ♦ [3] **QUATORZE** XII^e s. : *quattordecim*.

B. bases *-quart-, -cart-*

♦ [1] **QUART** XI^e s. adj. « quatrième », XIV^e s. subst « quatrième partie », XVI^e s. mar., XIX^e s. « gobelet contenant un quart de litre » : *quartus*; **QUARTE** XIII^e s. *fièvre quarte* et subst. fém., mesure de capacité, XVII^e s. mus. et escrime : *quarta*; **QUARTAINE** (fièvre) XII^e s. : *quartana*. ♦ [2] **QUARTIER** XI^e s. « portion d'objet divisé en quatre », puis vén. « retraite du sanglier », d'où *donner quartier, faire quartier, prendre ses quartiers (d'hiver)*; XVIII^e s. *quartier général* : *quartarius*, d'où **QUARTERON** XIII^e s., **QUARTAUT** XVII^e s. mesure. ♦ [3] **ÉCARTELER** XII^e s. : forme dissimilée de **écarterer* « diviser en quartiers »; en anc. fr., var. *écartiller*, par substitution de suff., altérée en **ÉCARQUILLER** XVI^e s.; **ÉCARTÈLEMENT, ÉCARQUILLEMENT** XVI^e s. ♦ [4] **ÉCARTER** XIII^e s. : lat. vulg. **exquartāre* « séparer en quatre, écarteler »; **ÉCART** XII^e s., **ÉCARTEMENT** XVI^e s., rare avant le

XVIIIe s. ; **(METTRE AU) RANCART** XVIIIe s. : altération du dial. (Normandie) *mettre au récart* « à l'écart », de *récarter* « éparpiller ».

C. bases *-car(r)-, -quar(r)-*

♦ [1] **QUARANTE** → DIX ♦ [2] **CARÊME** XIIe s. : *quadragesĭma (dies)* « le quarantième (jour avant Pâques) » ; **CARÊME-PRENANT** XIIe s. « carnaval » ; **MI-CARÊME** XIIIe s. ♦ [3] **CARREAU** XIe s. « petit carré », « trait d'arbalète à section losangée », XIIe s. « dalle », XIVe s. « vitre », XVIe s. aux cartes : lat. vulg. **quadrĕllus*, dimin. du bas lat. *quadrus* « carré » ; **CARRELER** XIIe s. ; **CARRELEUR** XVe s. ; **CARRELAGE** XVIIe s. : dér. de *carrel*, var. de *carreau* « dalle » ; **CARRELET**, dimin., a désigné divers objets approximativement carrés : XIVe s. « poisson plat », XVIe s. « grosse aiguille à section carrée », XVIIe s. « filet de pêche ». ♦ [4] **CARRÉ** XIIe s. adj., XVIe s. subst., XIXe s. *carré des officiers* et argot *carrée* « chambre » : *quadrātus* ; **CARRURE** XIIe s. « forme carrée », XIIIe s. sens mod. : bas lat. *quadratūra* ; **CARRER** XIIIe s. « rendre carré », XVIIe s. *se carrer*, d'après *carrure* ; **CARRÉMENT** XIIIe s., XIXe s. sens psycho. ; **CONTRECARRER** XVIe s. dér. de *contre-carre*, XVe s. « résistance », lui-même dér. de l'anc. fr. *carre* XIIIe s. « côté d'un objet carré (qui s'entasse moins commodément que des objets ronds) ». ♦ [5] **CARRIÈRE** (de pierre) XIIe s. : lat. vulg. **quadrāriă* « endroit où l'on équarrit les pierres », d'où **CARRIER** fin XIIIe s. ♦ [6] **ÉQUARRIR** XIIIe s., XIXe s. « dépecer en quartiers » : var. anc. fr. *équarrer* « tailler en carré », de **exquadrāre* ; **ÉQUARRISSAGE** XIVe s. ; **ÉQUARRISSEUR** XVIe s. ♦ [7] **CARILLON** XIVe s. : altération de *quarregnon* XIIIe s., du lat. vulg. **quadrĭnio, -ōnis* « groupe de quatre cloches », altération du bas lat. *quaternio* ; **CARILLONNER** XVe s. ; **CARILLONNEUR** XVIIe s. ♦ [8] **CARREFOUR** → FOURCHE. ♦ [9] **SE CARAPATER** → PATTE.

D. **ÉQUERRE** XIIe s. : lat. vulg. **exquadra*, dér. de **exquadrare* au sens de « dessiner des angles droits, des carrés ».

E. **CAHIER** XIIe s. *(quaer, quaern, quaier)* : *quaternio* ; **CARNET** XVe s. : dér. de l'anc. forme *quaern*.

**II.** mots empruntés d'origine latine

♦ [1] **BÉCARRE** XVe s. : adaptation, d'après *carré*, de l'it. *b quadro* « b à panse carrée ». ♦ [2] **ESCADRE** XVe s. « troupe » ; XVIIe s. mar. : it. *squadra*, renforcé plus tard par l'influence de l'esp. *escuadra* « équerre » et « troupes formées en carré », du lat. **exquadra* → ÉQUERRE ; **ESCADRON** XVe s. : it. *squadrone*, augmentatif de *squadra* ; **ESCOUADE** XVIe s. : var. d'*escadre* ; **ESCADRILLE** XVIe s. « troupe », XVIIe s. mar., XXe s. aviation : esp. *escuadrilla*. ♦ [3] **CADRE** XVIe s. ; fin XVIIIe s. « officiers et sous-officiers commandant une troupe », XIXe s. « entourage », XXe s. « membre du personnel de direction » : it. *quadro*, du bas lat. *quadrus* « carré » ; **CADRER** XVIe s. « s'adapter » : de *cadre*, avec infl. du lat. *quadrare* ; **ENCADRER, ENCADREMENT** XVIIIe s. ; **ENCADREUR, CADRAGE** XIXe s. ♦ [4] **INCARTADE** XVIIe s. : it. *inquartata*, terme d'escrime, « coup d'épée donné en faisant un quart de tour ». ♦ [5] **QUARTETTE** XIXe s. « petit quatuor » : it. *quartetto*, dimin. de *quarto* ; XXe s. jazz : angl. *quartett*, de même origine. ♦ [6] **CASERNE** XVIe s. « sorte de guérite » et « petite chambrée », XVIIe s. « grand bâtiment militaire » : prov. *cazerna*, à l'origine « groupe de quatre personnes », du lat. vulg. **quaderna*, altération de *quaterna* ; **CASERNER** XVIIIe s. ; **CASERNEMENT** XIXe s. ♦ [7] **QUARTERON** XVIIIe s. « métis » : esp. *cuarteron*, de *cuarto* « quart », ainsi appelé parce qu'il a un quart de sang indien et trois quarts de sang esp ♦ [8] **QUADRILLE** XVIe s., fém. « troupe de vingt-cinq cavaliers (le quart d'une centaine) » ; XVIIIe s. « un des quatre groupes d'une contredanse » et masc. « contredanse » : esp. *cuadrilla*, dimin. de *quadro*, du bas lat. *quadrus*. ♦ [9] **QUARTIER-MAÎTRE** XVIIe s. « maréchal des logis » puis mar. : calque de l'all. *Quartier Meister*, lui-même formé de deux mots empr. au fr ♦ [10] **SQUARE** XVIIIe s. à propos de l'Angleterre, XIXe s. à propos de la France : mot angl. « carré » et « jardin sur une place carrée », de l'anc. fr. *esquare*, var. de *équerre*, du lat. vulg. **exquadra*.

**III.** mots savants d'origine latine

♦ [1] **CADRAN** XIIIe s. « cadran solaire, de forme carrée ou rectangulaire à l'origine » ; XVe s. horlogerie : *quadrans*. ♦ [2] **CADRAT, CADRATIN** XVIIe s. typo. : *quadratus*. ♦ [3] **QUADRATURE** XVe s. ; **CADRATURE** XVIIIe s. horlogerie : *quadratura*. ♦ [4] **QUADR-, QUADRA-, QUADRI-, QUADRU-** : 1ers éléments de composés sav., ex. : **QUADRANGLE** → ANGLE ; **QUADRIGE** → JOUG, **QUADRAGÉSIME** → CARÊME et DIX ; **QUADRAGÉNAIRE** → DIX ; **QUADRILATÈRE** → LEZ ; **QUADRUPÈDE** → PIED ; **QUADRUPLE** XIIIe s. et **QUADRUPLER** XVe s. : *quadruplus*, et *quadruplare* → PLIER. ♦ [5] **IN-QUARTO** XVIe s. : mots lat. « (plié) en quatre » ; **QUARTIDI** fin XVIIIe s. « quatrième jour » (calendrier républicain) ; **QUARTO** XIXe s. : mot lat. « quatrièmement » (après *primo, secundo, tertio*). ♦ [6] **QUATERNAIRE** XVe s. « formé de quatre éléments » ;

XIX^e s. « quatrième ère géologique » : *quaternarius.* ♦ [7] **QUATUOR** XVIII^e s. mus. : var. orthographique du lat. *quattuor.*

**IV.** mots savants d'origine grecque

♦ [1] **TÉTRA-** : gr. *tetra-*, 1^er élément de composés sav., ex. : **TÉTRACORDE** XIV^e s. ; **TÉTRAÈDRE** XVII^e s. ; **TÉTRALOGIE** XVIII^e s. ; **TÉTRAGONE** XIX^e s. bot ♦ [2] **TESSÈRE** XVIII^e s. archéol. : lat. *tessera*, probablement abrév. du gr. *tesseragônos* « (tablette) carrée ».

**QUÉMANDER** XVI^e s. : dér. de l'anc. fr. *caimand* XIV^e s. « mendiant », d'origine inconnue ; **QUÉMANDEUR** XVIII^e s.

**QUENELLE** XVIII^e s. : adaptation de l'all. dial. (Alsace) *Knödel* « boulette de pâte ».

**QUENOUILLE** famille d'une rac. ind.-eur. *$k^wel$- « tourner en rond », « se trouver habituellement dans ».

En grec (1) la forme à redoublement *kuklos* « cercle », d'où *kuklikos* « circulaire » (2) le verbe *kulindein* « rouler », d'où *kulindros* « rouleau », « cylindre » (3) *-kolos*, 2^e élément de composés indiquant celui qui s'occupe habituellement de quelque chose, ex. : *boukolos* « bouvier », d'où l'adj. *boukolikos* (4) avec un autre traitement du $k^w$ initial, par *poleîn* « tourner » et *polos* « pivot ».

En latin (1) *colus* « quenouille », formation semblable au gr. *polos*, lat. vulg. dimin. *colŭcŭla*, altéré en *conŭcŭla* (2) *colĕre, cultus*, verbe spécialisé dans le sens d'« habiter », d'où « cultiver », idées connexes pour une population rurale ; dér. : *colōnus* « fermier » et « colon » ; *colonia* « ferme » et « colonie » ; *cultūra* « culture de la terre » et « civilisation, éducation » ; *-cola*, suffixe indiquant l'habitant d'un certain lieu, ex. : *agricola* « habitant des champs ». *Colere* exprime le plaisir qu'une divinité éprouve à se trouver dans un certain lieu et à le protéger, et, réciproquement, les honneurs rendus à cette divinité par les habitants du lieu ; d'où *cultus, -us* « culte » (3) lat. arch. *anculus* « serviteur » (ci-dessous I, E).

**I.** mots issus du latin

**A. QUENOUILLE** (pop.) XIII^e s. : bas lat. *conŭcŭla*, forme dissimilée *de colŭcŭla* ; **QUENOUILLÉE** XVI^e s.

**B.** base *-col-* (sav.)

♦ [1] **COLON** XIV^e s. hist. rom., XVII^e s. « personne partie outre-mer cultiver des terres récemment découvertes », XIX^e s. « résident étranger » : *colonus* ; **COLONIE** XIV^e s. hist., XVII^e s. « territoire sous la domination d'une puissance étrangère », XIX^e s. « ensemble de résidents étrangers » et « réunion d'individus vivant en commun », *colonie de vacances, colonie pénitentiaire : colonia* ; **COLONIAL** XVIII^e s. ; **COLONIALISME, -ISTE** début XX^e s. ; **ANTICOLONIALISME, -ISTE** milieu XX^e s. ; **COLONISER** XVIII^e s. ; **DÉCOLONISER** XX^e s. ; **COLONISATION** XVIII^e s. ; **DÉCOLONISATION** XX^e s. ; **COLONISATEUR** XIX^e s. ♦ [2] **-COLE** : lat. *-cola*, 2^e élément d'adjectifs composés sav. exprimant l'idée d'une culture ou d'un élevage systématique, ex. : *agricole, viticole, piscicole, ostréicole.*

**C. CLOWN** XIX^e s. : mot angl. « paysan », « rustre » : probablement de *colōnus.* **CLOWNERIE** fin XIX^e s. ; **CLOWNESQUE** XX^e s.

**D.** base *-cult-* (sav.)

♦ [1] **CULTURE** XIV^e s., XVI^e s. en parlant des choses de l'esprit : a éliminé l'anc. fr. *couture* (pop.) XII^e s., de même origine : *cultūra* ; **CULTURAL** XIX^e s. « relatif à la culture des terres » ; **CULTUREL** XIX^e s. « relatif à la culture de l'esprit » : empr. à l'all. *kulturel* de même origine ; **INCULTURE** fin XVIII^e s. ♦ [2] **INCULTE** XV^e s., aux deux sens : lat. *incultus* « non cultivé ». ♦ [3] **-CULTURE, -CULTEUR** : 2^es éléments de subst. sav. correspondant aux adj. en *-cole* (I B 2), ex. : *agri-, viti-, pisci-, ostréi-, -culteur, -culture.* ♦ [4] **CULTIVER** XII^e s. *coutiver*, en parlant de la terre, XVI^e s. de l'esprit, XVII^e s. des relations : lat. médiéval *cultivare*, dér. de *cultus* ; **CULTIVATEUR** XIV^e s. ; **CULTIVABLE** XIII^e s. ♦ [5] **CULTE** XVI^e s. : *cultus* ; **CULTISME** ; **CULTUEL** XIX^e s.

**E.** base *-cil* (sav.). **ANCILLAIRE** XIV^e s. lat. *ancillaris*, de *ancilla* « servante », dimin. fém. de *anculus* « serviteur », dont le premier élément est à rapprocher de *amphi-* (→ V. ALLER, IV).

**II.** mots issus du grec

**A. CALANDRE** (pop.) XV^e s. : doit remonter au lat. vulg. **colendra*, adaptation du gr. *kulindros*, par l'intermédiaire d'une forme *colandre* ; **CALANDRER** XV^e s. ; **CALANDREUR** XIV^e s. ; **CALANDRAGE** XIX^e s.

**B. CYLINDRE** (sav.) XIV^e s. : *kulindros* ; **CYLINDRIQUE** XVI^e s. ; **CYLINDRER, CYLINDRAGE** XVIII^e s. ; **CYLINDRÉE** XX^e s.

**C.** base *-cycl-*

♦ [1] **CYCLE** XVI^e s. astron., XIX^e s. « suite immuable de phénomènes » et « ensemble d'œuvres littéraires sur un même sujet », XX^e s., *cycle d'études : kuklos* ; **CYCLIQUE** XVI^e s. : *kuklikos* ; **CYCLOÏDE** XVII^e s. ; **RECYCLER** et **RECYCLAGE** XX^e s. « orientation vers un nouveau *cycle* d'études ». ♦ [2] **CYCLADES** géogr. « îles disposées en cercle autour de

Délos » : gr. *kuklades (nêsoi)* « (îles) en cercle ». ♦ [3] **CYCLONE** XIXe s. « tourbillon circulaire » : mot sav. empr. à l'angl. ; **CYCLONIQUE** XIXe s. ♦ [4] **ENCYCLIQUE** XVIIIe s. : abrév. de *(lettre) encyclique*, relig. cathol. : adj. formé sur gr. *egkuklos* « circulaire ». ♦ [5] **ENCYCLOPÉDIE** XVIe s. : gr. *egkuklios paideia* « éducation (comprenant) le cercle (de toutes les connaissances) » ; **ENCYCLOPÉDISTE** fin XVIIe s. ; **-IQUE** XVIIIe s. ; **-ISME** XXe s. ♦ [6] **BICYCLETTE** fin XIXe s. ; **TRICYCLE** XIXe s. ; **CYCLISME, CYCLISTE** fin XIXe s. ; **CYCLABLE** XXe s. ; **CYCLOMOTEUR, CYCLOMOTORISTE, CYCLOTOURISTE** XXe s. ; **CYCLE** fin XIXe s. « tout véhicule à deux roues mû par la pression des pieds » : angl. *cycle*, même origine. ♦ [7] **CYCLO-** XIXe s.-XXe s. : 1er élément de composés sav. exprimant l'idée de « cercle » ou de « cycle », ex. : *cyclométrie, cyclostome, cyclotron*. ♦ [8] **-CYCLE** 2e élément de composés sav., ex. : **HÉMICYCLE** XVIe s. : *hemikukleion*, par le lat. ; **KILOCYCLE, MÉGACYCLE** XXe s.

**D. POULIE** (pop.) XIIe s. : bas gr. **polidion*, dimin. de *polos* « pivot ».

**E.** ♦ [1] **PÔLE** (sav.) XIIIe s. en parlant du ciel, XVe s. en parlant de la terre, XVIIe s. géom. et sens fig. : *polos*. ♦ [2] **POLAIRE** XVIe s. astron., XIXe s. math. et phys. : lat. médiéval *polaris*, formé sur *polos* ; **BIPOLAIRE** XIXe s. ; **POLARITÉ** XVIIIe s. ♦ [3] **POLARISER** XIXe s. : dér. de *polaire*, avec influence sémant. du gr. *poleîn* « tourner », correspondant à *polos* « pivot » ; XXe s. *polarisé* sens fig. « qui ne s'intéresse qu'à une seule chose » ; **DÉPOLARISER** XIXe s. ; **POLARISATION, -ISEUR, -ISATEUR, -ISANT, -ISABLE** XIXe s. ♦ [4] **POLARI-, POLARO-** 1ers éléments de composés sav., ex. : **POLARISCOPE, POLARIMÈTRE** XIXe s. ; **POLAROGRAPHIE** XXe s.

**F. BUCOLIQUE** → BŒUF.

**QUERELLE** (sav.) XIIe s. jur. « plainte en justice, cause », XVIe s. sens mod. : lat. *querella*, var. *querela* « plainte, réclamation » ; **QUERELLER** XIIe s. : bas lat. *querellare* ; **QUERELLEUR** XIIIe s.

**QUÉRIR** famille du lat. *quaerere, quaesitus* « chercher », « demander », d'où *quaestio* « recherche », « enquête », « question » ; *quaestor*, littéralement « enquêteur », magistrat romain à compétence financière ; *acquirere* « ajouter à ce qu'on a » ; *conquirere* « rassembler en prenant de côté et d'autre » ; *exquirere* « chercher à découvrir », « trier sur le volet » ; *inquirere* « faire une enquête » ; *perquirere* « rechercher avec soin », « s'enquérir partout » ; *requirere* « réclamer (une chose dont on a l'habitude et qui manque) » ; et leurs dér. en *-tio*.

**I.** base *-quer-* (pop.)

♦ [1] **QUÉRIR** XIe s. (*querre* jusqu'au XVe s.) : *quaerĕre*. ♦ [2] **CONQUÉRIR** XIe s. *(conquerre)* : lat. vulg. **conquaerĕre*, class. *conquirere* ; **CONQUÉRANT, RECONQUÉRIR** XIIe s. ♦ [3] **ENQUÉRIR** XIe s. *(enquerre)* : lat. vulg. **inquaerĕre*, class. *inquirere*. ♦ [4] **REQUÉRIR** XIe s. *(requerre)* : lat. vulg. **requaerĕre*, class. *requirere* ; **REQUÉRANT** XVIIe s. ♦ [5] **ACQUÉRIR** XIIe s. *(acquerre)* : lat. vulg. **acquaerĕre*, class. *acquirere* ; **ACQUÉREUR** XIVe s.

**II.** base *-quêt-* (pop.)

♦ [1] **QUÊTE** XIIe s. « recherche », XIVe s. sens mod. : *quaesĭta* plur. neutre, part. passé substantivé de *quaerere* ; **QUÊTER, QUÊTEUR** XIIe s. ♦ [2] **CONQUÊTE** XIIe s. : **conquaesĭta* ; **RECONQUÊTE** XIVe s. ♦ [3] **ENQUÊTE** XIIe s. : **inquaesĭta* ; **ENQUÊTER** XIIe s. ; **ENQUÊTEUR** XIIIe s. ♦ [4] **REQUÊTE** XIIe s. : **requaesĭta*. ♦ [5] **ACQUÊT** XIIe s. : **acquaesitum*, neutre sing.

**III.** base *-quis-* (sav.)

♦ [1] **INQUISITION** XIIe s. « recherche », XIIIe s. relig. : *inquisitio*, de *inquirere* ; **INQUISITEUR** XVIIIe s. ; *inquisitor* ; **INQUISITORIAL** XVIe s. → ENQUÉRIR. ♦ [2] **RÉQUISITION** XIIe s., rare avant le XVIe s. : *requisitio*, de *requirere* ; **RÉQUISITIONNER** XVIIIe s. ; **RÉQUISITOIRE** XIVe s. adj. ; XVIe s. subst. : *requisitorius* → REQUÉRIR. ♦ [3] **ACQUISITION** XIIIe s. : bas lat. *acquisitio* ; **ACQUIS** subst. (pop.) XVIe s. : part. passé d'*acquérir* ; **ACQUISITIF** (sav.) XVe s. : bas lat. *acquisitivus* → ACQUÉRIR. ♦ [4] **PERQUISITION** XVe s. : *perquisitio*, de *perquirere*. **PERQUISITEUR** XIVe s. ; **PERQUISITIONNER** XIXe s. ♦ [5] **EXQUIS** XIVe s. : *exquisitus*, de *exquirere* ; **EXQUISITÉ** XIXe s.

**IV.** base *-quest-* (sav.)

♦ [1] **QUESTION** XIIe s. « interrogation » et XIIe s.-XVIIIe s. « enquête judiciaire », « torture » : *quaestio* → QUÉRIR ; **QUESTIONNER** XIIIe s. ; **QUESTIONNAIRE, QUESTIONNEUR** XVIe s. ♦ [2] **QUESTEUR** XIIIe s. : *quaestor* ; **QUESTURE** XVIIe s. : *quaestura*.

**QUEUE** ♦ [1] (pop.) XIe s. : lat. *cōda*, var. de *cauda* ; *à la queue leu leu* XVe s. : altération de l'anc. fr. *à la queue le leu* « à la queue du loup » ; **ÉQUEUTER** XIXe s. (→ aussi -OURE, -URE sous ÉCUREUIL) ♦ [2] **QUEUE-** 1er élément de composés, ex. : **QUEUE-D'ARONDE** XVIe s. ; **QUEUE-DE-RAT** XVIIIe s. ; **QUEUE-DE-COCHON, QUEUE-DE-RENARD** XIXe s. ♦ [3] **COUARD** (pop.) XIe s. : dér. de *coue*, forme anc. de *queue* ;

**COUARDISE** XI$^e$ s. ♦ [4] **CODA** XIX$^e$ s. mus. : mot it. « queue ». ♦ [5] **CAUDATAIRE** (sav.) XVI$^e$ s. et **CAUDAL** (sav.) XVIII$^e$ s. : dér. formés sur *cauda*.

**QUI** famille d'une base *$k^w$-, qui a fourni à la plupart des langues ind.-eur. le relatif, l'interrogatif, l'indéfini, et divers adv.

En grec. entre autres formes, *posos* « combien », issu de **kwot-yos* (→ lat. *quot*).

En latin (1) le relatif *qui*, fém. *quae*, neutre *quod*; ablatif masc. sing. *quō*, d'où en composition *quomodo* (→ MUID) « de quelle manière », « comment »; ablatif fém. sing. *quā*, d'où en composition *quare* « c'est pourquoi », littéralement « pour laquelle chose » (→ RIEN); génitif sing. *cujus* « de qui »; génitif masc. plur. *quorum* « desquels »; de plus, *quod* est employé comme particule de liaison, coordonnante ou subordonnante, introduisant une explication ou une proposition complétive; *quā* est employé avec la valeur adv. de « par où », « par là » (2) le pronom interrogatif et indéfini *quis, quae, quid*, dont la déclinaison s'est dans une large mesure confondue avec celle de *qui*; une ancienne forme de neutre *quia*, interrogative à l'origine, a pris le sens causal de « parce que »; *quis* apparaît en composition dans *quisque* « chacun »; *aliquis* « quelqu'un dont on ignore l'identité » (1$^{er}$ élément apparenté à *alius, alter* → AUTRE); *quidam*, issu de *quisdam* « quelqu'un (dont on connaît l'identité) »; *quilibet*, issu de *quislibet* « qui tu veux », « n'importe qui » → QUOLIBET; enfin, *quicumque* « quiconque », « quelconque », où le relatif s'est substitué à l'indéfini (3) une série d'adv. et d'adj., ayant conservé le *kw-* initial : (a) *quam* « que », « combien », à valeur parfois exclamative, d'où *quasi* « comme si », issu de **quamsi*, et la forme redoublée *quamquam* « de toute manière », « pourtant », « quoique » (b) *qualis* « de quelle sorte », « de quelle nature », équivalent sémantique du gr. *poios*, dont Cicéron a tiré l'abstrait *qualitas* pour traduire le gr. *poiotês*; composé *qualiscumque* « quel qu'il soit », « quelconque » (c) *quantus* « combien grand », « aussi grand que »; *quantum* « combien », équivalent sémantique du gr. *posos*, dont on a tiré *quantitas*, formé sur le modèle de *posotês* et de *qualitas* (d) *quando* « quand » (e) *quot* « combien » (en parlant d'objets qui se comptent), d'où *quotus* « en quel nombre »; *quotidie* « chaque jour »; *quotidianus* « de chaque jour » (4) une série d'adv. et d'adj. où le *kw-* initial a disparu devant *-u-* : (a) *ubi* « à la place où », « au moment où », sans mouvement (b) *unde* « d'où » (c) *usque* « jusqu'à » (d) *uter* « lequel des deux? » (pour le 2$^e$ élément → INTÉRIEUR, EXTÉRIEUR, etc.), d'où *neuter* « aucun des deux », « ni l'un ni l'autre », gramm. « neutre », et lat. imp. *neutralis* « du genre neutre ».

I. famille de *qui* et de *quis*

♦ [1] **QUI** (pop.) IX$^e$ s. relatif, X$^e$ s. interr. : *quī*, nom. sing.; s'est confondu, après le XIII$^e$ s. avec *cui*, anc. forme de datif sing. qui avait survécu jusque-là comme cas régime indirect; d'où les emplois de *qui* après prép. ♦ [2] **QUE** (pop.) IX$^e$ s. pronom relatif : représente les 3 formes atones d'acc. sing. *quem, quam, quid* (qui s'était substitué à *quod* en lat. vulg.); X$^e$ s. conjonction : **quĭ*, forme simplifiée de *quia*; XI$^e$ s. interrogatif : *quĭd*. ♦ [3] **QUOI** (pop.) XII$^e$ s. : *quĭd* (emploi tonique); **QUOIQUE, POURQUOI** XI$^e$ s. ♦ [4] **COMME** (pop.) IX$^e$ s. sous la forme *com*, XII$^e$ s. forme mod. : lat. vulg. **quōmo*, class. *quomodo*; **COMMENT** XI$^e$ s., formé à l'aide de la terminaison adv. **-MENT; COMBIEN** XII$^e$ s. : de *com* et *bien*. ♦ [5] **CAR** (pop.) XI$^e$ s. : *quare* (forme atone). ♦ [6] **CHACUN** (pop.) XI$^e$ s. : lat. vulg. **casquunus*, croisement de *quisque unus*, littéralement « chaque un », et de **cata unum*, avec la préposition gr. *kata* à valeur distributive et *unus* (**cata unum* est représenté en anc. fr. par *chaün, cheün*); **CHAQUE** XII$^e$ s., rare avant le XV$^e$ s. : dér. de *chacun* formé par suppression de *un*. ♦ [7] **AUCUN** (pop.) XII$^e$ s. : lat. vulg. **aliquunus*, de *aliquis* et *unus*; à l'origine positif; a pris une valeur négative, par son association fréquente avec *ne*. ♦ [8] **QUICONQUE** (pop.) XII$^e$ s. : anc. fr. *qui qu'onques* « qui jamais », plus tard écrit en un seul mot sous l'influence du lat *quicumque*, de même sens. ♦ [9] **QUIDAM** (sav.) XIV$^e$ s. jur., puis fam. : mot lat. ♦ [10] **QUIDDITÉ** (sav.) XIV$^e$ s. : lat. scolastique *quidditas*, de *quid* « ce qu'est une chose ». ♦ [11] **QUOLIBET** (sav.) XIV$^e$ s. : neutre de *quilibet* → ce mot. ♦ [12] **QUIA** (sav.) XV$^e$ s., dans les expressions *être, mettre, réduire à quia*, issues de l'école, où la démonstration *quia* (par l'essence de la chose) était tenue pour moins approfondie que la démonstration *propter quid* (par la cause). ♦ [13] **QUIPROQUO** (sav.) XV$^e$ s. : lat. scolastique *quid pro quod* « quoi pour quoi? » indiquant une erreur par confusion. ♦ [14] **CAHIN-CAHA** (demi-sav.) XVI$^e$ s. : prononc. ancienne de *qua hinc qua hac* « par-ci par-là » (au XV$^e$ s. *cahu caha*, de *qua huc, qua hac* « id. »), conservé pour sa valeur expressive. ♦ [15] **QUORUM** (sav.) XVII$^e$ s. à propos de l'Angleterre; XIX$^e$ s. pour la France : expression d'abord formée en Angleterre pour désigner un pourcentage nécessaire de présents dans une assemblée, abrév.

du lat. *quorum maxima pars* « dont la plupart ».

**II.** famille des adverbes et adjectifs à *kw-* initial

A. *quantus*

♦ [1] **QUANT À** (pop.) IXe s. : *quantum ad*; **QUANT-À-SOI** XVIe s. subst ♦ [2] **QUANTITÉ** (sav.) XIIe s. : *quantitas*; **QUANTITATIF** XVIe s., rare avant le XIXe s.; **QUANTIFIER** XXe s. ♦ [3] **QUANTIÈME** XIVe s. : dér. de l'anc. fr. *quant*, adj. XIIe s. : *quantus*. ♦ [4] **QUANTUM** (sav.) XVIIIe s., adm.; **QUANTA** XXe s. : plur. neutre, phys., mots latins. ♦ [5] **ENCAN** (demi-sav.) XIVe s. : lat. médiéval *in quantum* « pour combien ? » (*incantare* « mettre à prix » est attesté dans un texte vénéto-lat. du XIIIe s.).

B. *quando* : **QUAND** Xe s.; **QUAND MÊME** XIXe s.

C. *qualis*

♦ [1] **QUEL** (pop.) Xe s. : *qualis*; **LEQUEL** XIe s.; **QUEL QUE**, puis **QUELQUE** XIIe s.; **QUELQUE QUE** XIVe s.; **QUELQU'UN** XIVe s.; **QUELQUEFOIS** XVe s.; **QUELQUE CHOSE** XVIe s. ♦ [2] **QUELCONQUE** (demi-sav.) XIIe s. : adaptation du lat. *qualiscumque*. ♦ [3] **QUALITÉ** (sav.) XIe s. : *qualitas*; **QUALITATIF** XVe s. : lat. scolastique *qualitativus*. ♦ [4] **QUALIFIER** (sav.) XVe s. : lat. scolastique *qualificare*; XIXe s. courses, sous l'influence de l'angl. *to qualify* de même origine; **DISQUALIFIER** XIXe s. : angl. *to disqualify*; **QUALIFICATION** XVe s. : lat. scolastique *qualificatio*; **QUALIFICATIF** et **DISQUALIFICATION** XVIIIe s.; **QUALIFIABLE, INQUALIFIABLE** XIXe s.

D. *quot*

♦ [1] **QUOTIDIEN** (sav.) XIIe s. adj., XXe s. subst. : *quotidianus* (2e élément → DIEU). ♦ [2] **COTE** (sav.) XIVe s. « somme à payer »; fin XVIIIe s. « valeur en bourse d'une action » : abrév. du lat. *quota pars* « quelle part (revient à chacun) »; **COTISER** XIVe s.; **COTER** XVe s.; **COTATION, COTISATION** XVIe s.; **DÉCOTE, COTISANT** subst. XXe s. ♦ [3] **QUOTE-PART** (sav.) XVe s. : *quota pars*; **QUOTITÉ** XVe s. : dér. sur le lat. *quotus*. ♦ [4] **QUOTIENT** (sav.) XVe s. : lat. **QUOTIENS**, var. de *quoties* « autant de fois que ».

E. *quam*

♦ [1] **QUE** XIe s. adv. exclamatif : *quam*. ♦ [2] **QUASI** (sav.) une fois au Xe s., puis XIVe s. : mot lat.; 1er élément de composés dans **QUASI-CONTRAT** XVIIIe s. : lat. jur. *quasi contractus*; **QUASI-DÉLIT** XVIIe s. : lat. jur. *quasi delictum*. ♦ [3] **CANCAN** (demi-sav.) XVIe s. « harangue de collège », XVIIe s. « commérage » : *quamquam*, conjonction latine, prononcée à l'ancienne manière, qu'on entendait souvent dans les discours lat.; mot retenu pour sa valeur onom.; **CANCANER, CANCANIER** XIXe s.

**III.** famille des adjectifs et adverbes à *u-* initial

♦ [1] **DONT** (pop.) Xe s. : lat. vulg. *de unde*, renforcement de *unde*. ♦ [2] **JUSQUE** (pop.) Xe s. : lat. vulg. *de usque*, ou *inde usque*, renforcements de *usque*; var. **JUSQUES**, avec *s* adverbial, litt. ♦ [3] **OÙ** (pop.) Xe s. : *ŭbī*. ♦ [4] **UBIQUITÉ** (sav.) XVIe s. : dér. formé sur *ubique* « partout ». ♦ [5] **NEUTRE** (sav.) XIVe s. « ni bon ni mauvais » et « qui ne prend pas parti », XVe s. gramm., XVIIIe s. chimie, XIXe s. électricité : *neuter*; **NEUTRALITÉ** XIVe s. : dér., sur *neutralis*; **NEUTRALISER** XVIe s.; **NEUTRALISATION** XVIIIe s.; **NEUTRALISME, NEUTRALISTE**, et **NEUTRON** phys. XXe s.

**IV.** mot savant d'origine grecque

**POSOLOGIE** XIXe s. méd. : dér. sur le gr. *posos* « combien ? ».

1. **QUILLE** (pour jouer) ♦ [1] XIIIe s., XVe s. « jambe », XXe s. « fin du service militaire » : anc. haut all. *kegil*. ♦ [2] **RESQUILLER** XXe s. argot : prov. *resquiha*, var. *esquiha* « glisser », dér. de *quiho* « quille »; **RESQUILLEUR** XXe s. : *resquihaire* « qui disparaît sans payer ».

2. **QUILLE** (de tableau) XIVe s. : anc. scandinave *kilir*, plur. de *kjollr*, « id. ».

**QUINAUD** XVIe s. : origine obscure.

**QUINQUINA** XVIe s. : quichua (Pérou) *quina quina*, par l'esp.; **QUININE** XIXe s.

**QUOLIBET** famille du lat. arch. *lubet*, class. *libet*, verbe impersonnel, « il me plaît de », « j'ai envie »; d'où *libido* « désir », en particulier sensuel; *libidinosus* « qui suit son caprice », « passionné », « débauché ».

♦ [1] **QUOLIBET** (sav.) XIVe s. : ablatif de *quod libet* « ce qu'on veut », « n'importe quoi », neutre de *quilibet* (→ QUI); abrév. du lat. scolastique *disputationes de quolibet* « disputes sur n'importe quoi » : celles-ci, moins sérieuses que les autres *disputationes* de l'école, avaient lieu deux fois par an, avant Noël et pendant le Carême, et on pouvait y aborder n'importe quel sujet. ♦ [2] **LIBIDINEUX** (sav.) XIIIe s., rare avant le XVIIIe s. : *libidinosus*; **LIBIDO** (sav.) XXe s. : mot lat. d'abord employé en all. par Freud. ♦ [3] **AD LIBITUM** XVIIIe s. : expression lat. « à volonté ». ♦ [4] **LUBIE** (demi-sav.) XVIIe s. : probablement dér. plaisant formé dans la langue des collèges, du lat. arch. *lubet*; pour *libet*.

# R

**RABÂCHER** XVII^e^ s. « faire du bruit », puis sens mod. ; nombreuses var. dial. ; formé sur une base préromane ou germ. *rabb- « faire du bruit » ; **RABÂCHAGE, RABÂCHEUR** XVIII^e^ s.

**RABBIN** XIV^e^ s. « docteur de la loi, chez les anc. juifs », XIX^e^ s. sens mod. : araméen *rabbîn*, plur. de *rabb* « maître », conservé dans les traductions de l'Évangile sous la forme *rabbi* « mon maître ! » ; **RABBINIQUE** XVI^e^ s.

**RABOT** XIV^e^ s. : probablement emploi métaph. d'un masc. formé sur le fém. *rabotte* « lapin », forme dissimilée de *robotte*, du moyen néerl. *robbe* « lapin » ; **RABOTER** XV^e^ s. ; **RABOTEUX** XVI^e^ s. ; **RABOTAGE** XIX^e^ s.

**RACHIS** (sav.) XVI^e^ s. : gr. *rakhis, -eôs* « colonne vertébrale » ; **RACHITIQUE, RACHITISME** XVIII^e^ s. : dér. sur l'adj. gr. *rakhitês* « de la colonne vertébrale » ; **RACHIDIEN** XIX^e^ s.

**RACINE** famille du lat. *radix, -īcis* « racine », dimin. *radicula ;* bas lat. *radīcīna ; eradīcāre* « déraciner » ; l'adv. bas lat. *radicaliter*, sens fig. « jusqu'à la racine », laisse supposer un adj. *radicalis.*

♦ [1] **RACINE** (pop.) XII^e^ s. ; XIII^e^ s. math. ; XVII^e^ s. gramm. : bas lat. *radīcīna ;* **ENRACINER** XII^e^ s. ; **DÉRACINER** XIII^e^ s. ; **ENRACINEMENT, DÉRACINEMENT** XV^e^ s. ♦ [2] **ARRACHER** (pop.) XII^e^ s. : var. anc. de l'anc. fr. *esrachier* (pop.) XII^e^ s. : lat. vulg. **exradīcāre*, class. *eradicare ;* **ARRACHEMENT** XII^e^ s. ; **ARRACHEUR** XIII^e^ s. ; **ARRACHAGE** XIX^e^ s. ♦ [3] **RAIFORT** (pop.) XV^e^ s. : composé de l'anc. fr. *raïz* « racine », de *radīcem*, acc. de *radix*, et de l'adj. *fort* (semblable au fém. et au masc.), à cause du goût de ce légume. ♦ [4] **RADIS** XVI^e^ s. ; XIX^e^ s. fam. « sou » : it. *radice :* équivalent de l'anc. fr. *raïz* → le précéd. ♦ [5] **RADICAL** (sav.) XIV^e^ s. ; XVIII^e^ s. subst. gramm., XIX^e^ s. pol. : *radicalis ;* **RADICALISME** XIX^e^ s. ; **RADICALISER** XX^e^ s. ♦ [6] **ÉRADICATION** (sav.) XVI^e^ s. : *eradicatio.* ♦ [7] **RADICULE** (sav.) XVII^e^ s. : *radicula ;* **RADICELLE** XIX^e^ s.

**RADAR** XX^e^ s. : mot angl. formé des initiales de *radio detection and ranging* « détection et télémétrie par radio ».

1. **RADE** Famille d'une racine à structure consonantique *r-dh* « voyager », représentée en celtique par le gaulois **rēda* « chariot », empr. par le lat. sous la forme *raeda ;* en bas lat. par *verēdus* « cheval léger », d'origine gauloise, d'où bas lat. *paraveredus*, calque du gr. *parippos* « cheval de main » (de *para* « à côté ») ; en germanique (1) anc. angl. *râd* « course », « course à cheval », d'où le sens de « route », et « course en bateau », d'où le sens de « rade » ; angl. mod. *road* « route » et « rade » (2) anglo-saxon *ridan*, anc. haut all. *rītan*, angl. *to ride*, all. *reiten* « aller à cheval ».

I. mots d'origine germanique

♦ [1] **RADE** XV^e^ s. : anc. angl. *râd.* ♦ [2] **REÎTRE** XVI^e^ s. : all. *Reiter* « cavalier », de *reiten.* ♦ [3] **REDINGOTE** XVIII^e^ s. : angl. *riding coat* « vêtement (*coat* → COTTE) pour aller à cheval *(to ride)* ». ♦ [4] **RAID** XIX^e^ s. : var. écossaise de *road* remise en usage par Walter Scott, à l'origine « expédition militaire à cheval ».

II. mots d'origine celtique

**PALEFROI** (pop.) XI^e^ s. : *paraverēdus ;* **PALEFRENIER** XIII^e^ s. : mot anc. prov., dér. de l'anc. prov. *palafren*, équivalent du fr. *palefroi*, altéré sous l'influence de *fren*, du lat. *frenum* « frein ».

2. **RADE** ♦ [1] XIX^e s. argot, « rue », « trottoir », en particulier dans l'expression *laisser* (ou *rester*) *en rade* « laisser (ou rester) en chemin » : mot dial. (Normandie) *rade* « chemin », d'où *rader* « cheminer » et *desrader* « partir » XVII^e s. : p.-ê. anc. fr. *rade* « rapide » : lat. *rapidus*, → RAVIR ; p.-ê. même mot que le précédent. ♦ [2] **RADINER** XIX^e s., argot « venir » : dér. de *rade*.

**RADEAU** ♦ [1] XV^e s. (XIV^e s. *radelle*) : anc. prov. *radel*, dér. de *rat*, du lat. *ratis* « id. ». ♦ [2] **RADIN** XIX^e s. argot « tiroir de comptoir », « comptoir », « boutique » ; XX^e s. subst. et adj. « avare », d'où **RADINER** XX^e s. « lésiner » : mot mar. issu des bagnes, altération de *radeau* par substitution de suff.

**RADOTER** (pop.) XI^e s. : composé du préf. *ra-* et d'une base *dot-* d'origine germ. apparentée au moyen néerl. *doten* → angl. *to dote* « rêver », « tomber en enfance » ; **RADOTEUR** XVI^e s. ; **RADOTAGE** XVIII^e s.

**RAFALE** XVII^e s. : altération de l'it. *raffica* « id. », d'origine onom., sous l'influence d'*affaler* « faire échouer (un navire) ».

**RAFIOT** XIX^e s. argot : *rafiau* « petite embarcation », dans la langue des marins de la Méditerranée, d'origine inconnue.

**RAFISTOLER** ♦ [1] XVII^e s. : forme renforcée du moyen fr. *afistoler*, XV^e s. « tromper » puis « orner, arranger » : dér. de l'it. *fistola* « flûte » : lat. *fistŭla* « tuyau », « flûte de Pan » et chir. « fistule ». ♦ [2] **FISTULE** (sav.) XIV^e s. : lat. *fistula* (→ le précédent) ; **FISTULAIRE** XIV^e s., **FISTULEUX** XV^e s.

**RAFLE** XIII^e s. var. *raffe* « raclette pour le feu », puis au jeu, « coup qui enlève toute la mise », XIV^e s. « action de rafler », XIX^e s. « arrestation massive » : all. *raffel* « raclette » ; **RAFLER** XVI^e s. : réfection, sous l'influence de *rafle*, de *raffer* XIII^e s., de l'all. *raffen* « id. » ; **ÉRAFLER** XV^e s. ; **ÉRAFLURE** XVII^e s.

**RAGE** ♦ [1] (pop.) XI^e s. : lat. vulg. **rabia*, class. *rabies* « id. » ; **ENRAGER, RAGER** XII^e s. ; **RAGEUR, RAGEUSEMENT** XIX^e s. ; **RAGEANT** XX^e s. ♦ [2] **RABIQUE** (sav.) XIX^e s. : dér., sur *rabies* ; **ANTIRABIQUE** fin XIX^e s.

**RAGONDIN** XIX^e s., var. *rat gondin*, origine inconnue.

**RAGOT** XIX^e s. « commérage ». Il existe deux verbes *ragoter* dont ce mot pourrait être dér. : XVII^e s. « grogner comme un sanglier, quereller », de l'anc. fr. *ragot* XIV^e s. « cochon de lait » et XV^e s. « sanglier » ; var. dial. Normandie *roguin* « jeune porc » ; d'autre part, le dial. (Guernesey) *ragoter* « battre avec un gourdin », d'où « médire », apparenté au dial. (Morvan) *rangot* « racine sortant de terre » : mots obscurs.

**RAI** famille du lat. *radius* « baguette pointue », « rayon lumineux », « rayon d'une roue, d'une circonférence », « os du bras », « tout objet long et pointu » ; dérivés *radiosus* « rayonnant », *radiare* « rayonner », *radiatio* « rayonnement », lat. imp. *irradiare* « projeter ses rayons sur », d'où bas lat. *irradiatio*.

♦ [1] **RAI** (pop.) XII^e s. « rayon de lumière » puis « de roue » : *radius*. ♦ [2] **ENRAYER** XVI^e s. « mettre un bâton dans les rayons d'une roue pour freiner » ; **ENRAIEMENT** XIX^e s. : dér. de *rai*. ♦ [3] **RAYON** (pop.) XVI^e s. : dér. de *rai* ; **RAYONNER, RAYONNEMENT** XVI^e s. ; **RAYONNE** XX^e s. « textile brillant » : anglo-américain *rayon*. ♦ [4] **RADIANT** (sav.) XIII^e s. adj. ; XIX^e s. subst. astron. : *radians*, part. présent de *radiare* ; **IRRADIATION** XIV^e s. ; **RADIATION** XV^e s. : *irradiatio, radiatio* ; **RADIEUX, IRRADIER** XV^e s. : *radiosus, irradiare* ; **RADIAL** XV^e s. ; **RADIÉ** XVII^e s. ; **RADIANCE, RADIATEUR** XIX^e s. ; **RADIESTHÉSIE** XX^e s. : littéralement « sensibilité (gr. *aisthesis*) aux radiations » ; **RADIESTHÉSISTE** XX^e s. ♦ [5] **RADIATION** XIV^e s. « action de rayer sur un registre », d'où **RADIER** XIX^e s. « rayer » : cas de fausse étym., *radiatio* ayant été à tort associé à *raie, rayer*. ♦ [6] **RADIUS** XVI^e s. anat. : mot lat., d'où **RADIAL**, au sens de « qui a rapport au radius ». ♦ [7] **RADIUM** fin XIX^e s. : de *radius* et du suff. *-ium* ; **RADIO-** 1^er élément de composés sav. servant à exprimer la notion de « rayonnement atomique », ex. : **RADIOACTIF** fin XIX^e s., **RADIOLOGIE, RADIOTHÉRAPIE** XX^e s. ♦ [8] **RADIO-** 1^er élément de composés savants exprimant l'idée d'« ondes hertziennes ou électromagnétiques », ex. : **RADIOPHONIE** XIX^e s., abréviation **RADIO, RADIODIFFUSION, RADIODIFFUSER, RADIOREPORTAGE, RADIOPHARE, RADIOGUIDAGE,** XX^e s. ♦ [9] **RADIO-** 1^er élément de composés savants exprimant l'idée d'« observation des corps traversés par des rayons X », ex. : **RADIOGRAPHIE**, abréviation **RADIO**. XX^e s., **RADIOSCOPIE, RADIOLOGUE, RADIODIAGNOSTIC**.

**RAIDE** famille du lat. *rigēre* « être raide », d'où *rigor* « raideur », sens physique et moral, et *rĭgĭdus* « raide » et « inflexible ».

♦ [1] **RAIDE** (pop.) XII^e s., d'abord sous les formes masc. *roit*, fém. *roide*, avec réfection du masc. sur le fém. au XIV^e s. : *rĭgĭdus*; **RAIDEUR** XII^e s.; **RAIDIR** XIII^e s.; **RAIDISSEMENT, DÉRAIDIR** XVI^e s.; **RAIDILLON** XVIII^e s. ♦ [2] **RIGUEUR** (sav.) XII^e s. : *rigor*; **RIGOUREUX** XIII^e s.; **RIGORISME, RIGORISTE** fin XVII^e s. : dér. sur *rigor*. ♦ [3] **RIGIDE** (sav.) XV^e s. : *rigidus*; **RIGIDITÉ** XVII^e s. : *rigiditas*.

1. **RAIE** (pop.) XII^e s., d'abord sous la forme *roie* « sillon » puis « ligne droite » : gaulois **rĭca*; **RAYER** XII^e s.; **ENRAYER** XIII^e s. « commencer le premier sillon d'un labour »; **RAYON** XIV^e s. « petit sillon dans un jardin »; **RAYURE** XVII^e s. → aussi RADIATION, RADIER sous RAI.

2. **RAIE** (pop.) XII^e s. poisson : lat. *raia*.

**RAILLER** XV^e s. : anc. prov. *ralhar* « bavarder », « plaisanter » : lat. vulg. **ragŭlāre*, du bas lat. *ragĕre*, verbe attesté par la glose *ragit pullus* « le poulain hennit », mais qui semble avoir désigné toute sorte de cris d'animaux (→ anc. fr. *raire* « aboyer » puis « bramer »; roumain *rage* « beugler »); **RAILLERIE, RAILLEUR** XV^e s.

**RAINETTE** ♦ [1] (pop.) XIV^e s. : dimin. de l'anc. fr. *raine* (pop.) XIII^e s. : lat. *rana* « grenouille ». ♦ [2] **GRENOUILLE** (pop.) XII^e s. *renoille*; XIII^e s., avec un *g-* initial d'origine p.-ê. onom. : lat. vulg. **ranŭcŭla*, dimin. de *rana* → le précédent; **GRENOUILLÈRE** XVI^e s.; **HOMME-GRENOUILLE** XX^e s.; pour les mots sav. exprimant la notion de « grenouille » → BATRACIEN. ♦ [3] **RENONCULE** (sav.) XVI^e s. : lat. *ranunculus* « petite grenouille » et plaisamment « habitant des marais ».

**RAISIN** ♦ [1] (pop.) XIII^e s. : lat. vulg. **racīmus*, class. *racēmus* « grappe (de raisin) », qui a éliminé *uva*; **RAISINÉ** XVI^e s. ♦ [2] **RÉGIME** (de bananes), terme usuel dans les Antilles fr. dès 1640 : esp. *racimo* « grappe », du lat. **racīmus*, croisé avec le fr. *régime*, → ROI.

**RAISON** famille du lat. *reri, ratus* « compter », d'où *ratio* « calcul », « faculté de calculer ou de raisonner », « explication » et bas lat. (VI^e s.) « catégorie, espèce d'animaux »; *rationalis* « raisonnable »; *ratiocinari* « calculer ».

♦ [1] **RAISON** (pop.) X^e s. : *ratio, -onis*; outre les sens qu'il a encore en fr. mod., ce mot avait au Moyen Âge ceux de « compte », conservé dans l'expression arch. *livre de raison*, et de « discours, réplique dans une discussion »; **RAISONNER** XII^e s.; **RAISONNABLE, DÉRAISONNER** XIII^e s. *déraisnier*; **DÉRAISON, DÉRAISONNABLE, RAISONNEMENT, RAISONNEUR** XIV^e s.; **IRRAISONNÉ** XIX^e s. ♦ [2] **ARRAISONNER** XII^e s. « adresser la parole à quelqu'un », XIX^e s. marine : dér. de *raison* au sens anc. de « discours »; **ARRAISONNEMENT** XII^e s. ♦ [3] **RACE** XV^e s. « famille, considérée dans la continuité des générations et des caractères »; XVII^e s. « groupe ethnique » : mot généralement rattaché à *ratio* « catégorie, espèce », par l'intermédiaire de formes méridionales où ce mot aurait subi un changement de terminaison et empr. l' *-a* final du féminin : it. *razza* XIV^e s. « espèce de gens », équivalent de l'anc. prov. *rassa* XII^e s. « bande d'individus qui complotent ensemble », it. dial. septentrional *rassa* « convention entre membres d'une même famille ou d'un même métier »; **RACÉ** fin XIX^e s.; **RACIAL, RACISME, RACISTE, ANTIRACISME, ANTIRACISTE** XX^e s. ♦ [4] **RATIONNEL** (sav.) XII^e s. : *rationalis*; **IRRATIONNEL** XIV^e s. : lat. imp. *irrationalis*; **RATIONALISTE** XVI^e s. méd., XVIII^e s. philo.; **RATIONALISME, RATIONALITÉ, RATIONALISER, RATIONALISATION, IRRATIONALITÉ** XIX^e s.; **IRRATIONALISME** XX^e s. ♦ [5] **RATION** (sav.) XIII^e s. jur.; XVII^e s. milit. : *ratio, -onis*; **RATIONNER** fin XVIII^e s.; **RATIONNEMENT** XIX^e s. ♦ [6] **RATIOCINATION** (sav.) XIV^e s. : *ratiocinatio*; **RATIOCINER** XVI^e s. : *ratiocinari*; **RATIOCINATEUR** XVI^e s. ♦ [7] **RATIFIER** (sav.) XIII^e s. : lat. médiéval *ratificare*, formé sur *ratum* « ce qui est confirmé », part. passé neutre de *reri*; **RATIFICATION** XIV^e s. : *ratificatio*. ♦ [8] **PRORATA** XIV^e s. en deux mots, XVI^e s. *au prorata de*, XVII^e s. subst. masc. : abréviation du lat. *pro rata parte* « selon une proportion calculée ». ♦ [9] **RATAFIA** XVII^e s. formule de toast, puis « sorte de liqueur », mot d'origine créole, probablement du lat. *rata fiat* « marché conclu »; abrégé en **TAFIA** XVII^e s.

**RAMADAN** ♦ [1] XVI^e s., puis XIX^e s. : arabe *ramadan*, 9^e mois de l'année islamique, consacré, le jour, à un jeûne rituel. ♦ [2] **RAMDAM** XIX^e s. argot « tapage » : mot introduit par les soldats d'Algérie; le sens fr. est dû aux liesses nocturnes qui accompagnent le jeûne diurne pendant le ramadan.

**RAMBARDE** XVI^e s. : anc. it. *rambata*, dér. de *arrembar* « aborder un bateau », d'origine obscure.

**RAME** XIV^e s. « paquet de papier », XIX^e s. « convoi de bateaux », XX^e s. « train », « suite de wagons » : esp. *resma*, de l'arabe *rizma* « ballot » et « paquet de papier », les Arabes ayant été les introducteurs du papier de chiffon d'Orient dans les pays méditerranéens.

**RAMEAU** famille du lat. *rāmus* « branche », représenté en anc. fr. par *raim* (pop.) x^e^ s.-XVI^e^ s. « id. ».

I. base *-ram-*

A. mots populaires (dér. anciens de *ramus* accentués sur le suff.)

♦ [1] **RAMEAU** XII^e^ s. ; **RAMÉE, RAMILLE** XIII^e^ s. ; **RAMURE** XIV^e^ s. ♦ [2] **RAMIER** XII^e^ s. adj. « pourvu de rameaux », XIV^e^ s. *coulon ramier* « pigeon vivant dans les branches », puis subst. « sorte de pigeon ». ♦ [3] **RAMAGE** XII^e^ s. adj. « branchu », XIII^e^ s. subst. « branchage », d'où XVII^e^ s. « dessin décoratif de rameaux » ; XVI^e^ s. adj. qualifiant les oiseaux, « qui chantent dans les arbres », d'où XVII^e^ s. « chant des oiseaux ». ♦ [4] **RAMONER** XIII^e^ s. « nettoyer », XV^e^ s. appliqué aux cheminées : dér. de l'anc. fr. *ramon* XIII^e^ s. « balai de branchages » ; **RAMONAGE** XIV^e^ s. **RAMONEUR** XVI^e^ s. ♦ [5] **RAME** XVII^e^ s. « tuteur ramifié » : altération, sous l'influence des précéd., de *raime* XIV^e^ s., var. fém. de *raim*, → aussi RAMER.

B. mots savants : **RAMIFIER** XIV^e^ s. : lat. médiéval *ramificare*, dér. de *ramus* ; **RAMIFICATION** XVI^e^ s.

II. **RINCEAU** (pop.) XII^e^ s. *raincel* « petite branche » : lat. vulg. **ramuscellus*, dimin. de *rāmus*, avec infl. du vocalisme du simple *raim*.

**RAMER** ♦ [1] (pop.) XIII^e^ s. puis XVI^e^ s. : dér. de l'anc. fr. *raim* au sens de « rame de bateau », issu d'un croisement entre le lat. *ramus* (→ RAMEAU) et *rēmus* « rame » ; **RAME** XV^e^ s., var. *raime* « rame de galère », concurrence à partir du XVI^e^ s. *aviron* « rame ordinaire, pour petit bateau » ; **RAMEUR** XIII^e^ s. ♦ [2] **TRIRÈME** (sav.) XIV^e^ s., **BIRÈME** XVI^e^ s. : lat. *triremis, biremis* « bateau à trois ou à deux rangs de rames ». ♦ [3] **RÉMIGE** (sav.) XVIII^e^ s. « grande plume de l'aile » : lat. *remex, -igis* « rameur ».

**RAMPER** ♦ [1] (pop.) XII^e^ s. « grimper », « aller en pente », XV^e^ s. sens mod. : frq. **hrampôn*, formé sur une base germ. **hramp-* exprimant l'idée de quelque chose de crochu ; **RAMPEMENT** XVI^e^ s. ♦ [2] **RAMPE** XVI^e^ s. « plan incliné », XVII^e^ s. « balustrade suivant la pente d'un escalier », XIX^e^ s. théâtre, « balustrade bordant la fosse d'orchestre », puis « rangée de lumières suivant la ligne de cette balustrade » : dér. de *ramper*.

**RANCE** famille du lat. *rancēre* « être rance », d'où *rancĭdus* « rance » et bas lat. *rancor* « odeur de rance » et sens fig. « rancune ».

♦ [1] **RANCE** (pop.) XII^e^ s. subst., XIV^e^ s. adj. : *rancĭdus* ; **RANCIR** XVI^e^ s. ; **RANCISSEMENT** XIX^e^ s. ♦ [2] **RANCUNE** (pop.) XI^e^ s. : altération de l'anc. fr. *rancure* : lat. vulg. **rancūra*, croisement de *rancor* et de *cūra* (→ CURE), sous l'influence du suff. *-une*, var. *-ume*, du lat. *-ūdĭne*, var. **-ūmĭne* (→ *amertune*, à côté de *amertume*) ; **RANCUNIER** XVIII^e^ s. ♦ [3] **RANCŒUR** (sav.) XII^e^ s. : *rancor, -oris*.

**RANÇON** famille du lat. *ĕmĕre, emptus*, à l'origine « prendre », puis class. « prendre contre de l'argent, acheter », d'où *emptio* « achat », *emptor* « acheteur », *redimere* « racheter » et *redemptor, redemptio*, appliqués particulièrement à l'action salvatrice du Christ, dans la langue de l'Église. Les autres composés ont conservé le sens de « prendre », ce qui les a détachés du simple (1) *demere* « détacher, retrancher », d'où le substantif *-demia*, 2^e^ élément de composé dans *vindemia*, issu de **vinodemia* « vendange » (1^er^ élément *vinum* « vin ») (2) *dirimere* de **dis-emere* « séparer, disjoindre », « détruire » (3) *eximere, exemptus* « supprimer », « retirer », d'où *exemplum* « objet mis à part (pour servir de modèle) », *exemptio* « action d'ôter, d'empêcher quelqu'un de comparaître » (4) *perimere* « détruire », d'où *peremptorius* « meurtrier », puis lat. jur. « définitif » (5) *promere*, issu de **pro-(e)mere* « mettre en avant », part. passé *promptus* « mis en avant, à portée de la main » (êtres inanimés) et « dispos, agile » (êtres animés) ; d'où *promptus, -ūs*, dans l'expression *in promptu esse* « être à découvert, à portée de la main », et bas lat. *promptitudo* (6) *sumere*, issu de **sus-(e)mere* « se saisir » ou « se charger de », d'où (a) *sumptus* « frais » ; *sumptuosus* « coûteux » ; *sumptuarius* « qui concerne la dépense » (b) *assumere* « prendre pour soi » ou « avec soi », d'où *assumptio* « action de prendre », appliqué à la Vierge en lat. eccl. (c) *consumere* « absorber entièrement quelque chose en s'en servant », « venir à bout de, détruire », d'où *consumptio* « action d'épuiser », « épuisement » (d) *praesumere* « prendre » ou « se représenter d'avance » ; *praesumptio* « préjugé », « hardiesse » (e) *resumere* « prendre de nouveau » (7) il existe enfin un subst. *praemium*, de *prae* et *emere* « ce qu'on prend avant les autres », « prérogative », « récompense ».

I. mots populaires ou empruntés

♦ [1] **RANÇON** (pop.) XII^e^ s., d'abord *raençon* : *redemptio, -onis* ; **RANÇONNER** XIII^e^ s. ♦ [2]

**VENDANGE** → VIN. ♦ [3] **PRIME** XVIIe s. subst. fém. : empr. oral à l'angl. *premium*, du lat. *praemium;* **PRIMER** XIXe s. ♦ [4] **IRRÉDENTISME** XIXe s. : it. *irredentismo*, dér. de *irredento* « non racheté » (en parlant des territoires autrichiens de langue it.), de *redento*, du lat. *redemptus*.

**II.** mots savants

**A.** base *-sum-*

♦ [1] **CONSUMER** XIIe s. : *consumere;* **CONSUMABLE** XIXe s. ♦ [2] **PRÉSUMER** XIIe s. : *praesumere;* **PRÉSUMABLE** XVIe s. ♦ [3] **RÉSUMER** XIVe s. : *resumere;* **RÉSUMÉ** subst. masc. XVIIIe s. ♦ [4] **ASSUMER** XVe s. : *assumere*.

**B.** base *-im-*

♦ [1] **RÉDIMER** XIVe s. : *redimere*. ♦ [2] **PÉRIMER** XVe s. jur. : *perimere;* **PÉRIMÉ** XIXe s. ♦ [3] **DIRIMANT** XVIIIe s. : part. présent formé sur *dirimere*.

**C.** bases *-emp-, -empt-*

♦ [1] **EXEMPLE** XIe s. : *exemplum;* **EXEMPLAIRE** XIIe s. subst. : bas lat. *exemplarium*, dér. du class. *exemplar* « copie »; **EXEMPLAIRE** XIVe s. adj. : bas lat. *exemplaris* « qui sert de modèle »; **EXEMPLARITÉ** XVIe s. ♦ [2] **RÉDEMPTEUR, RÉDEMPTION** XIIe s. : *redemptor, redemptio;* **RÉDEMPTORISTE** XIXe s. ♦ [3] **PÉREMPTOIRE** XIIIe s. jur., XIVe s. sens mod. : *peremptorius;* **PÉREMPTION** XVIe s. : *peremptio* « destruction ». ♦ [4] **EXEMPT** XIIIe s. adj., XVIe s. subst. « sous-officier exempt du service ordinaire », d'où XVIIe s. « sous-officier de police » : *exemptus;* **EXEMPTER** XIVe s.; **EXEMPTION** XVe s. : *exemptio*. ♦ [5] **PRÉEMPTION** XVIIIe s. : de *prae* « avant » et *emptio* « achat ».

**D.** bases *-sompt-, -sumpt-*

♦ [1] **ASSOMPTION** XIIe s. : *assumptio*. ♦ [2] **PRÉSOMPTION** XIIe s. : *praesumptio* « conjecture » et « excès de confiance »; **PRÉSOMPTUEUX** XIIe s. : bas lat. *praesumptuosus*; **PRÉSOMPTIF** XIVe s. : bas lat. *praesumptivus* « qui repose sur une conjecture ». ♦ [3] **CONSOMPTION** XIVe s. : *consumptio*; **CONSUMPTIBLE** XVIe s. : bas lat. *consumptibilis*. ♦ [4] **SOMPTUEUX** XIVe s. : *sumptuosus*; **SOMPTUOSITÉ** XVe s. : bas lat. *sumptuositas*; **SOMPTUAIRE** XVIe s. : lat. (*lex*) *sumptuaria* « (loi) relative aux dépenses des citoyens ».

**E. PROMPT** XIIIe s. « prêt », XVIe s. sens mod. : *promptus*; **PROMPTITUDE** XVe s. : *promptitudo*; **IMPROMPTU** XVIIe s. « pièce improvisée » : lat. *in promptu* au sens de « sur-le-champ ».

**RANDONNÉE** (pop.) XIIe s. « course rapide », XVIIIe s. sens mod. : dér. de l'anc. fr. *randonner* XIIe s. « courir impétueusement », de *randon* « impétuosité » (apparenté à *randir* XIIe s., et all. *rennen* « courir »), dér. du frq. **rant* « course ».

**RANG** ♦ [1] (pop.) XIe s. : frq. **hring* « anneau, cercle », « assemblée en cercle »; **DÉRANGER** XIe s.; **RANGER, RANGÉE, ARRANGER** XIIe s. : **ARRANGEMENT** XIVe s.; **ARRANGEUR** XVIe s.; **RANGEMENT, DÉRANGEMENT** XVIIe s.; **ARRANGEANT** XIXe s. ♦ [2] **HARANGUE** XIVe s. : mot de la famille du germ. **hring*, p.-ê. par le lat. médiéval *harenga*, qui représenterait le frq. **hari-ring* « assemblée circulaire de l'armée » (pour le 1er élément → HÉRAUT); p.-ê. aussi de l'it. *aringare* « haranguer », dér. de *aringo* « place publique pour les assemblées populaires et les courses de chevaux », du gotique **hrings*, avec développement d'un *a* épenthétique; **HARANGUER** XVe s.; **HARANGUEUR** XVIe s. ♦ [3] **RING** XIXe s. sports : angl. *ring* « anneau, cercle ». ♦ [4] **RANCH** XIXe s. et **RANCHO** XXe s. : mot esp. (la 1re forme, par l'anglo-américain), dér. de *rancharse* « se placer, se loger », terme milit. à l'origine, empr. au fr. *se ranger*.

**RÂPE** ♦ [1] (pop.) XIIIe s. « ustensile servant à râper » : lat. médiéval *raspa* début XIIIe s. « rafle, grappe de raisin dépouillée de ses grains », du germ. **raspôn* « gratter, rafler »; **RÂPÉ** XIIIe s. « (vin) obtenu en faisant fermenter dans l'eau les rafles et le moût du raisin »; **RÂPER, RÂPEUX** XVIe s.; **RÂPURE** XVIIe s. ♦ [2] **RÂPIÈRE** XVe s. *(espée rapière)* « épée dont la poignée à trous était comparée à une râpe ».

**RAPETASSER** XVIe s. : mot dial. (Lyon), renforcement de *petasser*, dér. de *petas* « pièce de cuir ou d'étoffe », du lat. imp. *pittacium*, désignant divers petits objets plats, du gr. *pittakion* « tablette pour écrire », « emplâtre ».

**RAPHIA** XIXe s. : mot malgache.

**RAQUETTE** XIVe s. « paume de la main », XVe s. sens mod. dû au jeu de paume, XVIe s. « instrument pour marcher dans la neige », dans un texte évoquant le Canada; rare avant le XIXe s. : arabe vulg. **râhet*, class. *râhat* « paume de la main ».

**RARE** (sav.) XIVe s., a éliminé *rere* XIIe s. : *rarus* lat.; **RARETÉ, RARÉFIER, RARÉFACTION** XIVe s. : *raritas, rarefacere*, et lat. médiéval *rarefactio*; **RARISSIME** XVIe s. (une forme pop. *rere-*

*ment*, adv. construit sur *rere*, est attestée au XIVe s.).

**RASER** famille du lat. *radere, rasus* « raser », d'où (1) *abradere, abrasus* « enlever en rasant », bas lat. *abrasio* « action de raser » (2) lat. imp. *rasĭtāre* « raser souvent », var. lat. vulg. **rasĭcāre* (3) bas lat. *rasorius*, adj. attesté au sens de « à poil ras », dont le neutre a pu être substantivé en lat. vulg. au sens de « rasoir » (4) *raster, rastri* « instrument à dents pour briser les mottes de terre ».

**A.** famille de *radere, abradere* et *rasorius*

♦ [1] **RASER** (pop.) XIIe s. « couper la barbe », XIVe s. « abattre à ras de terre », XIXe s. « ennuyer » : lat. vulg. **rasāre*, dér. de *rasus*; **RASANT** XIIIe s.; **RASEUR** XVIIe s. « qui passe au ras de », XIXe s. « qui ennuie »; **RASE-MOTTES** XXe s. ♦ [2] **REZ-DE-CHAUSSÉE** XVIe s. : composé de l'anc. fr. *rez, var. res* (pop.) début XIIIe s. : lat. *rasus*, part. passé substantivé de l'anc. fr. *rere* (pop.) XIIe s. : *radĕre*. ♦ [3] **ARASER** (pop.) XIIe s. : dér. ancien de *rasus*; **ARASEMENT** XIVe s. ♦ [4] **RAS** XIIe s., rare avant le XVIe s., d'abord surtout en parlant de récipients remplis jusqu'au bord : réfection, d'après le lat., ou sur le modèle de *raser, araser*, de la forme pop. normale *res*; **RASIBUS** XIVe s. : formé en argot scolaire avec une désinence lat.; **RASADE** XVIIe s. « contenu d'un verre plein à ras ». ♦ [5] **RASOIR** (pop.) XIIe s., XIXe s. « ennuyeux » : *rasorium*. ♦ [6] **ABRASION** (sav.) XVIIe s. : *abrasio*; **ABRASER, ABRASIF** XXe s. ♦ [7] **RADOIRE** (pop.) XIVe s. : **rasĭtōrĭa*, de *rasĭtāre, var. anc. ratoire* : **radĭtōrĭa*. ♦ [8] **RATURE** (pop.) XIIIe s. : lat. vulg. **radĭtūra*; **RATURER** XVIe s. ♦ [9] **RATISSER** (pop.) XIVe s. : dér. du moyen fr. *rater* (XIVe s.-XVe s.), lui-même tiré de *rature*; mis en rapport avec *râteau*, a concurrencé et partiellement éliminé *râteler*; **RATISSOIR** XIVe s., XVIe s. var. fém.; **RATISSAGE** XVIe s.; **RATISSURE** XVIIIe s. ♦ [10] **RATIBOISER** XIXe s. argot : var. de *ratisser*; 2e élément p.-ê. d'*emboisier*, composé de *boisier* « tromper », du frq. *bausjan*, mot anc. fr. survivant dialectalement. ♦ [11] **RATINE** (pop.) XIIIe s. sous la forme *rastin*, XVIe s. forme mod. « tissu de laine gratté à l'aspect velu » : dér. anc. de *rasĭtāre*.

**B.** famille de *raster*

**RÂTEAU** (pop.) XIIe s. : lat. vulg. **rastellum*, dimin. de *raster*; **RÂTELER** XIIIe s.; **RÂTELIER** XIVe s. « objet de bois dentelé, à claire-voie », XVIIe s. « denture », XVIIIe s. « dentier » : dér. de *râteau* employé par métaphore. ♦ [2] **RASTAQUOUÈRE** XIXe s. : esp. *arrastracuero* « personne méprisable », littéralement « traîne-cuir », c.-à-d. « qui se traîne nu », de *arrastrar* « traîner », dér. de *rastro* « râteau », du lat. *rastrum*, var. de *raster*, et de *cuero* « cuir »; passé en fr. avec le sens de « parvenu ».

**C.** famille du lat. vulg. **rasicare*

♦ [1] **RACAILLE** (pop.) XIIe s., d'abord anglo-normand *rascaille* : p.-ê. d'un verbe normanno-pic. *ra(s)quer*, seulement mod., et qui a des équivalents dans divers dial., du lat. **rasicare*; le sens propre serait « raclures », appliqué par métaphore péjorative à des hommes. ♦ [2] **RÂLER** (pop.) XVe s. : lat. vulg. **rasĭcŭlāre*, dér. de **rasĭcāre*, appliqué par métaphore à divers bruits respiratoires; **RÂLE** XVIIe s. ♦ [3] **RACLER** XIVe s. : prov. *rasclar*, du lat. vulg. **rasĭcŭlāre* → le précédent; **RACLURE, RACLOIRE** XIVe s.; **RACLOIR** XVIe s.; **RACLÉE** XVIIIe s.; **RACLETTE, RACLAGE** XIXe s. ♦ [4] **RÂLE** (oiseau) (pop.) XIIe s. *rascle*, puis XVIIe s. : dér. de *rasicŭlāre* → les deux précédents, employé à cause du cri de cet oiseau. ♦ [5] **RASCASSE** XVIe s. : prov. *rascasso*, dér. de *rasco* « teigne », du lat. vulg. **rasĭcāre*, à cause de l'aspect hérissé de ce poisson.

**RAT** ♦ [1] (pop.) XIIe s.; XVIIIe s. *avoir des rats dans la tête* « avoir des caprices » (→ *le cafard, une araignée au plafond*); XIXe s. « jeune danseuse » et terme d'affection : mot commun aux langues romanes et germ., p.-ê. d'une base onom. *ratt-* suggérant un grignotement; **RATIER** XIIe s.; **RATON** XIIIe s.; **RATIÈRE** XIVe s.; **RAT-DE-CAVE** XIXe s.; **DÉRATISATION** XXe s. ♦ [2] **RATICHON** XVIIe s., argot « aumônier de prison » puis « prêtre » : dér. de *rat d'église* « dévot ». ♦ [3] **RATER** XVIIe s., d'abord à propos d'une arme à feu qui ne part pas : dér. de *rat* au sens de « caprice »; **RATÉ** subst. masc. début XIXe s. « fait de ne pas partir (en parlant d'une arme) »; fin XIXe s. « homme qui a raté sa carrière »; **RATAGE** fin XIXe s.

**RATE** XIIe s. « glande endocrine, viscère spongieux » : mot obscur; on a proposé le néerl. *râte* « rayon de miel » (→ RAYON), mais cet emploi métaph. serait particulier au fr., qui ignore d'ailleurs le sens propre; ou encore, forme féminine de *rat*, par une métaph. semblable à celle du lat. *musculus* « petite souris » et « muscle »; **DÉRATÉ** XVIIIe s. (*courir comme un*) : part. passé de *dérater* XVIe s. « ôter la rate à un chien pour le rendre plus rapide à la course ». Pour les mots sav. exprimant l'idée de « rate » → SPLÉNIQUE.

**RAVAUDER** XVIe s., a gardé en fr. le sens de « raccommoder », mais en a beaucoup d'autres dans les dial., ceux de « aller et venir », « fureter », « marauder », « bavarder », « marchander pour faire baisser un prix » : p.-ê. forme renforcée d'un verbe **vauder* → VOÛTE (également supposé par *galvauder* → ce mot, art. GALANT et dial. *virevauder*), dont le sens propre serait « aller et venir », « tourner » (et, pour celui de « raccommoder », « faire aller et venir l'aiguille dans l'étoffe »); a pu se croiser, dans certains de ses emplois, avec *ravault* XVIe s. « abaissement », dér. de *ravaler* (→ VAL); **RAVAUDEUR, RAVAUDAGE** XVIe s.

**RAVE** ♦ [1] XIVe s. : franco-prov. *rava*, du lat. *rapa*, var. *rapum* « id. », a éliminé la forme fr. *reve* (pop.) XIIIe s., de même origine; **BETTERAVE** XVIIe s. (→ BETTE); **BETTERAVIER** XXe s.; **RAVIER** XIXe s. ♦ [2] **RABIOT** XIXe s. argot mar. puis milit. : mot gascon « rebut de pêche », « fretin qui reste », dér. de *rabe* « rave » et par métaphore « œufs de poisson », ceux-ci formant une masse renflée; **RABIOTER, RABIOTEUR** XIXe s. ♦ [3] **RAIPONCE** XVe s. : altération, sous l'influence de l'anc. fr. *raïz* (→ RAIFORT, art. RACINE), de l'it. *raponzo*, du lat. médiéval *rapuntium*, dimin. de *rapa* ♦ [4] **RAVIOLI** XIXe s. : plur. de l'it. *raviolo*, dér. de *rava*, var. lombarde de *rapa*; des raves entraient anciennement dans ce mets.

**RAVIR** famille du lat. *rapere, raptus* « emporter avec violence », d'où *raptum* « pillage »; lat. class. *rapinae* (plur.), lat. imp. *rapina* (sing.) « id. » : *rapax, -acis* « ravisseur »; *rapidus* « qui entraîne », surtout en parlant du courant des fleuves, et « prompt, impétueux, précipité »; d'où bas lat. *rapida, -orum* « les rapides d'un fleuve »; *rapiditas* « violence d'un courant ».

**I.** mots populaires, base *-rav-*

♦ [1] **RAVIR** XIIe s. « enlever de force »; sens fig. « transporter l'âme » : lat. vulg. **rapīre*, class. *rapĕre*; **RAVISSEUR, RAVISSEMENT** XIIIe s.; **RAVISSANT** XVe s. ♦ [2] **RAVINE** XIIe s. « vol accompagné de violence », « impétuosité », « chute violente »; XIVe s. *ravine d'eau* « torrent », XVIe s. « lit encaissé d'un ruisseau » : *rapīna*; **RAVINER** XIIe s., même évolution; **RAVIN** XVIIe s. ♦ [3] **RAVAGE** XIVe s. : dér. de *ravir* au sens propre; probablement plus ancien, étant donné le dér. **RAVAGER** XIIIe s. « arracher (des plants de vigne) », XVIe s. « piller »; **RAVAGEUR** XVIe s.

**II.** mots savants, base *-rap-*

♦ [1] **RAPINE** XIIe s. : *rapīna*; **RAPINER** XIIIe s. ♦ [2] **RAPACE** XIIIe s. : *rapax, -acis*; **RAPACITÉ** XIVe s. : *rapacitas*. ♦ [3] **RAPT** XIIIe s., sous la forme *rat*; *p* ajouté au XVIe s. sous l'influence du lat. : *raptum*. ♦ [4] **RAPIDE** XVIe s. : *rapidus*; **RAPIDITÉ** XVIe s. ♦ [5] **RAPIAT** XIXe s. : mot courant dans de nombreux dial., abrév. de *rapiamus* (première personne du plur. subj. présent de *rapere* « volons! »), 2e terme de la locution d'argot scolaire *faire rapiamus* « chiper »; **RAPIN** XIXe s. « peintre bohème » : terme dial. formé sur le radical de *rapiat* signifiant selon les endroits « avare », « petit maraudeur », « petit mouchard »; chez les peintres, le sens 1er est « jeune élève, apprenti ».

**RAYON** XVIe s. (pop.) « gâteau de cire », XVIIe s. « tablette de rangement », XIXe s. « partie d'un grand magasin » : dér. ancien du frq. **hrâta*, représenté en anc. fr. par *ree*; **RAYONNAGE** XIXe s.

**RAZ** XIVe s. « bras de mer étroit », début XVe s. « courant violent dans un détroit », d'où **RAZ-DE-MARÉE** XVIIe s. : anc. scandinave *râs* « courant d'eau », apparenté à l'angl. *to race* « courir », par le normand et le breton.

**RAZZIA** XIXe s. : arabe d'Algérie *rhāzya*, class. *rhazāwa* « attaque »; la prononc. avec *z* géminé est due à l'infl. de l'it.; var. *rezzou* XXe s.; **RAZZIER** XIXe s.

**REBEC** XVe s. : altération, p.-ê. sous l'influence de *bec*, à cause de la forme de l'instrument, de *rebebe* XIIIe s., de l'arabe *rabāb*, sorte de violon.

**REBLOCHON** XIXe s. : mot savoyard, nom de fromage, dér. d'un verbe *blossi*, var. *blocher* « pincer », « traire les vaches », du lat. vulg. **blottiare*, d'origine inconnue.

**RÊCHE** XIIIe s., d'abord sous la forme picarde *resque* : p.-ê. gaulois **reskos* « frais ».

**RECHIGNER** (pop.) XIIe s., idée de « faire une grimace », d'où « refuser » : frq. **kînan* « tordre la bouche ».

**RÉCIF** XVIIe s. : mot des colonies fr. d'Amérique, de l'esp. *arrecife* « chaussée », de l'arabe *ar-rasîf* « chaussée, digue, levée ».

**RÉCIPROQUE** (sav.) XIVe s. : lat. *reciprocus* « qui va en arrière comme en avant », de deux adj. formés sur les particules *re-* (→ ARRIÈRE) et *pro-* (→ PREMIER), **recos* et **procos*; **RÉCIPROCITÉ** XVIIIe s. : bas lat. *reciprocitas*.

**REFUSER** ♦ [1] (pop.) XI$^{e}$ s. : altération, sous l'infl. de *recūsare* « refuser » ou de *refundere, refūsus* qui peut signifier « rejeter », du lat. *refūtāre* « repousser », refouler », « réfuter »; **REFUS** XII$^{e}$ s. ♦ [2] **RÉFUTATION** XIII$^{e}$ s. : *refutatio*; **RÉFUTER** (sav.) XVI$^{e}$ s. : *refutare*; **RÉFUTABLE** XVI$^{e}$ s.; **IRRÉFUTABLE** XVIII$^{e}$ s.

**REGIMBER** XII$^{e}$ s. « ruer » puis « résister » : var. nasalisée de *regiber* XIII$^{e}$ s., composé de *giber* XII$^{e}$ s. « s'agiter, ruer », d'origine inconnue.

**RÉGLISSE** ♦ [1] (demi-sav.) : forme très altérée du gr. *glukurrhiza*, littéralement « racine (*rhiza*) douce (*gluku*) », par les intermédiaires suivants : bas lat. *liquiritia*, sous l'influence de *liquor*; anc. fr. *licorece* XII$^{e}$ s., var. *licorice* et par métathèse *ricolice*, altéré en *réglisse* XIV$^{e}$ s. sous l'influence de *règle*, ce produit se présentant sous forme de bâtonnets; fém. à l'origine; hésite entre fém. et masc. depuis le XVII$^{e}$ s. ♦ [2] **RHIZO-** : gr. *rhiza* « racine »; 1$^{er}$ élément de mots sav., ex. : **RHIZOME, RHIZOPODE** XIX$^{e}$ s.

**REGRETTER** (pop.) XI$^{e}$ s. « se lamenter sur un mort », XVI$^{e}$ s. sens mod., var. anc. fr. *regrater* : p.-ê. anc. scandinave *grâta* « pleurer », avec une alternance vocalique *a-e* analogique des nombreux verbes où elle était ancienne et normale (*laver, il leve; acheter, il achate*); **REGRET** XII$^{e}$ s.; **REGRETTABLE** XV$^{e}$ s.

**REIN** ♦ [1] (pop.) XII$^{e}$ s. : lat. *ren, renis*, généralement au plur. *renes, -um*; de même en fr. le sing. n'est attesté qu'au XIV$^{e}$ s. dans un texte médical, puis au XVI$^{e}$ s.; **ÉREINTER** XVII$^{e}$ s. : var. de l'anc. fr. *éreincier* XIII$^{e}$ s.; *érener* XIV$^{e}$ s.-XVII$^{e}$ s. « briser les reins »; XIX$^{e}$ s. « critiquer sans pitié »; d'où **ÉREINTEMENT** XIX$^{e}$ s. Pour les mots scientifiques exprimant la notion de « rein » → NÉPHRÉTIQUE. ♦ [2] **ROGNON** (pop.) XII$^{e}$ s.; spécialisé pour les animaux quand l'emploi de *rein* au sing. est devenu usuel en parlant des hommes : lat. vulg. **renio, -ōnis*, dér. de *ren*. ♦ [3] **RÉNAL** (sav.) XIV$^{e}$ s. : bas lat. *renalis* « des reins »; **SURRÉNAL** XVIII$^{e}$ s.; **ADRÉNALINE** XX$^{e}$ s. « extrait de glandes surrénales », composé formé de *ad* au sens de « auprès de », de *ren* et des suff. *-al* et *-ine*.

**REINETTE** (pomme de) : mot obscur, attesté au XV$^{e}$ s. sous la forme latinisée *renetia*; XVI$^{e}$ s. *renette*; XVII$^{e}$ s. *reinette* et *rainette*; au XVIII$^{e}$ s. la transcription lat. *poma renana* en fait une « pomme de la région du Rhin » (→ aussi *rinette* dans divers dialectes : picard, wallon, Côte-d'Or) : p.-ê. emploi métaph. de *rainette* « grenouille », à cause de la peau tachetée de cette variété de pommes.

**RELIGION** (sav.) XI$^{e}$ s., sens mod. et « ordre religieux », d'où *entrer en religion* XIII$^{e}$ s. : lat. *religio, -onis*, mot d'origine discutée, souvent rattaché à *religare* → LIER, et dont le sens originel pourrait être « le fait de se lier vis-à-vis des dieux, obligation prise envers la divinité, lien ou scrupule religieux »; **RELIGIEUX** XII$^{e}$ s. : lat. class. *religiosus* « scrupuleux, pieux, vénérable » et lat. eccl; « membre d'un ordre religieux »; **RELIGIOSITÉ** XIII$^{e}$ s. : lat. imp. *religiositas* « piété »; **IRRÉLIGIEUX** XV$^{e}$ s. : lat. imp. *irreligiosus* « impie »; **RELIGIONNAIRE** XVI$^{e}$ s. « de la religion (prétendue réformée) »; **IRRÉLIGION** XVI$^{e}$ s. : lat. imp. *irreligio* « impiété »; **IRRÉLIGIOSITÉ** XVII$^{e}$ s. : lat. eccl. *irreligiositas*; **CORELIGIONNAIRE** XIX$^{e}$ s.

**RELIQUE** famille sav. d'une racine ind.-eur. **leik$^{w}$-* « laisser ».

En grec *leipein* « laisser », d'où (1) *ekleipein* « laisser en dehors », « abandonner » et intrans. « manquer, disparaître », *ekleipsis* « abandon », « disparition » et « éclipse de soleil ou de lune »; *ekleiptikos* « qui concerne les éclipses » et *ekleiptikos kuklos* « cercle d'intersection du plan de l'orbite terrestre avec la sphère céleste » (2) *elleipein*, de *en* « dans » et *leipein* « laisser là, négliger », d'où *elleipsis* « manque », « omission d'un mot » (3) *paraleipein* « laisser de côté, omettre », d'où *paraleipsis* « omission » et rhétorique « prétérition ».

En latin forme à infixe nasal *linquere, lictus* « laisser », moins usitée que ses composés (1) *relinquere* « id. » d'où (a) *reliquus*, adj. « qui reste » (b) *reliquiae, -arum*, subst. fém. plur. « restes » (c) *derelinquere* « délaisser » et *derelictio* « abandon » (2) *delinquere* « faire défaut » et surtout « faillir, être en faute ».

I. mots d'origine latine

♦ [1] **RELIQUE** XI$^{e}$ s. : *reliquiae*; **RELIQUAIRE** XIV$^{e}$ s. ♦ [2] **RELIQUAT** XIV$^{e}$ s., sous la forme *reliqua* : neutre pluriel substantivé de *reliquus*; le *-t* final est dû à l'influence du bas lat. *reliquari, reliquatus* « devoir un reliquat sur un compte ». ♦ [3] **DÉLIT** XIV$^{e}$ s. « infraction » : *delictum* part. passé neutre substantivé de *delinquere*; **DÉLINQUANT** XIV$^{e}$ s. : *delinquens*, part. présent de *delinquere*; **DÉLICTUEUX** XIX$^{e}$ s.; **DÉLINQUANCE** XX$^{e}$ s. ♦ [4] **DÉRÉLICTION** XVI$^{e}$ s. « sentiment d'être privé de tout secours divin » : *derelictio*.

**II.** mots d'origine grecque

♦ [1] **ÉCLIPSE** XII^e s. : *ekleipsis*, par le lat. : **ÉCLIPSER** XIII^e s. ; **ÉCLIPTIQUE** XIII^e s. adj. XVII^e s. subst. : *ekleiptikos*. ♦ [2] **ELLIPSE** XVI^e s. grammaire, XVII^e s. géom. « cercle imparfait » : *elleipsis* ; **ELLIPTIQUE** XVII^e s. géom., XVIII^e s. gramm. : *ellipticus*, forme lat. créée par Kepler, du gr. *elleiptikos* ; **ELLIPSOÏDE** XVIII^e s. ; **ELLIPSOÏDAL** XIX^e s. ♦ [3] **PARALIPOMÈNES** XVII^e s. : *paraleipomena (biblia)* « (livres) laissés de côté », part. présent passif, plur. neutre de *paraleipein* ; **PARALIPSE** XVIII^e s. rhét. : gr. *paraleipsis*.

**RELUQUER** XVIII^e s., argot : mot d'origine septentrionale qui trouve son équivalent dans le liégeois *rilouki*, composé de *louki*, du moyen néerl. *loeken* « regarder » (→ angl. *to look*) ; la voyelle *u* peut représenter une tentative de francisation du mot, un *ou* wallon, issu de *ū* lat., correspondant régulièrement à un *u* fr.

**REMORQUER** XVI^e s. : it. *rimorchiare*, dér. du bas lat. **remŭrcŭlum*, dimin. du class. *remulcum* « corde de halage », du gr. *rumulkos* ; **REMORQUE** XVII^e s. ; **REMORQUEUR, REMORQUAGE** XIX^e s.

**RÉMOULADE** XVII^e s. : dér. avec le suffixe *-ade*, p.-ê. empr. ici à *salade*, du dial. Nord *rémola* « radis noir », var. *ramola*, de l'it. *ramolaccio* « raifort » (nom introduit en même temps que la plante par les ports de la mer du Nord), croisement du gr. *armorakia* « id. » (par le lat.) et de *ramus* (→ RAMEAU), avec dissimilation des *r*.

**REMUGLE** XVI^e s. : composé de *mugle* XIV^e s., nom d'une maladie des yeux : anc. scandinave *mygla* « moisissure ».

**RENFROGNER** XVI^e s. : altération de *refrogner* XV^e s., composé de *froignier* XIV^e s. « id. », dér. de *froigne* XIV^e s. « mine renfrognée » : p.-ê. gaulois **frogna* « nez » ; **RENFROGNEMENT** XVI^e s.

**RENIFLER** XVI^e s. : composé de l'anc. fr. *nifler* d'origine onom. ; **RENIFLEMENT** XVI^e s. ; **RENIFLEUR** XVII^e s.

**RENNE** XVI^e s. : all. *Reen*, d'origine scandinave.

**REPENTIR** famille sav. du lat. *paene* « presque, peu s'en faut », auquel se rattachent (1) le verbe *paenitēre*, impersonnel *me paenitet*, à l'origine « je n'ai pas assez de, je ne suis pas content de », d'où lat. class. « j'ai du regret, je me repens » et lat. imp. *paenitentia* « repentir » (2) *paenuria* « manque, besoin ».

♦ [1] **SE REPENTIR** (pop.) XII^e s. : composé de l'anc. fr. *se pentir* X^e s. : lat. vulg. **paenitīre*, class. *paenitēre* ; **REPENTIR**, subst. et **REPENTANCE** XII^e s. ♦ [2] **PÉNITENCE** (sav.) XI^e s. : *paenitentia* ; **PÉNITENT** XIV^e s. : *paenitens* ; **IMPÉNITENCE** XV^e s. ; **IMPÉNITENT** XVI^e s. : bas lat. eccl. *impaenitentia, impaenitens* ; **PÉNITENCIER** XIII^e s. subst. « prêtre autorisé à confesser », XV^e s. adj. « où l'on fait pénitence », d'où XIX^e s. subst. « prison » : lat. médiéval *paenitentiarus* ; **PÉNITENTIEL** XVI^e s. : bas lat. *paenitentialis* ; **PÉNITENTIAIRE** XIX^e s. ♦ [3] **PÉNURIE** XV^e s., rare avant le XVIII^e s. : *paenuria*. ♦ [4] **PÉN(É)-** lat. *paene* : 1^er élément de composés sav. d'origine lat. ou mod., ex. : **PÉNULTIÈME** XIII^e s. : *paenultimus* « avant-dernier » (→ OUTRE) ; **PÉNINSULE** → ÎLE ; **PÉNÉPLAINE** XX^e s. : angl. *peneplain*, de *paene* et angl. *plain*, empr. à l'anc. fr. → PLAIN.

**REPS** XIX^e s. : mot angl. p.-ê. altération de *ribs* « côtes », d'origine germ.

**REPTILE** famille du lat. *repere, reptus* « ramper », d'où *reptilis*, bas lat. *repticius* « rampant », lat. imp. *reptatio* « action de ramper » ; *subrepere* « s'insinuer, se glisser sous » et *subrepticius* « clandestin ».

♦ [1] **REPTILE** (sav.) XIV^e s., d'abord fém. et également adj. : *reptilis* ; **REPTATION** XIX^e s. : *reptatio* ; **REPTATOIRE** XIX^e s. ; **REPTILIEN** XX^e s. ♦ [2] **SUBREPTICE** adj. (sav.) XIII^e s. : *subrepticius*.

**RÉSEAU** famille du lat. *rete, retis* « filet », « réseau », dimin. *reticulum* ; *opus reticulatum* « maçonnerie qui imite les mailles d'un filet » ; *retiarius* « gladiateur armé d'un filet ».

♦ [1] **RÉSEAU** (pop.) XII^e s. : dimin. anc. de *rete*. ♦ [2] **RETS** (demi-sav.) XIII^e s., d'abord sous les formes *rois, rais*, avec réfection orthographique sous l'influence du lat. : *retis, -is*, var. de *rete*. ♦ [3] **RÉSILLE** XVIII^e s. : esp. *redecilla*, dér. de *red* « filet », du lat. *rete*. ♦ [4] **RÉTINE** (sav.) XIV^e s. : lat. médiéval méd. *retina*, dér. de *rete*. ♦ [5] **RÉTIAIRE** (sav.) XVI^e s. : *retiarius*. ♦ [6] **RÉTICULAIRE** (sav.) XVII^e s. : dér. sur *reticulum* ; **RÉTICULÉ** XVIII^e s. : *reticulatus* ; **RÉTICULE** XVIII^e s. optique, XIX^e s. « petit sac à main », altéré en **RIDICULE** XIX^e s.

**RÉSINE** ♦ [1] XIII^e s. : lat. *rēsīna*, mot d'origine méditerranéenne ; **RÉSINEUX** (sav.) XVI^e s. :

*resinosus*. ♦ [2] **RÉSORCINE** XIX$^e$ s. chimie : angl. *resorcin*, composé de *resin*, d'origine fr., et du lat. mod. *orcina*, formé sur le radical de l'it. *orcella* « oseille ».

**REVÊCHE** XIII$^e$ s. : mot obscur ; on a proposé un lat. vulg. **reversĭcus* « à rebrousse-poil », de *reverti*, *reversus* « revenir en arrière » → VERS ; ou un anc. frq. **hreubisk* « raboteux, rude », qui aurait un équivalent en anc. scandinave.

**RÊVER** famille du lat. *vagus*, et arch. et post-classique *vagabundus* « errant » ; *vagari* et ses composés *divagari*, *evagari* « errer çà et là ».
♦ [1] **RÊVER** (pop.) XII$^e$ s. « vagabonder », XV$^e$ s. « divaguer », XVII$^e$ s. « songer en dormant » : comme l'anc. fr. *desver*, ce verbe suppose un simple **esver* probablement dér. d'un gallo-romain **esvo*, du lat. vulg. **exvagus* ; **RÊVERIE** XIII$^e$ s., d'abord « délire » ; **RÊVEUR** XIII$^e$ s., d'abord « vagabond » ; **RÊVASSER** XV$^e$ s. ; **RÊVASSERIE** XVI$^e$ s. ; **RÊVE** XVII$^e$ s. ; **RÊVASSEUR** XVIII$^e$ s. ♦ [2] **ENDÊVER** (pop.) XII$^e$ s. « enrager » : composé de l'anc. fr. *desver* XI$^e$ s. « devenir fou » → le précédent. ♦ [3] **VAGUER** (sav.) XII$^e$ s. : *vagari* ; **EXTRAVAGANT** XIV$^e$ s. : de *extra* « au-dehors » (→ É-) et *vagans* part. présent de *vagari* ; **EXTRAVAGANCE** XV$^e$ s. ; **EXTRAVAGUER** XVI$^e$ s. ; **DIVAGUER** XVI$^e$ s. « errer », XVII$^e$ s. « délirer » : bas lat. *divagari* ; **DIVAGATION** XVI$^e$ s. ♦ [4] **VAGUE** XIV$^e$ s. « errant », XVI$^e$ s. « imprécis », XVIII$^e$ s. subst. *vague des passions*, XX$^e$ s. *vague à l'âme* : *vagus*. ♦ [5] **VAGABOND** (sav.) XIV$^e$ s. : bas lat. *vagabundus* ; **VAGABONDER** XIV$^e$ s. ; **VAGABONDAGE** XVIII$^e$ s.

**RHÉTORIQUE** (sav.) XII$^e$ s. subst., XVI$^e$ s. adj. : gr. *rhêtorikê (tekhnê)* « art oratoire », par le lat. ; **RHÉTORICIEN** XIV$^e$ s. « maître d'éloquence », XIX$^e$ s. « élève de la classe de rhétorique » ; **RHÉTORIQUEUR** XV$^e$ s. ; **RHÉTEUR** XVI$^e$ s. : gr. *rhêtôr* « orateur ».

**RHIN(O)-** (sav.) gr. *rhis, rhinos* « nez », 1$^{er}$ élément de mots sav., ex. : **RHINOCÉROS** XIII$^e$ s. → COR ; **RHINITE, RHINOLOGIE** XIX$^e$ s. ; **RHINO-PHARYNGITE, OTO-RHINO-LARYNGOLOGIE** XX$^e$ s.

**RHOMBE** (sav.) XVI$^e$ s. « losange » : gr. *rhombos* « toupie », par le lat. **RHOMBIQUE** XIX$^e$ s.

**RHUBARBE** (demi-sav.) XIII$^e$ s. : bas lat. VII$^e$ s. *rheubarbarum*, dont le 1$^{er}$ élément, obscur, est selon Isidore de Séville « un mot barbare signifiant *racine* ».

**RHUM** XVII$^e$ s. : angl. *rum*, abrév. de formes antérieures *rumbullion, rumbustion* « tapage », d'origine inconnue.

**RHUME** famille sav. du verbe grec *rhein* « couler », reposant sur une racine **srew-*, auquel se rattachent (1) *rhoos, -rrhoia* (2$^e$ élément de composés), « flux d'un liquide » ; *rheuma*, et *rheumatismos* « écoulement d'humeurs » (2) *katarrhein* « couler d'en haut », d'où *katarrhoos* « flux d'humeurs » (3) *diarrhein* « couler à travers », d'où *diarrhoia* « flux de ventre » (4) → aussi RYTHME.
♦ [1] **RHUME** XII$^e$ s. *reume* : *rheuma*, par le lat. ; **ENRHUMER** XII$^e$ s. ♦ [2] **HÉMORROÏDE** XIII$^e$ s. : *haimorrhois, -idos* « écoulement de sang », de *haima* → HÉMA- et *rhoos*. ♦ [3] **DIARRHÉE** XIV$^e$ s. : *diarrhoia*, par le lat. ; **DIARRHÉIQUE** XIX$^e$ s. ♦ [4] **CATARRHE** XV$^e$ s. : *katarrhoos*, par le lat. ; **CATARRHAL, CATARRHEUX** XVI$^e$ s. ♦ [5] **RHUMATISME** XVI$^e$ s. : *rheumatismos*, par le lat., cette maladie étant attribuée par la médecine ancienne à un écoulement d'humeurs ; **RHUMATISANT** XVI$^e$ s. : lat. *rhumatizans*, part. présent de *rhumatizare*, du gr. *rheumatizein* « souffrir d'un écoulement d'humeurs » ; **RHUMATISMAL** XVIII$^e$ s. ; **RHUMATOLOGIE** XX$^e$ s. ♦ [6] **RHÉOSTAT** XIX$^e$ s. « régulateur de courant électrique » : de *rhein* « couler » et lat. *stare* → ESTER. ♦ [7] **-RRHÉE** : *-rrhoia*, 2$^e$ élément de composés sav., ex. : **GONORRHÉE** XIV$^e$ s., de *gonos* « semence génitale » → GENS (il existait en gr. biblique un adj. *gonorrhuês* « qui éprouve des pertes séminales ») ; **DYSMÉNORRHÉE** XIX$^e$ s., de *mên* → MOIS, **LEUCORRHÉE** id., de *leukos* « blanc » → LEUC(O)-, **OTORRHÉE** id., de *ous, ôtos* « oreille » → OT(O)-, art. OREILLE, **LOGORRHÉE** id., de *logos* « discours » → LIRE. ♦ [8] **-RÉIQUE** : dér. sur *rhein*, 2$^e$ élément de mots sav., ex. : **ARÉIQUE** XX$^e$ s., avec *a-* privatif ; **ENDORÉIQUE** id., de *endon* « à l'intérieur » → EN.

**RIBAUD** ♦ [1] (pop.) XII$^e$ s. « débauché » : dér. de l'anc. fr. *riber* « se livrer à la débauche », de l'anc. haut all. *rîban* « frotter », « s'accoupler ». ♦ [2] **RIBOTER** XVIII$^e$ s. : var., par substitution de suff., de *ribauder* XIII$^e$ s. ; **RIBOTE** XIX$^e$ s. ♦ [3] **RIBOULDINGUE** XIX$^e$ s. : probablement croisement entre *dinguer* (→ BOUM) et dial. (Auvergne, Forez) *riboulâ* « manger à satiété, festoyer en fin de moisson », qui semble provenir lui-même d'un croisement entre *riber* et *bouler* « enfler sa gorge » (comme un pigeon), de *boule*.

**RICHE** (pop.) XI$^e$ s. : frq. **rîki* « puissant » (→ all. *reich*) ; **RICHESSE, ENRICHIR** XII$^e$ s. ;

**ENRICHISSEMENT** XIIIe s. ; **RICHISSIME** XIIIe s., puis XIXe s., sous l'influence de l'it. ; **RICHARD** XVe s.

**RICIN** (sav.) XVIIe s. : lat. *ricinus* ; **RICINÉ** XIXe s.

**RICOCHET** XIIIe s., d'abord dans les expressions *chanson* ou *fable du ricochet* « série interminable de questions et de réponses », « raisonnement sans fin » ; XVIIe s. par métaphore, sens mod. : mot obscur, p.-ê. apparenté à divers mots dial., Béarn *ricouca*, Provence *recauca* « sautiller », qui représentent le lat. *recalcare* → CHAUSSE ; mais le sentiment populaire a vu dans ce mot un dér. de *coq, cochet* (ex. : var. dial. *la fable du rouge coquelet*, dont l'équivalent it. est *la favola dell' ucellino* « la fable de l'oiselet ») ; **RICOCHER** XIXe s.

**RICTUS** (sav.) XIXe s. : mot lat. « ouverture de la bouche » (surtout pour rire), dér. de *ringi, ri(n)ctus* « montrer les dents ».

**RIDELLE** XIVe s. : moyen haut all. *reidel* « perche ».

**RIDER** XIIe s. « plisser », XIIIe s. sens mod. : anc. haut all. *rîden* « tordre » ; **RIDE** XVe s. ; **RIDEAU** « tenture plissée » et « repli de terrain » XVe s. ; **DÉRIDER** XVIe s.

**RIEN** ♦ [1] (pop.) XIe s. subst. fém. « chose », qui a pris un sens pronominal et semi-négatif à cause de son association fréquente avec la négation *ne* : *rĕm*, acc. du lat. *res, rei* « chose ». Pour les mots sav. exprimant l'idée de « rien » → NIHILISTE, art. NON. ♦ [2] **RÉEL** (demi-sav.) XIIIe s. : lat. médiéval *realis*, formé sur *res* ; **RÉELLEMENT** XIIe s. ; **IRRÉEL** fin XVIIIe s. ♦ [3] **RÉALITÉ** (sav.) XIVe s. : lat. médiéval *realitas*, de *realis* ; **RÉALISER** XVe s. jur., XVIIe s. « faire exister », XVIIIe s. « convertir en argent liquide » ; XXe s. « concevoir nettement », sous l'influence de l'angl. *to realize* ; **RÉALISATION** XVIe s. ; **RÉALISABLE** XVIIIe s. ; **IRRÉALISABLE, RÉALISME, RÉALISTE** XIXe s. ; **IRRÉALISME, SURRÉALISME, IRRÉALITÉ, RÉALISATEUR** (cinéma) XXe s. ♦ [4] **RÉBUS** (sav.) XVe s. : mot lat. « par les choses », ablatif plur. de *res* ♦ [5] **RÉPUBLIQUE** (sav.) XVe s. : *respublica* « la chose publique » → PUBLIER.

**RIFLER** ♦ [1] (pop.) XIIe s. « égratigner », XIXe s. techn. : anc. haut all. *riffilôn* « déchirer en frottant » ; **RIFLARD** XVIIe s. divers outils, « rabot », « lime », « ciseau ». ♦ [2] **RIFLE** XIXe s. « carabine » : mot angl. « carabine à canon rayé », dér. de *to rifle* « faire des rainures », empr. à l'anc. fr. *rifler*.

**RIMER** (pop.) XIIe s. : frq. **rîman*, de **rim* « série, nombre » ; **RIME, RIMEUR** fin XIIe s. ; **RIMAILLER, RIMAILLEUR** XVIe s. *Rime* a été anciennement rapproché, par fausse étym., du lat. *rythmus* ; du gr. *ruthmos*, comme en témoigne l'expression *sans rime ni raison*, attestée sous diverses var. dès le XIVe s. et issue du lat. médiéval, qui oppose en versification le *metrum*, fondé sur la quantité, défini par *ratio cum modulatione*, et le *rythmus*, fondé sur l'accent, défini par *modulatio sine ratione*.

**RINCER** ♦ [1] (pop.) XIIe s. : forme dissimilée de l'anc. fr. *recincier* « id. », du lat. vulg. **recentiare* « rafraîchir, laver », dér. du lat. *recens* « nouvellement arrivé (poisson, ravitaillement) », d'où « frais » ; **RINÇURE** XIVe s. ; **RINÇAGE** XVIIIe s. ; **RINCÉE, RINCETTE, RINCE-BOUCHE** XIXe s. ; **RINCE-DOIGTS** XXe s. ♦ [2] **RÉCENT** (sav.) XVe s. : *recens* ; **RÉCEMMENT** XVIIe s.

**RIPER** ♦ [1] XIVe s. « gratter », XVIIe s. techn. : moyen néerl. *rippen* « racler » ; **RIPE** XVIIe s. ♦ [2] **RIPAILLE** XVIe s., d'abord dans l'expression *faire ripaille*, d'origine milit., « aller chercher des vivres chez l'habitant » : dér. de *riper* ; **RIPAILLEUR** XVIe s. ; **RIPAILLER** XIXe s. ♦ [3] **RUPIN** XVIIe s. argot : apparenté à *ripault* XVIe s. « gentilhomme », et à *ripe*, var. *rupe* « dame » ; p.-ê. dér. de *riper*.

**RIRE** famille du lat. *rīdēre, rīsus* « rire », d'où *ridiculus* « qui fait rire, drôle » ; bas lat. *risibilis* « capable de rire ou de faire rire » ; *subridere* « sourire » ; *deridere* « rire de, se moquer », d'où *derisio* « moquerie », *derisorius* « dérisoire ».

♦ [1] **RIRE** (pop.) XIe s. verbe ; XIIIe s. subst. : lat. vulg. **rīdĕre*, class. *rīdēre* ; **RIANT** XIe s. ; **RIEUR** XVe s. ♦ [2] **SOURIRE** (pop.) XIIe s. ; XVe s. subst. : lat. vulg. **subrīdĕre*, class. *subrīdēre* ; a éliminé *souris* XVIe s., de *ris* XIIe s. : lat. *rīsus* ; **SOURIANT** XIXe s. ♦ [3] **RISÉE** XIIe s. ; **RISETTE** XIXe s. ♦ [4] **RIGOLER** (pop.) XIIIe s. fam. « se divertir » ; XVIIe s. « rire » : altér. de *rire*, voisine de l'anc. fr. *riole* « partie de plaisir » ; le *g* est p.-ê. dû à l'influence de *galer* → GALANT ; **RIGOLARD, RIGOLADE, RIGOLO, -OTE** XIXe s. ♦ [5] **DÉRISION** (sav.) XIIIe s. : *derisio* ; **DÉRISOIRE** XIVe s. : *derisorius* ; **RISIBLE** XIVe s. : *risibilis*. ♦ [6] **RIDICULE** XVe s. adj., XVIIe s. subst. : *ridiculus* ; **RIDICULISER** XVIIe s.

1. **RIS** XIIe s., mar. : anc. scandinave *ris*, plur. de *rif*; **ARRISER** XVIIe s.

2. **RIS** (de veau) XVIIe s. : origine inconnue.

**RISQUE** et **RISQUER** XVIe s. : it. *risco*, var. *rischio*, exprimant dans la terminologie des lois mar. le « danger lié à une entreprise », et dans la tradition milit. la « chance ou la malchance d'un soldat », du lat. médiéval *risicum*, *riscum*, souvent associé à *fortuna*; mot obscur, p.-ê. apparenté à *resecare* (→ SCIER), avec pour sens 1er « écueil qui fend un navire » ou « risque partagé par deux parties contractantes »; plus probablement du gr. byzantin *rizikon* « solde gagnée par chance par un soldat de fortune », emprunt à l'arabe *rizq* « ration journalière », « taxe »; **RISQUE-TOUT** XIXe s.

**RIVE** ♦ [1] (pop.) XIe s. : lat. *rīpa* « rive (d'un fleuve, plus rarement de la mer) »; **RIVAGE** XIIe s. ♦ [2] **ARRIVER** (pop.) XIe s.-XVIe s. « toucher la rive », XIIe s. « toucher au terme de son déplacement », XVIIIe s. « réussir » : lat. vulg. **adripare*, dér. de *ripa*; **ARRIVAGE** XIIIe s.; **ARRIVÉE** XVIe s.; **ARRIVANT** XIXe s.; **ARRIVISTE** fin XIXe s.; **ARRIVISME** XXe s. ♦ [3] **RIVER** (un clou) XIIe s. « rabattre la tête et l'extrémité du clou sur le *bord* de la planche qu'il traverse » : dér. de *rive* au sens de « bord »; **RIVET** XIIIe s.; **RIVETER** XIXe s. ♦ [4] **DÉRIVER** (pop.) XIVe s. « s'écarter de la rive ». ♦ [5] **RIVIÈRE** (pop.) XIIe s. « région proche d'un cours d'eau » et « le cours d'eau lui-même » : lat. *riparia*, fém. substantivé de *riparius* « qui se trouve sur la rive »; **RIVIERA** mot it. « région voisine de la mer », équivalent du fr. *rivière* ♦ [6] **RIVERAIN** (pop.) XVIe s. et **RIVERAINETÉ** XXe s. : dér. de *rivière*.

**RIXE** (sav.) XIVe s. : lat. *rixa* « querelle, lutte ».

**RIZ** ♦ [1] XIIIe s. : it. *riso*, du gr. *oruza*, mot d'origine orientale, par le lat.; **RIZIÈRE** XVIIIe s.; **RIZICULTURE** XXe s. ♦ [2] **RISOTTO** XIXe s. : mot it. dér. de *riso*.

**ROB** ou **ROBRE** XIXe s. au whist : angl. *rubber* « id. », d'origine obscure.

**ROBE** ♦ [1] (pop.) XIIe s. « butin », en particulier « vêtements pris à l'ennemi », XIIIe s. « vêtement », en particulier de femme, d'eccl., d'homme de loi : germ. occidental **rauba* « butin »; **ROBIN** XVIIe s. « homme de robe », par croisement avec *Robin*, dimin. de *Robert*, nom de paysan ridicule. ♦ [2] **DÉROBER** (pop.) XIIe s. « voler », XVIe s. *à la dérobée, se dérober*, XVIIe s. *escalier dérobé* : composé de l'anc. fr. *rober* « voler », du frq. **raubon* « id. » (→ all. *rauben*), apparenté à **rauba*; **DÉROBADE** XVIe s. *à la dérobade*, XIXe s. emploi mod. ♦ [3] **ENROBER** XIIe s. « fournir de robes », « revêtir », XIXe s. « entourer d'une couche protectrice »; **ENROBAGE, ENROBEMENT** XIXe s. : dér. de *robe*.

**ROBOT** XXe s. : tchèque *robota* « travail », « corvée », répandu par la pièce de l'écrivain tchèque K. Čapek intitulée « R.U.R. », c.-à-d. *Les Robots Universels de Rossum*; **ROBOTISER** XXe s.

**ROCHE** ♦ [1] (pop.) XIIe s. : lat. vulg. **rocca*, mot prélatin; **ROCHER** XIIe s.; **ROCHEUX** XVIe s., rare avant le XIXe s. ♦ [2] **ROC** XVIe s. : var. masc. de *roche* formée d'après le rapport *sac, sachet; coq, cochet*, etc.; **ROCAILLE** une fois au XIVe s., puis XVIIe s.; **ROCAILLEUX** XVIIe s.; **ROCOCO** XIXe s., argot des ateliers, pour caractériser un style qui abuse de l'emploi des rocailles.

**ROGOMME** XVIIIe s. « eau-de-vie », d'abord sous la forme *rogum*; survit dans l'expression *voix de rogomme* : origine inconnue.

**ROGUE** XIIIe s., adj. : mot obscur, p.-ê anc. scandinave *hrôkr* « arrogant ».

**ROI** famille d'une racine ind.-eur. **reg* « diriger en droite ligne ».
En sanscrit *rājā* « roi ».
En germanique angl. *right*, all. *recht* « droit ».
En latin (1) *rēx, rēgis* « celui qui dirige », « le roi », d'où le dimin. *regulus*; la forme fém. *rēgīna* « reine »; *regalis* « digne d'un roi »; *regnum* « règne, royaume »; *regnare* « régner »; *interregnum* « interrègne »; emploi dans la langue religieuse et politique, particulier en italo-celtique et en indo-iranien (→ *rājā*) (2) *rēgŭla* « règle droite » et « règle de conduite », d'où lat. imp. *regularis* « qui sert de règle », bas lat. « canonique » et bas lat. *regulare* « régler, diriger » (3) *rĕgĕre, rēctus* « diriger », d'où (a) *regio, -onis*, à l'origine « lignes droites, limites tracées dans le ciel par les augures », d'où « frontières » et « région »; lat. imp. *regionalis* « provincial » (b) *regimen*, var. bas lat. *regimentum* « direction » (c) *rector* « qui régit », « guide, chef »; bas lat. *rectitudo* « direction en ligne droite » (d) une série de composés en *-rĭgĕre, -rēctus* et leurs dérivés en *-rectio -rector*, etc. :

*corrigere* « redresser », « réformer »; *dirigere* « disposer en ligne droite », « donner une direction déterminée »; *erigere* « dresser, mettre debout » (e) *surgere*, de *sub* et *-rigere*, composé ancien, avec disparition de la voyelle *-i-*, « se mettre debout, s'élever », d'où *insurgere* « se dresser pour attaquer » et *resurgere* « se relever », en bas lat. eccl. « ressusciter ».

**I.** mots populaires ou demi-savants d'origine latine

**A.** famille de *rex*

♦ [1] **ROI** Xe s. : *rēx, rēgis*; **ROYAL** Xe s. : *regalis*; **ROYAUME** XIe s. : croisement de *royal* et de l'anc. fr. *reemme*, var. *reame* : *regimen, -inis*; **ROYAUTÉ** XIIe s. : dér. de *royal*; **ROITELET** XVe s., var. anc. fr. *roietel* : dér. de *roi* formé au moyen de trois suff. dimin.; **VICE-ROI** XVe s.; **VICE-ROYAUTÉ** XVIIe s.; **ROYALISTE** XVIe s.; **ROYALISME** XVIIIe s. ♦ [2] **REINE** XIe s. sous la forme *reïne* : lat. *regīna*, puis *roine*, analogique de *roi*, d'où est issue au XVIe s. la forme mod.; **VICE-REINE** XVIIIe s.; **REINE-CLAUDE** XVIIe s.; var. *prune de la reine Claude* (femme de François Ier) début XVIIe s.; **REINE-DES-PRÉS** bot. XVIIe s.; **REINE-MARGUERITE** XVIIIe s., composé de *marguerite*, nom de fleur; **REINE DES REINETTES** variété de pommes → REINETTE.

**B.** famille de *directus*

♦ [1] **DROIT** XIe s. adj. « sans déviation » et subst. « ce qui est permis », XVIe s. adj. opposé à *gauche* (remplace *dextre*) : *d(i)rectus*; **DROITE** XVIIe s. pol. : calque de l'angl.; **DROITURE** XIIe s.; **DROITIER** XVIe s. ♦ [2] **ENDROIT** XIe s. prépos. « vers », XIIe s. subst. « emplacement », XIIIe s. « beau côté d'une étoffe », XVIe s. *à l'endroit de quelqu'un* (var. *endroit de* XIIIe s.) : de *in* et *directum*. ♦ [3] **DRESSER** XIe s. « mettre debout », XVIe s. « donner certaines habitudes à un animal » : lat. vulg. **d(i)rectiāre*, de *directus*; **REDRESSER, REDRESSEMENT** XIIe s.; **DRESSOIR** XIIIe s.; **REDRESSEUR** XVIe s.; **DRESSAGE** XVIIIe s. ♦ [4] **ADROIT** XIIe s. : de *ad-* et *directus*. ♦ [5] **ADRESSER** XIIe s. « dresser, diriger », XVIe s. « envoyer en direction de » : de *ad-* et **directiare*; **ADRESSE** XVIIe s. « habileté » et « suscription d'une lettre »; **MALADRESSE** XVIIIe s.

**C.** famille de *surgere*

♦ [1] **SOURDRE** XIe s. : *sŭrgĕre*. ♦ [2] **SOURCE** XIIe s. fém. de *sors*, anc. part. passé de *sourdre*, du lat. vulg. **sŭrsus*, class. *surrectus*; **RESSOURCE** XIIIe s.; part. passé fém. substantivé de *ressourdre* « rejaillir », du lat. *resŭrgĕre*; **SOURCIER** XVIIIe s. ♦ [3] **SURGEON** XVe s. : altération, d'après *surgir* ou *sur*, de l'anc. fr. *sorjon* XIIIe s., lui-même altération, par substitution de suff., de *sorjant*, du lat. *sŭrgentem*, part. présent de *surgere*.

**D.** famille de *regula*

♦ [1] **BARIOLAGE** XIVe s.; **BARIOLÉ** XVIIe s. : composé de l'anc. fr. *rioler* (surtout au part. passé) « rayer », dér. de l'anc. fr. *riole*, var. *rieule* (demi-sav.) XIIe s., de *regŭla*, et de *barrer*, fréquent dans les dial. au sens de « rayer ». ♦ [2] **RILLETTES** XIXe s. : dér. de *rille* XVe s., var. dial. de *reille* (pop.) XIIe s. : lat. *regŭla*, désignant des languettes de viande de porc ou d'oie qu'on fait cuire dans la graisse.

**II.** mots d'emprunt

♦ [1] **RIGOLE** XIIIe s., d'abord *regol* (surtout dans les textes du Nord) : croisement du moyen néerl. *regel* « ligne droite » et *richel* « fossé d'écoulement (dans les étables) », qui remontent tous deux au lat. *regŭla*. ♦ [2] **ACCORT** XVe s. « avisé », XVIIe s. « engageant » : it. *accorto* « avisé », part. passé de *accorgersi* « s'apercevoir », du lat. vulg. *ad-corrigĕre*. ♦ [3] **ALERTE** XVIe s., d'abord *à l'erte* adv. « sur ses gardes », puis adj. XVIe s. « vigilant »; XVIIe s. « agile »; XVIIIe s. subst. fém. : it. *all'erta!* « sur la hauteur! », cri d'alarme de veilleurs, de *erta*, part. passé fém. substantivé de *ergere* « élever », du lat. *erigĕre*; **ALERTER** XIXe s. ♦ [4] **ESCORTE** XVIe s. : it. *scorta* « action de guider », part. passé fém. substantivé de *scorgere* « guider », du lat. vulg. **ex-corrigĕre*; **ESCORTER** XVIe s. ♦ [5] **DRISSE** XVIIe s. mar. : it. *drizza*, de *drizzare*, var. *dirizzare* « dresser », du lat. vulg. **dirictiare*, de **dirictus*, class. *directus*. ♦ [6] **RAJA(H)** ou **RADJAH** XVIIe s. : hindî *raja* « roi » issu du sanscrit, par le port.; **MAHARAJAH** XVIIIe s. : de *maha* « grand » (apparenté au lat. *magnus* « id. » → MAIS) et *raja*. ♦ [7] **RAIL** XIXe s. : mot angl. « barre », de l'anc. fr. *raille*, var. *reille*, du lat. *regŭla* (→ RILLETTES); **DÉRAILLER, DÉRAILLEMENT** XIXe s.; **AUTORAIL** XXe s. ♦ [8] **ADRET** XXe s. géogr., mot dial. (Sud-Est) « versant d'une montagne exposé au midi » : équivalent du fr. *adroit*, du lat. *ad directum*.

**III.** mots savants d'origine latine

**A.** base *-reg-*

♦ [1] **RÈGNE** Xe s. : *regnum*; **RÉGNER** Xe s. *regnare*; **INTERRÈGNE** XIVe s. : *interregnum*. ♦ [2] **RÈGLE** XIIe s. « règlement », XIVe s. « instrument pour tirer des traits », XVIIe s. plur. physiol. : *regula* (pour les mots sav. exprimant la notion de « règles » → MENSTRUES et MÉNO-, art. MOIS); **RÉGLETTE** XVIIe s. ♦ [3] **RÉGLER** XIIIe s. « gouverner », XVIe s. « couvrir de réglures » et part. passé fém. « qui a ses règles »; XVIIe s. « terminer une affaire », « payer » et « mettre en état de fonctionner » : dér. de *règle*; **DÉRÉGLER** XIIIe s.; **DÉRÈGLEMENT** XVe s.; **RÉGLAGE, RÉGLEUR, RÈGLEMENT** XVIe s.;

**RÉGLEMENTAIRE, RÉGLEMENTER** XVIII^e^ s.; **RÉGLEMENTATION, RÉGLURE** XIX^e^ s. ♦ [4] **RÉGULIER** XII^e^ s. « soumis à une règle religieuse », XVI^e^ s. « conforme à une règle » (en parlant de choses) : *regularis*; **IRRÉGULIER** XIII^e^ s.; **RÉGULARITÉ, IRRÉGULARITÉ** XIV^e^ s.; **RÉGULARISER** fin XVIII^e^ s.; **RÉGULARISATION** XIX^e^ s.; **RÉGULATEUR** fin XVIII^e^ s. et **RÉGULATION** XIX^e^ s. : dér. sur le verbe *regulare*; **AUTORÉGULATION** XX^e^ s. ♦ [5] **RÉGION** XII^e^ s. : *regio*; **RÉGIONAL** XVI^e^ s., rare avant le XIX^e^ s. : *regionalis*; **RÉGIONALISME, RÉGIONALISTE** XIX^e^ s. ♦ [6] **RÉGIR** XIII^e^ s. « diriger », XIV^e^ s., gramm. : *regere*, avec changement de conjugaison; **RÉGIE** XVI^e^ s. : part. passé fém. substantivé; **RÉGISSEUR** XVIII^e^ s. ♦ [7] **RÉGENT** XIII^e^ s. « professeur », XIV^e^ s. « détenteur du pouvoir pendant l'absence ou la minorité du roi », XIX^e^ s. *régent de la banque de France* : *regens, -entis*, part. présent de *regere*; **RÉGENTER, RÉGENCE** XV^e^ s. ♦ [8] **RÉGIME** XII^e^ s. « action de diriger », XV^e^ s. « conduite à suivre en matière d'hygiène », XVII^e^ s. *régime de bananes* → RAISIN, fin XVIII^e^ s. « organisation d'un État », XIX^e^ s. « dispositions légales régissant une institution » : *regimen*. ♦ [9] **RÉGIMENT** XIII^e^ s. « règlement », XIV^e^ s. « direction », XVI^e^ s. « corps de troupes », sous l'influence de l'all. *Regiment* : bas lat. *regimentum*; **ENRÉGIMENTER, RÉGIMENTAIRE** XVIII^e^ s. ♦ [10] **RÉGALE** XII^e^ s. subst. jur. : *regalia (jura)* « (droits) du roi »; **RÉGAL** XII^e^ s. adj., survivant dans *eau régale* : *regalis* → ROYAL; **RÉGALIEN** XV^e^ s.; **RÉGICIDE** XVI^e^ s. (→ CIDE, art. CISEAU).

**B.** base *-rig-*

♦ [1] **CORRIGER** XIII^e^ s. : *corrigere*; **CORRIGIBLE** XIII^e^ s.; **INCORRIGIBLE** XIV^e^ s. ♦ [2] **DIRIGER** XIV^e^ s. : *dirigere*; (ballon) **DIRIGEABLE** fin XVIII^e^ s.; **DIRIGISME, DIRIGISTE** XX^e^ s. ♦ [3] **ÉRIGER** XV^e^ s. : *erigere*.

**C.** base *-surg-*

♦ [1] **INSURGER** XV^e^ s., XVI^e^ s. pron.; fin XVIII^e^ s. mot remis en usage sous l'influence de l'angl. *insurgent*, à propos de l'insurrection des colonies angl. d'Amérique; **INSURGÉ** subst. masc. fin XVIII^e^ s. : *insurgere* ♦ [2] **SURGIR**, d'abord XV^e^ s., *surgir au port* « jeter l'ancre » : anc. prov. *sorgir*, du lat. *surgere*; puis XVI^e^ s. « s'élever » : empr. direct au lat. *surgere* ♦ [3] **RÉSURGENT, RÉSURGENCE** fin XIX^e^ s. géol. : de *resurgens*, part. présent de *resurgere* → SOURDRE, RESSOURCE.

**D.** base *-rect-*

♦ [1] **RÉSURRECTION** XII^e^ s. : *resurrectio*. ♦ [2] **CORRECTION** XIII^e^ s. : *correctio*; **CORRECTEUR** XIII^e^ s. : *corrector*; **CORRECTIF** XIV^e^ s. : lat. médiéval *correctivus*; **CORRECTIONNEL** XV^e^ s., XVIII^e^ s. jur.; **INCORRECT** XV^e^ s. et **CORRECT** XVI^e^ s. : de *correctus* ♦ [3] **INSURRECTION** XIV^e^ s., rare avant le XVIII^e^ s. : *insurrectio*; **INSURRECTIONNEL** fin XVIII^e^ s. ♦ [4] **ÉRECTION** XV^e^ s. « construction », XVI^e^ s. physiol. : *erectio*; **ÉRECTEUR** XVIII^e^ s.; **ÉRECTILE** XIX^e^ s. ♦ [5] **DIRECT** XIII^e^ s. : *directus*; **INDIRECT** XVI^e^ s.; **DIRECTIF** XIII^e^ s.; fém. substantivé **DIRECTIVE** XIX^e^ s.; **DIRECTION** XV^e^ s. : lat. imp. *directio*; **DIRECTOIRE** XV^e^ s. : bas lat. *directorium*; **DIRECTEUR** XV^e^ s. : bas lat. *director*; **DIRECTORIAL** XVII^e^ s. ♦ [6] **RECTEUR** XIII^e^ s. : *rector*; **RECTORAT, RECTORAL** XVI^e^ s. ♦ [7] **RECTITUDE** XIV^e^ s. : *rectitudo*; **RECTIFIER** XIV^e^ s. : bas lat. *rectificare* « rendre droit »; **RECTIFICATION** XIV^e^ s. : *rectificatio*; **RECTIFIABLE** XVIII^e^ s.; **RECTIFICATIF** adj. et subst. XIX^e^ s. ♦ [8] **RECTILIGNE** XIV^e^ s. : bas lat. *rectilineus* « en droite ligne »; *rectilinéaire* XX^e^ s.; **RECTANGLE** XVI^e^ s. : lat. imp. *rectangulus*; **RECTANGULAIRE** XVI^e^ s. ♦ [9] **RECTUM** XVI^e^ s. : mot lat., abrév. de *(intestinum) rectum* « intestin droit »; **RECTAL, RECTITE** XIX^e^ s. ♦ [10] **RECTO** XVII^e^ s. : mot lat., abrév. de *recto (folio)*, ablatif, « sur le feuillet à l'endroit », par opposition à *verso folio* → VERS; **RECTA** XVIII^e^ s. : adv. lat. « en droite ligne ».

**ROMPRE** famille du lat. *rumpere, ruptus* « briser violemment », auquel se rattachent (1) *rupes, is-* « précipice, roche » (2) *ruptio*, var. bas lat. *ruptura* « effraction, rupture » (3) les composés *abrumpere, abruptus* « détacher en brisant »; *corrumpere, corruptus*, à l'origine probablement « faire crever », d'où « gâter »; *erumpere* « faire en brisant »; *interrumpere* « couper en brisant »; *irrumpere*, de *inrumpere* « se précipiter dans, forcer l'entrée de... », et leurs dér. en *-ruptio, -ruptor*, etc.

**I.** mots populaires

♦ [1] **ROMPRE** XI^e^ s. : *rŭmpĕre*. ♦ [2] **COURROUCER** XI^e^ s. : lat. vulg. **corrŭptiāre*, dér. de *corrŭptum* (qui est aussi à l'origine de l'it. *corrotto* « douleur, regret », esp. *corroto* « mortification »); le sens premier serait « endommager, maltraiter », et celui de « chagriner » serait secondaire et figuré; **COURROUX** X^e^ s. ♦ [3] **CORROMPRE** XII^e^ s. : *corrŭmpĕre* ♦ [4] **INTERROMPRE** (demi-sav.) XII^e^ s. : *interrumpĕre*. ♦ [5] **ROUTE** XIII^e^ s. : *(via) rŭpta* « chemin frayé en coupant (dans une forêt) »; **ROUTIER** XIII^e^ s. « soldat, aventurier » : dér. de l'anc. fr. *route* XII^e^ s. « troupe fractionnée »; XX^e^ s. « conducteur de camions » : dér. de *route* « chemin »; **ROUTER, ROUTAGE, AUTOROUTE** XX^e^ s. ♦ [6] **DÉROUTER** XII^e^ s. « mettre les chiens hors de la route », XVI^e s. « mettre hors de la bonne direction », « troubler » : dér. de *route* « chemin ». ♦ [7] **DÉROUTE** XVI^e s. : dér. de l'anc. fr. *dérouter* « débander, disperser » homonyme du précéd., dér. de *route* « troupe » → au 5. ROUTIER. ♦ [8] **RAOUT** XIX^e s. : empr. oral à l'angl. *rout* « assemblée » : anc. fr. *route* « troupe ». ♦ [9] **ROTURE** XV^e s. : *rŭptūra* « terre récemment défrichée (pour laquelle on doit une redevance à un seigneur) », d'où « terre soumise à redevance, propriété non noble »; **ROTURIER** XIV^e s.

**II.** mots savants

**A.** base *-rupt-*

♦ [1] **CORRUPTION** XII^e s. : *corruptio*; **CORRUPTIBLE** XIII^e s. : bas lat. *corruptibilis*; **INCORRUPTIBLE, INCORRUPTIBILITÉ** XIV^e s.; **CORRUPTEUR** XIV^e s. : *corruptor*; **CORRUPTIBILITÉ** XV^e s. ♦ [2] **RUPTURE** XIV^e s. : *ruptura*. ♦ [3] **ÉRUPTION** XIV^e s. : *eruptio* de *erumpere*; **ÉRUPTIF** XVIII^e s. ♦ [4] **INTERRUPTION** XIV^e s. : lat. imp. *interruptio*; **INTERRUPTEUR** XVI^e s. : bas lat. *interruptor*. ♦ [5] **IRRUPTION** XV^e s. : *irruptio*. ♦ [6] **ABRUPT** XVI^e s. : *abruptus*, de *abrumpere*; **EX ABRUPTO** XVII^e s. : mots lat. « brusquement », littéralement « en tombant à pic ».

**B. RUPESTRE** XIX^e s. : dér., sur *rupes* « rocher ».

**ROMSTECK** XIX^e s. : angl. *rumpsteak*, composé de *rump* « croupe », d'origine scandinave, et de *steak* « tranche épaisse de viande », apparenté à l'anc. scandinave *steikja* « rôti à la broche ».

**RONCE** (pop.) XII^e s. : lat. *rŭmex, -ĭcis* « oseille » et « arme dont le fer était d'une forme comparable à une feuille d'oseille »; attesté au sens de « ronce » par une glose du V^e s.; **RONCIER** XVI^e s.; **RONCERAIE** XIX^e s.

**RONFLER** ensemble de mots reposant sur une onom. *ron-* imitant des bruits gutturaux; déjà en lat. imp. *roncus* « ronflement » et bas lat. *roncare* « ronfler ».

♦ [1] **RONFLER** XII^e s. : mot onom.; ou p.-ê. altération, sous l'influence de *souffler*, de l'anc. fr. *ronchier*, du lat. *roncare*; **RONFLEMENT, RONFLEUR** XVI^e s.; **RONFLANT** XVI^e s., XVIII^e s. « emphatique ». ♦ [2] **ROGNE** (anc. prononcé *rongne*) XVI^e s. « grognement », XVII^e s. « querelle », XIX^e s. fam. « mauvaise humeur ». ♦ [3] **RONCHONNER** XIX^e s. : mot dial. (Lyon), dér. de *roncher*, de l'anc. fr. *ronchier*, du lat. *roncare*; **RONCHONNEUR, RONCHONNOT, RONCHON, RONCHONNEMENT** XIX^e s. ♦ [4] → Aussi en annexe GRONDER et GROGNER, art. GROIN, Annexe II et RONRON, Annexe I.

**RONGER** (pop.) XII^e s. : d'abord sous la forme *rungier* : lat. imp. *rūmigare* « ruminer »; le *o* est dû à l'influence de nombreux continuateurs dial. du lat. *rodere* → ROSTRE; **RONGEUR** subst. masc. XV^e s.

**ROQUER** ♦ [1] XVII^e s., aux échecs « placer sa tour à côté du roi »; au croquet « placer deux boules en contact pour les pousser ensemble » : dér. de *roc* XII^e s., nom ancien de la pièce d'échecs appelée aujourd'hui *tour*, de l'arabo-persan *rokh* « éléphant monté », par l'esp. ♦ [2] **ROCADE** XIX^e s. terme de jeu d'échecs, dér. de *roquer*, employé métaph. par la langue milit., « voie de liaison parallèle au front de combat », d'où « voie de dégagement parallèle à une autre ».

**ROQUETTE** XX^e s. « étui cylindrique contenant un explosif » : angl. *rocket* « quenouille », de l'anc. fr. *roquette*, de l'it. *rocchetto*, dimin. de *rocca*, du got. **rukka* « id. ».

**ROSE** famille sav. du lat. *rosa* « rose », issu de **wrodya*, empr., comme le gr. *rhodon* « id. », issu de **wrhodon*, à une langue méditerranéenne.

**I.** mots d'origine latine

♦ [1] **ROSE** XII^e s. subst. et adj. : *rosa*; **ROSETTE** XII^e s. « petite rose », d'où, à partir du XIII^e s., désignation de divers ornements plus ou moins circulaires, en particulier XIX^e s. « insigne de certains ordres »; **ROSIER** XII^e s.; **PRIMEROSE** XII^e s. → PREMIER; **ROSÉ** XIII^e s.; **ROSIÈRE** XV^e s. « lieu planté de rosiers », XVIII^e s. « jeune fille de bonne conduite récompensée par une couronne de roses »; **ROSERAIE** XVII^e s.; **ROSÂTRE** XIX^e s. ♦ [2] **ROSAT** XIII^e s. : lat. *rosatus* « fait avec des roses ou parfumé à la rose ». ♦ [3] **ROSAIRE** XIV^e s. : *rosarium*, lat. class. « roseraie »; lat. médiéval, emploi métaph., « couronne de roses pour la Vierge » (→ CHAPELET). ♦ [4] **ROSACE** XVI^e s. : dér. de *rose*, d'après l'adj. lat. *rosaceus*; **ROSACÉE** XVII^e s. bot. : *rosaceus* « de rose ». ♦ [5] **ROSÉOLE** XIX^e s. : dér. de *rose*, sur le modèle de *rougeole*.

**II.** mots d'origine grecque

♦ [1] **RHODODENDRON** XVI^e s. : gr. *rhododendron* « arbre (*dendron*) à roses (*rhodon*) », qui désignait le laurier-rose; par le lat. ♦ [2] **RHODIUM** XIX^e s. chimie « métal dont certains sels sont de couleur rose » : de *rhodon* et du suffixe *-ium*, par l'angl.

**ROSEAU** (pop.) XII^e s. : dimin. de l'anc. fr. *ros* X^e s. « roseau, chaume », du germ. **raus*, d'un dial. antérieur au frq.

**ROSÉE** ♦ [1] (pop.) XIe s. : lat. vulg. **rosāta*, dér. du lat. class. *ros, roris* « rosée ». ♦ [2] **ARROSER** (pop.) XIIe s. : lat. vulg. **arrosare*, bas lat. *arrorare*, qui avait remplacé *irrigare*; **ARROSOIR** XIVe s.; **ARROSEUR** XVIe s. : **ARROSAGE** XVIIe s.; **ARROSEUSE** XIXe s. ♦ [3] **ROMARIN** (sav.) XIIIe s. : lat. *rosmarinus*, littéralement « rosée marine ».

**ROSSE** ♦ [1] XIIe s. subst. masc. « mauvais cheval », XVe s. fém., XIXe s. « méchant » : all. *Ross* « coursier »; **ROSSARD, ROSSERIE** fin XIXe s. ♦ [2] **ROUSSIN** XVIe s. : altération, sous l'influence de *roux*, de l'anc. fr. *roncin*, du bas lat. *rŭncīnus*, var. *ruccinus*, p.-ê. d'origine germ. et apparenté à *rosse*. ♦ [3] **ROSSINANTE** XVIIIe s. : adaptation, sous l'infl. de *rosse*, de l'esp. *Rocinante*, nom du cheval de Don Quichotte, dér. de *rocin*, équivalent de l'anc. fr. *roncin*.

**ROSSIGNOL** XIIe s. : anc. prov. *rossinhol*, du lat. vulg. **lusciniolus*, dimin. de *luscinia* « rossignol »; empr. dû sans doute à l'importance du rossignol dans la poésie des troubadours.

**ROSTRE** famille sav. du lat. *rodere, rosus* « ronger », d'où (1) *rostrum*, de **rod-trum* « ce qui sert à ronger », « museau, bec, objet en forme de bec », « éperon de navire »; *rostra*, plur. « tribune aux harangues, à Rome », ainsi nommée parce qu'elle était ornée d'éperons de navires pris aux Volsques d'Antium (2) les composés *corrodere* et *erodere* « ronger »; lat. imp. *erosio* « action de ronger », « érosion ».

♦ [1] **ROSTRE** XIVe s. hist. romaine, rare avant le XIXe s., XIXe s. zool. « bec » : lat. *rostra* et *rostrum*; **ROSTRAL** XVIe s.; **ROSTRIFORME** XIXe s. ♦ [2] **CORRODER** XIVe s. : *corrodere*; **CORROSIF** XIIIe s.; **CORROSION** XIVe s. : bas lat. *corrosivus, corrosio*. ♦ [3] **ÉRODER** XIVe s., rare avant le XIXe s. : *erodere*; **ÉROSION** XVIe s. : *erosio*. ♦ [4] **RODER** XVIIIe s. : *rodere*; **RODAGE** XIXe s.; XXe s. à propos des automobiles.

**ROTE** XIIe s. « instrument de musique des jongleurs bretons » : bas lat. *chrotta* (VIe s.), du germ. *hrôta*, lui-même p.-ê. d'origine celtique (équivalents possibles en gallois et en irlandais; mots désignant à la fois un « ventre » ou une « bosse », et, par métaphore, un instrument de musique).

**ROTER** famille d'un verbe lat. **rūgere, rūctus*, dont on conjecture l'existence d'après le dér. *rūctus, -ūs* « rot », d'où *rūctare* « roter », et le composé *erugere, eructus* « sortir bruyamment », d'où *eructare* « vomir » et *eructatio*; p.-ê. apparenté à *rugire* → RUGIR, art. RUT.

♦ [1] **ROTER** (pop.) XIIe s. : bas lat. *rŭptare*, altération, sous l'infl. de *rumpere, ruptus* (→ ROMPRE), du lat. class. *rūctare*; **ROT** XIIIe s. : bas lat. *ruptus*, class. *ructus*. ♦ [2] **ÉRUCTATION** (sav.) XIIIe s. : *eructatio*; **ÉRUCTER** XIXe s. : *eructare*.

**ROTIN** XVIIe s. : malais *rotan* « id. », par le néerl. *rotting*.

**RÔTIR** ♦ [1] (pop.) XIIe s. : frq. **raustjan* « id. »; **RÔT** XIIe s.; **RÔTIE** XIIIe s.; **RÔTI** subst. masc., **RÔTISSEUR** XIVe s.; **RÔTISSERIE, RÔTISSOIRE** XVe s. ♦ [2] **ROASTBEEF** ou **ROSBIF** XVIIIe s. : mot angl., de *beef* (→ BŒUF) et *roast* « rôtir », de l'anc. fr. *rost, rostir*.

**ROUAN** XIVe s. « de couleurs mêlées », adj. qualifiant un cheval : esp. *roano*, d'origine obscure, p.-ê. du got. *raudan*, acc. de *rauda* « rouge »; p.-ê. du lat. *ravus* « gris ».

**ROUANNE** famille du gr. *rhukanê* « rabot, varlope », empr. par le lat. sous la forme *runcina*.

♦ [1] **ROUANNE** (pop.) XIIIe s., *roisne* : lat. vulg. **rŭcĭna*, class. *runcina*. ♦ [2] **RÉNETTE** XIIIe s. *royennette*, dimin. de *rouanne* ♦ [3] **RAINURE** XVe s., *royneüre* : dér. de *roisner* « faire une rainure avec la *roisne*, ou *rouanne* ». ♦ [4] **RUGINE** (sav.) XVIe s. instrument de chirurgie : bas lat. *rugina*, altération du class. *runcina*.

**ROUBLARD** XIXe s. argot, présente d'abord les 2 sens opposés de « mal mis » et de « bien habillé », puis le sens de « malin, rusé » : mot obscur sans rapport avec les *roubles* russes; p.-ê. adaptation du dial. (Alpes) *roubliou* « feu », de l'it. *rubbio* « rouge »; le sens premier serait dans cette hypothèse « flambé » ou « flambant »; **ROUBLARDISE** fin XIXe s.

**ROUBLE** XVIIe s. : mot russe.

**ROUE** famille du lat. *rota* « roue », d'où (1) les dimin. *rotula* et bas lat. *rotulus, rotĕlla* « petite roue » (2) bas lat. *birota* « voiture à deux roues » (3) *rotare* « faire tourner » et *rotatio* « mouvement circulaire » (4) *rotundus* « rond »; *rotunditas* « rondeur »; *rotundare* « arrondir ».

I. mots populaires ou empruntés

♦ [1] **ROUE** Xe s. : *rŏta*; la voyelle *ou* est analogique des dér. accentués sur le suff.; **ROUET**

XIIIe s.; **ROUAGE** XIIIe s. « ensemble de roues »; **BROUETTE** XIIIe s. *beroete* : dimin. de **beroue*, du lat. *birota*; **BROUETTER, BROUETTÉE** XIVe s. ♦ [2] **ROUELLE** XIIe s. : bas lat. *rotĕlla*; **ROULER** fin XIIe s., d'abord *roueller* : dér. de *rouelle*; **ROULETTE** XIIe s.; **ROULIS** XIIe s. « action de rouler »; XVIIe s., sur mer; **ROULEAU** XIVe s., d'où **ROULOTTER** XXe s. couture; **ROULANT** XVe s. « qui roule », fin XIXe s. « très drôle, à se rouler de rire » (→ TORDANT); **ROULANTE** XXe s. subst. fém.; **ROULEMENT** XVIe s.; **ROULADE** XVIIe s.; **ROULOTTE** XVIIIe s. sorte de charrue, début XXe s. « voiture habitée par des nomades ». ♦ [3] **ENROULER** XIVe s.; **ENROULEMENT** XVIIe s.; **DÉROULER** XVIe s.; **DÉROULEMENT** XVIIIe s. : composés de *rouler*. ♦ [4] **ROULEUR** XVIIIe s. « nomade », « ouvrier instable »; **ROULEUSE, ROULURE** fin XVIIIe s. « femme de mauvaise vie » : dér. de *rouler*. ♦ [5] **RÔLE** XIIe s. « manuscrit roulé », « liste, registre », XVIe s. « texte que doit apprendre un acteur » et « conduite que l'on tient dans la société » : *rotŭlus*; **ENRÔLER** XIIe s. « inscrire sur un *rôle* », XVIe s. milit.; **ENRÔLEMENT** XIIIe s.; **CONTRÔLER** XIIIe s., d'abord *contreroller*; **CONTRÔLE** XIVe s., d'abord *contre-rôle* « registre tenu en double »; XVIIe s., forme mod.; **CONTRÔLEUR** fin XIIIe s.; **INCONTRÔLABLE** fin XVIIIe s.; **INCONTRÔLÉ** XXe s. ♦ [6] **ÉRAILLER** XIIe s. *esroeillier* « rouler les yeux »; encore au XVIe s. *yeux éraillés* « dont on ne voit que le blanc » : composé de l'anc. fr. *roeillier* « rouler », du lat. vulg. **rotĭcŭlāre*; XVIIe s. « déchirer superficiellement », sous l'influence de *rayer*; XIXe s. « enrouer la voix »; **ÉRAILLEMENT** XVIe s. : **ÉRAILLURE** XVIIe s. ♦ [7] **ROUER** XIIIe s. « tourner », « rouler », « rôder » : lat. *rotare*, a été éliminé au XVe s. par son homonyme, abrév. de *enrouer*, dér. de *roue*, « soumettre au supplice de la roue », mot empr. aux régions limitrophes de l'Empire, cette pratique étant d'origine germ.; XVIIe s. *rouer de coups* « battre violemment », d'où **ROUÉ** XVIIIe s. « épuisé par la débauche » ou « débauché digne du supplice de la roue », XIXe s. « intéressé et rusé »; **ROUERIE** XVIIIe s. ♦ [8] **RÔDER** XVe s. : anc. prov. *rodar* « tourner », « aller çà et là » : lat. *rotāre*, équivalent de l'anc. fr. *rouer*; **RÔDEUR** XVIe s. ♦ [9] **ROND** XIIe s. adj., d'abord *reond*, var. *roond*; XIIIe s. subst. masc.; XVe s. « pièce de monnaie » : lat. vulg. **retŭndus*, class. *rotŭndus*; **RONDE** XIIe s. danse, XVIe s. milit.; **RONDELLE** XIIIe s.; **RONDEAU**, var. **RONDEL** XIVe s.; **RONDIN** XIVe s.; **RONDEUR** XVe s.; **RONDOUILLARD** XIXe s.; **ARRONDIR** XIIIe s.; **ARRONDISSEMENT** XVIe s. « action d'arrondir », XVIIIe s. « division territoriale »; **ROND-POINT** XVIIIe s.; **ROND-DE-CUIR** XIXe s. « employé de bureau, assis sur un siège garni d'un rond de cuir ». ♦ [10] **ROGNER** XIIe s. « couper tout autour », XIIIe s. « couper », d'abord *reoignier* et *rooignier* : lat. vulg. **rotŭndiāre*, var. **retŭndiāre*, class. *rotundare*; **ROGNURE** XIIe s. ♦ [11] **ROTONDE** XVe s. : it. *rotonda* « ronde », par allusion à l'église *Santa Maria Rotonda*, installée dans l'ancien panthéon de Rome, édifice circulaire, dont le nom est traduit par *Sainte-Marie-la-Rotonde* dans un texte du XVe s.; rare avant fin XVIIIe s. ♦ [12] **ROUND** XIXe s. sport : mot angl. « rond », « tour », de l'anc. fr. *roond*.

**II.** mots savants

♦ [1] **ROTATION** XIVe s. : *rotatio*; **ROTATOIRE** XVIIIe s.; **ROTATIF** début XIXe s.; fém. substantivé **ROTATIVE** XIXe s. imprimerie. ♦ [2] **ROTONDITÉ** XIVe s. : *rotunditas*. ♦ [3] **ROTULE** XVe s. : *rotula*; **ROTULIEN** XIXe s. ♦ [4] **ROTE** (la sainte) XVIe s. tribunal eccl. : lat. *rota* au sens de « tour de rôle », parce que les affaires étaient examinées à tour de rôle par chacune des trois sections de ce tribunal.

**ROUF** XVIIIe s. mar. : néerl. *roef* → angl. *roof* « toit »; d'origine germ.

**ROUGE** famille d'une racine ind.-eur. **reudh-*, **roudh-* « rouge ».

En grec *eruthros* « rouge », d'où *eruthêma* « rougeur »; *erusipelas* « inflammation de la peau ».

En latin (1) *ruber* « rouge », d'où *rubrica* « ocre rouge qui servait à écrire les titres des lois de l'État », d'où « titre »; *rubēre* « être rouge », *rubescere* « rougir »; *rubeus* « rougeâtre »; *rubicundus* « rougeaud » (2) *robus*, var. *robur, -oris* « chêne rouge », tenu pour le plus dur des bois, d'où *robustus* « de chêne », « solide, résistant » (3) *russus*, issu de **rudh-tos* « roux » (4) *robigo, -inis* « rouille » (4) → aussi RUTILANT.

**I.** mots d'origine latine

**A.** mots populaires et demi-savants

♦ [1] **ROUGE** XIIe s. : *rubeus*; **ROUGEUR, ROUGIR** XIIe s.; **ROUGET** XIIe s. adj., XIIIe s. subst.; **ROUGEÂTRE** XIVe s.; **ROUGE-GORGE** XVIe s.; **ROUGEAUD** XVIIe s.; **ROUGEOYER** XIIe s. ♦ [2] **RUBIS** (demi-sav.) XIIe s. *rubi*, var. *rubin* : altération, sous l'influence du prov. *robi*, du lat. médiéval *rubinus*, dér. de *ruber*. ♦ [3] **ROUX** XIIe s. : lat. *rŭssus*; **ROUSSEAU, ROUSSEUR** XIIe s.; **ROUSSIR** XIIIe s.; **ROUSSÂTRE** XVe s.; **ROUSSETTE** XVIe s. « chien de mer », adj. substantivé. ♦ [4] **ROUILLE** XIIIe s. : lat. vulg. **robīcŭla*, class. *robigo*; **ROUILLER** XIIe s.; **DÉROUIL-**

**LER** XIIe s.; *rouillure* XVe s. ♦ [5] **ROUGEOLE** (demi-sav.) XVIe s. : altération, sous l'influence de *vérole*, de *rougeule* XIVe s., de **rubeola*, fém. substantivé de **rubeolus*, dimin. de *rubeus*; **ROUGEOLEUX** XXe s. ♦ [6] **ROUVRE** XVe s. : *robur, -oris* ♦ [7] **RISSOLE** XIVe s. : altération de *roissole* XIIIe s. : adj. fém. subst. bas lat. *russeola* « rougeâtre »; **RISSOLER** XVIe s.

**B.** mots savants

♦ [1] **RUBRIQUE** XIIIe s. « titre dans un missel », XIXe s. dans les journaux : *rubrica*. ♦ [2] **RUBICOND** XIVe s. : *rubicundus*. ♦ [3] **ROBUSTE** XIVe s. (XIe s. *rubeste*) : *robustus*; **ROBUSTESSE** XIXe s. ♦ [4] **CORROBORER** XIVe s. : *corroborare* « fortifier », dér. de *robur*. ♦ [5] **RUBESCENT** XIXe s. : part. présent de *rubescere*. ♦ [6] **RUBÉOLE** XIXe s. : formé sur *rubeus*, sur le modèle de *roséole*. ♦ [7] **RUBIGINEUX** XIXe s.; bas lat. *rubiginosus*, de *rubigo*, var. du lat. class. *robigo*.

**II.** mots savants d'origine grecque

♦ [1] **ÉRYSIPÈLE** XIVe s. : gr. *erusipelas*, par le lat. ♦ [2] **ÉRYTHRINE** XVIIIe s. bot. : de *eruthros*. ♦ [3] **ÉRYTHÈME** XIXe s. : *eruthêma*.

**ROUIR** (pop.) XIVe s. : frq. **rotjan*; **ROUISSAGE** XVIIIe s.

1. **ROUPIE** XIIIe s. « goutte au nez » : origine inconnue.

2. **ROUPIE** XVIIe s. « monnaie de l'Inde » : hindî *rûpîya*, du sanscrit *rûpya* « argent », par le port.

**ROUPILLER** XVIe s. argot « dormir » : le sens de « ronfler », « grommeler », fréquent dans les dial., suggère une origine onom. (→ RONFLER); **ROUPILLON** XIXe s.

**RU** famille du lat. *rivus* « petit cours d'eau », d'où *rivales* (plur.) « riverains », « gens qui irriguent en prenant l'eau à un même ruisseau, ce qui prêtait à contestation », d'où, anciennement, le sens de « rivaux en amour »; *rivalitas* « jalousie »; *derivare* « détourner un cours d'eau », *derivatio* « action de détourner des eaux » et gramm. « dérivation ».

♦ [1] **RU** (pop.) XIIIe s. : altération de *rui* XIIe s., métathèse de **riu*, du lat. *rīvum*, acc. de *rīvus*. ♦ [2] **RUISSEAU** (pop.) XIIe s. : lat. vulg. **rivuscellus*, dimin. de *rivus*; **RUISSELET, RUISSELER** XIIe s.; **RUISSELLEMENT** XVIIe s., rare avant le XIXe s. ♦ [3] **DÉRIVER** (sav.) XIIe s. « détourner l'eau », XIVe s. gramm. : *derivare*; **DÉRIVATION** XIVe s. : *derivatio*; **DÉRIVATIF** XVe s. : *derivativus*; **DÉRIVÉ** fin XVIIIe s. subst. gramm. puis chimie; **DÉRIVÉE** XIXe s. subst. math. ♦ [4] **RIVAL** (sav.) XVe s. : *rivalis*; **RIVALITÉ** XVIIe s. : *rivalitas*; **RIVALISER** XVIIIe s.

**RUBAN** XIIIe s. : p.-ê. moyen néerl. *ringhband* « ruban de cou, collier », encore que les var. *riban, reuban* suggèrent plutôt un frq. **reudband*, var. **riudband* « ruban rouge »; **ENRUBANNÉ** XVIe s.; **ENRUBANNER** XVIIIe s.

**RUCHE** (pop.) XIIIe s. : bas lat. *rūsca* « écorce », d'origine gauloise, ce matériau ayant été utilisé avant l'introduction par les Francs de la ruche de paille tressée; **RUCHER** XVIIe s. subst.

**RUDE** famille sav. du lat. *rudis* « grossier, brut », « inexpérimenté », d'où *erudire, eruditus* « dégrossir, instruire » et lat. imp. (sous l'influence d'*elementum*) *rudimentum*, mot de la langue milit. « apprentissage, premières notions ».

♦ [1] **RUDE** XIIIe s. : *rudis*; **RUDESSE** XIIIe s.; **RUDOYER** XIVe s. ♦ [2] **ÉRUDIT** XVe s., rare avant le XVIIIe s. : *eruditus*; **ÉRUDITION** XVe s. « enseignement », XVIIe s. « savoir » : *eruditio*. ♦ [3] **RUDIMENT** XVe s. : *rudimentum*; **RUDIMENTAIRE** XIXe s.

1. **RUE** ♦ [1] (pop.) XIe s. « voie bordée de maisons » : lat. *rūga*, class. « ride », bas lat. « chemin »; **RUELLE** XIIe s. « petite rue », XVe s. « espace entre le lit et le mur », XVIIe s. litt. : dimin. de *rue*. ♦ [2] **RUGUEUX** (sav.) XVe s. « dévasté », XVIe s. sens mod. : lat. *rugosus* « ridé »; **RUGOSITÉ** XVIe s.

2. **RUE** (pop.) XIIIe s. plante : lat. *rūta*.

**RUER** famille du lat. *rŭere, rŭtus* « renverser » et « s'écrouler », d'où *ruina* « chute » et *rutabulum*, nom d'outil, « pelle à feu ».

♦ [1] **RUER** (pop.) XIIe s. « lancer violemment », XIIIe s. pronom., XIVe s. intrans. en parlant du cheval : bas lat. (VIIe s.) *rūtāre* dér. de **rūtus*; **RUADE** XVe s. ♦ [2] **RÂBLE** (pop.) XIIIe s. *roable*, XVe s. *raable*, nom d'outil, et XVIe s., par métaphore, « bas du dos du lapin et du lièvre » : *rŭtābŭlum*; **RÂBLÉ** XVIe s. ♦ [3] **RUINE** (sav.) XIVe s. : *ruina*; **RUINEUX** XIIe s. « qui cause une ruine », XIVe s. « qui menace ruine » : *ruinosus*; **RUINER** XIIIe s.; **RUINIFORME** XIXe s.

**RUFIAN** ou **RUFFIAN** XIVe s. : it. *ruffiano* « souteneur », mot obscur, p.-ê. dér. de *roffia*

« moisissure, saleté », du germ. *hruf* « escarre »; p.-ê. de *rufulus*, dimin. du lat. *rufus* « roux », croisé avec *puttana* « putain ».

**RUMEUR** (pop.) XI^e s. « grand bruit », XIII^e s. « querelle », XVI^e s. sens lat. : lat. *rūmor, -ōris* « bruit qui court », « propos colportés ».

**RUMINER** (sav.) XIV^e s. : lat. *ruminare*, dér. de *rumen, -inis*, premier estomac des ruminants ; **RUMINATION** XIV^e s. ; **RUMINANT** subst. masc. XVI^e s.

**RUNE** XVII^e s. : norvégien *rune* ou suédois *runa*, de l'anc. scandinave *rûnar* plur. « écriture secrète », apparenté au got. *rūna* « mystère »; **RUNIQUE** XVIII^e s.

**RUSTRE** famille de la rac. ind.-eur. **rew-, *ru-* « espace », « campagne », représentée en lat. par *rus, ruris* « campagne », et ses dér. *rusticus* et *ruralis*; en germ. commun par **rumaz*, got. *rum* « espace ».

I. mots d'origine latine

♦ [1] **RUSTRE** (demi-sav.) XII^e s., d'abord *ruiste, ruste* « brutal »; XIV^e s. sens mod. : *rūstĭcus*; **RUSTAUD** XVI^e s. : dér. de *ruste*. ♦ [2] **RUSTIQUE** et **RUSTICITÉ** (sav.) XIV^e s. : *rusticus* et *rusticitas*. ♦ [3] **RURAL** (sav.) XIV^e s. : *ruralis*.

II. mots d'origine germanique

♦ [1] **ARRIMER** XIV^e s. : moyen angl. *rimen* apparenté au germ. **rum*; a éliminé l'anc. fr. *arumer, aruner*, dér. de l'anc. fr. *run* « fond de cale », de même origine. ♦ [2] **ROOM** mot angl. apparaissant dans le composé **LIVING-ROOM** XX^e s. « pièce où l'on vit » : germ. *rum*.

**RUTABAGA** XIX^e s. : suédois *rotabaggar* « chou-navet ».

**RUTILANT** (sav.) XV^e s. : lat. *rutilans*, part. présent de *rutilare* « être rouge », p.-ê. apparenté à *ruber* → ROUGE; **RUTILANCE, RUTILER** XIX^e s. ; **RUTILEMENT** XX^e s.

**RYTHME** (sav.) XVI^e s. : gr. *rhuthmos* « mouvement réglé et mesuré », p.-ê. apparenté à *rhein* (→ RHUME), par le lat. : **RYTHMIQUE** XVI^e s. : *rhuthmikos*, par le lat. ; **EURYTHMIE** XVI^e s. ; **EURYTHMIQUE** XIX^e s. ; **RYTHMER** XIX^e s. ; **ARYTHMIE** XX^e s. ; pour l'histoire de ce mot → aussi RIME.

# S

**SABAYON** XIXe s. « crème à base de vin et de jaune d'œuf » : it. *zabaione*, dér. du bas lat. *sabaia* « sorte de bière des régions illyriques ».

**SABLE** (blason) ♦ [1] XIIe s. « martre, zibeline » et « noir », en terme d'héraldique, à cause de la couleur de cette fourrure : lat. médiéval *sabellum*, du polonais *sabol* (russe *sobol*). ♦ [2] **ZIBELINE** XVIe s. : it. *zibellino*, lui-même p.-ê. altération de l'anc. fr. *sabelin* XIe s., subst. masc. « id. », var. *sebelin*, dér. de *sable*.

**SABLON** ♦ [1] (pop.) XIIe s. « sable » et « terrain sablonneux », subsiste dans la langue techn. et en toponymie : lat. *sabulo, -ōnis* « gros sable, gravier »; **SABLONNEUX, SABLONNIÈRE** XIIe s.; **SABLONNER** XIVe s. techn. ♦ [2] **SABLE** XVe s. : forme abrégée de *sablon*, dont la terminaison a été prise pour un suff.; **SABLEUX, SABLIÈRE** XVIe s.; **SABLIER** XVIIe s. ♦ [3] **SABLER** XVIe s. « recouvrir de sable », XVIIe s. techn. de la fonderie, « couler dans un moule fait de sable », d'où XVIIIe s. « avaler d'un trait » : dér. de *sable*; **ENSABLER** XVIe s.; **DÉSENSABLER, ENSABLEMENT** XVIIe s.; **SABLÉ** XIXe s. « gâteau dont la pâte s'effrite comme le sable ».

**SABORD** XVe s. mar. « sorte de hublot » : origine obscure, p.-ê. angl. *sawn board* « planche sciée »; **SABORDER** XIXe s.; **SABORDAGE** XXe s.

**SABURRAL(E)** (langue) (sav.) méd. XVIIIe s. : dér. de *saburre* XVIe s. : lat. *saburra* « lest », appliqué par la médecine ancienne au résidu de mauvaises digestions.

1. **SAC** (grande poche) ♦ [1] (pop.) XIe s. : lat. *saccus*, du gr. *sakkos*, empr. au phénicien et apparenté à l'hébreu *saq* « étoffe grossière de poil de chèvre », « sac », « cilice »; **SACHET** XIIe s.; **ENSACHER** XIIIe s. ♦ [2] **BESACE** (pop.) XIIIe s. : bas lat. *bisaccia*, plur. de *bisaccium* « double sac », pris pour un fém.; **BESACIER** XVIe s.; **BISSAC** (demi-sav.) XVe s. : de *bis* « deux fois » et *sac*, ou empr. direct au lat. ♦ [3] **SACOCHE** XVIIe s. : it. *saccoccia*, de *sacco*, du lat. *saccus*.

2. **SAC** (pillage d'une ville) XVe s. : it. *sacco* « id. », p.-ê. en ce sens abrév. de *saccomanno* « pillard » et « pillage », empr. à l'all. *sakman* « pillard », littéralement « homme au sac », dont le 1er élément remonte au lat. *saccus* → le précédent; p.-ê. aussi rencontre homonymique entre *saccomanno* et un *sacco* dér. du lat. vulg. **saccare*, d'origine germ. → SAQUER; **SACCAGER** XVe s. : it. *saccheggiare*, dér. de *sacco* « pillage »; **SACCAGE** XVe s.; **SACCAGEUR** XVIe s.

**SACRE** (oiseau de proie) XIIIe s. : arabe *çaqr*.

**SAFRAN** XIIe s. : lat. médiéval *safranum*, de l'arabe *za'farān*; **SAFRANÉ, SAFRANIER** XVIe s.

**SAGA** XVIIIe s. : anc. scandinave *saga* « proverbe », « récit », apparenté à l'angl. *to say*, all. *sagen* « dire ».

**SAGACE** famille sav. d'une racine ind.-eur. **sāg-* « avoir du flair ».
En latin *sagīre* « quêter » (en parlant du chien de chasse), « avoir du nez », d'où (1) *sagax, -acis* « qui a l'odorat subtil, ou l'ouïe fine », « à l'esprit pénétrant » (2) *praesagire* « deviner, prévoir », d'où *praesagium* « pressentiment, prédiction ».

En grec, *hêgeisthai* « marcher devant », « conduire en qualité de chef », d'où (1) *hêgemôn* « guide, chef » et *hêgemonia* « autorité, prééminence » (2) les composés *kunêgein* « conduire les chiens » et *kunêgetikos* « qui concerne la chasse »; *mousêgetês*, var. dorienne *mousagetês* « conducteur des muses », surnom d'Apollon (3) *exêgeisthai* « conduire » et « expliquer », d'où *exêgêsis* « explication », *exêgêtês* « qui explique ».

**I.** mots d'origine latine

♦ [1] **SAGACE** XVIII^e s. : *sagax, -acis*; **SAGACITÉ** XV^e s. : *sagacitas*. ♦ [2] **PRÉSAGE** XIV^e s. : *praesagium*; **PRÉSAGER** XVI^e s.

**II.** mots d'origine grecque

♦ [1] **EXÉGÈSE** XVII^e s. : *exêgêsis*; **EXÉGÉTIQUE** XVII^e s. : *exêgêtikos*; **EXÉGÈTE** XVIII^e s. : *exêgêtês*. ♦ [2] **HÉGÉMONIE** XIX^e s. : *hêgemonia*. ♦ [3] **MUSAGÈTE** XVI^e s. : *mousagetês*. ♦ [4] **CYNÉGÉTIQUE** XVIII^e s. : *kunêgetikos* → CHIEN.

**SAGAIE** XVI^e s. sous les formes *zagaye*, de l'it. *zagaglia* et *azagaie*, de l'esp. *azagaia*; XVII^e s. forme mod., p.-ê. empr. aux Noirs d'Afrique, qui l'avaient eux-mêmes empr. aux Portugais; les formes it., esp., port. sont des empr. à l'arabe *az-zghāya*, d'origine berbère.

**SAGITTAIRE** ♦ [1] (sav.) XII^e s. « signe du zodiaque », XVIII^e s. bot. : *sagittarius* « archer » et nom d'une constellation, du lat. *sagitta* « flèche ». ♦ [2] **SAGITTAL** XIV^e s. anat. et **SAGITTÉ** fin XVIII^e s. bot. : dér. sur *sagitta*.

**SAGOUIN** XVI^e s. « ouistiti », d'où « personne malpropre » : tupi (Brésil) *saguim*, par le port.

**SAIE** (pop.) XIII^e s. « sorte d'étoffe », XVI^e s. « manteau » : lat. vulg. **sagia*, de **sagea (vestis)* « drap grossier pour faire des manteaux milit. appelés *sagum* », mot d'origine celtique, selon l'historien ancien Polybe; **SAYON** XV^e s. : mot dial. ou p.-ê. empr. à l'esp. *sayón*, de *saya* « saie ».

**SAILLIR** famille d'une racine ind.-eur. **sal-* « sauter ».

En grec *hallesthai* « sauter », d'où *haltêres* « balanciers de plomb, pour exercices de gymnastique ».

En latin *salīre, saltus* « sauter », d'où (1) *adsilire* « se jeter sur »; *resilire* « sauter en arrière, reculer », bas lat. « renoncer, se dédire » (2) *saltus, -us* « saut », *saltare* « sauter », *saltatio* « action de sauter » (3) les composés de *saltare* : *exultare*, var. *exsultare* « bondir », « être transporté (de joie) »; *insultare* « sauter contre », « braver, être insolent »; *resultare* « rebondir » et « retentir, faire écho » (4) *salax, -acis* « lubrique », de *salire*, au sens de « saillir la femelle »; d'où *salacitas*.

**I.** mots d'origine latine

**A.** base *-saill-* (pop.)

♦ [1] **SAILLIR** XI^e s. « sauter », XIV^e s. « couvrir la femelle », XIII^e s. « être proéminent » : *salire*, avec extension à toute la conjugaison du radical où le *l* était normalement mouillé (part. présent, imparfait, etc.); **SAILLANT** XII^e s. adj. « jaillissant », XVI^e s. « proéminent », XVII^e s. blason « (animal) qui se dresse comme pour sauter » et subst. masc.; **SAILLIE** XII^e s. « sortie brusque », XVII^e s. « proéminence » et « trait d'esprit ». ♦ [2] **ASSAILLIR** X^e s. : lat. vulg. **assalire*, class. *adsilire*; **ASSAILLANT** subst. masc. XII^e s. ♦ [3] **TRESSAILLIR** XII^e s. : composé de *tres* « au-delà », du lat. *trans* et *saillir*; **TRESSAILLEMENT** XVI^e s.

**B.** base *-saut-* (pop.)

♦ [1] **SAUT** XI^e s. : *saltus*; **SAUTER** XII^e s. : *saltare*; **SAUTERELLE** XII^e s.; **SAUTOIR** XIII^e s.; **SAUTEUR** XVI^e s. équitation, **SAUTERIE** XVI^e s. « saut », XIX^e s. danse; **SAUTILLER** XVI^e s.; **SAUTILLANT, SAUTILLEMENT** XVIII^e s. ♦ [2] **SAUTE-RUISSEAU** XVIII^e s.; **SAUTE-MOUTON** XIX^e s. jeu : altération de *saut-de-mouton* XVII^e s. équitation; **SAUT-DU-LIT** XIX^e s. ♦ [3] **ASSAUT** XI^e s., de *assaillir*; **SURSAUT** XII^e s.; **SURSAUTER** XVI^e s.; **PRIME-SAUTIER** XII^e s. → PREMIER; **PRIMESAUT** XIV^e s.; **TRESSAUTER** XIV^e s. (→ TRESSAILLIR); **TRESSAUTEMENT** XVI^e s. ♦ [4] **SOUBRESAUT** XIV^e s. équitation, XVII^e s. sens mod. : prov. *sobresaut* (formé comme *sursaut*) ou adaptation de l'esp. *sobresalto*. ♦ [5] **RESSAUT** XVII^e s. archit. : adaptation de l'it. *risalto*.

**C.** base *-salt-* (sav. ou empr.)

♦ [1] **SALTATION** XIV^e s. hist.; XX^e s. géogr. : *saltatio*. ♦ [2] **SALTIMBANQUE** XVI^e s. : it. *saltimbanco* « saute-en-banc », var. *cantimbanco* « chante-en-banc ».

**D.** base *-sult-* (sav.)

♦ [1] **INSULTER** XIV^e s. « proférer des insultes » et XIV^e s.-XVII^e s. « attaquer » : *insultare*; **INSULTE** XIV^e s. « attaque », XVI^e s. « injure »; **INSULTEUR** XVIII^e s. ♦ [2] **EXULTER** XV^e s. : *exsultare*; **EXULTATION** XII^e s. : *exsultatio*. ♦ [3] **RÉSULTER** XV^e s. : *resultare*; **RÉSULTAT** XVII^e s. : lat. scolastique *resultatum*, part. passé neutre substantivé de *resultare*; **RÉSULTANTE** XVII^e s., phys.

**E. RÉSILIER** (sav.) XVII^e s. : altération, par changement de conjugaison, de *résilir* XVI^e s. : *resilire*; **RÉSILIATION** XVIII^e s.; **RÉSILIABLE** XX^e s.

**F. SALACE** et **SALACITÉ** (sav.) XVI^e s. : *salax* et *salacitas*.

**II.** mots d'origine grecque

**HALTÈRE** (sav.) XVI^e s., rare avant le XIX^e s. : *haltêr*, plur. *haltêres*; **HALTÉROPHILE, HALTÉROPHILIE** XX^e s.

**SAIN** famille du lat. *sanus* « bien portant, de corps et d'esprit », d'où *sanitas, -atis* « santé »; *insanus* et *vesanus* « qui n'est pas sain d'esprit »; *vesania* « folie »; *sanare* « guérir ».

♦ [1] **SAIN** (pop.) XII^e s. : *sanus*; **MALSAIN** XIV^e s.; **ASSAINIR, ASSAINISSEMENT** XVIII^e s.; **ASSAINISSEUR** XX^e s. ♦ [2] **SANTÉ** (pop.) XI^e s. : *sanĭtas, -ātis*. ♦ [3] **VÉSANIE** (sav.) XV^e s. : *vesania*. ♦ [4] **INSANE** XV^e s., sous la forme *insané*, puis XVIII^e s. : *insanus*; **INSANITÉ** XVIII^e s. : *insanitas*. ♦ [5] **SANITAIRE** XIX^e s. : dér. sur *sanitas*. ♦ [6] **SANATORIUM** XIX^e s., abrégé en **SANA** XX^e s. : neutre de l'adj. lat. *sanatorius* « propre à guérir », de *sanare*.

**SAINDOUX** ♦ [1] XIII^e s. (pop.) : composé de l'adj. *doux* et de l'anc. fr. *saïm* « graisse », devenu ensuite *sain* (et peu utilisable en raison du nombre de ses homonymes), du lat. vulg. **sagīmen*, class. *sagīna* « engraissement des animaux », « gros ventre ». ♦ [2] **SAYNÈTE** XVIII^e s. : esp. *sainete*, dér. de *sain* « graisse » (→ le précéd.), « morceau de graisse dont on récompense les faucons quand ils reviennent », d'où « divertissement, petite pièce bouffonne »; interprété, par étym. pop., comme un dér. de *scène*.

**SAINT** famille d'une racine **sak-* « sacré ». En latin (1) sans infixe nasal, *sacer* « sacré » ou « maudit », « qui appartient au monde du divin et diffère essentiellement du *profanum* (→ FOIRE), domaine de la vie courante des hommes »; on passe de l'un à l'autre par l'accomplissement de rites définis. — Dér. et composés (a) de *sacrum facere* « accomplir une cérémonie sacrée » : *sacrificare* « offrir un sacrifice à une divinité »; *sacrificium* « sacrifice » et les subst. lat. class. *sacrificus*, bas lat. *sacrificator* « qui sacrifie », formations récentes parallèles au mot plus ancien *sacerdos* « prêtre » (→ FAIRE) (b) *sacrilegus, sacrilegium* → LIRE (c) *sacrare* « consacrer à une divinité », d'où *sacramentum* « enjeu garantissant la bonne foi d'un plaideur et consacré au service des dieux en cas de perte du procès »; d'où le sens de « serment personnel et volontaire » (en particulier serment milit.), par opposition à *jusjurandum* « serment collectif et imposé »; ensuite, dans la langue de l'Église, « tout objet ou tout acte ayant un caractère sacré » (d) les composés *consecrare* « frapper d'une consécration religieuse »; *exsecrari* « maudire », d'où *exsecrabilis* « abominable »; *obsecrare* « conjurer, prier instamment », d'où *obsecratio* « prière instante » (2) avec un infixe nasal, *sancire, sanctus* « rendre sacré ou inviolable », « ratifier » ou « punir », d'où (a) *sanctio, -onis* « sanction, punition » (b) *sanctus* adj. « rendu sacré et inviolable par un rite religieux », d'où « vénéré, vénérable, vertueux » et, dans la langue de l'Église, « saint »; dér. : lat. imp. *sanctuarium* (pour class. *sacrarium*) « lieu sacré »; lat. class. *sanctimonia* « sainteté des dieux », bas lat. *sanctimonium* « sainteté » et *sanctimonialis virgo* « vierge consacrée, religieuse »; *sacrosanctus* « (chose ou personne) dont le caractère sacré et inviolable a été solennellement reconnu ».

**I.** mots populaires ou empruntés

♦ [1] **SAINT** X^e s. : *sanctus*; pour les mots sav. exprimant l'idée de « saint » → HAGIOGRAPHE; **TOUSSAINT** XII^e s. : de *tous saints* « fête de tous les saints »; **SAINTETÉ** (demi-sav.) XIV^e s. : réfection, d'après le lat., de l'anc. fr. *sainteté* XII^e s. : *sanctitas, -atis*. ♦ [2] **SANTON** XVII^e s. « petit saint », XIX^e s. « petit personnage de crèche » : prov. *santoun* « petit saint », de *sant* : lat. *sanctus*. ♦ [3] **SERMENT** IX^e s. *sairement : sacramentum*; **ASSERMENTER** XII^e s.; fin XVIII^e s. pol.

**II.** mots savants

**A.** base *-sanct-*

♦ [1] **SANCTION** XIV^e s. « précepte religieux », XV^e s. *pragmatique sanction* « rescrit solennel de l'empereur », fin XVIII^e s. « approbation », « récompense ou peine » : *sanctio*; **SANCTIONNER** XVIII^e s. « ratifier », XIX^e s. « punir ». ♦ [2] **SANCTUS** XIII^e s. : mot lat., début d'une prière de l'ordinaire de la messe, empr. à Isaïe, VI, 3. ♦ [3] **SANCTIFIER** XV^e s. : réfection, d'après le latin, de l'anc. fr. *saintefier* (pop.) XII^e s., du lat. eccl. *sanctificare* « rendre saint »; **SANCTIFICATION** XIV^e s. : réfection de *saintification* XII^e s. : *sanctificatio*; **SANCTIFICATEUR** XVI^e s. : réfection de *saintefieur* XIII^e s. : *sanctificator*. ♦ [4] **SANCTUAIRE** XVI^e s. : réfection de *saintuaire* XII^e s. : *sanctuarium*.

**B.** base *-sacr-*

♦ [1] **SACRER** XII^e s. « soumettre à la cérémonie du sacre », XVIII^e s. « dire *sacré...* », c.-à-d. « prononcer des jurons » : *sacrare*; **SACRE** XII^e s. : dér. de *sacrer*. ♦ [2] **SACRÉ** XII^e s. sens religieux, fin XVIII^e s. « fameux, extraordinaire », XIX^e s. apparaît dans des jurons déformés; *sacristi,* *sacrelotte*, altérés en **SAPRISTI, SAPERLOTTE**; *sacré nom de Dieu* (var. *sapré, acré, cré nom de Dieu*) altéré en **SCRONGNEUGNIEU**; pour certains mots sav. exprimant la notion de « sacré » → HIÉR(O)-. ♦ [3] **CONSACRER** XII^e s. : réfection, d'après *sacré*, du lat. *consecrare*. ♦ [4] **SACREMENT** XII^e s. : *sacramentum*; **SACRAMENTAL** XIV^e s. adj., XIX^e s. subst., et **SACRAMENTEL** XIV^e s. adj. : *sacramentalis*; **SACRAMENTAIRE** XVI^e s. : *sacramentarius*. ♦ [5] **SACRIFIER** XII^e s. « faire une offrande à Dieu », XVII^e s. « renoncer à quelque chose » : *sacrificare*; **SACRIFICE** XII^e s. même évolution : *sacrificium*; **SACRIFICATEUR** XV^e s. : *sacrificator*; **SACRIFICIEL** XX^e s. ♦ [6] **SACRILÈGE** → LIRE. ♦ [7] **SACRISTIE** XIV^e s. : lat. médiéval *sacristia*, dér. de *sacrista* « personne chargée des objets sacrés »; **SACRISTAIN** XVI^e s., a éliminé l'anc. fr. *secretain* : *sacristanus*; **SACRISTINE** XVII^e s. ♦ [8] **SACRO-SAINT** XVI^e s. : lat. *sacrosanctus*. ♦ [9] **SACRUM** XV^e s. *os sacrum*; fin XVIII^e s., forme mod. : mot lat. « os sacré », parce qu'il était offert aux dieux dans les sacrifices d'animaux; **SACRÉ** anat. XVI^e s. ♦ [10] **SACRAL** XX^e s. : dér. formé sur le radical *sacr-*, d'abord en angl. et en all.; **SACRALISER, SACRALISATION** XX^e s.

**C.** base *-secr-*

♦ [1] **CONSÉCRATION** XII^e s. : *consecratio*, de *consecrare* → CONSACRER; **CONSÉCRATEUR** XVI^e s. ♦ [2] **OBSÉCRATION** XIII^e s. : *obsecratio*. ♦ [3] **EXÉCRATION** XIII^e s. : *exsecratio*; **EXÉCRABLE** XIV^e s. : *exsecrabilis*; **EXÉCRER** XV^e s. : *exsecrari*.

**D. SACERDOCE** → FAIRE.

**E. MONIALE** XVI^e s. subst. fém. : abrév. de *sanctimonialis (virgo)*.

**SAISIR** (pop.) XI^e s. « mettre en possession de » (sens qui survit dans l'expression *saisir un tribunal d'une affaire*) et « prendre possession de » (var. *se saisir de*) : mot juridique du vocabulaire féodal, d'origine germ. : soit du frq. **sakjan* « revendiquer des droits », apparenté au germ. **sakan* « faire un procès » (→ SAQUER), soit de l'anc. haut all. *sazjan*, apparenté à l'all. *setzen* « poser, mettre » (→ SEOIR); **DESSAISIR** XII^e s.; **DESSAISISSEMENT** XVII^e s.; **RESSAISIR** XIII^e s.; **SAISIE** XII^e s. « possession »; **SAISISSEMENT** XIII^e s. « action de saisir », XVII^e s. sens mod.; **SAISISSANT** XVII^e s.; **SAISISSABLE, INSAISISSABLE** XVIII^e s.

**SALAMALEC** XVI^e s. : formule de salut arabe, *salâm 'alaïk* « paix sur toi ».

**SALAMANDRE** XII^e s. batracien, XVI^e s. « animal passant pour vivre dans le feu », XIX^e s. « poêle à combustion lente » : gr. *salamandra* « sorte de gros lézard », mot p.-ê. méditerranéen, par le lat.

**SALE** famille de l'anc. haut all. *salo*, et du dér. frq. **salik* « trouble, terne ».

♦ [1] **SALE** XIII^e s. : anc. haut all. *salo*; **SALIR** fin XII^e s.; **SALAUD** XIII^e s.; **SALISSURE, SALETÉ** XVI^e s. ♦ [2] **SALOPE** XVII^e s. : fém. irrégulier de *salaud*; le 2^e élément représente p.-ê. *hoppe*, var. de *huppe*, oiseau tenu pour malpropre → le proverbe lorrain *sale comme une hoppe*; **SALOPERIE** XVII^e s.; **SALOPER, SALOPETTE** XIX^e s.; **SALOPARD** XX^e s. ♦ [3] **SALIGAUD** XII^e s., nom propre de Sarrasins dans des chansons de geste picardes; XIV^e s., terme d'injure, dans un texte liégeois; puis XVII^e s., emploi mod. : mot dial. (Wallonie, Picardie), sans doute formé sur le frq. *salik* avec le suff. *-aud*.

**SALIVE** (sav.) fin XII^e s. : lat. *saliva*; **SALIVATION** XVI^e s. : bas lat. *salivatio*; **SALIVER** XVII^e s. : bas lat. *salivare*; **SALIVAIRE** XVII^e s.

**SALLE** ♦ [1] (pop.) XI^e s. : frq. **sal*, croisé avec *halle*. ♦ [2] **SALON** XVII^e s. : it. *salone*, augmentatif de *sala*, de même origine que le fr. *salle*; XVIII^e s. « exposition artistique » (expositions régulières dans le *Salon carré* du Louvre).

**SALPINGITE** ♦ [1] (sav.) XIX^e s. « inflammation des trompes de l'utérus » : gr. *salpigx, -iggos* « trompette », par le lat. ♦ [2] **SALPING(O)-** 1^er élément de composés médicaux concernant la trompe d'Eustache ou les trompes de l'utérus, ex. : **SALPINGOSCOPE** XX^e s.; **SALPINGOTOMIE** XIX^e s.

**SALSIFIS** XVII^e s. : it. *salsifica (erba)* XIV^e s.; var. XVI^e s. *sassifrica*, it. mod. *sassefrica* : mot obscur qui représente p.-ê. le lat. *saxifrica* « (plante) qui frotte contre les roches », var. de *saxifraga* → SAXIFRAGE.

**SAMEDI** ♦ [1] (demi-sav.) XII^e s. *samadi* : altération, sous l'influence de l'anc. fr. *seme* (du lat. *septimus* « septième »), de *sambedi* XII^e s., du bas lat. *sambati dies*, var. d'origine gr. de *sabbati dies* « jour du sabbat ». ♦ [2] **SABBAT** (sav.) XII^e s. « repos rituel des juifs » et « réunion de sorciers », XIV^e s. « vacarme » : lat. eccl. *sabbatum*, du gr. *sabbaton*, de l'hébreu *schabbat* « repos »; **SABBATIQUE** XVI^e s.

**SAMPAN** ou **SAMPANG** XVI^e s., puis XIX^e s. : mot chinois et malais « navire de transport »; transmis par les Port., qui ont d'ailleurs p.-ê. importé ce mot en Extrême-Orient.

**SANDALE** (sav.) XIIe s., d'abord particulier aux religieux : lat. *sandalium*, du gr. *sandalion*, dimin. de *sandalon* « id. », mot d'origine asiatique (→ persan *sandal*); **SANDALETTE** XXe s.

**SANG** famille du lat. *sanguis, sanguinis* « sang (qui coule) », par opposition à *cruor* « sang (coagulé) » (→ CRU) et « sang » en tant que constituant la parenté et la descendance.

**I.** mots populaires

♦ [1] **SANG** Xe s.; XIVe s. « parenté », XVe s. *sang-froid*, XVIIIe s. *se faire du bon sang* ou *du mauvais sang : sanguis*; **PALSAMBLEU** XVIIe s. : altération de *par le sang de Dieu*. Pour les mots savants exprimant la notion de « sang » → ANÉMIE. ♦ [2] **SANGLANT** XIe s. : bas lat. *sanguĭlentus*, class. *sanguinolentus*; **ENSANGLANTER** XIe s. ♦ [3] **SAIGNER** XIIe s. : *sanguĭnāre*; **SAIGNÉE** XIIe s.; **SAIGNEMENT** XVIIe s. ♦ [4] **SANGSUE** XIIe s. : *sanguĭsūga* « suce-sang », de *sanguis* et *sugere* « sucer ».

**II.** mots savants

♦ [1] **SANGUIN** XIIe s. « sanglant » et « couleur de sang », XIIIe s. méd. type de tempérament, XIVe s. « relatif au sang » : *sanguineus*; **SANGUINE** XVIe s. subst. fém. minér. « variété d'hématite rouge », XVIIIe s. « crayon fait de cette matière » et « dessin exécuté avec ce crayon », XXe s. variété d'orange; **CONSANGUIN** XIIIe s. : *consanguineus*; **CONSANGUINITÉ** XIIIe s. : *consanguinitas*; **SANGUINAIRE** XVIe s. : *sanguinarius*. ♦ [2] **SANGUINOLENT** XIVe s. : *sanguinolentus* → SANGLANT. ♦ [3] **EXSANGUE** XVe s. : lat. *exsanguis* « privé de son sang ».

**SANS** (pop.) XIe s. var. *sens, senz* : lat. *sine*, atone, avec *s* adv. (ou croisement avec *absentia*).

**SANTAL** (sav.) XVIe s. (XIIIe s. *sandal*) : gr. *santalon*, d'origine indienne.

**SANVE** ♦ [1] Représentants du gr. *sinapi* « sénevé, moutarde », qui, empr. par le lat., avait conservé l'accent sur la 1re syllabe comme en gr.; d'où en anc. fr. une forme *seneve* (pop.) XIIe s., aboutissant d'une part à **SANVE** XIIe s. (avec disparition de la 2e syllabe atone) et d'autre part au dér. **SÉNEVÉ** XIIIe s. ♦ [2] **SINAPISER, SINAPISME** (sav.) XVIe s. : gr. *sinapizein* « faire des applications de graine de moutarde » et *sinapismos*, par le lat.

**SAPAJOU** XVIIe s. : mot tupi (Brésil) « sorte de singe ».

**SAPE** ♦ [1] XVe s. outil agricole : mot dial. surtout méridional : lat. vulg. *sappa*, d'origine méditerranéenne. ♦ [2] **SAPER** XVIe s. : it. *zappare* « creuser avec une sape », de *zappa*, de même origine; **SAPE** XVIe s. « action de creuser » : dér. de *saper*; **SAPEUR** XVIe s.; **SAPEUR-POMPIER** XIXe s.

**SAPHIR** XIIe s. (sav.) : gr. *sappheiros*, apparenté à l'hébreu *sappir*, « pierre précieuse, lapis-lazuli, ou saphir », par le lat.

**SAPIN** (pop.) XIIe s. : dér. de l'anc. fr. *sap*, du gaulois **sappus*, probablement par croisement avec *pin*; **SAPINIÈRE** XVIIe s.; **SAPINETTE** XVIIIe s.

**SAQUER** ♦ [1] (pop.) XIIIe s. « tirer violemment »; XVIIIe s., terme de compagnonnage, « congédier » : forme normanno-picarde de l'anc. fr. *sachier* XIIe s. souvent tenu pour un dér. de *sac*, du lat. *saccus*; le sens premier serait « tirer d'un sac ». Néanmoins, cette forme ne pourrait signifier que « mettre dans un sac », et la répartition géographique de ce verbe, attesté surtout dans des zones soumises aux influences gotique et francique, fait plutôt supposer un lat. vulg. **saccare* d'un verbe germ. **sakan* « plaider » et parfois « obtenir par voie judiciaire, déposséder » (→ SAISIR), dont la racine, signifiant « régler par des formules rituelles », pourrait être la même que celle du lat. *sacer* (→ SAINT); l'évolution sémantique serait comparable à celle de l'esp. *quitar* « enlever », qui remonte au lat. jur. *quietare* (→ COI) « régler une affaire ». ♦ [2] **SACCADE** XVIe s., d'abord terme d'équitation : dér. de *saquer*, ou de l'esp. *sacar*, équivalent du fr. *saquer* (beaucoup de termes de manège ont été empr. au XVIe s. à l'esp. ou à l'it.); **SACCADER** XVIe s. équitation; XVIIIe s., surtout au part. passé, sens mod. ♦ [3] **RESSAC** XVIIe s. : esp. *resaca*, de *resacar*, composé de *sacar* (→ le précédent) d'après la locution *saca y resaca* appliquée aux flots de la mer qui déposent puis reprennent divers objets; p.-ê. par le prov. *ressaco*. ♦ [4] → aussi 2. SAC (d'une ville).

**SARABANDE** XVIIe s. « danse lente », XIXe s. « vacarme » : esp. *zarabanda* « sorte de danse », origine obscure; p.-ê. arabo-persan *sarband* « coiffure de femme (portée pour la danse) » et « la danse elle-même ».

**SARBACANE** XVIe s. : altération, sous l'influence de *canne*, de l'esp. *zerbatana*, p.-ê. du malais *sempitan* « id. », par le persan et l'arabe.

**SARCELLE** (pop.) XIIIe s. : lat. vulg. **cercēdŭla*, class. *querquedula*, altération du gr. *kerkithalis*.

**SARCLER** famille du lat. *sarire, sartus* « sarcler », d'où *sarculum* (issu de **sar-tlo-m*) et lat. imp. *sarculare*.
♦ [1] **SARCLER** (pop.) XIIIe s. : *sarcŭlāre*; **SARCLAGE, SARCLOIR** XIVe s.; **SARCLETTE** XIXe s. ♦ [2] **ESSART** (pop.) XIIe s. : bas lat. *exsartum*, part. passé de **exsarire* « défricher »; **ESSARTER** XIIe s.; **ESSARTAGE** XVIIIe s.

**SARIGUE** XVIe s. : mot tupi (Brésil), probablement par le port.

**SARRAU** XIIe s. : moyen haut all. *sarrok* « vêtement militaire ».

**SATELLITE** (sav.) XIIIe s., sens obscur; XVIe s. « homme aux gages d'un despote »; XVIIe s., astronomie : lat. *satelles, -itis* « garde du corps », « compagnon », et, déjà, métaph. « satellite d'un astre », p.-ê. d'origine étrusque; **SATELLISER** XXe s. politique.

**SATRAPE** (sav.) XIIIe s. : gr. *satrapês* « gouverneur de province, en Perse », par le lat. : d'un mot perse signifiant « protecteur du royaume »; **SATRAPIE** XVe s. : lat. *satrapia*.

**SATYRE** XIVe s. mythologie; XVIIe s. « débauché » : gr. *saturos* « demi-dieu rustique, mi-homme mi-chèvre, compagnon de Dionysos », par le lat.

**SAULE** famille d'une racine **sal-* « saule », qui apparaît en germ. dans le frq. **salha* et dans le lat. *salix, -ĭcis*.

I. mots d'origine germanique

**SAULE** (pop.) XIIIe s. : gallo-roman **salla*, du frq. **salha*; **SAULAIE** XIVe s.

II. mots d'origine latine

♦ [1] **SAUSSAIE** (pop.) XIIIe s. : dér. de l'anc. fr. *sauce, sausse* « saule » : *salix, -ĭcis*. ♦ [2] **MARSAULT** (pop.) XIIIe s. : *marem salĭcem* « saule mâle »; composé de l'anc. fr. *sault*, var. de *sausse*. ♦ [3] **BOURSAULT** → BOURDON. ♦ [4] **SARGASSE** XVIIe s. : port *sargaço* « variété de ciste », appliqué par métaphore à une espèce de grande algue de l'Atlantique : p.-ê. lat. *salicastrum* « sorte de vigne sauvage », dér. de *salix*. ♦ [5] **SALICAIRE** (sav.) XVIIe s. : lat. mod. *salicaria*; **SALICYLE, SALICYLIQUE, SALICYLATE** XIXe s. chimie.

**SAUMÂTRE** (pop.) XIIIe s. : lat. vulg. **salmaster*, altération, par substitution de suff., du lat. imp. *salmacidus* « id. », croisement de *acidus* (→ AIGRE) et de *salgama* « conserves » (de fruits, de légumes), mot obscur.

**SAUMON** ♦ [1] (pop.) XIIe s. : lat. *salmo, -ōnis*, d'origine gauloise; **SAUMONÉ** XVIe s. ♦ [2] **SALMONIDÉS** (sav.) XIXe s. : dér. sur *salmonis*.

**SAUMURE** ♦ [1] (pop.) XIe s. *salmuire* : lat. vulg. **salimuria*, de *sal, salis* → SEL, et *muria* « saumure ». ♦ [2] **MURIATE** et **MURIATIQUE** (sav.) XVIIIe s., chimie : dér. de *muria*.

**SAUNA** XXe s. : mot finlandais.

**SAUR** (hareng) XIIIe s. : moyen néerl. *soor* « desséché », croisé avec l'anc. fr. *saur*, var. *sor* « jaune brun », du frq. **saur*, de même origine.

**SAURIEN** ♦ [1] (sav.) XIXe s. : dér. sur le gr. *saura* « lézard ». ♦ [2] **-SAURE** XIXe s. : 2e élément de composés sav., en paléontologie, ex. : **BRONTOSAURE** : de *brontê* « tonnerre »; **DINOSAURE** : de *dînos* « toupie » (« à la tête en forme de toupie »); **PLÉSIOSAURE** : de *plêsios* « voisin »; **MÉGALOSAURE** → MÉGA-, art. MAIS.

**SAUVAGE** ♦ [1] (pop.) XIIe s. : bas. lat. *salvatĭcus*, altération, par assimilation vocalique, du class. *silvaticus*, de *silva* « forêt »; **SAUVAGEON, SAUVAGINE** XIIe s.; **SAUVAGESSE** XVIIe s.; **SAUVAGERIE** XVIIIe s. ♦ [2] **SYLVESTRE** (sav.) XIVe s. : lat. *sylvestris* « forestier ». ♦ [3] **SYLVAIN** (sav.) XVe s. mythol. : *Sylvanus* « dieu des forêts ». ♦ [4] **SYLVE** XIXe s. : *sylva* (graphie avec *y* due au rapprochement avec le gr. *hulê* « bois » → HYL(O)-); **SYLVICULTURE** XIXe s.

**SAVANE** XVIe s. : araouak (Haïti) *zavana*, par l'esp. *sábana*.

**SAVATE** (pop.) XIIe s., d'abord sous la forme picarde *chavate* : d'une base obscure, p.-ê. d'origine onom. (suggérant des bruits de pas), commune à l'esp. *zapato*, l'it. *ciabatta*, l'anc. prov. *sabata* (→ aussi SABOT, art. BOT); **SAVETIER** XIIIe s.

**SAVOIR** famille du lat. *sapĕre* « avoir de la saveur » (en parlant des choses) et « avoir du goût, du discernement » (en parlant des gens), d'où (1) *sapor, -ōris* « saveur »; *sapĭdus* « qui a du goût »; *insipidus* « sans goût » (2) *sapiens, -entis* « sage » et *sapientia* « sagesse » (3) *resipiscere* « reprendre ses sens, retrouver la raison », d'où bas lat. *resipiscentia* « reconnaissance de sa faute ».

I. mots populaires

♦ [1] **SAVOIR** IX^e s. : lat. vulg. **sapēre*, class. *sapĕre*, qui a éliminé le lat. class. *scire* → SCIENCE; **ASSAVOIR** XII^e s.; **AU SU DE** XII^e s. : forme de part. passé substantivé du lat. vulg. **sapūtum*; **À L'INSU DE** XVI^e s.; **SAVOIR-FAIRE, SAVOIR-VIVRE**, subst. XVII^e s. ♦ [2] **SAVANT** XII^e s.; part. présent de *savoir*; XVI^e s. adj., XVII^e s. subst. (le part. présent actuel *sachant* est analogique du subjonctif); **SAVAMMENT** XVI^e s. ♦ [3] **SAGE** XI^e s. : lat. vulg. **sapius*, class. *sapidus*, avec infl. sémantique de *sapiens*; **SAGESSE, ASSAGIR** XII^e s.; **SAGE-FEMME** XIV^e s. ♦ [4] **SAVEUR** XII^e s. : *sapor, -ōris*; **SAVOURER** XII^e s. : bas lat. *saporare*; **SAVOUREUX** XII^e s. ♦ [5] **MAUSSADE** XIV^e s. : composé de *mau-* → MAL, et de l'anc. fr. *sade* (demi-sav.), de *sapĭdus*; **MAUSSADERIE** XVIII^e s. ♦ [6] **SABIR** XIX^e s. : altération de l'esp. *saber* « savoir », du lat. *sapere*; déjà, dans *Le Bourgeois gentilhomme* IV, 10, dans un passage en langue franque, jargon mêlé d'it., d'esp., de fr. et d'arabe : *si ti sabir, ti respondir.*

II. mots savants

♦ [1] **SAPIENCE** XII^e s. : *sapientia*; (livres) **SAPIENTIAUX** XIV^e s. ♦ [2] **RÉSIPISCENCE** XV^e s. : *resipiscentia.* ♦ [3] **SAPIDE** XVI^e s. : *sapidus*; **SAPIDITÉ** XVIII^e s. ♦ [4] **INSIPIDE** XVI^e s. : *insipidus*; **INSIPIDITÉ** XVI^e s.

**SAVON** ♦ [1] (pop.) XIII^e s. : lat. *sapo, -ōnis*, du germ. **saipôn*, sorte de shampooing colorant fait de suif et de cendre utilisé par les Gaulois; **SAVONNIER** XIII^e s.; **SAVONNERIE** XIV^e s.; **SAVONNER, SAVONNETTE** XVI^e s.; **SAVONNAGE, SAVONNEUX** XVII^e s. ♦ [2] **SAPONAIRE** (sav.) XVI^e s. : lat. mod. *saponaria* « plante du suc de laquelle on tire un produit moussant », dér. sur *sapo, -onis*; **SAPONIFIER, SAPONIFICATION** XVIII^e s.

**SAXIFRAGE** ♦ [1] (sav.) XIII^e s. : bas lat. *saxifraga (herba)* « herbe brise-pierre », du lat. *saxum* « rocher » et *frangere* → ENFREINDRE ♦ [2] **SAXATILE** (sav.) XVI^e s. : lat. *saxatilis* « qui vit au milieu des pierres », dér. de *saxum* → le précédent.

**SBIRE** XVI^e s. : it. *sbirro* « agent de police », dér., avec *s-* intensif, de *birro*, du lat. *birrus* « rouge », var. de *burrus* « roux », d'origine obscure, p.-ê. méditerranéenne, à moins qu'il ne s'agisse d'un empr. au gr. *purrhos* « couleur de feu » → PYRO- (d'après la couleur de leur uniforme, ou la valeur symbolique du rouge, couleur du Malin).

**SCALÈNE** (sav.) XVI^e s. : gr. *skalenos* « oblique », par le lat.

**SCAPHANDRE** ♦ [1] (sav.) XVIII^e s. : composé du gr. *anêr* (→ ANDRÉ) et *skaphos* « barque », littéralement « homme-bateau »; le premier élément est apparenté au gr. *skaptein* « creuser » et p.-ê. au lat. *scabere* → ÉGOÏNE, et signifierait à l'origine « objet creux »; **SCAPHANDRIER** XIX^e s. ♦ [2] **BATHYSCAPHE** XX^e s. : de *bathus* « profond » et *skaphos*; littéralement « barque des profondeurs ».

**SCAPULAIRE** (sav.) XII^e s. : lat. médiéval *scapularis, -e* « relatif à l'épaule », dér. de *scapula* « épaule ».

**SCÉLÉRAT** (sav.) XV^e s. : lat. *sceleratus*, de *scelus, sceleris* « crime »; **SCÉLÉRATESSE** XVI^e s.

**SCÈNE** ♦ [1] (sav.) XIV^e s., rare avant le XVI^e s. « représentation théâtrale », fin XVI^e s. « partie du théâtre où les acteurs jouent », XVII^e s. « partie d'une pièce de théâtre » : gr. *skênê* « construction de bois légère, baraque, estrade », « scène de théâtre », par le lat.; **SCÉNIQUE** XIV^e s., rare avant le XVIII^e s. : *skênikos*, par le lat.; **AVANT-SCÈNE** XVI^e s. ♦ [2] **SCÉNARIO** XVIII^e s. théâtre; XX^e s. cinéma : mot it. « décor », dér. de *scena*; **SCÉNARISTE** XX^e s. ♦ [3] **PROSCENIUM** XVIII^e s. : mot lat. : gr. *proskênion* « devant de la scène ».

**SCIATIQUE** (sav.) XIII^e s. : bas lat. *sciaticus*, altération du gr. *iskhiadikos*, dér. de *iskhias, -ados* « malade de la hanche », de *iskhion* « hanche ».

**SCIENCE** famille sav. du lat. *scire* « savoir », d'où (1) *scientia* « science », dér. du part. présent; *conscientia* « connaissance partagée, connivence » et « claire connaissance qu'on a de soi-même, sentiment intime »; lat. eccl. *praescientia* « prescience » (2) *sciscere, scitus* « chercher à savoir », spécialisé dans la langue du droit public au sens de débattre une question, d'où *plebiscitum* « question débattue, et tranchée par le peuple ».

♦ [1] **SCIENCE** XIe s. : *scientia*; **SCIENTIFIQUE** XIVe s. : bat lat. *scientificus*, créé par Boèce (VIe s.), pour traduire Aristote; **SCIENTISME, SCIENTISTE** XXe s. (→ aussi ÉPISTÉMOLOGIE et -LOGIE, art. LIRE). ♦ [2] **ESCIENT** (demi-sav.) XIe s. : adaptation du lat. médiéval *meo, tuo, suo sciente*, class. *me, te, eo sciente* « moi, toi, lui le sachant »; **SCIEMMENT** (sav.) XIIIe s. : adv. formé sur le part. présent *sciens*. ♦ [3] **CONSCIENCE** XIIe s. : *conscientia*; **CONSCIENCIEUX** XVIe s.; **CONSCIENT** XVIIIe s. : *consciens*, part. présent du bas lat. *conscire*, sous l'influence de *conscience*; **INCONSCIENCE, INCONSCIENT** XIXe s.; **SUBCONSCIENCE, SUBCONSCIENT** XXe s. ♦ [4] **PRESCIENCE** XIIe s. : *praescientia*. ♦ [5] **OMNISCIENCE** et **OMNISCIENT** XVIIIe s. : lat. médiéval *omniscientia, omnisciens*, de *scire* et *omni-* « tout ». ♦ [6] **PLÉBISCITE** XIVe s. hist., fin XVIIIe s. pol. : *plebiscitum*; **PLÉBISCITAIRE** XIXe s.; **PLÉBISCITER** XXe s.

**SCIER** famille du lat. *secare, sectus* « couper en deux », d'où (1) *segmentum* « entaille », « bande taillée »; *sectio* « action de couper »; *sector* « qui tranche » et bas lat. géom. « secteur » (2) lat. imp. *secale* « seigle », littéralement « ce qu'on coupe »; bas lat. *secabilis* « qui peut être coupé » (3) les composés lat. imp. *dissecare* « trancher »; *insecare* « couper, disséquer »; *intersecare* « couper par le milieu, diviser »; *prosecare* « découper (les entrailles des victimes) »; *resecāre* « enlever en coupant, retrancher ».

I. mots populaires

♦ [1] **SCIER** XIIe s., *seer* : *sĕcāre*, avec extension de la voyelle *i* caractéristique des formes accentuées sur le radical; *c* purement orthographique introduit d'abord dans le subst. *scieur*, XIIIe s., puis dans le verbe, XVIe s., pour le rapprocher de la forme lat.; **SCIE, SCIEUR** XIIIe s.; **SCIAGE** XIVe s.; **SCIERIE** XVe s., n'a triomphé de *moulin à scier* qu'au XIXe s. ♦ [2] **SEIGLE** XIIIe s. : prov. *segle*, équivalent du fr. *soile*, du lat. *secale*.

II. mots savants

A. bases *-sec-, -sequ-*

♦ [1] **RÉSÉQUER** XIVe s. : *resecare*; **DISSÉQUER** XVIe s. : *dissecare*; **DISSÉQUEUR** XVIIe s. ♦ [2] **INSÉCABLE** XVIe s. et **SÉCABLE** XVIIe s. : *insecabilis* et *secabilis*. ♦ [3] **SÉCANT** XVIe s. : *secans* part. présent de *secare*; **SÉCANTE** XVIIe s. subst. géom. ♦ [4] **SÉCATEUR**, subst. masc., XIXe s. : dér. sur *secare*.

B. **SEGMENT** XVIe s. : *segmentum*; **SEGMENTER, SEGMENTATION** XIXe s.

C. base *-sect-*

♦ [1] **SECTION** XIVe s. géom. et méd., XVIIe s. « division d'un ouvrage didactique », XVIIIe s. milit. et adm. : *sectio*; **SECTIONNER** fin XVIIIe s.; **SECTIONNEMENT** XIXe s.; **SECTIONNEUR** XXe s.; **BISSECTION** XIXe s.; **VIVISECTION** XIXe s. → VIVRE. ♦ [2] **INTERSECTION** XVe s. : *intersectio*. ♦ [3] **DISSECTION** XVIe s. : bas lat. *dissectio*, de *dissecare*; **MICRODISSECTION** XXe s. ♦ [4] **RÉSECTION** XVIe s. : *resectio*, de *resecare*. ♦ [5] **INSECTE** XVIe s. : lat. *insecta*, plur. neutre substantivé de *insectus*, part. passé de *insecare*; traduction du gr. *entoma (zôa)* (→ ENTOMOLOGIE, art. TEMPLE), littéralement « (bêtes) coupées », à cause des étranglements de leur corps; **INSECTIVORE** XVIIIe s.; **INSECTICIDE** XIXe s. ♦ [6] **SECTEUR** XVIe s. géom., XIXe s. milit. et admin. : *sector*; **BISSECTEUR** XIXe s. ♦ [7] **PROSECTEUR** XIXe s. : *prosector*, de *prosecare*. ♦ [8] **BISSECTRICE** XIXe s. : forme fém. construite sur *bis* et *sector*.

**SCION** XIIe s., sous la forme *cion* (*sc-* initial sous l'influence de *scier*) : dér. du frq. **kith* « rejeton ».

**SCLÉR(O)-** (sav.) gr. *sklêros* « dur », en particulier dans **SCLÉROTIQUE** XIVe s. : lat. médiéval *sclerotica*, du gr. *sklêrotês* « dureté »; **SCLÉREUX, SCLÉROSE, SE SCLÉROSER, ARTÉRIOSCLÉROSE** XIXe s.

**SCOLIE** représentants sav. du gr. *skolios* « oblique, tortueux ». ♦ [1] **SCOLIE** XVIIIe s., chez les Grecs « chanson bachique » : *skolion*, neutre substantivé, « chanson que les convives chantaient l'un après l'autre, dans un ordre irrégulier », littéralement « chanson tortueuse, qui va en zigzag ». ♦ [2] **SCOLIOSE** XIXe s. : dér. de *skolios*.

**SCOLOPENDRE** (sav.) XIVe s. bot., XVe s. « serpent fabuleux », XVIe s. insecte : gr. *skolopendra*, sorte d'insecte, par le lat.

**SCORBUT** XVIe s. : anc. suédois *skörbjug* ou anc. norvégien *skyr-bjugr* « œdème *(bjugr)* dû au lait caillé *(skyr, skör)* »; les anciens Normands emportant des provisions de lait caillé pour leurs longues courses en mer; par le néerl. *scheurbuik* ou son ancêtre conjectural **scôrbut*, adaptation en lat. médiéval *scorbutus*; **SCORBUTIQUE, ANTISCORBUTIQUE** XVIIe s.

**SCORE** XXe s. sport : mot angl. « ensemble de vingt », puis « entaille, marque » et « notation des points dans un jeu ».

**SCORIE** représentants sav. du gr. *skôr, skatos* « excrément », p.-ê. apparenté au lat. *stercus, -oris,* « excrément, fumier ».
♦ [1] **SCORIE** XIIIe s. « alluvion » (rare); XVIe s. métallurgie : gr. *skôria,* de *skôr,* « écume d'un métal, en particulier du fer »; **SCORIACÉ, SCORIFIER** XVIIIe s. ♦ [2] **SCATOLOGIQUE, SCATOLOGIE** XIXe s., dér. : sur *skatos,* génitif de *skôr.*

**SCORPION** (sav.) XIIe s. : lat. *scorpio, -onis,* adaptation du gr. *skorpios* « id. ».

**SCORSONÈRE** XVIIe s. : lat. des botanistes *scorzonera,* var. it. du catalan *escurçonera,* dér. de *escurço* « vipère » (équivalent de l'esp. *escuerzo,* it. dial. *scorzone*) : lat. vulg. **excurtio, -onis,* du bas lat. *curtio -ōnis* « vipère », mot obscur, p.-ê. apparenté à *curtus* « court ». La scorsonère était employée contre les morsures de vipères.

**SCRUPULE** (sav.) XIVe s. « incertitude de conscience » et « unité de poids, vingt-quatrième partie de l'once » : lat. *scrupulus,* dimin. de *scrupus* « petite pierre pointue (qui gêne pour marcher) », « embarras, souci »; var. neutre *scrupulum* « petite unité de poids »; **SCRUPULEUX** fin XIIIe s. : *scrupulosus* « rocailleux » et « minutieux, vétilleux ».

**SCRUTER** (sav.) XVIe s. : lat. *scrutari* « fouiller », dér. de *scruta* « hardes, défroques » (d'abord à propos des chiffonniers, ou des enquêteurs qui fouillent les gens soupçonnés de vol); **SCRUTATEUR** XVe s. sens général, XVIIIe s. « qui dépouille un scrutin ». **SCRUTIN** XVe s. (XIIIe s. *scrutine*) : bas lat. *scrutinium,* de *scrutari* « action de fouiller ».

**SEAU** ♦ [1] (pop.) XIIIe s. : lat. vulg. **sĭtĕllus,* var. du class. *sĭtŭlus* « seau ». ♦ [2] **SEILLE** (pop.) XIIe s., mot très courant dans les dial. « grand seau » : lat. *sĭtŭla,* var. fém. de *sĭtŭlus.*

**SÉBILE** XVe s. « vase de bois » : étym. obscure.

**SEC** famille du lat. *sĭccus* « sec », d'où *sĭccāre, desĭccāre, adsĭccāre* « sécher ».
♦ [1] **SEC** (pop.) Xe s. : *sĭccus; en cinq secs,* ou *sec* (adv.) XIXe s. : locution du jeu de l'écarté « (jouer) en une seule manche de cinq points, sans revanche »; *l'avoir sec* (le gosier) « être contrarié ». **SÉCHERESSE** XIIe s. ♦ [2] **SÉCHER** (pop.) XIIe s. : *sĭccāre;* **ASSÉCHER, DESSÉCHER** XIIe s. : *adsiccare, desiccare;* **ASSÈCHEMENT, DESSÈCHEMENT** XVIe s.; **SÉCHOIR** XVIIe s.; **SÉCHAGE** XVIIIe s.; **SÈCHE-CHEVEUX** XXe s. ♦ [3] **DESSICCATION** (sav.) XIVe s. : *dessiccatio.* ♦ [4] **SICCATIF** XVIe s. : bas lat. méd. *siccativus;* **SICCITÉ** XVIe s. : *siccitas,* dér. de *siccus.*

**SEICHE** ♦ [1] (pop.) XIIIe s. : lat. *sēpia* « id. ». ♦ [2] **SÉPIA** XIXe s. : mot it. identique au mot lat., « seiche » et « couleur tirée de la seiche ». **SÉPIOLE** XVIIIe s.

**SEIN** famille du lat. *sĭnus* « courbure, sinuosité, pli », en particulier « pli concave, en demi-cercle, que les vêtements des Anciens formaient sur la poitrine et dans lequel les mères portaient leur enfant », d'où les sens de « giron, asile, refuge »; dér. *sinuosus* « qui forme des replis »; *insinuare* « faire pénétrer dans l'intérieur de »; lat. imp. *sinuare* « courber », « former des sinuosités ».
♦ [1] **SEIN** (pop.) XIIe s. « mamelle », XVIe s. sens fig. : *sĭnus.* ♦ [2] **INSINUER** (sav.) XIVe s. *s'insinuer* et, jur., « inscrire sur un registre », XVIe s. « faire comprendre par allusion » : *insinuare;* **INSINUATION** XIVe s. : *insinuatio.* ♦ [3] **SINUEUX** (sav.) XVIe s. : *sinuosus;* **SINUOSITÉ** XVIe s. ♦ [4] **SINUS** XVIe s. anat. : mot lat. au sens de « repli »; **SINUSITE** fin XIXe s. ♦ [5] **SINUS** XVIIe s. géom. : même mot que le précédent, utilisé au Moyen Âge pour traduire l'arabe *djayb,* qui désignait à la fois l'ouverture d'un vêtement sur la poitrine et en géom. la demi-corde de l'arc double; il est possible d'ailleurs qu'en arabe il s'agisse de deux homonymes et que l'emploi en géom. remonte au sanscrit *djîva* « corde »; **COSINUS** XVIIIe s.; **SINUSOÏDE, SINUSOÏDAL** XIXe s.

**SEING** famille du lat. *sĭgnum* « marque distinctive », « sceau », « seing », « signal » (et bas lat. « cloche »), « enseigne distinguant les divisions d'une armée », « image peinte ou sculptée », d'où (1) le dimin. *sigillum* « figurine », « empreinte d'un cachet »; *sigillare* « marquer d'une empreinte »; *sigillatus,* en parlant d'une étoffe, « orné de dessin » (2) *significare* « indiquer par signe »; *insignis* « distingué par une marque particulière » et *insigne* neutre substantivé, « insigne d'une fonction »; bas lat. *signalis* « qui sert de signe » (3) *signare* « marquer d'un signe » et ses composés : *adsignare* terme de droit public, « attribuer, dans une répartition »; *consignare* « marquer d'un sceau », « confirmer par écrit »; *designare* « marquer d'un signe distinctif », « désigner »; *resignare* « briser le cachet, ôter toute garantie, annuler » et « faire un report d'un compte sur un autre, rendre ce qu'on a reçu »; *subsignare* « inscrire au bas de »; en bas lat. (Gloses) *insignare* « enseigner »; et leurs dér. en *-atio*.

I. mots populaires ou empruntés

♦ [1] **SEING** XII^e s.; : survit dans l'expression *sous seing privé* XVII^e s. : *sĭgnum;* **CONTRE-SEING** XIV^e s.; **BLANC-SEING** XVI^e s. ♦ [2] **ENSEIGNE** X^e s. « signe distinctif », XI^e s. « étendard, signe de ralliement militaire », XVI^e s. « panneau commercial », et milit. abrév. de *porte-enseigne* « officier porte-drapeau », XVII^e s. « officier de marine » : *insĭgnia*, plur. neutre de *insignis*, pris pour un fém. ♦ [3] **ENSEIGNER** XI^e s. : bas lat. *insĭgnare;* **ENSEIGNEMENT** XII^e s., **RENSEIGNER** XIV^e s. jur. « mentionner de nouveau », XVIII^e s. sens mod.; **RENSEIGNEMENT** XVIII^e s. ♦ [4] **ASSENER** XII^e s. : croisement de *assignare* et de l'anc. fr. *sen*, d'origine germ. → FORCENÉ. ♦ [5] **TOCSIN** XIV^e s. : anc. prov. *tocasenh*, de *tocar* « toucher » et *senh* « cloche » : *sĭgnum*. ♦ [6] **DESSEIN** et **DESSIN** XV^e s., à l'origine simples var. orthographiques, spécialisées dans des sens différents au XVIII^e s. : adaptation de l'it. *disegno*, dér. de *disegnare*; **DESSINER** XVI^e s. : adaptation de l'it. *disegnare*, de *signare* et *de-* marquant la provenance; **DESSINATEUR** XVII^e s.; **REDESSINER** XVIII^e s. ♦ [7] **SCEAU** XI^e s., var. *seel, sel* (introduction d'un *c* au XIII^e s., pour le distinguer de *seau*) : lat. vulg. **sĭgĕllum*, class. *sĭgĭllum;* **SCELLER** XII^e s. : lat. vulg. **sĭgĕllāre*, class. *sĭgĭllare;* **DESCELLER** XII^e s.; **SCELLEMENT,** et **SCELLÉS,** jur. XV^e s. ♦ [8] **ÉCARLATE** XII^e s. « sorte d'étoffe » et par la suite « étoffe rouge » et adj. : lat. médiéval *scarlatum*, du persan *saqirlât*, de l'arabe *siqillât*, empr. par l'intermédiaire du gr. au lat. *sigillatus;* à l'origine étoffe précieuse décorée de dessins en forme de sceaux. ♦ [9] **SCARLATINE** XVIII^e s. : dér. sur le lat. médiéval *scarlatum* → le précédent.

II. mots savants

A. **SIGILLÉ** XVI^e s. : *sigillatus* (→ SCEAU et ÉCARLATE); **SIGILLAIRE** XIX^e s.; **SIGILLOGRAPHIE** XIX^e s.

B. base *-sign-*

♦ [1] **SIGNE** X^e s. : *signum;* **SIGNET** XVII^e s.; pour certains mots sav. exprimant la notion de « signe » → SÉMANTIQUE. ♦ [2] **SIGNER** XIV^e s. : réfection, d'après le lat. et d'après *signe*, de l'anc. fr. *seignier* (pop.) XII^e s. « marquer d'un signe »; XV^e s. « apposer sa signature » : *signare;* **CONTRESIGNER, SIGNATURE** XV^e s.; **SOUSSIGNÉ** XVI^e s. : *subsignatus;* **SIGNATAIRE** fin XVIII^e s. ♦ [3] **SIGNIFIER** XII^e s. *(signefier*, var. pop. *senefier) : significare;* **SIGNIFICATION** XII^e s.; **SIGNIFICATIF** XV^e s. : *significatio* et bas lat. *significativus;* **SIGNIFIANT** XVI^e s. adj., XX^e s. subst. linguist.; **INSIGNIFIANT** XVIII^e s.; **SIGNIFIÉ** XX^e s. subst. linguist. ♦ [4] **SIGNAL** XII^e s. : *signale*, neutre substantivé de *signalis*; **SIGNALER** XVI^e s. « rendre remarquable », XVIII^e s. sens mod., et **SIGNALÉ** XVI^e s. « remarquable » : dér. de *signal*, avec influence de l'it. *segnalare, segnalato* « rendre illustre », de *segnale*, équivalent du fr. *signal;* **SIGNALEMENT** XVIII^e s.; **SIGNALÉTIQUE** XIX^e s.; **SIGNALISER** et **SIGNALISATION** XX^e s. ♦ [5] **ASSIGNER** XII^e s. : *assignare* → ASSENER; **ASSIGNATION** XIII^e s. : *assignatio;* **ASSIGNAT** XVI^e s. « constitution d'une rente », XVIII^e s. « papier-monnaie » : *assignatum* part. passé neutre substantivé. ♦ [6] **RÉSIGNER** XIII^e s. jur., XVI^e s. *se résigner* « rendre à Dieu ce qu'il vous a donné, s'en remettre à sa volonté » : *resignare;* **RÉSIGNATION** XIII^e s. jur., XVII^e s. sens moral. ♦ [7] **CONSIGNER** XIV^e s. « délimiter », XV^e s. « déposer une somme comme garantie », XV^e s., repris au XVIII^e s. « priver de sortie », d'où XX^e s. « interdire l'accès de », XVII^e s. « fixer par écrit » : *consignare;* **CONSIGNE** XV^e s. « marque », XIX^e s. « punition » et « dépôt pour les bagages »; **CONSIGNATION** XIV^e s. ♦ [8] **DÉSIGNER** XIV^e s. : *designare;* **DÉSIGNATION** XIV^e s. : *designatio*. ♦ [9] **INSIGNE** XIV^e s., adj.; employé comme substantif à partir du XV^e s., mais rarement avant le XIX^e s.

## SÉISME

**SÉISME** (sav.) XIX^e s. : gr. *seismos* « tremblement de terre », de *seiein* « ébranler »; **SISMIQUE, SISMOGRAPHE** XIX^e s.

## SEL

**SEL** famille d'une racine ind.-eur. **sal-* « sel ».

En grec *hals, halos* « sel » et « mer », d'où *halieuein* « pêcher » et *halieutikos* « relatif à la pêche ».

En latin *sāl, sălis* « sel », « piquant de l'esprit », d'où (1) *salarius* « relatif au sel », neutre substantivé *salarium* « somme donnée aux soldats pour acheter leur sel », « solde militaire »; *salinum* « salière », *salinae* « salines », d'où *salinarius* « de saline » (2) *sallere, salsus* « saler », d'où *salsicius* « salé » et *salsicia (farta)* « (boyau farci) salé » (3) lat. médiéval *salamen, -inis* « salaison ».

I. mots d'origine latine

A. mots populaires ou empruntés

♦ [1] **SEL** XII^e s. : *sal, salis*. ♦ [2] **SALIÈRE** XIII^e s. : *salaria*, fém. substantivé; **SALER** XII^e s. : lat. vulg. **salare*, dér. de *sel*; **DESSALER, SALAGE** XIII^e s.; **SALÉ** XIII^e s. adj., XVI^e s. subst.; **SALOIR** XIV^e s.; **SALAISON** XV^e s.; **MARAIS SALANT**

XVI^e s. ♦ [3] **SAUNIER** XII^e s. : *salinarius;* **SAUNAGE** XV^e s. ; **SAUNER** XVII^e s. ♦ [4] **SAUCE** XI^e s. adj. « salée », XII^e s. subst. sens mod. : *salsa*, part. passé fém. substantivé de *sallere*; **SAUCIÈRE** XII^e s. ; **SAUCER** XIV^e s., XVIII^e s. *être saucé* « être mouillé par la pluie ». ♦ [5] **SAUCISSE** XIII^e s. : *salsīcia.* ♦ [6] **SAUCISSON** XVI^e s. : it. *salsiccione :* augmentatif de *salsiccia*, équivalent du fr. *saucisse;* **SAUCISSONNER** XX^e s. ♦ [7] **SAUPOUDRER** XIV^e s. : de *sau-*, var. de *sal-* devant consonne, et *poudrer*, → POUDRE ; **SAUPIQUET** XIV^e s. : de *sau-* et d'un 2^e élément de la famille de *piquer.* ♦ [8] **SALADE** XIV^e s. : it. *insalata* « mets salé » ; **SALADIER** XVI^e s., XVII^e s. sens mod. ♦ [9] **SAUGRENU** XVI^e s. : altération, sous l'influence de *grenu* → GRAIN, de *saugreneux* XVI^e s., qui semble dér. de *saugrenée* « fricassée de pois », de *sal* « sel » et *granum* « grain ». ♦ [10] **SALMIGONDIS** XVI^e s. : de l'anc. fr. *salemine* (demi-sav.) XIV^e s. : lat. médiéval *salamen, -inis,* et d'un 2^e élément p.-ê. apparenté à l'anc. fr. *condir* « assaisonner » → CONDIMENT ; **SALMIS** XVIII^e s. : abrév. de *salmigondis.* ♦ [11] **SALAMI** XIX^e s. : mot it., plur. de *salame*, du lat. médiéval *salamen*, avec influence de *dolciumi* « douceurs ». ♦ [12] **SAUMURE** → ce mot.

**B.** mots savants

♦ [1] **SALAIRE** XIII^e s. : *salarium;* **SALARIER** XV^e s., rare avant le XVIII^e s. ; **SALARIAT** XIX^e s. ; **SALARIAL** XX^e s. ♦ [2] **SALPÊTRE** XIV^e s. : lat. médiéval *sal petrae* « sel de pierre » ; **SALPÊTRÉ** XVI^e s. ; **SALPÊTRER** XVIII^e s. ; **SALPÊTRIÈRE** XVII^e s. ♦ [3] **SALIN, SALINE** XV^e s. : *salina;* forme masc. d'après le fém. ; **SALINITÉ** XIX^e s.

**II.** mots savants d'origine grecque

♦ [1] **HALIEUTIQUE** XVIII^e s. : *halieutikos.* ♦ [2] **HALIOTIDE** XIX^e s. « oreille de mer » (nom d'un mollusque) : de *hals, halos* et *ous, ōtos* → OREILLE. ♦ [3] **HALO-** 1^er élément de composés, ex. : **HALOGRAPHIE** XIX^e s.

**SÉLÉNITE** famille savante du gr. *selênê* « la lune », de **selas-na*, dér. de *selas* « lueur brillante » (→ aussi LUNE, art. LUIRE et MOIS).

♦ [1] **SÉLÉNITE** XVII^e s. : gr. *selênitês (lithos)* « pierre lunaire » (minéral qu'on croyait soumis à l'influence de la lune). ♦ [2] **SÉLÉNIUM** XIX^e s., métal présentant des analogies avec le *tellure* (de *tellus, -uris* « terre »), en quelque sorte son satellite ; **SÉLÉNIEUX** XIX^e s. ♦ [3] **SÉLÉN(O)-** 1^er élément de mots sav., ex. : **SÉLÉNOGRAPHIE** XVII^e s. ; **SÉLÉNIQUE** XIX^e s. astron., chimie.

**SELF-** 1^er élément de composés (synonyme du gr. *auto-*) : angl. *self* « soi-même » d'origine germ. ; ex. : **SELF-CONTROL** XIX^e s. ; **SELF-SERVICE** XX^e s.

**SÉMANTIQUE** famille sav. du gr. *sêma, -atos* et *sêmeion* « signe », *sêmainein* « marquer d'un signe » et *sêmantikos* « qui signifie ».

♦ [1] **SÉMANTIQUE** XVI^e s., rare avant le XIX^e s., subst. fém. et adj. (linguist.) : *semantikê (tekhnê)* « science des significations » ; **SÉMANTISME, SÉMANTÈME** XX^e s. ; **SÉMÈME, SÉMASIOLOGIE** (de *sêmasia* « action de faire signe ») XX^e s. ♦ [2] **SÉMAPHORE** XIX^e s. ; de *sêma* « signe » et *phoros* « qui porte » → OFFRIR. ♦ [3] **SÉMÉIOLOGIE, SÉMIOLOGIE, SÉMÉIOTIQUE, SÉMIOTIQUE** fin XIX^e s. linguist. : dér., sur *sêmeion.*

**SEMELLE** XIII^e s. : mot obscur ; p.-ê. var. du picard *lemelle* XIII^e s. « lame », mais l'altération de la consonne initiale est obscure ; on a invoqué le remplacement de la 1^re syllabe, prise pour l'article fém. picard, par un **se* issu du lat. *ipsa* (dans les textes lat. mérovingiens du nord de la Gaule, *ipse* concurrence fortement *ille*), mais ce serait un cas bien isolé, et **se* n'est pas attesté ; p.-ê. s'agit-il d'un croisement avec des mots germ. commençant par *sm-*, ex. : néerl. *smac, smacke,* moyen haut all. *smële* (→ var. anc. fr. *samelle, sumelle, soumelle,* qui sous-entendent une forme originelle **smelle*) ; mais ces formes sont assez éloignées pour le sens ; **RESSEMELER** XVII^e s. ; **-AGE** XVIII^e s.

**SEMER** famille d'une racine ind.-eur. **se-* « semer » représentée en latin par (1) *serere, satus* « semer » et « planter », d'où *inserere* « implanter » (confondu avec son homonyme *inserere* « tresser dans » → DÉSERT) et *satio, -onis* « semailles » (2) *semen, -inis* « semence », d'où *seminare* « semer » ; *disseminare* « répandre » ; *seminarium* « pépinière » ; *sementis* « ensemencement » ; *seminalis* « relatif aux semailles ».

♦ [1] **SEMER** (pop.) XII^e s. : *semĭnāre;* **SEMEUR** XII^e s. ; **SEMOIR** XIV^e s. ; **SEMIS** XVIII^e s. ; **PARSEMER** XVI^e s. ♦ [2] **SEMAILLES** (pop.) XIII^e s. : dér. de *semer*, ou *semĭnālia*, neutre substantivé de *seminalis* ; **SEMENCE** (pop.) XIII^e s. : bas lat. *sementia,* neutre plur. pris pour un fém., du bas lat. *sementium,* class. *sementis;* **ENSEMENCER** XIV^e s. ; **ENSEMENCEMENT** XVI^e s. ♦ [3] **SAISON** (pop.) XII^e s. : *satio, -ōnis;* **ASSAISONNER** XIII^e s. « cultiver dans la saison favorable », XVI^e s. « faire mûrir » et « relever le goût des aliments » ; **ASSAISONNEMENT** XVI^e s. ; **ARRIÈRE-SAISON, MORTE-SAISON** XV^e s. ;

**SAISONNIER** XIX^e^ s. ♦ [4] **SÉMILLANT** XVI^e^ s. adj. : part. présent de l'anc. fr. *semiller* XIII^e^ s. « lancer la semence », dér. de *semer*. ♦ [5] **SÉMINAL** (sav.) XIV^e^ s. : *seminalis;* **INSÉMINATION** XVIII^e^ s. : d'après *seminatio*, dér. de *seminare*; **INSÉMINATEUR** XX^e^ s. ♦ [6] **DISSÉMINER** (sav.) XVI^e^ s., rare avant le XVIII^e^ s. : *disseminare;* **DISSÉMINATION** XVIII^e^ s. ♦ [7] **SÉMINAIRE** (sav.) XVI^e^ s. « écoles pour la formation des prêtres instituées par le concile de Trente », XX^e^ s. sens universitaire : *seminarium;* **SÉMINARISTE** XVII^e^ s. ♦ [8] **INSÉRER** → DÉSERT.

**SEMOULE** XVI^e^ s. : it. *semola,* du lat. vulg. **sĭmŭla*, class. *sĭmĭla* « fleur de farine », d'origine méditerranéenne.

**SÉNÉ** XIII^e^ s. : lat. médiéval *sene*, de l'arabe *senā*.

**SENESTRE** ♦ [1] (pop.) XI^e^ s. « qui est à gauche », limité aujourd'hui à quelques emplois (blason et zoologie) : lat. *sĭnĭster* « id. ». ♦ [2] **SINISTRE** (sav.) XV^e^ s., adj. : lat. *sinister* « qui est à gauche » et « défavorable, de mauvais augure »; XV^e^ s. subst. : it. *sinistro,* de même origine; **SINISTRÉ** XIX^e^ s., subst.

**SENTE** ♦ [1] (pop.) XII^e^ s. : lat. *semĭta*. ♦ [2] **SENTIER** (pop.) XI^e^ s. : lat. vulg. **semitarius*, subst., dér. de *semita*.

**SENTIR** famille du lat. *sentīre, sensus* « éprouver une sensation ou un sentiment », d'où (1) *sententia* « impression de l'esprit », « avis », d'où jur. « vote, décision » et rhét. « phrase » et « trait qui termine la phrase » (2) les composés (a) *assentire* ou *assentiri* « donner son assentiment » (b) *consentire* « être d'accord » (c) *dissentire* « être d'un avis différent » (d) *praesentire* « prévoir, se douter de », « avoir une idée innée » (3) les subst. *-sensio,* dans *dissensio* « désaccord » et *sensus, -us* « organe d'un sens », « façon de sentir ou de penser », « signification d'un mot », d'où (a) *consensus, -us* « accord » (b) lat. imp. *sensibilis* « qui tombe sous le sens » et les dér. *sensibilitas, insensibilis, insensibilitas;* (c) lat. eccl. *sensualis* « doué de sensation »; *sensatus* « doué de bon sens » et son contraire *insensatus* (d) bas lat. *sensatio* « fait de comprendre » et *sensorium* (Boèce, VI^e^ s.) « siège d'une faculté ».

**I.** base *-sent-*

♦ [1] **SENTIR** (pop.) XI^e^ s. « percevoir une odeur, ou une sensation », XIV^e^ s. « dégager une odeur » : *sentire;* **RESSENTIR** XIII^e^ s.; **SENTEUR** XIV^e^ s. ♦ [2] **CONSENTIR** (pop.) X^e^ s. : *consentire;* **CONSENTEMENT** XII^e^ s. ♦ [3] **SENTENCE** (sav.) XII^e^ s. jur., XVI^e^ s. « maxime » : *sententia;* **SENTENCIEUX** XIII^e^ s. : *sententiosus*. ♦ [4] **SENTIMENT** XIV^e^ s. : réfection, d'après *sentir*, de l'anc. fr. *sentement* XII^e^ s. (→ *consentement*) : dér. de *sentir*; **RESSENTIMENT** XIV^e^ s.; **DISSENTIMENT** XVI^e^ s.; **SENTIMENTAL** XVIII^e^ s.; **SENTIMENTALISME, SENTIMENTALITÉ** XIX^e^ s. ♦ [5] **ASSENTIMENT** XIV^e^ s. (XII^e^ s. *assentement*) : dér. de l'anc. fr. *assentir,* du lat. *adsentire*. ♦ [6] **PRESSENTIR** (sav.) XVI^e^ s. : *praesentire;* **PRESSENTIMENT** XVI^e^ s. ♦ [7] **SENTINELLE** XVI^e^ s. : it. *sentinella,* dér. de *sentire* au sens d'« entendre » (→ art OREILLE l'anc. fr. *escoute* et BOY-SCOUT).

**II.** base *-sens-*

♦ [1] **SENS** (pop.) XI^e^ s. « action de sentir, manière de penser », XII^e^ s. « direction », par croisement avec l'anc. fr. *sen* « intelligence » et « direction », d'origine germ. (→ FORCENÉ), XVI^e^ s. « signification » : *sensus*; **NON-SENS** XII^e^ s.; **CONTRESENS** XVI^e^ s. ♦ [2] **DISSENSION** (sav.) XII^e^ s. : *dissensio*. ♦ [3] **SENSIBLE** (sav.) XIII^e^ s. philo., XVII^e^ s. « impressionnable, facilement ému » : *sensibilis*; **INSENSIBLE** XIII^e^ s. : *insensibilis*; **SENSIBILITÉ, INSENSIBILITÉ** XIV^e^ s. : *sensibilitas, insensibilitas*; **SENSIBLERIE** XVIII^e^ s.; **INSENSIBILISER** XVIII^e^ s.; **SENSIBILISER** XIX^e^ s. ♦ [4] **SENSITIF** (sav.) XIII^e^ s. : lat. médiéval *sensitivus*; **SENSITIVE** XVII^e^ s. bot. « plante dont les feuilles se recroquevillent lorsqu'on les touche » : fém. substantivé du précéd. ♦ [5] **SENSATION** XIV^e^ s. : bas lat. *sensatio* (sav.); **SENSATIONNEL** XIX^e^ s., d'après la locution *faire sensation* XVIII^e^ s. ♦ [6] **INSENSÉ** (sav.) XV^e^ s. : *insensatus*; **SENSÉ** XVII^e^ s. : *sensatus*; **SENSÉMENT** XVII^e^ s. ♦ [7] **SENSUEL** (sav.) XV^e^ s. « qui concerne les sens », XVI^e^ s. sens mod. : *sensualis*; **SENSUALITÉ** XII^e^ s. « faculté de percevoir » : bas lat. *sensualitas*; **SENSUALISME, SENSUALISTE** XIX^e^ s. philo. ♦ [8] **CONSENSUEL** XVIII^e^ s. jur. : dér. sur *consensus*; **CONSENSUS** XIX^e^ s. : mot lat. ♦ [9] **SENSORIEL** XIX^e^ s. : dér. sur le bas lat. *sensorium*.

**SEOIR** famille d'une racine ind.-eur. **sed-* « être assis ».

En grec *hedra* « siège », « place qu'on occupe »; *poluedros* « à plusieurs sièges »; *tetraedron* « (figure géométrique) à quatre faces, pyramide »; *kathedra* « siège, banc »; *sunedrion* « assemblée siégeant, congrès » et, dans le Nouveau Testament, chez les Juifs, le « Sanhédrin ».

En germanique, l'angl. *to sit* « s'asseoir » et *to set* « poser » (→ all. *setzen*).

En latin (1) les subst. *sella*, issu de **sed-la* « siège, chaise à porteur, chaise percée, selle »; *sedes, -is* « siège, fondement, résidence », d'où lat. vulg. **sedĭcum* ou **sedĭca* et **sedĭcāre* (2) le verbe *sedēre, sessus* « être assis, siéger », « rester inactif », « se déposer (en parlant d'un corps en suspension dans un liquide) », d'où (a) lat. imp. *sedimentum* « fond, sédiment »; *sedentarius* « qui travaille assis » (b) *sessio, -onis* « fait de s'asseoir ou de siéger »; *sessor* « celui qui est assis » (3) les composés (a) *adsidere* « être assis auprès de », « assister », d'où *assessor* « assistant »; *assiduus* « continuel » (b) *dissidere* « être assis à l'écart », « siéger dans un parti opposé », « différer d'avis » (c) *insidere* « être assis, établi dans », d'où *insidiae* « embuscade »; *insidiosus* « qui dresse des embûches, perfide » (d) *obsidere* « être établi devant », « occuper un endroit », « assiéger une place forte », d'où *obsidio, -onis* et *obsessio, -onis* « siège »; *obsidionalis* « relatif à un siège » (e) *possidere* « prendre possession de », de *potis* et *sedere*, d'où *possessio, possessor* « possession, possesseur », et *possessivus*, gram. (→ POUVOIR) (f) *praesidere* « présider » (g) *residere* « rester », « résider », « demeurer en arrière »; *residuus* « qui reste » (h) *subsidere* « être placé en réserve », d'où *subsidium* « troupes de réserve »; *subsidiarius* « qui forme la réserve » (i) *supersedere* « être assis sur », « se dispenser de » (4) le verbe factitif ou causatif *sedare*, littéralement « faire asseoir », d'où « calmer, apaiser »; *sedatio* « action d'apaiser »; *resedare* « calmer un mal, guérir », et p.-ê. *reseda*, plante calmante (5) *nidus* « nid », « endroit où s'installe un oiseau », issu de *ni-*, préf., et *-zd-o*, forme à voyelle zéro de la racine de *sedere*; lat. imp. *nidificare* « faire son nid ».

**I.** mots populaires d'origine latine

**A.** famille de *sedere*

♦ [1] **SEOIR** XII^e s. « être assis » et « convenir », conservé dans la forme *il sied* et les participes *sis, sise* : *sĕdēre*; **MESSEOIR** XII^e s., qui survit dans *il messied*; **SURSEOIR** XI^e s. : *supersĕdēre*; **SURSIS** XIV^e s.; **SURSITAIRE** XX^e s. ♦ [2] **ASSEOIR** XI^e s. : lat. vulg. **adsĕdēre*, class. *assĭdēre*; **RASSEOIR** XII^e s.; **ASSISE** XII^e s. « taxe », « ordre des convives assis »; XIII^e s. « séance tenue par les officiers et juges d'un comté », d'où XIX^e s. *cour d'assises*; XVI^e s. maçonnerie; XIX^e s. géologie : part. passé fém. substantivé, du lat. vulg. **assīsa*; **ASSIETTE** XIII^e s. « base sur laquelle porte un droit » (subsiste dans *assiette d'une rente, d'un impôt*), XIV^e s. « fait de placer les convives », « service à table », d'où XVI^e s. « pièce de vaisselle »; XV^e s. « emplacement, situation », XVI^e s. « équilibre » : autre forme de part. passé fém. substantivé du lat. vulg. **assĕdĭta*; **ASSIETTÉE** XVII^e s. ♦ [3] **SÉANT** XII^e s. adj. « qui convient »; subst. « partie du corps sur laquelle on s'assoit » : forme de part. présent de *seoir*. ♦ [4] **SEYANT** XIX^e s. « qui convient, qui va bien », adj. : var. pop. de *séant*. ♦ [5] **SÉANCE** XVI^e s. : dér. de *séant*, littéralement « fait d'être assis »; **PRÉSÉANCE** XVI^e s. : de *pré-* et *séance*, littéralement « fait de s'asseoir avant ». ♦ [6] **BIENSÉANT** XIII^e s. « qui convient bien » (→ SÉANT); **BIENSÉANCE** XVI^e s.

**B.** famille de *sella* et *sedes*

♦ [1] **SELLE** XI^e s. « selle de cheval » et XIX^e s. « de bicyclette »; XIII^e s. « chaise percée » et XVI^e s. « matières fécales » : *sella*; **SELLER** XI^e s.; **SELLETTE** XIII^e s.; **SELLIER** XIII^e s.; **SELLERIE** XIV^e s. ♦ [2] **SIÈGE** XI^e s. « lieu où l'on se tient assis ou installé », XII^e s. « meuble pour s'asseoir », XIII^e s. « blocus d'une place forte », XVI^e s. « partie du corps servant à s'asseoir » (→ SÉANT) : lat. vulg. **sĕdĭcum*; **ASSIÉGER** XI^e s. : lat. vulg. **adsĕdĭcāre*; **SIÉGER** XVII^e s.

**C.** famille de *nidus*

♦ [1] **NID** XII^e s., d'abord sous la forme *ni* (*d* sous l'influence du lat.) : *nīdus*. ♦ [2] **NICHER** XII^e s. : lat. vulg. **nīdĭcāre*, dér. de *nidus*; **DÉNICHER** XII^e s.; **NICHÉE** XIV^e s.; **NICHE** XIV^e s. pour une statue, XVII^e s. pour un chien; **NICHON** XIX^e s. : forme dial. (Nord) « petit oiseau au nid »; « enfant délicat », puis argot « sein de femme ». ♦ [3] **NIAIS** XII^e s. « (oiseau) pris au nid, ne sachant pas encore voler », d'où « sot, inexpérimenté » : lat. vulg. **nidax, -ācis*; **NIAISERIE, DÉNIAISER** XVI^e s. ♦ [4] **GNOGNOTTE** XIX^e s. « niaiserie », puis « chose sans valeur » : p.-ê. redoublement d'une forme dial. de *niais*.

**II.** mots savants d'origine latine

**A.** base *-sed-*

♦ [1] **POSSÉDER** XII^e s. d'abord *posseer* : altération de *possidere* d'après *possesseur, possession*; **POSSÉDÉ** XV^e s. adj.; XVII^e s. subst.; **POSSÉDANT** XX^e s. subst. ♦ [2] **SÉDATIF, SÉDATION** XIV^e s. : *sedativus, sedatio*. ♦ [3] **SÉDENTAIRE** XV^e s. : *sedentarius*; **SÉDENTARITÉ** XIX^e s.; **SÉDENTARISER** XX^e s. ♦ [4] **OBSÉDER** XVI^e s. : *obsidere* (→ POSSÉDER); **OBSÉDÉ** XVII^e s. subst.; **OBSÉDANT** XIX^e s. adj. ♦ [5] **RÉSÉDA** XVI^e s. : mot lat. ♦ [6] **SÉDIMENT** XVI^e s. méd.; XVIII^e s. géol. : *sedimentum*; **SÉDIMENTAIRE** et **SÉDIMENTATION** XIX^e s.

**B.** base *-sid-*

♦ [1] **ASSIDU, ASSIDUITÉ** XIII^e s. : *adsiduus, adsiduitas*. ♦ [2] **PRÉSIDER** XIV^e s. : *praesidere*; **PRÉSIDENT** fin XIII^e s. : *praesidens, -entis*, part. présent; **PRÉSIDENCE** XIV^e s.; **VICE-PRÉ-**

**SIDENT, VICE-PRÉSIDENCE, PRÉSIDENTIEL** XVIII^e s. ♦ [3] **RÉSIDER** XIV^e s. : *residere*; **RÉSIDENT** XIII^e s. : *residens, -entis*, part. présent; **RÉSIDENCE** XIII^e s. : lat. médiéval *residentia*; **RÉSIDENTIEL** XX^e s. ♦ [4] **RÉSIDU** XIV^e s. d'abord jur. : *residuum*; **RÉSIDUEL** XIX^e s. ♦ [5] **SUBSIDE** XIV^e s. : *subsidium*; **SUBSIDIAIRE** XIV^e s. : *subsidiarius*. ♦ [6] **INSIDIEUX** XV^e s., puis XVIII^e s. : *insidiosus*; **INSIDIEUSEMENT** XV^e s. ♦ [7] **DISSIDENT** XVI^e s. : *dissidens, -entis*, part. présent de *dissidere*; **DISSIDENCE** XVI^e s. : *dissidentia*. ♦ [8] **OBSIDIONAL** XVII^e s. : *obsidionalis*.

C. base *-sess-*

♦ [1] **SESSION** XII^e s. « fait d'être assis », XVII^e s. « séance » (d'un concile; d'une assemblée pol., d'abord en parlant de l'Angleterre; puis XIX^e s., à propos des tribunaux) : *sessio*. ♦ [2] **POSSESSION** XII^e s. : *possessio*; **POSSESSEUR** XIII^e s. : *possessor*; **POSSESSIF** XIV^e s. gramm., XVI^e s. sens psycho. : *possessivus*; **DÉPOSSESSION** XVII^e s. ♦ [3] **ASSESSEUR** XIII^e s. : *adsessor*. ♦ [4] **OBSESSION** XV^e s. « siège », XVI^e s. sens mod.; **OBSESSEUR** XVI^e s.; **OBSESSIONNEL** XX^e s.

D. base *-nid-* **NIDIFIER** XII^e s.; **NIDIFICATION** XVIII^e s.; **NIDULAIRE, NIDULÉ** XIX^e s.; **NIDATION** XX^e s.

III. mots d'origine grecque

A. mots populaires

♦ [1] **CHAIRE** XII^e s. *(chaière)* « siège à dossier », XIII^e s. « siège du professeur », XVI^e s. « tribune du prédicateur » : *cathĕdra*. ♦ [2] **CHAISE** XV^e s. : altération dial. (Champagne, Orléanais) de *chaire*, appliqué ensuite à un type de siège plus maniable, alors que *chaire* se limitait à deux emplois spéciaux; **CHAISIÈRE** XIX^e s.

B. mots savants

♦ [1] **CATHÉDRALE** XII^e s. adj. qualifiant *église*, XVII^e s. subst. : lat. médiéval *cathedralis*, dér. de *cathedra* au sens de « siège d'un pontife ». ♦ [2] **EX CATHEDRA** XVII^e s. : mots lat. « du haut de la chaire ». ♦ [3] **SANHÉDRIN** XVII^e s. : araméen *sanhedrin* (mot conservé par le Nouveau Testament), lui-même empr. au gr. *sunedrion*. ♦ [4] **-ÈDRE**, 2^e élément de composés empr. au gr. *tetraedron* et servant à former des noms de figures géom. à plusieurs faces, ex. : **TÉTRAÈDRE** XVI^e s; **POLYÈDRE** XVII^e s.; **DIÈDRE, TRIÈDRE** XVIII^e s.

IV. mots d'origine germanique

♦ [1] **SETTER** XIX^e s. : mot angl. « chien d'arrêt », dér. de *to set* « faire arrêter ». ♦ [2] **OFFSET** XX^e s. : mot angl. « report », de *to set* « placer » et *off* « en dehors ».

**SEPT** famille d'une racine ind.-eur. **sept-* « sept ». En grec *hepta* « sept », *hebdomos* « septième », *hebdomas, -ados* « semaine ». En latin *septem* « sept », *septimus* « septième »; *septuaginta* « soixante-dix »; *septuagesimus* « soixante-dixième »; *septuagenarius* « de soixante-dix (ans) »; *septenarius* « composé de sept unités »; *septimanus*, « relatif au nombre sept », bas lat. fém. *septimana* « semaine », traduction de *hebdomas; septemtriones*, nom d'une constellation marquant le nord, littéralement « les sept bœufs », de *septem*, et *trio, -onis*, rare et arch., « bœuf de labour », d'où *septentrionalis*, formé sur le modèle de *meridionalis; september* « septième mois de l'ancienne année romaine ».

I. mots d'origine latine

♦ [1] **SEPT** (pop.) XI^e s. d'abord *set*, puis *p* orthographique, d'après le lat. : *septem*; **SEPTIÈME** XII^e s : *septimus*; **SEPTAIN** XVII^e s. ♦ [2] **SEMAINE** (pop.) XII^e s. : *septimāna*; **SEMAINIER** XII^e s. ♦ [3] **SEPTEMBRE** XII^e s., sous la forme *setembre* : *september*; **SEPTEMBRISEUR** fin XVIII^e s., d'après les massacres de septembre 1792. ♦ [4] **SEPTENTRION** XII^e s. : lat. imp. *septemtrio*, sing. formé sur l'anc. plur. *septemtriones*, dont le 2^e élément n'était plus compris; **SEPTENTRIONAL** XIV^e s. : *septemtrionalis*. ♦ [5] **SEPTANTE** subst. fém., **SEPTUAGÉSIME, SEPTUAGÉNAIRE** → DIX; **SEPTENNAL** → AN; **SEPTENNAT** XIX^e s. ♦ [6] **SEPTUPLE** → PLIER. ♦ [7] **SEPTÉNAIRE** XV^e s. : *septenarius (versus)* « vers de sept pieds ». ♦ [8] **SEPTIDI** XVIII^e s., calendrier républicain, de *septem* et *-di* → DIEU. ♦ [9] **SEPTUOR** XIX^e s. : dér. de *sept* analogique de *quatuor*.

II. mots savants d'origine grecque

♦ [1] **HEBDOMADAIRE** XVI^e s. : lat. eccl. *hebdomadarius*, dér. du gr. *hebdomas, -ados*. ♦ [2] **HEPTA-** : gr. *hepta* « sept », 1^er élément de composés, ex. : **HEPTACORDE, HEPTAGONE** XVI^e s.; **HEPTAÈDRE** XVIII^e s.; **HEPTAMÈTRE** XIX^e s.

**SEPTIQUE** ♦ [1] (sav.) XVI^e s. : gr. *sêptikos* « qui engendre la putréfaction », de *sêpein* « pourrir », par le lat.; **SEPTICÉMIE** XIX^e s. → HÉMA-. ♦ [2] **-SEPSIE** : formé d'après *sêptikos* sur le modèle de nombreux dér. gr., 2^e élément de mots sav. exprimant l'idée de « putréfaction », ex. : **ANTISEPSIE** et **ASEPSIE** XIX^e s.; **-SEPTIQUE**, 2^e élément adj. correspondant, ex. : **ASEPTIQUE, ANTISEPTIQUE** XIX^e s.

**SEQUIN** XIV^e s. : vénitien *zecchino*, dimin. de *zecca* « maison où l'on frappe la monnaie », de l'arabe *(dâr as-) sikka* « id. ».

**SÉRAC** ♦ [1] XVIII^e s. : mot dial. (Savoie) « fromage blanc » et « masse de glace comparable à du fromage blanc »; dér. du lat. *serum* « petit-lait ». ♦ [2] **SÉRUM** XVIe s. : mot lat., employé en physiol.; **SÉREUX, SÉROSITÉ** XVIe s.; **SÉRO-**, 1er élément de composés, ex. : **SÉROLOGIE** XXe s.

**SÉRAIL** XIVe s. : it. *serraglio*, altération, sous l'influence de *serrar* « fermer », du turco-persan *seraï* « palais ».

**SÉRAPHIN** (sav.) XIIe s. : hébreu *seraphim*, par le lat. eccl.; mot plur. apparenté à *saraph* « brûler », désignant les anges décrits par Isaïe, VI, 2; **SÉRAPHIQUE** XVe s. : lat. eccl. *seraphicus*.

**SEREIN** ♦ [1] (pop.) XIIIe s. : lat. *serēnus*, issu de **seres-no-s* « clair et sec, en parlant du ciel », p.-ê. apparenté au gr. *xêros* « sec » → ÉLIXIR; **RASSÉRÉNER** XVIe s. ♦ [2] **SÉRÉNISSIME** XIIIe s., rare avant le XVe s. : it. *serenissimo*, superlatif de *sereno*, du lat. *serenus*. ♦ [3] **SÉRÉNADE** XVIe s. : it. *serenata*, dér. de *sereno* « beau temps », « concert donné dehors, par beau temps », devenu, sous l'influence de *sera* « soir », un « concert donné le soir ». ♦ [4] **SÉRÉNITÉ** (sav.) XIIe s. : lat. *serenitas*, dér. de *serenus*, surtout au sens fig.

**SERF** famille d'une racine ind.-eur. **swer-*, var. **sert-* et **wer-* « faire attention ».
En germanique une base **war-* « être attentif », apparaît dans le germ. occidental **warnjan* (→ all. *warnen*, angl. *to warren*) « pourvoir, munir »; **warjan* « protéger » (→ all. *wehren*) : frq. **waron* « conserver » (→ all. *wahren*); **wardon* « attendre, soigner » (→ all. *warten*, angl. *to ward*); anc. scandinave *varask* « avertir d'un danger ».
En grec *horân* « regarder, faire attention », « voir », d'où *horama* « spectacle ».
En latin (1) *servus* « esclave », qui a un correspondant exact dans l'iranien *haurvo* « gardien de bétail, ou de village » et appartient au fonds le plus ancien de la langue, d'où *servitus, -utis* « esclavage » et *servilis* « d'esclave »; *servire* « être esclave » et *servitium* « condition d'esclave » (2) *servare* et *conservare* « préserver, garder »; *observare* « observer », « veiller sur », « respecter », d'où *observantia* « observation, respect (des lois et coutumes); *praeservare* « observer auparavant »; et leurs dér. en *-atio* (3) *vereri* et *revereri* « respecter », « éprouver une crainte religieuse pour »; d'où *verecundus* « respectueux, réservé » et *verecundia* « respect, modestie »; *reverens* « respectueux », *reverentia* « respect », et leurs contraires *irreverens* et *irreverentia*.

**I.** mots d'origine latine de la famille de *servus*

♦ [1] **SERF** (pop.) XIe s. : *servus*. ♦ [2] **SERGENT** (pop.) XIe s. « serviteur »; milit.; jur. : *servientem*, part. prés. de *servire*; sergent-major XVIe s.; -chef, -de ville XIXe s. ♦ [3] **CONCIERGE** (pop.) XIIe s. : altér. de *cumcerges* XIIe s. : p.-ê. lat. vulg. *conservius*, class. *conservus* « compagnon d'esclavage »; conciergerie XIVe s. ♦ [4] **SERVIR** (pop.) XIIe s. : *servire*; **SERVANT** XIIe s.; **SERVIABLE** XIIe s., d'après *amiable*; **SERVIETTE** XIVe s.; **SERVANTE** XVIe s.; **SERVEUR, -EUSE** fin XIXe s. ♦ [5] **DESSERVIR** XIe s. : comp. de *servir*; **DESSERTE** XIIe s. « service assuré par un prêtre », XIXe s. « fait de desservir une localité » et « meuble pour les plats desservis », et **DESSERT** XVIe s. : part. passés anc. fém. et masc. de *desservir*; **DESSERVANT** XIVe s.; **RESSERVIR** XIIIe s. ♦ [6] **SERVAGE, ASSERVIR** XIIe s. : dér. de *serf* avec infl. de *servir*; asservissement XVe s. ♦ [7] **SERVICE** (sav.) XIIIe s., pour *servise* (pop.) XIe s. : *servitium*. ♦ [8] **SERVITEUR** XIe s., **SERVITUDE** XIIIe s., **SERVILE** XIVe s. (sav.) : *servitor, -oris, servitudo, servilis*; **SERVILITÉ** XVIe s., rare avant le XVIIIe s. ♦ [9] **SERVO-** 1er élément de composés, ex. : **SERVOMOTEUR** XIXe s., **SERVOFREIN**.

**II.** mots d'origine latine de la famille de *servare*

♦ [1] **CONSERVER** (pop.) IXe s. : *conservāre*; **CONSERVE, CONSERVATION** XIVe s.; **CONSERVATEUR** XVe s. « préposé à la garde de quelque chose », XVIIIe s. pol.; **CONSERVATOIRE** XIVe s. adj., XVIIIe s. subst., musique (sous l'influence de l'it.) et Arts et Métiers : d'après le bas lat. *servatorium*; **CONSERVATISME, CONSERVATISTE** XIXe s.; **CONSERVERIE** XXe s. ♦ [2] **OBSERVER** (sav.) Xe s. « se conformer à », XVIe s. « considérer avec attention » : *observare*; **OBSERVANCE, OBSERVATION, OBSERVATEUR** XIIIe s.; **OBSERVABLE** XVe s.; **OBSERVATOIRE** XVIIe s.; **INOBSERVABLE** XIXe s. ♦ [3] **RÉSERVER** XIe s. : *reservare*; **RÉSERVE** XIVe s. jur. « clause restrictive », d'où XVIIe s. « discrétion »; XVIe s. « choses mises de côté », fin XVIIIe s. « armée non active », XIXe s. « territoire soumis à certaines mesures de protection »; **RÉSERVATION** XIVe s.; **RÉSERVOIR** XVIe s.; **RÉSERVISTE** XIXe s. ♦ [4] **PRÉSERVER** XIVe s. : *praeservare*; **PRÉSERVATION, PRÉSERVATIF** XIVe s.; **PRÉSERVATEUR** XVIe s.

**III.** mots d'origine latine de la famille de *vereri*

♦ [1] **VERGOGNE** (pop.) XIe s. « honte »; survit dans l'expression *sans vergogne* XVIIe s. : *verecŭndia*. ♦ [2] **DÉVERGONDÉ** XIIe s. et **SE DÉVERGONDER** XVIe s. : dér. de *vergonde*, var. de *vergogne*. ♦ [3] **GONZE** argot, XVIIe s. « lourdaud », « badaud », XIXe s. « homme » : it. *gonzo*

« niais », du lat. *(vere)cundius*; **GONZESSE** XIX^e s. ♦ [4] **RÉVÉRENCE** XII^e s. « respect »; XIV^e s. *faire la révérence* : *reverentia*; **RÉVÉREND** XIII^e s. : *reverendus* « digne de respect »; **RÉVÉRENDISSIME** XIV^e s. : superlatif du précédent; **IRRÉVÉRENCE** XIII^e s. : *irreverentia*; **RÉVÉRER** XV^e s. : *revereri*; **RÉVÉRENTIEL** XV^e s.; **RÉVÉRENCIEUX** XVII^e s.; **IRRÉVÉRENCIEUX** XVIII^e s. (mots sav.).

**IV.** mots d'origine germanique

♦ [1] **GARDER** XI^e s. : frq. **wardôn*; **GARDE** XI^e s. subst. fém. XII^e s. subst. masc.; **AVANT-GARDE, ARRIÈRE-GARDE** XII^e s. : **GARDEUR** XII^e s.; **GARDIEN** XII^e s., d'où **GARDIENNAGE** XIX^e s.; **GARDERIE** XVI^e s. ♦ [2] **GARDE-** 1^er élément de composés, ex. : **GARDE-FOU** XIII^e s.; **GARDE-ROBE** XIII^e s. « cabinet où l'on range les vêtements », XIV^e s. « cabinet d'aisance » (parce qu'on y plaçait souvent la chaise percée); **GARDE-MANGER** XIII^e s.; **GARDE-CHASSE, GARDE-PÊCHE, GARDE-FEU, GARDE-MEUBLE** XVII^e s.; **GARDE-MALADE** XVIII^e s.; **GARDE-BARRIÈRE, GARDE-BOUE, GARDE-CHIOURME** XIX^e s. ♦ [3] **REGARDER** XII^e s. « faire attention » puis sens mod. : composé de *garder*; pour les mots sav. exprimant l'idée de « regarder » → les bases -SPIC-, -SPECT-, art. DÉPIT et -SCOP-, art. ÉVÊQUE; **REGARD** XI^e s.; **REGARDANT** XVIII^e s. « qui regarde à la dépense ». ♦ [4] **ÉGARD** XII^e s. : dér. de l'anc. fr. *esgarder* « veiller sur », composé de *garder*; **MÉGARDE** XIII^e s., survit dans l'expression *par mégarde* : dér. de l'anc. fr. *mesgarder* « mal garder, ne pas faire attention ». ♦ [5] **GARNIR** XI^e s. « se tenir sur ses gardes », « avertir », « pourvoir de ce qui est nécessaire à la défense » puis « orner » : frq. **warnjan*; **DÉGARNIR** XI^e s.; **GARNEMENT** XI^e s. « défense, équipement, garnison », XIV^e s. « souteneur d'une femme », d'où « vaurien »; **GARNISON** XIII^e s.; **GARNITURE** XIV^e s.; (logement) **GARNI** XIX^e s. ♦ [6] **GUÉRIR** XI^e s., var. *garir* « défendre », XII^e s. sens mod. : frq. **warjan*; **GUÉRISON** XI^e s.; **GUÉRISSABLE** XIV^e s.; **INGUÉRISSABLE** XV^e s.; **GUÉRISSEUR** XV^e s. « garant », XVI^e s. « qui guérit ». ♦ [7] **GUÉRITE** XIII^e s., d'abord *à la garite* « sauve qui peut », puis « abri pour une sentinelle » : p.-ê. dér. de *garir* analogique de *fuite*, ou emprunt à l'anc. prov. *garida* « id. ». ♦ [8] **ÉGARER** XI^e s. : composé hybride du lat. *ex-* et du germ. **warôn*; **ÉGAREMENT** XIII^e s. ♦ [9] **GARER** XII^e s., sous la forme *varer* dans un texte de Bretagne; XV^e s. en fr. : mot dial. (Normandie), de l'anc. scandinave *varask*; **GARE!** interj. XV^e s.; **GARE** XVII^e s., subst. fém. « partie élargie d'un cours d'eau où les bateaux peuvent se garer pour se croiser »; XIX^e s. en parlant des chemins de fer; **GARAGE** XIX^e s.; **GARAGISTE** XX^e s. ♦ [10] **VAREUSE** XVIII^e s., d'abord vêtement de matelot : probablement adj. substantivé, dér. de *varer* « protéger », var. normande de *garer*.

**V.** mots d'origine grecque

**-ORAMA** (sav.) : gr. *horama*, 2^e élément des composés **PANORAMA** XVIII^e s., d'abord en angl. « vue totale », de *pan* « tout »; **PANORAMIQUE** XIX^e s.; **DIORAMA** XIX^e s. : mot formé d'après *panorama*, au moyen du préf. *di(a)-* « à travers ».

**SERIN** ♦ [1] XV^e s. oiseau de Provence et des Canaries : probablement anc. prov. *serena*, empr. massaliote au gr. *seirên* « sirène, oiseau mythologique à tête de femme, rapace comme l'oiseau destructeur de guêpes désigné en Provence sous ce nom »; **SERINER** XVI^e s. « chanter comme un serin », XIX^e s. « perfectionner le chant d'un oiseau en lui répétant un air au moyen de la **SERINETTE** » XVIII^e s. ♦ [2] **SIRÈNE** (sav.) XII^e s. : bas lat. *sirena*, class. *siren*, gr. *sirên*.

**SERINGUE** ♦ [1] (sav.) XIII^e s : lat. imp. *syringa* « seringue à lavements » : gr. *surigga*, acc. de *surigx* « roseau coupé et creusé, tuyau, flûte, flûte de Pan »; **SERINGUER** XVI^e s. ♦ [2] **SERINGA** (demi-sav.) : XVIII^e s. lat. botanique *syringa*, parce que le bois de cet arbuste se prête à être vidé de sa moelle pour former des tuyaux. ♦ [3] **SYRINX** (sav.) XVIII^e s. : mot gr., « flûte de Pan ». ♦ [4] **SYRINGOMYÉLIE** XIX^e s. méd. « destruction de la substance grise centrale (*muelos* « moelle ») dans la moelle épinière, qui devient ainsi une sorte de « tuyau » (*surigx*) vide.

**SERPE** famille d'une racine ind.-eur. **serp-* « instrument crochu ».

En grec *harpê* « faux, faucille, crochet »; *harpazein* « enlever de force, ravir », *harpagê* « rapacité ».

En latin *sarpere*, *sarptum* « tailler la vigne », d'où *sarmentum*, issu de **sarp-mentom* « rameau de la vigne ».

**I.** mots d'origine latine

♦ [1] **SERPE** (pop.) XIII^e s., d'abord sous la forme *sarpe* : lat. vulg. **sarpa*, dér. de *sarpere*; **SERPETTE** XIV^e s. ♦ [2] **SARMENT** (pop.) XII^e s. : *sarmentum*; **SARMENTEUX** XVI^e s. : d'après le lat. *sarmentosus*.

**II.** mots d'origine grecque

♦ [1] **HARPAGON** (sav.) XVII^e s. : nom de l'Avare, personnage de Molière : lat. *harpago* « harpon », formé sur le gr. *harpagê*. ♦ [2] **ARPION** XIX^e s. argot « main, doigt, orteil, et pied » : prov. *arpioun*, ou it. *arpione*, du lat. vulg. **harpĭgo, -ōnis*, class. *harpago* → le précédent.

**SERPENT** famille d'une racine ind.-eur. **serp-*, p.-ê. élargissement de **ser-* « aller, couler », qui apparaît dans le lat. *serum* → SÉRAC, attestée par le gr. *herpein* « se traîner » et *herpullos* « serpolet », et par le lat. *serpere, serptus* « ramper », d'où *serpens, -entis*, part. présent substantivé « serpent »; *serpentaria*, nom de plante; bas lat. *serpentinus* « de serpent ».
♦ [1] **SERPENT** (pop.) XI^e s. : *serpens, -entis*; **SERPENTEAU** XII^e s.; **SERPENTIN** XII^e s. adj., XV^e s. subst. : *serpentinus*; **SERPENTAIRE** XIII^e s. subst. fém. bot. : *serpentaria*; XIX^e s. subst. masc. zool. : lat. mod. *serpentarius*; **SERPENTER** XIV^e s. ♦ [2] **SERPOLET** XVI^e s. : mot prov., dimin. de *serpol*, du lat. *serpŭllum*, altér., d'après *serpere*, du gr. *herpullos*, acc. *-on*.

**SERPILLIÈRE** ♦ [1] (pop.) XII^e s. : lat. vulg. **scĭrpĭcŭlāria* « sac grossier », de *scirpiculus* « (panier) de joncs », de *scirpus* « jonc ». ♦ [2] **SCIRPE** (sav.) XIX^e s. bot. : lat. *scirpus* « jonc ».

**SERRER** ♦ [1] (pop.) XII^e s. : lat. vulg. **serrare*, altération, sous l'influence de *ferrum*, ou p.-ê. de *serra* « scie » (en raison de la forme dentelée de certaines pièces de serrurerie), du bas lat. *serare* « fermer à clef », du class. *sera* « serrure » (formée à l'origine d'une barre de bois maintenant la porte par-derrière); **SERRAGE** XIX^e s. ♦ [2] **SERRE** XII^e s. nom de divers instruments servant à fermer ou à serrer, XVI^e s. « serre d'oiseau » et « prison », XVII^e s. « lieu fermé et chauffé pour certaines cultures » : dér. de *serrer*. ♦ [3] **DESSERRER, ENSERRER** XII^e s.; **RESSERRER** XIII^e s.; **RESSERREMENT** XVI^e s.; **RESSERRE** XIX^e s.; **DESSERREMENT** XX^e s. ♦ [4] **SERRURE** XII^e s. dér. de *serrer* au sens de « fermer »; **SERRURIER** XIII^e s.; **SERRURERIE** XIV^e s. ♦ [5] **SERRE-** 1^er élément de composés, ex. : **SERRE-TÊTE** XVI^e s.; **SERRE-LIVRES** XX^e s.

**SERTIR** (pop.) XII^e s. *sartir* : lat. vulg. **sartīre*, altération du class. *sarcire* « raccommoder », sous l'influence du part. passé *sartus*; **DESSERTIR** XII^e s.; **SERTISSURE** XIV^e s.; **SERTISSAGE, SERTISSEUR** XIX^e s.

**SÉSAME** (sav.) XVI^e s. « plante oléagineuse »; dans le conte d'Ali Baba, son nom sert de formule magique pour ouvrir la caverne des voleurs *(sésame, ouvre-toi!)* : gr. *sêsamon*, par le lat.

**SEUIL** famille du lat. *solum* « partie plate et inférieure d'un tout », en particulier « surface de la terre », et *solea* « sandale », « garniture du sabot d'une bête de somme », « sorte de poisson plat », « sorte de plancher ».
♦ [1] **SEUIL** (pop.) XII^e s. : lat. vulg. **sŏlium*, croisement de *sŏlum* et de *sŏlea*. ♦ [2] **SOLE** (pop.) XIII^e s. « dessous du sabot du cheval » et « pièce de charpente posée à plat et servant d'appui »; XIV^e s. « pièce de terre cultivable », emploi métaph. du précédent : lat. vulg. **sola*, altération, sous l'influence de *solum*, du class. *solea*; var. anc. fr. *suele, seule*; la voyelle *o* de la forme mod. est due à l'influence des nombreux dér. accentués sur le suff. ♦ [3] **SOLIVE** XII^e s.; **SOLIVEAU** XIII^e s.; **SOLIN** XIV^e s. : dér. de **sola* au sens de « pièce de charpente »; **CONSOLE** XVI^e s. : de *sole*, avec influence de *consolider*; **ENTRESOL** XVII^e s., littéralement « partie d'un étage qui se trouve entre les soles ». ♦ [4] **ASSOLER** XIV^e s., **ASSOLEMENT** XVIII^e s. : dér. de *sole* au sens de « pièce de terre ». ♦ [5] **SOLE** (poisson) XIII^e s. : anc. prov. *sola* : lat. vulg. **sola* → les précédents. ♦ [6] **SOL** (sav.) XV^e s. : *solum*; **SOUS-SOL** XIX^e s.

**SEUL** famille du lat. *solus* « seul », d'où (1) *solitudo, -inis* « solitude »; *solitarius* « solitaire » (2) *desolare* lat. imp. « laisser seul » et « dépeupler », rapproché par étymologie pop. de *consolari* → CONSOLER.
♦ [1] **SEUL** (pop.) XI^e s. : *sōlus*; **SEULEMENT, SEULET, ESSEULÉ** XII^e s. ♦ [2] **SOLO** XVIII^e s., mus. : mot it. « seul » : lat. *solus*; **SOLISTE** XIX^e s. ♦ [3] **SOLITAIRE** (sav.) XII^e s. : *solitarius*. ♦ [4] **DÉSOLATION** (sav.) XII^e s. : *desolatio*; **DÉSOLER** XIV^e s. : *desolare*. ♦ [5] **SOLITUDE** (sav.) XIII^e s. : *solitudo* ♦ [6] **SOLILOQUE** (sav.) XVII^e s. : bas lat. *soliloquium*, de *solus* et *loqui* « parler » → LOCUTION; **SOLILOQUER** XX^e s. ♦ [7] **SOLIPSISME** (sav.) XIX^e s. philo., de *solus* et *ipse* « lui-même ».

**SÈVE** (pop.) XIII^e s. : lat. *sapa*, attesté seulement avec le sens de « vin cuit », mais qui devait être apparenté à un lat. imp. *sapor* « jus » et signifier à l'origine « suc » (de même *sapa* en it.).

**SÉVÈRE** famille du lat. *severus* « inflexible », « austère », d'où *severitas* « sévérité » et *perseverare* « continuer, persister ».
♦ [1] **SÉVÈRE** (sav.) XII^e s., rare avant le XVI^e s. : *severus*; **SÉVÉRITÉ** XII^e s. : *severitas*. ♦ [2] **PER-**

**SÉVÉRER** et **PERSÉVÉRANT** (sav.) XIIe s.; de *perseverare*; **PERSÉVÉRANCE** XIIe s. : *perseverantia*.

**SÉVICES** (sav.) XIVe s., rare avant le XVIIe s. : lat. *sevitiae*, plur. de *saevitia* « actes de cruauté », de *saevus* « violent, sauvage »; **SÉVIR** XVIe s. : *saevire* « faire rage, se déchaîner », également dér. de *saevus*.

**SEXE** ♦ [1] (sav.) XIIe s., rare avant le XVIe s. : lat. *sexus, -us* « fait d'être mâle ou femelle » (toujours accompagné des adj. *virilis* ou *muliebris*); **SEXUEL** XVIIIe s. : bas lat. *sexualis*; **SEXUALITÉ** XIXe s.; **SEXUÉ, ASEXUÉ** XXe s.; **SEXO-**, 1er élément de composés, ex. : **SEXOLOGIE** XXe s. ♦ [2] **SEXY** XXe s. : mot angl.; **SEX-APPEAL** → APPELER, art. POUSSER.

**SHAMPOOING** fin XIXe s. : mot angl. « massage », de l'hindî *tshāmpō* « presser ».

**SHÉRIF** XVIIe s. : angl. *sheriff* « officier de comté », composé de l'anglo-saxon *reeve* « haut officier ayant une juridiction locale », d'origine germ., et de *shire* « charge officielle », « district soumis à un gouverneur », « comté », du germ. **skeisa*, p.-ê. apparenté à l'italique **koisa*, ancêtre du lat. *cura* → CURE.

**SI** famille de l'ancien adv. lat. *sei*, qui, devenu *sī*, a servi sous sa forme simple à introduire une proposition conditionnelle, et, tardivement, une interrogative indirecte; sous la forme élargie *sīc* (issue de **sei-ce*) a pris le sens de « ainsi ».

♦ [1] **SI** conjonction IXe s. : lat. *sī*, forme vivante au Moyen Âge, en anglo-normand et dans plusieurs régions de l'Ouest, mais qui n'a triomphé qu'au XVIe s. de la forme dominante en anc. fr., *se* (var. *sed* dans la *Vie de saint Alexis*), qui représente un lat. vulg. **sĭd*, altération de *sī* sous l'influence de *quĭd*, et survit encore, élidée, en fr. mod. dans *s'il, s'ils*. ♦ [2] **SI** adv., IXe s.; emplois très variés en anc. fr., limités aujourd'hui au sens de « tellement », en particulier dans *si... que*, et à l'affirmation opposée à une négation : lat. *sīc*. ♦ [3] **AINSI** XIVe s. : de *ains si* : **antius sic* (→ AÎNÉ, art. AVANT) « de cette manière *(sic)* plutôt *(antius)* que de toute autre »; nombreuses variantes plus anc., dial. ou étrangères : *einsi* (XIe s.), *ensi* (dans l'Est), *eissi* (dans l'Ouest), *aissi* (anc. prov.), *cosi* (it.) *asi* (esp.); il s'agit dans tous les cas de l'adv. *si* combiné avec diverses prép. ou adv. *(in, ecce, cum, ad)*. ♦ [4] **AUSSI** XIIe s. : lat. vulg. **ale sic*, pour *alid sic*, var. du class. *aliud sic*, littéralement « autre chose ainsi » (→ AUTRE).

**SIBYLLE** (sav.) XIIIe s. : gr. *sibulla*, par le lat.; nom appliqué à plusieurs prophétesses à qui les Anciens reconnaissaient une inspiration divine et le pouvoir de rendre des oracles; **SIBYLLIN** XIVe s. hist. romaine; XIXe s. sens fig. « obscur comme les *libri sibyllini*, livres de la Sibylle de Cumes, prêtresse d'Apollon, recueils de prophéties déposés au Capitole ».

**SICAIRE** (sav.) XIIIe s. : lat. *sicarius* « assassin », dér. de *sica* « poignard ».

**SIDA** XXe s. sigle de « Syndrome d'Immuno-Déficience Acquise », dér. *sidaïque*, remplacé par *sidéen* « atteint du sida ».

**SIDÉR(O)-** (sav.) : gr. *sidêros* « fer », 1er élément de mots sav., ex. : **SIDÉRURGIE, SIDÉROSE, SIDÉROGRAPHIE** XIXe s.

**SIÈCLE** famille du lat. *saeculum* « longue période d'une durée indéterminée », « durée d'une génération humaine », en lat. imp. « esprit du siècle, mode de l'époque », et en bas lat. eccl. « la vie du monde, le paganisme »; dér. *saecularis*, adj. appliqué à Rome à des Jeux publics célébrés tous les cent ans, et qui a pris en lat. eccl. le sens de « séculier, profane ».

♦ [1] **SIÈCLE** (demi-sav.) Xe s. « vie mondaine », XIIe s. sens mod. : *saecŭlum*. ♦ [2] **SÉCULIER** (demi-sav.) XIIe s. : *saeculāris* au sens de « profane »; **SÉCULARISER, SÉCULARISATION** XVIe s. ♦ [3] **SÉCULAIRE** (sav.) XVIe s. : *saecularis*, avec élargissement du sens ancien.

**SIFFLER** ♦ [1] (pop.) XIIe s. : bas lat. IVe s. *sīfĭlāre*, altération, probablement pour des raisons onom., du class. *sībĭlāre* « siffler »; **SIFFLEMENT** XIIe s.; **SIFFLET** XIIIe s.; **SIFFLEUR** XVIe s.; **SIFFLANT** adj. XIXe s.; **SIFFLOTER, SIFFLOTEMENT** XIXe s. ♦ [2] **PERSIFLER** XVIIIe s. : de *per-* et *siffler*; **PERSIFLAGE, PERSIFLEUR** XVIIIe s. ♦ [3] **SIBILATION** (sav.) XVIIe s. : *sibilatio*; **SIBILANT** XIXe s. : de *sibilare*.

**SIGISBÉE** subst. mas. XVIIIe s. : it. *cicisbeo* « cavalier servant d'une femme », croisement de la série onom. it. *ci... ci... s* suggérant le bavardage, et de *babbeo* « sot », lui aussi fondé sur une onom. suggérant le balbutiement.

**SIGLE** (sav.) XVIIIe s. : bas lat. jur. *sigla*, plur. neutre « signes abréviatifs ».

**SILENCE** (sav.) XII^e s. : lat. *silentium*, dér. de *silere* « se taire »; **SILENCIEUX** XVII^e s. : lat. *silentiosus*.

**SILEX** ♦ [1] (sav.) XVI^e s. : mot lat. « caillou, pierre dure ». ♦ [2] **SILICE** (sav.) XVIII^e s. : lat. *silex, -icis* → le précédent; **SILICEUX** XVIII^e s.; **SILICIUM, SILICATE** XIX^e s.; **SILICOSE, SILICONE** XX^e s.

**SILLON** ♦ [1] (pop.) XII^e s., d'abord *seillon*, rare avant le XVI^e s., d'abord « planche de labour, bande de terrain »; s'est ensuite substitué à *raie* en fr. et dans certains dial. : dér. de l'anc. fr. *silier* « labourer », qui repose sans doute sur une base gauloise **selj-* « amasser la terre »; **SILLONNER** XVI^e s.; **MICROSILLON** XX^e s. ♦ [2] **SILLAGE** (pop.) XVI^e s., d'abord *seillage* XV^e s. : var., par substitution de suff., de *seillon*, forme anc. de *sillon*, p.-ê. par un verbe *seiller* tiré de *seillon*.

**SILO** XVIII^e s. mot esp., « dépôt de grain, généralement souterrain », basque *zilo* « trou, fosse », qui, plutôt qu'à un hypothétique celtique **silon* « semence », remonte au lat. *sirus* « grenier souterrain » : gr. *siros* ou *seiros*.

**SILURE** (sav.) XVI^e s. : gr. *silouros* « grand poisson de rivière », par le lat.

**SIMAGRÉE** XIII^e s. : mot obscur, probablement dial. (Nord), qui désigne d'abord un monstre; on trouve *chimagrue* chez Molinet et dans le Hainaut *simagraw*, qui pourrait provenir du wallon *sime* « singe » et *grawe, groe* « griffe »; le sens 1^er serait « singe à griffes », vite oublié; la finale *-ée*, en fr., pourrait provenir d'un rapprochement avec *si m'agrée*, du verbe *agréer*, par étym. populaire.

**SIMOUN** XVIII^e s. : angl. *simoon*, de l'arabe *samūm*.

**SINGE** ♦ [1] (pop.) XII^e s. : lat. *sīmius*, var. de *simia*; XVI^e s. *payer en monnaie de singe*, expression expliquée par un texte d'Étienne Boileau XIII^e s., qui montre qu'il était d'usage de dispenser les montreurs de singes de payer les péages, à condition qu'ils fissent faire quelques tours à leurs animaux; **SINGERIE** XIV^e s.; **SINGER** XVIII^e s. ♦ [2] **SIMIESQUE** (sav.) XIX^e s. : dér., sur *simius*.

**SIPHON** (sav.) XIII^e s. « trombe », XVI^e s. sens mod. : gr. *siphôn* « tube creux », « siphon pour pomper un liquide », « conduite d'eau » et « trombe d'eau »; **SIPHONNER** XIX^e s.

**SIRE** famille du lat. *senex, senis*, comparatif *senior* « vieux », qui ne se dit que des personnes, avec une nuance de respect, et s'oppose à *juvenis* → JEUNE (alors que *vetus* « détérioré par la vieillesse » → VIEUX s'oppose à *novus* → NEUF); mots apparentés : *senilis* « de vieillard »; *senescere* « devenir vieux »; *senatus, -us* « assemblée des anciens »; *senecio, -onis* « vieillard » et « séneçon », plante ainsi appelée à cause des poils blancs de ses aigrettes.

♦ [1] **SIRE** XI^e s. cas sujet « seigneur »; XIV^e s. tendance à réserver au roi cette appellation; XVIII^e s. *triste sire, pauvre sire* : lat. vulg. **sĕiior*, forme familière de *senior*, employé dès le I^er s., mais surtout en lat. eccl. comme terme de respect et de politesse; **MESSIRE** XII^e s. : de *mes*, cas sujet de *mon* et de *sire*; littéralement « mon seigneur », employé comme sujet, ou en apostrophe ♦ [2] **SIEUR** (pop.) XIII^e s. : lat. vulg. **seiiōrem*, acc. de **seiior* → le précédent; **MONSIEUR** XIV^e s. : cas régime correspondant au cas sujet *messire*; d'abord réservé à de grands personnages; devenu terme de politesse usuel à partir du XVI^e s. ♦ [3] **SEIGNEUR** IX^e s. au cas sujet *sendra*; XI^e s. au cas régime *seignur* : lat. *seniōrem*, acc. de *senior* → les deux précéd.; dès l'origine, appliqué aux grands personnages, en particulier au suzerain par le vassal, et à Dieu, pour traduire le lat. eccl. *Dominus*, dont l'emploi dans la langue courante s'était beaucoup restreint (→ DAME); **SEIGNEURIE** XII^e s.; **SEIGNEURIAL** XV^e s. ♦ [4] **SENIOR** XIX^e s. : angl. *senior*, mot lat. → les précéd. ♦ [5] **SÉNAT** (sav.) XIII^e s. hist. romaine, XVI^e s. à propos de Venise, XIX^e s. institution fr. : *senatus*; **SÉNATEUR** fin XII^e s. : *senator*; **SÉNATUS-CONSULTE** XIV^e s. : *senatus consultum* « décision du sénat » → CONSEIL; **SÉNATORIAL** XVI^e s. : d'après le lat. *senatorius*. ♦ [6] **SÉNEÇON** (demi-sav.) XIII^e s. : *senecio, -onis*. ♦ [7] **SÉNILE** (sav.) XV^e s. : *senilis*; **SÉNILITÉ** XIX^e s. ♦ [8] **SÉNESCENCE** (sav.) XIX^e s. et **SÉNESCENT** id. : de *senescere*.

**SIROCCO** XIII^e s. : it. *sirocco*, de l'arabe maghrébin *shulûq*, par le génois.

**SIROP** ♦ [1] (demi-sav.) XII^e s. : lat. médiéval *sirupus*, de l'arabe *charâb* « boisson », qui désignait dans la langue médicale toutes sortes de sirops. ♦ [2] **SIROTER** XVI^e s. : dér. de *sirop*, par confusion entre la syllabe finale de ce mot et le suff. *-ot.* ♦ [3] **SORBET** XVI^e s. : turc *chorbet*, de l'arabe vulg. *chourba*, class. *charbât* → le précédent, p.-ê. par l'it. *sorbetto*, croisement du même mot turc avec *sorbire* « savourer », du lat. vulg. **sorbīre*, class. *sorbere* → ABSORBER. ♦ [4] **SIRUPEUX** (sav.) XVIII^e s. : dér. sur *sirupus* → 1.

**SISTRE** (sav.) XVI^e s. : gr. *seistron* « sorte de crécelle dont on se servait aux fêtes d'Isis en Égypte », par le lat.

**SIX** famille du lat. *sex, se-*, correspondant au gr. *hex*, var. *hexa* « six », auquel se rattachent (1) *sexaginta* « soixante »; *sexagesimus* « soixantième »; *sexagenarius* « de soixante ans » (2) *sextus* « sixième »; *sextans* « 6^e partie d'une unité »; *sextarius* « id. », en particulier « 6^e partie du conge, mesure de capacité »; *bis (s)extus* littéralement « deux fois sixième », « jour intercalé tous les quatre ans, dans le calendrier Julien, après le 24 février, 6^e jour avant les calendes de mars »; *sextuplus* « sextuple » (3) *sedecim* « seize »; *semestris* adj. « de six mois »; *senarius* « composé de six unités ».

I. mots d'origine latine populaires, demi-savants ou empruntés

♦ [1] **SIX** XII^e s. : *sex*; **SIXIÈME** XII^e s.; **SIZAIN** XIII^e s. monnaie, XVII^e s. versification. ♦ [2] **SOIXANTE** XI^e s.; **SEIZE** XII^e s. → DIX. ♦ [3] **SETIER** (demi-sav.) XII^e s. : *sextarius*; **DEMI-SETIER** XVI^e s. ♦ [4] **SIESTE** XVII^e s. *siesta*, XVIII^e s. forme mod. : esp. *siesta*, du lat. *sĕxta (hora)* « la sixième heure », c.-à-d. « le milieu de la journée » (les Romains divisaient la journée, du lever au coucher du soleil, en douze « heures » égales entre elles, mais inégales selon les saisons). ♦ [5] **SIXTE** (demi-sav.) XVII^e s. subst., mus. : emploi comme subst. fém. de l'adj. anc. fr. *sixte*, var. *siste* « sixième » : altération, sous l'influence de *six*, du lat. *sextus, -a*.

II. mots savants d'origine latine

A. **SEMESTRE** → MOIS.

B. **SÉNAIRE** XIX^e s., métrique anc. : lat. *senarius (versus)* : vers de six pieds.

C. base *-sex(t)-*

♦ [1] **SEXAGÉSIME, SEXAGÉNAIRE** → DIX. ♦ [2] **SEXTUPLE** et **SEXTUPLER** → PLIER. ♦ [3] **SEXTANT** XVI^e s. : *sextans*, employé par l'astronome Tycho Brahé pour désigner un appareil portant une partie graduée d'un sixième de circonférence. ♦ [4] **BISSEXTIL(E)** XVI^e s. : bas lat. *bis(s)extilis*, dér. de *bis(s)extus*. ♦ [5] **SEXTE** XVII^e s. heure canoniale : *sexta (hora)* → SIESTE. ♦ [6] **SEXTUOR** XIX^e s. : dér. de *sex* sur le modèle de *quatuor*; **SEXTOLET** XIX^e s. : dér. de *sextus* sur le modèle de *triolet* → TRIOS.

III. mots savants d'origine grecque

**HEXA-** : forme gr., 1^er élément de composés, ex. : **HEXAGONE** XIV^e s.; **HEXAMÈTRE** XV^e s.; **HEXACORDE** XVII^e s.

**SKI** XIX^e s. : mot norvégien, p.-ê. par l'angl.; empr. fait par voie écrite, le mot se prononçant *chi* en norvégien comme en angl.; **SKIER, SKIEUR, SKIABLE, TÉLÉSKI, APRÈS-SKI** XX^e s.

**SLALOM** XX^e s. : mot norvégien, composé de *sla* « incliné » et *låm* « trace de ski ».

**SLEEPING** XIX^e s. : abrév. de *sleeping-car*, composé angl. littéralement « voiture pour dormir », de *car* → CHAR, et *to sleep* « dormir », d'origine germ.

**SLIP** XIX^e s. « laisse », XX^e s. « caleçon » : mot angl. « action de glisser », « laisse pour un chien » et « vêtement vite enfilé », du verbe *to slip* « glisser », d'origine germ.

**SLOGAN** XIX^e s. « cri de guerre d'une tribu écossaise »; XX^e s. « formule publicitaire » : mot angl. « id. » : gaélique (Écosse) *sluaghghairm*, de *sluagh* « troupe » et *ghairm* « cri ».

**SMALA** ou **SMALAH** XIX^e s. : arabe d'Algérie *zmâla* « réunion de tentes ».

**SMOKING** XIX^e s. : mot angl., ellipse de *smoking-jacket* « jaquette pour fumer », de *to smoke* « fumer », d'origine germ.

**SNACK-BAR** XX^e s. : composé angl. de *bar* → BARRE, et *snack* « morceau », mot probablement onom. suggérant un claquement de mâchoires.

**SNOB** XIX^e s. : mot angl. répandu par le romancier Thackeray; a dans certains dial. le sens de « savetier »; dans l'argot de Cambridge, celui de « non-noble », « bourgeois », « qui a des goûts prétentieux et vulgaires », d'origine obscure; **SNOBISME** XIX^e s.; **SNOBER** XX^e s.

**SOBRIQUET** XIV^e s. d'abord *soubriquet* « coup sous le menton »; XV^e s. sens mod. (→ prov. *esqueissa*, à la fois « briser la mâchoire », « déchirer » et « donner un sobriquet ») : origine obscure.

**SOC** (pop.) XII^e s. : gaulois **soccos* ou **succos*, apparenté à l'irlandais *socc* « museau ».

**SOCIÉTÉ** famille sav. du lat. *socius* « compagnon » (p.-ê. à l'origine « compagnon de guerre »), « allié », d'où (1) *socialis* « qui concerne les alliés » puis « fait pour la société, sociable » (2) *societas, -atis* « compagnie, association, alliance » (3) *sociare* et lat. imp. *associare* « associer, allier ». Dér. : (a) *sociabilis* « qui peut être uni » (b) *associatio* « association » et les antonymes *dissociare, dissociatio*.

♦ [1] **SOCIÉTÉ** XII^e s. « association », XVI^e s. « vie en compagnie », XVII^e s. « groupe organisé et permanent » et « milieu social » : *societas* ; **SOCIÉTAIRE** fin XVIII^e s. « membre d'une société ». ♦ [2] **ASSOCIER** XIII^e s. : *associare* ; **ASSOCIATION** XV^e s. ; **ASSOCIÉ** subst. masc. XVI^e s. ; **ASSOCIATIF** XX^e s. ; **DISSOCIER** XV^e s. : *dissociare* ; **DISSOCIATION** XV^e s. ♦ [3] **SOCIAL** XIV^e s., rare avant le XVIII^e s. : *socialis* ; **SOCIALISME, SOCIALISTE, SOCIALISER** XVIII^e s., d'abord en parlant des idées de Grotius ; XIX^e s. pol. ; **SOCIALISATION, SOCIALISANT** XIX^e s. ♦ [4] **SOCIABLE** XVI^e s. : *sociabilis* ; **INSOCIABLE** XVI^e s. ; **SOCIABILITÉ** XVII^e s. ; **INSOCIABILITÉ** XVIII^e s. ; **SOCIO-** 1^er élément de composés, ex. : **SOCIOLOGIE, -LOGUE, -LOGIQUE** XIX^e s. ; **SOCIOMÉTRIE** XX^e s. ; **SOCIO-ÉDUCATIF** XX^e s.

**SOCQUE** famille du lat. *soccus* « léger soulier porté surtout par les Grecs et par les acteurs jouant la comédie » (s'oppose au *cothurnus*, porté par les acteurs tragiques) ; mot d'empr. p.-ê. d'origine orientale, qui a pu passer par l'intermédiaire du gr. ; empr. de bonne heure par le germ.

♦ [1] **SOCQUE** (sav.) XVII^e s. « sabot de religieux », puis archéol. : *soccus*. ♦ [2] **SOCLE** XVII^e s. : it. *zoccolo* « sabot », du lat. vulg. **socculus*, dimin. de *soccus*, avec *z* d'origine toscane. ♦ [3] **SOCQUETTE** XX^e s. : dimin. de l'angl. *sock* « chaussette », du lat. *soccus*, avec infl. orthographique de *socque*.

**SOFA** XVI^e s. « estrade recouverte de coussins », XVII^e s. sens mod. : turc *sofa*, de l'arabe *suffa* « coussin ».

**SOI** famille d'une racine ind.-eur. **swe-*, **se-* marquant l'appartenance d'un individu à un groupe social.

En grec élargissement *-dh-*, *ethos* « coutume » et *ethnos* « race ».

En latin (1) pronoms personnels et possessifs *se*, gén. *sui* « soi » ; *suus, sua, suum* « son, sa » (2) *soror, -oris* « sœur » et *sobrinus*, adj. « de sœur », subst. « cousin », d'où *consobrinus* « cousin du côté maternel », qui reposent sur une base **swesr-* (3) le même élargissement *-dh-* qu'en gr., dans *suescere, suetus* « avoir coutume de », issu d'une base **swe-dh-sk-*, auquel se rattachent (a) *consuescere, consuetus* « accoutumer », d'où *consuetudo, -inis* « coutume » ; *desuescere, desuetus* « perdre une habitude », d'où bas lat. *desuetudo* « perte d'une habitude » (b) *mansuetus*, littéralement « habitué à la main (manus) », « apprivoisé », d'où *mansuetudo* « douceur des animaux apprivoisés », « bonté, bienveillance ».

**I.** mots d'origine latine

**A.** famille de *se* et *suus*

♦ [1] **SOI** (pop.) XIII^e s. : *sē*, forme tonique ; **SE** X^e s. : *se*, forme atone. ♦ [2] **SON, SA, SES** (pop.) IX^e s. : lat. vulg. **sum*, **sam* et **sos*, **sas*, class. *suum, suam, suos, suas*, formes atones de l'accusatif du possessif ; **SIEN** X^e s. sous les formes *suon, suen* : accusatif masc. *suum*, forme tonique ; XII^e s. forme mod. analogique de la 1^re personne *mien* ; **SIENNE** fin XII^e s. : forme analogique du masc. et de *mienne*, a éliminé progressivement *soue*, du lat. *sŭam*, accusatif fém. tonique. ♦ [3] **SUICIDE** XVIII^e s. : composé sav., de *sui*, génitif de *se* et du suff. *-cide* « meurtrier, ou meurtre » → CISEAU.

**B.** famille de *soror*

♦ [1] **SŒUR** (pop.) XI^e s., cas sujet : lat. *sŏror* (le cas régime *sorour*, de l'acc. *sorōrem*, n'a pas survécu) ; **CONSŒUR** XIX^e s. : var. fém. de *confrère*. ♦ [2] **COUSIN** (pop.) XI^e s. : *consobrīnus*, altéré probablement sous l'influence d'une prononc. enfantine ; **COUSINAGE** XII^e s. ; **COUSINER** XVI^e s.

**C.** famille de *suescere*

♦ [1] **COUTUME** (pop.) XI^e s. : lat. *consuetūdo, -īnis*, avec changement de suff. ; **COUTUMIER, ACCOUTUMER, ACCOUTUMANCE, DÉSACCOUTUMER** XII^e s. ; **INACCOUTUMÉ** XIV^e s. ♦ [2] **COSTUME** XVII^e s. « vérité des détails reproduits dans une œuvre d'art », XVIII^e s. « vêtements de théâtre » puis sens mod. : it. *costume*, équivalent du fr. *coutume* ; **COSTUMER** fin XVIII^e s. ; **COSTUMIER** XIX^e s. ♦ [3] **MÂTIN** (pop.) XII^e s. : lat. vulg. **mansuetīnus* « (animal) apprivoisé » ; **MÂTINER** XII^e s. « traiter comme un chien », XVI^e s. « couvrir une chienne » ; **MÂTINÉ** XX^e s. « de race mêlée ». ♦ [4] **MANSUÉTUDE** (sav.) XII^e s. : *mansuetudo*. ♦ [5] **DÉSUÉTUDE** (sav.) XVI^e s., rare avant le XVIII^e s. : *desuetudo* ; **DÉSUET** fin XIX^e s. : *desuetus*.

**II.** mots d'origine grecque

♦ [1] **ÉTHIQUE** (sav.) XIII^e s. subst. : *ethikê (tekhnê)* dérivé de *ethos* « (science) des mœurs », par le lat. ; XVI^e s. adj. : *ethikos* « qui concerne les mœurs », par le lat. ♦ [2] **ETHNIQUE** (sav.) : *ethnikos* « national » et « païen (par rapport aux juifs) », dér. de *ethnos*, par le lat. ; **ETHNOS-**, 1<sup>er</sup> élément de composés sav. exprimant l'idée de « race », ex. : **ETHNOGRAPHIE** XVIII<sup>e</sup> s. ; **ETHNOLOGIE** XIX<sup>e</sup> s. ; **ETHNIE** XX<sup>e</sup> s.

**SOIE** ♦ [1] (pop.) XII<sup>e</sup> s. : bas lat. *sēta*, class. *saeta* « soie de porc » et bas lat. « soie du bombyx » (a éliminé *sericum* → en annexe SERGE) ; **SOIERIE** XIV<sup>e</sup> s. ; **SOYEUX** XV<sup>e</sup> s. ♦ [2] **SAS** (pop.) XIII<sup>e</sup> s., var. *seas* « tamis de soie » : bas lat. *setacium*, dér. de *seta* ; **SASSER** XII<sup>e</sup> s. ; **RESSASSER** XVI<sup>e</sup> s. ; **RESSASSEUR** XVIII<sup>e</sup> s. ♦ [3] **SÉTON** (demi-sav.) XVI<sup>e</sup> s. « faisceau de crin passant sous la peau et sortant par deux orifices pour assurer un drainage », XIX<sup>e</sup> s. *blessure en séton* « faite par un projectile qui a formé deux orifices en passant sous la peau » : lat. médiéval *seto, -onis*, de l'anc. prov. *sedon*, de *seda* « soie de porc ».

**SOIF** (pop.) fin XII<sup>e</sup> s. : altération (sous l'influence de couples tels que *nois*, cas sujet, *noif*, cas régime, du lat. *nix, nĭvis* → NEIGE, ou *buef, bues* → BŒUF) de *soi* (pop.) XII<sup>e</sup> s., du lat. *sĭtis* ; **ASSOIFFER** XVII<sup>e</sup> s. ; **SOIFFARD** XIX<sup>e</sup> s.

**SOIGNER** ♦ [1] (pop.) XII<sup>e</sup> s. « être préoccupé », « s'occuper de », XVI<sup>e</sup> s. « veiller au bien-être ou à la santé de quelqu'un » : frq. **sunnjôn* « s'occuper de » ; **SOIN** XI<sup>e</sup> s. ; **SOIGNEUX** XII<sup>e</sup> s. ; **SOIGNEUR, SOIGNANTE** XX<sup>e</sup> s. : dér. de *soigner*. ♦ [2] **BESOGNE** (pop.) XII<sup>e</sup> s. « pauvreté, souci » et « travail » : frq. **bisunnia* (équivalent attesté en got.), du radical de *sunnjôn* et du préf. **bi-* (all. *bei* « auprès de ») ; **BESOGNEUX** XI<sup>e</sup> s. « qui est dans le besoin » ; **BESOGNER** XII<sup>e</sup> s. « être dans le besoin ». ♦ [3] **BESOIN** XI<sup>e</sup> s. var. masc. de *besogne*.

**SOIR** (pop.) ♦ [1] XI<sup>e</sup> s. : lat. *sēro* « tard », adv. tiré de l'adj. *sērus* « tardif » ; **BONSOIR** XV<sup>e</sup> s. ; **SOIRÉE** XVI<sup>e</sup> s. : réfection, sous l'influence de *soir*, de *serée* (pop.) XIV<sup>e</sup> s. : lat. vulg. **serāta*. ♦ [2] **SEREIN** (pop.) XII<sup>e</sup> s. « tombée de la nuit, rosée du soir », d'abord sous la forme *serain*, altéré ensuite sous l'influence de l'adj. *serein* → ce mot : lat. vulg. **seranus*.

**SOJA** ou **SOYA** XVIII<sup>e</sup> s. : mot mandchou, d'origine japonaise, par l'angl.

**SOLEIL** famille d'une racine désignant le soleil, bien représentée dans les langues ind.-eur., et dont la forme la plus simple est **su-*. En grec dans *hêlios* (reposant sur **sāwelios*), d'où *hêliakos* « solaire » ; *parhêlios* « qui est auprès, ou vis-à-vis du soleil » ; *hêliotropos*, ou *-tropion*, nom de plante « qui se tourne vers le soleil » → TORDRE.
En latin, dans *sol, solis*, issu de **sawol*, ou **swol*, d'où *solstitium* « solstice » (pour le 2<sup>e</sup> élément → ESTER) ; lat. imp. *solaris* « solaire » et *insolare* « exposer au soleil » ; bas lat. *solsequia* (pour le 2<sup>e</sup> élément → SUIVRE) « plante qui suit le soleil, tournesol » (→ aussi en germ. angl. *sun*).

**I.** mots d'origine latine

**A.** mots populaires

♦ [1] **SOLEIL** XII<sup>e</sup> s. : lat. vulg. **solĭcŭlus*, dimin. de *sol* ; **ENSOLEILLÉ** XIX<sup>e</sup> s. ; **ENSOLEILLEMENT** XX<sup>e</sup> s. ♦ [2] **SOUCI** XIV<sup>e</sup> s., sous la forme *soucie*, altérée au XVI<sup>e</sup> s. sous l'influence de l'homonyme souci « fleur » → SOU : *solsĕquia*. ♦ [3] **PARASOL** XVI<sup>e</sup> s. : it. *parasole* « qui protège du soleil », de *parare* (→ PART) et *sol*.

**B.** mots savants

♦ [1] **SOLAIRE** XIII<sup>e</sup> s. : *solaris* ; **SOLARIUM** XIX<sup>e</sup> s. ♦ [2] **SOLSTICE** XIII<sup>e</sup> s. : *solstitium* ; **SOLSTICIAL** XIV<sup>e</sup> s. : *solstitialis*. ♦ [3] **INSOLATION** XVI<sup>e</sup> s. : insolatio, de *insolare*.

**II.** mots savants d'origine grecque

♦ [1] **HÉLIOTROPE** XIV<sup>e</sup> s. : *hêliotropion* par le lat. ; **HÉLIOTROPISME** XIX<sup>e</sup> s. ♦ [2] **HÉLIAQUE** XVI<sup>e</sup> s. : *hêliakos*. ♦ [3] **PARÉLIE** ou **PARHÉLIE** XVII<sup>e</sup> s. : emploi substantivé de l'adj. gr. *parhêlios*. ♦ [4] **HÉLIANTHE** XVII<sup>e</sup> s. : lat. bot. mod. *helianthus*, de *hêlios* et *anthos* « fleur » → ANTH(O)-. ♦ [5] **PÉRIHÉLIE** XVIII<sup>e</sup> s. : de *peri-* et *-hélie*, sur le modèle de *parhélie*. ♦ [6] **HÉLIUM** XIX<sup>e</sup> s. « corps simple découvert dans l'atmosphère du soleil et celle de la terre » : dér. sur *hêlios*. ♦ [7] **HÉLIO-** 1<sup>er</sup> élément de composés, ex. : **HÉLIOGRAVURE** XIX<sup>e</sup> s.

**SOMAT(O)-** (sav.) ♦ [1] gr. *sôma, -atos* « corps » ; 1<sup>er</sup> élément de mots sav. : **SOMATIQUE** XVII<sup>e</sup> s. : gr. *sômatikos* « corporel » ; **SOMATOLOGIE** XVIII<sup>e</sup> s. ♦ [2] **SOMA** XX<sup>e</sup> s. : mot gr. ♦ [3] **-SOME** 2<sup>e</sup> élément de composés, ex. : **CHROMOSOME** (→ CHROME). ♦ [4] **-SOMATIQUE** 2<sup>e</sup> élément de composés, ex. : **PSYCHOSOMATIQUE** XX<sup>e</sup> s.

**SOMBRE** (pop.) XIV<sup>e</sup> s. (au XIII<sup>e</sup> s., *essombre* « lieu obscur ») : mot obscur dont on ne peut rapprocher que le subst. port. et castillan *sombra* « ombre ». On rattache généralement les formes françaises et ibériques à un verbe *sŭbŭmbrāre* « mettre à l'ombre », deux fois attesté en bas lat. et qui aurait disparu à date prélittéraire. En fait, le *s* initial des formes ibériques est un empr. à celui de *sol* « soleil », des couples du type *sol y sombra* étant fréquents et la var. *solombra* courante dans plusieurs dial. ibériques. La forme fr. reste donc isolée. Elle n'a p.-ê. rien à voir à l'origine avec *ombre*, dont elle aurait été accidentellement rapprochée. On a proposé de la mettre en rapport avec le dial. *sombre* « jachère », d'origine celtique (**samaro-*, var. **somaro* et **savaro-* « terre en repos », dér. de **samo-* « été », qui est aussi à l'origine du dial. *savart*). Calvin écrit : « Quand une terre *sombrera* (c.-à-d. « sera mise en jachère »), les autres seront cultivées »; une *coupe sombre*, coupe de tous les arbres d'un bois, qui s'oppose à *coupe réglée*, transforme le bois en jachère; de l'idée de « terrain broussailleux, peu cultivé », on passe facilement à celui de « mauvais caractère » et le croisement avec *ombre* est possible. — Dérivés : **ASSOMBRIR** XVIe s.; **ASSOMBRISSEMENT** XIXe s.

**SOMME** (bête de) ♦ [1] (pop.) XIIIe s. « bât » : bas lat. *sauma* (VIIe s.), var. de *sagma* (IVe s.) : mot grec « bât ». ♦ [2] **SOMMIER** (pop.) XIe s. « bête de somme », XIVe s. « poutre », XVIIe s. « partie d'un lit » : bas lat. *sagmarium*; même évolution sémantique que pour *poutre, chevalet*, etc. ♦ [3] **SOMMELIER** (pop.) XIIIe s. « conducteur de bêtes de somme », puis « officier chargé de l'intendance », XIVe s. « domestique chargé de la table », XIXe s. sens mod.; **SOMMELLERIE** XVIe s.

**SOMMEIL** famille d'une racine ind.-eur. **swep-* « dormir ».

En grec (avec degré zéro de la voyelle) *hupnos* « sommeil ».

En latin (avec degré *o* de la voyelle) (1) *somnus* (reposant sur **swop-nu-*), dimin. bas lat. *somnĭcŭlus* « état de celui qui dort », d'où *somnium* « songe, rêve » et *somniare* « rêver »; lat. *insomnis* « privé de sommeil », et *insomnia*, plur. neutre « insomnie »; *somnifer* « qui apporte le sommeil » (2) *sopor, -oris* « force qui endort », d'où *sopīre* « endormir ».

I. mots latins de la famille de *somnus*

A. mots populaires

♦ [1] **SOMMEIL** XIIe s. : *somnĭcŭlus*; **SOMMEILLER** XIIe s. « dormir »; XVIIe s. sens mod.; **ENSOMMEILLÉ** XVIe s., rare avant le XIXe s. ♦ [2] **SOMME** subst. masc. XIIe s., var. *som* : *somnus*; **ASSOMMER** XIIe s. « assoupir », « étourdir d'un coup à la tête », « tuer », XVIe s. « faire mourir d'ennui » : dér. de *somme*; **ASSOMMANT** XVIe s.; **ASSOMMEUR** XVe s.; **ASSOMMOIR** XVIIIe s. « instrument pour assommer », XIXe s. « surnom d'un cabaret parisien », d'où « cabaret en général », pris par Zola comme titre d'un de ses romans. ♦ [3] **SONGE** XIIe s. : *somnium*; **SONGER** XIe s.-XVIIe s. « rêver en dormant », XVIe s. sens mod. : lat. *somniare*; **SONGEUR** XIIe s.; **SONGERIE** XVe s.; **SONGE-CREUX** XVIe s.

B. mots savants

♦ [1] **SOMNOLENCE** XIVe s. : bas lat. *somnolentia*; **SOMNOLENT** XVe s. : bas lat. *somnolentus*, de *somnus*; **SOMNOLER** XIXe s. ♦ [2] **SOMNIFÈRE** XVe s. : *somnifer*. ♦ [3] **INSOMNIE** XVIe s. : *insomnia*; **INSOMNIAQUE, INSOMNIEUX** XXe s. ♦ [4] **SOMNAMBULE** XVIIe s. : composé de *somnus* et *ambulare* → ALLER, sur le modèle du lat. médiéval *noctambulus*.

II. mots latins de la famille de *sopor*

♦ [1] **ASSOUVIR** (pop.) XIIe s. lat. vulg. **assopīre*, de *sopire* qui, du sens d'« endormir », était passé en lat. vulg. à celui de « satisfaire »; s'est croisé en anc. fr. avec *assevir* « achever », du lat. vulg. *assequire*, class. *assequi* « poursuivre », de *sequi* → SUIVRE; **ASSOUVISSEMENT** XIVe s. « achèvement », XVIe s. sens mod.; **INASSOUVI** XVIIIe s. ♦ [2] **ASSOUPIR** (demi-sav.) XVe s. : réfection, d'après *sopīre*, de *assouvir*; **ASSOUPISSEMENT** XVIe s. ♦ [3] **SOPORIFIQUE** (sav.) XVIIe s. : dér. sur *sopor*.

III. mots savants d'origine grecque

**HYPN(O)-** : gr. *hupnos* 1er élément de mots sav., ex. : **HYPNOTIQUE** XVIe s.; **HYPNOSE, HYPNOTISER, -ISEUR, -ISME, HYPNAGOGIQUE** XIXe s.

**SONDE** XIIIe s.; XVIe s. chirurgie; **SONDER** XIVe s. : mots tirés de l'anglo-saxon *sundgyrd* « perche pour sonder », *sundrap* « corde pour sonder », dont le 1er élément signifie en fait « mer »; **INSONDABLE** XVIe s., **SONDAGE** XVIIIe s.; **RADIOSONDE** XXe s.

**SONNER** famille du lat. *sonare* « faire entendre un son », auquel se rattachent (1) les subst. *sonus, -ūs* « son » et son doublet poétique *sonor, -oris*, d'où lat. imp. *sonorus* « retentissant » et bas lat. *sonoritas* (2) les composés (a) *assonare* « répondre par un son » (b) *consonare* « produire un son ensemble, avoir le même son », d'où l'adj. *consonus* « qui retentit ensemble », fém. subst. *consona* « qui se fait entendre avec (une voyelle) », « consonne » (c) *dissonare* « rendre des sons discordants » (d) *resonare* « renvoyer les sons, résonner » (3) l'adj. bas lat. *unisonus* « qui a le même son ».

♦ [1] **SONNER** (pop.) XIe s. : *sonāre*; **SONNEUR, SONNERIE, SONNETTE, SONNAILLE** XIIIe s.;

**MALSONNANT** XV^e^ s. ♦ [2] **SON** XII^e^ s. : *sŏnus*, avec influence de *sonner*, qui a empêché la diphtongaison de l'ŏ, ou infl. du mot. lat.; **SONIQUE, SUPERSONIQUE** XX^e^ s.; **ULTRA-SON, INFRA-SON** XX^e^ s.; **SONO-** 1^er^ élément de composés, ex. : **SONOMÈTRE** XVII^e^ s.; **SONOTHÈQUE** XX^e^ s. ♦ [3] **SONNET** XVI^e^ s., poème à forme fixée par Pétrarque : it. *sonnetto*, de l'anc. prov. *sonet*, dér. de *son* « poème », « chanson », sens commun à l'anc. prov. et à l'anc. fr. ♦ [4] **SONATE** XVIII^e^ s., mus. : it. *sonata*, part. passé fém. substantivé de *sonare* au sens de « jouer d'un instrument » (s'oppose à *cantata* « morceau de musique chanté »). ♦ [5] **UNISSON** (sav.) XIV^e^ s. : *unisonus*. ♦ [6] **SONORITÉ** (sav.) XV^e^ s., rare avant le XVIII^e^ s. : *sonoritas*; **SONORE** XVI^e^ s. : *sonorus*; **SONORISER, SONORISATION** XIX^e^ s.; **INSONORISER, INSONORISATION** XX^e^ s. ♦ [7] **RÉSONNER** (pop.) XII^e^ s. : *resonare*; **RÉSONNEMENT** XII^e^ s.; **RÉSONANCE** (sav.) XV^e^ s. : *resonantia*; **RÉSONATEUR** XIX^e^ s. ♦ [8] **CONSONANCE, CONSONANT** (sav.) XII^e^ s. : *consonantia, consonans*, de *consonare*; **CONSONNE** XVI^e^ s. : *consona*; **CONSONANTIQUE, CONSONANTISME** XX^e^ s. ♦ [9] **DISSONANCE** et **DISSONER** (sav.) XIV^e^ s. : *dissonantia* et *dissonare*. ♦ [10] **ASSONANCE** (sav.) XVII^e^ s.; **ASSONANT** XVIII^e^ s., **ASSONER** XIX^e^ s. : de *assonare*. ♦ [11] **SONAR** : XX^e^ s. : mot angl. composé du début des mots *sound navigation and ranging*; 1^er^ élément empr. à l'anc. fr. *son, sonner*.

**SOPHISTE** famille savante du gr. *sophos* « habile, savant, sage ». ♦ [1] **SOPHISTE** XIII^e^ s. : gr. *sophistês*, par le lat. : de *sophizein* « exceller en un art quelconque »; désignait, en particulier, à Athènes, des maîtres de philosophie et d'éloquence qui enseignaient la manière de défendre toutes les thèses, même contradictoires, avec des arguments brillants et spécieux; **SOPHISME** XII^e^ s. « ruse », XVI^e^ s. « raisonnement trompeur » : gr. *sophisma*, de *sophizein*, par le lat.; **SOPHISTIQUE** XIII^e^ s. : *sophistikos*, par le lat.; **SOPHISTIQUER** XIV^e^ s.; **SOPHISTIQUÉ** XVII^e^ s., adj. ♦ [2] **PHILOSOPHIE** XII^e^ s. sens mod. et « science » : *philosophia*, littéralement « amour de la sagesse »; **PHILOSOPHE** XII^e^ s. sens mod. et sav. « alchimiste » : *philosophos* « ami de la sagesse », par le lat.; **PHILOSOPHIQUE** XIV^e^ s. : *philosophikos*, par le lat.; **PHILOSOPHAL** XIV^e^ s. : de *philosophe* au sens d'« alchimiste »; **PHILOSOPHER** XIV^e^ s. : lat. *philosophari*, de *philosophus*. ♦ [3] **SOPHIE**, prénom fém. : gr. *sophia* « sagesse ».

**SORBE** (sav.) XIII^e^ s. : lat. *sorbum*; **SORBIER** XIII^e^ s.

**SORDIDE** (sav.) XV^e^ s. : lat. *sordidus*, de *sordes* « saleté ».

**SORNETTE** ♦ [1] XV^e^ s., dimin. de *sorne* XV^e^ s. « plaisanterie », d'où *sorner* « railler » : anc. prov. *sorn* « obscur », apparenté à l'adv. prov. mod. *sournamen* « sournoisement » et aux adj. *sournet, sournacho*, etc. « sournois » (p.-ê. par l'intermédiaire du sens de « qui parle par énigmes, qui ne dit pas franchement ce qu'il pense ») : probablement croisement du fr. *morne* et du représentant prov. de *surdus* → SOURD. ♦ [2] **SOURNOIS** XVII^e^ s. : mot d'origine méridionale, de même famille que le précédent.

**SORT** famille du lat. *sors, sortis* « petite tablette de bois servant à tirer au sort », d'où « décision du sort », « lot », « destinée », et dès le lat. imp. « manière, façon » : d'où *consors, -sortis* « qui partage le même sort » : *sortiri, sortitus* « tirer au sort »; *sortilegus*, (→ LIRE).

**I.** mots populaires

♦ [1] **SORT** XI^e^ s. : *sors, sortis*. ♦ [2] **SORCIER** VIII^e^ s., gloses de Reichenau, sous la forme légèrement latinisée *sorcerius* : lat. vulg. **sortiarius*, dér. de *sors, sortis*; **ENSORCELER** var. dissimulée de *ensorcerer* XII^e^ s. : dér. de *sorcier*; **SORCELLERIE**; XIII^e^ s. : forme dissimilée de **sorcererie*; **ENSORCELLEMENT** XIV^e^ s.; **ENSORCELEUR** XVI^e^ s. ♦ [3] **SORTIR** XII^e^ s. « tirer au sort », « prédire », « obtenir par le sort », « pourvoir », « échapper »; XVI^e^ s. emploi mod., qui a dû prendre naissance dans le part. passé *sortītus* « sorti (dans un tirage au sort) » et a éliminé l'anc. verbe *issir* (→ ISSUE, art. IRAI [J']) : lat. *sortīri*; **SORTABLE** XIV^e^ s. : de *sortir* au sens de *pourvoir*; **SORTIE** XVI^e^ s. ♦ [4] **RESSORTIR** XI^e^ s. « rebondir », d'où XIII^e^ s. au sens fig.; **RESSORT** jur. « recours à une juridiction supérieure », sur lequel a été formé un second **RESSORTIR** (à) XIV^e^ s. « être du ressort de » et **RESSORTISSANT** XVII^e^ s.; **RESSORT** XVI^e^ s. « pièce métallique élastique » et divers sens fig., se rattache au sens propre de *ressortir*.

**II.** mots savants

♦ [1] **SORTE** XIII^e^ s. : *sors, sortis*, au sens de « manière »; **ASSORTIR** XIV^e^ s. « disposer, munir »; **ASSORTIMENT** XVI^e^ s.; **DÉSASSORTIR** XVII^e^ s.; **RASSORTIR** ou **RÉASSORTIR, -IMENT** XIX^e^ s. ♦ [2] **CONSORT** XIV^e^ s. « complice », XVII^e^ s. « conjoint du souverain d'Angleterre » : *consors, -sortis*; **CONSORTIUM** XIX^e^ s. : mot angl. « association », formé sur *consors* ♦ [3] **SORTILÈGE** XV^e^ s. : *sortilegus*.

**SOT** (pop.) XII^e^ s. : bas lat. (IX^e^ s.) *sŏttus*, mot expressif, avec des correspondants approximatifs dans diverses langues; **SOTIE** ou **SOTTIE, SOTTISE, RASSOTÉ** XII$^e$ s.; **SOTTISIER** XVII$^e$ s.; **SOT-L'Y-LAISSE** XVIII$^e$ s. « croupion d'une volaille ».

**SOU** famille d'une racine ind.-eur. **sal-*, **sol-* « entier, massif ».
En grec, *holos* « entier » (issu de **sol-wos*), d'où la locution adverbiale *katholou* « en général » et l'adj. dér. *katholikos* « universel »; gr. eccl. *katholikê ekklêsia* « l'église universelle ».
En latin (1) *solidus* « massif, solide »; en bas lat. abrév. de *nummus solidus* « monnaie d'or à cours stable de l'époque de Constantin »; *soliditas* « solidité »; *solidare* et *consolidare* « rendre solide » et *consolida* « plante à propriétés astringentes » (2) *sollus*, var. osque de *solidus*, mot arch. qui apparaît en composition dans (a) *sollicitus* (pour le 2$^e$ élément → CITER) « complètement agité », d'où *sollicitare* « remuer totalement » et *sollicitudo* « inquiétude » (b) *sol(l)emnis* « valable pour le déroulement d'une année entière », « qui revient tous les ans », dont le 2$^e$ élément est un ancien mot italique **amno-* « circuit »; bas lat. *sollemnitas* « solennité, fête solennelle » (3) l'adj. *salvus*, à l'origine « entier, intact » et en lat. class. « sain et sauf, en bonne santé », et le substantif *salus, -utis* « bon état », « santé », « sauvegarde ». Au premier se rattachent les verbes (a) *salvere* « être en bonne santé », utilisé surtout à l'impératif comme formule de salutation (b) bas lat. *salvare* « sauver » (qui a éliminé *servare*), d'où *salvator* « sauveur ». Au second (a) *saluber* et *insaluber* « bon » et « mauvais pour la santé »; *salutaris* « utile à la conservation » (b) le verbe *salutare* « souhaiter bonne santé à quelqu'un », « le saluer ».

**I.** mots d'origine latine de la famille de *solidus*

**A.** mots populaires

♦ [1] **SOU** XI$^e$ s., var. *sol* : *solĭdus*, au sens de « monnaie ». ♦ [2] **SOUDOYER** XII$^e$ s. « payer une solde à des gens de guerre », XVIII$^e$ s. « corrompre » et **SOUDARD** XIV$^e$ s. subst. « mercenaire », XVII$^e$ s. « soldat brutal et grossier » : dér. de *sold*, var. anc. de *sou*. ♦ [3] **SOUDER** XII$^e$ s. : *solidare*; **RESSOUDER** XII$^e$ s.; **SOUDURE** XIII$^e$ s.; **SOUDEUR** XIV$^e$ s. ♦ [4] **CONSOUDE** XII$^e$ s. bot. : *consolida*.

**B.** mots empruntés à l'italien

♦ [1] **SOLDE** XV$^e$ s. « paie des mercenaires » : it. *soldo*, masc., équivalent du fr. *sou*; le fém., en fr. est dû à la terminaison; **DEMI-SOLDE** XIX$^e$ s. ♦ [2] **SOLDAT** XVI$^e$ s., devenu usuel au XVII$^e$ s. où il a largement éliminé *soudard* : it. *soldato*, de *soldo* et *soldare* « payer une solde », part. passé substantivé; **SOLDATESQUE** XVI$^e$ s. adj., XVII$^e$ s. subst. : it. *soldatesco*, dér. de *soldato*. ♦ [3] **SOLDER** XVII$^e$ s. « acquitter un compte », XIX$^e$ s. « vendre au rabais » : altération, sous l'influence de *solde*, de l'it. *saldare* « souder » et « acquitter », dér. de *saldo* « ferme, solide » et « acquit » : croisement de *solidus* et de *validus* → VALOIR; **SOLDE** subst. masc. XVII$^e$ s. banque; XIX$^e$ s. commerce : it. *saldo*.

**C.** mots savants

♦ [1] **SOLIDE** XIV$^e$ s. adj.; XVII$^e$ s. subst. : *solidus*; **SOLIDITÉ** XIV$^e$ s., rare avant le XVII$^e$ s. : *soliditas*; **SOLIDIFICATION** XVI$^e$ s., rare avant le XIX$^e$ s.; **SOLIDIFIER** XVIII$^e$ s. ♦ [2] **CONSOLIDER** XIV$^e$ s. : *consolidare*; **CONSOLIDATION** XIV$^e$ s.; **CONSOLIDABLE** XIX$^e$ s. ♦ [3] **SOLIDAIRE** XV$^e$ s. jur., se dit d'un bien commun à plusieurs personnes, chacune étant responsable du tout, et par extension des personnes liées par un acte solidaire; XVIII$^e$ s. sens mod. : dér. d'après la locution lat. jur. *in solidum* « pour le tout », « solidairement »; **SOLIDARITÉ** XVIII$^e$ s.; **SOLIDARISER, SE DÉSOLIDARISER** XIX$^e$ s.

**II.** mots d'origine latine de la famille de *salvus* et *salus*

♦ [1] **SAUF** X$^e$ s. (pop.) « sauvé », survit dans la locution *sain et sauf* : *salvus*. L'emploi de *sauf*, invariable comme prép. au sens d'« excepté », date du XVI$^e$ s., et a pour origine des expressions anciennes telles que *sauve votre grâce* « sans porter atteinte à votre grâce »; **SAUF-CONDUIT** XII$^e$ s.; **SAUVEGARDE** XIII$^e$ s.; **SAUVEGARDER** XVIII$^e$ s. ♦ [2] **SAUVER** (pop.) IX$^e$ s.; XVI$^e$ s.. *se sauver* « s'enfuir » : *salvare*; **SAUVEUR** XI$^e$ s. : *salvator, -ōris*; **SAUVE-QUI-PEUT** XVII$^e$ s.; **SAUVETAGE** XVIII$^e$ s.; **SAUVETEUR** XIX$^e$ s.; **SAUVETTE** XIX$^e$ s. « petite hotte », survit dans l'expression *vendre à la sauvette* XX$^e$ s. ♦ [3] **SAUGE** (pop.) XII$^e$ s. : lat. *salvia*, probablement dérivé de *salvus* à cause des propriétés médicinales attribuées à cette plante. ♦ [4] **SALUT** XI$^e$ s.« salutation », masc. (pop.); XI$^e$ s.-XIII$^e$ s. « santé » et « salut éternel », fém.; XIV$^e$ s. extension du masc. : *salus, ūtis* (fém.); **SALUER** (pop.) XI$^e$ s. : *salūtāre*. ♦ [5] **SALUTATION** (sav.) XIII$^e$ s. : *salutatio*, de *salutare*; **SALUTAIRE** XIV$^e$ s. : *salutaris*; **SALUTISTE** XIX$^e$ s. « membre de l'Armée du Salut ». ♦ [6] **SALUBRE** (sav.) XIV$^e$ s. : *saluber*; **SALUBRITÉ** XV$^e$ s. : *salubritas*; **INSALUBRE, INSALUBRITÉ** XVI$^e$ s. : de *insaluber*. ♦ [7] **SALVE** (sav.) XVI$^e$ s. : lat. *salve*, impératif de *salvere* « porte-toi bien ! », « salut ! », les *salves* d'artillerie étant tirées pour saluer un grand événement. ♦ [8] **SALVE**, ou **SALVE REGINA** (sav.) XVII$^e$ s. : début d'une antienne à la Sainte Vierge « Salut, Reine ».

**III.** mots latins de la famille de *sollus*

♦ [1] **SOUCIER** (pop.) XIII$^e$ s. : lat. vulg. **sollĭcītāre*, class. *sollĭcĭtāre*; **SOUCIEUX** XIII$^e$ s.;

**SOUCI** XIV^e^ s. ; **SANS-SOUCI** XV^e^ s. ; **INSOUCIEUX, INSOUCIANT, INSOUCIANCE** XVIII^e^ s. ♦ [2] **SOLLICITUDE** (sav.) XIII^e^ s. : *sollicitudo* ; **SOLLICITER** XIV^e^ s. : « s'occuper de » et « troubler, déranger », d'où sens mod. « demander instamment » : *sollicitare* ; **SOLLICITEUR** XIV^e^ s. d'abord jur. « celui qui s'occupe d'une affaire » ; **SOLLICITATION** XV^e^ s. : *sollicitatio*. ♦ [3] **SOLENNEL** (sav.) XII^e^ s. : dér., sur *solennis*, var. bas lat. de *sollemnis* ; **SOLENNITÉ** XII^e^ s. : *solennitas* ; **SOLENNISER** et **SOLENNISATION** XIV^e^ s. du bas lat. *sollemnizare*.

**IV.** mots savants d'origine grecque

♦ [1] **CATHOLIQUE** XIII^e^ s. : gr. *katholikos*, par le lat. eccl. ; **CATHOLICISME, CATHOLICITÉ** XVI^e^ s. ♦ [2] **CATHOLICON** XVI^e^ s. : mot gr., par le lat. médical « (remède) universel ». ♦ [3] **OLOGRAPHE** XVII^e^ s. : altération de *holographe* « (testament) écrit *-(graphe)* tout entier *(holo-)* (de la main du testateur) », par le bas lat. ♦ [4] **HOLO-** 1^er^ élément de composés sav., ex. : **HOLOCAUSTE** XII^e^ s. (→ ENCRE) : lat. *holocaustum*, altération du gr. *holokauton* « brûlé entièrement » ; **HOLOMÈTRE** XVII^e^ s.

**SOUCHE** (pop.) XII^e^ s. : gaulois **tsukka*.

**SOUDE** ♦ [1] (demi-sav.) XVI^e^ s. : lat. médiéval *soda*, de l'arabe *suwwâd* « mal de tête » et « plante servant de remède contre le mal de tête, dont on extrayait de la soude » ; mot répandu en Europe par les Arabes de Sicile, fabricants de cette soude. ♦ [2] **SODIUM** XIX^e^ s. chimie : d'abord en angl., dér., sur *soda* ; **SODIQUE** XIX^e^ s. ♦ [3] **SODA** XIX^e^ s. : abrév. de l'angl. *soda-water* « eau de soude ».

**SOUFRE** ♦ [1] (pop.) XIII^e^ s. : lat. *sŭlphur*, d'origine méditerranéenne ; **SOUFRER** XIII^e^ s. ; **SOUFRIÈRE** XVI^e^ s. ♦ [2] **SOLFATARE** XVII^e^ s. : mot it., toponyme, désignant un volcan éteint entre Naples et Pouzzoles ; dér. de *zolfo* « soufre ». ♦ [3] **SULFUREUX** (sav.) XIII^e^ s. : bas lat. *sulfurosus* ; **SULFURÉ** XV^e^ s. ; **SULFURIQUE** XVI^e^ s. ; **SULFURE, SULFITE, SULFATE** XVIII^e^ s. ; **SULFATER, SULFATAGE** XIX^e^ s. ; **SULFATEUSE, SULFAMIDE, SULFURISÉ** XX^e^ s. ♦ [4] **-SULFURE,- SULFURIQUE,,** 2^es^ éléments de composés, ex. : **POLYSULFURE, PYROSULFURIQUE** XIX^e^ s. ; **SULF-**, 1^er^ élément, **SULFHYDRIQUE** XIX^e^ s.

**SOUHAITER** (pop.) XII^e^ s. : forme hybride associant un préf. lat., *subtus* → SOUS, à un subst. germ. ; d'abord *souhaidier*. À partir du frq. **hait* « vœu, promesse », on peut reconstituer un gallo-roman **subtus-haitare* « sous-promettre », « promettre sans trop s'engager » ; **SOUHAIT** XII^e^ s. ; **SOUHAITABLE** XVI^e^ s.

**SOUILLER** famille d'une racine ind.-eur. **su-* « porc », représentée en grec par *hus, huos* « porc », forme fém. *huaina* « bête féroce de Libye » ; en latin par *sus, suis* « porc », dimin. fém. *sŭcŭla* « jeune truie » et bas lat. *sŭcŭlus* « goret » ; en germanique, par le got. *swein*, l'angl. *swine*, l'all. *Schwein* « porc ».

**I.** mots d'origine latine

**SOUILLER** (pop.) XII^e^ s. : lat. vulg. **sŭcŭlāre* « cochonner », dér. de *sŭcŭlus* ; **SOUILLURE** XIV^e^ s. ; **SOUILLON** XV^e^ s. ; **SOUILLE** XIV^e^ s. vénerie ; XVI^e^ s. mar. ; **SOUILLARDE** XIX^e^ s.

**II.** mots d'origine grecque

♦ [1] **HYÈNE** (sav.) XII^e^ s. : gr. *huaina*, par le lat. ♦ [2] **JUSQUIAME** (sav.) XIII^e^ s. : bas lat. *jusquiamus* : gr. *huos kuamos* « fève de porc ».

**III.** mots d'origine germanique

**MARSOUIN** (pop.) XI^e^ s. : anc. scandinave *marsvin* « porc *(svin)* de mer *(mar)* ».

**SOUK** XVII^e^ s. sous la forme *soc* empr. à un mot ar. signifiant « marché » par l'intermédiaire de l'esp. ; la forme mod. empr. directement à l'ar. est de 1835.

**SOUPE** (pop.) XII^e^ s. « tranche de pain (que l'on recouvre de bouillon) », XIV^e^ s. « bouillon au pain » : bas lat. *suppa* (VI^e^ s.), mot empr. au germ. occidental (avec équivalents en got., néerl., angl.) ; **SOUPER** X^e^ s., infin. substantivé, partiellement remplacé au XIX^e^ s., dans la langue de Paris, par *dîner*, « repas du soir » ; XII^e^ s. verbe ; **SOUPIÈRE** XVIII^e^ s.

**SOUPIRER** famille du verbe lat. *spīrāre* « souffler », auquel se rattachent (1) les subst. *spiritus* « souffle », « souffle vital, âme » et lat. eccl. « Saint-Esprit », traduction du gr. *pneuma* (→ NEUME), hébreu *ruach*, d'où *spiritualis* « de la nature de l'esprit, immatériel » ; *spiraculum* « soupirail, ouverture » ; bas lat. *spiratio* « acte de souffler » (2) les composés *aspirare* « diriger son souffle vers », « faire effort vers » : *conspirare*, seulement au sens fig. de « être d'accord, comploter » ; *exspirare* var. *expirare* « laisser échapper en soufflant » et « rendre le dernier soupir » ; *inspirare* « souffler dans », « insuffler, communiquer » ; *respirare* « respirer » ; *suspirare* « respirer profondément », « soupirer à propos de quelqu'un ».

**I.** mots populaires ou demi-savants

♦ [1] **SOUPIRER** XI^e^ s. : *sŭspīrāre* ; **SOUPIR** XII^e^ s. ; **SOUPIRANT** adj. et subst. XIII^e^ s. ♦ [2]

**SOUPIRAIL** XII^e^ s. : adaptation, sous l'influence de *soupirer*, du lat. *spīrācŭlum*. ♦ [3] **ESPRIT** (demi-sav.) XII^e^ s., sens mod., et sens particuliers au Moyen Âge en médecine et en alchimie (qui ont laissé des traces dans les expressions *esprits animaux, esprit-de-vin* et le dér. *spiritueux*) : lat. *spīrĭtus*.

**II.** mots savants, base *-spir-*

♦ [1] **SPIRITUEL** X^e^ s. théol.; XVII^e^ s. « qui a l'esprit fin » : *spiritualis*; **SPIRITUALITÉ** XIII^e^ s. : *spiritualitas*, dér. bas lat. de *spiritualis*; **SPIRITUALISER** XVI^e^ s.; **SPIRITUALISME** XVII^e^ s.; **SPIRITUALISTE** XVIII^e^ s. ♦ [2] **ASPIRER** XII^e^ s. « souffler », XIII^e^ s. « respirer », d'où (en considérant l'autre mouvement de la respiration) XIV^e^ s. sens mod.; XIV^e^ s. *aspirer à* : *aspirare*; **ASPIRATION** XII^e^ s. même évolution; XVI^e^ s. linguist. (sens emprunté au lat.) : *aspiratio*; **ASPIRANT** XV^e^ s. subst.; **ASPIRATEUR** XIX^e^ s. ♦ [3] **CONSPIRER** XII^e^ s. : *conspirare*; **CONSPIRATION** XII^e^ s. : *conspiratio*; **CONSPIRATEUR** XIV^e^ s. ♦ [4] **EXPIRER** XII^e^ s. « souffler » et « rendre le dernier soupir », XIV^e^ s. « venir à son terme » : *expirare*; **EXPIRATION** XIV^e^ s. : *expiratio*. ♦ [5] **INSPIRER** XII^e^ s. « insuffler dans », en particulier en parlant de Dieu, XVI^e^ s. sens physiol. : *inspirare*; **INSPIRATION** XII^e^ s., même évolution : *inspiratio*; **INSPIRATEUR** une fois au XIV^e^ s., puis XVIII^e^ s. : bas lat. *inspirator*. ♦ [6] **RESPIRER** XII^e^ s. : *respirare*; **RESPIRATION** XV^e^ s. : *respiratio*; **RESPIRABLE** XIV^e^ s.; **IRRESPIRABLE** XVIII^e^ s. : bas lat. *respirabilis*; **RESPIRATOIRE** XVI^e^ s. Pour les mots scientifiques exprimant l'idée de « respiration » → -PNÉE, art. NEUME. ♦ [7] **TRANSPIRER** XVI^e^ s. : lat. médiéval *transpirare* « exhaler au travers », de *trans* → TRÈS, et *spirare*; **TRANSPIRATION** XVI^e^ s. ♦ [8] **SPIRITUEUX** XVI^e^ s. à propos du sang, XVII^e^ s. « alcoolisé » : dér. sur *spiritus*, employé dans la langue méd. et alchimique du Moyen Âge. ♦ [9] **SPIRATION** XIII^e^ s. théol. : bas lat. *spiratio*; **SPIRANT** XIX^e^ s. linguist. : part. présent de *spirare*; **SPIRO-**, 1^er^ élément de composés, ex. : **SPIROMÈTRE** XIX^e^ s. ♦ [10] **SPIRITE** XIX^e^ s. : abrév. de l'angl. *spirit-rapper* « esprit (*spirit* : lat. *spiritus*) frappeur (de *to rap* "frapper sur les doigts") »; **SPIRITISME** XIX^e^ s.

**SOUQUENILLE** XII^e^ s., nombreuses var. en anc. fr. : moyen haut all. *sukenie*, d'origine slave, qu'on peut rapprocher du tchèque *sukne*, et du polonais *suknia*.

**SOUQUER** XVII^e^ s. : prov. *souca* « serrer fortement, peiner », d'origine obscure.

**SOURD** famille d'une base expressive **sur-* « bourdonnement ».

En latin dans *susurrus* « murmure, chuchotement »; *surdus* « sourd », « qui ne peut entendre » ou « qu'on ne peut entendre », d'où *surditas, -atis* « surdité »; *absurdus* « discordant », « absurde ».

♦ [1] **SOURD** (pop.) XII^e^ s. : *surdus*; **ASSOURDIR** XII^e^ s.; **ASSOURDISSEMENT** XVII^e^ s.; **ASSOURDISSANT** XIX^e^ s. ♦ [2] **SOURDINE** XVI^e^ s. « trompette peu sonore », XVII^e^ s. sens mod. : it. *sordina*, de *sordo* « sourd ». ♦ [3] **SURDITÉ** (sav.) XV^e^ s. : *surditas*. ♦ [4] **ABSURDE** XII^e^ s. (sav.) : *absurdus*; **ABSURDITÉ** XIV^e^ s. : *absurditas*. ♦ [5] **SUSURRATION** XVI^e^ s. « médisance », XIX^e^ s. « chuchotement » : bas lat. *susurratio*; **SUSURRER** XIX^e^ s. : *susurrare*; **SUSURREMENT** XIX^e^ s.

**SOURIS** (pop.) XII^e^ s.; XIV^e^ s. boucherie : lat. vulg. **sorix, -īcis*, class. *sorex, -ĭcis*; **SOURICIÈRE, SOURICEAU** XV^e^ s.

**SOUS** famille d'une racine ind.-eur. **sub-, sup-*, indiquant un mouvement de bas en haut.

En grec *hupo-* « sous » et *huper* « sur »; *hubris* « excès, orgueil ».

En germanique commun **uberi*, angl. *over* « par-dessus ».

En latin *sub* « sous » (var. **subs-*, réduit à **sus-*) et *super* « sur », dont la parenté apparaît dans certains composés tels que *suspicere*, qui ne signifie pas « regarder sous » mais « regarder de bas en haut »; *surgere* « se dresser » (→ SURGIR, art. ROI); et *sursum* adv. « en montant », « vers le haut », issu de **sub-vorsum* (→ VERS). Outre son sens propre, *sub* a pu prendre les valeurs de « au pied de », « à la place de », « dans le voisinage », p. ex. dans *suburbanus* « proche de la ville », et exprimer l'idée de « succession immédiate », p. ex. dans *subinde* (→ EN, adv., art. Y) « immédiatement après » et « de temps en temps, souvent », — Dér. et comp. (1) les adv. *subtus* et *subter* « par en dessous » (2) *supinus* « couché sur le dos », qui, par une métaph; mal élucidée, a servi, dans la langue des grammairiens du Bas Empire, à désigner une forme verbale propre au latin (3) *superus*, comparatif *superior*, superlatif *supremus* « qui est au-dessus » (4) *supra*, var. *supera*, anc. ablatif fém. « au-dessus », qui s'emploie en particulier pour renvoyer à quelque chose qui a été dit « plus haut » (5) *superare* « être en surplus » « rester » (6) *summus*, autre forme de superlatif de *superus*, d'où lat. imp. *summitas, -atis* « sommet », et *summare* « porter à son apogée » (7) *summa*, fém. du précéd., subst., abrév. de *summa linea* « la ligne d'en haut », les Anciens ayant l'habitude de compter de bas en haut, d'où « somme formée par la réunion des éléments d'un compte », « total, ensemble »; d'où *summarium* subst. « sommaire, condensé »; *consummare* « faire le total », « achever », qui tend à se confondre, en particulier dans la langue de l'Église, avec *consumere* → CONSUMER, art. RANÇON (8) *superbus* « orgueilleux » → PROUVER-.

**I.** mots d'origine latine

**A.** mots populaires ou empruntés

♦ [1] **SOUS** $X^e$ s. : *subtus*, en bas lat. préposition; **DESSOUS** $XI^e$ s.-$XVII^e$ s. adv. et prép.; $XV^e$ s. subst.; **DESSOUS-DE-PLAT** $XX^e$ s.; **SOUS-,** var. **SOU-,** préf., entre en composition avec des verbes, ex. : *soulever, sous-entendre*, ou des subst., ex : *soucoupe, sous-vêtement*. ♦ [2] **SUS** $X^e$ s., adv. qui survit dans les locutions *en sus, courir sus*, employé aussi comme prép. jusqu'au $XVI^e$ s. : lat. *sūsum*, var. familière de *sūrsum*; **DESSUS** $XII^e$ s.-$XVII^e$ s. adv. et préposition, $XVI^e$ s. subst.; **PARDESSUS** $XIX^e$ s., vêtement; **DESSUS-DE-LIT, DESSUS-DE-PLAT** $XX^e$ s. ♦ [3] **SUZERAINETÉ** $XIV^e$ s., puis **SUZERAIN** : dér. de l'adv. *sus* analogiques de *souveraineté, souverain*. ♦ [4] **SUR** $XI^e$ s. : croisement de *sus* et de l'anc. fr. *soure* (pop.) $X^e$ s., de *supra*; **SUR-** préf. à valeur intensive, qui entre en composition avec des verbes, ex. : *surabonder*, des subst., ex. : *surtaxe*, des adj., ex. : *suraigu*. ♦ [5] **SOUVERAIN** $XII^e$ s. : bas lat. *sŭpĕrānus*, attesté en lat. médiéval; **SOUVERAINETÉ** $XII^e$ s. ♦ [6] **SOUVENT** $XI^e$ s. : *subĭnde*; **SOUVENTEFOIS** $XII^e$ s. ♦ [7] **SOUTE** $XIII^e$ s. : anc. prov. *sota*, prép. et subst., du lat. vulg. **sŭbta*, altération de *sŭbtus* sous l'influence de *sŭpra*; **SOUTIER** $XIX^e$ s. ♦ [8] **SOUTANE** $XVI^e$ s. et **SOUTANELLE** $XVII^e$ s. : it. *sottana* « vêtement de dessous », dér. de *sotto* « sous »; lat. *subtus*, et son dimin. *sottanella*. ♦ [9] **SOMBRER** (en parlant d'un bateau) $XVII^e$ s. : d'abord sous la forme *sous-soubrer*, altérée ensuite sous l'influence de *sombre* et interprétée comme *sous sombrer* (d'où l'on est passé facilement à *sombrer sous*) : de l'esp. *zozobrar* ou du port. *sossobrar*, « faire chavirer l'embarcation », issus du catalan *sotsobre* (composé de *sots* « en bas », du lat. *subtus*, et de *sobre* « en haut », du lat. *super*) et de son dérivé, le verbe *sotsobrar*. ♦ [10] **SOUBRETTE** $XVII^e$ s. : prov. *soubreto* « maniérée, mijaurée », fém. de *soubret* « qui fait le difficile », du verbe *soubra* « laisser de côté » : lat. *sŭpĕrāre*. ♦ [11] **SOPRANO** $XVIII^e$ s., mus. : mot it. « (chant) du dessus », du lat. vulg. **sŭpĕrānus* → SOUVERAIN.

**B.** base *-somm-* (pop. ou demi-sav.) et *-summ-* (sav.)

♦ [1] **SOMMET** (pop.) $XII^e$ s. : dimin. de l'anc. fr. *som* « id. », du lat. *summum* « le point le plus élevé ». ♦ [2] **SOMME** (pop.) $XII^e$ s. « quantité totalisée », $XIII^e$ s. « quantité d'argent » et « ouvrage complet et condensé »; $XIV^e$ s. *en somme* et *somme toute* « tout bien considéré » : *summa*. ♦ [3] **CONSOMMER** $XII^e$ s. « achever, parfaire » (sens qui subsiste encore dans l'expression *consommer un mariage*, et au part. passé), $XVI^e$ s. « utiliser jusqu'au bout en détruisant au fur et à mesure » : *consummare*; **CONSOMMATION** $XII^e$ s. « achèvement (survit dans *la consommation du mariage* et *la consommation des siècles*), $XVII^e$ s. « utilisation destructrice », $XIX^e$ s. « ce qu'on prend au café » : lat. eccl. *consummatio*; **CONSOMMÉ** $XIV^e$ s. adj. « parfait », $XVI^e$ s. subst. « bouillon »; **CONSOMMABLE, CONSOMMATEUR** $XVI^e$ s. ♦ [4] **SOMMER** $XIII^e$ s. « additionner » et juridique « mettre en demeure » : emploi médiéval de *summare* « faire la somme » et « résumer »; **SOMMATION** $XIV^e$ s. jur., $XV^e$ s. math. ♦ [5] **SOMMAIRE** $XIV^e$ s. substantif : *summarium*; **SOMMAIREMENT** $XIII^e$ s. atteste dès cette époque un emploi de *sommaire* comme adj., dér. de son emploi comme subst., qui doit être plus ancien que sa date de première attestation. ♦ [6] **SOMMITÉ** $XIII^e$ s., technique, $XIX^e$ s. « personne éminente » : *summitas, -atis*. ♦ [7] **SUMMUM** (sav.) $XIX^e$ s. : mot lat.

**C.** base *-sup-* (sav.)

♦ [1] **SUPÉRIEUR** $XII^e$ s. : *superior*; **SUPÉRIORITÉ** $XV^e$ s. : lat. médiéval *superioritas*. ♦ [2] **SUPERBE** $XII^e$ s. adj. et subst. : *superbus* et *superbia* → art. PROUVER. ♦ [3] **SUPERCHERIE** $XVI^e$ s. : réfection sav., d'après le lat. *super*, de l'it. *soperchieria* « excès, affront », de *soperchiare* « dépasser la mesure », lui-même dér. de *soperchio* « surabondant », du lat. vulg. **supercŭlus*, de *super*. ♦ [4] **SUPER-** préf. sav., dans plusieurs mots empr. au lat., ex. : *superficie* (→ FAIRE), *superstition* (→ ESTER) et dans des mots de formation fr. tels que *superviser, superfin, superproduction*. ♦ [5] **SUPRA** $XIX^e$ s. : mot lat. « plus haut »; **SUPRA-**, préf. sav., ex. : *supranationalité, suprasensible, supraterrestre*. ♦ [6] **SUPRÊME** $XV^e$ s. : *supremus*; **SUPRÉMATIE** $XVII^e$ s. : angl. *supremacy*, dér. de l'angl. *supreme*, lui-même empr. au fr. ♦ [7] **SUPIN** $XIII^e$ s., gramm. : *supinum*. ♦ [8] **SUPINATEUR** $XVI^e$ s., **SUPINATION** $XVII^e$ s. anat. : de *supinare*.

**D. -SUS-** (sav.) : préf. qui n'apparaît que dans des mots empr. au lat., ex. : *suspendre, suscription*, etc. : lat. *sus-*, var. de *sub-*.

**E. SUB-** (sav.) : préf. qui apparaît dans des mots empr. au lat., ex. : *subalterne, subséquent*, et dans des mots de création fr., verbes tels que *subdiviser, subdéléguer* et surtout adj., ex. :

*subalpin, subtropical*; **SUBTER-** : préf. lat., dans le mot d'empr. *subterfuge* → FUIR.

**II.** formes savantes d'origine grecque

♦ [1] **HYPO-** : gr. *hupo*, dans de nombreux mots empr., ex. : *hypocrite, hypothèse* et de nombreuses formations récentes, ex. : *hypophyse, hypotension, hypoglycémie.* ♦ [2] **HYPER-** : gr. *huper* : dans quelques mots d'empr., ex. : *hyperbole, hyperboréen*, et surtout dans de nombreux composés scientifiques où il fait couple avec *hypo* : ex. : *hypertension, hyperglycémie.*

**III.** mot d'origine germanique

**PULL-OVER** XX^e s. : mot angl., de *to pull over* « tirer par-dessus (la tête) »; 1^er élément d'origine germ.; 2^e élément équivalent germ. du lat. *super*, gr. *huper*.

**SOUTACHE** XIX^e s. d'abord « tresse garnisant le shako » : hongrois *sujtás* « galon »; **SOUTACHER** XIX^e s.

**SOVIET** ♦ [1] XX^e s. : mot russe « conseil »; **SOVIÉTIQUE, SOVIÉTISER, SOVIÉTISATION** XX^e s. ♦ [2] **SOVKHOZE** XX^e s. : mot russe, abrév. de *sovietskoïe khoziaistvo* « exploitation agricole d'État »; **SOVKHOZIEN** XX^e s.

**SPAHI** ♦ [1] XVI^e s. « cavalier turc de la garde du sultan », XIX^e s. cavalerie coloniale fr. : turc *sipāhi*, d'origine persane. ♦ [2] **CIPAYE** XVIII^e s. : port. *sipay*, du persan *sipāhi* « soldat ».

**SPARADRAP** XIV^e s. : lat. médiéval *sparadrappum*, ou it. *sparadrappo*, d'origine obscure.

**SPEAKER** ♦ [1] XVII^e s. « président de la Chambre des communes », XIX^e s. « orateur », XX^e s. radio : mot angl. d'origine germ., « parleur »; **SPEAKERINE** XX^e s. ♦ [2] **SPEECH** XIX^e s. : mot angl. « discours », de la même famille que *to speak*.

**SPÉLÉOLOGIE** (sav.) fin XIX^e s. et **SPÉLÉOLOGUE** XX^e s. : gr. *spêlaion* « caverne ».

**SPHÈRE** ♦ [1] (sav.) XVI^e s. (XIII^e s. *espère*) « globe », XVII^e s. « domaine de connaissances, étendue de pouvoir » : gr. *sphaira* « tout corps rond », « sphère », en particulier « corps céleste », par le bas lat.; **SPHÉRIQUE** XIV^e s.; **SPHÉRICITÉ, SPHÉROÏDE** XVIII^e s.; **SPHÉROMÈTRE** XIX^e s. ♦ [2] **-SPHÈRE** 2^e élément de composés, ex. : **HÉMISPHÈRE** XIII^e s. : gr. *hêmisphairion* « demi-sphère » par le lat.; **HÉMISPHÉRIQUE** XVI^e s.; **PLANISPHÈRE** XVI^e s., du lat. *planus* → PLAIN; **ATMOSPHÈRE** XVII^e s. et **ATMOSPHÉRIQUE** XVIII^e s. : du gr. *atmos* « vapeur »; **STRATOSPHÈRE** XIX^e s., du lat. *stratum* « couverture » → ESTRADE.

**SPHINCTER** (sav.) XVI^e s. : gr. *sphigktêr* « (muscle) qui resserre », de *sphiggein* « serrer ».

**SPHINX** (sav.) XVI^e s. : mot gr. à l'origine « monstre ailé à tête de femme sur un corps léonin, vaincu par Œdipe, qui seul sut venir à bout de ses énigmes »; p.-ê. apparenté au même verbe *sphiggein* que le précédent; **SPHINGE** XVI^e s.

**SPIRE** (sav.) XVI^e s. « enroulement, objet enroulé », p.-ê. apparenté à *sparton* « corde tressée avec du jonc » → ESPADRILLE; **SPIRAL** adj. et **SPIRALE** subst. (pour *ligne spirale*) XVI^e s. : lat. médiéval *spiralis*; **SPIRILLE** XIX^e s. « bactérie en forme de spire »; **SPIRILLOSE** XX^e s.

**SPLENDEUR** (sav.) XII^e s. : lat. *splendor*, de *splendere* « briller », « étinceler »; **RESPLENDIR, RESPLENDISSEMENT, RESPLENDISSANT** XII^e s. : de *resplendere* « id. »; **SPLENDIDE** XV^e s. : lat. *splendidus*.

**SPLÉNIQUE** ♦ [1] (sav.) XVI^e s. anat. : lat. *splenicus*, dér. sur le gr. *splên* « rate ». ♦ [2] **SPLEEN** XVIII^e s. : mot angl. « rate » et « humeur noire » : gr. *splên*, par le bas lat., la rate étant tenue par la médecine ancienne pour responsable de l'hypocondrie.

**SPONTANÉ** (sav.) XIV^e s. : lat. imp. *spontaneus* : de la locution *sponte sua* « de son plein gré », abl. de *spons, spontis* « volonté libre »; **SPONTANÉITÉ** XVII^e s.

**SQUALE** (sav.) XVIII^e s. : lat *squalus*, sorte de poisson.

**SQUAME** ♦ [1] (sav.) XIII^e s. : lat. *squama* « écaille »; **SQUAMEUX** XIII^e s. : *squamosus*; **SQUAMIFÈRE** XIX^e s. ♦ [2] **DESQUAMER** XIX^e s. : *desquamare*; **DESQUAMATION** XVIII^e s.

**SQUELETTE** XVI^e s. anat. : gr. *skeletos* adj. « desséché », neutre substantivé « momie » et « squelette »; **SQUELETTIQUE** XIX^e s.

**STAFF** XIX^e s. « stuc », XX^e s. « groupe dirigeant d'une entreprise » : mot angl. « bâton », d'origine germ., qui a pris de nombreux sens dér., en particulier celui de « rangée, alignement », « corps d'officiers »; **STAFFEUR** XX^e s.

**STAGNANT** (sav.) XVII^e s. : lat. *stagnans*, part. présent de *stagnare*, dér. de *stagnum* « étang »; **STAGNATION**, puis **STAGNER** XVIII^e s. : de *stagnare*.

**STALACTITE** et **STALAGMITE** (sav.) XVIII^e s. : du gr. *stalazein* « filtrer goutte à goutte » et *stalagmos* « écoulement goutte à goutte ».

**STAPHYLO-** (sav.) gr. *staphulê* « grain de raisin », 1^er élément de mots sav., ex. : **STAPHYLOCOQUE** XIX^e s.

**STÉAR-, STÉAT-** (sav.) gr. *stear, steatos* « graisse ».
♦ [1] **STÉATOME** XVI^e s. méd. : gr. *steatôma* « tumeur graisseuse »; **STÉATOPYGE** XIX^e s., de *pugê* « fesse » : « aux fesses grasses »; **STÉATOSE** XIX^e s. ♦ [2] **STÉATITE** XVIII^e s. minéral. « sorte de talc onctueux au toucher ». ♦ [3] **STÉARINE** chimie XIX^e s.; **STÉARIQUE, STÉARATE, STÉARINERIE** XIX^e s.

**STÈLE** (sav.) XVIII^e s. : gr. *stêlê* « bloc dressé », « borne », « stèle funéraire », par le lat.; p.-ê. apparenté à *histanai* (→ ESTER) ou à *stellein* (→ APÔTRE).

**STÉNO-** (sav.) gr. *stenos* « étroit, resserré ».
♦ [1] **STÉNOGRAPHIE** XVI^e s. « reproduction résumée »; XVIII^e s. sens mod.; **STÉNOGRAPHE, STÉNOGRAPHIER** fin XVIII^e s.; **STÉNOGRAPHIQUE, STÉNOGRAMME** XIX^e s. ♦ [2] **STÉNODACTYLOGRAPHIE** XX^e s. : contamination de *sténographie* et *dactylographie*; **STÉNODACTYLO** XX^e s. ♦ [3] **STÉNOTYPIE** XX^e s. : 2^e élément *tupos* « caractère »; **STÉNOTYPE, STÉNOTYPISTE** → TYPE, art. PERCER.

**STEPPE** XVII^e s. : russe *step* « id. »; **STEPPIQUE** XX^e s.

**-STÈRE** 2^e élément de composés empr. à *monastère* : **PHALANSTÈRE** → PHALANGE, art. PLANCHE; **FAMILISTÈRE** → FAMILLE.

**STÈRE** ♦ [1] (sav.) fin XVIII^e s. « un mètre cube (de bois) » : gr. *stereos* « solide ». ♦ [2] **STÉRÉO-**, 1^er élément de composés sav., ex. : **STÉRÉOTYPER** fin XVIII^e s., d'abord typo. puis sens fig. « clicher »; **STÉRÉOPHONIE** XIX^e s. « procédé donnant l'impression du relief acoustique »; **STÉRÉOGRAPHIE** XVIII^e s. « représentation des solides sur un plan », etc.

**STÉRILE** et **STÉRILITÉ** (sav.) XIV^e s. : lat. *sterilis, sterilitas*; **STÉRILISER** XIV^e s., rare avant le XVIII^e s.; fin XIX^e s. en bactériologie; **STÉRILISATION, STÉRILISATEUR** XIX^e s.; **STÉRILET** XX^e s.

**STÉTHOSCOPE** (sav.) XIX^e s. : du gr. *sthetos* « poitrine ».

**STEWARD** XIX^e s. : mot angl. « maître d'hôtel », « officier du palais royal », puis « officier d'un bateau, qui garde les marchandises » : anc. angl. *stigweard* « gardien (*weard* var. *ward* → GARDER, art. SERF) de la maison (*stig*, var. *stye*, d'origine scandinave) ». Le mot *steward* est à l'origine du nom de famille **STUART**.

**STREPTOCOQUE** (sav.) XIX^e s. : de *streptos* « arrondi » et *-coque* → COCCINELLE; **STREPTOMYCINE** XX^e s., de *streptos* et *mukês* « champignon ».

**STRIDENT** ♦ [1] (sav.) XV^e s. : du lat. *stridere*, d'origine onom., « produire un bruit strident »; **STRIDENCE** XX^e s. ♦ [2] **STRIDULEUX** XVIII^e s., **STRIDULATION** XIX^e s., **STRIDULER** XX^e s. : du lat. *stridulus* « sifflant ».

**STRIGE** ou **STRYGE** XIX^e s. « vampire » : gr. *strigx, striggos*, « effraie, oiseau de nuit au cri strident », par le lat.

**STRIP-TEASE** XX^e s. : mot angl., composé de *to strip* « déshabiller » et *to tease* « agacer », tous deux d'origine germ.; **STRIP-TEASEUSE** XX^e s.

**STROPHE** famille sav. d'une racine ind.-eur. **strebh-* « tourner ».
En grec (1) *strabos* « tordu », « qui louche », d'où *strabismos* « action de loucher » (2) *strephein* « tourner », d'où *strophê* « tour » et dans le théâtre grec « évolution du chœur sur la scène de gauche à droite » et « partie d'un chœur que les choristes chantent en effectuant cette évolution »; *antistrophê* « partie du chant que le chœur chantait en retournant à l'endroit d'où il était parti pour chanter la strophe » (3) les composés de *strephein* (a) *anastrephein* « tourner sens dessus dessous », d'où *anastrophê* « renversement » (b) *apostrephein* « détourner »

et *apostrophê* « action de détourner », employé en rhétorique (c) *katastrephein* « tourner sens dessus dessous », « abattre », d'où *katastrophê* « bouleversement ».
♦ [1] **STROPHE** XVIe s. sens gr., XIXe s. « stance » : *strophê*, par le lat. ; **STROPHIQUE** XIXe s. ; **ANTISTROPHE** XVIe s. « strophe lyrique du même schéma que la première » : *antistrophê*. ♦ [2] **APOSTROPHE** XVIe s. rhét. et typo., XVIIe s. « interpellation » : *apostrophê* ; **APOSTROPHER** XVIIe s. ♦ [3] **CATASTROPHE** XVIe s. : gr. *katastrophê*, par le lat. ; **CATASTROPHIQUE, CATASTROPHÉ** XXe s. ♦ [4] **ANASTROPHE** XVIIIe s. rhét. « renversement de l'ordre habituel des termes d'un groupe » : *anastrophê*. ♦ [5] **STRABISME** XVIe s. : *strabismos*.

**STRYCHNINE** (sav.) XIXe s., corps contenu dans la noix vomique : dér., sur le gr. *strukhnos*, nom de plusieurs plantes vénéneuses, en particulier le vomiquier.

**STUC** XVIe s. : it. *stucco*, du longobard **stukki* « écorce », apparenté à l'anc. haut all. « croûte, enduit » (all. *Stück*).

**SUAVE** famille sav. d'une racine ind.-eur. **swād-* « être agréable ».
En grec *hêdus* « doux », *hêdonê* « plaisir ».
En latin (1) *suavis* « doux », *suavitas* « agrément » (2) *suadere* « conseiller », *persuadere* « convaincre », d'où *persuasio*, et *dissuadere* « déconseiller ».

**I.** mots d'origine latine

♦ [1] **SUAVITÉ** XIIe s. : *suavitas* ; **SUAVE** XVIe s. : *suavis* ; a éliminé la forme pop. *souef* XIe s., de même origine. ♦ [2] **PERSUADER, PERSUASION, PERSUASIF** XIVe s. : *persuadere, persuasio*, et bas lat. *persuasivus*. ♦ [3] **DISSUADER, DISSUASION** XIVe s. : *dissuadere, dissuasio*.

**II.** mot d'origine grecque

**HÉDONISME** XIXe s. : du gr. *hêdonê*.

**SUBLIME** ♦ [1] (sav.) XIVe s. alchimie « distillé » ; XVe s. sens mod. : lat. *sublimis* « haut, suspendu en l'air », au propre et au fig., probablement de *sub* → SOUS, et *limis*, var. *limus* « oblique », littéralement « qui s'élève en pente » ; **SUBLIMITÉ** XIVe s. : lat. imp. *sublimitas*. ♦ [2] **SUBLIMER** XIVe s. alchimie « distiller » (à cause de la condensation des éléments volatils en haut du vase), XVIIIe s. « épurer, raffiner », XXe s. psychanalyse : lat. imp. *sublimare* « élever en l'air » ; **SUBLIMATION** XIVe s. : *sublimatio* ; **SUBLIMÉ** XVe s. : part. passé substantivé.

**SUCER** ♦ [1] (pop.) XIIe s. : lat. vulg. **sūctiāre*, class. *sugere, suctus* « id. » ; **SUÇOTER** XVIe s. ; **RESUCER** XVIIe s., et **RESUCÉE** XIXe s. ; **SUÇON** XVIIe s. ; **SUCEUR, SUÇOIR** XVIIIe s. ; **SUCETTE** XIXe s. ♦ [2] **SANGSUE** (pop.) XIIe s. : lat. *sanguisūga* « suce-sang ». ♦ [3] **SUCCION** (sav.) XIVe s. : pour **suction* : dér. sur *suctus*, part. passé de *sugere*.

**SUCRE** ♦ [1] XIIe s. : lat. *zuccarum*, adaptation de l'it. *zucchero* : ar. *soukkar* (les Arabes de Sicile et aussi ceux d'Andalousie cultivaient et raffinaient la canne à sucre), mot originaire des Indes (sanscrit *carkarâ* « grain »), par le persan ; **SUCRER** XIIIe s. Pour certains mots scientifiques exprimant la notion de « sucré » → GLYCO-, GLYCÉRO-, art. GLYCINE. **SUCRIER** XVIe s. adj., XVIIe s. « fabricant de sucre », ainsi que **SUCRERIE** « fabrique de sucre », au XVIIe s. également « récipient où l'on met le sucre » et « friandise à base de sucre » : mots créés par les Français des Antilles. ♦ [2] **SACCHARINE** XIXe s. chimie : dér. du gr. *sakkaron* « sucre », empr. à une langue de l'Inde ; **POLYSACCHARIDE** XXe s.

**SUD** ♦ [1] XIIe s. : anc. angl. *suth* (mod. *south*), d'origine germ. → aussi MÉRIDIONAL, art. DIEU ; **SUD-**, 1er élément de composés, dans **SUD-EST, SUD-OUEST** XVe s. ; **SUD-AMÉRICAIN, SUD-AFRICAIN** XIXe s. ; **SUDISTE** XIXe s. : Américain du sud des États-Unis, pendant la guerre de Sécession. ♦ [2] **SUROÎT** XVe s. : mot dial. (Normandie), *surouet*, altération, d'après *norouet* « nord-ouest », de *sud-ouest* ; désigne à la fois un vent et un vêtement de marin.

**SUER** famille d'une racine ind.-eur. **swoid-*.
En grec *hidrôs* « sueur ». En germanique **swaitjan* « suer », angl. *to sweat*. En latin *sudare, sūdātum* « suer », d'où *sūdor, sūdātio* « sueur », *sūdārium* « mouchoir » et bas lat. « suaire ».

**I.** mots d'origine latine

♦ [1] **SUER** (pop.) XIIe s. : lat. *sudare* ; **RESSUER** XIIe s. ; **SUÉE** XVe s. ♦ [2] **SUINT** (pop.) XIVe s. : dér. de *suer* avec le suff. *-in* (avec valeur collective) et *-t* final p.-ê. empr. à *oint* ; **SUINTER** XVIe s. ; **SUINTEMENT** XVIIIe s. ♦ [3] **SUEUR** XIIe s. (pop.) : *sudor, -ōris*. ♦ [4] **SUAIRE** (demi-sav.) XIIe s. : *sudārium*. ♦ [5] **SUDATION** (sav.) XVIe s. : *sudatio* ; **EXSUDER** XVIe s. : *exsudare* ; **EXSUDATION** XVIIIe s. : *exsudatio* ; **TRANSSUDER, TRANSSUDATION** XVIIIe s. : de *trans* et *sudare*. ♦ [6] **SUDO-** : 1er élément de composés sav., ex. : **SUDORIFIQUE** XVIe s., **SUDORIPARE** XIXe s.

**II.** mot d'origine grecque

**HÉMATIDROSE** XIX^e s. « sueur de sang », de *haima, -atos* → HÉMA- et *hidrôs*.

**III.** mot d'origine germanique

**SWEATER** XX^e s. : mot angl. dér. de *to sweat*.

**SUFFOQUER** (sav.) XIV^e s. « étouffer », XVII^e s. sens fig. : lat. *suffocare* « serrer la gorge, étrangler, étouffer », dér. de *fauces* « gorge »; **SUFFOCATION** XIV^e s. : *suffocatio*; **SUFFOCANT** XVII^e s., adj.

**SUIE** (pop.) XII^e s. : gaulois **sudia*.

**SUIF** ♦ [1] (pop.) XIII^e s. : altération, par métathèse des voyelles et adjonction d'un *f* analogique (→ SOIF) de *siu*, var. *seu* XII^e s., du lat. *sēbum* « id. ». ♦ [2] **SÉBACÉ** (sav.) XVIII^e s. : lat. imp. *sebaceus* « de suif »; **SÉBUM** XIX^e s. physiol. : mot lat.; **SÉBORRHÉE** XIX^e s. (pour le 2^e élément → RHUME).

**SUIVRE** famille d'une racine ind.-eur. **sekʷ-* « suivre, venir après », à laquelle se rattachent en latin (1) l'adv. *secus* « le long de », « autrement », qui a pour dér. (comme *magis, magister* → MAIS, et *minus, minister* → MOINS) l'adj. *sequester* « intermédiaire, médiateur », neutre substantivé *sequestrum* « séquestre », d'après les expressions *in sequestro ponere, dare* « mettre en dépôt (entre les mains d'une tierce personne) », d'où en bas lat. *sequestrare* « mettre en dépôt » et « séparer, éloigner » et *sequestratio* « dépôt » et « séparation » (2) le verbe *sequi, secutus* « suivre », d'où (a) l'adj. *secundus*, ancien part. « qui vient après », « second » et « inférieur », et *secundarius* « de second rang » (b) le verbe *sectare* « escorter », « fréquenter » et *sectator* « membre d'une escorte », « disciple » (c) les subst. *secta* « ligne de conduite » et « parti », « école philosophique »; bas lat. *sequela* et *sequentia* « suite » (3) une série de composés de *sequi* : (a) *consequi, -cutus* « suivre », « atteindre », « s'ensuivre »; part. présent *consequens* « connexe »; *consequentia*, plur. neutre « conséquence logique » (b) *exsequi, -cutus* « poursuivre jusqu'au bout », « chercher un châtiment, venger »; *exsecutio* « achèvement », « poursuite judiciaire »; *executor* « celui qui accomplit », « celui qui venge » (c) *obsequi* « suivre (les désirs de) », d'où *obsequium* « complaisance, déférence »; bas lat. plur. neutre *obsequia* « suite de clients, cortège »; *obsequiosus* « déférent, complaisant » (d) *persequi, -cutus* « suivre obstinément de bout en bout »; *persecutio* « poursuite, judiciaire »; bas lat. *persecutor* « demandeur, en justice » (e) *subsequi* « suivre immédiatement ».

**I.** mots populaires ou empruntés

♦ [1] **SUIVRE** X^e s. (nombreuses var. en anc. fr.) : lat. vulg. **sĕquĕre*, class. *sequi*; **POURSUIVRE** XII^e s.; **S'ENSUIVRE** XIII^e s.; **SUIVANT** XV^e s. : part. présent employé comme prép.; **SUIVANTE** subst. fém. XVI^e s. ♦ [2] **SUITE** XII^e s., d'abord *siute* : anc. part. passé fém. substantivé, du lat. vulg. **sĕquĭta*; **POURSUITE** XIII^e s.; **ENSUITE** XVII^e s. ♦ [3] **SÉGUEDILLE** XVII^e s. : esp. *seguidilla*, nom de danse, dimin. de *seguida* « suite », du verbe *seguir* « suivre », du lat. *sequi*. ♦ [4] **SET** XX^e s., d'abord « manche » au tennis, puis désigne divers objets *(set de table)* : mot angl., à l'origine « groupe de personnes » (XIV^e s.), puis « collection de choses »; attesté au XVI^e s. dans la langue des jeux; de l'anc. fr. *secte*, var. *sette*, du lat. *secta*; influencé dans son développement ultérieur par *to set* « placer » (→ SEOIR).

**II.** mots savants

**A.** base *-sequ-*

♦ [1] **OBSÈQUES** XII^e s. sing. « service funèbre » : lat. *obsequium* « cortège ». ♦ [2] **SÉQUENCE** XIII^e s. : *sequentia* « ce qui vient après (l'alléluia) » en liturgie; XVI^e s. jeu; XX^e s. cinéma et linguist.; **SÉQUENTIEL** XX^e s. ♦ [3] **CONSÉQUENCE** XIII^e s. : *consequentia*; **CONSÉQUENT** XIV^e s. : *consequens*; **INCONSÉQUENT, INCONSÉQUENCE** XVI^e s. : *inconsequens, inconsequentia*. ♦ [4] **SUBSÉQUENT** XIV^e s. : *subsequens*; **SUBSÉQUEMMENT** XIII^e s. ♦ [5] **SÉQUELLE** XIV^e s. : *sequela*. ♦ [6] **SÉQUESTRE** XIV^e s. « état de ce qui est séquestré » : *sequestrum*; XVII^e s. « gardien du séquestre » : *sequester*; **SÉQUESTRER** XIV^e s. « mettre sous séquestre », XVI^e s. « enfermer illégalement » : *sequestrare*; **SÉQUESTRATION** XV^e s. : *sequestratio*. ♦ [7] **OBSÉQUIEUX** et **OBSÉQUIOSITÉ** XV^e s. : *obsequiosus* et *obsequiositas*. ♦ [8] **EXEQUATUR** XVIII^e s. « décret rendant une décision exécutoire » : mot lat., pour *exsequatur* « qu'il exécute ».

**B.** base *-sec-*

♦ [1] **SECOND** XII^e s. adj.; XVII^e s. subst. « aide, collaborateur », en part. dans la marine : *secundus*; **SECONDE** XVII^e s. mus. et division du temps : *secunda* et *secunda minuta*, plur. neutre « parties menues résultant de la seconde division de l'heure ou du degré »; **SECONDAIRE** XIII^e s. « de seconde importance », XVIII^e s. « qui constitue une seconde période » (enseignement, géologie) : *secundarius*; **SECONDER** XVI^e s. « aider en qualité de second ». ♦ [2] **SECTE** XIII^e^ s. « doctrine », XIV^e^ s. « petit groupe de gens professant la même doctrine religieuse » : *secta* ; **SECTATEUR** XV^e^ s. : *sectator* ; **SECTAIRE** XVI^e^ s. ; **SECTARISME** XX^e^ s.

C. base *-secut-*

♦ [1] **PERSÉCUTER** X^e^ s. ; **PERSÉCUTION, PERSÉCUTEUR** XII^e^ s. : *persecutio, persecutor*. ♦ [2] **EXÉCUTER, EXÉCUTION** XIII^e^ s. : *exsecutio* ; **EXÉCUTEUR** XII^e^ s. ; **EXÉCUTOIRE** XIV^e^ s. : bas lat. *exsecutorius* ; **EXÉCUTIF** XIV^e^ s., rare avant le XVIII^e^ s. ; **EXÉCUTABLE, INEXÉCUTABLE, INEXÉCUTION** XVI^e^ s. De l'anglo-amér. *execution*, empr. au fr., a été tirée, par fausse coupe, la fin du mot **ÉLECTROCUTION**, empr. par le fr. en 1890, année où ce procédé fut employé pour la première fois aux U.S.A. pour une exécution capitale ; d'où ensuite **ÉLECTROCUTER** XIX^e^ s. : anglo-américain *electrocute*, sur le modèle de *to execute*, également d'origine fr. ; **HYDROCUTION** XX^e^ s. : formation analogique des précédents. ♦ [3] **CONSÉCUTION** XIII^e^ s. astron. : *consecutio*, de *consequi, -cutus* ; **CONSÉCUTIVEMENT** XIV^e^ s. ; **CONSÉCUTIF** XV^e^ s.

**SULTAN** ♦ [1] XIII^e^ s. *soltan* « tout souverain musulman » : turc *sultan* « prince » ; XVI^e^ s. forme mod. avec *u* désignant précisément le Grand Turc : lat. *sultanus*, adaptation it. de la forme turque ; **SULTANE** XVI^e^ s. ; **SULTANAT**, XIX^e^ s. ♦ [2] **SOUDAN** XIII^e^ s., var. du précéd., conservé comme nom d'un pays d'Afrique jadis soumis au *soudan*, ou *sultan* d'Égypte.

**SUR** ♦ [1] (pop.) XII^e^ s. adj. « acide » : frq. **sūr* (all. *sauer*) ; **SURET** XIII^e^ s. ; **SURIR** XIX^e^ s. ♦ [2] **CHOUCROUTE** XVIII^e^ s. : altération, par étym. populaire, sous l'influence de *chou* et de *croûte*, du dial. alsacien *sûrkrût*, all. *sauerkraut*, littéralement « herbe *(kraut)* sure *(sauer)* ».

**SUREAU** (pop.) XIV^e^ s. : dér. de l'anc. fr. *seür*, altération de *seü*, du lat. *sabūcus* ; l'origine du *r* est difficile à expliquer ; la répartition des formes dial. laisse supposer la possibilité d'un croisement avec le germ. *Erl* « aune ».

**SURIN** , argot XIX^e^ s. « couteau » : altération, p.-ê. sous l'influence de l'argot *suer* « tuer », de *chourin* XIX^e^ s., du romanichel *tchouri* « couteau », p.-ê. par la forme piémontaise *tchiurin*, avec *u* comme en fr.

**SYLLABE** famille sav. du verbe gr. *lambanein*, futur *lêpsesthai*, aoriste (temps du passé) *labein* « prendre » reposant sur une racine **slabh-*, d'où *labê* et *lêpsis* « action de prendre », *lêptikos* « qui prend », *lêmma, -atos* « ce qu'on prend ».

♦ [1] **SYLLABE** XII^e^ s. : gr. *sullabê*, par le lat., « assemblage (de lettres formant un son) », « syllabe », de *sullambanein* « prendre ensemble » ; **SYLLABER** XII^e^ s., rare avant le XIX^e^ s. ; **POLYSYLLABE** XV^e^ s. : lat. *polysyllabus* ; **MONOSYLLABE, DISSYLLABE, TRISYLLABE** XVI^e^ s. : lat. *monosyllabus, dissyllabus, trisyllabus*, ce dernier du gr. *trisullabos* « à trois syllabes » ; **SYLLABIQUE** XVI^e^ s. : gr. *sullabikos*, par le lat. ; **SYLLABAIRE** XVIII^e^ s. ; **SYLLABATION** XIX^e^ s. ♦ [2] **ASTROLABE** XII^e^ s. : gr. *astrolabos* « instrument pour prendre la hauteur des astres », de *astêr* (→ ASTRE, art. ÉTOILE) et *lambanein*. ♦ [3] **DILEMME** XVI^e^ s. et **LEMME** XVII^e^ s. : gr. *dilêmma* « argument par lequel on pose une alternative entre deux propositions contraires » (1^er^ élément → DEUX), et *lêmma, -atos* « ce qu'on prend », c.-à-d. en logique « une des prémisses d'un syllogisme, généralement la majeure ». ♦ [4] **PROLEPSE** XVI^e^ s. : *prolêpsis* « action de prendre d'abord » et rhét. « réponse anticipée à une objection », de *prolambanein* « prendre d'abord » ; **SYLLEPSE** XVII^e^ s. : *sullêpsis* « action de prendre ensemble », « compréhension », « accord selon le sens et non selon les règles grammaticales », de *sullambanein* « prendre ensemble » → SYLLABE. ♦ [5] **CATALEPSIE** XVI^e^ s. : *katalêpsis*, par le lat., « action de saisir » et méd. « attaque », de *katalambanein* « s'emparer de » ; **CATALEPTIQUE** XVIII^e^ s. : *katalêptikos*. ♦ [6] **ÉPILEPSIE** XIII^e^ s. : *épilencie* ; XVI^e^ s. forme mod. : *epilêpsis*, par le lat., « attaque d'épilepsie », de *epilambanein* « saisir, attaquer » ; **ÉPILEPTIQUE** XIII^e^ s. : *epilêptikos*

**SYLLABUS** (sav.) XIX^e^ s. « registre de propositions, émanant de l'autorité ecclésiastique » : mot du lat. eccl., altération, sous l'influence de *sullambanein* « réunir » (→ le précéd.), du gr. *sillubos* « bande de parchemin collée sur un volume et portant le titre de l'ouvrage et le nom de l'auteur ».

**SYLPHE** XVII^e^ s. (sav.) : lat. *sylphus* « génie », mot rare (dans quelques inscriptions) et d'origine obscure, repris au XVI^e^ s. par Paracelse au sens de « génie nain de l'air et des bois » ; **SYLPHIDE** XVII^e^ s.

**SYN-**, var. **SYM-** ou **SYS-** (selon la consonne suivante) ; préf. sav. : gr. *sun-* « avec, ensemble »; ex. : *synagogue* → AGIR; *symphonie* → ANTIENNE; *systole* → APÔTRE; précédé de *a*- privatif dans *asymétrie, asymptote, asyndète.*

**SYNCOPE** (sav.) XIV$^e$ s. méd., XV$^e$ s. gramm., XVII$^e$ s. mus. : gr. *sugkopê*, par le lat., « brisure », « défaillance », de *sugkoptein* « frapper », gramm. « réduire par syncope » et au parfait passif « défaillir », de *sun* → SYN- et *koptein* « couper »; **SYNCOPER** XIV$^e$ s.; **APOCOPE** XVI$^e$ s. : gr. *apokopê*, par le lat.; de *apokoptein* « retrancher ».

**SYNOVIE** (sav.) : *synovia* « humeur des articulations », mot lat. d'origine inexpliquée, pour la première fois chez Paracelse (→ SYLPHE).

# T

**TABAC** XVIe s. : araouak (Haïti) *tabaco* « sorte de pipe, ou de cigare », par l'esp. ; XIXe s. argot, « volée de coups » (probablement par le sens de « bonne prise », « bonne ration de tabac à priser »), d'où *passer à tabac* XIXe s., et **TABASSER, -AGE** fam. XXe s. ; **TABATIÈRE** XVIIe s.

**TABAGIE** XVIIe s. « festin » : algonquin (Canada) *tabaguia* « repas de fête » ; XVIIIe s., sens mod. sous l'influence de *tabac*.

**TABÈS** XVIe s. « maladie de langueur » : lat. *tabes* « décomposition, dépérissement » ; XIXe s. sens mod. : abrév. de *tabes dorsalis*, nom donné par les médecins all. à une sclérose de la moelle épinière.

**TABLE** famille du lat. *tabula* « planche », « affiche, liste », « tableau peint », qui en lat. vulg. a éliminé partiellement le lat. class. *mensa* « table » (→ MOISE), dimin. *tabella* « planchette » et en particulier « tablette pour écrire ».

♦ [1] **TABLE** (pop.) XIe s. : *tabŭla* ; XIIe s. « tablettes », sens qui subsiste dans l'expression *table rase* XIVe s. : lat. scolastique *tabula rasa* « tablette sans inscription », image de l'esprit humain avant qu'il ait reçu aucune représentation, empr. à Aristote (*De l'âme*, III, 4, 14) ; XIVe s. « registre » ; XVIe s. « liste » ; **TABLÉE** XIIIe s. ; **S'ATTABLER** XVe s. ♦ [2] **TÔLE** (pop.) XVIIe s. « plaque de fer » : var. dial. de *table*, probablement empr. aux régions de l'Est et du Nord-Est, pays de grande métallurgie ; **TÔLE** ou **TAULE** XIXe s. argot « maison », « maison close », « prison » : même mot que le précédent, probablement sous l'influence du dial. *une taulée*, « une tablée de gens » ; d'où **TÔLIER** XIXe s. « logeur » ; **TÔLARD** XXe s. « habitué des prisons » ; **ENTAULER** XIXe s. « introduire », XXe s. « escroquer » (syn. de *chambrer*). ♦ [3] **TABLIER** (pop.) XIIe s. « surface plane pour jouer aux échecs, aux dames, etc. » et « toile protégeant une table » ; XIVe s. « vêtement de protection » (élimine *devanteau, devantier*) ; XIXe s. techn. *(tablier de pont, de cheminée)* : dér. de *table*. ♦ [4] **ENTABLEMENT** (pop.) XIIe s. « plancher », XVIe s. archit. : dér. de *table*. ♦ [5] **TABLEAU** (pop.) XIIIe s. « panneau de bois portant des inscriptions », XIVe s. peinture, XVIIIe s. jeu « emplacement où l'on mise », d'où l'expression *gagner sur les deux tableaux* ; XIXe s. théâtre et *tableau noir* ; XXe s. *tableau de bord* ; **TABLEAUTIN** XIXe s. ; **TABLETTE** XIIIe s. : dér. de *table*. ♦ [6] **TABLER** XVIe s. « planchéier », XVIIe s., au trictrac, « poser deux dames en ligne sur la *table à jouer* ; survit dans l'expression fig. *tabler sur* XVIIe s. ♦ [7] **RETABLE** XVIe s. : lat. médiéval *retrotabulum* « planche de derrière », par l'intermédiaire d'une autre langue romane, p.-ê. l'esp. *retablo* XVe s., réfection, sous l'infl. de *tabla*, du catalan *retaule* ; ou bien réfection fr., sous l'infl. de *table*, de l'anc. prov. *retaule*, issu de *reiretaule* XIIIe s. ♦ [8] **TAVELÉ** (pop.) XIIIe s. : dér. de l'anc. fr. *tavel*, var. masc. de *tavelle* « carreau (d'étoffe, d'échiquier) », du lat. *tabella* ; **TAVELURE** XVIe s. ♦ [9] **TABELLION** (sav.) XIIIe s. : bas lat. *tabellio, -onis* « notaire », littéralement « (qui écrit sur des) tablettes », dér. de *tabella*. ♦ [10] **TABLATURE** (demi-sav.) XVIe s. mus. « système de notation propre à un instrument » : lat. médiéval *tabulatura*, p.-ê. réfection sav. de l'it. *intavolatura ; donner de la tablature* XVIIe s. « donner quelque chose (de difficile) à déchiffrer ».

**TABOU** fin XVIII^e s. : mot polynésien, par l'angl., « interdit, sacré » et « personne ou chose déclarée sacrée par des prêtres ou des chefs ».

**TACHE** ♦ [1] (pop.) XI^e s. *teche* « marque, souillure » et « marque, qualité distinctive », XII^e s. forme mod. ; la forme en *a*, qu'on trouve dans diverses langues romanes (anc. prov., it., catalan, aragonais, asturien), s'explique par un lat. vulg. **tacca*, empr. anc. au germ., apparenté au got. *taikns* « signe » (all. *Zeichen*) ; la forme en *e*, la plus usuelle en anc. fr., pourrait être due à l'influence de l'équivalent frq. **têkan*. ♦ [2] **ENTICHER** (pop.) XII^e s. « tacher » et « acquérir une qualité » ; XVII^e s. *s'enticher de*, sens mod. : var. de l'anc. fr. *entechier*, dér. de *teche*, var. de *tache* → le précédent. ♦ [3] **ENTACHER** XII^e s., surtout au fig. ; **TACHER** XIII^e s. ; **TACHETER, DÉTACHER** XVI^e s. ; **TACHETURE** XVII^e s. ; **DÉTACHANT**, adj. et subst. XX^e s. : dér. de *tache*.

**TÂCHE** famille du gr. *tassein*, aoriste (temps du passé) *taxai* « placer », « ordonner », « imposer (une contribution, une amende) », d'où (a) *taxis* « mise en ordre », « fixation d'un impôt » (b) *ataxia* « abandon de son rang », « désordre » (c) *taktikos* « qui concerne la disposition (des troupes) » (d) *suntassein* « ranger ensemble », d'où *suntaxis* « mise en ordre », « construction grammaticale » et *suntagma, -atos* « ensemble de choses rangées ». La base *tax-* a été empr. dès l'époque de Cicéron par le lat., qui a formé le subst. *taxatio* « estimation, évaluation », puis le verbe lat. imp. *taxare* « estimer, évaluer », d'où en lat. vulg. **taxa* « paiement » et « travail rémunéré », avec une var. métathétique **tasca* empruntée par le germ., qui, du sens de « travail », « paiement », est passé au sens de « poche », « sac (à argent) » (anc. haut all. *tasca*, moyen haut all. *tasche*, angl. *task*).

♦ [1] **TÂCHE** (demi-sav.) XII^e s. : adaptation du lat. médiéval *taxa* ; **TÂCHER** XV^e s. ; **TÂCHERON** XVI^e s. ♦ [2] **TAUX** (demi-sav.) XIV^e s., d'abord sous la forme *tax*, dont *taus*, var. *taux*, doit être une mauvaise lecture, le signe *x* étant au Moyen Âge une abrév. fréquente pour *us* : dér. de *taxer*, lui-même parfois lu et écrit *tausser*, pour la même raison. ♦ [3] **SABRETACHE** XVIII^e s. : all. *Säbeltasche* « poche *(Tasche)* de sabre *(Säbel)* » : lat. vulg. **tasca*. ♦ [4] **TAXER** (sav.) XIII^e s. : lat. *taxare* ; **TAXATION** XIII^e s. ; *taxatio* ; **TAXE** XIV^e s. : lat. médiéval *taxa* ; **SURTAXER** XVI^e s. ; **SURTAXE** XVII^e s. ; **TAXI** XX^e s. : abréviation de *taximètre*, qui a d'abord désigné le compteur, puis la voiture qui en était munie. ♦ [5] **SYNTAXE** (sav.) XVI^e s. : gr. *suntaxis*, par le lat. ; **SYNTAXIQUE** XIX^e s. ; **SYNTACTIQUE** XIX^e s. : *suntaktikos* ; **SYNTAGME** XIX^e s. ; **SYNTAGMATIQUE** XX^e s. : de *suntagma, -atos*. ♦ [6] **TACTIQUE** XVII^e s. subst. : gr. *taktikê (tekhnê)* « art de ranger (les troupes) » ; XVIII^e s. : *taktikos* ; **TACTICIEN** XVIII^e s. ♦ [7] **ATAXIE** (sav.) XVIII^e s. : *ataxia* ; **ATAXIQUE** fin XVIII^e s. ♦ [8] **TAXI-** (sav.) : gr. *taxis* au sens de « disposition, arrangement », 1^er élément de composés tels que **TAXINOMIE** XIX^e s.

**TACHY-** ♦ [1] (sav.) : gr. *takhus* « rapide », 1^er élément de composés, ex. : **TACHYCARDIE** XX^e s. ♦ [2] **TACHÉO-** (sav.) : gr. *takheos*, génitif du précédent, 1^er élément de composés, ex. : **TACHÉOGRAPHIE** XVIII^e s.

**TAFFETAS** XIV^e s. : turco-persan *tâfta* « tissé », p.-ê. par l'it.

**TAÏAUT** XVII^e s. : cri servant à exciter les chiens de chasse.

**TAILLER** famille du lat. *talea* « bouture », d'où bas lat. *intertaleare, intertaliare* « élaguer », puis *taliare* « couper ».

♦ [1] **TAILLER** (pop.) XI^e s. « couper net » : bas lat. *taliare* ; **TAILLE** XII^e s. « tranchant de l'épée » et « impôt seigneurial », XIII^e s. « incision » et « forme du corps humain » (d'après le langage des *tailleurs* de statues), d'où XVI^e s. « hauteur du corps humain » et XVIII^e s. « partie du corps entre les côtes et les hanches » ; XIV^e s. mus. « voix intermédiaire, qui sépare la basse de la haute-contre » ; XVI^e s. *taille* des arbres ; XIX^e s. *sortir en taille* ; **TAILLE-** 1^er élément de composés, ex. : **TAILLE-CRAYON ; TAILLE-DOUCE** XIX^e s. ♦ [2] **DÉTAILLER** XII^e s. « couper en morceaux », puis « vendre par morceaux, par petites quantités » ; **DÉTAIL** XII^e s., d'abord commerce ; **DÉTAILLANT** XVII^e s., a remplacé *détailleur* XIII^e s. ♦ [3] **ENTAILLER** XII^e s. ; **ENTAILLE** XII^e s. dér. de tailler ; **INTAILLE** XIX^e s. : it. *intaglio* « pierre fine gravée en creux », dér. de *intagliare*, équivalent du fr. *entailler*. ♦ [4] **TAILLEUR** XII^e s. à propos de la pierre comme à propos des habits ; XX^e s. costume féminin de coupe masculine fait par un tailleur (et non par une couturière) ; **TAILLOIR** XII^e s. ; **TAILLIS, TAILLABLE** XIII^e s. ; **TAILLANDIER, TAILLANDERIE** XV^e s. : dér. de *tailler*. ♦ [5] **TAILLADER** XVI^e s. : dér. de *taillade* XVI^e s., de l'it. *tagliata* « coup qui entaille », dér. de *tagliare*, équivalent de *tailler*.

**TAIRE** famille du lat. *tacēre, tacitus* « taire » et « se taire », d'où *taciturnus* « silencieux » ;

*reticere* « garder le silence » et *reticentia* « action de garder le silence sur une chose ». ♦ [1] **TAIRE** (pop.) XII^e^ s. : réfection, par changement de conjugaison, de l'anc. fr. *taisir*, du lat. *tacēre*. ♦ [2] **TACITE** et **TACITURNE** (sav.) XV^e^ s. : *tacitus, taciturnus*; **TACITURNITÉ** XIV^e^ s. : *taciturnitas*. ♦ [3] **RÉTICENCE** (sav.) XVI^e^ s. : *reticentia*; **RÉTICENT** XIX^e^ s. ♦ [4] **TACET** (sav.) XVII^e^ s. mus. : mot lat. « il se tait ».

**TAISSON** ♦ [1] (pop.) XIII^e^ s. : bas lat. *taxo, -onis* « blaireau », d'origine germanique (→ all. *Dachs*). ♦ [2] **TANIÈRE** (pop.) XII^e^ s. *taisniere* : lat. vulg. *taxonaria* (attesté au X^e^ s., comme toponyme), dér. de *taxo*.

**TALC** XVI^e^ s. : arabe *talq*; **TALQUER** XX^e^ s.

**TALENT** (sav.) XI^e^ s. « désir, volonté », XII^e^ s. « poids d'or ou d'argent », XVII^e^ s. « aptitude naturelle », d'abord dans les écrits d'auteurs protestants : gr. *talanton* (par le lat.) « plateau de balance », « somme pesée », « unité de poids d'environ 26 kg », « monnaie d'or de valeur variable selon les temps et les lieux; à Athènes à l'époque classique, env. 5 600 fr-or ». Le sens fig., assez vague à date anc., « tout ce qu'on a dans l'esprit, en particulier désir, volonté », plus précis à partir de la Réforme, vient de la parabole évangélique des talents (Mt, XXV, 14); **TALENTUEUX** XIX^e^ s.

**TALER** ♦ [1] (pop.) XVI^e^ s. « fouler, meurtrir » : germ. **tâlôn* « détruire », apparenté à l'anc. haut all. *zâlôn* « piller ». ♦ [2] **TALOCHE** XVII^e^ s. « gifle » : dér. de *taler*.

**TALION** (sav.) XV^e^ s., rare avant le XVIII^e^ s. : lat. *talio, -onis*, mot jur. attesté depuis la loi des Douze Tables.

**TALLE** ♦ [1] (sav.) XV^e^ s. : gr. *thallos* « jeune pousse », par le lat.; **TALLER** XVI^e^ s.; **TALLAGE** XIX^e^ s. ♦ [2] **THALLOPHYTES** (sav.) XIX^e^ s., bot. : de *thallos* et de **-PHYTE** → JE FUS.

**TALMUD** (sav.) XVII^e^ s. : mot hébreu, « étude, doctrine », de *lamad* « apprendre »; **TALMUDISTE** XVI^e^ s.; **TALMUDIQUE** XIX^e^ s.

**TALOCHE** (pop.) XIV^e^ s. « bouclier », XIX^e^ s. « planchette servant à étaler le plâtre » : mot obscur, p.-ê. apparenté à l'anc. fr. *talevas* « bouclier », p.-ê. d'origine gauloise.

**TALON** famille du lat. *talus* « osselet du paturon de certains animaux, servant à jouer aux osselets » et chez l'homme « astragale, petit os qui se trouve en bas du tibia », et par ext. « cheville »; dimin. *taxillus* « dé à jouer »; *talaris* et *subtalaris* « qui arrive à la cheville », en particulier *subtalares calcei* « brodequins »; bas lat. *subtel* (une fois chez le grammairien Priscien) « creux sous la plante des pieds », p.-ê. dér. d'une var. bas lat. (VII^e^ s.) *subtelaris*.

♦ [1] **TALON** (pop.) XII^e^ s. : lat. vulg. **talo, -ōnis*, class. *talus*; **TALONNER** XII^e^ s.; **TALONNIÈRE** XVI^e^ s.; **TALONNETTE** XIX^e^ s. ♦ [2] **SOULIER** (pop.) XII^e^ s. d'abord sous la forme *soler*, puis changement de suff. : **subtelāris (calceus)*. ♦ [3] **TASSEAU** (pop.) XII^e^ s. : lat. vulg. **tassĕllus*, croisement de *taxĭllus* et *tessĕlla* (dimin. de *tessera* → TESSERE, art. QUATRE), signifiant tous deux « dé à jouer », d'où « cube » et « morceau de bois taillé d'équerre, tasseau ».

**TALUS** (pop.) XII^e^ s. : lat. imp. (Pline) *talūtium* « forte inclinaison de terrain, en particulier dans une mine », mot gaulois p.-ê. apparenté au breton *tal* « front ».

**TAMARIN** XIII^e^ s. *tamarandi* : lat. médiéval *tamarindus*, de l'arabe *tamîr hindâ* « datte de l'Inde »; **TAMARINIER** XVII^e^ s.

**TAMANOIR** XVIII^e^ s. : altération de *tamandua* XVII^e^ s., du tupi (Brésil) *tamandoua*.

**TAMARIS** (sav.) XIII^e^ s. : bas lat. *tamariscus*, var. *tamarix*, empr. d'origine obscure.

**TAMBOUR** ♦ [1] XI^e^ s. *tabour*, forme empruntée directement à l'époque des Croisades à l'ar. dial. *tabul* plur. de ar. *tabl* nom générique du tambour; *tambor* XII^e^ s., *tambour* XIII^e^ s. empr. par l'intermédiaire de l'esp. *tambor* à une variante du mot arabe, nasalisée sous l'infl. de *tunbur* « pandore, instrument à corde »; **TAMBOURIN, TAMBOURINER** XV^e^ s.; **TAMBOURINEUR** XVI^e^ s.; **TAMBOURINAIRE** XIX^e^ s., forme prov.; **TAMBOUR-MAJOR** XX^e^ s. ♦ [2] **TABOURET** XV^e^ s. « pelote à aiguilles », XVI^e^ s. sens mod. : dimin. de *tabour*, var. anc. de *tambour*, d'après la forme de l'objet.

**TAMIS** (pop.) XIII^e^ s. : mot obscur, prélatin, p.-ê. gaulois; **TAMISER** XII^e^ s.; **TAMISAGE** XVI^e^ s.

**TAMPON** ♦ [1] (pop.) XV^e^ s. : var. nasalisée de l'anc. fr. *tapon* « id. », de *taper* « boucher », du frq. **tappôn* : **TAMPONNER** XV^e^ s.; XIX^e^ s. chemin de fer « heurter avec les tampons »; **TAM-**

PONNEMENT XVIIIe s.; **TAMPONNOIR** XXe s. ♦ [2] **SE TAPER** (quelque chose) XIXe s., argot « manger », « boire copieusement » : probablement dér. d'un anc. mot *tap* (apparenté à *tapon*) « bouchon », en particulier « carré de liège que le galérien doit s'enfoncer dans la bouche pour étouffer ses cris » (→ fourbesque *intappare il fusto* « boucher le fût », « manger »); **TAPÉ** XIXe s. « bien servi ».

**TAN** (pop.) XIIIe s. « écorce de chêne pulvérisée pour la préparation du cuir » : probablement gaulois **tann* « chêne »; **TANNER** XIIe s.; **TANNERIE, TANNEUR** XIIIe s.; **TANNAGE** XIVe s.; **TANIN** XVIIIe s.; **TANNIQUE** XIXe s.

**TANCHE** (pop.) XIIIe s. : bas lat. *tĭnca* (IVe s.), mot gaulois.

**TANGUER** XVIIe s. : p.-ê. frison *tängeln*, var. *tangeln* « vaciller »; **TANGAGE** XVIIe s.

**TANK** XXe s. « char d'assaut » : mot angl., « réservoir, citerne » et « tank » : empr. à une langue des Indes, p.-ê. du sanscrit *tadaga* « lac », et choisi pour des raisons de secret militaire; **TANKISTE** XXe s.; **TANKER** XXe s. : mot angl. « navire pétrolier », de *tank* au sens de « réservoir ».

**TAON** (pop.) XIIe s. : bas lat. *tabo, -ōnis*, class. *tabanus*.

**TAPIOCA** XVIIe s. : mot tupi (Brésil), par le port.

1. **TAPIR (SE)** ♦ [1] (pop.) XIIe s. : frq. **tappjan* « fermer, enfermer ». ♦ [2] **EN TAPINOIS** XVe s. : dér. de l'anc. fr. *tapin* XIIe s. adj. « qui se cache », adv. *à tapin* « en cachette », de *tapir*.

2. **TAPIR** XVIe s. : tupi (Brésil) : *tapira*.

**TAPIS** XIIe s. : gr. byzantin *tapêtion* (prononcé *tapitsion*), dimin. du gr. anc. *tapês, tapêtos* « tapis, couverture », p.-ê. empr. au moment des Croisades, p.-ê. passé par l'Italie (*uno tappite*, dans un texte italo-lat. du IXe s.); **TAPISSIER** XIIIe s.; **TAPISSERIE** XIVe s.; **TAPISSER** XVe s.

**TAQUET** famille d'une série de bases onom. à structure consonantique *t-k, tr-k, t-p, t-t* suggérant l'idée d'un coup, et, secondairement, d'un instrument servant à frapper, d'une chose sur laquelle on frappe, de la marque d'un coup, d'un mouvement brusque ou saccadé (→ aussi CHOPER).

**I.** mots de base *t-k*

**A.** voyelle *a*

♦ [1] **TAQUET** XIVe s. « piquet fiché en terre », « coin pour caler un meuble ». ♦ [2] **TAC** XVIe s., onom. d'un petit coup; d'où **DU TAC AU TAC** XXe s. « coup pour coup ». ♦ [3] **TAC** XVIe s. « gale des chevaux ». ♦ [4] **TAQUIN** XVIe s. « avare » (même métaph. que dans *ladre, lépreux, crasseux* → TAC), XVIIIe s. « tracassier, qui donne de petits coups »; **TAQUINERIE** XVIe s.; **TAQUINER** XVIIIe s. ♦ [5] **TAQUER** XVIIIe s. typo.; **TAQUOIR, TAQUAGE.** ♦ [6] **TACOT** XIXe s. « outil de tisserand », « battoir de laveuse », « locomotive de tortillard », « mauvaise voiture » (d'après leur bruit).

**B.** voyelle *i*

♦ [1] **TIC-TAC** XVIe s.; **TICTAQUER** XXe s. ♦ [2] **TIC** XVIIe s. « contraction des muscles de l'encolure du cheval », puis « du visage humain »; **TIQUER** XVIIe s. à propos des chevaux, XIXe s. « manifester sa surprise ». ♦ [3] **TIQUETÉ** XVIIe s. : « marqué de petites taches ».

**C.** voyelle *o*

♦ [1] **TOUCHER** XIIe s. : lat. vulg. **toccare* « faire toc », bien attesté aussi dans les autres langues romanes; **ATTOUCHEMENT** XIIe s. : dér. d'un anc. composé *attoucher*; **RETOUCHER** XIIIe s.; **TOUCHE** XIIIe s. « action de toucher », XIVe s. « levier d'un clavier », XVIe s. escrime, XVIIe s. peinture, XIXe s. fam. « aspect d'ensemble » et sport *ligne de touche* (sous l'influence de l'angl. *touch* d'origine fr.), d'où *être sur la touche* XXe s.; **RETOUCHE** XVIe s.; **TOUCHANT** XIVe s. adj. puis prép.; **INTOUCHABLE** XVIe s.; **SAINTE NITOUCHE** XVIe s. : pour *n'y touche*; **TOUCHE-À-TOUT** XIXe s. ♦ [2] **TOCSIN** XIVe s. : anc. prov. *tocasenh* « touche-cloche » → SEING ♦ [3] **TOCCATA** XVIIIe s. : mot it. « morceau de musique joué sur un instrument à clavier » (s'oppose à *sonata* et à *cantata*) : part. passé fém. substantivé de *toccare*, équivalent du fr. *toucher* ♦ [4] **TOQUER** XVe s. « frapper »; part. passé **TOQUÉ** début XIXe s. « un peu fou » (pour la métaph. → MARTEAU), d'où **TOQUADE** et **SE TOQUER DE** XIXe s.; **TOCANTE** ou **TOQUANTE** XVIIIe s. « montre à répétition à sonnerie sourde », puis « montre » en général. ♦ [5] **TOC** XVIIe s. onom. d'un petit coup, XIXe s. adj. « de mauvaise qualité, laid », subst. « camelote » (→ dial. Est *toc* et *tac* « ruse »); l'idée de « tricher » est souvent rendue dans les dial. par des mots signifiant à l'origine « donner de petits coups »; **TOQUARD** XX$^{e}$ s.

**II.** mots de base *tr-k*

**A.** voyelle *a*

♦ [1] **TRAQUER** XV$^{e}$ s., à l'origine « battre un bois pour en débusquer le gibier »; **TRAQUET** XVII$^{e}$ s. « piège »; **TRAQUEUR** XVIII$^{e}$ s. ♦ [2] **TRAQUET** XV$^{e}$ s. « crécelle », « battant d'un moulin » et « sorte d'oiseau » (à cause du mouvement de sa queue). ♦ [3] **TRACASSER** XV$^{e}$ s. « s'agiter », « traquer », XVI$^{e}$ s. « tourmenter avec insistance »; **TRACAS, TRACASSERIE** XVI$^{e}$ s.; **TRAC** XIX$^{e}$ s. « peur ». ♦ [4] **TRAC** XIV$^{e}$ s. « empreintes d'un animal », « allure du cheval »; **DÉTRAQUER** XV$^{e}$ s. « faire perdre son allure à un cheval », « le détourner de sa voie »; **DÉTRAQUEMENT** XVI$^{e}$ s. ♦ [5] **TRAQUENARD** XV$^{e}$ s. « trot décousu d'un cheval » → le précéd., XVII$^{e}$ s. « trébuchet, sorte de piège » → TRAQUER.

**B.** voyelle *i*

♦ [1] **TRIQUE** XIV$^{e}$ s. « gourdin », plus anciennement attesté et plus courant qu'*estrique* (→ ÉTRIQUER) n'est sans doute pas dér. de ce mot : c'est une onom. comparable aux précédents; **TRICOT** XV$^{e}$ s. « petit bâton »; **TRICOTER** XV$^{e}$ s. « s'agiter, danser », XVI$^{e}$ s. « faire un tissu à mailles avec des aiguilles » (a remplacé *brocher*); d'où **TRICOT** XVII$^{e}$ s. « tissu de mailles fait aux aiguilles »; **TRICOTEUR, -EUSE** XVI$^{e}$ s.; **TRICOTAGE** XVII$^{e}$ s. ♦ [2] **TRICTRAC** XV$^{e}$ s. jeu de dés.

**C.** voyelle *o* :

**TROQUER** XIII$^{e}$ s. sous la forme lat. *trocare* : sans doute à l'origine « frapper », p.-ê. « toper dans la main » pour conclure un marché; **TROC, TROQUEUR** XVI$^{e}$ s.

**D.** voyelle *u* :

**TRUC** XII$^{e}$ s. -XV$^{e}$ s. « ruse », XVII$^{e}$ s. « horion », XVIII$^{e}$ s. « procédé caché » et « billard » : apparenté au fourbesque *trucco* « bâton » XV$^{e}$ s. → aussi Berry *truquer* « frapper », Normandie *truchoter* « éternuer », argot *trucher* XVII$^{e}$ s. « mendier »; **TRUQUER, -AGE** XIX$^{e}$ s. (pour le sens → TOC).

**III.** mots de base *t-p*

♦ [1] **TAPER** XII$^{e}$ s. « frapper » (p.-ê. croisé avec l'anc. fr. *taper* « boucher » → TAMPON); XVII$^{e}$ s. mar. *taper à terre, taper à bord* « aborder », d'où XVIII$^{e}$ s. **RETAPE** « rencontre » (argot); XIX$^{e}$ s. *retaper* et *faire la retape* « aborder et solliciter les passants, en parlant d'une fille publique », **TAPIN** « retape » et « prostituée » XX$^{e}$ s.; et probablement aussi *taper* au sens de « solliciter de l'argent » XIX$^{e}$ s. ♦ [2] Autres dér. de *taper* : **TAPOTER** XIII$^{e}$ s.; **TAPE** XIV$^{e}$ s. « léger coup », XVII$^{e}$ s. « fer en forme de fleur de lis servant à marquer au fer rouge l'épaule d'un condamné », dimin. *tapette*, d'où XVIII$^{e}$ s. *avoir la tapette*, où il faut probablement voir l'origine de **TAPETTE** XIX$^{e}$ s. « homme marqué d'infamie par ses mœurs, pédéraste ». ♦ [3] **TAPETTE** XVI$^{e}$ s. « palette de bois pour enfoncer les bouchons », puis « jeu où les billes doivent se *taper* », « raquette pour battre les tapis », XIX$^{e}$ s. « langue bavarde »; **TAPÉ** XVIII$^{e}$ s. (en parlant d'un fruit); **MIDI TAPANT** XX$^{e}$ s. ♦ [4] **TAPE-** 1$^{er}$ élément de composés dans **TAPE-CUL** XV$^{e}$ s.; **TAPE-DUR** XIX$^{e}$ s. « serrurier, forgeron »; **TAPE-À-L'ŒIL** XX$^{e}$ s. ♦ [5] **TOPER** XII$^{e}$ s. « placer en jetant », rare avant le XVII$^{e}$ s. « frapper dans la main du partenaire, en signe d'acceptation d'un enjeu ou d'un marché »; survit dans les expressions *tope là, topez là*. ♦ [6] **TOPETTE** XIX$^{e}$ s. « petite bouteille » (l'idée de « coup » est souvent liée à celle de « mesure » → COUP).

**IV.** mots de base *t-t*

♦ [1] **RATATINER** XVII$^{e}$ s. : dér. du moyen fr. *tatin* « tout petit morceau » (comme on peut en arracher par un petit coup). ♦ [2] **TATILLON** XVII$^{e}$ s. (sens voisin de celui de *taquin* plus que de celui de *tâter*) : p.-ê. à rattacher à une base onom., plutôt qu'à la famille de *tâter* (→ ATTEINDRE).

**TARABUSTER** famille d'une racine onom. *tar-* très répandue dans les dial. suggérant un bruit soudain suivi d'une vibration.

♦ [1] **TARABUSTER** XIV$^{e}$ s. dér. *tarabustis* « querelle », en wallon; XVII$^{e}$ s. forme mod. : croisement de deux radicaux onom. exprimant des bruits, *tar-* et *tabb-*. ♦ [2] **TARIN** → Annexe II. ♦ [3] **TARARE** XVII$^{e}$ s. interjection, p.-ê. refrain de chanson; XVIII$^{e}$ s. « appareil à battre le grain », à cause de son bruit. ♦ [4] **TARABISCOTER** XIX$^{e}$ s. « faire des moulures avec le tarabiscot », sorte de rabot : → le précéd; 2$^{e}$ élément obscur. ♦ [5] **TARATATA** XIX$^{e}$ s. : onom. du son de la trompette, et interjection.

**TARD** ♦ [1] (pop.) XI$^{e}$ s. : lat. *tarde* « lentement », dér. de l'adj. *tardus* « lent »; **TARDER** XI$^{e}$ s. : *tardare* « ralentir, retarder », de *tardus*; **S'ATTARDER** XII$^{e}$ s.; **RETARDER** XII$^{e}$ s. : *retardare* « id. »; **RETARDEMENT** XIV$^{e}$ s. « retard », XX$^{e}$ s. *à retardement*; **RETARD** XVIII$^{e}$ s.; **RETARDATAIRE** XIX$^{e}$ s.; **TARDIF** XII$^{e}$ s. : bas lat. *tardīvus*. ♦ [2] **TARDI-** (sav.) : 1$^{er}$ élément de composé dans **TARDIGRADE** XVI$^{e}$ s. : lat. *tardigradus* (→ DEGRÉ).

**TARE** XIV$^{e}$ s. « emballage dont on déduit le poids », d'où « déchet » et XV$^{e}$ s. « défaut, vice naturel » : arabe *tarha* « déduction, décompte », par l'it. ; **TARÉ** XV^e^ s. ; **TARER** XVI^e^ s.

**TARGE** ♦ [1] (pop.) XI^e^ s. « bouclier » : frq. **targa*. ♦ [2] **TARGETTE** XIV^e^ s. dimin. : de *targe*, XVII^e^ s. pièce de serrurerie. ♦ [3] **SE TARGUER** XVI^e^ s. : it. *targarsi* « se couvrir d'une targe » (d'où en fr. « se faire fort de »).

**TARIF** XVI^e^ s. : it. *tariffa* : arabe *ta'rîf* « notification » ; **TARIFER** XVIII^e^ s. ; **TARIFICATION** XIX^e^ s. ; **TARIFAIRE** XX^e^ s.

**TARIR** (pop.) XIII^e^ s. : frq. **tharrjan* « sécher » ; **TARISSABLE, INTARISSABLE** XVI^e^ s. ; **TARISSEMENT** XVII^e^ s.

**TARSE** (sav.) XVI^e^ s. : gr. *tarsos* « claie » et « rangée (des doigts de pieds, des côtes, des dents d'une scie) » ; **TARSIEN** XVIII^e^ s. ; **MÉTATARSE** XVI^e^ s. : analogique de *métacarpe* ; **MÉTATARSIEN** XVIII^e^ s.

**TAROT** XVI^e^ s. : it. *tarocco*, dér. de *taroccare* « se mettre en colère », « répondre par une carte plus forte », d'origine obscure.

**TARTRE** ♦ [1] (demi-sav.) XIII^e^ s. : lat. médiéval *tartarum*, bas grec *tartaron*, d'origine obscure ; **TARTREUX, TARTRIQUE** XVIII^e^ s. ; **ENTARTRER, DÉTARTRER** XX^e^ s. ♦ [2] **TARTAREUX** (sav.) XVII^e^ s. ; **TARTARIQUE** XIX^e^ s. : de *tartarum*.

**TAS** (pop.) XII^e^ s. : frq. **tass* ; **TASSER, ENTASSER** XII^e^ s. ; **ENTASSEMENT** XIII^e^ s. ; **TASSEMENT** XIX^e^ s.

**TASSE** XII^e^ s., rare avant le XIV^e^ s. : arabe *tâssa*.

**TATOUER** XVIII^e^ s. : polynésien *tatau* « id. », par l'angl. *to tattoo* ; **TATOUAGE** XVIII^e^ s. ; **TATOUEUR** XIX^e^ s.

**TAUDIS** XIV^e^ s., d'abord *taudeïs* « abri pour les ouvriers employés aux travaux d'un siège » ; XV^e^ s. « petite pièce » ; XVII^e^ s. sens mod. : de l'anc. fr. *se tauder* « s'abriter », probablement dér. de l'anc. scandinave *tjald* « tente dressée sur un navire », représenté par le subst. *tialz* « id. » XII^e^ s., et le verbe *teolder* « installer (une tente) » XII^e^ s.

**TAUPE** (pop.) XIII^e^ s. : lat. *talpa* ; **TAUPINIÈRE** XIII^e^ s. ; **TAUPÉ** XX^e^ s. ; **TAUPIN** XVI^e^ s. « mineur », emploi métaph., d'où XIX^e^ s. « élève préparant Polytechnique, et destiné à être officier du génie » et **TAUPE** XIX^e^ s. « classe de préparation à Polytechnique ».

**TAUREAU** famille du lat. *taurus*, équivalent du gr. *tauros* « taureau ».

♦ [1] **TAUREAU** (pop.) XII^e^ s. : dér. de l'anc. fr. *tor, taur*, du lat. *taurus* ; **TAURILLON** XIV^e^ s. ♦ [2] **BUTOR** (pop.) XII^e^ s. « oiseau dont le cri rappelle celui des bœufs : **būti-taurus* ; le 1^er^ élément est un v. onom. *būtīre* « faire bu » (→ Annexe II BUSE), apparenté aux mots à *bū-* initial de la famille de *bove* « bœuf ». ♦ [3] **TORÉADOR** XVI^e^ s. : mot esp. XVI^e^ s. (auj. remplacé par *torero*), dér. de *torear* « combattre un taureau » ; **TORIL** XIX^e^ s. et **TORERO** XX^e^ s. : mots esp. dér. de *toro*, du lat. *taurus* ; **TORÉER** XX^e^ s. ♦ [4] **TAURIN** (sav.) XIX^e^ s. : lat. *taurinus*. ♦ [5] **TAURO-** (sav.) : gr. *tauros*, 1^er^ élément de composés dans **TAUROBOLE** XVIII^e^ s., du gr. *taurobolion*, par le lat., « sacrifice d'un taureau », de l'adj. *taurobolos* « où l'on frappe le taureau » (2^e^ élément → BAL) ; **TAUROMACHIE, -IQUE** XIX^e^ s. : de *tauros* et *makhê* « combat ». ♦ [6] **MINOTAURE**, mythol. : gr. *Minôtauros*, littéralement « taureau de Minos », monstre de Crète, mi-homme, mi-taureau.

**TAVERNE** ♦ [1] (pop.) XIII^e^ s. : lat. *taberna* « habitation en planches », spécialisé dans le sens de « boutique », « cabaret » ; **TAVERNIER** fin XII^e^ s. : *tabernarius* « cabaretier ». ♦ [2] **TABERNACLE** (sav.) XII^e^ s. « tente de l'Arche d'alliance », puis « petite armoire contenant la réserve eucharistique » : lat. eccl. *tabernaculum*, dimin. de *taberna* « tente », puis en lat. eccl. « tabernacle ».

**-TÉ** ♦ [1] (pop.) : suff. nom. fém., du lat. *-ĭtātem*, accusatif de *-itas, -itatis*, servant surtout à former des subst. fém. abstraits dér. d'adj., ex. : *bonté*, du lat. *bonĭtātem*. ♦ [2] **-ETÉ** (pop.) : tiré par fausse coupe des mots du type *âpreté*, du lat. *asperĭtātem*, où l'*ĭ* se conservait phonétiquement sous la forme *e*. ♦ [3] **-ITÉ** (sav.) ex. : *éternité*, du lat. *aeternitas, -atis*, et formations mod. telles que *musicalité, sportivité*, etc.

**TECHNIQUE** ♦ [1] (sav.) XVIII^e^ s. : adj. puis subst., du gr. *tekhnikos*, fém. *tekhnikê*, dér. de *tekhnê* « art, métier » ; **TECHNICIEN** XIX^e^ s. : dér. analogique de *physicien* ; **TECHNICITÉ** XIX^e^ s. ; **TECHNICOLOR** XX^e^ s. ♦ [2] **TECHNO-** 1^er^ élément de composés sav., ex. : **TECHNOLOGIE** XVII^e^ s. : gr. *tekhnologia* « exposé des règles d'un art »; **TECHNOCRATIE** XX^e s. ♦ [3] **-TECHNIE, -TECHNIQUE, -TECHNICIEN** : 2^e élément de composés sav., ex. : **PYROTECHNIE** XVI^e s. ; **POLYTECHNIQUE** fin XVIII^e s. ; **POLYTECHNICIEN** XX^e s. ; **BIO-, MNÉMOTECHNIE** XIX^e s. ; **RADIO-, PSYCHOTECHNIQUE** XX^e s.

**TEIGNE** ♦ [1] (pop.) XIII^e s. : lat. *tinea* « sorte de mite » et bas lat. « maladie du cuir chevelu comparable à des mangeures de mites »; **TEIGNEUX** XIII^e s. : lat. *tineosus* « plein de teignes ». ♦ [2] **TIGNASSE** XVII^e s. « mauvaise perruque » puis « chevelure mal peignée », littéralement « chevelure de teigneux » (→ XVI^e s. *tignon* « chignon ») : dér. de *tigne*, var. de *teigne*.

**TEILLE** ♦ [1] (pop.) XIII^e s., var. *tille* « fibre tirée de l'écorce du tilleul » et aussi « du chanvre ou du lin » : lat. *tĭlĭa* « tilleul »; **TEILLER** XIV^e s. ; **TEILLAGE, TEILLEUR** XIX^e s. ♦ [2] **TILLEUL** (pop.) XIII^e s. : lat. vulg. **tiliŏlus*, dimin. de *tilia*. ♦ [3] **TILIACÉES** (sav.) XVIII^e s. : bas lat. *tiliaceus*, de *tilia*.

**TEINDRE** famille du lat. *tingere, tinctus* « tremper » et « teindre », d'où *tinctorius* « qui sert à teindre », *tinctura* « teinture ».

♦ [1] **TEINDRE** (pop.) XI^e s. : *tĭngĕre*; **TEINT** XI^e s. ; **TEINTE** XIII^e s. : *tĭnctus, tĭncta*, part. passés substantivés ; **DÉTEINDRE, RETEINDRE** XIII^e s. ; **TEINTURE** XIII^e s. : *tĭnctūra*; **TEINTURIER, TEINTURERIE** XIII^e s. ; **TEINTÉ**, d'où **TEINTER** XVIII^e s. ♦ [2] **DEMI-TEINTE** XVII^e s. : calque de l'it. *mezza tinta*. ♦ [3] **AQUA-TINTA** XIX^e s. ; **AQUATINTE** XX^e s. : it. *acqua tinta* « eau teinte », « gravure imitant le lavis ». ♦ [4] **TINCTORIAL** (sav.) XVIII^e s. : du lat. *tinctorius*.

**TEL** ensemble de mots d'origine lat. ayant en commun un radical *t-*, ancien démonstratif ind.-eur. représenté en gr. par l'article neutre *to*, ancien démonstratif, et qui apparaît en lat. dans les formes de démonstratif *is-te* et *is-tud* (→ CE); dans *talis* « tel, de telle espèce ou de telle nature » et *tantus* « aussi grand », respectivement corrélatifs de *qualis* et de *quantus* (→ QUI); enfin dans *tam* « autant » (corrélatif de *quam* → QUI), dont dérivent *tandem* « enfin » et *tamdiu* « aussi longtemps » (pour le 2^e élément → DIEU).

♦ [1] **TEL** (pop.) X^e s. : *talis*; **TELLEMENT** XIII^e s. ♦ [2] **TANT** (pop.) XI^e s. ; XVI^e s. *tant pis, tant mieux, tant et plus, tant soit peu*; XVII^e s. *en tant que* (calque de *in tantum quantum*) : *tantus*; **AUTANT** XII^e s. (1^er élément comme dans *aussi*); **PARTANT, POURTANT** adv. XII^e s. ; **UN TANTINET** XV^e s. : dimin. de *un tantet* XIII^e s., dimin. de *tant*; **TANTIÈME** XVI^e s. ; **TANT** subst. (un *tant pour cent*) XIX^e s. ♦ [3] **TANDIS QUE** XII^e s. (pop.) : *tamdiu*, avec *s* adv. ♦ [4] **TANDEM** XIX^e s. « cabriolet attelé à deux chevaux en flèche », puis « bicyclette à deux sièges » : mot angl., emprunt scolaire du lat. *tandem*, traduit en angl. par *at length* qui signifie à la fois « enfin » (véritable sens du mot lat.) et « en longueur ».

**TÉLÉ-** famille sav. du gr. **têlos* « lointain », adj. qu'on peut reconstituer d'après la forme de comparatif *têloteros* « plus éloigné », et les adv. *têlothi* « au loin », *têlothen* « de loin ».

**TÉLÉ-** 1^er élément de composés sav. de formation mod. dont les principaux sont **TÉLESCOPE** XVII^e s. ; **TÉLESCOPIQUE** XVIII^e s. ; **TÉLESCOPER** XIX^e s. : anglo-américain *to telescope* « s'emboîter l'un dans l'autre comme les tubes d'une lunette d'approche »; **TÉLÉGRAPHE, -IQUE** XVIII^e s. ; **TÉLÉGRAPHIE, -ISTE, -IER** XIX^e s. ; **TÉLÉGRAMME** XIX^e s. ; **TÉLÉPHONE, TÉLÉPHÉRIQUE, TÉLÉMÈTRE** XIX^e s. ; **TÉLÉPATHIE** XIX^e s. : angl. *telepathy*; **TÉLÉCOMMANDER, TÉLÉGUIDER** XX^e s. ; **TÉLÉOBJECTIF, TÉLÉSCRIPTEUR, TÉLÉSIÈGE, TÉLÉVISION, TÉLÉROMAN** XX^e s.

**TÉMOIN** famille du lat. *testis* « témoin », auquel s'apparentent (1) les substantifs *testimonium* « témoignage »; *testiculus* « testicule », dimin. de *testis*, employé en ce sens fig. surtout au plur. *testes*, littéralement « les (deux) témoins » (2) le verbe *testari, testatus* « témoigner » (rare), « prendre à témoin » et « faire un testament », d'où *intestatus* « qui n'a pas testé » et *testamentum* « testament » (3) les composés de *testari : attestari* « confirmer, prouver »; *contestari* « mettre en présence les témoins des deux parties »; *detestari* jur. « repousser le témoignage de quelqu'un », et relig. « prononcer des imprécations contre »; *protestari* lat. imp. « déclarer hautement, protester de quelque chose ».

**I.** mots populaires

**TÉMOIN** XI^e s. « témoignage » et « personne qui témoigne » : *testimōnium*; **TÉMOIGNER** XII^e s. : dér. anc. de *testimonium*; **TÉMOIGNAGE** XII^e s. (dont la création limite l'emploi de *témoin* à la désignation de la personne).

**II.** mots savants, base *-test-*

♦ [1] **TESTAMENT** XII^e s. « alliance de Dieu avec les Juifs » (*Ancien* et *Nouveau Testament*) : lat.

eccl. *Testamentum*, traduction du gr. *diathêkê* et de l'hébreu *berîth* « convention, pacte »; XIIIe s. sens jur. : lat. class. *testamentum*; **TESTATEUR** XIIIe s. : *testator*; **TESTER** XVe s. : *testari*; **TESTAMENTAIRE** XVe s. : *testamentarius*; **INTESTAT** XIIIe s. : *intestatus*. ♦ [2] **ATTESTER** et **ATTESTATION** XIIIe s. : *adtestari* et *adtestatio*. ♦ [3] **CONTESTER** et **CONTESTATION** XIVe s. : *contestari* et *contestatio*; **CONTESTE** XVIe s.; **CONTESTABLE, INCONTESTABLE, INCONTESTABLEMENT, INCONTESTÉ** XVIIe s.; **CONTESTATEUR** XIXe s.; **CONTESTATAIRE** XXe s. ♦ [4] **PROTESTATION** XIIIe s. : *protestatio*; **PROTESTER** XIVe s. « déclarer », XVe s. *protester de* « se déclarer victime de », XVIIe s. « déclarer son opposition »; commerce « faire un protêt » : *protestari*; XVIe s., Calvin « faire une déclaration publique et solennelle », d'où **PROTESTANT** XVIe s., adj. puis subst.; **PROTESTANTISME** XVIIe s.; **PROTESTATAIRE** XIXe s. ♦ [5] **DÉTESTER** XVe s. « maudire », XVIIe s. « avoir en horreur » : *detestari*; **DÉTESTATION** XIVe s. : *detestatio*; **DÉTESTABLE** XIVe s. ♦ [6] **TESTIMONIAL** XIIIe s. : *testimonialis* « qui rend témoignage ». ♦ [7] **TESTICULE** XVe s.; *testiculus*.

**TEMPE** ♦ [1] (pop.) XVIe s. : altération de l'anc. fr. *temple*, du lat. vulg. **tempŭla*, class. *tempora*, plur. de *tempus, -oris* « tempe ». ♦ [2] **TEMPORAL** (sav.) XVIe s. : bas lat. (IVe s.) *temporalis* « relatif à la tempe ».

**TEMPLE** famille sav. d'une racine ind.-eur. **tem-* « couper ».

En grec verbe *temnein* « couper », d'où *tmêsis*, *tomê* « coupure », *tomos* « morceau coupé »; *-tomia* « coupure », 2e élément de composés, ex. : *latomia* « carrière » (de *las* « pierre »), *dikhotomia* « division en deux parties égales », *phlebotomia* « incision d'une veine »; *atomos* « non coupé » et « indivisible », en particulier au neutre « corpuscule indivisible », « le plus petit élément constitutif de la matière »; enfin, les composés de *temnein* : *anatemnein* « couper de bas en haut », « ouvrir un corps », « disséquer », d'où *anatomê* « dissection »; *ektemnein* « retrancher en coupant », d'où *ektomê* « amputation »; *entemnein* « tailler dans, entailler », d'où *entomon*, neutre substantivé, « insecte » (parce que leur corps semble partagé en parties très distinctes); *epitemnein* « enlever en coupant », « abréger, résumer », d'où *epitomê* « coupure » et « abrégé d'un ouvrage ».

En latin, *templum* issu de **tem-l-om*, à l'origine « espace délimité par l'augure dans le ciel et sur la terre, à l'entour duquel il fait ses observations », puis « temple » (peut être rapproché du gr. *temenos* « enclos sacré »); dér. *contemplari* « regarder attentivement » et *contemplatio* « examen approfondi » → aussi l'article TEMPS.

I. mots d'origine latine

♦ [1] **TEMPLE** XIe s. : *templum*; **TEMPLIER** XIIIe s. « membre d'un ordre de moines-chevaliers, fondé au XIIe s. près de l'emplacement du Temple de Jérusalem ». ♦ [2] **CONTEMPLATION, CONTEMPLATIF** XIIe s. : *contemplatio, contemplativus*; **CONTEMPLER** XIIIe s. : *contemplari*; **CONTEMPLATEUR** XIVe s. : *contemplator*.

II. mots d'origine grecque

♦ [1] **ATOME** XIVe s. : gr. *atomos*, par le lat.; **ATOMIQUE** XVIe s.; **ATOMISME, ATOMISTE** XVIIIe s.; **ATOMISER, ATOMISEUR** XXe s. ♦ [2] **ANATOMIE** XIVe s. : lat. *anatomia* : gr. *anatomê*; **ANATOMIQUE** XVIe s. *anatomikos*; **ANATOMISTE** XVIe s. ♦ [3] **ÉPITOMÉ** XIVe s. : mot gr., par le lat. ♦ [4] **TOME** XVIe s. : gr. *tomos*, par le lat.; **TOMAISON** XIXe s. ♦ [5] **LATOMIE** XVIIe s. : gr. *latomia*, par le lat. ♦ [6] **ENTOMOLOGIE, -IQUE, -ISTE** XVIIIe s. : dér. de *entomon* « insecte ». ♦ [7] **DICHOTOMIE** XVIIIe s. : *dikhotomia*. ♦ [8] **-TOMIE** suff. de la langue médicale indiquant l'incision ou l'ablation d'un organe, ex. : **PHLÉBOTOMIE** XIIIe s. : *phlebotomia*; **LARYNGOTOMIE** XVIIe s.; **MÉTROTOMIE** XIXe s.; var. **-ECTOMIE**, de *ektemnein*, ex. : **CYSTECTOMIE** XXe s. ♦ [9] **TMÈSE** XVIe s. rhét. « disjonction » : gr. *tmêsis*, par le bas lat. gramm.

**TEMPS** famille du lat. *tempus, -oris* (anciennement **tempes, -eris*) « temps » et « saison, époque de l'année », d'où lat. imp. *primum tempus* « printemps ». — Dérivés anciens formés sur la base *tempes-* : (a) *tempestas, -atis*, à l'origine « temps », puis class. « temps qu'il fait », « état de l'atmophère » et plus particulièrement « mauvais temps » (b) *tempestus* et *tempestivus* « qui vient à temps », « opportun », et l'antonyme *intempestivus*. — Dérivés récents formés sur la base *tempor-* : *temporalis* « temporel » et « temporaire »; lat. imp. *temporarius* et bas lat. *temporaneus* « id. » d'où *contemporaneus* « de la même époque ». On a émis l'hypothèse que *tempus* se rattacherait à la racine **tem-* « couper » → TEMPLE et que son sens premier serait « division du temps ». Ainsi pourrait s'expliquer le rapport, très clair morphologiquement, de *tempus* et de *temperare* « mélanger », « adoucir », en admettant que ce mot présente la même métaphore que le fr. « *couper* le vin » (→ TREMPER).

I. mots populaires ou empruntés

♦ [1] **TEMPS** Xe s. *tens* (avec *p* étymologique ajouté au XIVe s.) : *tempus*; **LONGTEMPS** Xe s.; **QUATRE-TEMPS** XVIe s.; **CONTRETEMPS** XVIe s. : p.-ê. calque de l'it. *contrattempo*. Pour les mots sav. exprimant l'idée de « temps » → CHRONO-. ♦ [2] **PRINTEMPS** XIIe s. : *primum tempus*; a éliminé en ce sens *primevère* au XVIe s.; **PRINTANIER** XVIe s. ♦ [3] **TEMPÊTE** XIe s. : *tempesta*, fém. de *tempestus*, substantivé et confondu pour le sens avec *tempestas* en lat. vulg.; **TEMPÊTER** XIIe s. « faire de la tempête », XVIe s. sens mod.; **TEMPÉTUEUX** XIVe s. : *tempestuosus*. ♦ [4] **TEMPO** XIXe s. mus. : mot it. « temps », de *tempus*.

II. mots savants

A. base *-tempor-*

♦ [1] **TEMPOREL** XIIe s. : lat. eccl. *temporalis* « du monde, du domaine des choses qui passent » (par opposition à *éternel*); **TEMPORALITÉ** XIIe s. : *temporalitas*. ♦ [2] **TEMPORISER** XIVe s. « durer », XVe s. sens mod. : lat. médiéval *temporizare* « passer le temps »; **TEMPORISATEUR, TEMPORISATION** XVIIIe s. (antérieurement, *temporiseur, temporisement* XVIe s.). ♦ [3] **CONTEMPORAIN** XVe s. : *contemporaneus*; **CONTEMPORANÉITÉ** XVIIIe s. ♦ [4] **TEMPORAIRE** XVIe s., rare avant le XVIIIe s. : *temporarius*.

B. base *-tempes-* **INTEMPESTIF** XVe s. : *intempestivus*.

**TÉNÈBRES** famille d'un thème ind.-eur. **temos* « obscurité ».

En latin (1) l'adv. *temere* « à l'aveuglette », d'où l'adj. *temerarius* « irréfléchi » et le subst. *temeritas* « irréflexion » (2) *tenebrae*, issu de *temes-r-ai* (avec développement d'un *b* et dissimilation des deux labiales) « obscurité ».

♦ [1] **TÉNÈBRES** (sav.) XIe s. : *tenebrae*; **TÉNÉBREUX** XIe s. : *tenebrosus*. ♦ [2] **TÉMÉRAIRE** et **TÉMÉRITÉ** (sav.) XIVe s. : *temerarius, temeritas*.

**TÉNIA** (sav.) XVIe s. : gr. *tainia* « bandelette », par le lat.

**TENIR** famille d'une racine ind.-eur. **ten-* « tendre, étirer ».

En grec *teinein* « tendre »; *tetanos* « tendu, rigide »; *peritonaios* « tendu tout autour »; *tonos* « ligament tendu », « intensité, tension », « ton de la voix », « mode musical ».

En latin (1) deux adjectifs (a) *tenuis* « mince, fin (comme un corps élastique bien tendu) », d'où *adtenuare* et *extenuare* « amincir », « affaiblir » (b) probablement aussi *tener, -a, -um* « tendre » (au propre et au fig.), à l'origine sans doute « élastique, qui se prête à être tendu » (2) *tendĕre, tensus*, ou *tentus* « tendre » et « tendre à »; d'où *attendere* « tendre vers, faire attention »; *contendere* « se tendre de toutes ses forces »; *extendere* « étendre », « élargir »; *intendere* « tendre vers », « avoir l'intention ou la prétention de »; *ostendere* « présenter, exposer »; *praetendere* « mettre en avant quelque chose comme excuse » (3) *tentare*, fréquentatif de *tendere* et *temptare*, fréquentatif d'un ancien verbe **tempĕre*, formé sur la même racine avec un élargissement *p*; les deux formes s'emploient indifféremment l'une pour l'autre avec le sens de « toucher, tâter », « faire l'essai de »; composés *attentare* « essayer, attaquer »; *intentare* « diriger contre »; *ostentare* « présenter avec insistance »; *sustentare* « soutenir, réconforter » (4) *tenēre, tentus* « tenir » et « se maintenir dans une position », « durer, persister », d'où (a) *tenax, -acis* « qui tient, tenace »; et *tenor, -oris* « tenue, continuité » (b) *abstinere* « maintenir loin de » et « s'abstenir de »; *adtinere* « toucher à »; *detinere* « détenir »; *obtinere* « maintenir », « être en possession de » et « venir à bout, réussir »; *retinere* « retenir »; *sustinere* « soutenir », « supporter » (c) *continere* « maintenir uni », « renfermer en soi », « refréner (une passion) », d'où *continuus* « dont toutes les parties se touchent » et *continuare* « joindre de façon à former un tout »; *continens*, part. présent « qui se contient », et son contraire *incontinens; contentus*, part. passé, à l'origine « qui se contient », d'où « qui se contente de » et adj. « content, satisfait » (d) *pertinere* « toucher, concerner » et « viser à », d'où *pertinens*, part. présent « qui a du rapport à »; *pertinax, -acis* « qui tient bon, acharné »; bas lat. *adpertinere* « être attenant », terme d'arpenteur.

I. mots populaires ou empruntés d'origine latine

A. famille de *tenere*

♦ [1] **TENIR** Xe s. : lat. vulg. **tenīre*, class. *tenēre*; XIIe s. *se tenir*, XIIIe s. *être tenu à*, XIVe s. *tenir à*; **TENABLE** XIIe s. et **INTENABLE** XVIIe s.; **TENANT**, adj. et subst. XIIe s.; **TENUE, TENURE** XIIe s. « possession »; **TENEUR**, subst. masc. XIIIe s.; **TENON** XIVe s. ♦ [2] **TENAILLES** XIIe s. : *tenăcŭla*, plur. de *tenăcŭlum* « attache », pris pour un fém. **TENAILLER** XVIe s. ♦ [3] **TÉNOR** XVe s., puis XVIIIe s. : it. *tenore*, du lat. *tenor, -oris*, équivalent du fr. **TENEUR**. ♦ [4] **SOUTENIR** Xe s. : lat. vulg. **sŭstenīre*, class. *sŭstinēre*; **SOUTÈNEMENT** XIIe s.; **SOUTENANCE** XIIe s., XIXe s. à propos des thèses; **SOUTENEUR** XIIe s., XVIIIe s. sens mod.; **SOUTIEN** XIIIe s.; **SOUTE-**

**NABLE** XIV^e^ s.; **INSOUTENABLE** XV^e^ s.; **SOUTENU** XVIII^e^ s. rhét.; **SOUTIEN-GORGE** XX^e^ s. ♦ [5] **RETENIR** XI^e^ s. : lat. vulg. **retenīre*, class. *retinere*; **RETENUE** XII^e^ s. ♦ [6] **RÊNE** XI^e^ s. : lat. vulg. **retina* « lien », de *retinere*, class. *retinaculum*. ♦ [7] **S'ABSTENIR** (demi-sav.) XI^e^ s. : adaptation, sous l'influence de *tenir*, du lat. *abstinere*. ♦ [8] **CONTENIR** XI^e^ s. : lat. vulg. **contenīre*, class. *continere*; **CONTENANCE** XI^e^ s. « maintien », XIII^e^ s. « superficie », XVII^e^ s. « capacité »; **DÉCONTENANCER** XVI^e^ s.; **CONTAINER** XX^e^ s. : mot angl. « récipient », de *to contain* « contenir », d'origine fr. ♦ [9] **CONTENT** XIII^e^ s. : *contentus*; **CONTENTER, MÉCONTENTER** XIV^e^ s.; **CONTENTEMENT** XV^e^ s.; **MÉCONTENT, MÉCONTENTEMENT** XVI^e^ s. ♦ [10] **APPARTENIR** XI^e^ s. : lat. vulg. **adpartenīre*, bas lat. *adpertinere*, (p.-ê. sous l'influence de *pars, partis* → PART); **APPARTENANCE** XII^e^ s. ♦ [11] **DÉTENIR** XII^e^ s. : adaptation, sous l'influence de *tenir*, de *detinere*; **DÉTENU** subst. XVIII^e^ s.; **CODÉTENU** XIX^e^ s. ♦ [12] **MAINTENIR** XII^e^ s. : lat. *manu tenere* « tenir avec la main »; **MAINTENEUR** XII^e^ s.; **MAINTENANT**, adv. XII^e^ s. « aussitôt », XIII^e^ s. sens mod.; **MAINTIEN** XIII^e^ s. « façon de se tenir », XVI^e^ s. « conservation ». ♦ [13] **ENTRETENIR** XII^e^ s. « tenir ensemble », d'où « tenir compagnie, causer » et « maintenir, conserver », XVII^e^ s. « donner de l'argent à quelqu'un pour ses besoins », XIX^e^ s. « tenir en bon état » : composé de *tenir*; **ENTRETIEN** XVI^e^ s. ♦ [14] **OBTENIR** (demi-sav.) XIII^e^ s. : adaptation, d'après *tenir*, du lat. *obtinere*. ♦ [15] **ATTENANT** XIV^e^ s. : part. présent de l'anc. fr. *attenir* « tenir à » XII^e^ s., du lat. vulg. **adtenīre*, class. *adtinere*. ♦ [16] **TENNIS** XIX^e^ s. mot angl., XV^e^ s., nom d'un jeu de balle, remontant au fr. *tenez*, 2^e^ pers. plur. de l'impératif de *tenir*, terme que le serveur employait au moment de lancer la balle; XX^e^ s. emplacement, chaussures destinés à ce jeu.

**B.** famille de *tendere*

♦ [1] **TENDRE** XI^e^ s. trans., XII^e^ s. intrans. *tendre à* ou *vers* : *tendĕre*; **DÉTENDRE** XII^e^ s.; **DISTENDRE** (demi-sav.) XVI^e^ s.; **TENDANCE** XIII^e^ s., d'où **TENDANCIEUX, TENDANCIEL** XIX^e^ s.; **TENDEUR** XIII^e^ s.; **TENDU** XVII^e^ s., adj.; **TENTE** XII^e^ s. « tension », XIII^e^ s. « abri fait d'étoffes tendues » : anc. forme de part. passé; **DÉTENTE** XIV^e^ s.; **TENTURE** XVI^e^ s. : réfection, sous l'influence de *tente*, de l'anc. fr. *tendeüre*. ♦ [2] **TOISE** XII^e^ s. « mesure de longueur », environ deux mètres, d'où « instrument pour mesurer » : *tēnsa* « étendue » part. passé fém. substantivé de *tendere*; **ENTRETOISE** XII^e^ s. pièce de charpente : *inter tensa* « étendue entre »; **TOISER** XVI^e^ s., XVIII^e^ s. sens fig. ♦ [3] **TENDON** XVI^e^ s. : var. de *tendant* XIV^e^ s. « ligament des muscles », de *tendre*; devenu usuel quand *nerf* s'est spécialisé dans son sens actuel; **TENDINEUX** (demi-sav.) XVI^e^ s. ♦ [4] **ATTENDRE** XI^e^ s. « être attentif, guetter », d'où le sens mod. : *attendĕre*; **ATTENTE** XI^e^ s. : anc. part. passé fém. substantivé; **ATTENTIF** XII^e^ s.; **INATTENTIF** XVIII^e^ s.; **INATTENDU** XVII^e^ s.; **ATTENTISME, ATTENTISTE** XX^e^ s. ♦ [5] **ENTENDRE** XI^e^ s. « être attentif », « tendre vers », « comprendre »; XVII^e^ s., achève de supplanter *ouïr* tombé en désuétude : *intendĕre*; pour les mots sav. exprimant l'idée d'« entendre » → AUDIO, art. OUÏR, et ACOUSTIQUE; **ENTENTE** XII^e^ s. : anc. part. passé fém. substantivé; **MÉSENTENTE** XIX^e^ s.; **ENTENDEMENT** XII^e^ s.; **ENTENDEUR** XIII^e^ s.; **MALENTENDU** XVI^e^ s.; **SOUS-ENTENDRE** XVI^e^ s.; **SOUS-ENTENDU** XVII^e^ s. ♦ [6] **PRÉTENDRE** XII^e^ s. « réclamer », XIV^e^ s. « affirmer » : *praetendĕre*; **PRÉTENDANT** XV^e^ s. subst.; **PRÉTENDU** XVII^e^ s. subst. : **PRÉTENDUMENT** XVIII^e^ s. ♦ [7] **ÉTENDRE** XII^e^ s. : *extendĕre*; **ÉTENDUE** XV^e^ s. part. passé fém. substantivé; **ÉTENDARD** XI^e^ s.; **PORTE-ÉTENDARD** XVII^e^ s. ♦ [8] **STANDARD** XVIII^e^ s. « étalon, type », XIX^e^ s. adj. et subst. « central téléphonique » : mot angl. « étendard », « panneau » et « point de repère », de l'anc. fr. *estendard*, fr. *étendard*; **STANDARDISTE, STANDARDISER** XX^e^ s. ♦ [9] **TENDER** XIX^e^ s. « wagon auxiliaire, annexe de la locomotive » : mot angl. « serviteur », dér. d'un verbe *to tend* « veiller sur », tiré de *to attend*, de l'anc. fr. *attendre*, et de *to intend*, de l'anc. fr. *entendre*.

**C.** famille de *tentare*

♦ [1] **TANCER** XI^e^ s. : lat. vulg. **tentiāre* « quereller », p.-ê. altération de *tentare* « faire effort, attaquer » (on peut y voir aussi, mais de façon moins satisfaisante pour le sens, un dér. du part. passé *tentus*). ♦ [2] **TENSON** XII^e^ s. : « poésie dialoguée du Moyen Âge où s'échangent arguments et invectives »; dér. nominal, « querelle », de même origine que *tancer*.

**D.** famille de *tener*

♦ [1] **TENDRE**, adj. XI^e^ s. : *tener*; **TENDRETÉ** XII^e^ s.-XVI^e^ s., puis XX^e^ s. en parlant de la viande; **TENDRESSE** XIV^e^ s.; **ATTENDRIR** XIII^e^ s.; **ATTENDRISSEMENT** XVI^e^ s. ♦ [2] **TENDRON** XII^e^ s. « cartilage », XIII^e^ s. « bourgeon, jeune pousse », d'où « jeune fille » : dér. de *tendre*.

**II.** mots savants d'origine latine

**A.** base *-ten-, -tén-*

♦ [1] **TENEUR** XII^e^ s. jur. « contenu d'un acte » : *ténor*, qui avait pris ce sens en bas lat. jur.,

XIVe s. mus. « partie dominante » : *tenor, ōris* → TÉNOR. ♦ [2] **ATTÉNUER** XIVe s., XIIe s. *attenuir* « affaiblir », XVIIIe s. jur. : *adtenuare*; **ATTÉNUATION** XVIe s. : bas lat. *adtenuatio.* ♦ [3] **EXTÉNUER** XIVe s. : *extenuare*; **EXTÉNUATION** XIVe s. ♦ [4] **TÉNUITÉ** XIVe s. : *tenuitas*; **TÉNU** XVIe s. : *tenuis.* ♦ [5] **TÉNACITÉ** XVe s. : *tenacitas*; **TENACE** XVIe s. : *tenax, -acis.*

**B.** base *-tin-*

♦ [1] **ABSTINENT** et **ABSTINENCE** XIIe s. : *abstinens* et *abstinentia.* ♦ [2] **CONTINENT** adj. et **CONTINENCE** XIIe s. : *continens* et *continentia*; **INCONTINENCE** XIIe s.; **INCONTINENT** XIVe s. adj. *incontinens.* ♦ [3] **INCONTINENT** XIIIe s. adv. : lat. jur. *in continenti tempore* « sans interruption », littéralement « dans un temps continu ». ♦ [4] **CONTINENT** subst. XVIe s. : *(terra) continens* « territoire continu »; **CONTINENTAL** XVIIIe s. ♦ [5] **CONTINUER** XIIe s. : *continuare*; **CONTINUEL** XIIe s.; **CONTINU** adj. XIIIe s. : *continuus*; **CONTINUATION** XIIIe s. : *continuatio*; **CONTINUITÉ, DISCONTINU, DISCONTINUER, DISCONTINUATION** XIVe s. : lat. médiéval *discontinuare, discontinuatio*; **CONTINUATEUR** subst. XVIe s.; **DISCONTINUITÉ** XVIIIe s. ♦ [6] **PERTINENT** XIVe s. : *pertinens*; **IMPERTINENT** XIVe s.-XVIIIe s. « qui ne convient pas », XVIe s. « sot », XVIIe s. « insolent » : bas lat. *impertinens*; **PERTINENCE** XIVe s.; **IMPERTINENCE** XVe s. ♦ [7] **PERTINACITÉ** XVe s. : bas lat. *pertinacitas*, de *pertinax.*

**C.** base *-tend-* **INTENDANT** XVIe s. : *intendens*, part. présent de *intendere* « surveillant »; **INTENDANCE, SURINTENDANT, SURINTENDANCE** XVIe s.; **SOUS-INTENDANT, SOUS-INTENDANCE** XIXe s.

**D.** base *-tent-*

♦ [1] **ABSTENTION** XIIe s. « abstinence », XIXe s. pol. : *abstentio* → **S'ABSTENIR** et **ABSTINENT, ABSTENTIONNISME, ABSTENTIONNISTE** XIXe s. ♦ [2] **INTENTION** XIIe s. : *intentio* → ENTENDRE; **INTENTIONNEL** XVe s.; **INTENTIONNÉ** XVIe s. ♦ [3] **CONTENTION** XIIIe s. : *contentio*, de *contendere*; **CONTENTIEUX** XIIIe s. adj., XVIIIe s. subst. : *contentiosus* « relatif à une lutte, un débat ». ♦ [4] **RÉTENTION** XIIIe s. jur. et méd. : *retentio* → RETENIR. ♦ [5] **DÉTENTION** XIIIe s., rare avant le XVIe s. : *detentio* → DÉTENIR; **DÉTENTEUR** XIVe s.; **CODÉTENTEUR** XVIe s. ♦ [6] **OBTENTION** XIVe s. : dér. sav., sur *obtentus* → OBTENIR. ♦ [7] **PRÉTENTION** XVe s. : dér. sav., sur *praetentus* → PRÉTENDRE; **PRÉTENTIEUX** XVIIIe s. ♦ [8] **MANUTENTION** XVe s. « conservation », XIXe s. sens mod. : lat. médiéval *manutentio* → MAINTENIR; **MANUTENTIONNAIRE** XVIIIe s. ♦ [9] **ATTENTION** XVIe s. : *attentio* → ATTENDRE; **INATTENTION** XVIIe s.; **ATTENTIONNÉ** XIXe s. ♦ [10] **TENTER** XIIe s. : *temptare*; **TENTATION** XIIe s. : *temptatio*, lat. class. « tentative », eccl. « tentation »; **TENTATEUR** XVe s. : lat. eccl. *temptator.* ♦ [11] **SUSTENTER** XIIIe s. : *sustentare*; **SUSTENTATION** XIIIe s. : *sustentatio*; **SUSTENTATEUR** XXe s. ♦ [12] **ATTENTER** XIVe s. : *attentare*; **ATTENTAT** XIVe s.; **ATTENTATOIRE** XVIIe s. ♦ [13] **INTENTER** XIVe s. : *intentare.* ♦ [14] **OSTENTATION** XIVe s. : *ostentatio*; **OSTENTATOIRE** XVIe s. ♦ [15] **TENTATIVE** XVIe s. « épreuve scolaire », XVIIe s. sens mod. : lat. médiéval *tentativa*, de *tentare* « mettre à l'épreuve ». ♦ [16] **TENTACULE** XVIIIe s. : dér. sav., sur *tentare* « tâter »; **TENTACULAIRE** XVIIIe s.

**E.** base *-tens-*

♦ [1] **INTENSE** XIIIe s. : *intensus* « tendu », part. passé de *intendere*, → ENTENDRE; **INTENSIF, INTENSÉMENT** XIVe s.; **INTENSITÉ** XVIIIe s.; **INTENSIFIER** XIXe s.; **INTENSIFICATION** XXe s. ♦ [2] **DISTENSION** XIVe s. : bas lat. *distensio* → DISTENDRE. ♦ [3] **EXTENSION** XIVe s. bas lat. *extensio* → ÉTENDRE; **EXTENSIBLE** XIVe s.; **EXTENSIF** XVIe s.; **EXTENSEUR** XVIIe s.; **EXTENSIBILITÉ, INEXTENSIBLE** XVIIIe s.; **IN EXTENSO** XIXe s. : mots lat. « dans toute son étendue ». ♦ [4] **OSTENSION** XIIIe s. : *ostensio*, de *ostendere*; **OSTENSOIRE** XVIe s.; var. **OSTENSOIR** XVIIIe s.; **OSTENSIBLE** XVIIIe s. ♦ [5] **TENSION** XVe s. : bas lat. *tensio*, de *tendere* → TENDRE; **HYPO-, HYPERTENSION, TENSIOMÈTRE** XXe s.

**III.** mots savants d'origine grecque

♦ [1] **TON** XIIe s. voix et mus., XVIIe s. « style », XVIIIe s. « couleur » : *tonos*, par le lat.; **ENTONNER** (un chant) XIIIe s.; **DÉTONNER** XVIIe s.; **TONAL, TONALITÉ** XIXe s.; **ATONAL, ATONALITÉ** XXe s.; **TRITON** XVIIe s. mus. : gr. *tritonon*, par le lat. « à trois tons »; **TONUS** XXe s. : mot lat., du gr. *tonos* « tension ». ♦ [2] **TONIQUE** XVIe s. adj. « élastique », XVIIIe s. adj. et subst., méd. « fortifiant », mus. « (note) fondamentale d'une gamme dans le système tonique »; XIXe s. linguist. : gr. *tonikos*, par le lat.; **TONICITÉ, TONIFIER** XIXe s.; **DIATONIQUE** XIVe s. : lat. *diatonicus* « qui procède par tons et demi-tons » → DIA-. ♦ [3] **INTONATION** : XIVe s. : dér. sav., d'après *entonner*; le lat. *intonare* « faire retentir » est en réalité de la famille de *tonnerre*, mais il a pu avoir une influence sur la formation du mot. ♦ [4] **OXYTON** → PAROXYSME; **BARYTON** → GREVER. ♦ [5] **MONOTONE** XVIIIe s. : gr. *monotonos* « à un seul ton », par le lat.; **MONOTONIE** XVIIe s.; **ATONE** XIXe s. méd. : *atonos*, avec *a-* privatif, « relâché, sans tension »; **ATONIE** XIVe s., puis

XVIIIe s. ♦ [6] **PÉRITOINE** (demi-sav.) XVIe s. : *peritonaion*, par le lat. ; **PÉRITONITE** XIXe s. ♦ [7] **HYPOTÉNUSE** XVIe s. : *hupoteinousa*, part. présent fém. substantivé de *hupoteinein* « (ligne) qui sous-tend (les angles) ». ♦ [8] **TÉTANOS** XVIe s. mot gr. ; **TÉTANIQUE** XVIe s. ; **ANTITÉTANIQUE** XIXe s. ; **TÉTANISME** XXe s.

**TÉORBE** ou **THÉORBE** XVIe s. : it. *tiorba*, instrument de musique, d'origine obscure.

**TÉRATO-** (sav.) gr. *teras, -atos* « monstre », 1er élément de composés, ex. : **TÉRATOLOGIE** XVIIIe s. ; **TÉRATOGÉNIE** XIXe s.

**TÉRÉBINTHE** (sav.) XIIIe s. : gr. *terebinthos*, par le lat., mot d'origine méditerranéenne ; **TÉRÉBENTHINE** XIIe s. : gr. *terebinthinê (rhêtinê)*, par le lat. « (résine) de térébinthe ».

**TERGAL** XXe s., marque déposée de tissu : 1er élément empr. au nom de l'acide téréphtalique.

**TERMITE** (sav.) XVIIIe s. : bas lat. *termes, -itis*, class. *tarmes, -itis*, sorte de ver ; **TERMITIÈRE** XIXe s. : formation analogique de *fourmilière*.

**TERNIR** XIIIe s. : mot d'origine germ. probablement apparenté à l'anc. haut all. *tarnjan* « obscurcir » ; **TERNE** XVe s.

**TERRE** famille du lat. *terra* « terre » ; *terrenus* « formé de terre », *territorium* « territoire » ; *subterraneus* « souterrain », *mediterraneus* « qui se trouve au milieu des terres ». Pour les mots sav. exprimant l'idée de « terre » → TELLURIQUE, art. TITRE, GÉO-, art. GÉOMÉTRIE et CHTON-, art. HOMME.

♦ [1] **TERRE** (pop.) Xe s. : *terra* ; **ENTERRER** XIe s. ; **ENTERREMENT** XIIe s. ; **ATTERRER** XIIe s. « renverser », XVIIe s. « consterner » ; **DÉTERRER, TERRER** XIIe s. ; **TERRIER** XIIe s. « tanière », XVIe s. « chien de chasse pour les animaux à terrier » ; **TERRIEN, TERREAU** XIIe s. ; **TERRESTRE** XIIe s. ; **TERREUX** XIIIe s. ; **PARTERRE** XVIe s. ; **TERRE À TERRE** XVIe s., d'abord terme d'équitation, à propos d'un cheval qui ne lève pas haut les pieds ; **ATTERRIR** XVIIe s. mar., XVIIIe s. à propos des aérostats ; **ATTERRISSAGE** XIXe s. ; **TERRIL** XIXe s. ♦ [2] **TERRAIN** (pop.) XIIe s. : altération, par substitution de suff., de *terrēnum*, neutre substantivé de *terrenus*. ♦ [3] **SOUTERRAIN** (pop.) XIIe s. : de *sous* et *terre*, avec influence du lat. *subterraneus*. ♦ [4] **TERRINE** XVe s. : fém. substantivé de l'adj. anc. fr. *terrin* « en terre », du lat. vulg. **terrīnus*, altération, par substitution de suff., de *terrēnus*. ♦ [5] **TERROIR** (pop.) XIIIe s. : lat. vulg. **terratorium*, altération, par substitution de suff., ou sous l'influence de *terra*, de *territorium*. ♦ [6] **TERRASSE** XVe s. : anc. prov. *terrassa*, de *terra* ; **TERRASSER** XVIe s. « faire une terrasse » et, d'après le langage de la guerre de siège, « vaincre », puis « jeter à terre » ; **TERRASSEMENT, TERRASSIER** XVIe s. ♦ [7] **TERRE-PLEIN** XVIe s. : it. *terrapieno* « remblai », de *terrapienare* « remplir de terre ». ♦ [8] **TERRITOIRE** (sav.) XIIIe s. : *territorium* ; **TERRITORIAL** XVIIIe s. ; **TERRITORIALITÉ** et **EXTERRITORIALITÉ** XIXe s.

**TERTRE** famille du lat. *termen, -inis* « bonne » (rare ; surtout dans les inscriptions), lat. class. *terminus* « borne, limite » ; bas lat. *terminalis* « final » ; *terminare* « borner, finir » et ses composés *determinare* « délimiter » ; bas lat. *praedeterminare* « fixer d'avance » ; *exterminare* « chasser des frontières, bannir », lat. eccl. « détruire de fond en comble ».

♦ [1] **TERTRE** (pop.) XIe s. : lat. vulg. **termes, -ĭtis*, altération, p.-ê. sous l'influence de *limes, -ĭtis*, de *termen, -ĭnis* (avec redoublement du *r*). ♦ [2] **TERME** (demi-sav.) XIIIe s. ; adv. *à terme*, en parlant d'un paiement : lat. *termĭnus* ; XIVe s. « mot », « élément d'une proposition logique » : lat. médiéval *terminus* « ce qui limite le sens » ; XVe s. « disposition bonne ou mauvaise à l'égard de quelqu'un » ; XVIIe s. « limite dans l'espace » et « échéance d'un paiement ». ♦ [3] **TERME** XVIe s. « sorte de statue » : *Termĭnus*, dieu des bornes, représenté par un simple buste, terminé vers le bas par une gaine. ♦ [4] **ATERMOYER** XIIe s. : dér. de l'anc. fr. *termoyer* « vendre à terme » et « ajourner », dér. de *terme* ; **ATERMOIEMENT** XVIIe s. ♦ [5] **TERMINER** (sav.) XIIe s. : *terminare* ; **TERMINAISON** XIIe s. ; **INTERMINABLE** XIVe s. ; **TERMINAL** XVIIIe s. : *terminalis*. ♦ [6] **DÉTERMINER** (sav.) XIIe s. : *determinare* ; **DÉTERMINABLE** XIIe s. ; **DÉTERMINATION** XIVe s. : *determinatio* ; **DÉTERMINATIF** XVe s. ; **INDÉTERMINÉ** XIVe s. ; **INDÉTERMINABLE** XVe s. ; **PRÉDÉTERMINER** XVIe s. : *praedeterminare* ; **INDÉTERMINATION, PRÉDÉTERMINATION** XVIIe s. ; **DÉTERMINANT** XVIIIe s., adj. ; **DÉTERMINISME, DÉTERMINISTE** XIXe s. : dér. d'abord en all. ; **AUTODÉTERMINER** et **AUTODÉTERMINATION** XXe s. ♦ [7] **EXTERMINER** (sav.) XIIe s. : *exterminare* ; **EXTERMINATION** XIIe s. ; **EXTERMINATEUR** XIIIe s. ♦ [8] **TERMINOLOGIE** (sav.) XVIIIe s. : dér. sur *terminus*. ♦ [9] **TERMINUS** XIXe s. : angl. « gare terminale », empr. au lat.

**TÊTE** famille du lat. *testa* « coquille », « tout objet fait en argile cuite », et bas lat. « crâne, tête », qui a fortement concurrencé le lat. class. *caput* « tête » → CHEF; var. neutre *testum* « couvercle de pot », « pot en terre ».
♦ [1] **TÊTE** (pop.) XIe s. : *testa*; pour les mots sav. exprimant l'idée de « tête » → CÉPHALO-; **TÊTIÈRE, TÊTU** XIIIe s.; **TÊTARD** XIIIe s. adj. « à grosse tête », XVIIIe s. subst. zool. et arboric.; **ÉTÊTER** XIIIe s.; **ENTÊTER** XIIIe s.; **ENTÊTEMENT** XVIe s. « mal de tête », XVIIe s. « obstination »; **EN-TÊTE, TÊTE-DE-NÈGRE** XIXe s.; **TÊTE-DE-LOUP** XXe s. ♦ [2] **TESTONNER** XVIe s. « peigner » : dér. de *teste*, forme anc. de *tête* (*s* prononcé par réaction orthographique). ♦ [3] **TESSON** (pop.) XIIIe s. : dér. de l'anc. fr. *tes*, plur. de *test, têt*, du lat. *testum*. ♦ [4] **TEST** XIXe s. : mot angl. « épreuve », de l'anc. fr. *test* « pot de terre (qui servait aux alchimistes à éprouver l'or) »; **TESTER** XXe s.

**TETTE** famille d'un mot germ. **titta* « bout de sein », qu'on peut rapprocher du lat. *titillus* « id. »; *titillare* « chatouiller » (comme la mère chatouille les lèvres du nourrisson avec le bout du sein).
♦ [1] **TETTE** (pop.) XIIe s. : germ. occidental **titta*, d'où **TÉTER** XIIe s.; **TÉTINE** XIIe s.; **TÉTIN** XIVe s.; **TÉTON** XVe s.; **TÉTÉE** XVIIe s. ♦ [2] **TITILLER** (sav.) XIIe s., rare avant le XVIIIe s. : *titillare*; **TITILLATION** XIVe s. : *titillatio*.

**THALASSO-** (sav.) gr. *thalassa* « mer », 1er élément de composés, ex. : **THALASSOCRATIE, THALASSOTHÉRAPIE** XIXe s.

**THÉ** XVIIe s. : malais *tēh* « id. »; **THÉIÈRE** XVIIIe s.

**THÉÂTRE** famille sav. d'une base gr. **thaw-* « contempler », à laquelle se rattachent (1) *thauma, -atos* « objet d'étonnement ou d'admiration », « prodige » (2) *thea* (issu de **thāwa*) « action de contempler » et « spectacle », d'où *theatron* « lieu où l'on assiste à un spectacle » (3) *theôros* « spectateur », de *thea* et d'un 2e élément apparenté à *horân* « voir » (→ PANORAMA, art. SERF), littéralement « qui voit le spectacle »; *theôria* « action d'examiner », d'où (a) « spectacle, fête solennelle », « défilé des députations des villes grecques à Delphes » (b) à partir de Platon, « contemplation de l'esprit », « spéculation théorique »; *theôrêma* « objet de contemplation ou d'étude ».
♦ [1] **THÉÂTRE** XIIe s. : *theatron*, par le lat.; **THÉÂTRAL** XVIe s. : lat. *theatralis*. ♦ [2] **THÉORIQUE** XIIIe s. : gr. *theôrikos*, par le lat.; **THÉORIE** XVe s., XVIIIe s. « procession » : *theôria*, par le lat.; **THÉORICIEN** XVIe s. : sur le modèle de *mathématicien*. ♦ [3] **THÉORÈME** XVIe s. : *theôrêma* par le lat. ♦ [4] **THAUMATURGE** XVIIe s. : *thaumatourgos* « faiseur de miracles » (2e élément → ORGUE); **THAUMATURGIE** XIXe s.

**THÉRAPEUTIQUE** ♦ [1] (sav.) XVIe s. : gr. *therapeutikos*, de *therapeuein* « soigner »; **THÉRAPEUTE** XVIIIe s. : gr. *therapeutês* « médecin »; **THÉRAPIE** XIXe s. : *therapeia* « soin ». ♦ [2] **-THÉRAPIE, -THÉRAPEUTE** seconds éléments de composés sav., ex. : **HYDROTHÉRAPIE, PSYCHOTHÉRAPIE** XIXe s.; **HÉLIOTHÉRAPIE, RADIOTHÉRAPIE** XXe s.; **KINÉSITHÉRAPEUTE** XXe s.

**THON** XIVe s. : anc. prov. *ton*, du gr. *thunnos*, mot méditerranéen, par le lat.

**THORAX** (sav.) XIVe s. : gr. *thôrax, -akos* « cuirasse », par le lat.; **THORACIQUE** XVIe s. : *thôrakikos*; **PNEUMOTHORAX** XIXe s.; **THORACO-** : 1er élément de composés, ex. : **THORACOPLASTIE** XXe s.

**THRÈNE** (sav.) XVIe s. : gr. *thrênos* « chant funèbre », par le lat.

**THROMBUS** (sav.) XVIe s. méd. : mot lat., du gr. *thrombos* « caillot »; **THROMBOSE** XIXe s.; **THROMBINE, ANTITHROMBINE** XXe s.

**THYM** (sav.) XIIIe s.; lat. *thymus*, du gr. *thumos* « id. »; **THYMOL** XXe s.

**THYROÏDE** (sav.) XVIe s. : gr. *thuroeidês* « en forme de porte », compris par erreur comme signifiant « en forme de bouclier », par confusion avec *thureoeidês*; **THYROÏDIEN** XIXe s.

**TIARE** (sav.) XIVe s. : lat. *tiara*, mot gr. d'origine persane.

**TIÈDE** ♦ [1] (pop.) XIIe s. : lat. *tĕpĭdus*; **ATTIÉDIR** XIIIe s.; **TIÉDEUR** XIIe s.; **TIÉDIR** XVe s.; **TIÉDISSEMENT** XXe s. ♦ [2] **TÉPIDITÉ** (sav.) XIVe s. : *tepiditas* « tiédeur »; **TÉPIDARIUM** XIXe s., archéol. : mot lat.

**TIGE** ♦ [1] (pop.) XIe s. : lat. *tibia* « os antérieur de la jambe », « flûte » et « petit tube ». ♦ [2] **TIBIA** XVIe s. : mot lat.

**TIGRE** (sav.) XIIe s. : gr. *tigris*, d'origine iranienne, par le lat.; **TIGRESSE** XVIe s.; **TIGRÉ** XVIIIe s.

**TILLAC** XIV^e s. : anc. scandinave *thilja* « planche au fond d'un bateau ».

**TIMBALE** XV^e s. : altération, d'après *cymbale*, de la forme légèrement antérieure *tambale* XV^e s., altération, sous l'influence de *tambour*, de l'esp. *atabal*, mot arabo-persan « tambour »; XVIII^e s. « gobelet de métal », par analogie de forme; **TIMBALIER** XVII^e s.

**TIMBRE** ♦ [1] (demi-sav.) XII^e s. « tambourin », XIV^e s. « cloche frappée par un marteau », XVI^e s. « partie du casque protégeant le crâne » (d'où XVII^e s. *cerveau bien, mal timbré* et **TIMBRÉ** « un peu fou »), XVII^e s. « qualité spécifique d'une voix » et « cachet officiel », XIX^e s. « vignette postale » : bas gr. *tumbănon* : gr. class. *tumpănon* « tambourin »; **TIMBRER** XII^e s.; **TIMBRAGE** XVI^e s.; **TIMBRE-POSTE, TIMBRE-QUITTANCE** XIX^e s. ♦ [2] **TYMPAN** (sav.) XII^e s. « tambourin », XVI^e s. archit., XVII^e s. anat. : gr. class. *tumpanon*.

**TIMIDE** famille sav. du lat. *timēre* « craindre » d'où *timor* « crainte » et *timidus* « craintif ».
♦ [1] **TIMIDE** XVI^e s. : *timidus*; **TIMIDITÉ** XIV^e s. : *timiditas*; **INTIMIDER, INTIMIDATION** XVI^e s. ♦ [2] **TIMORÉ** XVI^e s. : lat. eccl. *timoratus*, dér. de *timor* au sens de « crainte de Dieu ».

**TIMON** (pop.) XII^e s. : bas lat. (V^e s.) *tīmo, -ōnis*, class. *tēmo, -ōnis* « flèche de char »; **TIMONIER** XIII^e s. : de *timon* au sens dér. anc. de « gouvernail »; **TIMONERIE** XVIII^e s.

**TINETTE** (pop.) XIII^e s. : dimin. de l'anc. fr. *tine* « baquet » : lat. *tīna* « carafe à vin ».

**TIRELIRE** ensemble de mots issus de refrains de chansons.
♦ [1] **TIRELIRE** XIII^e s. sens mod. et refrain de chanson, p.-ê. onom. du chant de l'alouette; a pu servir à suggérer le bruit des pièces de monnaie dans ce petit récipient. ♦ [2] **TURELURE** ou **TURLURE** XIII^e s. refrain. ♦ [3] **LURON** XV^e s. : apparenté au précédent et à diverses expressions anc. ou dial. *à lure lure* « au hasard »; picard *lurer* « dire des bêtises », *lures, lurettes* « plaisanteries » qui semblent toutes reposer sur le refrain attesté au XV^e s. : *Avant lure, lurette, avant lure, luron.* ♦ [4] **GODELUREAU** XV^e s. : mot composé; 2^e élément *lureau*, var. de *luron*; 1^er élément obscur, qui peut être rapproché de *god* « cri pour appeler certains animaux domestiques », ou *godon*, surnom satirique des Anglais, de l'angl. *goddam*; ou encore du néerl. *gôd* « bon », qui a dû se croiser avec l'anc. fr. *gaudir* (→ JOUIR), et est représenté au XVI^e s. par *faire gode chère* « se la couler douce ». ♦ [5] **LANTURLU** XVII^e s., refrain d'une chanson du temps de Richelieu. ♦ [6] **TURLUTUTU** XVII^e s.; **TURLUTAINE** XIX^e s. « serinette ». ♦ [7] **TIRE-LARIGOT** XVI^e s. : le 2^e élément, qui désignait au XVI^e s. une sorte de flûte, est attesté au début du XV^e s. chez Christine de Pisan dans le refrain *larigot va larigot, Mari, tu n'aimes mie.* ♦ [8] **TOURLOUROU** au XVII^e s., dans le refrain *Bidon don, mon gentil tourlourou*; fin XVII^e s. aux Antilles « crabe de terre »; à Brest XIX^e s. « crabe (que la cuisson rend rouge) », d'où, à cause de son pantalon rouge, surnom du fantassin appelé aussi « écrevisse de rempart » au XIX^e s. ♦ [9] **DORLOTER** XV^e s.-XVI^e s. « friser les cheveux » et dès le XV^e s. « traiter avec tendresse » : dér. de l'anc. fr. *dorelot, dorenlot*, sans doute empr. à la suite de syllabes *dorelo* très fréquemment employée comme refrain par les auteurs de chansons au Moyen Âge. ♦ [10] **PRETANTAINE** XVII^e s., dans l'expression *courir la pretantaine* « courir les aventures » : probablement croisement du dial. (Ouest) *pertintaille* « collier de cheval à grelots », d'origine onom., et de nombreux refrains terminés en *-aine*, tels que *tonton, tontaine, faridondaine*, etc. ♦ [11] **PERLIMPINPIN** (poudre de) XVII^e s. : mot de fantaisie comportant, comme beaucoup des précédents, le groupe *rl* et un redoublement consonantique. ♦ [12] **GUÉRIDON**, début XVII^e s. « nom d'un personnage de farce qui tenait les chandeliers pendant que les autres dansaient », puis « petit meuble figurant un Maure porteur de flambeau » et « petite table »; mot probablement issu des refrains *ô gué!* et *laridon*. ♦ [13] **MIRLITON** XVIII^e s. : probablement anc. refrain; peut être rapproché de *mirely* « mélodie » XV^e s. ♦ [14] **TRALALA** XIX^e s. refrain, et subst. « luxe voyant ». ♦ [15] **BIRIBI** → ce mot. ♦ [16] **VIRELAI** XIII^e s. « air de danse »; XIV^e s. « sorte de poème » : probablement altération, sous l'influence de *lai* (→ ce mot), du refrain de chanson *vireli*, p.-ê. apparenté à *virer* « tourner ».

**TIRER** ♦ [1] (pop.) XI^e s. « amener vers soi », « extraire », XIII^e s. « lancer un projectile », XVI^e s. « dessiner un trait »; s'est substitué à *traire* dans la plupart de ses emplois en moyen fr.; mot commun à toutes les langues romanes à l'exception du roumain, et très ancien dans chacune d'elles. Diverses hypothèses (1) dans la langue des soldats romains, empr. au nom parthe de la flèche, reposant sur la base iranienne *tīr* (2) dans le même domaine, un dér. de *tīro, -onis* « jeune recrue », dont le sens 1^er aurait été « débuter dans la carrière » (3) réduction de l'anc. fr. *martirier* « martyriser », sous l'influence de l'anc. fr. *tirant* « bourreau » (lat. *tyrannus*), une torture fréquente étant la dislocation des membres par étirement (4) dér. de l'anc. fr. *tire* « rangée » XII^e s. : frq. **teri* (5) croisement du germ. **tēran* (got. *tairan*, anc. haut all. *zëran*) « arracher », et du lat. *gyrare* « tourner ». Les deux premières hypothèses se heurtent à des difficultés dans la chronologie des sens ; la troisième est trop particulière pour expliquer le mot dans l'ensemble des langues romanes ; la quatrième, faisant appel à un étymon frq., ne rend compte que du fr. ; la plus satisfaisante serait la cinquième, celle d'un empr. ancien au germ. ♦ [2] **TIR** XIII^e s. ; **TIRANT, TIROIR** XIV^e s. ; **TIREUR, TIRAGE, TIRADE** XV^e s. ; **TIRE** (dans la locution *à tire-d'aile*) ; **TIRET, TIRETTE** XVI^e s. ; **TIRÉE** XIX^e s. « long parcours », syn. de *traite* : subst. dér. de *tirer*. ♦ [3] **SOUTIRER** XII^e s., d'où **SOUTIRAGE** XVIII^e s. ; **RETIRER** XIII^e s. ; **ÉTIRER** XIII^e s., d'où **ÉTIREMENT** XVII^e s. ; **ÉTIRAGE, ÉTIRABLE** XIX^e s. ; **ATTIRER** XV^e s. d'où **ATTIRANCE** XIX^e s. : verbes dér. de *tirer*. ♦ [4] **ATTIRAIL** XV^e s. : dér. de l'anc. fr. *atirier* XII^e s. « ranger, équiper », dér. de *tire* « rangée », donc p.-ê. apparenté à *tirer*, si l'on attribue à ce verbe une origine frq. ♦ [5] **TIRE**, 1^er élément de composés dans **TIRE-LARIGOT** XVI^e s. → ce mot ; **TIRE-BOTTE, TIRE-BOUTON, TIRE-LAINE, TIRE-LIGNE** XVII^e s. ; **TIRE-BOUCHON** XVIII^e s., d'où **TIRE-BOUCHONNER** XIX^e s. ; **TIRE-AU-FLANC** XIX^e s. ; **TIRE-LAIT** XX^e s.

**TISANE** (demi sav.) XIII^e s. : gr. *ptisanê* « orge mondé » et « tisane d'orge », par le lat.

**TISON** (pop.) XII^e s. : lat. *tītio, -ōnis* ; **TISONNER** XIII^e s. « allumer », **TISONNIER** XIV^e s. ; **ATTISER** XII^e s. : lat. vulg. **attītiāre*, de *titio*.

**TISSER** famille du verbe lat. *texere, textus* « tisser », auquel se rattachent (1) *tēla*, issu de **tex-la* « toile » et « chaîne de la toile » ; *subtilis* « fin », probablement issu de *sub tela*, littéralement « qui passe sous la chaîne », terme de tisserand qualifiant les fils de la trame (2) *textus, -us*, et *textura* « tissu » ; *textilis* « tissé » (3) les composés *praetexere* « tisser au bord, border », « garnir » et « alléguer une excuse », d'où *toga praetexta* « toge blanche bordée de pourpre portée par les enfants jusqu'à seize ans et les principaux magistrats au cours des cérémonies » et *praetextus, -us* « prétexte » ; *contexere* « unir, entrelacer », d'où *contextus, -us* « assemblage », « contexture d'un discours ».

I. mots populaires ou empruntés

♦ [1] **TISSER** XVI^e s. : réfection sur l'un de ses radicaux, *tiss-*, d'un verbe très irrégulier, *tistre* XII^e s. : lat. *tĕxĕre* ; **TISSU** XIII^e s. : anc. part. passé substantivé de *tistre* ; **TISSERAND** XIII^e s., var. *tisserenc* : dér., à l'aide du suff. germ. *-enc* → -AN, sur l'anc. fr. *tissier*, subst. « id. » ; **TISSAGE** XIII^e s. ; **TISSULAIRE** XIX^e s. ♦ [2] **TOILE** XII^e s. : *tēla* ; **TOILETTE** XIV^e s. « petite toile », XVI^e s. « linge placé sur une table », XVII^e s. « table de toilette » et « ajustements que les femmes mettent au point devant cette table » ; **ENTOILER** XVII^e s. ; **ENTOILAGE** XVIII^e s. ♦ [3] **TESSITURE** XIX^e s., mus. : it. *tessitura* « contexture », de *tessere* « tisser », du lat. *texere*.

II. mots savants

A. base *-text-*

♦ [1] **TEXTE** XII^e s., *teste*, « évangéliaire », XIII^e s. sens mod. : *textus, -us* qui avait pris en bas lat. le sens métaph. de « trame d'un récit », « texte » ; **CONTEXTE** XVI^e s. : *contextus* ; **TEXTUEL** XV^e s. ♦ [2] **CONTEXTURE** XIV^e s. : dér. sur *contextus* ; **TEXTURE** XV^e s. : *textura* ; **TEXTILE** XVIII^e s. : *textilis*. ♦ [3] **PRÉTEXTE** (toge) XIV^e s. : *praetexta (toga)*. ♦ [4] **PRÉTEXTE** XVI^e s., subst. masc. : *praetextus, -us* ; **PRÉTEXTER** XVI^e s.

B. **SUBTIL** XIV^e s. : réfection de l'anc. fr. *soutil* (pop.) XII^e s. : *sŭbtīlis* ; **SUBTILITÉ** XII^e s. **sotileté : subtilitas* ; **SUBTILISER** XV^e s. « agir habilement », XVIII^e s. « dérober adroitement » ; **SUBTILISATION** XVI^e s. chimie, XIX^e s. sens mod.

**TITANE** (sav.) fin XVIII^e s. chimie : gr. *titanos*, désignant diverses pierres calcaires.

**TITRE** famille du lat. *titulus* « écriteau, pancarte » et « titre d'honneur », « titre d'un ouvrage », forme à redoublement qui repose probablement sur une racine **telē-* « plan », comme *tellus, -uris* « terre ».

I. famille de *titulus*

♦ [1] **TITRE** (demi-sav.) XII^e s. « marque », XIII^e s. « écrit qui établit un droit », XVI^e s. « aloi », XIX^e s. *titre de rente : tĭtŭlus* ; **ATTITRER** XII^e s. ; **TITRER** XIII^e s. ; **TITRAGE, SOUS-TITRE** XIX^e s. ; **SOUS-TITRER** XX^e s. ♦ [2] **TILDE** XIX^e s. : mot esp. désignant un signe typographique, équivalent de *titre*, qui a servi aussi en anc. fr. à désigner un signe d'abrév. ♦ [3] **INTITULER** (sav.) XIII^e s. : lat. *intitulare* « donner un titre », « nommer » ; **INTITULÉ** XVII^e s. subst. ; **TITU-**

**LAIRE** XVIe s. : dér. sur *titulus*; **TITULARISER, TITULARISATION** XIXe s.

**II.** famille de *tellus*

♦ [1] **TELLURE** (sav.) début XIXe s. : lat. mod. *tellurium*, nom donné à un métal découvert en 1782, pour l'opposer à l'*uranium*. ♦ [2] **TELLURIQUE** et **TELLURISME** XIXe s. : dér. sav., sur *tellus, -uris*.

**TITUBER** (sav.) XVe s. et **TITUBATION** fin XIVe s. : lat. *titubare* et *titubatio*.

**TOBOGGAN** XIXe s. : mot angl. du Canada, empr. à l'algonquin.

**TOHU-BOHU** XIXe s., emploi mod. (XIIIe s. *toroul boroul* XIIIe s.; XVIe s., Rabelais, *les isles de Tohu et Bohu*; XVIIIe s., Voltaire, *la terre était tohu-bohu*) : adaptation de l'hébreu *tôhû wabôhû* (Gen., I, 2) « vague et vide », loc. désignant l'état de la terre au début de la création du monde.

**TOI** famille lat. du pronom personnel de la deuxième pers. du sing. : *tu*, acc. *te*, sur la base duquel est formé l'adj. possessif *tuus, -a, -um*.

♦ [1] **TOI** (pop.) XIIe s. : *tē*, cas régime, forme tonique; **TE** XIIe s. : *te*, cas régime, forme atone; **TU** Xe s. : lat. *tū*, cas sujet; **TUTOYER** XIVe s.; **TUTOIEMENT** XVIIe s. ♦ [2] **TON, TA, TES** (pop.) XIe s. : lat. vulg. **tŭm*, **tam*, et **tos*, **tas*, formes atones et contractées pour *tuum, tuam, tuos, tuas*, acc. masc. et fém., sing. et plur. de *tuus*. ♦ [3] **TIEN, TIENNE** : formes analogiques de *mien* (et plus tard *mienne*) → MOI, qui se sont substituées à partir du XIIe s., aux formes normales *tuen*, du lat. *tuum*, et *toue*, du lat. *tuam*, formes toniques.

**TOIT** famille du lat. *tĕgĕre, tēctus* « couvrir », reposant sur une racine **(s)teg-* à laquelle se rattachent également *tegula* « tuile »; *toga* « toge », et *epitogium*, lat. imp. « casaque pour mettre par-dessus la toge »; composés de *tegere* : *detegere* « mettre à découvert », d'où lat. imp. *detectio* « révélation »; *protegere* « abriter par-devant », d'où lat. imp. *protectio* et *protector* « protection » et « protecteur ».

♦ [1] **TOIT** (pop.) XIIe s. : *tēctum*, neutre substantivé de *tectus*; **TOITURE** XVIe s. ♦ [2] **TUILE** (pop.) XIIe s. : métathèse de *tieule, tiule* XIIe s. : lat. *tēgŭla*; fin XVIIIe s. « désagrément inattendu (comparé à une tuile qui vous tombe sur la tête) »; **TUILERIE** XIIIe s. ♦ [3] **PROTECTION** (sav.) XIIe s. : *protectio*; **PROTECTEUR** XIIIe s. : *protector*; **PROTECTORAT** XVIIIe s.; XIXe s. sens mod.; **PROTECTIONNISME** XIXe s. ♦ [4] **PROTÉGER** (sav.) XIVe s. : *protegere*; **PROTÉGÉ** XVIIIe s., subst.; **PROTÈGE-CAHIER** XXe s. ♦ [5] **TOGE** (sav.) XIIIe s. : *toga*; **ÉPITOGE** XVe s. : *epitogium*. ♦ [6] **TÉGUMENT** (sav.) XVIe s. : lat. *tegumentum* « couverture », de *tegere*. ♦ [7] **DÉTECTIVE** XIXe s.; **DÉTECTER** et **DÉTECTION** XXe s. : angl. *detective*, abrév. de *detective policeman* et *detection*, dér. de *to detect*, formé sur le radical du part. passé de *detegere*; **DÉTECTEUR** fin XIXe s. : lat. imp. *detector*.

**TOMATE** XVIe s., puis XVIIIe s. : esp. *tomate*, de l'aztèque *tomatl*.

**TOMBE** famille d'une base **tum-* reposant sur une racine ind.-eur. **tewē-*, **tu-* « se gonfler », qui apparaît p.-ê. aussi dans le lat. *tuber* → TRUFFE, *totus* → TOUT et *tumultus* → TUMULTE. En grec *tumbos* « tumulus, tertre, tombeau ». En latin *tumulus* « id. »; *tumere* « être enflé », d'où *tumor, -oris* « enflure »; lat. imp. *tumescere* et *intumescere* « se gonfler » : *tumefacere* « gonfler ».

♦ [1] **TOMBE** (pop.) XIIe s. : bas lat. (IVe s.) *tumba* : gr. *tumbos*; **TOMBEAU** XIIe s.; **TOMBAL, OUTRE-TOMBE** XIXe s. ♦ [2] **CATACOMBE** XIIIe s. : empr. au lat. *catacumba*, attesté dans les inscriptions chrétiennes, ou à son représentant it. *catacomba* : altération, p.-ê. sous l'influence de *cumbere* « être couché », ou simplement par dissimilation, de **catatumba* « tombe souterraine », formé avec le préf. gr. *kata* « de haut en bas ». ♦ [3] **TUMEUR** (sav.) XIVe s. : lat. *tumor, -oris*. ♦ [4] **TUMÉFIER** XVIe s. : *tumefacere*; **TUMÉFACTION** XVIe s. ♦ [5] **INTUMESCENCE** (sav.) XVIIe s. : de *intumescere*; **TUMESCENT, TUMESCENCE** XIXe s. : de *tumescere*. ♦ [6] **TUMULUS** XIXe s. : mot lat.; **TUMULAIRE** XIXe s.

**TOMME** XVIe s. fromage : mot dial. des régions franco-prov. et prov., apparenté au sicilien et calabrais *toma*, d'origine obscure, probablement prélat.

**TONDRE** ♦ [1] (pop.) XIIe s. : lat. vulg. **tondĕre*, class. *tondēre*; **TONTE** XIVe s. : anc. part. passé substantivé de *tondre* : lat. vulg. **tondĭta*, class. *tonsa*; **TONDEUSE** XIXe s. ♦ [2] **TOISON** (pop.) XIIe s. : bas lat. *tonsio, -ōnis* « action de tondre ». ♦ [3] **TONSURE** (sav.) XIIIe s. : lat. *tonsūra* « action de tondre », sur le part. passé *tonsus*; **TONSURER** XIVe s.

**TONLIEU** famille du gr. *telos* « achèvement, terme » et « paiement », d'où *telônês* « percepteur d'impôts », de *telos* et *ôneisthai* « acheter », et « prendre à ferme »; *telein* « accomplir, achever » d'où *telesma* « paiement d'un impôt » et « accomplissement d'un rite religieux ». ♦ [1] **TONLIEU** (pop.) XIV^e^ s. : altération, sous l'influence de *lieu*, de *tolneu* XII^e^ s., du lat. *teloneum*, du gr. *telônion* « bureau du percepteur », de *telônês*. ♦ [2] **TALISMAN** XVII^e^ s. remonte au gr. *telesma* « rite religieux » par les intermédiaires de l'ar. *tilasman* duel de *tilasm* « image magique », du turc, puis de l'italien *talismano* XVI^e^ s. ♦ [3] **PHILATÉLIE** (sav.) XIX^e^ s. : de *philos* « qui aime » et *ateleia* avec *a* privatif « affranchissement, exemption de taxes »; **PHILATÉLISTE** XIX^e^ s.; **PHILATÉLIQUE** XX^e^ s. ♦ [4] **-TÈLE** : 2^e^ élément de composés sav. exprimant l'idée d'extrémité » ex. : **BRACHYTÈLE** XIX^e^ s. « à l'extrémité courte ».

**TONNE** ♦ [1] (pop.) XIII^e^ s. « grand récipient de bois », XVII^e^ s. « mesure de capacité », XIX^e^ s. « unité de poids de 1 000 kg servant à évaluer le déplacement ou le port en lourd d'un navire » : bas lat. *tŭnna*, d'origine celtique : **ENTONNER** XII^e^ s.; **ENTONNOIR** XIII^e^ s.; **TONNEAU** XII^e^ s., XVI^e^ s. mar.; **TONNELIER, TONNELLERIE** XIII^e^ s.; **TONNELET** XIV^e^ s.; **TONNELLE** XIV^e^ s. « tonneau » et « berceau de verdure ». ♦ [2] **TONNAGE** XVII^e^ s. impôt sur les navires, proportionnel à leur capacité; XVIII^e^ s. sens mod. : mot angl., de l'anc. fr. *tonnage* « impôt sur le vin en tonneau », dér. de *tonne*. ♦ [3] **TUNNEL** XIX^e^ s. : mot angl. « galerie », du fr. *tonnelle*.

**TONNER** famille du lat. *tonare*, surtout impers. *tonat* « il tonne »; d'où *tonitrus, -us*, et *tonitruum* « tonnerre »; bas lat. *tonitruare* « tonner »; *detonare* « tonner fortement ».
♦ [1] **TONNER** (pop.) XII^e^ s. : *tŏnāre*. ♦ [2] **TONNERRE** (pop.) XI^e^ s. : lat. *tonĭtrus*. ♦ [3] **ÉTONNER** (pop.) XI^e^ s. « frapper comme d'un coup de tonnerre », XVIII^e^ s. sens mod. : lat. vulg. **extonāre*, de *tonare*; **ÉTONNEMENT** XV^e^ s.; **ÉTONNANT** XVI^e^ s.; **ÉTONNAMMENT** XVIII^e^ s. ♦ [4] **DÉTONER** XVII^e^ s. : *detonare*; **DÉTONATION** XVII^e^ s.; **DÉTONATEUR** XIX^e^ s. ♦ [5] **TONITRUANT** et **TONITRUER** XIX^e^ s. : de *tonitruare*.

**TOPAZE** (sav.) XI^e^ s. : gr. *topazos*, par le lat.

**TOPIQUE** famille sav. du gr. *topos* « lieu, endroit » et rhét. « sujet d'un discours », « point d'une démonstration »; *koinos topos* « lieu commun »; d'où *topikos* « local », adj. et « (remède) » local »; *topikê (tekhnê)* « science des lieux communs ».
♦ [1] **TOPIQUE** XIV^e^ s. philo., XVI^e^ s. méd., XVII^e^ s. « relatif à un lieu donné », XIX^e^ s. rhét. : *topikos*. ♦ [2] **UTOPIE** XVI^e^ s., puis XVIII^e^ s. : lat. mod. *Utopia* « le pays qui n'existe pas », œuvre de l'écrivain angl. Thomas More, de la nég. gr. *ou* et de *topos*; a pris en angl. au XVII^e^ s. le sens de « organisation sociale chimérique »; empr. en ce sens par le fr. au XVIII^e^ s.; **UTOPIQUE** XVI^e^ s. « relatif à l'*Utopie* de Thomas More »; XIX^e^ s. sens mod.; **UTOPISTE** XVIII^e^ s. ♦ [3] **ISOTOPE** XX^e^ s. : de *isos* « égal » et *topos*; « (corps) occupant la même *place* dans la classification de Mendeleïev ». ♦ [4] **TOPO-** 1^er^ élément de composés, ex. : **TOPOGRAPHIE** XVI^e^ s. : lat. *topographia*; **TOPOGRAPHIQUE, TOPOGRAPHE** XVI^e^ s.; **TOPO** XIX^e^ s. « croquis, plan » puis « exposé » : abrév. de *topographie*; **TOPOLOGIE, TOPONYMIE, TOPONYME** XIX^e^ s.

**TOQUE** XV^e^ s. : esp. *toca*, p.-ê. sur une base **tauca*, très anc. dans la péninsule Ibérique; p.-ê. cependant empr. au persan *tâq* « voile », transmis par l'arabe.

**TORDRE** famille d'une racine ind.-eur. **trekw-*, **terkw-*.
En grec *trepein* « tourner », d'où *tropos* « tour », « manière de s'exprimer »; *tropê* « tour », « évolution, changement », « solstice », « déroute »; *tropikos* « qui concerne le changement », en particulier les changements de saisons, d'où *tropika sêmeia* « points des solstices »; *tropaion* « monument de victoire, élevé à l'endroit où la déroute avait commencé »; *entrepein* « tourner le dos pour fuir » et *entropia* « changement de dispositions »; le gr. *tropos* a été empr. par le lat. imp. sous la forme *tropus* « figure de rhétorique », puis bas lat. « chant, mélodie ».
En latin, *torquere*, parfait *torsi*, part. passé *tortus*, var. bas lat. *torsus* « imprimer un mouvement de rotation », « tordre », d'où (1) *tormentum* issu de **torcmentom* « treuil », « machine de guerre » et « instrument de torture », d'où « tourment, souffrance »; *torvus*, p.-ê. issu de **torcvos* « qui regarde de travers », « farouche » (2) *torques* ou *torquis* « collier (en forme de torsade) » (3) *torcular*, var. *torculum* « pressoir à vis, ou à corde qu'on enroule » (4) *tortuosus* « sinueux »; bas lat. *tortūra* « action de tordre » (5) les composés *contorquere* « faire tourner »; *distorquere* « tourner de côté et d'autre »; *extorquere* « obtenir par la force »; *retorquere* « rejeter en arrière » (6) dér. nom. des verbes ci-dessus : *contortio* « action de tourner »; *distortio*, var. bas lat. *distorsio* « distorsion »; bas

lat. *extorsio* « extorsion » et *tortio* « torsion et torture »; *torsio* « colique ».

**I.** mots populaires d'origine latine

♦ [1] **TORDRE** XII^e s. : lat. vulg. **torcĕre*, class. *torquēre*; **RETORDRE** XIII^e s.; **TORDANT** XIX^e s. « qui fait tordre de rire ». ♦ [2] **RETORS** XII^e s. : part. passé de *retordre*; XVIII^e s. sens fig. « tortueux, rusé »; **TORS** XIII^e s. : part. passé anc. de *tordre* : *torsus*; **ENTORSE** XVI^e s. : part. passé fém. substantivé de l'anc. fr. *entordre*; **TORSADE** XVII^e s.; **TORSADER** XX^e s. ♦ [3] **TORT** XII^e s. : *tortum*, part. passé substantivé de *torquere*. ♦ [4] **TORTU** XIII^e s. : dér. de l'anc. part. passé *tort* → le précédent. ♦ [5] **TOURTEAU** XVII^e s. sorte de crabe : dér. anc. de *tortus* « tordu, de travers » → les deux précédents. ♦ [6] **TOURTE** XIII^e s. : *torta (pasta)* « pâte disposée en rond », part. passé fém. substantivé de *torquere*; **TOURTEAU** XIII^e s. « résidu de graines ou de fruits pressés »; **TOURTIÈRE** XVI^e s. ♦ [7] **TARTE** XIII^e s.; var. *tartre* : p.-ê. croisement du lat. vulg. **tortula*, dimin. de *torta*, et de *tartarum* « croûte » → TARTRE; **TARTELETTE** XIV^e s.; **TARTINE** XV^e s., XIX^e s. « long discours »; **TARTINER** XIX^e s. ♦ [8] **TORTILLER** XIII^e s. : dér. sur le radical du part. passé *tort*; **ENTORTILLER** XIII^e s.; **TORTILLON** XV^e s.; **TORTILLEMENT** XVI^e s.; **TORTILLARD** XVII^e s. adj., XIX^e s. subst. ♦ [9] **TORTICOLIS** XVI^e s. chez Rabelais sous la forme *torty colly* « qui a le cou de travers », « marque d'hypocrisie », probablement italianisation plaisante du lat. *tortum collum* « cou tordu ». ♦ [10] **TOURMENT** X^e s. : *tormentum*; **TOURMENTE** XII^e s. : *tormenta*, plur. neutre; **TOURMENTER** XII^e s.; **TOURMENTEUR** XVI^e s. ♦ [11] **TROUSSER** XII^e s. « mettre en paquet », « charger une bête de somme », XIV^e s. « relever en pliant » : altération, par métathèse de l'*r*, de *torser* : lat. vulg. **torsare*, de *torsus*; **TROUSSE** XII^e s. « botte (de foin) », XIII^e s. « poche de selle », d'où *être aux trousses de*; XVI^e s. « haut-de-chausses relevé », XVII^e s. « valise, étui »; **TROUSSEAU** XII^e s. « paquet », XIV^e s. « habits et linge d'une jeune mariée »; **DÉTROUSSER** XII^e s.; **DÉTROUSSEUR** XV^e s.; **RETROUSSER** XIII^e s.; **RETROUSSIS** XVII^e s. ♦ [12] **TORCHE** XIII^e s. : lat. vulg. **torca*, class. *torques* « torsade »; spécialisée en fr. dans le sens de « flambeau fait d'une mèche tordue », puis de « flambeau de bois résineux »; **TORCHÈRE** XVII^e s. ♦ [13] **TORCHER** XII^e s. : dér. anc. de **torca* « torsade, faisceau de choses tordues »; **TORCHON** XII^e s.; **TORCHONNER** XVI^e s.; **TORCHIS** XIII^e s.; **TORCHE-CUL** XV^e s. ♦ [14] **TREUIL** XIII^e s. « pressoir »; XIV^e s. sens mod. : *tŏrcŭlum*.

**II.** mots savants d'origine latine

**A.** base *-tort-*

♦ [1] **TORTUEUX** XII^e s. : *tortuosus*. ♦ [2] **TORTURE** XII^e s. : *tortura*; **TORTURER** XV^e s.; **TORTURANT** XIX^e s. ♦ [3] **TORTIONNAIRE** XV^e s. : lat. médiéval *tortionarius*, dér. de *tortio*.

**B.** base *-torqu-*

♦ [1] **EXTORQUER** XIV^e s. : *extorquere*. ♦ [2] **RÉTORQUER** XIV^e s. « retourner »; XVI^e s. sens mod. : *retorquere*. ♦ [3] **TORQUE** XIX^e s. « collier antique » : *torques*.

**C.** base *-tors-*

♦ [1] **EXTORSION** XIII^e s. : bas lat. *extorsio*. ♦ [2] **RÉTORSION** XIII^e s. : dér. sur *retorsus*, de *retorquere*; **RÉTORSIF** XVIII^e s. ♦ [3] **CONTORSION** XIV^e s. : *contorsio*; **SE CONTORSIONNER** XIX^e s. ♦ [4] **TORSION** XIV^e s. « colique », XVII^e s. sens mod. : *torsio*, et *tortio*. ♦ [5] **DISTORSION** XVI^e s. : *distorsio*.

**D. TORVE** XIX^e s. : *torvus*.

**III.** mots d'origine grecque

**A.** mots populaires

♦ [1] **TROUVER** XI^e s. « composer (un air) »; à partir du XII^e s. développement des autres sens : lat. vulg. **tropare*, dér. de *tropus*, du gr. *tropos*; **RETROUVER, TROUVAILLE** XII^e s.; **TROUVABLE** XIV^e s.; **INTROUVABLE** XVII^e s. ♦ [2] **TROUVÈRE** XII^e s. cas sujet « compositeur » : lat. vulg. **tropātor*; cas régime *troveor*, puis *trouveur* : **tropatōrem*. ♦ [3] **TROUBADOUR** XVI^e s. : prov. *trobador*, du lat. **tropatōrem*.

**B.** mots savants

♦ [1] **HÉLIOTROPE** → HÉLIO-, art. SOLEIL. ♦ [2] **TROPIQUE** XIV^e s., puis XVI^e s. « parallèle qui correspond au passage du soleil au zénith à chacun des solstices » : *tropikos*, par le lat.; **TROPICAL** et **SUBTROPICAL** XIX^e s. ♦ [3] **TROPHÉE** XV^e s. : bas lat. *trophaeum*, altération, par hyperhellénisme, de *tropaeum*, du gr. *tropaion*. ♦ [4] **TROPE** XVI^e s. : *tropos*, par le lat. ♦ [5] **TRÉPONÈME** XIX^e s. « protozoaire en forme de spirale » : de *trepein* « tourner » et *nêma* « fil ». ♦ [6] **TROPISME** XX^e s.; de *tropos*. ♦ [7] **ENTROPIE** XX^e s. « dégradation de l'énergie » : *entropia*, interprété, d'après *entrepein*, comme « retour en arrière ». ♦ [8] **TROPO-, -TROPE, -TROPISME** : éléments de composés, ex. : **TROPOSPHÈRE** XX^e s.; **ANÉMOTROPE, PHOTOTROPISME** XIX^e s.

**TORPEUR** famille du lat. *torpēre* « être engourdi », d'où *torpor, -oris* « engourdissement » et *torpedo, -inis* « torpille », poisson produisant une décharge électrique qui engourdit.

♦ [1] **TORPEUR** (sav.) XV^e s. : *torpor*; **TORPIDE** XIX^e s. : *torpidus*. ♦ [2] **TORPILLE** XVI^e s. poisson; XIX^e s. engin de guerre (trad. de l'angl. *torpedo*) : du prov. *torpio*, altération, par substitution de suff., de *torpin*, du lat. *torpedo, -ĭnis*; **TORPILLEUR, CONTRE-TORPILLEUR** XIX^e s.; **TORPILLER, TORPILLAGE** XX^e s. ♦ [3] **TORPÉDO** XIX^e s. « torpille »; XX^e s. automobile décapotable : mot angl. empr. au lat.

**TÔT** famille du lat. *torrere, tostus* « dessécher », « brûler », d'où *torrefacere* « id. » et *torridus* « brûlé »; part. présent *torrens* « brûlant », d'où « impétueux », substantivé au sens de « fleuve impétueux ».

♦ [1] **TÔT** (pop.) X^e s. : *tostum* « rapidement » : part. passé neutre de *torrere* employé comme adv.; **TANTÔT** XII^e s. « bientôt », XVI^e s. *tantôt... tantôt*, XIX^e s. « cet après-midi »; **AUSSITÔT** XIII^e s.; **BIENTÔT** XIV^e s.; **PLUTÔT** XVII^e s. ♦ [2] **TOAST** XVIII^e s. : mot angl., dér. de *to toast* « griller », de l'anc. fr. *toster*, du lat. vulg. **tostāre*, de *tostus*. ♦ [3] **TORRENT** (sav.) XII^e s. : *torrens*; **TORRENTUEUX, TORRENTIEL** XIX^e s. ♦ [4] **TORRIDE** XV^e s. : *torridus* ♦ [5] **TORRÉFIER** XVI^e s. : *torrefacere*; **TORRÉFACTION** XVII^e s. : lat. mod. *torrefactio*; **TORRÉFACTEUR** XIX^e s.

**TOTEM** XIX^e s. : mot algonquin (Canada), par l'angl.

**TOUPET** famille d'une base germ. commune **toppaz* « sommet, extrémité ». Frq. **top*, angl. *top*, all. *Zopf*.

♦ [1] **TOUPET** XII^e s. « touffe de cheveux », XIX^e s. « effronterie » : dimin. de l'anc. fr. *top*, du frq. **top*. ♦ [2] **TOUFFE** XII^e s. : probablement empr. au mot alémanique correspondant au frq. **top* et à l'all. *Zopf* (dial. où le passage de *p* à *pf* est antérieur à celui de *t* à *tz*); **TOUFFU** XV^e s. ♦ [3] **TOUPIE** XIV^e s. (au XIII^e s., verbe *toupier*) : var., avec suff. différent, de l'anglo-normand *topet*, dimin. de l'angl. *top* attesté en ce sens dès le XI^e s. ♦ [4] **TURBINER** début XIX^e s. : var. du dial. (Mons, Valenciennes) *tourpiner* « tournailler au travail », de *tourpie*, p.-ê. altération, sous l'influence de *tourner*, de *toupie*; n'a rien à voir avec la *turbine*, inventée postérieurement; **TURBIN** début XIX^e s. argot « travail ». ♦ [5] **TOP** mot angl. « sommet, extrémité », adv. avec le sens d'« extrêmement », ex. : *top secret* XX^e s.

**TOUR** (subst. fém.) ♦ [1] (pop.) XI^e s. : lat. *turris*; **TOURELLE** XII^e s., **TOURIER** XIII^e s.; **TOURIÈRE** XVI^e s.; en anc. fr. les var. *tournier* et *tournelle* ont dû subir l'influence du moyen haut all. *Turn* (all. *Turm*) → le suiv., et du verbe *tourner*. ♦ [2] **TURNE** début XIX^e s. argot « maison, taudis », puis « chambre » : p.-ê. alsacien *türn* « prison », var. dial. de l'all. *Turm* « tour », d'origine latine.

**TOURBE** (combustible) ♦ [1] (pop.) XIII^e s. : frq. **tŭrba* « touffe d'herbe »; **TOURBIÈRE** XIII^e s.; **TOURBEUX** XVIII^e s. ♦ [2] **TURF** XIX^e s. « hippodrome » : mot angl. « pelouse », même base germ. que frq. *turba*; **TURFISTE** XIX^e s.

**TOURNER** famille d'une racine ind.-eur. **ter-* « user en frottant par un mouvement circulaire ».

En grec (1) *tribein* « frotter, user »; *tribê* « action d'user », « de traîner en longueur »; *diatribê* « passe-temps, conversation » (2) *trupanon* « instrument pour percer »; *trêma* « orifice »; *trauma, -atos* « blessure » (3) *tornos* « machine pour travailler le bois ou les métaux ».

En latin (1) *terebra* « tarière », var. bas lat. *terebrum* d'où dimin. *terebellum*; *terebrare* « percer avec la tarière » (2) *terere, tritus* « frotter », « user », « broyer », d'où (a) les composés *atterere* « frotter contre » et bas lat. *attritio* « usure par frottement »; *conterere* « broyer », « anéantir », d'où *contritio* bas lat. « action de broyer », « accablement »; *deterere* « user par le frottement », d'où *detrimentum* « action d'enlever en frottant », « perte, dommage »; *detritus, -us* « action de détériorer » (b) lat. imp. *tritura* « frottement » et « battage du blé », d'où bas lat. *triturare* « battre le blé » (3) *tribulum* « herse à battre le blé », d'où *tribulare* « battre avec la herse » et au passif dans la langue eccl. « éprouver des tribulations ».

En germanique, moyen haut all., moyen bas all., moyen néerl. *drillen* et all. *drehen* « tourner ».

En celtique, irl. *tarathar*, gallois *taradr*, apparentés au bas lat. (VII^e s.) *taratrum* « tarière ».

I. mots d'origine grecque

A. mots populaires

♦ [1] **TOURNER** X^e s. « se mouvoir circulairement », XI^e s. « changer de direction », XII^e s. « changer », XIII^e s. « façonner au tour » et « faire mouvoir autour d'un axe », XVI^e s. « agencer les mots », XVII^e s. « devenir aigre », XX^e s. « faire un film (par allusion à la manivelle des premières caméras) » : lat. vulg. **tornare*, de *tornus*, du gr. *tornos*, littéralement « façonner au tour »; **RETOURNER** IX^e s.; **DÉTOURNER** XI^e s.; **ENTOURNURE** XVI^e s. : dér. de l'anc. fr. *entourner* XIV^e s. ♦ [2] **TOUR** XII^e s. machine-outil : lat. *tornus*, du gr. *tornos*; **TOUR**

XIe s. « volte-face », XIIe s. « fois », « moment » et « acte d'adresse », XIIIe s. « circonférence » et « déplacement bref, avec retour au point de départ »; XVIe s. *à tour de bras* « en tournant le bras pour prendre de l'élan »; XVIIe s. « manière » : dér. de *tourner*; **DEMI-TOUR** XVIe s. ♦ [3] **ENTOUR** XIe s. : de *en tour*, d'où **ENTOURAGE** XVe s.; **ENTOURER** XVIe s.; **ALENTOURS** XVIIIe s.; **AUTOUR** adj. et prép., remplace **ENTOUR** au XVe s.; **ATOUR** XIIe s. : dér. de l'anc. fr. *atourner* « parer »; **RETOUR** XIIe s.; **DÉTOUR** XIIIe s. : dér. de *retourner, détourner*; **POURTOUR** XVIIe s. ♦ [4] **TOURNOYER, TOURNOI, TOURNOIEMENT** XIIe s.; **TOURNANT** XIIIe s. subst.; **TOURNE, TOURNURE, TOURNEUR, TOURNÉE** XIIIe s.; **TOURNÉ** (*bien* ou *mal*) adj. XIVe s.; **TOURNAGE** XVIe s.; **TOURNIS** XIXe s. : dér. de *tourner*; **DÉTOURNEMENT** XVe s.; **RETOURNEMENT** XIIe s.; **RETOURNE** XVIIe s. : dér. de *détourner, retourner*. ♦ [5] **TOURNE-** 1er élément de composés, ex. : **TOURNEBROCHE** XVe s.; **TOURNEDOS** XVIe s. « fuyard », XIXe s. cuisine; **TOURNEMAIN** XVIe s.; **TOURNEVIS** XVIIIe s.; **TOURNE-DISQUE** XXe s. ♦ [6] **TORGNOLE** XVIIIe s. : var. dial. (Nord) de *tourniole*, dér. de *tournier*, var. *tournoyer*, littéralement « (forte gifle qui vous fait) tourner sur vous-même »; *tourniole* a aussi le sens de « panaris qui fait le tour du doigt ».

**B.** mots empruntés

♦ [1] **TOURNESOL** XIIIe s. : it. *tornasole* « qui se tourne vers le soleil ». ♦ [2] **CONTOUR** et **CONTOURNER** XVIe s. : it. *contorno* et *contornare*, avec influence de *tour, tourner*. ♦ [3] **RITOURNELLE** XVIIe s. : it. *ritornello*, de *ritorno* « retour ». ♦ [4] **RISTOURNE** XVIIIe s. : it. *ristorno*, de *stornare* « détourner ». ♦ [5] **TORNADE** XVIIIe s. : esp. *tornado*, part. passé substantivé de *tornar* « tourner ». ♦ [6] **TOURISME, TOURISTE** XIXe s. : angl. *tourism, tourist* : de *to tour* « voyager » empr. au fr. *tour* « déplacement rapide »; d'où **TOURISTIQUE** XIXe s.; **TOURING** fin XIXe s. : mot angl., part. présent substantivé de *to tour*; **CYCLOTOURISME** XXe s.

**C.** mots savants

♦ [1] **TRÉPAN** XVe s. : lat. médiéval *trepanum*, du gr. *trupanon*; **TRÉPANER** XVe s.; **TRÉPANATION** XIVe s. ♦ [2] **DIATRIBL** XVIe s. « discussion d'école », XVIIIe s. sens mod. : *diatribê*, par le lat. ♦ [3] **TRÉMA** XVIIe s. typo. : mot gr.; **TRÉMATO-** 1er élément de composés, ex. : **TRÉMATOPHORE** XIXe s. ♦ [4] **TRAUMATIQUE** XVIe s. : *traumatikos*, de *trauma*, par le lat.; **TRAUMATISME, TRAUMATOLOGIE** XIXe s.; **TRAUMATISER** XXe s. ♦ [5] **TRYPANOSOME** XIXe s. : de *trupanon* et *sôma*. ♦ [6] **TRIBO-** 1er élément de composés exprimant l'idée de frottement, ex. : **TRIBO-ÉLECTRIQUE** XXe s.

**II.** mots d'origine latine

♦ [1] **TRIER** (pop.) XIIe s. : probablement bas lat. *$tr\bar{i}t\bar{a}re$ VIe s. « broyer », de $tr\bar{i}tus$; **TRI, TRIAGE** XIVe s. ♦ [2] **TRIBULATION** (sav.) XIIe s. : lat. eccl. *tribulatio*, de *tribulare*; **TRIMBALER** fin XVIIIe s. argot : var. nasalisée de *tribaler* XIIIe s.-XVIe s., altération, sous l'influence de l'anc. fr. *baller* « danser », de *tribuler*, var. *tribouler*, du lat. *tribulare*; a pu subir l'influence de *brimbaler*, de la famille de *bribe*; **TRIMBALAGE** XIXe s. ♦ [3] **CONTRIT, CONTRITION** (sav.) XIIe s. : *contritus, contritio*; **ATTRITION** XVIe s. : *attritio*. ♦ [4] **DÉTRIMENT** XIIIe s. : *detrimentum*. ♦ [5] **TRITURER** XVIe s. : *triturare*. ♦ [6] **DÉTRITUS** XVIIIe s. : mot lat., part. passé substantivé de *deterere*. ♦ [7] **TÉRÉBRANT** XIXe s. : de *terebrare*; **TÉRÉBRATION** XVIIIe s. : *terebratio*.

**III.** mots d'origine germanique

**DRILLE** XVIIe s. « vagabond » : de *driller*, du néerl. *drillen* « courir çà et là ».

**IV.** mots d'origine celtique

♦ [1] **TARIÈRE** (pop.) XIIIe s. : altération, par substitution de suff., de *tarere*, du lat. $tar\bar{a}trum$. ♦ [2] **TARAUD** XVIe s. : pour *tareau*, de *tarel* XIIIe s., var. masc. de *tarele*, forme dissimilée de *tarere*; **TARAUDER** XVIIe s.

**TOUT** famille du lat. $t\bar{o}tus$ « entier », p.-ê. forme rustique pour $t\bar{u}tus$ « à l'abri » (→ TUER); pourrait aussi reposer sur la racine **tew-* « se gonfler » (→ TOMBE) et signifier à l'origine « arrivé à son entier développement ». Pour les mots sav. exprimant l'idée de « totalité » → OMNI- et HOLO-, art. SOU.

♦ [1] **TOUT** (pop.) Xe s. : lat. vulg. *$t\bar{o}ttus$, class. $t\bar{o}tus$, avec redoublement expressif du *t*; **PARTOUT** XIIe s.; **SURTOUT** XVIe s. adv.; XVIIe s. subst.; **ATOUT** XVe s. : de la locution *jouer à tout*. ♦ [2] **ITOU** XVIIe s. : p.-ê. altération, sous l'influence de *itel*, de l'anc. fr. *à tout* « avec », ou du moyen fr. *et tout* « aussi ». ♦ [3] **TUTTI** XIXe s. mus. : mot it. « tous » : lat. vulg. *$t\bar{o}tt\bar{i}$, nominatif plur. de **tottus* → TOUT. ♦ [4] **TOTON** (sav.) XVIIe s. : lat. *totum*, neutre substantivé prononcé à la manière anc. (→ DICTON, art. DIRE); à l'origine dé à jouer pouvant tourner, dont chacune des quatre faces libres portait l'initiale des mots lat. ou fr. suivants : *Accipe* « reçois », *Da* « donne » (un jeton); *Rien* (à donner ni à prendre); *Totum* « tout (l'enjeu à ramasser) ». ♦ [5] **TOTAL** XIVe s. (sav.) : lat. médiéval *totalis*; **TOTALITÉ** XIVe s.; **TOTALISER** XIXe s.; **TOTALITAIRE, TOTALITARISME** XXe s.

**TOUX** ♦ [1] (pop.) XIIe s. : lat. $t\breve{u}ssis$; **TOUSSER** XVIe s. : réfection de l'anc. fr. *toussir* XIIIe s. : lat.

imp. *tŭssīre*; **TOUSSAILLER, TOUSSOTER** XIXe s. ♦ [2] **TUSSILAGE** (sav.) XVIIe s. : *tussilago* « plante contre la toux », dér. de *tussis*.

**TOXIQUE** ♦ [1] (sav.) XIIe s., rare avant le XVIe s. : gr. *toxikon* « poison pour la pointe des flèches », de *toxon* « flèche », par le lat.; **INTOXIQUER, INTOXICATION** XVe s., rare avant le XIXe s. : lat. médiéval *intoxicare*; **TOXICITÉ, TOXINE** XIXe s.; **TOXICOSE** XXe s. ♦ [2] **TOXICO-** 1er élément de composés, ex. : **TOXICOLOGIE, -LOGUE, -LOGIQUE** XIXe s.; **TOXICOMANE, -MANIE** fin XIXe s.

**TRACHÉE-ARTÈRE** famille sav. de l'adj. gr. *trakhus*, fém. *trakheia* « rugueux ».
♦ [1] **TRACHÉE-ARTÈRE** XIVe s. (d'abord *artere traciee*) : gr. *trakheia artêria* « artère rugueuse », ainsi appelée à cause de ses anneaux cartilagineux; **TRACHÉOTOMIE** XVIIIe s.; **TRACHÉITE** XIXe s. ♦ [2] **TRACHOME** XVIIIe s. méd. : gr. *trakhôma* « aspérité ».

**TRAFIC** XIVe s. « commerce » : it. *traffico*; XIXe s. « mouvement général des trains » puis de tous véhicules : angl. *traffic*, d'origine fr.; **TRAFIQUER** XVe s. : it. *trafficare*; **TRAFIQUANT** XVIe s.; l'it. *trafficare* est probablement une adaptation du catalan *trafegār*, p.-ê. du lat. vulg. **transfaecāre* « transvaser, transporter », de *faex, faecis* « lie » → FÈCES; ou bien **transfrĭcāre* « tripoter, faire passer de main en main », de *frĭcāre* « frotter » → FRAYER.

**TRAGIQUE** (sav.) XVIe s. : gr. *tragikos* « id. », dér. de *tragos* « bouc », parce qu'on immolait un bouc aux fêtes de Bacchus, occasions de représentations théâtrales; **TRAGÉDIE** XIVe s. : gr. *tragôidia*, par le lat. littéralement « chant accompagnant le sacrifice du bouc » (→ ODE); **TRAGÉDIEN** XIVe s. « auteur tragique », XIXe s. sens mod.; **TRAGI-COMÉDIE** XVIe s. : lat. *tragicomoedia* pour **tragico-comoedia*; **TRAGI-COMIQUE** XVIIe s. (→ aussi l'art. ADRAGANTE).

**TRAIRE** famille du lat. *trahere, tractus* « tirer, traîner » d'où (1) les composés (a) *abstrahere* « traîner loin de », « séparer »; bas lat. *abstractio* « enlèvement » et « abstraction » (Boèce, VIe s.) (b) *adtrahere* « tirer à soi » et bas lat. *adtractio* (c) *contrahere* « tirer ensemble, rassembler », « resserrer », « engager une affaire avec quelqu'un »; lat. class. *contractio* « resserrement »; lat. imp. *contractus, -ūs* « transaction » (d) *detrahere* « tirer de haut en bas », « faire descendre, abaisser »; *detractio* lat. class. « suppression », bas lat. « médisance »; lat. imp. *detractor* « qui rabaisse » (e) *distrahere* « tirer dans des sens différents » et *distractio* « déchirement » (f) *extrahere* « arracher, retirer » (g) *retrahere* « tirer en arrière, retirer » et bas lat. *retractio* (h) *subtrahere* « tirer par-dessous, enlever »; *subtractio*, bas lat. « action de se retirer » (2) les formes nom. *tractus, -ūs* « action de traîner » et lat. imp. *tractio* « dérivation d'un mot » (3) le fréquentatif *tractare* « toucher, manier », d'où *tractatio* « maniement » et *tractatus, -us* « action de s'occuper », « développement d'un sujet », *tractabilis* « maniable »; *contrectare*, var. *contractare* « toucher, manier », « avoir commerce avec », « s'approprier »; *retractare* « chercher à tirer en arrière », « reprendre (sa parole) ».

**I.** mots populaires

**A.** base *-traire, -trait-*

♦ [1] **TRAIRE** XIe s.-XVI[e] s. « tirer », fin XIIIe s. « tirer le lait » (a éliminé en ce sens l'anc. fr. *moudre*, du lat. *mŭlgēre*, homonyme de *moudre*), seul emploi subsistant depuis le XVIe s. : lat. vulg. **tragere, tractus*, réfection, sous l'influence de *agĕre, actus* (→ AGIR), du class. *trahĕre, tractus*; **TRAYON** XIIe s. « bout de la mamelle ». ♦ [2] **TRAIT** XIIe s. « traction, action d'envoyer » et « projectile, arme de jet »; XIIIe s. « courroie servant à tirer une voiture »; XIVe s. « action de boire d'une manière continue »; XIIIe s. « ligne tracée sur une surface », d'où XVIe s. *traits du visage*; XVIe s. *avoir trait à* « se rapporter à », de l'anc. fr. *traire à* « ressembler »; déjà au XIIIe s. *trait* (de courage) « acte significatif », d'où XVIIe s. « caractère spécifique » : part. passé substantivé de *traire*, du lat. *tractus*. ♦ [3] **TRAITE** XIIe s. « action de tirer, de faire venir », XVe s. « trajet continu », XVIe s., à propos des bêtes à lait, XVIIe s. « action de retirer de l'argent » et *traite des nègres*, XXe s. *traite des blanches* : part. passé fém. substantivé de *traire*, du lat. *tracta*. ♦ [4] **ATTRAIT** XIIe s. : part. passé substantivé de l'anc. fr. *attraire*, du lat. vulg. **attragĕre*, class. *adtrahĕre*; **ATTRAYANT** XIIIe s. : part. présent du même. ♦ [5] **PORTRAIT** XIIe s. : part. passé substantivé de l'anc. fr. *portraire* « tracer des traits, dessiner »; **PORTRAITISTE** XVIIe s.; **PORTRAITURER** XIXe s. : de l'anc. fr. *portraiture* XIIe s., var. de *portrait*. ♦ [6] **RETRAIT** XIIe s. « action de retirer »; **RETRAITE** XIIe s. « action de retirer, ou de se retirer », XVIe s. « lieu où l'on se retire », XVIIIe s. « pension », d'abord à propos des milit. âgés qui se retirent : part. passés masc. et fém. de l'anc. fr. *retraire*, du lat. vulg. **retragĕre*, class. *retrahĕre*; **RETRAITÉ** XIXe s.

♦ [7] **SOUSTRAIRE** XII^e s. « retirer », XVI^e s. math. : adaptation, d'après le fr. *sous* et *traire*, du lat. *subtrahere*. ♦ [8] **ABSTRAIRE** (demi-sav.) XIV^e s. : adaptation, d'après *traire*, du lat. *abstrahere*; **ABSTRAIT** XIV^e s. : part. passé de *abstraire*; **ABSTRAITEMENT** XVI^e s. ♦ [9] **DISTRAIRE** (demi-sav.) XIV^e s. « séparer d'un ensemble », XVI^e s. « détourner de ce qui occupe, déranger », XVIII^e s. « faire passer le temps agréablement » : adaptation, d'après *traire*, du lat. *distrahere*. ♦ [10] **EXTRAIRE** (demi-sav.) XV^e s. : réfection, d'après le lat., de l'anc. fr. *estraire* (pop.) XI^e s., du lat. vulg. **extragĕre*, class. *extrahĕre*; **EXTRAIT** XIV^e s. : part. passé substantivé. ♦ [11] **TRAITER** XII^e s. « discourir sur », XIII^e s. « négocier », XVI^e s. « recevoir à sa table », XVII^e s. « soumettre à des soins médicaux » et *traiter de* « qualifier », XVIII^e s. « soumettre à des actions chimiques » : *tractāre*; **TRAITEMENT** XIII^e s. « négociation », XVI^e s. « comportement à l'égard de quelqu'un », XVII^e s. « ensemble de soins médicaux », XVIII^e s. chimie, et « rémunération d'un fonctionnaire »; **TRAITEUR** XIII^e s. « négociateur », XVII^e s. « restaurateur »; **MALTRAITER** XVI^e s.; **TRAITANT** XVII^e s. « fermier d'impôts ». ♦ [12] **TRAITABLE** XII^e s. « malléable », XIV^e s. psycho. : adaptation, d'après *traiter*, du lat. *tractabilis*; **INTRAITABLE** XV^e s. : *intractabilis*. ♦ [13] **TRAITÉ** XIV^e s. « ouvrage didactique » : adaptation, d'après *traiter*, de *tractatus, -us*; **TRAITÉ** XIV^e s. « pacte » : part. passé substantivé de *traiter*.

**B.** base *-train-*

♦ [1] **TRAÎNER** début XII^e s. : lat. vulg. **tragĭnāre*, dér. de **tragĕre* → TRAIRE; **TRAÎNEAU** XII^e s.; **TRAÎNÉE** XIV^e s. « trace », XV^e s. « fille des rues » : part. passé fém. substantivé; **TRAÎNEUR** XV^e s.; **TRAÎNARD** XVII^e s.; **TRAÎNASSER** XV^e s.; **TRAÎNAILLER** XX^e s. ♦ [2] **TRAÎNE** XII^e s. « traînée » et « partie de vêtement », XVI^e s. « filet de pêche » : dér. de *traîner*. ♦ [3] **TRAIN** XII^e s. « file de choses » et « marche des choses » : dér. de *traîner*. Au premier sens se rattachent : XV^e s. « partie de la voiture à laquelle sont attachées les roues », XVI^e s. « partie de devant ou de derrière de certains animaux », XVIII^e s. *train des équipages*, XIX^e s. chemins de fer; **AVANT-TRAIN** XVII^e s.; **ARRIÈRE-TRAIN** XIX^e s. Au second sens : *en train* XVII^e s. « en humeur d'agir », *en train de* XVII^e s. et **ENTRAIN** subst. XIX^e s. ♦ [4] **TRINGLOT** XIX^e s. argot milit. « soldat du train des équipages » : croisement de *train* et de *tringle* « fusil » en argot milit. ♦ [5] **ENTRAÎNER** XII^e s. « tirer après soi » : dér. de *traîner*, XIX^e s. « faire acquérir une habitude », sous l'influence de l'angl. *to train*, d'origine fr.; **ENTRAÎNEMENT** XVIII^e s.; **ENTRAÎNEUR** XIX^e s.; **ENTRAÎNEUSE** XX^e s.

**C. TRACER** XII^e s. « suivre à la trace », « parcourir », « rayer d'un trait »; XVI^e s. sens mod. : lat. vulg. **tractiāre*, de *tractus*; **TRACE** XII^e s.; **RETRACER** XIV^e s.; **TRAÇOIR** XVII^e s.; **TRACÉ** subst. fin XVIII^e s.; **TRAÇANT** adj. XIX^e s.

**II.** mots savants

**A. CONTRAT** XIV^e s., var. anc. *contract* : lat. *contractus*.

**B.** base *-tract-*

♦ [1] **ABSTRACTION** XIV^e s. : *abstractio*; **ABSTRACTEUR** XVI^e s. : lat. scolastique *abstractor*; **ABSTRACTIF** XVI^e s. ♦ [2] **ATTRACTION** XIII^e s. « force qui attire », XIX^e s. sous l'influence de l'angl. « objet de curiosité pour le public » : *adtractio*; **ATTRACTIF** XIII^e s. : bas lat. *attractivus*. ♦ [3] **CONTRACTION** XIII^e s. : *contractio*; **CONTRACTER** XIV^e s. « faire un contrat » : de *contractus, -us*; XVI^e s. « acquérir (une habitude, une maladie) » : *contractare*; XVIII^e s. « réduire à un moindre volume » : de *contractus*, part. passé de *contrahere*; **CONTRACTUEL** XVI^e s.; **CONTRACTURE** XVII^e s.; **CONTRACTILE** XVIII^e s.; **DÉCONTRACTION, DÉCONTRACTER** XX^e s. ♦ [4] **DISTRACTION** XIV^e s. « action d'écarter », XVII^e s. « divertissement » : *distractio*. ♦ [5] **EXTRACTION** XIV^e s. : réfection de *estration* XII^e s., de *extractus* → EXTRAIRE; **EXTRACTIF, EXTRACTEUR** XVI^e s.; **EXTRACTIBLE** XIX^e s. ♦ [6] **SOUSTRACTION** XV^e s. : réfection de *subtraction* XII^e s. du bas lat. *subtractio* → SOUSTRAIRE; **SOUSTRACTIF** XIX^e s. ♦ [7] **DÉTRACTEUR** XIV^e s. : *detractor*. ♦ [8] **RÉTRACTER** XIV^e s. « nier », XVI^e s. *se rétracter* « se dédire », XVII^e s. *se rétracter* « se recroqueviller », XIX^e s. *rétracter* « recroqueviller » : *retractare*; **RÉTRACTATION** XIV^e s. : *retractatio*; **RÉTRACTION** XVI^e s. : *retractio*, de *retrahere*; **RÉTRACTILE** XVIII^e s. ♦ [9] **TRACTATION** XV^e s. : *tractatio*, de *tractare*. ♦ [10] **TRACTION** XVI^e s. : *tractio*, avec, pour le sens, influence des composés; **TRACTEUR** XIX^e s.; **TRACTÉ** XX^e s. ♦ [11] **TRACT** XIX^e s. : mot angl. « court pamphlet », probablement abrév. de *tractate* « traité » : lat. *tractatus*.

**TRAME** (pop.) XVI^e s. : réfection, sous l'influence du verbe, de l'anc. fr. *traime* XIII^e s., du lat. *trāma* « fils de la chaîne »; **TRAMER** XIII^e s. : lat. vulg. **tramāre*; XVI^e s. sens fig.

**TRAMWAY** XIX^e s. : mot angl.; pour le 2^e élément → VOIE; le 1^er élément, dial. (Écosse), d'origine obscure, peut désigner des rails; un *tramway* est une « route munie de rails », un *tramcar* une « voiture publique roulant sur ces rails »; le sens des deux composés s'est confondu en fr.; **TRAM** XIXe s.; **TRAMINOT** XXe s. : analogique de *cheminot*.

**TRANQUILLITÉ** (sav.) XIIe s. : lat. *tranquillitas*; **TRANQUILLE** XVe s. : lat. *tranquillus*, p.-ê. apparenté, de façon obscure, à *quies* → COL; **TRANQUILLISER** XVe s., rare avant le XVIIe s.; **TRANQUILLISANT** subst. XXe s.

**TRANSEPT** XIXe s. : mot sav. angl. d'origine lat., littéralement « enclos *(saeptum)* qui est au-delà *(trans)* de la nef ».

**TRANSISTOR** XXe s. : mot angl., abrév. de *transfer resistor* « résistance de transfert ».

**TRAPÈZE** (sav.) XVIe s. géom., XIXe s. gymnastique : gr. *trapezion* « petite table » et « trapèze » (dimin. de *trapeza* « table »), par le bas lat. (VIe s., Boèce); **TRAPÉZOÏDE** XVIIe s.; **TRAPÉZISTE** XXe s.

**TRAPPE** ♦ [1] (pop.) XIIe s. « piège », XIIIe s. « trou dans un plancher » : frq. **trappa*; **CHAUSSE-TRAPPE** XIIIe s. → CHAUSSE. ♦ [2] **ATTRAPER** XIIe s. « prendre, comme dans un piège », XIIIe s. « tromper », XVIe s. « prendre sur le fait », XVIIe s. « arriver à saisir », « reproduire habilement » et « contracter (un mal quelconque) », XIXe s. « faire des reproches » : dér. de *trappe*; **RATTRAPER** XIIIe s.; **ATTRAPE**, subst. fém. XIVe s.; **ATTRAPE-NIGAUD** XVIIe s. ♦ [3] **TRAPPEUR** XIXe s. : anglo-américain *trapper*, dér. de *to trap* « chasser à la trappe », d'origine germ. comme le mot fr. ♦ [4] emplois en toponymie; TRAPPES (près de Paris); LA TRAPPE (Orne) : lieu de fondation d'une abbaye cistercienne réformée par Rancé, d'où **TRAPPISTE** et **TRAPPISTINE** XIXe s.

**TRAPU** XVIe s. : dér. de l'anc. fr. *trape* « id. », d'origine inconnue.

**TRAVÉE** ♦ [1] (pop.) XIVe s. : dér. anc. du lat. *trabs, trabis* « poutre » (en anc. fr. *tref*). ♦ [2] **ENTRAVER** XVe s. « attacher au moyen d'une entrave » : dér. anc. de *trabs, trabis*; **ENTRAVE** XVIe s. ♦ [3] **ARCHITRAVE** XVIe s. : it. *architrave* « poutre maîtresse ».

**TRÉBUCHER** ♦ [1] (pop.) XIIe s. : composé hybride du lat. *tra-, trans-* « au-delà » (comportant une idée de déplacement), et du frq. **bûk* « tronc du corps » (→ all. *Bauch* « ventre »), représenté en anc. fr. par *buc*; développement sémantique comparable à celui de l'it. *tracollare* « chanceler », de *trans* et *collo* « cou ». ♦ [2] **TRÉBUCHET** XIIe s. « piège à bascule pour les petits oiseaux »; XIVe s. « petite balance pour les pesées délicates » : dér. de **TRÉBUCHER**, qui a pris au XIVe s. le sens de « peser avec le trébuchet », d'où *monnaie trébuchante* XVIIe s.

**TREILLE** (pop.) XIIe s. : lat. imp. *trĭchĭla* « berceau, tonnelle », empr. d'origine inconnue; **TREILLAGE** XVIIe s.

**TREMPER** famille du lat. *temperare* « mélanger » et « modérer », p.-ê. fondé sur la racine **tem-* « couper » → TEMPS et TEMPLE; d'où *obtemperare* « se modérer devant quelqu'un »; *temperatura* « composition bien équilibrée » et, avec ou sans *coeli* « du ciel », « température »; *temperies* « alliage, juste proportion » et « température »; *intemperies* « état déréglé » et « inclémence de l'atmosphère ».

♦ [1] **TREMPER** (pop.) XIIIe s. : altération, par métathèse de l'*r*, de *temprer* XIIe s. « mélanger des liquides »; XIVe s. « imbiber »; XVIe s. « plonger dans un liquide » et « rester plongé dans un liquide »; XVIIe s. « être complice » : *temperāre*; **DÉTREMPER** XIIIe s.; **DÉTREMPE** XVIe s.; **TREMPE** XVIe s. à propos de l'acier et sens fig.; **TREMPETTE** XVIIe s.; **TREMPÉE** XIXe s. ♦ [2] **TEMPÉRER** (sav.) XIIe s. : *temperare*; **TEMPÉRANCE** XIIIe s. : *temperantia* « modération, juste équilibre »; **INTEMPÉRANCE** XIVe s. : *intemperantia*; **TEMPÉRANT** XVIe s. : *temperans*, part. présent employé comme adj. et **INTEMPÉRANT** XVIe s. : *intemperans*. ♦ [3] **OBTEMPÉRER** XIVe s. : *obtemperare*. ♦ [4] **TEMPÉRAMENT** XVIe s. « complexion », « juste proportion des humeurs dans le corps humain », d'où XVIIe s. « caractère »; XVIIe s. sens lat. « adoucissement », d'où XIXe s. *vente à tempérament* : lat. *temperamentum* « combinaison proportionnée d'éléments ». ♦ [5] **TEMPÉRATURE** XVIe s. : *temperatura*. ♦ [6] **INTEMPÉRIE** XVIe s. : *intemperies*.

**TRÈS** ♦ [1] (pop.) XIe s., adv. et prép. de temps, « dès » et « jusque », et de lieu, « auprès », « derrière »; dès le XIIe s. peut être employé comme adv. à valeur intensive; mais ce sens ne prédomine qu'au XVIe s. : lat. *trans* « au-delà de ». ♦ [2] **TRES-** (pop.) : préf. très courant en anc. fr., où il indique le dépassement d'une norme ou d'une limite : lat. *trans-*; subsiste dans *tressauter, tressaillir*. ♦ [3] **TRÉ-** (pop.) : var. anc. du précédent : p.-ê. bas lat. *tra-* (VI$^e$ s.), var. de *trans-* ; ex. : *trébucher, trépasser.* ♦ [4] **TRANS-** (sav.) : préf. figurant dans des empr. au lat., ex. : *transfigurer, transhumer*, et dans des créations fr., ex. : *transpercer, transatlantique.*

**TRÉSOR** ♦ [1] (pop.) XI$^e$ s. : p.-ê. sous l'infl. du lat. *tropare*, fr. *trouver*, du lat. *thesaurus* : gr. *thêsauros* ; **TRÉSORIER** XI$^e$ s. : adaptation du bas lat. *thesaurarius* ; **TRÉSORERIE** XIII$^e$ s. ♦ [2] **THÉSAURISER** (sav.) XIV$^e$ s. : bas lat. *thesaurizare.*

**TRESSE** ♦ [1] (pop.) XII$^e$ s. : mot obscur ; p.-ê. du lat. vulg. **trĭchia*, dér. du gr. *thrix, trikhos* « cheveu » ; mais on a proposé aussi un étymon germ. ; **TRESSER** XII$^e$ s. ; **TRESSAGE** XIX$^e$ s. ♦ [2] **ENTRECHAT** XVII$^e$ s. : it. *(capriola) intrecciata* « (saut) entrelacé », de *intrecciare*, composé de *trecciare*, équivalent du fr. *tresser.*

**TRÉTEAU** (pop.) XII$^e$ s. ; XVII$^e$ s. « théâtre » : altération, sous l'influence du préf. *tré-* (→ TRÈS), du représentant du lat. vulg. **trastĕllum*, bas lat. *tra(n)stĭllum*, dimin. du class. *transtrum* « poutre ou planche posée au-dessus d'un vide entre deux murs » ; p.-ê. dér. de *trans*, mais le mode de dérivation est obscur.

**TRÊVE** ♦ [1] (pop.) XII$^e$ s. *trive, triève* : frq. **triuwa* « sécurité » (apparenté à l'all. *treu* « fidèle », angl. *true* « vrai »). ♦ [2] **TRUISME** XIX$^e$ s. : angl. *truism*, dér. de *true* « vrai ».

**TRIBU** famille sav. du lat. *tribus, -us* « tribu, division du peuple romain », d'où (1) *tribunus* « magistrat de la tribu » ; *tribunal, -alis* « estrade où siègent le tribun, puis divers magistrats, en particulier le préteur, pour rendre la justice » (2) *tribuere, tributus* « répartir l'impôt entre les tribus » ; *tributum* « impôt » ; *tributarius* « qui paye l'impôt » (3) les composés *adtribuere* « allouer » ; *contribuere* « ajouter sa part à un ensemble » ; *distribuere* « répartir » ; *retribuere* « donner en échange » ; et leurs dér. en *-tio.*

♦ [1] **TRIBU** XIV$^e$ s. à propos de Rome, puis d'Israël, fin XVIII$^e$ s. « groupe ethnique primitif » : *tribus* ; **TRIBAL** XIX$^e$ s. ; **TRIBALISME** XX$^e$ s. ♦ [2] **TRIBUN** XIII$^e$ s. hist. rom., XVII$^e$ s. « démagogue », XIX$^e$ s. « orateur populaire » : *tribunus* ; **TRIBUNAL** XIII$^e$ s. : mot lat. ; **TRIBUNAT** XVI$^e$ s. : *tribunatus* « condition de tribun ». ♦ [3] **TRIBUNE** XIII$^e$ s., rare avant le XV$^e$ s., « galerie au premier étage d'une église » ; XVII$^e$ s. « estrade d'où on parle à une assemblée » : it. *tribuna*, du lat. *tribunal.* ♦ [4] **TRIBUTAIRE** XII$^e$ s. : *tributarius* ; **TRIBUT** XIII$^e$ s. : *tributum.* ♦ [5] **ATTRIBUER, ATTRIBUTION** XIV$^e$ s. : *attribuere, attributio* ; **ATTRIBUT** XIV$^e$ s. : lat. scolastique *attributum*, emploi substantivé, avec un sens philo., du part. passé neutre de *attribuere* ; **ATTRIBUABLE, ATTRIBUTIF** XVI$^e$ s. ♦ [6] **CONTRIBUER** et **CONTRIBUTION** XIV$^e$ s. : *contribuere, contributio* ; **CONTRIBUABLE** XV$^e$ s. ♦ [7] **DISTRIBUER, DISTRIBUTION** XIII$^e$ s. : *distribuere, distributio* ; **DISTRIBUTEUR, DISTRIBUTIF** XIV$^e$ s. : bas lat. *distributor, distributivus* ; **REDISTRIBUER** XVIII$^e$ s. ♦ [8] **RÉTRIBUER** XIV$^e$ s. : *retribuere* ; **RÉTRIBUTION** XII$^e$ s. ; *retributio.*

**TRICHER** famille du lat. *tricae* « riens, vétilles », « embarras, ennuis », d'où *tricare* « chicaner », *intricare* « embarrasser » et lat. imp. *inextricabilis* « dont on ne peut se dépêtrer ».

♦ [1] **TRICHER** (pop.) XII$^e$ s. « tromper » : probablement lat. vulg. **trĭccare*, var. à redoublement expressif de *trĭcare*, avec maintien de l'*ĭ* sous l'influence de la forme normale ; **TRICHERIE, TRICHEUR** XII$^e$ s. ; **TRICHE** XII$^e$ s. ♦ [2] **INTRIGUER** XIV$^e$ s. trans., XVII$^e$ s. intrans. : it. *intrigare*, du lat. *intricare* ; **INTRIGUE, INTRIGANT** XVI$^e$ s. : it. *intrigo, intrigante.* ♦ [3] **INEXTRICABLE** (sav.) XIV$^e$ s. : lat. *inextricabilis* ; **INEXTRICABLEMENT** XIX$^e$ s.

**TRICHO-** ♦ [1] (sav.) : gr. *thrix, trikhos* « cheveu », 1$^{er}$ élément de composés, ex. : **TRICHOCÉPHALE** XIX$^e$ s. ♦ [2] **TRICHINE** (sav.) XIX$^e$ s. : lat. mod. *trichina* « nouée comme un cheveu », du gr. *thrix, trikhos* ; **TRICHINOSE** XIX$^e$ s.

**TRILLE** XVIII$^e$ s. mus. : it. *trillo*, de *trillare* « faire des roulades », d'origine onom.

**TRIMER** XIV$^e$ s. *trumer*, XVII$^e$ s. forme mod., argot « cheminer » ; XVIII$^e$ s. « travailler dur sans grand profit » : mot obscur, p.-ê. apparenté à *trumel* « jambe » → TRUMEAU ; plus probablement var. du dial. (du Morvan à la Wallonie) *tremer* « aller et venir », qui pourrait être une var. de *tramer*, employée par métaphore au sens de « faire la navette ».

**TRINGLE** XV$^e$ s. : altération de *tingle* XIV$^e$ s., du néerl. *tingel* « cale de bois ».

**TRINQUER** XVI$^e$ s. : all. *trinken* « boire ».

**TRIOMPHE** (sav.) XII$^e$ s. : lat. *triumphus*, anciennement *triumpus* « entrée solennelle à

Rome d'un général en chef victorieux », p.-ê. empr. au gr. *thriambos* « hymne à Bacchus », puis « triomphe », par l'étrusque; **TRIOMPHAL** XIIe s. : *triumphalis*; **TRIOMPHER** XIIIe s. : *triumphare*; **TRIOMPHATEUR** XIVe s. : *triumphator*; **TRIOMPHANT** XVe s. adj. (→ TROMPER).

**TRIPE** XIIIe s. « boyau » : mot commun à toutes les langues romanes à l'exception du roumain; d'origine obscure; probablement forme expressive du bas lat. **TRIPIER** XIIIe s.; **TRIPERIE** XIVe s.; **TRIPAILLE, TRIPETTE** XVe s.; **ÉTRIPER** XVIe s.

**TRIPOT** dér. d'un anc. verbe fr. *treper*, var. *triper* XIIe s. « frapper du pied », « trépigner de joie ou d'impatience », « sauter, danser » : germ. **trippôn* « sauter ».

♦ [1] **TRIPOT** XIIe s. « acte sexuel », « embarras, intrigue », XVe s. « jeu de paume », XVIIe s. « maison de jeu »; **TRIPOTER, TRIPOTAGE, TRIPOTEUR** XVIe s.; **TRIPOTÉE** XIXe s. ♦ [2] **TRÉPIGNER** XIVe s., var. *trepiller, tripeler* : dér. de *treper*, avec le suff. *-igner*, var. de *-iner*, qu'on trouve aussi dans *égratigner*.

**TRISTE** (sav.) Xe s., puis XIIe s. : lat. *tristis*; **TRISTESSE** XIIe s. : *tristitia*; **CONTRISTER** XIIe s. : *contristare*; **ATTRISTER** XVe s.

**TROCHÉE** famille sav. du gr. *trekhein* « courir », *trokhos* « course ».

♦ [1] **TROCHÉE** XVIe s. : gr. *trokhaios* (par le lat.) « propre à la course », en particulier *trokhaios pous* « trochée, pied composé d'une longue et d'une brève »; **TROCHAÏQUE** XIXe s. ♦ [2] **TROCHANTER** XVIe s. : mot gr. « organe de la course », « partie du fémur où s'attachent les muscles moteurs de la cuisse ».

**TROÈNE** (pop.) XIIIe s. d'abord *troine*, avec maintien de la prononc. anc. de la diphtongue *oi* : altération inexpliquée d'une forme qui survit dans le dial. de Metz, *trôy*, du frq. **trugil*.

**TROGLODYTE** XIVe s. (sav.) rare avant le XVIe s. : gr. *trôglodutês*, par le lat., littéralement « qui s'enfonce (*dutês*, de *dunein*) dans un trou (*trôglê*) »; **TROGLODYTIQUE** XIXe s.

**TROGNE** (pop.) XIVe s. : mot d'origine probablement gauloise; on suppose une forme **trŭgna* d'après le gallois *trwyn* « nez ».

**TROIS** famille du gr. *treis, tria* « trois », d'où *tris-* premier élément de composés, *trias, triados* « groupe de trois », et de la forme équivalente lat. *tres, tria*, à laquelle se rattachent *tredecim* « treize »; *triginta* « trente »; *tertius* « troisième », d'où *tertiarius* « d'un tiers », *sestertius*, pour **semis tertius*, adj. « qui contient deux et demi », et subst. « monnaie d'argent valant deux as et demi »; *terni* « chacun trois », d'où *ternarius* « qui contient le nombre trois »; *ter* et *tri-* « trois fois », *triplus* ou *triplex* : « triple »; *trini* « au nombre de trois », d'où lat. eccl. *trinitas* « trinité ».

I. mots populaires d'origine latine

♦ [1] **TROIS** Xe s. : *trēs*; **TROISIÈME** XIIe s. ♦ [2] **TREIZE** et **TRENTE** → DIX. ♦ [3] **TIERS** XIe s. adj., XIIe s. subst. : *tertius*; **TIERCE** XIIe s. « troisième heure du jour » puis mus., XVe s. heure canoniale, XVIIe s. escrime : *tertia*, fém. substantivé de *tertius*; **TIERCER** XVIe s. « labourer une troisième fois »; **TIERCÉ** XVIe s.; XXe s. courses; **TIERCELET** XIVe s. « mâle d'un oiseau de chasse, d'un tiers plus petit que sa femelle » : lat. vulg. **tertiolus*, de *tertius*. ♦ [4] **TERCET** XVIe s. : it. *terzetto*, de *terzo* « troisième » : lat. *tertius*. ♦ [5] **TRANCHER** XIIe s. : lat. vulg. **trĭnĭcāre* « couper en trois », de *trīni* (→ aussi *écarter* et *esquinter*); **TRANCHANT** XIIe s.; **TRANCHE, TRANCHOIR, TRANCHET** XIIIe s.; **TRANCHÉE** XIIIe s.; XVIe s. « colique »; **RETRANCHER** et **RETRANCHEMENT** XIIe s. ♦ [6] **TRÈFLE** et **TRIOLET** → FEUILLE; **TRAVAIL** → PAIX; **TRÉMIE** → MUID. ♦ [7] **TRIO** XVIe s. mus. : mot it., sur la base *tri-*, sous l'influence de *duo*.

II. mots savants d'origine latine ou grecque

A. base *-ter-* (lat.)

♦ [1] **TERNAIRE** XIVe s. : *ternarius*. ♦ [2] **TERNE** XVe s. au jeu : *ternas* acc. fém. plur. de *terni*. ♦ [3] **TERTIAIRE** XVIIe s. « membre d'un tiers-ordre », XVIIIe s. géologie, XXe s. économie : *tertiarius*. ♦ [4] **TER** XIXe s. : mot lat. « trois fois ». ♦ [5] **TERTIO** XIXe s. : mot lat. pour *tertio loco* « en troisième lieu ». ♦ [6] **SESTERCE** XVIIe s. : *sestertius*.

B. base *-tri-* (lat. ou gr.)

♦ [1] **TRINITÉ** XIe s. : *trinitas, -atis*; **TRINITAIRE** XVIe s. ♦ [2] **TRIPLE** XIVe s. : réfection, d'après le lat., de *treble* XIIe s., de *triplus*; **TRIPLER** → PLIER. ♦ [3] **TRIÈRE** XIVe s., rare avant le XIXe s. : gr. *triêrês* « navire à trois rangs de rames ou de rameurs ». ♦ [4] **TRIADE** XVIe s. : gr. *trias, -ados*, par le lat. ♦ [5] **TRISSER** XIXe s. : verbe formé sur la base *tri-*, d'après *bisser* → DEUX. ♦ [6] **TRI-** préf. d'origine lat., ex. : *trident*, ou gr., ex. : *trièdre*; **TRIS-** : préf. gr., dans *trismégiste*.

**TROLLEY** XIXe s. : mot angl. dér. de *to troll* « rouler, rôder », d'origine obscure, qu'on peut rapprocher du fr. dial. *trôler* « rôder », du lat. **tragŭlāre* (→ TRAIRE) ou du moyen haut all. trollen. **TROLLEYBUS** XX^e s.

**TROMPE** ♦ [1] (pop.) XII^e s. : frq. **trumpa* (anc. haut all. *trumpa, trumba*), d'origine probablement onom. ; XII^e s. « instrument à vent », XVI^e s. archit. et *trompe d'éléphant*, XVII^e s. anat. humaine ; **TROMPETTE** et **TROMPETER** XIV^e s. ; **TROMPETTISTE** XIX^e s. ♦ [2] **TROMBE** XVII^e s. « cyclone » puis « chute d'eau » : it. *tromba*, équivalent pour le sens et la forme du fr. *trompe*, employé par métaphore. ♦ [3] **TROMBONE** XVIII^e s. mus., puis, par analogie de forme, « petite attache pour le papier » : mot it. augmentatif de *tromba* ; **TROMBONISTE** XIX^e s. ♦ [4] **TROMBLON** XIX^e s. : altération de l'it. *trombone* → le précéd.

**TROMPER** (pop.) XIV^e s. : mot obscur ; l'hypothèse d'un emploi métaph. de *tromper* « jouer de la trompe » est peu satisfaisante pour le sens ; plus vraisemblablement, lat. vulg. **trŭmpāre*, altération de *triumphare*, var. anc. et pop. *triumpare* → TRIOMPHE, les mots signifiant « tromper » et « se moquer » impliquant l'idée d'un avantage pris sur la victime ; **TROMPEUR** XIII^e s. ; **TROMPERIE** XIV^e s. ; **DÉTROMPER** XVII^e s. ; **TROMPE-L'ŒIL** XIX^e s.

**TRONC** ♦ [1] (pop.) XII^e s. d'un arbre, XIII^e s. pour les aumônes, XVI^e s. « buste, torse », XIX^e s. *tronc de cône* : lat. *trŭncus*, adj. « ébranché » et subst. « tronc d'arbre, ou du corps humain ». ♦ [2] **TRONCHE** (pop.) XV^e s. « bille de bois », XVI^e s. « tête », argot : lat. *trŭnca*. ♦ [3] **TRONÇON** (pop.) XI^e s. : dér. de l'anc. fr. *trons* « morceau », du lat. vulg. **trŭnceum*, de *trŭncus* ; **TRONÇONNER** XII^e s. ; **TRONÇONNEUSE** XX^e s. ♦ [4] **TROGNON** XIV^e s. : dér. du verbe *estrongner* XIV^e s. : probablement croisement de *trogne* et d'*estronchier*, composé de *tronchier* (pop.) XIII^e s., du lat. *trŭncāre* « tronquer ». ♦ [5] **TRONQUER** (sav.) XV^e s. : *truncare*.

**TROP** famille pop. du frq. **throp* « entassement », latinisé sous la forme *troppus*.
♦ [1] **TROP** XII^e s. adv. « beaucoup », puis « excessivement » : *troppus*. ♦ [2] **TROUPEAU** XII^e s. « troupe », XIV^e s. « troupe d'animaux » : dimin. de *troppus*. ♦ [3] **TROUPE** fin XII^e s. : dér. de *troupeau* ; **ATTROUPER** XIII^e s. ; **ATTROUPEMENT** XVI^e s. ; **TROUPIER** XIX^e s. ♦ [4] **TROUFION** XIX^e s. : p.-ê. altération de *troupier* ; a pu subir l'influence de l'it. *truffa, truffone* « moquerie ».

**TRÔNE** (sav.) XII^e s. : gr. *thronos* « siège d'apparat », par le lat. ; **DÉTRÔNER** XVII^e s. ; **TRÔNER** XIX^e s.

**TROTTER** XII^e s. : anc. haut all. *trottôn* (apparenté à l'all. *treten* « marcher ») ; **TROT** XII^e s. ; **TROTTINER, TROTTIN** XV^e s. ; **TROTTEUR, TROTTOIR** XVI^e s. ; **TROTTE** XVII^e s. ; **TROTTINETTE** XIX^e s.

1. **TROU** (pop.) XII^e s. : bas lat. (VIII^e s.) *traugum*, reposant sur une base **traucu-*, d'origine préceltique ; **TROUER** XII^e s. ; **TROUÉE** XVI^e s.

2. **TROU** (trognon de chou) ♦ [1] (pop.) XII^e s. *tros* : gr. *thursos* « bâton des Bacchantes, entouré de pampres et orné d'une pomme de pin », par le lat., avec métathèse du *r*. ♦ [2] **TORSE** XVII^e s. anat. : it. *torso* « tige, tronc », du gr. *thursos*, par le lat. ♦ [3] **THYRSE** (sav.) XV^e s. mythol., XVIII^e s. bot. : gr. *thursos*, par le lat.

**TROUBLER** famille du lat. *turba* « agitation d'une foule », puis « foule en mouvement, cohue », auquel sont apparentés (1) *turbare* « mettre en désordre » ; *perturbare* « troubler profondément » (2) *turbidus* « troublé » et *turbulentus* « agité » et « qui crée de l'agitation » (3) *turbo, -inis* « tout objet animé d'un mouvement rapide et circulaire ».
♦ [1] **TROUBLER** (pop.) XI^e s. : lat. vulg. **tŭrbŭlāre*, dér. du lat. vulg. **tŭrbŭlus*, croisement de *tŭrbĭdus* et *tŭrbŭlentus* ; **TROUBLE** XIII^e s. subst. ; **TROUBLE-FÊTE** XIV^e s. ; **TROUBLANT** XIX^e s., adj. ♦ [2] **TROUBLE** (pop.) XII^e s., adj. : **tŭrbŭlus* → le précédent. ♦ [3] **TOURBE** XI^e s. « foule » : *tŭrba*. ♦ [4] **TOURBILLON** (pop.) XII^e s. d'abord *torbeillon* : dér. de *torbeil* début XII^e s., du lat. vulg. **tŭrbĭcŭlus*, dimin. de *turbo*. ♦ [5] **TURBULENT** (sav.) XII^e s. : *turbulentus* ; **TURBULENCE** XV^e s. : *turbulentia*. ♦ [6] **PERTURBER** (sav.) XII^e s. : *perturbare* ; **PERTURBATION, PERTURBATEUR** XIII^e s. : lat. *perturbatio*, bas lat. *perturbator* ; **IMPERTURBABLE** XV^e s. : bas lat. *imperturbabilis*. ♦ [7] **TURBINE** (sav.) XIX^e s. : *turbo, turbinis* ; **TURBO-** : 1^er élément de composés, ex. : **TURBORÉACTEUR** XX^e s.

**TROUILLE** XV^e s. « colique », XIX^e s. « peur » : var. du dial. (Nord) *drouille* « diarrhée » : altération, sous l'influence du suff. *-ouille*, du néerl. *drollen* « chier » ; **TROUILLARD** XIX^e s.

**TROUSSEQUIN** XVIII^e s., XVII^e s. sous la forme *trusquin* : altération, par dissimilation des deux *k*, et sous l'influence de *trousse*, du dial. (Liège) *crusquin*, du flamand *kruisken* « petite croix », à cause de la forme de cet outil.

**TRUAND** (pop.) XII^e s. « mendiant », XX^e s. « souteneur ou voleur » : gaulois **trugant*

« malheureux », avec des équivalents dans les langues celtiques; **TRUANDER** XII^e s.; **TRUANDERIE** XIII^e s.

**TRUBLION** fin XIX^e s. : mot créé par Anatole France, dans un texte archaïsant, pour désigner les partisans du prétendant au trône de France, surnommé *Gamelle*; formé d'après le lat. *trublium* « gamelle », en jouant sur sa ressemblance avec *trouble.*

**TRUCHEMENT** ou **TRUCHEMAN** XII^e s. *drugement* « interprète »; XIV^e s. forme mod. : arabe *turdjumân.*

**TRUCULENT** famille sav. du lat. *trux, trucis* « farouche, cruel ». ♦ [1] **TRUCULENT** XVI^e s. : lat. *truculentus* « farouche »; **TRUCULENCE** XVII^e s. ♦ [2] **TRUCIDER** XX^e s. : lat. *trucidare* « tuer » : p.-ê. de **trucicida* « qui tue un être violent (animal ou homme) », parallèle à *homicida.*

**TRUELLE** (demi-sav.) XIII^e s. : probablement réfection, d'après le lat., de la forme pop. *trouelle* (conservée dans le Nord) : bas lat. *truella*, class. *trulla*, de *trua* « écumoire ».

**TRUFFE** famille du lat. *tuber*, dont les gloses attestent une var. osco-ombrienne *tufer*, « tumeur, excroissance », « nœud des arbres », d'où en lat. imp. (Pétrone) *territubera* « sorte de tubercule », p.-ê. « truffe »; *tuberculum* « petite saillie, petit gonflement »; *tuberosus* « plein de bosses »; bas lat. *protuberare* « faire saillie ». ♦ [1] **TRUFFE** XIV^e s. : mot dial. (Périgord) et anc. prov. *trufa* : bas lat. (gloses) *tufera*, plur. neutre de **tūfer*, avec métathèse de l'*r*; **TRUFFER** fin XVIII^e s. ♦ [2] **TARTUFFE** début XVII^e s. « hypocrite », repris par Molière en 1664 : it. *Tartuffo*, employé comme nom propre, littéralement « truffe », du lat. **territufer*, forme dial. correspondant à *territubera.* ♦ [3] **TUBÉRACÉ** (sav.) XIX^e s. : dér. sur *tuber.* ♦ [4] **TUBÉREUX** (sav.) XV^e s. : *tuberosus*; **TUBÉREUSE** XVII^e s. bot. ♦ [5] **TUBERCULE** (sav.) XVI^e s. « bosse », XVIII^e s. bot. et méd. « tumeur du poumon » : *tuberculum*; **TUBERCULEUX** XVI^e s. « qui forme une bosse »; fin XVIII^e s. méd.; **TUBERCULOSE** XIX^e s.; **TUBERCULINE** XX^e s. ♦ [6] **PROTUBÉRANT** XVI^e s. (sav.) : bas lat. *protuberans*; **PROTUBÉRANCE** XVII^e s.

**TRUITE** (pop.) XIII^e s. : bat lat. (VII^e s.) *tructa* : gr. *trôktês* « vorace ».

**TRUMEAU** (pop.) XII^e s. « gras de la jambe », XVII^e s. archit. (même métaphore que dans *jambage*) : probablement frq. **thrum* « morceau ».

**TRUST** XIX^e s. « entreprise dont les participants confient tout ou partie de leurs pouvoirs aux dirigeants » : mot angl., de *to trust* « avoir confiance », d'origine germ.; **TRUSTER** XX^e s.

**TSÉ-TSÉ** XIX^e s. : mot d'un dialecte d'Afrique australe.

**TUB** XIX^e s. : mot angl. « baquet », d'origine inconnue.

**TUBE** ♦ [1] (sav.) XV^e s. : lat. *tubus* « tuyau »; **TUBER** XIV^e s., puis XIX^e s.; **TUBAGE, TUBAIRE** XIX^e s. ♦ [2] **TUBULAIRE** XVIII^e s. : de *tubulus*, dimin. de *tubus*; **TUBULURE** XVIII^e s.; **TUBULÉ** XVIII^e s. : *tubulatus.* ♦ [3] **TUBA** XIX^e s. : mot lat. « trompette », var. fém. de *tubus*, par l'all. *Basstuba.*

**TUER** famille du lat. *tueri, tūtus* ou *tuitus*, anciennement « voir, regarder », et class. « garder, protéger »; d'où (1) *intueri* « regarder attentivement », « fixer sa pensée sur », d'où en bas lat. *intuitio* « image réfléchie par un miroir » (2) *tutari* « protéger », d'où *tutor* « protecteur, tuteur » et *tutela* « protection, tutelle. ♦ [1] **TUER** XII^e s. « frapper, assommer », XIII^e s. « faire mourir de mort violente », XV^e s.-XVII^e s. « éteindre », sens conservé par les dial., de la Bretagne à la Savoie (on trouve en lat. médiéval *tutare candelam* « éteindre la chandelle ») : lat. vulg. **tūtāre*, class. *tutari*, qui semble être devenu synonyme de *exstinguere* « éteindre » et « tuer », p.-ê. par l'intermédiaire du sens de « se protéger de ». On trouve dès le 1^er siècle les expressions *tutare famem, sitim*, synonymes de *exstinguere famem, sitim* « éteindre la faim, la soif »; **S'ENTRE-TUER** XII^e s.; **TUEUR** XIII^e s.; **TUERIE** XIV^e s. ♦ [2] **TUTEUR** (sav.) XIII^e s. : *tutor*; **TUTELLE** XV^e s. : *tutela*; **TUTÉLAIRE** XVI^e s. : *tutelaris.* ♦ [3] **INTUITION** (sav.) XIV^e s. : bas lat. *intuitio*, interprété, sous l'influence d'*intueri*, comme signifiant « contemplation »; **INTUITIF** XV^e s. : dér. sur le part. passé *intuitus*; XIX^e s. sens mod.

**TUF** XV^e s. : it. *tufo*, bas lat. *tufus*, class. : *tofus*; **TUFEAU** XV^e s.

**-TUME** ♦ [1] (pop.) altération de *-*tune*, du lat. *-(ĭ)tūdĭne*, acc. du suff. nom. fém. *-(ĭ)tūdo*, *-(ĭ)tūdĭnis*, ex. : *amertume.* ♦ [2] **-ITUDE** (sav.) lat. *-itudo*, ex. : *aptitude, béatitude, platitude*;

sert à former des noms abstraits de qualités ou d'états dér. d'adj.

**TUMULTE** (sav.) XIII^e^ s. : lat. *tumultus* « soulèvement », « levée en masse » et « insurrection »; **TUMULTUEUX** XIV^e^ s. : *tumultuosus*.

**TUNGSTÈNE** XVIII^e^ s. : suédois *tungsten* « pierre *(sten)* lourde *(tung)* ».

**TUNIQUE** (sav.) XII^e^ s. : lat. *tunica*.

**TURBAN** ♦ [1] XVI^e^ s. : it. *turbante, du turc tülbend*, mot d'origine persane. ♦ [2] **TULIPE** XVII^e^ s., d'abord *tulipan* : turc *tülbend* « (fleur) turban » à cause de sa forme; forme mod. abrégée sous l'infl. du lat. bot. *tulipa*, nominatif formé sur *tulipan* pris pour un accusatif.

**TURBOT** XII^e^ s. : empr. à une forme anc. scandinave, équivalent de l'all. *Dornbutt*, littéralement « barbue *(Butt)* à épines *(Dorn)* ».

**TURGESCENT** (sav.) XIX^e^ s. : lat. *turgescens*, part. présent de *turgescere* « se gonfler »; **TURGESCENCE** XVIII^e^ s.

**TUSSOR** XIX^e^ s. : angl. *tussore*, de l'hindî *tasar*, du sanscrit *tasara* « navette ».

**TUYAU** XII^e^ s. *tuel*; XIX^e^ s. courses, « renseignement donné dans le tuyau de l'oreille » : dér. du frq. **thūta* « id. »; **TUYÈRE** XIV^e^ s.; **TUYAUTER** XIX^e^ s. « repasser en tuyaux » puis « renseigner »; **TUYAUTERIE** XIX^e^ s.

**TWEED** XIX^e^ s. « lainage d'Écosse » : marque de fabrique, altération, sous l'influence du nom de la rivière *Tweed*, de *tweel* « étoffe croisée », var. écossaise de l'angl. *(to) twill* « croiser », anc. *twilly*, p.-ê. d'un mot lat. composé de *bi-* (→ DEUX) et de la base de *licium* « fil de tissage » → LICE.

**TYRAN** X^e^ s. gr. *turannos*, par le lat., « despote », « personne qui s'empare du pouvoir »; **TYRANNIE** XII^e^ s.; **TYRANNIQUE** XIV^e^ s. : *turannikos* par le lat.; **TYRANNISER** XIV^e^ s.; **TYRANNICIDE** XV^e^ s.

# U

**-U, -UE** (pop.) lat. *-ūtus, -ūta*, terminaison de part. passé de verbes lat. dont le radical se terminait en *-u*, ex. : *minūtus*, de *minuere*, fr. *menu*; a servi à former des adj. à partir de subst., ex. : *barbu, charnu, ventru.*

**UBAC** ♦ [1] (pop.) XX^e s. ; XV^e s. en anc. prov. : mot dial. (Sud-Est) : lat. *opacus* « qui est à l'ombre », d'où « obscur ». ♦ [2] **OPAQUE** (sav.) XIV^e s. : *opacus*; **OPACITÉ** XV^e s. : *opacitas.*

**UHLAN** XVIII^e s. mot all. : tatar *oglan* « jeune homme », par le polonais (→ FANTASSIN).

**UKASE** fin XVIII^e s. : mot russe « décret ».

**ULCÈRE** (sav.) XIV^e s. : lat. *ulcus, ulceris* « id. »; **ULCÉRER** XIV^e s.; XVII^e s. psycho. : *ulcerare*; **ULCÉRATION** XIV^e s. : *ulceratio.*

**-ULE** ♦ [1] (sav.) lat. *-ulus*, suff. dimin. adj. ot nom., ex. : *canule, lobule, spatule*; peut apparaître sous les formes élargies suivantes : ♦ [2] **-CULE** : lat. *-culus*, ex. : *opuscule, groupuscule.* ♦ [3] **-ICULE** : lat. *-iculus*, ex. : *monticule, particule.* ♦ [4] **-ULENT** : lat. *-ulentus*, ex. : *corpulent, succulent.* ♦ [5] **FORMES** pop. prises par le suff. *-culus* précédé de diverses voyelles → -AIL, -AILLE, -ILLE, -OUIL, -OUILLE.

**UN** famille du lat. *unus*, de l'ind.-eur. **oinos* (→ angl. *one*) « seul, unique », substitué par le lat., comme plus expressif, à **sem-*, ancien nom de l'unité (→ ENSEMBLE). Dér. (1) *undecim* « onze » (2) *unicus* « seul » et « incomparable »; lat. imp. *unīre, unītus* « unir, réunir »; *unitas* « unité »; *unio, -onis* « oignon » (p.-ê. parce qu'à la différence de l'ail, il n'a qu'un bulbe isolé), puis bas lat. « unité » et « union » (3) de nombreux composés en *un-* comme *unanimis* → ÂME; et en *uni-* comme *uniformis* → FORME; *unisonus* → SONNER; *universus* → VERS (4) *non*, issu de **ne oinom* et *nullus*, issu de **ne oinŏlos* (5) *ŭncia* « unité fractionnelle », « douzième partie d'un tout », « once, monnaie valant un douzième d'as ».

I. mots populaires

♦ [1] **UN** IX^e s. article, X^e s. numéral : *ūnus*; dès le XI^e s. au plur. *les uns, les autres.* ♦ [2] **AUCUN** XII^e s. : lat. vulg. **aliquunus*, de *aliquis* (→ QUI) et *unus*, littéralement « quelqu'un ». ♦ [3] **ONCE** XII^e s. unité de poids : *ŭncia*; **ONCIALE** (demi-sav.) XVI^e s. « lettre capitale de la hauteur d'un pouce » : *uncialis*, de *ŭncia* « pouce, douzième du pied ». ♦ [4] **OIGNON** XIII^e s.; XVII^e s. « déformation du pied »; XIX^e s. « coup » (abrégé en **GNON** XIX^e s.) : *unio, uniōnis.* ♦ [5] **ONZE** → DIX; **NON** et **NUL** → NON.

II. mots savants

♦ [1] **UNIR** XII^e s. : lat. *unire*; part. passé **UNI** XII^e s. « lisse », d'abord sous la forme pop. *oni, onni*; **DÉSUNIR ; RÉUNIR** XV^e s. ♦ [2] **UNION** XII^e s. : *unio*; **DÉSUNION, RÉUNION** XV^e s. ♦ [3] **UNITÉ** XII^e s. : *unitas*; **UNITAIRE** XVII^e s. ♦ [4] **UNIQUE** XIV^e s. : *unicus*; **UNICITÉ** XVIII^e s. ♦ [5] **UNIFIER** XIV^e s. : bas lat. *unificare*; **UNIFICATION** XIX^e s. ♦ [6] **UNI-** 1^er élément de composés d'origine lat., ex. : *uniforme, univers*, ou de formation fr., ex. : *unicellulaire, uninominal.*

**URANO-** ♦ [1] (sav.) gr. *ouranos* « ciel », 1^er élément de composés, ex. : **URANOGRAPHIE** XVIII^e s. ♦ [2] **URANUS** mythol., dieu gr.; fin XVIII^e s. nom donné à une planète. ♦ [3] **URANE** fin XVIII^e s. et **URANIUM** XIX^e s. chimie : du nom de la planète *Uranus.*

**URBAIN** (sav.) XIV^e s. : *urbanus*, de *urbs, urbis* « ville »; **SUBURBAIN** XIV^e s. : *suburbanus* « des faubourgs »; **URBANITÉ** XIV^e s. : *urbanitas* « caractéristique de la ville », « bon ton, politesse »; **URBANISME** XIX^e s. « urbanité », XX^e s. archit.; **URBANISER** XIX^e s.; **URBANISTE, URBANISATION, INTERURBAIN** XX^e s.

**-URE** ♦ [1] (pop.) suff. nom. fém. : anc. fr. *-eüre*, du lat. *-atūra* (→ -E, -ÉE), ex. : *armure*, ou du lat. *-ūra*, ex. : *aventure*; ancienne désinence de part. futur substantivé. ♦ [2] (sav.) masc. : lat. *-urus*, sert en chimie à désigner un seul d'hydracide, ex. : *chlorure*.

**URETÈRE** famille sav. du gr. *ourein* « uriner », *ouron* « urine », d'où *ourêtêr* et *ourêthra* « conduit qui amène l'urine »; *ourêsis* « action d'uriner »; *diourein* « rendre par les urines » et *diourêtikos* « qui fait uriner » (→ aussi URINE).
♦ [1] **URETÈRE** XVI^e s. : *ourêtêr*; **URÈTRE** XVIII^e s. : *ourêthra*, par le lat. ♦ [2] **DIURÉTIQUE** XIV^e s.; *diourêtikos*, par le lat.; **DIURÈSE** XVIII^e s. : *diourêsis*. ♦ [3] **URO-** 1^er élément de composés, ex. : **UROLOGIE** XIX^e s. : gr. *ouron*.

**URGENT** (sav.) XIV^e s. : lat. *urgens*, part. présent de *urgere* « presser »; **URGENCE** XVI^e s.; **URGER** impers. XX^e s.

**URINE** ♦ [1] (demi-sav.) XII^e s. : réfection, d'après le lat. *urina*, (sans rapport certain ni direct avec le gr. *ouron* → URETÈRE, mais dont les dér. sav. se sont confondus avec les siens), de l'anc. fr. *orine*, du lat. **aurina* « liquide couleur d'or », croisement de *ūrīna* et de *aurum*; **URINER** XII^e s. d'abord *oriner*; **URINAL** XIV^e s. (XII^e s. *orinal*); **URINOIR** XVIII^e s. ♦ [2] **URÉE** (sav.) XVIII^e s. : formé sur le radical d'*urine*; **URIQUE, URÉMIE** XIX^e s. ♦ [3] **-URIE, -URIQUE** 2^es éléments de composés, ex. : **GLYCOSURIE, POLYURIE** XIX^e s. et **BARBITURIQUE** XIX^e s.

**URNE** (sav.) XV^e s. « vase », XIX^e s. pour les votes : lat. *urna* « vase » (pour puiser de l'eau, pour recueillir les cendres des morts, et pour voter).

**US** famille du lat. *uti, usus* « faire usage de », d'où (1) *usus, -us* « usage » et « utilité »; *usura* « profit retiré de l'argent prêté »; *usurpare*, de *usu* et *rapere* (→ RAVIR) « prendre possession par l'usage »; *usufructus* « droit d'usage d'un bien dont on n'est pas propriétaire », de *frui* « jouir de » (→ FRUIT); *usualis* « qui est d'usage courant »; *usitatus* « accoutumé » et *inusitatus* (2) *utilis* « utile », d'où *utilitas, inutilis; utensilis* « dont on peut faire usage », neutre plur. substantivé *utensilia* « ustensiles » (3) *abuti* « user jusqu'à consommation complète », « dissiper »; *abusus, -us* « consommation complète ».

I. mots populaires et demi-savants

♦ [1] **US** XII^e s.; survit dans *us et coutumes : ūsus*; dér. **USAGE** XII^e s., d'où **USAGER** subst. XIV^e s., et **USAGÉ** XIV^e s. « accoutumé », XIX^e s. « usé », sous l'influence de *user*. ♦ [2] **USER** XI^e s. : lat. vulg. **ūsāre*; **USURE** XVI^e s.; **INUSABLE** XIX^e s. ♦ [3] **OUTIL** XII^e s. : bas lat. *ŭsĭtīlium* (VIII^e s.), altération, sous l'infl. d'*usare, usus*, d'un sing. **utesilium* formé sur *ute(n)sīlia*; **OUTILLÉ** XIV^e s.; **OUTILLER** XV^e s.; **OUTILLAGE** XIX^e s. ♦ [4] **USTENSILE** (demi-sav.) XV^e s. : altération, sous l'influence d'*user*, de *utensile* (sav.) XIV^e s., du lat. *utensilia*.

II. mots savants

♦ [1] **UTILE, INUTILE, UTILITÉ** XII^e s. : *utilis, inutilis, utilitas*; **INUTILITÉ** XV^e s. : *inutilitas*; **UTILISER, UTILISATION** XVIII^e s.; **UTILISABLE, INUTILISABLE** XIX^e s.; **UTILITAIRE, UTILITARISME** XIX^e s. : par l'angl. *utilitarian, utilitarism*. ♦ [2] **USURE** XII^e s. « prêt à intérêt » : *usura*; **USURIER** XII^e s. « prêteur à intérêt », XVII^e s. péj.; **USURAIRE** XIV^e s. « relatif aux intérêts », XVI^e s. « qui dépasse le taux légal » : lat. jur. *usurarius*. ♦ [3] **USUEL** XIII^e s. : *usualis*. ♦ [4] **USITÉ** XIV^e s. : *usitatus*; **INUSITÉ** XV^e s. : *inusitatus*. ♦ [5] **ABUS**, d'où **ABUSER** XIV^e s. : *abusus*; **ABUSIF** XIV^e s. : bas lat. *abusivus*; **DÉSABUSER** XVI^e s. « détromper », d'après le sens secondaire de « tromper » qu'avait pris anciennement *abuser*. ♦ [6] **USUFRUIT** → FRUIT; **USURPER** → RAVIR.

# V

**VACARME** XIIIe s. : moyen néerl. *wach arme* « hélas! pauvre (de moi) »; nettement senti comme flamand au Moyen Âge.

**VACHE** ♦ [1] (pop.) XIe s.; XIIe s. « cuir de vache », XVIIe s. « femme dévergondée », XIXe s. « paresseux, bon à rien », « agent de police », début XXe s. « méchant » et valeur intensive (surtout dans l'adv. dér. **VACHEMENT** XXe s.) : lat. *vacca*; **VACHER** XIIe s. : lat. vulg. **vaccarius*; **VACHÈRE** XIVe s.; **VACHERIE** XIIe s. « étable à vaches », XIXe s. « manque d'énergie ». Le sens d'« acte méchant » est récent. ♦ [2] **AVACHIR** XIVe s. et **AVACHISSEMENT** XIXe s. : probablement dér. de *vache*, le sens d'« animal paresseux » pouvant être antérieur au XIXe s. ♦ [3] **VACHERIN** XVIIe s., d'abord adj., nom d'un fromage de Franche-Comté; XXe s. « meringue glacée ». ♦ [4] **VACCINE** XVIIIe s. : lat. mod. *(variola) vaccina* « petite vérole des vaches », dont les pustules contiennent un liquide qui immunise contre la variole; **VACCINER** début XIXe s.; puis **VACCIN** début XIXe s. : d'abord adj. dans *virus vaccin*.

**VACILLER** (sav.) XIIe s. : lat. *vacillare*; **VACILLATION** XVIe s. : *vacillatio*.

**VADROUILLE** XVIIe s. « sorte de balai de chiffons avec lequel on nettoie le pont d'un bateau » : mot dial., attesté à Lyon, mais aussi à Boulogne *(wadroule)*, d'origine obscure : p.-ê. *drouille* « saleté, vieux chiffon », du néerl. *drollen* → TROUILLE, et d'un préf. intensif *va-*, p.-ê. du lat. *valde*; XIXe s. « action d'aller çà et là », métaphore d'après les mouvements d'un balai, d'où **VADROUILLER** XIXe s.

**VAGIR** (sav.) XVIe s. : lat. *vagire*; **VAGISSEMENT** XVIe s.

**VAGUE** subst. fém. (pop.) XIIe s. : anc. scandinave *vâgr* (all. *Woge*).

**VAIN** famille de mots à *w-* initial exprimant l'idée de « vide, désert ».

En latin (1) *vanus*, issu de **was-nos* « vide » au propre et au fig., d'où *vanitas* « état de vide », « fanfaronnade, frivolité »; *evanescere* « disparaître » (2) *vastus* de **was-tos* « désolé, désert », d'où « immense », et *(de)vastare* « ravager » (3) *vacare* « être vide », « être libre », d'où « avoir du temps pour, vaquer à »; *vacatio* « dispense »; *vacuus* « vide »; *evacuare* « vider » (4) à côté de *vacare, vacatio*, existent des doublets arch. et pop. *vocare, vocatio*, à l'origine du lat. vulg. **vŏcĭtus* « vide ».

En germanique, est attesté un radical *wost-* (all. *wüst*, angl. *waste* « désert »).

I. mots populaires

♦ [1] **VAIN** XIIe s. « vide »; XIIIe s. *vaine pâture*; XIVe s. « inefficace »: *vanus*; **EN VAIN** XIIe s. : lat. pop. *in vanum*. ♦ [2] **VANTER** XIe s. intrans., XIIe s. trans. : lat. vulg. **vanĭtāre* (part. présent *vanitans* attesté) « être vain »; **VANTERIE** XIIIe s.; **VANTARD** XVIe s.; **VANTARDISE** XIXe s. ♦ [3] **S'ÉVANOUIR** XIIe s. : var. a. fr. *esvanir* : lat. vulg. **exvanire*, class. *exvanescere* p.-ê. croisé avec anc. fr. *vanoier* du lat. vulg. **vanidiare*; **ÉVANOUISSEMENT** XIIe s. ♦ [4] **VIDE** XIIe s. masc. *vuit* : lat. vulg. **vŏcĭtus*, fém. *vuide* : **vŏcĭta*; XIVe s. subst.; XVe s. forme mod., extension du fém.; **VIDER** XIIe s. *vuidier* : lat. vulg. **vŏcĭtāre*; **ÉVIDER, DÉVIDER** XIIe s.; **DÉVIDOIR** XIIIe s.; **VIDANGE** XIIIe s.; **VIDANGEUR** XVIIe s.; **VIDANGER** XIXe s.; **VIDE-POCHES** XVIIIe s.; **VIDE-POMME** XIXe s.; **VIDE-ORDURES** XXe s. ♦ [5] **GÂTER** XIe s. « ravager », d'où l'anc. fr. *degaster* et son dér. **DÉGÂT** XIVe s.; XIIIe s.

« endommager », d'où **GÂTEUX** XIXe s. argot des hôpitaux, « qui gâte ses draps par incontinence d'urine », et **GÂTISME** fin XIXe s.; XIVe s. « corrompre par une indulgence excessive », d'où **GÂTERIE** XIXe s. : lat. vulg. **wastare*, altération, sous l'influence du radical germ. **wōst-*, du lat. *vastare*.

**II.** mots savants

♦ [1] **VANITÉ** XIIe s. : *vanitas*; **VANITEUX** XVIIIe s. ♦ [2] **ÉVANESCENT** et **ÉVANESCENCE** XIXe s. : de *evanescere*. ♦ [3] **VASTE** XVe s. : réfection, d'après le lat. *vastus*, de l'anc. fr. *guast, wast* → GÂTER. **VASTITUDE** XVIe s. ♦ [4] **DÉVASTER** XIVe s. : *devastare*; **DÉVASTATION, DÉVASTATEUR** XVIIIe s. : bas lat. *devastatio, devastator*. ♦ [5] **VAGUE** (demi-sav.) XIIIe s. « (charge) dépourvue de titulaire » puis « (terrain) inoccupé » : altération, sous l'influence de l'adj. homonyme (représentant du lat. *vagus* → RÊVER), de l'anc. fr. *vaque* XIIIe s., du lat. *vacuus*. ♦ [6] **VACANT** XIIIe s. : *vacans*, part. présent de *vacare*; **VACANCE** XVIe s. jur. « manque », XVIIe s. « état d'une charge sans titulaire », et plur., scolaire : *vacantia*, part. présent plur. neutre substantivé de *vacare*; **VACANCIER** XXe s. ♦ [7] **VAQUER** XIIIe s. « être vacant », XVIe s. *vaquer à*, XVIIe s. « cesser (en parlant des cours) » : lat. *vacare*. ♦ [8] **VACATION** XIVe s. « dispense », fin XIVe s. « occupation », sous l'influence de *vaquer* : lat. *vacatio*; **VACATAIRE** XXe s. ♦ [9] **ÉVACUER** XIIIe s. : *evacuare*; **ÉVACUATION** XIVe s., d'abord méd.; **ÉVACUATEUR** XXe s. ♦ [10] **VACUITÉ** XIVe s. : *vacuitas*; **VACUUM** XXe s. : mot lat.

**VAINCRE** famille du lat. *vincere, victus* « vaincre », d'où *victor* « vainqueur »; *victoria* « victoire »; *convincere*, uniquement au sens fig. « convaincre »; *evincere* « triompher de », d'où le bas lat. jur. *evictio* « recouvrement d'une chose par jugement ».

♦ [1] **VAINCRE** (pop.) Xe s. d'abord *veintre* : *vĭncĕre*; **VAINQUEUR, VAINCU** XIIe s.; **INVAINCU** XIVe s. ♦ [2] **CONVAINCRE** (pop.) XIIe s. : *convĭncĕre*. ♦ [3] **VICTOIRE** (demi-sav.) XIe s. : *victoria*; **VICTORIEUX** (sav.) XIIIe s. ♦ [4] **ÉVICTION** (sav.) XIIIe s. : *evictio*; **CONVICTION** XVIe s. « preuve de culpabilité », XVIIe s. « certitude » : bas lat. (IVe s.) *convictio*; **CONVICT** XVIIIe s. « forçat » : mot angl., du lat. *convictus* « convaincu d'une faute ». ♦ [5] **VICTOR** (sav.), prénom chrétien mystique, « vainqueur », porté par plusieurs saints papes; **VICTOIRE**, prénom fém. : *Victoria*, martyre du IIIe s. ♦ [6] **INVINCIBLE** (sav.) XIVe s. : bas lat. *invincibilis*. ♦ [7] **ÉVINCER** XVe s. : *evincere*.

**VAIR** ♦ [1] (pop.) adj. XIe s. : lat. *varius* « bigarré, tacheté »; XIIe s. subst. « petit-gris »; **VAIRON** XIIe s. adj. et subst. « poisson tacheté ». ♦ [2] **VÉROLE** (demi-sav.) XIIe s. « variole », XVe s. *petite vérole*, XVIe s. « syphilis » : bas lat. méd. (VIe s.) : *variola*, de *varius*; **VÉROLÉ** XVIe s. ♦ [3] **VARIER** (sav.) XIIe s. : *variare* « diversifier » et « être divers »; **VARIÉTÉ** XIIe s. : *varietas*; **VARIABLE** XIIe s. : lat. imp. *variabilis*; **INVARIABLE** XIVe s.; **VARIATION** XIVe s. : lat. imp. *variatio*; **VARIABILITÉ** XVe s.; **VARIÉ** adj. XVIe s.; **INVARIABILITÉ** XVIIe s.; **VARIANTE** XVIIIe s.; **INVARIANT** XIXe s.; **VARIA** XIXe s. : mot lat. « choses variées »; **NE VARIETUR** XXe s. « définitive (en parlant d'une édition) » : mots lat. « que cela ne varie pas ». ♦ [4] **VARIOLE** (sav.) XIVe s. : *variola* → VÉROLE; **VARIOLEUX, VARIOLIQUE** XVIIIe s.; **ANTIVARIOLIQUE** XIXe s. ♦ [5] **VARICELLE** XVIIIe s. (sav.) : croisement de *variole* et de *varicocèle* → VARICE.

**VAIS (JE)** famille d'une racine ind.-eur. **wadh-* « aller ».

En latin (1) *vadere* « aller, s'avancer », d'où *evadere, evasus* « sortir de » et *invadere* « se jeter sur »; et leurs dér. en *-sio* (2) *vadum* « gué ».

En germanique anc. haut all. *watan* « passer à gué », « aller de l'avant ».

♦ [1] **JE VAIS** (d'abord *je vois*), **TU VAS, IL VA, ILS VONT** (pop.) XIe s. : lat. vulg. **voyyo, *vas, *vat, *vaunt*, class. *vado, vadis, vadit, vadunt* (altérations dues à l'influence de la conjugaison d'*être, avoir, devoir*, etc.), formes atones → aussi ALLER et J'IRAI. ♦ [2] **VA-** 1er élément de composés dans **VA-ET-VIENT, VA-TOUT, VA-NU-PIEDS** XVIIe s.; **À LA VA-VITE** XIXe s. ♦ [3] **ENVAHIR** (pop.) XIe s. : lat. vulg. **invadīre*, class. *invadere*; **ENVAHISSEMENT** XIe s.; **ENVAHISSEUR** XVe s. ♦ [4] **GUÉ** (pop.) XIIe s. : gallo-roman **wadu*, croisement du lat. *vadum* et de son équivalent germ.; **GUÉER, GUÉABLE** XIIe s. ♦ [5] **INVASION** (sav.) XIIe s. : bas lat. *invasio*, de *invadere* → ENVAHIR. ♦ [6] **S'ÉVADER** (sav.) XIVe s. : *evadere*; **ÉVASION** XIIIe s. : bas lat. *evasio*; **ÉVASIF** XVIe s. « qui sort de la question ». ♦ [7] **VADE-MECUM** XVe s. : mots lat. « viens avec moi ».

**VAISSEAU** famille du lat. *vas, vasis* « pot », « pièce de vaisselle », dimin. *vascellum* et *vasculum*.

♦ [1] **VAISSEAU** (pop.) XIIe s. « récipient » et « navire », XIVe s. anat. : *vascĕllum*. ♦ [2] **VAISSELLE** (pop.) XIIe s. : *vascĕlla*, plur. de *vascĕllum*; **VAISSELIER** XVIe s. ♦ [3] **ÉVASEMENT** XIIe s.; **ÉVASER** XIVe s. : lat. vulg. **evasāre*, dér.

de *vas.* ♦ [4] **VASQUE** XIXe s. : it. *vasca* : lat. vulg. **vasca*, tiré du plur. neutre *vascŭla.* ♦ [5] **VASE** (sav.) XVIe s. : lat. *vas, vasis*; **TRANSVASER** XVIe s.; **EXTRAVASER** XVIIe s. ♦ [6] **VASO-** (sav.) 1er élément de composés exprimant l'idée de « vaisseau sanguin », ex. : **VASO-MOTEUR, VASO-CONSTRICTEUR, VASO-DILATATEUR** XIXe s. ♦ [7] **VASCULAIRE** XVIIe s. : de *vasculum.*

**VALISE** XVIe s. : it. *valigia*, mais le mot est plus anc. : en lat. médiéval XIIIe s. *valisia*, dont le moyen haut all. *velis* est empr.; p.-ê. dér. d'un radical gaulois **val-* « entourer »; **DÉVALISER** XVIe s.

**VALOIR** famille du lat. *valere* « être vigoureux », « avoir de la valeur » et « avoir trait à quelque chose », « avoir une signification (mots) » et « une valeur (monnaie) »; d'où *praevalere* « valoir plus »; *valescere* et *convalescere* « prendre des forces »; *validus* « bien portant »; *valetudo, -inis* « santé » et *valetudinarius* « malade chronique »; bas lat. *valentia* « vigueur » et, dans des gloses, *valor, -oris* « valeur ».

♦ [1] **VALOIR** (pop.) XIe s. : *valēre*; **REVALOIR** XIIe s.; **VALABLE** XIIIe s.; **PRÉVALOIR** (demi-sav.) XVe s. : adaptation, d'après *valoir*, du lat. *praevalere*; **VAURIEN** XVIe s.; **ÉQUIVALOIR** (demi-sav.) XVIIe s. adaptation d'après *valoir* du lat. *equivalere* → ÉGAL. ♦ [2] **VAILLANT** (pop.) XIe s. : part. présent anc. de *valoir*, analogique des formes phonétiques à *l* mouillé; **VAILLANCE** XIIe s. ♦ [3] **VALEUR** (pop.) XIe s. : *valor, -ōris*; **VALEUREUX** XIIIe s. ♦ [4] **ÉVALUER** (pop.) XIVe s. (XIIIe s. *avaluer*) : dér. de l'anc. fr. *value* « prix », part. passé fém. substantivé de *valoir*; **ÉVALUATION** XIVe s.; **ÉVALUABLE** XVIIIe s.; **INÉVALUABLE, DÉVALUER, DÉVALUATION** XXe s. ♦ [5] **PLUS-VALUE** XVe s. : composé de *value* → le précédent. ♦ [6] **VALÉTUDINAIRE** (sav.) XIVe s. : *valetudinarius.* ♦ [7] **CONVALESCENT** (sav.) XIVe s. : *convalescens*; **CONVALESCENCE** XIVe s. : bas lat. (IVe s.) *convalescentia.* ♦ [8] **VALIDE** (sav.) XVIe s. « en bonne santé », fin XVIe s. jur. : *validus*; **VALIDER** XVe s. : bas lat. *validare*; **VALIDITÉ** XVIe s. : *validitas*; **INVALIDE, INVALIDER** XVIe s. : de *invalidus*; **VALIDATION** XVIe s.; **INVALIDITÉ** XVIe s. jur.; XIXe s. « infirmité »; **INVALIDATION** XVIIe s. ♦ [9] **ÉQUIVALENT** et **ÉQUIVALENCE** (sav.) XIVe s. : *aequivalens*; **-VALENT** 2e élément de composés, ex. : **POLYVALENT** XIXe s.; **MONO-; BI-, TRIVALENT** XXe s.; **VALENCE** fin XIXe s. chimie : *valentia.* ♦ [10] **VALORISER, VALORISATION, DÉVALORISER, REVALORISER** XXe s. : dér. sav. sur *valor.*

**VAMPIRE** XVIIIe s. : all. *Vampir* emprunté au serbe ou au hongrois; mot slave; **VAMPIRISME** XVIIIe s.; **VAMP** XXe s. : mot anglo-américain, abrév. de *vampire.*

**VAN** ♦ [1] (pop.) XIIe s. : lat. *vannus*; **VANNER** XIIe s. : lat. vulg. **vannāre*, class; *vannĕre*; **VANNAGE, VANNEUR** XIIIe s.; **VANNERIE** XIVe s.; **VANNÉ** XIXe s. « fatigué ». ♦ [2] **VANNEAU** XIIIe s. (oiseau) : probablement dér. de *van*, par comparaison du bruit des ailes avec celui du vannage.

**VANNE** (pop.) XIIIe s. : lat. mérov. *venna* « barrage pratiqué pour prendre le poisson », p.-ê. d'origine celtique.

**VAPEUR** ♦ [1] (sav.) XIIIe s. subst. fém., XIXe s. subst. masc. (bateau) : lat. *vapor, -oris.* ♦ [2] **ÉVAPORER, ÉVAPORATION** (sav.) XIVe s. : *evaporare, evaporatio.* ♦ [3] **VAPOREUX** (sav.) XIVe s. : dér. sur *vapor*; **VAPORISER, VAPORISATION** XVIIIe s.; **VAPORISATEUR** XIXe s.

**VARECH** XIIe s.-XVIIe s. « épave », XIVe s. sens mod. d'abord en normand : anc. scandinave *vagrek* « épave », apparenté à l'anc. angl. *wraec*, angl. *wreck*, all. *Wrack* « id. ».

**VARICE** (sav.) XIVe s. : lat. *varix, -icis*; **VARIQUEUX** XVIe s. : *varicosus*; **VARICOCÈLE** XVIIIe s. : de *varix* et du gr. *kêlê* « tumeur » → VARICELLE, art. VAIR.

**VARLOPE** XVe s. : mot dial. (Nord-Est) : adaptation du néerl. *voorlooper*, littéralement « qui court devant ».

**VASISTAS** fin XVIIIe s. : all. *Was ist das?* « Qu'est-ce que c'est? ».

**VASSAL** ♦ [1] (pop.) XIe s. : bas lat. *vassallus*, dér. de *vassus* « serviteur », d'origine gauloise; **VASSELAGE** XIe s.; **VASSALITÉ** XVIIe s. ♦ [2] **VAVASSEUR** XIIe s. : bas lat. *vassus vassorum* « vassal des vassaux ». ♦ [3] **VALET** XIIe s. *varlet, vaslet* : lat. vulg. **vassĕllĭttus* « jeune garçon noble au service d'un seigneur », dimin. de *vassallus*; **VALETAILLE** XVIe s. → aussi GARÇON.

**VATICINER** (sav.) XVe s., rare avant le XIXe s. : lat. *vaticinari*, de *vates* « devin » et *canere* → CHANTER; **VATICINATION** XVIe s. : *vaticinatio.*

**VAUTOUR** (pop.) XIIIe s. : lat. *vŭltur*, mot dial. (Sud-Ouest), avec délabialisation de l'*o* entre *v* et *l* vocalisé.

**VÉHÉMENT** (sav.) XII^e s. : lat. *vehemens*; **VÉHÉMENCE** XV^e s. : lat. imp. *vehementia*.

**VEILLE** famille d'une racine ind.-eur. **weg-* « vigueur ». En germanique, got. *waken*, frq. **wahtôn*, all. *wachen* « guetter ».
En latin (1) *vegēre* « être vif, ardent »; *vegetus* « vif, dispos »; *vegetare* « animer, vivifier » (2) *velox, -ocis*, de **weg-s-los* « agile à la course » (3) var. dial. *vigēre* « être bien vivant »; *vigor* « force vitale »; *vigil* « dispos, bien éveillé »; *vigilare* « être éveillé, attentif »; *vigilia* « veille », « garde de nuit ».

I. mots d'origine latine

♦ [1] **VEILLE** (pop.) XII^e s. « moment sans sommeil » et « veille qui précède une fête religieuse »; XVI^e s. « jour précédent » et « garde de nuit » : *vĭgĭlia*; **VEILLER** XII^e s. « rester éveillé », XV^e s. « faire attention » : *vĭgĭlāre*; **VEILLEUR** XII^e s.; **VEILLÉE** XIV^e s.; **VEILLEUSE** XVII^e s.; **SURVEILLER, SURVEILLANT** XVI^e s.; **SURVEILLANCE** XVII^e s. ♦ [2] **ÉVEILLER** (pop.) XI^e s. : lat. vulg. **exvĭgĭlāre*; **ÉVEIL** XII^e s.; **RÉVEILLER, RÉVEIL** XIII^e s.; **RÉVEILLE-MATIN** XV^e s.; **RÉVEILLON** XVI^e s.; **RÉVEILLONNER** XIX^e s. ♦ [3] **VIGUEUR** (demi-sav.) XI^e s. : lat. *vigor, -ōris*; **VIGOUREUX** XII^e s.; **REVIGORÉ** XIII^e s.; **REVIGORER** XIV^e s.; **RAVIGOTER** XVII^e s. : altération de *resvigoter* XIII^e s., lui-même altération de *revigorer*; **RAVIGOTE** XVIII^e s. ♦ [4] **VEDETTE** XVI^e s. « sentinelle », d'où XIX^e s. « petit navire militaire d'observation » et XX^e s. « petit bateau automobile »; fin XVIII^e s. typo. *mettre en vedette*; XIX^e s. sens fig. et « artiste en renom » : it. *vedetta*, altération, sous l'influence de *vedere*, du port. *veleta*, dimin. de l'esp. *vela*, dér. de *velar* « veiller » : lat. *vĭgĭlāre*. ♦ [5] **VIGIE** XVII^e s. : port. *vigia*, de *vigiar* : lat. *vĭgĭlāre*, par l'esp.; d'abord chez les flibustiers. ♦ [6] **VIGILE** (sav.) XII^e s. : *vigilia*. ♦ [7] **VIGILANT** (sav.) XV^e s. : *vigilans*, de *vigilare*; **VIGILANCE** fin XIV^e s. : *vigilantia*. ♦ [8] **VÉGÉTER** (sav.) XIV^e s. : *vegetare*, qui en bas lat. avait pris le sens de « croître »; **VÉGÉTATIF** XIII^e s.; **VÉGÉTAL, VÉGÉTATION** XVI^e s.; **VÉGÉTARIEN** XIX^e s.; **VÉGÉTALINE** XX^e s. ♦ [9] **VÉLOCITÉ** XIV^e s. : *velocitas*; **VÉLOCE** XVII^e s. : *velox, -ocis*; **VÉLOCIPÈDE** début XIX^e s., abrégé en **VÉLO** fin XIX^e s.; **VÉLODROME** fin XIX^e s.; **VÉLOMOTEUR** XX^e s.

II. mots d'origine germanique

♦ [1] **GUETTER** (pop.) XI^e s. : frq. **wahtôn*; **GUETTEUR** XIII^e s.; **GUET** XIII^e s.; **GUET-APENS** XV^e s. : altération de *guet apensé, aguet pensé*, c.-à-d. « prémédité »; **AGUET** XII^e s., survit dans la locution *aux aguets* : de *agaitier*, composé de *gaitier*, forme anc. de *guetter*. ♦ [2] **ÉCHAUGUETTE** (pop.) XI^e s. : frq. **skarwâhta* littéralement « troupe *(skâra)* de guet *(wahta)* ». ♦ [3] **BIVOUAC** XVII^e s. : all. dial. (Suisse) *Bîwacht* : de *bî* « auprès de » (all. *bei*) et *Wacht* « garde »; **BIVOUAQUER** XVIII^e s.

**VEINE** famille du lat. *vēna* « vaisseau sanguin », « filon » et « inspiration poétique ».
♦ [1] **VEINE** XII^e s. « vaisseau » et « inspiration », XIII^e s. « filon », XIV^e s. « chance » (d'après l'expression *être en veine de*), XVII^e s. à propos du bois : *vēna*; **VEINULE** XVII^e s.; **VEINEUX** XVI^e s.; **INTRAVEINEUX** XIX^e s. ♦ [2] **VENELLE** (pop.) XII^e s. : dimin. ♦ [3] **VEINÉ** XVII^e s.; **VEINER** XVIII^e s. « imiter les veines du bois »; **VEINURE** XX^e s. : de *veine* (du bois). ♦ [4] **VEINARD, DÉVEINE** XIX^e s. : de *veine* « chance ».

**VENAISON** (pop.) XII^e s. : lat. *venatio, -ōnis* « chasse »; **VÉNERIE** XII^e s. : dér. de l'anc. fr. *vener* « chasser » : lat. *venāri*; **VENEUR** XII^e s. « chasseur », survit dans l'expression *grand veneur* XV^e s. : *venātor, -ōris*.

**VENDRE** famille du lat. *venum* « vente », d'où *venalis* « à vendre » et *venum dare* « mettre en vente », soudé en *vendere, venditus* « vendre ».
♦ [1] **VENDRE** (pop.) XI^e s. : *vendĕre*; **REVENDRE, VENDEUR, REVENDEUR** XII^e s.; **VENDEUSE** XVI^e s.; **REVENDEUSE** XVII^e s.; **VENTE, REVENTE** XIII^e s.; **MÉVENTE** XVII^e s.; **VENDABLE** XIII^e s.; **INVENDABLE** XVIII^e s.; **INVENDU** XVIII^e s. ♦ [2] **VÉNAL** (sav.) XII^e s. : *venalis*; **VÉNALITÉ** XVI^e s. : bas lat. *venalitas*.

**VENGER** famille du lat. *vindex, -icis*, jur. « caution fournie par le défendeur qui se substitue à lui devant le tribunal », d'où « protecteur » et « vengeur »; le 2^e élément est apparenté à *dicere* → DIRE, et le 1^er obscur. Dér. : *vindicare* « jouer le rôle de *vindex* », « revendiquer »; *vindicta* « revendication » puis « protection, châtiment »; *vindicatio* « action de revendiquer, de défendre, de venger, de punir ».
♦ [1] **VENGER** (pop.) XI^e s. trans. et pronom. : *vĭndĭcāre*; **VENGEANCE** XI^e s.; **VENGEUR** XII^e s.; **VENGERESSE** XIII^e s. ♦ [2] **REVANCHE** XVI^e s. : dér. de l'anc. fr. *revancher*, de *vencher*, du lat. *vĭndĭcāre* (avec amuïssement du *ĭ* intérieur atone plus tôt que dans *venger*); **REVANCHARD** XIX^e s. ♦ [3] **VENDETTA** XIX^e s. mot dial. corse « vengeance » : lat. *vĭndĭcta*. ♦ [4] **VINDICATIF** (sav.) XIV^e s. : de *vindicare*. ♦ [5] **REVENDICATION** XVI^e s. (XV^e s. *reivendication*) : lat.

jur. *rei vindicatio* « réclamation d'une chose », altéré sous l'influence du préf. *re-*; **REVENDIQUER** XV^e s.; **REVENDICATIF** XX^e s. ♦ [6] **VINDICTE** (sav.) XVI^e s. : *vindicta*.

**VENIN** famille d'une racine ind.-eur. **wen-* « désirer ». En latin (1) *venus, veneris* « désir sexuel », personnifié en *Venus* « déesse de l'amour »; *venustus* « qui possède ou qui excite l'amour »; *venustas, -atis* « séduction, grâce » (2) *venenum*, de **venes-nom* « philtre d'amour », d'où « poison », d'où *veneficium* « confection d'un poison », « empoisonnement »; bas lat. *venenosus* « vénéneux » (3) *venerari*, dér. de *Venus*, d'abord dans l'expression *Venerem venerari*, littéralement « désirer un désir » (comme *pugnare pugnam* « combattre un combat ») et « prier Vénus », a pris le sens de « adresser une demande aux dieux » puis de « respecter »; d'où *veneratio* et lat. imp. *venerabilis* (4) *venia* spécialisé dans le sens de « action de bien vouloir », « concession, faveur » et « excuse, pardon », d'où le bas lat. *venialis* « pardonnable » (5) *vēnari* « chasser » → VENAISON, souvent attribué à cette racine, se rattache plutôt à celle de l'all. *(ge)winnen* « vaincre ».
♦ [1] **VENIN** (pop.) XII^e s. var. *venim* : lat. vulg. **venīmen*, altération, par substitution de suff. de *venēnum*; **VENIMEUX, ENVENIMER** XII^e s. ♦ [2] **VÉNÉNEUX** (sav.) XV^e s. : *venenosus*. ♦ [3] **VENDREDI** (pop.) XII^e s. : *Venĕris dies* « jour de Vénus ». ♦ [4] **VÉNÉRIEN** (sav.) XV^e s. : de *venerius* « relatif aux plaisirs de l'amour ». ♦ [5] **VÉNUSTÉ** (sav.) XVI^e s. : *venustas*. ♦ [6] **VÉNUS**, nom propre mythol. : mot lat. ♦ [7] **VÉNÉRATION** (sav.) XII^e s. : *veneratio*; **VÉNÉRABLE** XIII^e s. : *venerabilis*; **VÉNÉRER** XV^e s. : *venerari*. ♦ [8] **VÉNIEL** (sav.) XIV^e s. (XII^e s. *venial*) : *venialis*.

**VENIR** famille d'une racine ind.-eur. **g^w en-* « venir ».
En grec *bainein* « marcher », d'où *basis* « marche », « pied, jambe » et « piédestal »; *akrobatein* « marcher sur la pointe des pieds »; *diabainein* « traverser » et *diabêtês* « qui traverse », « diabète (à cause d'émissions surabondantes d'urine, dans cette maladie) ».
En latin, *venire, ventus* « venir » et ses composés *advenire* « arriver »; *circumvenire* « entourer, assiéger »; *convenire* « se rassembler », « tomber d'accord », d'où *conventus, -us* « réunion » et *conventio* « assemblée », « pacte »; *devenire* « tomber dans », « arriver à »; *evenire* « sortir », « avoir un résultat », « se produire »; *intervenire* « survenir, interrompre »; *invenire* « rencontrer », « inventer », d'où *inventio* « découverte »; *pervenire* « arriver d'un point à un autre »; *praevenire* « devancer » et « accuser le premier »; *provenire* « venir en avant », « se produire », « éclore »; *subvenire* « survenir », « venir en aide ».

I. mots d'origine latine

A. base *-ven-*

♦ [1] **VENIR** (pop.) X^e s.; *venir de* + infin. XIII^e s. : *venīre*; **AVENIR** subst. XV^e s. : de la locution *le temps à venir*; **À TOUT VENANT** XVI^e s.; **TOUT-VENANT** subst. masc. XIX^e s.; **VENUE** XII^e s. : part. prés. fém. substantivé; **BIENVENU** adj. et **BIENVENUE** subst. XII^e s.; **PREMIER VENU, DERNIER VENU** XVI^e s.; **NOUVEAU VENU** XVII^e s. ♦ [2] **REVENIR** (pop.) X^e s.; **PARVENIR** X^e s. : *pervenire*, d'où **PARVENU** XVIII^e s.; **SURVENIR** XII^e s.; **DEVENIR** XI^e s. : *devenire*; **REDEVENIR** XII^e s. ♦ [3] **ADVENIR** (demi-sav.) X^e s. *avenir*; XVI^e s. introduction d'un *d* d'abord graphique, puis prononcé : *advenīre*; **AVENANT** (pop.) XI^e s. adj. « affable », XIII^e s. *à l'avenant* et subst. « ce qui revient à quelqu'un », XVIII^e s. « acte additionnel constatant les modifications qui adviennent à un contrat »; **AVÈNEMENT** XII^e s. « arrivée », XV^e s. « arrivée au trône »; **AVENUE** XVI^e s. « voie d'accès » : part. passé fém. substantivé (→ ALLÉE). ♦ [4] **CONVENIR** (demi-sav.) XI^e s. d'abord *covenir, couvenir* : *convenire*; **CONVENABLE, CONVENANCE, DÉCONVENUE** XII^e s.; **DISCONVENIR, INCONVENANCE** XVI^e s.; **INCONVENANT** XVIII^e s. ♦ [5] **INCONVÉNIENT** (sav.) XIII^e s. : lat. *inconveniens* « qui ne convient pas ». ♦ [6] **SOUVENIR** (pop.) XI^e s. impers.; XIV^e s. pers. et pronom., XIII^e s. infin. substantivé : *subvenire*; **RESSOUVENIR, SOUVENANCE** XII^e s. ♦ [7] **INTERVENIR** (sav.) XIV^e s. : réfection de *entrevenir* (pop.) XII^e s. : *intervenire*. ♦ [8] **PROVENIR** (sav.) XIII^e s. : *provenire*; **PROVENANCE** XIX^e s. ♦ [9] **SUBVENIR** (sav.) XIV^e s. : *subvenire*. ♦ [10] **PRÉVENIR** (sav.) XV^e s. « citer en justice », XVI^e s. « aller au-devant des désirs », d'où **PRÉVENANT** XVI^e s. et **PRÉVENANCE** XVIII^e s.; XVII^e s. « faire obstacle »; XVIII^e s. « avertir » : *praevenire*. **PRÉVENU** XVII^e s. « inculpé » et « qui a des préventions ». ♦ [11] **ÉVÉNEMENT** (sav.) XVI^e s. : dér., sous l'infl. de *avènement*, du lat. *evenire*; **ÉVÉNEMENTIEL** XX^e s.

B. base *-vent-*

♦ [1] **AVENTURE** (pop.) XI^e s. : **adventūra* de *advenire*; **AVENTURER** « exposer au hasard »; **AVENTUREUX** XII^e s.; **AVENTURIER** XVII^e s.; **AVENTURISME** XX^e s. ♦ [2] **AVENT** (pop.) XII^e s. « les quatre semaines avant Noël » : *adventus*

« arrivée (de Jésus-Christ) ». ♦ [3] **COUVENT** (pop.) XIIIe s. : *conventus*. ♦ [4] **CONVENTUEL** (sav.) XIIIe s. : lat. eccl. *conventualis*, de *conventus*. ♦ [5] **CONVENTION** (sav.) XIIIe s. : lat. *conventio*, de *convenire*; **RECONVENTION** XIIIe s.; **CONVENTIONNEL** XVe s.; **CONVENTIONNÉ** XVIe s.; **CONVENTIONNEMENT** XXe s. ♦ [6] **SUBVENTION** (sav.) XIIIe s. : *subventio*, de *subvenire*; **SUBVENTIONNER** XIXe s. ♦ [7] **INTERVENTION** (sav.) XIVe s. : *interventio*, de *intervenire*; **INTERVENTIONNISME** XXe s. ♦ [8] **PRÉVENTION** (sav.) XIVe s. « action de devancer », XVIIe s. « idée préconçue » : bas lat. *praeventio*, de *praevenire*; **PRÉVENTIF** XIXe s.; **PRÉVENTORIUM** XXe s. : analogique de *sanatorium*. ♦ [9] **INVENTION** (sav.) XIIIe s. « action de trouver », d'abord dans l'expression *invention de la Sainte-Croix* (retrouvée par sainte Hélène); **INVENTER, INVENTIF** XVe s. ♦ [10] **ÉVENTUEL, ÉVENTUALITÉ** (sav.) XVIIIe s. : dér. sur *eventus*, de *evenire*. ♦ [11] **ADVENTICE** (sav.) XVIIIe s. : *adventicius* « qui s'ajoute », de *advenire*.

**II.** mots savants d'origine grecque

♦ [1] **BASE** XIIe s., rare avant le XVIe s.; XVIe s. math.; XIXe s. chimie : *basis*; **BASER, BASIQUE** XVIe s.; **BASICITÉ** XIXe s.; **-BASIQUE** 2e élément de composés, ex. : **POLYBASIQUE** XIXe s. ♦ [2] **DIABÈTE** XVe s. : *diabêtês*, par le lat.; **DIABÉTIQUE** XIVe s., rare avant le XVIIIe s. ♦ [3] **ACROBATE** → ACRO-.

**VENT** ♦ [1] (pop.) XIe s. : lat. *ventus*; **VENTEUX** XIIe s. : *ventosus*; **VENTER, ÉVENTER** XIIe s.; **ÉVENTAIRE** XIVe s.; **ÉVENTAIL, CONTREVENT** XVe s.; **PARAVENT** XVIe s. : it. *paravento*; **VENTÔSE** fin XVIIIe s. → aussi ANÉMO-, art. ÂME. ♦ [2] **VANTAIL** (pop.) XIIIe s. *ventaile*; XVIIe s. forme mod. : dér. de *vent*. ♦ [3] **VENTOUSE** (demi-sav.) XIIIe s. : lat. méd. *ventosa (cucurbita)* « courge pleine de vent »; **VENTOUSER** XIIe s. ♦ [4] **VENTILER** (sav.) XIIIe s. jur. « débattre d'une question »; XIXe s. « aérer » et « répartir une somme entre plusieurs comptes » : lat. *ventilare* « agiter dans l'air » et bas lat. jur. « discuter, débattre »; **VENTILATION** XIVe s.; **VENTILATEUR** XVIIIe s. ♦ [5] **BIELLE** XVIIe s. : probablement esp. *bielda*, var. dial. (Guadalajara) *biela* « fourche pour venter le blé », de *beldar* « battre la moisson », forme métathétique de *be(n)dlar* : lat. *ventilare*; a pu désigner d'abord la bielle du tarare.

**VENTRE** famille d'une racine ind.-eur. **ut-*, **wet-*, **went-* (avec infixe nasal). En latin *venter* « ventre » et *uterus* « matrice ».

♦ [1] **VENTRE** (pop.) XIe s. : *venter*; **VENTRÉE, VENTRIÈRE** XIIe s.; **ÉVENTRÉ** XIIIe s.; **SOUS-VENTRIÈRE** XIVe s.; **VENTRU** XVe s.; **VENTRAL, ÉVENTRER, VENTREBLEU, VENTRE-SAINT-GRIS** XVIe s.; **BAS-VENTRE** XVIIe s.; **ÉVENTRATION** XVIIIe s.; **ÉVENTREUR** XIXe s. ♦ [2] **VENTRICULE** (sav.) XIVe s. : *ventriculus*, dimin. de *venter*; **VENTRICULAIRE** XIXe s.; **VENTRI-** 1er élément de composés dans **VENTRILOQUE, VENTRIPOTENT** XVIe s. → LOCUTION, et POUVOIR. ♦ [3] **UTÉRUS** XVIe s. : mot lat.; **UTÉRIN** XVe s.

**VÊPRES** famille d'une racine ind.-eur. **wes-* « soir ».

En grec *hespera* « le soir »; *Hespérides* : « les filles de la Nuit et d'Atlas », qui prennent soin, à l'extrême occident, d'un beau jardin aux pommes d'or.

En latin, *vesper* « le soir », var. fém. *vespera* « soirée »; bas lat. *vesperalis* « occidental ».

En germanique angl. *west* « ouest ».

♦ [1] **VÊPRE** (pop.) XIe s. « soir » : *vesper*; **VÊPRES** XIIe s. liturgie : *vesperae*; **VÊPRÉE** XIe s. ♦ [2] **VESPÉRAL** (sav.) XIXe s. : *vesperalis*. ♦ [3] **HESPÉRIDES**, mythologie : mot gr. ♦ [4] **OUEST** XIIe s. : angl. *west*. ♦ [5] **FAR WEST** XXe s. : composé anglo-américain « Ouest lointain »; **WESTERN** XXe s. : mot angl. « (film concernant la conquête) de l'Ouest (des États-Unis) ».

**VER** ♦ [1] (pop.) Xe s. *verm* : lat. *vermis*; **VERMINE** et **VERMISSEAU** XIIe s.; **VERMOULU** XIIIe s. : « moulu par les vers », d'où **VERMOULURE** XIIIe s.; **VÉREUX** XIVe s.; **VER DE TERRE, VER LUISANT, VER À SOIE** XVIe s. ♦ [2] **VERMEIL** (pop.) XIe s. : *vermĭcŭlus*, dimin. de *vermis* « cochenille »; d'abord adj. « écarlate », puis XVIIe s. subst. « argent doré »; **VERMILLON** XIIe s. *vermeillon*. ♦ [3] **VERMICELLE** XVIe s. : it. *vermicelli*, du lat. vulg. **vermicĕllus*, plur. *-i*, var. de *vermicŭlus*. ♦ [4] **VERMICULÉ** (sav.) XIVe s. : de *vermicŭlus*; **VERMICULAIRE** XVe s.; **VERMI-** 1er élément de composés sav., ex. : **VERMIFUGE** XVIIIe s.

**VERBIAGE** (pop.) XVIIe s. : dér. du moyen fr. *verbier* « gazouiller », var. de l'anc. pic. *verbloier*, de *werbler* « chanter en modulant », du frq. **werbilan* « tourbillonner ».

**VÉRANDA** XVIIIe s. : mot angl. d'origine indienne, lui-même empr. au port. *varanda*, probablement dér. du lat. *vara* « perche ».

**VERGE** ♦ [1] (pop.) XIe s. : lat. *vĭrga* « baguette »; **VERGÉ** XIIe s. « rayé » : *vĭrgātus*;

**VERGETÉ** XVII^e s. : dér. de *vergette*; **VERGETURE** XVIII^e s. ♦ [2] **VERGUE** (pop.) XII^e s., mot normanno-picard : *vĭrga*; **ENVERGURE** XVII^e s. mar., XIX^e s. sens fig. : dér. de *enverguer* XVII^e s. mar. ♦ [3] **VIRGULE** (sav.) XVI^e s. : lat. *virgula*, dimin. de *virga*.

**VERMOUTH** XVIII^e s. : all. *Wermut* « absinthe ».

**VERNACULAIRE** (sav.) XVIII^e s. : du lat. *vernacŭlus* « indigène, domestique », dér. de *verna* « esclave né à la maison ».

**VERRAT** (pop.) XIV^e s. : dér. de l'anc. fr. *ver*, du lat. *verres* « verrat ».

**VERRE** ♦ [1] (pop.) XII^e s.; XIII^e s. « verre à boire », XVII^e s. « contenu d'un verre » : lat. *vĭtrum*; **VERRIÈRE** XII^e s.; **VERRIER** XIII^e s.; **VERRERIE** XIII^e s.; **VERROTERIE** XVII^e s. ♦ [2] **VITRE** (sav.) XIII^e s. « verre », XVI^e s. sens mod. : lat. *vitrum*; **VITREUX** XIII^e s. : *vitrosus*; **VITRIER, VITRERIE, VITRER** XIV^e s.; **VITRÉ, VITRAIL** XV^e s. *vitral*; **VITRIFIER** XVI^e s.; **VITRAGE** XVII^e s. ♦ [3] **VITRIOL** (sav.) XIII^e s. : lat. médiéval *vitriolum*, dimin. de *vitrum* (à cause de son apparence vitreuse); **VITRIOLÉ** XVII^e s.; **VITRIOLER** XIX^e s. ♦ [4] **VITRAUPHANIE** fin XIX^e s. : de *vitraux* et du gr. *phainein* « paraître » → FANTÔME.

**VERROU** ♦ [1] (pop.) XII^e s. *verrouil* : lat. vulg. **verrŭcŭlum*, altération, p.-ê. sous l'influence de *ferrum*, de *verūcŭlum*, dimin. de *veru* « broche »; **VERROUILLER** XII^e s.; **DÉVERROUILLER** XVII^e s.; **VERROUILLAGE, DÉVERROUILLAGE** XX^e s. ♦ [2] **VÉRIN** XIV^e s. (pop.), mot dial. picard : var. masc. du lat. *veruina*, dér. de *veru*.

**VERRUE** ♦ [1] (pop.) XIII^e s. : lat. *verrūca*. ♦ [2] **VERRUQUEUX** (sav.) XV^e s. : *verrucosus*; **VERRUCOSITÉ** XX^e s.

**VERS** famille du lat. *vertere, versus* (anc. *vortere, vorsus*) « tourner », auquel se rattachent (1) des dér. nom. à base *vert-* (a) *vertebra* « articulation, vertèbre » (b) *vertigo, -inis* « tourbillon »; *vertiginosus* « sujet aux vertiges » (c) *vertex, -icis* « tourbillon » et « point le plus élevé (d'où tombe une chute d'eau) », « sommet de la tête (d'où descendent les cheveux) »; bas lat. *verticalis* « vertical » (2) des dér. nom. à base *vers-* (a) *-versio*, 2^e élément de composés, « action de tourner » (b) *versus, -ūs* « action de tourner la charrue au bout du sillon », « sillon », « ligne d'écriture », « vers » (c) *-vorsum, -versum*, adv.; *-vorsus, -versus* adj., 2^es éléments de composés dans *aliorsum*, de **alio-vorsum* « dans une autre direction »; *controversus* « tourné vis-à-vis, opposé », « litigieux », d'où *controversia* « discussion » et *controversari* « discuter »; *deorsum*, de « *de-vorsum* « vers le bas »; *introrsum*, de **intro-vorsum* « vers le dedans » et *introversus; prorsus*, de **pro-vorsus* « en allant vers l'avant », altéré en *prosus*, fém. substantivé *prosa (oratio)* « le discours qui va tout droit, la prose »; *sursum*, de **sub-vorsum* « vers le haut »; *transvorsus*, var. *transversus, trāversus* « oblique, transversal »; *universus* « tourné d'un seul élan vers », au plur. « tous ensemble », au neutre sing. traduction du gr. *to holon* « l'univers », d'où *universitas* « universalité », bas lat. « corps, compagnie, corporation » et lat. imp. *universalis* « universel, général » (d) *-versarius*, dans *anniversarius* « qui revient tous les ans » (e) *versi-* 1^er élément de composé dans *versicolor* « qui a des couleurs changeantes » (f) *versoria* « cordage servant à tourner la voile » (3) dérivés verbaux à base *vers-* (a) *versare* « faire tourner »; *versatilis* « mobile, qui tourne aisément » (b) *versari* « se tourner souvent », « se trouver habituellement », « tremper dans »; *conversari* « se tenir habituellement », « vivre avec »; *conversatio* « intimité, fréquentation »; *tergiversari* « tourner le dos » « user d'échappatoire » (4) composés verbaux : (a) *avertere* « détourner » et *aversio* « action de détourner » et « éloignement, dégoût » (b) *advertere* « tourner vers »; *adversus* adj. « qui est en face », et prép. « en face de »; *adversarius* adj. « qui se tient en face, opposé » et subst. « adversaire » (c) *convertere* « retourner », « faire passer d'un état à un autre », « traduire »; *conversio* « action de tourner », « passage d'un état à un autre », et lat. eccl. « conversion religieuse » (d) *divertere* « se séparer de »; *diversus* « opposé », au plur. « qui vont dans des sens différents »; lat. imp. *diversitas* « divergence »; bas lat. *diversio* « digression »; *divortium* « séparation » (e) *invertere* « retourner »; *inversus* « retourné »; *inversio* « inversion » (f) *intervertere* « donner une autre direction », bas lat. *interversio* « falsification » (g) *pervertere* « mettre sens dessus dessous »; *perversus* « de travers » et « perverti »; *perversio* « renversement »; *perversitas* « extravagance, dérèglement » (h) *revertere* « revenir sur ses pas »; *reversio* « action de rebrousser chemin ».

**I.** base *-vers-* (pop. ou sav.)

**A.** famille de *versus* et *versare*

♦ [1] **VERS** (pop.) XI^e s. préposition : lat. *versus*, part. passé de *vertere* employé adv.; **ENVERS,**

**DEVERS** XI^e s.; **PAR-DEVERS** XII^e s. ♦ [2] **VERS** (pop.) XII^e s. subst. : *versus, -ūs*; **VERSET** XIII^e s.; **VERSIFIER** (demi-sav.) XIII^e s. : *versificare*; **VERSIFICATEUR** (sav.) XV^e s., **VERSIFICATION** XVI^e s. : *versificator, versificatio*. ♦ [3] **VERSER** (pop.) XI^e s. « faire basculer », XII^e s. « faire couler un liquide », XVIII^e s. « apporter de l'argent » : *versāre*; **VERSEMENT, REVERSER** XII^e s.; (pleuvoir) **À VERSE**, puis **AVERSE**, subst. fém. XVII^e s.; **DÉVERSER, DÉVERSOIR** XVIII^e s.; **DÉVERSEMENT, REVERSEMENT, VERSANT** subst. XIX^e s.; **BOULEVERSER** XVI^e s. : de *bouler* → BOULE, et *verser*; **BOULEVERSEMENT** XVI^e s. ♦ [4] **VERSOIR** (pop.) XIII^e s. : probablement lat. vulg. **versorium*, var. neutre de *versoria*. ♦ [5] **VERSEAU** (pop.) XVI^e s., pour *verse eau* : trad. du gr. *hudrokhœus*, nom d'un signe du Zodiaque (20 janv.-20 fév.). ♦ [6] **VERSATILE** (sav.) XV^e s. : *versatilis*; **VERSATILITÉ** XVIII^e s. ♦ [7] **VERSÉ** (dans) XVI^e s. « rompu à la pratique de » : lat. *versatus*, part. passé de *versari*. ♦ [8] **VERSION** (sav.) XVI^e s. : lat. médiéval *versio*, tiré des composés; **RÉTROVERSION** XVIII^e s. ♦ [9] **VERSO** (sav.) XVII^e s. : lat. *(folio) verso* « sur le feuillet retourné ».

B. famille des composés de *versus, versare, versio*

♦ [1] **TRAVERS** (pop.) XI^e s. adv., XVI^e s. subst. : bas lat. *traversus*, class. *transversus*; **TRAVERSE** XII^e s. : *traversa*, fém. de *traversus*; **TRAVERSIN** XII^e s. « chemin de traverse »; XIV^e s. sens mod.; **TRAVERSIER** XIII^e s. adj. : lat. vulg. **traversarius*, class. *transversarius*; **TRAVERSER** XII^e s. lat. vulg. **traversare*, class. *transversare*; **TRAVERSÉE** XIII^e s. ♦ [2] **TRANSVERSAL** (sav.) XV^e s. : de *transversus*. ♦ [3] **ADVERSE** (sav.) XI^e s. *averse : adversus*; **ADVERSAIRE** XII^e s., var. de l'anc. fr. *aversier* (pop.) : *adversarius*; **ADVERSITÉ** (sav.) XII^e s. : *adversitas*; **ADVERSATIF** XVI^e s. ♦ [4] **AVERSION** (sav.) XIII^e s. : *aversio*. ♦ [5] **AVERS** (demi-sav.) XIX^e s. : *adversus*. ♦ [6] **CONVERSER** (sav.) XI^e s. : *conversari*; **CONVERSATION** XII^e s. « fréquentation », XVII^e s. « échange de paroles » : *conversatio*. ♦ [7] **CONVERSION** XII^e s. : *conversio*; **CONVERS** XII^e s. : *conversus*; **RECONVERSION** XIX^e s. ♦ [8] **ENVERS** (pop.) X^e s. : *inversus*; **RENVERSER** XIII^e s.; **RENVERSE** XIV^e s.; **RENVERSEMENT** XVI^e s. ♦ [9] **INVERSION** (sav.) XVI^e s. : *inversio*; **INVERSE** XVII^e s. : *inversus*. ♦ [10] **DIVERS** (sav.) XII^e s. : *diversus*; **FAIT DIVERS** XX^e s.; **DIVERSITÉ** (sav.) XII^e s. : *diversitas*; **DIVERSIFIER** XIII^e s. : bas lat. *diversificare*; **DIVERSION** XIV^e s. : *diversio*. ♦ [11] **PERVERS, PERVERTIR, PERVERSITÉ** (sav.) XII^e s. : *perversus, pervertere, perversitas*; **PERVERSION** XV^e s. : *perversio*; **PERVERTISSEUR** XVI^e s. ♦ [12] **SUBVERSION** (sav.) XII^e s. : *subversio*; **SUBVERSIF** XVIII^e s. ♦ [13] **ANNIVERSAIRE** (sav.) XII^e s. : *anniversarius* → AN. ♦ [14] **UNIVERS** (sav.) XII^e s. adj., XVI^e s. subst. : *universus*; **UNIVERSEL** XII^e s. : *universalis*; **UNIVERSAUX** XVII^e s. philo. : plur. substantivé de la var. *universal* XIV^e s.; **UNIVERSALITÉ** XIV^e s. : *universalitas*; **UNIVERSALISER** XVIII^e s. ♦ [15] **UNIVERSITÉ** (sav.) XIII^e s. : *universitas*; **UNIVERSITAIRE** XIX^e s. ♦ [16] **REVERS** (pop.) XIII^e s. : *reversus*; **RÉVERSION** (sav.) XIV^e s. : *reversio*; **RÉVERSIBLE** XVII^e s.; **RÉVERSIBILITÉ** XVIII^e s.; **IRRÉVERSIBLE** XIX^e s. ♦ [17] **CONTROVERSE** (sav.) XIII^e s. : *controversia*; **CONTROVERSER** XVII^e s. : *controversari*; **CONTROVERSISTE** XVII^e s.; **CONTROVERSABLE** XIX^e s. ♦ [18] **MALVERSATION** XVI^e s. (sav.) : de *malverser* XVI^e s., du lat. *male versari* « mal se comporter ». ♦ [19] **TERGIVERSER** (sav.) XVI^e s. : *tergiversari*; **TERGIVERSATION** XIII^e s. : *tergiversatio*. ♦ [20] **INTROVERSION** (sav.) XX^e s. : *introversio*.

II. base *-vert-*

♦ [1] **CONVERTIR** (demi-sav.) X^e s. « faire changer de croyance »; XII^e s. « transformer » : adaptation de *convertere*; **CONVERTIBLE** XIII^e s.; XIX^e s. finances; **INCONVERTIBLE** XVI^e s.; **RECONVERTIR** XVII^e s.; XIX^e s. finances, XX^e s. industrie. ♦ [2] **AVERTIR** (pop.) XII^e s. « détourner » : **advertire*, class. *advertere*; **AVERTISSEMENT** XIV^e s.; **AVERTISSEUR** XIII^e s. ♦ [3] **INADVERTANCE** (sav.) XIV^e s. : lat. scolastique *inadvertentia* « manque d'attention », de *advertere* au sens de « faire attention ». ♦ [4] **PERVERTIR** (demi-sav.) XII^e s. : adaptation de *pervertere*; **PERVERTISSEUR** XVI^e s. ♦ [5] **INVERTIR** (demi-sav.) XIII^e s.; **INVERTI** subst. XX^e s. : de *invertere*. ♦ [6] **SUBVERTIR** XIII^e s. : adaptation de *subvertere*. ♦ [7] **DIVERTIR** XIV^e s. « détourner »; XVII^e s. « distraire » : adaptation de *divertere*; **DIVERTISSEMENT** XV^e s. ♦ [8] **INTERVERTIR** XVI^e s. : adaptation de *intervertere*. ♦ [9] **VERTÈBRE** (sav.) XVI^e s. : *vertebra*; **VERTÉBRAL** XVII^e s.; **VERTÉBRÉ, INVERTÉBRÉ** XIX^e s. ♦ [10] **VERTICAL** (sav.) XVI^e s. : *verticalis*; **VERTICALE** subst. XIX^e s.; **VERTICALITÉ** XVIII^e s. ♦ [11] **VERTIGE** (sav.) XVI^e s. : *vertigo*; **VERTIGINEUX** XV^e s. « sujet au vertige », XIX^e s. « qui donne le vertige » : *vertiginosus*. ♦ [12] **INTROVERTI** (sav.) XX^e s. : de *intro-* et *vertere*, d'après *introversus*.

III. autres bases

♦ [1] **PROSE** (sav.) XIII^e s. : *prosa (oratio)*; **PROSAÏQUE** XV^e s. : bas lat. *prosaïcus*; **PROSAÏSME** XVIII^e s.; **PROSATEUR** XVII^e s.; it. *prosatore*. ♦ [2] **DIVORCE** (sav.) XIV^e s. : *divortium*; **DIVORCER** XIV^e . ♦ [3] **AILLEURS**, de *aliorsum* → AUTRE;

**JUSQUE**, de *deorsum* → DE; **SUS**, de *sursum* → SOUS.

**VERT** ♦ [1] (pop.) XIe s. fém. analogique *verte* et *verde*, à côté de la forme normale *vert*, dès les origines; XIIIe s. « plein de sève », « jeune » : lat. *vĭrĭdis*; **VERDEUR, VERDIR, REVERDIR, VERDOYER, VERDOYANT** XIIe s.; **VERDURE, VERDIER** XIIIe s.; **VERDÂTRE** XIVe s. ♦ [2] **VERT-DE-GRIS** XIVe s., var. *vert de grice* : altération, sous l'influence de *gris*, de *vert de Grèce* XIIIe s., dénomination inexpliquée; **VERT-DE-GRISÉ** XIXe s. ♦ [3] **VERGER** (pop.) XIe s. : *viridiarium* « lieu planté d'arbres ». ♦ [4] **VERTUGADIN** XVIIe s. « cerceau maintenant l'ampleur de la jupe autour des hanches » : de *vertugade* XVIe s., altération, p.-ê. sous l'influence de *vertu*, de l'esp. *verdugado*, de *verdugo* « baguette coupée verte », dér. de *verde* « vert ».

**VERTU** famille d'une racine ind.-eur. **wir-*.
En germanique, got. *wair* « homme », frq. **wer-*, dans **wer-wolf* « homme-loup ».
En latin *vir* « homme, mari, héros, soldat », auquel se rattachent (a) *virilis* « masculin » et *virilitas* « virilité » (b) *virtus, -tutis* « qualités viriles », « force d'âme », puis « toute espèce de mérite ou de qualité » (êtres animés et non animés); bas lat. *virtuosus* « vertueux » (c) *virago* « femme forte ou courageuse comme un homme » (d) *evirare* « enlever la virilité » (e) enfin, *vir* peut désigner des magistrats, d'où *duumvir, triumvir, decemvir* « membre d'un groupe de deux, trois, dix magistrats ».

**I.** mots d'origine latine

**A.** famille de *virtus*

♦ [1] **VERTU** (pop.) XIe s. « vaillance », XIIe s. « qualité morale » et « principe actif d'une substance », XVIIe s. « chasteté » : *vĭrtus, tūtis*; **VERTUEUX** XIe s.; **S'ÉVERTUER** XIe s. « se fortifier »; **VERTUDIEU**, abrégé en **TUDIEU** XVIe s.; **VERTUBLEU** XVIIe s. ♦ [2] **VIRTUEL** (sav.) XVIe s. : lat. scolastique *virtualis* « qui a en soi les forces nécessaires à sa réalisation »; **VIRTUALITÉ** XVIIe s. ♦ [3] **VIRTUOSE** XVIIe s. : it. *virtuoso* : *virtuosus*; **VIRTUOSITÉ** XIXe s.

**B.** famille de *vir* (sav.)

♦ [1] **VIRIL** XIVe s. : *virilis*; **VIRILITÉ** XVe s. : *virilitas*; **VIRILISER** XIXe s. ♦ [2] **VIRAGO** XVe s. : mot lat. ♦ [3] **DUUMVIR, TRIUMVIR** XVIe s. : mots lat.; **TRIUMVIRAT** XVIe s. : *triumviratus*.

**II.** mots d'origine germanique

(loup)-**GAROU** → LOUP.

**VERVE** ♦ [1] (pop.) XIIe s. « proverbe », puis « récit », XVIe s. sens mod. : lat. vulg. **verva*, var. de *verba*, plur. de *verbum* « parole »; **VERVEUX** XIXe s. ♦ [2] **VERBE** (sav.) XIe s. « parole », XIIe s. gramm. et théol. (trad. du gr. *logos*); XVIIIe s. *avoir le verbe haut : verbum*; **VERBEUX** XIIIe s., **VERBOSITÉ** XVIe s.; **VERBAL** XIVe s. gramm. « relatif aux verbes » et « oral », d'où **VERBALEMENT** XIVe s.; XVe s. « formel », d'où **VERBALISME** XIXe s. : bas lat. *verbalis*; **PROCÈS-VERBAL** XIVe s., d'où **VERBALISER** XVIIe s. ♦ [3] **PROVERBE** (sav.) XIIe s.; XVIIe s. « comédie dont le sujet est un proverbe » : lat. *proverbium* « dicton », dér. de *verbum*; **PROVERBIAL** XVe s. : *proverbialis* ♦ [4] **ADVERBE** (sav.) XIIIe s. : lat. imp. *adverbium* « auprès *(ad)* du verbe *(verbum)* »; **ADVERBIAL** XVIe s.

**VERVEINE** famille d'un anc. lat. **verbos, -eris* « coup », dont le pluriel *verbera* « verges », « coups de fouet » est attesté. Dér. : (1) *verberare* « frapper de verges » et *reverberare* « faire rebondir » (2) *verbena* « verveine », issu de **verbes-na (herba)*, littéralement « herbe des coups » (coups symboliques dont le roi frappait le texte d'un traité avec une touffe de cette herbe).

♦ [1] **VERVEINE** (pop.) XIIe s. : lat. vulg. **vervēna*, class. *verbēna*. ♦ [2] **RÉVERBÉRER** (sav.) XIVe s. : *reverberare*; **RÉVERBÉRATION** XIVe s.; **RÉVERBÈRE** XVe s. « écho », XVIe s. « miroir », XVIIe s. « lanterne à miroir réflecteur ».

**VESCE** (pop.) bot. XIIe s. *vecce* : lat. *vĭcia*.

**VESSER** ♦ [1] (pop.) XIIIe s., puis XVIIe s., d'abord *vessir* : lat. *vĭssīre*; **VESSE** XVe s.; **VESSE-DE-LOUP** XVIe s. ♦ [2] **VENETTE** XVIIIe s. : du moyen fr. *vesner* « vesser », du lat. vulg. **vĭssīnāre*.

**VESSIE** ♦ [1] (pop.) XIIIe s. : lat. vulg. **vessīca*, class. *vesīca*. ♦ [2] **VÉSICATION** (sav.) XVe s., **VÉSICATOIRE** XVIe s.; **VÉSICANT** XIXe s. : de *vesicare* « gonfler ». ♦ [3] **VÉSICAL** (sav.) XVIe s. : *vesicalis* « relatif à la vessie ».

**VESTIBULE** (sav.) XVIe s. : lat. *vestibulum*, ou it. *vestibulo*.

**VESTIGE** famille sav. du lat. *vestigare* et *investigare* « suivre à la trace », « traquer », d'où *investigatio* « recherche attentive » et *vestigium* « trace de pas ».

♦ [1] **VESTIGE** XIVe s. : *vestigium*. ♦ [2] **INVESTIGATION** XVe s. : *investigatio*.

**VÊTIR** ♦ [1] (pop.) Xe s. : lat. *vestire* « couvrir d'un vêtement »; **VÊTEMENT** XIe s. : *vestimen-*

*tum*; **REVÊTIR** XIe s.; **DÉVÊTIR, VÊTURE** XIIe s.; **REVÊTEMENT** XIVe s.; **SURVÊTEMENT** XIXe s. ♦ [2] **VESTE** XVIe s. : it. *veste*, du lat. *vestis* « vêtement »; XIXe s. « échec » (synonymie partielle de *veste* et de *capote* « vêtement » et « perte au jeu » → CAPOT); **VESTON** fin XVIIIe s. ♦ [3] **TRAVESTIR** XVIe s. : it. *travestire*, de *tra-*, du lat. *trans* → TRÈS, exprimant la transformation, et *vestire*; **TRAVESTISSEMENT** XVIIe s.; **TRAVESTI** subst. XIXe s. ♦ [4] **INVESTIR** (sav.) XIIIe s. « revêtir d'un pouvoir » : lat. arch., imp. et médiéval *investire* « revêtir », « entourer »; XVe s. « assiéger », sous l'influence de l'it. *investire*; XXe s. « engager (des capitaux) » : angl. *to invest*, de même origine; **INVESTITURE** XVe s.; **INVESTISSEMENT** XVIIIe s. ♦ [5] **VESTIMENTAIRE** (sav.) XXe s. : de *vestimentum*.

**VETO** (sav.) XVIIIe s. : mot lat. « j'interdis ».

**VEULE** (pop.) XIIe s. « frivole », XVIIe s. « mou, sans vigueur »; dial. qualifie une terre trop légère, une branche trop menue : p.-ê. **vŏlus* « léger, qui vole », de *volare*; p.-ê. **volvŭla*, var. de **volvŭlus*, de *convolvŭlus* « liseron », comme symbole de vie molle et voluptueuse (dans saint Jérôme); **VEULERIE** XIXe s.

**VEUVE** ♦ [1] (pop.) XIe s. d'abord *vedve* : lat. *vĭdua* « privée de » et « veuve »; XVIe s. masc. analogique **VEUF; VEUVAGE** XIVe s. ♦ [2] **VIDUITÉ** (sav.) XIIIe s. : *viduitas*.

**VICE** ♦ [1] (sav.) XIIe s. : lat. *vitium* « défaut »; **VICIEUX** XIIe s.; **VICIÉ** XIIIe s.; **VICIER** XIVe s. ♦ [2] **VITUPÉRER** (sav.) Xe s. « mutiler », XIVe s. « blâmer, outrager » : lat. *vituperare* « trouver des défauts à », « blâmer », de *vitium*; **VITUPÉRATION** XIIe s.

**VICTIME** (sav.) XVe s. : lat. *victima*, d'origine obscure.

**VIELLE** ♦ [1] (pop.) XIIe s. : de *vieller*, verbe onom., « faire *vi* » avec un instrument à cordes; **VIELLEUX** XVIe s. ♦ [2] **VIOLE** XIIIe s. : anc. prov. *viola*, de *violar*, même origine. ♦ [3] **VIOLE DE GAMBE** XVIIe s. : it. *viola di gamba* « viole de jambe », (→ JAMBE II 4). ♦ [4] **VIOLON** XVIe s.; XIXe s. « poste de police », par comparaison entre les barreaux et les cordes du violon : it. *violone*, augmentatif de *viola*, qui désignait en it. la contrebasse, le « violon » se disant *violino*; **VIOLONCELLE** XVIIIe s. : it. *violoncello*, dimin. de *violone* « contrebasse »; **VIOLONISTE, VIOLONCELLISTE, VIOLONEUX** XIXe s.

**VIERGE** ♦ [1] (demi-sav.) XIe s. d'abord *virgine* : lat. *virgo, -inis*; **VIGNE VIERGE** XVIIe s.; **FORÊT VIERGE, DEMI-VIERGE** XIXe s. ♦ [2] **VIRGINITÉ** (sav.) Xe s. : *virginitas*; **VIRGINAL** XIe s. : *virginalis*.

**VIEUX** famille d'une racine ind.-eur. **wet-* « année ».

En grec *etos* « année », de **wetos*, d'où *etêsios* « qui revient chaque année ».

En latin *vetus, veteris* « vieux », littéralement « de l'année précédente » (qualifie d'abord le vin de l'année passée); dér. : *vetulus* « déjà vieux, d'un certain âge »; *veteranus* « ancien », terme milit.; *vetustus* et *vetustas, -atis* « ancien » et « ancienneté »; *inveterare* « faire vieillir » ou « devenir vieux »; p.-ê. aussi *veterinus*, plur. neutre substantivé *veterina* « bête de somme » (animaux trop vieux pour la course ou la guerre); et *vitulus* « petit de l'année ».

**I.** mots d'origine latine

♦ [1] **VIEUX**, var. **VIEIL** (pop.) XIe s. : bas lat. (Ve s.) *veclus*, lat. *vĕtŭlus*; **VIEILLE** : *vĕtŭla*; **VIEILLESSE, VIEILLARD, VIEILLIR** XIIe s.; **VIEILLOT** XIIIe s.; **VIEILLISSEMENT** XVIe s. → aussi ARCHIVES. ♦ [2] **VEAU** (pop.) XIIe s. : *vĭtĕllus*, var. de *vĭtŭlus*; **VÉLIN** XIIIe s. : de l'anc. forme *veel*; **VÊLER** XIVe s. ♦ [3] **S'INVÉTÉRER** XVe s. (sav.) : *inveterare*. ♦ [4] **VÉTUSTÉ** (sav.) XVe s. : *vetustas*; **VÉTUSTE** XIXe s. : *vetustus*. ♦ [5] **VÉTÉRAN** (sav.) XVIe s. : *veteranus*. ♦ [6] **VÉTÉRINAIRE** (sav.) XVIe s. : *veterinarius* « (médecin) pour les bêtes de somme », de *veterina*.

**II.** mot d'origine grecque

**ÉTÉSIENS** (vents) (sav.) XVIe s. : gr. *etêsioi (anemoi)* « vents annuels », par le lat.

**VIGOGNE** XVIIe s. : esp. *vicuña* « sorte de brebis », mot quéchua (Pérou).

**VIL** ♦ [1] (pop.) XIe s. : lat. *vīlis* « de peu de prix », « méprisable »; **AVILIR** XIVe s.; **AVILISSEMENT** XVIe s.; **AVILISSANT** XVIIIe s. ♦ [2] **VILIPENDER** (sav.) XIVe s. : bas lat. *vilipendere* « estimer de peu de prix », de *vilis* et *pendere* « peser (mentalement) ».

**VILEBREQUIN** XIVe s. : altération du néerl. *wimmelkin* « petite tarière », sous l'influence des mots *virer*, *vibrer* et *libre*.

**VILLE** famille d'une racine ind.-eur. **weik-* indiquant l'unité sociale immédiatement supérieure à la famille.

En grec *oikos* « maison », issu de **woikos*, d'où (1) *oikein* « habiter » et « administrer »; *oikou-*

*menê (gê)* « la terre habitée », « le monde entier » (2) *oikonomos* « qui administre sa maison », *oikonomia* « administration d'une maison », d'où *oikonomikos* (3) *dioikein* « administrer », d'où *dioikêsis* « administration d'une maison ou d'une province » (4) *metoikos* « étranger qui vient s'établir quelque part » (5) *paroikein* « habiter auprès de » et « résider en pays étranger », d'où *paroikia* « séjour en pays étranger ».
En latin (1) *vicus* « bourg » et « quartier d'une ville »; *vicinus* « voisin » et *vicinalis* « du voisinage » (2) *villa* « maison de campagne », issu de **weik-s-la*; dès le gallo-roman « agglomération urbaine », ou « village ».

**I.** mots d'origine latine

**A.** famille de *villa*

♦ [1] **VILLE** (pop.) X$^{e}$ s. : *villa*; **BIDONVILLE, AGROVILLE** XX$^{e}$ s. ♦ [2] **VILAIN** (pop.) XI$^{e}$ s. « paysan », XII$^{e}$ s. « bas », XIII$^{e}$ s. « laid » : *villānus* « habitant de la villa »; **VILENIE** XII$^{e}$ s. ♦ [3] **VILLAGE** XIII$^{e}$ s. : dér. de *ville*, à valeur collective; **VILLAGEOIS** XVI$^{e}$ s. ♦ [4] **VILLANELLE** XVI$^{e}$ s. : it. *villanella* « (chanson ou danse) villageoise ». ♦ [5] **VILLA** XVIII$^{e}$ s. : mot it. « maison de plaisance ». ♦ [6] **VILLÉGIATURE** XVIII$^{e}$ s. : it. *villegiatura*, de *villegiare* « aller dans sa maison de campagne ». ♦ [7] nombreux représentants en toponymie de *villa* et de ses dérivés *villaris*, **villarium* sous les formes **VILLE, VILLAR, VILLERS, VILLIERS**.

**B.** famille de *vicus*

♦ [1] **VOISIN** (pop.) XII$^{e}$ s. : *vicīnus*; **VOISINER** XII$^{e}$ s.; **VOISINAGE** XIII$^{e}$ s.; **AVOISINER** XVI$^{e}$ s. ♦ [2] **VICINAL** (sav.) XIII$^{e}$ s., puis XVIII$^{e}$ s. : *vicinalis*; **VICINALITÉ** XIX$^{e}$ s. ♦ [3] **VIC**, toponyme courant : *vīcus* « village » (sans statut; s'oppose juridiquement au *municipium* « village de citoyens romains » et à *colonia* « village de colons »).

**II.** mots d'origine grecque

♦ [1] **PAROISSE** (pop.) XI$^{e}$ s. : bas lat. *parochia*, du gr. *paroikia*; p.-ê. dans son sens propre de « séjour d'étrangers » (les chrétiens se tenant pour étrangers dans ce monde); plus probablement « voisinage », d'après l'un des deux sens de *paroikein*; **PAROISSIAL** XII$^{e}$ s. : *parochialis*; **PAROISSIEN** XIII$^{e}$ s. : *parochianus*. ♦ [2] **DIOCÈSE** (sav.) XII$^{e}$ s. : gr. *dioikêsis*, par le lat.; **DIOCÉSAIN** XIII$^{e}$ s. ♦ [3] **ÉCONOME** (sav.) XIV$^{e}$ s. « administrateur », XVII$^{e}$ s. « qui épargne » : *oikonomos*, par le lat.; **ÉCONOMAT** XVI$^{e}$ s.; **ÉCONOMIQUE** XIII$^{e}$ s. : *oikonomikos*, par le lat.; **ÉCONOMIE** XIV$^{e}$ s. « art d'administrer », XVI$^{e}$ s. « épargne », XVIII$^{e}$ s. *économie politique* : *oikonomia*, par le lat.; **ÉCONOMISER, ÉCONOMISTE** XVIII$^{e}$ s. ♦ [4] **ŒCUMÉNIQUE** (sav.) XVI$^{e}$ s. : gr. *oikoumenikos* « universel », par le lat., de *oikoumenê*; **ŒCUMÉNISME** XX$^{e}$ s. ♦ [5] **MÉTÈQUE** (sav.) XIX$^{e}$ s. : *metoikos*.

**VIN** famille d'un mot méditerranéen (comme beaucoup de noms de plantes et de fruits → FIGUE, MÛRE, ROSE, PAMPRE). En grec *oinos*, issu de **woinos* « vin ». En latin *vinum* « vin », d'où l'adj. fém. substantivé *vinea* « vigne » et *vindemia* « vendange », de *vinum* et *demere* « enlever » (→ RANÇON).

♦ [1] **VIN** (pop.) X$^{e}$ s. : *vīnum*; **VINEUX** XIII$^{e}$ s. : *vinōsus*; **AVINÉ, VINAIGRE** (→ AIGRE) XIII$^{e}$ s.; **VINASSE** XVIII$^{e}$ s. ♦ [2] **VINI-** (sav.) 1$^{er}$ élément de composés, ex. : **VINIFICATION** XVIII$^{e}$ s.; **VINICOLE** XIX$^{e}$ s. ♦ [3] **VIGNE** (pop.) XII$^{e}$ s. : *vinea*; **VIGNERON** XII$^{e}$ s.; **VIGNETTE** XIII$^{e}$ s. « décoration représentant à l'origine des feuilles de vigne » → aussi VITICOLE, art. VIS. ♦ [4] **VIGNOBLE** XII$^{e}$ s. : anc. prov. *vinhobre*, probablement du lat. régional **vineoporus*, formation hybride, analogique du gr. *ampelophoros*, « porteur de vignes », de *ampelos* « cep de vigne ». ♦ [5] **VENDANGE, VENDANGER, VENDANGEUR** (pop.) XIII$^{e}$ s. : *vindēmia, vindēmiāre, vindemiator, -ōris*. ♦ [6] **VENDÉMIAIRE** (sav.) XVIII$^{e}$ s. : de *vindemia*. ♦ [7] **ŒNO-** (sav.) gr. *oinos*, 1$^{er}$ élément de composés, ex. : **ŒNOLOGIE** XVII$^{e}$ s.

**VIOLER** famille sav. du lat. *vis* « force, violence », d'où (1) *violentus* « violent » et *violentia* (2) *violare* « faire violence à », d'où *inviolabilis* « qu'on ne peut violer ».

♦ [1] **VIOLER** XI$^{e}$ s. « faire violence », XII$^{e}$ s. à propos d'une femme : *violare*; **VIOLATION** XIII$^{e}$ s. : *violatio*; **INVIOLABLE** XIV$^{e}$ s. : *inviolabilis*; **VIOLATEUR** XIV$^{e}$ s.; **VIOL** XVII$^{e}$ s. ♦ [2] **VIOLENT** et **VIOLENCE** XIII$^{e}$ s. : *violentus, violentia*; **VIOLENTER** XIV$^{e}$ s.

**VIOLETTE** ♦ [1] XII$^{e}$ s. : dimin. de l'anc. fr. *viole* (sav.), du lat. *viola*. ♦ [2] **VIOLET** adj. XIII$^{e}$ s., var. masc. du précédent; **VIOLACÉ** XVIII$^{e}$ s. : lat. *violaceus*; **ULTRAVIOLET** XX$^{e}$ s.

**VIORNE** (pop.) XVI$^{e}$ s. : lat. *viburna*, plur. de *viburnum* pris pour un fém.

**VIRER** ♦ [1] (pop.) XII$^{e}$ s. « faire tournoyer », XIII$^{e}$ s. « changer d'aspect », XV$^{e}$ s. « tourner en rond », XVII$^{e}$ s. « changer de direction » et « transférer d'un compte à un autre » : lat. vulg. **vīrare*, altération, sans doute sous l'influence de *gyrare* « tourner » et *lībrare* « lancer une arme en la faisant tournoyer », du class. *vĭbrare* « secouer », « lancer »; **VIREMENT, REVIREMENT, VIRÉE** XVIe s.; **VIRAGE** XIXe s. ♦ [2] **ENVIRON** (pop.) XIe s. prép., XIVe s. subst., XVIe s. adv. : de l'anc. fr. *viron* « cercle », dér. de *virer*; **ENVIRONNER** XIIe s.; **ENVIRONNANT** XVIIIe s.; **ENVIRONNEMENT** XXe s. ♦ [3] **AVIRON** (pop.) XIIe s. : de l'anc. fr. *avironner* « tourner », dér. de *viron* → le précédent. ♦ [4] **VAUDEVILLE** XVIe s., d'abord « chanson de circonstance », puis XVIIIe s. théâtre : altération, sous l'influence de *ville*, de *vaudevire* XVe s. : composé de **vauder*, var. *voûter* : lat. *volŭtāre* → VOÛTE, et de *virer*, signifiant tous deux « tourner »; **VAUDEVILLISTE** XVIIIe s. (→ aussi mar. *virevaut* XVIIe s. « cabestan » et *virevaude* XIXe s.). ♦ [5] **VIREVOLTE** XVIe s. : altération, sous l'influence de l'it. *giravolta*, du moyen fr. *virevouste* XVIe s. → le précéd.; **VIREVOLTER** XVIe s. ♦ [6] **VIBRER** (sav.) XVIe s. : lat. *vibrare* (→ 1); **VIBRATION** XVIe s.; **VIBRATILE** XVIIIe s.; **VIBRANT** XVIIIe s. adj., XXe s. sens fig.; **VIBRION** XVIIIe s.; *vibratoire, vibrato* XIXe s.

**VIROLE** (pop.) XIIe s. : altération, sous l'influence de *virer*, du lat. *viriola* « bracelet », p.-ê. d'origine celtique.

**VIRUS** ♦ [1] (sav.) XVIe s. : mot lat. « suc des plantes » et « poison »; **VIREUX** XVIIe s.; **VIRAL** XXe s.; **VIRO-** 1er élément de composés, ex. : **VIROLOGIE** XXe s. ♦ [2] **VIRULENT** (sav.) XVe s. « purulent », XVIIIe s. sens fig. : *virulentus* « venimeux »; **VIRULENCE** XVIe s. : bas lat. *virulentia*.

**VIS** famille du verbe lat. *viēre* « courber, tresser », auquel se rattachent (1) *vimen, viminis* « osier », d'où *Viminal*, nom d'une colline de Rome où poussait de l'osier à l'origine (2) *vitta* « ruban servant à maintenir la coiffure » (3) *vitis* « plante à vrille », vigne ».

♦ [1] **VIS** (pop.) XIe s. « escalier tournant », XIIe s. sens mod. : *vītis*; **VISSER, DÉVISSER** XVIIIe s. ♦ [2] **VRILLE** (pop.) XIVe s. outil, XVIe s. à propos de la vigne : altération, probablement sous l'influence de *virer*, de *veille* XIVe s., du lat. *vitīcŭla* « vrille de vigne », dimin. de *vitis*; **VRILLER** XVIIIe s. ♦ [3] **VÉTILLE** (pop.) XVIe s. : dér. de *vétiller* « s'occuper de bagatelles », de *vette* « ruban », de l'anc. prov. *vetta*, du lat. *vĭtta*; **VÉTILLEUX** XVIIe s. ♦ [4] **VITICOLE, VITICULTEUR, VITICULTURE** (sav.) XIXe s. : de *vitis* « vigne ».

**VISCÈRE** (sav.) XVe s. : lat. *viscera*, plur. neutre, « entrailles »; **VISCÉRAL** XVe s. : lat. eccl. *visceralis*.

**VISON** fin XVIIIe s. : adaptation de l'all. *Wiesel* « belette ».

**VIT** famille d'une racine ind.-eur. **wegh-* « secouer, ébranler », homonyme de celle de *vehere* → VOIE. En latin (1) *vectis* « levier » (2) *vexare* « agiter » « maltraiter ».

♦ [1] **VIT** (pop.) XIIIe s. : *vectis*, employé par métaphore; **VITELOT** XVIIe s. « petit gâteau de forme allongée », métaph. obscène, dimin. de *vit*. ♦ [2] **VEXER** (sav.) XIVe s. « tourmenter », XIXe s. sens mod. : *vexare*; **VEXATION** XIIIe s.; **VEXATOIRE** XVIIIe s.; **VEXANT** XIXe s.

**VITE** XIIe s. *viste*, avec possibilité d'emploi adj. jusqu'au XVIIe s. : mot obscur, p.-ê. onom.; **VITESSE** XVIe s.

**VIVRE** famille d'une racine ind.-eur. **gʷeyē-* « vivre ».

En grec, deux traitements différents du **gw-* initial, le verbe *zân* et son aoriste (temps du passé) *biônai* « vivre », d'où deux séries de dérivés (1) mots à initiale *z* : (a) *zôê* « vie »; *zôon* « être vivant »; *zôotês* « nature animale » (b) *zôdion* « figurine d'animal » et « constellation figurant un animal », d'où *zôdiakos* ou *zôdiakê hodos* « la route des constellations animales » (2) mots à initiale *b-* : *bios* « vie »; *biôtikos* « qui concerne la vie »; *sumbioum* « vivre ensemble » et *sumbiôsis* « vie en commun, camaraderie »; *koinobios* « qui vit en commun » et *koinobion* « communauté, monastère »; *amphibios* « qui vit dans deux éléments ».

En latin, *vivere, victus* « vivre », d'où (1) *vivus* « vivant »; *vivax, -acis* « qui vit longtemps »; *vivificare* « vivifier »; *viviparus* « vivipare » (→ PART); *vivarium* « lieu qui sert à garder des bêtes vivantes », « vivier »; *vivenda* « nourriture »; *convivium* « banquet »; *conviva* « convive » (2) *vita*, issu de **vĭvĭta* « la vie », d'où *vitalis* « qui concerne la vie » et *vitalitas* « principe de la vie » (3) *victus, -us* « moyen de vivre », « régime alimentaire » et *victualia* « aliments ».

I. mots d'origine latine

♦ [1] **VIVRE** (pop.) Xe s. : *vīvĕre*; **SURVIVRE** XIe s.; **SURVIVANT** XIIe s.; **SURVIVANCE** XVIe s.; **REVIVRE, VIVANT, VIVABLE, VIVRES** XIIe s.; **VIVOTER** XVe s.; **VIVE!** interj. XVIe s.; **QUI VIVE?** XVIIe s., cri de sentinelle; **BON VIVANT** XVIIe s.; **VIVEUR** XIXe s.; **INVIVABLE** XXe s. ♦ [2] **VIE** (pop.) XIe s. : *vīta*; **VIAGER** XIVe s. adj., XVIIIe s. subst. : de l'anc. fr. *viage* « durée de la vie », dér. de *vie*; **VIABLE** XVIe s.; **SURVIE** XVIIe s. ♦ [3] **VIF, VIVE** (pop.) XIe s. : *vīvus, vīva*;

**VIF** subst. XIIe s. ; **AVIVER** XIIe s. : lat. vulg. **advīvāre*; **RAVIVER** XIIe s. ♦ [4] **VIANDE** (pop.) XIe s. « toute nourriture »; XIVe s. sens mod. : forme dissimilée du lat. vulg. **vivanda*, altération, par substitution de suff., de *vivenda*. ♦ [5] **VIVANDIER, -ÈRE** (demi-sav.) XVIe s. : réfection, d'après *vivenda*, de l'anc. fr. *viandier* XIIe s. adj. et subst. « hospitalier » et « celui qui procure la nourriture ». ♦ [6] **VIVIER** (pop.) XIIe s. : *vivarium*; **VIVARIUM** (sav.) XXe s. : mot lat. ♦ [7] **VIVIFIER** (sav.) XIIe s. : *vivificare*; **VIVIFIANT** XIIe s. ; **VIVIFICATION** XIIIe s. : *vivificatio*; **REVIVIFIER** XIIIe s. ♦ [8] **CONVIVE** (sav.) XIIIe s. « festin » : *convivium*; XVe s. sens mod. : *conviva*. ♦ [9] **VITAL** (sav.) XIVe s. : *vitalis*; **VITALITÉ** XVIe s. : *vitalitas*; **DÉVITALISER, REVITALISER** XXe s. ♦ [10] **RAVITAILLER** (pop.) XVe s. : de l'anc. fr. *avitailler*, du subst. *vitaille* : lat. *victualia* XIIe s. ; **RAVITAILLEMENT** XVe s. ♦ [11] **VICTUAILLES** (sav.) XVe s. : lat. *victualia*. ♦ [12] **VIVACE, VIVACITÉ** (sav.) XVe s. : *vivax, vivacitas*. ♦ [13] **VIVAT** (sav.) XVIe s. interj., XVIIe s. subst. : mot lat. « qu'il vive ! ». ♦ [14] **REVIVISCENCE** (sav.) XVIIe s. : de *reviviscere* « revenir à la vie ». ♦ [15] **VIVIPARE** (sav.) XVIIe s. : *viviparus* (→ PART). ♦ [16] **VIVISECTION** (sav.) XIXe s. : de *vivus* et *section*, d'après *dissection* (→ SCIER). ♦ [17] **VITAMINE** (sav.) XXe s. : de *vita* et *amine* (chimie); **VITAMINÉ, DÉVITAMINER, AVITAMINOSE** XXe s.

**II.** mots savants d'origine grecque

**A.** base *-zo(o)-*

♦ [1] **ZODIAQUE** XIIIe s. : *zôdiakos*, par le lat.; **ZODIACAL** XVe s. ♦ [2] **ZOÉ**, prénom chrétien mystique « vie (surnaturelle) », nom de deux martyres de Rome, des IIe et IIIe s. ♦ [3] **AZOTE** XVIIIe s., littéralement « corps où la vie est impossible » : de *a*- privatif et *zôê* « vie ». ♦ [4] **ÉPIZOOTIE** XVIIIe s. : formation analogique d'*épidémie*, de *zôotês* « nature animale ». ♦ [5] **ZOOLOGIE, ZOOLIGISTE, -IQUE** XVIIIe s. ; **ZOO** XXe s., abrév. de *jardin zooligique*. ♦ [6] **ZOO-** 1er élément de composés sav., ex. : **ZOOPHYTE** XVIe s. : *zôophuton* « animal-plante ». ♦ [7] **-ZOÏQUE, -ZOÏSME** 2es éléments de composés, ex. : **HYLOZOÏQUE** XVIIIe s. ; **-ZOAIRE** id., ex. : **PROTOZOAIRE** XIXe s.

**B.** base *-bi(o)-*

♦ [1] **CÉNOBITE** XIIe s. : lat. eccl. *coenobita*, du gr. *koinobion*; **CÉNOBITIQUE** XVIe s. ; **-ISME** XIXe s. ♦ [2] **-BIE** : *bios*, 2e élément de composés, ex. : **AMPHIBIE** XVIe s. : *amphibios*; **AÉROBIE, ANAÉROBIE** XIXe s. ♦ [3] **-BIO-** élément de composés, ex. : **BIOLOGIE, -IQUE, -ISTE** XIXe s. ; **PHYTOBIOLOGIE** XIXe s. ; **ASTRO-, RADIO-BIOLOGIE** XXe s. ; **ABIOTIQUE** XXe s. : de *a*- privatif et *biôtikos*; **ANTIBIOTIQUE** XXe s. ♦ [4] **MICROBE** XIXe s. : de *mikros* et *bios* « petite vie »; **MICROBIEN, MICROBICIDE** XIXe s. ♦ [5] **SYMBIOSE** XIXe s. : *sumbiôsis*; **SYMBIOTIQUE** XXe s.

**VŒU** famille du lat. *vovere, votus* « vouer », en lat. imp. « souhaiter » d'où (1) *votum*, part. passé neutre substantivé, « promesse ou offrande solennelle faite aux dieux en échange d'une faveur demandée ou accordée » puis « souhait exprimé, désir »; *votivus* « votif » (2) *devovere, devotus* « vouer entièrement aux dieux (en particulier comme victime expiatoire) »; *devotio* « vœu par lequel on se consacre aux dieux » et bas lat. « attachement sans réserve ».

♦ [1] **VŒU** (pop.) XIIe s. : *vōtum*; **VOUER** XIIe s. : lat. vulg. **votāre*, de *votum*. ♦ [2] **DÉVOUER** (pop.) XIVe s., puis XVIe s. : adaptation, d'après *vouer*, de *devovĕre*; **DÉVOUEMENT** XIVe s. « vœu », XVIe s. « consécration comme victime expiatoire », fin XVIIe s. sens mod. ; **DÉVOUÉ** adj. XIXe s. ♦ [3] **DÉVOTION, DÉVOT** (sav.) XIIe s. : *devotio, devotus*; **DÉVOTIEUX** XVe s. ♦ [4] **VOTIF** (sav.) XIVe s. : *votivus* ♦ [5] **VOTER** (sav.) XVIIe s. eccl. « exprimer au chapitre un souhait, une opinion » : de *votum*; XVIIIe s. pol. : angl. *to vote*, de même origine; **VOTE** XVIIIe s. : angl. *vote*; **VOTANT** XVIIIe s.

**VOGUER** ♦ [1] XIIIe s. : anc. bas all. **wogon*, altération phonétique de *wagon* « se balancer ». ♦ [2] **VOGUE** XVe s. : it. *voga* « réputation », dér. au sens fig. de *vogare*, empr. au fr.

**VOIE** famille d'une racine ind.-eur. **wegh-* « aller en char, transporter sur un char ».

En latin (1) *vehere, vectus* « transporter », d'où (a) *vehiculum* « moyen de transport » (b) *vectura* « transport »; *vector* « qui transporte » (c) *invehi, invectus* « être transporté (par la colère) », d'où *invectivus* « outrageant », neutre plur. substantivé *invectiva* « invectives » (2) *via* issu de **weghya* « route pour les chars », d'où (a) *viaticus* « de voyage »; neutre substantivé *viaticum* « ressources pour le voyage » (b) *-vius* 2e élément de composés, dans *devius*, sur *de via* « hors de la route, écarté, détourné »; *obvius*, sur *ob viam* « qui se trouve sur le passage »; *bivius, trivius* « qui se partage en deux, trois routes »; neutre substantivé *bivium, trivium* « point de rencontre de deux, trois routes »; *trivialis* « de carrefour », « banal »; au Moyen Âge, *trivium* et *quadrivium*, 1er et 2e cycle des sept arts libéraux enseignés dans les universités (c) lat. imp. *viare* « voyager », d'où bas lat.

*inviare* « marcher sur »; *obviare* « aller au-devant de », « barrer le passage »; *deviare* « s'écarter du droit chemin », p.-ê. directement sur *devius*.
En germanique (1) all. *Weg*, angl. *way* « route, chemin » (2) moyen haut all., moyen bas all., néerl. *wagen* « chariot ».

**I.** mots d'origine latine de la famille de *via*

**A.** mots populaires, bases *voi-, -voy-*

♦ [1] **VOIE** XI^e s., XII^e s. « conduite à suivre », XIII^e s. *en voie de*, XIV^e s. « conduit anatomique » et jur. *voie de fait*, XVII^e s. *voie d'eau* et *voie lactée* (calque du lat. *circulus lacteus*, remplace le pop. *Chemin de Saint-Jacques*), XIX^e s. *voie ferrée* : lat. *vĭa*. ♦ [2] **VOYOU** (pop.) XIX^e s. : dér. de *voie*, « qui traîne dans les rues », avec un suff. dial. *-ou*, pour *-eux*. ♦ [3] **VOYAGE** XI^e s. « passage », puis « pèlerinage »; *viātĭcum*; **VOYAGER, VOYAGEUR** XV^e s.; **COMMIS VOYAGEUR** XVIII^e s.; **PIGEON VOYAGEUR** XIX^e s. ♦ [4] **ENVOYER** XI^e s. : bas lat. *inviāre* « parcourir » et « faire parcourir »; **ENVOI, RENVOYER** XII^e s.; **RENVOI** XIV^e s. ♦ [5] **DÉVOYER** XII^e s. : dér. de **VOIE; DÉVOIEMENT** XII^e s. « chemin impraticable », XIII^e s. sens moral; **DÉVOYÉ** subst. XVII^e s. ♦ [6] **CONVOYER** (pop.) XII^e s. : lat. vulg. **conviāre* « voyager avec »; **CONVOI** XII^e s. « cortège », XVI^e s. « train de voitures », XIX^e s. chemin de fer; **CONVOYEUR** XII^e s. ♦ [7] **FOURVOYER** XII^e s. : dér. de *voie* avec le préf. *four-, for-*; **FOURVOIEMENT** XIV^e s.

**B.** mots savants, base *-vi-*

♦ [1] **OBVIER** XII^e s. : *obviare*; **OBVIE** XX^e s. : *obvius*. ♦ [2] **TRIVIUM, QUADRIVIUM** XIII^e s. : mots lat. ♦ [3] **DÉVIER** XIV^e s. : *deviare*; **DÉVIATION** XV^e s. : *deviatio*; **DÉVIATIONNISME** XX^e s. ♦ [4] **VIATIQUE** XIV^e s. « route à parcourir », XVII^e s. « provisions de route », puis sens religieux : *viaticum*. ♦ [5] **TRIVIAL** XVI^e s. : *trivialis*; **TRIVIALITÉ** XVII^e s. ♦ [6] **VIABILITÉ** XIX^e s. : du bas lat. *viabilis* « où une voiture peut passer ». ♦ [7] **VIADUC** XIX^e s. : adaptation, d'après *aqueduc*, de l'angl. *viaduct*, de *via* et *ductus* (→ CONDUIRE). ♦ [8] **VIA** XIX^e s. prép. : mot lat., ablatif de *via*.

**II.** mots savants d'origine latine de la famille de *vehere*

♦ [1] **VÉHICULE** XVI^e s. : *vehiculum*; **VÉHICULER, VÉHICULAIRE** XIX^e s. ♦ [2] **INVECTIVE** XV^e s. : *invectiva*; **INVECTIVER** XVI^e s. ♦ [3] **VECTEUR** XVI^e s. « transporteur », XIX^e s. math. : *vector*; **VECTORIEL** XX^e s.

**III.** mots d'origine germanique

♦ [1] **WAGON** XIX^e s. : angl. *waggon* « chariot », du néerl. *wagen* « id. »; **WAGONNET, WAGON-LIT, WAGON-RESTAURANT** XIX^e s. ♦ [2] → TRAMWAY.

**VOILE** famille du lat. *velum* « voile », qui résulte p.-ê. de l'homonymie de deux mots différents remontant l'un à **weg-s-lom* (apparenté à *vehere* → VOIE) « voile de navire », l'autre à **wes-lom* (apparenté à *vestis* → VÊTIR) « draperie ». Dér. (1) *velaris* « relatif aux voiles » (2) *velare, velatus* « voiler »; *develare, revelare* « mettre à découvert ».

♦ [1] **VOILE**, subst. masc. (pop.) XII^e s. « rideau (du temple de Jérusalem) » et « coiffure féminine »; XVIII^e s. « tissu léger et transparent » et *voile du palais* : lat. *vēlum*; **VOILER** XII^e s.; **DÉVOILER** XV^e s.; **VOILETTE** XVI^e s.; **VOILÉ** adj. XVIII^e s., surtout en parlant de la voix; **VOILAGE** XX^e s. ♦ [2] **VOILE** subst. fém. (pop.) XII^e s. : *vēla*, plur. de *vēlum*, pris pour un fém.; **VOILIER** XVI^e s.; **VOILURE** XVII^e s. ♦ [3] **RÉVÉLER, RÉVÉLATION** (sav.) XII^e s. : *revelare, revelatio*; **RÉVÉLATEUR** XV^e s. : lat. eccl. *revelator*; XIX^e s. techn., photo. ♦ [4] **VÉLAIRE** (sav.) XIX^e s. phonét. : *velaris*. ♦ [5] **VÉLUM** (sav.) XIX^e s. : mot. lat. « tenture, rideau ».

**VOIR** famille d'une racine ind.-eur. **weid-* « voir ».
En grec (1) *idein* « voir » et « avoir vu », infin. aoriste (temps du passé) de *horân* (→ PANORAMA, art. SERF) (2) *idea* « aspect », « forme distinctive », et, chez Platon, « forme idéale concevable par la pensée » (3) *eidos* « forme », d'où *eidôlon* « image » et le dimin. *eidullion* « petite poésie »; *-eidês*, suff. exprimant la ressemblance, ex. : *mastoeidês* « en forme de mamelle », et la filiation, ex. : *Atreidês* « fils d'Atrée » (4) *histôr*, de **wid-tôr* « qui sait, qui connaît », d'où *historia* « recherche, information », « relation de ce qu'on a appris »; *historikos* « historique ».
En latin, *vīdēre, vīsus* « voir », auquel se rattachent (1) sur la base *-vis-* (a) *visio* « vision »; *visus, -us* « faculté de voir » et « aspect, apparence » (b) *visere* « chercher à voir »; *revisere* « revenir voir »; *visitare* « voir souvent », « venir voir » (c) bas lat. *visibilis* « visible » et *visualis* « visuel » (2) sur la base *-vid-*, une série de composés : (a) *invidere* « jeter le mauvais œil », d'où « envier », et *invidia* « envie » (b) *praevidere* « prévoir » (c) *providere* « voir d'avance » et « pourvoir à »; d'où *providentia* « prévision » et *prévoyance divine »; provisor* « celui qui prévoit et pourvoit »; *provisio* « action de prévoir et de pourvoir », « précaution »; *improvisus* « imprévu » (d) *prudens* adj. : forme contractée de part. présent de *providere; prudentia* « prévoyance, sagesse » (e) *revidere* « revenir voir » et bas lat. *revisio* « révision ». Pour les autres

racines ind.-eur. exprimant l'idée de « voir » → les articles ÉVÊQUE, DÉPIT, DRAGON, SERF et THÉÂTRE.

**I.** mots d'origine latine

**A.** bases *-voi(r), -voy-* (pop.)

♦ [1] **VOIR** Xe s. : *vidēre* ; **VOYEUR** XIIe s. « guetteur », XVIe s. « témoin oculaire », XIXe s. sens mod. ; **VOYANT** XVe s. « qui voit l'avenir », XIXe s. techn. ; **VOYANCE** XIXe s. ♦ [2] **VOICI** XVe s. : forme soudée de *vois ci* XIIe s. ; **VOILÀ** XVe s. : de *vois là* XIIIe s., var. *vela*, d'où la forme pop. *v'là* ; **REVOICI** XVIe s., **REVOILÀ** XVIIe s. ♦ [3] **REVOIR** Xe s. : *revidēre* ; **AU REVOIR** XVIIIe s. : abrév. de *(adieu) jusqu'au revoir* XVIIe s. ; **À LA REVOYURE** XIXe s. ♦ [4] **ENTREVOIR** XIe s. pronom. « se voir mutuellement », XIIIe s. « apercevoir » : composé de *voir*. ♦ [5] **POURVOIR** XIIe s. : *providēre* ; **POURVOYEUR** XIIIe s. ; **POURVOI** XVIIe s. ♦ [6] **PRÉVOIR** (demi-sav.) XIIIe s. : adaptation, d'après *voir*, de *praevidere* ; **PRÉVOYANCE** XVe s. ; **PRÉVOYANT, IMPRÉVOYANT** XVIe s.

**B.** base *-vu-* (pop.)

♦ [1] **VUE** XIe s. : lat. vulg. **vedūta*, class. *visa*, part. passé fém. substantivé ; **LONGUE-VUE** XVIIe s. ♦ [2] **AU DÉPOURVU** XIIe s. : part. passé de l'anc. fr. *dépourvoir*. ♦ [3] **VU** prép. XIVe s. ; **POURVU QUE** conj. XIVe s. ♦ [4] **REVUE** XIVe s. jur. « révision d'un partage », XVe s. milit., XVIe s. « fait de se revoir après s'être quittés », fin XVIIIe s. « publication périodique » (d'après l'angl. *review*, d'origine fr.) XIXe s. « pièce comique d'actualité » : de *revoir* ; **REVUISTE** XXe s. ♦ [5] **ENTREVUE** XVe s. : de *entrevoir* ; **INTERVIEW** XIXe s. : mot angl., du fr. *entrevue* ; **INTERVIEWER** verbe XIXe s. ♦ [6] **BÉVUE** XVIIe s. : → DEUX.

**C. ENVIE** Xe s. « jalousie », XIIe s. « désir », XVe s. « besoin physique », XVIIe s. *avoir envie de* et « désir de femme grosse », d'où « tache sur la peau, qu'on attribuait à une *envie* de la mère », et « petit lambeau de peau au bord des ongles » : lat. *invĭdĭa* ; **ENVIEUX** XIIe s. : *invidiosus* ; **ENVIER** XIIe s. ; **ENVIABLE** XIVe s.

**D.** base *-ved-* (empr.)

**BELVÉDÈRE** XVIe s. : it. *belvedere*, de *bello* « beau » et vedere « voir ».

**E.** base *-vis-* (pop. ou sav.)

♦ [1] **VISAGE** (pop.) XIe s. : dér. de l'anc. fr. *vis*, du lat. *vīsus*, qui survit dans la locution **VIS-À-VIS** XIIIe s. ; **DÉVISAGER** XVIe s. « défigurer », XIXe s. « examiner avec insolence » ; **ENVISAGER** XVIe s. « regarder au visage », XVIIe s. « considérer, réfléchir à » ; **VISAGISTE** XXe s. ♦ [2] **VISIÈRE** XIIIe s. : dér. de *vis*. ♦ [3] **AVIS** (pop.) XIIe s. : soudure de *à vis* ; de la loc. anc. *ce m'est à vis*, var. *ce m'est vis*, calque du lat. *mihi visum est* « il me semble » ; **AVISER** XIIIe s. « donner un avis » et **AVISÉ** id. « qui a profité d'un bon avis, sage » ; **MALAVISÉ** et **PRÉAVIS** XIVe s. ♦ [4] **VISER** (pop.) XIIe s. ; *viser à* XIVe s. : lat. vulg. **vīsāre*, class. *vīsĕre* ; **AVISER** XIe s. « apercevoir », XIIIe s. pronom. « remarquer » : dér. de *viser* ; **VISÉE** XIIIe s. « regard, XVIe s. sens mod. ; **VISEUR** XIIIe s. « éclaireur », XVIe s. « qui vise avec une arme », XXe s. photo. ; **RÉTROVISEUR** et **SUPERVISER** XXe s. ♦ [5] **VISITER** (sav.) Xe s. ; **VISITATION** XIIe s. : *visitare, visitatio* ; **VISITEUR** XIIIe s. ; **VISITE** XVIe s. ; **CONTRE-VISITE** XVIIe s. ♦ [6] **VISION** (sav.) XIIe s. : *visio* ; **VISIONNAIRE** XVIIe s. ; **VISIONNER, VISIONNEUSE** XXe s. ♦ [7] **VISIBLE** (sav.) XIIe s. : *visibilis* ; **INVISIBLE** XIIIe s. : *invisibilis* ; **VISIBILITÉ** XVe s., **INVISIBILITÉ** XVIe s. : bas lat. *visibilitas invisibilitas*. ♦ [8] **RÉVISER, RÉVISION** (sav.) XIIIe s. : *revisere, revisio* ; **RÉVISEUR** XVIe s. ; **RÉVISIONNISTE** XIXe s. ; **ANTIRÉVISIONNISTE** XXe s. ♦ [9] **PRÉVISION** (sav.) XIIIe s. : *praevisio* ; **IMPRÉVISION, PRÉVISIBLE, IMPRÉVISIBLE** XIXe s. ♦ [10] **PROVISEUR** (sav.) XIIIe s. « fournisseur », XVIIe s. « administrateur d'un collège » : *provisor*. ♦ [11] **PROVISION** (sav.) XIVe s. « précaution », XVe s. « somme versée d'avance », et plur. « vivres amassés par prévoyance » : *provisio* ; **PROVISIONNEL** XVe s. jur. ; **APPROVISIONNER** XVIe s. ; **APPROVISIONNEMENT** XVIIe s. ; **RÉAPPROVISIONNER** XIXe s. ♦ [12] **PROVISOIRE** (sav.) XVe s. : lat. médiéval jur. *provisorius*, dér. de *provisus*. ♦ [13] **IMPROVISER** XVIIe s. : it. *improvvisare*, de *improvviso* « emprévu » : lat. *improvisus* ; **À L'IMPROVISTE** XVIe s. : it. *improvvisto*, var. de *improvviso* ; **IMPROVISATEUR** XVIIIe s. ; **IMPROVISATION** XIXe s. ♦ [14] **VISUEL** (sav.) XVIe s. : *visualis* ; **VISUALISER** XIXe s. ; **VISUALISATION** XXe s. ♦ [15] **VISA** XVIIe s. : mot lat. « choses vues, examinées » ; d'où **VISER** XVIIe s. « donner son visa ». ♦ [16] **AVISO** mar. milit. XVIIIe s., « bâtiment léger destiné aux missions de reconnaissance et de transmissions » : esp. *(barca de) aviso*, équivalent du fr. XVIIe s. *navire d'advis* ; appliqué au XVIIIe s. à des vaisseaux non espagnols. ♦ [17] **TÉLÉVISION, TÉLÉVISER, TÉLÉVISEUR** XXe s. → TÉLÉ-.

**F.** base *-vid-* (sav.)

♦ [1] **PROVIDENCE** XIIe s. « prévision », XIIIe s. relig. : *providentia* ; **PROVIDENTIEL** XVIIIe s. (d'après l'angl. *providential*) ; **PROVIDENTIALISME** XIXe s. ♦ [2] **ÉVIDENT** XIIIe s. : *evidens* « clair, apparent », de *ex* et *videre* ; **ÉVIDENCE** XIVe s. : *evidentia*.

**G. PRUDENT** (sav.) XIe s. : *prudens* ; **PRUDENCE** XIIIe s. : *prudentia* ; **IMPRUDENT, IMPRUDENCE** XIVe s. : *imprudens, imprudentia*.

**II.** mots savants d'origine grecque

♦ [1] **HISTOIRE** XII$^{e}$ s. : *historia*, par le lat. ; **HISTORIEN, HISTORIOGRAPHE** XIII$^{e}$ s. ; **HISTORIER** XIV$^{e}$ s. ; **HISTORIQUE** XV$^{e}$ s. : *historikos*, par le lat. ; **HISTORIETTE, HISTORIQUEMENT** XVII$^{e}$ s. ; **HISTORICITÉ** XIX$^{e}$ s. ; **HISTORISANT, HISTORICISME** XX$^{e}$ s. ; **PRÉHISTOIRE ; PRÉHISTORIQUE, PRÉHISTORIEN** XIX$^{e}$ s. ♦ [2] **IDOLE** XI$^{e}$ s. : *eidôlon*, par le lat. ; **IDOLÂTRE** XIII$^{e}$ s. : lat. eccl. *idolatres*, du gr. *eidololatrês* ; **IDOLÂTRIE** XII$^{e}$ s. : *eidôlolatreia* « culte des idoles », par le lat. ; **IDOLÂTRER** XIV$^{e}$ s. ; **IDOLÂTRIQUE** XVI$^{e}$ s. ♦ [3] **IDÉE** XII$^{e}$ s. : gr. *idea*, par le lat. ; **IDÉAL** XVI$^{e}$ s. adj., XVIII$^{e}$ s. subst. : bas lat. *idealis* ; **IDÉALEMENT** XVI$^{e}$ s. ; **IDÉALISER, IDÉALISME, IDÉALISTE** XVIII$^{e}$ s. ; **IDÉALISATION** et **IDÉATION** XIX$^{e}$ s. ; ♦ [4] **IDÉO-** 1$^{er}$ élément de composés, ex. : **IDÉOLOGUE** XVII$^{e}$ s. ; **IDÉOLOGIE, -ISTE** XVIII$^{e}$ s. ; **IDÉOLOGIQUE** XIX$^{e}$ s. ; **IDÉOGRAMME** XIX$^{e}$ s. ♦ [5] **IDYLLE** XVI$^{e}$ s. « poème dans le genre des *Idylles* de Théocrite » ; XIX$^{e}$ s. « amourette » : it. *idillio* : gr. *eidullion*, par le lat. ; **IDYLLIQUE** XIX$^{e}$ s. ♦ [6] **KALÉIDOSCOPE** XIX$^{e}$ s. : de *kalos* « beau », *eidos* « aspect » et *skopein* « regarder » ; d'abord en angl. ♦ [7] **-IDE** gr. *eidês*, ex. : *glucide* ; **-IDÉS** suff. composé désignant des familles d'animaux, ex. : *équidés* ; **-OÏDE** combinaison du suff. *-ide* avec l'*o-* final d'un radical, ex. : *mastoïde* ; **-OÏD** forme angl. du précéd., fréquente dans les noms de marques déposées, ex. : *Celluloïd, Rhodoïd*.

**VOIX** famille d'une racine ind.-eur. **wek$^{w}$-* « émission de voix ».

En grec, *epos*, issu de **wek$^{w}$os* ce qu'on dit, ce dont on parle », « paroles d'un chant, vers » et au plur. *epê* « poésie épique » ; *epopoiia* « poème épique » → POÈTE, et *epikos* « qui concerne l'épopée ».

En latin *vox, vocis* « voix », « sons émis », « paroles, mots », d'où (1) les formes nominales *vocalis* « doué de la voix » ; *voci-* 1$^{er}$ élément du composé *vociferari* « crier » ; *-vocus*, 2$^{e}$ élément de *univocus* « qui n'a qu'un seul nom » ; *aequivocus* « à deux sens » (2) le verbe *vocare* « appeler », d'où *vocatio* « invitation », « assignation en justice » et lat. eccl. « vocation divine » ; *vocabulum* « dénomination » (3) les composés *advocare* « appeler vers soi », d'où *advocatus* « conseil » et lat. imp. « avocat » ; *convocare* « appeler ensemble » ; *evocare* « appeler à soi, attirer » ; *invocare* « appeler au secours » ; *provocare* « appeler au-dehors », « faire naître » ; *revocare* « rappeler » et leurs dér. en *-atio*.

**I.** mots d'origine latine

**A.** mots populaires

♦ [1] **VOIX** X$^{e}$ s. ; XVI$^{e}$ s. « suffrage », XVIII$^{e}$ s. gram. : *vox, vōcis*. ♦ [2] **AVOUÉ** XI$^{e}$ s. « défenseur », XVIII$^{e}$ s. sens mod. : *advocātus*. ♦ [3] **AVOUER** XII$^{e}$ s. « reconnaître (p. ex. pour maître) », puis « reconnaître une faute » : *advŏcāre* ; **DÉSAVOUER** XIII$^{e}$ s. ; **AVOUABLE** XIV$^{e}$ s. ; **INAVOUABLE** XIX$^{e}$ s. ♦ [4] **AVEU** et **DÉSAVEU** XIII$^{e}$ s. : dér. sur les formes d'*avouer* et *désavouer* accentuées sur le radical, ex. : *tu aveues*. ♦ [5] **VOYELLE** XIII$^{e}$ s. : *vocalis* ; **SEMI-VOYELLE** XIX$^{e}$ s.

**B.** mots savants, bases *-voc-* et *-voqu-*

♦ [1] **VOCATION** XII$^{e}$ s. relig., XIV$^{e}$ s. jur., XV$^{e}$ s. sens mod. : *vocatio* ; **VOCATIF** XIV$^{e}$ s. : *vocativus*. ♦ [2] **AVOCAT** XII$^{e}$ s. : *advocatus*. ♦ [3] **PROVOCATION** XII$^{e}$ s. : *provocatio* ; **PROVOQUER** XII$^{e}$ s. : *provocare* ; **PROVOCANT** XV$^{e}$ s. jur., XVIII$^{e}$ s. sens mod. ; **PROVOCATEUR** XVI$^{e}$ s. : *provocator*. ♦ [4] **INVOCATION** XII$^{e}$ s. ; *invocatio* ; **INVOQUER** XIV$^{e}$ s. : *invocare*. ♦ [5] **RÉVOCATION** XIII$^{e}$ s. : *revocatio* ; **RÉVOQUER** XIV$^{e}$ s. : *revocare* ; **IRRÉVOCABLE** XIV$^{e}$ s. : *irrevocabilis* ; **RÉVOCABLE** XIV$^{e}$ s. ; **RÉVOCATOIRE** XV$^{e}$ s. ; **IRRÉVOCABILITÉ** XVI$^{e}$ s. ; **RÉVOCABILITÉ** XIX$^{e}$ s. ♦ [6] **CONVOCATION** et **CONVOQUER** XIV$^{e}$ s. : *convocatio, convocare*. ♦ [7] **ÉVOCATION, ÉVOQUER** XIV$^{e}$ s. jur., XVIII$^{e}$ s. opération magique, XIX$^{e}$ s. « rappel de souvenirs » : *evocatio, evocare* ; **ÉVOCATEUR** XIX$^{e}$ s. ♦ [8] **ÉQUIVOQUE** XIII$^{e}$ s. : *aequivocus* ; **ÉQUIVOQUER** XVI$^{e}$ s. ; **UNIVOQUE** XIV$^{e}$ s. : *univocus* ; **UNIVOCITÉ** XX$^{e}$ s. ♦ [9] **VOCAL** XIII$^{e}$ s. : *vocalis* ; **VOCALISE, VOCALISER** mus. XIX$^{e}$ s. ; **VOCALIQUE, VOCALISME, VOCALISÉ** phonét. XIX$^{e}$ s. ; **INTERVOCALIQUE** XX$^{e}$ s. ♦ [10] **VOCABLE** subst. XIV$^{e}$ s. : *vocabulum* ; **VOCABULAIRE** XV$^{e}$ s. : lat. médiéval *vocabularium*. ♦ [11] **VOCIFÉRER** XIV$^{e}$ s. : *vociferari* ; **VOCIFÉRATION** XII$^{e}$ s. : *vociferatio*.

**II.** mots d'origine grecque

♦ [1] **ÉPIQUE** (sav.) XVI$^{e}$ s. : *epikos*, par le lat. ; **ÉPOPÉE** XVII$^{e}$ s. : *epopoiia*. ♦ [2] **-ÉPIÉ** « façon de parler » : 2$^{e}$ élément de composé dans **ORTHOÉPIE** XX$^{e}$ s.

**VOLER** famille du lat. *volare* « voler (dans l'air) », d'où *volatilis* et bas lat. *volaticus* « qui vole » ; neutre plur. substantivé bas lat. *volatilia* « oiseaux » ; *involare* « se précipiter sur » ; *convolare*, class. « se porter en foule », lat. eccl., en parlant d'un individu isolé. « chercher refuge vers » ; dans le code de Justinien *convolare ad secundas nuptias* « convoler en secondes noces ».

♦ [1] **VOLER** (pop.) X$^{e}$ s. « voler (dans l'air) » : *volare* ; **VOL** XII$^{e}$ s. ; **VOLIÈRE** XIV$^{e}$ s. ; **VOL-AU-VENT** XIX$^{e}$ s. à cause de la légèreté de la pâte ; **VOLETER, S'ENVOLER** XII$^{e}$ s. ; **SURVOLER**

XVe s. ; **ENVOLÉE** XIXe s. ; **ENVOL, SURVOL** XXe s. ♦ [2] **VOLÉE** XIIe s. : part. passé fém. substantivé ; **VOLLEY-BALL** XXe s. : composé angl. « balle *(ball)* à la volée (*volley*, empr. au fr.) ». ♦ [3] **VOLET** XIIIe s. « partie flottante d'une coiffe » (d'où **BAVOLET** XVIe s., issu de *bas volet*) ; XVe s. « planchette servant à trier des graines », d'où *trier sur le volet* XVIe s. ; XVIIe s. « panneau articulé protégeant une fenêtre » : dér. de *voler*. ♦ [4] **VOLANT** XIIe s. adj. « qui vole », XVe s. « qui se déplace facilement » ; XIVe s. subst. « aile de moulin à vent », d'où XIXe s. « organe de commande d'un mécanisme » et XXe s. auto. ; XVIIe s. couture, d'où **VOLANTER** XXe s. : part. présent de *voler*. ♦ [5] **D'EMBLÉE** (pop.) XVe s. « en enlevant du premier coup » : du verbe anc. fr. *embler* XIe s. « enlever », de *invŏlāre*. ♦ [6] **VOLAGE** (pop.) XIe s. « ailé » : *volātĭcŭs*. ♦ [7] **VOLAILLE** (pop.) XIIIe s. : altération, par substitution du suff., de *voleille*, de *volatĭlia* ; **VOLAILLEUR** XIXe s. ♦ [8] **VOLATILE** (sav.) XIIe s. subst. : *volatilis*. ♦ [9] **VOLATIL** (sav.) XIVe s. adj. : *volatilis* ; **VOLATILISER** XVIIe s. ♦ [10] **CONVOLER** (sav.) XVe s., d'abord avec tous les sens lat., puis limité au jur. *convoler en secondes noces*. ♦ [11] **VOLER** (pop.) XVIe s. « dérober » : emploi métaph. de *voler* (→ 1), développé en fauconnerie par l'intermédiaire d'expressions telles que *le faucon vole la perdrix* ; **VOLEUR** XVIe s. ; **VOL** XVIIe s.

**VOLUPTÉ** (sav.) XIVe s. : lat. *voluptas* « plaisir », souvent dans un sens érotique ; **VOLUPTUEUX** XIVe s. : *voluptuosus*.

**VOMIR** famille du lat. *vomere, vomitus* « vomir », auquel est probablement apparenté le gr. *emein* « id. »

♦ [1] **VOMIR** (pop.) XIIe s. : lat. vulg. **vomīre*, class. *vomĕre* ; **VOMISSURE, VOMISSEMENT** XIIIe s. ♦ [2] **VOMIQUE** (sav.) XIIIe s., adj. dans *noix vomique* : lat. *nux vomica* « noix qui provoque des vomissements » ; **VOMIQUIER** XIXe s. bot. ♦ [3] **VOMITIF** (sav.) XIVe s. : sur le radical de *vomitus* ; **VOMITOIRE** XVIe s. adj. « id. » ; XVIIe s. subst. archéol. : *vomitorium* « porte de dégagement d'un amphithéâtre ». ♦ [4] **ÉMÉTIQUE** (sav.) XVIe s. : gr. *emetikos* « vomitif », de *emein*, par le lat.

**VOULOIR** famille du lat. *volo* « je veux », *velle* « vouloir », *bene, male velle* « avoir de bonnes ou de mauvaises intentions », d'où (1) *bene-*, ou *malevolus* « qui a de bonnes ou de mauvaises intentions » et *bene-* ou *malevolentia* « bienveillance » ou « malveillance » (2) *voluntas, -atis* « volonté » ; *volontarius* « fait librement » ou « qui agit librement » ; et l'adv. *voluntarie*.

♦ [1] **VOULOIR** (pop.) Xe s. ; XIIe s. inf. substantivé, XVIe s. *en vouloir à* : lat. vulg. **volēre*, réfection de *velle*. ♦ [2] **VOLONTIERS** (pop.) Xe s. : *voluntarie*, avec *s* adverbial. ♦ [3] **BIENVEILLANT** (pop.) XIIe s. : altération de *bien vueillant*, part. présent anc. de *bien vouloir*, du lat. **bene volere* ; forme analogique de celles où l'accent frappait le radical (*je vueil, tu veus*, etc.). **BIENVEILLANCE ; MALVEILLANT, MALVEILLANCE** XIIe s. ♦ [4] **VOLONTÉ** (sav.) Xe s. : *voluntas, -atis* ; **VOLONTAIRE** XIVe s. adj., XVIIe s. subst. : *volontarius* ; **INVOLONTAIRE** XIVe s. ; **VOLONTARIAT** XIXe s. ♦ [5] **BÉNÉVOLE** (sav.) XIIIe s. : *benevolus*. ♦ [6] **VOLITION** XVIe s. ; **VOLITIF** XXe s. : dér. sav. sur le radical de *volo*. ♦ [7] **VELLÉITÉ** (sav.) XVIIe s. : lat. scolastique *velleitas*, dér. de *velle*, ou plutôt (à cause du sens) du subj. imparfait *vellem* « je voudrais » ; **VELLÉITAIRE** XIXe s.

**VOUS** ♦ [1] (pop.) Xe s. : lat. *vos*, forme atone ; **VOUVOYER** XXe s. : altération de *vousoyer* XIVe s. ; **VOUVOIEMENT** XXe s. ♦ [2] **VOTRE, VÔTRE**, (pop.) Xe s. : lat. vulg. **voster, *vostra*, class. *vester, vestra*, eux-mêmes issus d'un plus anc. *voster, vostra*, dér. de *vos*. ♦ [3] **VOS** (pop.) XIIe s. : **vostros*, acc. plur. atone. forme réduite.

**VOÛTE** famille d'une racine ind.-eur. **wel-* « rouler ».

En grec (1) *eluein* « rouler », « s'envelopper dans », d'où *elutron* « étui des ailes des insectes » (2) *helix, helikos* « spirale ».

En latin *volvere, volutus* « rouler », d'où (1) les dér. nom. *voluta* « bande roulée en spirale du chapiteau ionique » ; *volumen, -inis* « rouleau », « rouleau de papyrus », « livre » et bas lat. « objet, volume » ; *volubilis* « qui roule ou tourne vite » (2) les composés *convolvere* « s'enrouler autour », d'où *convolvulus* « liseron » ; *devolvere* « faire rouler de haut en bas » et bas lat. *devolutio* « abandon » ; *evolvere* « dérouler » et *evolutio* « déroulement » ; *involvere* « envelopper » et *involutio* « enveloppement » ; *revolvere* « rouler en arrière » et *revolutio* « retour au point de départ » (3) probablement aussi deux mots rattachables à une forme réduite de la même racine, *vallis* « vallée » et *valvae* « volets repliables ».

En germanique, base **welt-*, sur laquelle reposent le got. *waltjan* « faire un mouvement tournant en dansant » et l'all. *Walzer* « valse ».

I. mots populaires d'origine latine

A. famille de *volvere*

♦ [1] **VOÛTE** XIIe s. : lat. vulg. **volvĭta*, class. *volūta*, part. passé fém. substantivé; **VOÛTER** XIIIe s. ♦ [2] **VOUSSURE** XIIe s. : lat. vulg. **volsura*, de **volsus*, forme de part. passé de *volvere*. **VOUSSOIR** XIIIe s. : lat. vulg. **volsorium*. ♦ [3] **VAUTRER** XIIe s. intrans., XVIe s. pronom. : lat. vulg. **volutŭlāre*, de *volutus* (pour le *a* → VAUTOUR). ♦ [4] **-VAUDER** 2e élément de composés, ex. : *galvauder, ravauder, virevauder* (→ VAUDEVILLE) : probablement lat. *volutāre* « se rouler », de *volutus*, var. de *voûter*, avec amuïssement tardif de l'*u* atone (*a* comme dans *vautrer, vautour*).

B. famille de *vallis*

♦ [1] **VAL** XIe s. : *vallis*; **AVAL** XIe s. : soudure de *à val*; **À VAU-L'EAU** XVIe s. : de *à val l'eau*, avec *l* vocalisé; **VALLÉE** XIe s.; **DÉVALER** XIIe s. ♦ [2] **AVALER** XIe s. « descendre », XIIe s. « faire descendre par le gosier » : de *aval*; **RAVALER** XIIe s. « faire redescendre », XIVe s. « déprécier », XVe s. « refaire le parement d'un mur, de haut en bas »; XVIe s. « avaler »; **RAVALEMENT** XVe s.

II. mots empruntés d'origine latine

A. base *-volt-*

♦ [1] **RÉVOLTER** XVe s. : it. *rivoltare* « retourner », pronom. *rivoltarsi* « se retourner », « se révolter », de *voltare* « tourner », du lat. vulg. **volvĭtāre* → VOÛTE; **RÉVOLTE** XVe s. : it. *rivolta*; **RÉVOLTANT** XVIIIe s. ♦ [2] **VOLTIGER** XVIe s. : it. *volteggiare* « faire de la voltige », de *voltare*; **VOLTIGE, VOLTIGEUR** XVIe s. ♦ [3] **VOLTE** XVIe s. équitation : it. *volta* « tour », du lat. vulg. **volvĭta*; **VOLTE-FACE** XVIIe s. : it. *volta faccia* « tourne-face ». ♦ [4] **ARCHIVOLTE** XVIIe s. : it. *archivolto* « voûte principale ». ♦ [5] **DÉSINVOLTE** XVIIe s. : it. *desinvolto*, littéralement « désenveloppé », de *involvere*; **DÉSINVOLTURE** début XIXe s. : it. *disinvoltura*.

B. **VOLUTE** XVIe s. : it. *voluta*, du lat. *volūta*.

C. **REVOLVER** XIXe s. : mot angl. « pistolet muni d'un barillet, qui tourne sur lui-même » : du verbe *to revolve* (sav.) « tourner », du lat. *revolvere*.

D. **VALLON** XVIe s. : it. *vallone*, augmentatif de *valle*, du lat. *vallis*; **VALLONNÉ, VALLONNEMENT** XIXe s.

III. mots savants d'origine latine

A. famille de *volvere*

♦ [1] **RÉVOLUTION** XIIe s. astron., XVIIe s. pol. : *revolutio*; **RÉVOLUTIONNAIRE, RÉVOLUTIONNER, CONTRE-RÉVOLUTION, CONTRE-RÉVOLUTIONNAIRE** fin XVIIIe s. ♦ [2] **RÉVOLU** XIVe s. : *revolutus*, part. passé de *revolvere*. ♦ [3] **VOLUME** XIIIe s. « livre » et « espace occupé par un corps », XVIIIe s. à propos de la voix : *volumen, -inis*; **VOLUMINEUX** XVIIIe s.; **VOLUMÉTRIE** XIXe s. ♦ [4] **CIRCONVOLUTION** XIIIe s. : de *circum volutus*. ♦ [5] **DÉVOLU** XIVe s. adj.; XVIe s. subst. « prétention juridique »; subsiste dans *jeter son dévolu sur* : *devolutus* part. passé de *devolvere*, en lat. médiéval « faire passer à », « transmettre »; **DÉVOLUTION** XIVe s. : lat. médiéval *devolutio*. ♦ [6] **ÉVOLUTION** XVIe s. milit.; XVIIIe s. « changement » : *evolutio*; d'où → ÉVOLUER XVIIIe s.; **ÉVOLUTIF, ÉVOLUTIONNISTE, ÉVOLUTIONNISME** XIXe s. ♦ [7] **VOLUBILE** XVIe s. « changeant », XXe s. « qui a la parole facile » : *volubilis*. **VOLUBILITÉ** XIVe s. : *volubilitas*; ♦ [8] **VOLUBILIS** XVIe s. bot. : mot. lat.

B. **VALVE** XVIe s. « battant de porte », XVIIIe s. zool., XXe s. techn. : *valva*; **VALVULE** XVIe s.; **BIVALVE** XVIIIe s.; **VALVÉ** XIXe s.

IV. mots savants d'origine grecque

♦ [1] **HÉLICE** XVIe s. : *helix*; **HÉLICOÏDE** XVIIIe s.; **HÉLICOÏDAL** XIXe s. ♦ [2] **HÉLICOPTÈRE** XIXe s. : composé de *helix* et *pteron* « aile » → PANNE; **HÉLI-** 1er élément de composés, ex. : **HÉLIPORT; HÉLIPORTÉ** XXe s. ♦ [3] **ÉLYTRE** XVIIIe s. : *elutron*.

V. mots d'origine germanique

**VALSE** début XIXe s. : all. *Walzer*; **VALSER** fin XVIIIe s.; **VALSEUR** début XIXe s.

**VRAC** XVIIe s., d'abord *harengs en vrac* « non rangés dans la caque » : néerl. *wrac* « mal salé, mauvais ».

**VRAI** famille d'une racine ind.-eur. **wer-*.

En latin *vērus* « vrai », d'où *verax, -acis* et *veridicus* « qui dit la vérité »; bas lat. *verificare* « présenter comme vrai »; *veritas, -atis* « vérité ».

En germanique, frq. **warjan* « garantir la vérité de quelque chose »; all. *wahr* « vrai ».

I. mots d'origine latine

♦ [1] **VRAI** (pop.) XIe s. *verai* : lat. vulg. **veracus*, class. *verax*, a éliminé l'anc. fr. *voir*, du lat. *vērus*; **VRAISEMBLABLE** → SEMBLER. ♦ [2] **VOIRE** (pop.) XIIe s. adv. arch. : *vēra*, neutre plur. de *verus*; **AVÉRER** (pop.) XIIe s. : dér. anc. de *verus* accentué sur la désinence. ♦ [3] **VÉRITÉ** (sav.) Xe s. : *veritas*; **VÉRITABLE** XIIe s.; **CONTRE-VÉRITÉ** XVe s. ♦ [4] **VÉRIFIER** (sav.) XIVe s. : *verificare*; **VÉRIFICATION, VÉRIFIABLE** XIVe s.; **VÉRIFICATEUR** XVIIe s.; **INVÉRIFIABLE** XIXe s. ♦ [5] **VÉRIDIQUE** (sav.) XVe s. : *veridicus*. ♦ [6] **VÉRACITÉ** (sav.) XVIIe s. : sur *verax* ♦ [7] **VERDICT** XVIIe s. : mot angl. empr. à l'anglo-normand *verdi(c)t*, du lat. *vere dictum*. ♦ [8]

**VÉRISME** fin XIX^e s. : it. *verismo*, dér. de *vero* « vrai », du lat. *verus*; **VÉRISTE** id.

**II.** mots d'origine germanique

**GARANT** (pop.) XI^e s. part. présent d'un anc. verbe **garir*, du frq. **warjan*; disparu à cause de son homonymie avec *garir* devenu *guérir*; **GARANTIR** XI^e s.; **GARANTIE** XII^e s.

**VULGAIRE** famille sav. du lat. *vulgus* « le commun du peuple », d'où *vulgaris* « populaire » et bas lat. *vulgaritas; vulgare* et *divulgare* « répandre dans la foule ».

♦ [1] **VULGAIRE** XV^e s. (a éliminé *vulgal* XIII^e s.) : *vulgaris*; **VULGARITÉ** XV^e s. : *vulgaritas*; **VULGARISER** XVI^e s.; **VULGARISME, VULGARISATION, VULGARISATEUR** XIX^e s. ♦ [2] **DIVULGUER** XIV^e s. : *divulgare*; **DIVULGATION** XVI^e s. : *divulgatio*. ♦ [3] **VULGATE** XVI^e s. adj., XVII^e s. subst. : *vulgata (versio)* « version en langue du peuple » (de l'Écriture).

**VULNÉRAIRE** ♦ [1] (sav.) XVI^e s. : lat. *vulnerarius* « relatif aux blessures », de *vulnus, -eris* « blessure ». ♦ [2] **VULNÉRABLE** XVII^e s. : *vulnerabilis*, de *vulnerare* « blesser »; **INVULNÉRABLE** XV^e s.; **VULNÉRABILITÉ, INVULNÉRABILITÉ** XVIII^e s.

**VULVE** ♦ [1] (sav.) XV^e s. : lat. *vulva* « matrice » et « enveloppe des champignons »; **VULVAIRE, VULVITE** XIX^e s. ♦ [2] **VOLVE** (sav.) XIX^e s. : *volva*, var. de *vulva*; **VOLVÉ, VOLVAIRE** XIX^e s.

# W

**WHISKY** XVIII$^{e}$ s. : mot angl., abrév. de *whiskybae*, du gaélique *visgebeatha* « eau *(visge)* de vie *(beatha)* ».

**WHIST** XVII$^{e}$ s. : mot angl. : soit de *to whisk* « voler », à cause des levées (la var. *wisk* est attestée) ; soit de *to whist* « faire chut ! », onom., à cause du silence requis par ce jeu.

# X

**XÉN(O)-** famille sav. du gr. *xenos* « étranger », d'où *proxenein* « être hôte de l'État » ou « offrir l'hospitalité au nom de l'État », et « être patron, protecteur, ou médiateur »; *proxenos* « hôte public ».
♦ [1] **XÉN(O)-** : gr. *xenos*, 1^er^ élément de composés, ex. : **XÉNOPHOBE, XÉNOPHILE, XÉNISME** XX^e^ s. ♦ [2] **PROXÉNÈTE** XVI^e^ s. « courtier » puis « entremetteur » : lat. *proxeneta* « courtier », du bas grec *proxenetês*, de *proxenein* au sens de « servir de médiateur »; **PROXÉNÉTISME** XIX^e^ s. ♦ [3] **PYROXÈNE** XIX^e^ s. minér. : littéralement « étranger au feu ».

**XYL(O)-** ♦ [1] (sav.) : gr. *xulon* « bois », 1^er^ élément de composés, ex. : **XYLOPHONE** XIX^e^ s. ♦ [2] **-XYLE** 2^e^ élément, dans **PYROXYLE** XIX^e^ s.

# Y

**Y** famille d'un thème ind.-eur. **ei-*, **i-*. En latin (1) pronoms-adj. (a) *is, ea, id* « celui, celle », « ce, cette », « le, la », très courant en lat., mais qui, en raison de son faible volume, n'a pas laissé de traces en français (b) *ipse* « lui-même », formé de *i-* et d'une particule de renforcement, servant à mettre en valeur une personne ou une chose en l'opposant à d'autres (c) *idem, eadem, idem* « le même », reposant sur **is-dem*, qui exprime l'identité (d) *hic, haec, hoc* « celui-ci » et adv. de lieu « ici » avec une particule antéposée et une particule postposée (2) les adv. (a) *ibi* « ici », *ibidem* « au même endroit », *alibi* « ailleurs » (b) *inde* « à partir de là », marquant le point de départ dans l'espace ou le temps (c) *iam*, var. orth. *jam*, « au moment où je parle », avec regard vers le passé ou vers l'avenir, « déjà » ou « bientôt » (d) *ita* « ainsi », qui spécifie une chose dite ou qui va être dite, et sa var. *item* « de même », « aussi » (e) *iterum* « pour la deuxième fois », formé avec la particule *-ter-* exprimant l'opposition (→ EXTÉRIEUR, art. É-, INTÉRIEUR, art. EN); d'où *iterare* et bas lat. *reiterare* « répéter ».

♦ [1] **Y** (pop.) IX^e s. d'abord *i* adv. et pronom : contamination de *hīc* et de *ĭbi*. ♦ [2] **ALIBI** (sav.) XIV^e s. subst. : mot lat. « ailleurs ». ♦ [3] **EN** (pop.) IX^e s. adv. et pronom : *ĭnde*; **EN-**, préf. antéposé à des verbes de mouvement, ex. : *enlever, entraîner, s'enfuir, s'ensuivre* → aussi SOUVENT, article SOUS. ♦ [4] **JA** (pop.) XI^e s.-XVI^e s. : lat. *jam*, survit en composition dans **JAMAIS** XI^e s. (→ MAIS); **JADIS** XII^e s. (→ DIEU); **DÉJÀ** XIII^e s. : de *dès jà* (→ DE). ♦ [5] **MÊME** (pop.) XI^e s. *meïsme* : lat. vulg. **metipsĭmus*, formé à partir de loc. class. telles que *egomet ipse, memet ipsum* (où le pronom personnel est déjà deux fois renforcé, par la particule *-met* et le pronom *ipse*), par suppression du pronom personnel initial et adjonction d'un troisième renforcement, la désinence de superlatif *-ĭmus*. ♦ [6] **ITEM** (sav.) XIII^e s. : mot lat. « de même, en outre ». ♦ [7] **RÉITÉRER** (sav.) XV^e s. : *reiterare*; **RÉITÉRATION** XV^e s.; **ITÉRATIF** XV^e s. : bas lat. gramm. *iterativus*. ♦ [8] **IDEM** (sav.) XVI^e s. : mot lat. « le même » ou « la même chose »; **IBIDEM** XV^e s. « au même endroit ». ♦ [9] **IDENTITÉ** (sav.) XIV^e s. : bas lat. *identitas*, dér. de *idem*; **IDENTIFIER** XVII^e s. : lat. médiéval *identificare*; **IDENTIFICATION, IDENTIQUE** XVII^e s.; **IDENTIFIABLE** XX^e s.

**YACHT** XVII^e s. : mot angl., du néerl. *jaght*, abrév. de *jaghtschip* « bateau de chasse »; **YACHTING, YACHTMAN** XIX^e s.

**YATAGAN** XVIII^e s. : mot turc.

**YEUSE** XVI^e s. : altération du prov. *euze*, du lat. *elex*, var. dial. du class. *ilex*.

**YOGA** XIX^e s. : mot sanscrit, littéralement « connexion », système philosophique de l'Inde; **YOGI** XIX^e s. : sanscrit *yogin* « celui qui pratique le *yoga* ».

**YOGOURT** XV^e s., rare en fr. avant le XIX^e s. : mot turc; **YAOURT** XIX^e s. est une var. dial. turque du précéd. empr. par des voyageurs anglais et constitue donc un anglicisme.

# Z

**ZÉBU** XVIII^e s. : origine inconnue ; mot de montreurs de foire.

**ZÉNITH** ♦ [1] XIV^e s. : de l'arabe *samt* « chemin », prononcé vulgairement *semt* et lu *senit* par les scribes du Moyen Âge, dans l'expression *samt arrâs* « chemin au-dessus de la tête », corrélative de *nâdir* « opposé ». ♦ [2] **AZIMUT** XVI^e s. : arabe *al samt* « le chemin ».

**ZÉPHIR** (sav.) XVI^e s. : gr. *zephuros* « vent d'ouest », par le lat.

**ZESTE** XVII^e s., var. *zec* XVI^e s. : origine inconnue.

**ZIGOUILLER** fin XIX^e s. fam., var. dial. (Anjou) *zigailler* « déchiqueter » : p.-ê. dial. méridional *segalha* « scier », ou simplement forme expressive comparable à *zigzag* (en Saintonge *zigue-zigue* « mauvais couteau »).

**ZINC** XVII^e s., XIX^e s. « comptoir » : all. *Zink*, var. de *Zinken* « fourchon », à cause de la forme prise par ce métal quand le minerai vient d'être traité ; **ZINGUEUR, ZINGUERIE** XIX^e s.

**ZIZANIE** (sav.) XIII^e s. « ivraie », XV^e s. sens mod., d'après la parabole de l'ivraie (Mt., XIII., 25) : gr. *zizania*, d'origine sémitique, « ivraie », par le lat. eccl.

**ZONE** ♦ [1] (sav.) XII^e s. astron., géom. ; XVI^e s. « surface quelconque » ; XIX^e s. milit., pol. « région » ; début XX^e s. anciens faubourgs misérables de Paris bâtis sur la *zone* des anciennes fortifications : gr. *zônê* « ceinture », par le lat. ♦ [2] **ZONA** (sav.) XVIII^e s. méd. : mot lat. empr. au gr. *zônê* « ceinture ».

# Annexes

I mots issus de REDOUBLEMENTS
II mots provenant d'ONOMATOPÉES
III mots venant de NOMS DE PERSONNES
IV mots venant de NOMS DE LIEUX

INDEX

# ANNEXE I

***Ensemble de formes reposant sur un redoublement consonantique ou syllabique, classées par ordre alphabétique*** (→ aussi les articles BOBINE et PAPA en entier, et quelques paragraphes de l'article TAQUET).

1. **BABA** XVIIIe s. « gâteau » → ce mot.

2. **BABA** adj. XIXe s. : radical de *ébahir, bayer.*

**BING-BANG** onom. → BOUM!

**BLABLA** ou **BLABLABLA** XXe s.

**BOBO** XVe s. : mot enfantin.

**BONBON** XVIIe s. : sur l'adj. *bon*; d'où **BONBONNIÈRE** XVIIIe s.

**BRIC-À-BRAC** XVIIe s. *à bric et à brac*, XIXe s. forme mod.; **DE BRIC ET DE BROC** XVe s. *en bloc et en blic*, XVIIIe s. forme mod. : formations expressives.

**CACA** XVIe s., mot enfantin → CHIER.

1. **CANCAN** « commérage » : → ce mot, art. QUI.

2. **CANCAN** XIXe s. danse : emploi métaph. de *cancan*, onom., nom enfantin du canard (à cause du déhanchement).

**CHICHI** XIXe s. « embarras », d'où **CHICHITEUX** XXe s. : formation expressive.

**CHUCHOTER** → ce mot.

**CLIC-CLAC** XIXe s. → CLIQUE.

1. **COCO** XVIe s. fruit cocotier : mot port. « croquemitaine », formation enfantine expressive, employée par métaphore; XIXe s. « boisson à base de réglisse imitant le lait de coco »; dér. **COCOTIER** XVIIIe s.

2. **COCO** « individu » et **COCOTTE** « femme légère » XVIIIe s. → COQ, Annexe II; le premier de ces deux mots a pu se croiser au XIXe s. avec *coco* « homme des bataillons *coloniaux* de *correction* », d'où le sens péj. de *un drôle de coco.*

3. **COCO** « œuf » puis « crâne », *mon coco*, terme de tendresse, et **COCOTTE** « poule », début XIXe s. : de *cot! cot!*, onom. du cri de la poule → COQ, Annexe II.

4. **COCO** XXe s. : redoublement de la syllabe initiale de *cocaïne.*

5. **COCO** XXe s. : redoublement de la syllabe initiale de *communiste.*

**COIN-COIN** onom. du cri du canard.

**COT-COT** → 3. COCO et Annexe II, COQ.

**COUCOU** XIIe s. « oiseau », XVIIe s. « cri des enfants jouant à cache-cache », XIXe s. sorte de pendule, « primevère sauvage », « ancienne voiture », puis XXe s. « vieil avion » : onom. du cri de l'oiseau; var. **COCU** XIVe s., parce que la femelle de cet oiseau pond ses œufs dans des nids étrangers; d'où **COCUAGE** XVe s.; **COCUFIER** XVIIe s.; **COCCYX** (sav.) XVIe s. « os comparé au bec du coucou » : gr. *kokkux* « coucou », onom.

**CRI-CRI** XVIe s. : onom. du cri du grillon.

**CRIC-CRAC** XVIe s., ou **CRIC-CRAC-CROC** → CHOPER.

**CRINCRIN** XVIIe s. : onom. du son du violon.

**CUI-CUI** onom. du cri des moineaux.

**CUCUL** ou **CUCU** adj. XX^e s. : redoublement de *cul*; **TUTU** (de danseuse) fin XIX^e s. : altération euphémique de *cucu*.

**DADA** XVI^e s. « cheval », fin XVIII^e s. « manie » (trad. de l'angl. *hobby horse*) : p.-ê. altération de *dia! dia!* cri de charretier → AH! (var. dial. Aube *diadia*).

**DADAIS** XVI^e s. *dadée*, XVII^e s. forme mod. : formation expressive.

**DANDIN, DANDINER, DING-DON** → BOUM!

**DARE-DARE** XVII^e s. : origine inconnue.

**DODINER** XIV^e s., **DODELINER** XV^e s., **DODO** XV^e s., **DODU** XV^e s. : sur un radical expressif *dod-* suggérant le balancement ou la rondeur du corps.

**DONDON** XVI^e s. : var. nasalisée du radical précédent.

**FANFAN** XVI^e s. : sur la seconde syllabe de *enfant*; **FANFAN LA TULIPE** XIX^e s.

**FLA-FLA** XIX^e s. « ostentation », terme d'atelier : onom. d'un coup de baguette (→ TAPE-À-L'ŒIL).

**FLIC, FLAC, FLOC** XVI^e s. : onom. (claquement, bruit d'eau).

**FLONFLON** XVII^e s. « refrain », XIX^e s. « musique populaire bruyante » : onom.

**FRIC-FRAC** XVII^e s., puis XIX^e s. « effraction », « cambriolage » : p.-ê. formé à partir du radical *frac* de *fracasser*, *fracture*, sur le modèle des nombreuses formations en *-ic*, *-ac*.

**FROUFROU** ou **FROU-FROU** XVIII^e s. : onom. d'un bruit d'étoffes; **FROUFROUTER, FROUFROUTANT** XIX^e s.

**GAGA** XIX^e s. : sur la syllabe initiale de *gâteux*.

**GLINGLIN (À LA SAINT-)** XIX^e s. : probablement sur *seing* au sens de « sonnerie de cloche » (→ ce mot) et sur le radical du dial. *glinguer* « sonner », de l'all. *klingen*.

**GLOUGLOU** XVII^e s. et **GLOUGLOUTER** XVI^e s. : onom. d'un liquide qui coule dans un conduit.

**GNANGNAN** ou **GNIANGNIAN** XVIII^e s. : onom. (plainte, pleurnichement).

**HI! HAN!** XIX^e s. : onom. du cri de l'âne.

**JOUJOU** XVII^e s. : sur la syllabe initiale de *jouet, jouer*.

**KIF-KIF** XIX^e s. : arabe d'Algérie « comme-comme ».

**LOLO** XVI^e s. : mot enfantin, sur la consonne initiale de *lait*.

**LOULOU** XVIII^e s. *loup-loup*, « petit chien », puis mot de tendresse : redoublement de *loup*.

**MAMAN** → ce mot.

**MÉMÈRE** XIX^e s. « grand-mère » et « grosse femme d'un certain âge », abrégé en **MÉMÉ** : sur le début du mot *mère*.

**MEUH-MEUH** onom. du cri de la vache.

**MIMI** → MIGNON III 1.

**MIC MAC** XVII^e s. : altération, sous l'influence du type en *-ic, -ac*, de *mutemaque* XV^e s. « rébellion », XVI^e s. « confusion, désordre », du moyen néerl. *muitmaken* « faire (*maken*) une émeute (*muit* : empr. au fr. *meute* → MOUVOIR) ».

**NANAN** XVII^e s. : sur un radical expressif *nann-* bien attesté dans les dial.

**OUAH! OUAH!** onom. du cri du chien.

**PAPA** → ce mot.

**PASSE-PASSE** → PAS.

**PÉPÉE** XIX^e s. : sur la syllabe finale de *poupée*.

**PÉPÈRE** XIX^e s.; XX^e s. « grand-mère » et adj. « tranquille »; abrégé en **PÉPÉ** XX^e s. : sur le début de *père*.

**PIF! PAF!** XVIII^e s. ou **PIF! PAF! POUF!** onom. d'un bruit de chute, de coup, d'explosion.

**PING-PONG** XX^e^ s. : marque déposée angl., de formation onom.

**PIOUPIOU** XIX^e^ s. « jeune soldat » : onom. du cri du poussin.

**PIPI** XVII^e^ s. : sur la première syllabe de *pisser*.

**POMPON, POUPÉE, POUPON**, etc. → PAPA.

**RIC-RAC** XV^e^ s. *ric à ric*, XVI^e^ s. *ric à rac*, XVII^e^ s. *riqueraque*; var. **RIC ET RAC** « exactement », « tout juste »; XX^e^ s. espèce de chien : formation expressive.

**RIQUIQUI** XVIII^e^ s. subst. « eau-de-vie », XIX^e^ s. adj. « tout petit » : sur une base expressive *rik-* suggérant une idée de petitesse.

**ROCOCO** XIX^e^ s. : altération de *rocaille* → ROCHE.

**RONRON** XVIII^e^ s. « ronflement sourd », XIX^e^ s. « petit grondement du chat au repos » : onom.; d'où **RONRONNER, RONRONNEMENT** XIX^e^ s.

**TANGO** XIX^e^ s. « danse originaire d'Argentine », XX^e^ s. « couleur orangée à la mode au temps de la vogue du tango » : mot hispano-américain, vraisemblablement onomatopéique, les deux syllabes *tan-go* reproduisant le martellement de deux tambours alternés.

**TATA** XIX^e^ s. : altération de *tatan*, forme abrégée de *ta tante*.

**TEUF-TEUF** XX^e^ s. : onom. du moteur à explosion.

**TIC-TAC** XVI^e^ s. : onom. d'un mécanisme d'horlogerie → TAQUET.

**TINTIN** → BOUM.

**TITI** XIX^e^ s. « gamin déluré » : sur la syllabe finale de *petit* (ou abrév. de *ouistiti*?).

**TOC! TOC!** XVII^e^ s. : onom. du bruit qu'on fait en frappant à la porte; XX^e^ s. adj. « toqué, fou » → TAQUET.

**TOTO** XX^e^ s. « pou » : mot dial. champenois.

**TONTON** XIX^e^ s. « oncle » : altération de *tata* « tante », d'après la voyelle d'*oncle*.

**TOTON** → TOUT.

**TOUTOU** XVII^e^ s. « chien » : formation expressive enfantine.

**TRAIN-TRAIN** XVIII^e^ s. : altération, sous l'influence de *train*, de *trantran* XVII^e^ s. : formation expressive suggérant une répétition monotone, une routine.

**TRICTRAC** XV^e^ s. « jeu de dés » : onom. d'un bruit d'objets heurtés (→ TAQUET).

**YO-YO** XX^e^ s. : marque déposée.

**ZAZOU** XX^e^ s. « jeune homme excentrique ».

**ZÉZAYER** XIX^e^ s. : onom. d'un défaut de prononc.; d'où **ZÉZAIEMENT** XIX^e^ s.

**ZIGZAG** XVII^e^ s. adv. *en zigzag*; et subst. « assemblage de pièces articulées en losange pouvant s'allonger et se replier à volonté »; XVIII^e^ s. sens mod., d'où **ZIGZAGUER** XIX^e^ s.

**ZINZIN** XX^e^ s. « objet bruyant », puis « objet quelconque » et adj. « toqué ».

**LE ZIST ET LE ZEST** (être entre) XVIII^e^ s. « être indécis ».

**ZIZI** XVIII^e^ s. : « variété de bruant » : onom. du cri de cet oiseau; XX^e^ s. sens obscène.

**ZOZO** XX^e^ s. « niais » : p.-ê. sur la seconde syllabe de *oiseau*.

**ZOZOTER**, **ZOZOTEMENT** XX^e^ s. : onom. d'un défaut de prononc.

# ANNEXE II

***Ensemble de mots remontant, directement, ou par l'intermédiaire de leur étymon, à une onomatopée de cri d'animal, classés par ordre alphabétique*** (→ aussi un certain nombre d'articles de l'Annexe I).

**ABOYER** (pop.) XII^e^ s. d'abord *abaier* : lat. vulg. **abbaiare*, var. **abbaudiare*, représenté dial., apparentée au lat. *baubari* : mots fondés sur *bau-*, onom. du cri du chien ; **ABOI** XII^e^ s. vénerie, subsiste dans la locution *être aux abois* ; **ABOIEMENT** XIII^e^ s. ; **ABOYEUR** XIV^e^ s. « chien qui aboie » et « protestataire », XVIII^e^ s. « crieur, annonceur ».

**BÊLER** (pop.) XII^e^ s. : lat. *balare*, var. (gloses) *belare*, fondé sur *ba-* ou *bè-*, onom. du cri des ovins ; **BÊLEMENT** XVI^e^ s.

**BUSE** (pop.) XV^e^ s. : abrév. de l'anc. fr. *buson*, var. *buison* XIII^e^ s., du lat. *būteo, -ōnis*, sur une onom. *bū* ; **BUSARD** XII^e^ s. : altération, par substitution de suff., de *buson* (v. aussi **BUTOR**, art. TAUREAU).

**CACATOÈS** ♦ [1] XVII^e^ s. ; terme des îles Moluques, dès le XVI^e^ s. *cacatous, cacataües* : malais *kakatoeha*, onom. du cri de ce perroquet ; en fr. par le port., l'esp. et l'it. ♦ [2] **CACATOIS** XVII^e^ s. mar. : var. de *cacatoès*, du néerl. *kakatoe* et du port. *cacatua*.

**CAILLE** ♦ [1] (pop.) XII^e^ s. : bas lat. (VIII^e^ s.) *quaccŭla*, onom. imitant le rythme dactylique du chant de la caille ; a éliminé le lat. class. *coturnix*. Formations analogues en germ. ♦ [2] **CARCAILLOT** XV^e^ s. « petit de la caille » ; **CARCAILLER** XIX^e^ s. « crier », en parlant de la caille : probablement altération de formes à redoublement **cailcaillot*, **cailcailler*, qui retrouvaient le rythme du chant de la caille.

**CANER** famille d'une base *can-*, onom. du cri du canard (croisée avec l'anc. fr. *aine*, var. *ane*, du lat. *anas, -atis* « canard »).

♦ [1] **CANER** XIII^e^ s. « caqueter », XVI^e^ s. « jacasser », XVII^e^ s. « se dérober », sous l'influence de *faire la cane* XVI^e^ s. « se conduire comme un animal poltron ». ♦ [2] **CANARD** fin XII^e^ s. comme surnom, XIII^e^ s. nom d'animal, XVIII^e^ s. « fausse nouvelle », d'après *vendre des canards à moitié* XVI^e^ s., puis *donner des canards à quelqu'un* « tromper son attente » (la synonymie de *cancan* a pu aussi jouer un rôle) ; XIX^e^ s. « fausse note » : dér. de *caner* ; **CANARDER** XVI^e^ s. « tirer sur des canards sauvages » puis « faire feu d'un lieu où l'on est à couvert » ; XIX^e^ s. mus. ; **CANARDIÈRE** XVII^e^ s. ♦ [3] **CANE** XIV^e^ s. ; mais déjà au XIII^e^ s. dimin. *canette*, d'où **CANETON** XVI^e^ s. ♦ [4] **CANCANER** XVII^e^ s. « crier », en parlant du perroquet ; XIX^e^ s. en parlant du canard ; **CANCAN** → Annexe I. ♦ [5] **CANICHE** XVIII^e^ s. « chien qui aime barboter dans l'eau » ; **CANASSON** XIX^e^ s. « cheval qui marche mal » : dér. formés sur le radical de *canard*.

**CHOUETTE** famille pop. d'une base **kaw-* où se croisent un mot gaulois **kawa* « chouette » (apparenté à *cavannus* « chat-huant », mot d'origine celtique empr. par le lat. au V^e^ s.), et un mot germ. **kauw-* « corneille », tous deux d'origine onom.

♦ [1] **CHOUETTE** XII^e^ s. : dimin. de l'anc. fr. *choue* : **kawa*. ♦ [2] **CHAUVE-SOURIS** XII^e^ s. : bas lat. (VIII^e^ s.) *calvas sorices*, altération, sous l'influence de *calvus* « chauve », du plur. de **kawa sorix* « chouette-souris » ; a éliminé le lat. *vespertilio*. ♦ [3] **CHEVÊCHE** XIII^e^ s. : **kawicca*, dér. de **kawa* formé avec un suff. prélat. ♦ [4] **CHAT-HUANT** XIII^e^ s. : altération, d'après *chat* et *huer*, de *chavan*, var. *javan* XI^e^ s., de *cavannus*. ♦ [5] **CHOUAN** fin XVIII^e^ s. :

altération, sous l'infl. de *chouette*, de *chaven* → le précéd., var. angevine de *chat-huant*, surnom de Jean Cottereau, un des chefs de l'insurrection paysanne de 1795, qui imitait le cri du chat-huant, comme signe de reconnaissance; **CHOUANNERIE** fin XVIIIe s. ♦ [6] **CHAHUTER** XIXe s. « danser » puis « faire du bruit » : mot dial. (Vendômois) « crier comme un chat-huant » et « crier en dansant ou en s'agitant »; **CHAHUT, CHAHUTEUR** XIXe s. ♦ [7] **CHOUCAS** XVIe s. : apparenté à l'anc. prov. *caucala* « corneille », prov. mod. *chouca*, qui, plutôt qu'une forme onom. mod., doit reposer sur un dér. anc. de **kawa*.

**CIGALE** XVe s. : prov. *cigala*, du lat. *cicada*, onom. du bruissement produit par cet insecte.

**COASSER** (demi-sav.) XVIe s., var. sav. *coaxer* : lat. *coaxare*, dér. du gr. *koax*, onom. du cri de la grenouille; **COASSEMENT** XVIIe s.

**COCHON** ♦ [1] (pop.) XIe s. « jeune porc », XVIIe s. « porc » en général, probablement formé sur *coch, coch* servant à appeler les porcs, onom. de leur cri; **COCHONNET** XIIIe s. « cochon de lait », XVIe s. terme de jeu de boules; **COCHE** XIIIe s. « truie »; **COCHONNER** XVe s. « mettre bas » en parlant de la truie, XIXe s. « salir »; **COCHONNAILLE** XVIIIe s., **COCHONNERIE** fin XVIIe s. ♦ [2] **COCHENILLE** XVIe s. : esp. *cochinilla* « cloporte », dér. de *cochino* « cochon », de même origine que le mot fr.; appliqué à un insecte du Mexique fournissant une teinture écarlate (→ aussi GROIN).

**COQ** famille d'un ensemble d'onom. suggérant le cri des gallinacés : *kak-, kot-*, et surtout *kok-* déjà attesté en lat. imp. sous la forme *coco* (chez Pétrone) et en bas lat. (Loi salique) sous la forme *coccus*; a éliminé *gallus* (→ GÉLINE), qui ne survit que dialectalement.

I. base *kok-*

♦ [1] **COQ** (pop.) XIIe s. : *coccus*; **COCHET** XIIIe s.; **COQ-À-L'ÂNE** XIVe s. *saillir du coq en l'asne* « changer brusquement de sujet », XVIe s. subst.; **COQ EN PÂTE** XVIIe s. « coq à l'engrais », puis sens fig. ♦ [2] **COQUE** XIIIe s. (→ ce mot) a sans doute subi l'influence de *coq*, d'où les sens du dér. **COQUETIER** XVe s. « marchand d'œufs et de volailles », XVIe s. « ustensile pour servir les œufs à la coque ». ♦ [3] **COQUIN** XIIe s. « mendiant, gueux », XVIe s. sens mod. : dér. de *coq* comme d'autres adj. péjor.; **COQUINERIE** XIIIe s.; **S'ACOQUINER** XVIe s. ♦ [4] **COQUET** XIIIe s. subst. « petit coq », XVe s. adj. et subst. masc. et fém. sens fig. mod.; **COQUETER** début XVIIe s. « se pavaner comme un coq »; **COQUETTERIE** XVIIe s. ♦ [5] **COCARDE** XVIe s., d'abord dans l'expression *bonnet à la cocarde*, orné de rubans : fém. substantivé de l'adj. *cocard* « vaniteux », dér. de *coq*; **COCARDIER** XIXe s. « chauvin » : de *cocarde* au sens d'« insigne fait de rubans, aux couleurs nationales ». ♦ [6] **COCASSE** XVIIIe s. : var. péj. de *cocard*; **COCASSERIE** XIXe s. ♦ [7] **COCORICO** XVIe s. : onom. du cri du coq; **COQUELICOT** XIVe s. « coq », XVIe s. « fleur rappelant une crête de coq » ou « éclatante comme le chant du coq » : autre onom. du même cri. ♦ [8] **COCOTTE** XVIIIe s. « femme de mœurs légères »; et **COCO** fin XVIIIe s. « individu » : p.-ê. var. pop. de *coquet, cocard*; **COCOTTE** et **COCO** XIXe s. « désignations enfantines de la poule et de l'œuf » (pour ces mots → aussi Annexe I).

II. autres bases

♦ [1] **CAQUETER** XVe s. : sur la base *kak-*; **CAQUET** XVe s.; **CAQUETAGE, CAQUETEUR** XVIe s. ♦ [2] **COT-COT** → Annexe I.

**COUINER** XIXe s. « crier » en parlant du lapin; onomatopée.

**CORBEAU** groupe de mots expressifs reposant sur une base *kor-*, onom. du cri de certains oiseaux représentée en grec par *korônê* « corneille »; en latin par *cornix, -icis* et *corvus* « corbeau »; var. *kour-* et *kro-* en français.

I. mots d'origine latine ou grecque

♦ [1] **CORBEAU** (pop.) XIIe s. : lat. vulg. **corbĕllus*, dimin. de **corbus* (en anc. fr. *corp*), p.-ê. var. dial. du class. *corvus*; importée en Gaule par des colons originaires de régions de l'Italie où l'on constate le passage de *-rv-* à *-rb-* (Toscane et quelques autres points); **ENCORBELLEMENT** XIVe s. : dér. de *corbel*, var. anc. de *corbeau*, au sens archit. de « pierre saillante ». ♦ [2] **CORMORAN** XIVe s. : altération de *cormareng* XIIe s., *cormaran* XIIIe s. : pour *corp marenc* « corbeau *(corp)* de mer (lat. *mare* et suff. germ. *-enc* → *-an*) » → *corvus marinus* dans les *Gloses de Reichenau*, et le dial. (Ouest) *pie marange*. ♦ [3] **CORBIN** XIIe s., survit dans l'expression *bec de corbin* XVe s. : **corbinus*, dér. de **corbus*, class. *corvinus*, attesté comme surnom. ♦ [4] **CORNEILLE** XIIIe s. : lat. vulg. **cornĭcŭla*, dimin. de *cornix, -icis*.

II. onomatopées de formation française

♦ [1] **COURLIS** XVIe s., var. *courlieu* XIIIe s., et nombreuses var. dial. : d'après son cri. ♦ [2] **CROASSER** XVe s.; **CROASSEMENT** XVIe s. : d'après le cri du corbeau.

**FEULER** et **FEULEMENT** XIX^e^ s. : d'après le cri du tigre.

**FREDONNER** XVI^e^ s., sans doute empr. à un dial. du Midi : de *frĭttĭnīre* « gazouiller », d'origine onom. avec changement de suff.

**GAZOUILLER** → GARGOUILLE.

**GLATIR** ♦ [1] (pop.) XI^e^ s. en parlant du chien, puis de l'aigle : lat. *glattīre* « crier, en parlant des jeunes chiens », mot onom. ♦ [2] **GLAPIR** XII^e^ s. : altératioin de *glatir*, p.-ê. sous l'influence de *japper*; **GLAPISSEMENT** XVI^e^ s.

**GLOUSSER** (pop.) XVI^e^ s. : lat. vulg. **glossiare*, class. *glocire*, sur la base onom. *glok-*; les formes anc. *clocir* XII^e^ s., *cloucer* XIV^e^ s. reposent sur des var. à base *klok-*, lat. vulg. **cloccire*, **glocciare*; **GLOUSSEMENT**. XV^e^ s.

**GROIN** famille d'une base *grun-*, onom. du cri du porc; en lat. class. *grundire, grunnire*, en bas lat. *grunniare*, et *grunium* « groin »; en germanique, all. *grunzen, grummeln*, néerl. *grommen*, flamand *grommelen* « gronder »; d'autre part, une var. *gor-*, autre onom., apparaît dans de nombreux mots de formation française, anc., dial. et mod., à valeur souvent péjorative.

**I.** mots d'origine latine

♦ [1] **GROIN** (pop.) XII^e^ s. « groin » et « grognement » : *grŭnnium*. ♦ [2] **GROGNER** XIII^e^ s. : altération, par changement de conjug., de *groignir* XII^e^ s., lui-même altération, sous l'influence de *groin*, de *grunir* XII^e^ s., du lat. *grŭnnīre*; **GROGNARD** XIII^e^ s.; **GROGNEMENT** XV^e^ s.; **GROGNON** XVIII^e^ s. ♦ [3] **GRONDER** (pop.) XIII^e^ s. : altération, par changement de conjug., de *grondir*, du lat. *grundīre*; **GRONDEMENT** XIII^e^ s.; **GRONDEUR, GRONDERIE** XVI^e^ s. ♦ [4] **GRONDIN** XIV^e^ s. « poisson qui fait entendre un grondement quand il est pris » : de *gronder*.

**II.** mots d'origine germanique

♦ [1] **GROMMELER** XIV^e^ s. : flamand *grommelen*. ♦ [2] **ROUSCAILLER** XVII^e^ s. argot, « parler », XIX^e^ s. « protester » : composé de *rousser* XVII^e^ s. « protester », probablement issu, par chute de la consonne initiale, de l'anc. fr. *grocier, grousser* XII^e^ s., apparenté à l'all. *grunzen*; le second élément peut être rapproché de *caillette* « femme bavarde »; **ROUSPÉTER, ROUSPÉTEUR** XIX^e^ s. : var. de *rouscailler*, avec *péter* comme second élément.

**III.** mots de formation française

♦ [1] **GORET** XIII^e^ s. : dimin. de *gore* XIII^e^ s. « truie », formé sur un cri d'appel imitant le grognement du porc. ♦ [2] **SE GOURER** XIII^e^ s. au part. passé, puis XV^e^ s. « se tromper » et aussi *gourer* XVII^e^ s. « falsifier », XIX^e^ s. « vexer », fait partie d'une vaste famille de mots péjoratifs reposant p.-ê. sur le radical précédent : dial. (Centre) *gorre* « vieille vache », « viande dure et coriace », moyen fr. *gorasse* XVI^e^ s. « coquette » et *gorre* « recherche de la parure »; pourrait expliquer le second élément du mot **MISTIGRI** XIX^e^ s., anc. *mistigouri* → MIGNON.

**GRUE** famille du lat. *grūs, gruis* et du gr. *geranos* « grue », reposant tous deux sur une base *g(e)r-*, onom. du cri de cet oiseau.

♦ [1] **GRUE** (pop.) XII^e^ s. oiseau, XIII^e^ s. « sorte de machine », XV^e^ s. « appareil de levage » (p.-ê. calque du moyen néerl. *crane* « id. »); XV^e^ s. « prostituée », p.-ê. d'après l'expression *faire le pied de grue* « attendre le client » (la grue se tient fréquemment sur une patte), ou simplement métaphore du langage pop. qui assimile couramment les femmes de mœurs légères à toutes sortes d'animaux femelles et en particulier d'oiseaux; **GRUTIER** XIX^e^ s. « ouvrier manœuvrant une grue ». ♦ [2] **GÉRANIUM** (sav.) XVI^e^ s. : gr. *geranion* « id. » (par le lat. bot.), dimin. de *geranos*, parce que le fruit de cette plante ressemble au bec d'une grue.

**GUILLERET** XV^e^ s., d'abord au fém., « séduisante, pimpante », probablement apparenté à *guilleri*, onom. du chant du moineau attestée au XVI^e^ s. dans un refrain de chanson → TIRELIRE.

**HENNIR** (pop.) XI^e^ s. : lat. *hinnīre*, formé sur une base *hin-*, onom. du cri du cheval, dont le *h* a été conservé ou rétabli pour des raisons d'expressivité; **HENNISSEMENT** XIII^e^ s.

**HURLER** famille d'une base *ou-, u-*, onom. du cri du loup et de certains oiseaux (rapaces nocturnes). Déjà, en lat. *upupa* « huppe », *ulula* « chat-huant », et *ululare* « hurler ».

♦ [1] **HURLER** (pop.) XII^e^ s. : lat. vulg. **ūrŭlāre*, var. dissimilée de *ŭlŭlāre*, avec *h* aspiré d'origine expressive; **HURLEMENT** XII^e^ s.; **HURLEUR** XVIII^e^ s. ♦ [2] **HUER** XII^e^ s. « pousser son cri, à propos du hibou » : onom. de formation française; **HUÉE** XII^e^ s. ♦ [3] **HUPPE** (pop.) XII^e^ s. oiseau, XVI^e^ s. « plumet » : lat. vulg. **ūpŭpa*, class. *ŭpŭpa*, avec *h* d'origine expressive; **HUPPÉ** XV^e^ s. « qui porte une huppe, un plumet », d'où « riche, de haut rang ». ♦ [4] **DUPE** XV^e^ s., d'abord en argot : emploi métaph.

(→ PIGEON) d'une var. dial. de *huppe*, formée par agglutination de la préposition *de*; **DUPER** XV^e s.; **DUPERIE** XVII^e s. ♦ [5] **HULOTTE** XVI^e s. : dér. de l'anc. fr. *uler*, var. de *hurler*, avec *h* expressif, du lat. **ūlŭlāre*. ♦ [6] **HIBOU** X^e s. dans une glose, puis XVI^e s., d'abord *huiboust*, var. dial. Normandie *houhou*, Gascogne *hourou* : onom. de formation française. ♦ [7] **HULULER** ou **ULULER** (sav.) XV^e s. : lat. *ŭlŭlāre*; **HULULEMENT** XVI^e s.

**JAPPER** XII^e s. : onom., du cri d'un petit chien; **JAPPEMENT** XV^e s.

**MARAUD** ensemble de mots reposant sur une onom. *mar-* exprimant un murmure, le ronronnement du chat et parfois son miaulement de rut.

♦ [1] **MARAUD** XV^e s. « mendiant, vagabond » est aussi le nom du matou dans les dial. du Centre et de l'Ouest; toutefois une autre origine a été proposée → MARAUD dans le corps du dictionnaire. Un croisement n'est pas à exclure. ♦ [2] **MARLOU** XIX^e s. « souteneur », nom du matou dans les dial. du Nord; toutefois une autre origine a été proposée → MERLE. Un croisement est possible. ♦ [3] **MAROUFLE** XVI^e s. « rustre, fripon » : var. dial. de *maraud* « matou »; sens de « colle forte » XVII^e s. sans doute dû à l'homonymie de *chat* (syn. de *maroufle*) et de *chas*, autre nom de la « colle forte »; **MAROUFLER** XVIII^e s. « encoller ». ♦ [4] **MARMITE** XII^e s. adj. « hypocrite », XIV^e s. subst. « récipient » : probablement ancien nom du chat, composé de *mar-* et de *mite*, nom de la chatte dans le *Roman de Renart*, qui se retrouve dans *chattemite* → MIGNON. Le sens de « récipient » doit reposer, comme pour *maroufle*, sur un jeu de mots : il existait au XIII^e s. une *minette* « cuvette », dimin. de *mine* « mesure de capacité » (→ ENSEMBLE), homonyme de la *minette*, femelle du *minet*, « chat » (→ MIGNON); par opposition à *minette* « petite cuve », *marmite* a pu désigner une « grande cuve »; **MARMITÉE, MARMITON** XVI^e s. ♦ [5] **MARMOUSET** XIII^e s. « singe, figure grotesque ornementale », XV^e s. « petit garçon » : de *marmouser* « grommeler », « faire la grimace »; second élément p.-ê. même mot que le dial. (Picardie) *mouser* « faire la moue », de *mouse* « moue, lèvres », provenant p.-ê. du croisement de *moue* et de *museau*. ♦ [6] **MARMOTTE** XIII^e s. zool. : formation analogue à *maraud, marlou, maroufle*; XIX^e s. « coiffure de femme dont la pointe retombe en arrière comme les oreilles des marmottes » ou « propre aux petites Savoyardes montreuses de marmottes ». ♦ [7] **MARMOT** XV^e s. « singe », XVI^e s. « figure grotesque, ornement architectural », XVII^e s. « petit enfant » : var. de *marmouset*, avec infl. de *marmotter*; **MARMAILLE** XVI^e s. « petit garçon », XVII^e s. « ensemble d'enfants ». ♦ [8] **MARMOTTER** fin XV^e s. « murmurer »; **MARMOTTEUR** XVI^e s.; **MARMOTTAGE** XVII^e s. ♦ [9] **MARMONNER** et **MARMONNEMENT** XVI^e s. ♦ [10] **MARONNER** XVIII^e s. « maugréer » : mot dial. (Nord-Ouest) « miauler »; **MARONNANT** XX^e s. « contrariant ».

**MIAULER, MIAULEUR, MIAULEMENT** XVI^e s. : onom. du cri du chat; **MIAOU** XVII^e s.

**MORSE** XVI^e s. : russe *morju*, empr. au lapon *morssa* ou au finnois *mursu, morsu* : onom. du cri de cet animal.

**MUGIR** famille d'une base *mu-*, onom. du cri des bovins; en lat. *mugire* et en fr. var. *meu-*.

♦ [1] **MUGIR** (demi-sav.) XIII^e s. : réfection, d'après le lat., de l'anc. fr. *muir* (var. *muier*) XII^e s., du lat. *mugīre*; **MUGISSEMENT** XIV^e s. ♦ [2] **MEUGLER, MEUGLEMENT** XVI^e s. : onom. de formation française. ♦ [3] **BEUGLER** XVII^e s. : altération onom., p.-ê. d'après *meugler*, de l'anc. fr. *bugler*, dér. de *bugle* « jeune bœuf » → BŒUF; **BEUGLEMENT** XVI^e s.

**OUISTITI** XVIII^e s. : onom. du cri de cet animal.

**PIPER** famille d'une base *pi-*, onom. du chant de nombreux petits oiseaux et secondairement de toute espèce de sifflement.

En latin, *pipio, -ōnis* « jeune oiseau qui piaule » et *pipīre, pippiāre, pīpare* « pépier, piauler ».

En germanique, anc. saxon *pipa*, moyen haut all. *pfīfe* « flûte » empr. au lat. *pipare*.

En français, formations populaires dont beaucoup sont des métaphores qui reposent sur la synonymie entre « siffler » et « boire ».

I. mots d'origine latine

A. mots de formation populaire

♦ [1] **PIPER** (pop.) XII^e s. « pousser un petit cri », XIV^e s. « chasser les oiseaux en imitant leur cri », XV^e s. « tromper » : lat. vulg. **pīppāre*, class. *pīpare*; **PIPÉ** (en parlant des dés) XVII^e s.; **PIPÉE** XIV^e s. ♦ [2] **PIPE** XII^e s. « petite flûte », XIII^e s. « chalumeau pour boire », « tuyau », XVII^e s. sens mod.; le mot a désigné aussi une mesure de capacité, une grande futaille, et, par analogie, le gosier, la bouche, d'où les expressions *casser sa pipe* XVII^e s. « crever de rage », XIX^e s. « mourir » et *se fendre la pipe* « rire »; *tête de pipe* XIX^e s. « individu », vient de la coutume d'orner de têtes sculptées le fourneau des pipes : dér. de *piper* **PIPETTE** XIII^e s.; **PIPEAU** XVI^e s. ♦ [3] **PIPELET** XIX^e s., patronyme, dér. de *pipeau*; choisi par Eugène Sue comme nom de concierge dans *Les Mystères de Paris*, à cause de sa forme onom., pour suggérer le bavardage; **PIPELETTE** XIX^e s. ♦ [4] **PIGEON** (pop.) XIII^e s. « pigeonneau » puis « pigeon adulte », XV^e s. argot « gogo » (→ DUPE) : lat. vulg. **pibiōnem*, forme dissimilée de *pipiōnem*, acc. de *pipio*; **PIGEONNE, PIGEONNEAU, PIGEONNIER, PIGEONNER** « plumer comme un pigeon, duper » XVI^e s.

**B.** mots d'emprunt

♦ [1] **FIFRE** XVI^e s. : all. dial. (Suisse) *pfîfer* (var. all. *Pfeifer*) issu du lat. *pipare*. ♦ [2] **PIPE-LINE** XIX^e s. : mot angl. « ligne (*line* → LIN) de tuyau (*pipe*, d'origine fr.) ».

**II.** onomatopées de formation française

**A.** mots sans valeur métaphorique

♦ [1] **PÉPIER** XVI^e s.; var. *pipier* XIV^e s.; **PÉPIEMENT** XVII^e s. ♦ [2] **PIAULER, PIAULEMENT** XVI^e s. ♦ [3] **PIAILLER** XVII^e s.; **PIAILLEMENT** XVIII^e s. ♦ [4] **PIOUPIOU** → Annexe I. ♦ [5] **PIAF** XIX^e s. « moineau ». ♦ [6] **PIGNOUF** XIX^e s. : dér. péj. du verbe dial. (Ouest) *pigner* « crier, grincer », fondé sur la base *pi-*.

**B.** mots explicables par la métaphore « siffler » = « boire ».

♦ [1] **PIER** XIII^e s. « boire ». ♦ [2] **PIOLLE** ou **PIAULE** XVII^e s. argot « taverne, cabaret », XIX^e s. « maison », « chambre », apparenté à *pieulle* « boisson » attesté à Rouen au XVII^e s., *piaillo* « vin » en argot auvergnat début XIX^e s. : dérivés de *pier*. ♦ [3] l'existence de la base *pi-* a dû contribuer à l'adoption des mots suivants par le langage argotique ou populaire : **PICTER** XVII^e s. « boire », d'où **PICTON** fin XVIII^e s. « vin » et **PICTONNER** XIX^e s. : dér. de *piquette* « vin ou cidre un peu aigre »; **PINARD** XVII^e s., rare avant le XIX^e s., vulgarisé pendant la guerre de 1914 : altération argotique, par substitution de suff., de *pineau* ou *pinot* (→ PIN); **PICCOLO** XIX^e s. : mot it. « petit vin de pays », d'où **PICCOLER, PICCOLEUR** début XX^e s.; **PICRATE** XIX^e s., à l'origine nom d'un produit chimique explosif (→ PICR(O)-), en 1882 nom d'un café de la place de la Sorbonne, par allusion aux boissons fortes qu'on y débitait; devient synonyme de *pinard* pendant la guerre de 1914.

**ROQUET** XVI^e s. : onom. de l'aboiement sec d'un petit chien.

**ROUCOULER** XV^e s. *rouconner*; XVI^e s. forme mod.; **ROUCOULEMENT** XVII^e s. : onom. du chant du pigeon, de la colombe, de la tourterelle.

**RUT** famille du lat. *rugire, rugitus* « rugir », d'où *rugitus, -us* « rugissement », sur une base *ru-*, onom. de divers cris d'animaux.

♦ [1] **RUT** (pop.) XII^e s. *ruit* « rugissement, tumulte », XIII^e s. « cri du cerf en rut », d'où le sens mod. : lat. *rūgītus*. ♦ [2] **RUGIR** (sav.) XII^e s. : *rugire*; **RUGISSEMENT** XVI^e s.

**TARIN** famille d'une base *tar-*, onom. du cri de certains oiseaux → TARABUSTER.

♦ [1] **TARIN** XIV^e s. « passereau à bec conique »; XX^e s. « nez ». ♦ [2] **TARTANE** XVI^e s., sorte de bateau répandu dans toute la Méditerranée (it., catalan, esp., port. *tartana*, prov. *tartano*) : probablement emploi métaph. de l'anc. provençal *tartana* « buse », onom. du cri de cet oiseau.

**TOURTERELLE** XI^e s. *turtrelle*; XIII^e s. forme mod. : lat. *tŭrtŭrella*, dimin. de *turtur* (anc. fr. *tourtre*) : onom. du chant de cet oiseau; **TOURTEREAU** XIII^e s. « jeune tourterelle », XVII^e s. plur., sens fig., « jeunes amoureux ».

# ANNEXE III

***Mots dont l'étymon est le nom d'un personnage historique, littéraire ou mythique, ou un prénom*** (entrées classées par ordre alphabétique).

**ACADÉMIE** (sav.) XVI$^e$ s. « société savante », « école supérieure », « philosophie platonicienne », « école d'équitation, de peinture ou de musique », XVII$^e$ s. « tripot », XIX$^e$ s. « circonscription universitaire » : empr., à cause du renom des académies italiennes, comme l'Accademia Fiorentina ou l'Accademia della Crusca, illustres sociétés littéraires, à l'it. *accademia*, du lat. *academia*, du gr. *Akadêmia*, jardin du héros *Akadêmos*, à Athènes, où Platon enseignait. **ACADÉMIQUE** XIV$^e$ s., dans le titre d'un ouvrage d'Oresme; XVI$^e$ s. même développement sémantique que *Académie* : du dér. gr. anc. *akadêmikos*, lat. *academicus*. — Dér. fr. : **ACADÉMICIEN** XVI$^e$ s. philosophe platonicien, XVII$^e$ s. sens actuel. **ACADÉMICIENNE** XVII$^e$ s., l'Académie de peinture, fondée en 1648, admettant quinze femmes; **ACADÉMIQUEMENT** XVI$^e$ s.; **ACADÉMISME** XIX$^e$ s.; **ACADÉMISTE** XVII$^e$ s. « qui a étudié dans une académie » puis synonyme d'« académicien ».

**ACARIÂTRE** (sav.) XV$^e$ s. « possédé », « privé de raison », XVI$^e$ s. « de mauvais caractère » : de *Acharius*, nom latin de saint Acaire, qui passait pour guérir la folie, appelée encore en anc. fr. « le mal saint Acaire ». Les pouvoirs attribués à beaucoup de saints guérisseurs reposent, comme ici, sur un jeu de mots : saint Cloud guérit les clous, saint Mamert les mamelles, etc. *Acaire* a dû être assimilé, dans le langage des clercs, au lat. *acer* « aigre ».

**ADONIS** (sav.) XVII$^e$ s. bot.; XVIII$^e$ s. « homme d'une grande beauté » : lat. *Adonis*, gr. *Adônis* nom d'une divinité du printemps, d'origine phénicienne, adoptée par la mythologie grecque qui en a fait un adolescent aimé d'Aphrodite. Dér. : **ADONISER** XVI$^e$ s.

**ALGORITHME** XVI$^e$ s. : du nom du mathématicien arabe *Alkharezmi*, inventeur de ce procédé de calcul, altéré sous l'influence du gr. *arithmos* « nombre ».

**AMMONIAC** représentants français sav. de dér. gr. *Ammôn* surnom égyptien de Zeus, qui était représenté avec des cornes de bélier dans un temple situé en Libye.
♦ [1] **AMMONIAC** XIII$^e$ s. adj., XVIII$^e$ s. subst. : gr. *ammôniakon* « sel ou gomme recueillis auprès du temple de Jupiter Ammon » (par le lat.); **AMMONIACAL** XVIII$^e$ s. ♦ [2] **AMINE** XIX$^e$ s. chimie, mot formé sur le radical de *ammoniac*; **-AMINE**, second élément de nombreux composés de la langue de la chimie, ex. : *éthylamine, protamine*, etc. ♦ [3] **AMMONITE** XVIII$^e$ s. : dér. de *Ammon*, à cause de la ressemblance de la volute de ce fossile avec les cornes de bélier de Jupiter Ammon.

**AMPÈRE** XIX$^e$ s. : nom d'un physicien.

**AMPHITRYON** XVIII$^e$ s. : chef thébain mythologique, dont la femme Alcmène, aimée de Jupiter, qui avait pris la forme d'Amphitryon lui-même, est devenue mère d'Hercule; le sens de « hôte qui offre à dîner », vient des vers d'*Amphitryon*, comédie de Molière : *Le véritable Amphitryon/ Est l'Amphitryon où l'on dîne.*

**ARÉOPAGE** (sav.) XIV$^e$ s. : gr. *Aréios pagos* « colline d'Arès » à Athènes, qui avait donné son nom à l'assemblée qui y siégeait.

**ARGUS** (sav.) XVI$^e$ s. : gr. *Argos*, nom du bouvier aux cent yeux chargé par Junon de surveiller la nymphe Io.

**ARLEQUIN** XIV$^{e}$ s. nom de personne, XVI$^{e}$ s. personnage de la Comédie-Italienne au costume bigarré, XIX$^{e}$ s. « plat composé d'un mélange de restes » : altération de l'anc. fr. *Hellequin*, nom d'un fantôme qui menait dans le ciel nocturne une chasse fantastique, et it. *Arlecchino*, lui-même empr. au fr. ; sans doute du moyen angl. **herle king* « le roi Harilo » (→ aussi all. *Erlkönig* « le roi des aulnes », héros d'une célèbre ballade) ; **ARLEQUINADE** XVIII$^{e}$ s.

**ATROPINE** (sav.) XIX$^{e}$ s., formé d'après le lat. bot. mod. *atropa* « belladone » (plante vénéneuse), tiré du gr. *Atropos*, nom de celle des Trois Parques qui coupait le fil de la vie humaine.

**BACCHANALE** famille sav. du lat. *Bacchus* : gr. *Bakkhos*, autre nom de *Dionysos*, dieu du Vin. Dér. : *bacchicus* : gr. *bakkhikos* « de Bacchus » ; lat. *bacchari* « fêter Bacchus, être en état d'ivresse, d'agitation furieuse », d'où le part. présent substantivé *bacchans*, plur. *bacchantes* et le subst. *bacchanalia* « fêtes de Bacchus ». ♦ [1] **BACCHANALE** XII$^{e}$ s. *baquenas*, XV$^{e}$ s. forme mod., plur. « fêtes de Bacchus », XVIII$^{e}$ s. « orgie bruyante » : *bacchanalia*. ♦ [2] **BACCHANTE** XVI$^{e}$ s. mythol., XIX$^{e}$ s., par croisement avec l'all. *Backe* « joue », « favoris » d'où. « moustaches » : *bacchans, -antis*. ♦ [3] **BACHIQUE** XV$^{e}$ s. : *bacchicus*. ♦ [4] **BOUCAN** XVII$^{e}$ s. « lieu de débauche », XVIII$^{e}$ s. « bruit » : représente p.-ê. l'it. *baccano*, du lat. *bacchanal*, croisé avec *bouc*, cet animal étant le symbole de la débauche.

**BAKÉLITE** XX$^{e}$ s. : du nom du chimiste belge *Baekeland*, avec l'élément *-lite*.

**BARÈME** XIX$^{e}$ s. : nom du mathématicien *François Barrême* qui écrivit en 1670 *Les Comptes faits du grand commerce*.

**BÉCHAMEL** XVIII$^{e}$ s. : du nom de *Louis de Béchamel*, marquis de Nointel, gourmet célèbre de la fin du XVII$^{e}$ s.

**BÉGONIA** XVIII$^{e}$ s. bot. : nom créé en l'honneur de *Bégon*, intendant général de Saint-Domingue au XVIII$^{e}$ s.

**BEL** et **DÉCIBEL** XX$^{e}$ s. : du nom du physicien *Graham Bell*.

**BELOTE** XX$^{e}$ s. : du nom de *F. Belot*, qui mit au point la règle de ce jeu d'origine hollandaise.

**BENJAMIN** XVII$^{e}$ s. : nom du plus jeune et du plus chéri des fils de Jacob.

**BIGOPHONE** XIX$^{e}$ s. : du nom de l'inventeur *bigot*, avec l'élément *-phone*.

**BOUGAINVILLÉE** ou **-IER** début XIX$^{e}$ s. : du nom du navigateur français *Bougainville*.

**BOYCOTTER** XIX$^{e}$ s. : angl. *to boycott* « mettre en interdit », du nom du capitaine *Boycott*, gérant de propriétés en Irlande, mis en quarantaine en 1880 ; **BOYCOTTAGE** XIX$^{e}$ s. ; **BOYCOTT, BOYCOTTEUR** XX$^{e}$ s.

**BROWNING** XX$^{e}$ s. : du nom de l'inventeur américain *J. M. Browning*.

**BRUCELLOSE** XX$^{e}$ s. : du nom de la bactérie *brucella*, formé sur celui du biologiste *D. Bruce*.

**CADENETTE** XVII$^{e}$ s. : mèche de cheveux pendante mise à la mode, sous Louis XIII, par Honoré d'Albret, seigneur de *Cadenet* en Provence.

**CADOGAN** ou **CATOGAN** fin XVIII$^{e}$ s. : du nom du général anglais *Cadogan*.

**CAILLETTE** XVI$^{e}$ s. masc. « personne frivole », XVII$^{e}$ s. fém., à cause de la syllabe finale et de l'homonymie avec *caille* : nom d'un bouffon de Louis XII et de François 1$^{er}$ ; **CAILLETER** XVIII$^{e}$ s. « bavarder ».

**CALEPIN** XVI$^{e}$ s. « dictionnaire », XVII$^{e}$ s. « carnet de notes » : nom de l'Italien *A. Calepino*, auteur d'un *Dictionnaire de la langue latine*.

**CAMÉLIA** fin XVIII$^{e}$ s. : lat. bot. *camellia*, mot créé par Linné d'après le nom du P. *Camelli*, missionnaire jésuite de la fin du XVII$^{e}$ s. qui rapporta cet arbuste d'Asie.

**CARCEL** début XIX$^{e}$ s. lampe, fin XIX$^{e}$ s. unité de lumière : du nom de l'inventeur, l'horloger *Carcel*.

**CARDAN** XVI$^{e}$ s. dans l'expression *à la Cardan*, XX$^{e}$ s. subst. techn. : de *Jérôme Cardan*, savant italien du XVI$^{e}$ s., inventeur de ce système de suspension.

**CARTER** XIX$^{e}$ s. : mot angl., du nom de l'inventeur.

**CARTÉSIEN, CARTÉSIANISME** XVIIe s. : lat. mod. *cartesianus*, du nom de *Descartes*, philosophe français du XVIIe s.

**CATHERINE** ♦ [1] Prénom féminin, de sainte Catherine d'Alexandrie (IVe s.), vierge et martyre : lat. *Catharina*, dér. du gr. *katharos* « pur » → CATHARE. ♦ [2] **CATIN** XVIe s. « femme de mauvaise vie » : var. hypocoristique de *Catherine*. ♦ [3] **CATHERINETTE** fin XIXe s. « jeune ouvrière de la mode, non encore mariée à 25 ans, qui, le jour de la fête de sainte Catherine, patronne de la corporation, coiffe un bonnet décoré et enrubanné », d'où la locution *coiffer sainte Catherine* XIXe s.

**CÉLADON** XVIIe s. « type d'amoureux », puis « nuance de vert pâle »; XIXe s. « abat-jour de porcelaine verte » : nom d'un personnage de *L'Astrée*, roman d'Honoré d'Urfé.

**CERBÈRE** XVIe s. mythol. ; XIXe s. « concierge vigilant » : *gr. Kerberos*, par le lat., nom du chien à trois têtes qui gardait l'entrée des Enfers.

**CÉSAR** ♦ [1] Surnom de *Caius Julius*, dictateur de Rome au 1er s. av. J.-C., adopté par tous les empereurs romains; interprété, p.-ê. à tort, par les Anciens comme signifiant « né d'une césarienne » (→ CISEAU); plus probablement d'origine étrusque; utilisé dans le midi de la France comme patronyme et comme nom de baptême, ainsi que la var. *Césaire* : lat. *Cesarius* « de César ». ♦ [2] **CZAR** XVIe s. ou **TSAR** XVIIe s. : mot russe emprunté au lat. *Caesar*; **TSARÉVITCH** fin XVIIe s. « fils du tsar »; **TSARINE** XVIIIe s.; **TSARISME** XIXe s. ♦ [3] **KAISER** XIXe s. « empereur » : got. *kaisar* empr. au lat. *Caesar* par l'intermédiaire du gr. *kaisar*, dans la partie orientale de l'Empire; **KAISERLICK** fin XVIIIe s. : all. *kaiserlich* « impérial ». ♦ [3] **CÉSARIEN** et **CÉSARISME** XIXe s. : dér. sav. de *César*, type du dictateur militaire qui s'appuie sur le peuple.

**CHARLES** ♦ [1] Nom de baptême vulgarisé par le culte de Charlemagne : germ. **karl* « homme, mâle », latinisé sous la forme *Carolus*. ♦ [2] **CHARLEMAGNE**, littéralement, *Charles le Grand* : second élément lat. *magnus* → MAÏS, XIXe s. *faire Charlemagne* « se retirer du jeu après avoir gagné en sortant une carte maîtresse, p. ex. *Charlemagne*, roi de cœur ». ♦ [3] **CHARLOTTE** XIXe s. « coiffure féminine » et « sorte de gâteau » : var. fém. de *Charles*. ♦ [4]

**CARLIN** début XIXe s. « sorte de petit chien à museau noir » : nom porté par l'acteur italien *Carlo Bestinazzi* (1713-1783) dans une pièce où il jouait en costume d'Arlequin avec un masque noir.

**CHASSEPOT** XIXe s. : du nom de l'inventeur.

**CHATEAUBRIAND**, ou **-ANT** XIXe s. « bifteck épais » comme en préparait Montmirail, cuisinier de *Chateaubriand*.

**CHAUVIN** XIXe s. : type du soldat du Premier Empire, enthousiaste et naïf, popularisé par les gravures de Charlet et une pièce des frères Coignard, *La Cocarde tricolore* (1831); **CHAUVINISME** XIXe s.

**CHIMÈRE** (sav.) XIIIe s. adj. « insensé », XVIe s. subst. « monstre mythologique » et « fantasme », XIXe s. zool. : gr. *Khimaira*, nom d'un monstre à tête de lion, corps de chèvre, queue de serpent, soufflant le feu; **CHIMÉRIQUE** XVIe s.

**CICÉRONE** XVIIIe s. : it. *cicerone* « guide verbeux qui fait visiter les monuments aux touristes » : du nom du grand orateur latin *Cicéron*.

**CORNÉLIEN** (sav.) XVIIe s. « héroïque » : de *Cornelius*, latinisation du nom de l'auteur tragique français Pierre *Corneille*.

**COULOMB** XIXe s. électricité : nom d'un physicien.

**CRÉSUS** XVIe s. : gr. *Kroisos*, par le lat., roi de Lydie d'une richesse fabuleuse, symbolique dès l'Antiquité.

**DAGUERRÉOTYPE, -IE** XIXe s. : du nom de *Daguerre*, inventeur de la photographie, avec l'élément *-type*.

**DAHLIA** XIXe s. : lat. bot., formé sur le nom du botaniste suédois *Dahl*.

**DALTONIEN, DALTONISME** XIXe s. : du nom de *Dalton*, physicien anglais atteint de ce mal, et qui l'a décrit le premier.

**DAVIER** XVIe s., pour *daviet* XVIe s. : dimin. de **davi*, pron. anc. du prénom biblique *David* (illustre roi d'Israël, auteur de psaumes et prophète).

**DERBY** XIXe s. « type de courses de chevaux, créé par Lord *Derby* en 1780 ».

**DÉDALE** XVIe s. : du nom du constructeur mythique du labyrinthe de Crète, gr. *Daidalos*, par le lat.

**DENIS** ♦ [1] (pop.) nom de baptême et patronyme : de saint *Denis*, premier évêque de Paris et martyr : lat. *Dionysius*, gr. *Dionusios*, nom propre courant, littéralement « de Dionysos », autre nom du dieu Bacchus (→ BACCHANALE). ♦ [2] **DIONYSIAQUE** (sav.) XVIIIe s. : gr. *dionusiakos* « qui concerne *Dionysos* ».

**DOLOMITE** fin XVIIIe s., sorte de roche : du nom du naturaliste français *Dolomieu* ; **DOLOMITIQUE** XIXe s.

**DRACONIEN** fin XVIIIe s. : du nom de *Dracon*, sévère législateur athénien → DRAGON.

**ÉGÉRIE** XIXe s. « inspiratrice », et zool. : lat. *Egeria*, nymphe dont les conseils passaient pour inspirer Numa Pompilius, deuxième roi légendaire de Rome.

**ELZÉVIR** XVIIe s. : var. orth. de *Elzevier*, nom d'une famille d'imprimeurs hollandais (XVIe s.-début XVIIIe s.).

**ÉOLIEN** XVIe s. : du nom d'*Éole*, gr. *Aiolos*, par le lat., dieu chargé de la garde des vents ; **ÉOLIENNE** subst. XXe s.

**ÉPICURIEN** XIIIe s. sens propre ; XVIe s. sens fig. : adaptation du lat. *epicurius*, dér. de *Epicurus*, gr. *Epikouros*, philosophe prêchant une morale hédoniste ; **ÉPICURISME** XVIe s.

**ESPIÈGLE** XVIe s. : altération de *Ulespiegle*, adaptation du nom de *Till Eulenspiegel*, paysan facétieux, héros d'un roman all. traduit en fr. en 1559 ; **ESPIÈGLERIE** XVIIe s.

**EUPHORBE** XIIIe s. bot. : *euphorbia herba* « herbe d'*Euphorbus*, médecin du roi numide Juba ».

**EUSTACHE** fin XVIIIe s. « couteau » : du nom d'*Eustache Dubois*, coutelier de Saint-Étienne.

**FARAD** XIXe s. électr. : du nom du physicien *Faraday* ; **FARADISATION** XIXe s.

**FAUNE** XVIe s. mythol., XIXe s. « ensemble des animaux », d'après l'emploi fait à la fin du XVIIIe s. du nom de la déesse *Flore* pour désigner l'ensemble des plantes : lat. *faunus*, dieu de la fécondité des troupeaux ; **FAUNESQUE, FAUNESSE** XIXe s., dér. relatifs au premier sens ; **FAUNIQUE** XXe s. second sens.

**FIACRE** XVIIe s. « voiture de louage », à cause de l'image de saint *Fiacre* (ermite d'origine irlandaise du VIIe s.) qui, d'après Ménage, ornait le bureau où on les louait ; ou, d'après le dictionnaire de Trévoux, du nom d'un loueur de ces voitures.

**FRANGIPANE** XVIe s. parfum, XVIIIe s. pâtisserie : du nom du marquis italien *Frangipani*, créateur du parfum.

**FUCHSIA** fin XVIIe s. : mot créé par le botaniste français Plumier d'après le nom du botaniste bavarois *Fuchs*.

**GADGET** XXe s. « petit objet à la mode, de peu d'utilité » : mot angl. d'origine obsc. (XIXe s.) entré en collusion homonymique avec le nom propre français *Gaget* prononcé à l'anglaise. Le sculpteur Bartholdi voyant le succès de sa statue de la Liberté érigée dans le port de New-York en 1886 avait confié à l'atelier « *Gaget*, Gauthier et Cie » la production de copies en miniature.

**GALLUP** XXe s. : nom d'un journaliste américain, auteur de cette méthode de sondage d'opinion.

**GALUCHAT** fin XVIIIe s. « peau de poisson préparée pour la maroquinerie » : du nom de l'inventeur.

**GALVANISME** fin XVIIIe s. : du nom du physicien *Galvani*, qui découvrit l'électricité animale ; **GALVANIQUE, GALVANISER** fin XVIIIe s. ; **GALVANISATION, GALVANOMÈTRE, GALVANOPLASTIE** XIXe s.

**GARDÉNIA** XVIIIe s. : du nom du botaniste écossais *Garden*.

**GAUSS** XIXe s. : nom d'un physicien allemand.

**GAVROCHE** XIXe s. : personnage des *Misérables* de Victor Hugo.

**GEAI** (pop.) ♦ [1] XIIe s. : bas lat. *Gaius*, nom de personne appliqué à un oiseau (→ pierrot, martinet, sansonnet); var. anc. picard *gai*. ♦ [2] **CAJOLER** (pop.) XVI^e s. « babiller comme un geai en cage »; XVII^e s., sous l'influence sémantique de *enjôler*, « dire des paroles tendres » : adaptation, sous l'infl. de *cage*, de l'anc. picard *gaioler*, croisement de *gai* et de *gaiole*, du lat. *caveola* (→ CAGE); **CAJOLERIE** XVI^e s. ♦ [3] → GAZETTE.

**GENTIANE** XIII^e s. : lat. *gentiana (herba)* « herbe de *Gentius*, roi d'Illyrie, qui aurait découvert les propriétés de la plante ».

**GIBUS** XIX^e s. « chapeau haut de forme à ressorts » : du nom de l'inventeur.

**GNAF** XIX^e s. « cordonnier » : forme abrégée de *Gnafron*, cordonnier, personnage du guignol lyonnais.

**GODILLOT** XIX^e s., altéré en **GODASSE** XX^e s., argot milit. : du nom d'un fournisseur de l'armée en 1870.

**GUILLAUME** ♦ [1] Prénom et patronyme d'origine germanique (de **wil-* « vouloir » et **helm* « casque »). ♦ [2] **GUILLEMET** XVII^e s. : du nom d'un imprimeur qui inventa ce signe graphique; dimin. du prénom et patronyme *Guillaume*. ♦ [3] **GUILLOTINE**, d'où **GUILLOTINER** fin XVIII^e s. : du nom du docteur *Guillotin*, dimin. de *Guillot*, lui-même dimin. de *Guillaume*. ♦ [4] **WILLIAMS** XIX^e s. « variété très juteuse de poire bon-chrétien » : du nom de son introducteur en Angleterre : équivalent angl. du fr. *Guillaume*.

**HERCULÉEN** XVI^e s. : du nom d'*Hercule* demi-dieu gréco latin.

**HERMAPHRODITE** XIII^e s. *hermefrodis*, XV^e s. forme mod. : lat. *hermaphroditus* « fils bisexué d'Hermès et d'Aphrodite », d'où « androgyne ».

**HERMÉTIQUE** XVII^e s. « relatif à l'alchimie » (fermeture parfaite des récipients alchimiques et caractère ésotérique de la science) : dér. sur le nom d'*Hermès trismégiste*, nom grec du dieu Toth des Égyptiens, qui passait pour avoir fondé l'alchimie; **HERMÉTISME** XX^e s.

**HORTENSIA** XVIII^e s. en lat., XIX^e s. en fr.; formé par le botaniste Commerson en l'honneur d'*Hortense Lepaute*, femme d'un célèbre horloger du XVIII^e s.

**JACQUES** famille du nom de saint Jacques le Mineur, martyr, et de saint Jacques le Majeur, apôtre et martyr; popularisé par le pèlerinage de Saint-Jacques-de-Compostelle, de *Jacobus*, forme latinisée du nom de *Jacob*, patriarche biblique; ce prénom a servi au Moyen Âge à désigner d'une part les paysans (en particulier, sous la forme *Jacques Bonhomme* XIV^e s., les paysans révoltés pendant la guerre de Cent Ans) et d'autre part le geai et la pie.

I. mots populaires

A. dérivés de *Jacques*, nom de personne.

♦ [1] **JAQUETTE** XIV^e s. « veste de paysan » : probablement dér. de *Jacques* au sens de paysan; XIX^e s. « couverture de livre » : angl. *jacket*, empr. au fr. ♦ [2] **JACQUERIE** XIX^e s. « soulèvement de paysans ». ♦ [3] **JAQUEMART** XVI^e s. : dér. de *Jaqueme*, forme picarde anc. de *Jacques*. ♦ [4] **JACQUARD** XIX^e s. : nom de l'inventeur de ce métier à tisser : dér. de *Jacques*.

B. dérivés de *Jacques*, nom d'oiseau

♦ [1] **JACTER** XIX^e s. « bavarder » : de *jaqueter* « babiller comme un geai » (adopté p.-ê. sous l'influence de *jectance* « vanterie », d'origine lat.). ♦ [2] **JACASSER** XIX^e s. : p.-ê. altération de *jacter*; plus probablement, dér. de *jacasse*, var. fém. de *Jacques* analogique d'*agace*, nom de la pie très répandu dans les dial. ♦ [3] **JACQUOT** XVIII^e s. « perroquet ».

II. mots savants :

**JACOBIN** XIII^e s. « dominicain » (leur premier couvent à Paris étant situé rue Saint-Jacques); fin XVIII^e s. « club politique installé dans l'ancien couvent »; **JACOBINISME** fin XVIII^e s.

**JACINTHE** ♦ [1] (demi-sav.) XII^e s. « topaze », XIV^e s. « fleur » : gr. *huakinthos*, par le lat., « fleur née du sang de *Huakinthos*, favori d'Apollon qui le tua par mégarde en lançant un disque ». ♦ [2] **HYACINTHE** (sav.) XVI^e s. : *huakinthos*.

**JANVIER** (pop.) XI^e s. : lat. *januarius*, dér. de *Janus*, dieu des portes et des passages, à deux visages.

**JEAN** ♦ [1] d'abord *Jehan*. Prénom et patronyme très courants (de saint Jean, le Baptiste ou l'Évangéliste) : lat. *johannes* adaptation d'un nom hébreu signifiant « Dieu accorde ». ♦ [2] **JEANNOT** XVI^e s. « niais »; **JEAN-FOUTRE** XVII^e s. ♦ [3] **JEANNETTE** XVII^e s. bot., XIX^e s. ellipse de *croix à la Jeannette* XVIII^e s. « grande croix d'or suspendue au cou par une chaîne ou un ruban »; XX^e^ s. « planchette à repasser montée sur pied » : dimin. de *Jeanne*, fém. de *Jean*. ♦ [4] **DON JUAN** XIX^e^ s. « séducteur » : personnage du théâtre espagnol réutilisé par Molière; *Juan* est l'équivalent esp. du fr. *Jean*; **DONJUANISME, DONJUANESQUE** XIX^e^ s.; pour le premier élément → DAME. ♦ [5] **JOCKEY** XVIII^e^ s. : mot angl. dér. de *Jock*, var. dial. écossaise de *Jack*, lui-même hypocoristique de *John*, équivalent angl. du fr. *Jean*, p.-ê. par l'intermédiaire de la forme néerl. *jankin*. ♦ [6] **JACQUET** XIX^e^ s. jeu : var. de l'angl. *jockey*, la dame qu'on avance la première, portant le nom de « postillon ». ♦ [7] **YANKEE** XVIII^e^ s. : mot anglo-américain : p.-ê. néerl. *janke* « petit Jean », surnom des Hollandais et des Anglais établis en Nouvelle-Angleterre.

**JÉRÉMIADE** XVII^e^ s. : du nom du prophète *Jérémie* dont on lit les lamentations pendant les offices de la Semaine sainte.

**JERRICAN** XX^e^ s. : mot angl., de *Jerry*, prénom servant à désigner les Allemands, et *can* « récipient » (apparenté au fr. *canne* → CHENAL).

**JÉSUS** ♦ [1] nom du Christ : rarement utilisé comme patronyme, jamais comme prénom en français : hébreu *Yehoshua* « Dieu sauve »; XVIII^e^ s. « papier portant en filigrane le monogramme du Christ »; XIX^e^ s. terme de tendresse. ♦ [2] **JÉSUITE** XVI^e^ s. « membre de la compagnie de *Jésus* », fondée en 1534 par Ignace de Loyola; XVII^e^ s. « hypocrite » (à cause de la souple casuistique des moralistes jésuites) : esp. *Jesuita*, dér. de Jésus; **JÉSUITIQUE** fin XVI^e^ s.; **JÉSUITISME** XVII^e^ s.

**JOBARD** XVI^e^ s., *joubard*, puis XIX^e^ s. : probablement dérivé du nom du personnage biblique *Job*, à cause de sa résignation dans le malheur, et des reproches que lui adressent sa femme et ses amis.

**JOULE** XIX^e^ s. : nom d'un physicien anglais.

**JUDAS** XIII^e^ s. « traître », fin XVIII^e^ s. « petite ouverture pour voir sans être vu » : nom de celui des douze apôtres qui trahit le Christ.

**JUIF** ♦ [1] (pop.) X^e^ s. : réfection, au XIII^e^ s. d'après le fém. *juive*, du masc. *juieu*, du lat. *judaeus*, du gr. *ioudaios*, littéralement, membre de la tribu de *Juda*, patriarche biblique, un des douze fils de Jacob, le nom de cette tribu ayant été étendu à l'ensemble du peuple; **JUIVERIE** XVI^e^ s., réfection de *juerie* XII^e^ s. (→ aussi SÉMITE et GOUJAT). ♦ [2] **YIDDISH** XIX^e^ s. : transcription angl. de l'all. *Jüdisch* « juif ». ♦ [3] **YOUTRE** XIX^e^ s. : all. dial. *Juder* « juif ». ♦ [4] **YOUDI** XIX^e^ s. : mot arabe d'Algérie, de l'arabe class. *yahudi* « juif »; **YOUPIN** XIX^e^ s. forme altérée et péjorative. ♦ [5] **JUDAÏQUE** (sav.) XV^e^ s. : lat. *judaicus* « de Juda »; **JUDAÏSME** XIII^e^ s. : lat. eccl. *judaismus*.

**JUIN** XII^e^ s. (pop.) : lat. *junius*, d'après le nom de *Junius* Brutus, premier consul de Rome.

**JULES** ♦ [1] nom de baptême : forme sav. du nom de deux saints des III^e^ s. et IV^e^ s., popularisé, à partir de la Renaissance, par la gloire de Jules César : lat. *Julius*, nom d'une ancienne famille patricienne à Rome : XIX^e^ s. argot « souteneur » et « vase de nuit ». ♦ [2] **JUILLET** XIII^e^ s. : croisement de *juil*, du lat. *julius* et de *juignet* (dimin. de *juin* qu'il a éliminé au XVI^e^ s.). Après la mort et l'apothéose de César, le mois de sa naissance, anc. *quinctilis*, lui fut consacré et prit son nom. ♦ [3] **JULIENNE** XVII^e^ s. plante, XVIII^e^ s. sorte de potage aux légumes : du prénom *Julienne*, fém. de *Julien*, du lat. *Julianus*, dér. de *Julius*.

**KLAXON** XX^e^ s. : nom d'une firme américaine, qui a fabriqué la première cet avertisseur; **KLAXONNER** XX^e^ s.

**LADRE** XIII^e^ s. (pop.) « lépreux », XVII^e^ s. « avare » (une métaphore courante associant l'idée d'« avarice » à celle de « maladie de peau ») : lat. *Lazarus*, le pauvre *Lazare* qui gisait, couvert d'ulcères, à la porte du mauvais riche (Luc, XVI, 19); **LADRERIE** XVI^e^ s.

**LAÏUS** XIX^e^ s. argot scolaire, le premier sujet de composition française donné à Polytechnique étant un « discours de *Laïus*, père d'Œdipe ».

**LAPALISSADE** XIX^e^ s. « vérité de M. de *La Palice* », d'après la célèbre chanson populaire, terminée par : *un quart d'heure avant sa mort, il était encore en vie*.

**LAVALLIÈRE** XIX^e^ s. « cravate à grand nœud » : du nom de Louise de *La Vallière*, maîtresse de Louis XIV.

**LÉVITE** XII^e^ s. sens propre; XVIII^e^ s. vêtement, d'après le costume des lévites au théâtre : lat.

eccl. *levita* « membre de la tribu de *Lévi* (patriarche biblique) spécialement consacrée au culte du Temple de Jérusalem ».

**LIARD** XVe s. : d'après Ménage, monnaie créée en Dauphiné par Guigues *Liard*.

**LUTIN** d'abord *netun* XIIe s., altéré en *nuiton* sous l'influence de *nuit*, puis en *luiton* sous l'influence de *luitier*, forme anc. de *lutter*, enfin au XVe s. en *lutin*, par changement de suff. : semble remonter au lat. *Neptunus* « Neptune », dieu de la Mer, qui figure dans une liste de démons au VIIe s. ; **LUTINER** XVIe s.

**LYNCHER** XIXe s. : formé sur l'anglo-américain *lynch law* « loi *(law)* de *Lynch* (nom d'un fermier de Virginie qui avait institué au XVIIIe s. un tribunal privé) » ; **LYNCHAGE** XIXe s.

**MACABRE** ♦ [1] Adj. tiré de l'expression *danse macabre* XIXe s., mauvaise lecture pour *danse Macabré* XIVe s., dont le second élément est une altération de *Macchabées* (chefs juifs ayant résisté par les armes à la tentative d'hellénisation d'Atiochus Épiphane, et martyrisés par lui), probablement à cause d'un passage du *Livre des Macchabées*, lu à l'office des défunts, où il est dit qu'il faut prier pour les morts afin qu'ils soient libérés de leurs péchés. ♦ [2] **MACCHABÉE** (sav.) XIXe s. ou **MACAB** « cadavre », argot d'étudiants en médecine, d'après le précédent.

**MACADAM** XIXe s. : du nom de son inventeur, l'Écossais *MacAdam* ; **MACADAMISER** XIXe s.

**MACHIAVÉLIQUE** XVIe s. : du nom de *Machiavel*, théoricien politique florentin du XVIe s.

**MADELEINE** XIXe s. nom de gâteau, du prénom de la cuisinière qui l'avait créé.

**MAGOT** XVe s. « singe », XVIe s. sens fig. mod. : du nom de *(Gog et) Magog* (Apocalypse, XX, 8) : peuples orientaux hostiles aux chrétiens.

**MAGNOLIA** XVIIIe s. : du nom du botaniste *Magnol*.

**MAILLECHORT** XIXe s. : du nom des inventeurs, les deux ouvriers lyonnais *Maillot* et *Chorier*.

**MALTHUSIEN** et **MALTHUSIANISME** XIXe s. : du nom de *Malthus*, économiste anglais de début du XIXe s. préconisant la limitation des naissances.

**MANCENILLE** ♦ [1] XVIIe s. esp. *manzanilla*, dimin. de *manzana* « pomme » : lat. *mattiana mala* « pommes de Caius Mattius (agronome romain du 1er s. av. J.-C.) » ; **MANCENILLIER** XVIIe s. ♦ [2] **MANZANILLA**, sorte de vin d'Espagne, mot esp.

**MANICHÉEN** (sav.) XVIIe s. : gr. *manikhaios*, par le lat., « adepte de la religion du Persan *Manès* (IIIe s.), pour qui le Bien et le Mal sont deux principes fondamentaux, égaux et antagonistes » ; **MANICHÉISME** XVIIe s.

**MANSARDE** XVIIe s., d'abord *combles à la mansarde*, du nom de l'architecte *Mansard* ; **MANSARDÉ** XIXe s.

**MAOUS** XIXe s. argot « gros » : mot dial. (Anjou) *mahou*, du prénom fém. *Mahaut*, var. pop. de *mathilde*, d'origine germ. (**mat* « force » et **hild* « combat »).

**MARIE** ♦ [1] Prénom fém. : nom de la Vierge : lat. *Maria* ; adaptation (p.-ê. sous l'influence de *Marius*) de l'hébreu *Miriam*. ♦ [2] **MARIONNETTE** XVe s. « ducat frappé à l'image de la Vierge », et « petite fille » ; XVIe s. sens mod. : dimin. de *Marion*, lui-même dimin. de *Marie*. ♦ [3] **MAROTTE** XVe s. « poupée », XVIe s. bâton surmonté d'une tête ornée d'un capuchon à grelots, instrument de bouffon ; XVIIe s. « idée folle, caprice » : dimin. de *Marie*. ♦ [4] **MARIOL** ou **MARIOLLE** XIXe s. argot, « malin » : probablement emploi fig. de l'anc. fr. *mariole* XIIIe s. « petite image de la Vierge », figurine sainte », dimin. de *Marie* ; ou it. *mariolo* « filou », dér. de l'expression *far le marie* « feindre la dévotion ou la simplicité ». ♦ [5] **MARIAL** XVIe s. puis XXe s. ; **MARISTE, MARIANISTE** XXe s. : dér. sav. formés sur *Maria*.

**MARITORNE** XVIIe s. *malitorne* ; XVIIIe s. forme mod. : esp. *Maritornes*, personnage de *Don Quichotte*, fille d'auberge remarquable par sa laideur.

**MARIVAUDAGE, MARIVAUDER** XVIIIe s. : du nom de *Marivaux*, auteur de comédies du XVIIIe s., en raison du caractère subtil et recherché de ses dialogues.

**MARS** ♦ [1] (pop.) XIIIe s., nom de mois : lat. *(mensis) martius*, « mois de Mars », de *Mars*,

*Martis*, dieu de la Guerre. ♦ [2] **MARDI** (pop.) XIIe s. → DIEU : *Martis dies* « jour de Mars ». ♦ [3] **MARS** (sav.) XIVe s., planète, d'où **MARTIEN** XVIe s. ♦ [4] **MARTIAL** (sav.) XVIe s. « valeureux », XVIIIe s. « d'allure belliqueuse » : lat. *martialis*, dér. de *Mars; cour, loi martiale* XVIIIe s.

**MARTIN** ♦ [1] nom de baptême et patronyme : de *Martinus*, saint Martin, renommé au Moyen Âge pour sa charité, évêque de Tours et évangélisateur de la Gaule; divers emplois péjoratifs tels que l'*âne Martin, Martin-bâton*. ♦ [2] **MARTINET** dimin. du prénom Martin, a désigné d'une part un oiseau XVIe s. (→ JACQUES, PIERRE, SANSONNET), d'autre part divers objets : XIVe s. « marteau à bascule » et « machine de guerre », XVIIe s. « cordage », XVIIIe s. « fouet à lanières ». ♦ [3] **MARTIN-PÊCHEUR** XVIIe s. : réfection de *martinet-pêcheur*, nom d'oiseau XVIe s.

**MARXISME, MARXISTE** fin XIXe s. : du nom du philosophe et économiste allemand *Karl Marx*.

**MASOCHISME** XIXe s. : du nom de l'Autrichien Sacher *Masoch*, auteur de romans d'un érotisme pathologique.

**MASSICOT, MASSICOTER** , XIXe s. : du nom de l'inventeur.

**MAUSOLÉE** (sav.) XVIe s. : gr. *Mausôleion*, par le lat., « tombeau luxueux élevé pour le roi de Carie *Mausole*, par sa veuve Artémise », appliqué ensuite au tombeau de l'empereur Auguste.

**MÉCÈNE** XVIe s. : lat. *Mecenas*, nom de l'ami de l'empereur Auguste, protecteur des lettres et des arts, pris comme nom commun dès le lat.; **MÉCÉNAT** XIXe s.

**MÉGÈRE** (sav.) XVe s. : gr. *Megaira*, par le lat., nom d'une des Furies, c.-à-d. des trois divinités infernales chargées d'exercer sur les criminels la vengeance divine.

**MENTOR** XVIIIe s. : gr. *Mentôr*, héros de l'*Odyssée*, ami d'Ulysse, dont la déesse Athéna a pris l'aspect pour accompagner Télémaque parti à la recherche de son père; popularisé par le *Télémaque* de Fénelon.

**MERCERISÉ** (fil) fin XIXe s. : du nom de *Mercer*, inventeur de ce traitement des fibres textiles.

**MERCREDI, MERCURE** → MARCHÉ.

**MICHEL** ♦ [1] nom de baptême et patronyme : *Michael*, nom d'un archange, mot hébreu, « qui est comme Dieu ? ». ♦ [2] **MICHÉ** XVIIIe s. argot « jobard » puis « celui qui paie l'amour » : prononciation anc. de *Michel*. ♦ [3] **MICHELINE** XXe s. automotrice : du nom de son inventeur, *Michelin*, dimin. de *Michel*.

**MITHRIDATISER** (sav.) XIXe s. « immuniser contre les poisons, comme *Mithridate*, roi du Pont (1er s. av. J.-C.) ».

**MOÏSE** ♦ [1] nom d'un personnage biblique; XIXe s. « corbeille servant de berceau aux nouveau-nés », parce que Moïse fut, à sa naissance, exposé sur le Nil dans une corbeille. ♦ [2] **MOSAÏQUE** (sav.) XVIe s. : lat. mod. *mosaïcus* « de Moïse ».

**MOLOCH** XVIe s. : dieu des Ammonites, célèbre pour sa cruauté.

**MONTGOLFIÈRE** fin XVIIIe s. : invention des frères *Montgolfier*.

**MORMON** XIXe s. : du nom du *Livre de Mormon*, attribué à un prophète juif de ce nom, en réalité œuvre de S. Spaudling (1761-1816).

**MORPHINE** XIXe s. « substance soporifique » : du nom de *Morphée*, dieu grec du Sommeil; **MORPHINOMANE** fin XIXe s.

**MORSE** XIXe s. code : mot anglo-américain, du nom de l'inventeur.

**NARCISSE** (sav.) XIVe s. « fleur », d'abord sous la forme *narciz*; fin XVIe s. « homme qui s'admire lui-même » : gr. *narkissos*, par le lat.; « fleur issue de la métamorphose de Narcisse, personnage mythologique mort en contemplant sa propre image dans une fontaine »; **NARCISSISME** XXe s.

**NICOLAS** ♦ [1] nom de baptême et patronyme : de saint *Nicolas*, évêque de Lycie (IVe s.) auquel on attribuait la résurrection de trois petits enfants tués par un boucher : lat. *Nicolaus* : gr. *Nikolaos*, de *nikê* « victoire » et *laos* « peuple ». ♦ [2] **COLIN**, var. hypocoristique de *Nicolas*, qui a dû faciliter l'adoption du nom de poisson (→ ce mot); XVIe s. « poule d'eau » et **COLIN-MAILLARD, COLIN-TAMPON**, nom de jeux.

**NICOTINE** XIXe s. produit extrait du tabac : du nom de *Nicot*, ambassadeur de France à Lisbonne, qui, le premier, en 1560, envoya du tabac à Catherine de Médicis ; d'où *herbe à Nicot, herbe à la reine*, anc. noms du tabac (au XVIe s. var. *nicotiane :* lat. mod. *nicotiana herba*) ; **DÉNICOTINISER**, XIXe s.

**NIGAUD** XVIe s. : abrév. de *Nigodème*, prononc. pop. de *Nicodème*, pharisien, disciple du Christ en cachette (Jean, III, 1-21) ; **NIQUEDOUILLE** XVIIe s., var. **NIGUEDOUILLE** XVIIIe s. : autre altération de *Nicodème*.

**OBSIDIENNE** XVIIe s. : lat. *obsidiana (petra)* « pierre d'*Obsius* (qui aurait découvert ce minéral) ».

**OCÉAN** → ce mot.

**ODYSSÉE** XIXe s., emploi figuré du titre du grand poème d'Homère racontant les aventures d'Ulysse pendant son voyage de retour de Troie : gr. *Odusseia*, dér. de *Odusseus* « Ulysse ».

**OGRE** (pop.) XIVe s. : probablement altération, sous l'influence de *bougre*, d'une forme **orc*, du lat. *Orcus*, nom d'une divinité infernale (Pluton en gr.) ; **OGRESSE** fin XVIIe s.

**OHM** XIXe s. : nom d'un physicien.

**OLIBRIUS** XVIe s. : nom d'un empereur d'Occident du Ve s., appliqué par *La Légende dorée* au gouverneur d'Antioche, persécuteur de sainte Marguerite.

**ONANISME** XVIIIe s. : du nom d'*Onan*, personnage biblique que Yahvé fit mourir parce qu'il lui avait déplu en pratiquant ce vice (Genèse, XXXVIII, 9).

**ORPHÉE** ♦ [1] (sav.) : gr. *Orpheus*, musicien de la mythologie grecque, capable de charmer par le son de sa lyre jusqu'à Hadès, et qui passait pour le fondateur de mystères et de rites d'initiation pour la vie présente et future. ♦ [2] **ORPHÉON** XVIIIe s. instrument de musique, XIXe s. « chœurs scolaires » puis « fanfare » : dér. du nom d'*Orphée*, analogique d'*Odéon* → ODE. ♦ [3] **ORPHIQUE** XVIIIe s. et **ORPHISME** XIXe s. « qui concerne les mystères d'Orphée » : gr. *orphikos*.

**OTTOMANE** XVIIIe s. siège d'origine orientale ; **OTTOMAN** XIXe s. étoffe : d'un nom des Turcs tiré de celui d'*Othman Ier*, fondateur d'une dynastie qui régna de 1259 à 1326.

**PALLADIUM** XIIe s., puis XVIe s. « statue de la déesse *Pallas* protectrice de la ville de Troie » : mot lat. du gr. *palladion* ; XIXe s. métal : nom tiré par l'Anglais Wollaston du nom de la planète *Pallas* récemment découverte.

**PALMER** XIXe s. : du nom de l'inventeur.

**PAMPHLET** XVIIe s. : mot angl., altération de *Pamphilet*, dimin. de *Pamphile*, titre fr. d'une comédie en vers lat. du XIIe s., *Pamphilus seu de Amore*, célèbre pour son portrait satirique d'une vieille entremetteuse ; d'où le sens d'« écrit satirique » ; **PAMPHLÉTAIRE** XVIIIe s.

**PANDORE** XIXe s. : nom du gendarme dans une opérette de G. Nadaud, *Pandore ou les deux gendarmes* ; emploi plaisant d'un anc. nom mythol. grec.

**PANIQUE** (sav.) XVe s. adj. *terreur panique* ; XIXe s. subst. : gr. *panikos*, du nom du dieu grec *Pan* le « chèvre-pieds », protecteur des troupeaux, mais capable de troubler les esprits et que les Athéniens vénéraient pour avoir inspiré une terreur *panique* aux Perses pendant les guerres médiques ; **PANIQUER** XXe s. fam.

**PANTALON** XVIe s. « personnage de la Comédie-Italienne vêtu d'un habit vénitien tout d'une pièce » ; d'où **PANTALONNADE** XVIe s. ; XVIIe s. « haut-de-chausses qui tient avec les bas » ; XIXe s. sens mod.

**PASQUINADE** XVIe s. : it. *pasquinata*, dér. de *Pasquino*, nom donné à une statue antique sur laquelle les Romains de la Renaissance avaient pris l'habitude de coller des placards satiriques ; **PASQUILLE** XVIe s. : altération de *Pasquin*.

**PASTEURISER** XIXe s. : procédé inventé par *Pasteur* ; **PASTEURISATION** XIXe s.

**PÉPIN** XIXe s. « parapluie », personnage d'un vaudeville de 1807, *Romainville ou la promenade du dimanche*, qui entrait en scène armé d'un grand parapluie.

**PHAÉTON** XVIIIe s. voiture : allusion mythologique à *Phaéton* conducteur imprudent du char du Soleil.

**PHÉBUS** XVIIe s. littér. : nom du dieu lat. grec *Phoibos* « le brillant », surnom d'Apollon, dieu du Soleil et de la Poésie.

**PHÉNIX** (sav.) XII^e s. oiseau mythologique d'une grande beauté, seul de son espèce et qui renaissait de ses cendres; XVI^e s. sens fig. : gr. *phoinix*, littéralement « pourpre », par le lat. (du nom des Phéniciens, inventeurs de la pourpre).

**PHILIPPIQUE** XVI^e s. « discours de Démosthène contre *Philippe* de Macédoine », « satire politique »; XVII^e s. « violent discours contre une personne » : gr. *philippikai*, du nom propre *Philippos* (→ ÉQUESTRE).

**PIERRE** ♦ [1] prénom. → ce mot; **PIERROT** XVII^e s. « moineau »; XVIII^e s., personnage de la pantomime, au visage enfariné et vêtu de blanc; popularisé au XIX^e s. par Deburau : dimin. du prénom *Pierre*; **PIERRETTE** XIX^e s. « femelle du pierrot » et « fille déguisée en pierrot ». ♦ [2] **PERROQUET** XIV^e s. : dér. de *Perrot*, dimin. de *Pierre*, d'abord nom propre donné à un *papegaut* (→ *martinet, jacasse, sansonnet*); XVI^e s. *voile de perroquet* et XVII^e s. *mât de perroquet*, par analogie avec le perchoir d'un perroquet → CACATOÈS et PSITTACISME. ♦ [3] **PERRUCHE** XVIII^e s. : altération, par changement de suff. de *perrique*, var. *perriquite* XVII^e s. : esp. *perica* et *periquita*, fém. et dimin. de *perico* « perroquet », dér. de *Pero*, var. de *Pedro*, du lat. *Petrus*. ♦ [4] **PÉRONNELLE** XV^e s., nom commun : dimin. de *Perron, Perronne* : dér. anc. de *Petrus*, ou bas lat. *Petronilla*, dér. de *Petrus*; héroïne d'une chanson célèbre au XV^e s., d'où XVII^e s. et dial. *chanter la péronnelle* « dire des sottises ». ♦ [5] → aussi PÉTREL.

**POUBELLE** XIX^e s. : nom du préfet de la Seine qui imposa l'usage de cette boîte à ordures en 1884.

**PRALINE** XVII^e s. : confiserie inventée par le cuisinier du maréchal du Plessis-*Praslin*; d'abord *amandes à la praline*; **PRALINER** XVIII^e s.; **PRALIN** XIX^e s.

**PRIAPÉE** (sav.) XV^e s. « œuvre licencieuse »; gr. *priapeion (metron)* « vers de Priape », au plur. « poème sur Priape, dieu des Jardins et de la Fécondité ».

**PULLMAN** fin XIX^e s. : mot angl., du nom de l'inventeur.

**QUINQUET** fin XVIII^e s. « lampe », XIX^e s. « œil » : lampe inventée en 1782 par le physicien Argaud, perfectionnée, fabriquée et vendue par le pharmacien *Quinquet*.

**RAGLAN** XIX^e s. mode : du nom de Lord *Raglan*, commandant de l'armée anglaise en Crimée, qui portait ce type de pardessus.

**RENARD** XIII^e s. : nom du *goupil* dans le *Roman de Renart*, nom propre d'homme d'origine germ., *Reginhart*, de **ragin* « conseil » et **hart* « dur »; **RENARDEAU** XIII^e s.

**RHÉSUS** (sav.) fin XVIII^e s. singe; XX^e s. biol. : appellation mythologique arbitraire, nom d'un anc. roi de Thrace.

**RIFLARD** XIX^e s. « parapluie » : nom d'un personnage d'une comédie de 1801, *La Petite Ville*, de Picard, qui portait toujours un parapluie (→ PÉPIN).

**RIGODON** ou **RIGAUDON** fin XVII^e s. : du nom de *Rigaud*, inventeur de cette danse.

**RIPOLIN** → HUILE.

**ROBINET** XV^e s., « griffon d'une fontaine, souvent en forme de tête de bélier » : dimin. de *Robin*, nom traditionnel du mouton, lui-même dimin. du prénom *Robert*; du germ. *Hrodberht*, de **hrod* « gloire » et **behrt* « brillant »; **ROBINETTERIE** XIX^e s.

**ROCAMBOLESQUE** XIX^e s. : de *Rocambole*, nom d'un personnage de Ponson du Terrail aux aventures extraordinaires.

**RODOMONTADE** XVI^e s. : de *Rodomonte*, nom d'un personnage plein de hardiesse et d'insolence, dans le *Roland furieux* de l'Arioste.

**RUOLZ** XIX^e s. : du nom de l'inventeur, un chimiste français.

**RUSTINE** XX^e s. : du nom du fabricant, marque déposée.

**SACRIPANT** XVII^e s. : it. *Sacripante*, personnage de l'*Orlando innamorato* de Boiardo.

**SADIQUE, SADISME** XIX^e s. : du nom du marquis de *Sade*, auteur de romans d'un érotisme cruel.

**SANDWICH** fin XVIII^e s. : mot angl., mets froid, prisé par le comte de *Sandwich*, parce qu'il lui permettait de manger sans s'interrompre de jouer; **HOMME-SANDWICH** XX^e s.

**SANSONNET** XV^e^ s. : dimin. de *Sanson*, var. de Samson, nom de baptême d'origine biblique (→ aussi PIERRE, MARTIN, JACQUES, GEAI et PÉTREL).

**SAPHIQUE** (sav.) XIV^e^ s. : gr. *sapphikos* « (mètre) pratiqué par *Sappho*, antique poétesse de l'île de Lesbos en Grèce »; **SAPHISME** XIX^e^ s. « mœurs décrites dans les poèmes de Sappho ».

**SATANIQUE** (sav.) XV^e^ s. : dérivé de *Satan*, nom biblique de l'Esprit du Mal; **SATANISME** XIX^e^ s.; **SATANÉ** XIX^e^ s.

**SATURNALES** (sav.) XIV^e^ s. : lat. *saturnalia* « fêtes en l'honneur du dieu *Saturne*, père de Jupiter, qui avaient lieu à Rome à partir du 17 décembre; jours de liberté absolue, de réjouissances, où l'on échange des cadeaux, et où les esclaves sont traités sur le même pied que les maîtres ».

**SAVARIN** XIX^e^ s. : du nom de Brillat-*Savarin*, célèbre gastronome.

**SAXOPHONE** XIX^e^ s. : du nom de l'inventeur A. *Sax*, avec l'élément *-phone*; abrégé en **SAXO** XX^e^ s.; **SAXOPHONISTE** fin XIX^e^ s.

**SÉIDE** XIX^e^ s. : personnage du *Mahomet* de Voltaire, affranchi de Mahomet, auquel il était aveuglément soumis : de l'arabe *Zayd*.

**SÉMITE** XIX^e^ s. : du nom de *Sem*, fils de Noé tenu pour l'ancêtre des peuples sémitiques (Genèse, X, 30); **SÉMITIQUE** fin XVIII^e^ s.; **SÉMITISME, ANTISÉMITISME** XIX^e^ s.

**SHRAPNEL** XIX^e^ s. : mot angl. du nom de l'inventeur, le général *Shrapnel*.

**SILÈNE** XVIII^e^ s. bot. : lat. *Silenus*, père nourricier de Bacchus, représenté gonflé comme une outre.

**SILHOUETTE** XVIII^e^ s. *portrait à la silhouette*, du nom d'Étienne de Silhouette, limousin, d'origine basque (son nom est apparenté à *zilo*, → SILO), qui se plaisait à décorer son château de Bry-sur-Marne de dessins exécutés en traçant un trait autour de l'ombre d'un visage.

**SIMONIE** XII^e^ s. : du nom de *Simon* le Magicien, qui avait voulu acheter aux apôtres Pierre et Paul le don de conférer le Saint-Esprit (Actes, VIII, 9-24); **SIMONIAQUE** XV^e^ s.

**SOSIE** XVIII^e^ s. esclave d'Amphitryon, dont le dieu Mercure avait pris la forme (→ AMPHITRYON).

**SPENCER** fin XVIII^e^ s. : mot angl., du nom de Lord *Spencer*.

**STAKHANOVISME** XX^e^ s. : du nom de l'ouvrier russe *Stakhanov*.

**STENTOR** (sav.) XVI^e^ s. : nom d'un guerrier de l'*Iliade*, à la voix aussi puissante que celle de cent hommes.

**STRASS** XVIII^e^ s. : nom d'un joaillier.

**SYPHILIS** XVIII^e^ s. : mot lat. mod., du nom du berger *Syphilus*, personnage des *Métamorphoses* d'Ovide, dont l'humaniste italien Fracastor (XVI^e^ s.) a fait le héros d'une légende selon laquelle, frappé de ce mal par Apollon, il aurait été guéri par la nymphe *Ammerica* au moyen d'un remède tiré d'une plante de son pays, le gaïacol; **SYPHILITIQUE, ANTISYPHILITIQUE** XVIII^e^ s.

**TAYLORISME** XX^e^ s. : angl. *taylorism*, du nom de l'ingénieur américain F. *Taylor*.

**TILBURY** XX^e^ s. : mot angl., nom du carrossier qui créa cette sorte de voiture.

**TITAN** XIV^e^ s. mythol., XIX^e^ s. sens fig. mod. : nom du père des Géants dans la mythol. gréco-latine; **TITANESQUE** XIX^e^ s.

**TRITON** XVI^e^ s. : du nom d'une divinité marine grecque.

**TURLUPINER** XVII^e^ s. : de *Turlupin* (XIV^e^ s. « secte d'hérétiques », XVI^e^ s. « mauvais plaisant ») : mot d'origine obscure, choisi comme surnom par Legrand, auteur de farces au début du XVII^e^ s.

**VESPASIENNE** XIX^e^ s. : du nom de l'empereur *Vespasien*, qui, à Rome, impose une taxe sur les urines.

**VESTALE** XIV^e^ s. adj., XVI^e^ s. subst. : lat. *(virgo) vestalis* « vierge consacrée à *Vesta*, déesse du feu domestique ».

**VOLCAN** XIV^e^ s. : it. *volcano*, du lat. *Vulcanus* « Vulcain », nom du dieu-forgeron, qui passait pour avoir sa résidence dans l'Etna; **VOLCANIQUE** XVIII^e s.; **VOLCANISME** XIX^e s.; **VOLCANO-** ou **VULCANOLOGIE** XX^e s.; **VULCANISER** XIX^e s. : angl. *to vulcanize*.

**VOLT** XIX^e s. : du nom du physicien it. *Volta*; **VOLTMÈTRE, VOLTAGE, SURVOLTER** XIX^e s.

**WATT** et **KILOWATT, HECTOWATT**, fin XIX^e s. : du nom d'un physicien écossais; **WATTMAN**, fin XIX^e s. : faux anglicisme, mot formé de *watt* « unité de mesure de l'électricité » et de *man* « homme ».

# ANNEXE IV

***Mots dont l'étymon est un nom de pays ou de peuple, réel ou mythique.***

**AGATE** (demi-sav.) XIIIe s., a éliminé l'anc. fr. *acate* XIIe s. : gr. *Akhatês*, par le lat., nom d'une rivière de Sicile près de laquelle on trouvait cette roche dure aux couleurs variées ; **AGATISÉ** XIXe s.

**ALÉNOIS** (cresson) (pop.) XVIe s. : altér. de l'anc. fr. *orlenois* « d'Orléans ».

**ALPES** (sav.) montagnes d'Europe : lat. *Alpes*, mot d'origine celtique ; **ALPIN** XVIe s. : lat. *alpinus* ; **ALPESTRE** XVIe s. : it. *alpestre* ; **ALPAGE** début XIXe s. **ALPINISME, ALPINISTE** fin XIXe s. ; **ALPENSTOCK** XIXe s. : composé de l'all. *alpen* « Alpes » et *Stock* « bâton ».

**AMAZONE** (sav.) XIIIe s. nom propre, XVIIe s. « femme guerrière », XVIIIe s. « femme qui monte à cheval » : grec *Amazôn*, au plur. « guerrières de légende vivant sans hommes qui se tranchaient un sein pour mieux tirer à l'arc » : étym. obs. ; selon une étym. pop. des Anciens, de *a-* privatif et *mazos* « mamelle ».

**ANDRINOPLE** XIXe s. « rouge turc » puis « étoffe rouge » : nom d'une ville de Turquie.

**APACHE** XXe s. : nom d'un peuple indien d'Amérique présenté comme particulièrement féroce par divers romans d'aventures, au début du XXe s. ; employé par les journalistes pour désigner la pègre de l'ancienne « zone » de Paris.

**ARABIQUE** (gomme) XIIIe s. : lat. *arabicus*, dér. de *arabus* « arabe », du gr. *araps, arabos*, nom de peuple ; **ARABESQUE** XVIe s. « arabe », XVIIe s. « décoration de style arabe » : it. *arabesco* ; **ARABISER, ARABISANT, ARABISME** XIXe s., **ARABISATION** XXe s. ; **MOZARABE** XVIIIe s. : mot de l'anc. esp., « chrétien qui vivait dans l'Espagne mauresque » : arabe *musta'rib* « arabisé ».

**ATTIQUE** XVe s. subst., XVIIe s. *(étage) attique* : lat. *atticus*, gr. *attikos* « de la région d'Athènes » ; **ATTICISME** XVIe s. : *attikismos* « emploi de la langue attique ».

**AVELINE** (pop.) XVe s. : altération, par substitution de suffixe, de l'anc. fr. *avelaine* XIIIe s. : lat. *(nux) abellāna* « (noisette) d'Abella (en Campanie) ».

**BAÏONNETTE** XVIe s. « arme, d'abord fabriquée à *Bayonne* (Pyrénées-Atlantiques) ».

**BALDAQUIN** XIVe s. : it. *baldacchino* « étoffe de soie », de *Baldacco*, anc. nom it. de Bagdad.

**BATAVIA** XIXe s. salade : du lat. *Batavi*, anc. nom des peuples de Hollande.

**BAUXITE** XIXe s. : minerai dont le premier gisement a été signalé aux *Baux* de Provence.

**BEIGE** XIIIe s. : sans doute lat. *baetĭcus* « de la province de *Bétique*, au sud-ouest de l'Espagne, dont la laine était réputée » ; le sens premier est « couleur de laine naturelle ».

**BÉOTIEN** XVIIIe s. « grossier » : gr. *boiôtos* « habitant de la province de *Béotie* » ; ils étaient tenus par leurs voisins les Athéniens pour particulièrement stupides.

**BERLINE** XVIII^e s. : voiture mise à la mode à *Berlin* vers 1670.

**BESANT** ♦ [1] (pop.) XI^e s. : lat. *bysantium* « monnaie de *Byzance* » : gr., adj. neutre *buzantion* « byzantin ». ♦ [2] **BYZANTIN** (sav.) XVII^e s.; XIX^e s. sens fig., à cause des subtiles querelles théologiques des Byzantins menacés par les Turcs, aux XIV^e s. et XV^e s. : lat. *Byzantinus*, du gr. *Buzantios*, de *Buzantion* « Byzance » (ou *Constantinople*, puis *Istanbul*).

**BISQUE** ♦ [1] XVI^e s. : p.-ê. dér. du nom de la province maritime de *Biscaye*, en Espagne. ♦ [2] **BISCAYEN** ou **BISCAÏEN** XVII^e s. dans le Midi, « vagabond », et « mousquet utilisé d'abord en Biscaye »; XIX^e s. « balle de mousquet » et « grosse bille ». ♦ [3] **BISQUER** XVIII^e s., d'abord argot des escorcs : sans doute sur le rad. de *biscayen* au sens de « gueux, filou ». (La prison de Bicêtre au XIX^e s. avait été surnommée *Biscaye*.)

**BISTOURI** XV^e s. « poignard », XVI^e s. chirurgie : dér. de *Pistoia*, ville d'Italie.

**BLUE-JEAN** XX^e s., mot américain « treillis bleu » : second élément empr. à l'anc. fr. *janne*, altération du nom de la ville de *Gênes* ou était fabriqué ce tissu de coton croisé.

**BOCK** XIX^e s. : abrév. de l'all. *Bockbier* « bière forte en alcool », altération d'*Einbeckbier* « bière de la ville d'*Einbeck* », prononcé à la munichoise et dont la syllabe initiale aurait été prise pour un article.

**BOUGIE** XIV^e s. dans l'expression *chandelles de bougie* : de *Bougie*, ville d'Algérie exportatrice de cire fine et de chandelles; **BOUGEOIR** XVI^e s.

**BOUGRE** ♦ [1] (pop.) XII^e s. « hérétique », « sodomite » et « chétif »; XV^e s. « individu » et interjection : bas lat. *Bulgarus* « Bulgare »; **BOUGREMENT** XIX^e s. ♦ [2] **RABOUGRI** XVI^e s. (var. *abougri*) : dér. de *bougre* « chétif »; **RABOUGRISSEMENT** XIX^e s. ♦ [3] **BIGRE** XVIII^e s. interj. : altération euphémique de *bougre*; **BIGREMENT** XIX^e s.

**BOURRIQUE** ♦ [1] XVII^e s. : esp. *borrico* « âne » : bas lat. *bŭrricus* « petit cheval », var. *buricus* III^e s., probablement dér. de *Buri*, nom d'une peuplade de Germanie. Il s'agirait de petits chevaux germ. dont le nom aurait été étendu à des ânes. Le mot esp. a été importé en France en même temps qu'une certaine race d'ânes esp. **BOURRIQUET** XVI^e s. ♦ [2] **BOURRICOT** XIX^e s. : nouvel empr., en Algérie, du mot esp., interprété comme un dimin.; élimine *bourriquet*. ♦ [3] **BOURRI**, var. **BOURRIN** XIX^e s. argot milit. « cheval » : formes abrégées.

**BRANDEBOURG** XVII^e s. « casaque galonnée des soldats *brandebourgeois* », XVIII^e s. « ornement de passementerie » : de *Brandebourg*, ville d'Allemagne.

**BRETON** ♦ [1] (pop.) XI^e s. : lat. *Brĭtto, -onis*, nom de peuple, var. *bret* : lat. vulg. **brĭttus* ♦ [2] **BRETÈCHE** (pop.) XII^e s. : bas lat. IX^e s. *brĭttĭsca* « (fortification) bretonne », de *brĭtto, -onis* → le précédent. ♦ [3] **BRETTEUR** XVII^e s. : dér. de *brette* « épée de Bretagne », fém. de *bret*, du lat. vulg. **brĭttus*. ♦ [4] **BREDOUILLER** XVI^e s. : var. de *bredeler* XIII^e s., p.-ê. dér. de *bret* (le bas Breton parlant d'un langage incompréhensible aux Français), avec altération expressive du *t* en *d*; **BREDOUILLE** XVI^e s. « dans l'embarras »; **BREDOUILLEMENT** XVII^e s. ♦ [5] **CALEMBREDAINE** fin XVIII^e s. : à rapprocher du dial. *bredin* « étourdi », *berdaine* « bavardage », même rad. que *bredouiller* → aussi CALEMBOUR, art. BOURDE.

**BRISTOL** XIX^e s. : abrév. de l'angl. *bristol-board* « carton fabriqué à *Bristol* ».

**BUNGALOW** XIX^e s. : mot angl., du hindî *bangla* « (maison) bengalienne ».

**CACHEMIRE** XIX^e s. tissu fin en poil de chèvre mêlé de laine : *Kashmir*, région des Indes.

**CALAMINE** ♦ [1] XIII^e s. « minerai de zinc » : bas lat. *calamina*, altération de *cadmia*, du gr. *kadmeia* « pierre qu'on trouvait à la *Cadmée*, forteresse de Thèbes, capitale de la Béotie, en Grèce ». ♦ [2] **CADMIE** XVI^e s. métall. : lat. *cadmia*; **CADMIUM** métal XIX^e s.

**CALCÉDOINE** XII^e s. « pierre fine » : lat. *calcedonia (lapis)* « pierre trouvée à *Chalcédoine*, ville située en face de Byzance ».

**CALICOT** XVIII^e s. cotonnade : de *Calicut*, ville de l'Inde.

**CAMEMBERT** XIX^e s. fromage : nom d'un village de Normandie.

**CAMPANE** (sav.) XIVe s. « cloche » : bas lat. ou it. *campana* « cloche », littéralement « (en bronze de) *Campanie* (région de Naples) » ; **CAMPANILE** XVIe s. : it. *campanile* « clocher » ; **CAMPANULE** XVIIIe s. : it. *campanula* « clochette » (→ CHAMP).

**CAMPÊCHE** (bois de) XVIIe s. : nom d'une ville du Mexique.

**CANARI** XVIe s. : esp. *canario* « (serin des îles) Canaries ».

**CANTALOUP** XVIIIe s. : du nom de la ville it. de *Cantalupo*, près de Rome.

**CAPHARNAÜM** XVIIe s. : ville de Galilée où Jésus prêcha un jour devant une foule trop dense pour le petit espace dont elle disposait (Marc, II, 2) ; rapproché, par étym. pop., du dial. *cafournou, caforniau* (apparenté à *fŭrnus* « four ») « petit réduit de débarras ménagé près de la cheminée ».

**CARACUL** XVIIIe s. : de *Karakoul*, ville d'Asie centrale.

**CARIATIDE** XVIe s. : mot it., du gr. *karuatides*, par le lat., « statues-colonnes figurant des femmes captives, d'abord sur l'Acropole d'Athènes », littéralement « femmes de *Carye* (Péloponnèse), emmenées captives après la destruction de leur ville, qui avait soutenu les Perses pendant les guerres médiques ».

**CARMAGNOLE** fin XVIIIe s. veste des paysans de Savoie et du Dauphiné : du nom de la ville de *Carmagnola*, dans le Piémont ; portée par les fédérés marseillais venus à Paris au moment de la Révolution ; origine d'un chant révolutionnaire.

**CARME** XIIIe s. « religieux de l'ordre de Notre-Dame du mont *Carmel* (Liban) » ; **CARMÉLITE** XVIIe s.

**CASAQUE** XVe s. : it. *casacca*, altération de *(veste) cosacca* « vêtement cosaque », p.-ê. sous l'infl. de *casa* ; **CASAQUIN** XVIe s. : it. *casacchino*, dimin. de *casacca*.

**CHARLESTON** XXe s. : mot anglo-américain, danse créée par les Noirs dans cette ville de Caroline du Sud.

**CHARTREUSE** XIIIe s. « couvent de l'ordre de saint Bruno » : du nom de la localité du Dauphiné où fut fondé le premier couvent ; XIXe s. « liqueur fabriquée à la *Grande-Chartreuse* » ; **CHARTREUX** XIVe s.

**CHASSELAS** XVIIe s. : du nom d'un village de Saône-et-Loire.

**CHÉCHIA** XIXe s. : arabe algérien *châchîya*, du nom de la ville de *Chach* en Perse.

**CHEDDITE** XXe s., explosif fabriqué à l'origine à *Chedde* (Haute-Savoie)

**CHEVIOTTE** XIXe s. : tissu fait de la laine des moutons des monts *Cheviot* en Écosse.

**CHICOTIN** (amer comme) XVe s. « suc d'aloès » : altération de *socotrin* « produit de l'île de *Socotra*, dans la mer Rouge ».

**CHINE** ♦ [1] XVIe s. nom de pays ; d'où « papier, ou porcelaine de Chine » : altération du lat. médiéval *Sinae*, d'origine grecque, nom d'une ville d'Extrême-Orient ; **CHINOIS** XVIIe s. « de Chine », XIXe s. « passoire fine, conique comme un chapeau chinois » et « petite orange de Chine confite » ; **CHINOISERIE** XIXe s. « bibelot de Chine » et « complication inutile ». ♦ [2] **SINO-** (sav.) : de *Sinae* → le précéd., premier élément de composés, ex. : **SINOLOGIE** XIXe s. ; **SINO-SOVIÉTIQUE** XXe s.

**COGNAC** XIXe s. : du nom de la ville productrice, en Charente.

**COING** (pop.) XIIe s. : lat. *cotoneum*, var. *cydoneum*, du gr. *kudônia mêla* (attesté en gr. anc.) « pommes de *Kudônia*, ville de Crète » ; le *t* latin peut être dû à une influence étrusque. **COGNASSIER** XVIIe s., substitué à *coignier* XIIIe s., dér. de *cognasse* XVIe s. « coing sauvage ».

**COLCHIQUE** (sav.) XVIIe s. : gr. *kolkhikon*, par le lat., « plante de *Colchide* (patrie de l'empoisonneuse Médée), ainsi appelée parce qu'elle est vénéneuse ».

**COLOPHANE** XIIIe s. : altération du gr. *kolophonia*, par le lat., « résine de la ville de *Colophon* (Asie Mineure) ».

**COOLIE** XVIe s., formes diverses, XIXe s., forme moderne : hindî *kuli*, nom d'une peuplade indienne du nord de Bombay, par l'angl.

**COPTE** ♦ [1] XVIIe s. « chrétien d'Égypte » ; XIXe s. « anc. langue démotique » : gr. *Aiguptios*

« égyptien », avec chute de la syllabe initiale. ♦ [2] **GITAN** XIX^e^ s. : esp. *gitano*, altération de *Egiptano* « Égyptien ». ♦ [3] **GIPSY** XIX^e^ s. : mot angl., altération de *Egyptian*.

**CORBILLARD** XVI^e^ s. « coche d'eau faisant le service entre *Corbeil* et Paris », XVII^e^ s. « grand carrosse », fin XVIII^e^ s. « voiture mortuaire ».

**CORDONNIER** XIV^e^ s. : altération, sous l'influence de *cordon*, de *cordoanier* XIII^e^ s., dér. de l'anc. fr. *cordoan* « cuir de Cordoue », qui a éliminé l'anc. fr. *sueur* (→ SUTURE, art. COUDRE); **CORDONNERIE** XIII^e^ s.

**CRAVATE** XVII^e^ s., d'abord pièce du costume des cavaliers du *Royal-Croate*, régiment de Louis XIV : altération de *Croate*; **CRAVATER** XIX^e^ s.

**CRETONNE** XVIII^e^ s. « toile fabriquée d'abord à *Creton*, village de l'Eure ».

**CUIVRE** ♦ [1] (pop.) XII^e^ s. : lat. *(aes) cupreum*, var. class. *cyprium*, du gr. *kuprion* « (bronze) de *Chypre* »; **CUIVRE, CUIVREUX** XVI^e^ s.; **CUIVRER** XVIII^e^ s. (→ ARCHAL). ♦ [2] **COUPEROSE** XIII^e^ s. nom de plusieurs sulfates : lat. médiéval *cupri rosa* « rose de cuivre »; XVI^e^ s. méd. : probablement emploi fig. du précédent, sous l'influence de l'anc. fr. *goutte rose*, qu'il a éliminé. ♦ [3] **CUPR(O)-** (sav.) élément de composés, ex. : **CUPRIFÈRE** XIX^e^ s. ♦ [4] **CYPRIN** XVIII^e^ s. « poisson rouge » : gr. *kuprinos*, par le lat., « carpe », littéralement « poisson de Chypre ».

**CURAÇAO** XIX^e^ s. : du nom d'une île des Antilles.

**DALMATIQUE** XII^e^ s. (sav.) : lat. *dalmatica* « (en laine de) *Dalmatie* (province bordant l'Adriatique) ».

**DAMAS** ♦ [1] XIV^e^ s. « étoffe de *Damas*, ville de Syrie »; **DAMASSER** XIV^e^ s. ♦ [2] **DAMASQUINER** XVI^e^ s. « incurster le métal à la manière des *Damasquins*, habitants de Damas »; **DAMASQUINAGE** XVII^e^ s. ♦ [3] **QUETSCHE** XIX^e^ s. : mot all., var. *Zwetschge*, d'une forme originelle à *tw-* ou *dw-* initial, du gr. *damaskênon* « prune de Damas ».

**DINANDIER** XIII^e^ s. : de *Dinan* (Belgique), où se pratiquait l'industrie du cuivre; **DINANDERIE** XIV^e^ s.

**DURALUMIN** XX^e^ s. de *Düren*, ville de Westphalie où fut créé cet alliage, et du rad. d'*aluminium*.

**ESPAGNOLETTE** ♦ [1] XVIII^e^ s., var. *targette à l'espagnole* : dér. de *espagnol* du lat. vulg. **hispaniolus*, dér. de *hispanus*. ♦ [2] **ÉPAGNEUL** XIV^e^ s. (pop.) **hispaniolus* « chien de chasse originaire d'Espagne ». ♦ [3] **HISPAN(O)-** (sav.) : lat. *hispanus*.

**ESCLAVE** XIII^e^ s. vieux slave *slověninŭ* « slave », par le grec, le lat. et le lat. médiéval *sclavus*; le développement du sens date du haut Moyen Âge où un grand nombre de *Slaves* des Balkans ont été réduits à une condition servile par les Germains, les Byzantins, les Vénitiens; **ESCLAVAGE** XVI^e^ s.; **ESCLAVAGISTE, ANTI-ESCLAVAGISTE** XIX^e^ s.; **ESCLAVAGISME** XX^e^ s. ♦ [2] **SLAVE** XVIII^e^ s. et **SLAV(O)-** : *sclavus*.

**ESQUIMAU** XX^e^ s. « crème glacée », « vêtement d'enfant » : d'*esquimau*, nom d'un peuple du Groenland (XVIII^e^ s.) ainsi désigné en sa langue.

**FAÏENCE** XVI^e^ s. « poterie fabriquée à *Faenza*, ville d'Italie »; **FAÏENCIER** XVII^e^ s.; **FAÏENCERIE** XVIII^e^ s.

**FAISAN** XII^e^ s. : gr. *phasianos (ornis)*, par le lat., « (oiseau) du *Phase*, rivière de Colchide en Asie Mineure »; **FAISANDER** XIV^e^ s.

**FALOT** ♦ [1] XIV^e^ s. « grande lanterne », XVI^e^ s. « fanal » : toscan *falô* « feu servant de signal », du bas grec *pharos*, nom d'une île de la baie d'Alexandrie célèbre par son phare. ♦ [2] **PHARE** (sav.) XVI^e^ s. : *pharos*; **RADIOPHARE** XX^e^ s.

**FLANDRIN** ♦ [1] XV^e^ s. « homme grand et mou » : littéralement « habitant des Flandres ». ♦ [2] **FLAMENCO** XIX^e^ s. : mot esp. XIII^e^ s., du néerl. *flaming* « habitant des Flandres », c.-à-d., pour un Espagnol, « personne rougeaude », devient le nom du flamant rose XIV^e^ s., et prend le sens de « gaillard, de bonne prestance »; XIX^e^ s., qualifie particulièrement la musique populaire andalouse. ♦ [3] **FLAMINGANT** XVIII^e^ s. dér. de *flameng*, anc. forme de *flamand*.

**FRANC** ♦ [1] (pop.) X^e^ s. nom de peuple : frq. **frank*, nom d'un peuple de Germanie, envahisseur du nord de la Gaule, latinisé en *Francus*; dès le XI^e^ s. attesté comme adj. au sens de « libre », d'où XVI^e^ s. « qui dit ce qu'il pense »; XIV^e^ s. subst. masc. nom d'une monnaie frappée en 1360 par le roi Jean le Bon, avec la devise *Francorum rex*; **FRANCHEMENT** XII^e^ s.; **FRANC-MAÇON** XVIII^e^ s. → MAÇON; **FRANC-PARLER, FRANC-TIREUR** XIX^e^ s. ♦ [2] **FRANCHISE** XII^e^ s. « liberté », « condition libre », « droit d'une ville libre », « exemption »; XV^e^ s. « sincérité »; **À LA BONNE FRANQUETTE** XVII^e^ s. : dér. de *franc*. ♦ [3] **FRANCHIR** XII^e^ s. « affranchir », XIV^e^ s. « se libérer d'un obstacle », « le dépasser »; **FRANCHISSEMENT** XIII^e^ s.; **INFRANCHISSABLE** fin XVIII^e^ s. ♦ [4] **AFFRANCHIR** XIII^e^ s. « rendre libre » et « exempter d'une taxe », d'où XIX^e^ s. *affranchir une lettre*; XIX^e^ s. « apprendre à vivre en marge des lois », « initier au métier de voleur », XX^e^ s. « initier, informer »; **AFFRANCHISSEMENT** XIV^e^ s.; **AFFRANCHI** XVII^e^ s. hist. rom., XIX^e^ s. argot. ♦ [5] **FRANÇAIS** (pop.) XI^e^ s. dér. de *France* : bas lat. *Francia*, pays des Francs, qui ne désignait à l'origine que l'Ile-de-France; latinisé en *franciscus*; **FRANCISER** (sav.) XVI^e^ s.; **FRANCIQUE** XVII^e^ s.; **FRANCISQUE** (sav.) XVII^e^ s. : *francisca (securis)* : « (hache) des Francs »; **FRANCIEN, FRANCISATION** XIX^e^ s. **FRANCO-** premier élément de composés, p. ex. dans **FRANCOPHILE** XIX^e^ s.; **FRANCOPHONE** XX^e^ s. ♦ [6] **FRANÇOIS** prénom et patronyme : *Franciscus*, forme lat. de *Français*; **FANCHON** XIX^e^ s. « coiffure féminine » : var. hypocoristique de *Françoise*.

**FRAISER** ♦ [1] (pop.) XII^e^ s. « galonner », d'abord au part. passé; XVII^e^ s., emploi métaph., « évaser un trou » : dér. de l'anc. fr. *freis* « galon », du lat. *phryx*, du gr. *phrux* « (galon) de Phrygie, région d'Asie Mineure, réputée pour ses tissus brochés d'or »; **FRAISE** XVI^e^ s. « collerette » et XVII^e^ s. « outil pour fraiser » : dér. de *fraiser*. ♦ [2] **ORFROI** (pop.) XII^e^ s. : probablement lat. vulg. **aurum phryx*, d'après le class. *vestes phrygiae* « étoffes de Phrygie ». ♦ [3] **FRISE** XVI^e^ s. : lat. médiéval *frisium*, var. de *phrygium* « galon broché », employé par métaphore en archit. ♦ [4] **PHRYGIEN** (sav.) XVI^e^ s., adj., mode mus.; fin XVIII^e^ s. bonnet porté par les révolutionnaires en signe d'affranchissement : lat. *Phrygius*, gr. *phrugios*.

**GAILLETIN** ♦ [1] (pop.) XIX^e^ s. : dimin. de *gaillette* « morceau de charbon gros comme une noix », mot des mines du Hainaut, lui-même dimin. de *gaille* « noix », de *gallica (nux)* « (noix) gauloise » (→ GAULOIS). ♦ [2] **GALLICAN** XIV^e^ s. (sav.) : lat. eccl. *gallicanus*, dér. de *gallicus*, de *gallus* « gaulois »; **GALLICISME** XVI^e^ s.; **GALLO-** premier élément de composés.

**GALERIE** XIV^e^ s. « passage, couloir », puis au jeu de paume « emplacement réservé pour les spectateurs », d'où le sens de « ceux qui regardent » dans l'expression *pour la galerie* : it. *galleria*, altération, par dissimilation des *l*, du lat. médiéval *galilea* « Galilée », « portique, ou vestibule, devant les monastères du Moyen Âge ».

**GALETAS** XIV^e^ s. *chambre à galathas* « logement dans les étages supérieurs d'un immeuble » : du nom de la tour de *Galata*, à Constantinople.

**GAULOIS** ♦ [1] (pop.) XV^e^ s.; XVII^e^ s. « d'une franche gaieté » : dér. de *Gaule*, du frq. **walha* « pays des Celtes (et plus généralement des Gallo-Romains) », du nom de la tribu des Volques, en Gaule Narbonnaise; **GAULOISERIE** XIX^e^ s. (→ GAILLETIN). ♦ [2] **VELCHE** XVIII^e^ s. : all. *Welsch* « étranger », surnom péjoratif des peuples romans : **walhisk*, dér. de **walha*.

**GAZE** XVI^e^ s. : du nom de la ville de *Gaza* (Palestine); **GAZER** XVIII^e^ s. au propre puis au fig. « recouvrir de gaze ».

**GÉHENNE** (sav.) XIII^e^ s. : lat. eccl. *gehenna*, hébreu *gehinnom* « vallée du Hinnom, près de Jérusalem, lieu maudit parce que les Juifs y avaient sacrifié à Moloch, et devenu la désignation de l'enfer (Mt, V, 22) » → GÊNE

**GENET** XIV^e^ s. cheval : esp. *jinete* : arabe *zenâta*, nom d'une tribu berbère réputée pour ses chevaux.

**GOMÉNOL** XIX^e^ s. : du nom du domaine de *Gomen*, en Nouvelle-Calédonie, où ce produit fut distillé pour la première fois.

**GOTHIQUE** XV^e^ s. écriture, et « relatif aux *Goths* »; XVII^e^ s. péj. « relatif au Moyen Âge » : bas lat. *gothicus* « relatif aux Goths, peuple germanique »; XVII^e^ s. archit. : empr. à l'it. *gotico*; a perdu sa valeur péjor. au XIX^e^ s.; **OSTROGOTH** XVII^e^ s. : bas lat. *Ostrogothus*, littéralement « Goth de l'Est ».

**GRÉGEOIS** ♦ [1] (pop.) XII^e^ s. : altération de l'anc. fr. *grezeis, grezois*, du lat. vulg. **graeciscus*, dér. de *graecus* « grec », du gr. *graikos*, forme beaucoup moins courante en cette langue que *hellên* (→ HÉLLÉNISME), sans doute mot pop. emprunté non en Grèce même mais en Illyrie (Yougoslavie); survit dans *feu grégeois*. ♦ [2] **GRIÈCHE** (pie) XIII$^e$ s. (pop.) : fém. de l'adj. anc. fr. *grieu*, de *graeca, graecus*. ♦ [3] **GRÈGUES** (tirer ses) XV$^e$ s. : prov. *grègou* « (culotte) grecque ». ♦ [4] **GRIGOU** XVII$^e$ s. : mot languedocien, dér. de *grec*, qui avait pris dans le Midi le sens de « filou ». ♦ [5] **GRISOU** XVIII$^e$ s. : pour *feu grisou*, forme wallonne de *feu grisois* ou *gresois*, var. de *feu grégeois*. ♦ [6] **GREC** (sav.) XVI$^e$ s. a éliminé l'anc fr. *grieu* : lat. *Graecus*; **GRECQUE** XIX$^e$ s. « frise ».

**GRENACHE** XIV$^e$ s. : it. *vernaccia*, du nom de la ville productrice de *Vernazza*.

**GRUYÈRE** XVIII$^e$ s. fromage : du nom de la ville suisse productrice.

**GUINÉE** XVII$^e$ s. : monnaie angl. frappée avec de l'or de *Guinée*.

**HAQUENÉE** XIV$^e$ s. : moy. angl. *haquenei*, p.-ê. du nom du village de *Hackney* près de Londres, renommé pour ses chevaux.

**HELLÉNISME** XVI$^e$ s. : gr. *hellenismos*, de *hellên* « grec »; **HELLÉNISTIQUE** XVIII$^e$ s.

**HERMINE** ♦ [1] XII$^e$ s. : fém. de l'anc. fr. *(h)ermin*, du lat. *armenius* « arménien »; littéralement « rat d'Arménie »; **HERMINETTE** XVI$^e$ s. : outil en forme de museau d'hermine. ♦ [2] **BROUILLAMINI** XIV$^e$ s. « mottes d'argile rouge », XVI$^e$ s. « confusion » : altération, sous l'influence de *brouiller*, de *boli Armenii* « bols d'Arménie », boulettes argileuses qui faisaient partie de la pharmacopée ancienne; **EMBROUILLAMINI** XVIII$^e$ s. : dér. formé d'après *embrouiller* → aussi 1. BOL.

**HONGRE** XV$^e$ s. cheval : forme anc. de *hongrois*, l'usage de châtrer les chevaux étant empr. aux Hongrois; du lat. d'Allemagne *hungarus*, altération et dér. du turc *ogur* « flèches », mot par lequel les Turcs désignaient les Hongrois.

**INDIGO** ♦ [1] XVII$^e$ s. : mot esp. empr. aux Néerlandais qui en faisaient exclusivement le commerce, du lat. *indĭcum* « bleu indien ». ♦ [2] **DINDE** XVII$^e$ s. pour *poule d'Inde*, qui désigne au XIV$^e$ s. la pintade (d'Abyssinie), puis *coq d'Inde* (c.-à-d. d'Amérique) « dindon »; mot employé seulement au fém., d'où le masc. **DINDON** XVII$^e$ s. « dindonneau » puis « dindon adulte »; au fig. « dupe » (→ PIGEON), d'où **DINDONNER** XIX$^e$ s.

**ITALIQUE** (sav.) fin XV$^e$ s. : lat. *italicus* « d'italie », ces caractères d'imprimerie ayant été inventés par l'Italien Alde Manuce, à cette époque.

**JAIS** (pop.) XIII$^e$ s. : de *jaiet* XII$^e$ s., du lat. *gagātes (lapis)* : « pierre de *Gages*, en Lycie ».

**JAVA** XX$^e$ s. danse : du nom de l'île de *Java*.

**JAVEL** (eau de) XIX$^e$ s., fabriquée à *Javelle*, anc. village devenu quartier de Paris; **JAVELLISER** XX$^e$ s.

**JERSEY** XVII$^e$ s. sorte de laine, XIX$^e$ s. « tricot » : du nom de l'île de *Jersey*, réputée pour ses lainages dès la fin du XVI$^e$ s.

**KAOLIN** XVIII$^e$ s. : chinois *kao-ling*, littéralement « colline élevée », lieu-dit d'où l'on extrayait cette argile blanche.

**LACONIQUE** (sav.) XVI$^e$ s. : gr. *lakonikos*, par le lat., « à la mode de *Laconie*, région de Sparte, où l'on parlait avec concision »; **LACONISME** XVI$^e$ s. : *lakonismos*.

**LANDAU** XIX$^e$ s. : voiture fabriquée d'abord dans cette ville du Palatinat.

**LAZARET** XVI$^e$ s. : it. *lazzaretto* : vénitien *lazareto*, altération, sous l'influence de *Lazaro* (→ LADRE, Annexe III), de *nazareto*, nom donné à un hôpital pour lépreux fondé près de l'église *Santa Maria di Nazareth*.

**LESBIENNE** XIX$^e$ s. « homosexuelle » : du nom de l'île de *Lesbos* en Grèce.

**LILLIPUTIEN** XVIII$^e$ s. : angl. *lilliputian*, dér. de *Lilliput*, pays imaginaire où les habitants n'ont que six pouces de haut, dans le roman de Swift, *Les Voyages de Gulliver*.

**LIMOUSINE** ♦ [1] XVIII$^e$ s. « voiture », début XX$^e$ s. « grande automobile », XIX$^e$ s. « manteau tel qu'en portent les bergers limousins ». ♦ [2] **LIMOGER** XX$^e$ s. : du nom de la ville de *Limoges*, où furent envoyés, après les premières batailles de la guerre de 1914, quelques généraux incapables.

**LORETTE** XIX^e s. « demi-mondaine, comme il en habitait beaucoup dans le quartier de Notre-Dame-de-*Lorette* à Paris ».

**LYCÉE** XVI^e s. sens antique, XIX^e s. sens mod. : gr. *Lukeion*, gymnase situé près d'Athènes, où Aristote enseignait (→ LOUP).

**MACÉDOINE** XVIII^e s. : du nom de cette partie de la Grèce, habitée par des peuples très divers.

**MADRAS** XVIII^e s. : du nom de la ville de l'Inde où ces mouchoirs de tête furent d'abord fabriqués et portés.

**MAGNÉSIE** ♦ [1] XVI^e s. Peroxyde de manganèse, corps noir comme la pierre d'aimant ; XVIII^e s. oxyde de magnésium (blanc) : dér. du lat. class. *magnes (lapis)*, du gr. *magnês lithos* « pierre de *Magnésie* », ville d'Asie Mineure située dans une région où abondent les aimants naturels. ♦ [2] **MANGANÈSE** XVI^e s. : mot it. « magnésie noire » : altération mal expliquée du lat. *magnesia* ou du gr. byzantin *magnesion* ; appliqué au XVIII^e s. au corps découvert par le chimiste suédois Scheele. ♦ [3] **MAGNÉTIQUE** XVII^e s. : bas lat. *magneticus* « de la nature de la pierre d'aimant », dér. de *magnes* ; **MAGNÉTISME** XVII^e s. « propriétés de l'aimant », XVIII^e s. abrév. de *magnétisme animal*, ensemble de phénomènes hypnotiques découverts par le médecin all. Mesmer ; d'où **MAGNÉTISER, MAGNÉTISEUR** fin XVIII^e s. ♦ [4] **MAGNÉTO-** et **-MAGNÉTIQUE**, éléments de mots sav. techn., ex. : **MAGNÉTOPHONE** XIX^e s., sens mod. XX^e s. et **PHOTOMAGNÉTIQUE** XIX^e s. ; **MAGNÉTO** fin XIX^e s. : abrév. de *machine magnéto-électrique*. ♦ [5] **MAGNÉSIUM** XIX^e s. : métal, dér. de *magnésie*.

**MAJOLIQUE** XVI^e s. : it. *majolica*, altération de *majorica* « faïence fabriquée dans l'île de *Majorque* ».

**MALABAR** XX^e s. « malin », puis « robuste », puis « admirable », argot : à l'origine tout mercanti levantin, tout mulâtre : du nom de la côte indienne de *Malabar*, avec infl. de *malin, mâle*.

**MALVOISIE** XIV^e s., var. *Malevesie*, équivalent de l'it. *Malvasia* : adaptations du gr. moderne *Monemvasia*, nom d'un îlot grec, au sud de la côte orientale de Morée, producteur de ce vin.

**MAROQUIN** XV^e s. : du nom du *Maroc* où l'on préparait cette sorte de cuir ; **MAROQUINIER, -ERIE** XVIII^e s.

**MARTINGALE** XVI^e s., d'abord *chausses à la martingale*, « attachées par-derrière », c.-à-d. « à la mode de *Martigues* » ; altération du prov. *martegalo*, fém. de *martegal*, nom des habitants de cette petite ville isolée au bord de l'étang de Berre, souvent tournés en ridicule par les autres Provençaux ; XVI^e s. *à la martingale* « de façon absurde » ; XVII^e s. « pièce du harnachement du cheval » ; XVIII^e s. « manière de jouer en misant le double d'une perte précédente » : prov. *jouga a la martegalo* « jouer à la mode de Martigues » ; XIX^e s. « patte horizontale, dans le dos d'un vêtement ».

**MAURE** ♦ [1] XII^e s.-XVII^e s. : lat. *Maurus*, habitant de l'anc. *Mauretania*, en Afrique du Nord ; var. **MORE**, influencé par l'esp. *moro*. ♦ [2] **MOREAU** XII^e s. « brun », surtout en parlant d'un cheval ; **MORELLE** XIII^e s. plante : lat. vulg. **maurellus, maurella*. ♦ [3] **MORICAUD** XV^e s. nom de chien, XVI^e s. empl. mod. : dér. de *More* ♦ [4] **MORILLE** XVI^e s. champignon : lat. vulg. **mauricŭla*. ♦ [5] **MATAMORE** XVI^e s. : esp. *matamoros* « tueur de Maures », d'abord surnom de saint Jacques, intervenu miraculeusement dans la bataille de Clavijo (844) pour soutenir les troupes du roi des Asturies Ramiro I^er contre les Maures ; puis faux brave de la comédie espagnole ; nom popularisé par Corneille dans *L'Illusion comique*.

**MAYONNAISE** XIX^e s. : altération de *mahonnaise*, tiré du nom de *Port-Mahon*, capitale de Minorque (p.-ê. en souvenir de la prise de Port-Mahon en 1756).

**MÉANDRE** (sav.) XVI^e s. : lat. *maeander*, du gr. *maiandros* « sinuosité d'une rivière », du nom du *Maiandros*, auj. *Mendereh*, fleuve d'Asie Mineure célèbre par ses sinuosités.

**MÉHARI** → ce mot.

**MÉRINOS** XVIII^e s. : esp. *merinos*, plur. de *merino* « race de mouton » : probablement altération du nom de la tribu africaine des *Benimerines*, à cause de l'importation de brebis berbères pour améliorer la race indigène espagnole.

**MOKA** XVIII^e s. : du nom d'*al-mokhâ*, port du Yémen, sur la mer Rouge, d'où l'on exportait le café d'Arabie.

**MOLOSSE** (sav.) XVI^e s. « chien du pays des *Molosses*, peuple d'Épire, en Grèce ».

**MOUSSELINE** XVII^e s. : it. *mussolina*, adaptation de l'arabe *mausilî* « (étoffe) de *Mossoul* (ville de Mésopotamie) ».

**MYRMIDON** XVII^e s., mot grec : nom du peuple de Thessalie dont Achille était roi ; a pris, p.-ê. à cause de sa valeur expressive, le sens de « petit homme chétif, insignifiant ».

**NAVARIN** XIX^e s. « navet », puis « ragoût aux navets » : du nom de la bataille de *Navarin* (1827), rapproché par plaisanterie du mot *navet*.

**OLYMPIADE** (sav.) XIV^e s. : gr. *olumpias, -ados* « célébration des jeux Olympiques » et « espace de quatre ans séparant deux célébrations consécutives », dér. de *Olumpia*, ville d'Élide (Grèce) où avaient lieu dans l'Antiquité de grands jeux panhelléniques ; **OLYMPIQUES** (jeux) XV^e s. Antiquité ; XIX^e s. « rencontres sportives internationales » : *olumpikos*

**OLYMPIEN** XVI^e s. « qui réside sur l'Olympe », XIX^e s. « serein et majestueux » : adaptation du lat. *olympius*, du gr. *olumpios* « qui habite l'Olympe, montagne de Grèce, à la frontière de la Thessalie et de la Macédoine, où les Anciens plaçaient le séjour des dieux ».

**ORVIÉTAN** XVII^e s. : it. *orvietano* « électuaire vendu d'abord dans la ville d'*Orvieto* ».

**PACTOLE** XVII^e s. : nom d'une rivière de Lydie (Asie Mineure), célèbre dans l'Antiquité pour les paillettes d'or qu'elle roulait.

**PALAIS** ♦ [1] (pop.) XI^e s. « château », XV^e s. « siège du tribunal de Paris (situé dans le *palais* même des premiers Capétiens) » : lat. *Palatium* « le mont Palatin », une des sept collines de Rome, quartier aristocratique où l'empereur Auguste fit construire sa résidence. ♦ [2] **PALADIN** XVI^e s., d'abord « seigneur de la suite de Charlemagne » : it. *paladino*, du lat. médiéval *palatinus*, dér. de *palatium* « officier du palais ». ♦ [3] **PALACE** XX^e s. : mot angl., du lat. *Palatium*.

**PANAMA** XIX^e s. « chapeau fabriqué avec une fibre tirée d'un arbuste qui pousse à *Panama* ».

**PARCHEMIN** ♦ [1] XI^e s. : altération, sous l'influence de *Parthica (pellis)*, en anc. fr. *parche* (on a retrouvé quelques textes parthes écrits sur parchemin), du bas lat. *pergamene (pellis)*, du gr. *pergamenê* « peau de *Pergame*, en Asie Mineure (à l'origine, nom de la forteresse de Troie) » ; **PARCHEMINIER** XIII^e s. : bas lat. IX^e s. *pargaminarius* ; **PARCHEMINÉ** XIX^e s. ♦ [2] **BERGAMOTE** XVI^e s. « variété de poire », XVII^e s. « citron doux » et « essence qu'on en tire » : it. *bergamotta*, de *Bergama*, nom turc de la ville de Pergame (ou plus probablement turc *beg-armudi* « poire du seigneur »).

**PARNASSIEN** XIX^e s. litt. : du nom du *Parnasse*, montagne de Phocide (Grèce), séjour d'Apollon et des muses.

**PAVANE** XVI^e s. danse : it. *(danza) pavana* « de la ville de *Pava* », forme dial. de *Padoue* ; **SE PAVANER** XVII^e s.

**PAVOIS** XIV^e s. « grand bouclier long » : it. *pavese* « de Pavie », ville où l'on a d'abord fabriqué cette sorte de bouclier ; XVI^e s. *élever sur le pavois*, à propos de l'usage des Francs qui portaient le nouveau roi en triomphe, debout sur un bouclier ; XVII^e s. « ensemble de pavillons hissés sur un navire » ; **PAVOISER** XIV^e s. mar. « garnir de pavois », XVII^e s. « hisser des pavillons », XX^e s. « orner de drapeaux un édifice ».

**PERS** ♦ [1] XI^e s. « livide, bleuâtre » : bas lat. *persus*, class. *persicus* « persan » ; donné par les *Gloses de Reichenau* pour synonyme de *hyacintinus* « violet bleuté », p.-ê. à cause de l'importation de matières colorantes provenant de *Perse* (→ aussi AZUR). ♦ [2] **PÊCHE** (fruit) XII^e s. : lat. *persica (poma)*, neutre plur. pris pour un fém. « (fruits) de Perse » ; **PÊCHER** XII^e s. ♦ [3] **PERSIENNE** XVIII^e s. « sorte de contrevent qui passait pour provenir de Perse » : fém. substantivé de l'adj. *persien* XIV^e s., dérivé de *Perse*. ♦ [4] **PERSICAIRE** (sav.) XIII^e s. bot. « espèce de renouée à fleurs roses comme celles du pêcher » : lat. médiéval *persicaria* « pêcher ».

**PHILISTIN** XIX^e s. : all. *Philister*, argot d'étudiants, « personne qui n'a pas fréquenté les universités », nom du peuple biblique combattu par Samson, sur lequel « était descendu l'esprit de Yahvé » (Juges, XIV, 6).

**POPELINE** XVIII^e s. : angl. *poplin*, empr. au fr. *papeline* XVII^e s., altération inexpliquée de *drap de Poperinge*, ville de Flandres ; rétablissement du *o* en angl. sous l'influence de *pope* « pape », le mot *papeline* étant pris pour un dér. de *pape*.

**POULAINE** ♦ [1] XIV^e s. dans l'expression *souliers à la poulaine*, fém. de *poulain* : *adaptation de poljane* « polonais » en cette langue. ♦ [2] **POLONAISE** XIX^e s. « vêtement » puis « danse » enfin « gâteau » : fém. substantivé de *polonais* XVI^e s., var. du précéd. ♦ [3] **POLONIUM** fin XIX^e s. métal, d'après *Pologne*, pays d'origine de Marie Curie qui l'avait découvert. ♦ [4] **POLKA** XIX^e s. : mot tchèque « femme polonaise » et « sorte de danse ».

**PYTHONISSE** famille sav. du gr. *Puthô*, ancien nom de la partie de la Phocide située au pied du Parnasse, où se trouve Delphes et son sanctuaire d'Apollon; d'où les adj. *puthikos* et *puthios* « pythique qui concerne Apollon Pythien »; *puthia* fém. du précéd. « prêtresse d'Apollon, à Delphes » : *puthôn, -ônos* « serpent fabuleux tué par Apollon » et « prophète inspiré par Apollon Pythien », d'où en lat. eccl. *pythonissa* « devineresse ».
♦ [1] **PYTHONISSE** XIV^e s. : *pythonissa*. ♦ [2] **PYTHIE** XVI^e s. : *puthia*, par le lat.; **PYTHIQUE** XVII^e s. : *puthikos*; **PYTHIEN** XVI^e s. ♦ [3] **PYTHON** XVI^e s. mythol., XIX^e s. zool. : *puthôn*.

**RHINGRAVE** XVI^e s. titre de noblesse allemand; XVII^e s. « haut-de-chausses mis à la mode par le rhingrave Salm, gouverneur de Maestricht (selon Ménage) » : all. *Rheingraf* « comte du Rhin ».

**ROMAN** ♦ [1] (pop.) XII^e s. d'abord *romanz* « langue vulgaire » (par opposition au latin) et « récit en langue vulgaire »; XIV^e s. « roman d'aventures » : lat. vulg. **romanĭce* « en langue romaine » (par opposition à la langue franque), adv. dér. de *romanus* « romain », lui-même dér. de *Roma* « Rome »; **ROMANCIER** XV^e s.; **ROMANCER** XVI^e s.; **ROMANESQUE** XVII^e s.; **ROMAN-FEUILLETON** XIX^e s.; **ROMAN-FLEUVE** XX^e s. ♦ [2] **ROMAND** XVI^e s. « parler français de Suisse » : var. orthogr. du précédent. ♦ [3] **ROMANCE** XVI^e s., d'abord masc., « poème espagnol composé de strophes »; XVIII^e s. « chanson sentimentale » : mot esp. équivalent du fr. *roman*. ♦ [4] **ROMANCHE** XIX^e s. : rhéto-roman (langue des Grisons, en Suisse) *rumontsch* : lat. **romanice*, équivalent du fr. *roman*, esp. *romance*. ♦ [5] **ROMANTIQUE** XVII^e s. « romanesque », XVIII^e s. « pittoresque », puis sens litt. (à propos d'une traduction de Shakespeare) : angl. *romantic* « romanesque » et « pittoresque », dér. de *romant*, empr. à l'anc. fr. *romanz* (prononcé *-ants*); les Allemands ont également emprunté ce mot à l'angl. sous la forme *romantisch*, et c'est d'Allemagne que Mme de Staël a introduit en France l'opposition entre *classiques* et *romantiques*; **ROMANTISME** (d'abord sous la forme *romanticisme*) XIX^e s. ♦ [6] **ROMAIN** (pop.) XII^e s.; « caractère d'imprimerie d'origine italienne », XVII^e s. « héroïque » : *romanus*; **ROMAINE** XIV^e s. « balance », XV^e s. salade, importée d'Avignon, où se trouvait le pape au XIV^e s. : fém. du précéd. ♦ [7] **ROMAN** (sav.) XIX^e s. adj., terme de linguist., puis d'archit. : *romanus*; **ROMANTISTE** XIX^e s. ♦ [8] **ROMANISER** XVII^e s., **ROMANISME** XVIII^e s., **ROMANITÉ** XIX^e s. : dér. sav. de *romanus* au sens de « qui appartient à l'Église romaine ».

**ROMANICHEL** XIX^e s. : mot tzigane, de *romano* « tzigane » et *tschel* « peuple »; **ROMANO** XX^e s.

**RUGBY** XIX^e s. : du nom de l'école anglaise de *Rugby*, où l'on créa ce jeu en modifiant les règles du football.

**SAINT-BERNARD** XX^e s. : chien de montagne, élevé à l'hospice du col du *Grand-Saint-Bernard*, dans les Alpes, et dressé à rechercher les voyageurs égarés.

**SAINT-HONORÉ** XIX^e s. « gâteau d'une pâtisserie de la rue Saint-Honoré à Paris » (ou du nom de saint *Honoré*, patron des pâtissiers).

**SALIQUE** (Loi) (sav.) XVI^e s. : lat. médiéval *salicus* « relatif aux Francs *Saliens* ».

**SARRASIN** (pop.) XVI^e s. : abréviation de *blé sarrasin*, ainsi appelé à cause de sa couleur noire : lat. vulg. **sarracīnus* : bas lat. *sarracēnus*, nom d'une peuplade d'Arabie, qui a été appliqué au Moyen Âge à tous les peuples musulmans d'Espagne, d'Afrique et d'Orient.

**SARDINE** ♦ [1] (pop.) XIII^e s. : lat. *sardīna* « poisson de Sardaigne »; **SARDINIER** XVIII^e s. « filet pour pêcher la sardine »; XX^e s. « bateau pour le même usage »; **SARDINERIE** XIX^e s. ♦ [2] **SARDOINE** (demi-sav.) XII^e s. : gr. *sardonux* « onyx de Sardaigne », par le lat. ♦ [3] **SARDONIQUE** (sav.) XVI^e s., *ris sardonic*; XVIII^e s. forme mod. : lat. *sardonicus risus*, calque du gr. *sardonios gelôs* « rire nerveux provoqué par la *sardonia (herba)*, ou herbe de Sardaigne, sorte de renoncule. »

**SATIN** XIV^e s. : altération de *zatouin* XIV^e s. : arabe *zaytoûnî* « de la ville de *Zaitoûn* », en chinois *Tseu-Toung* ou *Tsia-Toung*, où se fabriquait à l'origine cette étoffe ; **SATINÉ** XVII$^{e}$ s. ; **SATINETTE** XVIII$^{e}$ s.

**SCOTCH** XX$^{e}$ s. : mot angl. « écossais », var. de *scottish* ; marque déposée de ruban adhésif.

**SELTZ** (eau de) XVIII$^{e}$ s.« eau minérale acidulée exportée par le village de *Selters* en Prusse, puis fabriquée artificiellement ».

**SERGE** ♦ [1] (pop.) XII$^{e}$ s. *sarge* : lat. vulg. **sarĭca*, class. *serĭca*, fém. substantivé de *serĭcus* « de soie » : gr. *sêrikos*, de *sêr* « ver à soie » : de *Sêr*, nom d'un peuple d'Asie (les Chinois ?) ; **SERGÉ** XVIII$^{e}$ s., de *serger* XIV$^{e}$ s. ♦ [2] **SÉRICI-** (sav.) XIX$^{e}$ s. : premier élément de composés exprimant la notion de soie : gr. *sêrikos* ; ex. : **SÉRICICOLE** XIX$^{e}$ s.

**SINOPLE** XII$^{e}$ s. blas. « couleur rouge », XIV$^{e}$ s. « couleur verte » : altération du lat. *sinopis* « terre rouge de *Sinope*, ville d'Asie Mineure ».

**SIONISME** XIX$^{e}$ s. « mouvement politique tendant à la création d'un État juif ou *nouvelle Sion* », et **SIONISTE** : de *Sion* « montagne de Jérusalem » et « Jérusalem elle-même ».

**SISAL** XX$^{e}$ s. : nom d'un port mexicain, exportateur de cette fibre tirée de l'agave.

**SODOMITE** (sav.) XII$^{e}$ s. : lat. eccl. *Sodomita* « habitant de la ville biblique de *Sodome*, célèbre pour les débauches qui attirèrent sur elle le feu du ciel (Genèse, XIX) » ; **SODOMIE** XIV$^{e}$ s. ; **SODOMISER** fin XVI$^{e}$ s.

**SOLÉCISME** (sav.) XIII$^{e}$ s. : gr. *soloikismos*, par le lat., « faute de grammaire » ; littéralement « faute de langue commise par les habitants de la ville de *Soles*, en Asie Mineure ».

**SORGHO** XVI$^{e}$ s. : altération orth ; de l'it. *sorgo*, du lat. vulg. **surĭcum (granum)*, class. *syricum*, du gr. *suros* « syrien », « grain de Syrie ».

**STOÏQUE** (sav.) XV$^{e}$ s. : gr. *stoikos*, par le lat., dér. de *stoa* « le Portique », autrement dit *poikilê stoa* ou « Poecile », « Portique orné de peintures », à Athènes, où enseignait le philosophe Zénon (mot p.-ê. apparenté à *histanai* → ESTER, mais le *o* fait difficulté) ; **STOÏCIEN** XIV$^{e}$ s. ; **STOÏCISME** XVII$^{e}$ s.

**SUÈDE** XX$^{e}$ s. « peau pour les gants de fabrication suédoise » ; **SUÉDÉ, SUÉDINE** XX$^{e}$ s.

**SUISSE** ♦ [1] XVII$^{e}$ s. « concierge d'un hôtel particulier, dont l'habit rappelait celui des mercenaires suisses » puis « bedeau » et « soldat de la garde suisse du Vatican ». ♦ [2] **PETIT-SUISSE** fin XIX$^{e}$ s., fromage frais.

**SYBARITE** (sav.) XVI$^{e}$ s. : lat. *Sybarita* « habitant de la ville de *Sybaris*, colonie grecque d'Italie du Sud, reputée pour son luxe » ; **SYBARITIQUE, SYBARITISME** XIX$^{e}$ s.

**SYNCRÉTISME** (sav.) XVII$^{e}$ s. : gr. *sugkrêtismos* « alliance de Crétois », c.-à-d. « alliance de deux parties opposées contre un ennemi commun » ; en gr. anc. « Crétois » est synonyme de « fourbe » et *krêtismos* signifie « conduite digne d'un Crétois, fourberie ».

**TARASQUE** XVIII$^{e}$ s. : prov. *tarasco*, monstre légendaire, dér. du nom de la ville de *Tarascon*.

**TARENTULE** ♦ [1] XVI$^{e}$ s. grosse araignée, dont la piqûre cause des troubles nerveux, d'où *être piqué de la tarentule*, sens fig. XVIII$^{e}$ s. : it. *tarantola*, dér. de *Taranto* « Tarente », ville du sud de l'Italie, dans une région où abondent les tarentules. ♦ [2] **TARENTELLE** XIX$^{e}$ s. « danse rapide du sud de l'Italie » : it. *tarantella*, p.-ê. de **tarant(ol)ella* « agitation causée par la piqûre de la tarentule » ou simplement « danse de Tarente ».

**TARLATANE** XVIII$^{e}$ s. : altération de *ternatane* XVII$^{e}$ s., du nom des îles de *Ternate*, en Indonésie ; le rapprochement avec *tiretaine* et *tartan* doit être une étym. populaire.

**THÉBAÏDE** (sav.) XVII$^{e}$ s. : gr. *Thêbaïs, -idos*, région de *Thèbes* en Égypte, où s'étaient retirés de nombreux anachorètes chrétiens.

**TIRETAINE** ♦ [1] XIII$^{e}$ s., dér. de l'anc. fr. *tiret* XII$^{e}$ s., lui-même dér. de *tire* « étoffe de soie », du lat. *tyrius* « tyrien », attesté au IX$^{e}$ s. au sens d'« étoffe de *Tyr* » ; le second élément peut être dû à un croisement avec *futaine*. ♦ [2] **TARTAN** XVIII$^{e}$ s. : mot angl., empr. à l'anc. fr. *tertaine*, var. de *tiretaine*.

**TOLU** ♦ [1] (baume de) XVIII$^{e}$ s. « baume du Pérou » : du nom d'une ville de Colombie. ♦ [2] **TOLUÈNE** XIX$^{e}$ s. chimie : dér. de *tolu*.

**TOPINAMBOUR** XVI$^e$ s. bot., XVII$^e$ s. « sauvage » : de *tupinambas*, nom d'une tribu indienne du Brésil.

**TORTUE** XII$^e$ s. : prov. *tortuga*, altération, sous l'influence de *tort* (→ TORDRE), de *tartuga*, forme dissimilée de *tartaruga*, fém. substantivé du bas lat. *tartarucus*, du bas gr. *tartaroukhos* « qui appartient au *Tartare*, c.-à-d. l'Enfer des Anciens »; la tortue en lutte avec le coq symbolise, dans les premiers siècles du christianisme, l'hérésie, l'esprit des ténèbres en lutte contre la lumière (→ CHÉLONIEN).

**TRAVERTIN** XVII$^e$ s. sorte de tuf : it. *travertino*, du lat. *tiburtinus* « de *Tibur*, près de Rome; auj. Tivoli ».

**TRIPOLI** XVI$^e$ s., « sorte de terre importée de cette ville de Syrie ».

**TRUIE** (pop.) XII$^e$ s. : bas lat. *troia* (VIII$^e$ s.), fém. tiré de *porcus troianus* « porc troyen », c.-à-d. « farci de menu gibier », par allusion au cheval de *Troie*, grand mannequin rempli de guerriers, ruse de guerre des Grecs pour prendre Troie (ou plutôt, peut-être, un gaulois **trŏgja*).

**TULLE** XVII$^e$ s. : du nom d'une ville du centre de la France.

**TURQUOISE** ♦ [1] XIII$^e$ s. « pierre trouvée en Turquie d'Asie » : fém. substantivé de l'adj. *turquois*, anc. dér. de *turc*. ♦ [2] **TRICOISES** XIV$^e$ s., au sens de « tenailles turques » : altération de *turquoises* XII$^e$ s., sans doute sous l'influence des représentants de la base onomatopéique *tr.k* (→ TAQUET). ♦ [3] **TURCO** XIX$^e$ s. sabir algérien « soldat indigène », littéralement « Turc » (l'Algérie a été turque jusqu'en 1830).

**VALÉRIANE** XIV$^e$ s. : lat. médiéval *valeriana (herba)* « (herbe) de *Valeria*, district de la Pannonie (auj. Hongrie) ».

**VANDALE** XVIII$^e$ s. : empl. fig., par Voltaire du nom d'un peuple germ. qui ravagea l'Empire romain au V$^e$ s.; **VANDALISME** fin XVIII$^e$ s.

**VERNIS** XII$^e$ s. : it. *vernice*, du lat., médiéval veronix, *-icis*, du bas grec *verenikê* « résine odoriférante de *Berenikê*, ville de Cyrénaïque »; **VERNISSER, VERNISSURE** XII$^e$ s.; **VERNIR** XIII$^e$ s.; **VERNISSEUR** XVIII$^e$ s.; **VERNISSAGE** XIX$^e$ s.

**VÉRONAL** XX$^e$ s. pharm. : du nom de Vérone (Italie), lieu de l'invention de ce produit.

**XÉRÈS** ♦ [1] XIX$^e$ s. vin : du nom d'une ville d'Andalousie. ♦ [2] **SHERRY** fin XVIII$^e$ s. : mot angl., altération de *sherris* XVI$^e$ s., pris pour un plur., prononc. anc. de Xérès.

**YPÉRITE** XX$^e$ s. : de *Yper* « Ypres », ville flamande où ce gaz asphyxiant fut employé pour la première fois, pendant la guerre de 1914.

**ZOUAVE** XIX$^e$ s. : arabo-berbère *zwawa*, nom d'une tribu kabyle.

# INDEX

L'index renvoie au mot-entrée sous lequel le terme recherché est traité dans le corps du dictionnaire ou dans les Annexes ; les subdivisions sont indiquées s'il y a lieu.

Les mots servant d'entrée aux articles ne sont pas repris dans l'index.

## A

# B

**baldaquin** → annexe IV
**balise** → paix III 7 ; bayer 4
**balistique** → bal III A
**baliveau** → bayer 4
**baliverne** → bal I A 7
**ballade** (chant), **ballader**, **ballant** → bal I A 2, 1
**ballerine** → bal I A 5
**ballet** → bal I A 4
**ballon, ballonner, ballonnement** → 1. balle 2
**ballot, ballotage, ballottement, ballotter** → 1. balle 1, 3
**balluchon** → 1. balle 1
**balnéaire, balnéo-** → bain III 1, 2
**balourd** → lourd 2
**balsamique** → baume II 1
**bambin, bamboche** → bobine I 6, 7
**banal, banalité, banaliser** → ban 3
**banban** → banc 4
**bancaire** → banc 5
**bancal** → banc 4
**banco** → banc 6
**bancroche** → banc 4 ; croc II 3
**bande** (troupe) → ban II 1
**bandeau, bandelette, bander** → bande 1, 2
**banderille, banderole** → ban II 4, 3
**bandit** → ban III 3
**bandoulière** → ban II 5
**banjo** → mandore 3
**bank-note** → banc 7
**banlieue** → ban I 5 ; lieue 2
**bannette** → banne 1
**bannière, bannir** → ban III 4, 1
**banque, banqueroute, banquet, banquette** → banc 5, 3, 2
**banquise** → paquet 3
**baptiser, baptismal, Baptiste, baptistère** → baptême 4, 2, 3
**baquet** → bac 1
**bar** → barre 5
**baratin** → baratte 3
**barbant** → barbe I 3
**barbare** → brave II
**barbaresque** → brave I 4
**barbe** (cheval) → brave I 5
**barbeau** → barbe I 6
**barbiturique** → bette 2 ; urine 3
**barbon** → barbe I 4
**barboter** → bourbe I 2
**barbouiller** → bourbe I 3
**barbouze** → barbe I 4
**barbue** → barbe I 6
**barcarolle** → barque 5
**barcelonnette** → bercer 3
**barda** → 2. barde 3
**bardane** → baraque 2
**bardeau** → 2. barde 1
**barder** (chauffer) → baraque 4
**barder** → 2. barde 1
**bardot** → 2. barde 2
**-bare** → grever II 4
**barème** → annexe III
**barge** → barque 1
**bariolage, barioler** → barre 2 ; roi I D 1
**barman** → barre 5 ; -mand 3
**baromètre** → grever II 1
**barrage** → barre 1
**barrette** (bonnet) → béret 2
**barrette** (pour les cheveux) → barre 1
**barricade** → baril 2
**barrière** → barre 1
**barrique** → baril 2
**bary-** → grever II 3
**baryton** → grever II 2 ; tenir III 4
**bascule** → cul 5
**base** → venir II 1
**basilic** → Basile 2, 3
**basilique** → Basile 4
**-basique** → venir II 1
**basket-ball** → 1. balle 4
**basoche** → Basile 5
**basque** → bâtir 7
**basse, basset** → bas 4, 3
**basse-contre, basse-taille** → bas 3
**bassin, bassine, bassiner, bassinoire** → bac 3
**basson** → bas 4
**baste** → bât 4
**bastide, bastille, bastingage, bastion** → bâtir 3, 4, 6, 5
**bastonnade** → bât 3
**bas-ventre** → ventre 1
**bataclan** → patati-patata 3
**bataille, bataillon** → battre 4, 5
**bâtardeau** → bâtir 2
**batavia** → annexe IV
**batelier, batellerie** → bateau 1
**bat-flanc** → flanc 2
**bathyscaphe** → scaphandre 2
**batifoler** → battre 2
**bâtiment** → bâtir 1
**batiste** → battre 3
**bâton** → bât 2
**batte** → battre 1
**baudet** → ébaudir 2
**bauxite** → annexe IV
**bavard** → bobine I 10
**bavasser** → bobine I 10
**bave** → bobineau I 10
**bavolet** → voler 3
**bayadère** → bal I A 6
**be-, bes-** → deux I B 2
**beau, beau-** → bon I C 1, 4
**beaucoup** → coup 1
**beau-parleur** → bal I 3
**bébé** → bobine II
**bécarre** → abécé I 3 ; quatre II 1
**bécasse** → bec 5
**béchamel** → annexe III
**bêche** → deux I B 4
**béchevet** → chef I B 4 ; deux I B 3
**becfigue** → bec 8
**bécot, bécoter** → bec 2
**becquée** → bec 2
**becquet** → bec 2
**bédane** → bec 6
**bedon** → bedaine I
**bedondaine** → bedaine I
**béer** → bayer 2
**beffroi** → effrayer 3
**bégonia** → annexe III
**bégueule** → bayer 2
**béguin, béguine** → bègue 3
**behaviourisme** ou **behaviorisme** → avoir III
**beige** → annexe IV
**béjaune** → bec 6
**bel** → annexe III
**bêler** → annexe II
**belette** → bon I C 3
**belladone** → dame IV 5
**bellâtre** → bon I C 2
**belle-** → bon I C 4
**bellicisme** → belliqueux I 1
**belligérant** → geste II A 6 ; belliqueux I 1
**bellone** → belliqueux I 2
**belote** → annexe III
**belvédère** → voir I D 1
**bémol** → abécé I 3 ; mou I A 4
**béné-** → bon I B 2) 1
**bénédicité** → dire II B 2
**bénédictin** → dire II D 6, 5
**bénédiction** → dire II D 5
**bénéfice** → faire III E 2
**benêt** → dire I E 3
**bénévole** → vouloir 5
**bénin** → bon I B 2) 2
**bénir, bénitier** → dire I E 1
**benjamin** → annexe III
**benne** → banne 2
**benoît** → dire I E 2
**benzine, benzène** → benjoin 2
**béotien** → annexe IV
**béquille** → bec 4
**bercail** → brebis 2
**bercelonnette** → bercer 3
**bergamote** → annexe IV parchemin 2
**berger, bergeronnette** → brebis 3
**berline** → annexe IV
**berlingot** → brelan 2
**bernard-l'hermite** → ermite 2
**berner, berne** → bran 3
**bernique** → bran 4
**béryl, béryllium** → briller 3
**besace** → 1. sac 2 ; deux I B 2
**besaiguë** → aigre I A 7 ; deux I B 2
**besant** → annexe IV
**besicles** → briller 2
**besogne** → soigner 2
**besoin** → soigner 3
**besson** → deux I B 1
**bestiaire, bestial, bestiaux, bestiole** → biche 5, 6
**bestourne** → tourner I A 4
**bêta** → abécé II 3 ; biche 4
**bétail, bête, bêtifier, bêtise** → biche 3, 4
**bêtatron** → abécé II 3
**betterave** → rave 1
**bétulacées, bétuline** → bouleau 2
**beugler** → bœuf I B 2 ; annexe II mugir 3
**beuverie** → boire I A 4
**bévue** → deux I B 2 ; voir I B 6
**bi-** → deux III B 3
**bibelot** → bobine III 1
**biberon** → boire I B 1
**bibi** → bobine III 3
**bibine** → boire I B 2
**biblio-** → bible 2
**bibliobus** → bus
**bibliophile** → philtre 3
**bibliothèque** → faire IV B 5
**bibus** → bobine III 4
**bicéphale** → céphal- 4
**biceps** → chef IV C
**bichonner** → barbe I 7
**bichromate** → chrome II 2
**bicot** → bique 2
**bicyclette** → quenouille II C 6
**bide** → bidon
**bidoche** → bidet 2
**bidonville** → ville I A 1 ; bidon
**-bie** → vivre II B 2
**bielle** → vent 4
**bien, bien-** → bon I B 1) 1, 2
**bienfait** → faire I A 3
**bienheureux** → août I 2
**biennal** → an II 5
**bien-pensant** → pendre II D 1
**bienséant → seoir 1 A 6**
**bientôt** → tôt 1
**bienveillant** → vouloir 3
**bienvenue** → venir I A 1
**biffer, biffin** → bouffer II 1

# C

# D

# E

**-eret** → -ier, -ière 5
**ergastule** → orgue I B 3
**-ergie** → orgue I B 2
**ergoté** → ergot
**ergoter** → ergo 2
**ergotine, ergotisme** → ergot
**-erie** → -ier, -ière 6
**ériger** → roi III B 3
**érigne** → araignée I 2
**éroder** → rostre 3
**-eron** → -ier, -ière 5
**érosion** → rostre 3
**érotisme, érotomane** → Eros 2
**errant** → irai (j') I 3
**erratique, erratum** → errer 5, 4
**errements** → irai (j') I 3
**erreur, erroné** → errer 2, 3
**éructation** → roter 2
**érudit** → rude 2
**érugineux** → airain 2
**éruption** → rompre II A 3
**érysipèle, érythème, érythrine** → rouge II 1, 3, 2
**ès** → en I A 1 ; il II 1
**escabeau** → écheveau 2
**escadre, escadrille, escadron** → quatre II 2
**escalader, escale, escalier** → échelle I C 3, 2, 1
**escalope** → écale I 2
**escamoter** → muer I A 9
**escapade** → chape II 2
**escarboucle** → charbon III
**escarcelle** → charpie II 2
**escarmouche** → escrime 2
**escarole** → dent I C 2
**escarpe** → charpie II 3
**-escence, -escent** → -ir 3
**esche** → dent I C 1
**escient** → science 2
**esclaffer (s')** → clapet III
**esclandre** → échelle II 1
**esclave** → annexe IV
**escompter** → conter I 8
**escorte** → roi II 4
**escouade** → quatre II 2
**escroquer** → croc I 3
**-ésime** → -ième 2
**-ésique** → -ésie 3
**espadon** → épée 4
**espagnolette** → annexe IV
**espalier** → épée 5
**esparcette** → épars I 3
**espèce** → dépit II A 1
**espéranto** → espérer 3
**espiègle** → annexe III
**espion** → dépit III 2
**esplanade** → plain I A 5
**espoir** → espérer 2
**esprit** → soupirer I 3
**-esque** → -ais 2
**esquif** → équiper 2
**esquimau** → annexe IV
**esquimancie** → angoisse II
**esquinter** → cinq II 2
**essaim** → agir I A 5
**essarter** → sarcler 2
**essayer** → agir I A 6
**essence** → être II B 2
**essentiel** → être II C 3
**esseulé** → seul 1
**essor, essorage, essorer** → orage 2
**essoriller** → oreille I 1
**essouffler** → enfler I A 2
**estacade** → étiquette I 3
**estafier, estafilade** → estafette 2, 3
**estaminet** → ester V 1
**Estelle** → étoile II A 3
**(-)ester** (chimie) → été III 3, 4
**esthésie, esthésio-** → esthétique 4, 3
**estival** → été II 1
**estoc** → étau 2
**estouffade** → étuver 2
**estragon** → dragon 4
**-estre** → être 2
**estuaire** → été II 2
**estudiantin** → percer I B 5
**étable, établi, établir, étage, étagère** → ester I 4, 6, 7
**étale** → étal 3
**étalon** (cheval) → étal 4
**étambot** → étrave 2
**étamer** → étain 2
**étamine** → ester I 8
**étançon** → ester I 9
**étang** → étancher 3
**étant** → ester I 2
**état** → ester I 3
**étayer** → étai I 1
**et cetera** → et 2
**-été** → -té 2
**-eteau** → -et, -ette 3
**étendard, étendre, étendue** → tenir I B 7
**-eter** → -et, -ette 2
**éternel** → âge 2
**éternité** → âge 2
**étésiens** → vieux II
**éthane, éther** → été III 2, 1
**éthique, ethnique, ethno-** → soi II 1, 2
**éthyle** → été III 2
**éthylène** → hylo- 2
**étiage** → été I 2
**étique** → époque 2
**-étique** → -ésie 2
**étirer** → tirer 3
**-étis** → -et, -ette 3
**étoffe** → étoupe II
**-eton** → -et, -ette 4
**étonner** → tonner 3
**étouffer** → étoupe III 1
**étrange** → é- I 3
**êtres** (d'une maison) → é- I 2
**étrille** → étreindre I 9
**étriper** → tripe
**étrivière** → étrier
**étroit** → étreindre I 5
**étude, étudiant** → percer I B 2
**étui** → percer I B 1
**eucalyptus** → celer III 1
**eucharistie** → exhorter II 1
**eudémonisme** → démon 3
**eugénisme** → gens III B 5
**euh ! ou heu !** → ah ! 8
**eulogie** → lire II C 14
**eunuque** → époque 3
**euphémisme** → fable IV 3
**euphonie** → antienne 8
**euphorbe** → annexe III
**euphorie** → offrir II C 4
**-eur** → -é, -ée 3 ; 2. -eur
**eurêka** → heuristique 2
**-eureux** → 1. -eur 3
**Eustache** → annexe III
**eux** → il I 1
**évacuer** → vain II 9
**évader (s')** → vais (je) 6
**évaluer** → valoir 4
**évanescent** → vain II 2
**évangile** → ange 5
**évanouir (s')** → vain I 3
**évaporer** → vapeur 2
**évaser** → vaisseau 3
**évasif** → vais (je) 6
**éveiller** → veille I 2
**événement** → venir I A 11
**éventail, éventaire** → vent 1
**éventer** → vent 1
**éventrer** → ventre 1
**éventualité, éventuel** → venir I B 10
**évertuer (s')** → vertu I A 1
**éviction** → vaincre 4
**évidence** → voir I F 2
**évider** → vain I 4
**évier** → eau 2
**évincer** → vaincre 7
**évocation** → voix I B 7
**évoluer, évolution** → voûte III A 6
**évoquer** → voix I B 7
**ex-** → é- II 1
**ex abrupto** → rompre II A 6
**exacerber** → aigre II 3
**exact, exaction** → agir I B 3) 8, 9
**ex æquo** → égal II C
**exalter** → haut III A 1
**examen** → agir I B 4)
**exanthème** → anth(o)- 3
**exaspérer** → âpre 3
**exaucer** → haut I B 5
**ex cathedra** → seoir III B 2
**excaver** → cave 3
**excéder** → cesser II A 6
**excentricité** → centre 3
**excepter** → chasser III C 5
**excessif** → cesser II B 4
**exciper** → chasser III B 3
**excision** → ciseau II B 4
**exciter** → citer I 2
**exclamer (s')** → clair I C 4
**exclure** → clef II D 1
**excommunier** → muer I B 3
**excorier** → chair II B
**excrément** → crible I F
**excrétion** → crible I E 6
**excroissance** → croître I B 2
**excursion** → courir III A 3
**excuser** → chose II B 2
**exeat** → irai (j') II C
**exécrer** → saint II C 3
**exécuter, exécutif** → suivre II C 2
**exégèse** → sagace II 1
**exemple** → rançon II C 1
**exempter** → rançon II C 4
**exequatur** → suivre II A 8
**exergue** → orgue I B 5
**exfolier** → feuille II 1
**exhalaison, exhalation** → exhaler 1
**exhiber** → avoir II C 1
**exhumer** → homme II B 3
**exiger** → agir I B 2) 2
**exigu** → agir I B 2) 3
**exil** → aller II
**exister** → ester III B 5
**ex libris** → 2. livre 6
**exo-** → é- III 1
**exonérer** → onéreux 2
**exophtalmie** → œil III 1
**exorable** → oraison 6
**exorbitant, exorbité** → ornière 4, 3
**exorde** → ourdir II 5
**exosmose** → osmose
**exostose** → os II 1
**exotérique** → é- III 2
**expansif, expansion** → pas II 3
**expatrier** → père I B 8
**expectation, expectative** → dépit II C 3
**expectorer** → pis I 4
**expédient, expédier** → pied II 1

# F

# G

# H

**hibou** → annexe II hurler 6
**hic** → ce I A 3
**hidalgo** → fils 4
**hiémal** → hiver 3
**hiérarchie** → archives II 3 ; hiér(o)- 1
**hiératique** → hiér(o)- 2
**hiéroglyphe** → hiér(o)- 3 ; glypt(o)- 3
**hiérophante** → fantôme II 4 ; hiér(o)- 4
**hi ! han !** → annexe I
**hippique, hippo-** → équestre II 1, 4
**hippodrome, hippocampe** → équestre II 3
**hippomobile** → équestre II 4 ; mouvoir II B 3
**hippopotame** → équestre II 3 ; potamo- 2
**hirondelle** → aronde 2
**hispan(o)-** → annexe IV espagnolette 3
**histoire** → voir II 1
**hochet** → hocher
**holà !** → ah ! 18
**holo-** → sou IV 4
**holocauste** → chômer III A 3
**hombre** → homme I 3
**home** → hameau 4
**homéo-** → ensemble III 5
**homéopathie** → pathétique 7
**homicide, hominisation** → homme II A 1
**hommage** → homme I 1
**homo-** → ensemble III 4
**homogène** → gens III B 2
**homologuer** → lire II C 10
**homonyme** → nom II B 4
**homophonie** → antienne 8
**homuncule** → homme II A 1
**hongre** → annexe IV
**honnêteté, honnête** → honneur I 3, 2
**honoraire, honorer, honorable, honorifique** → honneur II 4, 1, 2, 3
**honte** → honnir 2
**hop !** → ah ! 14
**hôpital** → hôte 4
**hoplite** → panoplie 2
**horaire** → heure II 3
**hordéine** → orge 4
**horion** → oreille I 2
**horloge** → lire II C 1 ; heure II 1
**horo-, horoscope** → heure II 4, 2
**horreur, horrible, horrifier, horripiler** → ordure 2, 4
**hors, horsain, hormis** → dehors I 2, 3
**hors-d'œuvre** → œuvre I A 1
**hortensia** → annexe III ; cour I B 3
**horticole** → cour I B 2
**hospice, hospitalité** → hôte 6, 5
**hôtel** → hôte 2
**hou !** → ah ! 15
**houspiller** → houx 3
**houssaie** → houx 1
**houssine** → houx 2
**hoyau** → houe
**hue !** → ah ! 16
**huer** → annexe II hurler 2
**huissier** → huis I 1
**huitante** → dix I 2
**hulotte, hululer** ou **ululer** → annexe II hurler 5, 7
**humain, humanisme, humanité** → homme II A 2
**humble** → homme I 4
**humecter** → humeur 5
**humide** → humeur 4
**humilier** → homme II B 1
**humoral, humour** → humeur 3, 2
**humus** → homme II B 2
**huppe, huppé** → annexe II hurler 3
**hurler** → annexe II
**hurluberlu** → hure 4
**huron** → hure 3
**hyacinthe** → annexe III jacinthe 2
**hydracide** → aigre II 4
**hydrargyre** → argent II 3
**hydrate, hydrater** → onde II 5
**hydraulique** → onde II 4
**hydravion** → oie II 3
**hydre, -hydre, -hydrie, hydrique, -hydrique, hydro-** → onde II 2, 7, 5, 6
**hydrocéphale** → céphal- 4
**hydrocution** → suivre II C 2
**hydrogène** → gens III B 9
**hydromel** → miel II 2
**hydrophile** → philtre 3
**hydrophobie** → phobie 1
**hydropique** → onde II 1
**hydropisie** → onde II 1
**hydrothérapie** → thérapeutique 2
**hydroxyde** → paroxysme 6
**hyène** → souiller II 1
**-hyl, -hyle** → hylo- 2
**hylozoïque** → vivre II A 7
**hyméno-** → hymen 3
**hypallage** → autre II 5
**hyper-** → sous II 2
**hyperbole** → bal III C 7
**hyperboréen** → bourrasque 3
**hypermétrope** → œil III 5
**hypertension** → tenir II E 5
**hypertrophie** → atrophie 3
**hypno-** → sommeil III
**hypo-** → sous II 1
**hypocauste** → chômer III A 2
**hypocoristique** → korè 2
**hypocrite** → crible II 4
**hypogastre** → gastro- 2
**hypogée** → géométrie 7
**hypoglosse** → glose 5
**hypophyse** → fus (je) II B 6
**hypostase** → ester IV 4 8
**hypostyle** → ester IV F 3
**hypotension** → tenir II E 5
**hypoténuse** → tenir III 7
**hypothèque, hypothèse** → faire IV B 4, 11
**hystéro-** → hystérique 2

# I

**-ia** → -ie 2
**-ial** → -el 3
**-ianisme, ianité** → 3. -ain 6
**-iatrie, -iatrique** → -iatre
**-iau** → -eau, -elle I 3
**ibidem** → y 8
**-ic** → -ique 2
**-icaud** → -aud 2
**-ice** → 2. -esse 3
**-ice** → -is, -isse 4
**-iche, -ichon** → -is, -isse 2, 3
**ici** → ce I A 3
**-icide** → ciseau II A 2
**-icien, -icité** → -ique 3, 4
**icono-** → icône 2
**-icot** → -icoter
**-icule** → -ule 3
**-ide, -idés, idéo-** → voir II 7, 4
**idéal, -ide, idée** → voir II 3, 6
**idem, identifier, identique, identité** → y 8, 9
**idio-, idiome** → idiot 4, 3
**idiopathie** → pathétique 7
**idiosyncrasie** → cratère 3
**idolâtrer, idole** → voir II 2
**idylle** → voir II 5
**-ieau, -eau, -elle** → -el 3
**-iel, -iol** → -el 3
**-ien(n)e, -ienté** → 3. -ain 2, 5
**-igaud** → -aud 2
**ignare** → connaître I C 1
**igni-** → igné 2
**ignoble** → connaître I D 3
**ignominie** → nom I B 3
**ignorer** → connaître I C 2
**il-** → non II 7
**iliaque** → jade 2
**-ille** → -eau, -elle I 4 et -ille
**-iller** → -ille 2
**illico** → lieu II 7
**-illon** → -ille 3
**-illon** → -eau, -elle II 4
**illuminer** → luire I B 5
**illusion** → éluder II 4
**illustre, illustrer** → luire I D 2, 1
**im-** → en II A
**im-** → non II 7
**imaginer** → image 2
**imbattable** → battre 1
**imbécile** → bâcler I B 1
**imberbe** → barbe II
**imbiber** → boire I B 3
**imbroglio** → brouet II 5
**imbu** → boire I A 6
**-iment** → 2. -ment 3
**imiter** → image 3
**immaculé** → maille 7
**immanence** → manoir II 4
**immatriculé** → mère I B 3
**immédiat** → mi III B 2
**immémorial** → mémoire I B 1
**immense** → mesure I B 1
**immeuble** → mouvoir I B 1
**immigrer** → muer I D 4
**imminence** → mener I B 2
**immiscer (s')** → mêler II 2
**immobile, immobilier** → mouvoir II B 1
**immoler** → moudre I B 2
**immonde** → émonder 3
**immoral** → mœurs 2
**immortaliser** → mourir I B 1
**immuable** → muer I A 2
**immuniser, immunité, immunologie** → muer I B 7
**impact** → paix VI 2
**impair** → pair I 1
**imparité** → pair II 6
**impartialité** → part I B 4
**impartir** → part I B 5
**impasse** → pas I 4
**impassible** → passion I 2
**impatience** → passion II 1
**impatroniser (s')** → père I B 5

# J

# K



# L

# M

# N

# O

# P

# Q



# R

**repli** → plier I A 2
**répliquer** → plier II C 4
**répondre** → époux I 2
**reporter** → port I D 5
**reposer, reposoir** → poser 2
**repousser, repoussoir** → pousser I A 3
**répréhension** → prendre II 1
**reprendre** → prendre I A 4
**représailles** → prendre I E 2
**représenter** → être II C 6
**répression** → empreindre II E 6
**réprimer** → empreindre III 5
**reprise** → prendre I D 4
**réprobation** → prouver I B 5
**reprocher** → prochain 3
**réprouver** → prouver I A 3
**reptation** → reptile 1
**repu** → paître 2
**république** → publier 3 ; rien 5
**répudier** → pudeur 4
**répugner** → poing III A 1
**répulsion** → pousser I B 5
**réputer** → conter II 7
**requérir** → quérir I 4
**requête** → quérir II 4
**requiem** → coi 6
**requin** → chien I B 5
**requinquer** → clique I B 2
**réquisition, réquisitoire** → quérir III 2
**rescapé** → chape II 1
**rescousse** → casser I B 3
**rescrit** → écrire II B 4
**résection** → scier II C 4
**réséda** → seoir A II 5
**réséquer** → scier II A 1
**réserver** → serf II 3
**résider, résidu** → seoir II B 3, 4
**résigner** → seing II B 6
**résilier** → saillir I F
**résille** → réseau 3
**résipiscence** → savoir II 2
**résister** → ester III B 8
**résolution** → dissoudre I C 6
**résonance, résonner** → sonner 7
**résorber** → absorber I
**résorcine** → résine 2
**résoudre** → dissoudre I A 3
**respect, respectif** → dépit II C 8
**respirer** → soupirer II 6
**resplendir** → splendeur
**responsable** → époux I 3
**resquiller** → 1. quille ?
**ressac** → saquer 3
**ressasser** → soie 2
**ressaut** → saillir I B 5
**ressembler** → ensemble I A 3
**ressentiment, ressentir** → sentir I 4, 1
**resserre** → serrer 3
**resservir** → serf I C 2
**ressort, ressortir, ressortissant** → sort I 4
**ressource** → roi I C 2
**ressusciter** → citer I 6
**restaurer** → ester III F 2
**rester** → ester I 12
**restituer** → ester III C 6
**restreindre** → étreindre I 4
**restriction** → étreindre III A 5
**restringent** → étreindre III B 2
**résultat, résultante, résulter** → saillir I D 3
**résumer** → rançon II A 3
**résurgence** → roi III C 3
**résurrection** → roi III D 1
**retable** → table 7
**retape** → taquet III 1
**retarder** → tard 1
**retenir** → tenir I A 5
**retentir** → boum 8
**rétiaire** → réseau 5
**réticence** → taire 3
**réticule** → réseau 6
**rétif** → ester I 13
**rétine** → réseau 4
**retirer** → tirer 3
**retomber** → boum 10
**rétorquer** → tordre II B 2
**retors** → tordre I 2
**rétorsion** → tordre II C 2
**retoucher** → taquet I C 1
**retour, retourne** → tourner I A 3, 4
**rétractation, rétraction** → traire II B 8
**retrait, retraite** → traire I A 6
**retrancher** → trois I 5
**rétrécir** → étreindre I 7
**rétribuer** → tribu 8
**rétro-** → arrière I 5
**rétroactif** → agir I B 3, 2
**rétrocéder** → cesser II A 10
**rétrocession** → cesser II B 10
**rétrospectif** → dépit II C 9
**retrousser, retroussis** → tordre I 11
**rétroversion** → vers I A 8
**rétroviseur** → voir I E 4
**rets** → réseau 2
**réussir** → irai (j') I 9
**revaloir** → valoir 1
**revaloriser** → valoir 10
**revanche** → venger 2
**rêvasser** → rêver 1
**réveiller, réveillon** → veille I 2
**révéler** → voile 3
**revendication** → venger 5
**réverbère, réverbérer** → verveine 2
**révérence, révérend, révérer** → serf III 4
**revers, reversible, reversion** → vers I B 16
**revêtement** → vêtir 1
**revigorer** → veille I 3
**revirement** → virer 1
**réviser, révisionniste** → voir I E 8
**revitaliser, reviviscence** → vivre I 9, 14
**révocation** → voix I B 5
**révolter** → voûte II A 1
**révolu, révolution** → voûte III A 2, 1
**revolver** → voûte II C
**révoquer** → voix I B 5
**revue** → voir I B 1
**révulsion** → laine IV 3
**rez-de-chaussée** → raser I A 2 ; chausse I 3
**rezzou** → razzia
**rhabiller** → bille I 3
**rhapsodie** → ode 12
**rhéostat** → rhume 6
**rhésus** → annexe III
**rhéteur** → rhétorique
**rhingrave** → annexe IV
**rhinocéros** → cor II C 1 ; rhin(o)-
**rhizo-** → réglisse 2
**rhodium** → rose II 2
**rhododendron** → dendr(o)- 2 ; rose II 1
**rhotacisme** → abécé II 8
**rhumatisme** → rhume 5
**ribambelle** → bobine I 9
**ribote, riboter** → ribaud 2
**ribouis** → buis I 5
**ribouldingue** → ribaud 3
**ricaner** → genou III 1
**ric-rac** ou **ric et rac** → annexe I
**rideau** → rider
**ridicule** (petit sac à main) → réseau 6
**ridicule** → rire 6
**riflard** → annexe III
**riflard** (outil) → rifler 1
**rifle** → rifler 2
**rigide** → raide 3
**rigodon** ou **rigaudon** → annexe III
**rigole** → roi II 1
**rigoler** → rire 4
**rigueur** → raide 2
**rillettes** → roi I D 2
**rimailler** → rimer 1
**rinceau** → rameau II
**ring** → rang 3
**ringard** → gringalet 2
**ripaille** → riper 2
**ripaton** → patte 8
**ripolin** → annexe III ; huile 8
**ripopée** → papa III 3
**riposte** → époux I 5
**riquiqui** → annexe I
**risée, risette** → rire 3
**risotto** → riz 2
**rissole, rissoler** → rouge I A 7
**ristourne** → tourner I B 4
**rite, rituel** → art I B 6
**ritournelle** → tourner I B 3
**rivage** → rive 1
**rivaliser** → ru 4
**river, riverain, rivet, Riviera, rivière** → rive 3, 6, 5
**roastbeef** → rôtir 2
**Robin** → robe 1
**robinet** → annexe III
**robuste** → rouge I B 3
**roc** → roche 2
**rocade** → roquer 2
**rocaille** → roche 2
**rocambolesque** → annexe III
**rocher** → roche 1
**rochet** → froc 2
**rococo** → annexe I ; roche 2
**rodage, roder** → rostre 4
**rôder** → roue I 8
**rodomontade** → annexe III
**rogations, rogaton** → corvée II 7
**rogne** (gale) → araignée I 4
**rogne** → ronfler 2
**rogner** → roue I 10
**rognon** → rein 2
**rôle** → roue I 5
**romain, romaine** → annexe IV roman 6
**roman** → annexe IV
**roman** (ling. ; archit.), **romance, romanche, romancier, romand, romanesque** → annexe IV roman 7, 3, 4, 1, 2
**romanichel** → annexe IV roman 8
**romaniser, romaniste, romanité** → annexe IV roman 8, 7
**romano** → annexe IV romanichel
**romantique** → annexe IV roman 5
**romarin** → rosée 3
**ronchonner** → ronfler 3
**rond, rondeau, rondelle, rondin** → roue I 9
**rond-point** → poing I D 4
**ronron** → annexe I
**room** rustre II 2
**roquet** → annexe II
**rosace, rosaire, rosat** → rose I 4, 3, 2
**rosbif** → rôtir 2
**roséole** → rose I 5
**Rossinante** → rosse 3
**rotation, rotative** → roue II 1
**rote** (la sainte) → roue II 4

# S

**sécession** → cesser II B 11
**second, secondaire, seconde, seconder** → suivre II B 1
**secouer** → casser I B 1
**secourir** → courir I A 4
**secret, secrétaire, sécrétion** → crible I E 3, 4, 5
**secte** → suivre II B 2
**secteur, section** → scier II C 6, 1
**séculaire, séculariser, séculier** → siècle 3, 2
**sécurité** → cire I 12
**sédatif, sédentaire** → seoir II A 2, 3
**sédiment** → seoir III A 6
**sédition** → irai (j') II E 6
**séduire** → conduire I A 7
**segmenter** → scier II B
**ségrégation** → grège 4
**séguedille** → suivre I 3
**séide** → annexe III
**seigle** → scier I 2
**seigneur** → sire 3
**seille** → seau 2
**seize** → dix I 17 ; six I 2
**séjourner** → dieu V A 6
**select, sélectionner** → lire I D 10, 9
**sélén(o)-** → sélénite 3
**sélénium** → sélénite 2
**selle** → seoir I B 1
**selon** → long I 4
**seltz** → annexe IV
**semaine** → sept I 2
**sémantème** → sémantique 1
**sémaphore, sémasiologie, séméiologie, séméiotique** → sémantique 2, 1, 3
**sembler** → ensemble I A 2
**sémème** → sémantique 1
**semestre** → mois I 3 ; six II A
**semi-** → ensemble II D 2
**sémillant, séminaire, séminal** → semer 4, 7, 5
**sémiologie, sémiotique** → sémantique 3
**sémite** → annexe III
**semi-voyelle** → voix I A 5
**semonce** → 1. -ment I D 3
**sempiternel** → ensemble II D 1
**sénaire** → six II B
**sénat** → sire 5
**sénatus-consulte** → conseil 4 ; sire 5
**sénéchal, sénéchaussée** → maréchal 2
**séneçon, senescence** → sire 6, 8
**sénevé** → sanve 1
**sénile, senior** → sire 7, 4
**sens, sensation, sensé, sensible, sensitif, sensitive, sensoriel, sensuel** → sentir II 1, 5, 6, 3, 4, 9, 7
**sentence, sentencieux** → sentir I 3
**sentier** → sente 2
**sentiment, sentinelle** → sentir I 4, 7
**séparer** → part III B 6
**sépia** → seiche 2
**-sepsie** → septique 2
**septante** → dix I 12 ; sept I 5
**septembre, septénaire** → sept I 3, 7
**septennal** → annexe II 5 ; sept I 5
**septentrion** → sept I 4
**septicémie** → septique 1
**septidi** → sept I 8
**-septique** → septique 2
**septuagénaire, septuagésime, septuor, septuple** → sept I 5, 9, 6 ; dix I 12, 13
**sépulcre, sépulture** → ensevelir 3, 2
**séquelle, séquence, séquestre, séquestrer** → suivre II A 5, 2, 6
**serein** (subst.) → soir 2
**sérénade, sérénissime, sérénité** → serein 3, 2, 4
**séreux** → sérac 2
**serfouette** → fouir 3
**serge** → annexe IV
**sergent** → serf I 2
**sérici-** → annexe IV serge 2
**série** → désert 5
**seriner** → serin 1
**seringa** → seringue 2
**serment** → saint I 3
**sermon** → désert 6
**séro-, sérosité** → sérac 2
**serpentaire, serpenter, serpentin** → serpent 1
**serpolet** → serpent 2
**serre, serre-** → serrer 2, 5
**serrure** → serrer 4
**sérum** → sérac 2
**servage, servant, serveur, serviable, service, serviette, servile, servir, serviteur, servitude, servo-** → serf I 4, 7, 8, 4, 8, 9
**ses** → soi I A 2
**session** → seoir II C 1
**sesterce** → trois II A 6
**set** → suivre I 4
**setier** → six I 3
**séton** → soie 3
**setter** → seoir IV 1
**seulement** → seul 1
**sévir** → sévices
**sevrer** → part III A
**sexagénaire, sexagésime** → six II C 1
**sex appeal** → pousser I C 4 ; sexe 2
**sexo-** → sexe 1
**sextant, sexte, sextolet, sextuor, sextupler** → six II C 3, 5, 6, 2
**sexy** → sexe 2
**seyant** → seoir I A 4
**sforzando** → fort III 3
**shah** → échec 5
**sherry** → annexe IV xérès 2
**shrapnel** → annexe III
**sibilant, sibilation** → siffler 3
**sibyllin** → sibylle
**siccatif, siccité** → sec 4
**side-car** → char II A 1
**sidéral, sidéré** → désirer 7, 8
**sidérurgie** → sidér(o)-
**siège** → seoir I B 2
**sien, sienne** → soi I A 2
**sieste** → six I 4
**sieur** → sire 2
**sigillé, sigillographie** → seing II A
**sigma, sigmoïde** → abécé II 9
**signal, signaler, signe, signer, signifier** → seing II B 4, 1, 2, 3
**silène** → annexe III
**silhouette** → annexe III
**silicate, silice, silicium, silicone, silicose** → silex 2
**sillage** → sillon 2
**simarre** → chamarrer 2
**simiesque** → singe 2
**simili-, similitude** → ensemble II A 3, 1
**simonie** → annexe III
**simple, simplicité, simpliste, simplifier** → ensemble II C 1, 3, 4
**simulacre, simultané** → ensemble II B 1, 4
**sinanthrope** → anthrop(o)- 2
**sinapisme** → sanve 2
**sincère** → ensemble II C 5
**sinciput** → chef IV B 3
**sinécure** → cure I 10
**sine qua non** → sans 2
**singulier** → ensemble II C 6
**sinistre** → senestre 2
**sino-** → annexe IV Chine 2
**sinople** → annexe IV
**sinuosité, sinus** (anat. ; géom.) → sein 3, 4, 5
**sirène** → serin 2
**siroter, sirupeux** → sirop 2, 4
**sisal** → annexe IV
**sismique** → séisme
**site, situation** → pondre IV 3, 1
**situer** → poudre IV 1
**sixte, sizain** → six I 5, 1
**sketch** → esquisse 2
**slave** → annexe IV esclave 2
**snack-bar** et barre 5
**snow-boot** → bot 4 ; neiger 4
**sobre** → ivre 5
**sociable, social, socialisme, sociétaire** → société 4, 3, 1
**socio-** → société 4
**socle, socquette** → socque 2, 3
**soda, sodique, sodium** → soude 3, 2
**sodomie** → annexe IV sodomite
**sodomite** → annexe IV
**sœur** → soi I B 1
**soi-disant** → dire I C 3
**soin** → soigner 1
**soixante** → dix I 11 ; six I 2
**sol** → seuil 6
**solaire, solarium** → soleil I B 1
**soldat, solde** (subst. masc.), **solde** (subst. fém.), **solder** → sou I B 2, 3, 1
**solde, sole** (poisson) → seuil 2, 5
**solécisme** → annexe IV
**solennel** → sou III 3
**solfatare** → soufre 2
**solfège, solfier** → do
**solidaire, solide** → sou I C 3, 1
**soliloque** → seul 6
**solin** → seuil 3
**solipsisme, soliste, solitaire, solitude** → seul 7, 2, 3, 5
**solive** → seuil 3
**solliciter** → citer I ; sou III 2
**solliciteur, sollicitude** → sou III 2
**solo** → seul 2
**solstice** → ester III D 2 ; soleil I B 2
**soluble, solution** → dissoudre I C 2, 1
**solvable, solvant** → dissoudre I D 1, 2
**soma** → somat(o)- 2
**-somatique** → somat(o)- 3
**sombrer** → sous I A 8
**-some** → somat(o)- 3
**sommaire, sommation** → sous I B 5, 4
**somme** (subst. masc.) → sommeil I A 2
**somme** (subst. fém.) → sous I B 2
**sommelier** → somme 3
**sommer, sommet** → sous I B 4, 1
**sommier** → somme 2
**sommité** → sous I B 6
**somnambule** → aller I B 5 ; sommeil I B 4
**somnifère, somnolence** → sommeil I B 2, 1
**somptuosité** → rançon II D 4
**son** (possessif), **sonar, sonate** → sonner 2, 11, 4
**songe** → sommeil I A 3
**sonique** → sonner 2
**sonnet, sono-, sonore, sonoriser, sonorité** → sonner 3, 2, 6
**Sophie, sophisme** → sophiste 3, 1
**sophistiquer** → sophiste 1

# T

**tâtonner** → atteindre I 2
**taupé, taupin** → taupe
**taurillon, taurin, tauro** → taureau 1, 3, 4
**tautologie** → aut(o)- II 11
**taux** → tâche 2
**tavelé, tavelure** → table 8
**taxer, taxi, taxi-** → tâche 4, 8
**taylorisme** → annexe III
**te** → toi 1
**technicien, -technicien, technicolor, -technie, -technique, techno-** → technique 3, 1, 2
**tectonique** → architecte 3
**tégument** → toit 6
**teillage** → teille 1
**teint, teinte, teinture** → teindre 1
**-tèle** → tonlieu 4
**téléphérique** → offrir II B 2
**téléphone** → antienne 7
**téléscripteur** → écrire II C 7
**télétype** → percer II 4
**télévision** → voir I E 17
**tellement** → tel 1
**tellure, tellurique** → titre II 1, 2
**téméraire** → ténèbres 2
**témoigner** → témoin I
**tempérament, tempérance, température, tempérer** → tremper 4, 2, 5
**tempête, tempêter** → temps I 3
**templier** → temple I 1
**tempo** → temps I 4
**temporaire** → temps II A 4
**temporal** → tempe 2
**temporel, temporiser** → temps II A 1, 2
**ténacité** → tenir II A 5
**tenailler, tenailles** → tenir I A 2
**tendance, tendancieux, tender, tendeur, tendineux, tendon** → tenir I B 1, 9, 3
**tendre** (adj.) → tenir I D 1
**tendre** (verbe) → tenir I B 1
**tendron** → tenir I D 2
**teneur** (subst. masc.) → tenir I A 1
**teneur** (subst. fém.) → tenir II A 1
**tenon, ténor** → tenir I A 1, 3
**tennis** → tenir I A 16
**tension** → tenir II E 5
**tenson** → tenir I C 2
**tentacule, tentation, tentative** → tenir II D 16, 10, 15
**tente** → tenir I B 1
**tenter** → tenir II D 10
**tenture** → tenir I B 1
**ténu** → tenir II A 4
**tenue, tenure** → tenir I A 1
**tépidarium, tépidité** → tiède 2
**ter** → trois II A 4
**-ter** → -er 2
**tercet** → trois I 4
**térébenthine, térébinthe, térébration** → tourner II 7
**tergiverser** → vers I B 19
**terme, terminaison, terminal, terminer, terminologie, terminus** → tertre 2, 3, 5, 8, 9
**ternaire, terne** → trois II A 1, 2
**terne** (adj.) → ternir
**terrain, terrasse, terrasser** → terre 2, 6
**terre à terre** → terre 1
**terreau** → terre 1
**terre-plein** → terre 7
**terrer** → terre 1
**terreur** → craindre III 3
**terrier, terril, terrine, territoire, terroir** → terre 1, 4, 8, 5
**tertiaire, tertio** → trois II A 3, 5
**tes** → toi 2
**tessère** → quatre IV 2
**tessiture** → tisser I 3
**tesson, test** → tête 3, 4
**testament, tester, testicule, testimonial** → témoin II 1, 7, 6
**testonner** → tête 2
**tétanos** → tenir III 8
**têtard** → tête 1
**tête-bêche** → chef I B 4 ; deux I B 2
**têtebleu** → dieu I A 5
**tétée, téter** → tette 1
**têtière** → tête 1
**tétin, tétine, téton** → tette 1
**tétra-** → quatre IV 1
**tétraèdre** → seoir III B 4
**têtu** → tête 1
**teuf-teuf** → annexe I
**texte, textile, texture** → tisser II A 1, 2
**thalamus** → épithalame 2
**thallophytes** → talle 2
**thaumaturge** → théâtre 4 ; orgue I C
**thébaïde** → annexe IV
**théisme** → enthousiasme 5
**thème** → faire IV B 1
**théo-, théocratie** → enthousiasme 10, 8
**Théodore** → donner III 4
**théogonie, théologie** → enthousiasme 9, 7
**théorème, théorie** → théâtre 3, 2
**-thèque** → faire IV B 6
**-thérapeute, thérapie, -thérapie** → thérapeutique 2, 1
**thériaque** → fier II 1
**-thérium** → fier II 2
**thermes, thermidor, thermie, -thermie, -thermique, thermo-, thermos** → four II 1, 2, 4, 5, 3
**thermidor** → donner III 3
**thésauriser** → trésor 2
**théurgie** → enthousiasme 3
**thoracique** → thorax
**thoraco-** → thorax
**thrombine, thrombose** → thrombus
**thuriféraire** → offrir I B 17
**thymol** → thym
**thyrse** → 2. trou 3
**tibia** → tige 2
**tic** → taquet I B 2
**ticket** → étiquette I 2
**tic-tac** → annexe I ; taquet I B 1
**tien, tienne** → toi 3
**-tier, -tière** → -ier, -ière 2
**tierce, tiercé, tiercelet, tiers** → trois I 3
**tiffes** → attifer
**tignasse** → teigne 2
**tilbury** → annexe III
**tilde** → titre I 2
**tilleul, tilliacées** → teille 2, 3
**timbré** → timbre 1
**timoré** → timide 2
**-tin** → -in, -ine 2
**tinctorial** → teindre 4
**tintamarre** → boum 7 ; maraud
**tinter** → boum 7
**tintin** → annexe I ; boum 7
**tintinnabuler** → boum 8
**tintouin** → boum 7
**tiquer, tiqueté** → taquet I B 2, 3
**tirade, tirage, tirant, tire-, tire, tirée** → tirer 2, 5
**tire-au-flanc** → flanc 2
**tire-largot** → tirelire 7
**tiret** → tirer 2
**tiretaine** → annexe IV
**tirette, tiroir** → tirer 2
**tissu** → tisser I 1
**titan** → annexe III
**titi** → annexe I
**titiller** → tette 2
**titulaire, titulariser** → titre I 3
**tmèse** → temple II 9
**toast** → tôt 2
**toc ; tocante** ou **toquante, toccata** → taquet I C 5, 4, 3
**toscin** → seing I 5 ; taquet I C 2
**toc ! toc !** → annexe I
**toge** → toit 5
**toile, toilette** → tisser I 2
**toise, toiser** → tenir I B 2
**toison** → tondre 2
**tole, tôle** ou **taule** → table 2
**tolérer** → oublie II A 1
**tôlier** (logeur) → table 2
**tollé** → oublie II A 2
**tolu** → annexe IV
**toluène** → annexe IV tolu 2
**tomaison** → temple II 4
**tombeau** → tombe 1
**tomber** → boum 10
**tombereau** → boum 10
**tombola** → boum 11
**tome, -tomie** → temple II 4, 8
**ton** (subst.) → tenir III 1
**ton** → toi 2
**tonalité** → tenir III 1
**tondeuse** → tondre 1
**tonicité, tonifier, tonique** → tenir III 2
**tonitruer** → tonner 5
**tonnage** → tonne 2
**tonneau, tonnelier, tonnelle** → tonne 1
**tonnerre** → tonner 2
**tonsure, tonte** → tondre 3, 1
**tonton** → annexe I
**tonus** → tenir III 1
**top** → étoupe IV 2
**top-** → toupet 5
**toper, topette** → taquet III 5, 6
**topinambour** → annexe IV
**topo-** → topique 4
**toponymie** → nom II B 10
**toquade, toqué, toquer, toquer (se)** → taquet I C 4
**-tor** → 2. -eur 2
**torche, torcher, torchis, torchon, tordant** → tordre I 12, 13, 1
**toréador, toréer, torero, toril** → taureau 3
**torgnole** → tourner I A 6
**tornade** → tourner I B 5
**torpedo** → torpeur 3
**torpide, torpille** → torpeur 1, 2
**torque** (collier) → tordre II B 3
**torréfier, torrent, torride** → tôt 5, 3, 4
**tors, torsade** → tordre I 2
**torse** → 2. trou 2
**torsion** → tordre II C 4
**tort, torticolis, tortillard, tortillement, tortiller, tortillon** → tordre I 3, 9, 8
**tortionnaire** → tordre II A 3
**tortu** → tordre I 4
**tortue** → annexe IV
**tortueux, torturer** → tordre II A 1, 2
**torve** → tordre II D
**total, totalitarisme** → tout 5
**toto** → annexe I
**toton** → annexe I ; tout 4
**touchant, touche, touche-à-tout, toucher** → taquet I C 1
**touffe** → toupet 2
**touffeur** → étoupe III 2

# U



# V

# W-X-Y-Z

# DICTIONNAIRES LE ROBERT

DISPONIBLES EN LIBRAIRIE

---

## DICTIONNAIRES DE LA LANGUE FRANÇAISE
## DICTIONNAIRES DE NOMS PROPRES

DICTIONNAIRE HISTORIQUE DE LA LANGUE FRANÇAISE
sous la direction d'Alain Rey
(2 vol., 2 432 pages, 40 000 entrées).

LE PETIT ROBERT
*Dictionnaire alphabétique et analogique de la langue française*
(1 vol., 2 592 pages, 60 000 entrées).
Le classique pour la langue française : 8 dictionnaires en 1.

LE PETIT ROBERT DES NOMS PROPRES
*Dictionnaire universel des noms propres*
(1 vol., 2 304 pages, 40 000 entrées, 2 000 illustrations et 230 cartes).
Le complément, pour les noms propres, du *Petit Robert.*

LE ROBERT QUOTIDIEN
*Dictionnaire pratique de la langue française*
(1 vol., 2 208 pages, 50 000 entrées).

LE ROBERT D'AUJOURD'HUI
*Langue française, noms propres, chronologie, cartes*
(1 vol., 1 716 pages, 46 000 entrées, 108 pages de chronologie,
70 cartes en couleur).

LE ROBERT QUÉBÉCOIS D'AUJOURD'HUI
*Dictionnaire québécois de la langue française et de culture générale*
(noms propres, cartes, chronologie, etc.)
(1 vol., 1 900 pages, 52 000 entrées, 108 pages de chronologie,
51 cartes en couleur).

LE ROBERT POUR TOUS
*Dictionnaire de la langue française*
(1 vol., 1 296 pages, 40 000 entrées).

LE ROBERT MICRO
*Dictionnaire d'apprentissage de la langue française*
(1 vol., 1 472 pages, 35 000 entrées).

LE ROBERT DE POCHE
*L'indispensable de la langue et de la culture en format de poche*
(1 vol., 928 pages, 40 000 mots de la langue, 6 000 noms propres).

LE ROBERT DES JEUNES
*Dictionnaire de la langue française*
(1 vol., 1 290 pages, 16 500 entrées, 80 planches encyclopédiques en couleur).

LE ROBERT JUNIOR
*Dictionnaire pour les enfants de 8-12 ans, en petit format*
(1 168 pages, 20 000 entrées, 1 000 illustrations, 18 pages d'atlas).

LE ROBERT MÉTHODIQUE
*Dictionnaire méthodique du français actuel*
(1 vol., 1 648 pages, 34 300 mots et 1 730 éléments).
Le seul dictionnaire alphabétique de la langue française qui analyse
les mots et les regroupe par familles en décrivant leurs éléments.

LE ROBERT ORAL-ÉCRIT
*L'orthographe par la phonétique*
(1 vol., 1 376 pages, 17 000 mots et formes).
Le premier dictionnaire d'orthographe et d'homonymes, fondé sur l'oral.

## DICTIONNAIRES BILINGUES

LE ROBERT ET COLLINS SUPER SENIOR
*Dictionnaire français-anglais/anglais-français*
(2 vol., 2 720 pages, 650 000 « unités de traduction », 20 pages de cartes en couleur, avec 2 dictionnaires de synonymes (anglais et français).

LE ROBERT ET COLLINS SENIOR
*Dictionnaire français-anglais/anglais-français*
(1 vol., 2 000 pages, 300 000 « unités de traduction »).

LE ROBERT ET COLLINS COMPACT
*Dictionnaire français-anglais/anglais-français*
(1 vol., 1 250 pages, 115 000 « unités de traduction »).

LE ROBERT ET COLLINS CADET
*Dictionnaire français-anglais/anglais-français*
(1 vol., 832 pages, 65 000 « unités de traduction »).

LE ROBERT ET COLLINS MINI
60 000 mots et expressions.

LE ROBERT ET COLLINS DU MANAGEMENT
Commercial - Finanier - Économique - Juridique
(L'anglais des affaires, 75 000 mots, 100 000 traductions).

LE ROBERT ET COLLINS
VOCABULAIRE ANGLAIS ET AMÉRICAIN
par Peter Atkins, Martin Bird, Alain Duval, Dominique Le Fur et Hélène Lewis

« LE ROBERT ET COLLINS PRATIQUE »
*ANGLAIS, ALLEMAND, ESPAGNOL, ITALIEN*
(70 000 mots et expressions, plus de 100 000 traductions).

« LE ROBERT ET COLLINS POCHE »
*ANGLAIS, ALLEMAND, ESPAGNOL*
(65 000 mots et expressions).

« LE ROBERT ET COLLINS GEM »
*ANGLAIS, ALLEMAND, ESPAGNOL, ITALIEN.*

LE ROBERT ET SIGNORELLI
*Dictionnaire français-italien/italien-français*
(1 vol., 3 040 pages, 339 000 « unités de traduction »).

LE ROBERT ET VAN DALE
*Dictionnaire français-néerlandais/néerlandais-français*
(1 vol., 1 400 pages, 200 000 « unités de traduction »).

GRAND DICTIONNAIRE FRANÇAIS-JAPONAIS
SHOGAKUKAN-LE ROBERT
(1 vol., 1 600 pages, 100 000 entrées).

# LE DICTIONNAIRE HISTORIQUE DE LA LANGUE FRANÇAISE

*2 432 pages, 40 000 entrées. Format 22 X 29 cm. 2 volumes sous étui. Reliure pleine toile sous jaquette pelliculée.*

Composé par une équipe d'historiens de la langue, sous la direction d'Alain Rey.

La base de données la plus complète sur l'histoire des mots français et des idées qu'ils expriment, depuis le IX^e siècle jusqu'à la période la plus contemporaine :

- l'étymologie et l'origine, jusqu'aux racines indo-européennes ;
- les relations entre mots de la même famille, en latin comme en français et dans les langues européennes ;
- l'apparition datée des mots et des significations, depuis l'an 842 jusqu'à nos jours ;
- l'histoire de 40 000 mots, avec leurs principaux emplois ;
- les expressions et locutions les plus notables ;
- des données historiques sur les idées et les choses désignées ;
- des articles encyclopédiques concernant la langue française partout dans le monde, les langues qui sont en relation avec elle, les principales notions qui éclairent l'histoire des mots ;
- un glossaire aidant le lecteur dans la consultation des articles ;
- des schémas illustrant le voyage et les errances des signes et des idées qu'ils transmettent.

N° de projet : 10043522 - (4) - 19 - (OSBN 80)
Impression : Pollina s.a., 85400 Luçon - n° 77873
Dépôt légal : juillet 1999